DEUTSCHLAND VON DER REICHSGRÜNDUNG BIS HEUTE

CHRONIK DEUTSCHLAND

VON DER REICHSGRÜNDUNG BIS HEUTE

Herausgegeben von

Dr. Christian Zentner

OTUS

Lieferbare Titel aus dem Otus Verlag: **www.otus.ch**

Herstellung und Organisation: Dr. Christian Zentner, München
Mitarbeiter: Dr. Reinhard Barth, Claudia Richter, Dr. Nora Wiedenmann
Umschlaggestaltung: Paul Zentner
Layout: Petra Obermeier, München

ISBN 978-3-907200-57-5

Vorwort

Mit den Befreiungskriegen gegen Napoleon (1813-1815) erwachte ein starkes deutsches Nationalgefühl, wurde die deutsche Nationalbewegung ein bestimmendes Element der Politik. Die Revolution der liberalen Kräfte von 1848 zur Schaffung der deutschen Einheit von unten auf demokratischem Wege scheiterte am Widerstand der konservativen Kräfte. Von oben und mit „Blut und Eisen“ verwirklichte Bismarck den Traum der nationalen Einheit. Nach den Siegen von Königgrätz (1866) über Österreich und von Sedan (1870) über Frankreich wurde der preußische König am 18. Januar 1871 im Spiegelsaal von Versailles zum deutschen Kaiser proklamiert. Hielt Bismarck damit das Reich nach außen für „saturiert“, wollten sich seine Nachfolger mit dem erreichten nicht begnügen.

Im Zeichen der Weltpolitik Wilhelms II. („Ich führe euch herrlichen Zeiten entgegen“) kam es zum Ersten Weltkrieg und mit der Niederlage auch zum Ende des Deutschen Kaiserreiches.

Die Weimarer Republik, belastet durch den Versailler Vertrag, war so liberal, dass sie im Zeichen der Weltwirtschaftskrise mit einem Heer von Millionen Arbeitslosen ihren geschworenen Feinden, den Nationalsozialisten, die „Machtergreifung ermöglichte.

Die Diktatur des Dritten Reiches führte über spektakuläre innen- und außenpolitische Erfolge zur Katastrophe des Zweiten Weltkriegs und zur bedingungslosen Kapitulation. Wehrlos den Siegern preisgegeben, war Deutschland am Tiefpunkt seiner Geschichte angelangt.

Der Kalte Krieg spaltete die Welt in zwei feindliche Blöcke. Auf deutschem Boden etablierten sich als geteilte Nation zwei souveräne Staaten, die freiheitlich-demokratische Bundesrepublik Deutschland und die totalitär-kommunistische Deutsche Demokratische Republik

Mit der Öffnung der ungarischen Grenze für DDR-Bürger brach der Ostblock zusammen. Mauer und Todesstreifen verschwanden, die deutsche Einheit wurde, wie es die Präambel des Grundgesetzes forderte, am 3. Oktober 1990 „vollendet“

Nach 16 Jahren Helmut Kohl konnte 1989 das rot-grüne Bündnis die Regierung stellen, die vier Jahre später nochmals knapp bestätigt wurde. Dann aber sah Gerhard Schröder nur noch in vorgezogenen Neuwahlen eine Möglichkeit seine Politik fortzuführen. Aus diesen Neuwahlen vom 18. September ergaben sich dann Mehrheitsverhältnisse, die es einer großen Koalition unter Angela Merkel zur Aufgabe gemacht hat, die wirtschaftlichen und gesellschaftlichen Probleme Deutschlands zu lösen.

Kaiserreich und Erster Weltkrieg, Weimarer Republik und Weltwirtschaftskrise, Drittes Reich und Zweiter Weltkrieg, Geteilte Nation und Wiedervereinigung, Europäische Integration und Globalisierung markieren Deutschlands Geschichte von der Reichsgründung bis heute, die in unserer Chronik in allen Bereichen – Politik, Wirtschaft, Kultur, Sport und Gesellschaft – eine Darstellung findet, wie es sie bislang auf dem Büchermarkt noch nicht gegeben hat.

Dr. Christian Zentner

Patriotisches Schmuckblatt, um 1884.

Kaiserreich und Erster Weltkrieg

1871

JANUAR

1.1. Im Bereich des Norddeutschen Bundes tritt das Strafgesetzbuch (StGB) in Kraft.
18.1. Im Spiegelsaal des Schlosses von Versailles wird der preußische König Wilhelm I. zum Deutschen Kaiser proklamiert. Damit ist die Gründung eines zweiten deutschen Kaiserreiches (nach dem Untergang des ersten 1806) vollzogen. Berlin wird neue Reichshauptstadt.
26.1. In Versailles beginnen Friedensverhandlungen zur Beendigung des deutsch-französischen Krieges.
28.1. Paris kapituliert nach viermonatiger Belagerung. Am folgenden Tag beendet ein Waffenstillstand die Kampfhandlungen.

FEBRUAR

4.2. In Schloss Branitz bei Cottbus stirbt der Schriftsteller Hermann von Pückler-Muskau, bekannt u.a. durch seine „Andeutungen über Landschaftsgärtnerei".
8.2. Tod des Malers Moritz von Schwind in Niederpöcking.
26.2. In Versailles wird der Vorfrieden unterzeichnet. Frankreich muss Elsass-Lothringen abtreten und 5 Mrd. Francs Kriegsentschädigung zahlen.

MÄRZ

3.3. Die Wahlen zum ersten deutschen Reichstag stehen ganz im Zeichen des Sieges über Frankreich. Gewählt wird nach dem Mehrheitsprinzip für eine Legislaturperiode von drei Jahren. Stimmberechtigt sind alle Männer über 25 Jahren. Wahlsieger sind die auf Bismarck eingeschworenen Nationalliberalen (30,2 Prozent der Stimmen), gefolgt vom Zentrum (18,7 Prozent) und den Konservativen (14,7 Prozent). Die sozialistischen Parteien (Sozialdemokratische Arbeiterpartei, SDAP, und Allgemeiner Deutscher Arbeiterverein, ADAV) erhalten zusammen nur ca. 3 Prozent. Immerhin können sie in zwei Wahlkreisen, Sachsen 17 und 18, ihre Kandidaten durchbringen. Einer davon ist der spätere Parteiführer der SPD August Bebel.
18.3. Die in Paris verschanzten Mitglieder der französischen Nationalgarde widersetzen sich der Kapitulation der Stadt und den ausgehandelten Friedensbedingungen und schlagen einen Angriff von Regierungstruppen zurück, die sie entwaffnen wollen. Das Zentralkomitee der Nationalgarde übernimmt die Regierungsgewalt in der Hauptstadt, am 28.3. konstituiert sich der Gemeinderat als Kommune von Paris.
21.3. Wilhelm I. eröffnet mit einer Thronrede im Weißen Saal des Berliner Schlosses den Reichstag. Vorläufig hält das deutsche Parlament seine Sitzungen im Gebäude des Preußischen Landtages ab.

APRIL

16.4. Die Reichsverfassung tritt in Kraft. Das neugeschaffene Reich ist ein Bundesstaat, ein „unauflöslicher Verein" von 22 Monarchien und drei „Freien Städten". An der Spitze des Bundes, als Präsident, steht der König von Preußen mit dem Titel „Deutscher Kaiser". Er hat das Recht, Bündnisse einzugehen und Krieg zu führen; er ernennt den Reichskanzler, der wiederum nur ihm verantwortlich ist. Minister gibt es nicht, nur Staatssekretäre, die gleichfalls vom Kaiser ernannt werden. Im Bundesrat sitzen Vertreter der Landesregierungen; hier werden Reichsgesetze und der Haushalt bewilligt. Die eigentliche Volksvertretung, der Reichstag, rangiert darunter, ihm steht nur Mitwirkung zu. Erster Reichskanzler wird Otto von Bismarck, der seinen bisherigen Posten als preußischer Ministerpräsident behält, wie auch der Kaiser nach der Verfassung König von Preußen bleibt.

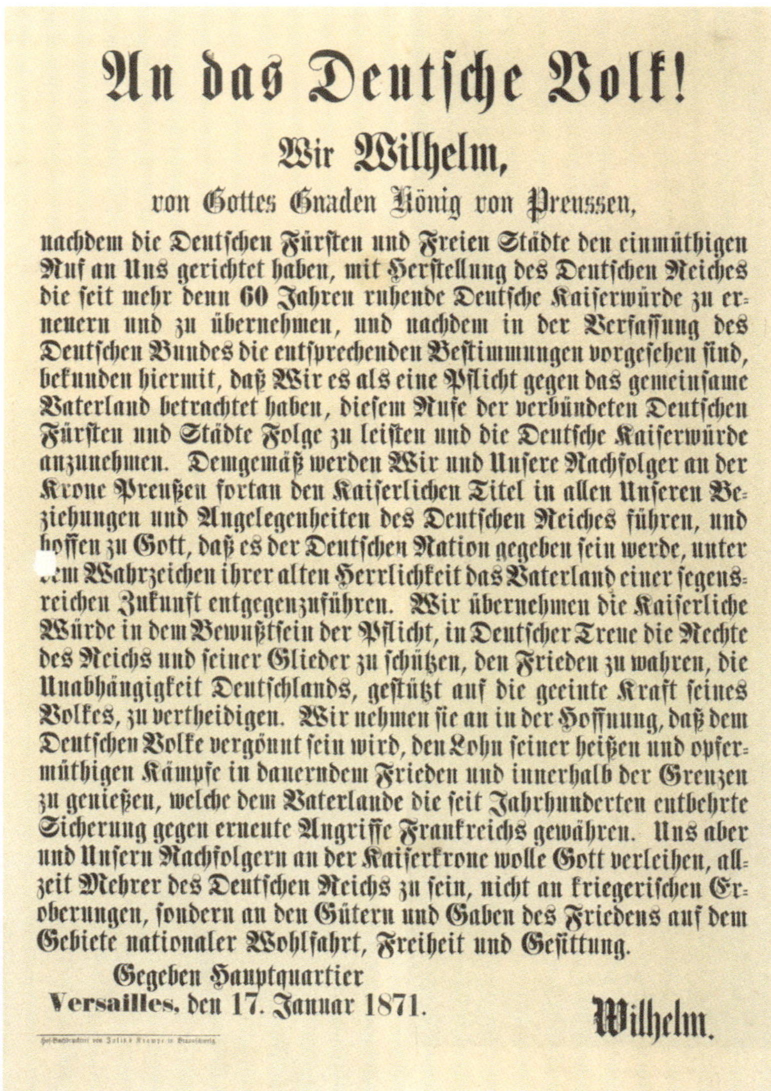
An das Deutsche Volk!

Wir Wilhelm,

von Gottes Gnaden König von Preussen,

nachdem die Deutschen Fürsten und Freien Städte den einmüthigen Ruf an Uns gerichtet haben, mit Herstellung des Deutschen Reiches die seit mehr denn 60 Jahren ruhende Deutsche Kaiserwürde zu erneuern und zu übernehmen, und nachdem in der Verfassung des Deutschen Bundes die entsprechenden Bestimmungen vorgesehen sind, bekunden hiermit, daß Wir es als eine Pflicht gegen das gemeinsame Vaterland betrachtet haben, diesem Rufe der verbündeten Deutschen Fürsten und Städte Folge zu leisten und die Deutsche Kaiserwürde anzunehmen. Demgemäß werden Wir und Unsere Nachfolger an der Krone Preußen fortan den Kaiserlichen Titel in allen Unseren Beziehungen und Angelegenheiten des Deutschen Reiches führen, und hoffen zu Gott, daß es der Deutschen Nation gegeben sein werde, unter dem Wahrzeichen ihrer alten Herrlichkeit das Vaterland einer segensreichen Zukunft entgegenzuführen. Wir übernehmen die Kaiserliche Würde in dem Bewußtsein der Pflicht, in Deutscher Treue die Rechte des Reichs und seiner Glieder zu schützen, den Frieden zu wahren, die Unabhängigkeit Deutschlands, gestützt auf die geeinte Kraft seines Volkes, zu vertheidigen. Wir nehmen sie an in der Hoffnung, daß dem Deutschen Volke vergönnt sein wird, den Lohn seiner heißen und opfermüthigen Kämpfe in dauerndem Frieden und innerhalb der Grenzen zu genießen, welche dem Vaterlande die seit Jahrhunderten entbehrte Sicherung gegen erneute Angriffe Frankreichs gewähren. Uns aber und Unsern Nachfolgern an der Kaiserkrone wolle Gott verleihen, allzeit Mehrer des Deutschen Reichs zu sein, nicht an kriegerischen Eroberungen, sondern an den Gütern und Gaben des Friedens auf dem Gebiete nationaler Wohlfahrt, Freiheit und Gesittung.

Gegeben Hauptquartier
Versailles, den 17. Januar 1871.

Wilhelm.

Proklamation Kaiser Wilhelms I. an das deutsche Volk. Versailles, 17. Januar 1871.

MAI

10.5. Der Friede von Frankfurt beendet den deutsch-französischen Krieg. Die Bestimmungen des Versailler Vorfriedens werden mit geringen Modifikationen bestätigt.
21.–28.5. Das Selbstverwaltungsexperiment der Pariser Kommune wird blutig beendet. Regierungstruppen, verstärkt durch eine große Zahl vorzeitig aus deutscher Haft entlassene Soldaten, besetzen Paris und töten ca. 25 000 Aufständische. In Deutschland rufen die Ereignisse heftige Proteste der sozialistischen Organisationen hervor.

JUNI

11.6. Das vom Reichstag verabschiedete Militärpensionsgesetz gewährt Offizieren beträchtliche finanzielle Vergünstigungen.

JULI

8.7. Im preußischen Kultusministerium wird die katholische Abteilung aufgelöst. Damit beginnt der „Kulturkampf" zwischen katholischer Kirche und preußischem Staat. Ausgangspunkte sind auf der einen Seite das seit Sommer 1870 geltende Dogma von der päpstlichen Unfehlbarkeit „ex cathedra" und der von der katholischen Kirche eröffnete Kampf gegen den Liberalismus, und auf der anderen die Bemühungen Bismarcks, Staat und Kirche schärfer zu trennen.

DEZEMBER

4.12. Mit dem Reichsmünzgesetz wird die Goldmark (zu 100 Pfennigen) einzige Währung im Reichsgebiet.
9.12. In Wien wird die Tragödie „Der Meineidbauer" von Ludwig Anzengruber uraufgeführt.

10.12. Der „Kanzelparagraph" (§ 130 a) wird ins Strafgesetzbuch aufgenommen. Er verbietet den Geistlichen und sonstigen Religionsdienern, in Ausübung ihres Amtes staatliche Angelegenheiten „in einer den öffentlichen Frieden gefährdenden Weise" zu behandeln.

16.12. Der Schriftsteller Willibald von Alexis („Die Hosen des Herrn von Bredow") stirbt in Arnstadt.

Das Deutsche Reich zählt 41 Mio. Einwohner (1841: 33 Mio.).

AUSSERDEM:

Die französischen Reparationszahlungen sorgen für einen enormen Wirtschaftsaufschwung in Deutschland („Gründerjahre"). Industrie und Eisenbahnnetz werden ausgebaut. An den Börsen löst der Finanzüberschuss heftige Spekulationen aus. Unter den zahlreichen neugegründeten Firmen befinden sich z.T. auch Unternehmen ohne gesicherte wirtschaftliche Grundlage, die rasch wieder zugrunde gehen („Gründerkrach").

Die katholische Zentrumspartei legt sich als offizielles Organ die Zeitschrift „Germania" zu.

Rudolf Mosse gründet die liberale Zeitung „Berliner Tageblatt und Handelszeitung".

Wilhelm Auerbach gibt sein Sportlehrbuch „Das Schwimmen sicher, leicht und schnell zu erlernen" heraus.

Der Industrielle Alfred Krupp gründet Privatschulen für die Kinder seiner Belegschaft.

Erfindung der Mörtelmaschine (Karl Schlickeysen).

Mendelejews „Periodische Gesetzmäßigkeit der chemischen Elemente" erscheint in deutscher Übersetzung.

Viktor Meyer entdeckt, dass Jod- und Brommoleküle, von denen jedes zwei Atome enthält, in einatomige Moleküle auseinanderbrechen, wenn sie erhitzt werden.

Christian Felix Klein: „Über die sogenannte nichteuklidische Geometrie".

Ernst Felix Hoppe-Seyler entdeckt die Invertase, ein Enzym, das die Umwandlung von Rohrzucker in Trauben- und Fruchtzucker beschleunigt.

Gründung der „Gesellschaft für Verbreitung von Volksbildung".

Gottfried Semper baut das Dresdner Opernhaus.

Friedrich Nietzsche: „Die Geburt der Tragödie aus dem Geist der Musik".

Luise von François: „Die letzte Reckenburgerin" (Roman).

Conrad Ferdinand Meyer: „Huttens letzte Tage" (Verserzählung).

Anselm Feuerbach: „Iphigenie" (Gemälde, 2. Fassung).

Reinhold Begas vollendet das Schillerdenkmal in Berlin.

Adolph von Menzel: „Abreise König Wilhelms I. zur Armee" (Gemälde).

Anton Bruckner: 2. Symphonie c-moll.

Über die nationale Weihestunde von Versailles am 18. Januar 1871 – hier im Bild von Anton von Werner festgehalten – heißt es in einem Augenzeugenbericht: „Graf von Bismarck trug den weißen Waffenrock der Magdeburger Kürassiere mit dem Abzeichen eines Generalleutnants, zu welcher Würde er am heutigen Tage befördert worden war, darüber das Orange-Band des Schwarzen Adlerordens, dazu hohe Reitstiefel. Mit der Linken umfasste er die Spitze seines Kürassierhelms, in der Rechten hielt er die Urkunde, deren Pergament er nach tiefer Verbeugung gegen seinen Königlichen Herrn entrollte und deren Wortlaut er, immer dem König zugewendet, mit kräftiger Stimme also verlas:‚An das Deutsche Volk! Wir, Wilhelm, von Gottes Gnaden König von Preußen, nachdem die Deutschen Fürsten und Freien Städte den einmütigen Ruf an Uns gerichtet haben, mit der Herstellung des Deutschen Reiches die seit mehr denn sechzig Jahre ruhende Deutsche Kaiserwürde zu erneuern und zu übernehmen, bekunden hiermit, dass Wir es als eine Pflicht gegen das gemeinsame Vaterland betrachtet haben, diesem Rufe der verbündeten Deutschen Fürsten und Städte Folge zu leisten und die Deutsche Kaiserwürde anzunehmen. Wir übernehmen die Kaiserliche Würde in dem Bewusstsein der Pflicht, in Deutscher Treue die Rechte des Reiches und seiner Glieder zu schützen, den Frieden zu wahren, die Unabhängigkeit Deutschlands, gestützt auf die geeinte Kraft seines Volkes, zu verteidigen. Uns und Unseren Nachfolgern an der Kaiserkrone wolle Gott verleihen, allzeit Mehrer des Deutschen Reiches zu sein, nicht an kriegerischen Eroberungen, sondern an Gütern und Gaben des Friedens auf dem Gebiete nationaler Wohlfahrt, Freiheit und Gesittung.'"

Einzug der Sieger

Vier Stunden dauert am 16. Juni der Zug der heimkehrenden Krieger, der vom Tempelhofer Feld aus seinen Anfang nimmt und über das Hallesche und Brandenburger Tor die Linden entlang bis zum Schloss führt. An der Spitze des Zuges der mehr als 40 000 Soldaten der greise General Wrangel, dahinter Moltke, Bismarck in Uniform, Roon hoch zu Ross, dann der Kaiser, „gefolgt halb, halb umgeben von seines Hauses Prinzen und des Reiches Fürsten".

In der „Vossischen Zeitung" heißt es am nächsten Tag:

Kein schönerer Junimorgen hat je über Berlin geleuchtet als dieser sechzehnte... Von der ersten Morgenfrühe an hatten die Schaubegierigen ihre Plätze eingenommen... Auf Mauern, auf Dächern, Dachrinnen, auf fliegenden Gerüsten, auf Möbelwagen und Karren, denen die Besitzer selbst ihre Pferde ausgespannt und weggeführt hatten, waren sie in Scharen etabliert längs der ganzen äußeren Strecke. Kein Dach zu hoch, kein Stuhl zu niedrig, dass der nicht von Menschen besetzt gewesen wäre... Selbst auf den schwindelnden Höhen des Brandenburger Tores zeigte sich kein leerer Platz, keine Möglichkeit mehr des Sehens im Sitzen. Weiber und Männer wetteiferten dort in der Kühnheit der Posen, in einem Trotz gegen die Schwindel- und Todesverachtung, die etwas Erstaunliches hatten...

Das große Siegesfest auf den Straßen und Plätzen Berlins dauert bis in die späten Nachtstunden. Talgfackeln, Bengalische Flammen und elektrisches Licht, mit denen die Denkmäler und öffentlichen Gebäude illuminiert sind, tauchen die junge Kaiserstadt in ein bis dahin ungekanntes Lichtermeer. „Märchenhaft", „unirdisch", „ewig nachleuchtend" – so lauten die Attribute, mit denen die Journalisten ihre seitenlangen Berichte über die Berliner Siegesfeierlichkeiten schmücken.

Am Morgen nach dem Truppeneinzug schreibt der Dichter Berthold Auerbach an einen Freund:

Wie soll ich's zusammenfassen? Ich habe Weltgeschichte von Angesicht zu Angesicht gesehen. Das Dasein hat eine Füllung, der nichts mehr gleichkommen kann.

Auf einem großen Umwege fuhr ich mit den Meinen nach der Mittelstraße, von wo aus wir in das Freundeshaus Unter den Linden kamen. Ich kann Dir den Triumphzug nicht schildern. Das nur muss ich Dir sagen, als die 81 französischen Trikoloren und goldenen Adler vorübergetragen wurden und ein Jubelschrei ohnegleichen erdröhnte, da durchschauerte es mich unsagbar: Es ist vollbracht, der sinnenverwirrende blutlechzende Dämon der Gloire ist niedergeworfen, hoffentlich für alle Zeit. Wie ganz anders, wie verloren und verzweifelt sähe die Welt aus, wenn die Franzosen so unsere Fahnen einhertrügen zwischen den Hunderten von aufgepflanzten Kanonen. Wir Deutschen haben hoffentlich das Glück und die Kraft, dass uns dieser Sieg ohnegleichen nicht anders macht, nur unser redliches Bemühen, unser Dichten und Trachten für alles Gute und Schöne soll ungeängstigt vom bösen Nachbarn sich frei ausleben.

Wie stramm und fest ziehen die Sieger dahin, zu Fuß, zu Ross, ein jeder muss doch fühlen, dass er hat eine neue Welt mitgeschaffen.

Der Kaiser kommt! hieß es. Ihm vorauf ritten Bismarck, Moltke und Roon. Der Kaiser ritt allein. Niemand neben ihm. Der wunderbare Greis muss eine überlebensgroße Menschenkraft haben, diese äußeren Strapazen und innern Bewegungen so zu überdauern, und ich glaube, dass nur eine elementarisch einfache, unzergrübelte Natur so aushalten kann.

Es duldete mich nicht mehr im Hause. Ich ging auf die Straße, ins Gedränge, überall eine Gehobenheit, ein Strahlen von Glück und daneben in Gruppen Hunderte von herzlichen Bewillkommnungen und darüber der hellste, so lang entbehrte volle Sonnenschein.

Ich traf Scherenberg, der das von der Festjungfrau gesprochene Gedicht verfasst hat, man hat ihm aus Zimperlichkeit das Wort „in deiner Manneskraft" gestrichen. Da ist sie also noch immer und wieder – die Bedientenwelt.

Hauptstadt Berlin

Mit dem Truppeneinzug vom 16. Juni 1871 ist die „heroische" Epoche der deutschen Einheitsbewegung zu Ende, das Erbübel der deutschen Geschichte, die staatliche Zersplitterung, beseitigt. Wen kümmert es da schon, dass dieses heißersehnte Ziel weniger das Werk einer breiten Volksbewegung, denn das Ergebnis militärischer und diplomatischer Aktivitäten war, wen stört das noch ernsthaft angesichts des atemberaubenden Tempos, in dem die Ereignisse in den vergangenen zwölf Monaten in der Mitte Europas abgelaufen sind.

Für die Stadt Berlin kommt die neue Rolle als deutsche Reichshauptstadt denn auch eher überraschend. „Noch sehr viel später fand sich selbst im Amtsblatt des Berliner Magistrats die Ansicht, Berlin sei 1871 im Grunde als ‚Gewinner über Nacht' Kaiserstadt und Reichshauptstadt geworden: ‚In keinem Stadium der preußischen Geschichte hätte menschliche Voraussicht die kühne Forderung erheben können, die preußische Hauptstadt müsse sich darauf vorbereiten, einmal die Reichshauptstadt darzustellen'" (Hans Herzfeld, Berlin als Kaiserstadt). Und so berührt den Durchschnittsberliner denn seine neue Rolle als Hauptstädter vorerst auch wenig. Der Alltag tritt in seine Rechte, die tausend großen und kleinen Probleme des täglichen Lebens wollen bewältigt sein wie eh und je.

Berlin, die Hauptstadt des neuen Kaiserreiches, ist Ende 1871 eine Stadt von rund 826 000 Einwohnern, die größte Stadt Deutschlands, aber nicht einmal halb so groß wie Paris, und London hat um diese Zeit die 3-Millionen-Grenze längst überschritten. Aber seit den sechziger Jahren bereits ist die Residenz der preußischen Könige in raschem Wachstum begriffen. Berlin hat seine Einwohnerzahl in den zurückliegenden zwanzig Jahren fast verdoppelt und, wie man nicht ohne Stolz vermerkt, so alte Kaiserstädte wie Wien oder Petersburg hinter sich gelassen. „Berlin wird Weltstadt", so hieß eine vielgespielte Posse von David Kalisch in den sechziger Jahren, und die Berliner glaubten schon damals fest daran. Der erste Eindruck allerdings, den

Auf diesem Triumph haben die Sieger bestanden: Am 1. März 1871 ziehen deutsche Truppen in Paris ein – vorbei am Arc de Triomphe, den Napoleon I. einst nach dem Sieg über Preußen errichten ließ.

der Besucher von der Stadt empfing, wenn er um 1871 auf einer der acht Eisenbahnlinien in Berlin eintraf, vermittelte keineswegs Weltstadtflair:
Der alte Potsdamer Bahnhof war, wie alle anderen Berliner Bahnhöfe, eine erbärmliche „Bude“. Einen anderen Ausdruck hat unsere reiche deutsche Sprache nicht zur Verfügung, um die baulichen Zustände der hauptstädtischen Bahnhöfe jener Zeit wahrheitsgemäß zu bezeichnen. Dem jämmerlichen Aussehen entsprachen die inneren Einrichtungen auf das Vollkommenste. Im Wartesaal der dritten Klasse waren an den Wänden Bänke aus Kiefernholz angebracht; ein eiserner Ofen in der Mitte desselben spendete in den Wintermonaten die nötige Wärme; für prächtige Beleuchtung sorgten ein Paar frei in die Zimmerluft hinausflackernde Gasflammen. Im Wartesaal zweiter Klasse sah es schon vornehmer aus. Hier konnte man sich auf Stühlen und Bänken mit Rohrgeflecht niederlassen; hier hatten die Gasflammen schon Glaszylinder, hier stand auch schon ein weißer Kachelofen. In dem kleinen Wartesaal erster Klasse herrschte indessen eine sinnbetörende Prachtausstattung in Gestalt von Mahagonisesseln und Sofas, deren Polster mit knallrotem Plüsch überzogen waren. Von der Decke herab hing ein fünfarmiger Beleuchtungskörper mit Milchglaskugeln. Wer sich einmal unbefugterweise in dieses Heiligtum hineinwagte, hielt förmlich den Atem an vor Staunen über diesen Luxus. Und so wie hier war‘s auf dem Schlesischen, dem Stettiner, dem Anhaltischen Bahnhof. Auf diesem Bahnhof hat sich‘s einmal zugetragen, dass sich die Gemahlin des Kaisers Alexander II. bei ihrem Gang nach dem Hofzuge in der Dunkelheit den allerhöchsten Fuß verstauchte. Ein Donnerstrahl zuckte auf die Verwaltung der Anhaltischen Eisenbahngesellschaft herab, und die Folge davon war, dass ein Ministerialbefehl erging, für die Abstellung der skandalös gewordenen Missstände schleunigst Sorge zu tragen.

Mit Girlanden und Kränzen festlich geschmückt zeigt sich das Brandenburger Tor beim Einzug Kaiser Wilhelms in Berlin am 16. Juni 1871.

Das Gefühl der Nation

Der Historiker Leopold von Ranke, ab 1858 Erster Vorsitzender der Historischen Kommission bei der Bayerischen Akademie der Wissenschaften zu München, umreißt in einer Rede vor dieser Kommission das Wesen der Reichsgründung von 1871 und das Verhältnis Preußen–Österreich:
Es ging [1870] ein Gefühl durch die Nation, dass das Deutsche Reich und Kaisertum wiederhergestellt werden müsse. Man könnte ein Buch darüber schreiben, welche Wandlungen die Idee des Kaisertums in den verschiedenen Jahrhunderten erfahren hat.

Französische Allegorie auf den am 10. Mai 1871 geschlossenen Frieden von Frankfurt am Main. Plündernd besetzen preußische Truppen die um Frankreich trauernden Provinzen Elsass und Lothringen. Erst mit der Zahlung einer Kriegsentschädigung von 5 Milliarden Francs in Gold an den am Tisch sitzenden Kaiser Wilhelm I. und seinen Kanzler erreichte die französische Regierung den Abzug der deutschen Truppen.

Es gab eine Zeit, wo das Kaisertum den Mittelpunkt der abendländischen Nationen bildete: Der Rang und das Emporkommen der deutschen Fürsten beruht darauf, dass sie es waren, die der gesamten Christenheit ein weltliches Oberhaupt gaben.
In diesem Sinn ist jedoch das Kaisertum niemals vollkommen realisiert worden. Das Römisch-deutsche Reich, wie es im 12. und 13. Jahrhundert erscheint, war viel zu großartig angelegt, um in dem ganzen Umfang seiner Grenzen als eine Einheit zur Geltung zu kommen; aber allmählich erhielt die ursprüngliche universale Idee eine lediglich deutsche Bedeutung. Die Kaiser hörten auf, in Rom gekrönt zu werden; aber die in Deutschland erwählten Könige behielten die Würde auch ohne Krönung. Bei allem Gegensatz der auseinanderstrebenden Territorialmächte wurde die Autorität des Kaisertums nicht aufgegeben, solange bis das Reich unter Einwirkung eines fremden Eroberers in seinen Formen zertrümmert, bald darauf aber nach dessen Sturz in einen Bund unabhängiger Fürsten verwandelt wurde. Sollten nun diese, namentlich die gleichberechtigten Könige einen Kaiser über sich erkennen? Darin lag jedoch die einzige Lösung der vorliegenden Frage. Der König von Bayern, der mächtigste unter ihnen, ergriff dabei die Initiative, denn wie die alten Traditionen es mit sich brachten, von den Fürsten selbst musste die Wiederherstellung des Kaisertums ausgehen. Dass dies geschehen, ist ... von der größten historischen Wichtigkeit.
Die Tatsache an und für sich verknüpft die Jahrhunderte unserer Geschichte: Sie ist der Ausdruck des Gemeingefühls der Nation, wie es von Urzeiten her gebildet, die Gegenwart erfüllt. Und dadurch, dass die neue Würde erblich übertragen worden ist, bietet sie eine Gewähr der Einheit für die Zukunft, wie sie noch niemals vorhanden war.
Nur noch ein Moment war unerledigt. Einer der großen Stämme der Nation, durch den Lauf der Ereignisse auch von den letzten gemeinsamen Kämpfen und von der dadurch bedingten Gemeinschaft des neuen Reiches ausgeschlossen, schien sich sogar feindselig gegen dieselbe zu verhalten. Auch dieser Übelstand ist durch die jüngsten Ereignisse behoben worden. Das Kaisertum Österreich und das Deutsche Kaisertum sind in ein enges Verständnis miteinander getreten, das jede Feindseligkeit ausschließt. Am Tage liegt, dass Österreich und Preußen bei dem Gegensatz, der sie voneinander trennt, zusammen nicht wohl Mitglieder des Reiches sein konnten, wenn dies zu innerer Gleichförmigkeit und wirksamer äußerer Aktion gelangen sollte. Unter der ausschließenden Führung Preußens hat sich eine Macht gebildet, welche auch ohne Teilnahme Österreichs den Feind bestanden hat, dem wir in früheren Zeiten eben infolge jener inneren Spaltung, und mehr als einmal, unterlegen waren. Deutschland hat auch in dieser Beschränkung seine Stellung gewaltig eingenommen.
Österreich hat nun seinen Anspruch, auf das Innere mitzuwirken, fallen lassen; das neue Reich ist mit ihm in einen Bund getreten, wie es den Verhältnissen einzig angemessen, das gesammelte Nationalgefühl kann der Zukunft ruhig entgegensehen.

Elsass-Lothringen

Für die Abtretung Elsass-Lothringens einschließlich der Festung Metz waren für Bismarck ausschließlich militärstrategische Gründe maßgebend. Der Erwerb sei nötig, um die deutsche Grenze für den Fall französischer Angriffe, mit denen Bismarck rechnete, wei-

Karikatur des „Kladderadatsch", die Bismarck, an der Hand die widerspenstigen Buben Elsass und Lothringen, fragen lässt: „Liebster Reichstag, nun haben wir die beiden wieder, aber jetzt raten Sie mir, wie und wo wir sie unterbringen sollen!"

ter nach Westen zu schieben. Insbesondere galt es, die süddeutschen Staaten gegen französische Einfälle zu sichern, wie er in der Reichstagsrede vom 2. Mai 1871 ausführte. Dagegen trug der Sozialist August Bebel die Bedenken der Opposition gegen eine Annexion vor.

Bismarck:
... Ich bleibe dabei, die Deutschen in ihrer Einstimmigkeit wollten den Frieden. Ebenso einstimmig waren sie, als der Krieg uns aufgedrängt wurde, als wir gezwungen wurden, zu unserer Verteidigung zur Wehr zu greifen, wenn Gott uns den Sieg in diesem Kriege, den wir mannhaft zu führen entschlossen waren, verleihen sollte, nach Bürgschaften zu suchen, welche eine Wiederholung eines ähnlichen Krieges unwahrscheinlicher und die Abwehr, wenn er dennoch eintreten sollte, leichter machen. Jedermann erinnerte sich, dass unter unseren Vätern seit dreihundert Jahren wohl schwerlich eine Generation gewesen ist, die nicht gezwungen war, den Degen gegen Frankreich zu ziehen, und jedermann sagte sich, dass wenn bei früheren Gelegenheiten, wo Deutschland zu den Siegern über Frankreich gehörte, die Möglichkeit versäumt worden war, Deutschland einen besseren Schutz gegen Westen zu geben, dies darin lag, dass wir den Sieg in Gemeinschaft mit Bundesgenossen erfochten hatten, deren Interessen eben nicht die unsrigen waren. Jedermann war also entschlossen, wenn wir jetzt, selbständig und rein auf unser Schwert und unser eigenes Recht gestützt, den Sieg erkämpften, mit vollem Ernste dahin zu wirken, dass unseren Kindern eine gesicherte Zukunft hinterlassen werde.
Die Kriege mit Frankreich hatten im Laufe der Jahrhunderte, da sie vermöge der Zerrissenheit Deutschlands fast stets zu unserem Nachteile ausfielen, eine geographisch-militärische Grenzbildung geschaffen, welche an sich für Frankreich voller Versuchung, für Deutschland voller Bedrohung war. . .
Der Keil, den die Ecke des Elsass bei Weißenburg in Deutschland hineinschob, trennte Süddeutschland wirksamer als die politische Mainlinie von Norddeutschland, und es gehörte der hohe Grad von Entschlossenheit, von nationaler Begeisterung und Hingebung bei unseren süddeutschen Bundesgenossen dazu, um ungeachtet dieser naheliegenden Gefahr, der sie bei einer geschickten Führung des Feldzugs von Seiten Frankreichs ausgesetzt waren, keinen Augenblick anzustehen, in der Gefahr Norddeutschlands die ihrige zu sehen und frisch zuzugreifen, um mit uns gemeinschaftlich vorzugehen. Dass Frankreich in dieser überlegenen Stellung, in dieser vorgeschobenen Bastion, welche Straßburg gegen Deutschland bildete, der Versuchung zu erliegen jeder Zeit bereit war, sobald innere Verhältnisse eine Ableitung nach außen nützlich machten, das haben wir Jahrzehnte hindurch gesehen. . .

August Bebel:
Man hat die verschiedensten Gründe für die Annexion geltend gemacht. Man sagt, Elsass und Lothringen müsse aus strategischen Gründen deutsch werden, es müsse aus nationalen Gesichtspunkten deutsch werden, weil es seinerzeit zu Deutschland gehört habe, es müsse aus politischen Gründen deutsch werden, es müsse womöglich noch aus volkswirtschaftlichen Gründen deutsch werden. In der Presse, soweit sie Gelegenheit hatte, ihre Meinung zu äußern, sind hinlänglich die Gegengründe gegen diese Ansicht aufgestellt. Man hat, meines Erachtens mit vollem Rechte, hervorgehoben, sowenig es bei dem gegenwärtigen Kriege Frankreich seinerseits möglich war, trotz Elsass und Lothringen, trotzdem Straßburg und Metz in seinem Besitz war, den Einmarsch der deutschen Heere aufzuhalten, wird umgekehrt, wenn die Verhältnisse günstig sind, es eines Tages möglich sein, den Einmarsch der Franzosen in Deutschland zu verhüten, angenommen, dass Kombinationen getroffen sind und die Verhältnisse vielleicht günstiger sind, als sie für Frankreich jetzt waren.
Es ist notwendig, dass alles das, was dazu beitragen kann, Frankreich auf das Äußerste zu treiben, unterlassen wird, und dass dasjenige, was es einmal seit Jahrhunderten besitzt, heute ihm auch gelassen wird, um so

Moritz von Schwind, „Hochzeitsreise". Moritz von Schwind wurde am 21. Januar 1804 in Wien geboren und starb am 8. Februar 1871 in München. Unbeeinflusst von den politischen Ereignissen der nachnapoleonischen Jahre zeichnete und malte Schwind gemütvolle Szenen aus dem Alltag des Biedermeiers, illustrierte er Gedichte von Goethe, Dichtungen von Mörike und anderen zeitgenössischen Dichtern. Er spann mit Vorliebe schalkhafte Motive der Märchen aus und gab auch dem Gruseligen idyllisch-besinnliche Züge. Breiteste Wirkung erreichte Schwind in seinen zahllosen Holzschnitt-Illustrationen für die Fliegenden Blätter und die Münchner Bilderbogen.

mehr, da ja Elsass und Lothringen, mit Ausnahme von ein paar Dutzend Leuten, also die ganze Bevölkerung, entschieden gegen diese Annexion ist. Die gesamte Bevölkerung hat unzweifelhaft nicht im Mindesten Lust, in diesen deutschen Staat unter den Hohenzollern einzutreten, und von meinem Standpunkte aus ist der Wille der Bevölkerung für diese Frage entscheidend. Das Selbstbestimmungsrecht ist die Hauptgrundlage, auf welcher wir von unserem Standpunkte fußen müssen, und wenn wir heute das Selbstbestimmungsrecht mit Füßen treten, wenn wir heute, was uns beliebt, ohne Ausnahme nehmen können, dann vergeben wir damit das eigene Selbstbestimmungsrecht, dann müssen wir es uns ebenso gut gefallen lassen, wenn andere, wo die Gelegenheit sich bietet, auch Stücke unseres Landes nehmen (große Heiterkeit). Dieselben Gründe, die Sie jetzt für die Annexion angeben, sie können auch eines Tages gegen uns geltend gemacht werden. Das Nationalitätsprinzip ist meiner Ansicht nach ein durchaus reaktionäres Prinzip; wollen wir das Nationalitätsprinzip in Europa wirklich unverfälscht zur Geltung bringen, dann werden Sie zugeben, wäre des Krieges kein Ende abzusehen, dann wäre der Beruf der Völker nur, immer Krieg zu führen, zu arbeiten, nur, um den Krieg möglich zu machen.

1872

JANUAR

1.1. Das Strafgesetzbuch (StGB) tritt in Kraft.
1.1. Das Meter wird verbindliche Maßeinheit in Deutschland.
21.1. In Wien stirbt der Dichter Franz Grillparzer. Aus dem Nachlass werden die Dramen „Die Jüdin von Toledo", „Ein Bruderzwist in Habsburg" und „Libussa" herausgegeben.

MÄRZ

11.3. Der Kulturkampf verschärft sich: Das preußische Schulaufsichtsgesetz stellt nun auch die Schulen unter staatliche Leitung, katholische Ordensangehörige werden vom Unterricht ausgeschlossen, was den erbitterten Widerstand der Kirche hervorruft.
26.3. Im „Leipziger Hochverratsprozess" werden die führenden Sozialisten August Bebel und Wilhelm Liebknecht wegen „Vorbereitung zum Hochverrat" und Majestätsbeleidigung zu zwei Jahren Festungshaft verurteilt. Sie hatten sich gegen den deutsch-französischen Krieg gewandt und die Annexion von Elsass-Lothringen kritisiert.

APRIL

7.4. Ein Reichsgesetz verbietet den Jesuitenorden. Die meisten Ordensangehörigen ziehen sich in ausländische Missionen oder nach Holland zurück.

MAI

Mai. Im preußischen Landtag spaltet sich von den Konservativen eine bismarcktreue Fraktion ab, die Neuen Konservativen.
22.5. Zur Abwehr der bismarckschen kirchenfeindlichen Politik gründet sich der Verein der Deutschen Katholiken.
24.5. Tod des Malers und Zeichners Julius Schnorr von Carolsfeld in Dresden.
31.5. In Braunschweig stirbt der Schriftsteller Friedrich Gerstäcker, der sich mit Abenteuerromanen einen Namen gemacht hat.

JUNI

18.6. Im Essener Kohlerevier beginnt ein Streik der Bergleute, der sich rasch über das Ruhrgebiet ausbreitet. Die Kumpel fordern 25 Prozent mehr Lohn und die Einführung der 8-Stunden-Schicht. Der Streik wird am 28.7. ohne Ergebnis abgebrochen.

JULI

25.7. In Berlin protestieren Mieter gegen Wohnungsnot und Mietwucher. Die Unruhen dauern sechs Tage an.

SEPTEMBER

2.9. Die Sozialdemokraten in Hamburg und Altona versuchen mit einem Gegenprogramm zu den offiziellen Sedanfeiern ein Zeichen gegen den Krieg zu setzen. Die Polizei reagiert mit wochenlangen Verboten von Parteizusammenkünften.
2.9. Auf dem Kongress der Internationalen Arbeiterassoziation in Den Haag treten Konflikte zwischen Marxisten und Anarchisten zu Tage, die die Auflösung der Organisation einleiten.
7.–11.9. Auf einem „Dreikaisertreffen" in Berlin verständigen sich der deutsche Kaiser Wilhelm I., der österreichisch-ungarische Kaiser Franz Joseph I. und der russische Zar Alexander II. auf ein informelles Bündnis zur Abwehr demokratischer Strömungen und zu einer gemeinsamen Haltung in außenpolitischen Fragen. Die Gespräche gestalteten sich schwierig; sie offenbaren, dass die für die europäische Politik charakteristischen Probleme der Bismarckära, die

Arnold Böcklin, Selbstbildnis mit Tod, 1872.

287. Mittwoch, den 4. December 1872

Leipziger Zeitung.

Für die Redaction verantwortlich: C. C. Florenz, Inspector der Königlichen Expedition der Leipziger Zeitung in Leipzig.
Ausgegeben durch die Königl. Expedition der Leipziger Zeitung in Leipzig, Poststraße Nr. 3.

Dresdner Bank.

Grundcapital 8,000,000 Thaler mit vorläufiger Einzahlung von 40%.

Zweck der Gesellschaft ist der Betrieb des Bank- und Commissionsgeschäftes in allen seinen Zweigen; sie kann Unternehmungen ins Leben rufen, auch ist sie berechtigt, Zweigniederlassungen, Agenturen und Commanditen zu errichten. (§. 2 der Statuten.)

Auf die Bank gehen die Geschäfte des Bankhauses **Michael Kaskel** in Dresden über. Dieselbe hat mit dem **1. December a. c.** ihre Thätigkeit eröffnet.

Aufsichtsrath:

Felix Freiherr **von Kaskel** in **Dresden**, Vorsitzender;
Friedrich Gelpcke in **Berlin**, Geschäftsinhaber der Berliner Handelsgesellschaft, Stellvertretender Vorsitzender;
Handelskammerpräsident **Ernst Rülke** in **Dresden**, Stellvertretender Vorsitzender (vorläufig als Delegirter in die Direction eingetreten);
Ludwig Gumpel, Banquier in **Leipzig**, Verwaltungsrath der Allgemeinen Deutschen Credit-Anstalt;
Ludwig Goldberger, Firma **J. T. Goldberger**, Banquier in **Berlin**;
Marcus M. Goldschmidt, Firma **Moritz B. Goldschmidt** in **Frankfurt a. M.**, Aufsichtsrath der Deutschen Effecten- und Wechselbank;
Carl August Häbler in **Dresden**;
Heinrich Hohenemser, Director der Deutschen Vereinsbank zu **Frankfurt a. M.**;
Theodor Jaques, Firma **D. Jaques & Sohn**, Banquier in **Hamburg**;
Geh. Kammerrath Freiherr **Carl von Kaskel** in **Dresden**;
Justizrath **Rudolph Kohlschütter** in **Dresden**;
Karl Manckiewicz, Firma **Philipp Elimeyer**, Banquier in **Dresden**;
Max Meyer, Firma **Meyer & Co.**, Banquier in **Leipzig**, Verwaltungsrath der Allgemeinen Deutschen Credit-Anstalt;
Consul **Otto Müller** in **Dresden**;
Arthur Rosencrantz, Firma **George Meusel & Co.**, Banquier in **Dresden**;
Moritz Winkler, Fabrikbesitzer in **Dresden**.

Presseveröffentlichung vom 4. Dezember 1872 zur Gründung der Dresdner Bank.

russischen Kompensationsansprüche , das deutsche Sicherheitsbedürfnis, der preußisch-deutsche Hegemonialanspruch, die von Deutschland angestrebte Isolierung Frankreichs, und der latente russisch-österreichische Interessenkonflikt nur schwer in Einklang zu bringen sind.

13.9. Tod des Philosophen Ludwig Feuerbach in Rechenberg bei Nürnberg.

24.9. Uraufführung von Franz Grillparzers Tragödie „Ein Bruderzwist in Habsburg" in Wien.

OKTOBER

26.10. In den höheren Schulen der Provinz Posen wird Deutsch als Unterrichtssprache verbindlich gemacht.

NOVEMBER

1.11. Eröffnung des Potsdamer Bahnhofs in Berlin.

12.11. Gründung der Dresdner Bank unter Übernahme des bereits seit 100 Jahren bestehenden Bankhauses Michael Kaskel in Dresden. Die Bank beginnt ihre Tätigkeit am 1.12. mit 30 Mitarbeitern.

22.11. In Prag wird Franz Grillparzers Tragödie „Die Jüdin von Toledo" uraufgeführt.

DEZEMBER

1.12. Mit der Fertigstellung der Brücken über die Elbe wird Hamburg auch von Süden her mit der Eisenbahn erreichbar.

13.12. Eine Verwaltungsreform in Preußen beseitigt die gutsherrliche Polizeigewalt in den östlichen preußischen Provinzen. In den Landkreisen entstehen Kreistage und Landräte als Organe der Selbstverwaltung.

AUSSERDEM:

Auf einer Tagung in Eisenach werden auf Inititiative des Nationalökonomen Gustav Schmoller die ersten organisatorischen Schritte zur Bildung des Vereins für Socialpolitik unternommen.

Friedrich von Bodelschwingh übernimmt die Leitung der Anstalt für Epileptiker in Bethel.

Georg Cantor beweist, dass eine Funktion ausschließlich durch eine trigonometrische Reihe dargestellt werden kann, selbst wenn sie nicht für eine unendliche Menge von Punkten in einem Intervall konvergiert; dieses Ergebnis führt Cantor zur Untersuchung unendlicher Mengen.

Ernst Mach entwickelt seine Philosophie, dass alles Wissen nur Wahrnehmung ist.

E. Weiss sagt auf der Grundlage der Umlaufbahn eines vor sechs Jahren verschwundenen Kometen vorher, dass es am 28.11. zu einem Meteoritenschauer kommen wird; der vorausgesagte Meteoritenschauer tritt tatsächlich am 27.11. auf.

Felix Klein stellt sein „Erlanger Programm" vor, in dem er eine Geometrie fordert, die auf Transformationsgruppen beruht.

Ernst Abbe verbessert das Mikroskop durch Kondensor.

David Friedrich Strauß: „Der alte und der neue Glaube" (evolutionistische Fortschrittsphilosophie).

Emil Du Bois-Reymond: „Die Grenzen des Naturerkennens".

Ferdinand Cohn: „Grundlegende Untersuchungen über die Biologie und Systematik der Bakterien" (Begründung der systematischen Bakteriologie).

Gottfried Keller: „Sieben Legenden" (Erzählungen).

Wilhelm Busch: „Die fromme Helene" (Bildergeschichte).

Hans Thoma: „Der Rhein bei Säckingen" (Gemälde).

Wilhelm Trübner: „Kloster im Chiemsee" (Gemälde).

Arnold Böcklin: „Selbstbildnis mit Tod" (Gemälde).

Anton Bruckner: Messe Nr. 3 f-moll.

Mit der Pharmacapoea Germanica erscheint erstmals ein für das ganze Reichsgebiet gültiges Arzneibuch.

Im Markgräflichen Opernhaus dirigiert Richard Wagner an seinem 59. Geburtstag, am 22. Mai 1872, dem Tag der Grundsteinlegung zum Bayreuther Festspielhaus, den Kaisermarsch und Beethovens Neunte Symphonie.

Blumenstraßenkrawall

Die unaufhörliche Steigerung der Mieten, der immer empfindlichere Mangel an kleinen, bezahlbaren Wohnungen, die immer brutaleren Schikanen der Wirte verurteilen einen Großteil der Berliner Bevölkerung zum ständigen Umzug. Im Sommer 1872 wird die Situation derart prekär, dass es zu regelrechten Straßenschlachten zwischen Bevölkerung und Polizei, dem so genannten Blumenstraßenkrawall kommt, den der Sozialdemokrat Eduard Bernstein in seiner „Geschichte der Berliner Arbeiterbewegung" beschreibt:
Der Krawall setzte am Donnerstag, den 25. Juli, abends, mit Zusammenrottungen vor dem Hause Blumenstraße 51c ein, wo ein armer Schuhmacher aus seiner Wohnung exmittiert worden war. Schutzleute, welche die angesammelten Massen auseinander treiben sollten, wurden mit Steinwürfen bedacht, ihre Verstärkung durch berittene Schutzmannschaft zog, statt Ruhe zu stiften, immer neue Massen an, und auch die angrenzenden Straßen waren schließlich von Menschen überfüllt; wo die Berittenen sich zeigten, flogen Steine. Es dauerte bis drei Uhr nachts, ehe die Massen sich völlig zerstreuten. Am nächsten Tage schien alles ruhig abgehen zu wollen, bis gegen Mittag die Polizei wieder in großer Zahl auf dem Schauplatz erschien. Der Versuch, Färbereiarbeiter zum Verlassen der Straße zu zwingen, hatte die gefährliche Verletzung des Polizeileutnants von Rath durch einen Ziegelstein zur Folge. Mittlerweile kam vom weiteren Osten, vom Frankfurter Feld her, Kunde, die das ganze Stadtviertel erregte. Draußen hatte die Polizei unbarmherzig Baracken von Obdachlosen niedergerissen, und der Jammer der armen Leute, die nun kamen, ihr Leid zu klagen, erbitterte alle Welt aufs Höchste. Im ganzen Viertel, in der Frankfurter Straße, Weberstraße und deren Querstraßen, in der Blumenstraße, Strausberger Straße und Krautsstraße, lärmte die Masse, warf die Gaslaternen ein, hob die Rinnsteinbohlen aus und errichtete aus ihnen und Pflastersteinen in den engeren Straßen Barrikaden. Jetzt wurden die ganze berittene Schutzmannschaft und mehrere hundert Schutzleute zu Fuß aufgeboten, aber wohin die Polizisten kamen, wurden sie mit Steinwürfen empfangen, die an manchen Stellen wahren Bombardements glichen. Auch aus Häusern flogen allerhand Wurfgegenstände, Flaschen und so weiter, auf die Schutzleute; so aus dem Hause Krautsstraße 36, während das Volk dort aus Bohlen eine Barrikade gebaut hatte, um die Polizei im Vorrücken zu hemmen. Wieder dauerte es bis drei Uhr nachts, ehe die Straßen von der Menge verlassen waren.
Am nächsten Tag, Sonnabend, den 27. Juli, machten Plakate der Polizei mit den üblichen Warnungen und Drohungen und ein Massenaufgebot von Polizei das Volk erst recht aufsässig. Gegen 400 Schutzleute zu Fuß, 200 zu Pferde und eine große Anzahl Polizisten in Zivil waren zur Stelle, zwei Bataillone des Kaiser-Alexander-Regiments und zwei Schwadronen der Gardedragoner standen mit scharfen Patronen in den Kasernen zum Ausmarsch bereit. Die Schutzmannschaft stellte sich am Zentralpunkt des Krawalls, Blumen- und Krautsstraßenecke, auf und hielt hier Standquartier, von wo aus kleinere Abteilungen in die nächstliegenden Straßen entsandt wurden. Das schien anfänglich zu genügen. Wohl gab es immer noch kleinere Krawalle und eine Art Guerillakrieg mit Steinwürfen aus den Häusern heraus, so, dass einem der Schutzleute der Arm zerschmettert wurde. Aber die Häuser wurden bald von der Polizei gestürmt, und schon meldete der Kommandeur der Schutzmannschaft, Oberstleutnant von Tempsky, dem Minister des Innern: „Die Situation hat sich wesentlich gebessert!" und war eben im Begriff, durch einen Polizeiassessor die zur Verfügung gestellten Militärmannschaften abzubestellen, da erlöschten gerade im selben Augenblick am Grünen Weg, östlich vom Andreasplatz, sämtliche Straßenlaternen unter Steinwürfen der Menge, und östlich und nördlich vom Hauptquartier der Schutzmannschaft tobt die Revolte erst recht. So dichtgedrängt sind die Massen, dass es der Polizei lange Zeit nicht gelingt, sie zu sprengen. Drei-Barrikaden werden gebaut, eine davon Ecke Grüner Weg und Küstriner Platz, und sie wird vom Volk erst verlassen, als

Bei dem starken Zustrom von Menschen aus allen Teilen des Reiches wurden bezahlbare Wohnungen knapp in Berlin. Paul Meyerheim, „Barackenkolonie obdachloser Familien am Kottbusser Damm", 1872.

Julius Schnorr von Carolsfeld, „Hagen ermordet Siegfried", 1845.

die Polizei sie umgangen hatte. Außerdem wird das Polizeibüro in der Langestraße gestürmt und der dort wachthabende Polizist, Wachtmeister Kunze, schwer verwundet. Ja, in weiter entlegenen Stadtteilen revoltiert es nun auch. Vor dem Hause Weinstraße 32, dessen Vizewirt Schutzmann ist, sammelt sich am Abend eine bis auf tausend Köpfe anwachsende Menge, dringt um elf Uhr in das Haus ein, schlägt dort alles kurz und klein, bis eine Abteilung berittener Polizei eintrifft und sie nach dem Friedrichshain hin zurückdrängt. Ein gleicher Angriff findet unweit vom Kottbusser Tor auf das Haus Skalitzer Straße 12 statt, wo ein Mieter exmittiert worden war. Der Krawall nahm hier ein so bedrohliches Gesicht an, dass in der Kaiser-Franz-Kaserne in der Pionier-, jetzt Blücherstraße die Soldaten konsigniert wurden und ebenfalls eine Schwadron Dragoner sich gesattelt bereithalten musste. Wieder wird es gegen drei Uhr nachts, bis es gelingt, überall die Volksmenge von den Straßen wegzudrängen. Am Sonntag wurde ein noch stärkeres Aufgebot von Militär in den Kasernen konsigniert gehalten, aber man hatte mittlerweile gelernt und verzichtete darauf, die Schutzmannschaft in Massen aufmarschieren zu lassen. Da man es nicht provozierte, verhielt sich das Volk ruhig, und die Revolte hatte ein Ende.

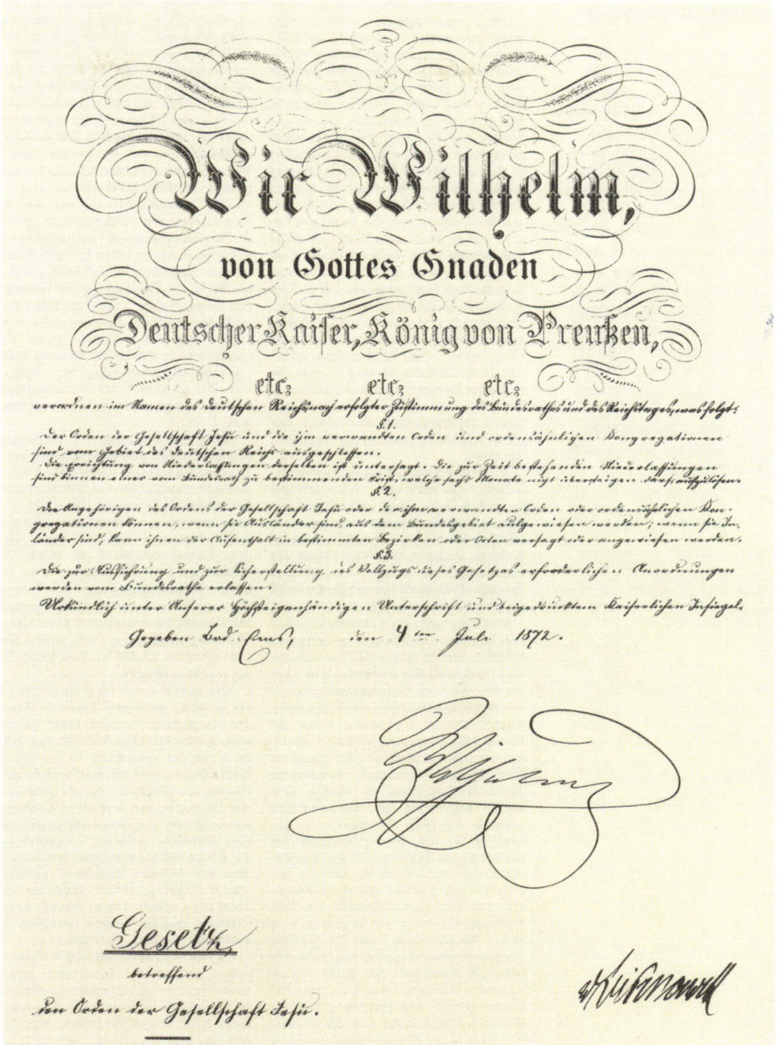
Wir Wilhelm,
von Gottes Gnaden
Deutscher Kaiser, König von Preußen,
etc. etc. etc.

Gesetz

Jesuitengesetz vom 4. Juli 1872.
§ 1. Der Orden der Gesellschaft Jesu und die ihm verwandten Orden und ordensähnlichen Kongregationen sind vom Gebiete des Deutschen Reiches ausgeschlossen. Die Errichtungen von Niederlassungen sind binnen einer vom Bundesrate zu bestimmenden Frist, welche sechs Monate nicht übersteigen darf, aufzulösen.
§ 2. Die Angehörigen des Ordens der Gesellschaft Jesu oder der ihm verwandten Orden oder ordensähnlichen Kongregationen können, wenn sie Ausländer sind, aus dem Bundesgebiet ausgewiesen werden; wenn sie Inländer sind, kann ihnen der Aufenthalt in bestimmen Bezirken oder Orten versagt oder angewiesen werden.
§ 3. Die zur Ausführung und zur Sicherstellung des Vollzuges dieses Gesetzes erforderlichen Anordnungen werden vom Bundesrat erlassen.

Julius Schnorr von Carolsfeld

Julius Schnorr von Carolsfeld wurde am 26. März 1794 in Leipzig geboren und starb am 24. Mai 1872 in Dresden. Nach seiner Lehrzeit an der Wiener Akademie schloss er sich 1817 in Rom den Nazarenern an. Seine Landschaftszeichnungen aus den Albaner und Sabiner Bergen werden heute zu den großen künstlerischen Leistungen der deutschen Romantik gezählt. 1825 wurde Carolsfeld von Ludwig I. nach München gerufen, wo er die dortige Residenz mit Darstellungen aus der Nibelungensage ausstattete. In einer Folge von Sälen konnte Schnorr das deutsche Heldenlied zyklisch darstellen, und es war seine besondere Leistung, dass er dabei die einzelnen Zimmer und Wände durch ein durchgehendes ornamentales System gliederte und die größeren und kleineren Bilder, die Lünetten und Supraporten und die Hoch- und Breitformate mit unfehlbarem stilistischen Gefühl verteilte. Das Vorbild der Loggien und Stanzen übersetzte er in eine Bildsprache, die von Dürer und Cornelius beeinflusst war, und durch die er die Szenen des Heldenliedes erstmals in großem, monumentalen Maßstab bildlich vergegenwärtigte. An dramatischer Phantasie und geschmeidiger plastischer Figurenzeichnung übertraf er Cornelius. Besonders die spannungsvollen Auftritte der Ermordung Siegfrieds, der Klage der Kriemhilde, Hagen und Volker verweigern Kriemhilde den Gruß und der Gefangennahme Hagens zeigen Schnorrs Begabung für das Szenische und den heroischen Figurenstil.

Ludwig Feuerbach

„Gott war mein erster Gedanke, die Vernunft mein zweiter, der Mensch mein dritter und letzter." Mit diesem Wort des Philosophen Ludwig Feuerbach spiegelt sich der Abstieg der Zielsetzung eines Zeitalters, dessen Gefälle von Gott zum Menschen geht. Die von David Strauß historisch unterhöhlte Religiosität des 19. Jahrhunderts wollte Feuerbach philosophisch erschüttern. Sein Hauptwerk hieß „Das Wesen des Christentums", es erschien 1840, als Feuerbach bereits die akademische Laufbahn um seiner Überzeugung willen aufgegeben hatte. – Ludwig Feuerbach, geboren in Landshut am 28. Juli 1904, war ein geistiger Umstürzler, ein Zerstörer alter Ideale. Er hat die Sätze geprägt: „Der Mensch ist, was er isst. Die Lehre von den Nahrungsmitteln ist von großer ethischer und politischer Bedeutung. Die Speisen werden zu Blut, das Blut zu Herz und Hirn, zu Gedanken und Gesinnungsstoff. Wollt ihr das Volk bessern, so gebt ihm statt Deklamationen gegen die Sünde bessere Speisen." Mit seiner Philosophie wurde er einer der Väter des Materialismus, auf den sich Karl Marx, Engels und Lenin berufen haben. Dieser „Geist aus Dynamit und Schwefelsäure" – wie man ihn genannt hat – ging aus der Familie des berühmten Kriminalisten Anselm Feuerbach, eines nahen Verwandten des berühmten Malers, hervor. Er wurde geboren in Landshut, studierte zu Heidelberg und hörte den großen Hegel in Berlin. Kurz war das Zwischenspiel als Hochschullehrer in Erlangen, dann kam trotz des Ruhmes die wirtschaftliche Not. Verarmt und halb verhungert ist der Mann, der den Völkern anstatt Religion bessere Ernährung empfohlen hatte, am 13. September 1872 auf dem Rechenberg nahe Nürnberg gestorben. Auf die radikale Jugend Deutschlands in den vierziger Jahren des 19. Jahrhunderts hat er richtunggebenden Einfluss ausgeübt.

1873

JANUAR

17.1. In einer Rede im preußischen Landtag nennt der Abgeordnete Rudolf Virchow die seit zwei Jahren laufende Auseinandersetzung zwischen der katholischen Kirche und dem preußischen Staat einen „Kampf der Kulturen“. Der Begriff „Kulturkampf“ geht danach in den politischen Sprachgebrauch ein.

APRIL

15.4. Der Primas von Polen und Erzbischof von Gnesen, Miecyslaw Halka Graf Ledóchowski, wird wegen Verstoßes gegen den Kanzelparagraphen seines Amtes enthoben.
18.4. In München stirbt der Chemiker Justus von Liebig.

MAI

9.5. Ein Börsensturz in Wien leitet das Ende der Spekulationswelle „(Gründerkrach“) ein. Die wirtschaftliche Depression hält mehrere Jahre an.
11.5. Mit den preußischen „Maigesetzen“ (Ausbildung und Anstellung von Geistlichen, kirchliche Disziplinargewalt und Finanzverwaltung und kirchliche Strafmittel gehen in staatliche Hand über) erreicht der „Kulturkampf“ seinen Höhepunkt.
31.5. Der Archäologe Heinrich Schliemann findet bei seinen Ausgrabungen in Troja eine Sammlung wertvoller Schmuckstücke, die er als „Schatz des Priamos“ interpretiert.

JULI

Juli. Eine Choleraepidemie in Hamburg beeinträchtigt das wirtschaftliche Leben. Die Ex- und Importbeziehungen zu verschiedenen Ländern kommen fast zum Erliegen.
14.7. Im preußischen Landtag erhebt der nationalliberale Abgeordnete Eduard Lasker schwere Korruptionsvorwürfe gegen Mitglieder der preußischen Regierung im Zusammenhang mit dem „Gründerboom“. Daraufhin treten Handelsminister Heinrich von Itzenplitz und Hermann Wagner, ein enger Mitarbeiter Bismarcks, zurück.

AUGUST

7.8. Papst Pius IX. richtet einen Appell an Kaiser Wilhelm I., den Kampf gegen die katholische Kirche einzustellen. Wilhelm weist am 10.8. die Vorwürfe zurück.

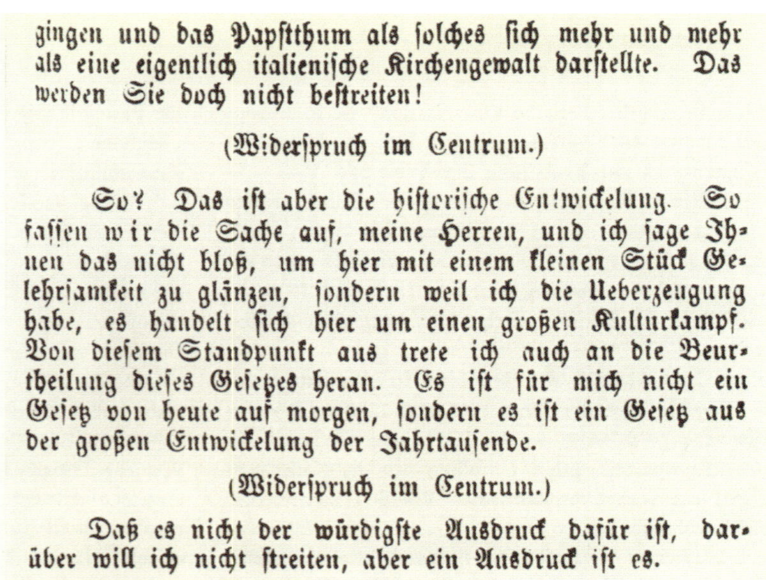
gingen und das Papstthum als solches sich mehr und mehr als eine eigentlich italienische Kirchengewalt darstellte. Das werden Sie doch nicht bestreiten!

(Widerspruch im Centrum.)

So? Das ist aber die historische Entwickelung. So fassen wir die Sache auf, meine Herren, und ich sage Ihnen das nicht bloß, um hier mit einem kleinen Stück Gelehrsamkeit zu glänzen, sondern weil ich die Ueberzeugung habe, es handelt sich hier um einen großen Kulturkampf. Von diesem Standpunkt aus trete ich auch an die Beurtheilung dieses Gesetzes heran. Es ist für mich nicht ein Gesetz von heute auf morgen, sondern es ist ein Gesetz aus der großen Entwickelung der Jahrtausende.

(Widerspruch im Centrum.)

Daß es nicht der würdigste Ausdruck dafür ist, darüber will ich nicht streiten, aber ein Ausdruck ist es.

Auszug aus dem Abdruck der Rede Virchows vom 17. Januar 1873, in der dieser den Ausdruck „Kulturkampf“ prägte.

SEPTEMBER

2.9. Zum Sedanstag wird in Berlin die Siegessäule, ein Werk von Johann Heinrich Strack, eingeweiht.

OKTOBER

1.10. Auf der Wiener Weltausstellung wird der erste Schlafwagen vorgestellt. Ab Ende des Jahres verkehren fahrplanmäßige Schlafwagenzüge zwischen Köln und Paris.
13.10. In Eisenach wird der Verein für Socialpolitik gegründet. Ihm gehören Wirtschaftswissenschaftler, Sozialpolitiker und Unternehmer an, die für Sozialreformen eintreten, um so gesellschaftliche Ungerechtigkeiten auszugleichen und zur Erhaltung des kapitalistischen Systems beizutragen. Der Verein wendet sich sowohl gegen den schrankenlosen Liberalismus als auch die revolutionären Bestrebungen der Sozialdemokratie. Von seinen Gegnern als Organ der „Kathedersozialisten“ verspottet, kann der Verein für Socialpolitik dennoch bedeutende Wirksamkeit entfalten und den Grund für die bismarcksche Sozialgesetzgebung der 1880er Jahre legen.
22.10. Die im Vorjahr zum „Dreikaisertreffen“ in Berlin zusammengekommenen Monarchen von Deutschland, Österreich-Ungarn und Russland schließen in Wien das „Dreikaiserabkommen“, in dem sie einander gegenseitige Verständigung im Falle einer europäischen Krise zusichern.
Herbst. Nach vollständiger Bezahlung der Reparationen werden die deutschen Besatzungstruppen aus den französischen Ostdepartements abgezogen.

NOVEMBER

3.11. Mit der Eröffnung der Basler Rheinbrücke wird eine durchgehende Zugverbindung zwischen Deutschland und der Schweiz geschaffen.
9.11. Der altkatholische Bischof Hubert Reinken wird von Papst Pius IX. exkommuniziert. Die Altkatholiken haben sich nach der Verkündigung des Dogmas von der Unfehlbarkeit des Papstes 1870 von der römisch-katholischen Kirche losgesagt. Trotz Förderung durch den preußischen Staat gelingt es ihnen jedoch nicht zur Massenbewegung zu werden.
22.11. Auf der Vulkanwerft in Stettin läuft das erste in Deutschland gebaute Panzerschiff, das Turmschiff „Preußen“, vom Stapel.

AUSSERDEM

Ernst Abbe entwickelt die Theorie der mikroskopischen Abbildung.
Gottfried Semper baut das neue Wiener Burgtheater.
Georg M. Ebers erwirbt eine 20 m lange Schriftrolle, die zusammen mit einer Mumie in Theben begraben gewesen sein soll; es handelt sich dabei um die Abschrift einer Zusammenfassung der ägyptischen Medizin, die aus der Zeit um 1600 v. Chr. stammt (das Original wurde wesentlich früher verfasst).
Carl Humann schenkt dem Königlichen Museum in Berlin ein Relief, das er 1864 bei Ausgrabungen im antiken Pergamon (Türkei) gefunden hat.
Hermann Wilhelm Vogel entdeckt die Farbempfindlichkeit von Fotoplatten und schafft damit die Voraussetzung für die Entwicklung der Farbfotografie.
Wilhelm Auerbachs Buch „Das Schwimmen, sicher, leicht und schnell zu erlernen“ kommt in der zweiten Auflage heraus.
Die österreichische Nordpolarmeer-Expedition von Payer und Weyprecht entdeckt Franz-Josef-Land.
Friedrich Nietzsche: „Unzeitgemäße Betrachtungen“.
Theodor Storm: „Viola tricolor“ (Novelle).
Conrad Ferdinand Meyer: „Das Amulett“ (Novelle).
Anselm Feuerbach: „Das Gastmahl des Plato“ (Gemälde).
Arnold Böcklin: „Kentaurenkampf“ (Gemälde).
Hans von Marées: Fresken in der Zoologischen Station in Neapel (u.a. „Vier Ruderer“).
Johannes Brahms: Streichquartette c-moll, a-moll.
Anton Bruckner: 3. Symphonie d-moll.

Justus Liebig

* Darmstadt, 12. Mai 1803
† München, 18. April 1873

Die meisten Menschen werden seinen Namen ausschließlich mit Fleischextrakt, Säuglingsnahrung, Backpulver, Brotrezepten, Kaffee-Extrakt, Kinder-Zwieback oder Vollkornbrot verbinden. Natürlich war er deren „Vorkämpfer", „erfand" er sie in seinen praxisorientierten letzten Lebensjahrzehnten, aber seine Bedeutung als Chemiker geht doch weit über diese gewiss nützlichen Dinge hinaus. Zweifellos war Justus Liebig, der 1845 in den erblichen Freiherrnstand erhoben wurde, einer der Begründer der modernen Ausbildungsmethoden im Chemiestudium, schlechthin die historische Schlüsselfigur für die Entwicklung der Chemie in Deutschland im 19. Jahrhundert.

Durch den mustergültigen Ausbau seines Chemielaboratoriums als Professor in Gießen machte er die dortige Universität zu einem Mittelpunkt des Chemiestudiums, wo ganze Generationen bekannter Chemiker aus vielen Ländern ausgebildet wurden. Straffe Organisation der praktischen Ausbildung im Laboratorium, das war das für damalige Zeiten sensationell Neue und Weiterführende an Liebigs Lehrtätigkeit. Die Vervollkommnung der organisch-chemischen Elementaranalyse, zu Beginn des 19. Jahrhunderts ein wahres Kunststück, war Liebigs zweite große Tat. Darauf baut auch seine dritte Großtat auf, die Entwicklung der Düngetheorie. Liebig erkannte, dass man die chemischen Stoffe ersetzen müsse, die dem Boden durch die Wegnahme der Feldfrüchte entzogen wurden. So folgerte er richtig, dass man Stallmist durch seine mineralischen Bestandteile Phosphate, Kali- und Magnesiasalze, Kalk, Sulfate, Ammoniaksalze oder Nitrate ersetzen kann.

Schon früh, etwa ab 1832 im Alter von knapp über 30 Jahren, legte Liebig erfolgreiche Arbeiten über die organische Chemie vor. Überhaupt liegen seine Verdienste auch auf dem Gebiet der „Schriftstellerei", Verdienste um die chemische Literatur in Büchern und Zeitschriften. Das Ansehen der Chemie hob Liebig gewaltig durch seine Artikelserie in der damals renommierten Zeitung „Augsburger Allgemeine", einer Serie, die unter dem Titel „Chemische Briefe" erschien und später als Buch herauskam.

Das politische Geschehen seiner Zeit spielte in Liebigs Leben eine große Rolle. Man sah damals eine der Hauptursachen für die revolutionären Unruhen von 1848/49 in den häufigen Missernten. Da sich Liebig ausführlich mit Landwirtschaft und menschlicher Ernährung befasste, war seine besondere Anteilnahme an der Politik durchaus verständlich. Sein Laboratorium war während der Revolution eine Art geistiges Zentrum in Gießen, und der Anführer der jungen Leute, die sich damals zum „Sonderbund" zusammengetan hatten, war der Philosoph Moritz Carriere, Liebigs späterer Schwiegersohn. In seinen Äußerungen gab sich Liebig aber immer als Mann der sogenannten bürgerlichen Mitte zu erkennen. Die Republik als Staatsform schien ihm das Rechte zu sein.

Es kam anders, die Reaktion siegte, und Liebig wurde naturwissenschaftlicher Berater von König Max II. von Bayern in München, bei dem er alle seine Ideen durchsetzen konnte, wohl aber große Schwierigkeiten mit der bayerischen Ministerialbürokratie hatte. In München führte Liebig dann auch einen „fürstlichen Haushalt" mit großer Pracht und Herrlichkeit. Der Reichtum der „Gründerjahre" hatte bei ihm Einzug gehalten.

Justus Liebig.

Angefangen hatte sein Leben nicht so üppig. Liebig wurde in Darmstadt als Sohn des Kaufmanns Johann Georg Liebig und seiner Frau Marie Caroline geboren. Die Eltern führten ein kleines Drogen- und Materialiengeschäft, zu dem auch ein kleines chemisches Laboratorium gehörte. Justus kam im April 1811 aufs Gymnasium in Darmstadt, bot aber so schwache Leistungen, dass ihn die geplagten Eltern noch vor dem Schulabschluss zu einem Apotheker nach Heppenheim in die Lehre gaben. Liebig hielt es dort nur zehn Monate aus, oder der Apotheker warf ihn hinaus, jedenfalls kehrte er bald zurück, half zu Hause, beredete aber seinen Vater so lange, bis er ihn als 17jährigen in Bonn Chemie studieren ließ. Das ging damals noch ohne Schulabschluss. Seinem Lehrer Kastner folgte er nach Erlangen, bekam Schwierigkeiten mit der Polizei (auch politische, vornehmlich aber durch „randalieren"), floh nach Hause, erhielt durch Kastners Fürsprache ein Reisestipendium nach Paris. Hier studierte er ab 1822 an Ort und Stelle, lernte 1824 Alexander von Humboldt kennen, der ihm die Professur in Gießen (ab 26. Mai 1824) vermittelte. In Erlangen war er in Abwesenheit sogar promoviert worden. 1826 heiratete Justus Liebig Henriette Moldenhauer, die ihm mehrere Kinder gebar. Ab 1852 war er in München, 1860 wurde er Präsident der Bayerischen Akademie der Wissenschaften.

Er wurde wohlhabend, aber nicht reich. Hochgeehrt starb Justus von Liebig am 18. April 1873 im 70. Lebensjahr in München und wurde im alten südlichen Friedhof unter großer Anteilnahme der Bevölkerung beigesetzt.

Borussia

Der Verschönerung des Berliner Stadtbildes, die nach 1871 eifrig beschrieben wird, soll auch die „Siegessäule“ dienen, die, in Verlängerung der Linden weithin sichtbar, 1873 auf dem Königsplatz vor dem Brandenburger Tor eingeweiht wird. (Erst 1938 erhält sie, um ein Segment aufgestockt, ihren jetzigen Platz auf dem Großen Stern.) „Siegesspargel“ tauft der Volkswitz alsbald das hochaufragende, als Symbol deutscher Einigung unter Preußens glorreicher Führung konzipierte Monument, und auch bei ausländischen Besuchern erntet das Kunstwerk mit der Riesenfigur der Siegesgöttin – halb antike Victoria, halb preußische Borussia – mehr Spott als Bewunderung. Luc Gersal schreibt in seinem Buch „Spree-Athen“:

Die Säule ist bestimmt, die künftigen Generationen an die preußischen Siege in den Jahren 1864, 1866 und 1870 zu erinnern. In den Kannelierungen des Schaftes sind dänische, österreichische und französische Kanonen eingefügt. Auf den Seiten des Unterbaues sind verschiedene militärische Episoden in Basrelief dargestellt, unter anderem der Einzug der Preußen in Paris im Jahre 1871. Die Säule ist schwerfällig und ungeschickt; der Unterbau ist zu breit und zu hoch, und ihre Linien sind unschön. Eine besondere Beschreibung verdient die Borussia, welche sie überragt.

Von dieser Borussia sagt der Berliner Volkswitz: „Sie ist das einzige Mädchen in Berlin, das kein Verhältnis hat.“ Wenn schon die Berliner selbst sich in dieser Weise darüber lustig machen, so kann man sich denken, was die Fremden dazu sagen.

Bei der Modellierung der Statue war der Künstler in nicht geringer Verlegenheit. Dieses Symbol Preußens sollte die hauptsächlichsten Eigenschaften des siegreichen Volkes zur Anschauung bringen. Ist der Genius der Bastille in seiner unsicheren Stellung auf der Fußspitze nicht ein Bild der französischen Leichtfertigkeit? Und zeugt seine Nacktheit nicht von der Verderbtheit unserer Sitten? Der Preuße dagegen ist standfest und sittsam; noch mehr, er besitzt alle häuslichen Eigenschaften: er ist sparsam, einfach in seiner Kleidung; er ist praktisch, und zu gleicher Zeit strebt er auch nach den Höhen des Ideals. Wie sollte man alles das sinnbildlich vereinigen? Dem Künstler ist es gelungen; man höre wie. Zunächst die Standfestigkeit: Die auf beiden Füßen ruhende Borussia widersteht einem kräftigen Windstoß, der ihre Röcke wie toll umherflattern lässt. Bedarf es eines deutlicheren Bildes? Die Sittsamkeit: Unsere Statue ist vom Kopf bis zu den Füßen bekleidet und trägt sogar der Mode des Landes folgend dicke Unterröcke, welche, indem sie die Beine einschnüren, in der sinnreichsten Weise von der Welt gegen die Indiskretion der Windstöße schützen. Die häuslichen Eigenschaften zeigen sich auf das Klarste in der einfachen Kleidung der vergoldeten Borussia: Ein formloser Rock und ein etwas langes, auf die Hüften herabfallendes Mieder; dem eitlen Tand sind keinerlei Zugeständnisse gemacht. Die Borussia – man glaube es mir – ist eine häusliche Frau, und um das noch besser zu beweisen, hat der Künstler ihr in die rechte Hand einen Lorbeerzweig und in die linke anstatt eines Zepters den Schaft einer Fahne gesteckt, der zum Verwechseln einem Besenstiele ähnlich sieht, welcher in einem Heroldsstabe und in einer Spitze endigt. Der Heroldsstab ist das Symbol für die preußische Vaterlandsliebe, und die Spitze dient als Blitzableiter; damit ist der praktische Sinn angedeutet. Es bleiben noch die idealen Bestrebungen: Sie sind dargestellt durch ein paar majestätische Flügel, die auf geschickte Weise, vermittels einer Öffnung in dem Mieder, an den Schultern angebracht sind. Es gibt nichts Harmonischeres als diese Mischung von Symbolischem und Naturalistischem. Die halbausgebreiteten Flügel, der Besenstiel und die im Winde flatternden Röcke, ist das nicht die höchste Errungenschaft der modernen Kunst mit ihren Antithesen und ihrer Wahrheitsliebe im Kleinen?! Wenn man schließlich die Säule von hinten betrachtet, so bilden die Falten des Rockes mit den Füßen der Statue eine Art Triangel von höchst erheiternder Wirkung. Kurz, wenn ein Fremder nach Berlin kommt, so

Die Enthüllung der Siegessäule auf dem Königsplatz in Berlin am 2. September 1873.

ist es die erste Sorge seiner Freunde, ihn nach der Siegessäule zu führen. Die sanfte Heiterkeit, welche dieser Besuch in ihm hervorruft, lässt ihm Berlin in einem viel freundlicheren Lichte erscheinen.

Briefwechsel zwischen Papst und Kaiser

Im Vatikan, den 7. August 1873

Majestät!

Sämtliche Maßregeln, welche seit einiger Zeit von Eurer Majestät Regierung ergriffen worden sind, zielen mehr und mehr auf die Vernichtung des Katholizismus ab. Wenn ich mit mir selber darüber zu Rate gehe, welche Ursachen diese sehr harten Maßregeln veranlasst haben mögen, so bekenne ich, dass ich keine Gründe aufzufinden im Stande bin. Andererseits wird mir mitgeteilt, dass Eure Majestät das Verfahren Ihrer Regierung nicht billigen und die Härte der Maßregeln wider die katholische Religion nicht gutheißen. Wenn es aber wahr ist, dass Eure Majestät es nicht billigen, – und die Schreiben, welche Allerhöchstdieselben früher an mich gerichtet haben, dürften zur Genüge dartun, dass Sie dasjenige, was gegenwärtig vorgeht, nicht billigen können, – wenn, sage ich, Eure Majestät es nicht billigen, dass Ih-

Briefpartner: Papst Pius IX. und Kaiser Wilhelm I.

re Regierung auf den eingeschlagenen Bahnen fortfährt, die rigorosen Maßregeln gegen die Religion Jesu Christi immer weiter auszudehnen, und letztere hierdurch so schwer schädigt, werden dann Eure Majestät nicht die Überzeugung gewinnen, dass diese Maßregeln keine andere Wirkung haben, als diejenige, den eigenen Thron Eurer Majestät zu untergraben? Ich rede mit Freimut, denn mein Panier ist Wahrheit, und ich rede, um eine meiner Pflichten zu erfüllen, welche darin besteht, Allen die Wahrheit zu sagen, auch denen, die nicht Katholiken sind. Denn Jeder, welcher die Taufe empfangen hat, gehört in irgendeiner Beziehung oder auf irgendeine Weise, welche hier näher darzulegen nicht am Orte ist, gehört, sage ich, dem Papste an. Ich gebe mich der Überzeugung hin, dass Eure Majestät meine Betrachtungen mit der gewohnten Güte aufnehmen und die in dem vorliegenden Falle erforderlichen Maßregeln treffen werden.
Indem ich Allerhöchst denselben den Ausdruck meiner Ergebenheit und Verehrung darbringe, bitte ich Gott, dass Er Eure Majestät und mich mit den Banden der gleichen Barmherzigkeit umfassen möge.
Pio P. M.

Antwort des Kaisers
Berlin, 3. September 1873.
Ich bin erfreut, dass Eure Heiligkeit mir, wie in früheren Zeiten, die Ehre erweisen, zu schreiben; ich bin es umso mehr, als mir dadurch die Gelegenheit zuteil wird, Irrtümer zu berichtigen, welche nach Inhalt des Schreibens Eurer Heiligkeit vom 7. August in den Ihnen über deutsche Verhältnisse zugegangenen Meldungen vorgekommen sein müssen. Wenn die Berichte, welche Eurer Heiligkeit über deutsche Verhältnisse erstattet werden, nur Wahrheit meldeten, so wäre es nicht möglich, dass Eure Heiligkeit der Vermutung Raum geben könnten, dass meine Regierung Bahnen einschlüge, welche ich nicht billigte. Nach der Verfassung meiner Staaten kann ein solcher Fall nicht eintreten, da die Gesetze und Regierungsmaßregeln in Preußen meiner landesherrlichen Zustimmung bedürfen.
Zu meinem tiefen Schmerze hat ein Teil meiner katholischen Untertanen seit zwei Jahren eine politische Partei organisiert, welche den in Preußen seit Jahrhunderten bestehenden konfessionellen Frieden durch staatsfeindliche Umtriebe zu stören sucht. Leider haben höhere katholische Geistliche diese Bewegung nicht nur gebilligt, sondern sich ihr bis zur offenen Auflehnung gegen die bestehenden Landesgesetze angeschlossen.
Der Wahrnehmung Eurer Heiligkeit wird nicht entgangen sein, dass ähnliche Erscheinungen sich gegenwärtig in der Mehrzahl der europäischen und in einigen überseeischen Staaten wiederholen.
Es ist nicht meine Aufgabe, die Ursachen zu untersuchen, durch welche Priester und Gläubige einer der christlichen Konfessionen bewogen werden können, den Feinden jeder staatlichen Ordnung in Bekämpfung der letzteren behilflich zu sein; wohl aber ist es meine Aufgabe, in den Staaten, deren Regierung mir von Gott anvertraut ist, den inneren Frieden zu schützen und das Ansehen der Gesetze zu wahren. Ich bin mir bewusst, dass ich über Erfüllung dieser meiner Königlichen Pflicht Gott Rechenschaft schuldig bin, und ich werde Ordnung und Gesetz in meinen Staaten jeder Anfechtung gegenüber aufrechterhalten, so lange Gott mir die Macht dazu verleiht.
Zu meinem Bedauern verleugnen viele der Eurer Heiligkeit unterworfenen Geistlichen in Preußen die christliche Lehre in dieser Richtung und setzen meine Regierung in die Notwendigkeit, gestützt auf die große Mehrzahl meiner treuen katholischen und evangelischen Untertanen, die Befolgung der Landesgesetze durch weltliche Mittel zu erzwingen.
Ich gebe mich hier der Hoffnung hin, dass Eure Heiligkeit, wenn von der wahren Lage der Dinge unterrichtet, Ihre Autorität werden anwenden wollen, um der, unter bedauerlicher Entstellung der Wahrheit und Missbrauch des priesterlichen Ansehens betriebenen Agitation ein Ende zu machen. Die Religion Jesu Christi hat, wie ich Eurer Heiligkeit vor Gott bezeuge, mit diesen Umtrieben nichts zu tun, auch nicht die Wahrheit, zu deren von Eurer Heiligkeit angerufenem Panier ich mich rückhaltlos bekenne.
Noch eine Äußerung in dem Schreiben Eurer Heiligkeit kann ich nicht ohne Widerspruch übersehen, wenn sie auch nicht auf irrigen Berichterstattungen, sondern auf Eurer Heiligkeit Glauben beruht, die Äußerung nämlich, dass jeder, der die Taufe empfangen hat, dem Papste angehöre. Der evangelische Glaube, zu dem ich mich, wie Eurer Heiligkeit bekannt sein muss, gleich meinen Vorfahren und mit der Mehrheit meiner Untertanen bekenne, gestattet uns nicht, in dem Verhältnis zu Gott einen andern Vermittler als unsern Herrn Jesum Christum anzunehmen.
Diese Verschiedenheit des Glaubens hält mich nicht ab, mit denen, welche den unseren nicht teilen, in Frieden zu leben und Eurer Heiligkeit den Ausdruck meiner persönlichen Ergebenheit und Verehrung darzubringen.
Wilhelm

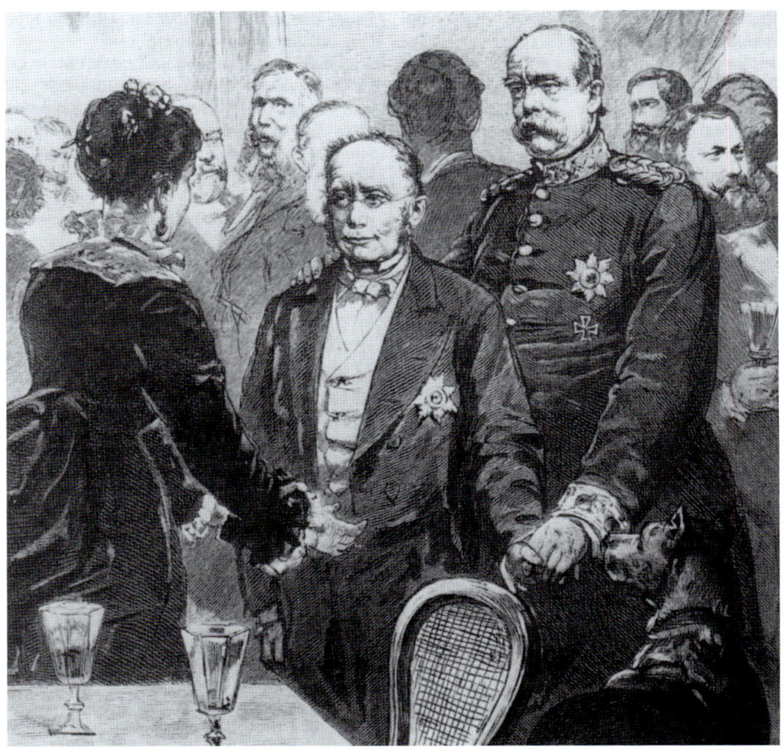

Parlamentsgegner: Ludwig Windthorst und Otto von Bismarck. Im Kulturkampf gehörte der Zentrumsführer zu den schärfsten Opponenten der Bismarckschen Politik. Gefürchtet waren Windthorsts bissige Reden im Reichstag, denen auch Bismarck widerwillige Bewunderung zollte.

1874

JANUAR

1.1. Im sog. Reichsland Elsass-Lothringen tritt die Reichsverfassung in Kraft. Die Bewohner sind berechtigt, an Reichstagswahlen teilzunehmen. Die Landesgesetzgebung liegt jedoch beim Reich. Weitere Sonderregelungen bestehen in der Verwaltung und im Militärwesen.
10.1. Bei den Reichstagswahlen behaupten die Nationalliberalen mit 29,7 Prozent der Stimmen ihre Stellung als stärkste Partei, allerdings dicht gefolgt vom Zentrum, das auf 27,9 Prozent zugelegt hat. Die Konservativen verlieren deutlich (7,0 Prozent). Beeindruckend ist der Zugewinn der Sozialdemokraten, deren Parteien es trotz vielfältiger Behinderungen insgesamt auf 6,8 Prozent oder 9 Mandate bringen.
14.1. In Friedrichsdorf bei Bad Homburg stirbt Johann Philipp Reis, einer der Erfinder des Telefons.
19.1. Tod des Dichters August Heinrich Hoffmann von Fallersleben (Schöpfer der deutschen Nationalhymne) in Schloss Corvey (Westfalen).

FEBRUAR

8.2. In Ludwigsburg stirbt der evangelische Theologe David Friedrich Strauß.
22.2. Bismarcks Gegenspieler Harry Graf Arnim-Suckow wird von seinem Posten als Botschafter in Paris abberufen. Anlasss ist die von Bismarck missbilligte Unterstützung Arnims für die monarchistische antirepublikanische Bewegung.

MÄRZ

9.3. Die Einführung der Zivilehe in Preußen beseitigt ein altes Vorrecht der Kirche.

APRIL

5.4. Uraufführung der Operette „Die Fledermaus" von Johann Strauß in Wien.
7.4. Tod des Malers Wilhelm von Kaulbach in München.
20.4. Der Reichstag nimmt das 1. Septennat (Heeresvorlage für 7 Jahre) an.
April. Zwischen der Sozialdemokratischen Deutschen Arbeiterpartei (SDAP) und dem Allgemeinen Deutschen Arbeiterverein (ADAV) zeichnet sich der Beginn eines Einigungsprozesses ab.

MAI

4.5. Das Expatriierungsgesetz, auf preußischen Antrag als Reichsgesetz verabschiedet, erlaubt den Regierungen, Geistliche auf einen bestimmten Aufenthaltsort zu beschränken oder gar aus dem Reichsgebiet auszuweisen.
7.5. Das Reichspressegesetz gewährt Pressefreiheit und verbietet die Zensur. Jedoch wird die Pressefreiheit nicht als ein Grundrecht verstanden, vielmehr ist ihre Einschränkung, z.B. durch die Kulturkampfgesetze, jederzeit möglich.

JUNI

25.6. Der ADAV wird in Preußen verboten. Die übrigen Bundesstaaten schließen sich nur teilweise den Maßnahmen gegen die Sozialdemokratie an.

JULI

12.7. Tod des Dichters Fritz Reuter in Eisenach.
13.7. Der katholische Bäckergeselle Eduard Kullmann versucht in Bad Kissingen, Bismarck zu erschießen. Der Reichskanzler wird nur leicht verletzt. Kullmann gibt an, aus Wut über Bismarcks kirchenfeindliche Maßnahmen gehandelt zu haben. Die Tat trägt dazu bei, dass sich der Kulturkampf verschärft.

SEPTEMBER

1.9. Prinz Wilhelm, der spätere Kaiser Wilhelm II., wird in der Friedenskirche zu Potsdam konfirmiert.
19.9. In Wien wird die Bauernkomödie „Der G'wissenswurm" von Ludwig Anzengruber uraufgeführt.

OKTOBER

9.10. Delegierte aus 21 Ländern unterzeichnen in Bern den Allgemeinen Postvereinsvertrag zur ungehinderten Briefbeförderung, der auf einen Entwurf von Heinrich von Stephan, dem Generalpostmeister des Norddeutschen Bundes, zurückgeht.
26.10. In Mainz stirbt der Dichter und Komponist Peter Cornelius.

NOVEMBER

2.11. Vertreter von SDAP und ADAV beraten in Berlin über eine Vereinigung der beiden sozialdemokratischen Organisationen.
Dez. In der Zeitschrift „Die Gartenlaube" erscheint eine Enthüllungsserie zum „Börsen- und Gründerschwindel".

Von Georg Ritter von Krauss, Lokomotiv-Ingenieur und Gründer der Lokomotivfabrik Krauss & Co., wurde 1874 diese Schnellzuglok mit der Fabriknummer 1000 gebaut.

DEZEMBER

27.12. Tod des Verlegers Ernst Litfaß in Berlin. Die erste der nach ihm benannten „Litfaßsäulen" mit Reklame-Anschlägen ist 1855 in Berlin aufgestellt worden.

AUSSERDEM

Berlin erhält das erste städtische Krankenhaus.
Nach Gründung der Impfgesellschaft für das Deutsche Reich nehmen die Pockentodesfälle stark ab.
Das Deutsche Archäologische Institut wird von Rom nach Berlin verlegt und dem Reich unterstellt.
In Potsdam wird das Astrophysikalische Observatorium gegründet.
Karl Wilhelm von Nägeli entwickelt Gleichungen, die den Wettbewerb unter Pflanzen beschreiben; sie werden bis in die 20er Jahre des nächsten Jahrhunderts von den Biologen ignoriert, bevor sie von Alfred Lotka und Vito Volterra wiederentdeckt werden.
Othman Zeidler stellt DDT her, erkennt aber nicht dessen insektentötenden Eigenschaften.
Wilhelm Philipp Schimper identifiziert die Paläozänzeit.
Georg Cantors „Über eine Eigenschaft des Inbegriffes aller reellen algebraischen Zahlen" ist sein erster Aufsatz über Mengentheorie.
Franz Brentano: „Psychologie vom empirischen Standpunkt" (gegen die experimentelle Vorgehensweise der Psychologie)
Friedrich Wilhelm Raiffeisen gründet die Landwirtschaftliche Generalbank in Neuwied (Rhein).
Alexander Mitscherlich entwickelt die Zellulosegewinnung aus Holz: Grundlage der modernen Papierherstellung.
Theodor Billroth entdeckt die Wundleiter-Bakterien.
Julius Rodenberg gründet die „Deutsche Rundschau", eine wissenschaftlich-literarische Monatsschrift.
Trockenschwimmen wird als Lehrmethode anerkannt.
Ernst Haeckel: „Anthropogenie oder Entwicklungsgeschichte des Menschen".
Heinrich von Stephan: „Weltpost und Luftschiffahrt".
Wilhelm Wundt: „Grundzüge der physiologischen Psychologie".
Conrad Ferdinand Meyer: „Georg Jenatsch. Eine alte Bündnergeschichte" (Roman, seit der 4. Auflage 1883 unter dem Titel „Jürg Jenatsch. Eine Bündnergeschichte").
Theodor Storm: „Pole Poppenspäler" (Novelle).
Max Liebermann: „Die Gänserupferinnen" (Gemälde).
Richard Wagner vollendet mit der Oper „Die Götterdämmerung" seinen „Ring des Nibelungen".
Anton Bruckner: 4. Symph. Es-Dur.
Johannes Brahms: Ungarische Tänze für Orchester.

Wilhelm von Kaulbach, Entwürfe zu Fresken an der Neuen Pinakothek: Deutsche Künstler in Rom. Auf der Höhe seines Schaffens, in den vierziger und fünfziger Jahren des 19. Jahrhunderts, galt Kaulbach (1805 Arolsen bei Kassel – † 1874 München) als der größte Maler seiner Zeit. Heute steht man seinen Werken kritischer gegenüber, aber noch immer gilt die Feststellung, dass kein deutscher Maler vor und nach ihm eine so glänzende Begabung in der dekorativen Aufteilung großer Wandflächen besaß. Die Gestalten seiner historischen Gemälde sind meisterhaft gruppiert, monumental in den Raum gestellt, fehlerlos in der Zeichnung, mit weiten, gelockerten Gebärden, romantisch im Sturmwind wehender oder in feierlicher Gelassenheit fallender Gewänder. Manches allerdings fordert zur Kritik heraus – die sinnlich-sentimentale Mentalität vieler Figuren, das Kleinlich-Anekdotenhafte, die Unfähigkeit, sich vom Detail zu lösen, und die übersteigerte Heldentenorpose der porträthaft gemalten Figuren. In seltsamem Kontrast zu dieser historischen Manier steht der Hang zur Satire, die sich in seinen Märchenillustrationen zur wahren Meisterschaft erhebt; so in der Goetheschen Tierfabel Reineke Fuchs, die er im Sinne des Liberalismus des 19. Jahrhunderts höchst politisch aktualisiert hat. – Kaulbach war ein Schüler des Düsseldorfer Akademieprofessors Cornelius, der frühzeitig seine hohe Begabung erkannte und ihm Aufträge des kunstliebenden Königs Ludwig von Bayern verschaffte. In München malte Wilhelm von Kaulbach das Deckengemälde des Odeons, Apollo unter den Musen, die Bilder für die Arkaden des Hofgartens. Darstellungen aus den Dichtungen der deutschen Klassiker in der Residenz, Die Hunnenschlacht und die Zerstörung Jerusalems. In Berlin gestaltete er das Treppenhaus des Neuen Museums. Von zeitloser Schönheit sind die von Kaulbach gemalten Porträts von Zeitgenossen.*

Dekorationsskizze zum 2. Akt der „Fledermaus" von Alfred Maser, 1874

„Die Fledermaus"

Die „Fledermaus" wurde wegen ihrer Walzermelodien, die dem Zuhörer so ins Blut gehen, dass er sie nie wieder vergisst, zur klassischen Operette des Walzerkönigs Johann Strauss (Uraufführung 1874 in Wien).

Die Handlung spielt in einem kleinen österreichischen Badeort. Es geht um einen gelungenen spaßigen Racheakt des Notars Dr. Falke an seinem Freund Eisenstein, der jenen einst betrunken am Aschermittwoch im Kostüm einer Fledermaus dem Gespött der Öffentlichkeit preisgegeben hatte, und der deswegen fortan „Dr. Fledermaus" genannt wurde. Nun überredet er Eisenstein, eine Arreststrafe, die dieser wegen Beleidigung einer Amtsperson antreten muss, doch auf den nächsten Tag zu verschieben und vorher noch mit ihm einen Maskenball beim Prinzen Orlofsky zu besuchen.

Eisensteins Frau Rosalinde empfängt indessen ihren Verehrer, den Gesangslehrer Alfred, der aber – um Rosalindes Ehre zu retten – in der Rolle des Hausherrn ins Gefängnis wandern muss, als der Gefängnisdirektor Frank persönlich erscheint, um diesen abzuholen. Auch Rosalindes Zofe Adele hat sich unter einem Vorwand zum Besuch des Maskenballs freigeben lassen und stiftet auf dem Fest ziemliche Verwirrung an.

Als Rosalinde in der Maske einer ungarischen Gräfin bei Orlofsky erscheint, macht sich das Ehepaar Eisenstein, ohne sich zu erkennen, den Hof, und Eisenstein schließt mit Frank Freundschaft. Beim Wiedersehen am nächsten Morgen im Gefängnis – wo vorher der betrunkene Wärter Frosch seine Späße gemacht hat –, löst sich die allgemeine Verwirrung in Heiterkeit auf, da Eisenstein seiner Frau nichts vorwerfen kann, weil er im Begriff war, ihr mit ihr selbst untreu zu werden.

Alfreds schmelzendes Liebeslied „Täubchen, das entflattert ist, stille mein Verlangen" und sein Chanson, mit dem er Rosalindes Bedenken, ihn zu empfangen, zerstreut: „Glücklich ist, wer vergisst, was nicht mehr zu ändern ist", sind ebenso populär geworden wie das Champagnerlied, mit dem der Prinz Orlofsky Eisenstein empfängt: „S' ist mal bei mir so Sitte – chacun a son goût", bevor Dr. Falkes „Fledermausspiel", schlau von ihm eingefädelt, von allen Beteiligten gespielt wird.

Attentat auf Fürst Bismarck

Am 13. Juli 1874 lauerte Eduard Kullmann, 21 Jahre alt, mit einer glattläufigen Pistole bewaffnet, in Bad Kissingen seinem Opfer auf. Als Bismarck im offenen Wagen aus dem Tor seiner Villa fuhr, drückte Kullmann aus kurzer Entfernung die Waffe ab. Da der Fürst gerade die Hand zum Gruß erhoben hatte, riss das Geschoss nur eine unbedeutende (2 cm lange) Schürfwunde in die rechte Hand.

Der Täter warf die Waffe weg und ergriff die Flucht. Ein Passant warf sich ihm entgegen und konnte ihn überwältigen.

Es unterliegt nur geringem Zweifel, der Täter unter dem Eindruck des sich verschärfenden Kulturkampfes stand; er war Katholik und Angehöriger eines Gesellenvereins. Das Zentrum nannte er „seine Fraktion", während allerdings der Zentrumsabgeordnete Görz im Reichstage von einem Halbverrückten sprach, der ein verwegenes Verbrechen begangen habe. Bismarck gegenüber hat Kullmann zugegeben, wegen der Maigesetze geschossen zu haben. Dabei zeigte er sich völlig uneinsichtig.

Kullmann war aus eigenem Entschluss zur Tat gelangt; weder das Zentrum noch der Gesellenverein hatten ihn dazu angestiftet, wiewohl nicht zu verkennen ist, dass deren politische Richtung für den Täter erst die unheilvolle Atmosphäre schuf, aus der seine Tat hervorbrach.

Am 30. Oktober 1874 wurde Kullmann wegen versuchten Mordes zu 14 Jahren Zuchthaus verurteilt.

David Friedrich Strauß

Strauß, am 27. Januar 1808 als Sohn eines Kaufmannes in Ludwigsburg geboren, besuchte die Klosterschule Blaubeuren, dann das Tübinger Stift. Er stand in Beziehungen zu Mörike und Kerner und geriet in Berlin unter den Einfluss Schleiermachers. 1832 wurde er Repetent am Tübinger Stift, verlor jedoch diese Stellung ebenso wie die Aussicht auf ein Wirken an der Züricher Hochschule durch die Veröffentlichung seines „Leben Jesu", das die neutestamentliche Geschichte in Mythen auflöste und dadurch die geschlossene Gegnerschaft der orthodoxen Geistlichkeit heraufbeschwor.

Dieses Werk will die von den Evangelien berichteten biographischen Ereignisse als Mythenbildung um einen geschichtlichen Kern erkennen und versucht, die verschiedenen Schichtungen dieses Prozesses darzulegen. Sein zweites Hauptwerk, „Christliche Glaubenslehre", vertieft die Kluft zwischen ihm und der christlichen Theologie, und sein populäres Alterswerk „Der alte und der neue Glaube" setzte die dogmenfeindliche und religionszerstörende Tendenz fort, fasste Religion als ein bloßes Abhängigkeitsgefühl des Menschen vom

Das Kissinger Attentat auf Bismarck am 13. Juli 1974.

Universum auf und verwies auf Erbauung durch die Kunst und Geschichte statt durch kirchliche Andachtsübung. Gegen dieses Buch ist Friedrich Nietzsche in seiner ersten „Unzeitgemäßen Betrachtung" zu Felde gezogen und hat die Bezeichnung „Bildungsphilister" für ihren Verfasser geprägt. David Friedrich Strauß starb am 8. Februar 1874 in Würzburg.

Hoffmann von Fallersleben

Der Dichter des Deutschland-Liedes, August Heinrich Hoffmann von Fallersleben (eigentlich hieß er nur August Heinrich Hoffmann), wird uns von Zeitgenossen geschildert als ein hochgewachsener, hagerer Mann mit einem kleinen Vogelkopf und mit Augen, die stets schelmisch in die Welt sahen. Man hätte ihn für einen Bettelmönch oder für einen fahrenden Schüler halten können. In Wirklichkeit war er eine Mischung aus Professor und Bänkelsänger. Als Literaturwissenschaftler gründlich und entdeckungsfreudig, als Dichter ehrlich und mutig, freimütig und witzig, hat er in beiden Eigenschaften Bedeutendes geleistet.

Die geistige Wahlheimat des am 2. April 1798 in Fallersleben bei Braunschweig geborenen Niedersachsen wurde Schlesien. Zuerst als Bibliothekar, später als Professor an der Universität Breslau förderte er das schlesische Geistesleben durch eine „Monatsschrift von und für Schlesien" und durch die Herausgabe schlesischer Volkslieder. Als Literaturhistoriker erwarb Hoffmann sich große Verdienste durch die Auffindung und Erforschung altniederländischer Literaturdenkmäler und durch eine „Geschichte des deutschen Kirchenliedes bis auf Luthers Zeit". Daneben veröffentlichte er selbst Kirchen-, Gesellschafts-, Liebes- und Kinderlieder. Das bekannte „Alle Vögel sind schon da" stammt von ihm.

Im Geiste der Burschenschaft gab er 1840 und 1841 seine „Unpolitischen Lieder" heraus, die in Wahrheit hochpolitisch waren und Studenten und Bürger für deutsche Einheit und demokratische Volksrechte entflammten. Er wusste, dass er damit seine Professur ernstlich aufs Spiel setzte – die ihm auch tatsächlich 1842 genommen wurde –, aber „Einigkeit und Recht und Freiheit" galten ihm mehr als die Sicherheit des Daseins.

Er führte fortan ein unstetes und trotz unermüdlichen Fleißes oft recht bedrängtes Wanderleben, bis endlich der Herzog von Ratibor dem Zweiundsechzigjährigen eine Sinekure als Bibliothekar auf Schloss Corvey an der Weser gab, wo Hoffmann von Fallersleben am 19. Januar 1874 starb.

Am 7. Januar 1834 in Gelnhausen geboren, starb Johann Philipp Reis am 14. Januar 1874 in Friedrichsdorf bei Homburg. Bereits seit 1850 hatte sich Reis während seiner kaufmännischen Lehre in einem Farbengeschäft nebenher mit Mathematik und Naturwissenschaft beschäftigt. Neben seiner Lehrtätigkeit (seit 1858 an einer Privatschule) konstruierte er verschiedene Telefonsysteme. Am. 26. 10. 1861 führte er sein Telefon in einer Sitzung des Physikalischen Vereins in Frankfurt/Main vor. Als Mikrophon verwandte er eine Membran, die im Rhythmus der Luftschwingungen einen Platinkontakt öffnete und schloss. Dadurch wurde ein Gleichstrom moduliert, der dann im Empfänger einen Stab aus ferromagnetischem Material stärker oder schwächer magnetisierte. Die durch die Magnetisierung hervorgerufene Längenänderung (Magnetostriktion) wurde wiederum auf eine Membran übertragen. Die Bedeutung der Erfindung wurde damals jedoch nicht erkannt. Erst 15 Jahre später verhalf ihr Graham Bell mit seiner Wiederentdeckung zum Erfolg.

1875

JANUAR

1.1. Inkrafttreten des Reichsmünzgesetzes in Preußen und Sachsen. Die Goldmark zu 100 Pfennigen ist alleiniges Zahlungsmittel.

FEBRUAR

5.2. Papst Pius IX. erklärt in der Enzyklika „Quod nunquam" in feierlicher Form alle preußischen Kirchengesetze für ungültig und bedroht jeden, der sie befolgt, mit dem Kirchenbann.

12.2. In Bonn stirbt der Astronom Friedrich Wilhelm Argelander, bekannt durch die 324 198 Sterne umfassende „Bonner Durchmusterung".

27.2. In Wien findet die Uraufführung der Operette „Cagliostro in Wien" von Johann Strauß statt.

APRIL

8.4. Die „Krieg-in-Sicht-Krise", ausgelöst durch einen Artikel „Krieg in Sicht?" in der „Neuen Post", der sich gegen Frankreichs Aufrüstungsprogramm wendet, sorgt für internationale Irritationen.

22.4. Das sog. Brotkorbgesetz verbietet staatliche Zuschüse an Geistliche, die gegen die Maigesetze verstoßen.

MAI

20.5. In Paris wird die Meterkonvention zur Einführung des metrischen Systems unterzeichnet. Zu den 17 Signatarstaaten gehört auch das Deutsche Reich.

22.–27.5. Auf einem Kongress in Gotha beschließen die beiden Arbeiterparteien SDAP und ADAV ihren Zusammenschluss zur Sozialistischen Arbeiterpartei Deutschlands (SAPD). Die offizielle Konstituierung erfolgt am 8.6. in Hamburg, wo auch der Parteivorstand seinen Sitz nimmt. Das in Gotha verabschiedete Programm fordert Arbeiterschutzgesetze und die sozialistische Umgestaltung von Staat und Gesellschaft „mit allen gesetzlichen Mitteln".

31.5. Das sog. Klostergesetz verbietet mit Ausnahme reiner Krankenpflegeorden in Preußen alle religiösen Orden, konfisziert deren Vermögen und verweist die Mitglieder des Landes.

JUNI

4.6. Tod des Dichters Eduard Mörike in Stuttgart.

20.6. In München stirbt der Ingenieur Wilhelm Bauer, der 1851 mit dem „Brandtaucher" das erste Unterseeboot baute.

20.6. Ein Gesetz schreibt die Hinzuziehung von Laien bei der Verwaltung kirchlicher Vermögen vor.

JULI

28.7. Tod des sozialdemokratischen Politikers Jean Baptist von Schweitzer in der Villa Grießbach am Brienzer See. Schweitzer, 1867–70 Präsident des ADAV, hat sich 1871 aus dem politischen Leben zurückgezogen.

AUGUST

16.8. Feierliche Einweihung des Hermannsdenkmals in Detmold durch Kaiser Wilhelm I.

SEPTEMBER

1.–4.9. Auf dem Volkswirtschaftlichen Kongress setzen sich die Befürworter der Schutzzollpolitik mit knapper Mehrheit durch.

OKTOBER

6.10. Fürstbischof Heinrich Förster von Breslau wird amtsenthoben, leitet aber sein Bistum von Österreich aus weiter.

Adolph von Menzel, Eisenwalzwerk, 1875.

AUSSERDEM

Berlins Einwohnerzahl überschreitet die Millionengrenze.
Reformierte und Lutheraner in Preußen vereinigen sich zur „Positiven Union".
Die anhaltende Konjunkturkrise wird durch einen frühen Wintereinbruch und das damit verbundene witterungsbedingte Ansteigen der Arbeitslosigkeit verschärft.
Siegfried Marcus baut einen Benzinmotor mit magnetisch-elektrischer Zündung; allerdings kommt es nicht zur industriellen Verwertung seiner Erfindung.
Oskar Hertwig beobachtet am Seeigelei Befruchtung als Vereinigung von Geschlechtszellen und erkennt den Zellkern als Träger von Erbanlagen.
Ernst Felix Hoppe-Seyler entwickelt eine noch heute verwendete Methode, um Proteine zu klassifizieren.
Eduard Adolf Strasburger und Walther Flemming untersuchen den Mechanismus der Zellteilung und die damit verbundenen Bewegungen der Chromosomen.
Der Wiener Uhrmacher De Löhr baut eine mechanische Taschenuhr, die sich durch die Körperbewegung des Benutzers aufzieht.
Carl Linde entwickelt eine Ammoniak-Eismaschine mit Dampfmaschinenkompressor.
Gründung der Deutschen Sternwarte in Hamburg.
Beginn der Ausgrabungen in Olympia (bis 1881).
Anton von Werner, Vertreter der monumentalen Historienmalerei, wird Direktor der Hochschule für bildende Künste in Berlin.
Carl Hagenbeck führt in Hamburg erstmals seine Völkerschauen vor.
An den Berliner Mädchenschulen wird der Turnunterricht eingeführt.
Conrad Ferdinand Meyer: „Der Schuss von der Kanzel" (Novelle).
Peter Rosegger: „Die Schriften des Waldschulmeisters" (Pädagogischer Roman).
Adolph von Menzel: „Das Eisenwalzwerk" (Gemälde").
Max Liebermann: „Arbeit im Rübenfeld" (Gemälde).
Johannes Brahms: Streichquartett B-Dur.

Krieg-in-Sicht-Krise

Bismarck verfügte über gute Beziehungen zur Presse. Er nutzte sie, um auszutesten, wie die Stimmung bei den benachbarten Nationen gegenüber dem Reich beschaffen war, indem er Journalisten provozierende Artikel zu außenpolitischen Themen schreiben ließ. Von dieser Art war auch der Artikel mit dem Titel „Ist der Krieg in Sicht?", der am 8. April 1875 in der „Post" erschien. Das Echo fiel anders aus, als der Leutzer der deutschen Politik erwartete: Nicht nur England trat an die Seite Frankreichs, auch Russland versprach Beistand. Bismarck sah sich genötigt, im Reichstag die Gefahr erneuter Spannungen in Europa mit der Erklärung herunterzuspielen, dass man schließlich nicht „auf Zeitungsartikel hin" Krieg führe. In seinen „Gedanken und Erinnerungen" resümierte Bismarck nochmals nachdenklich: „Dass wir 1875 Frankreich besiegt haben würden, war nach der Ansicht unsrer Militärs wahrscheinlich; aber nicht so wahrscheinlich war es, dass die übrigen Mächte würden neutral geblieben sein."
Der Artikel in der „Post", verfasst von Constantin Rössler, lautete wie folgt:
Ist der Krieg in Sicht?
Seit einigen Wochen hat sich der politische Horizont mit dunklem Gewölk bezogen. Zuerst kamen die starken Pferdeankäufe für französische Rechnung, welchen die deutsche Regierung ein Ausfuhrverbot entgegensetzen musste. Dann wurde man aufmerksam auf die starke Vermehrung der Cadres des französischen Heeres, welche die Nationalversammlung zu Versailles, wie absichtlich versteckt zwischen die Verhandlungen zur Begründung der neuen Verfassung, beschloss. Endlich kamen die französischen Kommentare zu der Reise des Kaisers von Österreich nach Venedig, der unverhohlene Jubel, dem sich die französische Presse bei diesem Anlass hingab. Alle diese Momente hat nun ein Brief aus Wien, welchen die Kölnische Zeitung am 5. April an der Spitze ihres Blattes veröffentlichte, zu einem Gesamtbild der jetzigen Sachlage zusammengefasst und ergänzt, das in sehr ernsten Farben gehalten ist. Danach unterliegt es keinem Zweifel, dass die französische Heeresorganisation ein Werk ad hoc, das heißt für einen baldigen Krieg ist, keineswegs aber eine auf die Dauer berechnete, auf die Dauer erträgliche Reform. [...]

Otto von Bismarck in seinem Arbeitszimmer.

Wenn wir demnach unsere an die Spitze gestellte Frage: Ist der Krieg in Sicht? beantworten sollen, so müssen wir sagen: Der Krieg ist allerdings in Sicht, was aber nicht ausschließt, dass die Wolke sich zerstreut. Ob es den ultramontanen Intrigen in Österreich gelingt, Andrassy zu stürzen, ist nicht nur an sich fraglich, es ist auch fraglich, welche Wirkung dieser Sturz auf die Bevölkerung in Ungarn wie in Österreich haben würde. Dennoch kann man die Möglichkeit nicht ableugnen, dass die Heereskreise, deren Stimmung der kürzlich veröffentlichte Brief des Erzherzogs Salvator abspiegelte, imstande sein können, den Staat zu einer Aktion in ihrem Sinne fortzureißen. Was Italien betrifft, so weiß man, dass im Sinne der meisten Italiener das Papsttum beides ist: ein nationaler Feind und ein nationaler Stolz. Die heißesten Wünsche dieser Italiener wären erfüllt, wenn das Papsttum, ohne den Nationalstaat zu hindern, nur noch der Stolz der Nation sein wollte. Das Papsttum ist doch im Grunde nichts anderes als die Weltherrschaft der italienischen Prälatur, wie dies kürzlich der Abgeordnete Gneist ausdrückte. Um den Preis, dass das Papsttum zu Gunsten Italiens auf seinen italienischen Landbesitz verzichtet, um seine Weltherrschaft, ungestört von Italien, allein ins Auge zu fassen, wird der größte Teil der höheren Klassen Italiens zu einem Bündnis gegen Deutschland vollkommen bereit sein. Und dennoch gehört viel dazu, einen solchen Entschluss zu fassen, da, wo er gefasst werden muss, und er ist in diesem Augenblick noch nicht gefasst. Ob Frankreich, ohne die österreichisch-italienische Bundesgenossenschaft sicher zu haben, den Krieg beginnen würde, lässt sich nicht sagen. Die Vereitelung dieser Bundesgenossenschaft, der Sieg der republikanischen Partei könnte den Krieg hinausschieben.
Vielleicht legt man uns die Frage vor, warum wir weitläufig eine Möglichkeit erörtern, die sich vielleicht nicht erfüllt und deren Nichterfüllung wir wünschen. Es gibt Leute mit der Ansicht, dass wenn das Dach eines Hauses brennt und eine gute Feuerwehr in Sicht ist, kein Grund sei, die Schlafenden in den unteren Stockwerken zu wecken. Unsrerseits sind wir nicht der Meinung, diesen Rat auf das deutsche Volk anwenden zu sollen. Wir halten es nicht für wünschenswert, die Gemüter zu beunruhigen und unter die Waffen zu rufen. Aber wir halten es auch nicht für angebracht, der deutschen Nation zu verschweigen, welches ihre Situation ist und welchen Gefahren ihre Staatsleitung zu begegnen hat. Es ist nötig, dass wir alle lernen, unsere Lage zu würdigen und unser Benehmen jeden Tag danach einzurichten.

Gothaer Programm der Sozialistischen Arbeiterpartei

Auf ihrem Einigungsparteitag in Gotha beschloss die Sozialistische Arbeiterpartei am 25. Mai 1875 folgendes Programm:

I. Die Arbeit ist die Quelle alles Reichtums und aller Kultur, und da allgemein nutzbringende Arbeit nur durch die Gesellschaft möglich ist, so gehört der Gesellschaft, das heißt allen ihren Gliedern, das gesamte Arbeitsprodukt, bei allgemeiner Arbeitspflicht, nach gleichem Recht, jedem nach seinen vernunftgemäßen Bedürfnissen.

In der heutigen Gesellschaft sind die Arbeitsmittel Monopol der Kapitalistenklasse, die hierdurch bedingte Abhängigkeit der Arbeiterklasse ist die Ursache des Elends und der Knechtschaft in allen Formen.

Die Befreiung der Arbeit erfordert die Verwandlung der Arbeitsmittel in Gemeingut der Gesellschaft und die genossenschaftliche Regelung der Gesamtarbeit mit gemeinnütziger Verwendung und gerechter Verteilung des Arbeitsertrages.

Die Befreiung der Arbeit muss das Werk der Arbeiterklasse sein, der gegenüber alle anderen Klassen nur eine reaktionäre Masse sind.

II. Von diesen Grundsätzen ausgehend, erstrebt die sozialistische Arbeiterpartei Deutschlands mit allen gesetzlichen Mitteln den freien Staat und die sozialistische Gesellschaft, die Zerbrechung des ehernen Lohngesetzes durch Abschaffung des Systems der Lohnarbeit, die Aufhebung der Ausbeutung in jeder Gestalt, die Beseitigung aller sozialen und politischen Ungleichheit.

Die sozialistische Arbeiterpartei Deutschlands, obgleich zunächst im nationalen Rahmen wirkend, ist sich des internationalen Charakters der Arbeiterbewegung bewusst, und entschlossen, alle Pflichten, welche derselbe den Arbeitern auferlegt, zu erfüllen, um die Verbrüderung der Menschen zur Wahrheit zu machen.

Die sozialistische Arbeiterpartei Deutschlands fordert, um die Lösung der sozialen Frage anzubahnen, die Errichtung von sozialistischen Produktionsgenossenschaften mit Staatshilfe unter der demokratischen Kontrolle des arbeitenden Volkes. Die Produktivgenossenschaften sind für Industrie und Ackerbau in solchem Umfange ins Leben zu rufen, dass aus ihnen die sozialistische Organisation der Gesamtarbeit entsteht.

Die sozialistische Arbeiterpartei Deutschlands fordert als Grundlagen des Staates:

1. Allgemeines, gleiches, direktes Wahl- und Stimmrecht mit geheimer und obligatorischer Stimmabgabe aller Staatsangehörigen vom zwanzigsten Lebensjahre an für alle Wahlen und Abstimmungen in Staat und Gemeinde. Der Wahl- oder Abstimmungstag muss ein Sonntag oder Feiertag sein.
2. Direkte Gesetzgebung durch das Volk. Entscheidung über Krieg und Frieden durch das Volk.
3. Allgemeine Wehrhaftigkeit. Volkswehr an Stelle der stehenden Heere.
4. Abschaffung aller Ausnahmegesetze, namentlich der Press-, Ver-

Erinnerungsblatt zum Gothaer Kongress 1875.

Groß war das Wohnungselend der Arbeiterfamilien in den rasch anwachsenden Industriestädten. In tristen Mietskasernen und Kellerwohnungen, in engen Schlafstellen und überbelegten Elendsquartieren hauste das Proletariat. „Den neuen Reichtümern steht neuer Jammer gegenüber. Verkümmerung, Verwahrlosung der Arbeiter in einer Ausdehnung und Intensität, wovon man früher keine Vorstellung gehabt", schreibt der Brockhaus von 1875 über die Kehrseite des industriellen Fortschritts.

eins- und Versammlungsgesetze; überhaupt aller Gesetze, welche die freie Meinungsäußerung, das freie Denken und Forschen beschränken.
5. Rechtsprechung durch das Volk. Unentgeltliche Rechtspflege.
6. Allgemeine und gleiche Volkserziehung durch den Staat. Allgemeine Schulpflicht. Unentgeltlicher Unterricht in allen Bildungsanstalten. Erklärung der Religion zur Privatsache.

Die sozialistische Arbeiterpartei Deutschlands fordert innerhalb der heutigen Gesellschaft:
1. Möglichste Ausdehnung der politischen Rechte und Freiheiten im Sinne der obigen Forderungen.
2. Eine einzige progressive Einkommensteuer für Staat und Gemeinde, anstatt aller bestehenden, insbesondere der das Volk belastenden indirekten Steuern.
3. Unbeschränktes Koalitionsrecht.
4. Einen den Gesellschaftsbedürfnissen entsprechenden Normalarbeitstag. Verbot der Sonntagsarbeit.
5. Verbot der Kinderarbeit und aller die Gesundheit und Sittlichkeit schädigenden Frauenarbeit.
6. Schutzgesetze für Leben und Gesundheit der Arbeiter. Sanitätliche Kontrolle der Arbeiterwohnungen. Überwachung der Bergwerke, der Fabrik-, Werkstatt- und Hausindustrie durch von den Arbeitern gewählte Beamte. Ein wirksames Haftpflichtgesetz.
7. Regelung der Gefängnisarbeit.
8. Volle Selbstverwaltung für alle Arbeits- und Unterstützungskassen.

Eduard Mörike

Als Kind hielt sich Eduard Mörike gern in einem dunklen Verschlag auf dem Dachboden seines Elternhauses in Ludwigsburg auf. Auf dem Seminar in Urach, wo er zum Pfarrer ausgebildet wurde, schaffte er sich in einer kleinen Hütte am Berghang eine verborgene Zuflucht. In märchenhaft romantisierender Verborgenheit hat sich dieser empfindsame schwäbische Dichter, der Freund Kerners und Uhlands, zeitlebens am liebsten aufgehalten. Seine eigentliche Heimat war Orplid, das Inselland der Göttin Weyla und ihrer Feen, das er sich als Student erdichtete. Sein untrügliches Gefühl für das Echte im seelischen Bereich und seine gesunde dichterische Schaffenskraft wusste er jedoch nicht in das Leben zu übertragen. Geister und Irrlichter machten ihm zu schaffen. Seine schönen Briefe an die langjährige Braut Luise Rau blieben ohne rechten Widerhall. Die Ehe mit einer Offizierstochter zerbrach. Zu fromm, um nicht von den Alltagsgeschäften des Pfarramts bedrückt zu werden, quittierte er früh den Dienst und lebte in kargen Verhältnissen bis zu seinem einsamen Tode am 4. Juni 1875. Aber er hat einige der schönsten lyrischen Gedichte nach Goethe geschaffen, kristallklar in der Form, von zarter Melodik, reicher Farbigkeit und tröstlicher innerer Heiterkeit. Von seiner edlen Prosa gilt neben der Novelle „Maler Nolten", in der teilweise eigene Erlebnisse verklärt sind, und neben den reizenden Märchenerzählungen „Der Schatz" und „Das Stuttgarter Hutzelmännlein" vor allem „Mozart auf der Reise nach Prag" als eine der Perlen deutscher Erzählkunst. Der Geist dieses liebenswerten Musikers, der Mörike sein Leben lang umschwebte, prägte die für sein ganzes Schaffen charakteristische Verszeile: „Was aber schön ist, selig scheint es in ihm selbst."

Zirkus Renz: „Umzug der Kaiserin von Abessinien". Zeichnung von Leutemann, 1875. Walter Görlitz kommentiert: Der Zirkus entsprach der Stimmung der Zeit. Er versetzte die Menschen in eine Welt des Abenteuers, der tropischen Pracht und des exotischen Zaubers. Da vereinigte sich der Traum der Weltpolitik, jene Fata Morgana von Ländern, in denen Milch und Honig fließt, wo sich die ganze Kraft des Lebens erschließt, mit dem Verlangen nach dem großen Abenteuer, das in der sattgewordenen Welt der damaligen Zeit nicht mehr erfüllt wurde. Da entstand eine Vorstellung des Luxus, des prachtvollen Wohllebens. „Kolonialwaren" nannte sich damals das vornehme Lebensmittelgeschäft. Die außergewöhnliche Pracht und der berauschende Luxus stammten nach der Vorstellung der Zeit aus der kolonialen Welt. Da ritt durch den Zirkus inmitten von Raubtieren aus der fernen Welt eine Prinzessin, um die der Zauber des Orients wehte. Es wurde alles aufgeboten, was sich eine wilde Knabenphantasie erträumen mag; und es blieb nicht beim Schauzug, sondern kam zu dramatischen Vorführungen nach genauen Regieanweisungen. Der Zirkus mutete zuweilen wie eine Erfindung des „Flottenvereins" und der Kolonialbünde an. Der Zirkus, als der höchste Gipfel des „alten Jahrmarkts", später vor allem Zerstreuung und Zeitvertreib für viele, war damals nahezu ein Bekenntnis, ein Zeugnis für das Verlangen der Zeit nach einer mächtigeren und farbenprächtigeren Welt.

1876

JANUAR

1.1. Nach der Einführung in Preußen und Sachsen (1875) wird das Reichsmünzgesetz mit der Goldmark als allein gültigen Währung nun auch im gesamten Reichsgebiet verbindlich.
1.1. Post und Telegraphenwesen werden in einer einheitlichen Verwaltung zusammengefasst.
27.1. Der Reichstag lehnt eine gegen die Sozialdemokratie gerichtete Gesetznovelle einstimmig ab. Nach den Vorstellungen der Regierung sollte der Paragraph 130 des Strafgesetzbuches dahingehend verschärft werden, dass nicht nur Aufreizung zum Klassenkampf, sondern bereits Angriffe in Wort und Schrift gegen den „öffentlichen Frieden", gegen die Ehe, die Familie oder das Eigentum unter Gefängnisstrafen stehen sollten.
15.2. Unter Führung des Rittergutsbesitzers Wilhelm von Kardorff wird der Centralverband deutscher Industrieller als Dachverband mehrerer Unternehmerverbände gegründet, der sich v.a. die Durchsetzung der Schutzzollpolitik zur Aufgabe macht.

MÄRZ

28.3. In Dorpat (Estland) stirbt der Biologe Karl Ernst Ritter von Baer, der Begründer der modernen Entwicklungsgeschichte (Entdeckung der Bildung von Eizellen bei Säugetieren).

APRIL

2.4. Das Berliner Stadtgericht verfügt ein Verbot der SAPD in Preußen.
7.4. Verkündung des neuen Gesetzes über die Arbeit der Hilfskassen für die abhängig Beschäftigten. Die Sozialdemokraten lehnen das Gesetz ab, da es die Selbstverwaltung der Arbeiter einschränke und die vorgesehenen Leistungen der Arbeitgeber nur durch Lohnkürzungen zustande kämen.
25.4. In Berlin wird Heinrich von Kleists Drama „Penthesilea" 65 Jahre nach dem Tod des Dichters uraufgeführt.

MAI

6./7.5. Zum ersten Mal werden beide Teile von Goethes „Faust" in Weimar aufgeführt.

JUNI

5.6. Die Gasmotoren-Fabrik Deutz AG beantragt ein Patent auf den von ihrem Mitarbeiter Nikolaus Otto entwickelten Viertaktmotor.
7.6. Mit der Gründung der Deutschkonservativen Partei in Frankfurt am Main wird die Zerfallsperiode des konservativen Einflusses in Preußen beendet.
Die neue Partei stellt sich auf den Boden der Reichsverfassung, sie tritt für die Interessen der preußischen Großagrarier wie auch des Mittelstandes ein und bekämpft die Sozialdemokratie.
17.6. Tod des Dichters Ferdinand Freiligrath in Cannstatt.

AUGUST

13.–17.8. Das Richard-Wagner-Festspielhaus in Bayreuth wird mit der ersten Gesamtaufführung von „Der Ring des Nibelungen" eingeweiht.

SEPTEMBER

19.–23.9. Der Gothaer Parteikongress der SAPD beschließt die Herausgabe eines zentralen Parteiorgans mit dem Titel „Vorwärts". Die erste Ausgabe erscheint am 1.10. in Leipzig. Verantwortliche Redakteure sind Wilhelm Liebknecht und Wilhelm Hasenclever. Der „Vorwärts" erscheint dreimal wöchentlich und erreicht bereits kurz nach der Gründung 12 000 feste Leser.

DEZEMBER

5.12. In einer Reichstagsrede unterstreicht Bismarck das deutsche Desinteresse am Balkan.
21.12. Der Reichstag verabschiedet die „Justizgesetze", mit denen erstmals in Deutschland einheitliche Normen in der Gerichtsverfassung, im Zivil- und Strafprozess und im Konkursrecht gelten.

AUSSERDEM

Die Frauenrechtlerin Hedwig Dohm fordert das Wahlrecht für Frauen.
Beginn des öffentlichen Rohrpostverkehrs in Berlin.
Robert Koch entdeckt, dass die Mikroorganismen, die für Milzbrand beim Vieh verantwortlich sind, in Kulturen gezüchtet werden können.
Wilhelm (Willy) Friedrich Kühne entdeckt im Pankreassaft das Enzym Trypsin und prägt den Begriff „Enzym", um diejenigen Verbindungen zu unterscheiden, die außerhalb der Zelle ebenso gut wie in ihr arbeiten; den älteren Namen „Ferment" behält er für Lebensvorgänge in Zellen vor.
Eugen Goldstein zeigt, dass die Strahlung, die in einer Vakuumröhre erzeugt wird, wenn ein elektrischer Strom durch die Röhre fließt, an der Kathode beginnt; Goldstein führt den Begriff „Kathodenstrahl" ein, um das dabei ausgestrahlte Licht zu beschreiben.
Carl Paul Gottfried von Linde baut den ersten funktionsfähigen Kühlschrank, wobei er flüssiges Ammoniak als Kühlflüssigkeit verwendet.
Adolf Brandt entwickelt eine hydraulisch arbeitende Bohrmaschine.
Heinrich Schliemann beginnt mit der Ausgrabung von Mykene.
Gründung der Görres-Gesellschaft zur Pflege katholischer Wissenschaft in Bonn.
Georg Wertheim legt im elterlichen Schnittwarengeschäft in Stralsund mit neuen Verkaufsmethoden den Grundstein für den späteren Wertheim-Kaufhaus-Konzern.
Franziska Tiburtius erhält als erste Frau die Zulassung zum Arztberuf in Berlin.
In der Berliner Hasenheide wird die erste deutsche Rollschuhbahn eröffnet.
Adolph Wagner: „Grundlegung der politischen Ökonomie" (sog. Kathedersozialismus).
Otto Bütschli: „Studien über die Zellteilung".
Karl Ludwig Goedeke gibt die erste kritische Schiller-Ausgabe in 17 Bänden heraus.
Theodor Storm : „Aquis submersus" (Novelle).
Felix Dahn: „Ein Kampf um Rom" (Historischer Roman).
Wilhelm Leibl: „Der Jäger" (Gemälde).
Max Liebermann: „Holländische Nähstube" (Gemälde).
Johannes Brahms: 1. Symphonie c-moll.
Anton Bruckner: 5. Symphonie B-Dur.

Hans Thoma, Rheinfall bei Schaffhausen, 1876.

Ferdinand Freiligrath

* Detmold, 17. Juni 1810
† Cannstatt, 18. März 1876

In Detmold als Sohn eines Lehrers geboren, musste Freiligrath nach dem Besuch des Gymnasiums aus Mangel an Mitteln in eine kaufmännische Lehre eintreten, wo er nebenbei Englisch und Französisch lernte.
1831 kam Freiligrath in ein Amsterdamer Bankgeschäft, und der Anblick des Meeres sowie der ein- und auslaufenden Schiffe, regten seine Phantasie mächtig an, sein poetischer Schaffensdrang fand reichlichen Stoff und äußerte sich in erotisch gefärbten Gedichten, die zuerst in Chamissos „Musenalmanach" und im Cottaschen Morgenblatt erschienen. Gedichte wie „Der Löwenritt", „Das Gesicht des Reisenden" und „Der Mohrenfürst" machten ihn mit einem Schlage berühmt und drangen als beliebte Deklamationsstücke tief ins Volk. Auch vaterländischen Stoffen, wie im „Prinz Eugen", verstand er wunderbaren Ausdruck zu verleihen und fand gemütvolle Töne, aus denen echte Heimatliebe durchklingt, in der „Tanne" und den „Auswanderern".
1839 erschien bei Cotta die erste Sammlung seiner Gedichte. Der ungewöhnliche Erfolg veranlasste den Dichter, die kaufmännische Stellung aufzugeben und sich ganz seiner Kunst zu widmen. Durch Hoffmann von Fallersleben für die politische Poesie gewonnen, entwickelte sich aus dem gemäßigt Freisinnigen ein radikaler Revolutionär, der 1844 in seinem ergreifenden „Glaubensbekenntnis" in leidenschaftlichen Farben und tendenziöser Auffassung das Elend des Volkes und der Zeit ausmalt. Freiwillig verzichtete er auf seine Pension und verließ Deutschland aus Furcht vor politischen Verwicklungen.
Nach einem Aufenthalt in Belgien begab sich Freiligrath 1846 nach London, wo er eine Stelle als Korrespondent in einem Handelshaus fand. Zwei Jahre darauf kehrte er wieder zurück, wo er in Düsseldorf seinen Wohnsitz nahm. Wegen seines Agitationsliedes „Die Toten an die Lebenden" wurde er verhaftet und vor die Geschworenen gestellt, aber freigesprochen. 1851 flüchtete er wieder nach London und nahm eine Kaufmannsstelle an. Dabei übersetzte er englische und französische Dichter. Das deutsche Volk eröffnete eine Nationalsubskription und ermöglichte Freiligrath dadurch einen sorgenfreien Lebensabend.
1868 kehrte er nach Deutschland zurück und nahm in Cannstatt am Neckar seinen Aufenthalt. Das Jahr 1870 ließ noch einmal seine glühende Vaterlandsliebe in begeisterten Liedern aufflammen. Sein „Hurra Germania" und „Die Trompete von Vionville" gewannen ungeheure Popularität. Am 18. März 1876 starb der Dichter in Cannstatt.

Ferdinand Freiligrath.

Karl Ernst von Baer

* Piep (Estland),
29. Februar 1792
† Dorpat, 28. November 1876

Der deutschstämmige Baer ging zum Studium nach Deutschland und kehrte danach nach Russland zurück. Seine größten Entdeckungen machte er jedoch in Deutschland, wo er eine Zeitlang Professor an der Universität Königsberg war.
1827 publizierte er die Resultate seiner Untersuchungen an Säugetiereiern. Man kannte schon seit 150 Jahren im Säugerovar die von Graaf entdeckten und nach ihm benannten Follikel und hatte diese immer für Eier gehalten. Baer war nun auf einen kleinen gelben Punkt in einem solchen, einer Hündin entnommenen Follikel aufmerksam geworden und untersuchte diesen näher. Erst dieser winzige, nur mikroskopisch sichtbare Punkt innerhalb des Follikels entpuppte sich als Ei; damit war klargestellt, sich der Eireifungsvorgang bei Säugern nicht wesentlich von dem bei anderen Tieren unterschied.
In den Jahren 1828–1837 veröffentlichte Baer ein zweibändiges Werk über Embryologie, mit dem er den Grundstein für dieses Fachgebiet legte. Baer erklärte darin, dass das Ei sich zu mehreren, zunächst undifferenzierten Gewebsschichten entwickelte, aus denen später jeweils bestimmte Organe hervorgingen. Er nahm zwei solche, von ihm „germinativ" genannten Hauptschichten an, die er noch untergliederte. Remak setzte später die Zahl der Keimschichten auf drei fest und gab ihnen Namen. Baer nahm in seinen Entwicklungstheorien die schon ein dreiviertel Jahrhundert zuvor von Wolff formulierte Epigenesevorstellung wieder auf und verhalf ihr zu endgültiger Anerkennung.
Baers Untersuchungen kamen auch den Anhängern der Evolutionstheorie sehr gelegen. Er zeigte nämlich, dass Wirbeltierembryonen sich im Frühstadium sehr gleichen, auch wenn später ganz unterschiedliche Tiere daraus werden. Baer hielt es für sinnvoller, die Gemeinsamkeiten bei verschiedenen Tieren am Embryo zu untersuchen als am ausgewachsenen Tier und wurde so auch zum Begründer der vergleichenden Embryologie.
Er konnte u. a. zeigen, dass der frühe Wirbeltierembryo eine kurze Zeit eine Chorda dorsalis besitzt, eine steife Leiste entlang des Rückens, die bei einigen primitiven fischartigen Tieren erhalten bleibt. Bei Vertebraten tritt an ihre Stelle zwar bald die Wirbelsäule, aber die Verbindung zu den primitiveren Vor-Vertebraten (oder Chordatieren) war einmal vorhanden.
Baer wollte jedoch nichts wissen von der später von Haeckel berühmt gemachten Biogenetischen Grundregel, die in der Entwicklung des Embryos eine Parallele zur Evolution der Arten sah. Stattdessen hielt er es mit den Evolutionstheorien der Naturphilosophen: Lebewesen entwickelten sich polyphyletisch aus primitiven Urtypen und gingen ihren jeweils eigenen Weg der Entwicklung. Darwin griff zwar Baers Untersuchungen zur Untermauerung seiner eigenen Evolutionstheorie auf, aber Baer lehnte den Darwinismus bis an sein Lebensende ab.

Karl Ernst von Baer.

Wagner-Verehrung

Das deutsche Musikleben des letzten Jahrhundertdrittels war überstrahlt vom Namen Richard Wagners. Er führte die Romantik auf ihren höchsten Gipfel, in seinem universalen Geist trafen die wichtigsten Strömungen der Epoche wie in einem Brennspiegel zusammen. Eine schwärmerische Wagner-Gemeinde feierte jeden Ton des „Meisters" als Offenbarung. Aber es fehlte auch nicht an Kritikern, die über das „Poetastergenie" mit seiner „Hotthupoesie" und über den „parfümierten Qualm" seiner Musik spotteten. Ein Beispiel dafür liefern Paul Lindaus „Nüchterne Briefe aus Bayreuth":

Bayreuth, 12. August 1876

Die Wagnerianer stellen unter anderen Anforderungen auch die, dass man nur dann das Recht habe, mitzusprechen, wenn man den Text und die Partitur auswendig kenne; und auch dann nur, wenn man rückhaltlos bewundere. Die unleugbare Tatsache, dass hier ein außerordentliches Ereignis vor sich geht, veranlasst sie zu der Forderung, dass nur außerordentliche Menschen darüber reden sollen. Sie versagen dem gewöhnlichen Sterblichen das Recht, mit Freimut und ohne Voreingenommenheit die Eindrücke wiederzugeben, die er, der Gewöhnliche, hier von dem Ungewöhnlichen empfängt, sobald diese Meinungsäußerung etwas anderes ist als lallendes Verzücken. Wer nicht auf die Worte des Meisters schwört, der gilt nicht etwa als oppositionell, als feindselig, der ist einfach ungebildet, der versteht nichts von der Sache, der muss seine Umgebung um Entschuldigung bitten, dass er überhaupt vorhanden ist. Es ist charakteristisch genug, dass Richard Wagner, ohne man irgendetwas Auffälliges an der doch etwas veralteten Titulatur findet, beständig der „Meister" genannt wird. Der „Meister" ist hier nicht im Gegensatz zum „Schüler" zu verstehen, denn das wäre ja ganz gerechtfertigt, sondern als Magister im Verhältnisse zum Famulus. Es herrscht hier eine dienerhafte Unterwürfigkeit, von der man sich kaum eine Vorstellung macht. Man spricht so oft vom Freistaate der Künstler. Nun, ich habe nie in meinem Leben so sehr die Empfindung des absoluten Regiments gehabt wie gerade hier. Es ist ein frischer, fröhlicher, ästhetischer Absolutismus mit allen Wirkungen der Alleinherrschaft: mit dem Stolze, dem Oberhaupte, das ohne Kontrolle schaltet und waltet, zu dienen, mit der ängstlichen Vertuschelung jeden Widerspruchs, der sofort eine Unehrerbietigkeit sein würde, mit der Ausrottung jeder individuellen Regung, die schon deshalb feindselig sein muss, weil sie

„Skizzen aus Bayreuth" – Allgemeine Illustrierte, 1876, Originalzeichnung von Ludwig Bechstein.

eben individuell ist. Es kommt mir so vor, als sei die gute alte Zeit des beschränkten Untertanenverstandes wiedergekommen, und es würde mich gar nicht wundern, wenn ich am Eingange des Festspielhauses dieser Tage ein Plakat angeschlagen fände: „Es ziemt dem Festbesucher, vor dem Meister in weltvergessener Untertänigkeit zu ersterben, aber es ziemt ihm nicht, dessen Leistungen an den Maßstab seiner beschränkten Einsicht anzulegen und sich im dünkelhaften Übermut ein öffentliches Urteil über dieselben zu erlauben."

Die Rechte des Bayreuther Festspielbesuchers sind ungefähr dieselben wie die des Untertanen im alten Preußen, die in den beiden Worten wiederzugeben waren: „Steuern zahlen", „Maul halten". Gegen den Erwerb eines Patronatscheins ist nichts einzuwenden; damit gewinnt man die Vergünstigung, über die empfangenen Eindrücke unverbrüchliches Schweigen zu bewahren, es sei denn, dass Dein Mund sich öffne, um im Stile Davids das Lob des Meisters zu singen. Dazu darf man sich denn auch mit der Harfe begleiten, wenn man will. Wer nicht ganz zu den Orthodoxen gehört, der fühlt sich hier schwül und vereinsamt wie ein liberaler Berichterstatter in einer Arbeiterversammlung der Lassalleaner...

Zu den Auswüchsen des großen Nibelungenfestes gehört die Pflege des Stabreims. Ich fürchte, wir werden mit Bezug auf Wagner eine Alliteratur bekommen, vor der sich die Literatur immer mehr verkriechen wird. Was hier in Stabreimen geleistet wird, ist ganz erstaunlich. Es würde mich gar nicht wundern, wenn ich eines Morgens von einem Wagnerianer angeredet würde: „Wie weht's? Wohl?" Man hat auch mit Freuden bemerkt, dass der „Meister" bei der Besetzung der Rheinmädchen, durch seinen glücklichen Instinkt geleitet, nur alliterierende Damen auserkoren hat: Lilli Lehmann, Marie Lehmann, Minna Lammert, dass die beiden Helden der Walküre, Sigmund und Hunding, von den ebenfalls zweifellos alliterierenden Niemann und Niering dargestellt werden und unter den Walküren selbst Louise Jaide und Johanna Jachmann sich befinden. Heute haben sich die Straßen von Bayreuth mit Girlanden und Festons, auf dem der Buchstabe W. prangt, geschmückt. Uneingeweihte glauben, dass damit der deutsche Kaiser Wilhelm, der hier eingetroffen und mit einem Jubel empfangen worden ist, welcher ernsthafte Wagnerianer als zerstreuendes Moment beunruhigen darf, gefeiert werden soll. Die Wagnerianer erblicken darin nur eine neue Ovation für ihren Meister; die Gemäßigteren preisen es mindestens als ein besonderes Glück des Kaisers, dass Wilhelm und Wagner alliterieren...

Als in Deutschland futteralenge Kleider mit lang gezogenen Taillen und verlängerten Schleppen in Mode kamen, machte der „Kladderadatsch" vom 14.5.1876 den „Vorschlag zu einer neuen und billigeren Straßenreinigungs-Kratzbürste".

Ottos Viertakt-Gasmotor, der seit 1876 in verkaufsfähiger Serienausführung hergestellt wurde. Er wurde zum Vorbild aller später erbauten Verbrennungsmaschinen und stellt damit den eigentlichen Anfang der modernen Motorentechnik dar.

Motorentechnik schafft neue Grundlagen

Auch ohne die Schwierigkeiten, die dem Dampfkraftwagen, besonders in seinem eigentlichen Mutterland, in England, bereitet wurden, hätte sich die Erkenntnis bald durchgesetzt, dass der Dampf als Antriebskraft einzelner, verhältnismäßig kleiner Wagen bei den Umständlichkeiten seiner Erzeugung nicht gerade etwas Ideales war. Man brauchte eine andere Antriebskraft.

Und man fand sie. Als die Verbrennungskraftmaschine erfunden war, gewann der Gedanke des Kraftfahrzeugs als Verkehrsmittel wieder an Boden. Die Anfänge der Verbrennungskraftmaschine reichen zurück bis Papin, aber erst 1801 erbaute der Franzose Philippe Lebon eine doppelt wirkende Gasmaschine. Von nun an beschäftigten sich immer mehr Erfinder mit dem Problem, die Dampfmaschine durch den Explosionsmotor zu ersetzen. Außerordentliche Schwierigkeiten waren zu überwinden. Die ersten Gasanstalten waren bereits ein halbes Jahrhundert in Betrieb, als der Pariser Mechaniker Jean Josephe Etienne Lenoir im Jahre 1860, auf wertvollen Erkenntnissen der Deutschen Bucke und Kühnemann fußend, einen an das System der Dampfmaschine angelehnten, doppelt wirkenden Zweitakt-Gasmotor mit elektrischer Zündung herstellte, der sich trotz mancher Mängel für den stationären Betrieb verwenden ließ. Die zunächst große Begeisterung für Lenoirs Maschine ließ jedoch bald nach. Von der im Gas zugeführten Wärme wurden bestenfalls 4,5% in Arbeit verwandelt, die Maschine war also von zweifelhafter Wirtschaftlichkeit. Sieben Jahre später aber wurde auf der Pariser Weltausstellung eine „Atmosphärische Gaskraftmaschine" mit der Goldmedaille ausgezeichnet, die der Lenoirschen Maschine weit überlegen war. Sie war erbaut von dem 1832 zu Holzhausen. im Taunus geborenen Nicolaus August Otto und seinem Kompagnon, dem einer finanzkräftigen Kölner Familie entstammenden begabten Ingenieur Eugen Langen. Im Jahre 1876 brachte „Ottos neuer Motor" – der erste Viertaktmotor – weitere wesentliche Verbesserungen. Diese Konstruktion Ottos wurde grundlegend für die Entwicklung, die der Verbrennungsmotor bis in unsere Tage erlebt hat. So muss man Nicolaus August Otto als den eigentlichen Schöpfer des modernen Motors rühmen, ohne dass dies die Verdienste der neben ihm in den Konstruktionsbüros der Gasmotorenfabrik Deutz arbeitenden Schwaben Gottlieb Daimler und Wilhelm Maybach mindert.

1877

JANUAR

10.1. Die Reichstagswahlen enden mit einem ähnlichen Ergebnis wie 1874: Die Nationalliberalen verteidigen bei geringen Verlusten ihre Position als stärkste Partei (27,2 Prozent der Stimmen), gefolgt vom Zentrum (24,8 Prozent). Die Deutschkonservativen erhalten 9,9 Prozent. Die Sozialdemokraten verbessern sich auf 9,1 Prozent; in der Hauptstadt Berlin fallen sogar zwei der sechs zu vergebenden Mandate an die SAPD.

25.1. Prinz Wilhelm, der spätere Kaiser Wilhelm II., legt auf dem Gymnasium in Kassel das Abiturienten-Examen ab. Er tritt am 9.2. als Secondeleutnant in das 1. Garderegiment zu Fuß in Potsdam ein.

27.1. Mit Inkrafttreten des Gerichtsverfassungsgesetzes endet die seit Jahrhunderten geübte Praxis der Patrimonialgerichtsbarkeit, in der der Grundherr über seine Hörigen Recht sprach.

FEBRUAR

1.2. Die Strafprozessordnung (StPO) tritt in Kraft.

MÄRZ

10.3. Uraufführung der Operette „Nanon, die Wirtin zum Goldenen Lamm" von Richard Genée in Wien.

23.3. Das Zentrum bringt im Reichstag einen Antrag auf Änderung der Gewerbeordnung ein, u.a. wird das Verbot der Sonntagsarbeit und die Einschränkung der Gewerbefreiheit gefordert.

März. Bismarck dringt mit seiner Forderung, den preußischen Staatsminister und Chef der Admiralität Albert von Stosch, einen Gegner seiner Innenpolitik, zu entlassen, nicht durch. Daraufhin verabschiedet sich der Reichskanzler für einen längeren Urlaub, aus dem er erst im Februar 1878 zurückkehrt.

APRIL

5.4. Gründung der Werft Blohm & Voss in Hamburg.

11.4. Wie schon zuvor das Zentrum verlangen auch die Sozialdemokraten eine Änderung der Gewerbeordnung, dahingehend dass Nacht- und Sonntagsarbeit abgeschafft und gesetzliche Regelungen zu Arbeitszeit, Mindestlohn und Arbeitsbedingungen eingeführt werden sollen.

16.–18.4. Die Reichstagsdebatte zur Änderung der Gewebeordnung verläuft ohne Ergebnis.

JUNI

15.6. Im Kurort Bad Kissingen formuliert Bismarck außenpolitische Leitsätze. Das sog. Kissinger Diktat weist Deutschland eine Rolle als Vermittler ohne eigene Ansprüche zu.

JULI

1.7. Inkrafttreten des Reichspatentgesetzes. In Berlin wird das Reichspatentamt eingerichtet.

13.7. Tod des Mainzer Bischofs und Begründers der katholischen Soziallehre Wilhelm Emanuel von Ketteler in Burghausen.

14.7. Mit dem Kauf des bankrotten „Neuen Berliner Tageblattes" und der „Berliner Zeitung" legt der Papierhändler Leopold Ullstein den Grund für das Imperium des Ullstein Verlages.

18.7. In Leipzig wird der Deutsche Schachbund gegründet.

AUGUST

23.8. In Großbritannien werden deutsche Waren mit dem Kennzeichen „made in Germany" versehen. Das ist als Diskriminierung gedacht und soll britische Käufer vom Erwerb importierter Waren abschrecken. Die Initiative hat jedoch umgekehrte Wirkung, binnen kurzem wandelt sich „made in Germany" zu einem Gütesiegel.

SEPTEMBER

19.9. Bei den Landtagswahlen in Sachsen nehmen erstmals auch die Sozialdemokraten teil. Trotz Zensuswahlrechts gelingt es ihnen, ihren Kandidaten Wilhelm Liebknecht durchzubringen. Allerdings wird sein Mandat für ungültig erklärt, da er noch keine drei Jahre Wohnsitz in Sachsen hat.

OKTOBER

Oktober. Der Centralverband deutscher Industrieller und die Vereinigung der Steuer- und Wirtschaftsreformer befürworten die Schutzzollpolitik.

NOVEMBER

1.11. In Berlin stirbt Friedrich Heinrich Ernst Graf von Wrangel, preußischer Generalfeldmarschall, Oberbefehlshaber im deutsch-dänischen Krieg 1864 („Papa Wrangel").

15.11. Nach über 10-jähriger Bauzeit wird die 40 km lange Berliner Ringbahn eröffnet.

DEZEMBER

17.12. Bismarck bietet dem Führer des rechten Flügels der Nationalliberalen, Rudolf von Bennigsen, einen Stellvertreterposten als Reichskanzler und preußischer Ministerpräsident an. Hintergrund ist die Neuorientierung der Wirtschafts- und Finanzpolitik des Reiches weg vom Freihandel und hin zum Schutzzoll. Den Widerstand der Liberalen dagegen hofft Bismarck auf diese Weise aufzuweichen. Benningsen fordert jedoch die Aufnahme von zwei weiteren Nationalliberalen in die Regierung, was Bismarck und Kaiser Wilhelm I. ablehnen.

29.12. Nachdem die erste für den 18.12. vorgesehene Aufführung von Ludwig Anzengrubers Volksstück „Das vierte Gebot" von der Zensur untersagt worden ist, kommt das Stück elf Tage später im Wiener Theater in der Josephstadt auf die Bühne.

30.12. Uraufführung von Johannes Brahms' 2. Symphonie D-Dur in Wien.

AUSSERDEM

Durchstich des Kaiser-Wilhelm-Tunnels bei Cochem, mit 4,2 km

Wilhelm Maria Hubertus Leibl, Bauernmädchen mit weißem Kopftuch, 1877.

der bis dahin längste deutsche Eisenbahntunnel.
Die Raiffeisengenossenschaften schließen sich zum Anwaltsverein ländlicher Genossenschaften zusammen.
Erstes Auftreten der Kartoffelkäferplage in Deutschland.
Robert Koch fertigt die ersten Mikroskopiefotos von Mikroorganismen an.
Wilhelm Pfeffer beginnt seine Pionierarbeit mit halbdurchlässigen Membranen, die er dazu verwendet, das Molekulargewicht von Proteinen zu messen.
Georg Cantor gelingt es zu beweisen, dass die Zahl der Punkte eines Geradenstücks die gleiche ist wie die Zahl der Punkte im Inneren eines Quadrats; die Veröffentlichung wird ein Jahr lang zurückgehalten, weil sich die Mathematiker weigern, dieses Ergebnis zu glauben.
Otto Lilienthal entwickelt das erste Gleitflugzeug, das gebogene Flügel wie die eines Vogels benutzt.
Erfindung des Pressglases durch Friedrich Siemens.
Friedrich Engels: „Herrn Eugen Dührings Umwälzung der Wissenschaft" (Lehre vom wissenschaftlichen Kommunismus, bekannt als „Anti-Dühring").
Einführung der gesetzlichen Fleischbeschau zur Verbesserung der hygienischen Verhältnisse in den fleischverarbeitenden Betrieben.
Ludwig Boltzmann erklärt die Entropie (Boltzmann-Konstante der Thermodynamik).
Wilhelm Pfeffer entwickelt Methoden zur quantitativen Messung der Osmose.
Gartenzwerge werden in Serie hergestellt. Die Wichtelmänner erfreuen sich im In- und Ausland großer Beliebtheit.
Peter Rosegger: „Waldheimat" (Autobiografie).
Friedrich Spielhagen: „Sturmflut" (Roman).
Karl Emil Franzos: „Die Juden von Barnow" (Novellen).
Gottfried Keller: „Romeo und Julia auf dem Dorfe" (Erzählung).
Wilhelm Leibl: „Bauernmädchen mit weißem Kopftuch" (Gemälde).
Anton von Werner: „Kaiserproklamation in Versailles" (Gemälde).
Anton Bruckner: 3. Symphonie d-moll.

Weltgeltung auf hoher See

Dem zielbewussten Wirken Hermann Blohms und seines Mitinhabers Ernst Voss war es zuzuschreiben, dass der deutsche Schiffbau seit der Jahrhundertwende unter den seefahrenden Nationen eine Achtung gebietende Stellung erringen konnte. Die gewaltigsten Fahrzeuge ihrer Zeit gingen aus diesem Unternehmen hervor. Kriegs- und Handelsschiffe hat das Werk unter der fünfzigjährigen Leitung Hermann Blohms gebaut, die den Ruhm deutscher Schiffbaukunst in alle Welt trugen, allen voran die großen Fahrgastschiffe „Vaterland" (1914) und „Europa" (1930) sowie das Schlachtschiff „Bismarck" (1940).
Am 23. Juni 1848 wurde Hermann Blohm als siebentes und jüngstes Kind des Kaufmannes Georg Blohm und seiner Frau Margaret in Lübeck geboren. 1876, nachdem der gelernte Maschinenbauer in England auf verschiedenen Werften gearbeitet hatte, brachte er den Plan für sein Lebenswerk, die Gründung einer großen Schiffswerft mit und wollte diesen zunächst in seiner Vaterstadt verwirklichen, wo seine Familie großes Ansehen genoss. Aber man hatte damals in der alten Kaufmannsstadt noch wenig Interesse für industrielle Entwicklung, und so stieß Hermann Blohm bei den Lübecker Behörden auf große Widerstände. Kurz entschlossen wandte er sich nach Hamburg, wo die Aussichten für den Schiffbaumeister wesentlich besser waren.
Hier suchte er im Herbst 1876 den Zivilingenieur Ernst Voss (geboren am 12. Januar 1842 in Fockbeck bei Rendsburg) auf, dem er Grüße von Freunden aus Glasgow zu überbringen hatte. Die beiden Ingenieure unterhielten sich über allgemein technische Fragen, besonders aber über Schiff- und Schiffsmaschinenbau, und es stellte sich bald heraus, dass Voss schon seit Jahren die Gründung einer Werft an der Unterelbe beabsichtigte. Schnell vereinten sich die beiden Männer, die aneinander Gefallen gefunden hatten, und wählten das für ihre Zwecke geeignete Gelände, die Nordostecke des Kuhwärders aus, das Hermann Blohm in einer Größe von 15000 m² auf seinen Namen vom hamburgischen Staat pachtete. Im April 1877 wurde mit dem Bau nach den von Blohm hergestellten Plänen begonnen.
Im Januar 1878 kam die Betriebsdampfmaschine in Gang, und nach und nach wurden auch die Werkstätten betriebsfähig. Im November 1878 kam endlich der erste Auftrag für einen Neubau, es war ein Raddampfer für die Elbefahrt. Trotz der außerordentlich scharfen Bedingungen und des niedrigen Preises übernahm die Werft den Auftrag, und es gelang ihr, bei der Probefahrt am

Hermann Blohm (1848–1930 und Ernst Voss (1842–1920).

2. September 1879 die garantierte Leistung nicht nur zu erreichen, sondern sie noch zu überschreiten. Der Raddampfer „Elbe" hat dann 50 Jahre lang seinen Dienst versehen.
Nun beschlossen Blohm & Voss, für ihre Werft ein Schwimmdock zu bauen. Neujahr 1882 wurde dieses Dock eingeweiht; es wurde ein großer Erfolg für die Werft. Ein zweites Dock musste bald gebaut werden, das Dock- und Reparaturgeschäft florierte. Allmählich gelang es auch, mit dem englischen Schiffbau erfolgreich in Wettbewerb zu treten. 1898 erhielt die Werft den ersten Auftrag der deutschen Kriegsmarine aus dem Flottengesetz, den Bau des Linienschiffes „Kaiser Karl der Große", der die Reihe der großen Kriegsschiffbauten eröffnete.
Seit 1891 Kommanditgesellschaft auf Aktien, umfasste das Unternehmen alle zum Schiffbau gehörigen Betriebe, wie Schiffsmaschinen- und Kesselfabrik, Eisen-, Stahl- und Bronzegießerei, Tischlerei, Elektro-Installation, Schmiede, Rohrwerkstatt usw. Die Stärke der Werft lag im Bau von großen und größten Fahrgastschiffen sowie von großen Kreuzern und Schlachtschiffen. Die Fahrgastschiffe „Vaterland" (1914 mit 54282 BRT) und „Europa" (1930 mit 49796 BRT) besaßen Weltruf. Die großen Kreuzer „Moltke", „Seydlitz", „Goeben" und „Derfflinger" haben in der Seekriegsgeschichte des Ersten Weltkrieges einen würdigen Platz eingenommen, ebenso wie das Schlachtschiff „Bismarck" im Zweiten Weltkrieg.
Als nach 36jährigem gemeinsamen Schaffen Ernst Voss 1913 aus der Firma austrat, setzte Hermann Blohm das Werk mit seinen inzwischen herangewachsenen Söhnen fort und konnte 1927 den Tag begehen, an dem er 50 Jahre lang das von ihm ins Leben gerufene Unternehmen geleitet hatte. Zu bedauern ist, dass der am 12. März 1930 in Hamburg verstorbene Werftgründer den Erfolg des Schnelldampfers „Europa", nicht mehr miterleben durfte.
Nach Zerstörung, Demontage und Produktionsverbot im und nach dem Zweiten Weltkrieg konnte sich das Unternehmen wieder emporarbeiten und sein technisches Potential um zukunftsorientierte Produktionszweige, wie Energietechnik und Maschinenbau, erweitern.

Als Oberbefehlshaber der preußischen und österreichischen Truppen im Deutsch-Dänischen Krieg 1864 verstand Generalfeldmarschall Wrangel nicht Moltkes strategisches Konzept. Statt in einer Umfassungsschlacht am Danewerk konnte der Krieg erst durch die Einnahme der Düppeler Schanzen entschieden werden.

Friedrich von Wrangel

„Der Parademarsch besteht nicht nur aus der Sitzsamkeit der Hosen, der Weißheit des Lederzeugs und der Aufrichtigkeit der Gewehre, sondern vor allem im Hinblick auf mir." Dieser Tagesbefehl stammt aus der sich sträubenden Feder des knorrigsten aller 150 Feldmarschälle, die Brandenburg-Preußen gehabt hat, des „Papa Wrangel", wie ihn die Berliner nannten. Er brachte es mit knapper Not bis zur Tertia, wurde aber mit 14½ Jahren Leutnant, ging dann bei Blücher gegen Napoleon „in die Schule" und brachte es zum kommandierenden General. Als Oberbefehlshaber der deutschen Bundestruppen schlug er die Dänen, ritt 1864 und 1866 mit und erlebte 1870 noch die Attacken der Halberstädter Kürassiere und Gardedragoner bei Vionville und Mars-la-Tour. Dieser volkstümlichste aller Haudegen, dessen Standbild auf dem Leipziger Platz zu Berlin mit dem Schmunzeln der Passanten geehrt wurde, steht im Mittelpunkt eines ganzen Schwarmes von Anekdoten. Als ihm in den Revolutionszeiten von 1848 der König befahl, Berlin zu säubern, stellte er einen Stuhl auf das Pflaster zwischen seine Truppe und die aufständischen Barrikadenkämpfer. Und als der Befehlshaber der Bürgerwehr ihm zitternd erklärte, er werde nur der Gewalt weichen, erklärte er ruhig im Sitzen: „Die Jewalt is nu da, und ihr dürft weichen." Als ihn eine Volksmenge lynchen wollte, kaufte er einen Korb Veilchensträuße, schenkte Strauß für Strauß an die Männer: „Bestellen Sie man Ihrer Frau Jemahlin einen schönen Jruß von Papa Wrangeln" – und beendete also die Revolution. Einst las der ratlose Kriegsminister ein Handschreiben Wrangels, auf dem er bat, den Überbringer auszuzeichnen: er sei der „feigste Offizier". Erst der König las laut lachend das Wort richtig – „der fe-igste (fähigste) Offizier". Generalfeldmarschall Wrangel starb am 1. November 1877 in Berlin.

Emanuel von Ketteler

Die freiheitliche Gesinnung des Westfalen – von Ketteler, entstammt einer altmünsteraner Familie – und ein aller menschlichen Not aufgeschlossenes Herz waren die beiden Grundkräfte, die diesen großen Charakter zeitlebens bewegt haben. Der junge Referendar verlässt ingrimmig den Staatsdienst, als er in den „Kölner Wirren" die Rechte der Kirche durch die Staatsallmacht gebeugt sieht. In München und Münster studiert er katholische Theologie und übernimmt nach Abschluss der Studien eine Pfarrstelle im Münsterland. Die Bevölkerung wählt den gelehrten, redegewaltigen, unbeugsamen Pfarrherrn zum Abgeordneten in die Frankfurter Nationalversammlung. Der freimütige Redner der Paulskirche und der aufsehenerregende Prediger im nahen Mainzer Dom wird zum unüberhörbaren Ankläger wider die Ausbeutung der Arbeiter und zum Vorkämpfer für die Unabhängigkeit der Kirche vor der herkömmlichen staatlichen Bevormundung. 1849 ist Ketteler Propst an der Hedwigskirche in Berlin, 1850 Bischof von Mainz. Er wirkt tatkräftig für die Hebung der Bildung in seiner Diözese, baut Waisen- und Rettungshäuser, gründet und betreut Arbeitervereine, erkämpft weitgehende Zugeständnisse des Staates und sucht im sozialen Leben die Wiederbegegnung von Arbeiterschaft und Christentum und die Überwindung des sozialen Elends durch freiwillige Lie-

Wilhelm von Ketteler.

bestätigkeit und Selbsthilfe in Produktionsgenossenschaften und gewerkschaftlicher Arbeit. Als er erkennt, dass diese Mittel, angesichts der ungeheuren proletarischen Not niemals ausreichen können, fordert er eine umfassende Sozialhilfe durch den Staat. Seine sozialpolitischen Gedanken gehen in die große Sozialenzyklika „Rerum novarum" des Papstes Leo XIII. ein. Als Vorkämpfer eines „sozialen Netzes" wirkt Bischof von Ketteler, der auch dem ersten Deutschen Reichstag angehört hat und am 13. Juli 1877 in Burghausen starb, bis heute nach.

Paul Meyerheim, Im Lokomotivsaal der Maschinenbauanstalt von Borsig, 1877.

Handel und Industrie

Berlin, das sich zu einem der bedeutendsten Industrie- und Bankstandorte Deutschlands entwickelt hat – fast dreißig Prozent der Bevölkerung sind 1875 in Industrie, Gewerbe und Verkehr tätig – trifft die auf die überhitzten „Gründerjahre" folgende Krise besonders hart. Traditionelle Wirtschaftszweige wie der Werkzeugmaschinenbau und die Metallwarenfabrikation, der Eisenguss, der Lokomotivbau, die Textil- und Konfektionsindustrie müssen erhebliche Produktionseinschränkungen vornehmen: von 1873 bis 1878 sinkt die Produktion der Berliner Eisengießereien auf die Hälfte; Borsig, der 1874 noch 181 Lokomotiven gebaut hatte, reduziert seine Produktion 1876 auf 80, ein Jahr später auf 44 Stück; die Aktienkurse der Kapitalgesellschaften, soweit sie den großen Krach überlebt haben, sind Ende 1876 halbiert. Renommierte Unternehmen wie die Berliner Fabrik für Eisenbahnwaggonbau, die große Pflugsche Maschinenfabrik oder die Königliche Eisengießerei müssen ganz schließen. Die Bautätigkeit liegt für Jahre danieder.

1876/77 erreicht die Produktions- und Absatzkrise ihren Höhepunkt. Ein zeitgenössischer Bericht zieht eine trübe Bilanz:

Die Krisis, unter deren Druck Handel und Gewerbe Deutschlands seit einer Reihe von Jahren stehen, hat im Jahre 1877 an Kraft und Intensität zugenommen. Bedarf und Nachfrage ließen in fortschreitendem Maße nach. Die Großgewerbe Deutschlands, soweit über ihren Betrieb statistische Ziffern vorliegen, haben ihre Produktion teils eingeschränkt, teils nur dadurch auf ziemlich gleicher Höhe mit dem Vorjahr erhalten, dass sie mit den äußersten Anstrengungen erweiterten Absatz nach dem Ausland suchten... Die Maschinenindustrie sah die Zahl und Bedeutung ihrer Aufträge und den Ertrag ihrer Arbeit nie tiefer reduziert als im verflossenen Jahre und fand einige Erleichterung ihrer gedrückten Lage erst in den letzten Monaten desselben infolge größerer Bestellungen Russlands und etwas vermehrter Aufträge des Inlands. Verminderung der beschäftigten Arbeitskräfte, notgedrungene Reduktion der Arbeitszeit, Lohnherabsetzungen brachte das Jahr daher in größerem Maße, als bis dahin der Fall gewesen war.

Sündigten die Zeiten erhöhter Nachfrage in dem Übermut zahlreicher Gründungen, so ist keines der darauf folgenden mageren Jahre so reich gewesen an „Entgründungen", an zwangsweisen und freiwilligen Liquidationen, an Kapitalsreduktionen, die freilich oft nur eine Form gewesen sind, um eingebildete Werte verschwinden zu machen, als das Jahr 1877. Wie viel dabei Aktionäre und Gläubiger der Aktiengesellschaften verloren haben, lässt sich nicht berechnen; der Umstand aber, dass die Liquidationen gleichsam epidemisch wurden, erklärt sich nur aus der trüben Gesamtlage der Industrie, und die Entwertung der Vorräte und Fabrikate schädigte noch die stehen gebliebenen Etablissements, so dass die wirtschaftlichen Vorteile, die man in der Auflösung künstlich fortgesetzter Geschäfte als einem Mittel allmählicher Gesundung finden mag, vorläufig noch nicht erkennbar wurden.

Vorwärts

Central-Organ der Sozialdemokratie Deutschlands.

Nr. 1. Mittwoch, 3. Januar. 1877.

Die feindlichen Brüder.

Herrn Eugen Dühring's Umwälzung der Philosophie.

Von Friedrich Engels.

I.

Als der Berliner Privatdozent Eugen Dühring mit seiner Polemik gegen Karl Marx auch bei Sozialdemokraten Widerhall fand, veröffentlichte der „Vorwärts" 1877 die Artikelfolge von Friedrich Engels „Herrn Eugen Dührings Umwälzung der Philosophie". Der „Anti-Dühring" trug in seiner Kurzfassung „Die Entwicklung des Sozialismus von der Utopie zur Wissenschaft" entscheidend dazu bei, die deutschen Arbeiter mit der Lehre von Marx in der von Engels popularisierten Form vertraut zu machen.

1878

JANUAR

5.1. Der preußische Hofprediger und Politiker Adolf Stoecker gründet die Christlichsoziale Arbeiterpartei, eine konservative Vereinigung, die sich zum Ziel setzt, die Arbeiter dem Einfluss der Sozialdemokratie zu entziehen.

FEBRUAR

20.2. Nach dem Tod von Pius IX. (7.2.1878) wird Leo XIII. (Gioacchino Vincenzo Pecci) zum Papst gewählt. Diplomatisch geschmeidiger als sein Vorgänger, gelingt es ihm in den nächsten Jahren den Kulturkampf zu beenden und zu einem Ausgleich mit dem preußischen Staat zu kommen.

MÄRZ

20.3. Tod des Arztes und Physikers Julius Robert von Mayer in Heilbronn. Mayer ist mit Forschungen zur Äquivalenz von physikalischer Arbeit und Wärme hervorgetreten.
23.3. Uraufführung der Operette „Das verwunschene Schloss" von Karl Millöcker in Wien.

MAI

11.5. Der Klempnergeselle Max Hödel verübt in Berlin Unter den Linden ein Pistolenattentat auf Kaiser Wilhelm I. Seine Schüsse gehen jedoch fehl. Obwohl Hödel am 9.5. aus der SAPD ausgeschlossen worden ist, versucht Bismarck, die Sozialdemokratie für die Tat verantwortlich zu machen. Am 20.5. leitet er dem Reichstag einen Gesetzentwurf „zur Abwehr sozialdemokratischer Ausschreitungen" zu. Der Antrag wird jedoch am 24.5. vom Parlament abgelehnt.

JUNI

2.6. Wilhelm I. wird erneut in Berlin Ziel eines Anschlages. Der Landwirt Dr. Karl Eduard Nobiling feuert mit einer Flinte zwei Schrotladungen ab, die den Monarchen schwer verletzen. Der Täter schießt sich bei seiner Festnahme in den Kopf und stirbt nach einiger Zeit, ohne das Bewusstsein wieder zu erlangen. Als Reaktion auf das Attentat wird der Reichstag aufgelöst und seine Neuwahl angesetzt. Die Verantwortung für den Anschlag wird wiederum der Sozialdemokratie zugeschoben, wobei außer Acht gelassen wird, dass Nobiling deren Gegner war. Reichsweit kommt es zu Haussuchungen und Versammlungsverboten.
13.6.–13.7. Auf dem Berliner Kongress der europäischen Mächte zur Neuordnung der Verhältnisse auf dem Balkan übernimmt Reichskanzler Bismarck seinem Programm außenpolitischer Zurückhaltung gemäß die Rolle des „ehrlichen Maklers".

Hans Makart, Einzug Kaiser Karls V. in Antwerpen (Skizze), 1878.

JULI

17.7. Der Reichstag verabschiedet eine neue Gewerbeordnung. Danach ist Kinderarbeit grundsätzlich verboten; Ausnahmen gelten in der Landwirtschaft und in der Heimarbeit, doch dürfen hier Jugendliche zwischen 14 und 16 Jahren nur bis zu 10 Stunden und Kinder unter 14 Jahren nur 6 Stunden täglich arbeiten.

30.7. Bei den vorgezogenen Wahlen zum Reichstag büßen die Nationalliberalen vier Prozentpunkte ein und liegen nun gleichauf mit dem Zentrum (23,1 Prozent). Die Konservativen legen zu, Deutschkonservative und Deutsche Reichspartei erhalten 13,0 bzw. 13,6 Prozent. Die Sozialdemokraten fallen zurück auf 7,6 Prozent. Die neugegründete Christlichsoziale Arbeiterpartei des Hofpredigers Stoecker bringt es auf keinen nennenswerten Stimmenanteil.

SEPTEMBER

14.9. Gründung des ersten deutschen Fußballvereins, des „Fußballvereins 1878 Hannover“.

OKTOBER

21.10. Mit den Stimmen der Nationalliberalen und Konservativen und gegen die Stimmen von SAPD, Zentrum und Fortschrittspartei verabschiedet der Reichstag das „Gesetz gegen die gemeingefährlichen Bestrebungen der Sozialdemokratie“. Das „Sozialistengesetz“ schikaniert die im Grund noch unbedeutende Partei mit Verboten, Zensurmaßnahmen, Inhaftierung und Ausweisung der Parteiführer, vermag jedoch deren Widerstandswillen nicht zu brechen, im Gegenteil, in beharrlicher Untergrundarbeit vergrößert die Partei ihre Basis immer weiter. Zunächst auf drei Jahre befristet, wird das Gesetz mehrmals bis 1890 verlängert.

NOVEMBER

28.11. Über Berlin wird der Kleine Belagerungszustand verhängt, eine Notstandsmaßnahme, die durch das Sozialistengesetz ermöglicht wird.

DEZEMBER

16.12. In Frankfurt am Main stirbt der Schriftsteller Karl Gutzkow, führender Vertreter der revolutionären Bewegung des „Jungen Deutschlands“ in den Jahren 1830–35.

AUSSERDEM:

Ernst Abbe konstruiert ein Mikroskop mit homogener Ölimmersion, die eine Verbesserung der Auflösung bewirkt.

In Gotha nimmt das erste Krematorium in Deutschland den Betrieb auf. Gegen die Feuerbestattung gibt es heftige Proteste der Kirchen.

Für die Preußische Ostbahn werden die ersten deutschen Schlafwagen, sog. „Bromberger Schlafwagen“ gebaut.

In Berlin wird eine Rollschuh-Hallenbahn eröffnet.

Adolph von Baeyer stellt den Farbstoff Indigo vollsynthetisch her.

Im Druckwesen kommen Schnellpressen der Augsburger Maschinenfabrik zum Einsatz.

Robert Koch: „Untersuchungen über die Ätiologie der Wundinfektionskrankheiten“.

Heinrich von Treitschke: „Der Sozialismus und der Meuchelmord“.

Rudolf Eucken: „Geschichte und Kritik der Grundbegriffe der Gegenwart“.

Friedrich Nietzsche: „Menschliches, Allzumenschliches. Ein Buch für freie Geister“.

Theodor Storm: „Carsten Curator“ (Novelle).

Gottfried Keller: „Zürcher Novellen“.

Theodor Fontane: „Vor dem Sturm“ (Roman).

Max Liebermann: „Kartoffelernte“ (Gemälde).

Hans Makart: „Einzug Karls V. in Antwerpen“ (Gemälde).

Adolph von Menzel: „Das Ballsouper“ (Gemälde).

Der Wiener Musiker Johann Schrammel gründet ein Volksmusik-Quartett (2 Geigen, Gitarre, Klarinette). „Schrammelmusik“ wird in der Folge zum Begriff für Wiener Unterhaltungsmusik.

Julius Robert von Mayer

* Heilbronn,
25. November 1814
† ebendar, 20. März 1878

Mayer, der Sohn eines Apothekers, erhielt eine medizinische Ausbildung. Er fand jedoch keine rechte Freude an der ärztlichen Tätigkeit. Als Schiffsarzt hatte er wenig zu tun, und 1840, auf einer Reise nach Java, erwachte sein Interesse an der Physik, als er das Problem der von den Lebewesen entwickelten Wärme betrachtete.

1842 präsentierte er eine Abschätzung für das „mechanische Wärmeäquivalent“. Diese Abschätzung berechnete er durch Beobachtung der Temperaturerhöhung von Papierbrei, der durch ein von einem Pferd angetriebenes Rührwerk verrührt wurde. Seine Experimente waren nicht so detailliert und sorgfältig wie vergleichbare Experimente von Joule, aber Mayer erkannte deren grundsätzliche Bedeutung. Noch vor Joule und vor Helmholtz stellte er den Satz von der Erhaltung der Energie auf.

Trotz einiger Schwierigkeiten gelang ihm die Veröffentlichung. Justus Liebig akzeptierte den Druck in der von ihm herausgegebenen angesehenen Zeitschrift.

Robert Mayer, Bronzerelief von Rudolf Dietelbach.

Mayers Veröffentlichung weckte jedoch kein Interesse. Joule, mit einem imponierenden Hintergrund an Messergebnissen, wurde fünf Jahre später die Priorität zugeschrieben, das mechanische Wärmeäquivalent gefunden zu haben. Und weil Helmholtz den Energiesatz viel systematischer einführte, geriet auch in dieser Hinsicht Mayer ins Hintertreffen. Trotzdem war Mayer viel weiter gegangen bezüglich der Gültigkeit des Energiesatzes. Auch die Lebewesen unterlagen seiner Ansicht nach diesem Gesetz. Dies war eine gewagte Aussage in einer Zeit, in der die Gesetze der unbelebten Materie als nicht anwendbar auf die belebte Natur galten.

Mayer vermutete, dass die Quelle aller Energie auf der Erde die Sonne sei. Die Energie sollte durch eine langsame Kontraktion der Sonne frei werden oder durch den Einfall von Meteoriten in die Sonne. Auf jeden Fall sollte Bewegungsenergie in der Sonne in Strahlungsenergie umgewandelt werden.

Die fehlende Anerkennung und die Erfahrung, beim Prioritätenstreit auf der Verliererseite zu stehen, setzten Mayer sehr zu.

Im Jahre 1848 kamen der Tod zweier seiner Kinder und die Teilnahme seines Bruders an der Revolution als weitere Schicksalsschläge hinzu. Mayer versuchte Selbstmord zu begehen, indem er sich aus dem Fenster stürzte. Der Selbstmordversuch misslang und hinterließ eine bleibende Lähmung der Beine. 1851 wurde er in eine Anstalt für Geisteskranke gebracht, in der rohe und grausame Behandlungsmethoden an der Tagesordnung waren. Schließlich wurde er entlassen, vollständig erholte er sich jedoch nie mehr. Sein weiteres Leben lag in derartiger Abgeschiedenheit, dass Liebig, während einer Vorlesung im Jahre 1858 Mayers Ansichten vortragend, meinte, dass er bereits gestorben sei. Dies war ein Wendepunkt. Es war, wie wenn das Gewissen der Umwelt erwachte.

Der britische Physiker John Tyndall bemühte sich, Mayer die gebührende Anerkennung zu verschaffen. Mayer wurde schließlich mit dem Adelstitel „von“ bedacht.

Der Kongress zu Berlin – Schlusssitzung am 13. Juli 1878, Gemälde von Anton von Werner. Unser Ausschnitt zeigt Otto von Bismarck bei der Begrüßung des russischen Diplomaten Graf Schuwalow.

Friedenssicherung

Nur einer geschickten Außenpolitik war es gelungen, die Kriege 1864,1866 und 1870/71 ohne Interventionen dritter Mächte zu führen. Wiederholt und nachdrücklich hatte Bismarck nach der Reichsgründung betont: „Das deutsche Reich ist saturiert." Durch sein kompliziertes Vertragssystem suchte er den Frieden unter den fünf europäischen Großmächten zu sichern. Wie schwierig dies war, zeigt seine Schilderung des deutsch-russischen Dialogs nach dem Berliner Kongress, auf dem Bismarck als „ehrlicher Makler" aufgetreten war.

Bei den diplomatischen Verhandlungen über Ausführung der Bestimmungen des Berliner Kongresses wurde in Petersburg erwartet, dass wir jede russische Auffassung der österreichisch-englischen gegenüber ohne Weiteres und namentlich ohne vorgängige Verständigung zwischen Berlin und Petersburg unterstützen und durchsetzen würden. Meine angedeutete, endlich ausgesprochene Forderung, die russischen Wünsche uns vertraulich, aber deutlich auszusprechen und darüber zu verhandeln, wurde eludiert, und ich erhielt den Eindruck, dass Fürst Gortschakow von mir, wie eine Dame von ihrem Verehrer, erwartete, dass ich die russischen Wünsche erraten und vertreten würde, ohne dass Russland selbst sie auszusprechen und dadurch eine Verantwortlichkeit zu übernehmen brauchte. Selbst in Fällen, wo wir annehmen durften, der russischen Interessen und Absichten völlig gewiss zu sein, und glaubten, der russischen Politik einen Beweis unserer Freundschaft freiwillig geben zu können, ohne eigne Interessen zu schädigen, erfuhren wir statt der erwarteten Anerkennung eine nörgelnde Missbilligung, weil wir angeblich in Richtung und Maß nicht das von unserem russischen Freunde Erwartete getroffen hatten. Auch wenn letzteres unzweifelhaft der Fall war, hatten wir keinen besseren Erfolg.
In diesem ganzen Verfahren lag eine berechnete Unehrlichkeit nicht nur uns, sondern auch dem Kaiser Alexander gegenüber, dessen Gemüte die deutsche Politik als unehrlich und unzuverlässig erscheinen sollte. Ihre Freundschaft ist allzu platonisch, hat die Kaiserin Marie einem unsrer Vertreter vorwurfsvoll gesagt. Platonisch bleibt die Freundschaft eines großmächtlichen Kabinetts für die andern allerdings immer bis zu einem gewissen Grade; denn keine Großmacht kann sich in den ausschließlichen Dienst einer andern stellen. Sie wird immer ihre nicht nur gegenwärtigen, sondern auch zukünftigen Beziehungen zu den übrigen im Auge behalten und dauernde, prinzipielle Feindschaft mit jeder von ihnen nach Möglichkeit vermeiden müssen. Für Deutschland mit seiner zentralen, nach drei großen Angriffsfronten offenen Lage trifft das besonders zu.
Irrtümer in der Kabinettspolitik der großen Mächte strafen sich nicht sofort, weder in Petersburg noch in Berlin, aber unschädlich sind sie nie. Die geschichtliche Logik ist noch genauer in ihren Revisionen als uns-

re Oberrechenkammer. Bei Ausführung der Kongressbeschlüsse erwartete und verlangte Russland, dass bei lokalen Verhandlungen darüber im Orient die deutschen Kommissarien, bei Divergenzen zwischen russischen und andern Auffassungen, generell der russischen zustimmen sollten. Uns konnte in manchen Fragen allerdings die objektive Entscheidung ziemlich gleichgültig sein, es kam für uns nur darauf an, die Stipulationen ehrlich auszulegen und unsre Beziehungen auch zu den übrigen Großmächten nicht durch parteiisches Verhalten zu stören in Lokalfragen, welche ein deutsches Interesse nicht berührten. Die leidenschaftliche Bitterkeit der Sprache aller russischen Organe, die durch die Zensur autorisierte Verhetzung der russischen Volksstimmung gegen uns ließ es dann geraten erscheinen, die Sympathien, welche wir bei nichtrussischen Mächten noch haben konnten, uns nicht zu entfremden.

In dieser Situation nun kam ein eigenhändiges Schreiben des Kaisers Alexander, welches trotz aller Verehrung für den bejahrten Freund und Oheim an zwei Stellen bestimmte Kriegsdrohungen enthielt in der Form, welche völkerrechtlich üblich ist, etwa des Inhalts: Wenn die Weigerung, das deutsche Votum dem russischen anzupassen, festgehalten wird, so kann der Friede zwischen uns nicht dauern. Dieses Thema war in scharfen und unzweideutigen Worten an zwei Stellen variiert. Dass der Fürst Gortschakow, der am 6. September 1879 in einem Interview mit dem Korrespondenten des orleanistischen „Soleil", Louis Peyramont, Frankreich eine sehr auffallende Liebeserklärung machte, auch an jenem Schreiben mitgearbeitet hatte, sah ich dem letzteren an und wurde durch zwei spätere Wahrnehmungen bestätigt.

Im Oktober hörte eine Dame der Berliner Gesellschaft, die in dem Hôtel de l'Europe in Baden-Baden Zimmernachbarin Gortschakows war, ihn sagen: „Ich hätte wohl den Krieg gewollt, aber Frankreich hat andere Absichten." Und am 1. November war der Pariser Korrespondent der „Times" in der Lage, seinem Blatte zu melden, vor der Zusammenkunft in Alexandrowo habe der Zar an den Kaiser Wilhelm geschrieben, sich über die Haltung Deutschlands beschwert und sich der Phrase bedient: „Der Kanzler Ew. Majestät hat die Versprechungen von 1870 vergessen." Der Korrespondent, Herr Oppert aus Blowitz in Böhmen, wird die Verbreitung dieser ihm doch wohl von Gortschakow zugegangenen Nachrichten umso bereitwilliger übernommen haben, als er mir von dem Kongress her grollte. Auf den Wunsch Lord Beaconsfields, der ihn bei guter Laune erhalten wollte, hatte ich ihm die dritte Klasse des Kronenordens verschafft. Er war über die nach preußischen Begriffen ungewöhnlich hoch gegriffene Auszeichnung entrüstet, lehnte dieselbe ab und verlangte die zweite Klasse.

Angesichts der Haltung der russischen Presse, der steigenden Erregtheit der großen Massen des Volkes, der Truppenanhäufung unmittelbar längs der preußischen Grenzen wäre es leichtfertig gewesen, den Ernst der Situation und der kaiserlichen Drohung gegen den früher so verehrten Freund zu bezweifeln. Dass Kaiser Wilhelm auf den Rat des Feldmarschalls von Manteuffel am 3. September 1879 nach Alexandrowo ging, um die schriftlichen Drohungen seines Neffen mündlich begütigend zu beantworten, widerstrebte meinem Gefühle und meinem Urteil über das, was Not tue. Betrachtungen analog denen, welche den Versuch widerrieten, die komplizierten Schwierigkeiten von 1863 auf dem Wege eines russischen Bündnisses zu lösen, standen in der zweiten Hälfte der siebziger Jahre ebenfalls einer stärkeren Akzentuierung der russischen Freundschaft ohne Österreich entgegen.

Ich weiß nicht, inwieweit Graf Peter Schuwalow vor Beginn des letzten Balkankrieges und während des Kongresses ausdrücklich beauftragt war, die Frage eines deutsch-russischen Bündnisses zu besprechen; er war nicht in Berlin beglaubigt, sondern in London, seine persönlichen Beziehungen zu mir gestatteten ihm aber, sowohl bei seinen vorübergehenden Berührungen Berlins auf der Durchreise wie während des Kongresses mit mir alle Eventualitäten rückhaltlos zu besprechen. Noch vor dem Kongress berührte er die Frage eines russisch-deutschen Schutz- und Trutzbündnisses und stellte sie direkt. Ich besprach mit ihm offen die Schwierigkeiten und Aussichten, welche die Bündnisfrage und zunächst, wenn der Dreibund der Ostmächte nicht haltbar wäre, die Wahl zwischen Österreich und Russland für uns habe. Er sagte unter anderm in der Diskussion: „Die Furcht vor Koalitionen verursacht Ihnen Alpdrücken", worauf ich erwiderte: „Notwendigerweise." Als das sicherste Mittel dagegen bezeichnete er ein festes, unerschütterliches Bündnis mit Russland, weil bei Ausschluss der letzteren Macht aus dem Kreise unsrer Koalitionsgegner keine für uns lebensgefährliche Kombination möglich sei.

Ich gab dies zu, sprach aber meine Befürchtung aus, dass die deutsche Politik, wenn sie ihre Möglichkeiten auf das russische Bündnis einschränkte und allen übrigen Staaten den russischen Wünschen entsprechend absagte, Russland gegenüber in eine ungleiche Stellung geraten könne, weil die geographische Lage und die autokratische Verfassung Russlands demselben für das Aufgeben des Bündnisses stets mehr Leichtigkeit gewähre, als wir haben würden, und weil das Festhalten an der alten Tradition des preußisch-russischen Bundes doch immer nur auf zwei Augen stehe, d. h. von dem Gemütsleben des jedesmaligen Kaisers von Russland abhänge. Unsre Beziehungen zu Russland beruhten auf dem persönlichen Verhältnis beider Monarchen zueinander und auf dessen richtiger Pflege durch höfische und diplomatische Geschicklichkeit, respektive Gesinnung der beiderseiti-

Hödels Attentat auf Kaiser Wilhelm I. in Berlin am 11. Mai 1878.

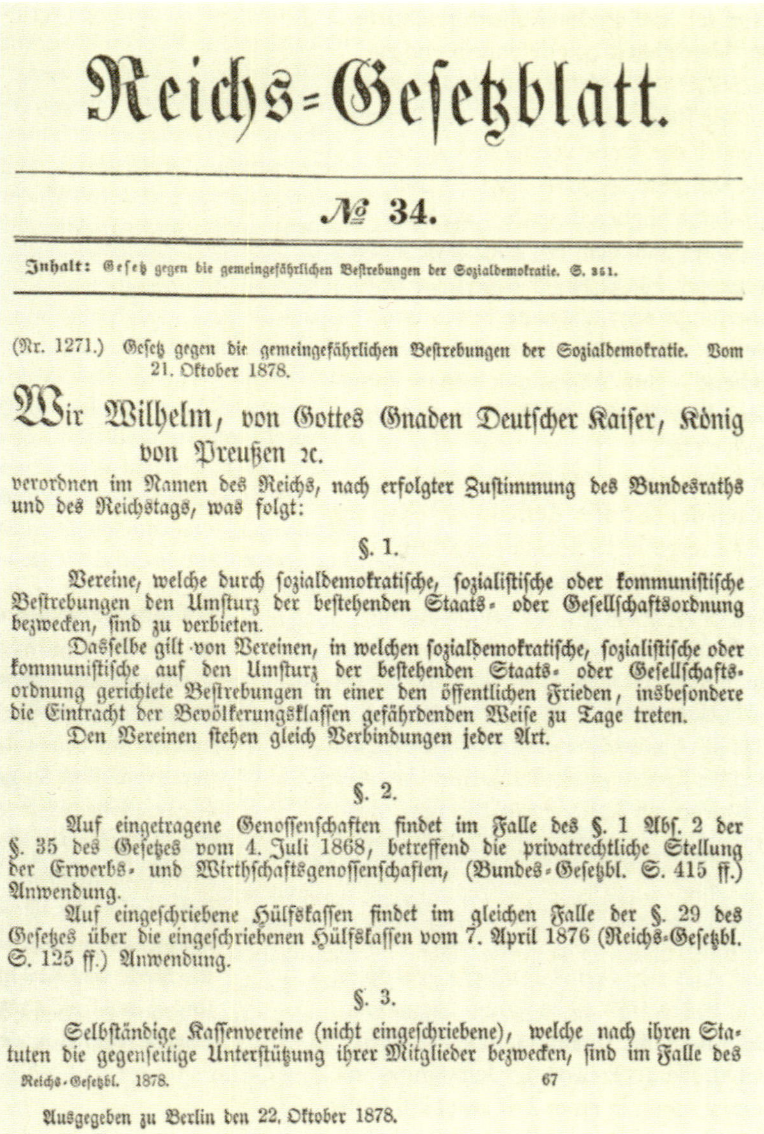

Reichs-Gesetzblatt.

№ 34.

Inhalt: Gesetz gegen die gemeingefährlichen Bestrebungen der Sozialdemokratie. S. 351.

(Nr. 1271.) Gesetz gegen die gemeingefährlichen Bestrebungen der Sozialdemokratie. Vom 21. Oktober 1878.

Wir Wilhelm, von Gottes Gnaden Deutscher Kaiser, König von Preußen rc.

verordnen im Namen des Reichs, nach erfolgter Zustimmung des Bundesraths und des Reichstags, was folgt:

§. 1.

Vereine, welche durch sozialdemokratische, sozialistische oder kommunistische Bestrebungen den Umsturz der bestehenden Staats- oder Gesellschaftsordnung bezwecken, sind zu verbieten.

Dasselbe gilt von Vereinen, in welchen sozialdemokratische, sozialistische oder kommunistische auf den Umsturz der bestehenden Staats- oder Gesellschaftsordnung gerichtete Bestrebungen in einer den öffentlichen Frieden, insbesondere die Eintracht der Bevölkerungsklassen gefährdenden Weise zu Tage treten.

Den Vereinen stehen gleich Verbindungen jeder Art.

§. 2.

Auf eingetragene Genossenschaften findet im Falle des §. 1 Abs. 2 der §. 35 des Gesetzes vom 4. Juli 1868, betreffend die privatrechtliche Stellung der Erwerbs- und Wirthschaftsgenossenschaften, (Bundes-Gesetzbl. S. 415 ff.) Anwendung.

Auf eingeschriebene Hülfskassen findet im gleichen Falle der §. 29 des Gesetzes über die eingeschriebenen Hülfskassen vom 7. April 1876 (Reichs-Gesetzbl. S. 125 ff.) Anwendung.

§. 3.

Selbständige Kassenvereine (nicht eingeschriebene), welche nach ihren Statuten die gegenseitige Unterstützung ihrer Mitglieder bezwecken, sind im Falle des

Reichs-Gesetzbl. 1878. 67

Ausgegeben zu Berlin den 22. Oktober 1878.

Mit dem „Gesetz gegen die gemeingefährlichen Bestrebungen der Sozialdemokratie vom 21. Oktober 1878, dem so genannten Sozialistengesetz, begann die Verfolgung der Sozialdemokraten im Deutschen Reich. Erst 1890, nach der Entlassung Bismarcks, wurde das Gesetz vom Reichstag nicht mehr erneuert.

gen Vertreter. Wir hätten das Beispiel gehabt, dass beim ziemlich hilflosen preußischen Gesandten in Petersburg durch die Geschicklichkeit von Militärbevollmächtigten, wie der Generale von Rauch und des Grafen Münster, die gegenseitigen Beziehungen intim geblieben wären, trotz mancher berechtigten Empfindlichkeit auf beiden Seiten. Wir hätten ebenso erlebt, dass jähzornige oder reizbare Vertreter Russlands, wie Budberg und Oubril, durch ihre Haltung in Berlin und durch ihre Berichterstattung, wenn sie persönlich verstimmt waren, Eindrücke erzeugten, welche auf die gegenseitigen Gesamtbeziehungen zweier Völker gefährlich zurückwirken konnten.
(Bismarck, Gedanken und Erinnerungen. Stuttgart 1898)

Attentat auf Kaiser Wilhelm I.

Der 21jährige Attentäter, ein Klempnergeselle namens Max Hödel, stammte aus Leipzig, seine Jugend verbrachte er zum Teil in einer Erziehungsanstalt, da er sich des Diebstahls, der Bettelei und der Landstreicherei bereits mit 13 Jahren schuldig gemacht hatte.
Nach seinem Eintritt in die Klempnerlehre wurde er Mitglied der SPD. Wegen seines unmäßigen und radikalen Wesens erfolgte aber schon bald sein Ausschluss aus dieser Partei, worauf er Anarchist wurde.
Erfüllt von brutalsten und rabiatesten Tendenzen und hoffnungslos der Armut und Erbärmlichkeit verfallen, beschloss Hödel den zu töten, der für ihn die verhasste Klasse der Besitzenden repräsentierte. Am 11. Mai 1878 lauerte er in Berlin dem Kaiser auf. Der Monarch fuhr an diesem Tage gegen 15 Uhr, begleitet von seiner Tochter, der Großherzogin Louise von Baden, aus dem Tiergarten kommend, im offenen Wagen die Linden entlang zum Schloss. Der Schuss ging fehl; der Täter wurde verhaftet.
Der Prozess fand in der sozialdemokratischen Presse starken Widerhall: „Auf die Anklagebank nicht mit dem Verbrecher, nein, mit der Gesellschaft!" schrieb Liebknecht im „Vorwärts".
Am 23. Mai 1878 gab die sozialdemokratische Fraktion im Reichstag eine Erklärung ab, in der sie sich von dem Anschlag distanzierte:
Der Versuch, die Tat eines Wahnwitzigen, noch ehe die gerichtliche Untersuchung geschlossen ist, zur Ausführung eines lang vorbereiteten Reaktionsstreichs zu benutzen und die „moralische Urheberschaft" des noch unerwiesenen Mordattentats auf den deutschen Kaiser einer Partei aufzuwälzen, welche den Mord in jeder Form verurteilt und die wirtschaftliche und politische Entwicklung als von dem Willen einzelner Personen ganz unabhängig auffasst, richtet sich selbst so vollständig in den Augen jedes vorurteilslosen Menschen, dass wir, die Vertreter der sozialdemokratischen Wähler Deutschlands, uns zu der Erklärung gedrungen fühlen:
Wir erachten es mit unserer Würde nicht vereinbar, an der Diskussion des dem Reichstage heute vorliegenden Ausnahmegesetzes teilzunehmen und werden uns durch keine Provokationen, von welcher Seite sie auch kommen mögen, in diesem Beschluss erschüttern lassen. Wohl aber werden wir uns an der Abstimmung beteiligen, weil wir es für unsere Pflicht halten, zur Verhütung eines beispiellosen Attentats auf die Volksfreiheit das Unsrige beizutragen, indem wir unsere Stimmen in die Wagschale werfen.
Falle die Entscheidung des Reichs-

Razzia auf Sozialdemokraten in der Umgebung von Berlin.

„Socialist Jack in the box". Die „Punch"-Karikatur zeigt Reichskanzler Bismarck, wie er versucht, den sozialistischen Schachtelteufel in die Kiste zurückzudrücken.

tags aus wie sie wolle – die deutsche Sozialdemokratie, an Kampf und Verfolgungen gewöhnt, blickt weiteren Kämpfen und Verfolgungen mit jener zuversichtlichen Ruhe entgegen, die das Bewusstsein einer guten und unbesiegbaren Sache verleiht.
In eigentümlichem Gegensatz zu seinen Ansichten, stand Hödels Aussage, die er vor dem Untersuchungsrichter gemacht haben soll. Danach habe ihm jede Mordabsicht ferngelegen; vielmehr habe er sich im Angesicht des Kaisers selbst töten wollen, um so der herrschenden Klasse die Erbärmlichkeit seines Daseins vor Augen zu führen. Hödel wurde wegen Hochverrats zum Tode verurteilt. Am 16. August 1878 wurde die Hinrichtung vollzogen.

Das Sozialistengesetz

Am 21. Oktober 1878 wurde das „Gesetz gegen die gemeingefährlichen Bestrebungen der Sozialdemokratie" erlassen. Nachfolgend die zentralen Bestimmungen:

§ 1. Vereine, welche durch sozialdemokratische, sozialistische oder kommunistische Bestrebungen den Umsturz der bestehenden Staats- oder Gesellschaftsordnung bezwecken, sind zu verbieten.
Dasselbe gilt von Vereinen, in welchen sozialdemokratische, sozialistische oder kommunistische, auf den Umsturz der bestehenden Staats- oder Gesellschaftsordnung gerichtete Bestrebungen in einer den öffentlichen Frieden, insbesondere die Eintracht der Bevölkerungsklassen gefährdenden Weise zu Tage treten.
Den Vereinen stehen gleich Verbindungen jeder Art.
§ 9. Versammlungen, in denen sozialdemokratische, sozialistische oder kommunistische, auf den Umsturz der bestehenden Staats- oder Gesellschaftsordnung gerichtete Bestrebungen zu Tage treten, sind aufzulösen.
Versammlungen, von denen durch Tatsachen die Annahme gerechtfertigt ist, dass sie zur Förderung der im ersten Absatze bezeichneten Bestrebungen bestimmt sind, sind zu verbieten.
Den Versammlungen werden öffentliche Festlichkeiten und Aufzüge gleichgestellt.
§ 11. Druckschriften, in welchen sozialdemokratische, sozialistische oder kommunistische, auf den Umsturz der bestehenden Staats- oder Gesellschaftsordnung gerichtete Bestrebungen in einer den öffentlichen Frieden, insbesondere die Eintracht der Bevölkerungsklassen gefährdenden Weise zu Tage treten, sind zu verbieten.
Bei periodischen Druckschriften kann das Verbot sich auch auf das fernere Erscheinen erstrecken, sobald auf Grund dieses Gesetzes das Verbot einer einzelnen Nummer erfolgt.
§ 16. Das Einsammeln von Beiträgen zur Förderung von sozialdemokratischen, sozialistischen oder kommunistischen, auf den Umsturz der bestehenden Staats- oder Gesellschaftsordnung gerichteten Bestrebungen sowie die öffentliche Aufforderung zur Leistung solcher Beiträge sind polizeilich zu verbieten. Das Verbot ist öffentlich bekannt zu machen.
§ 17. Wer an einem verbotenen Verein als Mitglied sich beteiligt, oder eine Tätigkeit im Interesse eines solchen Vereins ausübt, wird mit Geldstrafe bis zu 500 Mark oder mit Gefängnis bis zu drei Monaten bestraft.
. . Gegen diejenigen, welche sich an dem Verein oder an der Versammlung als Vorsteher, Leiter, Ordner, Agenten, Redner oder Kassierer beteiligen, oder welche zu der Versammlung auffordern, ist auf Gefängnis von einem Monat bis zu einem Jahre zu erkennen.
§ 18. Wer für einen verbotenen Verein oder für eine verbotene Versammlung Räumlichkeiten hergibt, wird mit Gefängnis von einem Monat bis zu einem Jahre bestraft.
§ 22. Gegen Personen, welche sich die Agitation für die im § 1 Abs. 2 bezeichneten Bestrebungen zum Geschäfte machen, kann im Falle einer Verurteilung wegen Zuwiderhandlungen gegen die §§ 17 bis 20 neben der Freiheitsstrafe auf die Zulässigkeit der Einschränkung ihres Aufenthalts erkannt werden.
Auf Grund dieses Erkenntnisses kann dem Verurteilten der Aufenthalt in bestimmten Bezirken oder Ortschaften durch die Landespolizeibehörde versagt werden, jedoch in seinem Wohnsitz nur dann, wenn er denselben nicht bereits seit sechs Monaten innehat. Ausländer können von der Landespolizeibehörde aus dem Bundesgebiete ausgewiesen werden. Die Beschwerde findet nur an die Aufsichtsbehörden statt.
Zuwiderhandlungen werden mit Gefängnis von einem Monat bis zu einem Jahre bestraft.
§ 23. Unter den in § 22 Abs. 1 bezeichneten Voraussetzungen kann gegen Gastwirte, Schankwirte, mit Branntwein oder Spiritus Kleinhandel treibende Personen, Buchdrucker, Buchhändler, Leihbibliothekare und Inhaber von Lesekabinetten neben der Freiheitsstrafe auf Untersagung ihres Gewerbebetriebes erkannt werden.
§ 28. Für Bezirke oder Ortschaften, welche durch die im § 1 Abs. 2 bezeichneten Bestrebungen mit Gefahr für die öffentliche Sicherheit bedroht sind, können von den Zentralbehörden der Bundesstaaten die folgenden Anordnungen, soweit sie nicht bereits landesgesetzlich zulässig sind, mit Genehmigung des Bundesrates für die Dauer von längstens einem Jahre getroffen werden:
1. Dass Versammlungen nur mit vorgängiger Genehmigung der Polizeibehörde stattfinden dürfen;
2. dass die Verbreitung von Druckschriften auf öffentlichen Wegen, Straßen, Plätzen oder an anderen öffentlichen Orten nicht stattfinden darf;
3. dass Personen, von denen eine Gefährdung der öffentlichen Sicherheit oder Ordnung zu besorgen ist, der Aufenthalt in den Bezirken oder Ortschaften versagt werden kann.

1879

JANUAR

Jan. In London erscheint die erste Ausgabe der „Freiheit", herausgegeben von den aus Berlin ausgewiesenen Sozialisten Johann Most und Franz Josef Ehrhart. Die Exilzeitung findet wenig Unterstützung bei den deutschen Sozialdemokraten, da diese auch unter den Bedingungen des Sozialistengesetzes zunächst darauf beharren, in Deutschland zu publizieren. Die „Freiheit" geht bald auf einen antiparlamentarischen, anarchistischen Kurs, was sie der deutschen Sozialdemokratie weiter entfremdet.

FEBRUAR

1.2. In Wien wird die Operette „Boccaccio" von Franz von Suppé nach einem Libretto von F. Zell und R. Genée uraufgeführt.
23.2. Tod des preußischen Generalfeldmarschalls Albrecht Graf von Roon (Kriegsminister 1859–73, Förderer Bismarcks).

MÄRZ

7.3. Das sog. Maulkorbgesetz, mit dem die Redefreiheit im Parlament eingeschränkt werden soll, findet im Reichstag keine Mehrheit.
24.3. Die Zivilprozessordnung (ZPO) tritt in Kraft.

MAI

15.5. Der Architekt Gottfried Semper, der zuletzt das Wiener Burgtheater errichtete, stirbt in Rom.
20.5. Der nationalliberale Reichstagspräsident und Oberbürgermeister von Berlin Max von Forckenbeck tritt zurück. Nachfolger wird der Deutschkonservative Otto Theodor von Seydewitz. Hintergrund ist der Kurswechsel hin zur Schutzzollpolitik, den die Liberalen nicht mittragen wollen.
31.5. Werner von Siemens führt auf der Gewerbeausstellung in Berlin die erste funktionsfähige elektrische Lokomotive der Welt vor. Sie bewegt sich auf einer 300 m langen Kreisbahn, ihren Antrieb (150 V Gleichstrom) erhält sie durch ein drittes Gleis mit Stromschiene.

JULI

4.7. Das Reichsland Elsass-Lothringen erhält ein Verfassungsgesetz. Als erster vom Kaiser ernannter Statthalter tritt Edwin Freiherr von Manteuffel sein Amt an.
7.7. Der preußische Kultusminister Adalbert Falk, einer der Protagonisten im Kulturkampf, tritt zurück. Damit deutet sich ein Ende des Streits zwischen katholischer Kirche und preußischem Staat an.
15.7. Die sog. Franckensteinsche Klausel wird in die Schutzzollgesetzgebung aufgenommen. Der von dem Zentrumspolitiker Georg Arbogast Freiherr von und zu Franckenstein eingebrachte Vorbehalt besagt, dass alle Erträge von Zöllen und indirekten Steuern, die 130 Mio. Mark jährlich übersteigen, vom Reich an die einzelnen Bundesstaaten nach Maßstab ihrer Matrikularbeträge überwiesen werden.
17.7. Der Reichstag beschließt die Einführung von Schutzzolltarifen.

AUGUST

15.8. Zar Alexander II. beschwert sich brieflich bei Kaiser Wilhelm I. über das für Russland nachteilige Ergebnis des Berliner Kongresses. Das Dokument wird als „Ohrfeigenbrief" bekannt. Angesichts der russischen Verstimmung ändert Bismarck seine Politik; er plädiert nun für ein Defensivbündnis mit Österreich-Ungarn. Die Verhandlungen dazu beginnen am 24.9. in Wien.

SEPTEMBER

24.9. In Zürich erscheint eine Probenummer der Exilzeitung „Sozialdemokrat".

OKTOBER

1.10. Das Reichsgericht in Leipzig, oberste Gerichtsinstanz in Deutschland, nimmt seine Arbeit auf.
7.10. Das Deutsche Reich und Österreich-Ungarn schließen den Zweibund. Das Abkommen wird geheim gehalten.
31.10. Uraufführung der Operette „Die Dubarry" von Karl Millöcker nach einem Libretto von F. Zell und R. Genée in Wien.

NOVEMBER

Nov. Der Historiker Heinrich von Treitschke macht in einem Artikel in den Preußischen Jahrbüchern die Juden für den „schnöden Materialismus" verantwortlich, der in Deutschland herrsche. Er prägt dabei die später von den Nationalsozialisten aufgegriffene Formel „Die Juden sind unser Unglück". In dem „Antisemitismusstreit", der sich daraufhin in der deutschen Publizistik entwickelt, nimmt besonders der Historiker Theodor Mommsen gegen Treitschke Stellung.

DEZEMBER

20.12. Der preußische Landtag beschließt den Ankauf von privaten Eisenbahngesellschaften. Damit beginnt die Verstaatlichung der Eisenbahn.

AUSSERDEM

Wilhelm Wundt gründet in Leipzig das erste Labor für Psychologie.
Albrecht Kossel beginnt mit seinen Untersuchungen von Nuklein, einer Substanz, die in Zellen zu finden ist und zu seiner Entdeckung der Nukleinsäuren führt.
Nach der Arbeit mit Derivaten von Steinkohlenteer stellt Constantin Fahlberg an seinen Händen einen süßen Geschmack fest, was ihn zur Entdeckung von Saccharin führt.
Gottlob Frege: „Begriffsschrift" (Beschränkung der Mathematik auf formallogische Behauptungen).
Albert Neisser ermittelt das Bakterium, das Gonorrhö hervorruft.
Edwin H. Hall entdeckt den nach ihm benannten Effekt: Ein elektrischer Strom, der in einem Leiter senkrecht zu einem Magnetfeld fließt, bewirkt, dass sich auf einer Seite des Leiters elektrische Ladungen aufbauen.

Der Fipps, das darf man wohl gestehn,
Ist nicht als Schönheit anzusehn.
Was ihm dagegen Wert verleiht,
Ist Rührig- und Betriebsamkeit.

„Fips der Affe". Bildergeschichte von Wilhelm Busch, 1879.

Bei Hofe

Das neue Kaiserreich suchte nach adäquatem Ausdruck seines imperialen Selbstverständnisses. In Abkehr vom eher bescheidenen preußischen Hofzeremoniell bemühte man sich um glanzvolle Hofhaltung, angemessene Feste und prunkvolle Repräsentation. Höhepunkt war immer der Hofball. Die Schriftstellerin Marie von Bunsen erinnert sich in ihren Memoiren („Die Welt, in der ich lebte“) an ihren Auftritt als Debütantin:

Im folgenden Winter erlebten wir dann die Cour und die Hofbälle. Für die Eltern war es eine mühsame Anstrengung, ich bin ihnen für das Opfer dankbar, so ein Fest am Berliner Hof hatte Glanz, historische Überlieferung und eine gewisse phantastische Schönheit. Schon Unter den Linden langsames Vorrücken der Wagenreihe, bei jedem Stillstand wohlwollende oder schnoddrige Bemerkungen der dichtgedrängten Menge, aufgeregte berittene Schutzleute. Diplomaten und Würdenträger hatten Vorfahrkarten, kamen außer der Reihe weiter, solche Protektion ärgerte uns andere, deren Kutscher nur die üblichen Karten vorn im Hut eingesteckt trugen. Endlich, endlich durchfuhr man das gewaltige Portal und befand sich im Hof; das Licht ließ das Tiefgrau der alten Mauern, die Schneemassen, die aufgereihten Wachen undeutlich erkennen. Kaum gelangte man von der Stelle, schließlich hielt man vor der strahlend erleuchteten Tür, der Wagenschlag wurde aufgerissen, und unser eigener Diener nahm die Mäntel in Empfang:

Langsam schritten wir die Treppen hinauf, wärmten uns an den flackernden Kaminen. Es begann die unübersehbare, prachtvolle Flucht der Säle. Seit Jahrhunderten haben sie sich nicht allzu sehr verändert, damastgespannte Wände mit Ahnenbildern, schwere, goldene, geschnitzte Sessel aus der Zeit der ersten Könige. An allen Türpfosten zwei wachestehende Gardedukorps. Ausgesuchte reiche Bauernsöhne; wie angegossen umspannte die weiße und rote Uniform die herrlich gewachsenen Gestalten. Dicht an ihnen vorbei rauschten die Damen, Diamanten auf den bloßen Schultern, zogen die Exzellenzen mit ihren Sternen und Ordensbändern, sie standen regungslos monumental im silbernen Adlerhelm, den Säbel gezogen. Jugendlich schlank die Pagen in ihren rotbestickten Röcken, ihrem Spitzengefältel, die hübschesten Selektaner von Adel aus dem Lichterfelder Kadettenhaus wurden ausgesucht. Überall die goldbestickten Uniformen der Offiziere, der hohen Beamten, der Herren vom Hof. Von der Kleidsamkeit, der Schönheit jenes tausendfachen Kerzenlichtes macht die heutige Menschheit sich keinen Begriff, und in diesem strahlenden Geflimmer funkelten all die Diamanten, leuchtete der Farbenschmelz der seidenen und samtenen Kleider. Allerdings war der Umriss der Damen an den Courtagen nicht eigentlich gut, als großer Bausch wurde die zehn Fuß lange, aus zwei bis drei Stoffbahnen bestehende Schleppe über den Arm getragen. Mit preußischer Korrektheit verteilte man die Gäste, je nach der Kategorie, in verschiedene Säle: die Exzellenzendamen, die übrigen verheirateten Frauen, vorgestellte junge Mädchen und die noch vorzustellenden. Wir Letzteren betrugen, da im vergangenen Jahr die Cour ausfiel, zwischen zwanzig und dreißig, das galt für viel, eine Generation später waren an hundert jährlich zur Stelle. Bei uns Unvorgestellten ging es ganz gemütlich zu. Man kannte sich oder lernte sich kennen, alle hatten etwas Courfieber, in einer Ecke, hinter den Säulen, probierte man noch einmal die große Verbeugung, man frug ängstlich, ob der Ausschnitt wirklich nicht zu tief sei?

Dann, in der Königinnenkammer, ließ eine jede die Courschleppe fallen, feierlich bewegte man sich vor. Im Thronsaal leise Musik, Lichtgeflirr, Goldglanz, ein geradezu unwahrscheinliches Diamantengefunkel; unter dem Thronhimmel stand groß, stattlich und gütig, der Kaiser, neben ihm halb sitzend, halb liegend, die gebrechlich gewordene Kaiserin Augusta. Zu beiden Seiten waren sämtliche Prinzen und Prinzessinnen aufgereiht und begrüßten durch ein Lächeln alle ihre vorbeiziehenden Bekannten, man erwiderte nur durch einen respektvoll freundlichen Gesichtsausdruck, denn nur vor dem Kaiserpaar sollte man sich verneigen. Unglaublich das Ausstrahlen, der Glorienschein aller Krondiamanten! Jetzt entfernte sich die Schleppe meiner Vorgängerin, mein Name wurde genannt, jetzt machte ich die langsame tiefe Verbeugung!

Es folgte das Konzert im Weißen Saal, wieder saß man in Kategorien, wir Neulinge unter der Musikgalerie. Zweifellos waren die künstlerischen Darbietungen vorzüglich, alle waren jedoch zerstreut, es gab zuviel zu sehen. Auch nachher, als sich die Massen auflösten. So erinnere ich mich der berühmt schönen Gräfin Görz und ihres blassen, unvergleichlich klassischen Profils: sie war in Weiß, mit Perlen und Diamanten. Eine schlank-geschmeidige, seltsam aussehende Russin, Frau des niederländischen Gesandten, trug, aalglatt angeschmiegt, Goldbrokat, und aus Goldbrokat war auch die sie umschlängelnde Schleppe, so stand sie, ein Bild der Schlange, über das bronzen-marmorne Treppengeländer gelehnt, von Offizieren umgeben. Malerisch, prächtig der Hintergrund all dieser Gestalten, der farbig satte schwere Schlüterbarock. Die Ahnen der meisten Gäste hatten unter sechs preußischen Königen hier Feste gefeiert, wo man hinhörte, historische Namen, einige Johanniterritter wirkten, als seien sie den alten Bilderrahmen entstiegen.

Cercle am Hof Kaiser Wilhelms I. Gemälde von Adolph Menzel, 1879.

Siemens' elektrische Eisenbahn

1879 wird in Berlin, im Dreieck zwischen Invalidenstraße, Lehrter Bahnhof und Alt-Moabit, eine Gewerbeausstellung eröffnet, die die Leistungsstärke und Wettbewerbsfähigkeit der hauptstädtischen Industrie unter Beweis stellen soll. „Noch sprach man überall von dem großen ‚Berliner Krach'", schreibt Otto Wiedfeldt in seinen „Studien zur Entwickelungsgeschichte der Berliner Industrie", „noch stand auch das urteilsfähigere Publikum unter der Wirkung jenes von Reuleaux einer amerikanischen Zeitung entnommenen ‚billig und schlecht', so dass der Ausstellung von vielen Seiten ein Fiasko prophezeit wurde. Umso überraschender war ihr äußerst günstiger Gesamteindruck. Es zeigt sich vor aller Welt, dass die Berliner Industrie trotz allem gesund und kräftig dastand; hier sah auch das Ausland, dass die übliche Gleichsetzung von ‚Made in Germany' mit ‚Berliner Schund' nicht mehr zutraf."

Die Berliner interessieren allerdings nicht in erster Linie die Maschinen, Werkzeuge, Möbel oder Handwerkserzeugnisse aller Art, die auf der Ausstellung zu sehen sind. Was sie an die Spree zieht, ist eine Attraktion ganz besonderer Art: die erste, von Siemens entwickelte elektrische Eisenbahn. Johannes Trojan hat für die Leser der „National-Zeitung" das erstaunliche Gefährt beobachtet:

In der Gewerbeausstellung ist vor einigen Tagen die elektrische Eisenbahn von Siemens & Halske eröffnet worden. Der Schienenstrang dieser Bahn schneidet das Terrain des Maschinenhofes in doppelter Windung und kehrt in sich selbst zurück. Die Abfahrtstelle oder der Bahnhof liegt in der Nähe des Strasserschen Backofens.

Ein zur Abfahrt fertiger Zug gewährt einen allerliebsten Anblick. Interessant vor allem ist daran die kleine Maschine ohne Schornstein, auf welcher der Lokomotivführer rücklings sitzt. Diese Maschine birgt in ihrem Innern den bewegenden elektrischen Apparat, dessen Konstruktion zurzeit noch ein Geheimnis ist. Der Lokomotive angehängt sind drei Waggons, von denen jeder aus zwei kleinen, mit den Lehnen einander zugekehrten Bänken gebildet wird. Jeder Waggon bietet für acht Personen Raum. Klassenunterschiede finden nicht statt. Gepäckwagen sind nicht vorhanden, es kann daher nur ganz leichtes Handgepäck mitgenommen werden. Auch besteht nur eine Art von Zügen, die man nach Belieben Personen-, Schnell-, Kurier- oder Jagdzüge nennen kann. Bestimmte Abfahrtszeiten sind nicht festgesetzt; ein Zug wird stets abgelassen, sobald die Waggons sich gefüllt haben. Der Fahrpreis beträgt für die Person 20 Pfennige. Was durch den Billettverkauf eingeht, fällt einem wohltätigen Zweck zu.

Mit dieser Bahn nun kann man eine Rundreise durch den Maschinenhof von zwei bis drei Minuten machen. An landschaftlichen Schönheiten bringt eine solche Reise nicht viel vor Augen, doch bietet sie sonst manches Anziehende. Ihren Glanzpunkt bildet die Durchfahrt durch den Restaurationsgarten des kleinen Poppenberg. Jedes Mal, wenn der Zug zwischen den mit Gästen umsetzten Tischen des Restaurants hindurchgeht, erscheint auf den Gesichtern sämtlicher Passagiere ein drolliges Lächeln der Verlegenheit, wie es dem Gefühl entspringt, in ungewöhnlicher Situation beobachtet zu werden. Die Passagiere aber haben die Genugtuung, dasselbe Lächeln auf den Gesichtern der Gäste zu finden, zwischen denen sie in so großer Nähe und auf so ungewöhnliche Art hindurchfahren.

Dass das Ganze noch etwas Neues ist, macht sich wohl bemerkbar. Manchmal vergeht längere Zeit, ohne dass ein Zug abgelassen wird; obgleich eine zahlreiche Menge sich um Lokomotive und Waggons drängt, bleiben die letzteren leer. Dann kommt auf einmal von Poppenberg her ein entschlossener Mann, geht gerade auf den Bahnhof zu und setzt sich auf eines der Waggonbänkchen mit einer Miene, als sei dies der Zug, den er einer notwendigen und unaufschiebbaren Reise wegen zu benutzen genötigt ist. Kaum sitzt er da, so sind auch schon alle Waggons gefüllt; denn in dem Augenblick, in dem er sich niederlässt, wissen auch alle anderen, was sie zu tun haben. Nun besteigt der Zugführer sein elektrisches Rösslein, greift mit der Rechten lässig an einen eisernen Hebel – und der Zug rollt ab.

Die erste elektrische Lokomotive von Siemens & Halske 1879 auf der Gewerbeausstellung in Berlin.

Graf Albrecht von Roon

Der Reorganisator der preußischen Armee, Albrecht von Roon, entstammte einer niederländischen Familie, die nach Deutschland geflüchtet war, und. Er wurde am 30. April 1803 in Pleushagen bei Kolberg geboren, wo sein Vater, ein preußischer Leutnant a. D., ein kleines Gut besaß. Nach dessen frühem Tode in Alt-Damm erlebte er 1813 die Belagerung von Stettin. 1816 trat Albrecht in das Kadettenkorps ein, aus dem er 1821 mit dem Zeugnis „Verspricht unendlich viel" entlassen und zum Offizier befördert wurde.

Nach drei Jahren zur Kriegsakademie kommandiert, zählte er zu den hervorragendsten Schülern Karl Ritters, auf dessen Veranlassung er 1828 als Erzieher an dem Berliner Kadettenhaus einen Teil des geographischen Unterrichts leitete und seine lange bewährten Grundzüge der Erd-, Völker- und Staatenkunde schrieb. Nachdem er noch zwei Jahre dem Topographischen Bureau zugeteilt war, wurde er 1835 zum Großen Generalstab kommandiert und wirkte als Lehrer an der Kriegsakademie. Als Erzieher des Prinzen Friedrich Karl, den er auf der Universität Bonn und nachher auf einer Reise nach dem Süden begleitete, kam Roon mit dem königlichen Hause in Berührung. Als Roon während des Feldzugs in Baden im Jahre 1849 Generalstabschef des VIII. Armeekorps war, lernte der Prinz von Preußen dessen große Fähigkeiten schätzen, und beauftragte ihn, eine Denkschrift über die Reorganisation der Armee auszuarbeiten.

Albrecht Graf von Roon.

Am 10. Februar 1860 legte der zum Kriegsminister ernannte Roon seinen Entwurf, der für eine Vermehrung der Truppenteile und eine Verkürzung der gesamten Dienstzeit eintrat, dem Abgeordnetenhaus vor, stieß jedoch auf Widerstand. Trotzdem gelang es ihm, einen Teil seiner Reformen durchzusetzen, deren Fortschritte in der Organisation, Ausbildung und Bewaffnung schon im Kriege von 1864 hervortraten und sich 1866 so glänzend bewährten, dass die nachträgliche Bewilligung der Mittel durch die Abgeordneten erfolgte.

Der Ausbau der Roonschen Heeresreform wurde nach der Gründung des Norddeutschen Bundes auch auf diesen ausgedehnt und war so gut wie beendet, als 1870 die Mobilmachung gegen Frankreich erfolgte. Schon am achten Tag nach der Kriegserklärung begann der Massentransport an die Grenze, und der Aufmarsch geschah in musterhafter Ordnung. Roon befand sich während des Feldzugs im Großen Hauptquartier und wohnte den Schlachten bei Gravelotte, Beaumont, Sedan und der Belagerung von Paris bei. 1871 wurde er in den Grafenstand erhoben und 1873 zum Generalfeldmarschall ernannt. Seine leidende Gesundheit zwang ihn, noch Ende des Jahres den Abschied einzureichen. Roon starb am 27. Februar 1879 in Berlin.

Dresden, Opernhaus, erbaut von Gottfried Semper.

Gottfried Semper

Der bedeutende Architekt Gottfried Semper hat die Legende Lügen gestraft, nach der Söhne berühmter Männer zu missraten pflegen. Es mutet fast wie eine alte Sage an, dass der eine seiner Söhne das Denkmal seines Vaters schuf und es in Hamburg, der Geburtsstadt Gottfried Sempers, aufstellte, während sein anderer Sohn ein Buch über den Vater schrieb. Der dritte im Familienbunde schrieb nicht nur über das Verhältnis Gottfried Sempers zu Richard Wagner, sondern setzte auch sein baukünstlerisches Werk fort. Das Dresdner Opernhaus, das sein Vater gebaut hatte, brannte 1869 ab. Der Sohn verwandte sechs Jahre darauf, um den Neubau nach den ursprünglichen Plänen zu vollenden. Gottfried Semper, der Vater, war berühmt, gelehrt und ein bekannter Theoretiker des Stils. Er hatte Italien, Sizilien und Griechenland durchstreift und ein Buch über bemalte Architektur und Plastik bei den Alten geschrieben. Seine beiden Bände Über den Stil in den technischen und tektonischen Künsten und sein Buch über die Vier Elemente der Baukunst hatten Schule gemacht; er war nicht nur Professor in Dresden und Zürich, sondern befasste sich auch aktiv mit der Politik. Als er in Dresden eine Reihe von Renaissancevillen, das Opernhaus und die Synagoge gebaut hatte, musste er von den Gerüsten der monumentalen Gemäldegalerie herab ins Ausland fliehen, weil er sich am Maiaufstand von 1849 beteiligt hatte. In London arbeitete er an den Anlagen des South-Kensington-Museums, baute in Zürich das großartig-schlichte Polytechnikum, den Bahnhof und die Sternwarte und schuf in Wien die Pläne für den Ausbau der Hofburg, des Hofmuseums und des Burgtheaters – genug, um nicht nur drei Söhne zu begeistern, sondern auch um die große europäische Tradition fortzuführen. Gottfried Semper, am 29. November 1803 in Hamburg geboren, starb am 15. Mai 1879 in Rom.

1880

JANUAR

4.1. Tod des Malers Anselm Feuerbach in Venedig.
21.1. Rechtschreibreform in Preußen.
31.1.–1.2. In Berlin finden deutsch-russische Sondierungsgespräche über eine Verlängerung des „Dreikaiserabkommens" von 1873 statt.

FEBRUAR

14.2. Prinz Wilhelm, der spätere Kaiser Wilhelm II., verlobt sich heimlich mit der Prinzessin Auguste Victoria von Schleswig-Holstein-Sonderburg-Augustenburg.

MÄRZ

6.3. In Hombruch bei Dortmund stirbt der Industrielle und Politiker Friedrich Harkort.

APRIL

16.4. Die Heeresvorlage wird um 7 Jahre verlängert. Beabsichtigt sind die Aufstockung der Friedensstärke des Heeres um 26 000 Mann und jährliche Reserveübungen.
27.4. Der Reichstag lehnt die sog. Samoavorlage ab. Mit dieser hatten Kredite zum Erwerb von Kolonien vergeben werden sollen. In den vom Kolonialfieber ergriffenen Kreisen löst der Reichstagsbeschluss große Empörung aus.
29.4. Der Abgeordnete der liberalen Deutschen Fortschrittspartei Rudolf Virchow fordert die Aufnahme der bürgerlichen Grundrechte in die Verfassung des Reiches. Zugleich grenzt er seine Partei deutlich gegen die Nationalliberalen ab.

MAI

4.5. Das Sozialistengesetz wird bis 1884 verlängert.
6.5. In Würzburg stirbt der Industrielle und Gründer der Bayer-Farbenfabriken Friedrich Bayer.

JUNI

15.6. Einweihung des neuen Anhalter Bahnhofs in Berlin.

JULI

14.7. Der preußische Landtag hebt mit dem ersten der sog. „Milderungsgesetze" das gegen die katholische Geistlichkeit gerichtete „Brotkorbgesetz" auf.

AUGUST

20.–23.8. Der erste illegale Parteitag der verbotenen SAPD findet auf Schloss Wyden in der Schweiz statt, getarnt als Versammlung der Kranken- und Sterbekassen deutscher Arbeitervereine. Der Kongress überträgt der Reichstagsfraktion die Leitung der Partei. Damit reagieren die Sozialdemokraten auf die Bestimmungen des Sozialistengesetzes, wonach es mit Ausnahme der Parlamentsarbeit keine gesetzlichen Parteiaktivitäten mehr geben darf. Die im Vorjahr gegründete Exilzeitung „Sozialdemokrat" wird offizielles Parteiorgan.
28.8. Die Nationalliberalen werden durch die Abspaltung der Linksliberalen entscheidend geschwächt. Diese gründen unter Führung von Franz August Freiherr Schenk von Stauffenberg und Ludwig Bamberger eine eigene Partei, die Liberale Vereinigung, die den Freihandel aufrecht erhalten will, während die Nationalliberalen sich der bismarckschen Schutzzollpolitik angeschlossen haben.

SEPTEMBER

16.9. Bismarck übernimmt neben dem Amt des Reichskanzlers und des preußischen Ministerpräsidenten auch noch das des Handelsministers, um seine wirtschaftspolitischen Ziele besser durchsetzen zu können.

OKTOBER

5.10. Tod des deutsch-französischen Komponisten Jacques Offenbach in Paris.
15.10. Im Beisein Kaiser Wilhelms wird der Kölner Dom feierlich eingeweiht. Die im 13. Jahrhundert begonnene Kathedrale war während des ganzen Mittelalters nicht fertig geworden. Seit 1560 hatten die Bauarbeiten vollständig geruht. Erst 1842 wurde mit Unterstützung des preußischen Staates der Weiterbau aufgenommen.
28./29.10. Über Hamburg, Altona und Umgegend wird der kleine Belagerungszustand verhängt. Sozialdemokraten sind dadurch von der Ausweisung bedroht.

NOVEMBER

Nov. In Hamburg wird als Folge des Sozialistengesetzes eine Zunahme der Auswanderungen ins Ausland, besonders in die USA, registriert.

AUSSERDEM:

Die von dem Hofprediger Stoecker ins Leben gerufene „Berliner Bewegung" versucht durch antisemitische Propaganda politische Erfolge zu erringen. Eigentlich adressiert an die Arbeiterschaft, findet Stoeckers Agitation wenn überhaupt nur in den Kreisen des Kleinbürgertums und des gewerblichen Mittelstands Widerhall.
Gründung des katholischen Verbandes „Arbeiterwohl".
Vertreter karitativer Einrichtungen gründen in Berlin den Deutschen Verein für Armenpflege und Wohltätigkeit.
Robert Koch beginnt damit, stabile Kulturen für die Züchtung von Mikroben zu verwenden (Gelatine oder Agar).

Hans Thoma, Der Holzhausenpark in Frankfurt a. M., 1880.

Karl Joseph Eberth entdeckt den Typhus-Erreger.
Josef Breuer behandelt eine an psychischen Störungen leidende Patientin dadurch, dass er sie – teilweise unter Hypnose – ihre Wunschvorstellungen erzählen lässt; dies löst ihre Schwierigkeiten. Breuer erzählt dem österreichischen Psychiater Sigmund Freud von seinen Erfahrungen; dieser führt bald darauf ähnliche Behandlungsmethoden für seine Patienten ein.
Der Neurologe Paul Möbius erkennt die Basedow-Krankheit als Schilddrüsen-Überfunktion.
Werner von Siemens erfindet die „Dynamo-Kurzschlussbremse" für Fahrzeuge mit elektrischem Antrieb.
Heinrich von Stephan führt Fernsprecher bei der deutschen Post ein.
Auf der Eisenbahnstrecke Berlin–Frankfurt am Main werden die ersten Speisewagen eingesetzt.
Der Flensburger Fabrikant Anthon baut eine Maschine zur Massenherstellung von Holzwolle.
Eröffnung des Opernhauses in Frankfurt am Main.
Die Roheisenproduktion in Deutschland ist von 144.000 t im Jahr 1840 auf 2,7 Mio. t gestiegen.
Das Streckennetz der normalspurigen Eisenbahnen in Deutschland umfasst knapp 34.000 km.
Nach französischem Vorbild werden auch in Deutschland Warenhäuser eingerichtet.
Emil Du Bois-Reymond: „Die sieben Welträtsel".
Philipp Spitta: „Johann Sebastian Bach" (Bach-Renaissance in Deutschland).
Konrad Duden gibt sein „Vollständiges orthographisches Wörterbuch der deutschen Sprache" heraus: der erste „Duden".
Theodor Fontane: „L'Adultera" (Roman).
Ludwig Ganghofer: „Der Herrgottschnitzer von Oberammergau" (Volksstück).
Theodor Storm: „Die Söhne des Senators" (Novelle).
Max Liebermann: „Altmännerhaus in Amsterdam" (Gemälde).
Hans Makart: „Das Frauenbad" (Gemälde).
Johannes Brahms: Ungarische Tänze für Klavier zu vier Händen.

Friedrich Bayer

* Barmen-Wichlinghausen, 6. Juni 1824
† Würzburg, 6. Mai 1880

In ferner Vergangenheit, noch über den Dreißigjährigen Krieg hinaus, hatten die Bayers als angesehene, wohlhabende Leute auf eigenem Grund in der Oberlausitz gesessen. Der Urgroßvater arbeitete als Färber und Tuchhändler und erwarb das Bürgerrecht in der Reichsstadt Nördlingen, der Großvater wurde Weber und wanderte in den siebziger Jahren des 18. Jahrhunderts, angelockt durch die aufblühende Tuchindustrie, ins Wuppertal ein.
Der Vater war bereits in Barmen geboren und hier als Seidenwirker tätig; sein Friedrich, der ihm im Jahre 1825 als einziger Sohn nach fünf Töchtern geboren wurde, durfte Kaufmann werden. Als er daranging, seinen Plan zu verwirklichen, starb der Vater. Friedrich war damals 14 Jahre alt.
Gerade zwanzig Jahre jung, machte sich Friedrich Bayer selbständig. Das Geschäft, das er begründete, war eine Handlung mit Farbstoffen und Hilfsprodukten für die Färberei, dazu gehörten namentlich Farbstoffextrakte, Safflor, Cochenille, Indigo und Farbhölzer. Die Wuppertaler Textilindustrie befand sich um die Mitte des Jahrhunderts in kräftigem Aufstieg; im Jahre 1861 waren die Webereien und Wirkereien in Barmen und Elberfeld so weit, dass sie nach amtlicher Schätzung für über 20 Millionen Mark Ware produzierten. Der Handel mit den wertvollen Farbstoffen bot daher große Möglichkeiten, und Bayer verstand sie zu nutzen. Schon nach wenigen Jahren kaufte er ganze Schiffsladungen Farbhölzer auf und vertrieb sie mit eigenen Fuhrwerken in allen Teilen Deutschlands und den angrenzenden Ländern.
Dann gelangten die ersten Nachrichten über den Erfolg der Teerfarbstoffe nach Deutschland. Bayer wartete nicht, bis ihm französische Reisende Fuchsin ins Haus brachten und die Londoner Weltausstellung den Ruhm der neuen Erzeugnisse in alle Welt posaunte. Er war kein gelernter Chemiker; aber mit der Witterung des geborenen Kaufmanns erfasste er früher als andere, was die „chemische Revolution" für den Farbenhandel bedeutete: In wenigen Jahren würden seine Färberkunden, die jetzt noch über den neumodischen Kram lachten, ihm und seinen Agenten die Farbholzextrakte aus den Händen reißen. Es kam darauf an, unter den Ersten zu sein, die im Wuppertal das neue Erzeugnis anboten.
Und Bayer war unter den Ersten. Aus der Schweiz und aus Frankreich verschaffte er sich Perkins Violett, Fuchsin und blaue Farbstoffe und brachte sie mit gutem Gewinn an den Mann. Doch bevor noch dieser Handel recht in Gang kam, plagte ihn schon der Gedanke: Musste denn das teure Geld für die Farbstoffe ins Ausland gehen? Wenn sie niemand in Deutschland herstellte, konnte er sie nicht selber herstellen? Das hieß freilich, vom Kaufmann zum Unternehmer hinüberwechseln, das Ersparte riskieren, einen Betrieb einrichten, für den es in Deutschland noch kein Vorbild gab.
Mit diesem Gedanken beginnt die Geschichte der Bayerschen Farbenfabriken. Für die ersten Versuche diente die Waschküche seines Hauses, in der er auch die erste Fabrikation betrieb. Sein Freund Friedrich Weskott prüfte in seiner Färberei die erhaltenen Produkte auf ihre Brauchbarkeit. Ein im Garten errichteter Fabrikraum erwies sich bald als zu klein. So entschlossen sich Bayer und Weskott außerhalb Barmens „in der Oehde" eine Fabrik unter der Firma „Friedrich Bayer & Co." zu gründen. Der Aufstieg hielt unvermindert an. Die Herstellung anderer Farbstoffe, wie Nachtblau, Seegrün, Viktoriaviolett wurde mit aufgenommen, und nachdem auch wissenschaftlich vorgebildete Chemiker im Werk tätig waren, wandte man sich der Erzeugung von Azofarbstoffen zu. 1866 begann man mit dem Bau eines neuen Werks an der Wupper unterhalb Elberfeld, so dass in den nachfolgenden Jahren in stetig steigendem Maße Alizarin- und Anilinfarben hergestellt werden konnten. Ende der 1870er Jahre zählte die Firma nahezu 400 Werksangehörige, und das Verkaufsnetz erstreckte sich über alle Textilzentren der Welt. Die Vorrangstellung des Auslands in der Teerfarbenindustrie war durchbrochen und zugleich der Grundstein für das spätere Welthaus Bayer AG Leverkusen gelegt.

Friedrich Bayer.

Bei einem Besuch seiner Kinder und seines ersten Enkelkindes in Würzburg befiel Friedrich Bayer eine Krankheit, der er am 6. Mai 1880 erlag.
Friedrich Bayers Wesen und Wirken ist bis auf den heutigen Tag in den Farbenfabriken lebendig geblieben. Unter der Leitung seines Sohnes Friedrich Bayer d. J. (1851–1920) nahm die Firma Ende der 1880er Jahre mit der Einrichtung der „Pharmazeutischen Abteilung Bayer" die Produktion von Medikamenten, den „Kampf gegen den Schmerz" auf, der bald im Bewusstsein der Bevölkerung an erster Stelle mit dem Namen „Bayer" identifiziert wurde.

Kölner Dom

Auf älteren Fundamenten, die zum Teil aus römischer, karolingischer und romanischer Zeit stammen, erhebt sich der gewaltigste gotische Kirchenbau in Deutschland. Viele Geschlechter waren an seiner Fertigstellung beteiligt. Nach dem Vorbild der Kathedrale von Amiens wurde unter Bischof Konrad von Hochstaden (Steinsarkophag im Chorumgang) 1248 von dem Kölner Baumeister Gerhard von Rile mit dem Bau begonnen und 1322 der Chor geweiht. In der Folgezeit ging die Weiterarbeit nur schleppend voran. Teile des Querschiffs und des Langhauses sowie der Südturm der Westfassade bis zum Glockengeschoss waren 1560 fertig, als der Bau eingestellt wurde. Fast dreihundert Jahre lang blieb der halbvollendete Südturm mit dem weithin sichtbaren Kran ein Wahrzeichen Kölns, das vielen Malern als Motiv diente. Zeitweise trennte auch eine Straße den östlichen und westlichen Teil des Baues voneinander.

Erst als die Romantik auf Grund der Bemühungen Wackenroders, Tiecks und besonders Friedrich Schlegels die Öffentlichkeit wieder für die mittelalterliche deutsche Kunst zu interessieren vermochte, gelang es dem Kunstsammler Sulpiz Boisserée, den preußischen König Friedrich Wilhelm IV. für die Vollendung des Doms zu begeistern. Boisserée gab 1822 ein Tafelwerk mit Zeichnungen heraus; es wurde auch ein „Dombauverein" gegründet. 1863 konnte das Langhaus dem gottesdienstlichen Gebrauch übergeben werden; 1880 fand in Gegenwart des deutschen Kaisers die Weihe des fertigen Doms statt.

Unter den 160 m hohen Westtürmen führen drei mächtige Portale in eine auf achtzehn Pfeilern ruhende Vorhalle. Langhaus und Chor haben fünf Schiffe; das mächtige, dreischiffige Querhaus ist so breit angelegt, dass die Kreuzform der Kirche hervortritt. In der ganzen Breite des Langhauses schließt sich der Chorraum mit einem Kreuz von sieben Kapellen (und gemalten Glasfenstern um 1320) an. Der ursprüngliche Plan der Anlage tritt trotz der langen Entstehungsperiode des Bauwerks klar hervor. Die 14 Figuren der Chorpfeiler (um 1320) und der Dreikönigsschrein (um 1200) gehören ebenso wie das Kölner Dombild von Stephan Lochner (um 1440) in einer Chorkapelle zum Erhabensten mittelalterlicher Kunst.

Auch der in der Hochgotik (1275) begonnene Dom zu Regensburg und das Ulmer Münster wurden erst im 19. Jahrhundert fertiggestellt.

Die Feiern zur Einweihung des im Oktober 1880 endlich fertiggestellten Kölner Doms schildert ein zeitgenössischer Bericht:

Das Kölner Dombaufest, welches am 15. und 16. Oktober 1880 gefeiert wurde, hatte in doppelter Beziehung eine große und erhabene Bedeutung. In dem Dombaufeste wurde die Vollendung des herrlichsten Bauwerkes der Welt gefeiert; der Kölner Dom, Gegenstand der Bewunderung aller Nationen, stand endlich, nachdem sechs Jahrhunderte an demselben gebaut, vollendet da; in den unabsehbaren Hallen schlossen sich die Gewölbe in schwindelnder Höhe, und über den himmelhohen Türmen ragten die Kreuzblumen.

Und dieser vollendete Dom hatte noch eine andere, größere Bedeutung gewonnen. „Der Prachtbau des Kölner Domes", so hatte König Friedrich Wilhelm IV. bei der Grundsteinlegung zum Fortbau im Jahre 1842 gesagt, „ist das Werk des Brudersinnes aller Deutschen, und wenn ich dies bedenke, so füllen sich meine Augen mit Wonnetränen."

In dem vollendeten Dome wurde die wiedergewonnene deutsche Einheit gefeiert. Der lang geträumte schöne Traum der deutschen Einheit lag endlich nach Jahrhunderten der Sehnsucht eines hellen Morgens verwirklicht vor unsern Augen; nach einem furchtbaren Gewitter, das sich über Frankreich entlud, war über Deutschland dieser helle Morgen aufgeleuchtet; nach langen Jahrhunderten waren endlich die Schranken gefallen, welche die deutschen Stämme getrennt und Deutschland dem Auslande gegenüber zur Schwäche und Ohnmacht verurteilt hatten.

Einweihung des Kölner Doms durch Wilhelm I. am 18. Oktober 1880.

Kein Wunder, dass das Kölner Dombaufest, an welchem der Schöpfer der deutschen Einheit, der deutsche Kaiser Wilhelm I., die Kaiserin, der deutsche Kronprinz, die Kronprinzessin, und das ganze kaiserlich königliche Haus, der König von Sachsen und ein großer Teil der andern deutschen Fürsten persönlich Anteil nahmen, eine Herrlichkeit und eine Pracht entfaltete, die über jeder Vergleichung erhaben ist. Mit goldenen Buchstaben wird dereinst in den Jahrbüchern des neuen Deutschen Reiches das Kölner Dombaufest verzeichnet werden. Den Glanzpunkt desselben bildete der historische Festzug.

Festwagen im historischen Festzug zur Domvollendung. Die Germania hält den Lorbeerkranz preußisch-deutscher Siege schützend über den Kölner Dom.

Anselm Feuerbach, Iphigenie II, 1871

Anselm Feuerbach

„Was die gütige Natur mir in die Seele legte, das hat die Härte und das Unverständnis meiner Zeitgenossen in seinem Wachstum aufgehalten und verkümmert." Dieses bittere Wort aus Feuerbachs „Vermächtnis" ist eine Äußerung aus seinem letzten Lebensjahr. Anselm Feuerbach starb in Venedig am 4. Januar 1880. Seit er mit 26 Jahren die Mittel zu einem Studienaufenthalt in Italien bekam, sind fast alle seine Bilder heftigen Angriffen oder der Ignorierung ausgesetzt gewesen. Das hat ihn früh verbittert. Aber den Glauben an sich und seine Kunst hat es ihm nicht genommen. Noch acht Jahre vor seinem Tode schrieb er an seine Stiefmutter: „Denke an mich als an einen von Gott und allen Göttern Begnadigten"

Wenn Anselm Feuerbach sich selbst malte, vermied er es ängstlich, sich im Malerkittel und mit Pinsel und Palette darzustellen. Gern hielt er eine Zigarette lässig in der Hand und drehte seinen schönen Künstlerkopf, dass er so eindrucksvoll und bedeutend erschiene wie nur möglich. Wie diese Selbstporträts ist seine ganze Kunst nicht frei von Pose und verzärtelter Selbstgefälligkeit. Immer aber ist sie erfüllt von der Sehnsucht nach dem Edlen, nach Haltung und Würde.

Die glücklichste Zeit seines Lebens – fast 17 Jahre – verbrachte er in Rom. Hier fand er im Grafen Schack den hochherzigen Beschützer, der ihm durch Ankauf fast aller seiner Werke ein sorgenfreies Dasein ermöglichte. Mit 44 Jahren erhielt er einen Ruf als Professor an die Wiener Akademie. Doch seine stolze, leicht verletzbare Natur war für eine solche Tätigkeit nicht geschaffen. Schon nach drei Jahren schied er aus dem Lehrkörper wieder aus. In seinen Spätwerken sind klassische Form und romantisches Gefühl zu natürlicher Einheit verschmolzen. Ihre Farbtöne klingen zusammen wie in der veralteten dekorativen Schönheit verblichener Gobelins.

Anselm Feuerbach, Selbstbildnis.

Jacques Offenbach

Als Sohn eines jüdischen Kantors am 20. Juni 1819 in Köln geboren, wurde Offenbach schon als Knabe vom Vater zur Ausbildung auf das Konservatorium nach Paris geschickt. Herangewachsen, verdiente er sich zunächst als Cellist an der Komischen Oper seinen Lebensunterhalt. Reizende Singspiele (Musiquettes) machten sein eigenes Opernunternehmen, die kleine Bühne „Bouffes Parisiens", bekannt; sie wurden auch in Wien gespielt und regten Suppé zu ähnlichen Stücken an. „Orpheus in der Unterwelt" war Offenbachs erstes abendfüllendes Werk; damit begann die Operette als selbständige Gattung neben der komischen Oper. Ihre Merkmale sind satirische Gesellschaftskritik und ein Überwiegen des tänzerischen Elements. „Die schöne Helena", „Pariser Leben", „Blaubart" und „Die Banditen" (1931 von Gustaf Gründgens bearbeitet) haben zwar den Erfolg seines „Orpheus" nicht einholen können, sind aber von seinen 102 Operetten die bekanntesten geworden.

Jacques Offenbach, Karikatur von Cattelain.

Nach 1871 erlosch Offenbachs an Glanz, Leichtlebigkeit und Klatsch des Dritten Kaiserreichs gebundener Ruhm. Nachdem sich des Komponisten Sehnsucht, eine ernste Oper zu schaffen, in seinem genialen Werk Hoffmanns Erzählungen (1881 uraufgeführt) erfüllt hatte, starb er, krank und verbittert am 5. Oktober 1880 in Paris. Heiterkeit auf die Operettenbühne zu zaubern und mit lockeren Witzen, eingebaut in graziöse Chansons, seine Zeitgenossen mit überlegener Satire zu treffen, war das Hauptverdienst Offenbachs.

1881

JANUAR

10.1. Uraufführung der Operette „Der Vogelhändler„ von Carl Zeller in Wien.
15.1. Reichskanzler Otto von Bismarck bringt einen Regierungsentwurf für ein Unfallversicherungsgesetz in den Reichstag ein. Er sieht die Schaffung einer Reichsversicherungsanstalt vor, bei der Arbeiter in Bergwerken, auf Werften, im Baugewerbe und in Fabriken zwangsversichert sein sollen. Die Beiträge werden von Arbeitnehmern und Arbeitgebern und über einen Reichszuschuss aufgebracht. Der Entwurf findet heftigen Widerspruch seitens der Parlamentarier.
27.1. Der auf Initiative Bismarcks gebildete preußische Volkswirtschaftsrat tritt erstmals zusammen. Er vereint Mitglieder aus Industrie, Landwirtschaft und Politik.

FEBRUAR

6.2. In Görlitz stirbt Karl Julius Ploetz, Schulbuchautor, bekannt durch die Herausgabe der Ploetz-Nachschlagewerke.
27.2. Prinz Wilhelm, der spätere Kaiser Wilhelm II., heiratet die Prinzessin Auguste Victoria von Schleswig-Holstein-Sonderburg-Augustenburg. Das Paar bekommt sieben Kinder: Wilhelm, Eitel-Friedrich, Adalbert, August Wilhelm, Oskar, Joachim und Victoria Luise.

MÄRZ

6.3. In Meiningen findet die Uraufführung des Historiendramas „Die Karolinger“ von Ernst von Wildenbruch statt.
24.3. In Saint Louis (Missouri) stirbt der badische Politiker Friedrich Franz Karl Hecker, als „roter Hecker„ berüchtigter Kämpfer in der Revolution von 1848.

APRIL

1.4. Eröffnung des ersten Fernsprechamts in Berlin.
7.4. In Hamburg stirbt der evangelische Theologe und Sozialpolitiker Johann Heinrich Wichern, Vertreter der Inneren Mission und Gründer des „Rauen Hauses„ in Hamburg.

MAI

14.5. Rudolph Karstadt eröffnet sein erstes „Tuch-, Manufaktur- und Konfektionsgeschäft" in Wismar.
16.5. Siemens eröffnet in Berlin-Lichterfelde die erste elektrische Straßenbahn der Welt.
25.5. Hamburger Senatsvertreter unterzeichnen einen Vorvertrag über den Zollanschluss der Hansestadt. Die Bürgerschaft stimmt am 15.6. zu. Ein neuer Freihafenbezirk wird eingerichtet, für den fast 24 000 Menschen ihre Wohnungen verlassen müssen.

JUNI

18.6. Das Deutsche Reich, Österreich-Ungarn und Russland schließen ein geheimes Neutralitätsabkommen für den Fall eines Angriffs auf eine vierte Macht (Drei-Kaiser-Vertrag). Zugleich akzeptieren Deutschland und Russland die Annektion Bosniens und der Herzegowina durch Österreich-Ungarn.
27.6. Im Rahmen der Sozialistenverfolgung wird über Leipzig der kleine Belagerungszustand verhängt. Führende Sozialdemokraten, u.a. August Bebel und Wilhelm Liebknecht, müssen die Stadt verlassen.

JULI

14.7. In Berlin erscheint das erste Telefonbuch. Es enthält insgesamt 150 Einträge.

AUGUST

8.8. National gesinnte Studenten gründen den Verband der Vereine Deutscher Studenten, den sogenannten Kyffhäuserverband.

SEPTEMBER

9.9. Kaiser Wilhelm I. empfängt den russischen Zaren Alexander III. zu einem Besuch in Danzig.

OKTOBER

27.10. Bei den Reichstagswahlen erleiden Konservative und Nationalliberale erhebliche Verluste. Stärkste Fraktion wird das Zentrum mit 23,2 Prozent.
Die Sozialdemokraten bekommen trotz Werbeverbot 6,1 Prozent. Bismarck muss fortan mit wechselnden Mehrheiten regieren.

NOVEMBER

17.11. Bismarck verliest zur Reichstagseröffnung eine „Kaiserliche Botschaft zur Sozialpolitik“, in der dem Parlament eine „positive Förderung des Wohles der Arbeiter“ empfohlen wird.

DEZEMBER

7.12. Wien erlebt die deutsche Erstaufführung der Oper „Hoffmanns Erzählungen“ von Jacques Offenbach, ein Jahr nach dem Tod des Komponisten.
21.12. Fertigstellung der Eisenbahn Kiel–Flensburg.

Modell der elektrischen Straßenbahn von Siemens & Halske, mit der 1881 in Lichterfelde bei Berlin der Betrieb aufgenommen wurde.

31.12. Der Sozialdemokrat J.H. W. Dietz gründet in Stuttgart den Dietz-Verlag. Das erste Buch kann wegen der Beschränkungen durch das Sozialistengesetz erst 1883 erscheinen.

AUSSERDEM

Haller und Löffelhardt bauen eine Briefstempelmaschine, die bis zu 400 Postsendungen in der Minute stempelt.

Die 1872 gegründete Dresdner Bank eröffnet ihre erste Niederlassung in Berlin.

Gründung der Deutschen Dampfschifffahrtsgesellschaft Hansa in Bremen.

Georg Meisenbach, Besitzer einer Nürnberger Kunstanstalt, erfindet die Autotypie, ein Verfahren, das den Druck von Fotos in Zeitungen ermöglicht.

Leopold von Ranke beginnt mit der Veröffentlichung seiner „Weltgeschichte" (16 Bände bis 1888).

Der Bakteriologe Robert Koch entwickelt eine Nährlösung für die Züchtung von Mikroorganismen.

Emil Warburg stellt die Differenz von elektrischer und magnetischer Energie fest.

Heinrich Brugsch(-Bey) findet im „Tal der Könige" bei Theben (Oberägypten) ein Grab mit 40 Königsmumien.

Mit der Erstersteigung der Kleinen Zinne in den Dolomiten durch Michel und Johann Innerkofler beginnt eine neue Ära im Alpentourismus.

Die Auswanderungswelle in die Vereinigten Staaten erreicht ihren Höhepunkt. Mehr als 200.000 Deutsche brechen in diesem Jahr zur Reise in die Neue Welt auf.

Der „Deutsche Hausschatz" beginnt mit der Veröffentlichung von Karl Mays großen Orient-Reiseerzählungen.

Karl Ludwig Goedeke vollendet den dritten und letzten Band seines „Grundrisses der deutschen Dichtung".

Johanna Spyri: „Heidis Lehr- und Wanderjahre" (Jugenderzählung) .

Friedrich Nietzsche: „Morgenröte. Gedanken über moralische Vorurteile".

Emanuel von Gebhardt: „Himmelfahrt Christi" (Gemälde).

Max Liebermann: „Waisenhaus in Amsterdam", „Schuhmacherwerkstatt„ (Gemälde).

Anton von Werner: „Der Berliner Kongress 1878" (Gemälde).

Wilhelm Leibl: „Drei Frauen in der Kirche" (Gemälde).

Johannes Brahms: „Akademische Festouvertüre", Klavierkonzert B-Dur.

Anton Bruckner: 7. Symphonie E-Dur.

Wilhelm Leibl, Die drei Frauen in der Kirche, 1881. Jeweils im Sommer arbeitete Leibl drei Jahre lang an diesem Gemälde. Sobald es im Frühjahr warm genug war, bestellte er seine Modelle in die Kirche und setzte die Arbeit Zentimeter um Zentimeter fort; allein drei Monate beanspruchten die Gewanddetails der jungen Bäuerin. Vom malerisch-pastosen Farbauftrag und vom lockeren Pinselduktus seiner Münchner Jahre gelangt Leibl hier zu einem glatten Farbauftrag und einem detailgetreuen Verismus, wobei er manche Partien zwei oder dreimal malte. Das Ergebnis ist eine lebensnahe, eindrucksvolle Schilderung, bei der Leibl mit vollendetem handwerklichem Können die geschnitzte Seitenwange des Kirchengestühls und die gemusterten Gewänder der Frauen erfasste. Anders als Franz von Defregger aber, dessen Bauernbilder dem Geschmack seines städtischen Publikums entsprechend, zum Idyll verflachen, blickte Leibl hinter die Oberfläche. Sein Bild fängt die Ruhe der kirchlichen Andacht ein, und indem er mit seinem Pinsel jede Falte ihrer Gesichter erforschte, gibt er dem Betrachter zugleich eine Ahnung des harten arbeitsreichen Alltags der Bäuerinnen. Immer wieder wird bei diesem Bild in der Literatur die Malerei Hans Holbeins d.J. zum Vergleich herangezogen. Tatsächlich versuchte Leibl hier mit einer holbein-ähnlichen, heute fast altertümlich wirkenden Genauigkeit die Wirklichkeit der Bauern auf dem Land einzufangen, mit jenem Realismus, der für ihn das Mittel auf der Suche nach der Wahrheit war.

Über die Hochzeit des Kronprinzen berichtet seine Großmutter: „Am 27. Februar 1881 läuten die Glocken aller Kirchen in der Mark Brandenburg. Obgleich der Winter noch sein hartes Zepter führte, grüßte doch die Sonne den Hochzeitstag des Thronerben. Das war wie eine Verheißung. Unter der Regierung unseres ältesten Enkels wird Gott Deutschland bewahren vor Krieg und Revolution und den Mächten des Unglaubens.

Sondierungen für einen Dreibund

„Achtzehnhunderteinundachtzig.“ Wie auf dem Modeblatt zu sehen ist, bevorzugte man die schlanke Silhouette. Modestoff ist der Plüsch, der gern mit Tuch verarbeitet wurde. Der Rock hat eine echte Weite von 192 Zentimetern. Der Mantel ist aus „satin merveilleux“ mit kariertem Seidenfutter. Als Garnitur am Halsausschnitt und am vorderen Rand des Mantels dient eine in Tollefalten geordnete Spitze. Des Weiteren ist zu erkennen: Marmor und Türkischer Teppich waren in Mode, wo man Troddeln und Quasten anbringen konnte, wurden sie angebracht.

Nach dem deutschen Sieg im Krieg gegen Frankreich 1870/71 richteten sich die Bemühungen des Reichskanzlers Otto von Bismarck ganz auf die Absicherung der gewonnenen Großmachtrolle des neuen Deutschen Reiches. Klar sah er, dass in Frankreich noch lange der Geist der Revanche herrschen würde, und suchte nach Kräften zu verhindern, dass die Franzosen ein Bündnis zusammenbrächten, das für das junge Reich zur Gefahr werden könnte. Ende 1873 gelang es ihm, zwischen den Herrschern Deutschlands, Österreichs und Russlands ein Dreikaiserabkommen zu begründen, das Russland Paris entfremden musste. Wegen der österreichisch-russischen Rivalität auf dem Balkan aber verlor das Abkommen bald an Wert, und ein Abdriften Russlands ins französische Lager musste befürchtet werden. Bismarck sann erneut nach Möglichkeiten, Russland an sich zu binden, und startete am 17. Januar 1881 eine Initiative, indem er dem deutschen Botschafter in Wien, Prinz Heinrich VII. Reuß, auftrug, Kaiser Franz Joseph zu einem Dreikaiservertrag zu bewegen, der ebenso die Isolierung Frankreichs aufrechterhielte, wie das Pulverfass Balkan unter Kontrolle bringen würde. Bismarcks Vorstoß hatte Erfolg: Ein halbes Jahr später stand der Dreibund, der gegenseitige wohlwollende Neutralität im Fall des Krieges eines Partners mit einer vierten Großmacht vorsah. Deutschland und Österreich willigten zudem ins russische Prinzip der Schließung der türkischen Meerengen und handelten dafür Gebietszugeständnisse auf dem Balkan ein. Das Deutsche Reich gewann materiell wenig bei dem Vertrag. Doch Bismarcks Prinzip der Trennung Frankreichs von Russland blieb intakt. Er hielt sich damit den Rücken frei für den nicht auszuschließenden Konfliktfall mit Frankreich. Der Brief, mit dem er diesen außenpolitischen Erfolg an dem denkwürdigen Januartag einleitete, lautete:

„Wie Euerer pp. bekannt ist, hat die Gewissheit, dass Deutschland wie Österreich-Ungarn von Russland isoliert nicht angegriffen werden können, bei uns die Überzeugung nicht vermindert, dass ein Krieg mit Russland, auch wenn er siegreich geführt würde, für keinen der beiden Bundesgenossen ein erwünschtes Ereignis sein würde, weil es immerhin ein gefährlicher Krieg und ein Krieg bleibt, der für uns kein annehmbares Kampfziel hat. Es bleibt deshalb nach wie vor unsere Aufgabe, dahin zu wirken, dass die Wahrscheinlichkeit eines solchen Krieges vermindert und kein Mittel zurückgewiesen werde, welches diesem Zwecke dienen kann …

Der jetzige Vorschlag eines Abkommens zu Dreien geht nicht so weit wie unser mit Österreich bestehendes Abkommen, es würde zu keiner aktiven Leistung verpflichten; es nimmt eine kriegerische Leistung für keinen Fall in Anspruch, sondern nur gegenseitig kaiserliche Versprechungen, Frieden untereinander halten und auf die Beteiligung an kriegerischen Koalitionen gegeneinander verzichten zu wollen …

Dass durch das fragliche Abkommen, wenn es von den drei Kaisern angenommen wird, eine starke Bürgerschaft für den Frieden mehr geschaffen wird, als bisher existiert, ist nicht zweifelhaft. So groß auch das Misstrauen Baron Haymerles gegen Russland sein mag, so wird mein österreichischer Herr Kollege doch nicht bestreiten, dass ohne vertragsmäßige Versprechungen das Misstrauen in die russische Politik immer noch berechtigter bleibt als nach einer kaiserlichen Zusage, Frieden halten zu wollen.

Wenn die russische Politik gegenwärtig bedenkliche Absichten hät-

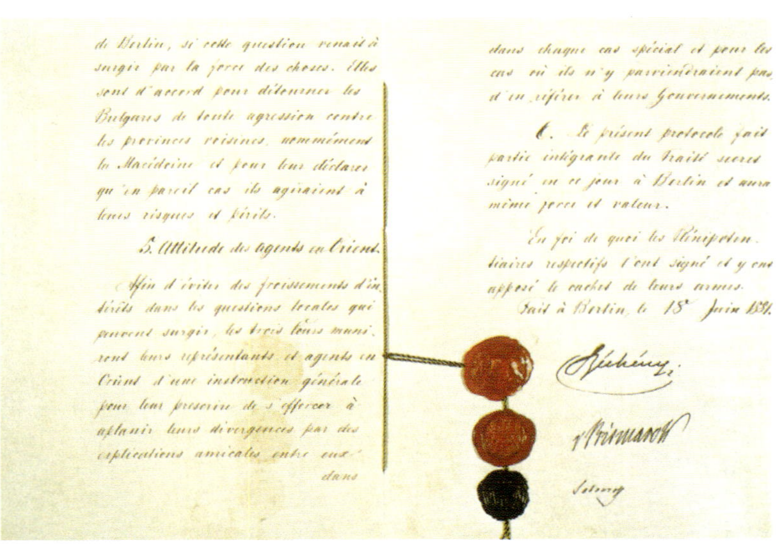

de Berlin, si cette question venait à surgir par la force des choses. Elles sont d'accord pour détourner les Bulgares de toute agression contre les provinces voisines, nommément la Macédoine et pour leur déclarer qu'en pareil cas ils agiraient à leurs risques et périls.

3. Attitude des agents en Orient.

Afin d'éviter des froissements d'intérêts dans les questions locales que peuvent surgir, les trois Cours muniront leurs représentants et agents en Orient d'une instruction générale pour leur prescrire de s'efforcer à aplanir leurs divergences par des explications amicales entre eux dans chaque cas spécial et pour les cas où ils n'y parviendraient pas d'en référer à leurs Gouvernements.

4. Le présent protocole fait partie intégrante du traité secret signé en ce jour à Berlin et aura même force et valeur.

En foi de quoi les Plénipotentiaires respectifs l'ont signé et y ont apposé le cachet de leurs armes.

Fait à Berlin, le 18 Juin 1881.

Széchényi

v. Bismarck

Saburof

Letzte Seite des Zusatzprotokolls zum Drei-Kaiser-Bündnis, Berlin 18. Juni 1881.

te, so würde sie vermeiden, sich die Verwirklichung derselben durch die Herstellung der Barriere zu erschweren, welche durch ein kaiserliches, zwei benachbarten Monarchen gegebenes Wort neu errichtet werden soll. Suchte Russland gegenwärtig Krieg oder Verwirrung, so würde es die Dinge in statu quo lassen und unsere Annäherungsversuche in freundlicher Form dilatorisch behandelt haben. Dass dies in keiner Weise der Fall gewesen, dass Russland im Gegenteil die Initiative ergriffen hat, um das Wort des Kaisers für friedliche Politik zu verpfänden, darin sehe ich einen Beweis des Sieges der friedliebenden und konservativen Elemente der russischen Politik über die chauvinistischen..."

Sozialisten im Untergrund

Von Anfang an zählte Bismarck die deutsche Sozialdemokratie zu den »Reichsfeinden«, zu den gefährlichsten Gegnern der herrschenden Staats- und gesellschaftsordnung. Ohne Verständnis für diese neu aufkommende Massenkraft beschritt er zu ihrer Bekämpfung den Weg der Gewalt. Im Oktober 1878 verabschiedete der Reichstag das »Gesetz gegen die gemeingefährlichen Bestrebungen der Sozialdemokratie«. Daraufhin verlagerte die SPD ihre Tätigkeit in den Untergrund. August Bebel erzählt in seinen Memoiren vom zuweilen auch heiteren Räuber- und Gendarm-Spiel mit den staatlichen Häschern.

„Wäre es unter der Herrschaft jenes Gesetzes jemand beigekommen, die Grundsätze festzustellen, nach denen polizeilicherseits Versammlungen verboten oder aufgelöst wurden, er hätte, auch wenn ein sehr hoher Preis auf die Lösung dieser Frage gesetzt wurde, erklären müssen: Es gibt dafür keine Grundsätze. Laune und Willkür der Beamten sind dafür allein maßgebend. Die Gründe, die in einem Ort zu einem Verbot oder einer Auflösung führten, galten nicht an einem anderen Ort. Bald war es das Thema, bald die Person des Redners, bald die Natur des Lokals, was zu Maßregeln führte. Was der eine Beamte zuließ, verbot der andere, oft an ein und demselben Ort. Auch geschah es, dass Order gegeben wurde, der und der Redner dürfe ein für allemal nicht reden. Das geschah z.B. Paul Singer im Königreich Sachsen. Ich hatte in Dresden im Jahre 1886 eine Versammlung veranlasst, in der ich einen Vortrag hielt. Im Laufe der Debatte nahm auch Paul Singer das Wort, dem in seiner Rede eine Beleidigung des Bundesrats entschlüpfte. Der überwachende Beamte entzog ihm sofort das Wort. Ich rechnete mit einer Anklage und gratulierte meinem Freunde, dass er jetzt die Gewissheit habe, sich auch einmal die Mauern eines Gefängnisses von innen anzusehen. Ich täuschte mich. Es kam keine Anklage, hingegen eine Verordnung des Ministeriums des Innern, wonach Singer das öffentliche Reden innerhalb Sachsens ein für allemal zu verbieten sei. Manchmal nahmen Versammlungsverbote auch einen amüsanten Verlauf, so ein solches in Großenhain in Sachsen. Ich war dort für eine Volksversammlung als Redner über das neue Unfallversicherungsgesetz angemeldet worden, also kein sozialistisches Thema. Gleichwohl wurde die Versammlung verboten, weil ich der Redner sein sollte. Auf meinen Rat legten die Großenhainer Genossen Beschwerde durch alle Instanzen ein, wurden aber überall abgewiesen. Sie wendeten sich nunmehr mit einer Beschwerde an den Landtag. Sie kam zur Verhandlung und kostete diesen eine lange Sitzung. Das Resultat war Zurückweisung unserer Beschwerde gegen unsere und einige liberale Stimmen. Ich machte nunmehr den Großenhainer Genossen den Vorschlag, eine neue Versammlung mit demselben Thema einzuberufen, aber mit einem Arbeiter als Berichterstatter. In der darauf folgenden Diskussion wollte ich dann das Wort ergreifen. Das geschah. Unter der Hand war aber bekannt gemacht worden, ich würde in der Versammlung anwesend sein. Die Versammlung war überfüllt, unter den Anwesenden befanden sich fast sämtliche Offiziere des in Großenhain garnisonierenden Husarenregiments, die in Zivil erschienen waren. Der Referent sprach etwa zwanzig Minuten, in der darauf eröffneten Debatte erhielt ich alsdann das Wort, ohne dass die Polizei zu intervenieren wagte. Ich sprach über eine Stunde unter stürmischem Beifall. Die Krönung des Ganzen aber war, dass nach Schluss der Versammlung der überwachende Polizeibeamte an mich herantrat und mir für meinen interessanten Vortrag dankte. Eine stärkere moralische Abfuhr konnte der Regierung und dem Landtag nicht zuteil werden. Als ich später bei einer Sozialistengesetzdebatte im Reichstag zur Beleuchtung der Handhabung des Gesetzes den Großenhainer Vorfall erwähnte und auch den Dank des Polizeibeamten hervorhob, der mir geworden, brach das ganze Haus in stürmische Heiterkeit aus einschließlich Bismarcks, der zugegen war. Ein so gemütlicher Polizeibeamter war ihm wohl doch noch nicht vorgekommen."

Der Verein „Eintracht" in der Zeit des „Sozialistengesetzes", Neumünster/Schleswig-Holstein, 1881. Viele Vereine unterliefen das Verbot sozialdemokratischer Vereine mit einem „unpolitischen" Erscheinungsbild, indem sie sich den tarnenden Anstrich eines bloßen Gesangsvereins, einer Liedertafel, gaben. Sie bildeten illegale Arbeitszentren, um ihre politische Tätigkeit fortzusetzen.

1882

JANUAR

4.1. Kaiser Wilhelm I. bekräftigt in einem von Innenminister von Puttkamer entworfenen Erlass seinen politischen Führungsanspruch und fordert darüber hinaus alle preußischen Beamten auf, die Politik der Regierung uneingeschränkt zu unterstützen.

22.1. In Berlin wird der „Christliche Verein Junger Männer" (CVJM) gegründet.

Januar. Im Reichstag scheitert die Vorlage des Zentrums zur Aufhebung des „Expatriierungsgesetzes" (ein Gesetz von 1874, das der Regierung erlaubt, Geistliche, die sich staatsfeindlich betätigen, an einem bestimmten Wohnort festzuhalten bzw. sie auszuweisen.

FEBRUAR

7.2. Eröffnung der Berl. Stadtbahn.

8.2. In Cannes (Südfrankreich) stirbt der Schriftsteller Berthold Auerbach, berühmt als Verfasser der „Schwarzwälder Dorfgeschichten".

Die erste elektrische Grubenlokomotive, von Siemens 1882 an die Steinkohlenzeche Zaukerode in Sachsen geliefert, blieb bis 1927 in Betrieb.

MÄRZ

1.3. Der Potsdamer Platz in Berlin erhält eine elektrische Beleuchtung.

12.3. Arbeiterproteste in Berlin gegen das von der Regierung geplante Tabakmonopol, mit dem eine Erhöhung der Tabaksteuer verbunden wäre.

24.3. Robert Koch verkündet die Entdeckung des Tuberkelbazillus.

APRIL

4.4. Die Vertretung Preußens beim Vatikan wird wiederhergestellt. Den Posten eines Botschafters bei der Kurie übernimmt der bisherige Gesandte in Washington, von Schlözer.

MAI

1.5. Gründung des Philharmonischen Orchesters in Berlin. Die 59 Musiker verpflichten sich zu „gegenseitigem unverbrüchlichen Zusammenhalten und zur persönlichen Haftung für die Ausgaben des Orchesters".

20.5. Abschluss eines geheimen Verteidigungsbündnisses („Dreibund") zwischen dem Deutschen Reich, Österreich-Ungarn und Italien für den Fall eines französischen Angriffs auf Italien oder Deutschland.

29.5. Gründung des Evang. Arbeitervereins in Gelsenkirchen.

31.5. Der Reichstag verabschiedet das zweite der sog. Milderungsgesetze, mit denen die durch den Kulturkampf aufgeworfenen Gegensätze zwischen Staat und katholischer Kirche überwunden werden sollen.

JUNI

Juni. In Kiel findet erstmals die Kieler Woche statt, eine segelsportliche Großveranstaltung mit kulturellem Rahmenprogramm.

JULI

14.7. Der Reichstag lehnt den Gesetzentwurf zur Monopolisierung des Tabakhandels ab.

16.7. Uraufführung von Richard Wagners Bühnenweihfestspiel „Parsifal" in Bayreuth.

AUGUST

19.–21.8. In Zürich treffen sich führende Sozialdemokraten, um Organisationsfragen zu beraten und einen Parteitag für das nächste Jahr vorzubereiten.

August. Der neue Fürstbischof von Breslau, Herzog, erklärt die Kinder aus einer nicht in katholischer Trauung vollzogenen „Mischehe" für kirchlich unehelich und erregt damit erhebliches Aufsehen.

SEPTEMBER

9.–15.9. In Dresden findet der erste internationale antijüdische Kongress statt. Veranstalter sind die Christlich-Soziale Partei (ehemals Christlichsoziale Arbeiterpartei) und die Deutsche Reformpartei. Die angestrebte Vereinigung der beiden antisemitischen Gruppen kommt jedoch nicht zustande.

23.9. Tod des Chemikers Friedrich Wöhler in Göttingen. Wöhler gewann erstmals Aluminium, Beryllium, Ittrium und Silicium.

OKTOBER

1.10. Gründung des Fachvereins der Zigarrenarbeiter Hamburgs, der sich die Abschaffung der Heimarbeit zum Ziel gesetzt hat.

27.10. Ein Erlass des preußischen Kultusministers Gustav von Goßler organisiert erstmals die Sport-Spielbewegung in Deutschland. Besonderer Wert wird dabei auf die Leibesübungen im Freien gelegt.

NOVEMBER

16.11. Bismarck gibt seinen Widerstand gegenüber deutschen Kolonialbestrebungen auf. Er stimmt den Plänen des Bremer Kaufmannes F.A.E. Lüderitz zu, an der südwestafrikanischen Küste eine Handelsstation zu errichten.

DEZEMBER

6.12. Gründung des Deutschen Kolonialvereins in Frankfurt am

Main unter Vorsitz des Fürsten Hermann zu Hohenlohe-Langenburg. Der Verein wird getragen von Industrie und Banken. Sein Zweck ist die Förderung des kolonialen Gedankens und des Erwerbs deutscher Kolonien in Übersee, daneben die Wahrung des wirtschaftlichen und kulturellen Zusammenhanges mit den Deutschen im Ausland.

6.12. In Wien wird Karl Millöckers Operette „Der Bettelstudent" uraufgeführt.

Dezember. Ein in freundlichem Ton gehaltener Briefwechsel zwischen Kaiser Wilhelm I. und Papst Leo XIII. wird als Zeichen für eine Besserung des Verhältnisses zwischen dem preußischen Staat und der katholischen Kirche gewertet.

AUSSERDEM

Bei den Wahlen zum preußischen Landtag festigen die Konservativen ihre Position als stärkste Fraktion. Die Nationalliberalen verlieren ein Viertel ihrer Mandate. Sozialdemokraten sind zur Wahl nicht zugelassen.

Die Berufsstruktur des Deutschen Reiches hat durch die Industrialisierung eine starke Veränderung erfahren. In der Landwirtschaft arbeiten nur noch 40 Prozent der Erwerbstätigen, in der Industrie bereits 37, im Öffentlichen Dienst und in freien Berufen 5,1 Prozent, anderweitig beschäftigt sind 8,4 Prozent.

In Zwickau konstruiert C. Wolf eine Sicherheitslampe zur Anzeige von schlagenden Wettern.

Ernst Abbe und Otto Schott entwickeln in Jena optische Borosilikatgläser.

Herausgegeben vom Deutschen Verein zur Förderung der Luftschifffahrt erscheint die erste Fachzeitschrift zur Luftfahrt.

Der Norddeutsche Lloyd in Bremen stellt seinen ersten Schnelldampfer in Dienst. Die „Elbe" läuft 16 Seemeilen die Stunde.

Friedrich Ratzel begründet die „Anthropogeographie", die Lehre von der Bedeutung des Klimas für die Entwicklung der Menschheit.

Ferdinand Lindemann beweist die Unmöglichkeit, ein Quadrat zu konstruieren, das die gleiche Fläche wie ein Kreis hat („Quadratur des Kreises").

Der schweizerische Pflanzenphysiologe H. Müller-Thurgau entwickelt in Geisenheim die nach ihm benannte Müller-Thurgau-Rebsorte, eine Kreuzung aus Riesling und Silvaner.

Einführung der Oberrealschule (höhere Schule ohne Latein).

Der sozialdemokratische Theoretiker Karl Kautsky gründet die Zeitschrift „Neue Zeit".

Hermann von Helmholtz: „Die Thermodynamik chemischer Elemente".

Max von Pettenkofer: „Handbuch der Hygiene" (Lebens- und Umweltbedingungen als Ursache der Epidemien).

Friedrich Nietzsche: „Die fröhliche Wissenschaft" (Aphorismensammlung in 4 Bänden)

Ernst Haeckel: „Die Naturanschauung von Darwin, Goethe und Lamarck"

Conrad Ferdinand Meyer: „Gustav Adolfs Page" (Novelle).

Heinrich Seidel: „Leberecht Hühnchen" (Roman).

Theodor Fontane: „Schach von Wuthenow" (Roman).

Wilhelm Busch: „Plisch und Plum" (Bildergeschichte).

Max Liebermann: „Schusterwerkstatt" Gemälde).

Friedrich August von Kaulbach: „Lautenschlägerin in antiker Tracht" (Gemälde).

„Allez, Plisch und Plum, apport!"
Tönte das Kommandowort.
Streng gewöhnt an das Parieren,
Tauchen sie und apportieren
Das Vermißte prompt und schnell.
Mister Pief sprach: „Weriwell!
Diese zwei gefallen mir!

„Plisch und Plum" Bildergeschichte von Wilhelm Busch, 1882.

Max Liebermann, Spielende Kinder, 1882.

Gründung des Deutschen Kolonialvereins

Wie sich die „Pressuregroup" der deutschen Kolonialbewegung am 6. Dezember 1882 ein zentrales Organ schuf, zwei Jahre bevor das Reich die Hand nach Übersee ausstreckte, erzählt der Historiker Walter Görlitz:

Das Hamburger Handelshaus Godeffroy, das seit den 60er Jahren auf den Samoa-Inseln große Kopra-Plantagen betrieb, war in finanzielle Schwierigkeiten geraten und hatte in Berlin um Unterstützung für seinen Überseebesitz ersucht. Der Reichskanzler Bismarck war nach der Gründung einer besonderen „Seehandelsgesellschaft" bereit, mit Reichszuschüssen von 300 000 Mark pro Jahr zu helfen, damit deutscher Besitz auf Samoa nicht in britische Hände geriet. Seit 1878/79 hatten sich sowohl das Reich wie England und die USA hier eigene Kohlenstationen für Handels- und Kriegsschiffe gesichert. Doch der Reichstag lehnte mit 126 gegen 112 Stimmen die Bewilligung der Gelder für die geplante Gesellschaft ab.

Bismarck reagierte verärgert, die Öffentlichkeit, die vom neuen Reich stärkeren Schutz für die Wahrung deutscher Interessen in Übersee erwartete, war empört. Einer der engagiertesten Befürworter der Vorlage der Reichsleitung, Fürst Hermann zu Hohenlohe-Langenburg (1832 bis 1913), zog aus der Niederlage im Parlament ganz andere Schlüsse. Der Fürst, badischer General der Kavallerie a.D., der in seiner Jugend seinen Onkel, den Herzog Ernst II. von Sachsen-Coburg-Gotha, auf einer Afrikareise begleitet hatte, gehörte zu jenen süddeutschen Standesherren, die aus altem überparteilichen Reichspatriotismus heraus lebhaft für eine neue Stärkung des neuen Reiches in der Welt eintraten. Er gehörte der Reichspartei, den probismarckischen Freikonservativen, an.

Hohenlohe-Langenburg glaubte, man müsse zunächst einmal alle an Kolonialfragen interessierten Kreise und Vereinigungen sammeln, um Verständnis für den Schutz deutscher Interessen in Übersee und den Erwerb eigener Kolonien zu wecken. Am 24. August 1882 fand unter seiner Leitung in Frankfurt am Main eine Vorbesprechung statt, an der auch der Oberbürgermeister der Mainmetropole, Dr. Miquel, teilnahm. Einzig der vor einigen Jahren gegründete „Zentralverein für Handelsgeographie" distanzierte sich von diesem politischen Schritt. Am 6. Dezember 1882 wurde dann in Frankfurt der „Deutsche Kolonialverein" aus der Taufe gehoben. Erster Präsident wurde Fürst Hohenlohe-Langenburg, zweiter Vorsitzender ein junger Schriftsteller namens Dr. Carl Peters. Hohenlohe-Langenburg fand eine ganze Reihe von Sympathisanten unter seinen Standesgenossen, das Gros des auf 15000 Mitglieder ansteigenden Kolonialvereins bildeten indes bürgerliche Überseekaufleute, Reeder, Akademiker.

Die »Friedensbürgschaft« im Dreibund Italien-Deutschland-Österreich von 1882, die dieses Erinnerungsblatt für Kaiser Wilhelm I. (gestorben 1888) verheißt, sollte sich als Illusion erweisen. Vor allem Italien war, je länger je mehr, gesonnen, eigene Wege zu gehen; im Ersten Weltkrieg ergriff es gar Partei gegen seine einstigen Bundesgenossen.

Elektrische Straßenlampen in Berlin

Der Große Kurfürst war es, der die Errichtung fester Laternen in Berlin befahl. Zwei Jahrhunderte später – am 20. September 1882 – schaltete dann Oberbürgermeister Max von Forckenbeck in Berlin die ersten elektrischen Straßenlampen Europas an.

Ein Reporter der „Vossischen Zeitung" hat den denkwürdigen Abend beschrieben: „Mit Eintritt der Dunkelheit begann es auf der Straße förmlich zu wogen. Um sich das Ausstrahlen der elektrischen Beleuchtung anzusehen, hatte sich halb Berlin ein Rendezvous auf der Leipziger Straße gegeben. Wahre Ströme von Schaulustigen wälzten sich vom Dönhoff- zum Potsdamer Platz. ›Dort, seht, dort‹, tönt es plötzlich aus der Menge. Blitzschnell wenden sich die Blicke dem Potsdamer Platz zu. Wunderliches Bild, wie durch Zauber hervorgerufen, leuchtet es mit einem Mal bläulich strahlend auf. Ein lautes ›Ah‹ des Staunens und des Bewunderns, in das sich Bravo- und Hurrarufe, Händeklatschen und Hüteschwenken mischen."

Der Mann, der Berlin beleuchtete, war Werner von Siemens. Als Kaiser Wilhelm I. 1878 Berlin für einige Tage verlassen hatte, fuhr er bei seiner Rückkehr an der Siemens-Fabrik an der Markgrafenstraße vorbei. Da leuchtete plötzlich über der Straße ein überdimensionales „W" aus 15 elektrischen Lampen auf.

Majestät waren beeindruckt, seine Bürokraten weniger. Als Siemens im nächsten Jahr auf der Berliner Gewerbe-Ausstellung die „Erzeugung elektrischen Lichtes" demonstrieren wollte, verboten es ihm die Behörden wegen „großer Feuersgefahr". Siemens ließ seine Dynamo-Maschine daraufhin in die „Kaiser-Galerie" Unter den Linden schaffen. Dort speiste sie vor Besuchern (Eintritt: 30 Pfennig; Kinder und Offiziere die Hälfte) zwölf Leuchten.

Noch im November desselben Jahres wurden acht elektrische Lampen im Reichstag installiert: Vier Lampen brannten im Foyer; beim Centrum und den National-Liberalen glühten je zwei „Flammen des Fortschritts".

Der Berliner Magistrat stellte nun eine „Beleuchtungs-Kommission" zusammen, die das Siemens-Licht prüfen sollte. Bald waren sich die Stadtverordneten einig: „Der monumentale Charakter der Gebäude in unserer jetzigen Kaiserstadt rechtfertigt gewiss die Anwendung des schönsten, wenn auch zur Zeit noch kostbarsten Beleuchtungsmittels."

So erhielt Werner Siemens den Auftrag, mit der elektrischen Straßenbeleuchtung zu beginnen. Er ließ 36 Bogenlampen errichten. Feierlich wurden sie am 20. September 1882 eingeschaltet. Zwei Laternenanzünder mussten beim Festakt im Hintergrund stehen: Sie sollten die alten Gaslaternen entzünden, falls das neue Licht versagte.

Friedrich Wöhler

Am 23. September 1882 stirbt Friedrich Wöhler in Göttingen.
Wöhler, geboren am 31. Juli 1800 in Eschersheim bei Frankfurt, war einer der bedeutendsten deutschen Chemiker des 19. Jahrhunderts. Er studierte in Marburg und Heidelberg vor allem Medizin und widmete sich erst später voll der Chemie. Ein einjähriger Studienaufenthalt bei J. J. Berzelius in Stockholm bildete den Abschluss dieser Ausbildung. 1825 ging er als Lehrer nach Berlin, 1830 nach Kassel, 1836 übernahm er den Lehrstuhl für Chemie an der Universität Göttingen.
Wöhler war auf fast allen Gebieten der damaligen Chemie tätig. 1827 gelang ihm die Reduktion von Aluminiumchlorid zu elementarem Aluminium und die analoge Reaktion am Beryllium. Andere Arbeiten befassten sich mit den Elementen Titan, Vanadium, Bor und Silizium. Auf dem Gebiet der organischen Chemie waren es vor allem Studien über Jodzyan, Knallsäure und Zyansäure und besonders die 1828 geglückte Darstellung von Harnstoff, die erste Synthese einer in der Natur vorkommenden organischen Verbindung aus anorganischen Substanzen.

Friedrich Wöhler.

Wagners „Parsifal"

Vom Herbst 1877 bis 1882 arbeitete Wagner an Text und Vertonung seines „Parsifal", nachdem er im August 1865 im Tessin bereits einen Entwurf des Werkes skizziert und die Musik zum „Karfreitagszauber" geschrieben hatte. Am 16. Juli 1882 wurde der „Parsifal" in Bayreuth uraufgeführt. Der Meister hat seinem letzten Werk die Bezeichnung „Bühnenweihfestspiel" gegeben; darin liegt der Hinweis auf seine Besonderheit als religiöses Drama. Das christliche Symbol entnahm Wagner den Gralsdichtungen des Mittelalters und dem Parzival des Wolfram von Eschenbach. Er veränderte aber seine Vorlage weitgehend, ließ große Teile der alten Erzählung vom schweifenden und kämpfenden Gralssucher Parsifal weg und beschränkte sich auf die Verbindung der Amfortas- und der Klingsor-Kundry-Handlung:
Zusammen mit dem wundertätigen Gral wird auf der Gralsburg der heilige Lanzenspeer aufbewahrt, mit dem die Seite des gekreuzigten Heilands geöffnet wurde. Klingsor, der nicht in die Gralsritterschaft aufgenommen wurde, sinnt auf Rache und treibt sein Unwesen als Zauberer nahe der Burg. Der Gralskönig Amfortas will seinem Treiben ein Ende bereiten und zieht mit dem heiligen Speer gegen Klingsor aus. In Klingsors Zaubergarten gelingt es der in des Zauberers Bann stehenden Kundry, den König zu verführen. Klingsor entwendet den heiligen Speer und fügt damit Amfortas eine Wunde zu. Amfortas erhielt die Prophezeiung, dass nur „durch Mitleid wissend der reine Tor" ihm helfen könne; bis dahin müsse er an seiner sich nicht schließenden Wunde dahinsiechen. Nur der Anblick des Grals erhält ihn am Leben.
Amfortas` Retter naht in Gestalt des von seiner Mutter Herzeleide im Walde erzogenen Parsifal. Aber beim Anblick des Kranken versäumt Parsifal, der um seine Sendung noch nicht weiß, die Frage nach der Krankheit des Amfortas zu stellen. Deshalb muss er die Gralsburg wieder verlassen und sich in Klingsors Bereich den Verführungskünsten Kundrys aussetzen (denen er indessen nicht erliegt). Bei dieser Gelegenheit erlangt Parsifal den Speer. Nach langen Irrfahrten kehrt er als ein Geläuterter zum Gral zurück und kann an einem Karfreitag mit Hilfe des heiligen Speers des Königs Wunde schließen. Dafür wird er selber mit dem Gralskönigtum betraut.
Da es sich bei dem Bühnenweihfestspiel um ein Mysterium auf kultischer Grundlage handelt, ist Wagners Musik klar, feierlich und (besonders in den Chören und dem Glockengeläute der Gralskirche) den besonderen akustischen Gegebenheiten des Bayreuther Festspielhauses angemessen. Wagner hat an eine Gemeinde der ihn Verstehenden gedacht, als er in seinem Testament bestimmte, dass Bayreuth das ausschließliche Aufführungsrecht auf die Dauer von 30 Jahren nach der Uraufführung von 1882 behalten solle.

Szenenbild der „Parsifal"- Uraufführung in Bayreuth, 1882.

Abschluss des Dreibundes

Das Bündnis, das der Kaiser von Deutschland, der Kaiser von Österreich-Ungarn und der italienische König am 20. Mai 1882 schlossen, war, wie es in der Präambel heißt, „in seiner Wesensart konservativ und defensiv" und verfolgte das Ziel, die Vertragsparteien gegen die Gefahren zu sichern, die die Sicherheit ihrer Staaten und die Ruhe Europas bedrohen könnten.
Die wesentlichen Bestimmungen des Vertrages lauteten: „Die hohen vertragschließenden Parteien versprechen sich wechselseitig Frieden und Freundschaft und werden kein Bündnis und keine Verpflichtung eingehen, die sich gegen einen ihrer Staaten richtet. Sie verpflichten sich, in einen Gedankenaustausch über die politischen und wirtschaftlichen Fragen allgemeiner Art, die sich darbieten könnten, einzutreten, und versprechen sich außerdem ihre wechselseitige Unterstützung nach Maßgabe ihrer eigenen Interessen.
In dem Falle, wo Italien ohne unmittelbare Herausforderung seinerseits aus irgendeinem Grunde von Frankreich angegriffen werden sollte, sollen die beiden anderen vertragschließenden Parteien gehalten sein, der angegriffenen Partei mit allen ihren Kräften Hilfe und Beistand zu leisten.
Diese gleiche Verpflichtung soll Italien im Falle eines nicht unmittelbar herausgeforderten Angriffs Frankreichs gegen Deutschland obliegen.
Wenn eine oder zwei der hohen vertragschließenden Parteien, ohne unmittelbare Herausforderung ihrerseits angegriffen werden sollten und sich in einen Krieg mit zwei oder mehreren Großmächten verwickelt sehen sollten, die den gegenwärtigen Vertrag nicht unterzeichnet haben, so soll der „casus foederis" gleichzeitig für alle hohen vertragschließenden Parteien eintreten."

1883

JANUAR

1.1. Zum ersten Mal erscheint die von Karl Kautsky herausgegebene sozialdemokratische Zeitschrift „Neue Zeit".
11.1. Der Reichstag lehnt einen von den Sozialdemokraten eingebrachten Gesetzentwurf zur Aufhebung des Sozialistengesetzes und aller anderen im Reich geltenden Ausnahmegesetze ab.
24.1. In Darmstadt stirbt der Opernkomponist Friedrich von Flotow.

FEBRUAR

13.2. Tod des Opernkomponisten Richard Wagner in Venedig. Seine Witwe Cosima übernimmt die Leitung der Bayreuther Festspiele (bis 1906).

MÄRZ

3.3. General Paul Bronsart von Schellendorf löst General Georg von Kameke als preußischer Kriegsminister ab.
14.3. Karl Marx, Sozialwissenschaftler, Philosoph und Begründer des Marxismus, stirbt in London.
März. In Berlin wird der „Verein gegen den Missbrauch geistiger Getränke" gegründet, der sich die Bekämpfung des Alkoholismus zum Ziel setzt. Der Vorsitzende, der Psychiatrieprofessor Werner Nase, erklärt, es gehe dem Verein nicht um „Trinkerrettung" und individuelle Hilfe, sondern um Einflussnahme auf Gesetzgebung und Verwaltung sowie Aufklärung und Förderung der Forschung.
29.3.–2.4. In Kopenhagen findet ein illegaler sozialdemokratischer Parteitag statt. Die Polizeibehörden haben mit einem Tagungsort in der Schweiz gerechnet, so dass es den Delegierten gelungen ist, unbemerkt in der dänischen Hauptstadt zusammenzutreffen. Der Kongress lehnt Bismarcks Sozialreformen als taktisches Mittel zur Ruhigstellung der Arbeiter ab.

APRIL

14.4. In einer Botschaft an den Reichstag verlangt Kaiser Wilhelm I. Reformen, „welche dem Wohle der Arbeiter förderlich und die Lage derselben zu bessern und zu sichern geeignet sind".

MAI

15.5. Das Deutsche Reich und Madagaskar schließen eine Handelskonvention.
24.5. Der Chef des deutschen Generalstabs und der Chef des Militärkabinetts werden dem Kaiser direkt unterstellt.

JUNI

11.6. Wegen anhaltender Erfolglosigkeit der Nationalliberalen Partei bei den Wahlen und innerparteilicher Zerwürfnisse tritt ihr Fraktionsvorsitzender Rudolf von Bennigsen zurück.
15.6. Verabschiedung eines Krankenversicherungsgesetzes, nach dem gewerbliche Arbeiter zur Mitgliedschaft in einer Ortskrankenkasse oder einer eingeschriebenen Hilfskasse verpflichtet sind. Das Gesetz sieht kostenfreie ärztliche Behandlung und Lohnfortzahlung im Krankheitsfall vor. Die Beiträge werden zu einem Drittel von den Arbeitgebern und zu zwei Dritteln von den Arbeitnehmern aufgebracht. Das Gesetz gilt für Arbeiter in Bergwerken, Salinen, Gruben und Brüchen, Fabriken und Hüttenwerken, im Eisenbahnwesen und in der Binnenschifffahrt, auf Werften, im Baugewerbe und im Handwerk. 1886 wird es auch auf Land- und Forstarbeiter ausgedehnt.

JULI

6.7. Mit der Drachenfelsbahn wird die erste deutsche Zahnradbahn eröffnet.
11.7. Das dritte der sog. Milderungsgesetze beendet den Kulturkampf in Preußen. Die Zivilehe und die staatliche Aufsicht über die Lehr- und Erziehungsanstalten bleiben jedoch erhalten.
Juli. Die Hamburger Handelskammer beantragt „Reichsschutz" für ihre Erwerbungen in Kamerun.

AUGUST

August. Der Bremer Kaufmann Adolf Lüderitz erwirbt an der südwestafrikanischen Küste den Hafen Angra Pequena und Gebiete im Hinterland.

SEPTEMBER

28.9. Enthüllung des Niederwalddenkmals, das den Sieg über Frankreich und die Reichsgründung verherrlicht. Ein Sprengstoffattentat, das der Schriftsetzer Reinsdorf bei dieser Gelegenheit auf Kaiser Wilhelm und die Festversammlung verüben will, misslingt.
29.9. Mit einer Aufführung von Schillers „Kabale und Liebe" wird in Berlin das Deutsche Theater eröffnet.

OKTOBER

18.10. Bei den Berliner Kommunalwahlen treten erstmals auch die Sozialdemokraten an. Sie gewinnen fünf Mandate in der Stadtverordnetenversammlung.
3.10. Uraufführung der Operette „Eine Nacht in Venedig" von Johann Strauß in Berlin.
30.10. Das Deutsche Reich tritt dem geheimen Freundschafts- und Beistandsvertrag zwischen Österreich-Ungarn und Rumänien bei. Dadurch erhält Rumänien Anschluss an den Dreibund.

Lovis Corinth, Schlächter am Kreuz, 1883.

NOVEMBER

26.11. In Eisenach wird der Allgemeine Deutsche Bauernverein, eine Vertretung der kleinen und mittleren Landwirte, gegründet.

DEZEMBER

29.12. Nach einem aufsehenerregenden Streik der Tischler gründet sich in Mainz ein „Zentralverband der Vereine der Tischler Deutschlands".

AUSSERDEM

Der Afrikaforscher Gustav Nachtigal, von der Reichsregierung als Generalkonsul für Westafrika ernannt, lässt mit Erlaubnis Spaniens eine Kohlenstation auf der Insel Fernando Poo anlegen.
Gottlieb Daimler und Wilhelm Maybach entwickeln in Cannstatt bei Stuttgart den ersten schnelllaufenden Benzinmotor, einen Einzylinder-Viertaktmotor mit Schwimmer-Vergaser und Glührohrzündung.
Emil Rathenau gründet in Berlin die Deutsche Edison-Gesellschaft für angewandte Elektricität. 1887 wird die Firma umbenannt in Allgemeine Elektricitäts-Gesellschaft (AEG).
August Scherl legt mit der Herausgabe des „Berliner Lokal-Anzeigers" den Grund für sein späteres Zeitungsimperium.
Gründung der Oldenburg-Portugiesischen Dampfschiffsreederei Aktiengesellschaft in Oldenburg.
Mit Einführung der Butterschleuder (durch Calberla in Hirschfeld) wird erstmals die Zentrifugalkraft in der Butterproduktion ausgenutzt.
In Schweinfurt erfindet Friedrich Fischer eine spitzenlose Kugel-

schleifmaschine, die gehärtete Stahlkugeln mit einer bisher unbekannten Präzision rund schleifen kann. Damit legt der bereits zu Lebzeiten als „Kugel-Fischer" apostrophierte Mechaniker den Grund für die moderne Entwicklung von Kugellagern.

Friedrich von Hefner-Alteneck konstruiert eine Lampe („Hefnerkerze"), deren Lichtstrahlung als elektrische Lichtstärkeeinheit (HK) definiert wird.

Auf der Allgemeinen Deutschen Hygiene-Ausstellung in Berlin führt der Hautarzt Oskar E. Lassar in einem Wellblechhaus mit 10 öffentlichen Brausezellen die Vorteile des Duschbades vor. 10.000 Besucher machen Gebrauch von seinem Angebot.

Die deutschen Gebirgs- und Wandervereine gründen in Fulda einen Dachverband, den Verband Deutscher Gebirgs- und Wandervereine.

In Köln wird der Deutsche Ruder-Verband (DRV) gegründet.

Friedrich Engels: „Die Entwicklung des Sozialismus von der Utopie zur Wissenschaft" (früheste Darstellung des historischen Materialismus).

Ernst Mach: „Die Mechanik in ihrer Entwicklung".

Georg Cantor: „Grundlagen einer allgemeinen Mannigfaltigkeitslehre" (Begründung der mathematischen Mengenlehre).

Friedrich Kluge: „Etymologisches Wörterbuch der deutschen Sprache".

August Bebel: „Die Frau und der Sozialismus".

Wilhelm Dilthey: „Einleitung in die Geisteswissenschaften".

Oswald Schmiedeberg: „Grundriss der Arzneimittellehre" (Begründung der wissenschaftlichen Pharmakologie).

Friedrich Nietzsche: „Also sprach Zarathustra. Ein Buch für alle und keinen".

Detlev von Liliencron: „Adjutantenritte" (Gedichte).

Peter Rosegger: „Der Gottsucher" (Roman).

Wilhelm Busch: „Maler Klecksel" (Bildergeschichte).

Max Liebermann: „Münchener Biergarten" (Gemälde).

Hans von Marées: „Pferdeführer und Nymphe" (Gemälde).

Karl Marx

* Trier, 5. Mai 1818
† London, 14. März 1883

Als Sohn eines Rechtsanwalts und Enkel eines Rabbiners entstammte Karl Marx einer hochangesehenen, alten jüdischen Familie. Allerdings trat sein Vater 1817 zur evangelisch-lutherischen Kirche über. Marx erhielt auf dem Gymnasium seiner Vaterstadt eine gründliche, klassisch-rationalistische Bildung. Der Nachbar, Regierungsrat von Westphalen, wurde sein väterlicher Freund und machte ihn mit dem politischen Liberalismus wie mit dem Gedankengut Saint-Simons vertraut. Die Tochter Jenny wurde 1984 Marx' Frau.

Marx studierte seit 1835 zunächst in Bonn, seit 1836 in Berlin Rechtswissenschaften und Philosophie; er wurde anfänglich von Savigny, dann vor allem von Gans stark beeinflusst und durch diesen in die Lehre Hegels eingeführt. Im Berliner Doktorclub wurde er, noch nicht zwanzig Jahre alt, neben Bruno Bauer der Führer der Junghegelianer. Indessen schwenkte die preußische Kulturpolitik wenig später in die entgegengesetzte Richtung um, sodass Marx sein Berufsziel, eine Philosophieprofessur, als unerreichbar aufgeben musste. Er wandte sich nun über die Kritik der Religion der Theorie der Politik zu und wurde liberaler Demokrat. Nachdem ihm die Philosophische Fakultät in Jena für seine Dissertation „Differenz der demokritischen und epikureischen Naturphilosophie" 1841 den Doktorgrad verliehen hatte, trat er in die Redaktion der liberalen „Rheinischen Zeitung" in Köln ein, der er eine scharf oppositionelle Richtung gab. Ein Konflikt mit den Aktionären führte zu seinem Rücktritt.

Als Mitarbeiter der Pariser Emigrantenzeitung „Vorwärts!" freundete sich Marx mit dem ihm bisher nur flüchtig bekannten Friedrich Engels an und lernte fast alle führenden Revolutionäre der Zeit kennen. 1845 aus Frankreich ausgewiesen, zog er nach Brüssel und verzichtete Ende des Jahres auf seine preußische Staatsangehörigkeit. Der Zweite Kongress des Bundes der Kommunisten in London beauftragte ihn und Engels, ein Parteiprogramm zu verfassen, das im Februar 1848 als Manifest der Kommunistischen Partei veröffentlicht wurde. Nach dem Ausbruch der Revolution von 1848 zuerst in Paris, reiste er im April nach Deutschland, gab in Köln die „Neue Rheinische Zeitung" als „Organ der Demokratie" heraus und unterstützte die äußerste Linke bei ihrem Kampf um ein demokratisches Groß-Deutschland.

Karl Marx

Im Mai 1849 aus Preußen ausgewiesen, fuhr Marx nach Paris zurück, erhielt jedoch ein Aufenthaltsverbot für die Hauptstadt und übersiedelte nun nach London, das bis zum Tode sein dauernder Wohnort werden sollte. Wieder führend im Bund der Kommunisten tätig, konnte er zeitweilig Einfluss auf die englische Arbeiterbewegung nehmen, jedoch keine gesicherte Existenz finden. Einige Jahre lebte er mit seiner Familie in bitterer Not. Gelegentliche Geldzuwendungen Engels' reichten nur aus, den vollständigen Zusammenbruch zu verhindern, bis eine dauernde feste Unterstützung durch den Freund und eine kleinere Erbschaft einen besseren Lebensstil ermöglichten.

In der Emigration von jedem direkten Einfluss auf die deutsche Politik abgeschnitten, verzehrte sich Marx in leidenschaftlichen und oft kleinlichen Kämpfen mit anderen Emigranten und Revolutionären, die ihn auch daran hinderten, seine umfangreichen ökonomischen Studien zusammenfassend darzustellen. Nach dem Kölner Kommunistenprozess löste er den Bund der Kommunisten 1852 auf, trat jedoch für dessen Ziele publizistisch auch weiterhin ein. Durch dauernde quälende Krankheiten behindert und ohne Aussicht auf durchgreifende Wirksamkeit wandelte sich der unbekümmerte Kämpfer zu einem grüblerischen und misstrauischen Manne, der nur noch in vertrautem Kreise aus sich herausging.

Mit der Gründung der Internationalen Arbeiterassoziation (1. Internationale) im Jahre 1864 trat er noch einmal an die Öffentlichkeit. Für sie verfasste er mit der Inauguraladresse die nach dem Kommunistischen Manifest wichtigste Programmschrift des Marxismus. Jahrelang war Marx der unbestrittene Führer dieser rasch wachsenden Organisation, bis er in schwere Auseinandersetzungen mit den Anarchisten geriet. Als sich auch die englischen Arbeitervertreter für volle Autonomie ihrer Bewegung aussprachen, verlegte Marx 1872 den Sitz der Internationale nach Nordamerika, was ihrer praktischen Auflösung entsprach, obwohl sie formell noch bis 1876 bestand. In den letzten zehn Jahren seines Lebens lebte Marx zurückgezogen, freilich immer noch Einfluss auf ihm nahestehende Parteien nehmen. Dies galt vor allem für die deutsche Sozialdemokratie.

Richard Wagner

Am 13. Februar 1883 stirbt Richard Wagner in Venedig. Die ersten Lebensjahrzehnte des bedeutendsten deutschen Musikdramatikers im 19. Jahrhundert waren durch Unstetigkeit, politische Verfolgung und materielle Not gezeichnet. Bis heute konnte nicht eindeutig geklärt werden, ob der Polizeibeamte Friedrich Wagner sein Vater war oder der Schauspieler und Theaterdichter Ludwig Geyer, der seine Mutter Johanna in zweiter Ehe kurz nach seiner Geburt heiratete und den auch Richard Wagner für seinen Vater hielt.
In Dresden besuchte der am 22. Mai 1813 geborene Wagner die Kreuzschule, in Leipzig, wohin die Mutter nach Geyers Tode wieder zog, das Nikolai-Gymnasium und die Thomasschule. Er belegte Vorlesungen an der Universität und erhielt Instrumentalunterricht bei C. G. Müller und R. Sipp.
In dieser Zeit entstanden seine ersten Kompositionen, darunter die von ihm teilweise vernichtete Oper „Die Hochzeit". Seine erste vollständig erhaltene Oper, „Die Feen", schrieb er 1833 in Würzburg, wo er als Korrepetitor tätig war, seine zweite, „Das Liebesverbot oder Die Novize von Palermo" (nach Shakespeares „Maß für Maß"), als Kapellmeister am Stadttheater Magdeburg; sie erlebte jedoch nur eine Aufführung (1836).
Mit seiner späteren Frau, der Schauspielerin Minna Planer, ging Wagner 1836 nach Königsberg. Eine Anstellung als Kapellmeister in Riga fand 1839 durch eine Intrige ein jähes Ende. Verschuldet und mit einem Manuskript für seine Oper „Rienzi, der letzte der Tribunen" im Koffer, reiste er über London nach Paris. Die Seefahrt nach London regte ihn zu der Oper „Der fliegende Holländer" an. Neben der Arbeit an beiden Werken begann er Novellen zu schreiben („Ein deutscher Musiker in Paris"; „Eine Pilgerfahrt zu Beethoven", 1840/1841). Mit der Anfertigung von Klavierauszügen brachte er sich mühselig über die Pariser Hungerjahre; vermutlich musste er auch ein paar Wochen im Schuldgefängnis verbringen.
Auf die Nachricht hin, dass „Rienzi" in Dresden aufgeführt werden sollte, kehrte er nach Deutschland zurück. Die Uraufführung (1842) war ein glänzender Erfolg, an den die Uraufführungen von „Der fliegende Holländer" (1843) und des „Tannhäuser und der Sängerkrieg auf der Wartburg" (1845) nicht heranreichten.
Inzwischen zum Königlichen Hofkapellmeister ernannt, arbeitete er in Dresden an „Lohengrin", „Die Meistersinger von Nürnberg" und „Der Ring des Nibelungen". Seine aktive Teilnahme an den Aufständen von 1848/1849 zwang ihn nach deren Niederschlagung zur Flucht aus Dresden. Mit Liszts Hilfe reiste er über Weimar und Jena nach Zürich, wo er kunstphilosophische Schriften verfasste. Die Liaison mit Mathilde Wesendonk, der Frau eines Großkaufmanns („Wesendonk-Lieder", 1857/1858), war die Ursache für seinen Fortgang aus Zürich. Wieder folgten unruhige Jahre, die er in Venedig, Luzern (Abschluss des „Tristan"), Paris, Brüssel, nach seiner Amnestie in Karlsruhe, Wien, Biebrich und als Dirigent auf Konzertreisen nach Petersburg, Prag und Budapest verbrachte.
Not und Unstetigkeit erschienen zu Ende, als ihn Ludwig II. von Bayern nach München holte, wo 1865 „Tristan und Isolde" uraufgeführt wurde. Aber Missgunst bei Hofe und Wankelmut des Königs vertrieben ihn noch im selben Jahr aus München. In Triebschen bei Luzern schuf er sich ein neues Heim. Dort heiratete er die Liszt-Tochter Cosima, die ehemalige Frau seines Freundes und Schülers H. von Bülow. In Triebschen brachte er „Die Meistersinger von Nürnberg" zum Abschluss. Die Uraufführung fand 1868 in München statt.
Während er noch an „Der Ring des Nibelungen" arbeitete, suchte er für die Aufführung dieses dreiteiligen Werkes mit einem Vorabend („Das Rheingold", „Die Walküre", „Siegfried" und „Götterdämmerung") nach einem geeigneten Ort. Er fand ihn in Bayreuth, wo 1872 der Grundstein für das Festspielhaus gelegt wurde. Dort fanden vom 13. bis 30. August 1876 die ersten drei geschlossenen Aufführungen des „Ringes" statt. Als letztes Werk schuf Wagner in Bayreuth die Oper „Parsifal", die ein Jahr vor seinem Tode uraufgeführt wurde.
Richard Wagner hat in der Tradition des deutschen Musikdramas von Gluck über Mozart, Beethoven bis Weber, angeregt durch die französische Revolutionsoper wie durch das italienische Opernschaffen (Bellini), seinen eigenen Stil gefunden und in Anwendung seiner dramaturgischen Prinzipien und kompositorischen Mittel (Nutzbarmachung der sinfonischen Technik für die Oper) die Entwicklung der deutschen Oper zu einem Höhepunkt und Abschluss geführt. Die Deutung, die er den von ihm verwandten Volkssagen gab, etwa in der Gestalt Siegfrieds, der furchtlos starre Gesetze bricht und sinnentleerte Lebensformen missachtet, ist häufig ideologisch verzerrt und vom Nationalsozialismus missbraucht worden. Die gegenwärtige Rezeption der Wagner-Opern lässt den Versuch erkennen, ihren Sinngehalt für das heutige Zeitverständnis zu deuten und dabei auch spieltechnisch neue Wege zu gehen.
Richard Wagners Frau Cosima, sein Sohn Siegfried, seine Schwiegertochter Winifred sowie seine Enkel Wieland und Wolfgang haben als Leiter und Erneuerer der Bayreuther Wagner-Festspiele Bedeutung erlangt.

Richard Wagner.

Eine Nacht in Venedig

Am 3. Oktober 1883 wurde in Berlin „Eine Nacht in Venedig“ von Johann Strauß, nach dem Libretto von F. Zell und Richard Genée, uraufgeführt. Die Handlung dieser Operette spielt gegen Ende des 18. Jahrhunderts in Venedig.
Der Herzog von Urbino ist in Venedig und hat zu einem Faschingsfest geladen. Weil dem Herzog der Ruf vorausgeht, ein großer Verführer schöner Frauen zu sein, beschließt Senator Delacqua, seine Gemahlin Barbara nicht mit auf das Fest zu nehmen, sondern sie für einige Tage in die Obhut des Klosters Murano zu geben. Barbara indes, die Besseres zu tun hat, als den Karneval in klösterlicher Abgeschiedenheit zu verbringen, sorgt dafür, dass statt ihrer Annina, ihre Milchschwester, die Gondel nach Murano besteigt, während sie selbst sich die Zeit mit ihrem Liebhaber Piselli vertreiben will. Der Gondoliere, der Caramello heißt und eigentlich der Leibbarbier des Herzogs ist, bringt Annina jedoch nicht nach Murano, sondern in den Palazzo Urbino. Zu spät bemerkt er, dass es gar nicht Barbara war, die er hier abgeliefert hat, sondern seine eigene Freundin. Senator Delacqua erscheint auf dem Fest in Begleitung der Köchin Ciboletta, die er als seine Gemahlin ausgibt. Caramello hat, um seine Freundin vor Zudringlichkeiten zu bewahren, sich des Beistands von Pappacoda versichert, der als Koch dafür sorgt, dass sich das Souper des Herzogs mit Annina bis Mitternacht hinzieht. Nach Mitternacht aber – so ist es Brauch – begibt sich die Festgesellschaft auf den Markusplatz, mitten ins Faschingstreiben. Hier begegnet Delacqua seiner Gattin wieder, und zwar in Begleitung ihres Liebhabers Piselli, den Barbara geistesgegenwärtig als furchtlosen Helden präsentiert, der sie angeblich aus der Hand von Entführern befreit hat. Delacqua spricht ihm dafür sogar seinen Dank aus. Der Herzog weiß inzwischen, dass Annina ihm etwas vorgespielt hat, doch hat er so viel Gefallen an ihr gefunden, dass er mit dem Hintergedanken, sie in seiner Nähe zu behalten, ihren Freund Caramello als Verwalter einstellt.
Die Musik, die Strauß zu dieser Handlung schuf, mit den Perlen des „Lagunenwalzers“ und des Quartettwalzers „Alle maskiert“ und dem berühmten Gondellied Caramellos „Komm in die Gondel“, ist ein Glanzstück der Operettenliteratur.

Am 28. September 1883 enthüllt Kaiser Wilhelm I. in Gegenwart des Kronprinzen Friedrich Wilhelm, der deutschen Bundesfürsten, der Generale und Vertreter der Behörden das Niederwalddenkmal am Rhein zwischen Rüdesheim und Assmannshausen. Wilhelm I. weihte das Nationaldenkmal mit den Worten: „Den Gefallenen zum Gedächtnis, den Lebenden zur Anerkennung, den künftigen Geschlechtern zur Nacheiferung! Das walte Gott.“

Gottlieb Daimler, geboren am 17. Mai 1834 in Schorndorf im schwäbischen Remstal als Sohn eines Bäckermeisters, lernte bei einem Büchsenmacher, besuchte die Landesgewerbeschule in Stuttgart, eignete sich in vierjähriger praktischer Arbeit in Paris Kenntnisse auf allen Gebieten der Mechanik an und bezog dann (1857) das Stuttgarter Polytechnikum. 1860 lernte er Lenoirs Gasmaschine kennen, war in englischen Maschinenfabriken in Leeds, Manchester und Coventry sowie ab 1863 in deutschen Werken tätig. Von 1872 bis 1882 war er technischer Direktor der Gasmotorenfabrik Deutz, 1882 machte er sich in Cannstatt selbstständig. Mit Wilhelm Maybach als seiner „rechten Hand“ verwirklichte er einen alten Traum: Er schuf vermittels der von ihm erfundenen Glührohrzündung den ersten leichten und schnelllaufenden Viertakt-Verbrennungsmotor, der als „Beweger“ für Automobile dienen konnte. Sein Motor (DRP vom 16. Dezember 1883) übertraf mit 900 Umdrehungen pro Minute die bisherige Drehzahlspitze um das Fünffache, bei einem auf 40 kg/PS herabgeminderten Leistungsgewicht. Eine bahnbrechende Leistung war in der Cannstatter Werkstatt vollbracht worden.

1884

JANUAR

26.1. Uraufführung der Operette „Gasparone“ von Karl Millöcker in Wien.

FEBRUAR

24.2. In Berlin stirbt der Philologe Georg Büchmann, Verfasser der Zitatensammlung „Geflügelte Worte“.

MÄRZ

5.3. Liberale Vereinigung und Deutsche Fortschrittspartei schließen sich zur Deutschen Freisinnigen Partei zusammen. Den Vorsitz übernimmt Franz August Schenk von Stauffenberg.

23.3. Die Nationalliberalen vollziehen mit der „Heidelberger Erklärung“ einen Kurswechsel hin zur Unterstützung der Regierungspolitik.

27.3. Der geheime Drei-Kaiser-Vertrag von 1881 zwischen dem Deutschen Reich, Österreich-Ungarn und Russland wird um drei Jahre verlängert.

28.3. In Berlin wird die Gesellschaft für deutsche Kolonisation gegründet, die für eine staatliche Kolonial- und Siedlungspolitik eintritt. Den Vorsitz übernimmt Carl Peters.

APRIL

6.4. Tod des Dichters Emanuel Geibel in Lübeck.

24.4. Das Reich stellt das Gebiet, das der Bremer Kaufmann Lüderitz in Südwestafrika an der Bucht von Angra Pequena erworben hat, unter deutschen Schutz.

MAI

8.5. Mit den Berliner „Städtischen Elektricitäts-Werken“ gründet sich das erste deutsche Unternehmen zur Elektrizitätsversorgung.

18.5. Der Deutsche Karl Abs gewinnt in New York die erste Weltmeisterschaft der Profi-Ringer.

28.5. Das Sozialistengesetz („Gesetz gegen die gemeingefährlichen Bestrebungen der Sozialdemokratie“) wird erneut verlängert.

JUNI

5.6. Gründung des Allgemeinen Evangelisch-Protestantischen Missionsvereins (später: Deutsche Ostasien-Mission), der sich die Verbreitung des christlichen Glaubens in China und Japan zum Ziel setzt.

9.6. Kaiser Wilhelm I. legt in Berlin den Grundstein für das neue Reichstagsgebäude, das nach Plänen von Paul Wallot errichtet werden soll.

19.6. In Berlin stirbt der Historiker und Politiker Johann Gustav Droysen, in Dresden der Maler Adrian Ludwig Richter.

JULI

5.7. Das Deutsche Reich und das Königreich Togo schließen einen Vertrag, in dem der König von Togo um den Schutz Deutschlands bittet.

6.7. Das mehrfach überarbeitete Unfallversicherungsgesetz für Arbeiter tritt in Kraft. Die Versicherungsbeiträge werden allein von den in Berufsgenossenschaften vereinigten Arbeitgebern aufgebracht. In den Genuss des Gesetzes kommen alle Arbeiter mit weniger als 2000 Mark Einkommen.

14.7. Der deutsche Generalkonsul in Tunis, Gustav Nachtigal, stellt im Auftrag Bismarcks die Hoheit des Reiches über Kamerun her.

AUGUST

1.8. Tod des Dichters, Bühnenleiters und Journalisten Heinrich Laube in Wien.

17.8. In Leipzig wird der Deutsche Radfahrer-Bund (später: Bund Deutscher Radfahrer) gegründet.

SEPTEMBER

15.–17.9. Bei einer Zusammenkunft in Skierniewice verständigen sich die drei Kaiser von Deutschland, Österreich-Ungarn und Russland über Fragen der orientalischen Politik.

OKTOBER

9.10. Eröffnung der ersten deutschen Universitätszahnklinik in Berlin.

28.10. Bei den Reichstagswahlen behauptet das Zentrum seine Stellung als stärkste Fraktion (22,6 Prozent der Stimmen), gefolgt von den Nationalliberalen und den linksliberalen Freisinnigen mit jeweils 17,6 Prozent. Die Deutschkonservativen erhalten 15,2 Prozent, die Sozialdemokraten 9,7 Prozent.

NOVEMBER

1.11. Ein Landungskorps der Kreuzerfregatte „Elisabeth“ und des „Kanonenbootes Hyäne“ nimmt die zum Bismarck-Archipel gehörende Insel Matupi in Besitz.

11.11. In Renthendorf (Thüringen) stirbt der Verfasser von

Im Jahre 1884 wird in Berlin der Grundstein zu einem neuen Reichstagsgebäude gelegt, das zehn Jahre später fertig gestellt ist. Vorn Kaiser Wilhelm I. bei er Grundsteinlegung, oben, in weißer Uniform, Reichskanzler Bismarck.

Max Liebermann, Judengasse in Amsterdam, 1884.

„Brehm's Thierleben", der Zoologe und Forschungsreisende Alfred Brehm.
15.11. Beginn der Kongo-Konferenz in Berlin (bis 26.2.1885). Die europäischen Mächte, die USA und das Osmanische Reich klären ihre Interessen in Afrika. Der Gastgeber Bismarck gibt die deutsche Position bekannt: „Die Ausdehnung unserer kolonialen Besitzungen ist nicht Gegenstand unserer Politik, wir haben nur im Auge, dem deutschen Handel den Eingang nach Afrika zu sichern."
November. Die Gesellschaft für deutsche Kolonisation erwirbt Land in Tansania und leitet damit die Gründung der Kolonie Deutsch-Ostafrika ein.

AUSSERDEM

Ottmar Mergenthaler entwickelt eine Setzmaschine für Schriftzeichen in Zeilenform (Linotype).
Friedrich August Löffler entdeckt den Erreger der Diphterie, Robert Koch denjenigen der Cholera.
Paul Nipkow entwickelt die rotierende Lochscheibe für Bildabtastung und -übertragung, eine Erfindung, die beim Fernsehen eine wichtige Rolle spielen wird.
Arthur Nicolaier entdeckt den Tetanusbazillus.
Ludwig Knorr entwickelt das fiebersenkende Mittel Antipyrin.
Das Jenaer Normalglas, entwickelt von Otto Schott, erlaubt die Herstellung sehr zuverlässiger Thermometer.
Die Lyrik-Anthologie „Moderne Dichtercharaktere", herausgegeben von Wilhelm Arent, fällt durch Bevorzugung sozialkritischer Stoffe aus dem gewohnten Rahmen.
Friedrich Engels: „Der Ursprung der Familie, des Privateigentums und des Staates".
Theodor Storm: „Zur Chronik von Grieshuus" (Novelle).
Conrad Ferdinand Meyer: „Die Hochzeit des Mönchs" (Novelle).
Fritz Uhde: „Lasset die Kindlein zu mir kommen" (Gemälde).
Anton Bruckner: 8. Symphonie c-moll.
Gustav Mahler: „Lieder eines fahrenden Gesellen", Symphonie Nr. 1 D-Dur.

Ludwig Richter

* Dresden, 28. September 1803
† ebd., 19. Juni 1884

Schon früh erlernte der Sohn und Schüler des Kupferstechers Carl August Richter die Technik der Radierung und die bildmäßige Aufnahme landschaftlicher Motive. Bereits mit 17 Jahren begleitete Ludwig Richter den Fürsten Narischkin auf seiner Reise durch Deutschland und Frankreich als Zeichner von Erinnerungsblättern.
1823 konnte der junge Richter die langersehnte Reise nach Italien durch ein Stipendium des Buchhändlers Christoph Arnold verwirklichen. Auf der Wanderung in den Süden lernte er in Innsbruck die Schriften Wackenroders, Tiecks und Schlegels kennen. Aus der Enge der Dresdner Verhältnisse kam Richter nach Rom, in die Weltstadt der Kunst. Er knüpfte freundschaftliche Beziehungen zu den Nazarenern an – zu Friedrich Overbeck, Julius Schnorr von Carolsfeld, Friedrich Olivier und Philipp Veith, bei dem er zum ersten Male Kupferstiche Dürers sah. Doch dem Programm der St. Lukas-Bruderschaft schloss sich der Sachse nicht an. Stark wirkte auf Richter der Tiroler Joseph Anton Koch, der, inspiriert durch Albrecht von Hallers Gedicht über die Alpen, die Alpenlandschaft für die Malerei eroberte. Das erste Bild, das Richter in Rom malte, war nicht ein Motiv aus der römischen Landschaft mit Wasserfällen und Ruinen, sondern eine Ansicht des Watzmanns; diese Gebirgsdarstellung lässt im Aufbau der Komposition wie in der Behandlung des Details deutlich den Einfluss Kochs erkennen.
Nach drei Jahren kehrte Richter in die Heimat zurück. An der Zeichenschule der Meißner Porzellanmanufaktur bekam er eine Anstellung als Zeichenlehrer mit einem Jahresgehalt von 200 Talern. 1836 erhielt er eine Professur für Landschaftsmalerei an der Dresdner Akademie, die er bis 1871 innehatte. In Deutschland malte er nun nach Studien und Zeichnungen italienische Landschaften wie „Tal bei Amalfi" (Leipzig) oder „Brücke in Salaro" bei Rom. Er entwickelte sich in Dresden zum Ateliermaler italienischer Veduten. Doch nachdem er die Gefahr erkannt hatte, sah er die Rettung in einer neuen Reise nach Rom. Die deutsche Landschaft erschien ihm arm und formlos. Als die Mittel für die Rom-Fahrt vorhanden waren, wurden sie durch eine Erkrankung seiner Frau aufgebraucht. Richter unternahm eine Wanderung durch das Elbtal und das böhmische Mittelgebirge; dabei entdeckte er die Schönheit der mitteldeutschen Landschaft. Es entstanden vier Bilder vom „Schreckenstein" bei Aussig, darunter die volkstümliche „Überfahrt am Schreckenstein" (Dresden), worin sich Landschaft und Genrebild verbinden. Das malerische Werk Richters fand seinen Abschluss in dem „Brautzug im Frühling" (Dresden) von 1847, der durch die Schluss-Szene des ersten Aktes von Wagners „Tannhäuser" angeregt war und auf der Weltausstellung in Paris eine Goldmedaille erhielt.
Zu seiner eigenen Art kam Richter, als ihm 1838 der Leipziger Verleger Wigand Holzschnittillustrationen in Auftrag gab. Eine fruchtbare Tätigkeit als Illustrator setzte ein, die vier Jahrzehnte anhielt; Richter illustrierte fast 150 Bücher mit etwa 3000 Holzschnitten, darunter die Märchen der Brüder Grimm, von Andersen und Musäus, ferner Kalender- und Jugendgeschichten, Volksbücher, Kinder- und Studentenliederbücher sowie eigene erfundene Bildgeschichten wie „Fürs Haus" oder „Erbauliches und Beschauliches". In seinen Zeichnungen für den Holzschnitt, die dann von Xylographen auf den Holzstock übertragen wurden, fand Ludwig Richter den originellen Plauderton der graphischen Bilderzählung.
Seiner kunstgeschichtlichen Stellung nach gehört Richter zur bürgerlichen Spätromantik, zum Biedermeier. War die Frühromantik ein Aufbrechen der Gefühlskräfte gegen Form und Gesetz, also ein irrationales Welterlebnis gewesen, so zeichnete sich die Spätromantik durch Liebe zum Nahen und Kleinen, zur Idylle und zum Humor aus. Richters romantische Bilderzählung ist sein Beitrag zur Illustrationskunst des 19. Jahrhunderts.

Ludwig Richter, Hirtenlied (Ausschnitt).

August Büchmann

* Berlin, 4.Januar 1822
† Berlin, 24. Februar 1884

Büchmann studierte in seiner Vaterstadt anfänglich Theologie, dann Philologie und Archäologie, besonders bei A. Boeckh und Th. S. Panofka. Nach der Promotion in Erlangen (1845) und einem kurzen Frankreich-Aufenthalt wirkte er als Lehrer in Brandenburg (Havel) und 1854-77 als Sprachlehrer an der Friedrich-Werder'schen Gewerbeschule in Berlin. Er war sprachbegabt und belesen in der Weltliteratur. Werke über englische und französische Zitate veranlassten Büchmann, sich mit dem deutschen Zitat zu befassen. 1864 gab er unter dem Titel „Geflügelte Worte" den Zitatenschatz des deutschen Volkes heraus, in dem er möglichst alle in Deutschland „allgemein bekannten und angewandten Worte, deren Ursprung sich urkundlich belegen lässt", zusammenfasste. Dieses Werk, vom Erscheinen an ein ungeahnter Erfolg, wurde in zahlreichen Neuauflagen und Bearbeitungen zu einem unentbehrlichen Nachschlagewerk und Hausbuch; auch folgten Übersetzungen in fast alle europäischen Sprachen sowie Nachahmungen. 1872 erhielt Büchmann den Titel Professor.

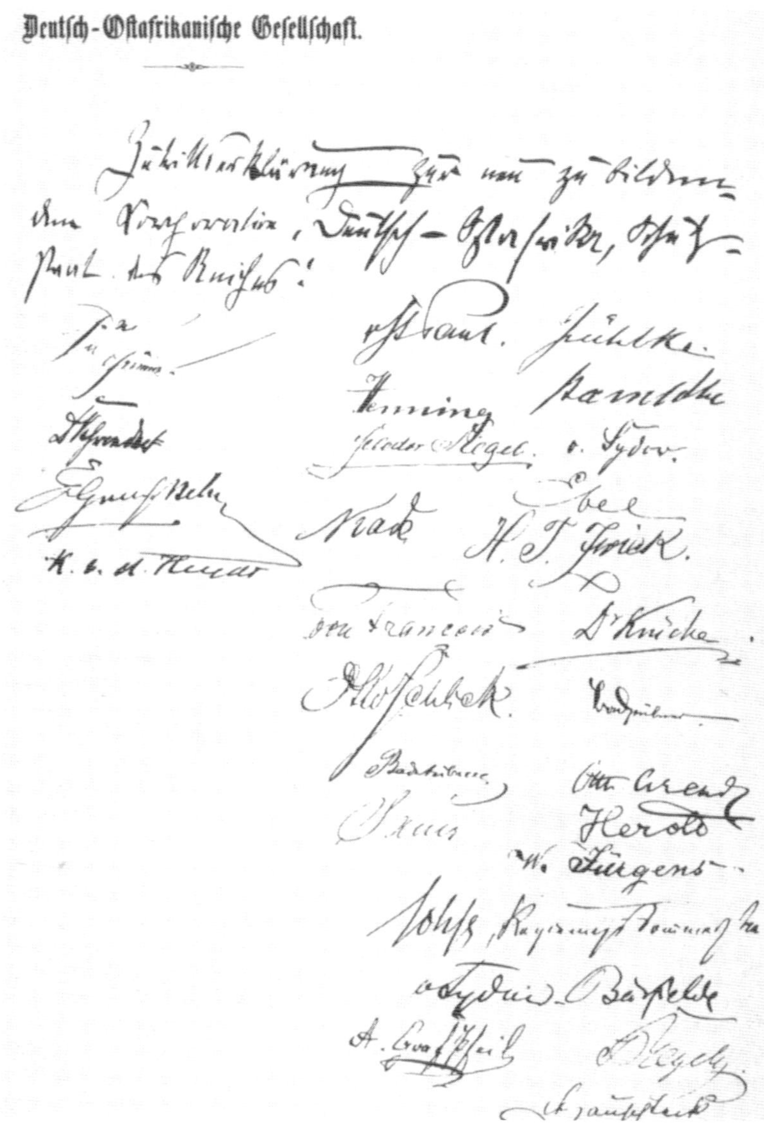
Deutsch-Ostafrikanische Gesellschaft.

Beitrittserklärungen zur „Deutsch-Ostafrikanischen Gesellschaft, die am 20. März 1884 gegründet wird.

Bismarck und der Kolonialismus

Deutsche Händler hatten schon längst damit begonnen, Niederlassungen in Afrika zu gründen. Einer von ihnen, Adolf Lüderitz, trat mit der Bitte an die Reichsregierung heran, „seine" Gebiete in Südwestafrika unter Reichsschutz zu stellen. Am 24. April 1884 wurden daraufhin Damara- und Namakwaland zum Protektorat erklärt – Geburtstag der späteren Kolonie Deutsch-Südwestafrika. Reichskanzler Bismarck wusste, dass er bei solchem Vorgehen Konflikte mit den traditionellen Kolonialmächten riskierte. Dementsprechend vorsichtig begründete er vor dem Reichstag am 23. Juni 1884 seinen Schritt:

„Wir sind zuerst durch die Unternehmung hanseatischer Kaufleute, verbunden mit Terrainankäufen und gefolgt von Anträgen auf Reichsschutz, dazu veranlasst worden, die Frage, ob wir diesen Reichsschutz in dem gewünschten Maße versprechen konnten, einer näheren Prüfung zu unterziehen. Ich wiederhole, dass ich gegen Kolonien – ich will sagen, nach dem System, wie die meisten im vorigen Jahrhundert waren, was man jetzt das französische System nennen könnte –, gegen Kolonien, die als Unterlage ein Stück Land schaffen und dann Auswanderer herbeizuziehen suchen, Beamte anstellen und Garnisonen errichten –, dass ich meine frühere Abneigung gegen diese Art von Kolonisation, die für andere Länder nützlich sein mag, für uns aber nicht ausführbar ist, heute noch nicht aufgegeben habe. . .

Etwas ganz anderes ist die Frage, ob es zweckmäßig, und zweitens, ob es die Pflicht des Deutschen Reiches ist, denjenigen seiner Untertanen, die solchen Unternehmungen im Vertrauen auf des Reiches Schutz sich hingeben, diesen Reichsschutz zu gewähren und ih-

Am 13. Juli 1884 hisst der Afrikaforscher Gustav Nachtigal die deutsche Flagge in Kamerun.

nen gewisse Beihilfen in ihren Kolonialbestrebungen zu leisten, um denjenigen Gebilden, die aus den überschüssigen Säften des gesamten deutschen Körpers naturgemäß herauswachsen, in fremden Ländern Pflege und Schutz angedeihen zu lassen. Und das bejahe ich, allerdings mit weniger Sicherheit vom Standpunkte der Zweckmäßigkeit – ich kann nicht voraussehen, was daraus wird –, aber mit unbedingter Sicherheit vom Standpunkte der staatlichen Pflicht.
Ich kann mich dem nicht entziehen. Ich bin mit einem gewissen Zögern an die Sache herangetreten, und ich habe mich gefragt: Womit könnte ich es rechtfertigen, wenn ich diesen hanseatischen Unternehmern, über deren Mut – ich habe die Herren persönlich gesprochen –, über deren Schneidigkeit, über deren Begeisterung für ihre Aufgabe ich mich herzlich gefreut habe – ich sage: Womit könnte ich es rechtfertigen, wenn ich ihnen sagen wollte: Das ist alles sehr schön, aber das Deutsche Reich ist dazu nicht stark genug, es würde das Übelwollen anderer Staaten auf sich ziehen, es würde ... in unangenehme Berührung mit anderen kommen, es würde „Nasenstüber" bekommen, für die es keine Vergeltung hätte; dazu ist unsere Flotte nicht stark genug!
Ich habe nicht den Mut gehabt, diese Bankerotterklärung der deutschen Nation auf überseeische Unternehmungen den Unternehmern gegenüber als Reichskanzler auszusprechen. Wohl aber habe ich mich sehr sorgfältig bemüht, ausfindig zu machen, ob wir nicht in unberechtigter Weise in wohlerworbene Rechte anderer Nationen eingriffen, und die Bemühungen, mich darüber zu vergewissern, haben mehr als ein halbes Jahr Zeit erfordert.
Unsere Absicht ist, nicht Provinzen zu gründen, sondern kaufmännische Unternehmungen, aber in der höchsten Entwicklung auch solche, die sich eine Souveränität, eine schließlich dem Deutschen Reich lehnbar bleibende, unter seiner Protektion stehende kaufmännische Souveränität, erwerben, zu schützen in ihrer freien Entwicklung sowohl gegen die Angriffe aus der unmittelbaren Nachbarschaft als auch gegen Bedrückung und Schädigung von Seiten anderer europäischer Mächte. Im Übrigen hoffen wir, dass der Baum durch die Tätigkeit der Gärtner, die ihn pflanzen, auch im Ganzen gedeihen wird, und wenn er es nicht tut, so ist die Pflanze eine verfehlte, und es trifft der Schade weniger das Reich, denn die Kosten sind nicht bedeutend, die wir verlangen, sondern die Unternehmer, die sich in ihren Unternehmungen vergriffen haben ..."

Flaggenhissung in Deutsch-Südwest

Über die amtliche deutsche Flaggenhissung in Südwestafrika und eine Expedition zum Häuptling eines Herero-Stammes heißt es in den Tagebuchaufzeichnungen des deutschen Kolonialpioniers Heinrich Vogelsang:
Was für Arbeit und zugleich Sorgen das Landen der Waren und Baumaterialen aber gemacht hat, kann kein Mensch begreifen, der nicht in ähnlicher Lage gewesen. Die Schiffsmannschaft war wohl so engagiert, dass sie am Lande mitzuarbeiten hatte, was sie ja auch wacker getan hat, aber wie mussten wir daran glauben – keiner von uns war solche Arbeit gewohnt! Den ganzen Tag in der Hitze und zuweilen schrecklichem Winde, entweder bis an die Schultern im Wasser stehend oder unter der Last der schweren Balken, Ballen und Kisten keuchend, sie an Ort und Stelle bringend. Die Nachwehen blieben aber auch nicht aus. Mit so vielem Opfermut sie auch alle im Anfange bei der Sache gewesen waren, die schwere und ungewohnte Arbeit zeitigte doch sehr bald mürrische Gesichter. Die Strapazen waren wirklich zu groß und jeder konnte wohl den Mut verlieren. Wäre ich damals nicht noch voll von Jugendübermut gewesen, ich glaube nicht, dass ich die mir gestellte Aufgabe so gelöst hätte, wie ich sie gelöst habe. Ich bin überzeugt, ich hätte nur krank zu werden brauchen oder den Mut sinken lassen, sofort wäre eine Verwirrung entstanden. Dann hatten wir keinen Koch, dazu nur sehr wenig Wasser und kein frisches Fleisch, jeder wird sich danach seine Ansicht machen können, wie unsere Küche aussah ...
Ende Oktober (1884) kam der Generalkonsul Dr. Nachtigal. Ich machte dann die Reise nach Bethanien mit ihm und auf dieser Reise begleitete uns auch Graf Spee. Sieben Tage nach unserer Abreise von Angra erreichten wir Bethanien und es dauerte nicht lange, da kam auch schon der Häuptling von Bethanien, der Kapitän Joseph Fredericks zu dem Generalkonsul und bat um den Schutz des deutschen Reiches für sein Land. Der Schutz wurde ihm zugesagt. Jetzt wurde ein Schutz- und Trutzbündnis abgeschlossen und als Zeichen der offiziellen Unter-Schutz-Stellung die deutsche Reichsflagge gehisst. Wir begaben uns jetzt nach Angra Pequena zurück. Auf Fort Vogelsang konnten wir uns nun noch einige Tage ausruhen, die „Möwe", welche nach Kapstadt gegangen war, war noch nicht von dort zurück, doch sollte unsere Ruhe nicht von langer Dauer sein. Nach einigen Tagen lief die „Möwe" in Angra ein und der Generalkonsul und Graf Spee, Herr Prescher, ein junger Steiger, welchen ich zu meiner Begleitung auserwählt hatte, und ich, begaben uns an Bord, um vorerst nach Walfish Bay, dem Hafen von Damaraland zu fahren.

Der Bremer Kaufmann Adolf Lüderitz hisste in der Bucht von Angra Pequena die deutsche Flagge, und erwarb damit Deutsch-Südwestafrika.

1885

JANUAR

1.1. Inkrafttreten des Unfallversicherungsgesetzes.
13.1. Ermordung des Polizeirats Kumpf in Frankfurt am Main.
23.1. Die Hamburger Firma Robertson & Hernsheim fordert den Schutz des Reiches für ihr Handelsmonopol auf den Karolinen. Dadurch entsteht ein Streit mit Spanien, das die Inselgruppe im Pazifik ebenfalls beansprucht.
27.1. Im Betrieb der Brüder Reinhard und Max Mannesmann in Remscheid werden erstmals Stahlrohre nahtlos gewalzt.

FEBRUAR

12.2. Der Kolonialpionier Carl Peters gründet die Deutsch-Ostafrikanische Gesellschaft. Es handelt sich um die Nachfolgeorganisation der im Vorjahr von Peters gegründeten Gesellschaft für Deutsche Kolonisation.
26.2. Die Berliner Kongo-Konferenz endet mit der Unterzeichnung der Kongo-Akte, die eine Neutralisierung des gesamten Kongobeckens und die Schaffung einer Freihandelszone in diesem Gebiet vorsieht. Für das Deutsche Reich bedeutet die Konferenz die Aufnahme in den Kreis der Kolonialmächte.
27.2. Die Deutsch-Ostafrikanische Gesellschaft erhält einen kaiserlichen Schutzbrief, der den Sultan von Sansibar zur Anerkennung der deutschen Schutzherrschaft zwingt.

MÄRZ

23.3. Der Reichstag nimmt den Gesetzentwurf zur „Dampfersubvention" an. Das Gesetz ist von entscheidender Bedeutung für die Kolonialpolitik der Regierung; es sieht vor, die Schiffslinien privater Reedereien nach Asien, Afrika und Australien mit 5,4 Millionen Mark aus öffentlichen Mitteln zu fördern.
26.3. Preußen weist mehr als 30 000 Polen russischer Staatsangehörigkeit aus den Ostprovinzen aus. Beginn der polenfeindlichen Politik der preußischen Regierung.

APRIL

20.4. Tod des Afrikaforschers Gustav Nachtigal auf See vor Kap Palmas.
30.4. Gründung der Deutschen Kolonialgesellschaft für Südwestafrika.

MAI

14.5. Die in Berlin gegründete Deutsche Landwirtschaftsgesellschaft vereint Landwirte und Wissenschaftler zur Förderung der wissenschaftlich-technischen Entwicklung.
17.5. Die Deutsche Neuguinea-Kompagnie errichtet Schutzgebiete im Pazifik. Der deutsche Teil von Neuguinea erhält den Namen Kaiser-Wilhelms-Land und die davor liegenden Inseln des Neubritannia-Archipels den Namen Bismarck-Archipel.
31.5. Uraufführung von Georg Büchners Lustspiel „Leonce und Lena" 48 Jahre nach dem Tod des Autors.

JUNI

7.6. Die Kegelbrüder Deutschlands vereinigen sich im Zentralverband Deutscher Kegelclubs mit Sitz in Dresden.
17.6. Edwin Freiherr von Manteuffel, preußischer Generalfeldmarschall und erster Statthalter in Elsass-Lothringen, stirbt in Karlsbad.
20.6. Gründung der Goethegesellschaft in Weimar unter dem Protektorat von Großherzog Karl Alexander.

JULI

Juli/August. Über 12 000 Berliner Maurer streiken für die Erhöhung des Stundenlohnes auf 50 Pfennig und die Herabsetzung der Wochenarbeitszeit auf unter 60 Stunden. Im Nachgang des teilweise erfolgreichen Streiks werden zahlreiche Gewerkschaftsfunktionäre strafrechtlich verfolgt.

AUGUST

14.8. Die deutschen Ansprüche auf Ostfrika werden mit der Entsendung eines Geschwaders von fünf Panzerschiffen unterstrichen.
15.8. Die „Städtischen Elektricitäts-Werke" in Berlin nehmen den Betrieb auf. Im ersten Jahr liefert der Energieversorger Strom an 28 Abnehmer.
25.8. Die Hissung der Reichsflagge auf der Insel Yap verschärft den Streit um die Karolinen weiter.

SEPTEMBER

23.9. Carl Spitzweg, der Maler des Biedermeier, stirbt in München.

OKTOBER

1.10. Als erste Hochschule in Deutschland richtet die Berliner Universität einen Lehrstuhl für Meteorologie ein.
22.10. Ein Schiedsspruch von Papst Leo XIII. beendet den Streit um die Karolinen. Die Inselgruppe verbleibt in spanischem Besitz, das Reich erhält Handelsfreiheit und darf eine Marinestation einrichten.
24.10. Johann Strauß' Operette „Der Zigeunerbaron" erlebt in Wien ihre Uraufführung.

NOVEMBER

November. Jungfernfahrt des von Gottlieb Daimler und Wilhelm Maybach konstruierten Motorrades. Das Holzgestell auf zwei Rädern mit einem 0,5-PS-Benzinmotor legt die 3 km lange Strecke von Cannstatt nach Untertürckheim problemlos zurück. Ungefähr zur selben Zeit und unabhängig von Daimler und Maybach erprobt in Mannheim Carl Benz einen dreirädrigen Benzinmotorwagen.

DEZEMBER

31.12. Für die Anerkennung des Karolinen-Schiedsspruchs erhält

„Unser Stolz! Wie stehen wir nun da in der Welt?" Karikatur des „Kladderadatsch" auf die außenpolitischen Erfolge Bismarcks nach der Kongo-Konferenz.

Bismarck von Leo XIII. die höchste päpstliche Auszeichnung, den Christusorden.

AUSSERDEM

Gründung der Afrikanischen Dampfschifffahrts-Aktiengesellschaft (Woermann-Linie) in Hamburg.

Fertigstellung des vom Bayernkönig Ludwig II. in Auftrag gegebenen Schlosses auf der Insel Herrenchiemsee.

Albert Bernhard Frank weist die Symbiose von Pflanzen und Pilzen nach.

Carl Auer von Welsbach erfindet den Gasglühstrumpf, der hellweißes Licht gibt.

E. Merck stellt erstmals Kokain synthetisch her.

Zusammenschluss der wichtigsten deutschen Dynamitunternehmen zur Deutschen Union.

In den Fabriken kommt die Stechuhr zur Überprüfung der Anwesenheitszeiten auf.

In Deutschland wird die Destillation von Erdöl zu Petroleum aufgenommen.

Gründung der Zeitschrift „Die Gesellschaft", die dem Naturalismus verpflichtet ist.

Drei Jahre nach dem Tod des Verfassers erscheint, herausgegeben von Friedrich Engels, der zweite Band von Karl Marx' Hauptwerk „Das Kapital".

Theodor Mommsen veröffentlicht den letzten Band seiner „Römischen Geschichte".

Mit Emil Zsigmondys „Die Gefahren der Alpen" erscheint das erste Lehrbuch der Alpinistik.

Friedrich Nietzsche veröffentlicht den letzten Teil von „Also sprach Zarathustra". Er nennt sein Werk das „fünfte Evangelium".

Fritz von Uhde: „Komm Herr Jesu, sei unser Gast" (Gemälde).

Franz von Lenbach: „Papst Leo XIII." (Gemälde).

Johannes Brahms: Symphonie Nr. 4 e-moll.

Gustav Mahler wird Opernkapellmeister in Leipzig.

Richard Strauss tritt die Nachfolge Hans von Bülows als Dirigent des Meininger Hoforchesters an.

Anton Bruckner: Tedeum (Kirchenmusik).

Carl Spitzweg

Am 5. Februar 1808 wird Carl Spitzweg als Sohn eines wohlhabenden Geschäftsmanns in München geboren. Das alte Lied: Der Vater will etwas „Anständiges" aus ihm machen (Apotheker), der Sohn will etwas „Unanständiges" werden (Maler). Der junge Carl gehorcht, rührt heilende Essenzen an und mischt sich erst nach dem Tod des Vaters seine geliebten Farben zurecht. Der Dreißigjährige wird sein eigener Lehrer, malt Drolliges für die „Fliegenden Blätter" und versucht, der geistigen Armut jener biedermeierlichen Zeit ein wenig Situationskomik abzugewinnen. Spitzweg verkehrt und fachsimpelt mit Kollegen im Kreis der „Stürmer und Dränger", die es fort von den Abstraktionen und zurück zur Natur bewegt, befreundet sich mit Moritz von Schwind, heiratet, wandert durch Schwaben, Tirol, Italien, mit Staffelei und Farbenkoffer. Nach fünf Jahren ist aus dem Witzzeichner ein Humorist, aus dem Karikaturisten ein Maler geworden. In Paris lernt er 1851 Dela-croix kennen. Dann stirbt, viel zu früh, seine Frau.

Spitzweg kapselt sich ab, zieht sich in eine unheizbare Kammer am Münchner Jakobsplatz zurück, um sie für die kommenden Jahrzehnte nur noch höchst ungern und selten zu verlassen. Aus dem ehemaligen Dandy, den die Freunde wegen seiner adretten Erscheinung „Schneider" nannten, wird ein Kauz im bekleckstten Schlafrock, der sich die Einsiedelei von einem knurrigen Hausdrachen (einer Trödlerwitwe) bewachen lässt und den die „Große Kleinstadt" München gern erträgt.

Denn Spitzwegs Bilder sind gefragt, ja finden reißenden Absatz, wenn man seine 480 zu Lebzeiten verkauften Werke mit Vincent van Goghs einzigem (auch noch heimlich von dessen Bruder) honoriertem Gemälde vergleicht. Mangel leidet der weltferne Maler am Tandelmarkt also nicht, aber er lebt wie sein „Armer Poet", der auf dem bekannten Bild auf lausiger Matratze neben kaltem Ofen nach den Sternen der Unsterblichkeit greift. Spitzweg, dem jeder Geschäftssinn abgeht, bezahlt seinen Seifensieder und Lichterzieher mit Gemälden, raucht (sein einziger Luxus) täglich eine dicke Zigarre und malt, spitzpinselig und fleißig, was erlaubt ist und gefällt. Sein Kunde ist das aufstrebende Bürgertum, das sein trautes Heim mit „Kultur" schmücken will, keine Experimente, aber Amüsantes und Gefälliges liebt, das die Schaulust befriedigt und der Alltäglichkeit durch Farbe und Licht einen verschönenden Glanz verleiht.

Also malt Spitzweg die „heile Welt", aber stets mit einem „kranken" Unterton, der den Geschmack des Publikums nicht verletzt, obwohl er ihn und das kleinbürgerliche Milieu leise verspottet. Dabei reproduziert er stets seine eigene Situation: Was er auch malt (Hochgebirgslandschaften, romantische Kleinstädte, Waldmotive, Menschen in Räumen), immer dringt das Licht (Sonne, Mond) aus einer kleinen „Nische" von oben auf das bis ins letzte Eckchen säuberlich ausgestaltete Bild, wie das Licht, das durch sein Mansardenfenster in die Künstlerwerkstatt scheint. Mit seinem fotografischen Gedächtnis kramt er auch die kleinste Einzelheit aus der Erinnerung seiner Wanderjahre hervor, malt mit Vorliebe kleine »Nester« (Spitzwegstädtchen) und Nester in den Nestern (Winkel, Mansarden, Häuserecken). Die belebt er mit seinesgleichen: mit Käuzen, schrulligen Einzelgängern, Eremiten, Sonderlingen, „Aussteigern" im altmodischen Sinn. So wühlt sein greiser „Bücherwurm" auf halsbrecherischer Leiter im Staub des Wissens, liest sein „Nachtwandler" bei Mondschein die Zeitung auf dem Dach, lässt sein „Antiquar" schlafmützig das Leben in Gestalt zweier Damen an sich vorüberziehen, hockt sein „Hanswurst" Aschermittwochs in Kerkerketten. Man muss kein Psychologe sein, um zu bemerken, dass Spitzweg mit seinen Figuren immer Spitzweg malte. Am 16. September 1885 bleibt Carl Spitzweg nach einem nächtlichen Schlaganfall auf seiner Bettstatt liegen.

Sein letzter Wunsch ging in Erfüllung: „Ganz sanft im Schlafe möcht` ich sterben und tot sein, wenn ich aufwach` ..."

Carl Spitzweg, Der arme Poet, 1839

Sitzung der Kongo-Konferenz in Berlin unter dem Vorsitz von Fürst Bismarck.

Schutzbrief für die Deutsch-Ostafrikanische Gesellschaft

Deutsche Faktoreien auf dem Gebiet des Sultanats von Sansibar gab es schon länger. Stammesquerelen nutzte der Kaufmann Carl Peters zum Abschluss günstiger Verträge für seine Deutsch-Ostafrikanische Gesellschaft. Sie bewarb sich um einen Schutzbrief des Deutschen Reiches und erhielt ihn am 27. Februar 1885:

Wir, Wilhelm, von Gottes Gnaden deutscher Kaiser und König von Preußen, tun kund und fügen hiermit zu wissen:

Nachdem die derzeitigen Vorsitzenden der Gesellschaft für deutsche Kolonisation, Dr. Carl Peters und Unser Kammerherr Felix Graf Behr-Bandelin Unsern Schutz für die Gebietserwerbung der Gesellschaft in Ostafrika, westlich von dem Reiche des Sultans von Zanzibar, außerhalb der Oberhoheit anderer Mächte, nachgesucht und Uns die von besagtem Dr. Carl Peters zunächst mit den Herrschern von Usagara, Nguru, Useguba und Ukami im November und Dezember vorigen Jahres abgeschlossenen Verträge, durch welche ihm diese Gebiete für die deutsche Kolonisations-Gesellschaft mit den Rechten der Landeshoheit abgetreten worden sind, mit dem Ansuchen vorgelegt haben, diese Gebiete unter Unsere Oberhoheit zu stellen, so bestätigen Wir hiermit, dass Wir diese Oberhoheit angenommen und die betreffenden Gebiete, vorbehaltlich Unserer Entschließungen auf Grund weiterer Uns nachzuweisender vertragsmäßiger Erwerbungen der Gesellschaft oder ihrer Rechtsnachfolger in jener Gegend, unter Unseren Kaiserlichen Schutz gestellt haben.

Wir verleihen der besagten Gesellschaft unter der Bedingung, dass sie eine deutsche Gesellschaft bleibt und dass die Mitglieder des Direktoriums oder der sonst mit der Leitung betrauten Personen Angehörige des Deutschen Reiches sind, sowie den Rechtsnachfolgern dieser Gesellschaft, unter der gleichen Voraussetzung, die Befugnis zur Ausübung aller aus den Uns vorgelegten Verträgen fließenden Rechte, einschließlich der Gerichtsbarkeit gegenüber den Eingeborenen und den in diesen Gebieten sich niederlassenden oder zu Handels- und anderen Zwecken sich aufhaltenden Angehörigen des Reiches und anderer Nationen, unter der Aufsicht Unserer Regierung und vorbehaltlich weiterer von Uns zu erlassender Anordnungen und Ergänzungen dieses Unseres Schutzbriefes.

Zur Urkunde dessen haben Wir diesen Schutzbrief höchsteigenhändig vollzogen und mit Unserem Kaiserlichen Insiegel versehen lassen.

Damit war der Grundstein zur Kolonie Deutsch-Ostafrika gelegt, aber auch der Keim zu Neid und Eifersüchteleien mit England. Die deutsche Kronprinzessin Viktoria, Tochter der englischen Königin, klagte darüber in einem Brief:

Wenn in Berlin eine Konferenz zusammentreten soll, wie man sagt, um die afrikanische Frage zu lösen, sollte England nicht die Vorschläge machen und den größten Einfluss auf das endgültige Ergebnis verlangen? England ist den anderen Mächten gegenüber viel zu bescheiden und wird daher nur missverstanden. Wir ernten keinen Dank für unsere Bescheidenheit und Mäßigung. Der Ton der deutschen Presse gegen England ist mit wenigen Ausnahmen abscheulich, aber da er ebenso dumm wie frech ist, achtet man besser nicht auf ihn. Die Deutschen werfen England immer vor, dass es von Vorurteilen gegen Deutschland erfüllt sei, und vergessen, dass sie sehr viel mehr und tiefere gegen andere Länder, besonders gegen England haben. Sie bilden sich ein, dass England auf Deutschlands Kolonialbestrebungen eifersüchtig ist. Ich bin ganz sicher, dass die ganze Agitation für das Kolonialunternehmen von der deutschen Regierung nicht so heftig betrieben worden wäre, wenn diese nicht glaubte, dass sie eine gute Handhabe für die Wahlen böte und das Mittel darstellte, eine deutsche Dampferlinie zu gründen, die der Kanzler haben möchte. Das Volk ist wirklich wie ein Kind, das von einem neuen Spielzeug oder einem schmackhaften Bissen entzückt ist, den man ihm entgegenhält – eine süße Frucht – und eifrig bemüht, sie zu ergreifen, das aber auf alles wütend ist, das ihm Schwierigkeiten in den Weg zu legen scheint. Diese süße Kolonialfrucht kann sich leicht in eine bittere Mandel verwandeln, und der Anfang scheint mir traurig genug, wenn er nicht ohne eine Entfremdung zwischen England und Deutschland zu haben ist.

Bismarcks außenpolitische Gesprächspartner in Berlin, die Botschafter der europäischen Großmächte (obere Reihe von links): Jules Herbette (Frankreich), Graf Paul Schuwalow (Russland), Sir Edwin Baldwin Malet (Großbritannien); mittlere Reihe von links): Graf von Benomar (Spanien), Graf Széchenyi (Österreich-Ungarn), Graf de Launay (Italien); (ganz unten): Ahmed Tewfik Bey (Türkei).

Unterwegs in Togo

„Sein Wirken als Kolonialheld", schreibt Jürgen Petschull über Carl Peters, „endete auf unrühmliche Weise. Dem von Großmannssucht und Habgier getriebenen Gründer der ostafrikanischen Kolonie wurde seine männliche Eitelkeit zum Verhängnis. Am Fuße des Kilimandscharo ließ er ohne Urteilsspruch eine seiner Konkubinen, die ihn angeblich mit einem seiner Boys betrogen hatte, aufhängen – den armen Missetäter gleich mit dazu. Ihre Heimatdörfer wurden im Anschluss an die Exekution eingeäschert. Diese Lynchjustiz empörte gleichermaßen Afrikaner und Deutsche. ‚Mkono wa Damu' nannten die Einheimischen den Vertreter des deutschen Kaisers – den ‚Mann mit den blutigen Händen'. Und im Deutschen Reich erhielt der Kolonialgründer den Beinamen ‚Hänge-Peters'.
Er wurde nach einer heftigen Debatte im Reichstag und unter dem Druck der öffentlichen Meinung aller seiner Ämter enthoben und aus dem Staatsdienst entlassen – vor allem, weil als Folge von Peters' ‚Lynchjustiz' im Kilimandscharo-Gebiet ein Aufstand gegen die Deutschen losbrach. Häuptling Mareale, zu dessen Djagga-Stamm die beiden Gehängten gehört hatten, brachte den deutschen Truppen monatelang schwere Verluste. Grollend zog Carl Peters sich aus Afrika zurück. Vor seinem Tod im Jahre 1918 hatte er noch gefordert: ‚Das deutsche Volk muss endlich ein Herrenvolk werden, um endgültig zur Weltmacht gelangen zu können!'"

Der Bremer Kaufmann Johann Karl Viëtor war einer der ersten Geschäftsleute in der Kolonie Togo. Er beschreibt Leben, Handel, Expeditionen und eine Begegnung mit einem reichen Nachbarhäuptling:
Etwas Primitiveres als den deutschen Besitz in Afrika im Jahre 1884 kann man sich kaum denken. In Keta an der Goldküste war ich gelandet. Nach einigen Wochen wurde ich in das deutsche Gebiet nach Togo geschickt, das ich in einer achtstündigen Hängemattentour durch tiefen Dünensand erreichte. Der Eindruck war ein ganz kümmerlicher. Fast keinen Menschen traf man auf dem Wege den Strand entlang. In der Nähe der Grenze standen ein paar elende Negerhütten aus Stroh. In Lome selbst gab es nur ein einziges Haus aus Holz erbaut, auf einem Sockel stehend. Es bestand aus einem kleinen Laden und einem Raum, der dem Europäer gleichzeitig als Wohn- und Schlafraum diente, und in dem wir oft genug zu zwei, drei oder vier Europäern Unterkunft suchen mussten. Das Haus des deutschen Konsuls war zu ebener Erde aus Lehm erbaut und zeichnete sich durch eine Menge Winchestergewehre aus, die wie in einer Försterwohnung an den Wänden aufgehängt waren. Die übrigen wenigen Europäer, die Angestellten der deutschen Firmen, wohnten in einfachen Negerhütten: Unregelmäßig waren die Hütten der wenigen Schwarzen hingesetzt, wie es gerade passte. Kein Baum war gepflanzt, und der tiefe, lose Sand machte schon den Weg durch den Hof oder zu der nächsten Faktorei sehr beschwerlich. Verkehr mit dem Inneren gab es nicht. Die Europäer erwarteten in ihren Anwesen die Schwarzen, die aus der Umgegend, höchstens 1-2 Tagereisen weit, herkamen und in irdenen Töpfen oder selbstgeflochtenen Säcken Palmöl und Palmkerne zum Verkauf anbrachten. Der Handel war minimal. Vor allen Dingen wurde Schnaps verkauft, der zuerst, als die Regierung eine Zollstatistik anlegte, mehr als 30 Prozent aller europäischen importierten Waren betrug. Die Eingeborenen hatten damals eben fast noch keine Bedürfnisse . . .

Ende 1884 oder Anfang 85 folgte ich einer Einladung eines deutschen Kaufmanns, ihn in Dahomey zu besuchen. Ich machte auch dem Häuptling von Whydah, einem Mulatten, einen Besuch, und er lud uns zu einer großen Gesellschaft ein. Ich hätte mir niemals eine solche Üppigkeit unter den Negern träumen lassen. Die riesige Tafel, an der Weiße, Gelbe und Schwarze in bunter Reihe saßen, war mit Blumen und dem erlesensten Geschirr geschmückt. Der Tisch bog sich unter der Last der ausgesuchtesten europäischen und afrikanischen Speisen. Aus silbernen Karaffen wurden die verschiedensten Weine angeboten, und hinter jedem Stuhle stand eine schöne Sklavin zur Bedienung des Gastes. Die weiblichen Gäste waren über und über mit schwerem Goldschmuck behangen. Bis spät in die Nacht blieben wir bei den hübschen Tänzen der in bunte Kostüme mit gleichartigen Mützen gekleideten Sklavinnen beisammen, und unsere Wirte zeigten sich von der größten Liebenswürdigkeit. Am nächsten Tage ließ mich aber der Häuptling volle 12 Stunden auf meinen Pass warten, um mir seine Macht zu zeigen, da ich ohne einen solchen die durch Verhaue befestigte Grenze nicht passieren konnte. Der König hat mich später verschiedene Male eingeladen, ihn zu besuchen, da ich aber wusste, dass ich ganz in seiner Hand war und er früher schon einmal einen unserer Angestellten 6 Monate bei sich behalten hatte, habe ich es immer abgeschlagen. Das hinderte uns aber nicht, miteinander Geschäfte zu machen, die damals noch sehr lukrativ waren. In der Tat habe ich mit ihm das beste Geschäft gemacht, das mir jemals in meinem Leben gelungen ist. Der König sandte mir, als ich ihm geschrieben hatte, dass ich mich in Togo als Kaufmann niedergelassen hätte und gerne Geschäftsverbindungen mit ihm anknüpfen wolle, durch einen seiner Unterhändler 13 Elfenbeinzähne, die ich ihm für 1000 Mk. abkaufte. Ich verkaufte sie in Europa für 2000 Mk. und kaufte für den gleichen Betrag sehr große Korallen, die der König damals als eine Art Orden an seine Großen verteilte, und verkaufte sie ihm gleich wieder für 4000 Mk. Dafür war es aber auch Sitte, dass man dem König von Zeit zu Zeit ein Geschenk sandte, und ich wählte einmal eine große, sehr bunt bemalte Badewanne mit Duschapparat, der damals in Dahomey noch ganz unbekannt war, und der König soll sich herrlich darüber amüsiert haben, so dass er in seinen Mußestunden seine Weiber abduschte und sich an ihrem Gekreisch freute, wenn sie unverhofft den kalten Strahl auf den Kopf oder über den Rücken bekamen . . .
Die europäischen Kaufleute waren ganz in der Hand des Königs. Ohne Pass konnte keiner kommen oder gehen. Wenn der Häuptling Nachricht sandte, mussten die Weißen zu Hause bleiben und durften sich nicht zeigen. Wenn ein Europäer nicht sofort alle Wünsche des Königs erfüllte, wurde er boykottiert. Ein alter Mann setzte sich vor die Faktoreitür und erklärte, dass hier kein Geschäft gemacht werden dürfe, und kein Eingeborener oder Händler dachte daran, dies Gebot zu überschreiten. Steuern wurden ganz willkürlich eingetrieben, dafür entschädigte der König aber die Kaufleute, indem er ihnen enorme Quantitäten Palmöl und Palmkerne zukommen ließ, die ihm die Dorfschaften zu liefern hatten . . .

1886

JANUAR

28.1. Bismarck verteidigt im Reichstag die Ausweisung von Polen aus den preußischen Ostprovinzen.

FEBRUAR

3.2. Im Reichstag scheitert ein Antrag von Sozialdemokraten und Nationalliberalen, das Bierbrauen mit anderen Stoffen als Hopfen und Malz unter Strafe zu stellen.

MÄRZ

16.3. Der Reichstag beschließt ein Gesetz zum Bau eines Kanals zwischen Nord- und Ostsee. Der 99 km lange „Kaiser-Wilhelm-Kanal" zwischen Brunsbüttel an der Elbmündung und Holtenau an der Kieler Bucht wird zum größten bautechnischen Projekt des 19. Jahrhunderts.
27.3. Im Reichstag scheitert ein Gesetzentwurf zur Monopolisierung des Branntweinhandels, von dem sich die Regierung höhere Steuereinnahmen verspricht.

APRIL

6.4. Das Reich schließt mit Großbritannien ein Abkommen über die Abgrenzung der beiderseitigen Interessenssphären im Pazifik.
9.4. In Karlsruhe stirbt der Schriftsteller Viktor von Scheffel.
11.4. Der Streikerlass des preußischen Innenministers von Puttkamer beendet die Phase der „milden" Handhabung des Sozialistengesetzes. Im Fall von Arbeitsniederlegungen sollen Streikbrecher unter besonderen Schutz gestellt und Streikbewegungen, die gegen die „bestehende Staats- und Gesellschaftsordnung" gerichtet sind, massiv bekämpft werden.
16.4. Inkrafttreten des sog. Schutzgebietsgesetzes, das die Rechtsverhältnisse in den deutschen Kolonien regelt. Für „Eingeborene" ist danach eine andere Behandlung vorgesehen als für Deutsche.
20. 4. Das Sozialistengesetz wird um weitere zwei Jahre verlängert.
26.4. Der Reichstag verabschiedet ein Gesetz „betreffend die Beförderung deutscher Ansiedlung in den Provinzen Westpreußen und Posen", mit dem der Anteil der polnischen Bevölkerung verringert werden soll. Die Reichsregierung gibt die Maßnahme als Notwehr gegen „Verfremdung" aus.

MAI

10.5. Das vom preußischen Abgeordnetenhaus angenommene erste „Friedensgesetz" zur Beendigung des Kampfes mit der katholischen Kirche schafft das sog. Kulturexamen ab und gestattet die Wiedereinrichtung bischöflicher Konvikte.
23.5. Tod des Historikers Leopold von Ranke in Berlin.
16.5. Reichskanzler Bismarck vergrößert mit der Ernennung seines Sohnes Herbert zum Staatssekretär im Auswärtigen Amt seinen Einfluss auf die Außenpolitik des Reiches.

JUNI

10.6. König Ludwig II. von Bayern wird abgesetzt, nachdem ihn eine von der Regierung eingesetzte ärztliche Kommission für „seelengestört" erklärt hat. Er wird im Schloss Berg am Starnberger See einquartiert. Sein Onkel Luitpold übernimmt die Regentschaft.
13.6. Ludwig II. ertrinkt unter ungeklärten Umständen im Starnberger See. Da sein Bruder Otto wegen bereits früher festgestellter Geisteskrankheit für die Königsherrschaft nicht in Frage kommt, bleibt die Regentschaft bei Luitpold, der sie bis zu seinem Tod 1912 ausübt.
19.6. Die deutschen Kegelbrüder versammeln sich in Berlin zu ihrem ersten Kongress.

Max Liebermann, Mädchen aus Laaren.

JULI

21.7. In Ambach am Starnberger See stirbt der Maler Karl Theodor von Piloty.

AUGUST

4.8. Führende Sozialdemokraten, u.a. August Bebel, werden wegen „Geheimbundbildung" zu mehrmonatigen Haftstrafen verurteilt.
15.–17.8. In Frankfurt am Main wird der Evangelische Bund gegründet, der „ultramontane Übergriffe" (d.h. den Machtanspruch der katholischen Kirche) abwehren und die lähmenden Parteigegensätze innerhalb der evangelischen Kirche Deutschlands überwinden will. Zu den Gründern gehören die Professoren Beyschlag aus Halle und Nippold aus Jena.

SEPTEMBER

9.9. Vertreter führender europäischer Staaten, darunter Deutschland, unterzeichnen in Bern eine Konvention zum Schutz des Urheberrechts in Literatur und Kunst.
16.9. Die Marshall-Inseln werden zum deutschen Schutzgebiet erklärt.
28.9. In einem Brief an Bismarck warnt der Kronprinz Friedrich Wilhelm den Reichkanzler vor der „mangelnden Reife und Unerfahrenheit" seines Sohnes, des Prinzen Wilhelm. Dieser neige zur Überhebung, weswegen man ihn an die Außenpolitik vorerst möglichst gar nicht heranlassen sollte.

NOVEMBER

1.11. Die „Vossische Zeitung" veröffentlicht die ersten Bodenwetterkarten zur Wettervorhersage.
25.11. Bismarck bringt eine Heeresvorlage, das sog. dritte Septennat, im Reichstag ein. Es sieht eine Erhöhung der Friedensstärke

des Heeres um 10 Prozent auf ca. 470.000 Mann vor.

DEZEMBER

16.12. Verhängung des Kleinen Belagerungszustandes über Stadt und Landkreis Frankfurt am Main, Stadt- und Landkreis Hanau und Kreis Höchst.

30.12. Das Deutsche Reich und Portugal schließen einen Vertrag über die Grenzziehung am Kap Frio.

AUSSERDEM

Das Drei-Kaiser-Bündnis zwischen Deutschland, Österreich-Ungarn und Russland zerbricht wegen der Krise auf dem Balkan.

Carl Benz erhält das Patent auf seinen dreirädrigen „Motorwagen mit Gasbetrieb durch Benzin".

Gottlieb Daimler baut den ersten brauchbaren Motorwagen auf vier Rädern. Dabei wird der von Wilhelm Maybach konstruierte schnelllaufende Verbrennungsmotor in eine hölzerne Kutsche („Americaine") eingesetzt.

Als letztes der Prunkschlösser Ludwigs II. von Bayern wird Neuschwanstein bei Schwangau fertiggestellt.

Ernst Abbe entwickelt hochfarbfehlerfreie Objektive für Mikroskope („Apochromate"). Grundlage sind neue Glasschmelzen von Schott.

Karl Escherich entdeckt die Coli-Bakterien.

Samuel Fischer gründet in Berlin den Verlag S. Fischer, der sich vor allem der Pflege der naturalistischen Literatur (Henrik Ibsen, Émile Zola, Gerhart Hauptmann) widmet.

Alfred Lichtwark, führender Vertreter der Kunsterziehungsbewegung, wird Direktor der Hamburger Kunsthalle.

Werner von Siemens: „Das naturwissenschaftliche Zeitalter".

Sebastian Kneipp: „Meine Wasserkur" (Naturheilkunde).

Friedrich Nietzsche: „Jenseits von Gut und Böse".

Theodor Fontane: „Cécile" (Roman).

Max Liebermann: „Das Tischgebet" (Gemälde).

Ludwig II.

* Schloss Nymphenburg,
25. August 1845
† im Starnberger See,
13. Juni 1886

Bayerns „Märchenkönig", muss wirklich „schön" gewesen sein. Ein Zeitgenosse beschrieb ihn so: „Seine berückende Schönheit ließ Tausende von Frauenherzen mit magischer Kraft erglühen." Eine Dame, die am Königshof lebte, vertraute ihrem Tagebuch den Stoßseufzer an: „In zahllosen Mädchen- und Frauenköpfen, auch in meinem, spukt nur ein Gedanke herum: Wenn man ihm doch nur einmal alleine begegnen könnte!"

Aber leider war es offensichtlich so, dass Ludwig sich für Frauen nicht interessierte. Zwar verlobte sich der König mit der Prinzessin Sophie von Bayern (einer Schwester der legendären Sissi), doch schon nach wenigen Monaten wurde die Verlobung wieder gelöst, nachdem Ludwig seiner Braut gestanden hatte, sie sei ihm zwar von allen lebenden Frauen die teuerste, aber der Gott seines Lebens bliebe für ihn doch der ältere Freund. Dieser Freund war der von Ludwig kritiklos verehrte Komponist Richard Wagner, den er sofort nach seiner Krönung nach München kommen ließ und hier fürstlich entlohnte. Bereits 1865 wurde am bayerischen Nationaltheater „Tristan und Isolde" welturaufgeführt.

Doch als die Zuwendungen an Wagner jedes vernünftige Maß überschritten, konnte dies den verantwortlichen Ministern nicht gleichgültig sein. Energisch setzten sie die Entfernung des Komponisten durch. Das war der Anfang der persönlichen Tragödie des Königs, der bis in seine letzten Tage, obwohl für eine Zwischenzeit von Wagner getrennt, der Schutzherr des Komponisten und dessen Lebenswerkes blieb. Neben die Welt Wagners trat nun eine wirklichkeitsfremde Liebe für das französische 18. Jahrhundert. 1868 begann auf dieser Linie das überhastete Bauen an mehreren Prunkschlössern im Alpenvorland. Immer neue Millionen verlangte Ludwig von der Kabinettskasse. Dem Ministerium blieb zuletzt nichts anderes übrig, als die Entmündigung des Königs einzuleiten.

Am 13. Juni 1886 unternahm Ludwig in dem ihm als Zwangsaufenthalt zugewiesenen Schloss Berg am Starnberger See mit seinem Leibarzt Dr. v. Gudden einen Abendspaziergang. Als Gudden nicht wie erwartet um acht Uhr zurückkam, wurde sein Assistent Dr. Müller unruhig und ließ den Park durchsuchen. Um 10.30 Uhr wurden am Ufer Ludwigs Hut mit der Diamantenagraffe, sein Mantel und sein Rock gefunden, dann Guddens Hut und Regenschirm.

Dr. Müller berichtet: „Nun lief ich mit Huber (dem Schlossverwalter) an den See, wir weckten einen Fischer, bestiegen ein Boot und fuhren um elf Uhr ab gegen Leoni zu. Wir waren noch nicht lange auf dem Wasser, da stieß Huber einen Schrei aus und sprang ins Wasser, das ihm bis an die Brust ging, er umklammerte einen Körper, der auf dem Wasser daherschwamm, es war der König in Hemdsärmeln, ein paar Schritte hinterher kam ein zweiter Körper – Gudden. Ich zog ihn ins Boot, und dann ruderte der Fischer gegen das Ufer zu."

Was an jenem Abend wirklich geschah, wird, da es keine Zeugen gab, ein ewiges Geheimnis bleiben.

Ludwig II.

Jungfernfahrt des ersten „Benz“

Ohne Carl Benz wäre das Zeitalter des Automobils nicht so schnell und schon gar nicht so sicher auf Touren gekommen. Obwohl schon vor seinem 1885 patentierten „Motorwagen“ andernorts, in Frankreich zum Beispiel, kuriose Vehikel mit Hilfe von „Wärmemaschinen“ von der Stelle kamen, gilt das Benz-Gefährt als erstes funktionierendes „Auto“ der Geschichte.

Benz` Großvater war noch Dorfschmiedemeister gewesen, sein Vater hatte als Lokomotivführer den ersten Eisenbahnzug auf der Strecke Karlsruhe- Heidelberg in Bewegung gesetzt. Der Sohn wollte den Zug der Zeit nicht verpassen, besuchte das Polytechnikum und erlernte den Lokomotivbau in den Werkstätten der Maschinenbaugesellschaft Karlsruhe, deren Leitung später ein gewisser Gottlieb Daimler übernahm.

Benz` erstes Fortbewegungsmittel war ein Fahrrad, Modell „Drais“, das er sich 1867 kaufte – noch ohne Gummireifen. Mit einigen Ersparnissen gründete er 1871 in Mannheim eine Gasmotorenfabrik, in der er, um das Patent von Otto über Viertaktmotoren zu umgehen, den Zweitakter entwickelte.

Nach unermüdlichen Arbeiten und Experimenten brachte Carl Benz seinen neuen Motor am Sylvesterabend 1879 endlich zum Laufen. Jetzt konnte der inzwischen Fünfunddreißigjährige zwar den Interessenten eine betriebsfähige Maschine vorführen, doch fehlten ihm die Mittel zu deren geregelter Produktion. Es fand sich ein Geldgeber. Ab Ende 1881 baute die „Mannheimer Gasmotorenfabrik“ den ortsfesten „Zweitaktmotor System Benz“. Er bewährte und verkaufte sich gut. Doch der stets eigenwillige Konstrukteur überwarf sich bald mit neu hinzugekommenen Teilhabern und schied schon Anfang 1883 aus der Firma aus.

Freilich war Carl Benz inzwischen so bekannt und angesehen, dass sich alsbald neue Geldgeber von selber einstellten. Die Kaufleute M. Rose und F. W. Eßlinger gründeten mit dem Ingenieur Carl Benz am 1. Oktober 1883 die neue Firma „Benz & Cie., Rheinische Gasmotorenfabrik in Mannheim“. Von jetzt an ging es rasch aufwärts. Die Fertigung und der Verkauf der stationären Motoren – bereits innerhalb der ersten vier Monate wurden über 800 Stück ausgeliefert – sicherten ein allseits zufriedenstellendes Geschäft.

Mehr und mehr beschäftigte sich der ideenreiche Erfinder nun mit dem Gedanken, einen motorgetriebenen, selbstfahrenden Wagen zu schaffen. An sich war das nichts völlig Neues, denn vor allem in Frankreich und England gab es längst die verschiedensten Dampfautomobile.

Da diese aber zu schwer und in vieler Hinsicht unzweckmäßig waren, gelangte Carl Benz zu der Überzeugung, dass nur ein sehr leichtes Fahrzeug Aussicht habe, in großer Zahl Verbreitung zu finden. Ursprünglich hatte er an einen der vierrädrigen Pferdedroschke ähnlichen Wagen gedacht. Nachdem ihm aber bei seinen theoretischen Überlegungen keine zufriedenstellende Konstruktion für die Lenkung einfiel, entschloss er sich zu einem Dreirad-Fahrzeug. Dabei genügte es ihm keineswegs, lediglich eines der vorhandenen Dreirad-Velocipeds mit einem Motor auszurüsten, weil er danach strebte, Fahrgestell und Antrieb zu einer organischen Einheit zu verbinden.

1885 verwirklichte Carl Benz seine inzwischen schon ganz konkreten Vorstellungen. Innerhalb erstaunlich kurzer Zeit entstand sein erster Dreirad-Motorwagen. Dieser besaß eine Sitzbank für zwei Personen, ansonsten aber fast keinen Aufbau. Die geniale Besonderheit des völlig neuen Fahrzeugs lag darin, dass der Motor einen organischen Bestandteil des Wagens bildete und nicht etwa erst nachträglich in ein vorhandenes Gestell installiert worden war. Wichtigste Merkmale des Benz Dreirads waren der kleine, hinten eingebaute, wassergekühlte und (für damalige Begriffe) schnelllaufende Viertakt-Verbrennungsmotor, die elektrische Hochspannungszündung, das Differential und der Stahlrohrrahmen. Bereits im Oktober 1885 fanden die ersten Fahrversuche auf dem Fabrikhof statt und am 29.1.1886 erhielt Carl Benz das Patent auf seinen Motorwagen. Allerdings dauerte es dann noch bis zum 3. Juli 1886, einem Samstag, an dem Carl Benz bei Tagesanbruch erstmals auf einer öffentlichen Straße fuhr.

Leopold von Ranke

* Wiehe bei Halle,
21. Dezember 1795
† Berlin, 23. Mai 1886

Ranke, der vom Besonderen ausging und dieses als Teil der Universalgeschichte in allgemeine Zusammenhänge stellte, lehnte eine Geschichtskonzeption, die eine Epoche nur als Durchgangsstation zu einer nächsten, höher entwickel-

Patent-Motor-Wagen von Carl Benz., 1886.

ten begriff, radikal ab. Er prägte die Vorstellung, dass jede Epoche „unmittelbar zu Gott“ sei, und verlangte vom Historiker eine unparteiische, wertfreie Beschreibung. So hieß es in der Vorrede zu seinem ersten, 1824 erschienenen Werk Geschichte der romanischen und germanischen Völker 1494 bis 1514: „Man hat der Historie das Amt, die Vergangenheit zu richten, die Mitwelt zum Nutzen zukünftiger Jahre zu belehren, beigemessen: So hoher Ämter unterwindet sich gegenwärtiger Versuch nicht: Er will bloß zeigen, wie es eigentlich gewesen.“ Dieses „eigentlich“ hat Ranke oft den Vorwurf eingetragen, es gehe ihm nur um das rein Faktische. Tatsächlich jedoch meint er damit, seinem geschichtsphilosophischen Verständnis entsprechend, die Offenbarung der göttlichen Idee in der Geschichte. Vor allem aber bestreitet er seinen Historikerkollegen das Recht, sich zum Deuter und Richter aufzuschwingen.

Nicht zuletzt wegen dieser, gegen christliche Geschichtstheologie und idealistische Geschichtsspekulation eines Fichte oder Hegel gerichteten Konzeption wurde Rankes Erstwerk trotz einiger Schwächen sofort als epochemachend erkannt. Weitere herausragende, weil neuartige Merkmale waren die Darlegung seiner Quellenforschung und -kritik, die die moderne Geschichtswissenschaft nicht nur in Deutschland begründete, sowie seine Auffassung von der Einheit und gemeinschaftlichen Entwicklung der germanischen und romanischen Völker, die zunehmend im Gegensatz zur nationalistischen Geschichtsschreibung seiner Zeit stehen sollte. Überhaupt hat Ranke später, wenn er sich in seinen Werken mit den europäischen Staaten und Nationen befasste, das Hauptaugenmerk auf jene Zeitabschnitte gelenkt, in denen sich die Mächte über das rein Nationale hinaus zu universaler Bedeutung erhoben.

Schon im Frühjahr 1825 erging an Ranke der Ruf an die Universität Berlin, wo er im Laufe des nächsten Jahrzehnts zum einflussreichsten Historiker Deutschlands wurde. Nach umfassenden Forschungen erschien 1827 das zweite Werk über Fürsten und Völker von Südeuropa im 16. und 17. Jahrhundert, das auf den umfangreichen und erstmals ausgewerteten venezianischen Relationen (Gesandtschaftsberichten) basierte. Belohnung für dieses Buch, in dem vor allem die „Haupt- und Staatsaktionen“ durch glänzende Porträts („Männer machen Geschichte“) herausgearbeitet wurden, war ein vierjähriger Forschungsaufenthalt in Wien und Italien.

Nach Berlin zurückgekehrt, widmete sich Ranke unter dem Eindruck der Julirevolutionen von 1830 der politischen Schriftstellerei und gab die konservative Historisch-Politische Zeitschrift heraus, in der er den „Unterschied zwischen gesetzmäßigem Fortschritt und ungeduldig zerstörender Neuerung“ darzulegen suchte. In mehreren Beiträgen wie auch in Die Großen Mächte (1833) und Politisches Gespräch (1836) betonte er seine Auffassung, dass es keinen idealen Staat und keine absoluten Verfassungen, sondern immer nur historische, individuelle Modifikationen und Tendenzen geben könne.

In den Hauptwerken der Reifezeit geriet der universale Aspekt, das geschichtliche „Prinzip“ zunehmend in den Mittelpunkt von Rankes Betrachtungsweise. Nach intensiven Studien erschien 1834-1836 Die Römischen Päpste, ihre Kirche und ihr Staat im 16. und 17. Jahrhundert, das von vielen als Meisterwerk Rankes betrachtet wurde und wird. Als Pendant folgte drei Jahre später die Deutsche Geschichte im Zeitalter der Reformation (1839-1847). Wurde das Papsttum in seiner universalen Bedeutung geschildert, so stellte Ranke in der Reformationsgeschichte als geschichtliches Prinzip gerade die Abwehr gegen jedwede Universalmacht heraus. 1847/48, am Vorabend der Deutschen Revolution, folgten die Neun Bücher Preußischer Geschichte. Trotz bedenklicher Einseitigkeiten – es wird fast nur politische Geschichte abgehandelt – und Verkürzungen öffnete das Werk den Blick auf das europäische Geltung erlangende preußisch-deutsche protestantische Prinzip im. 18. Jahrhundert. Mit seiner Französischen Geschichte (1852-1861), die in Frankreich als Glanzleistung gefeiert wurde, .und seiner »Englischen Geschichte« (1859-1867) griff

Leopold von Ranke.

Ranke zurück auf seine Idee von der Einheit der romanisch-germanischen Kulturentwicklung. Als universalhistorisch bedeutsamste Epochen sah er für Frankreich das absolute Königtum Ludwigs XIV. und für England die Zeit der „Glorious Revolution“ mit der Grundlegung des Parlamentarismus und dem Gedanken des europäischen Gleichgewichts an.

Hatte Ranke bereits im Verlauf der 48er Revolution soziale Veränderungen befürchtet, einen konstitutionellen Monarchismus jedoch befürwortet, so begrüßte er den Kriegsausgang 1870/71 als den Sieg des konservativen über das revolutionäre Europa, ohne in den orthodoxen protestantisch-konservativen Nationalismus eines Treitschke zu verfallen. So nahm er in seinen Altersjahren auch keine preußische oder deutsche Nationalgeschichte oder Reichsgründungsdarstellung in Angriff, sondern eine Weltgeschichte. 1879/80 begann er, bei zunehmender Erblindung, mit den Kulturen Ägyptens und Mittelasiens. Die Weltgeschichte blieb fragmentarisch, sie endet 1453 mit der Eroberung Konstantinopels durch die Türken. In seinem letzten Werk formulierte Ranke noch einmal seine These, dass ein leitender Wille in der Geschichte nicht nachweisbar und alle Epochen vor Gott gleich seien. Ethische Grundsätze könnten sich nicht weiterentwickeln, sondern nur ausdehnen, da es nichts Höheres gebe als das Christentum. Auch die Geschichtsschreibung könne die verborgenen Gesetze und das göttliche Walten nur unvollkommen aufspüren. Im einundneunzigsten Lebensjahr starb Leopold von Ranke 1886 in Berlin, bewundert, verehrt, geadelt, mit Auszeichnungen und Ehrungen überhäuft.

1887

JANUAR

11.1. Bismarck begründet in der großen Septennatsrede vor dem Reichstag die geplante Heeresvergrößerung mit der Gefahr einer französischen Revanche für die Niederlage von 1870/71.

14.1. Da der Reichstag die Heeresvorlage ablehnt, löst Bismarck das Parlament auf.

15.1. Eine Bauordnung für Berlin legt Mindestgrößen für Hinterhöfe von Mietshäusern fest und beschränkt die bebaubaren Grundstücksflächen. Damit soll die Spekulation eingedämmt werden, die in der Reichshauptstadt zu ungesunden Wohnverhältnissen für die ärmere Bevölkerung geführt hat.

Januar. Beginn der deutsch-russischen Verhandlungen zum Rückversicherungsvertrag, der den Drei-Kaiser-Vertrag von 1881 ersetzen soll.

FEBRUAR

20.2. Der Dreibund zwischen dem Deutschen Reich, Österreich-Ungarn und Italien wird um fünf Jahre verlängert.

21.2. Bei den vorgezogenen Reichstagswahlen siegt das sog. Kartell, ein Bündnis von Nationalliberalen, Deutschkonservativen und Deutscher Reichspartei, die alle Bismarcks Heeresvorlage unterstützen. Mit 77,5 Prozent erreicht die Wahlbeteiligung einen Rekord.

MÄRZ

11.3. Der neugewählte Reichstag nimmt die Heeresvorlage an.

28.3. Gründung der Physikalisch-Technischen Reichsanstalt als oberste Behörde für Maße und Gewichte.

APRIL

29.4. Das zweite sog. Friedensgesetz hebt die Beschränkung der geistlichen Gerichte auf und lässt alle Orden mit Ausnahme der Jesuiten wieder zu.

30.4. Mit der von Bismarck angeordneten Freilassung des französischen Zollkommissars Guillaume Schnaebelé, der wegen Spionageverdachts nach Deutschland verschleppt worden war, endet die „Schnaebelé-Affäre", die das deutsch-französische Verhältnis belastet hatte.

MAI

23.5. Papst Leo XIII. erklärt in einem öffentlichen Konsistorium den Kulturkampf zwischen dem preußischen Staat und der katholischen Kirche für beendet.

23.5. Die Deutsche Edison-Gesellschaft in Berlin wird zur Allgemeinen Electricitäts-Gesellschaft (AEG) umgewandelt.

JUNI

3.6. Grundsteinlegung zum Kaiser-Wilhelm-Kanal, der Nord- und Ostsee verbinden soll.

5.6. Tod des Malers Hans von Marées in Rom.

18.6. Abschluss des geheimen Rückversicherungsvertrages zwischen dem Deutschen Reich und Russland. Der Vertrag verpflichtet die Partner zur Neutralität, falls einer von ihnen in einen Krieg mit anderen Mächten verwickelt wird. Im Fall eines deutsch-französischen Krieges soll Russland allerdings nur dann neutral bleiben müssen, wenn Deutschland unprovoziert angegriffen wird. In einem „ganz geheimen" Zusatzprotokoll erklärt sich Deutschland bereit, die auf die Öffnung des Schwarzen Meeres gerichtete russische Politik wohlwollend zu unterstützen.

22.6. Die Erfolgsschriftstellerin Eugenie Marlitt stirbt in Arnstadt.

24.6. Das vom Reichstag verabschiedete Branntweinsteuergesetz soll dem Staat höhere Steuereinnahmen verschaffen und gleichzeitig eine Erfassung der Produktion von hochprozentigen Getränken ermöglichen.

JULI

14.7. In Essen stirbt Alfred Krupp, der als „Kanonenkönig" bekannte Industrielle.

Max Liebermann, Flachsscheuer in Laven, 1887 (Ausschnitt).

SEPTEMBER

14.9. Tod des Schriftstellers und Philosophen Friedrich Theodor Vischer in Gmunden.

OKTOBER

2.–6.10. Illegaler Parteitag der Sozialdemokraten bei Sankt Gallen in der Schweiz. Die Partei setzt sich von anarchistischen Bestrebungen ab.

7.10. Tod des Physikers Gustav Robert Kirchhoff in Berlin.

NOVEMBER

10.11. Die Sperrung des deutschen Kapitalmarkts für russische Anleihen führt zur Verschlechterung der deutsch-russischen Beziehungen.

18.11. Bismarck erläutert dem russischen Zaren in einer persönlichen Unterredung in Berlin die Hintergründe einer diplomatischen Intrige: Mit gefälschten Briefen hatten französische Kreise eine Beteiligung Deutschlands am Thronwechsel in Bulgarien zu konstruieren versucht.

29.11. Prinz Wilhelm, der spätere Kaiser Wilhelm II., erläutert Bismarck in einem Brief, wie er als Thronerbe nach dem in Bälde zu erwartenden Hinscheiden seines Vaters und Großvaters mit den Bundesfürsten umzugehen gedenke: Nach dem Motto „Die alten Onkels sollen dem jungen Neffen keine Knüppel zwischen die Beine stecken" will er die Fürsten verpflichten, die Erbfolge des Hohenzollernhauses als Tatsache anzuerkennen.

30.11. Der deutsche Generalstab entwirft in einer Denkschrift Pläne für einen Präventivkrieg gegen Russland.

DEZEMBER

9.12. Die Regierung legt dem Reichstag einen Gesetzentwurf vor, der die bestehende Wehrverfassung dahingehend abändert, dass die Dienstpflicht bis zum 39. Lebensjahr verlängert wird. Sechs der bisher dem Landsturm angehörigen Jahrgänge sollen künftig zur Landwehr gezogen werden.

19.12. Zusammenschluss der Vertreter des deutschen Kolonialgedankens zur Deutschen Kolonialgesellschaft unter Vorsitz des Fürsten Hermann zu Hohenlohe-Langenburg. Wichtigstes Publikationsorgan der Gesellschaft wird die „Deutsche Kolonialzeitung".

AUSSERDEM

Für die Westgrenze des Reiches wird eine strenge Passordnung erlassen, um französische „Agitatoren" fernzuhalten.
Für Kunstbutter wird die Bezeichnung „Margarine" obligatorisch.
Emil Berliner erhält ein Patent auf das von ihm erfundene Grammophon. Die Schallplatte beginnt ihren Siegeszug.
Elektrische Bahnen erhalten den Gleitbügel als Stromabnehmer.
Heinrich Hertz weist elektromagnetische Wellen nach.
Die neugegründete Jugendzeitschrift „Der gute Kamerad" beginnt mit der Veröffentlichung von Karl Mays Erzählungen aus dem Wilden Westen.
Helene Lange erhebt in ihrer Schrift „Die höhere Mädchenschule und ihre Bestimmung" die Forderung nach Gleichberechtigung der Frauen im wissenschaftlichen Unterricht.
Der Verleger Leopold Ullstein legt mit der Herausgabe der „Berliner Abendpost" den Grund für das Ullstein-Verlagsimperium.
In Berlin wird die Varietébühne „Wintergarten" eröffnet.
Johann Jakob Bachofen: „Mutterrecht und Naturreligion" (Familienverfassung des Matriarchats).
Friedrich Nietzsche: „Zur Genealogie der Moral".
Marie von Ebner-Eschenbach: „Das Gemeindekind" (Roman).
Hermann Sudermann: „Frau Sorge" (Roman).
Theodor Fontane: „Irrungen, Wirrungen" (Novelle).
Wilhelm Busch: „Humoristischer Hausschatz" (Sammlung von Bildergeschichten).
Max Klinger: „Das Urteil des Paris" (Gemälde).
Max Liebermann: „Flachsscheuer in Laren" (Gemälde).
Gustav Mahler: 2. Symphonie c-moll.

Alfred Krupp

* Essen, 26. April 1812
† Essen, 14. Juli 1887

„Von meinem vierzehnten Jahre an hatte ich die Sorgen eines Familienvaters und die Arbeit bei Tage, des Nachts Grübeln, wie die Schwierigkeiten zu überwinden wären. Bei schwerer Arbeit, oft Nächte hindurch, lebte ich oft bloß von Kartoffeln, Kaffee, Butter und Brot, ohne Fleisch, mit dem Ernste eines bedrängten Familienvaters . . ."
Alfred Krupp, der diese Sätze über Entbehrung und Arbeit schrieb, schuf eines der großen Vermögen seiner Zeit und galt seinen Zeitgenossen als der Erfolgsmensch schlechthin. Sein Vater, Friedrich Krupp (1787-1826), hatte 1811 in Essen eine „Fabrik zur Verfertigung des englischen Gussstahls und aller daraus resultierenden Fabrikate" gegründet, doch der Bau des Werks und die jahrelangen Versuche, Gussstahl von der Güte des englischen herzustellen, hatten ihn physisch und finanziell erschöpft. Als Friedrich Krupp schon 1826 im Alter von 39 Jahren starb, lag die Produktion fast völlig darnieder. Seinem mit 13 Jahren ältesten Sohn hinterließ der Fabrikgründer nicht viel mehr als 10 000 Taler Schulden und seinen Unternehmungsgeist.
In den folgenden Jahren konnte die zunächst von der Krupp-Witwe Bertha geleitete Gussstahlfabrik ihren Umsatz mit der Fertigung von Werkzeugstahl, Feilen und Walzen allmählich steigern. Als bahnbrechende Neuerung ging man zu Güssen aus mehreren Tiegeln über. Dann wurde auf Anregung preußischer Offiziere im Juli 1847 ein erstes Versuchsgeschütz gegossen, was Krupp nun auf das ganz große Geschäft hoffen ließ. Die Umrüstung der Heere auf Gussstahlkanonen führte ebenso wie die allseitige Aufrüstung in Europa dazu, dass sich der Produktionsschwerpunkt der Firma mehr und mehr auf Geschütze und Munition verlagerte. Das neue Bessemer-Verfahren, mit dem in derselben Zeit die siebzigfache Stahlmenge hergestellt werden konnte, leitete bei Krupp 1862 die Massenproduktion ein. Rüstungsaufträge aus dem Ausland und Gussstahlreifen für Eisenbahnen machten Alfred Krupp zum führenden Industriellen Deutschlands. Konzern und preußisch-autoritärer Staat waren seit den siebziger Jahren des vorigen Jahrhunderts aufeinander angewiesen: Berlin sorgte für Kredite und Essen für Waffen.

Alfred Krupp.

Als seine bedeutendste und einträglichste Erfindung hat Alfred Krupp den „Radreifen ohne Naht" bezeichnet, mit dem die Züge die bis dahin mögliche 40 km/h-Geschwindigkeit überschreiten konnten; in Erinnerung daran bestimmte er später drei übereinanderliegende Radreifen als Firmensymbol, oft gedeutet als Versinnbildlichung von „Krupp-Familie", „Krupp-Werk" und „Krupp-Arbeiter". Als das auf acht Jahre erteilte Patent 1861 auslief und das preußische Handelsministerium die gesetzlich nicht vorgesehene Patentverlängerung ablehnte und bereits auf weniger hohe, „nicht mehr den Markt belastende Krupp-Preise" wartete, verstand Krupp die Wichtigkeit seiner Fabrik für immer mögliche Kriegszeiten so geschickt auszuspielen, dass Prinzregent Wilhelm eine weitere gewinnträchtige Patentverlängerung über den Kopf des Handelsministers hinweg verfügte, und zwar „in Anerkennung der patriotischen Gesinnungen, welche der Kommerzienrat Alfred Krupp namentlich durch Zurückweisung der ihm vom Auslande her angetragenen, ihm ansehnlichen Gewinn versprechenden Bestellungen von Geschützen an den Tag gelegt hat".
Im Jahr seines Todes verfügte der „Kanonenkönig", dessen Erbschaft einst aus sieben Arbeitern und zehntausend Talern Schulden bestanden hatte, über „21 000 Köpfe an Untergebenen". Wenn er die gleichfalls von ihm abhängigen Frauen und Kinder mitzählte, waren es weit mehr: „65 000 beträgt die Seelenzahl der Familien meines Verbandes." Er lenkte seine große „Familie" wie ein Patriarch; die Sozialwerke, die er schuf – Krankenkassen, Wohnsiedlungen mit Schulen und Krankenhäusern –, waren vorbildlich, wenn auch nicht völlig zweckfrei, dienten sie doch auch der für die Firma lebensnotwendigen Sicherung einer Stammarbeiterschaft. Als Krönung von Alfred Krupps Aufstieg gilt sein gewaltiges, schlossähnliches Wohnhaus mit eigenem Bahnhof – seine „Villa Hügel", die bei Essen das Ruhrtal beherrscht. Das Bauwerk symbolisiert eine Stellung, die gegen Ende seines Lebens so einzigartig war, dass er sogar die Erhebung in den Adelsstand ablehnte, denn „von" gebe es viele, aber „Krupp" nur einen. Einsam, von reichlich Personal umsorgt, verbrachte er „auf dem Hügel" seine letzten Lebensjahre, mit der Familie und der „Prokura" nur noch schriftlich durch Zettel und Boten verkehrend. Er starb am 14. Juli 1887 in den Armen eines Dieners. Der Alleinerbe Friedrich Alfred Krupp und der Vertreter des Kaisers gaben ihm Seite an Seite das letzte Geleit.

Der Orient-Dreibund

Intensiv förderte Reichskanzler Bismarck eine Verständigung der Mächte, die ihre Interessen durch ein Vordringen Russlands zu Lasten der Türkei gefährdet sahen. Kurz zuvor hatte er einen geheimen „Rückversicherungsvertrag" mit Russland geschlossen, der den Zaren zum Vorgehen gegen die Türkei geradezu ermutigte. Mit dem Orient-Dreibund vom 12. Dezember 1887 zwischen Italien, England und Österreich, dem er selbst natürlich nicht beitreten konnte, hatte Bismarck den nötigen Riegel vor die russische Begehrlichkeit geschoben. Im Vertragstext einigten sich die Partner u.a. auf folgende Punkte:

1. Die Aufrechterhaltung des Friedens unter Ausschluss jeder Angriffspolitik.

2. Die Aufrechterhaltung des Status quo im Orient, wie er durch die Verträge geschaffen ist, unter Ausschluss aller Kompensationspolitik.

4. Die Unabhängigkeit der Türkei, als Hüterin wichtiger europäischer Interessen; das Kalifat, die Freiheit der Meerengen usw. sollen von jedem vorwiegenden fremden Einflusse unabhängig sein.

5. Infolgedessen kann die Türkei ihre Rechte über Bulgarien keiner anderen Macht abtreten oder übertragen, auch nicht eine fremde Verwaltung dort schaffen helfen oder Zwangsmaßnahmen hinnehmen, die zu diesem letzteren Zwecke, sei es unter der Form einer militärischen Besetzung oder durch Entsendung von Freiwilligen, unternommen werden. ...

7. Im Falle eines Widerstandes der Türkei gegenüber solchen unberechtigten Unternehmungen, wie sie sich in Artikel 5 aufgezeigt finden, werden die drei Mächte sich unverzüglich über die Maßnahmen einigen, die ergriffen werden müssen, um die Unabhängigkeit des ottomanischen Reiches und die Unversehrtheit seines Gebietes, so wie sie in den früheren Verträgen gesichert sind, sicherzustellen.

8. Wenn indessen die Haltung der Türkei nach der Meinung der drei Mächte den Charakter der Teilnehmer oder der Duldung gegenüber einer derartigen unberechtigten Unternehmung annehmen sollte, so werden die drei Mächte sich als durch die bestehenden Verträge berechtigt ansehen: entweder gemeinsam oder getrennt zur vorübergehenden Besetzung solcher Punkte des ottomanischen Gebietes mit ihren Land- oder Seestreitkräften zu schreiten, deren Besetzung sie zu dem Zwecke, die durch die früheren Verträge festgesetzten Ziele zu sichern, gemeinsam als notwendig anerkennen.

9. Die Tatsache und der Inhalt des gegenwärtigen Abkommens zwischen den drei Mächten soll weder der Türkei noch irgendwelchen anderen Mächten, die nicht bereits eingeweiht sind, ohne die vorherige Zustimmung aller obengenannten und jeder einzelnen der drei Mächte mitgeteilt werden.

Robert Kirchhoff

Am 17. Oktober 1887 stirbt der deutsche Physiker Robert Kirchhoff in Berlin. Kirchhoff wurde am 12. März 1824 im preußischen Königsberg als Sohn eines Justizrates geboren. Nach dem erfolgreichen Besuch des Kneiphöfischen Gymnasiums studierte er an der Hochschule seiner Vaterstadt Mathematik und Naturwissenschaften. Mit einundzwanzig Jahren veröffentlichte er seine erste wissenschaftliche Arbeit und erhielt nach später erfolgter Promotion als seltene Auszeichnung ein Stipendium für eine wissenschaftliche Reise nach Paris. Diese konnte jedoch wegen der dort ausgebrochenen revolutionären Bewegung nicht ausgeführt werden.

1848 habilitierte sich Kirchhoff für Physik in Berlin und folgte zwei Jahre später einem Ruf als außerordentlicher Professor nach Breslau. Hier lernte er den Chemiker Robert Bunsen kennen, mit dem er dauernde Freundschaft schloss und mit dessen Namen später der seine wissenschaftlich unzertrennlich werden sollte. 1854 erhielt Kirchhoff eine Berufung als ordentlicher Professor an die Universität Heidelberg. In seinem neuen Wirkungskreis verstand er es als Vertreter der theoretischen und experimentellen Physik, die Zuhörer in hohem Grad zu fesseln, da sein Vortrag klar und sorgsam durchdacht war und er in auffallend kurzer Zeit ungewöhnlich viel Wissenswertes zu bringen wusste.

Da Kirchhoff bei seiner schwächlichen Konstitution wiederholt von Krankheiten heimgesucht wurde, musste er öfters die Lehrtätigkeit einstellen. Als die Vorbereitungen für die Experimentalvorlesungen ihm Mühe machten, folgte er 1875 einem Ruf nach Berlin als Professor der theoretischen Physik. Bald darauf wurde er zum Mitglied der Akademie ernannt. Seine frühen Arbeiten befassten sich mit physikalischen Fragen aus allen Gebieten in vorwiegend mathematischer Bearbeitung. Von seinen Leistungen auf dem Gebiet der Elektrizität ist ganz besonders das nach ihm benannte Gesetz von der Stromverzweigung hervorzuheben. Durch dieses Gesetz lernte man erst die volle Entfaltung der durch Siemens' dynamisches Prinzip gewonnenen elektrischen Kraft kennen und erhielt die Möglichkeit, von einer elektrischen Zentralstation aus über mannigfachste Verzweigungen Bogenlampen, Glühlampen und Kraftmaschinen in Straßen oder in Häusern zu speisen.

Robert Kirchhoff.

Kirchhoff leistete außerdem in Gemeinschaft mit Robert Bunsen eine wissenschaftliche Großtat, die der gesamten Naturwissenschaft zugutekommen sollte: die Entdeckung der Spektralanalyse. Nach seiner Abhandlung über die Fraunhoferschen Linien kam er 1860 zur Formulierung des Gesetzes: „Das Verhältnis zwischen dem Emissionsvermögen und dem Absorptionsvermögen einer und derselben Strahlengattung ist für alle Körper bei derselben Temperatur dasselbe." Dieses Gesetz erklärt die Beziehung zwischen den dunklen Linien des Sonnenspektrums und den glänzenden Farbenlinien der tellurischen Elemente. Mit Hilfe des Bunsen'schen Spektroskops gelang es bald, chemische Analysen der Gestirne zu machen und eine Anzahl neuer Elemente wie Cäsium, Rubidium, Thallium, Indium und Gallium zu entdecken.

Karikatur des „Kladderadatsch" mit verschiedenen Stufen des Verhältnisses von Bismarck zu Frankreich: 1872 betrachtet er es mit Wohlwollen, 1882 mit Vorsicht, 1887 mit Misstrauen – und dann wieder mit Kanonen?

Deutsch-russischer Rückversicherungsvertrag

Die österreichisch-russischen Spannungen auf dem Balkan und in der Meerengenfrage erreichten im Frühjahr 1887 einen neuen Höhepunkt. An eine Erneuerung des Drei-Kaiser-Bündnisses von 1881 zwischen Wien, Berlin und Petersburg war nicht zu denken – im Gegenteil: Russland suchte nach Anlehnung an Frankreich, was eine gefährliche Einkreisung Deutschlands bedeutet hätte.

Reichskanzler Bismarck kam dem am 18. Juni 1887 mit dem „Rückversicherungsvertrag" genannten geheimen Neutralitätsabkommen mit Russland zuvor. In einem „ganz geheimen" Zusatzprotokoll versprach er Förderung der russischen Balkaninteressen. Dass er gleichzeitig an einer Eindämmung des russischen Vordringens durch ein Bündnis zwischen Österreich, England und Italien (sog. Orient-Dreibund) arbeitete, ahnten die Russen nicht. In ihrer Vereinbarung mit dem Reich hieß es:

Die Kaiserlichen Höfe von Deutschland und Russland, von dem gleichen Wunsche beseelt, den allgemeinen Frieden durch eine Verständigung zu festigen, die die Verteidigungsstellung der beiderseitigen Staaten sichern soll, haben beschlossen, im Hinblick darauf, dass der Geheimvertrag und das Geheimprotokoll, die von Deutschland, Russland und Österreich-Ungarn im Jahre 1881 unterzeichnet und im Jahre 1884 erneuert wurden, am 27. Juni 1887 ablaufen, das bestehende Einvernehmen durch ein Sonderabkommen zu bekräftigen . . .

Artikel I: Für den Fall, dass eine der hohen vertragschließenden Parteien sich mit einer dritten Großmacht im Kriege befinden sollte, wird die andere eine wohlwollende Neutralität bewahren und ihre Sorge darauf richten, den Streit örtlich zu begrenzen. Diese Bestimmung soll auf einen Krieg gegen Österreich oder Frankreich keine Anwendung finden, falls dieser Krieg durch einen Angriff einer der hohen vertragschließenden Parteien gegen eine dieser beiden Mächte hervorgerufen ist.

Artikel II: Deutschland erkennt die geschichtlich erworbenen Rechte Russlands auf der Balkanhalbinsel an und insbesondere die Rechtmäßigkeit seines vorwiegenden und entscheidenden Einflusses in Bulgarien und Ostrumelien. Die beiden Höfe verpflichten sich, keine Änderung des territorialen Status quo der genannten Halbinsel ohne vorheriges Einverständnis zuzulassen und sich gegebenenfalls jedem Versuche, diesem Status quo Abbruch zu tun oder ihn ohne ihr Einverständnis abzuändern, zu widersetzen.

Artikel III: Die beiden Höfe erkennen den europäischen und gegenseitig bindenden Charakter des Grundsatzes der Schließung der Meerengen des Bosporus und der Dardanellen an, der begründet ist auf dem Völkerrechte, bestätigt durch die Verträge und zusammengefasst in der Erklärung des Berliner Kongresses vom 12. Juli.

Sie werden gemeinsam darüber wachen, dass die Türkei keine Ausnahmen von dieser Regel zugunsten der Interessen irgendeiner Regierung dadurch macht, dass sie den Teil ihres Reiches, den die Meerengen bilden, für militärische Operationen einer kriegführenden Macht hergibt. Im Falle einer Verletzung oder um einer etwa drohenden Verletzung vorzubeugen, werden die beiden Höfe der Türkei erklären, dass sie eintretendenfalls sich als im Kriegszustande gegenüber der verletzten Partei befindlich und die ihrem territorialen Status quo im Berliner Vertrage verbürgten Sicherheitswohltaten als verwirkt ansehen werden.

Artikel IV: Der gegenwärtige Vertrag soll während eines Zeitraumes von 3 Jahren, gerechnet vom Tage des Austausches der Ratifikationen an, in Geltung bleiben . . .

Ganz geheimes Zusatzprotokoll: Um die Bestimmungen der Artikel II und III des Geheimvertrages vom heutigen Tage zu vervollständigen, sind die beiden Höfe über folgende Punkte übereingekommen:

1. Deutschland wird wie bisher Russland beistehen, in Bulgarien eine geordnete und gesetzmäßige Regierung wiederherzustellen. Es verspricht, in keinem Falle seine Zustimmung zur Wiedereinsetzung des Prinzen von Battenberg zu geben.

2. In dem Falle, dass Seine Majestät der Kaiser von Russland sich in die Notwendigkeit versetzt sehen sollte, zur Wahrung der Rechte Russlands selbst die Aufgabe der Verteidigung des Zuganges zum Schwarzen Meere zu übernehmen, verpflichtet sich Deutschland, seine wohlwollende Neutralität zu gewähren und die Maßnahmen, die Seine Majestät für notwendig halten sollte, um den Schlüssel seines Reiches in der Hand zu behalten, moralisch und diplomatisch zu unterstützen.

Ein vielarmiges Ungeheuer im Rhein war für die französische Karikatur Bismarck, der eine französisch-russische Verständigung verhindern will.

Papst Leo XIII. Nach dem Erlass der beiden „Friedengesetze" durch die preußische Regierung (1886/87) erklärte das Oberhaupt der katholischen Kirche am 23. Mai 1887 den Kulturkampf für beendet.

1888

JANUAR

27.1. Prinz Wilhelm, der Enkel Kaiser Wilhelms I., wird zum Generalmajor ernannt und mit der Führung der 2. Garde-Infanterie-Brigade betraut.

FEBRUAR

6.2. Verabschiedung des Landwehrgesetzes. Es vergrößert durch die Einführung einer „Landwehr zweiten Aufgebots" die Kriegsstärke des Feldheeres im Mobilmachungsfall um 700 000 Mann. Während der Debatte im Reichstag fällt Bismarcks berühmter Ausspruch: „Wir Deutsche fürchten Gott, aber sonst nichts in der Welt!"
9.2. Die Legislaturperiode des Reichstages wird von bisher drei auf fünf Jahre heraufgesetzt.

MÄRZ

9.3. Tod Kaiser Wilhelms I. Nachfolger wird sein 56jähriger Sohn Friedrich Wilhelm (Friedrich III.), der seit längerem an Kehlkopfkrebs leidet.
11.3. In Neuwied stirbt der Sozialreformer und Gründer der landwirtschaftlichen Kreditgenossenschaften Friedrich Wilhelm Raiffeisen.
12.3. Kaiser Friedrich III. erlässt eine Proklamation „An mein Volk".
18.3. Das Sozialistengesetz wird abermals verlängert.

APRIL

16.4. Die Pazifikinsel Nauru wird zum deutschen Protektorat erklärt.
18.4. Auf Druck der deutschen Regierung werden Redaktion und Vertrieb der Zeitschrift „Der Sozialdemokrat" aus der Schweiz ausgewiesen und ziehen nach London. Per Schmuggel gelangt das Blatt über Hamburg ins Reichsgebiet.
28.4. Durch ein neues Abkommen mit dem Sultan von Sansibar wird der deutschen Kolonie Ostafrika der Zugang zur See gesichert.

JUNI

7.6. Das preußische Abgeordnetenhaus stimmt einer Verlängerung der Legislaturperiode auf fünf Jahre zu.
8.6. Entlassung des konservativen preußischen Innenministers von Puttkamer.
15.6. Nach dem Tod Kaiser Friedrichs III. tritt sein 29jähriger Sohn Wilhelm die Nachfolge an.
25.6. In seiner Thronrede erklärt Kaiser Wilhelm II., dass er entschlossen sei, Frieden zu halten mit jedermann.

JULI

4.7. Tod des Dichters Theodor Storm in Hademarschen.
15.7. Wegen antisemitischer Vorfälle wird der niederösterreichische Turngau aus dem Deutschen Turnerbund ausgeschlossen.

AUGUST

14.8. Der einflussreiche Hofprediger Adolf Stoecker entwickelt in einem Artikel in der konservativen „Kreuzzeitung" (sog „Scheiterhaufenbrief") ein Programm zum Sturz Bismarcks.
In diesem Zusammenhang zitiert er ein Wort des Kaisers Wilhelm II., das die Ungeduld des jungen Monarchen kennzeichnet, rasch die Zügel in die Hand zu bekommen: „Sechs Monate will ich den Alten (gemeint ist Bismarck) verschnaufen lassen, dann regiere ich selbst."
August. General Alfred von Waldersee löst Helmuth Graf von Moltke als Chef des Großen Generalstabes ab.

SEPTEMBER

2.9. Die Deutsche Bank erhält von der Reichsregierung die Erlaubnis, sich am Bau der türkischen Eisenbahn zu beteiligen.
11.9. Mit einer Aufführung von Lessings „Nathan der Weise" wird das Berliner Lessingtheater eröffnet.
23.9. Bismarck veranlasst die Verhaftung des Staatsrechtlers Heinrich von Geffcken wegen Landesverrats. Geffcken hatte Tagebücher des verstorbenen Kaisers Friedrich III. aus dem Krieg 1870/71 veröffentlicht, deren Echtheit Bismarck bezweifelt.

OKTOBER

29.10. Feierliche Schlusssteinlegung für das neue Freihafengebiet in Hamburg durch Kaiser Wilhelm II.
30.10. Die Herero in Deutsch-Südwestafrika kündigen den Schutzvertrag mit dem Reich.

NOVEMBER

9.11. Im Königlichen Schauspielhaus Berlin wird „Die Quitzows"

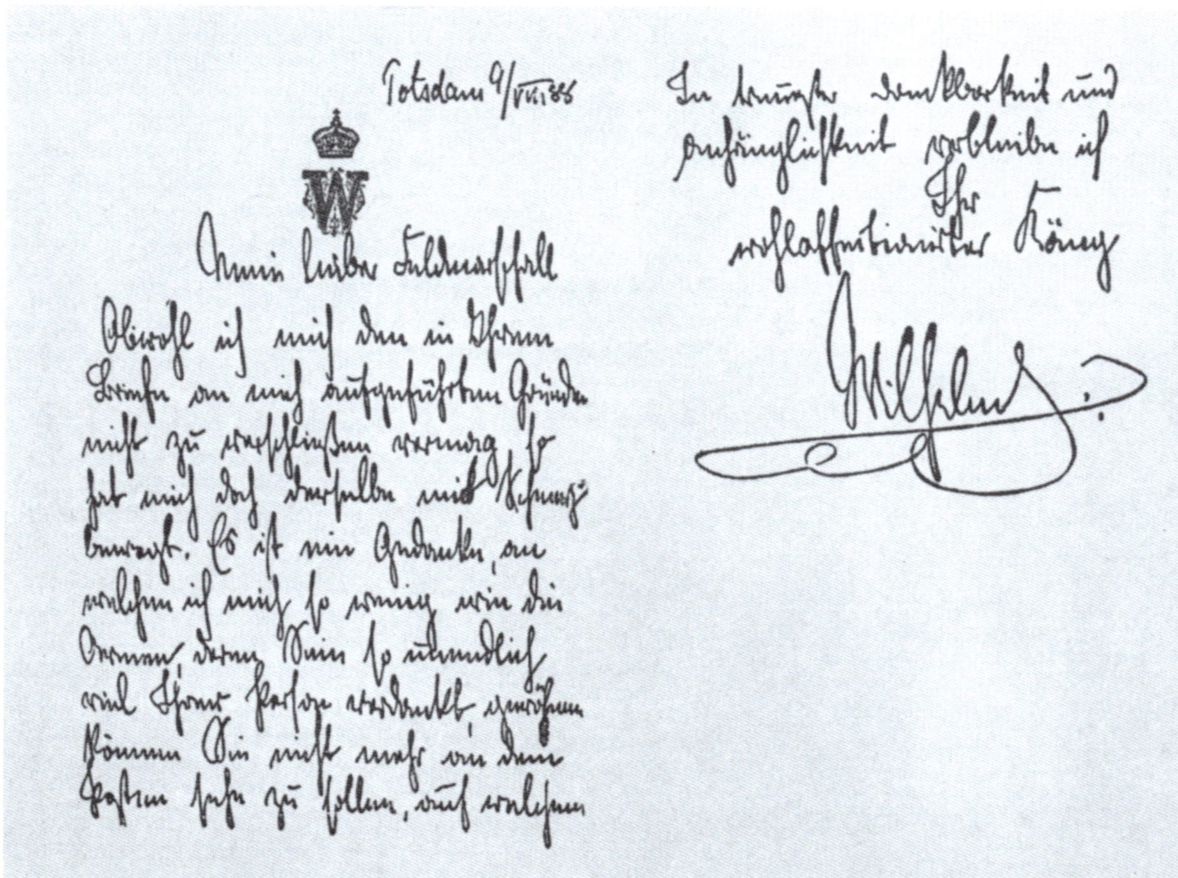

Handschreiben Wilhelms II. zur Verabschiedung des Chef des Generalstabes Helmuth v. Moltkes. Es schließt: „In treuer Dankbarkeit und Anhänglichkeit verbleibe ich Ihr wohlaffektionierter König.".

von Ernst von Wildenbruch uraufgeführt. Das vieraktige Drama schildert die Kämpfe des ersten Hohenzollern mit dem brandenburgischen Adel im 15. Jahrhundert.

27.11. Die Reichsregierung bringt eine Gesetzesvorlage zur Alters- und Invalidenversicherung in den Reichstag ein.

28.11. In einer Debatte im Reichstag über den Wehretat prägt der Sozialdemokrat Wilhelm Liebknecht die Parole: „Diesem System keinen Mann und keinen Groschen."

DEZEMBER

3.12. In Jena stirbt der Mechaniker und Unternehmer Carl Zeiss.

Dezember. Ein deutsches Landungskorps, das in die Kämpfe zwischen verfeindeten Thronanwärtern auf Samoa einzugreifen versucht, wird unter hohen Verlusten zurückgeschlagen.

AUSSERDEM

Ausbruch eines arabischen Aufstandes unter Führung des Häuptlings Buschiri in der Kolonie Deutsch-Ostafrika.

Bei den preußischen Landtagswahlen behaupten die Konservativen ihre Stellung als stärkste Fraktion.

Die radikale Frauenrechtlerin Minna Cauer gründet den Frauenverein „Gemeinwohl".

W. Doehring erfindet die Spannbetonbauweise.

Hermann Aron konstruiert einen mechanischen Elektrizitätszähler als Messinstrument für den Stromverbrauch.

Heinrich Hertz weist die wesensmäßige Gleichheit der von ihm entdeckten elektromagnetischen Wellen mit Lichtwellen nach.

Gassner entwickelt die erste brauchbare Trockenbatterie.

Wilhelm Hallwachs entdeckt den lichtelektrischen Effekt (Elektronenauslösung durch Licht).

Carl Benz unternimmt mit seinem Motorwagen die erste Fahrt nach München.

Friedrich Engels: „Ludwig Feuerbach und der Ausgang der deutschen Philosophie".

„Wir Deutsche fürchten Gott, aber sonst nichts in der Welt"

„Wir liegen mitten in Europa", umreißt Bismarck bei seiner letzten großen außenpolitischen Reichstagsrede am 6. Februar 1888 die schwierige außenpolitische Lage des Deutschen Reiches. „Wir haben mindestens drei Angriffsfronten. Frankreich hat nur seine östliche Grenze, Russland nur seine westliche Grenze, auf der es angegriffen werden kann. Wir sind außerdem der Gefahr der Koalition nach der ganzen Entwicklung der Weltgeschichte, nach unserer geographischen Lage . . . im Vergleich mit anderen mehr ausgesetzt als irgendein anderes Volk. Gott hat uns in eine Situation gesetzt, in welcher wir durch unsere Nachbarn daran gehindert werden, irgendwie in Trägheit oder Versumpfung zu geraten. Er hat uns die kriegerischste und unruhigste Nation, die Franzosen, an die Seite gesetzt, und er hat in Russland kriegerische Neigungen groß werden lassen, die in früheren Jahrhunderten nicht in dem Maße vorhanden waren."

Die Rede schließt mit den Worten: „Wir können durch Liebe und Wohlwollen leicht bestochen werden – aber durch Drohungen ganz gewiss nicht. Wir Deutsche fürchten Gott, aber sonst nichts in der Welt – und die Gottesfurcht ist es schon, die uns den Frieden lieben und pflegen lässt. Wer ihn aber trotzdem bricht, der wird sich überzeugen, dass die kampfesfreudige Vaterlandsliebe, welche 1813 die gesamte Bevölkerung des damals schwachen, kleinen und ausgesogenen Preußen unter die Fahnen rief, heutzutage ein Gemeingut der ganzen deutschen Nation ist und dass derjenige, welcher die deutsche Nation irgendwie angreift, sie einheitlich gewaffnet finden wird und jeden Wehrmann mit dem festen Glauben im Herzen: Gott wird mit uns sein!"

Für den Reichsgründer lag dabei die Betonung auf dem Gottvertrauen, an Drohungen gegen Deutschlands Nachbarn hatte er nicht gedacht. „Dieser Satz", schreibt der Historiker Wilhelm Mommsen, „der für viele kleine ‚Bismarckbewunderer' jahrzehntelang zu dem Wort wurde, das sie immer wieder zitierten, steht in einer Rede, die ohne allen Zweifel, wenn nicht von Furcht, so doch von Sorge für die gesamte außenpolitische Lage erfüllt war und die Bismarck keineswegs in dem nationalistischen Sinn verstanden hat, den man diesem Worte zu geben pflegte. Als schon unmittelbar nach dieser Rede zu Bismarcks Verwunderung das Wort ‚Wir Deutsche fürchten Gott, aber sonst nichts in der Welt' sich auf Gläsern, Krawatten, Pantoffeln usw. fand, war Bismarck wenig erfreut.

Er hat gemeint, er habe sich bei diesen Worten nichts Besonderes gedacht, ‚er habe sich nicht träumen lassen, dass dadurch ein Schlagwort entstehen könne'. In der Tat schien es noch Jahrzehnte später, dass viele Deutsche von dem Reichsgründer nur dieses eine Wort kannten, das sich noch vor 1914 auf Aschenbechern und dergleichen fand. Die Art und Weise, wie dieses aus dem Zusammenhang gerissene Wort in der deutschen Öffentlichkeit eine Rolle spielen konnte, zeigte freilich zugleich, dass die außenpolitische Erziehung seiner Mitbürger dem Reichskanzler nicht gelungen war. Das fragliche Schlagwort hat nicht zuletzt dazu beigetragen, dass die Außenpolitik der Wilhelminischen Zeit von dem Bild eines missverstandenen Bismarck bestimmt wurde."

Nach der Rede vom 6. Februar 1888 wird Bismarck von begeisterten Anhängern gefeiert.

Wilhelm I.

Es muss eigentümlich um Charakter und Schicksalslinien eines Mannes bestellt sein, der in mittleren Jahren vor dem Volkszorn ins Ausland flieht, bis seines Bruders Macht wieder gefestigt ist, und der vierzig Jahre später bei seinem Tode vom ganzen Land betrauert wird; dem eine Königskrone nicht in die Wiege gelegt war und der dann sogar die Kaiserkrone erwarb; der in den Untergang des ersten deutschen Kaiserreiches hineingeboren wurde, um statt dessen der Souverän des zweiten zu werden. Diese verschlungenen Wege zu gehen, war Wilhelm dem Ersten von Preußen (* 22. März 1797) bestimmt.

Als Franz II. die deutsche Kaiserkrone des Hauses Habsburg-Lothringen niederlegte, war Wilhelm, der Sohn Friedrich Wilhelms III. von Preußen und der Königin Luise, neun Jahre alt. Im preußischen Herrschaftsanspruch ging ihm sein Bruder Friedrich Wilhelm IV. voraus, blieb aber kinderlos. Damit zeichnete sich schon vor der Mitte des 19. Jahrhunderts Wilhelms Nachfolge auf dem Preußenthron ab. Sie schien allerdings 1848 gefährdet, denn der Thronanwärter versuchte die Revolution gewaltsam niederzuschlagen und handelte sich den unschönen Beinamen „Kartätschenprinz" ein. Als die legitime Gewalt wieder gefestigt war, sah man ihn die Truppen gegen den badisch-pfälzischen Aufstand anführen (1849).

Neun Jahre später wurde Wilhelm wegen der deutlicher hervortretenden Geisteskrankheit des Bruders Regent und bald darauf König. Damals begann die liberale „Neue Ära", welche darin mündete, dass Wilhelm in der Verfassungskrise um die Heeresverstärkung 1862 den Konservativen Otto von Bismarck – sehr zögernd übrigens – zum Ministerpräsidenten berief. Auf dem halsbrecherischen Wege dieses Meisterdiplomaten wurde dann Schritt für Schritt die Einigung Deutschlands erreicht. Es entsprach Wilhelms schlichtem Wesen, dass er die Kaiserkrone erst nach langem Sträuben annahm. Die Kaiserproklamation in Versailles empfand er keineswegs als den bedeutendsten Tag seines Lebens und war so missgelaunt, dass er dem Wegbereiter und neuen Reichskanzler nicht einmal die Hand reichte.

Die größte Leistung des Monarchen liegt dann aber gerade darin, dass er Bismarck ertragen und gegen alle Anfechtungen verteidigt hat. Ungezählte Male bot die komplizierte Denkmaschine des Regierungschefs Lösungen an, die dem einfacheren politischen Verständnis des Königs und Kaisers, seiner geradlinigen Soldatennatur, entschieden widerstrebten. Sie rangen oft miteinander wie Jakob mit dem Engel des Herrn. Bismarck obsiegte regelmäßig, aber der Monarch blieb immer das beharrende Rechtselement und das mahnende Gewissen auf dem schmalen Grad bismarckischer Staatskunst. Andererseits bewunderte er, wie jener „mit fünf Bällen zugleich" (ein Wortbild des zweiten Kanzlers Caprivi) in der Luft jonglierte. Dass zwei so grundverschiedene Naturen sich doch immer wieder zusammenrauften – manchmal unter Weinkrämpfen – und miteinander alt wurden, in späten Jahren in einer Art protokollarisch bestimmter distanzierter Freundschaft: Das ist im Rückblick nicht ohne Ergriffenheit zu sehen. Wilhelms lange Herrscherzeit bis unmittelbar an die Schwelle des 91. Geburtstages hat dem jungen Staat sehr zur inneren Stabilisierung verholfen.

Als er am 9. März 1888 starb, schwieg für Momente aller Hader. Es war einer der ganz wenigen Augenblicke in der deutschen Geschichte, dass sich das von Parteiungen, Konfessionen und landsmannschaftlichen Gegensätzen zerrissene Volk auf eine einheitliche Gemütsregung – die Trauer – einigen konnte. Weit größere Staatsmänner, als Wilhelm I. es war, haben ein solch geschlossenes Votum nie auf sich vereinigen können. Weder Friedrich der Große noch Bismarck hätten das je vermocht. Wilhelm war eben die Symbolgestalt der von Bismarck errungenen Einheit, ohne zugleich den politischen Konflikten, vor allem den innerstaatlichen Gegensätzen ausgeliefert zu sein. Er stand über den Parteien und gab dem Staat mit Redlichkeit, bescheidenem Lebensstil und natürlicher Würde eine Mitte.

Wilhelm I. Gemälde von Anton von Werner.

Extra-Ausgabe des „Berliner Lokal-Anzeiger."

Donnerstag, den 8. März 1888.

Unser Kaiser ist todt!

Soeben hat der geliebte Monarch seine Augen zum letzten, ewigen Schlummer geschlossen. Der Schmerz des Augenblicks läßt uns keine Worte finden, um der Trauer Ausdruck zu geben, welche in diesem Moment die ganze Welt erfaßt. Die Thatsache selbst zu verkünden, ist der Zweck dieser Zeilen. Gott gebe uns Kraft den schweren Schlag zu tragen. Deutschlands Trauer ist so unermeßlich, wie das Andenken an den verewigten Kaiser unvergänglich sein wird.

Extra-Ausgabe des „Berliner Lokal-Anzeigers" vom 8. März.

Friedrich III. Gemälde von Anton von Werner.

Friedrich III. auf dem Totenbett. Zeichnung von Anton von Werner.

Friedrich III.

Eine tragischere Thronkarriere als die seine ist in jüngeren Zeiten schwer zu finden. Von Geburt her nicht für die Herrschaft bestimmt, konnte er aber wegen der Kinderlosigkeit seines Onkels Friedrich Wilhelm IV. frühzeitig hoffen, einmal König zu werden. Dann musste er endlos warten, weil dessen Bruder – sein Vater – unter der Krone uralt wurde. Endlich, als die Nachfolge doch noch winkte, im 57. Lebensjahr, da war er todkrank und konnte wegen fortgeschrittenen Kehlkopf-Krebses kaum mehr sprechen. Nur eine Regierungszeit von 99 Tagen war ihm vergönnt. So war das Jahr 1888 noch nicht einmal zur Hälfte um, als Deutschland binnen dreieinhalb Monaten den dritten Kaiser erhielt. Der erste ist in recht angenehmer Erinnerung, der dritte trug wesentlich zum Verhängnis des Reiches bei, der zweite, mittlere, hinterließ Fragezeichen und Ratlosigkeit. In der deutschen Geschichte steht Kaiser Friedrich III. aus dem Hause Hohenzollern (* 18. Oktober 1831, † 15. Juni 1888) als ein zwar nicht unbeschriebenes, aber nur schwach leserliches Blatt.

Sein historischer Platz in der zweiten Hälfte des vorigen Jahrhunderts ist von schwankender Haltung zwischen Widerstand und Anpassung gekennzeichnet. Seine Ehe mit der englischen Prinzessin Victoria, der Tochter der Queen Victoria, trug ihm liberales Ideengut zu. So stand er dem Regiment seines Vaters und vor allem des Ministerpräsidenten Bismarck in Preußen in offener Ablehnung gegenüber und schrieb nach seinem Protest gegen die Einschränkung der Pressefreiheit 1863 in sein Tagebuch: „Ich habe mich also laut als Gegner Bismarcks und seiner unheilvollen Theorien bekannt . . ."

Ausgerechnet Bismarck aber verdankte ihm möglicherweise sein politisches Überleben, seine ganze weitere Laufbahn. Als nämlich Preußen und Österreich im Krieg 1866 um die Vorherrschaft in Deutschland einander bei Königgrätz gegenüberstanden, da war es die herbeieilende Armee des Kronprinzen Friedrich, die den wogenden Kampf zugunsten Preußens entschied, ähnlich, wie Blüchers Eingreifen bei Waterloo die Schlacht zugunsten Wellington gewendet hatte.

Bei fortdauernd liberaler Denkweise, die Bismarck voll Sorge an den naturgesetzlich drohenden Thronwechsel denken ließ, zögerte Prinz Friedrich dennoch nicht, die Tatsachen der deutschen Reichseinigung anerkennend, sie hinnehmend sich zu eigen zu machen; und das waren schließlich Bismarcks Tatsachen. Die Bewunderung für dessen Größe mischte sich dabei untrennbar mit dem Bedauern, dass der Weg zum Kaiserreich ein kriegerischer, ein Weg voll Blut und Eisen gewesen war. Er meinte – dies seinem Tagebuch zufolge –, „dass Deutschland ... allein mit seinem guten Recht ... frei und mächtig werden konnte".

Dann brachte der Kronprinz die schöne Hoffnung aufs Papier, die uns Mitgefühl mit diesem redlichen Mann aufzwingt – und vielleicht sogar Mitgefühl mit uns selber wegen entgangener Chancen: „Mein Vater wird für den Abend seines Lebens voraussichtlich nur die Ehren des neu erstandenen Reiches genießen. Mir und den Meinen aber erwächst die Aufgabe, ... Hand an den mächtigen Bau anzulegen, und zwar mit zeitgemäßen, vorurteilsfreien Grundsätzen."

Er musste dann freilich noch erleben, dass der liberale Geist der Achtundvierziger erlahmte und viele Liberale einen Kompromiss mit Bismarcks Realpolitik schlossen. So bleibt es am Ende fragwürdig, über die möglichen Aussichten einer „Ära Friedrichs des Dritten" zu spekulieren.

Immerhin darf man vermuten, dass Kaiser Friedrich bei einer angemessenen Regierungszeit die gärenden Kräfte der verspäteten Nation kontrollierter, wachsamer, an die Zukunft weitergegeben hätte, als es bei seinem tragischen Kurzauftritt möglich war. So wurden nirgends Akzente gesetzt. Die Zukunft begann schon in Gestalt seines unreifen 28-jährigen Sohnes, ehe noch die Gegenwart in ihr historisches Recht getreten war.

Tod eines Kaisers

Nur 99 Tage regierte er als Deutscher Kaiser, er, auf dem die Hoffnungen der Liberalen ruhten, der reif genug erschien, Bismarcks Lebenswerk zu bewahren: Am 15. Juni 1888 starb Friedrich 56-jährig an Krebs. Königin Victoria von England, seine Schwiegermutter, notierte über seine Leidensstationen in ihrem Tagebuch:

Windsor Castle, 19. Mai 1887
Erhielt ein Chiffretelegramm von Vicky (ihrer Tochter, der Kronprinzessin Viktoria von Preußen) mit der Bitte, ich möchte sofort Dr. Morell Mackenzie zur ärztlichen Beratung schicken. Wir schlossen daraus, dass es sich um Fritz' Hals handelt, der ihm kürzlich recht zu schaffen machte. Dr. M. Mackenzie ist ein berühmter Halsspezialist; ich schickte sofort Dr. Reid zu ihm, um ihn zu bewegen, sobald wie möglich abzureisen. Bekam abends ein weiteres dringendes Telegramm mit dem Verlangen, der Arzt möge ohne Verzug kommen, und einen konfusen Brief von der armen Vicky, in dem sie sagt, dass zwei hervorragende Berliner Professoren den Hals des lieben Fritz untersucht hätten, in dem sich ein ganz kleines Gewächs befindet, das sie für verdächtig, vielleicht für bösartig erklärt hätten ...

Balmoral, 12. November 1887
Erhielt einen so herzzerreißenden Brief von meiner armen lieben Vicky. Es ist zu furchtbar traurig und macht mich ganz elend. Sie schreibt: „Die Ärzte haben mir ihr Protokoll vorgelesen, es lautete wahrhaft grausam (Krebs). Ich hatte kaum etwas anderes erwartet, und doch. Wenn einem die ungeschminkten Tatsachen eines solchen Urteilsspruchs vorgelesen werden, dann versetzt einem das einen furchtbaren Schlag! ... Mein Liebling hat ein Schicksal vor sich, an das ich kaum zu denken wage. Wie ich die Kraft aufbringen soll, es zu ertragen, weiß ich nicht."

Balmoral, 15. Juni 1888
... Um 11.15 Uhr. Das Telegramm kam von Wilhelm (ihrem Enkelsohn, dem deutschen Kaiser Wilhelm II.). Ich kann die schreckliche Wahrheit nicht fassen, das furchtbare Unglück ... Bin sehr elend und fassungslos. Der Verlust eines meiner eigenen Söhne könnte mich nicht schmerzlicher treffen ... Meines lieben Kindes ganze Zukunft, auf die sie sich fast dreißig Jahre vorbereitet hatten, dahin, vernichtet! ...

Friedrich III mit seiner Familie (von links): Prinz Heinrich, Friedrichs Gemahlin, eine Tochter der Queen Victoria, Prinzessin Margarete (im Arm ihres Vaters), Prinzessin Viktoria (vorn sitzend), Prinzessin Sophie (auf der Stuhllehne) Prinz Waldemar (vorn), Kronprinz Wilhelm und Prinzessin Charlotte.

Theodor Storm

* Husum, 14. September 1817
† Hademarschen, 4. Juli 1888

Theodor Storm.

Der Nordfriese Storm ist neben Mörike, mit dem er befreundet war, der am stärksten stimmungsgesättigte Lyriker des späteren 19. Jahrhunderts. Er wirkt als Nachfahre, nicht aber Nachahmer, der Romantik, denn er liebt die Einsamkeit, die Natur, den Abend, die Ferne vom Tageslärm, und wie die romantischen Dichter besingt auch er die ewigen Grundanliegen des Herzens: Liebeserwarten, Erfüllung und Trauer („Mondlicht"; „Im Volkston"; „Die Nachtigall"; „Lied des Harfenmädchens"). Auch seine Novellen sind ausgeführte lyrische Motive; sie behandeln tragische Verwicklungen und Verirrungen der Menschenseele. Gleichzeitig dichtete Storm aber auch als Patriot, Mann und Familienvater von großer Erfahrungs- und Lebensreife („Für meine Söhne"; „Sprüche: Der eine fragt: Was kommt danach? Der andre fragt nur: Ist es recht? Und also unterscheidet sich der Freie von dem Knecht").
Seine Heimatstadt Husum in Schleswig, umweht vom Atem der weiten Heiden und Moore und vom Geruch der nahen See („Am grauen Strand"; „Meeresstrand"; „Über die Heide"), gab dem Advokatensohn aus alteingesessener Familie den schwerblütigen Charakter. Nach Jurastudium in Kiel (Freundschaft mit den Brüdern Mommsen) und in Berlin wurde er Rechtsanwalt in seiner Vaterstadt. Die Dänen vertrieben den Deutschgesinnten 1853 (Ostern). Storm lebte sieben Jahre als Kreisrichter in Heiligenstadt und konnte 1864 als Landvogt nach Husum zurückkehren. Im nächsten Jahr starb seine Frau; ein Jahr später schloss er eine zweite Ehe mit seiner Jugendliebe. 1880 zog er sich nach Hademarschen zurück, mit der Niederschrift von Erzählungen beschäftigt, ein Freund der Musik (besonders Schumanns), im Briefwechsel mit Keller, geehrt und geliebt bis zu seinem Tode.
Tiefes Selbsterleben ist das Wesentlichste, hat er einmal gesagt und damit seine Kunst charakterisiert. Durch seine Novellen geistert das zweite Gesicht aus den Erzählungen alter Dorfbewohner, die er in seiner Jugend kannte; Motive aus Chroniken verbinden sich mit selbsterlebten oder gehörten, rätselvollen Geschehnissen. In seiner ersten Schaffenszeit (bis 1865) sind seine Erzählungen meistens wehmutsvolle Erinnerungsbilder („Immensee"; „Pole Poppenspäler"; „Beim Vetter Christian"). Später füllen sie sich mit Resignation und Tragik und werden zu oft balladenhaften Sinnbildern der Folge von Schuld („Aquis submersus"; „Hans und Heinz Kirch"; „Die Chronik von Grieshus"). In Storms Todesjahr (1888) erschien seine Meisternovelle „Der Schimmelreiter", in der er die heimatliche Landschaft in einer vorher nie erreichten Dichte und Gewalt beschwört.

Thronbesteigung Wilhelms II.

Unmittelbar nach der Geburt ihres ersten Enkels am 27. Januar 1859 fragte Königin Viktoria von Großbritannien in Berlin telegrafisch an: „Is it a nice boy?“ Und ihre Tochter Prinzessin Victoria, seit 1858 mit dem Sohn Wilhelms I. Kronprinz Friedrich verheiratet, telegrafierte zurück: „It's a fine boy.“ Zwei Tage später stellte sich heraus, dass der Junge einen Geburtsfehler hatte. Bei der schwierigen Entbindung war der linke Arm beschädigt worden, und auch die linke Hals- und Körperseite war betroffen. Jahrelang wurde der Junge mit Elektrisierapparaten, Massagen, Stützgestellen, Schienen und gymnastischen Übungen behandelt. Dadurch wurden Hals und linke Körperseite normal, doch der Arm blieb verkürzt und die Hand verkrüppelt.

Als Wilhelms jüngerer Bruder Heinrich auf seinem Pony schon leichtere Hindernisse nehmen konnte, fiel Wilhelm bei Schritttempo hinunter, weil er das Gleichgewicht nicht halten konnte. So sehr er auch weinte, er musste wieder aufsteigen.
Mit sieben Jahren erhielt er einen strengen Erzieher, unter dem Wilhelm und Heinrich täglich zwölf Stunden arbeiten und spartanisch einfach leben mussten. Nach dem Besuch des Gymnasiums, das er mit dem Abitur abschloss, studierte er in Bonn vier Semester Jura und trat dem feudalen Corps Borussia bei. Nachdem er schon mit sechzehn Jahren Leutnant geworden war, übernahm er 1880 als Hauptmann eine Kompanie beim I. Garderegiment und wurde später Schwadronchef und Kommandeur der Leibgardehusaren in Potsdam. Durch unermüdliches Training war er ein guter Reiter geworden. Er ritt mit einem Spezialbügel, der die Kraft des gesunden Arms gleichmäßig auf das Pferdemaul übertrug. Er nannte es später den glücklichsten Tag seines Lebens, als er seinem Großvater Kaiser Wilhelm I. seine Schwadron in allen Gangarten vorführen durfte und dafür allerhöchstes Lob erntete.
In dieser Zeit kam es auch zu einer starken Entfremdung zwischen ihm und seinen Eltern. Seiner Mutter warf Wilhelm „Engländerei“ vor, und in dem einst bewunderten Vater sah er nur noch einen „Pantoffelhelden“. Dieser wiederum hatte Menschenkenntnis genug, die Schwächen des Sohnes zu durchschauen. In einem Brief an Bismarck spricht er von der mangelnden Reife und Unerfahrenheit, „verbunden mit seinem Hang zur Überhebung, wie zur Überschätzung“ des Achtundzwanzigjährigen.
Auch Bismarck, zunächst von dem jungen Prinzen angetan, änderte bald seine Meinung. Er fand ihn wenig fleißig und oberflächlich beim Aktenstudium. Im Mai 1888 verzierte Wilhelm eine Studie des österreichischen Generalstabs zum Präventivkrieg gegen Russland mit zustimmenden Randbemerkungen und erhielt dafür vom Kanzler eine scharfe Lektion. Das wiederum minderte Wilhelms Begeisterung für Bismarck erheblich.
Am 9. März 1888 starb Kaiser Wilhelm I. Neunundneunzig Tage später erlag Wilhelms Vater Friedrich III. seinem Kehlkopfkrebsleiden. Es war der 15. Juni 1888. Mit neunundzwanzig Jahren wurde Wilhelm deutscher Kaiser und König von Preußen und sollte es über 30 Jahre bleiben.

Schon im Jahre 1881 hatte Carl Benz seinen Motorwagen auf einer Ausstellung gezeigt – in Paris. Aber zwischen den ausgestellten Pferdedroschken fand er keine Beachtung. Der Erfinder sah ein: „fahren“ musste man den Pferdelosen sehen! Das sollte nun im September 1888 in München nachgeholt werden. Der Wagen von 1885 war inzwischen auf Grund der bei den zahlreichen Probefahrten gewonnenen Erfahrungen erheblich verbessert worden. Das „Modell 3“, das nach München geschickt wurde, hatte an Stelle des horizontalen Schwungrades ein vertikales erhalten. Alle Einzelteile des Getriebes waren dieser wichtigen Änderung angepasst. Der verstärkte Motor arbeitete mit 3 PS, die eingebaute zweite Übersetzung hatte sich bewährt. Über dem Vorderrad war jetzt ein kleiner Rücksitz aufgebaut. In München konnte man den Wagen nicht nur auf dem Ausstellungsstand sehen; er war täglich von 2 bis 4 Uhr Nachmittags in den Straßen Münchens in Fahrt zu bestaunen. Aber auch Fachleute, wissenschaftliche Autoritäten, die sich von Benz zur Teilnahme an Fahrten bewegen ließen, waren begeistert, und dem „Patent-Motorwagen“ wurde die höchste Auszeichnung zuerkannt, die auf der Ausstellung vergeben wurde: die Große Goldene Medaille.

WilhelmII. zu Besuch bei Bismarck in Friedrichsruh, 1888.

1889

JANUAR

Jan.-April. Das Deutsche Reich wird von einer großen Streikwelle erschüttert. Die wichtigsten Forderungen der insgesamt 400.000 Beteiligten an den Streiks sind: Verkürzung der Arbeitszeit, Lohnerhöhungen, Verbesserung der Arbeitsbedingungen.

3.1. Der Philosoph Friedrich Nietzsche bricht auf der Piazza Carlo Alberto in Turin in einem Anfall geistiger Umnachtung zusammen und wird wenige Tage später in die Basler Nervenklinik eingeliefert. Die Diagnose lautet „Paralysis progressiva". Seine Mutter bringt ihn nach Jena ins Krankenhaus von Prof. Binswanger.

11.1. Reichskanzler Bismarck lässt über seinen Botschafter in London die Chancen eines deutsch-englischen Bündnisvertrages zur Abwehr eines französischen Angriffs sondieren. Der britische Premierminister Salisbury weist die Offerte zurück.

30.1. Der Reichstag verabschiedet ein Gesetz „betreffend den Schutz der deutschen Interessen in Ostafrika". Zur Bekämpfung des im Vorjahr ausgebrochenen arabischen Aufstands wird eine Schutztruppe aus angeworbenen Sudanesen und Soldaten der ostafrikanischen Küstengebiete unter dem Befehl deutscher Offiziere aufgestellt. Kommandeur wird der Afrikaforscher Hermann von Wissmann.

MÄRZ

1.3. Im Hamburger Stadtteil Eppendorf wird das Allgemeine Krankenhaus (seit 1934 Universitätskrankenhaus), mit 1300 Betten das größte Krankenhaus Deutschlands, eröffnet.

15.3. Bei einem Orkan vor Samoa werden neben drei amerikanischen auch die beiden deutschen Kriegsschiffe „Eber" und „Adler" vernichtet.

20.3. In Göttingen stirbt der evangelische Theologe Albrecht Ritschl.

APRIL

1.4. Rudolf Mosse gründet die „Berliner Morgenzeitung".

20.4. Geburt Adolf Hitlers in Braunau am Inn († 1945).

MAI

Mai/Juni. Im Ruhrgebiet kommt es zu Massenstreiks der Bergleute, denen sich bald auch Arbeiter in anderen Grubenbezirken (Sachsen, Saargebiet, Niederschlesien) anschließen. Ursache ist die desolate soziale und wirtschaftliche Lage der Bergarbeiter. Gegen die Streikenden wird Militär eingesetzt, dabei verlieren mehrere Menschen das Leben. Während Reichskanzler Bismarck für hartes Vorgehen plädiert, schaltet sich Kaiser Wilhelm II. vermittelnd ein. Nach Zugeständnissen der Arbeitgeber (Lohnerhöhungen, Verbesserung der Arbeitsbedingungen) wird der Arbeitskampf beendet.

1.5. Inkrafttreten eines Gesetzes, das die Errichtung und den Betrieb von Erwerbs- und Wirtschaftsgenossenschaften regelt.

8.5. Die von Hermann von Wissmann zusammengestellte Truppe erstürmt das Lager der Aufständischen bei Bagamoyo.

14.5. Kaiser Wilhelm II. empfängt eine Delegation der streikenden Bergarbeiter. Er versichert, ihre Forderungen prüfen zu wollen, rät ihnen aber, jede Verbindung zu Sozialdemokraten zu vermeiden und Streikbrecher unbehelligt zu lassen.

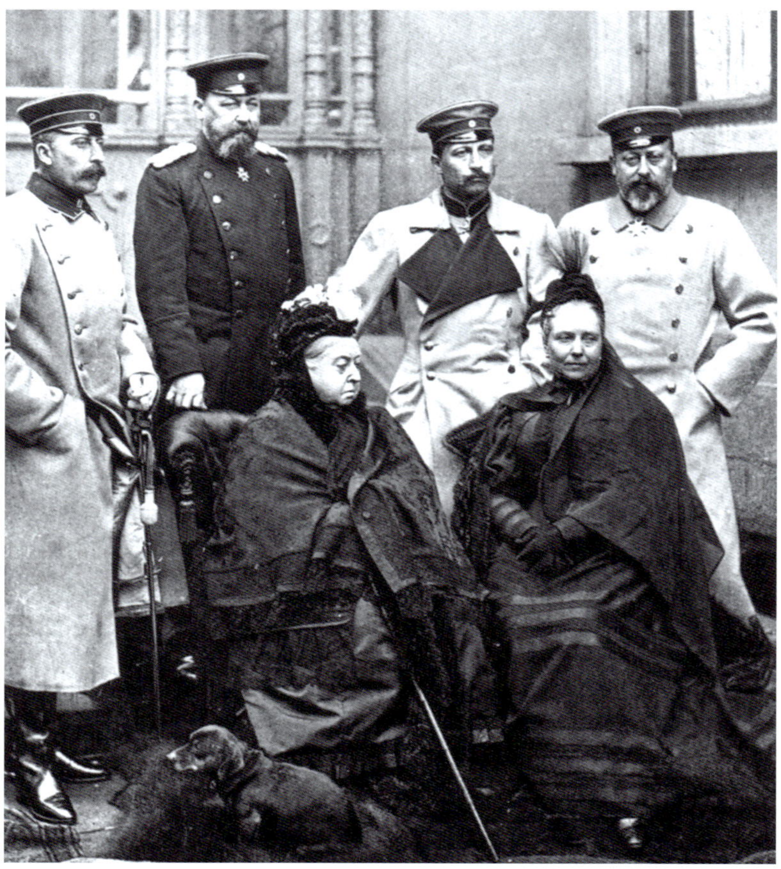

Anlässlich des ersten Besuches Wilhelms als Kaiser in England im August 1889 stellten sich (von links nach rechts) den Fotografen: Arthur Herzog von Conaught, Ernst II. Herzog von Sachsen-Coburg-Gotha, Queen Victoria, Wilhelm II., seine Mutter, die Kaiserin, Friedrich III. und der spätere König Edward VII. Ebenso offen wie Edward sich für das Zustandekommen der am 8. April 1904 abgeschlossenen „Entente cordiale" mit Frankreich einsetzte, machte er kein Hehl daraus, dass er für seinen Neffen, den deutschen Kaiser, wenig übrig hatte, eine Abneigung, die auf herzlicher Gegenseitigkeit beruhte.

16.5. Kaiser Wilhelm II. empfiehlt den vom Bergarbeiterstreik betroffenen Arbeitgebern, Entgegenkommen gegenüber den Forderungen nach Lohnerhöhung zu zeigen: „Die Arbeiter lesen Zeitungen und wissen, wie das Verhältnis des Lohnes zu dem Gewinne der Gesellschaften steht."

19.5. In Berlin wird die einzige Frauengewerkschaft in Deutschland, der „Verband weiblicher Handels- und Büroangestellter", gegründet.

24.5. Mit knapper Mehrheit verabschiedet der Reichstag das Gesetz zur Invaliditäts- und Alterssicherung der abhängig Beschäftigten, das letzte der drei Sozialversicherungsgesetze, die Bismarck im Parlament durchgesetzt hat. Es sieht ein Renteneintrittsalter von 70 Jahren bei dreißigjähriger Beitragszahlung vor. Invalidenrente soll erst nach fünfjähriger Beitragszahlung gewährt werden. Die Beiträge werden je zur Hälfte von Arbeitgebern und Arbeitnehmern aufgebracht, das Reich leistet einen Zuschuss. Die Sozialdemokraten stimmen dagegen, weil ihnen die Versicherungsbedingungen zu streng sind.

JUNI

11.6. Das Deutsche Reich schließt einen Handelsvertrag mit Japan.

14.6. Das Deutsche Reich, Großbritannien und die USA einigen sich auf eine gemeinsame Verwaltung der Samoa-Inseln.

Juni. Der Reichstagsabgeordnete Max Liebermann von Sonnenberg und der Schriftsteller Theodor Fritsch gründen in Bochum die reaktionäre und betont antisemitische Deutschsoziale Partei.

JULI

1.–27.7. Wilhelm II. tritt seine erste Nordlandreise an. Die Fahrten auf der Yacht „Hohenzollern" nach Skandinavien, der Kaiser umgeben von einem Kreis ausschließlich männlicher Begleiter, werden zu einem jährlich wiederholten Ritual.

14.–20.7. Am Gründungskongress der Zweiten Sozialistischen Internationale in Paris nimmt auch eine deutsche Delegation unter Wilhelm Liebknecht teil.

AUGUST

18.8. Auf dem Bergarbeitertag in Dorstfeld gründet sich der Verband zur Wahrung und Förderung der bergmännischen Interessen im Rheinland und Westfalen.

OKTOBER

6.10. Erstbesteigung des Kilimandscharo in Ostafrika durch Hans Meyer und Ludwig Purtscheller.
20.10. Die Uraufführung von Gerhart Hauptmanns naturalistischem Drama „Vor Sonnenaufgang" im Berliner Lessingtheater löst einen Theaterskandal aus.
26.10. Gründung der „Freien photographischen Vereinigung" in Berlin.

NOVEMBER

27.11. Hermann Sudermanns Gesellschaftsstück „Die Ehre" wird am Berliner Lessingtheater uraufgeführt.

DEZEMBER

10.12. Tod des österreichischen Schriftstellers Ludwig Anzengruber in Wien (* 1839).
14.12. Buschiri, einer der Anführer des arabischen Aufstandes in Deutsch-Ostafrika, wird bei Pangani gefangengenommen und hingerichtet.
20.12. Die erste Nummer der von Emma Ihrer gegründeten Frauenzeitschrift „Die Arbeiterin" erscheint.
30.12. Im letzten der „Geheimbundprozesse" werden in Elberfeld 44 Sozialdemokraten verurteilt.
30.12. In seiner Neujahrsbotschaft spricht Kaiser Wilhelm II. den Wunsch aus, dass ihm der treue und erprobte Rat seines Kanzlers Bismarck noch viele Jahre erhalten bleiben möge.

AUSSERDEM

Gründung des Guttemplerordens, einer Vereinigung zum Kampf gegen den Alkoholismus, die auf Selbsthilfe des Kranken setzt. Die Lehrerin Helene Lange richtet in Berlin „Realkurse für Frauen" ein, die Mädchen und Frauen den Zugang zur Universität öffnen sollen.
Oskar Minkowski und Joseph von Mehring gewinnen aus Tierversuchen die Erkenntnis, dass Zuckerkrankheit eine Ausfallerscheinung der Bauchspeicheldrüse ist.
Emil Adolph von Behring entdeckt das Diphterie-Antitoxin.
Gründung des Arbeiter-Samariterbundes.
Der Deutsch-Amerikaner Hermann Hollerith erfindet die Lochkartenmaschine. Ihre Premiere erlebt sie bei der US-Volkszählung 1890.
Mit der Indienststellung des Schnelldampfers „Hohenzollern" greift der Norddeutsche Lloyd Bremen in das Transatlantik-Geschäft ein. Zwischen deutschen und englischen Reedereien entwickelt sich in der Zeit bis zum Ersten Weltkrieg eine lebhafte Konkurrenz.
Gründung der „Freien Bühne", die sich dem naturalistischen Theater verschreibt.
Der Wanderzirkus Busch gibt in Berlin seine erste Vorstellung.
In Worpswede bei Bremen schließen sich die Maler F. Mackensen, O. Modersohn, F. Overbeck, H. Vogeler und andere zur Worpsweder Künstlerkolonie zusammen.
Friedrich Nietzsche: „Götzendämmerung".
Otto Lilienthal: „Der Vogelflug als Grundlage der Fliegekunst".
Arno Holz / Johannes Schlaf: „Papa Hamlet" (Erzählung, unter Pseudonym „Bjarne P. Holmsen" erschienen).
Hermann Sudermann: „Der Katzensteg" (Roman).
Bertha von Suttner: „Die Waffen nieder!" (Roman, Manifest des Pazifismus).
Fritz von Uhde: „Heilige Nacht" (Gemälde).
Franz von Lenbach: „Otto Fürst von Bismarck" (Gemälde).
Max Liebermann: „Karren in den Dünen" (Gemälde).
Gabriel von Seidl: Villa für Franz von Lenbach in München (heute Städtische Galerie).
Richard Strauss: „Don Juan" (Tondichtung).
Hugo Wolf: Lieder nach Gedichten von Goethe.

Taufe des Dampfers „Augusta Victoria" durch die Kaiserin, 1889.

Internationaler Arbeiterkongress in Paris

Während die Erste Arbeiterinternationale von vornherein mit verbindlichen Statuten und Organen arbeitete, aber nicht über einen echten inneren Zusammenhalt verfügte und vor allem des „Fußvolks" ermangelte, vollzog sich die Entwicklung der Zweiten Internationale unter umgekehrtem Vorzeichen. Sie konstituierte sich nicht eigentlich, sondern begann in Paris im Sommer 1889 mit unmittelbarer praktischer Arbeit. Man einigte sich auf Resolutionen, die verbesserten Arbeitsschutz und Begrenzung des Arbeitstages in allen Industriestaaten forderten. Ferner wurde beschlossen, künftig den 1. Mai zum Kampftag für die Rechte des internationalen Proletariats zu erklären und ihn nach Möglichkeit überall gegen noch so harte Widerstände in angemessener Weise zu begehen. Eine eigentliche Organisationsform gab sich die Zweite Internationale durch die Schaffung eines permanenten Büros erst elf Jahre später. Sie brauchte sich damit auch keineswegs zu beeilen. In den verflossenen 25 Jahren waren sowohl das Solidaritätsgefühl wie das Machtbewusstsein der sozialistischen Gruppen und Parteien erheblich gewachsen. Die Notwendigkeit einer Überwindung des Klassenstaates stand ebenso außer Frage wie die Überzeugung, dass sich dieses Ziel erst nach einem universalen Sieg des Sozialismus verwirklichen lassen werde. Freilich fanden sich unter den Arbeiterparteien anderer Länder noch längst nicht so viele konsequente Marxisten wie bei den deutschen Sozialdemokraten. Dennoch ist die Entwicklung der deutschen Sozialdemokratie bis zum Ersten Weltkrieg ohne ihre enge Verflechtung mit der Internationale nicht zu denken. Durch ihre glänzend bestandene Feuerprobe während des Ausnahmegesetzes war ihr Ansehen bei Gesinnungsfreunden im Ausland in einer fast legendären Weise gestiegen. Sie imponierte ferner durch die beispielhafte Disziplin ihrer Mitglieder und nicht zuletzt durch die allgemeine Reputation ihrer in härtesten Kämpfen bewährten Führer.

Der Vogelflug
als Grundlage der Fliegekunst.
Ein Beitrag
zur
Systematik der Flugtechnik.
Auf Grund
zahlreicher von O. und G. Lilienthal ausgeführter Versuche
Otto Lilienthal,
Mit 80 Holzschnitten, 8 lithographierten Tafeln und 1 Titelbild in Farbendruck.
Berlin 1889.
R. Gaertners Verlagsbuchhandlung
Hermann Heyfelder
Gesammelt und gestiftet von
Oberst von Brug.

„Schauen wir der Möve zu, welche drei Armlängen über unserem Haupte fast regungslos im Winde schwebt! . . . Ja, nicht so leicht wird es sein, diesen Naturflügel nun auch mit allen seinen kraftersparenden Eigenschaften für den Menschen brauchbar auszuführen, und wohl noch weniger leicht mag es sein, den Wind, diesen unsteten Gesellen, der so gern die Früchte unseres Fleißes zerstört, mit körperlichen Flügeln, die uns nicht angeboren sind, zu meistern. Aber dennoch für möglich müssen wir es halten, dass uns die Forschung und die Erfahrung, die sich an Erfahrung reiht, jenem großen Augenblick näher bringt, wo der erste freifliegende Mensch, und sei es nur für wenige Sekunden, sich mit Hilfe von Flügeln von der Erde erhebt und jenen geschichtlichen Zeitpunkt herbeiführt, den wir bezeichnen müssen als den Anfang einer neuen Kulturepoche." (Aus Otto Lilienthals Buch über den Vogelflug).

Friedrich Hebbel: „Gyges und sein Ring"

Das Bühnenwerk von Friedrich Hebbel (1813-1863) wurde am 25. April 1889 in Wien uraufgeführt: Fein verästelte, moderne psychologische Motivierung und Schönheit der Sprache lassen es zum Besten zählen, was Hebbel schuf.

Der tragische Konflikt entsteht aus einer uralten Problematik: Ein Mensch ist heimatlos geworden im Werteschema seiner Zeit, sein Selbstverständnis ist das einer neuen Epoche – der Gleichklang der Welt ist gestört.

Kandaules, letzter Lyderkönig aus dem Geschlecht des Herakles, ein den rauhen Gebräuchen seines Volkes wenig zugetaner und deswegen vielfach angefeindeter Herrscher, will seinem griechischen Gastfreund Gyges die Teilnahme an den Wettkämpfen seines Landes verwehren. Er meint, der Grieche sei der rohen Kraft der lydischen Athleten nicht gewachsen und könne dabei ums Leben kommen. Schließlich aber gelingt es Gyges, den königlichen Freund umzustimmen, und zum Dank für die Gewährung seiner Bitte überreicht er ihm einen Ring, mit dem es eine besondere Bewandtnis hat: Er vermag den Träger unsichtbar zu machen.

Rhodope, die Gemahlin des Königs aus dem fernen Indien, nach orientalischer Sitte erzogen, keusch und jedes Mannes – ausgenommen des eigenen – Blicken entzogen, soll diesmal Kandaules zu den Wettkämpfen begleiten. Doch sie schlägt ihm die Bitte ab; es zieme ihr nicht, erklärt sie, und sie lässt sich auch nicht durch das Angebot des Ringes erweichen, dessen Zauberkraft ihr eher Schauder einflößt. Doch was sie sich selbst nicht gestattet, gewährt sie ihren Sklavinnen; sie dürfen auf der Tribüne den Wettkämpfen beiwohnen. Eine von ihnen, die schöne Lesbia, entdeckt dort Gyges, der wider Erwarten und unter dem Jubel der Lyder in allen Disziplinen den Sieg davonträgt. Er wendet am Ende kein Auge von ihr. Kandaules bemerkt dies und Lesbias Schönheit, gleichzeitig aber auch die unübertreffliche Schönheit Rhodopes. Weil er gern Gewissheit hätte, dass er sich nicht selbst belügt, will Kandaules den Freund davon überzeugen, indem er ihn mit ins Schlafgemach seiner Frau nimmt. Entsetzt weist Gyges den Vorschlag zurück, weil er ahnt, welche Schmach das für Rhodope bedeutete. Schließlich lässt er sich doch überreden, zumal der Ring die Gefahr der Entdeckung verhütet. Als es soweit kommt, verrät sich Gyges, von Rhodopes Schönheit ergriffen. Die Königin schöpft Verdacht und entdeckt die Tat, ohne vorerst den Täter und die Zusammenhänge zu erkennen. Gyges, der die Tragweite seines Tuns jetzt ganz erfasst, will sich dem Freunde opfern, um den Neid der Götter von ihm abzuwenden. Aber Kandaules begreift die Skrupel seines Freundes nicht, und er schickt ihm die schöne Lesbia als Geschenk. Auf Gyges wirkt das wie Hohn, denn seit er Rhodope gesehen hat, liebt er die Königin. Deren Verdacht, dass Gyges ohne Wissen ihres Gatten den Ring benutzt hat, wird scheinbar zur Gewissheit, als sie von der verschmähten Lesbia erfährt, dass Gyges sie, die Königin, liebe. Da sie außer ihrem Gatten keinem Mann unverschleiert begegnet, muss Gyges sie durch eine List gesehen haben. Vor die Königin gerufen, bekennt Gyges seine Schuld, ohne Kandaules zu verraten. Aber Kandaules will das selbstlose Opfer des Freundes nicht zulassen, und er nimmt die alleinige Schuld auf sich. Rhodope, die zuvor Gyges' Tod als Sühne des „ungeheuren Frevels" gefordert hatte, besteht nun darauf, dass Kandaules sterben müsse, und um die Schande vollends auszulöschen, werde sie sich Gyges anvermählen. Kandaules ist bereit zu sterben, doch einigen sich die beiden Freunde, in einem Zweikampf das Schicksal entscheiden zu lassen. Als Kandaules tödlich getroffen wird, bestimmt er Gyges, der beim Lydervolk hohes Ansehen genießt, seitdem er aus den Wettkämpfen als Sieger hervorging, zu seinem Nachfolger. Vor dem Altar der Hestia erklärt sich Rhodope Gyges zur Gemahlin. Die heilige Handlung hat jedoch nur eine Bedeutung: Rhodope sieht sich entsühnt (denn keiner sah sie mehr, als dem es ziemte). Gleich darauf gibt sie sich mit dem Dolch den Tod.

Im Jahre 1889 ließ Daimler sich den V-Motor patentamtlich schützen. Bei diesem Motor waren erstmals zwei Zylinder derart montiert, dass sie unter einem Winkel von etwa 20° zueinander geneigt waren und beide mit einer Umdrehung Zündungsabstand auf eine gemeinsame Kurbel arbeiteten. Im gleichen Jahre vollendete Daimler die Konstruktion eines Wagens, der unter völliger Loslösung vom Vorbild der Pferdedroschke ein in der Gesamtplanung als solches gedachtes Automobil darstellte. Dieses „Stahlrad", ein vierräderiger Wagen, dessen Gestell aus Stahlrohren zusammengefügt war, war für zwei Personen gedacht; es fand auf der Pariser Weltausstellung 1889 große Beachtung und viel Beifall bei den Besuchern aus aller Herren Ländern.

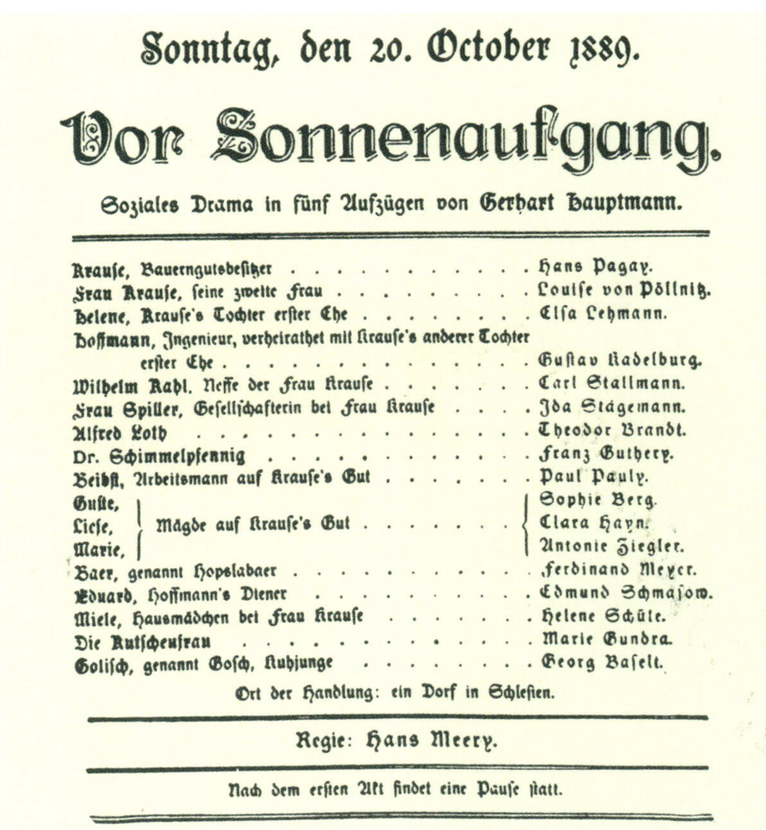

Sonntag, den 20. October 1889.

Vor Sonnenaufgang.

Soziales Drama in fünf Aufzügen von Gerhart Hauptmann.

Krause, Bauerngutsbesitzer . . . . Hans Pagay.
Frau Krause, seine zweite Frau . . . . Louise von Pöllnitz.
Helene, Krause's Tochter erster Ehe . . . . Elsa Lehmann.
Hoffmann, Ingenieur, verheirathet mit Krause's anderer Tochter erster Ehe . . . . Gustav Kadelburg.
Wilhelm Kahl, Neffe der Frau Krause . . . . Carl Stallmann.
Frau Spiller, Gesellschafterin bei Frau Krause . . . . Ida Stägemann.
Alfred Loth . . . . Theodor Brandt.
Dr. Schimmelpfennig . . . . Franz Guthery.
Beibst, Arbeitsmann auf Krause's Gut . . . . Paul Pauly.
Guste, Liese, Marie, Mägde auf Krause's Gut . . . . Sophie Berg. Clara Hayn. Antonie Ziegler.
Baer, genannt Hopslabaer . . . . Ferdinand Meyer.
Eduard, Hoffmann's Diener . . . . Edmund Schmasow.
Miele, Hausmädchen bei Frau Krause . . . . Helene Schüle.
Die Kutschenfrau . . . . Marie Gundra.
Golisch, genannt Gosch, Kuhjunge . . . . Georg Baselt.

Ort der Handlung: ein Dorf in Schlesien.

Regie: Hans Meery.

Nach dem ersten Akt findet eine Pause statt.

Theaterspielplan des Vereins Freie Bühne zur Aufführung „Vor Sonnenaufgang" von Gerhart Hauptmann am 20. Oktober 1889.

„Vor Sonnenaufgang"

Am 20. Oktober 1889 findet in Berlin die Uraufführung des Schauspiels „Vor Sonnenaufgang" von Gerhart Hauptmann statt. Hauptfigur ist ein edel denkender, charakterlich schwacher Sozialapostel (Alfred Loth), der in einer verkommenen schlesischen Bauernfamilie Haeckels Ideen von „gesundem Blut" verkündet. Inmitten einer heillosen Welt, die am wirksamsten in dem skrupellosen Emporkömmling Hoffmann verkörpert ist, versucht Loth, durch Abstinenzler-Predigten aufrüttelnd zu wirken. Als er sich vor die Wahl gestellt sieht, die Tochter aus dieser Säuferfamilie zu heiraten, verschuldet er durch sein Ausweichen vor der Ehe den Tod des Mädchens. Das Schauspiel hat die Stilrichtung des Naturalismus, die in Frankreich im „Théâtre libre" (unter der Leitung von André Antoine) bereits bestand, auch in Deutschland durchgesetzt. Die „Freie Bühne" – gegründet von Theodor Wolff, Maximilian Harden, Ludwig Fulda, den Brüdern Hart, Paul Schlenther, Julius Stettenheim, dem Rechtsanwalt Jonas, dem Verleger S. Fischer und dem Bühnenleiter Otto Brahm – nahm sich des Erstlingswerks des Dichters an, das für ein normales Repertoiretheater weitaus zu riskant, weil zu fortschrittlich, gewesen wäre, und brachte es 1889 als geschlossene Aufführung heraus.

Obwohl einige krasse Szenen einen Teil des Publikums schockierten, setzte sich Hauptmann als bühnenwirksamer Menschengestalter bereits mit diesem Schauspiel durch.

1890

JANUAR

7.1. Tod der preußischen Königin und Kaiserin Augusta, der Gemahlin Wilhelms I., in Berlin.

25.1. Der Reichstag lehnt die von Bismarck geforderte Verlängerung des Sozialistengesetzes ab.

31.1. Bismarck legt die Leitung des Handelsministeriums nieder. Den Posten übernimmt der Oberpräsident der Rheinprovinz, Hans Freiherr von Berlepsch.

FEBRUAR

4.2. In zwei gegen den Willen Bismarcks veröffentlichten Erlassen kündigt Kaiser Wilhelm II. eine Weiterführung der Versicherungsgesetzgebung an und stellt eine gesetzliche Regelung des Arbeitsschutzes und die Mitsprache der Arbeiterschaft in betrieblichen Fragen in Aussicht.

20.2. Bei den Reichstagswahlen müssen die Kartellparteien, auf die sich Bismarck gestützt hat, empfindliche Einbußen hinnehmen. Die bisherige Opposition besitzt nun die Mehrheit; den größten Gewinn verzeichnen dabei die Sozialdemokraten, die mit 1,5 Millionen die meisten Stimmen eingefahren haben. Die Verschlechterung der parlamentarischen Situation veranlasst Bismarck, die Möglichkeit eines Staatsstreichs zu erwägen.

MÄRZ

2.3. Unter Verweis auf eine Kabinettsordre von 1852 verpflichtet Bismarck seine Mitarbeiter, ihn vorher zu informieren, falls sie vom Kaiser zu Vorträgen geladen werden. Das soll verhindern, dass einzelne Minister bei Kaiser Wilhelm II. eine andere Politik vertreten als er.

15.3. In einer Aussprache mit Bismarck fordert Kaiser Wilhelm von seinem Kanzler, die 1852er Kabinettsordre zurückzuziehen. Als Bismarck sich weigert, ist der Bruch da.

18.3. In Berlin stirbt der Elektrotechniker und Partner von Werner von Siemens, Johann Georg Halske.

19.3. Bismarck reicht den vom Kaiser gewünschten Rücktritt ein. Nachfolger als Reichskanzler wird General Leo Graf von Caprivi.

22.3. In einem Telegramm an den Großherzog von Weimar kommentiert Kaiser Wilhelm die Entlassung Bismarcks mit den Worten: „Das Amt des wachhabnden Offiziers auf dem Staatsschiff ist Mir zugefallen. Der Kurs bleibt der alte. Volldampf voran!“

APRIL

3.4. Der preußische Kultusminister von Goßler erlässt eine „Anweisung zur Ausführung von Laufübungen“ mit Vorschlägen für die „mannigfachen Arten des Dauer-, Kunst-, Schnell- und Wettlaufs“. Leichtathletik ist im deutschen Schulsport bis dahin noch fast unbekannt.

7.4. „Die Familie Selicke“ von Arno Holz und Johannes Schlaf, ein Hauptwerk des Naturalismus in Deutschland, wird in der Freien Bühne Berlin uraufgeführt.

MAI

1.5. Der 1. Mai wird erstmals international als Kampftag der Arbeiterklasse begangen. In Deutschland kommt es zu Arbeitsniederlegungen.

27.5. Helene Lange sammelt die deutschen Pädagoginnen im Allgemeinen Deutschen Lehrererinnenverein.

28.5. Der Hofprediger Adolf Stoecker und der Theologe Adolf von Harnack gründen den Evangelisch-sozialen Bund, der sich um eine Lösung der sozialen Frage bemüht, gleichwohl aber gegen die Sozialdemokratie gerichtet ist.

Mai. Nachdem die Verhandlungen über eine Verlängerung des deutsch-russischen Rückversicherungsvertrages seit Februar nur hinhaltend geführt worden sind, gibt die Reichsregierung den Vertrag endgültig auf.

Leopold Karl Walter Graf von Kalckreuth, Sommer, 1890

JUNI

1.6. In der Freien Bühne Berlin findet die Uraufführung von Gerhart Hauptmanns Drama „Das Friedensfest“ statt.

22.6. Die in China stationierten europäischen Truppen, ca. 2000 Mann unter dem Kommando des britischen Generals Sir Edward Hubert Seymour, versuchen vergeblich, nach Peking vorzudringen, um die Boxer auszuheben. In einer kritischen Phase des Kampfes ordnet Seymour den Einsatz des deutschen Kontingents (22 Offiziere und 489 Mann unter Kapitän z.S. von Usedom) an. Sein Befehl „The Germans to the front!“ wird in Deutschland zum vielzitierten Schlachtruf.

JULI

1.7. Durch ein Abkommen mit England werden die Grenzen von Deutsch-Ostafrika endgültig festgelegt.

6.7. Der Verlag I.G. Cotta schließt mit Bismarck einen Vertrag über die Herausgabe seiner Memoiren ab.

29.7. In Berlin wird der Verein „Freie Volksbühne“ gegründet, der auch Arbeitern den Besuch von Theatern ermöglichen soll.

AUGUST

1.8. Abschluss des Helgoland-Sansibar-Vertrages mit England. Das Reich tritt Sansibar und den deutschen Teil der Somaliküste an England ab und erhält dafür die Insel Helgoland sowie für Deutsch-Südwestafrika einen Zugang zum Sambesi, den sog. „Caprivi-Zipfel“.

SEPTEMBER

30.9. Das Sozialistengesetz tritt außer Kraft.

OKTOBER

12.–18.10. Die Sozialdemokraten treffen sich in Halle zum ersten legalen Parteitag nach dem Fall des Sozialistengesetzes. Die Partei erhält ein Organisationsstatut, ihr neuer Name lautet Sozialdemokratische Partei Deutschlands (SPD).

24.10. Die Zentrumspolitiker Ludwig Windthorst und Franz Hitze gründen den Volksverein für das katholische Deutschland, eine Massenorganisation zur Abwehr der Sozialdemokratie.

NOVEMBER

4.11. Im „Bund deutscher Fußballspieler", der sich in Berlin konstituiert, schafft sich der deutsche Fußball eine Dachorganisation.

DEZEMBER

15.12. Gründung des „Deutschen Gymnasialvereins" zur Erhaltung des humanistischen Gymnasiums.

26.12. Der Archäologe Heinrich Schliemann stirbt in Neapel.

AUSSERDEM

Carl Legien wird Vorsitzender der Generalkommission der Gewerkschaften.

Otto Lilienthal unternimmt die ersten Flugversuche mit einem vogelähnlichen Gleitflugzeug.

Emil Hermann Fischer (Nobelpreis 1902) entwickelt die Traubenzuckersynthese.

Emil Behring entdeckt die Heilbehandlung mit Blutserum.

Paul Rudolph, Assistent Ernst Abbes, entwickelt das anastigmatische Objektiv, das Abbildungen ohne Verzerrungen ermöglicht.

Robert Koch erzeugt Tuberkulin (Diagnosemittel).

Der geistig umnachtete Philosoph Friedrich Nietzsche wird seiner Mutter in häusliche Pflege übergeben.

Julius Langbehn: „Rembrandt als Erzieher" (Begründung der Heimatkunstbewegung).

Theodor Fontane: „Stine" (Novelle).

Isolde Kurz: „Florentiner Novellen".

Stefan George: „Hymnen" (Gedichte).

Hans Thoma: „Taunuslandschaft" (Gemälde).

Heinrich Schliemann

* Neu-Buckow, 6. Januar 1822
† Neapel, 26. Dezember 1890

Als Sohn eines Pfarrers aus dem mecklenburgischen Städtchen Neu-Buckow startete Heinrich Schliemann als kaufmännischer Lehrling in Amsterdam. Hier hat er sich später in kürzester Frist als Großhändler ein stattliches Vermögen erworben, das ihm gestattete, seinen Wunschtraum zu erfüllen und Weltruhm zu erlangen: das Rätsel um Homer zu lösen, dessen wirkliche Existenz man anzweifelte. Friedrich August Wolff, der große Berliner Homer-Forscher, vertrat die Ansicht, dass an jedem der Gesänge nacheinander mehrere Dichter gearbeitet hätten und dass es niemals ein Troja oder einen trojanischen Krieg gegeben habe.

Schliemann schien der Gedanke, sein über alles verehrter Homer habe nicht gelebt, unerträglich, offenbarten ihm doch die Ilias und die Odyssee menschliche Wärme, und die Charakter- und Landschaftsschilderungen erschienen ihm der Wirklichkeit abgelauscht. Homer hatte von der Stadt Troja berichtet – also entschloss Schliemann sich, dieses Troja zu suchen. Statt auf einer Höhe bei dem türkischen Dorfe Bunarbacı, der bisher vermuteten Stelle, begann Schliemann 1871 bei dem Dorfe Hissarlik, wenige Kilometer landeinwärts der Dardanellen, zu graben; er verließ sich auf Homer, der Troja als eine in der Ebene gelegene Stadt geschildert hatte. Drei Jahre lang arbeitete er mit 150 Türken.

Als er schon aufgeben wollte, stieß er auf einen unermesslich wertvollen Goldschatz. Pfundschwere goldene Becher, silberne Kannen und Goldschmuck kamen in einer alten, wuchtigen, auf Felsgrund ruhenden Mauer zum Vorschein. Troja erschien gefunden.

Man hat Heinrich Schliemann gern mit Christoph Columbus verglichen, der auszog, den Westweg nach Indien zu finden und am Ziel seiner Fahrt auch glaubte, in Indien gelandet zu sein. Schliemann unternahm es, Troja auszugraben, und entdeckte in sechs untereinanderliegenden Schuttschichten sechs Siedlungen (später kamen noch zwei weitere hinzu), und der Streit, in welcher dieser Siedlungen das historische Troja gesehen werden muss, ist mit letzter Sicherheit auch heute noch nicht abgeschlossen. Aber die Authentizität Homers war seitdem erwiesen, und es ist die Grundauffassung der heutigen Homerforschung, dass die von Schliemann freigelegte Zitadelle die Stätte ist, auf der die in der homerischen Dichtung lebendig gehaltenen Erinnerungen an die Zerstörung Trojas anzusiedeln sind. Doch die unter dem Hissarlik und in den Gräbern von Mykene gefundenen Goldschätze sind um viele Jahrhunderte älter als Priamos und Agamemnon, und Schliemann, der sich den Erkenntnissen der Fachwelt nicht verschloss, hat sich schließlich davon überzeugen lassen, dass seine Funde nicht seinen geliebten trojanischen Helden, sondern einer weit älteren Generation angehörten.

Heinrich Schliemann.

Wie Columbus in seinem Irren einen neuen Erdteil entdeckte, so stieß Schliemann in seiner Homergläubigkeit mit seinem Spaten in eine bis dahin unbekannte frühgeschichtliche Welt vor, deren fundamentale Bedeutung für die Geschichte der Zivilisation erst unter seinen Nachfolgern voll erkannt wurde und die wir heute als „kretisch-mykenische Kultur" bezeichnen. Man fühlt sich an ein Wort des großen, ebenfalls in der Fachwelt umstrittenen amerikanischen Kulturhistorikers Will Durant erinnert: „Die Zivilisation ist immer älter, als wir meinen; und wo auch immer wir unter einem Rasen graben, liegen die Gebeine von Menschen, die ebenfalls arbeiteten und liebten, Lieder dichteten und schöne Dinge verfertigten, deren Name und Sein aber im unachtsamen Strom der Zeit versank."

Behutsamkeit bei den Grabungskampgnen war nicht seine Sache, weder beim Erlangen der Grabungsgenehmigungen, der „Fermans", wobei er ohne große Skrupel allen seinen finanziellen und politischen Einfluss geltend machte, noch beim Freilegen der Überreste selbst: Da ist die Rede von Brunnen, Schächten, Kanälen, Gräben, Minen, von Schornsteinen, Einschnitten und Plattformen, die mit Spaten und Hacken, mit Hämmern und Hackeisen, mit „riesigen" eisernen Hebeln, unter Einsatz von Böcken, Winden und Ketten, mit Hilfe von Schiebkarren, mancarts und pferdegezogenen Schuttwagen angelegt werden – ohne allzu viel Rücksicht auf alles, was Schliemann nicht zu „seinem" homerischen Troja zu gehören schien.

Zwar liegt seine Begeisterung über Helios – Metope und den Schatz des Priamos noch sehr auf der Linie der älteren, kunstgeschichtlich orientierten Archäologie, die vor allem antike Trophäen bergen wollte, mit seiner Suche nach dem historischen Troja verbindet sich aber eine erheblich weitergehende, „modernere" Absicht – nämlich durch Grabungen Aufklärungen über einen ganzen Zeitabschnitt zu erlangen, der jenseits der Grenze der überlieferten Geschichte lag.

Bismarcks Entlassungsgesuch

Fast dreißig Jahre hatte Bismarck den Hohenzollern als preußischer Ministerpräsident und zwei Jahrzehnte lang als Reichskanzler gedient, hatte das Reich geeint und seinem Herrn die Kaiserkrone gesichert. Als nun 1888 der noch nicht 30-jährige Wilhelm II. den Thron bestieg, war sein ganzes Bestreben, aus dem Schatten dieser übermächtigen Figur zu treten. Der Konflikt entzündete sich an sozialen Fragen, bündnispolitischen Problemen und schließlich an persönlichen Differenzen. Am 18. März 1890 bat Bismarck um seine Entlassung. Im Abschiedsgesuch formulierte der „Eiserne Kanzler" außenpolitische Warnungen, die geradezu prophetisch die Fehler beschworen, an denen das Kaiserreich scheitern sollte:

Nach früheren Besprechungen, die ich mit Eurer Majestät über die Frage hatte, ob Allerhöchstdenselben mein Verbleiben im Dienste unerwünscht sein würde, durfte ich annehmen, dass es Allerhöchstdenselben genehm sein würde, wenn ich auf meine Stellungen in Allerhöchstdero preußischen Diensten verzichte, im Reichsdienste aber bliebe. Ich habe mir nach näherer Prüfung dieser Frage erlaubt, auf einige bedenkliche Konsequenzen dieser Teilung meiner Ämter, namentlich bezüglich künftigen Auftretens des Kanzlers im Reichstage, in Ehrfurcht aufmerksam zu machen, und enthalte mich, alle Folgen, welche eine solche Scheidung zwischen Preußen und dem Reichskanzler haben würde, hier zu wiederholen.

Aber auch wenn es tunlich wäre, unsre auswärtige Politik so unabhängig von unsrer inneren und unsre Reichspolitik so unabhängig von der preußischen zu betreiben, wie es der Fall sein würde, wenn der Reichskanzler der preußischen Politik ebenso unbeteiligt gegenüberstände wie der bayrischen oder sächsischen und an der Herstellung des preußischen Votums im Bundesrate und dem Reichstage gegenüber keinen Anteil hätte, so würde ich doch, nach den jüngsten Entscheidungen Eurer Majestät über die Richtung unsrer auswärtigen Politik, wie sie in dem Allerhöchsten Handbillet (Der Kaiser beschwerte sich darüber, dass ihm von Bismarck Berichte des Konsuls in Kiew nicht rechtzeitig vorgelegt worden seien, in denen von russischen Truppenansammlungen an der österreichischen Grenze die Rede war. Er verlangte Gegenmaßnahmen und wollte einen geplanten Besuch am russischen Hofe absagen) zusammengefasst sind, mit dem Eure Majestät die Rückgabe der Berichte des Konsuls in Kiew begleiteten, in der Unmöglichkeit sein, die Ausführung der darin von Eurer Majestät vorgeschriebenen Anordnungen bezüglich der auswärtigen Politik zu übernehmen. Ich würde damit alle die für das Deutsche Reich wichtigen Erfolge infrage stellen, welche unsre auswärtige Politik seit Jahrzehnten im Sinne der beiden hochseligen Vorgänger Eurer Majestät in unseren Beziehungen zu Russland unter ungünstigen Verhältnissen erlangt hat und deren über Erwarten große Bedeutung für die Gegenwart und Zukunft Graf Schuwalow mir nach seiner Rückkehr von Petersburg soeben bestätigt hat.

Es ist mir bei meiner Anhänglichkeit an den Dienst des Königlichen Hauses und an Eure Majestät und bei der langjährigen Einlebung in Verhältnisse, welche ich für dauernd gehalten hatte, sehr schmerzlich, aus den gewohnten Beziehungen zu Allerhöchstdenselben und zu der Gesamtpolitik des Reichs und Preußens auszuscheiden, aber nach gewissenhafter Erwägung der Allerhöchsten Intentionen, zu deren Ausführung ich bereit sein müsste, wenn ich im Dienste bliebe, kann ich nicht anders als Eure Majestät alleruntertänigst bitten, mich aus dem Amte des Reichskanzlers, des Ministerpräsidenten und Preußischen Ministers der Auswärtigen Angelegenheiten in Gnaden und mit der gesetzlichen Pension entlassen zu wollen.

Nach meinen Eindrücken der letzten Wochen und nach den Eröffnungen, die ich gestern aus den Mitteilungen von Eurer Majestät Zivil- und Militärkabinett entnommen habe, darf ich in Ehrfurcht annehmen, dass ich mit diesem meinem Entlassungsgesuche den Wünschen Eurer Majestät entgegenkomme und also auf eine huldreiche Bewilligung meines Gesuches mit Sicherheit rechnen darf. Ich würde die Bitte um Entlassung aus meinen Ämtern schon vor Jahr und Tag Eurer Majestät unterbreitet haben, wenn ich nicht den Eindruck gehabt hätte, dass es Eurer Majestät erwünscht wäre, die Erfahrungen und Fähigkeiten eines treuen Dieners Ihrer Vorfahren zu benutzen. Nachdem ich sicher bin, dass Eure Majestät derselben nicht bedürfen, darf ich aus dem öffentlichen Leben zurücktreten, ohne zu befürchten, dass mein Entschluss von der öffentlichen Meinung als unzeitig verurteilt werde.

„Der Lotse geht von Bord". Karikatur der englischen Zeitschrift „Punch" zu Bismarcks Entlassung.

Kein neuer Rückversicherungsvertrag mit Russland

Bismarcks Vertragspolitik sei allzu kompliziert geworden, fanden seine Nachfolger. Also machten sie sich daran, sie zu vereinfachen. Das erste Bündnis, das sie aufgaben, war der Rückversicherungsvertrag mit Russland. Ein Memorandum, das der Unterstaatssekretär im Auswärtigen Amt, Maximilian Graf v. Berchem, 1890 verfasste, gibt die Überlegungen wieder, von denen sich die Politiker leiten ließen:

Der Vertrag, um dessen Erneuerung es sich handelt, hat den Zweck, kriegerische Ereignisse hervorzurufen, deren Lokalisierung äußerst unwahrscheinlich ist; wir können demnach leicht auf diesem Wege den allgemeinen Krieg herbeiführen, den wir sonst vielleicht heute vermeiden können und vermeiden sollen, auch nach der Meinung des Fürsten Bismarck; selbst im Falle unserer Neutralität würden wir am Ende immer in die undankbare Situation des Jahres 1878 geraten.

Durch den zu erneuernden Vertrag würde jedenfalls eine Macht von uns getäuscht, wahrscheinlich aber würden beide infragestehenden östlichen Nachbarn dadurch mystifiziert werden, denn zunächst verweigern wir den Österreichern die Bundeshilfe in der ersten entscheidenden Zeit der Entwickelung der bulgarischen Sache; sobald dieselbe einen weiteren Umfang genommen, müssen wir jedoch nach der oft ausgesprochenen Meinung des früheren Reichskanzlers dennoch für Österreich-Ungarn fechten, wenn dasselbe in Bedrängnis gerät, wodurch wir den Russen die Treue verletzen. Ein guter Friede kann daraus nicht erwachsen, wohl aber eine dauernde Verstimmung zweier großer Nationen, wie sie sich aus der Haltung Österreichs gegen Russland im Krimkriege ergeben hat.

Der Vertrag liefert uns schon in Friedenszeiten in die Hand der Russen; sie erhalten eine Urkunde, womit sie jeden Augenblick unsere Beziehungen zu Österreich, Italien, England und der Pforte trüben können. Wir haben die letzten Jahre namentlich England und Italien stets darauf hingewiesen, in Konstantinopel den Sultan zu unterstützen; die gegenteilige Sprache führen wir in der Urkunde – worin wir Bulgarien, das Tor von Konstantinopel und die Meerengen an Russland vertragsmäßig ausliefern. Sobald die Lage für Russland kritisch werden sollte, dürfte Österreich, von Petersburg aus über dieses Abkommen unterrichtet, mit Russland einen Separatfrieden auf unsere Kosten schließen, der in diesem Falle wegen des nicht ganz unbegründeten Verdachts unserer Felonie (Treubruch) in Österreich-Ungarn nicht unpopulär sein würde.

Der Vertrag gewährt keine Gegenseitigkeit. Aller Vorteil daraus kommt Russland zugute. Frankreich wird uns nicht angreifen, ohne Russlands Mitwirkung sicher zu sein. Eröffnet aber Russland den orientalischen Krieg, was die Absicht des Vertrags ist, und schlägt, wie voraussichtlich, Frankreich gleichzeitig gegen uns los, so ist die Neutralität Russlands gegen uns ohnedies in den Verhältnissen gegeben, sie liegt auch ohne Vertrag in diesem Falle im russischen Interesse. Der Vertrag sichert uns demnach nicht gegen einen französischen Angriff, gewährt hingegen Russland das Recht der Offensive gegen Österreich an der unteren Donau und verhindert uns an der Offensive gegen Frankreich, abgesehen davon, dass er in seiner Tendenz mit dem deutsch-österreichischen Bündnis schwer vereinbar ist.

Die Bestimmung des Zeitpunktes des europäischen Krieges der Zukunft wird durch den Vertrag demnach in Russlands Hände gelegt, und es erscheint nach den vorliegenden Anzeichen nicht ganz unwahrscheinlich, dass Russland, gedeckt durch Deutschland, ein Interesse hat, bald loszuschlagen.

Es darf dahingestellt bleiben, ob unser und unserer Verbündeten militärisches Interesse sich hiermit deckt.

Die Vereinbarung steht, wenn nicht dem Buchstaben, so jedenfalls dem Geiste der Tripleallianz direkt entgegen und wird uns, wenn die Russen im Süden losbrechen, voraussichtlich in Gegensatz zu befreundeten Mächten bringen. Der Vertrag ist aber auch praktisch undurchführbar. Fürst Bismarck hat wiederholt im Reichstag darauf hingewiesen, dass ein großer Krieg heutzutage nicht ohne lebhafte Begeisterung der Völker geführt werden könne. Diese Begeisterung würde fehlen, unsere Haltung würde dem deutschen Volke unverständlich bleiben, wenn wir im Falle von politischen Störungen anfangs ein schwer verständliches Spiel trieben, den Anschein erweckten, als wollten wir unsere Bundesgenossen im Stich lassen, und erst spät in die Aktion träten. Wir haben demnach allen Grund, die durch russische Initiative gegebene Gelegenheit, von der Abrede zurückzutreten, nicht unbenützt zu lassen; es muss dies in der freundschaftlichsten Weise geschehen.

Der Sozialdemokrat

Organ der Sozialdemokratie deutscher Zunge.

20 Mandate im ersten Wahlgang, 17 in der Stichwahl.

1,341,587 sozialdemokratische Wähler — 567,405 Zuwachs

Der erste Akt.

Zur Wahl der 397 Mitglieder des Deutschen Reichstags am 20. Februar 1890 waren die mindestens 25 Jahre alten Bürger berechtigt; Militärangehörige durften nicht wählen, konnten sich aber wählen lassen. Gewählt wurde nach dem Mehrheitssystem. Konnte ein Abgeordneter in seinem Wahlkreis nicht die absolute Mehrheit gewinnen, musste eine Stichwahl abgehalten werden. Bei den Wahlen erlitt die Nationalliberale Partei eine schwere Niederlage. Sie brachte nur noch 42 Abgeordnete in den Reichstag, während sich die sozialdemokratische Fraktion mehr als verdreifachte. Die Sitzverteilung war folgende (in Klammem jeweils die Mandate nach der Wahl von 1887): Zentrum 106 (98), Deutsch-Konservative 73 (80), Freisinnige/Fortschrittliche 66 (32), Nationalliberale 42 (99), Sozialdemokraten 35 (11), Reichspartei 20 (41), Polen 16 (13), Welfen 11 (4), Elsass-Lothringer 10 (15), Volkspartei 10 (-), Dänen 1 (1), Sonstige 7 (3).

1891

JANUAR

1.1. Eine neue Zeitung mit dem Titel „Vorwärts" löst den „Sozialdemokrat" als Zentralorgan der SPD ab.
1.1. Deutsch-Ostafrika wird zur Reichskolonie proklamiert. Die Verwaltung des Gebietes geht von der Deutsch-Ostafrikanischen Gesellschaft auf das Reich über.
10.1. Uraufführung der Operette „Der Vogelhändler" von Carl Zeller in Wien.
11.1. Im Berliner Residenztheater wird Gerhart Hauptmanns naturalistisches Drama „Einsame Menschen" uraufgeführt.
14.1. In Berlin findet die erste europäische Eisenbahn-Fahrplan-Konferenz statt.
22.1. Der HAPAG-Dampfer „Auguste Victoria" läuft in Cuxhaven zur ersten Luxuskreuzfahrt in der Geschichte der deutschen Passagierschifffahrt aus.
26.1. In Köln stirbt Nikolaus August Otto.

FEBRUAR

9.2. Alfred Graf von Schlieffen tritt die Nachfolge Alfred Graf von Waldersees als Chef des Großen Generalstabes an.

MÄRZ

14.3. Tod des Politikers Ludwig Windthorst in Berlin.

APRIL

9.4. Als Antwort auf den Helgoland-Sansibar-Vertrag, der dem Deutschen Reich angeblich nicht genug eingebracht hat, wird in Berlin der Alldeutsche Verband gegründet. Er versteht sich als Hüter völkisch-nationaler Interessen und tritt für eine deutsche Großmachtpolitik, Kolonialerwerb und Flottenbau ein.
24.4. In Berlin stirbt Helmuth Graf von Moltke, Generalfeldmarschall, 1857–1888 Chef des Großen Generalstabes.

MAI

1.5. Papst Leo XIII. verkündet die Enzyklika „Rerum novarum". Zum ersten Mal nimmt das Oberhaupt der katholischen Kirche Stellung zur sozialen Frage. Er fordert den Staat auf, sich für die Belange der Arbeiter einzusetzen und betont deren Recht, Vereinigungen zu bilden.
6.5. Der 1882 zwischen dem Deutschen Reich, Österreich-Ungarn und Italien geschlossene Bündnisvertrag („Dreibund") wird erneuert.

JUNI

1.6. Inkrafttreten einer neuen Gewerbeordnung. Sie verbietet die Sonntagsarbeit sowie die Fabrikarbeit von Kindern unter 13 Jahren; die tägliche Arbeitszeit von Jugendlichen unter 16 Jahren wird auf 10, die von Frauen auf 11 Stunden begrenzt.
1.–6.6. Auf dem Allgemeinen Metallarbeiterkongress konstituiert sich der Deutsche Metallarbeiterverband, die Vorform der Industriegewerkschaft.

Max Liebermann, Bürgermeister Carl Friedrich Petersen, 1891.

JULI

1.7. Ernst Abbe, Teilhaber und Erbe von Carl Zeiss, gründet die Carl-Zeiss-Stiftung in Jena. Finanzielle Grundlage der Stiftung bilden die Firma Carl Zeiss sowie Anteile an der Firma Jenaer Glaswerk Schott & Genossen. Die Carl-Zeiss-Stiftung fördert gemeinnützige Projekte und schafft vorbildliche Arbeitsbedingungen (bezahlter Urlaub, Achtstundentag, Gewinnbeteiligung, Pensionsanspruch).

AUGUST

2.8. Die Wallfahrt zum Heiligen Rock nach Trier wird nach 47 Jahren Pause wiedereröffnet.
24.8. Erste Übertragung von Drehstrom durch den russischen Elektrotechniker Michail Doliwo-Dobrowolski auf der Strecke Lauffen am Neckar–Frankfurt am Main.

OKTOBER

14.–20.10. Der Parteitag der SPD in Erfurt verabschiedet das stark marxistische Erfurter Programm. Es stellt die Erlangung der politischen Macht, die Überwindung der Klassengesellschaft und die Umwandlung von Privat- in Volkseigentum als oberste Ziele heraus.

NOVEMBER

23.11. Das Deutsche Reich schließt sich dem zwischen Österreich-Ungarn und Rumänien geschlossenen und gegen einen möglichen russischen Angriff gerichteten Beistandsabkommen an.

DEZEMBER

14.12. Im Verlag Ullstein in Berlin erscheint die erste Nummer der „Berliner Illustrierten".
Dezember. Auf Initiative von Reichskanzler Caprivi werden Handelsverträge mit Österreich-Ungarn, Italien und Belgien geschlossen. Die Vertragspartner

vereinbaren Zollsenkungen für Im- und Exporte.
28.12. Herausgegeben von der Sozialistin Clara Zetkin erscheint in Stuttgart erstmals eine Zeitschrift für Arbeiterinnen, „Gleichheit".

AUSSERDEM

Gründung der „Zentralstelle für Arbeiterwohlfahrtseinrichtungen".
Fertigstellung der Eschbach-Talsperre bei Remscheid, der ersten größeren Talsperre Deutschlands. Der Stausee fasst ca. 1 Million Kubikmeter Wasser.
Gabriel Lippmann entwickelt ein Verfahren, mit dem sich Fotografien in natürlichen Farben aufnehmen lassen.
Der erste „Closetpapier-Automat" oder „Distributeur für Closetpapier" mit ineinander gefalztem Papier kommt in den Handel.
Als erstes deutsches Schiff gewinnt der HAPAG-Schnelldampfer „Fürst Bismarck" das Blaue Band auf der Strecke England-Amerika.
Der Bielefelder Apotheker August Oetker legt mit der Einführung des Backpulvers „Backin" den Grund für den Lebensmittelkonzern „Dr. Oetker".
Der „Bund Deutscher Fußballspieler" veranstaltet die erste (inoffizielle) deutsche Fußballmeisterschaft. Sieger wird die Mannschaft von Germania 1888 Berlin.
Frucht der Reform des höheren Schulwesens in Preußen ist u.a. die Einführung einer dritten Wochenturnstunde.
Erstmals sind Frauen zur Immatrikulation an der mathematisch-technischen Fakultät der Universität Heidelberg zugelassen.
Der Psychiater Auguste Forel veröffentlicht mit „Die Trinksitten, ihre hygienische und soziale Bedeutung" eine grundlegende Kampfschrift der Abstinenzbewegung.
Auf Anregung des Literarhistorikers Franz Kaim werden die Münchener Philharmoniker gegründet.
Gründung des Schlierseer Bauerntheaters.
Frank Wedekind: „Frühlings Erwachen" (Drama).

Graf Helmuth von Moltke

* Parchim, 26. Oktober 1800
† Berlin, 24. April 1891

Im Krieg 1866, als der Generalstabschef von König Wilhelm I. die Befugnis erhalten hatte, unmittelbar Befehle zu erteilen, fragte ein Kommandierender General: „Wer ist eigentlich dieser General von Moltke?" Auch in der Zeit, als der Ruhm dreier siegreicher Kriege seinen Namen umstrahlte und den „großen Schweiger" der Nimbus des unbesiegbaren Feldherrn umgab, blieb er seiner Art treu, nach außen möglichst wenig hervorzutreten und in der Stille des „Roten Hauses" seine Generalstabsarbeit zu verrichten. Das Ideal zeitabgewandter Pflichterfüllung, das er für den Generalstab aufgestellt hatte: „Mehr sein als scheinen!", war auch der Leitstern für sein eigenes Leben und Wirken. Man hat Moltke oft mit Scharnhorst verglichen. Er war wie jener der Typ des gelehrten Offiziers, der auch den geistigen Bewegungen seiner Zeit nahestand. Aber im Gegensatz zu Scharnhorst wurde für ihn die Politik kein Lebenselement, obgleich er viele Jahre lang Mitglied des Reichstags war. Weil er die politischen Entscheidungen neidlos und selbstverständlich dem Staatsmann überließ, entstand kein trennendes Zerwürfnis zwischen ihm und Bismarck, so verschieden ihre Naturen und so gegensätzlich oft ihre Ansichten waren. Aber Moltke sah es doch als Pflicht des Generalstabschefs an, bei seinen Arbeiten, in denen er künftige Kriegsmöglichkeiten behandelte, auch außenpolitische Überlegungen in Rechnung zu stellen.
Moltke gehörte, wie Scharnhorst, zu den Nichtpreußen, die ihre Lebensaufgabe im preußischen Dienst gesucht haben. Es ist erstaunlich, wie stark die Anziehungskraft dieses vielgeschmähten Staates seit Friedrich dem Großen gewesen ist.
Moltke ist als junger Offizier aus dem dänischen in den preußischen Militärdienst übergetreten, weil ihm dieser die größeren Entwicklungsmöglichkeiten zu bieten schien. Aber nach seiner geistigen und ethischen Veranlagung hätte er diesen Schritt wohl nicht getan, wenn ihn nicht auch das Staatswesen angezogen hätte, in dessen Heer er eintrat.
Er ist für die Fehler Preußens und des deutschen Volkes nie blind gewesen. Doch für ihn überwog das Positive. Das Beste des Preußentums, die nicht auf Lob und Lohn bedachte Pflichterfüllung, die äußerem Glanz und Schein

Helmuth von Moltke.

das herbe und karge Leben „im Dienst", im Aufgehen, in der gestellten Aufgabe, vorzog, entsprach Moltkes innerlichstem Wesen. So ging auch von ihm, dessen Schule fast alle künftigen Führer der deutschen Armee durchliefen, die preußische Forderung aus. Sie beschränkte den Staatsbürger auf einen verengten Bezirk, um ihn da Hervorragendes leisten zu lassen. Aber sie ließ auch genügen, dass er sich darin erschöpfte und der größeren Verantwortung für das Staatsganze entfremdet wurde. Wie Bismarck bei dem preußischen „Geheimrat", der in seinen besten Vertretern Muster und Vorbild des Berufsbeamtentums überhaupt gewesen ist, das Schwinden des politischen Blicks und Verständnisses beklagte, so entstand im Heer der Typ des militärischen Fachmanns, der außerhalb des eigenen Bereichs unsicher war und dem Offizierideal eines Scharnhorst, Gneisenau, Boyen nicht mehr entsprach. Wenn Bismarck bei seiner Kritik auch mit der bei ihm üblichen scharfen und nicht immer gerechten Beurteilung im Wesentlichen den „liberalen" Geheimrat gemeint hatte, so traf sein Urteil doch den schwachen Punkt in der preußisch-deutschen Beamtenschaft überhaupt. Unter der Monarchie und auch in der demokratischen Republik traten die Vorzüge des Systems der Fachleute im Zivil und Militärdienst hervor. Unter einer Diktatur sollten sich die Schwächen zeigen.
Moltke selbst ließ sich des Geistes Weite nicht durch Fachfesseln einengen. Er wurde in seinen Briefen einer der großen Meister der deutschen Sprache. In ihnen bekundete er die Beobachtungsgabe, die jede Kleinigkeit wahrnimmt und doch die großen Zusammenhänge überblickt, bewies er sein tiefes Verständnis für die kulturellen Bewegungen, schöpfte er unmittelbar aus dem Born seines den Höhen zugewandten Geistes und des dem Schönen aufgeschlossenen Gemüts.
Moltke kannte nur die Kriege seiner Zeit. Er konnte noch nicht ahnen, welche apokalyptischen Greuel der moderne Krieg mit seinen technischen „Errungenschaften" und seiner grauenvollen Entmenschung über die Menschheit heraufbeschwören würde. Aber er sah mit dem prophetischen Blick des Mannes, der zugleich Feldherr und weise war, voraus, dass ein Krieg in Europa nicht mehr wie die von ihm geführten Kriege in Jahresfrist beendet werden könne, dass er sieben oder dreißig Jahre dauern würde.
Deshalb rief der neunzigjährige Helmuth Graf von Moltke dem Reichstag das Wort zu, das als Warnung vor den Nationen Europas steht: „Wehe dem, der Europa in Brand steckt."

Das Deutsche Reich übernimmt Deutsch-Ostafrika

Nur zögernd hatte sich Reichskanzler Bismarck auf koloniales Parkett gewagt. Zunächst ließ er den deutschen Besitzungen nur Schutzbriefe ausfertigen, um bei Konflikten mit den Briten notfalls einen Rückzieher machen zu können. Nach Bismarcks Abgang löste sich Kaiser Wilhelm II. rasch von solcher Vorsicht und ließ Deutsch-Ostafrika am 1. Januar 1891 offiziell vom Reich übernehmen. Mit welchen Methoden der koloniale Besitz damals erweitert wurde, schildert Carl Peters, der eigentliche Begründer Deutsch-Ostafrikas, in seinen Erinnerungen:

Man wird nicht von mir erwarten, dass ich an dieser Stelle im Einzelnen darlege, wie es geschehen, dass die Beherrscher des Landes oft recht schnell so große Abtretungen an uns Deutsche vornahmen. Das wäre einerseits im Allgemeinen gar nicht möglich, und andererseits liegt es auch gar nicht in unserem Interesse. Zur Erklärung darf im Großen und Ganzen auf die an allen Orten herrschende Not hingewiesen werden, welche die Eingeborenen besonders geneigt machte, an weiße Männer sich anzuschmiegen. Genau wie Deutschland nach der aktiven, so ist Ostafrika kolonisationsbedürftig nach der passiven Seite hin. Die üppigen Landschaften, verödet durch jahrhundertlange Sklavenjagden, liegen da wie die Obstbäume der Frau Holle und harren der Hand, die bereit ist, den reichen Segen zu ernten. Selbst in den Schwarzen dämmert die Erkenntnis auf, dass es besser mit ihnen werden wird, wenn Weiße als Herren des Landes unter ihnen wohnen . . .

Nahten wir uns einem Kraal, wo ein Kontrakt zu machen war, so pflegte ich mit dem Dolmetscher und denjenigen von meinen Leuten zusammen zu marschieren, welche irgend etwas von dem betreffenden Herrscher, seinem Charakter, seinen Schicksalen, seinem Besitzstand mitteilen konnten. Wir hielten uns dichter zusammen als an anderen Tagen, und der Einzug in den Kraal geschah mit einer Art von Pomp.

Waren Araber in der Nähe, von denen wir Gegenintrigen erwarteten, so ließ ich unsere Leute auf gut Glück ihre Büchsen abfeuern, um die „Kanaillen" einzuschüchtern. Ich selbst hatte mir, um den Sultanen ebenbürtiger zu erscheinen, eine Reihe von Fahnen mitgenommen, die ich aufziehen ließ, wo dies am Platz schien. Außerdem waren Gerüchte von meiner Macht und meinem Einfluss in Umlauf gesetzt, und schließlich hatte ich mir meine Haare herunterscheren lassen und sah nun aus, da ich auch meinen Bart anders trug, wie ein alter, ehrwürdiger Mann.

Zogen wir in einen Kraal ein, so begaben Jühlke und ich uns zu Seiner Hoheit und fragten, was sonst nie geschah, ob er gestatte, dass auch wir unser Lager aufschlügen. In Mbusine, bei Mbuela, knüpften wir sofort ein recht kordiales Verhältnis an, indem wir den Sultan zwischen uns auf ein Lager (Kitanda) nahmen, von beiden Seiten unsere Arme um ihn schlagend. Wir tranken dann einen Trunk guten Grogs und brachten Seine Hoheit von vornherein in die vergnüglichste Stimmung. Als Graf Pfeil (Teilnehmer der Expedition) erschien, meinte er, das sei ja schon ein recht vielversprechender Anblick.

Alsdann wurden die Ehrengeschenke ausgetauscht, und wir zogen uns zum Mittagessen in unser Lager zurück. Nach dem Essen machte uns der Sultan seinen Gegenbesuch, wobei wir ihn mit süßem Kaffee traktierten.

Alsdann begannen auch die diplomatischen Verhandlungen und aufgrund derselben wurde der Kontrakt abgeschlossen.

Als dies geschehen war, wurden die Fahnen auf einer die Umgegend beherrschenden Höhe gehisst, der Vertrag in deutschem Text von Dr. Jühlke verlesen, ich hielt eine kurze Ansprache, wodurch ich die Besitzergreifung als solche vornahm, die mit einem Hoch auf Seine Majestät den deutschen Kaiser endete, und drei Salven, von uns und den Dienern abgegeben, demonstrierten den Schwarzen ad oculos, was sie im Fall einer Kontraktbrüchigkeit zu erwarten hätten. Man wird sich nicht leicht vorstellen, welchen Eindruck der ganze Vorgang auf die Neger zu machen pflegte. In das Hoch auf den Kaiser stimmten sie kreischend und springend, die Sultane voran, mit ein, bei den Salven wichen sie scheu zurück.

Wilhelm II. in Admiralsuniform. Gemälde von Robert Hahn. So eindeutig sich Wilhelm II. dem Ausbau der Flotte verpflichtet fühlte, so eindeutig lässt sich auch sagen, dass Deutschlands letzter Kaiser kein Kriegstreiber war. Auch wenn er mit seinen prunkenden Uniformen, seinen martialischen Reden von der „gepanzerten Faust", seiner Vorliebe für Paraden und Manöver im Ausland häufig als Inbegriff des preußisch-deutschen Militarismus galt, so war er doch – um mit Sebastian Haffner zu sprechen – „im Grunde genommen eine sensible, nervöse und friedliebende Natur".

Nikolaus August Otto

Am 26. Januar 1891 stirbt in Köln der Ingenieur Nikolaus August Otto, der Erbauer der ersten wirtschaftlich arbeitenden Gasverbrennungskraftmaschine.

Der Viertaktmotor, der als „Ottomotor" in die Geschichte der Technik eingegangen ist, wurde zweimal erfunden; von dem Uhrmacher Christian Reithmann in München und – unabhängig von ihm – von Nikolaus August Otto. Vom Beruf des Kaufmanns hatte sich der 1832 in Holzhausen im Rhein-Lahn-Kreis geborene Otto der Schaffung leistungsfähiger Gasmaschinen zugewandt, nachdem um 1860 der Gasmotor des Franzosen Lenoir bekannt geworden war. Otto hatte zunächst eine kleine Versuchsmaschine gebaut, die bereits nach dem Viertaktverfahren arbeitete. Durch ver-

Nikolaus August Otto.

schiedene Verbesserungen gelang es Otto, eine besser arbeitende atmosphärische Gasmaschine, die in verschiedenen Staaten patentiert wurde, zu konstruieren. Bei ihr wurde der Kolben durch die Zündung eines Gas-Luft-Gemisches emporgeschleudert, ohne seine Arbeit auf das Schwungrad zu übertragen; erst wenn ihn der Luftdruck abwärtsbewegte, wurde das Schwungrad angetrieben. Diese Maschine lief ruhiger. Auf der Pariser Weltausstellung von 1867 zeigte sich, dass sie weniger Gas verbrauchte als die Maschine von Lenoir. Sie wurde mit einer Goldmedaille ausgezeichnet. In dem Kölner Ingenieur Eugen Langen fand Otto einen Fachmann und Geldgeber, mit dem er gemeinsam eine Werkstatt gründete. 1872 wurden beide die ersten Direktoren der neugegründeten Gasmotorenfabrik Köln-Deutz A.G. Auch Gottlieb Daimler und Wilhelm Maybach, die das Kraftfahrwesen maßgeblich gefördert haben, traten in diese Firma ein. Am 4. August 1877 erhielt Otto das Patent auf die von ihm durchkonstruierte Viertaktmaschine, die sich durch kleine Abmessungen und geringes Gewicht auszeichnete. Trotz Reithmanns Prioritätsrecht am Viertaktmotor bleibt es Ottos Verdienst, diesen Motor nicht nur selbständig erfunden, sondern ihn der Allgemeinheit nutzbar gemacht zu haben.

Das Erfurter Programm der SPD

Auf ihrem Parteitag in Erfurt (14. bis 20. Oktober 1891) verabschiedete die Sozialdemokratische Partei Deutschlands ein stark marxistische geprägtes Programm. Seine Hauptforderungen lauteten:

1. Allgemeines, gleiches, direktes Wahl- und Stimmrecht mit geheimer Stimmabgabe aller über 20 Jahre alten Reichsangehörigen, ohne Unterschied des Geschlechts für alle Wahlen und Abstimmungen. Proportional-Wahlsystem; und bis zu dessen Einführung gesetzliche Neueinteilung der Wahlkreise nach jeder Volkszählung. Zweijährige Gesetzgebungsperioden. Vornahme der Wahlen und Abstimmungen an einem gesetzlichen Ruhetag. Entschädigung für die gewählten Vertreter. Aufhebung jeder Beschränkung politischer Rechte außer im Falle der Entmündigung.
2. Direkte Gesetzgebung durch das Volk vermittelst des Vorschlags- und Verwerfungsrechts. Selbstbestimmung und Selbstverwaltung des Volks in Reich, Staat, Provinz und Gemeinde. Wahl der Behörden durch das Volk, Verantwortlichkeit und Haftbarkeit derselben. Jährliche Steuerbewilligung.
3. Erziehung zur allgemeinen Wehrhaftigkeit. Volkswehr an Stelle der stehenden Heere. Entscheidung über Krieg und Frieden durch die Volksvertretung. Schlichtung aller internationalen Streitigkeiten auf schiedsgerichtlichem Wege.
4. Abschaffung aller Gesetze, welche die freie Meinungsäußerung und das Recht der Vereinigung und Versammlung einschränken oder unterdrücken.
5. Abschaffung aller Gesetze, welche die Frau in öffentlich- und privatrechtlicher Beziehung gegenüber dem Manne benachteiligen.
6. Erklärung der Religion zur Privatsache. Abschaffung aller Aufwendungen aus öffentlichen Mitteln zu kirchlichen und religiösen Zwecken. Die kirchlichen und religiösen Gemeinschaften sind als private Vereinigungen zu betrachten, welche ihre Angelegenheiten vollkommen selbständig ordnen.
7. Weltlichkeit der Schule. Obligatorischer Besuch der öffentlichen Volksschulen. Unentgeltlichkeit des Unterrichts, der Lehrmittel und der Verpflegung in den öffentlichen Volksschulen sowie in den höheren Bildungsanstalten für diejenigen Schüler und Schülerinnen, die kraft ihrer Fähigkeiten zur weiteren Ausbildung als geeignet erachtet werden.
8. Unentgeltlichkeit der Rechtspflege und des Rechtsbeistands. Rechtsprechung durch vom Volk gewählte Richter. Berufung in Strafsachen. Entschädigung unschuldig Angeklagter, Verhafteter und Verurteilter. Abschaffung der Todesstrafe.
9. Unentgeltlichkeit der ärztlichen Hilfeleistung einschließlich der Geburtshilfe und der Heilmittel. Unentgeltlichkeit der Totenbestattung.
10. Stufenweise steigende Einkommen- und Vermögenssteuer zur Bestreitung aller öffentlichen Ausgaben, soweit diese durch Steuern zu decken sind. Selbsteinschätzungspflicht. Erbschaftsteuer stufenweise steigend nach Umfang des Erbguts und nach dem Grade der Verwandtschaft. Abschaffung aller indirekten Steuern, Zölle und sonstigen wirtschaftspolitischen Maßnahmen, welche die Interessen der Allgemeinheit den Interessen einer bevorzugten Minderheit opfern.

Nr. 138. Preis pro Nummer 10 Pfennig. 1891.

Der wahre Jacob

Erscheint alle 14 Tage einmal.

Zu beziehen durch alle Buchhandlungen und Kolporteure, sowie durch die Post (eingetragen unter Nr. 6491), in Berlin auch durch jeden Zeitungsspediteur und Zeitungsverkäufer.

Blitzdrahtmeldungen.

Berlin. Es verlautet, Professor Dr. Koch habe den Nothstands-Bazillus entdeckt. Die Nachricht wird in den maßgebenden Kreisen sehr ungläubig aufgenommen.

— Eugen Richter will, um das soziale Elend zu mildern, einige Tausend Exemplare der „Freisinnigen Zeitung“ unter die Armen gratis vertheilen lassen.

Sachsen. Die sozialdemokratischen Wahlsiege bei der Landtagswahl haben in den Kreisen der Spießbürger so arg verschnupft, daß eine Influenza-Epidemie auszubrechen droht.

Bayern. In München hätte kürzlich beinahe eine Arbeiterinnen-Versammlung stattgefunden. Durch rechtzeitige Alarmirung der Feuerwehr gelang es, dieses Unglück im Keime zu ersticken.

Afrika. Es sind neue Unruhen zu befürchten, da die ostafrikanische Schutztruppe wieder in Stand gesetzt wird. Die Wahehe sind bemüht, einen Sicherheitsdienst im Innern zu organisiren.

Merkwürdige Frage.

Engländer: Was ist das?
Der wahre Jacob: Das ist Bismarck's Sozialreform.

„Der wahre Jacob“ war eine der Sozialdemokratie nahestehende politisch-satirische Wochenschrift. Der Titel von 1891 zeigt eine Karikatur auf „Bismarcks Sozialreformen.

1892

JANUAR

14.1. Der im November 1891 begonnene Buchdruckerstreik für einen neunstündigen Arbeitstag bricht unter dem Druck von Polizei und Justiz zusammen.

FEBRUAR

22.2. Die Steyler Missionsgesellschaft errichtet in der Kolonie Togo eine „Apostolische Präfektur".

MÄRZ

14.–18.3. Beim ersten Kongress der Gewerkschaften Deutschlands wird die Einrichtung von Zentralverbänden beschlossen, um die Kampfkraft der örtlichen Gewerkschaftsorganisationen zu stärken.
17.3. Massiver Widerstand der Liberalen gegen die Pläne der preußischen Regierung, ein reaktionäres Volksschulgesetz einzuführen, führt zum Rücktritt des Kultusministers von Zedlitz.
19.3. Eine Gesetzesnovelle zur Krankenversicherung schränkt deren Leistungen ein.
Der Reichstag nimmt das Gesetz über die „Gesellschaften mit beschränkter Haftung" (GmbH) an.
23.3. Reichskanzler Caprivi tritt von seinem Posten als preußischer Ministerpräsident zurück, nachdem seine Pläne zur Wiedereinführung der Konfessionsschule und zur Reform der Landgemeinden in den Ostprovinzen im Landtag gescheitert sind. Nachfolger wird Botho Graf von Eulenburg.

APRIL

1.4. Die Eisenbahnen in Bayern, Württemberg und Baden führen die einheitliche Mitteleuropäische Zeit ein. Die übrigen deutschen Bahnen folgen im nächsten Jahr.
6.4. Der Führer der Deutsch-Konservativen, Otto Heinrich von Helldorf, tritt nach Richtungskämpfen in seiner Partei zurück.
24.4. Die Krupp-Werke präsentieren ein neues Geschütz mit einer Reichweite von 20 km.

JUNI

26.6. Der ehemalige Reichskanzler Bismarck veröffentlicht in der „Westfälischen Allgemeinen Zeitung" eine scharfe Kritik an der Außenpolitik seines Nachfolgers Caprivi.
Juni. Bismarcks Reise nach Wien zur Hochzeit seines Sohnes Herbert mit der ungarischen Gräfin Marguerite Hoyos wird zu einem Triumphzug. Überall versammeln sich Menschenmengen, um dem Ex-Kanzler zu huldigen. Das ist umso eindrucksvoller, als die Reichsregierung zuvor versucht hat, das Ereignis herunterzuspielen und ihren Diplomaten in einem Erlass, dem sog. „Uriasbrief", untersagt hat, an der Hochzeitsfeier teilzunehmen.

AUGUST

9.8. Botho Graf von Eulenburg übernimmt zusätzlich zum Amt des preußischen Ministerpräsidenten auch das des preußischen Innenministers.
15.8. In Hamburg wird der erste Fall von asiatischer Cholera festgestellt. An der Seuche sterben bis Mitte Oktober 8500 Menschen. Hauptgründe für die Ausbreitung der Cholera sind ungesunde Wohnverhältnisse und eine unzureichende Versorgung mit sauberem Trinkwasser. Der Bakteriologe Robert Koch sagt am 24.8. nach einer Besichtigung der Arbeiterquartiere in der Innenstadt: „Ich vergesse, dass ich mich in Europa befinde."
18.8. Frankreich und Russland sichern sich in einer geheimen Militärkonvention gegenseitigen Beistand im Fall eines deutschen Angriffes zu.

R. DIESEL
MÜNCHEN

KAISERLICHES PATENTAMT.

AUSGEGEBEN DEN 23. FEBRUAR 1893.

PATENTSCHRIFT

— № 67207 —

KLASSE 46: Luft- und Gaskraftmaschinen.

RUDOLF DIESEL in BERLIN.

Arbeitsverfahren und Ausführungsart für Verbrennungskraftmaschinen.

Patentirt im Deutschen Reiche vom 28. Februar 1892 ab.

Das Arbeitsverfahren der bisher bekannten Motoren, welche die Verbrennungswärme von Brennstoffen direct im Cylinder zur Arbeitsleistung verwenden, ist durch das theoretische Indicatordiagramm (Fig. 1) gekennzeichnet.

Auf der Curve 1, 2 wird ein Gemenge von Luft und Brennstoff comprimirt, im Punkt 2 wird das brennbare Gemenge entzündet; durch die nun folgende Verbrennung tritt eine plötzliche Drucksteigerung von 2 nach 3 ein, begleitet von einer sehr bedeutenden Temperatursteigerung; die explosionsartige Verbrennung ist eine so rasche, dafs der Weg des Kolbens während der Verbrennung nahezu Null ist. Im Punkt 3 ist die Verbrennung der Hauptsache nach beendigt. Von 3 nach 1 hin findet Expansion unter Arbeitsverrichtung statt, wodurch Druck und Temperatur der Verbrennungsgase wieder sinken.

Bei allen bisher bekannten Verbrennungsverfahren ist der Verbrennungsvorgang sich selbst überlassen, sobald die Zündung stattgefunden hat; der Druck und die Temperatur werden bei denselben nicht während des eigentlichen Verbrennungsvorganges im Verhältnifs zum jeweiligen Volumen der Luftmasse geregelt oder gesteuert.

Aus diesem unrichtigen Verhältnifs zwischen Druck, Temperatur und Volumen entspringen bei allen diesen Verfahren folgende Nachtheile:

1. Die durch die Verbrennung entstehende Temperatur ist immer so hoch, dafs die mittlere Temperatur des Cylinderinhaltes, welche das Dichthalten der Organe, die Schmierung, überhaupt den praktischen Gang der Maschine ermöglicht, nur durch energische Kühlung der Cylinder- bezw. Ofenwände erreichbar ist, wodurch ein grofser Wärmeverlust entsteht.

2. Die Verbrennungsgase werden durch die Expansion ungenügend abgekühlt und entweichen noch sehr heifs, was einen zweiten grofsen Wärmeverlust bedeutet.

Auch diejenigen Motoren, welche von 1 nach 2, Fig. 1, reine Luft comprimiren und in der Nähe des Punktes 2 plötzlich Brennmaterial unter gleichzeitiger Zündung einspritzen, zeigen die Drucksteigerung 2, 3, verbunden mit bedeutender Temperatursteigerung.

Dasselbe findet statt bei den Motoren, welche die Compression 1, 2 so hoch treiben, dafs die durch Compression entstehende Temperatur das Gemisch von selbst entzündet. Die Entzündungstemperaturen der meisten Brennmaterialien liegen sehr niedrig, für Petroleum z. B. bei 70 bis 100° C.; wenn durch die Compression diese Temperatur entstanden ist, was schon bei niedrigen Drucken der Fall ist (bei Petroleum unter 5 Atm., bei Gas ca. 15 Atm.), so findet die Zündung von selbst statt; die auf die Zündung folgende Verbrennung steigert aber auch hier die Temperatur sehr bedeutend und erzeugt die Drucksteigerung 2, 3, Fig. 1. Die bei der Verbrennung auftretende höchste Temperatur oder Verbrennungstemperatur ist von der Entzündungstemperatur, welche nur von den physikalischen Eigenschaften des Brennmaterials abhängt, vollständig unabhängig.

Patentschrift für Rudolf Diesels Zweitakt-Reihenmotor.

OKTOBER

1.10. Maximilian Harden gründet „Die Zukunft", eine politisch-kulturelle Wochenschrift, die durch beißende Kritik an der den Kaiser umgebenden „Kamarilla" von sich reden macht.

NOVEMBER

9.11. Die Pazifisten Alfred Hermann Fried und Bertha von Suttner gründen in Berlin die Deutsche Friedensgesellschaft. Publikationsorgan ist die monatlich erscheinende Zeitschrift „Die Waffen nieder!"
Nov. Eine Ausstellung von Werken des norwegischen Künstlers Edvard Munch im Berliner Architektenhaus führt zu einem Skandal und zur Spaltung des Vereins Berliner Künstler.

DEZEMBER

6.12. In Berlin stirbt der Erfinder und Unternehmer Werner von Siemens.
8.12. Die Deutsche Konservative Partei nimmt auf ihrem Berliner Parteitag ein antisemitisches Programm, das sog. „Tivoliprogramm", an.
28.12. In den saarländischen Gruben treten 25.000 Bergleute für eine neue Arbeitsordnung in den Streik.
31.12. Fertigstellung des 485 km langen Teilstücks der Anatolischen Eisenbahn zwischen Ismid und Ankara unter maßgeblicher Beteiligung der „Deutschen Gesellschaft für den Bau der kleinasiatischen Bahnen" und der Deutschen Bank.

AUSSERDEM

Ein von der Reichsregierung vorgelegter Gesetzentwurf zur Bekämpfung der Trunksucht schei-

tert am gemeinsamen Widerstand von Linken und Konservativen.
Gründung des „Deutschen Vereins für das Fortbildungswesen“, aus dem sich die deutschen Berufsschulen entwickeln.
Emil von Behring entdeckt das Diphtherieserum.
Carl Ludwig Schleich praktiziert die örtliche Betäubung mit verdünnter Kokainlösung.
Emil Kraepelin weist in Laborversuchen die Veränderung der feinmotorischen und kognitiven Leistungsfähigkeit unter Alkoholeinfluss nach.
Ferdinand Graf von Zeppelin beginnt sich mit dem Bau eines lenkbaren Luftschiffes zu beschäftigen.
Rudolf Diesel meldet das Patent auf einen Verbrennungsmotor ohne Zündkerzen an.
Gottlieb Daimler und Wilhelm Maybach konstruieren den ersten Zweitakt-Reihenmotor.
Hermann Aron erfindet den Drehstromzähler.
Die Firma Siemens & Halske baut eine elektrische Eisenbahn mit Oberleitung („Trolleybus“).
Ein 485 km langes Teilstück der unter deutscher Beteiligung errichteten Anatolischen Eisenbahn zwischen Ankara und Ismid wird in Betrieb genommen.
Der Ingenieur A. Kühlewein erfindet den Asbestzement, mit dem sich wasserdichte Betonelemente bauen lasen.
In München wird die erste Kunsteisbahn Deutschlands eröffnet
Franz von Stuck, Fritz von Uhde und andere Maler gründen in München die sog. Sezession, die sich vom vorherrschenden Historismus absetzt.
Der Kreis um den Dichter Stefan George beginnt mit der Herausgabe der Zeitschrift „Blätter für die Kunst“.
Friedrich Paulsen: „Einleitung in die Philosophie“.
Ernst Haeckel: „Der Monismus. Glaubensbekenntnis eines Naturforschers“.
August Bebel: „Christentum und Sozialismus“.
Karl May: „Durch die Wüste“ (Reiseerzählung).
Gerhart Hauptmann: „Die Weber“ (Schauspiel).

Werner von Siemens

* Lenthe bei Hannover,
13. Dezember 1816
† Berlin, 6. Dezember 1892

Das An- und Ausschalten des Lichts und des Fernsehers, der Griff zum Telefon, die Reise durchs Land hinter schnellen elektrischen Lokomotiven – dieser selbstverständliche Umgang mit überall verfügbarer Elektrizität war für die Menschen vor 150 Jahren noch Vision und Utopie. Erst langsam bildete sich im 19. Jahrhundert das, was wir unter Elektrotechnik verstehen. Ihr geistiger Vater und größter Pionier war Werner Siemens. „Elektrotechnik“ – Werner Siemens hatte dieses Wort, das sein Lebenswerk umreißt, selbst geprägt, als er 1879 in einem Brief an den Generalpostmeister Stephan die Gründung des noch im selben Jahr zustandegekommenen Elektrotechnischen Vereins anregte.
Zusammen mit dem Universitätsmechaniker Johann Georg Halske, den er in der Physikalischen Gesellschaft in Berlin kennengelernt hatte, gründete Siemens am 1. Oktober 1847 die „Telegraphen-Bauanstalt Siemens & Halske“, die Keimzelle der heutigen Siemens-Werke. 1848 erhielt die Firma den Auftrag zum Bau einer Telegraphenleitung von Berlin nach Frankfurt am Main. Am 28. März 1849 wurde über die neue Linie die Nachricht weitergegeben, dass der preußische König von der Paulskirchen-Versammlung zum deutschen Erbkaiser gewählt worden sei. Die technische Sensation stand der politischen nicht nach. Noch bevor die Arbeiten abgeschlossen waren, wurde der Auftrag erweitert: Alle größeren Städte Norddeutschlands sollten jetzt in das Netz eingebunden werden.
Sein Tatendrang reichte sehr bald über Deutschlands Grenzen hinaus. Siemens hatte inzwischen in telegraphischen Entfernungen denken gelernt und bezog alle bewohnten Teile der Erde in seine Überlegungen ein. Vor allem die Weiten Russlands schienen mit zunehmender Industrialisierung und in Anbetracht der allgemeinen politischen Krisensituation nach schnellen Nachrichtenverbindungen zu verlangen. 1852 erhielt Siemens die ersten russischen Aufträge. Das „Ostgeschäft“ blühte, während in Westeuropa wirtschaftliche Krisen viele junge Unternehmen in den Konkurs trieben.
Eine ganz andere Aufgabe hatte inzwischen Werner Siemens gefangengenommen. 1856 hatte er

Werner von Siemens.

einen Doppel-T-Anker zur Erzeugung magnetelektrischer Ströme entwickelt. Im Herbst 1866 verwendete er den im drehenden Anker erzeugten Strom als Erregerstrom für die Feldmagneten. Siemens erkannte die Bedeutung des dynamoelektrischen Prinzips – ein neuer Weg zu einer verbesserten Stromerzeugung war gefunden. Seine Ausarbeitung über „Die Umwandlung von Arbeitskraft in elektrischen Strom ohne permanente Magnete“, die 1867 in der Akademie der Wissenschaften verlesen wurde, schloss: „Der Technik sind gegenwärtig die Mittel gegeben, elektrische Ströme von unbegrenzter Stärke auf billige und bequeme Weise überall da zu erzeugen, wo Arbeitskraft disponibel ist. Diese Tatsache wird auf mehreren Gebieten derselben von wesentlicher Bedeutung werden.“
Die Siemens'sche Dynamomaschine leitete das Zeitalter der Starkstromtechnik ein. Strom wurde zunächst vor allem für Beleuchtungszwecke genutzt.
Mit der Erfindung der Glühlampe durch Edison war eine große Verbreitungsmöglichkeit gegeben, doch Siemens sah die eigentliche Bedeutung des elektrischen Stroms in der Kraftübertragung. Auf der großen Berliner Gewerbeausstellung von 1879 führte er die erste elektrisch betriebene Lokomotive vor.
Seit den Anfängen seiner technischen Ausbildung war Siemens von der Notwendigkeit der wissenschaftlichen Forschung durchdrungen. Für sich selbst bedauerte er seine nicht ausreichende Kenntnis der höheren Mathematik. Die Naturwissenschaften waren für ihn die Grundlage für den weiteren technischen Fortschritt. So wurde er schließlich zum Mitinitiator und Mäzen der 1887 gegründeten Physikalisch-technischen Reichsanstalt.
1860 war Siemens bereits der Ehrendoktor der Berliner Universität verliehen worden. 1873 wurde er zum Mitglied der Preußischen Akademie der Wissenschaften berufen und war damit der erste Ingenieur, dem diese hohe Ehre zuteil war. 1888 erhob ihn dann der liberal gesinnte Kaiser Friedrich sogar in den Adelsstand. Kurz vor seinem Tod, der ihn am 6. Dezember 1892 ereilte, erhielt er die ersten Exemplare seiner „Lebenserinnerungen“, die mit dem Satz schließen: „Mein Leben war schön, weil es wesentlich erfolgreiche Mühe und nützliche Arbeit war, und wenn ich schließlich der Trauer darüber Ausdruck gebe, dass es seinem Ende entgegen geht, so bewegt mich der Schmerz, dass ich von meinen Lieben scheiden muss und dass es mir nicht vergönnt ist, an der vollen Entwicklung des naturwissenschaftlichen Zeitalters weiterzuarbeiten.“

Ansprache Bismarcks

Im Sommer 1892 unternahm Bismarck eine Reise nach Wien zur Hochzeit seines Sohnes. Auf verschiedenen Stationen seiner Fahrt bekam er dabei Gelegenheit, seine kritische Haltung zur Politik seiner Nachfolger öffentlich zu bekunden – so auch auf dem Marktplatz in Jena am 31. Juli 1892:

Wir haben unsere ganze Aufmerksamkeit in der auswärtigen Politik der Erhaltung des Friedens, in der inneren der Konsolidierung der Reichseinrichtungen zugewendet, in dem Sinne, dass alle Deutschen sich in den geschaffenen Verhältnissen wohlbefinden möchten, dass die Reichseinrichtungen ihnen gefallen sollten, als ein Besitztum, das zu verteidigen und zu vertreten sie alle bereit sein würden. Inwieweit uns das gelungen ist, muss die Zeit lehren; fertig gelöst ist die Aufgabe vielleicht noch nicht. Aber sie kann nur fertig werden, wenn wir wirklich ein starkes Parlament als Brennpunkt des nationalen Einheitsgefühls haben. Dies kann aber so lange nicht der Fall sein, als dasselbe von Parteien zerrissen wird, aus denen immer neue Fraktionen und Fraktiönchen entstehen. Es wird dann in der Hand jedes Ministers stehen, aus den Fraktionen und Fraktiönchen diejenigen herauszupflücken, deren Überzeugung und Votum für irgendwelche, ihnen gebotene Fraktionsvorteile zu haben sind. ... Ohne einen Reichstag, der vermöge einer konstanten Majorität, die er in seinem Schoße birgt, imstande ist, die Pflicht einer Volksvertretung dadurch zu erfüllen, dass sie die Regierung kritisiert, kontrolliert, warnt, unter Umständen sogar führt, der imstande ist, dasjenige Gleichgewicht zu verwirklichen, welches unsere Verfassung zwischen Regierung und Volk in demselben wirklich hat schaffen wollen, ohne einen solchen Reichstag bin ich in Sorge für die Dauer und für die Solidität unserer nationalen Institutionen. Wir können heutzutage nicht mehr in einer rein dynastischen Politik leben, sondern wir müssen nationale Politik treiben, wenn wir bestehen wollen. Es ist das ein Ergebnis der politischen Entwicklung, welche in dem letzten halben Jahrhundert in Europa stattgefunden hat. Um aber nationale Politik treiben zu können, müssen wir eine nationale Volksvertretung haben, die die Bedürfnisse und Wünsche der Nation kennt und in erster Linie zur Richtschnur für ihre Abstimmungen nimmt.

Wir können nicht regiert werden unter dem Einfluss und unter der Leitung einer einzelnen der bestehenden Fraktionen, am allerwenigsten unter dem Einfluss des Zentrums. Ich glaube sogar behaupten zu können, dass selbst unsere katholischen Landsleute in der Mehrzahl das Bedürfnis haben, unabhängig von der Zentrumsleitung in Berlin regiert zu werden. Ich glaube, dass wir mit der ganzen katholischen Frage leichter fertig werden würden, wenn wir mit der römischen Kurie durch Vermittlung eines Nuntius in Berlin zu verhandeln hätten, als wenn dessen Stelle durch die Zentrumsleitung und die Beeinflussung des Zentrums durch den Papst eingenommen wird. ...

Ich halte das Zentrum für gefährlich nicht nur in konfessionellen, sondern auch in nationalen Fragen, wie dies in den Vorgängen in den polnischen Provinzen zutagegetreten ist. Es bröckelt uns langsam alles wieder ab, was wir mühsam im Osten unserer Grenzen, in Polen, germanisch aufgebaut haben. Wir hätten den ganzen Kulturkampf entbehren können, wenn die polnische Frage nicht daran hing. Aber sie hing daran. Denn wir hatten damals zur Zeit der sogenannten katholischen Abteilung den Nuntius nicht als fremden Diplomaten in Berlin, sondern inmitten des preußischen Ministeriums in Gestalt einer Abteilung, die ursprünglich gestiftet worden war, die Rechte des Königs der Kirche gegenüber zu vertreten, und die schließlich dahin gekommen war, tatsächlich die Rechte der Kirche und der Polen dem Könige gegenüber zu vertreten. ...

Eins aber können und müssen wir vom Zentrum lernen, das ist die Disziplin und die Aufopferung aller nebensächlichen und Parteizwecke für einen ihm von der Leitung bezeichneten großen Zweck. Wir sehen im Zentrum die heterogensten politischen Elemente vertreten. Zu allen Zeiten waren, meiner Erinnerung nach, im Zentrum reaktionäre Edelleute, Absolutisten, Konservative und sogar Freisinnige bis zu den Sozialdemokraten herunter vereinigt, und sie alle stimmen geschlossen wie ein Mann für Dinge, von denen ihr Vorstand sagt, das Interesse der Kirche erfordere es. ...

Warum sollen wir nicht etwas Ähnliches auf nationalem Gebiete erreichen? Warum sollen wir nicht unseren nationalen Überzeugungen mit derselben Energie und Ausschließlichkeit Folge leisten und alles über den nationalen Kamm scheren, wie die Mitglieder des Zentrums, welche alle auf einen Schlag stimmen. Es ist das von den Selbständigen unter unseren Freunden nicht in demselben vollen Maße zu erwarten, aber man muss sich immer die Regel vorhalten: „Vom Feinde soll man lernen", und das Zentrum halte ich nach wie vor für einen Gegner des Reichs, in seiner Tendenz, wenn auch nicht in allen seinen Mitgliedern, unter denen es ja auch eine Masse guter ehrlicher Deutscher gibt; aber die leitende Tendenz ist eine solche, dass ich es für ein Unglück und eine Gefahr für das Reich halte, wenn die Regierung ihre leitenden Ratgeber der Zentrumsrichtung entnimmt und ihre Tendenz hauptsächlich darauf zuspitzt, dem Zentrum zu gefallen.

Ich bin eingeschworen auf die weltliche Leitung eines evangelischen Kaisertums, und diesem hänge ich treu an; dies ist das Ergebnis meiner fünfzigjährigen Erfahrung in der Politik.

Wenn man mir in jedem Falle, wo ich nach meiner fünfzigjährigen. Erfahrung in der Politik glaube, dass die Ratgeber meines Monarchen besser andere Wege einschlagen würden, den Vorwurf macht, ich treibe antimonarchische Politik, so möchte ich doch einmal auf unsere bestehende Verfassung aufmerksam machen, nach welcher die Verantwortlichkeit für alle Regierungsmaßnahmen nicht bei dem Monarchen, sondern bei den Ministern resp. bei dem Reichskanzler ruht. Ich möchte außerdem darauf aufmerksam machen, dass die Auffassung – ich will nicht sagen eine altgermanische, aber doch eine uns in Fleisch und Blut liegende ist, mit welcher wir uns befreundet hatten, lange, ehe wir Verfassungen hatten.

„Dort bläst er." „Punch"-Karikatur vom 23. Juli 1892. Insbesondere durch die „Hamburger Nachrichten" versuchte Bismarck nach seiner Entlassung die Politik seiner Nachfolger zu beeinflussen.

Ich will Sie nur an ein Beispiel aus den Werken des großen Geistes erinnern, dessen Manen uns hier auf dieser Stätte umschweben. Goethe stellt uns in seinem Götz von Berlichingen einen kaisertreuen Ritter dar, der für seinen Kaiser eine solche Anhänglichkeit und Verehrung besitzt, dass er in dem Augenblick, wo er einen seiner Beleidiger niederschlagen will, in die Worte ausbricht: „Trügst du nicht das Ebenbild des Kaisers, das ich in dem gesudeltsten Konterfei verehre, du solltest mir den Räuber fressen oder daran erwürgen." Dieser Ritter trug kein Bedenken, dem kaiserlichen Hauptmann, der ihn zur Übergabe seiner belagerten Burg aufforderte, die Ihnen allen wohlbekannte, sehr scharfe Kritik aus dem Fenster entgegenzuschleudern. Es zeigt dies klar, dass Götz von Berlichingen und Goethe beide Empfindungen keineswegs zusammengeworfen und identifiziert haben. Man kann ein treuer Anhänger seiner Dynastie, seines Königs und Kaisers sein, ohne von der Weisheit aller Maßregeln seiner Kommissare, wie es im Götz heißt, überzeugt zu sein. Ich bin Letzteres nicht und werde auch in Zukunft diese meine Überzeugung keineswegs zurückhalten.

August Kugler, „Familie mit Amme", 1892. Die Amme gehörte in dieser Zeit zu den bestbezahlten Dienstboten. Die Damen aus den besseren Kreisen weigerten sich damals allgemein, ihre Kinder selbst zu stillen, weil sie um ihre „gute Figur" bangten oder gesundheitliche Schäden fürchteten. Kräftige, gesunde junge Frauen vom Lande, die neben dem eigenen auch noch das Herrschaftskind stillen konnten, waren darum sehr begehrt und relativ gut bezahlt.

Maßnahmen gegen die Cholera

Als 1892 die Cholera in Hamburg wütete und ein Übergreifen der verheerenden Seuche auf andere Städte drohte, beschloss die Sozialdemokratische Partei, in Berlin eine Arbeitersanitätskommission zu bilden, die die hygienischen Verhältnisse der Wohnungen und Arbeitsstätten eingehend untersuchen sollte. Der Vorsitzende der Arbeitersanitätskommission, der sozialdemokratische Arzt und Stadtverordnete Dr. Zadek, wandte sich in einem öffentlichen Aufruf an alle Parteigenossen und Interessierten:

In der letzten Sitzung der Berliner Stadtverordnetenversammlung am 8. des Monats habe ich darauf hingewiesen, dass es nicht genügt, Maßregeln ausschließlich zur Vernichtung der Cholerabazillen zu treffen, sondern dass man vor allem die Wohnungs- und Ernährungsverhältnisse der besitzlosen Klassen in solchen Zeiten unter Kontrolle halten und den unzähligen Missständen auf diesem Gebiete abhelfen müsse. Dass diese Anregung auf unfruchtbaren Boden fiel, kann niemand wundernehmen, der die Zusammensetzung dieser Versammlung kennt. Unbeachtet blieb auch meine Forderung, Vertreter aus der arbeitenden Klasse zu den Arbeiten der Sanitätskommissionen heranzuziehen, in welchen bisher Geheimräte und Hausbesitzer ein beschauliches Dasein führten.

Unter diesen Umständen bleibt den Arbeitern wieder einmal nichts anderes übrig, als ihrerseits die Initiative zu ergreifen, sich selbst zu helfen.

Noch ist eine Cholera-Epidemie nicht in unserer Stadt ausgebrochen, aber noch schwebt die Möglichkeit dieses Ausbruches infolge der Unterlassungssünden des Hamburger Patrizierregiments als drohende Gefahr über uns.

Parteigenossen! Ich richte daher an Euch die Aufforderung, über alle groben sanitären Missstände in Euren Wohn- und Arbeitsräumen, Straßen und Höfen, Missstände, unter denen Ihr zu leiden habt oder die zu Eurer Kenntnis gelangt sind, ungesäumt mir kurze, schriftliche Mitteilung zugehen zu lassen, damit die Verhältnisse geprüft werden können!

Namentlich kommen hierbei in Betracht das Trinkwasser in den Wohnungen, Werkstätten und Fabriken, genügende Zahl und Beschaffenheit der Klosetts, Abtrittsgruben, Müllbehälter, Verunreinigung der Brunnen, des Spreewassers und sonstiger öffentlicher Wasserläufe durch Abwässer aus Wohnungen und Fabriken, aus stagnierenden Wasseransammlungen, Gräben und Senkgruben, Reinigung der Straßen, Höfe, Wohn- und Arbeitsräume, grobe Missstände auf dem Gebiet der Wohnungs- und Nahrungsmittelhygiene etc.

Parteigenossen! Schon seit vielen Jahren verlangen die Vertreter der öffentlichen Gesundheitspflege eine regelmäßige Überwachung aller sanitären Übelstände in Berlin durch sachverständige Gesundheitsaufseher, schon seit Jahren trägt sich die Stadtverwaltung mit diesem Plane, aber bis heute verlautet noch nichts von seiner Verwirklichung, bis heute besteht die Einrichtung nur auf dem Papier.

Wohlan, zeigen wir den herrschenden Klassen, dass die Arbeiter imstande sind, durchzuführen, wozu es den städtischen Behörden anscheinend an Tatkraft mangelt, formieren wir eine Sanitätskolonne von Freiwilligen!

Im Jahre 1892 bildeten die stellungsuchenden „Arbeitsburschen" vor dem Berliner Lokal-Anzeiger eine riesige Schlange. Die alles überragende Gestalt des Schutzmanns mit Pickelhaube trug dazu bei, den „Burschen" ihre Abhängigkeit vor Augen zu führen. Dasselbe Schicksal galt auch für die Dienstmädchen von Berlin, denen es schon als Glück erschien, bei 10 Mark Lohn für 280 Arbeitsstunden im Monat eine Anstellung zu finden. Dazu kamen eine bescheidene Unterbringung und ein streng beaufsichtigter „Lebenswandel".

1893

JANUAR

18.1. Nach Massenaussperrungen bricht der Streik der Bergarbeiter im Saargebiet zusammen.
Fast alle Arbeiterorganisationen an der Saar lösen sich auf.

FEBRUAR

15.2. Die von der Deutschen Bank finanzierte „Deutsche Gesellschaft für den Bau der kleinasiatischen Bahnen" erhält von der türkischen Regierung die Konzession für den Weiterbau der Westanatolischen Bahn.
16.2. Gründung des Rheinisch-Westfälischen Kohlesyndikats, das 86,7 Prozent der Steinkohleförderung im Ruhrgebiet kontrolliert.
18.2. Gegen die Handelspolitik der Regierung Caprivi konstituiert sich in Berlin der Bund der Landwirte, in dem die Großagrarier den Ton angeben.
26.2. Uraufführung von Gerhart Hauptmanns Schauspiel „Die Weber" als Veranstaltung des Vereins „Freie Bühne" im Berliner Neuen Theater. Das Stück wird als „Umsturzdrama" den öffentlichen Bühnen polizeilich verboten.

MÄRZ

26.3. In Berlin wird der „Centralverein deutscher Staatsbürger jüdischen Glaubens" gegründet, der sich für die gesellschaftliche Gleichbehandlung der Juden in Deutschland einsetzt.

APRIL

1.4. Einführung der Mitteleuropäischen Zeit (MEZ) als Einheitszeit für das gesamte Reichsgebiet.
23.4. Im Berliner Residenztheater wird Max Halbes Drama „Jugend" uraufgeführt.

MAI

1.5. In Berlin wird das Radfahren auf allen Straßen erlaubt.
6.5. Nach Ablehnung der neuen Militärvorlage löst Kanzler Caprivi den Reichstag auf. Die Heeresfrage spaltet die Liberalen: Die Deutsche Freisinnige Partei zerfällt in die linksliberal eingestellte Freisinnige Volkspartei und die großbürgerlich-liberale Freisinnige Vereinigung.
9.5. Kaiser Wilhelm II. zieht aus Verärgerung über die Ablehnung der Militärvorlage einen Staatsstreich in Erwägung.
14.5. Eröffnung der ersten Großen Berliner Kunstausstellung. Da eine Vielzahl von Werken nicht angenommen wird, organisiert die Freie Künstlervereinigung „Berliner Sezession" eine Gegenveranstaltung in Alt-Moabit.
21./22.5. Gründung des Arbeiter-Turn- und Sportbundes in Gera.

JUNI

15.6. Bei den vorgezogenen Reichstagswahlen erhalten die regierungsfreundlichen sog. Kartellparteien die Mehrheit. Zwar haben die Sozialdemokraten mit 22,3 Prozent den größten Stimmenanteil, doch nützt ihnen das wegen des Verhältniswahlrechts nichts, hinter dem Zentrum, den Konservativen und den Nationalliberalen stellen sie nur die viertstärkste Fraktion im neuen Reichstag.
29.6. Das preußische Dreiklassenwahlrecht wird aufgrund der Steuerreform novelliert. Auch Arbeiter mit geringem Steueraufkommen können in die zweite oder erste Klasse aufsteigen.

Wilhelm Leibl, „Frau Apotheker Rieder", 1893.

JULI

15.7. Der Reichstag stimmt der Militärvorlage der Regierung zu. Das sogenannte Quinquennat (gültig für 5 Jahre) erhöht die Heeresstärke um 585 000 Mann und verkürzt die Dienstzeit auf zwei Jahre.

SEPTEMBER

7.9. Gründung des Deutschnationalen Handlungsgehilfenverbandes (DHV) in Hamburg, der sich als Gegengewicht gegen die sozialdemokratische Agitation unter den Handlungsgehilfen (= Angestellten) versteht. Der DHV will den Zusammenschluss aller Handlungsgehilfen bewirken, lehnt jedoch Streiks ab.

OKTOBER

22.–28.10. Auf dem Kölner Parteitag der SPD kann keine Einigkeit über das Verhältnis der Partei zu den Gewerkschaften erzielt werden.

DEZEMBER

15.12. Der Reichstag nimmt mit knapper Mehrheit die von der Reichsregierung auf den Weg gebrachten Handelsverträge mit Spanien, Rumänien und Serbien an.
23.12. Uraufführung von Engelbert Humperdincks Märchenoper „Hänsel und Gretel" in Weimar.

AUSSERDEM

Bei den Wahlen zum preußischen Abgeordnetenhaus können die Konservativen ihre Mehrheit ausbauen.
Zu den seit 1834 existierenden evangelischen Jünglingsvereinen tritt das Pendant für Mädchen in Form des „Evangelischen Verbandes zur Pflege der weiblichen Jugend Deutschlands".
In der Monatsschrift „Gesellschaft" veröffentlicht der Historiker Ludwig

Quidde einen Beitrag mit dem Titel „Caligula. Eine Studie über römischen Cäsarenwahnsinn". Er erscheint im folgenden Jahr als Buch, das 25 Auflagen erlebt. Obwohl der Verfasser jede direkte Anspielung auf Wilhelm II. vermeidet, sehen die Zeitgenossen das Werk dennoch als Kritik am selbstherrlichen Regiment des Kaisers. Quidde wird wegen Majestätsbeleidigung angeklagt und verurteilt.

Julius Elster und Hans Friedrich Geitel erfinden die Alkali-Fotozelle.

Paul Ehrlich begründet die Chemotherapie.

Die Firma W. Spindler in Berlin führt die chemische Reinigung ein. Verwendet wird Tetrachlorkohlenstoff, mit dem eine sog. Trockenreinigung ohne den Gebrauch von Wasser möglich ist.

Gründung der Hugo Stinnes OHG, die sich in der Seereederei und in der Binnenschiffahrt engagiert. Durch Beteiligungen in der Montanindustrie, in Erdölgesellschaften, im Überseehandel und schließlich auch im Verlagswesen und in der Papierindustrie baut Hugo Stinnes die Firma zu einem Großkonzern aus.

Bei Mundakingen an der Donau entsteht der erste große Brückenbau aus Beton.

Eugen Langen erfindet die elektrische Hängebahn (in Barmen-Elberfeld 1901 verwirklicht).

Gottlob Frege begründet die Logistik (mathematische Logik).

In Hamburg findet die erste internationale Fotoausstellung statt.

Im Schwarzwald wird der erste deutsche Skiclub gegründet.

Walter Nernst: „Theoretische Chemie".

Gerhart Hauptmann: „Der Biberpelz" (Lustspiel).

Karl May veröffentlicht den letzten seiner Winnetou-Romane.

Arthur Schnitzler: „Anatol" (Dramen-Zyklus).

Hugo von Hofmannsthal: „Der Tor und der Tod" (lyrisches Drama).

Franz von Stuck: „Die Sünde" (Gemälde).

Max Liebermann: „Reiter und Reiterin" (Gemälde).

Gustav Mahler: Symphonie Nr. 3 d-moll.

Winnetous Tod

Im Gefecht vom Gegner tödlich verwundet, bittet Winnetou seinen Blutsbruder Old Shatterhand und seine Männer ihm das Lied von der Königin des Himmels zu singen. „Daraufhin erklommen sie einen Felsenabsatz, der zu Häupten Winnetous hervorragte, um den letzten Wunsch des Sterbenden zu erfüllen. Seine Augen folgten ihnen und schlossen sich dann, als die Männer oben standen. Er ergriff meine beiden Hände und hörte nun das „Ave Maria" beginnen: „Es will das Licht des Tages scheiden; nun bricht die stille Nacht herein. Ach könnte doch des Herzens Leiden so wie der Tag vergangen sein! Ich leg` mein Flehen dir zu Füßen; o trag` s empor zu Gottes Thron und lass Madonna, lass dich grüßen mit des Gebetes frommem Ton: Ave Maria!" Als nun die zweite Strophe anhob, öffneten sich langsam seine Augen und richteten sich mit mildem, lächelndem Ausdruck zu den Sternen empor. Dann zog Winnetou meine Hände an seine matt atmende Brust und flüsterte: „Scharlih, nicht wahr, jetzt kommen die Worte vom Sterben?" Ich konnte nicht sprechen. Ich nickte weinend, die dritte Strophe begann: „Es will das Licht des Lebens scheiden; nun bricht des Todes Nacht herein. Die Seele will die Schwingen breiten; es muss, es muss gestorben sein. Madonna, ach, in deine Hände leg` ich mein letztes, heißes Flehn: Erbitte mir ein gläubig Ende und dann ein selig Auferstehn! Ave Maria!"
Als der letzte Ton verklungen war, wollte Winnetou sprechen – es ging nicht mehr. Ich brachte mein Ohr ganz nahe an seinen Mund, und mit der letzten Anstrengung der schwindenden Kräfte flüsterte er: „Scharlih, ich glaube an den Heiland. Winnetou ist ein Christ. Leb wohl!"
Es ging ein Zucken und Zittern durch seinen Körper, ein Blutstrom quoll aus seinem Mund. Der Häuptling der Apatschen drückte nochmals meine Hände und streckte seine Glieder. Dann lösten sich seine Finger langsam von den meinen – er war tot. Was soll ich weitererzählen? Die wahre Trauer hat keine Worte. Käme doch bald die Zeit, da man solche blutigen Geschichten nur noch als alte Sagen kennt! Ich wachte die ganze Nacht hindurch, wortlos, mit heißen, trockenen Augen, Winnetou lag in meinem Schoß, so, wie er gestorben war. Was ich dachte und was ich fühlte, wer möchte das wohl fragen! Wäre es möglich gewesen, wie gern, wie gern hätte ich die fernere Zeit meines Lebens mit ihm geteilt und nur die Hälfte für mich behalten! 50, wie er jetzt in meinem Schoß ruhte, war einst Klekih-petra in dem seinen gestorben, und dann auch seine Schwester Nscho-tschi. Seine Todesahnung hatte ihn also nicht betrogen, und mit klarer Voraussicht hatte er den Ort bestimmt, wo er begraben sein wollte. Da die deutschen Steinschneider dort die begehrten Halbedelsteine finden sollten, waren sie gern bereit, mit hinzureiten, wodurch mir die Überführung des geliebten Toten sehr erleichtert wurde. Früh am anderen Morgen verließen wir den Hancock-Berg, da wir jeden Augenblick das Eintreffen der anderen Schar der Roten erwarten konnten. Der Leichnam des Apatschen wurde in Decken gehüllt und auf seinem Rappen Iltschi befestigt. Von hier bis in die Gros-Ventre-Berge waren es nur zwei Tagesreisen. Dorthin nahmen wir unseren Weg, und zwar so vorsichtig, dass kein Indianer unsere Spur aufzufinden vermochte.

Karl Mays populärste Figur: Winnetou.

Am Abend des zweiten Tages erreichten wir das Tal des Metsur-Flüsschens. Dort haben wir Winnetou begraben, unter christlichen Gebeten und mit den Ehren, die einem so großen Häuptling zustehen. Er sitzt mit seinen sämtlichen Waffen aufrecht auf seinem Iltschi, der zu diesem Zweck erschossen wurde, im Innern des Erdhügels, den wir um ihn wölbten. Auf diesem Hügel wehten nicht die Skalpe erschlagener Feinde, wie man es auf dem Grab eines Häuptlings zu sehen gewöhnt ist, sondern es sind drei Kreuze darauf errichtet worden.
Im Sand des Tales fanden sich nicht nur die verheißenen Steine, sondern auch eine Ansammlung von Goldstaub, womit sich die Railroaders für den Verlust an Arbeitszeit und Verdienst entschädigten. Eine Anzahl von ihnen entschloss sich, mit den Settlers hier eine Ansiedlung zu gründen, die wieder den Namen Helldorf führen sollte. Die anderen kehrten in den Echo-Canon zurück, wo sie erfuhren, daß der Railtroubler Monk an seiner Wunde gestorben war. Seine Mitgefangenen wurden bestraft. Das Glöckchen, das Winnetou vergraben hatte, ist in die neue Ansiedlung geholt worden, wo die Settlers wieder eine kleine Kapelle errichtet haben. Wenn nun seine helle Stimme erschallt und die frommen Ansiedler ihr „Ave Maria" ertönen lassen, so denken sie stets auch an den Häuptling der Apatschen und sind überzeugt, dass ihm erfüllt wurde, was er sterbend – durch ihre Lippen betete: „Madonna, ach, in deine Hände leg` ich mein letztes, heißes Flehn: Erbitte mir ein gläubig Ende und dann ein selig Auferstehn! Ave Maria!"

Höhepunkt einer Hofjagd: Der Kaiser fängt einen ausgehobenen Keiler ab.

Hofjagd

Wilhelm II. war wie fast alle seine Vorfahren ein passionierter Jäger. Die jagdlose Zeit kam ihn schwer an, aber er hielt sich streng an die Spielregeln der Jägerei und verlangte es auch von allen weidgerechten Jägern. Er ließ sich oft bei seinem Leiboberjäger und dem Oberbüchsenspanner in der Jagdwaffenkammer sehen, um mit ihnen die zu benutzenden Jagdgewehre zu besprechen. „Wenn", wie es in der Jagdsprache heißt, „der Bock aufging", war er in seinem Element. Vom Hofjagdamt wurden ihm die eingegangenen Einladungen der deutschen und ausländischen Fürsten und Magnaten vorgelegt, und er traf seine Wahl. Besonders bevorzugte er Fürst Eulenburg auf Liebenberg, Herzog Ernst Günther von Schleswig-Holstein, dessen berühmte Forsten in Primkenau einen selten reichen Rehbestand aufwiesen; dann Fürst Dohna und den Fürsten Fürstenberg-Donaueschingen, der stark besetzte Niederjagd pflegte; endlich v. Bethmann-Hollweg in Hohenfinow und den Amtsrat Dietze, dessen Hasentreiben einen guten Ruf besaßen. Dem Oberjägermeister Fürsten Pleß stattete er außerordentlich gern einen Jagdbesuch ab, da er bei diesem die seltene Gelegenheit hatte, Auerochsen zu erlegen. Sehr häufig folgte er auch der Einladung des 1914 ermordeten österreichischen Thronfolgers Franz Ferdinand; die berühmten Fasanenjagden fanden in Konopischt (Böhmen) statt. Einzelstrecken von 1200 bis 1500 Fasanen waren hier nichts Seltenes; es wurde dabei lediglich auf riesige Strecken geachtet. Andererseits erfolgten Jagdeinladungen des Kaisers, die vom Hofjagdamt ergingen. Die Romintener Heide war ein begehrtes Jagdziel. Die Heide besaß einen sehr gepflegten Wildbestand, besonders von zahlreichen kapitalen Hirschen. Die Letzinger Heide mit ihrem Dam- und Schwarzwild lockte gleichfalls. Hier traf sich alles, was über Rang, Titel, Namen und Geld verfügte.

Für das Hofjagdamt hatte der Kaiser eine eigene Uniform eingeführt: graugrüner Rock mit Hornknöpfen und grünem Kragen, Hirschfänger und vorn und hinten spitz zulaufender Jägerhut, mit Hahnenfedern bzw. Gamsbart geschmückt. Rangabzeichen trugen nur der Kaiser und die Jagdbeamten. Er legte diese Uniform auch an, wenn er einer Jagdeinladung fremder Fürstlichkeiten Folge leistete. Sie wurde solchen Herren verliehen, die sich als Jäger auszeichneten. Dazu wurde ein vom Prinzen Friedrich Karl von Preußen, dem Onkel des Kaisers, gestifteter Orden „St. Hubertus" angelegt – grünes Band mit goldener Aufschrift „Vive le roi et ses chasseurs" und den dazugehörenden silbernen Hirschen.

Der Hofchronist schreibt:
„Im Revier Kuchelna, in der sogenannten Egon-Fasanerie, ergab am 14. November 1893 die Strecke Sr. Majestät 730 Fasanen, 1 Kaninchen, bei einer Gesamtstrecke von 3125 Fasanen, 5 Hasen, 1 Kaninchen und bei 12 Schützen. Die dichten Fichtenspaliere, durch die die Jagen abgegrenzt werden, veranlassen die Fasanen, erst zu Ende des Treibens in Bouquets aufzustehen, und es gehört eine außerordentliche Schnelligkeit im Anschlage und im Wechsel des Gewehres dazu, um solche günstigen Resultate zu erreichen. Auf der Jagd am 9. November 1897 in der Turm-Fasanerie des Jagdreviers Groß-Strehlitz beim Grafen Mortimer Thirschky-Renard erlegte der Kaiser in 17 Treiben zwischen 9 1/2 und 4 Uhr: 1058 Fasanen, 2 Hasen, 74 Kaninchen und 4 Rebhühner bei einer Gesamtstrecke von: 1 Reh, 2389 Fasanen, 67 Hasen, 291 Kaninchen, 6 Rebhühnern. Er führte, wie stets bei Fasanenjagden, fünf Centralfeuer-Doppelflinten Kaliber 20. Vier Büchsenspanner luden die Gewehre. Natürlich kam rauchschwaches – Rottweiler – Pulver zur Verwendung. Freilich müssen zu solchen Erfolgen auch die Wetterverhältnisse, wie hier, günstig sein – kein Wind, klare Luft, keine Sonnenblende. Als der Graf Thirschky nach der Jagd – die immerhin recht anstrengend war – (wem jemals schon nach dem 300. bis 400. Schuss das Blut von der durchgestoßenen Wange strömte, und wer dann kaum imstande ist, den Arm in der rechten Schulter zu erheben, der weiß das!) an seinen kaiserlichen Gast die Frage richtete, ob ihn die Jagd nicht sehr ermüdet habe, antwortete der Kaiser: ‚Ich möchte sie morgen mit demselben Vergnügen noch einmal durchmachen!'"

Familienglück. 1893. Das Kaiserpaar mit seinen sieben Kindern: Kronprinz Wilhelm (1882-1951), Prinz Eitel Friedrich (1883-1942), Prinz Adalbert (1884-1948), Prinz August Wilhelm (1887-1949, Prinz Oskar (1888-1958), Prinz Joachim (1890-1920) und die einzige Tochter Kronprinzessin Viktoria Luise (1892-1980).

Die Sozialgesetzgebung und die Arbeiter

Der evangelische Theologe Paul Göhre beschreibt 1893 die Diskussion der staatlichen Sozialversicherungsgesetzgebung in einem sozialdemokratischen Wahlverein in Chemnitz:

Aus der breiten Masse der bisher geschilderten Durchschnittssozialdemokraten hob sich nun meiner Beobachtung nach eine besonders bedeutsame Gruppe ab, deren Zahl, wie ich zu vermuten manche gute Gründe habe, heute überall in stetigem Wachsen ist. Es waren gerade die besonders klugen, praktischen, verständigen, ernsten und gebildeten Leute, Männer mittleren Alters, die sich auch mit den weitergehenden sozialdemokratischen wirtschaftlichen und politischen Problemen nicht ohne Verständnis beschäftigt hatten und ihnen, wenn auch mit Kritik, doch teilweise gerade besonders stark huldigten, die aber trotzdem von der rein politischen Agitationsarbeit der Partei nichts oder nicht viel hielten und sich darum, tatenlustig wie sie waren, auf die näher liegende, unmittelbare, praktische Erfolge und mehr Befriedigung versprechende Arbeit in den Fach- und Gewerkvereinen, in den Komitees der Kranken- und Unfallversicherungskassen, der freien Hilfskassen und vor allem auch auf die Tätigkeit innerhalb ihrer lokalen politischen Gemeinde geworfen hatten, natürlich immer mit der festen Absicht, diese Arbeit im Sinne der sozialdemokratischen Grundsätze und selbstverständlich zu Nutz und Frommen der sozialdemokratischen, der Arbeiterinteressen zu tun.

Aber indem sie sie taten, waren sie – mochten sie noch so sehr sozialdemokratische Gesinnung dabei durchdrücken wollen – doch gezwungen, mit realen Tatsachen zu rechnen, reale Ziele verfolgen zu lernen. Diese realen Tatsachen und Ziele beginnen zu interessieren; sie treten vor den problematischen und fern hinausliegenden der Gesamtpartei voran und erziehen so diese Männer, die dabei meist immer noch überzeugte Sozialdemokraten bleiben, zu wahrhaft praktischer politischer und sozialer Tätigkeit. Damit ist aber ein wirksames Gegengewicht zu den Träumereien und Utopienjagden geschaffen, denen sie früher ausschließlich nachhingen und nachgingen, wenn sie ihren politischen Menschen anzogen; dadurch wird hoffentlich auch mit die Gefahr vermieden, dass die Sozialdemokratie zu einer kindlichen, nie wirkliche Reformen erzwingenden Schattenpartei wird und sich lächerlich macht.

Diese Erfahrung, die ich da eben ausführte und für die ich auch besonders aus der aufmerksamen Verfolgung der jüngsten Entwicklung der sozialdemokratischen Gewerkschaftsbewegung ausreichende Beweise bringen könnte, machte ich in besonders klarer und überraschender Weise z.B. einmal in einer Sitzung unseres sozialdemokratischen Wahlvereins. Hier trug an diesem Abend der damalige, jetzt auch abgedrückte Redakteur der Chemnitzer sozialdemokratischen „Presse", wie ich glaube eine ehrliche Seele, über die damals noch nicht in Kraft getretene Alters- und Invaliditätsversicherung vor, zunächst hauptsächlich zur Orientierung der Genossen. Es war eine im Großen und Ganzen durchaus sachlich gehaltene Rede. Sie gipfelte in der doppelten Behauptung, dass das neue Gesetz in der Tat vielfach noch mangelhaft sei, und dass es jedenfalls nicht die durchgreifende Hilfe für die Arbeiterschaft und die Lösung der sozialen Probleme sei, dass man sich aber dennoch nicht abschrecken lassen dürfte, sondern nun zunächst einmal das Angebotene annehmen, aber zugleich wacker an der allmählichen Verbesserung dieses Gesetzes mitarbeiten sollte. Man sollte, so schloss er, endlich einmal mit dem ganz überflüssigen Räsonieren und Schnauzen aufhören. Trotz allem stecke in der Arbeiterversicherung ein guter Kern, den immer mehr herauszuschälen die Hauptaufgabe wäre. Er gab damit mutvoll wohl einer Meinung Ausdruck, die vielfach unter den Arbeitsgenossen verbreitet war, sich aber nur selten und schüchtern ans Tageslicht wagte, nachdem die offizielle Sozialdemokratie ihr Verdikt über die heutige Versicherungsgesetzgebung ausgesprochen hat. Denn man empfindet heute schon dankbar, wenn auch als etwas Selbstverständliches die bereits deutlich spürbaren Wohltaten des Gesetzes.

Jens Birkholm, Hunger. 1893. Über die dargestellte Wärmehalle heißt es in einem zeitgenössischen Bericht: „Während der Wintermonate geöffnet von 7 Uhr Morgens bis 7 Uhr Abends. Sitzplätze für ca. 1.300 Personen, Waschvorrichtungen. An die Besucher werden, zu einem beträchtlichen Teile unentgeltlich, sonst für 2, 5 und 10 Pf. Schrippen, Kaffee, Milch, Suppen verabreicht. Eine Anzahl Arbeitsloser werden in besonderer Werkstatt gegen Lohn und Kost mit Ausbesserung der Kleidungsstücke und des Schuhwerks der Gäste der Wärmehalle, andere mit der Anfertigung von Decken aus Flicken oder von Strohmatten beschäftigt."

1894

JANUAR

1.1. In Bonn stirbt der Physiker Heinrich Hertz.
5.1. Uraufführung der Operette „Der Obersteiger" von Carl Zeller in Wien.

MÄRZ

10.3. Gegen den Widerstand deutscher Agrarkreise wird ein Handelsvertrag mit Russland geschlossen, der Getreideeinfuhren nach Deutschland begünstigt. Reichskanzler Caprivi verliert danach die Unterstützung der Konservativen.
28./29.3. 34 Frauenvereine schließen sich zum Bund deutscher Frauenvereine unter dem Vorsitz von Auguste Schmidt zusammen. Der Bund tritt für die Gleichberechtigung der Frauen, vor allem die Chancengleichheit im Bildungswesen ein.

MAI

28.5. Mit der neuen Synodalordnung erhält die evangelische Landeskirche in Preußen größere Unabhängigkeit vom Staat.

JUNI

1.6. Ein Jahr nach dem Deutschen Reich führt auch Österreich-Ungarn die Mitteleuropäische Zeit (MEZ) ein.
19.6. Bei einem Hofkonzert in Potsdam wird der von Kaiser Wilhelm komponierte und von ihm und seinem Freund Philipp von Eulenburg gedichtete „Sang an Aegir" zum ersten Mal aufgeführt.
24.6. Nachdem schon das erfolgreiche Abschneiden der Sozialdemokraten bei den Reichstagswahlen im Vorjahr für Beunruhigung in den herrschenden Kreisen gesorgt hat, nimmt Kaiser Wilhelm II. die Ermordung des französischen Staatspräsidenten Sadi Carnot durch einen Anarchisten zum Anlass, über Kampfmaßnahmen gegen die Sozialdemokratie nachzudenken.
Die sog Umsturzvorlage wird von den preußischen Militärs und vom preußischen Ministerpräsidenten Eulenburg begrüßt, jedoch vom Reichskanzler Caprivi abgelehnt.

AUGUST

26.8. Als erste christliche Gewerkschaft konstituiert sich der „Gewerkverein christlicher Bergarbeiter" in Dortmund.

SEPTEMBER

8.9. Tod des Physikers Hermann von Helmholtz in Charlottenburg bei Berlin.
9.9. Der Aufstand der Hottentotten unter Hendrik Witboy in Deutsch-Südwestafrika wird niedergeschlagen.
22.9. In seiner „Polenrede" spricht sich Kaiser Wilhelm II. für eine härteres Vorgehen gegen die Polen in den deutschen Ostprovinzen aus.
25.9. Erste öffentliche Aufführung von Gerhart Hauptmanns Drama „Die Weber" im Deutschen Theater Berlin. Das Stück war zuvor für öffentliche Aufführungen verboten..
Die Aufnahme des „Umsturzdramas" in den Spielplan des Deutschen Theaters hat die Kündigung der Hofloge zur Folge.

OKTOBER

12.10. Das preußische Abgeordnetenhaus lehnt die Umsturzvorlage ab.
26.10. Wegen anhaltender Meinungsverschiedenheiten über die Umsturzvorlage entlässt Kaiser Wilhelm II. sowohl Caprivi als auch Eulenburg. Nachfolger als Reichskanzler und preußischer Ministerpräsident wird der ehemalige bayerische Ministerpräsident Chlodwig Fürst zu Hohenlohe-Schillingsfürst. Dieser zeigt sich nachgiebiger gegenüber Wilhelms II. Vorstellungen von einem „persönlichen Regiment", das er als Kaiser ausüben will, als die Vorgänger.
Oktober. Die reaktionäre und antisemitische Deutschsoziale Partei schließt sich mit der Deutschen Reformpartei in Eisenach zur Deutschsozialen Reformpartei zusammen. Die Allianz hält allerdings nur bis 1900, dann gehen die beiden Partner wieder getrennte Wege.

NOVEMBER

3.11. Mitglieder des Ostmarkenvereins gründen in Posen den Verein zur Förderung des Deutschtums im Osten.
Das nordöstliche Neuguinea wird unter deutschen Schutz gestellt.

Zehn Jahre lang, von 1884 bis 1894 dauern die Bauarbeiten am neuen Reichstagsgebäude von Paul Wallot in Berlin.

DEZEMBER

6.12. Erste Sitzung des Reichstags im neuen von Paul Wallot errichteten Gebäude.

AUSSERDEM

In der Kolonie Deutsch-Ostafrika wird das erste Teilstück der sog. Usambarabahn in Betrieb genommen.
Erstes Erscheinen der sozialdemokratischen „Leipziger Volkszeitung".
Ein unbemannter Registrierballon des „Deutschen Vereins zur Förderung der Luftschifffahrt" erreicht eine Höhe von 18 450 m.
Gründung der Eisenbahnergewerkschaft in Trier.
Einführung von Toilettenpapier in Rollenform.
Der deutsch-amerikanische Mathematiker und Schriftsteller Emanuel Lasker gewinnt die Schach-Weltmeisterschaft in den USA. Er behält den Titel bis 1921.
Max Rubner stellt das Energieerhaltungsgesetz für Lebewesen auf.
August Lehr, eigentlich ein Hochrad-Spezialist, gewinnt in Antwerpen die Weltmeisterschaft im Niederrad. Das Rennen geht über eine Meile.
Beim ersten internationalen Autorennen Paris–Rouen siegt ein Wagen von Daimler.
Friedrich Engels gibt den dritten Band von Karl Marx' „Kapital" heraus.
Ernst Haeckel: „Systematische Phylogenie" (Stammesgeschichte der Lebewesen).
Wilhelm Dilthey: „Ideen über eine beschreibende und zergliedernde Psychologie".
Rudolf Steiner: „Die Philosophie der Freiheit. Grundzüge einer modernen Weltanschauung".
Lou Andreas-Salome: „Friedrich Nietzsche in seinen Werken".
Ludwig Ganghofer: „Die Martinsklause" (Roman).
Franz von Stuck: „Der Krieg" (Gemälde).
Adolf von Hildebrand: Wittelsbacherbrunnen in München.
Anton Bruckner: 9. Symphonie d-moll (unvollendet).
Gustav Mahler: 2. Symphonie c-moll.

Uraufführung von Gerhart Hauptmanns Schauspiel „Die Weber"

In Berlin wurde am 25. September 1894 Gerhart Hauptmanns Schauspiel „Die Weber" zum ersten Mal öffentlich aufgeführt. Die Uraufführung war ursprünglich für März 1892 vorgesehen gewesen, doch verbot der Berliner Polizeipräsident die Aufführung, weil das soziale Drama die politische Sicherheit Preußens gefährde. Daraufhin wurde das Werk am 26. Februar 1893 in einer geschlossen Veranstaltung der Freien Bühne uraufgeführt.

Erst nachdem Hauptmann versichert hatte, der Gedanke, eine sozialdemokratische Parteischrift zu schreiben, habe ihm bei der Abfassung der „Weber" vollständig ferngelegen, vielmehr habe er sich mit dem Stück an das Mitleid der Besitzenden wenden wollen, konnte nach langen Verhandlungen am 25. 9. 1894 eine öffentliche Aufführung am Deutschen Theater in Berlin – mit Josef Kainz als rotem Bäcker – stattfinden. Die Masse jubelte dem Stück zu, aber Kaiser Wilhelm II. ließ seine Hofloge kündigen. Die getreue Darstellung der Webernot und ihr Hilfeschrei („'s misst amal eener hingehn nach Berlin und misst's 'n Keeniche vorstell'n, wie's uns aso geht.") missfielen dem Hofe. Aber Hauptmann war mit diesem Schauspiel als überragender Menschengestalter bekannt geworden.

Durch die Erzählungen seines Vaters vom Großvater, der in jungen Jahren, ein armer Weber, hinterm Webstuhl gesessen, und durch das Buch von Alfred Zimmermann „Blüte und Verfall des Leinewebergewerbes in Schlesien" (1885) wurde Gerhart Hauptmann zu der dramatischen Darstellung des Weberaufstandes von 1844 angeregt. Nicht eine einzelne Person wie im klassischen Drama, sondern eine Gruppe von Menschen ist der „Held" des Stückes. Aus ihr treten aktweise Einzelgestalten heraus, um in der Folge wieder anderen Personen Platz zu machen. Aus episodenhaften Ereignissen ergibt sich der Handlungsverlauf.

Das Drama schildert im ersten Akt das Elend der schlesischen Weber gelegentlich der Entlohnung ihrer Arbeit für den Parchentfabrikanten Dreißiger. In den nächsten Aufzügen wird die Armut in ihren Häusern demonstriert und, als Kontrastwirkung, der Reichtum in Dreißigers Villa. Das wachsende Bewusstsein der Weber für ihre Not, das der rote Bäcker und der von den Soldaten entlassene Moritz Jäger in ihnen aufwecken, dazu die zündende Wirkung des historischen Weberlieds, führen zum Aufstand, dem das Haus des Fabrikanten als erstes zum Opfer fällt.

Die Revolte breitet sich aus und widersteht bis zum Ende des Dramas der gegen sie eingesetzten bewaffneten Macht. Eine erschütternde Situation – der Tod des jedem Aufbegehren abgeneigten alten Webers Hilse durch eine Soldatenkugel, die ihn durchs Fenster bei der Weberarbeit trifft – beschließt das Schauspiel.

Erst nachdem Hauptmann versichert hatte, der Gedanke, eine sozialdemokratische Parteischrift zu schreiben, habe ihm bei der Abfassung der „Weber" vollständig ferngelegen, vielmehr habe er sich mit dem Stück an das Mitleid der Besitzenden wenden wollen, konnte nach langen Verhandlungen am 25. 9. 1894 eine öffentliche Aufführung am Deutschen Theater in Berlin – mit Josef Kainz als rotem Bäcker – stattfinden. Die Masse jubelte dem Stück zu, aber Kaiser Wilhelm II. ließ seine Hofloge kündigen. Die getreue Darstellung der Webernot und ihr Hilfeschrei („'s misst amal eener hingehn nach Berlin und misst's 'n Keeniche vorstell'n, wie's uns aso geht.") missfielen dem Hofe. Aber Hauptmann war mit diesem Schauspiel als überragender Menschengestalter bekannt geworden.

„Die Weber." Plakat von Emil Orlik.

Heinrich Hertz

* Hamburg, 22. Juli 1857
† Bonn, 1. Januar 1894

1887 gab es für die Physiker in der ganzen Welt eine Sensation – der junge, an der Universität Karlsruhe wirkende Professor der Physik, Heinrich Hertz, ein Schüler des großen Physikers Hermann von Helmholtz, hatte durch seine heute als klassisch bezeichneten Versuche nachgewiesen, dass zwischen dem Licht und der Elektrizität ein enger Zusammenhang besteht. Hertz hatte einen Funkeninduktor als Sender elektromagnetischer Wellen und als Empfänger einen ringförmig gebogenen Draht benutzt, an dessen Anfang und Ende je eine Kugel sich mit geringem Abstand gegenüberstanden. Zwischen den Kugeln sprangen kleine Funken über, wenn der Induktor arbeitete.
Hertz bewies damit, dass im Raume um seinen Sender ein Feld elektromagnetischer Wellen gebildet wurde, genauso, wie heute jeder Funksender von einem solchen Feld umgeben ist. Hertz hat aber auch bereits die ersten Radar-Versuche gemacht, als er die elektromagnetischen Wellen mit Hilfe von gekrümmten Metallflächen zurückwarf, so wie das Licht von Spiegeln reflektiert wird. Und genauso, wie das Licht durch Glasprismen abgelenkt werden kann, konnte Hertz die Richtung der von ihm verwendeten, sehr kurzen elektromagnetischen Wellen durch Prismen aus Pech ändern. Hertz hat schließlich auch erkannt, dass Sender und Empfänger aufeinander abgestimmt werden müssen, wenn gute Ergebnisse zum Nachweis der elektromagnetischen Wellen erzielt werden sollen. Hertz hatte einen zukunftsträchtigen Weg gewiesen, dem nun viele Forscher in aller Welt folgten. Aus ungezählten Bausteinen wurde das gewaltige Gebäude der Hochfrequenztechnik errichtet, dessen Fundamente die Hertz'schen Versuche sind. Dem großen Forscher zu Ehren wurde die Schwingungszahl (Frequenz) je Sekunde „Hertz" (Hz) genannt.

Zwischen dem Reichskanzler und dem Kaiser war es schon bald nach der Thronbesteigung Wilhelms II. zu Auseinandersetzungen gekommen. Der junge Monarch hatte eine andere Auffassung über die gegenüber Russland und England zu treibende Politik als Bismarck. Verbittert war der Kanzler, als der Kaiser das Sozialistengesetz fallen ließ und die internationale Konferenz über den Arbeitsschutz nach Berlin einberief. Als es über die Rechte des preußischen Ministerpräsidenten zu Meinungsverschiedenheiten kam, forderte Bismarck, wie schon öfters, seine Entlassung. Er erhielt sie am 20. März 1890; gleichzeitig wurde er zum Herzog von Lauenburg und Generalobersten der Kavallerie ernannt. In der Presse und in persönlichen Gesprächen bekämpfte er scharf die Politik seines Nachfolgers Caprivi; er ließ sich sogar in den Reichstag wählen, erschien aber nie in einer Sitzung. Die Aussöhnung mit dem Kaiser bahnte sich 1893 an, als Wilhelm II. dem Erkrankten Genesungswünsche schickte. Zur Feier seines Geburtstages lud Kaiser Wilhelm II. Bismarck nach Berlin ein. Er wurde am 26. Januar 1894 fürstlich empfangen und zum Chef des Magdeburgischen Kürassierregiments Nr. 7 ernannt. Augenzeugen nannten die Begegnung zwischen den beiden „ergreifend".

Heinrich Hertz mit Originalapparaten.

Klassengegensätze auf einem Ozeandampfer

Ein schweizerischer Reisender beschreibt seine Eindrücke an Bord des Passagierdampfers „Augusta Viktoria“. Es ist eine Klassengesellschaft, die er dort antrifft. Klar sind „oben“ und „unten“ voneinander getrennt.

Die Einrichtung der Säle der ersten Kajüte ist von geradezu fürstlichem Prunke. Außer den bayerischen Königsschlössern wird schwerlich in neuerer Zeit ein solcher Luxus der inneren Ausschmückung der Räume angewendet worden sein. Wer eine Woche auf dieser „Augusta Viktoria“ in der ersten Kajüte fährt, kommt sich in der Tat wie eine Fürstlichkeit vor. Denn dem Reichtum der Ausstattung entspricht auch die Behandlung der Passagiere. Ein kleines Heer von ungefähr sechzig Stewards, lauter flinke, äußerst gewandte und aufmerksame junge Leute in kurzen, dunkelblauen Schiffsjacken mit gelben Metallknöpfen, steht bereit, um die Reisenden zu bedienen und jeden ihrer Wünsche und Winke zu erfüllen. Und fürstlich wie die Ausstattung und Bedienung dieses Schiffspalastes sind auch die Mahlzeiten. Küche und Keller wissen den weitgehendsten Ansprüchen der verwöhntesten Leckermäuler und Vielfraße zu genügen.

Hier ein kleines Verzeichnis der Mahlzeiten, durch die wir uns tagtäglich hindurchzuarbeiten haben. Morgens (man steht an Bord gewöhnlich zwischen 5 und 6 Uhr auf) wird Tee oder Kaffee getrunken. Um 8 Uhr erfolgt ein zweites Frühstück ebenfalls mit Tee oder Kaffee, bei dem warme Gerichte, Koteletts, Eierspeisen, Butter, Käse und Früchte gereicht werden. Um 10 Uhr wird warme Fleischbrühe in Tassen herumgeboten. Dazu gehen mächtige Platten mit Butterbroten herum, die mit kaltem Fleisch belegt sind. Um 12 Uhr versammelt sich die ganze Gesellschaft zur ersten Hauptmahlzeit, dem Lunch, der aus drei oder vier starken Gängen und entsprechendem Nachtisch besteht. Um 16 Uhr werden wieder ein kleiner Imbiss und Sandwiches herumgereicht. Dann muss der arme Reisende hungern bis 18 Uhr. Freudig begrüßt er die Tamtamschläge, die ihn zum Diner rufen. Was da alles an lukullischen Genüssen aufmarschiert, von der Vorkost mit ihren verschiedenen Leckerbissen bis zu den köstlichen Meerfischen, den verschiedenen Fleischgerichten und zum Nachtisch, der eine Übersicht über alle möglichen Herrlichkeiten bietet, mit denen die Völker aller Zonen ihre Tafeln auszustatten pflegen, das alles zu schildern sei mir erlassen. Jede Mahlzeit an Bord könnte dank ihrer raffinierten Reichhaltigkeit mit einem festlichen Hochzeitsmahl verglichen werden, wie es vielleicht in den reichsten Familien nur im allerersten Hotel bestellt werden mag. Abends vor dem Schlafengehen nimmt der Reisende, der sich durch alle diese Tafelgenüsse hindurchgewunden hat, noch beim Tee einen kleinen Imbiss zu sich, um dann in der Kabine ruhig zu schlafen, bis ihn das Tamtam wieder zum Frühstück ruft.

Meine Entdeckungsreisen durch das Schiff führten mich auch in Gegenden und Quartiere, in die einzudringen dem Kajütenpassagier eigentlich verboten ist. Ich suchte wiederholt das Zwischendeck auf, d.h. jenen Raum, in welchem die am wenigsten zahlende Klasse von Reisenden wie Heringsware verpackt wird.

Man steigt einige steile Treppen in einen Raum hinunter, der mit einem Verließ oder einer Kasernen-Kasematte die größte Ähnlichkeit hat. Sonnenlicht gelangt in diese Räume nur selten und spärlich. Wenn die See hoch geht, sind die wenigen kleinen runden Gucklöcher fortwährend mit Wellen derart bespült, dass der Raum in ein Halbdunkel gehüllt ist. Da sind nun die Lagerstätten der Zwischendeckpassagiere übereinander aufgeschichtet. Man kann diese Lagerstätten am besten mit einem großen Büchergestell vergleichen. Wie da die Bretter mit den Bücherreihen, so sind hier im Zwischendeck die Reihen der sogenannten Betten möglichst eng übereinander aufgeschichtet. Der Raum zwischen dem oberen und unteren Stockwerk der Bettreihen ist so gering, dass ein ausgewachsener Mensch kaum eben in sein Fach hineinkriechen kann, wo eine erdrückende Luft ihm beinahe den Atem nimmt. Betten kann man diese Lager eigentlich nicht nennen, denn in jedem der schmalen, für je einen Menschen bestimmten Fächer liegt bloß ein Strohsack, der zu beiden Seiten vom nachbarlichen Strohsack durch ein Brett geschieden ist. So liegen ganze Reihen von Menschen möglichst eng zusammengepfercht wie eine Ware in diesen Fächern übereinander aufgeschichtet.

Da der Zwischendeckpassagier außer einem engen Gang, wo ein Tisch für die Mahlzeiten steht, bei schlechtem Wetter keinen anderen Aufenthaltsort hat, so bleibt ihm nichts übrig, als in diesen Kasematten liegenzubleiben.

Stellt man sich nun noch vor, dass die Zwischendeckpassagiere der Seekrankheit am leichtesten zum Opfer fallen, dass die Menschen, die von den nicht näher zu beschreibenden Übeln der See heimgesucht werden, in diesen engen Räumen Tag und Nacht während einer ganzen Reise zusammengepfercht bleiben, so kann man sich denken, welche Luft in dieser Vorhölle der Hölle durch das enge Zusammenwohnen vieler seekranker Menschen entsteht.“

Ozeandampfer „Augusta Viktoria“

1895

JANUAR

5.1. In Leipzig stirbt der Verleger Anton Philipp Reclam, der Begründer von Reclams Universalbibliothek.

10.1. Die Reichsregierung verzichtet vorerst auf eine Inschrift am Westportal des neuen Reichstagsgebäudes, weil sich Kaiser und Parlamentarier nicht auf einen Text einigen können. Bis 1916 bleibt der Platz leer.

FEBRUAR

2.3. Gründung des Bayerischen Bauernbundes, der sich gegen die Handelspolitik der Reichsregierung wendet.

MÄRZ

13.3. Tod der Frauenrechtlerin Luise Otto-Peters in Leipzig.

APRIL

1.4. Der Reichstag lehnt mit 163:146 Stimmen einen Glückwunsch zum 80. Geburtstag des ehemaligen Reichskanzlers Bismarck ab.

In der Industrie wird die gesetzliche Sonntagsruhe für verbindlich erklärt.

In Preußen tritt eine Steuerreform in Kraft, die von den Steuerzahlern Selbsteinschätzung verlangt.

Im Deutschen Reich arbeiten insgesamt 148 Elektrizitätswerke mit einem Anschlusswert von 35.941 Kilowatt. Ans Netz angeschlossen sind 493.801 Glühlampen und 12.357 Bogenlampen.

2.4. Uraufführung von Hans Pfitzners Oper „Der arme Heinrich" in Mainz.

23.4. Nach dem Ende des japanisch-chinesischen Krieges fordern Deutschland und Russland von den siegreichen Japanern den Verzicht auf chinesischen Festlandbesitz. Kaiser Wilhelm II. spricht dabei von der „gelben Gefahr" (gemeint ist Japan), der das Abendland gemeinsam gegenübertreten müsse.

26.4. Kaiser Wilhelm II. verspricht dem russischen Zaren Nikolaus II. Unterstützung bei seiner Asienpolitik. Als Gegenleistung verlangt er russische Hilfe bei Errichtung eines deutschen Stützpunkts in China.

30.4. In Wiesbaden stirbt der Schriftsteller Gustav Freytag.

April. In Berlin erscheint das erste Heft der von Otto Julius Bierbaum und Julius Meier-Graefe herausgegebenen Kunst- und Literaturzeitschrift „Pan", die den künstlerischen Strömungen des Symbolismus und des Jugendstils verpflichtet ist.

MAI

4.5. In Berlin wird die Oper „Der Evangelimann" von Wilhelm Kienzl uraufgeführt.

11.5. Wie zuvor das preußische Abgeordnetenhaus, lehnt auch der Reichstag die Umsturzvorlage ab.

JUNI

21.6. Bei der zweiten Berufs- und Gewerbezählung wird u.a. ermittelt, dass nur noch 37,5 Prozent der Erwerbstätigen in der Landwirtschaft arbeiten. Berlin (1,6 Millionen Einwohner) ist die am dichtesten besiedelte Stadt der Welt.

Einweihung des Kaiser-Wilhelm-Kanals (heute Nord-Ostsee-Kanal) nach achtjähriger Bauzeit.

AUGUST

4.8. Die „Alldeutschen Blätter", Organ des Alldeutschen Bundes, fordern ein deutsches Protektorat über Marokko.

5.8. Friedrich Engels, Philosoph und Politiker, Weggefährte von Karl Marx, stirbt in London.

17.8. Beim sog. Essener Meineidsprozess werden sieben leitende Funktionäre des Bergarbeiterverbandes zu mehrjährigen Haftstrafen verurteilt.

SEPTEMBER

2.9. Einweihung der Kaiser-Wilhelm-Gedächtniskirche in Berlin am „Sedantag", dem Tag der jährlichen Feier des Sieges über Frankreich.

8.9. In Rüsselsheim stirbt Adam Opel, Maschinenbauer und Unternehmer, Gründer der Opel-Werke.

OKTOBER

9.10. Uraufführung von Arthur Schnitzlers Schauspiel „Liebelei" im Wiener Burgtheater. Der Erfolg des Stücks bringt einen Wiener Verleger auf die Idee, eine Zeitschrift mit dem Namen „Liebelei" herauszubringen, von der immerhin neun Nummern erscheinen.

NOVEMBER

1.11. Geburtsstunde des deutschen Kinos: Die Brüder Skladanowsky führen im Berliner „Wintergarten" selbstgedrehte Kurzfilme mit Varietészenen vor. Max Skladanowsky hat für den Projektor, „Bioskop" genannt, Patentschutz erhalten; er selbst wird amtlicherseits als „Nebelbilddarsteller" geführt.

8.11. Wilhelm Conrad Röntgen, Leiter des Instituts für Physik an der Universität Würzburg, entdeckt die „X-Strahlen" (später nach ihm Röntgenstrahlen benannt). Deren Gefährlichkeit wird dabei noch nicht erkannt.

27.11. Gründung des Bundes der Industriellen (BdI). Der Unternehmerverband vereinigt als Dachorganisation besonders die mittleren und kleineren nichtmonopolisierten Betriebe und steht damit in Konkurrenz zu dem schwerindustriell orientierten Centralverband deutscher Industrieller und zum großagrarisch bestimmten Bund der Landwirte.

29.11. Wegen angeblicher Verstöße gegen das preußische Vereinsgesetz löst die Berliner Polizei elf sozialdemokratische Vereine und den Parteivorstand der SPD auf. Vorübergehend übernimmt die SPD-Reichstagsfraktion die Leitung der Partei.

November. Der Redakteur der Zeitschrift „Ethische Kultur", Friedrich Foerster, wird wegen Majestätsbeleidigung zu drei Monaten Festungshaft verurteilt. Er hatte Kritik am Kaiser geübt, nachdem dieser bei der Sedanfeier die Sozialdemokraten als „Rotte von Menschen, nicht wert den deutschen Namen zu tragen" beschimpft hatte.

AUSSERDEM

Der Liberale Friedrich Naumann gründet die Wochenschrift „Die Hilfe". Zentrale Themen des Blattes sind u.a. die Wahlrechtsreform und die Gleichberechtigung der Frau.

Gründung des „Deutschen Vereins zum Heiligen Lande", der die heiligen Stätten in Palästina erhalten und die katholische Mission im Vorderen Orient fördern will.

Die katholische Jugendbewegung schafft sich im Zentralverband der katholischen Jünglingsvereinigungen Deutschlands einen Dachverband.

Zusammenschluss der studentischen Bibelkreise zur Deutschen Christlichen Studentenvereinigung.

Die Deutsche Turnerschaft führt das Frauenturnen ein.

Konrad Koch schafft ein einheitliches Regelwerk für den deutschen Fußball.

Gründung der katholischen Abstinenzliga gegen Alkoholmissbrauch.

Carl von Linde verflüssigt Luft bei –191° C.

Wilhelm Fein erfindet die elektrische Handbohrmaschine.

Die Schweinfurter Fichtel & Sachs-Werke beginnen mit der Herstellung kugelgelagerter Fahrradnaben.

Im Deutschen Reich arbeiten insgesamt 148 Elektrizitätswerke.

Ernst Hasse: „Großdeutschland und Europa um das Jahr 1950" (Zukunftsvision des Alldeutschen Verbandes).

August Bebel: „Die Sozialdemokratie und das allgemeine Wahlrecht".

Sigmund Freund und Josef Breuer: „Studien über Hysterie" (Begründung der Psychoanalyse).

Wilhelm Raabe: „Die Akten des Vogelsangs" (Roman).

Theodor Fontane: „Effi Briest" (Roman).

Käthe Kollwitz: „Weberaufstand" (Radierungen).

Richard Strauß: „Till Eulenspiegels lustige Streiche" (Tondichtung).

Kein Glückwunsch für Bismarck

Am 23. März 1895 debattierte der Reichstag über die Frage, ob Bismarck zu seinem 80. Geburtstag gratuliert werden solle. Die Sitzungsprotokolle geben Aufschluss darüber, wer sich dagegen aussprach.

Zentrum
(Abg. Graf Hompesch):
Die beantragte Beglückwünschung des Fürsten Bismarck seitens des Reichstags gilt der politischen Persönlichkeit, ist ein politischer Akt. Dieses umso mehr, als schon seit Wochen einem desfallsigen Schritt des Reichstags die Eigenschaft ganz besonderer Ehrung des Staatsmannes als solchen beigemessen wurde. Das Zentrum kann sich an einer unterschiedslosen Billigung der Grundsätze, nach denen Fürst Bismarck die deutsche und preußische Politik geleitet hat und heute noch zu beeinflussen bestrebt scheint, und der wichtigsten Anregungen zahlreicher Handlungen, in denen jene Grundsätze Ausdruck fanden, nicht beteiligen. Das Zentrum könnte ebenso wenig dem Verdacht einer solchen Billigung entgehen, wenn es den Vorschlag eines Reichstagsglückwunsches ohne allen Widerspruch ließe, denn Fürst Bismarck ist ein untrennbares Ganzes. Die Rücksichten der Höflichkeit, welche vor zehn Jahren obwalteten, fallen im Augenblick, da Fürst Bismarck nicht mehr im Amte ist, gänzlich fort. Nicht minder können Ehrenbezeigungen, die aktiven Reichstagsmitgliedern erwiesen wurden, hier (nicht) in Betracht kommen. Somit sind wir zu unserem Bedauern außerstande, einem Glückwunsch von Seiten des Reichstags zuzustimmen. Wir verzichten jedoch auf die Aufzählung derjenigen Gründe, die es uns im Einzelnen unmöglich machen, in die vielseitigen Kundgebungen einzustimmen, um nicht durch Streit um eine Persönlichkeit die ohnehin großen Schwierigkeiten der allgemeinen Lage zu erhöhen.

Freisinnige und Deutsche Volkspartei (Abg. Richter):
Die angeregte Beglückwünschung als einfache Bekundung menschlicher Teilnahme für den hochbejahrten Staatsmann aufzufassen, verhindert uns schon die Art, wie ein Teil der Anhänger des Fürsten Bismarck beflissen ist, die Geburtstagsfeier zu einem politischen Huldigungsakt für denselben auszugestalten und zu parteipolitischen Zwecken für sich selbst auszunutzen. Auch wir verkennen durchaus nicht die großen Verdienste des Fürsten Bismarck um das deutsche Einigungswerk und die auswärtige Politik unseres deutschen Vaterlandes. Aber die Persönlichkeit des Fürsten Bismarck kann und muss beanspruchen, ganz und ungeteilt beurteilt zu werden. Fürst Bismarck ist zugleich der Träger eines Systems der inneren Politik, das wir als dem Liberalismus und dem parlamentarischen Wesen entgegengesetzt ansehen müssen und deshalb im Interesse von Volk und Vaterland zu bekämpfen stets für unsre patriotische Pflicht erachtet haben. Insbesondere hat der Fürst Bismarck im letzten Abschnitt seiner politischen Wirksamkeit jene die Volkseinheit zersetzenden Interessenkämpfe geschützt und geschürt, welche auf weite Kreise der Bevölkerung politisch demoralisierend einwirken, die Gegenwart schwer belasten und für die Zukunft unserer nationalen Entwicklung mit Besorgnis erfüllen. Auch nachdem der amtlichen Tätigkeit des Fürsten Bismarck ein Ziel gesetzt worden ist, sucht derselbe mit der ganzen Autorität seiner Person auf die öffentliche Meinung einzuwirken in einer Richtung, welche die Einlenkung der inneren Politik in gesundere Bahnen verhindert oder erschwert. Wir bedauern daher, dem Ersuchen des Herrn Präsidenten keine Folge geben zu können.

Postkarte zu Bismarcks 80. Geburtstag.

Sozialdemokratische Partei
(Abg. Singer):
Wir haben keine Veranlassung, uns an einer Kundgebung zu Ehren des Fürsten Bismarck zu beteiligen. Die durch den Fürsten Bismarck zum ausschließlichen Vorteil der besitzenden Klasse verfolgte Zoll- und Steuerpolitik hat schwere Schädigungen über das deutsche Volk gebracht und in ihren unheilvollen Wirkungen der Arbeiterklasse die notwendigsten Lebensmittel verteuert. Fürst Bismarck hat stets nur die Politik der Sonderinteressen und der nationalen und internationalen Gegensätzlichkeit betrieben; er hat seine Gegner, insbesondere die Sozialdemokratische Partei, bis zur Ächtung mit Ausnahmegesetzen verfolgt und vergewaltigt. Er besitzt daher keinen Anspruch auf den Dank und die Anerkennung des gerade von ihm so oft mit Hohn behandelten Reichstages. Als Vertreter der stärksten politischen Partei Deutschlands lehnen wir den Vorschlag des Herrn Präsidenten ab.

Polen
(Abg. Fürst Radziwil):
Wir erblicken in dem Vorschlage des Herrn Präsidenten eine eminent politische Kundgebung, bestimmt, der Begeisterung für das politische Wirken des Fürsten Bismarck in Staat und Reich einen prägnanten Ausdruck zu geben. An einer derartigen Kundgebung teilzunehmen verbietet uns, als einer politischen Partei, die Rücksicht darauf, dass sich das amtliche wie außeramtliche Wirken des ersten Reichskanzlers zu den Rechten, welche wir auf kirchlichem und nationalem Gebiete zu wahren haben, nur zu oft in schroffem Gegensatz gestellt und diese natürlichen und verbrieften Rechte verletzt hat.

Entdeckung der Röntgen-Strahlen

Wilhelm Conrad Röntgen entdeckte am 8. November 1895 die nach ihm benannten Strahlen. Seit Wochen hatte er im Physikalischen Institut der Universität Würzburg mit Kathodenstrahlröhren experimentiert. Röntgen beobachtete, dass ein auf dem Tisch liegender Fluoreszenzschirm aufleuchtete, sobald die Entladung durch die in einen schwarzen Kartonmantel gehüllte Vakuumröhre hindurchging.

Er erkannte, dass das Aufleuchten des Schirms durch unsichtbare Strahlen hervorgerufen wurde, die von der Kathodenstrahlröhre ausgingen und durch den Karton drangen. Röntgen experimentierte noch sieben Wochen weiter und gab seine Entdeckung erst am 28. Dezember bekannt. An diesem Tag veröffentlichte er einen Aufsatz: „Über eine neue Art von Strahlen.“ Es war ihm in der Zwischenzeit gelungen, eine Hand zu fotografieren, die eine Geldbörse hielt. Auf dem Schattenbild sah man das Geld in der Lederbörse und die Knochen der Hand.

Dem Berichterstatter einer amerikanischen Zeitschrift gab Röntgen 1896 ein ausführliches Interview, in dem er erläuterte, wie er zu seiner Entdeckung gekommen war:

„Ich interessierte mich schon seit langer Zeit für die Kathodenstrahlen, wie sie von Hertz und speziell von Lenard in einer luftleeren Röhre studiert worden waren. Ich hatte die Untersuchung dieser und anderer Physiker mit großem Interesse verfolgt und mir vorgenommen, sobald ich Zeit hätte, einige selbständige Versuche in dieser Beziehung anzustellen; diese Zeit fand ich Ende Oktober 1895. Ich war noch nicht lange bei der Arbeit, als ich etwas Neues beobachtete.“

„Welches Datum war es?“

„Der 8. November.“

„Und welcher Art war die Beobachtung?“

„Ich arbeitete mit einer Hittorf-Crookeschen Röhre, welche ganz in schwarzes Papier eingehüllt war. Ein Stück Bariumplatinzyanürpapier lag daneben auf dem Tisch. Ich schickte einen Strom durch die Röhre und bemerkte quer über das Papier eine eigentümliche schwarze Linie.“

„Was war das?“

„Die Wirkung war derart, dass sie den damaligen Vorstellungen gemäß nur von einer Lichtstrahlung herrühren konnte. Es war aber ganz ausgeschlossen, dass von der Röhre Licht kam, weil das dieselbe bedeckende Papier sicherlich kein Licht hindurchließ, selbst nicht das einer elektrischen Bogenlampe.“

„Was dachten Sie sich da?“

„Ich dachte nicht, sondern ich untersuchte. Ich vermutete, dass die Wirkung von der Röhre herkommen müsse, und prüfte nach dieser Richtung hin genauer. Bald war jeder Zweifel ausgeschlossen. Es kamen Strahlen von der Röhre, welche eine lumineszierende Wirkung auf den Schirm ausübten. Ich wiederholte den Versuch mit Erfolg in immer größeren und größeren Entfernungen, fast bis zu 2 Metern. Anfangs hielt ich sie für eine neue Art von Licht. Sicher aber war es etwas Neues, noch Unbekanntes.“

„Ist es Licht?“

„Nein, denn es kann weder reflektiert noch gebrochen werden.“

„Ist es Elektrizität?“

„Nicht in der bekannten Form.“

„Was ist es dann?“

„Ich weiß es nicht. Nachdem ich die Existenz einer neuen Art von Strahlen nachgewiesen hatte, ging ich daran, ihre Eigenschaften zu untersuchen. Es zeigte sich aus den Versuchen bald, dass die Strahlen ein ungewöhnliches Durchdringungsvermögen besitzen, und zwar von einer Kraft, die bis jetzt an Strahlen unbekannt ist. Sie durchdringen Papier, Holz und Tuch mit Leichtigkeit, und innerhalb gewisser Grenzen spielt die Dicke der Substanz überhaupt keine Rolle. Die Strahlen gehen durch alle untersuchten Metalle hindurch, und zwar mit einer Leichtigkeit, die im umgekehrten Verhältnis zur Dichtigkeit des Metalls zu stehen scheint . . .

Da die Strahlen diese große Durchdringungskraft hatten, schien es

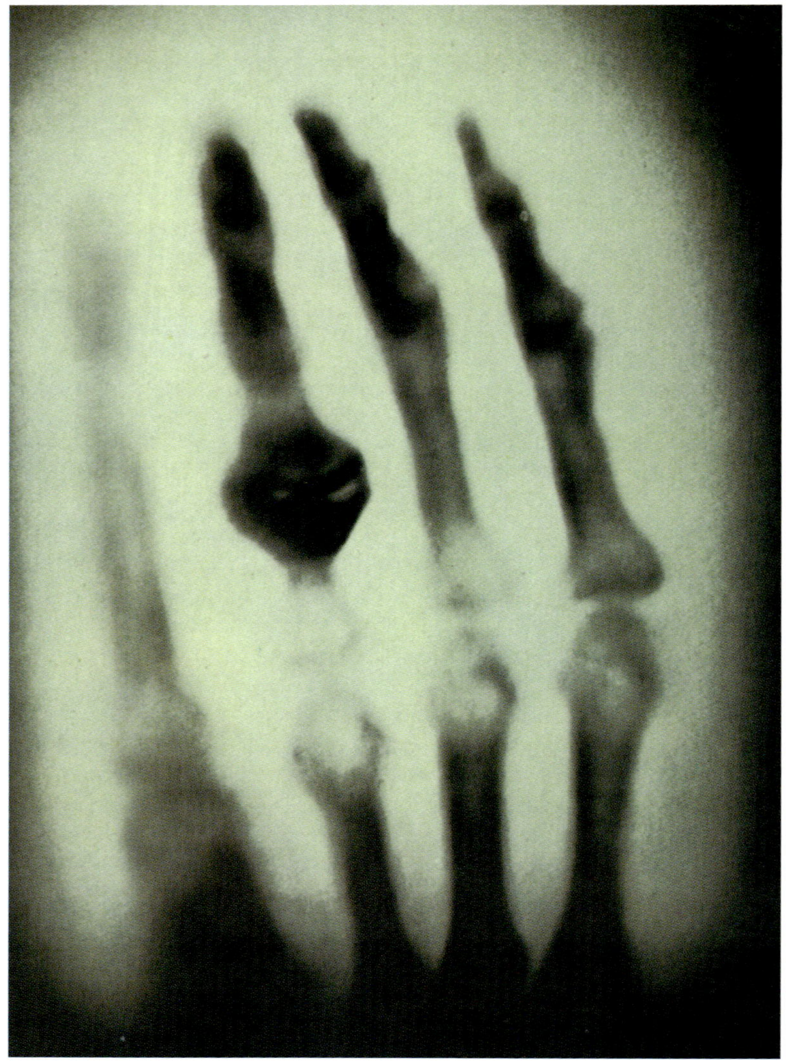

Die älteste Röntgen-Aufnahme: Die Hand der Frau des Entdeckers.

Diesen Funkeninduktor verwendete Wilhelm Conrad Röntgen bei der Entdeckung der X-Strahlen im Jahre 1895. „Er ist unzweifelhaft derjenige, mit dem ich meine ersten Versuche über Strahlen ausführte“, schrieb Röntgen als dieser Hochspannungsgenerator 1906 mit einigen bei der Entdeckung benutzten Entladungsgeräte dem deutschen Museum in München überlassen wurde.

selbstverständlich, dass sie auch durch Fleisch hindurch gehen konnten, und den Beweis fand ich beim Photographieren der Hand . . ."
„Wie denken Sie sich die weitere Entwicklung der Anwendung der Strahlen?"
„Ich bin kein Prophet und liebe das Prophezeien nicht. Ich setzte meine Untersuchungen fort, und sobald meine Resultate sich bestätigen, werde ich sie veröffentlichen."
„Denken Sie, dass die Strahlen so geändert werden können, dass Sie damit die Organe des menschlichen Körpers aufnehmen könnten?" Anstatt einer Antwort nahm er die Photographie einer Schachtel mit Gewichten.
„Hier sind schon solche Änderungen", sagte er, indem er die verschieden starken Schatten zeigte, die durch das Aluminium, Platin und Messing der Gewichte und durch die Messingscharniere verursacht worden waren, und man konnte selbst die gedruckten metallunterlegten Buchstaben des Deckels der Schachtel gerade noch erkennen.

Erste Filmvorführung in Berlin

Am 12. November 1895 zeigten die Direktoren Dorn und Baron vom deutschen Spitzenvarieté, dem „Wintergarten" in der Berliner Friedrichstadt, zum ersten Mal das „Bioskop" Max Skladanowskys in ihrem Programm. Es war die Geburtsstunde des Urfilms in Deutschland.
Vorgeführt wurden kurze, von den Brüdern Max und Emil Skladanowsky selbst hergestellte Streifen, zum Beispiel ein Boxkampf mit einem fausthandschuhbewehrten Känguru, ein von Kindern aufgeführter Bauerntanz, eine Familie, die Gymnastik trieb.
Max Skladanowsky, Schaustellersohn aus Berlin, war damals 32 Jahre alt. Der Vater hatte ein Geschäft für „Nebelbilder" eröffnet, in das auch Max, der das Photographenhandwerk erlernt hatte, und sein Bruder Emil eintraten. Bei diesen Erzeugnissen handelte es sich darum, dass Bilder nach einem bestimmten Schema so übereinander gekoppelt wurden, dass der Eindruck lebender Folgen entstand. Gezeigt wurden romantische Landschaftsszenen, Gruselmärchen und Humoresken. Max Skladanowsky kam auf die Idee, die starren Photoplatten durch auf Zelluloidstreifen kopierte Aufnahmen zu ersetzen. Die Aufnahme- und Vorführapparaturen entwarf er selbst. Mit seinem Bruder Emil drehte er schon vor 1895 kleine Stücke, bei denen er als „Star" und seine fünfjährige Tochter Gertrud als erster weiblicher Filmstar in Deutschland auftraten, etwa beim Suppekochen in der Puppenküche. Die ganze Familie setzte große materielle Hoffnungen auf ihr „Bioskop". Doch noch vor oder fast gleichzeitig mit den Skladanowskys war der Funke für die Entwicklung lebender Bildstreifen auch anderwärts übergesprungen, bei Thomas Alva Edison in den USA, bei den Brüdern Louis und Auguste Lumière in Paris.
Anderthalb Monate nach dem Abend im Berliner „Wintergarten" führten die Gebrüder Lumière ihren „Cinémathographen" im „Grand Café" am Boulevard des Capucines vor. Diese Apparatur erwies sich als viel zukunftsträchtiger als das „Bioskop".

Mörderischer Fußball

In den achtziger Jahren des 19. Jahrhunderts verbreitete sich durch englische Kaufleute und Studenten auch in Deutschland der Fußballsport. Das harte Kampfspiel erregte zunächst heftige Kritik und wurde nicht selten gar polizeilich unterbunden. Wie heute der Box- oder der Motorsport galt Fußball als einfach zu gefährlich für die Akteure. Mag in neuerer Zeit auch das Gesundheitsrisiko der Sportler gesunken sein – was die „Vossische Zeitung" am 23. April 1895 über Zuschauerausschreitungen meldete, gilt im Zeitalter der Fußball-Massenveranstaltungen in noch weit höherem Maße:
Die Verlustliste für die jetzt zu Ende gehende Fußballspielzeit 1894/95 weist für die vergangenen sechs Monate nicht weniger als zwanzig Todesfälle und mehrere hundert schwere Verletzungen nach. Dabei soll nur etwa der zehnte Teil der tatsächlich vorgekommenen Unfälle gemeldet sein. Todesfälle bei dem männlichen Spiel werden in erster Linie durch Fußtritte in den Unterleib mit nachfolgenden Blasenbrüchen, Darmbrüchen und dadurch ausgelöste Unterleibsentzündungen, in zweiter Linie durch Brüche der Wirbelsäule, des Genicks oder der Schädelbasis verursacht. Herzschläge kommen gleichfalls nicht allzu selten vor.
Zu den schwereren Verletzungen gehören verwickelte Arm- und Beinbrüche, Schädelbrüche mit Gehirnerschütterungen, Knieverletzungen, Rücken- und Schlüsselbeinbrüche und dergleichen schöne Dinge mehr:
Beklagt wird die immer mehr umsichgreifende Sitte, den Schiedsrichter mit Ziegelsteinen, Eisenstangen etc. anzugreifen, wenn eine seiner Entscheidungen das Missfallen der spielenden Parteien erregt. Häufig prügeln dann die Zuschauer mit, so dass die bei jedem Match anwesende Polizei außer Stande ist, Frieden zu stiften. Ich kenne große englische Geschäfte, deren Angehörige sich beim Eintritt verpflichten müssen, in ihren Mußestunden nicht Fußball zu spielen, da die Unfallliste nach einem Match jeden regelmäßigen Geschäftsbetrieb vereitelt.

Erste öffentliche Kinovorführung im Berliner „Wintergarten".

1896

JANUAR

1.1. Die in München gegründete Zeitschrift „Jugend" setzt neue Maßstäbe in der Buchgestaltung. Nach ihr wird die neue, gegen den Historismus gerichtete Reformbewegung in der Kunst „Jugendstil" genannt.

3.1. Kaiser Wilhelm II. beglückwünscht in einem Telegramm den Präsidenten der Burenrepublik Südafrika zur erfolgreichen Abwehr eines britischen Einfalls nach Transvaal („Jameson-Raid"). Die „Krüger-Depesche" erregt erhebliche Verstimmung in England.

4.1. Uraufführung des Bauernkriegs-Dramas „Florian Geyer" von Gerhart Hauptmann in Berlin.

18.1. Bei der 25-Jahrfeier der Reichsgründung durchbricht Kaiser Wilhelm II. das vorgesehene Protokoll, indem er die Fahne des Ersten Garderegiments ergreift und laut ruft: „Angesichts dieses ehrwürdigen Feldzeichens, welches mit fast zweihundertjährigem Ruhm bedeckt ist, erneuere ich das Gelübde, für des Volkes und des Reiches Ehre einzustehen, sei es nach innen oder nach außen. Ein Reich, Ein Volk, Ein Gott!"

MÄRZ

6.3. Die Arbeitszeit der Bäcker wird nach einem Beschluss des Bundesrates auf höchstens 12 Stunden täglich begrenzt.

Titelblatt der „Jugend".

28.3. Mit der Einführung des Dreiklassenwahlrechts versucht das Königreich Sachsen die Wahlerfolge der Sozialdemokraten zu konterkarieren. Im sächsischen Landtag stellt die SPD 14 von 82 Abgeordneten.

APRIL

4.4. Das erste Heft der satirischen Zeitschrift „Simplicissimus" erscheint im Münchener Verlag Albert Langen. Von der Riesenauflage (480 000 Stück) bleibt ein großer Teil unverkauft liegen. Erst eine Änderung des Konzepts in Richtung stärkerer Bebilderung mit Karikaturen verhilft dem Blatt zum Erfolg.

Die Volkssternwarte in Berlin-Treptow wird eröffnet. Den Hauptanziehungspunkt für die Besucher bildet das von Friedrich Simon konstruierte 21 m lange Linsenfernrohr, das längste der Welt.

28.4. In Berlin stirbt der Historiker Heinrich von Treitschke. Sein Hauptwerk, die „Deutsche Geschichte im 19. Jahrhundert", bleibt unvollendet.

MAI

20.5. Tod der Pianistin und Komponistin Clara Schumann in Frankfurt am Main.

JUNI

18.6. Einweihung des zu Ehren Kaiser Wilhelms I. errichteten Kyffhäuserdenkmals.

JULI

1.7. Der Reichstag billigt mit 288 Ja-Stimmen, 48 Nein-Stimmen und 18 Enthaltungen das Bürgerliche Gesetzbuch (BGB), das Teile des allgemeinen Privatrechts regelt. Die ursprüngliche Absicht, das gesamte Privatrecht auf Reichsebene zu vereinheitlichen, hat sich nicht durchsetzen lassen; weite Rechtsgebiete, wie z.B. Fischerei- und Jagdrecht, Versicherungsrecht oder Wohnungsmietrecht, bleiben der Landesgesetzgebung vorbehalten.

11.7. In Berlin stirbt Ernst Curtius, Historiker und Archäologe, Leiter der Ausgrabungen in Olympia.

18.7. Für die in den Kolonien eingesetzten Schutztruppen, meist einheimische Soldaten unter deutscher Führung, wird ein spezielles Gesetz erlassen.

AUGUST

9.8. Der Luftfahrtpionier Otto Lilienthal stürzt nach 2000 Flugversuchen ab. Er erliegt am folgenden Tag seinen Verletzungen.

SEPTEMBER

16.–29.9. Beim ersten internationalen Frauenkongress in Berlin treffen sich über 17 000 Delegierte aus 14 Nationen.

OKTOBER

11.10. Tod des Komponisten Anton Bruckner in Wien.

11.–16.10. Auf dem Gothaer Parteitag der SPD beschließen die Delegierten die Wahl weiblicher Vertrauenspersonen und eine allgemeine Arbeitsruhe am 1. Mai.

18.10. Einweihung des Denkmals für Kaiser Wilhelm I. an der Porta Westfalica.

24.10. Der ehemalige Reichskanzler Bismarck veröffentlicht das geheime Zusatzprotokoll zum deutsch-russischen Rückversicherungsvertrag von 1887 und ruft damit im Ausland verstärktes Misstrauen gegenüber dem Reich hervor.

Oktober. Kaiser Wilhelm II. greift in die Vergabe des Schillerpreises ein: Statt des von der Jury gewählten Gerhart Hauptmanns, der die Auszeichnung für „Hanneles Himmelfahrt" erhalten sollte, bekommt Ernst von Wildenbruch den mit 6000 Mark dotierten Preis für sein Drama „Kaiser Heinrich".

NOVEMBER

3.11. Uraufführung von Arthur Schnitzlers Drama „Freiwild" im Deutschen Theater Berlin.

24.11. Beginn des großen Hafenarbeiterstreiks in Hamburg, der sich gegen die ausbeuterischen Arbeitsbedingungen im Hafen richtet. Die Streikenden sind nur zu einem geringen Teil gewerkschaftlich organisiert, zu ihrer Unterstützung werden im Reich insgesamt 1,6 Millionen Mark gesammelt.

25.11. Der Liberale Friedrich Naumann gründet in Erfurt den „National-Socialen Verein", der ein nationales und demokratisches Kaisertum anstrebt.

DEZEMBER

2.12. Im Berliner Deutschen Theater wird das Märchendrama „Die versunkene Glocke" von Gerhart Hauptmann uraufgeführt.

AUSSERDEM

Der jüdisch-österreichische Journalist Theodor Herzl erhebt in seinem Buch „Der Judenstaat" die Forderung nach einer jüdischen Heimstätte in Palästina und begründet den Zionismus.

Unter Mithilfe einheimischer Stämme schlägt der Landeshauptmann von Deutsch-Südwestafrika, Theodor Leutwein, Aufstände der Ost-Hereros und Kauas-Hottentotten nieder.

Die ersten Olympischen Spiele der Neuzeit, zurückgehend auf eine Idee des Barons Pierre de Coubertin, finden in Athen statt. Auch deutsche Sportler sind dabei, sie gewinnen u.a. Wettbewerbe im Turnen, Ringen und Tennis.

Der Student Hermann Hoffmann, Stenografielehrer am Gymnasium in Steglitz bei Berlin, sammelt einen Schülerkreis um sich, mit dem er Wanderfahrten unternimmt – die Keimzelle der Wandervogel-Bewegung.

Gründung der „Stadtkölnischen Versicherungskasse gegen Arbeitslosigkeit im Winter".

Matthias Zdarsky veröffentlicht das erste Lehrbuch des Skilaufs: „Alpine Lilienfelder Skifahr-Technik"

Johannes Thienemann beginnt die Erforschung des Vogelzuges.

Erste erfolgreiche Herznaht durch Ludwig Rehn.

Gründung der Deutschen Graphologischen Gesellschaft durch Ludwig Klages u.a.

Richard Hertwig gelingt die künstliche Befruchtung des Seeigeleis mit Strychnin.

Erste Ausgabe des „Simplicissimus"

„Als Bismarcks schwere Hand zu fehlen begann, als der ‚junge Kaiser' und Adel und Großbürgertum eine forsche Sicherheit vortäuschten, die sie nicht mehr hatten, war die Zeit für ein Unternehmen wie den SIMPLICISSIMUS reif geworden", schreibt Golo Mann über die satirische Zeitschrift des Münchner Verlegers Albert Langen, deren erste Nummer am 4. April 1896 auf den Markt kam. „Er hatte Vorläufer, Zeitgenossen, die ganz ähnlich zeichneten und dichteten, ob sie später Mitarbeiter wurden oder fern blieben. Zum Beispiel gibt es, richtiger gab es im Jahre der Gründung, von Heinrich und Thomas Mann ein Bilder- und Versebuch, als ein frivoles Konfirmationsgeschenk für die Schwester entworfen, das den Stil des Witzblattes buchstäblich vorwegnahm; Heinrichs üppige Damen des demi monde so gut wie Thomas' skurrile Zeichnungen. Dass der letztere Mitarbeiter und Lektor wurde, ist kein Zufall. Die Figur des Permaneder in den „Buddenbrooks" ist aus dem Simplicissimus genommen; buchstäblich, denn noch heute haben wir die Figur eines Münchner Bierbürgers, die der junge Autor sich aus der Zeitschrift ausschnitt und mit „Herr Permaneder" unterschrieb. So könnten die Gestalten von Heinrich Manns „Untertan" nahezu alle aus dem Simplicissimus sein: der Untertan selber, der Regierungspräsident, der Staatsanwalt, der Richter, der Pfarrer, der Leutnant, der Oberlehrer usf. und nicht zuletzt der Kaiser – sie stammen alle aus dem Münchner hohen Kasperltheater. Besser: fragen wir nicht, ob sie aus ihm stammen. Es ist Wechselwirkung; Romancier und Witzblatt haben aus den gleichen Quellen geschöpft.

Konnte man auf den Simpl bauen? In seinen Gegnerschaften ungefähr. Durch die achtzehn Friedensjahre, die seine eigentliche Hoch-Zeit waren, ziehen sich, immer gleichbleibend, die Typen, die er sich aufs Korn genommen hatte: der reaktionäre Agrarier; der Mann der Justiz, Staatsanwalt, Assessor, Gefängniswärter, Scharfrichter; der Pfarrer, beider Konfessionen; der Bürokrat; der Höfling; der Militär, vom Feldwebel über den Leutnant zum General; der Diplomat; der Korpsstudent; der Oberlehrer; der Professor, als Opfer sowohl wie als Repräsentant des Obrigkeitsstaates. Es ist der Obrigkeitsstaat, der hier zweiundfünfzigmal im Jahr verspottet wird; und der sich nicht hätte halten können, wenn nicht auch ein Großteil der Regierten, Bürgertum und Kleinbürgertum, gehorcht, geglaubt und angebetet hätten. Folglich finden auch diese breiten Schichten im Simplicissimus keine Gnade.

Simplicissimus-Dogge von Th. Th. Heine.

Wer findet sie? Kaum einer. Um Gnade zu geben, ist ja eine Kampf- und Spottzeitschrift nicht da. Am ehesten wird noch die Arbeiterschaft mit freundlichen Augen gesehen, die eigentliche, nicht ihre politische Vertretung. Am ehesten haben noch die Armen die Sympathie unserer Witzbolde. Mitunter geben sie sich noch einer Verherrlichung der Kleinen und Kleinsten hin, verbunden mit einer betont neidlosen Verachtung der Großen, die aus älteren Zeiten herüberkam und mit ihren etwas süßlichen Christoph-von-Schmid-Akzenten zum Geist des Ganzen nicht recht passen will. Übrigens war der Simpl zu frei und klug, um eintönig zu sein. Mit Wilhelm Schulz' romantischen Kleinstadtidyllen hat Th. Th. Heines Berlin W, haben seine Bilder aus dem deutschen Familienleben nichts zu tun, auch nicht in dem Sinn, dass sie sich ergänzten; es sind getrennte Welten.

Was die Bauern betrifft, so war der große Ludwig Thoma ihr zu guter Kenner, um sie zu idealisieren; er mochte sie, so wie sie waren, aber als knorrig unverdorbene Naturwesen wollte er sie nicht sehen.

Freie Bahn hätte der Hass gehabt, aber trotz der Armut der Armen, des Pompes der Reichen gab es im Kaiserreich nicht viel davon. Es gab noch Herrschende, noch Politiker, über die man lachen konnte, ohne ihnen blutig weh zu tun; nicht dem Kaiser, nicht einmal dem Reichskanzler Bülow, mit dem Grübchen am Kinn, der unter den politischen Zielscheiben des Simpl die am häufigsten gebrauchte, menschlich am tiefsten eingeschätzte war.

Auch nicht dem preußischen Leutnant. Ach, Thönys Leutnant! Wie malbar, aber unsagbar treffend ist er gesehen und zugleich wie fröhlich, mit seiner schnoddrig schnarrenden, im Grund so gar nicht bösartigen Arroganz, seiner strahlenden Problemlosigkeit und Unschuld! Derselbe Thöny, der um 1900 die adligen Herren Offiziere beim Diner des nichtadligen Kommerzienrates malte, die livrierten Kammerdiener, die Backenbärte, den kerzenflimmernden Tisch, hat 1943 sich unter dem Zwang befunden, das nivellierte Zwangs-Heldentum von Stalingrad in düsteren Schneefarben zu verherrlichen. Eine Generation muss lang leben, wenn die geschichtlichen Epochen so kurz sind; zu lang für ihren Ruhm."

1944 eingestellt, vermochte die 1953 wiederbegründete satirische Zeitschrift nicht mehr an die glorreichen Zeiten des Beginns anzuknüpfen. 1967 erschien das letzte Heft des Simplicissimus.

Der Hamburger Hafenarbeiterstreik

Im November 1896 trifft in Hamburg der britische Gewerkschaftsführer Tom Mann ein, der für eine übernationale Organisation der Hafenarbeiter werben will. Die Hamburger Gewerkschaftsorganisation ist schwach, dabei herrschen im Hafen Verhältnisse, die allen Grund für einen Arbeitskampf geben: Die Arbeitsvermittlung geschieht in Kneipen, deren Wirte mit den Arbeitgebern zusammenarbeiten; der Arbeitssuchende muss immer erst große Zechen machen, auch die Löhne werden in den Kneipen ausbezahlt. Die Lebenshaltungskosten steigen ständig – gerade sind für den Bau der Speicherstadt 24 000 Menschen aus dem Hafengebiet in weiter entfernte Stadtviertel umgesiedelt worden; sie müssen höhere Mieten und längere Anfahrtswege zur Arbeit in Kauf nehmen.
Der britische Gewerkschaftler wird von der Hamburger Polizei verhaftet und abgeschoben. Das bringt das Fass zum Überlaufen. Am 21. November 1896 treten die Hafenarbeiter in den Streik, Werft- und Fabrikarbeiter folgen im Dezember. Breite Schichten der Bevölkerung unterstützen den Ausstand mit Sympathie und Geldsammlungen.
Massiver noch als die Arbeiter aber schließen sich die Arbeitgeber zusammen. „Es gilt der Sozialdemokratie einen vernichtenden Schlag beizubringen", erklärt einer ihrer Repräsentanten, der Werftbesitzer Hermann Blohm. Ein Appell liberaler Politiker und Wissenschaftler an das deutsche Volk, den Streikenden zu helfen, um ihnen die „bedingungslose Unterwerfung" zu ersparen, verhärtet die Position der Arbeitgeber nur noch mehr. Zu Tausenden werden Streikbrecher eingestellt. Am 6. Februar 1897 bricht der Streik zusammen. Die Arbeitgeber kosten ihren Sieg aus: Über 500 Arbeiter werden vor Gericht gestellt und zu Freiheits- oder Geldstrafen verurteilt, nur 10 Prozent der Arbeiter werden wieder eingestellt – zu schlechteren Bedingungen als vorher.

Die Krüger-Depesche

England betrachtete die Buren-Republik Transvaal als Teil seines Empire – eine Ansicht, mit der es ziemlich allein dastand. Nicht nur die Objekte dieser Haltung, die Buren, wiesen den britischen Anspruch entrüstet zurück, auch das Deutsche Reich akzeptierte ihn nicht. Mit deutschem Kapital war schließlich ein Teil der Erschließung des Landes finanziert worden, dessen Bodenschätze – vor allem die Gold- und Diamantenlager bei Johannesburg – allenthalben Begehrlichkeit weckten. Mit einem abenteuerlichen Kommandounternehmen versuchten nun die Briten, einen Aufstand der Engländer im Burenstaat zu entfachen. Mit 800 Freischärlern starteten sie von der Kapkolonie aus die nach dem Anführer genannte Jameson Raid gegen Transvaal, die aber am entschlossenen Widerstand der Buren scheiterte. Kaiser Wilhelm II., der zunächst an direktes deutsches Eingreifen gedacht hatte, reagierte am 3. Januar 1896 mit einem Telegramm an Buren-Präsident Paulus („Ohm") Krüger:

„Ich spreche Ihnen meinen aufrichtigsten Glückwunsch aus, dass es Ihnen, ohne an die Hilfe befreundeter Mächte zu appellieren, mit Ihrem Volke gelungen ist, in eigener Tatkraft gegenüber den bewaffneten Scharen, welche als Friedensstörer in Ihr Land eingebrochen sind, den Frieden wiederherzustellen und die Unabhängigkeit des Landes gegen Angriffe von außen zu wahren."
Die Folge dieser Depesche war eine rapide Verschlechterung der deutsch-englischen Beziehungen, wie aus einem Brief des deutschen Botschafters in London, Graf von Hatzfeld, an Außenminister Friedrich von Holstein hervorgeht:

„. . . inzwischen haben wir es hier mit einer vollständig veränderten Situation zu tun, wie Ihnen aus den Manifestationen der englischen Presse längst klargeworden sein wird. Es handelt sich dabei nicht um eine Verstimmung der englischen Regierung, sondern um eine tiefgehende Erbitterung im Publikum, die sich auf jede Weise manifestiert hat. Es wird mir versichert, dass, als die Aufregung am größten war, die Deutschen in der City fast keine Geschäfte mehr mit Engländern machen konnten. In bekannten großen Klubs, so namentlich im Turf, herrschte eine maßlose Erbitterung. Ich selbst habe zahlreiche anonyme Schmäh- und Drohbriefe erhalten. Die allgemeine Stimmung war, daran kann ich nicht zweifeln, eine solche, dass die Regierung, wenn sie ebenfalls den Kopf verloren oder aus irgendeinem Grund den Krieg gewünscht hätte, dabei die ganze öffentliche Meinung hinter sich gehabt hätte . . .
Wir müssen mit der Tatsache rechnen, dass keine Regierung hier – auch nicht eine parlamentarisch so starke wie die jetzige – imstande ist oder zu sein glaubt, sich der öffentlichen Meinung zu widersetzen, wenn sie sich mit einer gewissen Intensität geltend macht. Namentlich müssen wir damit rechnen, dass keine englische Regierung sich durch die ernstesten Rücksichten äußerer Politik davon abhalten lassen wird, vor allem das eigene Interesse der Selbsterhaltung zu Rate zu ziehen . . ."

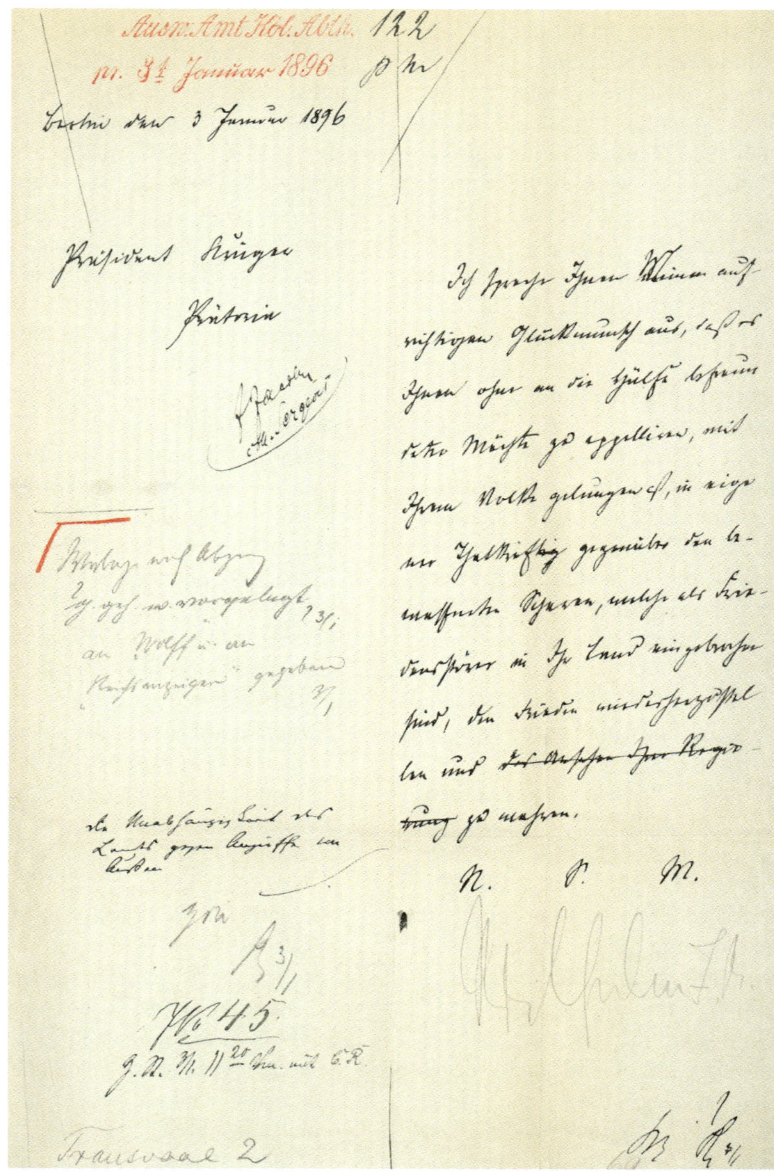

Die „Krüger Depesche".

Untergang des Kanonenbootes „Iltis"

Im Jahre 1877 lief in Wilhelmshaven das kleine Kanonenboot „Iltis" vom Stapel, das fortan in Ostasien stationiert war. So rettete die „Iltis" während des chinesisch-japanischen Kriegs den chinesischen General von Hanneken nebst 120 Soldaten, deren Transportschiff leckgeschossen war. Gleich nach dem Friedensschluss von Tamsui war sie es, die mit ein paar wohlgezielten Granaten dem deutschen Dampfer „Athur" das Auslaufen ermöglichte, nachdem aufständische Chinesen das Schiff kapern wollten.
Am 23. Juli 1896 verließ das Kanonenboot Tschifu, um eine Patrouillenfahrt nach Kiautschou zu unternehmen, und geriet dabei in einen Orkan. Am 24. Juli sank das Schiff, von einer Riesenwelle leckgeschlagen. Nur 11 der 82 Mann Besatzung konnten sich retten, und ihr Bericht ließ um den Heldenmut der Besatzung eine Legende entstehen, von der ein patriotischer Chronist Folgendes berichtet:
Um zehn Uhr war „Alle Mann" gepfiffen worden, um die Sturmsegel zu setzen. Aber bald bemerkte der Kommandant, Kapitänleutnant Braun, mit steigender Besorgnis, dass die Maschinen dem Wüten des Taifuns nicht gewachsen waren, sondern das Schiff immer weiter gegen die Küste getrieben wurde. Ließ der Orkan nicht bald nach, so drohte eine fürchterliche Katastrophe. – Eine halbe Stunde mochte seit dem Setzen der Sturmsegel verstrichen sein, als plötzlich zwei heftige Stöße das kleine Schiff erschütterten. Wie ein Blitz durchzuckte jeden der Gedanke: „Jetzt kommt das Ende." Aber kein Zeichen von Furcht und Todesangst wurde bemerkbar, nicht einen Augenblick versagte die heroische Manneszucht. Rabenschwarz lag die Nacht über dem Meere, das von den Geißelhieben des noch immer ungebrochenen Orkans heulte und brüllte wie ein wahnsinniges Riesenungeheuer. Eine riesige Welle ließ das Fahrzeug mit einem grausigen Krach entzweibrechen, und nun war alles vorüber: Der Vorhang musste gleich über dem Drama fallen.
Aber gerade diese letzten Augenblicke enthüllten ein Heldentum, wie es selbst das heroische Altertum nicht größer und erschütternder gezeigt hat:
Angesichts des Todes übertönte des Kapitäns dröhnender Ruf alles Toben der See, „Seine Majestät Kaiser Wilhelm II. Hurra!", und donnernd fiel die dem Untergang geweihte Schar dreimal in diesen Abschiedsgruß an den obersten Herrn ein. Die nächste Welle verschlang den Kapitän. Da stimmte der Oberfeuerwerksmaat Rahm das deutsche Flaggenlied an, und alle ohne Ausnahme fielen ein – der stolzeste Gruß, den die schwarz-weiß-rote Flagge je gefunden hat. Kaum war die zweite Strophe im Heulen des Orkans verklungen, da gellte ein entsetzlicher Schrei durch die Nacht: Das Hinterschiff war gekentert und begrub unter seinen Trümmern die Braven, welche auf ihm Zuflucht gesucht hatten.

Untergang des Kanonenbootes „Iltis" an der chinesischen Küste am 24. Juli 1896.

Die ersten Olympischen Spiele der Neuzeit fanden 1896 in Athen statt. Am 11. April sorgte ein deutscher Athlet für eine große Überraschung: Carl Schuhmann, ein 27jähriger Turner aus Münster in Westfalen, siegte beim Ringen, das damals in einer Kategorie ohne Gewichtsbegrenzung ausgetragen wurde. Schuhmann, obwohl er kein Spezialist und noch dazu nur 1,63 m groß war, bezwang alle Gegner und wurde Olympiasieger. Daneben gewann er noch drei weitere Goldmedaillen: Als Einzelturner im Pferdsprung und mit der Mannschaft an Reck und Barren. Carl Schuhmann starb am 24. März 1946 in Berlin.

1897

JANUAR

1.1. Zusammenschluss der metallverarbeitenden Unternehmen im Rheinisch-Westfälischen Roheisensyndikat.

FEBRUAR

6.2. Der Streik der Hamburger Hafenarbeiter bricht nach 11 Wochen Dauer zusammen, ohne dass die Forderungen nach Lohnerhöhungen und Verbesserung der Arbeitsbedingungen erfüllt worden sind. Über 500 Arbeiter werden vor Gericht gestellt und zu Freiheits- und Geldstrafen verurteilt. Die Hoffnung der Arbeitgeber auf eine Schwächung der Gewerkschaften geht allerdings nicht auf, in den folgenden Jahren erleben diese einen beträchtlichen Mitgliederzuwachs.
21.2. An den internationalen Bemühungen zur Beilegung des griechisch-türkischen Konflikts um die Insel Kreta beteiligt sich das Deutsche Reich durch Entsendung eines Kriegsschiffes.
26.2. In einer Festrede vor dem brandenburgischen Provinziallandtag wirbt Kaiser Wilhelm II. dafür, seinen Großvater Wilhelm I. künftig „den Großen" zu nennen.

MÄRZ

12.3. Neukonstituierung des Berliner Theatervereins als „Freie Volksbühne".

APRIL

3.4. Tod des Komponisten Johannes Brahms in Wien.
7.4. Der Reichstag nimmt das Handelsgesetzbuch (HGB) an.
8.4. In Berlin stirbt Heinrich von Stephan, Generalpostmeister und Initiator des Weltpostvereins.
24.4. Auf Antrag des Reichstages wird Carl Peters, der Reichskommissar von Deutsch-Ostafrika, wegen grausamer Behandlung der einheimischen Bevölkerung seines Postens enthoben.

MAI

8.5. Der erste Versuch, die Kriegsflotte des Reiches zu vergrößern, scheitert im Reichstag: Die Marinevorlage wird abgelehnt. Kaiser Wilhelm II., dem viel an einer starken Flotte gelegen ist, fordert die Entlassung des zuständigen Staatssekretärs im Reichsmarineamt, Fritz von Hollmann.
13.5. Die preußische Regierung legt dem Landtag einen Entwurf für ein Gesetz vor, das staatlichen Behörden erlauben soll, ordnungs- und staatsgefährdende Vereine und Versammlungen aufzulösen und zu verbieten. Kritiker sehen darin eine Kleinausgabe des 1890 abgeschafften Sozialistengesetzes.
29.5. Ein Brief des Verlegers Samuel Fischer an den jungen Autor Thomas Mann gibt den Anstoß für die Entstehung des Romans „Buddenbrooks", einem der bedeutendsten Prosawerke des 20. Jahrhunderts.

JUNI

9.6. Um die Auswandererströme in den Griff zu bekommen, wird vom Reichstag das Gesetz über das Auswanderungswesen verabschiedet.
10.6. Marinestaatssekretär Hollmann wird durch Alfred Graf von Tirpitz abgelöst. Dieser treibt in den nächsten Jahren den Ausbau der Hochseeflotte massiv voran.
11.6. Robert Bosch erhält das Patent auf die Niederspannungs-Magnetzündung für Verbrennungsmotoren.
12.6. Beim Absturz eines Lenkballons über dem Tempelhofer Feld kommt der Luftschifffahrtpionier Dr. Wölfert samt seinem Begleiter ums Leben.
17.6. Tod des Pfarrers und Naturheilkundlers Sebastian Kneipp in Wörishofen.

JULI

24.7. Das preußische Abgeordnetenhaus lehnt mit knapper Mehrheit eine Regierungsvorlage zur Verschärfung des sog. Verbindungsverbots für politische Vereine, das sog. „kleine Sozialistengesetz" ab.

AUGUST

2.8. Der Chef des Großen Generalstabes, Alfred Graf von Schlieffen, legt die erste Fassung seines Planes für einen Zweifrontenkrieg gegen Russland und Frankreich vor. Der Plan geht von der Langsamkeit der russischen Mobilisierung aus. Sie soll dem deutschen Heer Gelegenheit geben, in einem raschen Feldzug unter Verletzung der belgischen und luxemburgischen Neutralität das französische Heer zu umfassen und entscheidend zu schlagen. Danach sollen alle Kräfte gegen Russland gewendet werden.

NOVEMBER

9.11. In Köln wird der Caritasverband, die Dachorganisation der seit Anfang des 19. Jahrhunderts bestehenden katholischen Caritasvereine, gegründet.
14.11. Nach der Ermordung deutscher Missionare in China landet ein deutsches Geschwader auf der Halbinsel Kiautschou.

DEZEMBER

6.12. Der Staatssekretär des Äußeren und spätere Reichskanzler Bernhard von Bülow bringt in einer Reichstagsrede die deutsche Welt-

„Jestern Turfklub jewesen – Finanzen auf'n Damm jekitzelt – dann Sekt – ejal Sekt." „Simplicissimus"-Karikatur von Eduard Thöny , 1897. Wenn es um die zahllosen Leutnantskarikaturen im „Simplicissimus" ging, blieb Thönys eleganter und präziser Naturalismus unübertroffen.

machtpolitik auf den Punkt: „Wir wollen niemand in den Schatten stellen, aber wir verlangen auch unseren Platz an der Sonne.“

11.12. In einem geheimen Rundschreiben an die Bundesstaaten versucht das Reichsamt des Innern, eine gemeinsame Front gegen die Organisatoren von Streiks aufzubauen. Das Schreiben ist die Vorbereitung der sog. Zuchthausvorlage, die 1899 in den Reichstag eingebracht wird.

Dezember. Die vor Haiti liegenden Schulschiffe „Stein“ und „Charlotte“ greifen in Kämpfe auf der Karibikinsel ein. Die an einem forcierten Ausbau der Kriegsflotte interessierten Kreise beklagen daraufhin, dass für Auslandseinsätze nur „schwimmende Gymnasien“ zur Verfügung stehen.

AUSSERDEM

Eduard Buchner entdeckt die Zymase (zellfrei wirkendes Hefeferment).

Entwicklung des Kunststoffes Galalith durch Krische und Spitteler.

Carl Zeiss fertigt Prismenfernrohre.

Technische Herstellung von künstlichem Indigo durch die Badische Anilin- und Soda-Fabrik (BASF).

Karl Ferdinand Braun entwickelt die „Braunsche Röhre“ (Kathodenstrahl-Leuchtschirm-Röhre).

In Zusammenarbeit mit dem Erfinder Rudolf Diesel produzieren die Krupp-Werke und die Augsburger Maschinenfabrik die ersten Dieselmotoren.

Gründung der Gesellschaft für Kunst und Handwerk, die sich der Förderung des Jugendstils widmet.

Bei der VII. Internationalen Kunstausstellung in München werden erstmals Möbel im Jugendstil gezeigt.

Ida von Kortzfleisch gründet den Verein für wirtschaftliche Frauenschulen auf dem Lande.

Fertigstellung des Hamburger Rathauses. Wegen des sumpfigen Bodens ist der Bau auf 4000 Eichenpfählen errichtet worden.

Max Halbe: „Mutter Erde“ (Schauspiel).

Theodor Fontane: „Der Stechlin“ (Roman).

Johannes Brahms

* Hamburg, 7. Mai 1833
† Wien, 3. April 1897

Ein Romantiker war er weder generationsmäßig noch von seiner Umwelt her. Seine Vorbilder suchte er sich in der Zeit der Klassiker, und da war es besonders Beethoven, der zugleich anspornend und ungeheuer lähmend auf den jungen Komponisten wirkte. Er konnte sich zum Beispiel jahrzehntelang nicht entschließen, die frühen Skizzen zu seiner 1. Sinfonie (c-Moll) zu vollenden, weil ihm der große Beethoven sozusagen im Wege stand. Während der Arbeiten an seiner 1. Sinfonie sagte Brahms einmal zu einem Freund: „Ich werde nie eine Sinfonie komponieren. Du hast ja keinen Begriff davon, wie unsereinem zumute ist, wenn er immer hinter sich so einen Riesen marschieren hört.“ Als 43-Jähriger hat Brahms dann seine Sinfonie fertiggestellt und sich in den Augen vieler Kenner damit „von Beethoven befreit“.

Ähnlich tiefgehend lernte Brahms auch von Bach.

In seinem Gesamtschaffen stehen Kammermusik und Lied im Vordergrund. Er liebte diese intimen Musiziergattungen, ihn drängte es nie an die Öffentlichkeit oder zu großen repräsentativen Veranstaltungen. Brahms war ein sehr unlustiger, widerwilliger Konzertpianist, obwohl er schon als zehnjähriges „Wunderkind“ große Erfolge gefeiert hatte und später oft aus wirtschaftlichen Gründen öffentlich spielte. Im Lied drückte Brahms seine innere Haltung aus, wurde zum Meister des Strophenliedes und darin zum Nachfolger von Franz Schubert. Er liebte das Volkslied. „Meine kleinsten Lieder sind mir die liebsten“, das sagte er selbst immer wieder. Auch seine großen Werke, Sinfonien und oratorische Chorkompositionen, besonders das „Deutsche Requiem“, zeigen seine Intimität, sind eher schlicht, nach innen gewandt.

In Hamburg war er auf die Welt gekommen und im Gängeviertel aufgewachsen. Sein Vater war ein schüchterner Orchestermusiker, der nie genug Geld nach Hause brachte. Die Mutter, siebzehn Jahre älter als ihr Mann und schwer körperbehindert, lebte nur in ihren vier Wänden. Brahms hatte eine sehr starke Gefühlsbindung zu ihr, die erst der Tod der Mutter löste und ihn erst 1853 sozusagen „in die Welt hinaustreten ließ“. Er entwickelte schon in der frühen Kindheit einen starken Musiziertrieb, wurde von sehr guten Lehrern (Cossel und Marxen) gefördert, trat mit zehn Jahren als klavierspielendes „Wunderkind“ auf und komponierte auch in diesem zarten Alter schon Lieder und Kammermusiken, die er allerdings

Johannes Brahms.

als reifer Mann zum größten Teil vernichtet hat.

Die Umstände seiner Kindheit im Gängeviertel prägten Brahms' Persönlichkeit und Gefühlswelt wohl nachhaltig. Er spielte in jungen Jahren in Kneipen und auf Tanzböden, um die Familie mit zu ernähren. Aus diesem Milieu stammten auch seine ersten Erfahrungen mit Frauen. Vielleicht auch deshalb blieb Johannes Brahms Junggeselle. Er sehnte sich zwar nach Häuslichkeit und familiärem Glück, schreckte aber sofort vor jeder Romanze zurück, sobald sie sein Junggesellendasein zu gefährden drohte. Stark beeinflusst wurde sein Leben von der Zuneigung, Freundschaft oder Liebe (kein Brahms-Forscher kann das letztlich klären) zu Clara Schumann, der Frau des Komponisten Robert Schumann, der Brahms' Entdecker und Wegbereiter war. Die ersten Konzertreisen von Brahms hatten noch kein besonderes Echo gefunden, da traf er in Düsseldorf 1853 die Schumanns, die seinem Leben eine entscheidende Wende gaben. Robert Schumann war von der Musik des 20-Jährigen Brahms tief beeindruckt und empfahl sie überall zur Veröffentlichung. Er schrieb in einer wichtigen Musikzeitschrift einen Artikel über den jungen Komponisten, der großes Interesse erweckte und Brahms den Weg zur Berühmtheit in ganz Europa öffnete. Zu Clara Schumann entwickelte Brahms ein tiefes Verhältnis. Sie war eine sehr schöne Frau. Ihr stand er zur Seite, als Robert Schumann einen Nervenzusammenbruch erlitt und in eine Anstalt für Geisteskranke gebracht werden musste. Sie war offenbar vieles in einer Person, Mutterfigur, Freundin und als ausgezeichnete Pianistin musikalische Beraterin. Während Schumann in der Anstalt war, litt Brahms sehr unter dem Dilemma zwischen Respekt vor dem fast väterlichen Freund und der Leidenschaft zu dessen Frau, so dass er kaum noch Konzerte gab. Als Schumann nach zwei Jahren in der Anstalt starb, scheuten sich Clara und Brahms, ihre „romantische“ Beziehung fortzusetzen, blieben aber Freunde, und Brahms veröffentlichte kaum ein Werk ohne die Zustimmung Claras. Brahms hatte später noch einige „Affären“, verliebte sich auch unerwidert in Schumanns Tochter Julie, blieb aber allein. 1857 war er vorübergehend Hofpianist und Chorleiter in Detmold, siedelte 1862 nach Wien über, vielleicht auch weil er in Hamburg keine feste Anstellung bekommen hatte. Dort lebte er dann als freier Komponist und entfaltete seine schöpferische Kraft immer zwingender und leuchtender. 1896 starb Clara Schumann, wenige Monate später folgte ihr Johannes Brahms.

Besetzung von Kiautschou

Nach der Ermordung deutscher Missionare besetzte ein Marinegeschwader unter Admiral v. Diederichs am 14. November 1897 das Gebiet von Kiautschou an der Küste des Gelben Meeres. Aus einem Sitzungsprotokoll vom 15. November 1897 geht hervor, was mit der Aktion bezweckt wurde: die Sicherung eines dem Reich gehörenden festen Stützpunktes an der chinesischen Küste:

Berlin, den 15. November 1897

In der heutigen, unter Vorsitz Seiner Majestät im Reichskanzlerpalais stattgefundenen Beratung, an der teilnahmen Seine Durchlaucht der Herr Reichskanzler, der Kommandierende Admiral Knorr, der Staatssekretär Admiral Tirpitz, der Chef des Marinekabinetts Admiral von Senden-Bibran, der Generaladjutant von Plessen und der Unterstaatssekretär von Rotenhan, wurden auf Vortrag über die Durchführung der Besetzung der Kiautschoubucht folgende Maßnahmen von Seiner Majestät gutgeheißen:

1. Die dauernde Besitzergreifung der Bucht ist in Aussicht zu nehmen. Seine Majestät bemerkten, dass er sich an die telegraphische Zustimmung des Kaisers Nikolaus halte. Der Zar habe schon vor zwei Jahren ihm unter Dank für unsere Unterstützung der russischen Politik in Ostasien seine Übereinstimmung kundgegeben, dass Deutschland einen Hafen in China nehme. Seine Majestät ist der Ansicht, dass die Kiautschoubucht, da sie südlich außerhalb des Petschiligolfs liegt, für Russland kein besonderes Interesse bietet; übrigens könne es ja immer seine Flotte hinsenden. Seine Majestät glaubt daher an keinen Krieg mit Russland, ist überzeugt, dass die Besitzergreifung von der öffentlichen Meinung Deutschlands mit Jubel begrüßt werden wird und dass auch im Reichstag das Zentrum dieses kaiserliche Eintreten zum Schutze der katholischen Missionen anerkennen und stützen werde.
2. Es soll zunächst, womöglich innerhalb fünf bis sechs Tagen, versucht werden festzustellen, ob europäische Mächte, namentlich Russland, gegen unsere dauernde Besitzergreifung von Kiautschou Einspruch erheben oder Schwierigkeiten bereiten werden.
3. Ist dies nicht der Fall, so sollen sofort 1200 Mann als Schutztruppe angeworben und dorthin gesandt werden, da die Kriegsschiffe ihre Mannschaft ohne Schädigung der maritimen Interessen nicht lange Zeit an Land belassen können. Auch sind weitere Kriegsschiffe nachzusenden, zunächst S.M. Kreuzer „Kaiserin Augusta" vom Jonischen Meere, dann „Gefion" und S.M. Panzer „Deutschland". Dafür sind S.M. Panzer „Württemberg" und „Oldenburg" außer Dienst zu stellen. S.M. Kreuzer „Geier" soll dann zunächst „Kaiserin Augusta" in den griechischen Gewässern ersetzen, wo er etwa in 14 Tagen eintreffen kann.
4. Bis die Aufklärung über die politische Lage in Europa erfolgt ist, soll unser Vorhaben geheimbleiben. Es werden bis dahin nur diejenigen Vorbereitungen in den Ministerien getroffen werden, die ohne Aufsehen möglich sind. Die „Kaiserin Augusta" kann aber sogleich abfahren, sobald sie im Besitz der nötigen Karten ist.
5. Um zu verhindern, dass China uns Krieg mache (förmlich oder latent), sind bei der Besitzergreifung womöglich die Hoheitsrechte Chinas zu wahren, vielleicht dadurch, dass wir das Land von China nur in lang dauernde lease nehmen.
6. Unsere Forderungen an China sind so hoch zu spannen, dass sie nicht erfüllt werden können und daher die weitere Besitzergreifung rechtfertigen.

Der Platz an der Sonne

Außenamtsstaatssekretär Bernhard von Bülow, der spätere Reichskanzler, was es, der am 6. Dezember 1897 anlässlich einer Erörterung der deutschen China-Politik im Reichstag das Wort vom Platz an der Sonne prägte, mit dem der Spätkömmling Deutschland seinen

Ausschiffung der Truppen bei der Besitznahme von Kiautschou am 14. November 1897. Flaggschiff »Kaiser« signalisiert: »Artillerie ist gelandet«. Kiautschou sollte der deutschen Marine als ostasiatischer Stützpunkt dienen, damit das »Sein oder Nichtsein« der deutschen Flotte, wie Tirpitz sich ausdrückte, nicht »von den Hafenanlagen Hongkongs und damit von der britischen Gnade« abhängig wäre.

Anspruch anmeldete, in den Kreis der imperialistischen Mächte aufgenommen zu werden:
In Ostasien schien der Herr Abgeordnete Dr. Schoenlank zu fürchten, dass wir uns in Abenteuer stürzen wollten. Fürchten Sie gar nichts, meine Herren! Der Herr Reichskanzler ist nicht der Mann und seine Mitarbeiter sind nicht die Leute, irgend unnütze Händel zu suchen. Wir empfinden auch durchaus nicht das Bedürfnis, unsere Finger in jeden Topf zu stecken. Aber allerdings sind wir der Ansicht, dass es sich nicht empfiehlt, Deutschland in zukunftsreichen Ländern von vornherein auszuschließen vom Mitbewerb anderer Völker. (Bravo!)
Die Zeiten, wo der Deutsche dem einen seiner Nachbarn die Erde überließ, dem anderen das Meer und sich selbst den Himmel reservierte, wo die reine Doktrin thront (Heiterkeit – Bravo!)
– diese Zeiten sind vorüber. Wir betrachten es als eine unserer vornehmsten Aufgaben, gerade in Ostasien die Interessen unserer Schifffahrt, unseres Handels und unserer Industrie zu fördern und zu pflegen.
Die Entsendung unserer Kreuzerdivision nach der Kiautschoubucht und die Besetzung dieser Bucht sind erfolgt einerseits, um für die Ermordung deutscher und katholischer Missionare volle Sühne, andererseits für die Zukunft größere Sicherheit als bisher gegen die Wiederkehr solcher Vorkommnisse zu erlangen. In beiden Richtungen schweben Unterhandlungen, und bei der Natur diplomatischer Unterhandlungen und Geschäfte nötigt mich dies, meine Worte sehr sorgsam abzuwägen. Ich kann aber doch Folgendes sagen: Wir sind gegenüber China erfüllt von wohlwollenden und freundlichen Absichten (Heiterkeit links),
wir wollen China weder brüskieren noch provozieren. Trotz der uns widerfahrenen schweren Unbill ist die Besetzung der Kiautschoubucht in schonender Weise ausgeführt worden.
Wir wünschen die Fortdauer der Freundschaft, welche Deutschland seit langem mit China verbindet und die bisher nie getrübt wurde. Aber die Voraussetzung für die Fortdauer dieser Freundschaft ist die gegenseitige Achtung der beiderseitigen Rechte.
Die Niedermetzelung unserer Missionare war der nächstliegende und war ein zwingender Grund für unser Einschreiten, denn wir waren nicht der Ansicht, dass diese frommen Leute, welche friedlich ihrem heiligen Berufe nachgingen, als vogelfrei zu betrachten wären.
(Sehr gut!)
Aber auch abgesehen von diesem traurigen Vorfall hatten wir gegenüber China eine Reihe anderer Beschwerdepunkte. Wir hoffen, dass es gelingen wird, diese Beschwerden auf dem Wege loyaler Unterhandlung gütlich beizulegen. Wir könnten aber nicht zugeben, dass sich in China die Ansicht festsetze, uns gegenüber sei erlaubt, was man sich Anderen gegenüber nicht herausnehmen würde.
(Sehr richtig! Und Bravo!)
Wir müssen verlangen, dass der deutsche Missionar und der deutsche Unternehmer, die deutschen Waren, die deutsche Flagge und das deutsche Schiff in China geradeso geachtet werden, wie diejenigen anderer Mächte.
(Lebhaftes Bravo.)
Wir sind endlich gern bereit, in Ostasien den Interessen anderer Großmächte Rechnung zu tragen, in der sicheren Voraussicht, dass unsere eigenen Interessen gleichfalls die ihnen gebührende Würdigung finden.
(Bravo!)
Mit einem Worte: Wir wollen niemand in den Schatten stellen, aber wir verlangen auch unseren Platz an der Sonne.
(Bravo!)
In Ostasien wie in Westindien werden wir bestrebt sein, getreu den Überlieferungen der deutschen Politik, ohne unnötige Schärfe, aber auch ohne Schwäche unsere Rechte und unsere Interessen zu wahren.
(Lebhafter Beifall.)

Der Chemiker Felix Hoffmann stellte im Jahr 1897 als erster Acetyl-Salicyisäure her. Kurz darauf kam sie als Asperin auf den Markt.

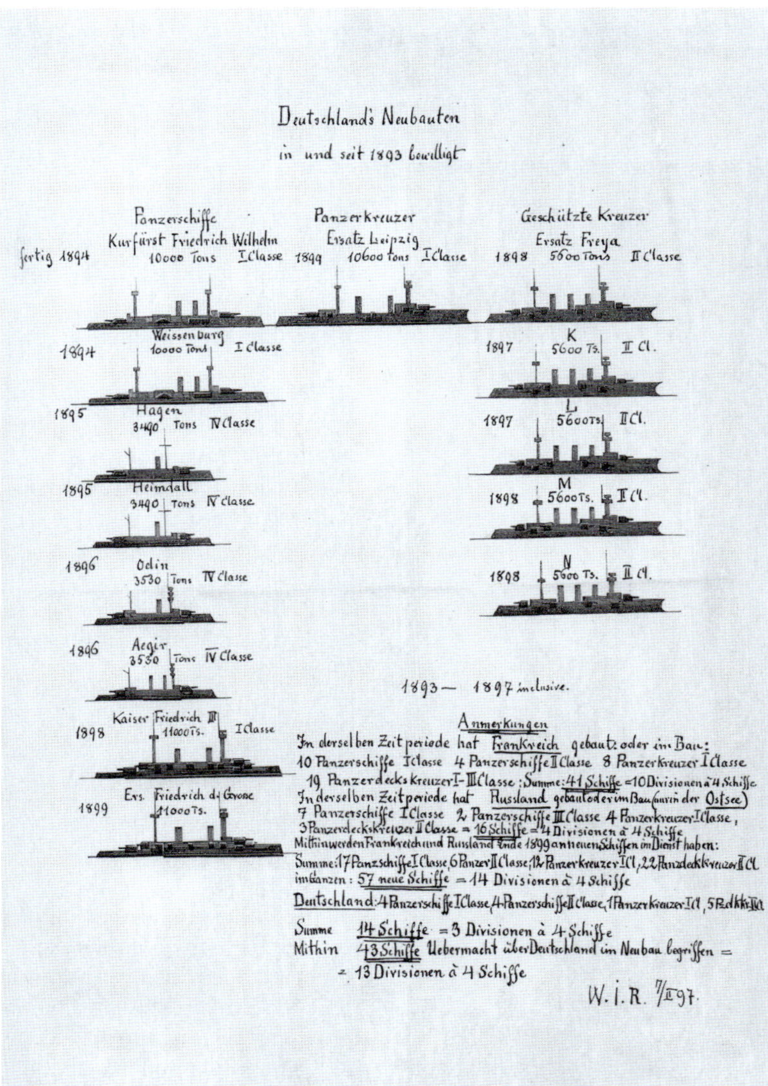

Staatliche Rivalitäten im Flottenausbau 1893 und 1897. Eigenhändige Marinetabelle Kaiser Wilhelms II.

1898

MÄRZ

1.3. In einer Rede vor Rekruten der Marine erklärt Kaiser Wilhelm II.: „Wo der deutsche Aar Besitz ergriffen und seine Krallen in ein Land hineingesetzt hat, das ist deutsch und wird deutsch bleiben!“
6.3. Das Deutsche Reich pachtet die Halbinsel Kiautschou auf 99 Jahre vom Kaiserreich China, zugleich erhält es Bahn- und Bergwerkskonzessionen. Anders als bei den anderen deutschen Überseegebieten wird Kiautschou vom Reichsmarineamt verwaltet, das auch im Hafen Tsingtau einen Stützpunkt für deutsche Kriegsschiffe einrichtet.
28.3. Verabschiedung des ersten Flottengesetzes durch den Reichstag. Es sieht u.a. den Bau von 16 Linienschiffen vor. Hatte bisher die deutsche Flotte nur einen Defensivauftrag (Handelsschutz, Küstenverteidigung), soll sie nunmehr auch für eine Auseinandersetzung auf hoher See gerüstet sein. Der Staatssekretär im Marineamt Großadmiral Tirpitz formuliert als Ziel: nicht so stark wie die englische Flotte, aber stark genug, um „das Anbinden mit uns“ auch für England zum Risiko zu machen.
29.3. Der britische Kolonialminister Joseph Chamberlain lässt dem Deutschen Reich über den Botschafter in London, Paul Graf von Hatzfeldt, ein Bündnisangebot zukommen.

APRIL

30.4. Gründung des Deutschen Flottenvereins, der den Aufbau der deutschen Kriegsflotte publizistisch und politisch unterstützt. Vorsitzender wird der Fürst Wilhelm zu Wied.

MAI

7.5. Der preußische Landtag nimmt ein Gesetz „betreffend die Disziplinarverhältnise der Privatdozenten“ an, durch das Sozialdemokraten vom akademischen Lehramt ausgeschlossen werden können (sog. „lex Arons“, nach dem Physiker und SPD-Mitglied Dr. Leo Arons, um dessen Anstellung an der Universität Berlin es ging).

JUNI

16.6. Bei den Reichstagswahlen bekommt die Sozialdemokratie die meisten Stimmen (27,2 Prozent), wird aber wegen des Verhältniswahlrechtes nur zweitstärkste Fraktion hinter dem Zentrum (18,8 Prozent). Nationalliberale, Linksliberale und Konservative erleiden deutliche Verluste. Die Wahlbeteiligung ist auf 68,1 Prozent gesunken.

JULI

3.7. Erster Marathonlauf in Leipzig.
30.7. Der ehemalige Reichskanzler Fürst Bismarck stirbt auf seinem Gut Friedrichsruh im Alter von 83 Jahren. Band I und II seiner Memoiren („Gedanken und Erinnerungen“) erscheinen noch im selben Jahr, Band III („Die Entlassung“) allerdings erst 1921.

AUGUST

30.8. In einem Geheimvertrag einigen sich das Deutsche Reich und England über die Aufteilung Angolas und Mosambiks im Fall eines portugiesischen Staatsbankrotts.
Das preußische Kriegministerium verbietet den Soldaten jegliche sozialdemokratische Betätigung.

SEPTEMBER

10.9. Die österreichische Kaiserin Elisabeth, eine geborene bayerische Prinzessin, wird von einem Anarchisten in Genf erstochen.

Peter Behrens, der Kuss, 1898.

20.9. Erster Erscheinungstag der „Berliner Morgenpost“ des Ullstein-Verlages.
Der Schriftsteller Theodor Fontane stirbt in Berlin.

OKTOBER

18.10. Kaiser Wilhelms II. große Orientreise beginnt mit der Landung (zu Schiff von Venedig kommend) in Konstantinopel. Mit Sultan Abdul Hamid II. vereinbart er den Ausbau der Anatolischen Bahn zur Bagdadbahn (bis Basra).
29.10. Wilhelm II. reitet in Jerusalem ein. Dabei vermeidet er ein Zusammentreffen mit Theodor Herzl und der von ihm geführten Deputation der Zionisten.

NOVEMBER

5.11. Im Deutschen Theater Berlin wird Gerhart Hauptmanns Schauspiel „Fuhrmann Henschel“ uraufgeführt.
8.11. In einer Rede in Damaskus erklärt sich Wilhelm II. zum Schutzherrn aller Muslime.
28.11. Tod des schweizerischen Schriftstellers Conrad Ferdinand Meyer in Kilchberg bei Zürich.

DEZEMBER

12.12. Erstes (inoffizielles) Länderspiel der deutschen Fußball-Nationalmannschaft in
Paris. Die deutsche Elf besiegt Frankreich mit 7:0, verliert jedoch die Revanche am folgenden Tag mit 1:2.
17.12. In Bonn-Beuel wird die erste eiserne Straßenbrücke über den Rhein eröffnet.

AUSSERDEM

Adolf Frank und Heinrich Caro entwickeln ein Verfahren zur Gewinnung und Verwertung von Kalkstickstoff.
Robert Koldewey beginnt mit der Ausgrabung Babylons.
Hildegard Wegscheider erlangt in Halle als erste preußische Abiturientin den Doktorgrad.
In Hamburg finden erstmals Leichtathletikmeisterschaften statt. Paul Fischer läuft die 100 m in 12,2 sec.

Bismarcks Tod

* Schönhausen/Mark
Brandenburg, 1. April 1815.
† Friedrichsruh bei Hamburg,
30. Juli 1898.

Als am 18. Januar 1871 im Spiegelsaal von Versailles das Deutsche Kaiserreich verkündet wurde, da konnte Preußens Ministerpräsident Otto von Bismarck nicht nur den Sieg über Frankreich feiern. Er hatte endlich auch die Widerstände der deutschen Fürsten gebrochen, allen voran die seines eigenen Königs, der in der Kaiserproklamation zugleich die Grablegung seines – weit mehr geliebten – preußischen Königtums erblickte und allen Ernstes noch am Vorabend vom „unglücklichsten Tag" seines Lebens gesprochen hatte. Während so die widerstrebendsten Tendenzen nur mühsam unter dem Dach des französischen Prunkschlosses zum Ausgleich gezwungen worden waren, gab man sich in Deutschland ungehemmtem Jubel und den Gefühlen eines erfüllten Wunschtraumes hin. Hatte doch die nationale Sehnsucht das geschichtsbewusste Bürgertum seit dem Befreiungskrieg beherrscht. Für Einheit und Freiheit oder, wie Golo Mann beides zusammenfasst: für den nationalen Verfassungsstaat, hatten vor allem die Liberalen mit Geist und Hingabe lange gestritten. Die Gegenströmungen aber in der Achtundvierziger Revolution waren stärker gewesen. Zu den Gegnern hatte – paradox erscheinend auch jener Mann gehört, der das liberale Einheitsstreben 23 Jahre später dann doch, und zwar „von oben", verwirklichte, nachdem es von unten misslungen war.
Otto von Bismarck war am 1. April 1815 auf Schloss Schönhausen in der Altmark geboren worden. Die folgenden Lebensstationen: Gymnasialzeit in Berlin, Jura-Studium in Göttingen und Berlin, Referendarjahre ebenfalls in einer preußischen Hauptstadt sowie in Aachen und Potsdam, pietistisch geprägte Bildungsjahre auf den Gütern Kniephof und Schönhausen. 1847 Heirat mit Johanna v. Puttkamer, im selben Jahr Erwerb eines Abgeordnetenmandats im Vereinigten Landtag. Auf der äußersten Rechten des Parlaments verdiente er sich mit Ironie und Witz seine rhetorischen Sporen. Durch antidemokratische Aktivitäten wurde der ost-elbische Junker als ein uradeliger Bürgerschreck bei den Liberalen verhasst, was ihn umgekehrt bei König Friedrich Wilhelm IV. empfehlenswert werden ließ. Bismarcks preußische Selbstgenügsamkeit auf Kosten eines vereinigten Deutschlands war dann in der Restaurationsphase ausschlaggebend für die Ernennung zum Gesandten am Frankfurter Bundestag (1851). Die Einzeletappen in Otto von Bismarcks politischer Reifezeit: Nach knapp acht Frankfurter Jahren 1859-62 Botschafter in Petersburg, 1862 Botschafter in Paris, im selben Jahr Berufung zum preußischen Ministerpräsidenten. Bismarck blieb zwar preußischer Partikularist und lehnte den, wie er sagte, „nationalen Schwindel" ab. Aber er wollte Preußen in Deutschland stärken, und hier stand Österreich im Wege. Die Donaumonarchie war mit den ganz anders gearteten Interessen des Vielvölkerstaates aus Deutschland hinausgewachsen, führte aber dennoch den ständigen Vorsitz im Bundestag. Das war ein historisch entwickelter Widerspruch. Die politische Zentralinstanz Deutschlands in Frankfurt war ohnehin schon ein schwerfälliges bürokratisches Instrument: Nun kam noch der lähmende Dualismus hinzu, seit die Frankfurter Nationalversammlung sich für Preußen als führende Macht des künftigen Deutschen Reiches ausgesprochen hatte.
Nach Königgrätz führte von da ein gerader Weg. Nachdem Preußen 1866 gesiegt hatte und als Vormacht in Deutschland anerkannt war, kam jetzt das Eigengewicht des Zeitgeistes einheitsfördernd hinzu. Im nationalen Aufwind des Krieges 1870/71 vollendete Bismarck die „kleindeutsche" Lösung. In einer Ironie der Geschichte wird so das Schreckgespenst der Liberalen zum Vollstrecker ihres vaterländischen Willens und realisiert ihren Jahrhundert-Traum.

Bismarck auf dem Totenbett.

Fast zwanzig Jahre lang hat Bismarck nach der Reichsgründung als Kanzler an der Spitze gestanden.
Seine internationale Stellung, so schreibt sein liberaler Kritiker Erick Eyck 1955, war damals so gewaltig, dass man sie mit der Napoleons I. auf dem Erfurter Fürstentag 1808 vergleichen könne. Während aber jener weiter von Krieg zu Krieg geeilt sei, habe Bismarck nie wieder das Schwert gezogen. Diese Politik des Maßhaltens in der Zeit der größten Machtmöglichkeiten müsse ihm zu den höchsten Ruhmestiteln angerechnet werden. Der englische Historiker Taylor nennt ihn den größten Meister der Diplomatie in der modernen Geschichte. „Politik ist die Kunst des Möglichen",hat er selber seinen Landsleuten eingeschärft. In dieser Kunst hat er absolute Maßstäbe gesetzt. Wohl war die Gefahr schon angelegt: Ein so ausbalanciertes Bündnissystem, ein solches Filigranwerk der auswärtigen Beziehungen musste unter gröberen Händen zerbrechen. Doch das ist nicht Bismarcks Schuld.
Sein Maßhalten in der Außenpolitik entsprach nicht seiner Geisteshaltung, im Innern.
Im „Kulturkampf" wie in der Auseinandersetzung mit den Sozialdemokraten griff er zu zeitwidrigen Mitteln. Sicher hat Heuss recht mit der Feststellung, dass der erste Reichskanzler „ohne tiefere Vorstellung von den seelischen und organisatorischen Kraftreserven des Katholizismus" war und ebenso wenig „die geschichtliche Tragkraft der sich meldenden Arbeiterbewegung erfasste".
Diese Fehleinschätzungen führten zu Niederlagen in Bismarcks Innenpolitik und weitgehend zu Erfolglosigkeit; bemerkenswert allein bleiben die ersten Schritte zu einer modernen Sozialgesetzgebung, mit der er dem ärgsten Druck von links zu steuern suchte.
Über 25 Jahre hat Otto von Bismarck Wilhelm I. gedient. Als dieser 90jährig starb und dann dem todkranken Thronfolger Friedrich III. nur eine 99Tage-Herrschaft vergönnt war, ließ sich bei dem Generationswechsel vom Großvater zum Enkel Wilhelm II. absehen, wann dessen Tatendurst die Alleinherrschaft des Kanzlers nicht mehr dulden würde. Die Entlassung im März 1890 war in der Form unwürdig, aber naturgesetzlich in ihrer Logik, und sie wurde, wie Graf Kessler schreibt, „gleichgültiger hingenommen, als erwartet werden konnte". „Der Lotse geht von Bord", befand Englands „Punch".

Erstes Flottengesetz

Das Reich sollte eine Kriegsflotte bekommen, die groß genug war, um jedem Gegner „das Anbinden mit uns“ zum Risiko zu machen – so die Formulierung des Marinepolitikers Tirpitz. Das vom Reichstag am 28. März 1898 verabschiedete „Gesetz betreffend die deutsche Flotte“ hatte folgenden Wortlaut:

I. Schiffsbestand
§1
1. Der Schiffsbestand der deutschen Flotte wird, abgesehen von Torpedofahrzeugen, Schulschiffen, Spezialschiffen und Kanonenbooten, festgesetzt auf:
a) verwendungsbereit:
1 Flottenflaggschiff,
2 Geschwader zu je 8 Linienschiffen,
2 Divisionen zu je 4 Küstenpanzerschiffen,
6 große Kreuzer
16 kleine Kreuzer als Aufklärungsschiffe der heimischen Schlachtflotte
3 große Kreuzer
10 kleine Kreuzer für den Auslandsdienst;
b) als Material-Reserve:
2 Linienschiffe,
3 große Kreuzer,
4 kleine Kreuzer.

2. Von den am 1. April 1898 vorhandenen und im Bau befindlichen Schiffen kommen auf diesen Sollbestand in Anrechnung:

als Linienschiffe	12
als Küstenpanzerschiffe	8
als große Kreuzer	10
als kleine Kreuzer	23

3. Die Bereitstellung der Mittel für die zur Erreichung des Sollbestandes (Ziffer 1) erforderlichen Neubauten unterliegt der jährlichen Festsetzung durch den Reichshaushalts-Etat mit der Maßgabe, dass die Fertigstellung des gesetzlichen Schiffsbestandes, soweit die im §7 angegebenen Mittel ausreichen, bis zum Ablauf des Rechnungsjahres 1903 durchgeführt werden kann.

§2
Die Bereitstellung der Mittel für die erforderlichen Ersatzbauten unterliegt der jährlichen Festsetzung durch den Reichshaushalts-Etat mit der Maßgabe, dass in der Regel Linienschiffe und Küstenpanzerschiffe nach 25 Jahren,
große Kreuzer nach 20 Jahren,
kleine Kreuzer nach 15 Jahren
ersetzt werden können.

Vor der Abreise nach Palästina 1898 zeigen sich in Tropenuniform(von links): von Wedel, Wilhelm II. General von Plessen und General von Scholl.

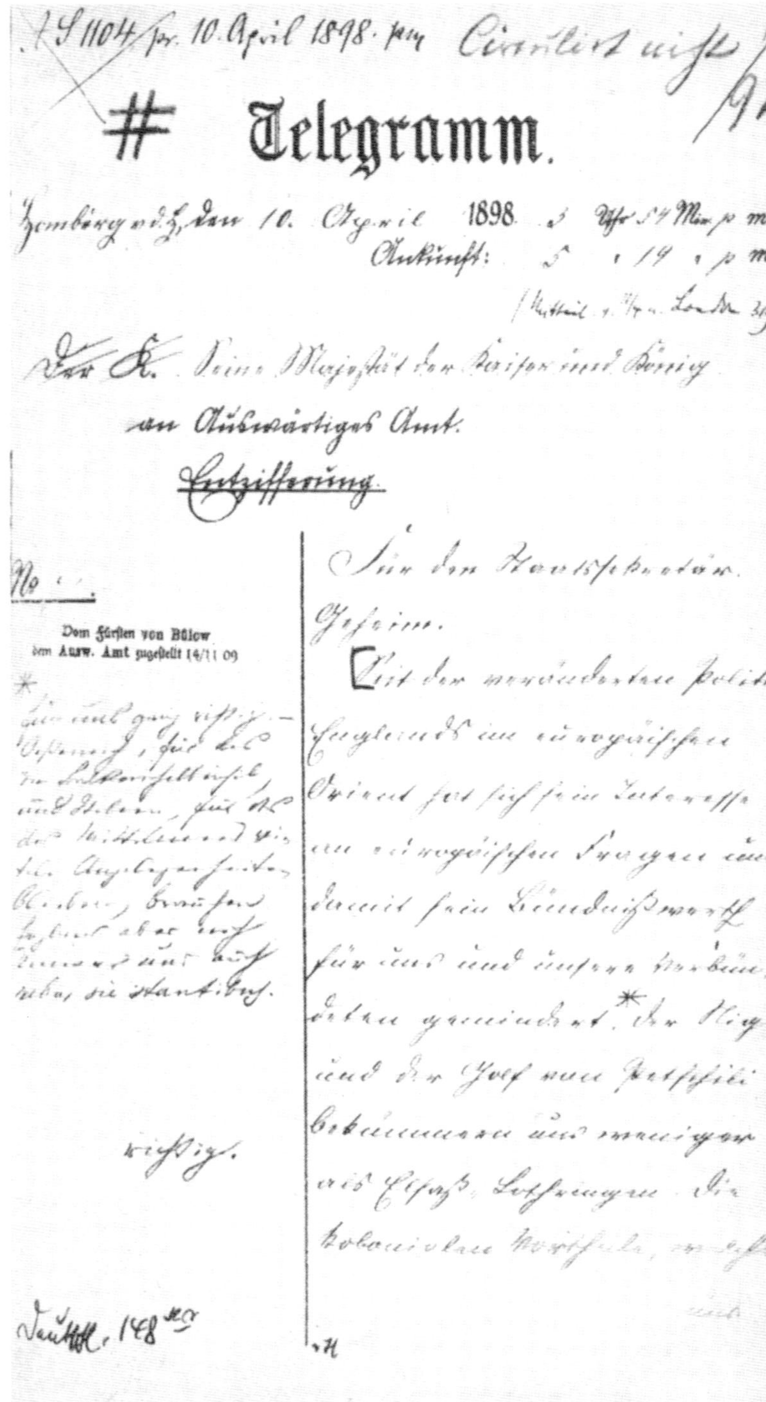
Telegramm.
Dem Fürsten von Bülow dem Ausw. Amt zugestellt 14/11 09

Die erste Seite eines Telegramms von Kaiser Wilhelm II. vom 10. April 1898 an den Staatssekretär des Auswärtigen Amts, von Bülow, veranlasst durch zwei Berichte des deutschen Botschafters in London. Das Bündnisangebot Chamberlains stößt auf das Misstrauen Bülows und wird zurückgewiesen. Das Telegramm fährt auf der zweiten Seite fort: ... „Die kolonialen Vorteile, welche uns England gewähren kann, obwohl nützlich, schlagen doch weniger ins Gewicht als der engere Zusammenschluss Frankreichs und Russlands, welcher aus einem deutsch-englischen Bündnis wegen Ostasiens und des Nigers notwendig erfolgen müsste. Sollte das englische Anlehnungsbedürfnis sich in Zukunft auch auf europäische Angelegenheiten richten, so können wir ihm näher treten als jetzt. Trotzdem ist es aber auch für die Gegenwart von großer Bedeutung, die offizielle Stimmung in England uns günstig und hoffnungsvoll zu erhalten. Durch ein uns freundlich gesinntes England behalten wir eine Karte mehr gegen Russland in der Hand und haben daneben Aussicht, von England koloniale und Handelsvertragsvorteile zu erringen ...“

Die Fristen laufen vom Jahr der Bewilligung der ersten Rate des zu ersetzenden Schiffes bis zur Bewilligung der ersten Rate des Ersatzschiffs.
Zu einer Verlängerung der Ersatzfrist bedarf es im Einzelfalle der Zustimmung des Bundesrats, zu einer Verkürzung derjenigen des Reichstages. Etwaige Bewilligungen von Ersatzbauten vor Ablauf der gesetzlichen Lebensdauer – höhere Gewalt wie Untergang eines Schiffes, ausgeschlossen – sind innerhalb einer mit dem Reichstage zu vereinbarenden Frist durch Zurückstellung anderer Ersatzbauten auszugleichen.

II. Indiensthaltungen
§3
Die Bereitstellung der Mittel für die Indiensthaltung der heimischen Schlachtflotte unterliegt der jährlichen Festsetzung durch den Reichshaushalts-Etat mit der Maßgabe, dass im Dienste gehalten werden können:
a) Zur Bildung von aktiven Formationen:
9 Linienschiffe,
2 große Kreuzer,
6 kleine Kreuzer;
b) als Stammschiffe von Reserveformationen:
4 Linienschiffe,
4 Küstenpanzerschiffe,
2 große Kreuzer,
5 kleine Kreuzer;
c) zur Aktivierung einer Reserveformation auf die Dauer von zwei Monaten:
2 Linienschiffe oder Küstenpanzerschiffe.

III. Personenbestand
§ 4
An Deckoffizieren, Unteroffizieren und Gemeinen der Matrosendivisionen, Werftdivisionen und Torpedoabteilungen sollen vorhanden sein:
1. eineinhalbfache Besatzungen für die im Auslande befindlichen Schiffe;
2. volle Besatzungen für die zu aktiven Formationen der heimischen Schlachtflotte gehörigen Schiffe,
die Hälfte der Torpedofahrzeuge,
die Schulschiffe,
die Spezialschiffe;
3. Besatzungsstämme (Maschinenpersonal zwei Drittel, übriges Personal die Hälfte der vollen Besatzungen) für
die zu Reserveformationen der heimischen Schlachtflotte gehörigen Schiffe,
die zweite Hälfte der Torpedofahrzeuge;
4. der erforderliche Landbedarf;
5. ein Zuschlag von fünf Prozent vom Gesamtbedarfe.

§5
Die nach Maßgabe dieser Grundsätze erforderlichen Etatstärken der Matrosendivisionen, Werftdivisionen und Torpedoabteilungen unterliegen der jährlichen Festsetzung durch den Reichshaushalts-Etat.

Wie lange wird der deutsche Adler das wohl aushalten können, in der einen Kralle das kostspielige Heer und in der anderen die nicht minder aufwendige Marine, fragt sich kritisch der Simplicissimus-Karikaturist Th. Th. Heine. Als untergehende Sonne erscheint im Hintergrund das mächtige und schon fast kahle Haupt des Reichsgründers Otto v. Bismarck.

Conrad Ferdinand Meyer

* Zürich, 11. Oktober 1825
† Kilchberg bei Zürich,
28. November 1898

Die beiden großen deutschschweizerischen Erzähler des 19. Jahrhunderts waren zu wesensverschieden, als dass sie hätten Freunde werden können. Conrad Ferdinand Meyer bewunderte die urwüchsige Erzählkunst Gottfried Kellers, vermisste aber bei ihm „Bildung im höchsten Sinne“. Keller wiederum schätzte das großartige Formtalent Meyers, meinte jedoch, er habe keine rechte Seele. Beide irrten sich.
Allerdings verbarg sich C.F. Meyers scheue und anfällige Seele – zweimal, als 27-Jähriger und als 67-Jähriger, suchte er Zuflucht in einer Nervenheilanstalt – tief in einer kraftvoll hervorgekehrten Formkunst. „Mein starkes Stilisieren und meine besonders künstlich zubereiteten Wirkungen müssen mir im Blute stecken“, empfand er selber. Er formulierte und korrigierte lange an seinen Arbeiten, besonders an den Gedichten und Balladen, verwarf und feilte immer wieder von neuem.
Erst 1870 wagte er sich mit der Versdichtung „Huttens letzte Tage“ an die Öffentlichkeit; ihr folgte bald „Jürg Jenatsch“, eine romanhafte Novelle aus der Schweizer Geschichte des 17. Jahrhunderts. In der Zeit von 1875 bis 1891, den glücklichsten Jahren seines Lebens – nachdem er als 50-Jähriger geheiratet hatte –, erschienen in rascher Folge die Novellen, die in ihrer gewählten, sparsamen, bildstarken Sprache mit Recht zu den Kleinodien der deutschsprachigen Literatur gezählt werden: „Das Amulett“, „Die Richterin“, „Die Hochzeit des Mönchs“, „Der Schuss von der Kanzel“, „Gustav Adolfs Page“, „Angela Borgia“ u.a. Er wahrt bewussten Abstand von den Vorgängen und den großen Einzelgestalten, der er plastisch formend aus der historischen Umwelt heraushebt.
Was C.F. Meyer mit seiner Dichtung anstrebt, ist nach seinen Worten „ein großer humaner Hintergrund, der Zusammenhang des kleinen Lebens mit dem Leben und Ringen der Menschheit“.

Conrad Ferdinand Meyer.

1899

JANUAR

Januar. Der sozialdemokratische Theoretiker Eduard Bernstein rückt in seiner Schrift „Die Voraussetzungen des Sozialismus und die Aufgaben der Sozialdemokratie" von Marx' Verelendungstheorie ab. Er löst damit in der SPD den sog. Revisionismusstreit aus.

FEBRUAR

6.2. In Skyren (Oder) stirbt Leo Graf von Caprivi, General und Politiker, 1890–94 Reichskanzler.
12.2. Das Deutsche Reich erweitert seinen Kolonialbesitz, indem es von Spanien die Karolinen-, Marianen- und Palauinseln erwirbt. Kaufpreis: 17 Millionen Mark.

MÄRZ

1.3. Im Burgtheater Wien wird die dramatische Groteske „Der grüne Kakadu" von Arthur Schnitzler uraufgeführt.
16.3. Verabschiedung der neuen Heeresvorlage (sog. Quinquennat = für einen Zeitraum von fünf Jahren veranschlagt), durch den Reichstag. Wegen der hohen Ausgaben für die Flotte fällt der Beitrag für das Heer geringer aus. Die Truppe wird nur um 16 000 Mann aufgestockt.
16.3. Im Beisein des Kaisers werden Bismarcks Leichnam und der seiner 1894 verstorbenen Frau Johanna, geb. von Puttkamer, in der Gruftkapelle von Friedrichsruh beigesetzt.

APRIL

1.4. Die Verwaltung der Kolonie Neuguinea geht von der Neuguinea-Kompanie auf das Reich über.

MAI

8.–13.5. Beim deutschen Gewerkschaftskongress in Frankfurt am Main wird erstmals die Einführung von Tarifverträgen befürwortet.
21./22.5. Erster Kongress der christlichen Gewerkschaften in Mainz. Die Gründung löst im deutschen Episkopat eine heftige Diskussion aus, besonders die Bischöfe von Breslau und Trier nehmen gegen die Mitgliedschaft katholischer Arbeiter in interkonfessionellen gewerkschaftlichen Organisationen Stellung.

JUNI

3.6. In Wien stirbt der „Walzerkönig" Johann Strauß.
9.6. Die bayerische Regierung führt zum Schutz des Einzelhandels eine Steuer für Warenhäuser ein.
30.6. Marineeinheiten besetzen die im Februar von Spanien erworbenen Pazifikinseln.

JULI

10.7. Gründung des Deutschen Automobilclubs (DAC), dem späteren ADAC.
29.7. Auf der Ersten Haager Friedenskonferenz, an der 26 Staaten teilnehmen, ist auch das Deutsche Reich vertreten. Die Konferenz trifft Abkommen zur friedlichen Erledigung internationaler Streitfälle sowie zur Einhaltung bestimmter Regeln im Land- und Seekrieg.

AUGUST

16.8. Tod des Chemikers Robert Wilhelm Bunsen in Heidelberg.
19.8. Das Projekt eines Kanals zwischen Oder, Elbe, Weser und Rhein („Mittellandkanal") scheitert im preußischen Landtag am Widerstand der Konservativen, die einen Preisverfall durch ausländische Getreideimporte fürchten.

OKTOBER

9.–14.10. Beim Parteitag der SPD in Hannover kommt es zum Zusammenprall von Radikalen und Revisionisten. Diesen gelingt es noch nicht, sich durchzusetzen.
18.10. In seiner Rede zum Stapellauf des Linienschiffes „Karl der Große" in Hamburg fordert Kaiser Wilhelm die Deutschen auf, sich „einheitlich und fest, den Parteiungen entsagend" hinter ihre Herrscher zu stellen. „Es muss dazu aber unser Volk sich entschließen, Opfer zu bringen".

NOVEMBER

20.11. Der Reichstag lehnt die sog. Zuchthausvorlage (nach der Streikführer strafrechtlich verfolgt werden sollten) mit den Stimmen der Sozialdemokraten, der Liberalen und des Zentrums ab.
29.11. Der britische Kolonialminister Chamberlain erneuert sein Bündnisangebot an das Reich vom Vorjahr.

DEZEMBER

2.12. Das Deutsche Reich schließt mit den Vereinigten Staaten einen Vertrag über die Aufteilung der Samoa-Inseln ab.
3.12. Uraufführung der Operette „Frau Luna" von Paul Lincke in Berlin.
7.12. Der Reichstag nimmt die „Lex Hohenlohe", benannt nach

Eine Schautafel des Militärmalers Richard Knötel von 1899 zeigt Angehörige der deutschen Schutztruppen aus den Kolonien Deutsch-Südwestafrika, Deutsch-Ost, Kamerun und Togo.

dem amtierenden Reichskanzler Hohenlohe-Schillingsfürst, an. Das Gesetz hebt das „Verbindungsverbot“ für Vereine auf.
24.12. Die Deutsche Bank erhält von der türkischen Regierung den Zuschlag für die Finanzierung der Bagdadbahn.

AUSSERDEM

Der Publizist Maximilian Harden verbüßt sechs Monate wegen Majestätsbeleidigung auf der Festung Weichselmünde bei Danzig.
Die deutsche Kriegsflotte steht mit einer Linienschiffstonnage von 130.000 t im internationalen Vergleich an sechster Stelle hinter England (796.000 t), Frankreich (370.000 t), Russland (263.000 t), Italien (191.000 t) und den Vereinigten Staaten (136.000 t).
Im Heer wird ein neues Infanteriegewehr, das Modell K 98, eingeführt.
Julius Elster und Hans Friedrich Geitel erkennen den Atomzerfall als Ursache der Radioaktivität und begründen so die Kernphysik.
Otto Limmer und Ernst Pringsheim messen die Ausstrahlung eines schwarzen Körpers.
Die Firma Friedrich Bayer & Co. in Leverkusen bringt das Schmerzmittel Aspirin auf den Markt.
Gründung des Deutschen Skatverbandes in Altenburg (Thüringen).
Beim internationalen Autorennen in Nizza siegt ein Daimlerwagen.
Der österreichische Generalkonsul in Nizza, Emil Jellinek, der sich auch im Autohandel betätigt, schlägt vor, den „Daimler“ nach seiner Tochter „Mercedes“ zu benennen.
Albert Ballin übernimmt die Leitung der „Hamburg-Amerikanischen Packetfahrt-Actien-Gesellschaft“ (HAPAG) und baut die 1856 gegründete Reederei bis 1914 zur größten der Welt aus.
Deutschland verliert ein Fußballspiel gegen England mit 2:13.
Gründung der Künstlerkolonie auf der Mathildenhöhe in Darmstadt, von der wesentliche Impulse für die Entwicklung des Jugendstils ausgehen.
Auf der Deutschen Kunstausstellung in Dresden zeigen 80 Vertreter des Jugendstils ihre Werke.

Johann Strauß

* Wien, 25. Oktober 1825
† ebd., 3. Juni 1899

Bereits sein Vater war Walzerkomponist in Wien – freilich noch in Biedermeierfrack und engen, langen Hosen. Zuerst gehörte er als Bratschist zur Tanzkapelle Lanners; seit 1835 leitete er die Hofbälle. Er, der Komponist des „Radetzky-Marsches“ zu Ehren des Siegers von 1849, ahnte wohl nichts von der ungewöhnlichen Begabung des ältesten seiner drei Söhne Johann, Joseph und Eduard, die alle Musiker wurden. Er ließ Johann das Polytechnikum besuchen und bestimmte ihn zum Bankangestellten. Aber mit 19 Jahren gründete dieser Sohn, der mit Wissen der Mutter heimlich Musikunterricht genommen hatte, ein eigenes Orchester und wurde mit seiner ersten Walzerkomposition, dem „Gunstwerber“, zum Liebling des Wiener Publikums. Das Wort Walzer taucht gleichbedeutend mit „Dreher“ bereits im 16. Jahrhundert in Deutschland auf. Als 1789 im Zuge der Französischen Revolution das Menuett und seine gesellschaftliche Etikette zusammen mit seinen Tänzern hinweggefegt wurde, war die Bahn frei für den „Ländler“ und bald darauf auch für den Walzer.
Märsche, Polkas, Mazurken, Françaisen, Quadrillen, vor allem aber Walzer über Walzer entströmten dem unerschöpflich einfallsreichen Geist des „Walzerkönigs“ (479 Werke). Mit seinen Konzertreisen nach Petersburg, Berlin, London, Paris und New York trat der Wiener Walzer seinen Siegeszug in die Hauptstädte der Welt an: „G'schichten aus dem Wiener Wald“; „Frühlingsstimmen“; „An der schönen blauen Donau“; „Kaiserwalzer“; „Rosen aus dem Süden“; „Wein, Weib und Gesang“ – schon die Titel von Johann Strauß' meistgespielten Kompositionen haben das Prickelnde, Betörende aus Wiens eleganter Epoche in der zweiten Hälfte des 19. Jahrhunderts an sich. Als sich Strauß auf Drängen seiner Frau und auf Anraten seines Verlegers, angeregt durch die Erfolge Offenbachs, als 46-Jähriger der Komposition von Operetten zuwandte, erreichte er – neben bescheidenen Anfangserfolgen mit „Indigo“ (1871), „Karneval in Rom“ (1873) – den Gipfel seiner Triumphe mit seiner „Fledermaus“ (1874). Nach 11 Jahren stellte sich wieder ein so starker Erfolg mit seinem „Zigeunerbaron“ ein. Wie Strauß den Walzer zur Kunstmusik erhob, indem er dem Hauptthema eine Einführung voransetzte und mehrere Motive miteinander verschmolz, so glückte ihm auch in der Operette der Übergang von der Wiener Lokalposse zur leichten Oper. Freilich war seine Einstellung rein auf die Musik so vorherrschend, dass seine weiteren zehn Operetten infolge ihrer banalen Libretti, um die sich der Komponist zu wenig kümmerte, stark abfielen. Nur „Eine Nacht in Venedig“ (1883) und „Wiener Blut“ (1899 in seinem Todesjahr durch A. Müller aus früheren Strauß-Kompositionen zusammengestellt) behaupteten sich neben seinen Spitzenleistungen.
Richard Wagner nannte Strauß den „musikalischsten Schädel in Europa“.

„Johann Strauß' Kapelle beim Hofball“. Zeichnung von Theodor Zasche.

Eröffnung der Ersten Haager Friedenskonferenz

Auf Initiative des Zaren Nikolaus II. trafen sich in Den Haag Vertreter von 26 Staaten, darunter alle Großmächte. Diese Friedenskonferenz, am 19. Mai 1899 eröffnet, sollte keinen bestimmten Krieg beenden, sondern Wege der friedlichen Beilegung von Konflikten überhaupt erörtern.

Österreich hatte die Pazifistin Bertha von Suttner (1843-1914) als Delegierte entsandt. Sie schrieb über die Eröffnungsfeier und die Hoffnungen, die sie in die Gespräche setzte, in ihr Tagebuch:

Der gestrige Tag verlief so: Des Morgens Gottesdienst in der russischen Kapelle zur Feier des Geburtstags des Zaren ... Fahrt zur Eröffnung. Strahlender Sonnenschein. Wie zu einem fröhlichen Prater- oder Bois-Korso fahren die zahlreichen Wagen durch die Alleen nach dem „Haus im Busch". Am Gittertor leistet eine militärische Ehrenwache die Ehrenbezeugungen. Ich bin die einzige Frau, welcher der Zutritt gewährt wird. Was ich hier empfand – es war die Erfüllung eines hochfliegenden Traumes. „Friedenskonferenz!" Zehn Jahre lang ist das Wort und die Sache verlacht worden; ihre Teilnehmer, machtlose Privatleute, galten als Utopisten. Jetzt versammeln sich auf den Ruf des gewaltigsten Kriegsherrn die Abgesandten aller Machthaber, und ihre Versammlung führt denselben Namen: „Friedenskonferenz".

Aus der Eröffnungsrede des Ministers Beaufort notiert: „Durch seine Initiative hat der Kaiser von Russland den von seinem Vorgänger Alexander I. ausgedrückten Wunsch erfüllen wollen, dass alle Herrscher Europas sich untereinander verständigen, um als Brüder zu leben und sich gegenseitig in ihren Bedürfnissen zu unterstützen." Mir scheint, Nikolaus II. hat mehr gewollt. Nicht um die Bedürfnisse aller Herrscher, sondern vielmehr aller Völker handelt es sich da; die Rüstungen lasten auf den Völkern, nicht auf den Herrschern. Das sogenannte dynastische Interesse liegt eher in militärischem Pomp und dem Prestige der kriegerischen Gewaltfülle. Und weiter Beaufort: „Die Aufgabe der Konferenz ist, nach Mitteln zu suchen, um den unaufhörlichen Rüstungen ein Ziel zu setzen und die schwere Not, welche die Völker bedrückt, zu beendigen. Der Tag des Zusammentritts dieser Konferenz wird einer der hervorragendsten Tage in der Geschichte des endenden Jahrhunderts sein." Nach Beauforts Rede wird Botschafter Staal zum Präsidenten der Konferenz gewählt. Dann folgen die anderen Ernennungen. Das Ganze dauert nur eine halbe Stunde; es soll ja nur eine Eröffnungszeremonie sein . . .

Acht Monate später berichtet Graf von Bülow, Staatssekretär des Auswärtigen Amtes, Kaiser Wilhelm II. über die Ergebnisse der Konferenz und deren Beurteilung durch das Auswärtige Amt:

Berlin, den 20. Dezember 1899

Eurer Kaiserlichen und Königlichen Majestät habe ich die Ehre, alleruntertänigst anzuzeigen, dass die unter Zuziehung aller beteiligten inneren Ressorts vorgenommene eingehende Prüfung der von der Haager Friedenskonferenz zufolge des ehrfurchtsvollst beigefügten Schlussprotokolls beschlossenen drei Konventionen und drei Deklarationen nunmehr beendet ist.

In Übereinstimmung mit dem Votum des alleruntertänigst Unterzeichneten haben sich Euer Majestät Staatsministerium sowie die Staatssekretäre des Reichsamts des Innern, des Reichsjustizamts, des Reichsschatzamts und des Reichspostamts dahin ausgesprochen, dass der Beitritt Deutschlands zu der Konvention über die friedliche Beilegung der internationalen Konflikte unbedenklich ist.

Ebenso haben sich gegen die Konvention über die Anwendung der Genfer Konvention auf den Seekrieg keine Anstände erhoben. Nur rät Euer Majestät Staatssekretär des Reichsmarineamts, dass wir bei Unterzeichnung dieser Konvention den Artikel 10 derselben vorbehalten, nachdem auch England diese Konvention nur unter dem gleichen Vorbehalt unterzeichnen will. Artikel 10 stipuliert die Verpflichtung, Schiffbrüchige, Verwundete und Kranke, welche in einem neutralen Hafen mit Genehmigung der Lokalbehörden ausgeschifft worden sind, an der weiteren Teilnahme am Kriege zu verhindern. Die Gründe für seine Auffassung, wonach der Artikel 10 gerade vom humanitären Standpunkte aus eine Verschlechterung des bestehenden Zustandes bedeuten würde, hat Admiral Tirpitz in seinem in Abschrift ehrfurchtsvollst angeschlossenen Schreiben vom 13. des Monats dargelegt.

Schmuckblatt 1899. Der Kaiser und seine Kommandierenden Generale, die ausnahmslos dem hohen Adel angehörten.

Über die Konvention betreffend die Gesetze und Gebräuche des Landkriegs wird Euere Majestät von Euerer Majestät Kriegsminister und mir gemeinschaftlich ein besonderer Immediatbericht erstattet, welcher sich gleichfalls für die Annahme dieser Konvention aussprechen wird.

Gegen die drei Deklarationen, welche das Verbot des Schleuderns von Geschossen aus Luftballons, das Verbot der Verwendung von Geschossen mit zerstörenden oder Stickgasen und das Verbot der Verwendung von Geschossen mit veränderlichem Mantel aussprechen, haben sich desgleichen nach dem Urteil Euerer Majestät Staatssekretär des Reichsmarineamts und Euerer Majestät Kriegsminister keine Anstände ergeben.

Eurer Majestät hohe Verbündete, Seine Majestät der Kaiser von Österreich, König von Ungarn, und Seine Majestät der König von Italien, haben die drei Konventionen und die drei Deklarationen bereits durch Bevollmächtigte in Haag ohne jeden Vorbehalt unterzeichnen lassen. England und die Vereinigten Staaten von Amerika, welche die beiden anderen Konventionen schon vollzogen haben, wollen nunmehr auch die dritte Konvention, diejenige betreffend den Seekrieg, unter Vorbehalt des obenerwähnten Artikels 10 noch vor dem 1. Januar kommenden Jahres vollziehen. Wenn Deutschland seinerseits nicht die Unterzeichnung bis zu dem gleichen Termin bewerkstelligt, so würden wir als einzige Großmacht, abgesehen von der Türkei, mit der Unterzeichnung im Rückstande bleiben, und Deutschland würde später nicht mehr als mitunterzeichnender, sondern nur noch als beitretender Staat erscheinen können. Es liegt nahe, dass dieser Umstand von deutschlandfeindlicher Seite zu unseren Ungunsten verwertet werden würde.

Euerer Majestät hatte ich bereits im Sommer des Jahres vortragen dürfen, wie dasjenige der Konferenzprojekte, gegen welches ursprünglich unsererseits Bedenken zu erheben waren, nämlich das Projekt über Schiedsgerichte und Vermittelung, infolge des Einspruchs der Gefährlichkeit entkleidet worden ist und wie deshalb unsere Annahme der jetzt vorliegenden „Konvention über die friedliche Beilegung der internationalen Konflikte" einerseits die Bewegungsfreiheit von Euerer Majestät Politik nicht beeinträchtigen, andererseits für Deutschlands Stellung zu den übrigen Staaten und namentlich zu Russland von großem Nutzen sein würde.

Euere Majestät hatten diesen Darlegungen zuzustimmen geruht. Die Richtigkeit dieses von Euerer Majestät eingenommenen Standpunktes dürfte auch durch die Erfahrungen des schwebenden Konflikts zwischen England und Transvaal eine Bestätigung erhalten haben, wobei die geringe praktische Bedeutung der Schiedsgerichts- und Vermittelungsideen aufs Neue offenkundig geworden ist.

Reichstag lehnt Vergrößerung des Heeres ab

Der Reichstag lehnte am 14. März 1899 in namentlicher Abstimmung mit 209 gegen 141 Stimmen die Erhöhung der Friedenspräsenzstärke des Heeres von 495.500 auf 502.506 Mann ab. Der preußische Kriegsminister von Goßler hatte den Antrag der Regierung begründet. Die Einführung der zweijährigen Dienstzeit müsse eine Vergrößerung des Mannschaftsbestandes nachsichziehen. „Es ist nicht möglich, in der Winterperiode bei diesem geringen Präsenzzustande die älteren Mannschaften fortzubilden. Die Militärverwaltung muss eine gewisse Reserve an Mannschaften haben, um Bedürfnisse, die plötzlich hervortreten, decken zu können." Der Abgeordnete der Deutschen Volkspartei, Haussmann, forderte die Ablehnung: „Die Militärlasten treffen das Volk, besonders den Mittelstand, sehr stark. Von der wachsenden Zahl der Offiziere haben nur die adeligen Familien einen Vorteil, während dem Volke die Pensionslasten immer drückender werden." Der sozialdemokratische Abgeordnete Bebel verlangte die Ablehnung, weil endlich mit den Rüstungen aufgehört werden müsse.

Leo Graf von Caprivi

* Berlin, 24. Februar 1831
† Skyren bei Crossen/Oder, 6. Februar 1899

Der verdiente General, gebürtiger Charlottenburger von österreichisch-italienischer Abkunft, hat sich nicht zur Kanzlerschaft gedrängt. Im Geist von Befehl und Gehorsam erzogen, beugte er sich einer Pflicht. Der Wechsel am 20. März 1890 von Bismarck zu ihm hätte nicht krasser sein können – mit Ausnahme von Caprivis herkulischer Gestalt, die dem Gardemaß des Vorgängers entsprach. Es glich einem Offenbarungseid, als der 59-Jährige vor dem preußischen Abgeordnetenhaus eingestand: „Mir waren die politischen Vorgänge bisher fremd, und ich bin in einen Wirkungskreis gestellt, den im Allgemeinen zu überschauen mir bis heute noch nicht möglich geworden ist." Für die gesamte Folgezeit, die „wilhelminische Ära", steht programmatisch Caprivis beruhigende Zusatzversicherung, der junge Monarch erscheine geeignet, „die Lücke vollständig auszufüllen". Der persönlich bedürfnislose, gradlinig und unkompliziert denkende Soldat hat von 1892 an nur noch das Kanzleramt allein verwaltet (Botho Eulenburg wurde preußischer Ministerpräsident).

Dem General fehlte das Gespür für das Wesen der Diplomatie. Und weil außerdem der beherrschende Wille des Regierungschefs fehlte, gingen die Ressorts eigene Wege, wurden „graue Eminenzen" mächtig, wie der Geheimrat von Holstein im Auswärtigen Amt.

Das folgenreichste Ereignis auf diesem Gebiet: Das geheime Neutralitätsabkommen („Rückversicherung") mit Russland von 1887 wurde (unter Holsteins Regie) nicht verlängert – was Caprivis Sinn für überschaubare Verhältnisse entsprach. Die Folge war die Annäherung Russlands an Frankreich und der Beginn der Zweifronten-Konstellation. Deren Gefährlichkeit wurde politisch nicht gesehen oder zu einem militärisch-operativen Problem herabgestuft. Erschwerend kam noch die zu gleicher Zeit sich anbahnende koloniale Rivalität mit England hinzu (trotz des friedlichen Tausches Helgoland – Sansibar).

Auch im Innern war Caprivis Kurs einer nach allen Seiten versöhnlichen Politik „über den Parteien" wenig von Glück begünstigt: außer dass er durch seine Handelsverträge und Zollsenkungen sehr zum Aufschwung der Wirtschaft beitrug und entscheidende Grundlagen für Deutschlands endgültigen Übergang vom Agrar- zum Industriestatt schuf. Am 26. 10. 1894 trat Caprivi zurück.

„Adel" „Simlicissimus"-Karikatur von Th. Th. Heine, 1899. „Es gibt drei Arten des Adels: Erstens persönlicher Adel, das ist wenn jemand etwas .Bedeutendes geleistet hat; zweitens Briefadel, das ist wenn irgend ein Vorfahr mal etwas Besonderes geleistet hat; drittens Uradel, das ist wenn man weder selbst etwas geleistet hat noch irgend ein Vorfahr – und das ist natürlich das Vornehmste."

1900

JANUAR

1.1. Mit dem Inkrafttreten des 1896 verabschiedeten Bürgerlichen Gesetzbuchs (BGB) und des Handelsgesetzbuchs verfügt das Deutsche Reich erstmals über eine einheitliche Gesetzgebung.
Das Invalidenversicherungsgesetz tritt in Kraft; es regelt zugleich die Altersversicherung.
10.1. Auf der Vulkanwerft in Stettin läuft in Anwesenheit von Kaiser Wilhelm II. das Handels- und Passagierschiff „Deutschland" vom Stapel. Mit 208,5 m Länge, 20,4 m Breite und 33.000 PS ist der Doppelschraubendampfer das größte und stärkste deutsche Schiff.
25.1. Der Entwurf zum zweiten Tirpitzschen Flottengesetz wird veröffentlicht. Er sieht eine Verdopplung der deutschen Hochseeflotte bis 1917 vor.
28.1. In Leipzig wird der Deutsche Fußball Bund (DFB) gegründet. An der Gründungsversammlung nehmen 68 Vereine teil, darunter auch deutsche Vereine aus dem Ausland.

FEBRUAR

9.2. Anlässlich eines Länderkampfes zwischen den USA und Großbritannien stiftet der amerikanische Tennisspieler Dwight Filley Davis einen Silberpokal. Er wird fortan als „Davis-Cup" jährlich zwischen den besten Ländermannschaften der Welt ausgespielt.
17.2. Nach langwierigen Verhandlungen mit den USA und Großbritannien errichtet das Deutsche Reich in West-Samoa sein drittes „Schutzgebiet" im Südseeraum.
24.2. Der deutsche Physiker und Erfinder Martin Leo Arons wird wegen seiner Zugehörigkeit zur Sozialdemokratie von seiner Lehrtätigkeit an der Berliner Universität suspendiert.
27.2. In London wird auf einer Gewerkschaftskonferenz das Labour Representation Committee gegründet, aus dem 1906 die Labour Party hervorgeht.
28.2. Im Großherzogtum Baden werden erstmals in Deutschland Frauen ohne Einschränkungen zum Hochschulstudium zugelassen.

MÄRZ

6.3. Tod des Ingenieurs Gottlieb Daimler in Stuttgart-Cannstatt.
13.3. Der Fund der Leiche eines Schülers in Konitz (Westpreußen) führt zu antisemitischen Ausschreitungen. Das Militär greift ein.
14.3. Die Vereinigten Staaten führen den Goldstandard ein.
19.3. Feier zum 200jährigen Bestehen der Preußischen Akademie der Wissenschaften in Berlin.

APRIL

1.4. Im Deutschen Reich tritt eine neue Fernsprechgebührenordnung in Kraft. Ein Dreiminutengespräch innerhalb einer 25-km-Zone kostet 20 Pfennig, über eine Entfernung von mehr als 1.000 km zwei Mark. Deutschland verfügt zu diesem Zeitpunkt über rund 1.000 Fernsprecheinrichtungen mit fast 200.000 Anschlüssen.
14.4. In Paris wird die 13. Weltausstellung eröffnet. Deutschland ist mit der elektrischen Versorgung der gesamten Weltausstellung beauftragt. Daneben präsentieren sich Firmen wie die Allgemeinen Elektricitäts-Gesellschaft (AEG), Siemens und MAN (Maschinenfabrik Augsburg-Nürnberg AG). Trotz der Rekordbesucherzahl von 47 Millionen schließt die Veranstaltung mit einem großen finanziellen Defizit.
Deutsche Erstaufführung von Henrik Ibsens Schauspiel „Gespenster".

MAI

6.5. Zu den Feiern der Mündigkeitserklärung (18. Geburtstag) des deutschen Kronprinzen Wilhelm weilen der österreichische Kaiser Franz Joseph I. und führende Repräsentanten aller deutschen und europäischen Höfe in Berlin.
9.5. In Berlin eröffnet Max Liebermann die zweite Ausstellung der Berliner Secession. Die 1898 gegründete Künstlervereinigung verhilft dem Impressionismus in Deutschland zum Durchbruch. Es werden 420 Werke gezeigt, darunter viele von ausländischen Künstlern.
18.5. In China eskaliert der Boxeraufstand, der sich gegen den wachsenden Einfluss der imperialistischen Mächte und die Ausbreitung der christlichen Religion, aber auch gegen die eigene reaktionäre Regierung richtet. Bei Ausschreitungen in verschiedenen Städten kommen 73 Menschen ums Leben.
22.5. Die vom Reichstag beschlossene „Lex Heinze" weitet die Zensur aus. Nach dem Mordprozess gegen das Zuhälterpaar Heinze wird der Straftatbestand der Zuhälterei eingeführt. Zugleich werden die Strafbestimmungen des Jugendschutzes und die Strafandrohungen wegen „Verbreitung unsittlicher Schriften" verschärft.
24.5.-28.10. Im Rahmen der Weltausstellung finden in Paris die II. Olympischen Spiele statt. An den Wettkämpfen in 16 Sportarten nehmen 1.344 Aktive – darunter erstmals 12 Frauen – aus 22 Ländern teil.

JUNI

12.6. Der Reichstag nimmt mit 201 gegen 103 Stimmen das neue Flottengesetz an. Durch die deutsche Aufrüstung verschiebt sich das Kräfteverhältnis zur britischen Flotte allmählich von 1:2 auf 2:3.

Tout le monde á Paris! Das spektakulärste friedliche Ereignis des Jahres 1900 war die Weltausstellung in Paris, die 50 Millionen Besucher anlockte, mehr als die Gesamtbevölkerung Frankreichs, die damals 39 Millionen zählte.

16.6. Der Elbe-Trave-Kanal (Elbe-Lübeck-Kanal) wird nach vierjähriger Bauzeit im Beisein von Wilhelm II. eröffnet. Die Fahrzeit von Lauenburg/Elbe nach Lübeck verkürzt sich durch den 67 km langen Kanal von mehr als sieben Tagen auf nur noch 20 Stunden.
20.6. Während des Boxeraufstands in China wird der deutsche Gesandte Klemens Freiherr von Ketteler in Peking auf offener Straße erschossen. Die Übergriffe auf ausländische Vertretungen veranlassen die Großmächte zur militärischen Intervention.

JULI

2.7. Graf Ferdinand von Zeppelin startet in Friedrichshafen am Bodensee seine erste Versuchsfahrt mit einem lenkbaren Luftschiff: Das „LZ1" ist 128 m lang und erreicht eine Geschwindigkeit von 32,4 km/h.
5.7. Die „Deutschland" erhält das „Blaue Band des Ozeans" für die schnellste Überquerung des Atlantiks. Sie erreicht eine Durchschnittsgeschwindigkeit von 23,61 Knoten (44 km/h).
10.7. Das erste Handelsabkommen zwischen Deutschland und den USA wird in Washington unterzeichnet. Es gewährt für ausgewählte Waren Zollvergünstigungen bei der Einfuhr in die USA.
27.7. Bei der Verabschiedung der zur Niederschlagung des Boxeraufstands bereitstehenden deutschen Truppen ruft Wilhelm II. zu einem rücksichtslosen Rachefeldzug gegen die aufständischen Chinesen auf. Die „Hunnenrede" des Kaisers wird auch im Ausland abgelehnt.

AUGUST

3.8. Preußen verbietet die Verbreitung sozialdemokratischer Schriften in der Armee und die Beteiligung von Militärangehörigen an sozialdemokratischen Versammlungen.
7.8. Tod des Politikers Wilhelm Liebknecht in Charlottenburg bei Berlin.
15.8. Die internationale Streitmacht zur Niederschlagung des Boxeraufstands zieht in Peking ein und befreit die belagerten ausländischen Vertretungen.
25.8. In geistiger Umnachtung stirbt der Philosoph Friedrich Nietzsche in Weimar.

SEPTEMBER

1.9. Das erste deutsche Transatlantik-Telegraphenkabel wird mit einem Depeschenwechsel zwischen Kaiser Wilhelm II. und US-Präsident William McKinley in Betrieb genommen.
13.9. Der Mediziner Hermann Hartmann gründet mit 20 weiteren Ärzten den „Verband der Ärzte Deutschlands zur Wahrung ihrer wirtschaftlichen Interessen den späteren Hartmannbund. Dem Bund gehören 1911 bereits fast 80 Prozent aller Ärzte an.
16.9. In Mainz beginnt der 11. Parteitag der Sozialdemokratischen Partei Deutschlands (SPD). Ein herausragendes Thema sind die Frauenrechte.
27.9. Der preußische Generalfeldmarschall Alfred Graf von Waldersee übernimmt den Oberbefehl über das internationale „Expeditionskorps" in China, zu dem mittlerweile 24.000 Deutsche gehören. Im Rahmen von „Strafexpeditionen" kommt es zu zahlreichen Übergriffen.
29.9. In München wird der Neubau des 1855 gegründeten Bayerischen Nationalmuseums eingeweiht. Unter Prinzregent Luitpold erlebt München eine Blütezeit als Kunst- und Kulturstadt.

Oktober

1.10. In Deutschland treten neue Bestimmungen der Reichsgewerbeordnung in Kraft. Sie regeln u.a. den Ladenschluss (von 21.00 bis 5.00 Uhr müssen alle Geschäfte geschlossen sein) und schreiben eine zehnstündige tägliche Mindestruhezeit für Lehrlinge und Gehilfen vor.
16.10. Das Deutsche Reich und Großbritannien vereinbaren im Jangtse-Abkommen das gegenseitige Respektieren ihrer Handelsinteressen und verzichten auf territoriale Ansprüche gegenüber China.
17.10. Reichskanzler Chlodwig Fürst zu Hohenlohe-Schillingsfürst tritt aus Altersgründen zurück; sein Nachfolger wird Bernhard Graf von Bülow.
18.10. In Leipzig wird unweit des historischen Schlachtfeldes von 1813 der Grundstein für das Völkerschlachtdenkmal gelegt.
25.10. Erste öffentliche Fahrt der Schwebebahn in Barmen/Wuppertal.

NOVEMBER

1.11. Frankreich tritt dem Jangtse-Abkommen bei.
19.11. Reichskanzler Bülow fordert vom Reichstag die nachträgliche Bewilligung der Kosten für das deutsche „Expeditionskorps" zur Niederschlagung des Boxeraufstands in Höhe von 152 Millionen Mark.
29.11. Die antisemitischen Abgeordneten des Reichstags konstituieren sich nach der im September erfolgten Spaltung der Deutsch-Sozialen Reformpartei als Freie wirtschaftliche Gruppe.

DEZEMBER

1.12. Eine Volkszählung im Deutschen Reich ermittelt 56.345.014 Einwohner. Das entspricht einem Bevölkerungszuwachs von insgesamt 7,78 Prozent in den letzten fünf Jahren.
2.12. Der Präsident der von Großbritannien annektierten Republik Südafrika, Paulus „Ohm" Krüger, wird in Köln von der Bevölkerung begeistert begrüßt. Ein offizieller Empfang in Berlin findet aus Rücksicht auf die Beziehungen zu Großbritannien nicht statt.
16.12. Wilhelm II. empfängt im Berliner Zeughaus das erste Kontingent der aus China zurückkehrenden Soldaten. Er lobt deren Mut und Disziplin bei der Niederschlagung des Boxeraufstands. Demgegenüber regt sich in der Presse und im Reichstag Protest gegen das brutale Vorgehen der deutschen Truppen.

AUSSERDEM

Sigmund Freud: Traumdeutung (Psychoanalytische Abhandlung)
Detlev von Liliencron: Ausgewählte Gedichte
Heinrich Mann: Im Schlaraffenland (Roman)
Arthur Schnitzler: Der Reigen (Komödie)
Georg Simmel: Philosophie des Geldes (Philosophische Abhandlung)

Start des ersten Zeppelins am Bodensee, 1900.

Besetzung Pekings durch europäische Invasionstruppen

Um die Jahrhundertwende befand sich China in so desolatem Zustand, dass die europäischen Mächte, die USA und Japan nach Belieben Gebiete besetzen und Privilegien beanspruchen konnten. Der dadurch rapide wachsende Fremdenhass entlud sich im „Boxeraufstand“: Die wegen des harten Drills „Boxer“ genannten chinesischen Freischärler überfielen Handelsmissionen, terrorisierten Diplomaten – der deutsche Gesandte wurde ermordet – und hielten Peking gegen anrückende Invasionstruppen. Schlachtruf der Boxer war: „China den Chinesen! Verjagt die fremden Teufel! Tötet die Missionare!“

Besonders nämlich die christlichen Bekehrungsversuche hatten die Chinesen verbittert. Erst am 14. August 1900, nach zwei Monaten, gelang dank deutschen Truppen – „Germans to the front!“ hatte der englische Admiral Seymour angeordnet – die Einnahme Pekings. Der Oberbefehlshaber der Verbündeten, „Weltmarschall“ Graf Waldersee, legte danach in einem Brief an Kaiser Wilhelm II. dar, welche China-Politik er für die aussichtsreichste hielt:

Für die in den letzten Jahren so vielfach besprochene Aufteilung Chinas würde in Anbetracht der augenblicklichen Schwäche des Landes, der Erschöpfung seiner Hilfsquellen und der vielfach anarchischen Zustände ein geeigneterer Zeitpunkt als der jetzige kaum jemals wiederkehren. Es fragt sich nur, wie die Mächte sich zu dieser Frage stellen würden. Russland dürfte durch die Besetzung der Mandschurei für die nächste Zeit zufriedengestellt sein. Wenn nun Frankreich Jünnan, Japan Fokien, England einen Teil des Jangtse-Gebietes, Deutschland Schantung in Besitz nehmen wollte, so würde dies von China schwerlich verhindert werden können. Es würde daher für uns notwendig sein, der Frage die vollste Aufmerksamkeit zuzuwenden, sobald eine Einigkeit der Mächte über die sogenannte Aufteilung zu erzielen möglich wäre.

Ich halte dies indes für völlig ausgeschlossen. England kann weder die Franzosen in Jünnan noch die Japaner in Fokien wünschen. Japan hat erhebliche Bedenken gegen die Besitznahme Schantungs durch Deutschland. Keine Macht kann England die Alleinherrschaft am Jangtse gönnen. Amerika ist entschlossen, gegen jeden Aufteilungsversuch zu protestieren. Russland, wenn es im ungestörten Besitz der Mandschurei belassen wird, würde Aufteilungsversuche der anderen Mächte gern sehen, überzeugt, dass es darüber zu Verwicklungen unter ihnen kommen müsste. Sonach dürfte es sich nicht lohnen, der Aufteilungsidee näherzutreten . . .

China ist ein Reich, das vor mehr als vierhundert Jahren der europäischen Welt auf manchem Gebiete der Kultur vorausgewesen, seitdem aber stehengeblieben ist und namentlich den weltbewegenden Umschwung, durch die Dampfmaschine mit Eisenbahn und Dampfschiffen herbeigeführt, nicht erfasst hat. Seit mehreren Jahrhunderten von äußeren Feinden nicht ernsthaft bedroht, ist das Volk unkriegerisch geworden; die höhere Klasse ist durch Unkenntnis von dem, was in der anderen Welt passiert, von Hochmut gegen die weißen Rassen erfüllt; alles, was zur Klasse des Beamtenstandes gehört, durch Korruption entnervt; das Kaiserhaus anscheinend nicht mehr imstande, tatkräftige Männer zu produzieren.

Es darf indessen nicht vergessen werden, dass das eigentliche China, abgesehen von den es auf zwei Seiten umgebenden Tributärstaaten, eine Bevölkerung von 400 Millionen Menschen zählt, die einer Rasse angehören, durch Verschiedenartigkeit religiöser Bekenntnisse nicht gespalten werden und von Rassenstolz beseelt sind.

Sollte es jemals zu einem starken China kommen, so kann Russland dadurch am meisten betroffen werden; es kann auf der mehrere tausend Kilometer langen Grenze, von der der Kern seiner Macht weit entfernt ist, einen gefährlichen Gegner erstehen sehen.

„Vor der Einschiffung nach China“. „Simplicissimus“-Karikatur von Bruno Paul1900.: Na, ihr bayerischen Dickköppe, habt ihr ooch , ne Ahnung, welche jroßen nationalen Aufgaben wir in Ostasien zu lösen haben?“ – „Jawohl, raffa derf ma un wer'n net g'straft.

Ist dies richtig, so würde es sowohl im Interesse Deutschlands als Englands liegen, China schon aus diesem Grunde behilflich zu sein, sich wirtschaftlich zu heben und stark zu werden. Die Entwicklung der Handelsbeziehungen würde damit Hand in Hand gehen, sie würde aber durch Landerwerb eher gehindert als gefördert werden. Ich meine, dass Deutschland von Kiautschou aus vollkommen in der Lage ist, die Hilfsquellen Schantungs sich nutzbar zu machen und namentlich auch noch ein weiteres Hinterland zu gewinnen, wenn die Eisenbahn Tientsin-Funan nicht allein gebaut, sondern bis Nanking weitergeführt wird.

Wenn jetzt gerade Russland sich bemühen sollte, Chinas Wohlstand heben zu helfen, so könnte dies nur ein völliger Irrweg seiner Politik werden. Ein alter Chinese hat unlängst geäußert: „Wir schlafen seit vierhundert Jahren, aber wir fühlen uns ganz wohl dabei. Ihr Weißen wollt uns durchaus aus dem Schlafe erwecken. Es kann wohl eine Zeit kommen, wo Ihr dies aufrichtig bedauern werdet.“

Buren-Präsident Krüger auf Europa-Reise

Der Präsident der Buren-Republik Transvaal, Paulus Krüger, traf am 1. Dezember 1900 in Köln ein. Er befand sich auf einer Reise durch Europa, wo er – allerdings vergeblich – um Unterstützung für die Buren im Krieg gegen England warb. Krüger wollte auch nach Berlin und dort Kaiser Wilhelm II. treffen. Er hoffte, beim deutschen Kaiser besonderes Verständnis für die schwierige Lage seines Landes zu finden, hatte doch vier Jahre vorher (3. Januar 1896) Wilhelm II. ein Glückwunschtelegramm (die „Krüger-Depesche") geschickt, als die Buren einen englischen Einfall erfolgreich abgewehrt hatten. Aber Wilhelm II. war nicht bereit, Präsident Krüger zu empfangen. Durch den kaiserlichen Gesandten von Tschirschky und Boegendorf ließ er ihm mitteilen, dass er zu seinem Bedauern nach seinen bereits getroffenen Dispositionen jetzt nicht in der Lage sei, den Präsidenten zu empfangen. So fuhr Krüger, von Lüttich kommend, nur nach Köln und von dort in die Niederlande weiter. In Köln wurde er, wie auf fast allen Stationen seiner Reise, von der Bevölkerung begeistert und herzlich begrüßt.

Paul Krüger.

Am 12. Dezember 1900 wies Reichskanzler Fürst von Bülow im Reichstag die Vorwürfe zurück, Wilhelm II. habe mit Rücksicht auf England und wegen seiner verwandtschaftlichen Bande mit dem englischen Königshaus Präsident Krüger nicht empfangen wollen. „Für Seine Majestät den Kaiser sind lediglich deutsche und nationale Gesichtspunkte maßgebend." Wenn es anders wäre, würde er, Bülow, sofort zurücktreten.

Samoa-Insel Upolu wird deutsche Kolonie

Am 1. März 1900 wurde in Apia auf der Südseeinsel Upolu die deutsche Flagge gehisst. Schon 1880 hatte Bismarck die Insel unter deutsche Oberhoheit bringen wollen; doch wurde ein entsprechendes Gesetz durch den Reichstag abgelehnt. In den folgenden Jahren wurde die Insel zum Streitobjekt zwischen dem Deutschen Reich, Großbritannien und den USA. Im November 1899 war schließlich durch die Samoa-Konvention der Streit zwischen Berlin und London beigelegt worden; das Deutsche Reich erhielt die Oberhoheit über die Samoa-Inseln Upolu und Savaii. Am 16. Februar 1900 trat nach dem Austausch der Ratifikationsurkunden die Konvention in Kraft. Dem schon in Apia weilenden deutschen Gouverneur wurde telegraphisch mitgeteilt, er solle jetzt die deutsche Flagge hissen. Das Telegramm ging nach dem neuseeländischen Auckland und wurde von dort mit einem Schiff nach Apia gebracht. Das Schiff brauchte für diesen Weg etwa zehn Tage, so dass erst am 1. März die offizielle Inbesitznahme erfolgen konnte. Nach dem Ersten Weltkrieg wurde Deutsch-Samoa Treuhandgebiet des Völkerbundes; 1962 wurde es als West-Samoa der erste unabhängige Staat Polynesiens.

Die „Hunnenrede"

Als der Aufstand des chinesischen Geheimbundes der „Boxer" gegen die ausländischen Kolonialmächte im Sommer des Jahres 1900 zur Belagerung des Pekinger Gesandtschaftsviertels sowie zur Ermordung des deutschen Gesandten von Ketteler führte, wurde ein internationales Expeditionskorps zusammengestellt, das die Unruhen blutig niederschlug. Mit seiner berüchtigten „Hunnenrede" verabschiedete Wilhelm II. das deutsche Kontingent am 27. Juli 1900 in Wilhelmshaven. Große überseeische Aufgaben sind es, die dem neu entstandenen Deutschen Reiche zugefallen sind, Aufgaben weit größer, als viele Meiner Landsleute es erwartet haben. Das Deutsche Reich hat seinem Charakter nach die Verpflichtung, seinen Bürgern, sofern diese im Ausland bedrängt werden, beizustehen.
Eine große Aufgabe harrt eurer; ihr sollt das große Unrecht, das geschehen ist, sühnen. Die Chinesen haben das Völkerrecht gebrochen, sie haben in einer in der Weltgeschichte nicht erhörten Weise der Heiligkeit des Gesandten, der Pflicht des Gastrechtes Hohn gesprochen. Es ist das umso empörender, als das Verbrechen begangen worden ist von einer Nation, die auf ihre uralte Kultur stolz ist. Bewahrt die alte preußische Tüchtigkeit, zeigt euch als Christen im freudigen Ertragen eurer Leiden, mögen Ehre und Ruhm euren Fahnen und Waffen folgen, gebt an Manneszucht und Disziplin aller Welt ein Beispiel.
Ihr wisst es wohl, ihr sollt fechten gegen einen verschlagenen, tapferen, gut bewaffneten, grausamen Feind. Kommt ihr an ihn, so wisst: Pardon wird nicht gegeben, Gefangene werden nicht gemacht. Wie vor tausend Jahren die Hunnen unter König Etzel sich einen Namen gemacht haben, der sie noch jetzt in Überlieferung und Märchen gewaltig erscheinen lässt, so muss der Name Deutscher in China auf tausend Jahre durch euch in einer Weise bestätigt werden, dass niemals wieder ein Chinese es wagt, einen Deutschen auch nur scheel anzuschauen.

Infolge des ungeheueren kulturellen Aufschwungs gewinnt das wilhelminische Deutschland eine führende Stellung im internationalen Kunstleben. Modern und gewagt sind die Trümpfe auf den Bühnen, auch auf denen der „leichten Muse", des Varietes, und der Revuen. Bei den kessen Damen handelt es sich um ein Gruppenbild der Revue „Menetekel" im Berliner Olympia-Theater im Jahre 1900.

1901

JANUAR

1.1. Auf allen Berliner Straßenlinien wird ein Einheitstarif von zehn Pfennig eingeführt.

10.1. China akzeptiert die von den imperialistischen Großmächten nach der Niederschlagung des Boxeraufstands diktierten Friedensbedingungen mit zahlreichen demütigenden Klauseln.

11.1. Um die katastrophale Wohnsituation in der Reichshauptstadt zu verbessern, gründet die Berliner Stadtverordnetenversammlung die König-Friedrich-Stiftung und stattet sie mit 1 Million Mark aus.

12.1. Die Kanalvorlage wird in das Preußische Abgeordnetenhaus eingebracht. Die Kosten für die Verbindung des Rheins mit der Weser und der Elbe werden auf etwa 300 Millionen Mark veranschlagt. Die Agrarier befürchten eine Verbilligung des Transports von Getreide aus Übersee.

22.1. Tod der britischen Königin Viktoria in Osborne. Neuer König wird ihr 60jähriger Sohn Albert Edward als König Eduard VII.

FEBRUAR

4.2. Beginn der viertägigen Lesung der Kanalvorlage. Sie wird im Frühjahr am Widerstand der Agrarier im preußischen Abgeordnetenhaus scheitern.

MÄRZ

1.3. Eröffnung der Schwebebahn in Wuppertal.

19.3. Wilhelm Bock wird zum Vizepräsidenten des Landtages im Herzogtum Sachsen-Coburg-Gotha gewählt. Er ist der erste deutsche Sozialdemokrat in einem repräsentativen Parlamentsamt.

APRIL

1.4. In Preußen tritt ein neues Fürsorgeerziehungsgesetz in Kraft. Es eröffnet dem Staat weitgehende Eingriffsmöglichkeiten bei der „Gefahr der Verwahrlosung in sittlicher, geistiger oder körperlicher Beziehung" von Kindern und Jugendlichen.

13.4. In Den Haag konstituiert sich auf der Grundlage des Friedenskongresses von 1899 das Internationale Büro des Ständigen Schiedshofes (Haager Friedenskonferenzen).

MAI

4.5. Der Reichstag verabschiedet das Gesetz zur Versorgung von Kriegsinvaliden und Kriegshinterbliebenen.

8.5. Den Abgeordneten des Reichstags werden Anwesenheitsgelder (Diäten) bewilligt. Bismarck hatte die Zahlung von Diäten verweigert, um die Teilnahme sozialdemokratischer Abgeordneter an den Reichstagssitzungen zu erschweren. Da aber auch viele andere Abgeordnete häufig fehlten, war der Reichstag oft beschlussunfähig.

JUNI

17.6. Auf einer Konferenz in Berlin beschließen Vertreter der deutschen Bundesstaaten und Österreich-Ungarns eine einheitliche deutsche Rechtschreibung. Grundlage ist das 1880 von Konrad Duden vorgelegte „Vollständige orthographische Wörterbuch der deutschen Sprache".

23.6. Ein Gutenberg-Museum zur Geschichte der Druckkunst wird in Mainz eröffnet. Am gleichen Tag findet dort die Gründung der Internationalen Gutenberg-Gesellschaft statt.

25.6. Der Zusammenbruch der Leipziger Bank stürzt den Bundesstaat Sachsen in eine tiefe Wirtschafts- und Regierungskrise. Zahlreiche Banken, Industrie- und Handelsunternehmen müssen Konkurs anmelden.

JULI

7.7. Tod der schweizerischen Jugendschriftstellerin Johanna Spyri in Zürich.

17.7. Die „Deutschland" verbessert ihren eigenen Rekord bei der Überquerung des Atlantiks. Das größte deutsche Passagierschiff benötigt für die 3.141 Seemeilen lange Strecke von Hamburg nach New York fünf Tage, 16 Stunden und zwölf Minuten, was einer durchschnittlichen Geschwindigkeit von 23,06 Knoten (42,71 km/h) entspricht.

26.7. Im „Reichs-Anzeiger" werden die Entwürfe eines neuen Zolltarifgesetzes mit wesentlichen Erhöhungen der Einfuhrzölle für Agrarprodukte veröffentlicht. Auch einige Industriezölle sollen erhöht werden. Die zu erwartende Teuerung der Lebensmittel führt zu zahlreichen Protesten.

AUGUST

5.8. Kaiserin Friedrich, frühere Prinzessin Viktoria von Großbritannien, Tochter von Königin Viktoria, Witwe von Kaiser Friedrich III. und Mutter von Kaiser Wilhelm II., stirbt im Alter von 61 Jahren auf Schloss Friedrichshof im Taunus.

11.8. Unter der Leitung des Polarforschers Erich von Drygalsky startet mit dem Dreimast-Segelschiff „Gauß" die erste deutsche Antarktis-Expedition. Das mit öffentlichen Geldern in Höhe von 1,5 Millionen Mark finanzierte Unternehmen steht unter dem persönlichen Patronat des Kaisers und ist Bestandteil eines internationalen Programms zur Erforschung des Südpols.

15.8. In München wird die erste Ausstellung der Künstlergruppe „Phalanx" eröffnet. Herausragender Vertreter der Gruppe ist der in der bayerischen Hauptstadt lebende russische Maler und Grafiker Wassily Kandinsky.

SEPTEMBER

7.9. In Peking wird das Schlussprotokoll der Friedensverhandlungen zwischen China und den elf Interventionsmächten unterzeichnet. Das „Boxerprotokoll" beinhaltet u.a. Entschädigungszahlungen in Milliardenhöhe und gravierende Einschränkungen der Souveränität Chinas.

22.9. Der Parteitag der Sozialdemokratischen Partei Deutschlands (SPD) in Lübeck beschäftigt sich vor allem mit den Auffassungen des Revisionisten Eduard Bernstein und der Haltung zur geplanten Erhöhung der Zolltarife.

OKTOBER

11.10. Uraufführung des Schauspiels „Der Marquis von Keith" von Frank Wedekind in Berlin.

24.10. Einrichtung einer Reichsauskunftsstelle für Auswanderer, die von der Deutschen Kolonialgesellschaft getragen wird. In diesem Jahr verlassen 22.073 Deutsche ihre Heimat.

NOVEMBER

4.11. Mit der Gründung des Wandervogel-Ausschusses für Schüler-

1901 erhielt Professor Emil von Behring (rechts) den ersten Nobelpreis für Medizin. Seine Forschungen über die Entstehung der Infektionskrankheiten waren bahnbrechend. Außerdem entwickelte er ein Heilserum gegen Diphtherie und gegen Starrkrampf.

fahrten e.V. in Steglitz bei Berlin findet die „Wandervogelbewegung“ in Deutschland ihren Ausgangspunkt. Sie wird zum Hauptbestandteil einer sich am Anfang des Jahrhunderts herausbildenden eigenständigen Jugendbewegung.

14.11. Der Wiener Arzt Karl Landsteiner veröffentlicht seine Entdeckung der drei unterschiedlichen Blutgruppen A, B und 0.

19.11. Deutsche Truppen unterdrücken einen Stammesaufstand in Kamerun und dehnen das Kolonialgebiet des Deutschen Reiches bis weit in das Hinterland der westafrikanischen Region aus.
Aufgrund ihrer Weigerung, im Religionsunterricht deutsch zu sprechen, werden in Wreschen (Posen) polnischsprachige Kinder von den Lehrern gestraft. 24 der protestierenden Eltern erhalten bis zu zwei Jahren Freiheitsstrafe.

27.11. Uraufführung der Tragikomödie „Der rote Hahn“ von Gerhart Hauptmann.

DEZEMBER

5.12. Dem Reichstag wird eine Petition mit ca. 3,5 Millionen Unterschriften gegen die geplanten Zollerhöhungen überreicht.

10.12. In Stockholm und Oslo werden die ersten Nobelpreise verliehen. Zu den Preisträgern gehören die deutschen Wissenschaftler Wilhelm Conrad Röntgen (Physik) und Emil von Behring (Medizin). Einen Friedensnobelpreis erhält der Gründer des Roten Kreuzes, der Schweizer Henri Dunant.

18.12. In Berlin wird das erste Pergamon-Museum im Beisein von Wilhelm II. der Öffentlichkeit übergeben. Hauptattraktion ist der 1873 von dem deutschen Ingenieur Carl Humann bei Straßenbauarbeiten im Osmanischen Reich entdeckte Zeusaltar aus dem antiken Pergamon.

AUSSERDEM

Gustav Frenssen: Jörn Uhl (Bauernroman)
Gustav Mahler: Symphonie Nr. 4
Thomas Mann: Buddenbrooks (Roman)
Arthur Schnitzler: Leutnant Gustl (Novelle)

Thomas Manns „Buddenbrooks“

Der Literaturwissenschaftler Hans Meyer würdigt Thomas Manns großen Familienroman „Die Buddenbrooks“ von 1901 in einem Aufsatz:
Seine spezifischen Möglichkeiten als Schriftsteller hat Thomas Mann kaum jemals wieder so rein und mühelos genutzt, wie bei diesem erstaunlichen Erzählwerk, das in der zweibändigen Erstausgabe vom Jahre 1901 mehr als 1100 Buchseiten ausfüllte, und das ein junger Mensch von 25 Jahren hatte abschließen können.
Der Fall ist einzigartig geblieben. Die Glücksfälle großer Lyrik und Musik, geschaffen von ganz jungen Menschen, sind allbekannt. Georg Büchner starb mit 23 Jahren. Aber eine epische Leistung, die an genauer Zeichnung der Ereignisse und Charaktere, an Sprachmelodie, die vor allem auch an Erfahrungsfülle mit den „Buddenbrooks“ wetteifern könnte, wo hat es dergleichen jemals bei einem anderen Schriftsteller in solchem Lebensalter gegeben?
Man hat später viel Wesens gemacht von Thomas Manns jähen und nachhaltigen Wandlungen als Erzähler, als politischer Unpolitischer, nicht zuletzt in seinem Selbstverständnis als Schriftsteller. Das Misstrauen gegen die eigene Menschlichkeit und sonderbare Spezialbegabung sind einmal in glücklicher Weise produktiv geworden: beim Schreiben der „Buddenbrooks“.
Indem der Zwanzigjährige mit zähem Fleiß und fast unerträglicher Selbstdisziplinierung ans Werk ging, glaubte er vorerst bloß eine Sache abschließen zu können, die alle Kenner der Lübecker Verhältnisse interessieren mochte. Wen sonst wohl noch? Man las im Kreis der Familie vor, aus dem anschwellenden Manuskript. Große Heiterkeit und Zustimmung. Jeder wusste, woran er bei Tony Buddenbrooks Ehekrisen zu denken hatte.
Es erwies sich im Lauf der Jahrzehnte, durchaus nicht gleich beim Erscheinen des Romans, dass die „Buddenbrooks“ einstehen konnten für vielerlei Bürgerwelten in vielen Ländern. Thomas Mann erfuhr später, dass sich Leser zu Bordeaux in der lübischen Welt wiederzuerkennen wussten. Entzückt hatte er sich beim Nobelpreis-Bankett in Stockholm im Jahre 1929 über den Satz seiner Nachbarin Selma Lagerlöf geäußert, die dem Tischnachbarn bekannte: Beim Schreiben des Romans vom Gösta Berling habe sie geglaubt, das

Titelblatt von Thomas Manns „Buddenbrooks“.

sei etwas zum Lachen. Auch der junge Thomas Mann schrieb „Die Buddenbrooks“, weil er annahm, das sei etwas zum Lachen.
Das ist es auch. Nicht zufällig sind manche Wendungen des Romans zum Zitat geworden, woran sich Romanleser in der Welt, vor allem natürlich die Leser deutscher Sprache, belustigen und was sie als Gemeinschaft erkennen, das Wort des Heiratsschwindlers Grünlich etwa, der allen, aus sehr gutem Grunde, nach dem Munde redet: „Oh, mein Gott, ich gestehe meine Schwäche für Blumen und für die Natur im Allgemeinen! Diese Klatschrosen dort drüben putzen ganz ungemein ...“ oder das Wort, das dem Urbayern Permaneder, dem zweiten Gatten der Tony Buddenbrook, in einer schrecklichen Nacht entschlüpfte und das so gelautet hatte: „Geh zum Deifi, Saulud'r, dreckats!“ Worauf der Erzähler nur mehr mitzuteilen hat: „So schloss Tony Buddenbrooks zweite Ehe.“ Hier brach der erste Band des Romans ab im Jahre 1901. Wenn es dann weitergeht mit dem Erzählen, zu Beginn also des Siebenten Kapitels, ist die große Wende vollzogen. Nun erst beginnt recht eigentlich der „Verfall einer Familie“. Scheinbar befindet sich die hanseatische Kaufmannsfamilie auf dem Höhepunkt ihrer Prosperität und Vitalität. Senator Thomas Buddenbrook darf Kindtaufe feiern: Der Erbe kam zur Welt, Johann genannt, später Hanno gerufen. Allein Hanno überlebt die Pubertät nicht, er scheitert bereits an der Schule. Das vorletzte Romankapitel, das mit den berühmten Worten eines scheinbar objektiv-allwissenden Erzählers beginnt: „Mit dem Typhus ist es folgendermaßen bestellt“, ist auch von Thomas Mann selbst nie wieder übertroffen worden.
„Verfall einer Familie“: Als der Autor der „Buddenbrooks“ zu Anfang der 1950er Jahre den Klappentext einer Ostberliner Ausgabe des Romans zu Gesicht bekam, wo in der üblichen Weise von Entlarvung des Bürgertums dahergeredet wurde, äußerte er sich zornig. So sei es denn doch nicht geschrieben. Der Roman ist angelegt als konsequente Gegenbewegung. Dem Verfall an Prosperität und Lebenskraft antwortet ein Aufstieg der Geistigkeit und Sensibilität. Bis der kleine Hanno, schöpferisch und vergeistigt, doch lebensuntüchtig, das Ende einer Familie markiert. Noch eine andere Gegenbewegung sollte nicht übersehen werden. Mit dem Verfall eines Bürgertums, das aufstieg in der Goethezeit, aber verfiel im deutschen Kaiserreich, korrespondiert der Aufstieg des modernen Bourgeois: der Familie Hagenström. Immer wieder erstaunlich, dass ein so junger und so gefährdeter Mensch dergleichen beschreiben und zugleich deuten konnte.

Bülows Regierungsprogramm

Als ein Mann des Ausgleichs präsentierte sich der neu ernannte Reichskanzler Bernhard von Bülow in seiner Antrittsrede im Preußischen Abgeordnetenhaus am 9. Januar 1901:

Meine Herren, von Seiner Majestät dem Könige zum Präsidenten des Staatsministeriums ernannt, möchte ich die erste Gelegenheit ergreifen, die sich mir bietet, um mich diesem Hohen Hause vorzustellen und das Entgegenkommen und das Wohlwollen zu erbitten, dessen ich für eine ersprießliche Leitung der Geschäfte des Landes bedarf.

Es ist nicht meine Absicht, mein Zusammenwirken mit Ihnen damit einzuleiten, dass ich hier ein Programm aufstelle. Eines aber möchte ich schon heute sagen: Nach meiner politischen Gesamtauffassung betrachte ich es als die vornehmste Aufgabe der Regierung, in dem einstweilen sich noch immer lebhafter gestaltenden Kampf der wirtschaftlichen Interessen die vorhandenen Gegensätze nach Möglichkeit zu versöhnen, zwischen den verschiedenen Interessen einen möglichst gerechten Ausgleich herbeizuführen und diejenigen zu stützen, die sich aus eigner Kraft nicht helfen können.

Ich weiß wohl, dass solche vermittelnde Politik, die keine produktive Tätigkeit einseitig auf Kosten der anderen begünstigen will, die bei wirtschaftlichen Maßnahmen für einen Berufszweig sich fragt, wie weit dadurch Lebensbedingungen des andern berührt werden, mit besonderen Schwierigkeiten verknüpft ist. Ich weiß, dass eine solche ausgleichende Politik auf Augenblickserfolge verzichten muss, um dauernde Wirkungen zu erzielen, dass sie hier und da Missdeutungen ausgesetzt sein kann. Ich weiß sehr wohl, dass sich der Gedanke der Zusammengehörigkeit der Interessen der großen erwerbstätigen Stände gegenüber Kurzsichtigkeit, gegenüber menschlicher Selbstsucht nur schwer durchringt. Ich werde mich aber dadurch nicht irremachen lassen. Ich werde festhalten an der Überzeugung, dass, wenn ein Glied des sozialen Körpers leidet, alle andern Glieder mitleiden und dass, solange namentlich ein so wichtiges Glied wie die Landwirtschaft zu leiden hat, der Gesamtorganismus sich keiner sicheren Gesundheit erfreuen kann. Ich bin davon durchdrungen, dass die großen Erwerbsstände gleichmäßigen Anspruch haben auf den Schutz der Regierung, dass die Regierung die Pflicht hat, Landwirtschaft, Handel und Industrie gleichmäßig zu schützen, und dass unsre Landwirtschaft unbedingt einer kräftigen Stützung bedarf.

„Handel und Landwirtschaft". „Simplicissimus"-Karikatur von Th. Th Heine (1901): „Nicht drängeln Kinder! Es ist Milch genug für alle da." Germania bietet die nährenden Brüste ihren privilegierten „Kindern". Die Landwirtschaft profitiert von den Schutzzöllen und der Handel von den großen Gewinnspannen.

Der englische Bündnisfühler von 1901

Das Jahr 1901 stand im Zeichen einer vorsichtigen Annäherung Englands an das Deutsche Reich. So gab der deutsche Botschafter in London, Graf von Hatzfeldt, am 18. Januar eine vielversprechende Meldung nach Berlin weiter:

London, den 18. Januar 1901

Bei einem kürzlichen (16. Januar) gelegentlichen Zusammentreffen des Freiherrn von Eckardstein mit Herrn Chamberlain auf dem Lande beim Herzog von Devonshire hat der Kolonialminister unter anderem auch folgende bedeutungsvollen Äußerungen gemacht:

Er und seine Freunde im Kabinett seien sich jetzt darüber klar, dass für England die Zeit einer Politik der „splendid isolation" vorüber sei. England müsse sich für die Zukunft nach Bundesgenossen umsehen. Die Wahl sei zwischen Russland, Frankreich und dem Dreibund. Sowohl innerhalb des Kabinetts als auch im Volke gäbe es Stimmen, welche einen Ausgleich sowie ein festes Zusammengehen mit Russland wünschten und eifrig betrieben und bereit seien, zur Erlangung dieses Zieles einen sehr hohen Preis zu zahlen. Er selbst gehöre nicht zu denjenigen, welche einen Anschluss an Russland wünschten, sondern sei der Überzeugung, dass ein Zusammengehen mit Deutschland sowie Anschluss an den Dreibund vorzuziehen sei. Er persönlich werde alles tun, um eine allmähliche Anbahnung in dieser Richtung herbeizuführen. Zunächst sei er dafür, dass ein geheimes Abkommen zwischen England und Deutschland in Bezug auf Marokko auf der bereits früher erörterten Basis zustandekäme. Er rate dazu, die Sache aufzunehmen, sobald Lord Salisbury sich nach dem Süden begeben habe, und die Einzelheiten mit Lord Lansdowne und ihm zu verhandeln. Solange er, Chamberlain, die Überzeugung habe, dass ein dauerndes Zusammengehen mit Deutschland möglich sei, werde er sich jeder Idee eines Ausgleichs mit Russland auf das entschiedenste widersetzen. Sollte es sich jedoch herausstellen, dass ein permanenter Anschluss an Deutschland nicht durchführbar sei, so werde auch er ein Zusammengehen mit Russland trotz des voraussichtlich von England zu zahlenden abnormen Preises (eventuell inklusive China und des Persischen Golfs) befürworten. Er bäte diese seine Ausführungen mit Ausnahme der Marokkofrage vorläufig als keine Anregung, sondern als eine lediglich akademische Erörterung zu betrachten.

Die deutsche Politik zeigte sich allerdings nicht imstande, die Annäherung Englands richtig zu deuten. Sie stellte sofort Bedingungen und verlangte Garantien. Das geht aus einer Erklärung Wilhelms II. hervor, die nach einer Zusammenkunft des Kaisers mit König Eduard von England und Sir Frank Lascelles, dem englischen Botschafter

Zur Zweihundertjahrfeier des Königreiches Preußen am 18. Januar 1901 spricht Wilhelm II. zum versammelten Offizierskorps im Lichthof des Berliner Zeughauses

1901 Staatsbesuch in Frankreich. Zar Nikolaus II. von Russland und der französische Staatspräsident Loubet auf der Brücke der „Standart" bei einer Flottenparade. Das enge Bündnis Petersburg-Paris wurde von den deutschen Politikern mehr und mehr als „Einkreisung" gedeutet.

in Berlin, auf Schloss Wilhelmshöhe am 23. August 1901 veröffentlicht wurde:

... England muss sich klar werden, auf welche Seite es sich stellen will; es wird endlich Farbe bekennen müssen. Wenn es glaubt, dass es seine Interessen an die Seite der europäischen Zentralmächte weisen, so würde ich das mit Freuden begrüßen, es würde das ein Zusammengehen mit dem Dreibunde bedeuten. Nach allem, was in der letzten Zeit und im Laufe der Geschichte sich zugetragen hat – ich erinnere nur an die Erfahrungen, die Friedrich der Große mit der englischen Politik gemacht hat –, kann England sich aber nicht wundern, dass wir auf allgemeine Phrasen über Freundschaft und Zusammenstehen nicht mehr reagieren. Es kann nur aufgrund ganz fester Abmachungen verhandelt werden. Ohne dass die englische Regierung nicht einen paragraphierten, ganz bestimmt abgefassten Vertrag dem Parlamente vorlegt und von diesem vor aller Welt ratifizieren lässt, ist mit uns, das heißt mit dem Dreibund, denn ohne meine Verbündeten lasse ich mich auf nichts ein, nichts mehr zu wollen.

Bessere Haftbedingungen für politische Gefangene gefordert

Die „Münchner Neuesten Nachrichten" forderten am 6. März 1892 eine Milderung des Strafvollzugs bei politischen Gefangenen. Der Reichstag habe einstimmig die Meinung vertreten, „dass der politische Übeltäter Anspruch darauf hat, in der Strafanstalt seiner Bildung und seinem Stande entsprechend behandelt zu werden. In neuester Zeit werden wiederholt Klagen laut, dass an Personen, welche wegen eines Delikts mit politischem Charakter zu einer Freiheitsstrafe verurteilt sind, die Strafe in einer Weise vollstreckt wird, die Unwillen überall erregen muss, gleichviel welcher politischen Partei der Verurteilte angehört. So kommt aus Sachsen-Coburg die Mitteilung, dass ein abermals zu Gefängnisstrafe verurteilter Redakteur derselben Behandlung unterworfen worden sei, welche auch gegen gemeine Verbrecher angewendet wird. Auch gegen einige sozialistische Redakteure wurde in der letzten Zeit mit einer Härte verfahren, welche die schwersten Bedenken gegen die jetzige Art der Strafvollstreckung gegenüber politischen Vergehen erwecken muss."

Robert Koch prophezeit Sieg über die Tuberkulose

Geheimrat Professor Dr. Robert Koch sprach am 23. Juli 1901 auf einer Ärztetagung in London über die Bekämpfung von Infektionskrankheiten. Nach der Entdeckung des Tuberkel-Bazillus sei an der allmählichen vollständigen Beseitigung der Tuberkulose als Volkskrankheit nicht mehr zu zweifeln. Der Weg hierzu müsse durch genaue Erforschung der Art und Übertragung der Krankheit gefunden werden. Die Übertragung von Mensch zu Mensch werde vermeidbar sein, wenn die Wohnungsverhältnisse der ärmeren Bevölkerung verbessert würden und so ein allzu dichtes Zusammenleben verhindert werde. Die Bekämpfung der Pest werde fortschreiten, wenn sich bei den Behörden die Erkenntnis durchsetze, dass nicht die erkrankten Menschen, abgesehen von der Lungenpest, sondern die Ratten die Überträger der Krankheit sind. Die Beseitigung der Cholera werde vor allem von der Verbesserung der Trinkwasserverhältnisse abhängen. Die Tollwut bei Hunden müsse durch allgemeine Einführung des Maulkorbzwangs zum Verschwinden gebracht werden.

1902

JANUAR

5.1. In Berlin wird fast 70 Jahre nach seiner Entstehung das Drama „Dantons Tod“ von Georg Büchner uraufgeführt.
13.1. In Berlin wird die „Freie Hochschule“ eröffnet. Zu den Initiatoren dieser ersten Volkshochschule gehört der Schriftsteller und Philosoph Wilhelm Bölsche.
25.1. Mit Abschluss des Postübereinkommens werden einheitliche Briefmarken eingeführt.

FEBRUAR

15.2. Das erste Teilstück des Berliner Hoch- und Untergrundbahnsystems zwischen den Bahnhöfen Warschauer Straße und Zoologischer Garten wird der Öffentlichkeit übergeben. Bereits 1896 hatte die Firma Siemens & Halske mit den Arbeiten an dem umfangreichen Projekt begonnen.
Die deutschen Schifffahrtgesellschaften Hapag (Hamburg) und Norddeutscher Lloyd (Bremen) schließen einen Kartellvertrag mit dem amerikanischen Morgan-Trust. In Absteckung der gegenseitigen Interessensphären verzichten die deutschen Gesellschaften darauf, britische Häfen anzulaufen, während die Morgan-Dampfer nicht mehr nach Deutschland fahren.

MÄRZ

5.3. Der österreichische Kaiser Franz Joseph I. verleiht dem Privatdozenten Sigmund Freud den Titel eines außerordentlichen Professors an der Universität Wien.
6.3. Prinz Heinrich von Preußen, Bruder von Kaiser Wilhelm II., erhält im Rahmen seiner Reise durch die Vereinigten Staaten die Ehrendoktorwürde der Harvard-Universität. Zuvor wurde er von Präsident Theodore Roosevelt und führenden Vertretern der amerikanischen Wirtschaft empfangen.
10. 3. Tod der Frauenrechtlerin Jenny Hirsch in Berlin.

MAI

1.5. Reichskanzler Bernhard Graf von Bülow eröffnet in Düsseldorf die rheinisch-westfälische Gewerbeausstellung. Auf 40 Hektar Ausstellungsfläche präsentieren sich die bedeutendsten Industrieunternehmen der Region, darunter die Firma Krupp aus Essen mit einer Rüstungsfabrik.

JUNI

10.6. Tod der Frauenrechtlerin Auguste Schmidt in Berlin.
28.6. Regierungsvertreter des Deutschen Reiches, Österreich-Ungarns und Italiens unterzeichnen in Berlin die vierte Erneuerung des 1882 geschlossenen Dreibunds.

JULI

9.7. In Hagen wird das von Karl Ernst Osthaus gegründete Folkwang-Museum eröffnet. Es beherbergt neben Gemälden vor allem außereuropäisches Kunstgewerbe und völkerkundliche Exponate. Die von dem belgischen Architekten Henry van de Velde entworfene Innenraumgestaltung gilt als eines der Hauptwerke des Jugendstils.

AUGUST

7.8. Tod des Führers des liberalen Bürgertums und Mitbegründers der Nationalliberalen Partei Robert von Benningsen in Springe bei Hannover.
19.8. Der Regisseur Max Reinhardt gründet die Schauspielbühne „Kleines Theater“ in Berlin.
27.8. König Viktor Emanuel III. von Italien trifft zu einem dreitägigen Staatsbesuch in Potsdam ein. Beim offiziellen Staatsempfang in Berlin bekräftigen Wilhelm II. und sein Gast ihre gegenseitigen Bündnisverpflichtungen.
31.8. Tod der Schauspielerin Mathilde Wesendonck in Traunblick bei Traunsee.

SEPTEMBER

3.9. Der 43. Genossenschaftstag in Bad Kreuznach schließt 99 Konsumvereine aus dem Allgemeinen Verband deutscher Erwerbs- und Wirtschaftsgenossenschaften aus, da deren sozialdemokratische Auffassungen den neutralen Statuten des Verbandes widersprächen.
5.9. Tod des Arztes, Wissenschaftlers und Politikers Rudolf Virchow in Berlin.
8.9. Das deutsche Kanonenboot „Panther“ versenkt vor der Küste Haitis den Kreuzer „Crête à Pierrot“. Der haitianische Kreuzer hatte eine Woche zuvor einen deutschen Dampfer gekapert und an Bord befindliches Kriegsmaterial beschlagnahmt.
13./14.9. Die zweite Konferenz sozialdemokratischer Frauen findet in München statt. Clara Zetkin fordert gesetzliche Maßnahmen zum Schutz der Frauen-, Kinder- und der Heimarbeit sowie das Wahl-, Vereins- und Versammlungsrecht für Frauen.

OKTOBER

11.10. Der Deutsche Kolonialkongress in Berlin, an dem erstmals alle deutschen Kolonialgesellschaften und -vereine teilnehmen, fordert in einer Resolution von der Reichsregierung ein größeres finanzielles Engagement für Projekte in Übersee.
16.10. Wilhelm II. verweigert den im Rahmen ihrer Propagandarei-

Max Liebermann, Gartenterrasse im Restaurant Jacob, 1902 (Ausschnitt).

se durch Europa im Deutschen Reich weilenden Buren-Führern eine Audienz.

27.10. Die Schauspielerin Sarah Bernhardt tritt im Schauspielhaus Berlin erstmals in Deutschland auf.

NOVEMBER

1.11. In einem geheimen Abkommen verpflichtet sich Italien gegenüber Frankreich zu strikter Neutralität. Da dies auch für den Fall eines Konfliktes zwischen Frankreich und Deutschland bzw. Österreich-Ungarn gilt, wird damit der erst im Juni erneuerte Dreibund in Frage gestellt.

Das neue Schauspielhaus von Frankfurt/Main wird mit der Aufführung von Friedrich Schillers „Wallensteins Lager" festlich eröffnet. Die Finanzierung des Theaterbetriebes übernimmt die „Neue Theater-Aktiengesellschaft", eine Gruppe finanzkräftiger und kulturell engagierter Bürger der Stadt.

2.11. In Charlottenburg bei Berlin werden neue Gebäude der Hochschule der bildenden Künste und der Hochschule für Musik eingeweiht. Die im neubarocken Stil errichteten Bauten in der Hardenbergstraße kosteten insgesamt 4 Mill. Mark.

9.11. Wilhelm II. trifft zu einem zehntägigen familiären Besuch der britischen Königsfamilie auf Schloss Sandringham bei Norfolk ein.

22.11. Tod des Industriellen Friedrich Alfred Krupp in Essen.

DEZEMBER

10.12. Der Historiker Theodor Mommsen erhält für seine bereits 1854-1885 herausgegebene „Römische Geschichte" den Nobelpreis für Literatur.

13.12. Deutsche und britische Kriegsschiffe beschießen gemeinsam die venezolanische Hafenstadt Puerto Cabello. Die militärische Aktion soll den Forderungen nach Entschädigung für die Zerstörung deutscher und britischer Besitzungen in Venezuela durch den seit Jahren anhaltenden Bürgerkrieg Nachdruck verleihen.

14.12. Der Zolltarifentwurf wird vom Reichstag angenommen. Damit setzen sich die Interessen der Agrarier durch.

Der Wandervogel

Seit Anfang des 20. Jahrhunderts waren sie auf den deutschen Straßen unterwegs: Jugendliche, die sich als „Wandervögel" bezeichneten.

Ein Student namens Hermann Hoffmann, der am Gymnasium Steglitz bei Berlin Stenografiekurse gab, hatte den Anfang gemacht. In den Ferien war er mit seinen Kursteilnehmern auf Fahrt gegangen; legendär wurde eine Wanderung durch den Böhmerwald im Juli/August 1899, bei der er 22 wanderlustige Jungen führte. In stenografischen Mitteilungen hatte er zuvor den genauen Plan der Reise bekanntgegeben und die Lieder aufgeführt, die er mit den Seinen singen wollte. Den Eltern und der Schule gegenüber trug er volle Verantwortung, seine Wandergruppe verpflichtete er, sich allen Anordnungen zu fügen, die er als „Oberhäuptling" traf.

Hoffmann hatte sich einen „Unterhäuptling" namens Karl Fischer herangezogen. Dem übergab er, als er zu Anfang des Jahres 1900 in den Auswärtigen Dienst eintrat und einen Posten an der deutschen Botschaft in Konstantinopel bekam, die Führung der Gruppe und nahm ihm das Versprechen ab, das Schülerwandern nach dem Steglitzer Vorbild über ganz Deutschland auszubreiten.

Fischer hielt Wort. Am 4. November 1901 gründete er, inzwischen Student, mit neun anderen Personen, darunter vier Schriftstellern und einem Arzt, im Hinterzimmer des Rathauskellers in Steglitz den Verein „Wandervogel – Ausschuss für Schülerfahrten". Dass diejenigen, die den Verein aus der Taufe hoben, ausschließlich Erwachsene waren, hatte rechtliche Gründe – es war auch den Eltern und der Öffentlichkeit gegenüber zweckmäßig, denn die Schulen hätten damals das Recht gehabt, Vereinigungen von Schülern zu verbieten.

Woher der Name „Wandervogel"? Einer aus dem Kreis hatte bei einem Spaziergang auf dem Friedhof von Dahlem einen Grabstein entdeckt, der die Inschrift trug:

„Wer hat euch Wandervögeln
Die Wissenschaft geschenkt,
Dass ihr auf Land und Meeren
Die Flügel sicher lenkt?"

Wenn das Wort „Wandervogel" auch eigentlich den Zugvogel meinte, der im Winter die warmen Gefilde des Südens aufsucht, so erwies es sich in seinem neuen Zusammenhang als glücklicher Fund. An die Freiheit und Leichtigkeit des Vogels, der sich in den Lüften tummelt, konnten die jungen Leute denken, die nun aus grauer Städte Mauern ausbrachen, um draußen in der Natur sich selbst zu erfahren.

Die Zwecke des Vereins formulierte einer der Gründer, der Lehrer Ludwig Gurlitt, in einem Bericht an das preußische Kultusministerium: „In der Jugend die Wanderlust zu pflegen, die Mußestunden durch gemeinsame Ausflüge nutzbringend und erfreulich auszufüllen, den Sinn für die Natur zu wecken, zur Kenntnis unserer Heimat anzuleiten, den Willen und die Selbständigkeit der Wanderer zu stählen, kameradschaftlichen Geist zu pflegen, allen den Schädigungen des Leibes und der Seele entgegenzuwirken, die zumal in und um unseren Großstädten die Jugend bedrohen, als da sind: Stubenhockerei und Müßiggang, die Gefahren des Alkohols und des Nikotins – um von Schlimmerem ganz zu schweigen." Solch markige Sprache sollte hauptsächlich das Wirken des Vereins gegenüber Schule und Elternhaus absichern, aber die Veranstalter meinten es auch durchaus ernst mit ihren kämpferischen Ankündigungen. Vor allem der Alkohol bildete so etwas wie ein Symbol, er stand für das studentische Verbindungswesen und seine Ableger an den Schulen, mit denen die Jugendbewegung nichts zu tun haben wollte.

Dem Beispiel der Schüler aus Steglitz folgten bald Tausende. Auf ihren Wanderfahrten erkundeten sie die Schönheiten ihres Vaterlandes, spielten und sangen, lagerten unter freiem Himmel, kochten sich ihren Eintopf am Feuer und schliefen nachts im Stroh. Gemeinsam bestanden sie Abenteuer und Strapazen, erfuhren sich und ihre Körper. Sehnsucht nach ursprünglichem Leben trieb sie um, sie suchten die Gesellschaft von Menschen, die Handarbeit verrichteten und sich derb und natürlich gaben und verhielten – auch wenn denen, etwa Bauern und Handwerkern, Fischern und Förstern, die Leidenschaft der jungen Leute komisch vorkommen mochte. Sie übten sich in Volkstanz und Laienspiel und gruben vergessene Schätze der Volksmusik aus; im „Zupfgeigenhansl" (die erste Ausgabe erschien 1908) wurden die alten Wanderlieder gesammelt.

Volkstanzgruppe des Wandervogels.

Wie der Name Mercedes und der Stern entstanden

Sein Wesen war gebieterisch, seine Gestalt untersetzt, Kneifer und weißer Tropenhelm waren sein Markenzeichen – gemeint ist Emil Jellinek-Mercedes, der nach eigenem Bekunden „erste Vater, der den Namen seiner Tochter trägt". Mercedes kommt aus dem Spanischen und bedeutet „Gnade" – für den gebürtigen Leipziger Jellinek, Kaufmann im südfranzösischen Nizza kurz vor der Jahrhundertwende, war „Mercedes" gleichbedeutend mit Glück: Seit der Geburt seiner so genannten Tochter, seit 1889 also, florierten die Geschäfte des fortschrittsgläubigen Weltbürgers, der sich nach ruhelosen Jahren in Frankreich, Afrika und Österreich Anfang der 1890er Jahre an der Côte d'Azur niederließ . . .

Automobile werden ihm, dem Geschwindigkeits-Fanatiker, der als 19-Jähriger seinen Dienst bei der Nordwest-Bahn Rot-Kostelec quittieren musste, weil er einen Lokomotivführer zu einem nächtlichen Hochgeschwindigkeitsversuch überredet hatte, zur Leidenschaft. Er kauft sich ein De Dion-Bouton-Dreirad, wechselt wissbegierig auf einen dreirädrigen Léon-Bollée und landet bei einer motorisierten Benz-Kutsche.

Durch Zufall hört er von der schwäbischen Daimler-Motorengesellschaft, Sitz in Cannstatt bei Stuttgart. Nach Gesprächen mit Gottlieb Daimler und dessen technischem Direktor Wilhelm Maybach ordert er begeistert einen Daimler – und ist bitter enttäuscht: Das Mobil ist mit knapp 25 km/h Höchstgeschwindigkeit viel zu langsam für seine Bedürfnisse.

Dennoch bleibt er der Marke Daimler treu, sieht er doch im Gespräch mit den deutschen Konstrukteuren die Chance, Einfluss auf die Entwicklung des Automobils zu nehmen – Einfluss im Sinne des Fortschritts, Einfluss aber auch im Sinne eines sich abzeichnenden guten Geschäfts: Jellinek erkennt frühzeitig die profitablen Möglichkeiten des Handels mit Automobilen.

Und er stellt Forderungen an Daimler und Maybach, Forderungen nach mehr Geschwindigkeit, die den bedächtigen Cannstattern unerfüllbar, vielleicht auch verantwortungslos erscheinen. Jellinek bleibt hart: „Zerbrechen Sie sich nicht meinen Kopf, machen Sie stärkere Motoren, tun Sie, was Sie wollen, das ist Ihre Sache. Ich bestelle vier Wagen und werde sie bezahlen. Die 40 Stundenkilometer gehen mich an, und Sie riskieren nichts dabei."

Jellinek erhält seine Wunschautos und meldet triumphierend Vollzug: „Meine Herren, Sie hatten Unrecht, sich zu ereifern. Ich bin, hören Sie, mit 42 Stundenkilometern gefahren! Ihre Wagen sind nicht auseinandergefallen, ich selbst habe mich nicht verflüchtigt." Dem Triumph folgt das nächste Diktat: „Der Motor ersetzt die Pferde, darum gehört er nach vorn. Ich weiß, dass es auch so geht. Sie können sich also ersparen, mir das Gegenteil zu beweisen." Und weiter: „Ich möchte einen Vierzylinder. Gehen Sie der Sache nach, ohne sie auf die lange Bank zu schieben."

Wieder werden seine Wünsche erfüllt: 1898 liefert Daimler einen 24 PS starken Vierzylinder-Wagen mit Frontmotor, den Phönix, an seinen Großkunden in Nizza, der plant, mit „seiner" Marke den französischen Marktführern im Motorsport die Leviten zu lesen. Am 21. März 1899 setzt Jellinek bei der Rallye Nizza – Magagnon – Nizza auf seinen Daimler – und erstmals auf das Glück verheißende Pseudonym „Mercedes", den Namen seiner elfjährigen Tochter.

Daimler und Mercedes sollten sich als glückliche Kombination erweisen: Jellinek gewinnt das Rennen. Doch der Phönix sorgte auch für die erste Daimler-Tragödie: Am 30. März 1900, 24 Tage nach dem Tode Gottlieb Daimlers, verunglückt Daimler-Werkmeister Wilhelm Bauer bei Testfahrten auf der französischen La Turbie-Bergrennstrecke tödlich. Jellinek und Maybach formulieren nach anfänglichen Differenzen um die Unglücksursache gemeinsam die Konsequenz: Eine völlig neue Fahrzeug-Konzeption muss her, mit längerem Radstand, breiterer Spur, niedrigerem Schwerpunkt – und mit noch mehr Leistung, nämlich mindestens 35 PS.

Mercedes Jellinek.

Emil Jellinek verleiht seiner Forderung mit goldenen Aussichten den gebührenden Nachdruck: Von dem Neuen stellt er den Kauf von 36 Exemplaren im Gesamtwert von 550.000 Goldmark in Aussicht. Und: Jellinek besteht auf dem Alleinvertrieb der Marke Daimler für Österreich-Ungarn, Frankreich und Amerika. Außerdem: Der neue Daimler soll unter einem glücklichen Namen in seinen Vertriebsländern angeboten werden, dem Namen seiner Tochter – Mercedes. Der Aufsichtsrat der Daimler-Motorengesellschaft (DMG) stimmt allen Forderungen des geschäftstüchtigen Jellinek zu und wählt ihn am 2. April 1900 gar in die eigenen Reihen.

Der erste Mercedes, zum Jahresende 1900 fertiggestellt, rechtzeitig für die Wettfahrten der Rennsaison 1901, ist ein fantastisches Automobil, ungewöhnlich und revolutionär, mit Proportionen, die ihn als erstes modernes Automobil ausweisen. Der Motor war im gegenüber dem kopflastigen Phönix verlängerten Chassis nach hinten gerückt und sorgte so für eine gleich-

Der 35 PS starke „neue Daimler" eröffnete den Siegeszug der „Mercedes"-Wagen.

mäßigere Achslastverteilung. Durch die Verwendung von Leichtmetallen konnte das Gewicht des 35 PS-Vierzylinders drastisch auf nurmehr 210 Kilogramm reduziert werden. Die stehenden Ventile wurden erstmals durch je eine Nockenwelle pro Ventilreihe gesteuert.
Der Kühler bestand aus 8070 zusammengelöteten Röhrchen anstelle der herkömmlichen Rohrschlangen, wodurch das Kühlwasservolumen um die Hälfte auf gerade neun Liter Wasser reduziert werden konnte. Und das Chassis bestand aus einem gepressten Stahlrahmen mit U-Querschnitt. Daimler-Werkspilot Wilhelm Werner dominierte mit seinem Mercedes bei der Rennwoche in Nizza 1901: Er gewann mit Ausnahme einiger Kurzstreckenrennen alle Läufe.
Den fliegenden Kilometer durchraste der Schwabe mit der atemberaubenden Geschwindigkeit von 86,5 km/h.
Mit Sporterfolgen in den Folgejahren festigt sich der Mercedes-Ruf – entgegen den ursprünglichen Plänen wird der Vorname der jungen Mademoiselle Jellinek zum weltweiten Marken-Begriff, der im Jahr 1902 als Wortmarke gesetzlich geschützt wird. Und Emil Jellinek stellt 1903 bei der k.k. niederösterreichischen Statthalterei zu Wien den Antrag, seinen Familiennamen in „Jellinek Mercedes" ändern zu dürfen – ein Wunsch, der am 7. Juli 1903 bewilligt wird. „Nous sommes entrés dans l'ère Mercédès", schrieb 1902 Paul Meyan, Generalsekretär des Automobilclubs von Frankreich ganz unpatriotisch – die Ära Mercedes sollte sich unter einem guten Stern fortsetzen. 1900 nämlich erinnerten sich die Daimler-Söhne daran, dass ihr Vater seiner Frau einst eine Postkarte mit einem aufgemalten Stern geschickt habe. Dieser Stern, so Gottlieb Daimler damals euphorisch, werde dereinst über seinem Werk aufgehen.
Die Daimler-Ahnung nahm Gestalt an: Sowohl ein Vierzack, als auch ein Dreizack-Stern wurden 1909 von der DMG als Warenzeichen angemeldet, wobei der Dreizack, Symbol für die Motorisierung zu Lande, zu Wasser und in der Luft, Bestand haben sollte. Nach dem Zusammenschluss der beiden ältesten Automobilfabriken der Welt zur Daimler-Benz AG im Jahre 1926 schmolzen die beiden Warenzeichen von Benz – der Schriftzug Benz, umrankt von einem Lorbeerkranz – und von Daimler – der Dreizack – zum heute verwendeten Markenzeichen Mercedes-Benz zusammen. Mercedes Adrienne Jellinek erlebte den Zusammenschluss noch, doch zumindest ihr brachte ihr Name kein Glück: Nach einer gescheiterten Ehe mit dem Wiener Baron Freiherr von Schlosser und dem frühen Tod ihres zweiten Mannes, des Wiener Bildhauers Baron Weigl, stirbt die Tochter des ersten Vaters, der den Namen seiner Tochter trug, am 23. Februar 1929, knapp 40-jährig, in Wien.

Mathilde Wesendonck.

Rudolf Virchow

Der deutsche Pathologe, Anthropologe und Politiker Rudolf Virchow wurde 1821 in Schivelbein in Pommern als Sohn eines Landwirts geboren. Nach dem Medizinstudium an der militärärztlichen Akademie in Berlin arbeitete er von 1843 bis 1849 am Krankenhaus der Berliner Charité. 1846 wurde er dort Prosektor. Wegen seiner Beteiligung an der Revolution und medizinischen Reformbewegungen bekam er Schwierigkeiten mit den örtlichen Behörden und übernahm 1849 als Professor den Lehrstuhl für pathologische Anatomie in Würzburg. Nach sieben Jahren kehrte Virchow an die Charité zurück, wo er bis zu seinem Tode 1902 Ordinarius war.
Virchow gilt als der Begründer der Zellularpathologie, die Krankheitsprozesse auf Abweichungen im Zellgeschehen zurückführt. Damit wurde die aus dem Altertum stammende galenische Säftelehre (Humoralpathologie) abgelöst. Virchow untersuchte insbesondere die krankhaften Veränderungen der Bindegewebszellen bei Entzündungen und Geschwülsten. Er schrieb umfangreiche Fachbücher der Pathologie, befasste sich aber auch erfolgreich mit Fragen der Nahrungsmittel- und Schulhygiene, Kanalisation und des Krankenhauswesens.
Der berühmte Pathologe entwickelte auch nach 1856 große politische Aktivität: Er war Stadtverordneter, Mitglied des Landtages und von 1880 bis 1893 Reichstagsabgeordneter. Als Mitbegründer und Führer der Fortschrittspartei war er ein Widersacher Bismarcks zur Zeit des preußischen Verfassungskonflikts von 1862 bis 1866.
Nach 1870 beschäftigte Virchow sich intensiv mit anthropologischen und vorgeschichtlichen Forschungen, die ihn mit dem Archäologen Heinrich Schliemann nach Ägypten, Nubien und in die Türkei führten.
Rudolf Virchow starb am 5. September 1902 in Berlin.

Mathilde Wesendonck

Wäre die Kommerzienratstochter Mathilde Luckemeyer in ihrem 31. Lebensjahr als Frau des reichen Seidenhändlers Otto Wesendonck in Zürich nicht dem vierzigjährigen Richard Wagner begegnet, die Nachwelt wüsste nichts mehr von ihren Dramen, Märchen- und Puppenspielen. Wagner vertonte fünf Gedichte der geliebten Freundin: die „Wesendonck-Lieder". Aus dem Lied „Träume" entwickelte sich der Liebesgesang im zweiten „Tristan"-Akt, aus dem Lied „Im Treibhaus" die Todessehnsucht des dritten Aktes. Durch die tragische Liebe zu dieser Frau, die der Tonkünstler einmal mit einem „lang gehaltenen weichen Geigenton" verglich, empfing Wagner neue Schöpferkraft. Der „Ring" wurde vollendet, der „Parsifal" geplant, das alte Manuskript der „Meistersinger" wieder hervorgeholt, jetzt entstanden auch seine wichtigsten theoretischen Schriften. Der Komponist erkennt: „Jene eine höchste Blütezeit hat in mir eine solche Fülle von Keimen getrieben, dass ich jetzt nur immer in meiner Kunst in meinen Vorrat zurückzugreifen habe, um mit leichter Pflege mir die Blume zu erschließen." Wagner führte Mathilde in das Wesen der Musik, der Dichtung und der Philosophie Schopenhauers ein. Otto Wesendonck lud Wagner und seine Gattin in sein Haus, unterstützte den Komponisten als Mäzen und wies ihm ein kleineres Anwesen neben seiner Villa als Wohnsitz auf Lebenszeit an. Wagners Dank: Er machte Mathilde Wesendonck zu seiner Geliebten. Klatsch, Misstrauen und Eifersucht zerstörten das Idyll.
Man ging auseinander, und der „Grüne Hügel" von Zürich verblasste langsam vor der Glorie, die den Bayreuther Festspielhügel umgab. Die Wesendoncks zogen 1872 nach Dresden. Mathilde, am 23. Dezember 1828 in Elberfeld geboren, starb am 31. August 1902 in Traunblick am Traunsee.

1903

JANUAR

1.1. Im Deutschen Reich, in Österreich-Ungarn und der Schweiz tritt die 1901 beschlossene Rechtschreibreform nach einheitlichen Regeln in Kraft.
17.1. In Peking wird ein Denkmal für den während des Boxeraufstands ermordeten deutschen Gesandten Klemens Freiherr von Ketteler eingeweiht.

FEBRUAR

11.2. Postume Uraufführung der 9. Symphonie von Anton Bruckner in Wien.
13.2. Venezuela unterzeichnet in Washington einen Vertrag über die Zahlung von Entschädigungen an das Deutsche Reich, Großbritannien und Italien für die während des Bürgerkriegs erlittenen materiellen Verluste.
Daraufhin stellen die europäischen Mächte ihre Seeblockade der venezolanischen Häfen ein.
22.2. Tod des Komponisten Hugo Wolf in Wien.

MÄRZ

17.3. Die britische Regierung beantragt im Parlament die finanziellen Mittel für den Neubau von drei Schlachtschiffen, sieben Kreuzern, vier Aufklärungsbooten, 15 Zerstörern und zehn U-Booten. Begründet wird die Forderung mit der Flottenaufrüstung anderer europäischer Mächte, insbesondere der deutschen.
21.3. Von sozialdemokratischer Seite wird im Reichstag die endgültige Abschaffung der Sklaverei in den Kolonialgebieten gefordert. Offiziell bereits verboten, ist die Sklaverei in den Kolonien dennoch weit verbreitet.

APRIL

13.4. Gründung der Bagdadeisenbahngesellschaft.

MAI

1.5. Der britische König Eduard VII. trifft zu einem Staatsbesuch in Frankreich ein und wird dort außerordentlich freundlich empfangen. Die zunehmende Annäherung zwischen den beiden europäischen Großmächten widerspricht den deutschen außenpolitischen Zielen.
2.5. Kaiser Wilhelm II. und Reichskanzler Bernhard Graf von Bülow werden bei ihrem Staatsbesuch in Italien von König Viktor Emanuel III. empfangen. Gegenstand der Gespräche sind u.a. die Differenzen innerhalb des Dreibundes. Zum Besuchsprogramm des Kaisers gehört auch eine Audienz bei Papst Leo XIII.
16.5. Zum Schutz des Kleinhandels befürwortet die württembergische Abgeordnetenkammer die Erhebung von Steuern für die aufkommenden Warenhäuser. In mehreren Bundesländern bestehen bereits ähnliche Verordnungen.
24.5. In Stuttgart wird die Deutsche Motorradfahrer-Vereinigung (DMV) gegründet. Zum Vorsitzenden des Vorläufers des Allgemeinen Deutschen Automobilclubs (ADAC) wird der Direktor der Stuttgarter Benz-Filiale gewählt.
27.5. Um der internationalen Konkurrenz standzuhalten, schließen sich die funktechnischen Zweige der Firmen Allgemeine Elektricitäts-Gesellschaft (AEG) und Siemens zur „Gesellschaft für drahtlose Telegraphie“ zusammen. Als Telegrammadresse der neuen GmbH wird „Telefunken“ gewählt.
31.5. Erster deutscher Fußballmeister wird der VfB Leipzig mit einem 7:2-Sieg über den Deutschen Fußball-Club Prag. Der Vorsitzende des DFB, Professor Ferdinand Hueppe, überreicht den Siegerpokal, die „Victoria“.

JUNI

16.6. Bei den Reichstagswahlen gewinnt die Zentrumspartei die meisten Mandate. Zweitstärkste Fraktion wird die Sozialdemokratische Partei Deutschlands (SPD), die 81 Abgeordnete für den neuen Reichstag stellt. Seit 1890 erhält die SPD am meisten Stimmen, aufgrund der Wahlkreiseinteilung spiegelt sich die Zahl der absoluten Stimmen nicht in den Mandaten.

JULI

1.7. Das Familienunternehmen Friedrich Krupp wird in eine Aktiengesellschaft (AG) umgewandelt. Damit wird die testamentarische Verfügung des 1902 verstorbenen Friedrich Alfred Krupp, eines Enkels des Firmengründers, verwirklicht.

Einen Geschwindigkeits-Weltrekord stellten 1903 auf der Militärbahn Marienfeld – Zossen bei Berlin zwei von der AEG und von Siemens gebaute Drehstromschnelltriebwagen auf. Sie erreichten für die damaligen Maßstäbe enorme Geschwindigkeiten von über 210 Stundenkilometern.

Thomas Theodor Heine, Die elf Scharfrichter, 1903.

6.7. Mit dem Besuch des französischen Staatspräsidenten Émile Loubet in Großbritannien findet die britisch-französische Annäherung ihre Fortsetzung.

AUGUST

23.8. Auf dem 6. Zionistenkongress in Basel wird der Gedanke der Gründung eines jüdischen Staates in Ostafrika („Uganda-Plan") erörtert. Der Plan löst in der zionistischen Bewegung eine heftige Kontroverse aus. Er kann jedoch nicht weiter verfolgt werden, da die britische Regierung ihr Angebot zur Überlassung des Territoriums zurückzieht.

SEPTEMBER

1.9. Abordnungen aus 160 deutschen Städten nehmen in Dresden am ersten Deutschen Städtetag teil. Die Kommunalpolitiker diskutieren über Probleme des städtischen Lebens unter den Bedingungen der zunehmenden Industrialisierung.

13.9. In Dresden beginnt der 14. Parteitag der SPD. Eine zentrale Rolle nimmt erneut die Auseinandersetzung mit den revisionistischen Auffassungen von Eduard Bernstein ein. Die Mehrheit bekennt sich in einer Resolution zur Theorie des Klassenkampfes.

OKTOBER

3.10. Kaiser Franz Joseph I. und Zar Nikolaus II. verständigen sich bei einem Treffen in den österreichischen Alpen über eine gemeinsame Haltung in der Balkan-Krise. Beide Mächte wenden sich gegen territoriale Veränderungen zum gegenwärtigen Zeitpunkt.

28.10. Ein von der AEG entwickelter Versuchs-Triebwagen stellt auf einer Teststrecke bei Berlin mit 208,2 km/h einen neuen Geschwindigkeitsweltrekord auf.

30.10. Uraufführung der Tragödie „Elektra" von Hugo von Hofmannsthal in Berlin.

31.10. Der seit 1877 bestehende Ullstein-Zeitungsverlag in Berlin gründet einen eigenen Buchverlag.

NOVEMBER

1.11. Tod des Historikers Theodor Mommsen in Charlottenburg bei Berlin.

20.11. Bei den Wahlen zum Preußischen Landtag siegen die Konservativen. Die SPD erringt zwar 19 Prozent aller Stimmen, erhält jedoch aufgrund des Dreiklassenwahlrechts kein einziges Mandat.

24.11. Die im Herbst 1901 gestartete deutsche Südpolarexpedition unter Leitung von Erich von Drygalsky kehrt wohlbehalten zurück.

29.11. In Deutsch-Südwestafrika bricht ein Aufstand des Stammes der Bondelswarts (Hottentotten) gegen die Kolonialherrschaft aus, der von der deutschen Schutztruppe gemeinsam mit einheimischen Söldnern niedergeschlagen wird.

DEZEMBER

3.12. In der sächsischen Industriestadt Crimmitschau streiken seit August rund 8.000 Textilarbeiter für Arbeitszeitverkürzung und Lohnerhöhungen, davon über die Hälfte Frauen. Die Behörden greifen in den Streik ein und verhängen den Kleinen Belagerungszustand. Nach 21 Wochen endet der Arbeitskampf für die Streikenden erfolglos.

15.12. In Weimar gründen Vertreter der Secessionen aus Berlin, München, Karlsruhe und weiteren Kunstzentren den „Deutschen Künstlerbund". Den Vorsitz übernimmt Leopold Graf von Kalckreuth, Max Liebermann wird einer der Vizepräsidenten des Verbandes.

AUSSERDEM

Richard Dehmel: Zwei Menschen. Roman in Romanzen (Lyrik)
Gerhart Hauptmann: Rose Bernd (Schauspiel)
Jack London: Der Ruf der Wildnis (Roman)
Heinrich Mann: Die Göttinnen oder Drei Romane der Herzogin von Assy (Roman)
Thomas Mann: Tonio Kröger (Novelle)
Arnold Schönberg: Gurrelieder (Werk für Orchester)

Fritz von Uhde, Der Gartenweg, 1903.

Wahlaufruf der SPD

Im Reichstagswahlkampf 1903 machte die Sozialdemokratie die Erhöhung der Zölle, insbesondere für Lebensmittel, zu ihrem Thema:

Dieser neue Zolltarif ist in unseren Augen ein Produkt der Ungesetzlichkeit und der Barbarei. Ungesetzlich durch die Formen, unter denen er zustande kam, barbarisch durch die Zollsätze, die er insbesondere für die notwendigsten Lebensmittel enthält, die eine Plünderung und Ausbeutung der großen Mehrheit der Nation zum Vorteil einer begünstigten Minderheit bedeuten. Aufgrund dieses neuen Tarifes günstige Handelsverträge für Deutschlands Industrie und für die auf den Kauf von Agrarprodukten angewiesene Volksmehrheit zu erhoffen, ist ausgeschlossen. Als entschiedene Anhänger einer Handelsvertragspolitik, die den Austausch von Waren und Kulturmitteln mit allen Völkern der Erde nach Möglichkeit erleichtert, müssen wir aber Handelsverträge, die, aufgrund des neuen Zolltarifs abgeschlossen, unsere Handelsbeziehungen mit dem Ausland und die Lebenshaltung der großen Masse der Bevölkerung verschlechtern, aufs entschiedenste bekämpfen.

Wähler! An euch ist es, bei den bevorstehenden Wahlen zu entscheiden, ob ihr die Politik der Plünderung und Ausraubung der Massen zugunsten bevorrechteter Klassen ferner sanktionieren wollt.

Es handelt sich aber nicht bloß um diese Frage, es steht auch eine Reihe anderer Fragen in den nächsten fünf Jahren zur Entscheidung.

Trotz der seit Jahrzehnten fortgesetzten Rüstungen zu Lande und zu Wasser, in denen Deutschland allen Staaten voran ist und sie übertrumpfte, und obgleich schon gegenwärtig die Militär- und Marineetats mit den zu ihnen in Beziehung stehenden Ausgaben weit über 1000 Millionen im Jahre verschlingen, stehen abermals neue große Rüstungen und diesen entsprechende Mehrausgaben bevor. Das Militär-Quinquennat geht 1904 zu Ende, und alsdann erscheint wieder eine neue große Militärvorlage. Eine neue Flottenvorlage ist ebenfalls schon angekündigt worden.

So trägt Deutschland mit in erster Linie die Schuld, dass die Rüstungen kein Ende nehmen und unter den Staaten ein Wettrennen entstanden ist, bei dem schließlich die Völker zusammenbrechen müssen.

Wähler! Dem muss endlich ein Ende bereitet werden! An euch ist es, ein millionenstimmiges: Nun ist's genug! unseren regierenden Klassen ins Angesicht zu schleudern!

„Ist dein Freund nicht eifersüchtig?", fragt John Bull, und Marianne antwortet: „Nicht solange ich zahle." Französische Karikatur auf den Besuch des englischen Königs Eduard VII. 1903 in Paris, bei dem dieser sich nachdrücklich für einen französisch-englischen Ausgleich einsetzte. Mit dem „Freund" im Hintergrund ist Russland gemeint, das mit Frankreich bereits verbündet war und sich in starker finanzieller Abhängigkeit von ihm befand.

Spannungen in der sozialistischen Bewegung

Die latenten Spannungen zwischen den sich immer deutlicher abzeichnenden Parteiflügeln der SPD kamen auf dem Dresdener Parteitag von 1903 zu einem Austrag, bei dem die Auseinandersetzungen vom Prinzipiellen oft ins Persönliche abglitten und teilweise einen so desolaten Charakter annahmen, dass man im bürgerlichen Lager zeitweilig die Spaltung der deutschen Sozialdemokratie als unvermeidlich ankündigte. Die Leidenschaften entbrannten vornehmlich um die Frage, ob es einem klassenbewussten Sozialdemokraten erlaubt sein dürfe, an bürgerlichen Presseorganen mitzuarbeiten. Nur der schon fast mythisch gewordenen Autorität Bebels gelang es, den Sturm zu beschwören. Eine von der großen Mehrheit gebilligte Resolution zog noch einmal einen denkbar scharfen Trennungsstrich zwischen der Sozialdemokratie und der bestehenden Ordnung. In leicht abgewandelter Form stand diese Resolution ein Jahr später während des Internationalen Sozialistenkongresses in Amsterdam zur Debatte:

„Der Kongress verurteilt auf das entschiedenste die revisionistischen Bestrebungen, unsere bisherige bewährte und sieggekrönte, auf dem Klassenkampf beruhende Taktik in dem Sinne zu ändern, dass anstelle der Eroberung der politischen Macht durch Überwindung unserer Gegner eine Politik des Entgegenkommens an die bestehende Ordnung der Dinge tritt. Die Folge einer derartigen revisionistischen Taktik wäre, dass aus einer Partei, die auf die möglichst rasche Umwandlung der bestehenden bürgerlichen in die sozialistische Gesellschaftsordnung hinarbeitet, also im besten Sinne des Wortes revolutionär ist, eine Partei wird, die sich mit der Reformierung der bürgerlichen Gesellschaft begnügt.

Daher ist der Kongress im Gegensatz zu den vorhandenen revisionistischen Bestrebungen der Überzeugung, dass die Klassengegensätze sich nicht abschwächen, sondern stetig verschärfen, und erklärt:

1. dass die Partei die Verantwortlichkeit ablehnt für die auf der kapitalistischen Produktionsweise beruhenden politischen und wirtschaftlichen Zustände und dass sie deshalb jede Bewilligung von Mitteln verweigert, welche geeignet sind, die herrschende Klasse an der Regierung zu erhalten;

2. dass die Sozialdemokratie gemäß der Resolution Kautsky des Internationalen Sozialistenkongresses zu Paris im Jahre 1900 einen Anteil an der Regierungsgewalt innerhalb der bürgerlichen Gesellschaft nicht erstreben kann.

Der Kongress verurteilt ferner jedes Bestreben, die vorhandenen Klassengegensätze zu vertuschen, um eine Anlehnung an bürgerliche Parteien zu erleichtern.

Der Kongress erwartet, dass die sozialdemokratischen Fraktionen die größere Macht, die sie durch die vermehrte Zahl ihrer Mitglieder wie durch die gewaltige Zunahme der hinter ihnen stehenden Wählermassen erlangen, nach wie vor zur Aufklärung über das Ziel der Sozialdemokratie verwenden und entsprechend den Grundsätzen unseres Programms dazu benutzen, die Interessen der Arbeiterklasse, die Erweiterung und Sicherung der politischen Freiheit und der gleichen Rechte überall aufs kraftvollste und nachdrücklichste wahrzunehmen und den Kampf wider Militarismus und Marinismus, wider Kolonial- und Weltmachtpolitik, wider Unrecht, Unterdrückung und Ausbeutung in jeglicher Gestalt noch energischer zu führen, als es ihnen bisher möglich gewesen ist, und für den Ausbau der Sozialgesetzgebung und die Erfüllung der politischen und kulturellen Aufgaben der Arbeiterklasse energisch zu wirken."

Bei dieser Gelegenheit kam es zu einem ganz unerwarteten Rededuell zwischen dem berühmten französischen Sozialisten Jean Jaurès und August Bebel, das schlagartig die ganze Brüchigkeit jener Konzeption enthüllte, die mindestens stillschweigend der Sozialistischen Internationale zugrunde lag: wonach nämlich die Arbeiter eigentlich kein existierendes Vaterland hätten, sondern ein solches in der Zukunft erst schaffen müssten. Jaurès wie Bebel plädierten, von der Atmosphäre wie von ihrem Temperament fortgerissen, sehr energisch für gewisse nationale Eigentümlichkeiten und Errungenschaften, die ihrem Wesen wie ihren Traditionen nach mit der Sache der Arbeiterklasse nichts zu tun hatten. Sie nahmen

„Arbeiterfürsorge." „Simplicissimus"-Karikatur von Th. Th. Heine (1903): „Seht liebe Kinder, ich fresse jetzt diese Wurst. Wenn ihr mir ein Stück davon wegfressen wollt und dafür eure Keile von mir kriegt, so ist das die Revolutions-Theorie. Wenn ihr aber geduldig zuseht, bis ich die Wurst allein aufgefressen habe, so ist das die Evolutions-Theorie."

damit gleichsam rhetorisch, ohne solches natürlich im Geringsten zu beabsichtigen, jenen Konflikt voraus, der genau zehn Jahre später für die ganze Welt tragische Dimensionen bekam.
Jaurès: „. . . Was im gegenwärtigen Moment auf Europa und der Welt, auf der Verbürgung des Friedens, der Sicherstellung der politischen Freiheiten, dem Fortschritt des Sozialismus und der Arbeiterklasse lastet, was auf den politischen und sozialen Fortschritt Europas und der Welt drückt, das sind nicht die angeblichen Kompromisse, die waghalsigen Versuche der französischen Sozialisten, die sich mit der Demokratie verbündet haben, um die Freiheit, den Fortschritt, den Frieden der Welt zu retten, sondern das ist die politische Ohnmacht der deutschen Sozialdemokratie. Gewiss, ihr seid eine große, bewunderungswürdige Partei, die dem internationalen Sozialismus zwar nicht alle Denker, wie man es zuweilen zu sagen scheint, aber einige der gewaltigsten und scharfsinnigsten Denker gegeben hat, die dem internationalen Sozialismus das Vorbild einer konsequenten, systematischen Aktion, einer wohl gegliederten und machtvollen Organisation gegeben hat, die vor keinem Opfer zurückschreckt und sich durch keinen Ansturm erschüttern lässt. Ihr seid eine große Partei, ihr seid die Zukunft Deutschlands, eine der edelsten und glorreichsten Parteien der zivilisatorischen und denkenden Menschheit.
Aber zwischen eurer anscheinenden politischen Macht, wie sie sich von Jahr zu Jahr in der wachsenden Zahl eurer Stimmen und Mandate ausdrückt, zwischen dieser anscheinenden Macht und der wirklichen Macht zu Einfluss und Tat besteht ein Gegensatz, der um so größer zu werden scheint, je mehr eure Wahlmacht zunimmt . . . Selbst wenn ihr die Mehrheit im Reichstag wäret, wäre euer Land das einzige, wo ihr, wo der Sozialismus nicht der Herr wäre, selbst wenn er die Mehrheit hätte. Denn euer Parlament ist nur ein halbes Parlament. Ein Parlament ist kein Parlament, wenn es nicht die Exekutivgewalt, die Regierungsgewalt, in der Hand hat, wenn seine Beschlüsse nur Wünsche sind, die die Reichsbehörden willkürlich kassieren können. Und so steht ihr, ihr wisst es, ihr fühlt es wohl, vor einer schwierigen Lage. Und ihr sucht nach einer Lösung . . ."
Bebel: „. . . So sehr wir euch Franzosen um eure Republik beneiden und uns eine wünschen: Uns ihretwegen die Köpfe einschlagen zu lassen, das fällt uns nicht ein. Aber ob Monarchie, ob bürgerliche Republik, beide sind Klassenstaaten, beide sind eine Staatsform zur Aufrechterhaltung der Klassenherrschaft der Bourgeoisie, beide sind bestimmt, die kapitalistische Gesellschaftsordnung zu beschützen. Daher wird auch unter beiden Staatsformen die Gesetzgebung in erster Linie im Interesse der besitzenden Klassen gestaltet und werden die Arbeiterinteressen nur insoweit berücksichtigt, als dieses ohne ernsthafte Gefährdung der Interessen der herrschenden Klassen geschehen kann. Denn in dem Augenblick, wo die herrschenden Klassen ihre politische Macht zu verlieren Gefahr laufen, ist auch ihre wirtschaftliche und soziale Stellung in Gefahr. Immerhin hat die Republik für uns vor der Monarchie vieles voraus. Aber so schlecht, wie ihr die Monarchie macht, ist sie nicht, und so gut, wie ihr die Republik darstellt, ist sie auch nicht. Ich kenne z.B. kein Land in Europa, dessen ganze Steuergesetzgebung so arbeiterfeindlich ist, als die Steuergesetzgebung Frankreichs, das bei einem Etat von über 3½ Milliarden als einzige direkte Steuer eine Erbschaftssteuer kennt, die ca. 70 Millionen einbringt, während wir selbst im junkerlich regierten Preußen die progressive Einkommen- und Vermögensteuer haben. Jaurès stellt als eines ihrer vornehmsten Ziele hin, das Eisenbahnwesen in Frankreich zu verstaatlichen. Lieber Jaurès, was ihr erst erstrebt, haben wir längst. Gilt es aber die Forderungen der Arbeiter zu verwirklichen, so sind Vereins- und Koalitionsrecht oft genug in der Republik nicht minder in Gefahr als in der Monarchie . . . Hätten wir das Stimmrecht mit der Freiheit und der Ausdehnung wie ihr, wir hätten etwas ganz anderes daraus gemacht, als ihr bisher daraus gemacht habt . . ."

Opel-Darracq, Baujahr 1903. Einzylinder-Motor, 8 PS. Automatisches Ansaugventil, gesteuertes Auspuffventil, Akkumulatorzündung, Schleuderölung durch Kurbelwelle. Wasserkühlung, freiliegende Kühlwasser-Rohre. Drei Vorwärtsgänge, ein Rückwärtsgang. Schaltung unter dem Lenkrad. Rücksitze: Einstieg von hinten. Geschwindigkeit 30-35 km/st. In der „Allgemeinen Automobil-Zeitung" heißt es: „Das Haus Opel hat im Darracq einen ganz ausgezeichneten Wagen gefunden; es ist wohl zweifellos, dass deutscher Fleiß und deutsche Gründlichkeit der Marke eine stets weiterschreitende Vollendung geben werden. Die erste Verbesserung ist die, dass die Darracqs für deutsche Straßenverhältnisse extra verstärkt werden, um der ungleich größeren Beanspruchung erfolgreich zu widerstehen."

Theodor Mommsen

* Garding bei Husum,
30. November 1817
† Berlin, 1. November 1903

Leopold von Ranke hat die höchste Aufgabe des Historikers in Selbstverleugnung des eigenen Verständnisses zugunsten einer objektiven Geschichtsdarstellung, so „wie es wirklich war", erblickt. Sein gewaltiger, weit leidenschaftlicherer Zeitgenosse unter den deutschen Historikern des 19. Jahrhunderts, Theodor Mommsen, der am 30. November 1817 in einem Pfarrhaus in Garding bei Husum geboren worden ist, hat seine Aufgabe völlig anders verstanden. Nicht, dass er die Wahrheitsfindung in der Erforschung der Quellen und ihrer Interpretation gering geschätzt hätte, im Gegenteil, er hat bis ans Ende seiner Tage in seinen großen Werken über die Geschichte Roms und das Römische Staatsrecht immer wieder die eigenen Erkenntnisse überprüft und war selbst sein unerbittlichster Korrektor. Aber anders als der vornehm-kühle Ranke war Theodor Mommsen davon überzeugt, dass die Darstellung der Geschichte in Deutung und Formgebung immer neuem Wandel unterläge, dass sie in bestimmten Zeitabschnitten neu geschrieben werden müsse, da der Historiker ganz bewusst ein Kind seiner Zeit, seiner Nation und ihrer Kultur sei und dass ihm eine hohe politische und pädagogische Aufgabe zukomme. Mommsen schrieb mit Eifer, nie frei von Neigung oder Abneigung, Zorn oder auch Verachtung. Und wenn er in der „Römischen Geschichte" Lob und Tadel verteilt, Gaius Gracchus oder Cäsar vergoldet und Cicero schmäht oder den letzten aristokratischen Republikaner, den jüngeren Cato von Utica, verdammt, dann geschieht das auch im Hinblick auf die eigene Zeit, um zu zeigen, wie nach ihm die deutschen Politiker beschaffen sein sollten.

Theodor Mommsen.

Theodor Mommsen entstammt den deutschen Herzogtümern im Norden des Reiches, die sich unter der dänischen Krone ihre eigene Verwaltung bewahrt hatten, deren Bewohnern Unabhängigkeitssinn in die Wiege gelegt wurde. Als junger Mann hat Mommsen auch 1848/49 für die Verteidigung der Herzogtümer gegen dänischen Absolutismus, für die Liberalität in Deutschland gestritten, als Redakteur in Rendsburg, als Professor der Rechte in Leipzig. Die Zeitgenossen wussten nie recht, ob sie den Mann, der als Altertumsforscher und Geschichtsschreiber brillierte und schließlich 1902, ein Jahr vor seinem Tod, noch den Nobelpreis für Literatur erhielt, unter die Juristen oder die Historiker einreihen sollten.

Mommsens Universitätskarriere begann mit einem Extraordinariat für Rechtswissenschaften. Vom Studium römischen Rechtes und römischer Rechtsgeschichte führte einer der Wege zur Geschichte der römischen Republik und deren Ende in Cäsars Zeit. Je mehr Mommsen sich, angeregt zum Teil auch durch seinen späteren Schwiegervater, den Leipziger Verleger Reimer, in die „alte Wunderwelt" versenkte, desto mehr erfüllte ihn die Idee, die Geschichte Roms, der starken und der freien Republik, in ganz neue Form zu gießen, um für das nach Einigkeit und Freiheit strebende eigene Volk ein großes historisches Beispiel zu setzen.

Man hat Mommsen als unheilvollen Verfechter des Machtstaates bezeichnet, als Verherrlicher Preußens, wobei man vergaß, dass ein Machtstaat etwas ursprünglich anderes ist als ein Regime der Gewalt und des Terrors. Aber Mommsen ist weder mit dem preußischen Staatshistoriographen Ranke noch mit dem exliberalen preußischen Eiferer Treitschke zu vergleichen. Wohl gab ihm der König von Preußen erst in Breslau und dann in Berlin eine Wirkungsstätte, nachdem er in Sachsen die Leipziger Professur wegen „demokratischer Gesinnung" verloren hatte. Wohl hat er, Mitbegründer der Deutschen Fortschrittspartei 1861, Bismarcks außenpolitische Erfolge von 1866 und 1870/71 begrüßt, aber innenpolitisch blieb er im preußischen Abgeordnetenhaus und Reichstag ein scharfer Gegner des Bismarckschen „Ministerialabsolutismus".

Für Mommsen ist es bezeichnend, dass seine „Römische Geschichte" nie zu Ende geführt wurde. Mit der Kaiserzeit, über die nie der IV. Band, nur ein V. Band erschien, wusste er nicht mehr recht fertigzuwerden. Das Werk, das ihn berühmt gemacht hat, blieb unvollendet. Und man mag darin wieder ein Symbol erblicken, denn die kaiserliche Epoche, deren Zeuge er noch selbst geworden war, erfuhr gleichfalls nie Vollendung und Erfüllung. Als Theodor Mommsen am 1. November 1903 in Berlin starb, war es im öffentlichen Leben still um ihn geworden. Der Greis hatte sich zu oft als Unheilsprophet betätigt.

Gerhart Hauptmann: „Rose Bernd"

Das Bühnenstück von Gerhart Hauptmann wurde am 31. Oktober 1903 in Berlin uraufgeführt. Das Werk gehört zur Gattung des sozialen Dramas, einer Weiterentwicklung des bürgerlichen Trauerspiels, und es steht in der motivgeschichtlichen Tradition des Kindermordes. Psychologisch und sozialkritisch analytisch gestaltete Hauptmann die Handlung und zeichnete den Menschen in seiner individuellen Handlungsunfähigkeit unter dem grausamen Druck der Umwelt.

Das schöne Bauernmädchen Rose Bernd hat sich mit dem Erbschultheiß Christoph Flamm getroffen, um das heimliche Liebesverhält-

Am Deutschen Theater in Berlin wurde 1903 Gerhardt Hauptmanns Drama „Rose Bernd" uraufgeführt. Im Bild: Schlussszene des dritten Aktes. „Rose Bernd" war keine Milieustudie mehr, sondern ein „Schicksalsdrama" in naturalistischem Kleid. In der Titelrolle errang Else Lehmann als lebensstrotzende Bauernmagd, die „von Schlinge zu Schlinge" stolpert und schließlich zur Kindsmörderin wird, einen Riesenerfolg.

Mittelpunkt des Bühnengeschehens im deutschen Sprachgebiet war in jenen Jahren das „Kleine Theater" in Berlin. Der bedeutende Schauspieler und Regisseur Max Reinhardt schuf zusammen mit seinem Ensemble eine Reihe von bahnbrechenden Aufführungen. So hatte er zu Beginn der Saison 1902/03 großen Erfolg mit „Salome" von Oscar Wilde und „Erdgeist" von Frank Wedekind. Im Januar 1903 erlebte Maxim Gorkis „Nachtasyl" im „Kleinen Theater" seine deutsche Uraufführung. Das sozialkritische Stück war im Jahre vorher im Moskauer Künstlertheater zum erstenmal gegeben worden. Unser Bild aus dem „Kleinen Theater" zeigt ganz links Max Reinhardt als weisen Pilger Luka, als zweiten von rechts Eduard von Winterstein in der Rolle des Pepl.

nis zwischen ihnen zu lösen. Sie ist nach langem Zögern entschlossen, den Buchbinder August Keil zu heiraten, den der frömmelnde Vater Bernd als Schwiegersohn sehen möchte. Flamm verachtet den schwächlichen, ehrbaren Kirchgänger Keil und begreift Roses Wahl nicht. Seine Frau ist älter und seit Jahren an den Rollstuhl gefesselt. Deshalb sträubt sich der vitale Mann, auf das Mädchen zu verzichten. Aber Rose will Ordnung in ihr Leben bringen. Keil bedeutet für sie und den Vater Sicherheit, zumal die „Herrschaft" den Bernds die Wohnung gekündigt hat.

Der Maschinist Arthur Streckmann hat die Szene zwischen Rose und Flamm am Feldrain beobachtet. Er droht Rose, ihr Verhältnis mit Flamm zu entdecken, wenn sie ihm nicht zu Willen ist. Rose weist ihn ab.

Bernd, Keil und Rose gehen zum Dorfschulzen Flamm, um die Hochzeit anzumelden. Streckmann hat Rose abgefangen und sie erneut bedroht. Völlig verstört bittet sie den Vater und Keil um einen Aufschub der Hochzeit, ohne den Grund zu nennen. Da verlässt Keil enttäuscht und verbittert die Dorfschultei. Der mütterlichen Freundin Frau Flamm gesteht Rose, was sie so unsicher macht: Sie ist schwanger. Frau Flamm ermutigt sie und bietet ihre Hilfe an. Sie weiß nicht, dass ihr Mann der Vater des Kindes ist.

Um Streckmann um Verschwiegenheit anzuflehen, ist Rose zu ihm gegangen. Streckmann hat ihre Hilflosigkeit ausgenutzt und sich Rose mit Gewalt willfährig gemacht. Bernd und Keil werden Zeuge, wie Rose dem Erpresser ihren Hass ins Gesicht schreit. Sie verlangen Auskunft. Streckmann schlägt als Antwort Keil nieder und beschimpft Rose als Dirne. Bernd hat gegen Streckmann Anzeige wegen Verleumdung seiner Tochter erstattet. Auch Flamm ist vernommen worden. Ihm bleibt nichts übrig, als seiner Frau die Wahrheit zu bekennen. Die großmütige Frau ist trotzdem bereit, für Rose und das erwartete Kind zu sorgen, falls Keil sie verlässt. Aber Rose benimmt sich eigenartig verstockt und geht auf Frau Flamms Zuspruch nicht ein. Schließlich entschlüpft ihr, dass Streckmann vor Gericht sein „Verhältnis" mit Rose beschworen hat, um die Verleumdungsklage zu entkräften: Rose aber hat aus Scham und Angst einen Gegenschwur geleistet und sich damit eines Meineids schuldig gemacht. Flamm, der das Zwiegespräch der Frauen belauschte, bricht sofort in wüste Beschimpfungen gegen Rose aus und verdächtigt sie, es auch noch mit anderen als Streckmann und ihm getrieben zu haben. Entsetzt läuft das Mädchen aus der Dorfschultei.

August Keil ahnt inzwischen, in welch furchtbarer Lage sich seine Braut befindet. Er ist bereit, das eben erworbene kleine Grundstück wieder zu verkaufen und mit Rose die Gegend zu verlassen. Wenn Bernd die Klage gegen Streckmann zurückzöge, bliebe Rose die öffentliche Verhandlung erspart. Aber der „ehrenfeste" Kirchenvorsteher und Verwalter der Missionarskasse duldet keinen Flecken auf seiner Ehre. Der alte Bernd will Rose nicht mehr sehen. Da kommt ein Gendarm und bringt Rose eine Vorladung vor Gericht wegen des Meineids. Aber Rose berührt das nicht mehr. Sie gesteht, soeben ihr Kind heimlich geboren und erwürgt zu haben.

Dieses Porträt von Ricarda Huch veröffentlichte die Münchner Zeitschrift „Die Jugend" 1903 anlässlich der Verleihung des „Goethe-Preises" an die deutsche Dichterin. Ricarda Huch, Tochter einer Braunschweiger Patrizierfamilie, hatte als eine der ersten Frauen in Zürich studiert und in den Fächern Geschichte und Philosophie promoviert. In ihren Gedichten und Romanen zeigte sich Ricarda Huch als führende Vertreterin der neuromantischen Richtung, die sich dem damals herrschenden Naturalismus entgegenstellte. 1903 veröffentlichte die Dichterin den Roman „Vita somnium breve" (später umgetauft in „Michael Unger"), in welchem sie den Konflikt zwischen dem individuellen Recht auf Selbstbestimmung und der Bindung an die Familie schilderte.

Neue Rechtschreibregeln

Die neue deutsche Orthographie trat am 1. Januar 1903 für den amtlichen Schrift- und Druckverkehr im Deutschen Reich in Kraft. Seit 1856 war durch die Veröffentlichung neuer Regelbücher versucht worden, die Rechtschreibung im deutschen Sprachraum zu vereinheitlichen. Ein erster Erfolg wurde 1876 auf der ersten Berliner orthographischen Konferenz erreicht. Die nach ihren Beschlüssen veröffentlichten bayerischen (1879) und preußischen (1878) Rechtschreibregelbücher stellten übereinstimmende Vorschriften auf: so die Abschaffung des „th" in den meisten Wörtern oder die Verbindung „-iren" einheitlich auf „-ieren". Auf der zweiten Berliner orthographischen Konferenz von 1901 schlossen sich auch Österreich und die Schweiz an. 1903 wurde sie dann im ganzen Deutschen Reich im amtlichen Schriftverkehr und in den Schulen verbindlich eingeführt.

1904

JANUAR

12.1. In Deutsch-Südwestafrika beginnt der Aufstand der Herero. Die systematische Einschränkung tradierter Lebensformen sowie politische und soziale Diskriminierungen lösen schwere Ausschreitungen aus. Am ersten Tag kommen 123 deutsche Siedler ums Leben.

21.1. In Berlin gründen mehrere Großbanken unter Führung der Deutschen Bank die Deutsche Petroleum Aktiengesellschaft (DPAG). Mit ihr soll der Einstieg ins internationale Ölgeschäft erleichtert und ein Gegengewicht zu dem marktbeherrschenden US-Konzern Standard Oil geschaffen werden.

25.1. Im Mittelpunkt des Allgemeinen Krankenkassenkongresses steht die Auseinandersetzung der Kassen mit der Ärzteschaft stehen. Die Mediziner fordern Honorarerhöhungen und die Einführung der freien Ärztewahl. Kurz zuvor hatten alle 233 Leipziger Kassenärzte ihre Verträge gekündigt und nur noch Privatpatienten behandelt.

FEBRUAR

8.2. Mit einem Angriff japanischer Torpedo-Boote auf die russische Flotte vor Port Arthur und der gleichzeitigen Landung von Truppen an der Westküste Koreas beginnt der Russisch-Japanische Krieg um die Vorherrschaft in der Mandschurei und auf der koreanischen Halbinsel.

15.2. Der Bund der Landwirte (BdL) fordert in Berlin auf seiner Generalversammlung einen besseren Schutz landwirtschaftlicher Produkte vor ausländischer Konkurrenz.

16.2. Mit scharfer Kritik reagieren Repräsentanten aller im Reichstag vertretenen Parteien auf die Auswahl der deutschen Kunstwerke für die Weltausstellung in St. Louis, in der sich die Vorliebe des Kaisers für die traditionelle Malerei im Stile Anton von Werners und seine brüske Ablehnung der „Berliner Secessionisten" widerspiegelt.

MÄRZ

23.3. Die Staatsanwaltschaft beschlagnahmt die erste Buchausgabe der Tragödie „Die Büchse der Pandora" von Frank Wedekind. Zuvor war bereits das Drama „Der Reigen" von Arthur Schnitzler verboten worden. Seit der Einführung der „Lex Heinze" im Mai 1900 wachen staatliche Zensurbehörden über „Sittlichkeit und Moral" in der deutschen Literatur.

APRIL

8.4. Großbritannien und Frankreich schließen in London ein Abkommen über die Beilegung ihrer Differenzen in Kolonialfragen und begründen damit die „Entente cordiale".

30.4. In St. Louis wird die 14. Weltausstellung eröffnet. Auf einer Fläche von fast 500 Hektar präsentieren sich neben den einzelnen Bundesstaaten der USA 35 Nationen. Hauptattraktionen sind die neuesten technischen Errungenschaften auf den Gebieten des Automobilbaus, der Luftfahrt und der Telegraphie.

MAI

1.5. In Düsseldorf wird die „Internationale Kunst- und Große Gartenbauausstellung" eröffnet. Besondere Beachtung findet die eigens für die Schau geschaffene Gartenanlage, die den Garten als Bestandteil einer neuen Wohnkultur propagiert.

Tod des tschechischen Komponisten Antonín Dvorák in Prag.

4.5. Gründung des Fußballvereins „Schalke 04".

9.5. In Berlin wird der „Reichsverband gegen die Sozialdemokratie" gegründet. Er will alle „in Treue zu Kaiser und Reich stehenden Deutschen" vereinen. Zum Vorsitzenden wird der ehemalige Gouverneur von Deutsch-Ostafrika, Eduard von Liebert, gewählt.

21.5. Sieben nationale Fußball-Verbände aus Europa gründen in Paris den Weltverband Fédération Internationale de Footbal Association (FIFA). England, das „Mutterland des Fußballs", beteiligt sich nicht an der Initiative des Franzosen Robert Guérin, der zum ersten Präsidenten des Weltverbandes gewählt wird. Der Deutsche Fußball-Bund (DFB) beschließt am 29. Mai den Beitritt zur FIFA.

26.5. Tod des Erfinders und Industriellen Friedrich Siemens in Dresden.

Fritz von Kaulbach, Isadora Duncan, Titelseite der „Jugend", 1904.

JUNI

12.6. In Berlin wird ein internationaler Frauenkongress eröffnet, an dem Vertreterinnen bürgerlicher Frauenverbände aus 25 Ländern teilnehmen. Im Vorfeld des Kongresses hatte sich in der deutschen Reichshauptstadt der „Weltbund für Frauenstimmrecht" konstituiert.

23.6. Wegen Majestätsbeleidigung wird Rosa Luxemburg von der Strafkammer des Landgerichts in Zwickau zu drei Monaten Gefängnis verurteilt.

JULI

1.7.- 23.11. In St. Louis finden die III. Olympischen Spiele statt. Wie schon vier Jahre zuvor in Paris sind sie lediglich ein kaum beachtetes Anhängsel der Weltausstellung. Unter den 617 Teilnehmern sind 533 Amerikaner.

3.7. Tod des Schriftstellers Theodor Herzl in Edlach an der Ratz bei Gloggnitz.

AUGUST

6.8. Tod des Musikforschers Eduard Hanslick in Baden bei Wien.

11.8. In der „Kesselschlacht" am

Waterberg bei Windhuk werden die aufständischen Herero von deutschen Kolonialtruppen vernichtend geschlagen. Die Überlebenden werden in die Wüste gedrängt. Viele von ihnen verdursten. Von den ehemals 80.000 Herero sind 1905 nur noch 12.000 am Leben.

OKTOBER

2.10. Der Oberbefehlshaber der deutschen Truppen in Deutsch-Südwestafrika proklamiert die „gnadenlose Ausrottung“ der aufständischen Herero. Proteste im Deutschen Reich gegen die Erschießung von Unbewaffneten und von Frauen und Kindern veranlassen auch Wilhelm II. zu einem Protest.

3.10. In Deutsch-Südwestafrika kommt es mit der Erhebung des Stammes der Nama zu einem weiteren Aufstand gegen die deutsche Kolonialherrschaft. Der Guerillakrieg zieht sich über mehrere Jahre hin.

10.10. Mit der Gründung des „Vereins der Lehrlinge und jugendlichen Arbeiter Berlins“ beginnt die proletarische Jugendbewegung in Deutschland.

18.10. Auf der Berliner Museumsinsel wird das Kaiser-Friedrich-Museum eingeweiht. Schwerpunkte der Sammlung sind die altdeutsche Malerei und die Kunst der Renaissance.

22.10. In Berlin erscheint die erste deutsche Boulevard-Zeitung. Die vom Ullstein-Verlag herausgegebene „B.Z. am Mittag“ entwickelt sich schnell zu einer der auflagenstärksten Tageszeitungen der Reichshauptstadt.

NOVEMBER

6.11. Auf Protestversammlungen in Norddeutschland wird die Einstellung des Kampfes gegen die Aufständischen in Deutsch-Südwestafrika gefordert.

23.11. Die Chemiefirmen Friedrich Bayer & Co. und Badische Anilin- & Sodafabrik AG (BASF) schließen einen Interessengemeinschaftsvertrag, der eine Vorstufe für die I.G. Farbenindustrie AG darstellt.

Theodor Herzl

* Budapest, 2. Mai 1860
† Edlach an der Rax bei Gloggnitz, 3. Juli 1904

Theodor Herzl war der Sohn eines begüterten Kaufmanns. Seine Mutter erzog ihn zur Begeisterung für die deutsche klassische Literatur, in deren Geist er aufwuchs. Als Student in Wien war er Angehöriger einer patriotischen, schlagenden Studentenverbindung. Er promovierte und begann mit der Arbeit am Wiener Landgericht für Strafsachen. Nebenbei versuchte er sich als Theaterautor. Zunächst wird ein Stück von ihm auf Vermittlung eines Freundes in Amerika herausgebracht, und schließlich gibt es sogar, höchste Ehre für einen Dramatiker, eine Herzl-Uraufführung am Wiener Burgtheater. Herzl verlässt die Justiz, schreibt weiter Bühnenstücke und Feuilletons für das jüdische „Berliner Tageblatt“. Schließlich wird er Pariser Korrespondent der weit über Österreich hinaus gelesenen liberalen „Wiener Neuen Freien Presse“. In Österreich hat es bis dahin kaum Antisemitismus gegeben, in Paris aber wird Theodor Herzl mit dieser Erscheinung konfrontiert. Er kommt zu der Überzeugung, dass es wohl doch eine „Judenfrage“ gebe, aber sie sei weder eine konfessionelle noch eine nationale, sondern eine soziale. Man muss nur den Juden Gelegenheit geben, in den Gastvölkern ganz aufzugehen, sich zu assimilieren. Ein Erlebnis in Paris bringt für ihn die große Wende. Am 19. Dezember 1894 findet vor dem französischen Militärgerichtshof der Prozess gegen den Artillerie-Hauptmann Alfred Dreyfus statt. Der Hauptmann ist des Landesverrates angeklagt. Er soll den Deutschen wichtige militärische Unterlagen verkauft haben. Theodor Herzl ist im Auftrag der „Neuen Freien Presse“ im Gerichtssaal anwesend, er soll über den Prozess berichten. Was er erlebt, erschüttert ihn zutiefst. Hauptmann Dreyfus ist Jude. Deshalb wird er verurteilt – unschuldig, wie sich Jahre später herausstellt Die wahren Schuldigen haben ihn denunziert in der Überzeugung: „Einem Juden traut man sowieso alles Schlechte zu.“ Theodor Herzls Erschütterung formt sich zu einer Arbeit, die schließlich in ihren Auswirkungen zur Gründung des neuen Staates Israel führen wird.

Sein Buch „Der Judenstaat“ erscheint 1896. Es ist eine prophetische, zugleich aber realistische Vision von der Schaffung eines Vaterlands für die Juden. Herzl hat seinen Plan in allen Einzelheiten ausgearbeitet: Arbeiterwohnungen, Sozialhilfe, Versicherungswesen, Wirtschaftsmärkte, Stra-

Theodor Herzl.

ßenbau, Bewässerungsarbeiten, Ansiedlung von Facharbeitern, Gruppeneinwanderung, Einführung des Sieben-Stunden-Tages, sogar an die Fahne des neuen Staates hat er gedacht. Die Ablehnung, die sein Buch zunächst erfährt, irritiert ihn nicht. Jetzt wird aus dem Schriftsteller der Organisator, der beredte Agitator, und schließlich gelingt es ihm, den ersten „Zionistenkongress“ einzuberufen. Am 29. August 1897 wird der Kongress feierlich im Kasino von Basel eröffnet. Herzl hält die Eröffnungsrede. Es gibt viele Diskussionen, viele verschiedene Meinungen auf dem Kongress. Die einen sind für eine geschlossene jüdische Ansiedlung – irgendwo, andere sind dafür, allein aus philanthropischen Gründen, um den verfolgten Juden aus Polen und Russland eine Zufluchtsstätte zu schaffen. Orthodoxe Rabbiner sind überhaupt gegen die zionistische Idee, denn nach den Weissagungen der heiligen Schriften wird das Volk Israel erst dann in das gelobte Land zurückkehren, wenn der Messias erschienen ist. Trotz aller Vorbehalte und Meinungsverschiedenheiten einigt sich der Baseler Zionistenkongress schließlich doch darauf, alle Anstrengungen zu unternehmen, um „die Schaffung einer öffentlich-rechtlich gesicherten Heimstätte für diejenigen Juden, die sich nicht anderswo assimilieren können oder wollen“, zu erreichen. Von einem eigenen jüdischen Staat, gar von einem Staat Israel für das ganze jüdische Volk, ist in den Beschlüssen nicht die Rede. Aber Herzl ist zunächst zufrieden. Der Kongress hat Aufmerksamkeit erregt. Überall spricht man von den Zionisten. Herzl gelingt es, reiche jüdische Finanziers zu finden, zunächst den bayerischen Baron Hirsch und den Pariser Finanzmagnaten Baron Rothschild. Beide sind gegen einen Judenstaat. Doch sie spenden Geld aus Mitleid mit den Verfolgten. Die Einwanderung kann beginnen.

Herzl wendet sich nun an die Mächtigen der Welt, an den deutschen Kaiser Wilhelm II., an den englischen Premierminister Joseph Chamberlain, an den italienischen König Victor Emanuel und selbst an den Papst in Rom. Überall sucht er nach Unterstützung für ein Stück Land, „wo wir krumme Nasen, schwarze oder rote Bärte und gebogene Beine haben dürfen, ohne darum schon verächtlich zu sein“. Seiner Mission restlos ergeben, stirbt Herzl 1904 an einem Herzmuskelschaden. Das Ziel, das er angestrebt hat, der konkrete Judenstaat, liegt noch in weiter Ferne. Aber eines hat er geschaffen – die Bewegung, die sein Ziel einst erreichen wird. Und er hat die Welt aufmerksam gemacht. Zehntausende folgen Herzls Sarg auf dem Weg zum Wiener Friedhof, Juden und Nichtjuden.

Gefecht am Teufelsbach

Mit Macht hatte das junge Deutsche Reich auf einen „Platz an der Sonne" gedrängt und war schließlich 1884 zur Kolonialmacht geworden. So einfach aber, wie man sich die Besiedlung, Unterwerfung und Ausbeutung der neuen Besitzungen vorgestellt hatte, gestaltete sich die Herrschaft über die Eingeborenen nicht. Nachdem schon 1896 nur mit Mühe ein Aufstand der Hereros hatte erstickt werden können, brach 1904 erneut der Konflikt mit diesem Stamm aus. Die deutsche Schutztruppe war gerade im Süden der Kolonie Südwestafrika beschäftigt, als die Hereros schlagartig mehrere größere deutsche Ansiedlungen überfielen oder belagerten. In Eilmärschen rückten Entsatztruppen heran. Darunter war auch die Kompanie des Hauptmanns Franke, die versuchte, den Ort Okahandja zu befreien. Wie das gelang und wie dabei das Gefecht am Teufelsbach am 22. Januar 1904 siegreich bestanden wurde, schildert eine zeitgenössische Kolonialchronik:

Auf die Nachricht von dem Erscheinen der Frankeschen Kompanie hatten die herumstreifenden Hererobanden schleunigst die Umgegend verlassen, so dass man bei Sonnenaufgang den Vormarsch auf Okahandja ungehindert fortsetzen konnte. Überall, wohin man kam, stieß man auf Spuren des furchtbaren Zerstörungswerks der Hereros. Am 22. Januar bestand die Kompanie Franke ein siegreiches Gefecht am Teufelsbach. Eine aus mehreren hundert Mann bestehende Hererobande hatte sich bei einer Anhöhe in den Hinterhalt gesteckt. Rechtzeitig hatte man die Gefahr bemerkt. Ein heftiger Feuerkampf entspann sich. Die Schützen gingen unter der Deckung des Geschützfeuers bis auf 350 Meter an den Fuß des Berges heran. Als nach einstündigem, heftigem Kampfe der rechte Flügel der Hereros zu weichen begann, ließ Hauptmann Franke seine Leute mit aufgepflanztem Seitengewehr auf Sturm vorgehen. Unter Zurücklassung von 42 gezäumten Rossen ergriffen die Hereros die Flucht, und die tapfere Entsatztruppe konnte ihren Weitermarsch auf Okahandja fortsetzen und erreichte am Abend den Osonafluss, an dessen linkem Ufer man die Nacht rastete.

Die Stimmung war durch den Sieg eine sehr gehobene. Aber die Macht der Elemente war nicht mit den Vordringenden. Ein neues, schweres Hindernis stellte sich ihnen in den Weg. Der Osona, der hier von dichten Wäldern mit hohen Bäumen eingeschlossen ist, war infolge der anhaltenden Regengüsse so angeschwollen, dass ein Überschreiten unmöglich war. Die furchtbare Sorge, in welcher man sich um das Schicksal der Kameraden in Okahandja befand, ließ sie die gewagtesten Versuche machen, den reißenden Fluss zu durchreiten. Nachdem aber bereits einige Pferde ertrunken waren und ein Offizier, Leutnant von Wöllwarth, nur mit eigner Lebensgefahr von Hauptmann Franke gerettet worden war, musste man sich in das harte Missgeschick fügen, hier längere Zeit untätig zu liegen, den aufregendsten und peinigendsten Befürchtungen über das Schicksal der Kameraden in Okahandja preisgegeben. „Nach den beiden siegreichen Gefechten bei Aris und Teufelsbach", so berichtet ein Unteroffizier darüber, „hatte sich unser aller das brennende Verlangen bemächtigt, am Feinde zu bleiben und vor allem Okahandja zu entsetzen. Umso schwerer und furchtbarer traf uns der Schlag durch den unüberschreitbaren Fluss bei Osona, und unsere Ungewissheit stieg, weil wir so nahe bei Okahandja vom Feinde nichts mehr bemerkten."

Endlich am nächsten Morgen gelang der Übergang über den noch immer reißenden Osona. Auch die Überschreitung des Swakop ging ohne Störung durch die Hereros vonstatten. Die auffallende Erscheinung, dass sich auch dicht vor Okahandja nicht ein einziger Herero blicken ließ, gab schon der Befürchtung Raum, dass der ganze Platz bereits in die Hände der Hereros gefallen und die Eingeschlossenen ermordet seien. Doch nein! Es war noch nicht zu spät! Die in Schützenlinien geradenwegs auf Okahandja losgehende Entsatztruppe, hinter der die beiden Geschütze folgten, konnte, ohne einen Schuss zu tun, in den Ort eindringen. Kein Schuss, kein Laut auch von der Feste selber. So war die Kompanie bis zur Höhe des Augustineums vorgedrungen, als sie mit Jubelruf von der Feste aus begrüßt wurde. Wer war's, der in dieser schweren Zeit sich hier dem Jubel überließ? Es war die Truppe des Oberleutnants von Bülow, welcher nach langem, mühevollem Marsche der Entsatz von Okahandja gelungen war, und die nun bei dem glücklichen Eintreffen der Kameraden in umso größeren Jubel ausbrach.

Der Neuruppiner Bilderbogen „Aufstand der Herero" schildert „ein neues siegreiches Gefecht des Hauptmann Franke", lässt aber auch „tapfer kämpfende Hereros" nicht unerwähnt.

„Entente cordiale". Einschiffung französischer Truppen in Algier nach Marokko.

Englisch-französische Entente

Kaiser Wilhelm II. handelte nach der Maxime, nach der der Starke allein am mächtigsten sei. 1901 ließ er im Vertrauen auf die französisch-englischen Kolonialgegensätze Bündnisverhandlungen mit England platzen und rüstete zu Londons Missvergnügen die deutsche Kriegsflotte weiter auf. Es gelang ihm und seiner Regierung, die angeblich unversöhnlichen Rivalen England und Frankreich zum Ausgleich zu bringen. Am 8. April 1904 schlossen die beiden Länder eine „Entente cordiale" (herzliches Einverständnis), die vordergründig nur einer Abstimmung der nordafrikanischen Interessen galt, letztlich aber ein stabiles Bündnis wurde. Der deutsche Diplomat Friedrich von Holstein (1837-1909) beurteilte den Vertrag so:

Bei der englisch-französischen Abmachung über Ägypten und Marokko ist England in Ägypten, Frankreich in Marokko der erwerbende Teil. England hat mit den Mächten, welche in Ägypten Interessen haben, eine Verständigung gesucht und erlangt, Frankreich schickt sich zur Aneignung Marokkos an. Dabei steht unleugbar fest, dass die Einbußen, welche dritte Mächte infolge der allmählichen Aufsaugung von Marokko durch Frankreich erleiden würden, unendlich viel größer sind, als die durch die Neugestaltung Ägyptens verursachten Schädigungen und Ausfälle . . . Marokko ist heute noch eines der wenigen Länder, wo Deutschland für seinen Verkehr freie Konkurrenz hat. Da Marokko jetzt im Begriff ist, mit den Anfängen seines Eisenbahnnetzes vorzugehen, so ist die Schädigung, welche Deutschland durch das französische Monopol erleiden würde, eine recht erhebliche. Noch bedenklicher wäre jedoch die Schädigung, welche das Ansehen Deutschlands erleiden würde, wenn wir uns stillschweigend gefallen ließen, dass über deutsche Interessen ohne deutsche Mitwirkung verfügt wird. Zu den Aufgaben einer Großmacht gehört nicht nur der Schutz ihrer Territorialgrenzen, sondern auch die Verteidigung der außerhalb dieser Grenzen gelegenen berechtigten Interessen . . .

EduardVII. besuchte 1904 die Kieler Woche. Hinter der kaiserlichen Yacht ist die des englischen Königs kaum zu sehen: Die Yachten „Hohenzollern" und „Victoria and Albert", Gemälde von Albert Brouet, 1904.

Besuch im Kaufhaus

Das „Einkaufserlebnis", das den Großstadtbürgern in den neuerbauten Kaufhäusern, wie etwa Wertheim in Berlin, zuteil wurde, beschreibt ein zeitgenössischer Chronist:

Neulich habe ich Wertheim zum ersten Male besucht. Es handelte sich um den Einkauf verschiedenerlei Dinge, von denen meine Frau behauptete, dass man sie bei Wertheim am billigsten und besten bekäme (aber auf dem „billigsten" lag der Ton). Da habe ich den Berliner Louvre kennengelernt.

Zuerst musste ich mir an einer der Hauptkassen ein „Sammelbuch" kaufen; die Kassen waren umdrängt, aber nach einer kleinen halben Stunde hatte ich mein Buch und konnte nun losziehen. Doch ich zog nicht. Ich versuchte zunächst einmal, mich zu orientieren. Ich bin nicht ganz ohne Findigkeit; hier jedoch verließ mich jedwede topographische Begabung. Die strömende Menschenmenge schob mich hin und her; ich wollte zu den Parfüms und geriet zu den Kurzwaren, und plötzlich stand ich vor einer Dame, die mir Taschentücher zeigte, und eine halbe Minute später war ich mitten unter das Emaillegeschirr geraten.

Nun gedachte ich, das Parfüm bis zuletzt zu lassen und mich den Korbwaren zuzuwenden, wo ich einen Triumphstuhl als höchsten Triumph der Madonna della Sedia erstehen wollte. Da musste ich

Das Wertheim-Warenhaus in Berlin wurde 1904 eröffnet. Es war ein vorbildlicher Bau, der in ganz Europa nicht seinesgleichen hatte. Allein der alte Lichthof war 743 qm groß und 24 m. hoch. Wände und Fenster waren mit reicher Marmor-Inkrustation und vergoldeten und versilberten Reliefs geschmückt. Der neue Lichthof war in ganzer Höhe in Nussbaumholz getäfelt, und mit Schnitzereien und großen Beleuchtungskörpern ausgestattet.

aber in den dritten Stock. Einer der offiziellen Führer, ein Herr, der wie ein Legationssekretär aussah, sagte mir, ich solle doch den Fahrstuhl benutzen oder die Rutschbahn. Der Gedanke an die Rutschbahn lockte mich; so etwas kannte ich eigentlich nur von Jahrmärkten her oder aus der Hasenhaide; in den Berliner Geschäften war das Rutschen bisher nicht üblich. Die Wertheimsche Rutschbahn ist ein trottoir roulant; bei Schwindelfreiheit kann man sich ihm beruhigt anvertrauen. Das tat ich denn auch; aber zu den Korbwaren gelangte ich doch nicht; ich weiß nicht, woher es kam – ich befand mich plötzlich in einer Gemäldeausstellung. Da gab es denn mancherlei Hübsches zu sehen, nur keinen Triumphstuhl.
Jetzt fasste mich der Grimm; ich beschloss, die Korbwaren zu suchen, koste es, was es wolle. Ich unternahm Gebirgspartien, stieg hinauf in luftige Höhen, geriet unvermutet in einen Menschenknäuel hinein, der die photographischen Apparate umdrängte, und sah mich dann wieder von wallenden Schleiern, farbigen Bändern, von Spitzen und Rüschen umgeben. Ein Herr, der wie ein Geheimrat aus dem Kultusministerium aussah, mochte meine Verlegenheit bemerken und fragte nach meinem Begehr. „Oben“, meinte er lächelnd und wies auf den Lift. Aber ich hatte nicht aufgepasst: Der Lift ging nicht hinauf, sondern hinunter – und als ich mich umschaute, weilte ich in einem prachtvollen Saale mit Lapislazulisäulen und hörte eine Fontäne rauschen.
Jetzt war ich wirklich schon müde. Ich schlenderte mit schweren Schritten weiter, kam in einen Palmengarten und an ein Büfett, wo ein niedliches Mädchen mir ein Glas Limonade kredenzte, kam dann in ein Gewirr von Kinderwäsche, von Hemdchen, Höschen und Röckchen, hierauf zu den Phonographen und endlich zu den ersehnten Parfüms. Gott sei dank – so weit war ich nun! Aber ich merkte doch, wir sind alle von des Tantalus Geschlecht. Ich spürte den Duft der Parfüms, sah auch die gelben, grünen, roten, amarantfarbenen und safrangelben Flakons – aber heran kam ich nicht.
Ganze Menschenringe umballten die Verkaufstische; ich berechnete, dass ungefähr fünf Viertel Stunden verfließen würden, ehe ich an die Reihe käme. Das dauerte mir zu lange, und da mir meine Frau auch anbefohlen hatte, ich solle mich auf Postkarten photographieren und sechsunddreißigmal abziehen lassen, so wollte ich inzwischen das photographische Atelier des Hauses aufsuchen. Ein Herr, der wie ein Rittmeister in Zivil aussah, bedeutete mich, zu diesem Zwecke müsse ich mir an einer bestimmten Kasse erst eine „Nummer“ kaufen, und rief ein Fräulein herbei, das mich an diese Kasse führen sollte. Das Fräulein war hübsch, was ich ihr auch sagte, worauf sie mir erwiderte: „Mein Herr, ich habe keine Zeit zu so etwas“ – eine Äußerung, die mich anfänglich befremdete, mir doch aber auch des Nachdenkens wert schien.

Franz von Lenbach

* Schrobenhausen,
13. Dezember 1836
† München, 6. Mai 1904

Lenbachs große Zeit begann, als Prinzregent Luitpold 1886 die Regierungsgeschäfte in Bayern übernahm. Der „Malerfürst“ war damals knapp 50 Jahre alt. Er hatte einen internationalen Ruf als Bildnismaler, insbesondere als Maler Bismarcks; seine Kunst war unbestrittenes Vorbild der jungen Generation. „In München regieren zwei „Herrscher!“ hieß es zu jener Zeit, „Luitpold und Lenbach“. Der bärbeißige Kunstpotentat bestimmte diktatorisch, welches Kunstwerk als gut und welches als schlecht zu bezeichnen sei. Als ihn der Prinzregent beim Bau der großen Isarbrücke in München nicht um Rat fragte, ließ er sich monatelang nicht bei Hofe sehen. Lenbach war ein Freund und fanatischer Anhänger Bismarcks und des Reichsgedankens. Auch Luitpold verehrte respektvoll den Eisernen Kanzler, durfte aber nach Bismarcks Entlassung mit Rücksicht auf Wilhelm II. seine Gefühle nicht in der Öffentlichkeit zeigen. Als im Jahre 1899 der Bismarckverein unter Führung Lenbachs das Bismarckdenkmal auf der Rottmannshöhe über dem Starnberger See einweihte, folgte der Prinzregent der Einladung Lenbachs nicht. Lenbach war darüber so erbost, dass er ausrief:
„Was will denn der? Wenn er net mag, der . . . beinah' hätt' i was g'sagt . . . nachher weih' i den Turm alleinig ein!“ Luitpold antwortete dem Zornigen in wahrhaft königlicher Weise – er verlieh ihm den persönlichen Adel. Lenbach zeigte sich noch eine Weile dickschädelig, musste endlich aber doch zu einer Dankes-Audienz am Hof erscheinen. Luitpold, bemüht, die bestehenden Gegensätze zu beseitigen, fragte: „Lieber Meister, kann ich Ihnen einen Gefallen tun?“ – „Sell scho, Königliche Hoheit“, antwortete der Maler, „lassen's dem Idioten, der die Kronen auf die scheußliche neue Brücke hat setzen lassen, den Kopf herunterhauen!“

Ende des Kongresses gegen unsittliche Literatur

In Köln ging am 8. Oktober 1904 ein internationaler Kongress gegen die „unsittliche Literatur" zu Ende. In einer Resolution wurde verlangt, in allen Ländern sollten die Gesetze gegen die Verbreitung unzüchtiger Schriften verschärft werden. Bedauerlicherweise treffe die Feststellung des deutschen Oberlandesgerichtsrats Roeren zu, dass die Behörden bei der Beurteilung dieser Fälle sich von sittlichen Auffassungen leiten ließen, die hinter der maßgebenden strengen sittlichen Auffassung der Allgemeinheit weit zurückblieben. Während der Aussprache hatte ein Redner erklärt, solange die gute Gesellschaft Zola lese „oder den noch unsaubereren Maupassant als Schriftsteller ersten Ranges goutiert und den ebenso unsauberen Flaubert", sei der Kampf gegen die unsittliche Literatur vergeblich. Ein Jurist aus Montreux gab allerdings zu bedenken, dass der „Begriff Unsittlichkeit in den einzelnen Fällen überaus schwer festzustellen" sei. Mehr Widerspruch als Beifall erhielt ein Pastor, als er sagte, die meisten sozialdemokratischen Zeitungen seien sauberer gehalten als die bürgerlichen Blätter.

Das Aufgebot der deutschen Turner bei den Olympischen Spielen 1904 in St. Louis. Obwohl sie neben Einzelmedaillen auch den Mannschaftskampf „gewannen" erhielten sie dafür keine Goldmedaille, da in St. Louis nur Vereins- und keine Nationalmannschaften in die Wertung kamen.

Forderung nach Verringerung der Feiertage

Die „Münchner Neuesten Nachrichten" verlangten am 16. April 1904 in einem Artikel die Verringerung der vielen Feiertage. Bei dieser Gelegenheit müssten auch die Feiertage in ganz Deutschland einheitlich begangen werden. Von 24 Großstädten in Deutschland stehe München mit 72 Sonn- und Feiertagen im Jahr an der Spitze, gefolgt von Posen mit 69 und Augsburg mit 64 ½ Sonn- und Feiertagen. Hamburg, Berlin und Breslau kämen auf nur 60 Sonn- und Feiertage. „Ein Ausfall von so vielen Arbeitstagen trifft als wirtschaftlicher Nachteil die Kleinbetriebe in gleichem Maße wie den Großhandel und die Großindustrie, und nicht in letzter Linie auch die Landwirtschaft. In der Aufrechterhaltung der vielen kleinen Feiertage liegt nicht nur eine große Benachteiligung der Arbeitgeber, sondern auch der Arbeiter, die mit ihren Familien den Lohnentgang schwer empfinden. Die weitaus überwiegende Zahl der Arbeiter bezieht ja nicht einen festgesetzten Wochenlohn, sondern Taglohn . . . Und dass die große Zahl unserer Feiertage, die man, wohlgemerkt, auch in anderen katholischen Ländern nicht kennt, das öffentliche Wohl nicht fördert, wird jeder ruhig und nicht einseitig konfessionell Denkende zugestehen müssen."

Franz von Lenbach, „Ein Hirtenknabe".

1905

JANUAR

4.1. In Deutsch-Südwestafrika erstürmen deutsche Kolonialtruppen nach 50stündigem Gefecht Groß-Nabas, die wichtigste Festung des aufständischen Stammes der Hottentotten.
5.1. Helene Stöcker gründet in Berlin den „Bund für Mutterschutz". Ziel der Vereinigung ist die Anerkennung nichtehelicher Lebensgemeinschaften, die Gleichstellung unehelicher Kinder und die Streichung des § 218.
7.1. Im Ruhrgebiet beginnt ein Bergarbeiterstreik, an dem sich im Laufe eines Monats fast 200.000 Kumpel beteiligen. Auslösendes Moment ist die Forderung nach der Rücknahme einer im Dezember 1904 verfügten Schicht-Verlängerung.

FEBRUAR

4.2. Das Zentrum bringt im Deutschen Reichstag den „Toleranzantrag" ein. Er fordert für alle staatlich anerkannten Religionsgemeinschaften in allen deutschen Ländern die gleichen Rechte.
8.2. Die Kanalbauvorlage wird vom Preußischen Abgeordnetenhaus in modifizierter Form angenommen. Damit haben sich agrarische Interessen erneut durchgesetzt.
9.2. Ein Bergarbeiterstreik im Ruhrgebiet führt zur Rekordzahl von 15 Millionen gestreikten Arbeitstagen in Deutschland.
Tod des Malers und Zeichners Adolph von Menzel in Berlin.
11.2. Tod des Schriftstellers Otto Hartleben in Salò am Gardasee.
22.2. Der Reichstag verabschiedet neue Handelsverträge mit zahlreichen Außenhandelspartnern Deutschlands. Die Verträge begünstigen die deutsche Landwirtschaft.
27.2. In Berlin wird im Beisein der Kaiserfamilie der erste protestantische Dom Preußens eingeweiht.

MÄRZ

20.3. Theobald von Bethmann Hollweg wird neuer preußischer Innenminister.
31.3. Ein Besuch von Kaiser Wilhelm II. in der marokkanischen Hafenstadt Tanger führt zur ersten Marokko-Krise. Das Deutsche Reich betrachtet Marokko als unabhängigen Staat und gerät so in Konflikt mit Frankreich.
April
1.4. Der Reichstag verabschiedet ein Gesetz über die Erhöhung der Friedenspräsenzstärke des deutschen Heeres. Innerhalb von vier Jahren soll die Landstreitmacht um 10.000 Mann auf insgesamt rund 500.000 aufgestockt werden.
Mai
22.5. In Köln beginnt der 5. Kongress der Freien Gewerkschaften, der mit 1,3 Millionen Mitgliedern größten Gewerkschaftsbewegung Deutschlands. Die Delegierten sprechen sich mehrheitlich gegen den Generalstreik zur Durchsetzung gewerkschaftlicher Forderungen aus.

JUNI

6.6. Die Hochzeit des deutschen Kronprinzen Wilhelm mit Herzogin Cecilie von Mecklenburg-Schwerin ist das herausragende gesellschaftliche Ereignis des Jahres. Die Feierlichkeiten erstrecken sich über mehrere Tage.
7.6. In Dresden gründen vier Studenten der Architektur und der Malerei Ernst Ludwig Kirchner, Erich Heckel, Karl Schmidt-Rottluff und Fritz Bleyl die Künstlervereinigung „Die Brücke". In ihr finden die herausragenden Vertreter des deutschen Expressionismus ihre Heimstatt.
22.6. Der Mediziner und Privatgelehrte Alfred Ploetz gründet in Berlin die „Deutsche Gesellschaft für Rassenhygiene". Die Gesellschaft will „Rassenhygiene" als wissenschaftliches Fach einführen.

„Bilder aus dem deutschen Pastorenleben". „Simplicissimus"-Karikatur von Th. Th. Heine (1904): „Sage mir, Gotthold, ist unsere irdische Liebe nicht doch sündhaft?" – „O nein, Mathilde, sündhaft ist nur das Vergnügen."

JULI

7.7. Mit Einführung eines neuen Zensuswahlrechts im Freistaat Lübeck verliert ein Großteil der Bürger seine Wahlberechtigung.
9.7. Bei einer Massenkundgebung der SPD in Berlin gegen die drohende Kriegsgefahr im Zusammenhang mit der Marokko-Krise beschwören rund 18.000 Teilnehmer die Verbundenheit des deutschen und des französischen Proletariats.
Die geplante Teilnahme des französischen Sozialistenführers Jean Jaurès wird durch eine persönliche Intervention von Reichskanzler Bernhard Graf von Bülow verhindert.
25.7. Kaiser Wilhelm II. und Zar Nikolaus II. vereinbaren bei einem Treffen auf der Insel Björkö ein Defensivbündnis zwischen dem Deutschen und dem Russischen Reich. Es verpflichtet für den Fall eines Angriffs einer europäischen Macht den jeweils anderen Vertragspartner zur Hilfeleistung. Das Abkommen wird jedoch nie ratifiziert.

AUGUST

29.8. In der Stettiner Vulkanwerft läuft im Beisein des Kaiserpaares der Dampfer „Kaiserin Auguste Viktoria" vom Stapel. Das größte deutsche Fahrgastschiff bietet mehr als 4.000 Passagieren Platz und steht im Dienst der Hamburg-Amerika-Linie.

SEPTEMBER

17.9. In Jena beginnt der Parteitag der Sozialdemokratischen Partei Deutschlands (SPD). Die Resolution zur Befürwortung des politischen Generalstreiks, der mit „umfassendster Anwendung der Massenarbeitseinstellung" umschrieben wird, wird mit 287 gegen 14 Stimmen angenommen. Diese Protestform soll allerdings nur in Fällen von Einschränkungen des Reichstagswahlrechts und des Koalitionsrechts angewendet werden.

OKTOBER

7.10. In Leipzig wird im Beisein des sächsischen Königs Friedrich August III. das Neue Rathaus seiner Bestimmung übergeben.

NOVEMBER

5.11. Nach fast 20jähriger Zersplitterung der Liberalen gründen Vertreter der Nationalliberalen Partei, der Freisinnigen Partei, der Deutschen Volkspartei, der jungliberalen Vereine und der Vereine der Nationalsozialen einen gemeinsamen Zentralausschuss.

DEZEMBER

1.12. Im Deutschen Reich leben 60.641.278 Menschen. Das bedeutet eine Zunahme von 7,6 Prozent gegenüber der letzten Volkszählung vor fünf Jahren. In der Reichshauptstadt Berlin leben 2.040.148 Einwohner.
6.12. Reichskanzler Bülow fordert in einer Grundsatzrede vor dem Reichstag eine „offene Tür" nach Marokko. Damit rückt die Marokko-Krise wieder ins Zentrum der deutschen Außenpolitik.
9.12. Uraufführung der Oper „Salome" von Richard Strauss in Dresden.
10.12. Den Friedensnobelpreis erhält die österreichische Pazifistin Bertha von Suttner. Auch drei deutsche Wissenschaftler werden mit dieser Auszeichnung bedacht: Robert Koch erhält den Nobelpreis für Medizin, Adolf von Baeyer für Chemie und Philipp Lenard für Physik.
28.12. Uraufführung der Operette „Die lustige Witwe" von Franz Lehár in Wien.

AUSSERDEM

Gustav Mahler: Kindertotenlieder (Liederzyklus)
Heinrich Mann: Professor Unrat oder Das Ende eines Tyrannen (Roman)
Christian Morgenstern: Galgenlieder (Gedichte)
Rainer Maria Rilke: Stundenbuch (Gedichte)
Max Weber: Die protestantische Ethik und der Geist des Kapitalismus (Soziologische Abhandlung)

Christian Morgensterns „Galgenlieder".

1905 erschien ein Buch des 47jährigen Wiener Nervenarztes Sigmund Freud, in dem er unbarmherzig mit den Konventionen, der Heuchelei und der doppelten Moral der Gesellschaft seiner Zeit abrechnen wollte: „Drei Abhandlungen zur Sexualtheorie." Darin erklärte er, „die herrschende „Unkenntnis der grundlegenden Verhältnisse des Sexuallebens" müsse zu Verdrängungen, Neurosen und Perversionen führen„. Und weiter: "Unsere Kultur ist ganz allgemein auf Triebunterdrückung aufgebaut ... Wer dank unbeugsamer Konstitution diese ... nicht mitmachen kann, steht der Gesellschaft als Verbrecher ... gegenüber ..." Auf der herrschenden „dritten Kulturstufe des Sexualtriebes" verhielten sich, so behauptete Freud, die Perversion vieler Männer zu den Neurosen der Frauen „wie positiv und negativ zueinander... Dementsprechend sind in vielen Familien die Männer gesund, aber in sozial unerwünschtem Maße unmoralisch, die Frauen edel und überfeinert – aber schwer nervös." Auch mit seinen Erkenntnissen über die Sexualität des Kindes verletzte Freud ein Tabu, denn mit diesen „schmutzigen Dingen" konnten, ja durften die unschuldigen Kinder doch nichts zu tun haben! Das Werk wurde vom großen Publikum gar nicht zur Kenntnis genommen, löste aber in der Fachwelt heftige Diskussionen aus, nicht zuletzt deshalb, weil der Autor neben der Sexualität keine anderen Faktoren als Ursachen für Verdrängungen und Komplexe gelten ließ.

Mit großem Gefolge zieht Wilhelm II. am 31. Mai 1905 in Tanger ein.

Majestät auch freundlich Menebhi in Gegenwart MacLeans. Der Annahme von Geschenken wurde geschickt ausgewichen. Auch den Vertretern der deutschen Presse hat Seine Majestät die Grundgedanken allerhöchst seines Besuchs, nämlich Verlangen der Gleichberechtigung für alle Nationen und Aufrechterhaltung der Integrität und Unabhängigkeit Marokkos, mitgeteilt.
Im Ganzen der kurze Besuch Seiner Majestät vortrefflich, ohne jeden Zwischenfall verlaufen und sichtlich von gewaltigem Eindruck auf Mauren und Fremde. Seine Majestät von dem Besuch im höchsten Grade befriedigt, insbesondere auch von der zur allerhöchsten Kenntnis gelangten vertraulichen Mitteilung des Sultans, dass er keine Reformen ohne vorherige Verständigung mit der kaiserlichen Regierung vornehmen werde.
Unsere Schiffe nach Landessitte überaus reich mit Geschenken in Naturalien überhäuft.

Kaiser Wilhelm II. in Tanger

Im März 1905 ließ sich Kaiser Wilhelm II. vom Auswärtigen Amt drängen, in Tanger zu landen, um die deutschen Handelsinteressen in Marokko zu bekräftigen. Ein mitreisender Beamter hielt seine Eindrücke vom Auftreten des Kaisers in der marokkanischen Hafenstadt fest:

Nach Überwindung nicht unerheblicher technischer Landungsschwierigkeiten in Tanger sehr würdiger Empfang am Quai durch marokkanische Behörden und deutsche Kolonie. Ritt durch reichgeschmückte Straßen unter unbeschreiblichem Jubel der Eingeborenen und europäischen Bevölkerung; bei herrlichem Wetter ein prachtvolles orientalisches Bild. In der Gesandtschaft Empfang der Deutschen, des Diplomatischen Korps und des Abgesandten des Sultans, welcher wegen hohen Alters und unruhiger See nicht hatte an Bord kommen können.

Unterredungen Seiner Majestät alle farblos mit Ausnahme folgender: mit französischem Geschäftsträger anfänglich ebenfalls gleichgültig.

Als dieser jedoch Huldigungen und Grüße Delcassés übermittelte und gewissermaßen in dessen Namen Seine Majestät in Marokko begrüßte, Erwiderung:

Der allerhöchste Besuch bedeute, dass Seine Majestät für Deutschland freien Handel und volle Gleichberechtigung mit anderen Nationen verlange; als Graf Cherisey dies großmütig zugestehen wollte, bemerkte Seine Majestät, er werde sich mit Sultan als einem gleichberechtigten, freien Herrscher eines unabhängigen Landes direkt verständigen, werde allerhöchst seinen berechtigten Ansprüchen Geltung zu verschaffen wissen und erwarte, dass diese auch von Frankreich respektiert würden. Graf Cherisey erbleichte, wollte antworten, wurde jedoch durch kurze Verabschiedung verhindert und zog gesenkten Hauptes ab.

Empfang des ehrwürdigen Großoheims des Sultans sehr feierlich. Wortlaut der von üblichem Wortschwall erfüllten, inhaltlich aber ziemlich farblosen Ansprache und Handschreiben wird von Gesandtschaft übermittelt werden. Mündlich sagte Seine Majestät, er betrachte den Sultan als den Herrscher eines freien und selbständigen, keiner fremden Souveränität unterworfenen Reiches, er erwarte für deutschen Handel und Verkehr die gleichen Vorteile wie für alle anderen handeltreibenden Nationen; er werde allerhöchst sich stets direkt mit Sultan auseinandersetzen. Reformen, deren Einführung Sultan plane, müssten immer nur im Rahmen der Sitten und Anschauungen seines Volkes und ohne Verletzung der Vorschriften des Koran in ehrlicher Verwaltung und Stärkung von Ruhe und Ordnung durchgeführt werden; das werde im Ausland den besten Eindruck machen. Europäische Sitten und Gebräuche seien nicht ohne Weiteres zu übertragen. Der Sultan möge darin sorgsam dem Rate der Großen seines Landes Gehör schenken.

Auf Gesandtschaft begrüßte Seine

Der Schlieffen-Plan

Im Dezember 1905 legte Generalstabschef Alfred Graf von Schlieffen die überarbeitete Fassung seines Plans für eine Kriegführung gegen Frankreich vor, sein „Testament", wie er es nannte:

In einem Kriege gegen Deutschland wird sich Frankreich, besonders solange es auf eine wirksame Unterstützung Russlands nicht rechnen kann, voraussichtlich zunächst auf die Verteidigung beschränken.

Mehr versprechend als der Frontalangriff mit Umfassung des linken Flügels scheint ein von Nordwesten gegen die Flanken bei Mézières, Rethel, La Fère und über die Oise gegen den Rücken der Stellung gerichteter Angriff zu sein.

Um zu diesem zu gelangen, muss die belgisch-französische Grenze auf dem linken Maasufer mit den befestigten Plätzen Mézières, Hirson, Maubeuge, drei kleinen Sperrforts, Lille und Dünkirchen bewältigt und, um so weit zu kommen, die Neutralität von Luxemburg, Belgien und den Niederlanden verletzt werden.

Die Verletzung der Neutralität von Luxemburg wird, abgesehen von Protesten, keine Folge von Bedeutung haben. Die Niederlande erblicken in dem mit Frankreich verbundenen England nicht weniger einen Feind als Deutschland. Ein Abkommen mit ihnen wird sich erzielen lassen.

Belgien wird sich voraussichtlich widersetzen. Seine Armee wird sich bei einem Vorgehen der Deutschen nördlich der Maas programmmäßig nach Antwerpen zurückziehen und muss dort eingeschlossen werden,

1905 konnte die elektrifizierte Strecke zwischen Murnau und Oberammergau (Oberbayern) in Betrieb genommen werden. Die 23,6 km lange Eisenbahnlinie war schon 1900 fertiggestellt worden, doch musste man aus finanziellen Gründen zuerst Dampflokomotiven einsetzen. Als dann 1904 die Münchner Lokalbahn-Aktiengesellschaft die Anlage erwarb, wurden die Siemens-Schuckert-Werke mit deren Elektrifizierung beauftragt.

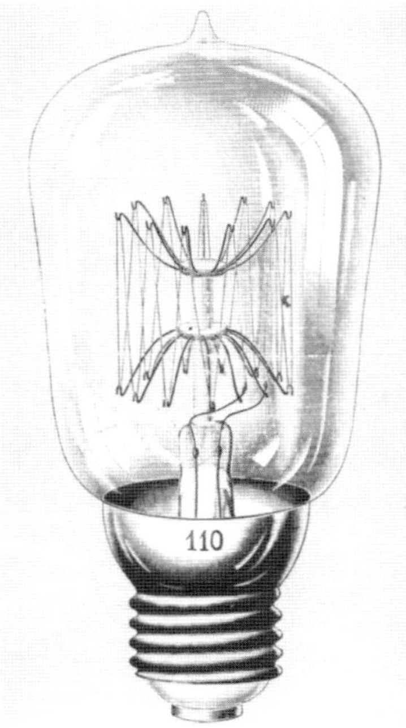

Im Labor der Firma Siemens & Halske war es dem deutschen Elektrotechniker Werner von Bolten (Bild rechts) 1903 gelungen, die erste brauchbare Metallfadenlampe, die Tantallampe, herzustellen. In der folgenden Zeit wurde die Erfindung so weit vervollkommnet, dass sie 1905 auf den Markt gebracht werden konnte. Von nun an wurde die Kohlenglühfadenlampe des amerikanischen Erfinders Thomas Alva Edison immer mehr von der Tantallampe verdrängt.

womöglich auch nördlich durch Sperrung der Schelde, um die Verbindung mit der See und mit England abzuschneiden. Für Lüttich und Namur, denen nur eine schwache Besatzung zugedacht ist, wird eine Beobachtung ausreichen. Die Zitadelle von Huy wird genommen oder unschädlich gemacht werden können.

Es ist anzunehmen, dass der deutsche Aufmarsch sich ungestört vollzieht. Höchstens könnte es notwendig werden, die Ausladung der Reservekorps des äußersten linken Flügels, die jetzt an und hinter der Saar oberhalb Saarbrückens erfolgen soll, zurückzuverlegen. Auch der Vormarsch des gesamten Heeres links der Mosel wird planmäßig angetreten werden können. Ob aber das französische Heer links oder rechts der Maas oder auf beiden Ufern uns entgegenkommen oder ob und wo es unsern Angriff erwarten wird, ist völlig ungewiss.

Eine Sache ist klar. Wenn die Franzosen uns nicht den Liebesdienst erweisen, uns anzugreifen, und müssen wir gegen die Aisne, Reims – La Fère und die Oise vorgehen, so sind wir gezwungen, gleichgültig, ob unsere Feinde die Aisne – Oise pp. Stellung halten, oder ob sie hinter die Marne oder Seine pp. zurückgehen, mit einem Teil unseres Heeres ihnen zu folgen, mit einem anderen Paris südlich zu umgehen und diese Festung einzuschließen. Wir tun also wohl daran, uns beizeiten auf einen Übergang über die Seine unterhalb der Oisemündung und auf eine Einschließung von Paris zunächst auf der West- und Südfront einzurichten. Diese Vorbereitungen mögen getroffen werden, wie sie wollen, so werden wir uns überzeugen, dass wir für eine Fortsetzung der Operationen in dieser Richtung zu schwach sind. Wir werden die Erfahrung aller früheren Eroberer bestätigt finden, dass der Angriffskrieg sehr viele Kräfte erfordert und sehr viele verbraucht, dass diese ebenso beständig abnehmen, wie diejenigen des Verteidigers zunehmen, und alles dies ganz besonders in einem Lande, das von Festungen starrt.

Es müssen aber noch die Eisenbahnen, soweit sie für den Nachschub des Heeres erforderlich sind, gesichert, die großen Städte, die volk- und fabrikreichen Provinzen Belgiens und des nordwestlichen Frankreichs besetzt werden. Das ganze Gebiet muss dem Heere einen gesicherten Rückhalt gewähren. Dazu muss der Landsturm herangezogen werden. Steht das Gesetz dieser Maßregel entgegen, so muss es bei eintretender Mobilmachung schleunigst geändert werden. Noch andere Truppen müssen beschafft werden. Wir haben ebenso viele Ersatzbataillone wie Infanterie-Regimenter. Aus ihnen und den noch verfügbaren Mannschaften der Reserve, erforderlichenfalls auch der Landwehr, müssen wie 1866 (gemeint ist der Krieg gegen Österreich von 1866) vierte Bataillone und aus ihnen und Ersatzbatterien ebenso wie 1866 Divisionen und Armeekorps gebildet werden. 8 Armeekorps werden sich auf diese Weise herstellen lassen. Diese Neuaufstellungen dürfen nicht erst in Angriff genommen werden, wenn der Bedarf sich in empfindlichster Weise fühlbar macht, nicht erst, wenn die Operationen notgedrungen ins Stocken geraten, sondern unmittelbar im Anschluss an die Mobilmachung der übrigen Truppen.

Es muss durchaus versucht werden, die Franzosen durch Angriffe auf ihre linke Flanke in östliche Richtung gegen ihre Moselfestungen, gegen den Jura und die Schweiz zu drängen. Das französische Heer muss vernichtet werden.

Das Wesentliche, für den Verlauf der gesamten Operationen, ist, einen starken rechten Flügel zu bilden, mit dessen Hilfe die Schlachten zu gewinnen und in unausgesetzter Verfolgung den Feind mit eben diesem starken Flügel immer wieder zum Weichen zu bringen.

Wenn der rechte Flügel sehr stark gemacht wird, so kann dies nur auf Kosten des linken geschehen, dem dadurch wahrscheinlich die Aufgabe zufällt, gegen Übermacht zu kämpfen.

Die Anstrengungen müssen für den rechten Flügel sehr große sein, wenn ein Erfolg erzielt werden soll. Im Allgemeinen sind aber die zu benutzenden Straßen sehr gut. Auch die Unterbringung würde bei zahlreichen Ortschaften befriedigen, wenn nicht die Korps des rechten Flügels so massiert marschieren müssten, dass auch die dichteste Bevölke-

In den „Annalen der Physik", Band 17 vom Jahre 1905, veröffentlichte der erst 26jährige Physiker Albert Einstein, ein technischer Experte dritter Klasse auf dem Amt für geistiges Eigentum in Bern, fünf wissenschaftliche Arbeiten. Im ersten der beiden wichtigsten Aufsätze erweiterte Einstein den Ansatz von Max Planck aus dem Jahre 1900 zur Hypothese von den Lichtquanten und tat damit den entscheidenden zweiten Schritt zur dualistischen Auffassung vom Licht als Welle und Teilchen. Die weitreichendsten Folgen aber hatte die Veröffentlichung von der „Elektrodynamik bewegter Körper". Darin begründete er durch tiefschürfende Analyse der Begriffe Raum und Zeit die „Spezielle Relativitätstheorie". Unser Bild aus dem Jahre 1905 zeigt Einstein (rechts) zusammen mit seinen beiden Freunden Conrad Habicht (links) und dem Rumänen Maurice Solovine.

rung für die Unterbringung nicht ausreicht.
Dagegen kann es an Verpflegung kaum fehlen. Das reiche Belgien und das reiche Nordfrankreich können viel liefern, und unter einen zweckmäßigen Druck gestellt, werden sie auch von außerhalb Vorräte herbeischaffen, an denen es ihnen etwa fehlen sollte.
Eine erhöhte Inanspruchnahme seiner Kräfte wird vielleicht Belgien bestimmen, von allen Feindseligkeiten abzusehen, seine Festungen auszuliefern und dafür dem Lande alle die Vorteile zu verschaffen, die bei einem Kampfe zweier Gegner der dritte als Unbeteiligter genießt.
Wenn die Franzosen im Verlauf des Aufmarsches hören, dass die Deutschen am Niederrhein, an der niederländischen und belgischen Grenze sich versammeln, so werden sie an der Absicht des Feindes, auf Paris zu marschieren, nicht zweifeln und sich wohl hüten, entweder mit allen oder den hauptsächlichsten Kräften zwischen Straßburg und Metz vorzugehen oder vollends über den Oberrhein in Deutschland einzufallen. Das würde bedeuten: Die Besatzung verlässt die Festung in dem Augenblick, wo die Belagerung eröffnet werden soll. Tun sie trotzdem das eine oder das andere, so kann dies den Deutschen nur willkommen sein.
Ihre Aufgabe wird dadurch erleichtert. Am vorteilhaftesten würde es für sie sein, wenn die Franzosen zum Einbruch in Süddeutschland den Weg durch die Schweiz wählen wollten. Es wäre dies ein Mittel, uns einen Bundesgenossen zu verschaffen, dessen wir sehr bedürfen, und der einen Teil der feindlichen Streitkräfte für sich in Anspruch nähme.
Es wird sich für die Deutschen empfehlen, in allen diesen Fällen ihren Operationsplan so wenig wie möglich zu ändern.

Das Ziel der Frauenbewegung

Die Führerin des Allgemeinen Deutschen Frauenvereins, die Lehrerin Helene Lange (1848-1930), formulierte 1905 ein Programm der deutschen Frauenbewegung:
Die Frauenbewegung setzt sich das Ziel: den Kultureinfluss der Frau zu voller innerer Entfaltung und freier sozialer Wirksamkeit zu bringen . . .
I. Bildung . . . Im Einzelnen stellt sie folgende Forderungen:
a) obligatorische Fortbildungsschulen für alle aus der Volksschule entlassenen Mädchen;
b) eine Reorganisation der höheren Mädchenschule, durch welche diese, unbeschadet ihrer dem Wirkungskreise der Frau entsprechenden Besonderheit, den höheren Knabenschulen gleichwertig wird. Den Mädchen muss sowohl innerhalb des Rahmens der höheren Mädchenschule als auch durch Zulassung zu den höheren Knabenschulen die Möglichkeit gegeben werden, an den Berechtigungen der höheren Lehranstalten teilzunehmen;
c) unbeschränkte Zulassung ordnungsmäßig vorgebildeter Frauen zu allen wissenschaftlichen, technischen und künstlerischen Hochschulen.
II. Berufstätigkeit. Die Frauenbewegung betrachtet für die verheiratete Frau den in der Ehe und Mutterschaft beschlossenen Pflichtenkreis als ersten und nächstliegenden Beruf. Die befriedigende Erfüllung dieses Berufs muss im Interesse der Gesamtheit mit allen Mitteln der Bildung, der wirtschaftlichen Reform, des staatlichen Schutzes gesichert werden. Die Arbeit der Frau in der Erfüllung dieses Berufs ist wirtschaftlich und rechtlich als vollgültige Kulturleistung zu bewerten.
In Anbetracht der großen Zahl von Frauen, die unverheiratet bleiben, und der weiteren Zahl derer, die in der Ehe keine ausreichende wirtschaftliche Versorgung finden können, ist die Berufsarbeit der Frau eine wirtschaftliche und sittliche Notwendigkeit. Die Frauenbewegung betrachtet die berufliche Frauenarbeit aber auch in weiterem Sinne und unabhängig von jeder äußeren Notwendigkeit als Kulturwert, da auch die Frau Träger hervorragender spezifischer Begabung sein kann und bei vollkommen freier Entfaltung ihrer Fähigkeiten auf vielen Gebieten geistiger und materieller Tätigkeit Aufgaben finden wird, die sie ihrer Natur nach besser lösen kann als der Mann. – In Bezug auf die wirtschaftliche Bewertung der beruflichen Frauenarbeit vertritt die Frauenbewegung den Grundsatz: gleicher Lohn für gleiche Leistung! . . .
III. Ehe und Familie. Die Frauenbewegung sieht in der Heilighaltung der Ehe die wesentlichste Bürgschaft für das körperliche und geistige Wohl der Nachkommenschaft und die Grundbedingung sozialer Gesundheit. Sie legt in Bezug auf die sexuelle Sittlichkeit Männern und Frauen die gleichen Pflichten auf und bekämpft die doppelte Moral, die einerseits dem Manne eine in jeder Hinsicht verhängnisvolle sexuelle Freiheit gewährt, andererseits die Frau mit ungerechter Härte trifft. Sie fordert für die Frau als Leiterin des Hauses und Erzieherin der Kinder, dass sie im Einklang mit der Höhe ihrer Verpflichtung und dem Wert ihrer Leistungen auch rechtlich die gleiche Verantwortung in allen Angelegenheiten der Ehe und der Familie trage wie der Mann.
Daraus ergeben sich im Einzelnen folgende Ziele:
a) Die Frauenbewegung bekämpft mit allen ihr zu Gebote stehenden Mitteln die Prostitution und sieht in der mit der bestehenden Reglemen-

„Eine Gegnerin der Frauenbewegung". „Simplicissimus"-Karikatur von M. Dudovich (1910): „Wenn man eine gute Figur hat, denkt man gar nicht an Stimmrecht. Und wenn man eine schlechte hat, ist ein Korsett entschieden nützlicher."

tierung ausgesprochenen staatlichen Sanktion des Lasters eine schwere gesundheitliche, soziale und sittliche Gefahr.
b) Sie verlangt eine Reform der Ehegesetze, durch welche beiden Ehegatten das gleiche Verfügungsrecht in allen gemeinsamen Angelegenheiten, insbesondere der gleiche Anteil an der elterlichen Gewalt gesichert wird.
c) Sie verlangt gesetzliche Reformen betreffend die Rechte der unehelichen Kinder, Reformen, durch welche dem unehelichen Vater größere Verpflichtungen gegen Mutter und Kind auferlegt werden.

IV. Öffentliches Leben, Gemeinde und Staat . . . Im Einzelnen erstrebt die Frauenbewegung nach Maßgabe der durch den Stand der sozialen Entwicklung gegebenen Möglichkeiten folgende Ziele:
a) Zulassung der Frauen zu verantwortlichen Ämtern in Gemeinde und Staat, vor allem solchen, die zu den Interessen der Frauen in besonders naher Beziehung stehen (Mädchenschulwesen, staatliche und kommunale Sozialpolitik, Arbeiterinnenfrage, Rechtspflege usw.);
b) Zuziehung der Frauen zur Vertretung der Laien bei der Rechtspflege (weibliche Schöffen und Geschworene);
c) Beseitigung der vereinsrechtlichen Beschränkungen der Frau;
d) Teilnahme der Frauen am kirchlichen Wahlrecht;
e) Teilnahme der Frauen am kommunalen Wahlrecht;
f) Teilnahme der Frauen am politischen Wahlrecht.

Titelblatt eines Klavierauszugs der Oper „Salome" von Richard Strauss. Das Werk wurde 1905 in Dresden uraufgeführt.

Kaiserlicher Militärdrill

Am 27. Januar 1905 wurde der Schieß- und Exerzierdienst in der deutschen Armee vereinfacht. Im Armee-Verordnungsblatt wurde eine kaiserliche Kabinettsorder veröffentlicht:

Ich will, dass mehr Zeit für die Förderung der gefechtsmäßigen Ausbildung gewonnen wird und befehle daher die Vereinfachung des Exerzier- und Schießdienstes . . . Fortfall des Rückwärtsrichtens; Fortfall der Front- und Kehrtwendung beim Übergang aus dem Marsche zum Feuern; Fortfall der Übungen im Karree; Fortfall der Doppelkolonne und Vereinfachung der Schulbewegungen im Bataillon; Erweiterung der Kompanieabstände in der Tiefkolonne; Beschränkung des Schulschießens auf die Entfernungen bis 400 Meter; Beschränkung der Befugnis, besondere Übungen im Schulschießen anzusetzen auf persönlich bei dem Schießen anwesende Vorgesetzte; Beschränkung des gefechtsmäßigen Einzelschießens zu Gunsten des Abteilungsschießens.

Höhepunkte der Berliner Theatersaison 1905 mit den beiden Publikumslieblingen Albert Bassermann und Leo Slezak! In der Uraufführung des Stücks „Stein unter Steinen" vom ostpreußischen Naturalisten Hermann Sudermann spielte Albert Bassermann die Hauptrolle. Das Werk, welches im Lessing-Theater gespielt wurde, fand durch seine Interpretation beim Publikum großen Anklang.

Der 32jährige Leo Slezak, Mitglied der Wiener Hofoper, feierte bei seinem Gastspiel am 28. September in Berlin als Walter von Stolzing in Richard Wagners „Die Meistersinger von Nürnberg" einen großen Erfolg. Er zählte in Kraft und Glanz der Stimme wie auch in der Ausdruckskraft der ihm übertragenen Rollen zu den berühmten Heldentenören der Zeit. Als weitere Stätten seiner Laufbahn fasste Slezak Paris und New York ins Auge.

Ende des Streiks der Bergarbeiter an der Ruhr

Rund 200.000 Bergleute waren im Januar 1905 in den Ausstand getreten. Neben Lohnerhöhungen verlangten sie vor allem bessere Arbeitsbedingungen. 1904 waren die Löhne der Bergleute erhöht worden. Die Zechenleitungen hatten dieses Zugeständnis gemacht, um die Unzufriedenheit unter den Bergleuten zu besänftigen. Jetzt verlangten die Arbeiter, dass die sogenannte Seilfahrt auf die Acht-Stunden-Schicht angerechnet werde. Für die Bergleute begann die Arbeitszeit erst, wenn sie vor Ort waren. Die An- und Abfahrt mit dem Förderkorb in die Grube wurde nicht als Arbeitszeit gerechnet. Die Zechenbesitzer blieben hart, sie lehnten die Forderung der Bergleute ab. Diese hatten gehofft, zwei Monate streiken zu können. Aber nach gut drei Wochen war die Streikkasse erschöpft. Die Not in den Familien zwang zur Beendigung des Streiks am 9. Februar.

1906

JANUAR

1.1. General Helmuth von Moltke wird der Nachfolger von Alfred von Schlieffen als Generalstabschef des deutschen Heeres.
Ausnahmeregelungen des geltenden Kinderschutzgesetzes treten in Kraft. Vor allem für landwirtschaftliche Saisonarbeiten dürfen Kinder über neun Jahre eingesetzt werden.
11.1. Die Rheinuferbahn zwischen Köln und Bonn nimmt den Personenverkehr auf. Sie verkehrt halbstündlich und legt die Strecke zwischen den beiden Städten in 44 Minuten zurück.
16.1. In der spanischen Hafenstadt Algeciras beginnt eine internationale Konferenz zur Beilegung der Marokko-Krise.
17.1. In Hamburg streiken rund 80.000 Arbeiter gegen die Einschränkung ihres Wahlrechts. Trotz dieses ersten politischen Streiks in der Geschichte Deutschlands wird die Wahlreform verabschiedet. Der Stimmenanteil niedrigverdienender Bürger wird weiter reduziert.
24.1. In der Berliner Nationalgalerie wird die „Deutsche Jahrhundertausstellung" eröffnet. Sie zeigt Werke deutscher Maler aus dem Zeitraum von 1775 bis 1875.

FEBRUAR

10.2. Das größte Kriegsschiff der Welt, die „Dreadnought", läuft im britischen Kriegshafen Portsmouth vom Stapel. Es gehört zu einer neuen Generation von Großkampfschiffen. Die nächste Etappe des deutsch-britischen Wettrüstens beginnt.

MÄRZ

5.3. In Berlin wird im Beisein von Kaiser Wilhelm II. das Königliche Museum für Meereskunde eröffnet. Es ist weltweit das erste Museum dieser Art und zeigt auch Ausrüstungsgegenstände der ersten deutschen Antarktisexpedition von 1901 bis 1903.
10.3. Bei einem Grubenunglück in den Schachtanlagen von Courrières in Nordfrankreich kommen 1.140 Bergleute ums Leben. An den Hilfsmaßnahmen beteiligt sich ein Rettungstrupp aus dem Ruhrgebiet.

APRIL

7.4. Die internationale Konferenz von Algeciras zur Beilegung der Marokko-Krise endet mit einem Kompromiss. Die Souveränität des Sultanats Marokko bleibt erhalten, die allgemeine Handelsfreiheit wird garantiert. Zugleich wird den kolonialen Bestrebungen Frankreichs und Spaniens Rechnung getragen.

MAI

19.5. Der Reichstag verabschiedet die Erste Flottengesetznovelle.
Mit der Erbschaftssteuer wird die erste direkte Reichssteuer bewilligt. Die Tabaksteuer und Quittungsstempel werden aufgehoben. Dafür werden neue Steuern wie die Brau-, Automobil- und Zigarettensteuer eingeführt. Das Defizit im Reichsetat bleibt bestehen.

JUNI

2.6. Mit einer Fahrt der Kaiseryacht „Alexandria" wird der Teltowkanal eingeweiht. Er verbindet im Süden von Berlin auf einer Strecke von 38 km die Havel mit der Spree.
5.6. Tod des Philosophen Eduard von Hartmann in Groß-Lichterfelde bei Berlin.
27.6. Mit einem 2:1-Sieg über den 1. FC Pforzheim wird der VfB Leipzig Deutscher Fußballmeister.

JULI

16.7. Die Stuttgarter Elektrotechnik-Firma Robert Bosch führt eine neue Arbeitsordnung ein, in der eine achtstündige Arbeitszeit festgeschrieben ist. Darüber hinaus wird der 1. Mai zum arbeitsfreien Tag erklärt, allerdings ohne Lohnzahlung.

Einweihung des Bismarck-Denkmals von Hugo Lederer und Max Staudt in Hamburg am 2. Juni 1906.

AUGUST

2.8. Die deutsche Regierung beantragt im Reichstag einen Nachtragshaushalt in Höhe von 29 Millionen Mark für den Krieg in Deutsch-Südwestafrika.

SEPTEMBER

22.9. Auf der 4. Konferenz sozialdemokratischer Frauen wird eine Resolution mit der Forderung des Frauenwahlrechts einstimmig angenommen.
23.9. Auf dem Mannheimer Parteitag der Sozialdemokratische Partei Deutschlands (SPD) argumentiert August Bebel gegen den Massenstreik zur Durchsetzung politischer Forderungen.
24.9. Eröffnung der ersten Ausstellung der expressionistischen Künstlervereinigung „Die Brücke“ in einer Dresdner Fabrikhalle. Die Ausstellung wird von der Öffentlichkeit wie von der Kritik weitgehend ignoriert.

OKTOBER

16.10. Die Affäre um den „Hauptmann von Köpenick“ sorgt für Aufsehen und Hohn in der deutschen Öffentlichkeit. Ein arbeitsloser Schuster hatte in einer beim Trödler erworbenen Hauptmannsuniform „auf Befehl des Kaisers“ den Bürgermeister von Köpenick verhaftet und die Stadtkasse „beschlagnahmt“.
17.10. Dem deutschen Physiker Arthur Korn gelingt die telegraphische Übertragung eines Porträts des Kronprinzen Wilhelm über eine Entfernung von 1.800 km. Das erstmals angewandte Prinzip der Umwandlung von Lichtschwankungen in elektrische Stromstöße mittels Selenzellen ist von bahnbrechender Bedeutung für die Telegraphie.
27.10. Der Publizist Maximilian Harden bezichtigt in der Zeitschrift „Die Zukunft“ den Berliner Stadtkommandanten Kuno Graf von Moltke der Homosexualität.

NOVEMBER

13.11. Wilhelm II. legt in München den Grundstein für das „Deutsche Museum von Meisterwerken der Naturwissenschaft und Technik“. Initiator und Gründer des größten naturwissenschaftlich-technischen Museums der Welt ist der Mitbegründer der Allgemeinen Elektricitäts-Gesellschaft (AEG), Oskar von Miller.
15.11. Der erste Kurs an der neu eingerichteten Parteischule der SPD beginnt in Berlin. Die Ausbildung der Funktionäre erfolgt in Halbjahreskursen mit jeweils 30 vom Parteivorstand ausgewählten Teilnehmern. Zu den Lehrkräften des ersten Kurses zählen Rudolf Hilferding und Franz Mehring.

DEZEMBER

4.12. In Hamburg wird der neue Hauptbahnhof mit der größten Bahnhofshalle der Welt eingeweiht. Das 5 Mill. Mark teure Projekt wurde gemeinsam von den Ländern Hamburg und Preußen finanziert.
13.12. Reichskanzler Bernhard Fürst von Bülow löst auf Verordnung des Kaisers den Reichstag auf, nachdem dieser die Bewilligung zusätzlicher Mittel für den Krieg in Deutsch-Südwestafrika mehrheitlich abgelehnt hat.
14.12. Das erste deutsche Untersee-Boot wird in Kiel seiner Bestimmung übergeben. Die „U 1“ ist 42,30 m lang, 3,60 Meter breit und erreicht eine maximale Tauchtiefe von 37 m.

AUSSERDEM

Knut Hamsun: Unter Herbststernen (Roman)
Hermann Hesse: Unterm Rad (Roman)
Hermann von Keyserling: Das Gefüge der Welt (Phil. Abhandlung)
Else Lasker-Schüler: Das Peter-Hille-Buch (Erinnerungen)
Robert Musil: Die Verwirrungen des Zöglings Törleß (Roman)

Franz von Stuck, Salome, 1906.

Deutsche Marokkopolitik

Am 5. April 1906 erstattete Reichskanzler Fürst Bülow dem Parlament Bericht über die Konferenz von Algeciras, auf der die europäischen Mächte die Marokkokrise von 1905 beizulegen versuchten. Bülow erklärte, welche Interessen das Reich in Nordafrika verfolgte:

Meine Herren, ich möchte die erste Gelegenheit ergreifen, die sich mir bietet, um mich nach dem materiellen Abschluss der Konferenz von Algeciras vor diesem hohen Hause über unsere Marokkopolitik auszusprechen. Sie werden es aber verstehen; wenn ich heute meine Worte sehr sorgsam abwäge, nicht nur, weil der formelle Abschluss der Konferenz noch nicht erfolgt ist und in keinem anderen Parlament das Ergebnis der Konferenz und die Marokkofrage besprochen worden sind, sondern auch, weil ich die mühsam erreichte Verständigung nicht beeinträchtigen oder trüben will.

Will man unsere Marokkopolitik richtig verstehen, so muss man zu ihrem Ausgangspunkt zurückkehren, will man das Ergebnis richtig würdigen, den Anfang mit dem Ende vergleichen. Eine Zeit der Beunruhigung liegt hinter uns. Es gab Wochen, wo der Gedanke an kriegerische Verwicklungen sich der Gemüter bemächtigte. Wie kam das? Waren Lebensinteressen des deutschen Volkes bedroht, so dass die Leitung unserer auswärtigen Politik daran denken konnte, die Machtfrage aufzuwerfen? Sollten wir, wollten wir um Marokko Krieg führen? Nein, meine Herren, um Marokko nicht. Wir haben in Marokko keine direkten politischen Interessen, wir haben dort auch keine politischen Aspirationen. Wir haben weder, wie Spanien, eine jahrhundertlange maurische Vergangenheit, noch, wie Frankreich, eine Hunderte von Kilometern lange Landesgrenze mit Marokko; wir haben keine durch mancherlei Opfer erworbenen historischen oder moralischen Anrechte wie diese beiden europäischen Kulturländer. Aber wir hatten wirtschaftliche Interessen in einem unabhängigen, bisher noch wenig erschlossenen, zukunftsreichen Lande. Wir waren Teilhaber an einer internationalen Konvention, die das Prinzip der Gleichberechtigung enthielt. Wir besaßen aus einem Handelsvertrag die Rechte der meistbegünstigten Nation. Darüber nicht ohne unsere Zustimmung verfügen zu lassen, war eine Frage des Ansehens der deutschen Politik, der Würde des Deutschen Reichs, in der wir nicht nachgeben durften.

Daraus folgt, meine Herren, was wir in Marokko erreichen wollten, was nicht. Wir wollten nicht in Marokko selbst festen Fuß fassen, denn darin hätte eher eine Schwächung als eine Stärkung unserer Stellung gelegen. Wir wollten auch älteren politischen und historisch begründeten Ansprüchen Spaniens oder Frankreichs keinen schikanösen oder überhaupt keinen Widerstand entgegensetzen, solange die deutschen Rechte und Interessen geschont und geachtet wurden. Wir wollten uns auch nicht an England reiben, weil dieses in seinem Vertrage vom April 1904 eine Annäherung an Frankreich vollzogen hatte. Denn in diesem Vertrage verfügte England, was Marokko betrifft, nur über seine eigenen Interessen, und was Ägypten betrifft, so hat es in den uns angehenden Fragen nachträglich unsere Zustimmung herbeigeführt.

Was wir wollten, war, zu bekunden, dass das Deutsche Reich sich nicht als quantité négligeable behandeln lässt, dass die Basis eines internationalen Vertrags nicht ohne Zustimmung der Signatarmächte verrückt werden darf, dass in einem so mächtigen, selbständigen, an zwei Welthandelsstraßen gelegenen Wirtschaftsgebiet die Tür für die Freiheit des fremden Wettbewerbs offen gehalten werden soll.

Das geeignetste Mittel, dieses Ziel auf friedlichem Wege zu erreichen, war die Einberufung einer neuen Konferenz. Ich habe in den Zeitungen hier und da gelesen, dass wir mit einem französisch-deutschen Separatabkommen mehr erreicht haben würden. Ich weiß nicht, ob ein solches überhaupt möglich gewesen wäre und ob nicht bei einem solchen Versuche im Gegenteil die Gegensätze sich noch mehr verschärft haben würden. Jedenfalls würden wir damit von vornherein unsere feste, auf einem internationalen Vertrage beruhende Rechtsstellung geschwächt haben. Unser Vertrauen in die Stärke, die ein fester Rechtsboden verleiht, war so groß, dass wir auf die Konferenz drangen, obwohl jedermann wusste, dass drei Großmächte durch Sonderabmachungen an Frankreich gebunden und eine vierte ihr Alliierter ist, wir also unsere Forderungen auf der Konferenz gegen eine Mehrheit der Großmächte durchzusetzen hatten. Das Vertrauen, von dem ich soeben sprach, hat uns nicht getäuscht. Gewiss hat die Konferenz länger gedauert, als mancher erwartete, die Sache war eben nicht leicht, und es gibt in der Diplomatie wie im bürgerlichen Leben manche weit weniger wichtige Angelegenheiten, über die noch viel länger verhandelt und gestritten wird.

Unseren Unterhändlern bin ich die Anerkennung schuldig, dass sie die deutschen Forderungen mit ebensoviel Festigkeit und Zähigkeit wie Umsicht vertreten haben.

Ankunft der deutschen Delegation der Marokko-Konferenz 1906 in Algeciras.

Als Nachfolger Schlieffens wurde 1906 General Helmuth von Moltke (rechts) vom Kaiser zum Chef des Großen Generalstabes ernannt.

England als Parteigänger Frankreichs

In einem Memorandum an den Reichskanzler vom 23. Januar 1906 drückte der neuernannte Generalsstabschef Moltke seine Befürchtung vor einem Eingreifen Englands in einen deutsch-französischen Krieg aus – durchaus mit Recht, wie die spätere Entwicklung erweisen sollte:

Euerer Durchlaucht beehre ich mich, nachstehende, mir aus sicherer Quelle zugegangenen Nachrichten über die Stellungnahme Englands in einem deutsch-französischen Kriege ganz ergebenst mitzuteilen:

Die Umgestaltung der europäischen Machtverteilung, die ein siegreiches Deutschland in Europa hervorrufen werde, würde für England zu einer so großen nationalen Gefahr, dass es gezwungen werde, aus der „wünschenswerten und von der Regierung beabsichtigten" Neutralität herauszutreten.

Es wird als selbstverständlich angenommen, dass Belgien bei einem deutsch-französischen Kriege in Mitleidenschaft gezogen, und zwar, dass es auf Seiten Frankreichs fechten werde.

Man ist der Ansicht, dass das siegreiche Deutschland kein Interesse daran haben könne, Frankreich zu einer Großmacht dritten Ranges herabzudrücken. Im Gegenteil wird als sicher angenommen, dass Deutschland, den Stolz der französischen Nation schonend, versuchen werde, Frankreich durch Großmut zum Anschluss zu bewegen. Dafür werde sich Deutschland aber an Belgien schadlos halten und eventuell auch noch Holland an sich reißen.

Ein Festsetzen Deutschlands an der belgischen Küste zwänge aber Holland zum bedingungslosen Anschluss an Deutschland, selbst wenn Deutschland dem neutral gebliebenen Holland zur Belohnung dem Anschein nach die politische Selbständigkeit beließe. Ganz besonders schwarz wird der wirtschaftliche Nachteil angesehen, der England – namentlich seiner Ost- und Südostküste – erwüchse, wenn die belgische und eventuell noch die holländische Küste in deutsche Hände gelangten. – Man nimmt an, dass schon jetzt Antwerpen viel von Londons Handel weggenommen habe.

Nachdrücklich wird hervorgehoben, dass die Festsetzung Deutschlands an der belgisch-holländischen Küste eine ständige Invasionsgefahr für England bedeuten müsse. Die Gefahr einer deutschen Invasion fordere dringend eine Armeevermehrung sowie eine gründliche Verbesserung der Küstenverteidigung, da die Werke an der Ost- und Südostküste den modernen schweren Geschützen nicht mehr gewachsen seien. Eine derartige Armeevermehrung und Neugestaltung der Küstenverteidigung müsste aber zu Mehrausgaben führen, die Englands Leistungsfähigkeit überstiegen und die keine Regierung verantworten könne. Ferner setze eine derartige Umgestaltung der kontinentalen Machtverhältnisse England außerstand, seine Heimatarmee für eine eventuell notwendig werdende Verteidigung Indiens einzusetzen.

Selbst eine Umgestaltung der Küstenverteidigung und eine Hebung der Leistungsfähigkeit der Miliz vorausgesetzt, könne man das Heimatland nicht so von Truppen entblößen wie im Südafrikanischen Kriege. Man müsse stets mit einer Invasion Deutschlands rechnen.

Über diese Schwierigkeiten könne auch die stärkste Flotte nicht hinweghelfen.

Der größte Teil der Flotte sei außerdem erforderlich, um die lange Etappenlinie nach Indien zu schützen. Es würden daher nicht genügend Kräfte in den heimischen Gewässern zurückbleiben, um England gegen die Gefahr einer deutschen Invasion zu schützen. Die Selbsterhaltung Englands verlange daher sein Eingreifen in einen kontinentalen Krieg, um einem derartigen Übergewicht Deutschlands vorzubeugen – es sei denn, dass sich die deutsche Regierung bereiterkläre, die Selbständigkeit Hollands und Belgiens unbedingt sicherzustellen, selbst wenn Belgien, durch die Verhältnisse gezwungen, sich an Frankreich anschließe.

Dass man von einem siegreichen Deutschland die Erfüllung einer derartigen Forderung erwarten könne, sei aber ausgeschlossen.

Wenn Deutschland die bei Beginn des Krieges zu fordernde Garantie für Belgiens und Hollands Selbständigkeit verweigere, so sei es Pflicht einer jeden englischen Regierung, sich auf Frankreichs Seite zu stellen, um die politische Selbständigkeit Belgiens zu schützen.

Dieses Endziel könne aber nicht erreicht werden durch den alleinigen Einsatz der Flotte. Dazu sei auch der Einsatz der Landarmee erforderlich.

Die Heranführung der Landarmee sei geplant: entweder – nach Vernichtung der deutschen Flotte – nach der jütischen oder schleswigschen Küste, oder – wenn die Vernichtung der deutschen Flotte nicht gelungen sei – nach der belgischen oder holländischen Küste.

„S.M.“ „Simplicissimus“-Karikatur von Olaf Gulbransson, 1906. Die Rechte vor der ordensbehängten Brust zur Faust geballt, steht „Seine Majestät vor dem Meer, auf dem sich die deutsche Kriegsflotte nähert. „Dies Bild nimmt einen höheren Schwung/als Ausdruck einer Huldigung“, heißt es im ironischen Kommentar.

Wettrüsten zur See

Kaiser Wilhelms II. Streben nach deutscher Seegeltung entfremdete das Deutsche Reich dem Wunschverbündeten England immer weiter und trieb diesen in die Arme Frankreichs. Das erhöhte nicht unwesentlich die Gefahr, dass sich Paris zu aggressiver Politik gegen das Reich verleiten ließ. Dennoch war die kaiserliche Regierung zu keinem Kompromiss in der Flottenfrage bereit, sondern ordnete sogar per Gesetz am 5. Juni 1906 den beschleunigten Ausbau der Seestreitkräfte an. Welche Ängste damit in England erzeugt wurden, zeigt ein Bericht des deutschen Botschafters in London an den Reichskanzler über ein Frühstück mit dem britischen Außenminister Grey und seinem Kollegen vom Handelsressort, Lloyd George:

Sir Edward Grey hatte mich vorgestern in seinem Hause mit Herrn Lloyd George zum Frühstück eingeladen. Das Gespräch wandte sich bald der auswärtigen Politik zu . . .

Beide Minister waren der Ansicht, dass die Situation zwischen England und Deutschland sich um die Flottenfrage drehe. Die Auslagen für die englische Flotte würden infolge des deutschen Flottenprogramms und des beschleunigten Flottenbaues dermaßen in die Höhe gehen und das Gefühl von der deutschen Gefahr würde damit dermaßen an Intensität zunehmen, dass die Beziehungen zwischen den Ländern sich nicht bessern könnten, solange sie sich in der Flottenkonkurrenz gegenseitig in die Höhe schraubten. Jeder Engländer würde seinen letzten Pfennig daransetzen, um sich die Überlegenheit zur See zu wahren, von welcher nicht nur die Weltstellung Englands, sondern auch seine Existenz als unabhängiger Staat abhänge. Die ruinösen Ausgaben, zu denen die Flottenkonkurrenz triebe, könnten vertrauensvolle Beziehungen zwischen beiden Nationen nicht aufkommen lassen. Wer auch nur einigermaßen England kenne, wisse, dass hier nicht die Absicht bestehe, Deutschland mit der englischen Flotte zu bedrohen oder gar Deutschland anzugreifen. Eine Landung sei schon in Anbetracht der englischen Armeeverhältnisse gänzlich ausgeschlossen. Fürst Bismarck habe, wie Lloyd George scherzend bemerkte, als bei irgendeiner Gelegenheit von einer englischen Landung auf deutschem Boden die Rede gewesen sei, gesagt, er werde in dem Falle es der Polizei überlassen, das englische Landungskorps festzunehmen. Ebenso lägen die Dinge auch heute noch, wenn es sich um die Bedrohung Deutschlands durch England handele. Für England dagegen sei eine mächtige deutsche Flotte mit einer noch mächtigeren Armee im Hintergrund eine reale Gefahr.

Ich erwiderte, an der „German invasion“ leide nur die englische Einbildungskraft. In Deutschland denke kein vernünftiger Mensch daran. Die Flottenbauten seien leider verteuert worden durch die Erfindung des „Dreadnought“, wodurch England seinen immensen Vorsprung verloren hätte und andere seefahrende Nationen zu demselben großen Schiffstypus und damit relativ zu denselben hohen Ausgaben gezwungen würden . . . Zuerst müsse Sir Edward Grey eine politische Entspannung zwischen beiden Län-

dern herbeiführen und durch seine Politik in Zentraleuropa den Glauben wiederherstellen, dass seine Ententen nicht eines Tages gegen uns missbraucht werden könnten, dann erst sei der Boden für eine etwaige Einschränkung von Seerüstungen geebnet. Vorher nicht. Lloyd George, der an der Flottendiskussion lebhaften Anteil nahm, entgegnete, eine Verlangsamung des Tempos in unserem Flottenbau würde zur sofortigen Beruhigung der Gemüter mehr beitragen, als irgendeine politische Aktion dies vermöge. Wir würden hier das weitgehendste Entgegenkommen zur Schaffung einer gemeinsamen Basis für die beiderseitige Einschränkung des Flottenbaus finden . . .
Euer Durchlaucht ist es bekannt, dass die englische Regierung seit langem den Wunsch hegt, über die Flottenausgaben mit uns zu einem Abkommen zu gelangen. Vor und während der zweiten Haager Konferenz wurde ein verfehlter Anlauf in dieser Richtung unternommen. Wenn ich richtig unterrichtet bin, so ist bei uns auch schon die Befürchtung hervorgetreten, die englische Regierung möchte, allein oder mit anderen, an uns den förmlichen Antrag richten, unser Flottenprogramm einzuschränken, und dass hieraus eine sofortige Kriegsgefahr entstehen würde. Nach meiner Überzeugung liegt es der hiesigen Regierung vollkommen fern, uns durch eine Art von Ultimatum vor die Frage des Nachgebens oder des Krieges zu stellen. Sie hat keineswegs die Absicht, an uns eine drohende Frage zu richten. Sie wünscht vielmehr, späteren kriegerischen Möglichkeiten durch einen Vergleich beizeiten vorzubeugen . . .

verschwindet mit dem Kassenbeutel. Gegen Abend wird es den Kommandostellen klar, dass man einem Schelmenstreich aufgesessen ist. Am 26. Oktober verhaftet die Kriminalpolizei im Berliner Osten den „Hauptmann v. Malzahn". Es ist der 1849 in Tilsit geborene, mehrfach vorbestrafte Schuster Friedrich Wilhelm Voigt. Voigt stand unter Polizeiaufsicht, konnte nirgends dauerhafte Arbeit finden und hatte darum beschlossen, in einer beim Trödler entliehenen Uniform eine Dienststelle zu besetzen, um sich Papiere für die Reise ins Ausland zu beschaffen. Im Dezember 1906 verurteilte ihn die 3. Strafkammer des Landgerichts Berlin II zu vier Jahren Gefängnis. 1908 wurde er begnadigt. Voigts Pech war es gewesen, dass das Rathaus keine Passstelle besaß. Eine Zeit lang wurde er als Volksheld zum Zugstück für Varietés. 1922 starb er vergessen in Luxemburg. 1931 setzte ihm Carl Zuckmayer in seinem „Hauptmann von Köpenick" ein literarisches Denkmal.

Der Hauptmann von Köpenick

Ganz Berlin, ja ganz Deutschland, allen voran seine Majestät der Kaiser, lachten herzlich, als das Gaunerstück des Hauptmanns von Köpenick alias Wilhelm Voigt vom 16. Oktober 1906 die Runde machte.
An diesem Tag um 14.45 Uhr läuft der Vorortzug von Berlin im Bahnhof Köpenick ein. Ihm entsteigen ein Hauptmann vom 1. Garderegiment zu Fuß, ein Gefreiter und drei Mann vom Garde-Füsilier-Regiment sowie ein Gefreiter und sechs Mann vom 4. Garderegiment zu Fuß, Ablösungen der Wachen von der Schwimmanstalt und vom Schießstand Plötzensee. Der Hauptmann hat sie auf der Straße angehalten, seinem Befehl unterstellt und per Bahn nach Köpenick gebracht, hat ihnen unterwegs auch Bier und Essen ausgegeben. Begründung: Auf allerhöchsten Befehl habe er im Auftrag Seiner Majestät das Rathaus Köpenick zu besetzen und den Bürgermeister zu verhaften.
Mit vier Soldaten steigt der Hauptmann zum ersten Stock empor, wo sich das Amtszimmer des Bürgermeisters befindet. Den ihm entgegenkommenden Oberstadtsekretär Rosenberg lässt er sofort verhaften. Der Bürgermeister Dr. jur. Langerhans wird ebenfalls auf allerhöchsten Befehl verhaftet. Der Jurist und Reserveoffizier protestiert, will mit dem zuständigen Landrat telefonieren, fragt nach seinem Haftbefehl, nach seiner Legimitation. Der Hauptmann, ruhig und bestimmt: Zu telefonieren gäbe es nichts, seine Soldaten seien seine Legimitation.
Dann setzt der Hauptmann im Erdgeschoss den Stadtkämmerer von Wittberg fest, verlangt Kassenschluss und die Herausgabe der Stadtkasse. Der Kämmerer möchte seinen Bürgermeister verständigen. Der Hauptmann: Dieser sei bereits verhaftet, die Stadtverwaltung habe er übernommen. Herr von Wittberg übergibt ihm die Kasse, 4000 Mark und 70 Pfennige. Der Hauptmann quittiert ordnungsgemäß und unterschreibt mit „v. Malzahn". Alle Verhafteten werden unter militärischer Bewachung in zwei Droschken nach der Neuen Wache in Berlin abtransportiert, der Hauptmann befiehlt dem Rest des Kommandos, ebenfalls dorthin abzurücken – und

„Ich versichere allen", beendet Wilhelm Voigt seine Erinnerungen, „dass ich als ein Mann von Jahren nunmehr am Ende meiner Taten angelangt bin und in Zukunft Konflikte mit den Strafgesetzen vermeiden werde."

Denkschrift zur Arbeitslosenversicherung

Eine vom deutschen Reichstag angeforderte Denkschrift über eine Versicherung gegen die Folgen der Arbeitslosigkeit wurde am 29. Mai 1906 veröffentlicht. In ihr hieß es: „Die Arbeiter erkennen die alleinige Selbsthilfe als die normale Form der Sicherstellung gegen die Folgen der Arbeitslosigkeit nur in begrenztem Maße an. Sie stehen auf dem grundsätzlichen, von anderer Seite bestrittenen Standpunkt, dass die Verweisung des Arbeiters auf die Selbsthilfe ihn zu Unrecht belastet, da die Arbeitslosigkeit eine Folgeerscheinung der kapitalistischen Wirtschaft sei; deshalb sollen die Kosten gegen die Folgen der Arbeitslosigkeit von der Gesamtheit getragen werden." Dieser Gesichtspunkt werde nicht nur von Handarbeitern vorgetragen, sondern von allen wirtschaftlich unselbständigen Personen geltend gemacht. „Diese Art der Begründung muss in ihrer Konsequenz zu der Forderung einer öffentlichen Versicherung aller wirtschaftlich unselbständigen Personen führen."

Kritik am preußischen Schulgesetz

Die Teilnehmer der am 2. Juni 1906 beginnenden Lehrer-Konferenz kritisierten heftig ein neues preußisches Schulgesetz, in dem obrigkeitsstaatliche Tendenzen besonders ausgeprägt seien. Einer der Delegierten, Professor Ziegler aus Straßburg, sagte:
„Der reaktionäre Geist, der in unserem Vaterland umgeht, Konfessionalismus und Bürokratismus haben gesiegt. Wir sind unterlegen, aber wir glauben fest, dass wir wie die Römer nach Cannae und die Preußen nach Jena schließlich doch siegen und für die Schule und für die Lehrer die volle Unabhängigkeit und Bewegungsfreiheit erkämpfen werden, denn ohne Freiheit keine Bildung und ohne Bildung keine Freiheit. Dass wir nicht mehr bloß stumm gehorchende Untertanen, sondern verantwortliche Bürger sind und dass über alles gesprochen und geschrieben, dass in allem Kritik geübt wird, darin zeigt sich schon das Vordringen demokratischer Tendenzen. Der einzelne muss befähigt und erzogen sein, muss etwas wissen von der Geschichte und Verfassung seines Volkes und Staates; dass diese neuen demokratischen Rechte nicht schaden und diese neuen demokratischen Pflichten dem Ganzen nützen, dafür ist eine breite allgemeine Volksbildung die notwendige Voraussetzung."

Amerikaner studieren in Deutschland

Ein offizieller deutsch-amerikanischer Kulturaustausch wurde am 28. Oktober 1906 begonnen. Der amerikanische Präsident Theodore Roosevelt hatte eine Stiftung gegründet, die es amerikanischen Professoren erlaubte, an deutschen Universitäten Vorlesungen zu halten. Erster Inhaber dieser Theodore-Roosevelt-Professur an der Berliner Universität war ein Professor Burgess, der über amerikanische Verfassungsgeschichte und amerikanisches Verfassungsrecht las. An seiner Antrittsvorlesung nahm auch Kaiser Wilhelm II. teil. Burgess verlas dabei einen Brief Theodore Roosevelts, in dem es hieß:
„Seit dem Bürgerkrieg ist die große Auswanderung von Studenten aus den Nordstaaten unserer Union nach den deutschen Universitäten eine der merkwürdigsten und bedeutendsten Erscheinungen unseres geistigen Lebens, und es ist eine der wichtigsten Tatsachen unserer amerikanischen Bildung, dass diese auf deutschen Universitäten erzogenen Söhne unserer Republik das höhere Erziehungswesen unseres Landes jetzt leiten und beherrschen. All dies hat mächtig darauf gewirkt, einen Austausch der Kultur zwischen den zwei Ländern zustande zu bringen."

Plakat der Deutschen Heimarbeit-Ausstellung (Jan. / Febr. 1906). Für die Ausstellung warb ein Plakat, das nach einer Studie von Käthe Kollwitz, „Frauenporträt nach rechts" (1893), eine traurige, verzweifelte, vom Daseinskampf ausgemergelte Frau zeigte, als Anklage gegen die Interesselosigkeit der Herrschenden an der Lage der Heimarbeiterinnen. Die Heimarbeitausstellung wurde von bürgerlichen Sozialpolitikern, Frauenvereinen und Arbeiterorganisationen unterschiedlicher politischer Richtungen veranstaltet. Die gezeigten Erzeugnisse, die gewerkschaftliche Organisationen aus verschiedenen Hausindustrien des Deutschen Reiches ausgewählt hatten, gaben ein erschreckendes Bild der sozialen Verhältnisse der Heimarbeiter / innen wieder, so dass der Ruf nach gesetzlichen Lösungen der Probleme der Hausindustriellen aufkam, der sich in der Novelle der Gewerbeordnung von 1908 und im Hausarbeitgesetz von 1911 niederschlug.

Das neueste Werk von Gerhart Hauptmann „Und Pippa tanzt", das 1906 im Lessing-Theater in Berlin seine Premiere erlebte, zeigte ganz deutlich, dass der Dichter sich endgültig vom streng naturalistischen Drama gelöst hatte: „Und Pippa tanzt" ist ein reines Märchenspiel, in dem sich Realität und Symbolik völlig durchdringen. Im Bild: Ida Orloff, die Darstellerin der Titelrolle, und Willy Grunewald als Michel Hellriegel. Eben hat Michel im zweiten Akt Pippa aus der Gewalt des alten Waldmenschen Hulm befreit. – „Die Pippa", so urteilte ein zeitgenössischer Kritiker, „fand im Lessing-Theater eine entzückende Darstellerin in dem talentvollen, noch nicht 17jährigen Fräulein Orloff."

Strafe für einen christlichen Gewerkschafter

Das Landgericht in Metz (Lothringen) verurteilte am 16. November 1906 den Sekretär des Christlichsozialen Bergarbeitervereins Carius wegen Beleidigung zu 100 Reichsmark Geldstrafe. Der Gewerkschaftssekretär hatte auf einer Versammlung die Arbeitsbedingungen in den Wendelschen Werken scharf kritisiert: Die Schichtzeit betrage statt acht nach wie vor zehneinhalb Stunden; der Akkordlohn pro Kilo gefördertes Eisenerz betrage einen Pfennig, für ausgeschiedene Steine würden aber fünf Pfennig Strafe erhoben. Verurteilt wurde Carius wegen des Satzes: „Die Behandlung der Arbeiter ist eine menschenunwürdige, die Tiere haben Zeit zum Fressen, der Mensch aber nicht." Das Gericht sah durch Zeugenaussagen als erwiesen an, dass dieser Satz so gefallen sei. Ein als Zeuge auftretender Polizeikommissar sagte während seiner Vernehmung, seit die christlichsozialen Gewerkschaften tätig seien, seien „Hetzerei und Unruhe" viel größer als früher, da nur die Sozialdemokraten agitiert hätten.

Gegen das Drei-Klassen-Wahlrecht

Am 21. Januar 1906 fanden in Berlin Protestversammlungen der Sozialdemokratischen Partei gegen das preußische Drei-Klassen-Wahlrecht statt. Nach diesem Wahlrecht wurden die Abgeordneten von Wahlmännern bestimmt. Diese wurden in einer Urwahl gewählt: Die Wahlberechtigten dazu waren in drei Gruppen („Klassen") eingeteilt. Jede dieser Gruppen brachte ein Drittel der gesamten Steuereinnahmen auf.
Dies bedeutete, dass die kleine Gruppe der Höchstbesteuerten genauso viele Wahlmänner stellte wie die größere Zahl der mittleren Schichten und die große Masse der gering besteuerten Bürger. Die Sozialdemokraten verlangten die Abschaffung dieses Wahlsystems. Die Behörden hatten Demonstrationen befürchtet und Polizei und Militär bereitgestellt. Jeder Infanterist war mit zehn Schuss scharfer Munition ausgerüstet worden. Die Versammlungen verliefen aber ruhig. Der Reichstagsabgeordnete und SPD-Vorsitzende August Bebel lobte den bayerischen Prinzen Ludwig (der 1913 als König Ludwig III. den bayerischen Thron bestieg), weil dieser für das allgemeine Wahlrecht eintrete.
„Würde ein preußischer Prinz im Herrenhause dieser Spottgeburt einer Volksvertretung einen ähnlichen Standpunkt einnehmen, so würde er von den Junkern als reif für das Irrenhaus bezeichnet werden. Würde Prinz Ludwig in eine unserer heutigen Versammlungen kommen können, so würde er einen lieben und herzlichen Empfang erleben." Das Drei-Klassen-Wahlrecht blieb in Preußen bis 1918 gültig.

Mit einer beispielhaften Aufführung seiner ersten Tragödie „Frühlings Erwachen" am 20. November 1906 verhalf Max Reinhardt dem deutschen Dramatiker Frank Wedekind in den Berliner Kammerspielen zum entscheidenden Durchbruch. Der Dichter selber übernahm dabei die Rolle des „vermummten Herrn". Neben Alexander Moissi, der als unglücklicher Gymnasiast Moritz Stiefel Begeisterung weckte, zeichnete sich vor allem Camilla Eibenschütz in der Rolle der Wendla Bergmann aus. Wie ein Kritiker lobte, traf sie das Wesen der Wendla bis ins Letzte: "Ihre Anmut ist vielfach mit erotischem Witz durchsetzt. Ihr freundliches Kindergesicht und ihre angenehme Zwitscherstimme scheinen sie für Rollen von heiterer Naivität, nur leicht von Gefühlen durchwärmt, zu bestimmen."

1907

JANUAR

1.1. In dem von Reichskanzler Bernhard Fürst von Bülow veröffentlichten „Silvesterbrief" ruft Kaiser Wilhelm II. zur Bekämpfung der Sozialdemokratie und der Zentrumspartei auf. Er bekennt sich zu Deutschlands imperialistischer Politik.
8.1. In München erscheint die erste Nummer der Kulturzeitschrift „März". Zu den Begründern des Blattes gehören der Verleger Albert Langen sowie die Schriftsteller Hermann Hesse und Ludwig Thoma.
25.1. Bei den Reichstagswahlen erhalten die Sozialdemokraten mehr Stimmen als bei der Wahl 1903. Trotzdem büßen sie aufgrund der Wahlkreisverteilung 38 ihrer vormals 81 Sitze ein. Der Wahlkampf dieser „Hottentottenwahl" war durch die Auseinandersetzung über die Weiterführung des Kolonialkriegs in Deutsch-Südwestafrika geprägt.

FEBRUAR

2.2. Uraufführung des Schauspiels „Die Jungfrau von Bischofsberg" von Gerhart Hauptmann in Berlin.
18.2. Mehr als 50 polnischsprachige Gymnasiasten werden aus preußischen Gymnasien entlassen. Ihre Geschwister hatten sich im sogenannten Schulstreik geweigert, im Religionsunterricht der Grundschule deutsch zu sprechen. Die Entlassung wird mit mangelnder nationaler Zuverlässigkeit begründet. An dem „Schulstreik" beteiligten sich insgesamt über 70.000 Kinder.

MÄRZ

31.3. Wilhelm II. erklärt den Kriegszustand in Deutsch-Südwestafrika offiziell für beendet, obwohl sich noch immer einzelne Stammesgruppen der Kolonialherrschaft widersetzen. In den seit 1903 andauernden Kämpfen gegen die aufständischen Herero und Hottentotten fielen rund 90.000 Einheimische und ca. 1.500 Angehörige der deutschen Kolonialtruppen.

APRIL

10.4. Tod des Politikers Ignaz Auer in Berlin.
16.4. An der Trauerfeier für Ignaz Auer nehmen über 20.000 Menschen teil. Die Grabreden halten August Bebel, Rosa Luxemburg, Victor Adler und Paul Singer.
27.4. Der Publizist Maximilian Harden deutet in der Zeitschrift „Die Zukunft" an, Phillipp Fürst zu Eulenburg und Hertefeld, langjähriger Freund und Berater Wilhelms II., sei homosexuell. Harden will dem Prestige Wilhelms II. nachhaltig schaden.

MAI

3.5. Der deutsche Reichstag beschließt die Einrichtung eines Kolonialministeriums. Die Zustimmung zu dieser noch 1906 vom Parlament abgelehnten Institution ist durch die neuen Mehrheitsverhältnisse nach der Wahl vom Januar möglich. Erster Kolonialminister wird Bernhard Dernburg.
31.5. Eulenburg beantragt bei der Staatsanwaltschaft die Eröffnung eines Verfahrens gegen sich selbst, um die Bezichtigungen des Publizisten Harden zu widerlegen. Nach § 175 des Strafgesetzbuches sind homosexuelle Handlungen strafbar.
Wilhelm II. distanziert sich von seinem langjährigen Freund und Berater Eulenburg.

JUNI

2.6. Mit einem 3:1-Sieg über Viktoria 89 Berlin wird der Freiburger FC Deutscher Fußballmeister.
11.6. Eulenburg nimmt seinen Abschied.
14.6. Wilhelm II. besucht das Automobilrennen um den Kaiserpreis im Taunus. Er selbst hatte diesen Preis für mindestens 1.175 kg schwere Autos ausgeschrieben.
15.6. Die Zweite Haager Friedenskonferenz beginnt. Hauptstreitpunkte zwischen den Großmächten sind die Einführung eines internationalen Schiedsgerichtshofes und Rüstungsbeschränkungen.

JULI

1.7. Der Dreibund zwischen dem Deutschen Reich, Österreich-Ungarn und Italien verlängert sich automatisch bis ins Jahr 1914, da keine der Mächte den Vertrag fristgemäß gekündigt hat.
28.7. Die Ermittlungen der Staatsanwaltschaft gegen Eulenburg werden eingestellt. Eulenburg bleibt aber gesellschaftlich isoliert.
31.7. In der marokkanischen Hafenstadt Casablanca werden acht Europäer von fanatischen Moslems ermordet.

AUGUST

4.8. Die erste öffentliche Badeanstalt am Wannsee bei Berlin empfängt ihre Besucher. Während der Eröffnung gibt es zahlreiche Proteste gegen diese „Unsittlichkeit".
18.8. In Stuttgart beginnt der VII. Internationale Sozialistenkongress, der erste auf deutschem Boden. An der Eröffnungsveranstaltung nehmen über 50.000 Menschen teil. Zu den prominentesten der 884 Teilnehmer aus aller Welt gehören Rosa Luxemburg, Jean Jaurès und Wladimir I. Lenin. Vor allem die Debatten um die Haltung zum Krieg und zur Kolonialfrage sind von tiefen Differenzen zwischen den nationalen Delegationen geprägt.
31.8. Russland und Großbritannien unterzeichnen in St. Petersburg ein Abkommen über die Abgrenzung ihrer Interessensphären in Persien, Afghanistan und Tibet. Damit wird faktisch die „Entente cordiale" zwischen Frankreich und Großbritannien durch die Einbindung Russlands zur Tripelentente erweitert.

SEPTEMBER

8.9. Papst Pius X. erlässt die Enzyklika „Pascendi dominici gregis", mit der er sich gegen die von „Modernisten" angestrebte Reform in der katholischen Kirche wendet.

OKTOBER

3.10. Der „Allgemeine Deutsche Frauenverein" (ADF) fordert auf seiner Jahrestagung in Hamburg umfangreiche Sozialreformen für Arbeiterinnen, so den zehnstündigen Maximalarbeitstag. Der ADF war mit ca. 20.000 Mitgliedern

Die bayerische S 2/6 stellte 1907 zwischen München und Augsburg mit 157 km/h einen deutschen Dampflokrekord auf.

eine der größten Frauenorganisationen des Deutschen Reiches.
6.10. Auf Initiative des liberalen Politikers Friedrich Naumann wird in München der Deutsche Werkbund gegründet. Der Zusammenschluss von Künstlern, Kunsthandwerkern, Industriellen und Wissenschaftlern soll eine Modernisierung der handwerklichen und industriellen Produktion bewirken und den Absatz deutscher Produkte auf internationalen Märkten fördern.
12.10. Das Reichsgericht in Leipzig verurteilt den sozialdemokratischen Rechtsanwalt Karl Liebknecht wegen „Vorbereitung eines hochverräterischen Unternehmens“ zu eineinhalb Jahren Festungshaft. Den Anlass für die Verurteilung bildet die Schrift „Militarismus und Antimilitarismus“, in der sich Liebknecht gegen den Kriegsdienst und den preußischen Militarismus wendet.
18.10. Auf der Zweiten Haager Friedenskonferenz werden 13 Abkommen über die internationale Abrüstung und Schiedsgerichtsbarkeit verabschiedet. Über die eigentlichen Probleme der Flottenrüstung lehnte Kaiser Wilhelm II. jegliche Verhandlung ab.

NOVEMBER

20.11. Tod der Malerin Paula Modersohn-Becker in Worpswede.
Dezember
9.12. Im Reichstag beginnt die Debatte um das Vereinsgesetz, dessen Entwurf die Regierung im November veröffentlicht hatte. Zu den Hauptstreitpunkten zählt die Frage, ob Frauen politischen Vereinen beitreten dürfen.

AUSSERDEM

Friedrich Christian Delius: Romeo und Julia auf dem Dorfe (Oper)
Stefan George: Entrueckung aus „Der siebente Ring“ (Gedichte)
Carl Hauptmann: Einhart der Lächler (Roman)
Rainer Maria Rilke: Neue Gedichte (Gedichte)
Oscar Straus: Ein Walzertraum (Operette)
Robert Walser: Geschwister Tanner (Roman)

Jubiläumsplakat der „Hamburg-Amerika-Linie“.

Nach den „Hottentotten-wahlen"

Weil der Reichstag der Regierung die Mittel zur Bekämpfung des Aufstandes in Deutsch-Südwestafrika verweigert hatte, waren vorgezogene Neuwahlen, ironisch „Hottentottenwahlen" genannt, veranstaltet worden, die es Reichskanzler Bülow erlaubten, an der Spitze eines Bündnisses von Liberalen und Konservativen weiterzuregieren. Die Ziele seiner Politik legte Bülow in einer Rede im Reichstag am 30. November 1907 dar:

Nun, meine Herren, liegt es in unserer parlamentarischen Geschichte, es liegt in unseren so eigentümlichen Parteiverhältnissen, es liegt in unserer ganzen politischen, wirtschaftlichen, sozialen und konfessionellen Struktur, dass Wahlen auf der Basis unseres Wahlrechts kaum eine homogene Mehrheit ergeben können.

Diese Mehrheit hat sich gefunden in einem Punkte, der für die verbündeten Regierungen weitaus der wichtigste ist, nämlich in dem nationalen Gedanken. Von diesem Punkte ausgehend und ihn als unverrückbare Basis betrachtend muss die Mehrheit jetzt vor allem zeigen, dass sie positive Arbeit zu leisten vermag. Darauf kommt alles an. Dadurch wird sie ihren Sieg bei den Wahlen rechtfertigen, dadurch sich dauernd den Einfluss sichern, dadurch immer mehr sich das Vertrauen des Volkes erwerben. Und wenn die Mehrheit positive Arbeit leistet, dann wird auch jeder leitende Staatsmann mit der Verschiedenartigkeit ihrer Zusammensetzung rechnen müssen. Ich, meine Herren, werde ihr Rechnung tragen.

(Bravo!)

Meine Herren, ich habe hier mal gesagt, dass ich keine Vorurteile hätte. Das soll nicht bedeuten, dass ich heute konservativ und morgen liberal regieren könnte, heute die nach pflichtmäßiger Überzeugung von mir vertretene Wirtschaftspolitik führen, morgen mich dem Freihandel zuwenden könnte. Nein, meine Herren, in dem Schutz aller nationalen Arbeit, in der gleichmäßigen Berücksichtigung der Interessen aller Erwerbszweige, in dem Schutze, dem vollen Schutze für die Landwirtschaft

(Bravo! rechts),

in der Förderung der Industrie, in der Fürsorge für die Arbeiter werde ich mir treu bleiben. Diese Politik betrachte ich als mein eigensstes Werk, das ich nicht zerstören werde

(Bravo! rechts).

Dazu habe ich umso weniger Veranlassung, als sich diese Politik durchaus bewährt hat, wirtschaftlich und auch politisch bei den Wahlen

(Bravo! und Sehr richtig! rechts und bei den Nationalliberalen).

Das schließt aber nicht aus, meine Herren, dass ich denjenigen Wünschen entgegenkomme, die auf anderen Gebieten von der bürgerlichen Linken gehegt werden. Der Herr Abgeordnete Bassermann hat ja soeben eine Reihe solcher Wünsche geäußert, über die sich reden lässt. Ich denke da an eine Reform unseres Vereins- und Versammlungsrechts

(lebhafter Beifall).

Ich denke an Ersparnisse durch Vereinfachung, auch in der Armee; ich denke an die Reform des Strafrechts und der Strafprozessordnung, an die Aufbesserung der Beamten in ihren Bezügen

(lebhafter Beifall).

Durch die hochherzige Initiative unseres Kaisers soll, wie Sie aus der Thronrede ersehen haben, durch die Beschränkung der Majestätsbeleidigungsprozesse einem in weiten Kreisen herrschenden Wunsche entsprochen werden.

Im Interesse des Staatskredits und unseres ganzen Wirtschaftslebens werden, wie ich hoffe, Rechte und Linke dahin wirken, dass unser Kapitalmarkt gekräftigt wird, und dass unsere Börse in den Stand gesetzt wird, ihrer Aufgabe als wichtiges nationales Wirtschaftsinstrument gegenüber den Börsen des Auslands besser als bisher gerecht zu werden

(Bravo!).

Die Praxis hat zweifellos ergeben, dass durch einzelne Bestimmungen der gegenwärtigen Gesetzgebung die deutschen Börsen in ihrem Wettbewerb mit den ausländischen Börsen in eine nachteilige Stellung gedrängt sind, die dem Gesamtinteresse des Landes nicht entspricht

(Sehr richtig! links).

Wir werden uns, meine Herren, auch, wie ich hoffe, einig finden in der Fortführung einer gesunden, kräftigen, vorurteilslosen, vernünftigen Sozialpolitik

(lebhafter Beifall).

Auf diesem Gebiete wird nicht Rückschritt und nicht Stillstand, sondern Fortschritt unsere Losung sein

(wiederholter lebhafter Beifall).

Die Sozialpolitik soll aber nicht Halt machen, wenn für den Arbeiter gesorgt ist, sie soll nach meiner Überzeugung auch in verständigen Grenzen dem Mittelstande zugutekommen

(lebhaftes Bravo),

der vielfach mindestens ebenso schwer zu kämpfen und zu leiden hat wie die eigentlich arbeitende Bevölkerung

(lebhaftes Sehr richtig!).

Meine Herren, ich beschränke mich heute auf diese kurzen Andeutungen, die Ihnen nur zeigen sollen, dass nach meiner festen Überzeugung es sehr wohl möglich ist, eine fruchtbare zielbewusste Politik mit derjenigen Mehrheit zu treiben, die uns das deutsche Volk durch die Wahlen gegeben hat

(lebhafter Beifall rechts und links).

Diese Politik wird umso fruchtbarer sein, je mehr sie getragen wird von Vertrauen unter den Mehrheitsparteien und zwischen den Mehrheitsparteien und den verbündeten Regierungen

(wiederholter Beifall).

Möge dieses Vertrauen sich immer mehr befestigen und wachsen zum Wohle des deutschen Volkes und zum Besten der ihm gestellten großen Aufgaben

(stürmisches, anhaltendes Bravorufen und Beifallklatschen).

„Sein wahres Gesicht". „Simplicissimus"-Karikatur von O. Gulbransson. „Kinder, nehmt's eurem Bernhard nicht übel, wenn er im Reichstag mal'n bißchen liberal schwätzt! In Wirklichkeit sind wir doch alle Junker."

„Deutschlands Vorbereitung zur Friedenskonferenz". SK. Von Th. Th. Heine (1907): „Aber Exzellenz, Sie werden sich erkälten!" – „Das will ich ja gerade. Auf der Friedenskonferenz wollen wir doch schweigen. Das bringt ein deutscher Diplomat nur fertig, wenn er total heiser ist."

Sozialistenkongress in Stuttgart

Im August 1907 konnte zum ersten Male auf deutschem Boden ein internationaler Sozialistenkongress stattfinden. Die in Stuttgart zusammengekommenen Delegierten verabschiedeten folgende Resolution: Der Kongress bestätigt die Resolutionen der früheren internationalen Kongresse gegen den Militarismus und Imperialismus und stellt aufs Neue fest, dass der Kampf gegen den Militarismus nicht getrennt werden kann von dem sozialistischen Klassenkampf im Ganzen ...

Der Kongress betrachtet es deshalb als Pflicht der arbeitenden Klasse und insbesondere ihrer Vertreter in den Parlamenten, unter Kennzeichnung des Klassencharakters der bürgerlichen Gesellschaft und der Triebfeder für die Aufrechterhaltung der nationalen Gegensätze, mit allen Kräften die Rüstungen zu Wasser und zu Lande zu bekämpfen und die Mittel hierfür zu verweigern sowie dahin zu wirken, dass die Jugend der Arbeiterklasse im Geiste der Völkerverbrüderung und des Sozialismus erzogen und mit Klassenbewusstsein erfüllt wird. Der Kongress sieht in der demokratischen Organisation des Heerwesens, der Volkswehr anstelle der stehenden Heere, eine wesentliche Garantie dafür, dass Angriffskriege unmöglich und die Überwindung der nationalen Gegensätze erleichtert werden. Die Internationale ist außerstande, die in den verschiedenen Ländern naturgemäß verschiedenen, der Zeit und dem Ort entsprechenden Aktionen der Arbeiterklasse gegen den Militarismus in starre Formen zu bannen. Aber sie hat die Pflicht, die Bestrebungen der Arbeiterklasse gegen den Krieg möglichst zu verstärken und in Zusammenhang zu bringen ...

Der Kongress ist der Überzeugung, dass unter dem Druck des Proletariats durch eine ernsthafte Anwendung der Schiedsgerichte anstelle der kläglichen Veranstaltungen der Regierungen die Wohltat der Abrüstung den Völkern gesichert werden kann, die es ermöglichen würde, die enormen Aufwendungen an Geld und Kraft, die durch die militärischen Rüstungen und die Kriege verschlungen werden, für die Sache der Kultur zu verwenden.

Droht der Ausbruch eines Krieges, so sind die arbeitenden Klassen und deren parlamentarische Vertretungen in den beteiligten Ländern verpflichtet, unterstützt durch die zusammenfassende Tätigkeit des Internationalen Büros, alles aufzubieten, um durch die Anwendung der ihnen am wirksamsten erscheinenden Mittel den Ausbruch des Krieges zu verhindern, die sich je nach der Verschärfung des Klassenkampfes und der Verschärfung der allgemeinen politischen Situation naturgemäß ändern.

Falls der Krieg dennoch ausbrechen sollte, ist es die Pflicht, für dessen rasche Beendigung einzutreten und mit allen Kräften dahin zu streben, die durch den Krieg herbeigeführte wirtschaftliche und politische Krise zur Aufrüttelung des Volkes auszunutzen und dadurch die Beseitigung der kapitalistischen Klassenherrschaft zu beschleunigen.

Paula Modersohn-Becker

* Dresden, 8. Februar 1876
† Worpswede, 20. November 1907

„Ich sah sie vor den schweren, dunklen Bildern, die sie damals malte, selten wohl und doch oft genug, dass mir die seltsam aus Lieblichem und Herbem, aus Anlockendem und Fremdem gemischte Bezauberung ihrer Gestalt und ihres Wesens unvergesslich blieb. Ein heißes, begehrendes Herz, ein kühler, wägender und sondernder Verstand und dazu neben dem Bewußtsein des eigenen Wertes und der darin enthaltenen Verpflichtung die tiefe Bescheidenheit ..." So lebt in den Erinnerungen des Dichters Rudolf Alexander Schröder die Gestalt dieser frühvollendeten Malerin, deren Bilder erst von der Kunstkritik mit Gleichgültigkeit übergangen, später dann – in der Zeit des Faschismus – als „entartete Kunst" verfemt wurden und die heute für uns zu den liebenswertesten Zeugnissen des frühen Expressionismus gehören. Als Zweiundzwanzigjährige kam die gebürtige Dresdnerin in die norddeutsche Künstlerkolonie Worpswede, und hier, in der schwermütigen Moorlandschaft der Heide fand sie Aufnahme in einem Kreis gleichgestimmter Maler, Bildhauer und Dichter. Hier wirkten Heinrich Vogeler, Fritz Overbeck und zeitweilig auch Rainer Maria Rilke; hier lebte der Maler Otto Modersohn, mit dem sie sich im Jahre 1901 zu kurzen gemeinsamen Schaffens- und Ehejahren verband. Einmal – um die Jahrhundertwende etwa – stiftete sie eines ihrer Bilder für eine Tombola; es wurde zum Hauptgewinn bestimmt. Nach der Ziehung besichtigte der Gewinner das Bild und fragte dann an, ob er es nicht gegen den zweiten Preis umtauschen könne; das war ein Teddybär. Nun, seitdem hat sich das Urteil über die Künstlerin gründlich gewandelt, die von Paris die erste Kunde von Gauguin und Cézanne nach Deutschland gebracht hat und uns neben ihrem eigenen Werk in ihren Briefen und Tagebüchern ein unschätzbares Quellenmaterial hinterließ. In Worpswede ist sie, erst einunddreißigjährig, bei der Geburt ihres ersten Kindes gestorben.

Paula Modersohn-Becker, Die Malerin mit Kamelienzweig, 1907

1908

JANUAR

3.1. Der Publizist Maximilian Harden wird zu vier Monaten Gefängnis verurteilt. Er wird für schuldig befunden, den Berliner Stadtkommandanten Kuno Graf von Moltke ungerechtfertigterweise homosexueller Neigungen bezichtigt zu haben.
10.1. In Berlin demonstrieren Zehntausende vor dem Abgeordnetenhaus für die Einführung des allgemeinen Wahlrechts in Preußen. Initiator der Aktion ist die Sozialdemokratische Partei Deutschlands (SPD), die durch das in Preußen geltende Dreiklassenwahlrecht besonders benachteiligt ist.

FEBRUAR

12.2. Tausende von Schaulustigen erleben in New York den Start von sechs Automobil-Besatzungen zu einer 23.000 km langen Reise über Alaska und Sibirien nach Berlin und Paris. Das Unternehmen wird von verschiedenen amerikanischen und europäischen Verlagshäusern gesponsert. Die deutsche Besatzung um Oberleutnant Hans Koeppen erreicht als einzige am 24. Juli Berlin und zwei Tage später das Ziel in Paris.
18.2. Der Staatssekretär des Reichskolonialamtes, Bernhard Dernburg, berichtet im Reichstag über den Zustand der Kolonien und verteidigt das Recht weißer Siedler zur „Züchtigung" der einheimischen Bevölkerung.
25.2. Die Jahresversammlung der Österreichischen Friedensgesellschaft findet in Wien unter dem Vorsitz Bertha von Suttners statt, die 1905 als erste Frau den Friedensnobelpreis erhielt.

MÄRZ

3.3. Ein erweitertes Enteignungsgesetz ermächtigt die preußische Regierung, für 50 Millionen Mark größere polnische Güter notfalls durch Enteignung zum Weiterverkauf an deutsche Siedler zu erwerben. Tatsächlich wurde von dem Gesetz aber wenig Gebrauch gemacht.
25.3. Kaiser Wilhelm II. trifft in Venedig mit dem italienischen König Viktor Emanuel III. zusammen, um sich der Bündnistreue des Dreibund-Partners zu versichern.
27.3. Der deutsche Reichstag nimmt in dritter Lesung eine Novelle zum Flottengesetz an, wonach bis 1911 jährlich vier statt zwei Schlachtschiffe der „Dreadnought"-Klasse gebaut werden sollen. Damit wird das Wettrüsten zwischen dem Deutschen Reich und Großbritannien erneut verschärft.

APRIL

5.4. Das erste offizielle Fußball-Länderspiel einer deutschen Auswahl endet in Basel mit einer 3:5-Niederlage gegen die Schweiz.
26.4. In Salzburg findet der Erste Internationale Psychoanalytische Kongress statt. Sigmund Freud hält den Eröffnungsvortrag.
27.4.-31.5. In London finden die IV. Olympischen Spiele statt. An den Wettkämpfen in 21 Sportarten nehmen 2.035 Athleten aus 22 Ländern teil, darunter 106 aus Deutschland. Erstmals wurde für die Ausrichtung olympischer Spiele ein neues Stadion errichtet.

MAI

7.5. Die deutschen Fürsten, an ihrer Spitze Kaiser Wilhelm II., statten dem österreichischen Kaiser Franz Joseph I. anlässlich seines 60jährigen Regierungsjubiläums einen Huldigungsbesuch auf Schloss Schönbrunn in Wien ab.
15.5. Im Deutschen Reich tritt das am 8. April vom Reichstag beschlossene Vereinsgesetz in Kraft. Es erlaubt erstmals Frauen die Mitgliedschaft in politischen Parteien und Vereinen. Laut § 12 des Gesetzes bleibt nur in Kreisen mit mehr als 60 Prozent alteingesessener Bevölkerung der Mitgebrauch ihrer Sprache für eine Übergangszeit gestattet.

JUNI

9.6. Der Besuch von König Eduard VII. bei Zar Nikolaus II. auf der Reede von Reval (heute: Tallinn) festigt die Allianz zwischen Großbritannien und dem Zarenreich. Die Monarchen bekräftigen das im August 1907 geschlossene Abkommen von St. Petersburg und verständigen sich über ihre Haltung in der Balkan-Krise.
16.6. Bei den Landtagswahlen in Preußen bleiben Konservative und Zentrum die dominierenden Parteien. Die SPD erringt trotz des weiterhin geltenden Dreiklassenwahlrechts erstmals sieben Mandate für den Landtag. Unter den gewählten sozialdemokratischen Abgeordneten ist auch der wegen „Hochverrats" inhaftierte Karl Liebknecht.

JULI

21.7. Kolonialminister Dernburg weiht in Deutsch-Südwestafrika eine neue Eisenbahnlinie zwischen der Hafenstadt Lüderitzbucht und Keetmanshoop ein. Mit Investitionen in die Infrastruktur erhofft sich das Deutsche Reich vor allem höhere Einnahmen aus den Kolonien.
31.7. Im Rahmen der Festlichkeiten zum 350jährigen Bestehen der Universität Jena werden ein neues Universitätsgebäude und das von Ernst Haeckel gegründete Phylogenetische Museum eingeweiht.

AUGUST

5.8. Das Luftschiff „LZ 4" wird bei einer Zwischenlandung nach 24stündiger Fahrt in Echterdingen bei Stuttgart durch einen Sturm zerstört. Das von Graf Ferdinand von Zeppelin entwickelte und gebaute „LZ 4" war mit 135 m

Militärische Attribute auch in Unterhaltung und Werbung. Soldatische Verhaltensformen, Uniformen, Marschmusik sind beliebt und helfen verkaufen: Marschtitel von Paul Lincke, Berlin 1908.

Länge und 13 m Durchmesser das größte deutsche Luftschiff.
11.8. Mit einem Besuch in Homburg demonstriert Eduard VII. seine Bereitschaft, über das Flottenwettrüsten zwischen England und Deutschland zu verhandeln. Kaiser Wilhelm II. lehnt jegliche Diskussionen ab, die Gespräche verlaufen ergebnislos.
16.8. Der als „Hauptmann von Köpenick" in die Geschichte eingegangene Wilhelm Voigt wird wegen guter Führung vorzeitig aus der Haft entlassen. Er lebt fortan vom Verkauf von Postkarten, die ihn in seiner „Paraderolle" zeigen.

SEPTEMBER

1.9. Die deutsche Reichsregierung erkennt Abd Al Hafis als neuen Sultan von Marokko an, nachdem dieser zugesichert hat, die von seinem gestürzten Vorgänger unterzeichneten Vereinbarungen zu respektieren.

OKTOBER

5.10. Österreich-Ungarn erklärt die seit 1878 besetzten, ehemals zum Osmanischen Reich gehörenden Balkanländer Bosnien und Herzegowina für annektiert und verschärft damit den Konflikt mit dem Königreich Serbien, das auf die Unterstützung Russlands baut. Am gleichen Tag proklamiert Fürst Ferdinand die Unabhängigkeit Bulgariens und ruft sich selbst zum Zaren aus.
7.10. Als letzter Bundesstaat gibt Preußen seinen Widerstand gegen das Frauenstudium auf. Mit Beginn des Wintersemesters 1908/09 sind Frauen auch in Preußen und damit erstmals im gesamten Deutschen Reich zum regulären Studium zugelassen.
13.10. Ein von den deutschen Chemikern Fritz Haber und Carl Bosch entwickeltes Verfahren zur synthetischen Herstellung von Ammoniak wird zum Patent angemeldet. Es eröffnet die Möglichkeit zur industriellen Produktion von Stickstoffdünger.
28.10. Interview Wilhelms II. mit der englischen Zeitung „Daily Telegraph&quot. Vor allem seine herablassende und anmaßende Kommentierung der Strategie Großbritanniens im Burenkrieg ruft in Deutschland, aber auch im Ausland heftige Kritik hervor (Daily-Telegraph-Affäre).

NOVEMBER

1.11. In Dresden demonstrieren auf Initiative der Sozialdemokratie 40.000 Menschen für das allgemeine und gleiche Wahlrecht und gegen die geplante Einführung des Dreiklassenwahlrechts in Sachsen. Auch in Leipzig findet eine Großdemonstration statt.
Russland erklärt, dass es die Annexion Bosniens und Herzegowinas durch Österreich-Ungarn nicht anerkennt.
10.11. Der Reichstagsabgeordnete Paul Singer fordert im Deutschen Reichstag aufgrund der „Daily-Telegraph-Affäre&148"; eine Verfassungsänderung. So soll dem Parlament die Entscheidung über Krieg und Frieden übertragen werden.
17.11. Wilhelm II. gesteht zu, dass er künftig die verfassungsmäßigen Verantwortlichkeiten wahren wolle. Sein Einlenken ist als Reaktion auf die heftige Kritik seines Interviews mit dem „Daily Telegraph" zu verstehen.
19.11. In Berlin finden die ersten Beratungen zur geplanten Reichsfinanzreform statt.

DEZEMBER

10.12. Unter den Nobelpreisträgern des Jahres sind auch wieder zwei Deutsche: Paul Ehrlich, ein Mitarbeiter von Robert Koch, erhält den Nobelpreis für Medizin. Der Philosoph Rudolf Eucken wird für sein Buch „Der Sinn und Wert des Lebens" mit dem Nobelpreis für Literatur geehrt.

AUSSERDEM

Leo Blech: Versiegelt (Oper)
Arnold Schönberg: 2. Streichquartett op. 10.
Ludwig Thoma: Moral (Komödie)
Clara Viebig: Das Kreuz von Venn (Roman)
Robert Walser: Der Gehülfe (Roman)

Tirpitz' Flottenpolitik

Da der Marinestaatssekretär Alfred von Tirpitz zur Durchführung seiner Flottenpolitik auf die Zustimmung einer Mehrheit im Reichstag angewiesen war, ging er zielbewusst dazu über, durch eine intensive Propaganda die öffentliche Meinung zu beeinflussen. Im Mittelpunkt dieser Propaganda, die vom neu gegründeten Nachrichtenbüro des Reichsmarineamtes gesteuert wurde, stand der von Tirpitz seit Jahren formulierte Begriff der „Seeinteressen" des Deutschen Reiches, die er als wie auch immer zusammengesetzte Mischung aus „Seehandel, Exportindustrie, transatlantische Kolonien, Seefischerei, transatlantisches Deutschtum und Kriegsmarine" verstand.

Großadmiral v. Tirpitz

Ein Zusammenhang zwischen diesen sogenannten „Seeinteressen" und der Schlachtflotte ließ sich aber nur plausibel machen, wenn man die Bedrohung von England ausgehen ließ; Tirpitz und seine Marineagitatoren wurden deshalb nicht müde zu behaupten, England hege einen „Handelsneid" gegen das Deutsche Reich und die englische Marine würde deshalb früher oder später mit den ihr zur Verfügung stehenden Mitteln den deutschen Überseehandel erheblich stören oder gar zerstören. In der Tat war das britische Empire in diesen Jahrzehnten die unbestrittene Vormacht der Welt. Der Abstand jedoch zu anderen Staaten, insbesondere zu Deutschland, dessen Handel und Industrie Zuwachsraten aufzuweisen hatten, die weit über den englischen lagen, ließen Tirpitz' Befürchtungen nicht grundlos erscheinen. Als Reichskanzler von Bülow wissen wollte, ob man im Ernstfall einer englischen Herausforderung gewachsen sei, fasste Tirpitz in der Denkschrift vom 17. Dezember 1908 die Grundgedanken über den Zweck der Flottenpolitik zusammen. „Bei der großen Überlegenheit der englischen Flotte muss ich diese Frage verneinen. Meine fachmännische Verantwortung dürfte aber nicht erst mit dem Moment beginnen, ›wo es zu einem kriegerischen Zusammenstoß kommt‹; ich habe es vielmehr vom ersten Tage meiner Amtsführung an für meine Pflicht gehalten, die Kriegsmarine für einen kriegerischen Zusammenstoß mit England so stark als möglich zu machen, oder richtiger gesagt, durch Schaffung einer möglichst starken Schlachtflotte England von einem Angriff abzuhalten. Letzteres ist der im zweiten Flottengesetz klar ausgesprochene Zweck unserer ganzen Flottenpolitik. Durch Erhaltung des Friedens sollen Handel und Küsten geschützt und unsere Weltposition gesichert werden. Den Frieden zu erhalten vermag nur eine starke Schlachtflotte.
Dass bei dieser Flottenpolitik zeitlich eine Gefahrenzone durchlaufen werden musste, war von vornherein einleuchtend. Der Botschafter in England zog aus der zur Zeit noch stark gefährdeten militärischen Situation – wenn auch verschleiert – die Folgerung, dass wir unser Flottenbautempo einschränken müssen. Ich ziehe daraus die Folgerung, dass wir dasselbe so, wie es zur Zeit gesetzlich festgelegt ist, mit eiserner Energie durchführen müssen. In wenigen Jahren wird unsere Flotte so stark sein, dass ein Angriff auf dieselbe auch für England ein großes Risiko bedeutet. Damit ist der Zweck der Flottenpolitik des letzten Jahrzehnts erreicht."

Das „Daily Telegraph"-Interview

Wegen der deutschen Flottenrüstung und des Kaisers kolonialer Ambitionen kam es immer wieder zu Spannungen mit London. Sie erreichten ihren Höhepunkt, als am 28. Oktober 1908 ein Interview mit Wilhelm II. im „Daily Telegraph" erschien. Die Äußerungen des Kaisers wurden als anmaßend und verlogen, taktlos und peinlich empfunden. Auch in Deutschland trafen Wilhelms Worte auf massive Kritik, und der Ruf nach Beschneidung der Kompetenzen des Kaisers wurde laut. Noch heute kann man sich ausmalen, welchen Scherbenhaufen das Interview im außenpolitischen Porzellanladen anrichtete. Schon der Beginn ist nassforsch bis albern:

... „Ihr Engländer", sagte er, „seid verrückt, verrückt, verrückt wie die Märzhasen. Was ist über euch gekommen, dass ihr euch so völlig einem Argwohn überlassen habt, der einer großen Nation ganz unwürdig ist? Was kann ich mehr tun, als ich schon getan habe? Ich habe mit allem Nachdruck, der mir zu Gebote steht, in meiner Rede in der Guildhall erklärt, dass das Ziel meines Herzens der Friede ist und einer der mir teuersten Wünsche, in den besten Beziehungen zu England zu leben. Habe ich jemals mein Wort nicht gehalten? Falschheit und Ränke sind meiner Natur immer fremd gewesen. Meine Taten sollten für sich sprechen, aber Sie hören nicht auf sie, sondern auf diejenigen, die sie missverstehen und entstellen. Das ist eine persönliche Kränkung, die ich fühle und die mir nachgeht. Immer missverstanden zu werden, zu sehen, wie meine wiederholten Freundschaftsgebote mit argwöhnischen, misstrauischen Augen gewogen und nachgeprüft werden, stellt meine Geduld auf eine harte Probe. Ich habe immer wieder gesagt, dass ich Englands Freund bin, und Ihre Presse – oder wenigstens ein beträchtlicher Teil – fordert das englische Volk auf, meine ausgestreckte Hand zurückzuweisen, und insinuiert, dass in der anderen ein Dolch verborgen sei. Wie kann ich eine Nation gegen ihren Willen überzeugen?"

„Ich wiederhole", fuhr Seine Majestät fort, „dass ich Englands Freund bin, aber Sie erschweren mir die Dinge. Meine Aufgabe ist keine von den leichtesten. Die vorherrschende Empfindung in großen Teilen der mittleren und unteren Klassen meines Volkes ist England nicht freundlich. Ich bin also sozusagen in einer Minderheit in meinem eigenen Land, aber sie ist eine Minderheit der besten Elemente, geradeso wie in England gegenüber Deutschland. Dies ist ein zweiter Grund, weshalb mich Ihre Weigerung, mein verpfändetes Wort, dass ich Englands Freund bin, anzunehmen, kränkt. Ich bin unaufhörlich bestrebt, die Beziehungen zu verbessern, und Sie erwidern, dass ich Ihr Erzfeind bin. Sie machen es für mich sehr schwer. Warum?"...

... „Ich habe mich", sagte er, „auf die Reden bezogen, in denen ich, wie es ein Souverän irgend kann, meinen guten Willen verkündet habe. Aber da Handlungen lauter sprechen als Worte, lassen Sie mich auch mich auf meine Handlungen beziehen. Im Allgemeinen glaubt man in England, während der Dauer des Südafrikanischen Krieges sei Deutschland feindlich gesinnt gewesen. Zweifellos war die öffentliche Meinung in Deutschland den Engländern feindlich – bitter feindlich. Die Presse war feindlich; die private Meinung war es. Aber wie ist es mit dem offiziellen Deutschland? Lassen Sie meine Kritiker sich fragen, was die europäische Reise der Burendelegierten, die eine Intervention Europas zu erreichen strebten, zu einem plötzlichen Stillstand und dann zu völligem Zusammenbruch gebracht hat? Sie wurden in Holland gefeiert; Frankreich bewillkommnete sie mit Begeisterung. Sie wollten nach Berlin kommen, wo das deutsche Volk sie mit Blumen bekränzt haben würde. Aber als sie baten, von mir empfangen zu werden, habe ich das abgelehnt. Die Agitation war unmittelbar darauf tot, und die Delegierten kehrten mit leeren Händen zurück. Handelt, frage ich, so ein heimlicher Feind?

„Das alte Märchen" Auf dieser Karikatur von Olaf Gulbransson trägt der Igel die Züge König Eduards VII. von Großbritannien, der Hase die Wilhelms II. Angespielt wird auf die erfolgreiche britische Bündnispolitik. Wo immer der Hase auftauchte der Igel war schon da. „Und da saß der Hase erschöpft auf dem Feld und war glänzend isoliert.

Die Eulenburg-Affäre

Im Juli des Jahres 1908 stand das Kriminalgebäude im Berliner Viertel Alt-Moabit im Mittelpunkt des Interesses der deutschen Öffentlichkeit. Seit dem 29. Juni verhandelte hier das Schwurgericht unter Vorsitz des Landgerichtsdirektors Kanzow gegen den 61-jährigen ehemaligen Wirklichen Geheimen Rat und Kaiserlichen Botschafter a.D. Philipp Fürst zu Eulenburg und Hertefeld wegen wissentlichen Meineids, und zwar zur Entrüstung der Presse unter Ausschluss der Öffentlichkeit wegen Gefährdung der Sittlichkeit. Jedermann wusste, dass mit dem Fürsten ein langjähriger Freund und Vertrauter Kaiser Wilhelms II. vor den Geschworenen stand. Am 8. Mai 1908 hatte man den an Venenentzündung und Nervenstörungen leidenden Fürsten als Untersuchungshäftling von Schloss Liebenberg in die Berliner Charité transportiert. Nach achtzehn Verhandlungstagen, bei denen das Gericht schließlich dazu schritt, den schwerkranken, seelisch völlig gebrochenen Angeklagten

Im Marie-Antoinette-Saal des Schlosses Schönbrunn huldigten die deutschen Bundesfürsten – an der Spitze Kaiser Wilhelm II. –Kaiser Franz-Joseph anlässlich seines sechzigjährigen Regierungsjubiläums am 7. Mai 1908.

auf dem Krankenlager in der Charité zu traktieren, beschloss man am 17. Juli 1908, die Verhandlung wegen des schlechten Gesundheitszustandes Philipp Eulenburgs zu vertagen. Da dessen Zustand sich nicht besserte, wurde der Prozess im September 1908 ausgesetzt. Er ist nie wieder aufgenommen worden. Fürst Eulenburg, Repräsentant einer der mächtigsten und reichsten preußischen Familien, starb 1921 in Liebenberg, ohne jemals seine volle Gesundheit wiedererlangt zu haben. Aber da war auch die Hohenzollernmonarchie untergegangen. Zehn Jahre nach dem unheilvollen Prozess war der Kaiser, des Fürsten einstiger Gönner, der nun den Namen Philipp Eulenburg nicht mehr hören wollte, ins Exil nach Holland gegangen.

Begonnen hatte alles zwei Jahre zuvor, als der berühmteste und brillanteste deutsche Publizist jener Tage, Maximilian Harden, in seiner Zeitschrift „Zukunft" die Liebenberger Tafelrunde des Fürsten attackiert hatte, weil er meinte, hier einen Kreis unwürdiger und „unmännlicher" Personen zu treffen, die einen schädlichen Einfluss auf den Kaiser ausübten. Zu Harden gesellte sich der fast 70-jährige Geheimrat Friedrich von Holstein, Jahrzehnte hindurch heimlicher Lenker der Außenpolitik, einst mit „Phili" Eulenburg eng liiert, nun dessen ärgster Feind, weil er wähnte, dieser habe wegen Meinungsverschiedenheiten in der Frankreich-Politik seine Entlassung verursacht.

Harden, im Glauben, dem Recht und der Sittlichkeit zu dienen, klagte in seiner Pressekampagne mehr oder weniger verblümt Eulenburg und den Generaladjutanten des Kaisers und Stadtkommandanten von Berlin, Generalleutnant Kuno Graf von Moltke, neben anderen hochadligen Offizieren aus der Umgebung des Kaisers Neigungen an, die unter den Paragraphen 175 fielen. Und um zu beweisen, was im Fall Eulenburg und Kuno Moltke nicht zu beweisen war, setzten er, sein Anwalt Justizrat Bernstein, und der kränkliche Geheimrat in der Berliner Großbeerenstraße alles aufs Spiel.

Philipp Eulenburg, aus ostpreußischer Familie, ein geistreicher, kunstsinniger, aber auch versponnener, mystischen Vorstellungen zuneigender Mann, der von sich selbst bekannt hat, er sei keine Kampfnatur, hielt der Verleumdung und den Prozessen nicht stand – das war sein Fehler und wurde ihm zum Verhängnis. Aber auch alle anderen Hauptakteure im Spiel zeigten morbide oder verschrobene Züge.

Der Kaiser, entsetzt vor allem darüber, dass auf seine eigene Person merkwürdige Schatten fallen könnten, desavouierte Eulenburg und Graf Moltke. Der General mit dem großen Namen setzte wenigstens in drei Prozessen gegen Harden seine juristische Rehabilitierung durch. Der Reichskanzler Fürst Bülow, ehedem eng mit Eulenburg verbunden, distanzierte sich und gab später an, er habe an dessen Unschuld gezweifelt. Schließlich konnte Eulenburg ihm als Kanzlerkandidat gefährlich werden. Harden selbst, ein immens rastloser Arbeiter am Schreibtisch, erkrankte mehrfach im Herbst und Winter, 1907/08, als die Prozesse Moltke/Harden schwebten. Und Holstein, sorgsam im Hintergrund bleibend als väterlich bewundernder Berater seines federgewandten Freundes, hatte öffentliches Auftreten stets gemieden.

In zwei Prozessen beschwor Fürst Eulenburg seine Unschuld. Harden und Bernstein jedoch, gestützt auf einen einzigen, trunksüchtigen Belastungszeugen, einen ehemaligen Dienstmann Eulenburgs, der seine belastende Aussage beschwor, widerrief und abermals bekräftigte, erzwangen den Meineidsprozess ganz einfach, weil nun für den nicht minder nervösen Harden auch dessen Glaubwürdigkeit als Publizist auf dem Spiel stand. Eine Rechnung ging für Harden auf: Eulenburg brach zusammen. Doch der entscheidende Prozess wurde abgebrochen. Zurück blieb in der Öffentlichkeit das peinliche Gefühl, am deutschen Kaiserhofe herrschten neronische Sitten. Es war der erste tiefe Einbruch in das bislang noch weitgehend unerschütterte Vertrauen weiter Teile der Bevölkerung zur herrschenden Ordnung.

Prinz Philipp Eulenburg und seineGemahlin. „Die hässliche Form, mich abzuschlachten war eine Rohheit und eine Enttäuschung."

Ludwig Thoma: „Moral"

Im Jahre 1906 verbüßte der „Simplicissimus"-Redakteur Ludwig Thoma (1867-1921) eine sechswöchige Haft, und zwar wegen fortgesetzter Beleidigung der königlich-bayrischen Sittlichkeitsvereine. Während dieser Zeit schrieb Thoma dieses Stück, das satirisch die doppelbödige Moral des Großbürgertums und den korrupten Staatsapparat angreift. Mit Elementen der bayrischen Volksstück-Komik und der Groteske gelingt dem Autor eine pointierte, zeitgenössische Satire, die am 20. November 1908 in Berlin uraufgeführt wurde.

Der wohlhabende Rentier Beermann ist unter die Politiker gegangen. Er kandidiert für die „Vereinigten Liberal-Konservativen". Noch machen ihm gewisse Widersprüche Schwierigkeiten, denn im „freisinnigen Wahlverein" kann er „nicht das Gleiche reden wie bei den Konservativen. Seifenfabrikant Bolland beruhigt ihn aber über diese fatale Situation: „Im Grunde genommen ist es dasselbe", denn „die Zeit für Nuancen ist vorbei; es geht um den Besitz". Auch dass Beermann zugleich Präsident des Sittlichkeitsvereins ist, hat nur scheinbar mit seinem politischen Engagement nichts zu tun. „Moralisch sein, das bringe ich in meinem Zimmer allein fertig, aber das hat keinen erzieherischen Wert. Die Hauptsache ist, dass man sich öffentlich zu moralischen Grundsätzen bekennt. Das wirkt günstig auf die Familie, auf den Staat", verkündet Herr Beermann. „Die Regierung weiß doch, was für ein konservatives Element sie in den Sittlichkeitsvereinen hat."

Der Sittlichkeitsverein ist streng gegen die „Unsittlichkeit in den unteren Ständen" – und für die oberen Stände ist es schließlich viel wichtiger, dass „das Volk an unsere Moral glaubt", als selbst moralisch zu handeln. Zu dieser Erkenntnis kommen Beermann und seine Getreuen vom Sittlichkeitsvereins-Vorstand nach einer schlaflosen Nacht, die ihnen ein Ereignis bereitet, über das sie eigentlich froh sein müssten. Ein übereifriger Polizeiassessor hat nämlich Madame de Hauteville verhaften lassen, weil sie durch auffällig viele Herrenbesuche die öffentliche Sittlichkeit gefährde.

Bei dieser Gelegenheit ist aber ein Büchlein gefunden worden, in dem die Hauteville die Besuche ihrer Kunden sorgfältig registriert hat. Darin sind die Namen der Vorstandsmitglieder vollzählig verzeichnet.

Ein Sittenskandal steht vor der Tür, der die Stützen der Gesellschaft zu vernichten droht. Doch das wäre Familien- und Staatsgefährdung! Rettung kommt unerwartet von höherem Ort: Im Kleiderschrank der bewussten Dame hatten sich Seine Hoheit der Erbprinz Emil vor der Polizei versteckt. Also verbietet sich jeder Skandal, um der Staatsräson willen, von selbst.

Eine Schwierigkeit steht jedoch der stillschweigenden Beilegung der Affäre im Wege: Die Hauteville weiß, wer sich im Kleiderschrank befand, sie kennt auch die anderen im Büchlein vermerkten Herren, und sie wird nur für 15.000 Mark schweigen. Beermann überlegt nicht lange: Der Sittlichkeitsverein übernimmt selbstlos und opferbereit diese Summe. Der Adelsrang und der Hausorden Emils des Gütigen sind dem Präsidenten sicher.

Zu Land, zu Wasser und in der Luft, überall wo menschlicher Wagemut die Technik einsetzt im Bestreben, die Grenzen bisherigen Wissens und Könnens zu sprengen, das Neue, Unbekannte zu finden, lauert auch Gefahr. – Am 5. August 1908 wurde bei Echterdingen ein Zeppelin durch ein Unwetter zerstört. Dieses erste große Unglück in der Geschichte der deutschen Luftschifffahrt gab den Anlass zu einer spontanen Geldsammlung unter dem deutschen Volk. Sie brachte den gewaltigen Betrag von 6 Millionen Mark ein und ermöglichte dem Grafen Zeppelin die Weiterführung seiner Pionierarbeit. Bild oben: Das Luftschiff am 4. August, einen Tag vor der Katastrophe, auf dem Rhein bei Oppenheim. Unten: Der vollständig ausgebrannte Zeppelin.

Erste Landtagsmandate in Preußen für die SPD

Den Sozialdemokraten gelang es am 3. Juni 1908 bei Landtagswahlen in Preußen zum ersten Mal, Parlamentssitze zu gewinnen. Die Zahl der Abgeordneten war um zehn von 433 auf 443 erhöht worden; einige Wahlkreise, in denen die Bevölkerungszahl erheblich zugenommen hatte, waren geteilt worden. Die Sozialdemokraten gewannen auf Anhieb sieben Mandate. Auch die Konservativen und das Zentrum nahmen zu; die Freikonservativen und die National-Liberalen büßten Stimmen ein. Von den zwölf Berliner Wahlkreisen gewannen die Sozialdemokraten fünf. Die Parteizeitung „Vorwärts" bemerkte zu dem Erfolg: „Das sozialistenreine Dreiklassenparlament Preußens hat aufgehört zu sein. Die Vorposten der proletarischen Armee haben die Wälle des Schandwahlrechts überstiegen. Die Sozialdemokratie, das klassenbewusste Proletariat, ist eingedrungen in die Herrenfeste. Eine Bastion der Junker-Trutzburg ist unser."

Diskussion über das Dienstbotenrecht

Der bayerische Landtag beschäftigte sich am 5. Mai 1908 mit dem Gesinderecht. Innenminister Maximilian Friedrich Ritter von Brettreich erklärte in der Debatte:

„Durch den großen Mangel an Dienstboten haben viel mehr die Dienstboten das Heft in der Hand als die Herrschaften. Und die Herrschaften leiden unter den Verhältnissen mehr als die Dienstboten. Besonders groß ist der Mangel der Dienstboten auf dem Lande, wegen der starken Abwanderung in die Industrie und weil das Dienen in Misskredit gekommen ist. Was

Der Automobile-Club de France, gegründet 1895 von Dampfwagenbauer Graf de Dijon, Baron de Zuglen und Paul Meylan, führte am 8. Juli im französischen Seebad Dieppe ein internationales Autorennen um den Großen Preis des Landes durch. Den sensationellen Sieg holten sich zwei deutsche Firmen: Benz und Mercedes. Erster wurde der Deutsche Christian Lautenschläger, der die 770 km lange Strecke in 6 Stunden, 55 Minuten und 43 Sekunden bewältigte, gefolgt von den französischen Piloten Hémery mit 7:04:24 und Hanriot mit 7:05:13. Die Sieger auf den Plätzen zwei und drei halten im Bild das Symbol und Warenzeichen der Firma Benz, den Lorbeerkranz, über ihren Rekordkameraden, was Paul Meylan zum voraussehenden Satz bewegte: „Wir sind in die Ära Mercedes eingetreten!“

die bürgerlich-rechtliche Seite der Gesindeordnung anlangt, so trifft dieselbe im Großen und Ganzen das Rechte. Sie trägt den Herrschaften und den Dienstboten Rechnung. Es ist darin Fürsorge getragen, dass die Dienstboten hinsichtlich ihrer Gesundheit und Sittlichkeit Rechtsgarantien haben. Eine Ausdehnung der Gewerbeordnung auf die Dienstboten ist wegen der Verschiedenheit der Verhältnisse absolut ausgeschlossen, wenn man auch den Dienstboten eine gewisse Ruhezeit zusichern sollte. Darüber hinaus können wir nicht gehen.“

Erstes Länderspiel der deutschen Fußball-Nationalmannschaft

Die meisten Spieler jener Fußball-Nationalmannschaft, die am 5. April des Jahres 1908 das erste Spiel der deutschen Länderspielgeschichte gegen die Schweiz bestreiten sollte, erfuhren ihre Nominierung aus der Tageszeitung. Erst wenige Tage vor der Abreise nach Basel schickte der Deutsche Fußball-Bund ein Telegramm, in dem darum gebeten wurde, doch für das feierliche Bankett einen Smoking mitzubringen. Erst 24 Stunden vorher trafen die Fahrkarten ein, doch fuhr die Mannschaft keineswegs zusammen an ihren Zielort – aus dem einfachen Grund, weil sich nur die wenigsten Spieler untereinander kannten. Ein gemeinsames Training fand nicht statt, in der Mannschaftsbesprechung wurde nicht über Taktik, sondern über Anstand und Auftreten der Elf gesprochen, die im Ausland einen guten Eindruck machen sollte. 4000 Zuschauer auf dem Sportplatz Landhof zahlten Eintrittspreise zwischen einem und drei Franken. Um 15.10 Uhr wurde die Partie von einem englischen Schiedsrichter im Straßenanzug und mit Zylinder angepfiffen. Auf dem regenglatten Platz unterlagen die Deutschen nach dem großen Kampf 3:5. Die Zeitschrift „Football Suisse“ berichtete über dieses sporthistorische Ereignis:
„Die Deutschen haben durch ihre Hintermannschaft verloren. Auch die Halfline spielte in der ersten Hälfte wenig glücklich, weil sie ihren schnellen, prächtig zusammenspielenden Forwards nicht folgte. Erst nach der Pause entpuppte sich Hiller als vorbildlicher Centerhalf, indem er mit erstaunlicher Geschicklichkeit aus allen Stellungen seinen Forwards den Ball zuspielte. Die Forwards waren vorzüglich. Die ideale Kombination der drei Innenstürmer dürfen wir uns zum Vorbild nehmen. Entschlossener, schneller treiben sie den Ball vorwärts. In gerader Richtung stürmen sie auf das Goal zu, die Zeit nicht mit Flügelpassings verlierend.“

Dredner Literaturprozess zu Ende

In Dresden ging am 31. Juli 1908 ein Prozess zu Ende, in dem der Arzt Dr. Lau und sein Verleger wegen der Veröffentlichung des satirischen Buches „Der Zölibatzi“ angeklagt waren. Namhafte Künstler wurden gutachtlich gehört, so Professor Franz von Stuck, der Verleger Georg Hirth und der Dichter Detlef von Liliencron. Julius Bierbaum sagte in seinem Gutachten: „An diesem Buch tritt die satirische Tendenz deutlich vor Augen: zu zeigen, wie die Institution des Zölibats zu Zuständen führen kann, die jedenfalls nicht im Sinne der katholischen Kirche, aber in einem gewissen Sinne natürlich sind. Dieses Thema ist so alt wie die Institution der Ehelosigkeit der katholischen Geistlichen.
Die ganze Literatur, zumal seit der Reformation und besonders in Deutschland, ist voll von Schilderungen, Schwänken, Anekdoten, die sich damit beschäftigen. Auch ist die katholische Kirche gar nicht sehr empfindlich dagegen, sie wendet sich nur gegen die Verallgemeinerung derartiger Anklagen ...“ Verleger und Verfasser wurden am 31. Juli 1908 zu je 300 Mark Geldstrafe verurteilt, da einige Stellen im Buche geeignet seien, Scham und Sittlichkeitsgefühl des Lesers zu verletzen.

Der Deutsche Paul Ehrlich erhielt 1908 zusammen mit Ilja Metschnikow den Nobelpreis für ihre Arbeiten über die Immunität. Ehrlich, der Mitarbeiter des Bakteriologen Robert Koch und Direktor des Instituts für experimentelle Therapie in Frankfurt am Main, galt als Schöpfer der modernen Chemotherapie. – Durch neuartige Färbeverfahren an toten Geweben und durch intravenöse Injektion von Farbstoffen am lebenden Organismus hatte er die Diagnose der Blutkrankheiten bereichert. Mit einem von ihm entwickelten System ließen sich die Tuberkelbakterien rascher und zuverlässig nachweisen. Seine serologischen Untersuchungen hatten die Immunitätslehre auf eine neue theoretische Basis gestellt: Die Heilserumforschung verdankte seinen vielen Experimenten bahnbrechende Erkenntnisse.

1909

JANUAR

2.1. Im Deutschen Reich wird der bargeldlose Zahlungsverkehrs mittels Postscheck eingeführt. Zunächst stehen für Annahme und Auszahlung in 13 Städten zentrale Postscheckämter zur Verfügung. In Berlin wird der Postscheckverkehr mit 1.800 Konten aufgenommen.

4.1. In Berlin wird der „Deutsche Richterbund" gegründet. Der Berufsverband soll die Unabhängigkeit der Justiz gegenüber staatlichen Eingriffen sichern.

25.1. Uraufführung der Oper „Elektra" von Richard Strauss in Dresden.

27.1. In Berlin und in zahlreichen weiteren Städten wird mit großem Aufwand der 50. Geburtstag Kaiser Wilhelms II. gefeiert. Viele SPD-Abgeordnete nehmen an den Feierlichkeiten im Deutschen Reichstag nicht teil.

29.1. Im Reichstag fordern Abgeordnete der Zentrumspartei die Abschaffung der „schwarzen Listen", auf denen Arbeitgeber die Namen missliebiger Arbeiter notieren. Damit soll den Arbeitern die Aufnahme eines neuen Arbeitsverhältnisses erschwert werden. Der Antrag des Zentrums wird abgelehnt.

FEBRUAR

3.2. Das deutsche Kriegsministerium stellt das Luftschiff „LZ3" von Graf Ferdinand von Zeppelin in den Dienst der Armee.

9.2. Die Regierungen des Deutschen Reichs und Frankreichs finden in Berlin einen Kompromiss zur Beilegung der Marokko-Krise: Deutschland erkennt die Vormachtstellung Frankreichs in Marokko an, erhält aber die Zusicherung wirtschaftlicher Gleichberechtigung in der Region. Marokko bleibt formell ein souveräner Staat.

26.2. Mit der Verabschiedung der „Londoner Deklaration" endet in der britischen Hauptstadt eine internationale Seerechtskonferenz. Die Großmächte einigen sich darin über die Rechte und Pflichten seekriegführender Staaten.

Österreich-Ungarn und das Osmanische Reich unterzeichnen in Wien ein Abkommen: Das Osmanische Reich verzichtet auf seine Ansprüche auf Bosnien und Herzegowina und erhält dafür von Österreich-Ungarn Gebiete an der Grenze zu Serbien.

Der Streit um die geplante Erweiterung der Erbschaftssteuer gefährdet die Einheit des „Bülow-Blocks". Reichskanzler Bernhard Fürst von Bülow bemüht sich im Gespräch mit den Parteivorsitzenden um eine Einigung. Landwirte und Großgrundbesitzer lehnen die Erbschaftssteuer ab, während die Nationalliberalen daran festhalten.

MÄRZ

1.3. In Berlin wird mit großem Aufwand das 100jährige Bestehen des preußischen Kriegsministeriums gefeiert. Hauptredner des Festaktes ist Kaiser Wilhelm II.

10.3. Der Bericht der Ansiedlungskommission in Westpreußen und Posen belegt den Misserfolg der „Germanisierungspolitik" des Deutschen Reichs. Entgegen den Erwartungen gelingt es nicht, den polnischen Bevölkerungsanteil durch die Ansiedlung von Deutschen prozentual zu reduzieren.

18.3. Der Staatssekretär des Marineamts, Alfred von Tirpitz, gibt seine Pläne zur Flottenrüstung bekannt. Die Reichsmarine soll bis 1912 dreizehn moderne Panzerkreuzer, sogenannte Dreadnoughts und Invincibles, erhalten.

25.3. Die russische Regierung erteilt ihr Einverständnis zur Angliederung Bosnien-Herzegowinas an Österreich-Ungarn.

APRIL

4.4. In Treptow bei Berlin wird auf Initiative des Astronomen Friedrich Archenhold eine „Volkssternwarte" eingeweiht. Hauptattraktion der aus Spenden finanzierten Einrichtung ist ein 21 m langes Fernrohr, das 1896 für die Berliner Gewerbeausstellung gebaut worden war.

18.4. In Berlin findet der erste Deutsche Beamtentag statt. Mehr als 8.000 Staatsdiener fordern in einer Resolution eine deutliche Erhöhung ihrer Gehälter.

20.4. Der Publizist Maximilian Harden wird in Berlin wegen übler Nachrede zu einer Geldstrafe in Höhe von 600 Mark verurteilt. Damit endet eine Reihe von Prozessen, die eine Artikelserie ausgelöst hatte, in der Harden behauptete, Kaiser Wilhelm II. sei von einer Kamarilla umgeben, in der es zu homosexuellen Ausschweifungen gekommen sei (Eulenburg-Affäre).

30.4. Tod des Verlegers Albert Langen in München.

MAI

3.5. Der Reichsverband Deutscher Ärzte wird in Berlin gegründet. Die Vereinigung fordert wie der „Hartmann-Bund" u.a. die Zulassung von mehr Kassenärzten und die freie Arztwahl. Im Deutschen Reich gibt es 1909 rund 30.000 Ärzte. Aus finanziellen Gründen nehmen die Krankenkassen jedoch nur wenige Ärzte unter Vertrag.

14.5. Ein neues Reichsbankgesetz wird vom Reichstag angenommen. Banknoten werden damit als gesetzliche Zahlungsmittel anerkannt. Vorher war niemand verpflichtet, Papiergeld in Zahlung zu nehmen.

30.5. Mit einem 4:2-Sieg über Viktoria Berlin wird Phönix Karlsruhe Deutscher Fußballmeister.

Juni

2.6. Karl Liebknecht wird vorzeitig aus der Haft entlassen und nimmt seinen Platz im Preußischen Landtag ein.

5.6. In Berlin findet die neunte Hauptversammlung des „Deutschen Flottenvereins" statt. Delegierte des 1 Million Mitglieder zählenden Vereins fordern einen forcierten Ausbau der deutschen Kriegsmarine.

12.6. In Berlin wird der „Hansabund zur Vertretung der Interessen von Handel, Gewerbe und Industrie" gegründet. Der Hansabund tritt vor allem für freien Wettbewerb auf den internationalen Märkten ein.

17.6. Wilhelm II. trifft sich mit dem russischen Zaren Nikolaus II. zu einem Meinungsaustausch auf der kaiserlichen Yacht „Hohenzollern". Das Treffen verläuft in betont freundschaftlicher Atmosphäre.

24.6. Der Deutsche Reichstag lehnt den Regierungsentwurf für die Erweiterung der Erbschaftssteuer ab. Die Deutsch-Konservative Partei stimmt gegen die Vorlage, was faktisch das Ende des „Bülow-Blocks" bedeutet. Die geplante Erweiterung der Erbschaftssteuer war Kernstück einer Finanzreform, mit der die wachsende Staatsverschuldung eingedämmt werden sollte.

30.6. In direkter Konkurrenz z um „Bund der Landwirte" wird in Berlin der „Deutsche Bauernbund" als Interessenvertretung der Klein- und Mittelbauern gegründet.

JULI

6.7. In Saßnitz auf Rügen wird von Kaiser Wilhelm II. und Gustav V. die erste an eine Bahnverbindung angeschlossene Fährverbindung zwischen Schweden und Deutschland eingeweiht.

10.7. In Frankfurt am Main wird die erste Internationale Luftschifffahrt-Ausstellung eröffnet. Eine der Hauptattraktionen ist ein „Aeroplan" der Brüder Wright aus den USA.

14.7. Theobald von Bethmann Hollweg wird neuer Reichskanzler. Er tritt damit die Nachfolge Bernhards Fürst von Bülow an, der nach dem Ende des „Bülow-Blocks" in der Auseinandersetzung um die Reichsfinanzreform im Juni um seine Entlassung aus dem Amt gebeten hatte.

22.7. Tod des Dichters Detlev von Liliencron in Alt-Rahlstedt bei Hamburg.

30.7. Die Universität Leipzig feiert ihr 500jähriges Bestehen mit einem großen Festumzug.

AUGUST

5.8. Der 1900. Jahrestag der Schlacht im Teutoburger Wald wird am Herrmannsdenkmal bei Detmold aufwendig gefeiert.

18.8. Mehrere Mitglieder des Zentrums wenden sich auf einer Versammlung in Köln gegen die Forderung konservativer Parteifreunde, den konfessionellen Charakter der Partei stärker zu betonen.

26.8. Als der Volksschullehrer Richard Schirrmann bei einer Wanderung mit Schülern in ein Unwetter gerät und kein Quartier findet, beschließt er, Schulräume in den Ferien als preiswerte Unterkünfte für Jugendliche bereitzustellen. Damit ist die Idee der Jugendherberge geboren.

28.8. In Bayreuth enden die Wagner-Festspiele, die erstmals von Siegfried Wagner, dem Sohn Richard Wagners, geleitet werden.

SEPTEMBER

5. 9. Die Delegierten des „Alldeutschen Verbands" fordern auf ihrer Jahrestagung im sächsischen Schandau eine Forcierung der deutschen Kolonialpolitik.

17.9. In Anwesenheit von Wilhelm II. endet in Mergentheim das „Kaisermanöver" mit über 125.000 Soldaten.

18.9. In Leipzig endet der Parteitag der SPD. Er war erneut von heftigen Debatten zwischen Revisionisten und Anhängern des kompromisslosen Klassenkampfes geprägt. Ein neues Organisationsstatut macht Frauen zu gleichberechtigten Parteimitgliedern.

Reichskanzler Bethmann Hollweg bekräftigt bei seinem ersten Auslandsbesuch in Wien die „Nibelungentreue" des Deutschen Reichs gegenüber Österreich-Ungarn.

OKTOBER

1.10. Der rechtskonservative Politiker Alfred Hugenberg wird zum Vorsitzenden des Direktoriums der Krupp-Werke in Essen ernannt.

Auf dem 25. Jahrestag des Allgemeinen Deutschen Frauenvereins in Darmstadt fordern Delegierte die rechtliche, wirtschaftliche und soziale Gleichstellung der Frau.

21.10. Bei den Landtagswahlen in Sachsen erhalten die Sozialdemokraten zwar 53,8 Prozent der abgegebenen Stimmen, jedoch nur 25 von 91 Mandaten im Parlament. Das Wahlergebnis basiert auf dem 1909 in Sachsen eingeführten Pluralwahlrecht. Ähnlich wie beim Dreiklassenwahlrecht werden Wähler mit höherem Einkommen deutlich bevorzugt.

24.10. Italien und Russland schließen einen Geheimvertrag, in dem sich beide Staaten gegen die expansionistischen Bestrebungen Österreich-Ungarns auf dem Balkan wenden. Italien ist durch den Dreibund offiziell mit dem Deutschen Reich und Österreich-Ungarn verbündet.

25.10. In Tsingtau, der Hauptstadt des deutschen Pachtgebiets Kiautschou, wird eine Hochschule eröffnet, die auch einheimischen Studenten offen steht.

NOVEMBER

8.11. Der französische Rennfahrer Victor Héméry erreicht auf einer Rennstrecke in Großbritannien mit einem in Deutschland gebauten „Blitzen-Benz" einen neuen Geschwindigkeitsweltrekord. Erstmals wurde mit 202,7 km/h die Marke von 200 km/h überschritten.

12.11. Uraufführung der Operette „Der Graf von Luxemburg" von Franz Lehár in Wien.

16.11. Die erste Fluggesellschaft der Welt, die „Deutsche Luftschifffahrt-Aktiengesellschaft" (Delag), wird in Frankfurt am Main gegründet.

DEZEMBER

7.12. Gustav Krupp von Bohlen und Halbach wird Vorsitzender des Aufsichtsrats der Krupp-Werke in Essen. Mit Hugenberg ist er sich einig, dass alle sozialdemokratischen und gewerkschaftlichen Bestrebungen nötigenfalls mit Polizeigewalt zu unterdrücken sind.

10.12. In Stockholm erhält Ferdinand Braun den Nobelpreis für Physik, Wilhelm Ostwald den für Chemie. Mit der schwedischen Schriftstellerin Selma Lagerlöf empfängt erstmals eine Frau den Nobelpreis für Literatur.

26.12. In Hamburg wird der 9. Internationale Zionistenkongress eröffnet. Im Mittelpunkt der Diskussionen der über 600 Teilnehmer aus aller Welt steht die Forderung nach einem unabhängigen jüdischen Staat in Palästina.

AUSSERDEM

Gerhart Hauptmann: Griselda (Lustspiel)

Heinrich Mann: Die kleine Stadt (Roman)

Thomas Mann: Königliche Hoheit (Roman)

Paul Natorp: Philosophie und Pädagogik (Abhandlung)

Rainer Maria Rilke: Requiem (Doppelgedicht)

Ludwig Thoma: Briefwechsel eines bayerischen Landtagsabgeordneten (Satire)

Robert Walser: Jakob von Gunten (Tagebuch-Roman)

Jakob Wassermann: Kaspar Hauser (Roman)

„Stolz weht die Flagge Schwarz Weiss Rot!" Propagandapostkarte 1909. Bei aller Begeisterung breitester Schichten über die Flotte wurden aber auch kritische Stimmen laut. So notierte die Baronin Spitzemberg in ihr Tagebuch: „Ein bisschen Größenwahn, das heißt der Ehrgeiz, etwas ganz anders Geartetes zu schaffen als sein Großvater, ist doch, meiner Ansicht nach, die Triebfeder von des Kaisers Handeln. Jener gründete mit der Armee das deutsche Reich, er will mit der Flotte Deutschland zur Handels- und Kolonialmacht erheben. Wenn unsere Zukunft nicht damit statt aufs Wasser ins Wasser kommt und zu Wasser wird."

Nibelungentreue

Eigentlich ging es am 29. März 1909 um Etatfragen. Doch Reichskanzler von Bülow nutzte seine Redezeit zugleich zur Abwehr von Vorwürfen, die deutsche Regierung habe in ihrer Bündnistreue zu Österreich geschwankt. Er prägte dabei das verhängnisvolle Wort von der deutschen „Nibelungentreue" zu Wien, einer bedingungslosen Bindung also an den krisengeschüttelten Vielvölkerstaat. Österreich nutzte diesen Schwur für politische Abenteuer auf dem Balkan. Bülows Wort wurde zum Schlüsselbegriff, wenn es später um die Frage ging, wie Deutschland in den Ersten Weltkrieg hatte stolpern können. Die entscheidenden Redepassagen lauteten:

... Meine Herren, ich wende mich nun zum Nahen Orient. Es ist, wie Sie wissen, ein Gerede aufgebracht worden, als wäre ich anfangs unsicher gewesen wegen der Haltung, die wir einzunehmen hätten gegenüber der Annexion von Bosnien und Herzegowina. Es ist sogar versucht worden, mich unseren österreichisch-ungarischen Bundesgenossen als schwankend, bedenklich und vertrauensunwürdig zu denunzieren. Da es sich hier um den Versuch einer Legendenbildung handelt, der unsere intimsten Bundesbeziehungen berührt, so meine ich, dass diese Legende gar nicht kräftig genug zerstört werden kann ...

Ebenso wie gegen die grundlose Behauptung, als ob ich unsere österreich-ungarischen Verbündeten anfangs nur zögernd und lau unterstützt hätte, muss ich mich nun auch gegen den entgegengesetzten Versuch wenden, nämlich, dass wir uns mit überflüssigem Eifer an der Seite von Österreich-Ungarn gehalten hätten ...

Glauben Sie wirklich, meine Herren, dass wir einen neuen Freund gewonnen, irgendeinen Ersatz gefunden hätten für ein durch dreißig Jahre bewährtes Bündnis, wenn wir die Probe auf unsre Treue nicht bestanden hätten lediglich aus Furcht, den Anschluss an andere Mächte nicht zu finden? Wir würden uns, meine Herren, sehr bald, und dann ohne Österreich-Ungarn, derselben Mächtegruppierung gegenübergesehen haben, der Österreich-Ungarn hätte weichen müssen.

Gewiss, meine Herren, Deutschland ist stark genug, um sich im Notfalle auch allein zu behaupten. Das ist aber kein Grund, einen loyalen Bundesgenossen, der überdies ein außerordentlich wichtiger Faktor in der europäischen Staatengemeinschaft ist, in einer für ihn schwierigen Lage allein zu lassen und auf andere Freundschaften anzuweisen. Die Politik des Finassierens ist nicht immer eine kluge Politik, und sie ist jedenfalls verfehlt dem Freunde gegenüber, der Klarheit und Offenheit erwartet. Uns klar und offen an die Seite von Österreich-Ungarn zu stellen, entsprach auch deshalb unserem Interesse, weil wir durch eine andere Haltung zu gefährlichen Versuchen ermuntert hätten, der Großmachtstellung von Österreich-Ungarn eine Schädigung zuzufügen. Eine diplomatische Niederlage unserer Bundesgenossen aber müsste notwendig ihre Rückwirkung auf unsere eigene Stellung in Europa ausüben. Sie würde das Schwergewicht verringern, das Deutschland und Österreich-Ungarn gemeinsam repräsentieren und das bei vielen internationalen Fragen gemeinsam in die Waagschale geworfen wird.

Meine Herren, ich habe irgendwo ein höhnisches Wort gelesen über unsere Vasallenschaft gegenüber Österreich-Ungarn. Das Wort ist einfältig! Es gibt hier keinen Streit um den Vortritt, wie zwischen den beiden Königinnen im Nibelungenliede; aber die Nibelungentreue wollen wir aus unserem Verhältnis zu Österreich-Ungarn nicht ausschalten, die wollen wir gegenseitig wahren.

Meine Herren, damit aber ängstlichen Gemütern nicht Bilder blutigen Kampfes emporsteigen, beeile ich mich hinzuzufügen, dass ich gerade in unserem festen Zusammenstehen mit Österreich-Ungarn eine eminente Friedenssicherung erblicke ...

„Der Simplicissimus dankt seinem langjährigen Mitarbeiter Bernhard von Bülow und wünscht ihm gute Erholung in Klein-Flottbek." Karikatur von Th. Th. Heine auf die Entlassung des Reichskanzlers von Bülow.

Bülows Rücktritt

In einem Interview mit dem Chefredakteur des „Hamburger Korrespondenten" vom 13. Juli 1909 erläutert Fürst Bülow, warum er seinen Posten als Reichskanzler aufgibt:

Die Ernennung wie die Entlassung der Minister hängt selbstverständlich lediglich von der Krone ab. Es können aber Situationen entstehen, wo ein Minister, der Überzeugungen hat und es ernst mit seinen Überzeugungen nimmt, nicht im Amte bleiben kann. Dass eine solche Lage für mich entstehen könnte, darauf habe ich die Konservativen rechtzeitig hingewiesen im Reichstag und unter vier Augen offen und ehrlich in einer Weise, die jeden Zweifel ausschloss. Solche Zweifel haben auch bei der konservativen Parteileitung gar nicht bestanden. Sie war sich über den Charakter meiner Warnungen durchaus im Klaren. Sie wusste, dass ihre Taktik mich zum Rücktritt zwingen musste. Indem sie meinen Warnungen keine Rechnung trug, hat sie mit Bewusstsein eine Lage herbeigeführt, in der ich nicht bleiben konnte.

Man scheint den Eindruck dieser Vorgänge dadurch abschwächen zu wollen, dass man es so hinstellt, als hätte ich auch schon bei früheren Vorschlägen und Gesetzesvorlagen mit meinem Rücktritt gedroht, als hätte man also meine Warnungen nicht ernst zu nehmen brauchen. Ich erkläre, dass ich bei keiner früheren Vorlage und keinem frühern Vorschlag jemals den Konservativen meine Demission in Aussicht gestellt habe.

Es ist endlich irrig und unrichtig und es ist irreführend, die Sachen so darzustellen, als hätte ich meine Entlassung lediglich aus dem Grunde genommen, weil die Erweiterung der Erbschaftssteuer nicht durchgegangen ist. Gewiss, das würde allen Traditionen widersprechen, wenn ein Minister ginge, weil eine von ihm vorgeschlagene Gesetzesvorlage vom Parlament abgelehnt wird. Das ist aber gar nicht der Grund meiner Entschließung. Ich habe mich zum Rücktritt entschlossen, weil durch die Haltung der konservativen Partei eine politische Konstellation herbeigeführt worden ist, die unter Trennung von den liberalen Parteien und sogar von den Waffenbrüdern des alten Bismarck'schen Kartells die Konservativen zum engsten Bunde mit dem Zentrum und den Polen geführt und dadurch das Zentrum wieder zur ausschlaggebenden Partei gemacht hat. Die Folge dieser Haltung der Konservativen und die hierdurch herbeigeführte Konstellation haben mein Verbleiben im Amte unmöglich gemacht . . .

Kaisermanöver

Auch wenn alle damaligen Höfe militärische Züge zeigten, war Preußen diesbezüglich dennoch eine Ausnahme. Militärischer Rang gestaltete die Hofordnung; der Kaiser erschien immer in Uniform – Fotos vom Kaiser in Zivil sind äußerst selten; die Hofpagen wurden aus den Kadettenanstalten rekrutiert; sogar die meisten zeremoniellen Dienste wurden von Soldaten vollzogen.
Ein Offizier von den Leibgardehusaren schrieb:
„Alle Augenblicke gab es Ehrenwachen an Bahnhöfen und Schlössern zu stellen, Vorexerzieren vor hohen und höchsten kaiserlichen Gästen, Ehrendienste bei besuchenden Monarchen und anderes mehr."
Militärische Kapellen spielten bei fast allen, auch zivilen, Angelegenheiten. Vor allem blieben die Frühlings- und Herbstparaden und die Manöver als freudige Festtage in Erinnerung. Vordergründig gelang es dem Kaiser vortrefflich, das preußische Militär mit sich selbst, aber vor allen Dingen mit dem modernen nationalen Deutschland zu verschmelzen. Ein Blick hinter die Kulissen jedoch zeigt, dass es dem Kaiser auch hier vor allem um seine Selbstdarstellung, um die äußere Schau ging. Bezeichnend dafür ist der Bericht des Grafen Zedlitz, der als Augenzeuge der Kaisermanöver 1909 beobachten musste, wie selbst hohe Militärs eher das taten, was der Kaiser wünschte, als das, was für den Ernstfall militärisch sinnvoll gewesen wäre: „Ein schreckliches Gefühl beschlich mich in dem Anfang September bei Merseburg stattfindenden Kaisermanöver. Wie soll es im Ernstfall werden, wenn der Chef des Generalstabes der Armee, ein Mann wie Graf Schlieffen, keine Ansicht mehr äußert, von einer Überzeugung ganz zu schweigen. Stumm, ernst und ausdruckslos beteiligt er sich, indem er die Befehle von Allerhöchster Stelle ausführt. ›Zu Befehl, Eure Majestät!‹, das ist seine stereotype Antwort. Unwillkürlich musste ich immer an das bekannte ›Archiprêt‹ des Marschalls Leboeuf [französischer Kriegsminister 1869/70] denken. Der Marschall hatte sich gewiss seit langer Zeit daran gewöhnt, alles ›archiprêt‹ zu melden, und so tat er es natürlich auch damals, als es für Frankreich so üble Folgen haben musste. Bei uns ist das ›zu Befehl, Eure Majestät‹ gleich unheilvoll oder kann es jedenfalls werden. Im Verlauf dieser Kaisermanöver merkte man einsichtigen Generalstäblern und vielen älteren Offizieren eine gedrückte Stimmung an. Statt dass man die Führer vor wichtige Entschließungen stellte, die kriegsgemäßen Situationen entsprangen, handelte es sich lediglich um eine größere oder geringere Abhängigkeit vom Kaiserlichen Hauptquartier. ›Es darf nicht zu weit werden‹; ›Es müssen Bilder gezeigt werden‹; ›Massenangriffe sind bevorzugt‹; ›Es muss hier zum Kampfe kommen, da nur hier die Kavallerie attackieren kann‹.
Das waren mehr oder minder leitende Gesichtspunkte. Und nun die Ausführung! Wirkliche Aufklärung der Kavallerie kam kaum zur Darstellung. Auf Artilleriewirkung wurde gar keine Rücksicht genommen. Ebenso wurde auch kaum ein Infanterieangriff vorbereitet. Vom Schießen hielt man ebenso wenig. Die Führer befanden sich vor den Schützenlinien, die Kolonnen beinahe in den Schützenlinien, die Kavallerie attackierte, wenn es sicher ganz unmöglich war – kurz, man konnte hin und wieder sehen, wie man es nicht machen soll, sehr selten das Gegenteil. Und dazu die Zusammenziehung dieser Massen, diese Kosten! Nein, es war betrübend und für mich, da ich häufig in der Nähe der fremdländischen Offiziere war, auch beschämend. Dahin kommt man in Friedenszeiten mit dem ›Zu Befehl, Eure Majestät‹. Und wie wird es im Kriege sein? Warum erwähnt kein Vorgesetzter, dass dieses Exerzieren zu sehr auf Kosten des Materials gehen oder unmöglich sein würde, wenn man sich nicht auf diese Weise behilft? Diese Täuschungen sind natürlich nur eine Konsequenz unserer Verhältnisse und ein kleiner Bruchteil von dem, was nötig ist, um zu verstehen, ›es geht alles‹. – Denn bei uns geht tatsächlich alles, jede noch so späte Abänderung und wieder Änderung, so dass man mit Recht sagen kann, nichts ist stabil und wahrscheinlicher als der Wechsel."

„Kaisermanöver. Seine Majestät erklären dem Prinzen Ludwig von Bayern die feindlichen Stellungen." Simplicissimus-Karikatur von O. Gulbranssen, 1909.

Das Telefonamt in München-Schwabing wurde 1909 mit einem selbsttätigen Wählersystem ausgerüstet: Das „Fräulein vom Amt", welches sonst die Verbindungen herzustellen hatte, fiel hier weg. Geliefert wurde die Anlage von der Firma Siemens & Halske: Diese hatte seit 1908 als erste Elektronikindustriefirma in Europa den Selbstwählbetrieb eingeführt.

1910

JANUAR

18.1. Im Reichstag rechtfertigt Innenminister Clemens Delbrück den Einsatz des Militärs gegen streikende Arbeiter im Mansfelder Revier. Der sechswöchige Streik, an dem sich etwa 10.000 Arbeiter beteiligt hatten, wurde ergebnislos beendet.

26.1. Vertreter der Zentrumspartei kritisieren im Reichstag die Dominanz des Adels im Offizierskorps.

27.1. Mehr als zwei Jahre nach Abschluss der Zweiten Haager Friedenskonferenz veröffentlicht das deutsche Reichsgesetzblatt die Ergebnisse.

FEBRUAR

1.2. Der Ingenieur und Flugpionier August Euler erhält den ersten Flugzeugführerschein des Deutschen Reichs.

4.2. Im Preußischen Landtag wird die 1908 angekündigte Reform des Dreiklassenwahlrechts vorgestellt. Der Wahlgesetzentwurf hält am Dreiklassenwahlrecht und an der alten Wahlkreiseinteilung fest, lediglich Wählern mit Hochschulabschluss, ehemaligen Offizieren und „Kulturträgern" soll das Aufrücken in eine höhere Wahlrechtsklasse ermöglicht werden. Frauen sollen weiterhin von Wahlen ausgeschlossen bleiben.

12.2. Die Parteien des Landesausschusses von Elsass-Lothringen fordern eine den deutschen Bundesstaaten adäquate verfassungsrechtliche Gleichstellung ihres Landes.

MÄRZ

6.3. Durch den Zusammenschluss der Freisinnigen Volkspartei, der Freisinnigen Vereinigung und der Deutschen Volkspartei (DVP) entsteht in Berlin die Fortschrittliche Volkspartei. Zu den führenden Köpfen der neuen Partei, die sich zu den traditionellen Forderungen des deutschen Liberalismus bekennt, gehören Friedrich Naumann, Friedrich von Payer und Otto Fischbeck.

15.3. Veröffentlichung des von Reichskanzler Theobald von Bethmann Hollweg initiierten Entwurfs zur Reichsversicherungsordnung (RVO), die als Zusammenfassung der zahlreichen Einzelgesetze die von Bismarck begonnene Sozialpolitik fortsetzen soll.

APRIL

2.4. Tod des evangelischen Theologen Friedrich von Bodelschwingh in Bethel.

23.4. Der belgische König Albert I. eröffnet in Brüssel die 17. Weltausstellung. Größte Aussteller neben dem Gastgeberland sind Frankreich und Deutschland. Zum Zeitpunkt der Eröffnung sind viele Ausstellungsgebäude noch nicht fertiggestellt.

MAI

6.5. Der britische König Eduard VII. stirbt nach neunjähriger Amtszeit im Londoner Buckingham-Palast. Als Georg V. folgt ihm sein Sohn auf dem Thron.

10.5. Der frühere Präsident der USA, Theodore Roosevelt, trifft im Rahmen seiner ausgedehnten Europa-Reise in Deutschland ein. Er wird in Potsdam von Kaiser Wilhelm II. empfangen und erhält am 12. Mai die Ehrendoktorwürde der Berliner Universität.

19.5. Der Halleysche Komet passiert die Erde.

27.5. Die preußische Regierung zieht die von allen Parteien kritisierte Vorlage zur Reform des Wahlrechts zurück. Sozialdemokraten und Liberale fordern ein allgemeines, freies Wahlrecht, die Konservativen lehnen jede Veränderung des bestehenden Dreiklassenwahlrechts ab.
Tod des Bakteriologen Robert Koch in Clausthal.

JUNI

8.6. Im Preußischen Abgeordnetenhaus kommt es zu einer stürmischen Debatte über die „königliche Zivilliste", in der die Zahlungen aus dem Staatshaushalt an die Königsfamilie geregelt sind. Der Sozialdemokrat Adolf Hofmann rechnet den Abgeordneten vor, dass der König bereits ohne die beantragte Erhöhung eine Tageseinnahme von 43.065 Mark bezieht. Vom Präsidenten des Abgeordnetenhauses wird Hofmann als „Hochverräter" beschimpft.

22.6. Das deutsche Luftschiff „LZ 7", das erste Passagierluftschiff der Welt, legt bei einer Probefahrt die 575 km lange Strecke zwischen Friedrichshafen am Bodensee und Düsseldorf in neun Stunden zurück. Nur eine Woche später strandet das „LZ 7" bei einer weiteren Probefahrt mit 32 Pressevertretern an Bord im Teutoburger Wald und wird schwer beschädigt.

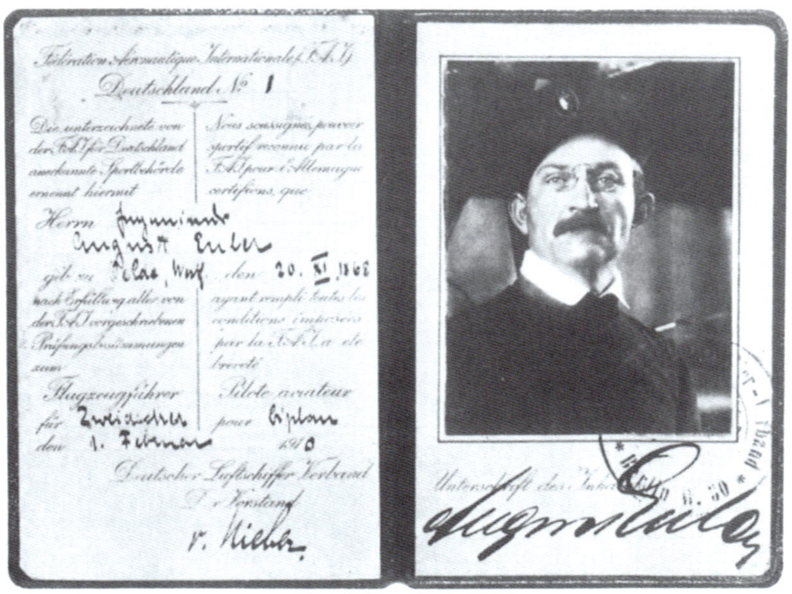

Flugzeugführerschein Nr. 1 des Deutschen Luftschiffer-Verbandes, ausgestellt am 1. Februar 1910 für August Euler. Noch im selben Jahr stellte Euler einen deutschen Rekord im Dauerflug auf: Er blieb insgesamt 3 Stunden und 6 Minuten in der Luft.

JULI

15.7. Rund 100.000 Polen und Gäste aus allen europäischen Ländern feiern in Krakau den 500. Jahrestag der Schlacht bei Tannenberg/Grunwald, in der die Truppen des polnischen Königs Wladyslaw II. Jagiello das Heer des Deutschen Ordens schlugen.

29.7. Der Ministerrat des Osmanischen Reichs erteilt die Genehmigung zum Weiterbau der Bagdadbahn. Die für den Bau verantwortliche Anatolische Eisenbahngesellschaft wird von der Deutschen Bank kontrolliert. Russland und Großbritannien beobachten die deutsch-osmanische Zusammenarbeit mit wachsendem Misstrauen.

AUGUST

2.8. Das dritte deutsche Marinegeschwader wird gebildet. Laut Flottengesetz soll die Hochseeflotte bis 1917 vier Geschwader umfassen.

5.8. In Hamburg beginnt ein Streik von 10.000 Werftarbeitern um höhere Löhne, dem sich auch ein Großteil der Belegschaften der Bremer Werften anschließt. Der Ausstand dauert bis Oktober und endet mit einem Teilerfolg der Streikenden.

20.8. Kaiser Wilhelm II. weiht in Posen eine Königliche Residenz ein und ernennt die Stadt zur „Residenzstadt des Deutschen Reichs". Posen ist ein Zentrum des Widerstands gegen die Germanisierungsbestrebungen in den polnischen Gebieten.

SEPTEMBER

12.9. Die Uraufführung der 8. Symphonie Es-Dur von Gustav Mahler im Rahmen der Münchner Festspiele erregt großes Aufsehen. Das achtzigminütige Werk geht als „Symphonie der Tausend“ in die Musikgeschichte ein und sprengt den herkömmlichen Rahmen symphonischer Musik.

13.9. Der Deutsche Juristentag in Danzig lehnt einen Antrag auf Abschaffung der Todesstrafe mit 50 gegen 24 Stimmen ab.

OKTOBER

30.10. Tod des schweizerischen Schriftstellers und Begründers des Roten Kreuzes Henri Dunant.

NOVEMBER

7.11. In Berlin wird mit großem Erfolg die Sophokles-Tragödie „Ödipus“ in der Inszenierung von Max Reinhardt uraufgeführt.

21.11. Nach Angaben der Wiener Zeitung „Neue Freie Presse“ plant die österreich-ungarische Kriegsmarine den Bau von vier Schlachtschiffen, drei Schnellkreuzern, zehn Torpedofahrzeugen, zwölf Hochseetorpedobooten und sechs U-Booten im Gesamtwert von umgerechnet 263 Millionen Mark.

DEZEMBER

1.12. Eine Volkszählung im Deutschen Reich ergibt die Zahl von 64.925.993 Einwohnern. Das entspricht einer Steigerung von 7,1 Prozent seit 1905. Den größten Zuwachs verbuchte Hamburg mit 16,1 Prozent. Die Bevölkerungsdichte liegt bei 120 Einwohnern pro Quadratkilometer. In den letzten 15 Jahren sind 130.000 Deutsche ausgewandert.

3.12. Das Einlaufen französischer Kriegsschiffe in den marokkanischen Hafen Agadir bildet den Auftakt einer neuen „Marokko-Krise“ zwischen Frankreich und Deutschland.

9.12. Im Deutschen Reichstag beginnt die Debatte um das neue „Friedenspräsenzgesetz“, das den Aufbau eines Eisenbahn-, eines Telegraphenbataillons und dreier Luftschiffkompanien vorsieht.

10.12. Drei der fünf Nobelpreise gehen in diesem Jahr nach Deutschland. Geehrt werden der Chemiker Otto Wallasch, der Medizinforscher Albrecht Kossel und der Schriftsteller Paul Heyse.

Robert Koch

* Clausthal (Harz),
11. Dezember 1843
† Baden-Baden, 27. Mai 1910

Koch legte seine medizinische Abschlussprüfung 1866 an der Universität Göttingen ab; zu seinen Lehrern gehörten u.a. Wöhler und Henle. Nach dem Krieg von 1870/71, an dem er als Feldarzt teilgenommen hatte, ließ er sich als Landarzt in der Nähe von Breslau in Schlesien nieder.

Als unter dem Vieh eine Milzbrandepidemie ausbrach, untersuchte Koch die Krankheit. Mit großer Sorgfalt isolierte er 1876 aus der Milz von infizierten Tieren den Anthrax-Erreger, ein Bakterium, übertrug es nacheinander auf eine Reihe von Mäusen und isolierte es dann erneut aus dem letzten Versuchstier. Dabei lernte er das Anlegen von Bakterienkulturen außerhalb des lebenden Organismus in Blutserum bei 37°C. Damit konnte er den gesamten Lebenszyklus eines Anthraxbazillus und die Resistenzbildung verfolgen.

Koch legte seine Arbeit dem Bakteriologen Cohn an der Universität Breslau vor. Cohn war begeistert und sorgte für die Publikation des Forschungsberichts.

Koch wurde nach und nach berühmt, verlegte sein Labor nach Berlin und entwickelte zwei neue, überaus wichtige Techniken. Zunächst benutzte er die seit Perkin synthetisierbaren Anilinfarbstoffe, um zur Erleichterung der Untersuchungen Bakterien anzufärben. (Ungefärbte Bakterien sind glasklar durchsichtig und sehr schwer zu erkennen.)

Außerdem ging Koch nach seinen Erfahrungen mit dem Anlegen von Bakterienkulturen außerhalb des Organismus in Flüssigkeiten zur Verwendung von gelatineartig festen Nährmedien über; Agar-Agar, ein aus Meerespflanzen gewonnenes Kohlenhydrat, eignete sich in Verbindung mit Nährbouillon besonders gut für den Zweck. Am Anfang benutzte Koch flache Glasplatten, aber sein Assistent Julius Richard Petri ersetzte sie 1887 durch flache Glasschalen mit Deckeln. Seither werden nur noch „Petri-Schalen“ benutzt.

Auf solchen gelartigen Nährböden konnten Bakterien sich nicht bewegen, so dass ein auf einer Stelle festsitzendes Bakterium sich immer wieder teilte und eine Gruppe von Nachkommen bildete, woraus sich ein homoge-

Robert Koch.

ner Bakterienrasen zusammensetzte. Diese Bakterien konnten dann Tieren überimpft werden, oder von bestimmten Stämmen ließen sich wieder neue Kolonien züchten. In Flüssigkeiten hingegen waren viele verschiedenartige Bakterien miteinander vermischt, und eine Trennung war zeitraubend und schwierig. Kochs feste Nährsubstrate ermöglichten systematische Untersuchungen und machten unter anderem Pasteurs spätere bakteriologisch-epidemiologische Forschung möglich.

Koch setzte auch Kriterien für die sachgerechte und genaue Identifizierung der Ursachen einer Krankheit fest. Der Mikroorganismus musste im kranken Tier gefunden werden. Nach Aufwachsen einer Kultur musste der Erreger ein gesundes Tier infizieren können. Das neuerkrankte Tier musste die gleichen Bazillen liefern wie die aus dem ursprünglich kranken Tier.

Mit Hilfe dieser Regeln und Techniken isolierte Koch die spezifischen Erregerbakterien einer Reihe von Krankheiten. Der Höhepunkt seiner Karriere war 1882 die Entdeckung des Tuberkelbazillus, des Erregers der vielgefürchteten Tuberkulose. (Später suchte er nach einem Heilmittel und glaubte 1890, es gefunden zu haben; aber seine Hoffnung erwies sich als verfrüht.)

1883 reiste er nach Asien, um sich mit Pest und Cholera zu beschäftigen, und nach Afrika zu Beobachtungen über die Schlafkrankheit. Für seine Entdeckung der Choleravibrionen erhielt er einen Staatspreis im heutigen Wert von etwa 50.000 Euro und wurde 1885 an der Universität Berlin zum Professor für Hygiene ernannt. Während der Jahre 1897-1906 konnte er nachweisen, dass die Pest durch einen Rattenfloh übertragen wurde; der Überträger der Schlafkrankheit war die Tsetse-Fliege. Neben Laverans und Ross' Arbeiten verwiesen Kochs Untersuchungen auf neue Methoden zur Krankheitsbehandlung. Statt einer direkten Bekämpfung der Erreger selbst konnte das Überträgerinsekt bekämpft werden. Der Erreger selbst ist hilflos (und der menschliche Organismus durch ihn nicht in Gefahr), wenn der Überträger vernichtet oder außer Gefecht gesetzt werden kann.

Eine ganze Generation von Bakteriologen lernte und arbeitete bei Koch. Dazu gehörten Gaffky, Kochs Begleiter auf seinen Asienreisen, und Kitasato. Auch die Nobelpreisträger Behring und Ehrlich gehörten früher einmal zu Kochs Assistenten.

1905 erhielt Koch, hauptsächlich für seine Untersuchungen über die Tuberkulose, den Nobelpreis für Medizin und Physiologie.

Ein Leutnant und zehn Mann für den Reichstag

Ein Schlüsselbegriff für die politische Kultur im kaiserlichen Deutschland war das Wort vom Leutnant und den zehn Mann, die genügen sollten, um den Reichstag zu schließen – Ausdruck einer obrigkeitlichen Gesinnung, der das Parlament als eine Spielwiese aufgeregter demokratischer Geister erschien, die man jederzeit nach Hause schicken konnte, wenn sie es zu toll trieben. Geprägt hat dieses Wort im Januar 1910 der konservative Reichstagsabgeordnete Elard von Oldenburg-Januschau, der darüber in seinen Erinnerungen berichtet:

Der Aufbau des Bismarck'schen Reiches zeigt zwei ganz getrennte Seiten, eine zivile, demokratische und eine militärische, autokratische. Die erste Seite hatte ihre stärkste Verkörperung in dem aufgrund des allgemeinen, gleichen und geheimen Wahlrechts gewählten Reichstages. Die zweite bestand aus der Krone und dem Heer. Die Verbindung zwischen Krone und Heer bildete die kaiserliche Kommandogewalt. Von dieser Kommandogewalt war zwar nicht in der Reichsverfassung die Rede, wohl aber in einem Allerhöchsten Erlass von 1861. In diesem Erlass war bestimmt, dass die Anordnungen des Königs von Preußen in seiner Eigenschaft als oberster Kriegsherr nicht der Gegenzeichnung durch den Kriegsminister bedurften. Mit anderen Worten: Der Kriegsminister war der Volksvertretung nicht verantwortlich, soweit es sich um Befehle und dienstliche Vorgänge handelte. Seine Verantwortlichkeit beschränkte sich auf die finanziellen Folgen des Budgets.

Es bestand also ein gewisser Gegensatz innerhalb des Reichsaufbaues in dem Zusammenspiel zwischen der militärischen und der zivilen, zwischen der autokratischen und der demokratischen Macht. Wenn Bismarck über dieses Zusammenspiel keine gesetzlichen Bestimmungen getroffen hatte, so hatte er das nur deswegen unterlassen, weil er aus dem von ihm durchgefochtenen preußischen Verfassungskonflikt wusste, dass auch im Innenleben der Völker Zeiten kommen, in denen mit Blut und Eisen die Ordnung des Staates wiederhergestellt werden muss. Aus diesem Grunde erschien mir die Einrichtung der kaiserlichen Kommandogewalt von allergrößter Bedeutung. Mit ihr war der Kaiser, der die Verfassung ja nicht beschworen hatte, jederzeit imstande, natürlich nur im Notfall, durch einfachen Befehl an die Armee die Staatsordnung wiederherzustellen, während die zivilen demokratischen Einrichtungen an ihre Arbeitsform der Beschlussfassung gebunden waren. Diese Dinge kannten die Linke und im Zentrum die Leute von Erzberger sehr genau. Sie wussten, was sie taten, wenn sie mit ihren Angriffen auf die Abschaffung der kaiserlichen Kommandogewalt abzielten. Umso mehr hielt ich es für meine Aufgabe, für ihre Erhaltung mit aller Entschiedenheit einzutreten.

Die Gelegenheit dazu bot sich anlässlich einer großen gegen die kaiserliche Kommandogewalt gerichteten Rede, die der freisinnige Abgeordnete Müller-Meiningen hielt. Diesem Angriff der Linken verdankt das im Zusammenhang mit meinem Namen so oft erwähnte Wort vom Leutnant und den zehn Mann seine Entstehung. Der Abgeordnete Müller-Meiningen war geschickt genug, um seinen Angriff gegen die kaiserliche Kommandogewalt in einen Angriff gegen das Offizierkorps überhaupt einzuhüllen. Zur Verteidigung dieses Offizierkorps sagte ich damals in der vollen Öffentlichkeit einer Reichstagssitzung:

„Wie ist es jetzt? Wenn ein Leutnant an einer Ecke laut hustet, hat er die Besorgnis, dass es im Reichstag zur Sprache kommt. Das ginge ja noch. Aber wir wollen doch dafür sorgen, dass er nicht die Besorgnis haben muss, dass nun auf das Urteil des Reichstags ein Gewicht gelegt wird, was früher nicht der Fall war. Meine Herren, darunter leidet der Offizierstand. Er muss darunter leiden, ein Stand, der persönlich mit dem allerhöchsten Kriegsherrn zusammenhält und den im Übrigen die Öffentlichkeit nichts angeht! Ja, meine Herren, das ist auch eine alte preußische Tradition, und dass Ihnen diese Tradition nicht passt, das glaube ich sehr gern. Der König von Preußen und der deutsche Kaiser muss jeden Moment imstande sein, zu einem Leutnant zu sagen: Nehmen Sie zehn Mann und schließen Sie den Reichstag!"

Das Wort vom Leutnant und den zehn Mann erregte großes Aufsehen. Es gab kaum eine Zeitung, die nicht ihre Spalten mit ihrer Stellungnahme zu diesem Wort anfüllte. Überall, wohin man kam, schallte es einem entgegen. Zu meinem eigenen Erstaunen hatte dieses Wort auch bei der Masse gezündet. Denn als wenige Tage später eine neue Reichstagssitzung stattfand, war der Platz vor dem Wallotbau schwarz vor Menschen. Es gelang mir aber, ohne erkannt zu werden, in den Reichstag hineinzukommen. Drinnen hörte ich dann von den Fraktionsgenossen, man habe irgendeinen Unbekannten für mich gehalten und verdroschen.

„Simplicissimus"-Karikatur auf das Wort vom „Leutnant und den zehn Mann": der ironische „Entwurf eines Deckengemäldes für den deutschen Reichstagssaal".

Der Halley'sche Komet erscheint

Der Halley'sche Komet trat am 20. Mai 1910 in die Erdbahn ein. Dieser Komet, schon für das Jahr 187 vor Christus nachgewiesen, ist der größte, mit bloßem Auge sichtbare periodische Komet. Sein Schweif ist 30 Millionen Kilometer lang; er hat eine Umlaufzeit von 76 Jahren. Benannt ist er nach dem englischen Astronomen Edmond Halley. Sein Erscheinen 1910 war mit großer Spannung und viel Spekulation erwartet worden. Vielfach wurde befürchtet, dass ein Meteoritenregen auf die Erde niedergehen werde, wenn diese seinen Schweif durchquerte. In der Presse wurden ausführliche Vorberichte gebracht, Spekulationen daran geknüpft, welche Auswirkungen ein Meteoritenregen haben könne. Als der Halley'sche Komet dann einen Tag später als erwartet, in der Nacht vom 19. auf den 20. Mai, in die Umlaufbahn der Erde eintrat, gab es weder einen Meteoritenregen noch irgendwelche Katastrophen. Der Komet bedeckte zeitweise die Sonnenscheibe, deren Strahlen aber nicht abgeschwächt wurden. In Deutschland wurde der Komet von den Universitäten in Breslau und in Heidelberg genau beobachtet, und zwar am 20. Mai zwischen 0.15 Uhr und 1.20 Uhr. In dieser Zeit erstreckte sich der Kometenschweif zuerst vom Sternbild Fuhrmann bis zum Großen Bären, dann vom Perseus bis zur Jungfrau. Er war 150 Grad lang und heller als die Milchstraße.

Rückschläge für die Zeppelin-Luftschifffahrt

Im Frühjahr 1910 ereigneten sich zwei schwere Unglücke, in die zivile wie militäreigene Luftschiffe verwickelt waren.
Das Militärluftschiff Z II wurde am 25. April 1910 durch einen Sturm in der Nähe von Limburg an der Lahn völlig zertrümmert. Der Zeppelin befand sich auf dem Flug von Homburg vor der Höhe nach Köln. Wegen schlechten Wetters musste er in der Nähe von Limburg zwischenlanden. Zur Verankerung hatte man einen Bauernwagen in den Boden gegraben und die Haltetaue von Z II daran befestigt. Die Sturmböen wurden so heftig, dass zwei Infanteriekompanien zum Landeplatz beordert wurden; die Soldaten mussten zusätzliche Taue halten. Nach einer stürmischen Nacht legte sich der Wind, und die Luftschiffbesatzung begann Gas nachzufüllen, um wieder starten zu können. Ein Augenzeuge berichtete:
„Gerade um 13 Uhr, als wieder ein heftiger Windstoß kam, riss sich das Luftschiff plötzlich aus seiner Verankerung los, die noch durch starke Stahltrossen verstärkt worden war. Diese brachen wie Streichhölzer; es gelang auch nicht den zwei Kompanien, das Luftschiff zu halten. Schnell stieg es auf und trieb in rasender Geschwindigkeit das Lahntal aufwärts. Um 13 Uhr 30 Minuten verfing es sich in hohen Tannen und zwischen Felsen in der Nähe des Dorfes Guntersau und wurde vollständig zerstört."
Das Luftschiff LZ VII Deutschland strandete am 28. Juni 1910 im Teutoburger Wald. Der Zeppelin war am Morgen in Düsseldorf gestartet; an Bord befanden sich 20 Journalisten, zwei Direktoren der Zeppelin-Werke und zehn Mann Besatzung. Nach einem dreistündigen Flug über das Ruhrgebiet kam starker Sturm auf, der eine Landung unmöglich machte. Fast sechs Stunden kämpfte LZ VII im Gebiet zwischen Gelsenkirchen, Münster und Osnabrück gegen den Sturm, der es schließlich abtrieb. Eine halbe Stunde lang flog LZ VII mit großer Geschwindigkeit durch dichte Wolken und wurde dabei in die Höhe getrieben.
Bei diesem unfreiwilligen Auftrieb verlor es viel Gas. Dann versagte der Motor der vorderen Gondel. Im Teutoburger Wald, in der Nähe der Kreisstadt Iburg, blieb es in den Bäumen hängen. Vor dieser unfreiwilligen Landung war aller verfügbarer Ballast über Bord geworfen worden, der Sturz konnte aber nicht aufgehalten werden. Für die Besatzung und die Passagiere lief das Unglück glimpflich ab; nur ein Monteur wurde verletzt; die Insassen konnten über Strickleitern herunterklettern.

Das Theaterspielen im Blut hat Henny als Tochter des Vaters, des Sängers und Schauspielers Franz Porten. Mit 15 Jahren macht sie bei Meßter komische Kurzfilme. Hier im Jahre 1910, tritt die Neunzehnjährige mit Alfred Stein im Schwank „Unkraut vergeht nicht" mit dem Duett auf: „Die Friedrichstraße ist das treue Barometer von Berlin".

Wilhelm Raabe

* Eschershausen,
8. September 1831
† Braunschweig.
15. November 1910

Als der im Braunschweigischen geborene und dort verwurzelt gebliebene Wilhelm Raabe bei der Feier seines 70. Geburtstages der „deutscheste der lebenden Dichter" genannt wurde, hatte sich die anfangs kleine Schar seiner Leser schon längst vertausendfacht. Das war freilich nur langsam, doch so stetig geschehen, wie ein Baum wächst. Wenngleich Raabe schon vor 1870 für ein einiges Deutschland eintrat

Wilhelm Raabe.

und später die Gründerjahre bitter verspottete, galt ihm das äußerliche Treiben des politischen Lebens wenig, die seelische Entfaltung des Menschen jedoch alles.
Das offenbarte sich im Geist aller seiner Romane, in denen er die Idylle, das Glück und den Jammer der verwinkelten Kleinstädte seiner Heimat beschreibt, und das zeigen auch seine geschichtlichen, den Zeitgeist der Vergangenheit beschwörenden Erzählungen. Er schildert Menschen, „wie sie geworden sind", am liebsten einfache, stille Leute oder Sonderlinge, im Kampf mit dem Dasein, dem sie widerstehen, ihre innere Freiheit wahrend auch im Unterliegen.
Überwindung des Leides durch Gelassenheit und Seelengröße ist Raabes Thema; das macht ihn zum ethischen Erzieher, dem allerdings jede Schulmeisterei fehlt, denn die Handlung entwickelt sich in seiner Dichtung immer zwingend aus der Natur der Helden und den Umständen. Raabes Stil ist klar und einfach; er liebt den reizvollen Wechsel zwischen Humor, verschmitzter Ironie und warmherziger Teilnahme an den Figuren, die man vor sich zu sehen meint.
Wenn er eine Frau, die den Gottesdienst versäumt, weil sie ihr Enkelkind baden muss, sagen lässt, „Kindergeschrei ist auch ein Gesangbuchvers", so ist das bezeichnend für die Art seiner dichterischen Aussage.
Sein „Hungerpastor", „Abu Telfan" und „Die Chronik der Sperlingsgasse" zählen zu den bedeutendsten und tiefgründigsten deutschen Romanen.

1911

JANUAR

11.1. In Berlin wird die „Kaiser-Wilhelm-Gesellschaft zur Förderung der Wissenschaften“ (heute: Max-Planck-Gesellschaft) gegründet. Der Aufnahmebeitrag beläuft sich auf 20.000 Mark, der Jahresbeitrag auf 1.000 Mark. Erster Präsident der Gesellschaft wird der Theologe Adolf von Harnack, zum Führungsgremium gehören der Industrielle Gustav Krupp von Bohlen und Halbach und der Bankier Ludwig Delbrück.
26.1. Uraufführung der Oper „Der Rosenkavalier“ von Richard Strauss in Dresden.
31.1. Tod des Verlegers und Vorsitzenden der Sozialdemokratischen Partei Deutschlands (SPD) Paul Singer in Berlin. Sein Nachfolger wird Hermann Molkenbuhr.

FEBRUAR

11.2. Die Regierung des Osmanischen Reichs kauft für Truppentransporte in die Krisenregion auf der Arabischen Halbinsel von der deutschen Schifffahrtsgesellschaft Norddeutscher Lloyd den Dampfer „Heidelberg“. Bereits im Januar hatte Konstantinopel drei deutsche Schiffe erworben.
27.2. Im Reichstag weist das Zentrum auf den Antisemitismus in der Armee hin. Seit mehreren Jahren sei kein Jude in das Offizierskorps gewählt worden.

MÄRZ

12.3. Mit Volksfesten feiert das Königreich Bayern den 90. Geburtstag von Prinzregent Luitpold, dem ältesten deutschen Monarchen.
13.3. Der britische Außenminister Edward Grey schlägt Deutschland ein Rüstungsbegrenzungsabkommen vor. Der deutsche Reichskanzler Theobald von Bethmann Hollweg lehnt im Reichstag ein solches Abkommen ab.
19.3. Erstmals demonstriert rund eine Million Frauen in verschiedenen europäischen Ländern für Emanzipation, Wahlrecht und Demokratie. Die Einführung eines Internationalen Frauentags geht auf einen Beschluss der II. Internationalen Konferenz sozialistischer Frauen vom August 1910 zurück.

APRIL

1.4. Die ersten 85 Arbeiterfamilien beziehen ihre neuen Häuser in der Essener Siedlung Margarethenhöhe, die aus Mitteln der Margarethe-Krupp-Stiftung errichtet wurden. Die Inhaber der Stahl- und Rüstungsfirma Krupp betreiben seit Jahren eine vorbildhafte Sozialpolitik für ihre Arbeiter und Angestellten, von denen sie im Gegenzug den Verzicht auf gewerkschaftliche Betätigung erwarten.
4.4. Im Großherzogtum Hessen werden mit der Änderung des Wahlgesetzes das Pluralwahlrecht und die direkte Wahl der Abgeordneten eingeführt. Demnach sind nach wie vor nur männliche Steuerzahler über 24 Jahre wahlberechtigt, 50jährige und Ältere erhalten jedoch eine Zusatzstimme.
19.4. Das Eingreifen französischer Truppen in den Kampf gegen die aufständischen Berberstämme führt zu einer weiteren Zuspitzung der zweiten Marokko-Krise.

MAI

6.5. In Dresden wird eine Internationale Hygieneausstellung eröffnet. Mit 325.000 Quadratmetern Ausstellungsfläche übertrifft sie die letztjährige Weltausstellung in Brüssel. Besondere Beachtung findet der Ausstellungspalast Frankreichs. Erstmals seit dem Deutsch-Französischen Krieg von 1870/71 beteiligt sich Frankreich wieder an einer Ausstellung in Deutschland.
15.5. Das deutsche Kaiserpaar trifft zu einem fünftägigen Staatsbesuch in Großbritannien ein und wird von König Georg V. und der Londoner Bevölkerung freundlich empfangen. Der britisch-deutsche Flottenkonflikt ist bei dem Besuch kein Gesprächsthema.
18.5. Tod des österreichischen Komponisten Gustav Mahler in Wien.
26.5. Der Deutsche Reichstag verabschiedet eine Verfassung und ein Wahlgesetz für Elsass-Lothringen. Das Reichsland wird in wesentlichen Punkten den anderen deutschen Bundesstaaten gleichgestellt und erhält eine frei gewählte Volksvertretung. Elsass-Lothringen erhält drei Stimmen im Bundesrat.
30.5. Der Deutsche Reichstag verabschiedet mit 232 gegen 58 Stimmen die Reichsversicherungsordnung. Mit ihr werden die aus der Bismarck-Zeit stammenden Sozialgesetze wesentlich erweitert.

JUNI

4.6. Neuer deutscher Fußballmeister wird Victoria 89 Berlin durch einen 3:1-Sieg über den VfB

Franz Marc, Blaues Pferd I, 1911

Leipzig. Das Endspiel in Dresden sehen 12.000 Zuschauer.
20.6. In Bad Kissingen finden Gespräche zwischen dem deutschen Außenminister und dem französischen Botschafter über die Lage in Marokko statt. Deutschland fordert einen Ausgleich für das französische Vorgehen in Marokko.
24.6. Das erste Schiff der „Dreadnought-Klasse" der österreich-ungarischen Kriegsmarine läuft in Triest vom Stapel.

JULI

1.7. Das deutsche Kanonenboot „Panther" läuft in den marokkanischen Hafen Agadir ein. Der „Panther-Sprung" manifestiert, dass das Deutsche Reich die Besitzergreifung Marokkos durch Frankreich nicht widerspruchslos hinnehmen will. Die zweite Marokko-Krise erreicht damit ihren Höhepunkt.
6.7. Der britische Premierminister Herbert H. Asquith betont vor dem Unterhaus die britischen Interessen in Marokko und verweist auf die Bündnisverpflichtungen gegenüber Frankreich.

AUGUST

1.8. Tod des Begründer der einheitlichen deutschen Rechtschreibung Konrad Duden in Sonnenberg bei Wiesbaden.
3.8. Tod des Bildhauers Reinhold Begas in Berlin.
9.8. Der Vorstand der SPD fordert die Einberufung des Reichstags wegen der Marokko-Krise und wendet sich gegen die „Kriegshetzer".
19.8. Deutschland und Russland unterzeichnen in Petersburg ein Abkommen über die gegenseitigen Interessensphären in Persien, das u.a. die Anbindung Teherans an die Bagdadbahn vorsieht.

SEPTEMBER

3.9. Rund 200.000 Menschen demonstrieren im Treptower Park bei Berlin für die Erhaltung des Friedens. Zu der bis dahin größten Antikriegskundgebung in Deutschland hatte die SPD aufgerufen.
7.9. In Hamburg wird der Elbtunnel nach vierjähriger Bauzeit eingeweiht. Der aus zwei Röhren bestehende Tunnel mit jeweils einer Fahrspur und zwei Fußwegen ist 448,5 Meter lang und liegt 23,5 Meter unter dem Flussspiegel.

OKTOBER

1.10. Tod des Philosophen Wilhelm Dilthey in Seis bei Bozen.
12.10. In Berlin wird die erste Internationale Automobil-Ausstellung eröffnet.
17.10. Zum ersten Mal nach dem „Panther-Sprung" tritt der Reichstag zusammen. Reichskanzler Theobald von Bethmann Hollweg lehnt jedoch eine Debatte über die Marokko-Krise ab.

NOVEMBER

4.11. Deutschland und Frankreich unterzeichnen in Berlin ein Abkommen zur Beilegung der zweiten Marokko-Krise. Deutschland erkennt darin die Vorherrschaft Frankreichs in Marokko an und erhält dafür ein 275.000 Quadratkilometer großes Gebiet von Französisch-Kongo. In beiden Ländern stößt der Kompromiss auf scharfe Kritik der Konservativen.

DEZEMBER

18.12. In München wird die erste Ausstellung der von Wassily Kandinsky und Franz Marc initiierten Künstlervereinigung „Der Blaue Reiter" eröffnet. Die Ausstellung wird 1912 auch in anderen deutschen Städten gezeigt.

AUSSERDEM

Béla Bartók: Herzog Blaubarts Burg (Musikdrama)
Gerhart Hauptmann: Die Ratten (Tragikomödie)
Georg Heym: Der ewige Tag (Gedichte)
Hugo von Hofmannsthal: Jedermann (Mysterienspiel)
Gustav Mahler: Symphonie Nr. 9
Franz Marc: Die Wilden Deutschlands
Arthur Schnitzler: Das weite Land (Tragikomödie)

Konrad Duden

* Bossigt bei Wesel, 3. Januar 1829
† Sonnenberg (heute Wiesbaden), 1. August 1911

Duden ist einer der Männer wie Celsius oder Diesel, deren Name so sehr Begriff wurde, dass das Wissen um die Person völlig hinter dem allbekannten Werk verschwunden erscheint. Als Konrad Duden 1829 bei Wesel geboren wurde, befand sich das in bunte Länderfetzen zerrissene Deutschland mitten im Prozess nationalen Werdens. Die neuen Eisenbahnen, der Zollverein und das Frankfurter Parlament von 1848 mühten sich, aus der Vielgestalt deutscher Lebensformen die Einheit zu schaffen. Wie viele Hindernisse gab es zu bewältigen: Da hatte jedes Ländchen seine eigenen Maße, Gewichte, Münzen und Gesetze, ja sogar die Schreibweise der gemeinsamen Muttersprache wechselte von Schlagbaum zu Schlagbaum. Duden, der in Hersfeld als Gymnasiallehrer tätige Philologe, hat sich der mühevollen Arbeit unterzogen, die deutsche Einheit auf dem Gebiet der Rechtschreibung – die er vereinfachte und vereinheitlichte – herzustellen. Mit ungeheurem Fleiß setzte er sein ganzes Leben für seine selbstgewählte Aufgabe ein. 1880 erschien sein „Orthographisches Wörterbuch der deutschen Sprache" und 1903 die „Rechtschreibung der Buchdruckereien der deutschen Sprache", die 1907 zum „Großen Duden" vereinigt wurden. Als Duden 1911 starb, war sein Wörterbuch bereits in vielen Auflagen im deutschen Sprachraum verbreitet, und Lehrer, Schüler, Kaufleute, Schriftsteller, Redakteure und Lektoren griffen damals wie heute zum Duden, wenn sie in Fragen der richtigen Schreibweise eine letztgültige Entscheidung suchen. Daran hat sich auch nichts geändert, als die amtliche Rechtschreibreform am 1. August 1998 in Deutschland, Österreich und der Schweiz in Kraft trat.

Konrad Duden.

Der Panthersprung

Am 1. Juli 1911 entsandte die Reichsregierung das Kanonenboot „Panther" in den marokkanischen Hafen Agadir. Hintergrund war das militärische Eingreifen Frankreichs in Unruhen in Marokko, wodurch nach der Meinung der Reichsregierung auch deutsche Interessen betroffen waren. Der „Panthersprung" nach Agadir löste die zweite Marokko-Krise aus, die wie schon die erste von 1905/06 nur Deutschlands Isolation im Kreis der Weltmächte erwies.
Das nachfolgende Dokument, ein „Aide-mémoire" (Denkschrift) vom 30. Juni 1911, war für den deutschen Botschafter in Paris bestimmt; es sollte der französischen Regierung den deutschen Standpunkt in der Marokko-Frage erläutern:

Weisung des Staatssekretärs des Auswärtigen Amtes von Kiderlen an den Botschafter in Paris von Schoen:
Berlin, den 30. Juni 1911
Euer pp. bitte ich dortiger Regierung mit Rücksicht auf hiesige, Sonnabend (1. Juli) vier Uhr erfolgende Presspublikation tunlichst Sonnabendmittag nachfolgendes mitzuteilen und Wortlaut als Aide-mémoire hinterlassen:
„Die deutschen im Süden von Marokko und in Sonderheit in Agadir und seiner Umgebung etablierten Häuser sind beunruhigt durch eine bestimmte Gärung unter den Stämmen dieser Landstriche, welche durch die letzten Vorgänge in andern Teilen des Landes hervorgerufen zu sein scheint. Diese Häuser haben sich an die Kaiserliche Regierung gewendet, um Schutz für ihr Leben und ihr Eigentum zu erbitten. Auf ihre Bitte hat die Regierung beschlossen, ein Kriegsschiff in den Hafen von Agadir zu entsenden, um für den Fall des Bedarfs Hilfe und Beistand für ihre Untertanen und Schutzbefohlenen wie auch die namhaften deutschen Interessen in diesen Gegenden bereitzuhalten. Sobald der Stand der Dinge in Marokko in seine alte Ruhe zurückgekehrt sein wird, wird das mit dieser Schutzaufgabe betraute

Auf der Kommandobrücke im Vordergrund beobachtet Kaiser Wilhelm II. 1911 die Flottenmanöver in der Nordsee.

Vor dem Hafen von Agadir in Südmarokko liegt der deutsche Kreuzer „Berlin" vor Anker. Er hatte das Kanonenboot „Panther" abgelöst, dessen Auftauchen 1911 während der zweiten Marokkokrise ganz Europa in Kriegsangst versetzte.

Schiff den Hafen von Agadir wieder verlassen . . ."
Euer pp. wollen bei der Übergabe des Aide-mémoires hervorheben, dass Sie keinerlei weitere amtliche Mitteilungen zu machen hätten. Im Anschluss hieran wollen Sie jedoch Gespräch mit Minister über Marokko herbeiführen und hierbei bemerken: Wir hätten uns gegenüber den militärischen Maßnahmen der Pariser Regierung bislang in Würdigung der tatsächlichen Verhältnisse in Marokko durchaus abwartend verhalten. Es sei auch jetzt nicht unsere Absicht, der französischen Regierung irgendwelche Schwierigkeiten zu machen. Aber allmählich hätten die Ereignisse im Scherifenreich doch eine Wendung genommen, die den durch die Algecirasakte vorgesehenen Schutz der internationalen Interessen durch die Macht der Tatsachen in Frage gestellt erscheinen lasse. Wir hätten uns daher der von namhaften deutschen Häusern an uns gerichteten Bitte um Schutz ihrer im Süden Marokkos gelegenen Interessen nicht versagen können und uns entschlossen, ein Kriegsschiff nach Agadir zu entsenden, um Leben und Eigentum der in der dortigen Gegend sich aufhaltenden deutschen Reichsangehörigen und Schutzgenossen einstweilen sicherzustellen, so lange, bis geordnete Zustände im Scherifenreich wiedergekehrt seien.
Nach dem Gang, den die Ereignisse genommen, könnten wir uns indessen kaum noch einem Zweifel darüber hingeben, dass es den interessierten Mächten nicht möglich sein dürfte, zu dem früheren Stande der Dinge zurückzukehren. Die Ereignisse hätten gezeigt, dass die Auffassung der Algecirasakte über Souveränität des Sultans und Integrität Marokkos mit den tatsächlichen Verhältnissen unvereinbar sei. In voller Würdigung dieses Sachverhaltes seien wir bereit, uns mit der französischen Regierung freundschaftlich darüber zu unterhalten, in welcher Weise eine Lösung der Marokkofrage herbeigeführt werden könne, die sämtliche Signatarmächte befriedige und das Marokkoproblem endgültig als Reibungsfläche aus der internationalen Politik ausschalte. Von diesen Gedankengängen ausgehend würden wir jeden geeigneten Vorschlag der französischen Regierung in wohlwollendste Erwägung ziehen.
Gleiche Mitteilung ergeht nach Madrid.
Kiderlen.

Gustav Mahler

Gustav Mahler wurde am 7. Juli 1860 in Kalischt (Böhmen) als Sohn eines jüdischen Fuhrmanns geboren. Von 1875 an studierte Mahler am Konservatorium in Wien sowie bei A. Bruckner. Er war Kapellmeister in Kassel und Prag, 1888 Direktor der ungarischen Oper Budapest, 1891 Leiter des Hamburger Stadttheaters, 1897 bis 1907 Direktor der Wiener Hofoper. 1902 lernte Mahler Alma Maria Schindler (A. Mahler-Werfel), Tochter des Landschaftsmalers Schindler, kennen und heiratete sie. Die Ehe war konfliktreich, Mahler konsultierte sogar den Psychoanalytiker Sigmund Freud. 1908 ging Mahler in die Vereinigten Staaten, wo er als Gastdirigent unter anderem an der „Met" sowie bei den New Yorker Philharmonikern auftrat und bis kurz vor seinem Tod lebte. Als Dirigent zeichnet er sich durch absolute Treue zum Geist des Werkes aus („Tradition ist Schlamperei").
Seine Kompositionen, in denen er volkstümliche Themen mit den Mitteln der Montage, der Verfremdung und Ironisierung verarbeitet, nehmen musikalische Gestaltungsweisen moderner Musik vorweg. Er begann mit Liedern und Chorwerken (z.B. „Das Klagende Lied", 1880). In den Jahren 1888 bis zu seinem Tod (am 18. mai 1911 in Wien) entstanden zehn Symphonien, die als Hauptwerk Mahlers gelten. Sie sind drei Schaffensperioden zuzuordnen. Der ersten Periode gehören die so genannten „Lieder-Symphonien" Eins bis Vier an, die in enger Beziehung zu den „Liedern eines fahrenden Gesellen" und den Liedern aus „Des Knaben Wunderhorn" stehen. Es folgen ab 1900 drei große Instrumentalsymphonien (Nummern Fünf bis Sieben) sowie die monumentale Achte Symphonie „der Tausend" für Soli, zwei Chöre, Kinderchor und Orchester. In der dritten Periode waren das „Das Lied von der Erde" (1908) nach alten chinesischen Gedichten sowie die Neunte und das zweisätzige Fragment der Zehnten Symphonie entstanden.
Anknüpfend an Beethovens Neunte Symphonie sind Mahlers Symphonien immer wieder von vokalen Teilen durchzogen. Besonders in den Schlusssätzen gelingen ihm durch den Einsatz von Solisten und Chören oratorienhafte Wirkungen.
Die „Kindertotenlieder" (1901-1904) basieren auf Texten Friedrich Rückerts. Gustav Mahler starb am 18. Mai in Wien.

Gustav Mahler.

Fritz von Uhde, „Die große Schwester", um 1885. Fritz von Uhde (1848 Wolkenburg/Sachsen – † 1911 München). Neben seinem Beruf als Kavallerieoffizier (bis 1878) widmete er sich der Malerei nach dem Vorbild von Makart, Piloty und schließlich Munkácsy (Reisen nach Wien und Paris). In München, wo er seit 1880 lebte, schloss er sich Max Liebermann an, sowohl in der impressionistischen Erfassung von Lichtwirkungen als auch in der Thematik des Figurenbildes aus dem Milieu der Handwerker und Bauern (holländische Interieurs). Diese gestaltete er seit 1884 als Christus-Szenen („Lasset die Kindlein zu mir kommen", 1884, Leipzig; „Komm, Herr Jesus, sei unser Gast", 1885, Berlin), die wegen ihres alltäglichen Charakters zunächst auf heftige Kritik stießen. 1892 beteiligte sich Uhde an der Gründung der Münchner Sezession, 1908 ernannte ihn die Leipziger Theologische Fakultät zum Ehrendoktor.*

Künstler protestieren gegen Verbot von Wedekind-Dramen

Namhafte Künstler veröffentlichten am 9. Juni 1911 einen Aufruf, in dem sie gegen die Verbote der Theaterstücke von Frank Wedekind protestierten. „Alle Anzeichen deuten darauf hin, dass bei der Polizei der Entschluss feststeht, den Dichter von ›Frühlings Erwachen‹ mit seinen Überzeugungen auf der Bühne nicht mehr zu Wort kommen zu lassen ... Frank Wedekind hat durch sein Auftreten auf der Bühne bewiesen, dass in manchen seiner dramatischen Arbeiten ein tieferer sittlicher Gehalt zu finden ist, als es bei oberflächlicher Lektüre den Anschein hat. Die Unterzeichneten gehen von der Überzeugung aus, dass das dramatische Lebenswerk Wedekinds aus Wahrheitsliebe und Schönheitsverehrung hervorgegangen ist. Sie bieten die Hand zur Wahrung dieses Werkes vor der ihm drohenden Erdrosselung durch Polizeigewalt." Den Aufruf unterschrieben unter anderem Hermann Bahr, Ludwig Ganghofer, Max Halbe, Leopold Jessner, Alfred Kerr, Max Liebermann, Heinrich und Thomas Mann, Hans Pfitzner, Max Reinhardt, Max Slevogt und Richard Strauss.

1912

JANUAR

12.1. Bei der Reichstagswahl erringt die Sozialdemokratische Partei Deutschlands (SPD) 34,8 Prozent der Stimmen und stellt nach der Stichwahl am 25. Januar mit 110 Abgeordneten erstmals die stärkste Fraktion. Die Wahlbeteiligung lag bei 84,6 Prozent. Die sogenannte Hungerwahl stand unter dem Einfluss steigender Lebensmittelpreise.

FEBRUAR

8.2. Der britische Kriegsminister Lord Richard Burton Haldane beginnt in Berlin Gespräche mit Vertretern der deutschen Regierung. Deutschland erhofft sich eine Neutralitätserklärung Großbritanniens für den Fall eines Krieges mit Frankreich, Großbritannien fordert Abstriche am deutschen Flottenrüstungsprogramm. Es kommt zu keiner Annäherung.

24.2. „Die Frau in Haus und Beruf" ist Thema einer Ausstellung in Berlin, die in Gegenwart von Kaiserin Auguste Viktoria eröffnet wird.

MÄRZ

11.3. Im Ruhrgebiet treten 170.000 Bergarbeiter in einen Streik um eine 15prozentige Lohnerhöhung. Nach einer Woche wird der Ausstand ohne Ergebnisse abgebrochen.

15.3. Finanzminister Adolf Wermuth gibt nach dreijähriger Amtszeit seinen Rücktritt bekannt. Anlass ist Wermuths Forderung nach Erhöhung der Erbschaftssteuer, die von Reichskanzler Theobald von Bethmann Hollweg abgelehnt wurde.

30.3. Tod des Jugendschriftstellers Karl May in Radebeul.

APRIL

1.4. In Berlin tritt das im Juli 1911 vom Preußischen Abgeordnetenhaus beschlossene Gesetz über die Bildung eines „Zweckverbands Groß-Berlin" in Kraft.

Der Verband vereinigt Berlin auf kommunaler Ebene mit den umliegenden Städten Charlottenburg, Schöneberg, Neukölln, Wilmersdorf, Lichtenberg und Spandau sowie mit Teilen der Landkreise Teltow und Niederbarnim.

Die neue Verwaltungsorganisation Groß-Berlin erreicht damit eine Einwohnerzahl von 4,1 Millionen und bereitet die Bildung der Stadt Groß-Berlin von 1920 vor.

MAI

14.5. Der Reichstag beschließt gegen die Stimmen der Sozialdemokraten eine Novelle zum Flottengesetz, die den weiteren Ausbau der Kriegsflotte bis zum Jahr 1920, allerdings in reduziertem Ausmaß, vorsieht. Der Anteil der Rüstungsausgaben am gesamten Staatsetat beträgt 75 Prozent.

20.5. Der Preußische Landtag lehnt Anträge der Fortschrittspartei und der Nationalliberalen Partei zur Reformierung des Wahlrechts ab. Nach wie vor gilt in Preußen das Dreiklassenwahlrecht.

Ein neues Schiff der Superlative läuft auf der Hamburger Vulkan-Werft vom Stapel: Der Überseedampfer „Imperator" ist 277 m lang, hat eine Maschinenleistung von 75.000 PS und kann 4.698 Passagiere aufnehmen.

JUNI

3.6. Als Auftakt der viertägigen Hauptversammlung der Deutschen Kolonialgesellschaft wird in Hamburg die Deutsche Kolonialausstellung eröffnet. Sie soll das Interesse potentieller deutscher Siedler wecken.

8.6. Auf dem Gelände der Harvard-Universität in Cambridge (USA) wird der Grundstein für ein Germanisches Museum gelegt.

11.6. Nach einer Besichtigung der französischen Ostgrenze erklärt der Kriegsminister Alexandre Millerand, er werde wegen der drohenden Gefahr eines Krieges mit Deutschland die Grenzbefestigungen weiter ausbauen lassen.

14.6. Frankreichs Ministerpräsident Poincaré bezeichnet vor der Nationalversammlung die Beziehungen zu Deutschland als „loyal, höflich und korrekt".

28.6. Die bayerische Landesregierung weigert sich, gewählte sozialdemokratische Bürgermeister in ihrem Amt zu bestätigen. Daraufhin kommt es zu heftigen Auseinandersetzungen im Landtag.

JULI

4.7. Das deutsch-russische Gipfeltreffen im estnischen Hafen Baltischport (Paldiski) zwischen Kaiser Wilhelm II. und Zar Nikolaus II. bringt keine außenpolitische Annäherung der beiden Staaten.

AUGUST

9.8. Der französische Ministerpräsident Poincaré trifft an Bord eines Kreuzers im russischen Hafen von Kronstadt ein. Er führt Gespräche mit Nikolaus II. und führenden Politikern Russlands über die politische Lage in Europa. Frankreich drängt auf ein eindeutiges

Der Kaiser mit seinen Söhnen auf dem Weg zur Parole-Ausgabe im Berliner Zeughaus. Von links: der Kaiser, Kronprinz Wilhelm, Prinz Eitel Friedrich, Prinz Adalbert, Prinz August Wilhelm, Prinz Oskar und Prinz Joachim.

Nofretete entdeckt.

Bekenntnis Russlands zum Bündnis mit der Entente.

SEPTEMBER

12.9. Bulgarien setzt sich in einem Memorandum an Großbritannien, Frankreich, Österreich-Ungarn und Deutschland für die Unabhängigkeit Mazedoniens vom Osmanischen Reich ein.

15.9. In Schönau bei Chemnitz beginnt der diesjährige Parteitag der SPD. Im Mittelpunkt der Diskussionen stehen die Lebensmittelteuerung, die Haltung zum deutschen Imperialismus und die Verabschiedung eines neuen Parteistatuts.

16.9. Wilhelm II. nimmt auf dem Flaggschiff „Deutschland“ vor Wilhelmshaven die Parade der deutschen Kriegsmarine ab. Im Anschluss daran findet in den Gewässern vor Helgoland ein großangelegtes Manöver statt, bei dem die deutsche Flotte ihre Kriegsbereitschaft demonstriert.

OKTOBER

2.10. Reichsaußenminister Alfred von Kiderlen-Wächter spricht die Erwartung aus, dass sich die europäischen Großmächte aus einem eventuellen Krieg auf dem Balkan heraushalten werden.
In den folgenden Tagen bekennen sich Frankreich, Großbritannien, Russland und Österreich-Ungarn zum Status quo auf dem Balkan.

8.10. Montenegro erklärt als erster Staat des Balkanbunds dem Osmanischen Reich den Krieg, die Verbündeten folgen innerhalb der nächsten zehn Tage. Alle Balkanstaaten verfolgen expansionistische Absichten gegenüber dem Osmanischen Reich, das wegen des seit einem Jahr andauernden Kriegs gegen Italien und innenpolitischer Auseinandersetzungen geschwächt ist.

19.10. In Hamburg wird im Beisein von Wilhelm II. die wiederaufgebaute St.-Michaelis-Kirche eingeweiht. Das Wahrzeichen der Stadt war am 3. Juli 1906 abgebrannt.

25.10. Uraufführung der der Oper „Ariadne auf Naxos“ von Richard Strauss in Stuttgart.

NOVEMBER

24.11. Der Balkankrieg steht im Mittelpunkt der Beratungen eines außerordentlichen Kongresses der II. Internationale in Basel. Die 550 Vertreter sozialistischer Parteien aus 23 Ländern beschließen ein Manifest, demzufolge die Arbeiter aller Länder sich jedem Krieg widersetzen sollen.

DEZEMBER

5.12. Der Dreibund zwischen dem Deutschen Reich, Österreich-Ungarn und Italien wird ein halbes Jahr vor Ende seiner Laufzeit für weitere sechs Jahre verlängert.

7.12. Bei Ausgrabungen im altägyptischen Tell El-Amarna stoßen deutsche Archäologen auf eine 48 cm hohe bemalte Kalksteinbüste der ägyptischen Königin Nofretete, die später ihren Platz im Ägyptischen Museum in Berlin findet.

10.12. Gerhart Hauptmann erhält den Nobelpreis für Literatur.

12.12. Tod des Prinzregenten Luitpold in München.

AUSSERDEM

Gottfried Benn: Morgue und andere Gedichte (Gedichte)

Max Slevogt, Der Sänger Francisco d'Andrade als Don Giovanni in Mozarts Oper, 1912.

Haldane-Mission

Im Februar 1912 verhandelte der britische Kriegsminister Haldane in Berlin über eine Verlangsamung des deutschen Flottenbauprogramms. Da er die geforderte Gegenleistung, eine Neutralitätserklärung Großbritanniens, nicht liefern konnte, scheiterte die Mission. Der damalige Reichskanzler Bethmann Hollweg schildert in seinen Lebenserinnerungen die Verhandlungen mit Haldane:
In den ersten Dezembertagen 1911 hatte sich der Kaiser mit einer Sondierung der englischen Staatsmänner einverstanden erklärt. Leitender Gedanke war uns die Herstellung eines politischen Einverständnisses vor allen Detailabkommen. Die Weltspannung hatte doch ihren Grund in der Sicherheit, die die in ihren Endzielen uns bedrohende französisch-russische Politik in die englische Unterstützung setzte. Von englischer Seite ist zwar erklärt worden, England habe Frankreich nie Zweifel darüber gelassen, dass es einen unprovozierten Angriff auf Deutschland nicht unterstützen werde. Entscheidend aber war es doch nicht, wenn solche Erklärungen in camera caritatis [im stillen Kämmerlein] abgegeben wurden. Nachdem Frankreich soeben in der Marokkokrise einen so bündigen und aller Welt verkündeten Beweis festester englischer Freundschaft erhalten hatte, konnte ein allmähliches Eintrocknen des gerade jetzt durch Poincarés Führung neu belebten französischen Revanchegedankens nur erhofft werden, wenn der Entschluss Englands, sich mit Deutschland auf guten Fuß zu stellen, unzweideutig und öffentlich dokumentiert wurde. Und nur im Zusammenhang hiermit schien es mir möglich, die Behandlung der Flottenfrage in Deutschland von der Nervosität zu befreien, welche letzten Endes aus der bestehenden Mächtegruppierung resultierte.
Am 8. Februar traf dann Lord Haldane in Berlin ein. Unsere lange, vertrauliche Aussprache bewegte sich in den freundschaftlichsten Formen und wurde mit großer Offenheit geführt. Haldane betonte mit Nachdruck, dass die maßgebenden Persönlichkeiten Englands nicht nur eine Besserung, sondern eine freundschaftliche Gestaltung der Beziehungen anstrebten. Am nächsten Tage hatte Haldane eine Aussprache mit dem Kaiser, zu der der Admiral von Tirpitz zugezogen wurde. Die Verständigung erschien auf gutem Wege. Wir machten das Zugeständnis, von den drei Schiffen unserer Novelle das erste erst 1913, die beiden anderen 1916 und 1919 anzufordern, was den englischen Minister zu befriedigen schien. In privater Aussprache äußerte er sich außerordentlich erfreut von seinen Eindrücken und hoffnungsvoll über das Gelingen der weltgeschichtlichen Aktion, als die er die begonnene Verhandlung betrachtete. Von deutscher Seite wurde ein ausführlicher Vertragsentwurf ausgearbeitet, dessen Kern ein festes Neutralitätsabkommen zwischen England und Deutschland war. Die Formel dafür lautete: „Sollte einer der hohen Vertragschließenden in einen Krieg mit einer oder mehreren Mächten verwickelt werden, so wird der andere Vertragschließende dem in den Krieg verwickelten Vertragschließenden gegenüber zum mindesten wohlwollende Neutralität beobachten und nach allen Kräften für die Lokalisierung des Konfliktes bemüht sein."
Haldane seinerseits schlug folgende Formel vor: „Neither power will make or prepare to make any unprovoked attack upon the other or join in any combination or design against the other for purposes of aggression or become party to any plan of naval or military enterprise alone or in combination with any other power directed to such an end." („Keine der beiden Mächte wird irgendeinen unprovozierten Angriff auf die andere machen oder zu machen sich vorbereiten oder an irgendeiner Vereinigung oder einem Unternehmen gegen die andere zu Zwecken des Angriffes teilnehmen oder sich in irgendeinen Plan eines maritimen oder militärischen Unternehmens, das auf ein solches Ziel gerichtet ist, allein oder mit einer anderen Macht einlassen.")
Bei alledem gewann ich den Eindruck, dass Haldane durchaus guten Willens sei. Er versuchte unsere Formeln zu kombinieren und nahm den Gedanken wohlwollender Neutralität mit der Beschränkung auf, dass es sich um Kriege handeln müsse, bei denen der Partner des Abkommens nicht als Angreifer bezeichnet werden könne.
Persönlich war ich entschlossen, mich für äußersten Verzicht in der Frage der Flottennovelle einzusetzen, wenn ich in einem politischen Abkommen ein kompensierendes Gegengewicht schaffen konnte. Hier aber versagte England. In langwierigen Verhandlungen konzedierte Sir Edward Grey schließlich folgende Formel:
„Da die beiden Mächte gegenseitig den Wunsch haben, Frieden und Freundschaft untereinander sicherzustellen, erklärt England, dass es keinen unprovozierten Angriff auf Deutschland machen und sich einer aggressiven Politik gegen Deutschland enthalten werde. Ein Angriff ist in keinem Vertrage enthalten und in keiner Kombination vorgesehen, der England zur Zeit angehört, und England wird keiner Abmachung beitreten, die einen solchen Angriff bezweckt."
Diese Formel, die uns nur vor einer unprovoziert kriegerischen Politik Englands selbst, nicht aber vor deutschfeindlicher Parteinahme Englands für den Fall eines französisch-russischen Angriffes sicherte, konnte die Weltlage, wie sich diese nun einmal gestaltet hatte, wirksam nicht entspannen. Wir schlugen deshalb den Zusatz vor, dass England selbstverständlich wohlwollende Neutralität bewahren werde, „sollte Deutschland ein Krieg aufgezwungen werden". Aber Sir Edward Grey lehnte diesen Zusatz rundweg ab, und zwar, wie er unserem Botschafter erklärte, aus der Besorgnis, sonst die bestehende Freundschaft mit anderen Mächten zu gefährden.
Das war die Entscheidung.

Luftschiff „Victoria Luise" und das Kriegsschiff „Prinz Albert" bei der Kieler Woche 1912.

Zar und deutscher Kaiser in geheimen Verhandlungen

Der deutsche Kaiser Wilhelm II. und Zar Nikolaus II. trafen sich am 4. Juli 1912 zu Verhandlungen vor der baltischen Küste, der Kaiser an Bord der „Hohenzollern", der Zar an Bord der „Standart"; zum Geleit beider Monarchen zählten zahlreiche Kriegsschiffe. Die Verhandlungen zwischen den Monarchen und dem Ministerpräsidenten Kokowtzow und dem Reichskanzler von Bethmann Hollweg fanden abwechselnd auf den kaiserlichen Schiffen statt. Über Inhalt und Ergebnis der Gespräche wurde nichts bekannt, um so mehr über den protokollarischen Rahmen. Bei der Frühstückstafel zum Beispiel „unterhielten sich die beiden Monarchen lebhaft in englischer Sprache“. Über ein Bankett an Bord der „Standart“ hieß es: „Der Kaiser trug die Uniform seines russischen Garde-Husarenregiments Grodno. Nachdem der Kaiser die Zarin begrüßt hatte, verweilten die Monarchen kurze Zeit im Gespräch beieinander und schritten dann in den großen Speisesalon, wo die Paradetafel stattfand. Der Kaiser saß rechts und der Zar links von der Zarin. Die Tafel nahm bei angeregter Unterhaltung der sichtlich froh gestimmten Monarchen den üblichen, glänzenden Verlauf.“

Deutschlands Haltung im Balkankrieg

Gegen das zerfallende Osmanische Reich schlossen sich im Oktober 1912 die Balkanstaaten zusammen und begannen einen Krieg, in dessen Verlauf die Türkei fast ihren gesamten europäischen Territorialbesitz einbüßte. Allerdings konnten sich die Verbündeten anschließend über die Verteilung der Beute einigen, worauf ein zweiter Balkankrieg, diesmal zwischen Bulgarien und den übrigen Mitgliedern des Balkanbundes, ausbrach. Erst der Friede von Bukarest (10. August 1913) beendete die Feindseligkeiten. Deutschland trat dabei als Vermittler auf und vermochte – anders als bei der nächsten Krise im Sommer 1914 – seiner Rolle auch gerecht zu werden. Am 2. Dezember 1912 gab Reichskanzler von Bethmann Hollweg im Reichstag Auskunft über die deutsche Politik auf dem Balkan:

Meine Herren, bei einer Besprechung der auswärtigen Lage sind es die Ereignisse auf dem Balkan, die zur Zeit so ziemlich unsere ganze Aufmerksamkeit in Anspruch nehmen. Allerdings haben die Verhältnisse auf der Balkanhalbinsel schon seit Jahrzehnten die Aufmerksamkeit der europäischen Großmächte in hervorragendem Maße beschäftigt. Wiederholte Versuche sind unternommen worden, die Zustände daselbst zu bessern und zu ordnen, wobei die Hauptschwierigkeit in der Verschiedenheit der Rassen und Religionen beruhte. Bei dem Scheitern aller dieser Versuche musste immer wieder mit einem gewaltsamen Ausbruche der Leidenschaften gerechnet werden. Das Bestreben der Regierungen der Großmächte war darauf gerichtet, diesen Ausbruch möglichst lange hintanzuhalten und ihn wenigstens so lange zu verschieben, dass er nicht zu einem Kampf aller gegen alle auf dem Balkan selbst und vor allem nicht zu kriegerischen Verwicklungen unter den Großmächten führe.

Nun hatte sich aber die Stimmung zwischen der Türkei und den Balkanstaaten im Laufe dieses Jahres so zugespitzt, dass der Ausbruch des Konflikts nicht mehr zu verhindern war, trotz des eifrigen Bestrebens der Mächte, den Frieden zu erhalten. Insbesondere mussten wir auf eine gewaltsame Lösung der Frage gefasst sein, seitdem uns im Beginn des Sommers bekannt geworden war, dass sich die Balkanstaaten zu einem Bunde zusammengeschlossen hatten.

Als wir den Kampf als unvermeidlich ansahen, haben wir vor allem darauf hingewirkt, ihn zu lokalisieren. Dies ist bis jetzt gelungen, und ich kann wohl die bestimmte Hoffnung aussprechen, dass dies auch weiter gelingen wird.

„Der Brand am Balkan“. „Simplicissimus“-Karikatur von Th. Th. Heine. Während der britische Löwe den Wasserschlauch mit der Axt leck schlägt und der russische Bär mit den Füßen das Austreten desLöschwassers blockiert, sind die übrigen Feuerwehrmänner, der österreichisch-ungarische Doppeladler, Frankreichs Hahn mit der Jakobinermütze und der deutsche Adler mit der Pickelhaube ebenfalls nicht gerade ernsthaft bemüht, die Balkan-Unruhen einzudämmen. Schließlich ließen es die Großmächte einfach darauf ankommen und sind, wie es der englische Staatsmann Lloyd George treffend formulierte, „alle in den Krieg hineingeschlittert“.

Kaiser Wilhelm II. und Zar Nikolaus II. von Russland schreiten bei einem Treffen in Baltisch-Port am 4. Juni 1912 die Front der Ehrenwache ab.

Von den Vorgängen im Balkan werden wir zwar nicht unmittelbar berührt, und in manchen Punkten steht unser Interesse hinter dem anderer Mächte zurück. Immerhin sind wir berechtigt und verpflichtet, gleich den anderen Mächten bei der Neuregelung der Dinge, die die Folge des jetzigen Krieges sein wird, mitzureden. Denn an der ökonomischen Gestaltung im Orient sind wir sehr wesentlich direkt interessiert. Ich erinnere nur an die Erhaltung der den türkischen Staatsgläubigern gewährten Sicherheiten. Außerdem werden wir bei der Regelung mancher Frage unser Wort zugunsten unserer Verbündeten mit in die Waagschale zu legen haben. Von den Kriegführenden wird nicht bestritten, dass bei der endgültigen Regelung der Kriegsergebnisse die Großmächte ihre Interessen zur Geltung bringen können und müssen und aufgrund dieser Interessen zur Mitwirkung berufen sind. Wenn über das Maß dieser Mitwirkung zwischen einzelnen Großmächten und einzelnen der Kriegführenden Meinungsverschiedenheiten bestehen oder entstehen, so wird den Großmächten die Durchsetzung ihrer Forderungen wesentlich erleichtert, wenn sie ihre Forderungen gemeinsam vertreten. Um dies zu erreichen, besteht ein lebhafter Gedankenaustausch unter den Mächten, über den ich nichts Näheres sagen kann, da er noch fortdauert. Ich kann aber sagen, dass er bisher in entgegenkommendem Geiste stattgefunden hat und alle Aussicht auf Erfolg bietet.

Natürlich werden die Ansprüche der Mächte im Einzelnen erst dann endgültig festgestellt und bekannt gegeben werden können, wenn die Stipulationen vorliegen, welche die kriegführenden Mächte unter sich getroffen haben werden. Dann wird zu prüfen sein, inwieweit sie in die Interessensphären der anderen Mächte eingreifen.

Sollten sich dabei, was wir nicht hoffen, unlösbare Gegensätze ergeben, so wird es Sache der im Einzelfall direkt interessierten Mächte sein, ihre Ansprüche zur Geltung zu bringen.

Das gilt auch von unseren Bundesgenossen. Wenn sie aber bei der Geltendmachung ihrer Interessen wider alles Erwarten von dritter Seite angegriffen und damit in ihrer Existenz bedroht werden sollten, dann würden wir, unserer Bündnispflicht getreu, fest und entschlossen an ihre Seite zu treten haben, dann würden wir an der Seite unserer Verbündeten zur Wahrung unserer eigenen Stellung in Europa, zur Verteidigung der Sicherheit und Zukunft unseres eigenen Landes fechten. Ich bin fest überzeugt, dass wir bei einer solchen Politik das ganze Volk hinter uns haben werden.

Meine Herren, ich will noch einmal auf die großen direkten Interessen hinweisen, die wir bei der Lösung des Streites zwischen der Türkei und den Balkanstaaten zu vertreten haben.

Karikatur aus dem „Ulk". Sozialdemokraten und Liberale zu den in der Wählergunst gepurzelten Konservativen und Zentrum: „Sie gestatten doch, dass wir uns den Sonnenuntergang ansehen!"

Wahlagitation in Steglitz bei Berlin vor den Reichstagswahlen im Jahre 1912.

Unsere Politik war seit langen Jahren darauf gerichtet, bei guten wirtschaftlichen und politischen Beziehungen zu den Balkanstaaten die Türkei in wirtschaftlicher Hinsicht zu erhalten und zu stärken. Wir glauben, hierdurch der Türkei manchen Dienst geleistet zu haben, ohne dass wir dabei unsere guten Beziehungen zu anderen Mächten gefährdeten. Dieser Politik, die allerdings bei Ausbruch des türkisch-italienischen Krieges gerade bei uns heftig angegriffen wurde, möchte ich es als einen Erfolg vindizieren, dass wir uns während des Kampfes zwischen einem Bundesgenossen und einem Freunde die Sympathien beider zu erhalten gewusst haben. Diese Politik werden wir auch weiter verfolgen. Wir hoffen, dass unsere bisherigen freundschaftlichen und regen Beziehungen zu den Balkanstaaten durch deren zweifellose Erstarkung insbesondere auf wirtschaftlichem Gebiet einen neuen Aufschwung nehmen werden. Dabei wird unser Streben auch ferner dahin gehen, die Türkei nach dem Friedensschluss als wichtigen ökonomischen und politischen Faktor lebenskräftig zu erhalten. In diesem Wunsche und Bestreben begegnen wir uns nicht allein mit unserem Bundesgenossen, sondern auch mit anderen Mächten, die sich mit uns die Erhaltung einer wirtschaftlich gesunden Türkei angelegen sein lassen. Dieses Bestreben widerspricht an sich schon den von der Presse den Großmächten oder einzelnen derselben vielfach unterstellten Absichten auf Landerwerb auf Kosten der Türkei, aus Anlass des jetzigen Krieges. Ich kann diese Unterstellungen nach den bisherigen Besprechungen unter den Mächten als unrichtig bezeichnen. Der rege Gedankenaustausch unter den Großmächten dauert an, und wenn ich auch noch nicht sagen kann, in welchen Formen er fortgesetzt werden wird, so wird er jedenfalls fortgesetzt werden nach den günstigen Ergebnissen, die er jetzt schon gehabt hat und die eine allseitig befriedigende Einigung unter den Großmächten erwarten lassen.

Der Reichstagswahlkampf 1912

Bei den Reichstagswahlen 1912 spielten außenpolitische Fragen kaum eine Rolle. Die Parteien waren hauptsächlich mit der Innenpolitik und dem Kampf untereinander beschäftigt. Das zeigen die nachfolgenden Wahlaufrufe:

Konservativer Wahlaufruf „Klar zum Gefecht“:

Die Schwierigkeit der Lage und die Kampfweise unserer Gegner werden es nötig machen, von früher beobachteten Praktiken hier und da abzuweichen, wo das Ziel erreicht werden soll, nicht nur überall unser Parteiinteresse rücksichtslos wahrzunehmen, sondern, wo es sich ebenfalls empfiehlt, mit unseren Gegnern „von Bebel bis Bassermann“ gebührende Abrechnung zu halten. *Nationalliberale Wahlparole* (Dr. Paasche in Sobernheim, Mitte Februar 1911):

Unsere Parole im Wahlkampf lautet: stramm gegen rechts und Zentrum! Leider ist der Reichskanzler immer sehr nachgiebig gegen den schwarz-blauen Block. Um Missverständnisse zu vermeiden, betone ich nochmals ganz besonders, dass wir in erster Linie den Kampf gegen Rechts führen, es sollte uns Leid tun, ihn auch gegen Links aufnehmen zu müssen. Mit Bassermann an der Spitze, treten wir an unter der Parole: Gegen Rechts in den Kampf.

Kampfruf der Zentrumspartei:

Hie Christentum, hie Atheismus! Die Vorstöße gegen den Katholizismus aus Anlass der päpstlichen Enzyklika und des Dekrets betreffend den Modernismus, nicht zuletzt auch die Vorgänge im preußischen Abgeordnetenhause bei Beratung des Feuerbestattungsgesetzes, sowie die Pressestimmen der Gegner zu diesen Ereignissen, das Verlangen nach Trennung von Staat und Kirche, von Maßnahmen gegen die konfessionelle Schule und dergleichen mehr, alles das zeigt uns die ungeheure Bedeutung des kommenden schweren Wahlkampfes, der wohl der größte Geisteskampf sein wird, der seit langem geführt worden ist. Jetzt wird es sich entscheiden, ob die christliche Staatsidee Geltung behalten soll, ob das Christentum in Gesetzgebung, Rechtsprechung, bei Erziehung der Kinder in Kraft bleiben oder ob das sich gegenwärtig auffallend breitmachende moderne Heidentum mit seinen Gott entfremdeten Zielen zur Herrschaft kommen soll. Da müssen die wahren Vaterlandsfreunde auf Seiten der Parteien treten, die die christliche Weltordnung, Staat und Kirche gegen allen Ansturm der Gegner verteidigen. Und das tut namentlich die Zentrumspartei, deren Kampfruf lautet: Für Wahrheit, Freiheit und Recht!

Entschließung des Reichsverbandes gegen die Sozialdemokratie:

... Die sozialdemokratische Gefahr wächst zusehends; die von Hass gegen die Monarchie und ihre Träger erfüllten Äußerungen auf dem sozialdemokratischen Parteitage in Magdeburg, die von Ledebour von der Tribüne des Reichtags aus erhobene Forderung der Republik, die Gewalttaten einer aufgehetzten Bevölkerung in Moabit und am Wedding haben im verflossenen Jahre den antimonarchischen und revolutionären Charakter der Sozialdemokratie aller Welt enthüllt. Diese zunehmende Erfüllung der Massen mit aufrührerischem Geiste bedroht den Bestand des Deutschen Reiches und die Zukunft des deutschen Volkes. Der Reichsverband gegen die Sozialdemokratie hält es daher für seine Pflicht, getreu seinem Programm nach wie vor gegen die auf den Umsturz der bestehenden Staats- und Gesellschaftsordnung gerichtete Tätigkeit der Sozialdemokratie anzukämpfen. In Ausübung dieser Pflicht wird er auch bei den kommenden allgemeinen Reichstagswahlen, trotz der Zersplitterung der bürgerlichen Parteien, eine nachhaltige und umfassende Wahlarbeit leisten. Er hofft dabei, dass sein gemeinsames Wirken an der gleichen Aufgabe, das Bewusstsein von der festen Geschlossenheit des gemeinsamen Gegners und die Erkenntnis, dass ein sozialdemokratischer Sieg unser Vaterland den schwersten Erschütterungen aussetzen würde, die heute noch hadernden Brüder wieder zusammenführen wird zu nationaler Tat . . .

Postkarte zur Reichstagwahl 1912. Als „roter Siegfried“ wurde der Germanenheld auch für die Arbeiterbewegung zur nationalen Integrationsfigur.

Die in Stuttgart-Bad Cannstatt ansässige Korsettfabrik S. Lindauer & Co. entwickelte 1912 einen Verkaufsschlager namens Hautana, den, wie es in ihrem Prospekt hieß, „ersten Brusthalter in schmiegsamen Trikots und Seide, direkt auf dem Körper zu tragen ohne jegliche Versteifung. Eine moderne, elegante Ergänzung der tiefen Korsetts, welche außerordentlichen Anklang findet.“

1913

JANUAR

2.1. Die Botschafter der sechs europäischen Großmächte des Dreibunds und der Entente verständigen sich in London darüber, die Souveränität Albaniens anzuerkennen.
4.1. Tod des preußischen Generalfeldmarschalls Alfred von Schlieffen in Berlin. Er entwickelte den Aufmarschplan für das deutsche Heer, der im Ersten Weltkrieg zur Anwendung kommt.
6.1. Die Londoner Verhandlungen zur Beendigung des Balkankriegs werden abgebrochen, da es zu keiner Einigung über die Zugehörigkeit von Adrianopel (Edirne) kommt.
22.1. Deutsche Polizei löst in Posen eine Feier anlässlich des 50. Jahrestags des polnischen Aufstands gegen die russische Herrschaft im Jahr 1863 auf.

FEBRUAR

3.2. Der Österreicher Rudolf Steiner gründet in Berlin die Anthroposophische Gesellschaft, die die Förderung der Selbstbestimmung in der kindlichen Entwicklung betont.
12.2. Die Reichstagsfraktion der Sozialdemokratischen Partei Deutschlands (SPD) beantragt die Einführung des allgemeinen, gleichen, direkten und geheimen Wahlrechts für alle deutschen Länder. Der Antrag wird abgelehnt.
19.2. Der Reichstag bewilligt die vollständige Aufhebung des Jesuitengesetzes, das bisher den Jesuiten Aufenthalt und Tätigkeit in Deutschland untersagt hatte.
22.2. Eine Neuregelung der Handwerkerausbildung ermöglicht auch weiblichen Lehrlingen die Zulassung zur Meisterprüfung.

MÄRZ

15.3. Die Deutsch-Konservativen erklären auf ihrem Parteitag in Berlin die Bekämpfung der Sozialdemokratie zum vorrangigen Ziel der Partei.
28.3. Das britische Unterhaus verabschiedet den Flottenetat für das Jahr 1913/14, der eine Aufstockung der Personalstärke um 8.500 Mann und den Bau von fünf Schlachtschiffen, acht Kreuzern und 16 Torpedobooten vorsieht.

APRIL

3.4. Ein für den Militäreinsatz gebautes deutsches Luftschiff wird bei einem Probeflug vom Wind abgetrieben und muss auf dem französischen Truppenübungsplatz Lunéville notlanden. Die Regierung in Paris ordnet eine amtliche Untersuchung an, findet jedoch keine Anhaltspunkte für Spionage.
9.4. In Mariendorf bei Berlin wird eine neue Trabrennbahn eröffnet.
23.4. Der preußische Landtag in Berlin bewilligt das Gesetz zur Stärkung des Deutschtums in den Provinzen Posen und Westpreußen. Für den Erwerb polnischer Güter stehen 175 Millionen Mark zur Verfügung.
26.4. In der belgischen Stadt Gent wird die 28. Weltausstellung eröffnet. Ihr Prunkstück ist ein 3.000 Quadratmeter großer Blumenpalast. Deutschland zeigt vor allem Produkte aus den Bereichen Maschinenbau, Haushalts- und Bürotechnik.

MAI

6.5. Auf dem Kongress des Internationalen Olympischen Komitees (IOC) in Lausanne stellt Carl Diem die Planungen für die VI. Olympischen Spiele 1916 in Berlin vor.
20.5. Der britische König Georg V. und der russische Zar Nikolaus II. weilen als Gäste einer Hochzeit am deutschen Kaiserhof in Berlin. Es ist das letzte große Treffen der europäischen Monarchen.

JUNI

3.6. Bei den Wahlen zum Preußischen Abgeordnetenhaus behaupten die Konservativen trotz geringer Verluste ihre Mehrheit.
8.6. Im Berliner Grunewald wird das für die Olympischen Spiele 1916 gebaute Deutsche Stadion mit einer Massenveranstaltung im Beisein von Kaiser Wilhelm II. eingeweiht. Es bietet 30.000 Zuschauern Platz.
30.6. Der Reichstag verabschiedet in dritter Lesung die von der Regierung eingebrachte Wehrvorlage. Sie sieht eine Erhöhung der Friedenspräsenzstärke des Heeres um 117.267 auf 661.478 Mann bis zum 31. Oktober 1915 vor.

August Macke, Dame in grüner Jacke, 1913.

JULI

1.7. Die Mitgliederzahl der SPD hat sich im Verlauf eines Jahres um 12.748 auf 988.820 erhöht.
12.7. An der Möhne im Sauerland wird die größte deutsche Talsperre eingeweiht. Dem Bau der Möhnetalsperre, die vor allem die Industrieanlagen des Ruhrgebiets mit Wasser versorgen soll, fielen mehrere Ortschaften zum Opfer. Die Staumauer ist 638 Meter lang und 40,3 Meter hoch.

AUGUST

13.8. Tod des Begründers der deutschen Sozialdemokratie, August Bebel in Passugg (Schweiz).
22.8. Delegierte des Verbands sozialdemokratischer Wahlvereine Groß-Berlins fordern auf einer Veranstaltung zum „Gebärstreik" auf. Damit sollen der kapitalistischen Wirtschaftsordnung und dem Militär weniger Arbeiter und Soldaten zur Verfügung stehen. Clara Zetkin und Rosa Luxemburg sprechen sich gegen den Vorschlag ihrer Parteigenossen aus.

SEPTEMBER

14.9. In Jena beginnt der Parteitag der SPD. Nach dem Tod von August Bebel werden Hugo Haase und Friedrich Ebert zu Parteivorsitzenden gewählt. Ein Antrag von Rosa Luxemburg über den Einsatz des Massenstreiks als politische Waffe wird mehrheitlich abgelehnt.

OKTOBER

18.10. Das Völkerschlachtdenkmal in Leipzig wird im Beisein von Wilhelm II. und weiteren deutschen Fürsten mit einem Festakt eingeweiht. Es erinnert an die Entscheidungsschlacht von 1813 im antinapoleonischen Befreiungskampf. Das Monument ist 91 m hoch. An der Stirnseite befindet sich ein 60 m breites und 25 m hohes Relief mit einer Darstellung der Völkerschlacht.

NOVEMBER

5.11. Der belgische König Albert I. trifft zu einem Besuch in Deutschland ein. Kaiser Wilhelm II. und Generalstabschef Helmuth von Moltke versuchen, Belgien für den Fall eines Krieges mit Frankreich zu einem Engagement für das Deutsche Reich zu bewegen. Belgien besteht jedoch auf seiner Neutralität.
Der bayerische Prinzregent Ludwig, der anstelle des physisch kranken Königs Otto regiert, erklärt sich nach Zustimmung der Abgeordnetenkammer und der Kammer der Reichsräte als Ludwig III. zum König von Bayern.
6.11. In der elsässischen Stadt Zabern kommt es zu ersten Protestaktionen gegen Übergriffe von Offizieren des dort stationierten Infanterieregiments auf die einheimische Zivilbevölkerung. Weitere Provokationen des Militärs und zunehmender Widerstand der Einheimischen rücken die „Zabern-Affäre" in den Blickpunkt der Öffentlichkeit und lösen landesweite Empörung aus.
8.11. Im Münchner Residenztheater findet die Uraufführung des Dramas „Woyzeck" von Georg Büchner rund 80 Jahre nach seinem Entstehen statt.

DEZEMBER

14.12. Eine deutsche Militärmission trifft in Konstantinopel ein und beginnt vertragsgemäß mit einer Reorganisation der Armee des Osmanischen Reichs. Durch das deutsche Engagement am Bosporus verschärfen sich die Spannungen zu den Entente-Staaten.

AUSSERDEM

Alfred Döblin: Die Ermordung einer Butterblume (Erzählungen)
Sigmund Freud: Totem und Tabu (Psychoanalytische Abhandlung)
Bernhard Kellermann: Der Tunnel (Roman)
Else Lasker-Schüer: Hebräische Balladen (Gedichtsammlung)
Uraufführung der bereits 1903 entstandenen „Gurrelieder" von Arnold Schönberg in Berlin.

Rudolf Diesel

* Paris, 18. März 1858
† im Ärmelkanal,
29. September 1913

Es geschieht selten, dass der Name eines Menschen weltweit zum Inbegriff für eine Sache wird; „Diesel" ist so ein Fall: Man fährt einen Diesel, man tankt Diesel, ein „D" in der Typenbezeichnung gibt an, dass der Wagen von einem Diesel angetrieben wird.
Mit dem Dieselmotor ist der Name seines Erfinders um die Welt gegangen. Rudolf Diesel gelang mit seinem selbstzündenden Verbrennungsmotor in der Tat ein technischer Jahrhundertwurf.
Zuerst ließ sich das Leben für Diesel recht schlecht an. In bitterer Armut in Paris aufgewachsen, wo er am 18. März 1858 das Licht der Welt erblickt hatte, kehrte er nach Ausbruch des Krieges mit seinen Eltern 1870 nach Deutschland zurück. Rudolf kam bei einem Onkel in Augsburg unter, dem Mathematikprofessor Christoph Barnickel, der ihn entsprechend gefördert haben dürfte. Er besuchte zuerst die Gewerbeschule, dann die Industrieschule, die er im Sommer 1875 mit einem Examen abschloss, das das beste war, das dort je abgelegt worden war.
Als Vierzehnjähriger war er schon fest entschlossen, ein „großer Ingenieur" zu werden. Als Siebzehnjähriger ging er gegen den Wunsch der Eltern aufs Polytechnikum nach München. Sein Lehrer in Maschinenbau war der berühmte Erfinder der Eismaschine, Professor Carl Linde. Von ihm lernte Rudolf Diesel Vieles über den Wirkungsgrad, d.h. die Energieverwertung von Kraftmaschinen: dass Dampfmaschinen nur zehn bis zwölf Prozent der in der Kohle enthaltenen Wärme in nutzbare Arbeit umsetzten, was sehr teuer für die kleinen Handwerker war, und dass der Franzose Sadi Carnot vor 50 Jahren die Theorie eines Kreisprozesses aufgestellt hatte, nach der eine Wärmekraftmaschine die gesamte durch Verbrennung entstehende Wärme in praktisch verwertbare Arbeit umsetzen könnte. Nach einigem Nachdenken beschloss der zwanzigjährige Student Diesel, ein motorisches Prinzip zu finden, dem dieser Carnot'sche Kreisprozess zugrundelag. Das notierte er sich auf den Rand seines Kollegheftes.
Der Gedanke ließ ihn nicht mehr los. Mit 23 Jahren wurde der Ingenieur Direktor der Kunsteisfabrik von Linde in Paris, danach Direktor in Berlin. Inzwischen war schon allerorten der Viertaktmotor des Ingenieurs Nikolaus Otto in Betrieb, der aber recht verschwenderisch mit der Energie umging. Am 27. Februar 1892 meldete Diesel sein Patent auf einen „rationellen Wärmemotor" an.

Rudolf Diesel.

Es war noch ein langer; harter, mit Enttäuschungen gepflasterter Weg, bis der Dieselmotor tatsächlich lief. Diesel musste sich Geldgeber suchen, um die Entwicklung durchzuführen, und fand die Helfer nach vielen Absagen schließlich in der Maschinenfabrik Augsburg (MA, heute MAN) und in der Friedrich Krupp AG. Die Versuche im Augsburger Motor-Laboratorium liefen über Jahre zäh. Ab 1893 widmete sich Diesel ausschließlich seiner Erfindung. Es folgten unzählige Versuche. 1896 wurde ein ganz neuer Motor gebaut, der ausgezeichnet lief und den Brennstoff dreimal besser als die Dampfmaschine und doppelt so gut wie der Otto-Motor ausnützte. Bald wurde es auch möglich, vom Betrieb mit Lampenpetroleum auf das billigere Rohöl überzugehen.
Der Ölmotor war geboren. Der Motor des Jahres 1897 wurde eine Weltsensation, und Diesel war auf dem Höhepunkt seines Ruhmes.
Und damit begann auch seine Tragödie. Sein jetziger Motor hatte mit dem einst angestrebten Carnot-Prinzip nichts mehr zu tun; auf den war aber die Patentschrift abgestellt. Andere Erfinder und zweifelhafte Firmen machten ihm die Patentrechte streitig, es kam zu nervenaufreibenden Auseinandersetzungen und langwierigen Prozessen. Diesel erlitt einen Nervenzusammenbruch, und im Sanatorium ließ er sich erschöpft alle Rechte am Dieselmotor abkaufen. Zudem verlor er sein Vermögen an einen skrupellosen Spekulanten.
Wieder gesundet, stand er vor dem Nichts. Ein Buch über soziale Fragen, das er 1903 geschrieben hatte („Solidarismus – natürliche wirtschaftliche Erlösung des Menschen"), machte ihm wegen seiner radikalen Thesen noch mehr Feinde.
Am 29. September 1913 reiste Diesel per Schiff von Antwerpen nach England, um an der Eröffnung einer Fabrik für Dieselmotoren teilzunehmen. Passagiere berichteten, er sei bei bester Stimmung gewesen und habe begeistert über die Zukunft seines Motors gesprochen. Bei der Ankunft in Harwich war Diesel nicht mehr an Bord. Am nächsten Tag fand ein Lotsenboot seine im Kanal treibende Leiche. Selbstmord? Ein Unglücksfall? Man wird es nie erfahren. Aber sein Lebenswerk, der Dieselmotor, hat „im Sinne des Erfinders" alle Erwartungen übertroffen. Nach wie vor ist kein Motor so vielseitig, sparsam und umweltfreundlich.

Ein großes Ereignis

Theodor Wolff, 1906-1933 Chefredakteur und Kommentator des „Berliner Tageblatts", schildert den Monarchen-Aufmarsch zur Hochzeit einer Kaisertochter und eines Welfenherzogs im Mai 1913 in Berlin:

Im Mai 1913, als der Frühling die Erde schmückte, war Berlin der Schauplatz einer für das Wohl der Völker sicherlich bedeutsameren Zusammenkunft, einer vom höfischen Prunk umgebenen Monarchen-Entrevue. Die Tochter des Kaisers heiratete Ernst August von Cumberland, Herzog von Braunschweig und Lüneburg; das entthronte Haus der Welfen versöhnte sich mit dem „Räuber", dem Hause Hohenzollern, und der König von England und der Zar erschienen zur Hochzeit, wozu sie wohl mehr die verwandtschaftliche Sympathie für die Familie des Bräutigams bewog als das Bedürfnis, der Familie der Braut ihre Gratulationen zu überbringen.

Die Verbindung der beiden Fürstenhäuser hatte für Deutschland keine politische Bedeutung mehr. Es waren vierundvierzig Jahre vergangen, seit Bismarck im Preußischen Abgeordnetenhause den abgesetzten König von Hannover beschuldigt hatte, „fortwährend die Rolle eines kriegführenden Fürsten uns gegenüber" zu spielen, ein „verwerfliches Gewerbe der Bestechung und Korruption" zu betreiben, eine welfische Legion zu unterhalten und „für persönliche und kleinliche dynastische Interessen das Glück und die Ehre des eigenen Vaterlandes in Verschwörungen mit dem Auslande zu bedrohen". Das deutsche Volk kannte andere Gefahren, die Welfen konnten den Frieden nicht mehr stören, dieses Geschlecht war nur noch ein Prunkstück der Vergangenheit, eine für den Geschichtsschreiber ergiebige Ahnengalerie. Obgleich die Vermählung in Leitartikeln als ein sehr glückliches Ereignis dargestellt wurde, war sie doch nur eine dynastische Feier, und das Glück war nur ein häusliches Familienglück.

Liebesgeschichten der Prinzessinnen hatten für mitempfindende Frauen, Kennerinnen aller Stammbaum-Verzweigungen und aller Brautausstattungen, immer einen besonderen Reiz.

Die große Mehrheit der Bevölkerung interessierte sich weniger dafür. Als der Zar und der englische König ankamen, standen, wie stets bei solchen Gelegenheiten, die Schaulustigen am Wege und genossen das höfische Schauspiel mit jener Zurückhaltung, die hinter einem dichten militärischen Spalier und den breiten Rücken strenger Schutzleute selbstverständlich war. Umgeben von einer glänzenden Kavallerie-Eskorte, fuhr der Wagen an ihnen vorüber, in dem Nikolaus II. neben dem Kaiser saß. Die zum Helm gehende Handbewegung, mit der Nikolaus die höflichen Grüße erwiderte, erschien noch automatischer als sonst diese Dankgeste einziehender Monarchen, und die beiden Cousins saßen so steif und so stumm nebeneinander, als führen sie zu einem Begräbnis und nicht zu einem fröhlichen Hochzeitsfest. Übermäßiges, zärtliches Vertrauen zwischen den drei Souveränen wurde von den im Schlosse zugelassenen Personen auch im weiteren Verlaufe der Feierlichkeiten nicht beobachtet, und die in den Amtszimmern geschliffenen Tischreden enthielten, von einem Kompliment über die „markante" Rolle der Welfen abgesehen, keinen blendenden Effekt. Aber Baron Beyens, der belgische Gesandte in Berlin, berichtete seinem Minister des Äußeren, dass selten eine fürstliche Hochzeit so volkstümlich gewesen sei. Die Berliner Bevölkerung habe der kaiserlichen Familie und ihren Gästen herzliche Ovationen dargebracht, und die Freude werde von ganz Deutschland geteilt. Wilhelm II. und der König von England hätten vermutlich miteinander nicht viel von Politik im eigentlichen Sinne gesprochen, aber mit dem Zaren habe der Kaiser sicherlich „interessante Unterhaltungen angeknüpft". Der Besuch des englischen Königs bestätige die Annäherung, die sich während des Balkankrieges zwischen Deutschland und England vollzogen habe, und die Reise des Zaren beweise, dass trotz Balkankrieg die guten Beziehungen zwischen Deutschland und Russland unverändert geblieben seien. Frankreich solle die Warnung nicht übersehen.

Es war das letzte Mal, dass die drei Monarchen sich sahen. Zwischen ihnen an der Festtafel saß der steinerne Gast.

Die deutsche Arbeiterversicherung

Aus einem Aufsatz des katholischen Sozialpolitikers und führenden Parlamentariers der Zentrumspartei Franz Hitze über die Entwicklung der deutschen Arbeiterversicherung 1888-1913:

Der Einzug des britischen Königpaars am 21. Mai vor dem Zeughaus in Berlin. Das Kaiserreich mobilisierte Tausende von Paradesoldaten in prunkvollen Uniformen, nicht nur um die ausländischen Gäste zu ehren, sondern auch um ein machtvolles Deutschland zu demonstrieren.

Leistungen der deutschen Sozialversicherung 1885 bis 1913.

Die Grundlagen der deutschen Arbeiterversicherung sind unter Kaiser Wilhelm I. gelegt. Die Krankenversicherung trat Ende 1884 in Wirksamkeit, die gewerbliche Unfallversicherung am 1. Oktober 1885. Nur die Invalidenversicherung trat 1891 in Kraft und gehört somit in ihrer Entstehung wie in ihrer Wirksamkeit ganz der Regierungszeit Kaiser Wilhelms II. an. Aber auch die Kranken- und Unfallversicherung konnte erst allmählich ihren vollen Segen entfalten, so dass die Erkenntnis ihrer vollen Bedeutung erst in den letzten Jahrzehnten sich durchsetzte. Und wenn sie unserem Kaiser als bedeutungsvolles soziales Erbe für seine Regierung zufielen, so hat er dieses Erbe doch pietätvoll gepflegt und es durch die Novellen (von 1892, 1900, 1903) und zuletzt durch die Reichsversicherungsordnung „neu zu erwerben" und reichlich zu mehren gewusst. Welche Bedeutung die Arbeiterversicherung unter Kaiser Wilhelm II. gewonnen hat, darüber einige Zahlen:
Die deutsche Krankenversicherung umfasste 1888: 5,8 Mill. Mitglieder; 1911: 14,5 Mill.
Die Zahl der Kassen betrug 1888: 19.451; 1911: 23.000 Kassen.
Die Unfallversicherung zählte 1888: 10,35 Mill. Versicherte; 1911: 28,1 (abzüglich der Doppelzählungen von 24,6) Mill.
Die Zahl der angemeldeten Unfälle betrug 1888: 41.792; 1911: 716.584.

Der Invalidenversicherung unterstehen 15,8 Millionen Versicherte in 31 Versicherungsanstalten und 10 zugelassenen Kasseneinrichtungen. Die Gesamtentschädigungsleistungen der Arbeiterversicherung stellen sich demnach wie folgt:

1911
Krankenversicherung (seit 1885)
397 Mill. Mark,
Unfallversicherung (seit 1885)
167 Mill. Mark,
Invalidenversicherung (seit 1891)
204 Mill. Mark;

1885-1911
Krankenversicherung (seit 1885)
4749 Mill. Mark,
Unfallversicherung (seit 1885)
2139 Mill. Mark,
Invalidenversicherung (seit 1891)
2272 Mill. Mark;

Insgesamt betrugen sie:

1911	768 Mill. Mark,
1885-1911	9160 Mill. Mark.

Dazu kommen die für die Zukunft unserer Arbeiter eingelegten Reservefonds nebst sonstigem Vermögen; diese betrugen Ende 1911 für die

Krankenversicherung
335 Mill. Mark,
Unfallversicherung
565 Mill. Mark,
Invalidenversicherung
1759 Mill. Mark;
zusammen 2660 Mill. Mark.

Dem deutschen Arbeiterstande waren also bis Ende 1911 zugute gekommen und für die Sicherung seiner Zukunft hinterlegt zusammen beinahe zwölf Milliarden Mark.

Im Jahre 1911 kamen auf die Einnahmen:
Krankenversicherung
447 Mill. Mark,
Unfallversicherung
228 Mill. Mark,
Invalidenversicherung
323 Mill. Mark;

Verwaltungskosten:
Krankenversicherung
24 Mill. Mark,
Unfallversicherung
30 Mill. Mark,
Invalidenversicherung
22 Mill. Mark.
Zu den Kosten der Arbeiterversicherung haben beigetragen die

1911

Arbeitgeber	442 Mill. Mark,
Versicherten	393 Mill. Mark,
das Reich	53 Mill. Mark;

1885-1911

Arbeitgeber	5688 Mill. Mark,
Versicherten	5030 Mill. Mark,
das Reich	693 Mill. Mark.

Während die deutschen Arbeiter also bis 1911 stark fünf Milliarden an Beiträgen aufgebracht haben, haben sie bis dahin bezogen weit über neun Milliarden Mark und sind noch für sie reserviert beinahe 2,7 Milliarden Mark. – Die jährlichen Leistungen der Arbeiterversicherung haben heute bereits die Summe von einer Milliarde Mark überschritten.
Mehr als zehn Milliarden Mark sind bis Ende 1912 unserm Arbeiterstande zugeflossen. Diese Summe muss Eindruck machen. Ihren vollen Segen würden wir aber erst dann ermessen können, wenn wir den Weg jeder einzelnen Mark in die Hunderttausende und Millionen von Familien und Haushalten verfolgen könnten: wie viel Not und Elend gestillt, wie viel Verzweiflung und Bitterkeit gemildert, wie viel Mut und Vertrauen neu belebt und geweckt werden. Sie kommen dem Arbeiter gerade dann zugute, wenn die eigne Kraft versagt, wenn die Not am dringendsten ist, in den Tagen der Krankheit, der Invalidität, des Alters.

Paul Wegener als Balduin in dem Stummfilm „Der Student von Prag", der am 22. August 1913 uraufgeführt wurde. Die fest in der deutschen Romantik verwurzelte Geschichte handelt von dem Studenten Balduin, der von dem dämonischen Scapinelli Reichtum und eine erfolgreiche Ehe versprochen bekommt, unter der Bedingung, dass er ihm sein Spiegelbild überlässt. Nachdem der Pakt geschlossen ist, beginnt dieses jedoch ein Eigenleben und stiftet Unheil. Als Balduin merkt, dass er sein zweites Ich nicht mehr kontrollieren kann, tötet er bei dem Versuch, sein Spiegelbild zu erschießen, sich selbst.

1914

JANUAR

1.1. Übernahme der auflagenstarken, liberalen „Vossischen Zeitung" durch den Berliner Ullstein-Verlag.
10.1. Freispruch für Oberst Adolf von Reuter, den Hauptverantwortlichen in der sogenannten Zabern-Affäre.

FEBRUAR

15.2. Deutsch-französisches Abkommen über Eisenbahnbauten im Osmanischen Reich.
20.2. Rosa Luxemburg wird wegen staatsfeindlicher Äußerungen zu einem Jahr Gefängnis verurteilt.

MÄRZ

3.3. Der 21jährige Berliner Pilot Bruno Langer stellt mit 14:07 h einen neuen Weltrekord im Alleindauerflug auf.
16.3. Kaiser Franz Joseph I. löst das Parlament aufgrund der Arbeitsverweigerung der tschechischen Abgeordneten auf. Die Regierung erlässt Gesetze künftig als kaiserliche Notverordnungen.
31.3. Tod des Schriftstellers Christian Morgenstern in Meran.

APRIL

1.4. Albert Einstein beginnt in Berlin seine Tätigkeit als hauptamtliches Mitglied der Preußischen Akademie der Wissenschaften und wird Direktor des Kaiser-Wilhelm-Instituts für Physik.
2.4. Tod des Schriftstellers Paul von Heyse in München.
13.4. Die dem Wandervogel angeschlossenen Jugendverbände billigen eine Resolution gegen die Aufnahme jüdischer Anwärter.
19.4. Der Alldeutsche Verband fordert auf seiner Jahrestagung eine offensive deutsche Militärstrategie und größtmögliche Rüstungsanstrengungen.
21.4. In Paris finden große Feierlichkeiten zum 10jährigen Bestehen der „Entente cordiale" statt.

MAI

1.- 30.5. Große Berliner Kunstausstellung, auf der u.a. Werke französischer Impressionisten gezeigt werden.
11.5. Der sozialdemokratische Abgeordnete Karl Liebknecht kritisiert im Reichstag die Kriegsvorbereitungen der deutschen Regierung.
31.5. Die SpVgg Fürth wird mit einem 3:2-Sieg über den VfB Leipzig Deutscher Fußballmeister.

JUNI

11.6. In Begleitung von Großadmiral Alfred von Tirpitz reist Kaiser Wilhelm II. zu einem sechstägigen Besuch beim österreich-ungarischen Thronfolger Erzherzog Franz Ferdinand. Im Gegensatz zu diesem spricht sich Tirpitz für eine militärische Lösung der politischen Probleme Österreich-Ungarns aus.
15.6. Paraphierung des deutsch-englischen Vertrages über die Bagdadbahn.
In Köln eröffnet die bedeutendste Ausstellung des Deutschen Werkbundes, auf der u.a. Werke von Walter Gropius und Bruno Taut gezeigt werden.
21.6. Tod der österreichischen Pazifistin Bertha von Suttner in Wien.
24.6. Eröffnung des Kaiser-Wilhelm-Kanals (heute: Nord-Ostsee-Kanal).
28.6. Tödliches Attentat auf den Erzherzog Franz Ferdinand und seine Gemahlin in Sarajevo durch serbische Nationalisten. International werden starke Spannungen ausgelöst. Sie steigern sich zur „Juli-Krise" und führen zum Ersten Weltkrieg.

JULI

5./6.7. Deutsche Zusicherung der uneingeschränkten Bündnistreue gegenüber Österreich-Ungarn („Deutscher Blankoscheck").
6.7. In der Annahme, auch ein militärischer Konflikt zwischen Österreich-Ungarn und Serbien lasse sich lokal begrenzen, beginnt Wilhelm II. wie in jedem Jahr seine Nordlandreise.
20.-23.7. Russlandvisite des französischen Ministerpräsidenten Raymond Poincaré. Beide Staaten versichern sich angesichts des schwelenden Konflikts gegenseitiger Bündnistreue.
23.7. Österreich-Ungarn richtet ein auf 48 Stunden befristetes Ultimatum an Serbien mit der Aufforderung, alle serbisch-nationalistischen Aktivitäten sofort zu beenden und die Verantwortlichen des Attentats konsequent zu verfolgen.
25.7. Serbien geht auf das Ultimatum weitgehend ein, mobilisiert aber zugleich seine Armee. Österreich-Ungarn reagiert mit einer Teilmobilmachung und bricht die diplomatischen Beziehungen zu Serbien ab. Der russische Kronrat beschließt, Serbien zu unterstützen.
26.7. Österreich-Ungarn mobilisiert Truppen an der Grenze zu Russland.
27.7. Das Deutsche Reich lehnt den britischen Vorschlag einer Außenministerkonferenz zur Beilegung des Konflikts ab.
Antikriegsdemonstration im Berliner Lustgarten.
28.7. Kriegserklärung Österreich-Ungarns an Serbien. Die Reichsregierung versucht jetzt, mäßigend auf Österreich-Ungarn einzuwirken.
29.7. Teilmobilmachung Russlands.
30.7. Russische Generalmobilmachung.
Großbritannien lehnt die von Deutschland gewünschte Neutralitätszusage für den Kriegsfall ab.
31.7. Wilhelm II. verkündet den Zustand „Drohender Kriegsgefahr" und fordert von Russland ultimativ die Einstellung der Mobilmachung und von Frankreich eine Neutralitätserklärung im Fall eines bewaffneten Konflikts.
Generalmobilmachung Österreich-Ungarns.

AUGUST

1.8. Deutsche Generalmobilmachung und Kriegserklärung an Russland. Die Bevölkerung nimmt die Kriegserklärung mit „patriotischen Gefühlen" zur Kenntnis („August-Erlebnis"). Italien erklärt sich wegen seiner Verpflichtungen gegenüber Großbritannien für neutral.
2.8. Deutschland fordert von Belgien ultimativ ein Durchmarschrecht für die Truppen und besetzt Luxemburg. Das Deutsche und das Osmanische Reich schließen einen Bündnisvertrag. Mobilmachung der britischen Flotte.
3.8. Deutsche Kriegserklärung an Frankreich. Einmarsch deutscher Truppen in Belgien. Italien erkennt seine Bündnispflicht aus dem Dreibund nicht an und erklärt sich für neutral.
4.8. Trotz zum Teil erheblicher Vorbehalte stimmt auch die Sozialdemokratische Partei Deutschlands (SPD) im Reichstag geschlossen für einen Kriegskredit. Sie verfolgt eine Politik des „Burgfriedens". Ansprache Wilhelms II. an das deutsche Volk. Kriegseintritt Großbritanniens. Die Vereinigten Staaten erklären sich für neutral.
7.8. Kriegserklärung Montenegros an Österreich-Ungarn. Deutsche Truppen besetzen unter Generalmajor Erich Ludendorff das belgische Lüttich.
8.8. Gründung des sogenannten Kriegsausschusses der deutschen Industrie.
10.8. Der deutsche Schlachtkreuzer „Goeben" und der kleine Kreuzer „Breslau" laufen in die Dardanellen ein und werden formal an die Türkei übergeben. Sperrung des Zugangswegs zu den russischen Häfen im Schwarzen Meer.
11.8. Französische Kriegserklärung an Österreich-Ungarn.
12.8. Englische Kriegserklärung an Österreich-Ungarn. Erste österreichische Offensive gegen Serbien wird abgewehrt.
13.8. Gründung der Kriegsrohstoffabteilung im Preußischen Kriegsministerium (KRA) durch Walther Rathenau.
17.8. Letzte Forts von Lüttich fallen nach Einsatz schwerer Artillerie. An der Ostfront beginnt die russische Großoffensive gegen Ostpreußen.

20.8. Schlacht bei Gumbinnen (Ostpreußen), die mit dem Rückzug der deutschen 8. Armee unter Generaloberst Max von Prittwitz endet.

21.8. Die Führung der 8. Armee wird General Paul von Hindenburg und Ludendorff übertragen.

23.8. Grenzschlachten im Westen und in Galizien zwischen russischen und österreich-ungarischen Truppen. Kriegserklärung Japans an das Deutsche Reich.

26.-30.8. Schlacht bei Tannenberg unter der Leitung von Hindenburg und Ludendorff, bei der die 2. Russische Armee vernichtend geschlagen wird.

27.8. Regierung der „Défense nationale“ unter Viviani in Frankreich.

30.8. Dt. Truppen dringen über die Marne vor und bedrohen Paris.

31.8. Niederlage Österreichs in Galizien bei Lemberg.

SEPTEMBER

3.9. Angesichts vorrückender deutscher Truppen verlegt die französische Regierung ihren Sitz nach Bordeaux.

5.9. Londoner Vertrag: Die Entente beschließt, keinen Separatfrieden abzuschließen.

6.-12.9. Die Schlacht an der Marne verdeutlicht das Scheitern des Schlieffen-Plans.

6.-15.9. Schlacht an den Masurischen Seen, bei der die 1. Russische Armee von der 8. Deutschen Armee geschlagen wird.

An das Deutsche Volk.

Seit der Reichsgründung ist es durch 43 Jahre Mein und Meiner Vorfahren heißes Bemühen gewesen, der Welt den Frieden zu erhalten und im Frieden unsere kraftvolle Entwickelung zu fördern. Aber die Gegner neiden uns den Erfolg unserer Arbeit.

Alle offenkundige und heimliche Feindschaft von Ost und West, von jenseits der See haben wir bisher ertragen im Bewußtsein unserer Verantwortung und Kraft. Nun aber will man uns demütigen. Man verlangt, daß wir mit verschränkten Armen zusehen, wie unsere Feinde sich zu tückischem Überfall rüsten, man will nicht dulden, daß wir in entschlossener Treue zu unserem Bundesgenossen stehen, der um sein Ansehen als Großmacht kämpft und mit dessen Erniedrigung auch unsere Macht und Ehre verloren ist.

So muß denn das Schwert entscheiden. Mitten im Frieden überfällt uns der Feind. Darum auf! zu den Waffen! Jedes Schwanken, jedes Zögern wäre Verrat am Vaterlande.

Um Sein oder Nichtsein unseres Reiches handelt es sich, das unsere Väter neu sich gründeten. Um Sein oder Nichtsein deutscher Macht und deutschen Wesens.

Wir werden uns wehren bis zum letzten Hauch von Mann und Roß. Und wir werden diesen Kampf bestehen auch gegen eine Welt von Feinden. Noch nie ward Deutschland überwunden, wenn es einig war.

Vorwärts mit Gott, der mit uns sein wird, wie er mit den Vätern war.

Berlin, den 6. August 1914.

Wilhelm.

Der Aufruf Kaiser Wilhelms II. zum Kriegsausbruch endet mit den pathetischen Worten: „Vorwärts mit Gott, der mit uns sein wird, wie er mit den Vätern war.“

9.9. Reichskanzler Theobald von Bethmann Hollweg verkündet ein Kriegszielprogramm der deutschen Regierung („September-Programm“), in dem Annexionen und die deutsche Hegemonialstellung in Europa gefordert werden.

14.9. Aufgrund des schlechten Ausgangs der Marne-Schlacht wird Helmuth von Moltke als Generalstabschef der Obersten Heeresleitung (OHL) abgesetzt und durch den preußischen Kriegsminister Erich von Falkenhayn ersetzt.

25.9. Der Dichter Alfred Lichtenstein fällt in Vermandovillers bei Reims.

26.9. Tod des Malers August Macke (gefallen in Perthes-les-Hurlus in der Champagne).

OKTOBER

4.10. In einem von 56 deutschen Intellektuellen unterzeichneten Aufruf wird der Krieg als ein dem deutschen Volk „aufgezwungener Daseinskampf“ bezeichnet.

9.10. Antwerpen von deutschen Truppen nach 12tägiger Belagerung erobert.

20.10. Beginn der ersten Flandern-Schlacht bei Ypern.

21.10. Bethmann Hollweg stellt ein Konzept zur Integration der Arbeiterbewegung und Sozialdemokratie ins monarchistische System vor.

22.10. Während der ersten „Kriegssitzung“ des Preußischen Landtages fordert die SPD die Aufhebung des Dreiklassenwahlrechts.

26.10. Gründung der Kriegschemikalien AG zur Bewirtschaftung chemischer Rohstoffe unter der Leitung von Fritz Haber.

30.10. Tod des Dichters Ernst Stadler in den Kämpfen bei Ypern.

NOVEMBER

1.11. Ernennung Hindenburgs zum Oberbefehlshaber Ost.

2.-5.11. Kriegserklärung der Entente an das Osmanische Reich. Großbritannien erklärt die Nordsee zum Kriegsgebiet und verhängt eine Wirtschaftsblockade gegen das Deutsche Reich.

3.11. Freitod des Dichters Georg Trakl in Krakau.

7.11. Japanische Truppen erobern die deutsche Kolonie Tsingtau.

10.11. Schlacht bei Langemarck, in deren Verlauf die OHL unzulänglich ausgebildete freiwillige Jugendliche einsetzt.

26.11. In Westgalizien scheitert eine russische Offensive gegen Österreich-Ungarn.

27.11. Ernennung Hindenburgs zum Generalfeldmarschall.

DEZEMBER

2.12. Zweite Kriegskreditabstimmung: Alle Parteien stimmen den Krediten zu. Liebknecht lehnt als einziger Abgeordneter die Gewährung ab.

3.12. Der Vorstand der SPD missbilligt Liebknechts Verhalten und erteilt ihm eine offizielle Rüge.

6.12. Besprechung Bethmann Hollwegs mit Ludendorff und Hindenburg über Gebietserweiterungen im Osten.

8.12. Die im „Kriegsausschuss der deutschen Industrie“ (KdI) zusammengeschlossenen Unternehmen fordern eine expansive deutsche Kriegspolitik.

Die französische Regierung verlegt ihren Sitz nach Paris zurück.

Das deutsche Kreuzergeschwader unter dem Kommando von Maximilian Reichsgraf von Spee wird in der Schlacht bei den Falklandinseln von britischen Kreuzern versenkt.

AUSSERDEM

Ernst Barlach: Der Rächer (Skulptur)

Rudolf Belling: Der Flieger (Skulptur)

Urban Gad: Der kleine Engel (Film)

Ricarda Huch: Der große Krieg in Deutschland (Historische Abhandlung)

Arthur Kampf: 1. August 1914 in Berlin (Gemälde)

Friedrich August Kaulbach: Germania (Gemälde)

Arnold Schönberg: Pierrot Lunaire (Tondichtung)

Igor Strawinsky: Die Nachtigall (Oper)

Mord in Sarajewo

Die Manöver in Bosnien waren zu Ende und Österreichs Thronfolger Franz Ferdinand ahnte nichts Böses, als er am 28. Juni 1914 mit Gefolge aufbrach, um sich beim Bürgermeister von Sarajewo zu verabschieden.

Die Fahrt zum Rathaus begann um 10 Uhr: Eine Kolonne von Automobilen rollte langsam durch die Straßen. Da wurde aus der Zuschauermenge heraus eine Bombe auf den Wagen des Thronfolgers geworfen. Sie fiel auf das nach hinten geklappte Verdeck, das den Sprengkörper zurück auf die Straße federte. Dort detonierte er, und Splitter verwundeten den im nachfolgenden Wagen sitzenden Adjutanten des Gouverneurs von Bosnien sowie einige Passanten. Der Erzherzog ließ anhalten, um nach den Verletzten zu sehen – eine einzigartige Gelegenheit für die Attentäter. Aber die waren nach dem missglückten Bombenwurf geflohen. Im Rathaus angekommen, schrie der Erzherzog zornig: „Herr Bürgermeister, da kommt man zu Besuch hierher und wird mit Bomben empfangen!“ Allerdings beruhigte er sich bald, nachdem ihm gemeldet worden war, dass der Attentäter inhaftiert sei. Es handelte sich um einen Jugendlichen namens Gabrinovic, von Beruf Schriftsetzer.

Peinlich wirkte die auswendig gelernte Rede des Bürgermeisters, der keine Zeit mehr gefunden hatte, seine Worte dem Attentatsversuch auf seinen hohen Besucher anzupassen: Alle Bürger Sarajewos seien überglücklich und begrüßten voller Begeisterung den ehrenvollen Besuch der Hoheiten. Franz Ferdinand empfahl seiner Frau, die Stadt unter dem Schutz von Offizieren sofort zu verlassen. Doch Sophie erklärte mit Entschiedenheit: „Nein, Franz, ich bleibe bei dir!“ Es wurde empfohlen, das Programm abzusagen. Aber dem widersprach der Feldzeugmeister Oskar Potiorek, Gouverneur des Landes Bosnien: „Glauben Sie, Sarajewo steckt voller Mörder?“

So wurde lediglich eine Änderung des Programms und der vorgesehenen Fahrtroute beschlossen. Man informierte das Gefolge und die Honoratioren. Nur einer wurde vergessen: der Fahrer des erzherzoglichen Wagens. So kam es zu einer Anhäufung von Zufällen, die den Lauf der Weltgeschichte verhängnisvoll beeinflussen sollten. Die Autokolonne setzte sich wieder in Bewegung, um – wie die Programmänderung es vorsah – zunächst ins Krankenhaus zu fahren, zum Besuch des verletzten Adjutanten. Danach war eine kurze Besichtigung des Nationalmuseums geplant und anschließend ein festliches Mittagessen. Doch der Chauffeur lenkte den Wagen des erzherzoglichen Paares nicht, wie es die Änderung verlangt hätte, sondern bog – der ursprünglichen Route folgend – nach rechts in die Franz-Joseph-Straße ab. Der das Paar begleitende Feldzeugmeister Potiorek befahl dem Fahrer, sofort anzuhalten und zu wenden. Das Automobil kam zum Stehen, direkt vor einem jungen Mann: dem Terroristen Gavrilo Princip, der nach dem gescheiterten ersten Attentat ziellos durch die Stadt geirrt war. Jetzt hatte der Zufall ihm das Opfer zugeführt – unbeweglich in einem haltenden Auto sitzend. Princip hatte Zeit, die Pistole zu ziehen und auf das Thronfolgerpaar zu schießen, bevor sich Passanten und Polizisten auf ihn warfen. Franz Ferdinand in seiner ordengeschmückten Uniform und mit dem wehenden Busch grüner Federn auf seinem Generalshut saß einige Augenblicke lang ebenso unbeweglich wie Sophie in ihrem weißen Kleid und dem großen modischen Federhut. Als der erschreckte Fahrer kräftig Gas gab und der Wagen anruckte, schoss ein Schwall von Blut aus dem Mund des Thronfolgers. Sophie schrie voller Entsetzen: „Jesus, mein Franzi, was ist mit dir?“ Doch gleichzeitig sank sie über den Knien ihres Mannes zusammen. Behindert durch das Blut formte Franz Ferdinand mühsam die Worte: „Sopherl, nicht sterben! Du musst leben für die Kinder!“ Doch Franz Ferdinand und seine Gemahlin fielen dem Attentat zum Opfer. Ihre drei Kinder wurden die ersten Waisen des Ersten Weltkrieges.

EXTRA-AUSGABE.
Wiener Montag
Montag-Frühblatt.

Redaktion und Administration VII, Halbgasse 9

Nr. 23 — Wien, Montag, 29. Juni 1914 — 3. Jahrgang.

Der Thronfolger ermordet.

Eine furchtbar entsetzliche Trauerbotschaft kommt uns aus Sarajevo. Der Thronfolger Erzherzog Franz Ferdinand und dessen Gemahlin Fürstin Hohenberg sind einem verruchten Mordattentate zum Opfer gefallen. Trauernd steht das Kaiserhaus an der Bahre des künftigen Herrschers, mit ihm trauernd und weinend das stets mit Ehrfurcht und kindlicher Liebe aufblickende Bevölkerung der ganzen Monarchie. Der Monarch der bekanntlich erst gestern seinen Aufenthalt in Ischl genommen hat, trifft, wie uns eben berichtet wird, morgen Montag bereits wieder in Wien ein. Gäbe Gott, daß er diesen Schlag mit Fassung ertrage. Das Volk hat in dieser schweren Stunde nur noch ein Gebet, das von bitteren Tränen begleitet sich aus dem Munde jedes einzelnen drängt „Gott erhalte, Gott beschütze unsern Kaiser“

Sarajevo 28. Juni. Als Erzherzog Franz Ferdinand und Gemahlin Herzogin Hohenberg sich heute vormittag zum Empfange im Rathause begab, wurde gegen das Automobil eine Bombe geschleudert, die der Erzherzog mit dem Arme zurückstieß. Die Bombe explodierte, nachdem das Automobil passiert war. Die in dem nachfolgenden Wagen befindlichen Adjutanten wurden leicht verletzt. Der Attentäter ist ein Schriftsetzer aus Trebinje. Er wurde verhaftet.

Nach dem Empfang im Rathause setzte das hohe Paar die Rundfahrt fort. Ein Gymnasiast der achten Klasse namens Prinzip aus Grahove feuerte aus einer Browningpistole mehrere Schüsse auf das Erzherzogspaar. Der Erzherzog wurde im Gesicht getroffen. Herzogin Hohenberg wurde in den Unterleib getroffen.

Der Thronfolger und Gemahlin wurden in den Konak überführt, wo sie den Verletzungen erlagen. Die erbitterte Menge hat beide Attentäter nahezu gelyncht.

Herausgeber Brakl. — Verantwortlicher Redakteur: Karl Ginkovec. — Druck von Karl Brakl, Wien, 7. Bez., Halbgasse 9.

„Der Thronfolger ermordet“. Extraausgabe des „Wiener Montag“, 29. Juni 1914.

Da sich Franz Ferdinand darüber klar war, dass die politischen Zustände im Vielvölkerstaat Österreich-Ungarn unhaltbar waren, wollte er die Donaumonarchie in ein föderalistisches Staatswesen mit weitgehender Autonomie der einzelnen Völkerschaften umwandeln. Eine solche auf Ausgleich zielende Politik kam großserbischen Nationalisten natürlich wenig entgegen, weshalb beschlossen wurde, den Thronfolger zu ermorden.

Unmittelbar nach den tödlichen Schüssen wird Gavrilo Princip (zweiter von rechts) der aufgebrachten Menge entrissen und von Polizisten in Gewahrsam genommen. Da der Attentäter zur Tatzeit erst 18 Jahre alt war, konnte er nicht zum Tode verurteilt werden. Er starb 1918 an Tuberkulose im Gefängnis.

Hitler in der Menschenmenge vor der Feldherrnhalle in München am Tag vor der Kriegserklärung 1914. Hitlers späterer Leibfotograf Heinrich Hoffmann: „Dieses Hitlerbild vervielfältigte ich in Tausenden und Abertausenden von Abzügen, die Zeitungen des In- und Auslandes publizierten es alle. Es wurde eines der begehrtesten Bilder."

Der vierte August 1914

In der Reichstagssitzung vom 4. August 1914 appellierte Kaiser Wilhelm II. an die Parteien, ihm in dem soeben ausgebrochenen Krieg die Treue zu bewahren – und in der Tat: Zunächst hielt der „Burgfriede" im Parlament:

Geehrte Herren! In schicksalsschwerer Stunde habe ich die gewählten Vertreter des deutschen Volkes um mich versammelt. Fast ein halbes Jahrhundert lang konnten wir auf dem Wege des Friedens verharren. Versuche, Deutschland kriegerische Neigungen anzudichten und seine Stellung in der Welt einzuengen, haben unseres Volkes Geduld oft auf harte Proben gestellt. In unbeirrbarer Redlichkeit hat meine Regierung auch unter herausfordernden Umständen die Entwicklung aller sittlichen, geistigen und wirtschaftlichen Kräfte als höchstes Ziel verfolgt. Die Welt ist Zeuge gewesen, wie unermüdlich wir in dem Drange und den Wirren der letzten Jahre in erster Reihe standen, um den Völkern Europas einen Krieg zwischen Großmächten zu ersparen.

Die schwersten Gefahren, die durch die Ereignisse am Balkan heraufbeschworen waren, schienen überwunden. Da tat sich mit der Ermordung meines Freundes, des Erzherzogs Franz Ferdinand, ein Abgrund auf. Mein hoher Verbündeter, der Kaiser und König Franz Josef, war gezwungen, zu den Waffen zu greifen, um die Sicherheit seines Reichs gegen gefährliche Umtriebe aus einem Nachbarstaat zu verteidigen. Bei der Verfolgung ihrer berechtigten Interessen ist der verbündeten Monarchie das Russische Reich in den Weg getreten. An die Seite Österreich-Ungarns ruft uns nicht nur unsere Bundespflicht. Uns fällt zugleich die gewaltige Aufgabe zu, mit der alten Kulturgemeinschaft der beiden Reiche unsere eigene Stellung gegen den Ansturm feindlicher Kräfte zu schirmen.

Mit schwerem Herzen habe ich meine Armee gegen einen Nachbarn mobilisieren müssen, mit dem sie auf so vielen Schlachtfeldern gemeinsam gefochten hat. Mit aufrichtigem Leid sah ich eine von Deutschland treu bewahrte Freundschaft zerbrechen. Die Kaiserlich russische Regierung hat sich, dem Drängen eines unersättlichen Nationalismus nachgebend, für einen Staat eingesetzt, der durch Begünstigung verbrecherischer Anschläge das Unheil dieses Krieges veranlasste. Dass auch Frankreich sich auf die Seite unserer Gegner gestellt hat, konnte uns nicht überraschen. Zu oft sind unsere Bemühungen, mit der Französischen Republik zu freundlichen Beziehungen zu gelangen, auf alte Hoffnungen und alten Groll gestoßen.

Geehrte Herren! Was menschliche Einsicht und Kraft vermag, um ein Volk für die letzten Entscheidungen zu wappnen, das ist mit Ihrer patriotischen Hilfe geschehen. Die Feindseligkeit, die im Osten und im Westen seit langer Zeit um sich gegriffen hat, ist nun zu hellen Flammen aufgelodert. Die gegenwärtige Lage ging nicht aus vorübergehenden Interessenkonflikten oder diplomatischen Konstellationen hervor, sie ist das Ergebnis eines seit langen Jahren tätigen Übelwollens gegen Macht und Gedeihen des deutschen Reiches. Uns treibt nicht Eroberungslust, uns beseelt der unbeugsame Wille, den Platz zu bewahren, auf den uns Gott gestellt hat, für uns und alle kommenden Geschlechter.

Aus den Schriftstücken, die Ihnen zugegangen sind, werden Sie ersehen, wie meine Regierung und vor allem mein Kanzler bis zum letzten Augenblick bemüht waren, das Äußerste abzuwenden. In aufgedrungener Notwehr, mit reinem Gewissen und reiner Hand ergreifen wir das Schwert.

An die Völker und Stämme des Deutschen Reichs ergeht mein Ruf, mit gesamter Kraft, in brüderlichem Zusammenstehen mit unseren Bundesgenossen, zu verteidigen, was wir in friedlicher Arbeit geschaffen haben. Nach dem Beispiel unserer Väter, fest und getreu, ernst und ritterlich, demütig vor Gott und kampfesfroh vor dem Feind, so vertrauen wir der ewigen Allmacht, die unsere Abwehr stärken und zu gutem Ende lenken wolle!

Auf Sie, geehrte Herren, blickt heute, um seine Fürsten und Führer geschart, das ganze deutsche Volk. Fassen Sie Ihre Entschlüsse einmütig und schnell. Das ist mein innigster Wunsch. Sie haben gelesen, meine Herren, was ich zu meinem Volke vom Balkon des Schlosses aus gesagt habe. Hier wiederhole ich: Ich kenne keine Partei mehr, ich kenne nur Deutsche! Zum Zeichen dessen, dass Sie fest entschlossen sind, ohne Parteiunterschied, ohne Stammesunterschiede, ohne Konfessionsunterschied durchzuhalten mit mir durch dick und dünn, durch Not und Tod, fordere ich die Vorstände der Parteien auf, vorzutreten und mir das in die Hand zu geloben.

Kaiser Wilhelm II. von Deutschland und Kaiser Franz-Josef von Österreich.

Schlacht an der Marne

Ende August 1914 waren die Hauptkräfte des deutschen Westheeres (1.-5. Armee sowie 2., 1. und 4. Kavalleriekorps) etwa von westlich Noyon bis zu den Argonnen unter schweren Kämpfen auf dem Vormarsch. Im Sinne des Schlieffenplans stellte die Weisung der OHL vom 27. 8. das Ziel, das französische Feldheer durch eine Umgehungs- und Umfassungsoperation, die auch westlich um Paris herumgriff, in südöstlicher Richtung abzudrängen und zu vernichten. Der Krieg im Westen sollte derart in etwa 6 Wochen entschieden werden.

Ungeachtet des tiefen Vordringens in Frankreich war jedoch die Blitzkriegskonzeption im Wesentlichen bereits gescheitert. Es war nicht gelungen, starke Kräfte des Gegners zu vernichten; sein linker Flügel entzog sich allen Umfassungsversuchen. Die deutsche Seite besaß zudem 12 Divisionen weniger als bei Beginn der Offensive. Besonders nachteilig musste sich der Abzug von 4 Divisionen der 2. und 3. Armee nach Ostpreußen auswirken, denn er schwächte den in der Hauptrichtung handelnden rechten Flügel (1.-3. Armee). Der hartnäckige Widerstand der britischen und französischen Truppen drohte die deutsche Front zu zerreißen. Deshalb gab die 1. Armee am 30. 8. die Umgehung von Paris auf und schwenkte nach Süden ein. Der französische Oberkommandierende, General Joseph Joffre, befahl daraufhin den Rückzug bis zur Seine und Aube. Gleichzeitig verstärkte er die Vorbereitungen für eine Gegenoffensive. Paris wurde in Verteidigungszustand versetzt. Die Lage Frankreichs war äußerst ernst, die Moral des Heeres durch Niederlagen und Rückzug tief gesunken.

Im weiteren Verlauf der deutschen Offensive stieß die 1. Armee ostwärts an Paris vorbei und überschritt seit dem 3. 9. die Marne, gefolgt von der 2. und 3. Armee. Die französische Führung sah die Möglichkeit, aus dem Raum Paris in die fast offene rechte Flanke des deutschen Heeres hineinzustoßen. Am 4. 9. befahl Joffre die allgemeine Gegenoffensive für den 6. 9., um einen Umschwung herbeizuführen. Die Flankenbedrohung wurde vor allem vom Oberkommando der deutschen 1. Armee unterschätzt. Noch am 5. 9. ließ es den Vormarsch südlich der Marne fortsetzen, um den Gegner zu umfassen. Erst in der Nacht zum 6. 9. erkannte es die unmittelbare Gefahr eines Flankenangriffs der französischen 6. Armee und befahl den sofortigen Rückzug an den Ourcq. Die hier entbrennenden schweren Kämpfe (5.-9. 9.) bildeten den Beginn der Marneschlacht.

Die OHL, die sich weit zurück in Luxemburg befand, hatte keinen Überblick über die Lage und ließ den AOKs freie Hand. Am 6. 9. begann überraschend die französisch-britische Gegenoffensive auf der etwa 230 km langen Front zwischen Verdun und Paris. Da beide Seiten vorgingen, entwickelte sich eine Begegnungsschlacht. Die 6 französisch-britischen Armeen, die zu einem großen Teil aufgefüllt waren, besaßen eine bedeutende, zahlenmäßige Überlegenheit über die 5 deutschen Armeen (1,082 Mill. gegenüber 900.000 Mann). Zudem hob der Übergang zur Offensive ihre Kampfmoral. Hingegen hatten nach dem wochenlangen, verlustreichen und kräftezehrenden Vormarsch viele deutsche Verbände und Truppenteile nur eine geringe Gefechtsstärke. Reserven fehlten, und der Nachschub stockte. In den schweren und wechselvollen frontalen Kämpfen scheiterten die deutschen Infanterieangriffe hauptsächlich am Feuer der überlegenen französischen Feldartillerie. Zum Schutz gegen das Artillerie- und MG-Feuer gruben sich die Truppen ein.

Joffres Plan aber, die deutsche Front von Verdun und Paris her zu umfassen, scheiterte schon am 6./7. 9. Die Entscheidung fiel auf dem deutschen rechten Flügel. Durch den Rückzug der 1. Armee entstand zur 2. Armee eine fast 50 km breite Lücke, in die 18 britische und französische Infanterie- und Kavalleriedivisionen langsam eindrangen (ab 8. 9.). Seit dem 9. 9. überschritten sie die Marne und bedrohten damit den Rücken der 1. und die rechte Flanke der 2. Armee. Diese Gefahr konnten auch die taktischen Siege der 1. Armee am Ourcq und der 3. Armee im Zentrum nicht beseitigen. Am 9. 9. befahl das Oberkommando der 2. Armee im Einvernehmen mit dem Vertreter der OHL, Oberstleutnant Hentsch, den Rückzug hinter die Marne. Damit wurde der Rückzug auch der 1. Armee unumgänglich. Die 3. Armee ging seit dem 10. 9. zurück, die 4. und 5. Armee folgten seit dem 11. 9.

Der bis zu 100 km tiefe und teilweise sehr schwierige Rückzug, bei dem rund 40.000 Mann und 200 Geschütze verloren gingen, überraschte den gleichfalls erschöpften Gegner, so dass er anfangs nur langsam folgte. Daraus vor allem entstand die Legende vom „Wunder an der Marne".

Hinter der Aisne und Vesle schlugen die deutschen Truppen am 13./14. 9. französisch-britische Angriffe ab. Die Lücke zwischen der 1. und 2. Armee konnte erst an diesen beiden Tagen durch die neue 7. Armee geschlossen werden. Die deutschen Gesamtverluste in der Schlacht an der Marne wurden auf 135.000-150.000

In der Schlacht am Yeser-Kanal bei der belgischen Stadt Ypern kam es im Herbst 1914 zu heftigen Kämpfen zwischen englischen und deutschen Truppen. Als die Engländer bereits über den Fluss zurückgeworfen waren und ihre Einschließung drohte, öffneten die Belgier die Schleusen des Yeser-Kanals und setzten das Gelände weitgehend unter Wasser, so dass die Deutschen zurückweichen mussten und Ypern nicht einnehmen konnten.

„Der Sieger im Osten: Generaloberst von Hindenburg, der glorreiche Führer des Heeres, das die in Ostpreußen eingedrungenen russischen Armeen vernichtete." Originalunterschrift einer zeitgenössischen Publikation nach der Schlacht von Tannenberg.

Mann geschätzt. In Lothringen waren alle Versuche der deutschen 6. und 7. Armee gescheitert, die französische Festungsfront Nancy – Epinal zu durchbrechen. Am 9. 9. ließ hier die OHL die Angriffe einstellen und nahm die Truppen bis zum 15. 9. an die Landesgrenze zurück. Die deutsche Kriegsführung hatte eine Niederlage von strategischer Bedeutung erlitten. Die Planung der Mittelmächte für den Zweifrontenkrieg war zusammengebrochen. Die Hauptursachen dafür lagen in der Unmöglichkeit, bei dem bestehenden Kräfteverhältnis und dem Stand der Militärtechnik die gegnerischen Hauptkräfte in einer riesigen Umgehungs- und Umfassungsoperation zu vernichten. Hinzu kamen schwerwiegende Mängel in der Führung und in den nachrichtentechnischen Verbindungen. Die Schlacht an der Marne, so die ungenaue Bezeichnung der Kampfhandlungen zwischen Paris und Verdun, wurde zum ersten und entscheidenden Wendepunkt im Kriegsverlauf. Ihre Auswirkungen verstärkten sich noch durch den zeitlichen Zusammenfall mit der strategischen Niederlage des österreichisch-ungarischen Heeres in Galizien. Am 14. 9. 1914 wurde der Chef des Generalstabes des Feldheeres, Generaloberst Helmuth von Moltke (1848-1916), abgelöst.

Tannenberg

Im Rahmen des Zweifrontenkrieges hatte die deutsche 8. Armee in Ostpreußen zu Beginn des Krieges die Aufgabe, die Offensive der zahlenmäßig überlegenen russischen Nordwestfront abzuwehren und möglichst viele Kräfte des Gegners zu binden. Ziel der russischen Offensive war es, die 8. Armee zu vernichten, Ostpreußen zu besetzen und dann weiter nach Westen vorzustoßen. Auf französisches Drängen hin begann die Nordwestfront den Vormarsch früher als geplant und nicht in voller Stärke: ab 17. 8. mit der 1. (Njemen-)Armee nördlich und ab 20. 8. mit der 2. (Narew-)Armee südwestlich der Masurischen Seen. In der Schlacht bei Gumbinnen (19./20. 8.) fügte die Njemen-Armee den deutschen Truppen eine Niederlage zu. Überstürzt befahl daraufhin der Oberbefehlshaber der 8. Armee, Generaloberst Maximilian von Prittwitz und Gaffron, den Rückzug hinter die Weichsel. Die Zivilbevölkerung sollte fliehen. Da aber die Njemen-Armee stehen blieb und die Narew-Armee nur langsam vorrücken konnte, wurde der Rückzug aufgegeben und ein Angriff auf die Narew-Armee geplant. Am 22. 8. hatte jedoch die OHL angesichts der kritischen Situation beschlossen, den zögernden Prittwitz abzulösen. An seine Stelle trat der reaktivierte Generaloberst Paul von Beneckendorff und von Hindenburg. Stabschef wurde Generalmajor Erich Ludendorff, der die Operationen leiten sollte. Außerdem ordnete die OHL am 25. 8. an, die 8. Armee durch 5 Divisionen von der Westfront zu verstärken, die aber erst Anfang September eintreffen konnten. Der 8. Armee drohte vor allem die Gefahr, durch die Narew-Armee von ihren rückwärtigen Verbindungen abgeschnitten zu werden. Auch Hindenburg und Ludendorff planten deshalb, die Narew-Armee anzugreifen, ehe die Njemen-Armee herankam. Durch Funkaufklärung kannten sie die Absichten des Gegners und waren gewillt, die Trennung der russischen Armeen, die fehlerhafte Lagebeurteilung seitens der russischen Führung und andere Widersprüche mit äußerstem Risiko auszunutzen. Gegen die Njemen-Armee blieben nur schwache Sicherungen stehen. Alle verfügbaren Kräfte und Kampfmittel (153.000 Mann, 728 Geschütze und 296 MGs) wurden in kurzer Zeit gegen die Narew-Armee (191.000 Mann, 612 Geschütze und 384 MGs) konzentriert, die auf der Linie Bischofsburg – Usdau vorrückte. Die Schlacht entbrannte am 26. 8. Mit dem Durchbruch der deutschen Truppen auf Usdau am 27. 8. und ihrem weiteren Vorstoß auf Neidenburg konnten starke russische Kräfte von ihren rückwärtigen Verbindungen abgeschnitten werden. Der Erfolg des deutschen linken Flügels am 28. 8. führte zur Entscheidung der Schlacht. Da die Njemen-Armee fast untätig blieb, gelang es, die Masse der Narew-Armee bei Neidenburg einzuschließen und ihr eine schwere Niederlage beizubringen. Sie verlor insgesamt 120.000 Mann und den Großteil ihrer schweren Waffen; ihre restlichen Kräfte wichen hinter die Grenze zurück. Die deutschen Verluste betrugen 12.000 Mann. Anfang September wurde die Njemen-Armee in der Schlacht an den Masurischen Seen besiegt. Die Schlacht bei Tannenberg, deutscherseits als modernes Cannae gepriesen, blieb die einzige Schlacht des Ersten Weltkrieges, in der es gelang, die generischen Hauptkräfte durch Umfassung und Einschließung zu vernichten.

August Macke

* Meschede, 3. Januar 1887
† Perthes-les-Hurlus (Champagne), 26. September 1914

Der lebensfrohe Rheinländer Macke war ein Naturtalent. Unbefangen, in heiterer Ursprünglichkeit zauberte er seine farbigen Einfälle auf die Leinwand: das Leben auf der Straße, Caféhäuser, promenierende Damen und Liebespaare auf Parkwegen. Selbst ein so einfaches, bei ihm immer wiederkehrendes Motiv wie ein Schaufenster vermochte er durch seine leuchtenden Farben in ein Märchen zu verwandeln. Er studierte in Düsseldorf, Berlin und Paris, bis er 1910 in München im Freundeskreis um Marc und den Blauen Reiter seine wahre Bestimmung fand. Mit Klee und dem Schweizer Maler Louis Moillet machte Macke im Frühjahr 1914 eine Reise nach Kaiman in Tunesien. Sie wurde ihm zum nachhaltigen Erlebnis. Dort entstanden seine nordafrikanischen Aquarelle, Bilder von einer orientalisch glühenden Farbenpracht. Wenige Monate später fiel der Künstler als Soldat in der Champagne. Marc schrieb über ihn: „Er hat von uns allen der Farbe den hellsten und reinsten Klang gegeben, so klar und hell, wie sein ganzes Leben war."

August Macke, Haus im Garten, um 1910/14

1915

JANUAR

10.1. In einer Note an die USA betont die britische Regierung, an der Handelsblockade der Mittelmächte festhalten zu wollen.

18.-24.1. „Reichswollwoche“: Sammlung von warmer Unterkleidung für die deutschen Truppen.

19.1. Drei deutsche Marineluftschiffe greifen erstmals die britische Ostküste an.

24.1. Bei einem Seegefecht an der Doggerbank zwischen deutschen und britischen Schlachtkreuzern wird der Panzerkreuzer „Blücher“ versenkt.

25.1. Der Deutsche Bundesrat rät zu sparsamem Nahrungsmittelverbrauch.

FEBRUAR

1.2. Reichskanzler Theobald von Bethmann Hollweg gibt seine Zustimmung zum Einsatz von U-Booten im Handelskrieg.
Die Finanzminister der Alliierten einigen sich in Paris auf gemeinsame Maßnahmen zur Kriegsfinanzierung. Russland werden zusätzliche Kredite versprochen.

3.2. In Sarajevo werden drei der am Attentat auf den österreichungarischen Thronfolger Erzherzog Franz Ferdinand beteiligten Personen hingerichtet. Der Todesschütze, Gavrilo Princip, wird wegen seines jugendlichen Alters nicht zum Tode verurteilt.

4.-22.2. Winterschlacht in Masuren: Die geschlagenen russischen Truppen räumen bis Ende Februar ganz Ostpreußen.

12.2. Nachdem Deutschland das Seegebiet um die Britischen Inseln zum Kriegsgebiet erklärt hat, warnen die USA vor Angriffen auf amerikanische und neutrale Schiffe.

13.2. Der Bundesrat beschließt die Beschlagnahme der Hafervorräte.

16.2. Mit einem erfolglosen Durchbruchsversuch französischer Truppen beginnt die verlustreiche Schlacht in der Champagne, bei der die französische Offensive stecken bleibt.

18.2. Verschärfung der britischen Blockade gegen neutrale Schiffe.

22.2. Beginn des U-Boot-Kriegs gegen Handelsschiffe als Vergeltung gegen die britische Blockade der deutschen Seehäfen.

25.2. Der Bundesrat beschließt die Einschränkung des Autoverkehrs, um Rohstoffe zu sparen.

MÄRZ

4.3. Russland erklärt die Annexion von Konstantinopel (heute: Istanbul) und die Kontrolle der Dardanellen als Kriegsziel.

10.3. Erste Petition der sechs Wirtschaftsverbände an Reichskanzler Bethmann Hollweg fordert weitreichende Kriegsziele.

18.3. Durchbruchsversuch britisch-französischer Seestreitkräfte durch die Dardanellen scheitert unter erheblichen Verlusten.

20.3. Karl Liebknecht und Otto Rühle, Abgeordnete der Sozialdemokratischen Partei Deutschlands (SPD), stimmen im Reichstag gegen weitere Kriegskredite. Zudem bleiben 30 sozialdemokratische Abgeordnete der Abstimmung fern.

26.-28.3. Die Internationale Sozialistische Frauenkonferenz in Bern fordert zum Massenprotest aller Arbeiterfrauen gegen den Krieg auf.

APRIL

1.4. Walther Rathenau tritt als Leiter der Kriegsrohstoffabteilung des Kriegsministeriums zurück.

20.4. Der britische Schatzkanzler David Lloyd George kritisiert die unzureichende Munitionsproduktion.

22.4. Beginn der zweiten Ypern-Schlacht: Deutsche Truppen verwenden erstmals Giftgas.

25.4. Britische und französische Truppen landen auf der Halbinsel Gallipoli, um den alliierten Truppen den Weg nach Konstantinopel zu öffnen. Der Durchbruch gelingt jedoch nicht.

26.4. „Londoner Geheimvertrag“ der Entente mit Italien, das den Kriegseintritt gegen Zusicherung von erheblichen Territorialgewinnen zusagt (Südtirol, Istrien, große Teile Dalmatiens sowie das Protektorat über Albanien).

MAI

1.-3.5. Durchbruchsschlacht deutscher und österreich-ungarischer Truppen unter August von Mackensen in den Karpaten leitet eine bis September dauernde Offensive mit großem Geländegewinn ein.

5.5. Der Alldeutsche Verband fordert in einer Kriegszieleingabe die Annexion des Baltikums.

7.5. Die Versenkung des britischen Passagierschiffes „Lusitania“ durch ein deutsches U-Boot fordert 1.200 Tote (darunter 139 Amerikaner).

12.5. Deutsche Industrielle unter Führung des Krupp-Direktors Alfred Hugenberg fordern weitreichende Annexionen im Osten und Westen.

13.5. Die US-Regierung verlangt in einer Protestnote die Einstellung des U-Boot-Kriegs.

23.5. Italienische Kriegserklärung an Österreich-Ungarn.

26.5. Mit einer Kabinettsumbildung formiert Herbert H. Asquith eine nationale Regierung, in der

„Feldgrauer mit Gasmaske beim Sturm“ Skizzenblatt für die „Gartenlaube“ von Georg Schöbel.

mit Arthur Henderson erstmals ein Sozialist zum Minister ernannt wird. Winston Churchill wird wegen der gescheiterten Dardanellenoffensive als Erster Lordadmiral abgelöst.

JUNI

5.6. Kaiser Wilhelm II. ordnet in einem Geheimbefehl die Einschränkung des U-Boot-Kriegs an.
9.6. Etwa 1.000 SPD- und Gewerkschaftsfunktionäre fordern die Parteiführung auf, sie solle die sofortige Beendigung des Kriegs verlangen.
Der amerikanische Außenminister William Bryan erklärt seinen Rücktritt, weil er die zweite „Lusitania"-Protestnote gegen Deutschland als zu scharf ablehnt.
19.6. Die SPD-Politiker Karl Kautsky, Eduard Bernstein und Hugo Haase fordern ihre Partei auf, den „Burgfrieden" aufzukündigen.
20.6. Denkschrift von Hochschullehrern, Beamten und Künstlern mit weitreichenden Kriegszielen.
Tod des Industriellen Emil Rathenau in Berlin.
22.6. Österreichische Truppen erobern Lemberg (heute: Lwiw, Ukraine) zurück.
25.6. In einer Eingabe des Partei- und Fraktionsvorstands der SPD wird mit dem Hinweis auf den Wirtschaftsaufschwung des Deutschen Reichs in seinen bisherigen Grenzen der Verzicht von Annexionen gefordert.

JULI

1.7. Ostoffensive der Mittelmächte in Polen beginnt mit großem Erfolg.
7.7. In Calais beschließt der alliierte Kriegsrat, zur Entlastung der russischen Front mehrere Offensiven in Frankreich und Italien zu eröffnen.
9.7. Sogenannte Intellektuelleneingabe mit 141 Unterschriften namhafter Persönlichkeiten, unter ihnen Albert Einstein, Max Weber, Ludwig Quidde und Gustav Schmoller, verwirft die „Einverleibung oder Angliederung politisch selbständiger und an Selbständigkeit gewöhnter Völker", lässt aber offen, welche Gebiete damit gemeint sind.
9.7. Kapitulation der deutschen Schutztruppen in Deutsch-Südwestafrika.
18.-28.7. In der zweiten Isonzo-Schlacht versuchen italienische Truppen vergeblich, nach Triest durchzubrechen.
23.7. Verordnung gegen Preiswucher bei Lebensmitteln. Im Vergleich zum Vorjahr haben sich die Preise verdoppelt.

AUGUST

4.8. Der französische Präsident Raymond Poincaré betont die Entschlossenheit, den Krieg bis zum Sieg fortzuführen.
5.8. Warschau wird von der deutschen 9. Armee besetzt.
19.8. In einer kämpferischen Rede verkündet Reichskanzler Bethmann Hollweg Siegeszuversicht und weitgehende Kriegsziele. Die Rede wird von den bürgerlichen Parteien mit großer Begeisterung aufgenommen.
Bei der Versenkung des englischen Passagierdampfers „Arabic" durch deutsche U-Boote sind zwei Amerikaner unter den Opfern.
20.8. Der Reichstag verabschiedet einen neuen Kriegskredit von 10 Milliarden Reichsmark.
Tod des Mediziners Paul Ehrlich in Bad Homburg.
25.8. Die Militärverwaltung Ober-Ost unter Paul von Hindenburg und Erich Ludendorff setzt einen Generalgouverneur für das unter deutscher Verwaltung stehende nördliche Kongresspolen ein.
Besetzung von Brest-Litowsk durch die Truppen der Mittelmächte.

SEPTEMBER

1.9. Gründung des „Deutschen Künstlerhilfsbundes" zur Unterstützung heimkehrender Künstler.
5.- 8.9. Internationale Sozialistenkonferenz in Zimmerwald (Schweiz), bei der sich die Delegierten gegen die „Burgfriedenspolitik" der sozialdemokratischen Parteien in den kriegführenden Ländern wenden.
5.9. Zar Nikolaus II. übernimmt den Oberbefehl über die gesamte russische Armee.
6.9. Freundschafts- und Bündnisvertrag der Mittelmächte mit Bulgarien, das sich zum Kriegseintritt gegen Serbien verpflichtet.
18.9. Einschränkung des U-Boot-Handelskriegs als Antwort auf den drohenden Kriegseintritt der Vereinigten Staaten.
22.9.-6.11. Französische Offensive in der Champagne mit massivem Materialeinsatz scheitert.
27.9. Generalversammlung des Allgemeinen Deutschen Frauenvereins in Leipzig steht im Zeichen der Kriegsunterstützung.
29.9. US-Präsident Woodrow Wilson stimmt umfangreichen Krediten an Frankreich und Großbritannien zu.

OKTOBER

2.10. Der Parteivorstand der SPD distanziert sich von den Beschlüssen der Internationalen Sozialistenkonferenz.
5.10. Zur Unterstützung Serbiens landen alliierte Truppen im neutralen Griechenland.
6.10. Beginn der Offensive deutscher und österreich-ungarischer Truppen gegen Serbien.
9.10. Eroberung von Belgrad durch die Mittelmächte.
14.10. Kriegseintritt Bulgariens aufseiten der Mittelmächte in der Hoffnung, Mazedonien zu gewinnen.
15.10. Die USA beschließen eine Aufstockung ihrer Armee um 100.000 Mann und die Verstärkung der Flotte.
15.-20.10. Kriegserklärung der Alliierten an Bulgarien.
20.10. Uraufführung der Tondichtung „Eine Alpensymphonie" von Richard Strauss in Dresden.

NOVEMBER

4.11. Um Wucher und Überteuerung zu beenden, beschließt der Bundesrat Höchstpreise sowie ein Verkaufsverbot von Milch und Fleisch an Dienstagen und Freitagen.
8.11. Der italienische Dampfer „Ancona" wird von einem österreich-ungarischen U-Boot versenkt, 208 Passagiere sterben.
10.11. Einführung von Höchstpreisen für Gemüse, Obst und Honig.
15.11. In Berlin werden erstmals Bezugskarten für Milch ausgegeben.
24.11. Eroberung Serbiens abgeschlossen. Rückzug der serbischen Armee nach Albanien, von dort über Korfu nach Saloniki.
30.11. Italien tritt dem Londoner Vertrag bei und verpflichtet sich, keinen Separatfrieden zu schließen.

DEZEMBER

1.12. Die SPD-Fraktion beschließt, Reichskanzler Bethmann Hollweg in einer offiziellen Anfrage um die Bekanntgabe der deutschen Voraussetzungen für die Aufnahme von Friedensverhandlungen zu bitten.
3.12. General Joseph Joffre übernimmt den Oberbefehl über die gesamte französische Armee.
6.-8.12. Auf der Chantilly-Konferenz vereinbaren die Alliierten, mit gleichzeitigen Offensiven an allen Fronten die Kriegsentscheidung zu erzwingen.
9.12. Die bürgerlichen Parteien lehnen die von der SPD geforderte Aufnahme von Friedensverhandlungen ab.
12.12. Jungfernflug des von Hugo Junkers entwickelten ersten Ganzmetallflugzeugs „Junkers J1".
18.12. Gründung der „Genossenschaft zur Verwertung musikalischer Aufführungsrechte" (GEMA).
20.12. Haase legt sein Amt als Vorsitzender der SPD-Reichstagsfraktion nieder, da er die erneute Bewilligung von Kriegskrediten ablehnt.
21.12. Im Reichstag stimmen 20 SPD-Abgeordnete gegen die Kriegskredite, 22 bleiben der Abstimmung fern.

AUSSERDEM

Alfred Döblin: Die drei Sprünge des Wang-Lun (Roman)
Franz Werfel: Nicht der Mörder, der Ermordete ist schuldig (Novelle, erschienen 1920)

Im Westen wurde Kampfgas auf beiden Seiten verwendet. Besonders scheußlich war das Dichloräthylsulfid, genannt Gelbkreuz, das sogar Uniform-Stücke durchfraß und sich manchmal tagelang im Gelände hielt.

Gaskrieg

Artilleriemunition, deren Sprengladung Nasen- oder Augenreizstoffe beigemischt waren, wurde erstmals von Deutschen Ende Oktober 1914 verschossen. Der Einsatz reizerregender Kampfstoffe (z.B. Bromessigester oder Xylylbromid) von deutscher sowie französischer Seite erwies sich als militärisch wirkungslos, bahnte aber die Eskalation des Gaskrieges an. Im Dezember 1914 empfahl der Chemiker Fritz Haber (1868-1934), Leiter des Kaiser-Wilhelm-Instituts für Physikalische Chemie und Elektrochemie in Berlin, das Abblasen des in Deutschland schnell und billig herzustellenden Chlors aus Stahlflaschen. Unter wissenschaftlicher Beratung Habers, ab Ende 1914 Leiter der chemischen Abteilung im preußischen Kriegsministerium, wurde der erste militärische Großeinsatz von Kampfstoffen vorbereitet. Aus Pionierformationen bildete die OHL spezielle Gasregimenter. Am 22. 4. 1915 ließ sie bei Ypern auf einer Frontbreite von etwa 6 km aus insgesamt 5.730 Stahlflaschen 180.111 kg verflüssigtes Chlor gegen britische Stellungen abblasen. Die Verluste des unvorbereiteten Gegners betrugen schätzungsweise 6.000 Geschädigte, darunter 3.000 tödlich Vergiftete. Mit dem Masseneinsatz des lungenschädigenden Chlors leitete die deutsche Kriegführung eine qualitativ neue Phase des Gaskrieges ein. Von April 1915 bis September 1917 führten die deutschen Truppen an verschiedenen Fronten insgesamt etwa 50 Blasangriffe durch. Chlor blieb wegen seiner physikalischen Eigenschaften (2,5-mal schwerer als Luft) und seiner billigen Herstellung der hauptsächliche Kampfstoff des Blasangriffs. Die Wirksamkeit erhöhte sich durch Beimischen des lungenschädigenden Phosgens (25-75%), ebenso durch wellenweises Abblasen über längere Dauer, was den Maskenfilter erschöpfte. Die Blasangriffe, die während der Schlacht an der Somme 1916 ihren Höhepunkt erreichten, verloren jedoch allmählich an Bedeutung, weil sie sehr wetterabhängig waren, umständliche Vorarbeiten erforderten und zudem die eigenen Truppen gefährdeten. Die letzten deutschen Blasangriffe erfolgten an der Westfront im Sommer 1917, an der Ostfont im Winter 1917/18.

Ab 1916 wurde das Blasverfahren durch den artilleristischen Einsatz von Kampfstoffen (Gasschießen) verdrängt. Dabei erfuhr der Gaskrieg eine erneute Eskalation, als im Februar 1916 französische Truppen bei Verdun erstmals

Der britische Passagierdampfer „Lusitania" wurde am 7. Mai 1915 von einem deutsche U-Boot vor der irischen Südküste torpediert. Das Schiff sank innerhalb von 18 Minuten; 1198 Menschen ertranken, darunter mindestens 118 amerikanische Staatsangehörige. Die britische Blockade gegen Deutschland war am 5. Februar 1915 mit dem uneingeschränkten U-Boot-Krieg beantwortet worden – die britischen Gewässer waren zum Kriegsgebiet erklärt worden –, den in ihnen kreuzenden Handelsschiffen wurde die warnungslose Versenkung angedroht. Die USA beharrten darauf, dass amerikanische Bürger unbehindert nach England reisen dürften. Die amerikanischen Proteste an die deutsche Regierung wegen der Versenkung der „Lusitania" führten schließlich zu einer Einschränkung des U-Boot-Krieges.

Granaten verschossen, die nur mit Kampfstoff (Phosgen) gefüllt waren. Die deutsche Seite setzte seit Mai 1916 das noch wirksamere Diphosgen („Grünkreuz"-Kampfstoff) ein. Die Lungengifte Phosgen und Diphosgen verursachten während des Krieges etwa 80% aller tödlichen Vergiftungen.
Zum Haupteinsatzmittel wurde die Artillerie. Ihr Anteil am Verbrauch der Kampfstoffe stieg von 48% (1915) auf 98% (1918). Im deutschen Heer machten Kampfstoffgranaten verschiedener Kaliber und Füllungen 6,4% aller verschossenen Artilleriemunition aus.
Die Entwicklung einer wirksamen chemischen Abwehr (Gasmasken, Sauerstoffschutzgeräte, Gaswarnsystem, u.a.m.) bis Ende 1916 verstärkte wiederum das Suchen nach neuen Kampfstoffen und Anwendungsmethoden.
Das Bestreben nach schlagartigem Einsatz großer Kampfstoffmengen (zwecks Herstellung einer hohen Gefechtskonzentration in kurzer Zeit) führte zur Konstruktion spezieller Gaswerfer. Der erste Gaswerfereinsatz erfolgte durch britische Truppen im April 1917 bei Arras. Im deutschen Heer wurden seit Juni 1917 ebenfalls Gaswerfer verwandt und insgesamt 9 Gaswerferbataillone mit je 1.000 Rohren gebildet. Die Deutschen erzielten seit Sommer 1917 vor allem durch den Einsatz neuartiger Kampfstoffe einige Vorteile im Gaskrieg. Am 13. 7. 1917 setzte die OHL bei Ypern erstmals Lost („Gelbkreuz"-Kampfstoff) ein, eine flüssige Verbindung stark hautschädigender Wirkung.
Der Einsatz dieses Geländekampfstoffes, von den Alliierten unter der Bezeichnung Yperit erst seit Juni 1918 angewandt, diente vor allem der Schaffung vergifteter Sperrzonen. Neuartig waren auch die am 10. 7. 1917 an der Yser von deutscher Seite erstmals eingesetzten „Blaukreuz"-Kampfstoffe. Durch Verschießen in Brisanzgranaten als Schwebestoffe (Aerosole) zur Wirkung gebracht, durchdrangen sie den Atemfilter und erzwangen durch unerträgliche Reizwirkung das Abnehmen der Schutzmaske. Der Einsatz dieser „Maskenbrecher" zusammen mit „Grünkreuz"-Munition führte bei den alliierten Truppen zu hohen Verlusten. Die von allen kriegführenden Mächten eingesetzte Kampfstoffmenge wird auf mehr als 115.000 t geschätzt. Insgesamt wurden durch Kampfstoffe mehr als 1 Mill. Menschen geschädigt und etwa 70.000 Menschen getötet.

Eingabe der SPD an den Reichskanzler

In Deutschland grassierte der Eroberungswahn, ungeachtet der keineswegs rosigen Lage an den Fronten dieses Ersten Weltkrieges. Nur wenige machten sich Gedanken über die politische Wirkung der arroganten Siegziele, wie sie von Wirtschaftsführern und Politikern immer wieder hinausposaunt wurden. Zu den wenigen gehörte die Sozialdemokratische Partei, die zwar einhellig hinter den militärischen Anstrengungen stand, die zur Verteidigung der deutschen Interessen nötig waren, die aber in einem Appell an den Reichskanzler von Bethmann Hollweg am 25. Juni 1915 vor Eroberungsbestrebungen warnte, wie sie nach dem Krieg von den Siegermächten Deutschland gegenüber angewandt wurden – mit dem von der SPD prophezeiten Ergebnis:
Angesichts der immer deutlicher hervortretenden Bestrebungen, dem Kriege den Charakter eines Eroberungskrieges zu geben, fühlen wir uns verpflichtet, an das zu erinnern, was wir in jener Sitzung zum Kriegsbeginn sagten: Wir wollen einen Frieden, der die Freundschaft mit den Nachbarvölkern ermöglicht. Dabei leitete uns in erster Linie das Interesse unseres eigenen Volkes; denn nur ein solcher Frieden trägt die Gewähr einer dauernden Sicherung für uns selbst in sich. Gerade der Gedanke, dass der Krieg zur Abwehr der Feinde und nicht zum Zwecke einer Eroberung geführt werde, hat die Opferfreudigkeit erweckt, die von aller Welt bewundert wird.
... Schon die Propagierung der Eroberungspläne peitscht die Gegner Deutschlands zur Fortführung des Kampfes auf und trägt in unheilvoller Weise zur Verlängerung des Krieges bei, wissen wir doch, dass die in den feindlichen Ländern verkündeten Eroberungspläne auch unsere Widerstandskraft bestärkten.
Jede gewaltsame Antastung der Selbständigkeit und Unabhängigkeit eines Volkes enthält den Keim neuer kriegerischer Verwicklungen, birgt in sich die Voraussetzungen für eine dem Deutschen Reiche gefährliche Koalition von Gegnern ...
Die Behauptung, dass das Deutsche Reich für seine wirtschaftliche Existenz Gebietserwerbungen im Osten und Westen brauche, wird durch den glänzenden wirtschaftlichen Aufschwung widerlegt, den wir innerhalb der bisherigen Reichsgrenzen erlebt haben ...
Jeder Versuch, Belgien zu vergewaltigen, in welcher Form es auch immer sei, würde die Auflösung der Koalition gegen uns, was doch ein Hauptziel sein muss, ganz unmöglich machen. Die Annexion Belgiens würde Deutschland isolieren, die Koalition gegen uns noch verschärfen und erweitern. Nicht noch mehr Feindschaften, sondern mehr Sympathien muss uns der Frieden bringen ...

Titelillustration des „Kriegsalbums der Radwelt 1915". Bei der Mobilmachung 1914 wurden bei jedem Jägerbataillon durchschnittlich 2 Radfahrerkompanien gebildet. Während des Krieges, in dem die Entwicklung der Radfahrtruppen ihren Höhepunkt erreichte, kamen beim deutschen Heer 36 Radfahrerkompanien, 1 bayerische Kavallerie-Radfahrer-Abteilung, 10 Reserve-Radfahrerkompanien und 17 Ersatz-Radfahrertrupps zum Einsatz.

1916

JANUAR

1.1. Gründungskonferenz der „Gruppe Internationale", einer Oppositionsgruppe innerhalb der Sozialdemokratischen Partei Deutschlands (SPD), unter Karl Liebknecht.
7.1. In Berlin wird die „Deutsche Kriegs-Ausstellung" eröffnet, in der Beutestücke von allen Fronten gezeigt werden.
13.1. Reichskanzler Theobald von Bethmann Hollweg kündigt bei der Eröffnung des Preußischen Landtages eine Reform des Dreiklassenwahlrechts für die Zeit nach dem Krieg an.
Liebknecht und Otto Rühle geben ihren Austritt aus der Reichstagsfraktion der SPD bekannt.
24.1. In Großbritannien wird die Wehrpflicht für alle ledigen Männer zwischen 18 und 41 Jahren eingeführt.
25.1. Das Königreich Montenegro kapituliert nach einer dreiwöchigen Offensive der österreichisch-ungarischen Armee.
27.1. Gründung des Spartakusbunds unter Liebknecht und Rosa Luxemburg in Berlin.

FEBRUAR

2.2. Zar Nikolaus II. ernennt Boris Stürmer zum neuen Ministerpräsidenten, nachdem dessen Vorgänger Iwan Goremykin sich mit den bürgerlichen Parteien überworfen hatte.
5.2. Hugo Ball eröffnet in Zürich das „Cabaret Voltaire". Beginn des Dadaismus.
21.2.-21.7. Mit massivem Materialeinsatz geführte Schlacht bei Verdun soll Frankreich „ausbluten" lassen. Erstmaliger Einsatz von deutschen Flugzeugen in geschlossenen Kampfgeschwadern.
25.2. General Henri Philippe Pétain übernimmt den Oberbefehl über die französischen Truppen bei Verdun.
29.2. Beginn des verschärften U-Boot-Kriegs: Mit Geschützen bestückte Handelsschiffe werden wie feindliche Kriegsschiffe behandelt.

MÄRZ

2.3. Ein geheimer Erlass des Kriegsministeriums sieht für preußische Schulen Wehrerziehung im Unterricht vor.
4.3. Tod des Malers Franz Marc (gefallen bei Verdun).
6.3. Großadmiral Alfred von Tirpitz und der Chef des Generalstabs, Erich von Falkenhayn, fordern den „uneingeschränkten U-Boot-Krieg": Kaiser Wilhelm II. entscheidet sich wegen des möglichen Kriegseintritts der USA dagegen.
9.3. Deutsche Kriegserklärung an Portugal aus Anlass der Beschlagnahme deutscher Schiffe.
12.3. Tod der Schriftstellerin Marie Freifrau von Ebner-Eschenbach in Wien.
15.3. Rücktritt von Tirpitz als Staatssekretär des Reichsmarineamtes. Sein Nachfolger wird Admiral Eduard von Capelle.
16.3. Im Preußischen Abgeordnetenhaus fordert der SPD-Abgeordnete Liebknecht die Verbrüderung von deutschen mit englischen und französischen Soldaten im Kampf gegen den Kapitalismus. Ihm wird das Wort entzogen.
24.3. Hugo Haase und weitere 18 oppositionelle Abgeordnete der SPD stimmen gegen den „Not-Etat" der Reichsregierung für die Monate April bis Juni. Haase tritt aus der SPD-Reichstagsfraktion aus und gründet die Sozialdemokratische Arbeitsgemeinschaft (SAG).
25.3. Haase tritt vom Parteivorsitz der SPD zurück. Alleiniger Parteiführer wird der 1913 mit Haase gemeinsam zum Vorsitzenden gewählte Friedrich Ebert.
28.3. An der Ententekonferenz in Paris zur Koordination der Kriegführung nehmen Vertreter aus Belgien, Frankreich, Großbritannien, Italien, Japan, Portugal, Russland und Serbien teil.

APRIL

10.4. Auf einem Kongress der französischen Sozialisten lehnt die Mehrheit eine Wiederaufnahme der Beziehungen zu den deutschen Sozialdemokraten ab.
20.4. Die USA drohen mit dem Abbruch der diplomatischen Beziehungen, falls Deutschland den U-Boot-Einsatz gegen Handelsschiffe fortsetzt.
29.4. Als Anerkennung der Kriegsleistungen der Firma Krupp verleiht Wilhelm II. Gustav Krupp von Bohlen und Halbach das Eiserne Kreuz I. Klasse.

MAI

1.5. Verhaftung Liebknechts auf einer von ihm organisierten Anti-Kriegs-Kundgebung auf dem Potsdamer Platz in Berlin.
4.5. Die Reichsregierung sichert den USA zu, zu den völkerrechtlichen Regeln des Seekriegs zurückzukehren, falls auch Großbritannien sich zur Einhaltung des Völkerrechts verpflichte („Hungerblockade").
17.5. Großbritannien weitet die allgemeine Wehrpflicht auch auf die verheirateten Männer zwischen 18 und 41 Jahren aus und baut damit die größte Armee seiner Geschichte auf.
19.5. Im „Sykes-Picot-Abkommen" verständigen sich Großbritannien und Frankreich über die Aufteilung des Osmanischen Reichs.
27.5. In einer Rede erklärt der amerikanische Präsident Woodrow Wilson seine Vorstellung von einer künftigen Weltfriedensordnung mit Selbstbestimmungsrecht für alle Völker.
31.5.-1.6. Die Seeschlacht vor dem Skagerrak zwischen der englischen und der deutschen Hochseeflotte gilt als deutscher Erfolg, erbringt aber keine Veränderung der strategischen Lage.
Tod des Schriftstellers Gorch Fock (gefallen in der Seeschlacht vor dem Skagerrak).

JUNI

1.6. In Galizien starten russische Truppen unter General Alexej A. Brussilow zur Entlastung der Alliierten in den Schlachten bei Verdun und an der Somme eine Großoffensive gegen Österreich. Sie erzielen tiefe Einbrüche.
3.6. Die USA beschließen eine Aufstockung ihrer Armee auf zunächst 175.000 und innerhalb von fünf Jahren auf 223.000 Mann.
6.6. Beginn des arabischen Aufstandes gegen die türkische Herrschaft.
12.6. Rücktritt des italienischen Ministerpräsidenten Antonio Salandra nach einer erfolgreichen Offensive Österreich-Ungarns. Nachfolger wird der 78jährige Paolo Boselli, der eine breite Mehrparteienregierung bildet.
18.6. Tod des ehemaligen Chefs des Generalstabs Helmuth von Moltke in Berlin.
Das „Fliegerass" Max Immelmann kommt bei einem Luftgefecht über Nordfrankreich ums Leben.
20.6. Tod des Schriftstellers Reinhard Johannes Sorge, der bei Ablaincourt an der Somme fällt.
24.6.-26.11. Schlacht an der Somme, in der die britisch-französischen Fliegerstreitkräfte schnell die Lufthoheit gewinnen.
28.6. Unter Verlust seines Reichstagsmandats wird Liebknecht wegen Hochverrats zu zweieinhalb Jahren Zuchthaus verurteilt. In der Berufungsinstanz wird die Strafe auf vier Jahre und einen Monat erhöht.
Massenstreiks in Berlin, Braunschweig und Bremen.

JULI

1.7. Im Deutschen Reich wird die Tabaksteuer angehoben. Zigaretten verteuern sich um 100 Prozent.
7.7. Der bisherige Munitionsminister David Lloyd George wird neuer britischer Kriegsminister.
10.7. Einrichtung der Großküche einer Berliner Markthalle, die 30.000 Menschen täglich mit warmem Essen versorgen kann.
11.7. Wegen pazifistischer Aufrufe zur Kriegsdienstverweigerung wird der britische Mathematiker und Philosoph Sir Bertrand Russell von seinem Lehrstuhl an der Universität Cambridge verwiesen.
14.7. Der französische Präsident Raymond Poincaré fordert die Rückgabe von Elsass-Lothringen als Vorbedingung für einen Waffenstillstand.

AUGUST

1.8. Die Post- und Telegraphengebühren werden im Deutschen Reich um bis zu 50 Prozent angehoben.
8.8. Im Verlauf der sechsten Isonzo-Schlacht erobern italienische Truppen die Stadt Görz und erzielen damit ihren ersten größeren Erfolg an dieser Front.
Tod der Frauenrechtlerin Lily Braun in Berlin.
12.8. Bethmann Hollweg und der österreich-ungarische Außenminister Stephan Freiherr Burián von Rajezc beschließen die Gründung eines polnischen Staates, der als „Puffer“ zwischen dem Deutschen Reich sowie Österreich-Ungarn und Russland dienen soll.
17.8. Die Alliierten sagen Rumänien den Erwerb von Siebenbürgen, der Bukowina und von Teilen des Banats zu.
27.8. Rumänische Kriegserklärung an Österreich-Ungarn. Danach Kriegserklärung der Mittelmächte an Rumänien.
28.8. Kriegserklärung Italiens an das Deutsche Reich.
29.8. Wegen der Lage an der Westfront und des Kriegseintritts Rumäniens wird Falkenhayn als Generalstabschef abgelöst. Die neue, 3. Oberste Heeresleitung (OHL) wird von Paul von Hindenburg und Erich Ludendorff gebildet.

SEPTEMBER

14.9. Die Münchener Secession eröffnet zu Ehren des am 4. März 1916 gefallenen Malers Franz Marc eine Sonderausstellung.
15.9. Erster Einsatz britischer Tanks (Panzer) an der Somme-Front.
16.9. Beginn der zweiten Brussilow-Offensive zwischen Karpaten und Wolhynien. Sie dauert bis Oktober und wird abgewehrt.
19.9. Der französische Ministerpräsident Aristide Briand erklärt im Abgeordnetenhaus unter begeisterter Zustimmung seiner Zuhörer, dass jegliche Verhandlung mit Deutschland „entwürdigend und ehrlos“ sei.
20.9. Die erste Ausgabe der „Spartacus-Briefe“ mit Artikeln gegen den Krieg erscheint illegal in Berlin.
26.-29.9. Die Rumänen werden in der Schlacht bei Hermannstadt entscheidend geschlagen.
28.9. Der britische Kriegsminister Lloyd George betont in einem Interview den Willen Großbritanniens zur Fortsetzung des Krieges bis zur deutschen Niederlage („knock-out“).

OKTOBER

2.10. Einführung der Reichsfleischkarte (250 g pro Woche) im Deutschen Reich.
4.10. Uraufführung der Oper „Ariadne auf Naxos“ von Richard Strauss in Wien.
11.10. Das preußische Kriegsministerium ordnet an, alle im Heer dienenden und sämtliche ausgemusterten Juden zu erfassen („Judenzählung“). Vorausgegangen waren Vorwürfe der rechten völkischen Verbände gegen die Kriegsdienstbereitschaft von Juden.
14.10. Eine neue Verordnung für die Kartoffelversorgung tritt in Kraft (750 g pro Tag).
24.10.-16.12. Französische Angriffe führen zur Rückeroberung der verlorenen Festungswerke bei Verdun.
25.10. Der Zentralverband deutscher Industrieller (ZdI), der Bund der Industriellen (BdI) und der Verein zur Wahrung der Interessen der chemischen Industrie bilden den „Deutschen Industrierat“.
26.10. Angesichts der Engpässe in der Kartoffelversorgung legt das Kriegsernährungsamt Erzeuger-Höchstpreise für Rüben und Möhren fest.
28.10. Tod des „Fliegerasses“ Oswald Boelcke bei einem Luftgefecht über Nordfrankreich.
30.10. In Petrograd (heute: St. Petersburg) finden die ersten politischen Streiks während des Kriegs statt.

NOVEMBER

5.11. Deutschland und Österreich proklamieren ein selbständiges Königreich Polen.

„Die Hölle von Verdun“. Das französische Gemälde veranschaulicht, warum – ausgerechnet – das Wasser für die Soldaten „die Hölle“ war. Eine Schützenzeitung schrieb: „Das einfache Wort »Regen«, das für den Zivilisten mit einem Dach über dem Kopf so gut wie nichts bedeutet, dieses Wort beinhaltet für den Soldaten im Feld den Tod im Schlamm, das pure Entsetzen“.

7.11. Wilson wird mit knapper Mehrheit erneut zum Präsidenten der USA gewählt.
21.11. Tod des österreichischen Kaisers Franz Joseph I. in Wien. Sein Nachfolger Karl I. strebt einen Sonderfrieden für Österreich-Ungarn an.
28.11. Einstellung der Kämpfe an der Somme ohne strategisch bedeutsame Durchbrüche.

DEZEMBER

2.12. Gegen die Stimmen der vereinigten SPD-Opposition (SAG) beschließt der Reichstag das „Vaterländische Hilfsdienstgesetz“: Jeder männliche Deutsche zwischen 17 und 60 Jahren kann zum Hilfsdienst in der Kriegswirtschaft und an anderen kriegswichtigen Stellen eingezogen werden.
3.12. Nach dem Scheitern der Somme-Offensive wird General Joseph Joffre durch General Georges Robert Nivelle als Generalissimus ersetzt.
4.12. Alle im Deutschen Reich vorhandenen Kohlrüben werden zur Sicherung der Volksernährung beschlagnahmt („Kohlrübenwinter“).
5.12. Rücktritt des britischen Ministerpräsidenten Herbert H. Asquith nach Auseinandersetzungen über die weitere Kriegführung. Sein Nachfolger wird der bisherige Kriegsminister Lloyd George.
12.12. Angebot der Mittelmächte, Verhandlungen über die Beendigung des Kriegs einzuleiten.
18.12. Friedensnote von US-Präsident Wilson, in der er die kriegführenden Staaten zur konkreten Benennung von Bedingungen für Friedensverhandlungen aufruft.
26.12. Als Antwort auf Wilsons Friedensnote regt die deutsche Regierung ein Treffen von Delegationen der kriegführenden Staaten an.
30.12. Die Alliierten lehnen das Friedensangebot der Mittelmächte ab.

AUSSERDEM

Martin Buber: Vom Geist des Judentums (Religionsphilosophische Abhandlung)
Georg Kaiser: Von Morgen bis Mitternachts (Schauspiel)

Die Hölle von Verdun

Ende 1915 beschloss die Oberste Heeresleitung (OHL), 1916 die Kriegsentscheidung im Westen herbeizuführen, wobei der Chef des Generalstabes des Feldheeres, General Erich von Falkenhayn (1861-1922), glaubte, mit relativ geringen Kräften, aber gewaltigem Artillerieeinsatz dem französischen Heer bei Verdun eine vernichtende Niederlage bereiten zu können. Er nahm an, das französische Oberkommando würde versuchen, Verdun als den nördlichen Eckpfeiler der französischen Festungsfront um jeden Preis zu halten und dafür immer neue Kräfte einsetzen. Auf diese Weise sollte das französische Feldheer nach und nach auf Verdun gezogen und dort ausgeblutet werden. Außerdem spekulierte Falkenhayn darauf, die neuaufgestellten britischen Armeen zu einer verfrühten Entlastungsoffensive zu veranlassen und danach entscheidend schlagen zu können. Zugleich sollte der uneingeschränkte U-Boot-Krieg die britische Wirtschaft abschnüren und dazu beitragen, den Hauptgegner Großbritannien zum Frieden zu zwingen. Die Offensive (Deckname „Gericht") wurde vom Oberkommando der 5. Armee vorbereitet und geleitet, das im Gegensatz zu Falkenhayn eine rasche Eroberung Verduns durch Angriffe auf beiden Maas-Ufern plante. Falkenhayn begrenzte jedoch die Offensive auf das östliche Maas-Ufer. Vorgesehen waren dafür 10 Divisionen. In der Hauptrichtung (Nordabschnitt mit Fort Douaumont), dem stärksten Abschnitt des Festungsbereichs, konzentrierte sich das AOK 5 auf 13 km Breite, 6,5 Divisionen und 858 Geschütze, davon 576 schwere und schwerste. Die maximale Artilleriedichte betrug 160 Rohre je Frontkilometer. Außerdem verfügte die 5. Armee über 202 Minenwerfer und starke Fliegerkräfte (168 Flugzeuge, mehrere Luftschiffe und zahlreiche Fesselballons). 2,5 Mill. Granaten wurden bereitgelegt, darunter ein großer Teil Gasgranaten. Das deutsche Angriffsverfahren gründete sich vor allem auf eine kürzere, massierte Artillerievorbereitung, um den Gegner zu überraschen. Zur Verstärkung des Infanterieangriffs wurden Flammenwerfer und besondere Handgranatentrupps eingesetzt. Auf französischer Seite standen anfangs nur 3 Divisionen und 263 Geschütze. Die Stärke Verduns lag in der Kombination von ständigen Befestigungsanlagen (Forts) und Feldbefestigungen, die dem hügeligen und auf dem Ostufer schluchten- und waldreichem Gelände angepasst waren. Die ständigen Befestigungen waren jedoch weitgehend desarmiert, die vorgelagerten 3 Feldstellungen unfertig. Schlechtes Wetter zwang dazu, den Angriffstermin mehrfach zu verschieben, so dass der Gegner seine Verteidigung verstärken konnte und die Überraschung teilweise verloren ging.

Mit der Offensive ergriff zunächst das deutsche Heer die strategische Initiative und störte erheblich die französisch-britischen Vorbereitungen für die Angriffsoperation an der Somme 1916.

Die Offensive begann am 21.2.1916 mit einer 8-stündigen, zeitweise zum Trommelfeuer gesteigerten Artillerievorbereitung von bis dahin unerreichter Stärke und erzielte beträchtliche Anfangserfolge. Mit der Einnahme des Forts Douaumont durch deutsche Truppen (25. 2.) erreichte die Krise auf französischer Seite ihren Höhepunkt. Doch die deutsche Angriffskraft war vorerst erschöpft, während sich die französische Verteidigung durch Reserven stabilisierte. Das französische Oberkommando hatte sich entschlossen, Verdun unbedingt zu halten und dafür alle verfügbaren Heeresreserven, insbesondere die 2. Armee, einzusetzen. Da die Eisenbahnlinie Clermont – Verdun durch deutsches Artilleriefeuer zerstört war, erfolgten die operative Umgruppierung und die Versorgung hauptsächlich durch motorisierte Kolonnen auf der Straße Bar-le-Duc – Souilly – Verdun. Das war erstmalig in der neueren Kriegsgeschichte. Vom 22. 2. bis 7. 3. wurden 190.000 Mann und 25.000 t Material mit 3.900 Kfz heran transportiert.

Seit Ende Februar versuchten die deutschen Truppen, die Befestigungen von Verdun abschnittsweise zu erobern. Es entwickelte sich die erste große, sogenannte Material- oder Zermürbungsschlacht des Krieges. Sie bestand aus vielen Angriffs- und Verteidigungsgefechten und massiertem Artillerieeinsatz, der immer wieder gesteigert wurde und das Gelände in ein ödes Trichterfeld verwandelte. Die deutschen Truppen mussten den Kampf vorwiegend in kleinen Gruppen mit MG in Granattrichtern führen. Forts und Reste zertrümmerter Dörfer wurden wochen- und monatelang erbittert umkämpft. Um das französische Flankenfeuer vom West- auf das Ostufer der Maas auszuschalten, wurden die deutschen Angriffe am 6. 3. auf das westliche Maas-Ufer ausgedehnt. Bis Ende Mai lag dort das Schwergewicht der Schlacht. In wochenlangen, beiderseits verlustreichen Kämpfen eroberten die deutschen Truppen die Höhen Toter Mann (Ende Mai) und 304, doch das französische Flankenfeuer blieb. Ab Ende März besaß die französische Seite die allgemeine Überlegenheit an Kräften und Mitteln und im Mai auch die Luftüberlegenheit.

In der ersten Junihälfte erreichte die Schlacht ihren Höhepunkt. Am 7. 6. eroberten deutsche Truppen Fort Vaux und kamen damit bis auf 4 km an die Stadt Verdun heran. In dieser für Frankreich kritischen militärischen Situation begann sich jedoch die erfolgreiche Offensive der russischen Südwestfront (Brussilow-Offensive) auszuwirken. Die OHL

Luftaufnahme des schwer umkämpften Forts Douaumont, des stärksten Panzerwerks der Festung Verdun.

Deutsche Infanterie verlässt die Gräben zum Angriff. Die Soldaten, bis hinauf zum Armeekommandeur, glaubten, bei Verdun gehe es um den entscheidenden Durchbruch. Niemand sagte ihnen, dass ihre Angriffe nur den Gegner in möglichst großer Zahl heranlocken sollten, damit er sich dort „weißblutete" – so der Ausdruck des Generalstabschefs Falkenhayn.

Der deutsche Kronprinz Wilhelm als Befehlshaber der 5. Armee hatte die großen Hoffnungen, die der deutsche Generalstab in die Schlacht von Verdun setzte, nicht geteilt. In seinen Erinnerungen schrieb er: „Ich vertrat den Standpunkt der Aufgabe weiterer Angriffe. Ich drang nicht durch! Nicht bei der Obersten Heeresleitung und auch nicht bei meinem Vater."

musste Kräfte und Mittel aus dem Westen abziehen. Nachdem auch der vom 21. bis 23. 6. unter Einsatz des neuentwickelten sogenannten Grünkreuz-Kampfstoffes geführte deutsche Großangriff gescheitert war und die britisch-französische Offensive an der Somme (seit 24. 6.) eingesetzt hatte, musste die OHL am 12. 7. für die Verdun-Front den Übergang zur Verteidigung anordnen. In der Folgezeit wurden der dezimierten deutschen 5. Armee zunehmend Kräfte und vor allem Artillerie für die Somme-Front entzogen. Den endgültigen Abbruch der Offensive, die die französische Front nur 7-10 km zurückgedrückt hatte, befahl die OHL am 2. 9. nach Falkenhayns Sturz.

Seit Mitte Juli wurde der Verlauf der Schlacht von den französischen Truppen bestimmt. Gestützt auf ein neues, vorwiegend auf die Überraschung gegründetes Angriffsverfahren (Anwendung der sogenannten Feuerwalze), eroberten sie am 24. 10. Fort Douaumont und am 2. 11. Fort Vaux zurück. Noch erfolgreicher verlief ihr Angriff vom 15. bis 18. 12., bei dem die deutsche Abwehr zusammenbrach. Die deutschen Truppen hatten damit einen Großteil des vom Februar bis Juli unter schweren Verlusten eroberten Geländes wieder eingebüßt.

In der Schlacht um Verdun erlitt das deutsche Heer seine schwerste Niederlage seit der Marneschlacht 1914. Es verlor insgesamt 337.000 Mann an Toten, Vermissten, Verwundeten und Gefangenen, der Gegner 377.000 Mann. Bis zum 1. 9. wurden 47 deutsche und 80 französische Divisionen eingesetzt. Auf dem räumlich begrenzten Schlachtfeld (15-30 km Breite und bis 10 km Tiefe) gingen über 14 Mill. deutsche und 15 Mill. französische Granaten nieder.

In der „Hölle von Verdun" nahmen Kriegsmüdigkeit unter den Soldaten beider Seiten rapide zu. Die Niederlage des deutschen Heeres bei Verdun war eine wesentliche Voraussetzung für den im Sommer 1916 einsetzenden grundlegenden militärischen Umschwung zugunsten der Entente.

Seeschlacht am Skagerrak

Seit Anfang 1916 plante die deutsche Flottenführung eine aktivere Kriegführung in der Nordsee mit dem Ziel, Teile der Grand Fleet zur Schlacht herauszulocken und zu vernichten. Der deutsche Flottenvorstoß gegen die englische Ostküste Ende April und das Drängen der russischen Regierung, die deutsche Ostseeblockade zu brechen, veranlassten die britische Admiralität, ihrerseits die bisherige Defensive aufzugeben. Aus dem offensiveren Handeln beider Seiten heraus kam es zur Schlacht vor dem Skagerrak.

Am 31. 5. stieß die Hochseeflotte unter Admiral Reinhard Scheer (1863-1928) zur norwegischen Küste vor. Ihr lief, durch Funkaufklärung am 30. 5. vom In-See-gehen stärkerer deutscher Seestreitkräfte unterrichtet, die Grand Fleet unter Admiral John Jellicoe (1859-1935) entgegen. Die deutsche Hochseeflotte war zahlenmäßig erheblich schwächer. Ihre Schiffe zeichneten sich aber gegenüber vergleichbaren britischen Typen durch größere Standhaftigkeit, höhere Treffsicherheit der schweren Artillerie bei Salvenfeuer und bessere Manövrierfähigkeit im Verband aus. Dagegen entwickelten die Schiffe der Grand Fleet zumeist eine höhere Geschwindigkeit; ihre schwere Artillerie hatte eine größere Reichweite und größere Kaliber.

Admiral Reinhard Scheer, der deutsche Oberbefehlshaber in der Schlacht am Skagerrak (rechts) und sein englischer Gegenspieler Admiral David Beatty (links).

Der französischer Frachter „Herault", Opfer eines deutschen U-Bootes. Das Unentschieden vom Skagerrak, oder genauer Deutschlands Davonkommen, enthüllte, dass mit der deutschen Hochseeflotte Englands Seeherrschaft nicht zu brechen war. Die Befürworter des unbeschränkten U-Boot-Krieges bekamen wieder Oberwasser.

Linienschiff „Thüringen" im Nachtgefecht am Skagerrak.

Am Nachmittag des 31. 5. trafen die Aufklärungskräfte beider Flotten, deren Kern Schlachtkreuzer bildeten, vor dem Skagerrak, 65 sm westlich von Lodbjerg an der Nordwestküste von Jütland, aufeinander.

Auf britischer Seite kamen während des Kampfes noch 4 den Schlachtkreuzern beigegebene moderne Großkampfschiffe zum Einsatz. Auf 15 bis 16 km Entfernung begann ein etwa zweistündiges laufendes Gefecht auf südöstlichem, dem deutschen Gros entgegenführenden Parallelkurs, in dem 2 britische Schlachtkreuzer sanken.

Als die deutschen Linienschiffsgeschwader in Sicht kamen, drehte der Gegner auf nordwestlichen Kurs und zog damit die ihn verfolgende Hochseeflotte auf die Grand Fleet.

Gegen Abend entbrannte die Schlacht der Hauptkräfte. Jellicoe gelang es, die Grand Fleet in weitem Bogen vor die in Kiellinie herankommende Hochseeflotte zu legen, ein im Englischen als „crossing the T" (den Strich über das T ziehen) bezeichnetes Manöver. Aus dieser taktisch günstigen Position konzentrierten die britischen Geschwader ein wirkungsvolles Breitseitenfeuer auf die Spitzenschiffe der deutschen Linie, die nur ihre vorderen Geschütztürme zum Tragen bringen konnten. Durch eine Gefechtskehrtwendung (19.35 Uhr) führte Scheer die Flotte aus dieser unhaltbaren Position heraus. Er stieß jedoch wenig später (20 Uhr zweite Gefechtskehrtwendung) in Verkennung der taktischen Lage erneut in das Zentrum des Gegners hinein und brachte damit die Flotte in eine noch gefährlichere Situation.

Nur mit Mühe, unterstützt vom rücksichtslosen Einsatz der bereits schwer getroffenen Schlachtkreuzer und von einem massierten Angriff der Torpedoboote, konnte Scheer mit einer dritten Gefechtskehrtwendung (20.20 Uhr) die Linienschiffsgeschwader dem vernichtenden britischen Feuer nochmals entziehen. Dem deutschen Torpedoangriff wich der Gegner aus.

In dieser für die deutsche Flotte aussichtslosen Lage brach Scheer die Schlacht ab und befahl den Rückmarsch auf Horns Riff (westlich der dänischen Küste). Auch Jellicoe wollte einen Kampf bei Nacht vermeiden und beabsichtigte, ihn am nächsten Morgen vor der Deutschen Bucht zu erneuern.

In der Nacht kreuzte die deutsche Hochseeflotte den Kurs der vorwiegend aus Zerstörern bestehenden britischen Nachhut. Dabei entwickelten sich beiderseitig verlustreiche Gefechte. Am Morgen des 1. 6. beschloss auch Jellicoe den Rückmarsch.

Beide Seiten verbuchten die unentschiedene Schlacht als Sieg für sich. Die deutsche Führung begründete ihn vor allem mit den höheren britischen Verlusten. Für sie war jedoch das Kräfteverhältnis nach der Schlacht ungünstiger als zuvor, da 7 ihrer Linienschiffe und Schlachtkreuzer schwer beschädigt waren und die Grand Fleet in der Folgezeit in weit stärkerem Maße durch Neubauten vergrößert wurde als die Hochseeflotte.

Die Schlacht vor dem Skagerrak war die bis dahin größte Seeschlacht in der Geschichte und blieb die einzige zwischen ganzen Flotten von Großkampfschiffen im Ersten Weltkrieg. Sie konnte die strategische Lage zur See nicht verändern. Die deutsche Hochseeflotte war außerstande, die britische weite Blockade zu durchbrechen oder Großbritannien durch eine Seeschlacht zum Frieden zu zwingen.

Angriff britischer Infanteristen bei Morval. „Eine Stunde Artilleriebeschuß tötet allen Mut", schrieb ein deutscher Soldat von der Somme-Front, „aber Infanterie gegen Infanterie, dann heißt es stets bei uns: »Lat se man kummen!«".

Die Somme-Schlacht

Seit Februar 1916 plante das französische Oberkommando eine Offensive beiderseits der Somme zum Durchbruch der geschlossenen deutschen Stellungsfront. Sie sollte den Höhepunkt der Offensiven der Entente-Mächte 1916 bilden und dem deutschen Westheer eine entscheidende Niederlage zufügen. Aufgrund der deutschen Offensive bei Verdun 1916 musste sie jedoch erheblich eingeschränkt werden. Anstelle der französischen Verbände stellten überwiegend kampfunerfahrene britische Divisionen die Hauptkräfte. Aufeinanderfolgende, räumlich begrenzte Angriffe sollten die deutsche Verteidigung in Richtung Chaulnes – Péronne – Bapaume systematisch durchbrechen und den deutschen Frontbogen beseitigen. Ein wichtiges operatives Ziel war Cambrai. Außerdem wurde mit der Offensive die Absicht verfolgt, die französischen Truppen bei Verdun zu entlasten. Das Angriffsverfahren beruhte einseitig auf einer tagelangen Artillerievorbereitung mit der bislang stärksten Massierung von Artillerie (maximale Dichte 167 Rohre je Frontkilometer) und riesigem Munitionseinsatz. Auf die Überraschung wurde damit verzichtet. In dem etwa 40 km breiten Angriffsabschnitt wurden einschließlich der Heeresreserven bereitgestellt: 11 französische und 23 britische (darunter 3 Kavallerie-)Divisionen, 1.635 leicht und 1.348 schwere Geschütze, mehr als 1.100 Minenwerfer und 421 britische Flugzeuge. Die gegenüberliegende deutsche 2. Armee verfügte auf 100 km Frontbreite nur über 12 Divisionen, 598 leichte und 246 schwere Geschütze, eine größere Anzahl Minenwerfer und 104 Flugzeuge. Die deutsche Verteidigung bestand aus 2 durchgängigen Stellungen mit nur einer Grabenlinie.

Die Schlacht an der Somme begann am 24. 6. mit einer 7-tägigen Artillerievorbereitung, die in den Hauptrichtungen wiederholt zu pausenlosem massiertem Feuer aller Kaliber gesteigert wurde. Da die verheerende Wirkung des Trommelfeuers in den ersten Tagen nicht ausgenutzt wurde, konnte die deutsche Seite Gegenmaßnahmen treffen. Der am 1. 7. einsetzende Angriff von 19 Divisionen stieß daher auf hartnäckigen Widerstand von 7 deutschen Divisionen. Nur südlich der Somme gelang es den französischen Truppen, teilweise bis zur zweiten deutschen Stellung (westlich Péronne) vorzudringen. Der rasche Einsatz von Reserven (7 Divisionen und Artillerie) konnte den drohenden Durchbruch abwenden. Mitte Juli wurde die deutsche Front zweckmäßiger gegliedert (Bildung der 1. und 2. Armee unter einem Heeresgruppenkommando). In der zweiten Phase der Schlacht (Ende Juli – Ende August) entwickelte sich ein typischer Zermürbungskampf, in dem kleine Angriffe mit äußerst massiertem Artillerieeinsatz vorherrschten. Zerstörte Dörfer und Gehöfte sowie schmale Geländestreifen waren wochenlang auf das härteste umkämpft. In der Regel nahmen beiderseits nur 2 bis 3 Divisionen unmittelbar am Kampf teil, die jedoch in kurzer Zeit ihre Kampffähigkeit einbüßten. Das Gelände wurde zu einem schwer passierbaren Trichterfeld. Das Angriffstempo betrug oft nur wenige hundert Meter am Tage. Da die Gräben zerstört waren, verteidigten sich die deutschen Truppen zunehmend in Granattrichtern und Schützenlöchern. Im Juli und August hatte die deutsche Artillerie ihre bisher schwersten Verluste (etwa 2.360 Geschütze). Zugleich beschwor der Verbrauch von rd. 14 Mill. Granaten eine neue Munitionskrise herauf. Infolge der schweren Verluste musste die OHL an der Somme erstmals für die Kampftruppen die regelmäßige Ablösung einführen und dazu schließlich fast das gesamte Westheer heranziehen.

Anfang September begann die letzte Phase der Schlacht. Der Einsatz der französischen 10. Armee südlich der Somme blieb erfolglos. Ihren Höhepunkt erreichte die Schlacht von Mitte September bis Anfang Oktober nördlich des Flusses, wo die verstärkten britischen Truppen angriffen. Am 15. 9. setzte das britische Oberkommando erstmals Panzer ein (49 Stück), jedoch noch ohne größere Erfolge. Die neue, dritte OHL gab die Konzeption des verlustreichen Haltens der vorderen Linie auf und führte eine elastischere und tiefer gestaffelte Ver-

Hier war einmal eine Ortschaft, Beaumont-Hamel, von der im Trommelfeuer der Somme-Schlacht nichts übrigblieb. In der Bildmitte – so die zeitgenössische Angabe zum Foto – der Platz, wo die Kirche stand.

Deutsche Karikatur auf die Somme-Schlacht: Fragt der eine Brite, welchen Raumgewinn können wir verbuchen, antwortet der andere, nicht genug, um unsere Toten zu begraben.

teidigung ein. Ungeachtet des bisher erfolglosen Verlaufs der Offensive, der verheerenden Verluste und der zunehmenden Kritik, ließen das französische und das britische Oberkommando die Angriffe fortsetzen. Ende Oktober verfügte die Entente an der Somme über 4.881 Geschütze und über 1.000 Flugzeuge, die deutsche Seite über 2.377 Geschütze und 508 Flugzeuge. Die französisch-britischen Fliegerkräfte besaßen während der ganzen Schlacht die Luftherrschaft. Sie unterstützten die Infanterieangriffe und bombardierten Objekte hinter der deutschen Front, konnten aber die Heranführung deutscher Reserven nicht ernsthaft stören. In dem durch Regen verschlammten Trichterfeld kamen Ende Oktober alle Angriffe zum Erliegen. Am 18. 11. scheiterte der letzte britische Großangriff.

Die Entente erlitt an der Somme eine schwere Niederlage. Die Ursachen lagen vor allem in dem einseitigen und schematischen Angriffsverfahren und dem Fehlen beweglicher Angriffsmittel. Nach fast 5 Monaten war die deutsche Front lediglich auf etwa 40 km Breite bis zu 10 km eingedrückt worden. Auch tagelanges massiertes Artilleriefeuer hatte es nicht vermocht, sämtliche Widerstandspunkte zu vernichten. Die Überlegenheit der Verteidigung äußerte sich in einem wirksameren Feuersystem und in größerer Beweglichkeit der Infanteriereserven. Die französischen Verluste (Tote, Vermisste, Verwundete und Gefangene) betrugen fast 200.000 Mann, die britischen rd. 556.000 Mann und die deutschen rd. 500.000 Mann. Nach und nach waren 104 französische und britische Divisionen (rd. 2,5 Mill. Mann) und 95 deutsche Divisionen (rd. 1,5 Mill. Mann) durch die „Hölle an der Somme" gegangen. Stärker als bisher hatte sich die materielle Überlegenheit der Entente gezeigt. Ihr Munitionseinsatz von rd. 24 Mill. Granaten lag weit über dem auf deutscher Seite. Zu den Auswirkungen der Schlacht gehörten u.a. der Bau der Siegfriedstellung.

Rumänischer Feldzug

Am 27. 6. 1916 trat Rumänien durch die Kriegserklärung an Österreich in den Ersten Weltkrieg ein. Das österreichische Heer war durch die russische Brussilow-Offensive schwer getroffen, Italien hatte in der 6. Isonzo-Schlacht wichtige Stellungen erobert, Deutschland hatte den Angriff auf Verdun einstellen müssen und stand in der Somme-Schlacht in schwersten Abwehrkämpfen. Die Rumänen griffen mit 3 Armeen in Siebenbürgen an; eine 4. Armee wurde in der Dobrudscha aufgestellt, um der bulgarisch-deutschen Front in den Rücken zu fallen. Demgegenüber wurden in Ungarn die deutsche 9. (Falkenhayn), nördlich davon die österreichische 1 (Arz von Straußenberg), südlich der Donau bei Swistow eine Armee aus bulgarischen, türkischen und deutschen Truppen (von Mackensen) aufgestellt. Sie gingen zum Gegenangriff vor. General von Falkenhayn schlug die rumänische 1. Armee 26.-29. 9. entscheidend bei Hermannstadt, 29. 9. bis 25. 10. die rumänische 2. Armee bei Gagaras und am Geisterwald, am 7.-9. 10. nochmals bei Kronstadt.

Die österreichische 1. Armee warf die Rumänen über die Karpathen zurück. Die Armee Mackensen drang tief in die Dobrudscha ein und überschritt am 23. 10. bei Swistow die Donau.

In gemeinsamem Vorgehen schlugen alle drei Armeen die Rumänen bis zur Donaumündung und zum Sereth zurück, wo der Rest ihrer Truppen von den Russen aufgenommen wurde. Bukarest wurde am 6. 12. eingenommen. Trotz dieser klaren Niederlage konnte Rumänien nicht zur Kapitulation gezwungen werden.

Erst nach dem Ausscheiden Russlands aus dem Krieg infolge der Oktoberrevolution sah sich Rumänien gezwungen, am 10. 11. 1917 einem Waffenstillstand zuzustimmen.

Siegfriedlinie

Unter dem Druck der schwierigen Lage des deutschen Westheeres im Sommer und Herbst 1916 beschloss die dritte Oberste Heeresleitung (OHL), zur Abwehr künftiger französischer und britischer Offensiven ein tiefgegliedertes und pioniertechnisch stark ausgebautes Stellungssystem anlegen zu lassen. Beim Bau der sogenannten Siegfriedlinie von Ende 1916 bis Juni 1917, der gewaltige Mengen an Material verschlang, die die besetzten Gebiete zu einem großen Teil liefern mussten, waren zeitweise über 100.000 Mann eingesetzt: Pionier-, Armierungs-, Park- und Landsturmformationen. Die Siegfriedlinie verlief von Arras über St-Quentin bis Vailly an der Aisne. Ihre Gesamtlänge betrug etwa 150 km, ihre Tiefe etwa 25 km. Gedrängt vom Oberkommando der Heeresgruppe Kronprinz Rupprecht, erließ die OHL am 4. 2. 1917 die Weisung zum Rückzug der Heeresgruppe (6., 1., 2. und 7. Armee) in die Siegfriedlinie (Deckname „Alberich") vom 16. bis 19. 3. 1917. Zu dieser Zeit war die Siegfriedlinie noch nicht voll ausgebaut. Sie bestand aus 2 miteinander verbundenen Grabenlinien, zahlreichen Betonunterständen sowie Artillerieschutzstellungen. Sie verfügte über ein Nachrichtennetz und über Bahnanschluss für den Nachschub. Auf Befehl der OHL wurde das Vorfeld der Siegfriedlinie, ein Geländestreifen von 10 bis 15 km Tiefe, dem Erdboden gleichgemacht und teilweise vermint. Aus dem geräumten Gebiet wurden die gesamte wehr- und arbeitsfähige Bevölkerung (etwa 126.000 Menschen) zwangsevakuiert, sämtliche Vorräte sowie Eisenbahnmaterialien abtransportiert. Der Rückzug in die Siegfriedlinie war ein wesentlicher Teil des Planes der OHL zur strategischen Defensive im Westen 1917. Er verkürzte die Front um 50 km, machte 13 Divisionen und 100 Batterien der Feld- und schweren Artillerie als Reserven frei und störte die Offensivvorbereitungen der überraschten Gegner sehr empfindlich. Der Rückzug in die Siegfriedlinie erwies sich als eine entscheidende Voraussetzung zur Abwehr der großen französisch-britischen Frühjahrsoffensive 1917. Durch die Siegfriedlinie wurde der Stellungskrieg an der Westfront weiter ausgeprägt.

Hindenburg-Programm

Unter dem Eindruck der Materialschlachten von Verdun und an der Somme entwarf die OHL unter Hindenburg und Ludendorff einen Plan zur totalen Mobilisierung der noch vorhandenen wirtschaftlichen und personellen Reserven. Ausgangspunkt des Hindenburg-Programms war ein Schreiben Hindenburgs an den preußischen Kriegsminister vom 31. 8. 1916. Darin forderte die OHL, bis Frühjahr 1917 die monatliche Produktion von Artilleriemunition, Pulver und Minenwerfern zu verdoppeln und die Herstellung von Geschützen und MGs zu verdreifachen. Darüber hinaus verlangte sie eine bedeutende Steigerung der Produktion von Flugzeugen sowie von Handwerkszeug und Baumaterial für den Stellungsbau. Durch den Einsatz von mehr Kampfmitteln sollte zugleich der Mangel an Soldaten kompensiert werden. Mitte September 1916 forderte die OHL eine radikale Einschränkung der zivilen Produktion, die Erweiterung der Wehr- bzw. Landsturmpflicht, den Fronteinsatz aller Kriegsverwendungsfähigen und sah die Arbeitsdienstpflicht für alle nicht zum Wehrdienst eingezogenen Männer zwischen 17 und 60 Jahren vor (Gesetz über den Vaterländischen Hilfsdienst vom 2. 12. 1916). Die Konzentration der Produktion, der Bau neuer Werke und eine straffere Zentralisierung der Kriegswirtschaftorganisation sollten ebenfalls die Durchführung des Hindenburg-Programms ermöglichen.

Das Hindenburg-Programm sollte die Voraussetzungen für die Abwehr der Entente-Offensive 1917 und für die spätere Offensive des deutschen Heeres zur Erringung des Siegfriedens schaffen.

Seine Durchführung stieß jedoch auf große Schwierigkeiten. Die geplanten Steigerungsraten wurden bis Frühjahr 1917 nicht erreicht. Im Winter 1916/17 sank sogar die Produktion auf wichtigen Gebieten, vor allem infolge der Transportkrise. Trotz erheblichen Mangels an Arbeitskräften stieg die Produktion in vielen Zweigen bis zum Sommer 1918 dennoch bedeutend an, sodass die umfassende Umstellung auf die Kriegsproduktion weitgehend erreicht wurde.

Franz Marc

* München, 8. Februar 1880
† vor Verdun, 4. März 1916

Der Sohn eines Münchner Kunstmalers, der 20-jährig die Akademie bezog, hat der modernen Malerei einen Weg zur Verinnerlichung gebahnt. „Er war der, welcher die Tiere noch reden hörte; er verklärte ihre unverstandenen Seelen", schrieb die mit ihm befreundete Dichterin Lasker-Schüler. 1905-1909 studierte Marc die Anatomie der Tiere, zeichnete Pferde und Rehe mit vereinfachenden Linien und fand unter dem Einfluss seines Freundes Macke 1910 zu Farben, mit denen er das Wesen der Kreatur symbolisch erfasste (Rote Pferde – Blaue Pferde, 1911). Zusammen mit Kandinsky veranstaltete er die erste Ausstellung des „Blauen Reiters"; Unter dem Einfluss des französischen Kubismus (Braque, Picasso) erblickte er auch in den Naturformen das architektonisch Gesetzmäßige und verschmolz es zu einem reinen Einklang mit der Tierwelt („Hund vor der Welt", „Tiger", „Zwei Katzen"). Immer stärker taucht nun „das Wesen" der Tiere, gleichsam „die Tierheit", in seinen Bildern auf („Turm der blauen Pferde", „Tierschicksale", „Botschaften an den Prinzen Jussuff" (E. Lasker-Schüler), „Die Weltenkuh", alle 1912-1913). Die rhythmisierten Linien und oft stechenden, kontrastreichen Farben sind Manifestationen seines Ringens um eine metaphysische Hintergründigkeit der Welt. Tier und Pflanze, dabei Naturausschnitte in Gestalt von Dreiecken und Prismen, wurden ihm schließlich zu Sinnbildern, in denen seine Fantasie kosmische Gesetzlichkeit, gespiegelt in der Unschuld des Tierdaseins, erblickte.

Als der Künstler vor Verdun fiel, wurde eine der stärksten Begabungen der deutschen Kunst ausgelöscht.

Mit dem populären Hindenburg wurde für die Zeichnung von Kriegsanleihen geworben. 98 Millionen Mark kamen insgesamt in die Kassen des Reiches. Die Verschuldung des Staates bei seinen Bürgern, eingegangen in der Hoffnung auf Sieg, sollte nach dem Zusammenbruch 1918 zu einer schweren Belastung der Nachkriegsregierungen werden.

1917

JANUAR

5.1. In einer Neujahrsbotschaft an die Truppen ruft im Felde Kaiser Wilhelm II. zu unvermindertem Kampf gegen die Entente auf.
7.1. Ein Treffen zwischen dem Vorstand und der parteiinternen Opposition eröffnet die letzte Etappe der Spaltung der Sozialdemokratischen Partei Deutschlands (SPD).
10.1. Die Entente-Mächte geben ihre Kriegsziele bekannt: Während Frankreich die Zerschlagung des Deutschen Reichs („écrasement") fordert, will Großbritannien dessen weltpolitische Stellung einschränken („containment"), die deutschen Kolonien aufteilen, die Flotte zerstören und den Außenhandel begrenzen. Neben der Räumung der besetzten Gebiete fordert Russland die Wiedereingliederung Polens, Frankreich will die Rückgabe von Elsass-Lothringen, Großbritannien drängt auf die Wiederherstellung der Eigenständigkeit Belgiens, Serbiens und Montenegros.
18.1. Der Parteiausschuss der SPD beschließt die organisatorische Trennung der sozialdemokratischen Mehrheit von der oppositionellen Minderheit.
22.1. In einer Rede vor dem amerikanischen Senat fordert Präsident Woodrow Wilson einen „Frieden ohne Sieger".
28.1. Die deutsche Regierung lehnt Wilsons Friedensbotschaft ab.

FEBRUAR

1.2. Beginn des uneingeschränkten U-Boot-Kriegs in den Sperrgebieten um Großbritannien und im Mittelmeer.
3.2. Die USA brechen die diplomatischen Beziehungen zu Deutschland ab.
7.2. Die britische Regierung verhandelt mit dem Zionistenführer Chaim Weizmann über eine jüdische Besiedlung Palästinas.
9.2. Aus Angst vor innenpolitischer Opposition werden in Russland die Mitglieder des Zentralen Kriegsindustriekomitees verhaftet. Kurz darauf brechen Streiks und Unruhen unter den Industriearbeitern in Petrograd (heute: St. Petersburg) aus.
17.2. Wegen der anhaltenden Hungersnot im Deutschen Reich wird in Berlin ein Ministerium für Lebensmittelversorgung gebildet.
23.2. Die Mehrheitsfraktion der SPD stimmt im Reichstag der neuen Vorlage für Kriegskredite zu, „solange die Eroberungsziele der Feinde bestehen".
24.2. Wegen des Kohle- und Holzmangels werden in Berlin sämtliche Schulen geschlossen.
25.2. Deutsche Großindustrielle werfen Reichskanzler Theobald von Bethmann Hollweg Schwäche in der Kriegführung vor und fordern seinen Rücktritt.
26.2. Ein deutsches U-Boot versenkt den schnellsten britischen Passagierdampfer, die „Laconia".

MÄRZ

8.3. Aufgrund des erfolglosen Kriegsverlaufs und der wirtschaftlichen Zerrüttung kommt es in Petrograd zu ersten schweren Zusammenstößen zwischen streikenden Arbeitern und dem Militär.
Tod des Luftschiffpioniers Ferdinand Graf Zeppelin in Berlin.
10.3. Die Streiks in Petrograd weiten sich zum Generalstreik aus. Zar Nikolaus II. befiehlt, die Demonstranten mit allen Mitteln zu bekämpfen.
11.3. Die Abgeordneten der russischen Duma (des russischen Parlaments) weigern sich, die von Nikolaus II. verfügte Auflösung der Duma durchzuführen. Soldaten der Petrograder Garnison solidarisieren sich mit den streikenden Arbeitern. Beginn der „Februarrevolution".
12.3. In Berlin sind 135 Pockenerkrankte gemeldet und zahlreiche Fälle von Hungertyphus.
14.-16.3. In den wichtigsten russischen Städten bilden sich Arbeiter- und Soldatenräte.
15.3. Abdankung des Zaren Nikolaus II. zugunsten seines Bruders Michail. Die russische Duma proklamiert die Bildung einer bürgerlichen Regierung unter Georgi J. Fürst Lwow.
16.3. Mit dem Thronverzicht Michails endet die über 300jährige Herrschaft der Romanow-Dynastie.
22.- 24.3. Nachdem die neue russische Regierung die Fortführung des Kriegs versprochen hat, wird sie von den Entente-Mächten offiziell anerkannt.

APRIL

1.4. Im Deutschen Reich werden die Brotrationen auf 170 g pro Tag und die Kartoffelrationen auf 2.500 g pro Woche gekürzt.
6.4. Kriegserklärung der USA an das Deutsche Reich.
Auf einem Kongress der sozialdemokratischen Opposition in Gotha wird die Unabhängige Sozialdemokratische Partei Deutschlands (USPD) unter dem Vorsitz von Hugo Haase gegründet.
7.4. Aufgrund der innenpolitischen Unruhe verspricht Kaiser Wilhelm II. in seiner „Osterbotschaft" die Aufhebung des preußischen Dreiklassenwahlrechts nach Kriegsende.
9.4. Mit Einverständnis und Unterstützung der deutschen Regierung durchquert Wladimir I. Lenin zusammen mit 30 Revolutionären aus der Schweiz kommend im Zug das Deutsche Reich. Man verspricht sich von Lenins Rückkehr eine Verschärfung der innenpolitischen Unruhen im Zarenreich.
17.4. In Petrograd fordert Lenin in seinen „Aprilthesen" eine sozialistische Revolution zur Ablösung der bürgerlichen Regierung.
23.4. Bei der Konferenz in Kreuznach zur erneuten Festlegung der

Im Ersten Weltkrieg wurde der U-Bootkrieg drei Jahre lang streng nach der Prisenordnung geführt, weil man sich erhoffte, damit die USA aus dem Krieg heraushalten zu können. Im Zweiten Weltkrieg begann bereits nach sieben Wochen der uneingeschränkte U-Bootkrieg.

Kriegsziele spricht sich Reichskanzler Bethmann Hollweg gegen Pläne der Obersten Heeresleitung (OHL) aus, die weitgehende Annexionen in Russland, Belgien und Frankreich vorsehen.
30.4. General Henri Philippe Pétain wird Nachfolger von Georges Robert Nivelle als Chef der französischen Nordarmee und verhindert den drohenden Zusammenbruch durch Meutereien unzufriedener Truppenteile.

MAI

6.5. Die französische Offensive an der Somme endet erfolglos.
15.5. Reichskanzler Bethmann Hollweg hält eine programmatische Rede zur gegenwärtigen Kriegspolitik, ohne jedoch auf die Frage der Kriegsziele einzugehen.
17.5. Der russische Revolutionär Leo D. Trotzki kehrt aus dem Exil in den Vereinigten Staaten nach Russland zurück.
18.5. In den USA beginnt die Wehrerfassung aller Männer zwischen 21 und 30 Jahren. Drei Millionen Männer werden einberufen.
In Absprache mit den Arbeiter- und Soldatenräten wird eine neue russische Regierung unter Beteiligung von Sozialdemokraten gebildet. Der Sozialrevolutionär Alexander Kerenski wird Kriegsminister.
31.5. Dem Chemiker Franz Fischer gelingt am Kaiser-Wilhelm-Institut für Kohleforschung die Herstellung von Benzin aus Steinkohle.

JUNI

7.6. In Berlin fordert die Reichsfrauenkonferenz der Sozialdemokraten das Wahlrecht für Frauen.
16.6. In Petrograd findet der erste gesamtrussische Kongress der Arbeiter- und Soldatenräte statt, auf dem die Bolschewiken nur zehn Prozent der Delegierten stellen. Lenin unterstreicht den Führungsanspruch seiner Partei.
25.6. Der Medizinprofessor Ferdinand Sauerbruch stellt in Wien ein operatives Verfahren vor, das außerordentliche Beweglichkeit der Ersatzglieder für Amputierte erlaubt.
26.6. Die erste US-Division landet bei St.-Nazaire in der Nähe von Nantes (Bretagne).
27.6. Kriegseintritt Griechenlands aufseiten der Alliierten.

JULI

6.7. Matthias Erzberger (Zentrum) fordert eine Resolution für einen annexionslosen Frieden, da keine Aussicht auf einen Sieg mehr bestehe.
11.7. Generalfeldmarschall Paul von Hindenburg und Erich Ludendorff fordern die Entlassung von Reichskanzler Bethmann Hollweg wegen dessen Kriegszielpolitik.
13.7. Reichskanzler Bethmann Hollweg reicht seinen Rücktritt ein. Sein Nachfolger wird Georg Michaelis.
17.7. Der britische König Georg V. ändert den Namen seines Hauses von „Sachsen-Coburg-Gotha" in „Windsor".
19.7. Die auf Initiative von Erzberger eingebrachte Friedensresolution wird mit den Stimmen der Mehrheitsparteien Zentrum, Deutsche Fortschrittspartei und SPD angenommen, die sich zuvor im interfraktionellen Ausschuss darüber abgestimmt haben. Die Resolution fordert einen Verständigungsfrieden ohne Annexionen.

AUGUST

1.8. In einer Friedensbotschaft verlangt Papst Benedikt XV. einen Frieden ohne Annexionen. Während der Vorschlag im kriegsmüden Italien große Zustimmung findet, lehnen das Deutsche Reich und die Entente ihn ab, weil sie inmitten heftiger Kriegszieldiskussionen stehen.
5.8. Meutereien in der deutschen Hochseeflotte. Die Anführer werden verhaftet.
20.8. Tod des Chemikers Adolf Ritter von Baeyer in Starnberg.

SEPTEMBER

2.9. Gründung der Deutschen Vaterlandspartei in Königsberg unter dem Vorsitz von Admiral Alfred von Tirpitz und dem ostpreußischen Generallandschaftsdirektor Wolfgang Kapp.
3.9. Einnahme von Riga durch die 8. deutsche Armee.
14.9. Der russische Ministerpräsident Kerenski proklamiert die Republik und beruft eine neue fünfköpfige Regierung.
24.9. Die neugegründete Deutsche Vaterlandspartei fordert auf ihrer ersten Großkundgebung in Berlin einen unbedingten „Siegfrieden".
28.9. Der Zentrumspolitiker Konrad Adenauer wird neuer Oberbürgermeister von Köln.

OKTOBER

6.10. Im Reichstag kommt es zu schweren Auseinandersetzungen über die vaterländische Propaganda des Alldeutschen Verbands und der Vaterlandspartei.
12.-20.10. Eroberung der strategisch wichtigen Inseln Ösel, Dagö und Moon in der Rigaer Bucht durch deutsche Truppen.
15.10. Mata Hari wird wegen angeblicher Spionagetätigkeit in Vincennes bei Paris hingerichtet.
22.10. Die Mehrheitsparteien entziehen Reichskanzler Michaelis wegen seiner eigenwilligen Interpretation der Friedensresolution, seines scharfen Vorgehens gegen die USPD sowie wegen seiner Ablehnung einer Reform des Dreiklassenwahlrechts das Vertrauen.
24.-30.10. Die Offensive der Mittelmächte am Isonzo führt zum Zusammenbruch der italienischen Front und zur Eroberung der Provinz Friaul-Julisch-Venetien.
31.10. Reichskanzler Michaelis tritt zurück.

NOVEMBER

1.11. Kaiser Wilhelm II. ernennt den bayerischen Ministerpräsidenten Georg Graf von Hertling zum neuen Reichskanzler.
2.11. Der britische Außenminister Arthur James Earl of Balfour verspricht den Juden ein „national home" in Palästina. Die „Balfour-Deklaration" wird in Deutschland von rechtsgerichteten Kreisen als Bündnis Großbritanniens mit
9.11. Die siegreichen Revolutionäre in Russland bilden eine Regierung der Volkskommissare unter dem Vorsitz von Lenin und erlassen ein Dekret über einen Frieden ohne Annexionen und Kontributionen.
15.11. Tod des Soziologen Emile Durkheim in Paris.
20.11. Erster erfolgreicher Masseneinsatz von Tanks (Panzer) durch die Briten bei Cambrai.
28.11. Die russische Räteregierung schlägt allen kriegführenden Parteien einen Waffenstillstand vor. Deutschland und Österreich-Ungarn stimmen zu, die Alliierten lehnen einen Separatfrieden Russlands mit den Mittelmächten ab.

DEZEMBER

4.12. Finnland erklärt seine Unabhängigkeit von Russland.
5.12. In Brest-Litowsk wird ein zehntägiger Waffenstillstand zwischen dem Deutschen Reich und Russland vereinbart.
7.12. Kriegserklärung der Vereinigten Staaten an Österreich-Ungarn.
9.12. Britische Soldaten rücken in Jerusalem ein und beenden die 673 Jahre währende osmanische Herrschaft.
Vollständige Besetzung von Deutsch-Ostafrika durch britische Truppen.
Die Mittelmächte und Rumänien vereinbaren einen Waffenstillstand.
12.12. Gründung des Normenausschusses der Deutschen Industrie in Berlin. Er setzt die Deutsche Industrie Norm (DIN) fest.
15.12. Der Waffenstillstand zwischen Russland und dem Deutschen Reich wird bis zum 14. Januar 1918 verlängert.
18.12. Gründung der Universum Film AG (Ufa) in Berlin als Propaganda-Instrument der OHL.
22.12. Beginn der Friedensverhandlungen zwischen Russland und den Mittelmächten in Brest-Litowsk.

AUSSERDEM

Lion Feuchtwanger: Der ewige Jude (Roman)
Walter Flex: Der Wanderer zwischen beiden Welten (Erzählung)
Thea von Harbou: Das indische Grabmal (Drehbuch)
Ricarda Huch: Der Fall Deruga (Roman)

Uneingeschränkter U-Boot-Krieg

Mit dem Abbruch der diplomatischen Beziehungen antworteten die USA am 4. Februar 1917 auf den sogenannten uneingeschränkten U-Boot-Krieg der deutschen Kriegsmarine. Der uneingeschränkte U-Boot-Krieg war von der deutschen militärischen Führung als Gegenmaßnahme zur britischen Blockade verhängt worden und bedeutete, dass in einem bestimmten Sperrgebiet um die britischen Inseln ohne Warnung Handelsschiffe von U-Booten angegriffen und versenkt werden konnten. Diese Form des Seehandelskriegs war am 4. Februar 1915 eingeführt, auf amerikanischen Protest hin aber wieder gelockert worden. Am 31. Januar 1917 verhängte ihn die deutsche militärische Führung gegen den Rat ziviler Minister – „das bedeutet den sicheren Kriegseintritt der USA" – in verschärfter Form. Nur durch diese totale Gegenblockade, so argumentierten die deutschen Generäle und Admiräle, könne der Sieg errungen werden. Die USA protestierten sofort, diesmal ohne Erfolg. Darauf teilte Präsident Wilson dem Kongress in einer Botschaft mit, Washington bleibe keine andere Wahl, als die Beziehungen zu Berlin abzubrechen. Am 6. April 1917 folgte dann die Kriegserklärung der USA.

Propaganda-Parade in New York. Mit dem Kriegseintritt Amerikas im April 1917 gewannen die Entente-Mächte ein Rüstungspotenzial dazu, das endgültig die materielle Unterlegenheit Deutschlands und seiner Verbündeten besiegelte.

Kriegserklärung der USA an Deutschland

Umklammert von der britischen Seeblockade konnte Deutschland im Ersten Weltkrieg nicht mehr lange durchhalten, weil seine Rohstoffbasis für einen längeren Krieg nicht reichte. Das Volk hungerte, der „Steckrübenwinter" 1916/17 war der schwerste seit Menschengedenken. In dieser Lage musste das Reich die Entscheidung suchen. Die verantwortlichen Militärs sahen dabei nur eine Chance: wenn man Englands Versorgung mindestens ebenso lahmlegen könnte, wie dies die Briten mit Deutschland taten. Es wurde daher beschlossen, den uneingeschränkten U-Boot-Krieg wieder aufzunehmen, obwohl man wusste, dass man damit den Kriegseintritt der USA provozieren könnte. Die Hoffnung aber siegte, dass England niedergerungen werden würde, bevor die amerikanischen Waffen die Waagschale zugunsten der Alliierten beeinflussen könnten. Am 6. April 1917 erklärten die Vereinigten Staaten erwartungsgemäß dem Reich den Krieg. Präsident Wilson hatte sich diesen Schritt nicht leicht gemacht. In einem Interview bekannte er, dass er sich vor der Brutalisierung durch den Krieg fürchte: „Wenn wir erst einmal unser Volk in den Krieg geführt haben, dann wird es vergessen, dass es jemals so etwas wie Toleranz gegeben hat!" Dennoch sah er keinen Ausweg. Er begründete das vor dem Kongress so: Der gegenwärtige deutsche Unterseebootkrieg gegen den Handelsverkehr ist ein Krieg gegen die Menschheit. Er ist ein Krieg gegen alle Nationen. Es sind keine Unterschiede gemacht worden, die Herausforderung hat der ganzen Menschheit gegolten. Jede Nation muss selbst darüber entscheiden, wie sie sie aufnehmen will. Unser Beweggrund soll nicht Rachsucht oder der Wunsch nach siegreicher Befestigung der physischen Macht der Nation sein, sondern allein die Vertretung des Menschenrechts, für das wir nur ein einzelner Streiter sind ...

Wir werden nicht den Weg der Unterwerfung wählen und dulden, dass die heiligsten Rechte unserer Nation und unseres Volkes außer acht gelassen oder verletzt werden. Das Unrecht, gegen das wir jetzt auftreten, ist kein gewöhnliches Unrecht; es reicht bis an die Wurzeln des menschlichen Lebens.

Britische Tanks mit Geräten zur Überwindung von Gräben bei ihrem Masseneinsatz in der Schlacht von Cambrai.

Mit tiefem Gefühl für den ernsten und sogar tragischen Charakter des Schrittes, den ich unternehme, und für die schwere Verantwortung, die er auferlegt, aber in Gehorsam ohne Zaudern gegen das, was ich als meine verfassungsmäßige Pflicht ansehe, empfehle ich, dass der Kongress erklärt, dass das jüngste Vorgehen der deutschen Regierung in Wirklichkeit nichts weniger ist als Krieg gegen Regierung und Volk der Vereinigten Staaten ...
Unser Ziel ist, die Grundsätze des Friedens und der Gerechtigkeit im Leben der Welt gegen selbstsüchtige und autokratische Macht zu verteidigen und unter den wirklich freien und sich selbst regierenden Völkern der Welt eine solche Vereinbarung in Plan und Handlung aufzurichten, die hinfort nach Beobachtung dieser Grundsätze strebt.
Wir haben keinen Streit mit dem deutschen Volke. Wir haben gegen dieses nur ein Gefühl der Sympathie und der Freundschaft. Seine Regierung hat nicht auf sein Betreiben gehandelt, als sie in den Krieg eintrat. Das geschah nicht mit vorheriger Kenntnis oder Billigung des Volkes. Es war ein Krieg, der beschlossen wurde, so wie in alten unglücklichen Zeiten Kriege hervorgerufen und geführt wurden im Interesse von Dynastien oder von kleinen Gruppen Ehrgeiziger, die gewohnt waren, ihre Mitbürger als Pfänder und Werkzeuge zu benutzen. Eine feste Vereinigung für den Frieden kann nur aufrechterhalten werden, wenn die Mitglieder demokratische Nationen sind. Man könnte keiner autokratischen Regierung das Vertrauen schenken, dass sie ihr treu bleiben oder ihre Vereinbarungen innehalten würde. Es muss ein Bund der Ehre sein, eine Beteiligung aus Überzeugung ...
Wir werden für Dinge kämpfen, die immer unseren Herzen am nächsten gelegen haben, für Demokratie, für das Recht derer, die einer Obrigkeit untertan sind, eine Stimme in ihrer eigenen Regierung zu haben, für die Rechte und Freiheiten der kleinen Nationen, für eine allgemeine Herrschaft des Rechts durch einen solchen Bund freier Völker, der allen Nationen Frieden und Sicherheit bringt und schließlich die Welt selbst befreit ...

Tankschlacht von Cambrai

In der Tankschlacht von Cambrai in Nordfrankreich (20. 11. bis 6. 12. 1917) kam es durch die Engländer erstmals zum Einsatz massierter Panzerkräfte. Seit Mitte Oktober 1917 zeichnete sich das Scheitern der britischen Offensive in Flandern ab. Um diesen Eindruck zu beseitigen und den Kampfwert der jungen Panzerwaffe zu beweisen, beschloss das britische Oberkommando in Frankreich am 19. 10., bei Cambrai eine Angriffsoperation durchzuführen. Ihre Vorbereitung wurde angesichts der italienischen Niederlage am Isonzo 1917 seit Ende Oktober forciert. Das Oberkommando der britischen 3. Armee plante, die pioniertechnisch stark ausgebaute deutsche Stellung durch massierten Panzereinsatz zu durchbrechen, mit Kavallerie in die Tiefe vorzustoßen und den Eisenbahnknotenpunkt Cambrai einzunehmen. Zwischen Banteux und Havrincourt (auf etwa 12 km) wurden dafür bereitgestellt: das britische Tankkorps mit 378 Kampf- und 98 Hilfspanzern sowie 6 Infanterie- und 2 Kavalleriedivisionen mit 1.009 Geschützen und 1.536 MG. Außerdem standen rund 400 Flugzeuge zur Verfügung. Diesen Kräften lagen im Bereich der deutschen 2. Armee 4 schwache Infanteriedivisionen mit 224 Geschützen, 272 Minenwerfern und rund 900 MG gegenüber.
Da der Angriff am 20. 11. früh ohne die übliche Artillerievorbereitung begann, wurden die deutschen Truppen völlig überrascht. Die hinter einer Feuerwalze angreifenden Panzer, gefolgt von Infanterie und unterstützt von Fliegerkräften, durchbrachen bis Mittag die deutschen Stellungen auf etwa 12 km Breite in ihrer ganzen Tiefe (bis 7 km). Dabei gingen 60 Panzer verloren. Der nur zögernd folgende Kavallerievorstoß scheiterte jedoch. Die britische Führung hatte den Erfolg nicht entschlossen ausgenutzt. Deshalb konnte die deutsche Seite die Krise durch den Einsatz von Reserven überwinden. Auch in den folgenden Tagen gelang es den britischen Truppen nicht, den taktischen Durchbruch zu erweitern und Cambrai zu erobern. Die Panzer hatten schwere Verluste erlitten (insgesamt 120 Stück) und wurden seit dem 27. 11. zurückgeführt.
Am 29. 11. endete die britische Angriffsoperation. Infolge relativer Kampfruhe an der übrigen Westfront und im Osten sowie der für sie günstigen Lage auf dem italienischen Kriegsschauplatz, konnte die OHL zur Abwehr des britischen Angriffs 13 Divisionen heranführen und weitere Kräfte und Kampfmittel für einen Gegenangriff bereitstellen. Er begann am 30. 11. mit 18 Divisionen und 1.240 Geschützen, unterstützt von starken Fliegerkräften, und überraschte den Gegner.
Der Hauptstoß erfolgte gegen die südliche Flanke des britischen Frontvorsprungs. Die deutschen Truppen gewannen zwar einen großen Teil des verlorenen Geländes zurück, liefen sich aber am 6. 12. endgültig fest.
In der Schlacht bei Cambrai betrugen die deutschen Gesamtverluste 41.000 und die britischen 45.000 Mann. Die britische Angriffsoperation bei Cambrai unterstrich die Zukunftsträchtigkeit der Panzerwaffe. Im Zusammenwirken mit den anderen Waffengattungen hatten die Panzer in wenigen Stunden Ergebnisse erzielt, für die bisher an der Westfront über Wochen und Monate hinweg viel mehr Kräfte und Kampfmittel eingesetzt werden mussten. Für das britische Heer gab Cambrai den Anstoß zum weiteren Ausbau der Panzertruppe. Hingegen fühlte sich die deutsche Führung durch den Ausgang der Schlacht in ihrer Geringschätzung der Panzer bestärkt und zog falsche Schlussfolgerungen. Selbst der Ausbau einer wirksamen Panzerabwehr unterblieb.

Zerschossenes Dorf bei Ypern. Hier wurde bereits im Herbst 1914 unendlich viel Blut vergossen. Inzwischen zur Mondlandschaft geworden, war Flandern 1917 abermals Schauplatz erbitterter Kämpfe, als die Engländer versuchten, zu den deutschen Marine-Basen an der belgischen Küste durchzubrechen.

Die U-Boot-Waffe

Bei Ausbruch des Ersten Weltkrieges im August 1914 verfügten die Seestreitkräfte aller Großmächte über U-Boote (Großbritannien 76, Frankreich 38, Deutschland 28, Russland 20, Österreich-Ungarn 6). Über ihre Einsatzmöglichkeiten bestand jedoch noch wenig Klarheit.
In der Führung der deutschen Marine herrschte die Absicht vor, die neue Waffe vor allem gegen größere Kriegsschiffe des Gegners einzusetzen, um ein günstiges Kräfteverhältnis in einer für seekriegsentscheidend gehaltenen Generalschlacht der Linienschiffsflotten zu erreichen. Der Erfolg des deutschen U 9, dem es am 22. 9. 1914 gelang, 3 britische Panzerkreuzer zu versenken, schien diese Auffassung zunächst zu bekräftigen. Er zeigte die Leistungsfähigkeit der U-Boote unter Kriegsbedingungen. Das galt vor allem für die modernen, mit Dieselmotoren zur Überwasserfahrt ausgerüsteten Boote, von denen Deutschland bei Kriegsbeginn 10 besaß. Es erwies sich jedoch bald, dass gegen schnelle, hochmanövrierfähige Kampfschiffe, die zudem zunehmend von Begleitfahrzeugen gedeckt wurden, auf die Dauer kaum größere Ergebnisse durch U-Boote zu erzielen waren. Erfolgversprechender schien hingegen ihr Einsatz gegen die Handelsschifffahrt von und nach den Britischen Inseln, um die Versorgung Großbritanniens trotz der Seeherrschaft seiner Flotte ernsthaft zu stören. Dahingehende Forderungen wurden von Vertretern der militärischen Führung Deutschlands nach dem Scheitern des Schlieffen-Planes immer nachdrücklicher erhoben. Trotz der noch relativ geringen Zahl von U-Booten erhoffte man sich von der abschreckenden Wirkung der ohne Warnung versenkten Schiffe eine Lähmung der gegnerischen Handelsschifffahrt.
Die deutschen U-Boot-Kommandanten führten bereits seit dem Herbst 1914 – am 20. 10. 1914 versenkte erstmalig U 17 ein britisches Handelsschiff – den Krieg auf den Seeverbindungen der Entente. Dabei wurde die so genannte Prisenordnung, die das vorherige Untersuchen der Schiffe nach verbotener, d.h. der unmittelbaren Kriegführung dienender Ladung vorsah, noch beachtet. Der offizielle Beginn des U-Boot-Krieges verzögerte sich jedoch. Der Hauptgrund hierfür waren Bedenken über die möglichen Auswirkungen dieser bisher nicht dagewesenen Form des Seekrieges auf die Haltung der neutralen Staaten, insbesondere der USA. Der ab 18. 2. 1915 offiziell eröffnete U-Boot-Handelskrieg unterlag daher gewissen Einschränkungen, vor allem in Bezug auf neutrale Schiffe. Dies wie auch der am 29. 2. 1916 verschärfte U-Boot-Krieg waren Versuche, die neue Form der Seekriegführung den außenpolitischen Erfordernissen Deutschlands anzupassen. Die Rücksichtnahme schwand in dem Maße, wie die deutsche Führung glaubte, im U-Boot-Krieg ein Mittel zur Niederringung Großbritanniens und damit zur Herbeiführung einer Wende im Kriegsverlauf zugunsten der Mittelmächte gefunden zu haben.
Am 1. 2. 1917 eröffnete Deutschland den uneingeschränkten U-Boot-Krieg. Von diesem Zeitpunkt an hatten die deutschen U-Boote den Befehl, alle innerhalb bestimmter Sperrgebiete angetroffenen Handelsschiffe warnungslos anzugreifen und zu versenken. Außerhalb dieser Gebiete angetroffene Handelsschiffe waren nach der Prisenordnung aufzubringen, bei Bewaffnung jedoch wie Kriegsschiffe zu behandeln. Die Sperrgebiete erstreckten sich zunächst auf die Gewässer um Großbritannien, Frankreich und Italien sowie auf das östliche Mittelmeer und wurden in den folgenden Monaten auf einen Teil des Europäischen Nordmeeres und das Seegebiet der Azoren ausgedehnt. Darüber hinaus operierten deutsche U-Boote an der Ostküste der USA und vor der Westküste Afrikas. Zum Zeitpunkt der Eröffnung des uneingeschränkten U-Boot-Krieges standen 106 Boote zur Verfügung, von denen sich jeweils annähernd ein Drittel im Einsatzgebiet, auf dem Hin- oder Rückmarsch bzw. im Hafen oder auf der Werft befand. Dieser Einsatz der U-Boote führte zunächst zu einer beträchtlichen Steigerung der Versenkungsziffern. Im April 1917 versenkten deutsche U-Boote 458 Handelsschiffe mit 841.118 BRT, im gesamten Jahr 1917 Schiffsraum in Höhe von fast 6 Mill. BRT. Diese hohen Verluste verursachten vorübergehend ernste Störungen, vor allem in der Rohstoffversorgung der Entente-Mächte.
Das Ziel des U-Boot-Krieges, die Niederwerfung Großbritanniens und die Wende im Kriegsverlauf, konnte jedoch nicht erreicht werden. Vielmehr gab die Eröffnung des uneingeschränkten U-Boot-Krieges den endgültigen Anlass für den Kriegseintritt der USA auf Seiten der Entente, wodurch sich das Kräfteverhältnis weiter entschieden zu deren Gunsten veränderte. Die seit Sommer/Herbst 1917 wirksamer werdenden Maßnahmen zur U-Boot-Abwehr, insbesondere die Einführung des Geleitzugsystems sowie der Einsatz von Wasserbomben und Unterwasserhorchgeräten, die beschleunigte Bewaffnung der Handelsschiffe und der verstärkte Bau von Geleitfahrzeugen, führten zu einem beträchtlichen Rückgang der Versenkungsziffern. Ab Frühjahr 1918 überstiegen die amerikanischen und britischen Schiffsneubauten die Tonnage-Einbußen der Entente. Der von Deutschland geführte U-Boot-Krieg brachte größere Verluste. Insgesamt versenkten die deutschen U-Boote von 1914 bis 1918 6.394 gegnerische und neutrale Handelsschiffe mit fast 12 Mill. BRT sowie etwa 100 Kriegsschiffe. 228 der 374 eingesetzten U-Boote gingen verloren.

Blick in den Maschinenraum eines deutschen U-Bootes.

Luftstreitkräfte

Fast durchgängig fand zu Beginn des Ersten Weltkrieges 1914 das sog. Einheitsflugzeug Verwendung: in Deutschland die „Rumpler-Taube“, in Frankreich, Großbritannien und Russland Eindecker vom Typ „Blériot“ und Zweidecker der Typen „Bréguet“ und „Voisin“. Die Flugzeuge hatten Motoren von 70-110 PS, sie erreichten eine Gipfelhöhe von 2.500-3.000 m und Höchstgeschwindigkeiten bis zu 120 km/h. Ihre Reichweite betrug 200-300 km. In den ersten Kriegsmonaten wurden die Flugzeuge hauptsächlich zur Luftaufklärung eingesetzt. Dabei gewann neben der Fernaufklärung vor allem mit der Herausbildung der Stellungsfronten die taktische Aufklärung an Bedeutung. Die Luftstreitkräfte entwickelten sich jedoch bald zu einer vielseitig verwendbaren Truppengattung. Die Zahl der Militärflugzeuge stieg von 1914 bis 1918 im Durchschnitt auf das 10- bis 15-fache.

Das rasche Anwachsen der Fliegerkräfte, die sich stetig verbessernde Flugzeugtechnik sowie der Aufbau der Luftverteidigung führten zu Veränderungen in der Organisation der Luftstreitkräfte. Die den Armeen, Generalkommandos und teilweise den Divisionen unterstellten Fliegerabteilungen hatten keine zentrale Führung. Um diesem Mangel abzuhelfen und gleichzeitig den Nachschub und das Ersatzwesen zu gewährleisten, wurde am 11. 3. 1915 ein Chef des Feldflugzeugwesens eingesetzt, der dem Generalquartiermeister des Heeres unterstand und an die Spitze aller Flieger- und Luftschifferabteilungen trat. Das war der entscheidende Schritt zur Loslösung der Fliegerkräfte vom Militärverkehrswesen.

Am 2. 4. 1915 wurde bei allen AOK die Dienststelle eines Stabsoffiziers der Flieger geschaffen, der die Armee beim Einsatz der Fliegerabteilungen beriet. 1915/16 verlagerte sich der Einsatzschwerpunkt der Fliegerkräfte immer stärker von der Aufklärung auf die unmittelbare Kampftätigkeit. Dies sowie die wachsende Erkenntnis über die Rolle der Luftstreitkräfte im Ringen um die Kriegsentscheidung veranlassten die OHL, die Fliegerkräfte in raschem Tempo weiter auszubauen. Dazu dienten das Hindenburgprogramm von 1916, das sogenannte Amerika-Programm von 1917, das u.a. eine Verdoppelung der Jagdfliegerkräfte bis zum 1. 3. 1918 vorsah, sowie die Reorganisation der Führung. An die Spitze der Luftstreitkräfte trat im Oktober 1916 Generalleutnant Ernst von Hoeppner (1860-1922) als Kommandierender General, dem alle Luftkampf- und Luftverteidigungsmittel an der Front und im Hinterland (mit Ausnahme der Marine) einschließlich des Heimatluftschutzes und der Flak-Artillerie unterstellt wurden. Er selbst unterstand unmittelbar dem Chef des Generalstabes des Heeres. Am 29. 11. 1916 wurden die bisherigen Stabsoffiziere der Flieger zu Kommandeuren der Flieger. Sie waren nunmehr Vorgesetzte aller Fliegerkräfte ihrer Armeen. Den Armeekorps wurden Gruppenführer der Flieger zugeteilt, die für den Einsatz von Fliegerkräften an Schwerpunktabschnitten der Front verantwortlich waren.

Anfang 1916 waren die Dienststellen des Befehlshabers der Marinefliegerabteilungen und des Führers der Marineluftschiffe geschaffen worden. Infolge der gesteigerten Flugzeugproduktion und der verstärkten Ausbildung von Piloten erhöhte sich die Zahl der Fliegerabteilungen sowie der Jagd- und Bombenfliegerstaffeln. Die seit Herbst 1914 / Frühjahr 1915 bestehenden, vornehmlich zu Bombenangriffen bestimmten Fliegerabteilungen der OHL „Brieftaubenabteilung O (Ostende)" sowie „Brieftaubenabteilung M (Metz)" wurden 1916 in Kampfgeschwader der OHL umgebildet. Deren Zahl erhöhte sich durch Neuaufstellungen zunächst auf 7, sank jedoch in der Folgezeit auf 3. Aus den freiwerdenden Kräften entstanden im Herbst 1916 die Schutzstaffeln (Jagdflugzeuge zum Schutz der Aufklärungsflugzeuge und Artillerieflieger) sowie später die Schlachtfliegerkräfte. Die militärische Führung legte besonderes Gewicht auf die Verstärkung der Jagdfliegerkräfte, um der zunehmenden Luftüberlegenheit der Entente entgegenzuwirken, sowie auf den Einsatz schwerer Bombenflugzeuge gegen französische und englische Städte. Die leistungsfähigsten deutschen Jagdflugzeuge waren die „Albatros" D III sowie die „Fokker" D VII. Zu den meistgebauten schweren Bombenflugzeugen zählten die von der Gothaer Waggonfabrik hergestellten Typen sowie die sogenannten Riesenflugzeuge von Siemens-Schuckert und den Zeppelinwerken Staaken. Sie waren außer mit Bomben und Flieger-MGs auch mit Funkgeräten und Luftbildkameras ausgerüstet, wodurch sich die Möglichkeiten ihres Gefechtseinsatzes gegenüber den ersten Kriegsjahren beträchtlich erweiterten. Auf Seiten der Entente standen den Fliegerkräften Deutschlands u.a. die Jagdflugzeugtypen „Nieuport", „Spad" (beide Frankreich) und „Sopwith" (Großbritannien), die Bombenflugzeuge der Typen „Bréguet" (Frankreich), „De Havilland" und „Handley-Page" (beide Großbritannien) sowie die russischen Bombenflugzeuge des Typs „Ilja Muromez" gegenüber.

Deutsche und französiche Jagdflugzeuge im Luftkampf. Gemälde von Zeno Diemer.

Im Verlauf des Krieges entwickelten sich je nach dem Einsatzzweck unterschiedliche Gattungen der Fliegerkräfte. Aus den Einheitsfliegertruppen zu Kriegsbeginn entstanden Aufklärungs-, Jagd-, Bomben- und Schlachtfliegerkräfte mit eigenen Einsatzprinzipien. Es entwickelten sich Formen des Zusammenwirkens der Luftstreitkräfte mit den Landstreitkräften, in Ansätzen auch mit den Seestreitkräften.

Im Verlauf des Krieges steigerten sich Größe und Leistung der in Deutschland gebauten Luftschiffe beträchtlich. Heeres-Luftschiffe flogen weiterhin vereinzelte Angriffe auf Objekte im Hinterland der Entente-Mächte. Sie brachten jedoch bei steigenden Verlusten wenig Erfolg. Anfang 1917 wurde daher der Luftschiff-Einsatz im Bereich des Heeres stark eingeschränkt und im Sommer 1917 faktisch eingestellt. Die verbliebenen Heeres-Luftschiffe wurden der Marine übergeben oder abgerüstet.

Die Marine-Luftschiffe waren seit Kriegsbeginn vor allem zur Aufklärung über See eingesetzt, wobei sie teilweise mit den Seestreitkräften unmittelbar zusammenwirkten. Seit Januar 1915 führten die Marine-Luftschiffe mit Nachtangriffen einen Fernluftkrieg gegen die Britischen Inseln, vor allem gegen London. Er wurde wegen der zunehmenden Abwehr im November 1916 eingestellt, mit verbesserten Luftschiffen ab Frühjahr 1917 jedoch in vermindertem Umfang wiederaufgenommen. Insgesamt wurden bei Heer und Marine bis 1918 123 Luftschiffe in Dienst gestellt. Davon gingen 79 durch Feindeinwirkung bzw. durch Unfälle verloren, 11 mussten an die Entente abgeliefert werden, der Rest wurde abgewrackt bzw. bei Kriegsende in Deutschland zerstört.

1918

JANUAR

8.1. Der amerikanische Präsident Woodrow Wilson legt ein 14-Punkte-Programm vor, das in seinen Grundzügen die Friedensordnung nach 1918 beschreibt. Die Reichsregierung lehnt das Programm ab.
9.1. In Brest-Litowsk werden die Friedensverhandlungen zwischen den Mittelmächten und Sowjetrussland fortgesetzt.
24.1. Der österreich-ungarische Ministerpräsident Ottokar Graf von Czernin und zu Chudenitz erklärt angesichts der innenpolitischen und militärischen Lage seines Landes, dass ein Verständigungsfrieden auf Basis der 14 Punkte von Wilson akzeptabel sei.

FEBRUAR

6.2. Tod des Malers Gustav Klimt in Wien.
9.2. Unterzeichnung eines Separatfriedens zwischen der weitgehend von Bolschewisten besetzten Ukraine und den Mittelmächten in Brest-Litowsk. Dieser „Brotfriede" soll die Lebensmittelversorgung der Mittelmächte sichern. Zugleich wird die Ukraine wirtschaftlich eng an das Deutsche Reich gebunden.
10.2. Wegen des Separatfriedens mit der Ukraine bricht der russische Volkskommissar für auswärtige Angelegenheiten, Leo D. Trotzki, die Verhandlungen in Brest-Litowsk ab. Einseitig erklärt er den Kriegszustand für beendet.
18.2. Wegen des Abbruchs der Friedensverhandlungen in Brest-Litowsk nehmen die Mittelmächte die Kampfhandlungen wieder auf. Das Ziel Erich Ludendorffs ist die Abtrennung der gesamten baltischen Küste und Finnlands von Russland.
26.2. Nach dem schnellen Vormarsch der Mittelmächte kehren die russischen Friedensunterhändler nach Brest-Litowsk zurück.

MÄRZ

3.3. Unterzeichnung des Friedens von Brest-Litowsk: Russland verliert über 25 Prozent seiner Bevölkerung und 27 Prozent seines wirtschaftlich nutzbaren Bodens. Es muss die Unabhängigkeit von Finnland, Estland, Livland, Kurland, Litauen, Polen, Georgien, der Ukraine und von Teilen Armeniens anerkennen.
6.- 8.3. Auf dem ersten ordentlichen Parteitag der Bolschewiken nach der Machtübernahme nennt sich die Partei in „Kommunistische Partei Russlands (Bolschewiken)" um und beschließt Maßnahmen zur Planwirtschaft.
8.3. Verlegung des Hauptquartiers der Obersten Heeresleitung (OHL) von Kreuznach nach Spa (Belgien).
9.3. Mit Billigung Russlands landen britische Truppen bei Murmansk, um ein Vordringen deutscher Truppen in Finnland zu verhindern.
10.3. Die sowjetrussische Regierung verlegt ihren Sitz aus strategischen Gründen nach Moskau, das zur Hauptstadt erklärt wird.
21.3. An der Westfront beginnt die deutsche Frühjahrsoffensive in der Picardie auf 70 km Breite zunächst mit einem schnellen Vormarsch. Ludendorff will mit einem militärischen Erfolg die Alliierten an den Verhandlungstisch zwingen.
23.3. Der Friedensvertrag von Brest-Litowsk wird im Reichstag gegen die Stimmen der Unabhängigen Sozialdemokratischen Partei Deutschlands (USPD) ratifiziert, die Sozialdemokratische Partei Deutschlands (SPD) enthält sich der Stimme.

APRIL

9.4. Trotz der Erstürmung des Kemmelbergs bei Ypern wird die deutsche Offensive westlich von Lille gestoppt.
11.4. Auf der Hauptversammlung der Bunsen-Gesellschaft rechtfertigt Fritz Haber den Einsatz von Giftgas.
21.4. Tod des als „Roter Baron" bekannt gewordenen Manfred Freiherr von Richthofen.

MAI

7.5. „Frieden von Bukarest": Der Friedensvertrag zwischen Rumänien und den Mittelmächten soll Deutschland u.a. den ungehinderten Transport von Lebensmitteln aus der Ukraine garantieren.
22.5. Gegen den Widerstand der Entente-Staaten schließen das Deutsche Reich und die Schweiz ein Handelsabkommen: Deutschland liefert Kohle gegen Lebensmittel.
27.5. Die erneute deutsche Offensive an der Westfront zwischen Soissons und Reims am Chemin des Dames beginnt mit Erfolgen.

JUNI

12.6. Nach misslungenen Angriffen bei Noyon und Compiègne gibt Ludendorff den Befehl zur Einstellung der Offensive.
14.-25.6. Die letzte große Offensive der österreich-ungarischen Truppen in Italien scheitert, die Moral der Truppen verschlechtert sich erheblich.

JULI

16.7. Erschießung des russischen Ex-Zaren Nikolaus II. und seiner Familie in Jekaterinenburg durch Bolschewisten.
18.7. Beginn der alliierten Gegenoffensive unter Marschall Foch drängt die Deutschen an der Westfront wieder zurück und leitet die militärische Wende ein.

AUGUST

2.8. Besetzung der nordrussischen Stadt Archangelsk durch amerikanische und britische Truppen.
5.8. Die Vereinigten Staaten brechen die diplomatischen Beziehungen zu Sowjetrussland ab.
8.8. Beginn der Schlacht bei Amiens: Tiefe Einbrüche der Engländer mit Panzerverbänden führen zum stetigen Rückzug des deutschen Heeres. Ludendorff spricht vom „schwarzen Tag des deutschen Heeres".
14.8. Die OHL bezeichnet in einer Besprechung mit Wilhelm II. und Karl I. die Fortführung des Krieges als „aussichtslos".
28.8. Die Rückverlegung deutscher Truppen in die „Siegfriedstellung" beginnt auf breiter Front.

SEPTEMBER

3.9. Der amerikanische Senat fordert die Verhaftung Wilhelms II. und die Einleitung internationaler Gerichtsverfahren gegen die Initiatoren des U-Boot-Kriegs.
29.9. Überraschend fordert die OHL sofortige Waffenstillstandsverhandlungen, den Rücktritt des Reichskanzlers Georg Graf von Hertling sowie die Einsetzung einer parlamentarischen Regierung.
Waffenstillstandsvertrag zwischen den Alliierten und Bulgarien.
30.9. Reichskanzler Hertling tritt zurück.

OKTOBER

3.10. Wilhelm II. ernennt den als liberal geltenden Prinz Max von Baden zum Reichskanzler. In der neuen Regierung sind auf Verlangen Ludendorffs die Mehrheitsparteien vertreten.
4.10. Auf Druck der OHL richtet Max von Baden ein Waffenstillstandsersuchen auf Basis der 14 Punkte an den amerikanischen Präsidenten.
Österreich-Ungarn und das Osmanische Reich unterbreiten den USA Waffenstillstandsangebote.
14.10. In einer amerikanischen Note wird u.a. die Einstellung des U-Boot-Kriegs als Voraussetzung für einen Waffenstillstand genannt.
20.10. Wilson nennt die Anerkennung der Selbständigkeitswünsche der Völker als Voraussetzung für Verhandlungen mit Österreich-Ungarn.
22.10. Die deutsche Hochseeflotte erhält den Befehl zu einer Großoffensive am 29. Oktober.
23.10. In seiner Antwortnote an die deutsche Regierung erklärt Wilson seine Bereitschaft, nur einen solchen Waffenstillstand zu vermitteln, der Deutschland außer Stande setze, die Kampfhandlungen wieder aufzunehmen. Außerdem sei die Parlamentarisierung noch unzulänglich, und die Macht der Militärs sowie des Königs von

Preußen seien noch ungebrochen. Wilhelm II. verfügt eine allgemeine Amnestie für politische Gefangene, bei der auch Karl Liebknecht (USPD) begnadigt wird.

24.10. Auf die Forderung Wilsons nach einer militärischen Kapitulation reagiert Paul von Hindenburg mit einem Armeebefehl, der die Truppe zum „Widerstand mit äußersten Kräften" auffordert.

26.10. Ludendorff kritisiert gegenüber Wilhelm II. die Regierungspolitik scharf. Auf den Hinweis des Kaisers, diese Politik sei die Folge des Waffenstillstandsersuchens der OHL, verlangt Ludendorff erregt seine Entlassung. Sein Nachfolger wird Wilhelm Groener. Nach einem Appell des Kaisers an Hindenburgs Patriotismus bleibt Hindenburg im Amt.

28.10. Der Reichstag beschließt das Gesetz zur Parlamentarisierung. Die Regierung ist nun vom Vertrauen des Reichstags abhängig.

31.10. Tod des österreichischen Malers Egon Schiele in Wien.

Unbestritten war die alliierte Kriegspropaganda der deutschen weit überlegen. Hier sprach man nur vom „deutschen Militarismus", von der „furchtbaren deutschen Kriegsmaschine", von der „Unfreiheit", in der Deutschland leben müsse, von der Bedrohung der Welt durch dieses Wilhelminische Deutschland und immer wieder von den unsäglichen Greueltaten deutscher Soldaten. Von allen Schauergeschichten hinterließen dabei die abgehackten Kinderhände, denen jeglicher realer Hintergrund fehlte, einen nachhaltigen Eindruck. Als Hitlers Leiter der Rundfunkabteilung im Propagandaministerium, Hans Fritzsche, Gerüchte über Massenmorde während des Zweiten Weltkrieges im Osten als schlecht getarnte Feindpropaganda dementierte, meinte er: „Mir ging die Geschichte des Märchens von den abgehackten Kinderhänden des Ersten Weltkrieges nicht aus dem Sinn."

NOVEMBER

3.11. Waffenstillstand zwischen Österreich-Ungarn und den Alliierten.

4.11. In Kiel übernehmen Arbeiter- und Soldatenräte die Macht. Der Aufstand breitet sich auf andere Städte aus.

5.11. Wilson informiert die Reichsregierung, dass die deutsche Waffenstillstandskommission von General Foch empfangen werde.

7.11. Revolution in München: Kurt Eisner (USPD) ruft die Volksrepublik Bayern aus; Flucht des bayerischen Königs Ludwig III.

8.11. Unter Matthias Erzberger (Zentrum) beginnen in Compiègne bei Paris Waffenstillstandsverhandlungen mit Marschall Foch. Die deutschen Unterhändler können nur unwesentliche Erleichterungen der harten Bedingungen erreichen.

9.11. Gegen Mittag verkündet Max von Baden eigenmächtig die Abdankung Wilhelms II. und überträgt sein Amt des Reichskanzlers auf Friedrich Ebert (SPD). Ausrufung der demokratischen Republik durch Philipp Scheidemann (SPD) um 14 Uhr und der freien sozialistischen Räterepublik durch Karl Liebknecht wenig später.

10.11. Wilhelm II. begibt sich ins Exil in die Niederlande.

Bildung von Arbeiter- und Soldatenräten im gesamten Reich.

Im Ebert-Groener-Pakt sichern sich Ebert und Groener gegenseitige Unterstützung zu. Zur Kontrolle der Revolutionsregierung bilden die Räte in Berlin einen Vollzugsrat.

11.11. Abschluss des Waffenstillstands. Die besetzten Gebiete in Frankreich, Belgien, Luxemburg müssen wie Elsass-Lothringen in 15 Tagen geräumt sein. Die Verträge von Brest-Litowsk und Bukarest werden annulliert. U-Boote sowie andere Waffen und Munition sind auszuliefern.

12.11. Verkündung der Republik „Deutsch-Österreich" und ihres Anschlusses an Deutschland. Dieser Anschluss wird von den Alliierten strikt abgelehnt.

13.11. Gründung der Organisation „Stahlhelm. Bund der Frontsoldaten" als Zusammenschluss von Soldaten des Weltkriegs zur Abwehr der Novemberrevolution.

15.11. Gründung der extrem rechten Deutschnationalen Volkspartei (DNVP).

25.11. Kapitulation der deutschen Truppen in Ostafrika.

28.11. Kaiser Wilhelm II. unterzeichnet seinen Thronverzicht.

DEZEMBER

10.12. Max Planck erhält den Physik- Nobelpreis für seine Forschungen in der Quantenphysik. Fritz Haber erhält den Chemie-Nobelpreis für die Entwicklung eines Verfahrens zur Synthese von Ammoniak und Stickstoff.

16.-21.12. Der Reichskongress der Arbeiter- und Soldatenräte unterstützt die Politik der SPD und fordert ebenfalls Wahlen zur Nationalversammlung.

23.12. Wegen ausstehender Soldzahlungen besetzen Matrosen der Volksmarinedivision das Berliner Schloss und nehmen den Stadtkommandanten Otto Wels (SPD) als Geisel.

24.12. Ebert informiert Groener über die Lage und fordert Hilfe von der Armee. Das Garde-Schützenregiment greift die Matrosen während der Weihnachtskämpfe an. Es kommt zu Verhandlungen zwischen Regierung und Volksmarinedivision.

30.12. Spartakusbund und Bremer Linksradikale gründen in Berlin die Kommunistische Partei Deutschlands (KPD). Gegen den Willen von Liebknecht und Rosa Luxemburg beschließt die KPD einen Boykott der Wahlen zur Nationalversammlung.

31.12. Beschluss zur Demobilisierung der gesamten Armee.

AUSSERDEM

Alfred Adler: Praxis und Theorie der Individualpsychologie (Psychologische Abhandlung)

Karl Bühler: Die geistige Entwicklung des Kindes (Psychologische Abhandlung)

Houston St. Chamberlain: Rasse und Nation (Rassenideologie)

Ernst Lubitsch: Die Augen der Mumie Ma (Film)

Große Schlacht in Frankreich 1917/18

Nach dem Ausscheiden Russlands aus dem Krieg beschloss die OHL Anfang November 1917, durch eine Offensive gegen das britische Heer im Frühjahr 1918 den „Siegfrieden" herbeizuführen. Die Vorbereitungen der Offensive (Deckname „Sankt Michael") leitete der Erste Generalquartiermeister in der OHL, General Erich Ludendorff (1865-1937). Sie sollte erfolgen, bevor die Masse der amerikanischen Armee in Frankreich gefechtsbereit war. Nach dem ursprünglichen Plan der OHL hatte die 17. und die 2. Armee (Heeresgruppe Kronprinz Rupprecht) eine zweite Angriffsoperation (Deckname „Sankt Georg") in Flandern für den Fall vorbereitet, dass „Michael" scheiterte. In der Folgezeit wurden deren Ziele bedeutend erweitert. Ludendorff wollte nach gelungenem Durchbruch auch das französische Heer angreifen. Obwohl die militärische Führung auch Zweifel am Gelingen der Offensive hegte, war sie dennoch bereit, alles auf eine Karte zu setzen. Die „Michael"-Operation begann im Morgengrauen des 21. 3. mit einer mehrstündigen, sehr massierten Artillerievorbereitung (3,2 Mill. Schuss, davon ein Drittel Granaten mit chemischem Kampfstoff) auf etwa 75 km Breite zwischen Arras und La Fère. Ein neues Schießverfahren (es ermöglichte den Verzicht auf das Einschießen der Artillerie), Kräfteüberlegenheit in den Hauptrichtungen u.a. bewirkten, dass der Gegner zumeist überrascht wurde. Teilen der 2. Armee und der 18. Armee gelang es, in den ersten 3 Tagen bis zu 20 km vorzudringen und den taktischen Durchbruch zu erreichen. Die OHL überschätzte die Anfangserfolge und erweiterte mit ihren Weisungen vom 23. und 26. 3. die Operationsziele bedeutend. Die 17. Armee sollte auf Saint-Pol, die 2. Armee auf Amiens und die 18. Armee auf Noyon sowie über die Aisne vorstoßen. Das Schwergewicht der Operation wurde immer mehr auf die 18. Armee verlegt, die

Mit Tank-Angriffen eroberten Engländer, Franzosen und Amerikaner im Sommer 1918 das während der Ludendorff-Offensive verlorene Terrain Stück um Stück zurück.

am weitesten vordrang und Noyon sowie Montdidier (27. 3.) eroberte. Damit aber lief die Operation strahlenförmig auseinander und verlor rasch ihre Wucht.
Ludendorff beabsichtigte, mit dem Vorstoß der deutschen Truppen beiderseits der Somme über Amiens bis an das Meer die britisch-französische Front auseinanderzureißen.

Angesichts dieser Gefahr kam es am 26. 3. zur Bildung eines alliierten Oberkommandos in Frankreich unter dem französischen General Ferdinand Foch (1851-1929), das wirksamere Abwehrmaßnehmen treffen konnte. Am 27. 3. scheiterten die Angriffe der 17. Armee gegen die britische Front bei Arras und wurden vorerst eingestellt. Seit dem Einsatz der französischen Reserven kamen auch die Angriffe der 2. und der 18. Armee zum Stehen (30. 3.). Am 5. 4. musste die „Michael"-Operation, Beginn und Höhepunkt der Offensive, endgültig eingestellt werden. Ihr Scheitern wurzelte vor allem in den unzureichenden Kräften und Mitteln und dem zu geringen Angriffstempo. Die Gegner konnten deshalb die taktischen Durchbrüche immer wieder abriegeln. Der etwa 80 km breite und bis zu 60 km tiefe Frontvorsprung verschlechterte die Lage der deutschen Truppen nur. Ihre Gesamtverluste betrugen rund 240.000 Mann, die gegnerischen 220.000 Mann.
Die OHL und das Oberkommando der Heeresgruppe Kronprinz Rupprecht hofften nun, auch mit einer verkleinerten „Georg-Operation" (Deckname „Georgette") das geschwächte britische Heer entscheidend schlagen zu können. 2 Armeen mit zahlreichen schwachen Stellungsdivisionen sollten über den flandrischen Höhenrücken zur Kanalküste vorstoßen. Die Operati-

Auf zum letzten Gefecht! Noch einmal stürmen deutsche Frontsoldaten über Granattrichter und Stacheldraht gegen den Feind. „Endlich heraus aus der Enge der Grabenwände", heißt es in einer Regimentsgeschichte. „Endlich Hammer und nicht mehr Amboß sein!" An die Frühjahrsoffensive von 1918 knüpften sich große Hoffnungen.

on begann am 9. 4. nach sehr starker Artillerievorbereitung mit der 6. Armee auf etwa 29 km Breite zwischen Warneton und La Bassée. Nördlich davon griff die 4. Armee an (seit 10. 4.). Die deutschen Truppen konnten Armentières (11. 4.) und den Kemmelberg (25. 4.) erobern sowie den Frontbogen bei Ypern besetzen, insgesamt aber nur bis zu 20 km vordringen. Am 29. 4. musste die Operation abgebrochen werden. Damit war die große deutsche Frühjahrsoffensive, die den Siegfrieden bringen sollte, zusammengebrochen.
Die OHL überschätzte die Verluste und Schwierigkeiten der Alliierten. Sie spekulierte darauf, die britisch-französische Front durch weitere Angriffe so zu schwächen, bis sie schließlich zusammenbrach. Den Abschluss sollte eine entscheidende Operation in Flandern gegen das britische Heer (Deckname „Hagen") bilden. Zunächst plante die OHL eine überraschende Operation gegen die französische Front zwischen Montdidier und Reims, um die alliierten Reserven aus Flandern wegzuziehen. Der Mangel an gefechtsbereiten Kräften und Mitteln erforderte sowohl eine mehrwöchige Pause als auch die Durchführung der Operation in 2 Teilen. Die Zeit arbeitete jedoch für die Alliierten. Von März bis Juli 1918 stieg z.B. die Stärke der amerikanischen Armee in Frankreich von 329.000 auf über 1 Mill. Mann, wenngleich vorerst nur einige Divisionen gefechtsbereit waren. Der erste und Hauptteil der Operation gegen das französische Heer (Decknamen „Blücher" und „Goerz") begann am 27. 5. mit der 7. Armee und dem rechten Flügel der 1. Armee auf etwa 55 km Breite vom Chemin des Dames bis Reims. Um die tiefgegliederte französische Verteidigung rasch zu durchbrechen, wurde eine der bisher stärksten Massierungen an Artillerie geschaffen (bis 110 Geschütze je Kilometer).
Durch die gewaltige Artillerievorbereitung (3 Mill. Schuss, davon 50% Gasgranaten), die geglückte Überraschung und die Kräfteüberlegenheit gelang es, den Chemin des Dames, die Aisne und die Vesle zu überschreiten und Soissons (29. 5.) zu erobern. Daraufhin erweiterte die OHL die Operationsziele für die 7. Armee bis Compiègne und zur Marne, die am 30. 5. stellenweise überschritten wurde, und für die 1. Armee bis Reims. Die französischen Truppen hielten jedoch die Eckpfeiler ihrer Front, den Wald von Villers-Cotterêts und Reims, so dass die deutschen Verbände in dem bis zu 60 km tiefen, sackartigen Frontvorsprung in eine gefährliche Lage gerieten. Am 4. 6. kamen die Angriffe zum Stehen. Der zweite Teil der Operation (Deckname „Gneisenau") begann am 9. 6. mit der 18. Armee auf etwa 34 km Breite zwischen Montdidier und Noyon. Nach geringen Anfangserfolgen stießen die deutschen Truppen am 12. 6. auf starke französische Gegenangriffe. Am 14. 6. musste die Operation eingestellt werden. Es war nicht gelungen, die alliierten Reserven aus Flandern wegzuziehen. Die OHL hielt jedoch an ihrem strategischen Vabanquespiel fest. Das erneute Überschreiten der Marne und die Beschießung der französischen Hauptstadt mit dem sogenannten Paris-Geschütz wurden als Zeichen des bevorstehenden Endsieges ausgegeben.
Ende Juni erwog man in der OHL einen Angriff auf Paris. Die geplante nächste Operation gegen die französische Front (Deckname „Marneschutz-Reims") hatte zunächst das Ziel, Reims zu erobern und die Marne mit starken Kräften auf breiter Front zu überschreiten. Der Gegner wusste von den deutschen Angriffsvorbereitungen und räumte seine vorderste Stellung. Dadurch blieb die gewaltige deutsche Artillerievorbereitung (4,5 Mill. Schuss) am 15. 7. fast wirkungslos. Die auf etwa 100 km Breite vorgetragenen Angriffe der 7., 1. und 3. Armee brachen schon am 16. 7. zusammen. Tags darauf musste die OHL den Rückzug der deutschen Truppen einleiten. Am 18. 7. begann unter Einsatz starker Panzerkräfte die französische Gegenoffensive aus dem Wald von Villers-Cotterêts heraus. Sie traf die OHL völlig unerwartet und warf die deutschen Truppen weit zurück. Damit ging die strategische Initiative im Westen endgültig an die Alliierten über.

Wilsons Vierzehn Punkte

Das amerikanische Eingreifen in den Ersten Weltkrieg hatte die entscheidende Wende gebracht. Deutschland und seine Verbündeten gerieten mehr und mehr in die Defensive. Der Traum vom „Sieg-Frieden" verblasste zusehends. Nun suchte man nach Verständigungsmöglichkeiten. Die 14 Punkte, die Präsident Wilson am 8. Januar 1918 als Grundlage dafür veröffentlichte, erschienen auch vielen Deutschen annehmbar. Sie ahnten freilich nicht, dass die siegreichen Amerikaner ihr Prinzip des Selbstbestimmungsrechts der Völker gegen den schier unüberwindlichen Wunsch nach Rache bei den vom Deutschen Reich gedemütigten Völkern ihrer Verbündeten und deren Regierungen nur höchst unvollkommen würden durchsetzen können. Kurz zusammengefasst lauteten die Wilson'schen 14 Punkte:

1) Öffentlichkeit der Friedensverträge, Ende der Geheimdiplomatie; 2) uneingeschränkte Freiheit der Schifffahrt auf den Meeren; 3) möglichst Beseitigung aller wirtschaftlichen Schranken und Herstellung gleicher Handelsbedingungen für alle Nationen; 4) volle Garantie für die Herabsetzung der nationalen Rüstungen auf das geringste, für die Sicherheit erforderliche Maß; 5) unparteilicher Ausgleich aller kolonialen Ansprüche; 6) Räumung des von den Mittelmächten besetzten russischen Ge-

Lagebesprechung einer amerikanischen Kompanie in Frankreich. Im Juli 1918 stand bereits eine Million US-Soldaten auf französischem Boden. Bis Kriegsende folgte noch eine weitere.

„Der müde Schnitter": „Ich kann nicht mehr! – Du mußt! Ich zahle die Überstunden!" Deutsche Karikatur auf Woodrow Wilson.

biets; 7) Räumung und Wiederherstellung Belgiens; 8) Räumung und Wiederherstellung des von den Deutschen besetzten französischen Gebiets, Rückgabe Elsass-Lothringens an Frankreich; 9) Berichtigung der italienischen Grenzen nach den erkennbaren Nationalitätsgrenzen; 10) freieste Möglichkeit autonomer Entwicklung der Völker Österreich-Ungarns; 11) Räumung und Wiederherstellung der von den Mittelmächten besetzten Gebiete Rumäniens, Serbiens und Montenegros, Gewährung eines freien und sicheren Ausgangs zur See für Serbien; 12) Souveränität der türkischen Teile des Osmanischen Reiches, volle Möglichkeit selbstständiger Entwicklung für die übrigen, unter türkischer Herrschaft lebenden Nationalitäten, dauernde Öffnung der Dardanellen als freie Durchfahrt für die Schiffe aller Nationen; 13) Errichtung eines unabhängigen polnischen Staates unter Einschluss aller von unzweifelhaft polnischer Bevölkerung bewohnten Gebiete und unter Gewährung eines freien und sicheren Ausgangs zur See; 14) „Ein allgemeiner Verband der Nationen muss gebildet werden aufgrund besonderer Abkommen zwecks Gewährung gegenseitiger Garantien für die politische Unabhängigkeit und die territoriale Unverletzbarkeit der kleinen wie der großen Staaten."

Diese 14 Punkte sind in den weiteren Kongressreden Wilsons vom 11. Februar, 6. April, 4. Juli und 27. September 1918 noch ergänzt und erweitert worden, so dass es sich in Wirklichkeit um insgesamt 27 Grundsätze handelt, die dem Frieden der Gerechtigkeit zugrundegelegt werden sollten. Die Rede vom 11. Februar 1918 enthält den wichtigen Grundsatz: „Keine Annexionen, keine Kontributionen, kein strafrechtlicher Schadenerlass"; in der Rede vom 27. September 1918 ist die Rede von einer völlig unparteilichen Gerechtigkeit, die keine Begünstigungen und keine Abstufungen, sondern nur die gleichen Rechte aller beteiligten Völker kennen dürfte. Unter den allgemeinen Friedensgrundsätzen Wilsons war das „Selbstbestimmungsrecht der Völker" besonders wichtig. Die Punkte 1, 2, 3 und 14 schlossen die eigentlichen Kriegsziele der USA ein; die ersten dieser Punkte wurden bei den Waffenstillstands- und Friedensverhandlungen größtenteils mit den anderen Punkten zugunsten des Punktes 14 (Völkerbund), Wilsons ureigenster Idee, geopfert.

Am 3. Oktober 1918 erging die erste Note der Reichsregierung (Prinz Max von Baden) an Wilson mit dem Ersuchen um Waffenstillstands- und Friedensvermittlung auf der Grundlage der 14 Punkte ab. In der Note vom 5. November 1918 teilte der amerikanische Staatssekretär Lansing namens der Alliierten der Reichsregierung mit, dass die Alliierten bereit seien, „mit der deutschen Regierung auf Grund der Bedingungen Frieden zu schließen, die in der Botschaft des Präsidenten vom 8. Januar 1918 und in seinen späteren Kundgebungen niedergelegt sind"; nur zwei genau bestimmte Ausnahmen (Freiheit der Meere und Reparationsfrage) wurden gemacht. Die Bemühungen Wilsons, auf der Pariser Konferenz (1919) die Grundsätze der 14 Punkte durchzusetzen, blieben angesichts der nationalen Forderungen der Verbündeten unvollkommen. Sie sicherten in manchen Fällen strittiger Gebiete (Schleswig, Ostpreußen, Oberschlesien, Saar) Volksabstimmungen, konnten sich aber gegen alliierte Abreden aus dem Kriege nicht behaupten.

Im Wald von Compiègne

Den eisigen Empfang der deutschen Waffenstillstandsbevollmächtigten beim alliierten Generalissimus Ferdinand Foch und ihr Erschrecken angesichts der Tatsache, dass man mit ihnen gar nicht verhandeln will, sondern sofort die bedingungslose Kapitulation verlangt, hält ein Bericht in den 1931 erschienenen Memoiren des französischen Marschalls fest:

In Begleitung des Generals Weygand, dreier Offiziere meines Generalstabes (Major Riedinger, Hauptmann de Mierry, Dolmetscheroffizier Laperche) und der britischen Marinedelegation unter Vorsitz des Admirals Wemyss, des Ersten Seelords, verließ ich Senlis 17 Uhr und begab mich im Sonderzug an die Stelle, die für das Zusammentreffen mit den deutschen Unterhändlern ausgesucht war, einen Winkel im Walde von Compiègne, dicht nördlich der Station Rethondes. Dort wurde mein Zug auf ein Artilleriegleis geschoben.

Der folgende Bericht, den ich nach Abschluss der Unterzeichnung des Waffenstillstandes an den Ministerpräsidenten der Republik sandte, enthält in allen ihren Einzelheiten die Tatsachen, die sich in Rethondes zwischen den Unterhändlern der Verbündeten und der Deutschen abgespielt haben:

„Der Sonderzug, der die deutschen Bevollmächtigten heranfährt, trifft am 8. November 7 Uhr auf seinem Haltegleis ein. Der Marschall teilt den deutschen Delegierten mit, dass er sie von 9 Uhr ab empfangen kann. Diese bitten, um 9 Uhr empfangen zu werden. Zur genannten Zeit begeben sie sich in den Zug des Marschalls. Marschall Foch, unterstützt von Admiral Sir Rosslyn Wemyss, General Weygand und Admiral Hope, bittet, ihm ihre Vollmachten vorzulegen. Sie händigen dem Marschall ihre Vollmachten aus. Man nimmt am Konferenztisch Platz.

Marschall Foch fragt die deutschen Delegierten nach dem Zwecke ihres Kommens. Herr Erzberger antwortet, dass die deutsche Delegation gekommen sei, um die Vorschläge der verbündeten Mächte entgegenzunehmen für einen Waffenstillstand zu Lande, zu Wasser, in der Luft, an allen Fronten und in den Kolonien. Marschall Foch erwidert, dass er keine Vorschläge zu machen habe. Graf Oberndorff fragt, wie der Marschall wünsche, dass man sich ausdrücken solle. Er klammere sich nicht an Redewendungen, er könne nur sagen, dass die Delegation um die Bedingungen für den Waffenstillstand bitte. Marschall Foch erwidert, dass er keine Bedingungen zu stellen habe. Herr Erzberger verliest den Text der letzten Note des Präsidenten Wilson, der besagt, dass Marschall Foch ermächtigt sei, die Waffenstillstandsbedingungen bekanntzugeben. Marschall Foch erwidert, dass er ermächtigt sei, diese Bedingungen bekanntzugeben, wenn die Deutschen den Waffenstillstand verlangen. ›Verlangen Sie den Waffenstillstand? Wenn Sie ihn verlangen, so kann ich Ihnen die Bedingungen mitteilen, unter denen er erlangt werden kann.‹

Friedensverhandlungen in Brest-Litowsk. Die russischen Unterhändler Joffe, Kameneff und Trotzki werden von deutschen Offizieren begrüßt. Nach längeren Verhandlungen gelang es der Obersten Heeresleitung, die Sowjets zu zwingen, am 3. März 1918 den Frieden von Brest-Litowsk zu akzeptieren.

Die alliierte Verhandlungsdelegation unter Leitung des Oberkommandierenden Marschalls Foch (2. von rechts) vor dem Salon-Wagen der französischen Eisenbahn im Wald von Compiègne, wo Deutschland am 11. November 1918 die Waffenstillstandsbedingungen akzeptieren musste.

Herr Erzberger und Graf Oberndorff erklären, dass sie den Waffenstillstand verlangen. Marschall Foch erklärt dann, dass er die Waffenstillstandsbedingungen verlesen lassen wird . . .“

Sofort nach dieser Verlesung nahm Herr Erzberger das Wort, um zu bitten, dass die militärischen Operationen von jetzt ab eingestellt würden. Er berief sich hierzu auf den Zustand der Auflösung und Disziplinlosigkeit, der in dem deutschen Heere herrsche, und auf den Geist der Revolution, der infolge der Leiden überhandnehme. Er schilderte eingehend die Schwierigkeiten, die er mit seiner Delegation gehabt habe, um durch die deutschen Armeen zu kommen und ihre Linien zu überschreiten. Nur mit Mühe und Not sei sogar der Befehl zum Einstellen des Feuers durchgedrungen. Er sehe in der Gesamtheit dieser Umstände den nahe bevorstehenden Einbruch des Bolschewismus in Deutschland. Und wenn erst einmal Mitteleuropa von dieser Flut überschwemmt wäre, dann würde Westeuropa, so sagte er, die größte Schwierigkeit haben, sich gegen ihn zu wehren. Nur die Einstellung der Angriffe der Verbündeten würde es erlauben, die Manneszucht in den deutschen Armeen wiederherzustellen und mit der Ordnung das Land zu retten.

Ich antwortete ihm leichthin: In dem Augenblick, wo die Verhandlungen über den Abschluss eines Waffenstillstandes eröffnet würden, sei es unmöglich, die militärischen Operationen einzustellen, solange die deutsche Delegation nicht die Bedingungen angenommen und unterschrieben habe, die ja gerade die Folge dieser Operationen seien. Was den Zustand anbelangt, den Herr Erzberger von den deutschen Truppen schilderte, und die Gefahr des Bolschewismus in Deutschland, so sei das die Krankheit geschlagener Armeen und kriegsmüder und erschöpfter Nationen. Westeuropa werde schon Vorsorge treffen, um sich seiner zu erwehren.

Novemberrevolution

Die in Deutschland 1918 durch die Meuterei der Matrosen in Kiel vom 3. 11. ausgelöste Revolution war mehr ein Ausbruch der allgemeinen Missstimmung gegen Wilhelm II. als der Durchbruch einer eigentlichen revolutionären Idee. Das Vorbild der russischen Revolution war nur von zweitrangiger Bedeutung für den Untergang der

Monarchie. Seit dem Scheitern der Frühjahrsoffensive 1918, dem alliierten Durchbruch am 8. 8. und der plötzlichen Waffenstillstandsforderung der OHL am 28. 9. brach, da ein neuer Kriegswinter in Aussicht stand, die trotz Erschütterungen noch bestehende Widerstandskraft zusammen. Trotz Berufung einer parlamentarischen Regierung unter Max von Baden wurde die Lage des Kaisers unhaltbar. Gegenüber den Aufständen der Matrosen und Arbeiter- und Soldatenräte zeigte sich die Machtlosigkeit der Regierung, doch lehnte Wilhelm II. den von der SPD und dann vom Reichskanzler geforderten Thronverzicht ab, bis Scheidemann am 9. 11. die Republik ausrief, während Prinz Max von Baden die Abdankung des Kaisers erklärte, um die Monarchie zu retten. Die militärischen Führer (namentlich Hindenburg) veranlassten den Kaiser zur Flucht nach Holland. In den Einzelländern wurde fast gleichzeitig die Republik ausgerufen (in Bayern schon am 8. 11.) bzw. dankten die Fürsten ab. Ein Rat der Volksbeauftragten, gebildet aus SPD und USPD, übernahm die Reichsgewalt, während die von Staatssekretär Matthias Erzberger angeführte Waffenstillstandskommission am 11. 11. die harten Bedingungen Fochs annehmen musste. Nach Niederwerfung der Spartakisten konnte mit der Wahl zur Weimarer Nationalversammlung die Novemberrevolution beendet werden. Wenn die Novemberrevolution auch den militärischen Zusammenbruch Deutschlands unwiderruflich dokumentierte, so war sie doch nicht seine Ursache, sondern seine Folge.

Aufstand in Kiel

Die deutsche Revolution, die aus den Flottenmeutereien von Oktober / November 1918 hätte entstehen können, ging teils an der Eindämmung durch die Sozialdemokratie, teils an militärischer Repression, teils auch an eigener Schwäche und Unklarheit zu Grunde. Wie etwa der hier abgedruckte Aufruf des Kieler Soldatenrats kaum Forderungen enthält, die über militärische Belange hinausgehen, so ist in gleicher Weise bezeichnend die Aussage des Gustav Noske, der sich darüber wundert, dass die Revolutionäre ihn, den rechten SPD-Mann, als Führer akzeptieren:

Aufruf des Kieler Soldatenrates, 5. 11. 1918

Kameraden! Der gestrige Tag wird in der Geschichte Deutschlands ewig denkwürdig sein. Zum ersten Mal ist die politische Macht in die Hände der Soldaten gelegt. Ein Zurück gibt es nicht mehr! . . .

Die vom Soldatenrat gestellten und vom Gouverneur angenommenen vierzehn Punkte lauten:

1. Freilassung sämtlicher Inhaftierten und politischen Gefangenen.
2. Vollständige Rede- und Pressefreiheit.
3. Aufhebung der Briefzensur.
4. Sachgemäße Behandlung der Mannschaften durch Vorgesetzte.
5. Straffreie Rückkehr sämtlicher Kameraden an Bord und in die Kasernen.
6. Die Ausfahrt der Flotte hat unter allen Umständen zu unterbleiben.
7. Jegliche Schutzmaßnahmen durch Blutvergießen haben zu unterbleiben.
8. Zurückziehung sämtlicher nicht zur Garnison gehörigen Truppen.
9. Alle Maßnahmen zum Schutze des Privateigentums werden sofort vom Soldatenrat festgesetzt.
10. Es gibt außer Dienst keine Vorgesetzten mehr.
11. Unbeschränkte persönliche Freiheit jedes Mannes von Beendigung des Dienstes bis zum Beginn des nächsten Dienstes.
12. Offiziere, die sich mit den Maßnahmen des jetzt bestehenden Soldatenrates einverstanden erklären, begrüßen wir in unserer Mitte. Alles Übrige hat ohne Anspruch auf Versorgung den Dienst zu quittieren.
13. Jeder Angehörige des Soldatenrates ist von jeglichem Dienste zu befreien.
14. Sämtliche in Zukunft zu treffenden Maßnahmen sind nur mit Zustimmung des Soldatenrates zu treffen. Diese Forderungen sind für jede Militärperson Befehle des Soldatenrates.

Aussage Gustav Noskes vor dem Untersuchungsausschuss des Deutschen Reichstages, 12. 11. 1926:

. . . Ich kann die erste der von dem Herrn Berichterstatter formulierten Fragen „War Missstimmung unter den Mannschaften wegen der strengen Urteile aus dem Jahre 1917 vorhanden?“ mit Ja beantworten. Schon in der allerersten Sitzung, an der ich in Kiel am Montag, dem 4. November, auf der Station teilgenommen habe, war eine der Forderungen, die von den Wortführern der Mannschaften vorgetragen wurden, dass sofort die zu schweren Zuchthausstrafen verurteilten Kameraden freizulassen seien . . .

Richtig ist, dass mir immer wieder die Auffassung entgegengetreten ist, dass bei der Flottenleitung die Absicht bestanden hat, trotzdem das Ende des Krieges durch die Forderung nach Waffenstillstandsverhandlungen da war – das war irgendwie durchgesickert und allgemein bekannt –, trotzdem also die Leute mit dem Ende des Krieges rechneten, sie im letzten Augenblick noch zu einer großen Schlacht hinauszuschicken, die doch unzweifelhaft das Resultat gehabt hätte, dass Zehntausende mit den Schiffen auf den Meeresgrund hinuntergegangen wären ...

Ende September 1918 mussten Hindenburg und Ludendorff die Niederlage eingestehen. Die starken Männer der OHL forderten von der kaiserlichen Regierung den sofortigen Waffenstillstand. Zwar sollten in den Waffenstillstandsbedingungen in etlichen Punkten Erleichterungen angestrebt werden, doch „Gelingt Durchsetzung dieser Punkte nicht, so wäre trotzdem abzuschließen .... Bitte Entschluss Regierung in diesem Sinne schleunigst herbeizuführen“, heißt es in Hindenburgs Stellungnahme vom 10.11.1918.

Nachdem die deutsche Führung die innere Schwäche des bolschewistischen Russland ausgenutzt und die Ukraine, die „Kornkammer des Reiches", und weitere Gebiete Russlands bis zum Kaukasus besetzt hatte, veröffentlichte der „Simplicissimus" die Karikatur mit dem Titel „ Wie ein Münchener sich die Ukraine vorstellt". Wie im Schlaraffenland würden nun Milch und Honig fließen, die gebratenen Tauben heranfliegen und die Fleischwaren auf den Zäunen wachsen.

Die Mannschaften wussten, dass Waffenstillstandsverhandlungen schwebten. Das war doch der Grund, dass sie mit dem Ende des Krieges rechneten; sie wollten nach Hause und nicht in den Tod ... Ich habe den Eindruck gehabt: Das treibende Moment, das sich mit elementarer Gewalt durchsetzte, war das: Die Sache ist zu Ende, und in dem Augenblick sterben wir nicht mehr, sondern gehen zu Frau und Kindern heim! ... Ich habe natürlich sehr häufig über die Frage nachgedacht, wie die Dinge in Kiel möglich gewesen sind, und dabei immer wieder Betrachtungen darüber angestellt, ob das nun planmäßig vorbereitet worden ist, bin aber doch stets zu dem Resultat gekommen: Wenn eine planmäßige Arbeit zum Zwecke der Erhebung zu einem früheren oder späteren Zeitpunkt geleistet worden wäre, dann musste doch eine Führung da sein, und dann war es doch fast undenkbar, dass ausgerechnet ich, der ich mich bei den Unabhängigen Sozialdemokraten nichts weniger als lebhafter Sympathien erfreuen konnte, beinahe widerspruchslos innerhalb weniger Tage es fertigbringen konnte, jedenfalls die gesamte Garnison von Kiel hinter mich zu bringen, so weit, dass sie im Wesentlichen davon Abstand nahm, weiteres Unheil anzurichten, und es möglich war, die Dinge in ganz kurzer Frist in leidlich erträgliche Bahnen zu leiten ...

Hitler im Lazarett Pasewalk

Hunderttausende deutscher Soldaten ließ das Kriegsende ratlos, verzweifelt und ohne Zukunftsperspektive zurück. Einer von ihnen war der Gefreite Adolf Hitler aus Braunau am Inn.

1913 von Wien nach München übersiedelt, meldete sich Hitler hier bereits am 5. August 1914 als Kriegsfreiwilliger bei der bayerischen Armee und wurde am 1. September dem Reserve-Infanterieregiment Nr. 16 („Regiment List" nach seinem Kommandanten Oberst List) zugewiesen. Nach ganz kurzer Ausbildung wurde der Rekrut am 8. Oktober sowohl auf den bayerischen König wie auf Kaiser Franz Joseph vereidigt, da er nach wie vor die österreichische Staatsangehörigkeit besaß. Mitte Oktober ging es an die Front, direkt in die Ypern-Schlacht. Hitler wurde am 1. 11 zum Gefreiten befördert und erhielt einen Monat später das Eiserne Kreuz II. Klasse. Der Gefreite wurde als Meldegänger zum Regimentsstab versetzt und blieb es während des ganzen Krieges. Das Regiment kämpfte lange in Flandern, aber auch an der Somme, im Oberelsass, bei Arras und in der Champagne. Für besondere Tapferkeit erhielt Hitler, der zweimal verwundet wurde, am 4. August 1918 auf Vorschlag des jüdischen Regimentsadjutanten Hugo Gutmann das EK I, das an Mannschaftsdienstgrade nur selten verliehen wurde. Nachdem das Regiment in der Nacht vom 13. auf den 14. Oktober Opfer eines britischen Gasangriffs wurde, kam Hitler, vorübergehend erblindet, am 21. Oktober in das Lazarett Pasewalk in Vorpommern. Dort erlebte er das Kriegsende und fasste den Entschluss, „Politiker zu werden", um die „Schmach" der Kapitulation zu rächen.

Die Übergabe der Kanzlerschaft an Friedrich Ebert

Zu lange hatte der Kaiser gezögert, die Konsequenzen aus dem verlorenen Krieg zu ziehen. Jetzt gingen die Ereignisse über ihn hinweg. Sein Reichskanzler Prinz Max von Baden (1867-1929) sah sich am 9. November 1918 gezwungen, die Macht der stärksten politischen Kraft im

„Ludendorff-Spende für Kriegsbeschädigte". Plakat vom Mai 1918 von Ludwig Hohlwein. Tod und Verwundung trugen wesentlich zur Schwächung der deutschen Truppe bei. „Restlos entscheidend ist die Ersatzlage geworden", heißt es in einem Vortrag des Majors im Generalstab von der Busche am 2.10.1918. „Das Heer ist in die große Schlacht mit schwachen Beständen gegangen. Trotz aller Maßnahmen sanken die Stärken unserer Bataillone von rund 800 im April auf rund 540 Ende September. Es besteht keine Aussicht, die Stärken auf größere Höhen zu bringen. Der laufende Ersatz, Wiedergenesene, Ausgekämmte, wird nicht einmal die Verluste eines ruhigen Winterfeldzuges decken. Nur die Einstellung des Jahrgangs 1900 wird die Bataillonsstärke einmalig zum 100 Mann erhöhen. Dann ist unsere letzte Menschenreserve verbraucht."

Der Rat der Volksbeauftragten, Postkarte 1918.

Reich den Sozialdemokraten unter Friedrich Ebert (1871-1925) zu übergeben. So sehr auch dieser bemüht war, soviel wie möglich über den militärischen Zusammenbruch hinwegzuretten, so wenig gelang ihm die Bewahrung der Monarchie. Sein eigener Parteifreund Scheidemann (1865-1939) rief vom Reichstag die Republik aus. Wie dieser Schicksalstag im Zentrum der Macht ablief, steht in den Erinnerungen des Prinzen:

Am Morgen des 9. November wissen wir, dass die revolutionäre Welle im Lande weiter steigt, offenbar unaufhaltsam ...

In der Nacht haben auch die Unabhängigen zum Generalstreik aufgerufen. Sie nehmen die Verhaftung Däumigs [Vorstandsmitglied der Unabhängigen Sozialdemokraten] zum Anlass. Ihr Ziel ist weit gesteckt:

„Wir fordern nicht die Abdankung einer Person, wir fordern die Republik."

Es steht aber fest, dass die Unabhängigen nicht viel erreichen werden, wenn die Mehrheitssozialdemokraten die Gegenparole ausgeben können: „Bleibt in den Betrieben!" Noch immer hoffen Ebert und Scheidemann, dass dies möglich sein wird, und fragen wiederholt am Telephon, ob wir noch keine Antwort aus Spa haben. Als wir immer aufs Neue verneinen, wächst ihre Ungeduld von Viertelstunde zu Viertelstunde. Scheidemann sagt: „Dann aber weiß ich wirklich nicht, wie wir die Leute noch abhalten sollen, auf die Straße zu gehen."

Um 9 Uhr 15 rief Staatssekretär v. Hintze aus dem Hauptquartier an, um uns folgende Eröffnung zu machen: Die Oberste Heeresleitung habe sich entschlossen, sogleich Seiner Majestät zu melden, dass die bewaffneten Streitkräfte im Falle eines Bürgerkriegs nicht hinter dem Kaiser stehen würden und dass die Armee aus Ernährungsschwierigkeiten nicht imstande sein würde, einen Bürgerkrieg zu führen. Die Bemerkung Wahnschaffes [Chef der Reichskanzlei], unter diesen Umständen bliebe doch nichts übrig als die Abdankung, fand keinen Widerspruch.

Wahnschaffe rief sofort Ebert an und forderte ihn auf, jetzt noch in die Demonstrationsbewegung einzugreifen. Er deutete ihm an, dass mit der Thronentsagung zu rechnen sei.

Ebert antwortete: „Zu spät! Die Kugel ist im Rollen. Eine Fabrik (Schwarzkopff) ist schon auf die Straße gegangen."

Wahnschaffe erwiderte: „Die Leute können ja auch wieder zur Vernunft gebracht werden."

Ebert sagte: „Wir wollen sehen, was sich machen lässt."

Ich werde die Qual dieses sinnlosen, unerklärlichen Wartens nie vergessen, das nun folgte. Waren die Massen einmal in Bewegung, so musste die Richtung siegen, die den Umsturz wollte. Mit jeder Minute schwand die Möglichkeit, eine Gegenwirkung der besonnenen Elemente herbeizuführen. Gegen 10 Uhr kam die Meldung, dass ein Zug von vielen Tausenden unbewaffneter Arbeiter sich nach dem Zentrum bewegte. Die Leute trugen Plakate mit der Aufschrift: „Brüder, nicht schießen!" Frauen und Kinder gingen dem Zuge voran. ...

Gleich darauf kam die Schreckensnachricht, welche die Grundlage aller Zuversicht zerbrach: Die Naumburger Jäger sind zu den Aufständischen übergegangen.

Ich gab die Nachricht nach Spa weiter, ebenso wie die nachfolgenden, sich häufenden Meldungen über versagende und meuternde Truppen. Ich forderte die Entscheidung und habe sagen lassen, es handelte sich nicht um Stunden, sondern um Minuten. ... Der übereinstimmende Eindruck in der Reichskanzlei war, dass die Dinge sich im Hauptquartier so entwickelten, wie sie nach dem Vortrag der Obersten Heeresleitung sich eigentlich naturnotwendig entwickeln mussten, d.h. dass der Kaiser abdanken würde. Nach 11 Uhr lauteten die Nachrichten bestimmter; die für mich maßgebenden Telephonmeldungen waren: Die Angelegenheit sei jetzt sachlich entschieden; sie seien jetzt bei der Formulierung. – Der Kaiser habe sich zur Abdankung entschlossen. Wir würden in einer halben Stunde die Formulierung erhalten. ...

Die Situation entwickelt sich reißend schnell zugunsten der Revolutionäre. ... Aus dem Reichstag wird telephoniert, dass Entlassungsgesuche der sozialdemokratischen Minister unterwegs seien. Die halbe Stunde verrann, ohne dass die in Aussicht gestellte Formulierung aus Spa eintraf. Jeden Augenblick musste die Absetzung des Kaisers von der Straße proklamiert werden. Dagegen hatten wir kein Machtmittel. Der Absetzung konnte nur vorgebeugt werden dadurch, dass die Abdankung verkündet wurde. Sollte noch die geringste gute Wirkung zugunsten des Kaisers und seines Hauses erzielt werden, so musste die Veröffentlichung augenblicklich erfolgen und durfte nicht der Absetzung nachgeschickt werden.

...Ich war mir der Schwere der Verantwortung wohl bewusst, als ich dem Wolffschen Telegraphenbureau die nachstehende Erklärung zugehen ließ: „Der Kaiser und König hat sich entschlossen, dem Throne zu entsagen. Der Reichskanzler bleibt noch so lange im Amte, bis die mit der Abdankung des Kaisers, dem Thronverzicht des Kronprinzen des Deutschen Reiches und von Preußen und der Einsetzung der Regentschaft verbundenen Fragen geregelt sind. Er beabsichtigt, dem Regenten die Ernennung des Abgeordneten Ebert zum Reichskanzler und die Vorlage eines Gesetzentwurfs wegen der sofortigen Ausschreibung allgemeiner Wahlen für eine Verfassunggebende deutsche Nationalversammlung vorzuschlagen, der es obliegen würde, die künftige Staatsform des deutschen Volkes, einschließlich der Volksteile, die ihren Eintritt in die Reichsgrenzen wünschen sollten, endgültig festzustellen."

Um die zwölfte Stunde wurde die W.T.B.-Depesche in den Straßen Berlins bekannt. Fast gleichzeitig wurde mir eine Abordnung der Sozialdemokratischen Partei gemeldet. Sie wurde von Ebert geführt. ... Herr Ebert begann:

„Damit die Ruhe und Ordnung gewahrt werden, haben unsere Parteigenossen uns beauftragt, dem Herrn Reichskanzler zu erklären, dass wir es zur Vermeidung von Blutvergießen für unbedingt erforderlich halten, dass die Regierungsgewalt an Männer übergeht, die das volle Vertrauen des Volkes besitzen. Wir halten es deshalb für nötig, dass das Amt des Reichskanzlers und das des Oberkommandierenden in den Marken durch Vertrauensmänner unserer Partei besetzt wird. Wir haben in dieser Sache sowohl unsere Partei als auch die Partei der Unabhängigen Sozialdemokraten geschlossen hinter uns. Auch die Truppen sind für uns gewonnen. Ob die Unabhängigen in die neue Regierung eintreten wollen, darüber sind sie sich noch nicht einig; falls sie sich dazu entschließen, müssen wir wünschen und verlangen, dass sie aufgenommen werden. Wir haben auch nichts gegen die Aufnahme von Vertretern der bürgerlichen Richtung; nur müssten wir die ausgesprochene Mehrheit in der Regierung behalten. Darüber wäre noch zu verhandeln."

Reichskanzler Ebert (oben), seinen Hut schwenkend, begrüßt am 10. November 1918 „Unter den Linden" in Berlin die heimgekehrten Fronttruppen. Ein Wort aus seiner Ansprache, „im Felde unbesiegt", sollte im Mund der politischen Gegner noch verhängnisvolle Wirkung entfalten. Es nährte den Mythos eines Heeres, das, durch den vorzeitigen Friedensschluss um den Lohn aller Anstrengungen gebracht, von der Heimat hinterrücks „erdolcht" worden sei.

kanzlers zu übertragen, erfolgte von keiner Seite Einspruch.
Da trat der Kriegsminister General Scheüch ein. Er war im Vorzimmer durch telephonische Erkundigungen des Hauptquartiers aufgehalten worden. Wir besprachen sofort die Machtverhältnisse in Berlin. Scheidemann muss in diesem Stadium hereingerufen worden sein, da Scheüch sich genau seiner Anwesenheit erinnert. Die Nachrichten, die von den verschiedenen Regimentern vorlagen, wurden von neuem aufgezählt. In diesem Augenblick überbrachte Oberstleutnant van den Bergh seinem Chef einen Zettel.
General Scheüch gab den Inhalt bekannt: Es handelte sich um eine 12 Uhr 30 eingetroffene telephonische Meldung des Oberkommandierenden in den Marken an den Kriegsminister:
„Aufgrund Meldung des Gardekorps, dass die größte Zahl der vorhandenen Truppen nicht mehr schießen wird, Soldaten- und Arbeiterräte gebildet hat, fragt General v. Linsingen [Oberbefehlshaber in den Marken], ob unter diesen Verhältnissen noch von der Schusswaffe Gebrauch gemacht werden soll. Entscheidung sofort erbeten, da bis 2 Uhr ein Heranströmen von großer Masse (30.000 Mann) zu erwarten ist."
Scheidemann vertrat die Meinung, die neue Regierung brauche nicht geschützt zu werden. Die Partei hätte Beauftragte zu den Menschenansammlungen entsandt, um diese von der Abdankung des Kaisers und von der Neubildung der Regierung zu unterrichten. General Scheüch hielt daran fest, dass für die Truppe eine Vorschrift über den Waffengebrauch bestehe und sie zum Schutz von Leben, Eigentum und Gebäuden schießen müsse. Keiner der Anwesenden erhob einen Widerspruch gegen die Antwort, die er zur Weitermeldung an das Oberkommando gab: „Es handelt sich lediglich um Schutz für Leben und Eigentum der Bürger und unmittelbaren Schutz der Regierungsgebäude. Im Übrigen soll von der Schusswaffe kein Gebrauch gemacht werden."
Als van den Bergh sich dieses Auftrages entledigte, erhielt er die Antwort: „Exzellenz Linsingen lässt melden, dass die Soldaten vermutlich auch nicht mehr zum Schutze von Regierungsgebäuden schießen würden."

Ich erinnerte Herrn Scheidemann kurz an seine Eigenschaft als Staatssekretär. Er erklärte, dass er sich nicht mehr als Mitglied der Regierung betrachte.
Darauf fragte ich Herrn Ebert, ob die Parteiführer den Willen und die Macht hätten, zu verhindern, dass die Bewegung in die Bahn der Gewalttätigkeit hinübergleite, und ob sie gewährleisten könnten, dass die Ruhe ungestört bliebe, wenn nicht geschossen würde.
Herr Scheidemann erwiderte:
„Die sämtlichen Garnisonen und Regimenter von Groß-Berlin sind zu uns übergegangen. Wir kommen soeben aus dem Reichstag, wo Abgeordnete aus allen Regimentern uns davon vergewissert haben; auch von den Lübbener Jägern, die man als besonders zuverlässig herangezogen hätte." ...
Ich erklärte Herrn Ebert:
„Ich habe dem Kaiser bereits vorgeschlagen, dass im Reichstag ein Gesetzentwurf vorgelegt wird, der die Wahlen zu einer Verfassunggebenden deutschen Nationalversammlung ausschreibt. Diese Versammlung würde dann entscheiden, wie Deutschland künftig regiert werden soll."
Ebert:
„Mit dem Gedanken dieser Nationalversammlung könnten wir uns einverstanden erklären."
Staatssekretär Haussmann:
„Wenn diese Versammlung sofort einberufen werden sollte, inmitten der revolutionären Bewegung, so würde sie den heftigsten Wahlkampf entfesseln und kein richtiges Bild geben."
Ebert: „Darüber muss man noch nachdenken."
Ich zog mich mit den anwesenden Staatssekretären und Graf Bernstorff [früherer Botschafter in Konstantinopel] zurück, um die endgültige Antwort zu beraten, die Herr Ebert erhalten sollte.
Als ich meinen Entschluss mitteilte, Herrn Ebert das Amt des Reichs-

Bewaffnete Revolutionäre in Berlin 1918.

Er wurde bei dieser Gelegenheit noch nicht darüber orientiert, dass der Oberkommandierende in den Marken bereits, ohne die Entscheidung des Kriegsministers abzuwarten, ein allgemeines Schießverbot erlassen hatte folgenden Wortlauts: „Truppen haben nicht von den Waffen Gebrauch zu machen, auch bei Verteidigung von Gebäuden."
Ebert und die übrigen Mitglieder der Abordnung wurden hereingerufen. Ich fragte ihn, ob er bereit sei, den Posten des Reichskanzlers anzunehmen.
Ebert antwortete: „Es ist ein schweres Amt, aber ich werde es übernehmen."
Der Staatssekretär des Auswärtigen richtete alsdann die Frage an ihn: „Sind Sie bereit, die Regierung innerhalb der Verfassung zu führen?"
Ebert bejahte. Solf fragte zum zweitenmal: „Auch innerhalb der monarchischen Verfassung?"
Eberts Antwort war: „Gestern hätte ich diese Frage unbedingt bejaht, heute muss ich mich erst mit meinen Freunden beraten."
Hierauf erklärte ich: „Nun müssen wir die Regentschaftsfrage lösen."
Ebert antwortete: „Es ist zu spät."
Hinter ihm wiederholte der Chor seiner Parteigenossen: „Zu spät, zu spät!" ...
In den Mittagsstunden füllte sich die Wilhelmstraße mit Arbeiterzügen, die keinerlei feindselige Haltung gegen die Regierungsgebäude einnahmen. Wahnschaffe blieb die ganze Zeit vergeblich bemüht, die formulierte Entschließung des Kaisers zu erhalten.

Da traf um 2 Uhr nachmittags die Nachricht ein, Scheidemann habe von der Rampe des Reichstags die Republik ausgerufen.
Das wäre im Munde eines Unabhängigen keine unwiderrufliche Proklamation gewesen; die Unabhängigen ließen seit Monaten die soziale Republik hochleben. Die Erklärung des Staatssekretärs aber band seine Partei. Scheidemann führte den letzten Stoß gegen die Monarchie.
Endlich nach 2 Uhr wurde aus dem Hauptquartier die Entschließung des Kaisers mitgeteilt. Ich bringe das Dokument so, wie es Staatssekretär v. Hintze am Telephon verlas:
„Großes Hauptquartier, den 9. November 1918.
1. Seine Majestät sind damit einverstanden, wenn die deutsche Regierung die beim Feinde befindliche Waffenstillstandskommission ermächtigt, sofort abzuschließen, auch ehe die Waffenstillstandsbedingungen hier bekannt geworden sind.
2. Um Blutvergießen zu vermeiden, sind Seine Majestät bereit, als Deutscher Kaiser abzudanken, aber nicht als König von Preußen. Seine Majestät wollen auch aus dem Grunde als König von Preußen bleiben, um zu vermeiden, dass durch den bei Abdankung erfolgenden gleichzeitigen Abgang der Mehrzahl der Offiziere die Armee führerlos wird und sich auflöst.
3. Seine Majestät wollen einen Bürgerkrieg nicht.
4. Seine Majestät werden für den Fall der Abdankung als Deutscher Kaiser dem Feldmarschall v. Hindenburg befehlen, den Oberbefehl über das deutsche Heer zu übernehmen, und werden Allerhöchstselbst bei den preußischen Truppen bleiben. Weitere Bestimmung würde dem Reichsverweser vorbehalten.
5. Heerführer und Oberbefehlshaber sind der Ansicht, dass die Tatsache der Abdankung des Deutschen Kaisers und Obersten Kriegsherrn jetzt die schwersten Erschütterungen in der Armee hervorrufen wird, und können eine Verantwortung für den Zusammenhalt der Armee nicht mehr übernehmen.
Wilhelm II. R."

Wahnschaffe zuerst, dann Simons [Ministerialdirektor in der Reichskanzlei] protestierten gegen den staatsrechtlichen Widersinn dieser Urkunde. Darin wurde die Reichsverfassung zerschlagen, deren Eckpfeiler der Artikel II war mit seinem unzweideutigen Sinn: Der Träger der Staatsgewalt in Preußen ist notwendig, und immer zugleich der Träger der kaiserlichen Gewalt im Reich. ...
Zwischen 5 und 6 Uhr ging ich zu Ebert, um Abschied von ihm zu nehmen.
Ebert sagte zu mir: „Ich bitte Sie dringend zu bleiben." Ich fragte: „Zu welchem Zweck?"
Ebert: „Ich möchte, dass Sie als Reichsverweser bleiben." Diese Bitte war in den letzten Stunden von meinen früheren Mitarbeitern wiederholt an mich gerichtet worden.
Ich erwiderte Herrn Ebert:
„Ich weiß, dass Sie im Begriff sind, mit den Unabhängigen ein Abkommen zu treffen, und mit den Unabhängigen kann ich nicht zusammenarbeiten."
An der Tür wandte ich mich noch einmal zurück: „Herr Ebert, ich lege Ihnen das Deutsche Reich ans Herz!"
Er antwortete: „Ich habe zwei Söhne für dieses Reich verloren." ...

19 Tage nach seiner Abdankung verzichtete Kaiser Wilhelm II. am 27. November 1918 auf die Krone Preußens und die damit verbundene deutsche Kaiserkrone. Die Urkunde hat folgenden Wortlaut: „Ich verzichte hierdurch für alle Zukunft auf die Rechte an der Krone Preußens und der damit verbundenen Rechte an der Deutschen Kaiserkrone. Zugleich entbinde ich alle Beamten des Deutschen Reiches und Preußens sowie alle Offiziere, Unteroffiziere und Mannschaften der Marine, des preußischen Heeres und die Truppen der Bundeskontingente des Treueeides, den sie Mir als ihrem Kaiser, König und Obersten Befehlshaber geleistet haben. Ich erwarte von ihnen, dass sie bis zur Neuordnung des Deutschen Reiches den Inhabern der tatsächlichen Gewalt in Deutschland dabei helfen, das deutsche Volk gegen die drohenden Gefahren der Anarchie, der Hungersnot und der Fremdherrschaft zu, schützen."

Adolf Hitler (links) als Soldat des Königlich-Bayerischen Reserve-Infanterieregiments Nr. 16.

Weimarer Republik

1919

JANUAR

1.1. Gründungsparteitag der Kommunistischen Partei Deutschlands (KPD) als Zusammenschluss des Spartakusbundes mit den Bremer Linksradikalen. Der Spartakusbund erstrebt eine „Räterepublik nach russischem Muster".

4.1. Die preußische Regierung verfügt die Entlassung des Berliner Polizeipräsidenten Emil Eichhorn (USPD), weil er die Politik der Spartakisten begünstige.

5.1. Tausende von Arbeitern fordern in einer Massendemonstration die Rücknahme der Entlassung Eichhorns. Bewaffnete Gruppen besetzen das Verlagsgebäude des SPD-Zentralorgans „Vorwärts" und weitere Druckhäuser in Berlin. Der Aufruhr entwickelt sich zum „Januaraufstand".

Gründung der antisemitischen Deutschen Arbeiterpartei (DAP) durch den Maschinenschlosser Anton Drexler und den Sportjournalisten Karl Harrer in München. Die DAP benennt sich 1920 in Nationalsozialistische Deutsche Arbeiterpartei (NSDAP) um.

6.1. Ein von Vertretern der Unabhängigen Sozialistischen Partei Deutschlands (USPD), der KPD und der Revolutionären Vertrauensleute gebildeter Revolutionsausschuss erklärt die Absetzung des Rats der Volksbeauftragten und die Übernahme der Regierungsgeschäfte. Die Regierung ruft zu einer Gegendemonstration auf. Gustav Noske (SPD), Leiter des Militärressorts im Rat der Volksbeauftragten, wird mit der militärischen Niederschlagung des Aufstands beauftragt.

12.1. Nachdem die wichtigsten Stützpunkte der aufständischen Revolutionäre bereits von Regierungstruppen zurückerobert sind, besiegeln frisch herangeführte Truppen das Ende des Januaraufstands. Insgesamt kommen bei den Kämpfen 165 Menschen ums Leben.

15.1. Mit Karl Liebknecht und Rosa Luxemburg werden die beiden bekanntesten Führer der Spartakisten durch Angehörige der Garde-Schützen-Kavallerie-Division gefangengenommen und ermordet.

19.1. 83 Prozent der Wahlberechtigten beteiligen sich an der Wahl zur Verfassunggebenden Nationalversammlung. Die KPD hat sich der Wahl nicht gestellt, die USPD erreicht lediglich 22 Mandate. Sieger der Wahl sind die Sozialdemokraten mit 165 Mandaten. Frauen sind in Deutschland erstmals wahlberechtigt.

25.1. Die Alliierten beschließen auf der Pariser Friedenskonferenz die Gründung des Völkerbunds, der den Mitgliedsstaaten territoriale Integrität und politische Unabhängigkeit sichern soll. Alle ehemaligen Feindmächte bleiben vorerst vom Beitritt ausgeschlossen.

29.1. Tod des Politikers und Historikers Franz Mehring in Berlin.

FEBRUAR

3.2. Die Heeresleitung unter Paul von Hindenburg und Wilhelm Groener übernimmt den Schutz der deutschen Ostgrenze gegen vorrückende polnische Verbände, die Gebiete für Polen annektieren wollen.

6.2. Eröffnung der Verfassunggebenden Nationalversammlung. Wegen der politisch ungesicherten Lage in Berlin tagt die Versammlung in Weimar.

11.2. Die Nationalversammlung wählt Friedrich Ebert zum Reichspräsidenten, der Philipp Scheidemann mit der Regierungsbildung beauftragt.

13.2. Die Regierung wird von den Parteien der „Weimarer Koalition" gebildet: der SPD, der Deutschen Demokratischen Partei (DDP) und des Zentrums.

16.2. Verlängerung des am 11. November 1918 abgeschlossenen Waffenstillstands zwischen dem Deutschen Reich und den Entente-Staaten auf unbestimmte Zeit. Das Deutsche Reich verpflichtet sich zudem, auf alle Feindseligkeiten an der Grenze zu Polen zu verzichten, und stellt am 17. Februar offiziell alle kriegerischen Handlungen ein. Die Alliierten bestimmen einen Grenzverlauf, wonach die Provinz Posen an Polen fällt und Westpreußen größtenteils beim Deutschen Reich verbleiben soll.

18.2. Der Staatenausschuss beschließt in Weimar die Einführung von Schwarz-Rot-Gold als Nationalfarben.

19.2. Die USPD erleidet bei der Landtagswahl in Bayern eine vernichtende Niederlage. Der bayerische Ministerpräsident Kurt Eisner (USPD) äußert sich in der Öffentlichkeit kritisch über das parlamentarische System.

21.2. Eisner will zurücktreten und wird auf dem Weg in den bayerischen Landtag von dem Rechtsradikalen Anton Graf von Arco auf Valley erschossen. Die Ermordung löst vor allem in München lang anhaltende Unruhen aus.

27.2. Die Nationalversammlung beschließt das Gesetz über die Bildung einer Vorläufigen Reichswehr. Bis 1921 soll das neue Berufsheer aufgebaut werden. Zeitgleich soll die Reduzierung des Heeres von 800.000 auf 100.000 Mann erfolgen. Viele der aus dem Heer entlassenen Frontsoldaten schließen sich paramilitärischen, rechtsradikalen Organisationen an.

„Versailles". Karikatur von Th. Th. Heine im „Simplicissimus". „Auch Sie haben noch ein Selbstbestimmungsrecht: Wünschen Sie, dass Ihnen die Taschen vor oder nach dem Tode ausgeleert werden?", fragen im Terzett (von links): der amerikanische Präsident Woodrow Wilson, der französische Ministerpräsident Georges Clemenceau und der britische Premierminister David Lloyd George.

MÄRZ

3.-13.3. Die Spartakus-Gruppe und der Arbeiterrat von Groß-Berlin proklamieren unter der Parole „Alle Macht den Räten" den Generalstreik und beginnen einen Aufstand. Der zum Reichswehrminister ernannte Noske verkündet, dass jeder bewaffnete Aufständische sofort zu erschießen sei. Bis zur militärischen Niederschlagung der „Märzunruhen" verlieren 1.200 Menschen ihr Leben.

22.3.-1.8. Walter Gropius gründet das Kunstinstitut Bauhaus in Weimar.

24.3. Als oberstes Gremium der Pariser Friedenskonferenz konstituiert sich der „Rat der Vier": Woodrow Wilson (USA), Georges Clemenceau (Frankreich), David Lloyd George (Großbritannien) und Vittorio Emanuele Orlando (Italien).

25.3. Freitod des Bildhauers Wilhelm Lehmbruck in Berlin.

APRIL

7.4. Ausrufung der Räterepublik in München durch den Zentralrat der bayerischen Republik und den Revolutionären Arbeiterrat. Die gewählte Regierung unter Johannes Hoffmann, SPD, verlegt ihren Sitz nach Bamberg.
12.4. Gründung des Reichsverbands der deutschen Industrie als Spitzenverband der Unternehmerverbände.
13.4. Die Räterepublik in München gelangt unter den Einfluss von Kommunisten. Sie stellen eine Rote Armee auf und kämpfen für die Diktatur des Proletariats. Die gesetzgebende Gewalt übertragen sie einem vierköpfigen Vollzugsrat unter Leitung von Eugen Leviné.
29.4. Zur Entgegennahme der Friedensbedingungen der Alliierten trifft die deutsche Delegation in Versailles ein.

MAI

2.5. Nach blutigen Straßenschlachten endet die Münchner Räterepublik mit der Besetzung Münchens durch regierungstreue Verbände. Etwa 450 Aufständische und 150 Angehörige der regierungstreuen Truppen werden getötet.
7.5. Übergabe des Entwurfs für den Versailler Vertrag an die Delegierten des Deutschen Reichs. Die Friedensbedingungen werden in Deutschland als niederschmetternd empfunden. Die Alliierten fordern die Anerkennung der alleinigen Kriegsschuld durch Deutschland, die Aufgabe seiner Kolonien und weitgehende Gebietsabtretungen, ferner verlangen sie den Einzug des deutschen Auslandsvermögens. Außerdem wird die Auslieferung von deutschen „Kriegsverbrechern“ und des Ex-Kaisers Wilhelm II. gefordert. Der Anschluss von Deutsch-Österreich an Deutschland wird untersagt. Dem Deutschen Reich wird ein Berufsheer von 100.000 Mann zugestanden, die allgemeine Wehrpflicht soll abgeschafft werden. Das linke Rheinufer soll militärisch geräumt und von den Alliierten besetzt werden. Die geforderten Reparationszahlungen übersteigen alle Befürchtungen.
12.5. Die Nationalversammlung tritt zu einer Protestkundgebung gegen den Versailler Vertrag zusammen. Reichsministerpräsident Scheidemann erklärt, der Vertrag sei unannehmbar.
13.5. In einem Aufruf an die amerikanische Regierung bezeichnet Reichspräsident Ebert die Versailler Friedensbedingungen als völlige „Negierung“ des 14-Punkte-Programms von US-Präsident Wilson.

JUNI

3.6. Mit Eugen Leviné wird einer der Führer der Münchener Räterepublik wegen Hochverrats zum Tode verurteilt. Am nächsten Tag wird das Urteil vollstreckt.
16.6. Die Alliierten stellen dem Deutschen Reich ein auf fünf Tage befristetes Ultimatum zur Annahme des Versailler Vertrags. Einen Antrag auf Revisionsverhandlungen lehnen sie ab. Die Reichsregierung erreicht einen Aufschub des Ultimatums von zwei Tagen.
20.6. Das Kabinett Scheidemann tritt zurück.
21.6. Der Sozialdemokrat Gustav Bauer bildet eine neue Reichsregierung aus SPD und Zentrum. Die Deutsche Demokratische Partei (DDP) lehnt eine Regierungsbeteiligung zunächst ab. Die in der Bucht von Scapa Flow (Orkney-Inseln/Großbritannien) internierte deutsche Kriegsflotte wird von der eigenen Besatzung versenkt.
23.6. Die Reichsregierung sieht sich zur Annahme des Versailler Vertrags gezwungen. Man fürchtet die Folgen einer militärischen Intervention.
25.6. Rücktritt von Generalfeldmarschall Hindenburg und Auflösung der Obersten Heeresleitung (OHL). In einem Schreiben an den Oberkommandierenden der Alliierten Streitkräfte, Marschall Ferdinand Foch, bittet Hindenburg, von der Auslieferung des Ex-Kaisers Wilhelm II. abzusehen.
28.6. Unterzeichnung des Friedensvertrags durch das Deutsche Reich im Spiegelsaal des Versailler Schlosses, in dem 1871 Wilhelm I. zum deutschen Kaiser proklamiert worden war. Reichsaußenminister Hermann Müller (SPD) und Verkehrsminister Johannes Bell (Zentrum) unterzeichnen. Sie werden dafür von der nationalistischen Rechten attackiert.

JULI

9.7. Die Weimarer Nationalversammlung ratifiziert den Versailler Vertrag und die Ausführungsbestimmungen über die militärische Besetzung des Rheinlands.
12.7. Aufhebung der Seeblockade durch die Alliierten. Der 1915 verhängten „Hungerblockade“ fielen in Deutschland rund 750.000 Menschen zum Opfer.
20.7. In Saint-Germain übergeben die alliierten Staaten die Friedensbedingungen an Deutsch-Österreich. Staatskanzler Renner spricht sich vehement gegen die geforderte Abtretung Böhmens und Mährisch-Schlesiens aus.
31.7. Mit 262 Ja- zu 75 Nein-Stimmen wird die „Weimarer Verfassung“ von der Nationalversammlung gegen die Stimmen von USPD, Deutschnationaler Volkspartei (DNVP) und Deutscher Volkspartei (DVP) verabschiedet.

AUGUST

9.8. Tod des Zoologen und Philosophen Ernst Haeckel in Jena.

SEPTEMBER

12.9. Adolf Hitler besucht eine Versammlung der antisemitischen DAP und hört einen Vortrag von Gottfried Feder. Wenige Tage später tritt Hitler der DAP mit der Mitgliedsnummer 555 bei.
30.9. Die Nationalversammlung tritt zu ihrer ersten Sitzung in Berlin zusammen, nachdem „Ruhe und Ordnung“ in der Reichshauptstadt wiederhergestellt sind.

OKTOBER

8.10. Ein Arbeiter gibt mehrere Schüsse auf den USPD-Vorsitzenden Hugo Haase ab. Haase stirbt am 7. November an den Folgen des Attentats.

NOVEMBER

3.11. Die alliierten Staaten fordern Deutschland auf, den noch nicht erfüllten Waffenstillstandsbedingungen nachzukommen.
15.11. Der Physiker Max Planck und der Chemiker Fritz Haber erhalten für ihre Forschungen den Nobelpreis.
18.11. Paul von Hindenburg und Erich Ludendorff nehmen vor dem Untersuchungsausschuss des Reichstags über die Friedensmöglichkeiten im Ersten Weltkrieg Stellung. Hindenburgs Aussage, die deutsche Armee sei nicht besiegt, sondern von hinten „erdolcht“ worden, begründet die Dolchstoßlegende.
Der US-Senat lehnt mit 53 zu 38 Stimmen die Ratifizierung des Versailler Vertrags ab und tritt auch nicht dem Völkerbund bei. Die Vereinigten Staaten kehren zur Politik der „splendid isolation“ zurück und konzentrieren sich auf ihre primären Interessen.

DEZEMBER

6.12. Die Krupp-Werke liefern die erste selbst gefertigte Lokomotive aus. Der führende deutsche Rüstungsbetrieb steht im Prozess der Umstellung von Kriegs- auf Friedenswirtschaft.
8.12. Der Oberste Rat der Alliierten legt die neue Ostgrenze Polens fest. Die später nach dem britischen Außenminister George Curzon benannte „Curzon-Linie“ verläuft entlang der Flüsse Bug und Njemen. Polen erhebt Anspruch auf weiter östlich gelegene Gebiete.
21.12. Die niederländische Regierung erklärt, dass sie Ex-Kaiser Wilhelm II. nicht an die Alliierten ausliefern werde.
28.12. Auf den internationalen Devisenmärkten fällt die Mark auf ihren tiefsten Stand seit Jahresbeginn.

AUSSERDEM

Gottfried Benn: Ithaka
Hermann Hesse: Demian (Roman)
Karl Jaspers: Psychologie der Weltanschauungen (Philosophische Abhandlung)

Spartakus-Aufstand

Mit dem militärischen Zusammenbruch des deutschen Kaiserreiches kam auch der politische. Das Volk, das den Krieg satt hatte, fegte die alten Gewalten weg. Es hatte nur keine klaren Vorstellungen, was an ihre Stelle zu setzen wäre.

Die Sozialdemokratie, bei den Wahlen vor dem Krieg längst stärkste Partei, sollte und musste die Führung bei der Neugestaltung der Dinge haben. Dementsprechend wurde ihr Vorsitzender Friedrich Ebert vom letzten Reichskanzler des Kaiserreiches , Prinz Max von Baden, mit der Übernahme der Regierung betraut. Aber die Sozialdemokratie war gespalten. Neben der Mehrheit, die in den gewohnten Bahnen des Parlamentarismus bleiben wollte, gab es eine Minderheit, den sogenannten Spartakusbund unter Führung von Liebknecht und Rosa Luxemburg, die den revolutionären Kampf fortzusetzen gedachte. Als die Spartakisten im Januar 1919 zu Massenaktionen gegen die neue Regierung aufriefen, ließ diese den Aufstand von Freiwilligenverbänden niederschlagen. Das Kommando auf Regierungsseite führte der Sozialdemokrat Gustav Noske.

Über die Umstände seiner Ernennung zum Oberbefehlshaber berichtet er in seinen Lebenserinnerungen „Von Kiel bis Kapp“:

Montag, den 6. Januar, war ich gegen acht Uhr in der Reichskanzlei. Eine Menge Menschen gingen schon aus und ein. Namhafte Berliner Sozialdemokraten äußerten sich zu mir in den heftigsten Ausdrücken darüber, dass meine Kollegen viel zu lange gezögert hätten, dem Treiben der Liebknecht und Genossen entschlossenen Widerstand zu leisten. Sie erwarteten von mir, dass jetzt mannhaft gehandelt werde. In der Wilhelmstraße sammelten sich zu vielen Tausenden unsere Parteigenossen an, die aus den Betrieben dorthin geschickt worden waren, um eine Besetzung des Reichskanzlerhauses durch die Spartakusleute zu verhindern. Die Straße wurde von der Menge gefüllt, damit kein Demonstrationszug hineinkomme.

Zu den Mitgliedern der Regierung gesellte sich der Zentralrat, um die Lage zu besprechen. Fast alle Zeitungen waren von den Spartakusleuten und Unabhängigen besetzt, ebenso Wolffs Telegraphisches Büro. Dagegen war im Augenblick nichts zu unternehmen. Die Eichhorn'sche Sicherheitswehr war selbstverständlich nicht zu haben. Die Kommandantur erklärte, dass auch sie nicht in der Lage sei, mit der republikanischen Soldatenwehr zu helfen. Diese Leute machten nicht mit. Von den Soldaten in den Kasernen redete man gar nicht. Meiner Meinung, dass nun versucht werden müsse, mit Waffengewalt Ordnung zu schaffen, wurde nicht widersprochen. Der Kriegsminister, Oberst Reinhardt, formulierte einen Befehl, durch den die Regierung und der Zentralrat den Generalleutnant von Hoffmann, der mit einigen Formationen nicht weit von Berlin war, zum Oberbefehlshaber ernannte. Dagegen wurde eingewendet, dass die Arbeiter gegen einen General die größten Bedenken hegen würden.

Mit Panzern vorgehende Regierungstruppen zur Niederschlagung des Spartakusaufstandes in Berlin.

In ziemlicher Aufregung, denn die Zeit drängte, auf der Straße riefen unsere Leute nach Waffen, stand man im Arbeitszimmer Eberts umher. Ich forderte, dass ein Entschluss gefasst werde. Darauf sagte jemand: „Dann mach' du doch die Sache!“ Worauf ich kurz entschlossen erwiderte: „Meinetwegen! Einer muss der Bluthund werden, ich scheue die Verantwortung nicht!“ Reinhardt meinte, auf den Vorschlag habe er eigentlich immer gehofft. Ein Beschluss wurde mündlich so formuliert, dass Regierung und Zentralrat mir weitgehendste Vollmachten zum Zweck der Wiederherstellung geordneter Verhältnisse in Berlin übertrugen. Reinhardt durchstrich den Namen Hoffmann und schrieb dafür den meinen nieder. Meine Ernennung zum Oberbefehlshaber war vollzogen. Den Wortlaut der mir erteilten Vollmachten habe ich nie gelesen und die Bestallung als Oberbefehlshaber nie in der Hand gehabt. Zeit war nicht zu verlieren. Mit einem jungen Hauptmann in Zivil sollte ich nach dem Generalstabsgebäude gehen, um dort mit einigen Offizieren die erforderlichen Maßnahmen zu besprechen. Auf der Straße wurde ich stürmisch begrüßt. Man hob mich hoch, und ich teilte kurz mit, dass ich zum Befehlshaber ernannt sei. Wie es gemacht werden sollte, wusste ich noch nicht, doch erklärte ich voller Zutrauen: „Verlasst euch darauf, ich bringe euch Berlin in Ordnung.“

Als wir die Massen, mit denen die Wilhelmstraße gefüllt war, hinter uns hatten, stießen wir Unter den Linden auf das Aufgebot der Unabhängigen und Spartakusleute . . . Am Brandenburger Tor, im Tiergarten und vor dem Generalstabsgebäude musste ich den Zug durchschreiten. Zahlreiche Bewaffnete marschierten mit. Einige Lastautomobile mit Maschinengewehren standen an der Siegessäule. Höflich bat ich wiederholt darum, mich durchzulassen, denn ich hätte eine dringende Besorgung. Es wurde mir bereitwillig der Weg freigegeben. Wenn die Scharen entschlossene, zielklare Führer gehabt hätten, an Stelle von Schwadroneuren, hätten sie am Mittag dieses Tages Berlin in der Hand gehabt.

Gustav Noske beim Abschreiten der Front einer Marinebrigade.

Revolution ohne Führung

Der Spartakus-Aufstand war schlecht vorbereitet und fand auch keinen Rückhalt bei den Massen. Nicht einmal seine Initiatoren waren von seinem Gelingen restlos überzeugt. Das kommt in Rosa

Luxemburgs Aufruf vom 7. Januar 1919 zum Ausdruck:
Die Masse muss eben im Kampfe selbst zu kämpfen, zu handeln lernen. Und man spürt heute: Die Arbeiterschaft Berlins hat in hohem Maße zu handeln gelernt, sie dürstet nach entschlossenen Taten, nach klaren Situationen, nach durchgreifenden Maßnahmen. Sie ist nicht mehr dieselbe wie am 9. November, sie weiß, was sie will und was sie soll.
Sind aber ihre Führer, die ausführenden Organe ihres Willens, auf der Höhe? Sind die revolutionären Obleute und Vertrauensmänner der Großbetriebe, sind die radikalen Elemente der USP inzwischen an Tatkraft, Entschlossenheit gewachsen? Hat ihre Aktionsfähigkeit mit der wachsenden Energie der Massen Schritt gehalten? . . .
24 Stunden sind seit dem Anschlag der Ebert-Regierung gegen Eichhorn verflossen. Die Massen sind dem Appell ihrer Führer mit Ungestüm gefolgt, sie haben die Wiedereinsetzung Eichhorns aus eigenen Kräften spontan durchgeführt, sie haben aus eigener Initiative spontan den „Vorwärts" besetzt, sich der bürgerlichen Redaktionen und des WTB (Wolffschen Telegraphen-Büros) bemächtigt, sie haben sich, soweit es ging, bewaffnet. Sie warten auf weitere Weisungen und Handlungen ihrer Führer.
Was haben diese inzwischen getan, was beschlossen? . . . Wir sehen und hören nichts!
Mag sein, dass die Vertrauensmänner der Arbeiterschaft gründlich und ausgiebig beraten. Jetzt gilt es aber zu handeln. Die Ebert-Scheidemann verzetteln ihre Zeit nicht mit Beratungen . . . Sie bereiten im Stillen mit der üblichen Energie und Umsicht der Konterrevolutionäre ihre Zettelungen vor, sie schleifen ihr Schwert, um die Revolution zu überrumpeln, zu meucheln . . .
Da ist keine Zeit zu verlieren. Da müssen sofort durchgreifende Maßnahmen vorgenommen werden. Den Massen, den revolutionstreuen Soldaten müssen klare und rasch Direktiven gegeben, ihrer Energie, ihrer Kampflust müssen die richtigen Ziele gewiesen werden. Die schwankenden Elemente unter den Truppen können nur durch entschlossenes, klares Handeln der revolutionären Körperschaften für die heilige Sache des Proletariats gewonnen werden.
Handeln! Handeln! Mutig, entschlossen, konsequent – das ist die verdammte Pflicht und Schuldigkeit der revolutionären Obleute und der ehrlichsozialistischen Parteiführer. Die Gegenrevolution entwaffnen, die Massen bewaffnen, alle Machtpositionen besetzen. Rasch handeln! Die Revolution verpflichtet!

Aus den Kämpfen der Großen Frankfurter Straße in Berlin. Spartakisten benutzen eine umgestürzte Litfasssäule als Barrikade.

Die Ermordung Karl Liebknechts und Rosa Luxemburgs

Nach der Niederschlagung des Spartakus-Aufstandes durch Regierungstruppen werden Rosa Luxemburg und Karl Liebknecht am 15. Januar 1919 gefangengenommen und ermordet. Ein Zeitgenosse berichtet:
Am Vormittag des 16. Januar ging ich, wie gewohnt, zunächst gegen 9 Uhr nach unserem Parteibüro. Bartels [SPD-Vorstandsmitglied] erzählte mir dort, dass eben ein Soldat dagewesen sei, der mitgeteilt habe, dass Karl Liebknecht in der Nacht getötet worden sei. . . Ich fuhr mit der Elektrischen nach der Prinz-Albrecht-Straße. Niemand sprach von Liebknecht. Auch im Abgeordnetenhause nicht. Da bat mich Ebert telephonisch sofort nach der Reichskanzlei. Dort sollte ich aus seinem Munde die Bestätigung der schauerlichen Mordtat empfangen, die in der Nacht zuvor nicht nur an Karl Liebknecht, sondern auch an Rosa Luxemburg verübt worden war.
Beide waren von Angehörigen der Bürgerwehr in der Wohnung des Genossen Marcussohn in Wilmersdorf, Mannheimer Straße 43, verhaftet und dann im Eden-Hotel, am Zoo, beim Stabe der Gardeschützenkavallerie eingeliefert worden. Nach kurzem Verhör war die Überführung nach dem Untersuchungsgefängnis Moabit angeordnet worden. Liebknecht und Rosa Luxemburg wurden getrennt abtransportiert. Schon beim Verlassen des Hotels wurde Liebknecht von dem postenstehenden Jäger Otto Runge mit dem Gewehrkolben so über den Kopf geschlagen, dass das Blut lief. Im Tiergarten wurde Liebknecht aufgefordert, das Auto, angeblich wegen einer Panne, zu verlassen. Bei dieser Gelegenheit soll er versucht haben, zu fliehen. Da er auf Anruf nicht Halt gemacht haben soll, wurde nach militärischer Regel auf ihn geschossen. Von mehreren Schüssen getroffen, fiel er tot nieder. Der die Eskorte führende Kapitänleutnant Pflugk-Hartung meldete den Vorfall amtlich, ließ aber die Leiche als die eines angeblich unbekannten Mannes 11.20 nachts in der Rettungs-

Rosa Luxemburg.

wache am Kurfürstendamm abliefern, angeblich um so Aufsehen zu vermeiden.
Noch schlimmer verfuhr die entmenschte Soldateska mit Rosa Luxemburg, die, durch Misshandlungen bereits ohnmächtig geworden, im Auto durch einen Schuss getötet wurde. Der Oberleutnant Kurt Vogel lieferte die Leiche nicht aus, sondern ließ sie in der Nähe der Corneliusbrücke in den Landwehrkanal versenken, wo sie erst nach Wochen gehoben wurde.
Das ist der Sachverhalt, der aber erst allmählich festgestellt wurde. Die erste amtliche Darstellung, nach der eine über die Spartakisten erbitterte Menge die Hauptschuld an den Misshandlungen getragen haben sollte, enthielt bewusst falsche Angaben der schuldigen Militärs.
Die angestellte Untersuchung gegen die schuldigen Militärs – Zivilpersonen kamen, wie sich bald ergab, für die Tat nicht in Betracht – fand vor dem Gericht der Gardekavalleriedivision statt. Ein Sondergericht konnte nach Auffassung der Volksbeauftragten nicht eingesetzt werden. Jedem Angeschuldigten war das Recht zugesichert, von seinem ordentlichen Richter abgeurteilt zu werden.
Als Gerichtsherr fungierte General Hoffmann, als Untersuchungsrichter Kriegsgerichtsrat Jörns.
... Die Volksbeauftragten hielten ... die rasche Aburteilung der Schul-

digen durch das Gericht wegen der Erregung weiter Kreise der Bevölkerung für nötig. Wenn der Untersuchungsrichter aber, wie geschehen, Anträge ablehnte, in denen Zeugenaussagen über wesentliche Punkte der Anklage angeboten worden waren, so vermehrte das die Erregung. Er hätte jedem sachlichen Antrag nachgehen müssen, um das vorhandene starke Misstrauen zu beseitigen. Was nützte nachher eine noch so energische Haltung des Anklagevertreters, wenn es in der Voruntersuchung an der notwendigen Aufhellung des Tatbestandes gefehlt hatte! Und hier setzten die Zweifel ein. Die Gerichtsverhandlung brachte keine volle Aufklärung. Für eine gemeinsame Verschwörung der angeschuldigten Offiziere konnte der Beweis nicht erbracht werden. Eine solche hatte wohl auch kaum stattgefunden. Inwieweit die Vorgänge im Tiergarten auf Verabredung der verantwortlichen Offiziere beruhten, konnte in der gerichtlichen Verhandlung nicht nachgewiesen werden. Dass Mord vorlag, gab der Anklagevertreter zu. Jörns beantragte gegen die vier Offiziere, die geschossen hatten, die Todesstrafe wegen Mordes. Das Gericht sprach aber die Angeklagten frei. Die Indizien für eine Verabredung zur Ermordung Karl Liebknechts schienen dem Gericht für eine Verurteilung nicht auszureichen. Der Oberjäger Runge, der mit dem Kolben die beiden Opfer misshandelt hatte, erhielt zwei Jahre Gefängnis, Oberleutnant Vogel wegen Beiseiteschaffung einer Leiche und wissentlich falscher Dienstmeldung zwei Jahre vier Monate Gefängnis. Vogel gelang es, mit Hilfe eines falschen Passes nach Holland zu entfliehen.

Nationalversammlung in Weimar

Der erste demokratische Staat in Deutschland wurde in Weimar aus der Taufe gehoben. Für die Epoche der deutschen Geschichte, die damit begann, bürgerte sich bald die Bezeichnung „Weimarer Republik“ ein.

Nach dem Verschwinden des Kaisers und seiner Beamten im November 1918 hatte ein „Rat der Volksbeauftragten“ unter Vorsitz von Friedrich Ebert (SPD) die Macht übernommen. Aber diese Regierung war nur ein Provisorium. Es galt, für die Republik einen festen Staatsaufbau zu schaffen – in einer Situation, die dafür nicht gerade günstig war: der Krieg verloren, die Armeen in Auflösung, die Wirtschaft am Boden und Feinde im Innern, nicht nur die auf der Linken, denen die Revolution nicht weit genug gegangen war, sondern auch die auf der Rechten, denen es lieber gewesen wäre, wenn sie gar nicht angefangen hätte.

Am 19. Januar 1919 wurde die Nationalversammlung gewählt, die eine Verfassung für das Deutsche Reich schaffen sollte. Bei der Wahl durften sich erstmals auch Frauen beteiligen. Unter Führung der SPD erhielten die Parteien, die eine parlamentarische Demokratie befürwortete, eine solide Zwei-Drittel-Mehrheit. Die Nationalversammlung trat in Weimar zusammen. Das hatte seinen Grund zum einen darin, dass in Berlin noch immer ein Umsturz von limks drohte. Zum anderen wollte man aber auch ein Zeichen setzen: Weimar, die Stadt Goethes und Schillers, würde den zivilen Charakter des neuen Staatswesens besser unterstreichen als Berlin, in dem der Militarismus des Kaiserreiches sozusagen noch an jeder Straßenecke gegenwärtig war.

Zur Eröffnung am 6. Februar 1919 hielt Friedrich Ebert (SPD) folgende Ansprache:

Meine Damen und Herren, die Reichsregierung begrüßt durch mich die Verfassunggebende Versammlung der deutschen Nation. Besonders herzlich begrüße ich die Frauen, die zum erstenmal gleichberechtigt im Reichsparlament erscheinen. Die provisorische Regierung verdankt ihr Mandat der Revolution; sie wird es in die Hände der Nationalversammlung zurücklegen.

In der Revolution erhob sich das deutsche Volk gegen eine alte, zusammenbrechende Gewaltherrschaft. Sobald das Selbstbestimmungsrecht des deutschen Volkes gesichert ist, kehrt es zurück auf den Weg der Gesetzmäßigkeit. Nur auf der breiten Heerstraße der parlamentarischen Beratung und Beschlussfassung lassen sich die unaufschiebbaren Veränderungen auch auf wirtschaftlichen und sozialen Gebieten vorwärtsbringen, ohne das Reich und sein Wirtschaftsleben zugrundezurichten. Deshalb begrüßt die Reichsregierung in dieser Nationalversammlung den höchsten und einzigen Souverän in Deutschland. Mit den alten Königen und Fürsten von Gottes Gnaden ist es für immer vorbei. Wir verwehren niemandem eine sentimentale Erinnerungsfeier. Aber so gewiss diese Nationalversammlung eine große republikanische Mehrheit hat, so gewiss sind die alten gottgegebenen Unabhängigkeiten für immer beseitigt. Das deutsche Volk ist frei, bleibt frei und regiert in alle Zukunft sich selbst. Diese Freiheit ist der einzige Trost, der dem deutschen Volke geblieben ist, der einzige Halt, an dem es aus dem Blutsumpf des Krieges und der Niederlage sich wieder herausarbeiten kann.

Wir haben den Krieg verloren. Diese Tatsache ist keine Folge der Revolution. Meine Damen und Herren, es war die Kaiserliche Regierung des Prinzen Max von Baden, die den Waffenstillstand einleitete, der uns wehrlos machte. Nach dem Zusammenbruch unserer Verbündeten und angesichts der militärischen und wirtschaftlichen Lage konnte sie nicht anders handeln. Die Revolution lehnt die Verantwortung ab für das Elend, in das die verfehlte Politik der alten Gewalten und der leichtfertige Übermut der Militaristen das deutsche Volk gestürzt haben. Sie ist auch nicht verantwortlich für unsere schwere Lebensmittelnot.

Die Tatsache, dass wir durch die Hungerblockade Hunderttausende von Menschenleben verloren haben, dass ihr Hunderttausende von Männern, Frauen, Kindern und Greisen zum Opfer gefallen sind, widerlegt die Redensart, dass wir ohne die Revolution mit unseren Le-

„Das Reichskarussell“. „Simplicissimus“-Karikatur von Olav Gulbransson. Nachdem am 11. August 1929 von der Nationalversammlung in Weimar die neue Verfassung beschlossen worden war, begannen sich die politischen Parteien zu formieren. Vorne auf dem Pferd Friedrich Ebert, der erste Reichspräsident, rechts hinter ihm mit Bart Philipp Scheidemann, der erste Ministerpräsident.

bensmitteln ausgereicht hätten. Niederlage und Lebensmittelnot haben uns den gegnerischen Mächten ausgeliefert. Aber nicht nur uns, auch unsere Gegner hat der Krieg ungeheuer erschöpft. Aus dem Gefühl der Erschöpfung bei unseren Gegnern entspringt ihr Bestreben, sich schadlos zu halten am deutschen Volke, wird der Ausbeutungsgedanke in das Friedenswerk hineingetragen. Diese Rache- und Vergewaltigungspläne fordern den schärfsten Protest heraus. Das deutsche Volk kann nicht auf 20, 40 oder 60 Jahre zum Lohnsklaven anderer Länder gemacht werden. Das furchtbare Unglück des Krieges für ganz Europa kann nur wiedergutgemacht werden durch Hand-in-Hand-gehen der Völker . . . Ich darf wohl auch die Erwartung aussprechen, dass die Nationalversammlung die künftige Reichsregierung ermächtigt, baldigst mit der Regierung des deutsch-österreichischen Freistaates über den endgültigen Zusammenschluss zu verhandeln. Dann soll kein Grenzpfahl mehr zwischen uns stehen. Dann wollen wir sein ein einig Volk von Brüdern.

Deutschland darf nicht wieder dem alten Elend der Zersplitterung und Verengung anheimfallen. Geschichte und Anlage hemmen zwar, einen straff zentralisierten Einheitsstaat zu bilden. Viele Stämme und viele Dialekte sind in Deutschland vereinigt, aber sie müssen zu einer Sprache und einer Nation zusammenklingen. Die Abgrenzung zwischen Reichsrecht und Stammesrecht mag im Einzelnen umstritten bleiben. Im Großen müssen wir uns aber alle einig sein, dass nur eine ungehemmte einheitliche Entwicklungsmöglichkeit unseres Wirtschaftslebens, ein politisch aktionsfähiges, festgefügtes, einiges Deutschland die Zukunft unseres Volkes sicherstellen kann. In diesem starken deutschen Volksstaat soll jeder Stamm seine wertvollsten Eigenschaften frei zu schönster Blüte entfalten können. Nur so können wir hoffen, aus all dem Drang und all der Not der Zeit den Aufstieg zu den Höhen der Menschheit wiederzufinden.

Eine Nationalversammlung, die einer Regierung die unanfechtbare Legitimation gibt, im Namen des ganzen deutschen Volkes zu handeln, fördert schon dadurch den Frieden nach außen und innen in hohem Maße. Meine Damen und Herren, die provisorische Regierung hat eine sehr üble Erbschaft angetreten. Wir waren im eigentlichen Wortsinn die Konkursverwalter des alten Regimes, alle Scheuern, alle Lager waren leer, alle Vorräte gingen zur Neige, der Kredit war erschüttert, die Moral tief gesunken. Wir haben, gestützt und gefördert vom Zentralrat der Arbeiter- und Soldatenräte unsere beste Kraft eingesetzt, die Gefahren und das Elend der Übergangszeit zu bekämpfen. Wir haben der Nationalversammlung nicht vorgegriffen. Aber wo Zeit und Not drängten, haben wir die dringlichsten Forderungen der Arbeiter zu erfüllen uns bemüht. Wir haben alles getan, das wirtschaftliche Leben wieder in Gang zu bringen ...

Wir haben Verständnis für die seelischen Stimmungen derer, die nach übermäßiger Kraftausgabe in der Kriegszeit jetzt eine Entspannung suchen. Wir wissen, wie schwer es denen ist, die jahrelang im Felde gelebt haben, sich wieder in das friedliche Arbeitsleben hineinzufinden. Aber es muss sein! Wir müssen arbeiten und Werte schaffen, sonst gehen wir zugrunde.

Auf dem Balkon des Nationaltheaters in Weimar bringt am 11. Februar 1919 der soeben gewählte Reichspräsident Ebert das Hoch auf die Republik aus.

Die Friedensbedingungen der Alliierten

Die Republik von Weimar stand sofort unter einer schweren Belastung: dem Friedensvertrag, den die Sieger des Ersten Weltkrieges dem Deutschen Reich diktierten.

Der Delegation, die den Waffenstillstand im November 1918 hatte abschließen müssen, war von den Siegermächten schon kein Spielraum gewährt worden – mit dem Ergeniss, dass die Unterzeichner in der Heimat bereits „Novemberverbrecher" hießen. Die Friedensverhandlungen, die in Versailles geführt wurden, ohne dass Deutschland daran beteiligt war, fielen nicht besser aus. Reichsministerpräsident Scheidemann gab am 8. Mai 1919 im Friedensausschuss der Nationalversammlung ein schwarzes Bild der Lage:

Der heutige Tag, der uns endlich nach dem sechsmonatigen Martyrium des Waffenstillstandes die Kenntnis der Hauptteile der feindlichen Friedensbedingungen gebracht hat, bedeutet die tiefste Stufe des deutschen Niederganges. Ja, vielleicht noch nicht einmal. Sowohl ein Ja als auch ein Nein können uns noch tiefer, noch hoffnungsloser in die staatliche und nationale Vernichtung hinunterstoßen.

Und all die Nebenbedingungen, die uns bis jetzt noch nicht übermittelt worden sind, die aber aus zahlreichen Nachträgen zu den ersten Depeschen sich schon ankündeten, werden das Wiederaufkommen durch tausend kleinere und größere Fesseln unmöglich machen.

Meine Herren, wir stehen am Grabe des deutschen Volkes, wenn all das, was sich hier Friedensbedingungen nennt, zur vertraglichen Tatsache wird.

Ich kann Ihnen, schon angesichts der noch nicht vollständigen Übermittlung der Bedingungen, keine restlose Darlegung von der Stellungnahme der Regierung geben. Aber was ich tun kann und will, ist, zu vergleichen: die Grundlagen, auf denen wir den Waffenstillstand abgeschlossen haben, die von beiden Teilen, von unseren Gegnern und uns, als rechtsverbindlich anerkannt worden sind, und die haupt-

sächlichsten Bedingungen, so wie sie jetzt vorliegen. (Es folgt ein Vergleich der 14 Punkte Wilsons mit den Friedensbedingungen.)
Meine Damen und Herren, jedes weitere Wort würde die Unmöglichkeit und Unbarmherzigkeit dieser Bedingungen abschwächen, die nichts anderes sind als ein befristetes Todesurteil!
Meine Damen und Herren, die Reichsregierung muss auch dieses, jedes Gefühl aufwühlende Dokument des Hasses und der Verblendung politisch nüchtern behandeln. Sie würde ihre Pflicht aufs schärfste verletzen, wenn sie sich Empfindungen überlassen wollte, die – das dürfen Sie mir glauben – ihr ebenso naheliegen wie sicherlich Ihnen allen. Sie kann sich allerdings nur schwer zu dem Glauben verstehen, dass unsere Gegner in dieser ernstesten Stunde der Welt eine Art Abhandlungsprogramm vorgelegt haben, um das nun der Schacher losgehen kann.
Sie erhofft daher eine Einigung nicht vom Handeln, sondern vom Verhandeln. Und in diesem Sinne hat sie die Delegation in Versailles angewiesen, all das, was ich vor Ihnen auszuführen die Ehre hatte, den feindlichen Regierungen in einer Note darzulegen, gleichzeitig die gewünschten Gegenvorschläge innerhalb der vorgesehenen Frist in Aussicht zu stellen und schließlich um die Anbahnung mündlicher Aussprache zu ersuchen, in der vor allem Auskunft über die Gründe zu erteilen wäre, welche zur Aufstellung dieser oder jener Forderung geführt haben. Die Reichsregierung will zu Verhandlungen, will zum Frieden kommen. Ein gemartertes Volk und Land wie das unsere vertragen keine heroischen Gesten.
Was Graf Rantzau im Namen der Delegation sagte – „Wir werden das uns übergebene Dokument mit gutem Willen und in der Hoffnung prüfen, dass das Endergebnis unserer Zusammenkunft von uns allen gezeichnet werden kann" – hat er ganz im Sinne der Reichsregierung gesagt. Wir werden diesen Jakobskampf mit dem Engel des Friedens mit allen Kräften führen, mit unsern, ich darf sagen: auch mit Ihren und hoffentlich mit allen Kräften unseres gesamten Volkes.

„Warte nur, wenn wir die hundert Milliarden abgelehnt haben, dann gibt es wieder zu essen", tröstet in dieser zeitgenössischen deutschen Karikatur auf die alliierte Hungerblockade eine verhärmte Mutter ihr hungriges Kind. Als Kriegsmittel während des Ersten Weltkrieges eingesetzt, wurde die Blockade auch nach dem Waffenstillstand bis zum endgültigen Friedensschluss gegen Deutschland aufrechterhalten. Diese als inhuman empfundene Maßnahme hatte den Tod von vielen Tausenden durch Hunger und Entkräftung zur Folge.

„Unter Göttern", betitelte der „Simplicissimus" vom Juni 1919 seine Karikatur und ließ Gott fragen: Woodrow Wilson, wo sind deine 14 Punkte?" und den Präsidenten antworten: „Keine Aufregung, oh Lord, deine zehn Gebote haben wir ja auch nicht gehalten."

Annahme des Versailler Vertrages

Deutschland, der Verlierer des Ersten Weltkrieges, hatte gehofft, einen Frieden auf der Basis der 14-Punkte-Erklärung des amerikanischen Präsidenten zu erreichen. Darin nämlich war wenigstens das Selbstbestimmungsrecht der Völker festgeschrieben, das den Erhalt des Staatsgebiets gesichert hätte. Doch die Siegermächte kümmerten sich nicht um solch hehre Erklärungen, sondern wollten das Deutsche Reich ein für allemal als Machtfaktor ausschalten. Die im Versailler Vertrag festgelegten Friedensbedingungen waren denn auch so hart, dass nicht wenige erwogen, den bewaffneten Kampf wiederaufzunehmen. Doch das war Illusion. Unter dem übermächtigen Druck der Westmächte nahm daher das Parlament der Weimarer Republik am 22. Juni 1919 mit 237 gegen 138 Stimmen den Vertrag an. Die Regierung formulierte dazu aber eine Protestnote, in der sie die Verant-

wortung für alle Folgen des ungerechten Diktats ablehnte:
... Die Regierung der deutschen Republik verpflichtet sich, die Deutschland auferlegten Friedensbedingungen zu erfüllen. Sie will sich jedoch in diesem feierlichen Augenblick mit rückhaltloser Klarheit äußern, um jeden Vorwurf einer Unwahrhaftigkeit, der Deutschland jetzt oder später gemacht werden könnte, von vornherein entgegenzutreten.
Die auferlegten Bedingungen übersteigen das Maß dessen, was Deutschland tatsächlich leisten kann. Die Regierung der deutschen Republik fühlt sich daher zu der Erklärung verpflichtet, dass sie alle Vorbehalte macht und jede Verantwortung ablehnt gegenüber den Folgen, die über Deutschland verhängt werden, könnten, wenn die Undurchführbarkeit der Bedingungen auch bei schärfster Anspannung des deutschen Leistungsvermögens in Erscheinung treten muss.
Deutschland legt weiterhin den größten Nachdruck auf die Erklärung, dass es den Artikel 231 des Friedensvertrags, der von Deutschland fordert, sich als alleinigen Urheber des Krieges zu bekennen, nicht annehmen kann und durch seine Unterschrift nicht deckt. Daraus folgt ohne weiteres, dass Deutschland es auch ablehnen muss, die Übernahme der ihm aufgebürdeten Belastung aus der ihm zu Unrecht zugeschobenen Urheberschaft am Kriege anzuerkennen.
Ebenso wenig kann es ein Deutscher mit seiner Würde und Ehre vereinbaren, die Artikel 227 bis 230 anzunehmen und auszuführen, in denen Deutschland zugemutet wird, Angehörige des deutschen Volkes, die von den alliierten und assoziierten Mächten der Verletzung internationaler Gesetze und der Vornahme von Handlungen gegen die Gebräuche des Krieges bezichtigt werden, den alliierten und assoziierten Mächten zur Aburteilung auszuliefern. Weiter legt die Regierung der deutschen Republik entschieden Verwahrung ein gegen die Wegnahme des deutschen Kolonialbesitzes und die hierfür gegebene Begründung, die Deutschland die Befähigung zur kolonialen Betätigung dauernd abspricht ...

Am 10. Januar 1920 trat der Versailler Vertrag in Kraft. Er enthält in 15 Teilen mit insgesamt 440 Artikeln:
1. Die Satzung des Völkerbunds.
2. Territoriale Regelungen: Das Deutsche Reich musste abtreten: ohne Volksabstimmung Elsass-Lothringen an Frankreich, Posen und Westpreußen an Polen, das Hultschiner Ländchen an die Tschechoslowakei, das Memelland an die Alliierten (1923 an Litauen übergeben), Danzig (das zur Freien Stadt erklärt wurde) und alle Kolonien (als Mandatsgebiete der Aufsicht des Völkerbunds unterstellt); aufgrund von Volksabstimmungen das östliche Oberschlesien an Polen, Eupen-Malmedy an Belgien und Nordschleswig an Dänemark. Das Saarland wurde bis zu einer Volksabstimmung (nach 15 Jahren) der Verwaltung des Völkerbunds unterstellt; Elbe, Oder, Memel, Donau, Rhein und Mosel wurden internationalisiert; Österreich wurde der Anschluss an das Deutsche Reich verboten. Deutsche Gesamtverluste: 73.845 km^2 mit rund 7,3 Millionen Einwohnern.
3. Militärische Bestimmungen: Besetzung des linken Rheinufers mit den rechtsrheinischen Brückenköpfen Kehl, Köln, Koblenz und Mainz durch alliierte Truppen, die etappenweise (in fünf, zehn und 15 Jahren) wieder aufgehoben werden sollte; Bildung einer entmilitarisierten Zone auf dem linken und in einem 50 km breiten Streifen auf dem rechten Rheinufer; Abschaffung der allgemeinen Wehrpflicht und Beschränkung des deutschen Heers auf maximal 100.000, der deutschen Marine auf 15.000 (Berufs-)Soldaten; Auflösung der deutschen Luft- und Luftseestreitkräfte; Verbot der Herstellung und Verwendung „schwerer" Waffen (z.B. Flugzeuge und Panzer); Auslieferung des deutschen Kriegsmaterials und Kontrolle der deutschen Rüstung und Rüstungsproduktion durch die Alliierten; Auflösung des deutschen Generalstabs und militärischer Schulen.
4. Wirtschaftliche Bestimmungen: Verpflichtung Deutschlands zur Leistung von Reparationen sowie zur Lieferung von Sachgütern (u.a. von Kohle, Maschinen, Fabrikeinrichtungen, Untersee-Kabeln) und von Tieren (z.B. 140.000 Milchkühe) an die Alliierten; Auslieferung fast der gesamten Handelsflotte; Konfiskation des deutschen Auslandsvermögens (auch des privaten). Die Erhebung von Reparationen wurde begründet mit der alleinigen Schuld des Deutschen Reichs und seiner Verbündeten am Krieg, die in Artikel 231 festgestellt und von Deutschland anerkannt werden musste.
5. Anklage des (ehemaligen) deutschen Kaisers Wilhelm II. und anderer Personen, die gegen das Kriegsvölkerrecht verstoßen hätten, vor einem (zu bildenden) Gerichtshof und deren Auslieferung.
Der in Deutschland fast einhellig als „Diktatfrieden" oder „Schanddiktat von Versailles" abgelehnte Versailler Vertrag stellte eine starke und dauerhafte Belastung für die Weimarer Republik dar und bot den antidemokratischen Kräften, v.a. auch der NSDAP, einen Ansatzpunkt zum Kampf gegen die Republik. Auch unter den Alliierten fand der Versailler Vertrag nicht nur Zustimmung; so ratifizierten ihn z.B. die USA nicht und schlossen 1921 einen Sonderfrieden mit dem Deutschen Reich.

„Kamerad! Hilf mir! – gegen Bolschewismus, Polengefahr und Hungersnot." Plakat von 1919 mit dem Aufruf zur Mobilisierung einer deutschen Schutzdivision. Der historische Hintergrund: Zwischen dem Waffenstillstand im November 1918 und dem Versailler Friedensvertrag im Juni 1919 versuchten die Polen noch vor einer rechtswirksamen Grenzregelung durch Handstreich-Aktionen in den Provinzen Posen, Westpreußen und besonders Oberschlesien vollendete Tatsachen zu schaffen.

1920

JANUAR

10.1. Der Friedensvertrag von Versailles tritt in Kraft. Durch Gebietsabtretung wird u.a. der sogenannte Polnische Korridor geschaffen, der Polen den Zugang zur See eröffnet. Danzig und das Memelland werden vom Deutschen Reich abgetrennt und unter den Schutz des Völkerbunds gestellt. Im besetzten Rheinland übt die Interalliierte Hohe Kommission die Hoheitsbefugnisse aus, das Saarland wird dem Völkerbund unterstellt.
13.1. Massendemonstration der Unabhängigen Sozialdemokratischen Partei Deutschlands (USPD) sowie der Kommunistischen Partei Deutschlands (KPD) gegen die geplante Verabschiedung des Betriebsrätegesetzes vor dem Reichstag. Die preußische Sicherheitspolizei schießt in die Menge, 42 Menschen kommen ums Leben.
18.1. Die deutsche Nationalversammlung verabschiedet das Betriebsrätegesetz. Es beschränkt die Tätigkeit der Betriebsräte auf soziale Funktionen und sieht keine betriebswirtschaftliche Mitbestimmung vor.
24.1. Die internationale Reparationskommission nimmt gemäß den Bestimmungen des Versailler Vertrags ihre Arbeit auf. Sie soll bis Mai 1921 die Höhe der vom Deutschen Reich zu zahlenden Reparationen feststellen. Vorerst war von Leistungen im Wert von 20 Milliarden Goldmark ausgegangen worden.

FEBRUAR

10.2. Im ersten vom Versailler Vertrag festgelegten Plebiszit votieren in der ersten Abstimmungszone von Nordschleswig 74,2 Prozent der Bevölkerung für den Anschluss an Dänemark. Die Einwohner der zweiten Zone stimmen am 14. März für den Verbleib bei Deutschland.
12.2. Der Oberste Rat der Alliierten verlängert die Fristen für die im Versailler Vertrag festgelegte Heeresverkleinerung des Deutschen Reiches auf 200.000 Mann bis zum 10. April und auf 100.000 Mann bis zum 10. Juli 1920.
24.2. Adolf Hitler, Propagandaleiter der Deutschen Arbeiterpartei (DAP), verkündet auf einer Veranstaltung in München das Parteiprogramm der DAP, die sich wenig später in Nationalsozialistische Deutsche Arbeiterpartei (NSDAP) umbenennt.

MÄRZ

4.3. Umbenennung der Deutschen Arbeiterpartei (DAP) in Nationalsozialistische Deutsche Arbeiterpartei (NSDAP).
9.3. Uraufführung des Films „Kohlhiesels Töchter“ von Ernst Lubitsch in Berlin.
10.3. General Lüttwitz fordert ultimativ den Verzicht auf weitere Truppenentlassungen und zugleich den Rücktritt des Reichspräsidenten Friedrich Ebert.
13.3. Unter der Führung von Lüttwitz besetzt die Marinebrigade Ehrhardt das Berliner Regierungsviertel. Sein Staatsstreich wird als Kapp-Lüttwitz-Putsch bekannt.
Mit Unterstützung von General Lüttwitz erklärt sich der Jurist und Politiker Wolfgang Kapp zum neuen Reichskanzler. Reichspräsident Ebert und die sozialdemokratischen Minister der Reichsregierung proklamieren den Generalstreik. Die USPD, die KPD, die DDP und die Gewerkschaften fordern später jeweils gesondert zum Generalstreik gegen die Putschisten auf. Die Ministerialbürokratie versperrt sich den Putschisten.
Ein Teil der verfassungsmäßigen Reichsregierung weicht nach Dresden, später nach Stuttgart aus.
14.3. Im südlichen Teil des Abstimmungsgebiets in Nordschleswig votieren 81 Prozent der Bevölkerung für den Verbleib im Deutschen Reich. Die neue deutsch-dänische Grenze wird am 26. Mai festgelegt.
15.3. Im Ruhrgebiet bilden links eingestellte Arbeiter die sogenannte Rote Ruhrarmee, um in einem Aufstand gegen die putschenden Freikorps und sympathisierende Teile der Reichswehr zu kämpfen. In zahlreichen Städten bilden vor allem USPD und KPD sogenannte Vollzugsräte.
16.3. Zwölf Millionen Arbeiter beteiligen sich reichsweit am Generalstreik der Gewerkschaften.
17.3. Kapp gibt seinen Rücktritt als Reichskanzler bekannt. Im April reist er ungehindert mit einem Flugzeug nach Schweden. Lüttwitz begibt sich zunächst unbehelligt nach Sachsen, um anschließend nach Ungarn auszureisen. Nach seiner Rückkehr in das Deutsche Reich 1923 sieht die Regierung von einer Anklageerhebung ab.
Als Bedingung für die Beendigung des Generalstreiks fordern die Gewerkschaften u.a. den Rücktritt von Reichswehrminister Noske.
Einheiten der Roten Ruhrarmee besiegen das Freikorps Lichtschlag und besetzen Dortmund.
18.3. Debatte in der deutschen Nationalversammlung über die politische Lage nach dem Putsch von Lüttwitz und Kapp. Heftige Kritik auch aus Reihen der SPD an Noske wegen seiner militärfreundlichen Politik.
20.3. Rückkehr der Nationalversammlung von Stuttgart nach Berlin.
In Essen erfolgt die Bildung eines Zentralrats der Arbeiterräte, die in Teilen des Ruhrgebiets die Macht übernommen haben.
22.3. USPD, KPD und der Allgemeine Deutsche Gewerkschaftsbund (ADGB) erklären den Generalstreik für beendet.
Rücktritt Noskes und des regierungstreuen General Reinhardt. Neuer Reichswehrminister wird Otto Geßler (DDP), neuer Chef der Heeresleitung Seeckt.
24.3. Die Reichsregierung fordert ultimativ bis zum 30. März das Ende der Aufstände im Ruhrgebiet. Das Ultimatum wird wenig später bis zum 2. April verlängert.
25.3. Rücktritt der Reichsregierung unter Gustav Bauer (SPD) sowie der preußischen Regierung.
26.3. Reichspräsident Ebert beauftragt den SPD-Politiker Hermann Müller mit der Bildung einer neuen Reichsregierung (Koalition aus Sozialdemokratischer Partei Deutschlands (SPD), Deutscher Demokratischer Partei (DDP) und Zentrum). In Preußen kommt es unter Ministerpräsident Otto Braun (SPD) ebenfalls zu einer Regierungskoalition aus SPD, DDP und Zentrum.

APRIL

2.4. Nach Ablauf des Ultimatums marschieren Reichswehreinheiten ins Ruhrgebiet ein
6.4. Aus Protest gegen den Einmarsch der Reichswehr ins Ruhrgebiet besetzen französische Truppen u.a. Frankfurt/Main, Darmstadt und Hanau.
8.4. Die Regierungstruppen kontrollieren das Ruhrgebiet mit Ausnahme des südlichen Teils.

MAI

6.5. Verabschiedung des preußischen „Krüppelfürsorgegesetzes“. Es regelt die staatliche Fürsorge für Behinderte, die bisher auf private Initiativen und meist konfessionell gebundene Wohlfahrtsverbände angewiesen waren.
8.5. Das „Gesetz zur Befriedung der Gebäude des Reichstags und der Landtage“ tritt in Kraft. Damit sind Versammlungen unter freiem Himmel vor dem Reichstag innerhalb einer festgelegten „Bannmeile“ untersagt.

JUNI

5.6. Die von Raoul Hausmann und George Grosz initiierte Erste Internationale Dada-Messe in Berlin provoziert die Öffentlichkeit.
6.6. Bei den ersten Reichstagswahlen müssen die Parteien der „Weimarer Koalition“ erhebliche Verluste hinnehmen. Gewinne erzielen die DNVP, die DVP und die USPD.
8.6. Angesichts des schlechten Wahlergebnisses tritt Reichskanzler Müller zurück. Sein Nachfolger wird Konstantin Fehrenbach (Zentrum), der ein Minderheitskabinett mit der DVP und der DDP bildet.
10.6. In Darmstadt wird die Ausstellung „Deutscher Expressionismus“ eröffnet, auf der Werke von Emil Nolde, Ernst Barlach, Paul

Klee, Wassily Kandinsky, Pablo Picasso und weiteren Künstlern zu sehen sind.
13.6. Der 1. FC Nürnberg gewinnt die erste Deutsche Fußballmeisterschaft nach dem Ersten Weltkrieg mit einem 2:0-Sieg gegen SpVgg Fürth.
22.-27.6. Hungerunruhen in Krefeld, Hamburg und anderen Städten. Aus Protest gegen die Verteuerung von Lebensmitteln werden Geschäfte und Warenhäuser gestürmt.
23.6. Das Gesetz über die Aufhebung der Standesvorrechte des Adels wird von der preußischen Landesversammlung verabschiedet. Adelige werden damit dem allgemeinen öffentlichen und bürgerlichen Recht unterstellt.
25.6. Der Reichstag wählt den SPD-Politiker Paul Löbe zum neuen Reichstagspräsidenten.

JULI

9.7. In Spa unterzeichnen die Vertreter des Deutschen Reichs und der Alliierten ein Abkommen zur deutschen Entwaffnung. Bis zum 1. Januar 1921 sollen das Heer auf 100.000 Mann verringert, die Wehrpflicht abgeschafft und jegliches Kriegsmaterial an die Alliierten abgeliefert werden.
11.7. Bei der Volksabstimmung im südlichen Ostpreußen und in Teilen Westpreußens votieren über 90 Prozent der Bevölkerung für den Verbleib beim Deutschland.
24.7. Tod des Schriftstellers Ludwig Ganghofer in Tegernsee (Bayern).

AUGUST

5.8. Der Reichstag verabschiedet das sogenannte Entwaffnungsgesetz. Sämtliche Militärwaffen in zivilem Besitz müssen abgeliefert werden. Bis Ende des Jahres werden 932 Geschütze, Minen- und Flammenwerfer, 1.680 Maschinenpistolen, über 18.000 Maschinengewehre, über 78.000 Revolver und Pistolen, über 85.000 Handgranaten, 46 Millionen Schuss Handfeuermunition sowie 2,2 Millionen Gewehre eingezogen.
22.8. Mit der Aufführung des religiösen Mysterienspiels „Jedermann" von Hugo von Hofmannsthal in einer Inszenierung von Max Reinhardt werden die Salzburger Festspiele zum ersten Mal durchgeführt.
31.8. Tod des Philosophen und Psychologen Wilhelm Wundt in Großbothen (bei Leipzig).

SEPTEMBER

13.9. Ernst Jünger gibt im Selbstverlag sein Kriegstagebuch „In Stahlgewittern" über das Weltkriegserlebnis heraus.
20.9. Der Völkerbund bestimmt - trotz einer Anfechtung der Volksabstimmung - die Abtretung der Kreise Eupen und Malmedy an Belgien.

OKTOBER

1.10. Das Groß-Berlin-Gesetz tritt in Kraft. Die Reichshauptstadt vergrößert sich durch die Eingemeindung von 7 Städten, 57 Landgemeinden und 27 Gutsbezirken auf 3,86 Millionen Einwohner. Berlin ist nach New York und London die drittgrößte Stadt.
Max Liebermann wird zum Präsidenten der Preußischen Akademie der Künste gewählt.
2.10. Tod des Komponisten Max Bruch in Berlin.
5.-7.10. Erster Kongress gewerkschaftlicher Betriebsräte unter Leitung des Allgemeinen deutschen Gewerkschaftsbunds (ADGB) in Berlin. Die Mehrheit der Teilnehmer spricht sich für die Unterordnung der Betriebsräte unter die Gewerkschaften aus und lehnt die Forderung der KPD nach einem Ausbau der Betriebsräte zu selbständigen Kampforganisationen ab.
24.10 In Berlin wird die Hochschule für Politik mit Theodor Heuss als Leiter eröffnet.
27.10. Die alliierten Staaten beschließen die Errichtung der Freien Stadt Danzig (heute: Gdansk) gemäß den Vereinbarungen des Versailler Vertrags. Danzig erhält Souveränität und bildet eine Zollunion mit Polen.
29.10. Erstaufführung des Films „Der Golem/ Wie er in die Welt kam" mit Paul Wegener in Berlin.

Karikatur auf die einseitige Abrüstung Deutschlands durch den Versailler Vertrag.

NOVEMBER

8.11. Das Preußische Kultusministerium verbietet das Tragen von Hakenkreuzen in Schulen als Ausdruck völkisch-antisemitischer Haltung.
10.11. Mit einer Notverordnung verbietet Reichspräsident Ebert Arbeitskämpfe in „lebenswichtigen Versorgungsbetrieben" wie der Gas-, Wasser- und Elektrizitätsversorgung. Die Verordnung bleibt bis zum 20. Januar 1934 in Kraft.
30.11. Durch eine neue Verfassung wird Preußen zum demokratisch-parlamentarischen Freistaat. Ministerpräsident wird der Sozialdemokrat Otto Braun.

DEZEMBER

4.-7.12. Uraufführung der Oper „Die tote Stadt" von Erich Korngold in Hamburg und Köln.
14.12. Uraufführung des Films „Anna Boleyn" von Ernst Lubitsch mit Henny Porten und Emil Jannings in Berlin.
16.12. In München erwirbt die NSDAP für 120.000 Mark die Wochenzeitung (ab 1923: Tageszeitung) „Völkischer Beobachter".
23.12. In Berlin wird 20 Jahre nach seiner Entstehung das wegen „Unsittlichkeit" heftig umstrittene Theaterstück „Der Reigen" von Arthur Schnitzler zum ersten Mal in voller Länge aufgeführt.
26.12. Tod des Gewerkschaftsführers und Vorsitzenden des ADGB Carl Legien in Berlin.

AUSSERDEM

Max Planck: Die Entstehung und bisherige Entwicklung der Quantentheorie (Physikalische Abhandlung)
Ferdinand Sauerbruch: Die Chirurgie der Brustorgane (Medizinische Abhandlung)

Verkehrschaos auf dem Potsdamer Platz in Berlin. Ein Generalstreik, wie er in dieser Wucht noch niemals in Deutschland stattgefunden hatte (und sich so auch nie wiederholen sollte), legte die Putschregierung bereits am zweiten Tag ihrer Existenz vollkommen lahm. Am 17. März gab dann Kapp endgültig auf.

Der Kapp-Putsch

Eine der vielen Bestimmungen des Versailler Vertrages lautete, dass Deutschland seine Militärmacht zu verkleinern habe. Die Regierung verfügte deswegen die Auflösung der Freiwilligenverbände. Diese waren sowieso zur Plage geworden. Söldner- und Landsknechttypen, die sich im Zivilleben nicht zurechtfanden, hatten hier ihre Heimat gefunden.

Sie waren ursprünglich engagiert worden, um kommunistische Aufstände niederzuschlagen oder die strittigen Grenzen im Osten zu sichern. Aber sie träumten längst davon, ihre Auftraggeber fortzujagen und die militärische Herrlichkeit des Kaiserreichs wiederherzustellen.

Eines der gefährlichsten dieser Freikorps war die Brigade Ehrhardt. Als sie im März 1920 aufgelöst werden sollte, verabredete ihr Führer, der Marineoffizier Hermann Ehrhardt (1881-1971) mit dem Befehlshaber des Reichswehrkommandos Berlin, General Lüttwitz, einen Staatsstreich. Der konservative Politiker Wolfgang Kapp (1858-1922) sollte neuer Regierungschef werden. Am 13. März marschierte die Brigade Ehrhardt nach Berlin ein. Die Regierung wich nach Dresden aus und organisierte von dort den Widerstand. Ein Generalstreik der Gewerkschaften legte das öffentliche Leben lahm, auch die Beamtenschaft weigerte sich, Anordnungen der Putschisten Folge zu leisten. Da auch die Reichswehr sich distanzierte, brach der Putsch nach wenigen Tagen zusammen.

Kapp starb in der Untersuchungshaft; von seinen Helfern erhielt nur der als Innenminister vorgesehene Berliner Polizeipräsident von Jagow eine Strafe. Den übrigen geschah nichts – ein Zeichen dafür, wie vorsichtig die Republik mit ihren erklärten Feinden umging.

Aus den Tagen des Kapp-Putsches stammen die nachfolgenden Dokumente. Der „Reichskanzler" Kapp wandte sich am 13. März 1920 mit einer Proklamation an das deutsche Volk:

Die ohne Mandat weiterregierende Nationalversammlung erklärte sich in Permanenz, verfassungswidrig schiebt sie die Wahlen bis in den Herbst hinaus. Statt die Verfassung zu hüten, die sie erst feierlich beschlossen hat, will eine herrschsüchtige Parteiregierung schon heute dem Volk das wichtige Grundrecht der Präsidentenwahl entziehen.

Die Stunde der Rettung Deutschlands geht verloren. Darum bleibt kein anderes Mittel übrig, als eine Regierung der Tat.

Welches sind die Aufgaben, welche sich die deutsche Regierung stellt?

Die Regierung wird den Friedensvertrag unter Wahrung der Ehre des deutschen Volkes und seiner Lebens- und Arbeitsfähigkeit ausführen, soweit es möglich ist und nicht Selbstvernichtung bedeutet.

Die Regierung wird die Finanz- und Steuerhoheit der Bundesstaaten, die sie zur selbständigen Erfüllung ihrer Kulturaufgaben nötig haben, auf verfassungsmäßig föderativer Grundlage wiederherstellen.

Die Regierung wird die Kriegsanleihen als gerechte Gegenleistung für treuerfüllte vaterländische Pflicht sicherstellen und ihre demnächstige Rückzahlung einleiten.

Die Regierung wird zur Wiederaufrichtung des Staates den ländlichen und städtischen Grundbesitz zu entsprechender Steuerleistung heranziehen. Nach schweren staatlichen Zusammenbrüchen ist es immer der Grundbesitz gewesen, der die Opfer der Wiederaufrichtung tragen musste. Die Regierung erwartet, dass er auch jetzt seiner vaterländischen Ehrenpflicht genügt.

Die Regierung wird aber dem Grundbesitz, damit er in den Stand gesetzt wird, solche Opfer zu tragen, die wirtschaftliche Freiheit zurückgeben. Hieraus allein wird eine Hebung der Produktion und der Staatsfinanzen erwachsen. Zugleich wird es ihre Hauptsorge sein, Minderbemittelte und Festbesoldete mit Nahrungsmitteln zu erträglichen Preisen zu versorgen.

Die Regierung wird Streiks und Sabotage rücksichtslos unterdrücken. Gehe jeder friedlich seiner Arbeit nach. Jede arbeitsfreudige Hand ist unseres nachdrücklichen Schutzes sicher. Streik ist Verrat am Volk, an Vaterland und Zukunft.

Die Regierung wird die Arbeiterschaft zum Zwecke der wirtschaftlichen Neuordnung in hervorragendem Maße zur Vorbereitung und zur tätigen Mitarbeit neben den andern Berufs- und Erwerbsständen heranziehen. Sie wird nicht eine Regierung des einseitigen Kapitalismus sein, sie will vielmehr die deutsche Arbeit vor dem harten Schicksal der internationalen Verknechtung unter das Großkapital behüten und hofft durch diese Maßnahme der Staatsfeindschaft der arbeitenden Klassen ein Ende zu bereiten.

Die Regierung wird die bestehende Versicherungsgesetzgebung mit einem freiheitlichen Selbstverwaltungsrecht der Arbeiter ausstatten.

Die Regierung wird die Freiheit der Kirche gewährleisten und die nationale und religiöse Erziehung wiederherstellen. Absplitterungsversuche vom Reich werden als Hoch- und Landesverrat standrechtlich er-

Wolfgang Kapp, ostpreußischer Generallandschaftsdirektor, spielte in dem Drama dieser Märztage eine Nebenrolle, obwohl der Putsch unter seinem Namen in die Geschichte eingegangen ist. Kapp wurde von Lüttwitz erst informiert, als die Brigade Ehrhardt bereits zum Marsch auf Berlin bereitstand.

ledigt. Wir sind stark genug, unsere Regierung nicht mit Verhaftungen und anderen Gewaltmaßregeln zu beginnen. Aber wir werden jede Auflehnung gegen die neue Ordnung mit schonungsloser Entschlossenheit niederschlagen.
Wir werden regieren, nicht nach Theorien, sondern nach den praktischen Bedürfnissen des Staates und des Volkes in seiner Gesamtheit. Nach bester deutscher Überlieferung hat der Staat über allem Kampf der Berufsstände und der Parteien zu stehen. Er ist der unparteiische Richter in dem gegenwärtigen Kampf zwischen Kapital und Arbeit. Jede Klassenbevorzugung, sei es nach rechts oder nach links, lehnen wir ab. Wir kennen nur deutsche Staatsbürger. Doch jeder deutsche Staatsbürger, der in dieser schweren Stunde dem Vaterlande gibt, was des Vaterlandes ist, kann auf uns bauen!
Tue jeder seine Pflicht! Heute ist Arbeit die vornehmste Pflicht für jedermann. Deutschland soll sein eine sittliche Arbeitsgemeinschaft!
Die Farben der deutschen Republik sind schwarz-weiß-rot!

Der Reichskanzler
Kapp.

Als Antwort auf den Putsch veröffentlichte die Reichsregierung einen Aufruf an das deutsche Volk:

Dresden, 13. März 1920
Durch einen wahnwitzigen Handstreich sind die Regierungsgebäude in die Hände von Aufrührern gelangt. Keine politische Partei, kein Mann von besonnener Denkungsart steht hinter diesen Vorgängen. Nachdem sich die in Döberitz einquartierten, zur Entlassung bestimmten Truppen, namentlich aus dem Baltikum, hinter diesen Akt der Tollheit gestellt haben, hat die Regierung, um ein Blutbad zu vermeiden und das Leben der an Zahl geringen, in Berlin befindlichen regulären Truppen zu schonen, Berlin verlassen. Blut ist seit 1914 genug geflossen, und das Abenteuer wird in wenigen Tagen an seiner inneren Unmöglichkeit zusammenfallen.
Die Regierung hat ihren Sitz nach Dresden verlegt. Jeder bleibt an den Gehorsam gegen die verfassungsmäßige Regierung gebunden. Nur sie kann Befehle erteilen und Zahlungsanweisungen ausstellen. Jede Anordnung einer anderen Stelle ist nichtig. Die Soldaten der Reichswehr haben die Verfassung zu schützen, dem Reichspräsidenten und der Regierung zu dienen und gehorsam zu sein. Den Eidbruch einer Anzahl Offiziere nachzuahmen, verbietet ihnen Pflicht und Recht.
Die Auflösung der Nationalversammlung ist verfassungswidrig. Der Präsident der Nationalversammlung ist ersucht, die Nationalversammlung alsbald wieder einzuberufen. Nur eine auf der Verfassung begründete Regierung vermag Deutschland davor zu bewahren, dass es in Nacht und Blut versinkt. Wenn Deutschland von einem Putsch zum anderen geführt wird, so ist es verloren. Eine auf dem Gewaltakt weniger beruhende Regierung entbehrt der Autorität im Inlande und im Auslande.
Das Volk wird verhungern, wenn neue Wirren die Wirtschaft und den Verkehr unterbinden, das Vertrauen des Auslandes, das sich nur eine verfassungsmäßige Regierung erwirbt, untergraben. Ungeheure Gefahren nach innen und außen stehen bevor, wenn das Volk die Besonnenheit verliert.
Deutsches Volk, schare dich um deine verfassungsmäßige Regierung!
Der Reichspräsident
Ebert
Die Reichsregierung
Bauer – Noske – Giesberts – Müller – Koch – Geßler

Gewerkschaften und Angestelltenverbände riefen den Generalstreik aus: Die deutsche Republik ist in Gefahr. Der Absolutismus sowohl im Staat als auch im Betrieb soll wiederhergestellt werden. Das Koalitionsrecht, jene unerlässliche Voraussetzung alles sozialen Aufstiegs, wird beseitigt, jede Meinungsfreiheit unterdrückt. Damit kehren auch alle reaktionären Zustände zurück, mit denen das deutsche Volk im November 1918 glücklich aufgeräumt hatte. Der Achtstundentag, die gesetzlichen Betriebs- und Beamtenvertretungen, die Besoldungsreform für die Beamten, der Ausbau des Arbeiter- und Beamtenrechts, der Reichslohntarif für die Eisenbahnarbeiter, das soziale und wirtschaftliche Mitbestimmungsrecht aller Arbeitnehmer wie der gesamte Arbeiterschutz sind bedroht.
Lasse sich kein denkender Arbeiter, Angestellter und Beamter durch zweifelhafte Versprechungen der Putschregierung betören. Es gilt, alle Kräfte des Volkes zum Widerstand zusammenzufassen. Das Volk wäre nicht wert der Freiheiten und Rechte, die es sich erkämpft hat, wenn es sie nicht bis zum äußersten verteidigen würde.
Wir fordern daher alle Arbeiter, Angestellten und Beamten zum einmütigen Protest gegen die Gewaltherrschaft auf, überall sofort in den Generalstreik einzutreten. Alle Betriebe müssen stillgelegt werden. Ausgenommen sind nur die Wasserwerke, Krankenhäuser und Krankenkassen. Die örtlichen zuständigen Vertretungen der Arbeitnehmerschaft werden darüber entscheiden, in welchen sonstigen lebensnotwendigen Betrieben die Arbeit fortgesetzt werden darf.
Der Abwehrkampf der Arbeitnehmerschaft muss ein gewaltiger und erdrückender werden. Deshalb darf sich kein Beruf und keine Gruppe davon ausschließen. Jeder Einzelne tue seine Pflicht. An dem geschlossenen Widerstand des Volkes muss die Reaktion scheitern. Ihre Machtmittel werden in Kürze versagen. Der Sieg wird auf Seiten des arbeitenden Volkes sein.

Hermann Ehrhardt (Bild oben in der Mitte), Führer des nach ihm benannten Freikorps, das als militärische Eliteeinheit galt und entscheidenden Anteil an der Niederschlagung der Revolution von 1918 gehabt hatte, wurde neben Walter Freiherr von Lüttwitz zur entscheidenden Schlüsselfigur der Ereignisse vom März 1920.

Eröffnung der Salzburger Festspiele

„Jetzt habet allesamt Achtung, Leut,/ Und hört, was wir vorstellen heut." Mit diesen Worten des Spielansagers wird am 22. August 1920 vor dem Salzburger Dom die Aufführung von Hugo von Hofmannsthals „Jedermann", werden die Salzburger Festspiele eröffnet, in denen, was im Laufe der Jahre auch an Programmerweiterungen hinzukam, das Mysterienspiel vom Sterben des reichen Mannes nach wie vor seinen festen Platz behauptet.
Die erste „Jedermann"-Aufführung ist eine Wohltätigkeitsveranstaltung zugunsten der Kriegsinvaliden. Die Darsteller – hochkarätige Mimen wie Alexander Moissi, Heinrich George, Hedwig Bleibtreu und Helene Thimig sind dabei, Regie führt Max Reinhardt – spielen ohne Gage. Der Erfolg übertrifft alle Erwartungen.
Die Salzburger sind noch in Sorge gewesen, ob man die vielen Fremden, die die Festspiele besuchen, auch beköstigen könne, schließlich herrscht noch die Not der Nachkriegszeit.
Aber es kommen genügend gutbetuchte Leute, die sich alles leisten können. Das zeigt sich schon am Kartenverkauf. 300 Kronen kostet der Eintritt regulär. Binnen kurzem erzielen Schwarzhändler das Zehnfache dafür.

Der Graf am Bett der Schauspielerin. Szene aus Arthur Schnitzlers „Reigen", der am 21 Dezember 1920 in Berlin uraufgeführte wurde.

„Sein Ideal". „Simplicissimus"-Karikatur von Eduard Thöny, eine Anspielung auf den Kapp-Putsch von 1920: „Jnädigste wirken auf mich wie ein Putsch von rechts."

Arthur Schnitzler: „Der Reigen – zehn Dialoge"

Arthur Schnitzlers (1862-1931) Bühnenstück „Der Reigen – zehn Dialoge" zählt zu den großen Werken der Weltliteratur. In genialer, zeitkritischer Weise zeigt Schnitzler, dass das Gespräch über Moral und Sitte oftmals ein hohles Gerede ist, eine philisterhafte Phraseologie, um platte Geilheit zu verbrämen. Deshalb stieß das Stück auch auf heftigsten Widerstand, und hinter der Angst um die „gesunde Volksmoral" lauerte purer Antisemitismus dem Juden Schnitzler gegenüber. Bereits 1896/97 entstanden, konnte der „Reigen" daher erst am 23. Dezember 1920 in Berlin vollständig uraufgeführt werden.
Das Stück beschreibt einen Reigen der Liebe: Jeweils ein Partner jeder Dialogszene wechselt in der folgenden Szene zum nächsten Partner, bis sich der letzte zum ersten gesellt.
Die Dirne möchte den Soldaten, den sie nachts anspricht, gern zum festen Freund; aber er nimmt sie nur schnell, ganz nebenbei, weil sie von ihm kein Geld nimmt. Am Ende gibt er ihr nicht einmal das Sechserl, um das sie ihn (für den Hausmeister, sagt sie) bittet.
Auch das Stubenmädchen, das der Soldat in einer Tanzpause verführt, bedeutet ihm nicht mehr. Seine Zigarre wieder in Brand zu bringen ist ihm wichtiger, als ihr aus dem Gras aufzuhelfen. Aber ganz so spröde und unerfahren, wie sie sich dem Soldaten gibt, ist das Stubenmädchen nicht: Mit dem „jungen Herrn" allein zu Hause, weiß sie schon, ihm zu gefallen. Dem „jungen Herrn" ist es nachher ein wenig peinlich. Für ihn war das Stubenmädchen eine Vorübung: Jetzt spielt er mit der verheirateten Frau eine große Liebesszene voll Pathos und Philosophie, mit Treueschwüren und Tränen. Eine kleine körperliche Hemmung an sich versucht er anhand literarischer Vorbilder als zwangsläufig zu erklären, während die Frau sie rasch und mit Geschick beseitigt. Der Gatte der jungen Frau, der die Ehe in ständig einander ablösen-

„Der Golem, wie er in die Welt kam", uraufgeführt am 29. Oktober 1920. Mit diesem Film wandte sich Wegener der Erschaffung des „Golem" durch Rabbi Loew und dem siegreichen Widerstand gegen die Vertreibung der Juden aus dem Prager Ghetto durch den Kaiser zu. Die expressionistischen Dekorationen – enge Straßen, bizarr geformte Dachfirste, Effektbeleuchtung – tragen sehr zu einem überzeugenden Porträt der mittelalterlichen Zauberwelt bei. Wegeners „Golem" diente der Mehrzahl künftiger Filmmonster als Modell.

de Freundschafts- und Liebesperioden einteilt (der Mann „muss auch zuweilen hinaus ins feindliche Leben"), macht ihr im Bett klar, wie unglücklich Frauen sind, die neben der Ehe ein Verhältnis haben, und wie verachtenswert die Geschöpfe, die sich mit verheirateten Männern einlassen. Draußen „im feindlichen Leben" hat der Gatte ein „süßes Mädel" erobert, das ihm unter der Beteuerung ihrer Unschuld in ein Chambre séparée folgt. Er macht sie für die Zeit, die er ab und zu „in Wien" weilt, zu seiner Geliebten. Während der Gatte „nicht in Wien" ist, lässt sich das „süße Mädel" von einem Dichter verführen, der sich an der „göttlichen Dummheit" berauscht. Er möchte mit ihr, die seinen Namen nie gehört hat, zusammenbleiben und „in der Einsamkeit draußen" leben. In die Einsamkeit ist der Dichter aber mit der Schauspielerin gefahren. In einem Landgasthof verbringen sie eine Nacht miteinander. Sie ist seine „heilige Einfalt". Wenn er dichterische Anwandlungen bekommt, findet sie seine Redeweise „märchenhaft blöd". Aber sie „stirbt vor Liebe" zu ihm. Als die Schauspielerin mit etwas Fieber darniederliegt, empfängt sie vormittags den „Anstandsbesuch" des degenerierten jungen Grafen, der ihr seine Lebensphilosophie darlegt. Sie aber zieht ihn, obgleich er eigentlich „in der Früh die Liebe grässlich" findet, zu sich. Aus einem tiefen Rausch, ohne klare Erinnerung an das Geschehene, erwacht der Graf morgens im Zimmer der Dirne. Dass er bei einer Dirne war und sie nur auf die Augen geküsst hat (weil sie ihn „an wen erinnert hat"), erscheint ihm als großes Abenteuer, so ist er tief enttäuscht, als er erfährt, dass da „doch etwas gewesen" sei.

Caligari

Am 27. Februar 1920 hatte im Berliner Marmorhaus „Das Cabinet des Dr. Caligari" premiere, ein Meisterwerk des expressionistischen Stummfilms.
Caligari ist ein Hypnotiseur, der sein somnambules Medium Cesare den Freund des Helden töten und dessen Mädchen entführen lässt. Nachdem der Held Caligaris Machenschaften enthüllt hat, erweist er sich als Insasse einer Nervenheilanstalt, deren Direktor Caligari ist.
„Caligaris" Ruhm beruht auf seiner Bedeutung für die Entwicklung des Expressionismus im deutschen Film. Vor allem die Ausstattung, die fast ausschließlich aus flachen, in verzerrter Perspektive gemalten Hintergrundflächen besteht, und die grotesk verkippte Beleuchtung führten zu einem Stil, der allgemein als „Caligarismus" bekannt wurde und großen Einfluss auf den deutschen Film der nächsten Dekade ausübte, obwohl seine Wirkung auf lange Sicht oft überschätzt wurde.
Der originale Entwurf von Mayer und Janowitz stellte Caligari bis zuletzt als den Schurken dar. Die Rahmenhandlung, die die Intentionen der Autoren verkehrte, indem sie den Helden als wahnsinnig entlarvt, stammte vom Produzenten Erich Pommer. Sowohl Fritz Lang, der den Film ursprünglich inszenieren sollte, als auch Robert Wiene akzeptierten diese Änderung gegen den bitteren Protest der Autoren.

Der am 6. Juni gewählte Reichstag trat am 24. Juni 1920 in Berlin zu seiner ersten Sitzung zusammen. Stärkste Fraktion waren die Sozialdemokraten mit 113 Sitzen. Die von ihr abgespaltene Unabhängige Sozialdemokratische Partei (USPD) stellte 81 Abgeordnete (sie schloss sich später mit den zwei kommunistischen Abgeordneten zusammen). Das katholische Zentrum hatte 69, die Deutsche Volkspartei 62, die Deutsche Demokratische Partei 45, die Bayerische Volkspartei 20 Sitze; auf die Wirtschaftspartei und die Deutsche Bauernparei entfielen je vier Mandate. Obwohl die SPD die stärkste Fraktion stellte, wurde sie nicht an der Regierung beteiligt. Das Zentrum, die Demokratische Partei und die Deutsche Volkspartei bildeten unter Konstantin Fehrenbach (Zentrum) ein Minderheitskabinett.

1921

JANUAR

2.1. Tod des früheren Reichskanzlers Theobald von Bethmann Hollweg in Hohenfinow (Brandenburg).
24.-29.1. Die Alliierten einigen sich in Paris auf die Festsetzung der deutschen Reparationszahlungen in Höhe von 226 Milliarden Goldmark. Die Zahlung soll sich auf 42 Jahre erstrecken.

FEBRUAR

1.2. Die Reichsregierung bezeichnet die von der Entente beschlossenen Reparationsforderungen als unerfüllbar. In Deutschland finden Protestkundgebungen gegen die Pariser Konferenz statt.
2.2. Uraufführung des Stücks „Orpheus und Eurydike“ von Oskar Kokoschka in Frankfurt/Main.
4.2. Tod des Schriftstellers Carl Hauptmann in Schreiberhau.
5.2. Erste Massenveranstaltung der NSDAP im Münchner Zirkus Krone als Protestkundgebung gegen den Versailler Vertrag und die Pariser Reparationsbeschlüsse.
7.2. In einer Note an die Reichsregierung versichern die Alliierten, dass die jährlichen Reparationsleistungen sich in den ersten Jahren auf Sachleistungen beziehen, da sie den wirtschaftlichen Wiederaufschwung im Deutschen Reich nicht behindern wollen.
19.2. Frankreich und Polen schließen einen Militär- und Wirtschaftsvertrag. Polen erhofft sich Unterstützung gegen Sowjetrussland, Frankreich will die Isolierung des Deutschen Reiches.
20.2. Bei den Landtagswahlen in Preußen verlieren die Parteien der „Weimarer Koalition“, Sozialdemokratische Partei Deutschlands (SPD), Deutsche Demokratische Partei (DDP) und das Zentrum deutlich an Stimmen. Gewinner sind hauptsächlich die rechtsgerichteten Parteien.
26.2. Gründung der Deutschen Luftpost GmbH zur Beförderung von Personen und Post durch Hugo Junkers in Danzig (heute: Gdansk).

MÄRZ

1.3. Erste Vollsitzung der Vertreter der Alliierten und des Deutschen Reichs auf der Londoner Konferenz. Der Gegenvorschlag des parteilosen deutschen Außenministers Walter Simons wird von den Alliierten ignoriert. Simons fordert den Verbleib Oberschlesiens bei Deutschland, eine Reduzierung der Reparationsleistungen und die Möglichkeit, einen Teil der Forderungen durch Auslandsanleihen zu decken.
7.3. In London brechen die Alliierten die Verhandlungen mit dem Deutschen Reich ab. Der deutsche Außenminister rückte nicht von seinem Gegenvorschlag ab, obwohl der britische Premierminister David Lloyd George als Sprecher der Alliierten mit einer Besetzung des Ruhrgebiets drohte.
7./8.3. Nach der Ablehnung der Bedingungen der Alliierten durch die Reichsregierung besetzen französische Truppen Düsseldorf, Duisburg und Ruhrort.
20.3. In Oberschlesien votieren fast 60 Prozent der Bevölkerung für den Verbleib beim Deutschen Reich. Dennoch bleibt die nationale Zugehörigkeit Oberschlesiens unklar.
23.3. Verabschiedung des im Versailler Vertrag vorgesehenen Wehrgesetzes mit einem Truppenabbau der Reichswehr auf 100.000 Mann.
29.3. Als Reaktion auf die kommunistischen Streiks in Mitteldeutschland werden außerordentliche Gerichte zur schnelleren Verurteilung der festgenommenen Aufständischen eingerichtet.

APRIL

2.4. Die Reparationskommission in Paris bewilligt die Errichtung einer Zollgrenze im besetzten Rheinland. Das besetzte Areal wird zu einem eigenständigen Wirtschaftsgebiet der Alliierten.
16.4. Kundgebungen auf dem Wiener Rathausplatz fordern den Anschluss Österreichs an das Deutsche Reich.
18.4. Tod des Verlegers August Scherl in Berlin.
20.4. Wegen Gefährdung der öffentlichen Ordnung und Schädigung des Ansehens der Besatzungsmacht werden mehrere deutsche Zeitschriften im Rheinland verboten.
21.4. Das „Korridorabkommen“ zwischen Deutschland und Polen regelt den Verkehr nach Ostpreußen.
Die Dada-Künstler George Grosz, Wieland Herzfelde und Johannes Baader werden wegen Beleidigung der Reichswehr in der Graphikmappe „Gott mit uns“ zu Geldstrafen verurteilt.
24.4. Bei einer inoffiziellen Volksabstimmung in Tirol votieren 98,8 Prozent der Wahlbeteiligten für den Anschluss an Deutschland.
27.4. Die Reparationskommission in Paris modifiziert die Zahlungsforderungen. Vom Deutschen Reich sollen 132 Milliarden Goldmark in 66 Jahresraten von je 2 Milliarden Goldmark gezahlt werden.

MAI

2.5. Entgegen dem Ergebnis der Volksabstimmung vom 20. März fordern polnische Aufständische in Oberschlesien die Angliederung Oberschlesiens an Polen. Frankreich unterstützt die Aufständischen, England duldet die Bildung von deutschen Freiwilligentruppen.
4.5. Rücktritt der Regierung unter Konstantin Fehrenbach (Zentrum), da sie die Verantwortung für die Erfüllung der alliierten Zahlungsforderungen nicht übernehmen kann.
5.5. Sechs-Tage-Ultimatum an das Deutsche Reich zur Annahme des „Londoner Zahlungsplans“. Die Alliierten drohen mit der Besetzung des gesamten Ruhrgebiets.
10.5. Joseph Wirth (Zentrum) bildet ein neues Reichskabinett mit den Parteien der Weimarer Koalition (SPD, DDP und Zentrum).

Nobelpreisträger Albert Einstein, Gemälde von Hans Erni.

11.5. Der Reichstag nimmt mit 220 zu 172 Stimmen den Londoner Zahlungsplan bedingungslos an. Die Reichsregierung befürchtet bei fortgesetztem Widerstand den Verlust der britischen Unterstützung in Oberschlesien. Beginn der „Erfüllungspolitik“: Man will die Auflagen erfüllen, um ihre Unerfüllbarkeit zu zeigen.
22.5. Erstes Automobilbahnrennen nach dem Ersten Weltkrieg auf der Opel-Bahn in Rüsselsheim.
23.5. Deutsche Freikorps erobern die stärkste Befestigung der Polen in Oberschlesien, den Annaberg.
29.5. Nach dem Plebiszit in Tirol stimmen inoffiziell auch in Salzburg 99,5 Prozent für den Anschluss an Deutschland. Die Alliierten drohen mit Streichung aller Hilfsprogramme, falls die Anschlussdebatte nicht beendet werde.
30.5. Der Direktor der Allgemeinen Elektricitäts-Gesellschaft (AEG), Walther Rathenau (DDP), wird Wiederaufbauminister im Kabinett Wirth.

JUNI

1.6. Wegen ihrer „Erfüllungspolitik“ wird die Reichsregierung von den rechten Parteien im Reichstag stark kritisiert.
11.6. Die Alliierten entsenden britische Einheiten zur Beilegung der Kämpfe in Oberschlesien.
12.6. Mit einem 5:0-Sieg gegen Vorwärts Berlin wird der 1. FC Nürnberg Deutscher Fußballmeister.
14.6. Die britischen Truppen in Oberschlesien stellen ihre Vermittlungstätigkeiten ein, da von deutscher Seite die Anweisung zur Räumung der besetzten Gebiete nicht befolgt wird.
25.6. Auf einem Kongress berichtet der Chemiker Friedrich Bergius über Erfolge bei der Kohleverflüssigung zur Gewinnung von Öl.

JULI

3.7. Uraufführung des Einakters „Das Nusch-Nuschi“ von Paul Hindemith in Stuttgart.
29.7. Auf einer Mitgliederversammlung der NSDAP wird Hitler zum Parteivorsitzenden als Nachfolger von Anton Drexler gewählt. Hitler erhält diktatorische Machtbefugnisse und propagiert die revolutionäre Durchsetzung der politischen Ziele auch mit Gewalt.

AUGUST

3.8. Auf Initiative Hitlers wird der NSDAP-Versammlungsschutz in eine paramilitärische Kampforganisation umgewandelt. Im November 1921 erfolgt die Umbenennung in Sturmabteilung (SA).
15.8. Dramatischer Kursverfall der deutschen Mark an der Frankfurter Devisenbörse. Die Reichsbank hatte Deviseneinkäufe getätigt, die den Wert der Goldreserven des Reichs überstiegen. Der Wert des US-Dollars steigt auf 88 Mark.
24.8. Eröffnung des Turmteleskops der Einstein-Stiftung (Einsteinturm) auf dem Telegraphenberg in Potsdam. In dem von Erich Mendelsohn entworfenen Turm soll die Relativitätstheorie von Albert Einstein überprüft werden.
24./25.8. Unterzeichnung der Friedensverträge zwischen den USA und dem Deutschen Reich bzw. Österreich. Die Verträge legen Reparationszahlungen fest, verzichten jedoch auf die Klärung der Kriegsschuldfrage.
26.8. Tödliches Attentat auf Matthias Erzberger (Zentrum) in Bad Griesbach (Schwarzwald) durch Heinrich Schulz und Heinrich Tillessen, Angehörige der rechtsradikalen Organisation „Consul“.
Tod des Schriftstellers Ludwig Thoma in Rottach am Tegernsee.
28.8.-7.9. Erster internationaler Anthroposophen-Kongress in Stuttgart.
29.8. Als Reaktion auf die Ermordung Erzbergers verhängt Reichspräsident Friedrich Ebert den Ausnahmezustand. Unter Anwendung des Artikels 48 der Reichsverfassung werden Presse- und Versammlungsfreiheit eingeschränkt. Starke nationalsozialistische Agitationen in München.
31.8. Am Tag der Beisetzung Erzbergers finden im ganzen Reich Protestdemonstrationen gegen den Rechtsradikalismus statt.

SEPTEMBER

7.9. Bei einer Unterredung mit Reichskanzler Wirth fordert eine Delegation der Deutschnationalen Volkspartei (DNVP) die Aufhebung des Ausnahmezustands und legt Beschwerde gegen die „allgemeine Hetze gegen rechts“ ein.
17.9. In München findet erstmals nach dem Weltkrieg das seit 1811 gefeierte Oktoberfest statt.
19.9. Eröffnung der ersten deutschen Autorennstrecke, der Automobil-, Verkehrs- und Übungsstraße (AVUS) in Berlin.
23.9. Verabschiedung des Görlitzer Programms der SPD: Die Sozialdemokraten verstehen sich als „Partei des arbeitenden Volkes“ und als „Kampfgemeinschaft für Demokratie und Sozialismus“. Mit der Befürwortung einer möglichen Koalition mit der Deutschen Volkspartei (DVP) vollzieht die SPD eine Wendung zur rechtsbürgerlichen Mitte.
24.9. Erstes Autorennen auf der AVUS zwischen Berlin und Wannsee.
27.9. Tod des österreichischen Komponisten Engelbert Humperdinck in Neustrelitz. (Mecklenburg-Vorpommern).
30.9. Die Alliierten heben die über Düsseldorf, Duisburg und Ruhrort verhängten Sanktionen auf, da Deutschland seinen Zahlungsverpflichtungen nachgekommen ist.

OKTOBER

6.10. Abschluss des „Wiesbadener Abkommens“: Wiederaufbauminister Rathenau und der französische Politiker Louis Loucheur vereinbaren die Begleichung eines Teils der Reparationszahlungen in Sachlieferungen.
Uraufführung des Films „Der müde Tod“ von Fritz Lang mit Lil Dagover. Der Film wird als Vorreiter für die Erneuerung des deutschen Kinos gefeiert.
12.10. Der Völkerbundrat in Genf empfiehlt die Teilung Oberschlesiens. Die Empfehlung steht im Gegensatz zum Votum der Bevölkerung vom März 1921 und wird mit einer zahlenmäßigen Überlegenheit der polnischsprachigen Bevölkerung in den meisten Städten des Gebiets begründet.
20.10. Die Völkerbundskommission kommt der Empfehlung des Völkerbundrats nach und beschließt die Teilung des Abstimmungsgebiets in Oberschlesien zwischen Deutschland und Polen mit einer für Deutschland ungünstigen Grenzziehung. Das ostoberschlesische Industriegebiet mit rund einer Million Einwohnern fällt an Polen.
26.10. Wirth kommt dem Ersuchen des Reichspräsidenten Ebert (SPD) nach und bildet eine neue Regierung unter abermaliger Beteiligung des Zentrum, der SPD und der DDP. Er befürwortet die „Erfüllungspolitik“ auch weiterhin.

NOVEMBER

3.11. Weitere Entwertung der deutschen Mark an den internationalen Devisenbörsen. In New York wird der US-Dollar mit 209 Mark gehandelt.
4.11. Der NSDAP-Versammlungsschutz wird in „Sturmabteilung“ (SA) umbenannt.
5.11. Bildung einer großen Koalition aus SPD, DDP, Zentrum und DVP in Preußen unter Ministerpräsident Otto Braun (SPD). Preußischer Innenminister wird Carl Severing (SPD).

DEZEMBER

10.12. Einstein erhält den Nobelpreis für seine Arbeiten auf dem Gebiet der theoretischen Physik.
23.12. Reichspräsident Ebert hebt die „Verordnung zum Schutze der Republik“ auf. Damit ist der Ausnahmezustand beendet.

AUSSERDEM

Nicolaus Hartmann: Grundzüge einer Metaphysik der Erkenntnis (Philosophische Abhandlung)
Hugo von Hofmannsthal: Der Schwierige (Roman)
Ricarda Huch: Entpersönlichung (Roman)
Carl Gustav Jung: Psychologische Typen (Psychologische Abhandlung)

Das Londoner Ultimatum

Besetzung Düsseldorfs und Duisburgs

Das darbende Nachkriegsdeutschland musste im Versailler Friedensvertrag 1919 nicht nur die Alleinschuld am Ersten Weltkrieg übernehmen, sondern auch allein dafür zahlen. Die gewaltigen Lieferverpflichtungen aber gingen bald über die Kraft des Reiches, es geriet in Verzug. Daher besetzten die Alliierten, vornehmlich Franzosen, am 8. März 1921 Düsseldorf, Duisburg und Ruhrort.

In einem auf der Londoner Reparationskonferenz am 5. Mai 1921 beschlossenen Ultimatum drohten sie mit Besetzung auch des Ruhrtales, wenn Deutschland nicht unverzüglich bestimmte Forderungen erfülle.

Sie stellten dabei Abrüstung und Bestrafung der Kriegsverbrecher in den Vordergrund, obwohl doch vor allem die unzureichende Erfüllung der Kohle und Holzlieferungen an Frankreich der Grund für die Repressalien war:

Die Verbandsregierungen stellen fest, dass trotz der wiederholten Zugeständnisse, welche von den Verbündeten seit Unterzeichnung des Vertrages von Versailles gemacht worden sind, ungeachtet der Warnungen und Zwangsmaßregeln, die in Spa und Paris beschlossen wurden, wie auch der in London angekündigten und seither in Kraft getretenen Maßregeln, die deutsche Regierung mit der Erfüllung der Verpflichtungen in Rückstand ist, die ihr nach den Bestimmungen des Versailler Vertrages obliegen, und zwar in folgenden Punkten:

1. Entwaffnung;
2. Zahlung der 12 Milliarden Goldmark, die gemäß Artikel 235 des Friedensvertrages am 1. Mai 1921 fällig waren und deren Begleichung von der Reparationskommission bereits für den genannten Zeitpunkt verlangt worden ist;
3. Aburteilung der Kriegsverbrecher unter den Bedingungen, wie sie erneut durch die Verbandsnoten vom 23. 2. und 11. 5. 1920 festgelegt wurden;
4. Einige andere wichtigen Fragen, in erster Linie diejenigen, welche die Artikel 264 bis 261, 269, 273, 321, 322 bis 327 des Friedensvertrages berühren. Sie beschließen deshalb:

A. heute bereits alle vorbereitenden Maßregeln zu ergreifen, welche zur Besetzung des Ruhrtales durch die verbündeten Truppen am Rhein nötig sind, und zwar unter den in D vorgesehenen Bedingungen;

B. gemäß Artikel 233 des Friedensvertrages die Reparationskommission aufzufordern, der deutschen Regierung unverzüglich Zeiten und Bedingungen für die Begleichung der deutschen Schuld in ihrer Gesamtheit mitzuteilen und ihre darauf bezügliche Entschließung der deutschen Regierung bis spätestens 6. Mai bekanntzugeben;

C. die deutsche Regierung aufzufordern, innerhalb einer Frist von sechs Tagen nach Empfang der obigen Entschließung klipp und klar zu erklären, dass sie entschlossen ist:

1. ohne Vorbehalt oder Bedingungen ihre Verpflichtungen zu erfüllen so, wie sie von der Reparationskommission festgelegt werden;
2. ohne Vorbehalt oder Bedingungen hinsichtlich ihrer Verpflichtungen die von der Reparationskommission vorgeschriebenen Sicherheiten anzunehmen und durchzuführen;
3. ohne Vorbehalt und unverzüglich die Maßregeln zwecks Abrüstung zu Wasser, zu Lande und in der Luft, die der deutschen Regierung durch die Verbandsmächte durch Schreiben vom 29. Januar 1921 aufgegeben worden sind, durchzuführen, soweit die Durchführung dieser Maßregeln bereits fällig geworden ist, und unverzüglich die weiteren Maßregeln zu Ende zu führen, die zu bestimmten Fristen verwirklicht sein müssen;
4. ohne Vorbehalt und unverzüglich die Aburteilung der Kriegsverbrecher vorzunehmen sowie die Erfüllung der übrigen Teile des Vertrages, denen bisher noch nicht Genüge getan ist und wovon im § 1 dieser Note die Rede ist;

D. am 12. Mai zur Besetzung des Ruhrtales zu schreiten und alle an-

Französiches Militär beschlagnahmt 1921 im Rheinland als Reparationsleistung Güterwagen der Deutschen Reichsbahn.

Auf der Fahrt zur Volksabstimmung in Oberschlesien, 1921.

deren militärischen Maßregeln zu Wasser und zu Lande zu ergreifen bei Nichterfüllung der obigen Bedingungen durch die deutsche Regierung. Diese Besetzung wird so lange dauern, bis Deutschland die unter C aufgezählten Bedingungen erfüllt haben wird.

London, 5. Mai 1921.
Lloyd George, Briand, Sforza, Jaspar, Hayashi.

Attentat auf Erzberger

Der Zentrumspolitiker Matthias Erzberger wurde am 26. August 1921 auf einem Spaziergang in der Nähe von Bad Griesbach im Schwarzwald von den ehemaligen Offizieren Heinrich Tillessen und Heinrich Schulz, Mitgliedern des rechtsradikalen Geheimbundes „Organisation Consul", durch zwölf Schüsse ermordet.
Erzberger, am 20. September 1875 geboren, war schon mit 28 Jahren Reichstagsabgeordneter geworden. Als Staatssekretär im Kabinett des Prinzen Max von Baden war er im November 1918 mit der Führung der Waffenstillstandsverhandlungen in Compiègne betraut worden. Im Juni 1919 wurde er Finanzminister. Erzberger war bald zur bevorzugten Zielscheibe rechtsradikaler Angriffe und Schmähungen geworden. In einem Beleidigungsprozess wehrte er sich gegen den Vorwurf der Korruption. Der Beleidiger, der frühere kaiserliche Staatssekretär Helfferich, wurde zwar zu einer Geldstrafe von 300 Mark verurteilt, doch ließ das Gericht die Anschuldigungen gelten.
Erzberger trat zurück und betrieb seine Rehabilitierung. Als sie erfolgreich verlief, kündigte er seine Rückkehr in die Politik an. Kurz darauf ermordeten ihn Tillessen und Schulz. Die Täter flohen nach Ungarn; nach 1933 kehrten sie nach Deutschland zurück. Sie wurden 1945 verhaftet und zu hohen Zuchthausstrafen verurteilt. Durch einen Gnadenakt, den auch die Witwe Erzbergers befürwortete, wurde ihnen 1952 bedingte Strafaussetzung gewährt.

Die Teilung Oberschlesiens

Die Volksabstimmung in Oberschlesien am 20. März 1921 erbrachte kein eindeutiges Ergebnis: 59,9 Prozent (717.000) hatten sich für den Verbleib beim Deutschen Reich entschieden, 40,4 Prozent (434.000) verlangten den Anschluss an Polen. Daraufhin schlug die interalliierte Botschafterkonferenz eine Teilung des Landes vor. In einer Note wurde dies dem Botschafter in Paris am 20. Oktober 1921 mitgeteilt:

Herr Botschafter! Ich habe die Ehre, Ihnen anbei den Text der Entscheidung zu übermitteln, die die Botschafterkonferenz am 20. Oktober des Jahres namens und in ausdrücklicher Vollmacht der Regierung des Britischen Reiches, Frankreichs, Italiens und Japans getroffen hat, die mit den Vereinigten Staaten von Amerika als alliierte und assoziierte Hauptmächte den Friedensvertrag von Versailles unterzeichnet haben.
Die genannten Mächte haben gemäß dem Friedensvertrag eine Lösung gesucht, die dem Wunsch der Bevölkerung, wie er in der gemeindeweisen Abstimmung zum Ausdruck gekommen ist, entspricht und die geographische und wirtschaftliche Lage der Ortschaften berücksichtigt. Sie haben sich deshalb nach Einholung des Gutachtens des Völkerbundsrates veranlasst gesehen, den Industriebezirk Oberschlesiens zu teilen. In Anbetracht der Tatsache, dass die verschiedenen Volksteile geographisch zerstreut liegen, andererseits aber stark untereinander vermengt sind, musste jede Teilung dieses Gebietes dazu führen, dass auf beiden Seiten der Grenzlinie ziemlich beträchtliche Minderheiten verblieben und dass wichtige Interessengebiete auseinandergerissen wurden. In Berücksichtigung dieser Umstände enthält die getroffene Entscheidung Maßregeln, um im Interesse der Allgemeinheit die Fortdauer des Wirtschaftslebens ebenso wie den Schutz der Minderheiten in Oberschlesien zu gewährleisten.
Die deutsche Regierung muss sich auch wohl dessen bewusst werden, dass die alliierten Mächte ihre Entscheidung als ein einheitliches Ganzes betrachten und dass sie fest entschlossen sind, seinen verschiedenen Teilen Geltung zu verschaffen.
In dem Falle, dass die beteiligten Regierungen oder eine von ihnen sich aus irgendeinem Grunde weigern sollte, die Entscheidung insgesamt oder zu einem Teile anzunehmen, oder durch ihre Haltung zu erkennen geben würde, dass sie der loyalen Durchführung der Entscheidung Hindernisse in den Weg zu legen bestrebt ist, behalten sich die alliierten Mächte, in der Erwägung, dass es im Interesse des allgemeinen Friedens notwendig ist, die vorgesehene Regelung so schnell wie möglich durchzuführen, solche Maßregeln vor, die sie für geeignet halten, um die völlige Durchführung ihrer Entscheidung sicherzustellen.
Genehmigen Sie den Ausdruck meiner ausgezeichneten Hochachtung.

A. Briand.

„Mord Erzberger!" Steckbrief der Badischen Staatsanwaltschaft vom 13. September 1921.

1922

JANUAR

6.-13.1. Konferenz von Cannes: Der Oberste Rat der Alliierten kommt der Bitte des Deutschen Reichs nach Aufschub der Reparationszahlungen nach. Ab dem 18. Januar muss Deutschland alle zehn Tage 31 Millionen Goldmark zahlen.
31.1. Reichspräsident Friedrich Ebert ernennt Walther Rathenau (DDP) zum Außenminister.

FEBRUAR

1.2. Weil Reichskanzler Joseph Wirth (Zentrum) die Forderung der Beschäftigten der Reichsbahn nach einer Teuerungszulage ablehnt, treten 700.000 Arbeiter und Beamte in einen siebentägigen Ausstand. Ebert erlässt daraufhin ein striktes Streikverbot mit drastischen Sanktionsandrohungen.
15.2. Der Streik der Reichsbahner führt zur Regierungskrise: Eine von der Deutschnationalen Volkspartei (DNVP), der Deutschen Volkspartei (DVP), der Unabhängigen Sozialdemokratischen Partei Deutschlands (USPD) und der Kommunistischen Partei Deutschlands (KPD) gestellte Vertrauensfrage endet mit einem Votum von 220 zu 185 Stimmen für den Reichskanzler.
20.2. Tod des Industriellen und Technikers Reinhard Mannesmann in Remscheid.
In Dresden hat das Theaterstück „Das Opfer" von Gerhart Hauptmann Premiere.

MÄRZ

1.3. Beginn eines Metallarbeiterstreiks in Süddeutschland. Die Streikenden fordern eine Verkürzung der Arbeitszeit und protestieren gegen die steigenden Lebenshaltungskosten.
5.3. Uraufführung des Films „Nosferatu - Eine Symphonie des Grauens" von Friedrich Wilhelm Murnau in Berlin.
10.3. Gespräche zwischen der Reichsregierung und den streikenden Metallarbeitern werden ergebnislos abgebrochen.
Verhaftung des indischen Freiheitskämpfers Mahatma Gandhi durch die britische Kolonialregierung. Eine Woche später wird er zu sechs Jahren Haft verurteilt.
11.3. In Paris legen die alliierten Staaten die Höhe der vom Deutschen Reich zu leistenden Besatzungskosten für die in den westlichen Grenzgebieten stationierten alliierten Streitkräfte fest. Rückwirkend ab dem 1. Mai 1921 werden die Besatzungskosten in Höhe von maximal 350 Millionen Goldmark aus den deutschen Sachleistungen gedeckt. Ab Mai 1922 sind jährlich 220 Millionen Goldmark an Besatzungskosten zu zahlen.
13.3. Wilhelm Furtwängler wird als Nachfolger des verstorbenen Arthur Nikisch neuer Direktor der Berliner Philharmoniker.
21.3. Die Stadt Essen erwirbt das von Karl Ernst Osthaus gegründete Folkwang-Museum in Hagen.
24.3. Der Reichstag verabschiedet gegen die Stimmen von KPD, USPD und DNVP Steuergesetze, die eine Erhöhung verschiedener Steuern vorsehen. Neu eingeführt werden die Vermögens- und die Vermögenszusatzsteuer.
28.3. Aufgrund der Bestimmungen des Versailler Vertrags übergibt Deutschland den Dampfer „Bismarck" an Großbritannien. Das 291 Meter lange Schiff mit 1.000 Mann Besatzung war das erste deutsche Großkampfschiff
31.3. Albert Einstein beginnt eine Vorlesungsreihe über die Relativitätstheorie am Pariser Collège de France. Ein Jahr zuvor hatte eine britische Untersuchung während einer Sonnenfinsternis die Relativitätstheorie Einsteins bestätigt.

APRIL

1.4. Tod des letzten österreichischen Kaisers Karl I. in Funchal (Madeira).
8.4. Tod des Generals Erich von Falkenhayn auf Schloss Lindstedt bei Potsdam.
16.4. Mit der Unterzeichnung des zeitgleich zur Konferenz von Genua ausgehandelten Vertrags von Rapallo durchbricht das Deutsche Reich seine außenpolitische Isolation. Der von Reichskanzler Wirth und Außenminister Rathenau unterschriebene Vertrag mit Sowjetrussland verzichtet auf einen Ersatz der Kriegskosten und regelt die Wiederaufnahme diplomatischer Beziehungen. Der überraschend abgeschlossene Rapallo-Vertrag wird vor allem in Frankreich kritisch beurteilt.
22.4. Die französische Regierung kündigt an, dass sie die Annullierung des Rapallo-Vertrags erwirken wolle, da er dem Versailler Vertrag widerspreche.
27.4. Uraufführung des Films „Dr. Mabuse, der Spieler" von Fritz Lang in Berlin.

MAI

5.5. Abzug der alliierten Luftfahrt-Überwachungskommission aus Deutschland. Sie hat 14.000 Flugzeuge unbrauchbar machen lassen.
13.5. Uraufführung der Oper „Herzog Blaubarts Burg" von Béla Bartók in Frankfurt/Main.
15.5. Vertreter der Regierungen Polens und Deutschlands unterzeichnen ein Abkommen, das die Teilung Oberschlesiens vorsieht.
24.5. Der Preußische Landtag lehnt einen Antrag der Sozialdemokratischen Partei Deutschlands (SPD) auf Abschaffung der Todesstrafe ab.
25.5. Durch Zusammenschluss aller Landeskirchen entsteht der Deutsche Evangelische Kirchenbund.
29.5. Baubeginn für den Rhein-Main-Donau-Kanal als Teil eines durchgehenden Wasserwegs von der Nordsee bis zum Schwarzen Meer. Das Projekt wird erst 1992 vollendet.
Beginn der Bundestagung des „Deutschen Schutzbundes" in Anwesenheit von Generalfeldmarschall Paul von Hindenburg in Königsberg. In dem 1919 gegründeten Bund schließen sich grenz- und auslandsdeutsche Verbände zusammen, die für die Wiedererrichtung der deutschen Grenzen von 1914 eintreten.
31.5. Die alliierte Reparationskommission akzeptiert die deutsche Bitte um Aufschub der Reparationszahlungen.

JUNI

7.6. Von Berlin aus werden erstmals drahtlos Bilder in die USA telegraphiert.
18.6. In Berlin finden die „Deutschen Kampfspiele" statt. Als nationales Großsportfest dienen sie als Ersatz für den Ausschluss deutscher Sportler von den Olympischen Spielen in Antwerpen.
24.6. Ermordung von Reichsaußenminister Walther Rathenau in Berlin-Grunewald.
25.6. Reichskanzler Wirth übernimmt zusätzlich das Amt des Außenministers. Im Nachruf auf den ermordeten Rathenau verurteilt Wirth die republikfeindliche Hetze der nationalistischen Parteien aufs schärfste. Mit dem Satz: „Der Feind steht rechts!" unterstreicht er im Reichstag diese Auffassung. Die Rechtsparteien sehen darin eine unausgesprochene Sympathieerklärung an die Parteien der radikalen Linken.
26.6. Reichspräsident Ebert erlässt die „Verordnung zum Schutze der Republik". Sie verbietet antirepublikanische Versammlungen und Kundgebungen.
30.6. Uraufführung des Stücks „Der Maschinenstürmer" von Ernst Toller in Berlin.

JULI

12.7. Die Reichsregierung beantragt bei der Reparationskommission die Aussetzung der Restzahlungen für 1922.
Der US-Dollar wird mit 447 Mark gehandelt.
17.7. Zwei der Mörder Rathenaus, Kern und Fischer, werden bei Bad Kösen an der Saale entdeckt. Bei einem Schusswechsel mit der Polizei wird Fischer tödlich getroffen, Kern begeht Selbstmord.
18.7. Der Reichstag beschließt gegen die Stimmen von KPD, DNVP und der Bayerischen Volkspartei (BVP) das „Gesetz zum Schutz der Republik". Es ermöglicht das Verbot republikfeindlicher Vereinigungen und ihre strafrechtliche Verfolgung.

21.7. Das „Gesetz zum Schutze der Republik“ tritt in Kraft. Bayern sieht darin einen Eingriff in die Hoheitsrechte der Länder und erlässt eine eigene Notverordnung zum Schutz der Verfassung.
22.7. In Leipzig findet das erste deutsche Arbeiter-Turnfest mit über 100.000 Teilnehmern statt, von denen über 15.000 aus dem Ausland kommen.

AUGUST

2.8. Panikstimmung an den deutschen Börsen. Der Wert des US-Dollars ist auf 860 Mark gestiegen.
6.8. Das Wiederholungsspiel zur Deutschen Fußballmeisterschaft zwischen dem 1. FC Nürnberg und dem Hamburger SV endet mit 1:1 erneut unentschieden, so dass es keinen Deutschen Meister für das Jahr 1922 gibt.
7.-14.8. Auf einer weiteren Konferenz der Alliierten in London scheitert eine Einigung über ein Moratorium der deutschen Reparationszahlungen an der kompromisslosen Haltung des französischen Ministerpräsidenten Poincaré.
15.8. Die Reichsregierung erklärt ihre Unfähigkeit zur Zahlung der fälligen Reparationsrate von zwei Millionen Mark. Frankreich beharrt auf der vollen Zahlung und droht mit diplomatischen Strafmaßnahmen.

SEPTEMBER

1.9. In Berlin schließt der Industrielle Hugo Stinnes (DVP) mit dem Präsidenten der französischen Generalbeschaffungskommission ein Abkommen über Lieferungen deutschen Baumaterials zum Wiederaufbau der im Ersten Weltkrieg zerstörten Gebiete Nordfrankreichs.
2.9. Reichspräsident Ebert erklärt das „Deutschlandlied“ zur Nationalhymne.
17.9. Der erste Film mit integrierter Lichttonspur, „Die Brandstifter“, wird in Berlin gezeigt.
23.9. Uraufführung des Stücks „Trommeln in der Nacht“ von Bertolt Brecht in München.

OKTOBER

13.10. Nach einem Erlass des französischen Staatspräsidenten Millerand werden die letzten deutschen Kriegsgefangenen entlassen.
15.10. Bei einer Feier anlässlich des 60. Geburtstags von Gerhart Hauptmann spricht sich Thomas Mann in einer Rede für die Weimarer Republik aus. Nach der Ermordung Rathenaus hat Mann seine Ablehnung der Republik aufgegeben.
24.10. Die Amtszeit von Reichspräsident Ebert, die eigentlich im Dezember enden soll, wird durch einen verfassungsändernden Beschluss bis zum 1. Juli 1925 verlängert. Damit soll ein Wahlkampf in der wirtschaftlich und politisch angespannten Situation vermieden werden.

NOVEMBER

2.-9.11. Internationale Währungskonferenz in Berlin zur Stabilisierung der deutschen Währung. Die Finanzexperten plädieren u.a. für ein zweijähriges Moratorium der deutschen Reparationszahlungen, wogegen sich insbesondere Frankreich wehrt. Deutsche Industrielle wie Stinnes, der als größter Inflationsgewinnler gilt, wenden sich ebenfalls gegen das Konzept.
14.11. Das Kabinett Wirth zieht die Konsequenz aus dem Scheitern der „Erfüllungspolitik“ und tritt zurück.
22.11. Der parteilose Politiker Wilhelm Cuno bildet eine neue Reichsregierung unter Beteiligung von Deutscher Demokratische Partei (DDP), DVP, Zentrum und BVP.
27.11. Die Reichsregierung stellt einen Antrag auf Aufschub der Reparationszahlungen. Der französische Ministerpräsident Poincaré droht mit der Besetzung des Ruhrgebiets.

DEZEMBER

9.-12.12. Beratungen der Ministerpräsidenten Italiens, Frankreichs, Großbritanniens und Belgiens in London über den deutschen Antrag auf Zahlungsaufschub und Währungsstabilisierung durch Goldanleihen. Großbritannien stimmt zu, während Frankreich ablehnt.
26.12. Die alliierte Reparationskommission stellt die „vorsätzliche Nichterfüllung“ der deutschen Lieferungsverpflichtungen fest.

AUSSERDEM

Karl Kraus: Die letzten Tage der Menschheit (Weltkriegstragödie)
Hermann Hesse: Siddharta (Roman)
Oswald Spengler: Der Untergang des Abendlandes, Band II (Philosophische Abhandlung)

„Der Bauch“. Karikatur von Karl Arnold im „Simplicissimus“, 1922. „Ach, wie lange habe ich meine kleinen Beinchen nicht gesehen!“, beschwert sich der füllig gewordene, auf dem Sofa sitzende und Zigarren rauchende Herr des Hauses. Im Hintergrund ein üppiger Bildschmuck, eine Palme, auf dem Boden ein Schoßhündchen mit Halskrause. Ein Teegeschirr und eine Likörflasche vervollständigen die gute Stube. Anprangern wollte Arnold damit die unsozialen Praktiken der Kriegsgewinnler und Schieber, die sich auf Kosten der sozial Schwachen bereicherten.

Vertrag von Rapallo

Im April 1922 geht eine Welle der Verblüffung, der Furcht und des Zorns durch die französische und englische Presse. Am Rande der Weltwirtschaftskonferenz von Genua schließen das Deutsche Reich und die Union der Sozialistischen Sowjetrepubliken am 16. April 1922 in Rapallo einen Freundschaftsvertrag ab.

Deutsches Reich wie Sowjetunion waren seit 1918/19 verfemt und ausgeschlossen aus der Weltpolitik, sie gehörten auch nicht dem Völkerbund in Genf an. In Genua verlangten die einstigen Verbündeten des 1917 von den Bolschewiki Lenins gestürzten Zarentums Entschädigung für die vor allem von Frankreich dem Zarenreich gewährten Anleihen und die Verluste westlicher Firmen durch die Enteignung aller Industriebetriebe im Sowjetstaat. Die Sowjets präsentierten darauf eine Gegenrechnung, Reparationsforderungen an England und Frankreich in Höhe von 20 Milliarden Rubel für „Interventionsschäden", die durch das Eingreifen alliierter Truppen und Militärmissionen auf Seiten der „weißen Armeen" im Bürgerkrieg von 1918 bis 1920 entstanden sein sollen.

Die Gespräche fahren sich fest. Da gewinnt der Leiter der Ostabteilung im Auswärtigen Amt, Freiherr von Maltzan, seinen Minister Rathenau für den Gedanken, mit den Sowjets ein Arrangement zu erzielen. So kommt der Vertrag von Rapallo zustande: kein Bündnis, sondern ein Freundschaftsvertrag, ganz ohne Zusammenhang mit den bereits zwischen der Reichswehrführung und der Roten Armee angeknüpften Verhandlungen.

In der Sowjetunion gilt die Weisheit Lenins, dass man den Kapitalismus mit Hilfe der Kapitalisten einholen und darauf überholen müsse. Die sich rasch entwickelnden Wirtschaftsbeziehungen zwischen den Sowjets und der deutschen Industrie ergeben eine wertvolle Hilfe für den Neuaufbau einer eigenen sowjetrussischen Industrie, aber sie öffnen auch den riesigen russischen Exportmarkt für deutsche Industrieprodukte. 1922 erhält die Flugzeugfirma von Professor Hugo Junkers in Dessau eine Konzession zum Aufbau eines Zweigwerkes in Fili bei Moskau, nachdem Deutschland auch der Bau von Zivilflugzeugen untersagt worden war. Hugo Junkers legt den Grund für die Organisation eines künftigen sowjetrussischen Verkehrsluftnetzes. 1923 erwirbt die Friedrich Krupp AG in Essen eine große Landkonzession am Manytsch zur Erprobung moderner Agrarmethoden und landwirtschaftlicher Maschinen. Bereits im Oktober 1923 gewährt die Reichsregierung, obwohl sie noch um die Überwindung der Inflation ringt, der Sowjetunion einen kurzfristigen Handelskredit in Höhe von 75 Millionen Goldmark. Zwischen 1924 und 1928 klettert der Export deutscher Industrieerzeugnisse aller Art in die Sowjetunion von 89 auf 403,4 Millionen Mark. Im Anschluss an den Berliner Freundschafts- und Wirtschaftsvertrag von 1924 mit Moskau gewährt die Reichsregierung einen neuen Warenkredit in Höhe von 300 Millionen Mark.

Für die deutsche Maschinen-, Elektro-, Motoren- und Lokomotivenindustrie wird das Russlandgeschäft zu einem höchst gewichtigen Faktor. 1931 steigt die Ausfuhr deutscher Industrieprodukte auf 762,2 Millionen Mark. Mehrere gemischte deutsch-russische Gesellschaften entstehen für die Abwicklung von Transporten, für den Luftverkehr, für die Bewirtschaftung und Nutzung der Krupp-Konzession am Manytsch im fernen Kuban-Gebiet. Die Sowjetunion liefert ihrerseits Getreide, Öl und Ölerzeugnisse, Erze.

Tausende deutscher Ingenieure und Facharbeiter arbeiten in sowjetischen Werken als Instrukteure. Der von Stalin seit 1928 vorangetriebene Aufbau einer eigenen Schwerindustrie wäre ohne derartige Auslandshilfe kaum denkbar gewesen.

Das alles ändert sich freilich nach der Machtübernahme Hitlers am 30. Januar 1933. Bislang hatte das blühende Russlandgeschäft immer ein Doppelgesicht gehabt: Bei guten Beziehungen zwischen der Wilhelmstraße und dem Kreml existierte eine äußerst starke Kommunistische Partei in Deutschland, die allerdings seit 1923 auf gewaltsame Umsturzversuche verzichtet hatte. Jetzt beginnt die Jagd auf Kommunisten in Deutschland.

Die Vertragspartner von Rapallo: Reichskanzler Joseph Wirth(links) im Gespräch mit den russischen Emissären Krassin, Tschitscherin und Joffe.

„Nosferatu"

„Nosferatu" – eine Symphonie des Grauens, ein Klassiker des Horrorfilms, hat am 5. März 1922 Premiere. Regie: Friedrich Wilhelm Murnau. Buch: Henrik Galeen nach dem Roman „Dracula" von Bram Stoker. Kamera: Fritz Arno Wagner, Günther Krampf. Bauten und Kostüme: Albin Grau. Darsteller: Max Schreck (Nosferatu), Gustav von Wangenheim, Greta Schroeder.

Der Handlung des Films liegen Motive der Sage vom Vampir Dracula zugrunde:

Ein Bremer Grundstücksmakler sendet seinen jungverheirateten Buchhalter auf Nosferatus Schloss in den Karpaten, um dort Geschäfte zu regeln. Der Vampir Nosferatu will sich über den jungen Mann hermachen, aber im selben Augenblick erwacht dessen junge Frau in der Bremer Wohnung und spricht beschwörend den Namen ihres Mannes aus. Nosferatu lässt von seinem Opfer ab, die überirdische Macht der Liebe hat den Buchhalter gerettet.

Nun zieht es Nosferatu aus seinem Schloss fort, er durchstreift wie eine Heimsuchung die Welt. Wo immer er sich aufhält, breiten sich Schwärme von Ratten aus, und die Menschen fallen tot um. Nosferatu ist der unheilverkündende Bote der Pest.

Schließlich kommt er nach Bremen und trifft auf Nina, die junge Frau des Buchhalters. Sie weicht nicht vor ihm zurück, sie geht ihm mit ausgestreckten Armen entgegen, und – wie ein Wunder – die Sonne bricht durch die Wolken und vernichtet Nosferatu.

Effekte des Grauens und des drohenden Unheils werden durch die Kulisse des Films eindrucksvoll gesteigert. Als expressionistischer Protagonist beherrscht Nosferatu, ebenso wie Dr. Caligari oder der Golem, für eine bestimmte Zeit das

Der Psychoanalytiker Dr. Mabuse betreibt in den 20er Jahren unter Einsatz hypnotischer Fähigkeiten die Vergrößerung seines Reichtums und die Erweiterung seiner Macht. Bis ihm ein Staatsanwalt das Handwerk legt, hat er Unheil über viele Menschen gebracht. Fritz Langs zweiteiliger Stummfilm erweist sich über seine melodramatische Kriminalgeschichte hinaus als präzise dramaturgische und formale Konstruktion, die in beinahe dokumentarischer Weise nicht nur die Lebenshaltung verschiedener Gesellschaftsschichten und die Vergnügungssucht und Dekadenz von Großbürgertum und Kleinadel attackiert, sondern auch die Bedingungen aufzeigt, unter denen eine Gesellschaft zwischen Chaos und Tyrannei einem „Übermenschen" verfallen kann. Filmhistorisch belegt der Film die Übergänge vom Expressionismus zur Neuen Sachlichkeit.

Geschehen, bis die Macht gebrochen wird.
Das Thema der Tyrannei, des Chaos, übt in der Nachkriegszeit eine eigenartige Faszination aus. Die politisch unsicheren Nachkriegsverhältnisse in der jungen Weimarer Republik lassen Schreckgespenster der Diktatur aufleben, die nicht durch politischen Widerstand, sondern durch die Kraft der Liebe besiegt werden.

Karl Valentin: „Der Firmling"

Am 9. Dezember 1922 wird Karl Valentins Einakter „Der Firmling" mit Karl Valentin und Liesl Karlstadt im Münchener Germaniabrettl uraufgeführt. In dem Stück will ein Vater seinem Sohn einen angenehmen Nachmittag in einem Wirtshaus bescheren.
Im gleichen Maße, wie die Trunkenheit des Vaters wächst, nimmt dessen Selbstbeherrschung ab. Wilhelm Hausenstein schreibt, „Valentins Darstellung sei von jener unergründlichen Traurigkeit, ja Schwermut umwittert, die überall in der Geschichte genialer Komik das letzte Geheimnis ist". Bertolt Brecht im Programmheft der Münchener Kammerspiele über Karl Valentin: „Dieser Mensch ist ein durchaus komplizierter, blutiger Witz.
Er ist von einer ganz trockenen, innerlichen Komik, bei der man rauchen und trinken kann und unaufhörlich von einem innerlichen Gelächter geschüttelt wird, das nichts besonders Gutartiges hat.
Denn es handelt sich um die Trägheit der Materie und um die feinsten Genüsse, die durchaus zu holen sind. Hier wird gezeigt die Unzulänglichkeit aller Dinge, einschließlich uns selber.
Wenn dieser Mensch, eine der eindringlichsten geistigen Figuren der Zeit, den Einfältigen die Zusammenhänge zwischen Gelassenheit, Dummheit und Lebensgenuss leibhaftig vor Augen führt, lachen die Gäule und merken es tief innen."

Max Schreck in der Hauptrolle des Films „Nosferatu – eine Symphonie des Grauens", der am 5. März 1922 in Berlin uraufgeführt wurde.

1923

JANUAR

9.1. Gegen den Einspruch Großbritanniens stellt die alliierte Reparationskommission den Rückstand der deutschen Kohlelieferungen fest.

10.1. Belgien und Frankreich informieren das Deutsche Reich offiziell von der beabsichtigten Ruhrbesetzung. Die Besetzung solle die Kohlelieferungen sichern und diene keinen militärischen Zwecken.

11.1. Französische und belgische Truppen marschieren in das Ruhrgebiet ein.

12.1. Die Reichsregierung stellt alle Reparationslieferungen und Sachlieferungen an Frankreich und Belgien ein.

13.1. Reichskanzler Wilhelm Cuno verkündet im Reichstag den „passiven Widerstand" gegen die Besatzungstruppen im Ruhrgebiet.

15.1. Französische Truppen besetzen Bochum, Witten, Recklinghausen und Dortmund.

24.1. Wegen der Weigerung, Kohle zu liefern, werden der Zechenbesitzer Fritz Thyssen und weitere Industrielle vom französischen Kriegsgericht in Mainz zu hohen Geldstrafen verurteilt.

26.1. Das Londoner Ultimatum der alliierten Reparationskommission wird in Kraft gesetzt. Deutschland ist damit zu jährlichen Zahlungen in Höhe von 3,6 Milliarden Mark verpflichtet.

27.-29.1. Erster Parteitag der Nationalsozialistischen Deutschen Arbeiterpartei (NSDAP) in München. Innerhalb eines Jahres ist die Mitgliederzahl der Partei von 6.000 auf 55.000 gestiegen.

FEBRUAR

4.2. Die Franzosen dehnen das Besatzungsgebiet am Rhein weiter aus und besetzen die Städte Offenburg und Appenweier.

8.2. Der nationalsozialistische „Völkische Beobachter" wird in eine Tageszeitung umgewandelt. Hauptschriftleiter ist Dietrich Eckart.

10.2. Tod des Physikers Wilhelm Conrad Röntgen in München.

MÄRZ

1.3. Die Besatzungsmächte im Ruhrgebiet drohen die Todesstrafe für Sabotageakte und passiven Widerstand im Eisenbahntransportwesen an.

3.3. Die von Reichspräsident Friedrich Ebert erlassene Verordnung über Spionage stellt die Zusammenarbeit mit den französischen und belgischen Besatzungsbehörden unter hohe Zuchthausstrafe.

Französische Truppen besetzen die großen Eisenbahnwerkstätten von Darmstadt sowie die Karlsruher Hafenanlagen.

20.3. Das bayerische Innenministerium lehnt einen Antrag der Sozialdemokratischen Partei Deutschlands (SPD) und der Deutschen Demokratischen Partei (DDP) auf Verbot der nationalsozialistischen Sturmabteilung (SA) ab. Diese hatte sich mit Mitgliedern anderer Parteien Schlägereien geliefert.

APRIL

7.4. In Essen verhaftet die französische Militärpolizei den ehemaligen Freikorpsoffizier Albert Leo Schlageter wegen mutmaßlicher Beteiligung an einem Sprengstoffanschlag auf die Eisenbahnstrecke Dortmund-Duisburg. Schlageter ist seit 1922 Mitglied der NSDAP.

16.4. Die Reichsregierung signalisiert aufgrund der wirtschaftlichen Folgen der Ruhrbesetzung die Bereitschaft zur Wiederaufnahme der eingestellten Reparationsleistungen. Ihr Angebot einer Zahlung von insgesamt 30 Milliarden Goldmark wird als indiskutabel abgelehnt.

25.4. Das 1922 veröffentlichte satirische Mappenwerk „Ecce Homo" von George Grosz wird wegen „unzüchtiger Darstellungen" in Berlin beschlagnahmt.

27.4. Veröffentlichung des psychoanalytischen Werks „Das Ich und das Es" von Sigmund Freud im Internationalen Psychoanalytischen Verlag.

30.4. Eine französische Untersuchung des „Essener Blutbads" kommt zu dem Ergebnis, dass sich die französischen Truppen im Zustand der Notwehr befunden hätten, als sie auf die streikenden Krupp-Arbeiter schossen.

„Und so lasset uns getrost in die Zukunft blicken, denn es ist keine leichtfertige Liebesehe, nein, es ist eine Heirat aus Pflicht!" Karikatur von Karl Arnold auf die von Gustav Stresemann am 18. August 1923 gebildete Große Koalition aus SPD, Zentrum, Deutscher Demokratischer Partei und Deutscher Volkspartei.

MAI

1.5. Der Aufsichtsratsvorsitzende der Firma Krupp, Gustav Krupp zu Bohlen und Halbach, wird im Zusammenhang mit dem Zwischenfall im Essener Krupp-Werk von den Franzosen verhaftet.

8.5. Das französische Kriegsgericht in Düsseldorf verurteilt Gustav Krupp zu 15 Jahren Gefängnis und 100 Millionen Mark Geldstrafe.

15.5. Französische Truppen besetzen die Badische Anilin- und Sodafabrik (BASF) in Ludwigshafen sowie die Farbwerke Hoechst.

17.5. Veröffentlichung des philosophischen Werks „Geist der Utopie" von Ernst Bloch.

24.-26.5. Gründung der Sozialistischen Jugendinternationale in Hamburg. Erster Sekretär wird Erich Ollenhauer.

26.5. Der von einem französischen Kriegstribunal wegen Geheimbündelei und Spionage zum Tode verurteilte Schlageter wird hingerichtet

JUNI

8.6. Die Lehrerin und Frauenrechtlerin Helene Lange erhält die Ehrendoktorwürde der Staatswissenschaften der Universität Tübingen.

10.6. Neuer Deutscher Fußballmeister wird der Hamburger SV durch einen 3:0-Sieg über Union Oberschöneweide.

13.6. Der US-Dollar erreicht einen Wechselkurs von 100.000 Mark.

27.6. Papst Pius XI. empfiehlt in einem Offenen Brief an die Gläubigermächte eine Überprüfung der deutschen Reparationsverpflichtungen.

JULI

4.7. Veröffentlichung des Buchs „Michael Bakunin und die Anarchie" von Ricarda Huch im Insel-Verlag Leipzig.
14.7. Die NSDAP nutzt das 13. Deutsche Turnfest in München zu einer Großkundgebung. Adolf Hitler fordert die Wiederherstellung der „deutschen Ehre und Freiheit" sowie die Außerkraftsetzung des Versailler Vertrags. Die anschließende Demonstration der NSDAP wird von der Polizei gesprengt.
30.7. Der Wert des US-Dollar überschreitet die Eine-Million-Mark-Grenze.

AUGUST

8.8. Reichskanzler Cuno bekennt sich trotz wachsender Kritik zum passiven Widerstand. Er macht die Fortführung seiner Regierung jedoch von einem Vertrauensvotum des Reichstags abhängig.
11.8. In einer Note an Frankreich und Belgien verurteilt Großbritannien die Ruhrbesetzung als rechtswidrig.
12.8. Reichskanzler Cuno verliert die parlamentarische Unterstützung für seine Politik und tritt zurück.
13.8. Gustav Stresemann wird als neuer Reichskanzler und Außenminister vereidigt. Er bildet eine Große Koalition von DVP, DDP, Zentrum und SPD.
15.8. In Weimar wird die erste Bauhaus-Ausstellung mit einem Vortrag des Architekten Walter Gropius eröffnet. Die Lehrenden, unter ihnen Wassiliy Kandinsky, Paul Klee und Lyonel Feininger, stellen eine Auswahl ihrer Arbeiten vor.

SEPTEMBER

16.9. In Köln-Müngersdorff wird das bislang größte Stadion Europas eingeweiht. Es fasst 80.000 Zuschauer.
17.9. Der US-Dollar steht bei 200 Millionen Mark.
19.9. In Leipzig hat das Theaterstück „Hinkemann" von Ernst Toller Premiere.
21.9. Im besetzten Rheinland beginnt die Rheinlandkommission mit der Ausgabe von Notgeld.
24.9. Angesichts der finanziellen Misere stimmen mit Ausnahme der Deutschnationalen Volkspartei (DNVP) alle großen Parteien dem Vorschlag Reichskanzler Stresemanns über die Beendigung des passiven Widerstands im Rheinland zu.
26.9. In Berlin kostet ein Laib Brot 10,37 Millionen Mark; ein Kilo Rindfleisch wird für 76 Millionen Mark verkauft.
Reichskanzler Stresemann gibt den Abbruch des passiven Widerstands und die Wiederaufnahme von Reparationslieferungen bekannt.
28.9. Reichswehrminister Otto Geßler verbietet Druck und Vertrieb des „Völkischen Beobachters" wegen eines Reichskanzler Stresemann verunglimpfenden Artikels.

OKTOBER

1.10. Reichskanzler Stresemann fordert zur Überwindung der Wirtschaftskrise ein Ermächtigungsgesetz zur Beschleunigung von Gesetzgebungsverfahren. Da die SPD ihre Zustimmung verweigert, kommt es zur Regierungskrise.
2.10. Für einen US-Dollar werden 242 Millionen Mark gezahlt.
3.10. Rücktritt der Regierung. Stresemann wird erneut mit der Regierungsbildung betraut.
6.10. Die SPD lenkt in der Frage des Ermächtigungsgesetzes ein. Die neue Reichsregierung der bisherigen Koalitionsparteien SPD, DDP, DVP und Zentrum wird vereidigt. Hans Luther (parteilos) löst als neuer Finanzminister Rudolf Hilferding (SPD) ab.
8.10. Eröffnung des neuen Flughafens auf der Tempelhofer Feld in Berlin.
9.10. Gründung der Preußischen Bergwerks- und Hütten-AG (Preussag AG).
10.10. Der Wert des US-Dollars springt auf 2,9 Milliarden Mark.
In Sachsen wird eine Koalitionsregierung aus SPD und KPD gebildet. Die Reichsregierung sieht sich nun auch von einem kommunistischen Umsturzversuch bedroht.
11.10. Reichswehrminister Geßler verbietet das kommunistische Zentralorgan „Die Rote Fahne", weil sie zur Vorbereitung eines Generalstreiks aufgerufen hat.
16.10. Die Reichsregierung gibt die Errichtung der Deutschen Rentenbank bekannt. Damit sind die Voraussetzungen für den Übergang zur Rentenmark geschaffen.
19.10. Der US-Dollar kostet 12 Milliarden Mark.
21.10. In Aachen rufen Separatisten eine unabhängige Rheinische Republik aus. Vier Tage später proklamieren Separatistenführer die Errichtung der Unabhängigen Rheinischen Republik. Ihr Vorhaben scheitert am 16. November am Widerstand der Bevölkerung und der Regierung.
22.10. Auf Weisung von Reichswehrminister Geßler rücken Reichswehrtruppen in Sachsen ein. Die KPD hatte gemeinsam mit den linksgerichteten SPD-Landesverbänden den Widerstand gegen die Reichsregierung proklamiert.
23.10. In Hamburg wird ein Aufstand der Kommunisten unter Führung von Ernst Thälmann durch die Polizei blutig niedergeschlagen.

NOVEMBER

5.11. Reichswehrtruppen rücken in Thüringen ein. Wie in Sachsen hatte die KPD zum Widerstand gegen die Reichsregierung aufgerufen.
8./9.11. Hitler-Putsch: Adolf Hitler verkündet im Münchener Bürgerbräukeller die „nationale Revolution", erklärt die bayerische Regierung für abgesetzt und proklamiert den „Marsch auf Berlin". Die Landespolizei schlägt an der Münchener Feldherrnhalle den Putsch gewaltsam nieder. Die NSDAP wird verboten.
9.11. Reichspräsident Ebert überträgt General Hans von Seeckt die vollziehende Gewalt.
16.11. Die Deutsche Rentenbank beginnt mit der Ausgabe der neuen Rentenmark (Währungsreform). Für eine Billion Mark wird eine Rentenmark ausgezahlt.
20.11. Für alle Börsen wird ein Kurs von 4,2 Rentenmark für einen US-Dollar festgelegt.
23.11. Im Reichstag bringt die SPD wegen des unterschiedlichen Verhaltens der Reichsregierung gegen Bayern und Sachsen ein Misstrauensvotum ein. Die DNVP spricht ein eigenes Misstrauensvotum aus. Stresemann stellt die Vertrauensfrage und unterliegt. Er tritt zurück.
General von Seeckt erlässt ein reichsweites Verbot der NSDAP, der DVFP und der KPD.
28.11. Wilhelm Marx (Zentrum) bildet die neue Regierung als bürgerliches Minderheitskabinett von Zentrum, DVP und DDP. Stresemann bleibt Außenminister.
30.11. Einberufung eines internationalen Sachverständigenausschusses zur Untersuchung der deutschen Zahlungsfähigkeit unter dem Vorsitz des amerikanischen Finanzfachmanns Charles G. Dawes.

DEZEMBER

4.12. Reichskanzler Marx fordert zur Behebung der katastrophalen wirtschaftlichen Lage ein Ermächtigungsgesetz und die Übertragung der gesetzgebenden Gewalt vom Reichstag auf die Reichsregierung.
8.12. Reichskanzler Marx fordert das Ermächtigungsgesetz vehement und droht mit einer Reichstagsauflösung. Mit Unterstützung der SPD verabschiedet der Reichstag das Ermächtigungsgesetz.
Skandale um die Uraufführungen von Bertolt Brechts Stück „Baal" in Leipzig.
22.12. Der Reichskommissar für Währungsangelegenheiten Schacht wird zum Nachfolger des verstorbenen Reichsbankpräsidenten Rudolf Havenstein ernannt.
23.12. Durch die von Reichsarbeitsminister Heinrich Brauns erlassene Verordnung zur Arbeitszeit wird der Achtstundenarbeitstag faktisch außer Kraft gesetzt. Durch zahlreiche Ausnahmebestimmungen zur Verlängerung der Arbeitszeit soll die wirtschaftliche Krise überwunden werden.

AUSSERDEM

Heinrich Mann: Diktatur der Vernunft (Roman)
Thomas Mann: Bekenntnisse des Hochstaplers Felix Krull (Roman)
Arthur Moeller van den Bruck: Das Dritte Reich (Politisch-spekulative Abhandlung)

Separatismus in der Pfalz

In enger Anlehnung an die französische Besatzungsmacht und von dieser finanziert, versuchten separatistische Gruppen im Herbst 1923 im Rheinland eigene Staaten zu gründen. So wurde am 21. Oktober in Aachen eine „Rheinische Republik" ausgerufen, die allerdings rasch wieder zusammenbrach. Das gleiche Schicksal erlitt eine am 12. November in Speyer proklamierte Republik. Ihr Gründungsaufruf hatte folgenden Wortlaut:

Beginnend am 5. November 1923 in Kaiserslautern und folgend in den Städten Neustadt, Landau, Kirchheimbolanden, Bergzabern, Germersheim sowie in Herxheim, Hochspeyer und in vielen andern Landgemeinden hat die Regierung der autonomen Pfalz die Pfälzische Republik im Verbande der Rheinischen Republik ausgerufen.

Nachdem diese Regierung seit dem 11. November 1923 in dem Regierungsgebäude zu Speyer ihren Sitz hat, ist die pfälzische Republik von nun an für die ganze Pfalz proklamiert.

Um Missverständnisse und Zwischenfälle, wodurch die öffentliche Ordnung und Sicherheit gestört werden könnte, zu vermeiden, wird verordnet, dass die Einsetzung der neuen Regierung in den öffentlichen Gebäuden der Industriestädte Frankenthal, Kusel, Ludwigshafen, Pirmasens und Zweibrücken erst nach einigen Tagen vollzogen werden wird, wenn die mit den verschiedenen Vertretern der Bevölkerung dieser Städte aufgenommenen Verhandlungen beendigt sind.

Indem die Regierung hiermit das Standrecht verkündet, verpflichtet sie sich, jegliche Attentate und sonstigen Angriffe in der Pfalz gegen das gemeine Recht sowie gegen Personen und deren Eigentum mit aller Strenge zu unterdrücken. Gegen Personen, welche sich in dieser Hinsicht strafbar machen, wird unnachsichtlich vorgegangen werden.

Zugleich ergeht seitens der Regierung der autonomen Pfalz der Aufruf an alle ordnungsliebenden Mitbürger, gleichgültig welcher Parteirichtung sie angehören mögen, zur Mitarbeit und Unterstützung des begonnenen Werkes.

Die Regierung der Autonomen Pfalz.

Proklamation.

Nach den Besitzergreifungen der letzten Tage durch die Regierung der Autonomen Pfalz ist die

gesamte Pfalz der Regierungsgewalt unterstellt

und die Autonome Pfalz endgültig proklamiert. Der Sitz der Regierung ist im Regierungsgebäude zu Speyer. Selbstverständlich gibt es nur eine Regierung in der Pfalz. Nebenregierungen irgendwelcher Art sind ungültig. Alle bisher im Gebiete der Autonomen Pfalz gültig gewesenen Reichs- und Landesgesetze bleiben vorerst in Kraft.

Die Regierung erblickt in Nachfolgendem die höchste Aufgabe für die nächste Zeit

1. in unbedingter

Aufrechterhaltung der öffentlichen Ordnung

mit allen verfügbaren Mitteln und in Beseitigung der großen Gefahren, die aus der Arbeitslosigkeit und der für weite Kreise des Volkes unerträglich gewordenen Teuerung erwachsen;

2. in allmählicher

Herbeiführung des Friedens und Sicherung der sozialen Fürsorge

durch Aufnahme der Arbeit auf breitester Grundlage.

Ziel und Zweck aller Maßnahmen der Regierung ist die

Wiederaufrichtung der Wirtschaft.

Die rasche Herbeiführung dieses Zieles dient ausschließlich dem öffentlichen Wohle. Die Regierung der Pfalz erläßt deshalb nochmals den Aufruf zur loyalen Mitarbeit an Alle, gleich welcher Parteizugehörigkeit. Sie garantiert allen Mitarbeitern den ungestörten Frieden und die freie Ausübung ihrer öffentlichen und privaten Rechte. Dagegen wird sie alle Strenge anwenden gegen solche Personen, welche durch ihr Verhalten die Maßnahmen der Regierung zur Gesundung der Verhältnisse gefährden.

Die Regierung der Autonomen Pfalz.

Plakat rheinischer Separatisten 1923. Schon zu Beginn der Revolution von 1918 hatten sich im Reich Tendenzen einiger Landesteile abgezeichnet, sich selbständig zu machen. Dieser insbesondere von Frankreich unterstützte Separatismus stieß jedoch sowohl bei den Reichsregierungen wie auch im Volk auf nahezu einhellige Ablehnung.

Der Ruhrkampf

Um die deutschen Reparationsleistungen zu sichern, ließen die französische und die belgische Regierung im Januar 1923 Truppen ins Ruhrgebiet einmarschieren, die „produktive Pfänder", d.h. Bergwerke und Fabriken besetzten. Ihren Schritt begründeten sie in einer Note vom 10. Januar 1923 an das deutsche Auswärtige Amt:

Auf Grund der von der Reparationskommission festgestellten, von Deutschland begangenen Nichterfüllung in der Ausführung der Programme der Reparationskommission hinsichtlich der Lieferung von Holz und Kohle an Frankreich und gemäß den Bestimmungen der Paragraphen 17 und 18 der Anlage 2, Teil VIII, des Vertrages von Versailles hat die französische Regierung beschlossen, eine aus Ingenieuren bestehende und mit den erforderlichen Vollmachten zur Beaufsichtigung der Tätigkeit des Kohlensyndikats versehene Kontrollkommission ins Ruhrgebiet zu entsenden, um durch die von ihrem Vorsitzenden an dieses Syndikat und an die deutschen Verkehrsbehörden erteilten Befehle die strikte Anwendung der von der Reparationskommission festgestellten Programme sicherzustellen und alle für die Bezahlung der Reparationen erforderlichen Maßregeln zu ergreifen. Die Vollmachten dieser Mission werden durch die beiliegenden Urkunden bestimmt. Die deutsche Regierung wird gebeten, dieselben den betreffenden Behörden zur Kenntnis zu bringen und sie mit den erforderlichen Weisungen zur genauen Befolgung der darin enthaltenen Vorschriften zu versehen. Die italienische Regierung hat gleichfalls beschlossen, die italienischen Ingenieure an dieser Mission teilnehmen zu lassen.

Die französische Regierung legt Wert darauf zu erklären, dass sie gegenwärtig nicht daran denkt, zu einer militärischen Operation oder zu einer Besetzung politischer Art zu schreiten. Sie entsendet einfach ins Ruhrgebiet eine Mission von Ingenieuren und Beamten, deren Ziel deutlich umschrieben ist. Sie muss dafür sorgen, dass Deutschland die im Vertrag von Versailles enthaltenen Verpflichtungen achtet. Sie lässt ins Ruhrgebiet nur die zum Schutze der Mission und zur Sicherstellung der Ausführung ihres Auftrages erforderlichen Truppen einrücken.

Keine Störung, keine Änderung des normalen Lebens der Bevölkerung wird also erfolgen. Sie kann in Ruhe und Ordnung weiterarbeiten. Die deutsche Regierung hat das größte Interesse an einer Erleichterung der Arbeit der Mission und an der Unterbringung der zu ihrem Schutz bestimmten Truppen. Die französische Regierung rechnet auf den guten Willen der deutschen Regierung und aller Behörden, welcher Art sie auch seien.

Sollten die Maßregeln der Beamten der Mission und die Unterbringung der sie begleitenden Truppen durch irgendein Manöver behindert oder infragegestellt werden und sollten die örtlichen Behörden durch ihre Tätigkeit oder durch ihre Untätigkeit irgendwelche Verwirrung im materiellen Leben oder in der Wirtschaft des Gebietes herbeiführen, so würden alle für erforderlich erach-

Beisetzung erschossener Krupp-Arbeiter in Essen 1923.

teten Zwangs- und Strafmaßregeln unverzüglich ergriffen werden.
Aufgrund der von der Reparationskommission festgestellten Nichterfüllung Deutschlands hinsichtlich der Lieferungen von Holz und Kohle, die gemäß dem Programm der genannten Kommission fällig waren, und um für die Zukunft die strikte Ausführung der auf die Reparationen bezüglichen Bestimmungen des Vertrags sicherzustellen, wird mit dem heutigen Tage eine aus Ingenieuren und Beamten zusammengesetzte Kontrollkommission für die Bergwerke und Fabriken der besetzten Gebiete geschaffen.
Die Ingenieure und Beamten dieser Kommission sollen bevollmächtigt sein, von den Verwaltungsorganen, Handelskammern, Arbeitgeber- und Arbeitnehmerverbänden, Industriellen, Kaufleuten alle statistischen und sonstigen Auskünfte einzufordern, deren Einholung sie für nützlich halten. Sie sind berechtigt, die besetzten Gebiete ihrer ganzen Ausdehnung nach zu bereisen, haben Zutritt zu allen Bureaus, Zechen, Fabriken, Bahnhöfen usw. und können dort alle Dokumente, Rechnungen und Statistiken einsehen.
Das Personal der deutschen Verwaltung sowie die Vertreter der Industrie- und Handelsverbände haben sich unter Androhung schwerer Strafen für den Weigerungsfall den Mitgliedern der Kontrollkommission bei Ausführung ihres Dienstes völlig zur Verfügung zu stellen und sich gegebenenfalls nach den Befehlen zu richten, die sie vom Chef der Kontrollkommission erhalten. Dieser ist berechtigt, jede beliebige Änderung hinsichtlich der Verteilung der Brennstoffe und jegliche Umleitung der mit Brennmaterialien beladenen Eisenbahnwagen und Kähne anzuordnen. Die Ingenieure und Beamten der Mission sind mit einer von den Militärbehörden besonders ausgestellten Geschäftsanweisung versehen, die ihnen als persönlicher Ausweis dienen soll.
Vom 10. Januar 1923 an unterliegen die vom Syndikat aufgestellten oder ausgeführten Verteilungspläne für Kohle und Koks der Genehmigung der Industriellen-Ruhr-Kommission, die sie, wenn sie es für notwendig erachtet, abändern kann. Diese Pläne haben insbesondere die vollständige Lieferung der vorgesehenen Mengen für die Länder der Entente für das besetzte linksrheinische Gebiet zu umfassen und müssen ausreichend sein, um die Bedürfnisse der neubesetzten Gebiete zu befriedigen. Unter diesem Vorbehalt ändert sich im Grundsatz nichts an der allgemeinen, jetzt in Kraft befindlichen Verteilung der Brennstoffe.
Falls Übertretung obiger Vorschriften seitens des Kohlensyndikats oder der Zechen festgestellt wird oder falls die gelieferte Qualität zu wünschen übriglässt, würden schwere Strafmaßregeln ergriffen werden, ohne Rücksicht auf Umleitungen im Eisenbahn- oder Wasserverkehr, die von der industriellen Kommission angeordnet werden könnten. Die Ingenieure der Kommission werden häufige Stichproben vornehmen, um sich zu vergewissern, dass die Anordnungen des Kohlensyndikats korrekt gegeben und genau befolgt sind.

Reichspräsident Friedrich Ebert als Hampelmann in den Händen des Industriellen Hugo Stinnes. Karikatur von George Grosz. Stinnes, der Inbegriff des Inflationsgewinnlers, besaß kurz vor seinem Tod (April 1924) Mehrheitsanteile an 69 Baufirmen, 66 Chemischen-Fabriken, Papier- und Zuckerfabriken, 59 Zechen, 57 Banken und Versicherungen, 56 Eisen- und Stahlwerken, 49 Braunkohlegruben, 37 Ölfeldern und erdölverarbeitenden Betrieben, 100 metallverarbeitenden Fabriken, 389 Handels- und Transportunternehmen, 83 Eisenbahngesellschaften und Reedereien und an über 100 anderen Unternehmen in verschiedenen Branchen.

Der Hitler-Putsch in München

Bisher kannte ihn außerhalb Bayerns kaum jemand. Im November 1923 aber glaubte der Agitator Adolf Hitler den Moment gekommen, die Regierung in Berlin herauszufordern. Er hatte mit erheblichem demagogischen Geschick in seiner Nationalsozialistischen Deutschen Arbeiterpartei ein Sammelbecken für verarmte Kleinbürger, völkische Romantiker und nationalistische Aktivisten geschaffen. Bayern und vor allem die Hauptstadt München waren der ideale Nährboden für ihn und seinesgleichen. Die bayerische Politik hielt Distanz zum Reich; sie betrachtete ihr Land als „Ordnungszelle“, wo es gesünder

Unterstützt von seinem Landsmann Pollich baute. der Schwabe Böhler nach dem Kriege ein zweisitziges Kleinstfahrzeug, mit wassergekühltem Einzylinder - Viertakt - Heckmotor, Schwingachse vorn, Hinterfederung durch Schraubenfedern. Im Sommer 1923 erwarb die Lokomotivenfabrik Hanomag in Hannover die zwei fertiggestellten Versuchsfahrzeuge mitsamt der Konstruktion. Böhler und Pollich traten zur Hanomag über, die den kleinen Wagen in wachsender Serienproduktion baute. Als „Kommissbrot“ wurde das Wägelchen ungemein populär.

zugehe als in der Reichshauptstadt, die sich angeblich in den Händen von Juden und Marxisten befand. Hitler genügte es nicht, von den herrschenden Kreisen in Bayern geduldet und unter der Hand gefördert zu werden. Als er meinte, die Situation sei günstig, ging er aufs Ganze. Nach dem Vorbild des italienischen Faschisten Mussolini, der 1922 erfolgreich auf Rom marschiert war, rief er bei einer Versammlung im Münchener Bürgerbräukeller am 8. November 1923 zum Marsch nach Berlin und zum Sturz der „Regierung der Novemberverbrecher" auf. Durch Überrumpelung gelang es ihm, hohe bayerische Beamten in seinen Putsch hineinzuziehen, u.a. den „Generalstaatskommissar" Gustav Ritter von Kahr.
Am 8. November will Kahr im Bürgerbräukeller vor Kreisen des Bürgertums eine Rede über seine Politik halten. Hitler glaubt, das sei seine Gelegenheit. Er lässt die SA und andere Wehrverbände alarmieren, nicht um mit ihnen zu putschen, sondern um die bisher leitenden Leute unter Druck zu setzen, ihren eigenen Putsch fortzuführen.
Am 8. November erscheint Hitler um 20 Uhr im überfüllten Bürgerbräukeller und mischt sich unter die Zuhörer, während Kahr seine Rede beginnt. Inzwischen hat sich der größte Teil des Münchener SA-Regiments im Löwenbräukeller mit dem Verband „Reichskriegflagge" getroffen, dem auch ein gewisser Heinrich Himmler, Geflügelzüchter, angehört. Andere Einheiten haben die Gegend um den Bürgerbräukeller abgesperrt.
Um 20.45 Uhr gibt Hitler einigen seiner Freunde das Zeichen: Sie marschieren gemeinsam durch den Saal nach vorn zum Podium. In der Mitte des Saales springt Hitler auf einen Tisch, hebt eine Pistole und schießt in die Decke. Alles verstummt.
Kahr bricht erschrocken seine Rede ab und tritt vom Rednerpult zurück, als Hitler auf ihn zukommt. Nun steht Hitler hinter dem Rednerpult und verkündet, eine „nationale Republik" sei ausgerufen. Er fordert Kahr, den reichswehrgeneral Lossow und den Landespolizeichef Seisser auf, ihm in einen Nebenraum zu folgen, „in zehn Minuten" sei alles erledigt. Die drei folgen ihm tatsächlich.
Zunächst versucht Hitler, dann der Führer des Bundes „Oberland", Dr. Weber, die drei Machthaber zu überreden, den Putsch weiterzuführen – vergebens.
Hitler tritt wieder hinaus vor die Versammlung und hält eine sehr wirkungsvolle Rede, während der zunächst vorhandene Widerstand der Versammelten zusammenschmilzt. Hitler erklärt sein Vorhaben, von Bayern aus das „Regime der Novemberverbrecher" in Berlin zu beseitigen. Ludendorff soll die Führung der Reichswehr und auch die vollziehende Gewalt im Reich übernehmen. Kahr ist als Landesverweser für Bayern, Lossow als Reichswehrminister und Seisser als Reichspolizeiminister vorgesehen. Über sich selbst, sagt er, dass er vorschlage „bis zum Ende der Abrechnung mit den Verbrechern, die heute Deutschland tief zugrunderichten", die „Leitung der Politik" zu übernehmen.
Inzwischen ist General Ludendorff herbeigeholt worden. Ihm gelingt es nun, die noch immer im Nebenzimmer wartenden drei Männer im Sinne Hitlers zu beeinflussen. Darauf treten alle gemeinsam vor die nun begeisterte Versammlung. Jeder hält eine kurze Ansprache darüber, wie er sich seine zukünftige Arbeit in der neuen Regierung vorstellt. Kahr spricht bei dieser Gelegenheit davon, dass er sich in Bayern nur als „Statthalter der Monarchie" betrachte, geht also noch weit über Hitlers Ziel hinaus.
Einige in der Versammlung anwesenden Politiker, darunter der formell noch im Amt befindliche Ministerpräsident Knilling, werden am Saalausgang verhaftet. Hitler spricht das Schlusswort:
„Ich will jetzt erfüllen, was ich mir heute vor fünf Jahren als blinder Krüppel im Lazarett gelobte: nicht zu ruhen und zu rasten, bis die Novemberverbrecher zu Boden geworfen sind, bis auf den Trümmern des heutigen jammervollen Deutschland wiederauferstanden sein wird ein Deutschland der Macht und der Größe, der Freiheit und der Herrlichkeit!"
Dass Hitler das Land, statt es zu „Größe, Freiheit und Herrlichkeit" zu führen, in Krieg und Verderben stürzte, merkte das Volk zu spät.
Kahr, Lossow und Seisser erklären, dass sie sofort mit der Arbeit beginnen werden. Scheubner-Richter, der bei Hitler eine Art Zwischenrolle von Adjutant und Organisator übernommen hat, ist Lossow gegenüber misstrauisch und möchte ihn am liebsten begleiten lassen. Lossow ist als Reichswehrkommandeur zunächst der wichtigste Mann, er hat die tatsächliche Macht.
Aber Ludendorff fährt Hitlers Mann an: „Ich verbiete Ihnen, am Wort eines deutschen Offiziers zu zweifeln!" Schließlich hat Lossow nicht nur ihm selbst, sondern auch freiwillig vor der gesamten Versammlung der respektabelsten Bürger von

Plakat der NSDAP vom 9. November 1923. Von den Männern, die als Mitglieder der „provisorischen Regierung" genannt sind, waren zwei, v. Lossow und v. Seisser, bereits in der Nacht zuvor wieder abgesprungen. Nur Ludendorff hielt mit den Worten „Der Herrgott im Himmel, wenn er sieht, dass endlich wieder deutsche Männer da sind, wird mit uns sein!" an Hitler fest und nahm auch am Marsch auf die Feldherrnhalle teil.

Der typische Hitler-Anhänger in der Sicht des Karikaturisten Karl Arnold, 1923. „Mei Ruah' möchte' i hamm und a Revolution. A Ordnung muaß sei' und a Judenpogrom. A Diktator g'hört hera und glei' davo' g' haut. Mir zoagen's enk scho', wie ma Deutschland aufbaut."

München erklärt, dass er nunmehr Reichswehrminister sei!
Aber das erste, was von Lossow tut, als er in der Kaserne des 19. Infanterie-Regiments eintrifft, ist, dass er sich wieder dem Befehl von Seeckts unterstellt. Seeckt befiehlt sofort, es nicht zu einem Putsch kommen zu lassen. Die Münchener Reichswehreinheiten werden durch Lossow aufgefordert, nicht mit den Wehrverbänden gemeinsame Sache zu machen und vor allem gegen den Bund „Reichskriegsflagge" vorzugehen, der unter Führung von Hauptmann Röhm das Wehrkreiskommando besetzt hat.
Schon wenige Zeit nach dem Ende der Versammlung ist es Hitler klargeworden, dass sein Vorhaben gescheitert ist, dass Lossow durch seine Unterstellung unter Seeckt sogar von seinem eigenen Hochverrat zurückgetreten ist.
Hitler resigniert. Er weiß, dass er nun nichts mehr unternehmen kann. Es ist selbstverständlich, dass er allein keinen Putsch zustandebringt. Und er hat ja auch vorher schon an nichts Derartiges gedacht. Es wäre ihm, der in all den Jahren nichts anderes gewesen ist als Soldat, Schulungsredner, Agent und „Trommler" der Reichswehr, als Wahnsinn erschienen, etwas gegen den Widerstand der Reichswehr zu unternehmen. Jetzt ist es der General Ludendorff, der noch nicht aufgeben will. Er vertraut auf seine Autorität als großer Feldherr des Weltkrieges. Ihm wird und muss die Reichswehr folgen. So schlägt er Hitler vor, dass am kommenden Morgen die Kampfverbände in die Stadt ziehen sollen. Die Zustimmung der Bevölkerung sei gewiss, und wenn er den Zug anführe, würden weder Reichswehr noch Landespolizei schießen. So könne Blutvergießen vermieden werden, und vielleicht sei trotzdem noch ein Erfolg zu erreichen. Auf keinen Fall aber dürfe man sang- und klanglos abtreten.
Hitler und die anderen Verbandsführer stimmen schließlich zu, und so formiert sich gegen Mittag des 9. November 1923 in der Rosenheimer Straße der Demonstrationszug, der bis zum Marienplatz führen soll. Unterwegs erhält der Zug, wie Ludendorff prophezeit hat, starke Zustimmung der Bevölkerung. Am Marienplatz angekommen, wird eine Kundgebung abgehalten, auf der Julius Streicher spricht. Die Führer des Zuges entschließen sich, weiterzumarschieren bis zum Wehrkreiskommando, wo trotz Belagerung durch Reichswehr der Hauptmann Röhm mit seinen Leuten noch immer aushält. Die Reichswehrsoldaten machen trotz Lossows Befehlen keine Anstalten, auf ihre Kameraden auf der anderen Seite des hastig gezogenen Stacheldrahtes zu schießen und Gewalt anzuwenden. „Reichswehr schießt nicht auf Reichswehr!"" hat General von Seeckt anlässlich des Kapp-Putsches vor dreieinhalb Jahren dem sozialdemokratischen Reichspräsidenten Ebert erklärt.
Der Zug ist inzwischen in der schmalen Residenzstraße angekommen, die neben der Feldherrnhalle auf den Odeonsplatz mündet. Der Zugang zum freien Platz ist in Höhe der Feldherrnhalle versperrt: Ein Kordon von Landespolizisten mit schussbereiten Karabinern blockiert die schmale Straße. Hitlers Leibwächter Graf läuft voraus und ruft dem befehlenden Polizeioffizier zu: „Nicht schießen! Exzellenz Ludendorff und Hitler kommen!"
Ludendorff und Hitler marschieren vorn in der ersten Reihe auf die drohenden Gewehrmündungen zu. Doch auf den Offizier der Landespolizei macht weder der Name des legendären Feldherrn noch der Name Hitler den geringsten Eindruck. Die Polizei schießt.
Sechzehn Tote und Sterbende aus dem Zug und drei Polizisten liegen blutend auf dem Pflaster der Residenzstraße. Hitler ist von dem tödlich getroffenen Scheubner-Richter, der Arm in Arm neben ihm ging, zu Boden gerissen worden und hat sich durch den harten Sturz die Schulter ausgerenkt. Einsam gehen General Ludendorff und sein Adjutant Major Streck durch das Gewehrfeuer unbeirrt weiter. Dann werden beide festgenommen.
Hitler wird sofort von einigen Anhängern aufgehoben und zu einem Wagen gebracht, der ihn zu Freunden außerhalb Münchens bringt.
Hermann Göring ist schwer verwundet worden. Er erhält Erste Hilfe von einem jüdischen Bankier, in dessen Haus man ihn getragen hat. Ihm gelingt es später, nach Österreich zu flüchten, wo er zunächst in einem Innsbrucker Krankenhaus aufgenommen wird. Auch Rudolf Heß kann nach Österreich fliehen.
Am 11. November wird Hitler verhaftet und in die Strafanstalt Landsberg eingeliefert.
Die NSDAP, die SA und die anderen Verbände des „Kampfbundes" lösen sich selbst auf. Die „nationalsozialistische Bewegung" hat eine vernichtende Niederlage erlitten. Wenn nun noch die Strafverfolgung einsetzt, alle Führer gerichtlich verurteilt und eingesperrt werden, dann kann das, dachte man damals, nur das Ende der NSDAP und von Hitlers Laufbahn als Massenagitator sein.

NSDAP-Verbot

Der Oberste Chef der Heeresleitung, General von Seeckt, verbot am 23. November 1923 für das ganze Reichsgebiet die Kommunistische Partei Deutschlands, die Nationalsozialistische Deutsche Arbeiterpartei und die Deutsch-Völkische Freiheitspartei. Der Befehlshaber der Reichswehr war dazu durch die vom Reichspräsidenten Friedrich Ebert erlassenen Notverordnungen ermächtigt. In dem Verbotserlass hieß es unter anderem: „Das gesamte Vermögen der aufgelösten und verbotenen Vereinigungen wird beschlagnahmt ... Wer sich an einer verbotenen Vereinigung als Mitglied beteiligt oder ihr, sei es durch Geld, Vermittlung oder Beförderung von Nachrichten, Überlassung von Räumen oder durch andere Mittel Vorschub leistet, wird bestraft. Das Tragen oder Zuschaustellen der Fahnen oder sonstiger Abzeichen ist verboten." In der Begründung des Verbots hieß es, die KPD sei in den letzten Monaten bestrebt gewesen, Soldaten zum Ungehorsam und die Bevölkerung zum Widerstand gegen die vollziehende Gewalt zu verleiten. Sie habe durch bewaffnete Aufstände versucht, die verfassungsmäßige Staatsform des Deutschen Reiches umzustürzen. Die NSDAP und die DVF hätten es unternommen, „Soldaten der Wehrmacht zum Ungehorsam zu verleiten und die Regierung des Deutschen Reiches durch bewaffneten Aufstand umzustürzen".

Bewaffnete Putschisten in München, 9. November 1923.

Ende des Ruhrkampfs

Im September 1923 musste die Reichsregierung, den finanziellen Ruin vor Augen, den passiven Widerstand an der Ruhr abbrechen. Ein dementsprechender Aufruf erging am 26. September 1923:

An das deutsche Volk!
Am 11. Januar haben französische und belgische Truppen wider Recht und Vertrag das deutsche Ruhrgebiet besetzt. Seit dieser Zeit hatten Ruhrgebiet und Rheinland schwerste Bedrückung zu erleiden. Über 180.000 deutsche Männer, Frauen, Greise und Kinder sind von Haus und Hof vertrieben worden. Für Millionen Deutsche gibt es den Begriff der persönlichen Freiheit nicht mehr. Gewalttaten ohne Zahl haben den Weg der Okkupation begleitet. Mehr als hundert Volksgenossen haben ihr Leben dahingeben müssen, Hunderte schmachten noch in Gefängnissen.
Gegen die Unrechtmäßigkeit des Einbruchs erhoben sich Rechtsgefühl und vaterländische Gesinnung. Die Bevölkerung weigerte sich, unter fremden Bajonetten zu arbeiten. Für diese, dem Deutschen Reiche in schwerster Zeit bewiesene Treue und Standhaftigkeit dankt das ganze deutsche Volk.
Die Reichsregierung hatte es übernommen, nach ihren Kräften für die leidenden Volksgenossen zu sorgen. In immer steigendem Maße sind die Mittel des Reiches dadurch in Anspruch genommen worden. In der abgelaufenen Woche erreichten die Unterstützungen für Rhein und Ruhr die Summe von 3500 Billionen Mark. In der laufenden Woche ist mindestens die Verdoppelung dieser Summe zu erwarten. Die einstige Produktion des Rheinlandes und des Ruhrgebietes hat aufgehört. Das Wirtschaftsleben im besetzten und unbesetzten Deutschland ist zerrüttet. Mit furchtbarem Ernst droht die Gefahr, dass bei Festhalten an dem bisherigen Verfahren die Schaffung einer geordneten Währung, die Aufrechterhaltung des Wirtschaftslebens und damit die Sicherung der nackten Existenz für unser Volk unmöglich wird.
Diese Gefahr muss im Interesse der Zukunft Deutschlands, ebenso wie im Interesse von Rhein und Ruhr, abgewendet werden. Um das Leben von Volk und Staat zu erhalten, stehen wir heute vor der bitteren Notwendigkeit, den Kampf abzubrechen. Wir wissen, dass wir damit von den Bewohnern der besetzten Gebiete noch größere seelische Opfer als bisher verlangen. Heroisch war ihr Kampf, beispiellos ihre Selbstbeherrschung. Wir werden niemals vergessen, was diejenigen erlitten, die im besetzten Gebiet duldeten. Wir werden niemals vergessen, was diejenigen aufgaben, die lieber ihre Heimat verließen, als dem Vaterlande die Treue zu brechen. Dafür zu sorgen, dass die Gefangenen freigegeben werden, dass die Verstoßenen zurückkehren, bleibt die vornehmste Aufgabe der Reichsregierung. Vor allen wirtschaftlichen und materiellen Sorgen steht der Kampf für diese elementaren Menschenrechte. Deutschland hat sich bereit erklärt, die schwersten materiellen Opfer für die Freiheit deutscher Volksgenossen und deutscher Erde auf sich zu nehmen.
Diese Freiheit ist uns aber kein Objekt für Verhandlungen oder für Tauschgeschäfte. Reichspräsident und Reichsregierung versichern hierdurch feierlich vor dem deutschen Volke und vor der Welt, dass sie sich zu keiner Abmachung verstehen werden, die auch nur das kleinste Stück deutscher Erde vom Deutschen Reiche loslöst. In der Hand der Einbruchsmächte und ihrer Verbündeten liegt es, ob sie durch Anerkennung dieser Auffassung Deutschland den Frieden wiedergeben oder mit der Verweigerung dieses Friedens alle die Folgen herbeiführen wollen, die daraus für die Beziehungen der Völker entstehen müssen. Das deutsche Volk fordern wir auf, in den bevorstehenden Zeiten härtester seelischer Prüfung und materieller Not treu zusammenzustehen. Nur so werden wir alle Absichten auf Zertrümmerung des Reiches zunichte machen, nur so werden wir der Nation Ehre und Leben erhalten, nur so ihr die Freiheit wiedergewinnen, die unser unveräußerliches Recht ist!
Berlin, den 26. September 1923.
Der Reichspräsident Ebert.
Die Reichsregierung. Dr. Stresemann, Schmidt, Dr. Geßler, Dr. Brauns, v. Raumer, Dr. Radbruch, Oeser, Dr. Luther, Sollmann, Dr. Hilferding, Fuchs, Dr. Höfle.

Ob beim Essen oder beim Kochen, ob im Bett oder in der Badewanne, ob beim Telefonieren oder auf der Toilette – von Oma und Opa bis zum Kleinkind, alles fragt sich: „Wie steht der Dollar?"
Karikatur von Karl Arnold 1923. Der Dollar, der 1914 mit 4,20 RM bewertet wurde, kostete im Juli 1919 schon 14,00 RM, im Juli 1921 76,70 RM, im Juli 1922 500-RM, im Frühjahr 1923 etwa 353-000-RM und erreichte mit 4,2-Billionen-RM am 15. November 1923 den Gipfel.

Einführung der Rentenmark

Ursachen der Inflation von 1923 waren hauptsächlich die durch Kredite getragene Finanzierung des Ersten Weltkriegs, die hohen Kriegsfolgelasten der öffentlichen Hand im eigenen Land (Demobilisierung, Sozialausgaben für Arbeitslose und Flüchtlinge) sowie die immensen Reparationsverpflichtungen an die Siegermächte des Krieges (132 Milliarden Goldmark). Dazu kam, dass sogleich nach dem Kriege ein starker Import ins Reich begann. Warenknappheit und Preistreiberei steigerten den Geldüberhang. Devisenspekulationen und Flucht des

Während der „galoppierenden Inflation" ließ die Reichsbank im Sommer 1923 in 50 Großdruckereien in Tag- und Nachtschicht Banknoten drucken. Außerdem wurde in 100 weiteren Druckereien Notgeld hergestellt. Doch auch das reichte nicht aus, um mit der rasenden Geldentwertung Schritt zu halten. Die Kassenboten der Banken mußten die Papierflut mit Waschkörben, Koffern, Säcken, Handwagen und Droschken abholen.

deutschen Kapitals ins Ausland ließen die Golg- und Devisenbestände des Reiches schrumpfen. Von Beginn des Jahres 1920 an sank der Wert der Papiermark im Verhältnis zur Goldmark; bereits im Juli 1923 stand der Dollar im Verhältnis von 1 : 354.000 zur Papiermark. Es kam zu den grotesken Erscheinungen der täglich um Hunderte, Tausende oder Millionen Mark korrigierten Preislisten und der riesigen Geldtransporte. Markstützungsaktionen der Reichsbank und Überwachung des Devisenhandels (ab Februar 1923) brachten keinen Erfolg, da flankierende Maßnahmen wie Steuererhöhungen, Preisstop und Kampf gegen den Schwarzmarkt unterblieben. Erst die Gründung der Deutschen Rentenbank und die Einführung der neuen Rentenmark am 15. November 1923, zum Kurs von 4,2 Billionen : 1 Dollar, garantiert durch Goldobligationen auf den deutschen Grundbesitz, vermochten der Inflation ein Ende zu setzen. Bis dahin jedoch hatte sich in der Gesellschaftsordnung eine folgenschwere Wandlung vollzogen: Der deutsche Mittelstand war aufgelöst und um seinen Besitz gebracht worden. Sparguthaben, Wertpapiere waren in nichts zerronnen, Haus- und Grundbesitz oft genug im Spekulationsfieber angesichts der vorherrschenden „Flucht in die Sachwerte" veräußert worden, ebenso viele Handwerksbetriebe und kleinere Firmen. Wendigen Spekulanten mochte es gelungen sein, in kurzer Zeit riesige Industrie-Imperien zusammenzukaufen (etwa Hugo Stinnes) – die Masse der Mittelschichten stand am Ende der Inflation depossediert und proletarisiert da, ohne jedoch sich der Arbeiterbewegung irgendwie zu nähern, vielmehr erst recht auf Abgrenzung bedacht und anfällig für jede Art Rechtsradikalismus.

Welche Ziele die Reichsregierung mit der Einführung der Rentenmark verfolgte, geht aus einer Bekanntmachung vom 7. November 1923 hervor: Alle Vorbereitungen sind getroffen worden, damit die Rentenbank mit der Ausgabe der Rentenmark am 15. November beginnen kann. Von diesem Zeitpunkt an wird der Bedarf des Reichs nicht mehr durch neue Herstellung von Papiermark gedeckt werden. Die Papiermarkinflation wird damit ihr Ende erreichen. Die dann feststehende Menge an Papiermark soll gegen Goldanleihe des Reiches eingetauscht werden können. Zu diesem Zweck wird einer besonderen Stelle eine mit Sicherheiten ausgestattete Goldanleihe des Reiches zur Verfügung gestellt werden. Der Kurs, zu dem die Papiermark zunächst eingelöst werden soll, wird festgestellt werden, unmittelbar nachdem die Rentenbank in Kraft getreten ist. Die in der Rentenbankverordnung vorgesehene Möglichkeit der Einlösung von Reichsschatzanweisungen mit Rentenmark bleibt daneben bestehen. Damit bleibt zugleich die Möglichkeit offen, die Papiermark in Rentenmark einzutauschen, sobald die dafür erforderliche Menge an Rentenbankscheinen hergestellt ist.

Um zur Behebung der äußersten Not des Volkes die nötigen Devisen für die Einfuhr des unentbehrlichsten Lebensbedarfs, insbesondere für Getreide und Fette, zur Verfügung zu halten, hat sich die Reichsregierung trotz der schwersten Bedenken entschlossen, die Devisenabgabe auf der Grundlage der Brotversorgungsabgabe sofort noch einmal zu erheben. Als Gegenleistung wird eine neue Goldanleihe gewährt werden.

Weitere Devisen sollen durch die Ausfuhr einer beschränkten Menge an Zucker beschafft werden. Die Not des Volkes zwingt zu diesem Schritt, um durch die Ausfuhr die Devisen zur Beschaffung von Getreide und Fetten zu erlangen. Die für den Verbrauch von Mundzucker unerlässliche Menge bleibt im Inland. Beide Maßnahmen werden eine wesentliche Entlastung des Devisenmarktes herbeiführen.

Im Zeichen der galoppierenden Inflation ging man dazu über, aus einem Tausender per Überdruck eine Milliarde zu machen.

1924

JANUAR

10.1. Die alliierte Militärkontrollkommission nimmt ihre nach der Ruhrbesetzung unterbrochene Tätigkeit wieder auf. Sie kontrolliert die Einhaltung der Versailler Abrüstungsbestimmungen.
14.1. In Paris tritt das erste internationale Sachverständigenkomitee unter Leitung des amerikanischen Finanzsachverständigen Charles G. Dawes zusammen. Es soll die deutsche Währungssituation begutachten und eine Neuregelung der Reparationsleistungen erarbeiten.
17.1. Die Aufführung des pazifistischen Stücks „Hinkemann" von Ernst Toller in Dresden wird von Nationalsozialisten erheblich gestört. Die folgenden Aufführungen in Wien und Berlin finden unter Polizeischutz statt.
22.1. Der Oberbürgermeister von Köln, Konrad Adenauer (Zentrum), wird zum Präsidenten des Preußischen Staatsrats gewählt.
25.1-4.2. Erste Olympische Winterspiele in Chamonix (Frankreich). Deutsche Sportler sind von der Teilnahme ausgeschlossen.

FEBRUAR

16.2. Ein Berliner Landgericht verurteilt George Grosz wegen der Veröffentlichung seiner satirischen Graphikmappe „Ecce Homo" zu 6.000 Mark Strafe. Nach Ansicht des Gerichts verletzen die Graphiken die öffentliche Moral.
22.2. In Magdeburg gründet sich der sozialdemokratische Kampfverband Reichsbanner Schwarz-Rot-Gold. Das Reichsbanner will die Republik und ihre Institutionen gegen die Kampfbünde der politischen Rechten und Linken schützen.
26.2. Beginn des Hochverratsprozesses gegen Adolf Hitler, Erich Ludendorff und weitere am „Hitler-Putsch" vom 8./9. November 1923 beteiligte Personen in München.
28.2. Reichspräsident Friedrich Ebert hebt den am 26. September 1923 verhängten Ausnahmezustand auf.

MÄRZ

13.3. Auf Antrag von Reichskanzler Wilhelm Marx (Zentrum) löst Reichspräsident Ebert den Reichstag wegen der Kritik der oppositionellen Reichstagsmehrheit an den Notverordnungen der Regierung vorzeitig auf.
21.3. Nach Abschluss der Beweisaufnahme beginnen im Hitlerprozess die Plädoyers. Die Staatsanwaltschaft beantragt acht Jahre Festungshaft für Hitler wegen Hochverrats. Hitler nutzt den Prozess als Forum für seine antirepublikanische Agitation. Als einziger der Angeklagten bekennt er sich offen zum beabsichtigten Regierungsumsturz.
27.3. Beim Prozess zum Hitler-Putsch sprechen die Angeklagten persönliche Schlussworte. Hitler nutzt auch diese Gelegenheit zu einer nationalsozialistischen Propagandarede.

APRIL

1.4. Im Hitlerprozess verkündet das Münchner Volksgericht milde Urteile: Hitler und drei weitere Angeklagte werden zu einer Mindeststrafe von je fünf Jahren Festungshaft verurteilt. Ludendorff wird freigesprochen. Die verhängten Haftstrafen werden vorzeitig erlassen.
4.4. Beim bayerischen Justizministerium geht ein Gesuch mit 24.000 Unterschriften auf sofortigen Straferlass für die beim Hitlerprozess verurteilten Personen ein.
6.4. Bei den Landtagswahlen in Bayern erleidet die regierende Mitte-Rechts-Koalition aus Bayerischer Volkspartei (BVP) und Deutschnationaler Volkspartei (DNVP) eine deutliche Niederlage. Der rechtsradikale Völkische Block als Nachfolgeorganisation der verbotenen Nationalsozialistischen Deutschen Arbeiterpartei (NSDAP) erzielt mit 17,1 Prozent der Stimmen einen sensationellen Erfolg.
7.4. Errichtung der Golddiskontbank im Deutschen Reich.
9.4. Das Dawes-Komitee in Paris veröffentlicht ein Gutachten zur Regelung der deutschen Reparationen (Dawes-Plan). Unter Berücksichtigung der wirtschaftlichen Lage Deutschlands bestimmt es die Zahlungsanweisungen, legt jedoch nicht die endgültige Höhe und Dauer der Zahlungen fest. Deutschland erhält einen Kredit von 800 Millionen Mark, um die Zahlungen überhaupt in Gang setzen zu können.
14.4. Die Reichsregierung befürwortet den Dawes-Plan als „praktische Grundlage für die schnelle Lösung des Reparationsproblems".
25.4. Den Empfehlungen der Reparationskommission folgend, akzeptieren die Regierungen von Großbritannien, Frankreich, Italien und Belgien den Dawes-Plan.

MAI

4.5. Bei den Reichstagswahlen müssen die bürgerlichen Parteien der Mitte - Deutsche Volkspartei (DVP), Zentrum, Deutsche Demokratische Partei (DDP) - und die SPD schwere Verluste hinnehmen. Die Sozialdemokraten werden wieder stärkste Fraktion. Da die bisherige Regierung aus DDP, DVP und Zentrum nur noch über 30 Prozent der Mandate verfügt, nimmt sie Koalitionsverhandlungen mit der DNVP auf.
9.5. Uraufführung der Oper „Schlagobers" von Richard Strauss in Wien.
10.5. Uraufführung des zweiten Teils von Langs Filmepos „Die Nibelungen: Kriemhilds Rache".
19.5. Gründung der Deutschen Industriellen-Vereinigung in Berlin.
26.5. Die Koalitionsverhandlungen mit der DNVP scheitern an der ablehnenden Haltung der Deutschnationalen zum Dawes-Plan. Das Kabinett Marx tritt zurück.

JUNI

3.6. Der Zentrumspolitiker Marx bildet eine neue Reichsregierung in gleicher Besetzung wie vor den Reichstagswahlen.
Tod des österreichischen Schriftstellers Franz Kafka in Kierling bei Wien.
6.6. Mit den Stimmen der oppositionellen Sozialdemokratischen Partei Deutschlands (SPD) lehnt der Reichstag einen Misstrauensantrag der DNVP gegen die Regierung Marx ab.
9.6. Der 1. FC Nürnberg wird mit einem 2:0-Sieg über den Hamburger SV Deutscher Fußballmeister.
13.6. In Berlin stellt sich die „Rote Gruppe", eine Vereinigung kommunistischer Künstler, der Öffentlichkeit vor. Zum Vorsitzenden wird Grosz gewählt. Sekretär der Gruppe ist John Heartfield.
22.6. Einweihung des Instituts für Sozialforschung an der Universität Frankfurt/Main.
23.6. In Hannover wird der Massenmörder Fritz Haarmann verhaftet. Er hat in den Nachkriegsjahren 24 junge Männer in seine Wohnung gelockt und ermordet. Der als Polizeispitzel und Detektiv arbeitende Haarmann ist geständig.

JULI

2.7. Heinrich Held wird neuer bayerischer Ministerpräsident. Damit amtiert in Bayern wieder eine reguläre parlamentarische Regierung.
5.-27.7. In Paris finden die VIII. Olympischen Sommerspiele statt. Deutsche Sportler dürfen laut Beschluss des Internationalen Olympischen Komitees nicht teilnehmen.
11.7. Der wegen Beteiligung an der Münchner Räterepublik zu fünf Jahren Festungshaft verurteilte Toller wird aus der Haft entlassen.
16.7.-16.8. Londoner Reparationskonferenz zur Beratung des Dawes-Plans.
18.7. Mit dem „Roten Frontkämpferbund" gründet die Kommunistische Partei Deutschlands (KPD) einen eigenen Kampfverband.
22.7. Eröffnung der ersten Wagner-Festspiele nach dem Ersten Weltkrieg in Bayreuth. Aufsehen erregt die offizielle Parteinahme der Festspielleitung unter Siegfried Wagner für die völkische Rechte.
26.7. Mit den Stimmen der SPD verabschiedet der Reichstag ein Notetatgesetz. Die Reichsregierung erhält eine unbefristete Ermächtigung zur Haushaltsführung.

AUGUST

5.8. Teilnahme der deutschen Delegation unter Reichskanzler Marx, Außenminister Gustav Stresemann und Finanzminister Hans Luther an der Londoner Reparationskonferenz.

9.8. Durchbruch bei den Verhandlungen über den Dawes-Plan: Das Deutsche Reich soll fünf Jahre lang zunächst weniger zahlen als ursprünglich vorgesehen war. Ab 1929 sollen die jährlichen Zahlungen auf 2,5 Milliarden Goldmark steigen. Zur Ankurbelung der deutschen Wirtschaft wird eine Auslandsanleihe in Höhe von 800 Millionen Goldmark gewährt.

15.8. In der Frage der Räumung des Ruhrgebiets bekräftigt der französische Ministerpräsident Herriot die starre Haltung Frankreichs. Deutschland muss die von Frankreich geforderte einjährige Räumungsfrist hinnehmen.

21.8. Die Reichsregierung legt dem Reichstag neun Gesetze über die Durchführung des Dawes-Plans vor. Die DNVP wendet sich insbesondere gegen die im Dawes-Plan vorgesehene Einflussnahme ausländischer Vertreter auf deutsche öffentliche Einrichtungen.

29.8. Mit der Zustimmung von fast der Hälfte der deutschnationalen Fraktion nimmt der Reichstag die Dawes-Gesetze an. Die DNVP hatte sich zuvor gegen den Dawes-Plan ausgesprochen.

30.8. Das im Zuge der Dawes-Gesetze erlassene neue Reichsbankgesetz sieht die internationale Kontrolle der Reichsbank vor. Die Ende 1923 eingeführt Rentenmark wird in Reichsmark umbenannt.

SEPTEMBER

4.9. Der britische Premierminister MacDonald befürwortet die Aufnahme Deutschlands in den Völkerbund.

7.9. Die von den Besatzungsbehörden aus dem Ruhrgebiet ausgewiesenen 180.000 Personen dürfen zurückkehren.

9.9. Aufhebung der Zollgrenze im besetzten Ruhrgebiet.

15.9. Erste Werbesendung im deutschen Rundfunk.

17.-19.9. Der Deutsche Kolonialkongress in Berlin fordert den Kampf um die Wiedererlangung der ehemaligen deutschen Kolonien.

18.9. Deutsche Erstaufführung des Films „Gösta Berling“, in dem Greta Garbo ihr Debüt feiert.

22.9. Das bayerische Innenministerium lehnt einen Antrag der Landespolizei auf Ausweisung Hitlers nach Österreich ab.

23.9. Die Reichsregierung beschließt, sich um die Aufnahme in den Völkerbund zu bemühen.

25.9. Die DVP fordert die Aufnahme der DNVP in die Regierungskoalition.

OKTOBER

12.-15.10. Atlantikflug des Zeppelin LZ 126 nach Lakehurst (USA). Das Luftschiff wird als Teil der deutschen Reparationsleistungen nach Amerika überführt.

14.10. Uraufführung der Oper „Die glückliche Hand“ von Arnold Schönberg.

15.10. Die DDP lehnt die Aufnahme der DNVP in die Minderheitsregierung ab. Damit sind die Bemühungen von Reichskanzler Marx um eine „Große Koalition“ gescheitert.

20.10. Auf Antrag von Marx löst Reichspräsident Ebert den Reichstag auf.

NOVEMBER

7.11. Tod des Malers Hans Thoma in Karlsruhe.

28.11. Veröffentlichung des Romans „Der Zauberberg“ von Thomas Mann im Berliner S. Fischer Verlag.

DEZEMBER

4.-14.12. Erste Deutsche Funkausstellung in Berlin. 268 Aussteller präsentieren ihre Erzeugnisse, als technische Neuheit wird ein Zugtelefon vorgestellt.

7.12. Bei den Reichstagswahlen erlangen die Parteien der Mitte sowie die SPD einen Stimmenzuwachs. Die regierenden bürgerlichen Parteien - DDP, DVP und Zentrum - haben auch im neuen Reichstag keine Mehrheit. Bei der Landtagswahl in Preußen erhalten die regierenden Parteien der Großen Koalition (SPD, DDP, DVP und Zentrum) unter Ministerpräsident Otto Braun (SPD) 267 von 450 Sitzen und verfügen damit über eine stabile Mehrheit. Die NSDAP besitzt zum ersten Mal eine Vertretung und erhält gemeinsam mit der stark gewachsenen DNVP 26,7 Prozent der Stimmen und somit 120 Sitze.

10.12. Das Kabinett Marx tritt zurück.

Auf der Verkehrsausstellung in Berlin stellt die Firma Hanomag einen einfachen Kleinwagen mit 10 PS vor, der als „Kommissbrot“ bekannt wird. Das ungewöhnlich preiswerte und sparsame Auto soll neuen Käuferschichten den Erwerb eines Automobils ermöglichen.

12.12. Der preußische Innenminister Carl Severing (SPD) hebt das Verbot der NSDAP auf.

17.12. Reichspräsident Ebert beauftragt Außenminister Stresemann mit der Bildung eines neuen Reichskabinetts, was dieser jedoch ablehnt.

19.12. Der Schriftsteller Erich Mühsam, der wegen seiner Beteiligung an der Münchner Räterepublik zu 15 Jahren Festungshaft verurteilt worden war, wird vorzeitig aus der Haft entlassen.

20.12. Hitler erhält eine großzügige Bewährungsfrist und wird aus der Festungshaft entlassen.

„Er schaut nicht rechts, er schaut nicht links – er wird mich retten!“ Vertrauensvoll lässt sich der deutsche Michel von seinem Schutzengel Stresemann über die Abgründe der internationalen Politik balancieren. Karikatur von Karl Arnold.

AUSSERDEM

Friedrich Meinecke: Die Idee der Staatsräson in der neueren Geschichte (Historische Abhandlung)

Eduard Spranger: Psychologie des Jugendalters (Pädagogische Abhandlung)

Werner Sombart: Die Ordnung des Wirtschaftslebens (Wirtschaftswissenschaftliche Abhandlung)

Die Londoner Konferenz vom 16. Juli bis 16. August 1924 nimmt den Dawes-Plan an. Erste Reihe, von links nach rechts: Kellogg(USA), Theunis (Belgien), Herriot (Frankreich und Macdonald (Großbritannien).

Dawes-Plan-Konferenz eröffnet

In Berlin brach das Jahr 1924 mit blasser Wintersonne und eisigem Wind an. Noch herrschte, wie der Reichsaußenminister Stresemann feststellte, „Krieg im Frieden". Das Deutsche Reich hatte 1923 kommunistische Unruhen in Sachsen, Thüringen und Hamburg, den Hitler-Putsch in München und die Inflation überstanden. Aber noch hielten Frankreich und Belgien das Ruhrgebiet besetzt, noch war die Reparationsfrage ungelöst.

Hundert Tage lang hatte Gustav Stresemann in der schwierigsten Phase des vergangenen Jahres die Reichsregierung geführt. Er war überzeugt davon, dass jede Neuregelung der Wiedergutmachungsfrage mit der Räumung von Deutschlands wichtigstem Industrierevier verbunden sein müsse. Am 24. Oktober 1923 hatte die Reichsregierung aufgrund des Artikels 234 des Versailler Vertrages bei der Reparationskommission in Paris eine Prüfung der deutschen Zahlungsfähigkeit verlangt.

Die Reparationskommission stimmte zu. Bedeutsam war indes, dass jetzt die USA wieder auf dem Plan erschienen, die sich vom Versailler Vertrag distanziert hatten. Brach Deutschland zusammen, fielen sämtliche deutschen Reparationszahlungen aus, bestand überhaupt keine Hoffnung mehr, jemals von England und Frankreich die amerikanischen Kriegskredite wieder einzubekommen.

Im Januar 1924 gingen zwei Sachverständigenausschüsse im Auftrag der Reparationskommission nach Paris an die Prüfung der deutschen Währungs- und Wirtschaftslage. Den ersten Ausschuss leitete ein amerikanischer Bankier, General Charles G. Dawes, im Kriege Finanzchef des amerikanischen Expeditionskorps in Europa.

Dawes war ein smarter Geschäftsmann; um die deutsche Wirtschaft zu beleben und Deckungsmöglichkeiten für neue, anfangs begrenzte Reparationszahlungen zu schaffen, entwickelte er den nach ihm benannten Plan, der für das Deutsche Reich zwar Härten, aber auch eine gewisse Normalisierung brachte. Das Reich erhielt eine Auslandsanleihe von 800 Millionen Goldmark. Die Liegenschaften der gesamten deutschen Industrie wurden mit einer fünfprozentigen Hypothek belastet. Die Reichsbahn wurde vom Staat getrennt und in eine Gesellschaft umgewandelt, deren Schuldverschreibungszinsen der Wiedergutmachung dienten. Ferner wurden die Reichszölle auf Genussmittel zum Pfand genommen. Mit den Mitteln, die aus diesen radikalen Maßnahmen anfielen, und Haushaltsgeldern sollte Deutschland instandgesetzt werden, in Annuitäten, die in fünf Jahren von 1000 Millionen auf 2500 Millionen Goldmark steigen sollten, wieder seinen Verpflichtungen nachzukommen.

Am 16. April 1924 stimmte die Reichsregierung zu, nicht ganz zehn Tage später auch die Hauptinteressenten am Reparationsgeschäft: England, Frankreich, Belgien und Italien. Neuwahlen in England, Deutschland und Frankreich veränderten das Bild der politischen Landschaft. In Großbritannien kam zum ersten Male die Arbeiterpartei zum Zuge. Der Labour-Führer Ramsay MacDonald, ein Gegner der französischen Ruhraktion, wurde Premierminister. In Deutschland zeichnete sich ein erheblicher Rechtsruck ab, was die Position Stresemanns als Außenminister kaum erleichterte. In Frankreich erlitt am 11. Mai 1924 der „Nationalblock" des chauvinistischen Ministerpräsidenten Poincaré eine fürchterliche Niederlage. Der Nachfolger, Edouard Herriot, Bürgermeister von

General Ludendorff (links unter der kaiserlichen Reichskriegsflagge) besichtigt am 17. August 1924 in Weimar den „Frontbann". Tags zuvor hatte er die „Einigung der völkischen Bewegung" verkündet.

Lyon, war prinzipiell einem Dialog mit den Deutschen, wie ihn Stresemann wünschte, nicht abgeneigt. Das waren die Auspizien, unter denen am 16. Juli 1924 die Konferenz über den Dawes-Plan in London begann. Zunächst waren deutsche Vertreter nicht geladen. Es kostete England und die USA viel Mühe, die Franzosen für die Zustimmung zur Einladung der Deutschen zu bewegen, da ohne eine deutsche Delegation die Verhandlungen wenig sinnvoll erschienen. Neben England, Frankreich, Belgien, Italien, Japan, Portugal, Südslawien und Rumänien nahm auch der amerikanische Botschafter in London, Frank B. Kellogg, an der Konferenz teil. Am 5. August traf eine deutsche Delegation an der Themse ein, geführt von Reichskanzler Marx, von Stresemann und dem Reichsfinanzminister Luther. Damit begann für Stresemann das dramatische, nervenaufreibende diplomatische Duell mit Herriot, um das deutsche Ja zum Dawes-Plan mit der sofortigen Freigabe des Ruhrgebietes zu verbinden. Herriots Stellung in der Kammer in Paris war nicht sehr fest – Stresemann wiederum hatte die deutsche Rechtsopposition im Rücken. Als die Konferenz nach vier Wochen am 16. August zu Ende ging, stand jedoch fest, dass Frankreich mit dem Truppenabzug in Etappen beginnen würde, wenn der Vertrag über den Dawes-Plan unterzeichnet war.
Dafür hatte Stresemann ihm zugesichert, dass die Internationale Militärkontrollkommission ihre Arbeit in Deutschland wiederaufnehmen konnte. Für Deutschland begann die Ära amerikanischer Kapitalanlagen im Reich. Dem Koma vom Herbst 1923 folgte eine Phase der Euphorie, die sogenannten goldenen zwanziger Jahre.

„Gegen eine neue Inflation, für Reichsfreiheit und Republik, für Loslösung von unseren Feinden" (gemeint waren die Empfängerländer der Reparationszahlungen). Wahlplakat der Deutschen Demokratischen Partei (DDP) zu den Reichstagswahlen von 1924. Zu diesem Zeitpunkt waren Ruhrbesetzung und Inflation überwunden. Lord d'Abernon, der englische Botschafter in Berlin notierte damals in sein Tagebuch: „ Die Lebensmittel in den großen Städten sind plötzlich in Hülle und Fülle vorhanden, Kartoffeln und Getreide werden in großen Mengen auf den Markt gebracht. Die Schlachthäuser haben reichlich zu tun, Viehladungen treffen von überall ein, und die Polonaisen vor den Läden sind verschwunden. Die wirtschaftliche Entspannung hat eine politische Beruhigung mit sich gebracht. Von Diktatur und Putschen wird nicht mehr geredet, und selbst die äußersten Flügelparteien haben für den Augenblick aufgehört, Unruhe zu stiften."

Hitler-Prozess in München

Schon bald nach seinem gescheiterten Putsch fand Hitler zu seiner alten Form zurück: Beim Prozess vor dem bayerischen Volksgericht, angeklagt immerhin des Hochverrats, redete er die Richter in Grund und Boden – und die ließen ihn reden. Mit großem Pathos verkündete Hitler seinen Anspruch auf einen Ruhmesplatz in der deutschen Geschichte:
Und nun, meine hohen Herren, was wollten wir nun denn tatsächlich an disem Abend? Mir wird besonders von rechter Seite ja ununterbrochen eines vorgeworfen, nämlich: Ich bin kein Monarchist, sondern ich bin letzten Endes auch Republikaner und würde auch mit einer Republik gehen. Herr Präsident Pöhner ist Monarchist und ist treu ergeben dem bayerischen Königshaus. Exzellenz Ludendorff ist Royalist und ist treu ergeben seinem Hohenzollernhause. Und sehen Sie nun, wir alle, die wir so verschieden eingestellt sind, wir standen da beisammen. Konnten wir hier eine Verfassungsänderung im Sinne des Sturzes der Republik wollen? Was hätten wir dann eigentlich wollen sollen? Nein! Wenn wir, die wir so heterogen in dieser Beziehung sind, beisammenstehen, dann nur deshalb, weil für uns Deutschlands Schicksal, wahrhaftiger Gott, nicht in der Republik oder Monarchie liegt, sondern in dem Inhalt, den die Republik oder Monarchie besitzt. Was wir bekämpfen und was ich bekämpfe, ist nicht die Staatsform als solche. Was wir bekämpfen, ist jener schmachvolle Inhalt, mit dem eine Staatsform, die einst das alte Rom geziert hat, so unerhört kompromittiert wurde. Was haben wir gewollt? Was die Herren hier erklärten mit allen Beimengungen usw., es ist letzten Endes eines: Wir wollten, dass in Deutschland die Voraussetzungen geschaffen werden, die eines Tages allein gestatten, dass die eiserne Fessel des äußeren Feindes von uns genommen wird. Ordnung sollte geschaffen werden im Staatshaushalt. Das Drohnenunwesen sollte gebrochen werden. Die Währung sollte organisiert und in Ordnung gebracht werden. Der Kampf gegen die internationale Börsenversklavung sollte aufgenommen werden. Der Kampf gegen die Vertrustung unserer ganzen Wirtschaft sollte durchgeführt werden. Der Kampf gegen die Politisierung der Gewerkschaften sollte aufgenommen werden, und vor allem sollte wieder eingeführt werden die höchste Ehrenpflicht, die wir als Deutsche einst gekannt haben: Eingeführt sollte wieder werden die Pflicht zur Waffe, die Wehrpflicht. Und da frage ich Sie: Ist das alles Hochverrat, was wir da gewollt haben?
Und endlich: Wir wollten, dass unser Volk zum Aufbäumen gebracht wird gegen diese dauernde Versklavung. Wir wollten, dass endlich wieder einmal die Zeit kommt, da wir nicht in ewiger Schafsgeduld Ohrfeige um Ohrfeige hinnehmen, sondern auf jeden französischen Befehl wieder das deutsche Knirschen zu-

Nach dem gescheiterten Putsch vom 9. November 1923 schreibt Adolf Hitler als Vorzugshäftling auf der Festung Landsberg sein Buch „Mein Kampf".

rückertönt. Zweitens bitte ich Sie um etwas, auch nicht für mich, sondern ich bitte Sie um etwas, das in meinen Augen für das deutsche Volk dereinst schmachvoll und schändlich sein würde: Die Anklageschrift empfiehlt auch die Anwendung des § 9 des Republikschutzgesetzes. Hier bitte ich Sie: Wenden Sie diesen Paragraphen nicht an, und zwar aus folgendem Grunde: Meine hohen Herren! Sie haben auch einst als Knaben alle deutsche Geschichte studiert, und ich glaube, dass auch Sie manchmal an eine Seite gekommen sind, die Sie mit schamerfüllter Wange umgeblättert haben; es ist die Seite, die von Zeit zu Zeit auftaucht, da die Besten unseres Volkes dann, wenn sie den Ministern unbequem wurden, ausgewiesen wurden. Glauben Sie mir, ich flehe hier nicht für etwas oder um etwas vielleicht für mich. Ich war 4 Jahre außerhalb des Bodens, den ich als meinen Vaterboden, wahrhaftig als meine Heimat heute bezeichnen muss, und in diesen 4 Jahren habe ich mit glühender Liebe die Stunden gezählt, die mir gestatten würden, von Frankreich zurückzukommen.

Wenn es notwendig wäre – ich ginge auch heute wieder hinaus, auch als Ausgewiesener, und würde nicht eine Sekunde anders denken und nicht eine Sekunde anders handeln. Aber um eines bitte ich Sie: Sorgen Sie dafür, dass diese größte Schmach der deutschen Nation in Zukunft sich nicht ewig wiederholt! Erinnern Sie sich, dass die Größten und Besten unseres Volkes fast alle einst als Flüchtlinge im Auslande bitter traurig leiden mussten, erinnern Sie sich der Worte, die Richard Wagner ausrief, als er zum erstenmal wieder an den Rhein kam, erinnern Sie sich endlich der Tatsache, dass es nur das Zeichen von minderwertigen Völkern ist, wenn sie nicht einmal sich gegenseitig in sich so sehr achten, dass sie die politische Betätigung gestatten, ohne dem eisernen Mann, wenn er vielleicht wider der Öffentlichkeit Meinung sich betätigt, die Grenzen des Vaterlandes zu weisen. Das, was man hier in den letzten Monaten tut, dass man Deutsche ausweist, die nichts als das Größte für ihr Vaterland gewollt haben, das wird dereinst Hunderttausenden deutschen Knaben bittere Schamröte ins Gesicht hineintreiben, wenn sie das lesen, und sie werden alle das Gefühl haben: Wie schmachvoll sind wir doch daran gegenüber anderen Völkern!

Und nun möchte ich auf etwas eingehen, was die Anklagebehörde erklärte, nämlich: Wir sind der Strafe verfallen, da die Tat des 8. November (1923) misslungen ist.

Meine hohen Herren! Die Tat des 8. November ist nicht misslungen. Sie wäre misslungen dann, wenn auch nur eine Mutter gekommen wäre und mir gesagt hätte, Herr Hitler, Sie haben auch mein Kind am Gewissen, auch mein Kind ist dabei gefallen. Aber das darf ich Ihnen versichern, es ist keine Mutter gekommen. Im Gegenteil, zehn – und zehn – und zehntausend weitere sind gekommen und haben sich in unsere Reihen gestellt. Was seit dem Jahre 1918 nimmermehr der Fall war, das ist zum erstenmal wieder eingetroffen: Freudig sind junge Leute in den Tod hineingegangen, in einen Tod, von dem es auch einst heißen wird wie am Obelisk: „Auch sie starben für des Vaterlandes Befreiung." Das ist das sichtbarste Zeichen des Gelingens dieses 8. November, dass in seiner Folge das deutsche Volk nicht etwa gedrückter ist, sondern dass wie eine Sturmflut das junge Deutschland sich erhebt und überall zusammenschließt und in machtvollen Organisationen seinen Willen bekundet. Darin sehen wir den größten Gewinn dieses 8. November, dass er nicht zu einer Depression geführt hat, sondern dass er mit ein Mittel war, unser Volk zum Allerhöchsten und Äußersten zu begeistern, und das glaube ich nun, dass einmal die Stunde kommen wird, da diese Massen, die heute mit unserem Kreuze, mit unserer Kreuzesfahne auf den Straßen wandern, sich vereinigen mit denen, die am 8. November gegen sie Front machten.

Ich glaube daran, dass das Blut, das damals geflossen ist, uns nicht ewig trennen wird. Als ich am dritten Tage erfuhr, dass es grüne Polizei war, die gegen uns schoss, da stieg mir im Innern plötzlich ein Glücksgefühl auf, dass es wenigstens nicht das Reichsheer gewesen ist, das uns niedergeschossen hat, dass wenigstens das Reichsheer sich nicht besudelt hat, sondern dass wenigstens das Reichsheer noch so dasteht wie früher und, von Ausnahmen abgesehen, wir die Überzeugung hegen können, dass einmal die Stunde kommt, da die Reichswehrsoldaten an unserer Seite gehen werden, Offizier und Mann, und der alte Generalquartiermeister des

„Was konnte man aus diesem Friedensvertrag von Versailles machen?", fragte sich Hitler in „Mein Kampf". Wie konnte dieses „Instrument einer maßlosen Erpressung" propagandistisch genutzt werden, bis bei den Massen „stahlhart ein Wille emporsteigt und sich ein Schrei herauspreßt: Wir wollen wieder Waffen! Jawohl, dazu kann ein solcher Friedensvertrag dienen!"

Weltkrieges wieder in der Armee stehen wird.
Die Armee, die wir herangebildet haben, wächst und wächst von Tag zu Tag und von Stunde zu Stunde schneller, und da hegen wir gerade in diesen Tagen die stolze Hoffnung, dass einmal diese wilden Scharen zu Bataillonen werden und die Bataillone wieder zu Regimentern und die Regimenter zu Divisionen, dass die alte Kokarde aus dem Schmutz wieder herausgeholt wird und die alten Fahnen flattern und dann die Versöhnung kommen wird bei jenem letzten Gottesgericht, zu dem anzutreten wir bereit und willig sind. Und dann, meine hohen Herren, dann wird aus unseren Gräbern und aus unseren Knochen heraus der Gerichtshof entstehen, der über uns zu Gericht sitzen wird. Denn nicht Sie sprechen hier das letzte Urteil, sondern das Urteil spricht jene Göttin des letzten Gerichtes, die sich aus unseren und Ihren Gräbern als „Geschichte" einst erheben wird. Und wenn wir vor sie hintreten, dann kenne ich ihr Urteil von vornherein. Sie wird uns dann nicht fragen: Habt ihr Hochverrat getrieben?, sondern in ihren Augen wird der Generalquartiermeister des Weltkrieges und seine Offiziere als Deutsche gelten, die das Beste gewollt haben, als Deutsche, die für ihr Vaterland kämpfen wollten. Mögen Sie tausendmal Ihr „schuldig" sprechen, diese ewige Göttin des ewigen Gerichts wird lächelnd den Antrag des Staatsanwalts zerreißen und lächelnd zerreißen das Urteil des Gerichts, denn die spricht uns frei.

Als Angeklagte vor dem bayerischen Volksgericht: General Ludendorff, Adolf Hitler, Oberleutnant Wilhelm Brückner und Hauptmann Ernst Röhm (von links nach rechts).

„Mein Kampf" – Geschichte eines Buches

„Mein Kampf", Hitlers programmatisches Buch, entstand nach dem gescheiterten Putsch vom 9. 11. 1923 in der Landsberger Festungshaft. Den ersten Band diktierte er zunächst seinem Chauffeur Maurice und später seinem persönlichem Sekretär Heß in die Maschine. Ursprünglich lautete der Titel „Viereinhalb Jahre Kampf gegen Lüge, Dummheit und Feigheit". Nach seiner vorzeitigen Entlassung am 20. 12. 24 diktierte Hitler den zweiten Band seiner Sekretärin und dem Geschäftsleiter des „Völkischen Beobachters", Max Amann.
Der erste Band mit dem Untertitel „Eine Abrechnung" erschien am 18. 7. 25, der zweite, „Die nationalsozialistische Bewegung" untertitelt, am 11. 12. 26 im Eher-Verlag in München. Seit 1930 erschienen beide Bände in der 782 Seiten umfassenden, einbändigen, bibelformatigen Volksausgabe. Bis zu dieser Ausgabe wurden 23.000 Exemplare des ersten und 13.000 des zweiten Bandes verkauft. Danach, bis zum Machtantritt Hitlers am 30. 1. 33, runde 287.000 Exemplare. Die weitere Auflagenentwicklung: Ende 33: 1,5 Mio., 1938: 4 Mio. 1943: 9,84 Mio. Der Verkauf von „Mein Kampf" wurde bewusst „von oben" gefördert. So „empfahl" der Reichsinnenminister im April 1936 den Standesbeamten, jedem Brautpaar „Mein Kampf" als Geschenk zu überreichen. Im Oktober 1938 wurden die Buchhändler durch den Präsidenten der Reichsschrifttumskammer angehalten, nur noch Neuausgaben von „Mein Kampf" zu verkaufen. In einem Rundschreiben der Parteikanzlei vom 13. 12. 39 wurde gefordert, das „eines Tages jede deutsche Familie, auch die ärmste, des Führers grundlegendes Werk besitzt". Trotz der Auflagenrekorde wurde das in 16 Sprachen übersetzte Buch, wie Forschungen von Karl Lange belegt haben, vor und nach 1933 sowohl in Deutschland wie im Ausland nur wenig gelesen.
Wie Hitler im Vorwort schreibt, suchte er in „Mein Kampf" die „Ziele unserer Bewegung klarzulegen" sowie „ein Bild der Entwick-

Der Bubikopf – die Frisur der modernen Frau von 1924! 1920 für Asta Nielsen in der Filmrolle des Hamlet kreiert, fand der neue Haarschnitt bald die Zustimmung der Damen – und die entsetzte Ablehnung der Männer. Der Siegeszug der praktischen neuen Frisur war nicht aufzuhalten. Denn der Bubikopf bedeutete mehr als eine Mode, er war Ausdruck eines selbstbewussten Frauentyps, der in allen Bereichen des Lebens – 1924 waren von Deutschlands Berufstätigen mehr als ein Drittel Frauen – den Mann zu stellen wusste.

lung derselben zu zeichnen". Außerdem nahm er die Gelegenheit wahr, „eine Darstellung meines eigenen Werdens zu geben, soweit dies zum Verständnis sowohl des ersten als auch des zweiten Bandes nötig ist und zur Zerstörung der von der jüdischen Presse betriebenen üblen Legendenbildung über meine Person dienen kann". Ausdrücklich wandte sich Hitler in seinem Bekenntnisbuch nicht an „Fremde, sondern an diejenigen Anhänger der Bewegung, die mit dem Herzen ihr gehören und deren Verstand nun nach innigster Aufklärung strebt".

Seiner literarischen Leistung – „Mein Kampf" ist im typischen Hitlerschen Redestil niedergeschrieben – stand er durchaus kritisch gegenüber: „Ich bin kein Schriftsteller" sagte er im Frühjahr 1938 zu Hans Frank. „Die Gedanken gehen mir durch beim Schreiben. ›Mein Kampf‹ ist eine Aneinanderreihung von Leitartikeln für den ›Völkischen Beobachter‹, und ich glaube, selbst dort würde man sie aus sprachlichen Gründen nur ungern annehmen." Doch: „Inhaltlich möchte ich nichts ändern." Tatsächlich hat Hitlers „Mein Kampf" trotz zahlreicher stilistischer Verbesserungen in all seinen Auflagen nur eine wesentliche Änderung erfahren. Dabei handelt es sich um die Tilgung der letzten Spuren demokratischer Willensbildung in Partei und Staat zugunsten des absoluten Führerprinzips: Wurde 1925 und 1928 noch von „germanischer Demokratie" und „Wahl des Führers" gesprochen, so galt von 1930 an der „Grundsatz der unbedingten Führerautorität".

Als Quelle ist „Mein Kampf", was Hitlers autobiographische Passagen und die Schilderung der frühen Parteigeschichte der NSDAP betrifft, lückenhaft, irreführend, verschleiernd und verschweigend – eine positiv stilisierte Selbstdarstellung, die nur bedingt zu nutzen ist. In theoretisch-progammatischer Hinsicht jedoch lassen die Aussagen über das Wesen der rassistisch-antisemitischen, auf Eroberung von Raum im Osten angelegten Weltanschauung Hitlers und ihre Methoden (Organisation, Taktik, Propaganda) an Deutlichkeit nichts zu wünschen übrig. Daran können auch der unsystematische Aufbau des Werkes und Hitlers langatmige abschweifende, sich wiederholende Gedankenführung nichts ändern. In „Mein Kampf" ist das Revolutionäre, Primitive und Brutale des Nationalsozialismus deutlich ausgesprochen. Nach 1945 gingen die Verlagsrechte an „Mein Kampf", dessen Originalmanuskripte seit Kriegsende verschollen sind, auf den Freistaat Bayern über, der im Einvernehmen mit dem Auswärtigen Amt aus Sorge um das deutsche Ansehen im Ausland jede erneute Auflage untersagt. „Dieser Entschluss", schreibt der Historiker Eberhard Jäckel in seinem Standardwerk über „Hitlers Weltanschauung", „ist jedoch nur in Deutschland durchsetzbar, und so ergibt sich die absonderliche Lage, dass in anderen Ländern zahlreiche, zum Teil von gänzlich unverdächtigen Wissenschaftlern eingeleitete Übersetzungen erhältlich sind, während der Originaltext nur in unterschiedlichen und daher unzugänglichen Fassungen der nationalsozialistischen Ausgaben in Bibliotheken greifbar ist. So berechtigt die politische Rücksichtnahme manchem erscheinen mag, bedenklich ist in Wahrheit der Umstand, dass der Staat auf diesem Wege Zensur ausübt und der Wissen-

In Friedrichshafen startete am 12. Oktober 1924 das Luftschiff Z. R. 111 - LZ 126 zum Flug nach New York. Der Zeppelin ging als Reparationsleistung in die USA. Nach 80 Stunden und 26 Minuten landete das unter Kommando von Hugo Eckener stehende Luftschiff am 15. Oktober um 9. 11 Uhr (15. 11 Uhr MEZ) in Lakehurst. Die Durchschnittsgeschwindigkeit hatte 95, die Höchstgeschwindigkeit 138 Stundenkilometer betragen. Die Bevölkerung empfing LZ 126 begeistert. Eckener warf über New York mit dem Fallschirm eine Grussbotschaft ab. Reichspräsident Ebert gratulierte der Besatzung zu ihrer Leistung. Der amerikanische Präsident Coolidge sagte in einer Botschaft: „Für mich persönlich und für das amerikanische Volk ist es außerordentlich befriedigend, dass die friedlichen Beziehungen zwischen den USA und Deutschland wiederhergestellt worden sind."

schaft die Möglichkeit nimmt, eine wichtige historische Quelle einwandfrei benutzbar zu machen, die ... den verbrecherischen Charakter Hitlers überzeugender offenlegt als viele Kommentare".

Vision des Weltraumfluges

Am 9. Mai 1924 veröffentlichte Prof. Hermann Oberth ein Buch mit dem Titel „Die Rakete zu den Planetenräumen". In einer Besprechung hieß es: „Ein Menschheitstraum scheint seiner Verwirklichung nahe.
Nicht mehr als kühne Utopie, wie bei Jules Verne, sondern als ernstzunehmendes, wissenschaftliches Problem, dessen Lösung schon mit den heutigen technischen Mitteln grundsätzlich möglich ist, erscheint uns hier die Reise zum Mond und zu den uns benachbarten Wandelsternen.
Es ist übrigens sehr bemerkenswert, dass fast zur selben Zeit auch ein angesehener höherer amerikanischer Marineoffizier und Artilleriefachmann, Goddard, ein ähnliches Werk veröffentlicht hat ... Beide, Goddard und Oberth, bejahen die Energiefrage übereinstimmend, suchen sie aber auf ganz verschiedene Weise zu lösen.
Goddard will seine Rakete, die wie ein Torpedo aussieht und eine Ausströmdüse für Feuergase hat, dadurch betreiben, dass er in den Verbrennungsraum Pulverpakete einbringen lässt. Seine Rakete fährt also nach Art eines durch den Rückstoß einer Kanone vorwärtsgetriebenen Schiffes. Professor Oberth dagegen nimmt flüssigen Wasserstoff und Sauerstoff als Betriebsmittel, indem er diesen durch einen Vergaser schickt und dann ähnlich wie im Knallgasgebläse der Autogenschweißvorrichtungen abbrennen lässt."

Thomas Mann: „Der Zauberberg"

Thomas Manns 1924 vollendeter Roman war als „Satyrspiel" zu der Novelle „Der Tod in Venedig" (1913) als komisches Gegenstück zu deren romantischer Todessehnsucht geplant. Bei der Arbeit aber erweiterte sich der Plan zu einer Besinnung über Tod und Leben, Krankheit und Gesundheit, Demokratie und Reaktion. In ironischer, zuweilen grotesk-phantastischer Weise verlebendigt der Roman diese Problemkreise und stellt sich bewusst in die große Tradition des deutschen Erziehungsromans („Wilhelm Meister", „Der grüne Heinrich"). Hans Castorp, der Held der Geschichte, ein Bürgerssohn von betonter Durchschnittlichkeit, reist zu Besuch in ein Lungensanatorium nach Davos. Als sich zeigt, dass er selbst krank ist, bleibt er bis zum Ausbruch des Ersten Weltkriegs, sieben Jahre lang, gefangen in einer bunten, internationalen, versnobten Gesellschaft, deren körperlich-seelisch-geistige Erkrankungen ihm die verwegensten Abenteuer zumuten und Erfahrungen in ihm aufdämmern lassen, die ihm der Arbeitsalltag außerhalb dieses „Zauberbergs" versagt hatte. Seine „Sympathie mit dem Tode" gewinnt Gestalt in der besessenen Liebe zu der verführerischen, kranken Claudia Chauchat und in der untertänigen Hingebung an die Persönlichkeit des Mynheer Peeperkorn, die gewisse Ähnlichkeit mit Gerhart Hauptmann hat. Gleichzeitig ist er in die geistige Auseinandersetzung zwischen zwei Standpunkte gestellt: Verbissen kämpfen Settembrini, der Verfechter humanistischer Demokratie, und Naphta, der Ideologe einer katholisierenden Diktatur, um Castorps Einverständnis und Anhängerschaft. Keiner von beiden trägt den Sieg davon. Mitten in einem lebensgefährlichen Abenteuer weiß Castorp: „Der Mensch soll um der Güte und Liebe willen dem Tod keine Herrschaft einräumen über seine Gedanken", aber eine rückhaltlose Entscheidung trifft er in seiner leeren und morbiden Umwelt trotz allem nicht. Erst der Kriegsausbruch als das Resultat der allgemeinen „Zauberberg-Erkrankung" in Europa gibt eine deutliche Antwort; Castorp verschwindet bei einem Infanterie-Sturmangriff.

Nach seinen Erfolgen in den ersten Nachkriegsjahren vertraute man Fritz Lang in der Verfilmung der Nibelungensage sein erstes Großprojekt an. „Siegfried" folgt den Heldentaten der Titelfigur bis zu seiner Ermordung durch Hagen, und „Kriemhilds Rache" schildert die ungeheure Rache an seinen Mördern, die in einer 45 Minuten währenden Kampfsequenz kulminiert, an deren Ende es keine Überlebenden gibt. Getreu dem alten Mythos sind die Charaktere fast völlig entpersonalisiert und als Typen gezeichnet, die Heldenmut, Rache, Barbarei und so weiter verkörpern. Langs Lieblingsthema vom übermächtigen Schicksal beherrscht diesen Film stärker als jeden anderen von ihm, und in seinem virtuosen Einsatz der Architektur und der Nutzung des Raumes wird er höchstens von „Metropolis" (1927) noch übertroffen. Die Bauten sind ein hervorragendes Beispiel für die Möglichkeiten der Studioarbeit, und ihre der Legende getreue Stilisierung und Monumentalität trägt wesentlich dazu bei, die Darsteller im wörtlichen wie übertragenen Sinne zu unbedeutenden Zwergen zu machen. In dieser Hinsicht ist der erste Teil noch radikaler als der zweite: Vor allem der in einem Zeppelinhangar gebaute Märchenwald und der vorzügliche Drache sind schwer zu übertreffende Meisterstücke der Filmausstattung.

1925

JANUAR

5.1. Der neu gewählte Preußische Landtag tritt zusammen. Die beiden Minister der Deutschen Volkspartei (DVP) fordern eine Regierungsbeteiligung der Deutschnationalen Volkspartei (DNVP) und den Rücktritt des Ministerpräsidenten Otto Braun (Sozialdemokratische Partei Deutschlands - SPD).
6.1. Braun verweigert den Rücktritt mit dem Argument, die Wähler hätten sich für den Fortbestand der Regierung entschieden. Daraufhin treten die beiden Minister der DVP zurück.
7.1. Der Reichstag wählt Paul Löbe (SPD) zum neuen Reichstagspräsidenten.
10.1. Die Alliierte Kontrollkommission verschiebt die fällige Räumung der ersten Zone des besetzten Ruhrgebiets mit dem Hinweis, Deutschland habe gegen die Entwaffnungsbestimmungen verstoßen. Der Vorwurf bezieht sich auf die Überschreitung der Ausbildung von Reservetruppen über das zulässige Limit von 100.000 Soldaten hinaus.
15.1. Reichskanzler Hans Luther (parteilos) stellt sein Kabinett vor. Erstmals ist die DNVP an einer Reichsregierung beteiligt.
23.1. Die DNVP bringt mit der Nationalsozialistischen Deutschen Arbeiterpartei (NSDAP) ein Misstrauensvotum gegen die preußische Regierung ein. Das Misstrauensvotum scheitert knapp. Dennoch erklärt Braun seinen Rücktritt, da er das knappe Abstimmungsergebnis als Vertrauensentzug betrachtet.

FEBRUAR

8.2. Das Statistische Reichsamt gibt bekannt, dass im Deutschen Reich 200.000 Pkw sowie 100.000 Motorräder zugelassen sind.
9.2. Reichsaußenminister Gustav Stresemann (DVP) überreicht der britischen und der französischen Regierung ein Memorandum zu einem Sicherheits- und Garantiepakt.
10.2. Der Preußische Landtag wählt den ehemaligen Reichskanzler Wilhelm Marx (Zentrum) zum neuen Ministerpräsidenten.
14.2. In Bayern werden der Ausnahmezustand und das Verbot der NSDAP aufgehoben.
18.2. Marx bildet ein Minderheitskabinett der „Weimarer Koalition" aus SPD, Zentrum und Deutscher Demokratischer Partei (DDP).
22.2. Anlässlich seines einjährigen Bestehens versammeln sich in Magdeburg über 100.000 Mitglieder des sozialdemokratischen Kampfbunds Reichsbanner Schwarz-Rot-Gold zu einer Kundgebung für die Republik.
26.2. Der „Völkische Beobachter" erscheint wieder nach seinem Verbot von 1923.
27.2. Neugründung der NSDAP durch Adolf Hitler in München.
28.2. Reichspräsident Friedrich Ebert stirbt an einem Blinddarmdurchbruch. Ebert, ausgleichende Kraft in der Republik, hatte wegen eines laufenden Beleidigungsprozesses gegen sich die Behandlung verschleppt.

Reichspäsident Friedrich Ebert.

MÄRZ

4.3. Gedächtnisfeier zum Tode von Friedrich Ebert in Berlin unter großer Anteilnahme der Bevölkerung. Danach wird der Leichnam zur Beisetzung in seine Heimatstadt Heidelberg überführt.
5.3. Gründung der Friedrich-Ebert-Stiftung durch die SPD.
9.3. Die bayerische Regierung erteilt Hitler Redeverbot in der Öffentlichkeit. Hitler hatte in Versammlungen zu Gewalttätigkeiten aufgerufen. Die meisten anderen Länder des Reichs schließen sich dem Verbot an.
14.3. Deutsche Erstaufführung der Oper „Die Liebe zu den drei Orangen" von Sergej Prokofjew in Köln.
19.3. Marx versucht, die DNVP in die preußische Regierung einzubeziehen. Da dieser Versuch scheitert, lehnt er seine Wahl zum Ministerpräsidenten ab.
25.3. Im Münchner Drei-Masken-Verlag erscheint der Roman „Jud Süß" von Lion Feuchtwanger.
29.3. Beim ersten Wahlgang der Reichspräsidentenwahl erhält keiner der sieben Kandidaten die erforderliche Mehrheit. Angetreten waren Erich Ludendorff (NSDAP), Heinrich Held (BVP), Karl Jarres (DVP), Willy Hellpach (DDP), Wilhelm Marx (Zentrum), Otto Braun (SPD) und Ernst Thälmann (Kommunistische Partei Deutschland - KPD).
30.3. Tod des Anthroposophen Rudolf Steiner in Dornach bei Basel.

APRIL

1.4. Das Bauhaus in Weimar löst sich aufgrund eines Beschlusses der konservativen Landesregierung in Thüringen auf und siedelt nach Dessau über. Vorausgegangen sind Anfeindungen der Rechtspresse, die das Bauhaus als „kommunistische Zentrale sowjetischer Aufmachung" diffamierten.
8.4. DNVP, BVP, DVP und der Bayerische Bauernbund schließen sich zu einem „Reichsblock" zusammen und stellen Generalfeldmarschall Paul von Hindenburg als gemeinsamen Kandidaten für den zweiten Wahlgang zur Reichspräsidentenwahl auf.
9.4. Die Parteien der „Weimarer Koalition" nominieren Marx als Kandidaten für das Amt des Reichspräsidenten.
24.4. Mit einer Wahlkampfansprache Hindenburgs wird erstmals der Rundfunk als Propagandamedium genutzt.
26.4. Wahl Hindenburgs zum neuen Reichspräsidenten. Er siegt mit 48,3 Prozent knapp vor Marx mit 45,3 Prozent. Thälmann erreicht 6,4 Prozent.
Postum erscheint der Roman „Der Prozess" von Franz Kafka im Berliner Verlag „Die Schmiede".
30.4. Hitler verliert auf eigenen Antrag die österreichische Staatsbürgerschaft und ist staatenlos.

MAI

7.5. In München wird das Deutsche Museum eröffnet, zu dem Wilhelm II. bereits 1906 den Grundstein gelegt hatte.
8.5. Ein Misstrauensantrag der DNVP gegen den preußischen Ministerpräsidenten Braun wird mit 222 zu 214 Stimmen abgelehnt.
12.5. Vereidigung des neuen Reichspräsidenten Hindenburg im Reichstag.
16.5. Die Eröffnung der Jahrtausend-Ausstellung der Rheinlande in Köln gerät zur Demonstration gegen die Ruhrbesetzung.
21.5. In Dresden wird die letzte Oper von Ferruccio Busoni, „Doktor Faust", uraufgeführt.
30.5. Nach einem Nervenzusammenbruch begeht Arthur Moeller van den Bruck in Berlin Selbstmord. Der Vordenker der Jungkonservativen lieferte mit seinem Buch „Das Dritte Reich" den Nationalsozialisten ein wichtiges politisches Schlagwort.

JUNI

4.6. Gründung des „Österreichisch-deutschen Volksbunds Wien", der den Anschluss Österreichs an das Deutsche Reich aufgrund des Selbstbestimmungsrechts erwirken will.
Die Botschafter von Großbritannien, Frankreich, Italien, Japan und Belgien weisen die Reichsregierung erneut auf Verstöße gegen die Entwaffnungsbestimmungen hin. Sie kritisieren die Fortführung des Generalstabs, die Kasernierung von Schutzpolizei und die Ausbildung von Zeitfreiwilligen.
7.6. Das Endspiel der Deutschen Fußballmeisterschaft endet mit einem 1:0-Sieg des 1. FC Nürnberg über den FSV Frankfurt.
14.6. Eröffnung der Ausstellung „Neue Sachlichkeit" in der Kunsthalle Mannheim.

JULI

14.7. Beginn der Räumung des besetzten Ruhrgebiets.
17.7. Tod des Malers Lovis Corinth im niederländischen Nordseebad Zandvoort.
18.7. Der Münchener Franz-Eher-Verlag veröffentlicht den ersten Teil von Hitlers Schrift „Mein Kampf".
28.7. Erster deutscher Naturschutztag in München.
31.7. Franzosen und Belgier haben das Ruhrgebiet geräumt.

AUGUST

12.8. Der Reichstag verabschiedet Schutzzölle für die Landwirtschaft und Industrie.
13.8. Die österreichische Regierung verweigert Hitler die Einreise zum Kongress der österreichischen Nationalsozialisten.
25.8. Räumung von Duisburg, Düsseldorf und Ruhrort.
26.8. Reichspräsident Hindenburg hebt mit sofortiger Wirkung das 1921 erlassene, heftig umstrittene Uniformverbot auf.
30.8. Reichstagspräsident Löbe spricht sich für den Anschluss Österreichs an das Deutsche Reich aus.

SEPTEMBER

1.9. Das Exekutivkomitee der Kommunistischen Internationale (EKKI) in Moskau wirft der KPD-Führung vor, sie habe die Partei innerhalb der Arbeiterschaft isoliert. Ruth Fischer wird der Parteivorsitz entzogen. Mit der Übernahme des Parteivorsitzes durch Thälmann wächst der Einfluss Stalins auf die KPD.
9.9. In einem Brief an den ehemaligen Kronprinzen Wilhelm bezeichnet Außenminister Stresemann die Revision der deutschen Ostgrenze, die Rückgewinnung Danzigs und Oberschlesiens sowie den Anschluss Österreichs als Ziel seiner Außenpolitik.
13.-18.9. Parteitag der SPD in Heidelberg: Die Delegierten beschließen ein neues Parteiprogramm, das dem marxistischen Ansatz des Erfurter Programms von 1891 folgt.
19.9. Das Drama „Veland" von Gerhart Hauptmann hat in Hamburg Premiere.

OKTOBER

1.10. Arnold Schönberg wird zum Leiter der Meisterklasse Komposition an der Preußischen Akademie der Künste in Berlin berufen.
5.-16.10. Internationale Konferenz von Locarno über ein Sicherheitsabkommen in Europa. Deutschland, Frankreich und Belgien verzichten auf eine gewaltsame Veränderung ihrer gemeinsamen Grenzen. Die deutsche Ostgrenze ist davon nicht berührt. Ferner werden Deutschland die Aufnahme in den Völkerbund sowie ein ständiger Ratssitz zugesichert.
25.10. Aus Protest gegen die Unterzeichnung der Verträge von Locarno legen die Minister der DNVP ihre Ämter nieder. Die DNVP fordert Zugeständnisse in der Entwaffnungsfrage und die Räumung der ersten Rheinlandzone.

NOVEMBER

9.11. Hitler verfügt die Gründung der Schutzstaffel (SS), die seinen persönlichen Schutz übernehmen soll. Die SS steht damit in der Tradition der 1923 gegründeten „Stoßtruppe Hitlers". Sie ist dem jeweiligen Obersten Führer der Sturmabteilung (SA) unterstellt.
16.11. Uraufführung des Zirkusfilms „Varieté" mit Emil Jannings. Die dichte Atmosphäre macht das Werk zu einem Welterfolg.
20.11. Mit einer Gedächtnisfeier im Beisein von Hindenburg werden in Berlin die sterblichen Überreste von Manfred von Richthofen beigesetzt. Der Kampfflieger war im Ersten Weltkrieg als „Roter Baron" berühmt geworden.
22.11. In Köln gibt das Warenhaus Tietz die Inbetriebnahme der ersten Rolltreppe in Deutschland bekannt.
25.11. KPD und SPD bringen im Reichstag einen Antrag auf entschädigungslose Fürstenenteignung ein. Anlass sind Gerichtsurteile, die einigen früheren Herrscherfamilien ihren während der Revolution von 1918/19 enteigneten Besitz zurückerstatten wollen.
27.11. Der Reichstag billigt mit 300 gegen 174 Stimmen die Verträge von Locarno. Eröffnung der Dortmunder Westfalenhalle.
30.11. Beginn der Räumung der Kölner Zone.

DEZEMBER

1.12. Unterzeichnung der Locarno-Verträge durch die Teilnehmerstaaten in London.
2.12. Die Firmen BASF, Bayer, Hoechst und Agfa schließen sich zum Chemiekonzern I.G. Farben zusammen. Vorsitzender des Aufsichtsrats wird Carl Duisberg.
5.12. Nach der durch den Austritt der DNVP-Minister verursachten Regierungskrise tritt Reichskanzler Luther zurück.
14.12. Uraufführung der Oper „Wozzeck" von Alban Berg in Berlin.

AUSSERDEM

Egon Erwin Kisch: Der rasende Reporter (Reportagen)

Tod Friedrich Eberts

Einem Sozialdemokraten sollte es vorbehalten sein, das von Deutschland zu retten, was nach dem Bankrott des Kaiserreiches noch übriggeblieben war: Friedrich Ebert, letzter Kanzler des „Zweiten Reiches" und erster Präsident der ersten deutschen Demokratie. In den schweren Jahren nach 1918, als Krisen, Putsche und Terror von links wie rechts die junge Republik erschütterten, steuerte er erfolgreich auf Stabilisierungskurs. Als er am 28. Februar 1925 starb, hatte sein Land scheinbar das rettende Ufer erreicht. Es ging wieder aufwärts, der Radikalismus nahm sichtlich ab. Nur wenige versagten daher Ebert den Respekt. Den meisten sprach wohl die Reichsregierung aus der Seele, als sie den Verstorbenen würdigte:

... Mit Friedrich Ebert ist ein Mann dahingegangen, der unter Einsatz seiner starken Persönlichkeit erreichte, dass in den Wirren der Revolution die Einberufung der Nationalversammlung aus freier Wahl des deutschen Volkes beschlossen und durchgeführt und damit dem deutschen Staatsleben wieder eine gesetzliche Grundlage gegeben wurde. In schwerster Zeit hat er das Amt eines deutschen Reichspräsidenten mit vorbildlicher Gewissenhaftigkeit und staatsmännischer Klugheit verwaltet und sich dabei in der Heimat wie im Ausland reiche Anerkennung erworben. In den außenpolitischen Wirrungen, die nach dem Kriegsende dem Deutschen Reiche erwuchsen, nahm er die Verantwortung für die Entscheidung, die nach vielen Misserfolgen endlich den Weg zum Wiederanstieg anbahnte, auf sich. Unparteilichkeit und Gesetzlichkeit waren die Richtlinien seiner Amtsführung. Die Charaktereigenschaften des Menschen Friedrich Ebert und die hervorragende Begabung des Staatsmannes, der an der Spitze des Deutschen Reiches gestanden hat, haben ihm bei all denen, die den Mann und sein Wirken kannten, Wertschätzung und Verehrung erworben. Er hat dem deutschen Volke und dem deutschen Vaterlande in schwerster Zeit als aufrechter Mann gedient. Unter den Männern, die in den letzten sechs Jahren in die Geschicke unseres Vaterlandes zu seinem Heile eingegriffen haben, tritt die Gestalt des ersten Reichspräsidenten vor allen anderen hervor.

In allen Schichten und in allen Parteien bricht sich immer mehr die Überzeugung Bahn, dass er zu den Männern gezählt werden muss, die sich die größten Verdienste um das deutsche Volk erworben haben.

Friedrich Ebert war ein Staatsmann. Zwei Taten vor allem wird ihm die unparteiische Geschichtsschreibung als große Taten buchen! Ihm vornehmlich ist es zu danken, dass schon so bald nach der Revolution Deutschland den Boden des Rechts und des Gesetzes wiederfand, und er war es, der der Institution des Reichspräsidenten Leben und Inhalt gegeben hat.

Am 9. November 1918 vollzog sich der Zusammenbruch der alten Ordnung, am 10. November wurde Friedrich Ebert Vorsitzender des Rats der Volksbeauftragten, und bereits am 25. November 1918 drängte er in einer Reichskonferenz der Minister der Einzelstaaten mit aller Macht auf die baldige Einberufung einer konstituierenden Nationalversammlung; auf seinen Vorschlag hin wurde als Ergebnis der Reichskonferenz festgelegt: Aufrechterhaltung der Einheit Deutschlands und Berufung einer konstituierenden Nationalversammlung. Am 30. November 1918 schon erging die Verordnung über die Wahlen zur verfassunggebenden deutschen Nationalversammlung. Am 19. Januar 1919 erfolgte die Wahl, am 6. Februar 1919 trat die Nationalversammlung in Weimar zusammen, am 10. Februar 1919 erging das Gesetz über die vorläufige Reichsgewalt, das mit großer Stimmenmehrheit angenommen wurde: Deutschland, das deutsche Volk hatte den Rechtsboden wiedergefunden!

In welch furchtbarer Gefahr wir damals geschwebt haben, das erkennen wir mit Entsetzen und Schrecken, wenn wir das Geschick Russlands betrachten.

Es ist eine wahrhaft große, eine historische Tat, Deutschland vor diesem Schicksal bewahrt, den Boden des Rechts und des Gesetzes wiederhergestellt zu haben. Ohne diese Tat wäre das Reich verloren gewesen, es wäre zerfallen, weite Teile wären dem Aufruhr und der Plünderung, Brand und Mord zur Beute geworden. In der Fülle der sich überstürzenden Geschehnisse haben wir zu bald vergessen, was damals auf dem Spiele stand, wie nahe wir alle am Rand des Abgrundes gewesen sind. In dieser Stunde wollen wir uns alles dessen wieder erinnern und voll tiefer Dankbarkeit des Mannes gedenken, dessen Weitblick und Vaterlandsliebe, dessen Starkmut und Gerechtigkeitsgefühl das deutsche Volk mit an erster Stelle seine Rettung verdankt.

Die zweite große Tat Friedrich Eberts ist die Ausprägung, die er dem Amte des Reichspräsidenten gegeben hat:

Was aus der Stellung des Reichspräsidenten in diesen sechs Jahren geworden ist, ist sein Werk; er hat dem Amte Seele und Leben, dem Schemen Fleisch und Blut gegeben. Die Paragraphen der Reichsverfassung konnten nur den Boden geben, auf dem eine Einrichtung wie die des Reichspräsidenten entstehen

Der Trauerzug mit dem Sarg Friedrich Eberts am 4. März 1925 in Berlin.

und sich entwickeln konnte. Leben konnte ihr verleihen nicht der Verfassungsparagraph, Inhalt und Leben konnte ihr nur geben der erste Träger dieser hohen Würde.
Das hat Friedrich Ebert getan, und so hat er das Amt des Reichspräsidenten in Wirklichkeit geschaffen.
Auch hier muss man an seinem geistigen Auge die vergangenen Jahre vorüberziehen lassen, um die ganze Bedeutung dieser Tat zu erfassen.
Der Reichspräsident hat das Reich völkerrechtlich zu vertreten, er ist nach innen und nach außen der Repräsentant des deutschen Volkes, er hat den Oberbefehl über die gesamte Wehrmacht des Reiches, ihm vertraute die Verfassung die wichtigsten Entscheidungen in den kritischsten Augenblicken an. Friedrich Ebert war der erste Träger dieses Amtes, es fehlte die Überlieferung, und aus der Vergangenheit strahlte herüber die Kaiserkrone, deren Glanz nur zu leicht den Blick für das Gegenwärtige, für gegebene Notwendigkeiten blenden konnte. Wenn der erste Träger dieses Amtes versagt hätte, wäre schwerster Schaden für Deutschland eingetreten. Aber er hat nicht versagt, er hat dem Amte Würde und Ansehen gegeben im Inneren und nach außen, er hat sich das Vertrauen der Wehrmacht gewonnen. Durch die vorbildliche Art, mit der er es bekleidet hat, hat er unendlich viel beigetragen zur inneren Beruhigung und Festigung der Verhältnisse, zur Wiederherstellung und Stütze des für die Wohlfahrt des Einzelnen und des ganzen Volkes unentbehrlichen Autoritätsgedankens.
Von den politischen Möglichkeiten, die das Amt gibt, hat er in maßvoller und kluger Weise, sich stets innerhalb der verfassungsmäßigen Grenzen haltend, Gebrauch gemacht. Wenn er auch seine festgewurzelten Grundsätze hatte, so hat er doch nie sein Amt parteipolitisch missbraucht; er hat das Amt herausgehoben aus der Niederung der Parteipolitik, eingedenk seiner Pflicht, Diener des ganzen Volkes zu sein. Nicht seine Klugheit allein war es, die den Chor der höhnenden Stimmen, der den Präsidenten bei seinem Amtsantritt begrüßte, zum Verstummen brachte, die ihm ein stetig wachsendes Ansehen, eine stetig wachsende Autorität gab. Nein, zu dieser Klugheit gesellte sich noch Anderes, Höheres, das den Staatsmann zum großen Menschen machte, das ihm in den weitesten Kreisen der Bevölkerung die Verehrung eintrug, die wir in so ergreifender Weise bei seinem Begräbnis geschaut haben: strengste Rechtlichkeit und Lauterkeit in der Lebensführung.
So ist sein Hinscheiden ein herber Verlust für unser deutsches Vaterland geworden, dem er auch nach Ablauf seiner Wahlzeit ein treuer Diener sein wollte.
Ein schwerer Verlust ist sein Tod besonders auch für uns Rheinländer, denn er hat immer erkannt, dass Rheinlands Schicksal Deutschlands Schicksal ist, er ist dem besetzten Gebiet immer ein treuer Freund gewesen.
Die Reichsverfassung legt dem Reichspräsidenten bei seinem Amtsantritt den Schwur auf, seine Kraft dem deutschen Volke zu widmen, seinen Nutzen zu mehren, Schaden von ihm zu wenden, die Verfassung und die Gesetze des Reichs zu wahren, seine Pflichten gewissenhaft zu erfüllen und Gerechtigkeit gegen jedermann zu üben.
Wahrhaftig, diesen Schwur hat der erste Reichspräsident erfüllt, sein Name, der Name Friedrich Ebert, wird ehrenvoll genannt werden in der Geschichte des deutschen Volkes.

Vereidigung Paul von Hindenburgs als Reichspräsident am 12. Mai 1925 im Berliner Reichstag.

Wahlplakat zu den Reichspräsidentschaftswahlen 1925.

Hindenburg legt den Amtseid ab

Generalfeldmarschall Paul von Hindenburg legte am 12. Mai 1925 den Amtseid als Reichspräsident ab. Er wurde Nachfolger des am 28. Februar verstorbenen Friedrich Ebert und zweiter Reichspräsident der Weimarer Republik. Nach der Verfassung wurde der Reichspräsident vom Volk gewählt. Er brauchte im ersten Wahlgang die absolute Mehrheit der Stimmen. In einem eventuellen zweiten Wahlgang genügte die einfache Mehrheit; in diesem Wahlgang konnten auch Bewerber kandidieren, die im ersten nicht aufgestellt gewesen waren.
Von den sieben Kandidaten erreichte im ersten Wahlgang (29. März) keiner die absolute Mehrheit. Die meisten Stimmen bekam der Kan-

didat des Reichsblocks (Deutschnationale, Deutsche Volkspartei, Wirtschaftspartei), der Duisburger Oberbürgermeister Jarres, mit 10,3 Millionen. Die anderen erhielten: Braun (SPD) 7,7; Marx (Zentrum) 3,8; Thälmann (KPD) 1,8; Hellpach (Demokratische Partei) 1,5; Held (Bayerische Volkspartei und Hannoversche Partei) 1,0 und Ludendorff (NSDAP) 0,2 Millionen Stimmen. Für den notwendigen zweiten Wahlgang suchten die Rechtsparteien nach einem zugkräftigen Kandidaten.
Admiral Tirpitz überredete schließlich Hindenburg, sich als Bewerber aufstellen zu lassen.
Zur Wahl am 26. April traten nurmehr drei Kandidaten an. Das Ergebnis: Hindenburg (Rechtsparteien) 14,6 Millionen, Marx (Volksblock SPD, Zentrum, Demokratische Partei) 13,7 Millionen, Thälmann (KPD) 1,9 Millionen Stimmen.

Unter der britischen Regierung Baldwin (neben Lady Baldwin) ging London dazu über, die Bemühungen Stresemanns um einen Ausgleich in Europa zu unterstützen. Links im Bild der damalige Schatzmeister Winston Spencer Churchill.

Vertrag von Locarno

Mitte der 1920er Jahre setzte sich bei den Siegermächten des Ersten Weltkrieges die Erkenntnis durch, dass es keinen Sinn hatte, Deutschland ewig als Feind zu behandeln, den man am Boden halten müsse. Besser erschien es, eine europäische Friedensordnung zu schaffen, in der auch das Deutsche Reich seinen Platz hätte.
Auf einer Konferenz in Locarno am Lago Maggiore wurden dafür im Oktober 1925 die notwendigen Voraussetzungen geschaffen. Deutschland erkannte dabei die im Versailler Vertrag festgelegte Westgrenze an, was den Verzicht auf Elsass-Lothringen bedeutete. Großbritannien und Italien traten als Garantiemächte für die Unverletzlichkeit der Grenzen zwischen Deutschland auf der einen und Frankreich und Belgien auf der anderen Seite ein. Die ehemaligen Kriegsparteien erklärten ihren Willen zur friedlichen Beilegung eventueller Streitigkeiten. Dadurch wurde dem französischen Sicherheitsbedürfnis Rechnung getragen. Gleichzeitig bedeutete es aber auch, dass Frankreich keine Versuche mehr machte, das von ihm besetzte Rheinland noch irgendwie aus dem Deutschen Reich herauszulösen. Zum Paket von Locarno gehörten außerdem Schiedsverträge zwischen Deutschland, Polen und der Tschechoslowakei (das sogenannte „Ostlocarno") sowie die Aufnahme Deutschlands in den Völkerbund, die am 8. September 1926 erfolgte.
Die Architekten der Friedensordnung, der deutsche Außenminister Gustav Stresemann (1878-1929) und sein französischer Amtskollege Aristide Briand (1862-1932), wurden mit dem Friedensnobelpreis für das Jahr 1926 ausgezeichnet.

„Locarno?" Plakat der Deutschnationalen Volkspartei, 1925.

Carl Zuckmayer: „Der fröhliche Weinberg"

Das Bühnenstück von Carl Zuckmayer (1896-1977) wurde am 22. Dezember 1925 in Berlin uraufgeführt. Das saftige Volksstück, eine Verherrlichung irdischer Genüsse, eroberte das Publikum im Sturm. In der Zeit der schattenhaften Stilisierung des Spätexpressionismus gelang Zuckmayer mit seinem prallen Drama eine Erneuerung des Volksstücks. Die Handlung spielt unter Weinbauern am Rhein.
Der Weingutbesitzer Gunderloch will die Hälfte seiner Weinberge verkaufen und sich vom Erlös in Wiesbaden oder Homburg einen „bescheidenen Lebensabend" gönnen. Die andere Hälfte soll seine Tochter Klärchen als Mitgift erhalten. Von dieser stattlichen Aussteuer angelockt, hat sich der dünkelhafte Exstudent Knuzius um Klärchen beworben. Gunderloch überlässt zwar seiner Tochter die Wahl, aber der saftlose Knuzius ist keineswegs nach seinem Geschmack. Um den Fortbestand seiner Familie völlig zu sichern, hat der Weingutbesitzer die Mitgift mit einer Klausel verknüpft. Die Hälfte der Weinberge wird dem jungen Paar nur dann zugesprochen, wenn Klärchen bereits vor der Ehe von dem künftigen Schwiegersohn schwanger ist; Knuzius bemüht sich mit Eifer, die Bedingung zu erfüllen. Doch Klärchens heimliche Zuneigung gehört dem kraftvollen Schiffer Jochen Most, der das Mädchen ebenfalls liebt. Er ist der Bruder Annemaries, die Gunderloch als Wirtschafterin dient. Während Jochen zur Zeit der Weinlese seine Schwester besucht, gestehen er und Klär-

chen sich ihre Liebe. Da erfährt er, dass das Mädchen so gut wie verlobt ist. Enttäuscht und wütend lässt er Klärchen stehen. Annemarie gibt ihr den Rat, sich als schwanger auszugeben, damit sich Knuzius in Sicherheit wiegt, sie von seinen Bemühungen verschont bleibt und Zeit gewinnt, mit Jochen ins Reine zu kommen. Knuzius sieht sich am Ziel seiner Wünsche angelangt. Gunderloch hat anlässlich der bevorstehenden Versteigerung des halben Weinguts die interessierten Weinhändler, dazu Weinbauern, Musikanten und traditionsgemäß den Kriegerverein ins Wirtshaus zur „Weinkost" geladen. Knuzius drängt, die Verlobung bekanntzugeben, wodurch Klärchens Plan in Gefahr gerät. Als das Gelage seinen Höhepunkt erreicht hat, die antisemitischen Kriegsveteranen zwei jüdische Weinhändler anzupöbeln beginnen und Jochen seinen Konkurrenten Knuzius verprügelt, befördert Gunderloch die ganze betrunkene Gesellschaft persönlich an die frische Luft.
In der Nacht nach der turbulenten „Weinkost" finden einige Liebespaare zueinander. Gunderloch und Annemarie bringen endlich den Mut auf, sich ihre Liebe zu erklären. Die Missverständnisse zwischen Jochen und Klärchen werden beseitigt. Der stark ramponierte Knuzius fühlt sich auf einmal zu Babettchen, der Tochter des Landkronenwirts, hingezogen, die ihn anbetet, und selbst einer der Weinreisenden begegnet der Frau seines Lebens.
Am nächsten Morgen verloben sich die vier Paare öffentlich. Die Versteigerung findet nicht statt, denn Gunderloch will mit seiner jungen Frau auf dem Weingut bleiben. Jochen verzichtet auf die Mitgift, er besitzt einen Rheinschlepper mit einem Häuschen darauf, in dem er mit Klärchen leben und aus eigener Kraft vorankommen will, und Knuzius wird mit Babettchen sein nationalistisches Ideal von der „Gesundung unseres Volkes im Hinblick auf seine Tugend, Wehrhaftigkeit, Sauberkeit, Pflichttreue und Rassenreinheit" erstreben, was mit allgemeinem Gelächter quittiert wird. So endet die verunglückte „Weinkost" mit einem großen „Versöhnungsfest".

„Frei ist der Bursch!" „Simplicissimus"-Karikatur von Th. Th. Heine: „Mir zu Ohren jekommen, dass Fräulein Tochter Vorstellung von ‚Fröhlichem Weinberg' beijewohnt ... sehe mich jenötigt, Verlobung zurückzuziehn!"

NSDAP im Abseits

Nach seiner Entlassung aus der Haft im Dezember 1925 hatte Hitler größte Mühe, die inzwischen zerfallene NSDAP wieder aufzubauen. Sie hatte dank der wirtschaftlichen Gesundung des Reiches einiges an Attraktivität verloren. Das schlägt sich in Hitlers Aufruf vom 26. Februar 1925 nieder, mit dem er die in alle Winde zerstreuten Nationalsozialisten wieder an sich binden wollte:
München, den 26. Februar 1925
... Alte Nationalsozialisten, Männer und Frauen unserer Bewegung!
Als Euer einstiger Führer rufe ich mit dem heutigen Tage die Partei, die wir in viereinhalb Jahren aus dem Nichts zu einer großen deutschen Nationalbewegung emporsteigen sahen, aufs Neue ins Leben.
Sie soll wiedererstehen als schärfste Waffe im Kampfe unseres Volkes um seinen Bestand im Innern und seine Freiheit nach außen.
Sie soll in einer Zeit, da die Menge, eingelullt von den Versprechungen ihrer politischen Führer, betört von den Zusicherungen ihrer Feinde, sich schon wieder in dem süßen Glauben wiegt, das höchste Gut auf dieser Welt – die Möglichkeit und Freiheit des eigenen Bestehens – „geschenkt" zu erhalten, als unbarmherzige Weckerin diese trügerischen Träume verjagen und, unbekümmert um Missgunst oder Hass, die brutale Verkünderin der grausamen Wahrheit sein; sie soll wieder, wie schon einst, den Kampf ansagen einem Zeitalter, das im Tanz ums goldene Kalb die Huldigung seines einzigen Gottes sieht, einem Volk, das, in Klassenwahn und Standesdünkel zerrissen, sich selbst zerfleischt und unbewusst dadurch zum Sklaven seiner Feinde wird.
In einem Morast von Lüge, Dummheit und Feigheit soll sie die alte Flagge, das Siegeszeichen unseres Hakenkreuzes, wieder emporreißen, auf dass es, so wie einst das Kreuzeszeichen des Herrn zum Symbol unseres Glaubens wurde, zum Siegesbanner der größten Hoffnung wird, die wir alle hegen, der Freiheit unseres Volkes und Vaterlandes ...
Von den Anhängern verlange ich, dass sie, sofern sie in die neue Bewegung einzutreten gewillt sind, sich nunmehr wieder als Brüder einer großen Kampfgemeinschaft fühlen und Schulter an Schulter wie einst in Treue zusammenstehen.
Von den Führern jedoch erwarte ich, dass sie, soweit sie aus dem alten Lager stammen, mir den gleichen Gehorsam schenken wie wir alle der gemeinsamen Idee.
Wer Vergangenes nicht vergessen kann, ist nicht wert, einer besseren Zukunft zu dienen ...

Schlussitzung von Locarno am 16. Oktober 1925. Die Vertreter Belgiens, Deutschlands, Englands, Franreichs, Italiens, Polens und der CSR am Konferenztisch. Im Vordergrund links der deutsche Reichskanzler Luther und Außenminister Stresemann.

1926

JANUAR

6.1. Gründung der Deutschen Lufthansa AG durch den Zusammenschluss von Junkers Luftverkehr und Aero Lloyd.
7.1. Einführung von Zugtelephonen auf der Bahnstrecke Berlin-Hamburg.
10.1. Uraufführung des Films „Der Rosenkavalier“ von Hugo von Hofmannsthal mit der Musik von Richard Strauss.
14.1. Die amerikanische Tänzerin Josephine Baker gastiert im Berliner Nelson-Theater.
19.1. Der im Dezember 1925 zurückgetretene Reichskanzler Hans Luther (parteilos) bildet ein neues Kabinett aus Deutscher Demokratischer Partei (DDP), Zentrum und Deutscher Volkspartei (DVP).
Der Vorstand der Sozialdemokratischen Partei Deutschland (SPD) beschließt, das Volksbegehren gegen die Fürstenenteignung zu unterstützen.
21.1. Tod des Verlegers und Kunsthändlers Paul Cassirer in Berlin.
25.1. Eröffnung des 1.600 Zuschauer fassenden Gloria-Filmpalasts in Berlin.
29.1. Große Retrospektive des im Juli 1925 verstorbenen Malers Lovis Corinth in der Berliner Nationalgalerie.
31.1. Die letzten französischen und belgischen Truppen verlassen die Kölner Zone.

FEBRUAR

1.2. Nach dem Abzug der Besatzungstruppen finden in Köln, Bonn und anderen Orten Deutschlands „Befreiungsfeiern“ statt.
8.2. Das Deutsche Reich beantragt die Aufnahme in den Völkerbund.
14.2. Auf einer Führertagung der Nationalsozialistischen Deutschen Arbeiterpartei (NSDAP) in Bamberg setzt sich Adolf Hitler gegen den linken Parteiflügel um Gregor Strasser durch.
15.2. Die Zahl der Arbeitslosen in Deutschland erreicht mit 2,4 Millionen einen neuen Höchststand seit März 1924.
23.2. Deutsche Premiere des Films „Goldrausch“ von Charles Chaplin in Berlin.

MÄRZ

8.3. Eröffnung der 39. Tagung des Völkerbunds in Genf. Wichtigstes Verhandlungsthema ist die Aufnahme Deutschlands.
17.3. In Genf werden die Verhandlungen des Völkerbunds über die Aufnahme Deutschlands abgebrochen. Die Delegierten können sich nicht über die Sitzverteilung im Ständigen Rat einigen. Neben Deutschland, dem im Vertrag von Locarno ein Ratssitz zugesichert worden ist, streben auch andere Länder einen Sitz an.
Die Einschreibungsfrist über das Volksbegehren zur Fürstenenteignung läuft ab. Über 12 Millionen Stimmberechtigte haben sich in die Listen eingetragen. Damit sind die für einen Volksentscheid erforderlichen zehn Prozent erreicht.
21.3. An der offiziellen „Befreiungsfeier“ im Rheinland nehmen auch Reichspräsident Paul von Hindenburg und der Kölner Oberbürgermeister Konrad Adenauer teil.
23.3. Der Präsident der Reichsbank, Hjalmar Schacht, spricht sich für eine neue Kolonialpolitik aus. Kolonien würden eine Währungsstabilisierung und einen Wirtschaftsaufschwung einleiten. Es könnten neue Rohstoffquellen erschlossen und das Problem der Überbevölkerung gelöst werden.
26.3. Tod des ehemaligen Reichskanzlers Konstantin Fehrenbach in Groß-Flottbeck bei Hamburg.
Der Schriftsteller Hans Fallada wird wegen Unterschlagung zu zweieinhalb Jahren Gefängnis verurteilt. Seine Erfahrungen während der Haft gehen in seinen 1934 veröffentlichten Roman „Wer einmal aus dem Blechnapf frisst“ ein.
31.3. Verstöße gegen das Republikschutzgesetz werden in Zukunft nicht mehr vor dem Staatsgerichtshof, sondern vor ordentlichen Gerichten verhandelt.

APRIL

4.4. Tod des Eisen- und Stahlindustriellen August Thyssen auf Schloss Landsberg.
8.4. Uraufführung des Films „Die Biene Maja und ihre Abenteuer“ in Berlin.
24.4. Abschluss des deutschen Freundschafts- und Neutralitätsvertrags mit der Sowjetunion auf fünf Jahre („Berliner Vertrag“). Die deutsch-sowjetischen Wirtschaftsbeziehungen werden belebt, die militärische Zusammenarbeit zwischen Reichswehr und Roter Armee wird intensiviert.

MAI

1.5. Die Deutsche Lufthansa AG nimmt auf der Strecke Berlin-Königsberg die erste Nachtfluglinie auf. Der Pilot orientiert sich an Signalfeuern.
5.5. Reichspräsident Hindenburg erlässt eine neue Flaggenverordnung, die es deutschen Auslandsvertretungen erlaubt, neben der schwarz-rot-goldenen Reichsflagge die deutsche schwarz-weiß-rote Handelsflagge zu hissen.
6.5. Nach dem erfolgreichen Volksbegehren zur Fürstenenteignung lehnt der Reichstag den Gesetzentwurf mit 236 zu 142 Stimmen ab. Der Gesetzentwurf kann jetzt nur noch über einen Volksentscheid Rechtskraft erlangen.
7.5. Die Schriftsteller Thomas Mann, Gerhart Hauptmann und Arno Holz erhalten einen Ruf an die neu gegründete Sektion für Dichtkunst der Preußischen Akademie der Künste in Berlin.
12.5. Nach heftigen Debatten um die neue Flaggenordnung stellt die DDP im Reichstag einen Misstrauensantrag gegen Reichskanzler Luther, der mit 177 zu 146 Stimmen angenommen wird. Luther tritt daraufhin zurück.
17.5. Reichspräsident Hindenburg ernennt Reichsjustizminister Wilhelm Marx (Zentrum) zum neuen Reichskanzler. Die Zusammensetzung der Koalition bleibt unverändert.
19.5. In seiner Regierungserklärung spricht sich Marx für ein Festhalten an der umstrittenen Flaggenverordnung aus.

JUNI

13.6. Mit einem 4:1-Sieg über Hertha BSC Berlin wird die SpVgg Fürth Deutscher Fußballmeister.
16.6. Eine Volkszählung ergibt, dass rund 62 Millionen Einwohner im Deutschen Reich leben, davon 32,2 Millionen Frauen und 30,2 Millionen Männer.
17.6. Als Reaktion auf die zunehmende Verkehrsfülle wird im Deutschen Reich eine einheitliche Straßenverkehrsordnung eingeführt.
20.6. Beim Volksentscheid zur Fürstenenteignung stimmen mit knapp 14,5 Millionen Stimmberechtigten zwar 36,4 Prozent für die entschädigungslose Enteignung der Fürsten. Die erforderliche Mehrheit von 50 Prozent wird jedoch nicht erreicht.
28.6. Der Reichstag beschließt ein Arbeitsbeschaffungsprogramm zur Senkung der hohen Arbeitslosenzahlen.
Die Daimler-Motorengesellschaft Stuttgart-Berlin und die Benz & Cie. Rheinische Gasmotorenfabrik Mannheim fusionieren zur Daimler-Benz AG.

JULI

4.7. Die NSDAP hält in Weimar den ersten Parteitag nach ihrer Neugründung ab. Thüringen ist eines der Länder, in denen Hitler kein Redeverbot hat.
In Berlin wird die Architektenvereinigung „Der Ring“ gegründet. Ihr gehören auch Walter Gropius und Mies van der Rohe an.
7.7. Der „Bund deutscher Arbeiterjugend“ (später: Hitler-Jugend) wird als Jugendorganisation der nationalsozialistischen Kampfverbände gegründet.

AUGUST

5.8. Deutschland und Frankreich vereinbaren ein Handelsabkommen.
12.8. Die Reichsregierung beschließt, einen neuen Antrag auf

Aufnahme in den Völkerbund zu stellen.
24.8. Max Schmeling wird Deutscher Boxmeister im Halbschwergewicht.

SEPTEMBER

1.9. Die I.G. Farben übernimmt die Erdöl- und Kohleverwertung AG und wird damit zur größten deutschen Aktiengesellschaft.
3.9. In Berlin wird anlässlich der dritten Deutschen Funkausstellung der 138 Meter hohe Funkturm eingeweiht.
8.9. Einstimmige Aufnahme Deutschlands in den Völkerbund mit einem ständigen Ratssitz. Das Deutsche Reich lehnt es ab, einen militärischen Beitrag gegen die Sowjetunion zu leisten.
17.9. Außenminister Gustav Stresemann und sein französischer Kollege Briand konferieren unter Ausschluss der Presse in Thoiry über die deutsch-französischen Beziehungen. Erörtert werden die Räumung des Rheinlands, die Freigabe der Kohlegruben im Saargebiet und die Möglichkeit der Überweisung von Reichsbahnobligationen zur Linderung der französischen Finanzkrise.
25.9. Uraufführung des Schauspiels „Mann ist Mann“ von Bertolt Brecht in Darmstadt und Düsseldorf.
29.9. Presseberichten zufolge hat Prinz Wilhelm von Preußen, ältester Enkel von Ex-Kaiser Wilhelm II., im August an einem Reichswehrmanöver teilgenommen. Die formal unzulässige Teilnahme eines Angehörigen des Hauses Hohenzollern am Manöver stößt auf Kritik.

OKTOBER

1.10. In Berlin werden an mehreren Kreuzungen die ersten Verkehrsampeln in Betrieb genommen.
8.10. Der Chef der Heeresleitung, General Hans von Seeckt, tritt wegen der Affäre um die Teilnahme Prinz Wilhelms an einem Reichswehrmanöver von seinem Amt zurück. Sein Nachfolger wird General Wilhelm Heye.
14.10. Uraufführung des Films „Faust“ von Friedrich Wilhelm Murnau in Berlin.
15.10. Durch das Arbeitsbeschaffungsprogramm ist es der Reichsregierung gelungen, die Arbeitslosenzahl von 2,4 Millionen im Februar auf 1,24 Millionen zu senken.
22.10. Uraufführung des Schauspiels „Lulu“ von Frank Wedekind. Das Stück fasst die Dramen „Erdgeist“ und „Die Büchse der Pandora“ zusammen.
30.10. Der Berliner Theaterregisseur Max Reinhardt feiert sein 25jähriges Bühnenjubiläum und wird mit zahlreichen Auszeichnungen geehrt.

NOVEMBER

1.11. Joseph Goebbels wird Gauleiter der NSDAP in Berlin-Brandenburg. Er soll das „rote Berlin“ für die Nationalsozialisten gewinnen.
9.11. Uraufführung der Oper „Cardillac“ von Paul Hindemith in Dresden.
13.11. Der Reichstag verabschiedet ein Gesetz, das die Erhöhung der Arbeitslosenfürsorge um 10 bis 15 Prozent vorsieht.
20.11. Uraufführung des Schauspiels „Dorothea Angermann“ von Gerhart Hauptmann in Wien, Düsseldorf, München und Leipzig.
21.11. Das Gesetz über die Erhöhung der Arbeitslosenfürsorge tritt in Kraft. Es verpflichtet die Gemeinden zur Unterstützung von Arbeitslosen, die kein Arbeitslosengeld erhalten.
22.11. Der Kurt Wolff Verlag in München veröffentlicht den Roman „Das Schloss“ von Franz Kafka.
27.11. Uraufführung der Oper „Orpheus und Eurydike“ von Ernst Krenek. Das Libretto schrieb der Maler und Schriftsteller Oskar Kokoschka.

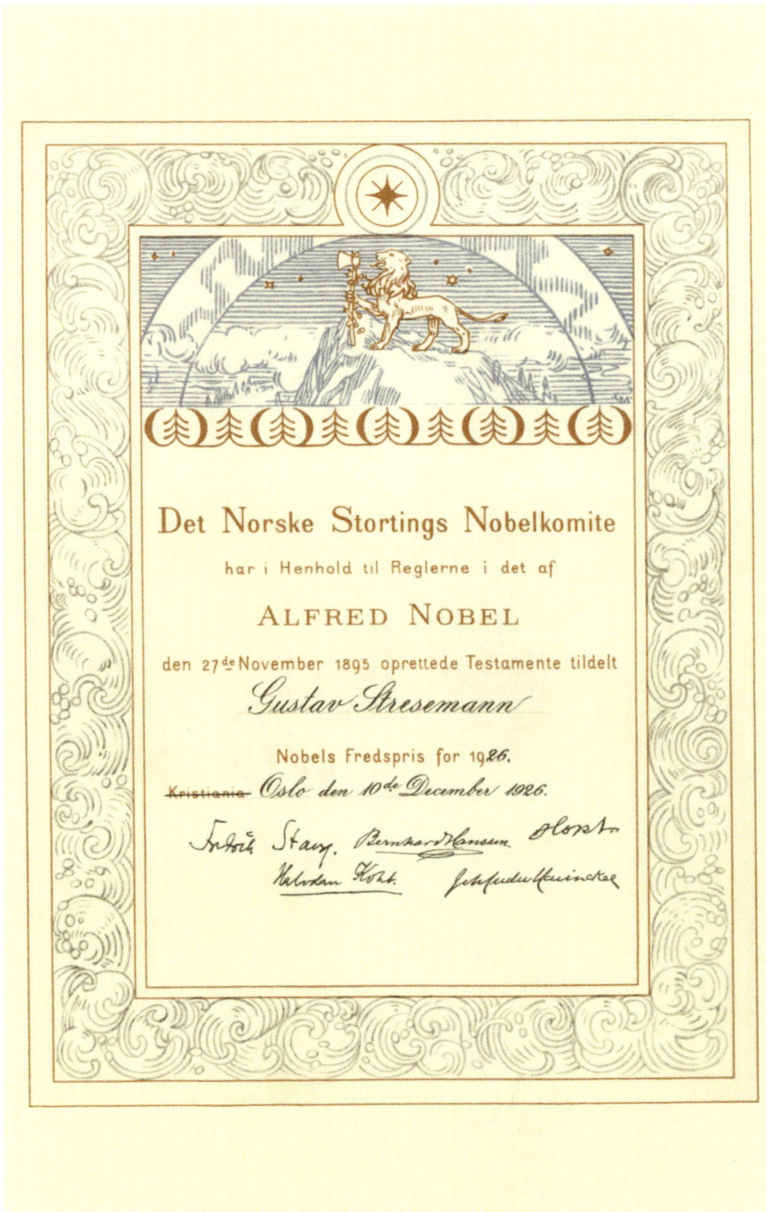

Nobelpreisurkunde vom 10. Dezember 1926 für Gustav Stresemann.

DEZEMBER

3.12. Der Reichstag nimmt mit 248 gegen 158 Stimmen das Gesetz zur Bewahrung der Jugend vor Schund- und Schmutzschriften an, das Jugendliche vor pornographischen Schriften schützen soll. Die Gegner lehnen das Gesetz als Eingriff in die Freiheit der Kunst ab.
4.12. Das neuerrichtete Bauhaus von Gropius in Dessau wird eingeweiht. Neben dem Neubau der Hochschule ist auch eine Mustersiedlung entstanden.
6.12. Im Münchner Franz Eher Verlag erscheint der zweite Band von Hitlers Schrift „Mein Kampf“.
10.12. Die Außenminister Deutschlands und Frankreichs, Stresemann und Briand, erhalten den Friedensnobelpreis als Auszeichnung für ihre Bemühungen um die Verständigung zwischen beiden Ländern.
17.12. Ein Misstrauensantrag der SPD wird im Reichstag mit 249 gegen 171 Stimmen angenommen. Das Kabinett Marx tritt zurück.
Uraufführung des Films „Der heilige Berg“ mit Luis Trenker und Leni Riefenstahl in den Hauptrollen.
29.12. Tod des Dichters Rainer Maria Rilke in Val-Mont bei Montreux (Schweiz).

AUSSERDEM

Hans Grimm: Volk ohne Raum (Politischer Roman)
Arthur Schnitzler: Traumnovelle (Erzählung)

Beitritt Deutschlands zum Völkerbund

Zum Friedensvertrag von Versailles, der unter schwerster Demütigung Deutschlands den Ersten Weltkrieg beendete, gehörte auch eine Absichtserklärung der Siegermächte, einen Völkerbund zu schaffen, der ein kollektives Sicherheitssystem begründen sollte. Kriege wie der, in den die Welt 1914 hineingeschlittert war, sollten so ausgeschlossen werden. Das Instrument aber trug schon bei der Gründung den Keim des Scheiterns in sich, denn weder das revolutionäre Sowjet-Russland noch die Verliererstaaten, allen voran Deutschland, sollten Sitz und Stimme in diesem Gremium haben.

Hinzu kam, dass die USA, von denen die Initiative zum Völkerbund ausgegangen war, ihm fernblieben, weil sie den ungerechten Friedensvertrag nicht bereitwaren zu ratifizieren. Deutschland bemühte sich lange vergeblich, in den Völkerbund aufgenommen zu werden, um seine diplomatische Isolation zu überwinden. Als am 10. September 1926 endlich die Schranken fielen und Reichsaußenminister Stresemann seine Antrittsrede in Genf halten konnte, hofften die Delegierten, damit den entscheidenden Geburtsfehler des Völkerbundes gutgemacht zu haben. Das erwies sich zwar als Illusion, doch die Demonstration des guten Willens machte diesen Tag zu einem der denkwürdigsten in der Geschichte der Bemühungen um einen stabilen Weltfrieden. Der Dolmetscher Paul Schmidt erlebte ihn im Zentrum des Geschehens und berichtete darüber in seinen Memoiren:

Ich sah noch, wie Stresemann sich plötzlich aufrichtete und dann als erster Deutscher im wahrsten Sinne des Wortes über die Schwelle der kleinen Tür hinweg in den Völkerbund eintrat. Bei seinem Erscheinen setzte im ganzen Saal ein wahrer Beifallssturm nach der vorher herrschenden erwartungsvollen Stille ein. Recht schwer hatte es der Präsident inmitten dieser Begeisterungsstürme, sich für seine Begrüßungsworte Gehör zu verschaffen. Aber es wurde ganz still, als er Stresemann das Wort erteilte und dieser sich unter atemloser Spannung langsam auf die Rednertribüne begab. Stresemann passte seine Stimme den technischen Vorrichtungen, je länger er sprach, immer besser an. Nur einige Male zuckte er noch etwas nervös wegen der Blitzlichter der Photographen oder blickte unwillig auf, wenn ein Filmoperateur mit seiner surrenden Kamera ihm allzu nahe kam. Nach einigen Minuten aber fühlte er sich völlig zu Hause und verlas seine Rede, ohne sich auch nur ein einziges Mal zu versprechen.

„Es kann nicht der Sinn einer göttlichen Weltordnung sein, dass die Menschen ihre nationalen Höchstleistungen gegeneinander kehren und damit die allgemeine Kulturentwicklung immer wieder zurückwerfen"; mit diesen wenigen Worten umriss Stresemann sein gesamtes politisches Wollen und wies an anderer Stelle auf die Gründe hin, die ihn zu dieser Politik geführt hatten. „Wir sehen nach den grundstürzenden Ereignissen eines furchtbaren Krieges in vielen Staaten den Niederbruch wertvollster, für den Staat unentbehrlicher geistiger und wirtschaftlicher Schichten."

Dann betrat der französische Außenminister Briand die Tribüne, leicht gebeugt, mit etwas struppigem Haar und herabhängendem Schnurrbart, ein kleiner, unscheinbarer Mann.

Aber schon nach den ersten Worten wurde er ein anderer. Als Redner war Briand ein vollendeter Meister. Er sprach völlig ungekünstelt, er kannte keine Rednerpose, jeder im Saal hatte zunächst das Gefühl, als wenn sich Briand mit ihm persönlich unterhielte.

„Nun, meine Herren Spötter", so apostrophierte der Spötter Briand sarkastisch die Kritiker des Völkerbundes in allen Ländern, „was sagen Sie jetzt, wo Sie an dieser Sitzung teilnehmen? Müssen Sie nicht selbst zugeben, dass das, was wir heute hier erlebt haben, wenige Jahre nach dem furchtbarsten Krieg, der jemals die Welt durcheinandergebracht hat, während das Blut auf den Schlachtfeldern noch nicht trocken geworden ist, ein wahrhaft erschütterndes Erlebnis darstellt? Hier sehen Sie die gleichen Völker, die sich vordem so hart aneinander gestoßen haben, friedlich zusammensitzen zur gemeinsamen Arbeit am Weltfrieden."

Adenauer zum Ende der Besetzung Kölns

Unsere Herzen fliegen empor, empor zu Gott, dem Allmächtigen. Dank sei ihm, der uns gestärkt hat in schwersten Tagen, der uns ge-

Gustav Stresemann vor dem Völkerbund am 10. September 1926. Nach seiner mit großem Beifall aufgenommenen Rede antwortete ihm sichtlich bewegt Aristide Briand: „Es ist ein ergreifendes Schauspiel, dass einige Jahre nach dem grauenvollsten Krieg, der jemals die Welt durchrast hat, während die Schlachtfelder noch feucht sind vom Blut der Völker, die gleichen Völker in dieser friedlichen Versammlung die Beteuerung ihres gemeinsamen Willens austauschen, miteinander am Werk des Weltfriedens zu arbeiten!"

führt hat durch Not und Gefahr! Vereint sind wir wieder mit unserm Staate, unserm Volke, unserm Vaterlande, vereint und frei nach sieben Jahren der Trennung und Unfreiheit! In gemeinsam getragener, gemeinsam überwundener Not erwächst die treueste Kameradschaft. Ihr, deutsche Volksgenossen in den noch besetzten Gebieten, habt mit uns Schulter an Schulter gestanden. Euch, die ihr noch der Freiheit entbehrt, grüßen wir in dieser Stunde in Liebe und Treue!

Schweres haben wir erdulden müssen durch die harte Faust des Siegers in sieben langen Jahren. Heute, in dieser weihevollen Stunde, lasst uns davon schweigen; ja, wir wollen gerecht sein, trotz vielem, was uns widerfahren ist, wir wollen anerkennen, dass der geschiedene Gegner auf politischem Gebiet gerechtes Spiel hat walten lassen.

Hoffen wir, dass unsere Leidenszeit nicht umsonst gewesen ist, dass nunmehr ein wahrhaft neuer Geist in die Völker Europas einzieht. Die Grundsätze des Rechts und der Moral, die für das Verhältnis der Einzelmenschen zueinander gelten, die jeden Menschen als frei und gleich und gleichberechtigt erklären, diese Grundsätze müssen auch in Wahrheit, nicht nur in Worten, Geltung erhalten für die Gesellschaft der Völker!

Brüder, Schwestern! Wir sprechen die gleiche Sprache, wir lieben die gleiche Heimat. Ob reich, ob arm, ob links, ob rechts: Die innersten und tiefsten, die menschlichsten Gefühle sind uns allen gemeinsam. Gemeinsame Not haben wir getragen, erfahren haben wir, was Schicksalsgemeinschaft ist. Wenn jetzt die Last von uns genommen wird, wenn wir hinaustreten in die Freiheit, dann lasst uns das niemals vergessen! Dieser Platz wurde dereinst geweiht durch die Worte „Dem Geiste deutscher Einigkeit und Kraft sollen diese Dompforten Tore des herrlichsten Triumphes werden“. Auf diesem geheiligten Platze haben die fremden Truppen gestanden; lasst uns ihm von neuem die Weihe geben.

Ein Symbol der deutschen Einheit und Einigkeit ist unser Dom, wie Schwurfinger ragen seine mächtigen Türme empor in den nächtlichen Himmel.

Wohlan! Heben auch wir zum Schwur die Hand! Und ihr alle in deutschen Landen, die ihr jetzt im Geiste bei uns weilt, schwört mit uns! Schwören wir Einigkeit, Treue dem Volke, Liebe dem Vaterlande!

Ruft mit mir: Deutschland, geliebtes Vaterland, hoch! hoch! hoch!

Die Reichsregierung lehnte am 10. Juni 1926 eine entschädigungslose Enteignung der ehemaligen deutschen Fürstenhäuser ab. Der Reichstag behandelte ein Gesetz, das die vermögensrechtlichen Auseinandersetzungen zwischen den deutschen Ländern und den früheren regierenden Fürstenhäusern regeln sollte. Danach sollte den Fürstenhäusern nur das Vermögen belassen werden, welches sie als »unzweifelhaftes Privateigentum« erworben hatten. Dabei sollten die Folgen des verlorenen Krieges, die Verarmung des Volkes und die gesamte Vermögenslage der Fürsten in Rechnung gestellt werden. Die Länder sollten erhalten, »worauf sie aus Gründen der Kultur oder der Volksgesundheit« Anspruch hätten. Eine entschädigungslose Enteignung wurde von der Regierung abgelehnt. »Nach der verfassungsmäßigen Überwindung der Revolution müssen die Grundlagen des Rechtsstaates unversehrt bleiben. «

Zur Befreiungsfeier des Rheinlandes 1926 kommt Hindenburg nach Köln. Auf dem Weg zum Festakt begleiten ihn (von links): Kardinal Schulte, Ministerpräsident Braun und Kölns Oberbürgermeister Konrad Adenauer.

1927

JANUAR

10.1. Uraufführung des Films „Metropolis" von Fritz Lang in Berlin.
Reichspräsident Paul von Hindenburg beauftragt Julius Curtius von der Deutschen Volkspartei (DVP) mit der Regierungsbildung auf Grundlage einer Koalition der bürgerlichen Mitte mit der Deutschnationalen Volkspartei (DNVP).
15.1. Nachdem die Verhandlungen von Curtius zur Regierungsbildung am Widerstand des Zentrums gescheitert sind, beauftragt Hindenburg erneut Wilhelm Marx (Zentrum) mit der Kabinettsbildung.
29.1. Reichskanzler Marx stellt sein neues Kabinett aus Zentrum, DVP, DNVP und Bayerischer Volkspartei (BVP) vor. Mit der sogenannten Bürgerblock-Regierung wird ein weiterer Schritt nach rechts vollzogen.
31.1. Die Alliierte Militärkommission beendet ihre Tätigkeit im Deutschen Reich.

FEBRUAR

3.2. Zwischen Frankfurt/Main und New York wird erstmals ein Ferngespräch über Funk geführt.
10.2. Uraufführung der Oper „Johnny spielt auf" von Ernst Krenek in Leipzig.
16.2. Die Operette „Der Zarewitsch" von Franz Lehár hat in Berlin Premiere.
28.2. In Köln wird erstmals seit Kriegsbeginn 1914 wieder ein Rosenmontagszug veranstaltet.

MÄRZ

5.3. In Bayern wird das Redeverbot für den Führer der Nationalsozialistischen Deutschen Arbeiterpartei (NSDAP), Adolf Hitler, aufgehoben. Es wurde nach seiner Freilassung aus der Festungshaft verhängt.
7.3. In Genf wird die Frühjahrssitzung des Völkerbundrats eröffnet. Den Vorsitz führt erstmals Reichsaußenminister Gustav Stresemann (DVP).
19.3. Kampfverbände der Nationalsozialisten und Kommunisten liefern sich in Berlin blutige Straßenschlachten.
20.3. In Kassel führt ein Flugzeugwerk erstmals den Motorschlepp von Segelflugzeugen vor. Durch das Anhängen von Seglern an Motorflugzeuge sollen die Passagierzahlen im Luftverkehr gesteigert werden.
26.3. Der deutschnationale Politiker Alfred Hugenberg erwirbt Aktien der Universum-Film AG (Ufa) im Wert von 15 Millionen Reichsmark und sichert sich damit die Vorherrschaft in dem Konzern.

Film-Traumpaar Walter Slezak und Henny Porten in dem Tanzfilm „Große Pause", 1927.

APRIL

6.4. Der Reichstag billigt den Etat für 1927. Mit Hinweis auf die Rüstungsausgaben in Höhe von 700 Millionen Mark lehnt die Sozialdemokratische Partei Deutschlands (SPD) den Etat ab.
8.4. Die Deutsche Bauernschaft wird als Reichsspitzenverband gegründet.
21.4. Uraufführung der Komödie „Revue zu Vieren" von Klaus Mann. Es spielen Gustaf Gründgens sowie Klaus und Erika Mann.
22.4. Das Land Baden hebt das Redeverbot für Hitler auf.

MAI

4.-23.5. Wirtschaftskonferenz des Völkerbunds in Genf. Die 47 Teilnehmerstaaten verabschieden mehrere Resolutionen zur Senkung der Zölle und zum Abbau der Handelsschranken.
6.5. Die NSDAP und alle ihre Unterorganisationen werden nach Ausschreitungen in Berlin-Brandenburg verboten und für aufgelöst erklärt. Bei einer Versammlung mit rund 2.000 Teilnehmern wurden in Berlin mehrere politische Gegner niedergeschlagen.
Uraufführung des Stücks „Florian Geyer" von Gerhart Hauptmann.
8.5. Zum „Reichsfrontsoldatentag" des „Stahlhelms" kommen über 100.000 Teilnehmer nach Berlin.
15.5. Die Reichsbahn führt die 24-Stunden-Zeitangabe ein: Statt 1 Uhr nachmittags heißt es nun 13 Uhr usw.
27.5. Deutsche Erstaufführung des Kriminalstücks „Der Hexer" von Edgar Wallace in Berlin.

JUNI

1.6. Einweihung des Hindenburgdamms, der die Insel Sylt mit dem Festland verbindet.
12.6. Der 1. FC Nürnberg wird mit einem 2:0-Sieg über Hertha BSC Berlin deutscher Fußballmeister.
18.6. Reichsaußenminister Stresemann und sein britischer Amtskollege Joseph Austen Chamberlain konferieren in Genf erfolglos über

die Räumung der noch besetzten Gebiete des Rheinlands. Aus der ersten Zone des Rheinlands zogen sich die Alliierten bereits 1925 zurück, die zweite und dritte Zone sind nach wie vor besetzt.
Eröffnung des Nürburgrings in der Eifel.
19.6. Max Schmeling wird Europameister im Halbschwergewicht.
23.6. Außenminister Stresemann erklärt, die deutschen Beziehungen zur Sowjetunion seien vom Abbruch der diplomatischen Beziehungen zwischen London und Moskau nicht berührt.

JULI

4.7. Hitler trifft in München mit dem Ruhrindustriellen Emil Kirdorf zusammen. Es geht um die finanzielle Unterstützung der NSDAP durch die Schwerindustrie.
7.7. Der Reichstag verabschiedet das Mutterschutzgesetz. Es gewährt einen Kündigungsschutz für die letzten sechs Wochen vor und die ersten sechs Wochen nach der Geburt.
Desgleichen wird das Gesetz über die Arbeitslosenversicherung und die Arbeitsvermittlung vom Reichstag verabschiedet. Es führt die Versicherungspflicht gegen Arbeitslosigkeit und den Rechtsanspruch auf Arbeitslosengeld ein. Die Kosten sollen zur Hälfte von Arbeitnehmern und Arbeitgebern getragen werden. Das Arbeitslosengeld richtet sich nach dem früheren Lohn.
16.7. Uraufführung des Songspiels „Mahagonny" von Bertolt Brecht und Kurt Weill.
23.7. In Stuttgart wird die Architekturausstellung „Die Wohnung" vom Deutschen Werkbund eröffnet. Unter Ludwig Mies van der Rohe ist auch die Weißenhofsiedlung mit 60 Wohneinheiten von führenden europäischen Architekten errichtet worden.
25.7. Die Freie Stadt Danzig fordert vom Kommissariat des Völkerbunds Entscheidungen über strittige Fragen. Dabei geht es auch um die Errichtung eines polnischen Munitionsdepots auf der Westerplatte und die Gewährung eines Winterquartiers für polnische Kriegsschiffe.

AUGUST

15.8. Reichswehrminister Otto Geßler gibt einen Flaggenerlass bekannt, in dem die Reichsfarben Schwarz-Rot-Gold im militärischen Bereich den Farben Schwarz-Weiß-Rot der Reichskriegsflagge gleichgestellt werden. Der Erlass wird von der Linken und der Rechten kritisiert.
17.8. Der deutsch-französische Handelsvertrag wird nach dreijährigen Verhandlungen unterzeichnet. Mit dem Vertrag gewähren Deutschland und Frankreich sich gegenseitig handelspolitische Vergünstigungen.
27.8. Großbritannien und Frankreich einigen sich auf eine Reduzierung ihrer Besatzungstruppen im Rheinland um 10.000 auf 70.000 Mann bis zum Jahresende.
28.8. Die Stadt Frankfurt/Main verleiht erstmals den Goethepreis. Die Auszeichnung geht an den Dichter Stefan George.

SEPTEMBER

1.-15.9. Auf der 46. Tagung des Völkerbundrats fordert Polen erfolglos die internationale Anerkennung der deutsch-polnischen Grenze. Die deutsche Regierung betont weiterhin den vorläufigen Charakter der deutsch-polnischen Grenze und lehnt ein „Ost-Locarno" mit Polen ab.
1.9. Uraufführung des Dramas „Hoppla, wir leben!" von Ernst Toller in Hamburg.
3.9. Der Regisseur Erwin Piscator eröffnet seine neue Bühne am Nollendorfplatz in Berlin.
18.9. Einweihung des Tannenberg-Denkmals in Hohenstein (Ostpreußen). In seiner Eröffnungsrede vor 70.000 Teilnehmern streitet Hindenburg die Kriegsschuld des Deutschen Reiches ab: „Nicht Neid, Hass oder Eroberungslust gaben uns die Waffen in die Hand. Der Krieg war uns vielmehr das äußerste (...) Mittel der Selbstbehauptung einer Welt von Feinden gegenüber."
23.9. Offizieller Beitritt Deutschlands zum Ständigen Internationalen Schiedsgerichtshof in Den Haag.
Uraufführung des Films „Berlin: Die Sinfonie der Großstadt" von Walter Ruttmann in Berlin.

OKTOBER

1.10. In Südtirol tritt eine Verordnung in Kraft, die italienischsprachigen Unterricht in allen Volksschulen vorschreibt. Offizielle Schriftstücke dürfen nicht mehr auf deutsch veröffentlicht werden. Ebenso untersagt sind deutschsprachige Texte auf öffentlichen Straßen-, Orts- und sonstigen amtlichen Hinweisschildern.
9.10. Die Bürgerschaftswahlen in Hamburg bringen SPD und KPD zusammen eine absolute Mehrheit.
11.10. Deutsche Erstaufführung des Monumentalfilms „Napoleon" von Abel Gance in Berlin. Der Film wird auf einer 18 Meter breiten Leinwand gezeigt.
13.10. Uraufführung des Schauspiels „Schinderhannes" von Carl Zuckmayer in Berlin.
15.10. Der Antikriegsroman „Der Streit um den Sergeanten Grischa" von Arnold Zweig erscheint. Innerhalb von zehn Tagen werden 10.000 Exemplare verkauft.
18.10. Carl von Ossietzky übernimmt von Kurt Tucholsky die Leitung der Zeitschrift „Weltbühne".
22.10. Im Münchener Kurt-Wolff-Verlag erscheint der Roman „Amerika" von Franz Kafka.
26.10. Gründung des Versandhauses „Quelle" in Fürth.
30.10. Tod des Publizisten und Schriftstellers Maximilian Harden in Montana im Wallis.

NOVEMBER

2.11. Mit 17 zu 11 Stimmen lehnt der Reichstagsausschuss für die Strafrechtsreform den von der SPD eingebrachten Antrag auf Abschaffung der Todesstrafe im Deutschen Reich ab.
10.11. Mit 100.000 Passagieren hat die Lufthansa AG ihr Transportaufkommen gegenüber dem Vorjahr verdoppelt.
27.11. Bei den Landtagswahlen in Braunschweig verliert die DNVP 50 Prozent ihrer bisherigen Stimmenanteile, die SPD gewinnt 23 Prozent hinzu.

DEZEMBER

3.12. Der Chirurg Ferdinand Sauerbruch nimmt seine Tätigkeit als ordentlicher Professor für Chirurgie an der Berliner Universität auf.
6.12. Im Reichstag scheitert ein von KPD und SPD eingebrachter Misstrauensantrag gegen die Reichsregierung. Beide Parteien begründeten ihren Antrag mit mangelndem Erfolg der Wirtschafts- und Sozialpolitik der Reichsregierung. Die Deutsche Demokratische Partei (DDP) stimmt für das Misstrauensvotum und kritisiert die Gleichberechtigung von konfessionellen und weltlichen Schulen.
10.12. Die Mehrheit im Reichsrat macht ihre Zustimmung zum Marine-Etat von der Aufklärung der „Phoebus"-Affäre um den parteilosen Reichswehrminister Geßler abhängig. Über die im August 1927 in Konkurs gegangene Phoebus-Filmgesellschaft hatte Geßler Rüstungen der Marine finanziert. Geßler verweigert die Auskunft.
Der Friedensnobelpreis geht an Ludwig Quidde, den Präsidenten der Deutschen Friedensgesellschaft.
16.12. Anlässlich eines Besuchs in Königsberg spricht sich Außenminister Stresemann erneut gegen die internationale Anerkennung der deutsch-polnischen Grenze aus.
17.12. Da Reichswehrminister Geßler weiterhin die Aufklärung der „Phoebus-Affäre" verweigert, setzt die preußische Regierung unter Otto Braun (SPD) bei den Etatberatungen im Reichsrat für 1928 die Streichung der ersten Rate zum Bau des Panzerkreuzers A in Höhe von 9,3 Millionen Reichsmark durch.
28.12. Uraufführung der Oper „Antigone" von Arthur Honegger in Brüssel.

AUSSERDEM

Hermann Hesse: Der Steppenwolf (Roman)
Franz Kafka: Amerika (Romanfragment)
Martin Heidegger: Sein und Zeit (Philosophische Abhandlung)

Hindenburg beauftragt Reichskanzler Marx

Das Weimarer Vielparteiensystem führte zu instabilen Mehrheiten im Reichstag und zu häufigen Regierungswechseln. Am 20. Januar 1927 forderte Reichspräsident Hindenburg in einem Brief an den nur mehr amtierenden Reichskanzler Wilhelm Marx, er solle rasch eine neue arbeitsfähige Regierung bilden. Da es nicht möglich sei, eine Mehrheit mit Einschluss der Linken zu bekommen, solle er versuchen, eine Regierung „auf der Grundlage der bürgerlichen Parteien des Reichstages" zu bilden.

Die im Mai 1926 installierte Regierung Marx (Koalition aus Zentrum, Deutscher Volkspartei, Demokratischer Partei und Bayerischer Volkspartei) war am 16. Dezember 1926 durch einen von der SPD eingebrachten Misstrauensantrag – der nur Erfolg gehabt hatte, weil auch die Deutschnationale Volkspartei ihm zustimmte – gestürzt worden. Die SPD hatte der Regierung vorgeworfen, sie lasse „die Reichswehr von Russland finanzieren", und kritisierte auch die Beziehungen der Reichswehr zu rechtsgerichteten Verbänden. Nach dem Sturz der Regierung Marx wollte Hindenburg ein „rechteres" Kabinett und beauftragte Julius Curtius (Deutsche Volkspartei) mit der Regierungsbildung; der scheiterte jedoch, und Hindenburg musste erneut Marx beauftragen.

Am 28. Januar 1927 bildete Marx dann eine neue Regierung, der außer den bisherigen Parteien auch die Deutschnationalen angehörten, die eben noch gegen ihn gestimmt hatten.

Die Ziele seiner Politik erläuterte Marx am 2. Februar 1927 im Reichstag:

Die Reichsregierung, die am heutigen Tage vor die deutsche Volksvertretung tritt, ist der einmütigen Auffassung, dass die Grundlage unserer Politik, die Anerkennung der Rechtsgültigkeit der in der Verfassung von Weimar gegründeten republikanischen Staatsform, auch für die Arbeit der neuen Regierung volle Geltung behalten soll. Auch der Herr Reichspräsident hat in dem an mich gerichteten Brief vom 20. Januar in feierlicher Weise erklärt, dass die neue Reichsregierung getreu der geltenden Weimarer Verfassung ihr gesamtes politisches Handeln einstellen soll. Dank dem gesunden Sinn für Ordnung und dem ungebrochenen Lebenswillen des deutschen Volkes kann unser wieder aufgerichtetes deutsches Staatswesen heute als innerlich gefestigt angesehen werden. So soll es auch bleiben. Es ist der einmütige Wille der Reichsregierung, für den Schutz, die Achtung und die Ehre unserer geltenden Verfassung in ihrer Gesamtheit, ihrer Organe und ihrer Reichsfarben, wie sie in Artikel 3 der Reichsverfassung festgelegt sind, mit Tatkraft einzutreten.

Die Reichsverfassung ist durch Beschluss der Nationalversammlung rechtmäßig zustandegekommen. Es ist daher auch die selbstverständliche Auffassung aller in der gegenwärtigen Regierung zusammengeschlossenen Fraktionen dieses Hohen Hauses, dass die Abänderungen von Einzelheiten der bestehenden Verfassung auf dem verfassungsmäßig vorgeschriebenen Wege vorgenommen werden müssen. Jeden Versuch gewaltsamer oder sonst ungesetzlicher Abänderung wird die Reichsregierung als Hochverrat ahnden. Insbesondere wird sie auch gegen alle Vereinigungen, die den rechtswidrigen und gewaltsamen Umsturz der bestehenden Staatsform bezwecken, vorgehen. Wie sie von allen Deutschen Achtung der Reichsverfassung verlangt, so gilt diese Treupflicht – selbstverständlich unter Wahrung des verfassungsmäßig gewährleisteten Rechtes auf freie Meinungsäußerung – vor allem für Beamte. Diesen ist die Beteiligung an den vorgenannten Vereinen und Bestrebungen zu verbieten.

Der tatkräftige Schutz der Weimarer Verfassung schließt keineswegs aus, der großen Vergangenheit Deutschlands mit Achtung zu gedenken. Noch vor wenigen Wochen hat in diesem Hohen Hause und an dieser Stelle einer der Herren Abgeordneten mit Recht darauf hingewiesen, dass ein Volk, das seine Geschichte nicht ehrt, nicht wert ist, dass es noch einmal zu einer geschichtlichen Bedeutung kommt. Deshalb soll nach der einmütigen Auffassung der Reichsregierung auch der Vergangenheit und ihren Symbolen Achtung und Ehre gezollt werden. Wenn uns in diesem Zusammenhang ein weiterer Blick in die Vergangenheit gestattet sei, so sehen wir, dass unsere ganze heute bestehende Kultur auf christlicher Grundlage erwachsen ist. Aus diesem Mutterboden heraus muss sich

„Münchner Zirkus – August und Adolf", Karikatur des „Simplicissimus" von 1927. Als der gescheiterte Putschist Hitler aus der Haft entlassen worden war, hatte er nicht gleich seine Agitation wieder aufnehmen können. Zwischen Hitler und dem bayerischen Innenministerium hatten Gespräche stattgefunden, unter welchen Bedingungen es Hitler erlaubt werde, wieder in Kundgebungen der NSDAP aufzutreten. Dabei wurde von Hitler die Zusage verlangt, die neugeschaffene „Selbstschutzorganisation" der NSDAP wieder aufzulösen. Am 5. März 1927 wurde dann das 1925 über Hitler verhängte Redeverbot aufgehoben. Bereits am 9. März sprach Hitler im Münchner Zirkus Krone auf einer Kundgebung. An die Besucher wurden Flugblätter verteilt, in denen davor gewarnt wurde, Ausschreitungen anzuzetteln und Demonstrationen und Aufzüge vorzunehmen. Die bayerische Regierung habe das Redeverbot zwar aufgehoben, behalte sich aber jederzeit vor, im Interesse der öffentlichen Sicherheit und Ordnung alle erforderlichen Maßnahmen zu treffen.

Dr. Creutz, Landrat des armen preußischen Landkreises Adenau fand, man solle produktive Arbeitslosenfürsorge treiben. Er setzte sich für den Bau einer Autorennstrecke ein, die etwa 33 km lang, mit 170 Kurven, bergauf, bergab durch die Eifellandschaft rund um die Nürburg führen sollte, Rennbahn ebenso wie Versuchsobjekt für neue Straßenbaumethoden. Er setzte sein Projekt durch; am 19. Juni 1927 wurde der Nürburgring seiner Bestimmung übergeben.

der Geist des deutschen Volkstums immer wieder erneuern. Solche Gedankengänge werden ihre Auswirkung finden bei dem von der Reichsregierung in Aussicht genommenen Reichsschulgesetz. Die Grundlage dieses Gesetzes ist die Reichsverfassung; nach deren Wortlaut und Sinn müssen auch die Freiheit des Gewissens und die Rechte der Eltern gewahrt und der Religionsunterricht in Übereinstimmung mit den Grundsätzen der betreffenden Religionsgesellschaft, unbeschadet des Aufsichtsrechts des Staates, gesichert werden. Auch ist für eine grundsätzliche Gleichstellung der in Artikel 146 der Reichsverfassung vorgesehenen Schularten zu sorgen ...
In dem Rahmen der allgemeinen Finanzlage wird auch das Problem des Finanzausgleichs einzufügen sein, das eine innerpolitische Frage von hervorragender Bedeutung darstellt. Dem Hohen Hause liegt der Entwurf eines Gesetzes über einen provisorischen Finanzausgleich vor, dessen baldige Verabschiedung dringend erwünscht erscheint. Darüber hinaus wird es das Ziel der Reichsregierung sein müssen, eine Übereinstimmung mit den Ländern über die Gesamtheit des Finanzausgleichsproblems möglichst bald herbeizuführen. Die Reichsregierung hat dabei volles Verständnis für die Wünsche der Länder und ihrer Gemeinden auf ein gesundes Eigenleben, wie sie andererseits auf das Verständnis der Länder für die finanziellen Notwendigkeiten des Reiches in der Nachkriegszeit rechnet. Gerade durch seine Glieder steht ja das Reich nach meiner Auffassung in organischer Verbindung mit dem Volksganzen und seinen lebendigen Kräften. Es ist danach eine Selbstverständlichkeit, dass es niemals Aufgabe der Reichsregierung sein kann, auf den Umwegen über die finanziellen Beziehungen des Reiches zu den Ländern diesen die Selbständigkeit, die ihnen durch die Reichsverfassung gewährleistet ist, zu nehmen oder sie zu unterhöhlen.
Der Wehrmacht wird die Reichsregierung ihre besondere Aufmerksamkeit und Fürsorge widmen. Sie wird mit größtem Nachdruck bemüht sein, das Vertrauen des deutschen Volkes zu seiner Wehrmacht in allen Schichten und in allen Parteien zu festigen. Das Heer muss dem politischen Kampf ein für allemal entzogen werden. Das von mir an dieser Stelle am 16. Dezember 1926 entwickelte Programm einer endgültigen Lösung der Reichswehr von aller Politik wird ohne Einschränkung zur Ausführung gebracht. Ich wiederhole im Einzelnen, dass Sorge getragen werden wird, die Unterbindung jeglicher Beziehungen von politischen oder politisierenden Verbänden, zu denen die sogenannten Wehrverbände aller Richtungen und Formen in erster Linie gehören, zur Wehrmacht auf die Dauer sicherzustellen.

„Hoppla, wir leben"

Das Bühnenstück „Hoppla, wir leben" von Ernst Toller (1893-1939) wurde am 1. September 1927 in Hamburg uraufgeführt. Der Autor verarbeitete eigene Hafterfahrungen in dem Schauspiel, das in einer Art Bilderfolge den Zustand Deutschlands in den Jahren 1923 bis 1929 kritisch aufzeigt. Das Ganze ist eine Art zeitkritische Reportage mit den damals neuen bühnentechnischen Mitteln und mit von Piscator angeregten szenischen Experimenten.
Vorspiel
In einer Gefängniszelle erwartet eine Gruppe von Revolutionären, die nach der Niederschlagung eines bewaffneten Aufstandes verhaftet wurden, ihre Hinrichtung. Karl Thomas schlägt den Mitgefangenen einen Fluchtplan vor. Die alte Frau Meller, Albert Kroll und die junge Eva Berg sind sogleich zu diesem letzten Rettungsversuch bereit. Nur Wilhelm Kilman fürchtet die Folgen eines Fehlschlages. Tatsächlich misslingt der Versuch. Trotzdem werden die Häftlinge nicht hingerichtet, sondern durch einen Gnadenakt des Präsidenten in ein Internierungslager übergeführt. Allein Kilman muss in der Zelle bleiben. Die anderen Gefangenen verabschieden sich von dem Genossen, der offenbar in den Tod geht. Aber Kilman geht in die Freiheit. Der Präsident hat sein Gnadengesuch bewilligt. Er glaubt Kilman, dass er gegen seinen eigenen Willen in die Reihen der Aufführer gelangt sei.
Nach acht Jahren wird Karl Thomas aus einer Irrenanstalt, in die man ihn schließlich eingewiesen hatte, entlassen. Er begibt sich ins Ministerium, wo angeblich sein früherer Genosse Kilman arbeiten soll. Zu seiner höchsten Überraschung ist Kilman selbst der Minister. Der reformistische „Arbeiterführer", der mit sozialistischen Phrasen im Munde die Interessen der Großindustrie verficht, ist von Karls Besuch peinlich berührt. Enttäuscht verlässt Thomas den Verräter und

Schon 1927 beklagte Th. Th Heine den Mangel an tatkräftigen und überzeugten Demokraten: „Sie tragen die Buchstaben der Firma – aber wer trägt den Geist?"

„Hoppla, wir leben!“ „Simplicissimus“-Karikatur von Th. Th. Heine: 'n guten Logenplatz und die Revolution auf der Bühne, da sag' ick blos: vive la republique!“

geht auf die Suche nach Eva Berg, mit der ihn einst eine leidenschaftliche Liebe verband.
Eva arbeitet im Vorstand des Verbandes weiblicher Angestellter. Die junge, alleinlebende Frau geht ganz in ihrer Funktion, in der unermüdlichen Kleinarbeit des täglichen Daseinskampfes auf. Auch sie versteht Karl nicht. Einige Zeit wohnt er bei ihr, ohne Arbeit, enttäuscht über die „Verbürgerlichung“ seiner Genossen. Als Eva auf Kilmans Betreiben entlassen wird, will er mit ihr auswandern. Aber die selbständig denkende Frau lässt ihre Kameraden nicht im Stich.
Während eines Wahlkampfes trifft Thomas Albert Kroll wieder, der für die revolutionäre Arbeiterpartei agitiert. Thomas macht ihm Vorwürfe, dass er sich an dem „Wahlschwindel“ beteiligt, statt zu kämpfen. Kroll versucht vergeblich, ihm zu erklären, dass auch eine Wahl Kampf ist. Einer muss sich aufraffen und ein Signal geben, und dieser eine wird er selbst sein. Der „stehengebliebene Revolutionär“ verkennt die neue Situation und die andersgearteten Aufgaben. Frau Meller nimmt Thomas mit in ein Hotel, in dem sie arbeitet und das Hilfskellner sucht. Hier fasst Thomas den Plan, Kilman während eines Essens zu erschießen, um so die „schlafenden“ Arbeiter zur entscheidenden Tat aufzuwecken. Aber ein Faschist kommt ihm zuvor und feuert den Schuss auf den „Novemberverbrecher“ Kilman ab. Der Faschist kann entkommen, und Thomas, der eine Waffe bei sich führt, wird als Mörder verhaftet.
Vor dem Untersuchungsrichter gesteht Thomas die Mordabsicht, aber nicht den Mord ein. Wegen seiner „wirren“ Aussagen wird er an die Psychiatrische Abteilung überwiesen. Der Psychiater bezeichnet all das, was Thomas zu seiner Tat veranlasste, als „normal“, den Aufrührer gegen die Verhältnisse hingegen als „Erzfeind der Zivilisation“. Er schickt Thomas ins Gefängnis zurück. In der Zelle erhängt sich Thomas. Der ehrliche, aber individualistisch und anarchistisch handelnde Revolutionär hat nicht begriffen, dass man der Revolution auch treubleiben kann, wenn man auf die nötigen Voraussetzungen warten muss. Wie vor acht Jahren befinden sich in den Nebenzellen Eva Berg, Frau Meller und Albert Kroll, verhaftet wegen Verdachts der Beihilfe zum Mord. Aber sie können keinen Kontakt mehr zu Karl Thomas finden, dessen Unschuld inzwischen erwiesen ist.

„Schinderhannes“

Das populäre Moritatenstück von Carl Zuckmayer (1896-1977) wurde am 13. Oktober 1927 in Berlin uraufgeführt. Der Protagonist ist der Typ des „edlen“ Räubers, wie er in der literarischen Tradition schon bei Schillers „Räubern“ (1781) und Vulpius' „Rinaldo Rinaldini“ (1798) vorkommt. Dies verleiht dem possenhaft-erdigen Volksstück eine zusätzliche sozialrevolutionäre Note.
In der Wirtschaft „Grüner Baum“ – es ist die Zeit um 1800 – sitzt Johann Bückler, der „Schinderhannes“ genannte Anführer einer Räuberbande, als Händler Jacob Ofenloch getarnt unter den Gästen, die sich hitzig über die Bande des Schinderhannes unterhalten. Er verkauft einem Gerber Häute, die er ihm nachts zuvor gestohlen hat; lädt die Anwesenden zum Trinken ein und bezahlt auch die Schulden der ärmeren Gäste. Vor der herannahenden Gendarmerie kann er sich durch den Hinterausgang retten. Er hinterlässt Julchen Blasius, der Tochter eines Bänkelsängers, eine Aufforderung zum Stelldichein. Julchen folgt seiner Einladung. Sie kommt mit ihrer Schwester Margaret in den Dollbachwald, und sie will künftig bei Hannes bleiben, als er sie darum bittet. Der Schinderhannes stellt Julchen seinem alten Vater Kaspar als sein Weib vor. Kaspar bewohnt ein kleines Haus, das sein mächtiger Sohn für ihn „requiriert“ hat. Die scheinbare Abwesenheit des Räubers wollen die reichen Bauern des Dorfes ausnutzen, um Kaspar das Haus zu nehmen und ihn zu verhaften. Hannes entwaffnet und verjagt die Gendarmen und Bauern, denn noch ist er der ungekrönte König im Hunsrück. Ein Jahr später. Die Bande des Schinderhannes hat sich im „Grünen Baum“ eingenistet und feiert wüste Feste, während ihr Anführer mit Julchen auf eigenen Streifzügen ist; Da wird bekannt, dass französisches Militär vorrückt, um den Hunsrück von den Räubern zu säubern und danach die Bevölkerung zu Militärdiensten und Abgaben zu pressen.
Die deutschen Rheinfürsten unterstützen die französische Besatzung. Auf den Kopf des gefürchteten Räuberführers ist ein hoher Preis ausgesetzt.
Die armen Bauern und die Arbeiter sind über die Militäraktion bestürzt. Sie stellen sich dem Schinderhannes, der von seinem Erkundungsstreifzug zurückgekehrt ist, für einen Kampf gegen die Franzosen zur Verfügung. In maßloser Überschätzung seiner Kraft nimmt der Schinderhannes den Feldzug gegen die Übermacht auf. Julchen warnt ihren Geliebten vergeblich vor dem Unterfangen. Der das Befehlen gewöhnte Mann wird grob, und Julchen verlässt ihn. Mit zwiespältigen Gefühlen zieht der Schinderhannes in den Kampf.
Ein Vierteljahr später muss Hannes seinen Leuten raten, sich von Werbern des deutschen Kaisers, der eine Gegenarmee aufstellt, anwerben zu lassen, denn die Lage der Bande ist hoffnungslos geworden. Er findet Julchen wieder, die ihm in einem Kornfeld einen Sohn geboren hat. Jetzt will er selbst neu beginnen, vor allem um Weib und Kind ein sicheres Leben zu verschaffen. Die Rolle des Volksführers und Freiheitskämpfers ist ausgespielt, der Schinderhannes zieht sich aus der Politik zurück.

Mit dem Glanz eines großen gesellschaftlichen Aufgebots eröffnete der Gloriapalast in Berlin 1927 seine Pforten für den ersten Tonfilm. Die Hollywood-Produktion hieß „Der Jazzsänger" – ein ungemein rührseliger Streifen (Bild: der schwarzgeschminkte Titelheld, der hochbezahlte Revuestar McAvoy, mit Partnerin). Die Filmkritiker erinnerten damals wehmütig an die große Zeit des Stummfilms, doch der Siegeszug des Tonfilms war nicht mehr aufzuhalten.

Er wird selbst Rekrut, aber dieser Fluchtweg ist eine Sackgasse. Noch nicht fertig eingekleidet, wird er verraten und von den Kaiserlichen an den französischen Gegner ausgeliefert. Im Holzturm zu Mainz erwartet der Schinderhannes seine Hinrichtung. Julchen ist freigesprochen worden. Sie verbringt die letzten Stunden bei ihrem Mann. Zur Hinrichtung haben sich vor den Toren von Mainz fünfzehntausend Menschen eingefunden, und es sind Vorkehrungen getroffen, einen Befreiungsversuch zu verhindern. Mit neunzehn seiner Getreuen geht der Schinderhannes den Gang zur Richtstätte. Die riesige Menschenansammlung ist ihm eine letzte Genugtuung. Er stirbt nicht als Märtyrer oder Revolutionär, sondern als ein „Außenseiter", den ein unbändiges Kraftgefühl gegen jede Ordnung aufbegehren ließ. Doch das Volk wird ihm ein Andenken bewahren, weil hier in finsterer Zeit ein kleiner Räuber gegen die großen, mächtigeren, gekrönten Räuber die Faust erhob.

Zensur in der Kritik

Der Haushaltsausschuss des Reichstags beriet am 4. März 1927 über die Praxis der Filmprüfstellen. Dabei wurde lebhaft Klage über die Reklamemethoden der Filmindustrie geführt. Von den Abgeordneten des Zentrums wurde eine schärfere Zensur der Filmreklame gefordert, und am Ende der Debatte wurde dann auch ein Antrag auf schärfere Überprüfung der Filmreklame durch die Filmprüfstellen in Berlin und München angenommen. In der Debatte selbst war an der Arbeit der Münchner Stelle Kritik geübt worden. Der deutsch-nationale Abgeordnete Mumm (Hohensyburg, Regierungsbezirk Arnsberg) warf ihr „laxe Handhabung" der Bestimmungen vor und erinnerte dabei an „Schwabing und seine Gewohnheiten". Dagegen verteidigte der Abgeordnete Cremer (Berlin) von der Deutschen Volkspartei die Münchner Filmprüfstelle. Der freiere Genius der Stadt München trage sicher zur Beliebtheit Münchens bei, ohne der ernsthaften Kunst Abbruch zu tun, Ein wenig mehr davon könne er Berlin nur wünschen.

Massenszene aus Fritz Langs Film „Metropolis", der am 10. Januar 1927 uraufgeführt wurde. In der Zukunftsstadt Metropolis, deren Glanz und Reichtum von unterirdisch lebenden Proletariermassen geschaffen wird, entfesselt ein dämonischer Wissenschaftler einen Sklavenaufstand, indem er einen weiblichen Homunkulus als Agitator benutzt. Die Revolte endet in Selbstzerstörung und Maschinenstürmerei, führt jedoch zur Versöhnung von Arbeiterklasse und Oberschicht. Fritz Lang verbindet in seinem monumentalen Stummfilmepos mythisch-romantische Motive des deutschen Expressionismus mit technischer Utopie und politischer Spekulation: Filmästhetisch ein virtuos durchkomponiertes Licht- und Schattenspiel, das durch suggestiven Montagerhythmus und architektonische Phantasie fesselt; filmgeschichtlich ein früher Klassiker des Science-Fiction-Kinos; zeitgeschichtlich ein aufschlussreicher Kommentar zur Sozialpsychologie der Massengesellschaft in der Weimarer Republik.

Möglichkeiten der Raumfahrt

In den „Münchner Neuesten Nachrichten" erschienen am 26. Januar 1927 Diskussionsbeiträge über die Vorstellungen des Amerikaners Goddard und des Deutschen Oberth, mit Raketen in den Weltraum zu fliegen und auf anderen Planeten zu landen.
Ein Mitarbeiter der Leipziger Sternwarte, Weber, vertrat die Ansicht, dass mit den derzeitigen technischen Mitteln, und auch mit denen der näheren Zukunft, das Problem eines Raumschiffes nicht gelöst werden könne. Vielleicht werde es einmal möglich sein, „einzelne Gestirne in der Nähe zu umfahren, wobei allerdings die große Geschwindigkeit der Rakete für die Beobachtung wenig von Vorteil sein dürfte".
Professor Marcuse von der Universität Berlin war der Meinung, dass die theoretischen technischen und ballistischen Grundlagen für Raketenfahrzeuge schon vorhanden seien. Falsch sei es, Weltraumraketen in das Reich der Fabel zu verweisen.

1928

JANUAR

14.1. Reichswehrminister Otto Geßler (parteilos) erklärt aufgrund der „Phoebus"-Affäre seinen Rücktritt. Die in Konkurs gegangene „Phoebus"-Filmgesellschaft hatte von der Reichsregierung Darlehen und Bürgschaften in Höhe von fast 9 Millionen Reichsmark erhalten. Von diesem Geld wurden geheime Aufrüstungsaktivitäten der Marine finanziert.
16.1. Der Schriftsteller Gerhart Hauptmann erklärt sich bereit, der Sektion Dichtkunst der Preußischen Akademie der Künste beizutreten. Im Mai 1926 hatte er die Berufung mit der Begründung abgelehnt, es könne keine „bewusste Führung auf dem Gebiet der Dichtkunst geben".
16.-18.1. In Berlin findet die Erste Reichskonferenz der Länderregierungen über die Frage der Reichs- und Verwaltungsreform statt. Die Beratungen verlaufen ergebnislos.
18.1. Generalleutnant a.D. Wilhelm Groener (parteilos) wird als neuer Reichswehrminister vereidigt.
23.1. An Erwin Piscators Theater am Nollendorfplatz werden „Die Abenteuer des braven Soldaten Schwejk" als Drama uraufgeführt. Die Bühnenbilder hat George Grosz entworfen.

FEBRUAR

4.2. Der Leiter des Bauhauses, Walter Gropius, bittet um die vorzeitige Entlassung aus seinem Amt. Er begründet diesen Schritt mit seinem verstärkten Engagement für neuere Bauvorhaben. Nachfolger von Gropius wird der Schweizer Architekt Hannes Meyer.
10.2. Zwischen Deutschland und den USA wird der drahtlose Funksprechverkehr aufgenommen.
11.-19.2. Die II. Olympischen Winterspiele finden in St. Moritz (Schweiz) statt. Nach dem Ersten Weltkrieg nimmt erstmals wieder eine deutsche Mannschaft an Olympischen Spielen teil.
15.2. Die Verhandlungen der Regierungsparteien über ein neues Reichsschulgesetz werden ergebnislos abgebrochen. Die Mitte-Rechts-Koalition aus Zentrum, Deutscher Volkspartei (DVP), Deutschnationaler Volkspartei (DNVP) und Bayerischer Volkspartei (BVP) ist heillos zerstritten. Tod des britischen Politikers Herbert H. Asquith in London.
20.2. Die Reichsbahn nimmt den Betrieb elektrischer Schnellzüge auf.
23.2. Der Kunstflieger Ernst Udet landet mit einem 20-PS-Flugzeug auf der Aussichtsplattform der Zugspitze.
27.2. Die Reichsregierung beschließt ein Nothilfeprogramm für die deutsche Landwirtschaft in Höhe von 100 Millionen Mark.

MÄRZ

1.3. Reichswehrminister Groener setzt sich vor dem Haushaltsausschuss des Reichstags für den Bau des Panzerschiffs A ein. Die erste Rate in Höhe von 9,3 Millionen Reichsmark wird am 30. März mit 200 gegen 170 Stimmen bewilligt. Die Sozialdemokratische Partei Deutschlands (SPD) und die Kommunistische Partei Deutschlands (KPD) stimmen dagegen.
10.3. Die amerikanische Regierung gibt das in den USA beschlagnahmte deutsche Vermögen wieder frei. Die Beschlagnahmung war nach Ende des Ersten Weltkriegs erfolgt, um die Begleichung der deutschen Kriegsschulden zu garantieren.
13.3. Der Vorsitzende der Reichstagsfraktion der Nationalsozialistischen Deutschen Arbeiterpartei (NSDAP), Wilhelm Frick, erklärt gegenüber dem Reichsinnenministerium, seine Partei strebe die „vollkommene Umwälzung des Staates" auf legalem Wege an.
31.3. Der Reichskanzler gibt die vorzeitige Auflösung des Reichstags bekannt. Mit größeren gesetzgeberischen Arbeiten sei nicht mehr zu rechnen. Die Neuwahlen werden auf den 20. Mai festgesetzt. Aufhebung des am 6. Mai 1927 über die NSDAP in Berlin-Brandenburg verhängten Verbots.

APRIL

11.4. Auf der Opel-Rennstrecke in Rüsselsheim wird der erste Rennwagen mit Raketenantrieb getestet. Das Auto beschleunigt in acht Sekunden auf 100 km/h.
13.4. Mit dem einmotorigen Junkers-Flugzeug „Bremen" gelingt der erste deutsche Atlantikflug, der in Deutschland größeren Jubel als der Lindbergh-Flug auslöst. Nach 35stündigem Flug landet die Maschine auf Greenley Island bei Neufundland (Kanada). Es ist zugleich der erste Atlantikflug in Ost-West-Richtung überhaupt.
19.4. Einführung einheitlicher Autokennzeichen im Deutschen Reich. Das neue Kennzeichen ist weiß mit einem schwarzen Rand und enthält eine schwarze Kombination aus Buchstaben zur Kennzeichnung der Herkunft und einer Registriernummer.
25.4. Eine Wahlversammlung von Reichsaußenminister Gustav Stresemann (DVP) im Münchner Bürgerbräukeller wird von Nationalsozialisten massiv gestört.

MAI

2.5. Das Reichsgericht lehnt den Antrag von Reichsinnenminister Walter von Keudell (DNVP) ab, den kommunistischen Roten Frontkämpferbund zu verbieten.
18.5. Deutsche Erstaufführung des Films „Anna Karenina" mit Greta Garbo. Entgegen der amerikanischen Fassung enthält die deutsche Version kein Happy-End.
19.5. Tod des Philosophen Max Scheler in Frankfurt/Main.
20.5. Bei den Reichstagswahlen erleiden die gemäßigten bürgerlichen Parteien sowie die rechtsgerichtete DNVP zum Teil erhebliche Verluste. Die SPD gewinnt 22 Mandate hinzu, die KPD neun.

JUNI

6.6. Uraufführung der Oper „Die ägyptische Helena" von Richard Strauss in Dresden. Der Text stammt von Hugo von Hofmannsthal.
12.6. Nach der Wahlniederlage tritt Reichskanzler Wilhelm Marx (Zentrum) mit seiner Regierung zurück. Reichspräsident Hindenburg beauftragt Hermann Müller (SPD) mit der Bildung einer neuen Regierung.
15.6. Der Regisseur Erwin Piscator muss aus finanziellen Gründen das Theater am Nollendorfplatz in Berlin aufgeben.
28.6. Reichskanzler Müller stellt sein neues Koalitionskabinett aus SPD, DDP, DVP und BVP vor. Stresemann bleibt Reichsaußenminister.

JULI

13.7. Der deutsche Reichstag verabschiedet ein Amnestiegesetz für politische Straftaten. Keine Amnestie erhalten Verurteilte, die sich des Landesverrats, des Mordes aus politischen Motiven und des Verrats militärischer Geheimnisse schuldig gemacht haben. Für diesen Personenkreis werden die Strafen herabgesetzt.
17.7.-1.9. Auf dem VI. Weltkongress der Kommunistischen Internationale (Komintern) wird eine ultralinke Taktik als Generallinie ausgegeben. Der Kampf der Komintern soll sich in erster Linie gegen die „sozialfaschistischen" Sozialdemokraten richten.
19.7. Während des 10. Sängerbundfestes in Wien wird immer wieder der Anschluss Österreichs an das Deutsche Reich gefordert.
28.7. In Amsterdam werden die IX. Olympischen Sommerspiele eröffnet. Unter den knapp 3.000 Teilnehmern sind 288 Frauen, die erstmals auch in der Leichtathletik antreten. Mit zehn Goldmedaillen in 120 Wettbewerben erreicht die deutsche Mannschaft den zweiten Platz in der Nationenwertung hinter den USA.
29.7. Der Hamburger SV wird mit einem 5:2-Sieg über Hertha BSC Berlin deutscher Fußballmeister.

AUGUST

10.8. Die Reichsregierung beschließt, die Mittel für den Bau des Panzerkreuzers A freizugeben. Auch die SPD-Minister stimmen zu, obwohl die SPD sich im Wahlkampf gegen den Bau ausgesprochen hatte.

15.8. In Hamburg laufen die Passagierschiffe „Europa" und „Bremen" vom Stapel. Die beiden Ozeanriesen mit 49.746 bzw. 51.656 BRT und einer Höchstleistung von 135.000 PS haben je 900 Mann Besatzung und können 2.100 Fahrgäste aufnehmen.
18.8. Die Reichstagsfraktion der SPD bedauert die Zustimmung der SPD-Minister zum Bau des Panzerkreuzers A, lehnt jedoch den Austritt der SPD aus der Regierungskoalition ab.
27.8. In dem von den Außenministern Frankreichs und der USA, Aristide Briand und Frank Billings Kellogg, initiierten Briand-Kellogg-Pakt verpflichten sich in Paris 15 Nationen zur Ächtung des Krieges. Bis 1929 schließen sich dem Pakt 63 Staaten an.
30.8. Tod des Malers Franz von Stuck in München.
Tod des Physikers Wilhelm Wien in München.
31.8. Uraufführung der „Dreigroschenoper" von Kurt Weill und Bertolt Brecht in Berlin.

SEPTEMBER

9.9. Erste öffentliche Vorführung von Fernsehbildern während der Funkausstellung in Berlin.
11.9. Uraufführung der Oper „Judith" von Arthur Honegger in Darmstadt.
15.9. Eröffnung des von Erich Mendelsohn erbauten Lichtspielhauses Universum (heute: Schaubühne) am Lehniner Platz in Berlin.
16.9. Am Rande der Völkerbundversammlung in Genf vereinbaren Deutschland, Großbritannien, Frankreich, die USA, Belgien und Japan die Wiederaufnahme der Verhandlungen über eine vorzeitige Räumung des Rheinlands und die abschließende Regelung der Reparationen.
17.9. Das Reichsinnenministerium genehmigt das von der KPD geforderte Volksbegehren gegen den Bau des Panzerkreuzers A.
23.9. Der rechtsgerichtete „Stahlhelm" fordert ein Volksbegehren zur Änderung der Verfassung. Die Position des Reichspräsidenten soll gestärkt, die Rechte der Reichstagsabgeordneten sollen eingeschränkt werden.
28.9. Aufhebung des Redeverbots für Adolf Hitler in Preußen. Es wurde nach seiner vorzeitigen Entlassung aus der Haft Ende 1924 erteilt.
30.9. Massenkundgebung der NSDAP gegen den Dawes-Plan im Berliner Sportpalast. Es kommt zu Zusammenstößen zwischen Nationalsozialisten und Kommunisten.

OKTOBER

1.10. Beginn eines Streiks der Werftarbeiter. Sie fordern die 48-Stunden-Woche (bisher 52-Stunden-Woche) sowie die Erhöhung der Stundenlöhne um 12 Pfennig.
8.10. Die Firmen Siemens, AEG und Telefunken gründen die „Klangfilm-Gesellschaft" zur Weiterentwicklung des Tonfilms.
13.10. Die Reichspost schafft die Telefonpauschale ab. Fortan wird nach Einzelgesprächen abgerechnet.
16.10. Das Volksbegehren gegen den Bau des Panzerkreuzers A scheitert, da sich nur rund 1,2 Millionen Stimmberechtigte in die Listen eintrugen. Damit wurden die für einen Volksentscheid erforderlichen zehn Prozent nicht erreicht.
20.10. Der Verleger Alfred Hugenberg wird zum Vorsitzenden der DNVP gewählt. Hugenberg ist scharfer Gegner der parlamentarisch-demokratischen Republik.

NOVEMBER

3.11. Die Bayerischen Motorenwerke (BMW) übernehmen die Automobilfirma Dixi-Werke in Eisenach. BMW, bislang Hersteller von Motorrädern, geht damit zur Produktion eigener Automobile über.
10.11. Die „Vossische Zeitung" beginnt mit dem Vorabdruck des Antikriegsromans „Im Westen nichts Neues" von Erich Maria Remarque.
16.11. Der Reichstag lehnt einen Antrag der SPD-Fraktion ab, den Bau des Panzerkreuzer A zu stoppen.
20.11. Der Reichstag stimmt mit Zweidrittelmehrheit gegen einen Misstrauensantrag der NSDAP gegen Außenminister Stresemann.
22.11. Uraufführung des Balletts „Bolero" von Maurice Ravel in Paris.
23.11. Max Schmeling gewinnt im New Yorker Madison Square Garden den ersten Kampf seiner Amerikareise durch K.o. in der achten Runde.

DEZEMBER

3.12. Die Opel-Werke in Rüsselsheim werden in eine Aktiengesellschaft mit einem Kapital von 60 Millionen Reichsmark umgewandelt.
9.12. Der Prälat Ludwig Kaas wird zum Vorsitzenden der Zentrumspartei gewählt. Diese vollzieht damit einen deutlichen Rechtsruck.
10.12. Der Maler George Grosz und der Verleger Wieland Herzfelde werden wegen Gotteslästerung zu jeweils 2.000 Reichsmark verurteilt. Das Urteil bezieht sich u.a. auf die Grosz-Zeichnung „Christus mit der Gasmaske".
22.12. Die Schriftstellerin Anna Seghers erhält für ihre erste Buchveröffentlichung („Der Aufstand der Fischer von St. Barbara") den Kleistpreis, die renommierteste Literaturauszeichnung der Weimarer Republik.

AUSSERDEM

Walter Benjamin: Einbahnstraße (Philosophische Fragmente)
Erich Kästner: Emil und die Detektive (Jugendroman)
Jakob Wassermann: Der Fall Mauritius (Roman)

Erstes Leichtathletik-Gold für Deutschland erkämpfte sich Lina Radke-Batschauer im 800-m-Lauf bei den Olympischen Spielen 1928 in Amsterdam.

Der Kellogg-Pakt

Nach dem amerikanischen Außenminister Frank B. Kellogg (1856-1937) ist der Vertrag zur Ächtung des Krieges benannt, der am 27. August 1928 in Paris unterzeichnet wurde. Dem Kellogg-Pakt traten bis 1939 insgesamt 63 Staaten bei. Auf ihn stützte sich nach dem Zweiten Weltkrieg der internationale alliierte Gerichtshof bei der Feststellung der Strafbarkeit von Angriffskriegen. Der Vertrag lautete:

Der Deutsche Reichspräsident,
der Präsident der Vereinigten Staaten von Amerika,
der Präsident der französischen Republik,
Seine Majestät der König der Belgier,
der Präsident der Tschechoslowakischen Republik,
Seine Majestät der König von Großbritannien, Irland und den Britischen Dominions in Übersee, Kaiser von Indien,
Seine Majestät der König von Italien,
Seine Majestät der Kaiser von Japan,
der Präsident der Republik Polen,
tief durchdrungen von ihrer erhabenen Pflicht, die Wohlfahrt der Menschheit zu fördern,
in der Überzeugung, dass die Zeit gekommen ist, einen offenen Verzicht auf den Krieg als Werkzeug nationaler Politik auszusprechen, um die jetzt glücklicherweise zwischen ihren Völkern bestehenden friedlichen und freundschaftlichen Beziehungen dauernd aufrechtzuerhalten, in der Überzeugung, dass jede Veränderung in ihren gegenseitigen Beziehungen nur durch friedliche Mittel angestrebt werden und nur das Ergebnis eines friedlichen und geordneten Verfahrens sein sollte und dass jede Signatarmacht, die in Zukunft danach strebt, ihre nationalen Interessen dadurch zu fördern, dass sie zum Kriege schreitet, dadurch der Vorteile, die dieser Vertrag gewährt, verlustig erklärt werden sollte, in der Hoffnung, dass, durch ihr Beispiel ermutigt, alle anderen Nationen der Welt sich diesem im Interesse der Menschheit gelegenen Bestreben anschließen werden und durch ihren Beitritt zu diesem Vertrage, sobald er in Kraft tritt, ihre Völker an seinen segensreichen Bestimmungen teilnehmen lassen werden, und dass sich so die zivilisierten Nationen der Welt in dem gemeinsamen Verzicht auf den Krieg als Werkzeug ihrer nationalen Politik zusammenfinden werden,
haben beschlossen, einen Vertrag zu schließen, und zu diesem Zweck zu ihren Bevollmächtigten ernannt (folgen die Namen der Bevollmächtigten), die nach Austausch ihrer in guter und gehöriger Form befundenen Vollmachten die folgenden Artikel vereinbart haben:

Artikel 1.
Die hohen vertragschließenden Parteien erklären feierlich im Namen ihrer Völker, dass sie den Krieg als Mittel für die Lösung internationaler Streitfälle verurteilen und auf ihn als Werkzeug nationaler Politik in ihren gegenseitigen Beziehungen verzichten.

Artikel 2.
Die hohen vertragschließenden Parteien vereinbaren, dass die Regelung und Entscheidung aller Streitigkeiten oder Konflikte, die zwischen ihnen entstehen könnten, welcher Art oder welchen Ursprungs sie auch sein mögen, niemals anders als durch friedliche Mittel angestrebt werden soll.

Artikel 3.
Dieser Vertrag soll durch die in der Präambel genannten hohen vertragschließenden Parteien gemäß den Vorschriften ihrer Verfassungen ratifiziert werden und soll zwischen ihnen in Kraft treten, sobald alle Ratifikationsurkunden in Washington hinterlegt worden sind.
Dieser Vertrag soll, nachdem er gemäß dem vorhergehenden Absatz in Kraft getreten ist, solange als notwendig für den Beitritt aller anderen Mächte der Welt offen stehen. Jede Urkunde über den Beitritt einer Macht soll in Washington hinterlegt werden, und der Vertrag soll sofort nach der Hinterlegung zwischen der so beigetretenen Macht und den anderen an ihm beteiligten Mächten in Kraft treten.
Die Regierung der Vereinigten Staaten ist verpflichtet, jeder in der Präambel genannten und jeder später diesem Vertrag beitretenden Regierung eine beglaubigte Abschrift des Vertrages und jeder Ratifikationsurkunde oder Beitrittserklärung zu übermitteln.
Die Regierung der Vereinigten Staaten ist ferner verpflichtet, diese Regierungen sofort telegraphisch von der bei ihr erfolgten Hinterlegung jeder Ratifikationsurkunde oder Beitrittserklärung in Kenntnis zu setzen.
Zu Urkund dessen haben die Bevollmächtigten diesen Vertrag in französischer und englischer Sprache, wobei beide Texte gleichwertig sind, unterzeichnet und ihre Siegel darunter gesetzt.
Geschehen in Paris am 21. August im Jahre Eintausendneunhundertundachtundzwanzig.

Streit um den Panzerkreuzer A

Das Jahr 1928 stand im Zeichen heftiger Kämpfe um den sogenannten „Panzerkreuzer A", dessen Bau Sozialdemokraten und Kommunisten als Rückfall in die kaiserliche Flottenpolitik erschien. Am 14. März 1928 versuchte Reichswehrminister Groener im Reichstag den Schiffs-

Im Uhrensaal des französischen Außenministeriums am Quai d' Orsay unterzeichnete Stresemann 1928 den von den USA vorgeschlagenen Kellogg-Friedenspakt, nach dem internationale Streitfälle in Zukunft nicht mehr durch Krieg entschieden werden sollten.

Wahlplakat der SPD gegen den „Panzerkreuzer A“.

neubau zu rechtfertigen: ... Der Herr Chef der Marineleitung hat vor zwei Jahren erklärt, das Preisrätsel eines Zehntausend-Tonnen-Panzerschiffes sei noch nicht gelöst; etwas Unbrauchbares wolle man aber nicht bauen. Inzwischen aber hat eine intensive Arbeit der Konstrukteure, Techniker stattgefunden, und es ist gelungen, eine gute Konstruktion für das Zehntausend-Tonnen-Panzerschiff zu finden.
Nach den bisherigen Leistungen bei dem Bau des Kreuzertyps besteht gar kein Zweifel, dass der Erfolg dieser neuen Konstruktion auch eintreten wird ...
Meines Erachtens ist der entscheidende Punkt in folgender Frage zu suchen: Bedeutet eine im Rahmen des Versailler Vertrages modernisierte Flotte für den Landesschutz einen Zuwachs an Kraft oder nicht? Nach sehr ernstlicher Prüfung und nach sehr reiflicher Überlegung musste ich diese Frage mit Ja beantworten ... Denken Sie nur an einen Fall im Zusammenhang mit diesen Ausführungen über das Panzerschiff. Wenn etwa Ostpreußen und Oberschlesien gleichzeitig überfallen würden und die verfügbaren Landkräfte zum Beispiel zum Schutze der Schlesiengrenze eingesetzt werden! Eine Unterstützung Ostpreußens ist auf dem Landwege nicht möglich. Es bleibt also der Seeweg. So können in einem solchen Falle die Seestreitkräfte wesentlich und entscheidend beitragen zur Erhaltung Ostpreußens. Wenn es Heer und Flotte auch nur gelingt, ein fait accompli zu verhindern und die Grenzen zu schützen, bis die großen Militärmächte oder internatonale Instanzen eingreifen oder gar so lange, bis sich das sogenannte Weltgewissen regt, dann würden beide ihren Zweck voll erfüllt haben.
Der Herr preußische Ministerpräsident und auch der Herr Abgeordnete von Richthofen mögen es mir nicht verübeln, wenn ich der Auffassung Ausdruck gebe, dass einmal verlorenes Gebiet auf dem Wege von Recht und Verständigung und durch Betonung friedlicher Gesinnung nur recht schwer wiederzubekommen sein werden. Die Wehrlosigkeit bietet in der Tat einen großen Anreiz für unruhige Geister und Abenteurer. Auch möchte ich darauf hinweisen, dass der oft gehörte Einwand gegen unsere Beweisführung in der Sache des Panzerschiffes, durch wirtschaftliche Maßnahmen sei die schwere Lage Ostpreußens wesentlich zu mildem, gewiss zutreffend ist, soweit es sich um den wirtschaftlichen Druck handelt. Aber ich sehe keine Möglichkeit, dass durch Milderung des wirtschaftlichen Drucks etwa die Sicherung und die Sicherheit Ostpreußens irgendwie gewinnen könnte.
Diese meine Auffassung hat mit Militarismus und dergleichen nicht das Mindeste zu tun. Ich bekenne mich, wie wohl die Mehrzahl der Kriegsteilnehmer, zu einem gesunden und vernünftigen Pazifismus, allerdings nicht zu dem Pazifismus, der aus einer knechtischen Gesinnung entspringt ...

Die ablehnende Haltung der SPD begründete deren Fraktionsvorsitzender Otto Wels am 15. November 1928:
... Die sozialdemokratische Fraktion hat den Antrag gestellt: Der Bau des „Panzerkreuzers A“ wird eingestellt. Das Resümee all der Gründe, die uns zur Stellung dieses Antrags

Mit einer Junkers W33, die am 28. April auf „Greely Island“, zwölf Kilometer von Neufundland entfernt, notlanden musste gelang 1928 die erste Atlantiküberquerung von Ost nach West. Von Präsident Coolidge (ganz links) nehmen im Weißen Haus (von rechts nach links) der Ire James Fitzmaurice, und die beiden Deutschen v. Hünefeld und Köhl das Fliegerkreuz in Empfang.

Plakat zur „Dreigroschenoper", von Caspar Neher, Berlin 1928.

„Die Dreigroschenoper"

Der junge Bertolt Brecht (1898-1956) verdankte dem triumphalen Erfolg dieses Stückes seinen Ruhm. Uraufgeführt am 31. August 1928 in Berlin, hat die „Dreigroschenoper" inzwischen Weltgeltung erlangt. Durch die raffiniert zündende Musik von Kurt Weill (1900-1950) und die zweideutig-witzige Fabel läuft das Stück Gefahr, quasi als Musical nur kulinarisch genossen zu werden. Übersehen wird dabei gerne die Radikalität der revolutionären Gesellschaftstheorie, die in dem berühmten Satz gipfelt: „Erst kommt das Fressen, dann kommt die Moral."

Jonathan Jeremiah Peachum unterhält in London ein Geschäft, das sich mit der Erweckung und Ausbeutung menschlichen Mitleids befasst. Seine Firma „Bettlers Freund" verleiht gegen eine hohe Provision an Bettler Kostüme und Requisiten, die geeignet sind, das Herz zu rühren und die Hand zum Geben anzuregen. Sie kontrolliert das gesamte Londoner Bettelhandwerk. Zu seinem Entsetzen muss der Geschäftsmann Peachum erfahren, dass sich seine Tochter Polly mit dem berüchtigtem Gangster Macheath, genannt Mackie Messer, eingelassen hat.

Er befürchtet, ein solcher Schwiegersohn wird die Firma ruinieren. Sein Protest kommt zu spät. In einem Pferdestall feiert Macheath seine Hochzeit mit der Tochter des Bettlerkönigs.

Die Mitglieder seiner Bande haben für eine würdige Ausgestaltung der Feierlichkeit gesorgt: Möbel, Geschirr, Delikatessen; Abendtoiletten wurden eilig zusammengestohlen, ein Pfarrer ist herbeordert, und auch an stimmungsvollen Liedern fehlt es nicht. Als besonders teurer Gast stellt sich Londons oberster Sheriff, Tiger-Brown genannt, mit seinen Glückwünschen ein. Er ist Mackie Messers Freund aus der gemeinsamen Soldatenzeit in Indien. Peachum zeigt sich allerdings über

veranlasst haben, liegt letzten Endes in dem am 20. Mai klar und unzweideutig ausgesprochenen Willen der deutschen Wähler ...

Wir (Sozialdemokraten) kämpfen nicht gegen, sondern um die Reichswehr, um sie zu einem zuverlässigen Instrument der Republik zu machen. Wir kämpfen für das viele, was ihr dazu noch fehlt.

Wir verkennen dabei auch nicht die Notwendigkeit, ... dass die Reichswehr auch einen nach der See hin verlängerten Arm haben muss. Aber über all dem steht für uns als das höchste Gebot die Forderung strengster Zweckmäßigkeit und Sparsamkeit ...

Wir dürfen die so mühsam aufgebrachten Steuermittel des Reiches in dieser Notlage des Landes nicht auf diese Art und Weise vergeben.

Es ist darauf hingewiesen worden, dass der Panzerkreuzer notwendig sei, um eine Blockade unserer Küsten hintanzuhalten. Da frage ich: Gegen wen soll denn eine Blockade der deutschen Küsten überhaupt verhindert werden? Die ganz großen Mächte können wir ... auch mit Panzerkreuzern nicht daran hindern, die kleinen Mächte aber auch ohne ihn. Russland, an das hier offenbar gedacht wird, könnte notfalls unsere Ostseeküste blockieren. Es würde sich aber davor hüten; denn es hätte ja keinen Sinn und keinen Zweck, nur einen Teil der Küsten eines Landes zu blockieren, den anderen Teil aber freizulassen.

Die Freiheit des Seewegs nach Ostpreußen ist in der Öffentlichkeit jedenfalls erörtert worden. Gestatten Sie mir zu sagen, dass ich das für ein Agitationsschlagwort der allerübelsten Art halte. Denn wenn man dabei Polen ins Auge fasst, so darf nicht vergessen werden, dass Polen über zahlreiche Flugzeuge und auch einige Unterseeboote verfügt, die wir nicht haben, gegen die der Panzerkreuzer einfach wehrlos wäre.

Filmstars privat. Conrad Veidt, Gussy Holl und Emil Jannings (von links) trinken im Swimmingpool eines Hollywooder Hotels ihren Morgenkaffee. Für die hervorragende Leistung im Film „Der letzte Befehl" erhielt Jannings 1928 in Hollywood seinen zweiten Oscar.

Triptychon „Großstadt" von Otto Dix, 1928. Dieses wohl berühmteste Kunstwerk der „Goldenen Zwanziger" ist im wahrsten Sinn des Wortes ein Sittengemälde der Weimarer Zeit. Alles ist bis in die kleinste Einzelheit wiedergegeben: Die Dame mit dem Straußenfederfächer und den blaugeschminkten Augen verkörpert die Lasterhaftigkeit dieser Epoche, der leere Blick des Tänzers drückt die Geistlosigkeit, die häßlich verdrehten Beine seiner Partnerin die ganze Gemeinheit der tödlich gelangweilten und vergnügungssüchtigen Reichen, Schönen und Schieber aus. Wer sich in das Bild vertieft, kann das Quäken des Saxophons und den erstickten Ton der gestopften Trompete hören.

die gelungene Feier wenig entzückt. Polly rühmt MacHeath vergeblich als weitblickenden Einbrecher mit einem seriösen Bankkonto, der mit dem obersten Sheriff befreundet ist. Der unerbittliche Vater beschließt, den unstandesgemäßen Schwiegersohn zur Strecke zu bringen.

Mackie Messer nimmt Abschied von seiner Frau, denn sein Schwiegervater hat seinen Freund Tiger-Brown unter Druck gesetzt, der nun nichts mehr für MacHeath tun kann. Polly übernimmt die Leitung des Geschäftes, bis MacHeath nach vier Wochen ins Bankfach überwechseln kann, einen bürgerlichen Erwerbszweig mit einem anderen vertauschend, und er die Bande der Polizei ausliefern wird. Doch statt zu fliehen begibt sich MacHeath, wie jeden Donnerstag um diese Zeit, ins Hurenhaus von Turnbridge. Hier wird er von seinem Mädchen Jenny, das von seiner Schwiegermutter bestochen ist, an die Polizei verraten.

Aber die Tochter Tiger-Browns, eine von Mackie Messers Geliebten, verhilft dem Gangster zur Flucht aus dem Gefängnis. Als Peachum eintrifft, um sich die Belohnung für die Dingfestmachung des MacHeath zu holen, findet er den Sheriff in der Zelle. Er droht ihm, die Feierlichkeiten zur Krönung der Königin durch einen großen Aufmarsch aller Bettler Londons zu stören. Der Sheriff alarmiert seine Polizei, um MacHeath wieder einzufangen.

Die Vorbereitungen zur Demonstration des Elends sind in vollem Gange. Brown will sich gegen die Erpressung schützen und seinen Freund retten. Er kommt zu Peachum, um dessen Leute zu verhaften. Aber Peachum ist stärker. Die professionellen Bettler kann man zwar einsperren, aber was geschieht, wenn die wirklichen Armen von London in riesigen Zügen aufmarschieren und der jungen Königin das Gesicht des Elends zeigen? Brown gibt sich geschlagen. Peachum schickt die Polizei ins Hurenhaus, wohin Macheath nach Jennys Angaben abermals gegangen ist. So gelangt Mackie Messer in die Todeszelle. Er soll nunmehr gehängt werden. Die Bande treibt die erforderliche Bestechungssumme nicht auf. Polly hat alles Geld auf die Bank überwiesen, und so bleibt Macheath nichts mehr, als Abschied zu nehmen. Er fasst noch einmal zusammen, was ihn zu Fall gebracht hat: „Wir kleinen bürgerlichen Handwerker, die wir mit dem biederen Brecheisen an den Nickelkassen der kleinen Ladenbesitzer arbeiten, werden von den Großunternehmern verschlungen, hinter denen die Banken stehen." Danach geht er zum Galgen. Aber die Hinrichtung findet nicht statt. Hoch zu Ross erscheint Brown als Bote der Königin. Er verliest Mackie Messers Begnadigung und seine Erhebung in den Adelsstand, „damit ihr wenigstens in der Oper seht / Wie einmal Gnade vor Recht ergeht."

Beratung über den Etat der Post

Der Haushaltsausschuss des Deutschen Reichstags diskutierte am 11. März 1928 den Etat des Postministeriums. Postminister Schätzel berichtete von der starken Aufwärtsentwicklung, die die Reichspost in den letzten Jahren genommen habe. Im Brief- und Paketdienst sei seit 1913 eine Steigerung um 31 Prozent zu vermelden.

Die Personenbeförderung habe um 500 Prozent zugenommen; 7600 Kraftwagen verkehrten auf einer Streckenlänge von 31.500 Kilometern. Der Postscheckverkehr sei um 330 Prozent höher, die Kundenzahl habe sich verzehnfacht. Der Fernsprechbetrieb habe um 90 Prozent zugenommen. Der Rundfunk umfasse bereits zwei Millionen Teilnehmer. Trotz der erhöhten Leistungen habe durch Rationalisierung zahlreiches Postpersonal eingespart werden können. 1920 seien 394.000, 1927 aber nur mehr 295.000 Personen bei der Post beschäftigt gewesen. Der Minister versicherte, dass die Zahl der Post- und Fernsprechstellen planmäßig vermehrt, die Dienststunden erweitert und die Zustellverhältnisse verbessert würden.

1929

JANUAR

1.1. Das Parteiorgan der Nationalsozialistischen Deutschen Arbeiterpartei (NSDAP), der „Völkische Beobachter", erscheint erstmals mit einer Berliner Ausgabe.
6.1. Der stellvertretende Propagandaleiter der NSDAP, Heinrich Himmler, wird zum Reichsführer der Schutzstaffel (SS) ernannt.
15.1. Die Arbeitslosenzahl in Deutschland übersteigt die Zwei-Millionen-Grenze.
31.1. Zwei Monate nach dem Vorabdruck in der „Vossischen Zeitung" erscheint der Antikriegsroman „Im Westen nichts Neues" von Erich Maria Remarque im Ullstein-Propyläen-Verlag. Schon vor Erscheinen ist die Erstauflage durch Vorbestellungen restlos vergriffen.

FEBRUAR

6.2. Mit 288 zu 127 Stimmen ratifiziert der Reichstag den Briand-Kellogg-Pakt zur Ächtung von Angriffskriegen.
11.2.-7.6. In Paris berät die Sachverständigenkommission unter dem Vorsitz des amerikanischen Wirtschaftsfachmanns Owen D. Young eine Neuregelung der deutschen Reparationszahlungen. Als deutsche Sachverständige werden der Reichsbankpräsident Hjalmar Schacht und der Industrielle Albert Vögler berufen.
14.2. Wegen einer zu erwartenden „Verletzung des öffentlichen Anstands" erteilt die Stadt München der amerikanischen Tänzerin Josephine Baker ein Auftrittsverbot.

MÄRZ

1.3. Generalmajor Kurt von Schleicher wird Chef des neu gegründeten „Ministeramts" im Reichswehrministerium. Mit dieser Erweiterung seiner Vollmachten wird General Schleicher engster Mitarbeiter von Reichswehrminister Wilhelm Groener (parteilos).
Tod des Kunsthistorikers Wilhelm Bode in Berlin.
5.3. Alfred Hugenberg, Vorsitzender der Deutschnationalen Volkspartei (DNVP), bietet in einem Schreiben an 3.000 amerikanische Politiker und Unternehmer seine Zusammenarbeit gegen die weltweite Bedrohung des Bolschewismus an.
6.3. Außenminister Stresemann hält vor dem Völkerbundrat eine vielbeachtete Rede zum Schutz von nationalen Minderheiten.
12.3. Uraufführung des ersten abendfüllenden deutschen Tonfilms „Melodie der Welt" in Berlin.
17.3. Verkauf der Opel-Werke in Rüsselsheim an den amerikanischen Automobilkonzern General Motors.
21.3. Der preußische Innenminister Albert Grzesinski erlässt ein Demonstrationsverbot, da er weitere Zusammenstöße der nationalsozialistischen Sturmabteilung (SA) mit dem kommunistischen Roten Frontkämpferbund befürchtet.
22.3. Der Börsenverein des Deutschen Buchhandels veranstaltet am Todestag Johann Wolfgang von Goethes erstmals den „Tag des Buches" zur Förderung der Lesekultur.

APRIL

4.4. Tod des Ingenieurs und Industriellen Carl Friedrich Benz in Ladenburg.
5.4. Der Reichstag ratifiziert das Genfer Protokoll von 1925, mit dem der Einsatz von Giftgasen und bakteriologischen Kampfmitteln geächtet wird.
10.4. Der Maler George Grosz und sein Verleger Wieland Herzfelde werden in zweiter Instanz vom Vorwurf der Gotteslästerung freigesprochen.
21.4. Das Stück „Sacco und Vanzetti" von Erich Mühsam wird in Berlin uraufgeführt.

MAI

1.5. Während der Maikundgebungen kommt es in vielen Städten zu Unruhen (Blutmai). In Berlin gehen 13.000 Polizisten gewaltsam gegen Demonstranten vor. Neun Menschen sterben, 63 werden schwer verletzt.
3.5. Nach neuen Zusammenstößen zwischen Demonstranten und Polizei verhängt der Berliner Polizeipräsident ein „Verkehr- und Lichtverbot" über die Berliner Bezirke Wedding und Neukölln. Es wurden insgesamt 33 Demonstranten getötet, weitere 198 Demonstranten sowie 47 Polizisten wurden verletzt.
Verbot des kommunistischen Roten Frontkämpferbunds (RFB) in Preußen.
4.5. Die deutsche Delegation auf der Pariser Sachverständigenkonferenz stimmt den Vorschlägen des Vorsitzenden Young zu, der Reparationszahlungen in Höhe von 112 Milliarden Goldmark für die Dauer von 58 Jahren vorschlägt.
10.5. Die Konferenz der Innenminister befasst sich mit den Vorfällen am 1. Mai in Berlin. Auf Vorschlag des preußischen Innenministers Carl Severing (SPD) wird das Verbot des Roten Frontkämpferbunds auf das gesamte Reichsgebiet ausgedehnt.
16.5. Mit großer Mehrheit nimmt der Reichstag ein Gesetz zur finanziellen Unterstützung der ostpreußischen Landwirte an.
19.5. In Barcelona wird die Weltausstellung eröffnet. Der von Ludwig Mies van der Rohe entworfene deutsche Pavillon erregt als zukunftsweisender Bau große Aufmerksamkeit.
25.-31.5. Auf dem SPD-Parteitag in Magdeburg fordert der linke Flügel die Reichstagsfraktion sowie die SPD-Minister und den Reichskanzler Hermann Müller (SPD) auf, gegen die Bewilligung der zweiten Rate für den Bau des Panzerkreuzer A zu stimmen.
26.5. Eine Junkers W 33 steigt auf 12.739m und stellt damit einen neuen Höhenflugrekord auf.
27.5. Die I.G. Farben übernimmt 40 Prozent der Aktien der Ford Motor Company AG Berlin, einer 1925 gegründeten Tochtergesellschaft des US-Automobilkonzerns Ford.

JUNI

7.6. In Paris wird der Young-Plan unterzeichnet. Er sieht für den Zeitraum von 58 Jahren jährliche Zahlungen in Höhe von rund 2 Milliarden Goldmark vor. Zugleich verzichten die Gläubigerstaaten auf wirtschaftliche Kon-

Weltwirtschaftskrise. Schwarzer Freitag an der New Yorker Börse, 1929.

trollmöglichkeiten, die ihnen der Dawes-Plan von 1924 noch zugestand.
21.6. Eröffnung des neuen Karstadt-Gebäudes am Hermannplatz in Berlin. Es ist das größte Warenhaus im Deutschen Reich.
23.6. Bei der Stadtratswahl in Coburg erhält die NSDAP durch eine Listenverbindung mit den bürgerlichen Parteien die absolute Mehrheit.
27.6. Der Reichstag billigt den Wehretat. Da sie den Fortbestand der „Großen Koalition" nicht gefährden wollen, stimmen der Reichskanzler und die SPD-Minister gegen ihre Fraktion für die Bewilligung des Rüstungshaushalts.
28.6. Die Deutsche Physikalische Gesellschaft vergibt die ersten Max-Planck-Medaillen. Sie gehen an Max Planck sowie an Albert Einstein.

JULI

9.7. Der DNVP-Vorsitzende Hugenberg bildet gemeinsam mit Theodor Duesterberg, Franz Seldte (beide „Stahlhelm"), Heinrich Claß (Alldeutscher Verband) und Hitler (NSDAP) den „Reichsausschuss für das deutsche Volksbegehren gegen den Young-Plan". Sie fordern ein „Gesetz gegen die Versklavung des deutschen Volkes" mit Zuchthausstrafen für Unterzeichner des Young-Plans.
12.7. Das von Claude Dornier entwickelte Riesenflugboot „Do X" unternimmt erste erfolgreiche Probeflüge.
14.7. Tod des Historikers Hans Delbrück in Berlin.
15.7. Tod des Schriftstellers Hugo von Hofmannsthal in Rodaun bei Wien.
22.7. Der Ozeandampfer „Bremen" erhält das „Blaue Band" für die schnellste Atlantiküberquerung. Das Schiff benötigte vier Tagen, 18 Stunden und 17 Minuten.
28.7. Die SpVgg Fürth wird mit einem 3:2-Sieg über Hertha BSC Berlin Deutscher Fußballmeister.

AUGUST

4.8. Auf dem 4. Reichsparteitag der NSDAP in Nürnberg führt ein Aufmarsch der SA zu schweren Straßenschlachten mit der Polizei. Mehrere Geschäfte von Juden werden zerstört.
6.-31.8. Auf der ersten Konferenz in Den Haag verhandeln Großbritannien, Frankreich, das Deutsche Reich, Belgien, Italien und Japan über die Räumung des Rheinlands und die Verteilung der deutschen Reparationszahlungen unter den alliierten Staaten.
9.8. Tod des Zeichners Heinrich Zille in Berlin.
22.8. Der chinesische Befehlshaber in der Mandschurei ordnet die Generalmobilmachung an.
30.8. Am Ende der ersten Konferenz in Den Haag wird dem Deutschen Reich die Räumung des gesamten Rheinlands bis zum 30. Juni 1930 zugesichert. Damit werden die Gebiete fünf Jahre früher als im Versailler Vertrag vereinbart geräumt.

SEPTEMBER

4.9. Das deutsche Luftschiff LZ 127 „Graf Zeppelin" kehrt von einem 21tägigen Flug um die Welt zurück.
5.-9.9. Auf der Völkerbundversammlung in Genf schlagen Briand und Stresemann die Schaffung eines vereinigten und föderativen Europas aus wirtschaftlichen Gründen vor.
6.9. Erwin Piscators Theater am Berliner Nollendorfplatz wird mit Walter Mehrings „Der Kaufmann von Berlin" wiedereröffnet.
14.9. Die britischen Truppen beginnen mit der Räumung der Koblenzer Rheinlandzone.
26.9. Im bisher größten Bankenzusammenschluss fusionieren die Deutsche Bank und die Disconto-Gesellschaft. Man erhofft sich Rationalisierungseffekte.
27.9. Der Gauleiter der NSDAP für Berlin-Brandenburg, Joseph Goebbels, bezeichnet das Volksbegehren gegen den Young-Plan als Anfang einer „Volksrevolution".
30.9. Die DVP lehnt das Volksbegehren gegen den Young-Plan ab, da Großbritannien und Frankreich ohne den Young-Plan der vorzeitigen Räumung des Rheinlands nicht zugestimmt hätten.

OKTOBER

3.10. Außenminister Gustav Stresemann stirbt an den Folgen eines Schlaganfalls.
4.10. Uraufführung des Films „Die Frau im Mond" von Fritz Lang in Berlin.
10.10. Uraufführung der Operette „Land des Lächelns" von Franz Lehár in Berlin.
11.10. Reichswirtschaftsminister Julius Curtius (DVP) wird als Nachfolger Stresemanns Außenminister.
25.10. Der „Schwarze Freitag" an der New-Yorker Börse leitet die Weltwirtschaftskrise ein. Der Crash an der Wallstreet hat vor allem für die deutsche Wirtschaft gravierende Folgen. Die kurzfristigen Auslandskredite werden aus Deutschland zurückgezogen. Die Konkurse häufen sich, Arbeitslosenzahl und die Kurzarbeit steigen sprunghaft an.
26.10. Tod des Schriftstellers Arno Holz in Berlin.
27.10. Bei den Landtagswahlen in Baden gewinnt die NSDAP hier erstmals sechs Mandate.
28.10. Tod des ehemaligen Reichskanzlers Bernhard Fürst von Bülow in Rom.
29.10. Die Einschreibungsfrist für das Volksbegehren gegen den Young-Plan läuft ab. Das erforderliche Zehntel aller Eintragungsberechtigten wird mit 10,02 Prozent knapp erreicht. Bevor per Volksentscheid über die Einführung des „Gesetzes gegen die Versklavung des deutschen Volkes" abgestimmt werden kann, muss der Reichstag über die Einführung des Gesetzes entscheiden.

NOVEMBER

1.11. Das Deutsche Reich und Polen beschließen die Aufnahme diplomatischer Beziehungen.
6.11. Tod des letzten kaiserlichen Reichskanzlers Prinz Max von Baden in Konstanz.
30.11. Der Reichstag lehnt mit großer Mehrheit den Entwurf des „Gesetzes gegen die Versklavung des deutschen Volkes" ab.
Die Besatzungstruppen sind aus der seit 1920 besetzten Koblenzer Rheinlandzone abgezogen.

DEZEMBER

3.12. Abspaltung von der DNVP-Fraktion im Reichstag: Aus Protest gegen Hugenbergs Kurs auf eine rechtspopulistische Front treten zehn Abgeordnete aus der Partei aus.
8.12. Bei den Landtagswahlen in Thüringen gewinnt die NSDAP sechs der 53 Sitze. Durch eine Koalition mit der DNVP, der DVP und dem Landbund beteiligt sich die NSDAP erstmals auf Landesebene an einer Regierung.
10.12. Thomas Mann wird mit dem Literaturnobelpreis für sein Werk „Buddenbrooks" ausgezeichnet.
14.12. Die Regierung erhält im Reichstag nur eine knappe Mehrheit für ein Finanzprogramm zur Überbrückung des Haushaltsdefizits. Das Defizit entstand vor allem durch Zahlungen an die „Reichsanstalt für Arbeitsvermittlung und Arbeitslosenversicherung".
21.12. Der Reichstag verabschiedet ein Sofortprogramm zur Beilegung der Finanzkrise. Es beinhaltet auch eine Erhöhung der Beiträge zur Arbeitslosenversicherung und der Tabaksteuer.
22.12. Der von der nationalistischen Rechten initiierte Volksentscheid über das „Gesetz gegen die Versklavung des deutschen Volkes" scheitert. Dennoch profitiert insbesondere die NSDAP von dem Propagandafeldzug. Ihre Mitgliederzahl steigt weiter an.
29.12. Tod des Automobilkonstrukteurs Wilhelm Maybach in Stuttgart.
30.12. Uraufführung des proletarischen Films „Mutter Krausens Fahrt ins Glück" nach einer Vorlage von Heinrich Zille in Berlin.

AUSSERDEM

Alfred Döblin: Berlin Alexanderplatz (Roman)
Georg Wilhelm Pabst: Die Büchse der Pandora (Film)
Walter Ruttmann: Melodie der Welt (Film)
Kurt Tucholsky: Deutschland, Deutschland über alles (Satirisches Werk)

Young-Plan

Gegner des Young-Plans auf einer Stahlhelm-Versammlung. Von links: Geheimrat Hugenberg, Freiherr von Stephan und der Bundesführer des „Stahlhelm" Franz Seldte, später wie Hugenberg Mitglied des ersten Kabinetts Hitler.

Unter dem Vorsitz des amerikanischen Bankiers Owen D. Young (1874-1962) erarbeitete eine Sachverständigenkonferenz ein Programm zur Regelung der deutschen Reparationen, das am 1. September 1929 in Kraft trat. Der Young-Plan löste den Dawes-Plan von 1924 ab; er bezifferte die Höhe der noch ausstehenden Reparationen auf 34,5 Milliarden Reichsmark, in 59 Jahresraten bis 1988 zu zahlen. In Deutschland rief die „nationale Opposition" (NSDAP, Deutschnationale und die Veteranenorganisation „Stahlhelm") zu einem Volksbegehren gegen den Young-Plan auf. Ihr „Reichsausschuss" veröffentlichte am 11. September 1929 folgende Erklärung:

Die Vorbereitungen für das Volksbegehren gegen die Versklavung des deutschen Volkes sind abgeschlossen. Dem Volksbegehren ist ein Gesetzentwurf zugrundegelegt, der grundsätzliche außenpolitische Forderungen enthält.

Die außenpolitischen Forderungen des Reichsausschusses fußen auf der Tatsache, dass Deutschland nicht die Schuld am Kriege trägt. Die Anerkennung dieser Tatsache durch die Mächte, die das Diktat von Versailles unterzeichnet haben, kann und wird erreicht werden. Die Befreiung Deutschlands von dem Vorwurf der Kriegsschuld muss die Grundlage der Deutschen Außenpolitik sein.

Auf diesem Grundsatz bauen sich folgende außenpolitische Ziele auf: Es gilt, unter Abkehr von den bisher geübten Verfahren eine Regelung der Reparationsfrage zu erreichen, die unter voller Anrechnung aller von Deutschland bereits durchgeführten Leistungen im Einklang mit der tatsächlichen deutschen Leistungsfähigkeit steht.

Voraussetzung für eine wirkliche „Liquidierung des Krieges" ist die Anerkennung der deutschen Lebensnotwendigkeiten. Zu ihnen gehört die Wiederherstellung des für das deutsche Volk lebensnotwendigen Raumes. Dies bedeutet, dass insbesondere Rheinland und Saargebiet, befreit von allen die Souveränität irgendwie beeinträchtigenden Sonderbestimmungen, unbelastet zum Reiche kommen. Zu den deutschen Lebensnotwendigkeiten gehört ferner der selbst in Versailles vorgesehene Rüstungsausgleich zwischen dem entwaffneten Deutschland und den zur See, zu Lande und in der Luftwaffe aufgerüsteten europäischen Mächten.

Gustav Stresemann

* Berlin, 10. Mai 1878
† ebd., 3. Oktober 1929

Gustav Stresemann, hundert Tage Reichskanzler der Weimarer Republik und sechs Jahre ihr Außenminister, ist es zu verdanken, dass sich Deutschland nach dem Ersten Weltkrieg wirtschaftlich erholen und politisch wieder Anerkennung verschaffen konnte. Er wurde zugleich bewundert und gefürchtet. Mit rhetorischer Begabung und diplomatischem Geschick hat er konsequent und oft im Alleingang für die Durchsetzung seiner Idee, Deutschland erneut als gleichberechtigte Macht neben den Alliierten zu etablieren, gekämpft. Er starb früh, 1929, mit einundfünfzig Jahren. Eine angemessene Würdigung seiner Verdienste setzte sich nur zögernd durch, denn seine geistige Wendigkeit hatte ihm viele zum Feind gemacht. 1923 wurde er von Friedrich Ebert als Reichskanzler berufen. Vier Jahre war die junge Republik alt; jetzt machte sie ihr krisenbelastetstes Jahr durch. Frankreich und Belgien hielten das Ruhrgebiet besetzt, da Deutschland nur zögernd die in Versailles ausgehandelten Reparationen bezahlte. Es wurde passiver Widerstand geleistet, die Produktion boykottiert, erste Hungerrevolten brachen aus. Der Ruhrkampf verschlang 3,5 Milliarden Goldmark, forderte 132 Tote; 150.000 Deutsche wurden ausgewiesen. Die Inflation schnellte in die Höhe und ruinierte unaufhaltsam Tausende von Menschen. Keiner außer Gustav Stresemann schien ein regierungsfähiges Kabinett zusammenstellen zu können. Am 12. August übertrug man ihm das Reichskanzleramt. Gustav Stresemann stammte, wie viele Politiker der Weimarer Republik, aus kleinbürgerlichen Verhältnissen; dem Sohn eines Berliner Gastwirts stand die Arbeiterschaft näher als bürgerliche Kreise. Nach dem Studium der Nationalökonomie promovierte er über die Struktur des Flaschenbierbetriebs in Berlin. Er begann als Assistent eines Schokoladenfabrikanten und gründete bald den Verband sächsischer Industrieller. Mit achtundzwanzig Jahren wurde er als Abgeordneter der Nationalliberalen in den Reichstag gewählt. Wie diese bürgerlich-liberale Partei der Mitte stand Stresemann in der Tradition der bismarckschen Politik. Im Ersten Weltkrieg war er überzeugter Anhänger imperialistischer Ziele, glaubte an einen „Siegfrieden" und wollte gleichzeitig innerpolitische Reformen durchsetzen. Der militärische Zusammenbruch 1917 und die Auflösung des Kaiserreichs 1918 trafen ihn schwer. Aus den Resten der Nationalliberalen Partei gründete er die Volkspartei. Er verstand es wie kein anderer Politiker in dieser Zeit, seine Partei zu führen. In den Jahren bis zur Übernahme des Amtes als Reichskanzler machte er sich durch seinen Fleiß, schlagkräftige Reden und politische Weitsicht schnell einen Namen. Viele Kritiker sagten ihm später überzogenen Nationalismus nach; andere sahen in ihm einen Europäer, der aus den Kriegs-

Agitator gegen den Young-Plan, Adolf Hitler, 1929.

erlebnissen gelernt hatte und auf dem Wege von Verhandlungen die Sicherung der nationalen Grenzen erreichen wollte.
Die Amtsübernahme im August 1923 beanspruchte die Kräfte des schon lange kranken Mannes über alle Maßen. An der Frage, wie und ob der Ruhrkampf weitergeführt werden sollte, entzündeten sich Unruhen im ganzen Reich. Seine Entscheidung, den Ruhrkampf gegen den Willen der Bevölkerung abzubrechen, zog Aufstände von links in Thüringen und Sachsen, separatistische Bestrebungen im Rheinland und in der Pfalz und Revolten von Rechtsradikalen in Bayern nach sich. In Thüringen und Sachsen griff die Reichswehr ein, in Bayern zögerte Stresemann. Der Hitlerputsch in München vom 8. November 1923 brach einen Tag später zusammen. Aber die Sozialdemokraten im Reichstag verziehen ihm die ungleiche Behandlung von Sachsen und Bayern nicht. „Ich bin dieses Hundeleben satt", sagte Stresemann kurz bevor das Misstrauensvotum gegen ihn gestellt wurde: Nach einhundertdrei Tagen Amtszeit trat Stresemann zurück. Dennoch hatte er als Reichskanzler eine Basis geschaffen, auf der die Weimarer Republik sich für kurze Zeit erholen konnte und auf der er als Außenminister weiterarbeiten konnte.
Durch Gründung der Rentenbank und Einführung der Rentenmark am 15. November 1923 wurde die Inflation eingedämmt. Mit dem Dawes-Plan brachte er neue Verhandlungen über veränderte Bedingungen der Reparationszahlungen in Fluss. 1925 handelte er mit England und Frankreich im Vertrag von Locarno die Sicherung der Westgrenze aus, mit dem Gegenversprechen, die deutsch-polnische Grenze nicht gewaltsam zu verändern. Kurz vor der Unterzeichnung des Vertrags erreichte er den Abzug französischer Truppen aus dem Ruhrgebiet. Stresemann wollte durch „Frieden und Verständigung ebensolche Siege erringen, wie durch Schlachten und Krieg". Seinem Verhandlungsgeschick kam sicherlich die Freundschaft mit Aristide Briand zugute. Gemeinsam erhielten sie 1926 den Friedensnobelpreis. Als Deutschland in den Völkerbund aufgenommen wurde, kommentierte Briand diesen Erfolg Stresemanns: „Wenn es nach ihm ginge, könnten wir den ganzen Vertrag von Versailles wegwerfen."
Stresemann hatte nicht mehr viel Zeit, den Frieden auf diplomatischem Wege zu sichern. Am Abend vor seinem Tod versuchte er seine eigene Partei zur Zustimmung des Young-Plans, einer Erweiterung des Dawes-Plans, zu bewegen. Stresemann erlag am 3. Oktober 1929 einem Schlaganfall. Sein plötzlicher Tod löste große Erschütterung aus. Ob er den Nationalsozialismus, dessen Protagonisten bereits lauthals zum Mord an Stresemann aufgerufen hatten, hätte aufhalten können, bleibt unbeantwortet. Unter der Hitler-Diktatur wurde er jedenfalls als antinationaler und undeutscher Politiker geschmäht. In Frankreich trauerte man um ihn wie um einen französischen Staatsmann. Lord D'Abernon, der englische Botschafter in Berlin, fasste Stresemanns Verdienste zusammen: „Stresemann kann für sich in Anspruch nehmen, dass er Deutschland aus der Lage eines besiegten und entwaffneten Feindes in die eines diplomatisch ebenbürtigen Volkes hob, ihm alle Rücksichten, die einer Großmacht zukommen, sicherte und eine internationale Garantie zum Schutz seiner Grenzen verschaffte. Dies in den wenigen Jahren, in denen er im Amt war, vollbracht zu haben, ohne Unterstützung einer Waffenmacht, ist eine Leistung, würdig der besten Namen, die in dem großen Buch des Ruhmes verzeichnet sind. Stresemann ließ Deutschland unendlich viel stärker und Europa unverhältnismäßig viel friedlicher zurück als es im Jahre 1923 war, zu der Zeit, als er das Steuer in seine Hände nahm."

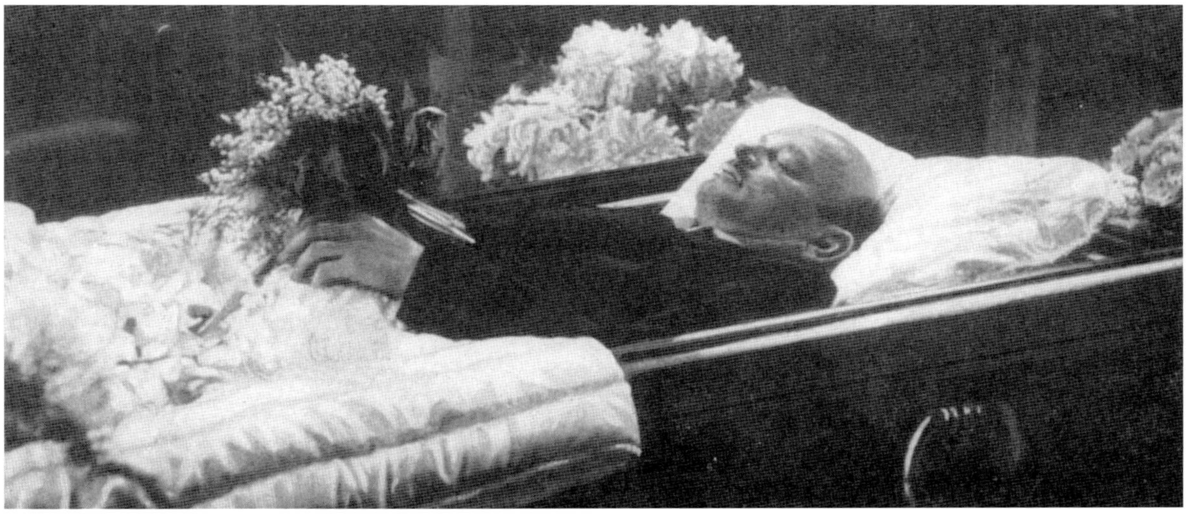

Erst 51 Jahre alt, starb Gustav Stresemann am 3. Oktober 1929.

19 Tote und 36 Schwerverwundete gab es bei Zusammenstößen zwischen der Berliner Polizei und kommunistischen Demonstranten am 1. Mai 1929.

Bomben im Landratsamt

In Schleswig-Holstein protestierte seit 1928 die Landvolkbewegung, der militante Teil der Agrarbewegung, mit Steuerstreiks, Massendemonstrationen und auch Sabotageakten gegen die sich rapide verschlechternde Lage der Landwirtschaft.
Ein Erlass des preußischen Innenministers vom 2. September 1929 schildert die Lage nach einer Serie von Anschlägen:
„Seit einer Reihe von Wochen wird die Öffentlichkeit immer wieder durch Sprengstoffanschläge beunruhigt, die schwersten Sachschaden verursacht und auch Menschenleben in Gefahr gebracht haben. Die häufigen Wiederholungen, die Gleichartigkeit der Vorbereitung wie der angewandten Mittel und die Auswahl der Ziele der Attentate lassen die Annahme gerechtfertigt erscheinen, dass es sich um das plan-

Mit 169 Passagiern an Bord startete die von Claudius Dornier konstruierte „DO-X" am 20. Oktober 1929 auf dem Bodensee. Das Flugboot mit drei Decks, Gesellschaftsraum, Bar und Rauchsalon erreichte eine Reisegeschwindigkeit von 175 km/h.

mäßige Vorgehen einer Gruppe radikaler Elemente handelt, die politische Unruhen hervorzurufen und dadurch ihre dunklen Absichten zu fördern sucht. Diese überall unter dem Schutz der Nacht betriebenen verbrecherischen Machenschaften können zwar das öffentliche Leben in keiner Weise erschüttern, doch bereiten sie peinliche Störungen der Ordnung, die allen Behörden und Beamten die Sorge zur gebieterischen Pflicht macht, dass diesen hinterhältigen Verbrechern am Volk schleunigst das Handwerk gelegt wird. In erster Linie hat die Polizei mit größtem Nachdruck und allen geeigneten Mitteln zu arbeiten. Insbesondere wird sie sich zur Aufklärung dieser heimtückischen Verbrechen und zur Ermittelung ihrer Zusammenhänge wie ihrer Anstifter der tatkräftigen Mithilfe der Bevölkerung zu versichern haben. Ich ersuche daher, die Bevölkerung zu eifriger Mitarbeit an der Aufklärung zu gewinnen und heranzuziehen. Es unterliegt keinem Zweifel, dass bei geeigneter Einwirkung alle Kreise bestrebt sein werden, das Erdenkliche zu tun, um den gewissenlosen Leuten entgegenzutreten, die in dieser Zeit schwerster wirtschaftlicher Not die ruhige Arbeit, Eigentum und Leben der Volksgenossen zu gefährden wagen. (Es handelt sich um folgende Anschläge:

1. Attentat auf das Haus des Amts- und Gemeindevorstehers in Hollenstädt, Kreis Schleswig, in der Nacht vom 26. zum 27. November 1928.
2. Dynamitattentat auf das Auto des Amtsvorstehers in Lunden, Kreis Norderdithmarschen, am 28. November 1928.
3. Bombenfund in Beidenfleth vor dem Hause des Amtsvorstehers am 28. November 1928.
4. Anschlag mit Handgranaten in Wesselburen am 5. bis 6. April 1929.
5. Explosion im Landratsamt von Itzehoe in der Nacht vom 22. zum 23. Mai 1929.
6. Pulverexplosion in der Garage des Schulrats von Hohenwestedt in der Nacht vom 29. bis 30. Mai 1929.
7. Attentat auf das Wohnhaus des Landrats in Niebüll, Schleswig, am 9. Juni 1929.
8. Attentat in Lüneburg auf die Villa des Rechtsanwalts Dr. Strauß in der Nacht zum 1. August 1929.
9. Bombenanschlag auf das Wohnhaus des Regierungsvizepräsidenten Grimpe in Schleswig ,in der Nacht zum 29. August 1929.
10. Bombenattentat auf das Reichstagsgebäude in Berlin am 1. September 1929.
11. Bombenattentat auf das Regierungsgebäude in Lüneburg am 6. September 1929.)

Heinrich Zille

* Radeburg, 10. Januar 1858
† Berlin, 9. August 1929

In den „Goldenen" Zwanziger Jahren schlurft ein gemütlicher, bärtiger Mann durch die Hinterhöfe der Großstadt, vorbei an Müllkästen und Kaschemmen, um das „Elend zum Motiv seines Stiftes zu machen" (wie der Kunsthistoriker es sieht), um „Jöhren, Suffköppe und Kartoffelbäuche" zu zeichnen, wie er selbst es sah.
Manch einem, dem es besonders dreckig geht, steckt er 10 Mark zu. Er kann sich's leisten – das Mitglied der preußischen Akademie der Künste steht längst im Lexikon, ist nicht gerade arm. Und er kann sich's erlauben – er ist einer von ihnen; einer von denen, die auf der Schattenseite des Lebens geboren sind. Er hat sein „Milljöh" nie verlassen und blieb stets der „Pinselheinrich" der armen Leute, die „seine Leute" waren.
Am 10. Januar 1858 wird Heinrich Zille in Radeburg (Sachsen) geboren. Der Vater flüchtet mit der Familie vor dem Schuldturm nach Berlin, die Mutter fertigt Tierpuppen aus alten Lappen und verdient das tägliche Brot. Der Junge liest illustrierte Pfennighefte und erkennt im London von Dickens' „David Copperfield" den Mief der Armut „seines" Berlin wieder.
Er kritzelt erste Blätter voll und erkennt, dass die Abbildung des Elends schon wie eine Befreiung ist. Zille nimmt Unterricht bei Professor Hosemann, lernt Lithographie und Anatomie an der Hochschule und von dem ärmlichen Maler Spanner in seiner muffigen Dachstube, das wahre Motiv zu wählen: die Wirklichkeit.
Auf sie zielt fortan sein ruhender, deftiger Strich, der das Leben, die Komik und triste Existenz des Großstadtproletariats, der „Zille-Figuren" so unvergleichlich berlinerisch fixiert. Dabei bedient sich seine Sozialanklage einer Geheimwaffe: des Humors.
Zille romantisiert das Elend nicht wie die Sozialkünstler der Jahrhundertwende, ihm fehlt das Pathos der großen Käthe Kollwitz. Ihm fehlt die Geste des Weltverbesserers, ihm „kann keener", er zeichnet das „Milljöh", wie es ist. Ihm kommt keine falsche Träne, er hört auch das Gelächter aus der sozialen Tiefe und verleiht eben dadurch einer stumm leidenden Klasse Ausdruck und Gesicht. Seine Bilder werden nicht mit anklägerischen Titeln unterlegt, sondern mit auf den ersten Blick witzigen Sprüchen im Jargon seiner Figuren garniert. Aber gerade diese grausig-komischen Titel „hauen auf das Schlimmste": Das Schlimme wird, scheinbar durch einen Witz aufgelöst, nur noch schlimmer. Auf den zweiten Blick bricht dem Betrachter das Herz.
Erste Zeichnungen erscheinen in „Simplicissimus" und „Ulk", der satirischen Beilage des „Berliner Tageblatts". Die erste Ausstellung (1902) trägt ihm bereits den Titel „Verunglimpfer Berlins" ein. Aber er wird bekannt und wie viele, die sich treu bleiben, schließlich auch in den „höheren Kreisen" geachtet. Die veranstalten „Zille-Bälle", um sich für eine Nacht im Kostüm armer Leute zu „amüsieren"; Zille macht gute Miene, denn es kommt „Jeld" für sein „Milljöh" zusammen.
Bald schlägt Max Liebermann Zille als Mitglied der „Preußischen Aka-

„Ins Wasser" Zeichnung von Heinrich Zille: „Mutter, is's och nicht kalt?" – „Sei ruhig – die Fische leben immer drin."

demie der Künste" vor: Die nationale Presse heult auf gegen den „Abortmaler", der letztlich doch den akademischen Aufnahme-Ulk, vor versammelter Geistesgesellschaft (Liebermann, Thomas Mann, Käthe Kollwitz etc.) den Kellner zu spielen, hinter sich bringt. Am 9. August 1929 stirbt der Vater der „heimlichen Sozialanklage"; sein Berlin stirbt im Bombenhagel des Zweiten Weltkrieges, sein „Milljöh" lebt weiter: im Werk Heinrich Zilles.

„Schwarze Freitag"

Der 23. Oktober 1929 ist als der Tag des großen Börsenkrachs in die Geschichte eingegangen. An diesem „Schwarzen Freitag" brach der Glaube an eine unbegrenzte Vermehrung des Reichtums zusammen._New York war im Aktienfieber. In den Vereinigten Staaten herrschte seit 1925 wirtschaftlicher Aufschwung. Optimistisch blickten die Menschen in die Zukunft, fröhlich machten sie Schulden. Wer Geld hatte, legte es in Aktien an, denn Aktien versprachen hohe Gewinne.

Dabei hatten diese Wertpapiere oftmals nur fiktiven Wert, aber jeder glaubte, die Dividenden würden schon irgendwann kommen. Das Aktienfieber ergriff schließlich auch Bevölkerungskreise, die man an der Börse noch nie gesehen hatte, Leute aus dem Mittelstand und aus der Arbeiterschaft. Sie kauften die Aktien nicht mit eigenem Geld, sondern mit Krediten, die ihnen die Banken gaben.

Die Spekulationsblase musste eines Tages platzen, und sie platzte. Im Herbst 1929 genügten geringe Kursrückgänge, um panische Verkäufe hervorzurufen. Die Kurse fielen ins Bodenlose. Der 23. Oktober war der Tag, an dem eine aufgeregte Menschenmenge durch die New Yorker Wallstreet wogte, die Banken belagert wurden und Börsenmakler zu Dutzenden Selbstmord begingen.

Dem Absturz des Aktienhandels folgte ein allgemeiner Niedergang der Wirtschaft, erst in den USA, dann in weiteren Industrieländern. Auch Deutschland blieb nicht verschont. Amerikanische Kredite wurden abgezogen. Dadurch brachen deutsche Banken zusammen. Weil auf dem Weltmarkt weniger Industrieerzeugnisse nachgefragt wurden, kam die deutsche exportabhängige Wirtschaft in Schwierigkeiten. Die Arbeitslosigkeit wuchs. In Deutschland wurden die Scharen von Männern, die untätig auf der Straße herumlungerten, zum gewohnten Bild.

Die erste Weltraumrakete startete 1929 in Fritz Langs Film „Die Frau im Mond". Alles Utopische und Phantastische reizte den Regisseur. Er engagierte den Raumschiff-Spezialisten Prof. Hermann Oberth und lässt ihn die Rakete für eine filmische Reise zum Mond konstruieren.

1930

JANUAR

3.-20.1. In Den Haag findet die zweite Konferenz über den Young-Plan statt. Die Reparationen werden auf 112 Milliarden Reichsmark festgesetzt und sollen in jährlichen Raten bis 1988 gezahlt werden.
14.1. In seiner Wohnung in Berlin-Friedrichshain wird der SA-Sturmführer Horst Wessel beim Überfall eines kommunistischen Kommandos niedergeschossen. Die Nationalsozialistische Deutsche Arbeiterpartei (NSDAP) stilisiert ihn als Verfasser des „Horst-Wessel-Lieds" („Die Fahne hoch") zum Märtyrer.
21.1. Eröffnung der Londoner Flottenkonferenz über Interessenabgrenzung der wichtigsten Seemächte.
22.1. Ein Erlass des Reichswehrministeriums verbietet jegliche Sympathiekundgebungen für die NSDAP und die Kommunistische Partei Deutschlands (KPD) innerhalb der Reichswehr. KPD und NSDAP würden eine gewaltsame Zerschlagung des Staats und die Diktatur ihrer Partei anstreben.
23.1. In der thüringischen Landesregierung übernimmt Wilhelm Frick (NSDAP) das Ministeramt für Inneres und Volksbildung. Damit stellt die NSDAP erstmals einen Minister.

FEBRUAR

1.2. Uraufführung der Oper „Von heute auf morgen" von Arnold Schönberg in Frankfurt/Main.
13.2. Gründung des „Reichsverbands der Deutschen Landwirtschaftlichen Genossenschaften - Raiffeisen e.V." in Berlin. Der Verband will die notleidende Landwirtschaft unterstützen.
22.2. Eröffnung der ersten Ausstellung über die Tätigkeit und Entstehungsgeschichte des Bauhauses im Folkwang-Museum in Essen.

MÄRZ

6.3. Tod von Großadmiral Alfred von Tirpitz in Ebenhausen.
7.3. Mit seinem Rücktritt zieht Reichsbankpräsident Hjalmar Schacht die Konsequenzen aus seinen Meinungsverschiedenheiten mit der Reichsregierung über den Young-Plan, den er für eine zu große Konzession an die Siegermächte hält. Sein Nachfolger wird der ehemalige Reichskanzler und Finanzminister Hans Luther von der Deutschen Volkspartei (DVP).
9.3. Uraufführung der Oper „Aufstieg und Fall der Stadt Mahagonny" von Bertolt Brecht und Kurt Weill in Leipzig.
12.3. Mit 270 zu 192 Stimmen billigt der Reichstag in dritter Lesung den Young-Plan.
18.3. Der Reichstag nimmt mit großer Mehrheit ein neues Gesetz zum Schutz der Republik an. Es soll ein wirksameres Vorgehen gegen links- und rechtsradikale Kräfte gewährleisten.
27.3. Rücktritt der Reichsregierung unter Reichskanzler Hermann Müller (SPD). Während die DVP auf Leistungsminderung der Arbeitslosenversicherung bestand, beharrte die SPD auf ihrer Forderung nach weiteren Beitragserhöhungen und Solidarzahlungen des Reichs.
29.3. Reichspräsident Hindenburg beauftragt Heinrich Brüning (Zentrum) mit der Kabinettsbildung. Unter Brüning beginnt der Übergang zu den Präsidialkabinetten, die nicht mehr von der Mehrheit des Reichstags abhängig sind, sondern sich auf das Notverordnungsrecht des Reichspräsidenten stützen.

APRIL

1.4. Uraufführung des Films „Der blaue Engel" mit Marlene Dietrich und Emil Jannings in Berlin.
Tod der Festspielleiterin Cosima Wagner in Bayreuth.
12.4. Der thüringische Minister für Inneres und Volksbildung Frick (NSDAP) erlässt eine Verfügung gegen die „Negerkultur", mit der er gegen „fremdrassige Einflüsse" in der deutschen Kultur vorgehen will.
Uraufführung der Oper „Aus einem Totenhaus" von Leoš Janácek in Brünn.

MAI

13.5. Tod der Frauenrechtlerin Helene Lange in Berlin.
16.5. In Dresden wird das Hygiene-Museum eröffnet. Es soll der „gesundheitlichen Volksbelehrung" dienen und auch Kenntnisse über „Vererbung und Eugenik" vermitteln.
23.5. Uraufführung des Antikriegsfilms „Westfront 1918" von Georg Wilhelm Pabst in Berlin.
26.5. Reichsinnenminister Joseph Wirth (Zentrum) erhebt vor dem Staatsgerichtshof Anklage gegen das Land Thüringen wegen der Schulpolitik unter dem Minister für Inneres und Volksbildung Frick (NSDAP). Frick hat nationalsozialistische Schulgebete eingeführt.
27.5. Eröffnung des Kaiser-Wilhelm-Instituts für medizinische Forschung in Heidelberg.
30.5. Während des Kongresses des Internationalen Olympischen Komitees (IOC) in Berlin bewirbt sich die Reichshauptstadt um die Ausrichtung der Olympischen Spiele 1936. Die Mitbewerber sind Alexandria, Barcelona, Budapest, Buenos Aires, Dublin, Helsinki und Rom.

JUNI

10.6. Tod des Kirchenhistorikers Adolf von Harnack in Heidelberg.
11.6. Um Provokationen zu vermeiden, verbietet das preußische Innenministerium der nationalsozialistischen Sturmabteilung (SA) das Tragen von Uniformen bei Versammlungen unter freiem Himmel. Die SA marschiert daraufhin in weißen statt in braunen Hemden.
12.6. In New York wird Max Schmeling als erster Europäer Boxweltmeister aller Klassen.
22.6. Bei den Landtagswahlen in Sachsen wird die NSDAP mit 14 Sitzen zweitstärkste Fraktion hinter der SPD mit 33 Sitzen.
Hertha BSC Berlin gewinnt mit 5:4 gegen Holstein Kiel das Endspiel um die Deutsche Fußballmeisterschaft.
30.6. Die letzten französischen Truppen verlassen das Rheinland. Der Abzug wird von der deutschen Bevölkerung begeistert gefeiert.

JULI

5.7. In München erwirbt die NSDAP das ehemalige Barlow-Palais, das zum Sitz der Reichsparteileitung, dem sogenannten Braunen Haus, umgebaut wird. Den Kauf des Hauses ermöglichten Spenden von Großindustriellen wie Fritz Thyssen.
16.7. Der Reichstag lehnt mit den Stimmen von KPD, SPD, DNVP und NSDAP die von der Reichsregierung eingebrachte Vorlage zur Deckung des Defizits des Reichshaushalts ab. Die Staatsausgaben sollten gekürzt, die Steuern erhöht werden. Reichspräsident Hindenburg wandelt daraufhin mit dem Artikel 48 der Reichsverfassung erstmals einen vom Reichstag abgelehnten Gesetzentwurf in eine Notverordnung um.
18.7. Die Mehrheit der Reichstagsabgeordneten stimmt dem SPD-Antrag zur Aufhebung der von Hindenburg erlassenen Notverordnung zu. Daraufhin löst Hindenburg den Reichstag auf und setzt am 26. Juli die vom Parlament aufgehobene Verordnung per Notverordnung wieder in Kraft. Die Wahlen zum neuen Reichstag werden für den 14. September anberaumt.
Als Nachfolger des verstorbenen Adolf von Harnack wird Max Planck zum Präsidenten der Kaiser-Wilhelm-Gesellschaft zur Förderung der Wissenschaften gewählt.
23.7. Die gemäßigten Mitglieder der DNVP vereinigen sich zur „Konservativen Volkspartei".
27.7. Aus dem Zusammenschluss der Deutschen Demokratischen Partei (DDP) mit dem Jungdeutschen Orden entsteht die Deutsche Staatspartei.

AUGUST

4.8. Tod des Dirigenten und Regisseurs Siegfried Wagner in Bayreuth.

6.8. Sigmund Freud wird von der Stadt Frankfurt/Main für die Entwicklung der Psychoanalyse mit dem Goethe-Preis ausgezeichnet. Antisemiten und Rechtsradikale protestieren gegen die Verleihung des Preises an Freud.
30.8. In Berlin demoliert ein Trupp von Anhängern der „Kampfgemeinschaft Revolutionärer Nationalsozialisten“ unter Otto Strasser eine Geschäftsstelle der NSDAP.

SEPTEMBER

1.9. Die Reichsregierung erhebt eine „Reichshilfe zur finanziellen Sanierung der Arbeitslosenversicherung“: Alle festangestellten Arbeitnehmer müssen bis Ende März 1931 2,5 Prozent ihres Gehalts abführen. Wegen der sprunghaft gestiegenen Arbeitslosenzahl verfügt die Arbeitslosenversicherung bereits seit Winter 1929 nicht mehr über ausreichende Mittel.
Das Statistische Reichsamt gibt bekannt, dass die Spareinlagen der Deutschen mit rund zehn Milliarden Reichsmark den höchsten Stand seit 1923 erlangt haben. Damit ist der Vorkriegsstand noch lange nicht erreicht.
12.9. Die Filmgesellschaft Fox bringt die erste „tönende“ Wochenschau mit aktuellen Berichten in die deutschen Kinos.
14.9. Bei den Reichstagswahlen steigert die NSDAP ihre Mandatszahl von 12 auf 107 Sitze. Die KPD erhält 77, die SPD 143 Sitze. Damit ist der NSDAP der Durchbruch gelungen. Sie profitiert von der allgemeinen Wirtschaftskrise und der gestiegenen Wahlbeteiligung. Unterstützt von Hindenburg, hält Brüning am System der Minderheitsregierung fest.
15.9. Uraufführung des Films „Die drei von der Tankstelle“ von Wilhelm Thiele.
25.9. In einem Hochverratsprozess gegen drei Reichswehroffiziere erklärt der als Zeuge vorgeladene Hitler, die Verfassung schreibe „nur den Boden des Kampfes vor, nicht aber das Ziel“. Die Nationalsozialisten würden „den Staat in die Form gießen“, die sie „als die richtige ansehen“.
26.9. In Berlin werden sechs KPD-Mitglieder für die Ermordung des SA-Sturmführers Horst Wessel zu mehreren Jahren Gefängnis verurteilt.

OKTOBER

2.10. Auf der Berliner Museumsinsel wird das neu erbaute Pergamonmuseum eröffnet.
5.10. Reichskanzler Brüning empfängt Hitler, Frick und Hermann Göring. Brüning will die Nationalsozialisten zu einer Mitarbeit in der Regierung bewegen.
Eröffnung des modernisierten Strandbads in Berlin-Wannsee. Es fasst über 60.000 Besucher.
In Koblenz feiern etwa 140.000 Mitglieder des „Stahlhelm“ den „Reichsfrontsoldatentag“ und fordern die deutsche Wiederaufrüstung.
17.10. Rechtsradikale Demonstranten unterbrechen Thomas Manns „Appell an die Vernunft“ im Berliner Beethovensaal. Mann warnte in seiner Rede vor der Ausbreitung des Rechtsradikalismus in Deutschland.
18.10. Der Reichstag lehnt mit den Stimmen der SPD ein von KPD und NSDAP eingebrachtes Misstrauensvotum gegen die Spar- und Notverordnungspolitik der Regierung ab.

NOVEMBER

2.11. Das von Claude Dornier entwickelte Riesenflugzeug „Do X“ startet zu einem Probeflug nach Amsterdam.
5.11. Der Film „Kohlhiesels Töchter“ von Hans Behrendt hat in Berlin Premiere.
8.11. Uraufführung der Operette „Im weißen Rössl“ von Ralph Benatzky in Berlin.
11.11. In München wird die erste Berufsschule für Mädchen eröffnet. Ausbildungsfach ist Hauswirtschaft.

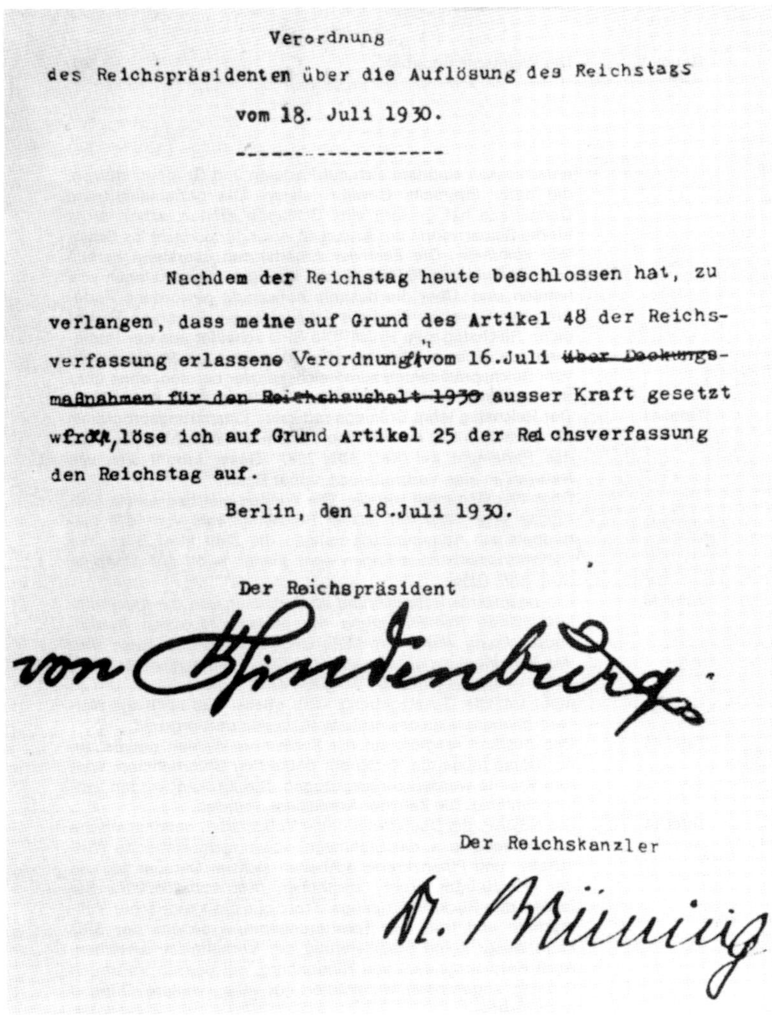
Verordnung
des Reichspräsidenten über die Auflösung des Reichstags
vom 18. Juli 1930.

Nachdem der Reichstag heute beschlossen hat, zu verlangen, dass meine auf Grund des Artikel 48 der Reichsverfassung erlassene Verordnung vom 16.Juli ~~über Deckungsmaßnahmen für den Reichshaushalt 1930~~ ausser Kraft gesetzt wird, löse ich auf Grund Artikel 25 der Reichsverfassung den Reichstag auf.

Berlin, den 18.Juli 1930.

Der Reichspräsident
von Hindenburg

Der Reichskanzler
Dr. Brüning

Die Notverordnung zur Reichstagsauflösung vom 18. Juli 1930.

26.11. Tod des Geophysikers und Polarforschers Alfred Wegener während einer Grönlandexpedition.

DEZEMBER

1.12. Reichskanzler Brüning erlässt die Notverordnung zur „Sicherung der Wirtschafts- und Finanzlage“, um den Haushalt für 1931 sicherzustellen. Damit umgeht Brüning die parlamentarische Beratung seiner Sanierungspläne.
5.12. Anlässlich der deutschen Erstaufführung des Films „Im Westen nicht Neues“ in Berlin stören Nationalsozialisten unter der Führung von Goebbels die Vorstellung.
6.12. Mit den Stimmen der SPD lehnt der Reichstag einen Antrag der KPD zur Aufhebung der Notverordnung vom 1. Dezember ab. Die SPD befürchtet eine erneute Auflösung des Reichstags und ein weiteres Erstarken der radikalen Parteien.
11.12. Auf Antrag der Länder Sachsen, Bayern, Baden und Württemberg verbietet die Reichsfilmprüfstelle den Film „Im Westen nichts Neues“.
19.12. In der Preußischen Bibliothek in Berlin werden die ersten Photokopiergeräte aufgestellt. Bei Eilbestellung dauert eine Kopie dreißig Minuten.
23.12. In Glogau wird ein wegen „Verleumdung der Republik“ angeklagter NSDAP-Kreisleiter freigesprochen. Der Vorsitzende des Gerichts bestätigt dessen Behauptung, die Weimarer Republik sei 1918 auf „Meineid und Hochverrat am Soldaten“ gegründet worden.
24.12. Der Physiker Manfred von Ardenne führt in Berlin das erste elektronische Fernsehbild vor. Die bisherigen Bilder wurden auf mechanisch-optischem Weg übertragen.

AUSSERDEM

Sigmund Freud: Das Unbehagen in der Kultur (Gesellschaftstheoretische Schrift)
Hermann Hesse: Narziss und Goldmund (Erzählung)
Alfred Rosenberg: Der Mythus des 20. Jahrhunderts (Völkische Abhandlung)
Joseph Roth: Hiob (Roman)

Das Kabinett Hermann Müller, die letzte arbeitsfähige Regierung der Weimarer Republik trat am 27. März 1930 zurück. Von links: Hermann Dietrich, Ernährung (Demokrat), Rudolf Hilferding, Finanzen (SPD), Julius Curtius, Auswärtiges (DVP), Karl Severing, Inneres (SPD), Theodor von Guerard, Verkehr und besetzte Gebiete (Zentrum), Georg Schätzel, Post (BVP), Erich Koch-Weser, Justiz (Demokrat), Hermann Müller, Reichskanzler (SPD), Wilhelm Groener, Reichswehr (parteilos), Rudolf Wissel, Arbeit (SPD).

Brünings Regierungserklärung

Mit der Regierung Müller, die im März 1930 aufgab, dankte auch der Parlamentarismus ab. Was bis 1933 folgte, waren autoritäre Regierungen, „Kabinette von Fachleuten", die kein Mandat vom Reichstag hatten, sondern vom Reichspräsidenten, dem alten Generalfeldmarschall von Hindenburg, eingesetzt worden waren. Der Erste, der auf diese Weise ins Amt, war Heinrich Brüning (1885-1970). Am 1. April 1930 gab er im Reichstag eine Regierungserklärung ab:

Ich habe die Ehre, Ihnen die neue Reichsregierung vorzustellen, in der Zusammensetzung, wie sie Ihnen soeben der Herr Präsident des Reichstages bekanntgegeben hat. Dabei ergreife ich die Gelegenheit, um dem scheidenden Herrn Reichskanzler für seine hingebende, von ernster Sachlichkeit getragene Arbeit im Dienste des Vaterlandes die aufrichtige Hochachtung der neuen Regierung auszusprechen.

Das neue Reichskabinett ist entsprechend dem mir vom Herrn Reichspräsidenten erteilten Auftrag an keine Koalition gebunden. Doch konnten selbstverständlich die politischen Kräfte dieses Hohen Hauses bei seiner Gestaltung nicht unbeachtet bleiben. Das Kabinett ist gebildet mit dem Zweck, die nach allgemeiner Auffassung für das Reich lebensnotwendigen Aufgaben in kürzester Frist zu lösen. Es wird der letzte Versuch sein, die Lösung mit diesem Reichstag durchzuführen. Einen Aufschub der lebensnotwendigen Arbeiten kann niemand verantworten. Die Stunde fordert schnelles Handeln. Daher erwarten Sie von mir heute nicht ausführliche Erklärungen über die beabsichtigten Maßregeln im Einzelnen.

Die neue Regierung wird Deutschlands Lebensinteressen in organischer Weiterentwicklung der bisherigen Außenpolitik aktiv vertreten. Nationales Selbstbewusstsein, Vertrauen in die innere Kraft des eigenen Volkes sind die Grundlagen ebenso wie die Erkenntnis, dass der Wiederaufstieg Deutschlands nur im friedlichen Zusammenwirken mit allen Völkern erreichbar ist. Loyale Durchführung der internationalen Vereinbarungen, Klärung und weiterer Ausbau unseres Verhältnisses zu allen Staaten, zu denen wir in freundschaftlichen, vertraglichen und wirtschaftlichen Beziehungen stehen, Förderung internationaler Zusammenarbeit, insbesondere auf wirtschaftlichem Gebiet, zur Erleichterung der schwierigen Lage der eigenen mit der Weltwirtschaft eng verknüpften Wirtschaft, das sind die Grundlinien dieser Außenpolitik. Endziel ist und bleibt ein wirtschaftlich gesundes, ein politisch freies und gleichberechtigtes Deutschland, das seinen Wiederaufbau im Schutze des Friedens vollenden kann und das ein unentbehrlicher Faktor in der Staatengemeinschaft sein muss.

Besonders herzlich in dieser Stunde gedenkt die Reichsregierung der Rheinlande, deren endliche Befreiung von der Besetzung unmittelbar bevorsteht. Nicht vergessen bleibt die Treue der Bevölkerung der besetzten Gebiete in schwersten Stunden, nicht zu Ende geht die Fürsorge für ihre Notlage. Alsbaldige Rückgliederung des Saargebietes zur Vollendung des begonnenen Befreiungswerkes ist das Ziel der von der Reichsregierung tatkräftig zu fördernden Verhandlungen.

Innenpolitisch gibt unsere Lage angesichts der sozialen und wirtschaftlichen Notstände und der mit ihnen verbundenen radikalen Strömungen Anlass zu besonderer Wachsamkeit. Diesen Strömungen lässt sich nicht nur mit dem Einsatz staatlicher Mittel begegnen, sie müssen in erster Linie durch wirtschaftliche Aufbauarbeit behoben werden. Die Reichsregierung fühlt sich stark genug mit den Mitteln, welche das Grundgesetz unserer staatlichen Ordnung, die Weimarer Verfassung, der deutschen Republik zur Verfügung stellt, allen gefahrvollen Bedrohungen entgegenzuwirken.

Mit tiefem Ernst nimmt die Reichsregierung die Mahnung zur nationalen Einigung auf, die der Herr Reichspräsident in seiner Kundgebung vom 13. März an das deutsche Volk gerichtet hat. Erbitterte Kämpfe um außenpolitische Fragen haben das deutsche Volk zerrissen. Nach der Entscheidung dieser Kämpfe wollen wir das Werk der Versöhnung in Angriff nehmen. Was unser Volk zum gemeinsamen Denken und Handeln, zur Zusammengehörigkeit zwingt, wird im Mittelpunkt unsres Wirkens stehen. Der Blick muss auf die gemeinsame Not und die gemeinsam zu beschließende Abhilfe und nicht auf das Trennende gerichtet sein.

Misstrauensantrag der SPD gegen Kanzler Brüning

Erst wenige Tage zuvor war die sogenannte Große Koalition, die von den Sozialdemokraten, bis zur Deutschen Volkspartei reichte, zerbrochen. Man hatte sich bei wachsender Wirtschaftskrise nicht über die Erhöhung der Beiträge zur Arbeitslosenversicherung einigen können. Da die SPD keine neue Mehrheit zusammenbrachte und ohne sie auch nichts lief, griff Reichspräsident von Hindenburg auf den Paragraphen 48 der Weimarer Verfassung zurück. Er beauftragte den Zentrumspolitiker Heinrich Brüning mit der Bildung eines Minderheitenkabinetts, das mit Notverordnungen des Präsidenten regieren sollte, wenn es keine Mehrheit fand. Die SPD meldete dagegen verfassungsrechtliche Bedenken an und sah in Brünings Vorgehen den ersten Schritt zur Diktatur, wie sie die Nationalsozialisten im Stil des thüringischen Innenministers Frick anstrebten. Daher beschloss die SPD, gegen die Regierung Brüning einen Misstrauensantrag zu stellen. Der Abgeordnete Breitscheid begründete den Antrag in der Reichstagssitzung vom 2. April 1930: Was der Herr Reichskanzler jetzt eine Anwendung des Artikels 48 nennt, ist ein glatter Verfassungsbruch.

Schlangen vor einem Pfandhaus, wo die Menschen ihre Habe versetzen wollen – eine Aufnahme aus Berlin vom Sommer 1930

Ist denn wirklich die öffentliche Sicherheit bedroht? Der neue Minister Treviranus hat schon vor der Regierungserklärung eine eigene Erklärung abgegeben, die deutlich erkennen ließ, dass er in die Regierung gehe, um den Artikel 48 so bald als möglich anzuwenden. Herr Reichskanzler, ich möchte eine ernste Mahnung an Sie aussprechen: Lassen Sie sich nicht von einem Manne beeinflussen, der das frische Temperament und den leichten Sinn eines Seekadetten ins Kabinett hineinträgt.

Sie sitzen jetzt zusammen mit Leuten, für die der Artikel 48 nur ein Anfang der Diktatur ist, mit Leuten, die gedankenmäßig verbunden sind mit dem thüringischen Innenminister Frick.

Ich beschwöre Sie, gehen Sie den Weg dieser Leute nicht! Wir haben durchaus alle Konsequenzen im Auge, wenn wir einen Misstrauensantrag einbringen. Wir haben keine Angst vor Neuwahlen; wir sind bereit zum Wahlkampf ...

Hitlers Legalitätseid

Im Ulmer Reichswehrprozess – angeklagt waren drei junge Offiziere wegen Verbreitung nationalsozialistischer Propaganda – trat Hitler am 25. September 1930 als Zeuge auf. Dabei legte er einen Legalitätseid ab, dass er die Macht ausschließlich mit legalen Mitteln anstrebe. Im Bericht des „Völkischen Beobachters" heißt es dazu:

Adolf Hitler erklärte, er sei vom Herbst 1914 bis Herbst 1918 als deutscher Frontsoldat an der Westfront gewesen, wodurch er seine frühere Staatsbürgerschaft verloren habe. Beim Zusammenbruch 1918 habe er schwer gasvergiftet in einem Lazarett gelegen. Es sei ihm bewusst gewesen, dass mit den damaligen Organisationen die Niedergangserscheinungen nicht überwunden werden konnten. Drei Punkte hätten die Grundlage für seine Überzeugung abgegeben:

1. Die überall zutagetretende Ablehnung der eigenen völkischen Kraft, das Huldigen fremder Einflüsse im Allgemeinen, die internationale Gesinnung und Einstellung,
2. die Beseitigung der Autorität der Persönlichkeit und die Einführung der Demokratie und des demokratisch-parlamentarischen Systems,
3. die Vergiftung des deutschen Volkes mit pazifistischem Denken und pazifistischem Geist.

Nur eine ganz junge, neue Bewegung konnte diesen Zusammenbruch überwinden. Er sei 1918 überzeugt gewesen, dass nur eine neue

Die „Große Koalition" zerbricht an der Frage der Erwerbslosenunterstützung. Die SPD scheidet aus der Regierung aus. An die Stelle von Hermann Müller tritt der Zentrumspolitiker Heinrich Brüning. Der neue Kanzler regiert mit Notverordnungen. Das Parlament wird durch die neue Form der parlamentarisch tolerierten Präsidialregierung und die Obstruktion der radikalen Parteien entmachtet. Die Karikatur von Karl Arnold zeigt, wie Brüning den antidemokratischen Parteien, Kommunisten, Nationalsozialisten und Deutschnationalen den Zutritt zum Parlament verwehrt, während der „Deutsche Michel" vergrämt eine Notverordnung studiert.

Partei, mit den Grundtendenzen des fanatischen Deutschtums, einer absoluten Führerautorität und eines unbedingten Kampfwillens den Terror brechen könne. Er sei zu lange Soldat gewesen, um zu wissen, dass man mit illegalen Organisationen nicht gegen die Heeresmacht und eine Polizeimacht kämpfen könne. Die Gründung der später Sturmabteilungen getauften Organisation sei zum Schutz der Bewegung gegenüber links erfolgt, zumal der Schutz seitens des Staates immer erst, wenn eine Versammlung gesprengt sei, in die Erscheinung trete. Zu keiner Stunde aber sei der Zweck der Sturmabteilungen der Kampf gegen den Staat gewesen.

Eine gesunde Idee erobere sich den Staat ganz allein. Bei den Vorgängen im Jahre 1923 habe ein Zwang vorgelegen, der nicht seinem Wunsche entsprochen habe.

Der Vorsitzende hält dem Zeugen das Urteil des Münchener Volksgerichts vor, durch das Hitler zu fünf Jahren Festungshaft wegen Hochverrats verurteilt wurde und das u.a. behauptete, dass das Programm der Hitlerbewegung die Vernichtung der Weimarer Verfassung und die Schaffung eines Direktoriums auch mit brachialer Gewalt sei. Als Mittel dafür sollte nach dem Münchener Urteil die nationale Armee dienen, die auf Reichswehr und Landespolizei aufzubauen sei.

Adolf Hitler erklärte hierauf, die Entwickelung der Sturmabteilungen zu einer Kampftruppe sei nicht durch ihn eingeleitet worden, sondern amtliche Dienststellen hätten damals an ihn das Ersuchen gerichtet, die Sturmabteilungen in eine militärische Organisation umzuwandeln. Mit der Umstellung sei auch der Geist ein anderer geworden. Nicht er, sondern amtliche Stellen hätten damals die Sturmabteilungen in die Kasernen geführt. 1923 habe die Gefahr bestanden, dass der dauernde Kriegszustand zwischen Bayern und dem Reich zum Ausbruch kam. 1925 habe er festgestellt, dass die Zwischenperiode von 1923 endgültig ausgelöscht und die Bewegung wieder zu den alten Grundtendenzen zurückgeführt werden müsse.

Er habe damals in schärfsten Erlassen die absolute Waffenlosigkeit angeordnet und dafür gesorgt, dass sie ohne militärischen Charakter nur dem Schutze der Bewegung gegen die Linke dienten. Waffenbesitz und militärische Übungen seien mit Auflösung und Ausschluss bedroht worden. Dies sei umso schwieriger in dem Augenblick gewesen, wo die Linke „Schlagt die Faschisten, wo ihr sie trefft“ geschrien habe.

Am 25. September 1930 gab Hitler, als Zeuge im Ulmer Reichswehrprozess geladen, die Erklärung ab, dass die Absicht seiner Partei die Machtergreifung auf parlamentarischem Wege sei: „Jeder Versuch der Zersetzung der Wehrmacht wäre Wahnsinn. Wir haben alle kein Interesse daran, dass die Reichswehr zersetzt werde.“

Heute alles um 3 Uhr im Neuköllner Stadion! Aufmarschplan im Innern des Blattes

Jahrgang / Nr. 197 20 Pfennig

Heerschau des roten Berlin heute! Auch du marschierst mit für Liste 4

Berlin, Sonntag 24. August 1930

Die Rote Fahne

Zentralorgan der Kommunistischen Partei Deutschlands (Sektion der Kommunistischen Internationale)

Erscheint täglich außer Montags

Begründet von Karl Liebknecht und Rosa Luxemburg

Programmerklärung

zur nationalen und sozialen Befreiung des deutschen Volkes

Titelblatt der KPD-Zeitung „Die Rote Fahne“ mit einem Aufruf zur Heerschau des roten Berlin am 24. August 1930. Während die Rechte gemeinsam zum Kampf antrat, blieb die Linke in Deutschland tödlich gespalten. Die Sozialdemokraten, als Sozialfaschisten verschrien, blieben noch vor den Nationalsozialisten, mit denen man das Interesse am Untergang der Republik teilte, Feind Nummer eins für die Kommunisten. SPD und KPD marschierten getrennt und wurden gemeinsam geschlagen.

„Wir haben kein Interesse daran, die Reichswehr zu zersetzen. Ich würde das für das größte Verbrechen halten, das es gibt. Ich bin zu sehr alter Soldat, als dass man mir den Versuch einer Zersetzung des Heeres zutrauen könnte. Niemals ist von mir ein Flugblatt, eine Broschüre herausgegangen, die für etwas Derartiges eintrat. Niemals habe ich Verbindungen mit der Reichswehr angeknüpft.

Ich hätte das nie gebilligt und denjenigen der es getan hätte, augenblicklich aus der Partei hinausgeworfen. Ich habe nur den Wunsch, dass das Heer wie das deutsche Volk den neuen, unseren Geist, in sich aufnehme.“

Der Sieg der nationalen Bewegung bedeute absolute Wehrhaftigkeit des deutschen Volkes. Wer das Heer zersetze, sei ein Feind der Nation und des Volkes.

Wenn er der SA befehle, sie dürfte keine Waffen besitzen, dann sei es vollständig ausgeschlossen, dass sie es insgeheim doch tue. Über jedem seiner Befehle stehe der Grundsatz, dass er nur dann zur Ausführung kommen dürfe, wenn er nicht gegen das Gesetz verstoße. Sämtlichen Führern habe er verboten, Geheimerlasse herauszugeben, es sei denn, es handle sich um Dinge, die den politischen Gegnern, wie der Roten Front gegenüber, geheimzuhalten seien. Aber auch dann dürfe kein Geheimbefehl herausgehen, der, wenn er in die Öffentlichkeit komme, nicht eine absolute Rechtfertigung für die Partei darstelle.

„Pfingstfahrt am Rhein 1930". Karikatur des „Kladderadatsch" auf die französische Räumung des Rheinlands. Die feiste Marianne wird von einem schwarzen Soldaten und einem senilen französischen General über den Rhein in Richtung Grenze befördert. Der am Wickel gefasste gallische Hahn scheint durch sein Krähen zu protestieren. Obwohl die französische Räumung vorzeitig erfolgte, konnte der Karikaturist, diese Geste des Entgegenkommens nicht honorieren.

Rheinlandbefreiung

Am 30. Juni schlossen die alliierten Truppen die Räumung des bis dahin besetzten Rheinlandes ab. Reichspräsident und Reichsregierung feierten das Ereignis in einem gemeinsamen Aufruf:

Nach langen Jahren der Drangsal und des Harrens ist heute die Forderung aller Deutschen erfüllt: Die fremden Besatzungstruppen haben das Land am Rhein verlassen. Treue Vaterlandsliebe, geduldige Ausdauer und gemeinsame Opfer haben dem seit dem unglücklichen Ausgang des großen Krieges von fremden Truppen besetzten Gebiet das höchste Gut eines jeden Volkes, die Freiheit, wiedergewonnen. Der Leidensweg, den die rheinische Bevölkerung aufrechten Hauptes um Deutschlands willen gegangen ist, ist zu Ende.

Der Tag der Befreiung soll ein Tag der Dankbarkeit sein. Unser erstes Gedenken gebührt heute denen, die im Kampf für die Freiheit Deutschlands geblieben sind, die ihr Leben gaben für das Vaterland.

Zu ihnen gehören auch alle, die während der harten Jahre der Besatzung ein Opfer ihrer Vaterlandsliebe wurden. Unvergessen sollen die Leiden der Männer und Frauen bleiben, die in der schweren Prüfungszeit seelisch und körperlich für Deutschland geduldet haben, und stets werden wir der vielen Tausende gedenken, die wegen ihrer Treue zu Vaterland und beschworener Pflicht durch fremde Machtwillkür von Haus und Hof vertrieben wurden.

Ihnen allen schulden wir unauslöschlichen Dank. Wir wollen ihn abstatten durch das Versprechen, uns aller gebrachten Opfer durch den Dienst an Volk und Vaterland würdig zu erweisen.

Noch harren unsere Brüder im Saargebiet der Rückkehr zum Mutterland. Wir grüßen heute deutsches Land und deutsches Volk an der Saar aus tiefstem Herzen mit dem Gelöbnis, alles daranzusetzen, dass auch ihre Wiedervereinigung mit uns bald Wirklichkeit wird. Auch ihnen gebührt heute Deutschlands Dank. Wir wissen, dass sie stolz ihr Deutschtum bewahrt haben, und dass sie ihre Rückkehr zum Mutterlande nicht mit Bindungen erkauft wissen wollen, die den deutschen Gesamtinteressen widersprächen.

Über dem politischen und wirtschaftlichen Leben unseres Volkes hängen noch immer schwere Wolken. Aber dennoch ist uns der heutige Tag Anlass zu freudiger Zuversicht. Ein Volk, das, ganz auf sich allein gestellt, trotz härtester Bedrängnis sich selbst behauptet hat, ein Land, das auf den Gebieten der Wissenschaft, Kunst und Technik auch in bitterer Notzeit Leistungen vollbracht hat, die in der ganzen Welt anerkannt und bewundert werden, hat ein Recht darauf, mit Selbstvertrauen und mit Zuversicht seiner Zukunft entgegenzugehen.

Durch Jahre schwerer Leiden, durch Übernahme drückender Lasten haben wir dem Land am Rhein die Freiheit wiedergewonnen; für unseres Vaterlandes Glück und Zukunft wollen wir sie in treuem Zusammenstehen erhalten.

Das Gelöbnis in dieser feierlichen Stunde sei Einigkeit! Einig wollen wir sein in dem Streben, unser geliebtes Vaterland auf friedlichem Wege nach Jahren der Not einem besseren und helleren Tag entgegenzuführen. Einig wollen wir sein in dem Schwur: Deutschland, Deutschland über alles!

gez. von Hindenburg, Reichspräsident.

Die Reichsregierung: gez. Dr. Brüning, Reichskanzler; gez. Dietrich, Reichsminister der Finanzen; gez. Dr. Curtius, Reichsminister des Auswärtigen; gez. Dr. Wirth, Reichsminister des Innern; gez. Dr. Stegerwald, Reichsarbeitsminister; gez. Dr. Bredt, Reichsminister der Justiz; gez. Dr. Groener, Reichswehrminister; gez. Dr. Schätzel, Reichspostminister; gez. von Guérard, Reichsverkehrsminister; gez. Dr. Schiele, Reichsminister für Ernährung und Landwirtschaft; gez. Treviranus, Reichsminister für die besetzten Gebiete.

Hitler bei einer seiner vielen hundert Versammlungen zur Reichstagswahl 1930, auf denen er den Tausenden seine Parolen von der Schuld der Juden und Marxisten an Arbeitslosigkeit und Not, von der notwendigen Opferbereitschaft und der künftigen Größe der Nation einhämmert.

Die Reichstagswahl von 1930 machte die NSDAP zur zweitstärksten Partei. Zu den Sitzungen pflegten deren Abgeordnete im Braunhemd zu erscheinen – unmißverständlich dokumentierten sie damit die Uniformität ihrer Fraktion wie auch Verachtung gegenüber dem Parlamentarismus, der Meinungen und Gewissen des einzelnen Abgeordneten als hohes Gut betrachtet. Das Bild zeigt eine Versammlung der 197 Mann starken NSDAP-Reichstagsfraktion in Hitlers Berliner Residenz, dem Hotel „Kaiserhof", Hitler am oberen Tafelende zwischen Gregor Strasser und Wilhelm Frick. Stehend, von rechts nach links: General Franz von Epp (in Zivilkleidung!); Alfred Rosenberg, der Partei-Philosoph und Herausgeber des „Völkischen Beobachters", und Hans Frank.

Wahlpropaganda der NSDAP

Solange es der Weimarer Republik leidlich gut ging, fristete die rechtsradikale NSDAP ein kümmerliches Dasein. Das änderte sich mit der Weltwirtschaftskrise. Nun erhielt Hitlers Partei massenhaft Zulauf. Das folgende „Manifest an das deutsche Volk" stammt aus dem Wahlkampf zur Reichstagswahl im September 1930, die der NSDAP gewaltige Gewinne bescherte:

Die nationalsozialistische Bewegung wird mit ihrem Sieg den alten Klassen- und Kastengeist überwinden.

Sie wird aus Standeswahn und Klassenirrsinn wieder ein Volk erstehen lassen.

Sie wird dieses Volk zu eiserner Entschlossenheit erziehen.

Sie wird die Demokratie überwinden und die Autorität der Persönlichkeit in ihre Rechte setzen.

Sie wird das verletzte Recht wieder dem deutschen Volke zurückgeben durch die brutale Verfechtung des Grundsatzes, dass man so lange kein Recht zum Hängen des Kleinen besitzt, solange die größten Verbrecher ungestraft und ungeschoren bleiben.

Die anderen Parteien mögen sich mit der Inflationsdieberei abgefunden haben, mögen den Revolutionsbetrug anerkennen: Der Nationalsozialismus wird die Diebe und Landesverräter zur Verantwortung ziehen; der Nationalsozialismus kämpft für den deutschen Arbeiter, indem er ihn aus den Händen seiner Betrüger nimmt, die Schutztruppe des internationalen Bank- und Börsenkapitals aber vernichtet.

Die nationalsozialistische Bewegung wird bei ihrem Siege die deutsche Verwaltung säubern von den Parasiten, die, ohne Recht und ohne alle Kenntnisse, nur aufgrund ihres Parteibuchs die Nation belasten. Wer von neuen Steuern redet, soll erst die Verwaltung von den in zwölf Jahren hineingeströmten Revolutionsparasiten befreien. Man schützt den ehrlichen Beamten nur, indem man seiner Leistung und seiner redlichen Arbeit den Weg frei macht, den parlamentarischen Schieber aber aus der Beamten-Bahn entfernt.

Die nationalsozialistische Bewegung wird bei ihrem Siege den Schutz des deutschen Menschen auch wirtschaftlich bis zum äußersten zu garantieren suchen. Solange Börse und Warenhäuser nicht genügend besteuert sind, ist jede weitere Steuererhöhung im Kleinen ein Verbrechen.

Die nationalsozialistische Bewegung wird bei ihrem Siege den Bauern schützen durch rücksichtslose Erziehung unseres Volkes zur Verwendung unserer eigenen Produkte.

Auch unsere oberen Zehntausende werden lernen müssen, schwarzes Brot zu essen, andernfalls unser Roggen verkommt und Weizen eingeführt werden muss!

Wir werden die nationale Ehre und den nationalen Stolz darein setzen, alles Fremde, wenn irgend möglich, zu meiden und den Ergebnissen des eigenen Fleißes den Vorzug zu geben.

Wir werden dafür sorgen, dass an die Spitze aller Reformen die Reform unseres Wehrwillens gestellt wird und die Änderung unserer auswärtigen Politik.

Die nationalsozialistische Bewegung wird nach ihrem Siege nicht mehr die Politik des ewigen Buhlens um Frankreichs Gunst fortsetzen. Jede Hand, die sich uns in Europa aus gleicher Not und gleicher Gesinnung heraus bietet, wird einst von uns dankbar ergriffen werden.

Wir wollen dafür sorgen, dass die Bedeutung unseres Volkes in der Zukunft wieder seinem natürlichen Wert entspricht, und nicht der jammervollen Vertretung unserer letzten 15 Jahre.

Die nationalsozialistische Bewegung kämpft keinen Kampf von heute auf morgen. Der Weg, den sie geht, ist vielleicht ein langer, aber an ihrem Ende steht der Sieg.

Wenn unsere Gegner heute zu den wahnwitzigsten Mitteln der Verfolgung greifen, wenn die sogenannte freie Republik ihre Bürger bei jeder Gelegenheit mit dem Gummiknüppel schlagen lässt, so wie man früher vielleicht Hunde prügelte, dann mag unser Volk nicht vergessen, dass heute die Unterdrückung uns Nationalsozialisten nur trifft, weil wir uns des unterdrückten Volkes annehmen ...

Der „Erdrutsch"

Im März 1930 trat das Kabinett Hermann Müller zurück. Stabil war diese Regierung, in der Mitglieder der SPD, des Zentrums und der Volkspartei, kurz: Arbeitgeber und Arbeitnehmer beieinander saßen, nie gewesen. Ständig hatten schwere Konflikte die Handlungsfähigkeit der Koalition gelähmt. Schon seit einiger Zeit hatten die Industriellen der Deutschen Volkspartei zur Trennung gedrängt und der Gewerkschaftsflügel der SPD ebenfalls. Dann war im Herbst 1929 die Weltwirtschaft in die Krise geraten, amerikanisches Kapital in Massen aus Deutschland abgezogen worden; in der darauf einsetzenden allgemeinen Wirtschaftsflaute (Rückgang der Industrieproduktion bis 1932 um 38 Prozent) hatte sich die Zahl der Arbeitslosen rapide vermehrt. Als man sich auch über die Erhöhung der Beiträge für die Arbeitslosenversicherung nicht einigen konnte, zerbrach die Koalition vollends. Keine Partei bekam fortan eine Mehrheit bei den Wahlen, keine war zur Koalition mit anderen bereit. Nach mehreren Misstrauensanträgen besorgte sich Müllers Nachfolger, der Fraktionsführer des Zentrums Heinrich Brüning, vom Reichspräsidenten Hindenburg ein Auflösungsdekret für den Reichstag. Die Neuwahlen wurden auf den 14. September festgesetzt. Das Wahlergebnis sah folgendermaßen aus: SPD 24,5 Prozent, NSDAP 18,3 Prozent, KPD 13,1 Prozent, Zentrum 11,7 Prozent, DNVP 7,0 Prozent, DVP 4,5 Prozent, die übrigen 22 Parteien zusammen 20,9 Prozent. Verlierer dieser Wahl, darüber gab es keinen Zweifel, waren die bürgerlichen Parteien. Sozialdemokratie und Zentrum hatten die Wahl unbeschädigt überstanden. Der Stimmengewinn der KPD war beträchtlich, aber er verblasste vollkommen gegen den der NSDAP, deren Aufstieg (von 12 auf

107 Mandate) nun wirklich in der deutschen Parlamentsgeschichte einzig dastand.
Die Septemberwahlen von 1930 sind als die Wahlen des politischen „Erdrutsches“ in die Geschichte eingegangen. Reichstagswahl gewissermaßen als Plebiszit: Nachdem die letzte parlamentarische Regierung abgedankt hat und ein autoritäres Regime eingesetzt ist, kehrt sich auch das Volk von den Parteien ab, die die parlamentarischen Regierungen gestellt haben, und wendet sich denen zu, die radikale Erneuerung ohne demokratischen Firlefanz versprechen.
Radikalismus hatte die Entwicklung der Weimarer Republik von Anfang an begleitet, in Zeiten wirtschaftlicher Not, 1919 bis 1920, 1923, hatte er sie sogar ernstlich zu gefährden vermocht. So auch jetzt. Noch zwei Jahre zuvor war ein Volksbegehren der Kommunisten gegen den „Panzerkreuzer A“ mit einer Million Stimmen (d.h. 3 Prozent der Wahlberechtigten) kläglich gescheitert; und am 22. Dezember 1929, beim Volksbegehren der Rechtsparteien gegen den Young-Plan, als nun wirklich alle nationalen Ressentiments, autoritären Sehnsüchte und Hassgefühle gegen Verzichtpolitik und Judenrepublik sich hätten äußern können, hatten kaum 6 Millionen Stimmen in den Urnen gelegen, (21 Millionen wären erforderlich gewesen). Die Weltwirtschaftkrise jedoch sorgte dafür, dass der Radikalismus, und dabei vor allem der Rechtsradikalismus, wieder eine Massenbasis bekam.
Nicht nur die Arbeiterschaft wurde durch die Krise betroffen, sondern auch die ländlichen und städtischen Mittelschichten. Beide sanken, objektiv gesehen, ins Proletariat ab, ein Vorgang, der nach marxistischer Auffassung unvermeidlich war und als Anzeichen für die kommende proletarische Revolution gewertet wurde. Diese Rechnung ließ jedoch die subjektive Seite außer acht. Der Bauer auf eigener Scholle, der kleine Gewerbetreibende, der Angestellte, der Handwerker, der Selbständige in freien Berufen – sie alle wollten nicht deklassiert werden. Sie waren unerreichbar für die kommunistische Propaganda, die ihnen ja in voller Ehrlichkeit sagte, dass ihre Selbständigkeit schon längst Illusion geworden sei und dass zum Proletariat nicht mehr der geringste Unterschied bestünde.
Da hielten sie es schon lieber mit dem Nationalsozialismus, der jedem die Wiederherstellung seiner alten Herrlichkeit versprach und im Übrigen die Schuld am gegenwärtigen Wirtschaftselend nicht dem gegenwärtig herrschenden – und jedermanns Existenz bestimmenden – Wirtschaftssystem des Kapitalismus gab (wenn auch einige antikapitalistische Töne in der Propaganda mit unterkamen), sondern einer jüdischen Weltverschwörung, einer Macht also, die weder deutsch war, noch irgend etwas mit der gegenwärtigen Gesellschaft zu tun hatte, und zu deren Bekämpfung und Beseitigung kein schmerzhafter Eingriff in die eigene Gesellschaftsordnung nötig sein würde. Und die Propagandamaschine der NSDAP lief auf vollen Touren, gespeist inzwischen mit großzügigen Spenden von Großgrundbesitzern und Industriellen, die erkannt hatten, wie nützlich diese Partei war, die durch die Wirtschaftskrise in Bewegung geratenen Massen zur selben Zeit zu organisieren und von einem Umsturz der bestehenden Eigentumsverhältnisse abzuhalten.

„Liste 1, SPD“: Stolz kämpft der Arbeiter mit der „1“ für die SPD gegen „Bürgerblock und Hakenkreuz“. Wahlplakat der SPD zur Reichstagswahl am 14 September 1930.

59. Jahrgang — Abend-Ausgabe — Einzelnummer 10 Pfennig

Berliner Tageblatt

und Handels-Zeitung

Nr. 435 — Chefredakteur Theodor Wolff in Berlin — Montag, 15. September 1930 — Druck und Verlag von Rudolf Mosse in Berlin

Radikalisierter Reichstag.

Regierungsfähige Mehrheit nur mit Sozialdemokratie möglich.

Das neue Parlament.

Die Verteilung der 575 Mandate.

Nach der vorläufigen amtlichen Zählung wurden bei ...

Die insgesamt 575 (491) Mandate verteilen sich nach ...

Brüning hat das Wort.

Von Dr. ERNST FEDER.

Als „Erdrutsch“ ging die Septemberwahl 1930 in die Geschichte des Parlamentarismus in Deutschland ein. Die Kommunisten steigerten ihre Mandate von 45 auf 77, die Nationalsozialisten von 12 auf 107.

Republikschutzgesetz abgelehnt

Das sogenannte Republikschutzgesetz erhielt am 27. Juni 1929 im Reichstag nicht die notwendige Mehrheit und musste deshalb am 22. Juli 1929 außer Kraft treten. Das Gesetz zum Schutz der Republik war nach der Ermordung von Reichsaußenminister Walther Rathenau am 21. Juli 1922 auf fünf Jahre erlassen und 1927 um zwei Jahre verlängert worden. Es enthielt Strafbestimmungen gegen alle, die öffentliche Gewalttaten gegen die republikanische Staatsform, gegen Mitglieder der Reichsregierung und den Reichspräsidenten verherrlichten, billigten oder zu solchen Taten aufwiegelten. Auch wer die Reichsfarben, die Landesfarben oder die Reichswehr beschimpfte oder verächtlich machte, konnte bestraft werden. Die Landesregierungen wurden ermächtigt, Versammlungen zu verbieten, wenn ein aufrührerischer Verlauf dies rechtfertigte. Auch konnte – nach der ersten Fassung des Gesetzes – den Mitgliedern der bis 1918 regierenden Fürstenhäuser die Rückkehr ins Reichsgebiet untersagt oder ihr Aufenthalt beschränkt werden. Das Republikschutzgesetz sollte jetzt zum zweiten Mal verlängert werden, doch erhielt es nicht die notwendige Zwei-Drittel-Mehrheit. Für die Verlängerung stimmten die 263 Abgeordneten der Regierungsparteien (SPD, Deutsche Volkspartei, Demokratische Partei, Zentrum, Bayerische Volkspartei), dagegen die 166 Oppositionsabgeordneten. Als Innenminister Karl Severing (SPD) eine Erklärung abgeben wollte, wurde er von den nationalsozialistischen und den kommunistischen Abgeordneten durch Pfui-Rufe am Sprechen gehindert.
Erst nach einer Pause konnte er sagen, dass er eine neue Vorlage einbringen werde.

Die Filmoberprüfstelle in Berlin verbot am 11. Dezember 1930 die Aufführung des Films „Im Westen nichts Neues". Der von dem Amerikaner Lewis Milestone nach Erich Maria Remarques Antikriegsroman gedrehte Film war sofort nach seiner Premiere von sogenannten nationalen Kreisen heftig geschmäht worden; die SA provozierte in Berliner Kinos Zwischenfälle. Der Film war schon einmal kurz verboten worden. Die Revisionsverhandlung vor der Filmoberprüfstelle dauerte sechs Stunden. Ein Vertreter des Reichswehrministeriums argumentierte, der deutsche Offizier und auch der einfache Soldat würden nicht mit der Würde geschildert, die ihnen nach den unvergleichlichen Kriegsleistungen zustünde. Der Vertreter des Innenministeriums schloss sich dem an; der Film wirke auf den deutschen Beschauer „qualvoll und niederdrückend". Eine weitere Vorführung führe zu Gefährdung der öffentlichen Ordnung. Auch die Ländervertreter forderten das Verbot des Films. Die Prüfstelle sprach es wegen „Gefährdung des' deutschen Ansehens" aus.

Ein Tiefschlag bringt den Titel

12. Juni 1930, New York: Max Schmeling wird Schwergewichts-Weltmeister der Berufsboxer nach einem bösen Foul des Amerikaners Jack Sharkey.
Bis auf den heutigen Tag ist Max Schmeling der populärste Sportler in Deutschland. Nie war er nur ein Berufsboxer. Schmeling wurde schnell zum Mythos. Dabei wurde er anfangs eher mit Skepsis von seinen Landsleuten aufgenommen. Selbst als er an diesem Tag des Jahres 1930 erstmals um die Weltmeisterschaft im Schwergewicht kämpfte, blieb das öffentliche Interesse eher unterkühlt. Und sogar, als er dann wirklich „Meister aller Klassen" wurde, schlug ihm Häme und Spott entgegen.
Schmeling beschreibt in seinen „Erinnerungen" den Fight gegen den Amerikaner Jack Sharkey: „In der vierten Runde versuchte ich das

Max Schmeling (links) wird im Kampf gegen Jack Sharkey am 12. Juni 1930 Weltmeister im Schwergewicht der Berufsboxer.

Blatt zu wenden und die Initiative an mich zu nehmen. Die ersten ungestümen Angriffe Sharkeys blockte ich ab und ließ ihn durch Sidesteps ins Leere laufen. Aber dann konterte ich mehrfach, traf ihn ein paarmal voll und trieb ihn energisch vor mir her. Zweimal traf meine Rechte am Körper und schüttelte ihn heftig durch. Sein Kinn allerdings hielt er sorgfältig gedeckt. Als ich erneut nachsetzte, ließ er sich in die Seile fallen, um den Schwung zu einem Gegenschlag zu nutzen. Dann kam seine Linke. In diesem Augenblick durchzuckte mich ein stechender Schmerz. Ich fühlte, wie meine Beine wegknickten und ich auf das rechte Knie stürzte, ehe ich völlig zusammenbrach. Instinktiv versuchte ich, auf die Beine zukommen, aber ich war wie paralysiert. Weit entfernt hörte ich den Ringrichter zählen. Bei sechs kam, wie mir später berichtet wurde, die Glocke, die das Ende der Runde anzeigte."

Es war ein klarer Tiefschlag, ein böses Foul, das Max Schmeling kampfunfähig gemacht hatte. Für Ring- und Punktrichter gab es keine Debatte: Der Weltmeister wurde disqualifiziert, Schmeling zum neuen Titelträger erklärt. Doch die Enttäuschung folgte bald – die New Yorker Boxbehörde sperrte die Gage von 747.000 Mark und lehnte es ab, seinen Namen auf einer Säule eingravieren zu lassen, wo die Namen aller Weltmeister festgehalten sind. Und selbst in der Heimat wurde Schmeling äußerst frostig, fast feindselig empfangen. Seinen großen Ruf erwarb sich der „Schwarze Ulan vom Rhein", wie ihn die Amerikaner tauften, erst später.

„Der blaue Engel"

Josef von Sternberg, der Regisseur dieses berühmten, am 1. April 1930 uraufgeführten Films „Der blaue Engel" über Leidenschaft und Pflicht (nach dem Roman „Professor Unrat" von Heinrich Mann), versammelte mit Emil Jannings (Professor Rath), Marlene Dietrich (Lola) und Hans Albers (Mazeppa) eine Starbesetzung um sich, die den Film zu einem Klassiker machte.

In Sinnbildern von erschütternder Einfachheit wird hier die Tragödie eines einsamen, geistig hochstehenden, liebesarmen Menschen gestaltet, eines Idealisten, der im Zusammenstoß mit der rücksichtslosen Welt zerbricht. Jede Station dieses Lebensweges ist ein Symbol.

Ein Symbol ist die alte schöne Rathausuhr, nach deren Glockenschlag das ordentliche, wohlbehütete Leben des Lehrers Professor Dr. Immanuel Rath in immer gleicher Wiederkehr abrollt. Ein Symbol ist der arme kleine Vogel im Käfig, dem Rath seine ganze, von keinem Menschen begehrte Liebe schenkt.

Ein Sinnbild ist das Schulzimmer, dessen Luft der Jugendbildner mit aller Strenge, aber auch mit aller Gläubigkeit von giftigen Miasmen freizuhalten sucht. Eines Tages wird er gewahr, dass die Versuchungen des Lebens stärker sind als sein pädagogischer Wille. Um seine Schüler vor der abschüssigen Bahn zu retten, geht er ihnen nach in den „Blauen Engel".

Wieder wird in einem Sinnbild die „andere Seite der Welt" zusammengefasst: Fausts Studierstube – Walpurgisnacht. Die Züge des reinen Mädchens und der Versucherin (Gretchen – Helena) sind in eine Gestalt zusammengenommen. Der bis zu diesem Augenblick vollkommen Einsame erliegt den Lockungen des Weibes, dem fremden farbigen Zauber. Das Stück Kind in ihm fühlt sich beglückt durch ein Trugbild von Liebe. Er macht eine Unwürdige zu seiner Frau.

Hier ist die Katastrophe des Dramas. Was folgt, entspricht der Peripetie. Rath, Schulmann und Bürger durch und durch, wird seiner Lehrerstelle verlustig. Nun, da sein Fundament unter ihm weggezogen wird, verliert er auch innerlich den Halt. Mit unlösbaren Banden an jene Frau gefesselt, vergeblich sich auflehnend gegen seine Entwürdigung, verwandelt er sich in das Zerrbild seiner selbst: Der vordem die Heranwachsenden zu behüten suchte, steht nun allabendlich als Clown vor der gröhlenden Menge.

Als er in seiner Vaterstadt, dem Orte seines früheren Wirkens, auftreten soll, bricht der Wahnsinn aus ihm hervor, und in der Umnachtung ahnt er zum ersten Male ganz, was ihm widerfahren ist, was er verschuldet hat. Nur noch eine Sehnsucht treibt ihn, sich zu reinigen, sich zu entsühnen. Mit versagendem Herzen schleppt er sich in seine Heimat zurück, in die Schule, und bricht, von Gottes Barmherzigkeit erlöst, vor der Schultafel tot zusammen. Noch einmal läutet die alte Rathausuhr ihren Choral „Üb immer Treu und Redlichkeit" als symbolische Mahnung durch die stumme Stadt.

Marlene Dietrich als Chansonette Lola in dem Filmkunstwerk „Der blaue Engel", das 1930 nach dem Roman „Professor Unrat" von Heinrich Mann unter der Regie von Joseph von Sternberg gedreht wurde. In dieser Rolle wurde die Berlinerin mit dem bürgerlichen Namen Maria Magdalena von Losch mehr durch ihre Stimme als durch ihre schönen Beine über Nacht berühmt. Ihr Song „Ich bin von Kopf bis Fuß auf Liebe eingestellt" verzauberte nicht nur den Professor, dargestellt von Emil Jannings, sondern die ganze Welt. Die Dietrich folgte nach der Premiere 1931 ihrem Regisseur nach Hollywood und war trotz verlockender Angebote, so auch noch nach 1933 von Joseph Goebbels, nicht dazu zu bewegen, nach Deutschland zurückzukehren.

1931

JANUAR

5.1. Der ehemalige Hauptmann Ernst Röhm wird von Adolf Hitler zum Leiter der paramilitärischen, 70.000 Mitglieder zählenden Sturmabteilung (SA) ernannt. Röhm war von dieser Position im April 1925 wegen seiner Differenzen mit Hitler über die Rolle der SA zurückgetreten.
15.1. Die NSDAP gründet Betriebszellen, um Einfluss auf die Arbeiter in Großbetrieben zu gewinnen.
18.1. Hitler spricht mit dem Chef der Heeresleitung, Kurt Freiherr von Hammerstein-Equord, über die Möglichkeiten einer Verständigung mit der Reichswehrführung.

FEBRUAR

4.2. In Berlin verbietet der Polizeipräsident das NSDAP-Organ „Der Angriff". Immer wieder provoziert das von Joseph Goebbels herausgegebene Blatt mit der Rechtfertigung antisemitisch-nationalistischer Gewalttaten.
5.2. Im Reichstag bekräftigt Goebbels die radikale Opposition der Nationalsozialisten zum parlamentarischen System.
7.2. Der Reichstag lehnt einen weiteren Misstrauensantrag von NSDAP und KPD gegen die Regierung Heinrich Brüning ab.
10.2. Im Reichstag erklären 151 Abgeordnete der NSDAP, der Deutschnationalen Volkspartei (DNVP) und des Christlichen Landvolks ihren Auszug aus dem Parlament. Anlass ist eine Änderung der Geschäftsordnung, mit der den Parteien vor allem die permanente Behinderung der parlamentarischen Arbeit durch das wiederholte Einbringen von Misstrauensanträgen erschwert werden soll.
19.2. Uraufführung des Films „Die Dreigroschenoper" von Georg Wilhelm Pabst in Berlin.
20.2. Röhm verkündet eine Neugliederung der SA. Sie orientiert sich an der Truppeneinteilung des Militärs.

MÄRZ

5.3. Uraufführung des Stücks „Der Hauptmann von Köpenick" von Carl Zuckmayer in Berlin.
11.3. Tod des Filmregisseurs Friedrich Wilhelm Murnau in Santa Barbara (Kalifornien/USA).
12.3. Der Reichstag billigt eine neue Kraftfahrzeugsteuer. Sie sieht für Pkw mit Verbrennungsmotoren eine jährliche Steuer von 12 Reichsmark pro 100 Kubikzentimeter Hubraum vor.
15.3. Die Zahl der Arbeitslosen in Deutschland beträgt fast fünf Millionen. Nur die Hälfte von ihnen ist durch die Arbeitslosenversicherung abgesichert. 19 Prozent erhalten Mittel aus der Krisenunterstützung, der Rest ist auf die Wohlfahrt angewiesen. Die wirtschaftlichen und psychologischen Folgen der Weltwirtschaftskrise erzeugen eine allgemeine Katastrophenstimmung und bringen den radikalen Parteien Zulauf.
20.3. Der Reichstag billigt – bei Stimmenthaltung der Abgeordneten der SPD - die dritte Rate für den Bau des Panzerkreuzers A sowie die erste Rate für den des Panzerkreuzers B. Die SPD fürchtet bei Ablehnung des Etats eine Auflösung des Reichstags und die Stärkung der radikalen Parteien.
28.3. Reichspräsident Paul von Hindenburg schränkt mit einer Notverordnung zur Bekämpfung politischer Ausschreitungen das Versammlungsrecht und die Pressefreiheit ein.

APRIL

2.4. Der stellvertretende SA-Führer Walther Stennes wird von Hitler abgesetzt. Stennes forderte die sofortige Regierungsübernahme durch einen Staatsstreich, während Hitler offiziell auf strikter Legalität besteht. Hitler beauftragt Goebbels mit dem Parteiausschluss aller Sympathisanten von Stennes.

Zwei von Millionen. Die Arbeitslosigkeit war das große Problem der Regierungen in den letzten Jahren der Weimarer Republik. Keiner von ihnen gelang ein spürbarer Erfolg in der Beschäftigunspolitik. Ein Heer von Arbeitslosen, deren Zahl schließlich auf sechs Millionen anwuchs, demonstrierte augenfällig die Krise der parlamentarischen Demokratie.

MAI

11.5. Uraufführung des Films „M - Mörder unter uns" von Fritz Lang in Berlin.
13.5. Das Internationale Olympische Komitee (IOC) vergibt die Olympischen Spiele 1936 an Berlin.
17.5. Bei den Landtagswahlen in Oldenburg wird die NSDAP mit 37,2 Prozent der Stimmen stärkste Partei vor der SPD mit 20,9 Prozent. Die Nationalsozialisten stellen erstmals in einem Landesparlament die stärkste Fraktion.
19.5. Reichspräsident Hindenburg nimmt in Kiel am Stapellauf des Panzerkreuzers A teil. Das Schiff wird auf den Namen „Deutschland" getauft.

JUNI

5.6. Reichspräsident Hindenburg erlässt die Notverordnung „Zur Sicherung von Wirtschaft und Finanzen", die weitreichende Sparmaßnahmen vorsieht. In einem Aufruf an die Gläubigerstaaten Deutschlands fordert die Reichsregierung ein Ende der Reparationen.
6.6. Beim Brand des Münchner Glaspalasts, einer Glas-Stahl-Konstruktion am Botanischen Garten, werden über 3.000 Kunstwerke vernichtet. Darunter befinden sich bedeutende Gemälde der deutschen Romantik.
11.6. In mehreren Städten veranstaltet die KPD Kundgebungen und „Hungermärsche". Sie will damit auf die Arbeitslosigkeit hinweisen und Arbeitslose mobilisieren.
14.6. Mit einem 3:2-Sieg über den TSV 1860 München wird Hertha BSC Berlin Deutscher Fußballmeister.
20.6. In Reaktion auf die wirtschaftliche Krise in Deutschland schlägt der amerikanische Präsident Herbert Hoover ein einjähriges Moratorium für alle Reparationen und Kriegsschulden vor.
23.6. Reichskanzler Brüning würdigt den Moratoriumsvorschlag

Hoovers und schlägt eine deutsch-französische Aussprache über den Aufschub vor.

JULI

9.7. Der Unterrichtsausschuss des Preußischen Landtags ordnet die Entfernung des Antikriegsromans „Im Westen nichts Neues" aus allen Schulbüchereien an.
12.7. Tod des deutschen Literaturforschers und Historikers Friedrich Gundolf.
13.7. Zusammenbruch des drittgrößten Geldinstituts des Deutschen Reichs, der Darmstädter und Nationalbank (Danat-Bank) aufgrund des Abzugs ausländischer Kredite.
14.7. Der Konkurs der Danat-Bank führt zu einem Ansturm auf die Kreditinstitute. Hindenburg lässt per Notverordnung die Schalter zwei Tage schließen und den Zahlungsverkehr einschränken. Das Börsengeschäft wird erst am 11. April 1932 wieder aufgenommen.
19.6. Rudolf Carraciola gewinnt auf dem Nürburgring den Großen Preis von Deutschland.
21.7. Die Führer der „Nationalen Opposition" - Hitler (NSDAP), Alfred Hugenberg (DNVP) und Franz Seldte („Stahlhelm") – erklären, dass sie sich im Fall einer Regierungsübernahme nicht an die von Reichskanzler Brüning eingegagenen finanziellen Verpflichtungen halten werden.

AUGUST

1.8. Erstbesteigung der Matterhorn-Nordwand durch zwei Münchner Bergsteiger.
9.8. Ein vom „Stahlhelm" initiierter und von der KPD unterstützter Volksentscheid zur Auflösung des Preußischen Landtags scheitert. KPD und Stahlhelm meinten, nach den letzten Reichstagswahlen entspreche die preußische „Weimarer Regierungskoalition" nicht mehr dem Willen der Wähler.
11.8. In London wird auf einer Sachverständigenkonferenz ein Protokoll über das Hoover-Moratorium unterzeichnet. Die Reparationenzahlungen des Deutschen Reichs werden für ein Jahr ausgesetzt.
27.8. Die „Do X", das derzeit weltweit größte Flugzeug, landet in New York. Beim Flug von Lissabon nach Rio de Janeiro hat das von Claude Dornier entwickelte Flugboot eine Geschwindigkeit von 176 km/h erreicht.

SEPTEMBER

11.9. In Berlin trifft Hitler mit mehreren Industriellen zusammen, um ihnen seine wirtschaftspolitischen Ziele vorzustellen. Zu den Gästen gehören Fritz Thyssen, Emil Kirdorf und Albert Vögler.
12.9. Am jüdischen Neujahrstag werden von Berliner SA-Männern Geschäfte demoliert. Passanten, die sie für Juden halten, werden angegriffen und verletzt.
25.9. Das Präsidium des Reichsverbands der Deutschen Industrie wählt Gustav Krupp von Bohlen und Halbach zu seinem neuen Präsidenten.
28.9. Der französische Ministerpräsident Pierre Laval und Außenminister Briand beenden ihren Staatsbesuch in Berlin. Vor allem ihre Kranzniederlegung am Grab von Gustav Stresemann hat großes Aufsehen hervorgerufen.

OKTOBER

1.10. Die Höchstdauer der Arbeitslosenunterstützung wird von 26 auf 20 Wochen gekürzt.
3.10. Wegen des Scheiterns der Zollunion mit Österreich tritt Außenminister Curtius zurück. Der Internationale Gerichtshof in Den Haag beurteilte die Zollunion als unvereinbar mit dem Friedensvertrag von Saint-Germain.
7.10. Aus Anlass der Demission von Reichsaußenminister Curtius tritt das Kabinett Brüning zurück. Hindenburg verlangt eine stärkere Rechtsorientierung der neuen Regierung.
9.10. Reichspräsident Hindenburg beauftragt Brüning erneut mit der Regierungsbildung.
10.11. Hindenburg und Brüning empfangen Hitler zu einer Unterredung. Brüning hofft, durch eine Kooperation mit Hitler den politischen Druck der „Nationalen Opposition" zu schwächen; Hitler seinerseits sieht in einer Zusammenarbeit die Möglichkeit, dem legalen Zugang zur Macht näher zukommen.
11.10. Harzburger Front: Auf Initiative Hugenbergs treffen sich in Bad Harzburg die Vertreter der „Nationalen Opposition" (NSDAP, DNVP, „Stahlhelm" und die „Vereinigung Vaterländischer Verbände") zu einer Veranstaltung. Umrahmt von umfangreichen Aufmärschen ihrer paramilitärischen Verbände, betonen die Führer der äußersten Rechten ihren gemeinsamen Willen zum Sturz der Regierung.
13.10. Reichskanzler Brüning gibt seine Regierungserklärung ab. Die am 10. Februar aus dem Reichstag ausgezogene Rechtsopposition kehrt in den Reichstag zurück, um die Regierungspolitik zu blockieren.
21.10. Auf Initiative des Reichspräsidenten wird in Berlin der Reichswirtschaftsbeirat gebildet. Er besteht aus 25 Vertretern des Handels, der Schifffahrt und der Industrie.
Tod des Schriftstellers Arthur Schnitzler in Wien.

NOVEMBER

2.11. Uraufführung des Volksstücks „Geschichten aus dem Wienerwald" von Ödön von Horváth in Berlin.
3.11. Der preußische Innenminister Carl Severing (SPD) verbietet alle Umzüge und Versammlungen unter freiem Himmel.
8.11. Auf einer Kundgebung der DNVP betont Hugenberg die Eigenständigkeit seiner Partei gegenüber der NSDAP.
15.11. Bei den Landtagswahlen in Hessen wird die NSDAP mit 37 Prozent der Stimmen stärkste Partei vor der SPD mit 21,4 Prozent.
21.11. Uraufführung des Oratoriums „Das Unaufhörliche" von Paul Hindemith in Berlin.
23.11. Der Publizist Carl von Ossietzky wird in Leipzig wegen „Verrats militärischer Geheimnisse" zu 18 Monaten Haft verurteilt. Die von Ossietzky herausgegebene „Weltbühne" hat über den illegalen Bau von Militärflugzeugen berichtet. Teile der Öffentlichkeit protestieren vehement gegen diesen Angriff auf die Pressefreiheit.

DEZEMBER

24.12. Hitler lässt auf einer Pressekonferenz vor Auslandsjournalisten in Berlin verlauten, die NSDAP wolle nur auf legalem Wege an die Macht gelangen.
8.12. Reichspräsident Hindenburg erlässt eine weitere Notverordnung zur „Sicherung von Wirtschaft und Finanzen". Sie friert die Löhne auf dem Stand von Januar 1927 ein und sieht eine Senkung der Mieten vor.
10.12. In Oslo wird der Chemie-Nobelpreis an Carl Bosch und Friedrich Bergius für die Kohleverflüssigung vergeben. Den Medizin-Nobelpreis erhält Otto Warburg für die Erforschung des Atmungsferments.
Premiere des Spielfilms „Der weiße Rausch" von Arnold Fanck mit Leni Riefenstahl in der Hauptrolle.
16.12. Auf einer gemeinsamen Tagung proklamieren Vertreter der SPD, des Allgemeinen Deutschen Gewerkschaftsbunds (ADGB), der Arbeitersportverbände und des Reichsbanners Schwarz-Rot-Gold die „Eiserne Front" zur „Abwendung der faschistischen Gefahr".
22.12. Uraufführung des Films „Der Hauptmann von Köpenick" in Berlin.
31.12. Die Arbeitslosenzahl erreicht die Höhe von 5,6 Millionen.

AUSSERDEM

Hermann Broch: Die Schlafwandler (Romantrilogie)
Leonhard Frank: Von drei Millionen drei (Arbeitslosenroman)
Karl Jaspers: Die geistige Situation der Zeit (Philosophische Schrift)
Erich Kästner: Fabian (Roman)
Kurt Tucholsky: Schloss Gripsholm (Roman)
Arnold Zweig: Junge Frau von 1914 (Roman)

Harzburger Front

Am 11. Oktober 1931 fand sich die „nationale Opposition" in Bad Harzburg zu einer Tagung zusammen, die das nachfolgende Manifest beschloss. Das Bündnis aus NSDAP, Deutschnationalen, Stahlhelm, Alldeutschem Verband und Vaterländischen Verbänden hielt allerdings nicht lange. Vor allem Hitler war bestrebt, den „bürgerlichen Mischmasch" der sogenannten Harzburger Front so bald wie möglich wieder zu verlassen:

Die nationale Front, einig in ihren Parteien, Bünden und Gruppen, von dem Willen beseelt, gemeinsam und geschlossen zu handeln, gibt Folgendes kund:

Die Nationale Opposition hat seit Jahren vergeblich gewarnt vor dem Versagen der Regierungen und des Staatsapparates gegenüber dem Blutterror des Marxismus, dem fortschreitenden Kulturbolschewismus und der Zerreißung der Nation durch den Klassenkampf, vor der planmäßigen Ausschaltung der nationalen Kräfte aus der Leitung des Staates, vor einer Politik, die in der politischen, wirtschaftlichen und militärischen Entmannung Deutschlands noch über das Diktat von Versailles hinausgeht, vor einer Politik, die die heimische Wirtschaft zugunsten weltwirtschaftlicher Utopien preisgibt, vor einer Politik der Unterwürfigkeit dem Ausland gegenüber, die weder die Gleichberechtigung Deutschlands gebracht hat, noch den zerrissenen Osten vor einem kriegerischen Einbruch bewahrt.

Im Juli 1931 stellte die Darmstädter und Nationalbank ihre Zahlungen ein. Im ganzen Reich drängten sich Konteninhaber, die um ihr Geld fürchteten, vor den Türen der Bankhäuser und Sparkassen.

Entschlossen, unser Land vor dem Chaos des Bolschewismus zu bewahren, unsere Politik durch wirksame Selbsthilfe aus dem Strudel des Wirtschaftsbankrotts zu retten und damit der Welt zu wirklichem Frieden zu verhelfen, erklären wir: Wir sind bereit, im Reich und in Preußen in national geführten Regierungen die Verantwortung zu übernehmen. Wir stoßen keine Hand zurück, die sich uns zu wirklich ehrlicher Zusammenarbeit anbietet.

Wir müssen es aber ablehnen, die Erhaltung eines falschen Systems und Fortsetzung eines falschen Kurses in einer nur national getarnten Regierung der bisherigen Kräfte irgendwie zu stützen. Jede Regierung, die gegen den Willen der geschlossenen Nationalen Opposition gebildet werden sollte, muss mit unserer Gegnerschaft rechnen.

So fordern wir den sofortigen Rücktritt der Regierungen Brüning und Braun, die sofortige Aufhebung der diktatorischen Vollmachten für Regierungen, deren Zusammensetzung nicht dem Volkswillen entspricht und die sich nur noch mit Notverordnungen am Ruder halten; wir fordern sofortige Neuwahl der überalterten Volksvertretungen, vor allem im Reich und in Preußen.

Im vollen Bewusstsein der damit übernommenen Verantwortung erklären wir, dass die in der nationalen Opposition stehenden Verbände bei kommenden Unruhen wohl Leben und Eigentum, Haus, Hof und Arbeitsstelle derjenigen verteidigen werden, die sich mit uns offen zur Nation bekennen, dass wir es aber ablehnen, die heutige Regierung und das heute herrschende System mit dem Einsatz unseres Blutes zu schützen.

Wir verlangen Wiederherstellung der deutschen Wehrhoheit und

Adolf Hitler und sein Stab in Bad Harzburg. Die Feinde von rechts, die nach dem Ende der Weimarer Republik schrien, formierten sich am 11. Oktober 1931 zur „Harzburger Front". Deutschnationale, „Stahlhelm" und Nationalsozialisten wollte Adolf Hitler „unter seinen härteren Willen bringen", jedoch das Bündnis von Harzburg blieb bloße Deklamation. Vor allem Hitler war nicht bereit, seine Partei allzu eng in eine Aktionseinheit einzubinden.

Rüstungsausgleich. Einig stehen wir zu diesen Forderungen. Geächtet ist jeder, der unsere Front zersetzen will.

Wir beschwören den durch uns gewählten Reichspräsidenten v. Hindenburg, dass er dem stürmischen Drängen von Millionen vaterländischer Männer und Frauen, Frontsoldaten und Jugend entspricht und in letzter Stunde durch Berufung einer wirklichen Nationalregierung den rettenden Kurswechsel herbeiführt.

Die Träger dieser Nationalregierung wissen um die Wünsche und Nöte des deutschen Volkes aus ihrer blutmäßigen Verbundenheit mit diesem. Sie haben die Entwickelung der letzten Jahre vorausgesagt. Der Ablauf der Geschehnisse hat die Richtigkeit ihrer Vorschläge und Forderungen erwiesen. Darin sehen wir in tiefstem Sinne die Berechtigung zur Übernahme der Regierungsgewalt. Nur der starke nationale Staat kann Wirtschaft und Arbeitsplatz schützen, nur der starke nationale Staat kann das Leistungsprinzip in jeder Form verwirklichen und die zur Herbeiführung einer wahren Volksgemeinschaft notwendigen sozialen Maßnahmen durchführen.

Wir verlangen von allen Volksgenossen Pflichterfüllung und Opfer. Wir glauben an die Erfüllung unserer Aufgabe, weil wir auf die deutsche Kraft, auf die Zukunft unseres Volkes vertrauen.

Parallel zum Manifest der Harzburger Front veröffentlichte Hitler noch eine eigene Erklärung – um die Selbstständigkeit seiner Partei innerhalb der „nationalen Opposition" zu betonen:

Die Regierung Brüning und jede ihr wesensgleiche oder verwandte Regierung in den Ländern besitzen heute nicht mehr die Zustimmung und das Vertrauen jenes Teiles unseres deutschen Volkes, der ziffern- und wertmäßig allein der verantwortliche Träger unseres Lebens und unserer Zukunft sein kann: Sie sind deshalb reif zum Sturz!

Wir fordern, dass die Macht und Verantwortung in die Hand der nationalen Opposition gelegt werden. Parteien, die gegen diesen von uns bekundeten Willen stehen oder Stellung nehmen, werden wir bis aufs Äußerste bekämpfen. Regierungen, die ohne oder gegen uns gebildet werden oder zu regieren versuchen, lehnen wir ab. Ein System aber, das uns verfolgt, darf auch in der Zeit der Not, ja selbst der Todesgefahr, von jetzt ab nicht mehr auf unsere Hilfe oder unseren Schutz hoffen.

Nationalsozialisten! Parteigenossen und Parteigenossinnen! Ihr wisst, wir haben nie Versprechungen gegeben und tun es auch heute nicht. Wir versichern nur, dass es unser heiliger Ernst ist, aus dem Deutschland des politischen, kulturellen und sozialen Verfalls wieder ein Reich zu zimmern, das seinen Bürgern Ehre, Freiheit und Brot zurückgeben wird.

Bad Harzburg, 11. Oktober 1931.
Adolf Hitler.

Die „Dreigroschenoper" als Film

Als Bertolt Brecht und Kurt Weill 1928 „Die Dreigroschenoper" schrieben, war sie als ein beißender Angriff gegen die verlogene Moral der damaligen bürgerlichen Gesellschaft gedacht. Am 19. Februar 1931 flimmerte die erste filmische Version der Bettleroper über die deutschen Kinoleinwände. Unter der Regie von G.W. Pabst agierten Rudolf Forster als Mackie Messer, Carola Neher, Fritz Rasp und Valeska Gert als die Peechums, Lotte Lenya als Jenny u.v.a.

„Und der Haifisch, der hat Zähne ..." singt ein Moritatensänger, und er berichtet von den Untaten, die der gefürchtete „Mackie Messer" um die Jahrhundertwende in Soho beging.

Soho war damals das Unterweltviertel von London, in dem, wie der Autor Bertold Brecht es schildert, „die Bettlern betteln, die Diebe stehlen und die Huren huren". Zwielichtige Gestalten beiderlei Geschlechts bevölkerten Straßen, Plätze und Häuser – und unter ihnen war Mackie Messer der Berühmteste und der Berüchtigste.

Eines Abends lernt Mackie die junge Polly und ihre Mutter, Mrs. Peachum, kennen. Er lädt die Damen zum Tanz ins „Tintenfisch-Hotel" ein, umgarnt das junge Mädchen und nimmt auch die Mutter für sich ein. Pollys Vater aber, der Mackies schlechten Ruf kennt, ist entsetzt über diese Liaison. Jonathan Jeremias Peachum ist der ungekrönte Bettlerkönig von London. Er hat die Kunst des Bettelns zur Wissenschaft erhoben und die ausübenden Bettler in London streng organisiert. Er fürchtet nun, dass der durchtriebene Mackie ihm sein Geschäft verderben könnte.

Doch wo die Liebe hinfällt, hört niemand auf die Vernunft. Polly lässt sich nicht von der kurzfristig beschlossenen Heirat abbringen. Die Zeremonie findet in einem alten, leerstehenden Pferdestall statt. Mackies Kumpane, unter ihnen Typen wie „Münz-Matthias", „Hakenfinger-Jakob", „Säge-Robert" und „Trauerweiden-Walter", haben den Stall mit gestohlenen Möbeln halbwegs wohnlich eingerichtet. Ehrengast dieser merkwürdigen Trauung, die von dem den Ganoven wohlbekannten Pastor Kimball vollzogen wird, ist der Polizeichef Brown, genannt „Tiger-Brown". Mackie und Brown tauschen Erinnerungen an die gemeinsame Militärzeit aus und singen begeistert den „Kanonen-Song", der von ihren damaligen Heldentaten berichtet.

Der alte Peachum ist außer sich. Er zeigt den Verführer seiner Tochter bei Polizeichef Brown an, des-

Entschlossen, die Republik zu verteidigen, gründeten die SPD, die Gewerkschaften und das Reichsbanner im Dezember 1931 die „Eiserne Front".

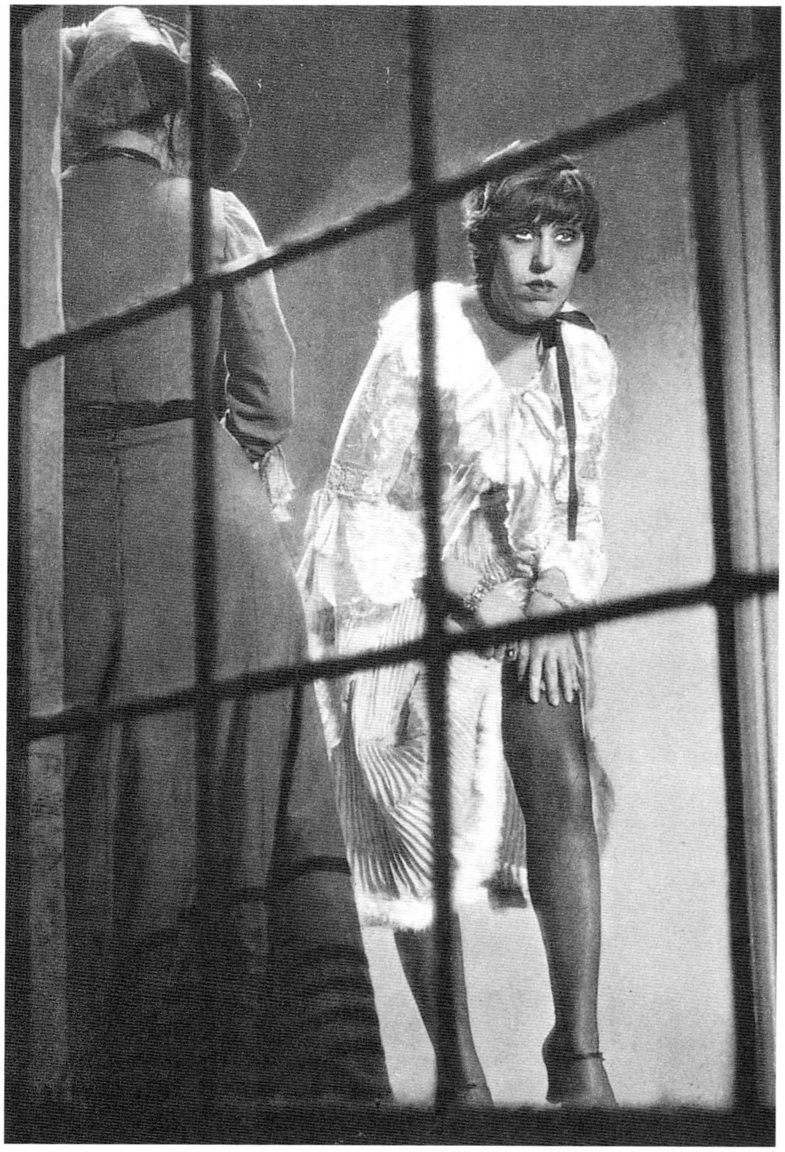

Lotte Lenya als Tellerwäscherin Jenny in der Verfilmung von Bertolt Brechts Erfolgsstück „Die Dreigroschenoper" von G. W. Pabst. Die gebürtige Wienerin heiratete später den Komponisten der Oper, Kurt Weill.

sen Tochter Lucy übrigens auch zu Mackies Geliebten zählt. Frau Peachum schlägt offenbar den erfolgreicheren Weg ein: Sie wiegelt die Spelunken-Jenny und ihre Freundinnen in dem Bordell in Turnbridge auf, wo Mackie Stammgast ist, und verspricht ihnen eine angemessene Belohnung, wenn sie Mackie bei seinem nächsten Besuch denunzieren. Mackie nimmt gutgemeinte Warnungen nicht ernst, und so wird er tatsächlich in Turnbridge festgenommen.
Doch noch einmal kann der listige Mackie entfliehen. Die Huren randalieren – sie wollen ihre Belohnung haben. Peachum tobt. Auch er rechnet mit 40 Pfund Belohnung, die offiziell auf Mackies Ergreifung ausgesetzt wurden, vor allem aber will er den verhassten Mackie hängen sehen. Die lange Liste seiner Gewaltverbrechen, so lange von seinem Freunde Tiger-Brown immer wieder unterdrückt, reicht ohne weiteres für die Todesstrafe aus.
Nun setzt Peachum Brown unter Druck, und als bekannt wird, dass der flüchtige Mackie sich wieder einmal bei einem Mädchen, diesmal bei Suky Tawdry, aufhält, schickt er seine Häscher los.
Jetzt soll Mackies letztes Stündchen schlagen, und zwar sehr schnell, denn Polizeichef Brown fürchtet, dass die organisierten Bettlermassen Peachums bei der am selben Tage stattfindenden Krönung der Königin Unruhe stiften könnten.
Um sechs Uhr früh soll Mackie an den Galgen, dann können die Menschenmengen, die alle Wege zum Gefängnis von Old Bailey versperren, rechtzeitig um sieben bei der Krönung sein. Verzweifelt versucht Mackie, durch seine Leute Geld auftreiben zu lassen, um durch eine letzte Bestechung freizukommen. Vergebens – die Straßen sind so hoffnungslos verstopft, dass seine Sendboten nicht durchkommen.
Schon steht Mackie unter dem Galgen, da trifft Tiger-Brown als reitender Bote der Königin ein. Aus Anlass ihrer festlichen Krönung begnadigt sie Mackie Messer, erhebt ihn in den Adelsstand und vermacht ihm ein prächtiges Schloss und eine Lebensrente! Ein Happy-End, wie es nur eine Bettler-Oper haben kann.

„M – eine Stadt sucht einen Mörder"

In dem berühmten Streifen von Fritz Lang sind die Rollen mit Stars des deutschen Films besetzt: Peter Lorre, Gustaf Gründgens und Theo Lingen, um nur einige zu nennen.
Der ungemein spannende und packende Film „M – eine Stadt sucht einen Mörder" hatte am 11. Mai 1931 Premiere und ersten Erfolg. Eine Großstadt wird monatelang

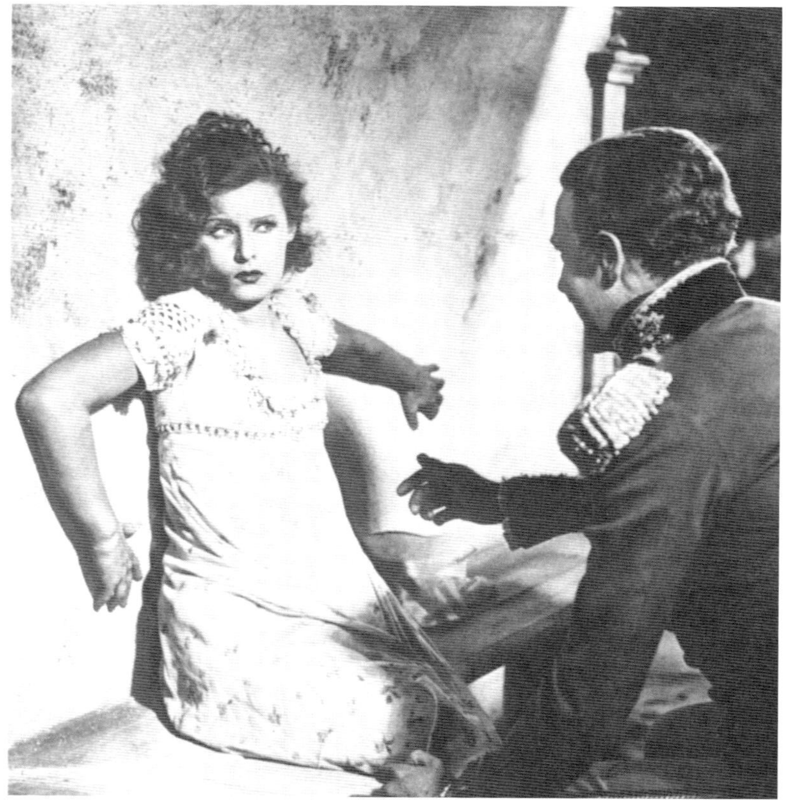

Das ideale Liebespaar des deutschen Films: Lilian Harvey und Willy Fritsch in „Der Kongress tanzt". – In den USA und in Deutschland versuchte man die Vorzüge des Tonfilms dem Stummfilm gegenüber hauptsächlich in Musikfilmen zu demonstrieren. Ein Spezialist der luxuriös ausgestatteten Filmoperette war Erich Pommer in Berlin. Er produzierte 1931 den Film „Der Kongress tanzt". Der Regisseur Erik Charell verstand es, den Rhythmus der Musik und der Bilder überzeugend zu verschmelzen, und die beiden Hauptdarsteller, besonders aber Lilian Harvey, verkörperte charmant und graziös das „Wiener Gemüt". Die Leitmelodie des Films „Das muss ein Stück vom Himmel sein" entwickelte sich rasch zum bekannten Schlager.

von einem pathologischen Kindesmörder terrorisiert.
Immer wieder zeigen die Plakate an den Anschlagsäulen die neuen Untaten des bestialischen Triebverbrechers an. Immer höher werden die Belohnungen, immer größer die Nervosität der Polizei und der Behörden und immer stärker die Unruhe unter der Bevölkerung, die in der Angstpsychose und Erregung in jedem Verdächtigen den Kindesmörder sieht.
Aber auch die Unterwelt wird, durch die Intensität der Polizei, erheblich in ihren „Geschäften" gestört, und da sie sich außerdem in ihrer Ganovenehre von den Methoden des Mörders distanziert, nimmt sie gleichfalls den Kampf gegen diese Bestie in Menschengestalt auf. Ein spannender Zweikampf zwischen Polizei und Unterwelt setzt ein, wobei sich jeder das gleiche Ziel gesteckt hat, das sich lediglich in der Durchführung und Methodik unterscheidet.
Der Unterwelt, unter Führung ihres genialen Anführers, gelingt es als erster, durch ihre weitverzweigten Organisationen den Mörder zu stellen. – Erst in letzter Minute vermag die Polizei den bereits von dem Ganovengericht zum Tode verurteilten Täter vor der Lynchjustiz der Unterwelt zu retten und vor einem ordentlichen Gericht seiner gerechten Strafe zuzuführen.

Todesstrafe für Massenmörder

Einer der größten Mordprozesse der deutschen Kriminalgeschichte ging am 22. April 1931 zu Ende: Der „Düsseldorfer Massenmörder" Peter Kürten wurde zum Tode verurteilt.
Im Jahre 1929 war Düsseldorf durch acht Morde, sieben Mordversuche und zahlreiche Sittlichkeitsverbrechen erschreckt worden. Im Mai 1930 konnte ein überfallenes Dienstmädchen so präzise Angaben machen, dass Kürten als Täter identifiziert wurde. Er gestand die Verbrechen und gab auch an, schon im Jahre 1913 ein Kind ermordet zu haben. Die Sachverständigen erklärten Kürten für voll zurechnungsfähig. In der Urteilsverkündung hieß es: „Der Angeklagte ist des Mordes in neun Fällen und in zwei Fällen der Notzucht und der gewaltsamen Vornahme unzüchtiger Handlungen schuldig. Er wird für jeden Fall des Mordes mit dem Tode bestraft, ferner wegen Mordversuches in sieben Fällen zu einer Gesamtstrafe von 15 Jahren Zuchthaus verurteilt."
Am 2. Juli 1931 wurde Kürten hingerichtet. Die deutsche Presse wandte sich alsbald anderen Themen zu: Die Arbeitslosenzahl war über die 5-Millionen-Grenze geklettert, und Mitte Juli schlossen die Banken und Börsen ihre Pforten.

Hermann Müller

* Mannheim, 18. Mai 1876
† Berlin, 20. März 1931

Das Weimarer Kanzler-Karussell drehte sich rasch. In den 14 Jahren der Republik gab es 12 Kanzler; durchschnittliche Verweildauer: 14 Monate.
Dass Weimar so kurzlebige Kanzler hatte, lag an einem Konstruktionsmangel der Reichsverfassung: Sie besaß nicht die wohltuende Sicherungsklausel des Grundgesetzes, wonach ein Regierungschef nur gestürzt werden kann, wenn das Parlament schon den Nachfolger präsentiert. (Bonn hat von Weimar gelernt, von seiner unseligen Instabilität.) Das Stürzen ging schnell; für den Nachfolger mochte der Reichspräsident sorgen. Da die vielen Splitterparteien (fehlende Fünf-Prozent-Klausel) die gemeinsame Willensbildung zusätzlich erschwerten, verlagerte sich die Staatsmacht immer mehr aus dem Parlament hinaus zum Staatsoberhaupt. Mit Kermann Müller kam eine der erfreulichsten Erscheinungen der deutschen Politik ins Reichskanzler-Palais. Nicht nur, dass der Mannheimer als der nach Ebert fähigste Kopf der Sozialdemokraten galt – auch Gegner bescheinigten ihm hohe menschliche Qualität, vor allem einen ausgleichenden, versöhnlichen Charakter. Als Außenminister unter Gustav Bauer hatte er sich (zusammen mit Verkehrsminister Bell) mit Würde der bitteren Aufgabe entledigt, den Vertrag von Versailles zu unterzeichnen.
Das erste seiner beiden Kabinette stand ganz im Zeichen der Reichstagswahlen. Sie brachten der SPD eine schwere Schlappe. Die gesamte „Weimarer Koalition" (SPD, Demokraten, Zentrum) behauptete nurmehr 202 von 454 Sitzen. Müller trat zurück. Er führte dann acht Jahre die Fraktion. Erst 1928 wurde er nochmals mit der Kabinettsbildung betraut.
Jene folgenden 21 Monate waren seine eigentliche Belastungsprobe: eine Fünf-Parteien-Koalition zu führen vor dem sozialen Hintergrund von über drei Millionen Arbeitslosen und wachsendem Druck von rechts und links.
Das zweite Kabinett Müller bedeutet die Peripetie der ersten Republik: den Übergang von den fünf relativ guten Jahren zur schweren Existenzkrise. Nachdem die Koalition über der Frage einer Erhöhung der Arbeitslosenversicherung (!) auseinandergebrochen war, hatte die SPD damit – noch ahnungslos – für mehr als 35 Jahre ihre Herrschaft oder Mitherrschaft in Deutschland beendet.

Peter Lore in Fritz Langs Film „M – Eine Stadt sucht einen Mörder" der am 11. Mai 1931 uraufgeführt wurde.

1932

JANUAR

6.1. Reichskanzler Heinrich Brüning (Zentrum) erklärt gegenüber den Botschaftern Frankreichs und Großbritanniens, dass Deutschland auch nach Ablauf des „Hoover-Moratoriums" keine Reparationszahlungen mehr leisten könne.
19.1. 200 Mitglieder der Sturmabteilung (SA) sprengen eine Parteiversammlung der Kommunistischen Partei Deutschlands (KPD). Bei den Auseinandersetzungen werden zwei Kommunisten getötet.
27.1. Vor dem Düsseldorfer Industrieclub erklärt Adolf Hitler (NSDAP), die Überwindung des parlamentarischen Systems sei die wichtigste Voraussetzung zur Beseitigung der wirtschaftlichen Krise. Die Mehrheit der anwesenden Wirtschaftsführer nimmt die Rede mit Zustimmung auf.
29.1. Reichswehrminister Wilhelm Groener (parteilos) erlässt eine Verordnung, die Nationalsozialisten, nicht aber Kommunisten, den Eintritt in die Reichswehr erlaubt.

FEBRUAR

15.2. Nach Angaben des Reichsarbeitsministeriums sind in Deutschland 6,127 Millionen Menschen arbeitslos. Jeder dritte Arbeitnehmer ist ohne Beschäftigung. Die katastrophale wirtschaftliche Lage der meisten Arbeitslosen und Kurzarbeiter führt zu zunehmender Unzufriedenheit mit der Republik.
24.2. Im Vorfeld der Reichspräsidentenwahl führt die NSDAP ein neues Propagandamittel ein: Rund 50.000 Schallplatten mit Reden Hitlers werden in mehreren Städten verteilt.
25.2. Die Regierung von Braunschweig ernennt Hitler zum Regierungsrat ihrer Gesandtschaft in Berlin. Dadurch erhält er die deutsche Staatsbürgerschaft. Sie ist für die Kandidatur zur Reichspräsidentenwahl notwendig.
In Berlin treten rund 12.000 Gastwirte in einen „Bierstreik", um die Herabsetzung der Biersteuer zu erwirken.
26.2. Im Reichstag scheitert ein von der NSDAP, der Deutschnationalen Volkspartei (DNVP) sowie der Deutschen Volkspartei (DVP) eingebrachtes Misstrauensvotum gegen die Wirtschaftspolitik Brünings.
27.2. Die SPD ruft ihre Mitglieder auf, bei der Reichspräsidentenwahl für Hindenburg zu stimmen.

MÄRZ

13.3. Beim ersten Wahlgang zur Reichspräsidentenwahl kann keiner der Kandidaten die erforderliche absolute Mehrheit der Stimmen auf sich vereinen. Der amtierende Reichspräsident Hindenburg erhält 49,6 Prozent, Hitler 30,1 Prozent und Ernst Thälmann (KPD) 4,98 Prozent der Stimmen. Der zweite Wahlgang wird auf den 10. April festgesetzt.
20.3. Das Luftschiff LZ 127 „Graf Zeppelin" nimmt den regelmäßigen Luftfahrtdienst nach Südamerika auf.
24.3. Uraufführung des Films „Das blaue Licht" von Leni Riefenstahl in Berlin.

APRIL

4.4. Tod des Chemikers und Philosophen Wilhelm Ostwald in Großbothen.
10.4. Bei der Reichspräsidentenwahl erhält Hindenburg im zweiten Wahlgang 53 Prozent der Stimmen und ist damit neuer Reichspräsident. Hitler kommt auf 36,8 Prozent, Thälmann auf 10,2 Prozent der Stimmen.
13.4. Auf Grundlage der von Hindenburg erlassenen Notverordnung „zur Sicherung der Staatsautorität" verbietet Brüning SA und Schutzstaffel (SS). Die Regierung befürchtet einen Putschversuch der rechtsradikalen Organisationen.
24.4. Bei den Landtagswahlen in Preußen, Bayern, Württemberg und Anhalt sowie den Bürgerschaftswahlen in Hamburg kommt es zu Stimmengewinnen der NSDAP. Außer in Bayern, wo die Bayerische Volkspartei (BVP) einen knappen Stimmenvorsprung hat, wird die NSDAP überall stärkste Fraktion. Auch die Koalitionsregierung in Preußen unter Otto Braun (SPD) verliert ihre Mehrheit.

MAI

10.5. Reichswehrminister Groener verteidigt im Reichstag das Verbot von SA und SS. Die NSDAP-Fraktion antwortet mit wüsten Beschimpfungen. Groeners engster Mitarbeiter Generalmajor Kurt von Schleicher erklärt, Groener sei für die Führung der Reichswehr untragbar geworden. Bereits seit Anfang Mai plant Schleicher den Sturz von Brüning und Groener.
11.5. Nach Angaben des Statistischen Reichsamts ist die industrielle Weltproduktion auf den Stand von 1913 gesunken.
21.5. Der Landtag von Anhalt wählt in Dessau den Nationalsozialisten Alfred (Bernard) Freyberg zum Ministerpräsidenten. Freyberg ist der erste nationalsozialistische Ministerpräsident eines deutschen Landes.
29.5. Reichspräsident Hindenburg fordert Brüning zum Rücktritt auf. Anlass dieses Vertrauensentzugs ist Hindenburgs von großagrarischen Interessen geprägter Widerstand gegen Brünings Ostsiedlungsprogramm, das die Enteignung ostelbischer Güter zum Zwecke der Besiedlung durch Arbeits- und Landlose vorsieht.
31.5. Auf Vorschlag Schleichers beauftragt Hindenburg Franz von Papen (Zentrum) mit der Regierungsbildung. Papen bildet ein Präsidialkabinett. In diesem „Kabinett der Barone" werden sieben der elf Ressorts von überwiegend deutschnationalen Adligen geleitet. Schleicher übernimmt das Reichswehrministerium.

JUNI

3.6. Reichskanzler Papen tritt aus dem Zentrum aus und kommt damit dem Parteiausschluss zuvor. Die Partei kritisiert Papen für seine Beteiligung am Sturz des früheren Reichskanzlers Brüning.
4.6. Das Kabinett Papens wird nur von den Deutschnationalen (DNVP) unterstützt, die NSDAP sagt die Tolerierung nach Rücknahme des SA- und SS-Verbots zu. Auf Antrag Papens löst der Reichspräsident den Reichstag auf und schreibt Neuwahlen für den 31. Juli aus.
12.6. Mit einem 2:0-Sieg über Eintracht Frankfurt wird der FC Bayern München Deutscher Fußballmeister.
16.6.-9.7. Internationale Konferenz zur Regelung der Reparationen in Lausanne. Das Deutsche Reich wird verpflichtet, nur noch eine Abschlusszahlung in Höhe von drei Milliarden Reichsmark zu zahlen. Restzahlungen sowie die Tilgung der Dawes- und der Young-Anleihe bleiben dagegen bestehen.
21.6. Max Schmeling verliert in New York seinen Titel als Boxweltmeister nach einem Kampf über 15 Runden.

JULI

17.7. In mehreren Städten kommt es zu Zusammenstößen zwischen Kommunisten und Nationalsozialisten. Den ersten Höhepunkt der bürgerkriegsähnlichen Kämpfe nach Wiederzulassung der SA bildet der „Altonaer Blutsonntag": Die SA provoziert gezielt Straßenkämpfe mit Kommunisten. Bei den Schießereien sterben 18 Menschen.
31.7. Bei der Reichstagswahl wird die NSDAP mit 37,4 Prozent stärkste Fraktion vor der SPD mit 21,6 Prozent. Die Wahl ergibt keinerlei regierungsfähige Mehrheiten. Die NSDAP stellt mit Hermann Göring den Reichstagspräsidenten.

AUGUST

6.8. Freigabe der ersten Autobahnstrecke des Deutschen Reichs. Sie verbindet Köln und Bonn.
In Venedig werden erstmals Filmfestspiele veranstaltet. Großen Erfolg hat der deutsche Beitrag „Das blaue Licht" von Riefenstahl.
13.8. Hitler und Papen zum Gespräch bei Hindenburg: Hitler lehnt eine Ernennung zum Vize-

kanzler ab. Durch Einbindung der NSDAP in die Regierungsverantwortung sollte das radikale Potential der Partei entschärft werden. Hitler fordert das Amt des Reichskanzlers.

22.8. Ein Sondergericht in Beuthen verurteilt fünf SA-Angehörige zum Tode, die einen kommunistischen Arbeiter totgeschlagen haben. Damit wird die neue Notverordnung gegen politischen Terror und Mord erstmals in voller Schärfe angewandt. Eine Woche später werden die Täter zu lebenslanger Haft begnadigt.

30.8. Reichstagspräsident Göring verkündet als erste Amtshandlung die Vertagung des Reichstags auf unbestimmte Zeit.

SEPTEMBER

12.9. Bei einem von der KPD eingebrachten Misstrauensantrag gegen die Wirtschaftspolitik Papens sprechen sich 512 der 554 Abgeordneten gegen die Regierung aus. Papen und Hindenburg reagieren mit der Auflösung des Reichstags. Die Neuwahlen werden auf den 6. November festgesetzt.

13.9. Hitler ernennt Franz Ritter von Epp zum Leiter des neu geschaffenen Wehrpolitischen Amts der NSDAP.

23.9. Im Reichsgebiet kommt es wegen der im Wirtschaftsprogramm Papens vorgesehenen Lohnkürzungen zu Streiks.

26.9. Die Komödie „Christoph Columbus oder Die Entdeckung Amerikas“ von Walter Hasenclever wird in Leipzig uraufgeführt.

30.9. Auf Beschluss des Stadtrats von Dessau (Anhalt) muss das Bauhaus seinen Lehr- und Forschungsbetrieb einstellen. Anhalt wird von einer Koalition von NSDAP, DNVP und DVP regiert. Konservative und nationalsozialistische Gegner des Bauhauses haben in einer Hetzkampagne die funktionalistische Formgebung des Bauhauses kritisiert.

OKTOBER

1.10. Die NSDAP veranstaltet in Potsdam einen „Reichsjugendtag“, an dem rund 110.000 Menschen teilnehmen.

NOVEMBER

3.11. Die Nationalsozialistische Betriebszellenorganisation (NSBO) und die kommunistische Revolutionäre Gewerkschaftsopposition (RGO) rufen die Beschäftigten der Berliner Verkehrsbetriebe (BVG) zum Streik auf, um eine zweiprozentige Lohnerhöhung durchzusetzen (BVG-Streik). Ein Teil der Beschäftigten folgt dem Aufruf.

6.11. Bei der Reichstagswahl verliert die NSDAP gegenüber der Wahl im Juli 4,3 Prozent. Dennoch bleibt sie mit 33,1 Prozent der Stimmen stärkste Partei. Zweitstärkste Partei bleibt die SPD mit 20,4 Prozent. Die KPD, DNVP und DVP verbessern sich um einige Mandate.

7.11. Hindenburg ordnet per Notverordnung einen „politischen Burgfrieden“ an und untersagt alle politischen Kundgebungen. Die bis zum 19. November begrenzte Verordnung wird nach Ablauf der Frist bis zum 2. Januar verlängert.

17.11. Bis auf die DNVP entziehen alle im Reichstag vertretenen Parteien dem Reichskanzler Papen das Vertrauen. Papen tritt zurück.

21.-24.11. Der Reichspräsident bietet Adolf Hitler (NSDAP) die Kanzlerschaft an, wenn ihm die Zusammenstellung eines Kabinetts mit parlamentarischer Zustimmung gelingt. Zentrum und DNVP machen deutlich, dass sie Hitler nicht unterstützen werden. Hitler präsentiert Hindenburg daraufhin ein Schriftstück, in dem 20 führende Vertreter der deutschen Wirtschaft, darunter auch der ehemalige Reichsbankpräsident Hjalmar Schacht, die Bildung eines vom Parlament unabhängigen Präsidialkabinetts unter Hitler befürworten. Hindenburg lehnt ab. Er fürchtet eine Diktatur Hitlers.

28.11. Reichswehrminister Schleicher spricht mit Vertretern der Gewerkschaften über die Regierungsbildung. Er möchte auch den NS-Reichsorganisationsleiter Gregor Strasser in eine Regierung einbinden.

Die großen politischen Lager waren sich gegen Ende der Weimarer Zeit nur in einem einig: den Reichskanzler Franz von Papen zu stürzen. Sonst bekämpften sich Kommunisten, Nationalsozialisten, das katholische Zentrum und die Sozialdemokratie bis aus Messer. Simplicissimus Zeichner E. Schilling variiert hier den Rütli-Schwur aus Friedrich Schillers „Wilhelm Tell“: Wir wollen einig kämpfen gegen Papen – doch trotzdem treu uns hassen alle Zeit!“

DEZEMBER

1.12. Der Allgemeine Deutsche Gewerkschaftsbund (ADGB) fordert die Wiedereinführung der 40-Stunden-Woche und die Rücknahme der durch Notverordnung erzwungenen Lohnkürzungen.

3.12. Hindenburg lässt Papen fallen und beauftragt den bisherigen Reichswehrminister Schleicher mit der Regierungsbildung. Schleicher beabsichtigt den Aufbau einer Gewerkschaftsfront mit Mitgliedern aus allen Parteien. Vor allem die NSDAP soll durch Einbeziehung ihres linken Flügels unter Gregor Strasser gespalten werden. Die NSDAP steht dadurch vor einer Zerreißprobe.

10.12. Auf der Fünfmächtekonferenz in Genf wird das Deutsche Reich als gleichberechtigter Staat anerkannt.

12.12. Hindenburg lehnt die von der NSDAP geforderte Ernennung Görings zum preußischen Ministerpräsidenten ab.

28.12. Hindenburg erlässt eine Notverordnung, die deutsche Margarineproduzenten zwingt, inländische Rohstoffe zu benutzen.

Die Auflösungserscheinungen des parlamentarischen Systems spiegeln sich auch in der Anzahl der 1932 erlassenen Notverordnungen: Den 66 Verordnungen stehen nur fünf vom Reichstag beschlossene Gesetze gegenüber. 1930 ergingen lediglich fünf Notverordnungen, während noch 98 Gesetze vom Reichstag beschlossen wurden.

Hindenburgs Wiederwahl

Aufruf der Sozialdemokratischen Partei Deutschlands vom 27. Februar 1932:

Hindenburg oder Hitler – auf diese kuriose Alternative lief es hinaus bei der Reichspräsidentenwahl am 13. März 1932.

Im zweiten Wahlgang am 10. April 1932 setzte sich dann Hindenburg durch, gewählt u.a. mit den Stimmen der Sozialdemokraten und des Zentrums, also von „Sozis und Katholen“, wie der alte Weltkriegsfeldmarschall geringschätzig urteilte. Aus dem Wahlkampf vom Frühjahr 1932 stammen die drei folgenden Dokumente, Aufrufe von SPD, Zentrum und NSDAP:

Der Versuch der Rechten, im Reichstag die Regierungsgewalt zu erobern, ist gescheitert. Ihren Ansturm auf die Reichspräsidentenschaft abzuwehren, ist die nächste Aufgabe. Vier Kandidaten stehen am 13. März zur Wahl: Hitler; Duesterberg, Hindenburg, Thälmann. Von diesen Bewerbern sind nur zwei ernst: Hitler und Hindenburg.

Das deutsche Volk steht am 13. März vor der Frage, ob Hindenburg bleiben oder ob er durch Hitler ersetzt werden soll. Die Rechte hat vor sieben Jahren Hindenburg auf den Schild gehoben. Sie hoffte, er würde sein Amt parteiisch zu ihren Gunsten führen, seinen Eid verletzen und die Verfassung brechen. Es war selbstverständlich, dass wir Sozialdemokraten einen Bewerber, auf den unsere schlimmsten Feinde solche Hoffnungen setzten, entschieden bekämpften.

Hindenburg aber hat seine einstigen Anhänger enttäuscht. Weil er unparteiisch war und es bleiben will, weil er für einen Staatsstreich nicht zu haben ist, darum wollen sie ihn jetzt beseitigen.

Hitler statt Hindenburg, das bedeutet Chaos und Panik in Deutschland und ganz Europa, äußerste Verschärfung der Wirtschaftskrise und der Arbeitslosennot, höchste Gefahr blutiger Auseinandersetzungen im eigenen Volke und mit dem Ausland. Hitler statt Hindenburg, das bedeutet: Sieg des reaktionären Teils der Bourgeoisie über die fortgeschrittenen Teile des Bürgertums und über die Arbeiterklasse, Vernichtung aller staatsbürgerlichen Freiheiten, der Presse, der politischen, gewerkschaftlichen und Kulturorganisationen, verschärfte Ausbeutung und Lohnsklaverei.

Gegen Hitler!

Das ist die Losung des 13. März.

Es gibt kein Ausweichen!

Die Sozialdemokratische Partei will die Klarheit dieser Entscheidung nicht verdunkeln. Darum hat sie auf die Aufstellung einer Zählkandidatur im ersten Wahlgang verzichtet.

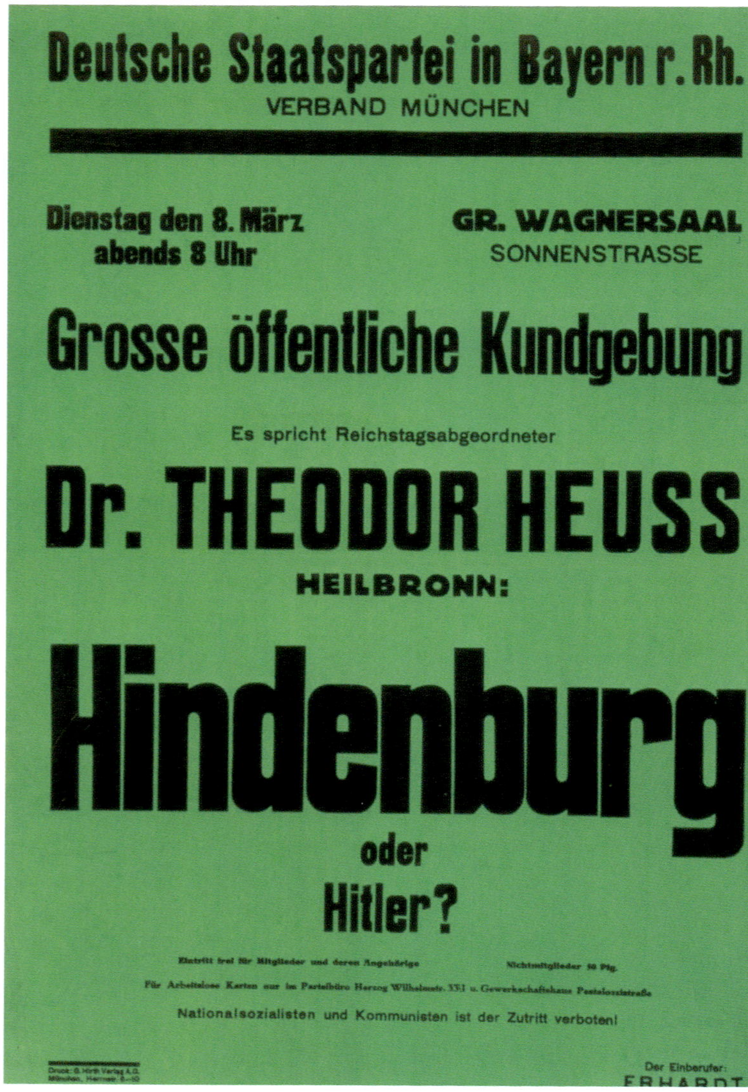

„Hindenurg oder Hitler?“ Wahlplakat der deutschen Staatspartei zur Reichspräsidentenwahl 1932. Schon aus der Größe der Schrift ist zu ersehen, wem die Sympathien des angekündigten Redners Dr. Theodor Heuss und seiner Partei gehören. Wie der SPD erschien auch ihnen Hindenburg im Vergleich zu Hitler als das kleinere Übel. Anzumerken ist, dass auf dem Plakat drei Politiker aufgeführt sind, die nacheinander deutsche Staatsoberhäupter waren: Hindenburg, Hitler und Heuss.

Reichspräsident von Hindenburg beim Verlassen des Wahllokals in Heinrichau bei seinem Gut Neudeck am 31. Juli 1932. Rechts von Hindenburg sein Sohn Oskar, dahinter Oberregierungsrat von Riedel, in Uniform Hindenburgs Chauffeur.

Zum Zählen der Stimmen ist bei den nahen Wahlen zu den Länderparlamenten Gelegenheit genug. Bei Parlamentswahlen gilt jede Stimme.

Bei der Reichspräsidentenwahl hingegen fällt jede Stimme ins Leere, die für einen Zählkandidaten abgegeben wird. Hitler oder Hindenburg? Es gibt kein Drittes!

Jede Stimme, die gegen Hindenburg abgegeben wird, ist eine Stimme für Hitler. Jede Stimme, die Thälmann entrissen und Hindenburg zugeführt wird, ist ein Schlag gegen Hitler!

Die Kommunisten, die für Thälmann werben, tun damit dasselbe wie am 9. August vergangenen Jahres, als sie mit Hautiers SA und Duesterbergs Stahlhelm gegen Otto Braun und Severing zum Volksentscheid antraten. Sie kämpften für den reaktionärsten Teil der Bourgeoisie gegen die fortgeschrittenen Teile des Bürgertums und gegen die Arbeiterklasse.

Die Sozialdemokratie aber hat stets bei allen inneren Kämpfen des Bürgertums für den fortgeschritteneren oder gemäßigten Teil Partei genommen und ihren Angriff gegen die Reaktion gerichtet.

Jetzt geht es um alles! Sieg des Faschismus ist namenlose Schande,

Am 13. April 1932 verbot die Regierung Brüning Hitlers Kampforganisation, die SA. Der ehemalige deutsche Kronprinz August Wilhelm – rechts neben dem Stabschef der SA, Ernst Röhm – protestierte daraufhin in scharfer Form beim Reichswehrminister Groener.

unabsehbares Unheil. Das darf nicht sein!
Setzt alle eure Kräfte ein, damit der entscheidende Schlag schon im ersten Wahlgang fällt! Befreit mit diesem einen Schlag das deutsche Volk von der faschistischen Bedrohung!
Schlagt Hitler! Darum wählt Hindenburg!

Franz von Papens Ernennung zum Reichskanzler

Am 1. Juni 1932 wurde der Zentrumsabgeordnete Franz von Papen zum Reichskanzler ernannt. Eine Intrige des Reichswehrgenerals von Schleicher und ostelbischer Großgrundbesitzer hatte zum Sturz des Kabinetts Brüning geführt. Damit war das Ende der parlamentarischen Demokratie in Deutschland gekommen. Denn im Gegensatz zu Brüning, der seit 1930 angesichts der Koalitionsunfähigkeit der Parteien zwar auch nur mit Notverordnungen regierte, sich aber zu diesen Notverordnungen jeweils die Zustimmung einer parlamentarischen Mehrheit holte, konnte Papens „Kabinett der Barone" auf solche Zustimmung nicht mehr rechnen. Bis auf die kleine deutsche Volkspartei versagten sich ihm alle Parteien.
Den Charakter des Regimes kennzeichnet am besten die Szene, da Papen zur entscheidenden Besprechung ins Präsidentenpalais bestellt wird: Während der Steigbügelhalter von Schleicher, der ganz ohne Auftrag schon ein Kabinett von Fachleuten zusammengestellt hat, im Nebenzimmer wartet, steht der Zentrumsabgeordnete, der gerade seiner Partei versprochen hat, nicht Kanzler werden zu wollen, dem Reichspräsidenten gegenüber; wörtlich beschreibt Papen so die Szene in seinen Memoiren:
Eine Viertelstunde später stand ich vor dem Präsidenten. Wie immer empfing er mich mit väterlicher Güte. „Nun, mein lieber Papen, werden Sie mir in dieser schwierigen Lage helfen?" fragte er mit seiner sonoren Stimme.
„Ich fürchte, ich kann es nicht, Herr Reichspräsident."
Es folgten Rede und Gegenrede: meine innerste Überzeugung von der Notwendigkeit eines Kurswechsels – aber vielleicht könne man doch Brüning dafür gewinnen? „Nein", meinte er, „er will weiter mit diesen Notverordnungen regieren. Er versteht auch nicht, dass ich die bewaffneten Formationen dieser Nazis nicht allein verbieten kann. Und in welche Lage hat er mich doch gebracht! Nun bin ich von der Linken wiedergewählt, während die Rechte, meine eigenen Leute, diesen Gefreiten gegen mich aufgestellt haben."
Er möchte endlich einmal ein Kabinett von Männern, die er auch persönlich kenne, ein Kabinett, das regiert und nicht bei jeder Kleinigkeit von Parteihändeln abhängig sei.
„Das alles, Herr Reichspräsident", führte ich etwa aus, „ist sehr verständlich. Aber Sie haben mich doch rufen lassen, weil Sie annehmen, dass ich als Mitglied der Zentrumspartei auch die Unterstützung der Mitte mitbringe. Denn sonst könnten Sie ebenso gut einen Deutschnationalen zum Kanzler machen. Aber gerade darin muss ich Sie leider enttäuschen. Ich würde nur den Hass und die Gegnerschaft meiner eigenen Partei mitbringen."
Schwerfällig erhebt sich der alte Marschall aus seinem Sessel und ergreift meine beiden Hände. „Wie können Sie einen alten Mann, der trotz der Bürde seiner Jahre die Verantwortung für das Reich noch einmal übernommen hat, jetzt im Stiche lassen wollen, wo er Sie berufen will, eine für die Zukunft des Reiches entscheidende Frage zu lösen? Ich erwarte von Ihrem vaterländischen Pflichtgefühl, dass Sie sich meinem Rufe nicht versagen."
Schweratmend und fast stockend, aber wie beschwörend, höre ich diese tiefe Stimme, die so viel Wärme ausstrahlt: „Mir ist es völlig gleich, ob Sie die Missbilligung oder gar die Feindschaft Ihrer Partei ernten. Ich will endlich von den Parteien unabhängige Männer um mich sehen, die nach bestem Wissen und Gewissen versuchen, das Land aus der entsetzlichen Krise zu befrei-

Das „Kanzler-Karussell" zur Jahreswende 1932/33 aus der Sicht des Karikaturisten: Mit säuerlicher Miene nimmt General Kurt von Schleicher (im Kanzlersessel) die ungebetenen Glückwünsche und Ratschläge seiner Amtsvorgänger Brüning (links) und Franz v. Papen entgegen. Papen: „Und so wünschen wir Ihnen im neuen Jahr, dass Sie nicht dasselbe erleben, wie ich im vergangenen." Brüning: „Und ich hoffe, dass Sie nicht aus alter Gewohnheit in die Versuchung kommen, sich selbst zu stürzen." Das lag dem General freilich fern. Den Sturz besorgten Papen und Hitler.

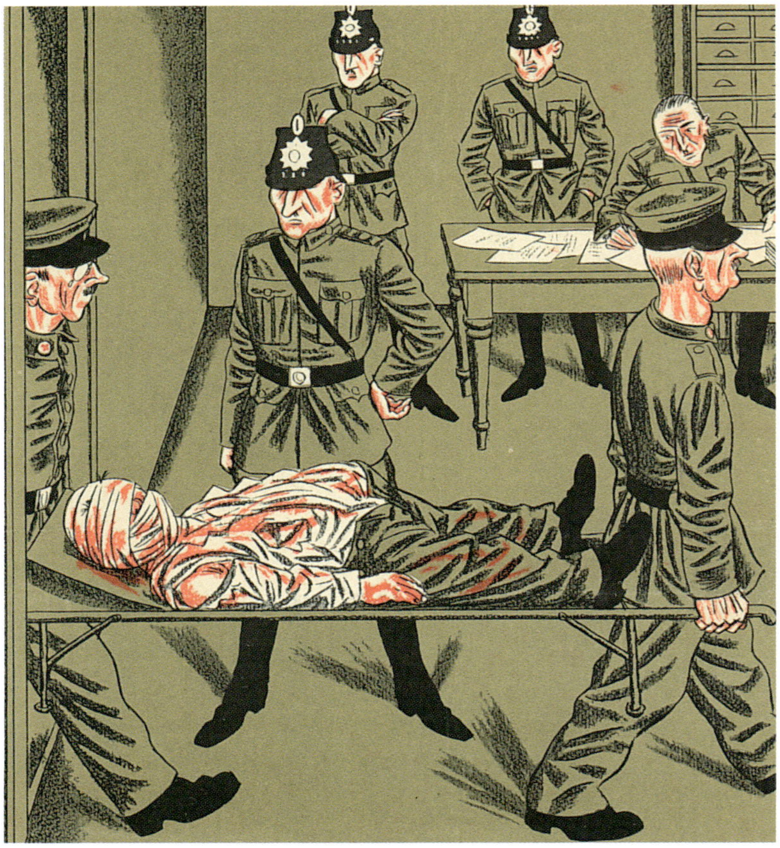

„Ist der Mann unters Auto gekommen?" fragt der Wachhabende. „Nein", so die Antwort, „unter die Nationalsozialisten." Eine Karikatur zu den Ausschreitungen der Weimarer Zeit.

en, in der es sich befindet." Und mit erhobener Stimme: „Sie waren Soldat und haben im Kriege Ihre Pflicht getan. In Preußen kennen wir nur Gehorsam, wenn das Vaterland ruft!"

Vor dieser Berufung auf Gehorsam und Loyalität strich ich die Segel. Gab es nicht höhere Interessen als Parteidisziplin? Ich schlug in die mir dargebotene Hand des Marschalls ...

Kurswechsel im Reichspräsidium

In seinen Memoiren schildert der ehemalige Reichskommissar für die Osthilfe Hans Schlange-Schöningen, wie sich beim Reichspräsidenten Hindenburg und seiner Umgebung im Sommer 1932 eine neue Auffassung durchsetzte: dass man die rechtsradikalen Organisationen nicht länger bekämpfen, sondern sie als Ordnungsfaktor nutzen sollte:
Inzwischen war der Reichspräsident nach seiner Wiederwahl, für die sich alle Kreise, außer Nationalsozialisten, Deutschnationalen und Kommunisten, bis zum äußersten eingesetzt hatten, auf seinen ostpreußischen Besitz zu einem Erholungsurlaub abgereist. Dort war er inmitten seiner Nachbarn, Freunde, alten Kameraden – von ihnen hochverehrt, wenn auch gegen ihre Stimmen gewählt.
Merkwürdige Gerüchte über Sinnesänderungen des alten Herrn drangen von dort aus bald nach Berlin. Sie wurden nicht geglaubt. Es war ja nicht möglich: Vor seiner Abfahrt war er noch völlig mit uns einig gewesen, einig mit der Gesamtpolitik, einig mit dem Vorgehen gegen die nationalsozialistischen Unruhestifter, gegen den „böhmischen Gefreiten", wie er Hitler nannte, einig mit den Siedlungsplänen – seit Weihnachten hatte ich ihn über diese Gedanken auf dem Laufenden gehalten. Es gab keine Frage des politischen Kurses, nicht eine einzige, über die er nicht informiert gewesen wäre und die er nicht gebilligt hätte, nicht eine. So hatte das Kabinett auch den großen Lärm der letzten Reichstagssitzung überstanden, die durch Sabotage der Rechten gesprengt wurde und in welcher der Reichswehr- und zugleich Innenminister Groener, klug, aber krank und müde, das von Hindenburg unterschriebene SA-Verbot verteidigte. Was konnte passieren? Da der Reichspräsident auf unserer Seite stand, würde das Kabinett auch diesen Sturm überwinden. Kein Zweifel konnte darüber sein.
Das war zu der Zeit, als Goebbels in sein Tagebuch voller Verzweiflung eintrug: „Wenn das SA-Verbot nicht bald wieder aufgehoben wird, ist der Nationalsozialismus am Ende."
Das war zu der Zeit, als die außenpolitischen Verhandlungen über die Beendigung der Reparationszahlungen dicht vor dem Abschluss standen, womit der friedliche Weg zu Freiheit und Aufstieg geöffnet worden wäre. Unmittelbar nach der Rückkehr Hindenburgs verstärkten sich die Gerüchte, dass man den Reichspräsidenten in Ostpreußen zu einem anderen Kurs bewogen habe: zum Gegenkurs für die Menschen, die ihn eben noch bekämpft hatten, gegen die, von denen er sich noch eben hatte wählen lassen, für die Politik, die er eben noch abgelehnt hatte, gegen die Politik, die er eben noch sachlich gebilligt hatte ...
Am 7. Juni, spät abends, kam Graf Kalckreuth, der erste Präsident des Reichslandbundes, zu mir aufs Amt, ob aus eigenem Antrieb, ob im Auftrag und in wessen Auftrag, habe ich nicht erfahren. Er schien bei mir vorsichtig sondieren zu wollen. Ich machte aus meiner schroffen Haltung gegenüber einem Kurswechsel kein Hehl. Aber interessant waren die Hintergründe, die hier zutagetraten: Er arbeitete an der Zusammenstellung der neuen Regierung, während die alte Regierung offiziell überhaupt noch nicht erfahren hatte, dass der Reichspräsident in das ihn eben noch ablehnende Lager hinübergewechselt war!
Am 31. Mai, vormittags, letzte Kabinettssitzung. Brüning war bei Hin-

Prügelei zwischen Polizei und Rotfrontkämpfern. Neben den Parteien spielten halbmilitärische Organisationen in den politischen Auseinandersetzungen der Weimarer Republik eine gewichtige Rolle. Je mehr sich die Politik aus dem Parlament auf die Straße verlagerte, desto stärker beherrschten SA, Stahlhelm, Eiserne Front und Roter Frontkämpferbund das Bild. Unter den Parolen „Und willst du nicht mein Bruder sein, so schlag' ich dir den Schädel ein", „Schlagt die Faschisten", „Vernichtet die Kommune" kam es insbesondere in Berlin immer häufiger zu bürgerkriegsähnlichen Zuständen.

denburg gewesen. Auf ein großes Blatt Papier hatte man mit großen Buchstaben dem alten Herrn eine Serie von Punkten aufgeschrieben, die er vorlas: Er würde dies und jenes nicht mehr tun, namentlich keine Notverordnungen mehr unterschreiben. Nun plötzlich nicht? Die Welt war ihm auf den Kopf gestellt! Heute, da all das nun Geschichte geworden ist, glaube ich keine Indiskretion mehr zu begehen durch die Mitteilung, dass, während alle anderen die Schilderung dieses erstaunlichen Empfanges schweigend entgegennahmen, der Reichswehrminister Groener explodierte. Er hatte offenbar genügend Erfahrungen dieser Art gesammelt. Als Ludendorffs Nachfolger hatte er an der Seite des Feldmarschalls das schwere Werk der geordneten Rückführung und Demobilisierung des Heeres vollbracht. Froh, sich jetzt endlich vom politischen Leben zurückziehen zu können, war er außer sich über diese Methode: Er beabsichtigte einige öffentlichen Klarstellungen über Vorgänge und Personen zu geben ...
Brüning: „Ich bitte Sie herzlich, das nicht zu tun. Trotz allem ist Hindenburg der einzige Sammelpunkt, den das Volk noch hat.“
Auch er konnte damals das Maß dessen nicht ahnen, was da kommen sollte.

Neben seiner rednerischen Begabung verfügte Hitler auch über ein beachtliches Organisationstalent, das sich in der SA besonders bemerkbar machte. „Sie war“, so Sebastian Haffner, „bis in die kleinsten Gliederungen hinunter voller Kampfeifer, eine dampfende und stampfende Wahlkampfmaschine.“

Die Reichstagsauflösung vom 12. September 1932

Reichskanzler Papen war nicht lange im Amt. Am 12. September 1932 sprach ihm der Reichstag mit 512 gegen 42 Stimmen das Misstrauen aus. Papen kam nicht einmal mehr dazu, seine wirtschaftlichen Reformprogramme vorzutragen; seinem Plan, eine Militärdiktatur zu errichten, versagte sich die Reichswehrführung. Am 16. November 1932 trat das Kabinett Papen zurück. Die Empörung des als eines „Herrenreiters“ verspotteten Politikers Papen gibt seine Rundfunkansprache vom 12. September, dem Tag des Misstrauensvotums und der darauffolgenden Auflösung des Reichstages, wieder:
Meine deutschen Landsleute! Ich spreche heute durch den Rundfunk zum deutschen Volk, weil der soeben aufgelöste Reichstag es nicht einmal für nötig befunden hat, eine Erklärung der Reichsregierung über das von ihr verfolgte Programm entgegenzunehmen.
Auf der Tagesordnung der heutigen Reichstagssitzung stand die Entgegennahme einer solchen Erklärung. Bevor in die Tagesordnung eingetreten wurde, stellte der kommunistische Abgeordnete Torgler den Antrag, über die von der Kommunistischen Partei eingebrachten Misstrauensanträge gegenüber der Reichsregierung und auf Aufhebung der Notverordnung vom 4. September abzustimmen. Ein Widerspruch gegen diesen Antrag des kommunistischen Abgeordneten erfolgte nicht, aber auf Antrag der Nationalsozialisten wurde der Reichstag auf eine halbe Stunde vertagt. Nach Ablauf dieser Pause erklärte der Reichstagspräsiden, dass er nunmehr über den Antrag Torgler, das heißt also, über die gegen die Regierung eingebrachten Misstrauensanträge wie über die Aufhebung der Notverordnung, abstimmen lassen werde.
Ich, der Reichskanzler, erhob mich und erbat das Wort zu einer Erklärung der Reichsregierung. Nach Artikel 33 der Verfassung war der Präsident verpflichtet, mir als Vertreter der Regierung das Wort zu erteilen. Entgegen dieser Verpflichtung hat er mir das Wort nicht erteilt. Ich erbat es ein zweites Mal, was wiederum abgelehnt wurde. Hierauf überreichte ich dem Reichstagspräsidenten das Auflösungsdekret des Herrn Reichspräsidenten, da ich also nicht die Möglichkeit hatte, es im Reichstag selbst zu verlesen. Mit dem Augenblick der Übergabe dieses Dekrets war nach den Bestimmungen der Verfassung der Reichstag aufgelöst. Die Abstimmungen, die der Reichstagspräsident danach hat stattfinden lassen, sind verfassungswidrig und damit rechtsungültig.
Aus diesem Vorgang wird das deutsche Volk ersehen, dass es der Reichsregierung durch verfassungswidriges Handeln des Reichstagspräsidenten unmöglich gemacht worden ist, vor dem Volk einen Rechenschaftsbericht über die vergangenen drei Monate zu geben und ihr Programm für die Zukunft mitzuteilen. Es ist ihr unmöglich gemacht worden, von dieser Tribüne über Lebensfragen der Nation, wie in unserm Kampf um die Gleichberechtigung, das zu sagen, was wir in dieser Stunde den andern Mächten zu sagen hatten.
Die kommunistische, aus Moskau zugereiste Abgeordnete Klara Zetkin ist vom Reichstag mit Andacht in ihren Deklamationen angehört worden. Die Erklärung einer nationalen Regierung aber weigert sich die deutsche Volksvertretung auch nur zu hören. Ich stelle dieses Verhalten des Reichstags vor dem deutschen Volk fest.

Die Verwendung der Arbeitslosenunterstützung

Eine zeitgenössische Reportage beleuchtet die traurigen Zustände in den Arbeiterfamilien in der Zeit der Massenarbeitslosigkeit: Der stärkste Eindruck in dieser Nacht in der Berliner Arbeitslosen-Unterwelt war für mich die Beobachtung, dass von insgesamt etwa 500 Gästen in zehn bis zwölf Gasthäusern höchstens ein Zehntel auch nur ein Glas Bier vor sich stehen hatte. Wenn der Deutsche zu arm geworden ist, um sich ein Bier zu kaufen, ist er am Verzweiflungspunkt angelangt. Nach einem Bericht des Statistischen Reichsamtes ist der Bierkonsum von 102,1 Litern auf den Kopf der Bevölkerung im Jahre 1913 auf 74,7 Liter im Jahre 1931 heruntergegangen, wobei ein ganz scharfer Sturz von dem Konsum im Jahre 1930, 90 Liter, zu verzeichnen ist.

Als wir zu Maxens Behausung kamen, blieb er stehen und zeigte uns, wo sie an dem Tag, an dem die Schießerei begann, der Polizei zum Trotz eine große rote Fahne herausgesteckt hatten. Aus seiner sauber gefegten und nett gehaltenen Küche schob seine Frau das Wägelchen mit dem jüngsten Familienmitglied in den Flur hinaus und bemühte sich, uns zu erklären, wie sie es zuwege brachte, ihren Mann, fünf Kinder – ein vier Monate altes, ein vier-, ein sechs-, ein neun- und ein elfjähriges – und sich selbst von der Arbeitslosenunterstützung ihres Mannes, 15 RM 85 Pf in der Woche, zu erhalten. Während des Sprechens kochte sie in einem Topf ein Getränk, das Kaffee sein sollte.

„Zuallererst, bevor ich ans Essen denke, muss ich 85 Pfennig vorne wegnehmen, die Max in der Woche für Tabak kriegt. Für die Miete müssen wir 3 Mark wöchentlich zahlen; Gas 70 Pfennig; 50 Pfennig in der Woche Ratenzahlung für den Sweater von Max und. 30 Pfennig in der Woche Handtuchmiete; 1 Mark 30 für Zeitungen und 1 Mark Parteibeitrag. Das macht 6 Mark 80, übrig bleiben 8 Mark 20, und davon müssen sieben Menschen essen."

„Aber warum", rief ich aus, „warum denn 1 Mark 30, fast 10 Prozent von Ihrem Einkommen, für Zeitungen?"

„Wir haben die ‚Rote Fahne', die ‚Rote Post' und die ‚Arbeiter-illustrierte'. Als gute Kommunisten müssen wir die Parteiorgane lesen."

Das schien mir schon an sich höchst bemerkenswert zu sein. Noch bemerkenswerter aber war die absolute Selbstverständlichkeit, mit der sie davon sprach, dass 2 Mark 30 von 15 Mark 85, also 15 Prozent des Einkommens, an die Partei gingen.

„Und wie kaufen Sie von 8 Mark 20 in der Woche Essen für sieben Menschen?"

„Brot und Kartoffeln!", antwortete sie. „Zum größten Teil Brot. An dem Tag, an dem wir das Geld kriegen, kaufen wir uns Wurst. Einmal in der Woche will doch der Mensch ein bisschen Fleisch haben. Dafür hungern wir aber die beiden letzten Tage von der Woche. Das heißt – vor allem hungert Max."

Es ist sehr wichtig darauf hinzuweisen, dass Maxens Unterstützung, die rund 63 RM im Monat beträgt, weil er fünf Kinder hat, erheblich über dem Durchschnitt liegt. Nach den Angaben des Arbeitsamtes in Neukölln beträgt der Reichsdurchschnitt der Unterstützung, die ein beschäftigungsloser Arbeiter mit Frau und Kind bezieht, 51 RM im Monat.

„Gegen Faschismus und Hindenburg-Politik": Auf diesem Wahlplakat zeigt sich die KPD als Kampfpartei in der Endphase der Weimarer Republik als drittstärkste Partei, die auf die Straße geht. Die argumentative Bildergeschichte endet mit rauchenden Schornsteinen hinter der roten Fahne mit Hammer und Sichel, die eine glückliche Zukunft verheißen.

Die Illusionen der KPD

In völliger Verkennung der politischen Situation glaubten die deutschen Kommunisten in der Endphase der Weimarer Republik, dass ein allgemeiner Zusammenbruch bevorstehe, von dem nur einer, nämlich die KPD, profitieren könne. Das kommt zum Ausdruck in einem Dokument vom 17. Oktober 1932, der Resolution der Parteikonferenz der KPD über das 12. Plenum des Exekutivkomitees der Kommunistischen Internationale (EKKI) und die Aufgaben der KPD:

Der fortdauernde, langsame Niedergang des Masseneinflusses der Sozialdemokratie, die wachsende Unzufriedenheit der Gewerkschaftsmitglieder mit der offiziellen Politik des ADGB und der beginnende Rückgang der Hitlerbewegung geben der KPD die größten Möglichkeiten für die erfolgreiche Durchführung der Aufgabe: die Mehrheit des Proletariats für den Kampf um die politische Macht zu erobern, die übrigen werktätigen Mittelschichten teils als Verbündete für die Arbeiterklasse zu gewinnen, teils zu neutralisieren.

Die Lösung dieser Aufgabe, die in der Heranführung der breitesten Massen aufgrund ihrer eigenen Erfahrungen in den wirtschaftlichen und politischen Tageskämpfen an die Positionen des Kampfes um die Macht besteht, erfordert von der Partei vor allem die Fortführung und Steigerung der begonnenen Streikkampagne, unter breitester Anwendung der revolutionären Einheitsfronttaktik von unten.

Die ganze Kraft der Partei, insbesondere der Betriebszellen, und die ganze Arbeit der Kommunisten in der RGO, in den roten Verbänden und allen revolutionären Massenorganisationen, in den reformistischen, christlichen und sonstigen Gewerkschaften und Organisationen, muss darauf gerichtet werden, alle Formen des Widerstandes und Kampfes gegen die Kapitalsoffensive, den Faschismus und die imperialistische Kriegspolitik zur Anwendung zu bringen und zu steigern.

Teilstreiks, Streiks ganzer Betriebe und Industriegruppen, wirtschaftliche Massenstreiks, politische Massen- und Proteststreiks müssen ausgelöst und verbunden werden mit mächtigen Massendemonstrationen und Kampfbewegungen der Erwerbslosen für ihre Winterhilfsforderungen, für die Erhöhung der Unterstützungen und für Arbeitsbeschaffung, mit dem Kampf für die sozialpolitischen Rechte der Ar-

beiter sowie dem Massenkampf aller übrigen werktätigen Schichten (Aktionen der Kleinbauern, Mieterkampf usw.).
Es ist die Hauptaufgabe der Partei, durch die Erfahrungen der Tageskämpfe die Massen der organisierten und unorganisierten Arbeiter für den politischen Kampf gegen die faschistische Diktatur vorzubereiten, zu schulen und zu mobilisieren. Angesichts der bevorstehenden weiteren faschistischen Anschläge und kapitalistischen Provokationen der deutschen Bourgeoisie gegen das Proletariat muss die Partei die Arbeiterschaft instandsetzen, auf jeden neuen Vorstoß des Klassenfeindes unverzüglich mit größter Entschlossenheit und lebendiger Masseninitiative zu reagieren.

„Wir erreichen alles, wenn wir Hunger, Verzweiflung und Opfer für unsere Ziele in Marsch setzen...", bekannte Joseph Goebbels im Jahr 1926. In den Jahren von 1929 bis 1933 war es soweit. Die Zahl der Arbeitslosen stieg in eine bis dahin nie geahnte Höhe. Das deutsche Volk war in der Tat verzweifelt über einen Zustand, den die bisherigen Parteien anscheinend nicht zu ändern vermochten. Jetzt zeigte es sich, dass die Idee der Demokratie im deutschen Volke nicht allzu fest verankert war. „Unsere letzte Hoffnung: Adolf Hitler", das lasen 1932 die verzweifelten Menschen an den Litfaßsäulen.

Querelen in der NSDAP

Tagebuchaufzeichnungen von Joseph Goebbels belegen interne Auseinandersetzungen in der NSDAP im November / Dezember 1932.
Bei den Reichstagswahlen vom 6. November 1932 hatte die NSDAP rund 2 Millionen Stimmen verloren; sie verschreckte zudem einen Teil ihrer Sympathisanten, als sie gemeinsam mit den Kommunisten die Berliner Verkehrsbetriebe (BVG) bestreikte. Der mächtigste Mann der Partei nach Hitler, der Reichsorganisationsleiter Gregor Strasser, hielt diese unerbittliche Opposition nicht mehr für vertretbar und versuchte mit der Parole „Die Sozialisten verlassen die Partei" einen Teil der nationalsozialistischen Abgeordneten zum Austritt aus der Partei und zur Unterstützung der neuen Regierung Schleicher zu gewinnen.
Der Reichspropagandaleiter der NSDAP, Dr. Joseph Goebbels, hat stets Tagebuch geführt. Abschnitte über die letzten Monate vor der Berufung Hitlers zum Reichskanzler hat er 1934 als Buch unter dem Titel „Vom Kaiserhof zur Reichskanzlei" veröffentlicht.

7. November 1932
Auf dem Berliner Gau herrscht eine sehr gedrückte Stimmung; aber es gelingt mir doch, alle Mitarbeiter in einer längeren Ansprache wieder hochzureißen. Zum Schluss geht alles aufs Neue pflichtbewusst an die Arbeit. ...
Der BVG-Streik ist im Abflauen; er ist eine aussichtslose Sache geworden. Es handelt sich nur noch darum, ihn auf irgendeine Weise zu Ende zu bringen.
Die Opfer stehen in keinem Verhältnis mehr zum Ziel, das erreicht werden könnte.
Am bewundernswertesten ist die Haltung der SA und Amtswalterschaft. Unter der Wählerschaft herrscht vielfach Verzweiflung. ...

Beim Berliner Verkehrsstreik Anfang November 1932 kämpften Kommunisten und Nationalsozialisten gemeinsam gegen die „Kapitalistenrepublik": Während der KPD-Abgeordnete Walter Ulbricht auf einer Kundgebung in Friedrichshain spricht, sitzt NSDAP-Gauleiter Joseph Goebbels links mit am Rednertisch. Das Bündnis verschreckte die Bürger und brachte der NSDAP keine Arbeiterstimmen: Bei den Reichstagswahlen am 6. November verlor sie 34 Sitze, während die Kommunisten 11 und die konservativen Deutschnationalen 15 dazugewannen.

8. November 1932
Wir haben den BVG-Streik abgebrochen. Wir konnten nicht mehr gewinnen. Auch die KPD war uns in den Rücken gefallen, und so standen wir allein auf weiter Flur und riskierten nur noch, dass sämtliche Arbeiter aus der NSDAP brot- und erwerbslos wurden. ... Lange Beratung mit dem Führer. Er ist ganz auf wilden Kampf eingestellt; von Versöhnung will er nichts wissen. Und wenn sie uns noch einen Wahlkampf aufzwingen, wir würden ihn mit zusammengebissenen Zähnen durchführen. Diese Regierung muss weg, koste es, was es wolle. An Kompromisse dürfen wir gar nicht denken. ...
Als ich mit dem Führer allein bin, spricht er seinen ganzen Groll über Strasser und seine ewige Minier- und Sabotagearbeit aus. Ein großer Teil unserer Niederlage ist dem unfairen Verhalten seiner Clique zuzuschreiben. Ich glaube auch, dass diese Niederlage ihm gar nicht unwillkommen ist; damit hat er wenigstens zum Schein recht behalten und kann nun wieder vor die Partei hintreten und uns den radikalen Kurs vorwerfen. Außerdem sich natürlich auch nach Bedarf wieder als Radikalen aufspielen. Eine schil-

Schnappschuss von der historischen NSDAP-Vorstandssitzung vom 5. Dezember 1932, auf der Hitler (stehend) die Kaltstellung seines Reichsorganisationsleiters Gregor Strasser (im Vordergrund) betrieb. Strasser, der zusammen mit seinem Bruder Otto über viele Jahre die „sozialistische Fahne“ in der NSDAP hochgehalten hatte, wurde wegen seiner Unterredungen mit Reichskanzler Schleicher des „Verrats“ bezichtigt und 1934 bei Gelegenheit des „Röhm-Putsches“ auf Hitlers Geheiß ermordet.

lernde Vielheit der verschiedensten Wesenheiten. Ein Chamäleon des Nationalsozialismus. ...
Abends sitzen wir mit dem Führer in seiner Wohnung zusammen. Er entwickelt seine Zukunftspläne mit einer so plastischen Klarheit, als besäßen wir schon die Macht. ...

8. Dezember 1932

In der Organisation herrscht schwere Depression. Die Geldsorgen machen jede zielbewusste Arbeit unmöglich.
Es laufen Gerüchte um, dass Strasser eine Palastrevolution plane. Wie sie im Einzelnen verlaufen soll, konnte ich noch nicht erfahren.
Man ist innerlich so wund, dass man nichts sehnlicher wünscht, als für ein paar Wochen aus all diesem Getriebe zu entfliehen.
Mittags platzt die Bombe: Strasser hat an den Führer einen Brief geschrieben, in dem er ihm mitteilt, dass er seine sämtlichen Parteiämter niederlege. Er gibt dafür ganz faule und indiskutable Beweggründe an. Man müsse die Partei an den Staat führen, es sei jetzt der Augenblick gekommen, einzulenken, die Bewegung verbrauche sich in nutzloser Opposition, er könne diesen Kurs nicht mehr gutheißen und lehne die Verantwortung dafür ab.
Natürlich sind alle diese Gründe nicht stichhaltig. Sie beweisen nichts als höchstens, dass bei Strasser der Drang zum Ministeramt stärker ist als die Treue zum Führer und zur Partei.
Man liest aus der ganzen Argumentation Schleichers Gedankengänge unschwer heraus. ... Wir stehen vor der entscheidenden Probe. Jede Bewegung, die an die Macht will, muss sie bestehen. Sie kommt meist kurz vor dem entscheidenden Sieg und ist ausschließlich eine Sache der Nerven. Wir dürfen jetzt den Kopf nicht hängen lassen; wir werden schon Mittel und Wege finden, diese verzweifelte Situation zu überwinden. Ausschlaggebend bleibt nur, dass wir uns nicht selbst verlassen. Anruf von Dr. Ley: Die Lage in der Partei spitzt sich von Stunde zu Stunde zu. Der Führer muss augenblicklich wieder in den Kaiserhof zurück. Um 2 Uhr nachts werde ich wieder von dort aus angerufen. Ich fahre gleich herunter und treffe Himmler schon dort an ...
Wir sprechen die Lage durch: Zuerst muss der Machtapparat, den Strasser in der Partei aufgerichtet hat, zerschlagen werden. Der Führer selbst übernimmt die Organisationsabteilung und ernennt Dr. Ley zu seinem Stabsleiter. Die Ressorts der Volksbildung und der Landwirtschaft werden selbständig gemacht. Das eine kommt zu mir, das andere zu Darré. Der Führer geht stundenlang mit langen Schritten im Hotelzimmer auf und ab. Man sieht es seinen Gesichtszügen an, dass es mächtig in ihm arbeitet. Er ist verbittert und durch diese Treulosigkeit aufs Tiefste verwundet. Einmal bleibt er stehen und sagt nur: „Wenn die Partei einmal zerfällt, dann mache ich in 3 Minuten mit der Pistole Schluss.“ Ein furchtbares Wort, das sich wie eine Zentnerlast auf die Seele legt. ... Bis morgens um 6 Uhr beraten wir und kommen zum Ergebnis: kein Nachgeben, Zähne zusammenbeißen, weiterkämpfen, koste es, was es wolle, und unter Einsatz der ganzen Partei. Es fängt schon an hell zu werden, als ich morgens todmüde, mit verglasten Augen und fieberheißen Händen zu Hause ankomme. An Schlaf ist jetzt gar nicht zu denken. Man nimmt ein kaltes Bad, zieht sich um und fährt dann gleich wieder zum Reichstag herunter.

Hindenburg verordnet „inneren Frieden“

Reichspräsident Paul von Hindenburg erließ am 20. Dezember 1932 eine Verordnung „Zur Erhaltung des inneren Friedens“. In ihr wurden die im Juni 1932 erlassenen Einschränkungen des Versammlungsrechtes weitgehend gelockert. Der Reichspräsident – so hieß es in einer Erläuterung – habe den Vorschlägen der Reichsregierung entsprochen. Er gehe von der Erwartung aus, dass die politischen Meinungsverschiedenheiten künftig in der Öffentlichkeit in einer dem deutschen Volk würdigen Form ausgetragen würden; er habe damit auch dem gesunden Sinn der ordnungsliebenden Bevölkerung entsprochen. Sollte der Reichspräsident sich in seinem Vertrauen getäuscht sehen, so werde er nicht zögern, neue scharfe Verordnungen zu erlassen. Durch die neue Verordnung wurden gleichzeitig einige Artikel des Strafgesetzbuches geändert. So wurde bestimmt, „wer an einer Verbindung oder Verabredung teilnimmt, die Verbrechen wider das Leben bezweckt ... oder eine solche Verbindung unterstützt, wird mit Gefängnis nicht unter drei Monaten, in schweren Fällen bis zu fünf Jahren Zuchthaus bestraft“. Gefängnisstrafen wurden angedroht für Beschimpfung oder Verleumdung des Reichspräsidenten, des Reiches, eines der Länder, ihrer Verfassung oder ihrer Farben.

„Herbstklage der Zeitungsverleger“. „Simplicissimus“-Karikatur von E. Schilling: „Die Bäume haben's gut, die färben jetzt ihre Blätter einfach braun – wenn wir nur auch wüssten, wie wir in diesem Herbst unsere Blätter färben sollen.“

Drittes Reich und Zweiter Weltkrieg

1933

JANUAR

4.1. Adolf Hitler (NSDAP) und Franz von Papen führen in Köln Gespräche über eine gemeinsame Regierungsbildung. Am selben Tag empfängt Reichspräsident Paul von Hindenburg den früheren Nationalsozialisten Gregor Strasser und empfiehlt dessen Aufnahme in das Kabinett.
15.1. Mit fast 40 Prozent der Stimmen wird die Nationalsozialistische Deutsche Arbeiterpartei (NSDAP) stärkste Kraft im Parlament des kleinen Freistaats Lippe. Nach dem deutlichen Stimmenverlust bei den Reichstagswahlen vom letzten November wird mit diesem Erfolg der politische Druck der Partei wieder stärker.
26.1. Schleicher verlangt vergeblich von Hindenburg die Übertragung diktatorischer Vollmachten.
28.1. Da Hindenburg es auch ablehnt, den Reichstag aufzulösen, tritt Schleicher nach 57 Tagen als Reichskanzler zurück.
30.1. Hindenburg ernennt Hitler zum Reichskanzler. Im neugebildeten Kabinett wird Papen Vizekanzler und Reichskommissar für Preußen, Hugenberg erhält das Wirtschaftsministerium. Von der NSDAP treten Hermann Göring und Wilhelm Frick in die Regierung ein.

FEBRUAR

1.2. Auf Wunsch Hitlers löst Hindenburg den Reichstag auf.
2.2. Der kommissarisch eingesetzte preußische Innenminister Göring verbietet alle Demonstrationen der KPD.
10.2. Mit der Übertragung ihrer Kundgebung zum Wahlkampfauftakt benutzt die NSDAP den Rundfunk gezielt als Propagandamittel.
11.2. Die am Vortag gegründete „Kampffront Schwarz-Weiß-Rot", ein Zusammenschluss von DNVP und „Stahlhelm", beschließt die Teilnahme an den Reichstagswahlen und will das Kabinett Hitler unterstützen.
15.2. Heinrich Mann legt auf Druck der NSDAP die Präsidentschaft über die Dichtkunstsektion der Preußischen Akademie der Künste nieder. Aus dem gleichen Grunde tritt auch Käthe Kollwitz aus der Akademie aus.
20.2. Göring lädt führende Wirtschaftsvertreter zu einem Geheimtreffen mit Hitler ins Palais des Reichstagspräsidenten. Zu den 25 Teilnehmern zählen der Reichsbankpräsident Hjalmar Schacht, der Bankier Kurt von Schröder und die Industriellen Gustav Krupp von Bohlen und Halbach und Albert Vögler sowie weitere Repräsentanten der Schwerindustrie, des Bergbaus und der Banken. Hitler präsentiert seinen Gästen sein politisches Programm, das sie begeistert begrüßen. Als Reaktion spenden sie der NSDAP drei Millionen Reichsmark für den laufenden Reichstagswahlkampf.
22.2. Göring bildet in Preußen eine Hilfspolizei, deren Mitglieder aus SA, SS und „Stahlhelm" rekrutiert werden, und ermuntert sie zum „fleißigen Gebrauch der Schusswaffe".
23.2. Auf der letzten KPD-Kundgebung in Berlin fordert Wilhelm Pieck eine Einheitsfront gegen die Regierung Hitler.
27.2. Abends bricht im Reichstagsgebäude ein Brand aus, der fast den gesamten Mittelteil des Gebäudes und den Plenarsaal zerstört.
28.2. Hindenburg unterzeichnet Notverordnungen, die mit sofortiger Kraft die Meinungs-, Presse- und Versammlungsfreiheit noch weiter einschränken und der Polizei weitreichende Befugnisse einräumen. Der „Vorwärts", die Parteizeitung der Sozialdemokratischen Partei Deutschlands (SPD), wird vorläufig verboten.

MÄRZ

3.3. In Berlin wird der KPD-Vorsitzende Ernst Thälmann in seinem Versteck verhaftet.
5.3. Bei den Reichstagswahlen erreicht die NSDAP trotz massiver Propaganda und Terrors 43,9 Prozent der Stimmen und verfehlt die für sicher gehaltene absolute Mehrheit. Die SPD erhält 18,3 Prozent, die KPD 12,3 Prozent, das Zentrum 11,2 Prozent und die als Kampffront Schwarz-Weiß-Rot angetretene DNVP 8 Prozent. Die gleichzeitigen Wahlen zum preußischen Landtag haben ein ähnliches Ergebnis.

Der „historische" Händedruck zwischen Hitler und Hindenburg am Tag von Potsdam.

8.3. Auf Basis der Notverordnungen werden die KPD-Sitze im Reichstag annulliert.
13.3. Einrichtung des „Ministeriums für Volksaufklärung und Propaganda" unter Joseph Goebbels.
16.3. Die Deutsche Reichsbank wählt Schacht erneut zum Präsidenten.
20./21.3. In Dachau und Sachsenhausen werden die ersten Konzentrationslager unter Aufsicht von Polizei und SA zur Internierung von politischen Gegnern der Nationalsozialisten eingerichtet.
21.3. Zur Eröffnung des neuen Reichstags inszenieren die Nationalsozialisten den „Tag von Potsdam", auf dem sich Hitler in die Kontinuität der preußischen Könige zu stellen versucht. Die Teilnahme Hindenburgs soll die Verbindung vom „alten und neuen Deutschland" symbolisieren und so das Ansehen der Regierung Hitler erhöhen.
23.3. Der Reichstag billigt in namentlicher Abstimmung mit 441 Stimmen das Ermächtigungsgesetz und verzichtet damit auf seine Gesetzgebungskompetenz. Nur 94 Abgeordnete der SPD stimmen dagegen. Der SPD-Fraktionsvorsitzende Otto Wels begründet die Ablehnung der Sozialdemokraten.
31.3. Mit dem Gesetz zur „Gleichschaltung der Länder mit dem Reich" werden außer dem preußischen Landtag alle Länderparlamente aufgelöst. Ihre neue Zusammensetzung richtet sich nach der des Reichstags.

APRIL

1.4. In Deutschland beginnt ein Boykott jüdischer Geschäfte, Ärzte und Rechtsanwälte. SA-Angehörige gehen gewalttätig gegen Juden und gegen solche Personen vor, die den Boykott ablehnen.
7.4. Die Reichsregierung verhängt mit dem „Gesetz zur Wiederherstellung des Berufsbeamtentums" ein Berufsverbot für jüdische und regimekritische Beamte. Nach einer Intervention des Reichspräsidenten Hindenburg werden Juden, die am Ersten Weltkrieg teilnahmen, vom Berufsverbot ausgenommen.

16.4. Gleichschaltung der Satirezeitschrift „Simplicissimus".
21.4. Hitler ernennt seinen Privatsekretär Rudolf Heß zu seinem Stellvertreter in der Parteiführung.
27.4. Der „Stahlhelm"-Führer Franz Seldte tritt in die NSDAP ein und unterstellt sich direkt Hitler.

MAI

1.5. Auf Weisung der Reichsregierung wird der 1. Mai zum „Feiertag der nationalen Arbeit". Die Einführung des seit langem von der Arbeiterbewegung geforderten Feiertags soll über die einsetzende Zerschlagung der Gewerkschaften hinwegtäuschen.
2.5. Polizei, SA und SS besetzen die Einrichtungen des Allgemeinen Deutschen Gewerkschaftsbunds (ADGB) und der Einzelgewerkschaften. Die Gewerkschaften werden zerschlagen.
10.5. Die Deutsche Studentenschaft organisiert Bücherverbrennungen von Werken oppositioneller und jüdischer Autoren. Wie in Berlin werden in den folgenden Tagen vor allem in den Universitätsstädten zahlreiche Bibliotheken „gesäubert".
Erster Kongress der Deutschen Arbeitsfront (DAF), zu deren Führer Robert Ley ernannt wird.

JUNI

11.6. Neuer Deutscher Fußballmeister wird Fortuna Düsseldorf mit einem 3:0-Sieg über den FC Schalke 04.
19.6. Dollfuß verbietet die Aktivitäten der NSDAP in Österreich.
20.6. Die Politikerin und Frauenrechtlerin Clara Zetkin stirbt in Archangelskoje (bei Moskau).
21.6. Mitgliedern des „Stahlhelms" wird nur noch die Parteizugehörigkeit zur NSDAP erlaubt.
22.6. Die SPD wird verboten, ihr gesamtes Vermögen und das ihrer Organisationen wird beschlagnahmt. Für SPD-Mitglieder ergeht ein Berufsverbot.
26.6. Wirtschaftsminister Hugenberg tritt von seinem Amt zurück, die DNVP (zuletzt in Deutschnationale Front umbenannt) löst sich auf. Vorausgegangen waren Angriffe der Nationalsozialisten auf Hugenberg und seine Partei.

JULI

1.7. An der Dresdner Staatsoper wird „Arabella" von Richard Strauss und Hugo von Hofmannsthal uraufgeführt.
3.7. Hitler erklärt auf einer Tagung von höheren SA- und SS-Führern, dass die SA keine Konkurrenz für die Wehrmacht darstelle.
4./5.7. Die Deutsche Volkspartei (DVP) und das Zentrum lösen sich auf. Damit ist die NSDAP die einzige Partei in Deutschland.
14.7. Die Reichsregierung verbietet die Bildung von Parteien.
20.7. Im Vatikan wird zwischen Deutschland und dem Heiligen Stuhl ein Konkordat geschlossen. Es regelt das Verhältnis von Katholischer Kirche und NS-Staat. Der Vertrag mit dem Vatikan erscheint als Überwindung der nationalsozialistischen Kirchenfeindlichkeit.

AUGUST

4.8. Als erste größere Stadt untersagt Nürnberg Juden die Benutzung öffentlicher Bäder.
10.8. Auf Druck der NSDAP erklärt Ludwig Mies van der Rohe die Auflösung der Bauhaus-Schule in Berlin.
18.8. Bei der Eröffnung der Funkausstellung in Berlin präsentiert Propagandaminister Goebbels den Volksempfänger.
22.8. Der Reichsstand der deutschen Industrie erklärt den Hitlergruß in Betrieben für verbindlich.
23.8. Zahlreichen emigrierten Oppositionellen wird die deutsche Staatsangehörigkeit entzogen (unter ihnen Philipp Scheidemann, Kurt Tucholsky und Ernst Toller).

SEPTEMBER

1.9. Den Reichsparteitag in Nürnberg nutzt die NSDAP zur propagandistisch effektvollen Machtinszenierung. Leni Riefenstahl dreht darüber den Dokumentarfilm.
13.9. Mit der Einrichtung des Reichsnährstands wird die Landwirtschaft in Deutschland der staatlichen Kontrolle unterstellt.
21.9. Gegen die Dominanz der Deutschen Christen in der Evangelischen Kirche gründen Martin Niemöller und Dietrich Bonhoeffer den Pfarrernotbund, der bald 1.300 Mitglieder zählt.
23.9. Bei Frankfurt (Main) wird mit einer Großveranstaltung der Reichsautobahnbau offiziell begonnen. Die Planungen gehen auf das Jahr 1924 zurück.
24.9. Mit einem „Führerappell" ordnet der „Stahlhelm" sich öffentlich Hitler unter.
27.9. Der Schriftsteller Thomas Mann verzichtet auf eine Rückkehr nach Deutschland und lässt sich in der Schweiz nieder.

OKTOBER

1.10. Zugunsten des neu gegründeten Winterhilfswerks findet der erste „Eintopfsonntag" im Deutschen Reich statt.
Erstmals findet auf dem Bückeberg bei Hameln das Reichserntedankfest statt.
Konrad Henlein gründet in Eger die Sudetendeutsche Heimatfront, die sich dem NS-Staat verpflichtet fühlt.
4.10. Mit dem Schriftleitergesetz wird die gesamte Presse in Deutschland „gleichgeschaltet".
5.10. Für die Olympischen Spiele 1936 billigt Hitler den Bau großzügiger Wettkampfstätten und des Olympiastadions in Berlin. Er will die Spiele zur Propaganda für den Nationalsozialismus nutzen.
14.10. Goebbels verkündet den geplanten Austritt des Deutschen Reichs aus dem Völkerbund und den Verzicht auf weitere Abrüstungsgespräche.
15.10. In München wird der Grundstein für den ersten Monumentalbau der Nationalsozialisten, das Haus der Deutschen Kunst, gelegt.
26.10. In der „Vossischen Zeitung" wird ein von 88 deutschen Schriftstellern unterzeichnetes Treuegelöbnis für Hitler veröffentlicht.

NOVEMBER

12.11. Beim Referendum über den Völkerbundaustritt stimmen über 90 Prozent für die NSDAP und die Politik Hitlers. Die Einheitswahlliste für den Reichstag, über die nur mit „Ja" oder „Nein" entschieden werden kann, erhält ebenfalls über 90 Prozent der Stimmen.
13.11. Auf einer Kundgebung fordern die Deutschen Christen die strikte Durchsetzung der Arierbestimmungen im Deutschen Reich.
15.11. Gründung der Reichskulturkammer unter Goebbels' Führung. Damit werden alle Kulturschaffenden der Aufsicht des Reichspropagandaministers unterstellt.
27.11. Auf einer Kundgebung der DAF wird die Gründung des Kultur- und Freizeitwerks „Kraft durch Freude" bekannt gegeben. Nach italienischem Vorbild soll es die Freizeitaktivitäten der Arbeitnehmer lenken.

DEZEMBER

1.12. Die Regierung Hitler sichert mit einem Gesetz, das die NSDAP zu einer Körperschaft öffentlichen Rechts macht, die Einheit von Partei und Staat.
4.12. Der designierte Reichsbischof Ludwig Müller legt die Schirmherrschaft über die Deutschen Christen nieder, denen es nicht gelungen ist, innerhalb der Evangelischen Kirche die unbestrittene Führung zu übernehmen.
Der Lyriker Stefan George stirbt in Minusio (bei Locarno).
10.12. In Stockholm wird der Physik-Nobelpreis an Werner Heisenberg für seine Arbeiten zur Quantenmechanik rückwirkend für 1932 verliehen.
23.12. Das Reichsgericht verurteilt van der Lubbe wegen Hochverrats zum Tod, die übrigen Mitangeklagten werden freigesprochen.

AUSSERDEM

Lion Feuchtwanger: Die Geschwister Oppenheim (Roman)
Thomas Mann: Joseph und seine Brüder (Roman)
Hans Steinhoff: Hitlerjunge Quex (Film)
Kurt Weill und Bertolt Brecht: Die sieben Todsünden (Gesangsballett)

Machtergreifung Hitlers

Als sich Hitlers NSDAP und die Deutschnationale Volkspartei Hugenbergs darauf geeinigt hatten, eine Koalition einzugehen, blieb Reichspräsident von Hindenburg keine andere Wahl, als den Führer der stärksten Partei im deutschen Reichstag zum Reichskanzler zu ernennen. Dennoch wäre diese Ernennung an jenem historischen 30. Januar 1933 beinahe noch gescheitert, als sich Hugenberg plötzlich weigerte, den von Hitler geforderten baldigen Neuwahlen zuzustimmen.
Mit Engelszungen redet Hitler auf Hugenberg ein – umsonst. Hugenberg bleibt bei seinem „Nein!“ Staatssekretär Meißner drängt zur Eile: „Meine Herren, bitte, meine Herren! Sie können doch den Herrn Reichspräsidenten nicht so lange warten lassen!“
Hindenburg sitzt bereits in seinem Amtszimmer und zürnt.
„Die Herrschaften sollen sich endlich entschließen, ob sie nun eine Regierung bilden wollen oder nicht. Für Verhandlungen war vordem genügend Zeit!“
Meißner überbringt diese Mahnung den in Papens Wohnung Streitenden und macht darauf aufmerksam, dass der Präsident sich jeden Augenblick zurückziehen könne. Dann werde heute nichts mehr aus der Vereidigung.
Hitler packt Hugenberg am Arm. Er weiß ja, weshalb der kleine Geheimrat und Presseherrscher Angst vor Neuwahlen hat. So schwört er ihm jetzt in höchster Verzweiflung: „Herr Geheimrat, ich gebe Ihnen hiermit mein feierliches Ehrenwort, dass ich mich von keinem der hier anwesenden Herren trennen werde, mögen die Wahlen ausfallen, wie sie wollen!“
Nun erst gibt Hugenberg ein Stück nach und erklärt, die Entscheidung über die Reichstagsauflösung müsse ohnehin der Herr Reichspräsident treffen.
Endlich kann die Vereidigung stattfinden. Jetzt muss die Regierung Hitler im Empfangssaal auf den Präsidenten warten. Als er erscheint, lässt er sich schweigend die Regierungsmitglieder vorstellen. Dann verliest er ohne Übergang mit ruhiger, tiefer Stimme die Eidesformel.
Als erster tritt der neue Reichskanzler Adolf Hitler vor und spricht mit zum Schwur erhobener Hand den Eid nach:
„Ich schwöre: Ich werde meine Kraft für das Wohl des deutschen Volkes einsetzen, die Verfassung und die Gesetze des deutschen Volkes wahren, die mir obliegenden Pflichten gewissenhaft erfüllen und meine Geschäfte unparteiisch und gerecht gegen jedermann führen!“ – ein Eid, den er später in jedem Wort zum Meineid machen wird.
Nachdem alle Minister vereidigt sind, versichert Hitler dem Präsidenten nochmals, dass er die Verfassung achten und vor allem die Rechte des hochverehrten Herrn Reichspräsidenten in Ehren halten werde. Sein oberstes Bestreben sei es, im Auftrag und zum Wohle des ganzen Volkes zu arbeiten.
Hindenburg nickt zustimmend, hält aber keine Antwortrede. Er stößt nur seinen Stock vor sich in den Teppich und sagt: „Und nun, meine Herren, vorwärts mit Gott!“
Dieser Tag, der 30. Januar 1933, wird von da an zwölf Jahre lang von Hitler und seinen Anhängern als der „Tag der Machtergreifung“ gefeiert.

Programm der „nationalen Regierung“

Die am 30. Januar 1933 gebildete Regierung des Reichskanzlers Adolf Hitler beruhte auf einer Koalition verschiedener Gruppen der politischen Rechten. In diesem Kabinett bildeten die Nationalsozialisten noch eine Minderheit, und viele Zeitgenossen meinten, diese seien von den Führern der konservativen Rechtsgruppen wie v. Papen und Hugenberg „engagiert“ und würden nun durch die Belastung mit der Regierungsverantwortung „gezähmt“. Der Aufruf der neuen Regierung, den Hitler am 1. Februar über den Rundfunk verkündete, leistete diesem Missverständnis Vorschub, weil er die gemeinsa-

Mit einem großen Fackelzug durch Berlin feierten die Nationalsozialisten die Ernennung Adolf Hitlers zum Reichskanzler. Fünf Stunden lang, bis tief in die Nacht des 30. Januar hinein, marschierten durch Berlin die braunen Bataillone, dröhnten die martialischen Gesänge der SA.

Die erste Aufnahme von Hitlers „Kabinett der nationalen Einigung", 30. Januar 1933. Stehend, von links: Franz Seldte (Arbeit), Günter Gereke (Ostsiedlung), Lutz Graf Schwerin von Krosigk (Finanzen), Wilhelm Frick (Inneres), Werner von Blomberg (Reichswehr), Alfred Hugenberg (Wirtschaft und Ernährung): sitzend, von links: Hermann Göring (ohne Geschäftsbereich), Hitler, Vizekanzler Franz von Papen. Das Kontingent der Nationalsozialisten in der neuen Regierung nahm sich mathematisch eher bescheiden aus: außer Hitler nur Göring und Frick. Papen: „Hitler an der Macht? Nein, dieser Herr wurde von uns nur engagiert."

men Auffassungen der „nationalen" (aber noch nicht „nationalsozialistischen") Regierung vertrat und damit Hitlers eigentliche Ziele nicht erkennen ließ:

Über 14 Jahre sind vergangen seit dem unseligen Tage, da, von inneren und äußeren Versprechungen verblendet, das deutsche Volk der höchsten Güter unserer Vergangenheit, des Reiches, seiner Ehre und seiner Freiheit vergaß und dabei alles verlor. Seit diesen Tagen des Verrats hat der Allmächtige unserem Volk seinen Segen entzogen. Zwietracht und Hass hielten ihren Einzug.

In tiefster Bekümmernis sehen Millionen bester deutscher Männer und Frauen aus allen Lebensständen die Einheit der Nation dahinsinken und sich auflösen in ein Gewirr politisch-egoistischer Meinungen, wirtschaftlicher Interessen und weltanschaulicher Gegensätze. Wie so oft in unserer Geschichte, bietet Deutschland seit diesem Tage der Revolution das Bild einer herzzerbrechenden Zerrissenheit. Die versprochene Gleichheit und Brüderlichkeit erhielten wir nicht, aber die Freiheit haben wir verloren. Denn dem Verfall der geistigen und willensmäßigen Einheit unseres Volkes im Innern folgte der Verfall seiner politischen Stellung in der Welt. ...

Die Wahnidee vom Sieger und Besiegten zerstört das Vertrauen von Nation zu Nation und damit auch die Wirtschaft der Welt. Das Elend unseres Volkes aber ist entsetzlich! Dem arbeitslos gewordenen, hungernden Millionen-Proletariat der Industrie folgt die Verelendung des gesamten Mittel- und Handwerksstandes. Wenn sich dieser Verfall auch im deutschen Bauern endgültig vollendet, stehen wir in einer Katastrophe von unübersehbarem Ausmaß. Denn nicht nur ein Reich zerfällt dann, sondern eine zweitausendjährige Erbmasse an hohen und höchsten Gütern menschlicher Kultur und Zivilisation. ...

Vierzehn Jahre Marxismus haben Deutschland ruiniert. Ein Jahr Bolschewismus würde Deutschland vernichten. Die heute reichsten und schönsten Kulturgebiete der Welt würden in ein Chaos und Trümmerfeld verwandelt:

Selbst das Leid er letzten anderthalb Jahrzehnte könnte nicht verglichen werden mit dem Jammer eines Europas, in dessen Herzen die rote Fahne der Vernichtung aufgezogen würde. Die Tausende von Verletzten, die unzähligen Toten, die dieser innere Krieg schon heute kostet, mögen ein Wetterleuchten sein der Warnung vor dem Sturme. In diesen Stunden der übermächtig hereinbrechenden Sorgen um das Dasein und die Zukunft der deutschen Nation rief uns Männer nationaler Parteien und Verbände der greise Führer des Weltkrieges auf, noch einmal wie einst an den Fronten nunmehr in der Heimat in Einigkeit und Treue für des Reiches Rettung unter ihm zu kämpfen. Indem der ehrwürdige Herr Reichspräsident uns in diesem großherzigen Sinne die Hände zum gemeinsamen Bunde schloss, wollen wir als nationale Führer Gott, unserem Gewissen und unserem Volke geloben, die uns damit übertragene Mission als nationale Regierung entschlossen und beharrlich zu erfüllen.

Das Erbe, das wir übernehmen, ist ein furchtbares. Die Aufgabe, die wir lösen müssen, ist die schwerste, die seit Menschengedenken deutschen Staatsmännern gestellt wurde.

Das Vertrauen in uns allen aber ist unbegrenzt, denn wir glauben an unser Volk und seine unvergänglichen Werte. Bauern, Arbeiter und Bürger, sie müssen gemeinsam die Bausteine liefern zum neuen Reich. So wird es die nationale Regierung als ihre oberste und erste Aufgabe ansehen, die geistige und willensmäßige Einheit unseres Volkes wiederherzustellen. Sie wird die Fundamente wahren und verteidigen, auf denen die Kraft unserer Nation beruht. Sie wird das Christentum als Basis unserer gesamten Moral, die Familie als Keimzelle unseres

Hitler am 30. Januar 1933, kurz nach seiner Ernennung zum Reichskanzler, im Kreise seiner Mitarbeiter, die binnen kurzem an den Regierungsmitgliedern des „Kabinetts der nationalen Einigung" vorbei zu den wahren Machthabern des Dritten Reiches aufsteigen sollten. Von links: Kube, Frick (sitzend), Kerrl, Goebbels, Hitler, Röhm, Göring, Darré, Himmler und Heß.

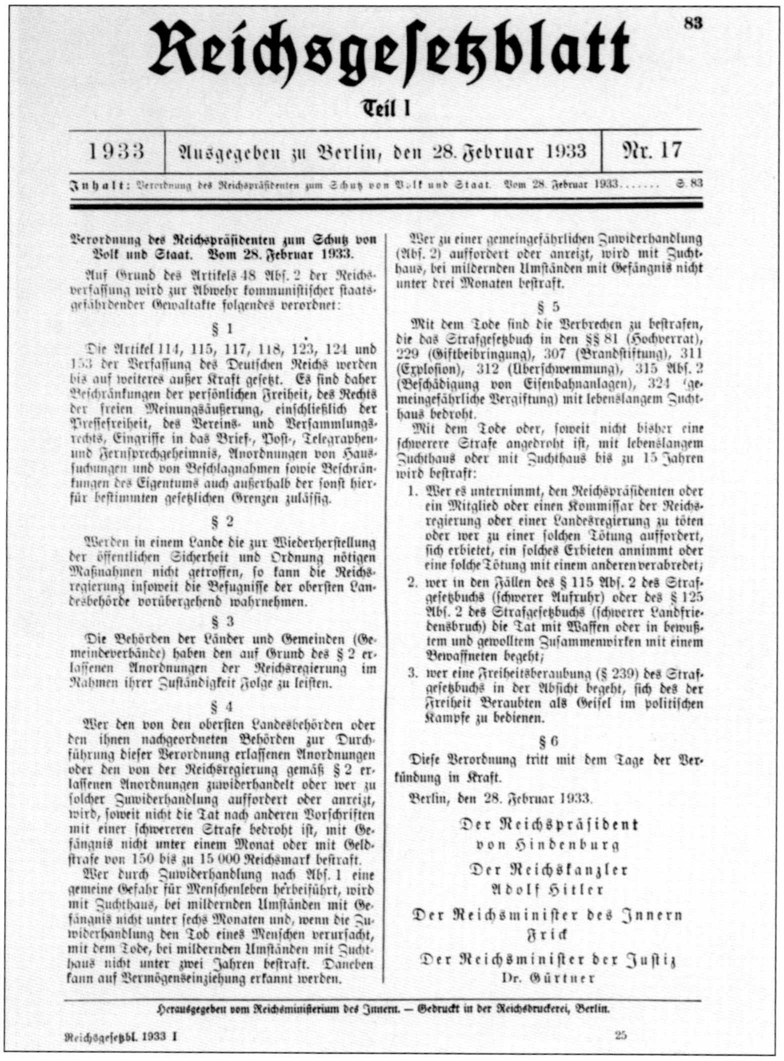

83

Reichsgesetzblatt

Teil I

1933	Ausgegeben zu Berlin, den 28. Februar 1933	Nr. 17

Inhalt: Verordnung des Reichspräsidenten zum Schutz von Volk und Staat. Vom 28. Februar 1933....... S. 83

Verordnung des Reichspräsidenten zum Schutz von Volk und Staat. Vom 28. Februar 1933.

Auf Grund des Artikels 48 Abs. 2 der Reichsverfassung wird zur Abwehr kommunistischer staatsgefährdender Gewaltakte folgendes verordnet:

§ 1

Die Artikel 114, 115, 117, 118, 123, 124 und 153 der Verfassung des Deutschen Reichs werden bis auf weiteres außer Kraft gesetzt. Es sind daher Beschränkungen der persönlichen Freiheit, des Rechts der freien Meinungsäußerung, einschließlich der Pressefreiheit, des Vereins- und Versammlungsrechts, Eingriffe in das Brief-, Post-, Telegraphen- und Fernsprechgeheimnis, Anordnungen von Haussuchungen und von Beschlagnahmen sowie Beschränkungen des Eigentums auch außerhalb der sonst hierfür bestimmten gesetzlichen Grenzen zulässig.

§ 2

Werden in einem Lande die zur Wiederherstellung der öffentlichen Sicherheit und Ordnung nötigen Maßnahmen nicht getroffen, so kann die Reichsregierung insoweit die Befugnisse der obersten Landesbehörde vorübergehend wahrnehmen.

§ 3

Die Behörden der Länder und Gemeinden (Gemeindeverbände) haben den auf Grund des § 2 erlassenen Anordnungen der Reichsregierung im Rahmen ihrer Zuständigkeit Folge zu leisten.

§ 4

Wer den von den obersten Landesbehörden oder den ihnen nachgeordneten Behörden zur Durchführung dieser Verordnung erlassenen Anordnungen oder den von der Reichsregierung gemäß § 2 erlassenen Anordnungen zuwiderhandelt oder wer zu solcher Zuwiderhandlung auffordert oder anreizt, wird, soweit nicht die Tat nach anderen Vorschriften mit einer schwereren Strafe bedroht ist, mit Gefängnis nicht unter einem Monat oder mit Geldstrafe von 150 bis zu 15 000 Reichsmark bestraft.

Wer durch Zuwiderhandlung nach Abs. 1 eine gemeine Gefahr für Menschenleben herbeiführt, wird mit Zuchthaus, bei mildernden Umständen mit Gefängnis nicht unter sechs Monaten und, wenn die Zuwiderhandlung den Tod eines Menschen verursacht, mit dem Tode, bei mildernden Umständen mit Zuchthaus nicht unter zwei Jahren bestraft. Daneben kann auf Vermögenseinziehung erkannt werden.

Wer zu einer gemeingefährlichen Zuwiderhandlung (Abs. 2) auffordert oder anreizt, wird mit Zuchthaus, bei mildernden Umständen mit Gefängnis nicht unter drei Monaten bestraft.

§ 5

Mit dem Tode sind die Verbrechen zu bestrafen, die das Strafgesetzbuch in den §§ 81 (Hochverrat), 229 (Giftbeibringung), 307 (Brandstiftung), 311 (Explosion), 312 (Überschwemmung), 315 Abs. 2 (Beschädigung von Eisenbahnanlagen), 324 (gemeingefährliche Vergiftung) mit lebenslangem Zuchthaus bedroht.

Mit dem Tode oder, soweit nicht bisher eine schwerere Strafe angedroht ist, mit lebenslangem Zuchthaus oder mit Zuchthaus bis zu 15 Jahren wird bestraft:

1. Wer es unternimmt, den Reichspräsidenten oder ein Mitglied oder einen Kommissar der Reichsregierung oder einer Landesregierung zu töten oder wer zu einer solchen Tötung auffordert, sich erbietet, ein solches Erbieten annimmt oder eine solche Tötung mit einem anderen verabredet;
2. wer in den Fällen des § 115 Abs. 2 des Strafgesetzbuchs (schwerer Aufruhr) oder des § 125 Abs. 2 des Strafgesetzbuchs (schwerer Landfriedensbruch) die Tat mit Waffen oder in bewußtem und gewolltem Zusammenwirken mit einem Bewaffneten begeht;
3. wer eine Freiheitsberaubung (§ 239) des Strafgesetzbuchs in der Absicht begeht, sich des der Freiheit Beraubten als Geisel im politischen Kampfe zu bedienen.

§ 6

Diese Verordnung tritt mit dem Tage der Verkündung in Kraft.

Berlin, den 28. Februar 1933.

Der Reichspräsident
von Hindenburg

Der Reichskanzler
Adolf Hitler

Der Reichsminister des Innern
Frick

Der Reichsminister der Justiz
Dr. Gürtner

Herausgegeben vom Reichsministerium des Innern. – Gedruckt in der Reichsdruckerei, Berlin.

Reichsgesetzbl. 1933 I 25

Legaler Freibrief für Willkür und Terror. Die Notverordnung „zum Schutz von Volk und Staat" vom 28. Februar 1933 sollte zwar nur „bis auf weiteres" gelten, blieb aber bis zum Ende des Dritten Reiches in Kraft.

Volks- und Staatskörpers in ihren festen Schutz nehmen. Sie wird über Stände und Klassen hinweg unser Volk wieder zum Bewusstsein seiner volklichen und politischen Einheit und der daraus entspringenden Pflichten bringen. Sie will die Ehrfurcht vor unserer großen Vergangenheit, den Stolz auf unsere alten Traditionen zur Grundlage machen für die Erziehung der deutschen Jugend. Sie wird damit der geistigen, politischen und kulturellen Nihilisierung einen unbarmherzigen Krieg ansagen. Deutschland darf und wird nicht im anarchischen Kommunismus versinken. Sie wird anstelle turbulenter Instinkte wieder die nationale Disziplin zum Regenten unseres Lebens erheben. Sie wird dabei all der Einrichtungen in höchster Sorgfalt gedenken, die die wahren Bürgen der Kraft und Stärke unserer Nation sind. ...

Der Reichspräsident Generalfeldmarschall v. Hindenburg hat uns berufen mit dem Befehl, durch unsere Einmütigkeit der Nation die Möglichkeit des Wiederaufstiegs zu bringen. Wir appellieren deshalb nunmehr an das deutsche Volk, diesen Akt der Versöhnung selbst mitzuunterzeichnen. Die Regierung der nationalen Erhebung will arbeiten, und sie wird arbeiten. Sie hat nicht 14 Jahre lang die deutsche Nation zugrundegerichtet, sondern will sie wieder nach oben führen. Sie ist entschlossen, in vier Jahren die Schuld von 14 Jahren wiedergutzumachen. Allein sie kann nicht die Arbeit des Wiederaufbaues der Genehmigung derer unterstellen, die den Zusammenbruch verschuldeten. Die Parteien des Marxismus und seiner Mitläufer haben 14 Jahre lang Zeit gehabt, ihr Können zu beweisen. Das Ergebnis ist ein Trümmerfeld. Nun, deutsches Volk, gib uns die Zeit von vier Jahren, und dann urteile selbst und richte uns! Getreu dem Befehl des Generalfeldmarschalls wollen wir beginnen. Möge der allmächtige Gott unsere Arbeit in seine Gnade nehmen, unseren Willen recht gestalten, unsere Einsicht segnen und uns mit dem Vertrauen unseres Volkes beglücken. Denn wir wollen nicht kämpfen für uns, sondern für Deutschland!

Adolf Hitler; v. Papen; Frhr. v. Neurath; Dr. Frick; Graf Schwerin v. Krosigk; Dr. Hugenberg; Seldte; Dr. Gürtner; v. Blomberg; Eltz v. Rübenach; Göring; Dr. Gereke.

Hitlers politische Ziele

Um den neuen Reichskanzler mit den Führern der Reichswehr bekanntzumachen, gab der Chef der Heeresleitung Hitler Gelegenheit, sich bei einem Essen am 3. Februar 1933 in kleinerem Kreise über die Grundzüge seiner Politik zu äußern. Einer der Gäste, Generalleutnant Liebmann, hat in seiner Niederschrift die ihm wichtig erscheinenden Punkte aus Hitlers Rede zusammengefasst: Ziel der Gesamtpolitik allein: Wiedergewinnung der politischen Macht. Hierauf muss gesamte Staatsführung eingestellt werden (alle Ressorts!).

1. Im Innern. Völlige Umkehrung der gegenwärtigen innenpolitischen Zustände in Deutschland. Keine Duldung der Betätigung irgendeiner Gesinnung, die dem Ziel entgegensteht (Pazifismus!) Wer sich nicht bekehren lässt, muss gebeugt werden. Ausrottung des Marxismus mit Stumpf und Stiel. Einstellung der Jugend und des ganzen Volkes auf den Gedanken, dass nur der Kampf uns retten kann und diesem Gedanken gegenüber alles zurückzutreten hat. (Verwirklicht in den Millionen der Nazi-Bewegung. Sie wird wachsen.) Ertüchtigung der Jugend und Stärkung des Wehrwillens mit allen Mitteln. Todesstrafe für Landes- und Volksverrat. Straffste autoritäre Staatsführung. Beseitigung des Krebsschadens der Demokratie!

2. Nach außen. Kampf gegen Versailles. Gleichberechtigung in Genf; aber zwecklos, wenn Volk nicht auf Wehrwillen eingestellt. Sorge für Bundesgenossen.

3. Wirtschaft! Der Bauer muss gerettet werden! Siedlungspolitik! Künftige Steigerung der Ausfuhr zwecklos. Aufnahmefähigkeit der Welt ist begrenzt, und Produktion ist überall übersteigert. Im Siedeln liegt einzige Möglichkeit, Arbeitslosenheer zum Teil wieder einzuspannen. Aber braucht Zeit, und radikale Änderung nicht zu erwarten, da Lebensraum für deutsches Volk zu klein.

4. Aufbau der Wehrmacht, wichtigste Voraussetzung für Erreichung des Ziels Wiedererringung der politischen Macht. Allgemeine Wehrpflicht muss wieder kommen. Zuvor aber muss Staatsführung dafür sorgen, dass die Wehrpflichtigen vor Eintritt nicht schon durch Pazifismus, Marxismus, Bolschewismus vergiftet werden oder nach Dienstzeit diesem Gifte verfallen.

Wie soll politische Macht, wenn sie gewonnen ist, gebraucht werden? Jetzt noch nicht zu sagen. Vielleicht Erkämpfung neuer Export-Möglichkeiten, vielleicht – und wohl besser – Eroberung neuen Lebensraums im Osten und dessen rücksichtslose Germanisierung. Sicher, dass erst mit politischer Macht und Kampf jetzige wirtschaftliche Zustände geändert werden können. Alles, was jetzt geschehen kann – Siedlung – Aushilfsmittel.

Wehrmacht wichtigste und sozialistischste Einrichtung des Staates. Sie soll unpolitisch und überparteilich bleiben. Der Kampf im Innern nicht ihre Sache, sondern der Nazi-Organisationen. Anders als in Italien keine Verquickung von Heer und SA beabsichtigt. – Gefährlichste Zeit ist die des Aufbaus der Wehrmacht. Da wird sich zeigen, ob Frankreich Staatsmänner hat; wenn ja, wird es uns Zeit nicht lassen, sondern über uns herfallen (vermutlich mit Ost-Trabanten).

Der Reichstag brennt

Am Abend des 27. Februar 1933 ging das Gebäude des Deutschen Reichstags in Flammen auf. Brandstifter war der vor zehn Tagen in die Reichskanzlei gekommene holländische Rätekommunist Marinus van der Lubbe. Sein Motiv: ein Fanal setzen gegen die Nationalsozialisten, dem Wahlkampf (zur Reichstagswahl am 5. März) Schärfe geben, die zu erlahmen drohende Kraft der organisierten Arbeiterschaft anstacheln.
Bereits in der Brandnacht wussten jedoch die Machthaber, wie sich der Reichstagsbrand für sie ausbeuten ließ. Als die nationalsozialistische Prominenz an der Brandstelle eintraf, stand es für Hitler, Göring und Goebbels bereits fest: Das konnte nur der Beginn eines Umsturzversuches der KPD sein.
Um Mitternacht kam Hitler mit seinen engsten Beratern im Preußischen Innenministerium zusammen; die Runde beschloss nun auch formell den Schlag gegen den roten Gegner: Verhaftung sämtlicher Abgeordneter und Funktionäre der KPD, Verbot aller KP-Zeitungen. Görings Staatssekretär Grauert schlug vor, man müsse die Verhaftungsaktion legalisieren, eine „Notverordnung gegen Brandstiftungen und Terrorakte“ erlassen. Er gab damit den Anstoß zu einem für alle Deutschen katastrophalen Schritt. Am nächsten Tag genehmigte das Kabinett eine „Verordnung des Reichspräsidenten zum Schutz von Volk und Staat“, durch die alle Grundrechte der Verfassung aufgehoben wurden. Mit einem Schlag war die Diktatur Hitlers begründet, noch ehe die Wähler zur Urne gegangen waren.
Der braune Propaganda-Apparat setzte sich in Bewegung, die Mär vom verhinderten Aufstand der Kommune in die Welt zu posaunen. Ein paar dürftige Indizien genügten den NS-Machthabern, den Reichstagsbrand als Fanal eines KP-Aufstandes zu deuten. Noch zu keiner Stunde konnten die Nationalsozialisten ihre These beweisen. Das spornte die Kommunisten im In- und Ausland an, das gerade Gegenteil zu behaupten: Der Brand sei von den Nazis selber gelegt worden. Da die Funktionäre der KPD nur allzu gut wussten, dass ihre Partei keinen Aufstand gegen das Hitler-Regime geplant hatte, mussten sie folgern, die Nationalsozialisten hätten die Brandstiftung inszeniert, um die Kommunistenfurcht des deutschen Bürgertums für sich zu nutzen und die KPD wegen angeblicher Putschvorbereitungen ausschalten zu können. Freilich: Auch die rote Brandstifter-These ließ sich nicht beweisen – sie ist ebenso falsch wie die braune.
Verbittert musste Marinus van der Lubbe zusehen, dass seine Tat von Freund und Feind verfälscht wurde. Fast niemand wollte ihm glauben, dass er allein den Brand gelegt hatte. Nur einer traute ihm die Alleintat zu: die Berliner Polizei. „Die Frage, ob van der Lubbe die Tat allein ausgeführt hat“, urteilte Kriminalkommissar Zirpins am 3. März 1933, „dürfte bedenkenlos zu bejahen sein. Die Ermittlungen, der objektive Tatbestand und die genauen Feststellungen des Täters beweisen dies.“ Vor dem Reichsgericht, das den Fall zu beurteilen hatte, standen dann doch als „Mittäter“ die Kommunisten Torgler, Dimitroff, Popoff und Taneff, die nur mangels Beweisen freigesprochen wurden, während die Richter mit Selbstverständlichkeit von einem (linken) „Lager“ hinter dem Brandstifter ausgingen. Der aber blieb bis zu seiner Hinrichtung am 10. Januar 1934 bei seiner, der einzigen Wahrheit: „Es hat mir niemand bei der Tat geholfen.“

Der Reichstag in Flammen. Der Großbrand, der den wilhelminischen Repräsentationsbau beträchtlich zerstörte, war am Abend des 27. Februar 1933 kurz nach 21 Uhr ausgebrochen. Dringend der Tat verdächtigt wurde der niederländische Anarchist Marinus van der Lubbe. Da das NS-Regime das Attentat als ein willkommenes Signal nutzte, um die Grundrechte der Verfassung außer Kraft zu setzen und zur Verfolgung und massenhaften Verhaftung von Regimegegnern zu blasen, neigte die Geschichtsschreibung dazu, den Reichstagsbrand als eine Inszenierung der Nazis hinzustellen. Doch gilt die Attentäterschaft van der Lubbes nach heutigen Erkenntnissen als sicher.

Häftlinge im Konzentrationslager Dachau.

Konzentrationslager Dachau

Die Nationalsozialisten hatten in den ersten Wochen nach der Berufung Hitlers zum Reichskanzler oftmals ihre politischen Gegner ohne jede richterliche Ermächtigung in provisorischen Unterkünften gefangengesetzt und misshandelt. Der „Reichsführer SS" Heinrich Himmler, der schrittweise die gesamte Polizei unter seinen Befehl brachte, begann als kommissarischer Polizeipräsident von München mit dem systematischen Aufbau von Lagern, wo „Schutzhäftlinge" nach politischem Ermessen, ohne richterlichen Nachweis einer Verfehlung, gefangengehalten, ausgebeutet und misshandelt wurden. Formale Grundlage für dieses Verfahren war die „Reichstagsbrandverordnung". Unter SS-Regie wurden die „wilden" Lager aufgelöst; an ihre Stelle traten durchgeplante Anlagen. Das erste dieser Art war das KZ Dachau, das am 22. März 1933 eröffnet wurde. Das „Dachauer Volksblatt" berichtet am 6. April über den Bau des Konzentrationslagers, das auf dem Gelände einer ehemaligen Munitionsfabrik entstand:

Bei den Gefangenen-Unterkünften handelt es sich um 20 ein- bis zweistöckige Steinbauten, die jeweils 200 bis 250 Mann aufnehmen können. Die Besetzung des Lagers wird zunächst langsam auf 2.500 Mann gesteigert, um später eventuell auch auf 5.000 Mann erweitert zu werden. Die Baracke für die ersten 200 Mann wurde in den letzten Tagen von einem Arbeitsdienstkommando hergerichtet und zunächst einmal mit einem dreifachen Stacheldrahtverhau gesichert. Erste Arbeit der Lagerinsassen wird sein, die weiteren Steinbauten, die sich in recht heruntergekommenem Zustand befinden, selber wieder herzurichten. Ist dies einmal geschehen, dann wird man sie in kleineren Trupps von vielleicht je 50 Mann ins Moos hinausführen, wo umfangreiche Kultivierungsarbeiten der Durchführung harren. Hier wird sich später vielleicht einem Teil der Lagerinsassen die Möglichkeit eigenen Siedelns bieten. Die Bewachungsmannschaft des Lagers besteht zunächst aus einer Hundertschaft Landespolizei, die durch SA-Hilfspolizei-Posten noch weiter verstärkt werden soll. Das Essen wird im großen Speisesaal der früheren Munitionsfabrik, der bis zu 1.500 Mann fassen kann, eingenommen. Gekocht aber wird in Feldküchen. Das Konzentrationslager in Dachau darf nicht besucht werden.

Der „Tag von Potsdam"

Zur Eröffnung des am 5. März 1933 neugewählten Reichstags hatten sich Hitler und der neuernannte Minister für „Volksaufklärung und Propaganda" Goebbels ein pompöses Schauspiel ausgedacht. Am 21. März wurden die Fraktionen des Reichstages, 288 Nationalsozialisten, 52 Deutschnationale, 73 Zentrumsleute, 19 Bayerische Volksparteiler und viele Angehörige von Splittergruppen, nach Potsdam gekarrt. Die KPD, gleich nach dem Reichstagsbrand verboten, hatte am 5. März zwar noch fünf Millionen Stimmen und 81 Mandate errungen, die aber kassiert worden waren. Verhaftungen hatten die SPD von 120 Abgeordneten auf 94 schrumpfen lassen. Sie verzichteten auf das Potsdamer Theater.

Die anderen erlebten eine gelungene Inszenierung. Das Programm: 10. 30 Uhr Gottesdienst, für evangelische Teilnehmer in St. Nicolai (Predigt Otto Dibelius), für katholische in der Pfarrkirche. 11.30 Uhr Zug der Abgeordneten zur Garnisonskirche, wo auf den Tag genau vor 52 Jahren der „Eiserne Kanzler" Bismarck den ersten Reichstag des neuen deutschen Kaiserreiches oder auch des „Zweiten Reiches" eröffnet hatte. 12.00 Uhr Staatsakt mit Ansprachen des Reichspräsidenten v. Hindenburg und des Kanzlers Hitler. 12.45 Uhr Vorbeimarsch der Potsdamer Garnison, der Polizei und der NS-Formationen, SA und SS, sowie des „Stahlhelm". Unter den Ehrengästen massenweise preußischer Adel, allen voran Kronprinz Wilhelm.

Im traditionsgesättigten Schiff der Garnisonskirche präsentieren sich die Nationalsozialisten im Braunhemd, während ihr Führer demonstrativ ehrbar im Cut erscheint. Nach Hindenburg, der kein Wort über die Braunen verliert, spricht Hitler. Sein Ton ist seltsam gewandelt. Nichts mehr von den unflätigen Beschimpfungen, mit denen er noch ein Jahr zuvor bei der Präsidentschaftswahl Hindenburg übergossen hat. Jetzt hat er nur Ausdrücke tiefempfundener Ehrfurcht für den Helden von Tannenberg.

Goebbels und Ex-Kanzler Brüning bezeugen unabhängig voneinander Tränen der Rührung im Auge des Reichspräsidenten, als Hitler den Geist Friedrichs des Großen beschwört. Tief ergriffen verharren die Anwesenden schweigend, als Hindenburg in die Gruft hinuntersteigt und Kränze an den Sarkophagen der preußischen Könige niederlegt.

Danach geht es wieder ins Freie, wo schmetternde Marschmusik und ein schwarz-weiß-rotes Fahnenmeer die hochgestimmten Volksvertreter empfangen. Die Farben der Repu-

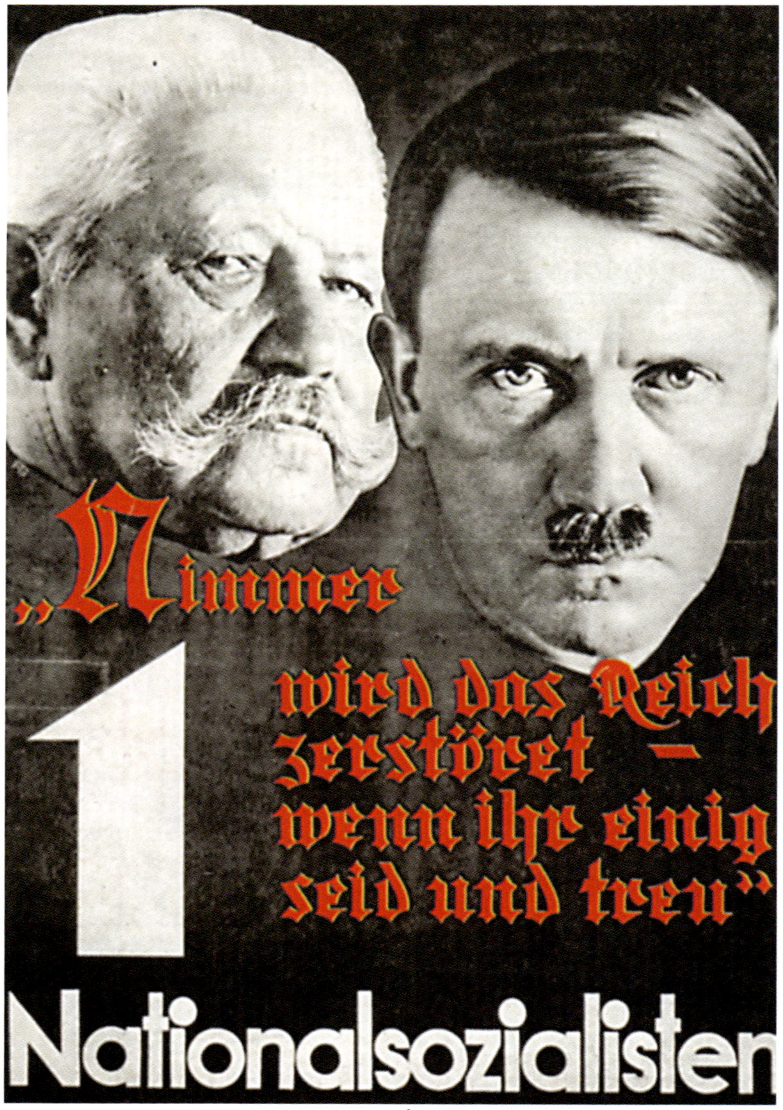

Beim Wahlkampf zu den Märzwahlen 1933 konnten die Nationalsozialisten auch auf Hindenburg setzen. Das geschickt gemachte Plakat mit dem Doppelportrait von Reichspräsident und Reichskanzler soll dem Wähler nationale Eintracht demonstrieren und die allgemeine Sympathie für die Vaterfigur Hindenburg auf Hitler übertragen.

blik – schwarz-rot-gold – sind bereits verboten. Dafür flattern um so mehr Hakenkreuzfahnen im Frühlingssonnenschein.
Hitlers Kotau vor der großen nationalen Tradition sollte sich lohnen. Zwei Tage später nahm der Reichstag mit 441 gegen 94 Stimmen der Sozialdemokraten das Ermächtigungsgesetz an, das die erste deutsche Republik endgültig liquidierte. Die vom Potsdamer Spektakel benebelten bürgerlichen Parteien hofften nun, dass Hitler die alte gottgewollte Ordnung wiederherstellen würde. Sie hatten, wie von Hitler beabsichtigt, Potsdam als endgültige Aussöhnung zwischen den ungebärdigen Revolutionären der NSDAP und den Führungsschichten des über die Republik geretteten Staates verstanden. Die Monarchisten träumten bereits von der Rückkehr des Kaisers mit Hitlers Hilfe. Es gab ein grausames Erwachen, denn wenige Monate später schon existierte nur noch die NSDAP; wer nicht kuschte, wurde verhaftet, jüdische Vorfahren zur existenzbedrohenden Belastung. Der Zähmungsversuch der Konservativen an Hitler war kläglich gescheitert.
Hier der Wortlaut von Hitlers Rede:
Aufbauen wollen wir eine andere Gemeinschaft aus den deutschen Stämmen, aus den Ständen, den Berufen und den bisherigen Klassen. Sie soll zu jenem gerechten Ausgleich der Lebensinteressen befähigt sein, der des gesamten Volkes Zukunft erfordert. Aus Bauern, Bürgern und Arbeitern muss wieder werden ein deutsches Volk.
Es soll dann für ewige Zeiten in seine treue Verwahrung nehmen unseren Glauben und unsere Kultur, unsere Ehre und unsere Freiheit.
Der Welt gegenüber aber wollen wir, die Opfer des Krieges von einst ermessend, aufrichtige Freunde sein eines Friedens, der endlich die Wunden heilen soll, unter denen alle leiden.
Die Regierung der nationalen Erhebung ist entschlossen, ihre vor dem deutschen Volke übernommene Aufgabe zu erfüllen. Sie tritt daher heute vor den Deutschen Reichstag mit dem heißen Wunsch, in ihm eine Stütze zu finden für die Durchführung ihrer Mission.
Mögen Sie, meine Männer und Frauen, als gewählte Vertreter des Volkes den Sinn der Zeit erkennen, um mitzuhelfen am großen Werk der nationalen Wiedererhebung.
In unserer Mitte befindet sich heute ein greises Haupt. Wir erheben uns vor Ihnen, Herr Generalfeldmarschall.
Dreimal kämpften Sie auf dem Felde der Ehre für das Dasein und die Zukunft unseres Volkes: als Leutnant in den Armeen des Königs für die deutsche Einheit, in den Heeren des alten deutschen Kaisers für des Reiches glanzvolle Aufrichtung, im größten Kriege aller Zeiten aber als unser Generalfeldmarschall für den Bestand des Reiches und für die Freiheit unseres Volkes.

Das als „Ermächtigungsgesetz" bekannte, am 24. März 1933 durch den Reichstag verabschiedete „Gesetz zur Behebung der Not von Volk und Reich" ermächtigte die Regierung auf vier Jahre, ohne Beteiligung des Reichstags und des Reichsrats, Gesetze zu erlassen.
Das Parlament verlor seine Kontrollfunktion und Beschließungsvollmacht und wurde damit zur bloßen Claque degradiert, die dem „Führer" zu applaudieren, mit erhobenem Arm „Sieg Heil!" zu rufen und ansonsten den Mund zu halten hatte.

Zurückhaltend und maßvoll beschwor Hitler am 21. März 1933, am Tag von Potsdam in der Garnisonskirche vor dem greisen Reichspräsidenten Hindenburg die christlichen Tugenden und verkündete die Vermählung der Symbole der alten Größe mit der neuen Bewegung.

Sie erlebten einst des Reiches Werden, sahen vor sich noch des Großen Kanzlers Werk, den wunderbaren Aufstieg unseres Volkes, und haben uns endlich geführt in der großen Zeit, die das Schicksal uns selbst miterleben und mit durchkämpfen ließ.
Heute, Herr Generalfeldmarschall, lässt Sie die Vorsehung Schirmherr sein über die neue Erhebung unseres Volkes. Dies Ihr wundersames Leben ist für uns alle ein Symbol der unzerstörbaren Lebenskraft der deutschen Nation. So dankt Ihnen des deutschen Volkes Jugend und wir alle mit, die wir Ihre Zustimmung zum Werk der deutschen Erhebung als Segnung empfinden. Möge sich diese Kraft auch mitteilen der nunmehr eröffneten neuen Vertretung unseres Volkes.
Möge uns dann aber auch die Vorsehung verleihen jenen Mut und jene Beharrlichkeit, die wir in diesem für jeden Deutschen geheiligten Raum um uns spüren als für unseres Volkes Freiheit und Größe ringende Menschen zu Füßen der Bahre seines größten Königs.

Der Reichstag nimmt das Ermächtigungsgesetz an

In den Wochen, die Hitlers „Machtergreifung" folgten, glaubten die konservative Rechte und die Berater um Hindenburg den „böhmischen Gefreiten" an die Kandare nehmen zu können. Er sollte lediglich die Massen bringen, die Politik würden sie selber bestimmen.

Die demokratischen Parteien, allen voran die SPD, prophezeiten, dass dieser Hitler, der in seinen Wahlreden allen alles versprochen hatte, die harte Wirklichkeit der Politik nicht meistern könne. Unmöglich werde es ihm gelingen, die schwere Wirtschaftskrise zu überwinden. Die Massen wären von dem Redner Hitler, der nicht in der Lage sei, tatkräftig zu handeln, alsbald enttäuscht. So gesehen, wäre es taktisch am besten, in der Opposition zu verharren, das notwendige Scheitern Hitlers abzuwarten, um sich dann dem Wähler als Retter aus Not und Elend anzubieten. Und auch die Kommunisten gingen davon aus, dass Hitler sich nicht werde halten können. Das kapitalistische System – mit oder ohne Hitler – sei so oder so zum Zusammenbruch verurteilt. Ihr Sieg sei lediglich eine Frage der Zeit.

Doch sie alle sollten sich gründlich täuschen. Mit Hitlers Dynamik und Radikalität hatte niemand gerechnet. Schon als Erstes nahm Hitler den Reichstagsbrand vom 27. Februar 1933 zum Anlass, das demokratische System zu unterhöhlen. Mit der Notverordnung zum „Schutz von Volk und Staat" hörte Deutschland auf, ein Rechtsstaat zu sein. Hitler konnte nun praktisch jeden echten und vermeintlichen Gegner verhaften und einsperren lassen.

Die Reichstagswahlen vom 5. März 1933 brachten Hitler zwar mit 43,9 Prozent einen beachtlichen Erfolg und der Koalition aus DNVP und NSDAP eine knappe Mehrheit von 51,9 Prozent, mit der Hitler nun hätte parlamentarisch regieren können, genau das aber wollte Hitler nicht. Der „Kuhhandel" der politischen Parteien um Koalition und Mehrheiten habe Deutschland in den Ruin geführt. Es sei nun an der Zeit, für einen längeren Zeitraum auf einer stabileren Basis konstruktive Politik zu betreiben. Der Reichstag selbst sollte ihm über eine Zweidrittelmehrheit auf legale Weise das Recht einräumen, vier Jahre lang ohne Parlament zu regieren. Und bis auf die Sozialdemokraten – die Kommunistische Partei war schon verboten– gelang es Hitler, die bürgerlichen Parteien davon zu überzeugen, ihm am 23. März 1933 dieses „Ermächtigungsgesetz" zu geben. Mit der legalen Verordnung zum „Schutz von Volk und Staat" und dem legalen Ermächtigungsgesetz hatte Hitler, wie in der Landsberger Festungshaft beschlossen, die Weimarer Republik auf legalem Wege vernichtet.

Zwar fand der Sozialdemokrat Otto Wels vor den Abgeordneten mutige Worte, als er die Ablehnung des Ermächtigungsgesetzes durch seine Partei begründete, doch zu einem energischen Widerstand konnten sich weder die Sozialdemokraten noch die mit ihnen eng verbundenen freien Gewerkschaften aufraffen. Ihnen ging es nicht mehr darum, die Republik, sondern nurmehr ihre eigene Organisation zu retten. Doch es half der Gewerkschaftsführung nicht, dass sie ihre Mitglieder aufrief, sich an den nationalsozialistischen Mai-Feiern zu beteiligen. Bereits einen Tag später wurden die Gewerkschaftshäuser von triumphierenden SA-Leuten besetzt und das Gewerkschaftsvermögen sowie alle Einrichtungen der freien Gewerkschaften in Hitlers Deutsche Arbeitsfront überführt. Um Schlimmeres zu verhüten, um die Partei zu retten, hatte sich schließlich auch die SPD dazu durchgerungen, gemeinsam mit den übrigen Parteien Hitlers Rede vom 17. Mai 1933 zu außenpolitischen und Abrüstungsfragen ausdrücklich zu billigen. Doch schon wenige Wochen später wurde die SPD ebenfalls verboten. Die bürgerlichen Parteien lösten sich „freiwillig" auf. Mit dem „Gesetz gegen die Neubildung von Parteien" vom 14. Juli 1933 wurde Deutschland zum Einparteienstaat, in dem jede organisierte Opposition verboten war.

Die Bücherverbrennung am Abend des 10. Mai 1933 war Höhepunkt einer Reihe von Aktionen „wider den undeutschen Geist". Maßgeblich getragen wurde sie von der Deutschen Studentenschaft, die auch als örtlicher Veranstalter das Autodafé organisierte. Lastwagen und Ochsenkarren brachten die Bücher, die "Ältesten„ der Studentenschaft und Professoren der Germanistik im Talar hielten Ansprachen, dann flogen die Werke von Philosophen (Marx, Bloch), Psychologen und Ärzten (Freud, Hirschfeld), klassisch-humanistischen Dichtern (Heine) und zeitgenössischen Autoren ins Feuer.

Boykott jüdischer Gschäfte am 30. April 1933.

Boykott-Auruf gegen Betriebe

Seit dem 30. Januar 1933 war es verschiedentlich zu Übergriffen der Nationalsozialisten gegen jüdische Mitbürger gekommen, die allerdings von der Führung nicht gesteuert und (wenigstens öffentlich) nicht gebilligt worden waren. Solche terroristischen Gewaltakte führten im Ausland zu erheblicher Kritik am neuen Regime in Deutschland; ein Boykott deutscher Waren schien nicht mehr ausgeschlossen. Um diese unerwünschten Folgen des eigenen Vorgehens zu verhindern, wurden die deutschen Juden zu Geiseln für das Wohlverhalten der ausländischen Presse gemacht. Die Leitung der NSDAP organisierte für den 1. April 1933 einen umfassenden Boykott aller jüdischen Betriebe. Die Gesamtleitung lag in den Händen eines „Zentralkomitees zur Abwehr der jüdischen Boykott- und Greuelhetze“ unter dem fränkischen Gauleiter und Herausgeber des antisemitischen und antiklerikalen Hetzblattes „Der Stürmer“, Julius Streicher.

Deutsche Volksgenossen, deutsche Volksgenossinnen! Die Schuldigen an diesem wahnwitzigen Verbrechen, an dieser niederträchtigen Greuel- und Boykotthetze sind die Juden in Deutschland. Sie haben ihre Rassengenossen im Ausland zum Kampf gegen das deutsche Volk aufgerufen. Sie haben die Lügen und Verleumdungen hinausgemeldet. Darum hat die Reichsleitung der deutschen Freiheitsbewegung beschlossen, in Abwehr der verbrecherischen Hetze ab Sonnabend, dem 1. April 1933, vormittags 10 Uhr, über alle jüdischen Geschäfte, Warenhäuser, Kanzleien usw. den Boykott zu verhängen. Dieser Boykottierung Folge zu leisten, dazu rufen wir euch, deutsche Frauen und Männer, auf. Kauft nicht in den jüdischen Geschäften und Warenhäusern, geht nicht zu jüdischen Rechtsanwälten, meidet jüdische Ärzte. Zeigt den Juden, dass sie nicht ungestraft Deutschland in seiner Ehre herabwürdigen und beschmutzen können. Wer gegen diese Aufforderung handelt, beweist damit, dass er auf Seiten der Feinde Deutschlands steht. Es lebe der ehrwürdige Generalfeldmarschall aus dem großen Kriege, der Reichspräsident Paul v. Hindenburg. Es lebe der Führer und Reichskanzler Adolf Hitler. Es lebe das deutsche Volk und das heilige deutsche Vaterland!

(gez.) Streicher

Der Austritt aus dem Völkerbund

Bei der gewalttätigen Außenpolitik, die Hitler vorhatte, konnte eine Mitgliedschaft Deutschlands im Völkerbund nur hinderlich sein. Hitler benutzte daher die erste Gelegenheit, ein Stocken der internationalen Abrüstungskonferenz in Genf im Herbst 1933, um Deutschlands Austritt aus dem Völkerbund zu erklären. Durch eine manipulierte Volksabstimmung ließ er sich den Schritt am 12. November 1933 nachträglich legitimieren. Eingeleitet wurde das Plebiszit mit einem Aufruf am 14. Oktober 1933:

Erfüllt von dem aufrichtigen Wunsch, das Werk des friedlichen innern Wiederaufbaus unsers Volkes, seines politischen und wirtschaftlichen Lebens durchzuführen, haben sich ehemals deutsche Regierungen im Vertrauen auf die Zubilligung einer würdigen Gleichberechtigung bereit erklärt, in den Völkerbund einzutreten und an der Abrüstungskonferenz teilzunehmen. Deutschland wurde dabei bitter enttäuscht. Trotz aller Bereitwilligkeit, die von uns zunächst vollzogene Abrüstung, wenn nötig, hart bis zur letzten Konsequenz fortzuführen, konnten sich andre Regierungen nicht zur Einlösung der von ihnen im Friedensvertrag unterschriebenen Zusicherungen entscheiden.

Durch die bewusste Verweigerung einer wirklichen moralischen und sachlichen Gleichberechtigung Deutschlands wurde das deutsche Volk und seine Regierung immer wieder aufs schwerste gedemütigt. Nachdem sich die Reichsregierung nach der am 11. Dezember 1932 festgelegten deutschen Gleichberechtigung neuerdings bereiterklärt hatte, an den Verhandlungen der Abrüstungskonferenz wieder teilzunehmen, ist nunmehr durch die offiziellen Vertreter der andern Staaten in öffentlichen Reden und direkten Erklärungen an den Reichsminister des Äußern und unsre Delegierten mitgeteilt worden, dass dem derzeitigen Deutschland diese Gleichberechtigung zur Zeit nicht mehr zugebilligt werden könnte. Da

Besetzung des Gewerkschaftshauses am Engels-Ufer in Berlin am 2. Mai 1933. Mit Hitlers „Machtergreifung“ war auch das Ende der freien Arbeitervertretung gekommen; die Versuche führender Gewerkschafter, sich in letzter Minute anzupassen, wurden mit Hohn quittiert. Reichsorganisationsleiter Ley: „Wir schlagen dem marxistischen Gesindel seine Hauptwaffe aus der Hand.“

„Deutschlands neuer Gruß in Genf", holländische Karikatur auf Hitlers Austritt aus dem Völkerbund. Am 19. Oktober 1933 kehrte das Reich der internationalen Organisation den Rücken und beendete damit eine friedenspolitische Ära, die sieben Jahre zuvor mit Stresemanns großer Rede anlässlich des deutschen Eintritts in den Völkerbund (10. September 1926) begonnen hatte.

die deutsche Reichsregierung in diesem Vorgehen eine ebenso ungerechte wie entwürdigende Diskriminierung des deutschen Volkes erblickt, sieht sie sich außerstande, unter solchen Umständen als rechtlose und zweitklassige Nation noch weiterhin an den Verhandlungen teilzunehmen, die damit nur zu neuen Diktaten führen könnten.
Indem die deutsche Reichsregierung daher erneut ihren unerschütterlichen Friedenswillen bekundet, erklärt sie angesichts dieser demütigenden und entehrenden Zumutungen zu ihrem tiefsten Bedauern, die Abrüstungskonferenz verlassen zu müssen. Sie wird deshalb auch den Austritt aus dem Völkerbund anmelden.
Sie legt diese ihre Entscheidung, verbunden mit einem neuen Bekenntnis für eine Politik aufrichtigsten Friedenswillens und Verständigungsbereitschaft dem deutschen Volke zur Stellungnahme vor und erwartet von ihm eine Bekundung „gleicher Friedensliebe und Friedensbereitschaft, aber auch gleicher Ehrauffassung und gleicher Entschlossenheit".
Ich habe daher als Kanzler des Deutschen Reichs dem Herrn Reichspräsidenten vorgeschlagen, zum sichtbaren Ausdruck des einmütigen Willens von Regierung und Volk diese Politik der Reichsregierung der Nation zur Abstimmung vorzulegen, den Deutschen Reichstag aufzulösen, um dem deutschen Volke damit die Gelegenheit zu bieten, jene Abgeordneten zu wählen, die als geschworene Repräsentanten dieser Politik des Friedens und der Ehrhaftigkeit dem Volke die Garantie einer unentwegten Vertretung seiner Interessen in diesem Sinne zu geben vermögen.
Als Kanzler des deutschen Volkes und Führer der nationalsozialistischen Bewegung bin ich überzeugt, dass die ganze Nation geschlossen wie ein Mann hinter ein Bekenntnis und einen Entschluss tritt, die ebenso sehr der Liebe zu unserm Volke und der Achtung seiner Ehre entspringen wie auch der Überzeugung, dass die für alle so notwendige endliche Weltbefriedung nur erreicht werden kann, wenn die Begriffe Sieger und Besiegte abgelöst werden von der tragbaren Anwendung der gleichen Lebensrechte aller.
gez. Adolf Hitler.

Die Abstimmungsvorlage lautete:
Die deutsche Reichsregierung und das deutsche Volk sind sich einig in dem Sinn, eine Politik des Friedens, der Versöhnung und der Verständigung zu betreiben als Grundlage aller Entschlüsse und jedes Handelns. Die deutsche Reichsregierung und das deutsche Volk lehnen daher die Gewalt als ein untaugliches Mittel zur Beseitigung bestehender Differenzen innerhalb der europäischen Staatengemeinschaft ab.
Die deutsche Reichsregierung und das deutsche Volk erneuern das Bekenntnis, jeder tatsächlichen Abrüstung der Welt freudig zuzustimmen, mit der Versicherung der Bereitwilligkeit, auch das letzte deutsche Maschinengewehr zu zerstören und den letzten Mann aus dem Heer zu entlassen, insofern sich die andern Völker zum Gleichen entschließen.
Die deutsche Reichsregierung und das deutsche Volk verbinden sich in dem aufrichtigen Wunsch, mit den andern Nationen, einschließlich aller unsrer früheren Gegner, im Sinne der Überwindung der Kriegspsychose und zur endlichen Wiederherstellung eines aufrichtigen Verhältnisses untereinander, alle vorliegenden Fragen leidenschaftslos auf dem Wege von Verhandlungen prüfen und lösen zu wollen. Die deutsche Reichsregierung und das deutsche Volk erklären sich daher auch jederzeit bereit, durch den Abschluss kontinentaler Nichtangriffspakte auf längste Sicht den Frieden Europas sicherzustellen, seiner wirtschaftlichen Wohlfahrt zu dienen und am allgemeinen kulturellen Neuaufbau teilzunehmen.
Die deutsche Reichsregierung und das deutsche Volk sind erfüllt von der gleichen Ehrauffassung, dass die Zubilligung der Gleichberechtigung Deutschlands die unumgängliche moralische und sachliche Voraussetzung für alle Teile unsers Volkes und seiner Regierung in den internationalen Einrichtungen und Verträgen ist. Die deutsche Reichsregierung und das deutsche Volk sind daher einig in dem Beschluss, die Abrüstungskonferenz zu verlassen und aus dem Völkerbund auszuscheiden, bis diese wirkliche Gleichberechtigung unserm Volke nicht mehr vorenthalten wird. Die deutsche Reichsregierung und das

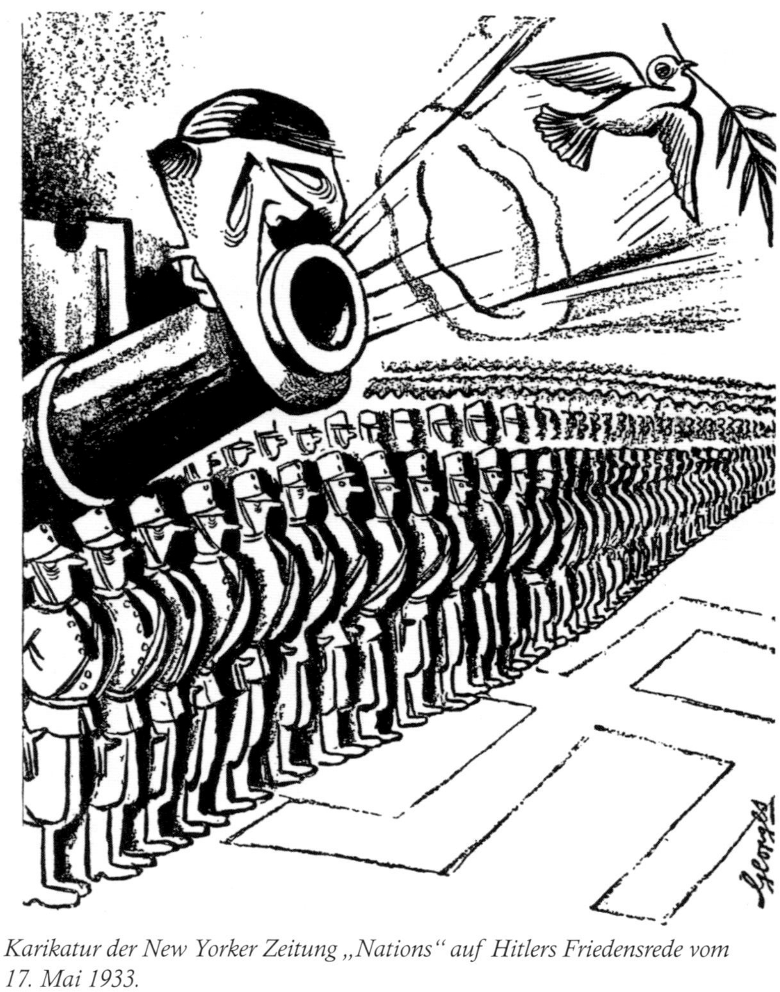

Karikatur der New Yorker Zeitung „Nations" auf Hitlers Friedensrede vom 17. Mai 1933.

deutsche Volk sind entschlossen, lieber jede Not, jede Verfolgung und jegliche Drangsal auf sich zu nehmen, als künftighin Verträge zu unterzeichnen, die für jeden Ehrenmann und für jedes ehrliebende Volk unannehmbar sein müssen, in ihren Folgen aber nur zu einer Verewigung der Not und des Elends des Versailler Vertragszustands und damit zum Zusammenbruch der zivilisierten Staatengemeinschaft führen würden. Die deutsche Reichsregierung und das deutsche Volk haben nicht den Willen, an irgendeinem Rüstungswettlauf andrer Nationen teilzunehmen; sie fordern nur jenes Maß von Sicherheit, das der Nation die Ruhe und die Freiheit der friedlichen Arbeit garantiert. Die deutsche Reichsregierung und das deutsche Volk sind gewillt, diese berechtigten Forderungen der deutschen Nation auf dem Wege von Verhandlungen und durch Verträge sicherzustellen.
Die Reichsregierung richtet an das deutsche Volk die Frage:
Billigt das deutsche Volk die ihm hier vorgelegte Politik seiner Reichsregierung und ist es bereit, diese als den Ausdruck seiner eignen Auffassung und seines eignen Willens zu erklären und sich feierlich zu ihr zu bekennen?
Berlin, den 14. Oktober 1933.
Die Reichsregierung
Der Reichskanzler
Adolf Hitler.

Die Unterzeichnung des Konkordats zwischen Deutschland und dem Vatikan in Rom am 20. Juli 1933. Sitzend von links: Vizekanzler von Papen, der damalige Nuntius in Berlin, Kardinalstaatssekretär Pacelli, später Papst Pius XII., Ministerialdirektor Dr. Buttmann vom Reichsinnenministerium und der deutsche Geschäftsträger beim Vatikan, Botschaftsrat Klee.

Hitlers „Friedensrede"

Jahrelang sei er gezwungen gewesen, vom Frieden zu reden, beklagte Hitler kurz vor Beginn des Zweiten Weltkriegs. Nur so hätte er die Atempause gewinnen können, die er zur Wehrhaftmachung Deutschlands brauchte, das seit dem Versailler Vertrag von 1919 fast völlig entwaffnet war. Wer Hitlers Buch „Mein Kampf" und seine Wahlreden vor der Machtergreifung kannte, musste am 17. Mai 1933 entweder am eigenen Verstand zweifeln oder aber wirklich glauben, dass die Macht, die Hitler nun schon seit vier Monaten ausübte, ihn völlig gewandelt habe. An diesem Tage hielt der „Führer" und Reichskanzler vor dem Reichstag eine Friedensrede, die sogar die feindliche SPD zur Zustimmung nötigte. Wie scheinbar ehrlich der kommende Eroberer seine Friedensliebe beteuerte und geschickt seine wahren kriegerischen Ziele tarnte, mag ein Auszug zeigen:

... Wenn ich in diesem Augenblicke bewusst als deutscher Nationalsozialist spreche, so möchte ich namens der nationalen Regierung sowie der gesamten nationalen Erhebung bekunden, dass gerade uns dieses junge Deutschland das tiefste Verständnis beseelt für die gleichen Gefühle ... sowie für die begründeten Lebensansprüche der anderen Völker. Die Generation dieses jungen Deutschlands, die in ihrem bisherigen Leben nur die Not, das Elend und den Jammer des eigenen Volkes kennenlernte, hat zu sehr unter dem Wahnsinn gelitten, als dass sie beabsichtigen könnte, das Gleiche anderen zuzufügen. Unser Nationalismus ist ein Prinzip, das uns als Weltanschauung grundsätzlich allgemein verpflichtet. Indem wir in grenzenloser Liebe und Treue an unserem eigenen Volkstum hängen, respektieren wir die nationalen Rechte auch der anderen Völker aus dieser selben Gesinnung heraus und möchten aus tiefinnerstem Herzen mit ihnen in Frieden und Freundschaft leben ...
Wir haben aber keinen sehnlicheren Wunsch als den, beizutragen, dass die Wunden des Krieges und des Versailler Vertrages nun endgültig geheilt werden, und Deutschland will dabei keinen anderen Weg gehen als den, der durch die Verträge selbst als berechtigt anerkannt wird.
Die deutsche Regierung wünscht, sich über alle schwierigen Fragen politischer und wirtschaftlicher Natur mit den anderen Nationen friedlich und vertraglich auseinanderzusetzen. Sie weiß, dass jeder militärische Akt in Europa auch im Falle seines vollständigen Gelingens, gemessen an seinen Opfern, in keinem Verhältnis steht zum möglichen endgültigen Gewinn ...

Die „Adolf-Hitler-Spende"

In ihren Münchener Anfängen lebt die NSDAP von dem, was ihre Mitglieder selbst aufbringen, und von heimlichen Zuwendungen aus schwarzen Kassen der Reichswehr, die – jedenfalls was ihre bayerischen Vertreter betrifft – gerne rechtsradikalen Verbänden unter die Arme greift. Dazu kommen gelegentliche Spenden aus bayerischen und sächsischen Akademiker-, Kaufmanns- und Fabrikantenkreisen. 1921 bekommt Hitler Zutritt zu den Salons der besseren Münchener Gesellschaft. Damen wie Helene Bechstein, Elsa Bruckmann oder Gertrud von Seidlitz wetteifern darin, ihm ihren Schmuck zu verpfänden oder die Konten ihrer Gatten für ihn zu plündern. Mit dem Geld der „in ihn verschossenen Weiber" (so die sozialdemokratische Presse) sowie Mitteln, die aus dem Kunsthandels-Haus Hanfstaengel kommen, einiger Hilfe aus der Schweiz und schließlich einer 100.000-Mark-Spende des Industriellen Thyssen kann er den Putsch vom November 1923 finanzieren. Nach dessen Scheitern ist erst einmal Schluss mit dem üppigen Leben. Die alten Spender, die etwas für die „nationale Sache" tun wollten, wenden sich ab. Wieder muss auf Selbstfinanzierung zurückgegriffen werden. Die SA verlegt sich auf die Herstellung eigener Erbswurstkonserven und Zigaretten, um ihre Mitglieder zu verpflegen und zu betreuen.
Hitler versucht, an die Großindustrie heranzukommen, aber die will von ihm noch kaum etwas wissen – es ist das Wort „sozialistisch" im Parteinamen, das sie abstößt. Immerhin gelingt dem Agitator, 1927 die Bekanntschaft Emil Kirdorfs

Vorbeimarsch von SA-Kolonnen vor dem „Führer" auf dem Adolf-Hitler-Platz (bis 1933: Hauptmarkt) in Nürnberg.

von der Gelsenkirchener Bergwerks AG zu machen. Der spendet zwar selbst so gut wie nichts, aber er versteht es, andere zum Spenden zu veranlassen, und was nicht zu unterschätzen ist, er berät Hitler in Fragen des „fund-raising" und der Präsentation der Partei in der Wirtschaftswelt. Aber noch 1928 diskutiert man in der „Ruhrlade", einem von Gustav Krupp von Bohlen und Halbach gegründeten Ausspracheforum, über Unterstützung für alle möglichen Parteien von den Deutschnationalen bis hin zur Sozialdemokratie, und nur der ebenfalls zum Kreis gehörende Thyssen gibt sich als Förderer der Nationalsozialisten zu erkennen.

Erst der Wahlerfolg der NSDAP bei den Reichstagswahlen 1930 macht die Partei wirklich spendenfähig. Nicht nur ihre Basis verbreitert sich, sie hat viele Bauern und manchen Arbeiter dazugewonnen, auch die Industrie steigt nun ein. Doch es sind immer noch nur einzelne Firmen oder Personen, die Hitler unterstützen, Friedrich Flick, die I.G. Farben und die im Keppler-Kreis um den Ingenieur Wilhelm Keppler zusammengeschlossenen Wirtschaftssachverständigen. Bedeutender wahrscheinlich, wenn auch in der Höhe nicht zu belegen, dürften die Gelder sein, die aus dem gewerblichen Mittelstand, von Hoteliers, Fabrikanten, von Verbänden und von nord- und westdeutschen Grundbesitzern fließen. Um die Jahreswende 1932/33 ist die Partei abermals finanziell in der Klemme.

Da öffnet sich auf einer Geheimkonferenz im Hause des Bankiers Schröder in Berlin (4. Januar 1933) endlich die Tür zum ganz großen Geld, und nach der „Machtergreifung" kann Hitlers Paladin Göring die Spitzen von Industrie- und Bankwelt für den 20. Februar 1933 „ergebenst" zu einer Besprechung im Reichstagspräsidentenpalais einladen. Die Angesprochenen wissen, was sie sich schuldig sind: Als Erster gibt Gustav Krupp von Bohlen und Halbach eine Spendenzusage über eine Million Mark ab. Die übrigen Herren legen zwei weitere Millionen drauf.

Mit der „Adolf-Hitler-Spende", einer im Frühjahr 1933 von den Spitzenverbänden der deutschen Wirtschaft „als Ausdruck des Danks an den Führer" beschlossenen „freiwilligen" Zuwendung an die NSDAP bekommt dann die Förderung System. Initiator und Verwalter dieses Fonds ist der „Stabsleiter" Martin Bormann, der sein organisatorisches Geschick auch schon früher, bei der

Hitler bei der Abnahme einer Parade von Autobahn-Arbeitern anläßlich der Eröffnung eines Teilabschnittes in der Nähe von Frankfurt am Main. Anläßlich seines ersten Spatensichs am 23. September 1933 zum Beginn des Baus der Reichsautobahnen beendete Hitler seine Ansprache an die Arbeiter mit den Worten: „Ehe wieder Jahre vergehen, soll ein Riesenwerk zeugen von unserem Dienst, unserem Fleiß, unserer Fähigkeit und Entschlusskraft. Deutsche Arbeiter ans Werk!"

Neue Formen der Meinungslenkung

Schaffung einer Zwangsversicherung für alle Parteigenossen („für Unfälle in der Parteiarbeit"), unter Beweis gestellt hat. Bormann ist es auch, der von dem Zeitpunkt an, da Hitler Staatsoberhaupt geworden ist (August 1934) und sein Konterfei auf den Briefmarken des Deutschen Reiches prangt, unter Berufung auf das „Recht am eigenen Bild" dem Führer eine nie mehr versiegende Geldquelle erschließt.

Dass die Welt betrogen sein will, ist eine sprichwörtliche Weisheit schon seit den Tagen der alten Römer. Hitler und sein Chefpropagandist Joseph Goebbels setzen noch eins drauf: Große Lügen werden eher geglaubt als kleine, von Drohungen begleitete Visionen schaffen besser Gefolgschaft als abgewogene Stellungnahmen, „granitene Entschlossenheit" ist glaubwürdiger als das tastende Sowohl-als-auch, und was man wirklich vorhat, verrät man besser nicht. Manipulieren und Verschleiern sind daher nach der Machtergreifung die Richtlinien der Meinungslenkung, die Goebbels mit dem am 13. März 1933 geschaffenen Ministerium für „Volksaufklärung und Propaganda" zentral ausübt. Er unterbindet durch Zwangsmitgliedschaft in den verschiedenen Abteilungen der Reichskulturkammer abweichende Meinungen, beherrscht die neuen Massenmedien des Rundfunks und Films, entfaltet einen pompösen Führerkult und nutzt virtuos Hoffnungen und Vorurteile der Bürger zur Bindung an das System. Besonderes Augenmerk widmet Goebbels der Presse. Von Anfang an ist seine Politik auf eine möglichst lückenlose politische und ökonomische Kontrolle der veröffentlichten Meinung gerichtet. Das Ziel wird durch entschädigungslose Beschlagnahme der „linken" Verlage von SPD, KPD und Gewerkschaften und durch Aufkäufe bürgerlicher Presseunternehmen mittels Tarnfirmen angestrebt. Kirchliche und andere „unbotmäßige" Verlage können nach einer Verordnung vom April 1935 zwangsweise geschlossen oder im Krieg durch Verweigerung der Papierzuteilung in die Knie gezwungen werden.

Der Brauch des „Eintopf-Sonntags" wurde 1933 eingeführt: An bestimmten Sonntagen sollte das ganze Volk nur ein Eintopfgericht essen und den Differenzbetrag zum Sonntagsbraten der Winterhilfe spenden. Goebbels fand dafür eine sinnbildhafte Umschreibung: „Der Nationalsozialismus ist eine gute deutsche Hausmannskost, ein Eintopfgericht."

Die inhaltliche Gleichschaltung erreicht Goebbels als oberster Meinungsmacher nicht nur durch genaues Vorschreiben der Tendenz, sondern auch durch die Monopolisierung des Nachrichtenmaterials durch das Deutsche Nachrichtenbüro (DNB) und die NS-Parteikorrespondenz (NSK). Hinzu kommt die Ausschaltung „unzuverlässiger" Journalisten durch das Schriftleitergesetz vom Oktober 1933 und die Einrichtung der Reichspressekammer. Seit Juli 1933 hält die Presseabteilung des Propagandaministeriums täglich eine Pressekonferenz ab, auf der die Journalisten der großen Tageszeitungen mündlich Presseanweisungen für Aufmacher, Artikeltendenz, Kommentare, Nachrichtenauswahl und -platzierung erhalten. An kleinere Tageszeitungen ergehen schriftliche Presseanweisungen im gleichen Sinn. Zeitschriften erhalten ihre Weisungen auf einer gesonderten Konferenz

Plakat zur Reichstagswahl und Volksabstimmung im November 1933, das sich natürlich auf die bis dahin erzielten Erfolge berief. Diese und die weiteren Erfolge Hitlers schienen den damaligen Zeitgenossen noch um so größer, als die zentralgelenkte Goebbelssche Propaganda diese immer wieder geschickt herauszustellen wußte und keiner sie kritisieren durfte, wollte er nicht Himmlers Gestapo zum Opfer fallen.

und seit dem 9. Mai 1939 durch einen Zeitschriftendienst.

Den so geschaffenen Apparat nutzt Goebbels, um die außenpolitischen Aktionen Hitlers klimatisch vorzubereiten. Im Sommer 1938 entfacht er einen ungeheuren Propagandakrieg gegen die „hussitischen Mordbrenner", die angeblich die Sudetendeutschen in der Tschechoslowakei drangsalieren. Und seit Frühjahr 1939 schürt er antipolnische Ressentiments durch Meldungen über erfundene oder aufgebauschte polnische Ausschreitungen gegen „Volksdeutsche" und stellt die deutsche Aggression als einen Akt der Selbstverteidigung dar.

1934

JANUAR

3.1. Auf Vorschlag von Reichswehrminister Werner von Blomberg wird Generalleutnant Werner Freiherr von Fritsch neuer Chef der Heeresleitung.
4.1. US-Präsident Franklin D. Roosevelt betont, dass die USA sich nicht in die politische Entwicklung Europas einmischen werden.
17.1. Der österreichische Bundeskanzler Engelbert Dollfuß verkündet, gegen die Forderungen der deutschen Regierung nach einem Anschluss Österreichs beim Völkerbund zu protestieren. Die italienische Regierung unterstützt diese Position.
22.1. In Paris lösen rechtsgerichtete Gruppen schwere Unruhen gegen die sozialistische Regierung aus.
24.1. Alfred Rosenberg wird Beauftragter für die weltanschauliche Schulung der NSDAP und ihrer Organisationen.
26.1. Das Deutsche Reich und Polen schließen einen Nichtangriffspakt.
27.1. Der französische Ministerpräsident Camille Chautemps tritt wegen eines Bankenskandals zurück. Sein Nachfolger wird Édouard Daladier.
Ex-Kaiser Wilhelm II. feiert im niederländischen Doorn seinen 75. Geburtstag.
Der Chemiker und Nobelpreisträger Fritz Haber stirbt in Basel.
30.1. Mit dem „Gesetz zum Neuaufbau des Reiches" verlieren die deutschen Länder ihre Hoheitsrechte und ihre Volksvertretungen. An die Spitze der „gleichgeschalteten" Länder werden Reichsstatthalter gestellt.

FEBRUAR

7.2. Innenminister Wilhelm Frick verkündet die Einrichtung einer Reichsstudentenschaft.
12.2. In Wien kommt es zu schweren Kämpfen zwischen der Polizei und bewaffneten Arbeitern, die Sozialdemokraten rufen den Generalstreik aus. Daraufhin verbietet Dollfuß die Sozialdemokratie und lässt ihre Führer verhaften.
17.2. Frankreich, Großbritannien und Italien übernehmen eine Sicherheitsgarantie für die Selbständigkeit Österreichs.
20.2. Der britische Lordsiegelbewahrer Robert Anthony Eden kommt zu Abrüstungsgesprächen mit Reichskanzler Adolf Hitler nach Berlin.
24.2. Gertrud Scholtz-Klink wird zur Reichsführerin der Nationalsozialistischen Frauenschaft (NSF) ernannt.
28.2. Propagandaminister Joseph Goebbels empfängt in Berlin zahlreiche ausländische Pressevertreter und wirbt um Verständnis für die nationalsozialistische Regierung.

MÄRZ

8.3. Hitler eröffnet die Internationale Automobil- und Motorrad-Ausstellung in Berlin. Er setzt sich für die Förderung des Automobilwesens ein.
12.3. Minister Werner von Blomberg verkündet den Ausschluss von Juden aus der Reichswehr.
13.3. Die gewerbliche Wirtschaft wird in Fachgruppen eingeteilt und dem Führerprinzip unterworfen.
16.3. Reichsbankpräsident Hjalmar Schacht bezeichnet die Auslandsschulden des Deutschen Reichs als „politische Schulden" wegen der Reparationszahlungen des Versailler Vertrags.
17.3. „Römische Protokolle": Italien sichert sich durch einen Bündnisvertrag mit Österreich und Ungarn Einfluss im Donauraum.
21.3. Hitler ruft anlässlich einer Baustelleneröffnung der Reichsautobahn bei München vor 10.000 Anwesenden zur „Arbeitsschlacht" auf.
28.3. Die Rundfunkanstalten der Länder werden „gleichgeschaltet" und dem Propagandaministerium angeschlossen.
Der „Stahlhelm" wird als Nationalsozialistischer Deutscher Frontkämpferbund (NSDFB) neugegründet.
29.3. Albert Einstein wird aus dem Deutschen Reich ausgebürgert.
31.3. Die „Vossische Zeitung", eines der ältesten deutschen Tagesblätter, stellt ihr Erscheinen ein.

APRIL

3.4. Hitler fordert in einem Interview mit einer amerikanischen Nachrichtenagentur eine Verdreifachung des deutschen 100.000-Mann-Heeres.
17.4. Zur Kontrolle der ins Massenhafte angestiegenen nationalsozialistischen Schriften richtet Rudolf Heß eine parteiamtliche Prüfungskommission ein.
20.4. Heinrich Himmler wird Leiter des Geheimen Staatspolizeiamts in Preußen.
23.4. Die Berliner Polizei verbietet jede Form von gewerblicher Wahrsagerei und den Abdruck von Horoskopen.
24.4. Für politische Straftaten wird als einzig zuständige juristische Instanz der Volksgerichtshof geschaffen.
30.4. Mit der Annahme der Notverordnungen der Regierung Dollfuß durch das Parlament endet die parlamentarische Republik in Österreich, das nun ein ständisch gegliederter Staat wird.

MAI

1.5. Die deutsche Regierung nutzt den von ihr 1933 eingeführten Feiertag zu einer gigantischen Propagandaschau, bei der Hitler in Berlin-Tempelhof vor einem Millionenpublikum spricht.
Bernhard Rust wird Leiter des neu geschaffenen Ministeriums für Wissenschaft, Erziehung und Volksbildung.
2.5. Ankündigung eines obligatorischen Haushaltsjahrs für Schulabgängerinnen. Sie sollen ein Jahr unbezahlt bei einer Familie die Hauswirtschaft erlernen.
10.5. Am ersten Jahrestag der Bücherverbrennung gründen deutsche Emigranten in Paris die „Freiheitsbibliothek" mit von den Nationalsozialisten verfemten Büchern.
21.5. Gründung einer „Arbeitsgemeinschaft der Deutschen Glaubensbewegung", die einen vorchristlichen „deutschen Glauben" propagiert.
26.5. Das Luftschiff „Graf Zeppelin" startet in Friedrichshafen zum ersten Flug nach Rio de Janeiro.
27.5. In Dresden eröffnet Hitler die erste deutsche Theaterwoche mit der Wagner-Oper „Tristan und Isolde". Zwölf Tage zuvor wurden alle Theater dem Propagandaministerium unterstellt.
29.5. Auf ihrer ersten Synode konstituiert sich innerhalb der Evangelischen Kirche die Bekennende Kirche, die aus dem Pfarrernotbund von Martin Niemöller hervorgeht. In einer Erklärung wendet sie sich offen gegen den Totalitätsanspruch des nationalsozialistischen Staats gegenüber der Kirche.

JUNI

10.6. Der Ullstein-Verlag wird über eine Tarngesellschaft vom Propagandaministerium aufgekauft.
14.6. Treffen von Hitler und Mussolini in Venedig. Trotz einer gemeinsamen Massenkundgebung auf dem Markusplatz mit über 70.000 Menschen bleibt das Verhältnis von Misstrauen bestimmt.
24.6. Der FC Schalke 04 wird durch einen Sieg über den 1.FC Nürnberg erstmals Deutscher Fußballmeister.
29.6. Der Vatikan setzt Alfred Rosenbergs „Der Mythus des 20. Jahrhunderts" auf den Index der verbotenen Bücher.
30.6. Hitler lässt seinen SA-Stabschef und langjährigen Freund Ernst Röhm sowie andere hochstehende SA-Führer in einer vorbereiteten Aktion verhaften und ermorden. Als Vorwand für die Liquidierung der Führung der Sturmabteilung (SA), die auf eine „zweite Revolution" drängt, wird eine geplante Revolte genannt, der „Röhm-Putsch".
Im Zusammenhang mit dem „Röhm-Putsch" werden insgesamt etwa 200 Oppositionelle ermordet, unter ihnen Gregor Strasser, Gustav Ritter von Kahr und General Kurt von Schleicher. Die SA verliert an Bedeutung, die Reichswehrführung unterlässt Proteste gegen die Ermordung von zwei Generalen.

JULI

5.7. In Rumänien werden die NS-Organisationen der deutschen Minderheit aufgelöst.
6.7. Konstantin Hierl wird neuer Reichsarbeitsführer (1935: Reichskommissar für den freiwilligen Arbeitsdienst). Kurz darauf kündigt er die Arbeitsdienstpflicht an.
9.7. Die Konzentrationslager (KZ) werden Himmler unterstellt und mit Schutzstaffel (SS)-Wachmannschaften besetzt.
10.7. Der Dichter Erich Mühsam stirbt nach Misshandlungen im KZ Oranienburg.
20.7. Hitler erhebt die bisher der SA unterstehende SS zur selbständigen Organisation.
25.7. In Wien wird Bundeskanzler Dollfuß bei einem Putsch von Nationalsozialisten ermordet. Der Aufstand wird vom Unterrichtsminister Kurt Schuschnigg niedergeschlagen, der fünf Tage später neuer Bundeskanzler wird.
26.7. Hitler entlässt von Papen aus dem Kabinett und schickt ihn als Sondergesandten nach Wien. Das Amt des Vizekanzlers bleibt unbesetzt.

AUGUST

1.8. Für Mitglieder der Hitler-Jugend (HJ) wird der Samstag als schulfreier Tag eingeführt.
2.8. Hindenburg stirbt mit 86 Jahren auf seinem Gut Neudeck. Hitler übernimmt nun auch das Amt des Reichspräsidenten. Er nennt sich fortan „Führer und Reichskanzler“. Die Reichswehr wird von nun an nicht mehr auf die Verfassung, sondern auf die Person Hitlers vereidigt.
5.8. In einem Interview mit der „Daily Mail“ schließt Hitler einen Krieg gegen Großbritannien als „Verbrechen gegen die eigene Rasse“ aus.
7.8. Hindenburg wird im Tannenbergdenkmal mit einem Staatsakt beigesetzt.
24.8. Der ökumenische Rat der Protestantischen Kirche betont auf einem Kongress in Dänemark seine Unterstützung für die Bekennende Kirche in Deutschland.
26.8. Auf einer „Treuekundgebung“ bezeichnet Hitler das unter französischer Verwaltung stehende Saargebiet als „einzige Territorialfrage zwischen Frankreich und Deutschland“.

SEPTEMBER

1.9. Reichsbankpräsident Schacht fordert einen internationalen Zahlungsaufschub für die Schulden des Deutschen Reichs. Außerdem spricht er sich für die Beschränkung von Rohstoffimporten aus.
4.-10.9. Auf dem VI. Reichsparteitag erklärt Hitler den Abschluss der „nationalsozialistischen Revolution“. Neues Ziel der NSDAP sei die Schaffung einer Führerelite.
23.9. Mit der Ernennung von Ludwig Müller zum Reichsbischof bricht der Streit in der Evangelischen Kirche über die Haltung gegenüber der Regierung offen aus.
26.9. Der Passagierdampfer „Queen Mary“ läuft als größtes Schiff der Welt in Clydebank (bei Glasgow) vom Stapel.
27.9. Frankreich, Großbritannien und Italien erklären gemeinsam die Notwendigkeit eines unabhängigen Österreich.

OKTOBER

15.10. Der Verleger Samuel Fischer stirbt in Berlin.
16.10. Die Bezeichnung „Führer“ wird ausschließlich auf die Person Hitlers festgelegt.
Mit neuen Steuergesetzen werden kinderreiche Familien begünstigt.
20.10. Die Bekennende Kirche verkündet das Notrecht und will sich durch Schaffung eigener Organe der Einordnung in den NS-Staat entziehen.

Plakat zum Reichsparteitag der NSDAP im Herbst 1934. Zu diesem Zeitpunkt war die „Gleichschaltung“ bereits vollzogen, war der „Röhm-Putsch“ schon Geschichte. Nachdem der neue Staat und seine Einheitspartei ihre Macht gefestigt hatten, sollte nun vor Deutschland und der Welt unter dem Motto „Triumph des Willens“ die einigende Kraft der erwachten Nation dargestellt werden: der Wille des „Führers“.

21.10. Erste Großkundgebung der Sudetendeutschen Heimatfront mit etwa 20.000 Menschen in Leipa (heute: Ceská Lípa).
31.10. Der österreichische Bundeskanzler Schuschnigg erklärt den autoritären Ständestaat als notwendig zur Überwindung des Parteienstreits.

NOVEMBER

1.11. Die Deutsche Kolonialgesellschaft erklärt die Wiederaufnahme einer deutschen Kolonialpolitik als reine Zeitfrage.
3.11. Die deutsche Regierung lässt weitere Kritiker ausbürgern, unter ihnen das ehemalige NSDAP-Mitglied Otto Strasser und den Kommunisten Erich Weinert.
16.11. Tod des Malers und Schriftstellers Joachim Ringelnatz in Berlin.
25.11. Der Dirigent Wilhelm Furtwängler, Direktor der Berliner Staatsoper, setzt sich in einem offenen Brief für den von den Nationalsozialisten verfemten Komponisten Paul Hindemith ein.
26.11. In Prag kommt es anlässlich der Schließung der deutschen Universität zu schweren Auseinandersetzungen zwischen deutschen und tschechischen Studenten.

DEZEMBER

3.12. In Rom werden die internationalen Verhandlungen zur Volksabstimmung im Saargebiet abgeschlossen.
4.12. Furtwängler legt seine Ämter als Leiter der Berliner Philharmoniker und Direktor der Staatsoper wegen der Auseinandersetzungen mit den NS-Kulturbehörden nieder.
12.12. Für Studenten werden sportliche Prüfungen Pflichtbestandteil des Studiums.
13.12. Die Regierung verabschiedet ein „Gesetz zur Sicherung hochwertigen Erbguts von Waldbäumen“.

AUSSERDEM

Hans Fallada: Wer einmal aus dem Blechnapf frisst (Roman)
Gustaf Gründgens: Die Finanzen des Großherzogs (Film)

Der „Röhm-Putsch“

In großen Aufmärschen, in Straßen- und Saalschlachten hatten die Braunhemden entscheidend dazu beigetragen, Hitlers Sieg zu ermöglichen. Jetzt, nach der Machtergreifung, erwarteten sie ihren berechtigten Lohn. Wäre es nach ihrem Stabschef Ernst Röhm gegangen, so wäre die SA jetzt unter seiner Führung zu einem großen Volksheer verschmolzen worden. Doch genau das lehnte die Reichswehrführung entschieden ab. Sie sei und bleibe der einzige Waffenträger der Nation, und wenn die Streitkräfte vergrößert werden sollten, dann selbstverständlich nur unter ihrer alleinigen Führung.

In diesem Konflikt konnte und wollte sich Hitler zunächst nicht entscheiden. Auf der einen Seite stand Röhm mit seinen zwei Millionen SA-Männern, auf der anderen Seite das hochqualifizierte Hunderttausendmann-Heer der Reichswehr. Doch als die Unruhe innerhalb der SA zunahm und die Stimmen nach einer „zweiten Revolution“ unüberhörbar wurden und jetzt auch noch die Reichswehr energisch drängte, das Problem Röhm endlich zu lösen, machte Hitler, nachdem alle Bemühungen, Röhm zum Nachgeben zu bewegen, gescheitert waren, kurzen Prozess. Von Himmler – er hatte am 6. Januar 1929 die Führung der aus der SA hervorgegangenen SS übernommen –, Göring und Goebbels unterrichtet, Röhm könnte wirklich einen Putsch gegen ihn unternehmen, befahl Hitler allen SA-Führern, am 30. Juni 1934 zu einem Treffen nach Bad Wiessee zu kommen.

„Heil Hitler!“ Fotomontage von John Heartfield auf die Zerschlagung der SA. Der spöttische Blickwinkel, aus dem der Künstler den „Röhm-Putsch“ betrachtet, war übrigens gar nicht so abwegig. Tatsächlich starben viele der Opfer des 30. Juni 1934 mit dem Ruf „Heil Hitler!“ – im unerschütterlichen Glauben an ihren „Führer“.

Hitler selbst hatte sich vorgenommen, das „Verräternest“ auszuheben. Mit ihm ergebenen Männern fuhr Hitler gegen 7 Uhr morgens in Röhms Pension in Bad Wiessee vor. Mit gezogener Pistole stürzte Hitler in Röhms Schlafzimmer und erklärte ihn unter Beschimpfungen als Hochverräter für verhaftet. Röhm, der überhaupt keinen Putsch geplant hatte, war völlig überrascht. „Was ist denn los, Adolf? Bist du verrückt geworden?“

Röhm und die mit ihm verhafteten SA-Männer wurden zunächst nach München ins Gefängnis gebracht. Außer Röhm wurden alle sofort erschossen. Der SA-Chef erhielt die Wahl, sich selbst zu töten. Als er ablehnte, wurde auch er, der bis zuletzt fassungslos fragte, was er denn verbrochen habe, liquidiert.

Drei Tage dauerte nun die „Nacht der langen Messer“. Unter den Opfern befanden sich neben übelsten Elementen der SA, berüchtigten Folterknechten und Sadisten auch ehemalige politische Gegner, an denen blutige Rache geübt wurde. General von Schleicher, der Hitlers NSDAP hatte spalten wollen, wurde erschossen; seine Frau fiel ebenfalls den Kugeln des Mordkommandos zum Opfer. Das gleiche Schicksal ereilte Gregor Strasser und den ehemaligen Staatskommissar von Kahr, dem Hitler seinen „Verrat“ vom 9. November 1923 nie verziehen hatte. Papens Mitarbeiter Jung und Bose gehörten gleichfalls zu den Opfern. Er selbst kam mit Hausarrest davon. Insgesamt sollen in diesen Tagen ungefähr 200 Menschen umgebracht worden sein. Nachweisbar sind 83 Fälle. Hitler selbst rechtfertigte sein Vorgehen mit dem unmittelbar bevorstehenden Staatsstreich. Einmal mehr sei er es gewesen, der durch sein selbstloses Eingreifen die Nation vor schwerem Schaden gerettet habe. Die Erschießungen wurden nachträglich per Gesetz als „Staatsnotwehr“ für rechtens erklärt.

Die Reichswehr jedenfalls war zufrieden. Hindenburg, ihr oberster Befehlshaber, schickte Hitler ein Danktelegramm dafür, „dass Sie durch Ihr entschlossenes Vorgehen alle hochverräterischen Umtriebe im Keim erstickt haben“.

Welch kurzen Prozess die Mordkommandos auch mit Schleicher gemacht hatten, belegt der Augenzeugenbericht seiner Haushälterin Marie Güntel, der zwei Tage danach aufgenommen wurde:

Am Sonnabend, dem 30. Juni, mittags 12.30 Uhr, befand ich mich im Arbeitszimmer des Herrn Generals ... Im Zimmer waren anwesend Herr General, der am Schreibtisch saß, und Frau von Schleicher, die mit einer Handarbeit neben dem Schreibtisch im Sessel saß. Die Klingel der Gartentür läutete in diesem Augenblick auffallend lange und stürmisch. Ich ging zur Haustür, fragte durchs Fenster, wer da sei, und erhielt die Antwort von einer männlichen Stimme: „Wir müssen zu Herrn General.“ Darauf betätigte ich die elektrische Öffnung der Gartentür und öffnete dann auch die Haustür. Es erschienen fünf Männer, von denen einer auch fragte, wo Herr General sei ... Ich antwortete erst, Herr General sei nicht zu Hause, dann, er sei spazieren gegangen ... Als ich merkte, dass ich das weitere Eindringen der Männer doch nicht verhüten konnte, sagte ich: „Ich werde mal nachsehen.“ ...

Während ich dann das Arbeitszimmer betrat, muss mindestens einer – vielleicht waren es auch zwei oder mehrere – mir auf dem Fuß gefolgt sein. Bevor ich noch etwas sagen konnte, hörte ich unmittelbar hinter mir eine Stimme: „Sind Sie der General von Schleicher?“ Herr General drehte sich, immer noch am Schreibtisch sitzend, halb nach rechts hinten um und sagte. „Jawohl!“, in diesem Bruchteil der Sekunde fielen fast gleichzeitig drei Schüsse. Ich weiß mit größter Bestimmtheit, dass Herr General, bevor die Schüsse fielen, außer der Halbrechtswendung mit dem Oberkörper, keinerlei Bewegungen ge-

SA-Stabschef Ernst Röhm (links im Bild) und Hermann Göring als Trauzeugen bei der Hochzeit des SA-Gruppenführes Karl Ernst im September 1933. Die Flitterwochen des jungen Paares wurden durch den inszenierten „Röhm-Putsch" jäh unterbrochen: Ein SS-Kommando holte Karl Ernst zurück nach Berlin und erschoss ihn dort.

macht hat ... In meiner Erinnerung stellt sich der Vorgang so dar, als ob das „Jawohl" des Generals mit den Schüssen sozusagen gleichzeitig war.
Bei alledem stand ich mitten im Zimmer. Im Augenblick der Schüsse saß Frau von Schleicher noch ebenso ruhig wie ihr Mann neben dem Schreibtisch. Während ich zu Tode entsetzt schreiend aus dem Zimmer stürzte, hörte ich auch Frau von Schleicher aufschreien und weitere Schüsse fallen ...

Barmer theologische Erklärung

Der Nationalsozialismus mit seinem Totalitätsanspruch stand von Anfang an den christlichen Kirchen feindlich gegenüber. Geschickt aber tarnte er das mit Parolen wie „positives Christentum", die er sogar ins Parteiprogramm aufnahm. Was damit gemeint war, wurde deutlich, als die immer mächtiger werdende NSDAP Anfang 1932 die „Glaubensbewegung Deutsche Christen" ins Leben rief, die dann nach Hitlers Machtergreifung die evangelischen Landeskirchen unter einem Reichsbischof gleichschalten sollte. Die „Deutschen Christen" vertraten die abstruse Rassenlehre des Nationalsozialismus genauso wie die These vom „verjudeten" Alten Testament. Gegen diese Verfälschung des Glaubens und gegen den auch religiösen Absolutheitsanspruch des NS-Staates sammelte sich rasch die „Bekennende Kirche", die am 29. Mai 1934 in Barmen zu einer Bekenntnissynode zusammentraf. Ihre „theologische Erklärung" gegen die nationalsozialistischen Auswüchse ließ an Deutlichkeit nichts zu wünschen übrig:
Wir verwerfen die falsche Lehre, als könne und müsse die Kirche als Quelle ihrer Verkündigung außer und neben diesem einen Wort Gottes auch noch andere Ereignisse und Mächte, Gestalten und Wahrheiten als Gottes Offenbarung anerkennen.
Wir verwerfen die falsche Lehre, als gebe es Bereiche unseres Lebens, in denen wir nicht Jesus Christus, sondern anderen Herren zu eigen wären ... Wir verwerfen die falsche Lehre, als dürfe die Kirche die Gestalt ihrer Botschaft und ihrer Ordnung ihrem Belieben oder dem Wechsel der herrschenden weltanschaulichen und politischen Überzeugungen überlassen.
Wir verwerfen die falsche Lehre, als könne und dürfe sich die Kirche abseits von diesem Dienst besondere, mit Herrschaftsbefugnissen ausgestattete Führer geben oder geben lassen.
Wir verwerfen die falsche Lehre, als solle und könne der Staat über seinen besonderen Auftrag hinaus die einzige und totale Ordnung menschlichen Lebens werden und also auch die Bestimmung der Kirche erfüllen.
Wir verwerfen die falsche Lehre, als solle und könne sich die Kirche über ihren besonderen Auftrag hinaus staatliche Art, staatliche Aufgaben und staatliche Würde aneignen und damit selbst zu einem Organ des Staates werden.
Wir verwerfen die falsche Lehre, als könne die Kirche in menschlicher Selbstherrlichkeit das Wort und Werk des Herrn in den Dienst irgendwelcher eigenmächtig gewählter Wünsche, Zwecke und Pläne stellen ...

Einigung in Polen

Nach dem Austritt Deutschlands aus dem Völkerbund (Oktober 1933) beeilte sich Hitler, die Welt von seinen nach wie vor friedlichen Absichten zu überzeugen. So brachte er rasch die Verhandlungen mit Polen über einen Nichtangriffspakt zuende; am 26. Januar 1934 wurde dieser unterzeichnet. Er hat folgenden Wortlaut:
Die Deutsche Regierung und die Polnische Regierung halten den Zeitpunkt für gekommen, um durch eine unmittelbare Verständigung von Staat zu Staat eine neue Phase in den politischen Beziehungen zwischen Deutschland und Polen einzuleiten. Sie haben sich deshalb entschlossen, durch die gegenwärtige Erklärung die Grundlage für die künftige Gestaltung dieser Beziehungen festzulegen.
Beide Regierungen gehen von der Tatsache aus, dass die Aufrechterhaltung und Sicherung eines dauernden Friedens zwischen ihren Ländern eine wesentliche Voraussetzung für den allgemeinen Frieden in Europa ist. Sie sind deshalb entschlossen, ihre gegenseitigen Beziehungen auf die im Pakt von Paris vom 27. August 1928 (Kellogg-Pakt)

Röhms schärfste Kontrahenten waren auch die größten Nutznießer seiner „Ausschaltung": Links Heinrich Himmler, der seine SS aus der Vormundschaft der SA befreien wollte, rechts Reichswehrminister Werner von Blomberg, dem die paramilitärische Konkurrenz der braunen Kolonnen nicht behagte.

Vor ihrem Film „Triumph des Willens" erläutert Adolf Hitler Leni Riefenstahl den Aufmarschplan für den Reichsparteitag 1934. Goebbels bezeichnete das von Hitler persönlich in Auftrag gegebene Propagandawerk als „große filmische Vision des Führers, der hier zum ersten Male bildlich in nie gesehener Eindringlichkeit in die Erscheinung tritt". „Triumph des Willens", der auch im Ausland, u. a. beim Filmfestival in Venedig, zahlreiche Auszeichnungen erhielt, wurde mit 30 Kameraleuten und einem Heer von Komparsen verwirklicht. Wie der Parteitag war auch der Film gänzlich auf Hitler zugeschnitten, dessen „befreiende Tat" bei der vorangegangenen Röhm-Affäre besonders herausgehoben und zur Demonstration der Geschlossenheit genutzt wurde. Hitlers Ankunft in Nürnberg per Flugzeug erschien als Epiphanie eines höheren Wesens. Was aus der Perspektive der Parteitagsteilnehmer fern und klein erschien, wuchs im Film zum übermächtigen, verehrungsheischenden Vordergrund: Der „Führer" Heerschau haltend vor unübersehbaren Marschsäulen, umweht von Fahnen, getaucht in Fackelschein und Flutlicht. „Triumph des Willens" wurde damit zu einem eindrucksvollen Dokument des Führerkults.

enthaltenen Grundsätze zu stützen, und wollen, insoweit das Verhältnis zwischen Deutschland und Polen in Betracht kommt, die Anwendung dieser Grundsätze genauer bestimmen. Dabei stellt jede der beiden Regierungen fest, dass die von ihr bisher schon nach anderer Seite hin übernommenen internationalen Verpflichtungen die friedliche Entwicklung ihrer gegenseitigen Beziehungen nicht hindern, der jetzigen Erklärung nicht widersprechen und durch diese Erklärung nicht berührt werden. Sie stellen ferner fest, dass diese Erklärung sich nicht auf solche Fragen erstreckt, die nach internationalem Recht ausschließlich als innere Angelegenheiten eines der beiden Staaten anzusehen sind.

Beide Regierungen erklären ihre Absicht, sich in den ihre gegenseitigen Beziehungen betreffenden Fragen, welcher Art sie auch sein mögen, unmittelbar zu verständigen. Sollten etwa Streitfragen zwischen ihnen entstehen und sollte sich deren Bereinigung durch unmittelbare Verhandlungen nicht erreichen lassen, so werden sie in jedem besonderen Falle aufgrund gegenseitigen Einvernehmens eine Lösung durch andere friedliche Mittel suchen, unbeschadet der Möglichkeit, nötigenfalls diejenigen Verfahrensarten zur Anwendung zu bringen, die in den zwischen ihnen in Kraft befindlichen anderweitigen Abkommen für solchen Fall vorgesehen sind. Unter keinen Umständen werden sie jedoch zum Zweck der Austragung solcher Streitfragen zur Anwendung von Gewalt schreiten. Die durch diese Grundsätze geschaffene Friedensgarantie wird den beiden Regierungen die große Aufgabe erleichtern, für Probleme politischer, wirtschaftlicher und kultureller Art Lösungen zu finden, die auf einem gerechten und billigen Ausgleich der beiderseitigen Interessen beruhen.

Beide Regierungen sind der Überzeugung, dass sich auf diese Weise die Beziehungen zwischen ihren Ländern fruchtbar entwickeln und zur Begründung eines gutnachbarlichen Verhältnisses führen werden, das nicht nur ihren beiden Ländern, sondern auch den übrigen Völkern Europas zum Segen gereicht. Die gegenwärtige Erklärung soll ratifiziert und die Ratifikationsurkunden sollen sobald als möglich in Warschau ausgetauscht werden. Die Erklärung gilt für einen Zeitraum von zehn Jahren, gerechnet vom Tage des Austauschs der Ratifikationsurkunden an. Falls sie nicht von einer der beiden Regierungen sechs Monate vor Ablauf dieses Zeitraumes gekündigt wird, bleibt sie auch weiterhin in Kraft, kann jedoch alsdann von jeder Regierung jederzeit mit einer Frist von sechs Monaten gekündigt werden.

Ausgefertigt in doppelter Urschrift in deutscher und polnischer Sprache.

Berlin, 26. Januar 1934.
Für die Deutsche Regierung:
Freiherr von Neurath
Für die Polnische Regierung:
Joseph Lipski

Hitler wird Staatsoberhaupt

Drei Stunden nach dem Tod des Reichspräsidenten von Hindenburg am 2. August 1934 wurde ein bereits am Vortag erlassenes Gesetz bekanntgegeben, das Hitler zum vollständigen Diktator Deutschlands machte: Das Amt des Reichspräsidenten wurde mit dem des Reichskanzlers vereinigt. Die Angehörigen der Reichswehr legten einen neuen Treueid ab, nicht auf die Verfassung wie bisher, sondern auf die Person Adolf Hitlers. Im Vollgefühl seiner Macht versprach Hitler auf

Vereidigung des Berliner Wachregiments auf Adolf Hitler am 2. August 1934. Nur wenige Stunden nach Hindenburgs Tod ließ Hitler, der mit dem Amt des Reichspräsidenten auch den Oberbefehl über die Wehrmacht erhielt, die Armee auf seine Person vereidigen.

dem Reichsparteitag der NSDAP in Nürnberg am 5. August 1934, dass es auf tausend Jahre keine Revolutionen mehr in Deutschland geben werde, weil die nationalsozialistische Revolution gesiegt habe:
... Zwei Erkenntnisse wollen wir als geschichtliche Tatsachen werten:
1. Das Jahr vom September 1933 bis zum September 1934 brachte die endgültige Festigung der nationalsozialistischen Macht in Deutschland. Der Kongress des Sieges war der Beginn eines Verfolgungskampfes, in dessen Verlauf von uns eine feindliche Stellung nach der anderen aufgebrochen und eingenommen wurde.
2. Dieser selbe Zeitraum war aber für die nationalsozialistische Staatsführung zugleich ein Jahr gewaltiger konstruktiver und produktiver Arbeit. Daraus ergibt sich eine notwendige und unzweifelhafte Feststellung: Die nationalsozialistische Revolution ist als revolutionärer, machtmäßiger Vorgang abgeschlossen! Sie hat als Revolution restlos erfüllt, was von ihr erhofft werden konnte ...
Revolutionen sind Vorgänge, die nur entscheiden: wer pflanzt, was gepflanzt wird, und bedingt noch, wie es gepflanzt wird. Säen und Reifen aber überlassen sie stets der Evolution, dass heißt der Zeit. Daher ist hierüber zusammenfassend Folgendes zu sagen:
Der Wille der nationalsozialistischen Staatsführung ist ein unbeirrbarer und ein unerschütterlicher. Sie weiß, was sie will, und will, was sie weiß. Sie hat zu dieser Selbsteinschätzung ein Recht, denn sie hat hinter sich das Zeugnis einer Bewährung, das geschichtlich nur sehr selten ausgestellt wird. Denn die Staatsführung des heutigen Reiches ist die Führung der Nationalsozialistischen Partei. Was dieser aber im kurzen Zeitraum von 15 Jahren gelang, wird dereinst den Kindern späterer Generationen unseres Volkes gelehrt werden als das „Deutsche Wunder".
Wir alle können heute das stolze Bewusstsein unser Eigen nennen, Vollstrecker des Willens der Nation zu sein.
Die nationalsozialistische Partei hat damit ihre Macht durch und mit dem Willen des deutschen Volkes. Sie hat weiter damit die Pflicht, ihr von der überwältigenden Mehrheit gebilligtes Programm zu verwirklichen. Der erste Gedanke und die erste Aufgabe dieses Programms aber lauten: in ununterbrochener Sorge und Arbeit die Macht der Bewegung zu erweitern und im Staat zu festigen und nimmermehr aus den Händen zu geben.
Wenn schon die Demokratie nur die Vollstreckerin des Volkswillens sein will, dann sind wir bessere Demokraten als unsere Gegner und die meisten sogenannten Demokratien der Welt. Denn dort wird der Wille der Völker nicht selten von schlechten Parteien vertan und bei uns von einem starken Regime wahrgenommen. Daher werden wir auch jeden Versuch, gegen die Führung der nationalsozialistischen Bewegung und des Reiches einen Akt der Gewalttätigkeit anzuzetteln, niederschlagen und im Keime ersticken, er mag kommen, von wem er will! Wir alle wissen, wen die Nation beauftragt hat! Wehe dem, der dies nicht weiß oder wer es vergisst! Im deutschen Volke sind Revolutionen stets selten gewesen. Das nervöse Zeitalter des 19. Jahrhunderts hat bei uns endgültig seinen Abschluss gefunden.
In den nächsten tausend Jahren findet in Deutschland keine Revolution mehr statt ...

Propagandaplakat der NSDAP zur Volksabstimmung vom 19. August 1934. Dabei ging es um die Bestätigung der Deutschen, die Ämter des Reichskanzlers und des Reichspräsidenten in der Person Hitlers zu vereinigen. Einen Tag danach ließ Hitler in einem Aufruf verlauten: „Ein 15jähriger Kampf unserer Bewegung um die Macht in Deutschland hat mit dem gestrigen Tag seinen Abschluß gefunden. Angefangen von der obersten Spitze des Reiches über die gesamte Verwaltung bis zur Führung des letzten Ortes befindet sich das Deutsche Reich heute in der Hand der Nationalsozialistischen Partei."

Im Juni 1934 besuchte Hitler zum ersten Mal den bereits 1922 an die Macht gelangten italienischen Diktator Benito Mussolini. Obwohl sich Hitler um eine freundschaftliche Atmosphäre bemühte, verlief diese erste Begegnung, nicht zuletzt wegen der Österreich-Frage, recht kühl. Neben dem uniformierten „Duce" in Heldenpose machte der zivile „Führer" mit dem Hut in der Hand einen eher bescheidenen Eindruck.

1935

JANUAR

3.1. Mit einer Versammlung sämtlicher Partei- und Staatsführer in Berlin demonstriert die Nationalsozialistische Deutsche Arbeiterpartei (NSDAP) Geschlossenheit. Sie will damit von inneren Machtkämpfen ablenken.
13.1. Die Volksabstimmung im Saargebiet ergibt über 90 Prozent Zustimmung für eine Wiederangliederung an das Deutsche Reich.
15.1. Für alle Schulen wird die NS-Erziehungspolitik als verbindlich festgelegt, die „Rasse- und Vererbungslehre" soll fester Bestandteil des Unterrichts werden.
27.1. Hermann Göring regt bei seinem Besuch in Polen ein antisowjetisches Bündnis an.
30.1. Die Selbstverwaltung der Gemeinden in Deutschland wird durch die nationalsozialistische Gauverwaltung ersetzt.

FEBRUAR

3.2. Die beiden Ministerpräsidenten Pierre Étienne Flandin und James Ramsay MacDonald beenden mit dem „Londoner Protokoll" eine französisch-britische Konferenz über Abrüstungsfragen in Europa.
8.2. Tod des Malers Max Liebermann in Berlin.
13.2. Das Erziehungsministerium richtet ein „Amt für Körperliche Erziehung" (Amt K) mit dem Ziel einer Wehrhaftmachung von Schülern und Studenten ein.
17.2. Mit Truppentransporten in die italienische Kolonie Somaliland beginnt Benito Mussolini die Vorbereitungen zum Krieg gegen Abessinien (heute: Äthiopien).
21.2. Die Bekennende Kirche warnt vor dem von den Nationalsozialisten geförderten „Neuheidentum".
26.2. Adolf Hitler beschließt den Aufbau einer Luftwaffe als dritte Waffengattung der künftigen Wehrmacht und verstößt damit gegen die Bestimmungen von Versailles.
28.2. Nach einer Aussprache mit Propagandaminister Joseph Goebbels wird der Dirigent Wilhelm Furtwängler rehabilitiert.

MÄRZ

1.3. Das Saargebiet wird vom Völkerbund an das Deutsche Reich übergeben.
11.3. Der Völkerbund veröffentlicht einen Bericht über die etwa 750 emigrierten deutschen Wissenschaftler und betont deren Bedeutung für die Wissenschaft in den Exilländern.
16.3. Hitler verkündet die Wiedereinführung der Wehrpflicht und den Aufbau der Wehrmacht mit einer Stärke von 580.000 Mann.
17.3. Mehr als 700 Pfarrer der Bekennenden Kirche werden verhaftet, darunter auch Martin Niemöller.
19.3. Der Chemiker und Industrielle Carl Duisberg stirbt in Leverkusen.
19./20.3. In Berlin findet erstmals eine Luftschutzübung mit simuliertem Fliegeralarm und Verdunkelung statt.
22.3. Eugen Hadamovsky eröffnet in Berlin das erste regelmäßige Fernsehprogramm der Welt: Ein fahrbarer Sender überträgt dreimal wöchentlich eine 90minütige Sendung in öffentliche Fernsehstuben.
23.3. In Berlin wird die großangelegte Ausstellung „Das Wunder des Lebens" eröffnet, in der die NS-Rassentheorie dargestellt wird.
28.3. Uraufführung von Leni Riefenstahls Dokumentarfilm „Triumph des Willens" über den Nürnberger Reichsparteitag von 1933.
31.3. Für die Konzentrationslager (KZ) werden spezielle Verbände der Schutzstaffel (SS), die sogenannten Totenkopfverbände, gebildet.
Gegen die Lehrstuhlvergabe der Universität München an den Physiktheoretiker Werner Heisenberg protestieren Vertreter der „deutschen Physik". Sie lehnen die von Albert Einstein mitbegründete theoretische Physik ab.
Jüdischen Musikern wird die öffentliche Berufsausübung verboten.

„Seit Versailles haben wir auf die Abrüstung gewartet. Nun, da alle Staaten in Waffen starren, sind auch wir so frei, unsere Heimat zu schützen!" Karikatur des „Simplicissimus" auf die Wiederherstellung der deutschen Wehrhoheit 1935.

APRIL

7.4. Bei den Wahlen zum Danziger Parlament erreichen die Nationalsozialisten die absolute Mehrheit.
9.4. Aus Anlass des 70. Geburtstags von Erich Ludendorff lässt Hitler alle Staatsgebäude flaggen. Den ihm angebotenen Marschalltitel lehnt Ludendorff jedoch ab.
Deutschland schließt mit der Sowjetunion ein Handels- und Kreditabkommen ab.
10.4. Mit einem prunkvollen Festzeremoniell heiratet Göring im Berliner Dom die Schauspielerin Emmy Sonnemann. Als Spende für die Hochzeit werden allen Berliner Arbeitnehmern Beträge vom Lohn abgezogen.
11.4. Im oberitalienischen Stresa schließen die Ministerpräsidenten Flandin, MacDonald und Mussolini ein Bündnis gegen die deutsche Aufrüstung und für den Erhalt der Eigenstaatlichkeit Österreichs.
21.4. Walter Ulbricht und Franz Dahlem übernehmen in Prag die Leitung für Aktionen der Kommunistischen Partei Deutschlands (KPD).
24.4. Die Enteignung und Auflösung privater Verlage wird legalisiert.

MAI

2.5. In Paris schließen Frankreich und die Sowjetunion einen Beistandspakt.
3.5. Der Rüstungswirtschaft wird von Wirtschaftsminister Schacht absolute Priorität eingeräumt.
6.5. Das Geheime Staatspolizeiamt schließt in Berlin die Kabaretts „Katakombe" und „Tingeltangel".
19.5. Eröffnung des ersten Autobahnteilstücks zwischen Frankfurt (Main) und Darmstadt.
Die Sudetendeutsche Partei von Konrad Henlein erringt bei den

Wahlen zum tschechoslowakischen Parlament 44 der 300 Mandate und wird damit stärkste deutsche Fraktion.
21.5. In einer Rede nimmt Hitler Bezug auf die gegen Deutschlands Aufrüstung gerichteten Bündnisse von Stresa und Paris. Er spricht vom Friedenswillen des Deutschen Reichs.

JUNI

8.6. Im Zuge weiterer Ausbürgerungen verlieren auch Bertolt Brecht und Rudolf Hilferding die deutsche Staatsangehörigkeit.
18.6. Das Deutsche Reich und Großbritannien schließen ein Flottenabkommen zur Begrenzung des Kriegsflottenbaus. Damit werden zwar weitere Beschränkungen des Versailler Vertrags überschritten. Großbritannien hofft aber, mit dem Flottenabkommen eine Kontrolle über die deutsche Aufrüstung zu erzielen.
23.6. Mit einem 6:4-Erfolg über den VfB Stuttgart verteidigt Schalke 04 seinen Titel als Deutscher Fußballmeister.
24.6. Durch Zwangsemeritierung wird Karl Barth, einem der Führer der Bekennenden Kirche, der Lehrstuhl an der Bonner Universität entzogen.
Uraufführung der Oper „Die schweigsame Frau" von Richard Strauss in Dresden. Trotz des Erfolgs wird sie verboten, da das Libretto von Stefan Zweig geschrieben ist. Strauss tritt bald darauf von seinen öffentlichen Ämtern zurück.
26.6. Das „Reichsarbeitsdienstgesetz" tritt in Kraft, mit dem für alle Frauen und Männer zwischen 18 und 25 Jahren ein halbjähriger Arbeitsdienst zur Pflicht wird.

JULI

2.7. Als Reaktion auf das Verkaufsverbot für die „Baseler Nachrichten" in Deutschland untersagt die Schweiz den Verkauf von drei deutschen Zeitungen; darunter ist das antisemitische Hetzblatt „Der Stürmer".
5.7. Mit der Änderung des Strafgesetzbuchs wird die Beliebigkeit von Strafurteilen festgesetzt, da diese nun auch ohne entsprechende Gesetze nach dem „gesunden Volksempfinden" gefällt werden können.
15.7. Auf dem Berliner Kurfürstendamm kommt es zu gewalttätigen Ausschreitungen von SA-Mitgliedern gegen Juden. Am folgenden Tag verhängt das Polizeipräsidium ein Demonstrationsverbot gegen die SA.
16.7. Zur Bekämpfung der Opposition in der Evangelischen Kirche ernennt Hitler Hanns Kerrl zum Minister für kirchliche Angelegenheiten.
25.7. Auf dem siebten Weltkongress wendet sich die Komintern vom Kampf gegen die Sozialdemokratie ab und ruft zu einer „antifaschistischen Volksfrontpolitik" auf.

AUGUST

2.8. Hitler verleiht München den Titel „Hauptstadt der Bewegung". Diese Auszeichnung geht mit dem Bau von repräsentativen Gebäuden wie dem Führerhaus und dem Parteihaus einher.
10.8. Die Standesämter in Deutschland dürfen keine Ehen mehr zwischen Juden und Nichtjuden schließen.
31.8. Mit dem Neutralitätsgesetz verpflichten sich die USA zu einem Waffenembargo gegen alle kriegführenden Staaten.

SEPTEMBER

1.9. In einem Hirtenbrief wenden sich die katholischen Bischöfe scharf gegen die nationalsozialistische Kirchenpolitik.
Mit dem Start des „Olympiazugs" zu einer Werbefahrt durch 70 deutsche Städte beginnt die großangelegte Propagandakampagne für die Olympischen Spiele 1936 in Berlin.
10.9. Auf dem Reichsparteitag verkündet Hitler die „Nürnberger Gesetze". Die Diskriminierung von Juden wird auf eine rechtliche Grundlage nach biologistischen Kriterien gestellt.
14.9. In Nürnberg hält Hitler eine Rede zur NS-Erziehungspolitik, in der er die Schulung der Jugend zu körperlicher und kämpferischer Tüchtigkeit in den Mittelpunkt stellt.
24.9. Kerrl wird zur Auflösung und Neuorganisation der evangelischen Landeskirchen ermächtigt.
26.9. In Paris treffen sich 51 prominente Emigranten verschiedener politischer Richtungen zu Beratungen über eine Volksfront gegen das NS-Regime, unter ihnen Heinrich Mann, Egon Erwin Kisch und Lion Feuchtwanger.
27.9. Unter dem Kommando von Karl Dönitz wird in Kiel der erste deutsche U-Boot-Verband nach dem Ersten Weltkrieg in Dienst gestellt.

OKTOBER

3.10. Italienische Truppen aus den Kolonien Eritrea und Somaliland marschieren in Abessinien ein. Damit beginnt der italienische Eroberungskrieg in Ostafrika.
In Moskau beginnt eine Konferenz der emigrierten KPD-Mitglieder, bei der die Politik einer gegen den Faschismus gerichteten Volksfront beschlossen wird. Wilhelm Pieck wird anstelle des in Deutschland inhaftierten Ernst Thälmann zum Parteivorsitzenden gewählt.
8.10. Auf Druck der NSDAP löst sich die „Deutsche Burschenschaft" auf. Die einzelnen Verbindungen werden in den Nationalsozialistischen Deutschen Studentenbund (NSDStB) eingegliedert.
11.10. Die Reaktionen des Völkerbunds auf den Einmarsch Italiens in Abessinien bleiben gemäßigt und beschränken sich auf eine Kredit- und Rohstoffsperre.
12.10. Reichssendeleiter Hadamovsky untersagt das Spielen von „Nigger-Jazz" im gesamten Rundfunk. Das kommt dem Verbot sämtlicher ausländischer Unterhaltungsmusik gleich.
19.10. Eröffnung des „Reichsinstituts für Geschichte des neuen Deutschlands". Das Institut soll die NS-Weltanschauung in der Geschichtsschreibung umsetzen.
27.10. Die Nobelpreisträger Thomas Mann und Albert Einstein setzen sich für die Verleihung des Friedensnobelpreises an den im KZ inhaftierten Carl von Ossietzky ein.

NOVEMBER

1.11. Der erste Rekrutenjahrgang tritt zur Ableistung seines einjährigen Militärdienstes an. Die gleichgeschaltete Presse feiert dies als großen Erfolg.
7.11. Wegen Konkurrenz zur SA löst Hitler den früheren „Stahlhelm" auf, der bereits in die NS-Organisation eingebunden ist.
Die ersten willkürlichen Urteile gegen Juden wegen „Rassenschande" werden auf Grundlage der „Nürnberger Gesetze" verhängt.
29.11. In Berlin wird die neu errichtete Deutschlandhalle mit Platz für 20.000 Personen eingeweiht.

DEZEMBER

6.12. In Wien wird der Operettenfilm „Im weißen Rössl" mit Theo Lingen uraufgeführt.
7.12. In Nürnberg wird das 100jährige Jubiläum der Eisenbahn in Deutschland gefeiert.
8.12. Der Dachverband der amerikanischen Leichtathleten beschließt nach kontroverser Diskussion die Teilnahme an den Olympischen Spielen in Berlin. Damit wird die internationale Boykottbewegung entscheidend geschwächt.
Der 1. FC Nürnberg gewinnt als erste Mannschaft den neu eingerichteten Pokalwettbewerb im Fußball.
19.12. Die Hochschullehrer im NS-Juristenbund unter Leitung von Carl Schmitt fordern die Ersetzung des Rechtsbegriffs „Mensch" durch völkische Kategorien.
21.12. Der Publizist Kurt Tucholsky begeht in seinem schwedischen Exil Selbstmord.

AUSSERDEM

Alfred Döblin: Pardon wird nicht gegeben (Roman)
Karl Hubbuch: Aufmarsch II (Gemälde)
Wolfgang Langhoff: Die Moorsoldaten (Bericht über das Leben von KZ-Häftlingen)
Heinrich Mann: Die Jugend des Königs Henri Quatre (Roman) (Roman)

Abstimmung im Saarland

Auf den Stimmzetteln der Volksabstimmungskommission des Völkerbundes stehen am Sonntag, dem 13. Januar 1935, im Saargebiet drei Wahlvorschläge offen: Beibehaltung der gegenwärtigen Rechtsordnung (Status quo) – Vereinigung mit Frankreich – Vereinigung mit Deutschland. Das ganze Saarland ist dick verschneit, es ist ein kalter Wintertag. Doch unter dem weißen Tuch gleicht das Land einem Vulkan. Die Spannung ist ungeheuer. Zeitungen und Druckschriften dürfen an diesem Tag nicht erscheinen, Versammlungen sind seit dem 7. Januar, sechs Tage vor dem Sonntag der Entscheidung, auf Anordnung der Regierungskommission verboten, Fahnen und Embleme des „Dritten Reiches" dürfen nicht gezeigt werden, schon gar nicht solche der prohitlerischen „Deutschen Front" an der Saar. Nur Girlanden, Tannengrün ziehen sich über die Straßen. Beschwörende Parolen an Hauswänden, an Litfaßsäulen lassen sich nicht unterdrücken: „Schweigend kommen! Schweigend stimmen! Schweigend gehen!"– „Ich bin geboren, deutsch zu fühlen – bin ganz auf deutsches Denken eingestellt ... "

Braucht es eigentlich der Propagandamaschine? In den meisten der rund 800.000 Saarländer lebt die Liebe zu Deutschland. Doch zu welchem Deutschland? Nicht alle sind davon überzeugt, dass Hitler der rechte Mann sei. Beträchtliche Teile der einflussreichen katholischen Geistlichkeit fürchten das „Neuheidentum der Nazis". Noch herrscht in Saarbrücken und anderswo eine persönliche Meinungsfreiheit, jedenfalls für alle Gegner der Diktatur. Der SPD-Sprecher des Saarlandes, Max Braun, und der christlich-katholische Publizist Johannes Hoffmann sind überzeugt davon, dass der Saar jetzt eine historische Aufgabe zukommt: unter dem nicht sehr beliebten „Status quo", ihrethalben auch mit Rückendeckung aus Paris, auszuharren, die „Saar zu halten, bis die Stunde demokratischer Freiheit in ganz Deutschland wieder schlägt". Politische Flüchtlinge, Zwangsemigrierte aus dem Hitler-Reich sammeln sich auf diesem Rest nichthitlerischen Bodens – Männer wie der christliche Gewerkschaftsführer Heinrich Imbusch, der junge demokratische Politiker Hubertus Prinz zu Löwenstein. Der Prinz, immer phantastisch-optimistisch, sieht hier die Anti-Hitler-Regierung für Deutschland entstehen. Eine zum Teil ausgezeichnete, noch freie Presse übt scharfe Kritik an den Zuständen drüben im Reich.

Die NSDAP-Funktionäre um „Gauleiter" Bürckel reden von „Sowjetjüngern", von „Max-Braun-Marxisten", von französischem Gold, mit dem all dies „Gesindel" bestochen sei. Manchmal sieht es so aus, als ob der „Saarbund", als ob die späte Einheitsfront aller Demokraten und Sozialisten halten würde. Ernsthaft kann eigentlich doch kein Zweifel darüber herrschen, wie die Massen stimmen werden, nachdem nach etlichem Tauziehen im Frühsommer 1934 im Völkerbund in Genf, zum Missvergnügen Frankreichs, der Abstimmungstermin für den Januar 1935 festgelegt worden ist. Um die Unparteilichkeit des Volksentscheides zu sichern, schickt der Völkerbund auf englisches und italienisches Befürworten hin eine offiziell als „Bahnschutz" bezeichnete „Abstimmungstruppe" in das Saarland, 1.500 Mann britische Truppen mit gepanzerten Fahrzeugen und Artillerie, 1.300 Mann Italiener, je 250 Mann Holländer und Schweden.

Die Masse der Saardeutschen sieht nicht den Diktator, sie sieht nicht einmal so sehr den Menschen Hitler, sie will ganz einfach wieder deutsch sein. Und geht es drüben im Reich nicht aufwärts? Politischer, noch so wohlberechtigter Taktik, wie sie Status-quo-Anhänger empfehlen, sind sie überdrüssig, sie begreifen nicht, was das soll. Am 13. Januar 1935 stimmen 46.513 Wahlberechtigte für den Status quo – 2.124 für die Vereinigung mit Frankreich und 477.119 Saarländer für Deutschland –, 90,8 Prozent der 528.005 Stimmberechtigten. Der Präsident der Abstimmungskommission Rohde gibt trocken das Ergebnis bekannt, die Regierungskommission kann ihre Koffer packen, die Hoffnungen der ersten deutschen Opposition gegen Hitler sind gescheitert.

War es ein Wunder? Kaum! Ein Wunder wäre es gewesen, hätte sich die Saar anders entschieden. Am 1. März 1935 übernimmt das „Dritte Reich" das Saargebiet – für ein Jahrzehnt; bis zur nächsten Niederlage. Es zahlt an Frankreich 900 Millionen Goldfrancs, um die Kohlengruben auszulösen.

Einer seiner ersten außenpolitischen Erfolge fiel Hitler förmlich in den Schoß: Das Saargebiet war nach dem Ersten Weltkrieg für 15 Jahre an Frankreich abgetreten worden und sollte danach in einer Volksabstimmung über sein weiteres politisches Schicksal entscheiden. Sie fand am 13. Januar 1935 statt und wurde zu einem triumphalen Erfolg der nationalsozialistischen Parole: „Nix wie hemm!" 99,3 Prozent der Wähler stimmten für die Rückkehr ins Deutsche Reich.

Lordsiegelbewahrer Sir Anthony Eden (links) und der britische Außenminister Sir John Simon zu Besuch bei Hitler in Berlin. Das Gespräch bereitete das deutsch-englische Flottenabkommen vom 18. Juni 1935 vor, das unter eindeutigem Verstoß gegen den Versailler Vertrag der deutschen Kriegsmarine eine Stärke von 35 Prozent der britischen Seestreitkräfte einräumte.

Deutsch-britisches Flottenabkommen

Am 4. Juni 1935 begannen in London die Verhandlungen über ein deutsch-britisches Flottenabkommen. Zum deutschen Unterhändler bestimmte Hitler weder seinen Außenminister noch seinen Botschafter in London, sondern einen Mann seiner Umgebung, der in der offiziellen Diplomatie bisher noch keine Rolle gespielt hatte: Joachim von Ribbentrop. Dolmetscher Paul Schmidt schildert in seinen Memoiren den Auftritt des Hitler-Günstlings im britischen Außenamt:

... Die Verhandlungen wurden im Foreign Office eröffnet. In Anwesenheit von Simon [Außenminister] legte Ribbentrop gleich in einer der ersten Sitzungen die Karten offen auf den Tisch. Deutschland fordere die Anerkennung einer Flottenstärke von 35 Prozent im Verhältnis zur Flotte des britischen Weltreichs. „Wenn die englische Regierung diese Bedingung nicht sofort annimmt", erklärte er mit etwas übertrieben wirkender Energie, „dann hat es gar keinen Zweck, diese Verhandlungen fortzusetzen. Wir müssen auf sofortiger Entscheidung bestehen." Werde die Zustimmung gegeben, so würden sich sämtliche technischen Einzelheiten hinsichtlich der Bauprogramme und der Schiffstypen leicht regeln lassen.

Ich hielt dieses Vorgehen Ribbentrops nicht für geschickt. Es war klar, dass die Engländer angesichts der eben erst erfolgten Verteilung des Reiches wegen Vertragsbruchs nicht gleich am ersten Verhandlungstage eine Schwenkung um 180 Grad vornehmen und von sich aus offiziell ihre Zustimmung zu einer Verletzung der Marinebestimmungen des Versailler Vertrages geben konnten. Ob nun Ribbentrop aus Mangel an eigener Erfahrung in internationalen Verhandlungen die Hauptschwierigkeit so undiplomatisch vorbrachte, dass die Verhandlungen leicht hätten scheitern können, ehe sie noch richtig begonnen hatten, ob er aus einer eigensinnigen und krampfhaften Neuerungssucht handelte, wie sie vorher und nachher die nationalsozialistischen Methoden auszeichnete, oder ob er als der getreue Diener seines Herrn lediglich dessen Weisung ohne viel eigene Phantasie systematisch ausführte, war mir damals nicht klar. Dazu kannte ich Ribbentrop noch zu wenig. Erst später merkte ich, dass sein Verhalten sich durch nichts besser versinnbildlichen ließ als durch die Handelsmarke der Grammophonfirma „Die Stimme seines Herrn". Genau so, wie der Terrier dort scharf und fasziniert auf die aus dem Grammophontrichter heraustönende Stimme seines Herrn lauscht, nahm auch Ribbentrop die Worte und Weisungen Hitlers in sich auf und führte sie dann ohne viel eigene Überlegung und Phantasie aus. Von vielen in- und ausländischen Beobachtern wurde er deswegen für dumm gehalten. Er besaß eine gehörige Portion Arroganz und Eitelkeit und war von einem nicht zu übertreffenden Misstrauen und Argwohn, wodurch oft ein Eindruck von Dummheit entstehen kann. In den unzähligen Verhandlungen, bei denen ich in späteren Jahren als sein Dolmetscher zugegen war, fehlte es ihm zwar durchaus nicht an Gegenargumenten. Er konnte seine Gedanken mit einiger Klarheit formulieren, hatte Tatsachen und Einzelheiten der zu behandelnden Probleme recht gut im Kopf.

Aber ich bin niemals auf den Gedanken gekommen, ihn etwa als einen Staatsmann oder Außenminister anzusehen. Vor dem Nürnberger Internationalen Gericht hat er sich selbst als außenpolitischen Sekretär Hitlers bezeichnet und ist damit der Wahrheit, meinen Beobachtungen nach, recht nahe gekommen. Zu Hitler stand er in einem ausgesprochenen Hörigkeitsverhältnis. War dieser mit ihm unzufrieden, so wurde Ribbentrop krank und legte sich ins Bett wie eine hysterische Frau. Er war eben tatsächlich nichts weiter als die Stimme seines Herrn und erschien daher vielen als gefährlicher Narr.

Damals in London fand ich meinen Eindruck, dass Ribbentrop durch sein Mit-der-Tür-ins-Haus-fallen sehr ungeschickt vorgegangen war, durch die Reaktion von Simon bestätigt. Als ich die Worte Ribbentrops übersetzte, wurde Simon vor Ärger rot. Die väterliche Güte von Berlin war einem zornigen Funkeln seiner braunen Augen gewichen. „Es ist nicht üblich", so entgegnete er mit ziemlicher Heftigkeit, „dass gleich zu Beginn von Verhandlungen derartige Bedingungen gestellt werden. Ich kann selbstverständlich keinerlei Erklärung darüber abgeben", schloss er brüsk seine Ausführungen und verließ mit einem frostigen Gruß die Sitzung. Ich überlegte schon, ob wir auf dem Rückflug wohl wieder so gutes Wetter haben würden, wie auf dem Wege nach England, glaubte ich doch aufgrund meiner früheren Erfahrun-

Angehörige des Reichsarbeitsdienstes im wirtschaftlichen Einsatz. „Der Spaten ist aufgewertet worden, er ist das Symbol einer neuen Gemeinschaft geworden„, sagte Hitler. Der in der Weimarer Republik von verschiedenen Gruppen geforderte und von der Regierung Brüning eingeführte freiwillige Arbeitsdienst wurde im Dritten Reich zum „Ehrendienst des deutschen Volkes" erklärt. Die männliche und weibliche Jugend sollte im Reichsarbeitsdienst – so das Ziel der Propaganda – den Wert der Handarbeit schätzen lernen, Standesdünkel abbauen, Idealismus fördern und den Sinn für die Volksgemeinschaft stärken.

Vereidigung erster Wehrpflichtiger bei der Luftwaffe.

gen, dass nun zumindest eine längere Vertagung eintreten würde, wenn nicht gar die Verhandlungen überhaupt ins Wasser fielen. Aber ich hatte mich getäuscht. Ein oder zwei Tage ließen die Engländer nichts von sich hören, dann aber wurde eine neue Sitzung anberaumt, und zwar nicht mehr im Auswärtigen Amt, sondern in der britischen Admiralität. Die Besprechung fand in dem historischen Board Room, dem Sitzungszimmer des Admiralskollegiums statt; hier waren, wie uns gesagt wurde, schon viele wichtige Entscheidungen gefällt worden, die mit der englischen Marine zusammenhingen ...

Es herrschte, im Gegensatz zu der kühlen Zurückhaltung nach dem Zusammenstoß zwischen Ribbentrop und Simon bei Beginn der Verhandlungen, auf englischer Seite eine recht freundliche Stimmung. Zu meinem Erstaunen verlas Craigie gleich anfangs eine Erklärung, wonach sich die britische Regierung bereit erklärte, Ribbentrops Forderungen anzunehmen. Der einzige Vorbehalt der Engländer bestand darin, dass diese Zusage erst Gültigkeit haben sollte, wenn über alle übrigen Punkte Einverständnis erzielt worden sei. Ich traute meinen Ohren nicht, als ich diese so völlig unerwartete Äußerung aus dem Munde Craigies vernahm. Widerwillig musste ich mir selbst eingestehen, dass die von mir mit so viel Kritik und Ablehnung betrachtete Methode Ribbentrops anscheinend doch Erfolg gehabt hatte. Es musste den Engländern außerordentlich viel an einer Einigung mit uns liegen, wenn sie innerhalb von wenigen Tagen so völlig umgefallen waren. Jedenfalls war dieser Vorfall ein Ereignis, das mich in der Folge in meinem Urteil über die Hitlerschen Methoden außerordentlich unsicher machte. Gerade an diese Szene in der britischen Admiralität habe ich noch oft denken müssen, wenn ich mit innerem Widerstreben Ausführungen von Hitler und Ribbentrop übersetzte, die den Methoden der deutschen Staatsmänner aus der Zeit vor 1933 geradezu ins Gesicht schlugen.

Nach dieser prinzipiellen Einigung dauerte es nicht sehr lange, bis ein vollständiges Übereinkommen erzielt wurde. Ribbentrop war nicht zu Unrecht stolz auf das Ergebnis seiner Verhandlungen. Er fand, im Gegensatz zu der sonst bei ihm üblichen Verkrampfung, sogar einen gewissen umgänglichen Ton im Verkehr mit den Engländern, wie ich ihn von internationalen Verhandlungen her gewohnt war. Der Minderwertigkeitskomplex, den er vorher durch sein schroffes Auftreten auszugleichen gesucht hatte, war hier verschwunden. Nur gelegentlich vergriff er sich noch etwas. So fragten ihn die Engländer gegen Ende der Verhandlungen beiläufig, auf welche Zeitdauer der Vertrag abgeschlossen werden sollte. Er reckte sich in seinem Sessel auf, machte sein feierlichstes Gesicht und sagte nur das eine Wort: „Ewig." Über den Tisch grinste mich Kordt an und weidete sich an meiner Verlegenheit, denn „Ewig" kann man auf Englisch nur in der Kirche und mit Orgelbegleitung richtig sagen. So, wie es Ribbentrop vorgebracht hatte, war der Ausdruck in der nüchternen Verhandlungsatmosphäre der Admiralität unübersetzbar, wenn man einen Heiterkeitserfolg vermeiden wollte. Da fiel mir in letzter Sekunde ein Ausweg ein. „It is to be a permanent agreement" (Es soll ein dauerndes Übereinkommen sein), sagte ich erleichtert zu den Engländern, und der Ausdruck wurde später in den Text der Vereinbarung übernommen ...

Eines der hervorstechendsten Merkmale dieser Verhandlungen war für mich Ribbentrops ungeheures Misstrauen. Bei Delegationsbesprechungen in seinem Zimmer im Carlton Hotel in London mussten wir uns mitten in dem Raum dicht um ihn herum gruppieren. Die Beratungen wurden im ... Flüsterton geführt, weil ja die „bösen" Engländer vielleicht Mikrophone in den Wänden angebracht haben könnten, um uns unsere Geheimnisse abzulauschen. Es war wirklich manchmal schwer, nicht schallend loszulachen, wenn die Flottendelegation in der Mitte des großen Salons, wie die Hühner eng zusammengedrängt, um Ribbentrop herumhockte und von „Schlachtschiffen", „Zerstörern" und „Tonnagezahlen" flüsterte ...

Die Verhandlungen mit England über das Flottenabkommen 1935 geschahen hinter dem Rücken der offiziellen Diplomatie des Reiches. Hitler ließ sie von seinem „Sonderbeauftragten für Abrüstungsfragen", Joachim Ribbentrop, erledigen (im Bild links bei seinem Besuch in London, neben ihm Marineattaché Schuster, Kapitän Waßner und der deutsche Botschafter in London, von Bismarck).

Wiedereinführung der allgemeinen Wehrpflicht

Hitlers erklärtes Ziel seit Beginn seiner politischen Laufbahn war die Revision des Versailler Vertrages. Durch diesen waren die Verlierer des Ersten Weltkrieges mit zahlreichen Einschränkungen der Souveränität bestraft. Eine davon war das Verbot der allgemeinen Wehrpflicht. Sie wurde am 16. März 1935 gegen die Vertragsbestimmungen im Deutschen Reich wiedereingeführt. Die Westmächte nahmen es bemerkenswert gelassen hin, mussten sie doch eingestehen, dass die Knebelungsbestimmungen des Vertrages auf Dauer unzumutbar waren. Hitler erhielt so gegen müde Proteste das, was die Demokratien den Republikanern vor der Machtergreifung immer verweigert hatten. Die Noten, mit denen London und Paris in Berlin vorstellig wurden, lauteten (zunächst die englische):
Ich beehre mich, Ihnen im Auftrage des Staatssekretärs für Auswärtige Angelegenheiten Seiner Majestät mitzuteilen, dass sich die Regierung Seiner Majestät in dem Vereinigten Königreich genötigt sieht, der Deutschen Regierung ihren Protest gegen die von ihr am 16. März verkündete Entscheidung zu übermitteln, die allgemeine Wehrpflicht einzuführen und den Friedensrahmen des deutschen Heeres auf 36 Divisionen zu erhöhen. Nach Bekanntgabe einer deutschen Luftmacht ist eine solche Erklärung ein weiteres Beispiel für eine einseitige Aktion, die, ganz abgesehen von der grundsätzlichen Seite der Frage, geeignet ist, die Unruhe in Europa in ernster Weise zu erhöhen ...

Und die Franzosen schrieben:
... Diese Entscheidungen [Allgemeine Wehrpflicht, Erhöhung der Stärke des Heeres auf 36 Divisionen, Begründung der deutschen Luftwaffe] stehen in direktem Widerspruch zu den vertraglichen Verpflichtungen, die in den von Deutschland unterzeichneten Verträgen niedergelegt sind ...
Die Regierung der Republik sieht sich infolgedessen zu einer zweifachen Feststellung genötigt. Einmal missachtet die Reichsregierung allgemein und bewusst den dem Völkerrecht wesentlichen Grundsatz, dass keine Macht sich von der Verpflichtung aus einem Vertrag befreien oder dessen Bestimmungen abändern kann, es sei denn mit Zustimmung der vertragschließenden Parteien und aufgrund einer gütlichen Verständigung. Ferner hat die Reichsregierung, namentlich nachdem sie selbst den Wunsch geäußert hatte, zwischen den beteiligten Staaten die Vorfragen für Verhandlungen zu klären, zu denen sie eingeladen war, bewusst diejenigen Maßnahmen ergriffen, die am geeignetsten waren, diese Verhandlungen zur Aussichtslosigkeit zu verurteilen, indem sie ihnen im Voraus einseitig durch eine vollendete Tatsache einen ihrer wesentlichsten Gegenstände entzog.

Am 19. Mai 1935 konnte Hitler das 1933/34 begonnene Teilstück der Autobahn Zwischen Frankfurt und Darmstadt dem Verkehr übergeben.

Hitler beschwört seine Friedensliebe

Der deutsche Diktator blieb seinem Rezept treu: vom Frieden reden, den Krieg planen. Im März 1935 hatte er die Welt alarmiert mit dem vertragswidrigen Beschluss, die allgemeine Wehrpflicht wieder einzuführen. Jetzt, nur zwei Monate danach, trat er am 21. Mai vor den Reichstag und beschwor inbrünstig seine Friedensliebe, die kaum vier Jahre später zum Weltkrieg führen sollte:
... Das Blut, das auf dem europäischen Kontinent seit dreihundert Jahren vergossen wurde, steht außer jedem Verhältnis zu dem volklichen Resultat der Ereignisse. Frankreich ist am Ende Frankreich geblieben, Deutschland Deutschland, Polen Polen, Italien Italien. Was dynastischer Egoismus, politische Leidenschaft und patriotische Verblendung an scheinbaren tiefgreifenden staatspolitischen Veränderungen unter Strömen von Blut erreicht haben, hat in nationaler Beziehung stets nur die Oberfläche der Völker geritzt, ihre grundsätzliche Markierung aber wesentlich kaum mehr verschoben. Hätten diese Staaten nur einen Bruchteil ihrer Opfer für klügere Zwecke angesetzt, so wäre der Erfolg sicher größer und dauerhafter gewesen ...
Was Deutschland betrifft, möchte ich hier keinen Zweifel über Folgendes offenlassen: Deutschland hat Frankreich gegenüber feierlich die nach der Saar-Abstimmung sich ergebende Grenze angenommen und garantiert. Deutschland hat mit Polen ohne Rücksicht auf das Vergangene einen Gewaltausschließungsvertrag abgeschlossen, als einen weiteren mehr als wertvollen Beitrag zum europäischen Frieden, den es nicht nur blind halten wird, sondern von dem wir nur den einen Wunsch haben einer stets aufs Neue zu erfolgenden Verlängerung und einer sich daraus immer mehr ergebenden freundschaftlichen Vertiefung unserer Beziehungen. Wir taten dies alles, trotzdem wir damit zum Beispiel endgültig auf Elsass-Lothringen Verzicht leisten, ein Land, um das auch wir zwei große Kriege führten. Wir taten es aber, um besonders dem eigenen deutschen Volk für die Zukunft neue blutige Opfer zu ersparen ...

Gesetze über den Reichsarbeitsdienst

Nach dem Fortfall der allgemeinen Wehrpflicht durch den Versailler Vertrag war in der Weimarer Republik die Einführung eines obligatorischen Arbeitsdienstes angeregt worden, der die Jugendlichen beiderlei Geschlechts durch körperliche Arbeit und politische Bildung die Klassengegensätze überwinden lasse und zu nationaler Gemeinschaft erziehe. Zur Bekämpfung der Massenarbeitslosigkeit Jugendlicher in der Weltwirtschaftskrise war durch die Verordnung über den freiwilligen Arbeitsdienst vom 16. Juli 1932 ein ähnliches Projekt in Gang gekommen, das jedoch vornehmlich der Mutlosigkeit und Verwahrlosung arbeitsloser Jugendlicher entgegenwirken und gemeinnützige Arbeiten ermöglichen sollte, die auf andere Weise nicht finanziert werden konnten. Die Nationalsozialisten griffen mit der Verkündung der Arbeitsdienstpflicht die von Kräften der Rechten schon früh verfolgten Absichten auf, die Jugendlichen in einer neuen „Schule der Nation" politisch zu beeinflussen. Das Reichsarbeitsdiensgesetz vom 26. Januar 1935 enthielt folgende Bestimmungen:

Abschnitt I

Der Reichsarbeitsdienst

§ 1

(1) Der Reichsarbeitsdienst ist Ehrendienst am Deutschen Volke.

(2) Alle jungen Deutschen beiderlei Geschlechts sind verpflichtet, ihrem Volk im Reichsarbeitsdienst zu dienen.

(3) Der Reichsarbeitsdienst soll die deutsche Jugend im Geiste des Nationalsozialismus zur Volksgemeinschaft und zur wahren Arbeitsauffassung, vor allem zur gebührenden Achtung der Handarbeit erziehen.

(4) Der Reichsarbeitsdienst ist zur Durchführung gemeinnütziger Arbeiten bestimmt.

§ 2

(1) Der Reichsarbeitsdienst untersteht dem Reichsminister des Innern. Unter ihm übt der Reichsarbeitsführer die Befehlsgewalt über den Reichsarbeitsdienst aus.

(2) Der Reichsarbeitsführer steht an der Spitze der Reichsleitung des Arbeitsdienstes; er bestimmt die Organisation, regelt den Arbeitseinsatz und leitet Ausbildung und Erziehung.

Abschnitt II

Die Arbeitsdienstpflicht der männlichen Jugend

§ 3

(1) Der Führer und Reichskanzler bestimmt die Zahl der alljährlich einzuberufenden Dienstpflichtigen und setzt die Dauer der Dienstzeit fest.

(2) Die Dienstpflicht beginnt frühestens nach vollendetem 18. und endet spätestens mit Vollendung des 25. Lebensjahres.

(3) Die Arbeitsdienstpflichtigen werden in der Regel in dem Kalenderjahr, in dem sie das 19. Lebensjahr vollenden, zum Reichsarbeitsdienst einberufen. Freiwilliger Eintritt in den Reichsarbeitsdienst zu einem früheren Zeitpunkt ist möglich.

(4) Freiheitsstrafen von mehr als 30 Tagen Dauer haben die Arbeitsdienstpflichtigen und Arbeitsdienstfreiwilligen nachzudienen, sofern sie nicht nach § 16 aus dem Reichsarbeitsdienst ausscheiden ...

Abschnitt III

Die Arbeitsdienstpflicht der weiblichen Jugend

§ 9

Die Vorschriften über die Arbeitsdienstpflicht der weiblichen Jugend bleiben besonderer gesetzlicher Regelung vorbehalten. ...

Berlin, den 26. Juni 1935
Der Führer und Reichskanzler:
Adolf Hitler
Der Reichsminister des Innern:
Frick

Seit den „Gesetzen zum Schutz des deutschen Blutes" von 1935 waren sexuelle Kontakte zwischen jüdischen und nichtjüdischen Deutschen streng untersagt und für den männlichen Partner mit Haftstrafe bedroht. Nichtjüdische Frauen, die solcher „Rassenschande" beschuldigt wurden, wurden öffentlich als „Judenhure" gedemütigt, etwa indem man ihnen Schilder mit der Aufschrift um den Hals hängte: „Ich bin am Ort das größte Schwein und lass mich nur mit Juden ein."

Rassenschande Nürnberger Gesetze erlassen

Der Deutsche Reichstag, als Scheinparlament auch im Dritten Reich tätig, war eigens nach Nürnberg einberufen worden, um in der Stadt der „Reichsparteitage" am 15. September 1935 drei Gesetze zu verabschieden. Das Reichsflaggengesetz bestimmte die Hakenkreuzflagge als Reichs-, National- und Handelsflagge. Im Reichsbürgerrecht wurde festgelegt, dass Reichsbürger nur Staatsangehörige „deutschen oder artverwandten Blutes" sein können, die durch ihr Verhalten beweisen, dass sie „gewillt und geeignet sind, in Treue dem deutschen Volke und dem Reich zu dienen". Im Gesetz zum Schutze des deutschen Blutes und der deutschen Ehre wurde jede Eheschließung zwischen Juden und Deutschen verboten. Außerehelicher Verkehr zwischen Deutschen und Juden wurde als „Rassenschande" bestraft. Für das Blutschutzgesetz wurde am 14. November 1935 eine Ausführungsverordnung erlassen:

Auf Grund des § 6 des Gesetzes zum Schutze des deutschen Blutes und der deutschen Ehre vom 15. September 1935 wird folgendes verordnet:

§ 1

1. Staatsangehörige sind die deutschen Staatsangehörigen im Sinne des Reichsbürgergesetzes.
2. Wer jüdischer Mischling ist, bestimmt § 2 Abs. 2 der Ersten Verordnung vom 14. November 1935 zum Reichsbürgergesetz.
3. Wer Jude ist, bestimmt § 5 der gleichen Verordnung.

§ 2

Zu den nach § 1 des Gesetzes verbotenen Eheschließungen gehören auch die Eheschließungen zwischen Juden und staatsangehörigen jüdischen Mischlingen, die nur einen volljüdischen Großelternteil haben.

§ 3

1. Staatsangehörige jüdische Mischlinge mit zwei volljüdischen Großeltern bedürfen zur Eheschließung mit Staatsangehörigen deutschen oder artverwandten Blutes oder mit staatsangehörigen jüdischen Mischlingen, die nur einen volljüdischen Großelternteil haben, der Genehmigung des Reichsministers des Innern und des Stellvertreters des Führers oder der von ihnen bestimmten Stelle.
2. Bei der Entscheidung sind insbesondere zu berücksichtigen die körperlichen, seelischen und charakterlichen Eigenschaften des Antragstellers, die Dauer der Ansässigkeit seiner Familie in Deutschland, seine oder seines Vaters Teilnahme am Weltkrieg und seine sonstige Familiengeschichte.
3. Der Antrag auf Genehmigung ist bei der höheren Verwaltungsbehörde zu stellen, in deren Bezirk der Antragsteller seinen Wohnsitz oder gewöhnlichen Aufenthalt hat.
4. Das Verfahren regelt der Reichsminister des Innern im Einvernehmen mit dem Stellvertreter des Führers.

§ 4

Eine Ehe soll nicht geschlossen werden zwischen staatsangehörigen jüdischen Mischlingen, die nur einen volljüdischen Großelternteil haben.

§ 5

Die Ehehindernisse wegen jüdischen Bluteinschlags sind durch § 1 des Gesetzes und durch §§ 2 bis 4 dieser Verordnung erschöpfend geregelt.

§ 6

Eine Ehe soll ferner nicht geschlossen werden, wenn aus ihr eine die Reinhaltung des deutschen Blutes gefährdende Nachkommenschaft zu erwarten ist.

§ 7

Vor der Eheschließung hat jeder Verlobte durch das Ehetauglichkeitszeugnis (§ 2 des Ehegesundheitsgesetzes vom 18. Oktober 1935) nachzuweisen, dass kein Ehehindernis im Sinne des § 6 dieser Verordnung vorliegt. Wird das Ehetauglichkeitszeugnis versagt, so ist nur die Dienstaufsichtsbeschwerde zulässig.

§ 8

1. Die Nichtigkeit einer entgegen dem § 1 des Gesetzes oder dem § 2 dieser Verordnung geschlossenen Ehe kann nur im Wege der Nichtigkeitsklage geltend gemacht werden.
2. Für Ehen, die entgegen den §§ 3, 4 und 6 geschlossen worden sind, treten die Folgen des § 1 und des § 5 Abs. 1 des Gesetzes nicht ein.

§ 9

Besitzt einer der Verlobten eine fremde Staatsangehörigkeit, so ist vor einer Versagung des Aufgebotes wegen eines der im § 1 des Gesetzes oder in den §§ 2 bis 4 dieser Verordnung genannten Ehehindernisse sowie einer Versagung des Ehetauglichkeitszeugnisses in Fällen des § 6 die Entscheidung des Reichsministers des Innern einzuholen.

§ 10

Eine Ehe, die vor einer deutschen Konsularbehörde geschlossen ist, gilt als im Inlande geschlossen.

§ 11

Außerehelicher Verkehr im Sinne des § 2 des Gesetzes ist nur der Geschlechtsverkehr. Strafbar nach § 5 Abs. 2 des Gesetzes ist auch der außereheliche Verkehr zwischen Juden und staatsangehörigen jüdischen Mischlingen, die nur einen volljüdischen Großelternteil haben.

§ 12

1. Ein Haushalt ist jüdisch (§ 3 des Gesetzes), wenn ein jüdischer Mann Haushaltungsvorstand ist oder der Hausgemeinschaft angehört.
2. Im Haushalt beschäftigt ist, wer im Rahmen eines Arbeitsverhältnisses in die Hausgemeinschaft aufgenommen ist oder wer mit alltäglichen Haushaltsarbeiten oder anderen alltäglichen, mit dem Haushalt in Verbindung stehenden Arbeiten beschäftigt ist.
3. Weibliche Staatsangehörige deutschen oder artverwandten Blutes, die beim Erlass des Gesetzes in einem jüdischen Haushalt beschäftigt waren, können in diesem Haushalt in ihrem bisherigen Arbeitsverhältnis bleiben, wenn sie bis zum 31. Dezember 1936 das 35. Lebensjahr vollendet haben.
4. Fremde Staatsangehörige, die weder ihren Wohnsitz noch ihren dauernden Aufenthalt im Inlande haben, fallen nicht unter diese Vorschrift.

Oktoberfestprogramm 1935 zum 150. Wiesnjubiläum.

§ 13

Wer dem Verbot des § 3 des Gesetzes in Verbindung mit § 12 dieser Verordnung zuwiderhandelt, ist nach § 5 Abs. 3 des Gesetzes strafbar, auch wenn er nicht Jude ist.

§ 14

Für Verbrechen gegen § 5 Abs. 1 und 2 des Gesetzes ist im ersten Rechtszuge die große Strafkammer zuständig.

§ 15

Soweit die Vorschriften des Gesetzes und seiner Ausführungsverordnungen sich auf deutsche Staatsangehörige beziehen, sind sie auch auf Staatenlose anzuwenden, die ihren Wohnsitz oder gewöhnlichen Aufenthalt im Inlande haben. Staatenlose, die ihren Wohnsitz oder gewöhnlichen Aufenthalt im Auslande haben, fallen nur dann unter diese Vorschriften, wenn sie früher die deutsche Staatsangehörigkeit besessen haben.

§ 16

1. Der Führer und Reichskanzler kann Befreiungen von den Vorschriften des Gesetzes und der Ausführungsverordnungen erteilen.
2. Die Strafverfolgung eines fremden Staatsangehörigen bedarf der Zustimmung der Reichsminister der Justiz und des Innern.

§ 17

Die Verordnung tritt an dem auf die Verkündung folgenden Tage in Kraft.
Den Zeitpunkt des Inkrafttretens des § 7 bestimmt der Reichsminister des Innern; bis zu diesem Zeitpunkt ist ein Ehetauglichkeitszeugnis nur in Zweifelsfällen vorzulegen.

1936

JANUAR

3.1. Das Winterhilfswerk (WHW) erklärt, es unterstütze derzeit 12,5 Millionen Menschen.
11.1. In Berlin wird das 25jährige Jubiläum der Kaiser-Wilhelm-Gesellschaft zur Förderung der Wissenschaften begangen. Seit 1930 wird sie von Max Planck geleitet.
13.1. Mit Verweis auf das gegen die Sowjetunion gerichtete Bündnis von Deutschland und Japan fordert der sowjetische Regierungschef Wjatscheslaw M. Molotow eine verstärkte Rüstung seines Landes.
17.1. Propagandaminister Joseph Goebbels erklärt die Lebensmittelknappheit im Deutschen Reich für belanglos, weil „man zur Not auch einmal ohne Butter, nie aber ohne Kanonen auskommen" könne.

FEBRUAR

4.2. Der Führer der schweizerischen Landesgruppe der Nationalsozialistischen Deutschen Arbeiterpartei (NSDAP), Wilhelm Gustloff, wird in Davos (Schweiz) von Gegnern des NS-Regimes erschossen.
6.2. In Garmisch-Partenkirchen werden die IV. Olympischen Winterspiele von Reichskanzler Adolf Hitler eröffnet. Es nehmen 755 Sportler aus 28 Nationen teil.
22.2. Die Bekennende Kirche spaltet sich über die Frage einer bedingten Kooperation mit dem nationalsozialistischen Kirchenausschuss. Martin Niemöller lehnt eine Zusammenarbeit ab.
25.2. Der Reichsarbeitsdienst beruft alle im ersten Quartal 1915 geborenen Männer zur sechsmonatigen „Landarbeit" ein.
27.2. Der erste für Transatlantikflüge gebaute Großzeppelin LZ 129 „Hindenburg" wird fertiggestellt. Es ist das größte Luftschiff der Welt.

Carl von Ossietzky, KZ-Häftling Nr. 238.

MÄRZ

4.3. In einer neuen Ausbürgerungswelle verlieren u.a. Arnold Zweig und Kurt Schumacher ihre deutsche Staatsangehörigkeit.
7.3. Entgegen den Bestimmungen in den Verträgen von Versailles und Locarno marschieren deutsche Truppen in das entmilitarisierte Rheinland ein und beginnen mit dem Bau von Befestigungsanlagen an der Westgrenze. Eine militärische Gegenmaßnahme der Westmächte bleibt aus.
17.3. Die britische Marine verkündet die Erfindung eines Ortungsgeräts für U-Boote.
19.3. Hitlers „Sonderbotschafter" Joachim von Ribbentrop rechtfertigt vor dem Völkerbund den Einmarsch ins Rheinland mit dem französisch-sowjetischen Militärpakt.
29.3. Bei einer Reichstagswahl erhält die Einheitsliste der NSDAP nach offiziellem Ergebnis 99 Prozent der Stimmen.
30.3. Das Luftschiff „Hindenburg" startet mit 75 Passagieren zu seiner ersten planmäßigen Südamerikareise nach Rio de Janeiro.

APRIL

1.4. Der Oberbefehlshaber des Heers Werner Freiherr von Fritsch fordert eine weitere Vergrößerung der Truppen. Seit 1933 hat sich die Heeresgröße verfünffacht.
4.4. Hermann Göring wird Beauftragter für Rohstoff- und Devisenfragen. Er soll mit Hilfe eines Vierjahresplans die Abhängigkeit von ausländischen Rohstoffen verringern.
11.4. Tod des Soziologen und Philosophen Ferdinand Tönnies in Kiel.
13.4. Der Rennfahrer Rudolf Caracciola gewinnt auf Mercedes-Benz den Großen Preis von Monte Carlo.
18.4. Der Volksgerichtshof wird auch für die allgemeine Rechtsprechung zur letzten Instanz erhoben. Seine Richter werden von Hitler ernannt.
23.4. Die Reichsregierung erlässt ein Amnestiegesetz, das nationalsozialistischen Straftätern zugute kommt.
24.4. Robert Ley, Führer der Deutschen Arbeitsfront (DAF) und Reichsorganisationsleiter der NSDAP, eröffnet drei sogenannte Ordensburgen, in denen eine Eliteschulung stattfinden soll.

MAI

1.5. Den Maifeiertag begehen viele deutsche Städte mit propagandistischen Massenkundgebungen. Alle Brautpaare erhalten ab sofort eine Ausgabe von Hitlers „Mein Kampf".
5.5. Mit der Eroberung der Hauptstadt Addis Abeba erklärt Benito Mussolini den Krieg in Abessinien für beendet. Er ruft das „neue italienische Imperium" aus.
8.5. In München stirbt Oswald Spengler, der als Geschichtsphilosoph ein bedeutender Vertreter der Konservativen Revolution geworden ist.
16.5. Reichsjuristenführer Hans Frank erklärt, dass in Deutschland die Gewaltenteilung aufgehoben sei und die einzige Macht im Staat bei Hitler liege.
24.5. In Paris rufen emigrierte Politiker von Kommunisten, Sozialdemokraten und Bürgerlichen, unter ihnen Rudolf Breitscheid, Willy Brandt und Walter Ulbricht, zu einer Volksfront gegen das NS-Regime auf.
30.5. Uraufführung von „Fury" (Zorn), dem ersten in den USA gedrehten Film des 1933 emigrierten Fritz Lang.

JUNI

12.6. In Wien stirbt der Publizist und „Fackel"-Herausgeber Karl Kraus.
17.6. Der Reichsführer der Schutzstaffel (SS), Heinrich Himmler, wird zum Chef der Polizei ernannt, die damit noch stärker an die NSDAP gekoppelt wird.
Alfred Rosenberg spricht sich in einer Rede vor der Nationalsozialistischen Kulturgemeinde für die Überwindung alter Werte und die Schaffung eines neuen Lebensstils aus.
19.6. Max Schmeling besiegt in New York Joe Louis durch K.o. in der zwölften Runde.
21.6. Der 1. FC Nürnberg wird durch einen Sieg über Fortuna Düsseldorf neuer Deutscher Fußballmeister.
22.6. In Berlin heiraten die Schauspieler Marianne Hoppe und Gustaf Gründgens.

JULI

8.7. In Frankfurt (Main) wird der Flug- und Luftschiffhafen Rhein-Main eröffnet.
9.7. Wirtschaftsminister Hjalmar Schacht ruft die Industrie dazu auf, ihre hohen Gewinne für Reichsanleihen zu benutzen.
11.7. In Wien wird das Verständigungsabkommen zwischen Österreich und Deutschland unterzeichnet, mit dem der österreichische Bundeskanzler Kurt Schuschnigg hofft, Zeit zu gewinnen.
17.7. Mit einem Aufstand in Spanisch-Marokko beginnt der Putsch faschistischer Militärs unter General Francisco Franco. In den folgenden Tagen brechen überall in Spanien rechte Aufstände aus.
23.7. Die aufständischen Militärs bilden in Nordspanien eine Gegenregierung, der von Hitler und Mussolini Waffenhilfe zugesagt wird.
24.7. Tod des ehemaligen Reichskanzlers Georg Michaelis in Bad Saarow.

AUGUST

1.8. Hitler eröffnet vor 100.000 Zuschauern im Berliner Olympiastadion die Olympischen Spiele, an denen Sportler aus 49 Nationen teilnehmen. Mit enormem Aufwand werden die Spiele zu einer Propagandaschau für das nationalsozialistische Deutschland. Leni Riefenstahl beginnt die Dreharbeiten zu ihren Olympia-Dokumentarfilmen.

3.8. Mit dem Gewinn von vier Goldmedaillen wird Jesse Owens zum überragenden Sportler der Olympischen Spiele.

Die Kommunistische Partei Deutschlands (KPD) ruft in Paris alle Antifaschisten zur Unterstützung der Volksfront in Spanien auf.

4.8. Der erste deutsche Spielfilm in Farbe, „Das Schönheitsfleckchen", wird uraufgeführt.

5.8. In Spanien treffen die ersten deutschen „Freiwilligenverbände" zur Unterstützung der putschenden Militärs ein.

6.8. Unter dem Schutz italienischer Flugzeuge setzt General Franco von Marokko nach Südspanien über.

11.8. Ribbentrop wird zum neuen Botschafter in London ernannt.

18.8. Im Berliner Schlossmuseum wird der Welfenschatz erstmals öffentlich gezeigt.

24.8. Die Wehrdienstzeit in Deutschland wird von einem auf zwei Jahre verlängert.

SEPTEMBER

1.9. In Hamburg hat der Film „Der Bettelstudent" mit Marika Rökk und Johannes Heesters Premiere.

8.9. Mit einem „Licht-Dom" und einem Aufmarsch von über 100.000 NSDAP-Mitgliedern wird in Nürnberg der Reichsparteitag inszeniert, auf dem Hitler den Kampf gegen die Sowjetunion propagiert.

9.9. Zur Erlangung größerer Rohstoff-Unabhängigkeit wird in Gelsenkirchen eine Großzuchtanlage für 500.000 Seidenraupen gebaut.

21.9. Die Wehrmacht hält ihr erstes großes Manöver nach dem Ersten Weltkrieg ab.

27.9. Mit der Eröffnung eines Teilstücks bei Breslau sind die ersten 1.000 Kilometer der Reichsautobahn fertiggestellt. Auf ihrem Vormarsch nach Madrid erobern die faschistischen Truppen Toledo.

OKTOBER

1.10. General Franco wird zum Machthaber der faschistischen Gegenregierung ausgerufen.

3.10. In Wilhelmshaven läuft das erste deutsche Schlachtschiff nach dem Ersten Weltkrieg vom Stapel.

9.10. Krankheitsatteste von jüdischen Ärzten sind für Beamte ungültig.

10.10. Sepp Herberger übernimmt die Leitung der deutschen Fußballnationalmannschaft.

18.10. Schwere Stürme mit Windstärken 11 bis 12 richten schwere Schäden an der deutschen Nordseeküste an.

22.10. In Madrid bilden zahlreiche Freiwillige die Internationalen Brigaden zur Unterstützung der Volksfront.

25.10. Deutschland und Italien schließen einen geheimen Vertrag zur Zusammenarbeit.

NOVEMBER

1.11. In einer Rede propagiert Mussolini die „Achse Berlin-Rom".

5.11. Der Entwurf für ein neues deutsches Strafrecht sieht für eine Vielzahl von neudefinierten Delikten die Todesstrafe vor.

7.11. Die faschistischen Truppen in Spanien beginnen ihre Großoffensive gegen Madrid.

14.11. Die deutsche Regierung proklamiert ihre Hoheitsrechte an den 1919 internationalisierten Flüssen Donau, Elbe, Oder und Rhein

18.11. Italien und Deutschland geben ihre Anerkennung der Regierung Franco bekannt.

19.11. Der in die Schweiz emigrierte Thomas Mann nimmt die tschechoslowakische Staatsbürgerschaft an.

23.11. Dem Pazifisten Carl von Ossietzky wird nachträglich der Friedensnobelpreis für 1935 verliehen.

25.11. Deutschland und Japan schließen den gegen die Sowjetunion gerichteten Antikominternpakt.

27.11. In einem Erlass verbietet Goebbels jede Form von „Kunstkritik" und fordert eine reine „Kunstberichterstattung".

Sonderheft der „Berliner Illustrirten Zeitung" über die Olympischen Sommerspiele 1936.

DEZEMBER

1.12. Die Mitgliedschaft in der Hitler-Jugend (HJ) ab dem zehnten Lebensjahr wird für Jungen Pflicht.

2.12. Thomas Mann wird die deutsche Staatsbürgerschaft aberkannt.

4.12. Die Schulzeit wird wegen der Verlängerung der Wehrpflicht und des Nachwuchsbedarfs in der Wirtschaft auf zwölf Jahre verkürzt.

14.12. Der schwer erkrankte Carl von Ossietzky, dem die Ausreise zur Entgegennahme des Nobelpreises verboten wurde, wird aus dem Konzentrationslager Papenburg in ein Berliner Hospital überwiesen.

24.12. Die deutschen katholischen Bischöfe erklären ihre Unterstützung Hitlers im Kampf gegen den Kommunismus.

AUSSERDEM

Richard Eichberg: Der Kurier des Zaren (Film)

Lea Grundig: Unterm Hakenkreuz (Graphikzyklus)

Ödön von Horvath: Glaube Liebe Hoffnung (Drama)

Ernst Jünger: Afrikanische Spiele (Roman)

Hermann Kesten: Ferdinand und Isabella (Roman)

Alexander Korda: Dinge, die da kommen (Film)

Klaus Mann: Mephisto (Roman)

Rheinlandbesetzung

Im Friedensvertrag von Versailles hatte das geschlagene Deutschland 1919 zahlreiche Einschränkungen seiner Souveränität hinnehmen müssen, darunter die Entmilitarisierung des Rheinlandes. Sie war 1925 im Locarno-Vertrag noch einmal ausdrücklich bestätigt und vom Deutschen Reich akzeptiert worden. Als Hitler an die Macht kam, galt sein außenpolitisches Augenmerk in erster Linie der Sprengung der Fesseln von Versailles, die selbst die Siegermächte mittlerweile nur schlechten Gewissens aufrechterhielten. Am 7. März 1936 ließ Hitler schließlich deutsche Truppen ins Rheinland marschieren. Gebannt wartete alles auf die französische Reaktion. Würden die Franzosen marschieren, dann hätten die Deutschen. keine Chance. Aber London zog nicht mit, und der Marschbefehl blieb aus, Hitler hatte per Gewaltstreich erreicht, was die westlichen Demokraten den Staatsmännern der Weimarer Republik immer verweigert hatten. In einer Reichstagsrede vom selben Tage bot der deutsche Diktator den Franzosen die Versöhnungshand und empfahl sich dem Westen als Bollwerk gegen den Bolschewismus, mit dem er schon drei Jahre später paktieren und über die umworbenen Westmächte herfallen würde:

... Sie, meine Abgeordneten, Männer des Reichstags, kennen den schweren Weg, den ich gehen musste, seit jenem 30. Januar 1933, um das deutsche Volk aus seiner unwürdigen Stellung zu erlösen, um ihm Schritt für Schritt die Gleichberechtigung zu sichern, ohne es dabei aus der politischen und wirtschaftlichen Gemeinschaft der europäischen Nationen zu entfernen, und besonders, ohne aus der Abwicklung der Folgen einer alten Feindschaft wieder eine neue zu erzeugen!

Ich werde einmal von der Geschichte die Bestätigung beanspruchen können, dass ich in keiner Stunde meines Handelns für das deutsche Volk die Pflichten vergessen habe, die ich und die wir alle der Aufrechterhaltung der europäischen Kultur und Zivilisation gegenüber zu tragen schuldig sind ...

Ich habe in diesen drei Jahren – leider nur zu oft vergeblich – immer wieder versucht, eine Brücke der Verständigung zum französischen Volk zu schlagen ...

Warum soll es dann nicht möglich sein, den zwecklosen jahrhundertelangen Streit, der keinem der beiden Völker einen endgültigen Entscheid gebracht hat und bringen konnte und bringen wird, abzubrechen und durch die Rücksichtnahme einer höheren Vernunft zu ersetzen? Das deutsche Volk ist nicht interessiert daran, dass das französische leidet, und umgekehrt: Wo läge der Vorteil für Frankreich darin, wenn Deutschland in Not verkommt? Warum soll es nicht möglich sein, das Problem der allgemeinen europäischen Volks- und Staatengegensätze aus der Sphäre des Unvernünftigen, Leidenschaftlichen herauszuheben und unter das ruhige Licht einer höheren Einsicht zu stellen?

Ich habe mir jedenfalls einst geschworen: ebenso zäh und tapfer für die deutsche Gleichberechtigung zu kämpfen und diese so oder so durchzusetzen, wie umgekehrt aber auch das Verantwortungsgefühl zu stärken für die Notwendigkeit einer europäischen gegenseitigen Rücksichtnahme und Zusammenarbeit.

Wenn mir aber heute von Seiten meiner internationalen Gegner vorgehalten wird, dass ich doch diese Zusammenarbeit mit Russland ablehne, so muss ich demgegenüber Folgendes erklären: Ich lehne und lehnte sie nicht ab mit Russland, sondern mit dem auf die Herrschaft der Welt Anspruch erhebenden Bolschewismus ...

Ich zittere für Europa bei dem Gedanken, was aus unserem alten, menschenüberfüllten Kontinent werden soll, wenn durch das Hereinbrechen dieser destruktiven und alle bisherigen Werte umstürzenden asiatischen Weltauffassung das Chaos der bolschewistischen Revolution erfolgreich sein würde. Ich bin vielleicht für viele europäische Staatsmänner ein phantastischer, jedenfalls aber unbequemer Warner. Dass ich aber in den Augen der bolschewistisch-internationalen Weltunterdrücker als einer der größten Feinde gelte, ist für mich nur eine große Ehre und eine Rechtfertigung meines Handelns vor der Welt ...

Stapellauf des Schlachtschiffes „Scharnhorst" am 3. Oktober 1936 in Wilhelmshaven. Links Generaladmiral Raeder hinter Hitler Generalfeldmarschall von Blomberg.

Am 7. März 1936 ließ Hitler deutsche Soldaten in die entmilitarisierte Zone des Rheinlandes einrücken. Hitler über sein Risiko: „Wären die Franzosen einmarschiert, hätten wir uns mit Schimpf und Schande wieder zurückziehen müssen." Unser Bild zeigt deutsche Truppen beim Vorbeimarsch am Kölner Dom.

England rügt deutsches Vorgehen

Der britische Außenminister Antony Eden verurteilte am 9. März 1936 vor dem Unterhaus den Einmarsch deutscher Soldaten in das demilitarisierte linksrheinische Gebiet. Im Versailler Vertrag war be-

stimmt worden, dass Deutschland dort keine militärischen Stützpunkte errichten oder Truppen stationieren dürfe. Im Locarno-Vertrag (16. Oktober 1925) war diese Bestimmung wiederholt worden. Hitler hatte am 7. März der Wehrmacht das Einrücken in das linksrheinische Gebiet befohlen. Als Begründung dafür gab die Reichsregierung in einem Memorandum den Signatarmächten des Locarno-Vertrages an, dass Frankreich mit der Unterzeichnung des Beistandspaktes mit der UdSSR (2. Mai, 1935), der gegen Deutschland gerichtet sei, den Locarno-Vertrag gebrochen habe. Eden erklärte nun, das deutsche Vorgehen habe die internationale Lage verschärft und das Vertrauen in Verpflichtungen, welche die deutsche Regierung in Zukunft übernehmen könnte, erschüttert. Erfreulich sei nur, dass kein Grund zur Annahme bestehe, dass die deutsche Aktion eine Drohung mit Feindseligkeiten beinhalte.
Die deutsche Regierung habe erklärt, sie wolle eine Befriedigung Europas und sei bereit, mit Frankreich und Belgien Nichtangriffspakte abzuschließen. Die britische Regierung werde diese Vorschläge objektiv prüfen. Angesichts des Ernstes der Situation dürfe man keinen Umstand außer acht lassen, der irgendeine Hoffnung auf Besserung darbiete.

„Komintern am Werk". Karikatur von Karl Arnold. Bildunterschriften (von links oben nach rechts unten): In Spanien. „Hier herrscht in der Tat ewiger Friede! Wir wollen den Ossietzky nicht unterschätzen, aber den Friedens-Nobelpreis hätten eigentlich wir bekommen müssen." – In Frankreich. „Allons, Marianne, unsere Sowjets wollen endlich Taten sehen!" – Das Ziel. „Es ist absolut gleichgültig, ob 90 v.H. der Menschen zugrunde gehen, wenn nur die restlichen 10 v.H. zuverlässige Kommunisten sind, die die Existenz der Sowjets sicherstellen." (Lenin). – Deutsch-japanische Abwehrfront. „Halt!!"

Deutsch-österreichisches Abkommen

In Wien wurde am 11. Juli 1936 ein deutsch-österreichisches Abkommen vom österreichischen Bundeskanzler Kurt Schuschnigg und Franz von Papen, dem deutschen Botschafter in Wien, unterzeichnet. Sein Inhalt wurde von beiden Seiten vertraulich behandelt. Mit dem Abkommen sollte das stark abgekühlte Verhältnis zwischen den beiden Staaten verbessert werden.
Die Beziehungen zwischen Deutschland und Österreich hatten sich nach dem missglückten Putsch der österreichischen Nationalsozialisten (Ermordung des österreichischen Bundeskanzlers Engelbert Dollfuß am 25. Juli 1934) sehr verschlechtert. Die Annäherung zwischen Deutschland und Italien und die Erkenntnis der österreichischen Regierung, dass sie wenig Unterstützung von Frankreich und England zu erwarten habe, veranlasste sie, mit Hitler-Deutschland einen Ausgleich zu suchen.
In dem neuen Abkommen wurde vereinbart, dass die Staatsangehörigen eines jeden Vertragspartners im anderen Land Vereinigungen bilden können, wenn diese den Gesetzen des Staates entsprächen und keine Einmischungen in die innenpolitischen Angelegenheiten stattfänden.
Auf die Presse sollte Einfluss genommen werden, dass sie sich jeder politischen Einwirkung auf das andere Land enthalte und sachliche Kritik an den Verhältnissen im anderen Land auf ein Maß beschränke, das nicht verletzend wirke. Der kleine Grenzverkehr sollte wieder aufgenommen, normale wirtschaftliche Beziehungen angebahnt und der Reiseverkehr erleichtert werden.

1000-Mark-Sperre aufgehoben

Die sogenannte 1000-Mark-Sperre im Reiseverkehr zwischen Deutschland und Österreich wurde am 28. August 1936 wieder aufgehoben. Seit dem 1. Juni 1933 durften deutsche Staatsbürger (ausgenommen war der Geschäftsverkehr) nur mit einem besonderen Ausreisesichtvermerk nach Österreich fahren. Dieser Sichtvermerk wurde nur gegen eine Gebühr von 1000 Mark erteilt. Die nationalsozialistische Regierung hatte diese Maßnahme erlassen, nachdem gegen die Nazi-Partei in Österreich Beschränkungen verfügt worden waren. Am 12. August 1936 wurden die Vereinbarungen über den Reise-, Waren- und Zahlungsverkehr abgeschlossen. In ihnen wurde die Abschaffung der 1000-Mark-Sperre in Aussicht genommen. Deutsche Staatsbürger konnten künftig je Kalendermonat 500 Mark in Schillinge umtauschen. Der umgewechselte Schillingbetrag wurde in den Pass eingetragen. Einen Tag nach Bekanntwerden des Reiseabkommens verfügten die deutschen Behörden, dass zunächst monatlich nur für 250 Mark Schillinge eingetauscht werden konnten, „um angesichts der vorläufig noch nicht in uneingeschränktem Maße zur Verfügung stehenden Mittel möglichst vielen Reisenden die Reise nach Österreich zu ermöglichen".

Der Vierjahresplan

Eine schwere Versorgungskrise im Sommer 1936 machte deutlich, dass die deutsche Wirtschaft die von Hitler verlangte forcierte Aufrüstung gar nicht werde leisten können. In einer geheimen Denkschrift vom

Hermann Göring spricht zur Belegschaft der Hamburger Werft Blohm & Voss. Am 19. Oktober 1936 wurde er „Beauftragter des 2. Vierjahresplans", der die deutsche Wirtschaft, wie Hitler es formulierte, „in vier Jahren kriegsfähig" machen sollte.

August 1936 forderte Hitler daher eine massive Umstellung der deutschen Wirtschaft. Vorbild: die Planwirtschaft der Sowjetunion:
Es ist weiter notwendig; die Verbrennung der Kartoffel zu Spiritus sofort zu verbieten. Der Brennstoff muss aus der Erde gewonnen werden und nicht aus Kartoffeln. Wir haben stattdessen die Pflicht, etwa freiwerdende Anbauflächen entweder für die menschliche oder tierische Ernährung zu verwenden oder für den Anbau von Faserstoffen.
Es ist weiter notwendig, unsere industrielle Fettversorgung in kürzester Schnelligkeit vom Import unabhängig zu machen und aus unserer Kohle zu befriedigen. Diese Aufgabe ist chemisch gelöst, und sie schreit einfach nach ihrer Erfüllung. Die deutsche Wirtschaft aber wird die neuen Wirtschaftsaufgaben begreifen, oder sie wird sich eben unfähig erweisen in dieser modernen Zeit, in der ein Sowjet-Staat einen Riesenplan aufrichtet, noch weiter zu bestehen. Aber dann wird nicht Deutschland zugrundegehen, sondern es werden dies höchstens einige Wirtschaftler. Es ist weiter notwendig, ohne Rücksicht auf Kosten die deutsche Erzförderung zu steigern und insbesondere die Erzeugung von Leichtmetall auf das Äußerste zu erhöhen, um damit einen Ersatzstoff für bestimmte andere Metalle zu finden.
Es ist endlich aber auch für die Aufrüstung notwendig, schon jetzt sich, wenn irgend möglich, jener Stoffe zu bedienen, die im Kriegsfalle anstelle der Edelmetalle treten müssen und treten werden ...
Es ist nicht genug damit getan, von Zeit zu Zeit nur Rohstoff- oder Devisen-Bilanzen aufzustellen oder von einer Vorbereitung der Kriegswirtschaft im Frieden zu sprechen, sondern es ist notwendig, der Friedensernährung und vor allem der Kriegsführung die Mittel zu sichern, die durch menschliche Energie und durch Tatkraft gesichert werden können. Ich stelle daher zu einer endgültigen Lösung unserer Lebensnot folgendes Programm auf:
I. Ähnlich der militärischen und politischen Aufrüstung bzw. Mobilmachung unseres Volkes hat auch eine wirtschaftliche zu erfolgen, und zwar im selben Tempo, mit der gleichen Entschlossenheit und wenn nötig auch mit der gleichen Rücksichtslosigkeit. Interessen einzelner Herren dürfen in der Zukunft dabei keine Rolle mehr spielen. Es gibt nur ein Interesse, und das ist das Interesse der Nation, und eine einzige Auffassung, das ist die, dass Deutschland politisch und wirtschaftlich in die Lage der Selbsterhaltung gebracht werden muss.
II. Zu diesem Zwecke sind auf all den Gebieten, auf denen eine eigene Befriedigung durch deutsche Produktionen zu erreichen ist, Devisen einzusparen, um sie jenen Erfordernissen zuzulenken, die unter allen Umständen ihre Deckung nur durch Import erfahren können.
III. In diesem Sinne ist die deutsche Brennstofferzeugung nunmehr im schnellsten Tempo vorwärtszutreiben und binnen 18 Monaten zum restlosen Abschluss zu bringen. Diese Aufgabe ist mit derselben Entschlossenheit wie die Führung eines Krieges anzufassen und durchzuführen, denn von ihrer Lösung hängt die kommende Kriegsführung ab und nicht von einer Bevorratung des Benzins.
IV. Es ist ebenso augenscheinlich die Massenfabrikation von synthetischem Gummi zu organisieren und sicherzustellen. Die Behauptung, dass die Verfahren vielleicht noch nicht gänzlich geklärt wären, und ähnliche Ausflüchte haben von jetzt ab zu schweigen. Es steht nicht die Frage zur Diskussion, ob wir noch länger warten wollen, sonst geht die Zeit verloren, und die Stunde der Gefahr wird uns alle überraschen.
Es ist vor allem nicht die Aufgabe staatlich-wirtschaftlicher Einrichtungen, sich den Kopf über Produktionsmethoden zu zerbrechen. Dies geht das Wirtschaftsministerium gar nichts an. Entweder wir besitzen heute eine Privatwirtschaft, dann ist es deren Aufgabe, sich den Kopf über die Produktionsmethoden zu zerbrechen, oder wir glauben, dass die Klärung der Produktionsmethoden Aufgabe des Staates sei, dann benötigen wir keine Privatwirtschaft mehr.
V. Die Frage des Kostenpreises dieser Rohstoffe ist ebenfalls gänzlich belanglos, denn es ist immer noch besser, wir erzeugen in Deutschland teurere Reifen und können sie fahren, als wir kaufen theoretisch billige Reifen, für die das Wirtschaftsministerium aber keine Devisen bewilligen kann, die also mithin an Mangel des Rohstoffes nicht erzeugt werden können ...
Ich stelle damit folgende Aufgabe:
I. Die deutsche Armee muss in vier Jahren einsatzfähig sein.
II. Die deutsche Wirtschaft muss in vier Jahren kriegsfähig sein.

Einsetzung des Volksgerichtshofes

Von der nationalsozialistischen Regierung wurde am 21. April 1936 der Volksgerichtshof als ordentliches Gericht im Sinne des Gerichtsverfassungsgesetzes eingesetzt. Der Gerichtshof war am 24. April 1934 als Sondergericht für Hoch- und Landesverrat errichtet worden. Damit wurde das bisher für diese Delikte zuständige Reichsgericht in Leipzig ausgeschaltet. Mit dem Volksgerichtshof hatten sich

die nationalsozialistischen Machthaber ein Instrument zur Unterdrückung ihrer Gegner geschaffen.
Die Mitglieder des Volksgerichtshofs, die Volksgerichtsräte, wurden streng nach politischen Grundsätzen ausgewählt und waren in der Mehrzahl Laienrichter. Lediglich der Vorsitzende und ein weiteres Mitglied mussten die Fähigkeit zum Richteramt haben. Der Staatssekretär im Justizministerium, Roland Freisler (er wurde 1942 als Nachfolger von Thierack Präsident des Volksgerichtshofes), hob in einer Erklärung hervor, dass der neu eingerichtete Volksgerichtshof dem Leipziger Reichsgericht in keiner Weise unterstellt sei.

Mit KdF nach Madeira

Hans Biallas war an Bord, als die KdF-Flotte zum erstenmal nach Madeira fuhr. Sein Reisebericht, „Der Sonne entgegen", der 1936 im Berliner Freizeit-Verlag veröffentlicht wurde, betonte besonders nachdrücklich die von der NS-Führung geforderte Volksgemeinschaft:
Je länger die Fahrt dauert, desto wärmer wird es. Die Urlauber ziehen ein Kleidungsstück nach dem anderen aus. Zuerst verschwinden die Wintermäntel, dann kommen Turnschuhe und helle Hosen zum Vorschein, die Mädchen und Frauen holen ihre Sommerkleider und Strandanzüge hervor. Alle Liegestühle sind besetzt. Die Sonne scheint vom blauen Himmel und bräunt die Gesichter. Niemand will mehr in den Innenräumen sitzen, sondern man spaziert auf den Decks auf und ab, liegt in der Sonne oder lehnt an der Reling. Lustige Bordspiele werden veranstaltet, am Abend gibt es Tanz, Vorträge und Kino, für Stimmung und Humor ist auf jeden Fall gesorgt ...
Als die Urlauber in aller Frühe erwachen und aus ihren Kabinen hinaussehen, blicken sie auf bizarre Felsenformationen, die sich steil und fast senkrecht aus dem Meer erheben. Die ersten Strahlen der Morgensonne beleuchten Madeira, das Endziel ihrer Reise, den südlichsten Punkt der Erde, den wohl alle einmal in ihrem Leben erreicht haben und erreichen werden. Viele Tausend Kilometer trennen sie jetzt von ihrer Heimat ... Felsige Berghänge, gestaffelte Gärten – Blüten über Blüten, Bananen, Zuckerrohr, das sich wie ein Wald bis hoch hinaufzieht, Kakteen, Bodenfarne, Drachenbäume, Magnolien und Palmen in den verschiedensten Arten und Formen. Weinberge, Kartoffeläcker, große Felder mit Zwiebeln vervollständigen das Bild eines großen, gepflegten Gartens, das dieses Land bietet.
In den steilen und engen Gassen Funchals und der zahlreichen Dörfer, die sich die ganze Küste entlangziehen, erblickt man überall Spuren der Stickereiindustrie. In den Türen der Häuser, vor den kleinen Hütten, in Gärten und in den Gassen sitzen Frauen und Mädchen, die eifrig mit den heimischen Handarbeiten beschäftigt sind ...
Hier ist die beste Gelegenheit, die üblichen Reisegeschenke mit nach Hause zu nehmen, denn dort warten Eltern, Frauen, Männer und Bräute auf ein Andenken ihrer Lieben und dürfen nicht enttäuscht werden.
Es lässt sich schon leben auf Madeira. Das merken die deutschen Arbeiter sehr bald. Man kann für wenig Geld vornehm speisen und lebt dabei im gesündesten Klima der Welt. Es wird auf Madeira nicht wärmer als 30°C und im Winter nachts nicht kälter als10°C. Dazu die herrliche Vegetation und die wunderbare Landschaft. Es gibt auch genug Ausflugsmöglichkeiten, erstens auf der Insel selbst und dann zu einer nur zwanzig Seemeilen entfernten Insel.
Nach der nächtlichen Abfahrt von Madeira geht der Kurs der „Kraft-durch-Freude"-Flotte geradewegs der Heimat zu. Tag für Tag sehen die Urlauber um sich herum nichts als den unendlichen Ozean und die langen, rollenden Wogen des Atlantiks. Es scheint ihnen, als seien sie schon wochenlang unterwegs. Dennoch vergehen die Tage viel zu schnell. Ein schöner Urlaub, der herrlichste ihres Lebens, nähert sich seinem Ende. Unendlich viel haben die Arbeitskameraden in diesen wenigen Tagen erlebt und gesehen, sodass der Blick auf das weite Meer eine Erholung für sie bedeutet ...
Wieder geht ein kühler, nebliger Morgen über dem Hamburger Hafen auf. Langsam schiebt sich, von Schleppern gezogen, ein mächtiges Schiff an die Landungsbrücke heran. Es ist die „St. Louis", das erste Schiff der ersten Madeirafahrt 1936, das wieder zurückgekehrt ist. Von Bord gehen Menschen mit gesunden, gebräunten Gesichtern. Die deutschen Arbeiter kehren wieder in die Heimat zurück ...

Titelblatt des Reiseberichts „Der Sonne entgegen".

Feierstunde im Berliner Kriminalgericht am 1. Oktober 1936, weil von diesem Tage an das nationalsozialistische Hoheitszeichen an den Roben der Richter getragen werden musste. „Recht ist, was dem Volke nützt„ und „Recht und Wille des Führers sind eins". Auf diesen beiden Sätzen beruhte die Rechtsordnung des Dritten Reiches. In ihm wurde der Führer Adolf Hitler, der selbst das Recht und die Juristen aus tiefster Seele verabscheute, zum obersten Schöpfer allen Rechts erhoben. Gegen seinen Willen gab es keinen „ordentlichen" Rechtsweg mehr, und es gab auch keine Gewalt mehr, die ihn, den Führer, hätte kontrollieren können.

Eröffnung der XI. Olympischen Sommerspiele in Berlin

Als das Olympische Komitee noch vor Beginn der Spiele von Los Angeles (1932) die XI. Sommerspiele nach Berlin vergab, ahnte niemand, dass dann in Deutschland der Nationalsozialismus herrschen würde. Die braunen Machthaber wollten dem Ausland das III. Reich von der Schokoladenseite zeigen und inszenierten eine bestechende Show. Mit der kürzesten Rede seines Lebens (sie war vom Protokoll vorgeschrieben) eröffnete Hitler am 1. August 1936 die Olympiade in Berlin. Ein zeitgenössischer Bericht schildert die Eröffnungsfeier:
Wie fernes Murmeln eines Baches rauscht das Stimmengewirr der Hunderttausend in dem weiten Rund des Stadions. Der Uhr-

Hitler Bei der Eröffnung der Olympischen Spiele am 1. August 1936 im Berliner Olympiastadion.

zeiger am Marathontor rückt auf die vierte Nachmittagsstunde. Nach und nach versinken die Geräusche wie das Wasser im Wüstensand. Die Ergriffenheit der heiligen Erwartung schleicht sich in die Seelen, der Flügelschlag einer historischen Stunde schwingt in der Luft.
Fanfarenstöße zerreißen die Stille, Adolf Hitler, Führer des Reiches, Schirmherr der Olympischen Spiele, schreitet über die Stufen der Treppe, die neben dem Marathontor in den Innenraum führt. An seiner Seite Graf Baillet-Latour und Exzellenz Lewald, geschmückt mit den olympischen Amtsketten. Deutschland und seine Gäste erheben sich, und ein unermesslicher Jubelsturm braust als Gruß zum Himmel. Die Arme recken sich, als wollen sie in dieser Minute sagen: Du hast uns und der Welt ein neues Wunder geschenkt. Ein kleines Mädchen im himmelblauen Kleide überreicht dem Führer einen Blumenstrauß als Gruß der Jugend. Unter den Klängen des Huldigungsmarsches von Wagner steigt der Führer die Treppe der Ehrentribüne empor. Auf seinem Platz angekommen, grüßt er sein Volk. Die deutschen Hymnen erklingen und stehend singt das deutsche Volk in tiefer Ergriffenheit seine Lieder. Neue deutsche Musik leitet in den Olympiafanfaren von Herbert Windt über zu der feierlichsten Zeremonie der Welt. Um 16.10 Uhr tönt aus dem Lautsprecher das Kommando: „Hisst Flagge!“ An den Masten des Stadions gleiten die Symbole der Nationen empor. Die Kampfstätte hat ihren edelsten Schmuck empfangen. 51 Länder haben die Besten ihrer Jugend zu friedlichem Wettstreit entsandt.
Der Einmarsch beginnt. Die strenge Tradition ist schon Vermächtnis geworden. Griechenland hat für alle Zeit die Ehre, die Eröffnung des Zuges zu bilden. Dann geht es in alphabetischer Reihenfolge, und den Beschluss macht der jeweilige Gastgeber. Beifall und Jubel umbrausen die Kämpfer, Völker der Erde treffen sich zum Feste des Friedens. Das blauweiße Banner Griechenlands senkt sich vor der Ehrentribüne zum Gruß, und mit erhobener Hand grüßen die Olympiagäste den deutschen Führer. Nation reiht sich an Nation; wo immer die Banner vorübergetragen werden, grüßen sie Arm und Zuruf. Ein Bild eigener Farbenpracht entfaltet sich. Die Verschiedenartigkeit der Welt spiegelt wider sich in Art und Form, Farbe und Schnitt der Kleidung. Beifall und Zustimmung zeichnen alle aus. Aber manchmal steigert sich der Jubel zu besonderer Höhe, so, als Frankreichs stolze Söhne hinter der blauweißroten Trikolore dem Führer wie in Garmisch-Partenkirchen den deutschen Gruß entbieten. Stärker, herzlicher noch, als die deutschen Brüder aus Österreich hinter der rotweißroten Fahne im Blickfeld auftauchen. 219 Kämpfer sind gekommen, ihre Blutsbrüder im Reich zu grüßen. In dieser Minute ergreift ein einziges Gefühl der Zusammengehörigkeit Zuschauer und Kämpfer. Gewaltig ist der Schlussakt: USA und Deutschland. Amerika ist für das deutsche Volk in seinem unvergleichlichen Gerechtigkeitssinn der größte sportliche Leistungsträger der Welt. Deutschland erscheint. An der Spitze leuchtet das Hakenkreuzbanner. Hinter ihm führt der Reichssportführer von Tschammer und Osten seine in blendendes Weiß gekleideten Olympiakämpfer durch das Marathontor. Wieder erklingen die deutschen Lieder in machtvoller Stärke. Der Aufmarsch ist beendet.
Die Stimme des Lautsprechers bittet um Gehör für ein Wort des Gründers der Olympischen Spiele, Baron Pierre de Coubertin, das aus der Stille seines Heims in die Welt getragen wird. In französischer Sprache schallt sein unvergängliches Geleitwort über die andachtsvolle Menge. „Sinn Olympischer Spiele ist nicht Sieg, sondern Teilnahme, Ziel nicht Kampf, sondern Ritterlichkeit.“
Exzellenz Dr. Lewald, der Präsident des Olympischen Organisationskomitees, betritt die Rednertribü-

Vierfacher Goldmedaillengewinner und Publikumsliebling der Olympischen Spiele 1936, der farbige US-Athlet Jesse Owens.

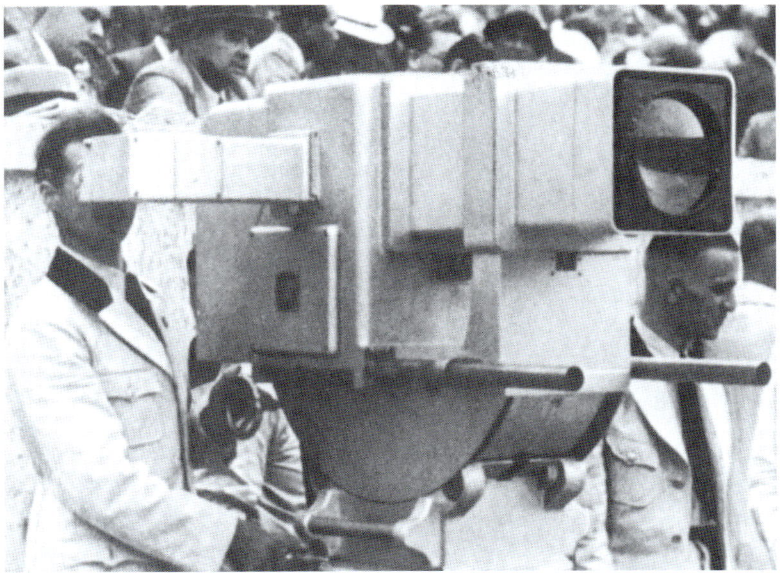

Mit dieser ersten drahtlosen Fernsehkamera der Welt übertrug die Deutsche Reichspost anlässlich der Olympischen Sommerspiele in Berlin die Geschehnisse aus dem Stadion direkt in die zahlreichen Fernsehstellen der Stadt.

ne. Sein erster Gruß und Dank gilt aus bewegtem Herzen dem Führer. Er spricht von der herrlichen Olympia-Idee, die in der Flamme des Feuers so unvergleichlichen Ausdruck gefunden hat. Er gedenkt der 3000 Sportler, die durch sieben Länder seine Glut von Olympia nach Berlin getragen haben. Er dankt allen den Männern, die an dem Werk der XI. Olympiade mitgearbeitet haben. Seine Schlussworte gelten den Kämpfern, und dann bittet er den Führer, die Spiele zu eröffnen. Adolf Hitler tritt ans Mikrophon. Fest und klar steht die Stimme im Raum: „Ich erkläre die Spiele in Berlin zur Feier der XI. Olympiade neuer Zeitrechnung als eröffnet."
Um 18 Uhr ist die größte sportliche Feier der Neuzeit beendet. Der Führer harrt, bis der letzte Mann die Kampfstätte verlassen hat. Ein herrlicher Tag neigt sich seinem Ende zu, unvergesslich denen, die ihn erlebten, unvergleichlich in seiner Harmonie und Schönheit, in der Erhabenheit und Reinheit, in denen höchste Menschheitsideale Verwirklichung fanden.

Deutschlands favorisierte Fußballelf verliert gegen Norwegen

Fußball besaß in Deutschland immer schon einen besonders hohen Stellenwert unter den Sportarten. Das war auch 1936 bei den Olympischen Spielen nicht anders: Die deutsche Elf galt als Favorit für den Gewinn der Goldmedaille. Wie wichtig das Spiel gegen Norwegen selbst von amtlichen Stellen erachtet wurde, zeigt die Tatsache, dass Reichskanzler Adolf Hitler erstmals in seinem Leben ein Fußballspiel besuchte. Die Fachzeitung „Fußball" schilderte den Einzug des Nazi-Führers so: „Fünf Minuten vor Spielbeginn kommt Bewegung in die Massen. Mit Windeseile raunt es von Mund zu Mund: Der Führer kommt. Kaum erscheint Hitler in der Loge, als ihm ein begeistertes Sieg – Heil, Sieg – Heil, Sieg – Heil entgegenbraust. 50.000 Hände erhoben sich zum Gruß ... In seiner Begleitung die führenden Männer der Partei und der Wehrmacht, General Göring, Dr. Goebbels, Dr. Frick, Heß und Rust sowie der Reichssportführer von Tschammer und Osten." Die Anwesenheit der Politprominenz schien sich lähmend auf die hochfavorisierten deutschen Spieler ausgewirkt zu haben; sie unterlagen den Norwegern 0:2 und schieden aus dem Turnier aus. Das offizielle Olympiabuch der Nazi-Spiele schrieb: „In der vorzüglichen Leistung der Norweger lag die Hälfte der Niederlage, die andere unbestreitbar in der verfehlten Aufstellung. Norwegen war in allen Länderkämpfen ein schwer bezwingbarer Gegner gewesen; hier musste die erste und beste Elf eingesetzt werden. Die Neulinge waren den Anforderungen nicht gewachsen, zerrissen den Zusammenhang und zogen auch die besseren Spieler auf ein niedriges Niveau." Und an anderer Stelle: „Die Kämpfe mit den Besten der Welt mussten in den verschiedenen Begegnungen viele Erwartungen stürzen, aber von allen unvermuteten Schicksalsschlägen war dies der schwerste Schlag, der deutsche Kämpfer traf." Adolf Hitler verließ zornig das Berliner Post-Stadion, er wurde nie mehr bei einem Fußballspiel gesehen. Für den damaligen Bundestrainer Prof. Otto Nerz hatte die Niederlage Konsequenzen: Er wurde von Sepp Herberger abgelöst.

Die Hitlerjugend als Staatsjugend

„Ich werde Ihnen die größte Jugendbewegung aufbauen, die es jemals in Deutschland gegeben hat", hatte „Reichsjugendführer" Baldur von Schirach seinem Führer versprochen. Erstmals wurde 1936 ein kompletter Geburtsjahrgang, der Jahrgang 1926, geschlossen in die HJ geführt. Die „Erfassung" war beinahe total, es sollen 95 Prozent der Jungen und Mädchen gewesen sein, die nun in die

Als „Alibi-Jüdin" durfte Helene Mayer bei den Olympischen Spielen in Berlin an den Start gehen. Sie holte im Florettfechten für Deutschland die Silbermedaille.

Die Ordensburg Vogelsang in der Eifel. Auf den „Ordensburgen“ wurde der Führernachwuchs der NSDAP ausgebildet: „körperlich, charakterlich, seelisch, geistig und wissenschaftlich“, wie es in einer zeitgenössischen Publikation heißt. Die zitierten fünf Eigenschaftsworte sind dabei durchaus bewusst hintereinander gereiht; geistige und wissenschaftliche Schulung boten diese Institute am wenigsten, getreu einem Wort Baldur von Schirachs: „Gewiss, die Jugend hat keinen Respekt vor dem Wissen. Sie achtet nur den Kerl. Wie viel Lehrer aber haben den Fehler begangen, sich von der Jugend abzukehren! Sie vergessen einfach, dass die Jugend in einem höheren Sinne immer recht hat, weil sie das neue Leben trägt.“

Kluft des Jungvolks bzw. des Jungmädelbundes gesteckt wurden und ein Notenheft bekamen, in dem ihre ideologischen und körperlichen Fortschritte festgehalten wurden. Am Vorabend von Hitlers Geburtstag (20. April) leisteten die „Pimpfe“ den Eid auf den Diktator: „Ich verspreche, in der Hitlerjugend allzeit meine Pflicht zu tun, in Liebe und Treue zum Führer und zu seiner Fahne.“ Nach Einführung des Reichsarbeitsdienstes und der allgemeinen Wehrpflicht (beides im Jahr 1935) war mit der Beitrittspflicht zur Hitlerjugend das letzte Glied zur lückenlosen Überwachung und zur Einordnung der Jugendlichen in den Staat Adolf Hitlers geschaffen. Die nationalsozialistische Erziehung übte Haltungen ein, sie wollte die gefühlsmäßige Verankerung des Einzelnen in den „Formationen“. Vernunft und Nachdenken blieben außen vor; militärische Muster dominierten: Befehl und Gehorsam. Und es herrschte ein hektischer Aktivismus: Heimabende, Dienst-Appelle, Straßensammlungen, Wettkämpfe, Aufmärsche, Feste und Gedenkveranstaltungen mit ihren düsteren Mahnungen an die Toten des Weltkrieges und die Märtyrer der Kampfzeit – und dem stets aufbrandenden Jubel, wenn sich Adolf Hitler irgendwo zeigte.

Der französische Diplomat Robert Coulondre, damals Botschafter in Berlin, schildert eine typische Szene, den Aufmarsch der Jugend bei den Olympischen Spielen:

„Zehntausende von Jungen und Mädchen in ihren braunen und weißen Uniformen sind über die Stufen des riesigen Berliner Olympia-Stadions verteilt. Unzählige Hakenkreuzbanner flattern im Wind. Das große Oval der Arena umsäumen die Wimpel der einzelnen HJ-Formationen. Von Zeit zu Zeit wird die Aufstellung der Jugendlichen so verändert, dass durch den Gegensatz der weißen Mädchenblusen und der braunen Jungenhemden in lebendigen Buchstaben Sprüche zu Ehren Hitlers sich aus der Masse herausheben, zum Beispiel: ›Wir leben und sterben für unseren Führer.‹ Patriotische Lieder steigen wie kirchliche Lobgesänge auf. Eine Gruppe junger Leute entzündet auf einem in der Mitte des Stadions errichteten gewaltigen Altar ein Feuer. Dann erhebt sich der Führer dieser Jugend, ihr Hohepriester von Schirach, der ebenso jung aussieht wie seine Zuhörer ... Es ist zu spüren, dass eine innere Erregung diese jungen Leute packt, dass eine religiöse Begeisterung sie erfüllt. Baldur von Schirach verkündet den Führer wie Johannes der Täufer den Messias. Als Hitler erscheint, schüttelt eine Art mystischer Verzückung die Menge, und die ersten Rufe, in die sie ausbricht, bevor sie ihr Glaubensbekenntnis ablegt, klingen wie ein Schluchzen ...“

„Schwarzer Ulan“ gegen „braunen Bomber“

Max Schmelings Sieg über Joe Louis am 19. Juni 1936 wurde eine der größten Sensationen im Berufsboxen. Nie zuvor hatte ein Boxkampf die Deutschen so fasziniert wie der Fight Max Schmelings gegen Joe Louis, den „braunen Bomber“, einen Mann von ungeheurer Schlagkraft, der auf dem Weg zur Weltmeisterschaft einen K.o. nach dem anderen gelandet hatte. Schmeling, der 1930 Weltmeister gewesen war, galt als krasser Außenseiter in diesem Nicht-Titelkampf, an der Wettbörse war Louis als 10:1-Favorit notiert.

In den Wochen vor dem Ereignis hatte Schmeling, von den Amerikanern „Schwarzer Ulan vom Rhein“ betitelt, immer wieder betont, er habe an Louis' Kampfstil etwas bemerkt, dass ihm Chancen eröffne. In der amerikanischen Öffentlichkeit wurde er deshalb verlacht Louis galt als absolut unschlagbar.

Zu Anfang geriet Schmeling wie erwartet in den Schlaghagel des Weltmeisters. Doch schon in der vierten Runde staunen vierzigtausend im New Yorker Yankee-Stadion. Schmeling schildert in seinen Erinnerungen diese Szene: „Und da war auch der Moment, in dem er seinen Arm um wenige Zentimeter fallen ließ, um erneut zuzuschlagen – und jetzt, zum ersten Mal, kam meine Rechte auf den Millimeter genau.

Ich hatte mein ganzes Gewicht hineingeworfen. Die Faust schlug hart und trocken auf.“ Das Fallenlassen des linken Arms beim Schlag, das war es gewesen, was Schmeling bei Louis gesehen hatte; und diesen Fehler hatte er prompt genutzt: Louis ging zu Boden.

Zwar stand er umgehend wieder auf, doch von da an nahm der Kampf einen völlig anderen Verlauf, Schmeling war dem farbigen Boxidol Ame-

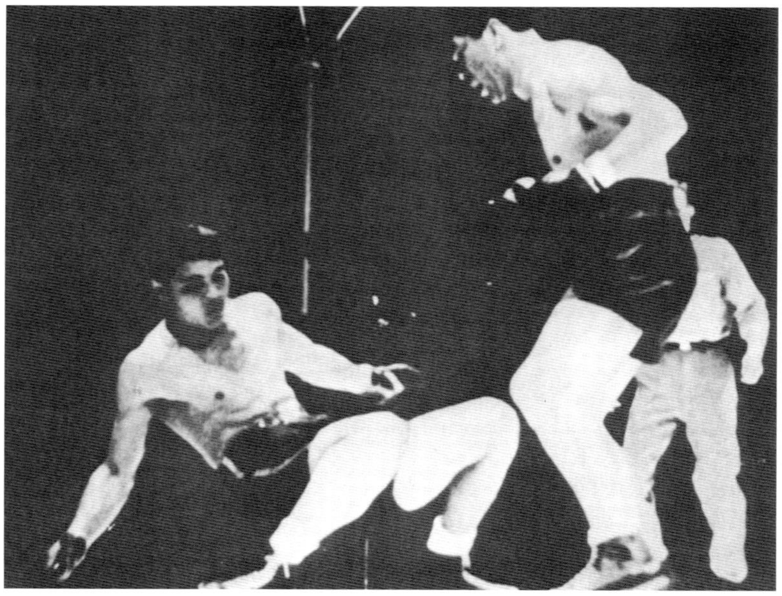

Max Schmeling schlägt Joe Louis k.o.

rikas von nun an überlegen. In der zwölften Runde traf der Deutsche seinen Gegner fast nach Belieben, doch der blieb stets gefährlich. Schmeling wurde in Deutschland triumphal empfangen, Hitler und die Nazis sahen den Sieg als Erfolg des Ariers über den „Untermenschen"; sie feierten den Boxer, den sie zuvor wegen seiner Beziehung zu jüdischen Freunden mit Argwohn betrachtet hatten. Max Schmeling aber war von diesem Tag an der größte deutsche Sportler aller Zeiten – sein Ruf ist heute bereits Legende.
Daran konnte auch die schwere K.o.-Niederlage zwei Jahre später im Revanchekampf gegen Louis nichts ändern.

Druck der internationalen Öffentlichkeit wurde er schließlich in ein Gefängnislazarett übergeführt. Dort erreichte ihn die Nachricht von der Verleihung des Friedensnobelpreises. Göring selbst versuchte Ossietzky zu bewegen, den Preis abzulehnen. Ossietzky weigerte sich. Eineinhalb Jahre später, am 4. Mai 1938, starb er, streng bewacht, an der im KZ erlittenen Behandlung. Der deutsche Botschafter in Oslo musste gegen die Preisverleihung protestieren. Goebbels ließ in der deutschen Presse verbreiten: „Die Verleihung des Nobelpreises an einen notorischen Landesverräter ist eine unverschämte Herausforderung und Beleidigung des neuen Deutschlands." Allen deutschen Bürgern wurde ausdrücklich verboten, künftig einen Nobelpreis anzunehmen.

Ausbürgerung Thomas Manns

Hitler, seit 1933 im Deutschen Reich ander Macht, ließ keinen Zweifel daran, dass in seinem Herrschaftsbereich nur geduldet würde, wer vorbehaltlos das „nationale Aufbauwerk" unterstützte. „Jüdische Intellektuelle, Zersetzer, Asphaltliteraten, marxistische Volksschädlinge" gehörten jedenfalls nicht dazu, also auch nicht Thomas Mann, Deutschlands wohl bekanntester Dichter und Nobelpreisträger. Seine Bücher wurden wie die zahlloser Kollegen symbolisch verbrannt, und ihm selber entzog man am 2. Dezember 1936 die deutsche Staatsbürgerschaft. Noch im selben Monat teilte ihm dann die Universität Bonn mit, er sei der Ehrendoktorwürde nicht würdig, die man ihm in der „Systemzeit" verliehen habe. Die Geistfeindschaft des Nationalsozialismus fand in ihm wohl ihr prominentestes Opfer. Seine Stimme wurde auch im Ausland gehört, und so traf seine prophetische Antwort auf den NS-Fluch eher seine Urheber, die er vor aller Welt entlarvte. Thomas Mann schrieb unter anderem: ... Ich hätte nicht leben, nicht arbeiten können, ich wäre erstickt ..., ohne von Zeit zu Zeit meinem unergründlichen Abscheu vor dem, was zu Hause in elenden Worten und elenderen Taten geschah, unverhohlen Ausdruck zu geben ... Ein deutscher Schriftsteller, an Verantwortung gewöhnt durch die Sprache ... sollte schweigen, ganz schweigen zu all dem unsühnbar Schlechten, was in meinem Land an Körpern, Seelen und Geistern, an Wahrheit und Recht, an Menschen und an dem Menschen täglich begangen wurde und wird? Zu der furchtbaren Gefahr, die dies menschenverderberische Regime für den Erdteil bedeutet? Es war nicht möglich. – Der einfache Gedanke daran, wer die Menschen sind, denen die erbärmlich-äußerliche Zufallsmacht gegeben ist, mir mein Deutschtum abzusprechen, reicht hin, diesen Akt in seiner ganzen Lächerlichkeit erscheinen zu lassen. Das Reich, Deutschland, soll ich beschimpft haben, indem ich mich gegen sie bekannte! Sie haben die unglaubwürdige Kühnheit, sich mit Deutschland zu verwechseln! Wo doch vielleicht der Augenblick nicht fern ist, da dem deutschen Volke das Letzte daran gelegen sein wird, nicht mit ihnen verwechselt zu werden. – Gott helfe unserem verdüsterten und missbrauchten Lande und lehre es, seinen Frieden zu machen mit der Welt und sich selbst.

Carl von Ossietzky erhält den Friedensnobelpreis

Carl von Ossietzky, dem Herausgeber der „Weltbühne", wurde am 24. November 1936 der Friedensnobelpreis verliehen. Zu diesem Zeitpunkt war Ossietzky bereits drei Jahre im Konzentrationslager. Er hatte es nach der Machtergreifung Hitlers abgelehnt, ins Ausland zu fliehen. Ein Entlassungsgesuch mit der Erklärung zu unterschreiben, dass er seine Anschauungen revidiert habe, weigerte sich Ossietzky. Unter dem

Das Reichskabinett verabschiedete am 30. November 1936 das »Gesetz über die Hitler-Jugend«. Die Jugendorganisation der NSDAP war schon 1926 gegründet worden. Nach der Machtübernahme der Nationalsozialisten wurden die im »Reichsausschuss deutscher Jugendverbände« zusammengeschlossenen Jugendorganisationen aufgelöst. Der Kernsatz des neuen Gesetzes lautete: »Die gesamte deutsche Jugend innerhalb des Reichsgebietes ist in der Hitlerjugend zusammengefasst. -Die gesamte deutsche Jugend ist außer im Elternhaus und in der Schule in der Hitlerjugend körperlich, geistig und sittlich im Geiste des Nationalsozialismus zum Dienst am Volk und zur Volksgemeinschaft zu erziehen.« Die Mitgliedschaft in der HJ war für alle 10- bis 18jährigen Pflicht. Reichsjugendführer Baldur von Schirach hatte sein Ziel erreicht: Alle Jugendverbände, seien es kirchliche oder ständische, waren nun in der HJ gleichgeschaltet. Dass er die Jugend »für einen millionenfachen Mörder« erzog, wurde ihm erst nach dem Kriege vor dem Nürnberger Militärtribunal klar.

1937

JANUAR

15.1. Zur weiteren „Eliteförderung“ wird die Einrichtung einer Adolf-Hitler-Schule in jedem deutschen Reichsgau beschlossen.
Polizeichef Heinrich Himmler nennt den Kampf gegen Verkehrsunfälle sowie gegen Homosexuelle und Abtreibungen als vorrangige Aufgaben der Polizei.
26.1. Die deutsche Presse wird angewiesen, keine Nachrichten über Thomas Mann zu veröffentlichen.
Der Bauhausgründer Walter Gropius erhält einen Lehrstuhl für Architektur an der Harvard-Universität.
30.1. Wegen der Verleihung des Friedensnobelpreises an den Pazifisten Carl von Ossietzky wird allen Deutschen die Annahme eines Nobelpreises verboten.
Adolf Hitler ernennt den Architekten Albert Speer zum Generalbauinspekteur für Berlin, das mit zahlreichen Monumentalbauten völlig umgestaltet werden soll.

FEBRUAR

2.1. Der Katholik Paul Freiherr Eltz von Rübenach verweigert den Eintritt in die Nationalsozialistische Deutsche Arbeiterpartei (NSDAP) und tritt als Verkehrs- und Postminister zurück.
6.2. Joseph Goebbels erklärt in einer Rede, dass durch die Wiedererstarkung Deutschlands keine Kriegsgefahr mehr bestehe.
8.2. Um einer Kampagne der Nationalsozialisten vorzubeugen, erteilt die Prager Polizei dem Schriftsteller Lion Feuchtwanger ein Vortragsverbot.
12.2. Hanns Kerrl tritt als Reichsminister für Kirchenangelegenheiten zurück, da er die Gleichschaltung der Evangelischen Kirche nicht durchsetzen konnte.
19.2. Die Verhandlungen zwischen tschechischen und deutschen Parteien in der Tschechoslowakei enden mit zahlreichen Beschlüssen für eine verbesserte Situation der deutschen Minderheit.
22.2. Der deutsche Außenminister Konstantin Freiherr von Neurath drängt in Gesprächen den österreichischen Bundeskanzler Kurt Schuschnigg zu einer Legalisierung und Regierungsbeteiligung der NSDAP in Österreich.
23.2. Die Reichsregierung legt neue Anleihen auf, um staatliche Rüstungsaufträge finanzieren zu können.

MÄRZ

5.3. In Deutschland werden fünf österreichische Zeitungen verboten, um den Verkauf des verbotenen „Völkischen Beobachters“ in Österreich zu erzwingen.
14.3. In der Enzyklika „Mit brennender Sorge“, einem öffentlichen Rundschreiben an die katholischen Bischöfe in Deutschland, wendet sich Papst Pius XI. scharf gegen das NS-Regime und verurteilt dessen Kirchen- und Rassenpolitik.
22.3. In Berlin wird der nationalbolschewistische Politiker Ernst Niekisch verhaftet.
30.3. Die Versöhnung von Hitler und Erich Ludendorff wird bekannt gegeben. Hitler erhofft einen Prestigegewinn und gibt dem von Mathilde Ludendorff geleiteten „Bund für deutsche Gotterkenntnis“ größere Freiräume.

APRIL

11.4. Die Verhandlungen zur Bildung einer antifaschistischen Volksfront werden von der Sozialdemokratischen Partei Deutschlands (SPD) und der Kommunistischen Partei Deutschlands (KPD) in Paris ergebnislos beendet.
19.4. General Francisco Franco, Führer der aufständischen Truppen in Spanien, bildet die faschistische Einheitspartei Falange Española.
Reichsjugendführer Baldur von Schirach verkündet bei einer Kundgebung in Westpreußen, dass nach einem siebenwöchigen Propagandafeldzug über 1 Million Jungen und Mädchen in die Hitler-Jugend aufgenommen worden seien.
22.4. Benito Mussolini fordert die österreichische Regierung zu einer Regierungsbeteiligung der NSDAP auf, um den inneren Frieden wiederherzustellen.
26.4. Das deutsche Flugzeuggeschwader der „Legion Condor“ zerstört in einem dreistündigen Bombenangriff die nordspanische Kleinstadt Guernica.
Bei einem Treffen mit Mussolini zur „Österreichfrage“ erklärt Göring den Verzicht auf Südtirol.
28.4. In einem Schauprozess vor dem Volksgerichtshof werden vier katholische Kirchenmitglieder zu Zuchthausstrafen verurteilt.
Wegen der Zerstörung Guernicas entbrennt im britischen Parlament ein heftiger Streit zwischen Regierung und Opposition, welche die Appeasement-Politik Großbritanniens kritisiert.

„Großer Zapfenstreich“ des nationalsozialistischen Führers für den faschistischen Duce im Berliner Olympiastadion am 29. September 1937. In den Lichtkegeln der Scheinwerfer die Embleme der beiden Diktaturen – Hakenkreuz und Liktorenbündel –, auf der Tribüne Hitler und Mussolini (links). Der Staatsbesuch des italienischen Diktators, perfekt inszeniert mit Massenaufmärschen und Paraden, wird zu einem triumphalen Fest deutsch-italienischer Verbrüderung. Die Achse Berlin-Rom ist besiegelt.

MAI

4.5. Alfred Hugenberg muss auf Druck der Nationalsozialisten die Aktienmehrheit an der Universum-Film AG (Ufa) an ein Konsortium unter staatlicher Aufsicht veräußern.
6.5. Das Großluftschiff LZ 129 „Hindenburg“ explodiert kurz vor seiner Landung in Lakehurst (New Jersey / USA). 36 Menschen kommen ums Leben. Diese Katastrophe bedeutet das Ende der Zeppelinepoche.
8.5. In Düsseldorf wird die Propagandaschau „Schaffendes Volk“ in Konkurrenz zur Pariser Weltausstellung eröffnet
24.5. Himmler erhält volle ministerielle Weisungsbefugnis und erlangt damit nun offiziell die gleiche Machtbefugnis für die Polizei wie Innenminister Wilhelm Frick.
In Paris wird die Weltausstellung eröffnet.
29.5. Der deutsche Panzerkreuzer „Admiral Scheer“ beschießt

die südspanische Stadt Almería, die auf republikanischem Gebiet liegt.

JUNI

8.6. Uraufführung der „Carmina Burana" von Carl Orff in Frankfurt (Main).
17.6. Der österreichische Bundeskanzler Schuschnigg richtet ein volkspolitisches Referat ein und ernennt den Nationalsozialisten Arthur Seyß-Inquart zum Staatsrat.
23.6. Das Deutsche Reich zieht sich aus dem internationalen Kontrollsystem der Überwachung spanischer Küsten zurück, Italien folgt kurz darauf.
24.6. Der deutsche Kriegsminister Werner von Blomberg erlässt eine geheime Weisung zur Kriegsvorbereitung der Armee.
25.6. Bei einer Verhaftungswelle gegen Mitglieder der Bekennenden Kirche wird auch Martin Niemöller inhaftiert.

JULI

5.7. Eine Großoffensive der spanischen Regierungstruppen kann das belagerte Madrid nicht entlasten.
12.7. Bei der Eröffnung des spanischen Pavillons auf der Weltausstellung in Paris wird das Gemälde „Guernica" von Pablo Picasso präsentiert.
15.7. Gegen den Nobelpreisträger Werner Heisenberg wird eine Kampagne eröffnet: Er wird wegen seiner Unterstützung der Relativitätstheorie von Albert Einstein angegriffen.
Uraufführung von „Der Mann, der Sherlock Holmes war" mit Hans Albers und Heinz Rühmann in den Hauptrollen.
18.7. Mit der „Großen Deutschen Kunstausstellung" weiht Hitler in München das von Paul Ludwig Troost erbaute Haus der Deutschen Kunst ein.
19.7. In München wird die Propagandaausstellung „Entartete Kunst" eröffnet, auf der Werke von verfemten Künstlern gezeigt werden.
Die Errichtung des Konzentrationslagers (KZ) in Buchenwald beginnt. Damit wird zugleich eine Neuorganisation der Lager in Deutschland in Angriff genommen.

AUGUST

6.8. In einem Prozess wegen regimekritischer Aussagen wird Otto Dibelius, Mitglied der Bekennenden Kirche, freigesprochen.
7.8. In Rüsselsheim wird das 75jährige Bestehen der Opelwerke gefeiert. 1862 begann die Firma mit der Produktion von Nähmaschinen, 1886 mit der von Fahrrädern und 1899 wurde das erste Automobil gebaut.
18.8. In Berlin beginnt die Aufstellung von Straßenbänken mit dem Vermerk „Nur für Arier".
26.8. In einer Studie wird veröffentlicht, dass deutsche Familien 50 bis 70 Prozent ihres Einkommens für die Ernährung ausgeben.
28.8. In Stuttgart beginnt die Reichstagung der NSDAP-Auslandsorganisation.
29.8. Die Leipziger Herbstmesse wird mit großer Auslandsbeteiligung eröffnet.

SEPTEMBER

3.9. Nach Angaben der Buchhändler hat in der Belletristik der Roman „Die Biene Maja und ihre Abenteuer" die höchste Auflage in diesem Jahr erreicht.
6.9. In Nürnberg beginnt der „Reichsparteitag der Arbeit".
9.9. In einem Bericht des Völkerbunds wird die Lage von etwa 20.000 deutschen Emigranten in Europa als „elend" beschrieben.
12.9. Der Rennfahrer Rudolf Carraciola wird durch einen Sieg im letzten Grand Prix der Saison Europameister.
19.9. Im Osten des Deutschen Reichs beginnen erstmals seit dem Ersten Weltkrieg große Manöver aller drei Waffengattungen.
20.9. In Berlin wird im Rahmen der Manöver eine Luftschutzwoche mit zahlreichen Übungen abgehalten.
25.9. Mussolini trifft zu einem fünftägigen Staatsbesuch in München ein.
30.9. Der Komponist Paul Hindemith legt sein Amt als Lehrer der Staatlichen Musikhochschule in Berlin wegen der ständigen Angriffe von Nationalsozialisten nieder.

OKTOBER

5.10. In einer Rede zur Außenpolitik spricht sich Roosevelt für eine Isolierung jener Staaten aus, die den Frieden gefährden würden.
15.10. Aus einer Ausstellung in Prag werden vier Werke des aus Deutschland emigrierten John Heartfield entfernt, weil sie gegen das NS-Regime gerichtet sind.
17.10. Eine Schlägerei zwischen der Polizei und Anhängern der Sudetendeutschen Partei Konrad Henleins in Teplitz (Tschechoslowakei) führt zu weiteren Spannungen zwischen den Regierungen in Prag und Berlin.
21.10. Mit der Eroberung von Gijón beherrschen die Truppen der Faschisten nun ganz Nordspanien.
Durch das Verbot der Zentrumspartei in Danzig wird die NSDAP einzige Partei in der Stadt.

NOVEMBER

2.11. In Berlin wird der erste Hubschrauber vorgestellt, der von Heinrich Focke entworfen ist.
5.11. Hitler legt vor der Wehrmachtsführung seine Annexionspläne für Österreich und die Tschechoslowakei dar. Werner von Blomberg und Werner Freiherr von Fritsch weisen dabei auf die Risiken eines Kriegs hin, für den das Deutsche Reich noch nicht gerüstet sei.
6.11. Italien tritt dem Antikominternpakt von Deutschland und Japan bei.
8.11. Goebbels eröffnet in München die Propagandaausstellung „Der ewige Jude".
Ein neues Gesetz verbietet Ausgebürgerten die Annahme von Erbschaften und Schenkungen.
10.11. Wegen der grassierenden Maul- und Klauenseuche wird der Reichsbauerntag abgesagt. Seit 1933 findet alljährlich am Bückeberg (bei Hameln) die zentrale Feier zum Erntedankfest statt, die das NS-Regime unter Beteiligung von Hunderttausenden von Bauern und Landarbeitern zu einer großen Propagandakundgebung benutzt.
19.11. In einem Treffen mit Hitler erklärt ein Gesandter Chamberlains in bezug auf die deutschen Expansionsabsichten, dass Großbritannien eine Veränderung der Grenzen in Europa auf friedlicher Basis tolerieren werde.
26.11. Wegen Differenzen mit Göring, dem Verantwortlichen für den Vierjahresplan zur Rohstoffversorgung, tritt Wirtschaftsminister Hjalmar Schacht zurück. Er bleibt jedoch Reichsbankpräsident.

DEZEMBER

1.12. Der ungarische Reichsverweser Miklós Horthy betont, dass er einen „Anschluss" Österreichs an das Deutsche Reich für unausweichlich halte.
8.12. Der NS-Ideologe Alfred Rosenberg wendet sich gegen Versuche, den Naturwissenschaften eine völkisch-rassische Weltanschauung zugrunde zulegen, wie es u.a. mit der „deutschen Physik" versucht wird.
15.12. Deutschland und Italien kritisieren Franco, weil er wegen einer Gegenoffensive den geplanten Angriff auf Madrid verzögert.
18.12. In Rom wird ein Abkommen über wirtschaftliche Zusammenarbeit von Italien und Deutschland unterzeichnet, das auch die wirtschaftliche Hilfe für den Kriegsfall vorsieht.
20.12. Tod des Generals Erich Ludendorff in Tutzing.
31.12. Nach Angaben des Justizministeriums wurden 1937 etwa 500.000 Menschen in Deutschland verurteilt. Die Sondergerichte wie der Volksgerichtshof sind hierbei nicht beachtet.
Die Exilredaktion des „Vorwärts" verlegt aus Sicherheitsgründen ihren Sitz von Prag nach Paris.

AUSSERDEM

Werner Bergengruen: Die drei Falken (Novelle)
Hans Grundig: Der Krieg (Radierung)
Anna Seghers: Die Rettung (Roman)

Die Enzyklika „Mit brennender Sorge"

Wie die anderen Gruppen der Gesellschaft hatte die katholische Kirche anfangs versucht, sich mit dem Nationalsozialismus zu arrangieren. Ja, sie hatte durch ein Konkordat mit Hitler im Sommer 1933 die braunen Herren über Deutschland erst richtig salonfähig gemacht. Mit diesem Vertrag hoffte sie, gegen den Verzicht auf politische Betätigung die Freiheit des religiösen Bekenntnisses und des katholischen Unterrichts zu erkaufen. Doch während sie sich strikt an die Buchstaben des Vertrages hielt, sabotierten die Nationalsozialisten über den dehnbaren Begriff „politisch" das Abkommen, schalteten die Jugendverbände gleich, überwachten Versammlungen, ja, Gottesdienste, verfolgten Priester wegen angeblicher Devisenvergehen oder sexueller Verfehlungen – kurz: Sie entfesselten einen regelrechten Kirchenkampf. Ihr Absolutheitsanspruch duldete keine Macht, noch dazu eine internationale wie die Kirche, in Deutschland neben sich. Am 14. März 1937 endlich schlug Rom zurück: Die Enzyklika „Mit brennender Sorge" von Papst Pius XI. verurteilte flammend das Neuheidentum der Hitlerbewegung und rief zum Widerstand auf.

... Jeder, dessen Geist sich noch einen Rest von Wahrheitsempfinden, dessen Herz sich noch einen Schatten von Gerechtigkeitsgefühl bewahrt hat, wird dann zugeben müssen, dass in diesen schweren und ereignisvollen Jahren der Nachkonkordatszeit jedes unserer Worte und jede unserer Handlungen unter dem Gesetze der Vereinbarungstreue standen. Er wird aber auch mit Befremden und innerster Ablehnung feststellen müssen, wie von der anderen Seite die Vertragsumdeutung, die Vertragsumdrehung, die Vertragsaushöhlung, schließlich die mehr oder minder öffentliche Vertragsverletzung zum ungeschriebenen Gesetz des Handelns gemacht wurden ...

Wer in pantheistischer Verschwommenheit Gott mit dem Weltall gleichsetzt, Gott in der Welt verweltlicht und die Welt in Gott vergöttlicht, gehört nicht zu den Gottgläubigen.

Wer nach angeblich altgermanisch-vorchristlicher Vorstellung das düstere unpersönliche Schicksal an die Stelle des persönlichen Gottes rückt, leugnet Gottes Weisheit und Vorsehung, die „kraftvoll und gütig von einem Ende der Welt bis zum andern waltet" (Weisheit 8,1) und alles zum guten Ende leitet. Ein solcher kann nicht beanspruchen, zu den Gottgläubigen gerechnet zu werden.

Wer die Rasse oder das Volk oder den Staat oder die Staatsform, die Träger der Staatsgewalt oder andere Grundwerte menschlicher Gemeinschaftsgestaltung – die innerhalb der irdischen Ordnung einen wesentlichen und ehrengebietenden Platz behaupten – aus dieser ihrer irdischen Werteskala herauslöst, sie zur höchsten Norm aller, auch der religiösen Werte macht und sie mit Götzenkult vergöttert, der verkehrt und fälscht die gottgeschaffene und gottbefohlene Ordnung der Dinge. Ein solcher ist weit von wahrem Gottesglauben und einer solchem Glauben entsprechenden Lebensauffassung entfernt. Nur oberflächliche Geister können der Irrlehre verfallen, von einem nationalen Gott, von einer nationalen Religion zu sprechen, können den Wahnversuch unternehmen, Gott, den Schöpfer aller Welt, den König und Gesetzgeber aller Völker, vor dessen Größe die Nationen klein sind wie Tropfen am Wassereimer (Js. 40, 15), in die Grenzen eines einzelnen Volkes, in die blutmäßige Enge einer einzelnen Rasse einkerkern zu wollen ...

Kein Gottesglaube wird sich auf die Dauer rein und unverfälscht erhalten, wenn er nicht gestützt wird vom Glauben an Christus ...

In Jesus Christus, dem menschgewordenen Gottessohn, ist die Fülle der göttlichen Offenbarung erschienen. Die heiligen Bücher des Alten Bundes sind ganz Gottes Wort, ein organischer Teil Seiner Offenbarung ...

Der im Evangelium Jesu Christi erreichte Höhepunkt der Offenbarung ist verpflichtend für immer. Diese Offenbarung kennt keine Nachträge durch Menschenhand, kennt erst recht keinen Ersatz und keine Ablösung durch die willkürlichen „Offenbarungen", die gewisse Wortführer der Gegenwart aus dem sogenannten Mythus von Blut und Rasse herleiten wollen.

Wer in sakrilegischer Verkennung der zwischen Gott und Geschöpf, zwischen dem Gottmenschen und den Menschenkindern klaffenden Wesensunterschiede irgendeinen Sterblichen, und wäre er der Größte aller Zeiten, neben Christus zu stellen wagt, oder gar über ihn und gegen ihn, der muss sich sagen lassen, dass er ein Wahnprophet ist, auf den das Sprichwort erschütternde Anwendung findet: „Der im Himmel wohnt, lachet ihrer" (Ps. 2, 4) ...

Offenbarung im christlichen Sinn ist das Wort Gottes an die Menschen. Dieses gleiche Wort zu gebrauchen für die „Einflüsterungen von Blut und Rasse, für die Ausstrahlungen der Geschichte eines Volkes" ist in jedem Fall verwirrend. Solch falsche Münze verdient nicht, in den Sprachschatz eines gläubigen Christen überzugehen.

Glaube ist das sichere Fürwahrhalten dessen, was Gott geoffenbart hat und durch die Kirche zu glauben vorstellt: „die feste Überzeugung vom Unsichtbaren" (Hebr. 11, 1). Das freudige und stolze Vertrauen auf die Zukunft seines Volkes, das jedem teuer ist, bedeutet etwas ganz anderes als der Glaube im religiösen Sinne.

Unsterblichkeit im christlichen Sinn ist das Fortleben des Menschen

Papst Pius XI. erließ im März 1937 die Enzyklika „Mit brennender Sorge".

nach dem irdischen Tode als persönliches Einzelwesen – zum ewigen Lohn oder zur ewigen Strafe.
Wer mit dem Worte Unsterblichkeit nichts anderes bezeichnen will als das kollektive Mitfortleben im Weiterbestand seines Volkes für eine unbestimmt lange Zukunft im Diesseits, der verkehrt und verfälscht eine der Grundwahrheiten christlichen Glaubens, rührt an die Fundamente jeder religiösen, eine sittliche Weltordnung fordernden Weltanschauung.
Demut im Geist des Evangeliums und Gebet um Gottes Gnadenhilfe sind mit Selbstachtung, Selbstvertrauen und heldischem Sinn wohl vereinbar. In seinem seichten Gerede über christliche Demut als Selbstentwürdigung und unheldische Haltung spottet der widerliche Hochmut dieser Neuerer seiner selbst ...
Auf dem wahren und rein bewahrten Gottesglauben ruht die Sittlichkeit der Menschheit. Alle Versuche, die Sittenlehre und die sittliche Ordnung vom Felsenboden des Glaubens abzuheben und auf dem wehenden Flugsand menschlicher Normen aufzubauen, führen früher oder später Einzelne und Gemeinschaften in moralischen Niedergang.
Die Auslieferung der Sittenlehre an subjektive, mit den Zeitströmungen wechselnde Menschenmeinung, statt ihrer Verankerung im heiligen Willen des ewigen Gottes, in Seinen Geboten, öffnet zersetzenden Kräften Tür und Tor ...

„Der ewige Jude", dieses Plakat der Wanderausstellung von 1937 zeigt den Juden, wie ihn sich Hitler und die ihm gleichgesinnten Antisemiten vorstellten: als geldgierigen Schacherer und Geißel der Menschheit von mittelalterlich-fremdartigem Aussehen. Die Verbindung mit Hammer und Sichel spiegelt die irrige Auffassung vom „Jüdischen Bolschewismus". Dieser fixen Idee des Juden wurde nach 1933 der Kampf angesagt.

Priesterprozesse

Erbost reagierte die NS-Führung auf die päpstliche Verurteilung des braunen Neuheidentums in der Enzyklika „Mit brennender Sorge". Hatte sie vorher schon wenig Federlesens gemacht mit oppositionellen Geistlichen, so schaltete sie nun auf offensive Bekämpfung der katholischen Kirche. Erste Stufe sollten die sogenannten Priesterprozesse werden, in denen man Mönche und Geistliche wegen angeblicher oder tatsächlicher sittlicher Verfehlungen aburteilen. wollte. Ausschlachten sollte das dann die gleichgeschaltete Presse, der am 9. April 1937 mitgeteilt wurde, wie sie an die Schauprozesse heranzugehen habe:
... In der heutigen Pressekonferenz der Reichsregierung hat der Reichsminister für Volksaufklärung und Propaganda folgende Richtlinien bekannt gegeben, die den Landesstellen durch Fernschreiben zugegangen sind:
Durch eine Rundverfügung des Herrn Ministers der Justiz werden in kurzer Frist die im vorigen Jahre zurückgestellten Prozesse gegen katholische Geistliche und Ordensangehörige wegen sittlicher Verfehlungen nunmehr durchgeführt. Die Berichterstattung über diese Prozesse wird bis auf weiteres durch von hier getroffene Einzelmaßnahmen geregelt. Im Einvernehmen mit dem Justizminister werden die wichtigsten und schwerwiegendsten Fälle herausgegriffen und zur Berichterstattung jeweils einzelne interessante Fälle zugeteilt ...

Die Eröffnung der Ausstellung „Entartete Kunst"

Die Entlassung von Kunstmuseumsdirektoren, Malverbote, Schandausstellungen mit den beschlagnahmten Bildern erfuhren in der Ausstellung Entartete Kunst, die Hitler und Goebbels mit ihrem Besuch beehrten, die eigentliche Weihe. In perfiden Gruppierungen, in Gegenüberstellungen mit Werken von Geisteskranken, mit verstümmelten Zitaten von Kunstkritikern wurde die am 19. Juli 1937 im alten Galeriegebäude in München eröffnete Ausstellung zum Auftakt für jene Maßnahmen, mit denen jegliche künstlerische schöpferische Tätigkeit getilgt wurde. Von dieser Ausstellung an waren die Weichen gestellt für die Auktionen und die Verbrennungen, deren Feuerschein das kommende Fanal ankündigte.
Die Ausstellung umfasste Werke von über hundert Künstlern, die zum Exempel degradiert, durcheinander gehängt, mit verhunzenden Kommentaren versehen wurden. Der Katalog unterschied Abteilungen, die folgendermaßen definiert wurden: „Barbarei der Darstellung (Zersetzung der Form und des Farbempfindens, bewusste Verachtung aller handwerklichen Grundlagen, grelle Farbkleckserei, bewusste Verzerrung der Zeichnung, Dummheit der Stoff-

Titelblatt des Katalogs der Wanderausstellung „Entartete Kunst", 1937.

wahl), Religiöse Inhalte (Hohn auf jede religiöse Vorstellung: Nolde), Politischer Hintergrund der Kunstentartung (Gleichsetzung der künstlerischen mit der politischen Anarchie, jedes Bild ist ein Aufruf zum Klassenkampf im Sinne des Bolschewismus), Politische Tendenz (Kunst tritt in den Dienst der marxistischen Propaganda für die Wehrpflichtverweigerung und die Kriegsgreuelpropaganda, zum Beispiel bei Dix), Moralische Seite der Kunstentartung (für diese Künstler ist die Welt ein Bordell, die Menschheit setzt sich aus Dirnen und Zuhältern zusammen; die Dirne wird zum sittlichen Ideal erhoben ... kurzum: Das moralische Programm des Bolschewismus schreit in dieser Abteilung von allen Wänden), Abtötung der letzten Reste jedes Rassebewusstseins (wir begegnen dem Neger und Südseeinsulaner als dem offensichtlich rassischen Ideal der Modernen Kunst), der Idiot, der Kretin, der Paralytiker als geistiges Ideal, Sonderehrungen der jüdischen Künstler (Freundlich), Vollendeter Wahnsinn (die Ismen, Dada, Konstruktivismus, Expressionismus, Gegenüberstellungen von Werken von Klee und anderen mit Bildnereien von Geisteskranken aus der Sammlung Prinzhorn)."

Zunächst am Landemast in Brand geraten, explodierte das Luftschiff „Hindenburg" am 6. Mai 1937 auf dem Flugplatz Lakehurst bei New York.

Die Tragödie von Lakehurst

Bei der Landung in Lakehurst (USA) am 6. Mai 1937 ging das Luftschiff LZ „Hindenburg" in Flammen auf. 32 Menschen kamen ums Leben. Die „Frankfurter Zeitung" berichtete am 8. Mai 1937 aus Washington über das Zeppelin-Unglück: Die Zerstörung des Luftschiffes „Hindenburg" bei Lakehurst hat hier überall größte Bestürzung und tiefes Mitgefühl hervorgerufen. Die Schilderungen von Zeugen der Katastrophe lassen erkennen, dass die Explosion, die sich im Heck des Schiffes in dem Augenblick ereignete, als das Luftschiff an den Ankermast gezogen werden sollte, den ganzen Schiffskörper im Nu in eine brennende Fackel verwandelte. Außer den Leuten in den Motorräumen konnte sich die Bemannung des Luftschiffes wie auch die Fahrgäste nur unter den schwierigsten Bedingungen retten.
Das Wrack des Luftschiffes brannte zwei Stunden lang, da die Ölvorräte des Schiffes die Flammen immer wieder nährten. Einige Passagiere waren bei der Explosion aus 10 m Höhe abgesprungen und dabei unverletzt geblieben, da sie auf den weichen Sandboden des Landeplatzes fielen. Andere Insassen der „Hindenburg" wurden durch die Explosion – sie wissen selbst nicht, wie – aus der Gondel geschleudert und kamen trotz des Sturzes wie durch ein Wunder mit dem Leben davon, während wieder andere grässliche Verbrennungen erlitten. Der Pressesprecher der amerikanischen Zeppelin-Gesellschaft schildert laut „United Press" unter anderem folgende Einzelheiten: „Ich sah, wie zwei Personen aus den Fenstern der Zeppelin-Gondel geschleudert wurden und mitten im tobenden Flammenmeer, das die ganze Umgebung taghell erleuchtete, auf den Boden aufschlugen. Im gleichen Augenblick senkte sich der hintere Teil des Luftschiffkörpers mit großer Geschwindigkeit und drohte uns zu erschlagen. Ich rannte davon. Als ich mich in Sicherheit glaubte, kehrte ich wieder um, sah bald darauf Kapitän Lehmann, der offenbar aus dem Luftschiff gesprungen war und sich gerade vom Erdboden aufrichtete. Er sagte immer wieder vor sich hin: ›Ich kann es nicht verstehen, ich kann es nicht verstehen.‹ Man brachte ihn sofort mit einem Auto ins Krankenhaus." Wie wir erfahren, ist das in Lakehurst verbrannte Zeppelin-Luftschiff „Hindenburg" mit sechs Millionen Reichsmark ohne Selbstbeteiligung versichert. Versicherer ist nicht der auf wenige Unternehmen beschränkte Deutsche Luftpool, sondern die allumfassende Gruppe von privaten deutschen Versicherungsunternehmen. Außerdem ist jeder Passagier mit 30.000 Reichsmark versichert.

Das „Hoßbach-Protokoll"

Wehrmachtadjutant Oberst Hoßbach führte Protokoll, als Hitler am 5. November 1937 in der Reichskanzlei den Oberbefehlshabern von Heer, Marine und Luftwaffe seine Kriegspläne bekanntgab, ein Programm schrankenloser Eroberungen:
Der Führer stellte einleitend fest, dass der Gegenstand der heutigen Besprechung von derartiger Bedeutung sei, dass dessen Erörterung in anderen Staaten wohl vor das Forum des Regierungskabinetts gehörte, er – der Führer – sähe aber gerade im Hinblick auf die Bedeutung der Materie davon ab, diese in dem großen Kreise des Reichskabinetts zum Gegenstand der Besprechung zu machen. Seine nachfolgenden Ausführungen seien das Ergebnis eingehender Überlegungen und der Erfahrungen seiner, 4½-jährigen Regierungszeit; er wolle den anwesenden Herren seine grundlegenden Gedanken über alle Entwicklungsmöglichkeiten und Notwendigkeiten unserer außenpolitischen Lage auseinandersetzen, wobei er im Interesse einer auf weite Sicht eingestellten deutschen Politik seine Ausführungen als seine testa-

„Jawohl, meine Herren, so haben wir es gern", singen Hans Albers (Sherlock Holmes) und sein Assistent Heinz Rühmann (Dr. Watson) in dem von Karl Hartl gedrehten Film, der am 15. Juli 1937 uraufgeführt wurde. Albers und Rühmann feierten in der gekonnten Kriminalfilm-Parodie einen Bombenerfolg.

mentarische Hinterlassenschaft für den Fall seines Ablebens anzusehen bitte. Der Führer führte sodann aus: Das Ziel der deutschen Politik sei die Sicherung und die Erhaltung der Volksmasse und deren Vermehrung. Somit handele es sich um das Problem des Raumes.
Die deutsche Volksmasse verfüge über 85 Millionen Menschen, die nach der Anzahl der Menschen und der Geschlossenheit des Siedlungsraumes in Europa einen in sich so fest geschlossenen Rassekern darstelle, wie er in keinem anderen Land wieder anzutreffen sei, wie er andererseits das Anrecht auf größeren Lebensraum mehr als bei anderen Völkern in sich schlösse ...
Die deutsche Zukunft sei daher ausschließlich durch die Lösung der Raumnot bedingt; eine solche Lösung könne naturgemäß nur für eine absehbare, etwa 1 bis 3 Generationen umfassende Zeit gesucht werden.
Eine weitere Steigerung der Produktion unter Anspannung des Bodens, der infolge der Kunstdüngung bereits Ermüdungserscheinungen aufweise, sei kaum noch möglich und daher sicher, dass selbst bei höchster Produktionssteigerung eine Beteiligung am Weltmarkt nicht zu umgehen sei.
Zur Lösung der deutschen Frage könne es nur den Weg der Gewalt geben, dieser niemals risikolos sei. Die Kämpfe Friedrichs des Großen und die Kriege Bismarcks gegen Österreich und Frankreich seien von unerhörtem Risiko gewesen, und die Schnelligkeit des preußischen Handelns habe 1870 Österreich vom Eintritt in den Krieg ferngehalten. Stellt man an die Spitze der nachfolgenden Ausführungen den Entschluss zur Anwendung von Gewalt unter Risiko, dann bleibt noch die Beantwortung der Fragen, wann und wie. Hierbei seien drei Fälle zu entscheiden.
Fall 1: Zeitpunkt 1943-1945.
Nach dieser Zeit sei nur noch eine Veränderung zu unseren Ungunsten zu erwarten. Die Aufrüstung der Armee, Kriegsmarine, Luftwaffe sowie die Bildung des Offizierskorps seien annähernd beendet. Die materielle Ausstattung und Bewaffnung seien modern, bei weiterem Zuwarten läge die Gefahr ihrer Veraltung vor ... Im Verhältnis zu der bis dahin durchgeführten Aufrüstung der Umwelt nähmen wir an relativer Stärke ab ... Sollte der Führer noch am Leben sein, so sei es sein unabänderlicher Entschluss, spätestens 1943 /45 die deutsche Raumfrage zu lösen.
Die Notwendigkeit zum Handeln vor 1943/45 käme in Fall 2 und 3 in Betracht.
Fall 2: Wenn die sozialen Spannungen in Frankreich sich zu einer derartigen innenpolitischen Krise auswachsen sollten, dass durch letztere die französische Armee absorbiert und für eine Kriegsverwendung gegen Deutschland ausgeschaltet würde, sei der Zeitpunkt zum Handeln gegen die Tschechei gekommen.
Fall 3: Wenn Frankreich durch einen Krieg mit einem anderen Staat so gefesselt ist, dass es gegen Deutschland nicht „vorgehen" kann. Zur Verbesserung unserer militärisch-politischen Lage müsse in jedem Fall einer kriegerischen Verwicklung unser 1. Ziel sein, die Tschechei und gleichzeitig Österreich niederzuwerfen, um die Flankenbedrohung eines etwaigen Vorgehens nach Westen auszuschalten.

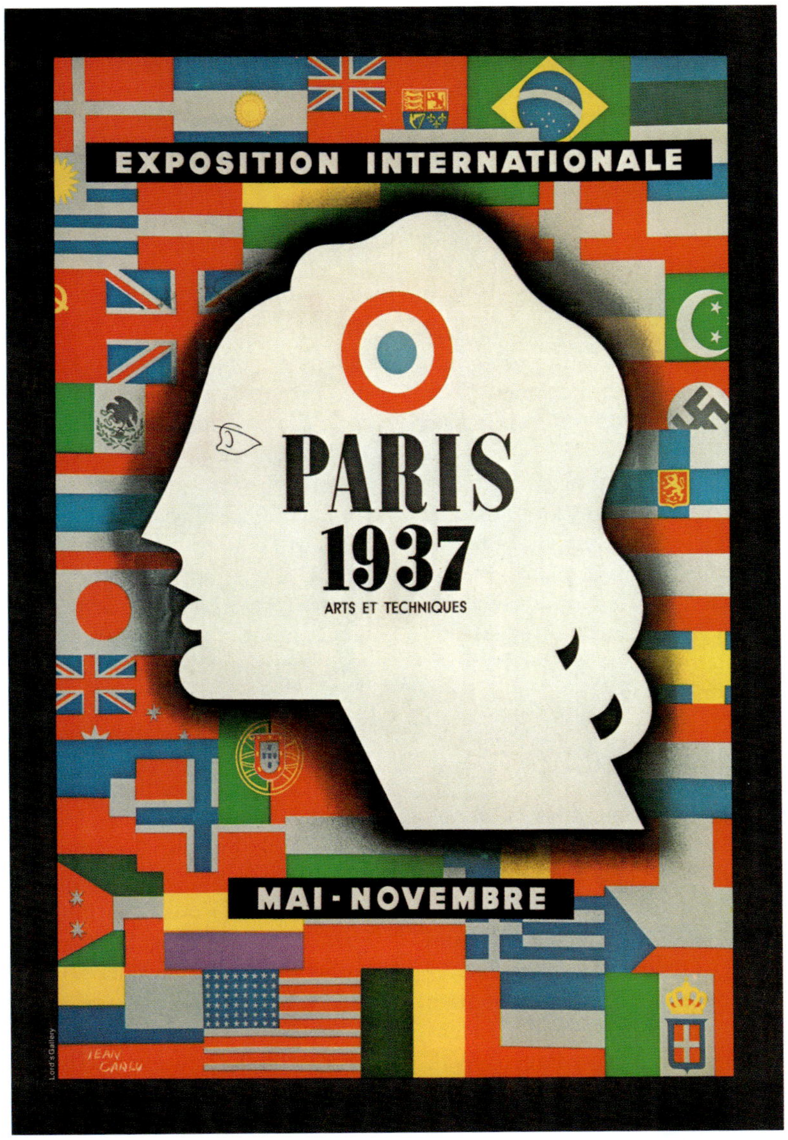

Französisches Plakat zur Pariser Weltausstellung 1937. Das Reich nutzte das internationale Forum zu pompöser Selbstdarstellung. Reichsbankpräsident Schacht berichtete: „Der Eindruck des Deutschen Hauses auf der Pariser Weltausstellung auf die Franzosen ist ein ganz außerordentlicher. Nach seiner Architektur, seiner künstlerischen Innengestaltung und nach der Art der ausgestellten einzelnen Spitzenleistungen ragt es über das Gros der Ausstellung weit hinaus. Der Empfang, den mir die Franzosen als Vertreter des Führers und Reichskanzlers bereiteten, war in Jeder Hinsicht zuvorkommend. Zwei Minister bei der Ankunft und zwei Minister bei der Abreise am Flugplatz, etwa sieben Minister bei der Eröffnungsfeier im Deutschen Haus, Ministerpräsident und drei Minister bei dem Diner des Botschafters, zwei Minister bei dem Essen der Deutschen Handelskammer und sechs Minister einschließlich des Ministerpräsidenten mit ihren Damen bei dem mir zu Ehren gegebenen Staatsdiner."

1938

JANUAR

1.1. Den jüdischen Kulturvereinigungen wird der Status von Körperschaften öffentlichen Rechts aberkannt.
12.1. Mit neuen Zulassungsordnungen werden jüdische Zahnärzte aus den Krankenkassen ausgeschlossen. Die Zulassung kann auch Dentisten entzogen werden, die keine „Gewähr rückhaltlosen Eintretens für den nationalsozialistischen Staat" bieten.
25.1. Im Deutschen Reich werden neue Schutzhaftbestimmungen eingeführt: „Alle volks- und staatsfeindlichen Personen" können sofort inhaftiert und in Konzentrationslager (KZ) verbracht werden. Dies ermöglicht die willkürliche Verhaftung von Personen durch die Geheime Staatspolizei (Gestapo).
27.1. Bei der Auflösung eines Propagandazentrums der Nationalsozialisten in Wien werden Pläne für bewaffnete Aufstände gefunden.

FEBRUAR

4.2. Im Rahmen einer zielgerichteten Kriegsvorbereitung bildet Adolf Hitler die Regierung und Militärführung um. Joachim von Ribbentrop wird neuer Außenminister. Gleichzeitig werden verschiedene Botschafter abberufen, unter ihnen der ehemalige Reichskanzler Franz von Papen. Walther Funk wird neuer Wirtschaftsminister. Der Kriegsminister und Oberbefehlshaber der Wehrmacht, Werner von Blomberg, und der Oberbefehlshaber des Heers, Werner Freiherr von Fritsch, müssen zurücktreten. Das Kriegsministerium wird in das Oberkommando der Wehrmacht (OKW) umgewandelt, dessen Leitung General Wilhelm Keitel übernimmt. Hitler selbst wird Oberbefehlshaber der Wehrmacht.
11.2. Mit einer Großkundgebung wird in Berlin der Reichsberufswettkampf eröffnet, der von der Deutschen Arbeitsfront (DAF) unter Robert Ley organisiert wird.
12.2. In einem Gespräch mit Bundeskanzler Schuschnigg droht Hitler mit dem Einmarsch der Wehrmacht und erzwingt so dessen Einwilligung, die Nationalsozialisten an der Regierung zu beteiligen.
16.2. Da sowohl Italien als auch Großbritannien und Frankreich die Bemühungen Schuschniggs um eine direkte Hilfe gegen Hitler ablehnen, ernennt er den Nationalsozialisten Arthur Seyß-Inquart zum Innenminister.
27.2. In Berlin wird die Ausstellung „Entartete Kunst" eröffnet, die in anderer Form bereits in München zu sehen war.

MÄRZ

2.3. Der oppositionelle Pfarrer und Führer der Bekennenden Kirche, Martin Niemöller, wird nach Verbüßung seiner Haftstrafe in ein KZ eingeliefert. Er ist Hitlers „persönlicher Gefangener".
11.3. Mit der Drohung einer sofortigen Okkupation zwingt Hitler den österreichischen Bundeskanzler Schuschnigg zum Rücktritt. Sein Amt übernimmt Seyß-Inquart.
12.3. Die deutsche Wehrmacht marschiert in Österreich ein, dessen Truppen von der Bundesregierung den Befehl erhalten haben, keinen Widerstand zu leisten. Hitler fährt in seine Geburtsstadt Braunau am Inn. Abends spricht er auf einer Großkundgebung in Linz. In ganz Österreich setzt eine Verhaftungswelle gegenüber politischen Gegnern ein.
13.3. Hitler lässt ein Gesetz zum „Anschluss" Österreichs an das Deutsche Reich verkünden. Die staatlichen Einrichtungen Österreichs werden durch deutsche Behörden übernommen.
15.3. Alle österreichischen Beamten werden auf die Person Hitlers vereidigt. Seyß-Inquart wird Reichsstatthalter.
16.3. Wegen des deutschen Einmarsches fliehen zahlreiche Künstler ins Exil, unter ihnen Carl Zuckmayer, Alfred Polgar und Ödön von Horvarth. Der Schriftsteller Egon Friedell begeht Selbstmord.
25.3. Hitler beginnt eine Reise durch Österreich, bei der er für eine Volksabstimmung zugunsten des Anschlusses an das Deutsche Reich plädiert.
31.3. US-Präsident Franklin D. Roosevelt lehnt wegen der drohenden Kriegsgefahr eine Allianz mit den europäischen Staaten ab, die sich zum Widerstand gegen Faschismus und Nationalsozialismus erklärt haben.

APRIL

7.4. Hitler eröffnet den Bau einer Autobahn zwischen Wien und Salzburg.
10.4. Nach offiziellen Angaben stimmen in der Volksabstimmung in Österreich und Deutschland 99 Prozent für den Anschluss.
24.4. Auf einer Tagung der Sudetendeutschen Partei stellt ihr Vorsitzender Henlein ein Programm mit Autonomieforderungen an die tschechoslowakische Regierung vor.
26.4. Als Beauftragter für den Vierjahresplan ordnet Hermann Göring die Anmeldepflicht aller jüdischen Vermögen im In- und Ausland an.
29.4. Auf einer gemeinsamen Konferenz erklären Daladier und der britische Ministerpräsident Chamberlain, dass die tschechische Regierung Zugeständnisse an die Sudetendeutschen machen müsse.

MAI

3.5. Hitler trifft zu einem Staatsbesuch in Rom ein, wo er von Mussolini und König Viktor Emanuel III. empfangen wird. Mussolini erklärt die Alpen zur natürlichen Grenze der beiden Interessensphären. Hitler akzeptiert den Verbleib Südtirols bei Italien.
4.5. Der Publizist und Friedensnobelpreisträger Carl von Ossietzky stirbt während seiner Gefangenschaft in einem Berliner Sanatorium.
6.5. In der Carnegie Hall in New York fordert der Schriftsteller Thomas Mann den Sieg der Demokratie über den Nationalsozialismus.
11.5. In Rom verurteilt Papst Pius XI. die Rassenlehre. Während des Hitler-Besuchs hat er Rom verlassen.
21.5. Wegen deutscher Truppenbewegungen an der Grenze mobilisiert die tschechoslowakische Regierung Teile ihrer Armee. Als sich Frankreich, Großbritannien und Polen in die Krise einschalten, dementiert Ribbentrop einen Truppenaufmarsch.
24.5. Österreichs Länder werden in Gauverwaltungen zusammengefasst.
26.5. Vor einem Massenaufgebot von 70.000 Menschen legt Hitler den Grundstein für den Bau des Volkswagenwerks in der Nähe des Dorfs Wolfsburg. Hier soll das größte Automobilwerk der Welt entstehen und ein Auto für die NS-Organisation „Kraft durch Freude", der von Ferdinand Porsche entwickelte KdF-Wagen, produziert werden.
31.5. Vom NS-Regime als „entartet" eingestufte Kunstwerke können ab sofort entschädigungslos enteignet werden.

JUNI

3.6. Martin Bormann wird von Hitler zu seinem Adjutanten und Leiter seiner Privatkanzlei ernannt.
12.6. Mit Reichsjugendführer Baldur von Schirach und Innenminister Wilhelm Frick wird in Schlochau (Westpreußen) die Grundsteinlegung für das erste von über 550 neuen Heimen für die Hitler-Jugend (HJ) gefeiert.
17.6. Die IG Farben, die eng in die wirtschaftliche Planung des NS-Staats einbezogen ist, steigert nach Angaben des Aufsichtsratsvorsitzenden Carl Bosch weiterhin ihr Wachstum.
22.6. In einem Weltmeisterschaftskampf schlägt Joe Louis seinen Herausforderer Max Schmeling schon in der ersten Runde k.o.

JULI

1.7. Die Arbeitszeit von Beamten wird auf 51 Stunden, in Großstädten auf 48,5 Stunden erhöht.
3.7. Die Fußballmannschaft von Hannover 96 wird durch ein 4:3 nach Verlängerung gegen Schalke 04 Deutscher Meister.
24.7. Am Ebro beginnt die Großoffensive der spanischen Repub-

likaner, die jedoch nach wenigen Tagen aufgrund der faschistischen Lufthoheit mit der deutschen „Legion Condor" gestoppt wird.
Dem Bergsteiger Heinrich Harrer gelingt mit seiner Seilschaft die Erstbesteigung der Eiger-Nordwand.
25.7. Alle jüdischen Ärzte verlieren ihre Approbation und damit die Möglichkeit, weiter als zugelassene Ärzte zu arbeiten. Einigen wenigen bleibt lediglich die Versorgung jüdischer Patienten als „Krankenbehandler" gestattet.

AUGUST

1.8. Mit einem neuen Eherecht wird die Ehe an bevölkerungspolitische Ziele gekoppelt. Demnach ist Kinderlosigkeit ein Scheidungsgrund.
2.8. In der Berliner Deutschlandhalle wird eine Propagandakundgebung anlässlich des Richtfests für den monumentalen Bau der „Neuen Reichskanzlei" begangen.
17.8. Hitler regelt die Stellung der Schutzstaffel (SS) gegenüber Wehrmacht und Polizei: Sie wird als bewaffnete Truppe Hitler direkt unterstellt.
19.8. Die katholischen Bischöfe verabschieden in Fulda einen Hirtenbrief gegen die scharfe Antikirchenpolitik des NS-Regimes.

SEPTEMBER

24.9. Wegen der Krise in der Tschechoslowakei reist der britische Ministerpräsident Chamberlain zum zweiten Mal innerhalb von zehn Tagen nach Deutschland. Hitler fordert die Abtretung des Sudetengebiets bis Ende des Monats.
25.9. Die tschechoslowakische Regierung lehnt das Ultimatum zur Abtretung des Sudetengebiets ab. Währenddessen nehmen die Schießereien an der Grenze und die Hetzkampagne in der deutschen Presse gegen die Tschechoslowakei zu. In Frankreich und Großbritannien beginnen Vorbereitungen für den Kriegszustand.
28.-30.9. Münchner Konferenz: Ein Krisentreffen von Hitler, Mussolini, Daladier und Chamberlain versucht den drohenden Krieg des Deutschen Reichs gegen die Tschechoslowakei abzuwenden. Die Beteiligung der tschechoslowakischen Delegation an den Beratungen wird von Hitler strikt abgelehnt. Die Westmächte geben nach und stimmen der Abtretung des Sudetengebiets zum 1. Oktober zu. Für die Regierung in Prag ist das Münchener Abkommen die „Wahl zwischen Ermordung und Selbstmord."

OKTOBER

1.10. Die Wehrmacht marschiert in das Sudetengebiet ein. Damit setzt die Auflösung der Tschechoslowakei ein: Einen Tag später wird einem polnischen Ultimatum entsprechend das Olsagebiet an Polen abgetreten. Kurz darauf tritt Präsident Beneš zurück. Die Slowaken ernennen eine eigene Teilregierung.
5.10. Die Pässe von deutschen Juden werden von nun an mit einem großen „J" gestempelt.
25.10. Die Deutschen werden über den Rundfunk erstmals über den Bau des Westwalls informiert.
28.10. Die deutsche Regierung schiebt 15.000 Juden ab. Vom NS-Regime als „polnischstämmig" bezeichnet, werden sie gewaltsam nach Polen abgeschoben. Es handelt sich um staatenlose Juden und um Juden mit deutscher Staatsangehörigkeit.
30.10. Einweihung des Mittellandkanals, mit dem ein Wasserweg zwischen Rhein und Elbe geschaffen wird.

NOVEMBER

7.11. In Paris erschießt der 17jährige Herschel Grynszpan den deutschen Legationssekretär Ernst vom Rath. Er reagiert damit auf die Ausweisung seiner Eltern aus Deutschland nach Polen.
9.11. Kampftruppen der Sturmabteilung (SA) und der SS veranstalten in der sogenannten Reichskristallnacht ein Pogrom gegen die jüdische Bevölkerung in ganz Deutschland. Mit systematischen Misshandlungen werden Juden terrorisiert, über 25.000 werden in Konzentrationslager gebracht. Zahlreiche Synagogen, Friedhöfe und jüdische Geschäfte werden zerstört.
12.11. Die Reichsregierung beschließt die vollständige Verdrängung der Juden aus dem Wirtschaftsleben und weitere Beschränkungen ihres Alltagslebens. Außerdem werden sie zu einer sogenannten Entschädigungszahlung in Höhe von 1 Milliarde Reichsmark für die Judenpogrome drei Tage zuvor verurteilt.

Karikatur im Schweizer „Nebelspalter" auf das Münchener Abkommen. Unter der Umhüllung „Pax" (Frieden) zeichnen sich die Konturen einer Kanone ab.

DEZEMBER

6.12. Außenminister Ribbentrop unterzeichnet in Paris einen Nichtangriffsvertrag zwischen dem Deutschen Reich und Frankreich.
14.12. Der Sicherheitsdienst (SD) unter Heydrich wird zum alleinigen Abwehrdienst der NSDAP gemacht.
15.12. Über 3.000 km des Reichsautobahnnetzes sind fertiggestellt. Auch die Strecke Berlin-München ist fertig.
16.12. Für die Geburt von vier Kindern erhalten Frauen ab sofort das Mutterkreuz.
22.12. Dem Chemiker Otto Hahn gelingt in Berlin erstmals ein experimenteller Nachweis für die Kernspaltung.
24.12. Wegen Überfüllung der KZ wendet sich Heydrich gegen unbegründete Festnahmen im Sudetengebiet.

AUSSERDEM

Hans Fallada: Der eiserne Gustav (Roman)
Ödön von Horvath: Ein Kind unserer Zeit (Roman)
Käthe Kollwitz: Turm der Mütter
Heinrich Mann: Die Vollendung des Königs Henri Quatre (Roman)

Die Blomberg-Fritsch-Krise

„Wir Nationalsozialisten müssen unverrückbar an unserem außenpolitischen Ziel festhalten, nämlich dem deutschen Volk den ihm gebührenden Grund und Boden auf dieser Erde zu sichern ... Deutschland wird entweder Weltmacht oder gar nicht sein." So lautete Hitlers Maxime, niedergelegt in „Mein Kampf".
Als Instrument zur Durchsetzung der nationalsozialistischen Expansionspolitik war die Wehrmacht ausersehen. Laut Versailler Vertrag durfte Deutschland nur ein Heer von 100.000 Mann unterhalten, Panzerwaffen, Schwere Artillerie, Luftwaffe und Generalstab waren verboten. Da sich das außenpolitische Klima 15 Jahre nach dem Ende des Ersten Weltkrieges gewandelt hatte, konnte Hitler nach seinem Machtantritt 1933 ungehindert daran gehen, Deutschlands „Wehrhoheit" wiederherzustellen.
Erster öffentlich sichtbarer Markstein wurde die Wiedereinführung der allgemeinen Wehrpflicht am 16. März 1935. Aus der Reichswehr der Weimarerer Republik wurde die Wehrmacht. Die in § 2 des dazu erlassenen Gesetzes genannte Heeresstärke von 36 Divisionen wurde 1936 erreicht. 1939 umfasste das Friedensheer 52 Divisionen,

Münchener Ausgabe
36. Ausg. · 51. Jahrg. · Einzelpreis 15 Pf, 20 Pf.
Münchener Ausgabe
München, Samstag, 5. Februar 1938
VÖLKISCHER BEOBACHTER
Kampfblatt der national-sozialistischen Bewegung Großdeutschlands
Der Führer übernimmt den Oberbefehl über die gesamte Wehrmacht
Stärkste Konzentration aller Kräfte
in der Hand des Obersten Führers

Im Zuge der Blomberg-Fritsch-Krise übernahm Hitler selbst den unmittelbaren Oberbefehl über die gesamte Wehrmacht. Des weiteren enthob er 60 Generäle ihres Kommandos und verdrängte darüber hinaus auch konservative Opponenten wie Außenminister von Neurath und Wirtschaftsminister Schacht aus ihren einflußreichen Positionen. Die gleichgeschaltete Presse wußte von Intrigen nichts zu berichten. Der „Völkische Beobachter" vom 5. Februar 1938 fasste das Resultat der Blomberg-Fritsch-Affäre in der markigen Schlagzeile zusammen: „Stärkste Konzentration aller Kräfte in der obersten Hand des Obersten Führers".

Ein Bild aus ungetrübten Tagen: Blomberg und Fritsch (Mitte) im Gespräch mit ihrem Führer. Als SS und Gestapo eine Intrige gegen die beiden Generäle einfädelten, weigerte sich Hitler zunächst, den Einflüsterungen zu glauben. Der alte Respekt vor der Wehrmacht war noch nicht ganz geschwunden.

darunter 5 Panzerdivisionen. Die rasanten Umwälzungen der Kriegstechnik stießen bei der konservativen Generalität auf Widerstand. Im Streit zwischen Traditionalisten und Modernisierern nahm Hitler für letztere Partei. Die Blitzkriegsarmee, die Panzergeneral Guderian und andere schaffen wollten, entsprach genau der Ungeduld des Diktators, der glaubte, nur noch wenig Zeit für die Durchführung seiner großen Pläne zu haben.
Bis 1938 standen mit Werner von Blomberg (1878-1946) als Reichskriegsminister, Werner Freiherr von Fritsch (1880-1939) als Heeresoberbefehlshaber und Ludwig Beck (1880-1944) als Heeresgeneralstabschef drei Männer an der Sitze der Wehrmacht, die sich darin einig waren, das Tempo der Aufrüstung nicht zu überhitzen und das Reich nicht in außenpolitische Abenteuer zu verwickeln. Da ergab sich in den letzten Januartagen 1938 die Möglichkeit, die lästigen Bremser loszuwerden: Berliner Kripoleute und Mitarbeiter von Reinhard Heydrichs SD hatten „Beweismaterial" sowohl über eine anrüchige Vergangenheit der Kriegsministersgattin als auch über eine angebliche homosexuelle Affäre des Heeresoberbefehlshabers beigebracht. Hitler entließ Blomberg und Fritsch und benutzte die Gelegenheit zu einer grundlegenden Änderung der Befehlsstrukturen.
Per Erlass vom 4. Februar 1938 machte Hitler sich selbst zum Oberbefehlshaber der Wehrmacht. Das bisherige Wehrmachtamt im Reichskriegsministerium trat als Oberkommando der Wehrmacht (OKW) und damit militärischer Stab Hitlers unmittelbar unter dessen Befehl. Chef des OKW wurde der General Keitel (bald wegen seiner Willfährigkeit als „Lakeitel" verspottet), neuer Oberbefehlshaber des Heeres Generaloberst von Brauchitsch.
Beck hielt noch bis zum August die Stellung und nahm dann resigniert seinen Abschied, sammelte aber sofort einen Kreis gleichgesinnter Offiziere um sich und nahm Kontakt zur bürgerlichen Opposition auf. Neben dem ehemaligen Leipziger Bürgermeister Gordeler wurde er zur Seele des deutschen Widerstandes gegen Hitler.

„Anschluss" vollzogen

Dass Hitler, gestützt auf das Selbstbestimmungsrecht der Völker, nach 1933 den Zusammenschluss aller Deutschen anstrebte, war kein Geheimnis. Und dass die Eingliederung Österreichs, dem 1918 die Vereinigung mit dem Deutschen Reich verboten worden war, zu diesem Programm gehörte, war die natürliche Folge einer solchen Politik. Offen war lediglich die Frage, wann? Zunächst war die Vereinigung mit Österreich nicht nur am französischen, sondern auch am Widerstand des faschistischen Italien gescheitert. Doch Mussolinis Abessinienkrieg und die gemeinsame Unterstützung Francos im spanischen Bürgerkrieg hatten die beiden Diktatoren einander nähergebracht. Aus Paris und London würden wohl nur Proteste zu erwarten sein. Im Jahre 1938 jedenfalls glaubte Hitler, mit der Duldung Mussolinis rechnen zu können. So lud er den österreichischen Bundeskanzler, Kurt von Schuschnigg, im Februar in sein Haus auf dem Obersalzberg ein, um ihm hier seine Bedingungen zu diktieren. Als Schuschnigg Hitler zu verstehen gab, dass Österreich nicht allein sei und eine gewaltsame Lösung zum Krieg führen könnte, zeigte sich Hitler nicht beeindruckt. Eher höhnisch meinte er, dass niemand, weder England noch Frankreich oder Italien, für Österreich einen Finger rühren würde. Schuschnigg bliebe gar nichts anderes übrig, als die Bedingungen zu akzeptieren. Da er nicht „bluffe", gäbe er ihm den guten Rat, ihn „wörtlich zu nehmen". Innerhalb von drei Tagen müssten alle inhaftierten österreichischen Nationalsozialisten freigelassen werden, der österreichische Nationalsozialist Seyß-Inquart müsse zum Innenminister und ein „gemäßigter" österreichischer Nationalist zum Verteidigungsminister ernannt werden.

Schuschnigg wusste, dass die Erfüllung dieser Forderungen letztlich auf das Ende seines Österreichs hinauslaufen würde. Doch um Zeit zu gewinnen, erfüllte er, nach Wien zurückgekehrt, zunächst die ersten beiden Forderungen Hitlers, um dann ganz überraschend gegen die Vereinbarung von Berchtesgaden für den 13. März 1938 eine Volksabstimmung anzusetzen. Würde das Volk sich vor aller Welt für „ein freies und deutsches, unabhängiges und soziales, für ein christliches und einiges Österreich" entscheiden, so könnte Hitler diesen Volkswillen unmöglich missachten. Hitler, der am besten wusste, wie man einen Volkswillen manipulieren konnte, reagierte sofort. Um dieser Abstimmung zuvorzukommen, stellte er der Österreichischen Regierung das Ultimatum, Schuschnigg umgehend durch Seyß-Inquart zu ersetzen, anderenfalls deutsche Truppen in Österreich einmarschieren würden. In seiner Verzweiflung wandte sich Schuschnigg an London, „um den sofortigen Rat der Regierung Seiner Majestät zu erfahren, was er nun tun solle". Die Antwort aus London war niederschmetternd. Man könne dem Bundeskanzler nicht raten, „einen Kurs einzuschlagen, der sein Land Gefahren aussetzen könnte, gegen die die Regierung Seiner Majestät Schutz zu gewähren außerstande ist". Im Unterhaus führte das zu scharfen Angriffen der Opposition.

Da Frankreich ohne England ebenfalls nicht zu konkreten Maßnahmen bereit war und Mussolini ihm kurz zuvor ausdrücklich bestätigt hatte, an der österreichischen Frage nicht interessiert zu sein, konnte Hitler die Truppen der deutschen Wehrmacht getrost in Marsch setzen. Für die Soldaten sowie insbesondere für Hitler persönlich war dieser Einmarsch in Österreich ein Triumphzug ohnegleichen.

Am 13. März 1938 unterzeichneten Seyß-Inquart und Hitler das „Wiedervereinigungsgesetz", dessen 1. Artikel lautete: „Österreich ist ein Land des Deutschen Reiches". In Leonding legte Hitler am Grab

12. März 1938: In den frühen Morgenstunden reißen deutsche und österreichische Grenzsoldaten die Schlagbäume weg – der Weg für die deutschen Truppen ist frei. Unter unbeschreiblichem Jubel der Bevölkerung konnte Adolf Hitler drei Tage später auf dem Wiener Heldenplatz „die größte Vollzugsmeldung meines Lebens" machen: „Hiermit verkünde ich den Eintritt meiner Heimat in des Deutsche Reich."

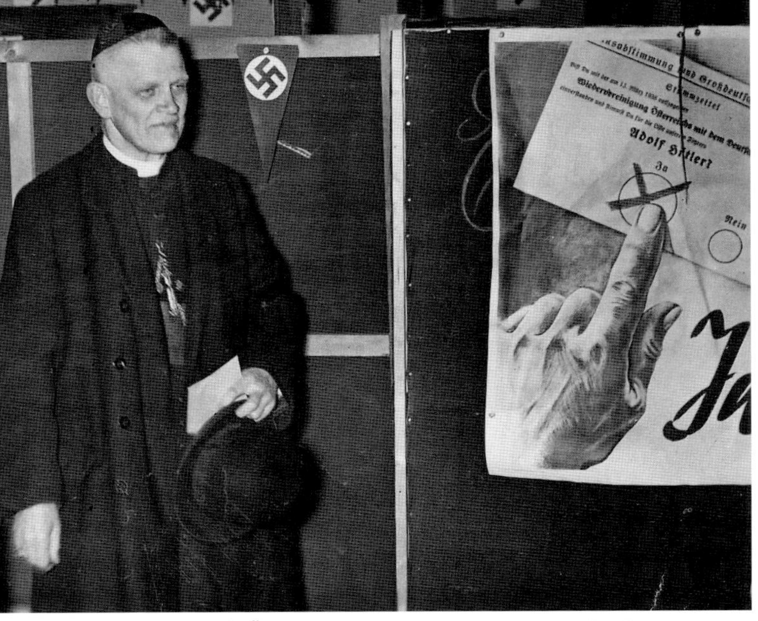

Am 10. April 1938 fand in Österreich wie im „Altreich" die Volksabstimmung über den Anschluss Österreichs statt. Zu dem Traumergebnis von über 99 Prozent Ja-Stimmen hatte in Österreich nicht zuletzt auch das klare Ja des Kardinals Theodor Innitzer (links, bei der Simmabgabe) beigetragen.

seiner Eltern einen Kranz nieder, um dann nach Wien weiterzureisen. Vor Hunderttausenden, die ihn hier auf dem Heldenplatz erwarteten, hielt er eine zündende Rede, die unter unbeschreiblichem Jubel mit den Worten endete, dass er in dieser Stunde die „größte Vollzugsmeldung" seines Lebens abgeben könne: „Als der Führer und Kanzler der deutschen Nation und des Reiches melde ich vor der Geschichte nunmehr den Eintritt meiner Heimat in das Deutsche Reich."

Widerstand in Österreich

Es wurde nicht nur gejubelt. Jene 200.000 Wiener, die sich am 15. März 1938 auf dem Heldenplatz zur Begrüßung Hitlers einfanden, prägen bis heute das Geschichtsgemälde vom Opferlamm Österreich, das sich vor 60 Jahren nur allzu bereitwillig an den großdeutschen Altar führen ließ. Die von der nationalsozialistischen Propaganda gründlich ausgeschlachteten Jubelbilder verdecken den Blick hinter die Kulissen. Dort spielten sich an jenem ereignisreichen Frühlingstag ganz andere Szenen ab: Christen, Freigeister und Juden, konservative, sozialistische und kommunistische Patrioten, die mit geballten Fäusten in ihren vier Wänden hocken und im Geist den Aufstand proben, während sich draußen die Hände zum „deutschen Gruß" emporrecken.

Plakat zur Volksabstimmung und Wahl des Großdeutschen Reichstages. Hitlers Erfolgsbilanz konnte sich ehen lassen: Das „Ja" in Deutschland und Österreich war überwältigend.

Am Ende wird der österreichische Freiheitskampf gegen Hitler mehrere tausend Opfer an Hingerichteten und Ermordeten gefordert haben. In den sieben „großdeutschen" Jahren von 1938 bis 1945 verhängten die deutschen Volksgerichte Kerkerstrafen von etwa 800.000 Jahren über 36.000 Österreicher – natürlich nur die politischen Häftlinge gerechnet. Ihr Kampf war am Ende nicht vergebens, weil er an der Wiedergeburt eines neuen österreichischen Staatsbewusstseins nach dem Krieg einen wesentlichen Anteil hat.
Eine interessante Momentaufnahme von den ersten großen Verhaftungswellen, speziell gegen Österreichs Sozialisten nach dem „Anschluss", bieten die folgenden Mitteilungen des Auslandsbüros österreichischer Sozialdemokraten aus Paris vom 22. April 1938. Unter den genannten Verhafteten steht auch ein Name, der in der österreichischen Politik nach dem Krieg eine große Rolle spielen sollte: Bruno Kreisky, Bundeskanzler der Republik Österreich 1970-1983:
Nach Dachau wurde auch der Student Bruno Kreisky gebracht, der einer der Angeklagten in dem großen Prozess gegen die Revolutionären Sozialisten im Jahre 1936 gewesen und durch seine tapfere, von glühendem, männlichem Bekennermut erfüllte Verteidigungsrede bekannt geworden ist."

Chamberlain bei Hitler in Berchtesgaden

Die Lage in der Tschechoslowakei spitzte sich 1938 – nicht ohne kräftiges Zutun der Deutschen – dramatisch zu. Wahre und getürkte Greuelmeldungen von Missetaten der Tschechen gegen die deutsche Minderheit putschten den Hass auf, den Hitler brauchte, um die Frage des Sudetenlandes, in dem die deutsche Minderheit lebte, in seinem Sinne zu lösen. Es waren immerhin drei Millionen Deutsche, denen es verwehrt war, sich an ihr Heimatland anzuschließen, von dem sie durch eine künstliche Grenze auf den Hügeln des Bayerischen Waldes, des Erz- und des Riesengebirges getrennt waren. Gewiss war Hitlers Pochen auf das Selbstbestimmungsrecht der Völker hier durchaus angebracht, weniger passend waren die Methoden, mit denen er seine Forderungen unterstützte. Sie zeigten schon, dass er vor keiner Gewaltanwendung zurückschrecken würde, wenn es um die Durchsetzung seiner Ziele ging – ob berechtigte, wie in diesem Falle, oder unberechtigte, wie fast alle künftigen.
Zur Abwendung der Kriegsgefahr begab sich der englische Premierminister Chamberlain zum ersten Male in ein Flugzeug und besuchte Hitler auf dem Obersalzberg bei Berchtesgaden. Das Gespräch am 15. September 1938 zwischen dem britischen Aristokraten und dem deutschen Diktator hat der Dolmetscher Paul Schmidt in seinen Memoiren festgehalten:
Zunächst begann Hitler in verhältnismäßig ruhigem Ton die Liste der von ihm stets gegen die Nachbarn Deutschlands erhobenen Klagen mit allen Einzelheiten vorzubringen. Versailler Vertrag, Völkerbund, Abrüstung wurden eingehend besprochen, die wirtschaftlichen Schwierigkeiten, die Arbeitslosigkeit und die nationalsozialistischen Aufbaumaßnahmen wurden nicht vergessen. Das Verhalten der englischen Presse und ihre Kritik an Deutschland, die „Einmischung" Englands in die deutschen Verhältnisse und in die Beziehungen des Reiches zu Südosteuropa einschließlich Österreichs wurden Chamberlain mit wachsendem Temperament vorgehalten.
Dieser hörte aufmerksam zu. Aus seinen braunen Augen blickte er Hitler offen an. Nichts in seinem gutgeschnittenen, typisch englischen Gesicht mit den buschigen Augenbrauen, der scharfen Nase und dem energischen Mund unter dem kleinen schwarzen Bart verriet, was hinter der hohen Stirn unter dem leicht ergrauten vollen Haar vor sich ging. So hatte auch sein Bruder, Sir Austen Chamberlain, in Locarno und

Genf immer Stresemann gegenübergesessen. Nur von dem „Fischblut" dieses englischen Außenministers merkte man bei Chamberlain keine Spur. Voller Lebhaftigkeit ging er im Gegenteil auf einzelne Punkte der Hitler'schen Ausführungen ein, gab die stereotype Antwort wegen der Pressefreiheit mit einem freundlichen, fast beschwichtigenden Lächeln und betonte dann, indem er Hitler fest ansah, dass er zur Erörterung jeder Lösungsmöglichkeit der deutschen Beschwerdepunkte bereit sei, dass aber unter allen Umständen die Gewaltanwendung ausgeschlossen bleiben müsse.
„Gewalt", fuhr Hitler auf, „wer spricht von Gewalt? Herr Benesch wendet diese Gewalt gegen meine Landsleute im Sudetenland an, Herr Benesch hat im Mai mobilisiert und nicht ich." Draußen strömte der Regen, und der Wind heulte ums Haus. „Ich lasse mir das nicht länger bieten", rief Hitler in großer Erregung. „Ich werde in kürzester Frist diese Frage so oder so aus eigener Initiative regeln." Hier war zum erstenmal in einer Unterredung mit einem ausländischen Staatsmann die Wendung „so oder so" aufgetaucht, die nach meinen Beobachtungen damals und später ein äußerstes Gefahrensignal bedeutete. Ich übersetzte sie natürlich richtig ins Englische mit „one way or another", aber dem Sinne nach bedeutete sie hier und später: Nachgeben der anderen Seite oder – Einmarsch, Gewaltanwendung, kriegerische Lösung. Jetzt wurde auch Chamberlain, der bis dahin alles mit ernster Ruhe angehört hatte, erregt. „Wenn ich Sie richtig verstanden habe", sagte er, „dann sind Sie entschlossen, auf jeden Fall gegen die Tschechoslowakei vorzugehen." Nach einer sekundenlangen Pause fügte er dann hinzu: „Wenn das Ihre Absicht ist, warum haben Sie mich dann nach Berchtesgaden kommen lassen? Unter diesen Umständen ist es das beste, wenn ich gleich wieder abreise. Es hat ja anscheinend doch alles keinen Zweck mehr." Hitler zögerte einen Augenblick. Wenn er es tatsächlich zum Kriege kommen lassen will, dachte ich bei mir, dann ist der Augenblick jetzt da, und blickte ihn gespannt an. In dieser Sekunde ging es tatsächlich auf des Messers Schneide „um Krieg oder Frieden". Aber das Erstaunliche geschah. Hitler zuckte zurück. „Wenn Sie für die Behandlung der Sudetenfrage den Grundsatz des Selbstbestimmungsrechtes der Völker anerkennen können", sagte er mit einem jener plötzlichen Wechsel vom Aufbrausen zur völligen Ruhe und Gesammeltheit, „dann können wir uns anschließend darüber unterhalten, wie dieser Grundsatz in die Praxis umgesetzt werden kann."
Ich glaubte nun, Chamberlain würde sofort die gewünschte Zusage wegen des Selbstbestimmungsrechtes machen; dieser Grundsatz war ja von jeher ein wichtiger Bestandteil der englischen politischen Diskussion gewesen und wurde in der englischen Presse und bei den englischen Besuchern, die nach Deutschland gekommen waren, auch in der Sudetenfrage allgemein anerkannt. Aber Chamberlain kam sofort mit einem Einwand, sei es, dass er sich über Hitlers aufgeregte Art geärgert hatte, sei es, dass er als praktischer Verwaltungsmann die Schwierigkeiten bei der Anwendung dieses Prinzips auf die Tschechoslowakei erkannte.
„Wenn in Anwendung des Selbstbestimmungsrechtes in der Tschechoslowakei eine Volksabstimmung unter den Sudetendeutschen abgehalten würde, wären die Schwierigkeiten ungeheuer", erwiderte er. Trotzdem brauste Hitler nicht auf. Sollte ihn Chamberlains Drohung mit der Abreise erschreckt haben? Sollte er vor einer allgemeinen kriegerischen Verwicklung zurückweichen?
„Wenn ich Ihnen eine Antwort auf die Frage des Selbstbestimmungsrechtes geben soll, muss ich mich erst mit meinen Kabinettskollegen in England beraten", sagte Chamberlain. „Ich schlage daher vor, dass wir unsere Unterhaltung an diesem Punkt abbrechen und ich sofort nach England zurückkehre, um diese Rücksprache zu halten und mich dann mit Ihnen erneut zu treffen." Als ich Hitler die Worte über den Abbruch der Besprechung übersetzte, blickte er etwas unruhig auf. Als er jedoch hörte, dass Chamberlain sich wieder mit ihm treffen wollte, erklärte er sichtlich erleichtert sein Einverständnis.

Am 15. September 1938 gewann Hitler die erste Runde im Spiel um die Tschechoslowakei: Der britische Premierminister Chamberlain kam zu ihm auf den Obersalzberg und verhandelte. Abends berichtete Hitler aufgeräumt von der Besprechung. Staatssekretär von Weizsäcker notierte: „Durch seine (Hitlers) brutal bekundete Absicht, auch auf die Gefahr eines gesamt europäischen Krieges hin die tschechische Frage jetzt zu lösen, sowie durch den Hinweis, dann in Europa zufriedengestellt zu sein, sei Chamberlain zur Versicherung bewogen worden, die Abtretung des Sudetenlandes an Deutschland betreiben zu wollen."

Britisch-französische Besprechung in London

Mit den üblichen Mitteln der Propaganda hatte Hitler die Krise um das Sudetenland angeheizt. Er forderte die Angliederung des von rund drei Millionen Deutschen bewohnten Gebietes an das Deutsche Reich. Im Prinzip stimmten ihm selbst die Westmächte dabei zu, weigerten sich aber, seinen ultimativen Kurs gegenüber Prag zu unterstützen. Sie verlangten Übergangsfristen, während Hitler es schon als „großzügig" ansah, dass er die Frist von 48 Stunden auf eine Woche erhöht hatte. Wie sehr er mit seinen Erpressungsmethoden seine Kontrahenten verunsichert hatte, zeigten die britisch-französischen Beratungen am 25. September 1938, also am Tage nach dem Treffen des britischen Premierministers Chamberlain mit Hitler in Bad Godesberg. Der französische Außenminister beschrieb das Klima der Unterhaltungen und die unangenehme Lage seines Ministerpräsidenten Daladier dabei:
Abends um 21 Uhr waren wir wieder in Downing Street 10. Die britischen Kabinettsmitglieder erwarteten uns. Zu Beginn der Sitzung berichtete uns Chamberlain, mit seinem gewohnten großen Bemühen um Objektivität, über die Höhepunkte seines Zusammentreffens mit Hitler. Am Schluss stellte er fest, dass er lediglich die Verpflichtung eingegangen sei, das Memorandum

Münchener Konferenz, Besprechungen im „Führerbau" am 29.-September 1938. Von links: Chamberlain (England), Daladier (Frankreich), Hitler, Mussolini und der italienische Außenminister Graf Ciano. Von ihren Verbündeten Frankreich und England im Stich gelassen, wurde hier das Schicksal der Tschechoslowakei besiegelt. Die deutschen Konferenzteilnehmer waren verblüfft, wie leicht Hitler seine Ziele durchsetzte. Hermann Göring berichtete später: „Weder Chamberlain noch Daladier hatten das geringste Interesse, etwas zu opfern oder gar mehr zu riskieren, um die Tschechoslowakei zu retten. Das war mir sonnenklar. Das Schicksal der Tschechoslowakei wurde im wesentlichen in drei Stunden besiegelt. Danach diskutierten sie dann noch viele Stunden lang über das Wort ‚Garantie'. Chamberlain verhielt sich weiter ausweichend. Daladier paßte überhaupt nicht auf. Er saß nur so da. Als einziges nickte er von Zeit zur Zeit zustimmend. Nicht der geringste Einwand gegen irgend etwas. Ich war einfach platt."

nachrichtlich an die tschechoslowakische Regierung zu geben und die französische Regierung zu unterrichten. Er fragte uns nach unserem Eindruck, den wir ihm ohne Schwierigkeiten gaben. Wir betrachteten die von Hitler in seinem Godesberger Memorandum dargelegten neuen Ansprüche als unannehmbar und konnten sie der Tschechoslowakei, die entschlossen war, sie zurückzuweisen, nicht empfehlen. „Und wenn Deutschland diese Ablehnung zum Anlass nimmt, in die Tschechoslowakei einzufallen?" fragte der Premierminister. „In diesem Falle wird Frankreich sofort der Tschechoslowakei Beistand leisten." Daladier wurde als Kriegs- und Verteidigungsminister genauestens befragt. Er antwortete mit Nachdruck. Er wollte sichtlich keine genauen Angaben machen, die seine Befrager zu stark beunruhigen konnten. Diese nahmen aber ihr Verhör immer wieder hartnäckig am selben Punkte auf: „Die Tschechoslowakei wird, wir sind dessen sicher", sagten sie, „in sehr wenigen Tagen niedergeworfen sein. Frankreich steht dann gegen Deutschland allein in Front. Über welche Mittel verfügt es, um Deutschland zu besiegen?" Daladier begann erneut mit seinen Erklärungen, und die Sitzung ging weiter, ohne voranzukommen. Der Premierminister griff ein. Er erklärte, dass er die beunruhigendsten Informationen über den Zustand der französischen Luftwaffe erhalten habe, ebenso über das Unvermögen unserer Fabriken, die in den ersten Kriegstagen eingebüßten Flugzeuge zu ersetzen. Wenn unmittelbar über Paris ein Bombenregen niederginge über Flugplätze, Bahnhöfe und Eisenbahnzentren würde Frankreich sich dann verteidigen und zum Gegenangriff übergehen können? Daladier lehnte es ab, sich weiter auf technische Einzelheiten einzulassen, und antwortete durch die schlagfertige Frage an Chamberlain: „Nehmen Sie denn Hitlers Plan an?" – „Es ist nicht meine Sache", gab Chamberlain zur Antwort, „sondern Sache der tschechoslowakischen Regierung, hierzu ihre Meinung zu äußern." – „Aber wie denn", entgegnete Daladier, „meinen Sie, Frankreich sollte untätig bleiben?" – „Nicht die britische Regierung hat eine Meinung darüber abzugeben, was Frankreich tun muss, sondern die französische!"

Münchener Abkommen

Nach dem „Anschluss" Österreichs (März 1938) war die Angliederung des ehemals zu Österreich-Ungarn, seit 1918 zur Tschechoslowakei gehörenden Sudetenlandes nächstes Ziel der Hitlerschen Außenpolitik. Nach einem beispiellosen Nervenkrieg mit unverhüllten Kriegsdrohungen Hitlers fanden sich die Regierungschefs Frankreichs und Großbritanniens, Daladier und Chamberlain, auf Vorschlag Mussolinis bereit, mit dem deutschen Diktator zu verhandeln. Ohne tschechoslowakische Vertreter hinzuzuziehen, wurde am 30. September 1938 in München ein Abkommen geschlossen, das die Tschechoslowakei zur Abtretung eines Gebietes von ca. 29.000 km² mit bedeutender Industrie und rd. 3,6 Mio. Einwohnern zwang. Mit ihrem Einlenken in letzten Minute glaubten die europäischen Großmächte den Frieden gesichert, Hitler jedoch bestärkte ihre Nachgiebigkeit nur in der Überzeugung, dass die „verweichlichten Demokratien" seinen weiteren Plänen, die auf Zerschlagung der „Resttschechei" und Zurückdrängung Polens zielten, genausowenig Widerstand entgegensetzen würden. Dadurch wurde „München" zu einer wichtigen Etappe auf dem Weg in den Krieg.

Der Text des Abkommens lautete:
Deutschland, das Vereinigte Königreich, Frankreich und Italien sind unter Berücksichtigung des Abkommens, das hinsichtlich der Abtretung des sudetendeutschen Gebiets bereits grundsätzlich erzielt wurde, über folgende Bedingungen und Modalitäten dieser Abtretung und über die danach zu ergreifenden Maßnahmen übereingekommen und erklären sich durch dieses Abkommen einzeln verantwortlich für die zur Sicherung seiner Erfüllung notwendigen Schritte.

1. Die Räumung beginnt am 1. Oktober.
2. Das Vereinigte Königreich, Frankreich und Italien vereinbaren, dass die Räumung des Gebiets bis zum 10. Oktober vollzogen wird, und zwar ohne Zerstörung irgendwelcher bestehender Einrichtungen, und dass die Tschechoslowakische Regierung die Verantwortung dafür

trägt, dass die Räumung ohne Beschädigung der bezeichneten Einrichtungen durchgeführt wird.
3. Die Modalitäten der Räumung werden im Einzelnen durch einen internationalen Ausschuss festgelegt, der sich aus Vertretern Deutschlands, des Vereinigten Königreichs, Frankreichs, Italiens und der Tschechoslowakei zusammensetzt.
4. Die etappenweise Besetzung des vorwiegend deutschen Gebiets durch deutsche Truppen beginnt am 1. Oktober. Die vier auf der anliegenden Karte (hier nicht beigegeben) bezeichneten Gebietsabschnitte werden in folgender Reihenfolge durch deutsche Truppen besetzt:
Der mit I bezeichnete Gebietsabschnitt am 1. und 2. Oktober,
der mit II bezeichnete Gebietsabschnitt am 2. und 3. Oktober,
der mit III bezeichnete Gebietsabschnitt am 3., 4. und 5. Oktober,
der mit IV bezeichnete Gebietsabschnitt am 6. und 7. Oktober.
Das restliche Gebiet vorwiegend deutschen Charakters wird unverzüglich von dem obenerwähnten internationalen Ausschuss festgestellt und bis zum 10. Oktober durch deutsche Truppen besetzt werden.
5. Der im Paragraph 3 erwähnte internationale Ausschuss wird die Gebiete bestimmen, in denen eine Volksabstimmung stattfinden soll. Diese Gebiete werden bis zum Abschluss der Volksabstimmung durch internationale Formationen besetzt werden. Der gleiche Ausschuss wird die Modalitäten festlegen, unter denen die Volksabstimmung durchgeführt werden soll, wobei die Modalitäten der Saar-Abstimmung als Grundlage zu betrachten sind. Der Ausschuss wird ebenfalls den Tag festsetzen, an dem die Volksabstimmung stattfindet; dieser Tag darf jedoch nicht später als Ende November liegen.
6. Die endgültige Festlegung der Grenzen wird durch den internationalen Ausschuss vorgenommen werden. Dieser Ausschuss ist berechtigt, den vier Mächten Deutschland, dem Vereinigten Königreich, Frankreich und Italien in bestimmten Ausnahmefällen geringfügige Abweichungen von der streng ethnographischen Bestimmung der ohne Volksabstimmung zu übertragenden Zonen zu empfehlen.
7. Es wird ein Optionsrecht für den Übertritt in die abgetretenen Gebiete und für den Austritt aus ihnen vorgesehen. Die Option muss innerhalb von 6 Monaten vom Zeitpunkt des Abschlusses dieses Abkommens an ausgeübt werden. Ein deutsch-tschechoslowakischer Ausschuss wird die Einzelheiten der Option bestimmen, Verfahren zur Erleichterung des Austausches der Bevölkerung erwägen und grundsätzliche Fragen klären, die sich aus diesem Austausch ergeben.
8. Die Tschechoslowakische Regierung wird innerhalb einer Frist von 4 Wochen vom Tage des Abschlusses dieses Abkommens an alle Sudetendeutschen aus ihren militärischen und politischen Verbänden entlassen, die diese Entlassung wünschen. Innerhalb derselben Frist wird die Tschechoslowakische Regierung sudetendeutsche Gefangene entlassen, die wegen politischer Delikte Freiheitsstrafen verbüßen.
München, den 29. September 1938.
Adolf Hitler.
Neville Chamberlain
Ed. Daladier.
Mussolini.

Nach dem unblutig verlaufenen „Anschluss" Österreichs nun ein neuer „Blumenkrieg": Im „befreiten" Sudetenland säumten begeisterte Menschenmengen die Straßen, als Hitler am 3. Oktober 1938 nach Eger fuhr.

Münchener Ausgabe
274. Ausg. · 51. Jahrg. · Einzelpreis 15 Pf., 20 Pf.

„Freiheit und Brot!"

Münchener Ausgabe
München, Samstag, 1. Oktober 1938

VÖLKISCHER BEOBACHTER

Kampfblatt der national-sozialistischen Bewegung Großdeutschlands

Adolf Hitler – Neville Chamberlain:

Nie mehr Krieg zwischen Deutschland und England

Großdeutschland dankt dem Führer

Wir danken unserem Führer!

Annahme des Münchener Abkommens durch Prag

„Eine andere Entscheidung nicht möglich"

VB.-Gespräch mit dem englischen Premier

Neville Chamberlains Abschiedsworte

„Die Tage in München werde ich nie vergessen"

Während Chamberlain nach seiner Rückkehr aus München, „peace in our time", den Frieden in unserer Zeit, gerettet sah, entsprach die Schlagzeile des „Völkischen Beobachters" eher Hitlers Wunschdenken: „Nie mehr Krieg zwischen Deutschland und England".

„Große deutsche Kunstausstellung"

Die nationalsozialistische Kunstpolitik war auch nach 1933 immer noch mehr durch den Kampf und die Abgrenzung gegen repbublikanische, linke, moderne Kunst geprägt als durch eigene ästhetische Alternativen. Das „Sinnlich-Triebhafte" der bürgerlichen modernen Kunst wurde abgelehnt, doch das „übersinnliche" Ideal der nationalsozialistischen Kunst blieb vage. Über bieder-handwerkliches Mittelmaß kamen die Erzeugnisse der Kunst im Dritten Reich kaum hinaus, obwohl Hitler, z.B. zur Eröffnung der „Großen Deutschen Kunstausstellung" am 10. Juli 1938 in München, großartige Leistungen ankündigte: Einer der ersten Zeugen des nationalsozialistischen kulturellen Aufbauwillens, der allein mehr wiegt als das Geschreibsel aller demokratischen Zeitungen der Welt zusammengenommen, umfängt Sie heute wieder. Zum zweiten Male treffen wir uns in dem Hause, das der deutschen Kunst geweiht wurde. Sie werden feststellen können, ob die vorhin ausgesprochene Behauptung des deutschen Fortschritts auch auf dem Gebiete der Kunst gleichberechtigt ist oder aber ob sie es nicht ist. Seit die nationalsozialistische Bewegung nach langjährigem Kampf endlich mit der Führung des Reiches betraut wurde, sind noch nicht sechs Jahre vergangen. Dennoch darf eine Feststellung schon heute getroffen werden: Es hat selten in der Geschichte unseres Vol-

kes eine so reich bewegte Friedenszeit gegeben als die der fünfeinhalb Jahre, die nach dem denkwürdigen 30. Januar 1933 die nationalsozialistische Führungsepoche in unserem Volk einleiteten. Auf wie vielen Gebieten unseres Lebens ist seitdem nicht ein Aufbruch erfolgt, wie er wenige Jahre vorher gerade von den „Berufenen“ als für gänzlich unmöglich angesehen worden war. Die Partei, von der man einst behauptete, sie würde den inneren Frieden gefährden, hat dem deutschen Volk überhaupt zum ersten Mal einen wirklichen inneren Frieden geschenkt.
Das Regime, von dem man voraussagte, dass es die Wirtschaft vernichten müsste, hat das deutsche Volk vor dem wirtschaftlichen Abgrund zurückgerissen und gerettet. Derselbe Nationalsozialismus, dem man die furchtbarste außenpolitische Niederlage prophezeite, hat das deutsche Volk aus der schrecklichsten Niederlage seines geschichtlichen Daseins wieder emporgehoben, zu einem stolzen Selbstbewusstsein geführt und nach außen zu einer geachteten Macht entwickelt. Es gibt kaum ein Gebiet, auf dem die Prophezeiungen unserer Gegner nicht Lügen gestraft worden sind. Das deutsche Volk dieses 20. Jahrhunderts ist das Volk einer neuerwachten Lebensbejahung, hingerissen von der Bewunderung des Starken und Schönen und damit des Gesunden und Lebensfähigen. Kraft und Schönheit sind die Fanfaren dieses Zeitalters. Klarheit und Logik beherrschen das Streben. Wer in diesem Jahrhundert aber Künstler sein will, muss sich auch diesem Jahrhundert weihen.
Für kulturelle Neandertaler ist im 20. Jahrhundert kein Platz, jedenfalls kein Platz im nationalsozialistischen Deutschland. Es freut uns, wenn Demokraten diesen rückwärtsstrebenden Elementen ihre fortschrittlichen Tore öffnen, denn wir sind ja nicht rachsüchtig. Leben sollen sie, dagegen haben wir nichts. Arbeiten unsertwegen auch – nur nicht in Deutschland! Ich hielt es daher 1937 für geboten, nunmehr auch auf diesem Gebiet eine klare Entscheidung zu treffen. Dies konnte freilich nur in einem harten Eingriff geschehen. Aber ob wir nun heute Genies von ewig währender Bedeutung besitzen, ist wie immer schwer zu entscheiden, für unser Handeln im Wesentlichen auch gar nicht entscheidend. Entscheidend ist, dass bei uns die Voraussetzungen nicht verletzt werden, aus denen große Genies allein erwachsen können. Zu dem Zweck muss das allgemeine Kunstgut eines Volkes auf einer soliden, anständigen Grundlage gehalten werden, aus der heraus sich dann die wirklichen Genies zu erheben vermögen.

„Der Bannerträger“. Dieses Gemälde des Tiroler Malers Hubert Lanzinger wurde von Hitler persönlich als repräsentatives Führerbild für die große deutsche Kunstausstellung 1938 im Haus der Deutschen Kunst ausgewählt.

„Göttin der Kunst“ von Adolf Ziegler, 1938. Zieglers penetrante Genauigkeit seiner zahlreichen Akte brachte ihm den Spitznamen „Maler des deutschen Schamhaares“ ein

Reichskristallnacht

Die Verfolgung der Juden durch die nationalsozialistischen Machthaber bekam im November 1938 einen kräftigen Schub: Erstmals wurden Menschen getötet und massiv Sachwerte zerstört.
Nach Verabschiedung der Nürnberger Rassengesetze (September 1935) durfte es keine Ehen mehr zwischen Juden und „Deutschblütigen“ geben. Die Politik der Berufsbehinderungen und -verbote wurde fortgesetzt, man schaltete die Juden immer weiter aus dem Wirtschaftsleben aus. Sie wurden gezwungen, ihre Firmen zu verkaufen, die dann „arisiert“, d.h. von Deutschen für wenig Geld übernommen wurden

(„Arier“ war die Bezeichnung für den Angehörigen der nordischen Rasse). Dazu kamen Schikanen aller Art, die die Juden in der Öffentlichkeit erleiden mussten.
Einige zogen es unter diesen Umständen vor, auszuwandern. Aber es erwies sich, dass nur wenige Länder bereit waren, Juden aufzunehmen. Der nationalsozialistische Staat erhob außerdem von Auswanderern eine „Reichsfluchtsteuer“. So blieb ein Großteil der Juden vorerst noch im Land und tröstete sich damit, dass es schlimmer wohl nicht kommen könne.
Aber es kam schlimmer. Am 7. November 1938 erschoss ein junger Jude namens Herschel Grynszpan einen Beamten in der Deutschen Botschaft in Paris – aus Empörung darüber, dass seine Familie nach Polen abgeschoben worden war. Die nationalsozialistische Führung nahm das Attentat zum Anlass, am 9./10. November eine Aktion gegen die Juden im Reich zu inszenieren. Sie sollte wie spontaner Volkszorn aussehen, dabei war klar, dass es SA-Männer waren, die auf Kommando agierten. Jüdischen Ladenbesitzern wurden die Scheiben eingeworfen, Läden und Wohnungen wurden geplündert und verwüstet, Synagogen gingen in Flammen auf. Tausende Juden wurden festgenommen und in KZs eingeliefert, 91 wurden getötet. Zynisch verharmlosend bezeichnete die gleichgeschaltete Presse den Pogrom wegen des Scherbenmeeres in den Städten als „Kristallnacht“. Der Sachschaden betrug mehrere 100 Millionen RM, doch die Versicherungen durften das Geld nicht auszahlen, es wurde von der Reichsregierung beschlagnahmt, und zusätzlich erhob diese von den deutschen Juden noch eine „Kontribution“ in Höhe vom 1 Milliarde RM.
Ein Augenzeugenbericht schildert den Judenpogrom in der Nacht zum 10. November 1938:
Am 9. November hatten wir Besuch zum Abendessen: einen deutschen Nichtjuden, der mit einer Amerikanerin verheiratet war. Er verabschiedete sich ungefähr um elf Uhr. Als wir ihn zur Haustür begleiteten, sahen wir, dass die Straße sehr belebt war. Es fuhren viele Lastwagen mit Männern in Naziuniform vorüber, und gegenüber, im Haus der Presse, war ein ständiges Kommen und Gehen. Unser Freund bot sich an, bei uns zu bleiben, für den Fall, dass wir Schutz brauchten, aber mein Mann hielt dies nicht für notwendig. Wir gingen nach oben zurück und räumten Obst und Zigaretten vom Tisch. Da hörten wir in der Nähe Schüsse fallen und sahen in der Entfernung Feuer brennen.
Um dreiviertel zwölf schellte es an unserer Wohnungstür. Es war Frau B., die Frau des Besitzers eines jüdischen Restaurants, das sich einige Häuser von dem unsrigen entfernt befand. Sie suchte Behandlung und Zuflucht. In unklaren Sätzen berichtete sie, dass Nazihorden in ihr Haus eingedrungen waren. Ihr Mann hatte die Flucht ergriffen. Die uniformierten Männer hatten ihre große Kaffeemaschine umgestürzt; diese war auf sie gefallen, und sie war für einen Augenblick unter der Maschine zusammengebrochen. Als es ihr mit Hilfe ihrer Angestellten gelungen war aufzustehen, hatte sie Wunden auf der Stirn, und mehrere Zähne waren ausgebrochen.

Die brennende Synagoge in der Oranienburger Straße in Berlin.

Mit ihr kamen ihre Köche, ein altes jüdisches Ehepaar, das irgendwo nahebei in einem dritten Stock wohnte. Nachdem mein Mann ihre Wunden verbunden hatte, erbot er sich, Frau B. zum Übernachten in die Wohnung dieser Leute zu bringen. Sie flehte uns jedoch an, sie bei uns zu behalten, und obgleich ich der Ansicht war, dass sie bei den anderen sicherer wären, stimmte ich zu.
Wir bereiteten ihr ein Lager auf einem Diwan in dem im Erdgeschoss befindlichen Sprechzimmer meines Mannes, stellten ihr etwas Obst und Wasser hin, zeigten ihr, wie sie uns im zweiten Stock am Haustelefon erreichen könnte, und begaben uns nach oben.
Kaum waren wir dort angelangt, als es heftig an unserer Haustür schellte. Ein Blick durch die Fenstergardinen zeigte uns, dass sich eine große Anzahl schwarz-uniformierter Männer vor unserem Haus ansammelte. Wir beschlossen, nicht zu öffnen. Kurz darauf wurde die schwere Haustür mit Schaftstiefeln eingetreten. Wir gingen daraufhin hinunter, um möglichst zu verhindern, dass sie alles beschädigten ...
Sie gingen wieder nach unten, aber ein Mann kam zurück und forderte uns auf, sie in die Arbeitsräume meines Mannes zu begleiten. Ich sehe noch das verängstigte Gesicht der Frau B. vor mir, als wir mit all den SS-Männern in das Sprechzimmer kamen. Sie gingen jedoch wieder hinaus, ohne etwas anzurühren. Inzwischen – es war kurz vor eins – war Frau B. sehr ängstlich über das Verbleiben ihres Mannes geworden, und obgleich ich dringend riet, bis zum frühen Morgen zu warten, bestand sie darauf, dass mein Mann bei ihrem Schwager anrief, um nachzufragen. Ihre Vermutung war richtig: ihr Mann war dort und wollte dort über Nacht bleiben, aber obwohl sie nicht selbst ans Telefon ging, konnte er hören, wie sie weinte und bat, er möge sofort kommen. Er ging also zu Fuß den ganzen Weg vom Rande der Stadt und kam gegen halb zwei Uhr früh bei uns an. Wir machten auch ihm ein Bett auf einem zweiten Diwan und gingen wieder nach oben. Da sahen wir, dass der Him-

mel ganz rot war – die Synagoge brannte. Wir legten uns auf die Betten, ohne uns auszuziehen. Es war natürlich ausgeschlossen, dass wir auch nur für einen Augenblick einschliefen. Das nächste Mal kamen sie um halb vier in der Frühe. Diesmal waren es nur fünf Männer in SS-Uniform, zwei in Zivil. Niemals sonst sind mir menschliche Wesen vorgekommen, die so aussahen: Ihre Augen waren weit offen, das Haar stand in die Höhe – der Ausdruck von Männern in Raserei. Sie kamen mit uns ins Wohnzimmer, der Führer der Gruppe nahm eine Pistole aus dem Gürtel, richtete sie auf meinen Mann und kommandierte: „Raus aus dem Zimmer." Sofort trat ich zwischen ihn und meinen Mann, so dass die Pistole auf mich gerichtet war, und sagte: „Sie können mit dem Mann da nicht allein sprechen, er ist schwerhörig; aber ich werde ihm weitergeben, was Sie zu sagen haben." Es folgte eine Minute ängstlicher Spannung. Er hätte uns beide auf der Stelle erschießen können, aber langsam, sehr langsam ließ er seinen Arm und die Pistole sinken. Unsere sechzehnjährige Tochter musste aufstehen und aus ihrem Schlafzimmer kommen. Dann machten sie sich daran, die Küchenschränke umzuwerfen und alles zu zerbrechen oder zu zerreißen, was in ihre Finger kam. Ehe sie fortgingen, wandte sich der Führer an mich: „Was auch immer Sie diese Nacht hören werden: Gehen Sie nicht hinunter – es würde Sie das Leben kosten."

Bernd Rosemeyers tödlicher Unfall

Bernd Rosemeyer, am 14. Oktober 1909 geboren, galt als Mensch, dem alles zuzufliegen schien. Noch als Motorradfahrer holt er sich in seiner ersten Rennsaison 11 Siege. Bald nimmt Auto-Union, damals mit Mercedes-Benz die führende Marke im Rennsport, den erfolgreichen Nachwuchsfahrer unter Vertrag. 1936 wird das Jahr des Bernd Rosemeyer, dem strahlend-blonden Liebling der Massen. Er gewinnt die Großen Preise von Deutschland, Italien und der Schweiz und wird Europameister. Im selben Jahr heiratet er die weltberühmte Fliegerin Elly Beinhorn, eine Hochzeit, die nur mit der Vermählung des Schwergewichts-Boxweltmeisters Max Schmeling mit der Filmgröße Anni Ondra zu vergleichen ist. Rosemeyers Glück scheint vollkommen. Am 28. Januar 1938 startet er nach seinem schärfsten Rivalen Rudolf Caracciola auf einem Autobahnteilstück zwischen Frankfurt und Darmstadt zu Weltrekordversuchen. Obwohl böiger Seitenwind zur Vorsicht mahnt, ignoriert Bernd Rosemeyer alle Warnungen. Bei rund 500 km/h wird der Wagen von einem leichten Seitenwind von der Bahn gedrückt und zerschellt im nahen Wald. Was dann geschah, schildert Caracciola in seinem Buch „Meine Welt":

„Wir sind wie zu Tode erstarrt. Tot! Es war kaum zu glauben, dass es anders sein könne, wenn man bei dieser Geschwindigkeit verunglückt. Nur wir hatten auf ein Wunder gehofft. Also auch er! Er, die Verkörperung der Jugend, des heldenhaften Mutes. Lächelnd, wie spielerisch, errang er seine Siege! Und nun hat auch er zahlen müssen, und das Schicksal hat gleich den höchsten Einsatz von ihm gefordert. Ich werde oft an dich denken, Kamerad Rosemeyer! Mich fröstelt es. Ich wende den Wagen und fahre zur Stadt zurück."

Bernd Rosemeyer vor seiner letzten Fahrt am 28. Januar 1938.

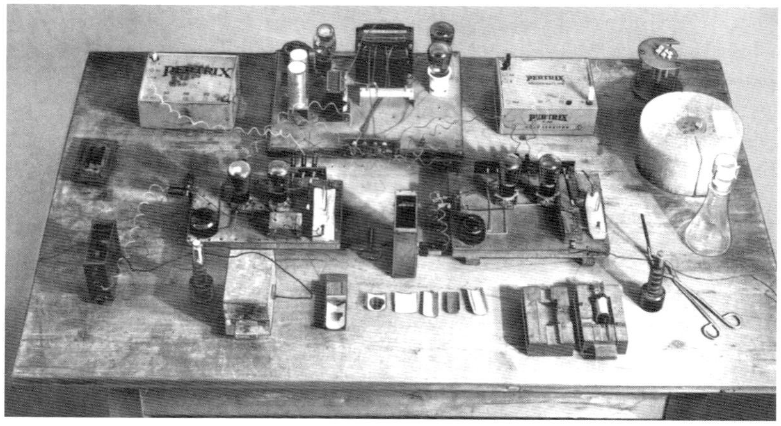

Arbeitstisch von Otto Hahn, an dem er 1938 mit Hilfe einiger Röhren, Spulen und Batterien die bedeutendste Entdeckung der Neuzeit, die Uranspaltung, machte.

Otto Hahn gelingt die Atomspaltung

Das Atomzeitalter begann am 20. Dezember 1938. An diesem Tag gelang Otto Hahn mit seinen Mitarbeitern die Spaltung des Uran-Atoms. 1933 hatte er zusammen mit Lise Meitner und Fritz Straßmann begonnen, das Uran-Atom zu erforschen. Uran wurde mit Neutronen beschossen; dabei wurde eine Reihe künstlicher Produkte gefunden, die von den Forschern „Transurane" genannt wurden. Nach vierjähriger Forschungszeit glaubten sie, ein neues radioaktives Element entdeckt zu haben. Das Element Uran trägt die Ordnungszahl 92. Die Forscher nahmen an, ein Element 93 gefunden zu haben. Aber mit immer neuen Analysen und Berechnungen drangen Hahn und Straßmann (Lise Meitner hatte Deutschland verlassen müssen) tiefer in die Geheimnisse des Atoms ein, bis ihnen schließlich klar wurde, dass eine Spaltung des Uran-Atoms gelungen war. Hahn sprach zunächst von einem Zerplatzen des Atoms, Lise Meitner, von Otto Hahn weiter über die Forschungsarbeiten unterrichtet, bezeichnete den Vorgang als Uranspaltung. Das Element Uran (Ordnungszahl 92) war in die Elemente Barium (56) und Krypton (36) gespalten worden (56 + 36 = 92). Später wurde Otto Hahn klar, dass er während seiner Forschungsarbeiten auch schon das Element 93, Neptunium, gefunden haben muss.

Das deutsch-österreichische Fußballteam unterliegt der Schweiz

Was in Deutschland und Österreich gebührend gefeiert worden war, stellte den damaligen Reichs- und späteren Fußball-Bundestrainer Sepp Herberger vor schwierige Aufgaben, der sogenannte Anschluss,

Österreichs „Heimkehr ins Reich" 1938. Denn Herberger besaß nun plötzlich zwei Nationalmannschaften der Weltklasse, die er zu einem schlagkräftigen Team zu vereinen hatte. Auf die Techniker aus Wien zu verzichten, wäre nämlich als großer Affront gegen die „Ostmark" gewertet worden. Kompliziert war es dabei vor allem, zwei unterschiedliche Systeme unter einen Hut zu bringen: die auf das Spielerische begründete Wiener Fußball-Schule und die deutsche Athletik und Sachlichkeit.

Die erste große Bewährungsstunde des neuformierten Teams schlug bei der Weltmeisterschaft 1938 in Frankreich. Gegner an diesem 9. Juni war die Schweiz, die längst nicht so stark eingeschätzt worden war wie die „Großdeutschen". Das erste Spiel fünf Tage zuvor hatte 1:1 geendet, das Wiederholungsspiel musste die Entscheidung bringen. Zunächst lief die Partie erwartungsgemäß: Die Deutsch-Österreicher führten durch Tore von Hahnemann und einen Eigentreffer von Lörtscher 2:0. Doch kurz vor der Pause erzielte Walaschek den Anschlusstreffer. Von diesem Moment an waren die Schweizer nicht mehr zu bremsen. Am Ende stand es 4:2 für die Eidgenossen, sie und nicht die Deutschen hatten das Viertelfinale erreicht.

In der französischen Presse wurde der Erfolg der „kleinen" Schweiz über die „großen" Deutschen als Politikum behandelt. Sie sah in diesem Erfolg den Sieg der Demokratie über das totalitäre System der Nazis.

Pastor Niemöller im KZ

Pastor Martin Niemöller wurde am 2. März 1938 wegen „Kanzelmissbrauchs" zu einer Haftstrafe verurteilt. Er hatte als Pfarrer von Berlin-Dahlem in seinen Predigten immer wieder Kritik am nationalsozialistischen Regime geübt, wurde mehrmals verwarnt und schließlich am 1. Juli 1937 verhaftet. Über den Prozess wurde in den deutschen Zeitungen nicht berichtet.

Nach der Urteilsverkündung veröffentlichte das Deutsche Nachrichtenbüro (DNB) folgende Meldung: „Am 7. Februar begann vor dem Berliner Sondergericht ein Prozess gegen den Pfarrer Martin Niemöller aus Berlin-Dahlem wegen Gefährdung des öffentlichen Friedens, Kanzelmissbrauchs sowie Aufforderung zu Zuwiderhandlungen gegen Anordnungen der Reichsregierung. Der Angeklagte wurde am 2. März wegen fortgesetzten Vergehens gegen § 130a Absatz 1 StGB zu sieben Monaten Festungshaft und wegen eines Vergehens gegen §4 der Verordnung vom 28. Februar 1933 zu einer Geldstrafe von 500 RM sowie wegen eines weiteren Vergehens, teilweise in Tateinheit mit Vergehen gegen § 130a Absatz 2c StGB, zu einer Geldstrafe von 1500 RM, im Nichteintreibungsfalle zu einer Gefängnisstrafe von drei Monaten, verurteilt." Obwohl die ausgesprochene Strafe bereits durch die Untersuchungshaft verbüßt war, wurde Niemöller in das Konzentrationslager Sachsenhausen, später nach Dachau gebracht. 1945 befreiten ihn die Amerikaner.

Vom KdF-Wagen zum Wehrmachtskübel

Adolf Hitler war von allen technischen Dingen fasziniert und auch imstande, die Bedeutung technischer Neuerungen schneller als andere zu erfassen und für seine Zwecke einzusetzen. Das zeigten die unablässigen Auto- und Flugzeugreisen kreuz und quer durch das ganze Deutsche Reich während der Wahlkämpfe der Weimarer Zeit.

Als er 1933 zur Macht kam, war die Autoindustrie in Deutschland nur eine unter vielen anderen Industrien. Während in Amerika bei Henry Ford die „Tin-Lizzies" in Millionenzahlen vom Band rollten, schraubte man in Deutschland die Autos noch mehr oder weniger von Hand zusammen. Billige Kleinwagen gab es hierzulande kaum; sie waren zumeist auch sehr unvollkommen, man konnte keine Familie darin unterbringen, sie fuhren langsam und sahen hässlich aus. Das normale Auto, mit dem man etwas anfangen konnte, war ein Luxusartikel, teuer in der Anschaffung und im Unterhalt, eine Sache für reiche Leute. Adolf Hitler wollte das Auto für die Massen. Er sah darin ein glänzendes Mittel, die Industrie anzukurbeln, Arbeitsplätze zu schaffen und obendrein die Arbeiter für sein Regime zu gewinnen. Denn die Autos, die sie produzierten, sollten ihnen zugänglich sein. Jeder sollte die Möglichkeit bekommen, eines zu erwerben. Im Konstrukteur Ferdinand Porsche fand Hitler den Mann, den er brauchte. Porsche hatte Pläne für einen „Volkswagen": runde Formen, „wie ein Maikäfer", sagte Hitler, luftgekühlter Motor, Hinterradantrieb, 26 PS, Höchstgeschwindigkeit 100 km/h, Verbrauch 8 l, Preis 1000 Mark. Bei den ersten Besprechungen im Verkehrsministerium war auch ein Offizier der Wehrmacht dabei. Sein Wunsch: Nach Entfernung der Aufbauten muss der Wagen drei Mann und ein MG samt Munition tragen können. Schlaglichtartig enthüllt sich hier der militärische Aspekt der Masenmotorisierung. Aber die Industrie wollte nicht ran an das Projekt, ihr waren vor allem die „amerikanischen Erfahrungen" suspekt, die Porsche verwerten wollte, Henry Fords Fließbandproduktion nämlich. Es gab Schwierigkeiten über Schwierigkeiten. Da griff Hitler ein. Er beschloss, für den Volkswagen ein eigenes Werk zu errichten. Die Deutsche Arbeitsfront sollte es betreiben und deren Freizeitorganisation „Kraft durch Freude" die Sparkarten ausgeben. Fünf Mark im Monat zahlte der Sparer ein, und irgendwann, wenn die Karte gefüllt war, würde ihm das Auto geliefert. 336.000 Anmeldungen zählten bald die Annahmestellen bei der DAF. In der Nähe von Fallersleben in Niedersachsen entstand auf der grünen Wiese die „Stadt des KdF-Wagens"; hier wurde am 26. Mai 1938 der Grundstein für das Volkswagenwerk gelegt. Vor der Tribüne, von der aus Hitler zu den Gästen sprach, stand ein handgefertigter VW aus Porsches Stuttgarter Werkstatt – als Stellvertreter für die Millionen, die noch kommen sollten. Doch gebaut wird nicht ein einziger KdF-Wagen. Der Krieg ist schneller. Die Version „Drei Mann und ein MG" wird vorgezogen. Statt des Familienautos baut das Volkswagenwerk Kübelwagen für die Wehrmacht, die bald über die Straßen Europas rollen. Die Massenmotorisierung findet statt – aber vorerst nicht mit Zivilfahrzeugen.

Die drei Ausführungen des „KdF-Wagens" – Limousine, offener Wagen, Kabrio-Limousine – bei der Grundsteinlegung des Volkswagenwerkes im Mai 1938. Als ein hervorragendes „soziales Lockmittel" trug die Idee des Volkswagens mit dazu bei, die ärmeren Schichten für den nationalsozialistischen Staat einzunehmen. Über ein Sparsystem erwerbbar, sollte dieses technisch hervorragend konstruierte Automobil nur 1000 Mark kosten und in großer Stückzahl hergestellt werden.

1939

JANUAR

6.1. Polen lehnt den von der deutschen Regierung geforderten Anschluss der Freien Stadt Danzig an das Deutsche Reich ab.

9.1. Die Neue Reichskanzlei für Adolf Hitler wird eingeweiht. Mit ihren über 400 Räumen nimmt sie einen kompletten Straßenzug im Berliner Regierungsviertel ein.

14.1. Der Presse wird mitgeteilt, dass Hitler nur noch als „Führer“ statt als „Führer und Reichskanzler“ zu bezeichnen sei.

19.1. Hjalmar Schacht wird als Reichsbankpräsident entlassen. Sein Amt übernimmt Wirtschaftsminister Walther Funk. Kurz zuvor hatte Schacht Hitler gegenüber Kritik an der rigorosen Rüstungspolitik geäußert.

FEBRUAR

1.2. Auf einer Konferenz in Paris erklärt das Zentralkomitee (ZK) der Kommunistischen Partei Deutschlands (KPD) mit Wilhelm Pieck, Walter Ulbricht und Franz Dahlem die Bildung einer Volksfront gegen das NS-Regime zu ihrem Ziel.

14.2. In Hamburg läuft das Schlachtschiff „Bismarck“ vom Stapel. Eine Woche später stellt Großbritannien das Schlachtschiff „King George V“ in Dienst.

24.2. Ungarn tritt dem antisowjetischen Antikominternpakt von Deutschland, Italien und Japan bei.

27.2. Mit der Flucht des republikanischen Präsidenten und der diplomatischen Anerkennung des Franco-Staats durch die Westmächte ist der Bürgerkrieg in Spanien beendet.

MÄRZ

1.3. Nur Mitglieder der Nationalsozialistischen Deutschen Arbeiterpartei (NSDAP) können ab sofort noch Beamte werden.

2.3. Im Vatikan wird Kardinal Eugenio Pacelli, der den Namen Pius XII. annimmt, zum neuen Papst gewählt.

10.3. Der sowjetische Regierungschef Josef W. Stalin erklärt die faschistischen Staaten zu Aggressoren im Krieg um die Aufteilung der Welt und verurteilt die Kompromisspolitik des Westens.

15.3. Durch direkte Drohungen und unter Ausnutzung des tschechisch-slowakischen Gegensatzes gelingt Hitler die kampflose Besetzung der „Rest-Tschechei“. Einen Tag zuvor war die Slowakei als selbständige Republik ausgerufen worden.

16.3. Außenminister Joachim von Ribbentrop erklärt das neu gebildete „Reichsprotektorat Böhmen und Mähren“ zum Bestandteil des „Großdeutschen Reichs“. Konstantin Freiherr von Neurath wird zum Protektor ernannt.

17.3. Der britische Ministerpräsident Arthur Neville Chamberlain kündigt aufgrund des andauernden Expansionsstrebens das Ende der Appeasement-Politik gegenüber Hitler an.

23.3. Durch einen Vertrag mit Litauen wird das durch den Versailler Vertrag abgetretene und seit 1923 unter litauischer Verwaltung stehende Memelland wieder Bestandteil des Deutschen Reichs.

24.3. Großbritannien und Frankreich einigen sich auf gemeinsamen Widerstand gegen jede weitere Aggressionspolitik des Deutschen Reichs.

31.3. Chamberlain garantiert Polen Waffenhilfe und militärischen Beistand im Falle eines deutschen Angriffs.

APRIL

14.4. US-Präsident Franklin D. Roosevelt fordert von Hitler und Benito Mussolini Nichtangriffsgarantien für 31 europäische Staaten.

17.4. Die Sowjetunion nimmt Verständigungsgespräche sowohl mit dem Deutschen Reich als auch mit Großbritannien auf.

Höhepunkt der Feierlichkeiten zu Hitlers 50. Geburtstag am 20. April 1939 war die große Militärparade in Berlin, eine „bedeutungsvolle Demonstration militärischer Macht und Entschlossenheit“, so die Schlagzeile des Völkischen Beobachters. Beeindruckt und beunruhigt reagierte die Welt auf das gewaltige militärische Schauspiel, auf die größte Parade, die jemals in Deutschland stattfand.

26.4. Die britische Regierung kündigt die beschränkte Einführung einer Wehrpflicht ein.
Ein Jagdflugzeug des Typs Messerschmidt Me 109 stellt mit 755 km/h einen neuen Geschwindigkeitsweltrekord auf.

28.4. In einer Rundfunkrede kündigt Hitler den Nichtangriffspakt mit Polen und das Flottenbegrenzungsabkommen mit Großbritannien auf.

MAI

17.5. Eine Volkszählung im Deutschen Reich ergibt ohne Österreich eine Bevölkerungszahl von knapp 70 Millionen.

19.5. Frankreich schließt mit Polen einen geheimen Beistandspakt.

22.5. Mit dem „Stahlpakt“ erneuern das Deutsche Reich und Italien die „ Achse Berlin-Rom“. Künftige Expansionen sollen aufeinander abgestimmt werden. Für den Kriegsfall sichern sich beide Staaten Waffenhilfe zu.

26.5. Die Westmächte Frankreich und Großbritannien bieten der Sowjetunion erstmals einen Pakt gegen Hitler an.

30.5. Mussolini schließt in einem Brief an Hitler die Kriegsbereitschaft Italiens für die nächsten Jahre aus.

JUNI

6.6. In Berlin veranstaltet die aus Spanien zurückgekehrte „Legion Condor“ eine Ehrenparade.

18.6. Mit einem 9:0-Sieg über Admira Wien gewinnt Schalke 04 zum vierten Mal die Deutsche Fußballmeisterschaft.

19.6. Mitglieder der HJ werden von Reichsjugendführer Baldur von Schirach zum Erntedienst abbeordert.

21.6. Im „Protektorat Böhmen und Mähren“ wird mit einer „Verordnung über die Entjudung der Wirtschaft“ die Verfolgung von Juden vorangetrieben.

JULI

4.7. Alle Juden im Deutschen Reich werden mit einer Verordnung zum „Reichsbürgergesetz“ zwangsweise zur „Reichsvereinigung der Juden in Deutschland" zusammengeschlossen. Die Reichsvereinigung soll Träger des jüdischen Schulwesens sowie der Wohlfahrtspflege sein. Zugleich soll so die Kontrolle über die Juden und ihre Auswanderung verstärkt werden.

12.7. Walther von Brauchitsch gibt als Oberbefehlshaber des Heers die Bildung von „Schnellen Truppen" bekannt, die vor allem aus Panzerabteilungen gebildet werden.

28.7. Bei der Eröffnung der Rundfunkausstellung in Berlin wird der Einheitsfernseher E1 in Größe eines Radiogeräts präsentiert.

AUGUST

21.8. Die Verhandlungen der Westmächte mit der Sowjetunion werden ergebnislos abgebrochen. Polen weigert sich trotz westlichen Drucks, der Sowjetarmee im Falle eines Kriegs den Durchmarsch zu gestatten.

22.8. Nach Bekanntgabe eines Abkommens mit der Sowjetunion erklärt Hitler den Oberbefehlshabern der Wehrmacht, dass der Krieg gegen Polen unmittelbar bevorstehe.

23.8. In Moskau unterzeichnen die Außenminister von Ribbentrop und Molotow einen deutsch-sowjetischen Nichtangriffspakt, der in einem Geheimen Zusatzabkommen die Interessengebiete in Osteuropa aufteilt.

25.8. Großbritannien und Polen schließen einen Beistandspakt gegen einen möglichen deutschen Angriff. Am Nachmittag gibt Hitler den Befehl zum Überfall auf Polen für den nächsten Tag. Wegen der italienischen Ablehnung eines Kriegseintritts und vor allem wegen der britischen Beistandsgarantie für Polen wird der Befehl am Abend widerrufen. Der deutsche Aufmarsch in den Grenzgebieten wird gestoppt.

26.8. Um den drohenden Krieg noch zu verhindern, rufen Roosevelt, Édouard Daladier und Papst Pius XII. zum Frieden und zu deutsch-polnischen Verhandlungen auf.
Die NSDAP sagt den für Anfang November geplanten Reichsparteitag ab.

29.8. Der britische Botschafter Neville Henderson bricht ein Vermittlungsgespräch mit Hitler erregt ab, da Hitler sich verhandlungsunwillig zeigt und unnachgiebig am Krieg gegen Polen festhält.

30.8. Polen ordnet die Generalmobilmachung an. Die deutsche Regierung bildet einen Kriegsministerrat, der Verordnungen mit Gesetzeskraft erlassen kann. Ziel ist die straffe Führung und Organisation der Kriegswirtschaft.

31.8. Zur Schaffung eines Vorwandes für den Krieg gegen Polen überfallen als polnische Soldaten verkleidete Angehörige des deutschen Sicherheitsdienstes (SD) den Rundfunksender Gleiwitz (Oberschlesien). Über den Rundfunk behaupten sie, Gleiwitz sei von Polen besetzt worden.

SEPTEMBER

1.9. Mit der Beschießung von polnischen Munitionslagern auf der Westerplatte bei Danzig durch das deutsche Linienschiff „Schleswig-Holstein" beginnt der Überfall auf Polen und damit der Zweite Weltkrieg.
Hitler ordnet unter dem Begriff „Euthanasie" die organisierte Ermordung von Kranken in Pflege- und Heilanstalten an.

3.9. Großbritannien und Frankreich erklären Deutschland den Krieg, nachdem ein letzter Vermittlungsversuch Mussolinis von Hitler nicht beantwortet wird. Die USA, Italien und Spanien erklären sich neutral.
Die deutsche Kriegsmarine beginnt den Seekrieg, der vor allem die Schiffsverbindungen Großbritanniens stören soll.
In das britische Kriegskabinett wird Winston Churchill berufen. Er ist vehementer Gegner der britischen Tolerierungspolitik gegenüber dem NS-Staat.

7.9. Französische Truppen rücken in das Saarland ein. Die im Beistandspakt mit Polen vereinbarten Offensiven gegen die deutsche Westfront werden jedoch nicht durchgeführt. Dies erleichtert den deutschen Blitzkrieg gegen Polen.

13.9. Warschau ist von den deutschen Truppen komplett eingeschlossen.
In Frankreich wird ein Kriegskabinett unter Daladier gebildet, der das Außenministerium mit übernimmt.

17.9. Sowjetische Truppen marschieren in Polen ein. Die polnische Regierung flieht nach Rumänien.

23.9. Tod des Psychologen Sigmund Freud im Londoner Exil.

27.9. Nach schweren deutschen Luftangriffen kapitulieren die polnischen Truppen in Warschau. Erstmals ist eine Großstadt systematisch bombardiert worden.

28.9. Die Sowjetunion und Deutschland einigen sich auf eine neue gemeinsame Grenze in Polen. Als Staat besteht Polen nicht mehr.

OKTOBER

1.10. Als Zusammenfassung der Sicherheitsämter wird das Reichssicherheitshauptamt (RSHA) gebildet. Es steht unter der Leitung von Reinhard Heydrich.

6.10. In einer Rede vor dem Reichstag bietet Hitler den Westmächten einen Frieden an, der eine Revision des Versailler Vertrags vorsieht. Dies lehnen Frankreich und Großbritannien ab.

7.10. Heinrich Himmler wird Beauftragter für die Umsiedlungspolitik in Posen und Westpreußen, aus denen die polnische Bevölkerung deportiert werden soll.

12.10. Der besetzte und nicht dem Deutschen Reich angegliederte Teil Polens wird zum Generalgouvernement unter Leitung von Hans Frank erklärt.

14.10. Ein deutsches U-Boot versenkt im Hafen von Scapa Flow (Orkney-Inseln) das britische Schlachtschiff „Royal Oak". Diese Versenkung wird häufiges Motiv der deutschen Kriegspropaganda.

17.10. Angehörige der SS und der Polizei werden der allgemeinen Gerichtsbarkeit entzogen.

19.10. Die französischen Truppen verlassen das von ihnen besetzte Gebiet im Saarland. An der deutschen Westfront bleibt es beim „Sitzkrieg".

26.10. Als Reichsgaue Posen (ab 2.11.1939: Wartheland) und Westpreußen (ab Januar 1940: Danzig-Westpreußen) werden Teile Polens dem Deutschen Reich angegliedert. Im besetzten Teil Polens werden alle Männer zwischen 18 und 60 Jahren zum Arbeitsdienst gezwungen.

NOVEMBER

1./2.11. Östliche Teilgebiete Polens werden der Sowjetunion angegliedert.

8.11. Hitler entgeht knapp einem Bombenattentat im Bürgerbräukeller in München. Der Schreiner Johann Georg Elser hatte dort eine selbstgebaute Bombe versteckt.

12.11. Generalgouverneur Frank erklärt das besetzte Polen zum „ersten Kolonialgebiet der deutschen Nation".

18.11. In Krakau wird das Tragen eines Judensterns für alle Juden zur Pflicht. Diese Regelung gilt bald im gesamten von Deutschland besetzten Polen.

30.11. Mit einer Armeeoffensive und mit Luftangriffen beginnt die Sowjetunion den Krieg gegen das neutrale Finnland.

DEZEMBER

1.12. In Posen beginnt die Umsiedlung von 150.000 Polen in das Generalgouvernement.

11.12. Zahlreiche Kaiser-Wilhelm-Institute werden zu wehrwichtigen Betrieben ernannt.

14.12. Hitler befiehlt die Planung für eine Eroberung Norwegens, um nicht von den schwedischen Erzlieferungen durch Norwegen abgeschnitten zu werden.

17.12. In der Mündung des Río de la Plata versenkt sich das deutsche Panzerschiff „Admiral Graf Spee" wegen Schlachtschäden selbst.

27.12. Die finnische Armee beginnt eine erfolgreiche Gegenoffensive. Finnland hat dem Angriff der Roten Armee bisher widerstanden.

AUSSERDEM

Ernst Jünger: Auf den Marmorklippen (Roman)
Ernst Lubitsch: Ninotschka (Film)
Klaus Mann: Der Vulkan (Roman)
Franz Werfel: Der veruntreute Himmel (Roman)

Untergang der Tschechoslowakei

In München hatte er noch vor einem halben Jahr beim Abkommen über die Rückgliederung des Sudetenlandes an Deutschland verkündet, er habe keinerlei weitere territoriale Forderungen in Europa. Doch schon tags darauf begann Hitler mit dem Nervenkrieg gegen die „Resttschechei“. Schließlich schürte er erfolgreich die Unabhängigkeitsbemühungen der Slowakei und brachte so das 1918 nach dem Ersten Weltkrieg konstruierte Staatsgebäude zum Einsturz. Jetzt verlangte er von den Tschechen die Unterstellung ihres Gebietes unter deutschen „Schutz“. In den frühen Morgenstunden des 15. März 1939 ließ er den tschechischen Präsidenten Hacha in der Reichskanzlei „antanzen“, um ihm seinen unabänderlichen Entschluss mitzuteilen: Entweder gäbe Prag nach, oder die Waffen würden sprechen. Im Protokoll des Gesprächs, das den Untergang des kleinen Staates besiegelte, hieß es:

... Nun käme er zu dem, was ihn am meisten bewege, zu dem Schicksal seines Volkes. Er glaube, dass gerade der Führer ihn verstünde, wenn er der Ansicht sei, dass die Tschechoslowakei das Recht habe, ein nationales Leben leben zu wollen. Die geographische Lage der Tschechoslowakei verlange selbstverständlich das beste Verhältnis zu Deutschland. Dieses sei die Grundlage eines nationalen Eigenlebens. Diese Überzeugung teile der größte Teil des tschechischen Volkes. Es gäbe natürlich Ausnahmen, aber man müsse bedenken, dass die neue Tschechoslowakei erst seit sechs Monaten existiere ... Der Führer antwortet, indem er sein Bedauern darüber ausspricht, dass er dem Staatspräsidenten diese Reise habe zumuten müssen. Aber heute Morgen sei er nach langem Überlegen zu der Überzeugung gekommen, dass diese Reise trotz des hohen Alters des Staatspräsidenten für sein Land von großem Nutzen sein könnte, da es nur noch Stunden seien, bis Deutschland eingreife ...

Im Herbst hätte er nicht die letzten Konsequenzen ziehen wollen, weil er geglaubt habe, dass ein Zusammenleben möglich sei ...

Dem neuen Regime sei es nicht gelungen, das alte psychologisch verschwinden zu lassen, das sehe er an der Presse, an der Mundpropaganda, an den Entlassungen der Deutschen und an vielen Handlungen, die für ihn symbolisch für das Gesamtbild seien ... Warum habe die Tschechoslowakei nicht die Armee sofort auf ein vernünftiges Maß reduziert? Er zählt mehrere Beispiele auf, die ihm bewiesen haben, dass der Geist in der Armee sich nicht gewandelt habe ...

„So sind bei mir am letzten Sonntag die Würfel gefallen. Ich habe mir den ungarischen Gesandten kommen lassen und habe ihm mitgeteilt, dass ich die Hände von diesem Land zurückziehe.“ Wir stünden nun vor dieser Sachlage, und er habe den Befehl gegeben zum Einmarsch der deutschen Truppen und der Eingliederung der Tschechoslowakei ins Deutsche Reich. Er wolle der Tschechoslowakei die vollste Autonomie und ein Eigenleben geben, mehr als sie es jemals in der österreichischen Zeit genossen habe. Das Verhalten Deutschlands gegenüber der Tschechoslowakei wird sich morgen und übermorgen entscheiden und ist abhängig von der Haltung des tschechischen Volkes und des tschechischen Militärs gegenüber den deutschen Truppen ... Es gäbe zwei Möglichkeiten. Die erste sei die, dass sich das Einrücken der deutschen Truppen zu einem Kampf entwickelt: Dann wird dieser Widerstand mit allen Mitteln mit Brachialgewalt gebrochen. Die andere ist die, dass sich der Einmarsch der deutschen Truppen in erträglicher Form abspielt, dann würde es dem Führer leicht, bei der Neugestaltung des tschechischen Lebens der Tschechoslowakei ein großzügiges Eigenleben, eine Autonomie und eine gewisse nationale Freiheit zu geben.

... Wenn im Herbst vorigen Jahres die Tschechoslowakei nicht nachgegeben hätte, so wäre das tschechische Volk ausgerottet worden. Keiner hätte ihn dann daran gehindert ... Käme es morgen zum Kampf, so würde der Druck Gegendruck erzeugen. Man würde sich gegenseitig aufreiben, und es sei ihm dann nicht mehr möglich, die versprochenen Erleichterungen zu geben. Die tschechische Armee würde in zwei Tagen nicht mehr existieren ... Die Welt wird keine Miene verziehen ...

In Deutschland gäbe es zwei Richtungen, eine härtere, die keine Konzessionen wolle und in Erinnerung an das vergangene wünsche, dass die Tschechoslowakei mit Blut niedergerungen würde, und eine andere, deren Haltung seinen eben erwähnten Vorschlägen entspreche.

Dies sei der Grund, warum er Hacha hierher gebeten habe. Diese Einladung sei der letzte gute Dienst, den er dem tschechischen Volk erweisen könne ...

Die Stunden vergingen. Um 6 Uhr würden die Truppen einmarschieren ...

Hacha sagt, dass für ihn die Situation völlig klar und dass hier jeder Widerstand sinnlos sei ...

Der Führer sagt, dass sein Entschluss unwiderruflich sei. Man wisse ja, was ein Entschluss des Führers bedeute.

Nach dem Einzug in den Prager Hradschin am 16. März 1939 trat Hitler ans Fenster und zeigte sich einer rasch herbeigeholten Menge. Anders als in Österreich oder im Sudetenland mußte die Begeisterung nun befohlen werden.

Ende der Appeasement-Politik

Wie seine innenpolitischen Gegner übertölpelte Hitler auch die außenpolitischen Kontrahenten. Er lockte sie von Zugeständnis zu Zugeständnis, bis er die Maske fallen lassen konnte, weil seine Position kaum noch zu erschüttern war. So erging es vor allem dem britischen

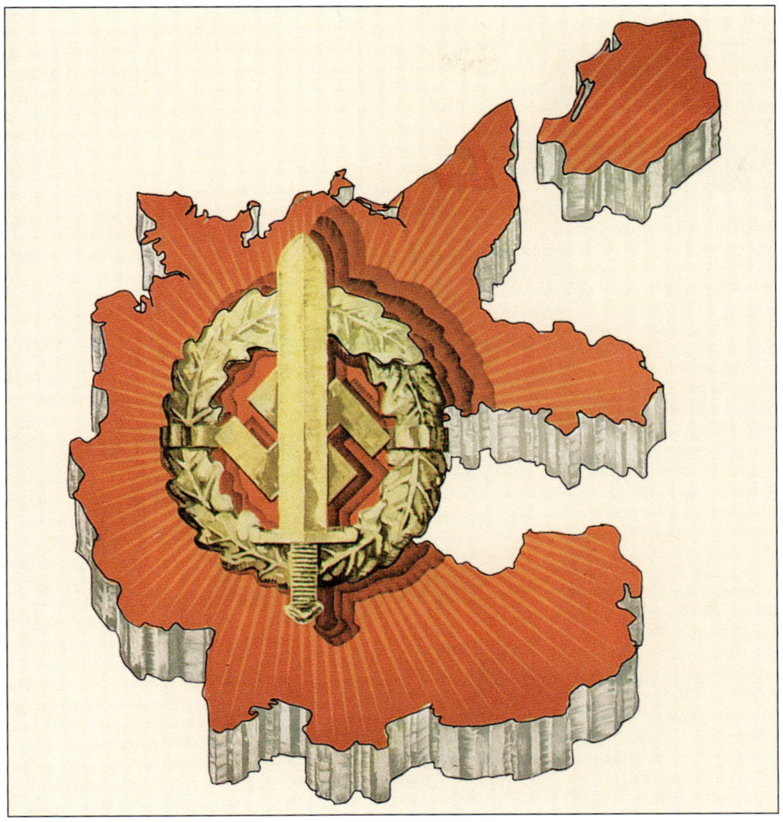

Umrisskarte von „Großdeutschland" aus dem Jahr 1938. Den „Korridor", jenen 1919 geschaffenen polnischen Landstreifen zwischen Pommern und Ostpreußen (am oberen Bildrand rechts) zu überbrücken, war Hitlers Ziel im Frühjahr 1939. Dahinter verbarg sich aber mehr: Auseinandersetzung mit dem polnischen Staat, die tödlich für diesen werden sollte.

Premierminister Chamberlain, der mit allen Mitteln versuchte, einen militärischen Konflikt in Europa zu vermeiden. Seine „appeasement" (Befriedung) genannte Politik scheiterte an der Doppelzüngigkeit des deutschen Diktators und an der Fehleinschätzung seiner Bereitschaft, jeden Vertrag, jedes Recht zu brechen, wenn das in seine Eroberungspläne passte. Im September 1938 noch hatte Chamberlain gemeint, mit dem Münchner Abkommen, das Deutschland das Sudetenland zusprach, den „Frieden für unsere Zeit" gerettet zu haben. Ein halbes Jahr darauf zwang Hitler die „Resttschechei" zum Anschluss an das Reich. Er hatte nun aber seine Karte überreizt. Zwar blieb es wieder nur bei Protesten der Westmächte, die Hitler nur belächelte, doch der Ton hatte sich entscheidend verändert. Am 17. März 1939, nur zwei Tage nach dem deutschen Einmarsch, trat Chamberlain vor das Unterhaus und verkündete das Ende der Appeasement-Politik:

... Der gestern in Prag erlassenen Proklamation zufolge sind Böhmen und Mähren dem Deutschen Reich angeschlossen worden. Nichtdeutsche Einwohner, zu denen natürlich die Tschechen gehören, werden dem deutschen Protektor im Deutschen Protektorat unterstellt. Sie haben sich den politischen, militärischen und wirtschaftlichen Bedürfnissen des Reiches zu unterwerfen. Sie werden Staaten mit Selbstverwaltung genannt, aber das Reich übernimmt ihre Außenpolitik, ihre Zölle und Akzisen, ihre Bankreserven und die Ausrüstung der entwaffneten tschechischen Armee. Und vielleicht das Unheimlichste: Wir hören wieder vom Auftauchen der Gestapo, der Geheimen Staatspolizei, und von der gewohnten Geschichte der Massenverhaftungen prominenter Persönlichkeiten mit den grausigen Folgen, die uns allen vertraut sind.

Jeder Mann und jede Frau in unserem Land, die sich an das Schicksal der Juden und der politischen Gefangenen in Österreich erinnern, müssen heute mit Kummer und Sorge erfüllt sein. Wer kann hindern, dass sich sein Herz in Sympathie dem stolzen und tapferen Volk zuwendet, das so plötzlich ein Opfer dieser Invasion wurde, dessen Freiheiten beschnitten sind und dessen nationale Unabhängigkeit dahin ist? Was ist aus der Erklärung „keine territorialen Ansprüche mehr" geworden? Was ist aus der Versicherung „Wir wollen keine Tschechen im Reich" geworden? Wie viel Rücksicht hat man genommen auf den Grundsatz der Selbstbestimmung, worüber Herr Hitler in Berchtesgaden mit mir so heftig diskutierte, als er die Trennung des Sudetengebietes von der Tschechoslowakei und dessen Einverleibung in das Reich forderte? ...

Deutschland hat der Welt unter seinem jetzigen Regime eine Serie von unangenehmen Überraschungen bereitet. Das Rheinland, der Anschluss Österreichs, die Lostrennung des Sudetengebietes – alle diese Dinge erregten und empörten die öffentliche Meinung der ganzen Welt. Jedoch, soviel wir auch einwenden mögen gegen die Methoden, die in jedem einzelnen dieser Fälle angewandt wurden, etwas ließ sich doch sagen – entweder wegen der rassenmäßigen Zugehörigkeit oder wegen allzu lang missachteter gerechter Ansprüche – etwas ließ sich doch sagen zugunsten der Notwendigkeit einer Änderung der vorhandenen Lage.

Aber die Dinge, die sich diese Woche unter völliger Missachtung der von der deutschen Regierung selbst aufgestellten Grundsätze ereignet haben, scheinen zu einer andern Kategorie zu gehören, und sie müssen uns allen die Frage nahe legen: „Ist dies das Ende eines alten Abenteuers, oder ist es der Anfang

Winston Churchill war für die deutsche Presse Kriegstreiber Nr. 1 gegen Deuschland. Hier karikieren ihn die Berliner „Lustigen Blätter" als Shakespeareschen Totengräber, der dem Hamlet Chamberlain beim Jonglieren mit der Weltkugel zusieht: Sein oder Nichtsein ...

eines neuen?" ... „Ist dies der letzte Angriff auf einen kleinen Staat, oder sollen ihm noch weitere folgen? Ist dies sogar ein Schritt in der Richtung auf den Versuch, die Welt durch Gewalt zu beherrschen?" Das sind schwere und ernste Fragen ... Ich glaube nicht, dass irgend jemand meine Aufrichtigkeit infragestellen wird, wenn ich sage, dass es kaum etwas gibt, was ich nicht für den Frieden zu opfern bereit wäre. Aber etwas gibt es, was ich davon ausnehmen muss, und das ist die Freiheit, die wir seit Hunderten von Jahren genießen und die wir niemals preisgeben werden. Dass unter allen Menschen gerade ich mich aufgerufen fühle, dies zu erklären, das mag zeigen, in welchem Maße durch diese Ereignisse das Vertrauen zerstört wurde, das eben ganz leise das Haupt zu erheben begann und das, hätte es wachsen dürfen, vielleicht dieses Jahr denkwürdig gemacht hätte durch die Rückkehr ganz Europas zur Gesundheit und zur Stabilität. Es sind erst sechs Wochen her, dass ich in dieser Stadt sprach und auf Gerüchte und Zweifel anspielte, welche, wie ich sagte, hinweggefegt werden müssten. Ich wies darauf hin, dass jeder Anspruch auf Weltherrschaft durch Gewalt den Widerstand der Demokratien finden müsse, und ich fügte hinzu, ich könne nicht glauben, dass eine solche Herausforderung geplant sei, weil keine Regierung, der die Interessen ihres Volkes am Herzen liegen, eines solchen Anspruches wegen dieses Volk den Schrecken des Weltkrieges aussetzen könne. Und es erscheint in der Tat, mit den Lehren der Geschichte vor aller Augen, unglaublich, dass es eine solche Herausforderung geben könne. Ich fühle mich verpflichtet, zu wiederholen, dass ich zwar nicht bereit bin, unser Land durch neue, nicht spezifizierte und unter nicht voraussehbaren Bedingungen funktionierende Verpflichtungen zu binden, dass aber kein größerer Fehler begangen werden könnte als der zu glauben, unsere Nation habe, weil sie den Krieg für eine sinnlose und grausame Sache hält, so sehr ihr Mark verloren, dass sie nicht bis zur Erschöpfung ihrer Kraft einer solchen Herausforderung entgegentreten werde, sollte sie jemals erfolgen. Für diese Erklärung habe ich – davon bin ich überzeugt, nicht nur die Unterstützung, die Sympathie und das Vertrauen meiner Mitbürger und Mitbürgerinnen, sondern ich werde auch die Zustimmung des gesamten britischen Weltreiches und aller andern Nationen haben, die zwar den Frieden hoch schätzen, aber die Freiheit noch höher.

Am 23. August 1939 unterzeichnete Ribbentrop in Moskau den Nichtangriffspakt zwischen Deutschland und der Sowjetunion. Ein geheimes Zusatzprotokoll des Vertrages legte die Aufteilung Polens fest. Der Weg für den Angriff auf Polen war frei. Hinter Ribbentrop Stalin (rechts) und Molotow.

Deutsch-sowjetischer Nichtangriffsvertrag

Seit dem Münchener Abkommen der Westmächte mit den faschistischen Diktatoren (30. 9. 1938) war Stalin von tiefem Misstrauen gegenüber Großbritannien und Frankreich erfüllt; wegen des Aderlasses der „großen Säuberungen" in der Führungsschicht seines Reiches fand er sich zudem in keiner Weise auf einen militärischen Konflikt vorbereitet. Darum verließ er die Front, die die westlichen Demokratien gegen Hitler aufbauen wollten, und nahm – trotz vorangegegangenen jahrelangen Propagandakriegs, in dem er und Hitler einander wechselseitig als „jüdisch-bolschewistischen Todfeind" bzw. „faschistischen Totengräber der Arbeiterklasse" tituliert hatten – das deutsche Verhandlungsangebot an. Der am 23. August 1939 in Moskau abgeschlossene deutsch-sowjetische Nichtangriffsvertrag verschaffte der Sowjetunion den dringend benötigten Zeitgewinn und dem Deutschen Reich die Sicherheit, beim Angriff auf Polen nicht gestört zu werden. Die deutsche Seite profitierte zudem von sowjetischen Rohstoff- und Lebensmittellieferungen. Bestandteil des Vertrages war ein geheimes Zusatzprotokoll, in dem die Vertragspartner ihre Interessensphären u.a. in den Baltischen Staaten, Bessarabien und Finnland abgrenzten und eine Teilung Polens vereinbarten. Die Bestimmungen des Vertrages lauteten: Die Deutsche Reichsregierung und die Regierung der Union der Sozialistischen Sowjetrepubliken, geleitet von dem Wunsche, die Sache des Friedens zwischen Deutschland und der UdSSR zu festigen, und ausgehend von den grundlegenden Bestimmungen des Neutralitätsvertrages, der im April 1926 zwischen Deutschland und der UdSSR geschlossen wurde, sind zu nachstehender Vereinbarung gelangt:

Artikel I. Die beiden Vertragschließenden Teile verpflichten sich, sich jeden Gewaltakts, jeder aggressiven Handlung und jeden Angriffs gegeneinander, und zwar sowohl einzeln als auch gemeinsam mit anderen Mächten, zu enthalten.

Artikel II. Falls einer der vertragschließenden Teile Gegenstand kriegerischer Handlungen seitens einer dritten Macht werden sollte, wird der andere vertragschließende Teil in keiner Form diese dritte Macht unterstützen.

Artikel III. Die Regierungen der beiden vertragschließenden Teile werden künftig fortlaufend zwecks Konsultation in Fühlung miteinander bleiben, um sich gegenseitig über Fragen zu informieren, die ihre gemeinsamen Interessen berühren.

Artikel IV. Keiner der beiden vertragschließenden Teile wird sich an irgendeiner Mächtegruppierung beteiligen, die sich mittelbar oder unmittelbar gegen den anderen Teil richtet.

Artikel V. Falls Streitigkeiten oder Konflikte zwischen den vertragschließenden Teilen über Fragen dieser oder jener Art entstehen sollten, werden beide Teile diese Streitigkeiten oder Konflikte ausschließlich auf dem Wege freundschaftlichen Meinungsaustausches oder nötigenfalls durch Einsetzung von Schlichtungskommissionen bereinigen.
Artikel VI. Der gegenwärtige Vertrag wird auf die Dauer von zehn Jahren abgeschlossen mit der Maßgabe, dass, soweit nicht einer der vertragschließenden Teile ein Jahr vor Ablauf dieser Frist kündigt, die Dauer der Wirksamkeit dieses Vertrages automatisch für weitere fünf Jahre als verlängert gilt.
Artikel VII. Der gegenwärtige Vertrag soll innerhalb möglichst kurzer Frist ratifiziert werden. Die Ratifizierungsurkunden sollen in Berlin ausgetauscht werden) Der Vertrag tritt sofort mit seiner Unterzeichnung in Kraft.
Moskau, am 23. August 1939.
Für die Deutsche Reichsregierung:
von Ribbentrop.
In Vollmacht der Regierung der UdSSR:
W. Molotow.

Geheimes Zusatzprotokoll:

Aus Anlass der Unterzeichnung des Nichtangriffsvertrages zwischen dem Deutschen Reich und der Union der Sozialistischen Sowjetrepubliken haben die unterzeichneten Bevollmächtigten der beiden Teile in streng vertraulicher Aussprache die Frage der Abgrenzung der beiderseitigen Interessensphären in Osteuropa erörtert. Diese Aussprache hat zu folgendem Ergebnis geführt:
1. Für den Fall einer territorial-politischen Umgestaltung in den zu den baltischen Staaten (Finnland, Estland, Lettland, Litauen) gehörenden Gebieten bildet die nördliche Grenze Litauens zugleich die Grenze der Interessensphäre Deutschlands und der UdSSR. Hierbei wird das Interesse Litauens am Wilnaer Gebiet beiderseits anerkannt.
2. Für den Fall einer territorial-politischen Umgestaltung der zum polnischen Staate gehörenden Gebiete werden die Interessensphären Deutschlands und der UdSSR ungefähr durch die Linie der Flüsse Narew, Weichsel und San abgegrenzt. Die Frage, ob die beiderseitigen Interessen die Erhaltung eines unabhängigen polnischen Staates erwünscht erscheinen lassen und wie dieser Staat abzugrenzen wäre, kann endgültig erst im Laufe der weiteren politischen Entwicklung geklärt werden. In jedem Falle werden beide Regierungen diese Frage im Wege einer freundschaftlichen Verständigung lösen.
3. Hinsichtlich des Südostens Europas wird von sowjetischer Seite das Interesse an Bessarabien betont. Von deutscher Seite wird das völlige politische Desinteressement an diesen Gebieten erklärt.
4. Dieses Protokoll wird von beiden Seiten streng geheim behandelt werden.
Moskau, den 23. August 1939
Für die Deutsche Reichsregierung:
v. Ribbentrop
In Vollmacht der Regierung der UdSSR:
W. Molotow

Rückenstärkung für Polen

Nach Abschluss des Deutsch-Sowjetischen Nichtangriffspaktes gab es in England überhaupt keine Zweifel mehr, dass Polen das nächste Ziel der Hitler'schen Eroberungspolitik sein werde. Premier Chamberlain gab deshalb am 24. August 1939 im Unterhaus eine Erklärung ab, in der er die Bereitschaft bekräftigte, Polen gegen das Deutsche Reich zu unterstützen:
Ich wünsche dem Hause nicht zu verheimlichen, dass diese Ankündigung (des deutsch-russischen Paktabschlusses) für die Regierung als eine Überraschung kam, als eine Überraschung von sehr unerfreulichem Charakter ... Es war zum mindesten höchst beunruhigend zu erfahren, dass, während diese Besprechungen (der englischen und französischen Militärmission in Moskau) auf dieser Basis (gegenseitigen Vertrauens) vor sich gingen, die Sowjetunion gleichzeitig heimlich mit Deutschland über einen Pakt verhandelte, der allem Anschein nach mit den Zielen der Außenpolitik, wie wir sie verstanden hatten, unvereinbar war. In Berlin wurde die Erklärung mit äußerstem Zynismus als ein großer diplomatischer Sieg willkommen geheißen, der jede Kriegsgefahr beseitigt habe, da Großbritannien und Frankreich nunmehr wahrscheinlich nicht länger mehr ihre Verpflichtungen Polen gegenüber erfüllen würden. Wir haben es daher für unsere erste Pflicht gehalten, derartige gefährli-

Eingang der Neuen Reichskanzlei in der Berliner Voßstraße. Am 11. Januar 1938 hatte Hitler den Architekten Albert Speer mit dem Bau beauftragt: „Ich muss in nächster Zeit wichtigste Besprechungen abhalten. Dazu brauche ich große Hallen und Säle, mit denen ich besonders kleineren Potentaten imponieren kann. Als Gelände stelle ich ihnen die ganze Voßstraße zur Verfügung. Was es kostet, ist mir gleichgültig. Aber es muss sehr schnell gehen und trotzdem solid gebaut sein. Wie lange brauchen Sie? Pläne, Abriss, alles zusammen? Anderthalb oder zwei Jahre wären mir schon zuviel. Können Sie zum 10. Januar 1939 fertig sein? Ich will den nächsten Diplomatenempfang in der neuen Kanzlei machen." – Speer unterbot die knappe Terminvorgabe um drei Tage. Am 7. Januar 1939 war der Bau fertig, am 12. Januar wurde er eingeweiht.

Von den Heinkel-Werken 1939 entwickelt, das erste Düsenflugzeug der Welt: Eine Versuchsmaschine vom Typ He 178.

Speers Modell für die Neugestaltung Berlins, 1939. Die große Halle am nördlichen Ende der Nord-Südachse sollte mit 200 Metern Höhe und einem Kuppeldurchmesser von 250 Metern die größte Versammlungshalle der Welt werden und 150.000 bis 180.000 stehenden Zuhörern Platz bieten.

che Illusionen zu beseitigen ... Daher bestand unsere erste Aktion darin, dass wir eine Erklärung ausgaben, wonach unsere Verpflichtungen gegenüber Polen und anderen Ländern unberührt bleiben. Diese Verpflichtungen beruhen auf übereinstimmend angenommenen Erklärungen, die vor dem Unterhaus abgegeben wurden und die ihren Ausdruck in Verträgen gefunden haben, die gegenwärtig in einem vorgeschrittenen Verhandlungsstadium sind. Diese Verträge werden nach ihrem Abschluss unsere Verpflichtungen formal festlegen, aber weder ändern sie, noch vermehren oder vermindern sie unsere Verpflichtungen gegenseitiger Hilfeleistung, die wir bereits eingegangen sind.

Erstes Düsenflugzeug der Welt startet zum Probeflug

Mit der Heinkel He 178 startete am 27. August 1939 das erste strahlgetriebene Flugzeug der Welt. Mit Heinkel-Chefpilot Erich Warsitz am Steuer flog die 7,50 Meter lange und fast zwei Tonnen schwere Versuchsmaschine vom Werksflugplatz Rostock-Marienehe aus sechs Minuten lang. Angetrieben wurde das Flugzeug von dem Düsentriebwerk He S 3, das der Göttinger Physiker Pabst von Ohain entwickelt hatte und das im September 1937 erstmals zur Probe gelaufen war. Die eingeladenen Vertreter des Reichsluftfahrtministeriums blieben – drei Tage vor dem Beginn des Polen-Feldzugs und dem damit vom Zaun gebrochenen Zweiten Weltkrieg – dem Erstflug fern. Als Generalluftzeugmeister Ernst Udet und Staatssekretär Erhard Milch, ein früherer Lufthansa-Direktor, zwei Monate später Zeit fanden, nach Rostock zu kommen, ließen sie Verständnis für Heinkels technische Entwicklung vermissen. Der Anblick des ersten Düsenflugzeugs verführte sie zu albernen Kommentaren. Sie vermissten einen Propeller und bemerkten zu der Einsaugöffnung des Triebwerks am Bug der Maschine:

„Wäre es nicht besser, die Öffnung da vorne zu schließen? Das muss doch verdammt ziehen!"

Hitlers erste Kriegsrede

Am Vormittag des 1. September 1939 hielt Hitler eine Rede im Reichstag. Zu dieser Zeit waren seine Armeen bereits dabei, in Polen einzudringen. Der Zweite Weltkrieg hatte begonnen. Noch aber glaubte der Diktator, den Konflikt lokalisieren zu können: den Polen würde niemand beistehen:

Seit Monaten leiden wir alle unter der Qual eines Problems, das uns auch der Versailler Vertrag, d.h. das Versailler Diktat, einst beschert hat, eines Problems, das in seiner Ausartung und Entartung für uns unerträglich geworden war. Danzig war und ist eine deutsche Stadt. Der Korridor war und ist deutsch. Alle diese Gebiete verdanken ihre kulturelle Erschließung ausschließlich dem deutschen Volk. Ohne das deutsche Volk würde in an diesen östlichen Gebieten tiefste Barbarei herrschen ...

Eines ist nun unmöglich: zu verlangen, dass ein unmöglicher Zustand auf dem Wege von friedlichen Revisionen bereinigt wird – und die friedlichen Revisionen konsequent zu verweigern. Es ist auch unmöglich, zu sagen, dass derjenige, der in einer solchen Lage dann dazu übergeht, von sich aus diese Revisionen vorzunehmen, gegen ein Gesetz verstößt. Denn das Diktat von Versailles ist für uns Deutsche kein Gesetz! Es war ein Diktat. Es geht nicht an, von jemand mit vorgehaltener Pistole und mit der Drohung des Verhungerns von Millionen Menschen eine Unterschrift zu erpressen und dann das Dokument mit dieser erpressten Unterschrift als ein feierliches Gesetz zu proklamieren ... Ich

habe in Besprechungen mit polnischen Staatsmännern die Gedanken, die Sie von mir aus hier in meiner letzten Reichstagsrede vernommen haben, ventiliert, sie mit ihnen durchgesprochen.
Kein Mensch hätte sagen oder behaupten können, dass dies etwa ein ungebührliches Verfahren oder gar ein ungebührlicher Druck gewesen wäre. Ich habe dann allerdings endlich die deutschen Vorschläge formulieren lassen. Und ich muss daher noch einmal wiederholen, dass es etwas Loyaleres und Bescheideneres nicht gibt als diese von mir damals unterbreiteten Vorschläge. Und ich möchte das jetzt hier der Welt sagen: Ich allein war überhaupt nur in der Lage, solche Vorschläge zu machen! Denn ich weiß ganz genau, dass ich mich damals in Gegensatz gebracht habe zur Auffassung von Millionen von Deutschen.
Diese Vorschläge sind abgelehnt worden. Aber nicht nur das, sie wurden beantwortet
1. mit Mobilmachungen,
2. mit einem verstärkten Terror, mit gesteigertem Druck auf die Volksdeutschen in diesen Gebieten und mit einem langsamen Abdrosselungskampf gegen die Freie Stadt Danzig, wirtschaftlich und zollpolitisch und in den letzten Wochen endlich auch militärisch und verkehrstechnisch ...
Ich habe auch noch ein letztes Mal versucht, obwohl ich – ich gestehe es – innerlich überzeugt war, dass es der polnischen Regierung, vielleicht auch infolge ihrer Abhängigkeit von einer nunmehr entfesselten wilden Soldateska, mit einer wirklichen Verständigung nicht ernst war –, ich habe ein letztes Mal versucht, einen Vermittlungsvorschlag der britischen Regierung anzunehmen. Sie schlug vor, nicht, dass sie selber Verhandlungen führen wollte, sondern sie schlug vor und versicherte es, eine direkte Verbindung herzustellen zwischen Polen und Deutschland, um auf diesem Wege noch einmal in das Gespräch zu kommen.
Nun muss ich hier Folgendes feststellen: Ich habe diesen Vorschlag angenommen. Ich habe für diese Besprechungen Grundlagen ausgearbeitet, die Ihnen bekannt sind. Und ich bin nun mit meiner Regierung zwei volle Tage dagesessen und habe gewartet, ob es der polnischen Regierung passt, uns endlich einen Bevollmächtigten zu schicken oder nicht. Sie hat uns gestern Abend keinen Bevollmächtigten geschickt, sondern durch ihren Botschafter mitteilen lassen, dass sie zur Zeit erwäge, ob sie in der Lage ist und inwieweit sie in der Lage ist, auf die englischen Vorschläge einzugehen, und sie würde dies dann der englischen Regierung mitteilen.
Meine Herren Abgeordneten! Wenn man dem Deutschen Reich und seinem Staatsoberhaupt so etwas zumuten kann und wenn das Deutsche Reich und sein Staatsoberhaupt das dulden würde, dann würde die deutsche Nation nichts anderes verdienen, als abzutreten von der politischen Bühne!
Und hier hat man sich in mir wesentlich getäuscht! Meine Friedensliebe und meine endlose Langmut soll man nicht mit Schwäche und gar mit Feigheit verwechseln. Ich habe daher gestern Abend mich entschlossen, es auch der britischen Regierung mitzuteilen, dass ich unter diesen Umständen von der polnischen Regierung keine Geneigtheit mehr finden kann, mit uns in ein wirklich ernstes Gespräch einzutreten. Es waren damit diese Vermittlungsvorschläge gescheitert. Denn unterdes war erstens als erste Antwort auf diesen Vermittlungsvorschlag die polnische Generalmobilmachung gekommen und als weitere Antwort neue Greueltaten. Diese Vorgänge haben sich nun heute Nacht abermals wiederholt. Nachdem schon neulich in einer einzigen Nacht 21 Grenzzwischenfälle waren, sind es heute Nacht 14 gewesen, darunter drei ganz schwere.
Ich habe mich daher entschlossen, mit Polen in der gleichen Sprache zu reden, mit der Polen nun seit Monaten mit uns spricht!
Wenn nun Staatsmänner im Westen erklären, dass dies ihre Interessen berühre, so kann ich eine solche Erklärung nur bedauern. Sie kann mich aber nicht eine Sekunde in der Erfüllung meiner Pflicht wankend machen.
Was will man von uns mehr? Ich habe es feierlich versichert, und ich wiederhole es, dass wir von diesen Weststaaten nichts fordern und nie etwas fordern werden. Ich habe versichert, dass die Grenze zwischen Frankreich und Deutschland eine endgültige ist. Ich habe England immer wieder eine Freundschaft und, wenn notwendig, das engste Zusammengehen angeboten. Aber Liebe kann nicht nur von einer Seite geboten werden. Sie muss von der anderen ihre Erwiderung finden. Deutschland hat keine Interessen im Westen. Unser Westwall ist zugleich für alle Zeiten die Grenze des Reiches nach dem Westen. Wir haben auch keine Zweifel für die Zukunft. Diese Einstellung des Reiches wird sich nicht mehr ändern ...
Unsere Ziele:
Ich bin fest entschlossen:
erstens die Frage Danzig,
zweitens die Frage des Korridors zu lösen und
drittens dafür zu sorgen, dass im Verhältnis Deutschlands zu Polen eine Wendung eintritt, eine Änderung, die ein friedliches Zusammenleben sicherstellt.
Polen hat heute Nacht zum erstenmal auf unserem eigenen Territorium auch bereits durch reguläre Soldaten geschossen. Seit 5.45 Uhr wird jetzt zurückgeschossen! Und von jetzt ab wird Bombe mit Bombe vergolten!
... Ich habe damit wieder jenen Rock angezogen, der mir einst selbst der heiligste und teuerste war. Ich werde ihn nur ausziehen nach dem Sieg, oder ich werde dieses Ende nicht erleben!

Als vor dem Reichstag am 1. September 1939 Hitlers historische Worte fielen: „Seit 5 Uhr 45 wird nun mehr zurückgeschossen" und damit der Angriff auf Polen begann, zögerten England und Frankreich nicht, ihren Bündnisverpflichtungen nachzukommen.

Polen soll kein Musterland werden

Besprechung des Führers mit dem Chef des Oberkommandos der Wehrmacht über die künftige Gestaltung der polnischen Verhältnisse (17. Oktober 1939, abends)

1. Die Wehrmacht soll es begrüßen, wenn sie sich von den Verwaltungsfragen in Polen absetzen kann. Grundsätzlich können nicht zwei Verwaltungen bestehen.
2. Polen soll selbständig gemacht werden. Es wird kein Teil des Deutschen Reiches und auch kein Verwaltungsbezirk des Reiches werden.
3. Die Verwaltung hat nicht die Aufgabe, aus Polen eine Musterprovinz oder einen Musterstaat nach deutscher Ordnung zu schaffen oder das Land wirtschaftlich und finanziell zu sanieren. Es muss verhindert werden, dass eine polnische Intelligenz sich als Führerschicht aufmacht. In dem Lande soll ein niederer Lebensstandard bleiben; wir wollen dort nur Arbeitskräfte schöpfen. Zur Verwaltung des Landes sollen auch Polen eingesetzt werden. Eine nationale Zellenbildung darf aber nicht zugelassen werden.
3. Die Verwaltung muss mit eigenen klaren Befehlskompetenzen arbeiten und darf nicht von Berlin abhängig sein. Wir wollen dort nichts machen, was wir im Reiche tun. Die Verantwortung tragen nicht Berliner Ministerien, da es sich nicht um eine deutsche Verwaltungseinheit handelt. Die Durchführung bedingt einen harten Volkstumskampf, der keine gesetzlichen Bindungen gestattet. Die Methoden werden mit unseren sonstigen Prinzipien unvereinbar sein. Der Generalgouverneur soll der polnischen Nation nur geringe Lebensmöglichkeiten geben und die Grundlage für die militärische Sicherheit erhalten.
5. In Krakau haben deutsche Offiziere beim Bischof Besuch gemacht. Man kann diese Probleme nicht gesellschaftlich lösen.
6. Unsere Interessen bestehen in Folgendem: Es ist Vorsorge zu treffen, dass das Gebiet als vorgeschobenes Glacis für uns militärische Bedeutung hat und für einen Aufmarsch ausgenutzt werden kann. Dazu müssen die Bahnen, Straßen und Nachrichtenverbindungen für unsere Zwecke in Ordnung gehalten und ausgenutzt werden. Alle Ansätze einer Konsolidierung der Verhältnisse in Polen müssen beseitigt werden.

Die „polnische Wirtschaft" muss zur Blüte kommen: Die Führung des Gebietes muss es uns ermöglichen, auch das Reichsgebiet von Juden und Polacken zu reinigen. Zusammenarbeit mit neuen Reichsgauen (Posen und Westpreußen) nur für Umsiedlungen. Zweck: Klugheit und Härte in diesem Volkstumskampf müssen es uns ersparen, dieses Landes wegen noch einmal auf das Schlachtfeld zu müssen.

Nach der „Führerrede" zum Abschluss des Polenfeldzuges vor dem Reichstag am 6. Oktober 1939 nimmt Hitler die Glückwünsche des Reichstagspräsidenten Hermann Göring entgegen. Sein Friedensangebot – so Hitler – mögen nun „die Herren Churchill und Genossen ruhig als Schwäche oder Feigheit auslegen". Sollten sie es aber ablehnen, dann werde er kämpfen. „Weder Waffengewalt noch die Zeit werden Deutschland bezwingen. Ein November 1918 wird sich in der deutschen Geschichte nicht mehr wiederholen."

Euthanasie

Am Anfang der Euthanasiemaßnahmen im Dritten Reich stand die Kinder-Euthanasie. Der Anstoß zu dieser Vernichtungsaktion kam von außen: Ende 1938 wandten sich Angehörige eines missgebildeten Kindes an Hitler mit der Bitte, das Kind von „seinem Leiden" zu erlösen. Er erteilte die Genehmigung und beauftragte seinen Leibarzt, Brandt, das Erforderliche zu veranlassen. Gleichzeitig gab er ihm und Reichsleiter Bouhler, Chef

der „Kanzlei des Führers", mündlich die Ermächtigung, in ähnlichen Fällen analog zu verfahren, wobei die KdF keinesfalls in Erscheinung treten dürfe. Unter dem Namen „Reichsausschuss zur wissenschaftlichen Erforschung erb- und anlagebedingter schwerer Leiden" wurde daraufhin eine Organisation geschaffen, die anfangs geisteskranke und missgebildete Kinder bis zum Alter von drei Jahren erfasste, später auch ältere. Die Kinder wurden von ausgewählten Ärzten aufgrund der Meldung und einer kurz gefassten Krankengeschichte begutachtet. Die als „lebensunwert" selektierten Kinder kamen in so genannte Kinderfachabteilungen besonderer Heil- und Pflegeanstalten, wo sie getötet wurden.
Parallel zu der Kinder-Euthanasie lief das Euthanasie-Programm für erwachsene Geisteskranke an. Im Oktober 1939 unterschrieb Hitler mit Datum vom 1. 9. 1939 eine diesbezügliche Tötungsermächtigung. Aufgrund dieser Ermächtigung wurde die „Aktion T4", die Massentötung psychisch kranker Erwachsener mittels Gas, durchgeführt. Auch in diesem Fall wurden die Kranken durch eine Fragebogen-Aktion erfasst und die Fragebogen durch besondere ärztliche Gutachter die „Kreuzleschreiber" ausgewertet. Die zur Tötung ausgewählten Personen wurden zur Tarnung in Zwischenanstalten verlegt und von dort in eine der sechs Tötungsanstalten gebracht. Zur Vermeidung von Rückschlüssen auf die KdF waren auch bei der „Aktion T4" Scheinorganisationen gegründet worden, derer man sich im Verkehr nach außen bediente. Als die Tötungen trotz Tarnmaßnahmen in der Bevölkerung bekannt wurden, stellte sich heraus, dass die propagandistischen Maßnahmen keinen Erfolg gehabt hatten. Auf Proteste, insbesondere von kirchlicher Seite, gab Hitler im August 1941 den Befehl, die Aktion einzustellen. Damit war die Ermordung von Geisteskranken jedoch nicht abgeschlossen. Nicht betroffen von der Einstellung waren die Kinder-Euthanasie und die „Aktion 14 f 13", eine Erweiterung der „Aktion T4" auf geisteskranke sowie arbeitsunfähige KZ-Häftlinge (Invaliden-Aktion).

Am 13. Dezember 1939 wurde das deutsche Panzerschiff „Graf Spee" vor der Mündung des Rio de la Plata in ein schweres Gefecht mit einem englischen Verband verwickelt und durch Treffer u.a. des Kreuzers „Achilles" schwer beschädigt. Als die uruguayischen Behörden die Liegezeit für die notwendige Reparatur in Montevideo verweigerten, ließ Langsdorff die Besatzung von Bord gehen, das Schiff außerhalb der 3-Meilen-Zone sprengen und wählte den Freitod. Für Langsdorffs Chef Raeder bedeutete der Untergang des Panzerschiffs einen starken Prestige-Verlust; fortan hatte er Mühe, den Einsatz großer Schiffe vor Hitler zu rechtfertigen.

Letztlich wurden weiterhin erwachsene Kranke der Heil- und Pflegeanstalten getötet, allerdings nicht mehr durch Gas in den Tötungsanstalten, sondern durch Eingabe von Tabletten, Verabreichung von Spritzen oder Entzug der Nahrung im Allgemeinen in den Verwahranstalten selbst. Nach noch vorhandenen Unterlagen fielen den Euthanasiemaßnahmen mindestens 100.000 Menschen zum Opfer.

Admiral Graf Spee

Bei der Unterlegenheit der deutschen Kriegsmarine hatten die schweren Überwassereinheiten die Aufgabe, durch Einzelkampf im Handelskrieg die gegnerischen Kräfte zu zersplittern und zu binden. Gemäß diesem Auftrag lief die Admiral Graf Spee unter dem Kommando von Kapitän zur See Langsdorff am 21.8.1939 von Wilhelmshaven in den Südatlantik aus, wohin schon ihr Trossschiff Altmark vorausgefahren war. Ende September nahm die Admiral Graf Spee den Kampf auf mit der Versenkung des britischen Passagierdampfers Clement, dem bis Anfang Dezember 8 weitere britische Handelsschiffe folgten (insgesamt 50.081 BRT). Die Admiral Graf Spee operierte so geschickt, dass die Royal Navy mehrere Suchgruppen mit jeweils überlegener Feuerkraft zusammenstellen musste, um die Gefahr auszuschalten.
Erst am 13.12.1939 stieß ein Verband mit dem Schweren Kreuzer Exeter und den Leichten Kreuzern Ajax und Achilles unter Commodore Henry Harwood vor der Mündung des Rio de La Plata auf die Admiral Graf Spee, die sich weisungswidrig zum Kampf stellte. Es gelang Langsdorff, die Exeter außer Gefecht zu setzen und auch die beiden Leichten Kreuzer zu beschädigen. Wegen einiger eigener Treffer und Verluste (36 Tote, 59 Verwundete) aber nahm er nicht die Verfolgung auf und wich auch nicht in den offenen Atlantik aus, sondern lief zwecks Reparatur Montevideo an. Die uruguayischen Behörden verweigerten jedoch die dafür erforderliche Liegezeit. Langsdorff, verunsichert durch gefälschte Meldungen über die Konzentration starker britischer Kräfte vor der Küste, ließ daher die Besatzung von Bord gehen, lief am 17.12. wieder aus und sprengte nach Rücksprache mit Berlin die Admiral Graf Spee knapp außerhalb der 3-Meilen-Zone. Er selbst nahm sich am 20.12. das Leben.

Der Kommandant des Panzerschiffs „Admiral Graf Spee", Kapitän zur See Langsdorff, operierte so geschickt, dass die Royal Navy mehrere Suchgruppen mit jeweils überlegener Feuerkraft zusammenstellen musste, um die Gefahr im Südatlantik auszuschalten.

1940

JANUAR

1.1. Für Studenten wird ein kriegswirtschaftlicher Zwangsdienst während der ersten drei Semester eingeführt.
4.1. Hermann Göring wird zum Leiter der Kriegswirtschaft ernannt.
10.1. Durch die Notlandung eines Kurierflugzeugs in Belgien werden Teile des deutschen Aufmarschplans an der Westfront den Alliierten bekannt. Daraufhin verbietet Hitler die Weitergabe geheimer Planungen an nachgeordnete Dienststellen.
11.1. Nach einem neuen Plan soll das Reichsautobahnnetz auf die annektierten Gebiete ausgedehnt werden. Trotz dieser Planung kommt der Autobahnbau völlig zum Erliegen.
23.1. Juden in Deutschland wird der Bezug von Schuhen und Leder verboten.
26.1. Die vereinbarte Umsiedlung von Deutschen aus dem sowjetisch besetzten Polen in das Deutsche Reich wird abgeschlossen. Zehntausende von Umsiedlern sind in den letzten beiden Monaten aus Polen und aus den baltischen Staaten in das Reichsgebiet gekommen.
27.1. Die deutsche Regierung fordert für die Kriegswirtschaft die Bereitstellung von mindestens 1 Million Arbeitern aus dem Generalgouvernement.

FEBRUAR

2.2. Propagandaminister Joseph Goebbels erklärt den Film zu einem wichtigen Instrument der Moralsteigerung während des Kriegs. Deshalb dürften Filme nicht intellektuell sein.
11.2. Die Sowjetunion und das Deutsche Reich schließen ein Wirtschaftsabkommen, das den Austausch kriegswichtiger Rohstoffe vorsieht.
Der Roten Armee gelingt mit einer Großoffensive der Durchbruch durch die finnische Verteidigungslinie.
16.2. Ein britischer Kreuzer entert in norwegischen Gewässern das deutsche Versorgungsschiff „Altmark" mit 300 britischen Kriegsgefangenen an Bord. Daraufhin beschleunigt sich die deutsche Vorbereitung für die Besetzung Norwegens.

MÄRZ

8.3. Mit den sogenannten Polenerlassen wird das Leben von polnischen Arbeitern im Deutschen Reich stark eingeschränkt. Kontakte mit Deutschen sind ihnen untersagt.
9.3. Neue Jugendschutzgesetze verbieten Jugendlichen den Aufenthalt an öffentlichen Orten nach Tagesende.
12.3. Finnland und die Sowjetunion schließen einen Friedensvertrag, der den Finnen umfangreiche Gebietsabtretungen auferlegt.
14.3. Göring ruft zu einer Metallspendensammlung für die Kriegswirtschaft auf.
Die Evangelische Kirche im Reichsgau Wartheland verliert ihre staatliche Anerkennung und hat nur noch Vereinscharakter.
17.3. Fritz Todt übernimmt das neugeschaffene Ministerium für Bewaffnung und Munition.
18.3. Adolf Hitler und Benito Mussolini treffen sich auf dem Brenner-Grenzbahnhof. Es ist ihre erste Begegnung seit Kriegsbeginn.
28.3. Auf der Londoner Tagung des Obersten Kriegsrats können sich die Vertreter Frankreichs und Großbritanniens nach dem finnisch-sowjetischen Frieden nicht auf eine gemeinsame Kriegsstrategie einigen.

APRIL

8.4. Die britische Marine beginnt mit der Verminung der norwegischen Küste.
9.4. Ohne Kriegserklärung marschiert die deutsche Wehrmacht in Dänemark und Norwegen ein. Dänemark kapituliert nach einem Tag, ohne ernsthaften Widerstand leisten zu können. Der norwegische König flieht aus Oslo in den Norden des Landes. Schweden erklärt seine Neutralität gegenüber dem deutschen Überfall.
14.4. Alliierte Truppen landen bei Narvik auf den norwegischen Lofoteninseln.
25.4. Der norwegische König lehnt jede Verhandlung mit Deutschland ab, solange Norwegen besetzt ist.
30.4. In Lodz/Litzmannstadt wird ein bewachtes Ghetto für Juden eingerichtet.

MAI

3.5. Das Reichsluftfahrtministerium ordnet eine einheitliche und allgemeine Verdunkelung für ganz Deutschland zwischen Sonnenuntergang und -aufgang an.
Die in Helsinki angesetzten Olympischen Spiele werden abgesagt.
10.5. Die Westoffensive der deutschen Truppen beginnt mit dem Einmarsch in die neutralen Länder Niederlande, Belgien und Luxemburg.
Vor allem wegen des Scheiterns seiner Appeasementpolitik gegenüber Hitler muss der britische Ministerpräsident Arthur Neville Chamberlain zurücktreten. Sein Nachfolger wird Winston Churchill.
11.5. Die neue britische Regierung genehmigt die Bombardierung deutscher Städte.
14.5. Der Wehrmacht gelingt mit dem Durchbrechen der französischen Front bei Sedan die Abspaltung der französischen Truppen von Briten, Belgiern und Niederländern. Damit ist die Einkesselung der alliierten Truppen an der Nordseeküste möglich. Hitlers Planung einer offensiven Kriegführung im Westen (Operation „Sichelschnitt") hat sich als erfolgreich erwiesen. Die Wehrmachtsführung unter Walther von Brauchitsch hatte Hitlers Planungen ursprünglich abgelehnt.
15.5. Die niederländische Armee kapituliert.
26.5. Das britische Expeditionskorps zieht sich in die Küstenstadt Dünkirchen zurück. Die deutschen Panzerverbände erhielten vor der Einkesselung von Hitler den Haltebefehl. Die von Göring geplante Einschließung von der Seeseite aus durch die deutsche Luftwaffe erwies sich als undurchführbar. Von dort beginnt die Evakuierung von über 300.000 alliierten Soldaten über den Ärmelkanal. Neben dem Einsatz aller ver-

Die Panzerwaffe, hier ein Kampfwagen vom Typ Panzer IV, war das Rückgrat der deutschen Blitzkrieg-Strategie. Ihr massierter Einsatz führte zu den entscheidenden Durchbrüchen.

fügbaren Boote und Schiffe durch die Briten gelingt die Absetzbewegung auch durch die vielfache Hilfe privater Bootsbesitzer.
27.5. Rumänien schließt mit dem Deutschen Reich ein Abkommen über den Austausch von Öl und Rüstungsmaterial ab.
28.5. Der belgische König erklärt die Kapitulation der Armee und begibt sich in deutsche Kriegsgefangenschaft.
29.5. Arthur Seyß-Inquart wird zum Reichskommissar für die Niederlande ernannt.
30.5. Mussolini erklärt der deutschen Regierung, dass Italien nun in den Krieg eintreten werde.

JUNI

5.6. Die Großoffensive der deutschen Truppen in Frankreich beginnt mit Durchbrüchen an der französischen Nordwestfront.
Die französische Regierung wird erneut umgebildet. General Charles de Gaulle wird in das Kriegsministerium berufen.
6.6. Das Wirtschaftsministerium erhält umfassende Vollmachten für die Rationierung von Waren und Lebensmitteln in Deutschland.
In den annektierten Gebieten Polens wird das deutsche Strafrecht für die polnische Bevölkerung eingeführt. Zahlreiche Vergehen werden nun mit der Todesstrafe belegt.
8.6. Die deutschen Truppen dringen weiter in Richtung auf die untere Seine vor.
10.6. Italien erklärt Großbritannien und Frankreich den Krieg.
Die letzten norwegischen Truppen kapitulieren.
14.6. Die Wehrmacht rückt in das zur „offenen Stadt“ erklärte Paris ein.
15.-17.6. Die Rote Armee besetzt die baltischen Staaten Estland, Lettland und Litauen.
16.6. Die französische Regierung von Ministerpräsident Reynaud tritt zurück. Pétain bildet ein neues Kabinett und bietet am folgenden Tag der deutschen Armee einen Waffenstillstand an.
17.6. Der im niederländischen Doorn lebende Ex-Kaiser Wilhelm II. gratuliert Hitler in einem Glückwunschtelegramm zur Kapitulation Frankreichs.
18.6. In München trifft sich Hitler mit Mussolini, um die Bedingungen für die französische Kapitulation zu besprechen.
In London ruft General de Gaulle zur Fortführung des französischen Widerstands gegen die deutsche Besatzung auf. Er erklärt die Gründung des „Nationalkomitees des Freien Frankreich“.
22.6. Zur Inszenierung der französischen Kapitulation wird in Compiègne der Eisenbahnwagen benutzt, in dem 1918 die Waffenstillstandsverhandlungen geführt worden sind.

JULI

1.7. Josef W. Stalin lehnt das Bündnisangebot Großbritanniens ab.
3.7. Nach Ablauf des Ultimatums an die französische Algerienflotte, sich den britischen Streitkräften anzuschließen oder sich selbst zu versenken, befiehlt Churchill ihre Zerstörung durch die britische Marine.
8.7. Schweden erlaubt den Transit von deutschen Rüstungstransporten nach Nordnorwegen.
9.7. Mit einer Denkschrift an Hitler beginnt der Protest der Kirchen gegen die „Euthanasie“-Maßnahmen. Im Zuge der „Euthanasie“ werden mindestens 70.000 Bewohner von Pflege- und Heilanstalten ermordet.
12.7. Marschall Pétain erklärt sich zum Nachfolger des zurückgetretenen französischen Präsidenten.
16.7. Hitler befiehlt unter dem Operationsnamen „Seelöwe“ die Planung zur Invasion Englands.
19.7. Hitler richtet ein „letztes Friedensangebot“ an Großbritannien.

AUGUST

2.8. Ein französisches Kriegsgericht verurteilt de Gaulle als Gründer des „Komitees Freies Frankreich“ in Abwesenheit zum Tode.
5.8. Ministerpräsident Churchill erlässt Anweisungen für den Kriegszustand, womit vor allem die Luftschutzmaßnahmen verstärkt werden sollen.
13.8. Mit dem „Adlertag“ beginnt der Großangriff der Luftwaffe gegen die britischen Inseln. Da kein entscheidender Erfolg erzielt werden kann, konzentrieren sich die Angriffe auf Südengland.

SEPTEMBER

2.9. Für die Lieferung von 50 alten Zerstörern an Großbritannien erhalten die USA militärische Stützpunkte auf britischen Karibikinseln.
5.9. Im Rahmen einer Filmwoche wird in Venedig der antisemitische Film „Jud Süß“ von Veit Harlan uraufgeführt.
15.9. Die schweren Verluste der Luftwaffe bei der „Battle of Britain“ genannten Luftschlacht bedeuten praktisch die deutsche Niederlage im Kampf um die Luftherrschaft über England. Kurz darauf wird die geplante Invasion ohne neuen Termin verschoben.
27.9. In Berlin unterzeichnen Deutschland, Italien und Japan das Dreimächteabkommen, das allen drei eine umfassende Expansion ermöglichen soll. Zugleich soll damit ein Kriegseintritt der USA verhindert werden.

OKTOBER

2.10. In Warschau wird ein Ghetto für die jüdische Bevölkerung geschaffen.
15.10. In New York wird Charlie Chaplins Film „Der große Diktator“, eine Parodie auf Hitler, uraufgeführt.
18.10. Göring wird mit der Ausarbeitung eines neuen Vierjahresplans beauftragt.
21.10. Hitler beginnt eine mehrtägige Reise nach Westeuropa, bei der er den spanischen Diktator General Francisco Franco zum Kriegseintritt bewegen will.
28.10. Italien erklärt Griechenland den Krieg und eröffnet von Albanien aus eine Offensive.

NOVEMBER

5.11. Reichsarbeitsminister Franz Seldte zieht eine positive Bilanz der Halbtagsarbeit von Frauen außer Haus.
12.11. Der sowjetische Volkskommissar für Äußeres, Wjatscheslaw M. Molotow, kommt zu Gesprächen nach Berlin, wo Hitler ihn von einem Bündnis zur Niederwerfung Großbritanniens überzeugen will.
14.11. Durch einen deutschen Luftangriff werden das Stadtzentrum und die Kathedrale von Coventry (Mittelengland) zerstört.
15.11. Die deutsche Polizei in Warschau riegelt das jüdische Ghetto mit 400.000 Juden von der Außenwelt ab.
20.11. Ungarn tritt dem Dreimächtepakt bei.
21.11. Die bisher von vier Gesellschaften produzierten Wochenschauen werden zur „Deutschen Wochenschau“ unter der Kontrolle von Goebbels zusammengefasst.
24.11. Die Vertreter der Slowakei unterzeichnen in Berlin den Beitritt zum Dreimächtepakt.
28.11. Der antisemitische Propagandafilm „Der ewige Jude“ wird in Berlin vorgestellt.

DEZEMBER

8.12. Churchill schildert dem US-Präsidenten Roosevelt die katastrophale finanzielle Lage Großbritanniens.
9.12. Die britische Armee beginnt überraschend eine Gegenoffensive gegen die italienischen Truppen in Libyen.
17.12. Roosevelt legt ein Leih-Pacht-Gesetz vor, mit dem die britische Kriegswirtschaft durch amerikanische Kredite gestärkt werden soll.
18.12. Hitler gibt die Weisung für den „Fall Barbarossa“ aus. Damit wird der deutsche Angriff auf die Sowjetunion für Mai 1941 vorbereitet.
19.12. Italien bittet wegen der britischen Offensive in Libyen um Entsendung einer deutschen Panzerdivision.

AUSSERDEM

Johannes R. Becher: Abschied (Roman)
Werner Bergengruen: Am Himmel wie auf Erden (Roman)
Bertolt Brecht: Das Verhör des Lukullus (Hörspiel)
Lion Feuchtwanger: Exil (Roman)

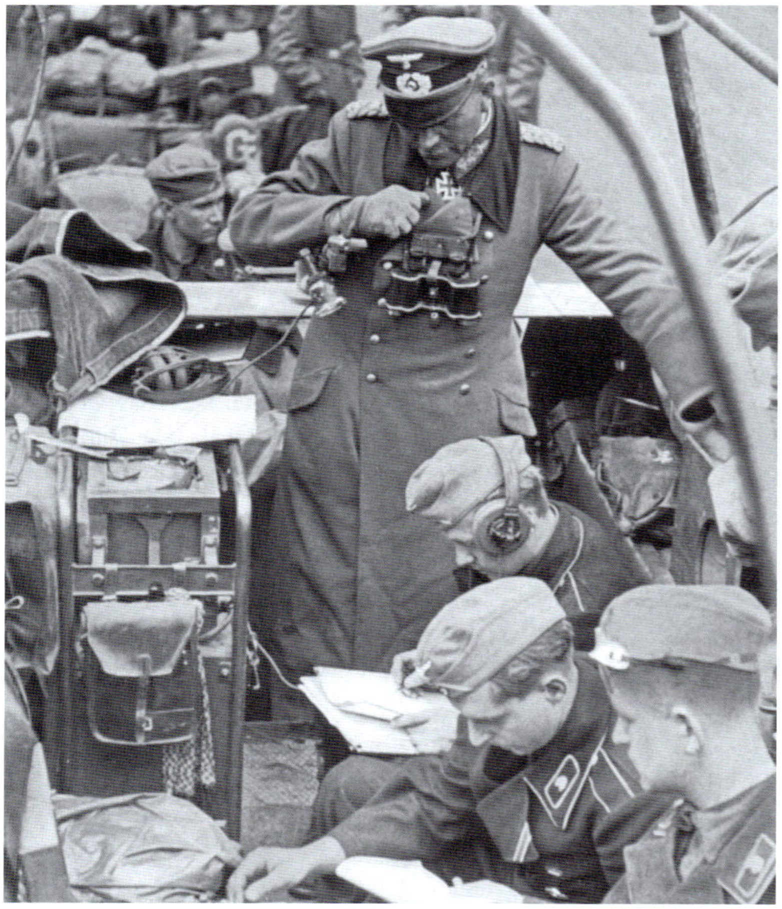

General der Panzertruppen Heinz Guderian war einer der eifrigsten Befürworter des massiven Einsatzes der Panzerwaffe. Sein markiges Wort „Klotzen, nicht kleckern!" ging in die deutsche Umgangssprache ein.

Frankreichfeldzug

Nach den britischen und französischen Kriegserklärungen vom 3.9.39, die Hitler zwingen sollten, den am 1.9.39 gegen Polen begonnenen Krieg zu beenden, hatte Frankreich am 6.9.39 im Raum Saarbrücken eine eher symbolische Offensive mit 2 motorisierten Divisionen, 2 Infanteriedivisionen und 4 Panzerbataillonen begonnen, die bald im Vorfeld des Westwalls liegen blieb. Nach dem deutschen Sieg über Polen kam es an der deutsch-französischen Front zunächst zum Sitzkrieg. In dieser Zeit liefen die deutschen Vorbereitungen für einen Frankreichfeldzug (Fall „Gelb") an; erster noch unausgereifter Plan vom 19.10.39. Die endgültige Fassung des Operationsplans stammte von General von Manstein, abgestimmt mit dem Panzerexperten Guderian, und wurde vom OKH am 24.2.40 als neue Aufmarschanweisung („Sichelschnitt") vorgelegt. Manstein sah einen Frankreichfeldzug in zwei Phasen vor: Vorstoß mit Schwerpunkt südlich Namur gegen Somme und Kanalküste, damit Vernichtung der alliierten Armeen in Belgien, und nach Umgruppierung Vormarsch aller Kräfte nach Süden zur Zerschlagung der übrigen alliierten Verbände. Die Missachtung der Neutralität der Benelux-Staaten war Teil des Plans.

Revolutionär an dem Vorhaben, das in der deutschen Generalität höchst skeptisch beurteilt wurde, war der Stoß starker Panzerverbände durch die dicht bewaldeten, wegearmen Ardennen, wie sich zeigen sollte, der spätere Angelpunkt der alliierten Niederlage. Manstein rechnete mit einem britisch-französischen Einrücken in Belgien, wie es im so genannten Dijle-Plan vorgesehen war. Trotz der belgischen und niederländischen Neutralitätserklärungen beschloss das alliierte Oberkommando unter General Gamelin am 23.11.39 diesen Vorstoß unter Verlängerung des linken Flügels bis nach Südholland hinein für den Fall eines deutschen Angriffs.

Der deutsche Aufmarsch sah daher bei Angriffsbeginn so aus: Im Norden die Heeresgruppe B (v. Bock) mit den Armeen 18 (v. Küchler) und 6 (v. Reichenau), unterstützt durch die Luftflotte 2 (Kesselring), gegen die niederländische Armee (Winkelman) mit 1 leichten, 8 Infanteriedivisionen, 1 Sperrdivision, 3 gemischten Brigaden und 46 Grenzschutzbataillonen, die belgische Armee (König Leopold III.) mit 2 Kavallerie-, 2 Ardennenjäger- und 18 Infanteriedivisionen und die französische Heeresgruppe 1 (Bilotte) mit den British Expeditionary Forces (Gort) und den französischen Armeen 7 (Giraud) und 1 (Blanchard), insgesamt 29 deutsche gegen rund 60 alliierte Divisionen. Der Angriffsschwerpunkt lag bei den Panzergruppen der Heeresgruppe A (v. Rundstedt) im Mittelabschnitt mit den Armeen 4 (v. Kluge), 12 (List) und 16 (Busch), unterstützt durch die Luftflotte 3 (Sperrle), gegen die französische 9. und 2. Armee (Corap und Huntziger), d.h. 45 deutsche gegen 18 französische Divisionen. Im Süden marschierte im Westwall-Bereich und an der Oberrheinfront die Heeresgruppe C (v. Leeb) mit den Armeen 1 (v. Witzleben) und 7 (Dollmann) auf. Ihnen gegenüber lagen die französische Heeresgruppen 2 (Prételat) und 3 (Besson) mit den Armeen 3 (Condé), 4 (Réquin) und 5 (Bourret) bzw. 8 (Garchery) und 6 (Touchon), d.h. 19 deutsche gegen 27 französische Divisionen. Die französische Armee bot 3 Panzer-, 5 leichte Kavalleriedivisionen, 1 Kavalleriebrigade, 4 leichte mechanische, 7 motorisierte, 55 Infanterie- , 14 Kolonialdivisionen und 3 Spahi-Brigaden auf. Großbritannien entsandte 10 Infanteriedivisionen und später 1 Panzerdivision; daneben bestand eine polnische Division: insgesamt 131 alliierte Divisionen und 7 Brigaden mit 3373 Panzern gegenüber 137 deutschen Divisionen mit 2445 Panzern (10 Panzer-, 7 motorisierte, 1 Kavallerie-, 1 Luftlande- und 1 Flieger- sowie 117 Infanteriedivisionen). Gegen die 3834 deutschen Flugzeuge (davon 1482 Bomber und Sturzbomber, 42 Schlachtflugzeuge, 1016 Jäger und 248 Zerstörer) boten die Alliierten 2372 Maschinen (davon 1151 Jäger) auf.

Der deutsche Angriff begann am 10.5.40 um 5.35 Uhr, um 7.00 Uhr befahl der alliierte Oberbefehlshaber Gamelin das Einrücken in die Dijle-Stellung, die Besetzung Zeelands und den Vorstoß auf Rosendael, Breda und Tilburg. Trotz zahlenmäßiger alliierter Panzerüberlegenheit nahm der Frankreichfeldzug den von deutscher Seite geplanten Verlauf. Nach Luftlandungen in der „Festung Holland" und einem verheerenden Luftangriff auf Rotterdam brach der niederländische Widerstand rasch zusammen. Am Morgen des 15.5. unterzeichnete General Winkelman die Kapitulation seiner Armee (2890 Tote, 29 Vermisste, 6899 Verwundete). In Belgien wurde die Festung Eben Emael am Albertkanal durch in Lastenseglern abgesetzte Kommandos ausgeschaltet, am 16.5. durch-

Gefreiter Herbert Brinkforth, der erste Ritterkreuzträger aus dem Mannschaftsstand. Die hohe Auszeichnung bekam er, nachdem er am 27. Mai 1940 mit seiner „Pak" innerhalb von 20 Minuten elf englische Panzer abgeschossen hatte. Herbert Brinkforth fiel am 5. Juni 1942 als Unteroffizier an der Ostfront.

Am 4. Juni 1940 war Operation „Dynamo", die Einschiffung der bei Dünkirchen eingeschlossenen englischen und französischen Streitkräfte, beendet. Deutsche Truppen rückten in die völlig zerbombte Stadt ein. Der Strand war kilometerweit mit zerstörtem Kriegsgerät bedeckt.

brach die Heeresgruppe B die Dijle-Stellung, am 17.5. fiel Brüssel. Am 19.5. erreichten deutsche Panzer Abbeville, am 20.5. die Sommemündung. Alliierte Maßnahmen zum Aufhalten der deutschen Panzerkorps Hoepner, Hoth, Reinhardt und Guderian erfolgten zu spät und unter Verkennung der tatsächlichen Bedrohung mit zu schwachen Kräften. Das Tempo des deutschen Vordringens und das massive Eingreifen der deutschen Luftwaffe zur Unterstützung des Heeres untergruben die Kampfmoral vieler französischer Verbände. Die anhaltenden alliierten Niederlagen führten am 19.5. zur Ablösung des Oberbefehlshabers Gamelin durch General Weygand. Nach nur 10-tägigen Kämpfen waren alle nördlich des deutschen „Sichelschnitts" operierenden alliierten Armeen abgeschnitten. Die belgische Armee kapitulierte am 28.5. mit rund 500.000 Mann, nachdem sie auf engem Raum zusammengedrängt worden war und Maßnahmen zur Evakuierung nicht existierten. König Leopold III. ging mit seinen Soldaten in Gefangenschaft. Belgien hatte 7500 Gefallene und 15.850 Verwundete zu beklagen. Von den im Raum Dünkirchen eingeschlossenen alliierten Soldaten konnten durch Zusammenraffen aller verfügbaren Schiffe (848) 338.226, darunter 123.000 Franzosen, unter Verlust der gesamten Ausrüstung nach Großbritannien evakuiert werden (Operation „Dynamo"). Ihr Entkommen wurde durch einen Haltbefehl Hitlers, der eine Überdehnung der Flanken befürchtete, für die Panzer am 24.5. begünstigt. Die Luftwaffe flog rund 2000 Einsätze gegen die Einschiffungsplätze, konnte aber, u.a. wegen der verminderten Bombenwirkung am Strand, die Evakuierung lediglich behindern. Am 5.6.40 leitete die deutsche Heeresgruppe B mit der zweiten Operationsphase („Rot") den eigentlichen Frankreichfeldzug ein. Vergeblich versuchten 49 französische Divisionen der Heeresgruppe 3 mit den Armeen 10 (Altmeyer), 7 und 6 in der an der Somme und unteren Aisne improvisierten „Weygand-Linie" das Unheil aufzuhalten. Als am 9.6. die Panzergruppe Kleist die untere Seine erreichte, trat auch die Heeresgruppe A mit den Armeen 2 (v. Weichs), 12 und 16 sowie der Panzergruppe Guderian an der oberen Aisne und der Maas in allgemeine Richtung Südost zur Offensive an. Die französische Hauptstadt fiel kampflos am 14.6. Am gleichen Tag begann der Angriff der deutschen Heeresgruppe C gegen die Maginot-Linie, die am 16.6. durchbrochen wurde. Am nächsten Tag erreichten Guderians Panzer bei Pontarlier die schweizerische Grenze, sodass die französischen Armeen 2, 3, 5 und 8 (rund 500.000 Mann) in der Maginot-Li-

Apathisch und demoralisiert – französische Infanteristen in deutscher Gefangenschaft. Ein französischer Soldat berichtet: „Vom 17. Mai bis 25. Juni fünf Wochen intensiver Kampftätigkeit, in denen wir erbittert gegen zunehmende Auflösungserscheinungen, gegen die Unmöglichkeit und die Wirkungslosigkeit des Einsatzes ankämpften. Und dann, am 25. Juni, fühlt man sich plötzlich müde, weil man machtlos ist und diese fünf Wochen im Fieber, ohne Ruhe, wie einen einzigen, langen, zugleich kurzen und endlosen Tag, wie einen grauenvollen Traum verbracht hat."

„Der deutsche Sieg im Westen". Propaganda-Broschüre des Zentralverlages der NSDAP. Der schnelle Erfolg über die führende Militärmacht Europas ließ sich ohne Übertreibungen bestens vermarkten. „Was die kaiserlichen deutschen Armeen vordem in einem langen verheerenden Krieg vergeblich versucht und mit über 1,8 Millionen Gefallenen bezahlt hatten, war den Armeen Hitlers in nur sechs Wochen und mit 27.000 Gefallenen gelungen" (Alan Bullock). Nicht nur Albert Speer war nach diesem Sieg über Frankreich davon überzeugt, „dass Hitler nun bereits zu einer der großen Gestalten der deutschen Geschichte geworden" sei.

nie und in Lothringen eingeschlossen waren. In dieser kritischen Lage unterbreitete der britische Premier Churchill am 16.6. der zwei Tage zuvor nach Bordeaux ausgewichenen französischen Regierung den Vorschlag, eine Union ihrer beiden Staaten zu bilden (eine Staatsangehörigkeit, eine Regierung, eine Wehrmacht). Churchill wollte den Krieg von den französischen Kolonien aus weiterführen und die starke französische Flotte für Großbritannien sichern. Das französische Kabinett aber lehnte den Unions-Plan ab und trat zurück. Marschall Pétain wurde neuer Regierungschef und suchte am 17.6. in aussichtsloser Lage um Waffenstillstand nach, der am 22.6. im Wald von Compiègne unterzeichnet wurde, mit Italien, das am 10.6. in den Krieg eingetreten war, am 24.6. in Rom. Am gleichen Tag trat bei St. Ursanne das französische XXXXV. Korps (Daille) mit 29.700 Franzosen, 13 022 Polen und 75 Engländern in die Schweiz über. Inzwischen hatten britische und französische Schiffe zwischen dem 14. und 25.6. in weiteren Evakuierungsoperationen („Cycle" und „Aerial") noch 191.870 überwiegend britische Soldaten nach Großbritannien überführt.

Seit dem 25.6. um 1.35 Uhr herrschte Waffenruhe in Frankreich. Insgesamt 1,9 Millionen Kriegsgefangene befanden sich in deutscher Hand; Verluste Frankreichs: 121.037 Gefallene und 250.107 Verwundete; Deutschland: 27.074 Gefallene, 18.384 Vermisste und 111.034 Verwundete; Großbritannien: 68.111 Tote, Verwundete, Vermisste und Gefangene, dazu 1526 Mann der RAF. Die deutsche Panzerwaffe büßte im Frankreichfeldzug 683 Kampfwagen und 157 Panzerspähwagen ein, die Luftwaffe verlor im Mai und Juni 40 durch Feindeinwirkung 1220 Maschinen sowie 659 weitere durch Unfälle o. Ä. Die Beute der deutschen Truppen umfasste u.a. 790.000 t Kraftstoff, immens wichtig bei einem deutschen Vorrat, der am 10.5.40 gerade für vier Monate uneingeschränkte Kriegführung gereicht hätte. Nach dem Waffenstillstand blieb Frankreich bis zur Linie westlich von Genf, Dôle Tours, Mont de Marsan, spanische Grenze besetzt. Die Regierung Pétain amtierte fortan in Vichy. In London rief Brigadegeneral de Gaulle am 18.6. zur Fortsetzung des Widerstands auf (Résistance) und bildete eine Exilregierung. Hitler aber schien mit dem Sieg im Frankreichfeldzug endgültig die deutsche Hegemonie über Kontinentaleuropa errungen zu haben.

Luftschlacht um England

Da England nach der Niederlage Frankreichs nicht aufgab, musste die Wehrmacht die Entscheidung durch eine Landung in Großbritannien suchen. Diese aber war nach den Vorstellungen des Heers nur möglich, wenn es gelang, die RAF auszuschalten. Am 2.7.40 gab das OKW den drei Wehrmachtteilen erstmals von der Entscheidung

In einem Eisenbahnwagen im Wald von Compiègne wurde am 11. November 1918 der Waffenstillstand unterzeichnet (Bild linke Seite unten). 22 Jahre später wurden die Waffenstillstandsverhandlungen mit umgekehrten Vorzeichen inszeniert (Bild oben). Hitler selbst hatte als Ort dieses historischen Aktes jenen Salonwagen befohlen, in dem 1918 der Verlierer des Ersten Weltkrieges das Diktat der Sieger annehmen musste.

Flugzeugführer und Beobachter warten in der Kanzel ihrer Junkers Ju 88 auf das Startsignal zum Feindflug. Hochgemut und siegessicher gingen die deutschen Piloten in die Luftschlacht um England. Die Siege über die RAF während des Westfeldzugs ließen es möglich erscheinen, die britische Luftwaffe auch über deren eigener Insel zu schlagen.

Hitlers Kenntnis, unter bestimmten Voraussetzungen, zu denen angesichts der Schwäche der Kriegsmarine die Erringung der Luftherrschaft gehörte, in Südostengland zu landen (Unternehmen „Seelöwe"). Nach einer Weisung vom 30. 6. 40 sollte die Luftschlacht sich zunächst gegen die britische Luftwaffe und ihre Bodenorganisation sowie die Luftrüstungsindustrie richten. Für „Seelöwe", so befahl Hitler am 1. 8. 40, müsse die Luftwaffe dann aber „kampfkräftig zur Verfügung stehen"„ (Weisung Nr. 17). Am 13.8.40 („„Adlertag") konnte die deutsche Luftwaffe in den Luftflotten 2, 3 und 5 in Frankreich, Belgien und Norwegen über 875 einsatzbereite Bomber, 316 Sturzbomber, 45 Fernaufklärer, 702 Jäger und 227 Zerstörer aufbieten. Sie flogen an diesem ersten Tag der Luftschlacht um England 1485 Einsätze und verloren 34 Flugzeuge. Am 24. 8. fielen erstmalig unbeabsichtigt Bomben auf London, was Hitler bis dahin verboten hatte. Bis zum 31. 8. 40 warf die deutsche Luftwaffe in 4779 Einsätzen 4638 t Bomben auf England und büßte dabei 215 Bomber und 252 Jäger ein. Die RAF verlor 359 Jäger. Obwohl das erste Ziel, Ausschaltung der britischen Jagdabwehr, nicht erreicht worden war, begannen am 7. und in der Nacht zum 8. 9. 40 mit 625 Bombern, bei Tag von 648 Jägern gesichert, Großangriffe auf London, denen danach 65 Nächte lang weitere folgten. Im September 40 flog die deutsche Luftwaffe 7260 Einsätze gegen Großbritannien. Die ansteigenden Verluste zeigten, dass die britischen Jäger keineswegs geschlagen waren, ihre Zahl konnte durch Neuproduktion auf gleicher Höhe gehalten werden. Tagesangriffe, die ausreichend Treffsicherheit gewährleisteten, mussten infolge der Verluste und des schlechten Herbstwetters aufgegeben werden. Die Reichweite der deutschen Jäger war zu gering, um den Bombern genügend Schutz zu bieten. Lückenlose Radar-Überwachung schloss Überraschungsangriffe aus. Die Zerstörer Me 110 zeigten sich ihren Aufgaben als Fernjäger nicht gewachsen, die Sturzbomber mussten nach schweren Ausfällen zurückgezogen werden.

Die Wirkung der nun folgenden Nachtangriffe gegen die britische Industrie wurde von deutscher Seite stark überschätzt. Selbst die Zerstörungen in London oder in Coventry (14./15. 11. 40) konnten den Widerstandswillen der britischen Bevölkerung nicht brechen, genauso wenig wie dies später bei weitaus schrecklicheren Angriffen der alliierten Bomber bei der deutschen Bevölkerung gelang. Der Aufmarsch der deutschen Luftwaffe für den Russlandfeldzug zwang zum Abbruch der Luftschlacht. Sie hatte zwar schwere Schäden angerichtet und 41.294 britische Zivilisten getötet sowie 52 128 verletzt (1. 7. 40-31. 5. 41), aber das Ziel, England friedensbereit zu machen oder auch nur die Vorbereitungen für eine Landung zu schaffen, war nicht erreicht worden; „Seelöwe" musste aufgegeben werden. Die deutsche Luftwaffe hatte vom 1. 8. 40-31. 3. 41 insgesamt 1 142 Bomber, 802 Jäger, 330 Zerstörer und 128 Sturzbomber als Totalverluste abbuchen müssen.

Am 14. 4. 42 erging Hitlers Befehl, der Luftkrieg gegen England sei in „erhöhtem Maße angriffsweise zu führen". Hierbei sollten Ziele ausgewählt werden, „deren Bekämpfung möglichst empfindliche Rückwirkungen für das öffentliche Leben mit sich bringt". Vom 23. 3.-31. 10. 42 bombardierte die deutsche Luftwaffe mit schwachen Kräften 22 britische Städte mit wertvollen alten Bauten wie Exeter, Canterbury, Norwich, York („Baedeker-Angriffe") als „Vergeltung" für Angriffe der RAF auf die mittelalterlichen Stadtkerne von Lübeck, Rostock u. a. 1943 kam es zu 1975 Nachteinsätzen (105 Flugzeugverluste) gegen britische Häfen und Industriestädte. 434 Jagdbomberangriffe (25 abgeschossen) bei Tag richteten sich gegen 15 Städte. Obwohl Flugzeuge an allen Fronten fehlten, befahl Hitler 1944 weitere „Vergeltungsangriffe". In der Nacht zum 22. 1. 44 bombardierte das IX. Fliegerkorps mit 447 Flugzeugen London. Diese „Baby-Blitz" genannten Nachtangriffe dauerten bis zum 29. 5. 44 (4 269 Einsätze bei 329 Verlusten).

Die letzte große Prüfung für die britische Bevölkerung war die Beschießung mit den so genannten V-Waffen (V für „Vergeltung"): Von der Flugbombe V1 wurden vom 12. 6. 44 bis 29. 3. 45 10.492 Stück abgefeuert (3000 stürzten beim Start ab, 3957 vernichtete die britische Abwehr); sie töteten 6184 Zivilisten und verwundeten 17.981. Auf Südengland fielen zudem vom 8. 9. 44-27. 3. 45 1045 Fernraketen vom Typ A4 (V2), gegen die es keine Abwehr gab; dabei starben 2754 Zivilisten, 6523 wurden verletzt. Das „Wunder" der Kriegswende, das die deutsche Propaganda bei ihrem Einsatz beschworen hatte, konnten sie nicht vollbringen.

„Der Schuldige" heißt die Karikatur aus dem „Simplicissimus". Churchill betrachtet das brennende London wie Nero das brennende Rom und wiederholt die Worte des verbrecherischen Cäsaren: „Welch ein Gauner stirbt einmal mit mir".

1941

JANUAR

10.1. Die deutsche und die sowjetische Regierung schließen ein Abkommen über Wirtschaftsaustausch und die Umsiedlung von Deutschen aus den baltischen Republiken.
11.1. Adolf Hitler befiehlt die Entsendung deutscher Truppen zur Unterstützung der italienischen Armee in Nordafrika.
13.1. Martin Bormann verfügt als Stabsleiter von Rudolf Heß die Umwandlung von Klöstern in staatliche Einrichtungen, u.a. Erziehungsanstalten und Urlaubsheime.

FEBRUAR

4.2. Die deutschen Schlachtschiffe „Gneisenau" und „Scharnhorst" gelangen, von der britischen Marine unbemerkt, in den Atlantik. Sie versenken dort zahlreiche Handelsschiffe der Alliierten.
6.2. Hitler befiehlt die Verlagerung der Kriegführung gegen Großbritannien auf den Handelskrieg.
12.2. Generalleutnant Erwin Rommel trifft in Libyen ein und übernimmt im Afrikafeldzug das Kommando über die Truppen.
26.2. In Rom wird ein deutsch-italienisches Wirtschaftsabkommen geschlossen, das einen Warenaustausch ohne Berücksichtigung der Zahlungsbilanz vorsieht.
27.2. Das britische Parlament billigt mit großer Mehrheit die Politik Winston Churchills zur Fortführung des Kriegs.
28.2. Der deutsche Reichskommissar Arthur Seyß-Inquart führt in den Niederlanden den Zwangsarbeitsdienst ein.

MÄRZ

1.3. Bulgarien tritt dem Dreimächtepakt bei. Daraufhin rücken deutsche Truppen am folgenden Tag in das Land ein.
Himmler ordnet die Verpflichtung von Zwangsarbeitern aus dem KZ Auschwitz für das dortige IG-Farben-Werk an.
4.3. Großbritannien beginnt mit der Stationierung von Truppen in Griechenland.
7.3. Das Deutsche Reich und Finnland schließen einen Handelsvertrag und erklären die geplante Ausweitung der Wirtschaftsbeziehungen.
9.3. Die italienische Armee in Albanien beginnt eine neue Offensive gegen Griechenland, die jedoch in wenigen Tagen scheitert.
22.3. Die beiden deutschen Schlachtschiffe „Gneisenau" und „Scharnhorst" treffen in Brest ein. Auf ihrer Atlantikoperation haben sie insgesamt 22 Schiffe versenkt.
24.3. Das deutsche Afrika-Korps unter Rommel erobert die libysche Stadt El Agheila.
27.3. Hitler befiehlt die Besetzung Jugoslawiens zusammen mit der geplanten Offensive gegen Griechenland.
30.3. Hitler kündigt in einer Rede vor 200 Befehlshabern der Wehrmacht einen rassenideologischen Vernichtungskrieg gegen die Sowjetunion an.

APRIL

2.4. Die Heinkel HE 280, das erste mit Düsentriebwerken ausgestattete Flugzeug, unternimmt ihren Jungfernflug.
6.4. Die deutschen Truppen in Ungarn, Rumänien und Bulgarien beginnen den Überfall auf Griechenland und Jugoslawien. Himmler lässt alle Tanzveranstaltungen im Deutschen Reich verbieten.
9.4. Die deutsche Armee erobert das griechische Saloniki.
Der Film „Die schwedische Nachtigall" mit Ilse Werner wird in Berlin uraufgeführt.
10.4. Im italienisch und deutsch besetzten Zagreb wird der neue Staat Kroatien unter Führung der faschistischen Ustaschabewegung gegründet.
12.4. Deutsche Einheiten nehmen die jugoslawische Hauptstadt Belgrad ein.
13.4. Japan und die Sowjetunion schließen ein Neutralitätsabkommen.
17.4. Jugoslawien kapituliert vor den Achsenmächten.
19.4. In Zürich hat das Schauspiel „Mutter Courage und ihre Kinder" von Bertolt Brecht Premiere.
23.4. Die Weisung des bayerischen Kultusministers, die Kruzifixe aus Schulen zu entfernen, wird von einem beachtlichen Teil der Bevölkerung boykottiert.
24.4. Die britische Armee beginnt ihren Rückzug aus Griechenland.
27.4. Die deutsche Wehrmacht besetzt Athen.
30.4. Nachdem die deutschen Truppen das gesamte griechische Festland erobert haben, legt Hitler den Überfall auf die Sowjetunion auf den 22. Juni fest.

MAI

10.5. Heß, Stellvertreter Hitlers in der NSDAP, fliegt nach Schottland, um mit der britischen Regierung über einen Friedensschluss zu verhandeln. Er wird als Kriegsgefangener interniert und kurz darauf von Hitler aus allen Parteiämtern entlassen.
Die deutsche Luftwaffe fliegt mit 500 Maschinen einen letzten Großangriff auf London. Danach wird ein Großteil der Flotte nach Osten verlegt.
12.5. Der Ingenieur Konrad Zuse stellt die erste programmgesteuerte Rechenmaschine der Welt vor.
18.5. Der Hauptteil der italienischen Streitkräfte in Ostafrika kapituliert vor der britischen Armee.
Der Nationalökonom und Soziologe Werner Sombart stirbt in Berlin.
20.5. Deutsche Fallschirmtruppen beginnen mit der Eroberung der von Großbritannien besetzten Mittelmeerinsel Kreta.

JUNI

4.6. In seinem niederländischen Exil im Haus Doorn stirbt Ex-Kaiser Wilhelm II. im Alter von 82 Jahren.
6.6. Das Oberkommando der Wehrmacht (OKW) ordnet im „Kommissarbefehl" die sofortige Liquidierung von gefangengenommenen politischen Kommissaren der Roten Armee an.
14.6. Die amerikanische Regierung friert alle deutschen Guthaben in den USA ein und verfügt kurz darauf die Schließung der deutschen Konsulate.
22.6. Ohne Kriegserklärung beginnen die deutschen Truppen auf einer Linie zwischen der Ostsee und den Karpaten mit dem Einmarsch in die Sowjetunion. Den Truppen folgen Einsatzgruppen zur Liquidation der jüdischen Bevölkerung.
Italien und Rumänien erklären der Sowjetunion den Krieg.
Rapid Wien besiegt Schalke 04 mit 4:3 und wird Deutscher Fußballmeister.
23.6. Slowakische Truppen unterstützen den deutschen Überfall auf die Sowjetunion.
26./27.6. Finnland und Ungarn erklären der Sowjetunion den Krieg.
29.6. Die sowjetische Regierung ruft den „Großen Vaterländischen Krieg" zur Verteidigung des Landes aus.
In einem Geheimerlass bestimmt Hitler im Falle seines Todes den Reichsluftfahrtminister Hermann Göring zu seinem Nachfolger.

JULI

4.7. Die Kommunistische Partei Jugoslawiens unter Führung von Josip Broz Tito beschließt einen Partisanenkrieg gegen die faschistische Besatzung.
7.7. Amerikanische Einheiten treffen in Island ein und verstärken die dortigen britischen Truppen.
9.7. In zwei erfolgreichen Kesselschlachten bei Bialystok und Minsk bricht ein Teil der sowjetischen Front zusammen. Über 300.000 Soldaten gehen in deutsche Kriegsgefangenschaft.
10.7. Mit dem Stab der zentralen Partisanenbewegung wird der Widerstand der sowjetischen Bevölkerung gegen die deutsche Besetzung organisiert.
Die finnische Armee beginnt ihre Offensive in Nordrussland.
12.7. Großbritannien und die Sowjetunion schließen ein Beistandsabkommen, das einen einseitigen Frieden mit dem Deutschen Reich nicht zulässt.
16.7. Deutsche Truppen erobern Smolensk. Bei Liosno wird der älteste Sohn Stalins gefangengenommen.

17.7. Alfred Rosenberg wird zum Reichsminister für die besetzten Gebiete in Osteuropa ernannt.
21.7. Erstmals bombardieren deutsche Flugzeuge die sowjetische Hauptstadt Moskau.
31.7. Der SS-Gruppenführer Reinhard Heydrich wird beauftragt, die Vernichtung der Juden in West- und Mitteleuropa vorzubereiten.

AUGUST

3.8. Der Münsteraner Bischof Clemens August Graf von Galen bezeichnet in einer Predigt die von der NSDAP angeordnete Massentötung von Geisteskranken als „Ermordung Unschuldiger".
4.8. Der Reichsarbeitsdienst für Mädchen wird um sechs Monate Kriegshilfsdienst verlängert.
14.8. US-Präsident Roosevelt und der britische Ministerpräsident Churchill verkünden die „Atlantik-Charta" mit Prinzipien für eine Nachkriegsordnung.
17.8. Die Wehrmacht nimmt die russischen Städte Narwa und Nowgorod ein.
21.8. Hitler lehnt die vom OKW geplante schnelle Eroberung Moskaus zugunsten des Vorstoßes auf die Krim ab.
23.8. General Charles des Gaulle gründet in London ein „Nationalkomitee für die Befreiung Frankreichs".
25.8. Mussolini trifft zu einem Besuch bei Hitler in der „Wolfsschanze" ein.
28.8. Die sowjetische Regierung beschließt die Zwangsumsiedlung der Wolgadeutschen nach Sibirien. Auf ausdrücklichen Befehl Stalins wird der 1932 fertiggestellte Dnepr-Staudamm vor Ankunft der deutschen Armee gesprengt.

SEPTEMBER

1.9. Im Deutschen Reich wird Juden das Verlassen ihres Wohnorts verboten.
8.9. Leningrad (heute: St. Petersburg) ist von der deutschen Armee eingekesselt und von allen Landwegen abgeschnitten. Damit beginnt die mehrjährige Belagerung der Stadt.
11.9. US-Präsident Roosevelt befiehlt der Marine, deutsche und italienische Schiffe in amerikanischen Hoheitsgewässern sofort zu beschießen.
15.9. Der Entwicklung von Lenkraketen in Peenemünde unter der Leitung Wernher Freiherr von Brauns wird von der deutschen Regierung die Sonderdringlichkeitsstufe zugeteilt.
16.9. OKW-Chef Wilhelm Keitel ordnet an, dass in den besetzten Gebieten für jeden getöteten deutschen Soldaten „die Todesstrafe für 50-100 Kommunisten als angemessen gelten" müsse.
17.9. Im Deutschen Reich werden erstmals Todesurteile für das Hören ausländischer Rundfunksender verhängt.
19.9. Die Polizeiverordnung zum Tragen eines „Judensterns" tritt in Kraft. Fortan müssen alle Juden über sechs Jahre in der Öffentlichkeit auf der linken Brustseite der Kleidung einen gelben Stern tragen.
27.9. Heydrich wird von Hitler zum neuen Reichsprotektor für die besetzte Tschechei ernannt. Einen Tag später verhängt er den Ausnahmezustand.
28.9. In Babi Jar bei Kiew kommt es nach der deutschen Besetzung zu Massakern an Juden, bei denen 33.000 Menschen ermordet werden.

OKTOBER

2.10. Die Offensive der Wehrmacht gegen Moskau beginnt.
9.10. Die NSDAP erklärt gegenüber Pressevertretern, dass „die militärische Entscheidung im Osten gefallen" sei.
14.10. Die ersten Anordnungen zur Deportation deutscher Juden nach Osteuropa werden erteilt.
23.10. Juden wird die Auswanderung aus dem Deutschen Reich verboten.
30.10. Die Belagerung der Hafenstadt Sewastopol auf der Krim durch die Wehrmacht beginnt.

NOVEMBER

4.11. Für die Eheschließung wird in Deutschland ein „Unbedenklichkeitszeugnis" des Gesundheitsamts zur Pflicht.
13.11. Ein deutsches U-Boot versenkt den britischen Flugzeugträger „Ark Royal".
15.11. In Mexiko erscheint die erste Ausgabe der Zeitschrift „Freies Deutschland", die von Exilschriftstellern unter der Leitung von Anna Seghers herausgegeben wird.
17.11. Generalluftzeugmeister Ernst Udet begeht nach Auseinandersetzungen mit dem Reichsluftfahrtministerium Selbstmord.
24.11. In Theresienstadt wird ein KZ eingerichtet.

Deutscher Infanterist vor einem brennenden russischen Bauernhaus. Das Heer, das in Rußland einmarschierte, war die größte jemals für einen einzigen Feldzug zusammengezogene Streitmacht: drei Millionen Soldaten, 3580 Panzer und 1945 Flugzeuge. An der Seite des deutschen „Ostheeres" kämpften Truppen der Verbündeten, Finnland und Rumänien, und in der Folge beteiligten sich auch Italien, Ungarn, Spanien und die Slowakei mit beträchtlichen Kräften.

DEZEMBER

2.12. Deutsche Truppen erreichen die Moskauer Vorstädte, werden von starken sowjetischen Verteidigungseinheiten jedoch am weiteren Vordringen gehindert.
4.12. Für die dem Deutschen Reich eingegliederten Ostgebiete wird ein Sonderstrafrecht für Polen und Juden mit der Möglichkeit von Standgerichten eingeführt.
7.12. Japan greift ohne Vorwarnung den US-Militärstützpunkt Pearl Harbor auf Hawaii an und versenkt mehrere Schlachtschiffe. Einen Tag darauf folgt die gegenseitige Kriegserklärung.
11.12. Hitler verkündet in einer Rede vor dem Reichstag die deutsche Kriegserklärung an die USA.
12.12. Juden wird die Benutzung öffentlicher Telefone untersagt.
14.12. Truppen der Wehrmacht müssen sich vor der vorrückenden Roten Armee aus der Stadt Kalinin zurückziehen.
16.12. In Hamburg hat der Film „Quax, der Bruchpilot" mit Heinz Rühmann Premiere.
19.12. Hitler entlässt während der Winterschlacht 1941/42 von Brauchitsch als Oberbefehlshaber des Heers und übernimmt selbst die Führung der Armee.
22.12. Bei einem Treffen vereinbaren Roosevelt und Churchill die Grundlagen für die Vereinten Nationen und bilden einen gemeinsamen Kriegsrat.
24.12. Der emigrierte Schriftsteller Thomas Mann mahnt die deutsche Bevölkerung in einer Sonderansprache des britischen Rundfunks zu einer Beendigung des Kriegs.
29.12. Nach einer Offensive der Roten Armee müssen sich die deutschen Truppen von der Krim zurückziehen.

AUSSERDEM

Theo Lingen: Hauptsache glücklich (Film)
Stefan Zweig: Schachnovelle (Novelle)

Balkanfeldzug

Am 28.10.40 ließ Mussolini entgegen deutscher Warnungen und ohne Unterrichtung des Bündnispartners vom kurz zuvor annektierten Albanien aus eine Armee in Griechenland einfallen. Eifersüchtig auf die deutschen militärischen Erfolge vom Sommer 40 hatte er nicht verwinden können, dass Hitler ihn über seine Absichten meist im Unklaren gelassen hatte, und wollte seinerseits eigenmächtig handeln, wobei er die Möglichkeiten der italienischen Armee weit überschätzte und sich über den Rat seiner Generale hinwegsetzte. Anzeichen über italienische Absichten gegen Griechenland waren Hitler nicht verborgen geblieben, doch sein Wink, den Balkan aus dem Krieg herauszuhalten, war von Mussolini ignoriert worden.
Dem um 6 Uhr des 28.10. beginnenden italienischen Angriff ging ein unannehmbares Ultimatum an Athen voraus. Der italienische Oberbefehlshaber in Albanien, Korpsgeneral Sebastiano Visconti-Prasca, verfügte über 155.000 Soldaten (1 Panzerdivision mit leichten Kampfwagen, 1 Alpindivision und 6 Infanteriedivisionen). Zur Luftunterstützung war ihm das 4. Fliegerkorps mit 107 Jägern, 55 Bombern und 25 Aufklärern zugeteilt worden. Das griechische Heer unter Armeegeneral Papagos besaß zu dieser Zeit nach Mobilmachung 1 Kavalleriedivision und 14 Infanteriedivisionen, insgesamt 430.000 Mann. Die Luftstreitkräfte bestanden nur aus 44 Jägern, 39 Bombern und 66 Aufklärern. Nach geringen Anfangserfolgen blieben die Italiener vor den Stellungen der sich entschlossen zur Wehr setzenden Griechen liegen. Ein Gegenstoß des griechischen 11. Korps (Papadopulos) am 2. und 3.11. warf den am Weitesten auf griechisches Gebiet vorgedrungenen linken Flügel der italienischen 11. Armee zurück. Am gleichen Tag gingen die ersten britischen Truppen in Piräus an Land. Angesichts der ihm äußerst unerwünschten Entwicklung entschloss sich Hitler am 4.11. zu einem Entlastungsangriff über Ungarn, Rumänien und Bulgarien. Seine Weisung Nr. 18 vom 12.11.40 befahl dem OKH, Vorbereitungen zu treffen, um „im Bedarfsfall aus Bulgarien heraus das griechische Festland nördlich des Ägäischen Meeres in Besitz zu nehmen und damit die Voraussetzungen für den Einsatz deutscher Fliegerverbände gegen Ziele im ostwärtigen Mittelmeer zu schaffen, insbesondere gegen diejenigen englischen Luftstützpunkte, die das rumänische Erdölgebiet bedrohen".
Inzwischen war am 14.11. an der albanischen Front der zweite Schlag gefallen: 3 griechische Korps traten mit Kavalleriedivisionen, 8 Infanteriedivisionen und 3 Brigaden zum Angriff an und warfen die nunmehr zur Heeresgruppe Albanien (Soddu) erweiterten, aus den Armeen 9 (Vercellino) und 11 (Geloso) bestehenden italienischen Invasionstruppen über die Grenze zurück. Dennoch prahlte Mussolini am 18.11. in einer Rede: „... wir werden Griechenland das Rückgrat brechen" und gab die italienischen Verluste der ersten 10 Kampftage mit 372 Toten, 1081 Verwundeten und 650 Vermissten an. Am 13.12. unterzeichnete Hitler die Weisung Nr. 20, in der die Einzelheiten des deutschen Aufmarsches gegen Griechenland, Unternehmen „Marita" festgelegt wurden. Am Monatsende löste Armeegeneral Cavallero den erkrankten Soddu ab. In Albanien standen nun 16 italienische 13 griechischen Divisionen gegenüber. Bei einem Treffen mit Mussolini am 19./20.1.41 teilte Hitler dem Duce seine Absicht mit, Griechenland anzugreifen und einen Sperrverband nach Libyen zu entsenden, wo sich die Lage der Italiener nach dem britischen Gegenangriff vom 9.12.40 ebenfalls katastrophal entwickelt hatte (Afrikafeldzug). Italiens „Parallelkrieg" fand damit sein Ende.
Nach dem Einrücken der deutschen Truppen in Rumänien und Bulgarien begann am 4.3.41 die britische Operation „Lustre", die Überführung von Empiretruppen nach Griechenland, die am 24.2. vom Kabinett gebilligt worden war. Bis zum 24.4. kamen rund 58.000 Mann, in erster Linie das australische I. AK (Blamey) mit der neuseeländischen 2. Division (Freyberg), der australischen 6. Division (Mackey) sowie der 1. Panzerbrigade (Charrington). Oberbefehlshaber wurde Generalleutnant Wilson, die Luftstreitkräfte standen unter dem Kommando von Vizeluftmarschall d'Abiac.
Hitlers Bemühungen, Jugoslawien in seinen Einflussbereich zu zwingen, führten am 25.3.41 zum Beitritt Belgrads zum Dreimächtepakt. Dem Vertragsabschluss waren deutsche Zugeständnisse, darunter der Verzicht auf Truppentransporte für „Marita" durch Jugoslawien, vorausgegangen. Ein Staatsstreich antideutscher Kräfte am 27.3. machte diesen Erfolg aber wieder zunichte und führte zum Entschluss Hitlers, „Jugoslawien militärisch und als Staatsgebilde zu zerschlagen" (Weisung Nr. 25 vom gleichen Tage). Zunächst für den 1.4.41 geplant, begann der deutsche Angriff am 6.4. um 5.15 Uhr. Zum Auftakt bombardierten 484 deutsche Flugzeuge Belgrad, wobei 1500 Zivilisten ums Leben kamen. Gegen Griechenland kam die 12. Armee (List) mit 2 Panzerdivisionen, 2 Gebirgs- und 4 Infanteriedivisionen zum Einsatz, gegen Jugoslawien die 2. Armee (v. Weichs) und die Panzergruppe 1 (v. Kleist) mit 4 Panzer-, 3 motorisierten und 7 Infanteriedivisionen. Die Luftflotte 4 (Löhr) übernahm mit 210 Jägern, 400 Bombern und Sturzbombern sowie 170 Aufklärern die Luftsicherung der Operationen. Die griechische Armee, deren Hauptkräfte in Albanien gebunden waren, vermochte den deutschen Truppen nur 4 Divisionen und 2 Brigaden entgegenzustellen. Trotz tapferer Gegenwehr, vor allem in den Befestigungen der Metaxas-Linie, konnte die deutsche 2. Panzerdivision schon am 9.4. in Saloniki einrücken. Nach Durchbruch durch den Befestigungsgürtel und Abschneiden der Verbindungen zu den griechischen Hauptkräften kapitulierte die Ostmazedonienarmee (Bakopulos) am gleichen Tag. Das deutsche Vorrücken in Mazedonien und Südjugoslawien bedrohte nach wenigen Tagen die griechische Albanienfront, hier hatten die Griechen bislang die Gefangennahme von 13 300 Italienern gemeldet , sodass sie vom 14.4. an zurückgenommen werden musste. Inzwischen

Deutsche Truppen mit Panzerwagen in einem jugoslawischen Dorf. Im Zusammenwirken von Luft- und Panzerwaffe wurde der Vielvölkerstaat in zwölf Tagen überrannt. Griechenland, obwohl von britischen Truppen unterstützt, brach nach wenigen Wochen zusammen.

Deutsche Truppen sind bei den Thermopylen in Deckung gegangen. Der Engpass zwischen Meer und Gebirge, berühmt durch den heldenhaften Untergang der Spartaner unter Leonidas während der Perserkriege, besaß als nach wie vor einzige Verbindung zwischen Nord- und Südgriechenland auch im 20. Jahrhundert noch strategische Bedeutung.

war auch das jugoslawische Heer, das in 3 Armeegruppen mit insgesamt 7 Armeen, 3 Kavallerie- und 27 Infanteriedivisionen sowie 6 Brigaden mobilisiert hatte, weitgehend zerschlagen oder hatte sich, besonders in den mit Kroaten durchsetzten Verbänden, einfach aufgelöst. Die jugoslawische Luftwaffe konnte mit ihren 144 Jägern, 160 Bombern und 40 Aufklärern, darunter moderne deutsche Me 109 und Do 17, nur wenig wirksam werden.

Als das deutsche XVIII. Korps die britische Riegelstellung am Olymp durchbrochen hatte, gab das britische Oberkommando am 17.4. die Genehmigung zur Räumung Griechenlands durch die Royal Navy. Am gleichen Tag unterzeichnete der jugoslawische Oberbefehlshaber Armeegeneral Kalafatovic in Belgrad die Kapitulation seiner Streitkräfte. Angesichts der hoffnungslosen Lage fand am 18.4. in Athen ein Kriegsrat statt, bei dem sich die Frontbefehlshaber gegen die Meinung von König Georg II. und General Papagos für eine baldige Kapitulation aussprachen. Ministerpräsident Alexander Koryzis beging nach der Sitzung Selbstmord. Am nächsten Tag übergingen die Kommandierenden Generäle der drei in Epirus kämpfenden Korps I. AK (Panajotis), II. AK (Bakos) und III. AK (Tsolagoglu) ihren Oberbefehlshaber, Generalleutnant Pitsikos, und schickten einen Parlamentär zum Gegner. Dies führte im Hauptquartier von Tsolagoglu zur Kapitulation vor dem Kommandeur der Brigade Leibstandarte-SS „Adolf Hitler", Sepp Dietrich, ein Akt, der am 21.4. in Larissa vor Generalfeldmarschall List wiederholt und ironischerweise nach Protesten Mussolinis zum dritten Mal am 23.4. in Saloniki vor General Ferrero vollzogen wurde.

Die britische Räumung Griechenlands (Operation „Demon") begann am 24.4., verzögert durch deutschen Luftangriffe auf Schiffe und Häfen. Die Einschiffungen mussten schließlich fast durchweg vom freien Strand aus erfolgen. Insgesamt konnten 50 732 Soldaten, darunter wenige Griechen und Jugoslawen, abtransportiert werden. In Kalamata musste Brigadegeneral Parrington mit 6652 Empiresoldaten und 904 Jugoslawen (darunter 4 Generale) vor der deutschen 5. Panzerdivision kapitulieren. Insgesamt waren in Griechenland eingesetzt: 21.880 Briten, 17.125 Australier, 16 720 Neuseeländer und 4670 Palästinenser und Zyprioten = 60.395. Davon waren 903 gefallen, 1250 verwundet und 13.958 in deutsche Gefangenschaft geraten (= 16.111). Die deutsche 12. Armee meldete die Gefangennahme von 342 Offizieren und 10 340 britischen Soldaten. Die RAF hatte 209 Maschinen eingebüßt und 163 Mann, die deutsche Luftwaffe 158 Flugzeuge. 344.000 Jugoslawen und 223.000 Griechen kamen in deutsche Gefangenschaft. Am 27.4. rückte die Aufklärungsabteilung der deutschen 5. Panzerdivision in Athen ein und am 30.4. war mit der Besetzung des griechischen Festlands einschließlich des Peloponnes der Balkanfeldzug beendet. Die deutschen Verluste betrugen 2559 Tote, 3169 Vermisste und 5820 Verwundete. Die ungarische 3. Armee (Novák von Gorondy), die mit 10 Brigaden an den Operationen teilgenommen hatte, meldete 15.000 jugoslawische Gefangene; sie selbst hatte 65 Gefallene, 242 Verwundete und 15 Vermisste zu verzeichnen. Ohne in größere Kampfhandlungen verwickelt zu werden, hatte die italienische 2. Armee (Ambrosio) die dalmatinische Küste besetzt. Als letzte griechische Bastion blieb die Insel Kreta, die im Anschluss an den Balkanfeldzug beim Luftlandeunternehmen „Merkur" bis 1.6.41 erobert wurde. Insgesamt verzögerten die Kampfhandlungen im Südosten den längst geplanten Russlandfeldzug (Unternehmen „Barbarossa") um mehrere Wochen und schwächten die Wehrmacht durch erhebliche Menschen- und Materialverluste.

Einer von mehr als 10.000 Angehörigen der Commonwealth-Streitkräfte, die während der Kämpfe auf dem Peloponnes in deutsche Gefangenschaft kamen. Unter der Überschrift „So fegten wir den Tommy vom Balkan" wurden solche Bilder in der Presse des Dritten Reiches veröffentlicht.

Kampf um Kreta

Nach Kreta setzten sich gegen Ende des Balkanfeldzugs der griechische König mit seiner Regierung sowie Teile des britischen Expeditionskorps ab. Churchill ordnete die Verteidigung der Insel an und betraute damit den neuseeländischen General Freyberg, dem 32.382 britische und 10.258 schlecht ausgerüstete griechische Soldaten zur Verfügung standen, während die deutsche Aufklärung nur maximal 15.000 Briten gemeldet hatte. Zwar ohne Luftschirm, aber gedeckt durch große Teile der seebeherrschenden britischen Mittelmeerflotte, erwarteten die Verteidiger in gut getarnten Stellungen den deutschen Angriff im Rahmen des Unternehmens „Merkur", der nach vorbereitenden heftigen Luftangriffen am Morgen des 20.5.41 einsetzte.

Über Kreta sprangen in 3 Gruppen, West (Generalmajor Meindl) bei Malemes am Morgen, Mitte (Generalleutnant Süssmann) bei Rethymnon und Ost (Generalleutnant Ringel) bei Iraklion am Nachmittag, 15.000 Mann der 7. Fallschirmdivision des XI. Fliegerkorps (General Student) ab. Sie gerieten z.T. in mörderisches Abwehrfeuer und konnten zunächst nirgends die gesteckten Ziele, v. a. Flugfelder für Nachschub und Verstärkungen, erreichen. Auch die Vereinigung der Landeköpfe gelang nicht, zumal die Hilfe über See ausfiel. Eine erste deutsche Motorseglerstaffel wurde in der Nacht 21./22.5. von der britischen Force D gestellt und zersprengt, von 2331 Mann kamen 297 ums Leben. Weiteren Staffeln erging es erst besser, als die Luftwaffe in rollendem Einsatz die britischen Kriegsschiffe vertrieb. Diese Luftüberlegenheit sollte schließlich über die Seeherrschaft triumphieren. Die Royal Navy verlor 3 Kreuzer, 6 Zerstörer und durch Beschädigungen für lange Zeit Schlachtschiffe, 1 Träger, 6 Kreuzer und 5 Zerstörer; 2011 Seesoldaten fielen. Trotz dieser Opfer war der deutsche Nachschub letztlich nicht entscheidend zu stören, sodass sich die Lage der Fallschirm- und Gebirgsjäger auf Kreta stabilisierte. Malemes mit Flugplatz war schon am zweiten Tag genommen worden, am 27.5. fiel die Hauptstadt Chania, tags darauf der Hafen in der Sudabucht. Rethymnon ergab sich am 29.5., als der Abtransport britischer Soldaten schon in vollem Gange war: 17.000 Mann konnten noch in Sicherheit gebracht werden, ehe am 31.5. der Widerstand erlosch. Die Verluste auf beiden Seiten waren erheblich: Die Briten verloren, abgesehen von den Opfern der Marine, 15.743 Mann an Gefallenen und Gefangenen, auf deutscher Seite gab es 3725 Tote und Vermisste, 2643 Mann wurden verwundet. Hauptgrund dafür waren auf deutscher Seite Führungsfehler: schlecht gewählte Angriffspunkte, unzureichende Aufklärung, Mängel in der Bodenorganisation, zu knappe Vorbereitung usw. Hitler misstraute fortan Luftlandungen überhaupt und blies nicht zuletzt deshalb das viel entscheidendere Unternehmen „Herkules" gegen Malta ab. Das britische Fiasko später bei Arnheim gab ihm scheinbar Recht. Die deutschen Fallschirmjäger wurden nach Kreta nicht mehr für Luftlandungen verwendet; sie dienten künftig als „infanteristische Feuerwehr". Ihr Sieg auf Kreta blieb fast gänzlich ungenutzt, die strategische Wirkung auf den Afrikafeldzug war kaum zu spüren, Offensiven gegen die britische Position im Nahen Osten gingen von Kreta nicht aus, obwohl die Insel bis zur deutschen Kapitulation am 8.5.45 gehalten wurde.

Kreta war Schauplatz zahlreicher Kriegsverbrechen. Beim deutschen Angriff wurden Fallschirmjäger misshandelt, verstümmelt, ermordet. Am 27.5. in der Sudabucht zurückgelassene verwundete Angehörige des Gebirgsjägerregiments 141 wurden ausnahmslos getötet. Griechische Zivilisten benutzten beim Widerstand z.T. Dum-Dum- und Jagdgeschosse, plünderten Gefallene und Verwundete aus, misshandelten Gefangene; englische Soldaten waren an solchen Übergriffen kaum beteiligt, sondern versuchten eher mäßigend zu wirken. Anders ihre Kameraden von der Navy, die u.a. am 19.5. schiffbrüchige deutsche Soldaten der leichten Schiffsstaffel „West" vor Kreta mit Maschinenwaffen beschossen und direkt oder durch Versenkung ihrer Rettungsboote töteten. Geahndet wurden diese Völkerrechtsbrüche nach dem Krieg meist genauso wenig wie die Übergriffe und Kriegsverbrechen der deutschen Besatzer auf Kreta, die nicht nur zur eigenen Versorgung das Land ausplünderten, sondern im Rahmen von „Sühnemaßnahmen" mindestens 3000 Kreter exekutierten und 8800 Häuser zerstörten. U.a. durchkämmten zur Vergeltung der Morde an Fallschirmjägern am 2.6.41 deutsche Soldaten das Dorf Alikianos, trieben 42 Männer auf den Friedhof, ließen sie eigenhändig Gräber ausheben und erschossen sie vor den zum Zuschauen gezwungenen Frauen. Noch schwerer traf es am 14.9.43 die Gemeinde Ano Viannos, wo als Repressalie sämtliche männliche Einwohner, über 440 Personen, erschossen und 3 Dörfer dem Erdboden gleichgemacht wurden. Neben zahlreichen Fällen wie diesen stand die Deportation der über 260 Juden von Chania, die am 20./21.5.44 zusammengetrieben und mit 150 italienischen Gefangenen und einigen Kretern auf dem Frachter Danae eingeschifft wurden. Er kam am Festland niemals an.

Generalfeldmarschall List (stehend in der Mitte) bei der Abnahme der Siegesparade, noch vor der Eroberung Kretas am 3. Mai 1941 in Athen. Zwar hatten die Briten erneut empfindliche Materialverluste hinnehmen müssen, doch die meisten britischen Soldaten waren wieder einmal, wie bei Dünkirchen über See, diesmal nach Ägypten entkommen, wo sie nach kurzer Verschnaufpause erneute Feindberührung mit deutschen Soldaten haben sollten.

„Yes, you are Max Schmeling!“

„Die Tage von Kreta haben gezeigt, dass die großen Tage der Fallschirmjäger vorbei sind“, stellte Hitler fest. Die hohen Verluste hielten ihn davon ab, diese Waffengattung weiterhin zu Luftlandeunternehmen einzusetzen. Aus Fallschirmjägern wurden Soldaten der Infanterie.

Zum Fallschirmjäger ausgebildet, kam Max Schmeling, bislang der einzige deutsche Schwergewichtsweltmeister im Boxen und bis zu seinem Tod Deutschlands populärster Sportler, in Kreta zum Einsatz.
In der Nacht zum 20. Mai wurden wir nach dem kleinen Flughafen Torpolia in Marsch gesetzt. Unsere Einheit war ausersehen, im Morgengrauen des nächsten Tages als erste Welle über den englischen Verteidigungsstellen südlich von Chania auf Kreta abzuspringen.
Bald nach Mitternacht kletterten wir in schwerer Montur in die Ju 52-Maschinen, die mit laufenden Motoren am Ende der Rollbahn bereitstanden. Die Einheit flog, um feindlichen Aufklärern zu entgehen, in geringer Höhe über die griechischen Inseln nach Süden. Als wir über unsere Absprungstelle kamen, flogen wir nur noch etwa einhundertfünfzig Meter hoch. Der Zeitraum, in dem wir als wehrlose Ziele an unseren Schirmen hingen, sollte dadurch auf wenige Sekunden verkürzt werden.
Dennoch hatten wir schwere Verluste. Gegen den fahlen Himmel hoben sich die Fallschirme, die wie Pusteblumen herunterschwebten, überdeutlich ab. Wir sprangen förmlich in die Geschossgarben des Gegners. Ich sah, wie einige Fallschirme sich nicht öffneten und die Körper schwer auf dem Boden aufschlugen; andere Schirme wurden von Maschinengewehr-Garben geradezu zerschnitten; und hier und da begann eine Maschine zu taumeln, auseinanderzubrechen und, eine Rauchfahne hinter sich, niederzugehen, bis sie am Boden zerschellte.
Ich selber hatte Glück im Unglück. Ich landete mitten in einem Weinberg; der harte Rebstock hinderte mich aber an der so oft geübten Aufsprungrolle. Auf dem felsigen Grund kam ich daher so unglücklich auf, dass der soeben erst verletzte Meniskus erneut lädiert wurde. Auch die Wirbelverletzung, die ich mir im Kampf mit Joe Louis zugezogen hatte, machte sich im gleichen Augenblick wieder schmerzhaft bemerkbar. Ich konnte mich kaum bewegen.
Während ich die rund einhundertfünfzig Meter zu meinem Versorgungsbehälter, einer weißen Tonne mit vielen roten Streifen, kroch, geriet ich in wütendes Feuer der Engländer. Langsam nur kam ich vorwärts. Einige Male wurde mir, vor Schwäche und Schmerzen, schwarz vor Augen, und als ich schließlich bei meinem Behälter anlangte, hatte ich den Kontakt zu der Einheit verloren.
Erst in der folgenden Nacht fand ich zur Truppe zurück. Da ich mich nur noch mit äußerster Mühe bewegen konnte, wurde ich in ein Feldlazarett überstellt, das ungefähr drei Kilometer südlich von Chania eingerichtet worden war. Einige Kameraden zimmerten mir zwei Stöcke zusammen, doch als ich losziehen wollte, kam ein Feldwebel und übergab mir einen Gefangenen, den ich in Chania abliefern sollte. Er erteilte mir strikten Befehl, mit dem verwundeten Engländer kein Wort zu wechseln. Humpelnd machten wir uns auf den Weg.
Als wir hinter einer Wegbiegung verschwunden waren, fassten wir uns unter, um uns wechselseitig zu stützen. Noch hatten wir kein Wort miteinander gewechselt, aber ich bemerkte, dass er mich von Zeit zu Zeit neugierig und forschend musterte. Endlich nahm er sich ein Herz und sagte: „Sie kommen mir bekannt vor. Aren`t you a fighter?“ Dann, plötzlich seiner Sache ganz sicher, wandte er sich mir zu und sagte stehenbleibend: „Yes, you are Max Schmeling!“
Schon vor dem Einsatz hatten sich bei mir erste Anzeichen einer Ruhr gezeigt, die ich aber verschwiegen hatte, um nicht als feige zu gelten. Jetzt traten die Krankheitssymptome verstärkt auf, und die Ärzte trennten mich wegen der Ansteckungsgefahr sofort von den übrigen Verwundeten. Sanitäter führten mich hinaus zu einem nahegelegenen Weinberg und machten mir ein Notlager zurecht.
Die Nacht verbrachte ich mit schweren Darmkrämpfen im Freien. Als der Morgen graute, flogen Stuka-Einheiten über mich hinweg, und in einiger Entfernung sah ich sie über den feindlichen Stellungen abkippen.
Im Laufe des Vormittags kamen Sanitäter mit einer Tragbahre und holten mich ab. Kurz darauf wurde ich nach Athen geschafft und in ein Lazarett eingeliefert. Nach ein paar Tagen wurde mir zugleich mit meiner Beförderung zum Unteroffizier das EK II verliehen.

Max Schmeling, umgeben von Sanitätern, bei einer Pressekonferenz.

Deutsche Panzer in Bereitschaft. Mit ihren bestenfalls für einen Kolonialkrieg geeigneten Panzern waren die Engländer dem von Rommel geführten deutschen Afrika-Korps zunächst unterlegen. Über die Anfangserfolge der Deutschen schrieb Churchill am 26. März 1941 an General Wavell: „Der rapide Vormarsch der Deutschen in Richtung El Agheila bereitet uns Sorge. Es entspricht ihrem Wesen, vorwärtszugehen, wenn sie auf keinen Widerstand stoßen. Ich nehme an, sie warten nur darauf, dass die Schildkröte ihren Kopf weit genug vorstreckt, um ihn abzuhauen."

Unternehmen „Sonnenblume"

Hatte Hitler es im November 1940 noch abgelehnt, Italien militärisch zur Hilfe zu kommen, sah er sich angesichts der schlechten Lage seines Bündnispartners, der im Falle einer Niederlage aus dem Krieg ausscheiden konnte, gezwungen, Mussolini aktiv zu unterstützen. In der Weisung Unternehmen „Sonnenblume" vom Februar 1941 heißt es dazu:

1.) Um den Abwehrkampf der Italiener in Libyen schon vor dem Eintreffen deutscher Heerestruppen zu unterstützen, hat die Luftwaffe nach näherer Anweisung der Oberbefehlshaber der Luftwaffe neben der Ausschaltung der englischen Fliegerkräfte auf Malta mit den in Süditalien verfügbaren Kräften
a) die englischen Versorgungstransporte entlang der nordafrikanischen Küste anzugreifen,
b) die in der Cyrenaika nach Westen vorgehenden Feindkräfte zu bekämpfen,
c) Ansammlungen der in und über die westliche Cyrenaika vorgehenden feindlichen Panzer- und motorisierten Verbände unter Zusammenfassung aller Kräfte und Einsatz schwerster Bomben zu zerschlagen.
Hierzu können Teile der Luftwaffe mit eigenem Jagd- und Flakschutz – gegebenenfalls auch unter Abziehung von Verbänden aus der Kriegsführung gegen England – nach Nordafrika verlegt werden. Die notwendigen Transporte sind entsprechend der Entwicklung der Lage in die laufenden Transporte zur Überführung des Sperrverbandes einzugliedern.
2.) Weitere Aufgabe der Luftwaffe ist es, in Verbindung mit der italienischen Luftwaffe und dem italienischen Seebefehlshaber Catania die deutschen Seetransporte gegen Angriffe feindlicher Luft- und Seestreitkräfte zu schützen (einschließlich Ein- und Ausschiffung). Die Luftabwehreinheiten des deutschen Sperrverbandes können vorübergehend hierzu herangezogen werden.
Für die Ausstattung der Transportschiffe mit Flakwaffen treffen Oberbefehlshaber der Marine und Oberbefehlshaber der Luftwaffe unmittelbare Vereinbarungen. Um den Verwechslungen italienischer mit englischen U-Booten vorzubeugen, wird der deutsche General beim italienischen Oberkommando bei den Italienern erwirken, dass für die Dauer der Seetransporte italienische U-Boote diesem Seegebiet fernbleiben.
Er wird ferner bei der italienischen Führung anregen, dass der Seebefehlshaber Catania größere Freiheit in dem Einsatz seiner Kräfte erhält (Antrag des X. Fliegerkorps, um die Zusammenarbeit zwischen italienischen Seestreitkräften und deutscher Luftwaffe zu erleichtern).
3.) Der Transport des für Libyen bestimmten Heeresverbandes ist unter möglichster Beschleunigung einzuleiten und durchzuführen. Der Verband ist zwecks späterer Zusammenfassung mit den italienischen schnellen Kräften einem deutschen Kommandierenden General zu unterstellen und gegenüber der bisher vorgesehenen Zusammensetzung um Panzerkräfte (zunächst etwa 1 Regiment) zu verstärken. Späteres Auffüllen des Verbandes auf eine durch Sperrkräfte verstärkte Panzerdivision ist vorzusehen.
Oberbefehlshaber der Luftwaffe bereitet die spätere unmittelbare Unterstützung der Operationen durch die Luftwaffe vor.
4.) Oberbefehlshaber der Luftwaffe wird gebeten, Vorbereitungen für eine etwa notwendige Ergänzung der Seetransporte nach Tripolis durch verfügbare Transporteinheiten der Luftwaffe zu treffen ...
5.) Der deutsche General beim italienischen Oberkommando wird ermächtigt, die notwendigen örtlichen Entscheidungen über Ablauf und Reihenfolge der Überführung deutscher Kräfte von Süditalien nach Nordafrika im Rahmen der gestellten Aufgaben und auf Grund der Entwicklung der Lage zu treffen.
Die Oberkommandos der Wehrmachtteile stellen im Bedarfsfalle die hierzu erforderlichen Verbindungsoffiziere ab. Die getroffenen Anordnungen sind laufend zu melden.

Die Vorausabteilung der 3. Panzerdivision südlich Brest-Litowsk auf dem Vormarsch. Das weiße G auf den Fahrzeugen ist das Kennzeichen der Panzergruppe Guderian. Die Sowjetunion war auf den deutschen Überraschungsangriff militärisch nicht vorbereitet. Sechs Stunden dauerte es, bis Stalin Befehl zum Zurückschießen gab. Am zweiten Tag standen Panzer der Heeresgruppe Mitte 200 km tief in Russland. In den ersten fünf Tagen hatte die sowjetische Luftwaffe 90 % ihrer Flugzeuge eingebüßt, und in den ersten drei Wochen gingen in den westlichen Militärbezirken Russlands 90 % der Panzer und mehr als die Hälfte ihrer Besatzungen verloren.

Russlandfeldzug

Nach Abschluss des Balkanfeldzugs (Mai 1941), der Hitlers Zeitplan für 1941 durcheinandergebracht hatte, kamen die seit Juni 1940 vorbereiteten Maßnahmen für einen Angriff auf die UdSSR zu ihrem Höhepunkt. Absicht der Operationsplanung (Weisung Nr. 21 vom 18.12.1940) war, „auch vor Beendigung des Krieges gegen England Sowjetrussland in einem schnellen Feldzug niederzuwerfen“ und dazu bis zur Linie Archangelsk – Astrachan vorzustoßen, ehe die Sowjetunion ihre großen Menschenreserven von über 10 Millionen Soldaten mobilisieren konnte.
Zum Angriff ohne Kriegserklärung traten am 22.6.1941 rund 75 % des deutschen Feldheeres an (3,05 Millionen Mann mit 3580 Panzern und Sturmgeschützen): Heeresgruppe Nord (Leeb) mit 18. und 16. Armee

Zu Beginn des Russlandfeldzugs war die Zahl der russischen Kriegsgefangenen ungeheuerlich. Ihr Schicksal in deutscher Hand gehört zu den großen Verbrechen des Zweiten Weltkrieges. Allein in den ersten neun Monaten ließen die Verantwortlichen der Deutschen Wehrmacht 2 Millionen Sowjetsoldaten verhungern.

Ob im Norden, in der Mitte oder im Süden, jeder deutsche Soldat hat auf die eine oder andere Art die Widrigkeiten russischer Verkehrswege kennengelernt, die naturgemäß dem Angreifer mehr zu schaffen machten als dem Verteidiger. Bild links: Man musste schon ein bewährter Geländefahrer sein, um seine Beiwagenmaschine in dieser Sandwüste geradezuhalten und vorwärtszusteuern. Bild rechts: Deutscher Lastkraftwagen auf verschlammter Straße.

sowie Panzergruppe 4 mit Stoßrichtung baltische Staaten – Leningrad. Heeresgruppe Mitte (Bock) mit 4. und 9. Armee sowie den Panzergruppen 2 und 3 mit Stoßrichtung Minsk – Smolensk – Moskau. Heeresgruppe Süd (Rundstedt) mit 17. und 6. Armee sowie Panzergruppe 1 mit Ziel Kiew – Dnjepr-Bogen. Die deutsche Luftwaffe bot mit den Luftflotten 1 (Keller), 2 (Kesselring) und 4 (Löhr) 1945 Kampfflugzeuge auf, von denen am Angriffstag 510 Bomber, 290 Sturzbomber, 440 Jäger, 40 Zerstörer und 120 Fernaufklärer einsatzbereit waren. Am 2.7.1941 kam noch die Armeegruppe Antonescu mit den rumänischen Armeen 3 und 4 sowie der deutschen 11. Armee hinzu, so dass insgesamt 152 Divisionen, darunter 17 Panzer-, zwölf motorisierte Divisionen, eine motorisierte Brigade, eine Kavallerie-, 77 Infanterie-, vier leichte, eine Gebirgs- und acht Sicherungs- sowie 15 rumänische Divisionen im Osten im Felde standen.

„Im Morgengrauen des 22. Juni 1941", schreibt der Militärhistoriker Günter Tollmein, „überschritten deutsche Truppen die deutsch-sowjetische Grenze. Zwei Großmächte waren zum Kampf auf Leben und Tod angetreten, die blutige Front reichte quer durch Europa, vom Nordkap bis zum Schwarzen Meer, bald auch bis zum Kaukasus. So wie bisher in jedem Feldzug seit dem 1. September 1939 stürmte auch jetzt die deutsche Wehrmacht wieder sieggewohnt voran. Es schien fast, als hätte Hitler recht gehabt, als er bei der Besprechung im Führerhauptquartier am 14. Juni zu den Militärs gesagt hatte: „Was ich von Ihnen verlange, ist nur eins: die Tür mit einem kräftigen Stoß einzutreten. Das Haus fällt dann von ganz allein zusammen!" Als Stalin am 3. Juli 1941 erstmals nach dem deutschen Überfall zum russischen Volk sprach, waren schon mehr als eine Million Rotarmisten in deutscher Gefangenschaft, waren Tausende von sowjetischen Flugzeugen und Panzern abgeschossen, standen die deutschen Truppen schon tief in Stalins Land. Unaufhaltsam schien die Flucht der Roten Armee zu sein, die nur dort gestoppt wurde, wo deutsche Panzer noch schneller als die flüchtenden Feindarmeen waren und sie einkreisten. Stalin befahl den „totalen Krieg". Jedes sowjetische Dorf sollte in Brand gesteckt werden, bevor die Deutschen kamen. Kolchosen und Staatsgüter wurden angezündet. Elektrizitätswerke wurden gesprengt, Versorgungsbetriebe in die Luft gejagt, Lebensmittellager unbrauchbar gemacht, Eisenbahnschienen herausgerissen. Es half nichts, der Siegeszug der deutschen Soldaten schien durch niemanden aufzuhalten zu sein. Am 9. Oktober 1941 sprach Hitler in Berlin zur Eröffnung des Winterhilfswerkes und erklärte dabei, dass der Feind vernichtend geschlagen worden sei und sich nie mehr erheben werde. Wieder einmal schien es, als stünde der Frieden dicht bevor. Aber nun machte sich die Verzögerung bemerkbar, die durch Mussolinis griechisches Abenteuer eingetreten war. Jetzt fehlten genau die fünf Wochen, die die Wehrmacht wegen des „dazwischengekommenen" Balkan-Feldzuges später zum Kampf gegen das Riesenland angetreten war.

Die deutsche Offensive vor Moskau war im Herbstschlamm steckengeblieben. Panzer, Geschütze, Lastkraftwagen, Verpflegungskolonnen versanken im unermesslichen Dreck des weiten russischen Landes.

Aber es ging noch einmal weiter. Nach einigen Tagen setzte vor Moskau Kälte ein. Der grundlose Morast gefror und wurde wieder fest. Die deutschen Panzer und Fahrzeuge rollten wieder, doch diesmal nicht lange. Den Sowjets kam der General zu Hilfe, der vor fast genau 130 Jahren den unbesiegbar erscheinenden Kaiser Napoleon zum Rückzug gezwungen hatte: der „General Winter".

Die zunächst als Rettung gegen Schlamm und Morast begrüßte Kälte wurde immer grimmiger. Die Schlösser der Gewehre, Maschinengewehre und Maschinenpistolen verklemmten sich. Die Verschlüsse der Geschütze ließen sich nicht mehr bewegen. Das Öl in den Panzermotoren wurde fest, die Motoren sprangen nicht mehr an. Die Funkverbindungen der kämpfenden Truppe zu den Kommandostellen brachen ab, die Verstärker waren eingefroren, die Akkumulatoren barsten in der Kälte. Am 5. Dezember kam die große Wende in der Entscheidungsschlacht um Moskau. Das Thermometer zeigte 37 Grad Kälte an. Ein Schneesturm tobte, der alle blind machte, jede Wegmarkierung auslöschte. Generalfeldmarschall von Bock, der Oberbefehlshaber der Heeresgruppe Mitte, die in einem dreihundert Kilometer langen Halbkreis um Moskau lag, musste dem Führerhauptquartier melden, dass ein weiterer Vormarsch unmöglich wäre.

Der Oberbefehlshaber des Heeres, Generalfeldmarschall W. von Brauchitsch, erklärte dem Generalstabschef Halder, er wolle zurücktreten. Am Tag darauf griffen erstmals die Sowjets an. In der Morgenfrühe des 6. Dezember stürmten Elitedivisionen auf die vordersten deutschen Stellungen los. Elitedivisionen – nicht die bisher vor Moskau zur Verteidigung eingesetzten Arbeiterbataillone aus Männern, Frauen und Kindern! Es waren in der Mehrzahl sibirische Divisionen, die Stalin aus dem Fernen Osten herangeholt hatte. Denn wie Hitler sich 1939 bei seinem Pakt mit Stalin nicht um den Antikominternpakt mit Japan gekümmert hatte, so hatten jetzt die Japaner mit Stalin einen Nichtangriffspakt geschlossen. So hatte Stalin den Rücken frei und konnte seine wenigen noch vorhandenen Eliteeinheiten bedenkenlos in die Schlacht um Moskau werfen. Die Sibiriaken waren hervorragend ausgerüstet, sie waren frisch und ausgeruht, sie waren vor allem erfahren in Kälte, Schnee und Eis. Die am weitesten vorgedrungenen deutschen Truppen mussten weichen.

Hitler in seinem Führerhauptquartier war entsetzt. Die Front musste fest bleiben! Wenn die Soldaten einmal ins Laufen kamen, dann gab es kein Halten mehr. Generalfeldmarschall von Bock war bereits durch Generalfeldmarschall von Kluge abgelöst worden, weil Hitler Kluge mehr Standfestigkeit zutraute.

Aber auch Kluge war angesichts der Gesamtlage für einen Rückzug. Hitler beschwor den Marschall, keinen Rückzug zuzulassen, und verwarf jedes andere Argument. Die Kälte? Weiter hinten herrscht die gleiche Kälte, dagegen hilft kein Rückzug. Wie weit soll der Rückzug gehen? Es gab keine Auffangstellungen, in die die Soldaten sich weiter rückwärts hätten retten können. In dem metertief gefrorenen Boden konnten auch keine solchen Stellun-

Als Hitler sich endlich entschloss, die „Operation Taifun" in Gang zu setzen, den Angriff der Heeresgruppe Mitte auf Moskau, war die Jahreszeit schon weit fortgeschritten. Zwar waren für den Angriff 70 Divisionen bereitgestellt, doch behinderte die bereits am 8. Oktober einsetzende Schlammperiode den deutschen Vorstoß entscheidend. Und dann trat auf sowjetischer Seite auch noch frühzeitig der gefürchtete „General Winter" an, der schon Napoleons große Armee dezimiert hatte.

gen angelegt werden. Überlegener Feind? Na bitte: Dann musste man erst recht Front gegen ihn machen; denn wenn man flüchtete und dem Feind den Rücken zukehrte, dann würde er noch überlegener. Die Überlegenheit des Gegners konnte man nur dadurch verringern, dass man sich ihm entgegenstellte und versuchte, ihm soviel Verluste wie möglich beizubringen. Auf der Flucht konnte man das nicht.

Hitler setzte sich schließlich durch. Brauchitsch hatte inzwischen schon zweimal seinen Rücktritt als Oberbefehlshaber des Heeres angeboten. Am 19. Dezember stimmte Hitler endlich zu. Der letzte Oberbefehlshaber des deutschen Heeres ging. Der letzte, denn Hitler setzte keinen Nachfolger ein, sondern übernahm die Führung des Heeres unmittelbar selbst.

Es gelang nach einigen geplanten und von Hitler bewilligten großräumigen Frontverkürzungen, die Stellung vor Moskau den Winter über zu halten. Bis zum Frühjahr 1942 gab es keinen deutschen Vormarsch mehr, aber auch keinen so katastrophalen Rückzug, wie ihn die Grande Armée Napoleons hinnehmen musste. Erstmals in diesem Kriege aber, der die deutschen Soldaten bisher stets als Sieger gesehen hatte, wurden bei Demjansk und Cholm deutsche Truppen eingekesselt. Sie hielten sich monatelang und wurden im Frühjahr schließlich durch die wieder vorstürmenden eigenen Truppen befreit. Inzwischen war der Krieg zum Weltkrieg geworden. Die USA waren nun auch offiziell im Krieg mit Deutschland, nachdem sie schon lange Monate einen Wirtschafts- und Seekrieg gegen Deutschland geführt hatten, ohne ihn je offen zu erklären.

Am 7. Dezember hatte Japan mit Flugzeugen den amerikanischen Flottenstützpunkt Pearl Harbor auf den Hawaii-Inseln angegriffen, und Hitler hatte darauf am 11. Dezember seinerseits den USA den Krieg erklärt.

Hitlers Siegeszuversicht blieb dennoch ungebrochen. Er glaubte, die sowjetischen Armeen seien ausgeblutet und würden im Sommer 1942 endgültig vernichtet, was 1941 nach seiner Meinung nur durch die ungünstigen Witterungsverhältnisse verhindert worden war. Am 5. April 1942 unterzeichnete er die Weisung Nr. 41, mit der der Weg nach Stalingrad begann, der Stadt an der Wolga, in der mit dem Untergang der 6. Armee die sichtbare Wende des Zweiten Weltkriegs gekommen war.

„Zögern beschwört Gefahren herauf"

In der Nacht zum 8. Dezember hatte Hitler die Nachricht vom japanischen Überfall auf Pearl Harbor erhalten. Vier Tage später gab er in einer Reichstagsrede die deutsche Kriegserklärung an Amerika bekannt:

Der Nationalsozialismus kam in Deutschland im selben Jahr zur Macht, in dem Roosevelt zum Präsidenten der Vereinigten Staaten gewählt wurde. Es ist nun wichtig, die Momente zu prüfen, die als Ursache der heutigen Entwicklung angesehen werden müssen. Zunächst die persönliche Seite:

Ich verstehe nur zu wohl, dass zwischen der Lebensauffassung und Einstellung des Präsidenten Roosevelt und meiner eigenen ein weltweiter Abstand ist. Roosevelt stammt aus einer steinreichen Familie, gehörte von vornherein zu jener Klasse von Menschen, denen Geburt und Herkunft in den Demokratien den Weg des Lebens ebnen und damit den Aufstieg sichern.

Ich selbst war nur das Kind einer kleinen und armen Familie und musste mir unter unsäglichen Mühen durch Arbeit und Fleiß meinen Weg erkämpfen. Als der Weltkrieg kam, hat Roosevelt in einer unter dem Schatten Wilsons befindlichen Stellung ihn aus der Sphäre der Verdienenden miterlebt. Er kennt daher nur die angenehmen Folgen der Auseinandersetzung von Völkern und Staaten, die sich für den hergeben, der dort Geschäfte macht, wo andere verbluten.

In dieser gleichen Zeit war mein eigenes Leben wieder auf der ganz anderen Seite gelegen. Ich gehörte nicht zu denen, die Geschichte oder gar Geschäfte machten, sondern nur zu denen, die Befehle ausführten.

Als gewöhnlicher Soldat habe ich mich bemüht, in diesen vier Jahren vor dem Feinde meine Pflicht zu erfüllen, und kehrte aus dem Kriege natürlich gerade so arm zurück, wie ich im Herbst 1914 in ihn gezogen war. Ich habe also mein Schicksal mit dem von Millionen geteilt, Herr Franklin Roosevelt das seine mit dem der sogenannten oberen Zehntausend. Während Herr Roosevelt nach dem Kriege schon seine Fähigkeiten in Finanzspekulationen erprobte, um aus der Inflation, das heißt dem Fleiß der anderen, persönlichen Nutzen zu ziehen, lag ich noch, ebenfalls wie viele andere Hunderttausende, im Lazarett.

Und als Herr Roosevelt endlich die Laufbahn des normalen, geschäftlich erfahrenen, wirtschaftlich fundierten, herkunftsmäßig protegierten Politikers beschritt, kämpfte ich als namenloser Unbekannter für die Wiedererhebung meines Volkes, dem das schwerste Unrecht in seiner ganzen Geschichte angetan worden war. Die Kräfte, die Herrn Roosevelt trugen, waren die Kräfte, die ich aufgrund des Schicksals meines Volkes und meiner heiligsten inneren Überzeugung bekämpfte. Der „Gehirntrust", dessen sich der neue amerikanische Präsident bedienen musste, bestand aus Angehörigen desselben Volkes, das wir als eine parasitäre Erscheinung der Menschheit in Deutschland bekämpften

Hitler bei einer Lagebesprechung mit Heeres-Oberbefehlshaber Brauchitsch (links neben ihm) und Generalstabschef Halder (rechts). Die Zusammenarbeit mit Brauchitsch endete in der Winterkrise vor Moskau im Dezember 1941, als Hitler selbst den Oberbefehl übernahm. Halder wurde im September 1942, nach Differenzen mit Hitler über den Angriff auf Stalingrad, entlassen.

und aus dem öffentlichen Leben zu entfernen begannen. Die beleidigenden Angriffe und Anflegelungen dieses sogenannten Präsidenten gegen mich persönlich will ich dabei als belanglos übergehen. Dass er mich einen Gangster nennt, ist umso gleichgültiger, als dieser Begriff wohl mangels derartiger Subjekte nicht aus Europa, sondern aus den USA stammt.
Aber abgesehen davon, kann ich von Herrn Roosevelt überhaupt nicht beleidigt werden, denn ich halte ihn so wie einst Woodrow Wilson ebenfalls für geisteskrank. Wir wissen, welche Kraft hinter Roosevelt steht. Es ist jener Jude, der seine Zeit als gekommen erachtet, um das auch an uns zu vollstrecken, was wir in Sowjet-Russland alle schaudernd sehen und erleben mussten. Wir haben das jüdische Paradies auf Erden nunmehr kennengelernt. Millionen deutscher Soldaten haben den persönlichen Einblick gewinnen können in ein Land, in dem dieser internationale Jude Mensch und Gut zerstörte und vernichtete. Der Präsident der Vereinigten Staaten mag das vielleicht selbst nicht begreifen. Wir aber wissen, dass das Ziel seines ganzen Kampfes ist: Auch wenn wir nicht im Bündnis mit Japan stünden, wären wir uns darüber im klaren, dass es die Absicht der Juden und ihres Franklin Roosevelt ist, einen Staat nach dem anderen allein zu vernichten. Das heutige Deutsche Reich hat aber nun nichts mehr gemein mit dem Deutschland von einst. Wir werden daher auch von unserer Seite nun das tun, was dieser Provokateur seit Jahren zu erreichen versuchte. Nicht nur, weil wir Verbündete von Japan sind, sondern weil Deutschland und Italien in ihrer derzeitigen Führung genügend Einsicht und Stärke besitzen, um zu begreifen, dass in dieser historischen Zeit das Sein oder Nichtsein der Nationen bestimmt wird, vielleicht für immer. Was diese andere Welt mit uns vorhat, ist uns klar. Sie haben das demokratische Deutschland von einst zum Verhungern gebracht, sie würden das nationalsozialistische Deutschland von jetzt ausrotten. Ich habe daher heute dem amerikanischen Geschäftsträger die Pässe zustellen lassen.
Während Hitler in seiner Rede die fixe Idee seiner paranoiden Weltsicht von der jüdischen Weltverschwörung bemühte, reagierte Roosevelt in seiner Botschaft an den Kongreß der Vereinigten Staaten vom selben Tag realistischer.
Im Verfolg ihrer Welteroberungspläne hat die deutsche Regierung am Morgen des 11. Dezember den Vereinigten Staaten den Krieg erklärt. Was lange bekannt war und lange erwartet wurde, ist damit zur Tatsache geworden. Die Kräfte, die die ganze Welt zu versklaven suchen, richten sich nun auch gegen diese Hemisphäre. Niemals vorher waren unser Leben, unsere Freiheit und unsere Zivilisation ernster bedroht.
Zögern beschwört Gefahren herauf. Rasche und einmütige Anstrengungen aller Völker der Welt, die entschlossen sind, frei zu bleiben, werden den weltweiten Sieg der Gewalten des Rechts und der Gerechtigkeit über die Gewalten der Roheit und Barbarei sichern. Auch Italien hat den Vereinigten Staaten den Krieg erklärt. Ich fordere daher den Kongress auf, vom Kriegszustand zwischen den Vereinigten Staaten und Deutschland und zwischen den Vereinigten Staaten und Italien Kenntnis zu nehmen.

In knapp drei Stunden verwandelten japanische Trägerflugzeuge am 7. Dezember 1941 den Flottenstützpunkt Pearl Harbor in ein Inferno. Ein Rettungsboot fischt Matrosen aus dem Wasser.

In seiner Reichstagsrede am 11. Dezember 1941 gibt Hitler die Kriegserklärung an die USA bekannt.

Roosevelt unterzeichnet 1941 in Washington die Kriegserklärung an Deutschland.

1942

JANUAR

3.1. Um der deutschen Wehrmacht Skier zur Verfügung zu stellen, werden alle Wintersportveranstaltungen einschließlich der Ski-Weltmeisterschaften in Garmisch-Partenkirchen abgesagt.
9.1. Mit einer Offensive gelingt es der Roten Armee, die deutschen Heeresgruppen Nord und Mitte voneinander zu trennen.
10.1. Die wiedergegründete Universum-Film AG (Ufa) fasst als Dachgemeinschaft alle deutschen Filmgesellschaften zusammen.
15.1. Wegen der Misserfolge an der russischen Front kommt es in der militärischen Führung der Wehrmacht zu einer Krise. Der Oberbefehlshaber der Heeresgruppe Nord, Wilhelm Ritter von Leeb, demissioniert.
20.1. Auf der Wannsee-Konferenz in Berlin wird unter Vorsitz von Reinhard Heydrich über organisatorische Fragen der „fabrikmäßigen" Ermordung der europäischen Juden beraten.
29.1. Das deutsche Kontingent in Nordafrika unter Erwin Rommel erobert mit einer Gegenoffensive die Stadt Bengasi.

FEBRUAR

5.2. Reichsjugendführer Arthur Axmann fordert in einer Rede den Kriegseinsatz der Hitler-Jugend (HJ).
7.2. Die deutsch-italienische Offensive in Nordafrika wird vor Tobruk gestoppt.
8.2. Fritz Todt, Reichsminister für Munition und Bewaffnung, kommt bei einem Flugzeugabsturz ums Leben. Zu seinem Nachfolger wird der Architekt Albert Speer ernannt.
9.2. Um Treibstoff für den Krieg zu sparen, verbietet das Reichsverkehrsministerium private Fahrten mit dem Auto.
11.2. Fünfzehnjährige Schüler der höheren Schulen werden in Deutschland als Luftwaffenhelfer für den Kriegsdienst rekrutiert.
12.2. Die deutschen Schlachtschiffe „Scharnhorst" und „Gneisenau" durchqueren unbemerkt von den britischen Streitkräften den Ärmelkanal. Wegen der andauernden Angriffe der Alliierten wurde die Verlegung der Großeinheiten von Brest (Westfrankreich) nach Wilhelmshaven angeordnet.
22.2. Josef W. Stalin erklärt anlässlich des Gründungsjubiläums der Roten Armee, dass „die ‚Hitler' kommen und gehen, aber das deutsche Volk, der deutsche Staat bleibt".
In Petrópolis (Brasilien) nimmt sich der Schriftsteller Stefan Zweig das Leben, weil er die Zerstörung Europas für unwiderruflich hält.

MÄRZ

1.3. Speer wird Beauftragter für Rüstungsfragen im Rahmen des Vierjahresplans.
3.3. In Berlin wird der Spielfilm „Der große König" von Veit Harlan uraufgeführt.
12.3. Der Industrielle Robert Bosch stirbt im Alter von 80 Jahren in Stuttgart.
17.3. Mit dem ersten Deportationszug nach Belzec beginnt in Polen die systematische Ermordung der Juden („Aktion Reinhardt").
21.3. Mit der Ernennung von Fritz Sauckel zum Generalbevollmächtigten für den Arbeitseinsatz wird die Zwangsarbeitsverpflichtung für Menschen in den besetzten Ostgebieten vorangetrieben.
22.3. Um die Eisenbahn umfassend für Kriegstransporte einzusetzen, werden für unbegründete Privatreisen mit dem Zug schwere Strafen angedroht.
26.3. Mit Ankunft der ersten Deportationszüge beginnt im Vernichtungslager Auschwitz die massenweise Ermordung von Juden aus ganz Europa.
28.3. Beim ersten Flächenbombardement auf eine deutsche Großstadt wird die Innenstadt von Lübeck von der britischen Luftwaffe zerstört.

APRIL

6.4. In Deutschland wird die wöchentliche Brot- und Fleischration verringert. In Großbritannien wird das Backen eines Einheitsbrots angeordnet, um Weizen zu sparen.
9.4. Wegen Schwarzschlachtens wird ein Berliner Schweinehändler zum Tode verurteilt.
13.4. Als Beauftragter für den Vierjahresplan hebt Hermann Göring die Wochenarbeitszeit in öffentlichen Verwaltungen auf 56 Stunden an.
18.4. Mit Beginn der Tauwetterperiode kommen die Kampfhandlungen in Russland weitgehend zum Erliegen. Der deutsche Nachschub bricht fast völlig zusammen.
20.4. Frauen werden in Deutschland zur Arbeit in Rüstungsbetrieben verpflichtet.
24.4. Juden wird im Deutschen Reich die Benutzung öffentlicher Verkehrsmittel untersagt.
26.4. Der Reichstag spricht der Person Hitlers die höchste Rechtsprechung zu. Damit ist jeder „Führerbefehl" im NS-Herrschaftsbereich unumstößliches Recht.

MAI

12.5. Im Vernichtungslager Auschwitz-Birkenau werden 1.500 Juden vergast. Es ist dort die erste datierte Massenvergasung.
16.5. Die Wehrmacht erobert die lang umkämpfte Stadt Kertsch auf der Halbinsel Krim.
26.5. Der britische Außenminister Robert Anthony Eden und sein sowjetischer Amtskollege Wjatscheslaw M. Molotow unterzeichnen einen Bündnisvertrag beider Staaten gegen das Deutsche Reich.
In Stockholm spricht Dietrich Bonhoeffer, einer der Führer der Bekennenden Kirche, mit englischen Kirchenvertretern über Friedensbedingungen.
27.5. Zwei Tschechen verüben in Prag ein Attentat auf den stellvertretenden Reichsprotektor Heydrich und verletzen ihn dabei schwer.
28.5. Die Schlacht bei Charkow (Ukraine) endet mit der Gefangennahme von 240.000 sowjetischen Soldaten.
Mexiko erklärt Deutschland und Italien den Krieg.
30.5. Mit dem Einsatz von 1.000 Bombern zerstört die britische Luftwaffe die gesamte Kölner Innenstadt.

Das Motorrad erwies sich im Wüstenkrieg als bewegliches und vielseitig verwendbares Kampfmittel. Krad-Schützenbataillone und Aufklärungsabteilungen wurden für überraschende Erkundungsvorstöße und Kampfaufträge eingesetzt.

JUNI

4.6. Heydrich stirbt an den Folgen des auf ihn verübten Attentats. Neuer stellvertretender Reichsprotektor wird der Schutzstaffel (SS)-Oberführer Kurt Daluege.
10.6. Als Vergeltungsakt für die Ermordung Heydrichs wird der tschechische Ort Lidice (bei Prag) zerstört. Alle männlichen Einwohner über 15 Jahre werden ermordet.
12.6. Der Reichsführer SS Heinrich Himmler genehmigt den sogenannten Generalplan Ost, der eine zwangsweise Umsiedlung der slawischen Bevölkerung Osteuropas nach Sibirien vorsieht.
21.6. Deutsche und italienische Truppen erobern in einem Überraschungsangriff das britisch besetzte Tobruk.
22.6. Der französische Ministerpräsident Laval fordert dazu auf, sich freiwillig für den Arbeitsdienst in Deutschland zu melden, um so die Freilassung französischer Kriegsgefangener zu erreichen.
23.6. Benito Mussolini stimmt dem Angriffsplan von Rommel zu, der mit deutschen und italienischen Einheiten in das britische Ägypten einrücken will. Mussolini reist nach Libyen, um sich auf seinen triumphalen Einzug in Kairo vorzubereiten.
25.6. Generalmajor Dwight D. Eisenhower übernimmt den Oberbefehl über die amerikanischen Truppen in Europa.
28.6. Bei Charkow beginnt die Sommeroffensive der Wehrmacht gegen die Rote Armee.
30.6. Der amerikanische Kongress verabschiedet mit über 42 Milliarden Dollar den bisher größten Rüstungshaushalt der amerikanischen Geschichte.

JULI

1.7. Unter dem Oberbefehl von Generaloberst Erich von Manstein erobern deutsche Truppen mit der Festung Sewastopol die letzte sowjetische Bastion auf der Krim.
3.7. Rommel muss die Offensive gegen Al Alamain abbrechen.
4.7. Propagandaminister Joseph Goebbels eröffnet in München die 6. Große Deutsche Kunstausstellung mit Werken von 680 Künstlern.
5.7. Durch einen 2:0-Erfolg über Vienna Wien wird Schalke 04 zum sechsten Mal Deutscher Fußballmeister.
15.7. In Amsterdam beginnt die Deportation von Juden in das Vernichtungslager Auschwitz-Birkenau.
16.7. Hitlers Hauptquartier „Wolfsschanze“ wird vom ostpreußischen Rastenburg in das ukrainische Winniza verlegt.
In Paris werden 12.000 Juden zur Deportation verhaftet.
18.7. Das erste serienmäßige Düsenflugzeug Messerschmitt Me 262 unternimmt seinen ersten Testflug.
22.7. Die Deportation der Juden aus dem Warschauer Ghetto in das Vernichtungslager Treblinka beginnt.
25.7. Der Suhrkamp Verlag kündigt die Herausgabe sämtlicher Werke von Gerhart Hauptmann zu dessen 80. Geburtstag an.

AUGUST

6.8. US-Präsident Roosevelt ernennt General Eisenhower zum Oberbefehlshaber für die geplante alliierte Landung in Nordafrika.
9.8. Die Philosophin und Karmeliterin Edith Stein wird in Auschwitz vergast.
19.8. Auf Druck Stalins versuchen die Alliierten einen Landungsversuch bei Dieppe an der französischen Kanalküste, den die Wehrmacht abwehren kann.
20.8. Otto Georg Thierack wird neuer Reichsjustizminister. Sein bisheriges Amt als Präsident des Volksgerichtshofs übernimmt Roland Freisler.
30.8. Bei Al Alamain startet das deutsche Afrikakorps eine letzte vergebliche Offensive.

SEPTEMBER

7.9. Über die Kriegführung an der Kaukasusfront kommt es zwischen Hitler und dem deutschen Generalstab zu einem schweren Zerwürfnis. Kurz darauf übernimmt Hitler selbst den Oberbefehl über die deutschen Truppen im Kaukasus.
13.9. Der bisher größte alliierte Nachschubkonvoi für die Sowjetunion mit über 40 Frachtschiffen wird im Nordmeer von deutschen Verbänden angegriffen und erleidet schwere Verluste.
24.9. Nach Konflikten mit Hitler tritt Generaloberst Franz Halder als Oberbefehlshaber des Heers zurück.
27.9. Thomas Mann klagt in einer BBC-Rundfunkansprache an die deutsche Bevölkerung die systematische Massenvernichtung der Juden an.

OKTOBER

3.10. In Peenemünde auf der Ostseeinsel Usedom gelingt der erste Start einer A4-Rakete. Die „Vergeltungswaffe“ erhält später den Propagandanamen V2. Es handelt sich um die erste Fernrakete der Welt.
4.10. Stalin kritisiert in einem Interview die mangelhafte Unterstützung der Sowjetunion durch die alliierte Kriegspolitik.
18.10. Mit dem sogenannten Kommandobefehl ordnet Hitler die Ermordung aller gefangengenommenen Soldaten und Zivilisten von gegnerischen Kommandounternehmen an.
23.10. Die britische Gegenoffensive gegen das deutsch besetzte Al Alamain beginnt.
28.10. In München wird „Capriccio“ von Richard Strauss uraufgeführt.

NOVEMBER

4.11. Rommel ordnet gegen den Befehl Hitlers zum Halten den Rückzug aus Al Alamain an.
8.11. In Französisch-Nordwestafrika beginnt die Landung alliierter Truppen unter dem Oberbefehl Eisenhowers.
10.11. Nach schweren Kämpfen ist der deutschen 6. Armee unter Generalmajor Friedrich Paulus die Einnahme Stalingrads gelungen.
11.11. Die Wehrmacht marschiert in das bisher unbesetzte Südfrankreich der Vichy-Regierung ein.
13.11. Tobruk wird von der britischen Armee erobert.
22.11. Die Rote Armee schließt die deutsche 6. Armee mit insgesamt 284.000 Soldaten in Stalingrad ein.
23.11. Erster systematischer Bombenangriff der Briten auf Berlin.
27.11. Um die Übernahme der französischen Flotte durch die Alliierten zu verhindern, besetzt die Wehrmacht den französischen Hafen Toulon. Die Kriegsflotte der Vichy-Regierung versenkt sich daraufhin selbst.
Generaloberst Manstein wird eine neue Heeresgruppe zum Entsatz von Stalingrad unterstellt.

DEZEMBER

1.12. Mussolini fordert von Hitler die Beendigung des Krieges gegen die Sowjetunion.
2.12. In Chicago gelingt es dem italienischen Physiker Enrico Fermi als erstem, eine nukleare Kettenreaktion auszulösen.
4.12. Mit der Bombardierung Neapels fliegt die US-Luftwaffe die ersten Angriffe auf Italien. Die Alliierten wollen die Nachschubwege nach Nordafrika unterbrechen.
6.12. Als Mitglied des Exilvorstands der Sozialdemokratischen Partei Deutschlands (SPD) fordert Erich Ollenhauer die Emigranten zur Planung der Zeit nach dem NS-Regime auf.
7.12. Die Gestapo verhaftet im Ruhrgebiet zahlreiche Jugendliche der „Edelweißpiraten“, die sich bewusst den NS-Organisationen entziehen.
12.12. Die Wehrmacht beginnt einen Entlastungsangriff gegen die sowjetische Einkreisung von Stalingrad.
21.12. Der Entsatzversuch der deutschen Truppen scheitert 50 Kilometer vor Stalingrad.
27.12. Der gefangene sowjetische General Andrej A. Wlassow beginnt die Ausbildung sowjetischer Kriegsgefangener für eine antikommunistische Armee.
28.12. Die im Kaukasus stehende deutsche Heeresgruppe wird zurückgezogen, um eine Einschließung durch die vorrückende Rote Armee zu verhindern.

AUSSERDEM

Veit Harlan: Die goldene Stadt (Film)
Wolfgang Liebeneiner: Die Entlassung (Film)

Reinhard Heydrich, seit 1936 Chef der Sicherheitspolizei und des SD, war im Gegensatz zu seinem Chef Himmler und zu Hitler kein Ideologe, sondern der typische Machtmanager, der ohne innere Beteiligung die Politik des nationalsozialistischen Regimes, vor allem im Rahmen der Judenverfolgung, exekutierte. Er wurde im September 1941 stellvertretender Reichsprotektor in Prag und eigentlicher Machthaber im Protektorat, das er durch polizeistaatliche Methoden, vor allem aber durch Maßnahmen zur wirtschaftlichen Gesundung befriedete. Das daher relativ positive Erscheinungsbild der deutschen Herrschaft in Böhmen und Mähren führte zum Entschluss der tschechischen Exilregierung in London, Heydrich zu beseitigen: Am 27. Mai 1942 lauerten ihm per Fallschirm abgesetzte Agenten in Prag auf und schossen auf ihn. Heydrich erlitt Verletzungen, denen er acht Tage später erlag. Zur Vergeltung vernichtete die SS am 10. Juni 1942 das Dorf Lidice.

Wannsee-konferenz

Nachdem Heydrich am 31. 7. 41 von Göring zum Beauftragten für die Vorbereitung der „Gesamtlösung der europäischen Judenfrage“ bestellt worden war, lud er zur Wannseekonferenz Vertreter des Reichsministeriums für die besetzten Ostgebiete, des Reichsinnenministeriums, des Beauftragten für den Vierjahresplan, des Generalgouverneurs, des Auswärtigen Amts, der Parteikanzlei, der Reichskanzlei, des Rasse- und Siedlungshauptamts, des Reichssicherheitshauptamts, der Befehlshaber der Sipo und des SD für das Reichskommissariat Ostland und im Generalgouvernement, um die geplanten Maßnahmen mit diesen an der Endlösung unmittelbar beteiligten Zentralinstanzen abzustimmen.

Heydrich gab zunächst einen Überblick über die bisherigen Maßnahmen gegen die Juden und stellte abschließend fest, dass trotz zahlreicher Schwierigkeiten bis zum 31. 10. 1941 rund 537.000 Juden zur Auswanderung (vermutlich inklusive Deportationen) gebracht worden seien, davon aus dem „Altreich“ rund 360.000, aus der „Ostmark“ (Österreich) rund 147.000 und aus dem Protektorat rund 30.000. An die Stelle der Auswanderung sei nun die Evakuierung der Juden nach dem Osten getreten, die jedoch nur eine Zwischenlösung bis zur kommenden Endlösung darstelle, für die schon praktische Erfahrungen gesammelt würden. Rund elf Millionen Juden kämen für diese Endlösung in Frage, die so aussehen solle: „Unter entsprechender Leitung sollen ... die Juden in geeigneter Weise im Osten zum Arbeitseinsatz kommen. In großen Arbeitskolonnen, unter Trennung der Geschlechter, werden die arbeitsfähigen Juden straßenbauend in diese Gebiete geführt, wobei zweifellos ein Großteil durch natürliche Verminderung ausfallen wird. Der allfällig verbleibende Restbestand wird, da es sich bei diesem zweifellos um den widerstandsfähigsten Teil handelt, entsprechend behandelt werden müssen, da dieser, eine natürliche Auslese darstellend, bei Freilassung als Keimzelle eines neuen jüdischen Aufbaus anzusprechen ist ...“ Als wichtigste Voraussetzung für die Evakuierung bezeichnete Heydrich die genaue Festlegung der in Betracht kommenden Personenkreise. Grundlage hierfür seien die Nürnberger Gesetze. Für die „restlose Bereinigung des Problems“ sei auch die Lösung der Mischehen- und Mischlingsfrage von grundsätzlicher Bedeutung, die er zur Diskussion stellte. Staatssekretär Stuckart vom Reichsinnenministerium und SS-Gruppenführer Hofmann vom RuSHA schlugen aus biologischen Gründen Zwangssterilisation vor. Ein Beschluss wurde insoweit nicht gefasst.

Nach Erörterung über die Durchführung der Endlösung in den einzelnen europäischen Ländern erklärte Staatssekretär Bühler vom Amt des Generalgouverneurs, man würde es begrüßen, wenn die 2,5 Millionen Juden so schnell wie möglich aus dem Generalgouvernement entfernt würden; abgesehen davon, dass sie als „Seuchenträger“ eine eminente Gefahr darstellten, sei die Mehrzahl nicht arbeitsfähig. Abschließend wurden die Möglichkeiten besprochen, „gewisse vorbereitende Arbeiten im Zuge der Endlösung gleich in den betreffenden Gebieten selbst durchzuführen, wobei eine Beunruhigung der Bevölkerung vermieden werden müsse“.

Kanaldurchbruch

Der Kanaldurchbruch wurde erforderlich, weil die Großkampfschiffe ständig von der RAF angegriffen und außerdem in der Nordsee und im Nordmeer zur Bekämpfung von Geleitzügen und für Abwehraufgaben gebraucht wurden. Dennoch ging die Seekriegsleitung nur zögernd auf einen entsprechenden Befehl Hitlers ein, weil man die britische Luftüberlegenheit im Operationsgebiet fürchtete und zudem wegen der Minengefahr und aus Gründen der Marschgeschwindigkeit nicht direkt unter der Küste fahren konnte. Erst als Anfang Februar 42 auf allen 3 Einheiten volle Gefechtsbereitschaft hergestellt und das Übungsschießen mit allen Waffen zur Zufriedenheit abgeschlossen war, entschloss man sich zum Auslaufen am 11.2. um 21.45 Uhr in die sorgfältig durch Minensuch- und Räumboote ab-

Die vorderen Drillingstürme des schnellen Schlachtschiffes „Gneisenau“ mit ihren 28-cm-Geschützen.

gesuchten Gewässer. Die britische Aufklärung hatte seit langem mit einer derartigen Operation gerechnet, konnte zunächst aber erfolgreich getäuscht werden. So wurde der von 6 Zerstörern, 14 Torpedobooten und zahlreichen kleineren Schiffen sowie 176 Maschinen der Luftflotte 3 gesicherte Verband erst sehr spät vor Le Touquet erfasst und angegriffen. Vergeblich blieben jedoch sowohl die Attacken zur See mit Zerstörern und Schnellbooten als auch massive Luftangriffe. Die Briten verloren 17 Jäger, 15 Bomber, 6 Torpedobomber und 3 Zerstörer. Scharnhorst konnte nach zwei Minentreffern ebenso wie die einmal getroffene Gneisenau und der unbeschädigte Kreuzer ohne Probleme Wilhelmshaven und die Elbe erreichen. Obwohl der Kanaldurchbruch somit eine empfindliche Niederlage für die britische Abwehr war, bedeutete er andererseits aber auch die Aufgabe des Einsatzes schwerer Einheiten im überseeischen Zufuhrkrieg.

Schwer beschädigt aber „aufrecht“ hat der Kölner Dom alle Bombardierungen überstanden.

„Millenium“ – Tausend-Bomber-Angriff auf Köln

„Millenium“ war die britische Codebezeichnung für den Tausend-Bomber-Schlag in der Nacht vom 30./31.5.42 gegen Köln. Mit diesem „Jahrtausend“-Angriff demonstrierte die RAF erstmals in spektakulärer Weise ihre neue Strategie des Flächenbombardements, bei dem durch Einäscherung ganzer Wohnviertel hauptsächlich die Moral der Zivilbevölkerung getroffen werden sollte. Unter seinem neuen Oberbefehlshaber Harris hatte das Bomber Command die neuen Weisungen im Frühjahr 42 gegen die beiden Hansestädte Lübeck und Rostock erprobt. Für den eigentlichen Schlag wurden Hamburg und Köln in die engere Wahl gezogen, wobei die Wetterlage über dem Ziel den Ausschlag für die Stadt am Rhein gab. Weil eigentlich nur 457 Maschinen und Besatzungen für den Angriff zur Verfügung standen, wurden zur Erreichung der propagandistischen Zahl von 1000 Angreifern auch alle geeigneten Flugzeuge von Ausbildungs- und Umschulungseinheiten zusammengezogen, sodass schließlich von 52 Flugfeldern 1046 Maschinen aufstiegen, darunter 230 viermotorige. Mindestens 898 entluden innerhalb von 90 Minuten 1455 t Bomben über Köln, davon zwei Drittel Brandbomben. Zum Schutz gegen die deutsche Nachtjagd wurde erstmals die Taktik des konzentrierten Bomberstroms praktiziert. Danach sollten jeweils 11 Maschinen pro Minute über dem Ziel eintreffen. RAF-Piloten berichteten, der Himmel über der brennenden Domstadt sei belebt gewesen „wie Piccadilly Circus“. 240 Hektar Stadtfläche, davon die Hälfte im Zentrum, mit insgesamt 14 500 Wohn- und Geschäftshäusern wurden zerstört, 6630 Häuser schwer beschädigt und mehr als 300 Betriebe getroffen. Nach örtlichen Unterlagen kamen 486 Zivilisten ums Leben, 5027 wurden verletzt, 45.000 obdachlos und 140.000 evakuiert. Die RAF verlor 41 Bomber und 3 von 88 Störflugzeugen. Im Juni 42 folgten zwei weitere Tausend-Bomber-Schläge gegen Essen und Bremen, die wegen schlechten Wetters allerdings weniger Schaden anrichteten.

Stalingrad

Stalingrad spielte in der ursprünglichen Planung der deutschen Sommeroffensive „Blau“ 1942, die eigentlich auf den Kaukasus zielte, zunächst eine Nebenrolle: Bei der geplanten Vernichtung der sowjetischen Kräfte im weit nach Osten schwingenden Großen Donbogen war „Stalingrad selbst zu erreichen oder zumindest so unter Wirkung unserer schweren Waffen zu bringen, dass es als weiteres Rüstungs- und Verkehrszentrum ausfällt“ (Weisung Nr. 41 vom 5.4.42). In der Annahme jedoch, der Gegner sei bereits in den Eröffnungsschlachten der Sommeroffensive entscheidend geschlagen worden, drehte Hitler den unteren Angriffsflügel, die Heeresgruppe A, nach Süden ab (Weisung Nr. 45 vom 23.7.42), während der obere, die Heeresgruppe B, großenteils im Raum Woronesch gefesselt blieb. Die ursprünglich sehr wichtigen Stoßgruppen reduzierten sich auf die 6. Armee (Paulus) aus Nordwesten und die 4. Panzerarmee (Hoth) aus Südwesten. Zugleich erweiterte sich ihr Auftrag dahin, durch Gewinnen der Linie Stalingrad – Astrachan die Kaukasusoffensive zu decken, wofür die Kräfte fehlten. Die Luftunterstützung übernahm das VIII. Fliegerkorps (Fiebig).

Stalingrad wurde damit zum Angelpunkt der Gesamtoffensive, was Stalin erkannte und mit dem Ausbau dieser Zone zum Verteidigungsschwerpunkt beantwortete. Unter

Tod aus der Luft. Pausenlos fliegen deutsche Bomber über Stalingrad, heulend stürzen sich die Stukas auf die Fabrikviertel, die Eisenbahnlinien, die Öltanks und die Häuser. Der Bombenhagel trifft auch die Zivilbevölkerung. Man verkriecht sich in Keller und Erdlöcher, denn Stalingrad ist nicht geräumt. In den Fabriken arbeiten die Menschen bis zur letzten Stunde, in der alles in Trümmer sinkt.

Generaloberst Jeremenko und Politkommissar Chruschtschow wurden vor Stalingrad 4 Stellungsbögen ausgebaut und 6 Armeen, 2 Panzerarmeen sowie 1 Luftarmee konzentriert. Diese Massierung konnte den deutschen Einbruch in das Vorfeld von Stalingrad, den die sehr starke 6. Armee bei Kalatsch (7.14.8.) erkämpfte, empfindlich hemmen, aber nicht verhindern; immerhin gelang es den sowjetischen Armeen, die 4. Panzerarmee bei Tinguta zu stoppen und den größeren Teil der 6. Armee in ihrer linken Flanke durch Brückenköpfe zu binden. Das deutsche XIV. Panzerkorps (v. Wietersheim), das am 23. 8. die Wolga und Stalingrad erreichte, wurde sogar vorübergehend in zwei Teile zerbrochen und z.T. eingeschlossen. Die sowjetischen Gegenstöße aus den Donbrückenköpfen nahmen der 6. Armee die Kraft, im Verein mit der 4. Panzerarmee, die am 30. 8. eingebrochen war, die sowjetische 62. und 64. Armee vor Stalingrad zu fassen. Die Verteidiger mussten im frontalen Angriff verdrängt oder vernichtet werden. Diese Aufgabe übernahm das LI. AK (v. Seydlitz), das, wie die gegenüberstehende sowjetische 62. Armee (Tschuikow), laufend – aber im Gegensatz zu ihr nur aus dem Armeebestand – verstärkt und erneuert wurde; nach Osten deckten deutsche und rumänische Korps der 4. Panzerarmee seine rechte Flanke, nach Norden 3 Korps der 6. Armee seine linke. Von Ende August bis Mitte November kämpfte sich das LI. AK in mehreren Angriffen durch die Trümmer des zerbombten Stalingrad zur Wolga durch, an der die sowjetische 62. Armee zuletzt nur noch wenige Brückenköpfe hielt, aber insgesamt die deutschen Hauptkräfte band und verschliss. Die 17 Divisionen der 6. Armee sanken von 254 421 auf 138 823 Mann ab, die 51 780 russische Hilfswillige ergänzten. An den Vorstoß wolgaabwärts war nicht mehr zu denken.

Spätestens seit dem 12.9. bereitete Stalin die Einschließung der 6. Armee („Uranus") und den Durchbruch bis Rostow („Saturn") vor; zu diesem Zweck optimierte er die Kampfkraft der Südwestfront (Watutin) mit dreieinhalb Armeen und 2 Luftarmeen, der Donfront (Rokossowski) mit 3 Armeen und 1 Luftarmee, der Stalingradfront (Jeremenko) mit 4 Armeen und 1 Luftarmee. Hitler rechnete mit einer Wiederholung der bolschewistischen Präzedenzoperationen bei Zarizyn im Bürgerkrieg (1918 und 1919/20) und verstärkte die Donlinie im Oktober mit der rumänischen 4., italienischen 8. Armee und dem XXXXVIII. Panzerkorps als Rückhalt. Doch dank überlegter Schwerpunktbildung durchbrachen oder vertrieben die sowjetischen Truppen am 19./20.11. die rumänischen Verbände an beiden deutschen Flanken überraschend schnell. Die wegen ungenügender Zufuhr in der Beweglichkeit sehr eingeschränkte 6. Armee – die meisten Pferde waren in Fütterungsdepots abgegeben – vermochte noch ihre Aufrollung, aber nicht mehr ihre Einschließung zu verhindern.

Bereits früher hatte Hitler Anträge u.a. von Paulus, die zur Abnützungsschlacht degenerierte Operation abzubrechen und die exponierte Armee aus Stalingrad zurückzuziehen, schon aus Prestigegründen kategorisch abgelehnt. So verbot er auch jetzt den Ausbruch, den Paulus vorschlug und Seydlitz für sein AK selbständig einleitete. Hitler rechnete mit ausreichender Luftversorgung und baldigem Entsatz durch die neugebildete Heeresgruppe Don (Manstein) nach dem Vorbild von Demjansk und wollte das ihm als unabdingbarer Ausgangspunkt für die Offensive des nächsten Jahres geltende Stalingrad halten. Zu diesem Zweck ließ er Seydlitz, dessen eigenmächtigen Ausbruchsversuch Paulus vertuschte, mit 13 der 23 eingeschlossenen Divisionen der 6. Armee und eines Korps der 4. Panzerarmee den Angriff wolgawärts fortsetzen. Wegen dieser Bindung ihrer motorisierten und Panzerkräfte und infolge des struktur-, wetter- und feindbedingten Ungenü-

Sowjetische Scharfschützen nehmen den Gegner ins Visier. Oft haben deutsche Offiziere ihre Schulterstücke entfent, da sie die bevorzugten Ziele des russischen Gegners waren.

In Stalingrad waren die Fronten so eng zusammengerückt, dass sich deutsche Soldaten sogar vor der eigenen Luftwaffe in Acht nehmen mussten.

gens der Luftbrücke von den Basen der Luftflotte 4 nach Pitomnik wurde die 6. Armee weitgehend bewegungsunfähig und konnte nach zu später Umgruppierung Mitte Dezember nicht zur Entsatzoperation der 4. Panzerarmee („Wintergewitter") beitragen.

Nach weiteren „Saturn"-Operationen der Roten Armee, die seit 16.12. die italienische 8. Armee und seit 24.12. die deutsche 4. Panzerarmee trafen, fand die deutsche Front erst nahe der Ausgangslinie vom Juli wieder Halt. Das Kaukasusgebiet musste geräumt werden. Dennoch beharrte Hitler auf dem Halten des Stalingradkessels und des Kubanbrückenkopfes im Kaukasusvorland (17. Armee/Ruoff) als vorgeschobene Offensivbasen für 1943.

Das Verlöschen der 6. Armee – deren hohe Moral seit der Jahreswende ins Wanken geriet – durch Kälte, Hunger, Krankheit und Kampf (Gefechtsverluste durchschnittlich bis 10.1.43 rund 650 Mann/Tag) nahm der Oberste Befehlshaber nicht zur Kenntnis und übertrieb die sowjetischen taktischen Fehler und logistischen Unzulänglichkeiten (Versorgungsmängel bei Winterbekleidung, Munition, Treibstoff). Nach Ablehnung einer Kapitulationsaufforderung Rokossowskis drückte die Donfront seit 10.1.43 den Kessel von Westen her ein. Am 31.1./2.2.1943 ergaben sich dessen letzte Reste. Die sowjetischen Verluste beim Unternehmen „Uranus" sind unbekannt, auf deutscher Seite fielen 58.000 Mann; nur 6000 der in Stalingrad in Gefangenschaft geratenen 201.000 Soldaten kehrten später heim.

Die deutsche Niederlage in der Schlacht um Stalingrad beendete den Vormarsch der Wehrmacht im Russlandfeldzug und wurde allgemein als Wendepunkt des Krieges empfunden. Goebbels nutzte die Katastrophe für seine Durchhaltepropaganda und rief am 18.2.43 im Berliner Sportpalast unter dem Jubel des sorgsam ausgesuchten Publikums zum totalen Krieg auf. In Stalingrad richteten die Sowjets noch während der Kämpfe Sammellager für Gefangene ein, aus denen sich die Uprawlenijen 7108, 7361 und 7362 entwickelten, insgesamt 40 Lager. Bereits auf den Märschen dorthin starben bei den harten Witterungsbedingungen zahlreiche der entkräfteten deutschen Soldaten, und auch in den Lagern von Stalingrad häuften sich anfangs die Todesfälle. Die Russen versuchten das Massensterben durch Einweisung der Kranken in Erholungslager einzudämmen, doch wurden die Gefangenen dort meist zur Landarbeit eingesetzt, die viele bei der schlechten Ernährung das Leben kostete. Auch in den immer wieder aufgefüllten Lagern von Stalingrad blieb die Sterblichkeit hoch. Insgesamt kamen dort bis 1948 rund 13.000 Mann um; die letzten Lager wurden 1954 aufgelöst.

Paulus wird in Beketowka bei Stalingrad am 31. Januar 1943 gefangengenommen. Rechts neben ihm seine Adjutanten Schmidt und Adam. Kurz zuvor hatte ihn Hitler noch zum Generalfeldmarschall befördert, in der Überzeugung, ein deutscher Generalfeldmarschall würde statt der Gefangenschaft den Freitod wählen. Als dies nicht geschah, zürnte er im Führerhauptquartier: „Wie kann ein Mann sehen, wie seine Soldaten sterben und mit Tapferkeit bis zum Letzten sich verteidigen – wie kann er sich da den Bolschewiken ergeben? Mir tut das darum so weh, weil das Heldentum von so vielen Soldaten von einem einzigen charakterlosen Schwächling ausgelöscht wird. In diesem Krieg wird niemand mehr Feldmarschall."

1943

JANUAR

10. 1. Da Generaloberst Friedrich Paulus die Kapitulation der eingeschlossenen deutschen 6. Armee ablehnt, beginnt die Rote Armee die Eroberung von Stalingrad.
14.-24.1. Auf der Konferenz von Casablanca beraten US-Präsident Franklin D. Roosevelt und der britische Ministerpräsident Winston Churchill über die Fortführung des Kriegs. Sie fordern eine bedingungslose Kapitulation Deutschlands.
18.1. Der Roten Armee gelingt es, den deutschen Belagerungsring um Leningrad (heute: St. Petersburg) aufzubrechen.
21.1. Die deutschen und italienischen Verbände in Nordafrika ziehen sich nach Tripolis zurück.
25.1. Die deutschen Truppen in Stalingrad werden in zwei Kessel getrennt.
30.1. Schutzstaffel (SS)-Gruppenführer Ernst Kaltenbrunner wird Nachfolger des ermordeten Reinhard Heydrich als Chef des Sicherheitsdienstes (SD).
31.1. Gegen den ausdrücklichen Befehl Hitlers kapituliert der südliche Kessel von Stalingrad unter Generaloberst Paulus. Zuvor hatte Paulus auf Anweisung Hitlers jeglichen Versuch unterlassen, aus dem Kessel auszubrechen.

FEBRUAR

2.2. Mit der Kapitulation der letzten Wehrmachtstruppen in Stalingrad gehen über 100.000 Soldaten in sowjetische Gefangenschaft.
11.2. Im Deutschen Reich beginnt die zwangsweise Rekrutierung von Fünfzehnjährigen als Luftwaffenhelfer.
14.2. Um der Roten Armee nur „verbrannte Erde“ zu hinterlassen, ordnet Hitler für den Rückzug der Wehrmacht im Osten die völlige Zerstörung an.
18.2. In einer Rede im Berliner Sportpalast verkündet Propagandaminister Joseph Goebbels den „Totalen Krieg“. Seine Rede findet Beifall. Beim Verteilen von Flugblättern in der Münchener Universität werden die Geschwister Hans Scholl und Sophie Scholl von der Gestapo verhaftet und kurz darauf zum Tod verurteilt.
21.2. Als Generalinspekteur der Panzerwaffe erhält Generaloberst Heinz Guderian das erste Mal seit seiner Entlassung 1941 wieder ein Kommando in der Wehrmacht.
23.2. Die deutschen und italienischen Truppen in Nordafrika werden unter Generalfeldmarschall Erwin Rommel zur Heeresgruppe Afrika zusammengelegt.
24.2. Nach einer Anweisung Hitlers sind Befehlsverweigerer der Wehrmacht „auf der Stelle zu erschießen“.

MÄRZ

2.3. Die Sowjetunion lehnt die Forderung der polnischen Exilregierung ab, die gemeinsame Grenze von 1939 wiederherzustellen, und beansprucht das von ihr besetzte Gebiet.
5.3. Die Alliierten beginnen mit schweren Bombenangriffen auf das Ruhrgebiet.
9.3. Der inzwischen erfolglos kämpfende Rommel wird von seinem Kommando über die Heeresgruppe Afrika entbunden. Sein Nachfolger wird Generaloberst Hans-Jürgen von Arnim.
13.3. Ein von der Widerstandsgruppe um Oberst Henning von Tresckow geplantes Bombenattentat auf Hitler scheitert.
20.3. Im Atlantik versenken deutsche U-Boote bei der größten Geleitzugschlacht des Kriegs 21 Schiffe der Alliierten.
26.3. In einem geheimen Schreiben an verschiedene Generale fordert Carl Friedrich Goerdeler zum Staatsstreich gegen Hitler auf.

APRIL

5.4. Die Gestapo verhaftet mehrere Regimegegner aus verschiedenen Widerstandskreisen, darunter auch den Theologen Dietrich Bonhoeffer.
7.4. Mit dem Zusammentreffen britischer und amerikanischer Verbände beginnt die Einkesselung der deutsch-italienischen Truppen in Tunesien.
Bei einem Besuch in Salzburg drängt Mussolini Hitler erneut zu einem Frieden mit der Sowjetunion.
13.4. In Katyn (bei Smolensk) werden die Leichen von 4.000 polnischen Offizieren entdeckt, die 1940 von Sowjets ermordet worden sind. Zunächst hielt man deutsche Einheiten für das Massaker verantwortlich.
14.4. Im Konzentrationslager (KZ) Sachsenhausen stirbt Josef W. Stalins ältester Sohn. Noch kurz zuvor hatte Stalin die Gefangennahme seines Sohns geleugnet.
19.4. Im Warschauer Ghetto, aus dem bereits 300.000 Juden deportiert worden sind, beginnt ein Aufstand, der bis zur kompletten Auflösung des Ghettos am 16. Mai andauert.
29.4. Hitler empfängt den französischen Ministerpräsidenten Pierre Laval und fordert von ihm mehr Arbeitskräfte.

MAI

7.5. Mit der Einnahme von Tunis durch alliierte Truppen wird die deutsch-italienische Heeresgruppe Afrika in zwei Teile gespalten.
12.5. US-Präsident Roosevelt stimmt der Ausweisung der Sudetendeutschen aus der „Tschechei“ nach Kriegsende grundsätzlich zu.
13.5. Die letzten deutschen Einheiten in Nordafrika kapitulieren.
16.5. Mit der Zerstörung der Synagoge ist der Aufstand im Warschauer Ghetto endgültig niedergeschlagen. Mehr als 50.000 Juden sind dabei ums Leben gekommen.
17.5. Durch britische Bombenangriffe werden die Möhne- und die Edertalsperre zerstört. Bei der dadurch ausgelösten Überflutung sterben 1.200 Menschen.
24.5. Großadmiral Dönitz beendet aufgrund der hohen Verluste den Einsatz von U-Booten gegen Geleitzüge der Alliierten im Nordatlantik.
27.5. In Paris verbrennen die deutschen Besatzer rund 500 Kunstwerke, darunter Bilder von Paul Klee, Max Ernst und Pablo Picasso.

JUNI

5.6. Aus den Niederlanden werden 1.250 Kinder unter sechzehn Jahren deportiert und im KZ Sobibor vergast. Anne Frank berichtet in ihrem Tagebuch darüber.
7.6. Der Reichsführer SS Heinrich Himmler wird über die Ergebnisse von medizinischen Experimenten mit Menschen informiert: Im KZ Ravensbrück wurden Frauen zur Untersuchung von Sterilisationsmethoden missbraucht.
10.6. Die Westalliierten beginnen mit ihrer kombinierten Bomberoffensive gegen Deutschland. Die Briten bombardieren nachts, die Amerikaner tagsüber.
21.6. Himmler befiehlt die Auflösung aller jüdischen Ghettos in Polen. Der Weg der Juden führt über die Vernichtungslager in den Tod. Hitler ordnet ein zentrales Standgericht für Wehrmachtssoldaten an.
28.6. Bei einem Bombenangriff auf Köln wird der Dom schwer beschädigt.

JULI

1.7. Die Juden im Deutschen Reich verlieren sämtlichen Rechtsschutz und werden unter Polizeirecht gestellt.
5.7. An der Ostfront beginnt die letzte große Offensive der Wehrmacht. Sie muss bald darauf abgebrochen werden.
12.7. In Krasnogorsk bei Moskau wird das Nationalkomitee „Freies Deutschland“ (NKFD) von Exilvertretern der Kommunistischen Partei Deutschlands (KPD) gebildet.
24.7. Mussolini wird vom „Großen Faschistischen Rat“ abgesetzt und einen Tag später auf Befehl von König Viktor Emanuel III. verhaftet.
27.7. Der neue italienische Ministerpräsident Marschall Pietro Badoglio löst die faschistische Partei und den „Großen Faschistischen Rat“ auf. Am nächsten Tag erklärt Badoglio die Fortsetzung des Kriegs gegen die Alliierten.
30.7. General de Gaulle bildet in Algier eine französische Exilregierung.
31.7. Rom wird zur „offenen Stadt“ erklärt.

AUGUST

1.8. Einheiten der Wehrmacht überqueren die italienische Grenze und bereiten sich auf die Machtübernahme in Ober- und Mittelitalien vor. Goebbels fordert die nicht kämpfende Zivilbevölkerung Berlins zur Evakuierung auf.
7.8. In Hamburg werden im Zuge der „Euthanasie" über 500 Patienten der Psychiatrie zur Ermordung deportiert.
14.8. Das berühmte „Scala"-Theater in Mailand wird bei einem britischen Bombenangriff zerstört.
16.8. Im jüdischen Ghetto von Bialystok kommt es zu einem vergeblichen Aufstand gegen die bevorstehende Deportation.
17.8. Die letzten Truppen der Achsenmächte räumen Sizilien.
Die Raketenversuchseinrichtungen in Peenemünde werden durch Luftangriffe stark beschädigt.
23.8. Die Rote Armee erobert während ihrer Sommeroffensive die Stadt Charkow (Ukraine) zurück.
24.8. Himmler wird Nachfolger von Wilhelm Frick im Amt des Reichsinnenministers. Großbritannien und die USA erkennen das Nationalkomitee de Gaulles in Algier an.
29.8. Wegen des stärker werdenden Widerstands verhängt die deutsche Militärregierung über Dänemark den Ausnahmezustand.

SEPTEMBER

3.9. Italien und die Alliierten einigen sich auf einen zunächst geheimgehaltenen Waffenstillstand. Britische Truppen betreten in Kalabrien das italienische Festland.
8.9. General Dwight D. Eisenhower gibt den Waffenstillstand mit Italien bekannt.
10.9. Deutsche Truppen besetzen Rom und die Alpenpässe.
12.9. Ein deutsches Spezialkommando befreit den inhaftierten Mussolini und bringt ihn zu Hitler in die „Wolfsschanze" (bei Rastenburg/Ostpreußen).
18.9. In einer Rundfunkansprache ruft Mussolini von München aus die „Soziale Republik Italien" mit einer faschistischen Gegenregierung aus.

OKTOBER

1.10. Die deutschen Besatzungstruppen wollen die über 8.000 in Dänemark lebenden Juden für die Deportation verhaften. Die meisten Juden können sich jedoch durch eine rechtzeitig organisierte Flucht nach Schweden retten.
13.10. Die italienische Regierung unter Marschall Badoglio erklärt dem Deutschen Reich den Krieg. Die Westmächte erkennen Italien als Verbündeten an.
15.10. In Berlin wird der Film „Ein glücklicher Mensch" mit Victor de Kowa erstmalig gezeigt.
17.10. Zum ersten Mal tauschen die Alliierten und das Deutsche Reich verletzte Kriegsgefangene aus.
18.10. In Rom beginnt die Deportation von 1.000 Juden in das KZ Auschwitz.
23.10. Die schwedische Regierung erklärt, dieses Jahr keine Nobelpreise zu vergeben.
28.10. Hitler stoppt die bereits eingeleitete Räumung der Halbinsel Krim.
30.10. Tod des Schauspielers und Regisseurs Max Reinhardt in New York.

NOVEMBER

1.11. Ein sowjetischer Vorstoß zum Dnepr schneidet die deutschen Einheiten auf der Krim von den Landverbindungen ab.
3.11. In seiner letzten strategischen Weisung an das Oberkommando der Wehrmacht (OKW) ordnet Hitler die Konzentration auf die Verteidigung im Westen an.
Auf Befehl Himmlers werden nach der Schließung von fünf SS-Betrieben in Lublin 17.000 jüdische Zwangsarbeiter ermordet.
6.11. Die Rote Armee erobert die ukrainische Hauptstadt Kiew.
8.11. In seiner letzten Rundfunkansprache fordert Hitler ein rigoroses Vorgehen gegen Defaitisten und Kriegsgegner.
15.11. Als zweiter Teil der „Atriden-Tetralogie" wird in Wien das Schauspiel „Iphigenie in Aulis" von Gerhart Hauptmann uraufgeführt.
18.11. Der Roman „Das Glasperlenspiel" von Hermann Hesse erscheint in der Schweiz.
22.11. Die Kommandanten der KZ erhalten die Weisung, die tägliche Arbeitszeit der Häftlinge von elf Stunden auch im Winter beizubehalten.
28.11.-1.12. Auf der Konferenz von Teheran beschließen Stalin, Roosevelt und Churchill entscheidende Grundlagen einer europäischen Nachkriegsordnung.

DEZEMBER

1.12. Mussolini ordnet die Inhaftierung aller Juden und ihre Verbringung in KZ an.
5.12. Hitler befiehlt den vordringlichen Bau des Düsenjägers Me 262 zum Bombereinsatz.
10.12. Privater Weihnachtsreiseverkehr im Deutschen Reich wird verboten.
14.12. Bei einer Tagung der Reichspropagandaämter erklärt Goebbels, dass der alliierte Bombenkrieg die Widerstandskraft der deutschen Bevölkerung nur stärke.
17.12. In Berlin hat der Farbspielfilm „Immensee" mit Otto Gebühr Premiere.
23.12. Hitler beauftragt Albert Speer mit Planungen zum Wiederaufbau der deutschen Städte.
24.12. General Eisenhower wird Oberbefehlshaber für die geplante Invasion in Frankreich.
26.12. Bei einem Angriff auf einen Geleitzug wird das deutsche Schlachtschiff „Scharnhorst" im Nordmeer versenkt.

AUSSERDEM

Stefan Andres: Wir sind Utopia (Roman)
Carl Orff: Die Kluge (Oper)

In grober See kämpft sich ein U-Boot durch den Nord-Atlantik. Die Brückenwache trägt Ölzeug, im Mariner-Jargon „Anzug Seehund" genannt.

Wollt ihr den totalen Krieg?

Goebbels' Sportpalast-Auftritt geriet zur „Sternstunde" der Demagogie. Die Zuhörer tobten vor Begeisterung, als er ihnen zuschrie: „Wollt Ihr den totalen Krieg?"

Nach der Katastrophe von Stalingrad hielt Reichspropagandaminister Dr. Goebbels am 18. Februar 1943 im Berliner Sportpalast seine demagogische Durchhalte-Rede, die im Folgenden nach dem Text der „Deutschen Allgemeinen Zeitung" ausschnittweise wiedergegeben ist:

Ich gebe meiner tiefen Überzeugung Ausdruck, dass das deutsche Volk durch den tragischen Schicksalsschlag von Stalingrad innerlich auf das tiefste geläutert worden ist. Es hat dem Krieg in sein hartes und erbarmungsloses Antlitz hineingeschaut. Es weiß nun die grausame Wahrheit und ist entschlossen, mit dem Führer durch dick und dünn zu gehen. [Wie ein Meer erhebt sich die begeisterte Menge, und nicht endenwollende Sprechchöre „Führer befiehl, wir folgen dir!", „Heil unserm Führer!" hindern den Minister minutenlang am Weiterreden.] ...

Was kann uns geschehen, wenn wir uns den harten Proben dieses Krieges mit fester Entschlossenheit unterziehen! An der Sicherheit unseres Sieges gibt es bei uns keinen Zweifel. [Dröhnendes Getrampel von allen Rängen bekundet die Zuversicht, die die Worte des Ministers bei den Massen hervorrufen.]

Während unsere Fronten im Osten ihre gigantischen Abwehrschlachten gegen den Ansturm der Steppe schlagen, rast der Krieg unserer U-Boote über die Weltmeere. Der feindliche Tonnageraum erleidet Einbußen, die auch durch künstlich noch so hochgeschraubte Ersatz- und Neubauten bei weitem nicht wieder wettgemacht werden können. Im übrigen aber wird der Feind uns im kommenden Sommer wieder in alter Offensivkraft kennenlernen! Das deutsche Volk ist entschlossen, dem Führer dazu unter Aufbietung all seiner Energien die nötige Möglichkeit zu verschaffen.

In diesen Tagen hat sich die englische und amerikanische Presse sehr ausgiebig mit der Haltung des deutschen Volkes in der gegenwärtigen Krise befaßt. Die Engländer kennen das deutsche Volk nach ihren Angebereien bekanntlich viel besser als wir, seine eigene Führung. Sie geben uns scheinheilig Ratschläge, was wir zu tun und zu lassen hätten, immer in der irrigen Ansicht, das deutsche Volk von heute gleiche dem deutschen Volk vom November 1918, das auf ihre Verführungskünste hereinfiel. Ich habe es nicht nötig, gegen diese Annahme den Gegenbeweis zu führen. Der Gegenbeweis wird vom kämpfenden und arbeitenden deutschen Volk jeden Tag aufs neue erhärtet.

Ihr also, meine Zuhörer, repräsentiert in diesem Augenblick die Nation. Und an Euch möchte ich zehn Fragen richten, die Ihr mir mit dem deutschen Volk vor der ganzen Welt, insbesondere aber vor unseren Feinden, die uns auch an ihrem Rundfunk zuhören, beantworten sollt [Nur mit Mühe kann sich der Minister für die nun folgenden Fragen Gehör verschaffen. Die Masse befindet sich in einem Zustand äußerster Hochstimmung. Messerscharf fallen die einzelnen Fragen. Jeder einzelne fühlt sich persönlich angesprochen. Mit letzter Anteilnahme und Begeisterung gibt die Masse auf jede einzelne Frage die Antwort. Der Sportpalast hallt wider von einem einzigen Schrei der Zustimmung.]:

Die Engländer behaupten, das deutsche Volk habe den Glauben an den Sieg verloren. Ich frage Euch: Glaubt Ihr mit dem Führer und mit uns an den endgültigen, totalen Sieg des deutschen Volkes?

Ich frage Euch: Seid Ihr entschlossen, dem Führer in der Erkämpfung des Sieges durch dick und dünn und unter Aufnahme auch der schwersten persönlichen Belastungen zu folgen?

Zweitens: Die Engländer behaupten, das deutsche Volk ist des Kampfes müde.

Ich frage Euch: Seid Ihr bereit, mit dem Führer als Phalanx der Heimat hinter der kämpfenden Wehrmacht stehend diesen Kampf mit wilder Entschlossenheit und unbeirrt durch alle Schicksalsfügungen

Unter dem Motto „Totaler Krieg – kürzester Krieg" hielt Goebbels seine Rede am 18. Februar 1943 im Berliner Sportpalast.

fortzusetzen, bis der Sieg in unseren Händen ist?
Drittens: Die Engländer behaupten, das deutsche Volk hat keine Lust mehr, sich der überhand nehmenden Kriegsarbeit, die die Regierung von ihm fordert, zu unterziehen.
Ich frage Euch: Seid Ihr und ist das deutsche Volk entschlossen, wenn der Führer es befiehlt, zehn, zwölf, und, wenn nötig, 14 und 16 Stunden täglich zu arbeiten und das Letzte herzugeben für den Sieg?
Viertens: Die Engländer behaupten, das deutsche Volk wehrt sich gegen die totalen Kriegsmaßnahmen der Regierung. Es will nicht den totalen Krieg, sondern die Kapitulation. [Zurufe: Niemals! Niemals! Niemals!]
Ich frage euch: Wollt Ihr den totalen Krieg? Wollt Ihr ihn, wenn nötig, totaler und radikaler, als wir ihn uns heute überhaupt noch vorstellen können?
Fünftens: Die Engländer behaupten, das deutsche Volk hat sein Vertrauen zum Führer verloren.
Ich frage Euch: Ist Euer Vertrauen zum Führer heute größer, gläubiger und unerschütterlicher denn je? [Die Menge erhebt sich wie ein Mann. Die Begeisterung der Masse entlädt sich in einer Kundgebung nicht dagewesenen Ausmaßes. Vieltausendstimmige Sprechchöre brausen durch die Halle: „Führer befiehl, wir folgen!“ Eine nicht abebbende Woge von Heilrufen auf den Führer braust auf. Wie auf ein Kommando erheben sich nun die Fahnen und Standarten, höchster Ausdruck des weihevollen Augenblicks, in dem die Massen dem Führer huldigen.] Ist Eure Bereitschaft, ihm auf allen seinen Wegen zu folgen und alles zu tun, was nötig ist, um den Krieg zum siegreichen Ende zu folgen, eine absolute und uneingeschränkte?
Ich frage Euch als sechstes: Seid Ihr bereit, von nun ab Eure ganze Kraft einzusetzen und der Ostfront die Menschen und Waffen zur Verfügung zu stellen, die sie braucht, um dem Bolschewismus den tödlichen Schlag zu versetzen?
Ich frage Euch siebentens: Gelobt ihr mit heiligem Eid der Front, dass die Heimat mit starker Moral hinter ihr steht und ihr alles geben wird, was sie nötig hat, um den Sieg zu erkämpfen? Ich frage Euch achtens: Wollt Ihr, insbesondere Ihr Frauen selbst, dass die Regierung dafür sorgt, dass auch die deutsche Frau ihre ganze Kraft der Kriegführung zur Verfügung stellt und überall da, wo es nur möglich ist, einspringt, um Männer für die Front frei zu machen und damit ihren Männern an der Front zu helfen?
Ich frage Euch neuntens: Billigt Ihr, wenn nötig, die radikalsten Maßnahmen gegen einen kleinen Kreis von Drückebergern und Schiebern, die mitten im Kriege Frieden spielen und die Not des Volkes zu eigensüchtigen Zwecken ausnutzen wollen? Seid ihr damit einverstanden, dass, wer sich am Krieg vergeht, den Kopf verliert?
Ich frage euch zehntens und zuletzt: Wollt ihr, dass, wie das nationalsozialistische Parteiprogramm es gebietet, gerade im Kriege gleiche Rechte und gleiche Pflichten vorherrschen, dass die Heimat die schweren Belastungen des Krieges solidarisch auf ihre Schultern nimmt und dass sie für Hoch und Niedrig und Arm und Reich in gleicher Weise verteilt werden?
Ich habe euch gefragt; ihr habt mir eure Antwort gegeben. Ihr seid ein Stück Volk, durch euren Mund hat sich damit die Stellungnahme des deutschen Volkes manifestiert.
Ihr habt unseren Feinden das zugerufen, was sie wissen müssen, damit sie sich keinen Illusionen und falschen Vorstellungen hingeben.
Somit sind wir, wie von der ersten Stunde unserer Macht an und durch all die zehn Jahre hindurch, fest und brüderlich mit dem deutschen Volk vereint. Der mächtigste Bundesgenosse, den es auf dieser Welt gibt, das Volk selbst, steht hinter uns und ist entschlossen, mit dem Führer, koste es, was es wolle, und unter Aufnahme auch der schwersten Opfer den Sieg kämpfend zu erstreiten. Welche Macht der Welt könnte uns jetzt noch hindern, alles das durchzusetzen und zu erfüllen, was wir uns als Ziel gesteckt haben. Jetzt wird und muss es uns gelingen. Ich stehe hier vor Euch nicht nur als Sprecher der Regierung, sondern auch als Sprecher des Volkes. Um mich herum sitzen meine alten Freunde aus der Partei, die hohe Ämter in der Führung von Volk und Staat bekleiden. Neben mir sitzt Parteigenosse Speer, der vom Führer den geschichtlichen Auftrag erhalten hat, die deutsche Rüstungswirtschaft zu mobilisieren und der Front Waffen in Hülle und Fülle zu liefern. Neben mir sitzt Parteigenosse Dr. Ley, der vom Führer den Auftrag erhalten hat, die Führung der deutschen Arbeiterschaft durchzuführen und sie in unermüdlichem Einsatz für ihre Kriegspflichten zu schulen und zu erziehen. Wir fühlen uns verbunden mit unserem Parteigenossen Sauckel, der vom Führer den Auftrag erhalten hat, ungezählte Hunderttausende von Arbeitskräften ins Reich zu bringen, die einen Zuschuß an die nationale Wirtschaft darstellen, der vom Feind überhaupt nicht eingeholt werden kann. Darüber hinaus sind mit uns vereinigt alle Führer der Partei, der Wehrmacht und des Staates.
Wir alle, Kinder unseres Volkes, zusammengeschweißt mit dem Volke in der größten Schicksalsstunde unserer nationalen Geschichte, wir geloben Euch, wir geloben der Front und wir geloben dem Füh-

„Dieses Volk lässt sich nicht unterkriegen! Reichsminister Dr. Goebbels bei den Bombengeschädigten in Essen nach dem Besuch einer Großgemeinschaftsküche“ (Originalunterschrift aus einer NS-Broschüre von 1943).

rer, dass wir die Heimat zu einem Willensblock zusammenschweißen wollen, auf den sich der Führer und seine kämpfenden Soldaten unbedingt und blindlings verlassen können. Wir verpflichten uns, in unserem Leben und Arbeiten alles zu tun, was zum Siege nötig ist. Unsere Herzen wollen wir erfüllen mit jener politischen Leidenschaft, die uns immer in den großen Kampfzeiten der Partei und des Staates wie ein ewig brennendes Feuer verzehrte. Nie wollen wir in diesem Kriege jener falschen und scheinheiligen Objektivitätsduselei verfallen, der die deutsche Nation in ihrer Geschichte schon so viel Unglück zu verdanken hat.
Als dieser Krieg begann, haben wir unsere Augen einzig und allein auf die Nation gerichtet. Was ihr und ihrem Lebenskampf dient, das ist gut und muss erhalten und gefördert werden. Was ihr und ihrem Lebenskampfe schadet, das ist schlecht und muss beseitigt und abgeschnitten werden. Mit heißem Herzen und kühlem Kopf wollen wir an die Bewältigung der großen Probleme dieses Zeitabschnittes des Krieges herantreten. Wir beschreiten damit den Weg zum endgültigen Sieg. Er liegt begründet im Glauben an den Führer. So stelle ich denn an diesem Abend der ganzen Nation noch einmal ihre große Pflicht vor Augen. Der Führer erwartet von uns eine Leistung, die alles bisher Dagewesene in den Schatten stellt. Wir wollen uns seiner Forderung nicht versagen. Wie wir stolz auf ihn sind, so soll er stolz auf uns sein können.
In den großen Krisen und Erschütterungen des nationalen Lebens erst bewähren sich die wahren Männer, aber auch die wahren Frauen. Da hat man nicht mehr das Recht, vom schwachen Geschlecht zu sprechen, da beweisen beide Geschlechter die gleiche Kampfentschlossenheit und Seelenstärke. Die Nation ist zu allem bereit. Der Führer hat befohlen, wir werden ihm folgen. Wenn wir je treu und unverbrüchlich an den Sieg geglaubt haben, dann in dieser Stunde der nationalen Besinnung und der inneren Aufrichtung. Wir sehen ihn greifbar nahe vor uns liegen; wir müssen nur zufassen. Wir müssen nur die Entschlußkraft aufbringen, alles andere seinem Dienst unterzuordnen. Das ist das Gebot der Stunde. Und darum lautet die Parole: Nun, Volk, steh auf, und Sturm, brich los!

[Die letzten Worte des Ministers gehen in nicht endenwollenden, stürmischen Beifallskundgebungen unter.]

Lagebesprechung im Führerhauptquartier „Wolfsschanze““in Ostpreußen im März 1943. Ganz rechts Generalfeldmarschall v. Kleist, daneben der Chef des Generalstabes des Heeres, General der Infanterie Zeitzler, links von Hitler Generaloberst Ruoff, ganz links Generalfeldmarschall v. Manstein.

Größte Panzerschlacht des Krieges

Für das am 5. 7. 1943 ausgelöste Unternehmen „Zitadelle“ traten an: im Süden bei Belgorod die Armeeabteilung Kempf und die 4. Panzerarmee (Hoth) mit 7 Infanterie- und 11 Panzerdivisionen sowie 3 Sturmbrigaden, im Norden bei Orel die 9. Armee (Model) mit 7 Infanterie-, 6 Panzer- und 2 Panzergrenadierdivisionen. Insgesamt setzte die Wehrmacht 2000 Panzer, darunter erstmals 90 schwere, selbst dem T-34 überlegene Tiger I sowie Panther, und 1800 Flugzeuge der Luftflotten 4 (Deßloch) und 6 (Ritter v. Greim) ein.
Der Plan „Zitadelle“ war der Führung der Roten Armee längst durch den langwierigen Aufmarsch und beste Unterrichtung durch Partisanen in allen Details bekannt, sodass entsprechende Kräfte an den Einbruchstellen konzentriert wurden. Den nördlichen deutschen Vorstoß sollte die Zentralfront (Rokossowski) auffangen, die dafür über 37 Schützendivisionen, 6 Panzerkorps und 3 motorisierte Brigaden verfügte; im Süden verteidigte die Woroneschfront (Watutin) mit 30 Schützendivisionen, 8 Panzerkorps und 13 motorisierten Brigaden. Gegen diese geballte Streitmacht hinter tiefgestaffelten Abwehrstellungen kam der mehrfach verschobene und durch sowjetische Bombardements gestörte Angriff nur schleppend und unter unvertretbar hohen Verlusten voran. Am 10.7. erlosch die Offensivkraft des nördlichen Angriffskeils, der nur 15 km vorgedrungen war, im Süden blieb der deutsche Vorstoß nach 35 km liegen, nachdem die Sowjets 2 Armeen und 1 Gardepanzerkorps von der Steppenfront (Konjew) zur Verstärkung herangeführt hatten. Vollends gescheitert war das Unternehmen „Zitadelle“ spätestens am 12.7., als nördlich Orel eine sowjetische Gegenoffensive der West- (Sokolowski) und der Brjansker Front (Popow) gegen die deutsche 2. Panzerarmee (Schmidt) losbrach, sodass Hitler sich am nächsten Tag zur Einstellung des Angriffs gezwungen sah, zumal die krisenhafte Entwicklung auf Sizilien bei unsicher werdendem Bundesgenossen die Abgabe von Kräften erforderte.
Die Initiative im Osten war mit dieser größten Panzerschlacht des Kriegs, an der 6000 Kampfwagen und fast 2 Millionen Mann beteiligt waren, endgültig an die Rote Armee übergegangen, auch wenn ihre Verluste durch die Operation „Zitadelle“ höher lagen als bei der Wehr-

macht: Die Sowjets zählten 17.000 gefallene und 34.000 gefangene Rotarmisten, auf deutscher Seite waren 3300 Mann gefallen und 17 420 in Gefangenschaft geraten, die unersetzlichen Materialverluste nicht gerechnet.

Katyn

Bei Katyn, einem sowjetischen Dorf 20 km westlich von Smolensk, entdeckten im Frühjahr 43 deutsche Soldaten Massengräber polnischer Offiziere, eine Kommission des IKRK identifizierte von 4363 exhumierten Leichen 2730 als polnische Soldaten, die 1939 in sowjetische Gefangenschaft geraten und durch Genickschuss getötet worden waren. Damit war das Schicksal eines Teils der 10.000 vermissten polnischen Offiziere geklärt, nach deren Verbleib die polnische Exilregierung in London bis dahin vergeblich geforscht hatte.
Das sowjetische Kriegsverbrechen von Katyn führte zum Bruch zwischen der UdSSR und der polnischen Exilregierung, obwohl die Westmächte die sowjetische Lesart von der deutschen Täterschaft aus Sorge um die Kriegskoalition teilten. Im Nürnberger Prozess erwies sich diese Version als unhaltbar, sodass der Anklagepunkt Katyn abgesetzt wurde, zumal die Gefahr bestand, dass die später auch bewiesene sowjetische Schuld ans Tageslicht hätte kommen können.

Katyn, das sowjetische Verbrechen, war ein willkommener Anlass für die NS-Propaganda gegen den „gottlosen Bolschewismus". „Si les Sovjets gagnaient la guerre – Katyn partout" – Wenn die Sowjets den Krieg gewinnen, ist überall Katyn, sagt das Plakat für das besetzte Frankreich.

Nationalkomitee „Freies Deutschland"

Unmittelbar nach der deutschen Niederlage in der Panzerschlacht bei Kursk, wurde am 13. 7. 1943 in Krasnogorsk bei Moskau unter sowjetischer Aufsicht von deutschen Kriegsgefangenen, Mitgliedern der kommunistischen Exilführung und emigrierten antifaschistischen deutschen Schriftstellern das Nationalkomitee „Freies Deutschland" gegründet. Es wollte zur Beendigung des Krieges durch Einwirken auf die deutsche Öffentlichkeit und die deutschen Soldaten der Ostfront beitragen, denen die Vorteile einer baldigen Aufgabe des Kampfes sowohl persönlich (Überlaufen) wie kollektiv (Sturz Hitlers) klargemacht werden sollten. Die Zeitung des Nationalkomitees, „Freies Deutschland", schwarz-weiß-rot umrandet und in insgesamt 120 Nummern verbreitet, Flugblätter, Grabenlautsprecher und Radiosendungen (eigener Sender „Freies Deutschland" in Moskau) appellierten daher bewusst an patriotische Gefühle und vermieden marxistische Propagandaformeln. In Zusammenarbeit mit dem Bund Deutscher Offiziere (seit 14.9.43) nutzte man auch die Autorität prominenter Truppenführer wie Generalfeldmarschall Paulus, die schonungslos die militärische Lage schilderten.
Gerade deren Entwicklung aber machte die Arbeit des Nationalkomitees „Freies Deutschland" mit wachsender Gewissheit des alliierten Sieges zunehmend schwerer. Die von der Nationalkomitee-Propaganda erhoffte Schwächung der deutschen Kampfmoral wurde nicht mehr benötigt, sodass auf sowjetischen Druck die Aufrufe zunehmend sozialistisch gefärbt wurden.
Das schwächte die ohnehin geringe Wirkung der Nationalkomitee-Agitation auf die deutschen Soldaten, deren Glaube an das Genie des „Führers" und deren Angst vor sowjetischer Gefangenschaft überwogen, sodass auch ein „Aufruf der 50 Generale an Volk und Wehrmacht" (8.12.1944) nahezu unbeachtet blieb. Nach dem Krieg spielte das Nationalkomitee „Freies Deutschland", das bei den Westmächten anfangs Irritationen wegen eines deutsch-sowjetischen Separatfriedens ausgelöst hatte, kaum noch eine Rolle und wurde am 2. 11. 1945 aufgelöst. Einige der prominenten Mitglieder wie Walter Ulbricht oder Wilhelm Pieck rückten jedoch in der sowjetischen Besatzungszone in führende Stellungen.

Im Juli 1943 versuchte die Wehrmacht mit einer großangelegten Offensive zweier deutscher Armeen bei Kursk, die Initiative an der Ostfront zurückzugewinnen. Neben den gewohnten Panzern III und IV wurden dabei auf deutscher Seite auch 200 Panther und 90 schwere, selbst dem T34 überlegene Panzer des Typs Tiger I eingesetzt.

Warschauer Getto-Aufstand

Nachdem von Ende Juli bis Anfang Oktober 1942 über 310.000 Juden durchweg in das Vernichtungslager Treblinka „umgesiedelt“ worden waren, beschlossen die im Getto vertretenen jüdischen Parteien, sich weiteren Deportationen gewaltsam zu widersetzen. Unter dem so genannten „Koordinierungskomitee“ (KK) wurde eine Kampforganisation (ZOB) aufgestellt. Ihre insgesamt 22 Einheiten in Stärke von etwa 1500 Männern und Frauen befehligte der 24-jährige Mordechai Anielewicz. Die nationalistischen Juden der Revisionistischen Partei schlossen sich der „ZOB“ nicht an. Ihre Militärorganisation, der Irgun Zwai Leumi, hatte drei eigene Kampfgruppen. Unter dem Vorwand, Luftschutzunterstände zu errichten, wurden einige hundert Bunker gebaut, die zum Teil mit dem Kanalisationssystem verbunden waren. Hauptsächlich die polnische „Heimatarmee“ stellte Waffen und Sprengstoff zur Verfügung. Von den noch im Getto lebenden etwa 75.000 Juden wurden im Januar 43 überraschend 6 500 deportiert. Bei der Aktion kam es zu Widerstandshandlungen; ein Polizeihauptmann wurde schwer verletzt und 1 171 Juden im Zuge von Gegenmaßnahmen erschossen. Nach dem Zwischenfall ordnete Himmler die Auflösung und Zerstörung des Gettos an. Am 19. 4. 1943, 3 Uhr morgens, befahl der SS- und Polizeiführer von Warschau, Ferdinand von Sammern-Frankenegg, die Räumung des Gettos innerhalb von drei Tagen. Beim Einrücken in das Getto um 6 Uhr wurden die ihm unterstellten Einheiten von den Kampfgruppen der „ZOB“ mit konzentriertem Feuer empfangen und mussten sich unter Verlusten zurückziehen. Gegen 8 Uhr wurde Sammern-Frankenegg von dem SS-Brigadeführer Stroop abgelöst, der neue Angriffe befahl. Seine Einheiten wurden immer wieder gezwungen, sich zurückzuziehen. Am 23. 4. ließ er die Häuser in Brand setzen. Das Getto wurde ein Flammenmeer. Zahlreiche Juden flüchteten in das Kanalisationssystem. Durch Flutung und Sprengungen von Teilen der Kanalisation erlitten sie schwere Verluste. Stroop ließ schließlich die noch bestehenden Bunker systematisch durch Stoßtrupps ausräuchern. Die Reihen der kämpfenden Juden lichteten sich rapide. Am 8. 5. 1943 fiel Anielewicz.

Jüdische Widerstandskämpferinnen in Warschau. In einem Kampfaufruf auf Flugblättern hieß es: „Jede Mutter werde zu einer Löwin, die ihre Jungen verteidigt! Kein Vater sehe mehr ruhig auf den Tod seiner Kinder!“

Aus den brennenden Häusern des Warschauer Gettos stürzen Menschen als lebende Fackeln in den Tod.

Mitte Mai 43 war der Widerstand der „ZOB“ gebrochen. Als Zeichen für die Niederlage der Juden ließ Stroop am 16. 5. 43 die im „arischen“ Teil Warschaus gelegene große Tlomacki-Synagoge sprengen und berichtete seinem Vorgesetzten, dem Höheren SS- und Polizeiführer im Generalgouvernement Friedrich Wilhelm Krüger: „Es gibt keinen jüdischen Wohnbezirk in Warschau mehr“ (so genannter Stroop-Bericht). Von den bei Beginn der Aktion noch im Getto befindlichen 70.000 Juden waren rund 56.000 in Gefangenschaft geraten. 7.000 hiervon wurden erschossen, weitere rund 7.000 nach Treblinka „umgesiedelt“ und 15.000 kamen ins Vernichtungslager (Lublin-)Maidanek. Der Rest wurde in Arbeitslager eingewiesen. Die Verluste der Deutschen und der mit ihnen eingesetzten Hilfswilligen (ein Bataillon Ukrainer und polnische Polizei) betrugen 16 Tote und 90 Verwundete.

„Gomorrha“ – Hamburg im Feuersturm

Codebezeichnung für eine Serie alliierter Luftangriffe auf Hamburg Ende Juli 43, benannt nach der biblischen Stadt, die Gott wegen ihrer „himmelschreienden Sünden“ vernichtete. Mit „Gomorrha“ sollte nach dem Willen von Luftmarschall Harris die Millionenstadt an der Elbe „ausgelöscht“ werden (Tagesbefehl vom 24.7.).

Dazu setzte er bei den 3 schwersten Nachtangriffen (24./25., 27./28. und 29./30.7.) 2353 schwere Bomber ein, die 7196 t Bomben abwarfen, bei Tage flog zudem die US-Luftwaffe Punktangriffe auf Industrieziele.

Insgesamt waren für „Gomorrha“ über 100.000 Mann fliegendes und Bodenpersonal im Einsatz, die Bombenlast summierte sich schließlich auf rund 9000 t, die fast ungehindert ins Ziel gebracht werden konnten, weil die deutsche Abwehr durch das neue „Window“-Verfahren (Abwurf von Stanniolstreifen zur Störung der Funkortung) nahezu blind war. Im Feuersturm von „Gomorrha“‘, verstärkt noch durch trockene und heiße Witterung, starben 30 500 Menschen, da es selbst in Kanälen und Fleeten kaum Rettung vor dem Flammenmeer gab und der Luftschutz hoffnungslos überfordert war. 900.000 Hamburger flohen zeitweise aus der Stadt, in der 277 330 Wohnhäuser (fast 50%) völlig und zahlreiche weitere teilweise zerstört wurden.

Außerdem fielen „Gomorrha“ 580 Industrie-, 2632 Gewerbe-, 13 Versorgungs- und 22 Verkehrsbetriebe zum Opfer, 24 Krankenhäuser, 277 Schulen, 58 Kirchen und 12 Brücken wurden vernichtet, das Verkehrsnetz brach zusammen, 150 km Oberleitungen der Straßenbahn fielen aus, im Hafen sanken Schiffe und Schuten mit über 180.000 BRT, der Gesamtschaden wurde auf 23 Milliarden Reichsmark geschätzt, die Trümmermenge betrug 40 Millionen Tonnen.

Dennoch erreichte die Hansestadt nach amerikanischen Untersuchungen in 5 Monaten wieder 80% ihrer Produktionskapazität, was die militärische Fragwürdigkeit des Terrorkonzepts der britischen Luftkriegsführung deutlich machte.

Eine Botschaft des Oberbefehlshabers der Britischen Kampfflugzeuge an das deutsche Volk

NOCH nie hat der Mann, der die Bombenangriffe auf eine Land leitet, eine Botschaft an die Bevölkerung dieses Landes gerichtet. Ich, Luftmarschall Harris, Oberbefehlshaber der britischen Kampfflugzeuge, die Deutschland angreifen, habe mich entschlossen, diese Botschaft an das deutsche Volk zu richten.

Wir in England haben zur Genüge erfahren, was Luftangriffe bedeuten. Zehn Monate hindurch hat uns eure Luftwaffe mit Bomben belegt. Zuerst bei Tage. Als wir das abgestellt hatten, kam sie bei Nacht. Ihr hattet damals eine starke Luftwaffe. Eure Flieger schlugen sich gut. Zweiundneunzig Nächte hintereinander haben sie London gebombt; Coventry, Plymouth, Liverpool und andere britische Städte haben sie schwer angegriffen. Der Schaden, den sie anrichteten, war beträchtlich: 43 000 britische Männer, Frauen und Kinder sind dabei ums Leben gekommen; viele historische Bauten, die uns lieb und teuer waren, sind zerstört.

Damals glaubtet ihr, — denn Göring hatte es euch versprochen — das ihr selber vor Bomben sicher seid. Und tatsächlich konnten wir nur mit wenigen Flugzeugen antworten. Jetzt sind die Rollen vertauscht. Jetzt kommen nur ab und zu ein paar deutsche Maschinen zu uns; und wir bomben Deutschland nach Noten.

Warum wir das tun? Nicht aus Rachsucht — obwohl wir Warschau, Rotterdam, Belgrad, London, Plymouth Coventry nicht vergessen. Wir bomben Deutschland, eine Stadt nach der andern, immer schwerer, um euch die Fortführung des Krieges unmöglich zu machen. Das ist unser Ziel. Wir werden es unerbittlich verfolgen. Stadt für Stadt: Lübeck, Rostock, Köln, Emden, Bremen, Wilhelmshaven, Duisburg, Hamburg,— und die Liste wird immer länger. Lasst euch von den Nazis mit ins Verderben reissen, wenn ihr wollt. Das ist eure Sache.

* * *

IST das Wetter gut, dann kommen wir bei Nacht. Schon jetzt fliegen tausend Bomber eine Stadt wie Köln an und zerstören innerhalb einer Stunde ein Drittel von ihr. Wir wissen das, denn wir haben die Luftaufnahmen. Ist der Himmel bewölkt, so kommen wir bei Tag und bomben eure Fabriken und Docks; Danzig, so weit entfernt es auch ist, weiss Bescheid. Wir kommen bei Tag und bei Nacht; kein Teil des Reiches ist sicher.

In Köln, im Ruhrgebiet, in Rostock, Lübeck oder Emden mag man der Ansicht sein, dass wir mit unsern Bombern schon allerhand geleistet haben. Wir sind anderer Ansicht. Was ihr bisher erlebt habt, wird nicht zu vergleichen sein mit dem was kommt, sobald unsere Produktion von Bombenflugzeugen erst zu einem Strom anschwillt und die amerikanische sich verdoppelt und vervierfacht.

Ich möchte ganz offen darüber sprechen, ob wir einzelne militärische Ziele angreifen oder ganze Städte. Selbstverständlich bomben wir lieber eure Fabriken, Docks und Eisenbahnen; das trifft Hitlers Kriegsmaschine am schwersten. Aber die Arbeiter, die in diesen Werken beschäftigt sind, wohnen dicht um sie herum. Deshalb fallen unsere Bomben auf eure Wohnhäuser und — auf euch.

Wir bedauern, dass das notwendig ist. Die Arbeiter des Dieselmotorenwerks Humboldt-Deutz in Köln z.B., von denen eine Anzahl in der Nacht des 30. Mai umkam, mussten die Gefahren des totalen Kriegs auf sich nehmen, genau wie die Seeleute unserer Handelsflotte, gegen welche die (mit Motoren von Humboldt-Deutz ausgerüsteten) U-Boote ihre Torpedos abgefeuert hätten. Waren die Arbeiter der Flugzeugwerke von Coventry, ihre Frauen, ihre Kinder nicht auch „Zivilbevölkerung“ ganz wie die Arbeiter der Rostocker Flugzeugwerke und deren Familien? Aber Hitler hat es so gewollt!

* * *

ES stimmt, dass eure Abwehr unseren Bombern Verluste zufügt. Eure Führer erzählen euch zu eurem Trost, diese Verluste seien so schwer, dass wir unsere Luftangriffe bald nicht mehr würden fortsetzen können. Wer das glaubt, wird bitter enttäuscht werden. Ich, der die britischen Kampfflugzeuge befehligt, will euch sagen, wie gross unsere Verluste sind: nicht einmal 5 v. H. der Bomber, die wir über Deutschland schicken, gehen verloren. Eine solche Verlustrate kann kaum den ständigen Zuwachs verzögern, der durch die steigende Produktion unserer eigenen und der amerikanischen Fabriken sichergestellt ist.

* * *

AMERIKA greift erst jetzt in Europa ein. Die ersten Geschwader, Vorläufer einer ganzen Luftflotte, sind aus U.S.A. in England eingetroffen. Ist es euch klar, was es bedeutet, wenn die auch Deutschland angreifen? Allein aus einem einzigen amerikanischen Betrieb, den neuen Fordwerken in Willow Run, Detroit, rollt schon jetzt alle zwei Stunden ein neuer viermotoriger Bomber heraus, der vier Tonnen Bomben nach jeder deutschen Stadt tragen kann. Und Willow Run ist nur ein Betrieb unter Dutzenden. An diese Anlagen könnt ihr nicht heran. Auch eure U-Boote können die amerikanischen Bomber nicht am Herüberkommen verhindern; denn die *fliegen* über den Atlantik.

Bald werden wir jeden Tag und jede Nacht erscheinen bei Regen, Sturm und Schnee — wir und die Amerikaner. Ich war gerade acht Monate drüben, und so weiss ich genau, was bevorsteht. Wenn ihr uns dazu zwingt, werden wir das Dritte Reich von einem Ende zum andern heimsuchen. Ihr könnt uns nicht hindern, und ihr wisst das.

Ihr habt keine Chance. Ihr habt uns 1940 nicht schlagen können, als wir waffenlos waren und allein standen. Eure Führer waren dann so verrückt, auch noch Russland und Amerika anzugreifen (aber eure Führer *sind* eben verrückt — das weiss die ganze Welt, ausser Italien). Wie könnt ihr jetzt auf einen Sieg hoffen, da wir, mit Russland und Amerika, immer stärker werden, während euch die Kraft mehr und mehr ausgeht? Nein, ihr habt keine Chance.

* * *

VERGESST Eines nicht: wie weit eure Armeen auch vormarschieren, sie können nie bis nach England kommen. Sie konnten schon nicht herkommen, als wir waffenlos waren. Sie können siegen, soviel sie wollen, — den Luftkrieg müsst ihr dann immer noch mit uns und den Amerikanern ausfechten. Den könnt ihr nie gewinnen — aber wir gewinnen ihn bereits.

Und nun noch ein letztes Wort:

Es steht bei euch, mit Krieg und Bomberei Schluss zu machen. Stürzt die Nazis, und ihr habt Frieden! Es ist nicht wahr, dass wir einem Rachefrieden planen. Das ist eine deutsche Propagandalüge. Aber wir werden es ganz gewiss jeder deutschen Regierung unmöglich machen, noch einmal einen totalen Krieg anzufangen. Ist das nicht ebenso euer Interesse wie das unsere?

A. T. Harris
Air Marshal
RAF.

Auch in seinen Flugblättern war Harris bei seiner „Antwort an Hitler“ um harte Worte nicht verlegen: „Bomben, immer größere Bomben! In diesen Orkan führt euch Adolf Hitler. Was ihr diese Nacht erlebt habt, waren nur die ersten Tropfen, die den kommenden Sturm ankündigen. Noch waren sie klein. Aber immer wuchtiger, immer vernichtender wird es auf euch herabprasseln, bis ihr der Urgewalt des Orkans nicht mehr standhalten könnt.“ Aber selbst Harris kam nach dem Kriege zu dem Fazit: „Der Gedanke, die Hauptwirkung gegen die Moral zu erwarten, erwies sich als völlig verfehlt. Als wir fast alle Industriestädte zerstört hatten, blieb die Bevölkerung unberührt.“ „Es wurde festgestellt“, so ein US-Experten-Team, „dass Angst und Terror der Bombardierungen in keiner Beziehung zu der praktisch wichtigeren Seite der Moral standen, nämlich der Bereitschaft zur Kapitulation.“

Zu dieser Aufnahme schrieb der Photograph Erich Andres: „Am 29. Juli 1943 stolperte ich durch die Trümmerwüste, die einmal der Stadtteil Hamm gewesen war. Da sah ich das Kind, einen Jungen von etwa 10 Jahren. Sein Gesicht ruhte auf der Brust eines Feuerwehrmannes, an den er sich in seiner Todesangst schutzsuchend geklammert hatte. Aber für beide gab es keine Rettung in der Gluthölle von Hamburg.“

1944

JANUAR

1.1. Generalfeldmarschall Erwin Rommel übernimmt den Oberbefehl über die deutsche Heeresgruppe in Nordfrankreich.
4.1. Generalfeldmarschall Erich von Manstein reist zu Adolf Hitler in dessen Hauptquartier „Wolfsschanze" (bei Rastenburg/Ostpreußen), um ihn zu einer Rückverlegung der Ostfront zu bewegen. Doch Hitler will die Front um jeden Preis halten.
14.1. Die Rote Armee beginnt eine Offensive gegen die deutsche Heeresgruppe in Nordrussland.
19.1. Mit der Verhaftung von Helmuth James Graf von Moltke wird die Widerstandsgruppe „Kreisauer Kreis" zerschlagen.
20.1. Die vorrückenden sowjetischen Truppen erobern Nowgorod (Nordrussland).
22.1. Alliierte Truppen landen in Anzio südlich von Rom und bilden einen Brückenkopf im Rücken der deutschen Verteidigungslinie.
28.1. Die über 900 Tage andauernde deutsche Belagerung von Leningrad (heute: St. Petersburg) wird beendet.

FEBRUAR

1.2. General Charles de Gaulle vereinigt alle französischen Widerstandsgruppen.
14.2. Sämtliche deutschen Spionage- und Nachrichtendienste werden im Amt „Abwehr" zusammengefasst und Heinrich Himmler unterstellt. Zwei Tage zuvor wurde Admiral Wilhelm Canaris als Chef der Abwehr im Oberkommando der Wehrmacht (OKW) entlassen. Canaris nutzte seine Position um ein Zentrum des Widerstands gegen Hitler zu formieren.
15.2. In Montecassino (Süditalien) wird das weltberühmte Benediktinerkloster aus dem 6. Jahrhundert durch einen Bombenangriff der Alliierten völlig zerstört.
17.2. Gegen den Befehl Hitlers beginnt auf Anweisung von Generalfeldmarschall Manstein der Ausbruch der deutschen Truppen aus dem Kessel von Tscherkassy (Südrussland). Von den 50.000 Soldaten gelingt 30.000 der Durchbruch nach Westen.
20.2. Die großangelegte Luftoffensive („Big Week") der Alliierten gegen deutsche Industrie- und Rüstungseinrichtungen beginnt.
22.2. In einer Rede vor dem Parlament akzeptiert der britische Ministerpräsident Winston Churchill die von der Sowjetunion geforderte „Westverschiebung" Polens.
25.2. Die Innenstadt von Augsburg wird durch einen Bombenangriff fast völlig zerstört.

MÄRZ

1.3. Mit der „Verlags-Sperrliste" gibt die Reichspressekammer ein Verbot zahlreicher deutscher Verlage bekannt, unter ihnen Brockhaus, Westermann und Goldmann.
4.3. Die sowjetische Frühjahrsoffensive beginnt. Sie führt zum Rückzug der Wehrmacht aus der Ukraine.
15.3. Als Leiter des „Judenreferats" im Reichssicherheitshauptamt (RSHA) ordnet Adolf Eichmann die systematische Erfassung der griechischen Juden zur Deportation an.
19.3. Einheiten der Wehrmacht und der Schutzstaffel (SS) besetzen Ungarn. Damit beginnt auch dort die Verfolgung und Deportation der Juden.
20.3. Die Rote Armee erobert die ukrainische Stadt Winniza mit Hitlers ehemaligem Hauptquartier.
24.3. Bei einem Bombenattentat von Widerstandskämpfern in Rom werden 33 deutsche Polizisten ermordet. Auf Befehl Hitlers werden daraufhin 335 italienische Geiseln in den Ardeatinischen Höhlen in der Nähe von Rom erschossen.
30.3. Generalfeldmarschall Manstein wird als Oberbefehlshaber der deutschen Heeresgruppe Süd abgelöst. Er versuchte, Hitler zu einem Rückzug der Wehrmacht im Osten zu bewegen.

Britische Short-Stirling-Bomber unter Flak-Beschuss, eine Zeichnung aus der Propaganda-Illustrierten „Signal" von „Kriegsberichter" Hans Liska.

APRIL

3.4. Das letzte große Schlachtschiff der deutschen Marine, die „Tirpitz", wird im nördlichen Norwegen durch einen britischen Angriff schwer beschädigt.
19.4. Mit 125 Flugzeugen unternimmt die deutsche Luftwaffe den letzten großen Bomberangriff auf London.

MAI

3.5. Auf Druck der Alliierten schränkt Spanien seine wirtschaftlichen Verbindungen zu Deutschland ein und zieht seine Freiwilligen-Truppen von der Ostfront ab.
5.5. Reichsjustizminister Otto Georg Thierack erklärt das Todesurteil zur allgemeingültigen Strafe für jegliche „Gefährdung der Kriegführung und Sicherheit des Deutschen Reiches". Vorher stand auf 46 Einzeltatbestände die Todesstrafe.
9.5. Die Rote Armee nimmt nach schweren Kämpfen die Bastion Sewastopol auf der Krim ein.
10.5. Das OKW berichtet über die gezielte Überflutung von Teilen der Niederlande, die einen alliierten Vormarsch erschweren soll.
18.5. Die Truppen der Westmächte durchbrechen mit der Eroberung von Montecassino die deutsche Verteidigungslinie in Unteritalien und beginnen ihren Vormarsch auf Rom.
23.5. Einem Angriff von deutschen Luftlandetruppen auf sein Hauptquartier entgeht der jugoslawische Partisanenführer Tito knapp.

JUNI

4.6. Die Alliierten marschieren in Rom ein. Sie hatten sich mit dem deutschen Oberbefehlshaber Albert Kesselring verständigt, auf Kampfhandlungen zu verzichten.
6.6. Mit 6.000 Schiffen beginnt in der Normandie die Invasion der Alliierten in Westeuropa. Mit der Landung von 150.000 Soldaten werden mehrere Brückenköpfe gebildet. Auch wegen der Lufthoheit der 14.000 alliierten Bomber können die deutschen Einheiten keine entscheidende Abwehr leisten.

Der deutsche Nachschub wird unterbunden.
8.6. Die alliierten Truppen in der Normandie beginnen mit ihrem Vormarsch. Die Wehrmacht räumt auf ihrem Rückzug in Italien die Toskana.
10.6. Als Vergeltung für einen ermordeten SS-Offizier liquidieren deutsche Truppen den französischen Ort Oradour-sur-Glane mitsamt den 642 Einwohnern.
12.6. Erstmals wird London mit der Flugbombenwaffe V1 beschossen.
18.6. Die Deutsche Fußballmeisterschaft gewinnt der Dresdner SC mit einem 4:0 über den Luftwaffen-SV Hamburg.
19.6. Sowjetische Partisanen zerstören im größten Sabotageakt des Zweiten Weltkriegs an 9.600 Stellen die deutschen Eisenbahnnachschubwege.
30.6. An den Brückenköpfen in der Normandie sind bereits 850.000 Soldaten und 148.000 Fahrzeuge der Alliierten gelandet.

JULI

3.7. Die Kesselschlacht von Minsk endet mit der Eroberung der Stadt durch sowjetische Truppen.
9.7. Die Stadt Caen in der Normandie wird nach schweren Kämpfen von Truppen der Westmächte eingenommen.
20.7. Das Bombenattentat der Widerstandsgruppe um Oberst Claus Graf Schenk von Stauffenberg auf Hitler scheitert. Die im Besprechungszimmer der „Wolfsschanze" platzierte Bombe verletzt Hitler nur leicht. Der Staatsstreich in Berlin schlägt fehl, Stauffenberg und drei weitere Offiziere werden erschossen. Dem ehemaligen Generaloberst Ludwig Beck wird Gelegenheit zum Selbstmord gegeben, der jedoch zweimal scheitert. Daraufhin wird er von einem Feldwebel erschossen.
21.7. Wegen des gescheiterten Attentats begeht der Widerständler Generalmajor Henning von Tresckow Selbstmord.
30.7. Mit dem „Terror- und Sabotageerlass" werden Widerstandskämpfer nicht mehr Wehrmachtsgerichten überstellt, sondern sofort erschossen oder der Sicherheitspolizei übergeben.
31.7. Bei Avranches gelingt den alliierten Kräften in der Normandie der Durchbruch durch den deutschen Verteidigungsring.

AUGUST

2.8. Die Rote Armee überquert auf ihrem Vormarsch in Polen die Weichsel.
3.8. Innerhalb von drei Tagen sind in Auschwitz-Birkenau 6.000 Sinti und Roma vergast worden.
10.8. Joseph Goebbels verbietet alle „öffentlichen Veranstaltungen nicht kriegsgemäßen Charakters".
12.8. Aufgrund der starken Partisanenaktivitäten in Oberitalien befiehlt der deutsche Befehlshaber Kesselring scharfe Vergeltungsmaßnahmen.
15.8. Das Arbeitsdienstalter für Frauen in Deutschland wird von 45 auf 50 Jahre angehoben. Alliierte Truppen landen in Südfrankreich zwischen Cannes und Toulon.
18.8. Nach elfjähriger Einzelhaft wird der ehemalige Vorsitzende der Kommunistischen Partei Deutschlands (KPD), Ernst Thälmann, im KZ Buchenwald ermordet.
19.8. Der von seinem Oberbefehl an der Westfront entbundene Generalfeldmarschall Hans-Günther von Kluge begeht Selbstmord.
21.8. Auf einer Konferenz in Washington beschließen die USA, China, Großbritannien und Frankreich die Gründung der Vereinten Nationen als Ersatz für den Völkerbund.
25.8. Truppen de Gaulles und alliierte Verbände marschieren in Paris ein. Kurz darauf nimmt die provisorische Regierung unter de Gaulle ihre Arbeit auf.
Der Tanzfilm „Die Frau meiner Träume" mit Marika Rökk wird in Berlin uraufgeführt.
31. 8. Die Rote Armee rückt in die rumänische Hauptstadt Bukarest ein.

SEPTEMBER

2.9. Um den Vormarsch der alliierten Truppen zu stoppen, werden große Gebiete Belgiens und der Niederlande von den Deutschen überflutet.
8.9. Der gefangengenommene Widerstandskämpfer Goerdeler wird vom Volksgerichtshof zum Tode verurteilt. Nach fünfmonatigen Verhören wird er am 2. Februar 1945 hingerichtet.
Nach dem Einmarsch der Roten Armee erklärt Bulgarien dem Deutschen Reich den Krieg.
Erstmals wird die von Wernher Freiherr von Braun entwickelte V2-Rakete zum Angriff auf London eingesetzt.
11.9. Alliierte Truppen erreichen bei Trier das Reichsgebiet.
Churchill und Roosevelt verständigen sich auf den sogenannten Morgenthauplan, der eine Umwandlung Deutschlands zum Agrarstaat vorsieht.
13.9. Die Zeitschrift „Simplicissimus" stellt nach 49 Jahren ihr Erscheinen ein.
15.9. Sowjetische Einheiten marschieren in die bulgarische Hauptstadt Sofia ein.
17.9. Mit der größten Luftlandeaktion des Weltkriegs setzen die Alliierten 35.000 Mann hinter der deutschen Westfront in den Niederlanden ab. Die geplante Besetzung von Rheinübergängen durch die Alliierten schlägt jedoch fehl.
19.9. Finnland schließt ein Waffenstillstandsabkommen mit der Sowjetunion.
25.9. Hitler ordnet die Erfassung aller wehrfähigen Männer zwischen 16 und 60 Jahren für den „Volkssturm" an.
28.9. Im KZ Theresienstadt beginnt die Deportation von 18.000 Juden in das Vernichtungslager Auschwitz-Birkenau.

OKTOBER

3.10. Hitler befiehlt den Rückzug der Wehrmacht aus Griechenland.
6.10. Die Rote Armee marschiert in Ungarn ein.
7.10. Im Krematorium von Auschwitz-Birkenau scheitert ein Aufstand der dort zur Arbeit eingesetzten Juden.
14.10. Generalfeldmarschall Rommel begeht unter Androhung eines Hochverratsprozesses Selbstmord.
16.10. Verbände der Roten Armee rücken in Ostpreußen ein.
17.10. Im Deutschen Reich wird für Jugendliche der „soldatische Haarschnitt" obligatorisch.
18.10. Die Gauleiter der NSDAP organisieren die Aufstellung der ersten „Volkssturm"-Einheiten.
20.10. Die jugoslawische Hauptstadt Belgrad wird von sowjetischen und von Partisaneneinheiten erobert.

NOVEMBER

4.11. Die Versorgungslage in den befreiten Ländern Frankreich, Belgien und den Niederlanden wird von den Alliierten als katastrophal bezeichnet.
10.11. In Köln werden 13 Mitglieder der Jugendorganisation „Edelweißpiraten" hingerichtet.
12.11. Das letzte große deutsche Schlachtschiff „Tirpitz" wird in Norwegen versenkt.
13.11. Den Juden im Deutschen Reich wird der Aufenthalt in Wärmehallen verboten.
20.11. Hitler verlässt die „Wolfsschanze" und bezieht den Führerbunker in Berlin.
23.11. Amerikanische Truppen erobern Straßburg und erreichen damit den Rhein.
26.11. Himmler ordnet die Einstellung der Vergasung und deren Spurenbeseitigung in Auschwitz an. Die Häftlinge sollen in die KZ Dachau und Bergen-Belsen gebracht werden.

DEZEMBER

10.12. Otto Hahn erhält den Nobelpreis für Chemie aufgrund seiner Entdeckung der Kernspaltung rückwirkend für das Jahr 1943.
15.12. In Prag wird der Film „Große Freiheit Nr. 7" mit Hans Albers und Ilse Werner uraufgeführt.
16.12. Mit der Ardennenoffensive beginnt der letzte vergebliche Defensivangriff der deutschen Wehrmacht.
25.12. Generalfeldmarschall Gerd von Rundstedt erklärt die Ardennenoffensive für gescheitert. Hitler befiehlt jedoch deren Fortsetzung.

AUSSERDEM

Veit Harlan: Opfergang (Film)
Anna Seghers: Transit (Roman)
Franz Werfel: Jacobowsky und der Oberst (Komödie)

Invasion

Eine Invasion in Nordfrankreich wurde auf deutscher Seite seit langem erwartet, doch gingen die Vermutungen eher Richtung Pas de Calais als Normandie. Die Verteidiger wurden daher am 6.6.44 (D-Day) fast völlig überrascht, als im ersten Morgenlicht Fallschirmjäger im normannischen Hinterland niedergingen und wenig später ein dichter Bombenhagel die Küstenbefestigungen umpflügte. Ihm folgte um 5.50 Uhr ein Feuerschlag aus über 1000 Rohren der Deckungsflotte, bestehend aus 7 Schlachtschiffen, 2 Monitoren, 23 Kreuzern, 105 Zerstörern und 1076 kleineren Einheiten, ehe um 6.30 Uhr die erste Welle der Landungstruppen das Ufer erreichte. Unter dem Schutz von 5112 Bombern und 5409 Jägern folgten pausenlos weitere Truppen in 4126 Landungsfahrzeugen und 2316 Transportflugzeugen, sodass in 5 Tagen mit Hilfe der künstlichen „Mulberry"-Häfen 326.000 alliierte Soldaten mit 104.000 t Nachschub und 54.000 Fahrzeugen angelandet waren.

„Ich habe dem Hause mitzuteilen, dass wir im Laufe der heutigen Nacht und der frühen Morgenstunden die erste einer Reihe von Großlandungen auf dem europäischen Festland vorgenommen haben", verkündete Premierminister Churchill am 6. Juni 1944 vor dem Unterhaus. Die erste Welle alliierter Truppen stürmt aus den Landungsbooten an Land.

Die Alliierten hatten 5 Küstenabschnitte zur Bildung von Landeköpfen vorgesehen: „Utah" nördlich Carentan auf der Halbinsel Cotentin für das VIII. US-Korps (Collins), „Omaha" 15 km östlich davon für das V. US-Korps (Gerow), „Gold" nordöstlich Bayeux für das britische XXX. Korps (Bucknall), „Juno" direkt östlich anschließend für die kanadischen Verbände des britischen Invasionskorps (Crocker) und „Sword" nördlich Caen für dessen britische Einheiten. Dank absoluter Luftherrschaft , 14 674 Einsätzen alliierter Flugzeuge standen am ersten Tag nur 319 deutsche gegenüber, stabilisierten sich die Landeköpfe rasch, doch wurden die Tagesziele nirgendwo erreicht, da Gegenmaßnahmen der verteidigenden deutschen 7. (Dollmann) und 15. Armee (Salmuth) allmählich griffen, obwohl Hitler lange die Zuführung von Verstärkungen verweigerte, weil er weiter an eine „Hauptlandung" bei Calais glaubte. Nach Plan sollte Cherbourg mit dem wichtigen Hafen noch am Invasionstag genommen werden; das gelang jedoch erst drei Wochen später. Der Durchbruch ins französische Hinterland war für den 27.6. vorgesehen, glückte aber erst am 1.8. bei Avranches. Die Invasionsschlacht hatte bis dahin auf deutscher Seite 114.000 Gefallene und 41.000 Gefangene gekostet, die Alliierten hatten 122.000 Mann verloren.

Nach der erheblichen Verzögerung beim Ausbruch aus der Halbinsel Cotentin kam dann der alliierte Vormarsch unter dem dichten Luftschirm rasch voran und mit dem Fall von Paris (25.8.) war man im Osten wieder im Plan (D-Day plus 90), während sich die Eroberung der Bretagne bis 18.9. hinzog und einige Atlantikfestungen sogar bis Kriegsende hielten. Mit einer weiteren Landung in Südfrankreich („Dragoon") flankierten die Alliierten am 15.8. die Invasion, sodass die deutschen Truppen im Westen des Landes in Gefahr gerieten, abgeschnitten zu werden, und sich nach Osten zurückziehen mussten. Am 11.9. trafen sich die beiden Invasionsarme bei Dijon, am gleichen Tage erreichten amerikanische Truppen bei Trier erstmals die Reichsgrenze. Die Zahl der bis dahin in Gefangenschaft geratenen deutschen Soldaten hatte sich auf 360.000 erhöht.

Zwanzigster Juli

Der militärische Widerstand konzentrierte sich seit dem Beginn des Rußlandfeldzugs an drei Stellen: beim Oberkommando des Ersatzheeres in Berlin um General Olbricht, Chef des Allgemeinen Heeresamtes (der Befehlshaber Generaloberst Fromm gehörte nicht zum Widerstand, obwohl er dessen Aktivitäten kannte); bei der Abwehr um Oster (der aber im April 1943 amtsenthoben wurde, knapp ein Jahr, bevor das gleiche Canaris geschah); beim 1. Generalstabsoffizier („Ia") der Heeresgruppe Mitte, von Tresckow, seit November 1943 Chef des Stabes der 2. Armee im selben Operationsgebiet. An Tresckows Dienstsitz bei Smolensk wurde das erste militärische Attentat gegen Hitler geplant (die Tat im Bürgerbräukeller 1939 war der zivile Anschlag des Einzeltäters Georg Elser gewesen). Es gelang Tresckow, Generalfeldmarschall von Kluge zu einer Einladung Hitlers bei der Heeresgruppe Mitte zu überreden. Hitler erschien am 13. März 1943. Die Verschwörer plazierten eine Bombe im Flugzeug, deklariert als „zwei Flaschen Cognac" für (den Mitverschworenen) Oberst Stieff im Führerhauptquartier. Die Cognac-Bombe sollte während des Fluges explodieren, doch der Zünder versagte. Es gelang Tresckow, die Übergabe des „Geschenks" telefonisch aufzuhalten; es sei eine Verwechslung passiert. Schlabrendorff flog ins Hauptquartier und tauschte das fatale Paket gegen zwei echte Flaschen aus. Der Anschlag blieb unerkannt. Acht Tage später besichtigte Hitler russische Beutestücke im Berliner Zeughaus. Oberst von Gersdorff fand sich zu dem Selbstopfer bereit, sich mit Hitler zusammen in die Luft zu sprengen. Hitler beendete jedoch den Rundgang so rasch, dass der Sprengkörper mit dem kürzest möglichen Zündzeitpunkt von 10 Minuten nicht mehr zur Auslösung kam. Gersdorff gelang es, die Bombe unmittelbar vor der Detonation unschädlich zu machen. Auch dieser Versuch fand keine ungelegenen Mitwisser.

Die militärische Opposition, die bei diesen Versuchen in Kauf nahm, dass eigentlich Unschuldige mitgeopfert wurden, und ihre Planungen auch weiterhin durch diese moralische Erschwernis nicht behindern ließ, stieß im Sommer 1943 auf einen entschiedenen Hitler-Gegner und Befürworter von dessen gewaltsamer Beseitigung: Claus Graf Schenk von Stauffenberg, 35 Jahre alt, in Afrika schwer verwundet (Verlust eines Auges, der rechten Hand, zweier Finger der linken). Genesen, wurde er Olbrichts Stabschef (1. Oktober 1943) und zu einer Schlüsselfigur aller Planungen, bei denen Attentat und Staatsstreich koordiniert werden mussten. Olbricht entwickelte eine Möglichkeit, den Umsturz „legal“ einzuleiten: dadurch, dass nach gelungenem Anschlag auf Hitler der Alarm für innere Unruhen (Codebezeichnung „Walküre“), gedacht zum Beispiel bei theoretisch möglicher, praktisch kaum vorstellbarer Rebellion von Zwangsarbeitern, ausgelöst und die dadurch mobilisierte Truppenmacht in den Dienst des militärischen Widerstands gestellt werden sollte. Dazu mussten ergebene Truppenführer in die Schaltstellen lanciert werden. Die Vorbereitungen waren weit gediehen, als Stauffenberg am 1. Juli 1944 Stabschef beim Befehlshaber des Ersatzheeres (Fromm) wurde und damit Zugang zum Führerhauptquartier erhielt. In dieser Position konnte und wollte er persönlich handeln. Die Zeit drängte, weil immer mehr einzelne aus dem (vor allem zivilen) Widerstand heraus verhaftet wurden und die Gestapo noch vor dem entscheidenden Schlag ins Zentrum des Widerstands vordringen könnte. Beim Versuch, oberste Frontkommandeure zu gewinnen, war eindeutiger Erfolg nur bei Generalfeldmarschall Rommel an der Invasionsfront erzielt worden; der Oberbefehlshaber West, Generalfeldmarschall von Kluge, sympathisierte ohne feste Zusage. Rommel aber wurde am 17. Juli 1944 schwer verwundet und fiel aus. Am 20. Juli unternahm Stauffenberg binnen drei Wochen den dritten Versuch, eine Bombe in Hitlers unmittelbarer Nähe zu platzieren (beim ersten Mal hatten Himmler und Göring gefehlt, beim zweiten Mal hatte Hitler die Lagebesprechung noch vor Zündung der Bombe beendet). Aufgrund unerträglicher Nervenanspannung und der übrigen Gefahren wollte Stauffenberg nicht länger warten, obwohl die äußere Situation ungünstig war: Wegen Reparaturarbeiten fand die „Lage“ nicht im Bunker, sondern in einer Holzbaracke statt, wo der Explosionsdruck leicht entweichen konnte. Auch fehlten Himmler und Göring abermals.

Unmittelbar nach Beginn der „Mittagslage“ um 12.30 Uhr setzte Stauffenberg mit Hilfe einer eigens für ihn konstruierten Flachzange in einem der Gästequartiere den Zeitzünder des Sprengkörpers in Gang. Die Laufzeit betrug etwa 10 Minuten. Stauffenberg deponierte die Aktentasche mit der Bombe an der Innenseite des rechten Tischsockels und verließ unter einem Vorwand den Raum, während General Heusinger über die Lage im Osten referierte. Ein Teilnehmer stellte die störende Tasche auf die Außenseite des Sockels. Als gleich danach die

Anfangs ein Anhänger Hitlers und des Nationalsozialismus, kam Claus Graf Schenk von Stauffenberg zu der Erkenntnis: „Wir haben uns vor Gott und unserem Gewissen geprüft, es muss geschehen, denn dieser Mann ist das Böse an sich.“

Die Voraussetzung für eine erfolgreiche Invasion Nordfrankreichs war die absolute Luftüberlegenheit. Monatelang wurde das Hinterland systematisch bombardiert („Liberators“ der US Air Force). Allein am Invasionstag flog die alliierte Luftwaffe 10.743 Einsätze.

Bombe detonierte, ging der Hauptdruck zu jener, von Hitler abgelegenen Außenseite: Von den 8 Schwerverletzten (4 starben) befanden sich sieben dort. Hitler erlitt nur leichte Verletzungen, die Baracke war weitgehend zerstört.

Stauffenberg hörte den Donnerschlag in der Nähe des Tatortes und hielt Hitler für tot. Mit List und Glück gelangte er durch die drei sofort geschlossenen Sperrkreise, fuhr nach Rastenburg und flog kurz nach 13 Uhr zurück nach Berlin, um dort die Leitung des Staatsstreichs zu übernehmen. War diese Doppelaufgabe, bei zweieinhalb Stunden Flugdauer, schon an sich bedenklich, so verstrich diese kostbare Zeit obendrein ungenutzt: Die Verschwörer in der Bendlerstraße um Olbricht lösten das Codewort „Walküre“ nicht aus, weil die erwartete Erfolgsnachricht von verbündeter Seite im Führerhauptquartier (General Fellgiebel) ausblieb. Erst Stauffenberg, zurück aus Ostpreußen, veranlasste „Walküre“, wobei er sich von der gerade empfangenen Mitteilung Fromms, dass das Attentat mißlungen sei, nicht beirren ließ; Generalfeldmarschall Keitel lüge „wie immer“. Fromm, der unter den unklaren Umständen das Stichwort „Walküre“ auszugeben verweigerte, wurde mit der Tatsache konfrontiert, dass dies bereits geschehen sei. Als er die Tatbeteiligten festnehmen wollte, wurde er selber inhaftiert. Die Widerstandsbewegung gab der Auslösung des legalen Stichworts inhaltliche Begründungen bei, die lange vorbereitet waren: Hitler sei tot, „eine gewissenlose Clique frontfremder Parteiführer“ habe die Macht übernehmen wollen. Daher habe die Regierung dem Unterzeichnenden – Generalfeldmarschall von Witzleben, der 1942 von Hitler entlassen worden war – die Wehrmacht und die vollziehende Gewalt im Staat unterstellt. Als die sich häufenden „Walküre“-Befehle infolge dringlicher Rückfragen der Empfänger im Führerhauptquartier bekannt wurden, ergingen von dort Gegenbefehle, so dass stundenlang eine Schlacht der Fernschreiber tobte. Das Regime siegte vor allem durch Hitlers Überleben, welches den Absprung in die Illoyalität äußerst erschwerte.

Im äußerlichen Ablauf waren darüber hinaus zwei Umstände maßgeblich: Der zentrale Rundfunksender wurde nicht rechtzeitig besetzt und konnte die Nachricht vom Misslingen des Attentats verbreiten; Goebbels ließ den bei ihm erschienenen Kommandeur des Wachbataillons, Major Remer, mit Hitler verbinden, der Remer befahl, den Putsch niederzuschlagen.

Im Lauf des späten Abends kehrten sich die Kräfteverhältnisse in Berlin um. Fromm wurde befreit und ließ Stauffenberg, Olbricht, dessen Stabschef Merz von Quirnheim sowie Stauffenbergs Adjutanten von Haeften erschießen, wohl um sich der Zeugen seiner Mitwisserschaft zu entledigen. (Dennoch wurde Fromm verhaftet, verurteilt und hingerichtet.) Beck schied an Ort und Stelle freiwillig aus dem Leben (er war als neues Staatsoberhaupt vorgesehen gewesen). Tresckow tat in Rußland das gleiche. In Paris, dem einzigen Ort, wo der Umsturz wirklich gelungen und die gesamte Gestapo im Gefängnis gelandet war, musste der Militärbefehlshaber General Karl-Heinrich von Stülpnagel den errungenen Sieg resignierend wieder aus der Hand geben. Noch in der Nacht sprach Hitler über alle Sender und verkündete: „Diesmal wird nun so abgerechnet, wie wir das als Nationalsozialisten gewohnt sind.“ Die verbreitete Empörung im Volk über das Attentat gegen Hitler, dessen Magie auch im fünften Kriegsjahr nicht erloschen war, wurde vom Volksgerichtshof unter seinem Präsidenten Freisler zu einem enthemmten Rachefeldzug, zugleich in würdelosen Formen äußerer Erniedrigung, genutzt. Unter den führenden Militärs im Widerstand fielen die meisten den ver-

Unter Vorsitz von Gerichtspräsident Roland Freisler (vor der Hitlerbüste) machte ein „Volksgerichtshof“ kurzen Prozess mit den Verschwörern. In einem hastig und brutal geführten Verfahren ergingen zahlreiche Todesurteile.

Nach dem Attentat (von links): Mussolini, Bormann, Dönitz, Hitler, Göring, SS-Gruppenführer Fegelein und Generaloberst Loerzer.

bissenen Verfolgungen des Regimes kurz vor dessen eigenem Untergang zum Opfer, darunter die Marschälle Rommel und von Witzleben, ferner Canaris, Fellgiebel, von Hase, Oster, von Stülpnagel und zahlreiche weitere Offiziere. Die Tragik des deutschen Widerstands, militärisch und zivil, lag in seiner doppelten Vergeblichkeit. Selbst ein gelungener Umsturz am 20. Juli hätte nichts mehr an den furchtbaren Verbrechen, die inzwischen geschehen waren, geändert und die wankenden Fronten nicht stärker machen können, als sie waren. Dem Patriotismus der Widerständler wäre also, wenn nicht durch Hitler, dann durch die alliierte Kriegszielpolitik Bitternis widerfahren. Die Größe liegt im Dennoch des Umsturzversuches aus grundsätzlichen sittlichen Erwägungen. Dass eine Elite selbstloser Charaktere versucht hat, auf dem Tiefpunkt unserer Geschichte moralische Grundnormen wiederherzustellen, wurde zur unentbehrlichen geistigen Vorbedingung für den demokratischen Wiederaufbau nach 1945.

Oradour-sur-Glane

Das bis dahin vom Krieg kaum berührte Oradour-sur-Glane, 22 km nordwestlich Limoges im Limousin (Frankreich) gelegen, wurde am 10.6.44 gegen 14 Uhr von der 3. Kompanie des I. Bataillons des Regiments „Der Führer“ der 2. SS-Panzerdivision „Das Reich“ besetzt, die schon kurz zuvor mit dem Massaker von Tulle Furcht und Schrecken verbreitet hatte. Die Einwohner von Oradour-sur-Glane wurden angeblich zur Feststellung der Personalien zusammengetrieben, die Männer von den Frauen und Kindern getrennt.

Während einige SS-Leute die Männer in Scheunen und Häusern erschossen, schlossen andere die etwa 500 Frauen und Kinder in der Kirche ein, zündeten das Gebäude an und feuerten auf jeden, der zu fliehen versuchte. Anschließend zogen die Soldaten plündernd durch Oradour-sur-Glane, legten an allen Häusern Feuer und verließen den Ort gegen Abend. 642 Menschen, von denen sich nur noch 52 identifizieren ließen, waren ihnen zum Opfer gefallen, nur 36 hatten entkommen können. Offiziell wurde das Massaker von deutscher Seite als Präventivmaßnahme gegen angebliche Waffenlager der Résistance und als Repressalie für heimtückische Partisanenangriffe auf die an die Invasionsfront marschierende Division ausgegeben. Hitler verhinderte eine gerichtliche Verfolgung, die auch durch den schnellen alliierten Vormarsch und den Untergang der 3. Kompanie in der Normandie zunächst unmöglich war. Auch nach dem Krieg wurden nur einige der Verantwortlichen gefunden und abgeurteilt: Der Chef des Verbindungsstabs in Limoges, General von Borodowsky, wurde von der französischen 1. Armee festgenommen und bei einem Fluchtversuch erschossen; die Briten verweigerten die Auslieferung des Divisionskommandeurs, SS-General Lammerding. 21 ehemalige Angehörige der SS-Einheit mussten sich schließlich 1953 vor einem Militärtribunal in Bordeaux nach einer eigens erlassenen Lex Oradour-sur-Glane, die bereits die Zugehörigkeit zu einer an Kriegsverbrechen beteiligten Einheit unter Strafe stellte, verantworten. Es handelte sich um 7 deutsche Soldaten und 14 Elsässer, die das Gericht vor erhebliche Probleme stellten, da nur 2 der elsässischen Angeklagten freiwillig zur Waffen-SS gegangen waren. 2 Todesurteile, 18 Haftstrafen und 1 Freispruch waren schließlich ein Kompromiss, mit dem niemand zufrieden war. Der Bürgermeister von Oradour-sur-Glane schickte empört über die Milde das Kreuz der Ehrenlegion zurück, die französische Nationalversammlung verkündete umgehend eine Amnestie für die französischen (elsässischen) Verurteilten. Ein letztes Nachspiel gab es 1983 in Ost-Berlin, wo ein Zugführer der 3. Kompanie, Heinz Barth, zu lebenslanger Haft verurteilt wurde. Die Ruinen von Oradour-sur-Glane blieben nach dem Krieg als Mahnmal stehen, der Ort wurde in der Nähe neu aufgebaut.

Der Hinrichtungsraum in der Strafanstalt Plötzensee, in dem 89 Opfer des 20. Juli gehenkt wurden, heute eine Gedenkstätte des Widerstandes. Während des Zweiten Weltkrieges wurden sie noch weitgehend von den Alliierten ignoriert, aber bereits 1946 würdigte Churchill die Männer des deutschen Widerstandes:„In Deutschland lebte eine Opposition, die durch ihre Opfer und eine entnervende internationale Politik immer schwächer wurde, aber zu dem edelsten und größten gehört, was in der politischen Geschichte aller Völker je hervorgebracht wurde. Diese Männer kämpften ohne jede Hilfe von innen und außen, einzig getrieben von der Unruhe des Gewissens. Solange sie lebten, waren sie für uns unsichtbar und unerkennbar, weil sie sich tarnen mussten. Aber an den Toten ist der Widerstand sichtbar geworden.“ So unterschiedlich die Motive der einzelnen Widerstandskämpfer auch gewesen sein mögen, sie alle hätten sich zu den Worten bekannt, mit denen Hans Scholl und Graf Stauffenberg in den Tod gingen. Scholl rief: „Es lebe die Freiheit!“ Und Stauffenberg: „Es lebe Deutschland!“

Arnheim

Arnheim und Umgebung waren im September 44 Schauplatz eines britischen Luftlandeunternehmens im Rahmen der Operation „Market Garden", die Montgomerys 2. Armee über Südholland den Weg ins Ruhrgebiet öffnen sollte.
Allen voran wurde hier am 17./18.9. auf dem rechten Rheinufer die britische 1. Luftlandedivision (Urquart) abgesetzt. Wichtigstes Angriffsziel war die Brücke von Arnheim, die wegen starker Flaksicherung nicht im Handstreich aus der Luft zu nehmen war, sodass der Absprung westlich der Stadt erfolgte. Schon am Rand ihrer Landezone gerieten die Briten in heftiges Abwehrfeuer und erst gegen Abend erreichte das 2. Bataillon die strategisch wichtige Straßenbrücke im Stadtinneren. Es stieß hier auf unerwarteten Widerstand und wurde in mehrtägigen Kämpfen aufgerieben. Das Gros der Division sah sich inzwischen im Landekopf bei Oosterbeek von überlegenen deutschen Kräften bedrängt. Der alliierten Aufklärung war entgangen, dass sich das 11. SS-Panzerkorps (Bittrich) mit 2 Divisionen zur Auffrischung im Raum Arnheim versammelt hatte. Schlechtes Wetter verzögerte den Einflug von Verstärkungen und Nachschub für die eingeschlossenen Engländer, die verzweifelt, aber vergeblich auf die Ankunft der Panzerspitzen des XXX. Korps (Horrocks) am südlichen Flussufer hofften. Die 1. polnische Luftlandebrigade (Sosabowski) sprang am 21.9. bei Driel auf der linken Rheinseite ab, vermochte aber den Fehlschlag nicht mehr abzuwenden. In der Nacht vom 25./26.9. befahl Urquart den Überresten seiner dezimierten Division den Ausbruch. Unter Zurücklassung der Verwundeten entkamen nur 2398 von 10.095 Luftlandesoldaten zurück über den Rhein (deutsche Verluste 3300 Mann).
Der Name Arnheim steht für das größte angloamerikanische Luftlandeunternehmen des Krieges mit insgesamt 35.000 Mann sowie 1500 Transportmaschinen und Lastenseglern zur Eroberung von 5 strategisch bedeutenden Brücken über Maas, Waal und Rhein. Arnheim enthüllte zugleich schwerwiegende Mängel in der westalliierten Zusammenarbeit.

Britische Soldaten gehen in Gefangenschaft. Ihre Einheit, die die Brücke von Arnheim besetzen sollte, wurde eingeschlossen. Nur 2400 Soldaten gelang der Ausbruch. 7000 blieben als Gefangene, Verwundete oder Gefallene zurück.

Erwin Rommel

* 15. November 1891
Heidenheim (Brenz)
† 14. Oktober 1944 in der Nähe von Herrlingen bei Ulm

1910 Eintritt ins Heer, im 1. Weltkrieg bei der Infanterie, ausgezeichnet mit dem Pour le Mérite, Reichswehrkarriere (u.a. 1929-33 Taktiklehrer an der Infanterieschule Dresden), 1935 Verbindungsoffizier zur Reichsjugendführung, 1938/39 Kommandant des Führerhauptquartiers, 1.8.39 Generalmajor. Rommel erhielt am 5. 2. 1940 das Kommando über die 7. Panzerdivision, die sich im Frankreichfeldzug den Beinamen „Gespensterdivision" erwarb. Am 1.1.1941 zum Generalleutnant befördert, wurde Rommel am 14. 2. 1941 Kommandierender General des Deutschen Afrikakorps, das dem in Libyen bedrängten italienischen Verbündeten zu Hilfe kam. Als „General in der Sonne" brachte der wegen seiner listenreichen Kampfführung auch „Wüstenfuchs" genannte Rommel, der am 1.7.41 General der Panzertruppen und am 30. 1. 1942 Generaloberst wurde, die britische 8. Armee an den Rand einer Niederlage. Am 21. 6. 1942 fiel ihm Tobruk in die Hände, und am 30. 6. 1942 stand er mit seiner Panzerarmee Afrika bei El Alamein, nur 80 km westlich Alexandria. Wegen der versäumten Wegnahme Maltas wuchsen jedoch die Nachschubprobleme, sodass Rommel Anfang November 42 vor den angreifenden Briten unter Montgomery den Rückzug antreten musste, zumal er nun durch die alliierte Landung „Torch" in Marokko und Algerien (8. 11. 1942) auch im Rücken bedroht war.
Vergeblich forderte er in den folgenden Wochen die noch mögliche Rettung der deutsch-italienischen Heeresgruppe Afrika. Hitler berief ihn am 9.3.43, kurz vor der endgültigen Niederlage in Tunesien (13.5.), zurück und beauftragte ihn als Oberbefehlshaber der Heeresgruppe B mit der Organisation der Verteidigung Italiens und am 1.12.43 mit den Vorbereitungen zur Abwehr der in Nordfrankreich erwarteten alliierten Invasion. Seine Maßnahmen griffen jedoch kaum, zumal es immer wieder zu Reibungen mit dem Oberbefehlshaber West v. Rundstedt kam und Rommel ohnehin keine Aussichten für einen Sieg in der kommenden Invasionsschlacht sah. Am 15.7.44 beschwor er Hitler brieflich, den sinnlosen Kampf zu beenden, wurde 2 Tage später schwer verwundet und nach Genesung wegen Verbindung zum Militärischen Widerstand, der ihn nach einem geglückten Umsturz zum Oberbefehlshaber des Heeres gewinnen wollte, zum Selbstmord gezwungen. Zur Bemäntelung ordnete Hitler für den wohl populärsten deutschen Heerführer des Krieges ein Staatsbegräbnis an.

Während den Amerikanern am 20. September 1944 die Eroberung der Rhein-Brücke bei Nimwegen gelang (Bild: Nachschub rollt über den Fluss nach Osten), scheiterte bei Arnheim die 1. britische Luftlande-Division.

Verstärkter Arbeitseinsatz

Das vertraulich-persönliche Schreiben des Chefs des Rüstungslieferungsamtes Dr. Schieber vom 7. Mai 1944 an Reichsminister Speer zeigt zum einen die Spannungen zwischen Industrie und SS und zum anderen auch die Bedeutung der KZ-Häftlinge bei der Mobilisierung des knappen Arbeitsreservoirs.

Die immer schwieriger werdende Arbeitseinsatzlage erfährt in diesen Wochen eine unerträgliche Belastung durch Abzug besteingearbeiteter Kräfte aus Fertigungszweigen, deren Produktionsergebnisse der allgemeinen Rüstung zukommen.

Durch eine Vereinbarung zwischen dem Herrn Reichsminister der Justiz und dem Generalbevollmächtigten für den Arbeitseinsatz ... war die Weiterbeschäftigung der für die Rüstung eingesetzten Häftlinge mit mehrjährigen Strafen nach ihrer Haftentlassung durch Dienstverpflichtung in den bisherigen Betrieben befriedigend geregelt. Gegen diese Regelung wird wohl auf Grund einer früheren Vereinbarung zwischen dem Reichsführer SS und Minister Thierack immer mehr verfahren, indem die ihre Strafe abgebüßten Gefangenen zur Arbeitsleistung in die SS-Betriebe überführt werden. Insbesondere die sogenannten asozialen, aber auch andere Gattungen von Strafgefangenen, die nach jahrelangem Einsatz in der Rüstungswirtschaft zu Facharbeitern und angelernten Kräften herangebildet worden sind, gehen damit den Betrieben der Rüstungswirtschaft verloren. Ihr Abzug bedeutet bei dem ständig wachsenden Arbeitermangel eine empfindliche Störung und beeinträchtigt die Fertigung von wichtigstem Kriegsgerät.

In diesem Zusammenhang bin ich verpflichtet, Ihnen – wie schon in Meran erwähnt – einmal zusammengefaßt über eine noch größere Arbeitsstörung in unseren Betrieben und eine sehr ernste Gefährdung der Produktion zu berichten.

Von dem hohen Prozentsatz ausländischer, insbesondere russischer Arbeiter in unseren Rüstungsbetrieben geht allmählich ein nicht mehr zu vernachlässigender Anteil in die Wirtschaftsbetriebe der SS über und damit uns verloren. Sie wissen, dass wir – mit den russischen Arbeitskräften, insbesondere mit den Frauen – bei vernünftiger Behandlung zufrieden sind. Viele von ihnen, die aus verständlichen Gründen einer starken Fluktuation zuneigen, werden jetzt von den Polizeiorganen bei irgendwelchen Verstößen den SS-Betrieben zugewiesen und kehren zur alten Arbeitsstätte nicht mehr zurück. Dieser Entzug wird verursacht durch die immer weitere Ausdehnung des großen Wirtschaftskonzerns der SS, die insbesondere von Obergruppenführer Pohl konsequent weiterverfolgt wird. Nach den vielen Betrieben ziviler Fertigung kommen jetzt immer mehr bekannte und auch geheimgehaltene Waffenfertigungs- und allgemeine Rüstungsbetriebe dazu.

Im Anschluß an die technischen und wirtschaftlichen Erfolge in den großen Holzverarbeitungsbetrieben in Dachau, hat sich der Reichsführer SS entschlossen, in großem Umfang in die Wirtschaftsführung selbst sich einzugliedern und Werke in immer größerer Zahl als finanzielle Grundlage für die verschiedensten Aufgaben der SS aufzubauen. Dabei spielt auch die ausgeprägte Stellungnahme der SS gegen den Gedanken der Selbstverantwortung der Wirtschaft eine nicht unwesentliche Rolle. Durch das nahezu unbeschränkte Verfügen über Arbeitskräfte – auch bester Fachausbildung –im Anschluß an die KZ-Lager, wird diese Expansion wesentlich erleichtert. Ihr früheres Zögern bzw. Ihre Weigerung, von der Waffenproduktion einen bestimmten Anteil der SS direkt zur Verfügung zu stellen, beschleunigte diese Entwicklung. Ich erwähne hier als Beispiel nur die Umstellung der großen SS-Ziegelei Oranienburg, das Aufarbeitungswerk im Lager Oranienburg, der Eintritt der SS in die Elektrotechnik bei Getewend, die Pistolenfertigung in Karlsruhe, die Waffenfabrikation in Buchenwald, Mauthausen und Neuengamme, der bis jetzt abgewehrte Versuch der Produktion chemischer Produkte, die Kraftfahrzeugherstellung im Protektorat u. a. m.

Durch Ihre Vereinbarung mit dem Reichsführer im vergangenen Herbst und Winter, für die Bereitstellung von Arbeitskräften aus den SS-Lagern der Waffen-SS und Polizei, je nach den geleisteten Arbeitsstunden einen gewissen Anteil der Rüstungs- und Waffenproduktion direkt zur Verfügung zu stellen, war die obige Entwicklung glücklicherweise gehemmt und beinahe unterbrochen worden. Wir hatten dafür

Albert Speer.

Aufbahrung der Leiche vor dem von Hitler für Rommel angeordneten Staatsbegräbnis am 18. Oktober 1944 in Ulm.

Walter Model bei Adolf Hitler im Führerhauptquartier. Im Hintergrund Generalfeldmarschall Wilhelm Keitel.

allerdings den Aufbau der viele Reibungen verursachenden KZ-Abteilungen in unseren Rüstungsbetrieben auf uns zu nehmen. Aber der sachliche und menschliche Erfolg wiegt die Nachteile, die im wesentlichen in der Eifersucht der unteren SS-Führungsorgane liegt, bei weitem auf. Durch die jetzige Tendenz bei der SS wird der erreichte Anfangserfolg nicht nur zunichte, sondern darüber hinaus eine große Zahl ausländischer Arbeitskräfte uns entzogen, weil mit allen Mitteln die Zahl der KZ-Lagerinsassen vermehrt werden soll, und zwar indem bei triftigen oder unwichtigen Verfehlungen der Ausländer diese von den Ausländerlagern in die KZ-Lager überführt werden. Dazu kommt weiter die Forderung der SS auf Abgabe der vielen jüdischen, insbesondere weiblichen Arbeitskräfte, die in der Zulieferungsindustrie und hier in der Elektrotechnik – wie ich behaupte – gerne und mit besonderem Fleiß arbeiten. Bei der Verpflegung, wie sie von unseren Betriebsführern für die bei ihnen tätigen Lagerarbeitskräfte trotz aller Erschwerungen immer wieder beigeschafft wird, und bei der allgemeinen anständigen und menschlichen Behandlung, auch der ausländischen und der KZ-Arbeitskräfte, arbeiten sowohl die Jüdinnen wie die KZ'ler gut und tun alles, um nicht wieder ins KZ zurückgeschickt zu werden.

Diese Tatsachen fordern eigentlich, dass wir noch mehr KZ-Insassen in die Rüstungswirtschaft überführen. Aber wenn es Ihnen nicht gelingt, die Durchführung der früheren Vereinbarung vom Reichsführer noch einmal ausdrücklich zugesagt zu bekommen, wird dieser für uns wertvolle Arbeiterstand an die unkontrollierten SS-Betriebe nahezu verloren gehen. Insbesondere die Beauftragten von Obergruppenführer Pohl und Gruppenführer Kammler müßten angewiesen werden, ihre jetzige Einstellung und die angewandten Methoden aufzugeben. Als Beispiel führe ich an, dass ich bei der außerordentlichen Notlage der elektrischen Röhrenfertigung vom Reichsführer SS die Zusage erhalten habe, in der einwandfrei mit Lüftung, Heizung, Tageslicht und großer Gemeinschaftsküche ausgerüsteten Felsenanlage in Dresden 200-300 Jüdinnen beschäftigen zu können. Trotzdem sind mir diese Leute gemäß Anweisung von Pohl – angeblich auf Antrag von Gauleiter Sauckel und Mutschmann – abgezogen und einem SS-KZ-Betrieb zugewiesen worden. Ähnliches muss ich bei anderen Fertigungen feststellen, so dass die Zahl der in der Rüstung beschäftigten KZ-Insassen nicht zu-, sondern abnimmt. Wir haben in der Zulieferungsindustrie von der früher einmal Ihnen zugesagten Zahl von 100.000 Arbeitskräften noch nicht 14.000 erhalten. Wieviel vom Technischen und Rohstoff-Amt beschäftigt werden, weiß ich nicht genau. Aber die monatlich von KZ'lern für unsere Rüstungsindustrie geleisteten Arbeitsstunden erreichen noch nicht die Zahl von acht Millionen Stunden, so dass sicher nicht mehr als etwa 32.000 Männer und Frauen aus KZ-Lagern in unseren Rüstungsbetrieben beschäftigt sind. Diese Zahl geht laufend zurück!

Lieber Herr Speer, ich weiß wie wenig Sie lange Schreiben und interne Ausarbeitungen schätzen. Die Arbeitseinsatzlage bei der Rüstungsindustrie, die Besonderheit der dargelegten Probleme und die ablehnende Stellungnahme und Haltung unseres Partners zwingen mich aber dazu, Ihnen die Lage ausführlich zu schildern und um Ihr Eingreifen zu bitten.

Mansteins Entlassung

Als Generalfeldmarschall von Manstein nach vorherigen ernsten Kontroversen mit Hitler am 30. März

Häftlinge des KZ Dora bei der „V2"-Produktion. Etwa 20.000 Zwangsarbeiter haben diese „Fabrik des Todes" nicht überlebt.

1944 entlassen wurde, machte er sich darauf folgende Notiz.
Abends beim Führer. Nach Verleihung der Schwerter erklärte er mir, er habe sich entschlossen, die Heeresgruppe anderweitig (mit Model) zu besetzen.
Im Osten sei die Zeit der Operationen größeren Stiles, für die ich besonders geeignet gewesen sei, abgeschlossen. Es komme jetzt hier nur noch auf starres Festhalten an. Diese neue Art der Führung müsse mit einem neuen Namen und einer neuen Parole eingeleitet werden. Daher der Wechsel in der Führung der H.Gr., deren Namen er auch zu ändern beabsichtige.
Er wolle ausdrücklich betonen, dass keinesfalls wie früher in den Fällen anderer Feldmarschälle (deren Namen er nannte) eine Vertrauenskrise zwischen uns bestehe. Er habe nach wie vor vollstes Vertrauen zu mir. Er habe nie etwas an der Führung der H.Gr. zu beanstanden gehabt, sei vielmehr vollkommen mit derselben einverstanden gewesen.
Er sei sich aber auch klar, dass dem Ob.Kdo.d.H.Gr. 1/2 Jahre lang eine übergroße Last der Verantwortung auferlegt gewesen sei und deshalb eine Ausspannung erwünscht erscheine. Er wisse, dass ich einer seiner befähigsten Führer sei, weshalb er mich auch in Kürze wieder verwenden wolle. Zur Zeit lägen aber im Osten Aufgaben für mich nicht mehr vor. Für das, was jetzt dort zu tun sei, schien ihm Model, der bei H.Gr. Nord einen schwierigen Rückzug zum Stehen gebracht habe, besonders geeignet.
Unter nochmaliger Versicherung, dass zwischen uns keinerlei Vertrauenskrise bestehe, erklärte der Führer mir noch, dass er es mir nie vergessen werde, dass ich vor dem Westfeldzug der einzige gewesen sei, der ihm gesagt habe, dass man durch einen Durchbruch bei Sedan nicht nur eine Schlacht schlagen, sondern die Gesamtentscheidung im Westen herbeiführen könne und müsse.
Ich erwiderte dem Führer, dass ich selbstverständlich nichts dagegen sagen könne, wenn er glaube, in der derzeitigen Lage mit einem anderen Oberbefehlshaber besser arbeiten zu können, und deshalb einen Wechsel vornehmen wolle. Ich glaube auch, den Befehl an Model ohne allzu großen Schaden für die Sache jetzt abgeben zu können, da die Entscheidungen über das Freischlagen der 1. Pz.-Armee ja gefallen seien. Einmal durch seinen (Hitlers) Entschluß, das SS-Pz.-Korps vom Westen heranzuführen und zweitens durch meinen Befehl, dass die Armee sich nördlich des Dnjestr nach Westen durchzuschlagen habe. Damit sei das, was die H.Gr. im großen zur Zeit zu tun habe, abgeschlossen. Es werde nun nur noch für sie darauf ankommen, der Truppe zu helfen und sie moralisch zu stützen. Das werde Model auch können.
Der Führer stimmte lebhaft zu, dass Model hierfür besonders geeignet sein werde. Er werde bei allen Divisionen „herumflitzen" und das Letzte aus der Truppe herausholen.
Worauf ich erwiderte, dass die Divisionen der H.Gr. schon seit langem unter meiner Führung das Letzte hergegeben hätten und ein anderer aus ihnen auch nicht mehr herausholen könne.
Was man auch immer im einzelnen von dem halten mochte, was Hitler mir bei dieser letzten Begegnung, die wir haben sollten, sagte, so hatte er jedenfalls eine anständige Form gewählt, in der er diese Trennung vornahm.

Was die Hungerblockade im Ersten Weltkrieg bewirkte, war dem strategischen Bombenkrieg im Zweiten Weltkrieg nicht zugedacht. Churchill: „Die Hungerblockade ist heute unwirksam geworden, aber es gibt etwas, das den Gegner ebenso niederzuwerfen vermag: Das ist ein alles vernichtender und alles ausrottender Luftkrieg mit ganz schweren Bombern von England aus gegen das Nazi-Heimatland. Wir müssen den Feind mit diesem Mittel überwältigen, sonst sehe ich keinen Ausweg." Doch dieser Ausweg führte nicht zum Erfolg. „So wie wir kämpfen, arbeite Du für den Sieg!" Auch dem Bombenkrieg gelang es nicht, Front und Heimat, Volk und Führung auseinanderzudividieren.

„Big Week"

„Big Week", (englisch: Große Woche), war eine Serie alliierter Luftangriffe gegen Betriebe der deutschen Rüstungsindustrie vom 20.2. bis 26.2.44. Die Offensive richtete sich gegen 12 Hauptziele, darunter die Kugellagerfabriken in Schweinfurt sowie Produktions- und Montagebetriebe für Jagdflugzeuge.
Die Vorbereitungen liefen unter der Codebezeichnung „Argument" seit November 43. Bei Tage trug die Hauptlast die 8. US-Air Force in England und die 15. US-Air Force in Italien. Die RAF beteiligte sich mit Nachtangriffen u.a. gegen Stuttgart, Regensburg und Augsburg.
Bei klarem Winterhimmel eröffneten die Amerikaner mit 940 Bombern und 700 Begleitjägern ihre bis dahin größte strategische Tagesoperation gegen Ziele im Raum Braunschweig, Oschersleben und Leipzig. In den folgenden Tagen wurden die Angriffe weiter nach Osten bis Teltow und Posen vorgetragen. Einige Ziele wurden nach dem „Double-blow"-Verfahren bei Tag und bei Nacht angegriffen. Insgesamt flogen die beiden US-Luftflotten 3800 Bombereinsätze. Sie verloren dabei 226 viermotorige Bomber und 28 Jäger mit rund 2600 Mann.
Die deutsche Flugzeugproduktion sank von 2077 im Vormonat auf 1671 abgelieferte Maschinen, was nicht den hochgespannten Erwartungen der Alliierten entsprach. Die „Big Week" beschleunigte zudem die Dislozierung der deutschen Flugzeugfabrikation, sodass der Ausstoß von Jägern 1944 sogar den Höchststand erreichte.

1945

JANUAR

6.1. Im Deutschen Reich wird zum „Volksopfer" aufgerufen, um für die Ausrüstung des „Volkssturm" zu sammeln.
12.1. Südlich von Warschau beginnt die Winteroffensive der Roten Armee gegen die deutschen Truppen.
20.1. Ungarn schließt mit der Sowjetunion einen Waffenstillstand und tritt in den Krieg gegen das Deutsche Reich ein.
22.1. In Jerusalem stirbt die Schriftstellerin Else Lasker-Schüler.
23.1. Die Kriegsmarine beginnt die Evakuierung der deutschen Bevölkerung aus Ostpreußen auf dem Seeweg. Damit soll möglichst vielen Deutschen die Flucht vor der auf Berlin vorrückenden Roten Armee ermöglicht werden. Zwei bis drei Millionen Menschen gelangen auf diese Weise in den Westen.
25.1. Als erste von den Alliierten genehmigte Zeitung erscheinen die „Aachener Nachrichten".
26.1. US-Präsident Franklin D. Roosevelt fordert die Schweiz auf, ihre Nahrungs- und Wirtschaftslieferungen an Deutschland einzustellen.
27.1. Die Rote Armee befreit das Vernichtungslager Auschwitz, in dem noch 7.600 Häftlinge sind.
30.1. Die Versenkung des Passagierdampfers „Wilhelm Gustloff" in der Ostsee fordert den Tod von 9.000 Flüchtlingen.
Adolf Hitler ruft in einer Rundfunkansprache zum „Endsieg" auf und verweist auf den Einsatz von „Wunderwaffen".

FEBRUAR

2.2. Der Widerstandskämpfer Carl Friedrich Goerdeler wird in Berlin-Plötzensee auf Befehl Hitlers hingerichtet.
4.-11.2. Der sowjetische Partei- und Regierungschef Josef W. Stalin, der britische Premierminister Winston Churchill und US-Präsident Roosevelt treffen sich auf der Konferenz von Jalta, auf der Frankreich als gleichberechtigte Besatzungsmacht anerkannt wird.
10.2. Die deutsche Besatzung in Budapest kapituliert vor der Roten Armee.
12.2. Die Nationalsozialistische Deutsche Arbeiterpartei (NSDAP) ruft Frauen und Mädchen zum Hilfsarbeitsdienst beim „Volkssturm" auf.
13./14.2. Britische und amerikanische Flächenbombardements zerstören Dresden fast völlig.
15.2. Um die Kampfmoral aufrechtzuerhalten, verordnet Reichsjustizminister Otto Georg Thierack für alle frontnahen Orte die Standgerichtsbarkeit.
26.2. Himmler ordnet die Einführung von Sonderstandgerichten an, um die Auflösungserscheinungen in vielen Wehrmachtseinheiten zu unterbinden.

MÄRZ

5.3. Die Wehrmacht beruft alle Jungen des Jahrgangs 1929 zum Kriegsdienst ein. Nach kurzer Grundausbildung werden sie an die Front geschickt.
7.3. Durch ihren schnellen Vormarsch können amerikanische Einheiten bei Remagen eine unzerstörte Eisenbahnbrücke über den Rhein besetzen.
Köln wird von den Alliierten besetzt.
18.3. Der Reichsminister für Rüstung und Kriegsproduktion, Albert Speer, warnt vor dem baldigen Zusammenbruch der deutschen Wirtschaft.
19.3. Mit dem „Verbrannte-Erde-Befehl" ordnet Hitler nun auch für die Westfront die Zerstörung aller Industrie- und Versorgungseinrichtungen beim Rückzug an, um nur „verbrannte Erde" zurückzulassen.
31.3. Als Oberbefehlshaber stoppt General Dwight D. Eisenhower den Vormarsch der alliierten Truppen in Richtung Berlin, um die Eroberung Berlins der Roten Armee zu überlassen. Der britische Ministerpräsident Churchill kritisiert diese Entscheidung. Er sieht in der Eroberung Berlins ein Faustpfand für die Nachkriegszeit.

APRIL

3.4. Himmler befiehlt die Erschießung aller männlichen Bewohner in Häusern, an denen weiße Kapitulationsflaggen gezeigt werden.
9.4. Im KZ Flossenbürg (Oberpfalz) werden die inhaftierten Dietrich Bonhoeffer und Wilhelm Canaris hingerichtet.
11.4. Amerikanische Einheiten befreien das KZ Buchenwald. Einheiten der Schutzstaffel (SS) versuchten kurz zuvor noch, die jüdischen Häftlinge nach Flossenbürg zu deportieren.
12.4. US-Präsident Roosevelt stirbt in Warm Springs (Georgia/USA) an einer Gehirnblutung. Als sein Nachfolger wird am gleichen Tag Harry S. Truman vereidigt.
15.4. 50.000 Häftlinge aus den KZ Ravensbrück und Sachsenhausen werden von der SS zu einem Todesmarsch nach Westen gezwungen.
16.4. Sowjetischen Einheiten gelingt der Durchbruch durch die deutsche Verteidigungslinie an der Oder.
17.4. Die letzten Wehrmachtstruppen im eingekesselten Ruhrgebiet ergeben sich. Insgesamt gehen dort 320.000 Soldaten in Kriegsgefangenschaft.
22.4. In Moritzburg (Sachsen) stirbt die Bildhauerin und Graphikerin Käthe Kollwitz.
Die Rote Armee dringt in das Stadtgebiet von Berlin ein.
23.4. Hitler entlässt Reichsmarschall Hermann Göring aus allen Staats- und Parteiämtern. Göring wollte als Vertreter des Deutschen Reichs Verhandlungen mit den Westalliierten über eine Verständigung führen.
24.4. Das NS-Parteiorgan „Völkischer Beobachter" stellt sein Erscheinen ein.
25.4. Bei Torgau an der Elbe treffen sich erstmals sowjetische und amerikanische Einheiten in Deutschland.
26.4. Die Direktive JCS 1067 des amerikanischen Generalstabs an Eisenhower weist die amerikanischen Truppen an, Deutschland als besetztes Land zu betrachten. Jegliche Fraternisierung wird untersagt.
28.4. Nach seiner Gefangennahme durch die Partisanen wird Mussolini in Giuliano di Mezzegra am Comer See erschossen.
29.4. Hitler verfasst sein Testament und bestimmt Großadmiral Karl Dönitz zu seinem Nachfolger als Reichspräsident.
30.4. Hitler begeht in seinem Berliner Führerbunker Selbstmord. Auch Eva Braun, die er einen Tag zuvor heiratete, nimmt sich mit einer Giftkapsel das Leben.
Eine Exilgruppe der Kommunistischen Partei Deutschlands (KPD) unter Walter Ulbricht kommt nach Deutschland, um die politischen Ziele der KPD beim Neuaufbau durchzusetzen.

MAI

1.5. Im Führerbunker beauftragt Joseph Goebbels gemeinsam mit seiner Frau einen Arzt mit der Ermordung ihrer sechs Kinder, die dieser durchführt. Anschließend begehen er und seine Frau Marga Selbstmord.
Großadmiral Dönitz erklärt sich in einer Rundfunkansprache zum Reichspräsidenten und ruft zur Fortsetzung des Kriegs an der Ostfront auf.
2.5. Mit der Kapitulation der Wehrmachtstruppen enden die Kämpfe in Berlin.
6.5. In Hannover beginnt der ehemalige Reichstagsabgeordnete Kurt Schumacher mit der Wiedergründung von Ortsvereinen der SPD.
7.5. In Reims (Westfrankreich) unterzeichnen Generaloberst Alfred Jodl, Generaladmiral Hans-Georg von Friedeburg und General Wilhelm Oxenius die bedingungslose Kapitulation aller deutschen Streitkräfte. Die Kapitulation tritt am 9. Mai um 0 Uhr 01 in Kraft.
Die amerikanische Besatzung setzt Konrad Adenauer als Oberbürgermeister von Köln ein.
8./9.5. Wiederholung des Kapitulationsaktes durch den Chef des Oberkommandos der Wehrmacht, Generalfeldmarschall Wilhelm Keitel, im Beisein des sowjetischen Marschalls Georgi K. Schukow im sowjetischen Hauptquartier in Berlin-Karlshorst.

23.5. Britische Truppen verhaften Dönitz mit seiner „Geschäftsführenden Reichsregierung“ unter Graf Schwerin von Krosigk in Flensburg. Damit ist jede deutsche Zentralgewalt beendet.

JUNI

5.6. Mit der Berliner Deklaration „in Anbetracht der Niederlage“ übernehmen die Regierungen der vier Siegermächte die „Oberste Regierungsgewalt in Deutschland“. Sie teilen Deutschland entsprechend den Grenzen von 1937 in vier Besatzungszonen auf, Berlin unter einer Militärkommandantur in vier Sektoren.
9.6. Konstituierung der Sowjetischen Militäradministration in Deutschland (SMAD). Da die SMAD den politischen Kurs bestimmt und die deutsche Verwaltung kontrolliert, hat sie faktisch die Souveränität in der sowjetischen Besatzungszone (SBZ) inne.
11.6. Gründungsaufruf der Kommunistischen Partei Deutschlands (KPD) in Berlin.
15.6. Gründung der Sozialdemokratischen Partei Deutschlands (SPD) in Berlin. Gründung des „Freien Deutschen Gewerkschaftsbundes“ in der SBZ.
17.6. Gründung der rheinischen Christlich Demokratischen Union (CDU) in Köln.
26.6. Verabschiedung der Charta der Vereinten Nationen in San Francisco. Deutsche Vertriebene bleiben von der internationalen Flüchtlingsfürsorge ausgeschlossen.

JULI

1.7. Bildung der drei Berliner Westsektoren.
1.-4.7. Sowjetische Truppen besetzen die von den Amerikanern geräumten Gebiete in Sachsen und Thüringen sowie die von den Briten geräumte Küste Mecklenburgs.
4.7. Wiederherstellung Österreichs in den Grenzen von 1937 und Aufteilung in vier Zonen.
5.7. Gründung der Liberal Demokratischen Partei Deutschlands (LDPD) in Berlin.
9.7. Die SMAD verfügt die Bildung der Länder Thüringen, Sachsen, Brandenburg, Mecklenburg und Sachsen-Anhalt in der SBZ.
11.7. Beginn der Viermächte-Verwaltung Berlins.
17.7.-2.8. Potsdamer Konferenz der „Großen Drei“: Harry S. Truman, Winston S. Churchill bzw. ab 28. Juli Clement R. Attlee und Josef W. Stalin. Das sogenannte Potsdamer Abkommen regelt die künftige Politik der Alliierten für das Deutsche Reich.
28.7. Attlee löst Churchill nach dem Wahlsieg der Labour Party als englischer Premierminister auf der Potsdamer Konferenz ab.

AUGUST

6./9.8. Abwurf US-amerikanischer Atombomben auf Hiroshima und Nagasaki in Japan.
8.8. Abkommen der Vier Mächte in London über die Strafverfolgung der Hauptkriegsverbrecher und Einsetzung eines Internationalen Militärgerichtshofes in Nürnberg.
10./12.8. Wiederinbetriebnahme der ehemaligen Konzentrationslager Buchenwald und Sachsenhausen durch die SMAD.
26.8. Der österreichische Schriftsteller Franz Werfel stirbt im kalifornischen Exil.
27.8. Zulassung demokratischer Parteien in den amerikanischen Besatzungszonen.
30.8. Unterstellung des Saarlandes unter eine französische Kommission mit dem Ziel der Abtrennung von den übrigen Ländern der französischen Besatzungszone.

SEPTEMBER

2.9. Unterzeichnung der Kapitulation Japans; Ende des Zweiten Weltkriegs.
7.9. Wiedereröffnung des Deutschen Theaters in Berlin mit dem während der NS-Zeit verbotenen Drama „Nathan der Weise“ von Gotthold Ephraim Lessing.
22.9. Der Rundfunksender Nordwestdeutscher Rundfunk (NWDR) nimmt den Sendebetrieb auf.
25.9. Beginn der Demontage von Industriebetrieben in den westlichen Besatzungszonen.
27.9. Erstes Erscheinen des „Tagesspiegel“ in Berlin.

OKTOBER

1.10. Wiederaufnahme des Schulunterrichts in der SBZ.
2.10. Bildung einer Regierung für das Land Württemberg-Baden unter Ministerpräsident Reinhold Maier.
5.10. Lizenzierung der „Süddeutschen Zeitung“ in München.

Am 20. März 1945 wagte sich Hitler zu seinem letzten öffentlichen Auftritt aus dem Bunker seiner Berliner Reichskanzlei hervor, um „kampfbewährte Hitlerjungen“ mit dem Eisernen Kreuz auszuzeichnen. Auch die Verheizung der Hitlerjugend – sprich: von Kindern – im völlig sinnlosen Endkampf um Berlin, der Tausende das Leben kostete, zählt zu den Kriegsverbrechen Adolf Hitlers.

5.-7.10. Schumacher wird auf der überregionalen SPD-Konferenz in Wennigsen/Deister zum Treuhänder für die Partei der westlichen Besatzungszonen gewählt.
18.10. Veröffentlichung des Schuldbekenntnisses der Evangelischen Kirche in Deutschland. Das Deutsche Rote Kreuz richtet einen Suchdienst zur Auffindung vermisster Personen ein. 1,75 Millionen deutsche Kriegsgefangene sollen gemäß amerikanisch-französischen Abkommen aus amerikanischem Gewahrsam zur Arbeit nach Frankreich überführt werden.

NOVEMBER

11.-30.11. Die erste Ausstellung der neugegründeten Künstlergruppe „Der Ruf“ wird unter dem Titel „Der Ruf. Befreite Kunst“ in Dresden gezeigt.
17.11. Die Krupp-Werke werden der Kontrolle der britischen Militärregierung unterstellt.
20.11. Beginn der Nürnberger Prozesse gegen 24 Hauptkriegsverbrecher.
21.11. Gründung des RIAS (Radio im amerikanischen Sektor) in Berlin.
30.11. Der Alliierte Kontrollrat bestätigt das Vier-Mächte-Abkommen über die Schaffung von drei Luftkorridoren nach und von Berlin. Die Zugangsrechte zu Wasser und zu Lande werden lediglich mündlich vereinbart.

DEZEMBER

13.12. Die französische Besatzungsmacht lässt in ihrer Zone die Gründung von demokratischen Parteien zu.
14.-16.12. „Reichstagung“ der christlichen Parteien CDU und CDP in Bad Godesberg, sie einigen sich auf den gemeinsamen Parteinamen CDU (Christlich Demokratische Union).

AUSSERDEM

Johannes R. Becher: Ausgewählte Dichtungen aus der Zeit der Verbannung. (Gedichte)
Max Beckmann: Selbstbildnis vor der Staffelei (expressionistisches Gemälde)

Die tatsächlichen Greueltaten sowjetischer Soldaten machten es der deutschen Propaganda leicht, den Widerstand gegen die „roten Bestien" zu stimulieren.

„Unter den Ausschreitungen der einziehenden russischen Truppen hatten ganz besonders die Frauen zu leiden. Unter den zahlreichen Erlebnisberichten, die vom Einzug der Roten Armee handeln, gibt es kaum einen, der nicht von Vergewaltigungen deutscher Frauen und Mädchen zu berichten weiß, in vielen wird sogar in aller Offenheit von selbsterlittenen Vergewaltigungen erzählt. Es kann auch bei kritischster Prüfung dieser Berichte kein Zweifel sein, dass es sich bei den Vergewaltigungen deutscher Frauen und Mädchen durch russische Soldaten und Offiziere um ein Massenvergehen im wahren Sinne des Wortes handelt, keineswegs um bloße Einzelfälle" (Dokumentation der Vertreibung der Deutschen aus Ost-Mitteleuropa).

Für Mädchen und Frauen begann die furchtbarste Zeit

Der Ansturm der Roten Armee leitete für die Zivilbevölkerung die letzte und entsetzlichste Phase des Krieges ein. Der im folgenden auszugsweise wiedergegebene Erlebnisbericht lässt das unendliche Grauen nur erahnen.

Es mochte so gegen acht Uhr früh des tragischen 27. März gewesen sein. Wir begannen gerade, befreit aufzuatmen, als die ersten Panjewagen in unserer Straße hielten. Und ehe wir recht begriffen, gingen zehn, zwanzig, dreißig plündernde Russen durch Haus und Keller. Alle Einwohner flüchteten aus ihren Wohnungen wieder zurück in die Keller. Was sich nun unseren Augen auftat, lässt sich kaum beschreiben. Unzählige Horden von Russen zogen raubend, plündernd, singend durch die Keller, alle waren sie betrunken, sinnlos warfen sie Eingemachtes von den Regalen herunter, zerschnitten sie Betten, Wäsche, Kleider, zerschlugen sie Kisten, Koffer und Schränke. Was ihnen gefiel, schleppten sie auf ihre Wagen, alles andere wurde zertreten, zerrissen, verwüstet. Koffer, Taschen und Rücksäcke wurden uns aus den Händen gerissen; Uhren, Ringe und Schmuck hatte längst keiner mehr. Verzweifelt, hilflos, verloren sahen wir dem Werk der Zerstörung zu.

Und dann begann für die Mädchen und Frauen die furchtbarste Zeit. Ich war damals 19 Jahre alt. Als ich sah, wie unter Schreien und Weinen die Frauen in einen Keller gezerrt wurden, flüchtete ich auf den Hof. Hier wimmelte es von Russen, Pferden und Wagen. Die Garagen waren erbrochen, Fahrräder und Autos herausgeholt, jede Ecke, jeder Winkel wurde durchstöbert, alles wurde zerschlagen und zerbrochen oder weggeschleppt. Im Nu war ich umringt von diesen Horden, ich sah keinen Ausweg, es gab einfach nirgends ein Versteck für mich. Hilflos jagte ich hin und her, überall verfolgt. Und dann sah ich eine der Grauen Schwestern, die im Nachbarhaus eine kleine Kapelle und ein Altersheim hatten. Sie nahm mich mit, versah mich mit einem alten langen Mantel und versteckte mich bei den Alten aus dem Heim. Nur selten drangen in diesen Keller Russen ein, mit Lampen leuchteten sie die Alten an und gingen dann meist. Wir beteten hier laut und inbrünstig, stundenlang. Vielleicht würde ein Wunder geschehen, und wir würden befreit werden!

Als es Nacht geworden war, mussten wir den Keller verlassen und uns im Kellergang aufhalten. Meine Mutter hatte mich inzwischen dort gefunden. Sie hatte mich mit alten Decken und Kisten zugedeckt, und sich schützend vor mich gestellt. Es kam eine grausame Nacht. Stundenlang hörte ich aus dem Keller die Hilfeschreie der Frauen, Mädchen und Grauen Schwestern. Unentwegt schoben sich die Russen den Kellergang entlang, immer neue Opfer suchend. Meine Mutter wich nicht von mir, obgleich sie gestoßen und geschlagen wurde. Nur ihr habe ich zu verdanken, dass ich nicht gefunden wurde.

Gegen fünf Uhr früh wurde es endlich ruhiger. Die Russen waren schlafen gegangen, und ich wagte mich aus meinem Versteck. Die stickige Kellerluft trieb uns ins Freie. Ein unvergessliches Bild bot (sich) uns: Unser Haus war ein Feuermeer! Ergriffen, verstört, ja, verständnislos sahen wir in die Glut. Nur Augenblicke, dann begannen wir vor Kälte zu zittern trotz der ungeheuren Hitze, die uns entgegen strahlte. Wir gingen zurück in den Keller.

Später begann auch das Schwesternhaus zu brennen, die Russen vertrieben uns aus der kleinen Kapelle, in der wir auf unser Ende warten wollten. Im Nu waren wir ein endloser Menschenzug, der sich vorwärts wälzte, begleitet von Russen, die mit Schießen und Brüllen zur Eile antrieben. Alle Männer wurden aus dem Zug herausgesucht, sie wurden gesammelt und später in Lager gebracht. So waren wir nur noch Frauen, Kinder und Greise. Ich hatte weder einen Rucksack noch eine Tasche oder irgendwelches Gepäck, so wie ich aus unserer Wohnung davongeeilt war, über dem Kleid eine Schürze und dann den alten Mantel, den mir die Schwester gegeben hatte, so zog ich mit meiner Mutter in diesem Elendszug mit. Viele der Flüchtenden schleppten noch einige Habseligkeiten mit, welche sie aber von Zeit zu Zeit fortwarfen, weil sie zu schwer wurden. Je länger wir gingen, desto mehr schrien die Kinder und blieben Greise liegen, von den Russen getreten und geschlagen. Wir zogen oft nur durch brennende Straßen, es sah so aus, als ob manche Straßenzüge gewaltsam angesteckt worden waren, denn die Häuser brannten gleichmäßig und zur gleichen Zeit. Ich sah auch Kabelschnüre, die von Haus zu Haus gezogen waren.

Wir kamen bis Oliva, dann gings nicht weiter, und es hieß: Zurück. Es kamen immer mehr Menschen hinzu, Tausende waren wir. Bis zur Dunkelheit wanderten wir auf unbekannten Pfaden, durch Wälder. An uns vorbei rollten Geschütze, Panzer. Es fing an zu regnen, vielleicht war es 23 Uhr, keiner von uns hatte ja eine Uhr. Wir mussten uns auf der Stelle niederlegen. Der Waldboden war nass und kalt, jedoch keiner widersetzte sich. Dann kamen unzählige Russen, unsere Begleitposten. Sie traten über unsere Körper und suchten sich mit Lampen ihre Opfer aus. Schreie gellten durch die Nacht, wenn die Frauen zum Lagerfeuer gezerrt wurden. Zwischendurch schossen die Russen durch die Luft, wenn sie sich wehrten. Ich wurde wie ein Wunder wieder nicht entdeckt, obgleich die Stiefel der Russen auf Kopf und Arme drückten. Ich weiß nicht, wieviel Tage dieser Marsch gedauert hat, uns schien er eine Ewigkeit. Immer mehr Frauen, Kinder und Alte blieben liegen, immer wieder kamen Lastautos, in welche junge Mädchen hineingestoßen wurden, um sie für Sibirien zu sammeln. Grausam die hilflosen Schreie dieser Mädchen. Hätte ich nicht von einer Nachbarin ein ganz kleines, zwei Wochen altes Kind getragen, wäre ich sicherlich auch dabeigewesen.

Unvergesslich, wie wir uns vor einer Reihe Stalin-Orgeln aufstellen mussten und diese dann plötzlich losdonnerten. Man quälte und peinigte uns, wo es nur ging.

Und eines Tages wurden wir ohne Bewachung weitergeschickt. Es hieß: „Nach Hause"! Bis zum Dunkelwerden wanderten wir, in einer Scheune legten wir uns nieder. Aber auch hier fanden wir keine Ruhe, Russen kamen und suchten Frauen und Mädchen heraus, unsere Hilfeschreie erstarben in der endlosen Verlassenheit, es gab nirgends Schutz oder Rettung.

Sonderbefehl

für die deutsche Bevölkerung der Stadt Bad Salzbrunn einschliesslich Ortsteil Sandberg.

Laut Befehl der Polnischen Regierung wird befohlen:

1. Am 14. Juli 1945 ab 6 bis 9 Uhr wird eine Umsiedlung der deutschen Bevölkerung stattfinden.
2. Die deutsche Bevölkerung wird in das Gebiet westlich des Flusses Neisse umgesiedelt.
3. Jeder Deutsche darf höchstens 20 kg Reisegepäck mitnehmen.
4. Kein Transport (Wagen, Ochsen, Pferde, Kühe usw.) wird erlaubt.
5. Das ganze lebendige und tote Inventar in unbeschädigtem Zustande bleibt als Eigentum der Polnischen Regierung.
6. Die letzte Umsiedlungsfrist läuft am 14. Juli 10 Uhr ab.
7. Nichtausführung des Befehls wird mit schärfsten Strafen verfolgt, einschließlich Waffengebrauch.
8. Auch mit Waffengebrauch wird verhindert Sabotage u. Plünderung.
9. Sammelplatz an der Straße Bhf. Bad Salzbrunn-Adelsbacher Weg in einer Marschkolonne zu 4 Personen. Spitze der Kolonne 20 Meter vor der Ortschaft Adelsbach.
10. Diejenigen Deutschen, die im Besitz der Nichtevakuierungsbescheinigungen sind, dürfen die Wohnung mit ihren Angehörigen in der Zeit von 5 bis 14 Uhr nicht verlassen.
11. Alle Wohnungen in der Stadt müssen offen bleiben, die Wohnungs- und Hausschlüssel müssen nach außen gesteckt werden.

Bad Salzbrunn, 14. Juli 1945, 6 Uhr.

Abschnittskommandant
(-) Zinkowski
Oberstleutnant

Zeigt dieser Sonderbefehl der polnischen Regierung vom 14. Juli 1945 bereits, mit welcher Rigorosität die Vertreibung der Deutschen vorangetrieben werden sollte, so kannte das praktische Verhalten der Polen ihren einstigen Peinigern gegenüber kein Pardon. „Es war ein Zustand ungezügelten Sieges- und Vergeltungsrausches, der sich besonders in den Städten zu Massendemonstrationen auswuchs, sich aber auch in den abgelegensten Gegenden und kleinsten Orten auswirkte, zumindest in der Weise, dass das Eigentum der Deutschen ständig geplündert wurde, dass ihnen auf der Straße die Kleidungsstücke vom Leibe gerissen wurden. Im Jahre 1945 waren die polnischen Behörden und Sicherheitsorgane weit entfernt von einem ernsthaften Bemühen, die Schuldigen zu finden und zu strafen, sondern der Vergeltungswille machte sich blindlings Luft, obwohl man wissen musste, dass die, die man verhöhnte, misshandelte, verhaftete und tötete, oft völlig Ahnungslose waren" (Dokumentation der Vertreibung der Deutschen aus Ost-Mitteleuropa).

Auschwitz

Am 27. Januar 1945 stießen Soldaten der 60. Sowjetarmee bei ihrem Vormarsch auf das Lager Auschwitz-Birkenau. „Wir haben den Draht durchgeschnitten und sind hinein gegangen", erinnert sich Jakow Winnitschenko, Schütze der Roten Armee. Doch auf das, was sie hinter dem Eingangstor erwartete, waren die Soldaten nicht vorbereitet.

„Uns bot sich ein schreckliches Bild. Gefangene in gestreifter Kleidung kamen auf uns zu", so Winnitschenko. „Sie waren nur noch Skelette mit dünnen Beinen und Armen. Sie konnten weder lächeln noch weinen und waren völlig erschöpft."

Der Name Auschwitz steht heute nicht nur für den Mord an den europäischen Juden, sondern für die NS-Verbrechen schlechthin. Weit über eine Million Menschen aus Deutschland und allen von der Wehrmacht besetzten Ländern Europas starben hier in den Gaskammern, durch Zwangsarbeit oder wurden auf andere Weise umgebracht: Juden, Sinti und Roma, sowjetische Kriegsgefangene und viele andere Häftlinge.

„Der Vernichtungsvorgang", gab Rudolf Höss zu Protokoll, „verlief in Auschwitz wie folgt. Die zur Vernichtung bestimmten Juden wurden möglichst ruhig – Männer und Frauen getrennt – zu den Krematorien geführt. Im Auskleideraum wurde ihnen durch die dort beschäftigten Häftlinge des Sonderkommandos in ihrer Sprache gesagt, dass sie hier nun zum Baden und zur Entlausung kämen, dass sie ihre Kleider ordentlich zusammenlegen sollten und sich vor allem den Platz zu merken hätten, damit sie nach der Entlausung ihre Sachen schnell wiederfinden könnten. Die Häftlinge des Sonderkommandos hatten selbst das größte Interesse daran, dass der Vorgang sich schnell, ruhig und reibungslos abwickelte. Nach der Entkleidung gingen die Juden in die Gaskammer, die mit Brausen und Wasserleitungsrohren versehen, völlig den Eindruck eines Baderaumes machte. Zuerst kamen die Frauen mit den Kindern hinein, hernach die Männer, die ja immer nur die (an Zahl) Wenigeren waren. Dies ging fast immer ganz ruhig, da die Ängstlichen und das Verhängnis vielleicht Ahnenden von den Häftlingen des Sonderkommandos beruhigt wurden. Auch blieben die Häft-

Einfahrt zum Vernichtungslager Auschwitz-Birkenau. Wenn nicht sofort, folgte nach härtestem Arbeitseinsatz, nach unmenschlichen Strapazen und Torturen die Vernichtung.

linge und ein SS-Mann bis zum letzten Moment in der Kammer.
Die Tür wurde nun schnell zugeschraubt und das Gas sofort durch die bereitstehenden Desinfektoren in die Einwurfluken durch die Decke der Gaskammer in einen Luftschacht bis zum Boden geworfen. Dies bewirkte die sofortige Entwicklung des Gases. Durch das Beobachtungsloch in der Tür konnte man sehen, dass die dem Einwurfschacht am nächsten Stehenden sofort tot umfielen. Man kann sagen, dass ungefähr ein Drittel sofort tot war. Die andern fingen an zu taumeln, zu schreien und nach Luft zu ringen. Das Schreien ging aber bald in ein Röcheln über und in wenigen Minuten lagen alle. Nach spätestens 20 Minuten regte sich keiner mehr.
Eine körperliche Veränderung konnte man nicht feststellen, weder Verkrampfung noch Verfärbung, erst nach längerem Liegen, also nach mehreren Stunden, zeigten sich an den Liegestellen die üblichen Totenflecken. Auch waren Verunreinigungen durch Kot selten.
Den Leichen wurden nun durch das Sonderkommando die Goldzähne entfernt und den Frauen die Haare abgeschnitten. Hiernach (wurden sie) durch den Aufzug nach oben gebracht vor die inzwischen angeheizten Öfen."
Erst Ende 1944 befahl Himmler, die Vergasungen zu beenden und die Spuren so gut wie möglich zu beseitigen.
Inzwischen waren Nachrichten über das Unvorstellbare ins Ausland gedrungen. Zuerst wollte man es nicht glauben. Auch Aussagen entwichener Opfer wurden mit Skepsis betrachtet. Es erschien auch hartgesottenen Menschen, die nicht zum Bannkreis der Nazis gehörten, unfaßbar, dass außerhalb von Irrenanstalten menschliche Wesen existieren sollten, deren Hirnen der Plan entspringen konnte, planmäßig ein ganzes Volk auszulöschen. Auch als das Entsetzliche schon Gewissheit war, weigerten sich noch manche, das ganze Ausmaß zu glauben. Nach vorsichtigen Schätzungen sind 5.100.000 Juden von den Nazis umgebracht worden, die meisten davon durch Massenvergasung, fast eine Million durch Erschießen, einige hunderttausend durch Hunger, Zwangsarbeit und Quälerei. Aus Deutschland, Österreich und dem „Reichsprotektorat" (dem tschechischen Teil der späteren CSR) wurden 250.000 Juden ermordet, aus der Slowakei 60.000, aus den Benelux-Ländern 130.000, aus Frankreich und Italien 70.000, aus der Sowjetunion einschließlich der baltischen Staaten 900.000, aus Polen 3 Millionen, aus Jugoslawien 60.000, aus Griechenland 60.000, aus Rumänien 270.000, aus Ungarn 300.000. Hinzu kommen etwa 800 aus Norwegen.

Im Namen des deutschen Volkes ist etwas geschehen, das nichts in der Welt ungeschehen machen kann, weder Reue noch Scham, auch nicht der Versuch materieller Wiedergutmachung. Die Geschichte Deutschlands wird für alle Zeiten befleckt bleiben mit den scheußlichsten Untaten, die Menschen jemals an ihren Mitmenschen begangen haben. Auch wenn die meisten der heute lebenden Deutschen keine Schuld mehr trifft, mit der Geschichte unseres Landes wird der größte Judenmord aller Zeiten immer verbunden bleiben. Für Juden und Deutsche, die einmal eine so vielversprechende gemeinsame Geschichte hatten, bleibt nur Trauer. Der große deutsche Rabbiner Leo Baeck, der das Massaker in Theresienstadt überlebte, hat dieser Trauer Ausdruck gegeben: „Für uns Juden aus Deutschland ist eine Geschichtsepoche zu Ende gegangen. Eine solche geht zu Ende, wann immer eine Hoffnung, ein Glaube, eine Zuversicht endgültig zu Grabe getragen werden muss. Unser Glaube war es, dass deutscher und jüdischer Geist auf deutschem Boden sich treffen und durch ihre Vermählung zum Segen werden könnten. Dies war eine Illusion – die Epoche der Juden in Deutschland ist ein für allemal vorbei."

Militärisch uninteressant

Die einstige sächsische Residenzstadt, wegen ihrer Schönheit und reichen Kunstschätze als „Elb-Florenz" gerühmt, wurde am 13./14.2.45 Opfer eines kombinierten Großangriffs der britischen und amerikanischen Luftwaffen, 13 km² Fläche, darunter die his-

Er hat überlebt. KZ-Häftling am Tag der Befreiung. Erst jetzt, als die Alliierten die Konzentrations- und Vernichtungslager erreichten, wurde den Deutschen wie der Weltöffentlichkeit das ganze Ausmaß der mörderischen NS-Politik deutlich.

Der Engel auf der Rathausbalustrade blickt hinab auf das Ruinenfeld Dresden.

torische Altstadt mit architektonischen Kostbarkeiten wie Zwinger, Schloss oder Hofkirche wurden total zerstört. Die genaue Zahl der Opfer konnte nie ermittelt werden, da Dresden zum Zeitpunkt des Angriffs mit Flüchtlingen aus Schlesien überfüllt war; mindestens 1,25 Millionen Menschen hielten sich in der Stadt auf. Die Leichen unzähliger namenloser Opfer wurden auf riesigen Rosten verbrannt oder in Massengräbern beigesetzt. Bis zum 6.5.45 waren 39 773 Tote identifiziert; amtliche Schätzungen sprachen von 135.000 Toten, inzwischen jedoch wurden die abschließenden Zahlen auf 40.000 bis 60.000 Opfer korrigiert.

Mit Ausnahme zweier US-Tagesangriffe, die 911 Menschenleben gefordert hatten, waren Dresden bis ins sechste Kriegsjahr schwere Bombenschäden erspart geblieben. Es hieß im Volksmund neidisch „Reichsluftschutzkeller“. Viele Einwohner gaben sich daher der trügerischen Hoffnung hin, die alliierten Luftkriegsstrategen würden ihre Stadt als einen Hort der Kultur und der schönen Künste verschonen. Der britische Luftmarschall Harris drängte jedoch bereits seit November 44 auf eine systematische Zerstörung der letzten noch unversehrten deutschen Großstädte, darunter auch Dresdens. Zu jener Zeit standen aber Angriffe gegen Industrie- und Verkehrsziele im Vordergrund der Stabsplanungen. Den Anstoß zur Vernichtung Dresdens gab schließlich Churchill. Angesichts des sowjetischen Durchbruchs in Schlesien forderte er am 26.1.45 vor seiner Abreise zur Konferenz von Jalta Zerstörungsangriffe gegen die großen Städte Ostdeutschlands.

Als militärisches Ziel war Dresden uninteressant: Es beherbergte zahlreiche Lazarette; in Lagern am Stadtrand waren rund 26.000 Kriegsgefangene untergebracht; die Flak war an die Ostfront abgezogen worden, Schutzbunker für die Zivilbevölkerung fehlten weitgehend; Industriebetriebe von einiger strategischer Bedeutung waren auf den Zielkarten nicht verzeichnet. Der Angriff auf die überfüllte Flüchtlingsstadt sollte in erster Linie die Moral der Zivilbevölkerung treffen und zudem den Sowjets die Schlagkraft des RAF-Bomberkommandos demonstrieren.

Die RAF flog ihren verheerenden Flächenangriff nach dem Muster des Unternehmens „Gomorrha“ gegen Hamburg Ende Juli 43: Eine erste Welle von 244 Lancaster überschüttete die Innenstadt mit Sprengbomben, die möglichst viele Dächer abdecken und Gebäude zerstören sollten. Zwei Stunden später erschien die Hauptstreitmacht von 529 Lancaster über dem Ziel. Ein Hagel von 650.000 Brandbomben entfachte einen Feuersturm, der mit Temperaturen bis zu tausend Grad durch die Straßen raste. Insgesamt warf die RAF innerhalb von drei Stunden 2978 t Bomben. Die Amerikaner stießen am nächsten Tag mit rund 450 Flying Fortress nach. Offizielles Ziel waren Verschiebebahnhöfe, doch wurde Dresden wegen tiefer Wolkendecke blind bombardiert. Die Berichte von regelrechten Jagden auf schutzlose Flüchtlinge auf den Elbwiesen, unternommen angeblich von US-Begleitjägern mit Bordwaffen, blieben umstritten und betreffen vermutlich nur Einzelfälle.

Die Stadt brannte drei Tage lang, die Aufräumungsarbeiten und die Bergung der Leichen zogen sich wochenlang hin. Die Schreckensnachrichten aus Dresden lösten nicht nur in Deutschland einen Schock aus, Korrespondenten aus den neutralen Ländern berichteten erschüttert über das Inferno, das alle bekannten Schrecken des Luftkriegs übertraf. Goebbels schlachtete die Tragödie der Stadt als Beweis für die blindwütige Rachsucht der Alliierten für seine Durchhaltepropaganda aus; in England regte sich öffentliche Kritik an der Strategie von Harris.

Dresden wurde am 15.2., 2.3. und 17.4. erneut von der US-Luftwaffe angegriffen, ehe die sowjetische 5. Gardearmee (Schadow) die Stadt am 8.5.45 einnahm. Auch nach dem Wiederaufbau seiner weltbekannten Kulturstätten wird Dresden immer zu den Namen gehören, die, beginnend mit Guernica, über Warschau, Rotterdam, Coventry bis hin zu Hiroshima, den sinnlosen Luftterror anklagen.

Tagelang verbrannten russische Hilfswillige auf Schienenrosten die Leichen der Opfer.

Bedingungslose Kapitulation

Als Großadmiral Dönitz, Oberbefehlshaber der Kriegsmarine und Oberster Befehlshaber im Nordraum des bereits durch die amerikanischen und sowjetischen Armeen in zwei Teile zerlegten „Großdeutschen Reiches", am Abend des 30. April 1945 nach einer Besprechung mit dem Reichsführer SS Himmler in Lübeck in sein provisorisches Hauptquartier bei Plön in Holstein zurückkehrte, wurde ihm ein seltsamer Funkspruch aus Berlin vorgelegt. Er war um 18.45 Uhr eingegangen. Reichsleiter Martin Bormann, Chef der Parteikanzlei, teilte aus dem „Führerbunker" mit, der „Führer" habe Dönitz anstelle von Reichsmarschall Göring zum Nachfolger bestimmt. Dönitz solle alle sich aus der Lage ergebenden notwendigen Maßnahmen treffen. Eine schriftliche Vollmacht sei unterwegs. Der Großadmiral erhielt damit Handlungsfreiheit. Er war sich klar darüber, dass dieses nur eins bedeuten konnte: Den verlorenen Krieg zu beenden.

Noch für den gleichen Abend beschied er Himmler trotz dessen Mißtrauen und Widerstreben zu einer Unterredung nach Plön. Heinrich Himmler war auf dem Papier noch immer Chef der gesamten deutschen Polizei, höchster Befehlshaber der gesamten SS, Reichsinnenminister und Befehlshaber des Ersatzheeres. Der Reichsführer SS erschien mit sechs schwerbewaffneten Offizieren, der Großadmiral legte sich, durch ein Stück Papier getarnt, eine geladene Pistole auf den Tisch. Als Himmler erfuhr, Dönitz sei Nachfolger Hitlers geworden, begehrte er in dessen „Staat" der „zweite Mann" zu werden. Dönitz lehnte dies ab. Himmler fuhr nach Lübeck zurück.

Dass Hitler bereits Selbstmord begangen hatte, dass die Sowjets in unmittelbare Nähe des „Führerbunkers" gelangt waren, wusste niemand in Plön. Auch von der Teilkapitulation in Italien ahnte man nichts. Am 2. Mai 1945 gingen in Norditalien und Südtirol rund eine Million deutscher Soldaten in Kriegsgefangenschaft, ein Akt, der – ohne dass die Beteiligten dies ahnten – in Dönitz' künftige Konzeption passte und den dieser nachträglich nur billigen konnte.

Am Vormittag und Nachmittag des 1. Mai 1945 trafen noch zwei weitere mysteriöse Funksprüche von Bormann ein. Sie besagten, das „Testament" (Hitlers) sei in Kraft. Der „Führer" habe den Großadmiral zum Reichspräsidenten ernannt, neuer Reichskanzler sei der Reichspropagandaminister Dr. Goebbels. Bormann verkündete lakonisch, der „Führer" sei am 30. April „verschieden", und kündete sein alsbaldiges Erscheinen in Plön an. Das „Testament" traf niemals ein. Bormann erschien auch nicht, sondern verschwand in der Nacht vom 1./2. Mai 1945 spurlos in Berlin.

Dönitz ließ offiziell am Abend des 1. Mai über den Sender Hamburg im Rundfunk bekanntgeben, der „Führer" sei „gefallen". Den Titel Reichspräsident nahm er nicht in Anspruch, er blieb der „Großadmiral". Zur Stunde, am 1. Mai gebot der Großadmiral noch über ein weit zerfleddertes Reich. Norwegen, die Niederlande, Dänemark waren noch besetzt, in Böhmen und Mähren hielt die Heeresgruppe Mitte mit 1,2 Millionen Mann gegen die Sowjets, im Baltikum verteidigte sich noch die Heeresgruppe Kurland, auf der Halbinsel Hela die Armee Ostpreußen. An der Kanal- und Atlantikküste hielten die Festungen Dünkirchen, die Kanalinseln, die ehemaligen U-Boot-Basen Lorient und La Rochelle, in der Ägäis Kreta und Rhodos. Insgesamt standen zwischen Nordkap und der Ägäis rund drei Millionen Mann deutscher Truppen noch unter Waffen.

Die Hauptsorge des Großadmirals bildete die Fortführung des Abtransportes von Flüchtlingen, kranken oder verwundeten Soldaten oder ganzen Truppenteilen aus den bedrohten Brückenköpfen im Baltikum und auf Hela über See, wofür der Großteil der noch vorhandenen Seestreitkräfte eingesetzt war, sowie die Unterwanderung der alliierten Bestimmungen über eine Gesamtkapitulation auf der Stelle. Es musste durch stufenweise Teilkapitulation verhindert werden, dass der Großteil des Ostheeres in die überaus harte sowjetische Kriegsgefangenschaft geriet.

Am 3. Mai 1945 entschloss sich der Großadmiral, zunächst Verhandlungen mit dem in Nordwestdeutschland führenden Oberbefehlshaber der britischen 21. Heeresgruppe, Feldmarschall Montgomery, aufzunehmen. Dazu bestimmte er nicht einen General, sondern den ihm lange bekannten neuernannten Oberbefehlshaber der Kriegsmarine, Generaladmiral von Friedeburg, bislang Dönitz' Nachfolger als Kommendierender Admiral der Unterseeboote. Friedeburg begab sich in das Hauptquartier Montgomerys bei Lüneburg. Der Feldmarschall empfing ihn zunächst mür-

Unterzeichnung der Kapitulation im sowjetischen Hauptquartier Karlshorst durch Generalfeldmarschall Keitel, Generaloberst Stumpff und Generaladmiral von Friedeburg: „Wir, die hier Unterzeichneten, handelnd in Vollmacht für und im Namen des Oberkommandos der deutschen Wehrmacht, erklären hiermit die bedingungslose Kapitulation aller am gegenwärtigen Zeitpunkt unter deutschem Befehl stehenden oder von Deutschland beherrschten Streitkräfte auf dem Lande, auf der See und in der Luft, gleichzeitig gegenüber dem Obersten Befehlshaber der alliierten Expeditionsstreitkräfte und dem Oberkommando der Roten Armee."

Auf den „Straßen des Führers" ziehen deutsche Soldaten in die Gefangenschaft. Nach 6 Jahren Krieg erwartet die Gefangenen erneut ein bitteres Schicksal: Entbehrung, Zwangsarbeit, Krankheit und Tod. Viele von ihnen sollten nie und viele erst nach langen Jahren aus der Fremde zurückkehren.

risch, dann ließ er sich herbei, seine Wünsche und Vorschläge anzuhören. Er betonte sofort, er sei nicht befugt, die Kapitulation von Truppen entgegenzunehmen, die gegen die Sowjets gefochten hätten. Aber er schlug in den Verhandlungen am 3./4. Mai 1945 eine Gesamtkapitulation aller deutschen Streitkräfte vor seiner West- und Nordflanke, das heißt im Bereich der Niederlande, Nordwestdeutschlands und Dänemarks, vor, einschließlich der sofortigen Einstellung des U-Boot-Krieges und der Auslieferung der deutschen Kriegs- und Handelsmarine. Friedeburg holte die Zustimmung des Großadmirals ein. „Der Löwe", wie ihn seine U-Boot-Männer getauft hatten, stimmte sofort zu, obwohl ihm der Entschluss, die von ihm geschaffene U-Boot-Waffe dem Gegner zu überantworten, besonders bitter wurde. Am 4. Mai kehrte Friedeburg in das Hauptquartier Montgomerys in der Lüneburger Heide zurück. Am 5. Mai 1945 trat um 8.00 Uhr die sogenannte „Nordwestkapitulation" in Kraft. Der britische Feldmarschall zeigte sich auch willens, den Übertritt vor den Sowjets ausweichender militärischer Einzelpersonen oder kleiner Gruppen zu dulden. Was zivile Flüchtlinge betraf, deren Massenübergang über die Demarkationslinie gleichfalls offiziell untersagt war, bemerkte er, er wolle über Möglichkeiten nachdenken, er sei ja „kein Unmensch". Im Sinne der Stufentaktik von Dönitz war die „Nordwestkapitulation" ein, wenn auch trauriger, Teilerfolg. Am 6. Mai 1945 wurden Generaladmiral von Friedeburg und General Kinzel, der Chef des Führungsstabes Nord, mit einer deutschen Maschine ins alliierte Oberste Hauptquartier zum Oberkommandierenden General Eisenhower nach Reims entsandt, um die projektierte große Westkapitulation auszuhandeln. Dort empfing Eisenhowers Chef des Stabes, General Walter Bedell Smith, die „Gäste", hörte sich die Vorstellungen der Deutschen an, begab sich zu seinem Oberbefehlshaber und kehrte mit einem niederschmetternden Bescheid zurück. General Dwight D. Eisenhower weigerte sich, in irgendeine andere Lösung einzuwilligen als die bedingungslose Gesamtkapitulation. Generaladmiral von Friedeburg übermittelte dieses Ergebnis nach Flensburg. Der Großadmiral entschloss sich, den Chef des Wehrmachtführungsstabes, Generaloberst Jodl, nach Reims zu entsenden, wofür die Engländer eine Maschine zur Verfügung stellten. Jodl versuchte, Fristen für die Unterzeichnung des Waffenstillstandes zu erlangen, eine Pause von zwei Tagen zwischen Unterzeichnung und Inkrafttreten oder eine stufenweise Lösung in vier Abschnitten, um Zeit für Truppen- und Flüchtlingsbewegungen von Ost nach West zu gewinnen. Bedell Smith verstand überhaupt nicht, warum sich Jodl so sehr gegen eine Übergabe an die Sowjets sträubte. Das Ergebnis war ein schwacher Kompromiss. Zwischen Unterzeichnung am 7. Mai 1945 00.00 Uhr und Inkrafttreten sollte eine Frist bis zum 8. Mai 1945 beziehungsweise 9. Mai 1945 00.00 Uhr vorliegen. In aller Eile holte man in Flensburg das Einverständnis des Großadmirals ein, für den offiziell nur der Chef des Oberkommandos der Wehrmacht, Generalfeldmarschall Keitel, in Erscheinung treten durfte. Um 1.30 Uhr nachts lag am 7. Mai 1945 die Vollmacht in Reims vor. Um 2.41 Uhr fand im Sprechzimmer der Berufsschule von Reims die kurze Zeremonie der Unterzeichnung statt. Eilends hatte man aus Paris 16 Pressekorrespondenten nach Reims geflogen, auch obendrein noch als Vertreter Frankreichs den Stellvertretenden Generalstabschef General Sevez zitiert. General Eisenhower lehnte es ab, zu erscheinen. Vor General Bedell Smith, dem britischen Admiral Burroughs, dem sowjetischen Missionschef beim Hauptquartier General Iwan Susloparow und General Sevez unterschrieben Generaloberst Jodl, Generaladmiral von Friedeburg und ein Vertreter der Luftwaffe die deutsche Gesamtkapitulation. Den alliierten Korrespondenten wurde verboten, über die Szene zu berichten. Man wollte Stalin nicht durch eine einseitige Vorwegnahme des Endsieges verdrießen. Stalin bestand darauf, dass die Zeremonie vor dem sowjetischen Oberkommandierenden in Deutschland, Marschall Schukow, in dessen Hauptquartier Karlshorst bei Berlin wiederholt werden müsse, in Anwesenheit der Vertreter der USA und Großbritanniens, nicht jedoch derjenigen Frankreichs, das für ihn nicht zu den Hauptsiegermächten zählte.

Am 8. Mai 1945 flogen die Engländer, Feldmarschall Keitel, Generaladmiral von Friedeburg und für die Luftwaffe Generaloberst Stumpff, Chef der Luftflotte Reich und der Heimatluftverteidigung, mit einigen Begleitoffizieren nach Berlin. Vor Mitternacht des 8. Mai, zur imaginären Stunde 00.00 des 9. Mai 1945, dem Zeitpunkt des Inkrafttretens der Waffenruhe, ging diese Zeremonie im Kasino der ehemaligen Pionier- und Ingenieurschule des Heeres vonstatten. Feldmar-

Die drei Sieger in Potsdam: Attlee, Truman, Stalin (von links). Der Mann in der weißen Jacke sollte der Gewinner der hier verhandelten Neuordnung Europas werden. Einst Komplize Hitlers beim Überfall auf Polen 1939, brauchte er jetzt nichts von seiner damaligen Beute herauszugeben: Er verschob Polen einfach nach Westen. Schlesier, Pommern und Ostpreußen wurden aus ihrer Heimat vertrieben.

schall Keitel, das Monokel im Auge, unterschrieb mit steinernem Antlitz. Anschließend servierte man den in einer kleinen Villa neben der Pionierschule untergebrachten deutschen „Gästen" ein opulentes Essen mit Sakuska und sonstigen russischen Spezialitäten.
Der Zweite Weltkrieg war in Europa zu Ende.

Anlässlich der Übernahme der Regierungsgewalt in Deutschland zeigen sich die ersten vier alliierten Oberbefehlshaber und Militärgouverneure bei der Parade in Berlin (v. l. n. r.): Feldmarschall Montgomery (Großbritannien), Marschall Schukow (UdSSR), General Eisenhower (USA) und General Lattre de Tassigny (Frankreich).

Potsdamer Abkommen

Zum Abschluss der Potsdamer Konferenz wurde von den Regierungschefs von Großbritannien (Attlee), der UdSSR (Stalin) und der USA (Truman) am 2. August 1945 das Potsdamer Abkommen unterzeichnet. Der wichtigste Teil der Vereinbarungen, Artikel III, hatte die territorialen, politischen und wirtschaftlichen Grundsätze der Behandlung des besiegten Deutschlands zum Inhalt und sah Maßnahmen vor, „die notwendig sind, damit Deutschland niemals mehr seine Nachbarn oder die Erhaltung des Friedens in der ganzen Welt bedrohen kann" und die Deutschland zugleich darauf vorbereiten sollten, „sein Leben auf einer demokratischen und friedlichen Grundlage von neuem wiederaufzubauen", damit es so „zu gegebener Zeit seinen Platz unter den freien und friedlichen Völkern der Welt einnehmen" könne.
Politische Bestimmungen:
1. Völlige Abrüstung und Entmilitarisierung Deutschlands, d. h. die Vernichtung aller seiner Waffen und militärischer Einrichtungen und die Auflösung aller seiner Streitkräfte;
2. Entnazifizierung, d. h. Auflösung der NSDAP und ihrer Organisationen, Aufhebung der nationalsozialistischen Gesetze, Internierung der führenden Nationalsozialisten und einflussreicher Anhänger der NSDAP sowie Entfernung aktiver NSDAP-Mitglieder aus öffentlichen Ämtern, außerdem Inhaftierung und Aburteilung von Kriegsverbrechern;
3. Demokratisierung, u. a. durch Erlaubnis zur Bildung demokratischer Parteien und Gewerkschaften und die Wahl von Gemeinde-, Kreis-, Provinzial- und Landesparlamenten;
4. Dezentralisierung, d. h. der Aufbau einer dezentralisierten deutschen Verwaltung; nur im Bereich der Wirtschaft, des Verkehrs- und Transportwesens sollten zentrale deutsche Verwaltungsstellen erhalten oder neu errichtet werden.
Wirtschaftliche Bestimmungen:
1. Verbot der Rüstungsproduktion;
2. Dekartellisierung und (teilweise) Demontage der deutschen Wirtschaft;
3. Förderung der Friedensindustrie, der Konsum- und der Landwirtschaft;
4. Kontrolle der gesamten deutschen Wirtschaft durch die Alliierten;
5. Instandsetzung oder Neubau von Verkehrswegen, Wohnungen und öffentlichen Einrichtungen als vordringliche Aufgabe;
6. Behandlung Deutschlands als wirtschaftliche Einheit;
7. Erhebung von Reparationen; jede der vier Besatzungsmächte sollte Reparationen (in Sachwerten) nur aus ihrer eigenen Besatzungszone entnehmen, die UdSSR darüber hinaus aus der amerikanischen, britischen und französischen Zone 15 % der erhalten gebliebenen, für die Friedensproduktion nicht benötigten industriellen Anlagen im Austausch gegen andere Güter und 10 % ohne Gegenleistung erhalten. Die Höhe der Reparationen wurde nicht festgelegt; doch sollten diese „dem deutschen Volke genügend Mittel belassen, um ohne Hilfe von außen zu existieren".
Territoriale Regelungen:
1. Übergabe Königsbergs und des angrenzenden nördlichen Ostpreußens „vorbehaltlich der endgültigen Bestimmung der territorialen Fragen bei der Friedenskonferenz" an die UdSSR;
2. Unterstellung der deutschen Gebiete östlich der Oder-Neiße-Linie einschließlich der ehemaligen Freien Stadt Danzig „unter die Verwaltung des polnischen Staates", doch „endgültige Festlegung der Westgrenze Polens" ebenfalls erst auf der Friedenskonferenz;
3. Ausweisung der deutschen Bevölkerung aus Polen, der Tschechoslowakei und Ungarn und Umsiedlung nach Deutschland „in ordnungsgemäßer und humaner Weise" (Vertreibung).
Die provisorische französische Regierung stimmte am 4. 8. dem Potsdamer Abkommen im Wesentlichen zu. Es bildete die rechtliche Grundlage für die gemeinsame Verantwortung der vier Mächte (Großbritannien, Frankreich, UdSSR und USA) gegenüber Deutschland als Ganzem und für die Wiederherstellung seiner staatlichen Einheit. Doch hielt die UdSSR (und ebenso die DDR) die territorialen Regelungen des Potsdamer Abkommens für endgültig, während die Westmächte (wie auch die Bundesrepublik) daran festhielten, dass diese erst durch einen Friedensvertrag endgültig rechtsverbindlich zu treffen seien.

Deutschland 1945, in der „Stunde Null". Buchstäblich „bis alles in Scherben fällt", hatte das Reich gekämpft. Wiederaufbau schien ein absurder Gedanke. Allein in der Vier-Millionen-Stadt Berlin waren mehr Häuser zerstört als es z. B. in München je gegeben hatte. Der Trümmerschutt, der in der deutschen Hauptstadt wegzuräumen war, wurde auf 80 Millionen Kubikmeter geschätzt.

Geteilte Nation und Wiedervereinigung

1946

JANUAR

5.1. Eröffnung einer Ausstellung in Leipzig mit Werken der während des NS-Regimes verfemten Graphikerin und Bildhauerin Käthe Kollwitz.
10.1. Die erste Vollversammlung der Vereinten Nationen (UNO) wird in London eröffnet.
12.1. Der Alliierte Kontrollrat einigt sich auf eine gemeinsame Entnazifizierungsdirektive, dennoch wird die Entnazifizierung in den Besatzungszonen mit unterschiedlicher Strenge durchgeführt.
14.1. Im Pariser Abkommen einigen sich Vertreter von 18 Staaten über die Reparationsleistungen Deutschlands an die Siegermächte.
18.1. Gründung des Westdeutschen Fußballverbandes in Essen.
19.1. In der SBZ kommt die erste deutsche Wochenschau seit Kriegsende, „Der Augenzeuge", in die Kinos.
20.1. Erste freie deutsche Wahlen seit 1933 in der amerikanischen Besatzungszone (Gemeindewahlen).
Wiederaufnahme der Lehrtätigkeit an Berliner Universitäten.
23.1. Eröffnung der Leistungsschau „Berlin baut auf" im früheren Zeughaus in Berlin.
28.1. Erste Konferenz bildender Künstler in Ost-Berlin.
31.1. In Düsseldorf wird die Staatliche Kunstakademie unter Leitung von Werner Heuser wiedereröffnet.

FEBRUAR

1.2. In Stuttgart erscheint die erste Ausgabe der von Erich Kästner herausgegebenen Jugendzeitschrift „Der Pinguin".
9.-11.2. Erster Bundeskongress des Freien Deutschen Gewerkschaftsbundes (FDGB) in Berlin.
14.2. Der Alliierte Kontrollrat genehmigt die Wiederaufnahme des Postverkehrs zwischen Deutschland und dem Ausland.
15.2. Gründung des Zonenbeirats der britischen Besatzungszone aus Vertretern von Parteien, Gewerkschaften und Verwaltung. Der Zonenbeirat berät die Militärregierung „auf allen Gebieten des öffentlichen Lebens".
21.2. In Hamburg erscheint die erste Ausgabe der politischen Wochenzeitung „Die Zeit".
26.2.-1.3. Konrad Adenauer wird zum Vorsitzenden der CDU der britischen Besatzungszone gewählt.

MÄRZ

5.3. Das „Gesetz zur Befreiung von Nationalsozialismus und Militarismus" in der amerikanischen Besatzungszone überträgt die Entnazifizierung deutschen Spruchkammern.
7.3. Gründung der Freien Deutschen Jugend (FDJ) in Berlin unter Vorsitz Erich Honeckers. Die FDJ war zuvor als „überparteiliche, demokratische und einheitliche" Jugendorganisation von der SMAD zugelassen worden.
26.3. Der Industrieplan des Alliierten Kontrollrates beschränkt die Kapazität der gesamtdeutschen Rohstoff- und Fertigungsindustrie – den Bausektor ausgenommen – auf etwa die Hälfte der Vorkriegsproduktion.

APRIL

1.4. Die deutschen Gerichte nehmen ihre Arbeit wieder auf.
Die Erstausgabe der illustrierten Zeitschrift „Jüdische Rundschau" erscheint in Marburg an der Lahn.
10.4. Der Alliierte Kontrollrat erlaubt die Bildung von Betriebsräten in ganz Deutschland.
Erste Aufführung im deutschen Sprachraum des Theaterstückes „Der gute Mensch von Sezuan" von Bertolt Brecht in Wien.
16.4. Der 1000. Personenkraftwagen seit Kriegsende läuft im Wolfsburger Volkswagenwerk vom Band.
18.4. Beschluss der Auflösung des Völkerbundes. Übertragung der Aufgaben an die Vereinten Nationen (UNO).
Eröffnung des Internationalen Gerichtshofes in Den Haag.
21./22.4. Vereinigungsparteitag der KPD und SPD der sowjetischen Besatzungszone zur Gründung der SED in Berlin.

MAI

1.5. Erstmals seit 1933 finden wieder Maikundgebungen der Gewerkschaften statt.
Die Erstausgabe der Wirtschaftszeitung „Handelsblatt" erscheint in Düsseldorf.
5.5. Die Berliner Philharmoniker treten ihre erste Konzertreise seit Kriegsende an.
8.5. Eröffnung der ersten deutschen Nachkriegsmesse in Leipzig.
9.- 11.5. Auf dem ersten Parteitag der SPD der drei westlichen Besatzungszonen wird Kurt Schumacher zum Vorsitzenden gewählt.
13.5. Befehl der alliierten Militärregierung, nationalsozialistische Denkmäler zu zerstören beziehungsweise Museen aufzulösen und Bücher mit nationalsozialistischem Gedankengut aus öffentlichen Bibliotheken sowie Buchhandlungen abzuliefern.
15.5. Eröffnung einer Kunstausstellung in Hamburg mit während des Nationalsozialismus verbotenen Werken von Emil Nolde, Karl Schmidt-Rottluff, Käthe Kollwitz und Max Beckmann.
17.5. Gründung der staatlichen Deutschen Film AG (DEFA) in Potsdam-Babelsberg.
19.5. Eröffnung der „1. Deutschen Kunstausstellung der Deutschen Zentralverwaltung für Volksbildung in der sowjetischen Besatzungszone" im Berliner Zeughaus.
25.5. Einstellung der Reparationslieferungen aus der amerikanischen Besatzungszone an die Sowjetunion.

JUNI

1.6. In Konstanz am Bodensee beginnen internationale Kulturwochen, Höhepunkt der Veranstaltung wird die deutsche Erstaufführung des Schauspiels „Mutter Courage und ihre Kinder" von Bertolt Brecht.
6.6. Die US-amerikanische Militärregierung unterzeichnet einen Vertrag mit der US- Hilfsorganisation „Cooperative for American Remittances to Europe" (CARE) zur Unterstützung der deutschen Zivilbevölkerung.
Uraufführung des Schauspiels „Der Flüchtling" von Georg Kaiser.
Der Dichter Gerhart Hauptmann stirbt in Agnetendorf in Schlesien/Polen.
15.6. Beginn einer Wanderausstellung des Deutschen Hygienemuseums in Dresden unter dem Motto „Kampf den Geschlechtskrankheiten".
27.6. Eröffnung des zehntägigen internationalen Musikfestes in Donaueschingen.
30.6. Wahlen zu den verfassunggebenden Landesversammlungen in der amerikanischen Besatzungszone.
Einführung des Interzonenpasses, mit dem Deutsche über die Besatzungsgrenzen hinaus reisen dürfen.
Die USA zünden über dem Bikini-Atoll einen Nuklearsprengsatz und starten damit ihr Atomtestprogramm.
Volksentscheid im Land Sachsen über die entschädigungslose Enteignung der gewerblichen Betriebe von angeblichen ehemaligen aktiven Nationalsozialisten und Kriegsverbrechern: Bei einer Beteiligung von 93,7 % Stimmen 77,6 % für die Konfiskation.

JULI

11.7. In Hamburg beginnen die Arbeiten für die Hochhausanlagen am Grindelberg, der ersten deutschen Hochhaussiedlung.
22.7. Die ersten deutschen Soldaten kehren aus sowjetischer Kriegsgefangenschaft zurück.
29.7. Der internationale Fußballverband (FIFA) schließt Deutschland und Japan aus.

AUGUST

1.8. Wiedereröffnung der Deutschen Akademie der Wissenschaften in Ost-Berlin.
2.8. Erste Aufführung der Salzburger Festspiele nach Kriegsende.

3.8. Eröffnung der ersten Exportschau der bayerischen Wirtschaft seit Kriegsende in München.
23.8. Bildung der Länder Nordrhein-Westfalen und Schleswig-Holstein durch die britische Militärregierung.
25.8. Ende der ersten Leichtathletik-Europameisterschaften nach Kriegsende. Deutsche Teilnehmer sind nicht zugelassen.
30.8. Bildung des Landes Rheinland-Pfalz aus dem Zusammenschluss der Pfalz, Teilen der Provinz Hessen-Nassau und dem linksrheinischen Teil Hessens durch die französische Besatzungsmacht.

SEPTEMBER

2.9. Gründung des „Sozialistischen Deutschen Studentenbundes" (SDS) in Hamburg.
5.9. In Berlin nimmt der „Rundfunk im amerikanischen Sektor" (RIAS) seinen Sendebetrieb auf.
6.9. US-Außenminister James Francis Byrnes legt in seiner „Stuttgarter Rede" die Grundsätze der Besatzungspolitik der Vereinigten Staaten in Deutschland dar und leitet damit eine positive Wende in den deutsch-amerikanischen Beziehungen ein.
25.9. Der Schauspieler Heinrich George stirbt im sowjetischen Internierungslager Sachsenhausen.

OKTOBER

1.10. Urteilsverkündung in den Nürnberger Hauptkriegsverbrecherprozessen.
Unter dem Direktor Hermann Henselmann wird in Weimar die Hochschule für Baukunst und Bildende Kunst wiedereröffnet.
Wiedereröffnung der Hochschule für Musik in Leipzig (seit 4.November 1968 Hochschule für Musik „Felix Mendelssohn Bartholdy" Leipzig).
4.10. Eröffnung der wiederaufgebauten Kammerspiele des Deutschen Theaters in Berlin mit dem Stück „Kapitän Brassbounds Bekehrung" von George Bernard Shaw (Regie: Gustaf Gründgens; Hauptdarsteller: Käthe Dorsch).
4.-6.10. Erste Tagung der Bibliothekare der sowjetischen Besatzungszone in Berlin.
15.10. Uraufführung des ersten deutschen Nachkriegsfilms „Die Mörder sind unter uns" von Wolfgang Staudte.
20.10. Landtagswahlen in der SBZ. Letzte gemeinsame Wahlen zur Stadtverordnetenversammlung in Groß-Berlin.
26.-31.10. Auf dem „Sächsischen Künstlerkongress" in Dresden wird die Lizenzerteilung für die von Karl Hofer und Oskar Nerlinger herausgegebene Zeitschrift „Bildende Kunst" beschlossen.
29.10. Erste Nachkriegs-Volkszählung in den vier Besatzungszonen Deutschlands. Dabei werden 65,9 Millionen Einwohner erfasst, darunter 36,6 Millionen Frauen und 29,3 Millionen Männer einschließlich 9,7 Millionen Vertriebene.

NOVEMBER

1.11. Bildung des Landes Niedersachsen durch Zusammenschluss der Länder Hannover, Schaumburg-Lippe, Oldenburg und Braunschweig.
9.11. Eröffnung des „Theaters der Jungen Welt", des ersten deutschen Theaters für Kinder und Jugendliche, in Leipzig.
14.11. Veröffentlichung eines Verfassungsentwurfs für eine deutsche demokratische Republik durch den Parteivorstand der SED.
28.11. Aufstellung der „Deutschen Grenzpolizei" auf Weisung der SMAD.

Hitler als Hauptschuldiger auf einem Plakat von 1946. Juristisch umstritten, ist der Mammutprozess von Nürnberg für die Historiker dennoch von größter Bedeutung. Das umfangreiche Quellenmaterial der Ankläger, der Angeklagten und der Zeugen ist nach wie vor für die Erforschung der „Hitlerzeit" unentbehrlich.

DEZEMBER

10.12. Hermann Hesse erhält den Literaturnobelpreis. Rückwirkende Verleihung des Nobelpreises für Chemie 1944 an Otto Hahn.
12.12. Uraufführung des Dramas „Des Teufels General" von Carl Zuckmayer in Zürich.
13.12. In München wird der „Allgemeine Deutsche Automobil-Club e.V." (ADAC), der 1933 von den Nationalsozialisten aufgelöst worden war, wiedergegründet.
Deutsche Erstaufführung der Oper „Matis der Maler" von Paul Hindemith.
15.12. Die erste Ausgabe der Zeitschrift „Hör zu" erscheint in Hamburg.
Eröffnung der Wanderausstellung „Nazikunst während des Krieges" in Frankfurt/Main.
22.12. Wirtschaftlicher Anschluss des Saarlands an Frankreich.

AUSSERDEM

Alfred Döblin: Der Oberst und der Dichter oder Das menschliche Herz (Roman)
Hermann Hesse: Krieg und Frieden (Roman)
Erich Maria Remarque: Arc de Triomphe (Roman)
Mit den „Rowohlt-Rotations-Romanen" erscheint hochwertige Literatur im Zeitungsformat.
Alfred Andersch und Hans Werner Richter geben in München die kulturpolitische Zeitschrift „Der Ruf" heraus, die 1947 von der amerikanischen Besatzungsmacht verboten wird.
Eugen Kogons Veröffentlichung „Der SS-Staat" macht die Gräuel in den Konzentrationslagern einem breiten Publikum bekannt.
Mit dem Vespa-Roller kommt ein neuer Typ von Zweirad auf den Markt.

Erster Nachkriegsparteitag der SPD im Westen

Während in der sowjetisch besetzten Zone die SPD sich nach dem Zweiten Weltkrieg schon sehr rasch (im Sommer 1945) wieder konstituierte – um ihre Selbständigkeit durch Zusammenschluss mit der KPD im April 1946 dann gleich wieder aufzugeben –, dauerte es in den Westzonen etwas länger. Aufbauarbeit leistete hier das Büro des ehemaligen Reichstagsabgeordneten Kurt Schumacher in Hannover. Schumacher, Kriegsinvalide des Ersten Weltkrieges und KZ-Häftling unter Hitler, wurde dann auch beim ersten Nachkriegsparteitag der SPD in den Westzonen, der vom 9. bis 11. Mai 1946 in Hannover stattfand, zum Vorsitzenden gewählt. In einer programmatischen Rede bezeichnete er als Ziel der Partei den Sozialismus, als Wegbereiter dazu eine starke und kampfbereite Demokratie. Das war als Kampfansage in gleicher Weise gegen den Kapitalismus wie gegen den Kommunismus gerichtet: „Wie der Sozialismus ohne Demokratie nicht möglich ist, so ist umgekehrt eine wirkliche Demokratie im Kapitalismus in steter Gefahr."
Der Parteitag fasste Forderungen und Ziele der West-SPD in einer Entschließung zusammen:

Die deutsche Einheit
Die deutsche Sozialdemokratie anerkennt die Pflicht zur Wiedergutmachung im Rahmen der wirtschaftlichen Möglichkeiten des deutschen Volkes. Sie ist für die Bestrafung der Schuldigen und der Kriegsverbrecher.
Die Sozialdemokratie erstrebt die Eingliederung des neuen Deutschlands in die neue internationale Organisation der Völker. Deutschland braucht die wirtschaftliche, soziale und politische Hilfe der demokratischen Nationen.

„Büro Schumacher" 1946 in Hannover. Von Links: Egon Franke, Kurt Schumacher, Erich Ollenhauer, Alfred Nau und Fritz Heine.

Prof. Ludwig Erhard (Mitte) und Prof. Erik Nölting (rechts) waren sich nicht einig über die künftige westdeutsche Wirtschaftsordnung. Während der Sozialdemokrat Nölting das Konzept der Planwirtschaft vertrat, setzte Ludwig Erhard auf die „freie Marktwirtschaft". Gegen Widerstände, auch innerhalb der CDU, ging es ihm als Direktor des Wirtschaftsrats der Bizone darum, „so schnell wie möglich so viele Bewirtschaftungs- und Preisvorschriften wie möglich in den Papierkorb zu befördern".

Die alliierte Politik
Das neue Deutschland leidet heute nicht nur unter der Erbschaft des Dritten Reiches, sondern auch unter der Tatsache, dass es keine gemeinsame Politik der Besatzungsmächte gegenüber Deutschland gibt. Die deutsche Sozialdemokratie wartet auf den Tag, an dem eine Klärung der Probleme in Deutschland und der Welt eine einheitliche Politik der Besatzungsmächte gegenüber Deutschland ermöglichen und die Politik der Besatzungszonen beenden wird.
Die Politik der Wirtschaftsverstümmelung, der Menschenversklavung und der Massenausrottung, die die Politik der nationalsozialistischen Diktatur war, darf im Zeitalter der Demokratie keine Geltung haben. Wie die Demokratie nicht gesichert ist ohne die ökonomische Befreiung der Menschen, so ist sie ebenso unmöglich ohne die nationale Freiheit des Volkes. Die deutsche Sozialdemokratie erhebt den Anspruch auf die Erhaltung Deutschlands als eines nationalen, staatlichen und wirtschaftlichen Ganzen. Nur wenn es uns gelingt, Deutschland als Einheit zu erhalten, werden vor allem die jungen Menschen die Ideen des Friedens, der Demokratie und des Sozialismus nicht als Ergebnis des Zusammenbruchs des Dritten Reiches, sondern als selbstgewollte höhere Notwendigkeit begreifen lernen. Nur dann wird die Sozialdemokratie den Kampf gegen jeden neuerwachenden Nationalismus mit Erfolg führen können.

Internationalisierung Europas
So wie die Sozialisten aller Länder für die Unabhängigkeit ihres Landes eintreten, so tut es auch die deutsche Sozialdemokratie. Aber sie weiß, dass die Periode der uneingeschränkten Souveränität der Einzelstaaten vorüber ist. Nicht Teile von Deutschland dürfen internationalisiert werden, sondern ganz Europa muss internationalisiert werden. Die deutsche Sozialdemokratie erstrebt die Vereinigten Staaten von Europa, eine demokratische und sozialistische Föderation europäischer Staaten. Sie will ein sozialistisches Deutschland in einem sozialistischen Europa. Nur so kann Europa zur Solidarität mit den Völkern aller Kontinente gelangen. Die Sozialdemokratie sieht in dem gemeinsamen Kampf der Sozialisten aller Länder gegen jede Form der Ausbeutung, des Imperialismus und des Faschismus, der Reaktion und des hegemonialen Nationalismus die große geschichtsbildende Kraft, die Frieden und Freiheit für alle Völker sichern kann.

Sofort anpacken
Sozialismus ist nicht mehr ein fernes Ziel. Er ist die Aufgabe des Tages. Die deutsche Sozialdemokratie ruft zur sofortigen sozialistischen Initiative gegenüber allen praktischen Problemen in Staat und Wirtschaft auf.
Die deutsche Sozialdemokratie ist sich der Größe ihrer Aufgabe bewusst. Sie will nichts sein als eine Partei unter anderen Parteien. Sie will sich aber auszeichnen durch die Richtigkeit ihrer Erkenntnisse, durch die Klarheit ihrer Politik und durch die Wirksamkeit ihrer Maßnahmen. Sie schöpft das Vertrauen zu einer erfolgreichen Durchführung ihrer Politik daraus, dass heute das Klasseninteresse der deutschen Arbeitenden mit den Notwendigkeiten des ganzen deutschen Volkes und der Einsicht und dem Willen aller fortschrittlichen und freiheitlichen Menschen in der ganzen Welt zusammenfallen.

James F. Byrnes wird am 6. September 1946 in Stuttgart vom amerikanischen Militärgouverneur, General McNarney begrüßt.

Neuorientierung der Besatzungspolitik

Der amerikanische Außenminister James F. Byrnes leitete in einer Rede in Stuttgart am 6. September die Neuorientierung der westlichen Besatzungspolitik ein – hin zu einem freien und unabhängigen, sich selbst verwaltenden Deutschland:
Im Jahre 1917 wurden die Vereinigten Staaten zur Teilnahme am Ersten Weltkrieg gezwungen. Nach diesem Krieg weigerten wir uns, dem Völkerbund beizutreten. Wir glaubten, uns den europäischen Kriegen fernhalten zu können, und verloren das Interesse an europäischen Angelegenheiten. Dies schützte uns aber nicht davor, zum Eintritt in den Zweiten Weltkrieg gezwungen zu werden. Wir wollen jenen Fehler nicht wiederholen. Wir sind entschlossen, uns weiter für die Angelegenheiten Europas und der Welt zu interessieren. Wir haben zur Organisierung der Vereinten Nationen beigetragen und glauben, dass dadurch Angreifernationen davon abgehalten werden, Kriege anzufangen. Weil wir das glauben, wollen wir die Vereinten Nationen mit unserer ganzen Macht und allen unseren Hilfsquellen unterstützen.
Das amerikanische Volk will den Frieden. Es hat schon seit langem nicht mehr von einem strengen oder milden Frieden für Deutschland gesprochen. Darauf kam es auch wirklich niemals an. Was wir wollen, ist ein dauerhafter Friede. Wir werden uns gegen zu harte und von Rachsucht diktierte Maßnahmen wenden, die einem wirklichen Frieden im Wege stehen. Wir werden uns zu milden Maßnahmen widersetzen, welche zum Bruch des Friedens einladen.
Es liegt weder im Interesse des deutschen Volkes noch im Interesse des Weltfriedens, dass Deutschland eine Schachfigur oder ein Teilnehmer in einem militärischen Machtkampf zwischen dem Osten und dem Westen wird ...
Die jetzigen Verhältnisse in Deutschland machen es unmöglich, den Stand der industriellen Erzeugung zu erreichen, auf den sich die Besatzungsmächte als absolutes Mindestmaß einer deutschen Friedenswirtschaft geeinigt hatten. Es ist klar, dass wir, wenn die Industrie auf den vereinbarten Stand gebracht werden soll, nicht weiterhin den freien Austausch von Waren, Personen und Ideen innerhalb Deutschlands einschränken können. Die Zeit ist gekommen, wo die Zonengrenzen nur als Kennzeichnung der Gebiete angesehen werden sollten, die aus Sicherheitsgründen von den Streitkräften der Besatzungsmächte besetzt gehalten werden, und nicht als eine Kennzeichnung für in sich abgeschlossene wirtschaftliche oder politische Einheiten.
Wir treten für die wirtschaftliche Vereinigung Deutschlands ein. Wenn eine völlige Vereinigung nicht erreicht werden kann, werden wir alles tun, was in unseren Kräften steht, um eine größtmögliche Vereinigung zu sichern.
Der Hauptzweck der militärischen Besetzung war und ist, Deutschland zu entmilitarisieren und entnazifizieren, nicht aber den Bestrebungen des deutschen Volkes hinsichtlich einer Wiederaufnahme seiner Friedenswirtschaft künstliche Schranken zu setzen ...
Die amerikanische Regierung steht auf dem Standpunkt, dass jetzt dem deutschen Volk innerhalb ganz Deutschlands die Hauptverantwortung für die Behandlung seiner eigenen Angelegenheiten bei geeigneten Sicherungen übertragen werden sollte ...
Die Vereinigten Staaten treten für die baldige Bildung einer vorläufigen deutschen Regierung ein. Fortschritte in der Entwicklung der öffentlichen Selbstverwaltung und der Landesselbstverwaltungen sind in der amerikanischen Zone Deutschlands erzielt worden, und die amerikanische Regierung glaubt, dass ein ähnlicher Fortschritt in allen Zonen möglich ist ...
Während wir darauf bestehen, dass Deutschland die Grundsätze des Friedens, der gutnachbarlichen Beziehungen und der Menschlichkeit befolgt, wollen wir nicht, dass es der Vasall irgendeiner Macht oder ir-

gendwelcher Mächte wird oder unter einer in- oder ausländischen Diktatur lebt. Das amerikanische Volk hofft, ein friedliches und demokratisches Deutschland zu sehen, das seine Freiheit und seine Unabhängigkeit erlangt und behält ...
In Potsdam wurden, vorbehaltlich einer endgültigen Entscheidung durch die Friedenskonferenz, bestimmte Gebiete, die einen Teil Deutschlands bildeten, vorläufig der Sowjetunion und Polen zugewiesen.
Die Staatsoberhäupter erklärten sich damit einverstanden, bei den Friedensregelungen den Vorschlag der Sowjetregierung hinsichtlich der endgültigen Übertragung der Stadt Königsberg und des anliegenden Gebietes an die Sowjetunion zu unterstützen. Sofern die sowjetische Regierung ihre Auffassung diesbezüglich nicht ändert, werden wir an diesem Abkommen festhalten.
Die Staatsoberhäupter stimmten zu, dass Schlesien und andere ostdeutsche Gebiete bis zur endgültigen Festlegung der polnischen Westgrenze durch den polnischen Staat verwaltet und zu diesem Zweck nicht als Teil der russischen Besatzungszone in Deutschland angesehen werden sollte ...
Durch das Abkommen von Jalta hat Polen an Russland das Gebiet östlich der Curzon-Linie abgetreten. Polen hat dafür eine Revision seiner nördlichen und westlichen Grenzen verlangt. Die Vereinigten Staaten werden eine Revision dieser Grenzen zugunsten Polens unterstützen. Der Umfang des an Polen abzutretenden Gebietes kann jedoch erst entschieden werden, wenn das endgültige Abkommen darüber getroffen ist.
Die Vereinigten Staaten finden, dass sie Frankreich seinen Anspruch auf das Saargebiet nicht verweigern können. Natürlich müsste Frankreich, wenn ihm das Saargebiet eingegliedert wird, seine Reparationsansprüche an Deutschland entsprechend ändern ...
Das amerikanische Volk, das für die Freiheit gekämpft hat, hat nicht den Wunsch, das deutsche Volk zu versklaven. Die Freiheit, an welche die Amerikaner glauben und für die sie kämpfen, ist eine Freiheit, an der alle teilhaben sollen, die gewillt sind, die Freiheit anderer zu achten ...
Die Vereinigten Staaten können Deutschland die Leiden nicht abnehmen, die ihm der von seinen Führern angefangene Krieg zugefügt hat. Aber die Vereinigten Staaten haben nicht den Wunsch, diese Leiden zu vermehren oder dem deutschen Volk die Gelegenheit zu verweigern, sich aus diesen Nöten herauszuarbeiten, solange es menschliche Freiheit achtet und vom Wege des Friedens nicht abweicht.
Das amerikanische Volk wünscht, dem deutschen Volk die Regierung Deutschlands zurückzugeben. Das amerikanische Volk will dem deutschen Volk helfen, zurückzufinden zu einem ehrenvollen Platz unter den freien und friedlebenden Nationen der Welt.

„Die Millionen Toten des Krieges warten auf die Urteilsverkündung und die Sühne der ungeheuren Verbrechen", kommentiert David Low im „Evening Standard" vom 24. Oktober 1946 die Verhandlungen des Nürnberger Prozesses.

Auf der Anklagebank im Nürnberger Kriegsverbrecher-Prozeß. Untere Reihe von links: Göring, Heß, Ribbentrop, Keitel, Kaltenbrunner, Rosenberg, Frank, Frick, Streicher, Funk, Schacht. Obere Reihe: Raeder, Schirach, Sauckel, Jodl, Papen, Seyß-Inquart, Speer, Neurath, Fritzsche.

Hinrichtungen in Nürnberg

Im Prozess gegen die Hauptkriegsverbrecher vor dem Internationalen Militärtribunal in Nürnberg ergingen am 1. Oktober 1946 die Urteile: zwölfmal Todesstrafe (Göring, Ribbentrop, Keitel, Kaltenbrunner, Rosenberg, Frank, Frick, Streicher, Sauckel, Jodl, Seyß-Inquart, Bormann in Abwesenheit), dreimal lebenslängliche Haftstrafe (Heß, Funk, Raeder) und vier zeitige Haftstrafen (Dönitz, Schirach, Speer, von Neurath), drei Freisprüche (von Papen, Fritzsche, Schacht). Ein Angeklagter (Ley) hatte zu Prozessbeginn Selbstmord begangen, ein weiterer (Krupp von Bohlen und Halbach) galt als verhandlungsunfähig. Außer Göring (Giftselbstmord) und Bormann (verschollen) wurden alle zum Tode verurteilten Täter am 16. Oktober 1946 hingerichtet. Der damalige bayerische Ministerpräsident Wilhelm Hoegner war als Augenzeuge dabei, als der Henker in Aktion trat:
Wir standen links von der Eingangstür im Hintergrund der Halle. Die Türe wurde verschlossen. Kurz nach ein Uhr pochte es an die Tür. Ein amerikanischer Soldat drehte den Schlüssel zurück und öffnete. Herein kam zwischen zwei amerikanischen Soldaten, bleich und verfallen, Joachim von Ribbentrop, Hitlers Außenminister, von einem Geistlichen geleitet. Er wurde an die Stufen herangeführt. Ein Amerikaner fragte: „What is your name?" Der Dolmetscher übersetzte es ins Deutsche. Der Gefangene gab seinen Namen an. Nun wurde er die dreizehn Stufen hinaufgeführt. Der Fragesteller und der Dolmetscher gingen mit. Oben auf der Plattform fragte der Amerikaner, und der Dolmetscher übersetzte: „Haben Sie noch etwas zu bemerken?"

Ribbentrop sagte: „Gott schütze Deutschland! Gott sei meiner Seele gnädig! Mein letzter Wunsch ist, dass Deutschland seine Einheit wiederfindet, dass eine Verständigung zwischen Ost und West kommt für den Frieden der Welt!“

Der Henker, ein untersetzter amerikanischer Soldat mit rotem, brutalem Gesicht, zog nun dem Verurteilten einen schwarzen Sack über den Kopf, band den Sack zu und legte seinem Opfer den Strick um den Hals. Dann trat er etwas zurück und machte sich im Hintergrund zu schaffen. Im gleichen Augenblick gab die Falltüre mit lautem Krachen nach, der Verurteilte stürzte in die Tiefe. Das Geräusch war wie ein Knacken, es ging aufs Herz.

Nach etwa zehn Minuten begab sich der russische Arzt mit zwei amerikanischen Kollegen hinter das schwarze Tuch am Gerüst. Er hielt ein Hörrohr in der Hand. Nach einiger Zeit tauchte er wieder auf, sein Gesichtsausdruck war noch trauriger als vorher. Er ging langsam auf die Generäle zu und meldete den Tod des Gehenkten.

Gegen ein Uhr zwanzig wurde Generalfeldmarschall Wilhelm Keitel hereingeführt. Er trug eine Generalshose mit roten Streifen. Sein Gesicht war fahl und verstört. Seine letzten Worte waren: „Ich rufe den Allmächtigen an, er möge sich des deutschen Volkes erbarmen. Über zwei Millionen deutscher Soldaten sind vor mir für ihr Vaterland in den Tod gegangen. Ich folge meinen Söhnen nach. Alles für Deutschland!“

Die Hinrichtungen fanden abwechselnd an zwei Galgen statt, der dritte wurde nicht verwendet.

Nach halb zwei Uhr stand Ernst Kaltenbrunner unter dem Galgen. Auf die Frage, ob er noch etwas zu sagen habe, erwiderte er: „Ich bitte darum. Ich habe meinem Volk und meinem Vaterland mit heißem Herzen gedient. Ich habe meine Pflicht nach den Gesetzen meines Vaterlandes getan. Ich bedaure, dass mein Volk in dieser schweren Zeit nicht ausschließlich von soldatischen Menschen geführt worden ist. Ich bedaure, dass Verbrechen begangen worden sind, ich hatte keinen Anteil an ihnen. Deutschland Glück auf!“

Nachher wurde Alfred Rosenberg hereingeführt. Auf die Frage, ob er noch etwas zu bemerken habe, erwiderte er kurz: „Nein.“ Seine Hinrichtung ging blitzschnell vor sich.

Gegen zwei Uhr früh stand Dr. Hans Frank in der Halle. Er hatte schon bei der Verlesung des Todesurteils in der Zelle ganz irre Augen gehabt und schien nun völlig gebrochen. Ein Franziskanerpater begleitete ihn. Franks Stimme war mehr ein Flüstern: „Ich danke für die gütige Behandlung, die mir während der Gefangenschaft zuteil geworden ist. Ich bitte den Herrgott, dass er mich gnädig aufnehmen möge.“ Dann ging alles sehr rasch.

Ihm folgte Dr. Wilhelm Frick, zwei Uhr fünf Minuten. Er trat fest, beinahe brutal auf. Mit lauter Stimme schrie er: „Es lebe das ewige Deutschland!“

Als Julius Streicher vor den dreizehn Stufen stand, rief er laut: „Heil Hitler!“ Auf die Frage nach seinem Namen antwortete er barsch: „Den kennen Sie!“ Die Frage wurde ruhig wiederholt. Er erwiderte: „Nun gut, Julius Streicher.“ Von einem Geistlichen begleitet, wurde er die Stufen hinaufgeführt. Oben rief er: „Purimfest 1946 – und jetzt zu Gott!“ Dann fiel ihm noch etwas ein und er schrie: „Die Bolschewisten werden euch einmal hängen.“ Zu dem Geistlichen gewandt setzte er hinzu: „Ich bin bei Gott, Herr Pater!“ Als ihm schon der schwarze Sack über den Kopf gestülpt war, rief er noch einmal: „Adele, meine liebe Frau.“ Nach dem Niedersausen seines Körpers in die Versenkung vernahm man in der Totenstille ein leises Ächzen. Der Zuschauer bemächtigte sich Unruhe und Schrecken, doch die Ärzte sagten, es sei nichts. Dieses leise Ächzen war mit dem Krachen der Falltüre das schrecklichste Erlebnis dieser nächtlichen Hinrichtungen. Wir vernahmen das Ächzen später noch einmal. Gegen halb drei Uhr früh wurde Fritz Sauckel hereingeführt. Er war sehr aufgeregt und rief: „Ich sterbe unschuldig. Das Urteil ist falsch. Gott schütze Deutschland und mache Deutschland wieder groß! Es lebe Deutschland! Gott schütze meine Familie!“ Nach ihm kam Generaloberst Al-

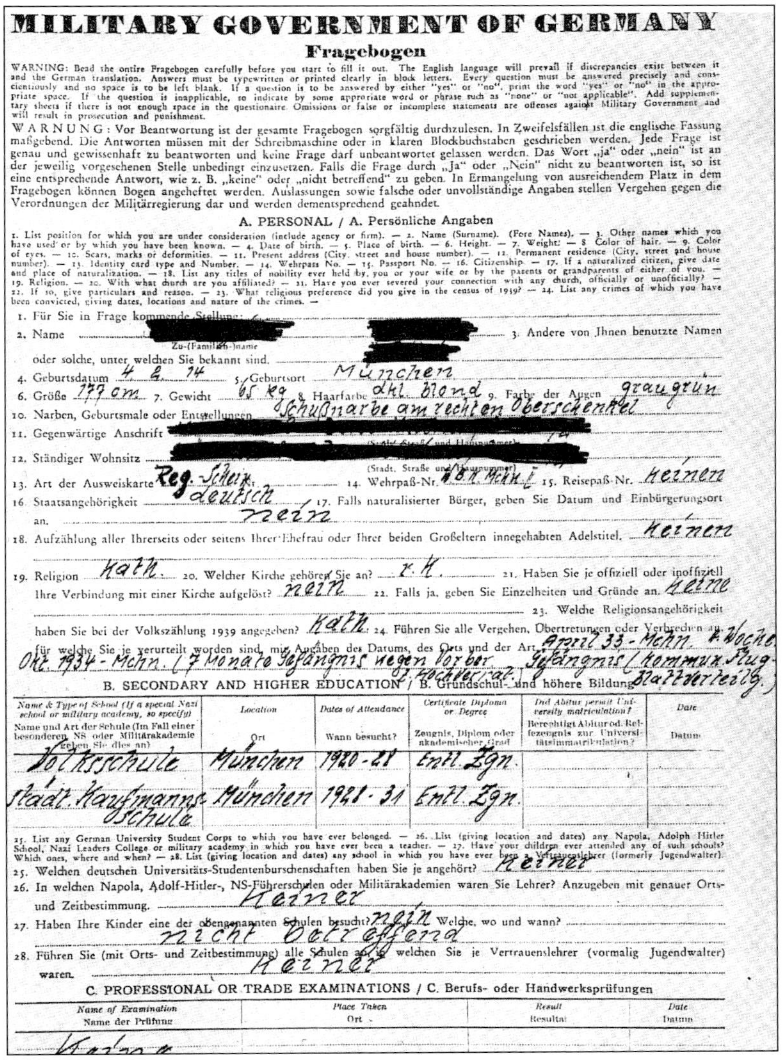

MILITARY GOVERNMENT OF GERMANY

Fragebogen

WARNING: Read the entire Fragebogen carefully before you start to fill it out. The English language will prevail if discrepancies exist between it and the German translation. Answers must be typewritten or printed clearly in block letters. Every question must be answered precisely and conscientiously and no space is to be left blank. If a question is to be answered by either "yes" or "no", print the word "yes" or "no" in the appropriate space. If the question is inapplicable, so indicate by some appropriate word or phrase such as "none" or "not applicable". Add supplementary sheets if there is not enough space in the questionaire. Omissions or false or incomplete statements are offenses against Military Government and will result in prosecution and punishment.

WARNUNG: Vor Beantwortung ist der gesamte Fragebogen sorgfältig durchzulesen. In Zweifelsfällen ist die englische Fassung maßgebend. Die Antworten müssen mit der Schreibmaschine oder in klaren Blockbuchstaben geschrieben werden. Jede Frage ist genau und gewissenhaft zu beantworten und keine Frage darf unbeantwortet gelassen werden. Das Wort „ja“ oder „nein“ ist an der jeweilig vorgesehenen Stelle unbedingt einzusetzen. Falls die Frage durch „Ja“ oder „Nein“ nicht zu beantworten ist, so ist eine entsprechende Antwort, wie z. B. „keine“ oder „nicht betreffend“ zu geben. In Ermangelung von ausreichendem Platz in dem Fragebogen können Bogen angeheftet werden. Auslassungen sowie falsche oder unvollständige Angaben stellen Vergehen gegen die Verordnungen der Militärregierung dar und werden dementsprechend geahndet.

A. PERSONAL / A. Persönliche Angaben

1. List position for which you are under consideration (include agency or firm). — 2. Name (Surname). (Fore Names). — 3. Other names which you have used or by which you have been known. — 4. Date of birth. — 5. Place of birth. — 6. Height. — 7. Weight. — 8. Color of hair. — 9. Color of eyes. — 10. Scars, marks or deformities. — 11. Present address (City, street and house number). — 12. Permanent residence (City, street and house number). — 13. Identity card type and Number. — 14. Wehrpass No. — 15. Passport No. — 16. Citizenship — 17. If a naturalized citizen, give date and place of naturalization. — 18. List any titles of nobility ever held by you or your wife or by the parents or grandparents of either of you. — 19. Religion. — 20. With what church are you affiliated? — 21. Have you ever severed your connection with any church, officially or unofficially? — 22. If so, give particulars and reason. — 23. What religious preference did you give in the census of 1939? — 24. List any crimes of which you have been convicted, giving dates, locations and nature of the crimes. —

1. Für Sie in Frage kommende Stellung: [redacted]
2. Name [redacted] Zu-(Familien-)name [redacted] 3. Andere von Ihnen benutzte Namen oder solche, unter welchen Sie bekannt sind. [redacted]
4. Geburtsdatum 4. 2. 14 5. Geburtsort München
6. Größe 177 cm 7. Gewicht 65 kg 8. Haarfarbe dkl. blond 9. Farbe der Augen graugrün
10. Narben, Geburtsmale oder Entstellungen Schußnarbe am rechten Oberschenkel
11. Gegenwärtige Anschrift [redacted] (Stadt, Straße und Hausnummer)
12. Ständiger Wohnsitz [redacted] (Stadt, Straße und Hausnummer)
13. Art der Ausweiskarte Reg.-Schein Nr. 14. Wehrpaß-Nr. [illegible] 15. Reisepaß-Nr. keinen
16. Staatsangehörigkeit deutsch 17. Falls naturalisierter Bürger, geben Sie Datum und Einbürgerungsort an. nein
18. Aufzählung aller Ihrerseits oder seitens Ihrer Ehefrau oder Ihrer beiden Großeltern innegehabten Adelstitel. keinen
19. Religion kath. 20. Welcher Kirche gehören Sie an? r. k. 21. Haben Sie je offiziell oder inoffiziell Ihre Verbindung mit einer Kirche aufgelöst? nein 22. Falls ja, geben Sie Einzelheiten und Gründe an. keine
23. Welche Religionsangehörigkeit haben Sie bei der Volkszählung 1939 angegeben? kath. 24. Führen Sie alle Vergehen, Übertretungen oder Verbrechen an, für welche Sie je verurteilt worden sind, mit Angaben des Datums, des Orts und der Art. April 33 - Mchn. 4 Woche Gefängnis (Kommun. Flugblattverteilg.) Okt. 1934 - Mchn. (7 Monate Gefängnis wegen Vorber. z. Hochverrat.)

B. SECONDARY AND HIGHER EDUCATION / B. Grundschul- und höhere Bildung

Name & Type of School (If a special Nazi school or military academy, so specify) / Name und Art der Schule (Im Fall einer besonderen NS oder Militärakademie geben Sie dies an)	Location / Ort	Dates of Attendance / Wann besucht?	Certificate Diploma or Degree / Zeugnis, Diplom oder akademischer Grad	Did Abitur permit University matriculation? / Berechtigt Abitur od. Reifezeugnis zur Universitätsimmatrikulation?	Date / Datum
Volksschule	München	1920-28	Entl. Zgn.		
Städt. Kaufmannsschule	München	1928-31	Entl. Zgn.		

25. List any German University Student Corps to which you have ever belonged. — 26. List (giving location and dates) any Napola, Adolph Hitler School, Nazi Leaders College or military academy in which you have ever been a teacher. — 27. Have your children ever attended any of such schools? Which ones, where and when? — 28. List (giving location and dates) any school in which you have ever been a Vertrauenslehrer (formerly Jugendwalter).

25. Welchen deutschen Universitäts-Studentenburschenschaften haben Sie je angehört? keiner
26. In welchen Napola, Adolf-Hitler-, NS-Führerschulen oder Militärakademien waren Sie Lehrer? Anzugeben mit genauer Orts- und Zeitbestimmung. keiner
27. Haben Ihre Kinder eine der obengenannten Schulen besucht? nein Welche, wo und wann? nicht betreffend
28. Führen Sie (mit Orts- und Zeitbestimmung) alle Schulen an, in welchen Sie je Vertrauenslehrer (vormalig Jugendwalter) waren. keiner

C. PROFESSIONAL OR TRADE EXAMINATIONS / C. Berufs- oder Handwerksprüfungen

Name of Examination / Name der Prüfung	Place Taken / Ort	Result / Resultat	Date / Datum

Inquisition auf dem Papier: Fast eineinhalb Millionen Fragebögen wurden bis zum März 1946 allein von den Deutschen in der US-Zone aufgrund der Entnazifizierungsbestimmungen zur Überprüfung ihrer politischen Gesinnung ausgefüllt. Lebensmittelkarten und Arbeitsbewilligungen erhielt nur derjenige, der den Fragebogen vollständig beantwortet hatte.

Das Carepaket hat mehr zur Verständigung zwischen Nationen und Völkern beigetragen als alle Re-Education und tausend gute Reden von Ministern und Präsidenten. Die CARE-Organisation hat einen echten Kreuzzug gekämpft und gewonnen: den Kampf gegen Elend, Hunger und Not.

fred Jodl im Waffenrock. Seine letzten Worte lauteten: „Ich grüße dich, mein Deutschland!"
Als letzter wurde gegen dreiviertel drei Uhr Artur Seyß-Inquart hingerichtet. Er trug Augengläser, hinkte und kam nur mühsam die Stufen hinauf. Er sprach: „Ich hoffe, dass diese Vollstreckung der letzte Akt der Tragödie des Zweiten Weltkrieges ist und dass die Lehre aus diesem Weltkrieg daraus gezogen wird, dass Friede und Verständigung zwischen den Völkern erfolgt. Ich glaube an Deutschland."
Zwischen den Hinrichtungen wurde geraucht. Einmal hatte ich noch die Zigarette in der Hand, als ein Verurteilter hereingeführt wurde. Ein Amerikaner schrie mich an: „Zigarette weg, German!" Ich hatte bei diesem hässlichen Zuruf ein Gefühl tiefster Erniedrigung. Ich sah auch, wie zwischen den Hinrichtungen mehrere Leichname hinausgetragen wurden. Die Gesichter waren schwarz vermummt, das Hemd war offen, weil die Ärzte das Herz abgehorcht hatten.
Zum Schlusse wurde die Leiche Görings hereingetragen und vor uns zur Schau gestellt. Auch das Gesicht war jetzt schon bläulich verfärbt. Offenbar sollten wir nochmals überzeugt werden, dass er tot war. Nach den Hinrichtungen begaben wir uns mit den Journalisten in ihre Zimmer zurück. Dort kam es in den nächsten Stunden zu einer heftigen Auseinandersetzung zwischen Russen und Amerikanern, weil die russischen Journalisten den Selbstmord Görings veröffentlicht hatten.
In dieser Nacht schliefen wir nicht. Gegen halb acht Uhr früh überreichte uns Oberst Andrus die Veröffentlichung über die Hinrichtungen. Sie lautete:
„Viererausschuss für die Gefangenhaltung bedeutender Kriegsverbrecher.
Die am 1. Oktober 1946 vom Internationalen Militärtribunal in Nürnberg verhängten Todesurteile über die unten erwähnten Kriegsverbrecher wurden am heutigen Tage in unserer Gegenwart vollstreckt: Joachim von Ribbentrop, Wilhelm Keitel, Ernst Kaltenbrunner, Alfred Rosenberg, Hans Frank, Wilhelm Frick, Julius Streicher, Fritz Sauckel, Alfred Jodl, Artur Seyß-Inquart. Hermann Göring beging am 15. Oktober um 22.45 Uhr Selbstmord.
Der bayerische Ministerpräsident Dr. Wilhelm Hoegner und der Generalstaatsanwalt von Nürnberg, Dr. Friedrich Leistner, wohnten den Hinrichtungen in ihrer amtlichen Eigenschaft als Zeugen für das deutsche Volk bei und sahen den Leichnam von Hermann Wilhelm Göring.

Vor allem die Sowjetunion forderte Entschädigung für die Kriegsschäden. Am 29. August 1945 wurde daher in Potsdam die Demontage zahlreicher deutscher Industriebetriebe beschlossen. Das Photo zeigt einen US-Offizier mit seinem Sowjet-Kollegen beim Überwachen des Abbaus eines Kraftwerks. Je länger die Demontagen dauerten, desto deutlicher wurde ihr wirtschaftlicher Widersinn. Mit einer ausgeraubten Nation handelte man sich einen Almosenempfänger auf Dauer ein. Als erste stellten die Amerikaner im Mai 1946 die Demontage-Aktionen ein. In den anderen Besatzungszonen gingen sie jedoch noch jahrelang weiter.

Die Trümmerfrauen wurden in den ersten Nachkriegsjahren zum Symbol des beginnenden Wiederaufbaus. Sie klopften den alten Mörtel von den Ziegelsteinen, um verwendbares Baumaterial zu schaffen. Die Tätigkeit ging auf einen Beschluß des Alliierten Kontrollrats vom Oktober 1945 zurück. Er verfügte die „Arbeitspflicht" für alle Männer und Frauen.

Entnazifizierung

Schon auf ihrer Konferenz in Jalta im Februar 1945 hatten die Alliierten die Entnazifizierung zu einem Hauptziel ihrer Politik im besiegten Deutschland erklärt; im Potsdamer Abkommen vom 2. August 1945 ordneten sie folgende Entnazifizierungsmaßnahmen an:
1) Auflösung der NSDAP, ihrer „Gliederungen und Unterorganisationen";
2) Verbot „jeder nazistischen und militaristischen Betätigung und Propaganda";
3) Aufhebung der nationalsozialistischen Gesetze;
4) Verhaftung und Internierung der nationalsozialistischen Parteiführer, „einflussreicher" Anhänger des Nationalsozialismus, der Leiter der nationalsozialistischen Ämter und Organisationen und „aller anderen Personen, die für die Besetzung (Deutschlands durch die Alliierten) und ihre Ziele gefährlich sind";
5) Entfernung aller mehr als bloß nominellen Mitglieder der NSDAP und „aller Personen, die den alliierten Zielen feindlich gegenüberstehen", aus den öffentlichen und halböffentlichen Ämtern sowie aus Führungspositionen der Privatwirtschaft;
6) völlige Reinigung des Erziehungs- und Bildungswesens von

„nazistischen und militaristischen Lehren" und dessen Überwachung (Reeducation).
Die Entnazifizierung wurde zunächst auf der Grundlage der vom Alliierten Kontrollrat erlassenen Gesetze, insbesondere Nr. 1 (vom 20. 9. 1945) und Nr. 2 (vom 10. 10. 1945), durchgeführt, am intensivsten in der amerikanischen Zone. Hier musste jeder Inhaber eines öffentlichen Amts oder einer sonstigen höheren Stellung und jeder Bewerber dafür einen ausführlichen Fragebogen ausfüllen; aufgrund seiner Angaben wurde der Betreffende in eine von sechs Kategorien („automatisch zu arrestieren", „entlassungspflichtig", „Entlassung empfohlen", „Entlassung nicht empfohlen", „kein Beweis für NS-Aktivitäten" oder „Anti-NS-Aktivität bewiesen") eingestuft. Dieses durch Kontrollratsgesetz vom 25. Dezember 1945 auch auf die anderen Besatzungszonen übertragene, dort aber nur teilweise durchgeführte Entnazifizierungsverfahren wurde schon Ende 1945 revidiert, wohl auch deshalb, weil es zu einem akuten Personalmangel vor allem in der öffentlichen Verwaltung führte. Das von der Landesregierung der US-Zone erlassene „Gesetz zur Befreiung von Nationalsozialisten und Militarismus" vom 5. 3. 1946 teilte die (ehemaligen) Nationalsozialisten (ohne die eines Kriegsverbrechens Beschuldigten) in fünf Kategorien ein:
1) Hauptschuldige,
2) Belastete,
3) Minderbelastete,
4) Mitläufer,
5) Entlastete.
Die Entnazifizierung wurde lokalen deutschen „Spruchkammern" übertragen, die der Aufsicht der „Befreiungsministerien" der Länder unterstanden. Die Kontrollratsdirektive vom 12. Oktober 1946 übertrug dieses Verfahren auch auf die anderen Zonen.
Die vor allem von den Kirchen und den konservativen deutschen Parteien kritisierte Entnazifizierung mit ihrer Persilschein-Korruption wurde seit Ende 1947 gemäßigt: Die US-Militärregierung gewährte jungen und sozial schwachen Betroffenen eine Amnestie (rund 2,8 Millionen Fälle); der französische Militärgouverneur amnestierte alle bloß nominellen Nationalsozialisten; in der sowjetischen Zone hatte schon ein Befehl der Militärregierung vom 16. August 1947 die bloß nominellen Nationalsozialisten mit den übrigen Bürgern gleichgestellt; der Befehl vom 26. Februar 1948 beendete dort die Entnazifizierung. Nach Gründung der Bundesrepublik (September 1949) ging die Zuständigkeit für die Entnazifizierung in Westdeutschland völlig auf die Länder über, doch wurden nur noch Personen der Kategorien 1 und 2 weiterverfolgt und auch diese zum Großteil amnestiert. Die in allen Ländern zwischen 1949 und 1954 erlassenen „Abschlussgesetze" schränkten die Entnazifizierung und ihre Folgen weiter ein: Aufgrund des so genannten 131er-Gesetzes vom 11. Mai 1951 (Ausführungsgesetz zum Artikel 131, Grundgesetz) wurden fast alle von der Entnazifizierung betroffenen Beamten wieder eingestellt. In der DDR stellte das Gesetz vom 2. Oktober 1952 alle ehemaligen Nationalsozialisten (außer den „Kriegsverbrechern") rechtlich mit den übrigen Bürgern gleich. Nach einer Aufstellung des Bundesinnenministeriums vom Februar 1950 wurden von der Entnazifizierung in den westlichen Zonen bzw. der Bundesrepublik rund 6,08 Millionen Menschen betroffen. Davon wurden fast 1.700 in die Kategorie 1, rund 23.000 in 2, rund 150.400 in 3 und rund 1,006 Millionen in 4 eingestuft; bei 3,939 Millionen wurde das Verfahren eingestellt. Insgesamt gingen so fast 98 Prozent der Betroffenen als „Entlastete" oder bloße „Mitläufer" aus den Entnazifizierungserfahren hervor.

DIE ZEIT
WOCHENZEITUNG FÜR POLITIK · WIRTSCHAFT · HANDEL UND KULTUR

Spanische Krise

Das verlorene Paradies
Von ERICH WELTER

„Wir hoffen, dass ‚Die Zeit' ihrer Namensschwester in England würdig sein wird. Sie wird gewiss die dringende Nachfrage nach einer Zeitung von umfassender Sicht, nüchternen Kommentaren und kulturellem Hintergrund befriedigen", sagte der britische Brigadier Armitage im Februar 1946 den vier Lizenzträgern der neuen Wochenzeitung „Die Zeit", die als erste Zeitung in Hamburg nach 1945 erscheint.

Auswirkungen des Hungers in Westdeutschland. In Hamburg traf am 18. August 1946 eine internationale Ärztekommission der drei westlichen Besatzungsmächte ein, welche die Auswirkungen des Hungers in Westdeutschland untersuchen sollte. Die Versorgung mit Brot und Mehl war ins Stocken geraten, in manchen Landstrichen war der Anschluss an die neue Ernte nicht erreicht worden. Die schlechte Ernährungslage hatte zu einem ungewöhnlich hohen Krankenstand geführt. Auf zahlreichen ärztlichen Befunden stand: „Nur noch für leichtere Beschäftigung arbeitsfähig." Die Besatzungsmächte konnten eine Katastrophe nur verhindern, indem sie verstärkt Lebensmittel einführten. Die Amerikaner schickten innerhalb von zehn Tagen fast 80 000 Tonnen Nahrungsmittel in ihre Besatzungszone. In Bayern wurde amerikanisches Maisbrot ausgegeben. Ganz besonders schlecht war die Versorgungslage im Ruhrgebiet. Die britischen Behörden schickten zusätzlich 250 000 Tonnen Getreide und Mehl in die Industriestädte.

Reisen durch Ruinen

Angela Limerick inspizierte im Auftrag des Britischen Roten Kreuzes 1945 und 1946 die humanitären Hilfsmaßnahmen in der britischen Besatzungszone und im britischen Sektor Berlins.
Die Eindrücke ihrer „Reisen durch Ruinen" vertraute sie einem Tagebuch an:

Dienstag, 13. November 1945 (Berlin)
Wir begannen unsere Tour in der Stadtmitte, die wirklich einen traurigen Anblick bietet, entlang der Berliner Straße, vorbei am Opernhaus ... und der Siegessäule zur Erinnerung an den Krieg von 1870. Sie steht noch, aber auf der Spitze weht die französische Fahne. Dann

am Tiergarten vorbei an der für die Siegesparade gebauten Tribüne mit großen Portraits von Stalin, Roosevelt und Churchill. Linkerhand sahen wir den ausgebrannten Reichstag und fuhren dann durch das große Brandenburger Tor, den Eingang zur Russischen Zone. Weiter entlang Unter den Linden, vorbei am Adlon Hotel ... Eine stark beschädigte Fassade ist das einzige, was von einem der luxuriösesten Hotels Europas noch steht. Am Wilhelmplatz hielten wir an, um uns die Reichskanzlei anzuschauen ... Durch den Eingang kommt man in einen großen Innenhof, immer noch voll mit ausgebrannten Autos. Er führt zu einer gewaltigen Vorhalle mit aufwändigen Mosaiken am Boden und an den Wänden. Hier beginnt eine etwa 150 Yards lange Galerie, von der zahlreiche Räume abgehen, darunter Hitlers Büro, ein bescheidenes, kleines Appartement mit 25 x 15 Yards. Die Reste des großen Schreibtischs stehen noch in der Ecke ... Von diesem Zimmer gingen wir in den Garten, wo angeblich sein Körper und der von Eva Braun verbrannt wurden. Am hinteren Ende befindet sich der berühmte Bunker, über den wir so viel gelesen haben. Wir stiegen die 33 Stufen hinunter, aber er war verschlossen.

Auf dem Rückweg kletterten wir auf den Balkon, von wo aus Hitler seine Ansprachen an die Menschenmassen auf dem Wilhelmplatz gehalten hatte ... Man fragt sich, wann die Straßen und Plätze wohl jemals geräumt sein werden. Nazifrauen werden zu dieser Arbeit gezwungen, aber ohne richtiges Werkzeug und Transportmittel ist es eine unlösbare Aufgabe. Die Frauen bilden eine Kette, reichen die Eimer voll Schutt von Hand zu Hand, oder sie laden ihn in kleine Handwagen, da es sonst keine Transportmittel gibt. Meistens jedoch schütten sie lediglich an einer anderen Stelle einen neuen Haufen auf. Die Gesichter der Leute auf der Straße vermitteln den Eindruck völliger Hoffnungslosigkeit und Depression ...

Auf dem Rückweg passierten wir den Schwarzmarkt, auf dem Menschenmassen öffentlich jede Art von Ware zu exorbitanten Preisen kaufen und verkaufen. Ab und zu gibt es eine Razzia, aber der Markt öffnet immer wieder schnell ...

Montag, 19. November 1945
(Friedland)

Dies ist der Ort, an dem sich die große Flüchtlingsflut von der Russischen in die Britische Zone ergießt. Schon weit vor Friedland sahen wir, wie sie sich in einem unablässigen Strom dahinschleppten. Sie schleiften ihre Holzkoffer hinter sich her oder schoben ihren gesamten Besitz in einem Kinderwagen. Einige waren hoch mit Koffern oder Holzkästen beladen, andere hatten nichts als einen alten Sack oder ein Bündel auf den Schultern. Alte Menschen, Kinder, Babys auf den Armen, es schien eine endlose Prozession entlang der Straße zu sein, zwei oder drei nebeneinander. Hier und da ein Pferdefuhrwerk oder ein Armeelastwagen, der die Alten und Kranken vom Bahnhof bringt. Er liegt ungefähr fünf Meilen jenseits der russischen Grenze. Wir erfuhren, dass die meisten mit dem Zug jenseits von Breslau kamen, andere waren den gesamten Weg gelaufen ...

Mittwoch, 16. Oktober 1946

Ich las einen recht interessanten Bericht von einem der Oberärzte von Krupp über den Gesundheitszustand von mehr als 1000 Arbeitnehmern der Kruppwerke. Nach einer sehr sorgfältigen medizinischen Untersuchung waren die meisten, insbesondere die älteren Arbeiter, unterernährt. 1/3 der Untersuchten hatte 20 Prozent ihres Normalgewichtes verloren. Viele litten unter niedrigem Blutdruck, Schwindelgefühlen am Morgen und Krämpfen. Hinzu kam eine erhöhte Anzahl Knochenbrüche. 85 Prozent der Befragten gaben zu, Nahrungsmittel auf dem Schwarzmarkt oder auf nicht autorisiertem Wege zu erhalten. Sie hatten ihr ganzes Geld und alle Ersparnisse für Nahrungsmittel ausgegeben ...

Die Hausfrauen reihen sich schon um 6.30 Uhr in die Schlangen vor den Geschäften ein und müssen manchmal fünf Stunden warten. Oder sie fahren zum Hamstern aufs Land. Ihre tägliche Nahrung besteht aus Gemüsesuppe mit vier Kartoffeln und Magermilch sowie Brot zum Abendessen. Abwechslung gibt es selten. Als Lebensmittel besonders knapp waren, erhielten die Kinder schulfrei, damit sie Energie sparen konnten. Oft blieben sie vor Hunger wach. Die meisten Kinder besaßen keine Kleider zum Wechseln und blieben am Waschtag der Schule fern ...

Donnerstag, 17. Oktober 1946
(Bad Pyrmont)

Wir besuchten als nächstes das deutsche Krankenhaus im umgebauten alten Kurhaus. Die prunkhaften Lüster und die übrigen Zeichen vergangener Pracht scheinen jetzt besonders unangebracht, denn die Patienten sahen elend aus und sind überwiegend schwerkrank. Von den 1.840 Betten sind 400 bis 500 für Amputationsfälle reserviert, viele davon Doppelamputationen. Einige warten seit über einem Jahr in dieser deprimierenden Umgebung, einige sind bereits vor Jah-

Der historische Händedruck zwischen Wilhelm Piek (links) und Otto Grotewohl im Berliner Admiralspalast am 22. April. Neben ihnen sitzend Walter Ulbricht.

Emblem der SED, 1946.

ren verwundet worden. Ich sprach mit zwei Jungen, einer erst 19 Jahre alt, die beide im März 1944 verwundet wurden. Sie haben beide Beine oberhalb der Knie verloren und sahen sehr krank aus. Ablenkung gibt es für sie nicht, und so liegen sie Tag ein, Tag aus ohne Beschäftigung. Uns wurde erzählt, dass eine Krankenhausbibliothek vorhanden sei, aber wir sahen keine Patienten mit Büchern. Etwa 80 Prozent der Patienten kommen aus der Russischen Zone. Sie werden erst zurückgeschickt, wenn sie Prothesen erhalten haben. ...
Nach dem Rundgang durchs Krankenhaus besuchten wir einige der Häuser, in denen DPs mit Amputationen leben und ebenfalls auf Prothesen warten. Es sind fast alles Balten und Polen, die von der UNRRA geschickt wurden. Wir sahen ein unglückliches ungarisches Mädchen, dessen Bein amputiert werden musste, nachdem sie bei der Befreiung von Belsen von einem britischen Panzer überrollt worden war. Sie hat mehrfach versucht, sich umzubringen, was kaum verwundern kann, hat sie doch keine Verwandten mehr und keinen Ort, an den sie nach ihrer Entlassung hingehen könnte.

Historischer Händedruck in Berlin

Sozialdemokratie und Kommunismus reichen sich die Hände, die unselige Spaltung der deutschen Arbeiterbewegung erscheint zu Ende. Fotos von dieser Szene schmückten in der DDR jede Publikation zur Geschichte des Staates: Im Admiralitätspalast in Berlin besiegeln am 22. April 1946 die Vorsitzenden Wilhelm Pieck (KPD) und Otto Grotewohl (SPD) mit einem Händedruck die Vereinigung ihrer Parteien zur Sozialistischen Einheitspartei Deutschlands (SED). Aber der Zusammenschluss galt nur in der sowjetischen Besatzungszone; die SPD in den Westzonen und in den Westsektoren Berlins versagte sich der Umarmung durch die Kommunisten, zu sehr hatten sich bereits die politischen Verhältnisse im Nachkriegsdeutschland unter dem Einfluss der jeweiligen Besatzungsmächte auseinanderdividiert. Die Versammlung im Admiralitätspalast bestimmte als „Grundsätze und Ziele der Einheitspartei": Zwölf Jahre faschistischer Diktatur, sechs Jahre Hitlerkrieg schleuderten das deutsche Volk in die furchtbarste wirtschaftliche, politische und sittliche Katastrophe seiner Geschichte. Deutschland wurde in ein Trümmerfeld verwandelt. Der Hitlerfaschismus war das Herrschaftsinstrument des Finanzkapitals, der Herren der Rüstungskonzerne, der Großbanken und des Großgrundbesitzes. Durch die Spaltung der Arbeiterklasse gelangte der Faschismus zur Macht ...
Gegenwartsforderungen
1. Bestrafung aller Kriegsschuldigen und Kriegsverbrecher. Beseitigung der Überreste des Hitlerregimes in Gesetzgebung und Verwaltung. Völlige Säuberung des gesamten öffentlichen Lebens, aller Ämter und Wirtschaftsleitungen von Faschisten und Reaktionären.
2. Beseitigung der kapitalistischen Monopole, Übergabe der Unternehmungen der Kriegsschuldigen, Faschisten und Kriegsinteressenten in die Hände der Selbstverwaltungsorgane.
3. Vernichtung des reaktionären Militarismus, Entmachtung der Großgrundbesitzer und Durchführung der demokratischen Bodenreform.
4. Ausbau der Selbstverwaltung auf der Grundlage demokratisch durchgeführter Wahlen ...
5. Überführung aller öffentlichen Beriebe, der Bodenschätze und Bergwerke, der Banken, Sparkassen und Versicherungsunternehmungen in die Hände der Gemeinden, Provinzen und Länder oder der gesamtdeutschen Regierung ...
6. Aufbau der Wirtschaft und Sicherung der Währung aufgrund von Wirtschaftsplänen ...
7. Demokratische Steuer-Reform
8. Sicherung der demokratischen Volksrechte ...
9. Sicherung des Koalitions-, Streik- und Tarifrechtes ...
10. Achtstundentag als gesetzlicher Normalarbeitstag ...
11. Demokratische Reform des gesamten Bildungs- und Erziehungswesens, Aufbau der Einheitsschule ...
12. Herstellung der Einheit Deutschlands als antifaschistische, parlamentarisch-demokratische Republik, Bildung einer Zentralregierung durch die antifaschistisch-demokratischen Parteien.
13. Anerkennung der Pflicht zur Wiedergutmachung der durch das Hitlerregime den anderen Völkern zugefügten Schäden ...
14. Schärfster Kampf gegen Rassenhetze und jedwede Hetze gegen andere Völker ...
Das Ziel der Sozialistischen Einheitspartei Deutschlands ist die Befreiung von jeder Ausbeutung und Unterdrückung, von Wirtschaftskrisen, Armut, Arbeitslosigkeit und imperialistischer Kriegsdrohung. Dieses Ziel, die Lösung der nationalen und sozialen Lebensfragen unseres Volkes, kann nur durch den Sozialismus erreicht werden. Die Sozialistische Einheitspartei Deutschlands kämpft für die Verwandlung des kapitalistischen Eigentums an den Produktionsmitteln in gesellschaftliches Eigentum, für die Verwandlung der kapitalistischen Warenproduktion in eine sozialistische, für und durch die Gesellschaft betriebene Produktion.
In der bürgerlichen Gesellschaft ist die Arbeiterklasse die ausgebeutete und unterdrückte Klasse. Sie kann sich von Ausbeutung und Unterdrückung nur befreien, indem sie zugleich die ganze Gesellschaft für immer von Ausbeutung und Unterdrückung befreit und die sozialistische Gesellschaft errichtet.
Der Sozialismus sichert allen Nationen, allen Menschen die freie Ausübung ihrer Rechte und die Entfaltung ihrer Fähigkeiten. Erst mit dem Sozialismus tritt die Menschheit in das Reich der Freiheit und des allgemeinen Wohlergehens ein.

26. Oktober 1946: Erste DEFA-Filmpremiere mit Wolfgang Staudtes (Regie) „Die Mörder sind unter uns". Unser Bild zeigt eine Szene mit Hildegard Knef und Wilhelm Borchert.

1947

JANUAR

1.1. Wirtschaftliche Vereinigung der amerikanischen und der britischen Besatzungszone zur Bizone.

4.1. In Hannover erscheint erstmalig das Nachrichtenmagazin „Der Spiegel".

8.1. Der Reeducation-Film „Todesmühlen" wird erstmals in den drei westlichen Besatzungszonen öffentlich gezeigt. Er wurde von den Alliierten in den Konzentrationslagern Buchenwald, Dachau und Bergen-Belsen gedreht.

15.1. Der Oberbefehlshaber der sowjetischen Besatzungskräfte Wassilij D. Sokolowski gibt das Ende der Demontagen in der SBZ bekannt.

21.1. Endgültige Bildung des Landes Nordrhein-Westfalen unter Einschluss von Lippe-Detmold.

22.1. Der ehemalige deutsche Boxweltmeister im Schwergewicht, Max Schmeling, erhält von der US-Militärregierung in Deutschland eine Boxerlaubnis für die amerikanische Besatzungszone.

27.1. Eine Kältewelle in Zentraleuropa führt zu Tiefsttemperaturen von 20 Grad unter Null. Wegen der Kälte müssen z.B. in der amerikanischen Besatzungszone 75% aller Industriebetriebe zeitweise stillgelegt werden. In Berlin werden pro Tag bis zu 1000 Menschen mit Erfrierungen in die Krankenhäuser eingeliefert.

FEBRUAR

1.-3.2. In Ahlen wird vom Zonenausschuss der CDU der britischen Besatzungszone ein umfangreiches Sozial- und Wirtschaftsprogramm, das sogenannte Ahlener Programm, verabschiedet, in dem unter anderem die Verstaatlichung der Schlüsselindustrien verlangt wird.

25.2. Formelle Auflösung des Landes Preußen als „Träger des Militarismus und der Reaktion" durch das Kontrollratsgesetz Nr. 46.

MÄRZ

1.3. Für zunächst vier dekartellisierte Betriebe der Stahlindustrie in der britischen Besatzungszone wird das Mitbestimmungsrecht der Arbeiter eingeführt.
Aufruf der SED zu einem Volksentscheid für die Einheit Deutschlands.

4.3. Gründung der Nachrichtenagentur ADN (Allgemeiner Deutscher Nachrichtendienst) in der sowjetischen Besatzungszone.

7.-9.3. Gründung des „Demokratischen Frauenbundes Deutschlands" (DFD) in Ost-Berlin.

10.3.-24.4. Fünfte Außenministerkonferenz der vier Siegermächte in Moskau: Auf Empfehlung der Außenminister wird ab 27. April die weitere Durchführung der Entnazifizierung in deutsche Verantwortung übertragen.

11.3. Eröffnung der Ausstellung „Moderne französische Malerei" in München. Während ihrer 14-tägigen Dauer wird die Ausstellung von 55.000 Menschen besucht.

12.3. Verkündung der „Truman-Doktrin" zur Eindämmung (Containment) der kommunistischen Gefahr.

26.3. Der ehemalige US-Präsident Hoover tritt nach einer Reise durch Deutschland für eine Aufhebung der wirtschaftlichen Einschränkungen und für eine Neuorientierung der Deutschlandpolitik ein.

27.3. In fast allen größeren Städten Nordrhein-Westfalens beginnen Streiks und Massenkundgebungen hungernder Arbeiter.

29.3. Gründung des Kabaretts „Kom(m)ödchen" von Lore Lorentz in Düsseldorf.

Nr. 1 des Nachrichtenmagazins Der Spiegel vom 4. Januar 1947.

APRIL

16.4. Der am 2. April in Warschau zum Tode verurteilte ehemalige Kommandant des Konzentrationslagers Auschwitz, Rudolf Höß, wird hingerichtet.

17.4. Wiedereröffnung der Dresdner Akademie der Bildenden Künste unter der Leitung von Hans Grundig und der Dresdner Hochschule für Werkkunst unter der Leitung von Will Grohmann.

18.4. Britische Marineeinheiten sprengen militärische Befestigungsanlagen und den Hafen der Insel Helgoland. Die erwartete vollständige Zerstörung der Insel findet jedoch nicht statt.

20.4. Erste Landtagswahlen in der britischen Besatzungszone: In Schleswig-Holstein und Niedersachsen erreicht die SPD die höchste Stimmenzahl, in Nordrhein-Westfalen die CDU.

22.-25.4. Gründungskongress des „Deutschen Gewerkschaftsbundes" (DGB) der britischen Besatzungszone in Bielefeld.

24.4. Sechs ehemalige SS-Angehörige, die für die Zerstörung des tschechoslowakischen Dorfes Lidice im Jahre 1942 die Verantwortung tragen, werden in Prag hingerichtet.

MAI

18.5. Landtagswahlen in der französischen Besatzungszone bei gleichzeitiger Volksabstimmung über die Verfassung, ausgenommen das Saarland.

20.-21.5. Erster Bundeskongress des Kulturbundes zur demokratischen Erneuerung Deutschlands. Johannes R. Becher wird als Präsident bestätigt.

29.5. Aufhebung des Heiratsverbotes zwischen Deutschen und US-amerikanischen Besatzungssoldaten.

JUNI

3.6. Der internationale Kongress des PEN-Clubs in Zürich beschließt die Wiederaufnahme einer deutschen Vertretung in den Schriftstellerverband.

5.6. US-Außenminister George C. Marshall fordert in einer Rede an

der Harvard-University ein wirtschaftliches Aufbauprogramm für Europa und die Einbeziehung Deutschlands auf der Basis gegenseitiger Hilfe und der Hilfestellung durch die USA. Dieses European Recovery Program (ERP) wird als sogenannter Marshallplan bekannt.
6.6. Im Durchgangslager Friedland (Kreis Göttingen) trifft der erste Transport ehemaliger Rotkreuzschwestern ein, die sich in sowjetischer Kriegsgefangenschaft befunden hatten.
6.-8.6. Ministerpräsidentenkonferenz in München. Vorzeitige Abreise der Ministerpräsidenten-Delegation aus der SBZ.
10.6. Einrichtung des Wirtschaftsrats der Bizone und Schaffung einer Zentralverwaltung mit Sitz in Frankfurt/Main.
13.6. Helmut Käutners Film „In jenen Tagen" läuft in Hamburg an.
29.6.-2.7. SPD-Parteitag in Nürnberg. Wiederwahl Kurt Schumachers zum Parteivorsitzenden der westlichen Besatzungszonen.
30.6. Gründung der „Gesellschaft zum Studium der Kultur der Sowjetunion" in Berlin. Die Gesellschaft wird 1949 in die „Gesellschaft für Deutsch-Sowjetische Freundschaft" umbenannt.

JULI

12.7.-22.9. Konferenz von 16 europäischen Staaten in Paris über den Marshallplan. Die Sowjetunion hat bereits die Teilnahme am Marshallplan für sich und andere Ostblockstaaten abgelehnt.
18.7. Sieben deutsche Kriegsverbrecher werden in das alliierte Gefängnis in Berlin-Spandau verlegt, darunter auch Rudolf Heß, Albert Speer und Karl Dönitz.
21.7. In der SBZ erhalten die ehemaligen preußischen Provinzen Brandenburg und Sachsen-Anhalt Länderstatus.
23.7. Das ehemalige Konzentrationslager Auschwitz wird von den polnischen Behörden in eine Gedenkstätte umgewandelt.
Die Zahl der noch vermißten deutschen Wehrmachtsangehörigen wird von der Wiesbadener Zentralstelle auf 1,7 Millionen geschätzt.
30.7. In Berlin wird die Suchdienst-Verbindungsstelle des Deutschen Roten Kreuzes gegründet.

AUGUST

12.8.-10.9. Abkommen zwischen Großbritannien und den USA: Übergabe der Leitung des Ruhrkohlebergbaus an die deutsche Verwaltung unter britisch-amerikanischer Kontrolle.
16.8. Der sowjetische Militärgouverneur Marschall Wassilij D. Sokolowski ordnet die Einstellung der Entnazifizierung mit Wirkung vom 27. Februar 1948 in der SBZ an.
18.8. Die erste „Exportmesse Hannover" wird eröffnet.
20.8. Im Nürnberger Prozess gegen nationalsozialistische Ärzte werden sieben Angeklagte zum Tode verurteilt.
28.8. Die drei westlichen Besatzungsmächte einigen sich auf ein revidiertes Industrieniveau für ihre Besatzungszonen, das eine Erhöhung der Produktion auf 90% des Standes von 1936 zulässt.

SEPTEMBER

8.9. In Hamburg werden 4.500 jüdische Flüchtlinge, die sich auf dem Schiff „Exodus" befinden, auf Anweisung der britischen Behörden zwangsweise an Land gebracht.
10.9. Gründung der Gruppe „Junge Literatur", die sich später „Gruppe 47" nennt, durch die ehemaligen Herausgeber der 1946/47 erschienen und schließlich verbotenen Zeitschrift „Der Ruf", Hans Werner Richter und Alfred Andersch.
Uraufführung der Dramen „Agamemnons Tod" und „Elektra" von Gerhart Hauptmann in Berlin.
20.9.-24.9. 2. Parteitag der SED in Berlin: Der stellvertretende Parteivorsitzende Walter Ulbricht fordert die Einführung der Planwirtschaft in der SBZ und die Umwandlung der SED in eine „Partei neuen Typus" nach dem Vorbild der sowjetischen KPdSU.

OKTOBER

4.-8.10. Der „Kulturbund zur demokratischen Erneuerung Deutschlands" eröffnet den 1. Schriftstellerkongress in Berlin.
4.10. Der Physiker und Nobelpreisträger Max Planck stirbt in Göttingen.
5.10. Wahlen zur verfassunggebenden Versammlung und zum Landtag im Saarland: Die CVP (Christliche Volkspartei) wird stärkste Kraft.

NOVEMBER

6.11. Gründung des Gewerkschaftsrates der Bizone unter Vorsitz von Hans Böckler.
8.11. Verabschiedung der saarländischen Verfassung, die den wirtschaftlichen Anschluss des Saarlandes an Frankreich und die politische Autonomie vorsieht.
15.11. Tod des Bildhauers Georg Kolbe.
17.11. Die Schriftstellerin Ricarda Huch stirbt in Schönberg/Taunus.
20.11. Der Schriftsteller Wolfgang Borchert stirbt in Basel.
21.11. Uraufführung des Bühnenstückes „Draußen vor der Tür" von Wolfgang Borchert in Hamburg.
25.11.-15.12. Sechste Konferenz des Außenministerrats der vier Siegermächte in London: Im Mittelpunkt steht die Erörterung der Deutschen Frage. Die Konferenz steht von Beginn an im Zeichen des sich verschärfenden Ost-West-Konflikts.
22.-23.11. Erster Deutscher Bauerntag in Ost-Berlin. Gründung des Hauptverbandes der „Vereinigung der gegenseitigen Bauernhilfe" (VdgB).
30.11. Der Filmregisseur Ernst Lubitsch stirbt in Hollywood.

DEZEMBER

6./7.12. Gründung der „Deutschen Volkskongressbewegung für Einheit und gerechten Frieden" unter Führung der SED.
15.12. Scheitern der Londoner Außenministerkonferenz.
18.12. Der Thüringer Landtag beschließt die Abschaffung des sogenannten Abtreibungsparagraphen, § 218 Strafgesetzbuch.
19.12. Die CDU-Vorsitzenden der SBZ, Jakob Kaiser und Ernst Lemmer, werden von der SMAD abgesetzt.

AUSSERDEM

In Recklinghausen werden die „Ruhrfestspiele" als Theaterfestival für die Arbeitnehmer der Industrieregion gegründet.
Otto Dix: Selbstbildnis (Gemälde)
Theodor W. Adorno und Max Horkheimer: Dialektik der Aufklärung (sozialphilosophische Untersuchungen)
Thomas Mann: Doktor Faustus (Roman)

Trümmerfrauen. Allein in Berlin hat der Krieg über 70 Millionen Kubikmeter Trümmerschutt hinterlassen. – Ergebnis von mehr als 350 Bombenangriffen. Was in Jahrhunderten erbaut wurde, hat Hitlers Krieg in Jahren vernichtet.

Marshall-Plan

Nach dem amerikanischen Außenminister und früheren Generalstabschef George C. Marshall ist der Plan der USA für den wirtschaftlichen Wiederaufbau Europas benannt. Am 5. Juni 1947 entwarf Marshall in einer Rede in der Harvard-Universität die Grundzüge seines Programmes:

Es ist nur logisch, dass die Vereinigten Staaten alles tun, was in ihrer Macht steht, um die Wiederherstellung gesunder wirtschaftlicher Verhältnisse in der Welt zu fördern, ohne die es keine politische Stabilität und keinen sicheren Frieden geben kann. Unsere Politik richtet sich nicht gegen irgendein Land oder irgendeine Doktrin, sondern gegen Hunger, Armut, Verzweiflung und Chaos. Ihr Zweck ist die Wiederbelebung einer funktionierenden Weltwirtschaft, damit die Entstehung politischer und sozialer Bedingungen ermöglicht wird, unter denen freie Institutionen existieren können. Ich bin überzeugt, dass eine solche Unterstützung nicht nach und nach entsprechend der jeweiligen Entwicklung von Krisen geleistet werden darf. Wenn die Regierung der Vereinigten Staaten in Zukunft Hilfsleistungen gewährt, so sollten diese eine Heilungskur und nicht nur ein Linderungsmittel darstellen.

Jeder Regierung, die bereit ist, beim Wiederaufbau zu helfen, wird die volle Unterstützung der Regierung der Vereinigten Staaten gewährt werden, dessen bin ich sicher. Aber eine Regierung, die durch Machenschaften versucht, die Gesundung der anderen Länder zu hemmen, kann von uns keine Hilfe erwarten. Darüber hinaus werden alle Regierungen, politischen Parteien oder Gruppen, die es darauf abgesehen haben, das menschliche Elend zu einem Dauerzustand zu machen, um in politischer oder anderer Hinsicht Nutzen daraus zu ziehen, auf den Widerstand der Vereinigten Staaten stoßen.

Eines ist schon jetzt klar: Bevor die Vereinigten Staaten ihre Bemühungen zur Besserung der Lage fortsetzen und zum Gesundungsprozess der europäischen Welt beitragen können, müssen die Länder Europas untereinander zu einer Einigung darüber kommen, was die gegenwärtige Lage am dringendsten erfordert und inwieweit die Länder Europas selbst dazu beitragen können, eine volle Auswertung der Maßnahmen unserer Regierung zu erzielen. Es wäre weder angebracht noch zweckmäßig, wenn die Regierung der Vereinigten Staaten von sich aus ein Programm entwerfen würde, um die wirtschaftliche Wiederaufrichtung Europas durchzuführen. Das ist die Sache der Europäer selbst. Die Initiative muss von Europa ausgehen, meine ich. Unsere Rolle sollte darin bestehen, den Entwurf eines europäischen Programms freundschaftlich zu fördern und später dieses Programm zu unterstützen, soweit das für uns praktisch ist. Es sollte ein gemeinsames Programm entworfen werden, hinter dem, wenn nicht alle, so doch eine Anzahl von europäischen Namen stehen.

Flüchtlingsproblematik

Im Rahmen der Gespräche zum Potsdamer Abkommen hatte Stalin gefordert, die deutsche Bevölkerung in der Tschechoslowakei und in Ungarn auf deutsches Gebiet zu bringen, ebenso wie die Deutschen aus den jetzt unter polnische Verwaltung gestellten ehemals deutschen Territorien. Die Westalliierten versuchten wohl, diese Austreibung in geordnete Bahnen zu lenken, mussten sich letztlich jedoch mit der Verpflichtung dieser Staaten begnügen, die Abwicklung der Vertreibung „in humaner Weise“ durchzuführen. Diese Verpflichtung wurde nicht eingehalten. Die Verbrechen, die die Deutschen während des Krieges an der Zivilbevölkerung jener Staaten begangen hatten, wurden mit Verbrechen gegen die deutsche Zivilbevölkerung nunmehr vergolten. Die Vertriebenen aus den Gebieten jenseits von Oder und Neiße mussten froh sein, mit dem Leben davongekommen zu sein. Die Flüchtlingsströme des Frühjahrs und Frühsommers 1945 wurden notdürftig in Massenquartieren an den Grenzen aufgefangen und in die ländlichen Gebiete vor allem Schleswig-Holsteins und Mecklenburgs umgeleitet, die beide bis zum Jahr 1946 einen Bevölkerungszuwachs von über 80 Prozent zu verzeichnen hatten. Aber auch Niedersachsen und Bayern, deren ländliche Gegenden weitgehend unzerbombt waren, mussten Flüchtlinge aufnehmen. Es waren vor allem Trecks aus der Tschechoslowakei, die in Bayern untergebracht werden mussten.

Der folgende Bericht des Flüchtlingsvertrauensmannes der bayerischen Gemeinde Erling / Andechs über das Jahr 1946 vom 20. Januar 1947 benennt die alltäglichen Probleme der Versorgung und Unterbringung sowie das schwierige Verhältnis zwischen einheimischer Bevölkerung und Vertriebenen.

Unterbringung der Flüchtlinge:

(1) Beschlagnahme: Die Wohnungsbeschlagnahme durch den ersten örtlichen Flüchtlingskommissar (Name) war umfassend und allgemein, mit wenigen ausgenommenen Fällen. Nach seinem Abgang wurde durch den zweiten örtlichen Flüchtlings- und Wohnungskommissar nichts Wesentliches mehr erfasst, aber auch nichts unternommen, um die Unterbringungsverhältnisse einzelner krasser Fälle zu verbessern. Bei 958 Einheimischen betragen die Flüchtlinge mit 410 Köpfen 43 Prozent der Ortsansässigen ... Die Belegungsdichte in der eigentlichen

Was der alliierte Besatzungssoldat wegwarf, konnte der deutsche Zivilist immer noch brauchen: Zigarettenkippen waren ein begehrtes Gut.

Ortschaft Erling mit 43 Prozent ist als sehr stark zu bezeichnen, und es ist bis auf wenige Einzelfälle jeder nur irgendwie mögliche Wohnraum erfasst.
Aus Flüchtlingskreisen wurde jedoch darauf hingewiesen, dass manche Gehöfte, ohne dass die Besitzer politisch belastet sind, sehr stark belegt sind, so z.B. das Gehöft (Name) mit 17 Personen, während für das Gehöft (Name) ... keine Belegung erfolgte. Auf der anderen Seite stehen sehr krasse Unterbringungsverhältnisse z.B. in der alten Apotheke, wo 2 Familien bis zu 13 Personen in jedem der 4 Räume untergebracht sind ...
Alle Quartiere konnten mit Öfen versehen werden, zum Teil Flüchtlingsöfen, zum anderen Öfen aus der örtlichen Erzeugung eines sudetendeutschen Spenglers, der bei der Firma (Name) angestellt ist und in seiner Freizeit Küchenherde aus Eisenschrott für seine Schicksalsgefährten macht ...
(3) Wohnungsbau: Es bestehen in der Gemeinde eine Reihe von Wohnungsausbaumöglichkeiten, die mit geringem Kostenaufwand gute Wohnräume ergeben würden; dadurch könnten Elendsquartiere in der Gemeinde aufgehoben werden. Ein diesbezüglicher Antrag in der Gemeinde Mitte vergangenen Jahres betreffend den Speicher des Lehrerhauses (Gemeindebesitz) wurde abgelehnt. Ein Gemeinderat hatte sich geäußert: Da kriegen wir noch mehr G'schwerl her ...
(4) Beheizungsfragen: Die in der Ortschaft untergebrachten Flüchtlinge bekamen im abgelaufenen Jahr 2-3 Ster pro Haushalt zugewiesen; meistenteils mussten sie sich das Holz im Staatsforst selbst schlagen. Außerdem besteht die Möglichkeit, Klaubholz in ausreichender Menge zu sammeln.
Schwierigkeiten gibt nur die Abfuhr des Holzes wegen des gebirgigen Geländes, große Entfernungen und Mangel an starken Gespannen, die die Bauern meistenteils selbst benötigen. Der am Ort ansässige Fuhrunternehmer krankt an einem zu schwachen Gespann und fordert für Flüchtlinge nicht immer vertretbare Preise, wenn diese auch zu seiner Selbsterhaltung an sich notwendig sind ...

Beschäftigungsverhältnisse der Flüchtlinge

Bis auf 3 Ausnahmen stehen alle männlichen arbeitspflichtigen Flüchtlinge in irgendeiner Arbeit, meistenteils berufsfremd als landwirtschafts- oder Bau-Hilfsarbeiter beschäftigt. Ähnlich liegt der Fall bei den weiblichen Arbeitskräften. Große soziale Schwierigkeiten gibt es nur dort, wo Frauen mit mehreren Kindern ohne männlichen Ernährer sind, der zum Teil gefallen, vermisst oder in einem tschechischen Konzentrationslager umgekommen ist. Einige früher selbständige Flüchtlinge versuchten, ihr Gewerbe wieder zu betreiben. Bislang gelang es nur einem Drogisten, eine Gewerbegenehmigung zu erhalten. Die Schreinerei (Name), deren Inhaber gefallen ist und wo nur ein 9-jähriger Sohn derzeit vorhanden ist, wurde von 3 Flüchtlingstischlern angestrebt, jedoch vergeblich. Die Maschinen verrosten, weil sie auf den Jungen zu warten haben, bis er seine Meisterprüfung hat; den Flüchtlingen wird dadurch nicht die Möglichkeit gegeben, sich eine Existenz durch die Pachtung dieser Schreinerei aufzubauen und gleichzeitig dem dringenden Bedarf an Mobiliar durch ihre Schicksalsgefährten abzuhelfen. Der frühere Ortsgruppenleiter (Name) sitzt schon seit langem, und seine Schusterwerkstatt verstaubt. Obwohl ein Schuster für die Flüchtlinge dringend von Nöten wäre: Es wurde ein Schuster aus Weiden ... nur mit der Auflage, Schuhreparaturen für die Flüchtlinge durchzuführen, angesetzt. Die Praxis zeigt jedoch, dass er viel lieber neue Schuhe für alle anderen macht als Schuhreparaturen für die Flüchtlinge. Auch fehlt immer noch eine große Anzahl Schuhreparaturscheine für Flüchtlinge, die das Wirtschaftsamt immer noch nicht beigebracht hat. Große Benachteiligung erfahren die

SPD-Plakat, 1947

Hamsterfahrten über Land sind ebenso alltäglich wie schärfste polizeiliche Kontrollen.

Flüchtlinge in der Befriedigung ihres Bedarfs. Von einheimischen Gewerbetreibenden wird lieber gegen Butter und Käse und sonstige Naturalien gearbeitet, als den Flüchtlingen geholfen ...

Ernährungsschwierigkeiten
Da die Einheimischen Fische nicht lieben, waren besondere Vorstellungen der Flüchtlinge notwendig, um auch Erling in den Genuss von Fischzuteilungen zu setzen. In der Übergangszeit zur neuen Ernte gab es eine ausgesprochene Hungersnot unter den Flüchtlingen, die 3 Wochen lang ohne Kartoffeln waren, weil die (Name-)Lagerhäuser keine heranbrachten und die Bauern von ihren Futterkartoffeln keine hergaben. Die Flüchtlinge waren gezwungen, um nicht zu verhungern, Felddiebstahl zu betreiben, der natürlich für die Einheimischen ein willkommener Anlass war, auf die Flüchtlinge loszuziehen ... Unter den Flüchtlingen gab es in dieser Zeit große Erregung, weil Bauern kein Verständnis für die Notlage zeigten und vor den Augen hungernder Flüchtlinge ihre Dampfnudeln verzehrten und den um Kartoffeln nachfragenden Flüchtlingen erklärten: „Die jetzigen Kartoffeln essen Sie sowieso nicht, die geben wir nur den Schweinen!“ Oder Flüchtlinge, die Kartoffeln kaufen wollten, als Bettelvolk von der Türe wiesen. Die Flüchtlinge buken sich eine Art Brot aus gemahlenen, gerösteten Kartoffelschalen. Flüchtlingskinder wurden wiederholt bei Feld- und Gemüsediebstahl ertappt!

Flüchtlinge zur einheimischen Bevölkerung
Wie schon im vorstehenden Absatz geschildert, wird das Verhältnis der Flüchtlinge zu den Einheimischen hauptsächlich bestimmt durch die Ernährungsspanne. Die einheimischen Bauern und die anderen Einheimischen durch ihre Beziehungen leben viel besser als die Flüchtlinge ...
Dazu kommt die allgemein ablehnende Haltung der Einheimischen gegenüber den Flüchtlingen, weil sie sich in ihrem Lebensraum beeinträchtigt und beobachtet fühlen. Auch konfessionelle Gegensätze spielen eine Rolle ...

Hans Quest als Heimkehrer Beckmann in der Uraufführung von Wolfgang Borcherts „Draußen vor der Tür“ am 21. November 1947.

Verhältnis zur Gemeindebehörde
Der Bürgermeister (Name) tritt den Flüchtlingen im Allgemeinen wohlwollend gegenüber und ist bemüht, den Flüchtlingen zu helfen. Es wird durch einige Gemeinderatsmitglieder und durch seine eigene Gemeindesekretärin schwer gemacht. Die Gemeindesekretärin (Name) ist bekannt durch ihr abweisendes Verhalten gegen Flüchtlinge und auch Einheimische. Ihr ist es zu verdanken, dass Fürsorgeanträge arbeitsunfähiger Flüchtlinge ein halbes Jahr und noch mehr unbeantwortet bleiben ...
Gerügt wird von den Flüchtlingen die vollkommen unzureichende Versorgung mit Textilien, hauptsächlich für Erwachsene und aus Kriegsgefangenschaft heimkehrende Soldaten, Schuhwerk für Erwachsene, vor allem Arbeitsschuhe, Kochtöpfe und der Mangel an Mobiliar ...

Hausfrauen-Alltag

In der unmittelbaren Nachkriegszeit fehlte es an allem: an Nahrung, Wasser, Heizmaterial Bekleidung, Medikamenten. Die Organisierung des Überlebens oblag vor allem den Frauen.
Die Abwesenheit der Männer zwang sie neben ihren herkömmlichen Tätigkeiten in Haushalt und Familie zur Übernahme traditioneller Männeraufgaben. Hilde Thurnwald beschäftigte sich in einer der frühesten Familienuntersuchungen nach dem Krieg mit den Problemen von Berliner Familien:
Die meisten von uns wissen aus eigener Erfahrung, welche Zeit und Kraft das Herbeischaffen von Nahrung, von Holz, oft auch Kohle beansprucht. Lange Fahrten mit der S-Bahn und daran anschließende Fußmärsche sind für zahlreiche Frauen aus dem Stadtinnern notwendig, um mehrmals in der Woche Brennholz aus den umliegenden Wäldern heranzuschleppen.
Man sieht Scharen solcher schwer bepackter Frauen (auch Männer und Jugendliche) täglich in den Abteilen der S-Bahn und weiß, dass derartige Expeditionen einen halben oder ganzen Vormittag kosten.
Hinzu kommt das oft stundenlange Warten der Frauen auf den Ämtern, um dort Ausweise, Bezugsscheine, Atteste, Erlaubnisscheine zu erlangen. Unzählige dringliche Beschaffungen für Gesunde und Kranke sind an derartige Scheine gebunden und erfordern Fahrten und lange Wartezeiten.
Aufmerksam beobachtende Ärzte haben diesen „Leerlauf“, der im täglichen Leben der Familien eine erhebliche Rolle spielt, als „zermürbend“ bezeichnet, weil hier unentwegt Energien verbraucht werden, die der wirklichen Arbeitsleistung entzogen, sozusagen im leeren Raum verpuffen. Da dieser Leerlauf oft von nagendem Hunger begleitet wird, kann er, besonders in der kalten Jahreszeit, empfindlich reagierende Menschen erheblich schwächen.
Zeitraubendes Hin- und Herlaufen erfordern auch die unzähligen Tauschgeschäfte, in die fast alle Hausfrauen verstrickt sind, sei es um eine Rolle Näh- oder Stopfgarn zu erzielen oder um einige Nähnadeln, ein Paar alte Schuhsohlen, Nägel und was immer im Augenblick nötig gebraucht wird, durch einfachen oder durch Kettentausch schließlich zu erwerben. Rechnet man die tatsächliche tägliche Arbeitsleistung der Hausfrauen hinzu, das immer mühseliger werdende Flicken der abgenutzten Wäsche, das Stopfen der Strümpfe, die Umänderung alter Kleider für heranwachsende Kinder, so begreift man, dass alle diese Arbeiten allein schon den Tag einer Familienmutter ausfüllen, ja häufig überfüllen. Dort, wo der Mann fehlt und die Kinder noch zu jung sind, werden die Sonntage von den Müttern häufig zu Hamsterfahrten benutzt, um von Fremden oder Verwandten aus der

ländlichen Umgegend zusätzliche Nahrung heranzuholen. Im Winter erschwert das Zusammengedrängtsein in einem Raum die Haushaltsführung, weil in allzu großer Beengung ein ständiger Kampf geführt wird, um das Mindestmaß von Sauberkeit, Ordnung und Zufriedenstellung der einzelnen Familienmitglieder zu erreichen.

Die Verleger Kurt Desch (links) und Ernst Rowohlt, zwei Prominente der rund 300 Teilnehmer auf dem 1. Deutschen Schriftsteller-Kongress nach dem Krieg im Oktober 1947 in Berlin. „Die Zeit" kommentiert: „Bisher hat allerdings noch kein Kongress die geistigen Auseinandersetzungen der Menschheit entschieden. Immerhin richtete sich auf diesem Kongress die Frage wie ein drohender Schatten auf, welche globalen Mächte heute die Chance hätten, diesen unsern Erdball zu beherrschen. Ein geistvoller Franzose hat auf den Genfer „Rencontres" die Formel gefunden, wir müssten zwischen der „Freiheit ohne Gerechtigkeit" (Amerika) und der „Gerechtigkeit ohne Freiheit" (Russland) wählen. Auf dem Berliner Kongress wurde zwar nicht mit überlegenem Witz und nicht mit der selben geistigen Souveränität gefochten, wie sie den Genfer „Rencontres" ihren Stempel aufgedrückt haben, aber gemeint war dasselbe. . ."

„Draußen vor der Tür"

Im Februar 1947 zuerst als Hörspiel gesendet und am 21. November 1947 in Hamburg als Bühnenstück uraufgeführt, fand das Werk von Wolfgang Borchert (1921-1947) unerhört großen Widerhall. Es zählt zu den bedeutendsten Vertretern der sogenannten „Trümmerliteratur" nach dem Zweiten Weltkrieg. Die Tragödie einer betrogenen, entwurzelten Generation, eine Heimkehrertragödie, lässt sich in ihrer würgenden Schwermut und resignativ-nackten Verzweiflung mit der Vorbemerkung des allzu jung gestorbenen großen Dichters am eindrucksvollsten umreißen:

„... einer von denen, die nach Hause kommen und die dann doch nicht nach Hause kommen, weil für sie kein Zuhause mehr da ist. Und ihr Zuhause ist dann draußen vor der Tür. Ihr Deutschland ist draußen, nachts im Regen, auf der Straße. Das ist ihr Deutschland."

Hungrig, krank und zerlumpt kehrt der fünfundzwanzigjährige Unteroffizier Beckmann aus dem Zweiten Weltkrieg in seine Heimatstadt Hamburg zurück. Er findet seine Frau in den Armen eines anderen, sein Kind im Bombenhagel umgekommen, die ganze Stadt in ein Trümmerfeld verwandelt. Sein Überleben erscheint ihm sinnlos, und er sucht den Tod. Aber die Elbe speit ihn wieder aus, weil er sein Leben noch nicht genützt hat. Ein Mädchen nimmt den Erschöpften mit sich, kleidet und wärmt ihn. Da kehrt der Mann des Mädchens zurück, ein verkrüppelter Soldat, der durch Beckmanns Schuld im Krieg sein Bein verlor.

Wieder will Beckmann zur Elbe. Aber „der Andere", Starke, Zuversichtliche in ihm reißt ihn zurück. Beckmann sucht seinen Oberst, um ihm die Verantwortung für elf Soldaten zurückzugeben, die durch seinen Befehl den Tod fanden.

Der Oberst sitzt im warmen Zimmer am gutgedeckten Tisch. Der Krieg war für ihn nur ein Abenteuer ohne ernste Folgen. Er kann und will Beckmann nicht verstehen und schickt ihn als Komiker zum Kabarett. Aber der Kabarettdirektor entsetzt sich vor den ungeschminkten Wahrheiten Beckmanns und komplimentiert den Aufgewühlten hinaus.

3. Oktober 1947 DEFA-Filmpremiere. Ilse Steppat und Willi Prager in „Ehe im Schatten".

Verzweifelt will Beckmann wieder ins Wasser. „Der Andere" aber rät ihm, ins Elternhaus zurückzukehren. Glücklich über den Gedanken, endlich heimzufinden, folgt ihm Beckmann. Da erfährt er, dass die Eltern tot sind. Der Vater war ein aktiver Judenhasser. Als er nach dem Krieg dafür zur Rechenschaft gezogen wurde, drehte er den Gashahn auf. Beckmanns letzte Station ist erreicht. Er begegnet dem lieben Gott, doch der ist ein schwacher Greis geworden, der niemandem helfen kann. Der Tod erscheint als Straßenfeger, um das Übermaß an Leichen achtlos hinwegzufegen. Er allein öffnet Beckmann seine Tür. Vergebens sucht „der Andere", den Lebensmüden aufzurütteln: Der Mensch sei gut, auch wenn es nicht so scheine. Ungerührt gehen der Oberst, der Kabarettdirektor und die neue Mieterin der elterlichen Wohnung an dem Sterbenden vorbei. Die Frau geht engumschlungen mit dem zweiten Mann. Nur das Mädchen, das ihn aus dem Wasser zog, hat ihn nicht vergessen, weil es ihn liebt. Der Einbeinige hat sich das Leben genommen, als er Beckmann bei seinem Mädchen fand.

So ist auch Beckmann, das Opfer, noch zum Mörder geworden. Mit dem verzweifelten Schrei nach dem Sinn dieses ganzen Leidens und Sterbens endet er sein Leben.

1948

JANUAR

3.1. Einführung der französischen Währung im Saarland.
8.1. Der Maler und Schriftsteller Kurt Schwitters stirbt in Ambleside/Großbritannien.
26.1. Der für seine in der Satirezeitschrift Simplicissimus erschienenen Zeichnungen berühmte Maler und Karikaturist Thomas Theodor Heine stirbt.
30.1. In Sachsen wird ein Gesetz über die Enteignung der Banken verabschiedet, dem sich die anderen Länder der SBZ anschließen.
30.1.-8.2. Olympische Winterspiele in St Moritz; Deutschland und Japan sind von den Spielen ausgeschlossen.

FEBRUAR

9.2. Der Kabarettist und Komiker Karl Valentin stirbt.
23.2.-6.3. Erste Sitzungsperiode der Londoner Sechsmächtekonferenz, zu der die Sowjetunion nicht eingeladen wird: Die drei Westalliierten und die Benelux-Staaten empfehlen die Schaffung eines bundesstaatlichen Systems in Westdeutschland sowie dessen Einbeziehung in den Marshallplan und die Ruhrkontrolle.
24.2. Gründung der „Arbeitsgemeinschaft Eisen und Metall" als Vorstufe zum „Bundesverband der Deutschen Industrie" (BDI).
25.2. Gründung der Max-Planck-Gesellschaft zur Förderung der Wissenschaften als Rechtsnachfolgerin der 1911 gegründeten Kaiser-Wilhelm-Gesellschaft.

MÄRZ

1.3. Gründung der „Bank Deutscher Länder", der späteren „Bundesbank" in Frankfurt/Main.
2.3. Ludwig Erhard wird vom Wirtschaftsrat zum Direktor der Wirtschaftsverwaltung der Bizone gewählt.
4.3. Veröffentlichung von Fragmenten der Tagebücher von Joseph Goebbels in Deutschland.
9.3. Die „Deutsche Wirtschaftskommission" (DWK) übernimmt die zentrale Lenkung und Leitung der Wirtschaft in der SBZ.
16.3. Die Alliierten geben den Telefon- und Telegrammverkehr mit dem Ausland in allen vier Besatzungszonen frei.
17.3. Großbritannien, Frankreich und die Benelux-Staaten schließen das erste europäische Nachkriegsbündnis, den Brüsseler Vertrag. Diese „West-Union" richtet sich erstmals gegen die Politik der UdSSR und nicht mehr gegen Deutschland. Sie regelt neben der kollektiven Selbstverteidigung die wirtschaftliche, soziale und kulturelle Zusammenarbeit.
20.3. Der sowjetische Militärgouverneur Sokolowski verlässt den Alliierten Kontrollrat aus Protest gegen die Empfehlungen der Londoner Sechsmächtekonferenz vom 23.2. bis 6.3. und die Gründung der „West-Union" vom 17.3.1948. Damit endet die gemeinsame Verwaltung Deutschlands durch die vier Siegermächte.

APRIL

1.4. Beginn der „kleinen" Berlin-Blockade: Behinderung des Verkehrs durch sowjetische Inspektionen und Behinderungen westalliierter Militärreisender; später werden die Maßnahmen der SMAD auch auf den zivilen Personen- und Güterverkehr zu Wasser und zu Lande ausgedehnt.

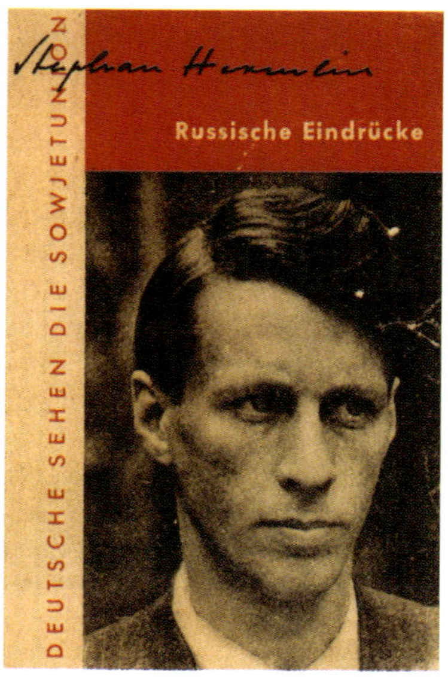

Stephan Hermlin, „Deutsche sehen die Sowjetunion", 1947.

9.4. Eröffnung des britischen Kultur- und Informationszentrums in Berlin mit der Ausstellung „London, das Bild einer Weltstadt".
14.4. Der deutsche Bühnenverein wählt Gustaf Gründgens zum Vorsitzenden.
16.4. 16 Mitgliedsstaaten des Rates für Wirtschaftliche Zusammenarbeit in Europa einigen sich auf die Inanspruchnahme der Wiederaufbauhilfe durch den Marshallplan und gründen die „Organization for European Economic Cooperation" (OEEC).
20.4.-2.6. Zweite Sitzungsperiode der Londoner Sechsmächtekonferenz der drei westlichen Siegermächte und der Benelux-Staaten: Beschluss, dem deutschen Volk zu ermöglichen „auf der Basis einer freien und demokratischen Regierungsform" seine Einheit wiederherzustellen und allmählich „volle Regierungsverantwortung" zu übernehmen. Ermächtigung der westdeutschen Ministerpräsidenten, eine „verfassunggebende Versammlung" einzuberufen.
Die empfohlene Einsetzung einer internationalen Ruhrkontrollbehörde und einer militärischen Sicherheitsbehörde sollen vor allem französische Vorbehalte zerstreuen.
23.4. Gründung der „Vereinigung Volkseigener Betriebe" (VVB) in der SBZ.
29.4. Gründung der Demokratischen Bauernpartei Deutschlands (DBD) als weitere Blockpartei in der SBZ.

MAI

4.5. Uraufführung des Schauspielstückes „Der kaukasische Kreidekreis" von Bertolt Brecht in Northfield/USA.
7.-10.5. Über 700 europäische Politiker treffen sich zu einem in Den Haag stattfindenden Kongress. Bestandteil der Resolutionen des Haager Kongresses ist auch die Forderung nach Schaffung eines Europarates.
25.5. Gründung der National-Demokratischen Partei Deutschlands (NDPD) als weitere Blockpartei in der SBZ.

JUNI

5.6. Uraufführung des Volksstückes „Herr Puntila und sein Knecht Matti" von Bertolt Brecht in Zürich.
16.6. Die UdSSR stellt ihre Mitarbeit in der interalliierten Kommandantur Berlins ein.
20.6. Währungsreform durch Einführung der D-Mark in den westlichen Besatzungszonen.
23.6. Währungsreform in der SBZ.
23./24.6. Als Reaktion auf die Londoner Sechsmächtekonferenz tritt die Warschauer Achtmächtekonferenz, bestehend aus der Sowjetunion, Albanien, Bulgarien, Jugoslawien, Polen, Rumänien, Tschechoslowakei und Ungarn, zusammen: Sie kritisiert die Versuche der Westmächte zur „Spaltung Deutschlands", die Gefährdung der „Oder-Neiße-Friedensgrenze" und pocht auf die Einhaltung der Potsdamer Beschlüsse bezüglich der Errichtung einer gesamtdeutschen Regierung und der Abschließung eines Friedensvertrages.
24.6. Die SMAD beginnt die Großblockade der Berliner Westsektoren zu Lande und zu Wasser als Reaktion auf den gescheiterten Versuch, ihre Währungsreform auf Gesamtberlin auszudehnen; die Westmächte führen in ihren Sektoren die D-Mark ein.
Die Sowjetunion erklärt die Vier-Mächte-Verwaltung Groß-Berlins für „praktisch beendet".
26.6. Beginn der britisch-amerikanischen Luftbrücke zur Versorgung West-Berlins mit Waren und Lebensmitteln.

JULI

1.7. Die drei westalliierten Militärgouverneure übergeben die „Frankfurter Dokumente" an die Regierungschefs der elf Länder in den drei westlichen Besatzungszonen. Sie sehen die Einberufung einer verfassunggebenden Versammlung bis zum 1.9.1949 mit dem Ziel der Bildung eines föderalen Staates, die Neugliederung

der Länder und den Erlass eines alliierten Besatzungsstatuts vor.
3.7. Aufstellung bewaffneter Volkspolizei-Einheiten durch die SMAD in der SBZ.
6.7. Die Westalliierten fordern von der Sowjetunion ultimativ das Recht auf freien Zugang nach Berlin gemäß der gemeinsamen alliierten Vereinbarung vom 5.6.1945 (Berliner Deklaration).
8.-10.7. Konferenz der westdeutschen Ministerpräsidenten in Koblenz über die „Frankfurter Dokumente" vom 1.7.1948. Sie vereinbaren, dass die Mitglieder der verfassunggebenden Versammlung von den Landtagen und nicht direkt gewählt werden.
13.7. Die Deutsche Kirchenversammlung der westlichen Besatzungszonen verabschiedet eine Satzung der Evangelischen Kirche Deutschlands (EKD), der öffentlich-rechtlichen Vereinigung der lutherischen, reformierten und kalvinistischen Kirchenverbände aller Besatzungszonen.
14.7. Eine sowjetische Note spricht den Westmächten das von ihnen beanspruchte Recht auf freien Zugang nach Berlin ab; sie bezeichnet die Stadt als Teil der sowjetischen Besatzungszone.

AUGUST

1.8. Erstausgabe der Zeitschrift „Stern" in Hannover.
8.8. Der 1. FC Nürnberg wird erster deutscher Fußballmeister der Nachkriegszeit.
10.8. Einrichtung des Bayerischen Rundfunks als Anstalt des öffentlichen Rechts.
10.-23.8. Verfassungskonvent auf der Insel Herrenchiemsee zur vorbereitenden Beratung des Grundgesetzes.
15.-30.8. Wahl der Delegierten für den Parlamentarischen Rat in den Landtagen.
29.8. Deutsche Uraufführung des Schauspiels „Das Floß der Medusa" von Georg Kaiser in Berlin.
31.8. Der US-Medienkonzern Columbia Broadcasting System (CBS) entwickelt eine neuartige Langspielplatte. Die Deutsche Grammophon geht zwei Jahre später mit einer Langspielplatte auf den Markt.

SEPTEMBER

1.9. Konstituierung des Parlamentarischen Rates in Bonn.
Einschränkung der Demontagen in den westlichen Besatzungszonen.
Auflösung des Zonenbeirats in der britischen und des Länderrats in der amerikanischen Besatzungszone.
5.9. Erster Deutscher Katholikentag seit 1932 in Mainz.
15.9. Wahl Konrad Adenauers zum Präsidenten des Parlamentarischen Rats.
22.9. Gründung der „Freien Universität" in West-Berlin.

OKTOBER

9.10. Gesetz des Wirtschaftsrates zur Einführung des „Notopfers Berlin".
13.10. Der Bergarbeiter Adolf Hennecke aus Zwickau übertrifft laut offiziellen Angaben in einer Sonderschicht das Förderungssoll für Bergarbeiter in der SBZ um 380%: Beginn der Aktivistenbewegung in der SBZ.
22.10. Bertolt Brecht und Helene Weigel kehren aus dem US-amerikanischen Exil nach Ost-Berlin zurück.
28.10. Die Berliner Philharmoniker unter Leitung von Wilhelm Furtwängler beginnen ihre erste Auslandstournee seit Kriegsende.

NOVEMBER

3.11. Die „Handelsorganisation Freier Länder" (HO) wird als staatliches Unternehmen in der SBZ eröffnet.
20.11. Neun Millionen Werktätige beteiligen sich an einem von den Gewerkschaften der Bizone ausgerufenen Generalstreik gegen steigende Preise und für eine demokratische Struktur der Wirtschaft.
Eröffnung einer Ausstellung von Bildern des Malers Paul Klee in Hamburg.
22.11. Memorandum der Westalliierten an den Parlamentarischen Rat über ihre Forderung nach einer föderativen Struktur des künftigen westdeutschen Staates.
Mit der Eröffnung der Ausstellung „Kunst in die Betriebe" beginnt in der SBZ eine lange Serie von Kunstausstellungen, die speziell für die Arbeiter in den Betrieben konzipiert sind.
26.11. In der SBZ werden die Betriebsräte den Betriebsgewerkschaftsleitungen (BGL) angeschlossen und aufgelöst.
30.11. Die SED spaltet den Berliner Magistrat. In Ost-Berlin wird eine eigene Stadtverwaltung eingerichtet. Der Amtssitz des West-Berliner Magistrats ist das Schöneberger Rathaus.

DEZEMBER

3.12. Martin Niemöller wird zum Vorsitzenden des am 13.7. gegründeten Rates der EKD gewählt.
9.12. Die Vollversammlung der Vereinten Nationen verabschiedet die 30 Artikel umfassende Deklaration der Menschenrechte.
11.12. Zusammenschluss der liberalen Parteien der westlichen Besatzungszonen zur FDP in Heppenheim. Theodor Heuss wird zum Parteivorsitzenden gewählt.
13.12. Gründung der Jugendorganisation „Junge Pioniere" in Ost-Berlin.
21.12. Konstituierung der Drei-Mächte-Kommandantur der Westalliierten in West-Berlin.
28.12. Londoner Sechsmächteabkommen über die Einrichtung einer Internationalen Ruhrbehörde. Die Sowjetunion wird von der Ruhrkontrolle ausgeschlossen.

AUSSERDEM

Ilse Aichinger: Die größere Hoffnung (Roman)

„Der Schwarzmarkt ist der Tod der neuen Währung". Überflüssige Mahnung. Der Siegeszug der Deutschen Mark ließ sich nicht aufhalten.

Die Währungsreform

40 Mark auf die Hand, was konnte man damit anstellen? Im Juni 1948 eine Menge. Mit 40 Mark pro Person stiegen die Bürger Westdeutschlands ein in die Wirtschaftswunderzeit.

Die Siegermächte hatten eine Zentralregierung für Deutschland eingesetzt, den Allliierten Kontrollrat. Gleichzeitig aber wirtschafteten sie selbständig in ihren jeweiligen Besatzungszonen, natürlich so wie es ihren heimischen Verfassungen entsprach. Das hieß demokratisch-marktwirtschaftlich in den westlichen Zonen, bolschewistisch-planwirtschaftlich in der sowjetischen Zone. Da blieb es dann auch nicht aus, dass die westlichen Zonen enger zusammenrückten und gemeinsam Front machten gegen den Osten.

Als der US-Außenminister George Marshall im Juni 1947 ein Programm zum Wiederaufbau Europas vorlegte, nahmen nur die Staaten Westeuropas und die drei westlichen Besatzungszonen die Milliardenkredite aus den Vereinigten Staaten an. Die mittlerweile von Moskau abhängigen Staaten Osteuropas und die sowjetische Besatzungszone mussten sich auf Stalins Geheiß der Hilfe verweigern.

Um den Marshall-Plan in Deutschland umzusetzen, wurde die gänzlich zerrüttete Reichsmark abgeschafft und durch die D-Mark ersetzt. Am 20. Juni 1948 erhielt jeder Westzonen-Bewohner ein Kopfgeld von 40 DM, Guthaben wurden im Verhältnis 100 RM = 6,50 DM umgestellt. Die Währungsreform hatte durchschlagenden Erfolg: Plötzlich waren die Läden gefüllt, der Schwarzmarkt löste sich auf.

Die amtliche Mitteilung über die Währungsreform lautete:

Ludwig Erhard, Direktor für Wirtschaft der Bizone, legt am 21. April 1948 vor der 14. Vollversammlung des Wirtschaftsrates sein Programm dar und verweist die Abgeordneten auf die „völlig neuen Perspektiven, die sich für das deutsche Wirtschaftsleben abzuzeichnen beginnen". Nur die Klarheit der wirtschaftlichen Zielsetzung könne Erfolg verbürgen, wenn der Wirtschaftsrat bald vor schwere und verantwortungsvolle Entscheidungen gestellt werde: „Wenn je seit dem Zusammenbruch die schon so viel und oft getäuschte Hoffnung auf einen neuen Beginn unseres gesellschaftswirtschaftlichen Lebens berechtigt war, dann gilt das für den Augenblick, da wir selbst bei nüchterner politischer Betrachtung darauf vertrauen dürfen, dass unsere nach einer sorgfältig abgewogenen Währungsreform wieder rechenhaft werdende Wirtschaft durch die ihr aus der Marshall-Plan-Hilfe zufließenden Mittel und deren ökonomisch richtigen Einsatz eine nachhaltige und stetige Belebung erfahren wird."

Erster Abschnitt: Währungsumstellung

§ 1.

1. Mit Wirkung vom 21. Juni 1948 gilt die Deutsche-Mark-Währung. Ihre Rechnungseinheit bildet die Deutsche Mark, die in hundert deutsche Pfennige eingeteilt ist.

2. Alleinige gesetzliche Zahlungsmittel sind vom 21. Juni 1948 an:

1. die auf Deutsche Mark oder Pfennig lautenden Noten und Münzen, die von der Bank Deutscher Länder ausgegeben werden.

2. Folgende Noten und Münzen zu einem Zehntel ihres bisherigen Nennwertes:

a) in Deutschland in Umlauf gesetzte Marknoten der Alliierten Militärbehörde zu 1 und ½ Mark,

b) Rentenbankscheine zu 1 Rentenmark,

c) Münzen zu 50, 10, 5 und 1 Reichs- oder Rentenpfennig.

3. Vorbehaltlich früheren Aufrufes verlieren die in Abs. 2 Ziffer 2 bezeichneten Militärmarknoten und Rentenbankscheine mit Ablauf des 31. August 1948 ihre gesetzliche Zahlkraft ...

Zweiter Abschnitt: Kopfbetrag

§ 6.

Jeder Einwohner des Währungsgebiets erhält im Umtausch gegen Altgeldnoten (§ 9 Abs. 1 Ziff. 1) desselben Nennbetrags bis zu sechzig Deutsche Mark in bar (Kopfbetrag). Ein Teil des Kopfbetrags in Höhe von nicht mehr als vierzig Deutsche Mark wird sofort ausgezahlt, der Rest innerhalb von zwei Monaten. Für den Fall, dass dem Berechtigten bei dem späteren Umtausch von Altgeld ein Anspruch auf Beträge in Deutscher Mark zusteht, bleibt die Anrechnung des Kopfbetrages hierauf vorbehalten ...

Die Militärgouverneure und Obersten Befehlshaber der amerikanischen, der britischen und der französischen Zone sind zu dem Zwecke, die Folgen der durch den Nationalsozialismus herbeigeführten Währungszerrüttung zu beseitigen, dahin übereingekommen, für das Gebiet der Länder Bayern, Bremen, Hessen, Württemberg-Baden, Hansestadt Hamburg, Niedersachsen, Nordrhein-Westfalen, Schleswig-Holstein, Baden, Rheinland-Pfalz und Württemberg-Hohenzollern (im folgenden als „Währungsgebiet" bezeichnet) einheitliche Gesetze zur Neuordnung des Geldwesens zu erlassen ...

Über die Wirkungen der Wöhrungsreform schrieb Wirtschaftsminister Ludwig Erhard, damals Direktor für Wirtschaft des Vereinigten Wirtschaftsgebietes, in seinem Buch „Wohlstand für Alle" (1957):

Das zweite Halbjahr 1948 insbesondere wurde eines der dramatischsten in der deutschen Wirtschaftsgeschichte. Hier kämpfte die Idee der Marktbefreiung gegen die beharrenden Kräfte der Zwangswirtschaft.

Manche Entwicklungen und Verhältnisse waren auch nicht dazu angetan, vorbehaltlos und unentwegt der Richtigkeit des Vorstoßes in die Freiheit zu vertrauen.

Der Preisindex stieg in jenen ersten Monaten nach der Reform allenthalben erheblich an. Es half da auch nicht viel, immer wieder darauf hinzuweisen, dass es am 18. Juni 1948 zwar amtlich fixierte, relativ niedrige Preise, aber zu diesen Preisen keine Waren gab und dass jeder nun in DM gewährte Preis nur einen Bruchteil des RM-Schwarzmarktpreises der Monate vor der Währungsreform ausmachte.

Es kam entscheidend darauf an, sich durch diese Turbulenz nicht beirren zu lassen; auch dann nicht, als die Gewerkschaften für den 12. November 1948 zum Generalstreik aufriefen, um auf diese drastische Weise der Marktwirtschaft ein Ende zu bereiten.

Im Wirtschaftsrat stand das Barometer auf Sturm. Ja, in nahezu allen Schreibtischschubladen der Verwaltung für Wirtschaft, deren Chef doch eben jener energische Kämpfer gegen Bewirtschaftungs- und Preisvorschriften war, lagen insgeheim Neufassungen der eben erst aufgehobenen Verordnungen griffbereit. Das Amt selbst war allenthalben an der Richtigkeit der Thesen seines Chefs irre geworden.

Ich erklärte damals – Ende August 1948 – „Ich bleibe dabei, und die Entwicklung wird mir recht geben, dass, wenn jetzt das Pendel der Preise unter dem einseitigen Druck kostenerhöhender Faktoren und unter dem psychologischen Druck dieses

„Der Schwarze Markt verschwand urplötzlich", schrieb ein französischer Beobachter. „Die Auslagen waren zum Bersten voll von Waren, die Fabrikschornsteine rauchten, und auf den Straßen wimmelte es von Lastkraftwagen. Wo es auch sei, überall statt der Totenstille der Ruinen das Gerassel der Baustellen. Aber war schon der Umfang dieses Wiederaufstiegs erstaunlich, so noch mehr seine Plötzlichkeit. Er setzte auf allen Gebieten des Wirtschaftslebens auf den Glockenschlag mit dem Tage der Währungsreform ein ..."

Kopfgeldrausches die Grenzen des Zulässigen und Moralischen allenthalben überschritten hat, wir doch bald in die Phase eintreten, in der über den Wettbewerb die Preise wieder auf das richtige Maß zurückgeführt werden, und zwar auf das Maß, das ein optimales Verhältnis zwischen Löhnen und Preisen, zwischen Nominaleinkommen und Preisniveau sicherstellt." ...

Nach der Reform sah sich die Wirtschaft zunächst einer unendlich erscheinenden Verbrauchsbereitschaft der Konsumenten, d.h. einem schier grenzenlosen Nachholbedarf gegenüber. Nicht minder stark war der Ersatz und Nachholbedarf in allen Zweigen der Wirtschaft selbst. Im Bausektor z.B. hatte sich infolge der Kriegszerstörungen und der Notwendigkeit, 8 Millionen Flüchtlinge unterzubringen, ein kaum zu bewältigender Bedarf angestaut. Wenn auch in den ersten Tagen nach der Reform Angebot und Nachfrage weitgehend ausgeglichen erschienen, so änderte sich doch dieses Bild sehr bald. Die so viel diskutierte und moralisch verwerfliche Warenhortung gehörte in kurzem der Vergangenheit an ...

Allensbach-Umfrage: Was würden Sie sich kaufen, wenn ...

Unter den vielen Errungenschaften amerikanischer Zivilisation, mit denen Deutschland nach dem Zweiten Weltkrieg bekannt wurde, war auch die Demokratie. Frühere Zeiten und Regierungssysteme hatten keine technischen Möglichkeiten gehabt, Volkes Meinung zu ergründen, oder hatten sich auch direkt davor gefürchtet. Nun aber wollten alle alles wissen. Die Parteien verlangten Auskunft über ihre Wähler, die aufblühende Industrie interessierte sich dafür, wer ihre Produkte kaufte und warum er es tut. Zu denen, die in Deutschland die Zeichen der Zeit erkannten, gehörte die Journalistin Elisabeth Noelle-Naumann. Sie hatte 1940 beim Zeitungswissenschaftler Emil Dovivat eine Dissertation über Meinungsforschung in den USA geschrieben. Im April 1947 entwarf sie für die Lizenzzeitung „Die Welt" den Fragebogen, mit dem die erste deutsche Leserumfrage eingeleitet wurde. Am 8. Mai 1947 gründete Frau Noelle-Nauman in Allensbach, einer Gemeinde am Bodensee, das Institut für Demoskopie. „Allensbach" wurde bald sprichwörtlich für Meinungsforschung. Typisch eine Umfrage vom November 1948:

„Was würden Sie tun, wenn sie heute überraschend 1000,- D-Mark erhielten?" Diese Frage ist an 1000 Personen in den drei Westzonen gerichtet worden, die nach den statistischen Merkmalen der Gesamtbevölkerung ausgewählt waren. Viele haben den Interviewern rasch geantwortet, andere bedächtig, manche fielen in Melancholie und sagten: „Ich bekomme sie ja doch nicht." Aber dann lenkten sie ein und erklärten: „Ich würde ...":

„Sofort ein Schwein schwarz kaufen. Jetzt ist die beste Gelegenheit dazu" (Unterstützungsempfänger, 45 Jahre).

„Das wäre gerade die finanzielle Grundlage für meine Ehescheidungsklage" (Geschäftsinhaber, 37 Jahre).

„Ich würde einen Anzug kaufen und den Rest in Zigaretten anlegen" (Hilfsarbeiter, 49 Jahre).

„Schuhe, Strümpfe, Kleider, Mantel, Geschirr, Unterzeug – und einmal auf die Pauke hauen!" (Filialleiterin, 28 Jahre).

„1000,- D-Mark sind für mich uninteressant" (Textilkaufmann, 40 Jahre).

„Würde meine Frau mit Kindern aus der Ostzone holen" (Ingenieur, 36 Jahre).

Die Abendzeitung

UNABHÄNGIGES MÜNCHENER NACHRICHTENBLATT

Währungsreform in Kraft getreten

Am Sonntag Auszahlung des neuen Geldes

60 Mark Kopfquote in 2 Raten

Einmalige Ablieferung von Altgeld

Kartenstellen übernehmen Auszahlung

Neuordnung ohne Berlin

Moratorium für Schulden

Was jeder wissen muß

Die Geldinstitute waren bereits geschlossen, als am Freitag, den 18. Juni 1948, durch Rundfunk und Extrablätter die ersten Gesetze der drei Militärgouverneure der westlichen Besatzungszonen über die Durchführung der Währungsreform am 20. Juni 1948 bekannt gemacht wurden.

Wünsche sind die Rückseite des Mangels. Der Kranke verlangt Gesundheit, der Gefangene will frei sein, die Armut drängt auf die erste Sprosse des Reichtums. Die vorliegende Untersuchung des „Instituts für Demoskopie“ in Allensbach am Bodensee hatte das Ziel, die gröbsten materiellen Defekte der sozialen Lage herauszufinden, die Bedürfnisse also, um die sich das Trachten der Menschen dreht, die den Krieg, die Bombardements, die Flucht und die Währungsreform überlebt haben. Die Studie bestätigt, was wir verschwommen wissen: dass die Deutschen ein armes Volk geworden sind. Solche pauschalen Aussagen ritzen aber meist nur die Haut. In diesen tausend Antworten zeigt sich wie im Mosaik, wie diese Not im Einzelnen aussieht und wo der Schuh am ärgsten drückt. Sie ist so massiv, dass sie die Phantasie erstickt.

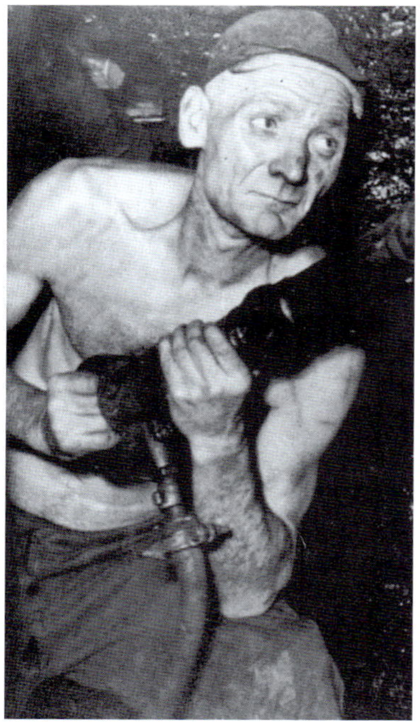

Hennecke-Bewegung: Schon Lenin wehrte sich gegen die Behauptung, der Sozialismus untergrabe den Wettbewerb. Das Gegenteil sei der Fall, da er nun „im Massenumfang“ organisiert werden könne. In der Praxis der SBZ und späteren DDR geschah dies durch Erhöhung der Arbeitsnormen. Zur Rechtfertigung solcher Erhöhungen wurden gern Vorbilder hingestellt, die wie der Bergarbeiter Adolf Hennecke besondere Leistungen vollbracht hatten: Am 13. Oktober 1948 gelang Hennecke als Hauer eine Übererfüllung der Schichtnorm von 387 % (530 Zentner). Dass er dies natürlich nur unter optimalen Bedingungen und bei bester Arbeitsvorbereitung hatte schaffen können, wurde ebenso betont wie der Einsatzwille, weil sein Vorbild auch der Einführung verbesserter und intensiverer Arbeitsmethoden im Rahmen einer Hennecke- oder Aktivisten-Bewegung dienen sollte. Der 13. Oktober wurde zum „Tag der Aktivisten“ erklärt, und Hennecke stieg 1954 ins ZK der SED auf.

Zum Schluss statt aller Deutungen noch 26 Antworten:

„Erst mal richtig satt essen“ (Architekt, 27 Jahre).

„Ich würde meinen Neffen studieren lassen und mir ein Grab kaufen“ (Rentnerin, 69 Jahre).

„Schwarz auswandern“ (Angestellter, 24 Jahre).

„Meiner Tochter eine neue Geige kaufen“ (Vorstand eines Industrie-Unternehmens, 40 Jahre).

„Meine Wohnung schöner und wärmer machen“ (Malermeister, 45 Jahre).

„Ich würde mich sehr freuen und herzlich danken, denn ich brauche sie notwendig. Ein paar Kuebler-Schlüpfer, eine warme Bluse möchte ich haben“ (Arztwitwe, 69 Jahre).

„Ich würde sie irgendwie schnell ausgeben, verfressen“ (Rentner, 73 Jahre).

„Den Stall reparieren lassen“ (Bäuerin, 51 Jahre).

„Ich weiß es nicht. Sie würden nicht genügen, um meine dringendsten Wünsche zu erfüllen“ (Lehrerin, 36 Jahre).

„Oh du Lieber – ich würde mir meine Aussteuer kaufen, auch eine schöne Frisiertoilette“ (Bauerntochter, 29 Jahre).

„Zunächst würde ich es verheimlichen, dann als Reserve für die nächste Notzeit zurücklegen“ (Arbeiter, 48 Jahre).

„Zum Schreien: wahrscheinlich erst mal meine Neffen studieren lassen. Ich brauche es nicht, wir kommen ja durch. Was in die russische Zone zu meiner Schwester schmuggeln. Küche mit Ölfarbe streichen lasen. Würde auch was für mich tun. Schuhe, Strümpfe und Handschuhe kaufen“ (Frau eines Chemikers, 53 Jahre).

„Heirats-Annoncen aufgeben“ (Angestellter, 46 Jahre).

Mit einer großen Mehrheit verabschiedete der amerikanische Kongreß am 3. April 1948 das „European Recovery Program“, den „Marshallplan“. Eine Dollar-Spritze sollte Europas darbender Wirtschaft wieder auf die Beine helfen. Seinem Resultat nach war das „European Recovery Program“ die erfolgreichste Entwicklungshilfe der Geschichte.

Berliner Blockade

Nach Einleitung der Währungsreform in den Westzonen blieb den Sowjets nichts übrig, als in ihrer Zone, wenn auch mit eigenem Schlüssel, gleichfalls eine Geldumstellung zu veranstalten. Zum Zankapfel wurde die Währungsreform in Berlin. Die Kommandanten der Westsektoren hatten die D-Mark eingeführt und weigerten sich, eine Umstellung nach östlichem Muster vorzunehmen. Daraufhin blockierten die Sowjets alle Zufahrtswege nach West-Berlin. Sie hielten die Abschnürung elf Monate lang aufrecht. In dieser Zeit wurden die Westsektoren mit einer Luftbrücke versorgt. Ihr Organisator, der damalige Militärgouverneur in der amerikanischen Besatzungszone Lucius D. Clay, berichtet über den Beginn der Blockade:

Als der Befehl der Sowjetischen Militär-Verwaltung, der den Bahnverkehr mit den Westzonen stilllegte, am 24. Juni um 6 Uhr früh in Kraft trat, waren die drei Berliner Westsektoren mit einer Zivilbevölkerung von rund 2,5 Millionen Menschen auf die vorhandenen Vorräte und den Nachschub über die Luftbrücke angewiesen. Es war einer der brutalsten Versuche der neueren Geschichte, eine Massenhungersnot als politisches Druckmittel zu benutzen. Unsere Lebensmittelvorräte reichten für 36, die Kohlevorräte für 45 Tage. Es war ziemlich schwer gewesen, diese Vorräte aufzuspeichern, denn unsere Beförderungsmöglichkeiten nach Berlin hatten nie ausgereicht.

Die sowjetische Aktion hatten wir seit ein paar Monaten vorausgesehen. Der Minimalbedarf konnte mit einer durchschnittlichen Tages-Transportleistung von 4.000 Tonnen für die deutsche Bevölkerung und 500 Tonnen für die Alliierten auf dem Luftwege gedeckt werden.

Die Industrieproduktion war damit nicht aufrechtzuerhalten, Hausbrand und normaler Verbrauchsbedarf nicht zu befriedigen; die Stromerzeugung wäre selbst dann begrenzt gewesen, wenn die Möglichkeit bestanden hätte, Kohle in beliebiger Menge nach Berlin zu bringen, weil die Russen, bevor wir gekommen waren, die Ausrüstung des modernsten Kraftwerkes demontiert hatten: Stromlieferungen aus der Sowjetzone wurden eingestellt, als die Blockade begann. Die verbliebene Kapazität konnte nur einige Stunden täglich Strom für die lebenswichtigen Zwecke liefern, und selbst diese Stromstunden mussten in den verschiedenen Teilen West-Berlins umschichtig zugeteilt werden.

Dennoch waren wir voll Zutrauen, dass die Bevölkerung lieber die größten Unannehmlichkeiten ertragen würde, als wieder unter einem totalitären Regime zu leben, und dass sie, um frei zu bleiben, viele Härten in Kauf nehmen würde.

Wir hatten in Europa nur begrenzte Mittel in der Hand, um die Blockade zu brechen. Die Zahl der Fracht- und Truppentransportflugzeuge belief sich zwar auf über hundert, es waren aber nur zweimotorige Maschinen vom Typ C-47 mit 2,5 Tonnen Ladefähigkeit, und viele von ihnen waren im Krieg hart mitgenommen worden. Die britischen Hilfsmittel waren noch beschränkter, französische Transportmaschinen waren nicht verfügbar.

Wenn wir jedoch die verfügbaren C-47 voll ausnutzten, musste es sich meiner Meinung nach erweisen, dass die Aufgabe gelöst werden konnte. Ich telephonierte am Vormittag des 24. Juni General LeMay, er solle keine unserer Transportmaschinen anderweitig verwenden, damit alle auf der Strecke Berlin eingesetzt werden könnten. Bei Luftbefehlshabern vom Format General LeMays und seines Nachfolgers, General Cannon, braucht man nur seine Wünsche zu äußern, und schon richten sie alle verfügbaren Kräfte auf dieses Ziel. Gleichzeitig wurden Vorbereitungen getroffen, um Lebensmittel auf unsere Flugplätze zu schaffen, und am Morgen des 25. Juni kamen die ersten Maschinen mit Nahrungsmitteln für die Berliner Bevölkerung an.

Am selben Tag berief die Armeeabteilung des Kriegsministeriums abermals eine Telekonferenz ein. Man riet mir, die Einführung der Westmark in Berlin zu verlangsamen, falls sie möglicherweise einen bewaffneten Konflikt veranlassen würde, doch das war nun zu spät. In meiner Antwort wies ich darauf hin, dass über die zu erwartenden Schwierigkeiten ausführlich berichtet worden sei und man uns angewiesen habe, die Westmark in Umlauf zu setzen, wenn eine Einigung über eine eigene Währung für Berlin nicht erzielt werden könnte. Ich fügte hinzu:

Wir rechnen nicht mit einem bewaffneten Konflikt ... Die Hauptgefahr bilden russisch inspirierte Gruppen deutscher Kommunisten ... Die Lage ist gespannt ... Wir haben unsere und die britischen Truppen fest in der Hand; auf sie ist Verlass. Uns beiden ist klar, dass unsere Regierungen einen bewaffneten Konflikt zu vermeiden wünschen. Trotzdem können wir uns nicht überrennen lassen, und eine feste Haltung bedeutet stets ein gewisses Risiko.

Ich hob auch den erstaunlich mutigen Widerstand der Berliner Bevölkerung hervor, durch den die sowjetische Administration zu extremen Maßnahmen getrieben werde, sowie die Proklamation, die Sokolowskij am vorherigen Tag erlassen und in der er die Viermächte-Regierung für beendet erklärt hatte; damit sollte die Berliner Bevölkerung eingeschüchtert und davor zurückgehalten werden ihr altes Geld gegen Westmark einzutauschen. Ich sagte: Alle deutschen Politiker, abgesehen von denen der SED, und Tausende Deutscher bekunden mutig ihre Gegnerschaft zum Kommunismus. Wir dürfen sie nicht enttäuschen, indem wir einen Abzug aus Berlin auch nur andeuten. Ich bin noch immer dagegen, unsere Angehörigen aus Berlin fortzuschicken. Wir müssen es eben auslöffeln, ganz gleich, was kommt. Falls die Sowjets einen Krieg wollen, wird er nicht wegen der Berliner Währungsreform ausbrechen, sondern weil ihnen der Zeitpunkt günstig erscheint. Ich halte die Wahrscheinlichkeit für gering, obwohl sie nicht vollständig übersehen werden kann. Ganz bestimmt versuchen wir nicht, Krieg zu provozieren. Wir stecken eine Menge Kinnhaken ein, ohne zurückzuschlagen.

Am nächsten Tag, 26. Juni, wurde die Luftbrücke ein organisiertes Unternehmen.

Gert Fröbe als „Otto Normalverbraucher" in dem Film „Berliner Ballade" (1948). Aus dem erfolgreichen Kabarettprogramm „Schwarzer Jahrmarkt", einer „Revue der Stunde Null", entstanden, ist dieser Film eine witzige, melancholische, aber doch optimistische Bestandsaufnahme des geistigen und politischen Klimas der Zeit.

Eine Douglas C-54 Skymaster, von den Berlinern „Rosinenbomber" genannt, im Anflug auf Tempelhof. Knapp elf Monate lang wurde die Millionenstadt über die alliierte Luftbrücke versorgt, nachdem die Sowjets die Transportwege zu Lande und zu Wasser abgeschnürt hatten.

1949

JANUAR

3.1. Der West-Berliner Oberbürgermeister Ernst Reuter verlangt die Einbeziehung West-Berlins in den zukünftigen Bundesstaat.
17.1. Einrichtung des Militärischen Sicherheitsamtes der Westalliierten zur Überwachung der Entmilitarisierung in Westdeutschland. Das Amt übernimmt auch die Aufgaben des nicht mehr funktionsfähigen Alliierten Kontrollrates für die westlichen Besatzungszonen.
24.1. Konstituierung eines gemeinsamen Vorbereitungsausschusses aus Vertretern des Parlamentarischen Rats und der Ministerpräsidenten der westdeutschen Länder. Der Ausschuss koordiniert die politischen- und Verwaltungsaufgaben Westdeutschlands bis zur Bildung der ersten Bundesregierung.
25.1. Gründung des osteuropäischen Rats für gegenseitige Wirtschaftshilfe (RGW/COMECON) als Reaktion auf die Einrichtung der OEEC und des Marshallplanes.
28.1. Auf der ersten Parteikonferenz der Sozialistischen Einheitspartei Deutschlands (SED) in Ost-Berlin wird ein Politbüro eingerichtet.

FEBRUAR

3.2. Die Fünferkommission des Parlamentarischen Rats einigt sich in Bonn darauf, West-Berlin neben den elf Ländern der westlichen Besatzungszonen als zwölftes Bundesland in die Präambel des Grundgesetzes aufzunehmen.
28.2. Erster Rosenmontagszug in Köln seit Kriegsende.

MÄRZ

7.3. Premiere des Films „Liebe 47“ nach dem Hörspiel „Draußen vor der Tür“ von Wolfgang Borchert.
19.3. Verabschiedung der Verfassung der künftigen DDR durch den Volksrat der Länder der Sowjetischen Besatzungszone (SBZ).
26.3. Gründung der „Fraunhofer Gesellschaft zur Förderung der angewandten Forschung“ in München.

APRIL

4.4. Gründung der Nordatlantischen Verteidigungsgemeinschaft (NATO) in Washington.
8.4. Deutschlandkonferenz der drei Westmächte in Washington: Die Außenminister Frankreichs, Großbritanniens und der USA beschließen eine endgültige Fassung des Besatzungsstatuts. Außerdem soll die Bizone durch Fusion mit dem französischen Besatzungsgebiet zur Trizone erweitert werden. Die Militärregierung soll beendet werden, indem Alliierte Hohe Kommissare politische Kontrollbefugnisse und die Oberbefehlshaber nur noch militärische Funktionen wahrnehmen. Des Weiteren wird vereinbart, das Demontageprogramm zu reduzieren und die Industrieproduktion zu steigern.
9.4. Mit der Einführung des Tarifvertragsgesetzes stellt der Frankfurter Wirtschaftsrat die Tarifautonomie zwischen Gewerkschaften und Arbeitgebern wieder her.

Wahlplakat zum ersten Bundestag am 14. August 1949.

22.4. Das Ruhrstatut, das die internationale Kontrolle der Kohle- und Stahlproduktion des Ruhrgebietes durch die westlichen Besatzungsmächte und die Beneluxstaaten regelt, tritt in Kraft.

MAI

1.5. In den westlichen Besatzungszonen wird der Lizenzierungszwang für Druckschriften aufgehoben.
5.5. Gründung des Europarates durch zehn europäische Staaten.
8.5. Das Grundgesetz wird in dritter Lesung vom Parlamentarischen Rat angenommen.
10.5. Bonn wird vom Parlamentarischen Rat zur vorläufigen Bundeshauptstadt gewählt. Von 62 gültigen Stimmen entfallen 33 auf Bonn und 29 auf Frankfurt/Main.
12.5. Die Sowjetunion hebt die Berlin-Blockade auf.
Die westalliierten Militärgouverneure Clay, Robertson und Koenig billigen das vom Parlamentarischen Rat verabschiedete Grundgesetz vorbehaltlich der Bestimmungen des Besatzungsstatuts und der Anerkennung West-Berlins als zwölftes Bundesland.
15./16.5. Wahlen zum III. Deutschen Volkskongress, erstmals nach einer Einheitsliste des „Demokratischen Blocks“.
18.-20.5. Alle westdeutschen Landtage mit Ausnahme Bayerns billigen das Grundgesetz.
23.5. Feierliche Verkündung des Grundgesetzes für die Bundesrepublik Deutschland in Bonn. Das Grundgesetz tritt damit in Kraft.
30.5. Der Deutsche Volkskongress billigt die Verfassung der DDR.

JUNI

10.6. Eröffnung der Ruhrfestspiele in Recklinghausen mit einer Inszenierung von Goethes „Faust“.
18.6. Wiedereröffnung der 1945 schwer beschädigten Nationalgalerie in Ost-Berlin.
19.6. Neugründung der Großloge deutscher Freimaurer, die 1933 von den Nationalsozialisten verboten worden war.
20.6. Die westalliierten Außenminister unterzeichnen das Statut, welches die bisherigen Mili-

tärregierungen durch die Alliierte Hohe Kommission ersetzt.

JULI

1.7. Die westalliierte Stadtkommandantur übermittelt Oberbürgermeister Ernst Reuter das Verbot der Teilnahme Berlins an den allgemeinen Wahlen zum Ersten Deutschen Bundestag; die Berliner Stadtverordnetenversammlung entsendet Abgeordnete ohne Stimmrecht.
4.7. Der Vorsitzende der Deutschen Wirtschaftskommission der SBZ übermittelt dem Oberdirektor des Frankfurter Wirtschaftsrates den Vorschlag zur Bildung eines gesamtdeutschen Wirtschaftsausschusses.
Der Vorschlag wird am 25.7. vom Frankfurter Wirtschaftsrat mit der Begründung abgelehnt, über die wirtschaftliche Einheit könne nur zwischen demokratisch und frei gewählten Organen beraten werden.
18.7. Konstituierung der Internationalen Ruhrbehörde in Düsseldorf.
25.7. In der Frankfurter Paulskirche wird der 1933 aus Deutschland emigrierte Schriftsteller Thomas Mann mit dem Goethe-Preis ausgezeichnet.
27.7. Eröffnung der Salzburger Festspiele mit einer Aufführung der Oper „Die Zauberflöte" unter der musikalischen Leitung von Wilhelm Furtwängler.

AUGUST

1.8. In Weimar wird Thomas Mann mit dem Goethe-Preis und der Ehrenbürgerschaft der Stadt ausgezeichnet.
7.8. Austragung des „Großen Preis vom Nürburgring", der ersten internationalen Automobil- und Motorradsportveranstaltung in Deutschland seit Kriegsende.
9.8. Uraufführung der Oper „Antigone" von Carl Orff im Rahmen der Salzburger Festspiele.
14.8. Wahlen zum 1. Deutschen Bundestag. Die Wahlbeteiligung liegt bei 78,5%. Die Stimmen für die Parteien verteilen sich wie folgt: SPD (Sozialdemokratische Partei Deutschlands) 29,2%, CDU (Christlich Demokratische Union) 25,2%, CSU (Christlich Soziale Union) 5,8%, FDP (Freie Demokratische Partei) 11,9%, BP (Bayernpartei) 4,2%, DKP/DRP (Deutsche Konservative Partei/ Deutsche Reichspartei) 1,8%, DP (Deutsche Partei) 4,0%, Zentrum 3,1%, EVD (Europäische Volksbewegung Deutschlands) 0,1%, KPD (Kommunistische Partei Deutschlands) 5,7 %, Parteilose 4,8%, RSF (Radikal-Soziale Freiheitspartei) 0,9%, RWVP (Rheinisch-Westfälische Volkspartei) 0,1%, SSW (Südschleswigscher Wählerverband) 0,3%, WAV (Wirtschaftliche Aufbauvereinigung) 2,9%.
18.8. Die Nachrichtenagenturen der drei westdeutschen Besatzungszonen – die Deutsche Nachrichtenagentur (dena), der Deutsche Pressedienst (dpd) und die Süddeutsche Nachrichtenagentur (südena) – schließen sich zur Deutschen Presse-Agentur (dpa) zusammen.
28.8. Gründung der Deutschen Akademie für Sprache und Dichtung in Darmstadt.

SEPTEMBER

1.9. Eröffnung der ersten deutschen Bauausstellung in Nürnberg seit Kriegsende.
8.9. Der Komponist Richard Strauss stirbt in Garmisch-Partenkirchen.
10.9. Eröffnung der ersten Berliner Autoausstellung seit Kriegsende.
12.9. Die Bundesversammlung wählt in Bonn den Bundespräsidenten: Im zweiten Wahlgang setzt sich Theodor Heuss (FDP) gegen Kurt Schumacher (SPD) durch.
15.9. Wahl Konrad Adenauers (CDU) zum Bundeskanzler.
17.9. Eröffnung des ersten Oktoberfestes in München seit elf Jahren.
18.9. Eröffnung der ersten bundesdeutschen Buchmesse in Frankfurt/Main.
20.9. Bildung des ersten Kabinetts Adenauer aus CDU/CSU, FDP und DP.
21.9. Das Besatzungsstatut tritt in Kraft, Amtsantritt der Alliierten Hohen Kommissare.
24.9. In Bonn wird das deutsche Nationale Olympische Komitee (NOK) wiederbegründet.
30.9. Die Alliierten stellen nach über 277.000 Hilfsflügen die Luftbrücke nach West-Berlin ein.

OKTOBER

7.10. Gründung der Deutschen Demokratischen Republik (DDR). Die Provisorische Volkskammer (bisher 2. Deutscher Volksrat) setzt die Verfassung in Kraft.
8.10. Abschluss des „Frankfurter Abkommens" über den Interzonenhandel zwischen der Bundesrepublik und der DDR.
10.10. An die Stelle der Sowjetischen Militäradministration in Deutschland (SMAD) , die ihre Verwaltungsfunktionen an die DDR-Regierung überträgt und aufgelöst wird, tritt die Sowjetische Kontrollkommission (SKK). Wahl der Provisorischen Länderkammer durch die fünf Landtage der DDR.
11.10. Die Provisorische Volkskammer und die Provisorische Länderkammer wählen einstimmig den SED-Vorsitzenden Wilhelm Pieck zum Präsidenten der DDR.
12.10. Die Provisorische Volkskammer bestätigt die Provisorische Regierung aus Vertretern der SED (Sozialistische Einheitspartei Deutschlands), LDP (Liberal-Demokratische Partei), CDU (Christlich Demokratische Union), NDPD (National-Demokratische Partei Deutschlands) und DBD (Demokratische Bauernpartei Deutschlands). Otto Grotewohl wird Ministerpräsident der DDR.
12.-14.10. Gründungskongress des Deutschen Gewerkschaftsbundes (DGB) in München. Erster Vorsitzender wird Hans Böckler.
14.10. Die Zeitschrift „Hör zu" stellt den Igel Mecki vor, eine gezeichnete Figur, die das Blatt kommentiert.
19.10. Der „Bundesverband der Deutschen Industrie" (BDI) wird gegründet.
21.10. Bei seiner Regierungserklärung begründet Bundeskanzler Adenauer den im Grundgesetz verankerten Alleinvertretungsanspruch der Bundesrepublik.
31.10. Die Bundesrepublik Deutschland wird Mitglied der Organisation für europäische wirtschaftliche Zusammenarbeit (OEEC). Die OEEC soll die Marshallplan-Gelder verteilen, das wirtschaftliche Wiederaufbauprogramm koordinieren und den Zahlungsverkehr liberalisieren.

NOVEMBER

7.11. Bei Feierlichkeiten in der DDR erklingt erstmals die Nationalhymne der DDR.
22.11. Die Alliierten Hohen Kommissare und Bundeskanzler Adenauer unterzeichnen das Petersberger Abkommen. Es berechtigt die Bundesrepublik unter anderem, konsularische Beziehungen zu westlichen Staaten aufzunehmen und internationalen Organisationen beizutreten.
30.11. Beitritt der Bundesregierung zur Internationalen Ruhrbehörde.

DEZEMBER

8.12. Bildung des Obersten Gerichtshofes und der Obersten Staatsanwaltschaft der DDR nach sowjetischem Vorbild.
10.12. Gründung des westdeutschen „Deutschen Journalistenverbandes".
17.12. Eröffnung des neu eingerichteten Museums für Völkerkunde in Berlin-Dahlem im Westteil der Stadt.
21.12. Der Deutsche Frauenring protestiert gegen die sogenannte „Zölibatsklausel" im Entwurf des Beamtengesetzes. Danach müssen verheiratete weibliche Beamte entlassen werden, wenn das Familieneinkommen auch ohne ihren Verdienst für ihre wirtschaftliche Versorgung ausreicht.

AUSSERDEM

Gottfried Benn: Der Ptolemäer (Berliner Novelle)
Ernst Jünger: Strahlungen (Tagebücher)
Ernst Jünger: Heliopolis, Rückblick auf eine Stadt (utopischer Roman)
Rudolf Alexander Schröder: Die geistlichen Gedichte (Gedichte)
Anna Seghers: Die Toten bleiben jung (Roman)

Adenauer wird Regierungschef

Nach dem wirtschaftlichen Zusammenschluss der westlichen Besatzungszonen ließ der politische nicht lange auf sich warten.
Im Zuge der Auseinandersetzungen um den Marshall-Plan hatten die sowjetischen Vertreter im März 1948 den Alliierten Kontrollrat verlassen, und es sah auch nicht danach aus, als würden sie je zurückkehren. Die gesamtdeutsche Verwaltung durch die Alliierten war am Ende. In dieser Situation schritten die Westmächte dazu, wenigstens aus ihren Zonen einen Staat zu bilden, der in deutsche Verantwortung gelegt werden könnte.
Es gab inzwischen Länderparlamente in den westlichen Besatzungszonen, elf an der Zahl. Aus diesen wurden insgesamt 65 Abgeordnete entsandt, die sich in der Bonner Pädagogischen Akademie zu Beratungen über eine neue Verfassung trafen. Man sagte indes nicht Verfassung, sondern Grundgesetz, und das beratende Gremium hieß auch nicht Nationalversammlung, sondern Parlamentarischer Rat – keine Ähnlichkeit mit der triumphalen Reichsgründung von 1871 und auch nicht mit dem Pathos von Weimar 1919; in dem neuen Staatswesen sollte alles möglichst bescheiden und vorläufig wirken.
Nach acht Monaten Beratungen, in die auch die alliierten Militärverwaltungen eingriffen, wurde das Grundgesetz am 23. Mai 1949 verabschiedet. Nach Aussage seiner Präambel sollte es nur für eine Übergangszeit gelten, es enthielt jedoch auch den Anspruch, im Namen aller Deutschen verfasst worden zu sein.
Der CDU-Politiker Konrad Adenauer (1876-1967), der die Sitzungen des Parlamentarischen Rates geleitet hatte, wurde nach dem Sieg seiner Partei bei den ersten Bundestagswahlen (14. August 1949) auch zum Regierungschef der Bundesrepublik Deutschland gewählt, mit der denkbar knappsten Mehrheit von einer Stimme – seiner eigenen.
Nach der Vereidigung gab der Bundeskanzler seine Regierungserklärung ab, in der er unter anderem sagte:
„Das Werden des neuen Deutschlands hat sich nach den langen Verhandlungen des Parlamentarischen Rates und den Wahlen zum Bundestag am 14. August mit großer Schnelligkeit vollzogen.
Wenn auch die Zuständigkeit des Bundestages und der Bundesregierung durch das Besatzungsstatut beschränkt ist, so darf uns doch diese Entwicklung, dieses Werden des deutschen Kernstaates, mit Freude erfüllen. Meine Wahl zum Bundeskanzler und die Regierungsbildung sind eine logische Konsequenz der politischen Verhältnisse, wie sie sich in der Bizone infolge der Politik des Frankfurter Wirtschaftsrates herausgebildet hatten. Die Politik des Frankfurter Wirtschaftsrates, die Frage soziale Marktwirtschaft „oder Planwirtschaft", hat so stark unsere ganzen Verhältnisse beherrscht, dass eine Abkehr von dem Programm der Mehrheit des Frankfurter Wirtschaftsrates unmöglich war.
Eine Koalition zwischen den Parteien, die die Planwirtschaft verworfen, und denjenigen, die sie bejaht haben, würde dem Willen der Mehrheit der Wähler geradezu entgegengerichtet gewesen sein. Ich bin nicht der Auffassung, dass es den Interessen der Gesamtbevölkerung, den Interessen Deutschlands, besser gedient hätte, wenn man ... eine Koalition eingegangen wäre.
Ich bin der Auffassung, dass die Opposition eine Staatsnotwendigkeit ist und dass nur dadurch, dass Regierungsmehrheit und Opposition einander gegenüberstehen, ein wirklicher Fortschritt und eine Gewöhnung an demokratisches Denken zu erzielen ist.
Ich habe dem Herrn Bundespräsidenten die Ernennung von dreizehn Bundesministern vorgeschlagen. Ich bin mir bewusst, dass manchem diese Zahl auf den ersten Blick groß erscheinen wird. Demgegenüber weise ich darauf hin, dass in unseren Zeiten Aufgaben, die der staatlichen Arbeit bedürfen, entweder ganz neu entstanden sind oder dass Aufgaben einen solchen Umfang angenommen haben, dass sie den Rahmen eines der üblichen Ministerien sprengen würden. So sind mehrere Bundesministerien zeitbedingt, das heißt, wenn sie ihre Aufgabe erfüllt haben, werden sie wieder verschwinden. Die Hauptsache ist, dass der ministerielle Apparat im Ganzen möglichst klein gehalten wird, dass die Ministerien von allen den Verwaltungsaufgaben befreit bleiben, die nicht in die ministerielle Instanz gehören.

Verkündung des Grundgesetzes am 23. Mai 1949 durch Konrad Adenauer. Von links: Helene Weber, Hermann Rudolph Schäfer, Konrad Adenauer, Adolph Schönfelder und Jean Stock.

Theodor Heuss

Als erster Bundespräsident der neu gegründeten Bundesrepublik wurde am 12. September 1949 Professor Theodor Heuss gewählt. Bei der Gratulationscour der drei alliierten Hochkommissare hielt der französische Hochkommissar François-Poncet als Wortführer nachstehende Ansprache:

Mit 377 bzw. 416 Stimmen der beiden Wahlgänge gegen insgesamt 311 Stimmen für den Gegenkandidaten Kurt Schuhmacher wird am 12. September 1949 Professor Theodor Heuss zum ersten Präsidenten der Bundesrepublik gewählt.

Im Namen meiner britischen und amerikanischen Kollegen sowie in meinem eigenen, zugleich aber auch im Namen der drei Regierungen und der drei Staatschefs, die wir vertreten, habe ich die Ehre, Sie zu ersuchen, unsere aufrichtigen Glückwünsche zu Ihrer Wahl auf den höchsten Posten, den die Deutsche Bundesrepublik zu vergeben hat, zu übermitteln.
Die historische Bedeutung dieses Aktes ist allen klar, in Deutschland sowohl als auch außerhalb Deutschlands. Zum ersten Male nach den schrecklichen Erlebnissen der letzten Jahre nimmt Ihr Land, wenn ich mich so ausdrücken darf, wieder Gestalt an. Seine Bemühungen und seine Hoffnungen haben in Ihnen ihren Repräsentanten gefunden, das heißt, in einem Manne, der nach dem freien Vorgehen der Demokratie gewählt worden ist und der daraus das unbestreitbare Recht ableitet, sein Volk zu vertreten.
Wir schätzen uns glücklich, die Bahn, die Deutschland zu diesem historischen Akt geführt hat, geebnet zu haben. Es ist nicht unsere Schuld, dass nicht ganz Deutschland daran teilgenommen hat. Ihre hervorragenden geistigen und moralischen Eigenschaften, die allgemeine Achtung, die Sie bei Ihren Landsleuten genießen, machen Sie des Vertrauens besonders würdig, das Ihnen bezeugt worden ist. Wir sind sicher, dass Sie dieses Vertrauen voll und ganz rechtfertigen werden, indem Sie die Aufgabe, die Ihnen nach dem Grundgesetz zukommt, erfüllen, indem Sie namentlich mit Gewissenhaftigkeit darüber wachen, dass die Verfassung der Republik eingehalten wird.
Seien Sie Ihrerseits versichert, dass wir immer bereit sein werden, durch die genaue Einhaltung der Grundsätze, die unsere Beziehungen regeln müssen, Ihre edle Mission auf jede Art und Weise zu erleichtern. Es ist der Wunsch unserer Regierungen, wie es auch der Ihre ist, dass Deutschland, durch harte Erfahrungen belehrt, seine Wunden heilen, sich wieder an die Arbeit machen und wieder den Weg zur Demokratie finden möge, der es in den Schoß der freien und friedliebenden Volker zurückführen wird.

Bundespräsident Heuss erwiderte: Wir sind zu diesem Zwecke bereit, wie dies die neue Verfassung festlegt, zwischenstaatlichen Organisationen Souveränitätsrechte zu übertragen, und wir sehen in der Ausführung dieses Planes einen Weg zu Verwirklichung einer großen, der Freiheit dienenden Idee. Ich versichere Ihnen, dass ich alles in meiner Macht Stehende tun werde, um der neuen Verfassung, die die Bedingung für eine Friedenspolitik verkörpert, Achtung zu verschaffen.

KPD zur Bundespräsidentenwahl

Die Vertreter der KPD hatten im Parlamentarischen Rat gegen das Grundgesetz gestimmt. Auch in der Bundesversammlung waren sie nicht bereit, die Wahl von Theodor Heuss zum Bundespräsidenten mitzutragen. Ihre Haltung erläuterten sie in einer von der Nachrichtenagentur verbreiteten Erklärung:
Die Fraktion der KPD in der Bundesversammlung gab in beiden Wahlgängen zur Wahl des Bundespräsidenten dem Kandidaten der SPD, Dr. Schumacher, ihre Stimme mit dem Ziel, die Wahl des Kandidaten des Bürgerblocks, Dr. Heuss, zu verhindern, der 1933 für das Hitler'sche Ermächtigungsgesetz stimmte. Dr. Heuss wurde von den reaktionären Parteien nunmehr zum Bundespräsidenten gewählt. Er ist der Repräsentant des deutschen und ausländischen Monopolkapitals. Diese Wahl bedeutet eine Herabwürdigung aller Deutschen, die den Frieden und den sozialen Fortschritt wünschen. Mit der Wahl Dr. Heuss' zum Bundespräsidenten wurde die Bildung einer reaktionären Regierung, die den Kurs der Schwerindustrie gegen die werktätigen Massen führen soll, vorbereitet.
Eine Staatsführung wird geschaffen, die sich auf einen Block derjenigen Kräfte stützt, die Hitler zur Macht verholfen haben. Mit dieser Wahl wird in Westdeutschland eine Entwicklung eingeleitet, die die Gefahr einer Wiederholung der verhängnisvollen Politik von 1932 bis 1933 in sich birgt. Die KPD appelliert an die Mitglieder der SPD: Wir müssen die Reaktion zerschlagen. Deshalb müssen wir Schluss machen mit dem unseligen Bruderzwist und der gewissenlosen Hetze gegen den Osten, der nur der Reaktion hilft. Euer Feind steht nicht links, ist nicht die KPD, wie es Dr. Schumacher im Wahlkampf sagte. Der Feind steht rechts. Deshalb macht die Linke stark durch die Einheit der Arbeiter im Kampf.

Kriegsgefangene

Im Bundesflüchtlingsministerium machte 1949 der Leiter der Abteilung Kriegsgefangene Angaben über die Lage der deutschen Kriegsgefangenen im Ausland, die in „Keesings Archiv der gegenwart" zitiert werden:
Mehr als 500.000 deutsche Kriegsgefangene, die mit der Heimat in Verbindung stehen, befinden sich noch in Sowjetrussland, Albanien, Polen, Jugoslawien und der Tschechoslowakei. Außerdem werden noch 1,5 bis 1,7 Millionen ehemalige Wehrmachtsangehörige vermisst. Hierzu kämen noch die sogenannten Zivilvermissten aus den Gebieten jenseits der Oder-Neiße-Linie, etwa 3 Millionen. In Frankreich, Luxemburg, Belgien, Norwegen, Griechenland und Polen würden noch etwa 15.000 ehemalige Wehrmachtsangehörige festgehalten, denen man Straftaten zur Last legt; sie gelten jetzt größtenteils als Untersuchungsgefangene, wogegen von deutscher Seite schärfstens Protest erhoben worden sei. Bisher ha-

Arbeiter, die, die zur Demontage bestimmten Essener Steinkohlenwerke besetzt gehalten haben, werden von belgischen Truppen unter Androhung von Waffengewalt zur Aufgabe gezwungen.

be man jedoch nur in Belgien damit Erfolg gehabt. Die Zahl der Deutschen, die zur Zeit in der französischen Fremdenlegion Dienst tun, gab der Sprecher mit 40.000 an. Die offizielle französische Zahl belaufe sich zwar nur auf 15.000. Jedoch seien darin nicht die 25.000 Mann enthalten, die in Sondereinheiten in Indochina und anderen Gebieten stationiert sind. 98 Prozent dieser Fremdenlegionäre seien erst nach dem Krieg in diese Truppe eingetreten. Die Rückführung von Kriegsgefangenen aus der Sowjetunion sei im November stark angestiegen. Gegen 42.000 im September und 38.000 im Oktober seien im November insgesamt 60.000 Kriegsgefangene entlassen worden. Im Vergleich zu den früheren Transporten sei der Gesundheitszustand der jetzigen Heimkehrer befriedigend. Die Zahl der deutschen Kriegsgefangenen in der Sowjetunion werde auf etwa 400.000 geschätzt. 200.000 davon ständen mit der Heimat in Verbindung, der Rest setze sich zu einem großen Teil aus sogenannten „aussortierten“ Gefangenen, Waffen-SS, Polizeiverbänden, Sicherheitsdivisionen usw. zusammen, gegen die ein Untersuchungsverfahren schwebe.

Kurt Schumacher aus dem Bundestag ausgeschlossen

Nach einer langen, dramatischen Nachtsitzung wurde am 25. November 1949 der Bundestagsabgeordnete und Vorsitzende der SPD, Kurt Schumacher, für 20 Sitzungstage aus dem Bundestag ausgeschlossen. Bundeskanzler Adenauer hatte den Bundestag über ein zwei Tage zuvor mit den Alliierten unterzeichnetes Abkommen unterrichtet. (Die Bundesrepublik erklärte in ihm ihren Beitritt zur internationalen Ruhrbehörde; die Alliierten verzichteten dafür auf die Demontage von 18 Industriewerken.) Adenauer verteidigte das Abkommen: „Wir müssen uns darüber im Klaren sein, dass wir infolge des totalen Zusammenbruchs ohne Macht sind.“ Bei den Verhandlungen mit den Alliierten spiele das psychologische Moment eine große Rolle. Als in der Debatte SPD-Redner den Beitritt zur Ruhrbehörde kritisierten, erwiderte Adenauer: „... muss ich feststellen, dass die sozialdemokratische Fraktion bereit ist, eher die ganze Demontage bis zu Ende gehen zu lassen, als einen Vertreter in die Ruhrbehörde zu schicken.“ Die daraufhin einsetzenden Zwischenrufe sind im Protokoll so vermerkt: „Schumacher: ›Das ist nicht wahr!‹ Zurufe von links: ›Sind Sie noch ein Deutscher? Sprechen Sie als deutscher Kanzler?‹ Schumacher: ›Der Bundeskanzler der Alliierten!‹“ Bundestagspräsident Köhler rief Schumacher zur Ordnung und unterbrach die Sitzung. Der Ältestenrat schloss Schumacher daraufhin aus.

Die Gründung der DDR

Stalin wird die Äußerung zugeschrieben, der Kommunismus passe auf Deutschland wie der Sattel auf die Kuh. Trotz solcher Einsicht haben die Sowjets ihre deutsche Besatzungszone, wenn auch verschleiert, konsequent bolschewisiert. Die Uranfänge dessen, was später Deutsche Demokratische Republik heißen sollte, sind äußerst aufschlussreich für die Technik kommunistischer Machtsicherung. Im Frühjahr 1945, als gerade der Schlachtenlärm in Berlin verebbt war, hatte Stalin führende deutsche Exil-Kommunisten in ihre Heimat zurückgeschickt. Es war die „Gruppe Ulbricht“. Walter Ulbricht, gelernter Tischler, Jahrgang 1893, wegen seines Bartes der „sächsische Lenin“ genannt, vor der Hitler-Zeit Chef der KPD-Bezirksleitung Berlin-Brandenburg, besaß aufgrund seiner Anpassungsfähigkeit das Vertrauen des Kremlherren. Zweifellos war er damals von allen deutschen Kommunisten am erfahrensten, vor allem im Überleben. Das Talent, das dafür nötig ist, sollte man nicht unterschätzen. Ulbricht wurde lange unterschätzt. Popularität, Ruhm, Charisma – Kategorien des eigentlichen Staatsmänischen – waren auf Walter Ulbricht nicht anwendbar. Aber der Apparat hat immer funktioniert. Und Ulbricht war am 2. Mai 1945 in den rauchenden Trümmern Berlins daran gegangen, den Apparat wieder zum Funktionieren zu bringen. Einer seiner damaligen jungen Leute, der begabte Nachwuchs-Kommunist Wolfgang Leonhard, der im Frühjahr 1949 nach Jugoslawien floh, hat beschrieben, wie überlegt vom ersten Tage an die kommunistische Durchdringung von Verwaltung und Gesellschaft vor sich gegangen ist – ungeachtet des verharmlosenden Gründungsaufrufs der KPD vom 11. Juni 1945.

Ein Schrebergartenverein könnte sich kaum ein harmloser klingendes Programm geben, als die KPD es tat. Dass der Großgrundbesitz auf-

Im Januar 1949 starten die „Insulaner“ ihre berühmten Funkkabarett-Programme im Sender Rias Berlin. Ganz Deutschland kennt ihr Leitmotiv: „Der Insulaner verliert die Ruhe nicht...“ Von links: Günter Neumann, Ewald Wenck, Olaf Bienert, Joe Furtner, Edith Schollwer, Bruno Fritz, Agnes Windeck, Ilse Trautschold, Walter Gross und Tatjana Sais.

„Armeegeneral W. I. Tschuikow empfing am 10.10.1949 in Berlin-Karlshorst das Präsidium der Provisorischen Volkskammer der DDR und den Ministerpräsidenten Otto Grotewohl in Anwesenheit des Außerordentlichen Botschafters der UdSSR in Deutschland W. S. Semjonow. Armeegeneral W. I. Tschuikow verliest die Erklärung, davor Ministerpräsident Grotewohl (r.), daneben der Präsident der Provisorischen Volkskammer der DDR, Johannes Dieckmann." (Originalunterschrift)

gehoben werden sollte, war schon ein Kraftakt an sozialistischem Ideengut. Im Abschnitt über die Parteien wurde auch die Fusion von KPD und SPD erwähnt – zu „Fidelio"-Klängen im Berliner Admiralspalast. Pieck und Grotewohl wurden gleichberechtigte Vorsitzende der SED und blieben es acht Jahre. Ulbricht begnügte sich, gegenüber den bekannteren Parteiführern, mit einem bescheidenen Stellvertreterposten, hielt sich bewusst im Hintergrund und festigte seine geliehene Macht. Um den Sozialdemokraten in der Ostzone und Ost-Berlin – West-Berlin hatte ja nicht mitgespielt – den Parteien-Eintopf bekömmlicher zu machen, hatte der gewandte KP-Theoretiker Anton Ackermann vorher noch schnell ein schmackhaftes Gewürz eingestreut; es hieß: „besonderer deutscher Weg zum Sozialismus", verbunden mit parlamentarischer Demokratie. Erst 1947 gab Grotewohl die Parole vom „verschärften Klassenkampf" aus und unterstrich die enge Bindung an die UdSSR. Zehntausende Missliebige – längst nicht nur frühere Nazis – füllten die gerade vorher von Hitlers Opfern entvölkerten Zuchthäuser und KZs. Mit dieser schlimmen Parallele machte sich das neue Regime am ungeniertesten zum Plagiator der überwundenen Diktatur.

Unter unaufhörlichen Dankesbezeigungen an Stalin als den „Befreier von der Hitler-Tyrannei" kopierte es getreulich Hitlers Herrschaftsstil – bis hin zum Staatssicherheitsdienst und der uniformierten Jugend; nur war die statt braun jetzt blau.

Dazu kam die materielle Ausplünderung. Als in Westdeutschland die kurzsichtige Morgenthau-Politik der Re-Agrarisierung und der Demontagen schon im Aktenschrank geschichtlichen Vergessens abgelegt war, bezahlte der östliche Teil Deutschlands allein weiter für Hitlers Schuld am Krieg. Während der Marshall-Plan im Westen verlorene industrielle Substanz rasch erneuern und ausbauen half, blieb er den Mitteldeutschen auf Stalins Geheiß versagt. Den sich abzeichnenden westdeutschen Separatstaat versuchten die Sowjets, wie gezeigt, mit allen Mitteln zu verhindern. Schon ehe dies misslang, bereiteten sie die Gründung einer Gegenrepublik vor. Das musste natürlich im Gewande des Volkswillens geschehen. Das Instrument dafür war der „2. Deutsche Volkskongress", eine Massenbewegung aus allen Parteien, Massenorganisationen, Großbetrieben, gedacht als repräsentativer Querschnitt aller politischen und gesellschaftlichen Kräfte. Eine Exekutive dieses Volkskongresses, der „Deutsche Volksrat", arbeite eine Verfassung aus und billigte sie im Oktober 1948, als die Blockade Berlins im Grunde gescheitert war, auch wenn sie weiter andauerte. Die Entwicklung zur Eigenstaatlichkeit, lange hinausgezögert, ging jetzt rascher als im Westen, denn das Parallel-Gremium im Westen, der Parlamentarische Rat, billigte die Verfassung der Bundesrepublik erst ein halbes Jahr später.

Die Unterschiede beider Konstitutionen waren eklatant. Oberstes Organ der Staatsgewalt sollte eine Volkskammer von vierhundert Abgeordneten sein. Eine zweite Kammer wie unser Bundesrat als Ländervertretung war nicht vorgesehen. Im Westen hat das Volk die Verfassung nicht direkt ratifiziert, sondern indirekt durch die Länder-Parlamente. In der Ostzone sollte hingegen ein neuer Deutscher Volkskongress, der dritte, das Verfassungswerk als unmittelbar vom Volkswillen getragen legitimieren. Die Wahlen dafür fanden Mitte Mai 1949 statt. Die Ergebnisse sind aufschlussreich: Die Wähler konnten sich nicht zwischen einzelnen Parteien oder Kandidaten entscheiden, sondern nur mit Ja oder Nein stimmen. Und erstaunlicherweise entschieden sich trotz des gewaltigen propagandistischen Getöses und emotionalen Drucks, bei teilweise offener Stimmabgabe, 33,9 Prozent für ein Nein.

In der zweiten Jahreshälfte 1949 war die Entwicklung in Deutschland also soweit gediehen, dass unter den teils argwöhnischen, teils wohlwollend aufmunternden Blicken der Besatzungsmächte zwei Teilrepubliken sprungbereit standen. Der Verfassungsrahmen war gezogen, die Volksvertretungen waren gewählt, nur die Parlamente fehlten noch. Die Sowjets, obwohl sie auf dem innerdeutschen Schachbrett zuletzt rascher gezogen hatten, ließen den Westmächten den Vortritt. Diese sollten den allerletzten, den parlamentarischen Schritt zuerst tun, vor aller Welt das Odium der Spaltung wie ein Kainsmal tragen. Dann, mit geziemendem Abstand von einem Monat, folgte die DDR-Proklamation: am 7. Oktober 1949.

„Auf Vorschlag aller Fraktionen wählten die Provisorische Volkskammer und die Provisorische Länderkammer den Vorsitzenden der SED, Wilhelm Pieck, zum Präsidenten der DDR. Die jüngste Abgeordnete der Volkskammer, Margot Feist, beglückwünscht Wilhelm Pieck zu seiner Wahl als Staatspräsident." (Originalunterschrift)

1950

JANUAR

8.1. Gründung der Partei „Block der Heimatvertriebenen und Entrechteten“ (BHE) in Kiel.
13.1. Aufhebung der Lizenzierungspflicht für politische Parteien.
13.-15.1. Besuch des französischen Außenministers Robert Schuman in Bonn.
31.1. Gründung des Müttergenesungswerkes durch Elly Heuss-Knapp, Ehefrau des Bundespräsidenten Theodor Heuss.
Die Bundesrepublik und die Tschechoslowakei unterzeichnen ein Ausreiseabkommen für Sudetendeutsche.

FEBRUAR

3.2. Die „Neue Deutsche Wochenschau“ wird zum ersten Mal in den Vorprogrammen der Kinos in der Bundesrepublik gezeigt.
8.2. Die Volkskammer billigt das Gesetz zur Bildung des Ministeriums für Staatssicherheit (MfS) in der DDR.

MÄRZ

3.3. Unterzeichnung der Saar-Konventionen in Paris. Das Abkommen garantiert die politische Autonomie des Saargebiets und legt dessen wirtschaftlichen Anschluss an Frankreich fest.
7.3. Bundeskanzler Konrad Adenauer spricht sich in einem Interview mit dem Journalisten Kingsbury-Smith vom „International News Service“ (INS) für eine deutsch-französische Union mit einem gemeinsamen Parlament aus.
Das Berlin-Hilfegesetz der Bundesrepublik soll die Wirtschaftskraft West-Berlins durch Bundesgarantien, Finanzbürgschaften und Steuererleichterungen stärken. Die Berlin-Hilfe wird vor allem durch das am 19.10.1948 eingeführte „Notopfer Berlin“ finanziert.
12.3. Der Schriftsteller Heinrich Mann stirbt in Santa Monica bei Los Angeles/USA.
16.3. Winston Churchill spricht sich als erster prominenter westlicher Politiker für einen deutschen Verteidigungsbeitrag aus.
21./22.3. In der Bundesrepublik wird der Deutsche Beamtenbund (DBB) gegründet.
22.3. Die Bundesregierung veröffentlicht eine Erklärung zur Wiederherstellung der Deutschen Einheit unter der Voraussetzung, dass gesamtdeutsche Wahlen unter internationaler Kontrolle durchgeführt werden.
24.3. Die „Deutsche Akademie der Künste“ wird in Ost-Berlin gegründet.
25.3. Die UdSSR entlässt die DDR in die Souveränität.
28.3. Der Bundestag verabschiedet das 1. Gesetz über den Sozialen Wohnungsbau.
31.3. Der Europarat lädt die Bundesrepublik und das Saarland zum Beitritt als assoziierte Mitglieder ein.

APRIL

1.4. Im Bundeskanzleramt wird eine Dienststelle für Auswärtige Angelegenheiten eingerichtet.
3.4. Der Komponist Kurt Weill stirbt in New York.
4.4. Das DDR-Ministerium für Volksbildung verbietet das Abspielen von anglo-amerikanischer Tanzmusik in der Öffentlichkeit.

MAI

1.5. In der DDR tritt das „Gesetz der Arbeit“ in Kraft, in dem unter anderem festgelegt wird, dass Frauen weitgehend von der Hausarbeit entlastet und im Arbeitsprozess Männern gleichgestellt werden sollen.
In der Bundesrepublik entfallen die letzten Lebensmittelrationierungen.
6.-14.5. Auf Initiative des Präsidenten des Fotoverbandes, Bruno Uhl, findet in Köln die erste „photokina“ statt. Für die künstlerische und organisatorische Konzeption der „Bilderschauen“, die sich zu einem international bedeutenden Forum der Fotografie entwickeln, zeichnet L. Fritz Gruber verantwortlich.
9.5. Der französische Außenminister Schuman legt einen Plan zur Bildung einer westeuropäischen Montanunion vor.
11.-13.5. Londoner Konferenz der drei Westmächte über die Deutschandfrage.
17.5. Die Alliierte Hohe Kommission verkündet im Zuge der Dekartellisierung das Gesetz zur Umgestaltung des deutschen Kohlebergbaus und der deutschen Eisen- und Stahlindustrie.
Die Volkskammer setzt das Volljährigkeitsalter in der DDR von 21 auf 18 Jahre herab.

JUNI

1.6. Inkrafttreten des Gesetzes der Alliierten Hohen Kommission vom 30.3.1950 zur Verhinderung einer deutschen Wiederaufrüstung.
3.6. Den erstmals vergebenen Friedenspreis des Deutschen Buchhandels erhält der jüdische Erzähler Max Tau.
6.6. Polen und die DDR erklären in Warschau die Oder-Neiße-Linie zur endgültigen deutsch-polnischen Grenze.
10.6. Die bundesdeutschen Radiostationen schließen sich in München zur Arbeitsgemeinschaft der Rundfunkanstalten Deutschlands (ARD) zusammen. Sie soll die gemeinsamen Interessen der Sender wahrnehmen und die Programme aufeinander abstimmen.
13.6. Rechtsverwahrung des Bundestages gegen die Anerkennung der Oder-Neiße-Linie als deutsch-polnische Grenze.
15.6. Der Bundestag beschließt den Beitritt zum Europarat.
17.6. Rowohlt bringt als erster deutscher Verlag Taschenbücher heraus: Rowohlts-Rotations-Romane, rororo.
20.6. In Paris beginnen die Besprechungen über den Abschluss einer europäischen Montanunion unter Teilnahme Frankreichs, der Benelux-Staaten, Italiens und der Bundesrepublik, aber ohne Großbritannien.
25.6. Nordkoreanische Streitkräfte rücken in Südkorea ein: Beginn des Koreakrieges.
Der VfB Stuttgart wird nach einem 2:1-Sieg über die Offenbacher Kickers Deutscher Fußballmeister.

JULI

1.7. Gründung des Suhrkamp Verlags, Frankfurt/Main.
6.7. Unterzeichnung des Görlitzer Abkommens über die Oder-Neiße-Grenze zwischen Polen und der DDR.
Gründung des „Deutschen Schriftstellerverbandes“ (DSV) in Hannover.
8.7. Die Bundesrepublik tritt dem Europarat als assoziiertes Mitglied bei.
Hans Globke wird zum Personalchef des Kanzleramts berufen. Er zählt zu den wichtigsten Beratern Bundeskanzler Adenauers, ist aber wegen seiner Tätigkeit als juristischer Kommentator der NS-Rassegesetze umstritten.
19.7. In Frankfurt am Main wird der Zentralrat der Juden in Deutschland gegründet.
20.-24.7. Auf dem III. Parteitag der SED wird in einem Fünfjahresplan der Aufbau des „planmäßigen Sozialismus“, eine Annäherung an das stalinistische System der UdSSR und die Auswechslung des Parteivorstandes durch das Zentralkomitee der SED beschlossen.
21.7. Ein Zirkuselefant stürzt aus der Wuppertaler Schwebebahn. Der Dickhäuter übersteht den Sturz unverletzt.

AUGUST

5.8. Verkündung der „Charta der Heimatvertriebenen“ in Stuttgart: In der Charta verzichten die ostdeutschen Landsmannschaften auf Rache und Vergeltung und fordern die Anerkennung des Rechts auf Heimat.
7.8. In Bonn wird der Deutsche Akademische Austauschdienst (DAAD) neu gegründet.
11.8. Die Beratende Versammlung des Europarats nimmt den Vorschlag Churchills, eine europäische Armee unter Einbeziehung deutscher Kontingente zu errichten, mehrheitlich an.
17.8. Die Regierung der DDR verabschiedet den Ersten Fünfjah-

resplan, der eine zentrale staatliche Planwirtschaft zur Verdoppelung der Industrieproduktion und Steigerung der Arbeitsproduktivität vorsieht.

21.8. Beginn des Aufbaus des „Eisenhüttenkombinats Ost“ bei Fürstenberg an der Neiße.

24.8. Die SED-Führung enthebt eine Reihe von Funktionären wegen angeblicher Verbindungen zu Agenten der USA und Hilfe für Klassenfeinde ihrer Ämter. Die Opfer dieser ersten SED-Säuberungsaktion werden 1956 teilweise rehabilitiert.

25./26.8. I. Deutscher Nationalkongress der „Nationalen Front“ in Ost-Berlin. Der Staatspräsident der DDR, Wilhelm Pieck, verkündet ein 12-Punkte-Programm des Nationalen Widerstandes gegen die Besatzungsmächte in der Bundesrepublik Deutschland.

SEPTEMBER

1.9. Die Firma Henkel bringt mit einer großen Werbekampagne erstmals seit elf Jahren das Waschmittel „Persil“ wieder auf den Markt.

7.9. In Ost-Berlin beginnen die Sprengarbeiten am Stadtschloss.

Der erste deutsche Nachkriegsfarbfilm, „Schwarzwaldmädel“ mit Rudolf Prack und Sonja Ziemann, läuft in den bundesdeutschen Kinos an.

19.9. Die 17 Mitgliedstaaten der OEEC gründen in Paris die Europäische Zahlungsunion.

24.9. Eine informelle Volksbefragung in den drei südwestdeutschen Bundesländern ergibt eine deutliche Mehrheit für die Bildung eines gemeinsamen Bundeslandes.

29.9. Aufnahme der DDR in den osteuropäischen Rat für Gegenseitige Wirtschaftshilfe (RGW/COMECON).

OKTOBER

9.10. Rücktritt des Bundesinnenministers Gustav Heinemann aus Protest gegen die Haltung der Regierungsmehrheit zur westdeutschen Wiederbewaffnung und gegen den Führungsstil Konrad Adenauers.

15.10. Wahlen zur Volkskammer, zu Land-, Kreistagen und Gemeindevertretungen der DDR. 99,7 % der Wähler votieren für die Abgeordneten der Nationalen Front.

19.10. Der Bundestag verabschiedet das Versorgungsgesetz für Kriegsopfer, das rückwirkend zum 1. Oktober in Kraft tritt. Es sieht für Kriegsbeschädigte je nach Umfang ihrer Erwerbsminderung Grundrenten zwischen 15 DM und 75 DM sowie Ausgleichsrenten zwischen 40 DM und 90 DM vor.

20./21.10. Protest der Prager Konferenz der Ostblockstaaten gegen eine westdeutsche Wiederbewaffnung.

20.-22.10. Erster Bundesparteitag der CDU. Wahl Konrad Adenauers zum Parteivorsitzenden.

24.10. Frankreichs Ministerpräsident René Pleven legt in der Nationalversammlung einen Plan für die Aufstellung einer europäischen Armee unter bundesdeutscher Beteiligung, den sogenannten Pleven-Plan, vor.

Die Freiheitsglocke in Gedenken an die Berliner Luftbrücke 1948/49 im West-Berliner Rathaus Schöneberg wird von US-Militärgouverneur Lucius D. Clay eingeweiht.

26.10. Der CDU-Abgeordnete Theodor Blank wird zum Beauftragten des Bundeskanzlers für die mit der Unterbringung der alliierten Truppen zusammenhängenden Fragen ernannt.

NOVEMBER

4.11. Unterzeichnung der Europäischen Konvention der Menschenrechte und Grundfreiheiten in Straßburg.

30.11. Der DDR-Ministerpräsident Otto Grotewohl schlägt der Bundesregierung die Bildung eines „Gesamtdeutschen Konstituierenden Rates“ vor. Die Aktion Deutsche an einen Tisch hatte die Prager Außenministerkonferenz empfohlen.

„Nie wieder!“ Wahlplakat der SPD gegen einen deutschen Wehrbeitrag.

DEZEMBER

8.12. Bundesfinanzminister Fritz Schäffer (CSU) legt in Bonn einen Gesetzentwurf der Regierung über den Lastenausgleich vor.

11.12. Gründung des Deutschen Sportbundes (DSB) in Hannover als Dachorganisation des Sportes in der Bundesrepublik Deutschland.

17.12. Verleihung des „Bambi“ an die beliebtesten deutschen Schauspieler Sonja Ziemann und Rudolf Prack.

18./19.12. Tagung des Nordatlantikrats in Brüssel. Ernennung von General Eisenhower zum Obersten Alliierten Befehlshaber in Europa.

22.12. Bundeskanzler Adenauer beruft einen Sachverständigenrat ein, der militärisch-technische Fragen eines bundesdeutschen Wehrbeitrages klären soll. Leiter des Gremiums wird Theodor Blank. Dem Rat gehören außerdem die ehemaligen Wehrmachtsgeneräle Adolf Heusinger und Hans Speidel an.

27.12. Der Maler und Grafiker Max Beckmann stirbt in New York.

31.12. Im Anschluss an die Neujahrsansprache von Bundespräsident Theodor Heuss wird im Rundfunk erstmals die „Hymne an Deutschland“ von Hermann Reutter nach dem Text von Rudolf Alexander Schröder gespielt, die als mögliche Nationalhymne der Bundesrepublik Deutschland im Gespräch ist.

AUSSERDEM

Gottfried Benn: Doppelleben (autobiographische Schrift)
Otto Dix: Verkündung, Saul und David, Offenbarung (expressionistische Gemälde)
Oskar Kokoschka: Theodor Heuss (expressionistisches Portrait)
Paul Hindemith: Harmonie der Welt (Symphonie)
Kurt Weill: In den Sternen verloren (musikalische Tragödie)

Hamlets berühmter Monolog wird in dieser Karikatur der Zeitschrift „DieZeit“ auf Kurt Schuhmacher und Konrad Adenauer angewandt: „Wie schaudert meiner Einbildungskraft davor...mir wird ganz übel!“

Wiederbewaffnung

Zu den Kernpunkten des Potsdamer Abkommens von 1945 hatte die völlige Abrüstung und Entmilitarisierung Deutschlands gehört. Der sich bald ausbildende Ost-West-Gegensatz, vor allem im Koreakrieg seit 1950, führte in den USA und in den anderen westlichen Staaten zu einer Abkehr von diesen Prinzipien. Man befürchtete, dass die Sowjetunion im geteilten Deutschland eine ähnliche Strategie wie im geteilten Korea verfolgen könnte. Als erster forderte der britische Premierminister Churchill im Europarat im August 1950 die Aufstellung einer „Europa-Armee“ unter Beteiligung deutscher Kontingente. Im Oktober 1950 wurde von Seiten Frankreichs der sog. Pleven-Plan zur Gründung der Europäischen Verteidigungsgemeinschaft (EVG) vorgelegt. In Deutschland erregten die Forderungen nach Wiederbewaffnung Befremden, wie aus einem Parlamentsbericht vom 23. August 1950 hervorgeht:

Bundeskanzler Dr. Konrad Adenauer begründete in einer Pressekonferenz seine Forderung nach der Schaffung genügend starker deutscher Polizeieinheiten und sprach zur deutschen Sicherheit.

Er betonte nachdrücklich, dass der Bundesregierung, dem Bundestag und der Bevölkerung der Gedanke an eine Wiedererrichtung der deutschen Wehrmacht völlig fern liege. Die Bundesregierung werde jedoch mit ihrer Forderung nach militärischem Schutz nicht nachlassen. Diesen Schutz könnten in erster Linie die USA als stärkstes Land gewähren. Wenn auch nicht alle Drohungen aus der Sowjetzone als bare Münze gewertet werden könnten, müsse ein gewisser Kern doch ernst genommen werden. Daher sei ein stärkerer polizeilicher Schutz für Westdeutschland unbedingt erforderlich. Die Frage der Sicherheit berühre sowohl die internationale als auch die innere deutsche Politik, international deshalb, weil man sich darüber klar werden müsse, den Deutschen angesichts der weltpolitischen Spannungen Sicherheit zu geben, innenpolitisch deshalb, weil man sich gegen subversive, insbesondere kommunistische Tendenzen schützen müsse. Die Frage der äußeren Sicherheit sei von der inneren Sicherheit streng auseinanderzuhalten. Die äußere Sicherheit der Bundesrepublik sei von ihm bei jeder sich ergebenden Gelegenheit in den Verhandlungen mit den Hochkommissaren schon seit Herbst vorigen Jahres angeschnitten worden. Unglücklicherweise fehle jedoch der unmittelbare diplomatische Kontakt mit den Regierungen der Westmächte, die in dieser Frage die wirkliche Entscheidung haben. Die Bundesregierung stehe auf dem Standpunkt des föderativen Europa und halte bei der gegenwärtigen weltpolitischen Lage eine westeuropäische Armee für erforderlich. Während in der Sowjetzone eine außerordentlich starke sowjetische Streitmacht aufgebahrt sei, stünden im Westen nur wenige alliierte Divisionen bereit. Der Weltfriede könne nicht durch eine derartig ungleiche Verteilung der Kräfte gesichert werden. An einen allgemeinen Weltkrieg glaube er zunächst nicht, aber dieser Krieg könne nur dann vermieden werden, wenn jeder vom anderen wisse, dass er keinen leichten Sieg haben wird und der Krieg auch für ihn ein ganz ungeheures Risiko ist.

Trotz aller in Westeuropa abgeschlossener Vertrage sei der gegenwärtige Zustand völlig unbefriedigend, und die Bundesregierung dürfe nicht nachlassen in der Forderung, im Westen Deutschlands einen entsprechenden militärischen Schutz zu bekommen. Welchen Anteil die Bundesrepublik an der Verteidigung haben wird, das zu entscheiden liege nicht in deutscher Hand. Der Bundestag und die Mehrheit des deutschen Volkes denke nicht an die Wiedererrichtung einer deutschen Wehrmacht. Sollte Deutschland in dem Verteidigungssystem Westeuropas eine Rolle zugeteilt erhalten, so werde das geprüft werden, und unter gewissen Voraussetzungen würde man bereit sein, die Aufgaben zu erfüllen. Er halte es jedoch für inopportun, in einem solchen Augenblick etwa Rechnungen wie die Stahlquote oder das Ruhrstatut zu präsentieren.

Zur Frage der inneren Sicherheit äußerte sich der Bundeskanzler ironisch zu der Bewilligung von zusätzlichen 10.000 Mann für die Polizei. Er wies in diesem Zusammenhang daraufhin, dass für den Schutz der legalen Ostgrenze der Bundesrepublik, die nach Entscheidung der Hochkommissare in deutsche Zuständigkeit falle, die Bundesregierung nicht einen einzigen Mann zur Verfügung habe. Es sei deshalb eine starke Schutzpolizei unbedingt erforderlich, wenn nicht folgenschwere Unruhen eintreten sollen.

Der Vorsitzende der SPD, Dr. Kurt Schumacher, äußerte sich vor Pressevertretern gleichfalls zur Sicherheitsfrage.

Er betonte, dass nur eine Konsultation der Kräfte aller demokratischen Nationen für eine Verteidigung Europas sinnvoll wäre. Eine rein europäische Armee ohne Beteiligung der USA wäre ebenso sinnlos wie eine deutsche Nationalarmee. Deutschland habe im letzten Krieg einen ungeheuren Verlust an Volkssubstanz erlitten. Vor einer Wiederbewaffnung Westdeutschlands müsse das Besatzungsstatut und das Ruhrstatut geändert werden. Ein Vergleich zwischen Deutschland und

Konrad Adenauer unterrichtet am 23. August 1950 die Fraktionsvorsitzenden der Regierungsparteien (Dr. Brentano , CDU/CSU, Dr. Schäfer, FDP und Dr. Mühlenfeld, DP) über seine Besprechungen mit den Hohen Kommissaren über die deutschen Sicherheitsbedürfnisse.

Korea sei abzulehnen. Die Volkspolizei würde nicht wie in Korea in ein unbesetztes Land einmarschieren, sondern in ein Land, in dem die drei größten Militärmächte der Welt verankert sind. Parallelen mit den Ereignissen in Südkorea seien propagandistischer Unfug, der nur der sowjetischen Propaganda nütze. Die Besatzung in Westdeutschland sei keine Dekoration und kein Pazifizierungsinstitut, sondern ein reales Schutzinstrument.

Die Volkspolizei werde niemals allein einen Angriff auf die Bundesrepublik unternehmen, sondern nur zusammen mit der Roten Armee. Es seien noch keine Anzeichen vorhanden, dass dies in absehbarer Zeit geschehen werde. Daher sei die Forderung nach einer Verstärkung der deutschen Sicherheitstruppen – ganz gleich, ob die neue Truppe sich Polizei oder Wehrmacht nennt –, die als Widerpart zur Volkspolizei aufgestellt werden soll, unsinnig. Derartige Forderungen bedeuteten die Abschreibung Berlins und der Ostzone und seien Surrogate.

Es sei eine Irreführung zu fragen, ob die Bundesrepublik sich selbst militärisch schützen könne. Die Frage sei: Verteidigung gegen wen und mit welchen Mitteln? Zu einer Teilaufrüstung der westlichen Welt bestehe keine ausreichende politische Grundlage. Deutsche Kräfte allein könnten gegen einen übermächtigen Angreifer aus dem Osten nur hinhaltenden Widerstand leisten. Damit würde Deutschland nur Verteidigungsvorfeld anderer Länder. „Wir können es uns deshalb nicht leisten, irgendwelche verlorenen Haufen aufzustellen. Sprechen Sie mit diesen Menschen, die ohne Arme und Beine aus dem Kriege zurückgekommen sind, ob sie bereit sind, an einer von vornherein dubiosen Sache mitzuwirken. Wenn wir also in die Situation kommen, unser Volk aufzurufen für die Verteidigung der Freiheit, dann müssen wir unserem Volk sehr real sagen, dass dieses Volk auch mit einer an Sicherheit grenzenden Wahrscheinlichkeit sein eigenes Vaterland verteidigt und vom Krieg frei hält." Mit konzentrierten europäischen Kräften sei ebenfalls nichts Entscheidendes möglich. Europa allein sei eine fulminante Versammlung von Nichtgarantien. Daher müsse die Weltdemokratie, vor allem die Vereinigten Staaten, eingreifen. Das sei die erste und einzige Voraussetzung für das Ja oder Nein der deutschen Rüstung. Die westliche Kräftekonzentration müsse so stark sein, dass sie offensiv jenseits der ehemaligen deutschen Ostgrenze wirken könnte.

Zu den vorstehenden Ausführungen Bundeskanzler Dr. Konrad Adenauers gab der amerikanische Hochkommissar John J. McCloy laut USIS eine Erklärung, in der es heißt:

„In den vergangenen Monaten haben sich die Regierungen der demokratischen Länder ernstlich mit der Sicherheit und Verteidigung Westeuropas, einschließlich Westdeutschlands, befasst und Pläne zu ihrer Stärkung ausgearbeitet. Dieses Sicherheitsbedürfnis, einschließlich des deutschen, ist von den Hochkommissaren im Einvernehmen mit den höchsten Regierungsstellen in Washington, Paris und London erwogen und beraten worden. Durch die gegenwärtigen Beziehungen zwischen Deutschland und den Westmächten wird Deutschlands Sicherheit eher erhöht als verringert. Westeuropa muss und wird gestärkt werden. Die Verteidigung Europas muss gemeinsam durchgeführt werden, und so wird auch eine Stärkung erreicht. Diese wird Deutschland einschließen und vom deutschen Volk und seinen Vertretern aufrichtige Mitarbeit erfordern."

Staatssekretär Dean Acheson erklärte laut UP in einer Pressekonferenz, dass er einen Bericht von John McCloy über die Konferenz vom 17. August der Alliierten Hochkommissare mit Bundeskanzler Dr. Adenauer über die Sicherheitsfrage erhalten habe und dass demgemäß die Pressemeldungen, wonach Adenauer die Schaffung einer deutschen Armee gefordert habe (in der Presse waren bis 250.000 Mann genannt), unzutreffend seien. Er sagte:

„Bundeskanzler Adenauer schilderte die Sicherheitslage so, wie er sie sah, besonders die in Ostdeutschland vorsichgehende Remilitarisierung, die er als völlig außerhalb des politischen Problems und auf der Linie einer reinen Militarisierung liegend bezeichnete. Dies war augenscheinlich die Grundlage der Konferenz und seiner Ausführungen. Adenauer bat um eine größere Stärkung Westeuropas einschließlich Deutschlands. Aufgrund des Berichtes bin ich der Ansicht, dass dies seine größte Sorge ist und dass er keinen Versuch unternommen hat, dem Ausmaß oder der Art einer deutschen Teilnahme zur Erhöhung dieser Stärke vorzugreifen. Die allgemeine Stärkung Westeuropas ist eine Frage, der wir gegenwärtig unsere größte Aufmerksamkeit widmen. Die Art, in der wir diese Stärkung erreichen werden, und die Frage, welchen Beitrag Deutschland für die Verteidigung des Westens leisten soll, wird auf Regierungsebene erörtert werden.

Ich bin der Ansicht, dass es in diesem Stadium nicht von Nutzen sein würde, diese Angelegenheit weiter zu kommentieren." Acheson bezeichnete die Rede John Sherman Coopers vom 19. August als ausgezeichnete Darstellung des Problems der westlichen Verteidigung.

Ein Vertreter des britischen Außenministeriums erklärte laut Reuter, Großbritannien habe volles Verständnis für die Besorgnis des Bundeskanzlers Dr. Adenauer um die Sicherheit der westdeutschen Bundesrepublik.

Das Problem werde zur Zeit von den westlichen Besatzungsmächten geprüft, und die endgültige Entscheidung über die Aufstellung einer deutschen Polizeitruppe werde voraussichtlich von den drei Außenministern der Westmächte im September in New York getroffen werden.

Der Koreakrieg, der mit dem Angriff Nordkoreas auf Südkorea am 25. Juni 1950 beginnt rückte die Frage der militärischen Sicherheit Westdeutschlands und Westeuropas in den Vordergrund. Erst der massive Einsatz amerikanischer Truppen führte zum Waffenstillstand am 27. Juli 1953 und zu der bis heute andauernden Teilung des Landes am 38. Breitengrad.

Erstes Fußball-Länderspiel nach dem Krieg

Wie auch andere Organisationen hatte der Deutsche Fußball-Bund mit dem Ende des Zweiten Weltkrieges zu existieren aufgehört. Deutsche Sportler durften bei den Olympischen Spielen 1948 in London nicht teilnehmen, und selbstverständlich waren auch die Fußballer international isoliert.

Die erste nationale Meisterschaft fand 1948 statt, der 1. FC Nürnberg siegte. Und die erste Auslandsreise führte im Frühjahr 1950 den Hamburger Sportverein in die USA. In New York wurden die Kicker mit faulem Obst beworfen. Im selben Jahr wurde in Stuttgart-Bad Cannstatt auch der Deutsche Fußball-Bund (DFB) unter Führung des Präsidenten Peco Bauwens neu gegründet. Und schon im Herbst kam es zur Quasi-Anerkennung dieser Institution.

Der Schweizer Fußball-Verband erklärte sich bereit, den deutschen Fußball wieder im internationalen Geschehen aufzunehmen. Mit den Eidgenossen hatten die Deutschen 1908 den ersten Länderkampf überhaupt ausgetragen, die Schweizer waren es, die nach dem Ersten Weltkrieg den Sportverkehr mit den geächteten Deutschen wieder in Gang brachten.

Die Bedeutung der Begegnung an diesem Tag war also immens. 80.000 Zuschauer pilgerten bei strömendem Regen ins Stuttgarter Neckarstadion.

Bundestrainer Sepp Herberger musste auf einige seiner besten Spieler verzichten, Fritz Walter aus Kaiserslautern fehlte zum Beispiel. Dafür waren Torhüter Toni Turek, Max Morlock und Ottmar Walter dabei, die knapp vier Jahre später Weltmeister wurden. Die Partie verlief ausgeglichen, die Entscheidung für das deutsche Team fiel durch einen Elfmeter, den der Gelsenkirchener Herbert Burdenski verwandelte. Die Fairness beider Mannschaften war außerordentlich, das Resultat spielte nur eine nebensächliche Rolle. Noch heute unterhält der Deutsche Fußball-Bund gerade zum Schweizer Verband hervorragende Beziehungen.

24. November 1950: DEFA-Filmpremiere. Hans-Edgar Stecher und Brigitte Krause in „Saure Wochen – frohe Feste".

Andreas Kupfer aus Schweinfurt (oben, links) führte die deutsche Nationalmannschaft zum ersten Länderspiel nach dem Zweiten Weltkrieg als Kapitän in das Stuttgarter Neckarstadion. 115.000 Zuschauer sahen den 1:0-Erfolg über die Schweiz.

Charta der deutschen Heimatvertriebenen

Eines der drängendsten Probleme nach dem Kriege war die Flüchtlingsfrage. Millionen waren aus den deutschen Ostgebieten, Schlesien, Ostpreußen, Pommern und dem Sudetenland, vertrieben worden und suchten im verwüsteten Restdeutschland eine Existenz. Der Verlust der gemeinsamen Heimat und die daraus entstandene gemeinsame Not führten zur Bildung von Vertriebenenverbänden, die am 5. August 1950 in Bad Cannstadt eine Charta verkündeten, in der es heißt: Im Bewusstsein ihrer Verantwortung vor Gott und den Menschen, im Bewusstsein ihrer Zugehörigkeit zum christlich-abendländischen Kulturkreis, im Bewusstsein ihres deutschen Volkstums und in der Erkenntnis der gemeinsamen Aufgabe aller europäischen Völker haben die erwählten Vertreter von Millionen Heimatvertriebener nach reiflicher Überlegung und nach Prüfung ihres Gewissens beschlossen, dem deutschen Volk und der Weltöffentlichkeit gegenüber eine feierliche Erklärung abzugeben, die die Pflichten und Rechte festlegt, welche die deutschen Heimatvertriebenen als ihr Grundgesetz und als unumgängliche Voraussetzung für die Herbeiführung eines freien und geeinten Europas ansehen.

1. Wir Heimatvertriebenen verzichten auf Rache und Vergeltung. Dieser Entschluss ist uns ernst und heilig, im Gedenken an das unendliche Leid, welches im besonderen das letzte Jahrzehnt über die Menschheit gebracht hat.

2. Wir werden jedes Beginnen mit allen Kräften unterstützen, das auf die Schaffung eines geeinten Europas gerichtet ist, in dem die Völker ohne Furcht und Zwang leben können.

3. Wir werden durch harte, unermüdliche Arbeit teilnehmen am Wiederaufbau Deutschlands und Europas.

Wir haben unsere Heimat verloren. Heimatlose sind Fremdlinge

auf dieser Erde. Gott hat die Menschen in ihre Heimat hineingestellt. Den Menschen mit Zwang von seiner Heimat trennen bedeutet, ihn im Geiste töten.
Wir haben dieses Schicksal erlitten und erlebt. Daher fühlen wir uns berufen zu verlangen, dass das Recht auf die Heimat als eines der von Gott geschenkten Grundrechte der Menschheit anerkannt und verwirklicht wird.
Solange dieses Recht für uns nicht verwirklicht ist, wollen wir aber nicht zur Untätigkeit verurteilt beiseitestehen, sondern in neuen geläuterten Formen verständnisvollen und brüderlichen Zusammenlebens mit allen Gliedern unseres Volkes schaffen und wirken. Darum fordern und verlangen wir heute wie gestern:
a) Gleiches Recht als Staatsbürger, nicht nur vor dem Gesetz, sondern auch in der Wirklichkeit des Alltags.
b) Gerechte und sinnvolle Verteilung der Lasten des letzten Krieges auf das ganze deutsche Volk und eine ehrliche Durchführung dieses Grundsatzes.
c) Sinnvollen Einbau aller Berufsgruppen der Heimatvertriebenen in das Leben des deutschen Volkes.
d) Tätige Einschaltung der deutschen Heimatvertriebenen in den Wiederaufbau Europas.
Die Völker der Welt sollen ihre Mitverantwortung der Heimatvertriebenen als der vom Leid dieser Zeit am schwersten Betroffenen empfinden.

„In allen Westberliner Bezirken fand am 18.7.1950 eine Sammlung von Unterschriften statt. An dieser großen Friedenskampagne beteiligten sich viele tausend Friedenskämpfer, darunter bekannte Künstler und Wissenschaftler. Neben Hunderten von Werktätigen wurden auch der Intendant des deutschen Theaters und Nationalpreisträger Wolfgang Langhoff, die Universitätsprofessoren Dr. Winternitz, Dr. Meusel, Dr. Contell, Dr. Bali und Dr. Beyer von der westlichen Stumm-Polizei verhaftet. Der berühmte Atomforscher, Professor Havemann, rief bei seiner Festnahme: ,Weil ich gegen dieAtombombe bin, werde ich verhaftet.'" (Originalunterschrift)

Die Völker sollen handeln, wie es ihren christlichen Pflichten und ihrem Gewissen entspricht. Die Völker müssen erkennen, dass das Schicksal der deutschen Heimatvertriebenen, wie aller Flüchtlinge, ein Weltproblem ist, dessen Lösung höchste sittliche Verantwortung und Verpflichtung zu gewaltiger Leistung fordert. Wir rufen Völker und Menschen auf, die guten Willens sind, Hand anzulegen ans Werk, damit aus Schuld, Unglück, Leid, Armut und Elend für uns alle der Weg in eine bessere Zukunft gefunden wird.

Aufhebung der Rationierung von Lebensmitteln

Unerwartet rasch erholte sich Westdeutschland nach dem totalen Zusammenbruch 1945. Schon am 10. Januar 1950 teilte der Pressechef des Bundesernährungsministeriums, Hans Weddingen, mit, dass in der Bundesrepublik die Rationierung von Lebensmitteln aufgehoben werde. Alle Lebensmittel könnten künftig ohne Marken gekauft werden, lediglich Zucker bleibe rationiert. Gleichzeitig wurden alle Ernährungsministerien der Länder durch ein Fernschreiben der Ernährungsverwaltung vom Ende der Rationierung unterrichtet. Die Bewirtschaftung bleibe nur insoweit bestehen, als die Lenkung und Verteilung nach dem bisherigen Verfahren erfolgten. Ein paar Stunden später dementierte Pressesprecher Weddingen seine erste Erklärung, mit der er „seine Verantwortung überschritten" habe. Es sei vorläufig unmöglich, die Rationierung von Brot, Getreideerzeugnissen, Fleisch, Butter, Fett, Vollmilch und Zucker freizugeben. Man habe lediglich beschlossen, im Abrechnungsverfahren Erleichterungen einzuführen. Die Händler müssten nach wie vor Marken einfordern, diese aber nicht mehr aufgeklebt abliefern, sondern für Kontrollzwecke aufheben, wie dies seit längerem schon für Fleisch und Brot der Fall sei. (In der Praxis wurden vielfach von den Händlern schon seit Wochen keine Lebensmittelmarken mehr verlangt.) Am 16. Januar 1950 wurde dann offiziell bekannt gegeben: „Auf Vorschlag des Bundesministers für Ernährung, Landwirtschaft und Forsten, Dr. Niklas, hat die Bundesregierung beschlossen, sämtliche Rationierungsmaßnahmen mit Ausnahme für Zucker mit Wirkung vom 1. März 1950 aufzuheben." Damit ging mit der 134. Zuteilungsperiode nach 125 Monaten die Rationierung zu Ende.

Studenten für ein vereintes Europa

Über 300 Studenten aus neun europäischen Ländern demonstrierten am 6. August 1950 an der Zollgrenzstation St. Germannshof in der Pfalz für ein vereinigtes Europa. Von der französischen und von der deutschen Seite her „stürmten" sie die Grenze, sägten die Schlagbäume ab und verbrannten sie zusammen mit anderen Grenzmarkierungen.
Über dem deutschen Zollhaus wurde die grüne Flagge des Europarates aufgezogen. Die deutschen Zöllner waren von der gut vorbereiteten Demonstration völlig überrascht. Sie setzten ihr auch keinen Widerstand entgegen, sondern riefen den Demonstranten lediglich zu: „Lassen Sie das, Sie beschädigen Staatseigentum."
Auch auf der französischen Seite war der Grenzbaum demontiert und ins Feuer geworfen worden: Der französische Sozialistenführer André Philipp hielt eine Rede für ein geeintes Europa.
Auf Deutsch, Französisch und Englisch verlasen Studenten eine Europa-Proklamation. Dann riefen einzelne Studenten: „Paris in Europa", „München in Europa", „Mailand in Europa", „Berlin in Europa"; nur ein Engländer versprach sich und rief: „Brighton in England."

1951

JANUAR

3.1. Streikdrohung der IG-Metall zur Durchsetzung der paritätischen Mitbestimmung in der Montan-Industrie.

5.1. Errichtung eines Zentralen Institutes für Publizistik und Zeitungswissenschaften an der Universität Leipzig.

In Frankfurt/Main findet die Gründungsversammlung der „Deutschen Olympischen Gesellschaft" (DOG) statt. Unter der Präsidentschaft von Georg von Opel will die DOG die Finanzierung der deutschen Teilnahme an den Olympischen Spielen 1952 in Oslo und Helsinki sichern.

15.1. Bundeskanzler Konrad Adenauer lehnt den Vorschlag des DDR-Ministerpräsidenten Otto Grotewohl, einen Gesamtdeutschen Konstituierenden Rat zu bilden, ab und fordert, die Voraussetzungen für freie Wahlen als ersten Schritt zur Wiedervereinigung zu schaffen.

18.1. Premiere des Films „Die Sünderin" in Frankfurt/Main. Der Film wird wegen einer kurzen Nacktszene mit Hildegard Knef zu einem Skandal.

20.1. Eröffnung der ersten Deutschen Landwirtschaftswoche in Hannover.

20.-22.1. 3. Kongress der Gesellschaft für Deutsch-Sowjetische Freundschaft (DSF) in Berlin (Ost); Wahl von Friedrich Ebert (SED) zum Präsidenten.

25.1. Gründung der Vereinigung Volkseigener Betriebe auf Länderebene der DDR, die dem Ministerium für Land- und Forstwirtschaft unterstehen.

Grundsätzliche Einigung zwischen Bundeskanzler Adenauer und dem Vorsitzenden des Deutschen Gewerkschaftsbundes (DGB) Hans Böckler über die Mitbestimmung im Montanbereich.

27./28.1. In Bonn wird die Partei „Block der Heimatvertriebenen und Entrechteten" (BHE) auf Bundesebene gegründet.

FEBRUAR

15.2. Der Bundestag verabschiedet das Gesetz über die Errichtung des Bundesgrenzschutzes (BGS). Mit dem BGS wird eine dem Bundesinnenministerium unterstellte Sonderpolizei des Bundes geschaffen.

16.2. Der Gewerkschaftsführer Hans Böckler stirbt in Düsseldorf.

MÄRZ

6.3. Erste Revision des Besatzungsstatuts. Danach erhält die Bundesrepublik begrenzte Souveränität in außenpolitischen und wirtschaftlichen Bereichen.

15.3. Errichtung des Auswärtigen Amtes der Bundesrepublik Deutschland. Bundeskanzler Adenauer übernimmt zusätzlich das Amt des Außenministers.

„Die Sünderin", Filmpalast 1953. Marina (Hildegard Knef), ein Mädchen aus menschlich unerquicklichen und politisch gefährdeten („Drittes Reich") bürgerlichen Verhältnissen, wird Prostituierte. Die große Liebe zu einem an Gehirntumor erkrankten Maler (Gustav Fröhlich) ändert ihr Leben. Sie umsorgt ihn hingebungsvoll, behebt die finanziellen Probleme durch zeitweilige Rückkehr zu ihrem einstigen Gewerbe und erspart dem Erblindeten die letzten Qualen, indem sie ihn vergiftet; nach einer Rückschau auf ihr Leben folgt sie dem Geliebten freiwillig in den Tod. Proteste kirchlicher und politischer Kreise – auch weil die Knef einmal kurz „oben ohne" zusehen war - ließen „Die Sünderin" zum Kassenschlager werden

APRIL

2.4. Der „Deutsche Frauenring" der Bundesrepublik wird als vollberechtigtes Mitglied des „International Council of Women" (ICW) aufgenommen.

10.4. Der Deutsche Bundestag verabschiedet das Gesetz über die Montan-Mitbestimmung.

15.4. Die Deutsche Fußball-Nationalmannschaft gewinnt ihr erstes Auslandsspiel nach Kriegsende in Zürich gegen die Schweiz mit 3:2.

18.4. Die Außenminister der Benelux-Staaten, Frankreichs, Italiens und der Bundesrepublik unterzeichnen in Paris den Vertrag über die Gründung einer Europäischen Gemeinschaft für Kohle und Stahl (EGKS), der sogenannten Montanunion.

19.4. Begründung des poetischen Hörspiels mit Günther Eichs „Träume" im Nordwestdeutschen Rundfunk (NWDR).

Eröffnung der ersten Internationalen Automobilausstellung in Frankfurt/Main.

22.4. Gründung des „Nationalen Olympischen Komitees" (NOK) der DDR.

29.4. Eröffnung der ersten Bundesgartenschau in Hannover.

MAI

2.5. Das Ministerkomitee des Europarates billigt die Aufnahme der Bundesrepublik als vollberechtigtes Mitglied des Rates. Das Saarland bleibt assoziiertes Mitglied.

Der Bundesminister für gesamtdeutsche Fragen, Jakob Kaiser, eröffnet in München die Ausstellung „Deutsche Heimat im Osten".

6.5. Die Landtagswahlen in Niedersachsen erbringen 11 % der Stimmen für die neonazistische Sozialistische Reichspartei (SRP).

9.5. Freigabe des Wechselkurses der D-Mark.

16.5. Eröffnung des ersten deutschen Kulturkongresses mit Teilnehmern aus beiden deutschen Staaten in Leipzig.

21.5. Das Gesetz über die Mitbestimmung der Arbeitnehmer in der Montanindustrie tritt in Kraft.

JUNI

6.6. Eröffnung der I. Internationalen Berliner Festspiele (Berlinale) im Steglitzer Titania-Palast, verbunden mit der Verleihung des Bundesfilmpreises des Bundesinnenministeriums. Als bester Film wird „Das doppelte Lottchen" nach dem gleichnamigen Roman von Erich Kästner ausgezeichnet.
8.6. Neueröffnung des Folkwang-Tanztheaters in Essen.
12.6. Aufnahme der Bundesrepublik in die „Internationale Arbeitsorganisation" (ILO). Die UNO-Sonderorganisation widmet sich der Verbesserung der Arbeitsbedingungen in den Mitgliedsländern.
14.-18.6. Adenauer unternimmt seinen ersten offiziellen Staatsbesuch ins Ausland nach Italien.
21.6. Die Vollkonferenz der UNESCO in Paris beschließt die Aufnahme der Bundesrepublik Deutschland.
26.6. Die Bundesregierung verbietet die sozialistische „Freie Deutsche Jugend" (FDJ) und begründet dies damit, dass diese verfassungswidrig sei.
30.6. Der 1. FC Kaiserslautern wird Deutscher Fußballmeister.
30.6.-3.7. Wiedergründung der Sozialistischen Internationale (SI) in Frankfurt/Main. Die SI ist ein Zusammenschluss sozialistischer beziehungsweise sozialdemokratischer Parteien in aller Welt.

JULI

1.7. Auf der Berliner Avus wird zum ersten Mal seit Kriegsende wieder ein Autorennen ausgetragen.
9.7. Großbritannien erklärt als erste der drei Westmächte die Beendigung des Kriegszustandes mit Deutschland, Frankreich folgt am 13.7. und die USA am 19.10.1951.
10.7. Enthüllung des Denkmals für die Opfer der Berliner Luftbrücke vor dem Berliner Flughafen Tempelhof.
Beginn der zwei Jahre andauernden Waffenstillstandsverhandlungen in Korea.
13.7. Der Komponist Arnold Schönberg stirbt in Los Angeles.
22.7. Eröffnung des ersten europäischen Jugendlagers auf der Loreley. 7.500 Jugendliche nehmen teil.
29.7. In Bayreuth finden die ersten Richard-Wagner-Festspiele nach dem Zweiten Weltkrieg statt.

AUGUST

2.8. Gründung der „Deutschen Forschungsgemeinschaft" (DFG) mit Sitz in Bonn.
3.8. Das erste Stalin-Denkmal in Deutschland wird in Ost-Berlin enthüllt.
5.-19.8. Die „III. Weltfestspiele der Jugend und Studenten" finden erstmals in Ost-Berlin statt. Nach offiziellen Angaben nehmen circa 2 Millionen Jugendliche aus beiden Teilen Deutschlands und 26.000 Delegierte aus 104 Ländern an den politischen, sportlichen und kulturellen Veranstaltungen teil.
13.8. Die Bundesrepublik erhält die Devisenhoheit.
30.8. Einführung des Staatsschutzstrafrechtes in der Bundesrepublik.
31.8. Premiere des Films „Der Untertan" von Wolfgang Staudte nach dem gleichnamigen Roman von Heinrich Mann in der DDR.

SEPTEMBER

1.9. Einführung der „Zehnjahresschule" in der DDR.
10.-14.9. Außenministerkonferenz der drei Westmächte in Washington zur Deutschlandpolitik. Die drei Westmächte beschließen, die Bundesrepublik „auf der Grundlage der Gleichberechtigung in eine kontinental-europäische Gemeinschaft" zu integrieren. Die Bundesrepublik soll ferner an der westlichen Verteidigung beteiligt und das Besatzungsstatut durch einen Deutschlandvertrag so lange ersetzt werden, bis eine Friedensregelung mit einem geeinten Deutschland folgt.
13.9. Der Generalintendant der „Neuen Schauspiel GmbH" Gustaf Gründgens eröffnet das Düsseldorfer Schauspielhaus.
20.9. In Berlin wird das Interzonenhandelsabkommen zwischen der Bundesrepublik Deutschland und der DDR (Berliner Abkommen) unterzeichnet.
24.9. Beginn der Verhandlungen zwischen Bundeskanzler Adenauer und der Alliierten Hohen Kommission über die Ablösung des Besatzungsstatuts.
27.9. Der Bundestag verabschiedet eine Wahlordnung für freie Wahlen in ganz Deutschland unter Aufsicht der UNO.
Die DDR und die UdSSR schließen ein Handelsabkommen und ein Abkommen über wissenschaftlich-technische Zusammenarbeit.
Die Bundesregierung erklärt ihre Bereitschaft zur Wiedergutmachung gegenüber Israel.
28.9. Konstituierung des Bundesverfassungsgerichtes in Karlsruhe.

OKTOBER

1.10. Die Bundesrepublik tritt dem „Allgemeinen Zoll- und Handelsabkommen" (GATT) bei.
8.10. In der DDR werden die Rationierung aller Produkte bis auf Fleisch, Fett und Zucker aufgehoben und Preissenkungen für Textilien und Backwaren eingeleitet.
24.10. Auf der Jahreshauptversammlung des Deutschen PEN-Zentrums spaltet sich die bisher gesamtdeutsche Schriftstellervereinigung. Die Gründung des westdeutschen PEN-Zentrums findet am 4.12. in Darmstadt statt.

NOVEMBER

1.11. Die Volkskammer beschließt das Gesetz über den Fünfjahresplan. Damit beginnt die zentrale staatliche Planwirtschaft für langfristige Wirtschaftslenkung und die Wirksamkeit der Staatlichen Plankommission.
Die Volkseigenen Betriebe (VEB) werden dem DDR-Industrieministerium unterstellt.
Die „Deutsche Notenbank" wird zur Staatsbank der DDR.
14.11. Premiere des Heimatfilms „Grün ist die Heide" mit Sonja Ziemann und Rudolf Prack.
16.11. Verbotsantrag der Bundesregierung gegen die Sozialistische Reichspartei (SRP) und die Kommunistische Partei Deutschlands (KPD) beim Bundesverfassungsgericht.
17.11. Gründung der Vereinigung „Bund der vertriebenen Deutschen" in Hannover. Erster Vorsitzender der 10 Millionen Mitglieder starken Vereinigung wird Linus Kather.
20.-22.11. Pariser Konferenz der drei Westmächte mit dem deutschen Bundeskanzler: Verabschiedung des Entwurfs des Deutschlandvertrages.

DEZEMBER

3.12. Bundeskanzler Adenauer trifft zum Staatsbesuch in London ein, dem ersten offiziellen Besuch eines deutschen Regierungschefs in Großbritannien seit 1931.
4.12. Gründung des westdeutschen PEN-Zentrums in Darmstadt. Präsident wird Erich Kästner.
9.12. Volksentscheid in Baden, Württemberg-Baden und Württemberg-Hohenzollern zugunsten der Bildung des gemeinsamen Bundeslandes Baden-Württemberg.
20.12. Die UN-Vollversammlung beschließt gegen die Stimmen des Ostblocks und Israels, eine Kommission zur Untersuchung der Voraussetzungen für gesamtdeutsche Wahlen nach beiden Teilen Deutschlands zu entsenden.
21.12. Eröffnung des Institutes für Gesellschaftswissenschaften beim Zentralkomitee (ZK) der SED.

AUSSERDEM

Theodor W. Adorno: Minima Moralia (Aphorismensammlung)
Heinrich Böll: Wo warst Du, Adam? (Roman)
Ernst Jünger: Der Waldgang (Essay)
Wolfgang Koeppen: Tauben im Gras (Roman)
Oskar Kokoschka: Bildnis des Hamburger Bürgermeisters Max Brauer (Gemälde)
Thomas Mann: Der Erwählte (Roman)
Hans Werner Richter: Sie fielen aus Gottes Hand (Roman)
Ernst von Salomon: Der Fragebogen (Roman)
Das erste Micky-Maus-Heft in deutscher Sprache erscheint.

Montanunion

Nur drei Jahre nach Kriegsende wurde in Frankreich mit Robert Schuman (1886-1963) ein Mann Außenminister (bis 1952), der den Mut hatte, offen für eine Aussöhnung mit Deutschland einzutreten. Er entwickelte 1950 einen nach ihm benannten Plan, die westdeutsche und französische Kohle- und Stahlproduktion, damals Schlüsselindustrien, einer Behörde mit eigener Autorität für Preisbildung, Investitionen, Außenhandel u.a. zu unterstellen, was zugleich der internationalen Kontrolle des Ruhrgebiets dienen sollte. Der Plan fand auch in den Benelux-Staaten und Italien Beifall, sodass schließlich am 18. April 1951 eine Europäische Gemeinschaft für Kohle und Stahl (EGKS) aus sechs Nationen zustandekam, kurz „Montanunion" genannt.

Außenminister Robert Schuman brachte eine gemeinsame Deklaration der 6 Außenminister zur Verlesung, die laut „Neue Zeitung" folgenden Wortlaut hat: „Die Aufgabe, die wir soeben durch unsere Unterschrift übernommen haben, ist das Ergebnis der Weitsicht und Ausdauer unserer Delegationen und ihrer Sachverständigen. Wir sind ihnen größten Dank schuldig. Das von uns geschaffene Werk, noch bevor es in die Tat umgesetzt wird, hat – aufgrund der Idee, durch die es inspiriert wurde – in unseren Ländern und jenseits ihrer Grenzen außerordentliche Hoffnung und großes Vertrauen geschaffen. Mit der Unterzeichnung des Vertrages, durch den die europäische Kohle- und Stahlgemeinschaft, eine Gemeinschaft von 160 Millionen Europäern, geschaffen wird, haben die vertragschließenden Parteien ihre Entschlossenheit bekundet, die erste internationale Institution zu schaffen und darüber hinaus den Grundstein zu einem organisierten Europa zu legen. Dieses Europa steht allen Ländern offen, die sich frei entscheiden können. Wir hoffen aufrichtig, dass sich unsere Völker mit unseren Bemühungen solidarisch erklären werden. In voller Erkenntnis der Notwendigkeit, diesem ersten Schritt durch die Tat zu seiner wahren Bedeutung zu verhelfen, die sich auch auf anderen Gebieten auf die gleiche Weise auswirken werden, hoffen und wünschen wir, den Geist zu verwirklichen, der zu diesem Vertrag geführt hat ... Diese Aufgaben werden in Zusammenarbeit mit bereits bestehenden europäischen Organen fortgesetzt werden. Diese Pläne, von denen jeder in seinen Zielen begrenzt ist, müssen schnell Bestandteil einer politischen Gemeinschaft werden, deren Idee im Europarat seinen Ausdruck gefunden hat. Daraus muss eine Koordinierung und Vereinfachung der europäischen Institutionen in ihrer Gesamtheit resultieren. Alle diese Bestrebungen werden von der zunehmenden Überzeugung hergeleitet, dass die Länder des freien Europa untereinander einig und bereit sind, gemeinsam ihr Schicksal zu tragen. Wir werden alles in unserer Macht Stehende tun, um dieses Gefühl zu verstärken, unsere ganze Kraft und unsere Wünsche zusammenzuführen und unsere Aktionen harmonisch zu gestalten, indem wir die Zusammenarbeit verstärken und gemeinsame Konsultationen durchführen. Das ist die Bedeutung des heutigen Tages. Sie wird, dessen sind wir gewiss, von der öffentlichen Meinung und von den Parlamenten, die aufgefordert werden, den Vertrag gutzuheißen, verstanden werden. Die hier vertretenen Regierungen werden ihnen unsere gemeinsame Entschlossenheit darlegen, durch gemeinsame Arbeit ein friedliches und wohlhabendes Europa zu bauen."

Demgemäß und unter Vorbehalt der Zustimmung der interessierten Regierungen vertritt die französische Regierung die Auffassung, dass nachstehende Maßnahmen ergriffen werden sollten: 1. Die gegenwärtig von der Ruhrbehörde ausgeübten Funktionen sollten nach Maßgabe der Fähigkeit der Hohen Behörde, ihre Kompetenzen auszuüben, und zwar aufgrund der Konvention über die Übergangsbestimmungen, eingestellt werden. Die Ruhrbehörde und das Abkommen von London vom 28. April 1949, durch das diese Behörde eingesetzt wurde, müssen dann im Einverständnis der Signatarregierungen spätestens mit der Errichtung eines gemeinsamen Kohlemarktes dahinfallen. 2. Deutschland soll in Bezug auf die Stahlproduktion nicht anderen Bestimmungen unterworfen werden als alle anderen Signatarstaaten. Demgemäss sollten die Beschränkungen der Stahlproduktion beim Inkrafttreten des Vertrages abgeschafft werden. 3. Die Hochkommission sollte darauf verzichten, selber diejenigen Funktionen auf dem Kohle- und Stahlgebiet auszuüben, die in die Kompetenz der Hohen Behörde fallen, und zwar in dem Maße, wie die Hohe Behörde gemäß der Konvention über die Übergangsbestimmungen ihre Kompetenz auszuüben in der Lage ist. Die gesamten, im gegenwärtigen Schreiben ins Auge gefassten Maßnahmen sollen spätestens zum Zeitpunkt der Errichtung des gemeinsamen Marktes in Kraft treten." Die britische Regierung ersuchte die französische Regierung in einer Démarche, der Bundesregierung keinerlei Versprechen über die Aufhebung bestehender internationaler Kontrollen zu machen, bevor die Angelegenheit nicht mit anderen Regierungen besprochen ist. Die britische Regierung anerkenne, dass Erörterungen über einen möglichen Kompetenzkonflikt zwischen den Behörden des Schuman-Vertrages und bestehenden Kontrollen eine Voraussetzung für die Ratifikation des Vertrages sind, und sei bereit, daran wohlwollend teilzunehmen. Man könne aber nicht im Voraus sagen, ob die Maschinerie des Schuman-Vertrages hinreicht, um die Ziele der bestehenden Kontrolle zu verwirklichen, zumal Großbritannien den Vertragstext nicht erhalten habe.

Unterzeichnung des Schuman-Planes am 18. April 1951 im Uhrensaal des französischen Außenministeriums. Von links: Graf Sforza (Italien), Schuman (Frankreich). Adenauer und Stikker (Niederlande).

Gesetzliche Mitspracheregelung bei Kohle und Stahl

Der Bundestag verabschiedete am 10. April 1951 nach einer dramatischen achtstündigen Sitzung das Gesetz über die Mitbestimmung bei Kohle und Stahl. Für das Gesetz stimmten die SPD und das Zentrum sowie die meisten CDU/CSU-Abgeordneten, dagegen die FDP, die DP, die Bayernpartei und die WAV. Die KPD-Abgeordneten enthielten sich der Stimme. Das Gesetz regelte die Mitsprache der Arbeitnehmer im Aufsichtsrat und Vorstand der Unternehmen der Steinkohlen-, Braunkohlen- und Eisenerzförderung sowie der Eisen- und Stahlerzeugung, die als AG, GmbH oder bergrechtliche Gewerkschaft betrieben werden und mehr als 1000 Arbeitnehmer beschäftigen. Der Aufsichtsrat setzt sich zu gleichen Teilen aus Anteilseignern und Arbeitnehmern zusammen und umfasst je nach der Kapitalhöhe 11, 15 oder 21 Mitglieder. Das 11. (15. oder 21.) Aufsichtsratsmitglied gilt als Unabhängiger. Die Wahl dieses elften Mannes war der am meisten umstrittene Gesetzesartikel, da bei Stimmengleichheit seine Stimme den Ausschlag gibt. Erst nach langwierigen Verhandlungen einigten sich die Parteien auf einen komplizierten Wahlmodus. Im Vorstand sind die Arbeitnehmer durch den Arbeitsdirektor vertreten. Im Bundestag begründete Adenauer sein Zusammengehen mit der SPD in der Frage der Mitbestimmung:

Meine Damen und Herren! Die besonderen Umstände, unter denen dieser Gesetzentwurf an das Hohe Haus gelangt ist, rechtfertigen es, dass ich einige allgemeine Bemerkungen dazu mache.

Sie wissen, dass in der Beratung der zuständigen Ausschüsse zur Zeit die drei Gesetzentwürfe sind, welche die gleiche Materie behandeln: der Gesetzentwurf der Bundesregierung und die Gesetzentwürfe der beiden Fraktionen der CDU/CSU und der SPD. Nur besondere Umstände können es rechtfertigen, dass während dieser parlamentarischen Beratung der Materie die Bundesregierung Ihnen einen Gesetzentwurf vorlegt, der die Materie für einen Teil der Industrie, für die Kohlenindustrie und die eisenschaffende Industrie, regeln soll. Die Gründe, die die Bundesregierung veranlasst haben, diesen besonderen Schritt zu tun, sind Ihnen und der deutschen Öffentlichkeit zwar bekannt, aber ich darf sie doch in Ihr Gedächtnis zurückrufen. Auf dem Gebiet der eisenschaffenden Industrie ist unter der britischen Militärregierung eine Regelung bei der Besetzung der Aufsichtsräte erfolgt, die eine Vertretung der Arbeitnehmerschaft in diesen Aufsichtsräten sicherstellte. Diese alliierten Bestimmungen werden ja eines Tages der Vergangenheit angehören. Und nun ist in einem Gremium die Frage an den Herrn Bundeswirtschaftsminister gestellt worden, welche Regelung die Bundesregierung vorzunehmen gedenke, wenn jene alliierte Regelung ihr Ende gefunden habe. Über die Antwort, die der Herr Bundeswirtschaftsminister gegeben hat, ist eine Meinungsverschiedenheit entstanden. Auf Seiten der Arbeitnehmerschaft, insbesondere der Gewerkschaften, war durch seine Antwort der Eindruck entstanden, dass die Bundesregierung beabsichtige, sobald diese Materie durch deutsches Gesetz geregelt werden könne, den Arbeitnehmern die Möglichkeiten, die sie jetzt haben, wieder zu nehmen. Der Herr Bundeswirtschaftsminister hat entschieden in Abrede gestellt, dass seine Ausführungen in diesem Kreise nach der von mir gekennzeichneten Richtung hin auszulegen seien.

Ferdinand Sauerbruch. Gemälde von Max Liebermann. 1875 in Barmen geboren, war Ferdinand Sauerbruch nach dem Staatsexamen in Leipzig zunächst in eigener Praxis, dann als Assistent in Kassel, Erfurt und Berlin tätig. An der Chirurgischen Universitätsklinik in Breslau führten experimentelle Arbeiten mit Tieren zur Erfindung der Pneumatischen Kammer, die bei Operationen im Brustraum ein Zusammensinken der Lunge durch den äußeren Luftdruck verhindert. Sauerbruch kam 1927 als Direktor an die Chirurgische Klinik der Charité nach Berlin. Hier erreichte er den Gipfel seiner Laufbahn. Der weltweit anerkannte Chirurg erhielt zahlreiche Ehrungen und Preise. Er führte die Klinik noch nach dem Ende des Zweiten Weltkrieges bis 1949. Die Chirurgie verdankt ihm bedeutende Fortschritte bei Operationen in der Brusthöhle und Verbesserungen der Amputationstechnik. Ferdinand Sauerbruch starb am 2. Juli 1951 in Berlin.

„Gegen die Pariser Militärberatungen. In Rostock fand am 6.2.1951 eine von 40 000 Einwohnern besuchte Großkundgebung statt. Nach der von Prof. Haerle (Universität Rostock) gehaltenen Ansprache wurde einmütig beschlossen, mit den französischen Werktätigen und allen anderen Friedensfreuden tatkräftig zusammenzuarbeiten, um die Remilitarisierung in Westdeutschland zunichte zu machen." (Originalunterschrift)

Kriegszustand beendet

Der Kriegszustand zwischen Deutschland und den meisten Staaten der westlichen Welt wurde am 9. Juli 1951 formell beendet oder zumindest seine Aufhebung offiziell angekündigt.

Damit erhielten deutsche Staatsbürger in den betreffenden Staaten wieder die gleichen Rechte wie andere Ausländer auch; sie waren nicht mehr diskriminierenden Gesetzen oder Verordnungen unterworfen. Der Bundestag hatte bereits vorher deutsche Gesetze außer Kraft gesetzt, in denen noch auf den Kriegszustand Bezug genommen wurde. Der Kriegszustand zwischen Deutschland und Großbritannien endete offiziell um 16 Uhr, als Außenminister Morrison eine entsprechende Erklärung vor dem Unterhaus verlas, die im Regierungsanzeiger „London Gazette" veröffentlicht worden war.

Die französische Regierung stimmte einem Dekret zur Beendigung des Kriegszustandes zu und legte es den Kabinettsmitgliedern zur Unterschrift vor. US-Präsident Truman forderte den Kongress auf, den Kriegszustand zu beenden. Dies sei „ein weiterer Schritt auf dem Weg, der schließlich zur Wiederherstellung der deutschen Unabhängigkeit führt."

1952

JANUAR

3.1. Das Gesetz zum Schutz der Jugend in der Öffentlichkeit tritt in der Bundesrepublik in Kraft. Es verbietet unter anderem Jugendlichen unter 18 Jahren den Alkoholgenuss und Jugendlichen unter 16 Jahren das Rauchen.
7.1. Bundespräsident Theodor Heuss gibt erstmals einen Neujahrsempfang für das in Bonn tätige diplomatische Korps. Er nimmt damit eine von 1934 bis 1951 unterbrochene Tradition wieder auf.
8.1. Wilhelm Furtwängler übernimmt auf Lebenszeit die Leitung des Berliner Philharmonischen Orchesters.
9.1. Die Volkskammer verabschiedet ein Wahlgesetz für eine Nationalversammlung auf der Basis freier gesamtdeutscher Wahlen und der Viermächtekontrolle.
15.1. Die Bundesregierung leistet erstmals Entwicklungshilfe, indem sie sich mit einer halben Million DM an einem UN-Programm zur wirtschaftlichen Entwicklung der sogenannten Dritten Welt beteiligt.
16.1. Die DDR verweigert der UN-Kontrollkommission für freie gesamtdeutsche Wahlen die Einreise.
18.1. Gründung des „Museums für Deutsche Geschichte" im ehemaligen Zeughaus in Ost-Berlin.
24.1. In der Bundesrepublik tritt das Mutterschutzgesetz in Kraft. Danach werden der Kündigungsschutz, die Verdienstsicherung und die Bestimmungen am Arbeitsplatz für werdende und stillende Mütter verbessert.

FEBRUAR

2.2. Wiedereröffnung der Dortmunder Westfalenhallen, des größten Sport- und Veranstaltungszentrums Europas.
4.2. DDR-Ministerpräsident Otto Grotewohl legt den Grundstein für den Bau der Stalinallee in Ost-Berlin.
6.2. Der Bundestag billigt das Wahlgesetz für eine verfassunggebende gesamtdeutsche Nationalversammlung.
14.2.-25.2. Olympische Winterspiele in Oslo. Deutschland nimmt zum ersten Mal seit Kriegsende wieder an den Spielen teil und erringt seine ersten Goldmedaillen im Zweibobfahren durch Anderl Ostler und Lorenz Nieberl.
17.2. Uraufführung der Oper „Boulevard Solitude" von Hans Werner Henze in Hannover. Aufsehen erregt die Oper, da erstmalig die Zwölftontechnik mit Jazzrhythmen und gesprochenen Zitaten verknüpft ist.

MÄRZ

1.3. Rückgabe der Insel Helgoland unter deutsche Verwaltung.
7.3. Der Deutsche Bühnenverein gibt bekannt, dass „Der Gesang im Feuerofen" von Carl Zuckmayer das erfolgreichste Stück der Theatersaison 1950/51 ist.
10.3. In der ersten sogenannten Stalin-Note schlägt der sowjetische Partei- und Regierungschef Josef Stalin den drei Westmächten vor, einen Friedensvertrag mit einer gesamtdeutschen Regierung unter folgenden Bedingungen abzuschließen: Wiedervereinigung in den Grenzen, wie sie die Potsdamer Konferenz festgelegt habe. Neutralisierung Deutschlands nach Abzug aller ausländischen Truppen. Aufbau nationaler Streitkräfte zur Landesverteidigung. Verbot antidemokratischer Organisationen und Garantie demokratischer Rechte und Parteien.
17.3. Das Wohnungsbauprämiengesetz, eine der Maßnahmen zur Bekämpfung der Wohnungsnot, begründet die Bausparförderung in der Bundesrepublik.
19.3. Die Schriftstellerin Anna Seghers wird in Moskau mit dem Internationalen Friedenspreis der UdSSR ausgezeichnet.
25.3. Die Westmächte lehnen die in der „Stalin-Note" geforderten Verhandlungen über einen Friedensvertrag mit ausdrücklicher Billigung Bundeskanzler Adenauers ab, solange keine freien gesamtdeutschen Wahlen stattgefunden haben.
26.-31.3. Die erste „Kultur- und Dokumentarfilmwoche" findet in Mannheim statt.
29.3. Eröffnung des englischen Gartens im Berliner Tiergarten, der überwiegend durch Geld- und Pflanzenspenden aus Großbritannien ermöglicht wurde.

APRIL

2.4. Gottfried Benns Hörspiel „Die Stimme hinter dem Vorhang" wird bei Radio Bremen uraufgeführt.
9.4. In der zweiten sogenannten Stalin-Note an die Westmächte erklärt sich die UdSSR zu freien gesamtdeutschen Wahlen bereit, wenn diese unter Viermächte- und nicht unter UN-Kontrolle stattfinden.
18.4. Aufnahme diplomatischer Beziehungen zwischen der Bundesrepublik Deutschland und Japan.
19.4. Ausstellung von Werken des von den Nationalsozialisten mit Malverbot belegten Künstlers Emil Nolde in Mannheim.
25.4. Bildung des Landes Baden-Württemberg.

MAI

1.5. Errichtung der „Bundesanstalt für Arbeitsvermittlung und Arbeitslosenversicherung" in Nürnberg.
2.5. Bundespräsident Heuss und Bundeskanzler Adenauer einigen sich auf das Deutschlandlied als Nationalhymne. Bei staatlichen Anlässen soll künftig die dritte Strophe gesungen werden.
13.5. Ablehnende Antwort der Westmächte auf die zweite „Stalin-Note" vom 9.4.: Die drei Westmächte bestehen darauf, dass ein Friedensvertrag erst dann abgeschlossen werden könne, wenn eine gesamtdeutsche Regierung aufgrund kontrollierter freier Wahlen entstanden und sie vor und nach der Friedensregelung frei sei, über Koalitions-, Integrations- und Grenzfragen zu entscheiden.
15.5. Wernher von Braun präsentiert in der Zeitschrift „Weltraumfahrt" das Projekt einer bemannten Marsexpedition.
22.-25.5. Auf dem III. Schriftstellerkongress in Ost-Berlin wird der „Deutsche Schriftstellerverband" als eigenständige Organisation gegründet; Vorsitzende wird Anna Seghers.
26.5. In Bonn wird der „Vertrag über die Beziehungen zwischen der Bundesrepublik Deutschland und den drei Westmächten" unterzeichnet. Der sogenannte Deutschland- oder Generalvertrag sieht die Gleichberechtigung der Bundesrepublik innerhalb der westeuropäischen Gemeinschaft vor.
Der Ministerrat der DDR beschließt die Errichtung einer 5 km breiten Sperrzone entlang der Demarkationslinie zur Bundesrepublik.
27.5. Unterzeichnung des Vertrages über die Europäische Verteidigungsgemeinschaft (EVG) in Paris.
29.5. Auf der dritten Tagung der „Gruppe 47" wird die Schriftstellerin Ilse Aichinger zur diesjährigen Preisträgerin ernannt.

JUNI

7.6. Skandal der deutschen Boxgeschichte: Im Kampf um die Meisterschaft im Mittelgewicht in Köln wird der Ringrichter k.o. geschlagen.
22.6. Der VfB Stuttgart wird in Ludwigshafen Deutscher Fußballmeister.
24.6. Die erste Ausgabe der Bild-Zeitung des Verlegers Axel Springer umfasst 250.000 Exemplare.

JULI

1.7. In der DDR werden die „Hauptverwaltung für Ausbildung" der Volkspolizei und die „Hauptverwaltung der Seepolizei" in Kasernierte Volkspolizei (KVP) beziehungsweise „Volkspolizei-See" umgebildet. Zusätzlich wird die „Volkspolizei-Luft" errichtet. Die KVP ist der militärische Vorläufer der Nationalen Volksarmee.
5.7. Start der ersten Händel-Festspiele der DDR in Halle an der Saale.

9.-12.7. Die II. Parteikonferenz der SED beschließt die „planmäßige Errichtung der Grundlagen des Sozialismus in der DDR". Die Kollektivierung der Landwirtschaft wird eingeleitet und der Vorrang der Schwerindustrie festgelegt.
19.7.-3.8. Olympische Sommerspiele in Helsinki.
23.7. Inkrafttreten des Vertrages über die Montanunion.
In der DDR tritt das Gesetz über die „Demokratisierung des Aufbaus und der Arbeitsweise der staatlichen Organe" sowie die Aufhebung der Länder und die Neugliederung der DDR in 14 Bezirke und 217 Kreise in Kraft.
24.7. Der Ministerrat der DDR beschließt Vergünstigungen für Landwirtschaftliche Produktionsgenossenschaften (LPG).
25.7. Die Kultusministerkonferenz der Bundesländer einigt sich auf eine neunjährige Schulpflicht.

AUGUST

7.8. Gründung der „Gesellschaft für Sport und Technik" (GST) zur paramilitärischen und wehrsportlichen Erziehung und Ausbildung von Jugendlichen in der DDR.
14.8. Die Bundesrepublik wird Mitglied des Internationalen Währungsfonds (IWF) und der Weltbank.
Gründung des „Staatlichen Rundfunkkomitees" als zentrales Leitungsorgan aller Sender der DDR.
Uraufführung der Oper „Die Liebe der Danae" von Richard Strauss bei den Salzburger Festspielen.
20.8. Tod des SPD-Vorsitzenden Kurt Schumacher.
30.8. Deutsche Erstausgabe des philosophischen Werkes „Das Sein und das Nichts" von Jean-Paul Sartre.

SEPTEMBER

1.9. Das Gesetz über den Lastenausgleich in der Bundesrepublik tritt in Kraft. Darin werden Sonderleistungen für Kriegsbeschädigte, Heimatvertriebene und Flüchtlinge geregelt.
10.9. Unterzeichnung des Wiedergutmachungsabkommens, des sogenannten Luxemburger Abkommens, mit Israel in Luxemburg.
14.9. An der ehemaligen Hinrichtungsstätte der Haftanstalt Plötzensee in West-Berlin wird ein Mahnmal zum Gedenken an die Opfer des Nationalsozialismus enthüllt.
24.9. Auf dem SPD-Parteitag in Dortmund wird Erich Ollenhauer zum Nachfolger des verstorbenen Parteivorsitzenden Kurt Schumacher gewählt.

OKTOBER

9.10. Beginn der ersten Deutschlandtournee des Jazzmusikers Louis Armstrong in Düsseldorf.
11.10. Verkündung des Betriebsverfassungsgesetzes in der Bundesrepublik, in dem die Mitwirkung und Mitbestimmung der Arbeitnehmer in sozialen, personellen und wirtschaftlichen Angelegenheiten in privatwirtschaftlichen Betrieben festgelegt wird.
23.10. Das Bundesverfassungsgericht verbietet die neonazistische „Sozialistische Reichspartei" (SRP). Gründung des „Deutschen Roten Kreuzes" (DRK) der DDR in Dresden.
28.10. Der britische Historiker Alan Bullock veröffentlicht in London die erste Hitler-Biographie.

FAHNDUNG nach Hamburger Frauenmörder
GROSSE DREI beraten die Viererkonferenz
FUNKER Marshall steht vor dem Richter
BANDITEN fordern 13 Mill. Lire Lösegeld

30000-DM-Bild-Wettbewerb

Grenze bei Helmstedt wird gesichert!

10 Pfg
Bild
ZEITUNG
Dienstag, 24. Juni 1952 · Hamburg · Nr. 1

Ist Churchill zu alt? Englische Presse diskutiert den Rücktritt des britischen Premierministers

Erstausgabe der Bildzeitung vom 24. Juni 1952.

29./30.10. Gründung des Bundes Deutscher Architekten in Ost-Berlin.

NOVEMBER

16.11. Deutsche Erstaufführung des Theaterstückes „Der gute Mensch von Sezuan" von Bertolt Brecht in Frankfurt/Main.
25.11. In Bonn errichtet der Bundesinnenminister die „Bundeszentrale für Heimatdienst" (ab 1963 „Bundeszentrale für politische Bildung") zur Förderung der überkonfessionellen und überparteilichen politischen Bildungsarbeit.
29./30.11. Gründung der Gesamtdeutschen Volkspartei (GVP) durch Gustav Heinemann und Helene Wessel . Die GVP tritt für ein wiedervereinigtes, neutrales Deutschland ein.

DEZEMBER

10.12. In Stockholm und Oslo werden die Nobelpreise übergeben. Der deutsche Theologe und Missionsarzt Albert Schweitzer erhält den Friedensnobelpreis.
15.12. In der DDR wird die Reisefreiheit von Einzelpersonen auf einen Umkreis von 100 km beschränkt.
In der Bundesrepublik werden bundesweit die Notrufnummern 110 für die Polizei und 112 für die Feuerwehr eingeführt.
24.12. Deutsche Premiere des Films „Casablanca" mit Ingrid Bergman und Humphrey Bogart.
25.12. Der Nordwestdeutsche Rundfunk nimmt mit einem zweistündigen Fernsehprogramm den regelmäßigen Sendebetrieb auf.
26.12. Ausstrahlung der ersten „Tagesschau" im Fernsehen.

AUSSERDEM

Der amerikanische Film „Zwölf Uhr mittags" wird zum populärsten Western der 50er Jahre.
Camping wird zunehmend zur beliebten Form des Tourismus bei den Bundesbürgern.
In der Mode setzen sich der Petticoat und die Nylonstrümpfe durch.

Tod Kurt Schumachers

Der große Mann der deutschen Sozialdemokratie nach dem Zweiten Weltkrieg, Kurt Schumacher, starb am 20. August 1952 unter Anteilnahme ganz Deutschlands und der Welt. Paul Sethe, einer der Mitherausgeber der „Frankfurter Allgemeinen Zeitung" und konservativer Journalist, schrieb in einem Nachruf:

Das staatliche Leben der Deutschen ist seit gestern ärmer geworden. Eine Stimme fehlt, die jeden aufhorchen ließ, der sie vernahm. Sie hat viel Widerspruch und leidenschaftliche Gegnerschaft gefunden. Unbeachtet blieb sie nie. Seit den Sommertagen des Jahres 1945 ist sie in Deutschland erklungen, beschwörend und mahnend, bitter und schneidend, aufrüttelnd und anklagend. Ihr besonderer Ton blieb unüberhörbar. Schließlich hatte man das Gefühl, sie gehöre zur deutschen Politik wie ein Stück ihres Wesens.

Den Sohn des liberalen Bürgerhauses führte Überzeugung früh in die Reihen der sozialdemokratischen Bewegung. Hier gehörte er zu dem Kreise der jüngeren Mitglieder, die ungeduldiger und drängender waren, als es der milden Parteihierarchie lieb war. Schwer zu sagen und doch immer wieder ein Gegenstand nachdenklicher Überlegungen, wie anders das deutsche Geschick verlaufen wäre, wenn Kurt Schumacher, damals in der obersten Führung der Partei, vielleicht in der Regierung gesessen hätte. Sicher ist, dass er am 20. Juli 1932 gefochten hätte.

Als er in der Partei nach vorne drang, als er im Reichstag dem Reichspropagandaleiter der Nationalsozialistischen entgegentrat und die Aufmerksamkeit der breiten Schichten fand, war es für ihn und seine Generation zu spät.

Über das Jahrzehnt, das er im Konzentrationslager zubringen musste, hat er nur selten gesprochen. Der Fernerstehende vermag nur zu ahnen, wie die langen Jahre der härtesten Bedrückung sein Wesen beeinflusst haben. Gebrochen haben sie ihn nicht. Als die Tore des Lagers gesprengt wurden und als ihn nun das Vertrauen seiner Partei auf den ersten Platz rief, war er kampfesfreudiger denn je. Bald übte er einen tiefgreifenden Einfluss auf die deutsche Öffentlichkeit aus. Man hat viel von seiner Diktatur in der Partei gesprochen. Die Wahrheit ist, dass er eine Führernatur war.

Den Höhepunkt seiner Wirksamkeit fand er im Sommer 1949, als er auf dem Krankenlager lag. Der Frontsoldat des Ersten Weltkrieges hatte einen Arm verloren; jetzt hatten Leiden und Überarbeitung eine Kreislaufstörung herbeigeführt, und ein Bein hatte amputiert werden müssen. Es war die Zeit, in der die Bundesrepublik entstand und in der die Alliierten vom Parlamentarischen Rat mit hartem Druck verlangten, er solle den neuen Staat als ein kraftloses Bündel von Einzelländern errichten. Mancher in Bonn wurde damals schwankend; vor dem verbissenen Nein aus Hannover wichen schließlich doch die Alliierten zurück. So wurde ein Staat möglich, dessen Bau manche Mängel aufweisen mag, der aber doch wenigstens lebensfähig ist. Entscheidungen von weitreichender Bedeutung sind ihm seitdem nicht mehr beschieden gewesen. Er hatte den leidenschaftlichen Ehrgeiz zur Macht, den alle großen Politiker besitzen. Aber den Weg in die Verantwortung der Regierung gaben ihm die Wähler nicht frei. So versuchte er von draußen als Führer der Opposition auf die Ereignisse einzuwirken. Er tat es in jener schneidenden Art, die ihn bewundert und gefürchtet, aber nicht eigentlich populär gemacht hat.

Schumacher verfügte über die in Deutschland seltene Kunst zu geistreicher Prägung, deren Wortlaut und Sinn den Zuhörern unvergesslich bleibt. Er hat damit Entwicklungen und Notwendigkeiten getroffen, er hat Gegner in tödliche Verlegenheit gebracht, aber er hat uns alle auch oft aufs tiefste erschreckt. Es wäre des Toten, der eine sehr männliche Natur war und darum ein offenes Wort ertragen konnte, es wäre seiner nicht würdig, wollte man auch in dieser Stunde verschweigen, dass in seinen Worten oft zuviel Bitterkeit war. Das mag an seinem persönlichen, leidvollen Schicksal gelegen haben. Auch erschien dem Besucher oft, als sei seine Schroffheit nur ein Panzer, mit dem sich ein sehr empfindliches, ja empfindsames Herz gegen eine feindselige Außenwelt zu schützen suchte. Aber diese Härte des Tones und der Handlungen müssen doch auch wieder zu seinem Wesen, zu seiner Kampfeslust gehört haben. Er war ein Mann, der einen Feind aufsucht, um ihn zu schlagen, aber nicht, um Brücken zu ihm zu bauen. Da lagen die Schattenseiten seines unbeugsamen Mutes. Aber wer sie beklagt, darf nicht vergessen, dass auch diese Natur ein Ganzes war und dass er ohne diese bittere Entschlossenheit zu kämpfen kaum die Erfolge hätte erringen können, die er auch in der Opposition für sein Land gewann.

Schumacher war kein Nationalist. Sooft ihm dieser Vorwurf gemacht worden ist, hat doch noch keiner der Tadler ihm eine einzige Handlung, ein einziges Wort nachweisen können, in dem er seine eigene Nation über die anderen gestellt, in dem er gar die Nation als einziges politisches Ideal anerkannt hätte.

Nicht nur die Erziehung durch seine Partei, sondern eigenes lebendiges Gefühl verbot ihm die Verzerrung des Nationalgefühls. Allerdings aber wollte er gerade als internationaler Sozialist nicht, dass sein eigenes Volk ausgeschlossen werde von den Ideen der Freiheit und der internationalen Gerechtigkeit, die den Kern der demokratischen Ideenwelt bilden. Wo er diese Bedrohung nur sah, hat er gesprochen. Er hat es oft in Tönen getan, die uns als zu schrill erschienen. Aber im Ganzen hat er gewiss seinem Lande einen Dienst erwiesen. Es war gut und sinnvoll, dass in den Jahren der deutschen Ohnmacht einer da war, der die Sieger davor warnte, zu weit zu gehen. Er hat auch seine eigenen Landsleute nicht geschont,

Kurt Schuhmacher.

er hat die Regierung und ihre Anhänger verletzt. Aber er hat, gerade weil er in der Opposition war, Deutschland in den internationalen Verhandlungen genützt. Zu den diplomatischen Erfolgen der Bundesrepublik hat auch sein Eingreifen geholfen. Er war ein großer Patriot, er liebte sein Vaterland, er wollte es glücklich und in staatlicher Einheit sehen.
Das Schicksal ist diesem Manne viel schuldig geblieben. Was er in den letzten Jahrzehnten erreicht hat, hat er einem oft versagenden Körper mit beispielloser Anspannung des Willens abtrotzen müssen. Seine letzten Ziele hat er nicht erreicht. Es ist ihm versagt geblieben, die Macht auszuüben, nach der sein Herz begehrte und der er sich gewachsen fühlte. Er hat die Einigung seines Volkes nicht mehr erlebt, der in den letzten Jahren seine Hauptkraft galt. An manchen taktischen Schlappen tragen auch seine eigenen Schärfen Schuld. Frühzeitig glaubte man, auf seiner Stirn die Zeichen tragischen Misslingens zu erblicken. Und dennoch war dieses Leben reich und erfüllt, dennoch ist es nicht umsonst gewesen.
Er hat niemals eine amtliche Stellung bekleidet, aber er hätte, wenn er in den letzten Monaten krank in seinem Garten lag und auf das Bundeshaus niederblickte, das er nie wieder betreten sollte, er hätte wohl mit melancholischem Stolz von sich sagen können: „Patriae in serviendo consumor.“
Im Dienste des Vaterlandes und im Dienste seiner politischen Ideen hat sich Kurt Schumacher verzehrt. Mit ihm ist ein Wächter dahingegangen, der unermüdlich über sein Land schaute und aufstand, wenn er Gefahren erblickte. Nicht ohne Bangen sieht man auf den verwaisten Platz.
Ein Stück seines Mutes und seiner Leidenschaft, seines federnden Geistes und seiner Lauterkeit werden im Bundeshaus immer lebendig bleiben müssen, wenn dieses Land bestehen bleiben soll.

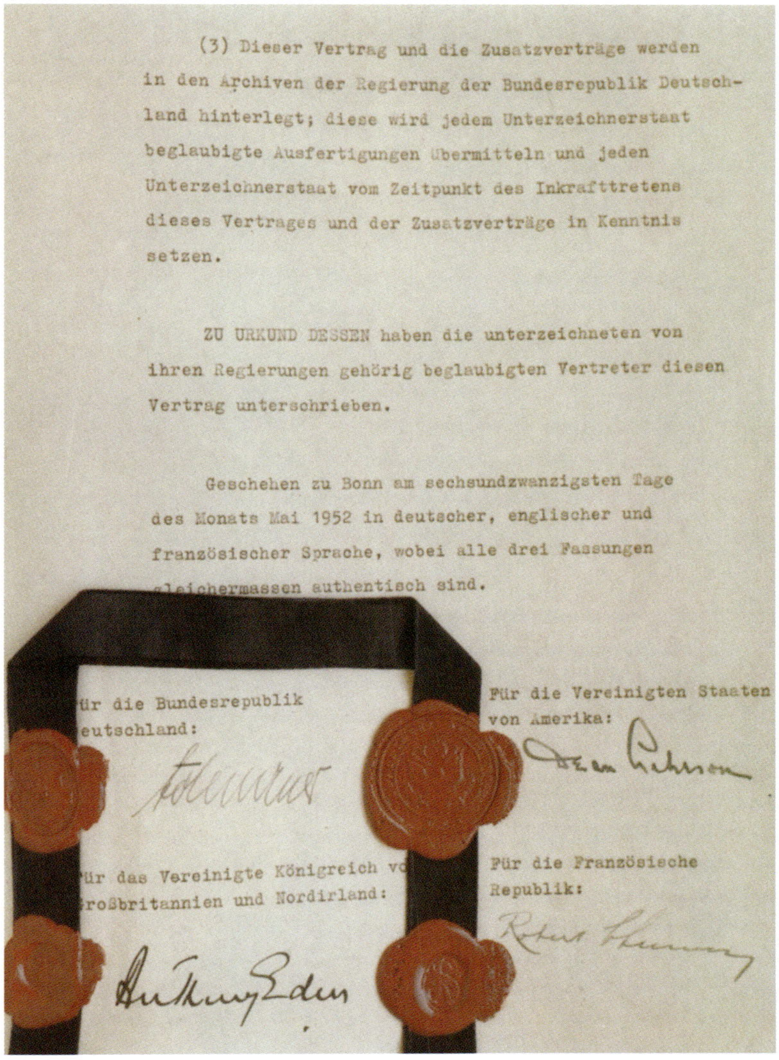
(3) Dieser Vertrag und die Zusatzverträge werden in den Archiven der Regierung der Bundesrepublik Deutschland hinterlegt; diese wird jedem Unterzeichnerstaat beglaubigte Ausfertigungen übermitteln und jeden Unterzeichnerstaat vom Zeitpunkt des Inkrafttretens dieses Vertrages und der Zusatzverträge in Kenntnis setzen.

ZU URKUND DESSEN haben die unterzeichneten von ihren Regierungen gehörig beglaubigten Vertreter diesen Vertrag unterschrieben.

Geschehen zu Bonn am sechsundzwanzigsten Tage des Monats Mai 1952 in deutscher, englischer und französischer Sprache, wobei alle drei Fassungen gleichermassen authentisch sind.

ür die Bundesrepublik
eutschland:

Für die Vereinigten Staaten
von Amerika:

ür das Vereinigte Königreich v
roßbritannien und Nordirland:

Für die Französische
Republik:

Unterschriftenseite des Vertrages über die Beziehungen zwischen der Bundesrepublik Deutschland und den Drei Mächten (Deutschlandvertrag) vom 26. Mai 1952.

Deutschlandvertrag

Im Bemühen, die junge Bundesrepublik für einen Beitrag zur Verteidigung des freien Westens zu gewinnen, drängten v.a. die USA auf eine Änderung des Besatzungsstatuts. Am 24. Oktober 1951 übergab die Alliierte Hohe Kommission Bundeskanzler Adenauer den Entwurf für einen General- oder Deutschlandvertrag. Er wurde in Verhandlungen zwischen der Bundesregierung und den Hochkommissaren präzisiert und am 26. Mai5 1952 in Bonn unterzeichnet.
Die drei Mächte verpflichteten sich darin, Deutschland bei seinem Bemühen um Wiedervereinigung in Freiheit und um einen Friedensvertrag zu unterstützen. Die Bundesrepublik sollte volle Souveränität erhalten. Flankiert wurde das Abkommen durch Truppen- (über die ausländischen Streitkräfte), Finanz- (über deren Unterhalt) und Überleitungsvertrag (Regelung der rechtlichen Prozedur). Wegen der Verquickung mit dem Vertrag über die von der französischen Nationalversammlung abgelehnte Europäische Verteidigungsgemeinschaft (EVG) konnte der Deutschlandvertrag erst im Rahmen Pariser Verträge am 5. Mai 1955 in Kraft treten.
Präambel: Die Bundesrepublik Deutschland einerseits und die Vereinigten Staaten von Amerika, das Vereinigte Königreich von Großbritannien und Nordirland und die Französische Republik andererseits haben – in Erwägung, dass eine friedliche und blühende europäische Völkergemeinschaft, die durch ihr Bekenntnis zu den Grundsätzen der Satzung der Vereinten Nationen mit den anderen freien Völkern der Welt fest verbunden ist, nur durch vereinte Förderung und Verteidigung der gemeinsamen Freiheit und des gemeinsamen Erbes verwirklicht werden kann; dass es das gemeinsame Ziel der Unterzeichnerstaaten ist, die Bundesrepublik Deutschland auf der Grundlage der Gleichberechtigung in die europäische Gemeinschaft zu integrieren, die selbst in die sich entwickelnde atlantische Gemeinschaft eingefügt ist; dass die Wiederherstellung eines völlig freien und vereinigten Deutschlands auf friedlichem Wege und die Herbeiführung einer frei vereinbarten friedensvertraglichen Regelung – mögen auch gegenwärtig außerhalb ihrer Macht liegende Maßnahmen entgegenstehen – ein grundlegendes und gemeinsames Ziel der Unterzeichnerstaaten bleibt; dass die Aufrechterhaltung des Besatzungsstatuts mit den darin vorgesehenen Eingriffsbefugnissen in die eigenen Angelegenheiten der Bundesrepublik mit dem Zweck der Integration der Bundesrepublik in die europäische Gemeinschaft unvereinbar ist; dass die Vereinigten Staaten von Amerika, das Vereinigte Königreich von Großbritannien und Nordirland und die Französische Republik (im Folgenden als „die drei Mächte“ bezeichnet) daher entschlossen sind, nur die besonderen Rechte aufrechtzuerhalten, deren Beibehaltung im Hinblick auf die Besonderheiten der internationalen Lage Deutschlands im gemeinsamen Interesse der Unterzeichnerstaaten erforderlich ist; dass die Bundesrepublik auf Freiheit und Verantwortlichkeit gegründete politische Einrichtungen geschaffen hat und entschlossen ist, die in ihrem Grundgesetz verankerte freiheitlich-demokratische und bundesstaatliche Verfassung aufrechtzuerhalten, welche die Menschenrechte gewährleistet; dass die Bundesrepublik und die drei Mächte sowohl die neuen Beziehungen, die durch diesen Vertrag und seine Zusatzverträge geschaffen werden, als auch die Verträge zur Bildung einer integrierten europäischen Gemeinschaft, insbesondere den Ver-

Es traf den Falschen. Am 27. März 1952 misslang ein Attentat auf Dr. Konrad Adenauer. In München sollten zwei Jungen im Auftrag eines Fremden ein Päckchen zur Post bringen. Es war an den Bundeskanzler gerichtet. Zwei Schreibfehler (Absender war ein Professor) kamen ihnen verdächtig vor. Sie alarmierten die Polizei. Beim Versuch, das Päckchen zu öffnen, explodierte eine Höllenmaschine und riss dem Sprengmeister beide Hände ab. Splitter drangen in seinen Kopf, dies kostete ihm das Leben. Aber wer trachtete Konrad Adenauer nach dem Leben? Anonyme Mitteilungen an amerikanische Presse-Agenturen und eine weitere Sprengladung gleicher Machart ließen vermuten, dass der Attentäter in Israel zu suchen war. Obwohl die Akten bald über 14 Ordner füllten, ließ sich der Fall nicht endgültig klären.

trag über die Gründung der europäischen Gemeinschaft für Kohle und Stahl und den Vertrag über die Gründung der Europäischen Verteidigungsgemeinschaft, als wesentliche Schritte zur Verwirklichung ihres gemeinsamen Strebens nach einem wiedervereinigten Deutschland anerkennen, das in die europäische Gemeinschaft integriert ist.

Wiedergutmachungsabkommen

Ein Mischkomplex aus Sozial- und Außenpolitik, versetzt mit Gewissenseinkehr, war das Wiedergutmachungsabkommen 1952. Wiedergutmachung – die unschöne, bürokratische Substantivierung eines seltsam anheimelnden Wortes aus der deutschen Gemütstiefe, aus der Kindersprache oder dem raunenden deutschen Märchenwald: wiedergutmachen.

Die „New York Times“ war skeptisch. Am 16. März 1951 schrieb sie: „Es besteht nicht die Hoffnung, dass Deutschland irgendetwas in der Frage der allgemeinen Wiedergutmachung tun wird, es sei denn, vielleicht aufgrund von Anweisungen der vier Mächte.“

Vier Tage zuvor hatte Israel die vier Besatzungsmächte in einer Note aufgefordert, einen israelischen Anspruch gegenüber Deutschland in Höhe von 1,5 Milliarden Dollar (6 Milliarden Mark) zu unterstützen. Der Staat Israel, der vor drei Jahren (1948) aus den Trümmern europäischer jüdischer Geschichte und einer erinnerungsreichen deutsch-jüdischen Symbiose geformt worden war, sah sich nicht in der Lage, den Nachfolgestaat des Deutschen Reiches direkt anzusprechen. Mindestens die drei Westalliierten standen den Forderungen aufgeschlossen gegenüber, legten Israel aber nahe, mit Bonn direkt zu verhandeln.

Bundeskanzler Adenauer half den Israelis über die Gefühlsbarriere hinweg, indem er den ersten Schritt direkter Ansprache tat: „Im Namen des deutschen Volkes“, sagte er am. 27. September 1951, „sind unsagbare Verbrechen begangen worden, die zur moralischen und materiellen Wiedergutmachung verpflichten.“ Zwar seien hierbei Grenzen der Leistungsfähigkeit zu berücksichtigen infolge der Versorgung der zahllosen Kriegsopfer, Flüchtlinge und Vertriebenen im eigenen Land, doch erkläre sich die Bundesregierung bereit, gemeinsam mit Vertretern des Judentums und des Staates Israel, „der so viele heimatlose Flüchtlinge aufgenommen hat“, eine Lösung zu suchen.

Im Anschluss an Adenauers Erklärung fand Bundestagspräsident Hermann Ehlers die würdige Geste, die Abgeordneten aufzufordern, sich „zum Zeichen dessen, dass sie im Mitgefühl für die Opfer einig sind“, zu erheben. Die eindeutige Stellungnahme von Regierung und Parlament fand in der Welt starke Beachtung, und selbst die israelische Regierung kommentierte den Vorgang mit gemessener Anerkennung. Die Erklärung des deutschen Kanzlers werde geprüft, hieß es in Tel Aviv. Im Januar 1952 beriet die Knesseth unter leidenschaftlicher Anteilnahme des ganzen Volkes drei Tage lang stürmisch; dann billigte sie mit 61:50 Stimmen bei fünf Enthaltungen Gespräche mit Westdeutschland.

Die Verhandlungen zwischen Delegierten des Staates Israel, 23 jüdischen Organisationen (zusammengefasst in der „Conference on Jewish Material Claims Against Germany“) und der westdeutschen Delegation unter Leitung von Franz Böhm begannen am 20. März 1952 in Den Haag. Im Mai beschloss das israelische Parlament, die Verhandlungen abzubrechen – der Grund: Die deutsche Delegation wollte in die immerhin horrende Summe von sechs Milliarden Mark nicht einwilligen. Die jüdische Forderung dürfte vor dem Hintergrund allein der materiellen Verluste der deutschen Juden – die immateriellen waren ohnehin unmessbar – nicht überhöht gewesen sein, aber selbst ein Staatsetat gerät dabei in Atemnot. Sechs Milliarden – das war nahezu ein Drittel der Staatsausgaben von 1951/52 in der Bundesrepublik (19,2 Milliarden Mark). Vor allem aber argumentierte die deutsche Seite, sie könne nicht allein für die gesamte materielle Schuld des Hitler-Staates aufkommen; die Sowjetzone müsse an ihr mittragen.

Dazu war deren Vormund nun keineswegs bereit. Der andere Teil Deutschlands war aus der Geschichte ausgestiegen. Seine Sprecher erklärten kurzerhand, der erste Arbeiter- und Bauernstaat auf deutschem Boden habe mit der Vergangenheit nichts zu schaffen. Die kommunistischen Führer als Verfolgte des NS-Regimes – aber das waren viele westdeutsche Repräsentanten auch – entzogen sich mit dieser eleganten Drehung – man könnte auch sagen mit diesem billigen Trick – jedem Anspruch Dritter auf Reparationen, entzogen sich jeder Schuldhaftung. Dabei ist es, abgesehen von einigen internen Ostblock-Regelungen gleichsam „familiärer“ Wiedergutmachung, bis heute geblieben.

Zuzugestehen ist nur eines: 1951/52 wäre in der Sowjetzone kein roter Heller Wiedergutmachung herauszuholen gewesen – es war ja nichts da. Aber eine anerkennende Geste des Regimes hätte wohlgetan. Auch unter den 17 Millionen Mitteldeutschen waren ja genug, die einstens „Heil“ geschrien hatten.

Die Gespräche sind dann unter Kompromissen beider Seiten zu Ende geführt worden. Zwei Milliarden wurden als nomineller Anteil der Sowjetzone ausgeklammert. Israel strich von den verbleibenden vier Milliarden eine.

Westdeutschland erhöhte sein Angebot von zwei auf drei. Diese drei Milliarden sollten in zwölf Jahren abgezahlt werden. Die Bundesregierung – so wurde vereinbart – überweise alle sechs Monate eine Teil-

rate auf ein Konto, und Israel kaufe in Westdeutschland Waren dafür. Eine 13. und 14. Rate von zusammen 450 Millionen Mark wurde als Entschädigung für die jüdischen Weltverbände vereinbart. Das Abkommen wurde am 10. September 1952 in Luxemburg unterzeichnet und trat ein gutes halbes Jahr später in Kraft.
Israels Käufe, vor allem Investitionsgüter, trugen beträchtlich zum Aufbau des jüdischen Staates bei. Schon früh meldete sich daher arabischer Protest. „Die arabischen Staaten", so hieß es in einem Memorandum von Seiten arabischer Länder an die Bundesregierung noch vor Inkrafttreten des Abkommens, „befinden sich mit Israel noch immer im Kriegszustand.
Da ein moderner Krieg von Wirtschafts- und Waffenüberlegenheit bestimmt wird, ergibt sich für die arabischen Staaten die groteske Situation, dass ausgerechnet unsere Freunde zu Helfern unserer Feinde werden wollen". Recht hatten sie subjektiv, das lässt sich nicht leugnen.
Doch gibt es im Leben der einzelnen Völker Forderungen der Sittlichkeit, die zu missachten in jedem Fall das größere Übel ist. Es hat zum Renommee der Bundesrepublik beigetragen, dass sie ihre moralischen Verpflichtungen höher stellte als jedes taktische Kalkül.

Karikatur zum Lastenausgleich. Der Bundestag billigte am 16. Mai 1952 nach einer zweiwöchigen Debatte das Gesetz über den Lastenausgleich. Die Verabschiedung war lange Zeit fraglich, weil nicht nur die Opposition (SPD und KPD) den Gesetzentwurf heftig kritisierte, sondern auch die Vertriebenen-Abgeordneten der Koalition (CDU/CSU, FDP und DP) viele Einwände machten. Erst als die Regierung die Forderungen der Heimatvertriebenen bezüglich der Eingliederungshilfe nahezu erfüllt hatte, gab der CDU-Abgeordnete Linus Kather die Zustimmung auch der Vertriebenen-Abgeordneten bekannt. Das Lastenausgleichsgesetz wurde mit 209 gegen 145 Stimmen (SPD, KPD sowie einige Abgeordnete kleinerer Gruppen) bei elf Enthaltungen angenommen. Die SPD begründete ihre Ablehnung damit, dass nicht von einem echten Lastenausgleich gesprochen werden könne, weil ein Teil des Lastenausgleichs durch direkte oder indirekte Leistungen der Steuerzahler aufgebracht werden müsse. Der CDU-Abgeordnete Kunze nannte das Gesetz einen „Baustein zur Neugestaltung der sozialen Ordnung".

Einer kam aus Alma Ata

Ein Heimkehrerschicksal, typisch für die Nachkriegszeit, beleuchtet ein Bericht der „Süddeutschen Zeitung" vom 24. Juni 1952:
Er wusste bis gestern nicht, wie eine Orange aussieht; eine Banane war für ihn ein „langes, gelbes Ding", und ein Kino nannte er „das Haus, wo innen so Bilder an der Wand kommen". So sagte Fritz H. aus Allenstein in Ostpreußen, der am 4. Januar 1945 zusehen musste, wie seine Mutter und seine drei Schwestern von Russen vor der Scheunentür erschossen wurden. Er selbst, damals 14-jährig und in HJ-Uniform gegen die Sowjets geschickt, wurde gefangengenommen und in die UdSSR verschleppt, nach Alma Ata, in die Kirgisensteppe Sibiriens.
Sieben Jahre schlug er dort im Quecksilberbergwerk Erz, löffelte abwechselnd fünf Wochen Kohl und fünf Wochen Grütze, wie es der Verpflegungswaggon gerade geladen hatte. „Von uns 500.000, die im Oktober 1945 in das Lager kamen, starben bis 1948 täglich etwa 100. Dann kamen die Entlassungen – bis 1950 etwa 200.000. Wir haben weder schreiben dürfen, noch kamen Briefe oder Pakete in unsere Ecke. Alle vierzehn Tage bekam jeder einen halben Liter Wodka, einschließlich der Zehnjährigen, die ebenso im Untertagebergbau arbeiten mussten."
Eine halbe Monatsreise mit dem Pferdewagen war es zur nächsten Bahnstation Karaschna, wo im Januar 1952 800 der jüngsten Kriegsgefangenen in Güterwaggons verladen wurden. Auf altem russischem Gebiet war der Transport ohne militärische Bewachung, erst im russischen Ostpolen begann sie. „Die Polen waren gut zu uns. Zuerst glauben sie immer, wir seien Russen, wenn wir mit unseren kahlgeschorenen Köpfen aus den Wagenluken schauten. Wenn wir aber sagten, wir seien deutsche Kriegsgefangene, dann brachten sie eimerweise Milch, Brot, Käse, Butter und drängten uns die guten Sachen förmlich auf. Wer gescheit war, der nahm das Zeug herein in den Wagen und ließ es stehen. Nur die ganz Jungen, die sich nicht beherrschen konnten, fingen davon zu essen an. Sie erbrachen alles, weil wir nicht mehr an Fett und solche Sachen gewöhnt waren."
Am 18. März traf der Transport in Frankfurt an der Oder ein und wurde in ein Ostberliner Lazarett weitergeleitet. Jeder der 17- bis 22-Jährigen hatte eine angegriffene Lunge, einen kranken Magen, Ruhr, Typhus, Wasser oder alles zusammen. Fritz H. wiegt heute noch 75 Pfund. Nach diesem Lazarettaufenthalt glaubten sie endlich nach Westdeutschland, wo die meisten beheimatet waren, entlassen zu werden. Aber sie hatten nicht mit dem Arbeiterbedarf in der Deutschen Demokratischen Republik gerechnet: Man eröffnet ihnen, sie kämen jetzt zur Bewährung auf ein Jahr zum Arbeitseinsatz in ein Uranbergwerk. Nach Ablauf dieser Bewährungszeit könnten sie dann eine Zuzugsgenehmigung in die Sowjetzone beantragen. „Einer von uns muss versuchen, in den Westen zu entkommen, damit sie wissen, dass wir überhaupt noch leben", verabredeten die Heimkehrer untereinander, als sie von Berlin aus wieder in Frankfurt /Oder eintrafen. Die Wahl fiel auf Fritz H. Über die näheren Umstände seiner Flucht aus dem Lager, bei der ihm seine russischen Sprachkenntnisse zugutekamen, sagte er nicht viel. Eine russische Ärztin scheint er dabei nicht sehr sanft behandelt zu haben. Jedenfalls gelangte er, nur bei Nacht marschierend, in knapp drei Wochen in der Nähe von Hof an ein Schild, auf dem „etwas von der amerikanischen Zone" stand. Ein Mann in grüner Uniform habe ihn zu den Amerikanern gebracht, die ihm eine Jacke schenkten und seine Holzschuhe ins Feuer warfen. Mit amerikanischen Privatwagen kam er nach München: „Zwei Jahre arbeitsunfähig, zuerst ein Jahr Lazarettaufenthalt, dann ein Jahr Erholung", – so schrieb der Arzt in den Gesundheitsbefund.

1953

JANUAR

15.1. Verhaftung des Außenministers und stellvertretenden Vorsitzenden der DDR-CDU Georg Dertinger unter dem Vorwurf der Spionage.

FEBRUAR

4.2. Der DDR-Schriftsteller Johannes R. Becher wird in Moskau mit dem „Internationalen Stalinpreis für die Festigung des Friedens zwischen den Völkern" ausgezeichnet.
6.2. Die Deutsche Bischofskonferenz wendet sich in einer Eingabe gegen den Entwurf der Bundesregierung zur Angleichung des Familiengesetzes an den Grundsatz der Gleichberechtigung von Mann und Frau. Sie will u.a., dass die Entscheidungsbefugnis des Mannes in bestimmten Fragen nicht angetastet wird, da sie der „natürlichen Ordnung" entspreche.
27.2. Unterzeichnung des Londoner Abkommens über die Regelung der deutschen Auslandsschulden. Die Bundesrepublik Deutschland erklärt sich darin bereit, die Auslandsschulden des Deutschen Reiches seit dem Ersten Weltkrieg zu übernehmen.

MÄRZ

1.3. Eröffnung der dritten „Deutschen Kunstausstellung" in Dresden, auf der ein Querschnitt des „sozialistischen Realismus" gezeigt wird.
5.3. Der 73jährige sowjetische Partei- und Regierungschef Josef Stalin stirbt in Moskau an den Folgen eines Schlaganfalls.
10.3. Die erweiterte Versammlung der Montanunion billigt einen Vertragsentwurf über die Gründung einer Europäischen Politischen Gemeinschaft.
12.3. In Hannover wird der Film- und Revuepalast „Aegi", das größte und modernste bundesdeutsche Kino, eröffnet. Es wird zum Renommierobjekt der UFA.
19.3. Der Bundestag ratifiziert den Deutschland- und den EVG-Vertrag.
25.3. Der Bundestag verabschiedet das Bundesvertriebenengesetz, das die Eingliederung von Vertriebenen und Flüchtlingen aus den früheren deutschen Ostgebieten und der DDR bundesweit einheitlich regelt.
27.3. Das deutsch-israelische Wiedergutmachungsabkommen tritt in Kraft.

APRIL

1.4. In der Bundesrepublik Deutschland verlieren sämtliche Gesetzesbestimmungen ihre Gültigkeit, die mit dem Gleichberechtigungsgrundsatz von Mann und Frau nicht vereinbar sind. Da das Ehe- und Familienrecht bisher nicht dem Grundgesetz angepasst und reformiert wurde, müssen in Streitfällen die Gerichte entscheiden.
6.-17.4. Bundeskanzler Konrad Adenauer besucht zum ersten Mal die USA.
10.4. Mit einer Sonate von Richard Strauss wird in Israel erstmals seit Kriegsende in einem öffentlichen Konzert das Werk eines deutschen Komponisten aufgeführt.
20.4. Erhöhung der Preise für rationierte Lebensmittel in der DDR.
21.4. Die Bischöfe der Evangelischen Kirche protestieren gegen den Kirchenkampf der SED und der Regierung gegen die „Junge Gemeinde" und die Evangelische Studentengemeinde.
24.4. Deutsche Erstaufführung eines sogenannten 3-D-Films in Düsseldorf mit „Bwana, der Teufel", bei dem auch die spezifischen 3-D-Brillen benutzt werden.
30.4. Stiftung des Karl-Marx-Ordens in der DDR für „besondere Verdienste beim planmäßigen Aufbau des Sozialismus".

„Alle Wege des Marxismus führen nach Moskau!" Wahlplakat der CDU zu den Bundestagswahlen am 6. Seütember 1953.

MAI

1.5. Im erstmals seit 1943 ausgetragenen Endspiel um den DFB-Pokal besiegt Rot-Weiß Essen im Düsseldorfer Rheinstadion Alemannia Aachen 2:1.
3.5. Sendebeginn der „Deutschen Welle", der Radiosendung für Deutsche im Ausland.
10.5. Die Stadt Chemnitz wird auf Beschluss der DDR-Regierung in Karl-Marx-Stadt umbenannt.
Die Villa Hügel in Essen, der frühere Wohnsitz der Familie Krupp, wird der Öffentlichkeit zugänglich gemacht: Erstmals findet eine Kunstausstellung in dem Prunkbau statt.
28.5. Der Ministerrat der DDR ordnet in Folge eines Beschlusses des ZK der SED eine Erhöhung der Arbeitsnormen um 10,3 % an.
Umwandlung der Sowjetischen Kontrollkommission in Deutschland in die Hohe Kommission der UdSSR in Deutschland; einziger Hoher Kommissar wird Wladimir S. Semjonow.

JUNI

2.6. Krönung Elizabeth II. von Großbritannien. Die auch im deutschen Fernsehen ausgestrahlte Direktübertragung der Krönungsfeierlichkeiten ist die erste Sendung im Rahmen der Eurovision.
3.6. Verabschiedung des Gesetzes über den Länderfinanzausgleich, nach dem die wohlhabenderen Bundesländer 1953 und 1954 Ausgleichszahlungen an die übrigen Länder entrichten müssen.
16.6. 80 Bauarbeiter der Ost-Berliner Stalinallee treten in den Ausstand, um gegen die im Mai angeordnete Arbeitsnormenerhöhung zu protestieren. Durch Solidarisierung weiterer Kollegen entsteht eine Großdemonstration von rund 10.000 Menschen, die sich zum Regierungsgebäude in der Leipziger Straße bewegt.

17.6. Der Streik gegen die Normenerhöhung in Ost-Berlin weitet sich auf 72 Städte und zahlreiche Ortschaften in der DDR zum Aufstand gegen das kommunistische Regime aus. Die Demonstrationen werden von sowjetischen Soldaten und DDR-Volkspolizisten gewaltsam zerschlagen. Über insgesamt 167 Städte und Landkreise wird der Ausnahmezustand verhängt.
18.6. In Ost-Berlin, Leipzig, Magdeburg und Jena werden etwa 20.000 Personen vorübergehend in Haft genommen. Von ihnen werden in den ersten Tagen 29 Personen von sowjetischen Standgerichten zum Tode verurteilt und hingerichtet und in den nächsten Monaten mindestens 1400 zu teilweise mehrjährigen Freiheitsstrafen verurteilt.
21.6. Das ZK der SED beschließt eine Kurskorrektur. Die Normenerhöhung wird zurückgenommen, Fahrpreisermäßigung, Erhöhung der Mindestrenten und Forcierung des Wohnungsbauprogramms werden beschlossen.
Der 1. FC Kaiserslautern wird durch ein 4:1 über den VfB Stuttgart Deutscher Fußballmeister.
25.6. Der Bundestag verabschiedet ein neues Wahlgesetz, mit der sogenannten 5-Prozent-Hürde. Danach dürfen Parteien nur noch in den Bundestag einziehen, wenn sie mindestens 5% der abgegebenen Stimmen erhalten oder in einem Wahlkreis mindestens ein Direktmandat gewinnen. Des Weiteren erhält der Wähler zwei Stimmen für die Wahl. Mit der Erststimme wird der Kandidat in einem Wahlkreis direkt gewählt und mit der Zweitstimme die Partei.

JULI

12.7. In Hamburg wird das Volkspark-Stadion, nach dem Berliner Olympia-Stadion die zweitgrößte Sportarena der Bundesrepublik, eingeweiht.
20.7. Einweihung des Mahnmals für die Widerstandskämpfer des gescheiterten Attentats auf Adolf Hitler vom 20. Juli 1944 im Innenhof des früheren Kriegsministeriums in West-Berlin. Die UdSSR liefert auf Kredit Lebensmittel und Rohstoffe im Wert von rund 231 Millionen Rubel an die DDR.
24.-26.7. 15. Tagung des Zentralkomitees (ZK) der SED. Es wird beschlossen, an der Generallinie der Partei festzuhalten und Wilhelm Zaisser und Rudolf Herrnstadt aus dem ZK auszuschließen. Walter Ulbricht wird zum Ersten Sekretär des ZK gewählt.

AUGUST

1.8. Einrichtung der „Industrie- und Handelskammer der DDR" in Ost-Berlin.
4.8. Der 17. Juni wird durch Bundesgesetz zum „Tag der deutschen Einheit" bestimmt.
20.8. Bekanntgabe der Zündung der ersten sowjetischen Wasserstoffbombe.
25.8. Gründung des Technischen Hilfswerkes als Katastrophenschutzorganisation des Bundes.

SEPTEMBER

6.9. Eröffnung der „Neuen Darmstädter Sezession" auf der Mathildenhöhe in Darmstadt.
8.9. Deutsche Erstaufführung des Dramas „Warten auf Godot" von Samuel Beckett im West-Berliner Schlosspark-Theater.
13.9. Nikita S. Chruschtschow wird zum Ersten Sekretär des Zentralkomitees der KPdSU gewählt.
23.9. Eröffnung des neuen Bochumer Schauspielhauses.

OKTOBER

6.10. Der Bildhauer und Graphiker Fritz Cremer erhält den Nationalpreis für Kunst und Literatur der DDR.
7.10. Einstimmige Wiederwahl Wilhelm Piecks zum Präsidenten der DDR.
9.-20.10. Wiederwahl Adenauers zum Bundeskanzler. Bildung seiner zweiten Regierung aus CDU, CSU, FDP, Deutsche Partei (DP), und Gesamtdeutscher Block/ Bund der Heimatvertriebenen und Entrechteten (GB/BHE).
24./25.10. Das ZK der SED beruft eine „Zentrale Konferenz werktätiger Frauen" in Ost-Berlin ein. Die SED versucht, verstärkt Frauen für den Arbeitswettbewerb zu mobilisieren.

NOVEMBER

12.11. Eröffnung einer Ausstellung mit Werken des Künstlers Karl Hofer in West-Berlin.
17.11. In Güstrow wird die Ernst Barlach-Gedenkstätte eröffnet.
19.11. Offizielle Einweihung des Bundesrechnungshofes in Frankfurt/Main.
25.11. Aufhebung des Interzonenpasszwanges durch die DDR-Regierung. Damit ist der Personalausweis ausreichend für Reisen zwischen der Bundesrepublik Deutschland und der DDR.

„1953. Die Landwirtschaftliche Produktionsgenossenschaft ‚Walter Ulbricht' in Merxleben hat sich durch besonders gute Erfolge in der Ernte, der Ablieferung und der Arbeitsorganisation hervorgetan, die sie durch die Unterstützung der MTS Klettstedt erringen konnten. Ernst Großmann, Vorsitzender der LPG, im Kreise seiner Familie." (Originalunterschrift)

DEZEMBER

3.12. Deutsche Erstaufführung des amerikanischen Filmklassikers „Vom Winde verweht" aus dem Jahre 1939.
5.12. Deutschlandpremiere des Films „Das Gewand" von Henry Koster mit Richard Burton in der Hauptrolle. Der Film um die Kreuzigung Jesu ist der erste abendfüllende Cinemascope-Farbfilm.
10.12. Wiederbegründung der Alexander-von-Humboldt-Stiftung, die aus Mitteln des Auswärtigen Amtes Stipendien an hochqualifizierte ausländische Wissenschaftler für Studienaufenthalte in der Bundesrepublik vergibt.
Verleihung der Nobelpreise in Stockholmund Oslo: Hermann Staudinger erhält für die Erfindung der Makromoleküle, die Voraussetzung für die Herstellung von Kunstfasern und Kunststoffen sind, den Nobelpreis für Chemie, Winston S. Churchill erhält den Literatur- und George C. Marshall den Friedensnobelpreis.
18.12. Das Bundesverfassungsgericht erklärt die im Grundgesetz vorgesehene Gleichberechtigung von Mann und Frau für rechtens. Für das Ehe- und Scheidungsrecht werden entsprechende Reformen gefordert.
24.12. Die Genfer Flüchtlingskonvention von 1951 tritt auch für die Bundesrepublik in Kraft.
27.12. Ruth Leuwerik und O.W. Fischer werden als beliebteste Schauspieler des bundesdeutschen Films in Hamburg mit dem „Bambi" ausgezeichnet.

AUSSERDEM

Ingeborg Bachmann: Die gestundene Zeit (Gedichtband)
Heinrich Böll: Und sagte kein einziges Wort (Roman)
Ein britischer und ein US-amerikanischer Biochemiker entschlüsseln die Struktur der Desoxyribonukleinsäure (DNS); damit ist es möglich, die Übertragung genetischer Informationen in lebenden Organismen zu erklären.

Adenauer in den USA

Im Wahljahr 1953 konnte Bundeskanzler Adenauer einen eindrucksvollen persönlichen Erfolg verzeichnen: Präsident Eisenhower lud ihn nach Washington ein. Unter dem Vörgänger Harry Truman war dies noch nicht möglich gewesen. Jetzt aber empfing der einstige Oberkommandierende der alliierten Truppen in Europa, der sich als Anführer eines Kreuzzuges verstanden hatte, den Repräsentanten des wiedererstandenen demokratischen Deutschlands auf den Stufen des Weißen Hauses. Bei seiner Ankunft in New York am 6. April 1953 sagte Adenauer:

„Bei der Landung in den Vereinigten Staaten empfinde ich vor allem eines: ein Gefühl der Dankbarkeit gegenüber dem amerikanischen Volke. Wir Deutsche danken von ganzem Herzen für die Wohltaten, die es uns nach unserem Zusammenbruch erwiesen hat. Ich glaube, es ist sehr selten in der Geschichte vorgekommen, dass ein siegreiches Volk dem Besiegten in einer solchen Weise seine hilfreiche Hand entgegengestreckt hat. Diese hilfreiche Gesinnung hat sich in allen denkbaren Formen gezeigt, von Mensch zu Mensch, von Organisation zu Organisation, durch Beschlüsse des Kongresses und durch die Maßnahmen der amerikanischen Regierung. Das deutsche Volk hat dadurch wieder Mut bekommen. Es hat wieder Vertrauen bekommen. Es hat sich, und das erscheint mir besonders wichtig, davon überzeugt, dass auch im Leben der Völker nicht nur Gewalt und Eigennutz die treibenden Kräfte sind. Lassen Sie mich noch einen anderen Gedanken aussprechen. Die verantwortlichen Stellen Amerikas, die amerikanische öffentliche Meinung haben in vorbildlicher Weise die Wahrheit erkannt, dass Macht und Reichtum Pflichten mitsichbringen gegenüber anderen. Das amerikanische Volk hat dies nicht nur erkannt, es hat auch entsprechend gehandelt. In der Geschichte unserer Zeit, die so viele dunkle Blätter enthält, wird mit goldenen Lettern verzeichnet werden, dass die Vereinigten Staaten, getreu ihrer Tradition und gestützt auf ihre Macht, die Verteidigung der Freiheit auf der Welt übernommen haben. Ich habe ein umfangreiches Programm vor mir. Lassen Sie mich das Wichtigste daraus hervorheben. Ich werde, wie Sie wissen, zunächst politische Aussprachen in Washington haben. Ich habe dann den dringenden Wunsch, wenigstens einen gewissen Eindruck von der Größe Ihres Landes zu gewinnen. Ich werde darum zur Westküste fliegen, ich werde einige Universitäten besuchen und nach Chicago gehen. Endlich werde ich vor meinem Rückflug in New York Besprechungen haben und an Veranstaltungen teilnehmen. Ich komme als Deutscher und als Europäer mit aufgeschlossenem Herzen für all das, was Ihr Kontinent uns Europäern bietet."

Staatssekretär John Foster Dulles begrüßte den Bundeskanzler am 7. April mit folgenden Worten:

„Herr Adenauer, vor wenigen Wochen haben Sie mir die Ehre erwiesen, mich bei meiner Ankunft in Ihrer Hauptstadt Bonn zu begrüßen. Es ist mir ein großes Vergnügen und eine Ehre, Sie nun hier meinerseits in Washington empfangen zu dürfen. Diese Ehre ist um so größer, als Sie, wie ich glaube, der erste deutsche Kanzler sind, der während seiner Amtszeit die Vereinigten Staaten besucht. Sie können sicher sein, dass Sie hier ein sehr herzliches Willkommen erwartet. In Europa entwickeln sich große Dinge. Einigkeit und Stärke, seit langem ersehnt und von großer Notwendigkeit, konnten bisher nicht erreicht werden. Wir haben große Hoffnungen, dass ihre Verwirklichung jetzt bevorsteht. Der in Deutschland geführte Kampf um die Freiheit und die Staatsführung, deren Repräsentant Sie sind, bilden weitgehend die Grundlagen für diese Hoffnungen. Die ganze Welt kann in der Tat dankbar dafür sein, dass Deutschland in dieser kritischen Zeit durch Sie und unter Ihrer Führung einen konstruktiven Beitrag zur Schaffung dieser Einheit, Stärke und Freiheit in Europa leistet, die unerlässlich sind. Ich freue mich, dass Sie, Herr Kanzler, nicht nur in Washington weilen werden, wo Sie sicherlich konstruktive Besprechungen mit unseren Ministern und Beamten führen werden, sondern auch darüber hinaus noch mehr, als sich nur in Washington aufzuhalten, machen werden. Sie werden ein wenig durch unser Land reisen, und darüber bin ich froh. Denn dadurch werden Sie nicht nur einen Eindruck von dem Willkommen hier, sondern auch von dem Willkommen erhalten, das aus dem Herzen des amerikanischen Volkes kommt. Wir freuen uns wirklich sehr, dass Sie hierher gekommen sind."

Adenauer auf den Treppen des Kapitols in Washington im April 1953. Der erste Besuch eines deutschen Regierungschefs in den USA war ein Zeichen für das wieder gewonnene Internationale Ansehen der Bundesrepublik.

Der 17. Juni

Spontan und ohne Führung brach der Aufstand gegen die SED-Herrschaft los. Die Besatzungsmacht, obwohl sie anderes vorhatte, ließ ihre Schützlinge nicht im Stich: Panzer walzten die Erhebung nieder.

Anfang der 1950er Jahre hatte sich in der DDR die Diktatur der SED weitgehend durchgesetzt. Vor diesem Hintergrund beschloss die 2. Parteikonferenz der SED im Juli 1952 den „planmäßigen Aufbau des Sozialismus". Im Mittelpunkt stand die Schwerindustrie – die viel dring-

lichere Herstellung von Konsumgütern wurde vernachlässigt. Stattdessen wurde den Arbeitern immer mehr abverlangt. Was sie zu leisten hatten, wurde in Form von „Normen“ festgesetzt, und diese wurden ständig erhöht, ohne dass sich am kümmerlichen Lebensstandard der Werktätigen etwas änderte.
Am 5. März 1953 starb der Sowjetdiktator Josef Stalin. Bald schon setzte in Moskau das „Tauwetter“ ein; die Nachfolger ließen die Zügel locker und empfahlen ihren Verbündeten im Ostblock, ein Gleiches zu tun. Die Machthaber in der DDR verschliefen die Hinweise, sie paukten gnadenlos ihre Industriepläne voran.
Da platzte der Bevölkerung der Kragen. Am 16. Juni begannen die Demonstrationen, am 17. Juni wurde überall in der DDR marschiert. Zuerst hieß die Losung noch: „Nieder mit den Normen!“ Bald aber ertönten andere Parolen: „Wir fordern freie, geheime Wahlen!“ Und eilig herbeigeschaffte schwarz-rot-goldene Fahnen wehten über der Menge. Man stürmte die Gefängnisse und befreite politische Häftlinge und demolierte die Büros der SED.
Sowjetische Panzer fuhren in den Straßen auf, sie erstickten die Revolte in Blut. Nach offiziellen Angaben kamen dabei 25 Menschen ums Leben, vermutlich waren es jedoch 300 bis 400. Die DDR-Führung, die sich während des Aufstands unsichtbar gemacht hatte, veranstaltete, kaum dass sie wieder im Sattel saß, Strafprozesse gegen 1.152 Beteiligte. Die Urteile lauteten auf insgesamt 4000 Jahre Haft.
In der Bundesrepublik wurde der 17. Juni zum Nationalfeiertag erklärt und bis 1990 als „Tag der deutschen Einheit“ begangen.
Im „Archiv der Gegenwart“ ist der Volksaufstand in der DDR dokumentiert:
Am 16. Juni fanden in Ostberlin Protestdemonstrationen der Arbeiterschaft gegen die Erhöhung der Arbeitsnormen um 10 Prozent statt, wobei gleichzeitig die Forderung nach freien geheimen Wahlen und nach einem Regimewechsel geäußert wurde.
Die Demonstrationen wurden durch die Arbeitsniederlegung der Bauarbeiter in der Stalin-Allee (Frankfurter Allee) ausgelöst, die in geschlossenen Zügen zum Stadtzentrum marschierten und andere Arbeiter, aber auch sonstige Passanten aufforderten, sich anzuschließen. Als sich vor dem früheren Reichsluftfahrtministerium die Massen stauten, zeigten sich der stellvertretende Ministerpräsident Heinrich Rau (SED) und Bergbauminister Fritz Selbmann (SED) am Fenster. Selbmann, der eine Ansprache hielt, wurde durch Rufe nach Ulbricht und Grotewohl unterbrochen. Auf seine Feststellung, dass er auch ein Arbeiter sei, wurde ihm erwidert: „Das hast Du aber vergessen!“ In Sprechchören wurden freie Wahlen

TÄGLICHE RUNDSCHAU

Zeitung für Politik, Wirtschaft und Kultur

Sonderausgabe vom Freitag, 6. März 1953

AM 5. MÄRZ UM 21.50 UHR VERSCHIED DER VORSITZENDE DES MINISTERRATS DER UDSSR UND SEKRETÄR DES ZENTRALKOMITEES DER KPDSU, J.W. STALIN.
DER UNSTERBLICHE NAME STALINS WIRD IMMER IM HERZEN DES SOWJETVOLKES UND IN DEN HERZEN DER WERKTÄTIGEN DER GANZEN WELT LEBEN.

Mitteilung des Zentralkomitees der Kommunistischen Partei der Sowjetunion, des Ministerrats der UdSSR und des Präsidiums des Obersten Sowjets der UdSSR

Aerztliches Gutachten über die Krankheit und über den Tod J.W. Stalins

Ueber die Bildung einer Kommission zur Vorbereitung der Beisetzung des Vorsitzenden des Ministerrats der Union der Sozialistischen Sowjetrepubliken und Sekretärs des Zentralkomitees der Kommunistischen Partei der Sowjetunion, Josef Wissarionowitsch Stalin

Der sowjetische Partei- und Regierungschef Josef Wissarionowitsch Stalin starb am 5. März 1953. Die Welt war auf diese Todesnachricht vorbereitet; zwei Tage vorher hatte die Nachrichtenagentur TASS bekannt gegeben: „In der Nacht vom 1. auf 2. März erlitt Genosse Stalin in seiner Moskauer Wohnung eine Gehirnblutung, die lebenswichtige Teile des Gehirns in Mitleidenschaft zog. Genosse Stalin verlor das Bewusstsein. Eine Lähmung des rechten Armes und des rechten Beines trat ein. Er verlor die Sprache.“ Später gab TASS die Nachfolge Stalins bekannt: Neuer Ministerpräsident und Vorsitzender des Zentralkomitees der Partei wurde Georgij Malenkow: Stellvertretende Ministerpräsidenten wurden Berija (zugleich Innen- und Sicherheitsminister), Molotow (Außenminister), Bulganin (Verteidigungsminister) und Kaganowitsch.

BERLINER Extrablatt Kostenlos

MORGENPOST

MITTWOCH, 17. JUNI 1953

Ausnahmezustand im Osten!
Sowjets schießen scharf – Erste Opfer
Grenzenlose Empörung gegen SED-Regierung – Chaos in Ostberlin

Berlin, den 17. Juni
Heute um 13 Uhr 30 hat der sowjetische Stadtkommandant über Ostberlin den Ausnahmezustand verhängt. Alle Demonstrationen, Versammlungen, Kundgebungen und sonstige Menschenansammlungen von mehr als drei Personen auf Straßen oder Plätzen sowie in öffentlichen Gebäuden sind verboten. Jeglicher Verkehr von Fußgängern und Fahrzeugen ist in der Zeit von 21 Uhr bis 5 Uhr morgens untersagt. Verstöße sollen dem sowjetischen Befehl zufolge nach Kriegsgesetzen bestraft werden.

Extrablatt der „Berliner Morgenpost“ vom 17. Juni 1953.

und der Rücktritt der Regierung gefordert sowie die Generalstreikparole ausgegeben.

Das Politbüro des ZK der SED veröffentlichte laut ADN am 16. Juni folgende Erklärung:
„1. Der Aufbau eines neuen Lebens und die Verbesserung der Lebensbedingungen der Arbeiter sowie der gesamten Bevölkerung sind einzig und allein auf der Grundlage der Erhöhung der Arbeitsproduktivität und der Steigerung der Produktion möglich. Nur die Verwirklichung der alten Losung unserer Partei ›Mehr produzieren – besser leben!‹ hat zur Wiederherstellung und zur schnellen Entwicklung der Volkswirtschaft der DDR nach dem Kriege geführt. Dieser Weg war und bleibt der einzig richtige Weg. Deshalb ist das Politbüro der Auffassung, dass die Initiative der fortgeschrittensten Arbeiter, die freiwillig zur Erhöhung der Arbeitsnormen übergegangen sind, ein wichtiger Schritt auf dem Wege zum Aufbau eines neuen Lebens ist, der dem gesamten Volk den Ausweg aus den bestehenden Schwierigkeiten weist. Das Politbüro ist dabei der Meinung, dass eine der wichtigsten Aufgaben der Betriebsleiter, der Partei- und Gewerkschaftsorganisationen darin besteht, Maßnahmen zur Verbesserung der Arbeitsorganisation und der Produktion zu ergreifen, damit in der nächsten Zeit der Lohn der Arbeiter, die ihre Nor-

In ohnmächtiger Wut bewerfen aufgebrachte Jugendliche am 17. Juni 1953 heranrollende sowjetische Panzer mit Pflastersteinen. Nach der Niederschlagung des Volksaufstandes schrieb Bertold Brecht, sonst verwöhntes Aushängeschild der DDR-Kultur: „Wäre es nicht besser, die Regierung löste das Volk auf und wählte ein neues?“

Mit schwarz-rot-goldenen Fahnen marschieren am 17. Juni 1953 Arbeiter des Berliner Ostsektors durch das Brandenburger Tor.

men erhöht haben, gesteigert werden kann.

2. Das Politbüro hält es zugleich für völlig falsch, die Erhöhung der Arbeitsnormen in den Betrieben der volkseigenen Industrie um 10 Prozent auf administrativem Wege durchzuführen. Die Erhöhung der Arbeitsnormen darf und kann nicht mit administrativen Methoden durchgeführt werden, sondern einzig und allein auf der Grundlage der Überzeugung und der Freiwilligkeit.

3. Es wird vorgeschlagen, die von den einzelnen Ministerien angeordnete obligatorische Erhöhung der Arbeitsnormen als unrichtig aufzuheben. Der Beschluss der Regierung vom 28. Mai 1953 ist gemeinsam mit den Gewerkschaften zu überprüfen. Das Politbüro fordert die Arbeiter auf, sich um die Partei und um die Regierung zusammenzuschließen und die feindlichen Provokateure zu entlarven, welche versuchen, Unstimmigkeiten und Verwirrung in die Reihen der Arbeiterklasse hineinzutragen.“

Am 17. Juni entwickelten sich die Ereignisse in Ostberlin wie folgt: Die Arbeiter und Angestellten zahlreicher Betriebe befolgten die am Vorabend ausgegebene Generalstreikparole und erschienen nicht an ihren Arbeitsplätzen. Schon in den frühen Morgenstunden formierten sich Demonstrationszüge, die zum Stadtzentrum marschierten. Im Laufe des Vormittags mussten Straßen und U-Bahnen im Sowjetsektor ihren Verkehr einstellen; gleichzeitig wurde die von Ostberlin geleitete S-Bahn im gesamten Berliner Stadtgebiet stillgelegt. Gegen Mittag fielen vor dem Ostberliner Regierungsgebäude in der Leipziger Straße die ersten Schüsse sowjetischer Soldaten und Volkspolizisten. Nach 12 Uhr hatten sowjetische Truppen mit Hilfe von mindestens 20 Panzern vom Typ T 34 und zahlreichen Panzerspähwagen sowie anderen, mit Maschinengewehren und Pak-Geschützen bestückten, vollbesetzten Mannschaftswagen begonnen, die Straßen um das Regierungsgebäude östlich des Potsdamer Platzes zu räumen. Hinter den Panzern, die gegen die Demonstranten anfuhren, marschierten in Schützenkette Volkspolizisten, die wiederholt mit Karabinern in die Menge schossen. Augenzeugen berichten, dass die sowjetischen Soldaten im Allgemeinen, soweit man beobachten konnte, bei ihrem allgeordneten Vorgehen in die Luft schossen. Die Demonstranten setzten trotzdem am Potsdamer Platz einen T 34 außer Gefecht, indem sie Balken zwischen die Kettenglieder steckten und die Ketten brachen. Andere Demonstranten steckten Holzpfähle in die Rohre der Geschütze oder versuchten, große Steine zwischen die Ketten zu werfen. Zwei Jugendliche holten vom Brandenburger Tor die Rote Fahne herunter. Der Befehl des sowjetischen Stadtkommandanten Generalmajor Dibrowa über die Verhängung des Ausnahmezustandes, der um 13 Uhr 30 verkündet und ständig wiederholt wurde, lautete: „Für die Herbeiführung einer besseren öffentlichen Ordnung im sowjetischen Sektor von Berlin wird befohlen:

1. Ab 13 Uhr des 17. Juni wird im sowjetischen Sektor von Berlin der Ausnahmezustand verhängt.
2. Alle Demonstrationen, Versammlungen, Kundgebungen und sonstige Menschenansammlungen von über drei Personen werden auf Straßen und Plätzen wie auch in öffentlichen Gebäuden verboten.
3. Jeglicher Verkehr von Fußgängern und der Verkehr von Kraftfahrzeugen und Fahrzeugen wird von 21 Uhr abends bis 5 Uhr morgens verboten.
4. Diejenigen, die gegen dieses Verbot verstoßen, werden nach den Kriegsgesetzen bestraft."

Am 18. Juni entwickelte sich die Lage wie folgt:
Sowjetische Truppen in mindestens Divisionsstärke sowie kasernierte Volkspolizei-Einheiten, die zum Teil aus der Zone herangeführt wurden, haben den östlichen Teil Berlins hermetisch abgeriegelt. An den Sektorengrenzen patrouillieren Panzer und feldmarschmäßig ausgerüstete Sowjetsoldaten und Volkspolizisten. Die Demonstrationen der Berliner Arbeiter haben inzwischen auch auf die Zone übergegriffen. Aus zahlreichen Gebieten, so aus Gera, Leipzig, Dessau, Dresden, Chemnitz und Stralsund, werden Arbeitsniederlegungen und Protestkundgebungen gemeldet. Interzonenreisende berichteten, dass in Magdeburg die Demonstranten das Gefängnis gestürmt und zahlreiche Gefangene befreit hätten. Die Zahl der Toten in Ostberlin wurde mit mindestens 16 angegeben; in den Westberliner Krankenhäusern liegen 200 Verwundete. Der sowjetische Militärkommandant Dibrowa gab bekannt, dass der Westberliner Bürger Willi Göttling zum Tode durch Erschießen verurteilt worden ist. Das Urteil sei vollstreckt. Göttling habe in ausländischem Auftrag gehandelt; er sei einer der Provokateure der banditenhaften Ausschreitungen. Der stellvertretende Ministerpräsident der DDR Otto Nuschke, der am 17. Juni von Demonstranten in den Westsektor abgedrängt und auf das Polizeipräsidium gebracht worden war, wurde am 19. Juni in den Ostsektor entlassen.

Bundeskanzler Dr. Konrad Adenauer gab am 17. Juni vor dem Bundestag folgende Regierungserklärung zu den Ereignissen in Berlin ab:
„Die Ereignisse in Berlin haben in der deutschen Öffentlichkeit und darüber hinaus in der Welt starken Widerhall gefunden. Die Bundesregierung erklärt zu den Vorgängen: Wie auch die Demonstrationen der Ostberliner Arbeiter in ihren Anfängen beurteilt werden mögen, sie sind zu einer großen Bekundung des Freiheitswillens des deutschen Volkes in der Sowjetzone und Berlin geworden. Die Bundesregierung empfindet mit den Männern und Frauen, die heute in Berlin Befreiung von Unterdrückung und Not verlangen.
Wir versichern ihnen, dass wir in innerster Verbundenheit zu ihnen stehen. Wir hoffen, dass sie sich nicht durch Provokationen zu unbedachten Handlungen hinreißen lassen, die ihr Leben und die Freiheit gefährden könnten. Eine wirkliche Änderung des Lebens der Deutschen in der Sowjetzone und in Berlin kann nur durch die Wiederherstellung der deutschen Einheit in Freiheit erreicht werden, wie der Bundestag in seinem Beschluss vom 10. Juni erneut bekräftigt hat."

Soziale Marktwirtschaft

„Ich trag Schuhe ohne Sohlen,/ und der Rucksack ist mein Schrank./ Meine Möbel hab'n die Polen/ und mein Geld die Dresdner Bank ..." Erich Kästners „Marschlied neunzehnhundertfünfundvierzig" beschrieb die Lage im zerstörten, hungernden, scheinbar für immer verelendeten Deutschland. Zehn Jahre später wohnten die meisten Flüchtlinge und Ausgebombten schon wieder recht komfortabel, manche besser als je zuvor; vor immer mehr Türen standen Autos,

„Wohlstand aus eigener Kraft". Zeitungsannonce der Unionsparteien zu den Bundestagswahlen 1953.

Zuchthaus Russland!" Wahlplakat der SPD zu den Bundestagswahlen 1953.

Das zweite Kabinett Adenauer 1953. Von links: 1. Reihe: Hermann Schäfer (FDP), Jakob Kaiser (CDU), Anton Storch (CDU), Theodor Heuss (Bundespräsident), Konrad Adenauer(CDU), Gerhard Schröder (CDU), und Waldemar Kraft (CDU), 2. Reihe: Heinrich Lübke (CDU), Heinrich Hellwege (DP), Viktor-Emanuel Preusker (FDP), Ludwig Ehrhard (CDU) und Robert Tillmanns (CDU). 3. Reihe: Franz Joseph Wuermeling (CDU), Hans-Christoph Seebohm (CDU), Fritz Neumayer (FDP), Franz Josef Strauss (CSU), Theodor Oberländer (CDU) und Fritz Schäffer (CSU).

und die Dresdner Bank hütete neue Spareinlagen in harter D-Mark. Die Währungsreform, maßgeblich gelenkt vom Wirtschaftsminister Ludwig Erhard, hatte Kräfte freigesetzt, mit denen selbst Optimisten nicht gerechnet hatten. Hinzu kamen die Auslandsgelder des Marshall-Plans und die Marktwirtschaft, die diesen Kräften den richtigen Schub gaben. Dabei verschrieb man sich keineswegs einem schrankenlosen Wirtschaftsliberalismus, sondern verlangte ausdrücklich seine soziale Bändigung, und das war mehr als Kosmetik: 1951 wurde die Mitbestimmung in der Montanindustrie verfügt, im selben Jahr kam eine Regelung des Kündigungsschutzes; das Lastenausgleichs-Gesetz verteilte 1952 die Not vieler auf alle, das Betriebsverfassungesetz, ebenfalls 1952 verabschiedet, sicherte die Rechte der Arbeitnehmer, die Dynamisierung der Renten beteiligte seit 1957 auch die aus dem Arbeitsleben Ausgeschiedenen am Produktivitätsfortschritt. Erst diese Maßnahmen zur Festigung des sozialen Friedens machten aus dem Wiederaufbau-Boom das, was in aller Welt mit dem deutschen Wort „Wirtschaftswunder" bestaunt wurde. Erhards Popularität als „Vater" dieses „Wunders" machte sich die Wahlwerbung der Unionsparteien für die Bundestagswahl von 1953 zunutze:

Seit fünf Jahren wächst und erstarkt die deutsche Wirtschaft so rasch, dass die Welt erstaunt. Am eigenen Leib, an Kleid und Nahrung hat es jeder von uns erfahren. Verantwortlich für die deutsche Wirtschaft steht vor uns Professor Dr. Ludwig Erhard. Er hat für uns Entscheidendes geleistet.

1948 Ein zerstörtes Land, ein durch Hunger geschwächtes Volk, eine zerrüttete Währung. Ehrliche Arbeit hatte ihren Sinn verloren. Mit schnellem Entschluss zerreißt Ludwig Erhard am Tage der Währungsreform die Karten und Bezugscheine der Zwangswirtschaft. Seine Ideen feuern die Wirtschaft an: Zeige jeder, was er kann! Sicherheit des Daseins soll jeder aus sich selbst, aus seiner schöpferischen Arbeit gewinnen. Professor Erhard verkündet: Nur ein freier Wettbewerb steigert die Produktion und

Seitdem 25. Dezember1952 sendet der Nordwestdeutsche Rundfunk ein regelmäßiges Fernsehprogramm. Der Generalsekretär des NWDR Adolf Grimme, kann am 23. Oktober 1953 in Hamburg–Lokstedt das erste für das Fernsehen erbaute Studio eröffnen. Zum Fernsehereignis des Jahres wird die Krönung Elisabeths II. von England. „Sie winkte mit der rechten Hand"; schwärmt die „Welt", „und es war in diesem Augenblick, als ob dieses Lächeln nur uns alleine galt."
Solche Unmittelbarkeit des Zeitgeschehens wird überwiegend beim Bier in der Kneipe oder durch die Schaufenster der Fachgeschäfte erlebt: Drei Monate nach dem Start des regelmäßigen Sendebetriebs besteht die Hälfte der registrierten Teilnehmer aus Gastwirten und Rundfunkhändlern. Oben: Die Krönung Königin Elisabeths 11. von England am 2. Juni 1953 im Fernsehen.

die Qualität unserer Erzeugnisse. Nur harte Konkurrenz, nicht Polizei und Schnellgerichte, drücken die Preise und erhöhen die Kaufkraft des Geldes. Wir schaffen Arbeit, nicht durch Inflation, sondern durch Aufbau. Nur wenn soziale Gesinnung und persönliches Leistungsstreben sich vereinigen, können wir dauerndem Wohlstand entgegensehen. 1953: Fünf Jahre harter Arbeit liegen hinter uns, aber sie waren nicht vergeblich. Das graue Gespenst der Arbeitslosigkeit wurde gebannt. Fast drei Millionen neue Arbeitsplätze wurden geschaffen. Wohnungen für über 5 Millionen Menschen wurden neu erbaut. Unerbittlich wacht Erhard über den festen Wert des Geldes. Die D-Mark ist heute so kerngesund wie der Dollar und der Schweizer Franken. Der deutsche Export, ohne den wir hungern müssten, ist in vier Jahren um das Siebenfache gestiegen. Wir verfügen über 6 Milliarden D-Mark an Gold und Devisen. In Deutschland ist der Mensch nicht verstaatlicht, sondern Staat und Wirtschaft sind dem Menschen dienstbar gemacht worden! Das ist der „betrügerische Bankrott", der Ludwig Erhard von seinen Gegnern vorausgesagt wurde. Aber er weiß, dass er längst die überwältigende Mehrheit des Volkes hinter sich hat.
Auch heute sind noch nicht alle Wunden geheilt, die der Krieg geschlagen hat, nicht alle Gefahren gebannt, die unsere wirtschaftliche Gesundung bedrohen. Deshalb gilt es, unseren friedlichen Wiederaufbau zu sichern und morgen unsere Stimme einer der Parteien zu geben, die sich bekennen zu Erhards sozialer Marktwirtschaft.

Wahlsieg der Union

Die zweite Bundestagswahl am 6. September 1953 endete mit einem überwältigenden Sieg der CDU / CSU: Bei 45,2 Prozent der Stimmen und 244 von 487 Mandaten gelang es ihr als erster Partei in der deutschen Geschichte bei einer regulären Wahl, die absolute Mehrheit an Mandaten zu gewinnen. „Keesings Archiv der Gegenwart" berichtet:

Bundeskanzler Dr. Konrad Adenauer erklärte laut Bonner Bulletin am 7. September zum Ergebnis der Bundestagswahlen:
„Die Wahlschlacht ist nunmehr zu Ende; der Erfolg ist klar zutagegetreten. Das deutsche Volk hat in seiner überwiegenden Mehrheit die während der vergangenen vier Jahre von den Parteien der Regierungskoalition und von der Bundesregierung betriebene Politik, die wirtschaftliche und die außenpolitische, gebilligt. Ich darf darauf hinweisen, dass von der SPD schon zu Lebzeiten des Herrn Dr. Schumacher und später vom früheren Bundesinnenminister Dr. Heinemann immer wieder verlangt worden ist, es solle eine Volksabstimmung stattfinden über die außenpolitischen Fragen, die mit der Europäischen Verteidigungsgemeinschaft zusammenhängen. Nach unserem Grundgesetz kann eine Volksbefragung aus einem akuten Anlass nicht stattfinden. Sie alle, die Sie den Wahlkampf verfolgt haben, wissen, dass gerade diese Frage, die Frage der Europäischen Verteidigungsgemeinschaft, eine ganz große Rolle gespielt hat. Das deutsche Volk hat seine Meinung darüber in seiner überwiegenden Mehrheit ausgesprochen. Vielleicht ist in diesem Zusammenhang eine Statistik interessant, die ich eben bekommen habe, als ich das Haus betrat, über die Abstimmung im Lager Wentorf bei Hamburg. In diesem Lager sind bekanntlich nur Sowjetzonenflüchtlinge untergebracht. Es wurden an Stimmen abgegeben für die CDU 2022, für die SPD 87 – ein vernichtendes Urteil über die Haltung der SPD gerade in dieser Frage, die die Sowjetzone betrifft. Die Beteiligung der Jungwähler, derjenigen, die jetzt zum ersten Male das Wahlalter erreicht hatten, an der Wahl war außerordentlich stark. Ich höre, dass man in einzelnen Wahlkreisen versucht hat, eine Sichtung der Wähler nach Altersgruppen vorzunehmen. Ich bin sehr gespannt auf das Ergebnis dieser Sichtung. Nach dem, was ich in meinen Versammlungen, die mich von München bis nach Kiel geführt haben, erlebt habe, bin ich überzeugt davon, dass gerade die jungen Wähler die Politik der Bundesregierung auch in Bezug auf die Europäische Verteidigungsgemeinschaft durchaus bejahen. Und nun – damit will ich schließen – glaube ich, wird endlich der europäische Gedanke nicht nur bei uns, sondern auch in allen anderen europäischen Ländern durch den Ausgang der Wahl eine neue Kräftigung erfahren!"

„Briefträger Müller"

Nach einer Novelle von Ernst Neubach drehte John Reinhardt diesen Film, der am 1. Oktober 1953 uraufgeführt wurde.
24 Dienstjahre hat Titus Müller, Briefträger in einer kleinen deutschen Stadt, bereits hinter sich, als sich das Schicksal einen Streich mit ihm erlaubt. Es lässt ihn unter ungewöhnlichen Umständen zum Millionär werden. Genaugenommen ist Ambrosia, eine Hündin, Erbin des riesigen Vermögens ihrer am Lago Maggiore verstorbenen Herrin, der Frau Anna Hackbusch. Weil diese ihren Neffen Titus Müller für besonders tierliebend hält, vertraut sie ihm testamentarisch Ambrosia an. Bis zum Tode der Hündin darf Titus Nutznießer der Millionen sein. Dann soll das Geld dem Welttierschutzverein zufallen. Dem plötzlichen Reichtum nicht gewachsen, muss Müller viel Leid erfahren, bis er als einfacher Briefträger wieder glücklich und zufrieden ist.

Heinz Rühmann als Briefträger Müller.

1954

JANUAR

1.1. Die letzten 33 Betriebe der Sowjetischen Aktiengesellschaften (SAG), mit Ausnahme der Urangruben Wismut-AG, werden an die DDR zurückgegeben und in Volkseigene Betriebe (VEB) umgewandelt.
4.1. In Duisburg werden die ersten Parkuhren der Bundesrepublik aufgestellt.
7.1. Der Ministerrat der DDR bildet den „Ausschuss für deutsche Einheit".
Bildung des Ministeriums für Kultur in der DDR, erster Minister wird der Schriftsteller Johannes R. Becher.
18.1. Programmstart des Westdeutschen Rundfunks (WDR) mit Sitz in Köln.
19.1. Die Kunstbibliothek der ehemals staatlichen Museen Berlins wird nach Rückerstattung durch die westlichen Alliierten in West-Berlin wiedereröffnet.
25.1.-18.2. Ergebnislose Außenminister-Konferenz der Vier Mächte in Berlin über die Wiedervereinigung Deutschlands.
29.1. Erstes Reparaturfahrzeug des „Allgemeinen Deutschen Automobil Clubs" (ADAC) für die Pannen-Sofort-Hilfe wird in Deutschland eingesetzt.

FEBRUAR

6.2. Eröffnung der ersten umfassenden Ausstellung der Werke des Malers Max Liebermann seit 1927 in Hannover.
11.2. Uraufführung des Films „Die letzte Brücke" von Helmut Käutner (1908-1980).
26.2. Der Bundestag beschließt die erste Wehrergänzung zum Grundgesetz. Am 19.3. wird sie vom Bundesrat angenommen und am 25.3. von der Alliierten Hochkommission mit dem Zusatz genehmigt, dass sie erst in Kraft tritt, wenn die EVG gegründet ist. Dieses erste Wehrverfassungsgesetz regelt die Zuständigkeit des Bundes in Verteidigungs-, Wehrpflicht- und Zivilschutzangelegenheiten und gibt damit dem Bund das Recht zur Gesetzgebung über die Verteidigung einschließlich der Einführung einer allgemeinen Wehrpflicht.

MÄRZ

9.3. Uraufführung des Films „Ernst Thälmann - Sohn seiner Klasse" in der DDR. 1955 folgt der zweite Teil „Ernst Thälmann - Führer seiner Klasse". Für Schulen und Betriebe gilt Besuchspflicht.
12.3. Konzertante Uraufführung der Zwölftonoper „Moses und Aron" von Arnold Schönberg in Hamburg.
19.3. Das Theater am Schiffbauerdamm, Ost-Berlin, eröffnet als ständige Spielstätte des Berliner Ensembles mit einer Inszenierung von Molières (1622-1673) „Don Juan" in der Bearbeitung von Bertolt Brecht.
23.3. Bayern beschließt als letztes Bundesland das Ende der Entnazifizierung.
25.3. Die Sowjetunion erkennt die Souveränität der DDR an.
Die deutsche Frauenrechtlerin Gertrud Bäumer stirbt in Bethel bei Bielefeld.
26.3. Die DDR beginnt in Aue mit dem Bau des ersten Atomkraftwerkes.

28. April 1954: DEFA-Filmpremiere „Kein Hüsung".

APRIL

7.4. Die Bundesregierung und der Bundestag lehnen die Anerkennung der DDR ab und stellen den Alleinvertretungsanspruch der Bundesrepublik fest.
17.4. In Ludwigshafen gewinnt der VfB Stuttgart das deutsche Pokalendspiel gegen den 1. FC Köln.
23.4. Die Stadt Mannheim verleiht der deutschen Tänzerin Mary Wigman (1886-1973) den „Schiller-Preis".
28.4. Gründung des Vereins „Abendländische Kunst des XX. Jahrhunderts", dessen Aufgabe die Vorbereitung einer gleichnamigen Ausstellung anlässlich der Bundesgartenschau 1955 in Kassel ist. Mit der Konstituierung des Vereins wird der Grundstein für die „documenta" gelegt, die sich als feste Institution innerhalb der Kunstszene und Forum für neue Kunstformen etabliert und alle vier bis fünf Jahre 100 Tage lang Schlüsselwerke der internationalen Moderne präsentiert.

MAI

21.5. Als Gedenkstätte für die Opfer der beiden Weltkriege wird in Köln das Mahnmal der „Trauernden Eltern" nach Entwürfen von Käthe Kollwitz aufgestellt.

JUNI

1.6. Gründung der „Deutschen Lufthansa" in der DDR (1958 in „Interflug" umbenannt).
9.6. Einrichtung einer Bundesprüfstelle zur Beachtung des Gesetzes über die Verbreitung jugendgefährdender Schriften.
14.6. Konstituierung des Kuratoriums „Unteilbares Deutschland, Volksbewegung für die Wiedervereinigung" aus 128 führenden Vertretern aller Gebiete des öffentlichen Lebens.
17.6. Erstmals wird in der Bundesrepublik Deutschland der „Tag der deutschen Einheit" als gesetzlicher Feiertag begangen.
18.6. Der radikalsozialistische Politiker Pierre Mendès-France (1907-1982) wird neuer Ministerpräsident Frankreichs.
27./29.6. Bei einer Volksbefragung in der DDR zu „Friedensvertrag oder EVG" entscheiden sich 93,5% für den Friedensvertrag.

JULI

4.7. Mit einem 3:2 Sieg über Ungarn wird die Bundesrepublik in Bern Fußballweltmeister.
7.-11.7. In Leipzig findet zum ersten Mal der Evangelische Kirchentag statt.
17.7. Theodor Heuss wird in West-Berlin erneut zum Bundespräsidenten gewählt.
23.7. Der bisherige Präsident des Bundesverfassungsschutzes Otto John (1909-1997) gibt in einer Rundfunkansprache aus Ost-Berlin seinen Wechsel in die DDR bekannt.

AUGUST

6.8. Eröffnung einer großen Gerhard-Marcks-Ausstellung in London, der ersten repräsentativen Ausstellung deutscher Kunst im Ausland nach 1945.
17.8. Uraufführung der Oper „Penelope" von Rolf Liebermann (1910-1999) in Salzburg.
19.-22.8. 1. Deutsches Turn- und Sportfest in Leipzig.
28.8. Wiedereröffnung des Goethe-Museums in Frankfurt/Main.
30.8. Die französische Nationalversammlung lehnt den EVG-Vertrag ab; damit ist die Gründung einer Europäischen Verteidigungsgemeinschaft gescheitert.

SEPTEMBER

28.9.-3.10. Auf der Londoner Neunmächte-Konferenz wird über Alternativen nach dem Scheitern des EVG-Vertrages beraten.
In der „Londoner Akte" wird die Aufnahme der Bundesrepublik Deutschland und Italiens in den Fünfmächtepakt (Brüsseler-Vertrag vom 17. März 1948) und in die NATO empfohlen.
29.9. Als erste deutsche Familienserie im Fernsehen geht „Unsere Nachbarn heute Abend: Familie Schölermann" auf Sendung.

OKTOBER

5.10. Neuausgabe der satirischen Zeitschrift Simplicissimus, die 1944 ihr Erscheinen eingestellt hatte.
7.10. Deutsche Erstaufführung des Theaterstücks „Der kaukasische Kreidekreis“ von Bertolt Brecht in Ost-Berlin.
17.10. Volkskammerwahlen in der DDR, die Einheitslisten erhalten 99,46%.
19.-23.10. Auf vier Pariser Konferenzen werden die Beziehungen zwischen den Staaten der westlichen Gemeinschaft in den Pariser Verträgen vertraglich neu geregelt: Auf der Viermächtekonferenz der drei Westmächte mit der Bundesrepublik werden der Deutschlandvertrag neu gefasst, die Beendigung des Besatzungsregimes geregelt und Sicherheitsgarantien für West-Berlin bekräftigt.
Auf der Neunmächtekonferenz zwischen den sechs EVG-Staaten, Großbritannien, Kanada und USA wird die Gründung der Westeuropäischen Union (WEU) beschlossen.
Die 15-Mächte-Konferenz lädt die Bundesrepublik zum Eintritt in die NATO ein und erkennt ihren Alleinvertretungsanspruch an.
Schließlich wird in der Zwei-Mächte-Konferenz zwischen Frankreich und der Bundesrepublik das Saarstatut unterzeichnet, das für das Saarland politische Autonomie bei wirtschaftlicher Bindung an Frankreich vorsieht.
19.10. Uraufführung der „Elektronischen Studie I“ von Karlheinz Stockhausen (geb. 1928) in Köln.
27.-30.10. In Oberhausen finden die „1. Westdeutschen Kulturfilmtage“ statt, veranstaltet vom Landesverband der Volkshochschulen Nordrhein-Westfalen e.V. und der Stadt Oberhausen.
29.10. Bundestagspräsident Hermann Ehlers (1904-1954) stirbt. Am 16.11. wird Eugen Gerstenmaier zu seinem Nachfolger gewählt.

NOVEMBER

1.11. Offizieller Beginn des ARD-Gemeinschaftsprogramms.
Gründung der Deutschen Hochschule für Film in Potsdam-Babelsberg.
13.11. Aufruf des neugegründeten „Zentralen Ausschusses für Jugendweihe“ an Eltern und Erzieher zur Einführung der Jugendweihe in der DDR.

Nach seinem Ausgleichtor erzielt Helmut Rahn in der 85. Minute im Berner Wankdorf-Stadion den Siegtreffer zum 3:2 für Deutschland.

Kindergeldgesetz über Gewährung von Kindergeld und Errichtung von Familienausgleichskassen in der Bundesrepublik.
30.11. Der Chefdirigent der Berliner Philharmoniker Wilhelm Furtwängler stirbt in Baden-Baden. Sein Nachfolger wird Herbert von Karajan (1908-1989).

DEZEMBER

4.12. Wiedereröffnung des Essener Ruhrlandmuseums.
10.12. Verleihung der Nobelpreise: Max Born und Walther Bothe (1891-1957) erhalten den Nobelpreis für Physik. Ernest Hemingway erhält den Literaturnobelpreis.
13.12. Der Rechtsausschuss des Bundestages lehnt es ab, unverheirateten Frauen die Anrede „Frau“ für den Umgang mit Behörden zuzugestehen. Damit bleibt die Bezeichnung „Fräulein“ im amtlichen Sprachgebrauch gültig.
21.12. In der Bundesrepublik tritt das Wohnungsbauprämiengesetz in Kraft.
29.-31.12. Auf der Konferenz der Vertreter der DDR, Polens und der Tschechoslowakei in Prag wird der gemeinsame Schutz der Unantastbarkeit der Grenzen der drei Staaten beschlossen.
30.12. Premiere des Film „Canaris“, der das Leben des ehemaligen Chefs der deutschen Abwehr Wilhelm Canaris zwischen 1938 und 1944 darstellt. Der Film wird 1955 mit dem Deutschen Filmpreis ausgezeichnet.

AUSSERDEM

Heinrich Böll: Haus ohne Hüter (Roman)
Bill Haley und seine Band The Comets nehmen das Lied „Rock Around The Clock“ auf, mit dem u.a. die neue Musikrichtung „Rock'n Roll“ begründet wird.
Wolfgang Koeppen: Tod in Rom (Roman)
Thomas Mann: Bekenntnisse des Hochstaplers Felix Krull (Roman)
In den USA erfinden Wissenschaftler die Silicium-Solarzelle zur direkten Umwandlung von Sonnenlicht in elektrischen Strom.

Eröffnung der Neun-Mächte-Konferenz am 19. Oktober 1954 in Paris Von links: Paul-Henri Spaak (Belgien), Lester Pearson (Kanada), Pierre Mendès-France (Frankreich), Konrad Adenauer (Deutschland) Gaetano Martino (Italien), Joseph Bech (Luxemburg), J. w. Beyen (Niederlande), Anthony Eden (Großbritannien) und John Foster Dulles (USA).

Pariser Verträge

Die Eingliederung der Bundesrepublik in das Bündnissystem des Westens geriet durch das Scheitern der Europäischen Verteidigungsgemeinschaft (EVG) ins Stocken. Als Ausweg wurde aufgrund der Londoner Schlussakte ein Bündel von Abkommen beschlossen, die gemeinsam als Pariser Verträge am 24. Oktober 1954 unterzeichnet wurden: zwischen der Bundesrepublik und den Westmächten ausgehandeltes Protokoll über die Beendigung des Besatzungsregimes in Deutschland, mit dem der Deutschlandvertrag modifiziert wurde; Truppenvertrag über die Stationierung und Finanzierung alliierter Streitkräfte in Deutschland; deutsch-französisches Abkommen über die Saar (nicht ratifiziert); Protokolle zur Gründung der Westeuropäischen Union (WEU), mit denen die Voraussetzungen für den NATO-Beitritt der Bundesrepublik geschaffen wurden. Mit Inkrafttreten der Pariser Verträge erlangte die Bundesrepublik ihre Souveränität, die freilich bis 1990 durch alliierte Vorbehaltsrechte, v.a. bezüglich Berlin, Wiedervereinigung und Friedensvertrag, eingeschränkt blieb.

Bindung an den Westen

In der außenpolitischen Debatte des Deutschen Bundestages über die Londoner und Pariser Abkommen und Verträge am 15. und 16. Dezember 1954 gab Bundeskanzler Konrad Adenauer eine Regierungserklärung zu der von ihm verfolgten Politik der Bindung an die westliche Staatengemeinschaft ab: Die in Ausführung der Londoner Schlussakte auf der Pariser Konferenz abgeschlossenen Verträge sind dem Hohen Hause mit den entsprechenden Gesetzen zur Beschlussfassung zugegangen. Mit ihrer Begründung werde ich die Beantwortung der von der SPD-Fraktion gestellten, von Herrn Bundestagsabgeordneten Wehner begründeten Anträge verbinden. Bevor ich auf die Verträge selbst eingehe, möchte ich versuchen, die Situation der Bundesrepublik Deutschland und Europas bei der heutigen Weltlage klarzulegen,

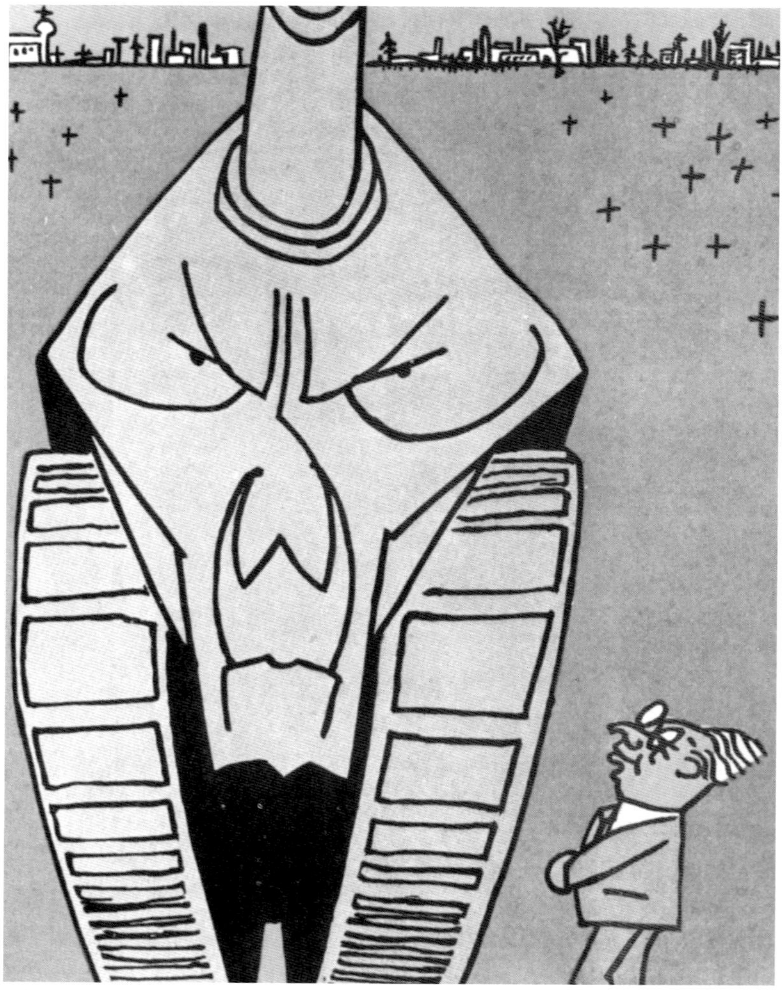

Obwohl sich bei ihren Führern langsam eine Umorientierung ankündigte, sträubte sich die SPD unter Ollenhauer vehement gegen die Wiederbewaffnung der Bundesrepublik. Vor dem neuen Gesicht Adenauers lässt daher der Karikaturist H. M. Brockmann Erich Ollenhauer sagen: „Ja- wenn das mir gelungen wäre, dann hätte es wenigstens einen Sinn!"

da es notwendig ist, bei allen wichtigen außenpolitischen Entscheidungen, die wir zu treffen haben, sie zu berücksichtigen.
Aus dem Zweiten Weltkrieg sind zwei große Staatengruppen hervorgegangen: die kommunistisch geführten Länder und die Staaten der freien Welt. Die Demarkationslinie zwischen den beiden Gruppen läuft mitten durch Deutschland und teilt es in zwei Teile. Drei der Besatzungsmächte gehören zur Gemeinschaft der freien Nationen, die Sowjetunion dagegen ist die führende kommunistische Macht. Auch der von den Westmächten besetzte Teil Deutschlands, die Bundesrepublik, ist nicht frei. Das Besatzungsrecht überlagert immer noch unsere Souveränität, ja in einem bestimmten Sinn sind die Vereinbarungen der vier Mächte die Grundlagen für die Existenz des freien Berlin und für das bestehende Minimum von Verbindungen zwischen der Bevölkerung in der Bundesrepublik und in der Sowjetzone.
Die europäischen Völker haben eine bedeutungsvolle Konsequenz aus der Katastrophe des zweiten Weltkrieges gezogen. Sie wollen den Nationalismus überwinden und die lockere Kooperation der Staaten in früherer Zeit durch eine echte Gemeinschaft ersetzen. Deutschland gehört nach seiner Kultur, seiner Anschauung von Menschenwürde und Freiheit zu den freien Staaten und damit zu der in Europa im Entstehen begriffenen Gemeinschaft. Auf dem Wege in diese Gemeinschaft sind die freien Nationen Deutschland entgegengekommen. Die Sowjetpolitik hat aber bisher verhindert, dass ganz Deutschland in diese Gemeinschaft aufgenommen wurde. Sie versucht vielmehr, im klaren Gegensatz zu dem ausgesprochenen Willen des deutschen Volkes, ganz Deutschland in die unfreie, die kommunistische Sphäre einzubeziehen.
Deutschland ist in der großen Auseinandersetzung, die unsere Jahre erfüllt, bisher in hohem Maße ein Objekt der Weltpolitik gewesen. Infolgedessen war es eines der ersten Ziele der Bundesregierung, Freiheit und Selbstbestimmung für die Bundesrepublik zu gewinnen. Damit erlangt die Bundesrepublik auch die Freiheit des Handelns zugunsten ganz Deutschlands.
Die Wiedererlangung der deutschen Souveränität und die gleichzeitige Eingliederung Deutschlands in die Gemeinschaft der freien Nationen ist gefordert worden durch die Aggressivität der sowjetischen Politik. Bei der Verfolgung ihrer ideologischen und machtpolitischen Ziele hat die sowjetische Führung alle Mittel der subversiven Propaganda, der Unterminierung durch ihre Agenten und Organisationen, der Drohung und des Druckes eingesetzt, um ihre Nachbarstaaten zu Satellitenstaaten zu machen und um auch die freiheitliche Ordnung in den demokratischen Staaten zu erschüttern und zu beseitigen. Sie ist, wie der Korea-

Erich Ollenhauer am Rednerpult bei der Bundestagsdebatte über die Pariser Verträge am 16,12.1954.

Im Außenministerium in Paris werden am 23. Oktober 1954 die Pariser Verträge unterzeichnet. Von links: Konrad Adenauer, John Foster Dulles, Pierre Mendès-France und Anthony Eden.

krieg bewies, auch vor dem offenen Angriff nicht zurückgeschreckt. Ihr Ziel ist die Beherrschung der Welt durch den Kommunismus ...

Der Triumph von Bern

Erstmals 1954 wurde das Weltmeisterschaftsturnier in einer neuen Form ausgetragen. Diese Titelkämpfe in der Schweiz brachten den bis dahin stolzesten Erfolg des deutschen Fußballs: den Sieg über die weltbesten Mannschaften. Die deutsche Mannschaft hatte sich vorher als Sieger der Qualifikationsgruppe I gegen die Saar (die damals noch ein eigener Fußballverband war) und Norwegen für die Teilnahme an der Endrunde in der Schweiz durchgesetzt. Dort wurde sie in einer Gruppe mit dem haushohen Favoriten, Ungarn, mit der Türkei und Südkorea gelost. Da jeweils die ersten beiden dieser vier Gruppen weiterkamen, war es das Ziel der deutschen Mannschaft, hinter Ungarn Zweiter zu werden. Doch damals wurde in diesen Gruppen noch nicht wie heute gespielt, sondern zwei Mannschaften, Ungarn und die Türkei, waren gesetzt worden, und Deutschland spielte nur gegen diese beiden. Die Rechnung lautete so: Deutschland verliert gegen Ungarn, schlägt aber die Türkei, Ungarn gewinnt beide Spiele, die Türkei schlägt Südkorea. Ungarn war somit Gruppensieger, aber Deutschland und die Türkei punktgleich. Über den zweiten Platz, mit dem man ja im Turnier blieb, musste somit ein Entscheidungsspiel zwischen Deutschland und der Türkei entscheiden, und so kam es auch. Im ersten Treffen schlug Deutschland die Türkei in Bern 4:1, gab das Spiel gegen Ungarn (3:8) mit einer Reservemannschaft von vornherein verloren. Das entscheidende Treffen gewannen die Deutschen dann in Zürich gegen die Türkei mit 7:2 Toren und waren damit unter den letzten acht. Jetzt ging es im K.o.-System weiter. Deutschlands Gegner im Viertelfinale war Jugoslawien, das 2:0 besiegt wurde. Im Halbfinale folgte der deutsche 6:1-Triumph über Österreich und damit die Teilnahme am Endspiel um den Titel. Gegner war nun wieder Ungarn, das auf dem Weg ins Finale Brasilien und Uruguay ausgeschaltet hatte und von allen Fachleuten als neuer Weltmeister getippt wurde, denn die ungarische Mannschaft hatte seit 1951 kein Länderspiel mehr verloren! Am Tage des Endspiels war eine wahre Völkerwanderung mit Autos und Sonderzügen aus Deutschland nach Bern gekommen. Etwa 20.000 deutsche Schlachtenbummler wollten ihrer Mannschaft gegen den haushohen Favoriten den Rücken stärken. Für die deutsche Elf gab es in diesem Endspiel nichts zu verlieren. Sie hatte viel mehr erreicht, als vorher je erwartet worden war, und war gegen die Ungarn krasser Außenseiter.

2. Minute: überraschend guter Anfang der deutschen Mannschaft, als Fritz Walter den Ball wunderschön auf den Kopf von Max Morlock zirkelte, dessen knallharter Kopfball nur knapp über das Tor strich. Die erste gute Torgelegenheit für die deutsche Mannschaft. 3. Minute: Auch die zweite Chance des Spiels gehörte der deutschen Mannschaft, als Schäfer frei zum Schuss kam und der Ball ebenfalls nur ganz knapp am Pfosten vorbeistrich. Gegen diesen Schuss wäre Torhüter Grosics machtlos gewesen. 6. Minute: Im ersten ungarischen Angriffswirbel ging die deutsche Abwehr gleich unter. Liebrich konnte einen Schuss von Kocsis nur genau vor die Füße von Puskas abwehren, der unhaltbar zum 1:0 einschoss. 8. Minute: Die deutsche Mannschaft hatte sich noch nicht von dem Schock erholt, da behinderten sich Kohlmeyer und Torhüter Turek bei der Ballannahme. Turek ließ den Ball durch die Hände rutschen und Czibor war zur Stelle, um zum 2:0 einzuschießen. Für die Ungarn war alles nach Plan gelaufen. Für die meisten Zuschauer war das Spiel damit bereits entschieden. Es ging nur noch darum, wie hoch die Magyaren gewinnen würden. 10. Minute: Die Ungarn drängten jetzt energisch an den dritten Treffer, da kam der Konter, eingeleitet durch Fritz Walter zu Rahn. Der Rechtsaußen wühlte sich auf der linken Seite durch und gab eine flache, scharf geschossene Flanke in die Mitte. Ein Ungar wehrte den Ball noch leicht ab, aber das Bein von Max Morlock wurde immer länger, so dass er den Ball noch mit der Fußspitze an Torhüter Grosics vorbeispitzeln konnte. Nach 10 Minuten hatte die deutsche Mannschaft den Anschlusstreffer erzielt, 2:1.

15. Minute: Die Ungarn bestimmten weiterhin das Spielgeschehen. Glück für die deutsche Mannschaft, als Czibor alleinstehend vor Turek den Ball knapp am Pfosten vorbeischoss. 18. Minute: Auch die deutsche Mannschaft war bei ihren Gegenstößen gefährlich. Lantos konnte gegen Morlock gerade noch zur Ecke abwehren. Die Ecke von Fritz Walter auf den kurzen Pfosten wurde erneut zur Ecke abgewehrt. 19. Minute: Die zweite Ecke von Fritz Walter zog über die gesamte ungarische Abwehr hinweg. Weder Torhüter Grosics noch Ottmar Walter und Hans Schäfer kamen an den Ball; der senkte sich maßgerecht vor Helmut Rahn. Rahn nahm ihn direkt

Das Spiel ist aus. Deutschland ist Weltmeister. Stehend von links: Bundestrainer Josef („Jupp") Herberger, Fritz Walter, Helmuth Rahn, Joseph („Jupp") Posipal, Horst Eckel, Werner Liebrich, Ottmar Walter, Hans Schäfer und Max Morlock. Kniend von Links: Karl May, Toni Turek und Werner Kohlmeyer.

und schoss ihn flach zum 2:2-Ausgleich ein. Ein unbeschreiblicher Jubel bei den deutschen Schlachtenbummlern. Damit hatten die Ungarn nie und nimmer gerechnet und warfen jetzt alles nach vorn ...
60. Minute: Endlich ließ der Druck der Ungarn ein wenig nach. Die deutsche Mannschaft wurde zusehends stärker. 69. Minute: Es ergaben sich auch wieder Torgelegenheiten für die deutsche Mannschaft, als Rahn eine Fritz-Walter-Ecke aufnahm und auf das Tor von Grosics schoss. Nur mit letzter Kraft konnte der ungarische Torhüter den Ball abwehren und damit das 2:3 verhindern.
74. Minute: Durch Czibor hatten die Ungarn eine weitere Torgelegenheit, aber Turek hatte rechtzeitig reagiert. 78. Minute: erneut eine gefährliche Situation für die deutsche Mannschaft, aber Toth traf nur das Außennetz. 80. Minute: Als der Druck der Ungarn wieder sehr stark wurde, verletzte sich Turek am Kopf. Nach kurzer Behandlung konnte er jedoch weiterspielen. 81. Minute: Eine weitere Ecke von Fritz Walter konnte Ottmar Walter mit dem Kopf weiterlenken, aber Buzanszky war rechtzeitig dazwischen. 85. Minute: Je mehr die ungarische Abwehr aufrückte, umso größer wurden die deutschen Konterchancen. Nachdem sich Morlock und Schäfer auf der linken Seite durchgespielt hatten und Schäfer in die Mitte flankte, war Rahn zur Stelle, dribbelte noch ein paar Meter und schoss dann mit dem linken Fuß knallhart und flach unten in die äußerste Ecke. Verzweifelt warf sich Torhüter Grosics, kam jedoch nicht mehr an den Ball, der genau neben dem Pfosten im ungarischen Tor einschlug.
5 Minuten vor Spielende führte die deutsche Mannschaft sensationell 3:2 gegen Ungarn. 86. Minute: Glück für die deutsche Mannschaft, dass Puskas bei einem Pass von Czibor zu früh startete und somit sein Tor wegen Abseitsstellung nicht anerkannt wurde. 88. Minute: Verzweifelt warfen die Ungarn alles nach vorne, um die drohende Niederlage zu verhindern. Doch die deutsche Abwehr stand nach wie vor großartig. 89. Minute: Noch einmal hatten die Ungarn durch Kocsis, der unheimlich scharf auf das Tor von Turek schoss, eine gute Torgelegenheit. Der Düsseldorfer Schlussmann hatte jedoch auch in dieser Endphase hervorragende Reflexe.
90. Minute: Der Schlusspfiff von Schiedsrichter Ling beendete die Sensation, die als eine der größten in die Fußballgeschichte eingehen sollte. Nach 4 Jahren war Ungarn, ausgerechnet im Endspiel, erstmals besiegt. Niemand konnte es so richtig fassen, auch die Ungarn nicht. Fritz Walter erhielt aus der Hand des greisen FIFA-Präsidenten Jules Rimet den nach ihm benannten Weltcup. Lange Zeit blieb selbst für die Fachwelt dieser Erfolg der deutschen Mannschaft kaum zu erklären. Zwar hatte sie den leichteren Weg als die Ungarn gehabt, hatte auch sicherlich die bessere Taktik, aber letztlich war wohl auch mitentscheidend, dass die Ungarn nach 8 Minuten des Spiels 2:0 führten und so, trotz des schnellen Anschlusstreffers und Ausgleichs, davon ausgehen konnten, dass sie mit der deutschen Mannschaft ein leichtes Spiel hatten. Für den deutschen Fußball sollte dieser Erfolg für lange Zeit der größte bleiben.

Quantenmechanik und Koinzidenzmethode

Zwei deutsche Wissenschaftler erhielten am 3. November 1954 den Nobel-Preis für Physik: der 72-jährige Max Born, Professor an der Universität Göttingen, und der 63-jährige Walther Bothe, Direktor des Physikalischen Instituts im Max-Planck-Institut für medizinische Forschung in Heidelberg. Die beiden waren der 13. und 14. deutsche Wissenschaftler, die diese Auszeichnung erhalten hatten.
Sie erhielten den Nobel-Preis für ihre hervorragenden Leistungen auf dem Gebiet der Atomforschung. In der Verleihungsurkunde für Professor Born heißt es, er werde für „seine fundamentalen Forschungen auf dem Gebiet der Quantenmechanik, insbesondere für seine statistische Interpretation der Wellenfunktion", ausgezeichnet.
In der Urkunde für Professor Bothe steht, dass er den Preis „für seine Koinzidenzmethode und seine damit erzielten Entdeckungen" bekommen habe. Am selben Tag erhielt der amerikanische Forscher Linus C. Pauling „für seine Arbeiten über die Natur der chemischen Bindungen und ihre Anwendung zur Erforschung der Struktur verwickelt gebauter Stoffe" den Nobel-Preis.

Titelblatt des Programmheftes „Illustrierte Film-Bühne" zu dem Spielfilm „08/15". Dieser dreiteilige, nach einem Roman von Hans Hellmut Kirst gedreht Kasernenhof- und Kriegsfilm (1954 und 1955) verfolgt in seiner Handlung den Gefreiten Asch (Joachim Fuchsberger) – einen gewitzten deutschen Durchschnittssoldaten des Zweiten Weltkriegs – von der Ausbildungszeit über verschiedene Kriegsschauplätze bis an die Heimatfront und zum Kriegsende. Obwohl von der Kritik nicht immer wohlwollend bedacht – „Von verklemmter Strumpfband-Erotik bis zum Lied vom Guten Kameraden werden alle Register der Kino-Orgel gezogen" – kam der Film in geschickter Weise der Unterhaltungserwartung des Publikums entgegen und wurde zu einem der größten Kassenerfolge der fünfziger Jahre.

1955

JANUAR

1.1. In Marl wird das erste Zentrum für Erwachsenenbildung in der Bundesrepublik eröffnet.
15.1. Angebot der sowjetischen Regierung, freien gesamtdeutschen Wahlen beim Verzicht auf die Ratifizierung der Pariser Verträge zuzustimmen.
17.1. Das erste atombetriebene U-Boot der Welt, die US-amerikanische „Nautilus", sticht in See.
25.1. Die Sowjetunion erklärt den Kriegszustand mit Deutschland für beendet.
29.1. Oppositionspolitiker, Gewerkschaftsmitglieder und Theologen lehnen im „Deutschen Manifest" in der Frankfurter Paulskirche die „Pariser Verträge" von 1954 ab.

FEBRUAR

17.2. Die Kultusminister der Länder, außer Bayern, einigen sich auf ein Abkommen zur Vereinheitlichung des Schulwesens in der Bundesrepublik. Das Schuljahr soll einheitlich zu Ostern beginnen, die verschiedenen Bundesländer erkennen die Abschlüsse gegenseitig an. Die Schulabschlüsse und die Lehrmittel werden angeglichen.
23.2. Premiere des Films „Des Teufels General" nach dem gleichnamigen Bühnenstück von Carl Zuckmayer.
27.2. Der Bundestag ratifiziert die „Pariser Verträge" trotz einer großen parlamentarischen und außerparlamentarischen Opposition.

MÄRZ

1.3. Nachdem die Bundesrepublik die Lufthoheit erhalten hat, nimmt die Deutsche Lufthansa AG den planmäßigen Luftverkehr auf.
2.3. „Proklamation an das deutsche Volk" der DDR-Volkskammer gegen die Ratifizierung der „Pariser Verträge" durch den Bundestag.
3.3. Das Berliner Philharmonische Orchester wählt Herbert von Karajan (1908-1989) zu seinem neuen ständigen Dirigenten.
13.3. Abschluss der Deutschen Hausrats- und Eisenwarenmesse in Köln. Zu den meistbeachteten Ausstellungsstücken zählt eine Geschirrspülmaschine.
18.3.-17.4. Kunstausstellung mit Werken Hans Baluscheks in der Deutschen Akademie der Künste in Ost-Berlin.
27.3. Die erste Jugendweihe findet in Ost-Berlin statt.

APRIL

3.4. In München konstituiert sich der Sudetendeutsche Rat, der die außenpolitischen Interessen der rund 2,5 Millionen in der Bundesrepublik lebenden Sudetendeutschen vertreten soll.
5.4. Der britische Premierminister Winston Churchill gibt seinen Rücktritt bekannt. Sein Nachfolger wird der bisherige Außenminister Anthony Eden.
18.4. Der Physiker Albert Einstein stirbt in Princeton/USA.
20.4. Deutsche Erstaufführung des Theaterstückes „Leben des Galileo Galilei" von Bertolt Brecht in Köln.

MAI

1.5. Erstes öffentliches Auftreten bewaffneter Verbände der Kampfgruppen der DDR-Betriebe („Kampfgruppen der Arbeiterklasse") bei den Mai-Demonstrationen in Ost-Berlin.
5.5. Die „Pariser Verträge" treten in Kraft. Abgesehen von einigen alliierten Sonderrechten wie Truppenstationierung, Berlin-Status, Wiedervereinigungs- und Friedensvertragsfrage erlischt das Besatzungsstatut, die Bundesrepublik wird bedingt souverän.
7.5. Beitritt der Bundesrepublik zur Westeuropäischen Union (WEU).
8.5. Einführung des Europapokalwettbewerbes für Fußball-Vereinsmannschaften.

Du bist mein Papi?" Eine der rührenden Szenen, die sich beim ersten Wiedersehen der Familienmitglieder von Spätheimkehrern zugetragen haben.

9.5. Beitritt der Bundesrepublik zur NATO.
14.5. Regierungsvertreter der DDR, Albaniens, Bulgariens, Polens, Rumäniens, Ungarns, der Tschechoslowakei und der Sowjetunion unterzeichnen in Warschau den „Vertrag über Freundschaft, Zusammenarbeit und gegenseitigen Beistand". Der Warschauer Pakt ist als Gegengewicht zur NATO gedacht, sichert der Sowjetunion das Recht zur Stationierung ihrer Truppen in Ost- und Mitteleuropa und schließt die kommunistischen Staaten unter sowjetischer Führung stärker zusammen.
15.5. Die vier Siegermächte und Österreich unterzeichnen den Staatsvertrag, mit dem Österreich die volle Souveränität wiedererhält.

JUNI

1./2.6. Das Zentralkomitee der SED verabschiedet ein „Zehn-Punkte-Programm" zur Wiedervereinigung.
4.6. Die Außenminister der Montanunion beschließen in Messina die Bildung eines Gemeinsamen Marktes und einer Europäischen Atomgemeinschaft.
6.6. Die „Dienststelle Blank" wird umgewandelt in das Bundesministerium der Verteidigung. Theodor Blank wird Verteidigungsminister.
8.6. Heinrich von Brentano wird Außenminister der Bundesrepublik.
18.6. Aufnahme des „Nationalen Olympischen Komitees" (NOK) der DDR als provisorisches Mitglied in das „Internationale Olympische Komitee" (IOC).
28.6. Premiere des Films "Die Ratten" nach der Tragikomödie von Gerhart Hauptmann.
29.6. Der Maler und Graphiker Max Pechstein stirbt in West-Berlin.
30.6. In Washington unterzeichnen Vertreter der USA und der Bundesrepublik ein Abkommen über US-Hilfsleistungen beim Aufbau der Bundeswehr.

JULI

7.7. Deutsche Premiere des Films „Jenseits von Eden" von Elia Ka-

zan (geb. 1909) mit James Dean in der Hauptrolle.
8.7. Der Bundestag verabschiedet das „Landwirtschaftsgesetz", das die Bundesregierung künftig verpflichtet, jedes Jahr einen Bericht über die Lage der Landwirtschaft vorzulegen. Anhand der sogenannten Grünen-Pläne sollen Subventionen für die Modernisierung landwirtschaftlicher Betriebe und für die Steigerung der Agrarerträge gewährt werden.
11.7. Sieben Bundestagsabgeordnete, darunter die Bundesminister Waldemar Kraft und Theodor Oberländer, treten aus der Regierungspartei „Gesamtdeutscher Block/Bund der Heimatvertriebenen und Entrechteten" (GB/BHE) aus. Die Gruppe um Kraft und Oberländer unterstützt weiter die CDU und tritt dieser 1956 bei. Die GB/BHE geht am 23. Juli in die Opposition. Die Regierungskoalition verliert damit ihre Zweidrittelmehrheit.
16.7. Im Fridericianum in Kassel wird die erste „documenta", eine Ausstellung zeitgenössischer Kunst, eröffnet. Der große Erfolg der Veranstaltung führt dazu, dass die „documenta" zur festen Institution innerhalb der Kunstwelt wird und alle vier bis fünf Jahre in Kassel stattfindet.
17.-23.7. Ergebnislose Deutschland-Konferenz der Regierungschefs der Vier Mächte in Genf (Gipfelkonferenz).
23.7. Das „Freiwilligen-Gesetz" der Bundesrepublik tritt in Kraft, das zunächst nur eine Rekrutierung von Freiwilligen für die zukünftige Bundeswehr vorsieht.
26.7. Der Generalsekretär der KPdSU, Nikita S. Chruschtschow, verkündet auf einer Kundgebung in Ost-Berlin die sowjetische Zweistaatentheorie, die von einer Teilung Deutschlands ausgeht. Sie besagt, dass die Wiedervereinigung Sache der Deutschen selbst sei und eine Beseitigung der „sozialen Errungenschaften" der DDR nicht in Frage komme.

AUGUST

5.8. Die Mitglieder der „Organisation für europäische wirtschaftliche Zusammenarbeit" (OEEC) unterzeichnen das Europäische Währungsabkommen, das die Europäische Zahlungsunion ersetzt.
12.8. Der Schriftsteller Thomas Mann stirbt in Zürich.
18.8. Der Ministerrat der DDR ordnet die Bildung von „Produktionsgenossenschaften des Handwerks" (PGH) an.
27.8. Das NOK der DDR und das der Bundesrepublik beschließen die Entsendung einer gesamtdeutschen Olympiamannschaft zu den Olympischen Spielen nach Melbourne.
31.8. Der Maler und Bühnenbildner Willi Baumeister stirbt in Stuttgart.

SEPTEMBER

3.9. In Hamburg wird das Schauspiel „Das kalte Licht" von Carl Zuckmayer uraufgeführt.
4.9. Gustaf Gründgens wird Generalintendant am Deutschen Schauspielhaus, Hamburg.
Die Deutsche Staatsoper Unter den Linden in Ost-Berlin wird mit einer Aufführung von Richard Wagners (1813-1883) „Meistersinger von Nürnberg" wiedereröffnet.
8.-14.9. Bundeskanzler Adenauer reist mit einer Regierungsdelegation nach Moskau. Am 12.9. unterzeichnen der sowjetische Ministerpräsident Nikolai A. Bulganin (1895-1975) und Adenauer eine Vereinbarung über die Aufnahme diplomatischer Beziehungen und über die Rückführung der letzten deutschen Kriegsgefangenen.
11.-17.9. Erste „Kultur- und Dokumentarfilmwoche" in Leipzig, organisiert vom „Club der Filmschaffenden der DDR" und dem „Rat der Stadt". Die zunächst kleine Veranstaltung wird ab 1960 zum wichtigsten internationalen Filmfestival der DDR.
20.9. Nach Regierungsverhandlungen zwischen Ministerpräsident Otto Grotewohl und der sowjetischen Regierung in Moskau wird die „volle Souveränität" der DDR bestätigt, das Amt des sowjetischen Hohen Kommissars aufgehoben und ein Beistandspakt abgeschlossen.
22./23.9. Der Bundestag billigt die Moskauer Vereinbarungen über die Aufnahme diplomatischer Beziehungen.
22.9. Bundeskanzler Adenauer verkündet vor dem Bundestag die sogenannte Hallstein-Doktrin, nach der die Bundesregierung keine diplomatischen Beziehungen mit Staaten unterhalten könne, die die DDR anerkennen (mit Ausnahme der Sowjetunion).

OKTOBER

2.10. Auf dem Düsseldorfer Jazzfestival ist mit dem Hans-Buchmann-Quintett aus Halle erstmals eine Jazz-Band aus der DDR in der Bundesrepublik zu hören.
7.10. Die ersten Spätheimkehrer aus der sowjetischen Kriegsgefangenschaft treffen im Lager Friedland/Kreis Göttingen ein.
8.10. Hermann Hesse erhält den Friedenspreis des Deutschen Buchhandels.
14.10. Premiere des Films „Himmel ohne Sterne" von Helmut Käutner (1908-1980). Der Film schildert eine Liebesbeziehung zwischen einem westdeutschen Polizisten und einer ostdeutschen Arbeiterin direkt an der innerdeutschen Grenze.
15.10. In Hamburg wird mit einer Inszenierung von Wolfgang Amadeus Mozarts (1756-1791) Oper „Die Zauberflöte" die Staatsoper wiedereröffnet.
21.10. Der bisherige Bundesminister für Besondere Aufgaben Franz-Josef Strauß wird zum Bundesminister für Atomfragen ernannt.
23.10. Die Bevölkerung des Saarlandes lehnt in einer Volksabstimmung mit 67,71% der Stimmen das Saarstatut ab, das die politische Autonomie und die wirtschaftliche Angliederung des Saarlandes an Frankreich vorsah. Rücktritt der Landesregierung Hoffmann.
26.10. Österreich verabschiedet das Bundesverfassungsgesetz über die „immerwährende Neutralität".
27.10.-16.11. Ergebnislose Außenminister-Konferenz der vier Siegermächte des Zweiten Weltkriegs in Genf.

NOVEMBER

1.11. Das „Gesetz über Staatswappen und die Staatsflagge der DDR" vom 26. September tritt in Kraft. Danach hat die offizielle Fahne die Farben Schwarz-Rot-Gold; das Wappen besteht aus Hammer und Zirkel, von einem Ährenkranz umgeben.
12.11. Die ersten 101 Freiwilligen der Bundeswehr erhalten von Verteidigungsminister Theodor Blank ihre Ernennungsurkunde. Damit ist die Gründung der Bundeswehr vollzogen.
24.11. Umstrukturierung im Regierungsapparat der DDR. Walter Ulbricht wird 1. Stellvertreter des Vorsitzenden des Ministerrates.
27.11. Eröffnung der Ausstellung der von der UdSSR zurückgegebenen Gemälde der Dresdner Galerie in Ost-Berlin.

DEZEMBER

10.12. Verleihung der Nobelpreise. Der Friedensnobelpreis wird in diesem Jahr nicht vergeben.
20.12. Der italienische Außenminister Gaetano Martino (1900-1967) und Bundesarbeitsminister Anton Storch (1892-1975) unterzeichnen in Rom ein Abkommen, das die Beschäftigung von zunächst 100.000 italienischen Arbeitern in der Bundesrepublik vorsieht.
23.12. Uraufführung des österreichischen Spielfilms „Sissi" in München mit Romy Schneider und Karlheinz Böhm (geb. 1928) in den Hauptrollen. Der zweite Teil, „Sissi, die junge Kaiserin", kommt im nächsten Jahr und der letzte Teil, „Sissi, Schicksalsjahre einer Kaiserin", 1957 in die Kinos.

AUSSERDEM

Jean Anouilh: Der Herr Ornifle oder Der erzürnte Himmel (Schauspiel in fünf Akten)
Heinrich Böll: Das Brot der frühen Jahre (Erzählung)
Entwicklung des ersten Musik-Synthesizer.
Im bundesdeutschen Wohnstil setzt die Kultur der Nierentische, Schalensessel und Tulpenlampen ein.

Ende des Besatzungsregimes

Mit der Hissung der schwarz-rotgoldenen Fahne im Garten des Bundeshauses in Bonn am 5. Mai 1955 war der Tag der Souveränität gekommen. Die Alliierte Hohe Kommission verkündet Aufhebung des Besatzungsstatuts:
„Die 109. und letzte Zusammenkunft des Rates der Alliierten Hohen Kommission wurde heute in Mehlem am Sitze der Alliierten Hohen Kommission abgehalten. Bei der Eröffnung der Sitzung hat Herr Conant, Präsident des Rates der Alliierten Hohen Kommission im Verlaufe des Monats Mai, dem Herrn André François-Poncet in seiner Eigenschaft als Doyen des Rates angeboten, die Präsidentschaft dieser letzten Sitzung zu übernehmen. Auf diese Weise sollte Herr François-Poncet, der schon die erste Sitzung des Rates am 21. September 1949 präsidiert hatte, auch dessen letzte präsidieren. Nachdem der Rat die durch die verschiedenen Organismen der Hohen Kommission im Hinblick auf die Beendigung ihrer Wirksamkeiten am 5. Mai 1955 getroffenen Maßnahmen gebilligt hatte, unterzeichnete er zwei Gesetze der Hohen Kommission, in welchen bestimmte legislative Besatzungsverfügungen gemäß den Bestimmungen der Verträge von Bonn außer Wirksamkeit gesetzt bzw. aufgehoben werden. Zum Abschluss der Sitzung hielt Herr François-Poncet eine Ansprache, in der er in allgemeinen Ausführungen die Bedingungen, die anlässlich des Inslebentretens der Alliierten Hohen Kommission herrschten, schilderte sowie deren Aufgabe, die Art und Weise, in welcher sie sich der Aufgabe entledigte, und den Weg, den die junge Bundesrepublik seit 1949 bis zum heutigen Tage zurückgelegt hat. Nachdem der Rat eine Resolution angenommen hatte, in der er die von den Mitgliedern der Alliierten Hohen Kommission geleisteten Dienste würdigt, unterzeichnete er eine Proklamation, die mit Wirkung vom 5. Mai 1955, Mittag, das Besatzungsstatut aufhebt und gleichzeitig die Alliierte Hohe Kommission und die Länderkommissariate in der Bundesrepublik auflöst."

Großbritannien und Frankreich hinterlegen die Ratifikationsurkunden des Deutschland-Vertrages am 5. Mai 1955. Neben Adenauer (rechts sitzend) die neuen Botschafter Hoyer-Millar und Francois-Poncet.

DDR-Plakat zum 1. Mai 1955 gegen die Pariser Verträge.

Heimkehr der Kriegsgefangenen

Während sich die überlebenden Deutschen in der Heimat an den Wiederaufbau machten, mussten viele Kriegsgefangene noch Jahre auf ihre Entlassung warten. Die Westmächte behandelten ihre Gefangenen (ca. 7,75 Mio.) in der Regel korrekt gemäß Genfer Konvention vom 27. Juli 1929, nur in der Phase unmittelbar vor der Kapitulation der Wehrmacht, als die Greuel in den deutschen KZn ans Licht kamen, gab es Übergriffe. Nach Kriegsende bereitete die Masse der Kapitulationsgefangenen Probleme bei ihrer Versorgung. Zeitweise mussten Hunderttausende deutscher Gefangener unter freiem Himmel bei kargen Rationen kampieren, wie etwa in den Rheinwiesenlagern der Amerikaner zwischen Ludwigshafen und Andernach, in denen mindestens 5.300, vermutlich aber über 10.000 Landser ums Leben kamen. Die Lage wurde durch Korruption in der deutschen und alliierten Lagerleitung noch verschlimmert. Während die meisten Westgefangenen rasch freikamen, mussten ca. 700.000 von den USA an Frankreich übergebene deutsche Soldaten noch viele Monate v.a. im Bergbau und beim Minenräumen arbeiten; 21.886 Todesfälle sind registiert, wahrscheinlich aber kamen über 30.000 Gefangene um.
Weit härter, wenn auch nicht ganz so hart wie die Russen in deutscher Gefangenschaft während des Krieges, traf das Schicksal die deutschen Soldaten in sowjetischem Gewahrsam. Die UdSSR hatte die Genfer Konvention nicht ratifiziert, bot aber am 17. Juli 1941, also drei Wochen nach dem deutschen Überfall, ihre Beachtung auf Gegenseitigkeit an. Da Berlin nicht reagierte und bald bekannt wurde, dass gefangene Rotarmisten in deutscher Hand zu Hundertausenden verhungerten, an Seuchen starben oder summarisch erschossen wurden, sah sich

auch Moskau nicht an das Angebot gebunden. Von den in den ersten beiden Jahren des Russlandfeldzugs gefangenen deutschen Soldaten kamen über 90 Prozent um; von den in Stalingrad gefangenen 90.000 Deutschen sahen nur 6.000 die Heimat wieder. In den Lagern starben bei entsetzlichen Zuständen insgesamt 1.094.250 deutsche Gefangene (von 3,35 Mio.), viele davon als willkürlich verurteilte „Kriegsverbrecher" bei der Zwangsarbeit in Sibirien. Die hohe Todesrate lag auch an der Dauer der Gefangenschaft: Erst beim Besuch Adenauers in Moskau im September 1955 konnte die Freilassung der letzten Gefangenen gegen die Aufnahme diplomatischer Beziehungen zwischen der UdSSR und der Bundesrepublik ausgehandelt werden. Sie kehrten bereits in das Westdeutschland des Wirtschaftswunders zurück.
Am 9. September, in der ersten Sitzung der Konferenz im Spiridonowka-Palais in Moskau, gab der Vorsitzende des Ministerrates der UdSSR, N.A. Bulganin, eine Grundsatzerklärung ab, die laut TASS folgenden Wortlaut hat:
„Herr Bundeskanzler! Meine Herren! Im Namen der Sowjetregierung begrüße ich Sie, Herr Bundeskanzler, und die Regierungsdelegation der Bundesrepublik Deutschland in der Hauptstadt der Sowjetunion, Moskau.
Unseren Verhandlungen, die heute beginnen, war ein Notenwechsel zwischen der Regierung der Sowjetunion und der Regierung der Bundesrepublik Deutschland vorausgegangen. Wie Ihnen bekannt ist, wandte sich die Sowjetregierung an die Regierung der Bundesrepublik Deutschland mit dem Vorschlag, die Frage der Herstellung direkter diplomatischer und Handelsbeziehungen, auch kultureller Beziehungen, zwischen unseren Ländern zu erörtern. Die Sowjetregierung ging davon aus, dass die Herstellung normaler Beziehungen zwischen unseren Ländern den Interessen sowohl der Sowjetunion als auch der Bundesrepublik Deutschland entspricht. Diese Normalisierung der Beziehungen entspricht der Aufgabe der Festigung des Friedens in Europa und der weiteren Milderung der Spannung in den internationalen Beziehungen, und daran müssen unsere beiden Länder zutiefst interessiert sein ...
Die letzten zwei Weltkriege haben die Völker der Sowjetunion und Deutschlands die größten Opfer und materiellen Verluste gekostet. Die Folgen der ungeheuren Zerstörungen, die durch den letzten Weltkrieg verursacht wurden, sind auch heute noch nicht ganz behoben. Noch schwerer sind die Verluste, die Millionen sowjetischer Familien erlitten haben, denen ihre Nächsten durch das verbrecherische Kriegsabenteuer der Hitler'schen Eindringlinge entrissen wurden. Auch Millionen deutscher Familien wurden durch dieses Abenteuer betroffen. Diese Verluste sind unersetzlich. Die Geschichte beweist überzeugend, dass die Zeiten der Feindschaft und Entfremdung in den Beziehungen zwischen den beiden Völkern ihnen lediglich Entbehrungen und Unheil brachte.
Hingegen zogen die Völker der Sowjetunion und Deutschlands beständig großen Nutzen aus den guten gegenseitigen Beziehungen und der Zusammenarbeit zwischen ihnen.
An der Herstellung normaler Beziehungen zwischen der Sowjetunion und der Bundesrepublik Deutschland sind auch andere Völker Europas interessiert. Sie haben allen Grund zur Besorgnis angesichts der Pläne gewisser Kreise, eine Verbesserung der Beziehungen zwischen unseren Ländern zu verhindern, das Fehlen normaler Beziehungen zu benutzen, um Feindschaft zwischen der Sowjetunion und Westdeutschland zu säen.
Diese Pläne, die die Gefahr eines neuen, noch verheerenderen Krieges in Europa in sich bergen, bedrohen die Sicherheit der Völker Eu-

Die Mutter eines Kriegsgefangenen küsst Konrad Adenauer – hinter ihm Carlo Schmid, ganz rechts Außenminister Heinrich von Brentano – dankbar die Hand, als er aus Moskau zurückkommt. Noch 1967, also zwölf Jahre danach, nannten bei Meinungsumfragen drei Viertel der Befragten als Adenauers größte Leistung die Heimführung der Kriegsgefangenen.

Feierliche Flaggenhissung durch einen Zug des Bundesgrenzschutzes am 5. Mai 1955 vor dem Palais Schaumburg in Bonn. Ganz rechts: Konrad Adenauer.

Der historische Händedruck der „Troika" Nikolai Bulganin, Ministerpräsident der UdSSR (links), Bundeskanzler Adenauer und KPdSU-Generalsekretär Nikita Chruschtschow im September 1955.

ropas. Darum muss derjenige, der die Festigung des Friedens in Europa anstrebt, eine Normalisierung der Beziehungen zwischen der Sowjetunion und der Bundesrepublik Deutschland wünschen."
Bundeskanzler Dr. Konrad Adenauer antwortete laut Bulletin mit folgender Grundsätzerklärung:
„Herr Ministerpräsident! Ich erfülle zunächst eine gern geübte Pflicht des Gastes, in dem ich Ihnen meinen und meiner Begleitung aufrichtigen Dank ausspreche für die Einladung, die Sie an uns gerichtet haben, und für die Gastlichkeit, mit der Sie uns hier empfangen. Die Bundesregierung und ich selbst sind uns der Bedeutung dieses Besuches wohl bewusst. Es ist eine erste offizielle Begegnung zwischen den Repräsentanten der Sowjetunion und des deutschen Volkes – ein erster Kontakt nicht nur nach vielen Jahren, in denen keine offiziellen Beziehungen zwischen beiden bestanden haben, sondern auch, nachdem Vieles sich ereignet hat, was das Gefühl der Trennung und der Fremdheit erzeugt und wachgehalten hat. Ich bin mir deshalb auch bewusst, wie schwer dieser Anfang eines Gesprächs für uns alle sein muss. Aber das ändert nichts daran, dass dieses Gespräch notwendig ist. Wir sind Nachbarn, wenn auch nicht in einem streng geographischen Sinne. Es gibt viele Dinge, für die Ihre Regierung und die meinige Verantwortung tragen, Dinge die nicht nur für das Schicksal unserer eigenen Völker von einer vitalen Bedeutung sind, sondern auch – es ist keine Anmaßung, das zu sagen – für die Lage in der Welt überhaupt. Es gibt in einer solchen Situation nur eine Haltung, in der dieses Gespräch begonnen und geführt werden kann, das ist eine rückhaltlose Freimütigkeit. Ich bitte Sie, mir zu glauben, Herr Ministerpräsident, meine Herren, dass ich hierher gekommen bin mit dem ehrlichen Willen, dieses Gespräch offen zu führen. Wenn es also auch nur ein Anfang sein kann – hoffentlich ein Anfang eines fruchtbaren und dauernden Austausches – so lassen sie uns doch versuchen, den Dingen sogleich auf den Grund zu gehen. Meine erste Aufgabe sehe ich darin, Ihnen ein Bild von der Grundhaltung zu machen, die das politische Verhalten des deutschen Volkes und seiner Regierung bestimmt, von den Triebkräften und Motiven, von den letzten Zielen, die uns leiten.
„Das oberste Gut, das es für alle Deutschen zu wahren gilt, ist Friede. Wir wissen nur zu gut, wie sehr insbesondere das sowjetische und deutsche Volk unter dem letzten Krieg gelitten haben, und ich glaube deshalb, dass ich Verständnis finde, wenn ich sage, dass das Grauen vor den Zerstörungen eines modernen Krieges, vor den millionenfachen Menschenopfern, vor der Vernichtung der Häuser und Arbeitsstätten, vor der Verwüstung von Städten und Landschaften sich allen tief eingeprägt hat. Auch in Deutschland weiß man zudem, dass die naturwissenschaftlichen und technischen Fortschritte, die seit dem letzten Krieg auf dem Gebiet der Atomspaltung und verwandten Gebieten gemacht worden sind, den Menschen Möglichkeiten der Vernichtung in die Hand geben, an die wir nur mit Schaudern denken können. Schließlich weiß jedermann in Deutschland, dass die geographische Lage unseres Landes uns im Falle eines bewaffneten Konflikts besonders gefährden würde. Sie werden deshalb niemanden in Deutschland finden, nicht nur unter den verantwortlichen Politikern, sondern auch in der gesamten Bevölkerung, der auch nur von ferne mit dem Gedanken spielt, irgendeines der großen politischen Probleme, die der Lösung harren, könne durch das Mittel des Krieges gelöst werden.

Karikatur des „Simplicissimus" auf den Adenauer-Besuch 1955 in Moskau: „Genossen Rotarmisten! Das sind die Uniformen der deutschen Kriegsgefangenen, die uns infolge Sabotage in den Lagern verreckt sind. Sofort einkleiden und fünf Divisionen als eindrucksvoller Verhandlungsfaktor zum Flughafen, wenn Towarischtsch Adenauer zu Besuch komm!"

Sissi

Dass der Film herzlich wenig mit den geschichtlichen Tatsachen übereinstimmte – das Premierenpublikum störte sich am 21. Dezember 1955 kaum daran. Der Film wurde ein großer Erfolg, dank einer höchst

Ewiges Traumpaar des deutschen Films: Karlheinz Böhm und Romy Schneider in „Sissi" (1955) und „Sissi, die junge Kaiserin" (1956).

populären Besetzung: Karlheinz Böhm als Kaiser Franz Josef, der sich nicht für die von seiner Mutter ausgesuchte Braut, sondern für deren jüngere Schwester Elisabeth, genannt Sissi, entscheidet, Magda Schneider, Gustav Knuth, Peter Weck, Josef Meinrad u.a. Für die Hauptdarstellerin Romy Schneider aber wurde Sissi ein „Markenzeichen", von dem Romy Schneider sich eigentlich erst nach ihrer Übersiedelung nach Frankreich hat lösen können.

„Des Teufels General"

Nach dem Bühnenstück von Carl Zuckmayer drehte Helmut Käutner den Film „Des Teufels General", der am 23. Februar 1955 uraufgeführt wurde. Die Rolle des Generals Harras spielte Curd Jürgens.

Ende 1941: Generalluftzeugmeister Harras, seit Kriegsbeginn verantwortlich für die technische Entwicklung der deutschen Luftwaffe, hat schwere Sorgen. Sein Jagdflugzeug-Bauprogramm wurde von der Führung abgelehnt. Die neuen Stuka-Typen versagen durch Konstruktionsfehler oder Sabotage. Die ungenierte Lagebeurteilung des alten Frontfliegers, der für die Nazis kaum Sympathien hat und aus fliegerischer Leidenschaft seinen eigenen Weg geht, beginnt ebenso interessant wie gefährlich zu werden. Das Reichssicherheitshauptamt interessiert sich nicht nur für die Zwischenfälle bei den Erprobungsflügen, sondern auch für diesen „Reaktionär" selbst. Harras ist zwischen Vernunft und Pflicht zerrissen. Auf einer Feier in einem feudalen Berliner Weinrestaurant werden seine Gespräche mit einem führenden Flugzeugkonstrukteur vom SD mitgeschnitten. Nachdem man Harras in der Hand hat, will man ihn in die neuzugründende SS-Luftwaffe pressen. Harras lehnt ab. Er wird im Hauptquartier der Gestapo festgesetzt und einer Gehirnwäsche unterzogen. Dann wird er zu seiner Arbeit zurückgeschickt, „vom Fronteinsatz zurück". Seine Entschlusskraft hat durch die Demütigungen einen Schock erlitten. Trotzdem verfolgt er weiter sein Ziel, die Stuka-Zwischenfälle aufzuklären. Vorher will er die neuen Maschinen nicht an die Front lassen. Seine Beratungen mit Oberstingenieur Oderbruch, einem alten Freund und unermüdlichen Warner, bringen auch keine Resultate. Trotz Protest der Bauaufsicht werden zwölf der neuen Maschinen aus der Erprobung heraus an die Front geschickt. Mit einer dieser Maschinen stürzt Oberst Eilers, ein enger Freund von Harras, tödlich ab. Auf einem Militärflugplatz bei Berlin setzt sich Harras selbst in eine der Unglücksmaschinen. Er hofft, den fatalen Fehler zu finden; ein Leben lang hat er schwierige Maschinen eingeflogen. Im letzten Augenblick steigt auch Oderbruch mit ein. Auch Harras kann den Sturzflug der Maschine nicht abfangen. Da greift Oderbruch ein; er kennt den Fehler, er hat ihn eingebaut – ein Beitrag zur Beendigung des Krieges, den er glaubte, verantworten zu können: Die Maschinen sollten wegen ihrer Defekte ja nicht an die Front gehen. Harras will den Freund nicht preisgeben und will sich selbst nicht retten. Sie stürzen zu Tode.

Curd Jürgens als General Harras in dem Film „Des Teufels General" (1955)

Thomas Mann

* Lübeck, 6. Juni 1875
† Kilchberg bei Zürich,
12. August 1955

Wie kein anderer Schriftsteller des 20. Jahrhunderts repräsentiert Thomas Mann Tradition und Wandel in der jüngst Geschichte gewordenen deutschen Literatur, die erst durch ihn Weltgeltung erlangte. Er war der letzte große Epiker des alten Bürgertums und schloss doch zugleich die traditionelle Romanform durch das artistisch gehandhabte Mittel der ironischen Brechung für die neuen Inhalte auf.

Thomas Mann

Thomas Mann, Patriziersohn aus einem alten Hansegeschlecht mit mütterlicherseits portugiesisch-kreolischem Einschlag, empfand seine Abstammung früh als Widerstreit zwischen nordischer Bürgerlichkeit und südlicher Sinnenfreude – ein immer wiederkehrendes Leitmotiv seiner Dichtungen. 1893 folgte er der verwitweten Mutter nach München, volontierte bei einer Versicherungsgesellschaft und versuchte sich literarisch u.a. als Mitarbeiter des „Simplicissimus". Während eines zusammen mit dem Bruder Heinrich verbrachten Italienaufenthaltes (1895-1897) entstanden die ersten ironischen Dekadenznovellen, gesammelt 1898 unter dem Titel „Der kleine Herr Friedemann". Der sowohl populäre als auch exklusiv-literarische Durchbruch gelang 1901 mit den „Buddenbrooks", der Chronik vom „Verfall einer Familie". Der Roman, für den Thomas Mann 1929 den Nobelpreis erhielt, erfuhr seine stärksten Impulse aus der Musik (Wagner) sowie aus der Lebensphilosophie Schopenhauers und Nietzsches. Beides wird freilich bereits mit Ironie untermischt: Der dem Tod wie der Musik verfallene Hanno Buddenbrook steht am Ende der Generationen zwar für eine gesteigerte geistige Differenzierung, aber auch für den katastrophalen Verlust an Lebenstüchtigkeit. Die Antinomie von Kunst und Leben bleibt bis zum Ersten Weltkrieg das zentrale Thema: Dabei geht die Entwicklung schon seit Tristan (1903) von der Künstlernovelle zur Künstlerparodie, noch einmal elegisch aufgefangen im „Tod in Venedig" (1912) und in „Tonio Kröger" (1903), der Geschichte des „verirrten Bürgers". Eine gewisse Beruhigung bringt der heitere Märchenroman „Königliche Hoheit" (1909), Frucht der 1905 geschlossenen Ehe mit der Bankierstochter Katja Pringsheim. Die politischen Wirren der Kriegs- und Nachkriegszeit finden ihren Niederschlag in Streitschriften, die zunächst polemisch-konservativ gegen den „westlichen" Fortschrittsglauben gerichtet sind und in den „Betrachtungen eines Unpolitischen" (1918) kulminieren. Eine umfassende Zeitanalyse wagt jedoch erst „Der Zauberberg" (1924), eine großangelegte Parodie auf den deutschen Erziehungsroman, in der das kranke Europa für den naiven Helden Hans Castorp noch einmal alle Bildungskräfte mobilisiert. Zugleich mit der Emigration (1933 bis 1952), die den Dichter über die Schweiz nach Kalifornien führt, tritt er die Flucht aus der Zeit in die „Brunnentiefe" des Mythos an. Aber bald wird die Arbeit an der Romantetralogie „Joseph und seine Brüder" (1933-1943) in Schrift und Rede begleitet von einer scharfen Abrechnung mit dem damaligen Deutschland. Der in den Altersromanen abermals ausgetragene Zwist zwischen Kunst und Welt lässt jedoch das deutsche Erbe nicht vergessen: Nach dem Goethe-Roman „Lotte in Weimar" (1939) ist es vor allem der aus dem Nietzschestudium erwachsene „Doktor Faustus" (1947), der als Thomas Manns geistiges Vermächtnis an die Deutschen gelten kann.

1956

JANUAR

2.1. Einberufung der ersten Bundeswehr-Soldaten: In Andernach, Wilhelmshaven und Nörvenich ziehen die ersten Freiwilligen in die Kasernen ein.
3.1. Beginn des offiziellen Programms des „Deutschen Fernsehfunks" in der DDR.
5.1. In Siersdorf am Niederrhein treffen die ersten 50 Gastarbeiter aus Italien ein.
9.-14.1. Auf dem IV. Schriftstellerkongress in Ost-Berlin wird die Forderung nach der Durchsetzung des Sozialistischen Realismus in der DDR gestellt.
18.1. Die Volkskammer beschließt die Schaffung der Nationalen Volksarmee (NVA) und des „Ministeriums für Nationale Verteidigung". Willi Stoph wird erster Verteidigungsminister der DDR.
26.1.-6.2. Olympische Winterspiele in Cortina d'Ampezzo/Italien.
28.1. NVA-Einheiten werden in den Warschauer Pakt einbezogen.
29.1. Uraufführung der Komödie „Besuch der alten Dame" von Friedrich Dürrenmatt (1921-1990) in Zürich.

FEBRUAR

4.2. Die staatliche Fluggesellschaft der DDR nimmt unter dem Namen „Deutsche Lufthansa" (1958 in „Interflug" umbenannt) ihren Betrieb auf.
9.2. Die Regierung der DDR beschließt den umfassenden Ausbau der Sportförderung. Sportliche Erfolge sollen die „Überlegenheit der gesellschaftlichen Ordnung der DDR" dokumentieren.
16.2. Übertritt der Bundesminister des „Gesamtdeutschen Blocks/Bund der Heimatvertriebenen und Entrechteten" (GB/BHE) zur CDU.
18.2. Vertreter der USA und der Bundesrepublik unterzeichnen ein Abkommen über die friedliche Nutzung der Atomenergie.
23.2. Die FDP-Bundestagsmitglieder beschließen unter der Führung von Thomas Dehler die Aufkündigung der Koalition mit der CDU/CSU und gehen damit in die Opposition. 16 Mitglieder der FDP-Bundestagsfraktion, darunter die vier Minister, spalten sich von der Partei ab, bilden die „Freie Volkspartei" (FVP) und bleiben in der Regierungskoalition.
24.2. Die Bundesrepublik wird Mitglied der Europäischen Atomenergie-Gesellschaft (EAEG), deren Aufgabe es ist, die wissenschaftliche Zusammenarbeit in der Kernforschung zu fördern.
25.2. Auf dem XX. Parteitag der KPdSU enthüllt Parteichef Nikita S. Chruschtschow die vom ehemaligen Staats- und Parteichef Josef W. Stalin begangenen Verbrechen. Damit beginnen die ersten Ansätze der Entstalinisierung.

MÄRZ

4.3. Walter Ulbricht erklärt im SED-Parteiorgan „Neues Deutschland": „Stalin ist kein Klassiker des Marxismus". Damit distanziert er sich vom Persönlichkeitskult um Stalin.
5.3. In West-Berlin stellt die amerikanische Firma IBM erstmals in Europa ihren modernsten Computer vor.
6.3. Der Bundestag verabschiedet das 2. Wehrergänzungsgesetz des Grundgesetzes und das Soldatengesetz, das unter anderem die Voraussetzung für die Einführung der Wehrpflicht darstellt.
24.-30.3. Auf der III. Parteikonferenz der SED wird die Direktive für den nächsten Fünfjahresplan festgelegt. Die Zielsetzung lautet „Modernisierung, Mechanisierung und Automatisierung" und sieht eine Leistungssteigerung von 50% bis 1960 vor.

APRIL

1.4. Der Bundesnachrichtendienst (BND) nimmt in Pullach bei München offiziell seine Tätigkeit auf.
5.4. In Ost-Berlin wird auf einer Veranstaltung der FDJ der „Jazz" als Musikrichtung kritisiert und unter anderem auch von Hanns Eisler als Gefahr für die Jugend dargestellt.
13.4. Der Maler Emil Nolde stirbt in Seebüll.
29.4. Erstausgabe der Sonntagszeitung „Bild am Sonntag".

MAI

1.5. Vor dem Rathaus Schöneberg in West-Berlin demonstrieren 100.000 Menschen für die Wiedervereinigung Deutschlands.
8.5. In München wird der größte Computer Europas in Betrieb genommen.
24.5. In Lugano/Schweiz findet der erste „Grand Prix de la Chanson" statt. Der internationale Schlagerwettbewerb wird von der Europäischen Rundfunkunion veranstaltet.

17. Mai 1956: DEFA-Filmpremiere. Erika Dunkelmann und Annekathrin Bürger in „Berliner Romanze".

JUNI

3.6. In Dresden werden die Gemäldegalerie im Zwinger und das Staatstheater wiedereröffnet.
24.6. Borussia Dortmund wird nach einem 4:2-Sieg über den Karlsruher SC in West-Berlin Deutscher Fußballmeister.

JULI

7.7. Der Bundestag verabschiedet das Wehrpflichtgesetz. Damit wird die künftige Bundeswehr eine Wehrpflichtarmee. Im September wird die Dauer des Wehrdienstes auf 12 Monate festgelegt. Außerdem wird ein ziviler Ersatzdienst für Kriegsdienstverweigerer eingerichtet.
25.7. Der Bundesminister für Atomfragen Franz-Josef Strauß gibt das erste deutsche Programm zur Nutzung der Kernenergie bekannt.

AUGUST

11.8.-4.11. Paul Klee-Retrospektive im Kunstmuseum Bern.
14.8. Der Schriftsteller und Regisseur Bertolt Brecht stirbt in Ost-Berlin.
16.8. Premiere des Films „Der Hauptmann von Köpenick" in Köln nach dem gleichnamigen Theaterstück von Carl Zuckmayer; die Titelrolle spielt Heinz Rühmann.
17.8. Das Bundesverfassungsgericht erklärt die KPD für verfassungswidrig und verfügt ihre Auflösung. Noch am selben Tag werden die Parteibüros geschlossen und die Druckereien beschlagnahmt.
21.8. Bundeskanzler Konrad Adenauer spricht sich in Bonn gegen die diskutierte atomare Aufrüstung der US-Streitkräfte aus, da Kernwaffen die „größte Gefahr für die Menschheit" seien.

SEPTEMBER

15.9. Eröffnung der Ausstellung „Die deutsche Landschaft" in

Halle, bei der Werke von Künstlern der DDR und der Bundesrepublik ausgestellt sind.
24.9. Abschluss des belgisch-deutschen Abkommens über die endgültige Regelung der gegenseitigen Grenzprobleme.
27.9. Premiere des Films „Die Halbstarken" mit Horst Buchholz und Karin Baal in den Hauptrollen.

OKTOBER

1.10. Das „Deutsche Fernsehen" beginnt mit der täglichen Ausstrahlung der „Tagesschau". Die IG Metall erreicht die 45-Stunden-Woche mit vollem Lohn- und Gehaltsausgleich.
2.10. Deutsche Erstaufführung des Theaterstückes „Das Tagebuch der Anne Frank" im Rahmen der Berliner Festwochen.
11.10. Der Bundestag beschließt die Einführung einer zentralen „Verkehrssünderkartei" mit Sitz in Flensburg.
16.10. Umbildung der Bundesregierung; unter anderem wird der bisherige Minister für Atomfragen Franz-Josef Strauß als Nachfolger Theodor Blanks zum Verteidigungsminister ernannt.
20./21.10. Die Außenministerkonferenz der Staaten der Montanunion berät über die „EURATOM" (Europäische Atomgemeinschaft) und einen Gemeinsamen europäischen Markt.
27.10. Vertrag zwischen der Bundesrepublik und Frankreich zur Regelung der Saarfrage. Im sogenannten „Luxemburger Vertrag" wird die Eingliederung des Saarlandes in die Bundesrepublik Deutschland geregelt. Die offizielle politische Eingliederung wird für den 1.1. 1957 und die wirtschaftliche Eingliederung für den 1.1. 1960 festgelegt.

NOVEMBER

4.11. In Hamburg findet das erste internationale Rock 'n' Roll Turnier statt.
22.11.-8.12. Olympische Sommerspiele in Melbourne. In der gesamtdeutschen Mannschaft holt der Boxer Wolfgang Behrendt die erste Goldmedaille für die DDR.

DEZEMBER

10.12. Verleihung der Nobelpreise in Stockholm. Der Chirurg Werner Forßmann (1904-1979) erhält zusammen mit Dickinson W. Richards (1895-1973) und André Frédéric Cournand (1895-1988) den Nobelpreis für Physiologie oder Medizin für Eingriffe am menschlichen Herzen. Der Friedensnobelpreis wird nicht vergeben.
12.12. Die Münchner Lach- und Schießgesellschaft stellt in Schwabing ihr erstes Programm vor.

AUSSERDEM

Ingeborg Bachmann: Anrufung des Großen Bären (Gedichte)
Die Internationale kriminalpolizeiliche Organisation „Interpol" wird gegründet.

„Das Veto der Bombe", Titelseite des Simplicissimus vom 19. Mai 1956: „Es wird hier immer vom Frieden gesprochen – meine Herren, der Friede bin ich!"

Adenauer begrüßt die ersten Soldaten der Bundeswehr

Die deutsche Wiederbewaffnung war nur unter erheblichen Geburtswehen gelungen. In einem Land, das so gründlich zerstört und so tief gefallen war, wieder Paraden abzuhalten, Manöver auszurichten – das bedurfte schon eines gewaltigen Bewusstseinsschubs. Die Verschärfung aber des Ost-West-Gegensatzes und die wachsenden Verteidigungslasten des Westens machten schließlich einen deutschen Wehrbeitrag unumgänglich und führten zur Gründung der Bundeswehr. Am 20. Januar 1956 sprach Bundeskanzler Adenauer vor der ersten Einheit der neuen Streitkräfte:

Soldaten der neuen Streitkräfte!

Es ist mir eine Freude, am heutigen Tage zu Ihnen zu sprechen. Nach Überwindung großer Schwierigkeiten sind Sie die ersten Soldaten der neuen deutschen Streitkräfte geworden. Das deutsche Volk sieht in Ihnen die lebendige Verkörperung seines Willens, seinen Teil beizutragen zur Verteidigung der Gemeinschaft freier Völker, der es heute wieder mit gleichen Rechten und Pflichten wie die anderen angehört. Dieser unser Beitrag und die enge Zusammenarbeit mit unseren Verbündeten, ohne die eine Verhütung eines Angriffes und eine wirksame Verteidigung unserer Heimat nicht denkbar ist, bedeutet für uns eine vertragliche Verpflichtung – sie ist uns eine Herzenssache.

Einziges Ziel der deutschen Wiederbewaffnung ist es, zur Erhaltung des Friedens beizutragen. Wir werden dieses Ziel erreicht haben, wenn die gemeinsame potentielle Abwehrkraft der Verbündeten zu jedem Zeitpunkt ein zu großes Risiko für jeden möglichen Angreifer bedeutet. In einer solchen militärischen Stärke, die lediglich für unsere Verteidigung ausreicht, kann niemand eine Bedrohung erblicken.

In der heutigen Zeit ist es nicht der Soldat allein, der die Last und die Gefahr eines möglichen Krieges zu tragen hat. Wert und Berechtigung erhalten die Streitkräfte durch ihre Aufgabe, sich schon im Frieden den Leistungen und Entbehrungen eines Krieges stets gewachsen zu zeigen. Gerade dadurch, durch ihre ständige Abwehrbereitschaft, sollen sie das Grauen eines Krieges verhüten. Der Soldat darf und will deshalb nicht mehr, aber auch nicht weniger sein als jeder andere Staatsbürger, der eine Funktion im Dienste der Gemeinschaft zu erfüllen hat.

Die Angehörigen der Streitkräfte sind Kinder dieses Volkes, dessen Geist und Lebensart auch ihre Persönlichkeit geprägt hat. Der allgemeine Zeitgeist wird sich deshalb stets in den Soldaten widerspiegeln. In ihrer Gesamtheit, als Einrichtung des Staates, unterstehen die Streitkräfte wie jeder andere Zweig der staatlichen Exekutive dem Vorrang der politischen Führung. Die organische Eingliederung in die staatliche Ordnung erfordert Disziplin und Selbstbescheidung des Soldaten. Sie verlangt aber auch die Bereitschaft der Allgemeinheit, ehrlichen Bemühungen die Tore zu öffnen, den Soldaten nicht in eine verhängnisvolle Absonderung zu drängen und ihn, nach mancherlei Missdeutungen und negativen Einflüssen der Vergangenheit, heute wieder in seinem Wert zu würdigen.

Soweit Sie als ehemalige Soldaten jetzt wieder in die Streitkräfte eingetreten sind, haben Sie sich inzwischen zehn Jahre lang in zivilen Berufen bewährt. Die dabei gewonnenen Erkenntnisse und Erfahrungen sind für Ihre Aufgaben als Offiziere und Unteroffiziere ein wertvolles Kapital, wie es in diesem Umfange noch nie einer Armee zur Verfügung stand. Sie sind die Ersten aus einer großen Anzahl von Kameraden, die noch nach Ihnen kommen werden. Viele andere, die im Kriege auch tapfer, treu und gehorsam ihre Pflicht getan haben und seitdem die Aufgaben des zivilen Lebens meisterten, werden nicht mehr Verwendung finden können. Sie dürfen darin keine abwertende Zurücksetzung erblicken.

Die Jüngeren von Ihnen, die zum ersten Male in einer soldatischen Gemeinschaft dienen, müssen sich stets vor Augen halten, dass der Geist der neuen Streitkräfte nicht nur durch die Führer, sondern auch durch die Geführten geformt wird. Ohne einen entsprechenden Wider-

Die Einberufung der ersten 1000 Freiwilligen zur Bundeswehr erfolgt zum 1. Januar 1956. Am 20 Januar besichtigt Konrad Adenauer die Garnison Andernach.

hall müssten die Bemühungen der Vorgesetzten ergebnislos bleiben. Es wird von Ihnen abhängen, mit welcher Einstellung künftige Rekruten in die Kaserne einziehen und welche Atmosphäre sie dort erwartet. Auch im täglichen Dienst sollen Sie sich ihrer Bedeutung bewusst sein. Das Prinzip der Arbeitsteilung, das durch die fortschreitende Technisierung in einer modernen Armee herrschen muss, kennt nur Aufgabenbereiche verschiedenen Umfangs, nicht aber Unterschiede in dem Grad der persönlichen Verantwortung.
Soldaten!
Sie stehen vor einer Aufgabe, die durch manche Schatten der Vergangenheit und Probleme der Gegenwart besonders schwierig ist. Die zeitliche Lücke von 10 Jahren bedeutet zugleich die einmalige Möglichkeit zu neuem Beginn, wie auch die Verpflichtung, in unermüdlicher Arbeit Versäumtes nachzuholen. Das deutsche Volk erwartet von Ihnen, dass Sie in treuer Pflichterfüllung Ihre ganze Kraft einsetzen für das über allem stehende Ziel, in Gemeinschaft mit unseren Verbündeten den Frieden zu sichern. Gehen Sie mit der Gewissheit an Ihre Arbeit, dass Ihre Leistungen Anerkennung finden werden. Bewahren Sie sich ein frisches Herz und einen freien Sinn. Ich wünsche Ihnen, dass Ihr Dienst Ihnen Freude und innere Befriedigung geben möge!

Das Soldatengesetz

Als die Welt erfuhr, dass sie demnächst wieder mit bewaffneten Deutschen leben müsste, reagierte man vielerorts mit Empörung, Wut, Angst. Man hatte den Marschtritt der Wehrmacht noch allzu gut in den Ohren und die Schlagworte der eigenen Propaganda vom „faschistischen Tier", vom „Verbrechervolk im Herzen Europas". Auch in der Bundesrepublik organisierten die Gegner der Wiederbewaffnung in vielen Städten Protestkundgebungen und Demonstrationsmärsche, bei denen es mehrfach zu Auseinandersetzungen mit der Polizei kam.

„Unsere Bundeswehr stellt Freiwillige ein." Werbeplakat 1956.

Die Bundeswehr musste daher sorgfältig alles vermeiden, was nach Anknüpfen an Wehrmachtstraditionen und preußischen Kadavergehorsam aussah. Das Soldatengesetz vom 19. März 1956 (im Folgenden ein Auszug) beherzigte die Forderungen, die an eine demokratische Armee zu stellen sind:

§ 6 Staatsbürgerliche Rechte des Soldaten
Der Soldat hat die gleichen staatsbürgerlichen Rechte wie jeder andere Staatsbürger. Seine Rechte werden im Rahmen der Erfordernisse des militärischen Dienstes durch seine gesetzlich begründeten Pflichten beschränkt.
§ 7 Grundpflicht des Soldaten
Der Soldat hat die Pflicht, der Bundesrepublik Deutschland treu zu dienen und das Recht und die Freiheit des deutschen Volkes tapfer zu verteidigen.
§ 8 Eintreten für die demokratische Grundordnung
Der Soldat muss die freiheitliche demokratische Grundordnung im Sinne des Grundgesetzes anerkennen und durch sein Verhalten für ihre Erhaltung eintreten.
§ 9 Eid und feierliches Gelöbnis
(1) Berufssoldaten und Soldaten auf Zeit haben folgenden Diensteid zu leisten:
„Ich schwöre, der Bundesrepublik Deutschland treu zu dienen und das Recht und die Freiheit des deutschen Volkes tapfer zu verteidigen, so wahr mir Gott helfe."
(2) Soldaten, die aufgrund der Wehrpflicht Wehrdienst leisten, bekennen sich zu ihren Pflichten durch das folgende feierliche Gelöbnis: „Ich gelobe, der Bundesrepublik Deutschland treu zu dienen und das Recht und die Freiheit des deutschen Volkes tapfer zu verteidigen."
§ 11 Gehorsam
(1) Der Soldat muss seinen Vorgesetzten gehorchen. Er hat ihre Befehle nach besten Kräften vollständig, gewissenhaft und unverzüglich auszuführen. Ungehorsam liegt nicht vor, wenn ein Befehl nicht befolgt wird, der die Menschenwürde verletzt oder der nicht zu dienstlichen Zwecken erteilt worden ist; die irrige Annahme, es handele sich um einen solchen Befehl, befreit nicht von der Verantwortung.
(2) Ein Befehl darf nicht befolgt werden, wenn dadurch ein Verbrechen oder ein Vergehen begangen würde. Befolgt der Untergebene den Befehl trotzdem, so trifft ihn eine Schuld nur, wenn er erkennt oder wenn es nach den ihm bekannten Umständen offensichtlich ist, dass dadurch ein Verbrechen oder Vergehen begangen wird.
§ 12 Kameradschaft
Der Zusammenhalt der Bundeswehr beruht wesentlich auf Kameradschaft. Sie verpflichtet alle Soldaten, die Würde, die Ehre und die Rechte des Kameraden zu achten und ihm in Not und Gefahr beizustehen. Das schließt gegenseitige Anerkennung, Rücksicht und Achtung, fremder Anschauungen ein.
§ 15 Politische Betätigung
(1) Im Dienst darf sich der Soldat nicht zugunsten oder zu ungunsten einer bestimmten politischen Richtung betätigen. Das Recht des Soldaten, im Gespräch mit Kameraden seine eigene Meinung zu äußern, bleibt unberührt.
(2) Innerhalb der dienstlichen Unterkünfte und Anlagen findet während der Freizeit das Recht der freien Meinungsäußerung seine Schranken an den Grundregeln der Kameradschaft.
Der Soldat hat sich so zu verhalten, dass die Gemeinsamkeit des Dienstes nicht ernstlich gestört wird. Der Soldat darf insbesondere nicht als Werber für eine politische Gruppe wirken, indem er Ansprachen hält, Schriften verteilt oder als Vertreter einer politischen Organisation arbeitet. Die gegenseitige Achtung darf nicht gefährdet werden.
(3) Der Soldat darf bei politischen Veranstaltungen keine Uniform tragen.

Gründung der NVA

Offiziell als Antwort auf den Beitritt der Bundesrepublik zur NATO und auf die Aufstellung der Bundeswehr, in Wahrheit aber von langer Hand vorbereitet, wurde in der DDR mit Gesetz vom 18. Januar 1956 aus der schon länger existierenden Kasernierten Volkspolizei die Nationale Volksarmee (NVA), unterstellt dem ebenfalls neu geschaffenen Ministerium für Nationale Verteidigung, das wie der gesamte Ministerrat vom Politbüro der SED angeleitet wurde. Der NVA-Aufbau vollzog sich unter ständiger sowjetischer Beratung und war auf Einbindung in den Warschauer Pakt angelegt, die im Mai 1958 endgültig vollzogen war. Zusammen mit der Gruppe Sowjetischer Streitkräfte in Deutschland (GSSD) bildeten die Einheiten der NVA nun die „erste strategische Staffel" des Paktes. Zunächst war die NVA als Freiwilligenarmee von 90.000 Mann geplant, durch Wehrpflichtgesetz vom 24. Januar 1962 wurde sie jedoch umstrukturiert und erheblich gestärkt. Zuletzt betrug ihr Personalbestand rund 170.000 Mann, verteilt auf Land-, Luft- und Seestreitkräfte („Volksmarine"), zuzüglich 385.000 Reservisten. Wehrdienst wurde in der DDR als „Ehrenpflicht" ausgegeben, die dem Schutz des Vaterlandes und der „Errungenschaften der Werktätigen" diene. Offiziell galt die NVA als Instrument zur Verteidigung, doch wurde diese so offensiv verstanden, dass in Planungen von Vorstößen bis zum Atlantik innerhalb von zwei Wochen die Rede war.
Erst nach der Entspannung an der innerdeutschen Grenze durch den Grundlagenvertrag (1972) setzten sich realistischere Konzepte durch. Trotz der hohen Gefechtsbereitschaft der NVA nämlich war ihr technischer Standard aufgrund bürokratischer Hemmnisse bei der Beschaffung und wegen der immer prekären Ersatzteillage ungenügend.
Die Motivation der Soldaten litt zudem unter dem hohen Druck (kaum Ausgang, Entfremdung von der Familie, karger Sold u.a.), der auch durch die ständige politisch-ideologische Schulung erzeugt wurde. Sie setzte schon in jungen Jahren ein und endete auch nicht nach Ableistung des Wehrdienstes. Von Jugendlichen wie Reservisten wurde Engagement in der Gesellschaft für Sport und Technik (GST) erwartet. Fernbleiben führte ebenso zu Nachteilen in Ausbildung oder Beruf wie die offiziell nicht vorgesehene Wehrdienstverweigerung.

Am 18. Oktober 1956 überreicht Bundespräsident Theodor Heuss dem bisherigen Minister für Atomfragen Franz Josef Strauß die Ernennungsurkunde zum Bundesverteidigungsminister.

Beginn des Werbefernsehens in Deutschland

75.000 Menschen verfolgten an ihren Fernsehgeräten diese Szene: Der bayerische Schnaderhüpflsänger Roider Jackl zerschnitt eine Kette Weißwürste, die in der Form eines W aufgehängt waren. W wie Werbung.
Der Bayerische Rundfunk übertrug – am 3. November 1956 – seine erste Werbesendung. Von nun an gab es an jedem Wochentag von 19.30 bis 20.00 Uhr ein gemischtes Programm mit Sport, Quiz oder Heimatthemen, eingeleitet und beendet durch je 2-3 Minuten Werbung. Die Werbeminute kostete 3000 Mark. Das neue Programm fand nicht überall Zuspruch. Das Präsidium des Bundesverbandes deutscher Zeitungsverleger reichte Klage beim Landgericht München auf Unterlassung ein.
Die Verleger fürchteten Verluste im Anzeigengeschäft. Die Kirchen waren ursprünglich auch gegen Werbung im öffentlich-rechtlichen Fernsehen gewesen, hatten sich aber damit abgefunden, weil die ins Auge gefass Alternative eines nur durch Werbung finanzierten eigenen Senders, wie es ihn in England bereits neben der staatlichen BBC gab, ihnen als noch schlimmer erschien.

„Der Hauptmann von Köpenick". Nach dem gleichnamigen Bühnenstück von Carl Zuckmayer wurde der Film von Helmut Käutner gedreht und am 16. August 1956 uraufgeführt. In der Rolle des Schuhmachers Wilhelm Voigt feierte Heinz Rühmann wahrhafte Triumphe. Selbst das Ausland registrierte die Glanzleistung des deutschen Schauspielers. „Der Film", so die amerikanische Zeitschrift „Daily News", „ist einer der besten, die seit dem Kriege aus Deutschland gekommen sind."

Olympische Reiterspiele in Stockholm

Erstmals in der olympischen Geschichte wurden die Reiterwettbewerbe 1956 aus dem Programm der Sommerspiele, die im australischen Melbourne ausgetragen wurden, ausgegliedert. Das Internationale Olympische Komitee (IOK) hatte sich für Stockholm als Austragungsort entschieden. Bei der Eröffnungsfeier an diesem Tag fuhren zwei königliche Karossen durch das Marathontor ins Stadion ein: In der einen saß Königin Luise von Schweden, in der anderen die englische Königin Elisabeth, die den Reiterspielen folgende Worte widmete: „Wir empfinden es als besondere Ehre, dass wir normalen Sterblichen zusammen mit so berühmten Pferden und Reitern in Stockholm weilen dürfen."
Höhepunkt der Spiele, die bis zum 17. Juni dauerten, war zweifellos das Springreiten, das der Deutsche Hans-Günther Winkler am 10. Juni mit seinem Pferd Halla gewann. Welche Leistung er dabei vollbracht hatte, ahnte keiner der 24.000 Zuschauer. Mit vier Fehlerpunkten hatte Winkler im ersten Durchgang bei strömendem Regen den besten Ritt gezeigt. Doch beim vorletzten Hindernis war das Unglück passiert: Winkler verlor die Zügel und erlitt dabei einen Leistenbruch. Zum zweiten Umlauf erhielt er mehrere schmerzstillende Injektionen und musste in den Sattel gehoben werden. Schon bei den ersten Hindernissen stöhnte Winkler laut auf, das Publikum hielt die ungewöhnlichen Laute in der atemlosen Stille für ein Wiehern Hallas. Doch bald war zu sehen, dass sich des Reiters Gesicht vor Schmerz verzerrte.
Der halb bewusstlose Winkler war nicht mehr imstande, sein Pferd zu führen. Doch Halla schien die Schwäche erkannt zu haben und vollbrachte einen makellosen Null-Fehler-Ritt – Goldmedaille. Hans-Günther Winkler, der anschließend operiert wurde, meinte hinterher: „Meiner eigenen Goldmedaille wegen hätte ich dieses Wagnis nicht unternommen. Aber ich durfte unsere Mannschaft nicht im Stich lassen. Der wirkliche Olympiasieger aber ist Halla!" Hallas Husarenritt rettete der deutschen Mannschaft mit Winkler, Lütke-Westhues und Thiedemann auch den Olympiasieg im Preis der Nationen. Deutschland gewann bei diesen Reiterspielen von 18 möglichen sechs Medaillen.

Stockholm 1956: Die unvergessene Stute Halla trägt ihren Reiter Hans-Günter Winkler, der vor Schmerzen kaum noch die Zügel halten kann, dem olympischen Gold entgegen.

Bertolt Brecht

* Augsburg, 10. Februar 1898
† Berlin, 14. August 1956

Bertold Brecht.

Wer kennt nicht seinen Namen, nennt nicht seine Stücke? „Im Dickicht der Städte", „Trommeln in der Nacht", „Leben des Galilei", „Die heilige Johanna der Schlachthöfe", „Die Jasager und die Neinsager", „Der gute Mensch von Sezuan", „Die Dreigroschenoper" und das Drama „Mutter Courage und ihre Kinder", das Brechts Weltruhm begründete.
Brecht hat als Lyriker und Autor didaktischer Prosa sowie als einer der wichtigsten Dramatiker unseres Jahrhunderts die Entwicklung von Literatur und Theater international geprägt. Geboren in Augsburg als Sohn eines Angestellten einer Papierfabrik, studierte er Philosophie und Medizin in München. Seit 1924 arbeitete er in Berlin als Dramaturg und Regisseur. 1924 bis 1927 war er verheiratet mit der Sängerin Marianne Zoff, seit 1928 mit der Schauspielerin Helene Weigel. Seine Mitarbeiterinnen waren: Margarete Steffin, Elisabeth Hauptmann und Ruth Berlau.
Erwin Piscators politisches Theater, die Zusammenarbeit mit Kurt Weill sowie das Studium des Marxismus wurden für Brechts Arbeit prägend. Brecht trat jedoch der KP nicht bei. Am Tag des Reichstagsbrands 1933 verließ der „Stückeschreiber" Deutschland. Über Aufenthalte in der Schweiz, Dänemark, Schweden, Finnland und die Sowjetunion fand er Zuflucht in Kalifornien. 1948 kehrte er nach Deutschland zurück und entschied sich, seinen letzten Lebensabschnitt in der DDR zu verbringen. Nach dem Arbeiteraufstand vom 17. Juni 1953 in Berlin schrieb er der SED, die das Volk aufgefordert hatte, „sich das Vertrauen der Partei zurückzugewinnen", den folgenden Satz ins Stammbuch: „Wäre es da nicht einfacher, die Partei löste das Volk auf und wählte ein neues?"
Im Frühjahr 1956 erkrankte der Dichter an einer Grippe, dann an einer schweren Lungenentzündung, von der er sich nie wieder richtig erholte. Dennoch arbeitete er unablässig weiter. Am 10. August brach er nach einer Probe seines „Galilei" erschöpft zusammen. Am 14. August 1956 starb Bertolt Brecht, 58 Jahre alt, an einem Herz-Kreislauf-Versagen.
Er hatte ein Jahr zuvor in einem Brief an die Ostberliner Akademie der Künste erklärt, dass er im Falle seines Todes weder Aufbahrung noch öffentliche Ausstellung wünsche, hatte sich jede Rede am Grab verbeten und als Platz für seine Beerdigung den Dorotheenfriedhof bestimmt. Die Regierung der DDR, die dem Dichter gewiss gerne ein Staatsbegräbnis hätte zuteil werden lassen, hielt sich peinlich genau an Brechts Vorschriften. Er wurde am 17. August ohne jeden Pomp an dem von ihm gewählten Ort, ein paar Schritte von der letzten Ruhestätte des Philosophen Hegel, beigesetzt. Der fällige Staatsakt fand erst am folgenden Tag im Theater am Schiffbauerdamm, der letzten Wirkungsstätte des großen Dramatikers, statt.

1957

JANUAR

1.1. Das Saarland wird zehntes Bundesland der Bundesrepublik Deutschland. Erster Ministerpräsident wird Hubert Ney (1892-1984).

2.1. In zwölf Großbetrieben der DDR wird die 45-Stunden-Woche eingeführt.

17.1. Das Gesetz über die „Örtlichen Organe der Staatsmacht" führt den „Demokratischen Zentralismus" in der DDR ein.

21.1. Der Bundestag verabschiedet das Gesetz über die Rentenreform und führt damit die Dynamische Rente ein.

FEBRUAR

1.2. Erstmalig wird in Deutschland der „Magister artium" als akademischer Titel von der Freien Universität Berlin verliehen.

6.2. Die Nachfolgefirmen der IG Farben verpflichten sich zu Entschädigungszahlungen an ehemalige jüdische KZ-Häftlinge.

27.2. Erste Aufführung der Dreigroschenoper von Bertolt Brecht und Kurt Weill im Deutschen Fernsehen.

MÄRZ

1.3. In mehreren Betrieben der Bundesrepublik Deutschland wird die 45-Stunden-Woche eingeführt.

8.3. Der bereits 1951 in der DDR uraufgeführte Film „Der Untertan" des Regisseurs Wolfgang Staudte nach dem gleichnamigen Roman von Heinrich Mann wird nun erstmals in der Bundesrepublik gezeigt, allerdings wegen vermeintlicher DDR-Propaganda mit erheblichen Schnitten.

12.3. Abschluss des Abkommens über die zeitweilige Stationierung sowjetischer Streitkräfte auf dem Territorium der DDR.

15.3. Die USA teilen mit, dass ihre Streitkräfte in der Bundesrepublik über Atomwaffen verfügen.

23.3. Das Bundesarbeitsgericht in Kassel stellt fest, dass das Gleichberechtigungsgesetz auch beim Abschluss von Tarifverträgen gilt. Dementsprechend sind tarifliche Bestimmungen, die für Frauen bei gleicher Tätigkeit einen geringeren Lohn vorsehen als für Männer, nichtig.

25.3. Vertreter der Benelux-Staaten, Frankreichs, Italiens und der Bundesrepublik Deutschland unterzeichnen die sogenannten

Nach einem beispiellosen wirtschaftlichen Aufstieg unter der Führung Adenauers und der CDU/CSU entsprach der Slogan „Keine Experimente" zu den Bundestagswahlen 1957 genau der Stimmungslage des Volkes.

Römischen Verträge über die Schaffung der Europäischen Wirtschaftsgemeinschaft (EWG) und der Europäischen Atomgemeinschaft (EURATOM).

APRIL

1.4. Die ersten rund 10.000 Wehrpflichtigen rücken in die Bundeswehrkasernen ein. General Hans Speidel wird zum Oberbefehlshaber der NATO-Landstreitkräfte in Mitteleuropa ernannt.
4.4. Bundeskanzler Adenauer tritt in einer Pressekonferenz für die atomare Aufrüstung der Bundeswehr ein.
12.4. Im „Göttinger Manifest" fordern 18 führende deutsche Atomwissenschaftler die Bundesregierung zum Verzicht auf die atomare Bewaffnung der Bundeswehr auf.
12.4.-31.5. Ausstellung zum Werk von Otto Dix in der Deutschen Akademie der Künste, Ost-Berlin.
23.4. Rund 150 Rundfunkanstalten übertragen weltweit eine Ansprache des Nobelpreisträgers Albert Schweitzer (1875-1965), der vor den Gefahren durch Atomstrahlen warnt und zur Einstellung der Atomwaffen-Versuche aufruft.
27./28.4. Gründung des „Deutschen Turn- und Sportbundes" (DTSB) in Ost-Berlin.

MAI

3.5. Der Bundestag verabschiedet ein Gesetz über die Gleichberechtigung von Mann und Frau. Darin wird die Zugewinngemeinschaft als gesetzlicher Güterstand in der Ehe eingeführt. Außerdem wird entschieden, dass Männern weiterhin bei Uneinigkeit in Bezug auf die Kindererziehung einen „Stichentscheid" haben.
6.5. Neugründung des Deutschen Museumsbundes in Essen.
7.5. Auf der Büromaschinenfachausstellung in Hannover wird die erste elektrische Schreibmaschine vorgestellt.
11.5. Das Bundesarbeitsgericht erklärt die sogenannte „Zölibatsklausel" für ungültig, nach der ein Arbeitsverhältnis im öffentlichen Dienst mit der Eheschließung einer Arbeitnehmerin endet, sofern das Familieneinkommen für ihre wirtschaftliche Versorgung ausreicht.
18./19.5. Auflösung der „Gesamtdeutschen Volkspartei" (GVP), ihre Mitglieder, darunter Gustav Heinemann und Helene Wessel, schließen sich überwiegend der SPD an.
21.5. Das Bundesverfassungsgericht stellt fest, dass West-Berlin ein Land der Bundesrepublik ist und demnach dort auch das Grundgesetz gilt.

JUNI

6.6. Uraufführung der Oper „Moses und Aaron" von Arnold Schönberg in Zürich.
18.6. Verkündung des Gesetzes über die Gleichberechtigung von Mann und Frau auf dem Gebiet des bürgerlichen Rechts in der Bundesrepublik.
23.6. Borussia Dortmund wird nach einem Sieg über den Hamburger Sport-Verein Deutscher Fußballmeister.

JULI

1.7. Die ersten drei Divisionen der Bundeswehr werden der NATO unterstellt.
4.7. Der Bundestag verabschiedet das Kartellgesetz gegen Wettbewerbsbeschränkungen. Der Aufbau des Bundeskartellamtes zur Sicherung des freien Wettbewerbes stellt eine der Grundlagen der freien Marktwirtschaft dar.
6.7. In West-Berlin wird die Internationale Bauausstellung (Interbau) eröffnet.
25.7. Errichtung der „Stiftung Preußischer Kulturbesitz" als öffentlich-rechtliche Einrichtung des Bundes zur Pflege und Verwaltung der in der Bundesrepublik befindlichen Kulturgüter des ehemaligen preußischen Staates.
Der Kölner Buchhändler Gerhard Ludwig eröffnet den ersten Taschenbuchladen in der Bundesrepublik Deutschland.
27.7. Die Regierung der DDR schlägt die Bildung eines Staatenbundes/Konföderation zwischen der DDR und der Bundesrepublik vor.
29.7. Die drei Westmächte und die Bundesrepublik veröffentlichen die „Berlin-Erklärung" zur deutschen Einheit. Darin wird die Forderung nach Viermächte-Verhandlungen und Abschluss eines Friedensvertrages mit einer freigewählten gesamtdeutschen Regierung gestellt.

AUGUST

1.8. Aufgrund des Bundesbankgesetzes vom 26.7. wird die Deutsche Bundesbank als zentrale Notenbank der Bundesrepublik und West-Berlins gegründet.
24.8. Konstituierung des „Forschungsrates" als zentrales Organ des Ministerrates der DDR für naturwissenschaftlich-technische Forschung.

SEPTEMBER

1.9. In der Bundesrepublik wird die Geschwindigkeitsbegrenzung in geschlossenen Ortschaften eingeführt.
7.9. Das Deutsche Fernsehen zeigt mit seiner eigenen Filmproduktion „Der Richter und sein Henker" nach einem Roman von Friedrich Dürrenmatt (1921-1990) den ersten abendfüllenden Spielfilm.
15.9. Wahlen zum 3. Deutschen Bundestag. Die CDU/CSU erreicht mit 50,2% der gültigen Stimmen die absolute Mehrheit.
21.9. Das deutsche Segelschulschiff „Pamir" sinkt südwestlich der Azoren. Nur sechs der 86 Besatzungsmitglieder können gerettet werden.

OKTOBER

3.10. Willy Brandt wird zum Regierenden Bürgermeister von West-Berlin gewählt.
6.10. John Heartfield erhält den Nationalpreis für Kunst und Literatur der DDR.
7.10. Auf Beschluss der Volks- und der Länderkammer wird die Amtszeit von Wilhelm Pieck als Präsident der DDR um weitere vier Jahre verlängert.
15.10. Die DDR und Jugoslawien nehmen gegenseitig diplomatische Beziehungen auf.
19.10. Im Fall Jugoslawiens wird erstmals die Hallstein-Doktrin angewandt und die diplomatischen Beziehungen zwischen der Bundesrepublik und Jugoslawien abgebrochen.
22.10. Konrad Adenauer wird erneut zum Bundeskanzler gewählt. Die Regierung besteht aus CDU, CSU und DP.
23.10. Der Bundesgerichtshof erkennt die Züchtigungsbefugnis der Lehrer gegenüber Schülern grundsätzlich an, verweist aber zusätzlich darauf, dass diese nur in Ausnahmefällen angewendet werden sollte.
27.10. Gründung des Bundes der Vertriebenen (BdV) in Deutschland.
31.10. In Garching bei München geht als erstes bundesdeutsches Kernkraftwerk ein Forschungsreaktor in Betrieb.

NOVEMBER

1.11. Die 24-jährige Prostituierte Rosemarie Nitribitt (1933-1957), die offensichtlich Kontakte zu hohen Persönlichkeiten aus Industrie, Politik und Wirtschaft hatte, wird erwürgt in ihrer Wohnung in Frankfurt/Main aufgefunden. Ihr Leben und der nichtaufgeklärte Mord entwickeln sich zur meistdiskutierten Affäre der Nachkriegszeit und werden 1958 verfilmt.
10.11. In West-Berlin wird mit dem Aufbau eines jüdischen Gemeindezentrums begonnen.

DEZEMBER

1.12. Der Westdeutsche und der Norddeutsche Rundfunk strahlen erstmals ein regionales Fernsehprogramm aus.
16.12. Der erste Atomreaktor der DDR wird in Rossendorf bei Dresden in Betrieb genommen.

AUSSERDEM

Alfred Andersch: Sansibar oder Der letzte Grund (Roman)
Bertolt Brecht: Die Geschäfte des Herrn Julius Caesar (Romanfragment)
Max Frisch: Homo Faber (Roman)

Die Römischen Verträge

Auf dem Weg zur heutigen Europäischen Union waren die Römischen Verträge von 1957 zur Bildung einer Europäischen Wirtschaftsgemeinschaft (EWG) mit Wirkung vom 1. Januar 1958 ein erster bedeutender Schritt. Mit Belgien, der Bundesrepublik Deutschland, Frankreich, Italien, Luxemburg und den Niederlanden vereinbarten sechs ökonomisch starke, in der Montanunion verbundene westeuropäische Länder die schrittweise Integration ihrer Volkswirtschaften: Abschaffung der Binnenzölle und der Mengenbeschränkungen; einheitliche Außenzölle und gemeinsame Handelspolitik; Abbau der Hemmnisse im Personen-, Dienstleistungs- und Kapitalverkehr; gemeinsame Verkehrs- und Agrarpolitik; Vereinheitlichung des Patentrechts; Harmonisierung der Wirtschaftspolitik; Einrichtung eines Europäischen Sozialfonds; Schaffung einer gemeinsamen Investitionsbank; Assoziierung überseeischer Länder; Erweiterbarkeit der EWG. Münden sollte dies alles schließlich in einem „grenzenlosen" Binnenmarkt und einer Währungsunion. Die im römischen Quirinalpalast am 25. März 1957 unterzeichneten Verträge sahen im Einzelnen vor:

a) Aufgabe der Gemeinschaft
Aufgabe der Gemeinschaft ist es, durch die Einrichtung eines „Gemeinsamen Marktes" und „die schrittweise Annäherung der Wirtschaftspolitik der Mitgliedstaaten" eine harmonische Entwicklung der Wirtschaft innerhalb der gesamten Gemeinschaft, eine beständige und ausgeglichene Wirtschaftsausweitung, eine erhöhte Stabilität, eine beschleunigte Hebung des Lebensstandards und engere Beziehungen zwischen den Staaten zu fördern, die in dieser Gemeinschaft zusammengeschlossen sind.

b) Organe der Gemeinschaft
Die Erfüllung der Aufgaben der Gemeinschaft obliegt
einer Versammlung,
einem Ministerrat,
einer Kommission,
einem Gerichtshof.

Kohle für Deutschland – Die Saar wird Bundesland. Am 1. Januar 1957 wurde die Saar als zehntes Bundesland ein Teil der Bundesrepublik Deutschland. Nach 1945 hatte Frankreich versucht, sich das Saargebiet wirtschaftlich anzugliedern und ihm politische Autonomie zu gewähren. Es wurde aus der französischen Besatzungszone ausgegliedert und so der Kompetenz des Alliierten Kontrollrates entzogen. 1950 erhob Bonn Widerspruch gegen alle Regelungen, die das Saargebiet vom deutschen Staatsgebiet lösten. Die Saar wurde gegen deutschen Widerspruch assoziiertes Mitglied im Europarat und in der Montanunion. Bonn und Paris einigten sich im Oktober 1954 dann auf ein europäisches Saarstatut, das aber von der saarländischen Bevölkerung in einem Referendum abgelehnt wurde. Die Bundesrepublik und Frankreich schlossen daraufhin am 27. Oktober 1956 den Saarvertrag; in ihm wurde die Aufnahme der Saar in die Bundesrepublik besiegelt.

Unterzeichnung der Römischen Verträge (EWG und EURATOM) am 25. März 1957. Rechts neben Adenauer Staatssekretär Walter Hallstein.

Der Rat und die Kommission werden von einem Wirtschafts- und Sozialausschuss unterstützt, der beratende Funktionen ausübt. Die Regelung für die Organe (ihre Zusammensetzung, Verfahren für die Abstimmung usw.) wird im fünften Teil des Vertrags näher bestimmt.

c) Schrittweise Errichtung des Gemeinsamen Marktes
Der Vertrag wird auf unbegrenzte Zeit geschlossen.
Um die erforderliche Anpassung der einzelnen Volkswirtschaften an die neuen Wettbewerbsbedingungen zu ermöglichen, wird der Gemeinsame Markt im Laufe einer Übergangszeit von zwölf Jahren schrittweise errichtet. Diese Übergangszeit kann bis zu einer Gesamtdauer von fünfzehn Jahren verlängert werden. Die Übergangszeit besteht aus drei Stufen von vier Jahren. Jede Stufe entspricht einer Gesamtheit von Maßnahmen, die zusammen eingeleitet und durchgeführt werden müssen.
Eines der wesentlichsten Merkmale des Verfahrens für die Errichtung

des Gemeinsamen Marktes ist sein unumstößlicher Charakter. Ist der Mechanismus für die Verwirklichung dieses Marktes in Gang gesetzt, so muss sein Ziel in jedem Falle erreicht werden. Es handelt sich hierbei um eine bedeutungsvolle Gewähr dafür, dass die von den Mitgliedstaaten in Anpassung an die neuen Bedingungen erbrachten Opfer nicht umsonst sein werden und nicht mit dem Risiko eines vollkommenen Stillstands und einer anschließenden Rückkehr zur früheren Lage nach einer Reihe von Jahren verbunden sind. Der Übergang von einer Stufe zur nächsten erfolgt also grundsätzlich automatisch ...

d) Dieser Teil des Vertrags enthält ferner einige grundlegende Prinzipien, die für die Anwendung des gesamten Vertrags maßgebend sind. Darin wird insbesondere Folgendes bestimmt: Die Mitgliedstaaten koordinieren ihre jeweilige Wirtschaftspolitik in dem für die Erreichung der Ziele des Vertrags erforderlichen Umfang.
Die Organe der Gemeinschaft sorgen dafür, dass die innere und äußere finanzielle Stabilität der Mitgliedstaaten nicht gefährdet wird. Unbeschadet der in den einzelnen Kapiteln des Vertrags vorgesehenen besonderen Bestimmungen ist jede auf die Staatsangehörigkeit gegründete Diskriminierung verboten ...

Die als Segelschulschiff dienende Viermastbark „Pamir" geriet am 21. September 1957 westlich der Azoren in einen Hurrikan und sank. Nur sechs Besatzungsmitglieder überlebten die Katastrophe, achtzig fanden den Tod.

Untergang der „Pamir"

An einem verhangenen Septembertag des Jahres 1957 trugen Rundfunkmeldungen Bestürzung, Schrecken und Erschütterung in viele deutsche Familien. Sie besagten, dass das deutsche Segelschulschiff „Pamir", eine Viermastbark, westlich der Azoren in einen Hurrikan geraten sei und dass mit dem Untergang des Schiffes gerechnet werden müsse. Die Meldungen darüber, was das Los der Besatzung geworden sei, ließen das Schlimmste befürchten.
Die Anteilnahme der gesamten deutschen Öffentlichkeit am Schicksal der betroffenen Familien war umso größer, als es sich bei der Mehrzahl der Besatzung der „Pamir", der Aufgabe dieses Viermasters als Schulschiff entsprechend, um junge Menschen handelte.
Am Montagmorgen konnte dann der amerikanische Truppentransporter „Geiger" melden, dass er fünf Überlebende an Bord genommen habe. Die Hoffnungen, es könnten noch weitere Rettungen erfolgen, erhielten neue Nahrung, als am Dienstagnachmittag ein sechstes Besatzungsmitglied als gerettet gemeldet wurde. Es war an sich nur ein sehr spärliches Hoffnungsfünklein, das nun wieder aufglomm.
Dann aber führte ein missverstandener Funkspruch in der Nacht vom Dienstag zum Mittwoch zu einem der bittersten Irrtümer in der Geschichte der internationalen Berichterstattung. Nachdem eine amerikanische Nachrichtenagentur kurz nach Mitternacht von etwa 70 Überlebenden berichtet hatte, gab die britische Nachrichtenagentur Reuter um 1.20 Uhr nachstehende, definitiv und klar formulierte Meldung in die Welt hinaus: „Das amerikanische Transportschiff ›Geiger‹ berichtete über Funk, dass es vierzig Überlebende des verschollenen Segelschiffes ›Pamir‹ aufgenommen habe und dass alle in guter Verfassung sind."
Diese Meldung gelangte in viele Morgenblätter, gab nochmals Anlass zu Hoffnungen. Aber wer die Morgenmeldungen des Rundfunks abhörte, geriet in neue Verzweiflung. Denn er vernahm, dass es sich um eine um 4.51 Uhr dementierte Falschmeldung gehandelt habe. Anlass war ein von dem Funkposten im Kontrollturm des Azoren-Flughafens Santa Maria abgehörtes Funktelephongespräch zwischen der „Geiger" und einem Suchflugzeug, bei dem der Funkposten die Angabe über die Zahl der den Aussagen der Geretteten zufolge mit den Rettungsbooten zu Wasser gelassenen Besatzungsmitglieder für die Zahl der Geretteten gehalten hatte.
Dass dies Hin und Her die Angehörigen der Opfer von neuer Hoffnung in neue Verzweiflung stürzen musste, war eine besonders unglückselige Begleiterscheinung der „Pamir"-Katastrophe.
Das Echo, das die Katastrophe in der deutschen Öffentlichkeit fand, hallte lange nach. Abgesehen davon, dass es sicherlich ein höchst unglücklicher Umstand war, dass der als erfahrener Kommandant der „Pamir" mit der Führung eines Viermasters besonders vertraute Kapitän Eggers krankheitshalber gerade an dieser Unglücksfahrt nicht hatte teilnehmen können, wurde die Frage aufgeworfen und viel erörtert, ob in unseren Tagen Segelschulschiffe wie die „Pamir" überhaupt noch einen Sinn hätten. (Denn die Schiffe unseres Zeitalters werden von Maschinen getrieben und nicht vom Wind.) Demgegenüber erklärten die Anhänger der Segelschulschiffe, auf den erzieherischen Wert (um es auf die kürzeste Formel zu bringen) der harten Segelschiffschulung könne nie verzichtet werden ... Im Januar 1958 verhandelte im Lübecker Rathaussaal das Lübecker Seeamt über die Ursachen des „Pamir"-Untergangs. Das Seeamt, dem es nicht obliegt, ein Urteil zu fällen, das sich vielmehr lediglich auf Feststellungen beschränken muss, stellte am Ende der Verhandlungen fest: Falsche Segelführung, verrutschte Ladung, nicht geflutete Tieftanks und erheblicher Wassereinbruch in die Aufbauten führten zum Untergang der „Pamir", mit der am 21. September 1957 achtzig deutsche Seeleute im Atlantik ums Leben gekommen waren.

Am weltweiten Erfolg des Volkswagens maß die Wirtschaftswunder-Generation ihre Aufbauleistung. Vor allem die Tatsache, dass der „Käfer" in immer größerer Stückzahl (jährlich bis zu 400 000) in die USA exportiert wurde, nährte bundesrepublikanischen Stolz.

15 Rekruten der Bundeswehr ertranken am 3. Juni 1957 während einer Übung in der Iller. 28 Mann des 4. Zuges der 2. Kompanie des Luftlande-Jägerbataillons hatten bei Hirschdorf die Illerbrücke überquert und am westlichen Ufer gerastet. Der stellvertretende Zugführer der Gruppe, ein Stabsoberjäger, gab eine „neue Übungslage" an und erteilte den Befehl, den Fluss zu durchwaten. Er stellte den Rekruten allerdings frei, auch die Brücke zu benützen. Aber alle 28 stiegen in voller Ausrüstung und mit schwerem Gepäck in den Fluss, der an dieser Stelle 1 bis 1,20 Meter tief und etwa 40 bis 50 Meter breit ist. Die Iller hatte, nach schweren Gewittern, starke Strömung. Kaum im Wasser, wurden die Soldaten, die schwere Gummistiefel trugen, von den Fluten fortgerissen. Einige konnten sich ans Ufer retten und mehrere ihrer Kameraden aus dem Wasser ziehen. Einer wurde tot geborgen; 14 andere riss der Fluss mit. Unsere Bilder zeigen Suchtrupps (oben) und Verteidigungsminister Strauß am Unglücksort (unten).

„Wohlstand für alle"

„So wenig Staat wie möglich", war die Devise des frühen Liberalismus. Auf die Wirtschaftspolitik angewandt bedeutete das, Güterproduktion, -konsum und -verkehr dem freien Spiel der Kräfte zu überlassen. Am Markt, wo Angebot und Nachfrage zusammentreffen, sollte sich im freien Wettbewerb der Preis von Waren bilden, zu denen auch die Arbeitskraft gerechnet wurde. Der Staat hatte dafür nur den rechtlichen Rahmen zu schaffen, für die Einhaltung des fairen Wettbewerbs zu sorgen, das Eigentum zu schützen und sich durch Steuern und Abgaben die Mittel zu verschaffen, die zu Bewältigung von Kollektivaufgaben nötig waren. Eine solche schrankenlose Marktwirtschaft wurde in reiner Form zwar nie verwirklicht, doch kamen die Zustände im Frühkapitalismus des 19. Jahrhunderts der Utopie recht nahe und entlarvten zugleich das Inhumane des Konzepts: Es kam zu Monopol- und Kartellbildung sowie zur Verelendung derer, die nicht über Produktionsmittel, sondern nur über ihre Arbeitskraft verfügten. Schwankungen der Konjunktur waren durch die Marktwirtschaft ebensowenig zu steuern, wie Firmenzusammenbrüche oder Arbeitslosigkeit zu vermeiden waren.
Dem Modell der freien Marktwirtschaft wurde daher vor allem nach dem Zweiten Weltkrieg das einer

sozialen Marktwirtschaft entgegengestellt, nach dem Motto: „So viel Staat wie nötig." Es galt die schwächeren Teilnehmer am Wirtschaftsleben zu schützen und den Grundrechten Geltung zu verschaffen. Der moderne Sozialstaat sollte aber auch dann eingreifen, wenn die Marktwirtschaft gegen ihre eigenen Gesetze verstieß, indem sie Großunternehmen oder Konzernen das Streben nach marktbeherrschender Stellung ermöglichte und damit den Wettbewerb verzerrte. Zudem sollte der Staat mit den Instrumenten der Wirtschafts- und Finanzpolitik für die Steuerung der Konjunktur und mit sozialpolitischen Maßnahmen für die Erhaltung des sozialen Friedens sorgen. Das Konzept der sozialen Marktwirtschaft erläuterte Wirtschaftsminister Ludwig Erhard 1957 in seinem Buch „Wohlstand für Alle":

Die Gefahr einer Beeinträchtigung des Wettbewerbs droht sozusagen ständig und von den verschiedensten Seiten her. Es ist darum eine der wichtigsten Aufgaben des auf einer freiheitlichen Gesellschaftsordnung beruhenden Staates, die Erhaltung des freien Wettbewerbs sicherzustellen.

Es bedeutet wirklich keine Übertreibung, wenn ich behaupte, dass ein auf Verbot gegründetes Kartellgesetz als das unentbehrliche „wirtschaftliche Grundgesetz" zu gelten hat. Versagt der Staat auf diesem Felde, dann ist es auch bald um die „soziale Marktwirtschaft" geschehen. Dieses hier verkündete Prinzip zwingt dazu, keinem Staatsbürger die Macht einzuräumen, die individuelle Freiheit unterdrücken oder sie namens einer falsch verstandenen Freiheit einschränken zu dürfen. „Wohlstand für alle" und „Wohlstand durch Wettbewerb" gehören untrennbar zusammen; das erste Postulat kennzeichnet das Ziel, das zweite den Weg, der zu diesem Ziel führt.

Diese wenigen Andeutungen zeigen bereits den fundamentalen Unterschied zwischen der sozialen Marktwirtschaft und der liberalistischen Wirtschaft alter Prägung.

Unternehmer, die unter Hinweis auf neuzeitliche wirtschaftliche Entwicklungstendenzen Kartelle fordern zu können glauben, stellen sich mit jenen Sozialdemokraten auf eine geistige Ebene, die aus der Automation auf die Notwendigkeit einer staatlichen Planwirtschaft schließen.

Diese Überlegung macht wohl auch deutlich, wie ungleich nützlicher es mir erscheint, die Wohlstandsmehrung durch die Expansion zu vollziehen, als Wohlstand aus einem unfruchtbaren Streit über eine andere Verteilung des Sozialproduktes erhoffen zu wollen ...

Der Erfolg hat mir Recht gegeben. Die deutsche Wirtschaftspolitik hat dahin geführt, dass der Ertrag, den alle aus der Wirtschaft ziehen, ohne jede Unterbrechung von Jahr zu Jahr angestiegen ist. Der private Verbrauch z.B. erhöhte sich von

Die durchschnittliche Altersrente der Arbeiter betrug 1957 nach der Rentenreform 143,20 DM. Die Sozialpolitik hinkte dem „Wirtschaftswunder" zunächst hinter her.

1950 bis 1955 – wohlgemerkt wieder in Preisen von 1936 ausgedrückt – von 29 auf 51 Mrd. DM. Diese beachtliche Steigerung steht im internationalen Vergleich mit an erster Stelle. Nach Ermittlungen der OEEC stieg der Index des privaten Verbrauchs – preisbereinigt – je Kopf der Bevölkerung (1952 = 100) in Westdeutschland von 77 im Jahre 1949 auf 126 im Jahre 1955; in diesem Zeitraum erhöhte sich die Indexzahl in den USA von 96 auf 107, in Großbritannien von 100 auf 110; in Schweden von 96 auf 110; in Frankreich von 88 auf 113. Auch wenn man die Vorkriegszeit als Basis wählt, übersteigt die westdeutsche Entwicklung diejenige des Durchschnitts aller OEEC-Länder bei weitem. Selbst die revolutionärste Umgestaltung unserer Gesellschaftsordnung hätte es niemals vermocht, den privaten Verbrauch dieser oder jener Gruppe auch nur um Bruchteile der tatsächlich erreichten Steigerung zu erhöhen; denn gerade ein solcher Versuch hätte zu einer Lähmung und Stagnation der Volkswirtschaft geführt. Diese Skepsis gegenüber allen Streitigkeiten über die „gerechte" Verteilung des Sozialprodukts erwächst auch aus der Überzeugung, dass so begründete Lohnkämpfe in enger geistiger Nachbarschaft zu vielfältigen Bemühungen auch anderer Interessenten, ja ganzer Volksteile stehen, sich auf Kosten anderer Vorteile verschaffen zu wollen. Dabei wird in leichtfertiger Weise ver-

Das Modell 311-3 Reise-Coupé der Baureihe AWE Wartburg kommt erstmals 1957 auf den Markt.

Karikatur auf Adenauers Zurechtweisung der 18 Atomphysiker, die mit der „Göttinger Erklärung“ vom 12. April 1957 gegen die atomare Bewaffnung der Bundeswehr protestierten: „Schon vor 120 Jahren hat der Minister von Rochow von Leuten ihres Schlages gesagt: ‚Es ziemt dem Untertanen nicht, die Handlungen des Staatsoberhauptes an den Maßstab seiner beschränkten Einsicht anzulegen!‘ Schreiben sie dat mal fünfzigmal ab“.

kannt, dass jedes geforderte Mehr immer eine größere Leistung voraussetzt. Ein derartiges, geradezu kindisch zu nennendes Verhalten gefährdet in illusionistischer Verblendung zuletzt sogar die Grundlagen unseres Fortschritts. Auch hier ist vor allem die Bejahung des Wettbewerbs geeignet, dem Egoismus einen Riegel vorzuschieben. So wie es in einer gesunden Wettbewerbswirtschaft dem Einzelnen nicht erlaubt ist, Sondervorteile für sich zu beanspruchen, so ist diese Art der Bereicherung auch ganzen Gruppen zu versagen.
Mein ständiges Drängen, alle Anstrengungen auf eine Expansion ohne Gefährdung der gesunden Grundlage unserer Wirtschaft und Währung zu richten, gründet sich gerade auf die Überzeugung, dass es mir auf solche Weise möglich sein kann, all denen, die ohne eigenes Verschulden wegen Alter, Krankheit oder als Opfer zweier Weltkriege nicht mehr unmittelbar am Produktionsprozess teilhaben können, einen angemessenen, würdigen Lebensstandard zu garantieren.
Das Anwachsen der Sozialleistungen in den letzten Jahren erweist die Richtigkeit dieser These. Die Steigerung der öffentlichen Sozialleistungen in der Bundesrepublik von 9,6 Mrd. DM im Jahre 1949 auf fast 21 Mrd. DM im Jahre 1955 war, wie auch die neue Rentenreform, nur über den wirtschaftlichen Fortschritt zu bewerkstelligen. Nur die Expansion hat es ermöglicht, auch die Armen mehr und mehr an der Wohlstandssteigerung teilhaben zu lassen. Wenn, wie gesagt, die Bundesregierung jetzt sogar eine weitere und wesentliche Erhöhung der Sozialleistungen gewähren kann, dann ist sie dazu nur deshalb in der Lage, weil die Wirtschaftspolitik auch für die Zukunft eine Steigerung unseres Sozialproduktes erwarten lässt ...

Rentenreform

Trotz der wirtschaftlichen Aufwärtsbewegung, die bereits in den fünfziger Jahren spürbar wurde, gab es in der Bundesrepublik viele Menschen, die an diesem beginnenden Wohlstand nicht teilhaben konnten. Die Sozial-Enquete der Bundesregierung von 1955 erfasste noch etwa 1 Million Haushalte, die unter der offiziellen Armutsgrenze von 130 DM monatlich lagen. Insgesamt waren 2,0 Prozent der bundesdeutschen Bevölkerung von irgendeiner Form von Sozialhilfe abhängig. Die größte Gruppe unter ihnen stellten Sozialrentner, die durch Krieg und Inflation sowie die Stagnation der Beiträge zum Teil völlig verarmt waren. Die Rentenreform ist neben dem Lastenausgleich für Vertriebene und Flüchtlinge die in der Auswirkung wohl durchschlagendste Reform innerhalb des Sozialleistungssystems gewesen. Rechtzeitig zur Bundestagswahl von 1957, die dann auch den größten Erfolg in der Geschichte der CDU/CSU brachte, gelang es dem Bundeskanzler, durch die Rentenreform die soziale Lage der Rentner entscheidend zu verbessern: Die durchschnittlichen Renten der Arbeiter stiegen direkt um 65,3 Prozent, die der Angestellten um 71,9 Prozent. Damit war erstmals in der Geschichte der Teufelskreis von Armut und Alter durchbrochen. Die Renten bemaßen sich zwar wie vormals auch prozentual am jeweiligen früheren Einkommen des Versicherten, differierten also stark in ihrer Höhe, richteten sich aber nunmehr am aktuellen Niveau von Löhnen und Gehältern aus und nahmen durch die Dynamisierung am wirtschaftlichen Wachstum teil.

Kampf dem Atomtod

Nach Gründung der Bundeswehr strebten Adenauer und sein Verteidigungsminister Strauß auch nach atomarer Ausrüstung der bundesdeutschen Streitkräfte. Dagegen wandten sich am 12. April 1957 im sogenannten Göttinger Manifest 18 führende deutsche Atomwissenschaftler, darunter Otto Hahn, Werner Heisenberg und Carl Friedrich von Weizsäcker. Die „Göttinger Achtzehn“ kündigen an, dass sie sich „an der Herstellung, der Erprobung oder dem Einsatz“ solcher Waffen nicht beteiligen würden. Sie lösten damit eine Protestwelle auch der Gewerkschaften, der SPD, von Schriftstellern und Theologen gegen die Pläne der Regierung aus. Die Bewegung „Kampf dem Atomtod“ blieb erfolglos, denn der Bundestag stimmte der atomaren Aufrüstung der Bundeswehr im Rahmen der Nato zu. Die Regierung erreichte ihr eigentliches Ziel allerdings auch nicht, denn die Verfügungsgewalt über diese Waffen blieb bei den USA. Über eine Diskussion im Bundeskanzleramt zwischen Regierungsvertretern und Mitgliedern der Anti-Atom-Bewegung am 17. April 1957, auf dem Höhepunkt der

Wolfgang Müller, Liselotte Pulver und Wolfgang Neuss (von links) in dem Film „Das Wirtshaus im Spessart“ (1957). Nach Wilhelm Hauffs romantischer Geschichte vom wilden Räuberhauptmann im dunklen Walde und der Grafentochter, die in Burschenkleidern unter die Galgenvögel geht, ist ein bunter, genussvoll gruseliger und heiter musikalischer, von Kurt Hoffmann inszenierter Film mit parodistischem Einschlag entstanden.

Kampagne, berichtet ein von beiden Seiten gemeinsam erstelltes Kommuniqué:

Am Mittwoch fand im Hause des Bundeskanzlers eine Besprechung statt, an der Bundeskanzler Dr. Konrad Adenauer, Bundesminister Franz-Josef Strauß, die Staatssekretäre Prof. Walter Hallstein, Dr. Josef Rust, Dr. Hans Globke, die Generale Adolf Heusinger und Dr. Hans Speidel und die Professoren Walter Gerlach, Otto Hahn, Max von Laue, Wolfgang Riezler und Carl-Friedrich von Weizsäcker teilnahmen. Gegenstand der Besprechung war die weltpolitische und strategische Lage im Atomzeitalter in Verbindung mit der Erklärung der 18 deutschen Atomwissenschaftler vom 12. April 1957.

Die Bundesregierung teilt die Besorgnisse, die in der genannten Erklärung zum Ausdruck kommen. Sie stimmt mit den Motiven und Zielen der Wissenschaftler überein und empfindet volles Verständnis für die Verantwortung, die die Atomwissenschaftler für die Entwicklung in einer Welt der Spannung zwischen Ost und West in sich fühlen.

Der Bundeskanzler und die Wissenschaftler, die an dieser Besprechung teilnahmen, glauben, dass es notwendig ist, mit allen zur Verfügung stehenden Mitteln auf die Regierungen in Ost und West einzuwirken, um zu einem Abkommen über eine allgemeine kontrollierte Abrüstung zu gelangen, die den Menschen auf der ganzen Welt die Furcht vor einem Atomkrieg nehmen könnte. Sie sind sich der furchtbaren Gefahr bewusst, die durch die Entwicklung der Atomwaffe über die Menschheit gebracht wurde, und sind gewillt, jeder ehrlichen Anstrengung, diese Gefahr zu bannen, volle Mitarbeit zu gewähren.

In einer eingehenden Aussprache über die politische und strategische Lage, in der sich die Bundesrepublik, Europa und die Welt befinden, wurde klargestellt, dass die Bundesrepublik nach wie vor keine eigenen Atomwaffen produzieren wird und dass die Bundesregierung demgemäß keine Veranlassung hat, an die deutschen Atomwissenschaftler wegen einer Beteiligung an der Entwicklung nuklearer Waffen heranzutreten. Die Bundesregierung wird ihre Anstrengungen darauf richten, durch ein Abkommen zwischen allen Mächten eine generelle atomare Bewaffnung der sich in Ost und West gegenüberstehenden Armeen zu vermeiden. Die Atomforscher, die an der Besprechung teilgenommen haben, wünschen zum Ausdruck zu bringen, dass es nicht ihr Hauptziel war, nur die Bundesrepublik aus einem allgemeinen Verhängnis herauszuhalten, sondern sie wollten eine Initiative zur Abwehr dieses die Welt bedrohenden Verderbens ergreifen. Sie waren der Meinung, in dem Staate beginnen zu müssen, dessen Bürger sie sind. Der Bundeskanzler sprach den Wunsch aus, in diesen Fragen mit Vertretern der Wissenschaft in Verbindung zu bleiben und sie über die Entwicklung auf den genannten Gebieten sowie über die Entwicklung der internationalen Lage auf dem Laufenden zu halten. Die Vertreter der Wissenschaft begrüßten den vom Bundeskanzler ausgesprochenen Wunsch.

Die „Frankfurter Allgemeine Zeitung“ fügte folgende Ergänzung an:

Minister Strauß wies die Professoren darauf hin, dass noch mindestens achtzehn, wahrscheinlich aber vierundzwanzig Monate vergehen würden, bis die atomare Bewaffnung der Bundesrepublik aktuell werde, und dass diese Frist intensiv zu Verhandlungen über die atomare Abrüstung genutzt werden müsse. Wenn es aber innerhalb dieser Zeitspanne nicht zu einer solchen Abrüstung kommt, wird die Bundesregierung eine neue Lage entstanden sehen, die geprüft werden muss, und zwar, wie ein Regierungssprecher nach der Konferenz vor der Presse betonte, im Rahmen der NATO, da wir in dieser Allianz stehen. Dazu aber legten die Generale Speidel und Heusinger in der Konferenz dar, falls sich die NATO beim Scheitern einer atomaren Abrüstung für die atomare Umrüstung entscheide, so sei eine Führung der Streitkräfte der NATO unmöglich, wenn ein Partner, und zwar ein sehr maßgebender Partner, dabei nicht mitmache.

Demgegenüber betonten die Professoren, ihr Hauptziel sei zwar nicht, die Bundesrepublik aus einem allgemeinen Verhängnis herauszuhalten, sie wollten vielmehr eine allgemeine Initiative zur Abwehr des Verderbens für die Welt ergreifen. Aber sie glaubten, in dem Staat beginnen zu müssen, dessen Bürger sie seien.

So blieb der Gegensatz bestehen, dass die Bundesregierung sich einer eventuellen allgemeinen Umrüstung der NATO beim Scheitern eines allgemeinen atomaren Abrüstungsabkommens nicht entziehen zu können glaubt, die Professoren aber einen Verzicht der Bundesrepublik auf atomare Waffen wünschen.

Einigung wurde hingegen in einem anderen für die deutschen Atomwissenschaftler bedeutsamen Punkt mit der Feststellung erzielt, dass die Bundesregierung nicht an sie wegen einer Beteiligung an der Entwicklung nuklearer Waffen herantreten werde, da sie keine eigenen Atomwaffen produzieren werde. Im Übrigen erklärte der Kanzler den Professoren ausdrücklich, die Bundesregierung teile ihre Besorgnisse, stimme mit ihren Motiven und Zielen überein und empfinde volles Verständnis für die Verantwortung, welche die Atomwissenschaftler für die Entwicklung in einer Welt der Spannung zwischen Ost und West in sich fühlten. Der Kanzler wünsche, mit den Vertretern der Wissenschaft in Verbindung zu bleiben, und die Professoren begrüßten diesen Wunsch.

Ihr schwarzer Mercedes 190 SL Roadster mit roten Ledersitzen war Stadtbekannt. Doch erst nachdem die Polizei die Edelprostituierte am 1. November 1957 in ihrer Frankfurter Luxuswohnung ermordet aufgefunden hatte, wurde Rosemarie Nitribitt zur Legende. Zwar konnte ihr Fall nie aufgeklärt werden, doch der spekulativen Phantasie setze dies keine Grenzen. Da sie nachweislich Kontakte zu bedeutenden Persönlichkeiten hatte, wurde in den Medien immer wieder der Eindruck erweckt, dass bestimmte Kreise aus Wirtschaft und Politik die Aufklärung zu verhindern suchten. Immerhin, den zweifelhaften Ruhm, für den ersten Gesellschaftsskandal der Bundesrepublik gesorgt zu haben, wird dem „Mädchen Rosemarie“ niemand nehmen können.

1958

JANUAR

1.1. Die „Römischen Verträge" über die Europäische Wirtschaftsgemeinschaft (EWG) und die Europäische Atomgemeinschaft (EURATOM) treten in Kraft.
2.1. Das Ministerium für Kultur der DDR ordnet an, die Erscheinungen der „westlichen Dekadenz" in der Unterhaltungs- und Tanzmusik in der DDR zu bekämpfen.
27.1. Die Pionierorganisation Ernst Thälmann wird sozialistische Massenorganisation für Kinder in der DDR.

FEBRUAR

3.-6.2. Auf der 35. Tagung des Zentralkomitees der SED werden die Funktionäre Karl Schirdewan (1907-1998), Ernst Wollweber und Fred Oelßner (1903-1977) ihrer Ämter enthoben. Sie hatten sich für Liberalisierungen eingesetzt. Erich Honecker wird Mitglied des Sekretariats des Zentralkomitees und des Politbüros der SED.
10./11.2. Die Volkskammer beschließt die Umstrukturierung des Staatsapparats: Der Wirtschaftsrat wird durch die „Staatliche Plankommission" ersetzt, die Vereinigungen Volkseigener Betriebe (VVB) werden neu organisiert und der „Staatlichen Plankommission" unterstellt. Die Industrieministerien werden aufgelöst.
24.2. Der Physiker Werner Heisenberg hält in Göttingen einen Vortrag über seine „Einheitliche Theorie der Elementarteilchen", die als „Weltformel" bekannt wird.
28.2.-2.3. Auf der dritten Hochschulkonferenz der SED werden die Aufgaben der Universitäten und Hochschulen beim Aufbau des Sozialismus festgelegt.

MÄRZ

7.3. Gründung des Arbeitsausschusses „Kampf dem Atomtod" durch namhafte Atomkraftgegner aus dem politischen, kulturellen und kirchlichem Leben der Bundesrepublik.
7.3./19.3. Bundeskanzler Adenauer schlägt der UdSSR vor, der DDR einen neutralen Status entsprechend Österreich zu geben.
14.3. Im Deutschen Fernsehen wird die erste Sendung der Krimi-Serie „Stahlnetz" ausgestrahlt, in der tatsächliche Kriminalfälle nachgestellt werden.
19.-21.3. Konstituierende Sitzung des Europäischen Parlaments in Straßburg, als gemeinsames Organ von Montanunion, Europäischer Wirtschaftsgemeinschaft und Europäischer Atomgemeinschaft.
25.3. Der Bundestag beschließt die Ausstattung der Bundeswehr mit Atomwaffen im Rahmen der NATO, falls es nicht zu einer allgemeinen Abrüstungsvereinbarung kommt.

APRIL

7.4. In London nehmen über 1.000 Teilnehmer am ersten Ostermarsch gegen nukleare Aufrüstung teil.
17.4. In Brüssel wird die erste Weltausstellung seit dem Zweiten Weltkrieg unter dem Motto „Bilanz der Welt - für eine menschlichere Welt" eröffnet. Zentrale Themen sind Kerntechnik und Raumfahrt.
19.4. In mehreren bundesdeutschen Großstädten finden Massenkundgebungen der Aktion „Kampf dem Atomtod" gegen die Ausrüstung der Bundeswehr mit Kernwaffen statt.
25.4. Abschluss des ersten deutsch-sowjetischen Handelsabkommens. Es sieht einen auf drei Jahre befristeten Warenaustausch im Wert von 3,15 Milliarden DM vor.

MAI

18.5. Schalke 04 wird nach einem Sieg über den Hamburger SV mit 3:0 Deutscher Fußballmeister.
29.5. Abschaffung der Lebensmittelkarten in der DDR.
Erstsendung des Hörspiels „Der gute Gott von Manhattan" von Ingeborg Bachmann im NDR und im Bayerischen Rundfunk.

JUNI

12.6. In der deutsch-niederländischen Handelskammer wird ein Gutachten vorgelegt, das die Verschmutzung des Rheins als „an der Grenze des Erträglichen" bezeichnet.
29.6. Brasilien schlägt im Finale der Fußballweltmeisterschaft den Gastgeber Schweden mit 5:2 und wird damit neuer Fußballweltmeister. Die deutsche Mannschaft war im Halbfinale gegen Schweden ausgeschieden.

JULI

1.7. In der Bundesrepublik Deutschland tritt das 1957 verabschiedete Gesetz über die Gleichberechtigung von Mann und Frau in Kraft.
2.7. Der Bundestag fordert die Bildung eines Viermächte-Gremiums für die Lösung der Deutschen Frage.
4.7. Der Bundestag verabschiedet den Haushalt für das Jahr 1958/59; erstmals ist der Verteidigungsetat der größte Posten.
10.-16.7. Auf dem V. Parteitag der SED wird der „Sieg der sozialistischen Produktionsverhältnisse" als Hauptaufgabe aller Parteien und Massenorganisationen der DDR festgelegt. Außerdem wird der Beschluss gefasst, den Lebensstandard der Bundesrepublik bis 1961 zu überflügeln.
17.7. Das Moskauer Bolschoi-Ballett gibt in München sein erstes Gastspiel in der Bundesrepublik.
30.7. Das Bundesverfassungsgericht erklärt die von Hamburg und Bremen geplante Volksbefragung über die atomare Bewaffnung der Bundeswehr für verfassungswidrig.

AUGUST

23.8. In Hamburg läuft das erste Segelschulschiff der Bundesmarine, „Gorch Fock", vom Stapel.
25.8. Premiere des Films „Das Mädchen Rosemarie", nach dem authentischen Fall der 1957 ermordeten Prostituierten Rosemarie Nitribitt. Die Hauptrolle spielt Nadja Tiller (geb. 1929).

SEPTEMBER

4.9. Noten der Regierung der DDR an die vier Siegermächte und an die Bundesrepublik über die Bildung einer Viermächtekommission für die Vorbereitung eines Friedensvertrages mit Deutschland.
11.9. Der Maler und Graphiker Hans Grundig stirbt in Dresden.
14.9. Einweihung der Nationalen Gedenkstätte im ehemaligen Konzentrationslager Buchenwald bei Weimar.
14./15.9. Erstes Treffen zwischen Bundeskanzler Adenauer und dem französischen Ministerpräsidenten de Gaulle.
23.9. Der amerikanische Film „Der große Diktator" von und mit Charlie Chaplin aus dem Jahre 1940, der eine Parodie auf Adolf Hitler darstellt, wird erstmals in der Bundesrepublik gezeigt.

OKTOBER

1.10. Der amerikanische Rock 'n' Roll Sänger Elvis Presley trifft als Wehrpflichtiger zu seinem Dienst in der Bundesrepublik ein und wird von vielen hundert Fans jubelnd empfangen.
5.10. Fritz Cremer, Hans und Lea Grundig erhalten den Nationalpreis für Kunst und Literatur der DDR.
9.10. Papst Pius XII. stirbt in Rom, sein Nachfolger wird Papst Johannes XXIII. (1881-1963).
11.10. Der Schriftsteller Johannes R. Becher stirbt in Ost-Berlin.
26.10. Im Anschluss an ein Konzert des Rock 'n' Roll Sängers Bill Haley kommt es in West- Berlin zu Krawallen.
28.10. Premiere des Films „Wir Wunderkinder", nach dem gleichnamigen Roman von Hugo Hartung (1902-1972). Erzählt wird die Lebensgeschichte zweier Deutscher, die sich mit den unterschiedlichen Gesellschaftssystemen seit der Jahrhundertwende arrangieren.
31.10.-19.12. Genfer Konferenz der drei Atommächte USA, UdSSR und Großbritannien über

die Einstellung der Kernwaffenversuche.

NOVEMBER

2.11. Eröffnung einer Ausstellung auf der Ost-Berliner Museumsinsel mit Kunstschätzen, die 1945 in die Sowjetunion verschleppt und nun zurückgegeben wurden (darunter auch der Pergamonaltar).

10.11. Der sowjetische Ministerpräsident Nikita S. Chruschtschow fordert auf einer Kundgebung in Moskau die Revision des Potsdamer Abkommens und kündigt an, die Sowjetunion werde ihren Teil der Kontrolle über Berlin an die DDR übertragen. Damit löst Chruschtschow die sogenannte Berlin-Krise aus.

Uraufführung des Theaterstückes „Der aufhaltsame Aufstieg des Arturo Ui“ von Bertolt Brecht im Staatstheater in Stuttgart.

16.11. Bei den Wahlen zur Volkskammer und zu den Bezirkstagen in der DDR erhalten die Einheitslisten 99,7% der Stimmen.

27.11. Die Sowjetunion kündigt das Besatzungsstatut für Groß-Berlin auf und fordert eine entmilitarisierte Freie Stadt West-Berlin innerhalb von sechs Monaten.

Im Fall der Nichterfüllung würden die sowjetischen Berlin-Rechte an die DDR übertragen werden. (Erstes Berlin-Ultimatum)

DEZEMBER

1.12. Gründung der Ludwigsburger Zentralstelle zur Verfolgung nationalsozialistischer Gewaltverbrechen.

8.12. Die Volkskammer beschließt die Auflösung der Länderkammer in der DDR.

29.12. Auflösung der Europäischen Zahlungsunion. Damit werden die D-Mark und zwölf weitere europäische Währungen frei austauschbar.

31.12. Die USA, Großbritannien und Frankreich protestieren in gleichlautenden Noten an die Sowjetunion gegen das Berlin-Ultimatum Chruschtschows vom 27. November. Das Statut der Stadt soll nur im Zusammenhang mit der Deutschlandfrage erörtert werden.

AUSSERDEM

Wolfdietrich Schnurre: Als Vaters Bart noch rot war, Ein Roman in Geschichten.

Wolf Vostell veranstaltet in Paris ein erstes Straßenhappening, bei dem er Passanten Plakattexte lesen lässt.

Von den USA aus breitet sich das „Hula-Hoop-Fieber“ über Europa aus. Alle Altersstufen schwingen mit dem Kunststoffreifen ihre Hüften. Die Hula-Hoop-Welle steht am Beginn der Fitnessbewegungen, die ab 1958 immer wieder von den USA nach Europa gelangen.

Beim Staatsbesuch in Großbritannien im Oktober 1958 fahren Königin Elisabeth II. und Bundespräsident Theodor Heuss im offenen Wagen durch die Londoner City.

Der Bundestag beschließt die Atombewaffnung der Bundeswehr

Ein letztes Mal wurde ein leidenschaftliches Feuerwerk von Argumenten für und gegen die westliche militärische Eingliederung abgebrannt. Der Bundestag debattierte über die atomare Ausrüstung der Bundeswehr. Noch einmal bündelte die Opposition alle Vorwürfe über versäumte Chancen.

Zur Opposition gehörte seit zwei Jahren auch die FDP, die unter ihren Vorsitzenden Thomas Dehler und Reinhold Maier in der Deutschlandpolitik kritische Distanz bezog.

Dehler, ehemals ein Bewunderer Adenauers und Justizminister in der ersten Legislaturperiode des Bundestages, ging mit der Regierungspolitik ins Gericht, die er lange mitgetragen hatte. „Mein Bruch mit Dr. Adenauer beruht auf dieser Frage" (der Einheit Deutschlands). „Ich habe ihm nicht mehr geglaubt, dass er das deutsche Ziel, die Wiedervereinigung, anstrebt. Meine Partei ist aus der Koalition herausgegangen, weil wir nicht mehr geglaubt haben, dass die CDU/CSU und die Bundesregierung die deutsche Einheit wollen ... Damals hatten wir ein Angebot Stalins, ein Jahr vor seinem Tode, am 10. März 1952. Man muss sich das wieder einmal in Erinnerung rufen, was dem deutschen Volk damals an Verhandlungsmöglichkeiten – mehr zu sagen wäre nicht zu verantworten – geboten war ...

Der Herr Bundeskanzler hat uns damals erklärt: Das ist ein Störmanöver! Genau das gleiche, was er heute erklärt. Ich habe ihm vertraut ... Aber das Entscheidende ist doch, dass sich erwiesen hat und dass jeder von Ihnen heute einsehen muss, was damals falsch gemacht, was geschadet worden ist. Wir wissen doch heute viel mehr. Wir haben inzwischen den 20. Bolschewistischen Kongress erlebt. Wir haben die Reden von Chruschtschow gelesen. Wir wissen jetzt, dass damals, im März 1952, Stalin innenpolitisch in einer verzweifelten Lage war. Das laste ich dem Herrn Bundeskanzler und den Westalliierten an. Damals war die Pause ... die ihm geboten war, die er hätte benützen müssen.

Aber das letzte Gefecht hatte einen vorherbestimmten Sieger, die Unionsmehrheit im Bundestag. Im Zenit seines Ansehens konnte der alte Kanzler daher alles durchsetzen, was in den eigenen Reihen durchsetzenswert erschien. Die Denkbahnen atomarer Sicherheitspolitik wurden auch nicht dadurch irritiert, dass sich achtzehn westdeutsche Kernphysiker im April 1957 in der „Göttinger Erklärung" gegen diesen Kurs ausgesprochen hatten und dass der Plan des polnischen Außenministers Rapacki über eine atomwaffenfreie Zone in Mitteleuropa auf den Konferenztischen lag. Von Lambarene her mahnte Albert Schweitzer, die Folgen der zunehmenden Atomverseuchung seien unabsehbar. Eine breite außerparlamentarische Protestbewegung formierte sich unter dem Slogan „Kampf dem Atomtod".

Die Frage stellt sich, ob elementare Lebensfragen des Volkes in jedem Fall allein vom Parlament entschieden werden müssen und dürfen. So ist es zwar im Grundgesetz vorgesehen, doch handeln die Abgeordneten nicht mehr, wie das Grundgesetz auch fordert, nur nach ihrem Gewissen, sondern meist unter Fraktionszwang, also nach parteilichen Gesichtspunkten. Wer vertritt das Volk, wer verficht seinen Willen?

Das sind staatsrechtlich und moralisch schwierige Fragen, die mit der Zeit die ganze herkömmliche Parteiendemokratie umgestalten können. Übrigens war die Entschließung über die atomare Bewaffnung der Bundeswehr am Ende ein nutzloser Regierungssieg. Die Bundeswehr hat nie Atomwaffen erhalten. Die Amerikaner hielten sie unter Verschluss. Die Atommächte, zu denen sich auch Großbritannien und Frankreich gesellten, wollten unter sich bleiben.

Bundesverteidigungsminister Strauß während der Debatte über die atomare Bewaffnung der Bundeswehr am 22. März 1958 im Gespräch mit Carlo Schmid.

„Fußballkrieg" zwischen Deutschen und Schweden

Als Titelverteidiger reiste die bundesdeutsche Fußballmannschaft 1958 zur Weltmeisterschaft nach Schweden an. Doch niemand gab ihr auch nur den Hauch einer Chance. Die Jahre zwischen den beiden Großereignissen hatten eine Reihe bitterer Erkenntnisse und Niederlagen gebracht. Aber die deutsche Elf steigerte sich unerwartet, vor allem deshalb, weil Fritz Walter, der Fußballgenius aus Kaiserslautern, auch mit 38 Jahren noch ein großartiger Dirigent war. Walter hatte seine internationale Laufbahn schon beendet, als ihn Bundestrainer Sepp Herberger kurz vor der WM doch noch einmal umstimmte, mit dem Erfolg, dass das Team bis ins Halbfinale vorstieß. Dort allerdings war der Gegner Gastgeber Schweden.

Trotz der übergroßen Nervosität, hervorgerufen durch die ständigen peitschenden „Heja, heja – Sverige"-Sprechchöre im ausverkauften Stadion von Göteborg, hielten Herbergers Kicker die Partie lange offen. Hans Schäfer, der Kölner Linksaußen, hatte die 1:0-Führung erzielt, die Schweden glichen aus. Doch in der 57. Minute und danach geschah, was später einen regelrechten Fußballkrieg zwischen den beiden Ländern auslöste. Schwedens Weltklasse-Rechtsaußen Kurt Kurre Hamrin foulte den deutschen Verteidiger Hans Juskowiak schwer; der verlor im Göteborger Hexenkessel die Nerven und trat zurück. Der ungarische Schiedsrichter Zsolt entschied auf Platzverweis. Später sagte er: „Ich habe Hamrins Foul nicht gesehen. Juskowiak traf den Gegner ohne Ball. Mir blieb keine andere Entscheidung." Trotz dieser Schwächung gab sich das deutsche Team immer noch nicht geschlagen, bis zur 75. Minute.

Da foulte der Schwede Parling Spielmacher Fritz Walter so schwer, dass dieser nur noch als Statist am Spielfeldrand herumhumpeln konnte.

Ihrer zentralen Figur beraubt, brach das deutsche Team zusammen; die Schweden hatten anschließend leichtes Spiel, mit 3:1 Toren zu gewinnen. Im Finale unterlagen sie Brasilien dann 2:5; die Deutschen wurden nach einer 3:6-Niederlage gegen Frankreich Vierte.

Danach aber steigerte sich die feindliche Atmosphäre in wahren Hass: Schwedische Autos wurden in Städten der Bundesrepublik umgekippt und angezündet, skandinavische Touristen wurden bedroht; zwischen beiden Ländern herrschte einige Jahre lang eine gespannte Atmosphäre.

Platzverweis für Erich Juskowiak. Tröstend begleiten Fritz Walter (links) und Hans Schäfer ihren Mannschaftskameraden vom Platz.

Im Sommer 1958 sprang die Hula-Hoop-Welle von Amerika nach Europa über. Jung und alt ließen die Reifen um die Hüften kreisen.

1959

JANUAR

1.1. Die UdSSR verzichtet auf die Zahlung der Stationierungskosten für ihre in der DDR befindlichen Truppen durch die DDR.
5.1. In Dresden wird die Militärakademie „Friedrich Engels“ eröffnet.
8.1. General Charles de Gaulle wird zum Staatspräsidenten der V. Französischen Republik proklamiert.
10.1. Veröffentlichung eines sowjetischen Friedensvertragsentwurfs für Deutschland.
23.1. Walter Ulbricht erneuert den Vorschlag einer Konföderation zwischen beiden deutschen Staaten.

FEBRUAR

6.2. Das Bundesverteidigungsministerium bestellt 96 „Starfighter“ in den USA.
15.2. Im Regierungsbezirk Düsseldorf wird erstmals in der Bundesrepublik ein Radargerät zur Geschwindigkeitskontrolle auf den Straßen eingesetzt.
19.2. Wahl des ersten Wehrbeauftragten durch den Bundestag.
20.2. Das Bundesverwaltungsgericht in Berlin entscheidet, dass die Streitkräfte der Bundesrepublik mit Atomwaffen der USA ausgerüstet werden dürfen.

MÄRZ

18.3. Die SPD verkündet einen Deutschlandplan, der einen Vorschlag zur Schaffung einer entmilitarisierten, atomwaffenfreien „Entspannungszone“ in Mitteleuropa vorsieht.
19.3. In einer Presseerklärung erkennt der sowjetische Partei- und Regierungschef Nikita S. Chruschtschow die Berlin-Rechte der früheren westalliierten Besatzungsmächte an und nimmt das Berlin-Ultimatum von 1958 zurück.
24.3. Die Privatisierung von industriellem Bundesvermögens beginnt mit der Ausgabe der ersten „Volksaktien“, der Preussag-Aktien.

APRIL

7.4. Premiere des bundesdeutschen Spielfilms „Hunde, wollt ihr ewig leben!“ von Frank Wisbar (1902-1967), der eine Aufarbeitung der Schlacht um Stalingrad 1942/43 zum Inhalt hat.
8.4. Bundeskanzler Konrad Adenauer gibt seine Kandidatur für das Amt des Bundespräsidenten bekannt. Am 5.6. erklärt er allerdings seinen Verzicht auf die Kandidatur, und Heinrich Lübke wird als Kandidat der CDU/CSU aufgestellt.
Otto Grotewohl bietet Bundeskanzler Adenauer Vorverhandlungen über einen Friedensvertrag an.
15.4. In Dresden werden fünf Studenten, die gegen die politischen Verhältnisse in der DDR protestiert haben, zu Zuchthausstrafen bis zu zehn Jahren verurteilt.
18.4. In der Essener Grugahalle findet das erste internationale Jazz-Festival an Rhein und Ruhr, die „Essener Jazztage“, statt.
24.4. Die 1. Bitterfelder Konferenz über kulturpolitische Probleme steht unter dem Motto: „Greif zur Feder, Kumpel! Die sozialistische Nationalkultur braucht Dich!“.
In Frankfurt/Main wird das Haus der „Deutschen Bibliothek“ eingeweiht, das bis zur Wiedervereinigung Deutschlands die Aufgabe einer Nationalbibliothek erfüllen soll.
30.4. Uraufführung des Dramas „Die heilige Johanna der Schlachthöfe“ von Bertolt Brecht in der Inszenierung von Gustaf Gründgens im Deutschen Schauspielhaus in Hamburg.
Beim ersten Deutschen Schlagerfestival vergibt Radio Luxemburg den Golden Löwen an Peter Kraus (geb. 1939).

Mit dem Godesberger Programm vollzog die SPD 1959 den Abschied von den marxistischen Grundlagen einer Klassenpartei.

MAI

9.5. In West-Berlin wird der Grundstein zu einer neuen Kaiser-Wilhelm-Gedächtniskirche gelegt. Sie soll das Wahrzeichen der Stadt werden. Die alte Gedächtniskirche war 1943 weitgehend zerstört worden.
11.5.-20.6. Deutschlandkonferenz der Außenminister der Vier Mächte in Genf. Die Bundesrepublik und die DDR entsenden Beobachterdelegationen. Nach einer Vertagung wird die Konferenz am 13.7. fortgesetzt und erfolglos am 5.8. beendet.
20.5. Das Fußball-Länderspiel Deutschland gegen Polen im Hamburger Volksparkstadion stellt die erste offizielle Begegnung zwischen beiden Ländern seit Kriegsende dar.
25.5. In West-Berlin, nahe der Sektorengrenze, wird der Grundstein zu einem neuen Gebäude des Axel Springer-Verlages gelegt.

JUNI

3.6. Die Volkskammer beschließt ein Gesetz über die Einrichtung von Landwirtschaftlichen Produktionsgenossenschaften (LPG) und den Beginn der endgültigen Vergesellschaftung der Landwirtschaft.
18.6. Bundespräsident Theodor Heuss weiht in West-Berlin das Schloss Bellevue als seinen zweiten Amtssitz ein.
19.6. Übermittlung des Entwurfs eines deutsch-deutschen Nichtangriffspaktes an Bundesaußenminister Heinrich von Brentano und die anderen Konferenzdelegationen in Genf durch DDR-Außenminister Lothar Bolz (1903-1986).
28.6. Eintracht Frankfurt wird nach einem 5:3-Sieg über die Offenbacher Kickers Deutscher Fußballmeister.

JULI

1.7. In West-Berlin wird Heinrich Lübke zum neuen Bundespräsidenten gewählt.
5.7. Nach der bundesstaatlichen Eingliederung folgt nun die wirtschaftliche Eingliederung des Saarlandes in die Bundesrepublik.
6.7. Der Maler George Grosz stirbt kurz nach seiner Rückkehr aus dem US-amerikanischen Exil in West-Berlin.
29.7. Das Bundesverfassungsgericht korrigiert das sogenannte Gleichberechtigungsgesetz und hebt die Vorrechte des Vaters bei der Erziehung der Kinder auf.

AUGUST

17.8. Der Bayerische Rundfunk sendet erstmals den „Komödienstadel" im Fernsehen.
26./278. Als erster US-Präsident besucht Dwight D. Eisenhower die Bundesrepublik. Dabei bekräftigt er die Garantie der westlichen Verbündeten zum Schutz West-Berlins.

SEPTEMBER

1.9. In West-Berlin trifft die erste israelische Studentengruppe ein, die nach dem Zweiten Weltkrieg die Bundesrepublik besucht.
12.9. Im ehemaligen Konzentrationslager Ravensbrück wird eine Mahn- und Gedenkstätte eröffnet.
13.9. Der UdSSR gelingt es, den ersten Flugkörper, die Sonde „Lunik 2", auf dem Mond zu landen.
15.-27.9. Auf Einladung von US-Präsident Eisenhower besucht Nikita S. Chruschtschow als erster sowjetischer Regierungschef die USA. Nach Begrüßung auf dem Washingtoner Luftwaffenstützpunkt Andrews durch Präsident Eisenhower tritt er eine zweiwöchige Rundreise durch die USA an. Die letzten drei Tage des Besuches sind Gesprächen zwischen Chruschtschow und Eisenhower in der abgeschiedenen Atmosphäre von Camp David/Maryland vorbehalten. Das Gipfeltreffen wird als versöhnlicher Schritt gewertet. Chruschtschow propagiert die friedliche Koexistenz von Ost und West. Eine Annäherung in der Berlin- und Deutschlandfrage kann allerdings nicht entwickelt werden.
24.9. Premiere des Films „Rosen für den Staatsanwalt" von Wolfgang Staudte, der sich kritisch mit der Aufarbeitung des Nationalsozialismus im Nachkriegsdeutschland auseinandersetzt.
26.9. In West-Berlin wird an der Stelle der 1938 zerstörten Synagoge in der Fasanenstraße das neuerrichtete jüdische Gemeindezentrum eingeweiht.

OKTOBER

1.10. Der bisher bestehende Fünfjahrplan der DDR wird abgebrochen und durch einen Siebenjahrplan (1959-1965) ersetzt. Die Volkskammer verabschiedet außerdem das Gesetz über die neue Staatsflagge mit Hammer, Zirkel und Ährenkranz nunmehr inmitten der Farben Schwarz-Rot-Gold.
3.10. Bei der deutschen szenischen Erstaufführung der Zwölf-Ton-Oper „Moses und Aaron" von Arnold Schönberg in West-Berlin kommt es zu Tumulten im Publikum, das die Aufführung zwiespältig aufnimmt.
5.10. Die Erstausstrahlung der Krimiserie von Francis Durbridge (1912-1998) „Der Andere" wird in der Bundesrepublik zu einem großen Erfolg. Während der sechs Folgen sind die bundesdeutschen Straßen fast menschenleer.
16.10. Der US-amerikanische General und Friedensnobelpreisträger George C. Marshall stirbt in Washington.
22.10. Premiere des Antikriegsfilms „Die Brücke" von Bernhard Wicki (1919-2000). Sieben sechzehnjährige Jungen werden Ende des Krieges zur sinnlosen Verteidigung einer Brücke gegen amerikanische Panzer eingesetzt, sechs von ihnen kommen dabei um. Die sensible und realistische Darstellung erhält internationale Anerkennung.

NOVEMBER

13.11. Die erste Fluxusaktion des koreanischen Künstlers Nam June Paik findet in Düsseldorf statt.
13.-15.11. Auf dem Parteitag der SPD wird das "Godesberger Programm" verabschiedet. Mit ihrem fünften Parteiprogramm vollzieht die SPD einen programmatischen Wandel zur Volkspartei und distanziert sich vom Marxismus. Wesentliche Inhalte sind das Bekenntnis zur Landesverteidigung, die grundsätzliche Bejahung der freien Marktwirtschaft bei öffentlicher Kontrolle wirtschaftlicher Machtkonzentration, die Einführung einer staatlichen Mindestrente und die Gleichstellung der Frau.

8. Oktober 1959: DEFA-Filmpremiere. Angelica Dombröse und Willi Schrade in „Verwirrung der Liebe".

DEZEMBER

2.12. Die Volkskammer beschließt ein Gesetz über die „sozialistische Entwicklung des Schulwesens". Darin wird die Einführung der 10jährigen Schulpflicht und des Polytechnikums festgelegt.
3.12. Das Ensemble des Deutschen Schauspielhauses, Hamburg startet unter der Leitung von Gustaf Gründgens eine Tournee durch die Sowjetunion.
6.12. Trotz Protesten seitens der Bundesregierung beschließt die Vollversammlung des für die Bundesregierung Deutschland zuständigen Nationalen Olympischen Komitees (NOK), dass die gesamtdeutsche Mannschaft bei den Olympischen Spielen 1960 unter einer schwarz-rot-goldenen Fahne mit den fünf olympischen Ringen im mittleren roten Feld antreten soll.
11.12. Uraufführung der Oper „Ödipus der Tyrann" von Carl Orff im Württemberger Staatstheater Stuttgart.
13.12. Der Kreis Eilenburg wird der erste „vollgenossenschaftliche Kreis" der DDR.
18.12. In Hamburg nimmt das „Deutsche Elektronensynchroton" (DESY), eine Forschungsstätte für Hochenergie-Elementarteilchen, seinen Betrieb auf.
31.12. In Paris, London, Antwerpen und in mehreren Städten der Bundesrepublik kommt es zu „Hakenkreuzschmierereien". Bereits am 25.12. ist die neu eingeweihte jüdische Synagoge in der Kölner Innenstadt mit Hakenkreuzen und nationalsozialistischen Parolen beschmiert worden.

AUSSERDEM

Heinrich Böll: Billard um halbzehn (Roman)
Günter Grass: Die Blechtrommel (Roman)
Uwe Johnson: Mutmaßungen über Jakob (Roman)
Anna Seghers: Die Entscheidung (Roman)

Das Godesberger Programm

Die Sozialdemokratische Partei Deutschlands (SPD) begann sich gleich nach Wiederbegründung 1946 mit ihren „Politischen Leitsätzen“ behutsam von dem noch stark marxistisch geprägten Heidelberger Programm von 1925 zu lösen. Das setzte sich angesichts des Wirtschaftswunders in den 1950er Jahren fort und gipfelte 1959 im Godesberger Programm, das auch die letzten marxistischen Elemente eliminierte und die Entwicklung der SPD von der Arbeiter- zur Volkspartei abschloss. Das in seinen Grundzügen noch heute gültige Programm stellt in den Mittelpunkt das Bekenntnis zum freiheitlichen Rechtsstaat, zur Sozialen Marktwirtschaft und zur freien Entfaltung der Persönlichkeit und betont, die SPD sei „die Partei der Freiheit des Geistes“, die Freiheit und Gerechtigkeit erkämpfen wolle. Dazu gehöre die Förderung des privaten Eigentums an Produktionsmitteln ebenso wie freies Unternehmertum. Von den planwirtschaftlichen Forderungen blieb nur die Parole übrig: „Wettbewerb so weit wie möglich – Planung so weit wie nötig“:

Grundwerte des Sozialismus

Die Sozialisten erstreben eine Gesellschaft, in der jeder Mensch seine Persönlichkeit in Freiheit entfalten und als dienendes Glied der Gemeinschaft verantwortlich am politischen, wirtschaftlichen und kulturellen Leben der Menschheit mitwirken kann.

Freiheit und Gerechtigkeit bedingen einander. Denn die Würde des Menschen liegt im Anspruch auf Selbstverantwortung ebenso wie in der Anerkennung des Rechtes seiner Mitmenschen, ihre Persönlichkeit zu entwickeln und an der Gestaltung der Gesellschaft gleichberechtigt mitzuwirken.

Freiheit, Gerechtigkeit und Solidarität, die aus der gemeinsamen Verbundenheit folgende gegenseitige Verpflichtung, sind die Grundwerte des sozialistischen Wollens.

Der demokratische Sozialismus, der in Europa in christlicher Ethik, im Humanismus und in der klassischen Philosophie verwurzelt ist, will keine letzten Wahrheiten verkünden – nicht aus Verständnislosigkeit und nicht aus Gleichgültigkeit gegenüber den Weltanschauungen oder religiösen Wahrheiten, sondern aus der Achtung vor den Glaubensentscheidungen des Menschen, über deren Inhalt weder eine politische Partei noch der Staat zu bestimmen haben.

Die Sozialdemokratische Partei Deutschlands ist die Partei der Freiheit des Geistes. Sie ist eine Gemeinschaft von Menschen, die aus verschiedenen Glaubens- und Denkrichtungen kommen. Ihre Übereinstimmung beruht auf gemeinsamen sittlichen Grundwerten und gleichen politischen Zielen. Die Sozialdemokratische Partei erstrebt eine Lebensordnung im Geiste dieser Grundwerte. Der Sozialismus ist eine dauernde Aufgabe – Freiheit und Gerechtigkeit zu erkämpfen, sie zu bewahren und sich in ihnen zu bewähren ...

Zu Unrecht berufen sich die Kommunisten auf sozialistische Traditionen. In Wirklichkeit haben sie das sozialistische Gedankengut verfälscht. Die Sozialisten wollen Freiheit und Gerechtigkeit verwirklichen, während die Kommunisten die Zerrissenheit der Gesellschaft ausnutzen, um die Diktatur ihrer Partei zu errichten.

Im demokratischen Staat muss sich jede Macht öffentlicher Kontrolle fügen. Das Interesse der Gesamtheit muss über dem Einzelinteresse stehen. In der vom Gewinn- und Machtstreben bestimmten Wirtschaft und Gesellschaft sind Demokratie, soziale Sicherheit und freie Persönlichkeit gefährdet. Der demokratische Sozialismus erstrebt darum eine neue Wirtschafts- und Sozialordnung ...

Die staatliche Ordnung

Die Sozialdemokratische Partei Deutschlands lebt und wirkt im ganzen deutschen Volke. Sie steht zum Grundgesetz der Bundesrepublik Deutschland. In seinem Sinne erstrebt sie die Einheit Deutschlands in gesicherter Freiheit.

Die Spaltung Deutschlands bedroht den Frieden. Ihre Überwindung ist lebensnotwendig für das deutsche Volk. Erst in einem wiedervereinigten Deutschland wird das ganze Volk in freier Selbstbestimmung Inhalt und Form von Staat und Gesellschaft gestalten können ...

Die Sozialdemokratische Partei Deutschlands bekennt sich zur Demokratie, in der die Staatsgewalt vom Volke ausgeht und die Regierung jederzeit dem Parlament verantwortlich und sich bewusst ist, dass sie ständig seines Vertrauens bedarf. In der Demokratie müssen die Rechte der Minderheit neben den Rechten der Mehrheit gewahrt werden. Regierung und Opposition haben verschiedene Aufgaben von gleichem Rang; beide tragen Verantwortung für den Staat.

Die Sozialdemokratische Partei Deutschlands will in gleichberechtigtem Wettstreit mit den anderen demokratischen Parteien die Mehrheit des Volkes gewinnen, um Staat und Gesellschaft nach den Grundforderungen des demokratischen Sozialismus zu formen.

Gesetzgebung, Regierung und Rechtsprechung sind, getrennt voneinander, dem Wohle des Ganzen verpflichtet. Die Gliederung der öf-

Führende Köpfe auf dem SPD-Parteitag in Bad Godesberg (von links): Parteivorsitzender Erich Ollenhauer, Herbert Wehner, Alfred Nau, Fritz Erler, Carlo Schmid, Erwin Schoettle und Willi Eichler.

12./13. März 1959: Besuch des britischen Premierministers Harold Macmillan in Bonn, um Konrad Adenauer über seine Gespräche in Moskau zu unterrichten.

fentlichen Gewalt in Bund, Ländern und Gemeinden soll die Macht verteilen, die Freiheit stärken und dem Bürger durch Mitbestimmung und Mitverantwortung vielfachen Zugang zu den Institutionen der Demokratie geben. Freie Gemeinden sind unerlässlich für eine lebendige Demokratie. Deshalb bekennt sich die Sozialdemokratische Partei Deutschlands zu den Grundsätzen der Gemeindefreiheit einschließlich der bürgerschaftlichen Selbstverwaltung, die weiter auszubauen und auch finanziell zu sichern sind ...

Presse, Rundfunk, Fernsehen und Film erfüllen öffentliche Aufgaben. Sie müssen in Freiheit und Unabhängigkeit überall und unbehindert Informationen sammeln, bearbeiten, verbreiten und unter eigener Verantwortung Meinungen bilden und aussprechen dürfen. Rundfunk und Fernsehen müssen ihren öffentlich-rechtlichen Charakter behalten. Sie müssen freiheitlich-demokratisch geleitet und gegen Interessentendruck gesichert sein.

Die Richter bedürfen der äußeren und inneren Unabhängigkeit, um im Namen des Volkes allein dem Recht zu dienen. An der Rechtspflege sind ehrenamtliche Richter gleichberechtigt zu beteiligen ...

Landesverteidigung

Die Sozialdemokratische Partei Deutschlands bekennt sich zur Verteidigung der freiheitlich-demokratischen Grundordnung. Sie bejaht die Landesverteidigung.

Die Landesverteidigung muss der politischen und geographischen Lage Deutschlands gemäß sein und daher die Grenzen wahren, die zur Schaffung der Voraussetzungen für eine internationale Entspannung, für eine wirksame kontrollierte Abrüstung und für die Wiedervereinigung Deutschlands eingehalten werden müssen. Der Schutz der Zivilbevölkerung ist wesentlicher Bestandteil der Verteidigung des Landes.

Die Sozialdemokratische Partei fordert die völkerrechtliche Ächtung der Massenvernichtungsmittel auf der ganzen Welt.

Die Bundesrepublik Deutschland darf atomare und andere Massenvernichtungsmittel weder herstellen noch verwenden ...

Wirtschafts- und Sozialordnung

Ziel sozialdemokratischer Wirtschaftspolitik ist stetig wachsender Wohlstand und eine gerechte Beteiligung aller am Ertrag der Volkswirtschaft, ein Leben in Freiheit ohne unwürdige Abhängigkeit und ohne Ausbeutung.

Stetiger Wirtschaftsaufschwung

Die zweite industrielle Revolution schafft Voraussetzungen, den allgemeinen Lebensstandard stärker als bisher zu erhöhen und die Not und das Elend zu beseitigen, die noch immer viele Menschen bedrücken.

Die Wirtschaftspolitik muss auf der Grundlage einer stabilen Währung die Vollbeschäftigung sichern, die volkswirtschaftliche Produktivität steigern und den allgemeinen Wohlstand erhöhen.

Um alle Menschen am steigenden Wohlstand zu beteiligen, muss die Wirtschaft den ständigen Strukturveränderungen planmäßig angepasst werden, damit eine ausgeglichene Wirtschaftsentwicklung erreicht wird. Eine solche Politik bedarf der volkswirtschaftlichen Gesamtrechnung und des Nationalbudgets. Das Nationalbudget wird vom Parlament beschlossen. Es ist verpflichtend für die Regierungspolitik, eine wichtige Grundlage für die autonome Notenbankpolitik und gibt Richtpunkte für die Wirtschaft, die das Recht zur freien Entscheidung behält.

Der moderne Staat beeinflusst die Wirtschaft stetig durch seine Entscheidungen über Steuern und Finanzen, über das Geld- und Kreditwesen, seine Zoll-, Handels-, Sozial- und Preispolitik, seine öffentlichen Aufträge sowie die Landwirtschafts- und Wohnbaupolitik. Mehr als ein Drittel des Sozialprodukts geht auf diese Weise durch die öffentliche Hand. Es ist also nicht die Frage, ob in der Wirtschaft Disposition und Planung zweckmäßig sind, sondern wer diese Disposition trifft und zu wessen Gunsten sie wirkt. Dieser Verantwortung für den Wirtschaftsablauf kann sich der Staat nicht entziehen. Er ist verantwortlich für eine vorausschauende Konjunkturpolitik und soll sich im Wesentlichen auf Methoden der mittelbaren Beeinflussung der Wirtschaft beschränken.

Freie Konsumwahl und freie Arbeitsplatzwahl sind entscheidende Grundlagen, freier Wettbewerb und freie Unternehmerinitiative sind wichtige Elemente sozialdemokratischer Wirtschaftspolitik. Die Autonomie der Arbeitnehmer- und Arbeitgeberverbände beim Abschluss

Vor den Besprechungen mit Chruschtschow in den USA unternimmt Eisenhower eine Europareise um sich mit den Regierungschefs in Großbritannien, Frankreich und der Bundesrepublik zu beraten. Das Bild zeigt den amerikanischen Präsidenten bei seinem Besuch am 26.und 27. August 1959 in Bonn.

Nach der Wahl zum Bundespräsidenten legt Heinrich Lübke am 1. Juli 1959 vor Bundestagspräsident Eugen Gerstenmeier den Eid auf die Verfassung ab.

von Tarifverträgen ist ein wesentlicher Bestandteil freiheitlicher Ordnung. Totalitäre Zwangswirtschaft zerstört die Freiheit. Deshalb bejaht die Sozialdemokratische Partei den freien Markt, wo immer wirklich Wettbewerb herrscht. Wo aber Märkte unter die Vorherrschaft von Einzelnen oder von Gruppen geraten, bedarf es vielfältiger Maßnahmen, um die Freiheit in der Wirtschaft zu erhalten. Wettbewerb soweit wie möglich – Planung soweit wie nötig!

Eigentum und Macht

Ein wesentliches Kennzeichen der modernen Wirtschaft ist der ständig sich verstärkende Konzentrationsprozess. Die Großunternehmen bestimmen nicht nur entscheidend die Entwicklung der Wirtschaft und des Lebensstandards, sie verändern auch die Struktur von Wirtschaft und Gesellschaft: Wer in den Großorganisationen der Wirtschaft die Verfügung über Millionenwerte und über Zehntausende von Arbeitnehmern hat, der wirtschaftet nicht nur, er übt Herrschaftsmacht über Menschen aus; die Abhängigkeit der Arbeiter und Angestellten geht weit über das Ökonomisch-Materielle hinaus ...

Die Bändigung der Macht der Großwirtschaft ist darum zentrale Aufgabe einer freiheitlichen Wirtschaftspolitik. Staat und Gesellschaft dürfen nicht zur Beute mächtiger Interessengruppen werden.

Das private Eigentum an Produktionsmitteln hat Anspruch auf Schutz und Förderung, soweit es nicht den Aufbau einer gerechten Sozialordnung hindert. Leistungsfähige mittlere und kleine Unternehmen sind zu stärken, damit sie die wirtschaftliche Auseinandersetzung mit den Großunternehmen bestehen können.

Wettbewerb durch öffentliche Unternehmen ist ein entscheidendes Mittel zur Verhütung privater Marktbeherrschung. Durch solche Unternehmen soll den Interessen der Allgemeinheit Geltung verschafft werden. Sie werden dort zur Notwendigkeit, wo aus natürlichen oder technischen Gründen unerlässliche Leistungen für die Allgemeinheit nur unter Ausschluss eines Wettbewerbs wirtschaftlich vernünftig erbracht werden können ...

Die Marktwirtschaft gewährleistet von sich aus keine gerechte Einkommens- und Vermögensverteilung. Dazu bedarf es einer zielbewussten Einkommens- und Vermögenspolitik.

Einkommen und Vermögen sind ungerecht verteilt. Das ist nicht nur die Folge massenhafter Vermögensvernichtung durch Krise, Krieg und Inflation, sondern im Wesentlichen die Schuld einer Wirtschafts- und Steuerpolitik, die die Einkommens- und Vermögensbildung in wenigen Händen begünstigt und die bisher Vermögenslosen benachteiligt.

Die Sozialdemokratische Partei will Lebensbedingungen schaffen, unter denen alle Menschen in freier Entschließung aus steigendem Einkommen eigenes Vermögen bilden können. Das setzt eine stetige Erhöhung des Sozialprodukts bei gerechter Verteilung voraus.

Die Lohn- und Gehaltspolitik ist ein geeignetes und notwendiges Mittel, um Einkommen und Vermögen gerechter zu verteilen.

Geeignete Maßnahmen sollen dafür sorgen, dass ein angemessener Anteil des ständigen Zuwachses am Betriebsvermögen der Großwirtschaft als Eigentum breit gestreut oder gemeinschaftlichen Zwecken dienstbar gemacht wird. Es ist ein Zeichen unserer Zeit, dass sich das private Wohlleben privilegierter Schichten schrankenlos entfaltet, während wichtige Gemeinschaftsaufgaben, vor allem Wissenschaft, Forschung und Erziehung, in einer Weise vernachlässigt werden, die einer Kulturnation unwürdig ist.

„15. August 1959. III. Deutsches Turn- und Sportfest in Leipzig. Im Leipziger Wohnbezirk Süd fand ein wahres Fest des Volkssports statt, als am Sonnabend, dem 15.8.. die Leipziger Bevölkerung dieses Bezirks mit Walter Ulbricht und seiner Gattin, dem 1. Sekretär der Bezirksleitung Leipzig der SED, Paul Fröhlich, und dem Präsidenten des Deutschen Turn- und Sportbundes, Rudi Reichert, am Massensprort teilnahmen.“ (Originalunterschrift)

Flaggenzwischenfall in Berlin

Am 7. und 8. Oktober 1959 kam es zu zum Teil blutigen Zusammenstößen zwischen kommunistischen Demonstranten und Westberliner Polizeikommandos, als die Ostberliner Behörden die neue Flagge der DDR auf Westberliner S-Bahnanlagen und Bahnausbesserungswerken aufzogen, die sodann von Westberliner Polizisten gewaltsam heruntergeholt, danach aber erneut aufgezogen wurde. Es erfolgte daraufhin eine Intervention der drei

westlichen Kommandanten beim sowjetischen Kommandanten von Berlin, deren Ergebnis war, dass die Flaggen am 8. Oktober abends eingezogen wurden. Von Ostberliner Seite wurde erklärt, dass das Aufziehen der Flaggen anlässlich der 10-Jahresfeier der DDR erfolgt sei, um dagegen zu demonstrieren, dass die westdeutsche Flagge auf dem Gebäude des Reichstages aufgezogen worden war.
Die drei westlichen Kommandanten vertraten den Standpunkt, dass zwar die Westberliner S-Bahnanlagen als Teil des Reichsbahngeländes betriebstechnisch den Ostberliner Behörden unterstünden, dass aber die Westberliner Polizei für die Sicherheit und Ordnung auf diesen Anlagen zuständig sei.

Szene aus dem Spielfilm „Die Brücke", der am 22. Oktober 1959 uraufgeführt wurde. Von links: Frank Glaubrecht, Volker Lechtenbrink und Michael Hinz.

„Die Brücke"

Nach dem Roman von Manfred Gregor drehte Bernhard Wicki diesen Film, der am 22. Oktober uraufgeführt wurde.
April 1945: eine Kleinstadt in Deutschland. Acht Sechzehnjährige, sieben Jungen und ein Mädchen, Schüler eines Oberrealgymnasiums, spüren den Krieg näherkommen. Sie sind der letzte Jahrgang, der noch zur Schule geht. Die älteren hat man schon eingezogen. Die Jungen heißen Sigi Bernhard, Karl Horber, Jürgen Boichert, Walter Forst, Klaus Hager, Albert Mutz und Hans Scholten. Bei einem Fliegeralarm geht eine verirrte Bombe bei der Brücke am Fluss nieder. Nach Schulschluss besichtigen die Jungen die Sensation; Schaden hat die Bombe nicht angerichtet. Die Jungen bekommen ihre sofortige Einberufung. Auf dem Kasernenhof beginnt die Ausbildung. Ihr Klassenlehrer Stern geht zu dem Kompaniechef, Hauptmann Fröhlich, und bittet ihn, etwas für seine Jungen zu tun; er sieht keinen Sinn darin, dass zum Schluss noch diese Kinder geopfert werden. Er verlässt resigniert den Hauptmann, ohne etwas erreicht zu haben.
In der Nacht ist Alarm. Die Amerikaner sind durchgebrochen. Der Oberstleutnant hält an das Ersatzbataillon eine flammende Ansprache. Hauptmann Fröhlich hat inzwischen die Jungen näher kennengelernt und ist jetzt entschlossen, sie von der Front fernzuhalten. Er setzt sie vor der Stadt an der kleinen Brücke als Sicherung ein und gibt dem Unteroffizier Heilmann den Befehl, dafür zu sorgen, dass ihnen nichts passiert. Die Jungen sind enttäuscht, dass sie nicht an die Front kommen. Unteroffizier Heilmann geht in die Stadt, die Lage sondieren. Er hat eine Auseinandersetzung mit zwei Feldgendarmen und wird von ihnen erschossen. Die Jungen sitzen gelangweilt an der Brücke in ihren Stellungen. Bei einem Fliegerangriff kommt der kleine Sigi um. Dann nähern sich die amerikanischen Panzer. Die Jungen werfen sich fanatisch dem Feind entgegen. Sie erledigen zwei Panzer mit Panzerfäusten. Die restlichen Amerikaner drehen ab, um Verstärkung zu holen. Bei diesem Kampf sind vier der Jungen gefallen. Mutz und Scholten, die Übriggebliebenen, wollen nach Hause gehen. Da erscheint ein deutsches Sprengkommando, um die strategisch unwichtige Brücke zu sprengen. Als es Mutz klar wird, dass die fünf Kameraden völlig sinnlos gefallen sind, schießt er einen Mann des Sprengkommandos nieder. Die anderen Pioniere schießen zurück; Scholten wird getroffen. Mutz taumelt in die Stadt zurück.

Der Höhenflug der deutschen Literatur

Die bundesrepublikanische Literatur erlebt in diesem Jahr einen spektakulären Durchbruch. Auf der Frankfurter Buchmesse werden drei Romane vorgestellt, die den Anschluss an das Weltniveau bedeuten. Es sind „Billard um halbzehn, „Die Blechtrommel" und „Mutmaßungen über Jakob". Heinrich Böll rollt in „Billard um halbzehn" die Zeitgeschichte von der Jahrhundertwende her auf. Er erzählt die Geschichte einer großbürgerlichen Architektenfamilie, die sich letztlich mit der Realität der Bundesrepublik nicht versöhnen kann. Mit ungleich aggressiverer Kritik platzt Günter Grass in die Literaturszene. Er erzählt in der „Blechtrommel" die Abenteuer des trommelschlagenden und glaszersingenden Gnoms Oskar. In einer unerhörten Mischung aus rücksichtsloser Phantasie und harter Realität wird die jüngste Vergangenheit vorgestellt, aus der Sicht eines monströsen Helden die kleinbürgerliche Gesellschaft Danzigs und das Szenario bundesrepublikanischer Nachkriegsjahre eingefangen. Der gebürtige Danziger Grass, Sohn deutsch-polnischer Eltern, Graphiker und Steinmetz, Lyriker und Dramatiker, fasziniert durch vitale Sprachkraft. Uwe Johnsons Roman befasst sich mit der deutschen Teilung. Das Buch erzählt von einem jungen Arbeiter bei der Reichsbahn, in dessen unauffälliges Leben sich Unsicherheit einschleicht, weil die Mutter und die Freundin, Gesine Cresspahl, in den Westen gegangen sind. Als er eines Tages auf den Schienen überfahren wird, bleiben nur (politische) Mutmaßungen über seinen Tod. Johnson löst den Gang der Handlung in artistischer Kühnheit auf und mischt stückchenweise Vergangenheit mit Gegenwart.

Von Günter Grass selbst gestalteter Titel seines Romans „Die Blechtrommel".

1960

JANUAR

4.1. Gründung der „Europäischen Freihandelsvereinigung“ (EFTA) zwischen Norwegen, Schweden, Dänemark, Großbritannien, Portugal, Österreich und der Schweiz. Die EFTA versteht sich als Gegengewicht zur Europäischen Wirtschaftsgemeinschaft (EWG).

10.1. Vier SPD-Mitglieder werden in Bremen wegen illegaler Ostkontakte aus der Partei ausgeschlossen.

18.1. Bundeskanzler Konrad Adenauer trifft sich in Bonn mit dem Präsidenten des Jüdischen Weltkongresses, um über die jüngsten antisemitischen Ausschreitungen zu beraten.

23.1. Walter Ulbricht schlägt Bundeskanzler Adenauer in einem Brief eine Volksabstimmung über Abrüstung, Friedensvertrag und Konföderation vor und fordert eine „Freie Stadt Berlin“. Der Brief bleibt unbeantwortet.

29.1. Erich Mende wird zum neuen Bundesvorsitzenden der FDP gewählt.

FEBRUAR

1.2. Der SPD-Vorstand grenzt sich in einem Grundsatzprogramm eindeutig vom Kommunismus ab.

10.2. Die Volkskammer beschließt das Gesetz über die Bildung des „Nationalen Verteidigungsrates“ (NVR), Vorsitzender wird der Erste Sekretär der SED Walter Ulbricht. Der NVR verabschiedet grundsätzliche Beschlüsse zur Landesverteidigung.

12.2. Die Kultusminister der Bundesländer beschließen eine stärkere Berücksichtigung der NS-Zeit im Unterricht.

18.-28.2. Olympische Winterspiele in Squaw Valley/USA.

MÄRZ

11.3. Der Bundestag beschließt, zur Wiedergutmachung an den Opfern des Nationalsozialismus an Norwegen 60 Millionen und an Dänemark 16 Millionen DM zu zahlen.

12.-24.3. Bei seinem USA-Besuch trifft Bundeskanzler Adenauer am 14. März erstmals auf den israelischen Ministerpräsidenten David Ben Gurion (1886-1973).

16.3. Bundestagsbeschluss zur Privatisierung des Volkswagenwerkes in Wolfsburg.

18.3. Das Auswärtige Amt schließt mit Griechenland ein Wiedergutmachungsabkommen für griechische Opfer des Nationalsozialismus ab.

29./30.3. Die Bundesrepublik vereinbart mit Griechenland und Spanien Anwerberegelungen für Gastarbeiter.

31.3. In Frankfurt/Main wird das erste Autokino der Bundesrepublik eröffnet.

APRIL

8.4. Unterzeichnung des Vertrages über die Grenzregelung und Wiedergutmachung zwischen der Bundesrepublik und den Niederlanden. Es werden Ausgleichszahlungen von rund 280 Millionen DM vereinbart.

14.4. Die Kollektivierung der Landwirtschaft in der DDR wird abgeschlossen und als „endgültiger Sieg der sozialistischen Produktionsverhältnisse auf dem Lande“ bewertet.

17.4. In einem offenen Brief des Zentralkomitees der SED „an die Arbeiterschaft Westdeutschlands“ werden der Abschluss eines Friedensvertrages zwischen beiden deutschen Staaten und die Entmilitarisierung von West-Berlin vorgeschlagen.

30.4. Das US-amerikanische Hilfsprogramm CARE für die Bundesrepublik wird beendet.

MAI

1.5. Ein US-amerikanisches Aufklärungsflugzeug wird über sowjetischem Territorium abgeschossen. Der Pilot kann sich mit Schleudersitz und Fallschirm retten und gerät in sowjetische Gefangenschaft. Der Zwischenfall liefert den Beweis für eine US-Luftspionage und führt zum Scheitern der Gipfelkonferenz der vier Siegermächte des Zweiten Weltkrieges am 16./17. Mai in Paris.

3.5. Die Bundesrepublik schließt sich dem Übereinkommen der Westeuropäischen Union (WEU) über Grenzarbeiter und Gastarbeiter an.

Der Bundesvertriebenenminister Theodor Oberländer (1905-1998) tritt wegen der gegen ihn erhobenen Vorwürfe, an Kriegsverbrechen im Zweiten Weltkrieg beteiligt gewesen zu sein, von seinem Amt zurück.

8.5. Zwischen der SPD und dem Sozialistischen Deutschen Studentenbund (SDS) kommt es zu politischen Meinungsverschiedenheiten. Als neue sozialdemokratische Studentenorganisation wird der Sozialdemokratische Hochschulbund (SHB) gegründet. Am 20.7. bricht die SPD ihre Beziehungen zum SDS endgültig ab.

23.5. Der israelische Ministerpräsident Ben Gurion gibt bekannt, dass der israelische Geheimdienst den ehemaligen SS-Obersturmbannführer Adolf Eichmann verhaftetet hat.

27.5. Die Schauspielerin und Chanson-Sängerin Marlene Dietrich schließt ihre erfolgreiche Deutschland-Tournee ab.

29.5. Nach vierjähriger Bauzeit eröffnet das Folkwang Museum Essen seinen Neubau.

Ingrid Krämer aus Dresden gewinnt bei den Olympischen Spielen in Rom beim Springen vom Brett und vom Turm jeweils die Goldmedaille.

JUNI

8.6. Erste Konferenz schreibender Arbeiter im Rahmen des „Bitterfelder Weges“.

21.6. Der Deutsche Armin Hary läuft bei einem internationalen Leichtathletiksportfest in Zürich als erster Mensch die 100-Meter-Strecke in 10,0 Sekunden.

23.6. Das „Gesetz über den Abbau der Wohnungszwangswirtschaft und über ein soziales Miet- und Wohnungsrecht“ tritt in der Bundesrepublik in Kraft. Damit wird der Wohnungsmarkt in das System der sozialen Marktwirtschaft eingegliedert.

30.6. Herbert Wehner gibt die neuen außenpolitischen Ziele der SPD in einer Grundsatzrede vor dem Bundestag bekannt. Danach bekennt sich die SPD zur westeuropäischen Integrations- und Bündnispolitik.

JULI

1.7. Der Übertritt von neun Bundestagsabgeordneten der Deutschen Partei (DP) zur CDU führt zum Ausscheiden der DP aus der Regierungskoalition und zur Alleinregierung der CDU/CSU.

8.7. Die Tarifpartner der Metallindustrie einigen sich auf die schrittweise Einführung der 40-Stunden-Woche.

15.7. Die Bundesrepublik unterzeichnet ein Wiedergutmachungsabkommen mit Frankreich.

22.7. Gründung des „Komitees der DDR für die Solidarität mit den Völkern Afrikas“ in Ost-Berlin.

24.7. Der Schauspieler Hans Albers stirbt in Kempfenhausen bei Starnberg.

25.7. Bundeskanzler Konrad Adenauer gründet die „Deutschland Fernsehen GmbH“, nachdem ein Bundesrundfunkgesetz im Bundesrat gescheitert ist. Am 17.12. wird durch eine einstweilige Verfügung des Bundesverfassungsgerichtes dem sogenannten Bundesfernsehen untersagt, mit einem privaten zweiten Fernsehprogramm auf Sendung zu gehen. 1961 wird die GmbH für verfassungswidrig erklärt.

AUGUST

9.8. Das Jugendarbeitsschutzgesetz tritt in der Bundesrepublik in Kraft. Das Mindestalter für eine Beschäftigung wird auf 14 Jahre festgelegt und die Akkord- und Fließbandarbeit für Jugendliche verboten.
18.8. Unter dem Namen „Enovid" bietet eine US-amerikanische Firma die erste Antibabypille zur Empfängnisverhütung an.
In einem Nachtclub in Hamburg tritt die britische Rockgruppe „The Beatles" erstmals außerhalb Großbritanniens auf.
25.8.-11.9. Olympische Sommerspiele in Rom.
29.8. Die DDR verbietet anlässlich der Heimkehrer-Tagung in West-Berlin bundesdeutschen Bürgern für fünf Tage das Betreten Ost-Berlins. Am 8. September wird in der DDR beschlossen, dass Bundesbürger generell nur noch mit einer Aufenthaltsgenehmigung nach Ost-Berlin einreisen dürfen. Die Bundesrepublik reagiert auf die Beschränkungen des Reiseverkehrs zwischen West- und Ost-Berlin mit der Aufkündigung des Interzonenabkommens.

SEPTEMBER

7.9. Auf der 4. Internationalen Fahrrad- und Motorrad-Ausstellung in Frankfurt/Main werden neuartige Kleinst-Motorräder, sogenannte Mokicks, vorgestellt.
12.9. Nach dem Tod von Wilhelm Pieck am 7.9. wird das Amt des Staatspräsidenten abgeschafft und durch ein kollektives Staatsoberhaupt, den „Staatsrat der DDR" ersetzt. Erster „Staatsratsvorsitzender" wird Walter Ulbricht.
14.9. Gründung der Organisation der Erdöl exportierenden Länder (OPEC) in Bagdad.
29.9. Die Kultusminister der Bundesländer einigen sich auf eine Neuordnung der gymnasialen Oberstufe. Danach sollen die Pflichtfächer reduziert, Wahlpflichtfächer angeboten und Möglichkeiten zur freiwilligen Belegung von Unterrichtsveranstaltungen in Form von Arbeitsgemeinschaften geschaffen werden.

„Ende der Einheit." Karikatur auf die Olympischen Spiele 1960, bei denen eine gesamtdeutsche Mannschaft an den Start ging. Ulbricht zu Adenauer: „Nu machmer nadierlich widder jeder hibbsch für sich alleene!"

OKTOBER

4.10. Programmatische Erklärung des Staatsratsvorsitzenden Ulbricht zur „geschichtlichen Mission" der DDR.
14.10. Während der 15. UNO-Vollversammlung in New York protestiert im Verlauf einer stürmischen Debatte um die Entkolonialisierung der sowjetische Partei- und Regierungschef Nikita S. Chruschtschow gegen die Erwähnung von Moskaus osteuropäischen Satellitenstaaten, indem er mit seinem Schuh auf das Rednerpult hämmert.

NOVEMBER

24.11. Aus „Gesamtdeutscher Block/Bund der Heimatvertriebenen und Entrechteten" (GB/BHE) und Rest-DP wird die Gründung der „Gesamtdeutsche Partei" (GDP) bekannt gegeben. Sie löst sich allerdings bereits nach den Bundestagswahlen 1961, bei denen sie nur 2,8% der Stimmen erhält, auf.
25.11. Die SPD nominiert Willy Brandt zu ihrem Kanzlerkandidaten für die Bundestagswahlen 1961.
29.11. Das Gesetz zur Einrichtung der Rundfunksender „Deutsche Welle" und „Deutschlandfunk" als Anstalten des Bundes tritt in Kraft. Der Sendebeginn ist der 1.1.1962.

DEZEMBER

15.-17.12. Das Zentralkomitee der SED schlägt der Bundesrepublik einen 10jährigen Gewaltverzicht vor.
17.12. Gründung der Deutschen Friedens-Union (DFU).

AUSSERDEM

Alfred Andersch: Die Rote (Roman)
Günter Grass: Gleisdreieck (Gedichte mit Zeichnungen)

Die SPD befürwortet die Integration in NATO und EWG

Mit dem Godesberger Programm hatte sich die SPD 1959 von Marxismus und Klassenkampf verabschiedet. Mit Herbert Wehners Rede im Bundestag am 30. Juni 1960 trennte sie sich von ihrer bisherigen außenpolitischen Doktrin, die Wiedervereinigung durch Bündnisfreiheit und ein europäisches Sicherheitssystem zu erreichen:

Herr Präsident! Meine Damen und Herren! Gleichviel, was auf den verschiedenen Seiten unseres Hauses von dieser Debatte erwartet wird, ich glaube, diese Debatte kann eigentlich nichts anderes sein als eine hoffentlich im Positiven bemerkenswerte Etappe im Ringen um das höchsterreichbare Maß an Übereinstimmung bei der Bewältigung der deutschen Lebensfragen. Mir ist es verständlich, dass dabei noch sehr stark Gefühle und Gedanken mitschwingen, die geprägt worden sind durch die jahrelangen Auseinandersetzungen über Abschnitte des Weges, den wir alle haben gehen müssen. Wie sehr das der Fall ist, zeigt sogar die Regierungserklärung des Herrn Bundesministers des Auswärtigen.

Die Frage – wechselseitig gestellt –: Werden die auf der anderen Seite des Hauses nun endlich einsehen, dass wir Recht gehabt haben? Diese Frage wird immer wieder aufkommen. Unserem Klima entsprechend – da braucht man keine Angst zu haben – wird sie auch künftig noch oft die Form einer Forderung, je nach Temperament einer sehr barsch ausgesprochenen Forderung, annehmen.

Bundeskanzler Adenauer im Gespräch mit dem israelischen Ministerpräsidenten Ben Gurion im Hotel Waldorf Astoria am 14. März 1960.

Im Bundestag bekennt sich Herbert Wehner am 30. Juni 1960 in einer Aufsehen erregenden Rede zu den außenpolitischen Grundsätzen der Regierung Adenauer.

So will ich mich angesichts dessen auch gar nicht damit aufhalten, das, was in dieser Beziehung vor der heutigen Bundestagsdebatte gesagt oder geschrieben worden ist, nochmals aufzugreifen, nicht deswegen – ich bitte alle um Entschuldigung –, weil ich es missachten möchte; es waren sehr viele Anregungen und bemerkenswerte Gedanken auch in dieser Vordebatte. Aber ich meine, die Ereignisse nötigen uns, den Blick nach vorn zu richten. Allerdings muss ich auf eine Vermutung, die bei manchem auch als eine Behauptung vertreten wird, eingehen. Der Herr Bundesminister für Verteidigung, Strauß, hat den Wunsch der Sozialdemokraten nach einer gemeinsamen Außenpolitik als einen bemerkenswerten Schachzug im Ringen um die Stimmen für die Bundestagswahl im kommenden Jahr bezeichnet. Das hat er am 24. Juni getan. Aber die CDU selbst nimmt für sich in Anspruch, alles, was sie selbst tut und noch tun wird, um diese Wahl zu gewinnen, sei – und hier zitiere ich sie – von entscheidender Bedeutung für das nationale Schicksal.

So am 22. Juni im „Deutschland-Union-Dienst". – Sie bestätigen es, es entspricht Ihren Empfindungen!

Da haben Sie in der gleichen Demokratie und vor dem gleichen Grundgesetz die unterschiedliche Bewertung des Strebens demokratischer Parteien nach der Mehrheit. In manchen Kommentaren und darunter auch in einigen Kommentaren bedeutender Auslandszeitungen ist um diese Debatte und um die ganze öffentliche Diskussion schließlich gerade das geschrieben worden, es handle sich eigentlich um bloße Taktik auf beiden Seiten. Das meine ich, und deswegen habe ich dieses Element aus dieser Vordiskussion doch aufgegriffen.

Ich meine, es kann nicht gut sein, die Volksvertreter, die Parteien und das Parlament selbst in den Geruch zu bringen, es werde von denen eigentlich gar nicht um die Sache selbst gerungen, sondern um etwas, das ganz parteiegoistischen Erwägungen entspringe.

Der Herr Bundeskanzler hat – und an diese Episode werde ich manchmal erinnert, auch in diesem Zusammenhang – im vergangenen Jahr – es muss genau vor einem Jahr gewesen sein – in einem Disput mit meinem Freund Fritz Erler gesagt, er, der Herr Bundeskanzler, sei genauso gut Demokrat wie jener, Fritz Erler nämlich, denn auch er wolle ihm ja so viel wie möglich Stimmen abjagen.

Wir stimmen wohl darin überein, dass unsere Verpflichtung auf das Grundgesetz als Wesentliches dazugehört. Jede demokratische Partei hat das Recht und ist bestrebt, die Mehrheit der Wähler zu gewinnen. Wenn aber im politischen Kampf dieses Streben als Selbstzweck verdächtigt wird, statt den Kampf, soweit das überhaupt menschenmöglich ist – da gibt es wohl gewisse Grenzen –, um die sachlichen Streitfragen selbst zu führen, so kann es nicht ausbleiben, dass die Demokratie und die zur Demokratie gehörenden Parteien und Institutionen schließlich in den Verdacht geraten, der Sache selbst gar nicht zu dienen, sondern sich ihrer nur zu bedienen. Und ich denke: Eigentlich kann das keiner wollen. So möchte ich meinen, Sie mögen immerhin auf dieser Seite, auf der großen Seite unseres Hauses, argwöhnen – ja, sicher, meine Reverenz! –, was denn die Sozialdemokratische Partei eigentlich im Sinne habe und was sie vielleicht im Schilde führe, wenn sie dazu auffordere, ernstlich zu versuchen, herauszufinden, ob die demokratischen Kräfte in der Bundesrepublik nicht zu gemeinsamen Bemühungen um die Lösung der gesamtdeutschen Fragen imstande und fähig sind. Aber was Sie auch dahinter vermuten, meine Damen und Herren, schlagen Sie bitte Unsere Mahnungen nicht einfach in den Wind!

Einmarsch der Gesamtdeutschen Mannschaft in das Olympiastadion von Rom 1960. Fahnenträger ist der Springreiter Fritz Thiedemann.

Begegnung im Astoria-Hotel

Acht Jahre nach dem Abschluss des deutsch-israelischen Wiedergutmachungsabkommens trafen sich dessen Initiatoren, Bundeskanzler Adenauer und der israelische Ministerpräsident David Ben Gurion, am 14. März 1960 im New Yorker Hotel Waldorf Astoria.
Nach dem Gespräch gab Adenauer folgende Erklärung ab: „Ich bin tief bewegt über diese Zusammenkunft mit Ministerpräsident Ben Gurion. Seit langem bewundere ich seine Qualitäten als Staatsmann und seine Ausdauer als erster Architekt eines modernen Israels und dessen bemerkenswerter Entwicklung. Das deutsche Volk zieht eine große Befriedigung aus der Tatsache, dass es dank den Entschädigungen an die Opfer des Nazismus einen Beitrag an den Aufbau Israels leisten konnte. Ich bin sicher, dass das deutsche Volk, gleich wie seine Regierung, überzeugt ist, dass die gegenseitige Zusammenarbeit und Unterstützung auch künftig Früchte tragen wird."
Ben Gurion sagte: „Es hat mich mit Genugtuung erfüllt, Bundeskanzler Adenauer zu treffen. Ich gehöre zu einem Volk, das seine Vergangenheit nicht vergessen kann. Wir erinnern uns aber daran, um eine Wiederholung zu verhindern. Letzten Sommer habe ich im israelischen Parlament erklärt, dass das Deutschland von heute nicht das Deutschland von gestern ist. Nach dem Treffen mit Bundeskanzler Adenauer habe ich die Gewissheit, dass mein Urteil richtig ist. Ich wünsche dem Kanzler vollen Erfolg in seinen Bemühungen, Deutschland auf dem Weg der Demokratie und der internationalen Zusammenarbeit zu führen."

Trotz eines von ihm verursachten Fehlstarts gelang es Armin Hary 1960 in Rom, als erster Deutscher Gold über 100 m zu ersprinten.

Armin Harys fabelhafter 100-m-Olympiasieg

Zum ersten Male seit 24 Jahren siegte wieder ein Deutscher bei Olympia in der Leichtathletik. Zum ersten Male in der Geschichte der Olympischen Spiele gewann überhaupt ein deutscher Läufer eine Goldmedaille! Der 23-jährige Feinmechaniker Armin Hary holte sich nach seinem Weltrekord in Zürich auch die Goldmedaille in Rom. Wolfgang Wünsche schildert in seinem Buch „Athleten, Duelle, Rekorde" diesen sporthistorischen Lauf:
Im Stadio Olimpico am 1. September 1960 um 17.30 Uhr bestätigte Armin Hary seine 10,0-Weltrekordzeit mit dem triumphalen Olympiasieg, der ersten Goldmedaille eines deutschen Läufers überhaupt. Hary berichtet: „Ich redete mir ein, nur ruhig Blut. Es ist ein Start wie jeder andere. Ich schlief sogar vor dem entscheidenden Lauf. Ich hatte Selbstvertrauen nach meinen Siegen im Zwischenlauf und in der Vorentscheidung über die Amerikaner Sime und Norton."
Hary war – was seine Nerven betraf – in der Tat eiskalt bis in die Fußspitzen. Sime und Hary schossen zuerst zu früh aus den Startblöcken. Aber keiner der beiden wurde verwarnt. Dann sollte der Deutsche der Übeltäter bei einem Fehlstart gewesen sein. Hary kommentiert: „Ich fühlte mich unschuldig, aber jetzt nur nicht die Beherrschung verlieren. Ich war ruhig und hätte schreien können. Beim dritten Start war ich vorsichtig, um eine Disqualifikation zu vermeiden. Nach 50 m wusste ich, dieses Rennen kann ich nicht mehr verlieren. Erschreckt war ich nur über den tollen Tigersprung von Dave Sime ins Ziel. Er holte dabei mindestens einen halben Meter Rückstand auf. Lange wusste ich nicht recht, ob ich gewonnen hatte. Erst als der Lautsprecher das Resultat bekanntgab, hatte ich Gewissheit."

1961

JANUAR

1.1. Der Interzonenhandel zwischen der Bundesrepublik und der DDR wird wiederaufgenommen.
4.1. Der letzte Band des Deutschen Wörterbuches der Brüder Jacob (1785-1863) und Wilhelm Grimm (1786-1859), die vor 123 Jahren mit der Arbeit begonnen hatten, wird fertiggestellt.

FEBRUAR

12.2. Die DDR-Behörden hindern zahlreiche evangelische Bischöfe, die am Eröffnungsgottesdienst der gesamtdeutschen Synode in der Ost-Berliner Marienkirche teilnehmen wollen, am Betreten des östlichen Stadtteils.
23.2. Verabschiedung des „Bundesangestelltentarifvertrages" (BAT). Darin werden die Arbeitsbedingungen und die Sozialleistungen für rund 500.000 Angestellte des Bundes, der Länder und Gemeinden geregelt.
28.2. Das Bundesverfassungsgericht legt fest, dass Rundfunk Ländersache ist. Die von Bundeskanzler Konrad Adenauer geplante „Deutschland Fernsehen GmbH", die dem Bund unterstellt werden sollte, wird als verfassungswidrig erklärt.

MÄRZ

16.-19.3. Das Zentralkomitee der SED beschließt den „Plan Neue Technik", mit dem nach der Kollektivierung der Landwirtschaft die Entwicklung der Industrie vorangetrieben werden soll.
18.3. Franz-Josef Strauß wird zum neuen Vorsitzenden der Christlich-Sozialen Union (CSU) gewählt.
28./29.3. Der Politische Beratende Ausschuss des Warschauer Paktes in Moskau beschließt die Erhöhung der Verteidigungsbereitschaft der DDR durch Lieferung modernster Waffen an die NVA.
30.3. Atomwaffengegner nehmen in zahlreichen Städten der Bundesrepublik an Ostermärschen gegen die Aufrüstung teil.

APRIL

3.4. Die ersten Zivildienstleistenden nehmen in der Bundesrepublik ihren Dienst in sozialen Einrichtungen auf.
11.4. Prozeßbeginn gegen den ehemaligen SS-Obersturmbannführer Adolf Eichmann in Jerusalem.
12.4. Die Volkskammer beschließt das „Gesetzbuch der Arbeit". Es regelt die Positionen des Freien Deutschen Gewerkschaftsbundes (FDGB) im Rahmen der DDR-Planwirtschaft und die Positionen der Arbeiter in den Betrieben.
Der sowjetische Kosmonaut Juri Gagarin (1934-1968) startet als erster Mensch ins Weltall.
23.4. Herbert Wehner gibt die Koalitionsbereitschaft der SPD mit der CDU bekannt.
In Sachsenhausen wird eine Gedenkstätte für die Opfer des Nationalsozialismus eingeweiht.
25.4. Konrad Adenauer lehnt eine Zusammenarbeit mit der SPD ab.

MAI

4.5. Der Bundestag billigt den im August 1959 unterzeichneten Truppenvertrag zwischen der Bundesrepublik und den NATO-Mitgliedsstaaten. Der neue Truppenvertrag enthält wesentliche Verbesserungen für die deutsche Seite gegenüber den bisherigen Regelungen. Unter anderem werden die alliierten Manöverrechte eingeschränkt und die Zuständigkeiten der deutschen Gerichtsbarkeit erweitert.
19.5. Gründung der „Stiftung Volkswagenwerk" zur Förderung von Wissenschaft und Technik in Forschung und Lehre.

JUNI

3./4.6. Der sowjetische Partei- und Regierungschef Nikita S. Chruschtschow und der amerikanische Präsident John F. Kennedy treffen in Wien zu einem zweitägigen Meinungsaustausch über Abrüstungsfragen und das Berlin-Problem zusammen, ohne eine Einigung zu erzielen.
4.6. Chruschtschow überreicht Kennedy in Wien ein Memorandum zur Deutschlandpolitik, das sogenannte Berlin-Memorandum. Darin schlägt er die Umwandlung West-Berlins in eine entmilitarisierte und neutrale Stadt vor und fordert den Abschluss eines Friedensvertrages. Das Memorandum wird erst am 10. Juni veröffentlicht. Bundeskanzler Adenauer lehnt eine Entmilitarisierung Berlins ab; auch die drei Westmächte zeigen eine ablehnende Haltung.
6.6. Gründung des „Zweiten Deutschen Fernsehens" (ZDF) mit Sitz in Mainz durch einen Staatsvertrag der Länder der Bundesrepublik als gemeinnützige Anstalt des öffentlichen Rechtes.
15.6. Der DDR Staats- und Parteichef Walter Ulbricht erklärt in einer internationalen Pressekonferenz zu innerdeutschen Absperrmaßnahmen: „Niemand hat die Absicht, eine Mauer zu errichten".
17.6. In Bayern liefert nach drei Jahren Bauzeit das erste deutsche Atomkraftwerk, das Kernkraftwerk Kahl, Strom.
24.6. Der 1. FC Nürnberg wird nach einem 3:0-Sieg über Borussia Dortmund Deutscher Fußballmeister.
28.6. Der Bundestag beschließt das Familienrechts-Änderungsgesetz, mit dem eine Ehescheidung erschwert wird.
30.6. Verabschiedung des Bundessozialhilfegesetzes. Es tritt als drittes Grundprinzip der sozialen Sicherung neben die staatliche Sozialversicherung und das Vorsorgegesetz. Aufgabe der Sozialhilfe ist es, Hilfsbedürftigen ein menschenwürdiges Leben zu sichern.

Drei Tage nach der Grenzenabriegelung in Berlin muss Willy Brandt rund eine viertel Million Berliner auf dem Rudolf-Wilde-Platz beruhigen, die über die Maßnahmen der Volkspolizei und über das Stillhalten der westlichen Alliierten in Berlin empört sind. Brandt ruft unter großem Beifall: „Berlin erwartet mehr als Worte, Berlin erwartet politische Aktion."

JULI

1.7. Im bundesdeutschen Bankengewerbe wird die Fünf-Tage-Woche eingeführt; samstags bleiben die Banken von nun an geschlossen.
5.7. Der Ministerrat der DDR beschließt die Bildung des Volkswirtschaftsrates.
12.7. Der Bundestag verabschiedet das „Gesetz zur Förderung der Vermögensbildung der Arbeitnehmer", das sogenannte „312-Mark-Gesetz".
18.7. Gesetz über die Gewährung von Kindergeld und die Errichtung von Kindergeldkassen in der Bundesrepublik.
19.-23.7. Der Evangelische Kirchentag wird nur in West-Berlin abgehalten, in Ost-Berlin wird er von der DDR-Regierung verboten.
25.7. Der US-amerikanische Präsident John F. Kennedy erklärt in einer Fernsehrede seine Entschlossenheit, die Anwesenheit westlicher Truppen in West-Berlin, den freien Zugang von und nach Berlin sowie die Freiheit und Lebensfähigkeit der Stadt zu verteidigen.

AUGUST

1.8. Die Regierung der DDR kündigt Beschränkungen im innerdeutschen Reiseverkehr an.
3.-5.8. Die Ersten Sekretäre der kommunistischen Parteien und Arbeiterparteien der Mitgliedsstaaten des Warschauer Paktes beraten in Moskau über „Maßnahmen zur Sicherung des Friedens". Sie geben ihre unveröffentlichte Zustimmung zur Abriegelung der Fluchtwege nach West-Berlin.
9.8. In Ost-Berlin werden die Grenzgänger, die im Westteil der Stadt arbeiten, registriert.
11.8. Die Volkskammer beauftragt den Ministerrat, die auf der Tagung der Warschauer Pakt-Staaten beschlossenen Maßnahmen zur Grenzsicherung in und um Berlin „vorzubereiten und durchzuführen".
13.8. Bewaffnete Volkspolizisten der DDR riegeln Ost-Berlin gegen West-Berlin ab. Der Mauerbau beginnt.
14.8. Das Brandenburger Tor, zunächst Grenzübergang, wird seitens der DDR zum Westen hin geschlossen. Die Telefonverbindungen zwischen der Bundesrepublik und der DDR werden vorübergehend unterbrochen. Auch West-Berlin ist von dieser Sperre betroffen.
16.8. Für alle Bewohner der DDR und Ost-Berlins wird die Grenze zur Bundesrepublik Deutschland gesperrt.
19.-21.8. Besuch des US-Vizepräsidenten Lyndon B. Johnson (1908-1973) in Bonn und Berlin. Johnson bekräftigt in einer Rede vor dem Schöneberger Rathaus die US-amerikanischen Sicherheitsgarantien.
30.8. US-Präsident Kennedy kündigt die Ernennung des früheren amerikanischen Militärgouverneurs Lucius D. Clay zum Sonderbeauftragten für West-Berlin an.
31.8. Die Sowjetunion beschließt, die Atomwaffenversuche wieder aufzunehmen. Dadurch wird die Konferenz über die kontrollierte Einstellung der Atomwaffenversuche in Genf vorzeitig beendet.

SEPTEMBER

1.9. In einer Wahlkampfrede fordert Bundeskanzler Adenauer die Ausrüstung der Bundeswehr mit Atomwaffen.
Das Außenwirtschaftsgesetz der Bundesrepublik tritt in Kraft. Mit dem Gesetz wird die Devisenbewirtschaftung und die staatliche Kontrolle des Wirtschaftsverkehrs mit dem Ausland beendet.
5.9. In einer FDJ-Aktion werden die nach Westen gerichteten Fernsehantennen beseitigt.
7.9. Ost-Berlin wird als Hauptstadt der DDR zum 15. Bezirk der DDR erklärt.
17.9. Wahlen zum 4. Deutschen Bundestag. Die CDU/CSU verliert mit 45,3 % die absolute Mehrheit, bleibt aber führende politische Kraft in der Bundesrepublik. Die SPD erringt 36,2 % und die FDP 12,8 % der Stimmen.
20.9. Die Volkskammer verabschiedet das „Gesetz zur Verteidigung der DDR". Es beinhaltet die Regelung des militärischen und zivilen Einsatzes im Verteidigungsfall. In Ost-Berlin werden die Gebäude entlang der Grenze zu West-Berlin gewaltsam geräumt.
30.9. Gründung der „Organisation für Wirtschaftliche Zusammenarbeit und Entwicklung" (OECD) in Paris, in der Nachfolge der „Organisation für Europäische Zusammenarbeit" (OEEC). Ziel der Organisation ist es, die wirtschaftliche Zusammenarbeit des Atlantischen Bündnisses zu koordinieren.

OKTOBER

10./11.10. Auf der Wirtschaftskonferenz des Zentralkomitees der SED und des Ministerrates werden Maßnahmen zur „Störfreimachung" der Wirtschaft beraten.
17.10. Bundeskanzler Adenauer gibt bekannt, dass er nicht die volle Legislaturperiode Kanzler bleiben wird.
27.10. Am Berliner Sektorengrenzübergang „Checkpoint Charlie" stehen sich erstmals amerikanische und sowjetische Panzer gegenüber.
30.10. Anwerbevereinbarungen für Gastarbeiter zwischen der Bundesregierung und der Türkei.

NOVEMBER

5.11. Auf der 6. Bezirkskunstausstellung in Leipzig werden Werke von Bernhard Heisig, Werner Tübke (geb. 1929) und Wolfgang Mattheuer präsentiert.
7.11. Konrad Adenauer wird zum vierten Mal zum Bundeskanzler gewählt.
14.11. Die neue Bundesregierung wird aus der Regierungskoalition von CDU, CSU und FDP gebildet. Erstmals in der Bundesrepublik übernimmt eine Frau einen Ministerposten: Elisabeth Schwarzhaupt (1901-1986) übernimmt das neugeschaffene Ressort für Gesundheit.
24.11. Das Bundesministerium für wirtschaftliche Zusammenarbeit, das für die Entwicklungspolitik zuständig ist, wird gegründet.
30.11. In einem Brief schlägt der DDR-Ministerpräsident Otto Grotewohl Bundeskanzler Adenauer vor, Schritte zur Normalisierung der Beziehungen zwischen der DDR und der Bundesrepublik einzuleiten.

DEZEMBER

3.12. Das Bundeskanzleramt verweigert die Annahme des Briefes der DDR-Regierung vom 30.11. mit Vorschlägen über Gespräche zwischen „beiden deutschen Staaten".
10.12. Verleihung der Nobelpreise in Stockholm. Den Physiknobelpreis erhält der deutsche Rudolf Ludwig Mößbauer (geb. 1929) zusammen mit dem US-Amerikaner Robert Hofstadter (1915-1990). Mößbauer erforscht die Gammastrahlen.
Der von ihm formulierte Mößbauer-Effekt ermöglicht feinste Energiedifferenz- und Frequenzmessungen, mit denen Teile von Albert Einsteins Relativitätstheorie nachgewiesen werden können. Hofstadter hat den Schalenaufbau der Atomkerne erkannt und 1953 bewiesen, dass die Elementarteilchen aus sogenannten Quarks aufgebaut sind.
15.12. Der ehemalige SS-Obersturmbannführer Adolf Eichmann wird in Jerusalem als einer der Organisatoren des Völkermordes an den europäischen Juden zum Tode verurteilt.
30.12. In einem Interview äußert sich Ulbricht zur Massenflucht aus der DDR und bemängelt, dass der DDR durch sie ein Schaden von rund 30 Milliarden Mark entstanden sei.

AUSSERDEM

Ingeborg Bachmann: Das dreißigste Jahr (Erzählungen)
Günter Grass: Katz und Maus (Novelle)
Uwe Johnson: Das dritte Buch über Achim (Roman)
Anna Seghers: Das Licht auf dem Galgen (Erzählung)
Christa Wolf: Moskauer Novelle (Erstlingswerk)
In der DDR werden Maßnahmen zur Entstalinisierung unternommen. So wird Stalinstadt in Eisenhüttenstadt und die Stalinallee in Ost-Berlin in Karl-Marx-Allee umbenannt. Auch in der UdSSR wird u.a. Stalingrad in Wolgograd umbenannt.
Der Modetanz des Jahres ist der „Twist".

Der Bau der Berliner Mauer

Als die Staatliche Plankommission der DDR dem SED-Chef Ulbricht im Februar 1961 die Fluchtbilanz des Vorjahres vorlegte, war ihm klar, dass es so nicht weitergehen könne. Zweihunderttausend Bewohner des Ersten deutschen Arbeiter- und Bauernstaates hatten 1960 mit den Füßen abgestimmt, da sie anders nicht konnten. Die Recherchen der Plankommission hatten ergeben, dass jeder fünfte Flüchtling ein Facharbeiter war. Die Mehrheit der Durchgebrannten war jung und leistungsfähig: 49 Prozent jünger als 25 Jahre, weitere 23 Prozent unter 45.

Auf einer Konferenz der Staaten des Warschauer Pakts im Kreml am 29. März 1961 konnte Ulbricht schon mit neuen besorgniserregenden Zahlen für Januar und Februar aufwarten. 30.273 Einwohner waren dem Paradies des Sozialismus entlaufen, davon 21.112 über Westberlin.

Am 15. Juni kam es in dem Zusammenhang zu einem Frage- und Antwortspiel, das im Rückblick einige Berühmtheit erlangte. Auf einer Pressekonferenz fragte ihn die Korrespondentin Annemarie Doherr von der „Frankfurter Rundschau": „Bedeutet die Bildung einer ›freien Stadt‹ Ihrer Meinung nach, dass die Staatsgrenze am Brandenburger Tor errichtet wird?" Ungerührt erwiderte der SED-Vorsitzende: „Ich verstehe Ihre Frage so, dass es Leute gibt, die wünschen, dass wir die Bauarbeiter der Hauptstadt der DDR dazu mobilisieren, eine Mauer aufzurichten. Mir ist nicht bekannt, dass solch eine Absicht besteht. Die Bauarbeiter unserer Hauptstadt beschäftigen sich hauptsächlich mit Wohnungsbau, und ihre Arbeitskraft wird voll dafür eingesetzt. Niemand hat die Absicht, eine Mauer zu errichten."

Es war wie ein Kampf mit verkehrten Fronten, als ausgerechnet von amerikanischer Seite die Anregung kam, genau dies zu tun. Ende Juli sagte Senator Fulbright in einem Fernsehinterview: „Ich verstehe nicht, weshalb die Ostdeutschen nicht einfach ihre Grenze schließen, denn ich glaube, sie haben ein Recht dazu. Wir haben nicht das Recht, von ihnen zu verlangen, dass Flüchtlinge herauskommen dürfen." Spätestens hier musste der Ostblock, der das Signal nicht überhört hatte, wissen, dass eine westliche Reaktion über Deklamationen nicht hinausreichen würde. Schon im Herbst 1958 hatte Rudolf Augstein im Spiegel in die Zukunft geschaut: „Die Sowjets werden versuchen, Ulbrichts Grenzen um Berlin herum zuzustopfen und den Lebensstandard zu heben ... Ohnedies dürfen wir uns nicht in der Hoffnung wiegen, dass Berlin unter den jetzigen Umständen noch lange als Fluchtbrücke dienen könnte. Es ist technisch möglich, Berlin hermetischer abzuschließen als die viele hundert Kilometer lange Zonengrenze." Das zu realisieren, was hier vorausgesagt war, wurde nun tatsächlich um die Wende Juli /August 1961 zur Marschroute des Warschauer-Pakts. Chruschtschow hatte soeben noch einen zusätzlichen amerikanischen Blankoscheck erhalten. In Kennedys neuerlicher Beistandsversicherung für Westberlin fehlte jeder Hinweis auf eine fortbestehende Viermächte-Verantwortung für die ganze Stadt.

Der sowjetische Machthaber wäre noch zufriedener gewesen, hätte er von einer Bemerkung des Präsidenten vom 31. Juli gegenüber seinem Berater Walt Rostow gewusst: „Die Nato kann ich nur zum Einschreiten bringen, wenn Chruschtschow etwas mit Westberlin anzustellen versucht, aber nicht, wenn er nur in Ostberlin etwas unternimmt."

Die einzige Sorge dabei: Wie würde die DDR-Bevölkerung reagieren? Der amerikanische Geheimdienst deutete gegenüber dem Präsidenten an, dass mit einer Explosion im ostdeutschen Pulverfass gerechnet werden müsse, sobald die Grenzen nach Westberlin geschlossen werden würden. Auch in Moskau grübelte die Führung über dieses Problem und nahm es ernst. Die Sowjetarmee in den „westlichen Militärbezirken" wurde verstärkt. Ein alter Haudegen, Marschall Konjew, 63 Jahre alt, wurde aus dem Ruhestand geholt und, anstelle von Armeegeneral Jakubowski, an die Spitze der zwanzig sowjetischen Divisionen in der DDR und der Nationalen Volksarmee gestellt.

Außenpolitisch leidlich abgesichert, militärisch gepanzert im Sinne des Wortes, ging der Herrscher aller Reußen daran, seinem treuesten Vasallen unter die Arme zu greifen. Seit Jahresbeginn 1961 waren 150.000 DDR-Bürger ausgerissen. Das gelobte Land der Werktätigen verlor im ideologischen Schlagabtausch mit dem degenerierten Monopolkapitalismus eine Runde nach der anderen. Noch ein Jahrzehnt in diesem Stil, und die Wiedervereinigung fände in Westdeutschland statt.

Am 3. August 1961 saßen die Partner des Warschauer Pakts erneut

Conrad Schuhmanns spektakuläre Flucht über die Sektorengrenze am 15. August 1961.

Amerika garantiert die Freiheit West-Berlins: Sonderbotschafter General Clay und Vizepräsident Johnson bei einer Kundgebung mit Willy Brandt am 18. August 1961.

terrat, „alle Maßnahmen durchzuführen, die sich ... als notwendig erweisen". Die Berliner Flüchtlingszahl des Tages: 1.573.
12. August: Ulbricht unterzeichnet die Einsatzbefehle für die Volksarmee. Die Sowjettruppen werden in Gefechtsbereitschaft versetzt. Die Polizeikontrollen auf den Ostberliner S-Bahn-Grenzstationen nach Westberlin werden verschärft. Ein Westberliner Polizeiposten am Grenzübergang Düppel-Kleinmachnow im Südwesten der Stadt erfährt vertraulich, dass der Übergang in der Nacht gesperrt wird. Beim Bundesnachrichtendienst in München-Pullach flattert eine Meldung mit genauen Einzelheiten über die bevorstehenden Sperrmaßnahmen auf den Schreibtisch des zuständigen Referenten. Der Referent ist in Urlaub. Die Meldung bleibt liegen.

Bevor die Falle zuschnappt, schlüpfen noch einmal 2.400 Flüchtlinge heraus.
Und dann geht es auf Mitternacht, und der westliche Teil der 3,4 Millionen-Stadt begibt sich allmählich zur Ruhe. Im Osten aber wird es lebendig. Panzerspähwagen der Volksarmee fahren auf, Postenketten formieren sich, Spitzhacken misshandeln das Pflaster, Stacheldraht wird ausgerollt. Im Schein der nächtlichen Beleuchtung entwickelt sich wilde Betriebsamkeit an der 46 km langen Sektorengrenze ...
Für die Bevölkerung beider Teile Deutschlands war es der größte Schock der Nachkriegszeit. Für die Sachkenner im Westen und für aufmerksame Zeitgenossen war es keine allzu große Überraschung: Am 13. August 1961 wurden die Grundsteine zum hässlichsten Bau-

in Moskau beisammen. Alle Partnerstaaten gaben Ulbricht grünes Licht für „Maßnahmen zur Sperrung der Sektorengrenze in Berlin". Die Baugenehmigung für die Mauer lag vor. Bald würden die Bauarbeiter der „Hauptstadt der DDR" Lebenswichtigeres zu tun bekommen, als sich hauptsächlich mit Wohnungsbau zu befassen.
6. August: Vier Divisionen der Volksarmee werden nach Berlin in Marsch gesetzt. Westberliner Industriebetriebe, die das Ausbleiben bestellter Leerwagen bei der Reichsbahn reklamieren, werden „für kurze Zeit" um Geduld gebeten.
„Wir haben leider in diesen Tagen einen Engpass an Lokomotiv-Kapazität ..." 2.305 Flüchtlinge ersuchen in Westberlin um Asyl.
7. August: Ulbricht informiert den Ministerrat über die Moskauer-Beschlüsse. Die Politbüro-Mitglieder wissen schon seit dem 5. August genau Bescheid. Staatssicherheitschef Mielke instruiert seine Hauptabteilungsleiter und ermahnt sie unter Androhung standrechtlicher Exekution zum Schweigen, selbst gegenüber den Abteilungsleitern. Nicht einmal Befehlshaber der Wehrbezirke und die Kommandeure der nach Berlin beorderten Divisionen werden über den Grund der Verlegung aufgeklärt. Konjew trifft in der DDR ein.

8. August: Westlichen Beobachtern entgeht nicht, dass sich irgendein Unheil zusammenbraut. Die Geheimdienste melden starke Truppenbewegung in der ganzen DDR, vor allem im Raum Berlin. Der NATO-Rat beschließt engere Konsultationen. Westberlin-Marienfelde registriert 1.741 Flüchtlinge.
9. August: Das Politbüro der SED tagt ganztägig auf Ulbrichts Landsitz in der Schorfheide, nicht weit von Görings einstiger Prunkvilla Karinhall. Im Haus des Staatsratsvorsitzenden wohnt der Sowjetmarschall. 1.926 DDR-Bewohner melden sich als Flüchtlinge in West-Berlin.
10. August: Erneute Sitzung des Politbüros, diesmal im SSD-Ministerium in Berlin-Lichtenberg. Ulbricht gibt den „Tag X" bekannt, nachdem er den Termin bisher auch vor dem engsten Gremium geheimgehalten hatte. Pionier-Einheiten in der Gegend Halle-Merseburg verladen Betonpfähle und Stacheldraht in Richtung Berlin.
11. August: Als alle Weichen gestellt sind, holt sich die DDR-Exekutive wenigstens formell eine Pauschalerlaubnis der Volkskammer, nachdem der stellvertretende Ministerpräsident Stoph ausführlich über die alarmierende Fluchtbewegung referiert hat. Beflissen beauftragt das Parlament den Minis-

„13. August 1961. Sicherung der Staatsgrenze. FDJler des Berliner Stadtbezirks Mitte besuchten am 15. August 1961 Soldaten einer Panzereinheit, die in der Mittelstraße auf Friedenswacht stehen. Sie überreichten ihnen Blumen und kleine Geschenke." (Originalunterschrift)

Ludwig Erhard im Gespräch mit FDP-Chef und Außenminister Erich Mende, der seine Partei mit der Parole „mit der Union ohne Adenauer" (dafür mit Erhard) zum besten Bundestagswahlergebnis ihrer Geschichte führte.

werk der Welt gelegt: Eine Mauer trennte die beiden Teile der ehemaligen Reichshauptstadt voneinander. „Die auf das Herz der DDR gerichtete Lanzenspitze ist umgebogen", triumphierte der Ostberliner Chefkommentator Karl-Eduard von Schnitzler und log sich damit aus der eklatanten moralischen Niederlage des SED-Regimes heraus.

Passierschein-Büros der DDR geschlossen

Von der Berliner Polizei wurden am 27. August 1961 zwei Zweigstellen des DDR-Reisebüros auf Westberliner Boden geschlossen. Am Tag vorher war an Schaltern der S-Bahnhöfe Zoo und Westkreuz ein Schild angebracht worden, dass hier Passierscheine für Westberliner zum Besuch Ostberlins ausgegeben werden. Nach dem Bau der Mauer (13. August 1961) hatte am 23. August das DDR-Innenministerium verfügt, dass Westberliner nur noch mit einer Aufenthaltsgenehmigung nach Ostberlin kommen dürften, ausgenommen waren Grenzgänger, die in Ostberlin arbeiteten; Zweigstellen des DDR-Reisebüros würden in Westberlin Antragsformulare für Aufenthaltsgenehmigungen ausgeben. Die Besatzungsbehörden in Westberlin erklärten, sie würden solche Zweigstellen nicht erlauben. Nun wurden ohne große Vorankündigungen an diesen Schaltern Auftragsformulare ausgegeben.

In den Bahnhöfen versammelten sich bald erregt diskutierende Menschenmengen, die heftig gegen die Zweigstellen protestierten. Einige Westberliner ließen sich Antragsformulare geben und füllten sie aus; nach zwei Stunden erhielten sie gegen eine Gebühr von einer Mark (West) einen auf einen Tag befristeten Aufenthaltsschein für Ostberlin.

Daraufhin wurde von Westberlinern über dem Schalter ein Plakat aufgehängt: „Eintritt zum KZ 1 Mark West. Willst du dorthin?" Die Schalter wurden von den Beamten zugemacht und mit dem Schild versehen: „Wegen Arbeitsüberlastung geschlossen."

Die FDP als Koalitionspartner

Die Freie Demokratische Partei (FDP) entstand am 12. Dezember 1948 durch den Zusammenschluss der liberalen Landesparteien der westlichen Besatzungszonen, die sich seit 1946 gebildet hatten. Die politisch heterogene Mitgliedschaft (Linksliberale, Nationalliberale, Konservative) einte das Eintreten für die Marktwirtschaft. Die FDP war bereits im Frankfurter Wirtschaftsrat (1947-49) vertreten. Mit ihrem Vorsitzenden TheodorHeuss stellte sie 1949-59 den ersten Bundespräsidenten. 1949-56 gehörte sie als Koalitionspartner zu den von CDU/CSU geführten Kabinetten. Unter Erich Mende (Vorsitzender seit 1960) bildete die FDP 1961 erneut eine Koalition mit den Unionsparteien. Dabei gelang es ihr, den Partnern eine Befristung der Kanzlerschaft Adenauers auf zwei Jahre abzuhandeln. Auf dem XII. Ordentlichen Bundesparteitag der Freien Demokratischen Partei in Frankfurt am Main (23. bis 25. März 1961) bezeichnete Mende in seiner Eröffnungsrede eine Beteiligung an der Regierungsverantwortung in Bonn als das Wahlkampfziel der FDP und verteidigte das Streben seiner Partei nach Macht als das legitime Recht jeder Opposition: „Wir wollen dabei nicht Zünglein an der Waage sein, wie man es uns gelegentlich boshaft unterstellt. Denn das Zünglein hat keine andere Funktion als die des Anzeigens. Es besitzt selbst kein Eigengewicht und hat keine bewegende Funktion. Wir wollen vielmehr ein Gewicht sein, das die Waage bewegt, und zwar im Sinne unserer freiheitlich-rechtsstaatlichen Vorstellungen. Die Form einer Mitverantwortung ist die Koalition. Koalitionen sind Zweckgemeinschaften von Partnern mit gleichen oder ähnlichen Vorstellungen von einem gemeinsamen Regierungsprogramm mit dem Ziel, für dieses Programm eine Parlamentsmehrheit zu garantieren und die für die Durchsetzung geeigneten Minister und politischen Beamten zur Verfügung zu stellen. Aus der Diskontinuität der Parla-

Wolfgang Graf Berghe von Trips war der erste deutsche Rennfahrer nach dem Zweiten Weltkrieg. Er begann als Porschefahrer in Sportwagenrennen, wollte 1956 in den Mercedes-Rennstall, doch der zog sich vom Sport zurück. Trips unterschrieb bei Ferrari. 1961 wurde seine erfolgreichste und letzte Saison. Er lag mit 33 Punkten an der Spitze der WM-Wertung, als sein Ferrari beim Grand Prix von Italien in Monza am 10. September 1961 mit dem Lotus von Jim Clark kollidierte. Mit Trips starben 14 Zuschauer. Der Amerikaner Phil Hill wurde mit 34 Punkten Weltmeister.

Allein vom Januar bis zum Abend des 5. Augusts 1961 werden 113.440 „Republikflüchtlinge" in Westberlin gezählt.

mentsperioden ergibt sich zwangsläufig die Befristung dieser Zweckgemeinschaft auf längstens vier Jahre bis zur nächsten Wahl. Voraussetzung einer Koalition ist die Partnerschaft. Sie ist im Allgemeinen nur dann gegeben, wenn man Part, d.h. Teil eines Ganzen, ist und erst die Zusammenfügung der Teile die absolute Parlamentsmehrheit ergibt. Im Regierungsprogramm müssen die Grundsätze der Regierungspolitik in enger Zusammenarbeit der Partner festgelegt werden, bevor die Wahl des Bundeskanzlers erfolgt. Jedem Partner muss es freistehen, unabdingbare Grundfragen zu fixieren, in denen er sich eine eigenständige, abweichende Auffassung vorbehält ... Die FDP wird sich an keiner Regierung beteiligen, in der nicht die Wiedervereinigung in gesicherter Freiheit oberstes Ziel der deutschen Politik ist und ernsthafte Anstrengungen darauf gerichtet werden, dieses Ziel im Verhandlungswege zu erreichen." Mende wandte sich scharf dagegen, dass die CDU neuerdings nicht mehr von Wiedervereinigung, sondern nur von „Freiheit für die 17 Millionen Mitteldeutschen" spreche. Die Außenpolitik müsse den entspannenden Ausgleich nach allen Seiten suchen. Diesem Ziel habe auch die deutsche Wehrpolitik zu dienen, indem sie das Gleichgewicht zwischen den militärischen Blöcken anstrebe. Dabei sei der Streit um die taktischen Atomwaffen nichts als eine theoretische Auseinandersetzung, denn die technische Entwicklung habe Atomwaffen mit sehr geringer Wirkung geschaffen. Weitere vordringliche Aufgaben seien Erhaltung, Schutz und Schaffung von Eigentum für breite Volksschichten im Rahmen der Marktwirtschaft, ferner Schutz des freiheitlichen Rechtsstaats vor Machtmissbrauch durch eine Mehrheitspartei und durch Interessenverbände. Die FDP werde eine Reform der allzu starren Außenpolitik anstreben und sich zu den Grundsätzen der nationalen Selbstbestimmung und der freiheitlichen Menschenrechte bekennen. Politische Schuld liege darin, dass man in der Vergangenheit die Angebote der Sowjetunion nicht auf ihre Ernsthaftigkeit getestet habe. Dadurch habe sich die Ausgangsposition von Jahr zu Jahr verschlechtert.

Eichmann-Prozess

An Eichmann wurde der Begriff des Schreibtischtäters entwickelt, des Bürokraten, der kein Verbrechen persönlich begeht, aber mit schlichter Verwaltungstätigkeit der Organisator millionenfachen Mordes wird: Adolf Eichmann, in Österreich aufgewachsen, Mitglied der SS seit 1932, trat 1934 als SS-Scharführer ins „Judenreferat" im SS-Hauptamt ein. Im August 1938 wurde er Leiter der „Zentralstelle für jüdische Auswanderung in Wien, Oktober 1939 der „Reichszentrale für die jüdische Auswanderung" in Berlin. Seit Dezember 1939 war Eichmann im Referat IVD4 des Reichssicherheitshauptamts für „Auswanderung und Räumung" zuständig, dann im Referat IVB4 für „Judenangelegenheiten und Räumung". Aus der „Auswanderung" (z.B. nach Palästina) wurde jedoch bald Deportation in die im Osten eroberten Gebiete und schließlich in der äußersten Konsequenz der nationalsozialistischen Judenverfolgung die Ermordung der jüdischen Bürger im deutschen Machtbereich. Eichmanns Dienststelle organisierte die Verschleppung von insgesamt etwa 3 Millionen Menschen in die Vernichtungslager.

Nach dem Krieg nach Argentinien geflohen, wurde Eichmann dort vom israelischen Geheimdienst aufgespürt und im Mai 1960 nach Israel entführt. Das Bezirksgericht Jerusalem verurteilte ihn nach einem Prozess, an dem die Weltöffentlichkeit lebhaft Anteil nahm, am 11. Dezember 1961 zum Tode.

Die Anklageschrift hatte insgesamt 15 Verbrechen aufgezählt, und das Gericht hatte in seinem Wahrspruch Eichmann in allen 15 Anklagepunkten für schuldig erklärt. Im Urteil blieb Eichmann in 3 Punkten, und zwar der Mitgliedschaft zur Gestapo, zur SS und zum SD, straffrei. Der Vorsitzende des Gerichtshofes, Moshe Landau, der das Urteil verlas, verwies darauf, dass die ausgesprochene Todesstrafe nicht – wie der Anklagevertreter Gideon Hausner erklärt hatte – zwingend sei, sondern dem Urteil des Gerichts überlassen bleibe. Landau hob hervor, dass Eichmann durch die Beorderung jedes Zuges von 1000 menschlichen Wesen nach Auschwitz oder anderen Vernichtungslagern an 1000 Morden vorbedachter Art mitgewirkt habe. Seine rechtliche und moralische Verantwortlichkeit für diese Morde sei nicht geringer als die Verantwortlichkeit jener, welche diese menschlichen Wesen in die Gaskammern stießen. Selbst wenn man annehmen würde, dass Eichmann aus blindem Gehorsam gehandelt habe, wie er dies vorgebe, so müsse man feststellen, dass jemand, der an Verbrechen dieses Ausmaßes Jahre hindurch teilgenommen habe, die größte Strafe verdient habe und dass kein ihm erteilter Befehl ein Milderungsgrund sein könnte. Tatsächlich sei aber festgestellt worden, dass Eichmann bei seinen Handlungen sich in seinem Herzen mit den erhaltenen Befehlen identifiziert habe und dass er eifrig bestrebt gewesen sei, sie auszuführen. Bei der Erwägung des Strafausmaßes für so fürchterliche Verbrechen spiele es auch keine Rolle, ob diese Identifizierung und dieses Streben das Resultat seiner ideologischen Schulung durch das damalige Regime seien.

Nachdem er im Mai 1960 von Angehörigen des israelischen Geheimdienstes aus Argentinien entführt worden war, begann am 11.April 1961 vor dem Distriktgericht in Jerusalem der Prozess gegen den früheren Obersturmbannführer Adolf Eichmann.

1962

JANUAR

5./6.1. Auf der Frauenkonferenz des Zentralkomitees der SED wird beschlossen, die Mitarbeit von Frauen in Staat und Wirtschaft zu verstärken. Bisher sind 46% aller Beschäftigten in der DDR Frauen.
14.1. Verabschiedung der ersten Marktordnungen des Europäischen Agrarmarktes.
15.-18.1. Abzug der in der West-Berliner Friedrichstraße stationierten US-amerikanischen Panzer und der in Ost-Berlin Unter den Linden stationierten sowjetischen Panzer.
20.1. Gleichzeitige deutsche Erstaufführung des Dramas „Andorra" von Max Frisch in Düsseldorf, Frankfurt/Main und München.
24.1. Die Volkskammer beschließt das „Gesetz über die allgemeine Wehrpflicht" in der DDR und in Ost- Berlin.

FEBRUAR

7.2. Bei einer Schlagwetter-Explosion in der Grube Luisenthal bei Völklingen im Saarland, kommen 300 Bergleute ums Leben.
14.2. Sowjetische Störaktionen gegen den West-Berliner Luftverkehr.
17.2. In der Nacht vom 16. auf den 17. Februar wird Norddeutschland von der schwersten Flutkatastrophe seit 1855 heimgesucht; 330 Menschen sterben.
20.2. Uraufführung des Theaterstückes „Die Physiker" des schweizer Schriftstellers Friedrich Dürrenmatt (1921-1990) in Zürich.
25.2. Anlässlich des 120. Geburtstages des Schriftstellers Karl May wird beschlossen, dessen Nachlass aus der DDR in das Karl-May-Museum in Bamberg zu überführen.
28.2. In Oberhausen veröffentlichen 26 junge Filmemacher das sogenannte „Oberhausener Manifest", eine Erklärung über den „Zusammenbruch des konventionellen deutschen Films" und den „Anspruch, den neuen deutschen Spielfilm zu schaffen".

MÄRZ

13.-16.3. Die Synode der Evangelischen Kirche tagt wegen der Errichtung der Berliner Mauer erstmals getrennt in Ost- und West-Berlin.
14.3. Eröffnung der Internationale Abrüstungskonferenz in Genf, an der neben den Großmächten USA und UdSSR, den Staaten Großbritannien, Italien, Kanada, Polen, Tschechoslowakei, Rumänien und Bulgarien auch Vertreter von acht blockfreien Staaten teilnehmen. Erklärte Ziele der Konferenz liegen in der Abrüstung und in der Einstellung von Kernwaffenversuchen.
22.3. Die DDR-Regierung führt Reisevisa für Bundesbürger ein, die in die DDR einreisen wollen.

APRIL

5.4. Der Bundestag beschließt eine beschränkte Finanzierung der Parteien durch den Staat.
9.4. Das „Komitee zum Studium der gesellschaftlichen Verhältnisse in Westdeutschland und ihrer Veränderungen" wird beim Nationalrat der Nationalen Front der DDR gebildet.
12.4. In der DDR wird die Verordnung über die Herausgabe und Herstellung von Presseerzeugnissen verabschiedet.
13.4. Die britische Band „The Beatles" tritt im Hamburger „Star-Club" erstmals in neuer Besetzung mit Ringo Starr (geb. 1940) am Schlagzeug auf.

MAI

12.5. Der 1. FC Köln wird nach einem 4:0-Sieg über den 1. FC Nürnberg Deutscher Fußballmeister.
18.5. Premiere des Films „Das Brot der frühen Jahre" nach dem gleichnamigen Roman von Heinrich Böll.
30.5-17.6. Endrunde der Fußball-Weltmeisterschaft. Die deutsche Mannschaft scheidet am 10.6. im Viertelfinale nach einer 0:1-Niederlage gegen Jugoslawien aus. Brasilien wird am 17.6. nach einem 3:1-Sieg über die Tschechoslowakei zum zweiten Mal nach 1958 Fußball-Weltmeister.
31.5. Der ehemalige SS-Obersturmbannführer Adolf Eichmann wird nach seiner Verurteilung durch ein israelisches Gericht im Gefängnis Ramla nahe Tel Aviv hingerichtet.

JUNI

4.6. Im spektakulärsten deutschen Indizienprozess der Nachkriegszeit werden Vera Brühne und ihr Bekannter Johann Ferbach des Doppelmordes für schuldig erkannt und zu lebenslanger Haft verurteilt.
14.6. Gründung der Europäischen Weltraumforschungsorganisation (ESRO), die ausschließlich friedlichen Zwecken dienen soll.
16./17.6. Der „Nationalkongress der Nationalen Front" verabschiedet ein „Nationales Dokument", das unter anderem die Koexistenz beider deutschen Staaten und eine Konföderation vorsieht. Der Beschluss basiert auf der Forderung der SED nach völkerrechtlicher Anerkennung beider deutscher Staaten.
23.6. Im Münchner Stadtteil Schwabing kommt es zu gewaltsamen Auseinandersetzungen zwischen Jugendlichen und der Polizei, bei denen auf beiden Seiten zum Teil starke Verletzungen hervorgerufen werden. 1963 erlässt das Münchner Polizeipräsidium einen Katalog mit „goldenen Regeln" für Polizeibeamte, mit denen es auf die öffentliche Kritik am harten Vorgehen der Polizei reagiert.
24.6. In West-Berlin werden die ersten Boxweltmeisterschaften auf deutschem Boden nach dem Zweiten Weltkrieg ausgetragen.

JULI

2.-8.7. Der Staatsbesuch von Bundeskanzler Konrad Adenauer in Frankreich verhilft der deutsch-französischen Aussöhnung zum Durchbruch.
3.7. Aufgrund des Abkommens von Évian-les-Bains gewährt der französische Staatspräsident Charles de Gaulle Algerien die volle Autonomie. Damit kommt der seit 1954 andauernde Algerienkrieg zum Abschluss.
13.7. Die Ministerpräsidenten der Bundesländer beschließen die Begrenzung der täglichen Werbesendungen im Fernsehen auf 20 Minuten.

AUGUST

9.8. Der Schriftsteller Hermann Hesse stirbt in Montagnola/Schweiz.
17.8. Bei einem Fluchtversuch über die Berliner Mauer wird der 18jährige Ost-Berliner Bauarbeiter Peter Fechter von DDR-Volkspolizisten angeschossen. Fechter verblutet im Niemandsland zwischen Stacheldraht und Panzersperren,

Model P50/1 Kombi „Universal" der Baureihe AWZ Trabant von dem zwischen 1960 und 1962 rund 14000 Exemplare gebaut werden.

ohne dass ihm DDR-Soldaten oder amerikanisches Militär zu Hilfe kommen. In den folgenden Tagen kommt es in West-Berlin zu Demonstrationen, die teilweise nur mit Polizeigewalt von einem Vordringen auf die Mauer abgehalten werden können.

22.8. Die UdSSR gibt die Auflösung ihrer Kommandantur in Ost-Berlin bekannt.

23.8. Mit der ersten Veröffentlichung einer wissenschaftlichen Untersuchung über die Folgen des Schlafmittels „Contergan" wird eine „der größten medizinischen Katastrophen" bekannt.

Die Einnahme des Mittels während der Frühschwangerschaft kann zu Missbildungen bei Neugeborenen führen. Über 2.700 „Conterganopfer" beziehen in der Folgezeit Einzelleistungen oder Renten aus der Stiftung „Hilfswerk für behinderte Kinder", die nach dreijähriger Prozessverhandlung von der Herstellerfirma Chemie Grünenthal GmbH und der Bundesregierung gegründet sowie finanziert wird.

SEPTEMBER

4.-9.9. Der Staatsbesuch des französischen Präsidenten Charles de Gaulles in der Bundesrepublik wird von großen Sympathiebekundungen seitens der Bevölkerung begleitet.

6.9. Der Komponist Hanns Eisler stirbt in Ost-Berlin.

8.9. In einer Rede in Leipzig bezeichnet der Staatsratsvorsitzende Walter Ulbricht die Berliner Mauer als „antifaschistischen Schutzwall".

12.9. Mit der Gründung des „Rates für Industrieform" reagiert die DDR auf den steigenden Konsum technischer Gebrauchsgüter in den Privathaushalten. 1964 wird die „ästhetische Prüfpflicht" für Konsumprodukte in der DDR eingeführt.

19.9. Eröffnung der 14. Internationalen Buchmesse in Frankfurt/Main, die in diesem Jahr mit 100.000 Büchern (darunter 20.000 Neuerscheinungen) von 2.000 Verlagen ein neues Rekordangebot aufstellt.

27.9. Präsident Kennedy erklärt, dass die USA sich entschlossen zur Wehr setzen werden, wenn sie von Kuba aus angegriffen würden oder wenn West-Berlin in Gefahr geriete.

OKTOBER

7.10. Eröffnung einer umfangreichen Ausstellung der Werke des 1959 verstorbenen Malers George Grosz in der Akademie der Künste in West-Berlin.

26.10. Beginn der Spiegel-Affäre. Im Auftrag der Bundesanwaltschaft durchsucht die Polizei die Redaktionsräume des Nachrichtenmagazins „Der Spiegel". Anlass für die Untersuchung ist der „Spiegel"-Artikel „Bedingt abwehrbereit" vom 10.10., indem sich der Chefredakteur Conrad Ahlers kritisch mit der Verteidigungskonzeption der Bundesrepublik auseinandersetzt. In der Folge werden der Herausgeber Rudolf Augstein und Conrad Ahlers unter dem Verdacht des Landesverrates verhaftet.

NOVEMBER

1.11. Der Regierende Bürgermeister von West-Berlin Willy Brandt eröffnet in London eine Ausstellung über die wirtschaftliche, politische und kulturelle Situation im geteilten Berlin.

3.11. Im Münchner Haus der Kunst wird die Ausstellung Der Expressionismus eröffnet, die Werke aller wichtigen Vertreter dieser Kunstrichtung präsentiert.

7.11. Der Architekt Walter Gropius legt den Grundstein zu einer Großraumsiedlung in Britz-Buckow-Rudow in West-Berlin, der späteren „Gropiusstadt".

14.11. Eröffnung des Ernst-Barlach-Museums in Hamburg.

19.11. Rücktritt der fünf FDP-Bundesminister, um die Voraussetzungen für Verhandlungen über eine Regierungsumbildung zur Fortsetzung der Zusammenarbeit mit der CDU/CSU zu schaffen. Die FDP fordert den Rücktritt des Verteidigungsministers Franz-Josef Strauß im Zusammenhang mit der „Spiegel-Affäre" und die Zusage, dass Adenauer noch in der laufenden Legislaturperiode sein Amt vorzeitig abgibt.

23.11. Die SED veröffentlicht einen neuen Entwurf ihres Parteiprogramms, in dem unter anderem der Führungsanspruch der SED und die nationale Einheit zur Reform des Wirtschaftssystems festgeschrieben werden.

30.11. Bundesverteidigungsminister Strauß erklärt, dass er einer neuen Regierung Adenauer nicht mehr angehören werde. Damit gibt er dem Druck von FDP, SPD und Öffentlichkeit nach, die sein Verhalten im Zusammenhang mit der Spiegel-Affäre nicht billigen.

Der Tod des Flüchtlings Peter Fechter am 17. August 1962.

DEZEMBER

7.12. Der Bundestag regelt das Bundesurlaubsgesetz neu, das den Mindesturlaub auf 15 Tage festlegt.

11.12. Nachdem Verhandlungen zur Bildung einer Großen Koalition zwischen CDU und SPD gescheitert sind und die CDU/CSU die FDP-Forderungen vom 19.11. erfüllt hat, wird die 5. Regierung Adenauer erneut aus einer CDU/CSU-FDP Koalition gebildet.

12.12. Mit der erfolgreichen Premiere des Films „Der Schatz im Silbersee" beginnt eine Serie von Karl-May-Verfilmungen in der Bundesrepublik.

14.12. Gründung der Deutschen Welthungerhilfe, deren Ziele in der „Hilfe zur Selbsthilfe" und der Sicherung des „Menschenrechts auf Ernährung" liegen.

18.12. Auf Empfehlung des NATO-Rates verhängt die Bundesregierung ein Ausfuhr-Verbot für Pipeline-Stahlrohre in die Sowjetunion.

AUSSERDEM

An der Stadtperipherie von Bremen wird die erste deutsche Trabantenstadt errichtet.

In der BRD kommt die Anti-Baby-Pille auf den Markt.

Staatsbesuch de Gaulles in der Bundesrepublik

Als Bundeskanzler Adenauer im Juli 1962 seine Rundreise durch Frankreich unternahm, feierte und ehrte ihn der Gastgeber Charles de Gaulle mit Gesten und Auftritten, die zu inszenieren er Meister war. Der Gegenbesuch im September wurde zum Triumphzug für den General. Gebärdenreich ließ er das „große deutsche Volk“ hochleben und schmeichelte ihm. Das „Archiv der Gegenwart“ berichtet über Charles de Gaulles Deutschlandreise:

Der französische Staatspräsident General Charles de Gaulle weilte laut „Le Monde“ vom 4. bis 9. September auf Einladung von Bundespräsident Heinrich Lübke zu einem Staatsbesuch in der Bundesrepublik.

Er traf am 4. September auf dem Flughafen Köln-Wahn ein; besuchte am selben Abend Bundespräsident Lübke in dessen Residenz; begab sich anschließend zu dem offiziellen Empfang in Schloss Brühl; besuchte am 5. September Bonn und Köln, wo er Ansprachen in deutscher Sprache hielt; wurde von Bundeskanzler Adenauer abends auf dem Petersberg empfangen; besuchte am 6. September Adenauer in Rhöndorf; fuhr sodann zu Schiff von Köln nach Düsseldorf und Duisburg (August-Thyssen-Hütte), wo er wiederum Ansprachen auf Deutsch hielt; gab abends in der Redoute Bad Godesberg einen Empfang für den Bundespräsidenten; flog am 7. September nach Hamburg, wo er u.a. die Führungsakademie der Bundeswehr besuchte; am 8. September nach München, wo er vor der Feldherrnhalle eine weitere Ansprache auf Deutsch hielt; nahm am 9. September an einem feierlichen Hochamt teil; flog sodann nach Stuttgart; besuchte von da aus Münsingen und Ludwigsburg, wo er auf Deutsch eine Ansprache an die Jugend hielt; flog vom Flugplatz Echterdingen abends nach Paris zurück.

Bundeskanzler Dr. Konrad Adenauer führte am 5. September bei einem Empfang auf dem Petersberg zu Ehren de Gaulles aus, das Bündnis beider Länder sei ein fester Damm gegen den kommunistischen Druck. Er sagte u.a. wörtlich: „Herr Präsident de Gaulle hat in der Rede gestern in Brühl ausgeführt, dass unsere beiden Länder diejenigen Länder der freien Welt seien, die der größten Gefahr ausgesetzt sind. Frankreich wisse, und das französische Volk wisse, dass es seine Freiheit gegenüber dem kommunistischen Druck nicht bewahren könne, wenn Deutschland dem kommunistischen Druck anheimgefallen sei. Umgekehrt ist das ja auch absolut richtig: Wir können unsere Freiheit nicht bewahren, dem kommunistischen Druck nicht widerste-

Die Volkskammer der DDR verabschiedet am 24. Januar 1962 ein Gesetz über die allgemeine Wehrpflicht. Danach sind alle Männer vom 18. bis zum vollendeten 50. Lebensjahr wehrpflichtig; erforderlichenfalls gilt diese Pflicht auch für Frauen. Im sogenannten „Verteidigungszustand“ dauert für Männer die Wehrpflicht bis zum 60. Jahr. Frauen können zum „medizinischen, technischen oder anderen Sonderdienst in der Volksarmee“ verpflichtet werden, „wenn es für die Verteidigung erforderlich ist“. Der Grundwehrdienst wurde auf 18 Monate festgesetzt. Im Fahneneid, den die Wehrpflichtigen schwören müssen, heißt es unter anderem: „Ich schwöre, an der Seite der Sowjetarmee und der Armeen der mit uns verbündeten sozialistischen Länder als Soldat der Nationalen Volksarmee jederzeit bereit zu sein, den Sozialismus gegen alle Feinde zu verteidigen und mein Leben zur Erringung des Sieges einzusetzen.“

Über seinen Staatsbesuch in Deutschland schreibt die Londoner „Times“ am 7. September 1962: „General de Gaulles Besuch in Deutschland verbindet Zeremonie, Symbol, unmittelbare Politik. Man kann sie gesondert betrachten, sie gehören aber dennoch zusammen.“ Unser Bild zeigt de Gaulle während der Fahrt mit dem bayerischen Ministerpräsidenten Dr. Ehard durch die Münchener Innenstadt auf dem Odeonsplatz, im Hintergrund die Feldherrnhalle und Grußplakate der Vertriebenenverbände („Schlesien grüßt Frankreich“).

hen, wenn wir nicht Frankreich hinter uns haben und die anderen freien Länder Westeuropas.
Ich finde, so wichtig nukleare Waffen sind, so entsetzlich sie sind, so sehr man sich mit ihnen beschäftigen muss: Die Freiheit ist auch gefährdet durch den politischen Druck. Darum ist es nach meiner schon lange gehegten Überzeugung eine absolute Notwendigkeit, wenn wir unser Land, wenn wir Frankreich und das übrige Westeuropa vor dem kommunistischen Druck von Osten her schützen sollen, dass diese beiden Länder, Frankreich und Deutschland, in ihrer Politik einig und geschlossen sind, damit sie einen festen Damm gegenüber diesem kommunistischen Druck vom Osten her bilden können.
General de Gaulle würdigte in seiner Antwort die Verdienste Adenauers für das Erreichen der Freundschaft beider Länder und erklärte, es sei verständlich, wenn diese Freundschaft zunächst Verwirrung bei anderen auslöse. Er sagte u.a. wörtlich: „Die elementare Sympathie, die ich hier vorgefunden habe, begann – wie Sie, Herr Bundeskanzler, wissen – sich schon in Frankreich aus tiefstem Herzen heraus zu regen, als der Herr Bundespräsident dort weilte. Sie trat ganz offensichtlich zutage, als Sie, Herr Bundeskanzler, bei uns zu Gast waren. Die Gewissheit, mit unseren Völkern einig zu sein – eine Gewissheit, die wir haben dürfen, Sie und wir –, ist, so glaube ich, der Beweis dafür, dass unser Tun gut und richtig ist; denn: vox populi, vox dei! Was wir, Deutsche und Franzosen, in dieser geschichtlichen Epoche gemeinsam tun müssen, ist viel, es ist ein neues Leben, das wir beginnen. Zum ersten Male handeln unsere beiden Staaten, unsere beiden Völker gemeinsam. Das ist eine ungeheure Aufgabe, ist Anlass zur Bescheidenheit und gleichzeitig Grund zur Entschlossenheit. Denn wenn zwei große Völker sich einigen wollen, so wird das unvermeidlich gewisse Bewegungen um sie herum hervorrufen. In ihrem Verhalten und auf ihrem Weg durch die Geschichte müssen sie mit Weisheit vorgehen und handeln, und sie müssen bei ihrem Vorgehen und Handeln auf die Gefühle, auf die Interessen ihrer Freunde achten.
Herr Bundeskanzler, erlauben Sie mir, dass ich nun einige Worte zu Ihnen über Sie selbst sage. Nichts – und wenn ich dieses Wort sage, so meine ich es im vollen Sinne –, nichts hätte in der Praxis geschehen können von all dem, was sich zwischen Frankreich und Deutschland in den letzten Jahren entwickelt hat, nichts Großes hätte werden können von all dem, was wir jetzt begonnen haben, wenn Sie nicht gewesen wären. Ihr Werk ist eine historische Leistung ersten Ranges. Wenn Sie von der Freundschaft sprechen, die uns beide verbindet, so darf ich von dieser Freundschaft sprechen, die zwischen uns beiden besteht, und sagen, dass Sie aus Ihrem Lande und ich aus dem meinigen gekommen sind und dass wir uns getroffen haben in dieser Freundschaft und, wie ich hoffe, in gemeinsamem Handeln. Das ist nur möglich gewesen, weil Sie den Weg aufgezeigt haben, der sich mir wie so vielen anderen als der Weg des gesunden Menschenverstandes, der Weg der Vernunft, als der Weg der menschlichen Vernunft und des europäischen gesunden Menschenverstandes erwiesen hat."

Nachdem er zuvor in der Öffentlichkeit betont hatte „Ich habe nichts, im buchstäblichen Sinne nichts mit der Spiegel-Angelegenheit zu tun", musste Verteidigungsminister Strauß am 8. November 1962 in der Fragestunde des Bundestages zugeben, dass sein Ministerium sehr wohl in den Fall verwickelt war.

Die „Spiegel"-Affäre

Vierzehn Jahre währte die Ära Adenauer. Ausgerechnet das letzte Jahr wurde überschattet von der schwersten innenpolitischen Krise seiner Kanzlerzeit. Mitte Oktober 1962 war im Nachrichtenmagazin „Der Spiegel" eine Titelgeschichte über die militärischen Schwächen der NATO und das Herbstmanöver „Fallex 62" mit der Schlagzeile „Bedingt abwehrbereit" erschienen. Die darin veröffentlichten Details erfüllten nach Ansicht der Bundesanwaltschaft und des Verteidigungsministeriums den Tatbestand des Landesverrats. Am 27. Oktober wurde „Spiegel"-Herausgeber Rudolf Augstein verhaftet; den stellvertretenden Chefredakteur Ahlers holten spanische Beamte aus sei-

Im Zeichen der Spiegelaffäre demonstrieren Studenten für die Pressefreiheit.

Der Orkan hat den Namen einer Frau: Vincinette, die Siegreiche. In der Nacht zum 17. Februar 1962 peitscht er Böen mit 130 Stundenkilometern über Hamburg und Norddeutschland. Er entwurzelt Bäume, zertrümmert Dächer und lässt den Wasserstand der Elbe steigen, bis die Deiche brechen. Während die meisten Menschen schlafen, wälzt sich die Flut gurgelnd und schäumend wie Wildwasser durch die Straßen hinter den Deichen. Sie verschlingt Autos, lässt Güterzüge entgleisen, ertränkt Vieh, überschwemmt 20 Prozent des Hamburger Stadtgebiets. 312 Hamburger ertrinken oder erfrieren in dieser Nacht. Im Stadtteil Wilhelmsburg sind 60 000 Menschen vom Wasser eingeschlossen. Eine gewaltige Rettungsaktion beginnt. Sie wird von Innensenator Helmut Schmidt (43, SPD) geleitet, dem späteren Bundeskanzler. Die Katastrophe schafft sich ihre Helden. In der Dunkelheit fährt Binnenschiffer Walter Großmann mit seinem Beiboot in einen überfluteten Kleingartenverein, Hilferufen entgegen. Er rettet mehr als 50 Menschen. Sein Bericht: „Ich sah eine Frau tot auf dem Dach ihrer Hütte. Ihr Mann saß starr daneben. In den Sträuchern hingen Leichen. Ich holte einen Taxifahrer und seinen Fahrgast aus einem Baum. Ihr Taxi war versunken. In einem Gartenhaus, auf dem Wohnzimmertisch, stand ein Ehepaar. Das Wasser reichte den beiden bis zum Hals." Nach der Flut organisiert die Hamburger Landesregierung einen besseren Katastrophenschutz. Die Deiche werden für eine Milliarde Mark verstärkt und erhöht.

nem Ferienbett. Die Wogen gingen hoch. Protestdemonstrationen für Pressefreiheit und gegen Behördenwillkür waren die Folgen.
Die Durchsuchung der Redaktionsräume, die Verhaftung von sechs Journalisten, Adenauers voreilige Äußerung im Bundestag: „Ein Abgrund von Landesverrat" – die ganze Affäre spaltete die politischen Repräsentanten wie kein inneres Ereignis zuvor. Verteidigungsminister Strauß verwickelte sich in Widersprüche, Innenminister Höcherl musste zugeben, dass die Verhaftung des Artikel-Verfassers Conrad Ahlers im spanischen Malaga „etwas außerhalb der Legalität" verlaufen sei; seine Beamten könnten „nicht den ganzen Tag mit dem Grundgesetz unter dem Arm herumlaufen". Damit stiftete Höcherl zwei geflügelte Worte auf einmal, aber das war auch die einzige erheiternde Note in dem Trauerspiel. Justizminister Stammberger (FDP) fühlte sich übergangen, und die FDP zog ihre fünf Minister aus dem Kabinett zurück. Damit war aus der „Spiegel"-Affäre eine Regierungskrise geworden.
In der folgenden Verwirrung im Regierungslager tat sich zum ersten Mal die Möglichkeit einer Großen Koalition auf. Adenauer zeigte sich zu einem solchen Bündnis bereit, Wehner förderte es in den eigenen Reihen. Der Widerstand in der SPD-Fraktion nach so langen Jahren der Konfrontation war aber trotz der Kurskorrektur vom Jahr 1960 noch zu groß. So sah sich der Kanzler erneut auf Verhandlungen mit der FDP verwiesen, denn die absolute Mehrheit, um allein regieren zu können, besaß die CDU/CSU nicht mehr. Die FDP war ein unbequemer, widerborstiger Partner geworden. Schon bei der letzten Bundestagswahl 1961, nach fünf Jahren Opposition, hatte Erich Mende die Parole ausgegeben: „mit der CDU, aber ohne Adenauer". Er war dann „umgefallen" (das Wort hing den Freien Demokraten lange nach, brannte auf ihnen wie ein Nessus-Hemd), hatte aber dem Kanzler das Versprechen abgenommen, in der Mitte der Legislaturperiode zurückzutreten.
Diese Zusage ließen sich die Liberalen nun bestätigen und forderten obendrein den Kopf von Verteidigungsminister Strauß, der das Parlament belogen habe. Als er ihnen vor die Füße gelegt, Strauß zurückgetreten war, wurde die vierte Kanzlerschaft nach einer Kabinettsumbildung fortgesetzt, aber ihr Ende war nun abzusehen. Viel später, im Mai 1965, endete die „Spiegel"-Affäre mit einem Sieg des Magazins. Das Bundesverfassungsgericht lehnte die Eröffnung des Verfahrens gegen Augstein und Ahlers ab und bescheinigte damit den verantwortlichen Ministern, Beamten, Militärs und Staatsanwälten nachträglich, dass sie die Presseleute zu Unrecht des Landesverrats verdächtigt hatten.
In dem alten Reizspiel Macht gegen Presse, das auch in parlamentarischen Demokratien dauernd im Gange ist und in dem die Presse und die anderen Medien oft genug ihrerseits mit Mitteln „etwas außerhalb der Legalität" arbeiten, hatte die Unionsregierung eine Niederlage erlitten. Beachtenswert war, über die eigentliche Affäre hinaus: das Erstarken einer geistig-politischen Strömung, die aus den Gleisen der eher konservativen Denkart, der restaurativen Gesellschaft, hinüberlenkte in eine andere innenpolitische Klimazone. Die intellektuelle Linkstendenz der späteren 1960er Jahre kündigte sich an.

Franz Josef Strauß zur NATO-Strategie

Der Bayer Franz Josef Strauß war schon als Bundesminister für besondere Aufgaben (1953-55) und Atomminister (1955/56) enger Berater Konrad Adenauers gewesen. 1956 wurde er von diesem zum Nachfolger des glücklosen Theodor Blank als Verteidigungsminister berufen. Seine Auffassung von der Rolle der deutschen Streitkräfte im nordatlantischen Verteidigungsbündnis legte er nach dem Rücktritt des NATO-Oberbefehlshabers Laurids Norstad in einer Rundfunkrede am 25. Juli 1962 dar:

Wir bedauern ohne Zweifel den Rücktritt des Generals Norstad, mit dem uns eine lange Epoche vertrauensvoller Zusammenarbeit im Gesamtinteresse der westlichen Allianz verbindet. Wir hegen aber die Erwartung, dass die Kontinuität der NATO-Strategie mit dem obersten Ziel, den Krieg zu verhindern, auf der Grundlage des Konzepts einer brauchbaren Abschreckung, das Frieden und Freiheit sichert, auch unter dem neuen Oberbefehlshaber erhaltenbleibt. Diese Absicht, jeden Krieg zu vermeiden, was das oberste Ziel der Politik der Bundesregierung auf militärischem Gebiet ist, diese Absicht zwingt nicht nur zu einer Stabilisierung der westlichen Gemeinschaft, sie erfordert auch ein gemeinsames Verteidigungskonzept, eine Stabilität der Gemeinschaft und ein gemeinsames Verteidigungskonzept, die jedem möglichen Angreifer die Chance nehmen, sei es mit Hilfe von Kriegsdrohungen, ohne eigenes Risiko, seine politische Expansion fortzusetzen, sei es durch ein risikoloses militärisches Abenteuer, mit militärischen Mitteln diese Expansion vorwärts zu treiben. Die indirekte Verteidigung, d.h. die Strategie der Verhinderung des Krieges, kann aber nur funktionieren, wenn die Politik folgende Ziele verfolgt:

1. Sie muss das Risiko für einen potentiellen Angreifer nach wie vor unkalkulierbar lassen. Ein möglicher Angreifer darf nicht von vornherein wissen, wann, wo und wie die Kernwaffen eingesetzt werden. Er würde sofort eingeladen werden, unter gewissen Umständen bis zur aufgezeigten Grenze des konventionellen Kampfes sich heranzutasten. Solange das Risiko unkalkulierbar ist und bleibt, haben wir eine reelle Chance, jede Form des Krieges auf europäischem Boden, der in diesem Falle wohl immer auch deutscher Boden wäre, zu vermeiden.

2. Für einen Angreifer darf es kein auch nur scheinbares Interessengefälle zwischen den Verteidigungspartnern geben. Es darf für ihn keine Abstufung der Verteidigungswürdigkeit der Gebiete des Bündnisses erkennbar werden, gleichgültig ob es sich um die amerikanischen Bündnispartner, Kanada und die USA, oder ob es sich um die europäischen Bündnispartner handelt, ob es sich um Nordnorwegen, um Schleswig-Holstein, um Makedonien, um türkische Gebiete handelt, gleichgültig an welcher Stelle der NATO-Peripherie ein Angriff erfolgen würde.

3. Die westliche Gemeinschaft darf nie einen Zweifel daran hervorrufen, dass es ihr ausschließlich darum geht, jeden Krieg als Mittel der Politik unmöglich zu machen, dass sie also auch kein Interesse hat und keine Möglichkeit lässt, Europa etwa zum Exerzierplatz eines konventionellen Krieges zu machen.

Diese Politik muss auf folgenden militärischen Voraussetzungen sich aufbauen:

1. Das Bündnis muss sich in Europa auf ein ausgewogenes System atomarer und konventioneller Streitkräfte stützen können. Dieses System muss das Bündnis in die Lage versetzen, auf jede Art eines militärischen Angriffs angemessen zu reagieren; aber die Fähigkeit, angemessen zu reagieren, darf nicht einschließen, dass ein möglicher Angreifer weiß, welches Risiko er jeweils läuft.

2. Die abschreckende Kraft der militärischen Mittel des Bündnisses muss bereits am Eisernen Vorhang wirksam sein, also das Gesamtgebiet der NATO abdecken.

3. Diese Vorwärtsverteidigung, die nichts mit irgendwelchen offensiven oder aggressiven Gedanken gemeinsam hat, die aber das gesamte Bündnisgebiet schützen will, erfordert, dass die Bündnisgemeinschaft auch örtliche Vorstöße des potentiellen Angreifers auszuschalten vermag, und wenn sie dennoch stattfinden würden, in der Lage ist, den Status quo schnell und ohne Ausdehnung des Konflikts wiederherzustellen.

Wenn ich die politischen und militärischen Ziele der Strategie des Bündnisses nochmals in drei Punkten zusammenfassen darf, so möchte ich mich folgendermaßen ausdrücken:

1. Das oberste und erste Ziel muss sein und bleiben, den Krieg in jeder Form unmöglich zu machen, auch in Zukunft und trotz aller Änderungen und trotz aller revolutionären Entwicklungen auf technischem Gebiet.

2. Das nächste Ziel muss sein, einen trotzdem da oder dort ausbrechenden Konflikt hinsichtlich seines zeitlichen Umfangs, seiner geographischen Ausdehnung und hinsichtlich des Umfangs der eingesetzten Waffen und Streitkräfte unter Wiederherstellung des Status quo ante so schnell wie möglich zu beenden.

Und 3. Deshalb muss die abschreckende Kraft des Bündnisses so weit vorn wie möglich beginnen.

Der 31jährige Schweizer Schauspieler Maximilian Schell wurde am 9. April 1962 für die Rolle eines deutschen Verteidigers im Film „Das Urteil von Nürnberg“ als bester Hauptdarsteller des Jahres mit dem „Oscar“ der amerikanischen Filmakademie ausgezeichnet. Filmschauspielerin Joan Crawford gratuliert ihm bei der Verleihung in Santa Monica zu der begehrten Auszeichnung, die Schell nach Emil Jannings (1928) als zweiter deutschsprachiger Schauspieler erhielt.

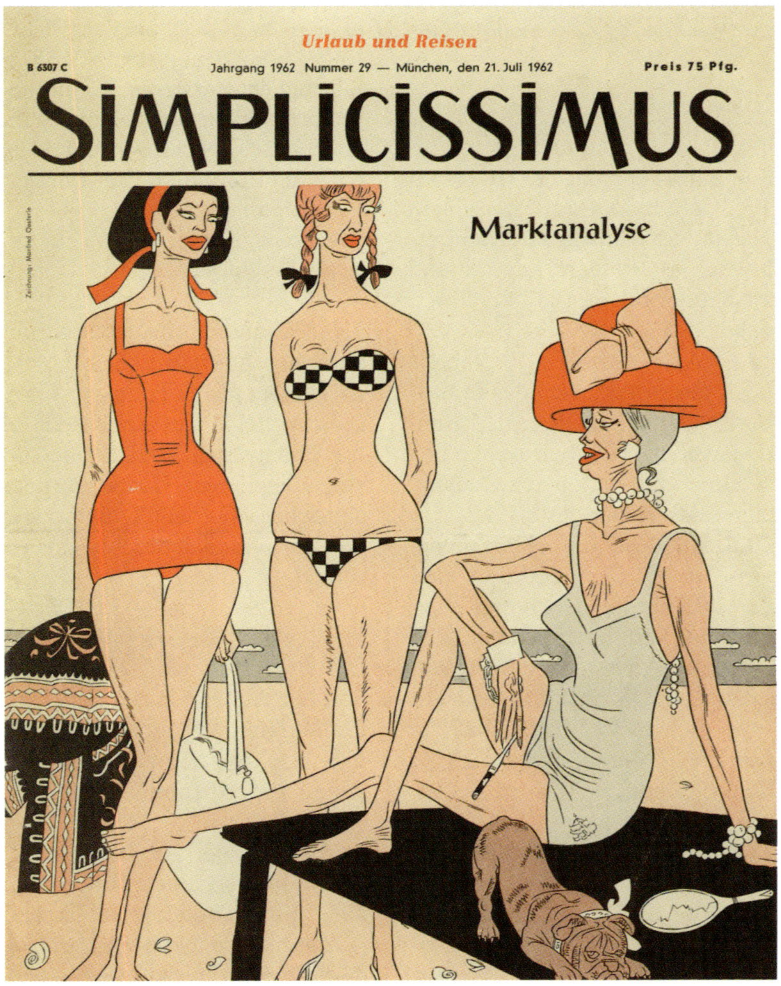

Signifikantes Zeichen des Wirtschaftswunders war die deutsche Reisefreudigkeit. Der „Simplicissimus“ hat mit seiner Ausgabe „Urlaub und Riesen“ vom 21. Juli 1962 der deutschen Reisewelle ein ganzes Heft gewidmet.

1963

JANUAR

14.1. Die Bundesrepublik bricht entsprechend der Hallstein-Doktrin ihre diplomatischen Beziehungen zu Kuba ab, nachdem der Inselstaat die DDR anerkannt und die Einrichtung einer Botschaft angekündigt hat.
15.-21.1. Auf dem VI. Parteitag der SED werden erstmals ein Parteiprogramm und ein Parteistatut verabschiedet. Als Ziel wird ein sowjetisch geprägter Kommunismus festgelegt. Walter Ulbricht wird erneut zum Ersten Sekretär der Partei gewählt.
22.1. Der französische Staatspräsident Charles de Gaulle und Bundeskanzler Konrad Adenauer unterzeichnen im Elysée-Palast den Vertrag über die deutsch-französische Zusammenarbeit. Der sogenannte Elysée-Vertrag sieht eine weitreichende Zusammenarbeit beider Länder in politischen, wirtschaftlichen und kulturellen Fragen vor. Der Vertrag wird als Akt der Versöhnung beider Völker gewertet.

FEBRUAR

1.2. Im Studio der Akademie der Künste in West-Berlin wird die Deutsche Kinemathek e.V. eröffnet.
2./3.2. In der Staatlichen Kunstakademie Düsseldorf beteiligen sich u.a. die Künstler Joseph Beuys, Wolf Vostell und Nam June Paik an der Aktion „Festum Fluxorum Fluxus, Musik und Antimusik - Das Instrumentale Theater".
4.-20. 2. Im Völkerbundpalast in Genf findet die erste internationale Konferenz über Entwicklungshilfe statt.
6.2. Adenauer erklärt die Bereitschaft der Bundesrepublik zur Teilnahme an einer multilateralen Atomstreitmacht der NATO (Multilateral Force/MLF).
6.2. In der DDR wird das Landwirtschaftsministerium aufgelöst und durch Landwirtschaftsräte beim Ministerrat ersetzt.
20.2. In der Freien Volksbühne in West-Berlin wird das Drama „Der Stellvertreter" unter der Regie von Erwin Piscator uraufgeführt. In dem Werk von Rolf Hochhuth wird die passive Haltung des Vatikans gegenüber der Judenverfolgung im nationalsozialistischen Deutschland kritisiert.

MÄRZ

7.3. Unterzeichnung eines Handelsabkommens zwischen Polen und der Bundesrepublik in Warschau.
23.3. In einer Ost-Berliner Studentenzeitschrift wird der Hochschullehrer Robert Havemann wegen eines Vortrages über marxistische Philosophie, in dem er sich kritisch über die DDR-Regierung äußert, heftig angegriffen.

APRIL

1.4. Das Zweite Deutsche Fernsehen (ZDF) nimmt seinen Sendebetrieb auf. Gleichzeitig werden in der Bundesrepublik erstmals Einschaltquoten gemessen.
2.4. Orson Welles' Verfilmung von Franz Kafkas Roman „Der Prozess" läuft in den bundesdeutschen Kinos an.
10.4. In dem Defa-Film „Nackt unter Wölfen" von Frank Beyer (geb. 1932) wird erstmals in einem deutschen Film das Leben in einem Konzentrationslager thematisiert.
14.4. In mehreren bundesdeutschen Großstädten finden Ostermärsche gegen die militärische Nutzung der Kernenergie statt. An der Abschlusskundgebung in Düsseldorf nehmen etwa 23.000 Menschen teil.
26.4. In Hamburg eröffnet die bisher größte internationale Gartenschau der Bundesrepublik auf einer Fläche von 87 ha.
30.4. Uraufführung des Musikalischen Spiels „Die Sintflut" von Igor Strawinsky an der Hamburger Staatsoper.
Eröffnung der 963 Meter langen Fehmarnsundbrücke, die die Ostseeinsel Fehmarn mit dem schleswig-holsteinischen Festland verbindet.

MAI

10.5. Mit der Zustimmung der Industriegewerkschaft (IG) Metall zum Kompromiss der Tarifkommission über eine gestaffelte Lohnerhöhung endet der seit dem 29. April andauernde Streik der Metallarbeiter in Baden-Württemberg. Erstmals seit 1928 haben die Unternehmer auf einen Streik mit der geschlossenen Aussperrung im gesamten Tarifgebiet reagiert.
10.5. In West-Berlin wird Joghurt erstmals in einer Kunststoffpackung verkauft, die nach dem Verzehr des Joghurts weggeworfen werden kann.
14.5. Das Zentralkomitee der SED und der Ministerrat beschließen die Einführung einer „Arbeiter- und Bauerninspektion" als „Gesellschaftliches Kontrollorgan".

JUNI

3.6. Papst Johannes XXIII. (1881-1963) stirbt in Rom, zu seinem Nachfolger wird am 21.6. der Erzbischof von Mailand gewählt und als Papst Paul VI. (1897-1978) ernannt.
17.6. Anlässlich des 10. Jahrestages des Volksaufstandes in Ost-Berlin und der DDR erklärt Bundespräsident Heinrich Lübke den 17. Juni zum nationalen Gedenktag des deutschen Volkes.
20.6. Als Reaktion auf die Kuba-Krise beschließen die USA und die UdSSR die Errichtung einer direkten Fernschreibleitung zwischen den Amtssitzen des US-Präsidenten in Washington und des sowjetischen Regierungschefs in Moskau. Der sogenannte „heiße Draht" wird am 31.8. in Betrieb genommen.
21.6. Der DDR-Ministerrat erlässt eine „Verordnung über Maßnahmen zum Schutz der Staatsgrenze zwischen der DDR und West-Berlin". Darin wird die Errichtung eines Kontroll- und Schutzstreifens entlang der Berliner Mauer bestimmt.
23.-26.6. Staatsbesuch des amerikanischen Präsidenten John F. Kennedy in der Bundesrepublik und in West-Berlin. Besonders bei seinem Besuch in der geteilten Stadt wird Kennedy als Symbolfigur der alliierten Garantie für die Freiheit West-Berlins begeistert gefeiert. Seine Rede vor dem Schöneberger Rathaus, in der Kennedy betont, dass alle freien Menschen, wo immer sie leben mögen, Bürger Berlins seien, beendet er auf deutsch mit den Worten: „Ich bin ein Berliner".
24.6. Gründung des Deutschen Entwicklungsdienstes (DED) in Bonn.
24./25.6. Auf der Wirtschaftskonferenz des ZK der SED und des Ministerrates werden die Richtlinien für das Neue ökonomische System der Planung und Leitung der Volkswirtschaft (NÖSPL) beschlossen, die am 15.7. vom Staatsrat bestätigt werden.
29.6. Borussia Dortmund wird mit einem 3:1-Sieg über den 1. FC Köln im letzten Spiel vor der Einführung der Bundesliga Deutscher Fußballmeister. In Zukunft wird der Deutsche Meister über die Siege in der Punktrunde der Bundesliga ermittelt.

JULI

5.7. Gründung des deutsch-französischen Jugendwerkes.
15.7. Der SPD-Politiker Egon Bahr formuliert in einer Rede in der Evangelische Akademie Tutzingen eine neue Konzeption der deutschen Ostpolitik unter der Devise „Wandel durch Annäherung".

AUGUST

5.8. Die Außenminister der USA, Großbritanniens und der UdSSR unterzeichnen im Moskauer Kreml das Abkommen über die Einstellung aller Kernwaffenversuche in der Atmosphäre, im Weltraum und unter Wasser. Am 19.8. tritt die Bundesrepublik dem Atomteststoppabkommen bei.
24.8. Erster Spieltag der neugeschaffenen Fußball-Bundesliga. Meister der ersten Saison wird der 1. FC Köln.

SEPTEMBER

2.9. Die Schauspieler des Ost-Berliner „Berliner Ensembles" erhalten ein Einreiseverbot zu den Edinburgher Festspielen in Großbritannien.
9.-15.9. Die NVA sowie Truppen der UdSSR, der CSSR und Polens halten ein gemeinsames Manöver in der DDR ab.

OKTOBER

1.-25.10. Die von der West-Berliner Galerie Werner & Katz gezeigte Ausstellung mit Werken von Georg Baselitz (geb. 1938) gerät zum Eklat. Die Bilder „Die große Nacht im Eimer" und „Der nackte Mann" werden von der Staatsanwaltschaft wegen Unsittlichkeit beschlagnahmt. Der angestrengte Strafprozess endet erst 1965 mit der Rückgabe der Bilder.
7.10. Der Schauspieler und Regisseur Gustaf Gründgens stirbt in Manila auf den Philippinen.
13.10. Der Physiker und Philosoph Carl Friedrich von Weizsäcker erhält den Friedenspreis des Deutschen Buchhandels.
15.10. Rücktritt Bundeskanzler Adenauers und feierliche Verabschiedung im Deutschen Bundestag.
In West-Berlin wird die Philharmonie des Architekten Hans Scharoun eingeweiht.
16.10. Ludwig Erhard wird zum neuen Bundeskanzler gewählt. Die Regierungskoalition besteht weiterhin aus CDU, CSU und FDP.
Die Vollversammlung der Vereinten Nationen (UN) nimmt einstimmig eine Resolution gegen die Stationierung von Atomwaffen im Weltraum an.
20.10. Bei den Volkskammerwahlen erreichen die Einheitslisten mehr als 99 % der Stimmen.

NOVEMBER

7.11. In Lengede/Niedersachsen werden elf Bergleute, die zwei Wochen unter Tage eingeschlossen waren, lebend geborgen. Das „Wunder von Lengede" ist die bisher spektakulärste Rettungsaktion in der Geschichte des Bergbaus.
30.11. Die Uraufführung des Theaterstückes „Überlebensgroß Herr Krott. Requiem für einen Unsterblichen" von Martin Walser (geb. 1927) im Staatstheater in Stuttgart zeigt ein satirisches Abbild der „kapitalistischen Wohlstandsgesellschaft in der Bundesrepublik".

DEZEMBER

8.12. Der DDR-Staatsratsvorsitzende Walter Ulbricht erklärt sich zu Verhandlungen mit der Bundesregierung unter Ludwig Erhard bereit.
10.12. Bei der Nobelpreisverleihung in Oslo erhalten Karl Ziegler (1898-1973) und Guilio Natta (1903-1979) den Nobelpreis für Chemie, für ihre Beiträge zur Herstellung von Kunststoffen. Hans Daniel Jensen (1907-1973) wird einer der Nobelpreisträger für Physik für seine Leistung bei der Erarbeitung eines Atomkernmodells. Der Friedensnobelpreis wird dem Internationalen Komitee des Roten Kreuzes, Liga der Rot-Kreuz-Verbände verliehen. Damit erhält das Rote Kreuz zum dritten Mal den Friedensnobelpreis.
11.12. Premiere des Films „Winnetou (I)" nach dem gleichnamigen Roman von Karl May in den westdeutschen Kinos.
12.12. Der ehemalige Bundespräsident Theodor Heuss stirbt in Stuttgart.
14.12. Der SPD-Vorsitzende Erich Ollenhauer stirbt in Bonn.
17.12. Unterzeichnung des 1. Passierscheinabkommens zwischen der DDR und dem Senat und West-Berlin, das den Besuch von West-Berlinern in Ost-Berlin über die Weihnachtstage und Sylvester regelt. Damit öffnen sich erstmals seit dem Mauerbau wieder die Sektorenübergänge.
20.12. Gegen 21 Aufseher des Konzentrationslagers Auschwitz beginnt in Frankfurt/Main der Auschwitz-Prozess, der bis zum 19.8.1965 dauert.
28.12. Der Komponist Paul Hindemith stirbt in Frankfurt/Main.

AUSSERDEM

Heinrich Böll: Ansichten eines Clowns (Roman)
Günter Grass: Hundejahre (Roman)
Christa Wolf: Der geteilte Himmel (Roman)

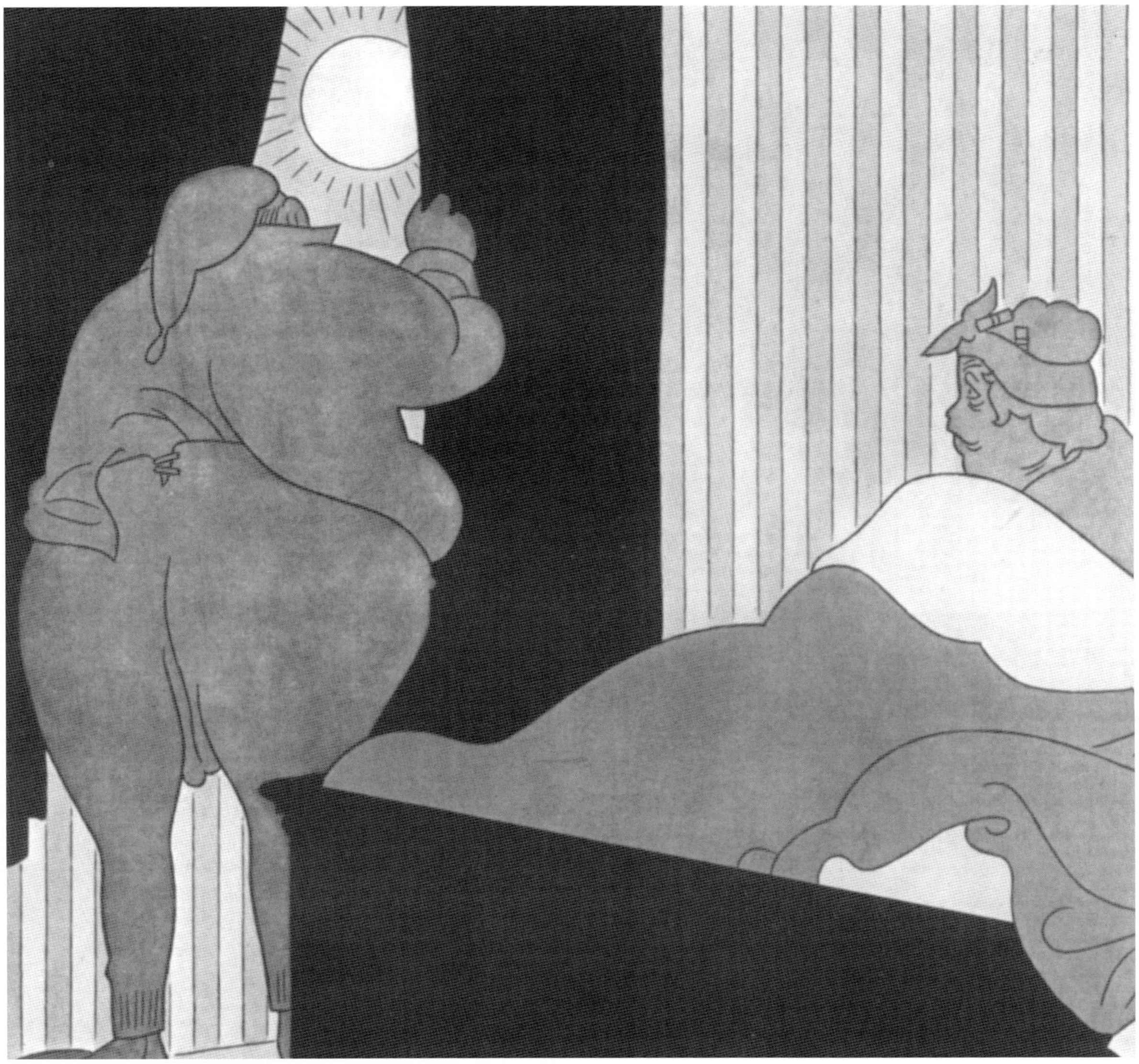

„Woche eins nach der Zeitenwende". Karikatur von M. Oesterle auf den Rücktritt Adenauers: „Unglaublich! Schon fünf Tage ohne Adenauer, und die Sonne geht immer noch auf!"

Besuch Kennedys in der Bundesrepublik

Im Juni 1963 besuchte US-Präsident John F. Kennedy die Bundesrepublik Deutschland. Unvergesslich blieb sein Auftritt in Berlin, wo er die „Vitalität, Stärke und Entschlossenheit" der Bevölkerung beschwor und der begeisterten Menge den späterhin vielzitierten Satz zurief: „Ich bin ein Berliner!"
Bundeskanzler Adenauer führte bei der Begrüßung des amerikanischen Präsidenten in Berlin am 26. Juni u.a. aus:
„Ihr Besuch, Herr Präsident, ist eine politische Tat. Am 10. Juni erklärten Sie vor der Universität von Washington, dass die Vereinigten Staaten zu ihrer Verpflichtung stehen, Westeuropa und West-Berlin zu verteidigen. In derselben Rede sagten Sie, dass sich die Vereinigten Staaten mit der Sowjetunion nicht auf Kosten anderer Nationen und anderer Völker arrangieren würden. Sie sagten auch, dass Amerika mit seinen Verbündeten nicht nur in der Interessenlage übereinstimme, sondern auch in den Zielen, nämlich der Verteidigung der Freiheit und des Strebens nach Frieden. Wie hätten Sie, Herr Präsident, diese Entschlossenheit besser bekunden können als durch den Besuch der Bundesrepublik, anderer Länder in Westeuropa und den Besuch Berlins. Sie hätten, Herr Präsident, für den Zusammenhalt der Allianz nichts Wirkungsvolleres tun können."
Präsident Kennedy hielt anschließend vor dem Schöneberger Rathaus folgende Ansprache an die Berliner:
„Ich bin stolz, heute in Ihre Stadt zu kommen als Gast Ihres hervorragenden Regierenden Bürgermeisters, der in allen Teilen der Welt als Symbol für den Kampf und den Widerstandsgeist West-Berlins gilt.
Ich bin stolz, auf dieser Reise die Bundesrepublik Deutschland zusammen mit ihrem hervorragenden Herrn Bundeskanzler besucht zu haben, der während so langer Jahre die Politik bestimmt hat nach den Richtlinien der Demokratie, der Freiheit und des Fortschritts.
Ich bin stolz darauf, heute in Ihre Stadt in der Gesellschaft eines amerikanischen Mitbürgers gekommen zu sein, des Generals Clay, der hier tätig war in der Zeit der schwersten Krise, durch die diese Stadt gegangen ist, und der wieder nach Berlin kommen wird, wenn es notwendig werden sollte. Vor zweitausend Jahren war der stolzeste Satz, den ein Mensch sagen konnte, der: Ich bin ein Bürger Roms! Heute ist der stolzeste Satz, den jemand in der freien Welt sagen kann: Ich bin ein Berliner!

Auf dem Balkon des Schöneberger Rathauses beendet Kennedy vor 300.000 Menschen seine umjubelte Rede am 26. Juni 1963 mit den historischen Worten: „Ich bin ein Berliner".

Bundeskanzler Adenauer und Präsident Kennedy bei dessen Deutschlandbesuch im Juni 1963.

Deutsch-französischer Vertrag unterzeichnet

Am 22. Januar 1963 unterzeichneten Staatspräsident de Gaulle und Bundeskanzler Adenauer den Vertrag über die deutsch-französische Zusammenarbeit in Paris. Der Vertrag sah eine enge Zusammenarbeit bei der Außen-, Verteidigungs-, Wirtschafts- und Kulturpolitik vor. Durch regelmäßige Konsultationen zwischen den Regierungschefs und den Fachministern der beiden Länder sollte diese Zusammenarbeit gefördert und eine weitgehende Übereinstimmung in den politischen Fragen erreicht werden. In einer gemeinsamen Deklaration hieß es, der Vertrag sei abgeschlossen worden „ – in der Überzeugung, dass die Versöhnung zwischen dem deutschen und dem französischen Volk, die jahrhundertealte Rivalitäten beendet, als ein geschichtliches Ereignis angesehen werden muss, das das Verhältnis der beiden Völker zueinander von Grund auf verändert; – in dem Bewusstsein, dass eine enge Solidarität die beiden Völker sowohl hinsichtlich ihrer Sicherheit als auch hinsichtlich ihrer wirtschaftlichen und kulturellen Entwicklung miteinander verbindet; – in der Erkenntnis, dass Verständnis und Zusammenarbeit zwischen den beiden Ländern einen unerlässlichen Schritt auf dem Wege zur Vereinigung Europas bedeuten, welches Ziel beider Völker ist".
In seinen Memoiren erinnert sich de Gaulle an diese historische „Aussöhnung mit Deutschland":
Zuvor haben Konrad Adenauer und ich rund vierzig Briefe ausgetauscht.

Wir treffen uns fünfzehnmal, meist in Paris, Marly oder Rembouillet, aber auch in Baden-Baden und Bonn. Über hundert Stunden lang unterhalten wir uns in dieser Zeit, unter vier Augen, im Beisein unserer Minister oder im Familienkreis. Und dann – da es mir darum geht, die neuen Beziehungen zwischen unseren so lange zerstrittenen Völkern feierlich zu besiegeln, lade ich den Bundeskanzler zu seinem offiziellen Besuch in Frankreich ein. Schon im Juni 1961 hatte Bundespräsident Heinrich Lübke einen diskreten Staatsbesuch in Paris abgestattet.
Nach dem Empfang findet auf dem Truppenübungsplatz von Mourmelon eine eindrucksvolle militärische Zeremonie statt. Hier empfängt General de Gaulle im Angesicht der Fahnen den Bundeskanzler Konrad Adenauer. Gemeinsam in einem Kommandantenwagen stehend, inspizieren sie eine französische und eine deutsche Panzerdivision, deren jede die andere überstrahlen möchte. Anschließend nehmen sie, umgeben von ihren Ministern und zahlreichen Notablen, die Parade dieser Großeinheiten ab, die über die Luftwaffenverbände beider Länder hinwegdonnern.
Die Reise findet ihren Abschluss in Reims, dem Symbol unserer alten Traditionen, aber auch Schauplatz ungezählter Waffengänge zwischen den Erbfeinden seit den germanischen Invasionen von einst bis zu den Schlachten an der Marne. In der Kathedrale, deren Wunden noch nicht alle verheilt sind, vereinigen der erste Deutsche und der erste Franzose ihr Gebet, auf dass zu beiden Seiten des Rheins die Werke der Freundschaft für immer die Leiden des Krieges überwinden. Später, und bis zum Tod meines hohen Freundes, setzen sich unsere Beziehungen im gleichen Rhythmus und mit der gleichen Herzlichkeit fort. Alles, was zwischen uns gesagt, geschrieben und verkündet wurde, war letztlich nichts anderes als Anpassung an die Gegebenheiten und Ausbau des 1958 geschlossenen Einverständnisses aufrichtigen Wollens. Gewiss tauchen mit den Umständen auch Meinungsverschiedenheiten auf, aber wir überwinden sie stets. Durch uns wächst das Verhältnis zwischen Frankreich und Deutschland auf einer Grundlage und in einer Atmosphäre, die ihre Geschichte niemals zuvor gekannt hatte.

Abschiedsbesuch Adenauers bei de Gaulle am 21. September 1963 in Rambouillet.

Rücktritt von Konrad Adenauer

Das Ende der Ära Adenauer war nach dem Verlust der absoluten Mehrheit, die er für die von ihm 1950-66 geführte CDU/CSU 1957 errungen hatte, seit 1961 absehbar und wurde durch die „Spiegel"-Affäre im Herbst 1962 noch beschleunigt. 1963 trat Adenauer zurück und machte seinem bisherigen Wirtschaftsminister Ludwig Erhard Platz. Seine Rücktrittserklärung vom 11. Oktober 1963 hatte folgenden Wortlaut: „Sehr verehrter Herr Bundespräsident! Hiermit erkläre ich meinen Rücktritt vom Amt des Bundeskanzlers der Bundesrepublik Deutschland mit Ablauf des 15. Oktober 1963. In besonderer Verehrung bin ich Ihr sehr ergebener Adenauer." Bundespräsident Lübke nahm die Rücktrittserklärung an, überreichte Adenauer am 15. Oktober eine Urkunde, mit der der Ablauf seiner Amtszeit per 15. Oktober 1963 festgestellt wurde, und beauftragte ihn, bis zur Ernennung eines neuen Bundeskanzlers die Amtsgeschäfte weiterzuführen.
Am 10. Oktober verlieh der Regierende Bürgermeister von Berlin

Willy Brandt Bundeskanzler Adenauer stellvertretend für die im Deutschen Städtetag vertretenen Städte das Ehrenbürgerrecht von Berlin und führte hierzu u.a. aus: „Wenn wir Ihnen heute das Ehrenbürgerrecht von Berlin verleihen, so handeln wir nicht für uns allein, sondern zugleich stellvertretend für die deutschen Städte. Das Präsidium des Deutschen Städtetages hat uns ausdrücklich gebeten, Sie, Herr Bundeskanzler, von seinem Wunsch in Kenntnis zu setzen, dass die deutsche Hauptstadt heute nicht nur symbolisch, sondern wirklich stellvertretend für die deutschen Städte handelt. Diese Ehrung seitens der deutschen Städte gilt dem – wenn ich so sagen darf – langjährigen Oberbürgermeister, der die Politik des freien Teiles unseres Landes jetzt 14 Jahre lang maßgebend bestimmt hat.

Adenauer antwortete hierauf u.a. wie folgt: „Ehrenbürger von Berlin zu sein, schätze ich als eine hohe Ehre, Ich schätze diese Ehre um so höher, als es sich um dieses Berlin handelt, das seit dem Zusammenbruch unseres Landes so tapfer und treu zur Freiheit gestanden hat. Und darum nehme ich diese Ehrung mit sehr großer Bewegung und mit herzlichem Dank entgegen. Ich danke auch den deutschen Städten, für die Sie, Herr Regierender Bürgermeister, gesprochen haben. Sie wissen alle, dass in der kommunalen Arbeit mein Glück lag und dass ich in ihr auch die Erfahrung gesammelt habe, die ich nachher dann an einer anderen Stelle verwerten konnte, nachdem mir die Nazis 12 Jahre Pause gegönnt hatten.

Es sind hier Andeutungen gefallen von Konflikten – mir ist von Konflikten nichts mehr bekannt, meine Damen und Herren –, aber selbstverständlich gibt es Konflikte in der Welt. Der Regierende Bürgermeister hat ja sogar gesagt, dass es hier bei Ihnen Konflikte gegeben habe. Die Konflikte sind vorbei. Sie liegen hinter Ihnen. Und ich glaube, die Partei, die Konflikte ja in sich gehabt hat, ist deswegen nach wie vor eine sehr starke Partei geblieben.

Und so, meine Damen und Herren, habe ich es in meinem ganzen Leben gehalten, insbesondere in meinem politischen Leben. Derjenige, der nie einen Konflikt gehabt hat, meine verehrten Damen und Herren, der taugt auch nicht viel. Nun, man muss Konflikte haben, man muss sie ausfechten. Wenn sie ausgefochten sind, gehören sie der Vergangenheit an. Und warum sollen sie einen auch weiterhin in gemeinsamer Arbeit irgendwie behelligen? Das ist mein Standpunkt immer gewesen, und er ist, wie ich glaube, auch der einzige Standpunkt, der wirklichen politischen Fortschritt gewährleistet.

Ich habe mir eben bei dieser Fahrt gesagt, dass ich höchstwahrscheinlich auch in Zukunft noch hier und da politisch irgendwas tun werde. Aber, meine Damen und Herren, einmal werde ich nur politisch in die Arena gehen, wenn ich darum ersucht werde, und zweitens werde ich in die Arena gehen, meine verehrte Versammlung, wenn es sich darum handelt, der Jugend die Freiheit zu sichern.

Das halte ich für einen Lebenszweck, der wirklich ein Leben erfüllen kann, denjenigen, die nach uns kommen, eine bessere Zeit zu sichern, als wir sie erleben mussten. Und ich glaube, darin sind wir alle einig, dass wir das alle tun wollen, jeder an seiner Stelle, jeder auf seine Weise, aber jeder mit dem gleichen Ziel, mit dem Ziel, einig wieder zu werden in Deutschland, ein einiges Volk, nicht zerrissen, nicht getrennt, und ein freies Volk, meine Damen und Herren. Freiheit ist doch dasjenige, was das Leben am meisten verschönt. Und ich kann mir nichts Grausameres, nichts Schrecklicheres denken – wir haben es doch zum Teil erlebt an uns selbst – als ein Leben in der Diktatur und in der Sklaverei. Und das soll niemals wieder vorkommen, auch nicht eine Diktatur und eine Sklaverei, die vom Osten herkommen sollte. Und darum leben wir für unsere Kinder und für unsere Kindeskinder und für die Freiheit unseres Landes, für die Freiheit dieser Stadt und dafür, dass sie bald wieder Hauptstadt eines wiedervereinigten Deutschlands werden möge."

Theodor Heuss.

Am 15. Oktober 1963 verabschiedete der Bundestag den Kanzler. Bundestagspräsident Eugen Gerstenmaier: „Konrad Adenauer hat sich um das Vaterland verdient gemacht."

Theodor Heuss

* Brackenheim, 31. Januar 1884
† Stuttgart, 12. Dezember 1963

Bei einer Gedenkfeier nannte der SPD-Vorsitzende Willy Brandt ihn einmal einen „nachkriegsdeutschen Glücksfall" und einen „Entkrampfer der Nation", der „jede parteiliche Verklemmung oder ideologische Verstocktheit mit seinem röhrenden Bass einfach fortlachte":

Theodor Heuss, geboren am 31. Januar 1884 in Brackenheim, war Liberaler aus Leidenschaft. Nach Studium und Promotion trat der junge Staatswissenschaftler bei der Zeitschrift „Die Hilfe" ein, die von seinem väterlichen Freund Friedrich Naumann, dem großen Vordenker des sozialen Liberalismus, geleitet wurde. Von 1920 an lehrte Heuss

an der Berliner Hochschule für Politik und stand nun „mit einem Bein in der Redaktion, mit dem anderen am Katheder", bis er 1924 als Reichstagsabgeordneter der Deutschen Demokratischen Partei in die aktive Politik wechselte.
1933, in der Todesstunde der Weimarer Republik, stimmte Heuss aus falschverstandener Fraktionsdisziplin mit den Liberalen für Hitlers „Ermächtigungsgesetz". Da er jedes Versagen, auch das seine, der persönlichen Verantwortung unterwarf, mochte er nach der „Stunde Null" eine Kollektivschuld der Deutschen nicht gelten lassen und prägte das Wort von der „Kollektivscham".
Am 12. September 1949 berief ihn die Bundesversammlung ins höchste Staatsamt der Bundesrepublik Deutschland – übrigens ein Begriff, den Heuss ersonnen hatte.
Durch den Tod seiner Frau Elly Heuss-Knapp, die 1950 das Müttergenesungswerk gegründet hatte, wurden Lebensfreude und Arbeitslust des populären Professors auf eine harte Probe gestellt, doch im Juli 1954 ließ sich „Papa Heuss", so sein Spitzname im Volksmund, für weitere fünf Jahre in die Pflicht nehmen.
1959 durfte er, das Sinnbild eines gütigen Landesvaters, den seine Landsleute am liebsten noch für eine dritte Amtsperiode in der Villa Hammerschmidt behalten hätten, endlich als freier Publizist an seinen geliebten Schreibtisch zurückkehren. Er starb am 12. Dezember 1963 in Stuttgart.

Erich Ollenhauer

* Magdeburg, 27. März 1901
† Bonn, 14. Dezember 1963

Seit dem Tode Kurt Schumachers im Jahr 1952 war Erich Ollenhauer Vorsitzender der SPD. Als Kanzlerkandidat kämpfte er leidenschaftlich, aber ohne Erfolg für die „Pensionierung" Konrad Adenauers. Also musste Ollenhauer innerparteiliche Kleinarbeit leisten und von der Oppositionsbank aus für die sozialdemokratischen Positionen werben. Der uneingeschränkten Einbindung der Bundesrepublik in den Westen hielt er seinen „Ollenhauer-Plan" entgegen, der eine Auflösung der Militärblöcke und ein wiedervereinigtes Deutschland als gleichberechtigten Partner in einem europäischen Sicherheitssystem vorsah. Dieser Vorschlag wurde jedoch im Westen wie im Osten nicht gut aufgenommen. Gelang es Ollenhauer auch zu Lebzeiten nicht, der SPD einen Machtwechsel zu bescheren, so wurden unter seiner Führung doch die Weichen für 1966 (Regierungsbeteiligung in der Großen Koalition) und 1969 (Bildung der sozialliberalen Koalition) gestellt: Das Godesberger Programm, das 1959 verabschiedet wurde und über weite Strecken Ollenhauers Handschrift trug, machte aus der 100-jährigen Arbeiterpartei eine regierungsfähige Volkspartei.

Das Wunder von Lengede. 11 Bergleute konnten am 7. November 1963 gerettet werden.

Schweres Bergwerks-Unglück in Lengede

Im Schacht „Mathilde" einer Erzgrube der Ilseder Hütte in Lengede ereignete sich am 24. Oktober 1963 ein schweres Unglück: Der Untergrund eines Schlammteichs brach, und 500.000 Kubikmeter Schlamm und Wasser ergossen sich in den 100 Meter tiefen Schacht. Zur Zeit der Katastrophe befanden sich 129 Bergleute vor Ort; 79 konnten sich aus eigener Kraft retten. Sieben Eingeschlossene arbeiteten sich aus der Tiefe bis auf 38 Meter unter der Erdoberfläche herauf und wurden nach 23 Stunden befreit. Für die anderen 43 Kumpel schien es keine Hilfe mehr zu geben. Doch wenige Stunden später stiegen Luftperlen auf, ein Zeichen, dass noch Bergleute am Leben waren.
Nach 28 Stunden war die Verbindung zu drei Eingeschlossenen hergestellt. Durch einen Schacht wurden sie zunächst mit Lebensmitteln versorgt. Dann begann die Bergungsbohrung. Am 1. November um 3.15 Uhr – acht Tage nach der Katastrophe – erreichte der Bohrer bei 77 Meter Tiefe die Eingeschlossenen. Noch fast neun Stunden dauerte es, bis sie mit der „Rettungsbombe" heraufgeholt werden konnten. Am 2. November morgens 3.30 Uhr hörte man Klopfzeichen; 27 Stunden später war die Verbindung mit elf Überlebenden 60 Meter unter der Erde hergestellt. Ein Gesteinseinbruch erschwerte und verzögerte die Rettungsarbeiten. Am 7. November um 6 Uhr morgens erreichte der Bohrer die Verschütteten. Um 14.19 Uhr war der letzte der elf Bergleute gerettet – vierzehn Tage, nachdem er eingefahren war.

Erich Ollenhauer.

1964

JANUAR

2.1. In der DDR werden neue Personalausweise mit dem zusätzlichen Vermerk „Bürger der Deutschen Demokratischen Republik" ausgegeben.

11.1. Nominierung der letzten gesamtdeutschen Olympiamannschaft für die Olympischen Spiele in Innsbruck und Tokio.

28.1. Eröffnung des Deutschen Krebsforschungszentrums in Heidelberg.

29.1.-9.2. Die Olympischen Winterspiele finden in Innsbruck statt. Wegen ausbleibender Schneefälle müssen 25.000 Tonnen Schnee aus den Hochtälern herangeschafft werden.

FEBRUAR

13.2. Im Wiesbadener „Jazz House" wird erstmals in der Bundesrepublik eine umfangreiche internationale Jazz-Filmreihe gezeigt.

14.2. In Bonn konstituiert sich der Sachverständigenrat zur Begutachtung der gesamtwirtschaftlichen Entwicklung in der Bundesrepublik. Die sogenannten „fünf Weisen" werden vom Bundespräsidenten als unabhängige Gutachter berufen.

15./16.2. Auf dem Sonderparteitag der SPD wird Willy Brandt zum Vorsitzenden und Kanzlerkandidaten gewählt.

MÄRZ

5./6.3. Die Kultusministerkonferenz verkündet die Notwendigkeit verstärkter Bildungspolitik.

12./13.3. Die SED-Parteileitung der Humboldt-Universität schließt Professor Robert Havemann wegen kritischer Äußerungen aus dem Lehrkörper der Universität und aus der Partei aus.

17.3. Die Bundesrepublik schließt mit Portugal eine Anwerbevereinbarung für Gastarbeiter ab.

18.3. Die „Peking Oper" gastiert erstmals in der Bundesrepublik Deutschland.

19.3. Im Zuge der verstärkten Bildungspolitik beschließen die jeweiligen Landesregierungen die Errichtung weiterer Universitäten in Bochum, Bremen, Konstanz und Regensburg sowie einer Technischen Hochschule in Dortmund.

22.3. Bundeskanzler Ludwig Erhard bekräftigt die Ablehnung der Oder-Neiße-Grenze zwischen Deutschland und Polen.

24.-26.3. Künstler und Kunstwissenschaftler sprechen sich auf dem V. Kongress des Verbandes Bildender Künstler der DDR in Ost-Berlin gegen die Kulturpolitik der Regierung aus.

30.3. An den Ostermärschen der Atomwaffengegner in der Bundesrepublik nehmen rund 100.000 Personen teil.

APRIL

1.4. Das Bundesministerium für Arbeit und Soziales formuliert Mindestanforderungen für die

Aus 1000 Spaniern und Portugiesen, die am 10. September 1964 mit einem Sonderzug in Köln-Deutz eintrafen, ermittelte das Los den millionsten Gastarbeiter in der Bundesrepublik. Der 38jährige Zimmermann Armando Sa' Rodrigues aus einem kleinen Dorf in Portugal erhielt als Willkommensgeschenk von der Bundesvereinigung der Arbeitgeberverbände ein Moped.

Unterbringung ausländischer Arbeitnehmer.
In der DDR tritt die „Industriepreisreform" als Maßnahme des Neuen Ökonomischen Systems in Kraft.
4.4. Der West-Berliner Boxer Gustav „Bubi" Scholz wird neuer Europameister im Halbschwergewicht.
15.4. Das Zentralkomitee der SED gibt eine Stellungnahme gegen die „Spaltungspolitik der chinesischen Führer" ab. Dies bezieht sich auf die chinesische Form des Kommunismus, der dem sowjetischen Vorbild widerspricht.
22.4. Eröffnung der Weltausstellung in New York.
24./25.4. Die zweite Bitterfelder Konferenz für sozialistische Nationalkultur in der DDR räumt ein, dass die Erwartungen in das Kulturprogramm von 1959 nicht erfüllt worden sind.
29.4. Uraufführung des Theaterstückes „Die Verfolgung und Ermordung Jean Paul Marats, dargestellt durch die Schauspielgruppe des Hospizes zu Charenton unter Anleitung des Herrn de Sade" von Peter Weiss in West-Berlin.

MAI

2.5. In der DDR werden die neuen „Grundsätze für die Gestaltung des einheitlichen sozialistischen Bildungssystems" veröffentlicht. Sie dienen als Richtlinien für die geplante Schulreform.
3.5. Die erste direkte Flugverbindung zwischen der Bundesrepublik und der Sowjetunion wird eröffnet.

JUNI

7.6. Der Fußballtrainer Sepp Herberger betreut in Helsinki zum letzten Mal ein Spiel der deutschen Nationalmannschaft.
12.6. Die DDR und die UdSSR unterschreiben in Moskau den auf 20 Jahre befristeten Vertrag „über Freundschaft, gegenseitigen Beistand und Zusammenarbeit". In dem Vertrag wird erstmals von zwei souveränen deutschen Staaten ausgegangen und West-Berlin als selbständige politische Einheit betrachtet. Die Westmächte und die Bundesrepublik lehnen diese „Dreistaatentheorie" ab.
20.6. In Venedig wird die 32. Internationale Biennale für moderne Kunst eröffnet, auf der mehr als 3.000 Werke von 500 Künstlern und Künstlerinnen ausgestellt werden.
25./26.6. In Ost-Berlin findet ein von der SED organisierter Kongress über die Rolle der Frauen beim Aufbau des Sozialismus statt.
27.6. 200.000 Menschen besuchen die Documenta III in Kassel.

JULI

1.7. Heinrich Lübke wird in Berlin erneut zum Bundespräsidenten gewählt.

AUGUST

1.8. In der DDR werden neue Banknoten mit der Bezeichnung „Mark der deutschen Notenbank" ausgegeben.
31.8. In Genf beginnt die dritte internationale Konferenz über die friedliche Nutzung der Atomenergie.

SEPTEMBER

1.9. Die Volkskammer verabschiedet das „Gesetz über die Nichtverjährung von Nazi- und Kriegsverbrechen". Der Erlass des Staatsrates über die Straffreiheit für „Republikflucht" vor dem 13. August wird bestätigt.
3.9. Premiere des DEFA-Films „Der geteilte Himmel" nach dem gleichnamigen Roman von Christa Wolf.
7.9. In der DDR wird der Wehrdienst ohne Waffe unter der Bezeichnung „Bausoldat" eingeführt.
9.9. Der Ministerrat der DDR beschließt die Möglichkeit einer jährlichen Besuchsreise von Bürgern der DDR im Rentenalter in die Bundesrepublik und nach West-Berlin.
10.9. In Köln trifft der millionste Gastarbeiter ein: Der Portugiese Armando Rodriguez (1926-1981) erhält bei seiner Ankunft ein Moped als Geschenk.
16.9. Die Bundesregierung beschließt die Gründung einer „Stiftung Warentest" mit Sitz in West-Berlin. Die Institution zum Schutz der Verbraucher wird durch den Bundeshaushalt finanziert und nimmt ihre Tätigkeit am 16. Dezember auf.
21.9. Der Ministerratsvorsitzende und Stellvertretende Staatsratsvorsitzende Otto Grotewohl stirbt in Ost-Berlin. Zu seinem Nachfolger wird am 24.9. der bisherige Verteidigungsminister Willi Stoph ernannt.
22.9. Der Bayerische Rundfunk führt das Dritte Fernsehprogramm ein. Die übrigen ARD-Anstalten folgen bis 1969.
24.9. Das 2. Passierscheinabkommen zwischen der DDR und dem Senat von West-Berlin sieht erweiterte Besuchszeiten für West-Berliner in Ost-Berlin vor.

OKTOBER

6.10. Anlässlich des 15. Jahrestages der Gründung der DDR beschließt der Staatsrat die Amnestie von 10.000 Strafgefangenen, darunter auch politische Häftlinge.
10.-25.10. Die Olympischen Sommerspiele finden erstmals im asiatischen Raum, in Tokio/Japan, statt.
11.10. Uraufführung des szenischen Berichts „In der Sache J. Robert Oppenheimer" von Heinar Kipphardt zeitgleich in West-Berlin und München. Im Mittelpunkt des Stückes steht die Frage nach der politischen und moralischen Verantwortung des Wissenschaftlers für seine Erfindungen, in diesem Fall für die Atomenergie.
31.10. Der Rationalisierungsverband Ruhrbergbau meldet 31 Großzechen im Ruhrgebiet zur Stillegung an. Daraufhin gehen Tausende von Bergleuten in den folgenden Wochen auf die Straße und demonstrieren für den Erhalt ihrer Arbeitsplätze.

NOVEMBER

2.11. Zum ersten Mal seit dem Mauerbau öffnet sich die innerdeutsche Grenze für Bürger der DDR. Laut dem Gesetz vom 9. September des Jahres dürfen Rentner mit einer Besuchserlaubnis ausreisen.
28.11. Gründung der rechtsextremen Nationaldemokratischen Partei Deutschlands (NPD) in Hannover.

DEZEMBER

1.12. Die DDR-Regierung führt für alle Besucher aus dem westlichen Ausland eine Mindestumtauschpflicht ein: Es müssen mindestens 5 DM pro Person und Tag bei einem 1:1-Wechselkurs von West- in Ostmark getauscht werden. Von der Regelung werden Rentner und Kinder ausgenommen.
5.12. Der Düsseldorfer Kunstprofessor Joseph Beuys veranstaltet in einer West-Berliner Galerie ein "Happening". Beuys verharrt acht Stunden lang liegend auf dem Boden.
An seinem Kopf- und Fußende befindet sich jeweils ein toter Hase, und im Hintergrund ertönt Ziegengemecker.
15.12. Der Ministerrat der EWG beschließt eine Vereinheitlichung der Getreidepreise.

AUSSERDEM

Heinrich Böll: Entfernung von der Truppe (Erzählung)
Max Frisch: Mein Name sei Gantenbein (Roman)
Herbert Marcuse: Der eindimensionale Mensch (philosophische Abhandlung)
Georg Picht: Die deutsche Bildungskatastrophe (Sachbuch)
Die Modeschöpferin Mary Quant stellt den Minirock vor, der eine „Revolution in der Damenmode" einleitet.
Der Rockgruppe „Rolling Stones" gelingt der internationale Durchbruch. Neben den „Beatles" gehören sie zu den international populärsten Musikern.
Die „Pop-art", bei der die Darstellung banaler Objekte des Massenkonsums verfremdet oder parodiert wird, setzt sich aus den USA kommend auch in Europa durch.
Im deutschen Fernsehen wird erstmals zu Spenden für geistig und körperlich behinderte Kinder aufgerufen. Die sogenannte Aktion Sorgenkind wird zu einem großen Erfolg.

Einweihung der Großschifffahrtsstraße Mosel

Die Mosel war bereits in der Zeit der Römer eine wichtige mitteleuropäische Wasserstraße, die zur Versorgung der am Rhein stehenden Truppen als Nachschubstraße benutzt wurde. Auch in den folgenden Jahrhunderten herrschte ein reger Verkehr mit kleineren, nachgehenden Schiffen. Zwischen 1838 und 1890 wurde der Fluss mit Bühnen und Leitwerken reguliert, um die Schifffahrtsverhältnisse zu verbessern. Der erste Entwurf für eine Kanalisierung der Mosel durch Staustufen entstand um 1880; weitere, verbesserte Planungen folgten. Man entschied sich für eine Verbindung von Kanalisierung und Flussregulierung. Hiernach sollte bei Koblenz und Trier je eine Staustufe gebaut und die dazwischenliegende Strecke reguliert werden. Die Bauarbeiten begannen 1941 an der Staustufe Koblenz. Die gegen Kriegsende unterbrochenen Arbeiten wurden 1948 wieder aufgenommen und 1951 beendet. Alle übrigen Ausbaumaßnahmen des Entwurfs kamen nicht mehr zur Ausführung. Eine neue Initiative zur Verwirklichung der Kanalisierung ging von Frankreich aus, das eine Verbindung des lothringischen Industriegebietes durch eine leistungsfähige Wasserstraße mit dem Rhein anstrebte. Am 27. Oktober 1956 wurde zwischen Frankreich, Luxemburg und der BRD der Vertrag über die Schiffbarmachung der Mosel (Moselvertrag) für den Verkehr von 1500 t-Schiffen zwischen Koblenz und Diedenhofen (270,78 km Länge, davon 205,87 km auf deutschem Gebiet; 36,33 km deutsch-luxemburgische Grenzstrecke und 28,58 km französisch-luxemburgische und französische Strecke) abgeschlossen.

Drei Staatsoberhäupter, die Großherzogin Charlotte von Luxemburg, Frankreichs Charles de Gaulle und der deutsche Bundespräsident Heinrich Lübke eröffnen am 26. Mai 1964 den ausgebauten Wasserweg von Lothringen zum Rhein.

Auf dem langen Marsch zur Regierungsverantwortung nach Ollenhauers Tod bemüht sich die SPD auch um ein besseres Verhältnis zum Vatikan. „Von Rom zurück": „Du lieber Marx, denen wird es stinken, dass wir auf ihren Stammplätzen sitzen!"

Parole: friedliche Koexistenz

In den Thesen, die die ideologische Kommission beim Politbüro des ZK der SED am 22. August 1964 zum 15. Jahrestag der Gründung der DDR veröffentlichte, spielte das Schlagwort von der „friedlichen Koexistenz" der beiden deutschen Staaten eine große Rolle:

Gibt es also einen friedlichen Ausweg aus der gegenwärtigen Lage in Deutschland? Jawohl, es gibt einen demokratischen Weg zur friedlichen Lösung der deutschen Frage. Er führt über die Anerkennung der Prinzipien der friedlichen Koexistenz beider deutscher Staaten zur deutschen Konföderation. Die SED und die Regierung der DDR haben diesen demokratischen Weg zur friedlichen Lösung der deutschen Frage immer wieder vorgeschlagen. Wir sind dafür, Schritt um Schritt Voraussetzungen für eine Verständigung, für sachliche und normale Beziehungen zwischen beiden deutschen Staaten zu schaffen, für Beziehungen, die im Interesse jedes Bürgers der DDR, jedes friedliebenden Bürgers der westdeutschen Bundesrepublik und Westberlins liegen. Worüber ist eine Verständigung zwischen beiden deutschen Staaten sofort möglich und notwendig? Wichtigste Aufgabe zur Sicherung des friedlichen Lebens der deutschen Nation ist die Verhinderung der atomaren Aufrüstung in Westdeutschland.

Briefmarken propagieren die Erfolgsbilanz der DDR zu ihrem 15-jährigen Gründungsjubiläum. Plakat, 1964.

Die Verständigung darüber würde die Regelung aller anderen Fragen wie Vereinbarungen über Rüstungsstopp, über Abrüstung und militärische Neutralität Deutschlands sowie über die Normalisierung des Reiseverkehrs, die Erweiterung des Handels, die Herstellung normaler sportlicher und kultureller Beziehungen und anderer Probleme wesentlich erleichtern. Die Anerkennung der DDR und die Herstellung normaler Beziehungen zwischen beiden deutschen Staaten auf der Grundlage der Deutschen Friedensdoktrin würden auch viele menschliche Probleme der Bürger beider deutscher Staaten und West-Berlins lösen helfen.
Das alles gewännen die Bürger der Bundesrepublik und West-Berlins, wenn die Deutsche Friedensdoktrin nicht nur in der DDR, sondern auch in der BRD und in West-Berlin sich durchsetzen würde. Die Erfahrungen des Passierscheinabkommens vom Dezember 1963 zwischen der Regierung der DDR und dem Senat von West-Berlin zeigen, dass Verhandlungen zum Erfolg führen und den Interessen der Bürger entsprechen. Nur eine Politik der Vernunft und des guten Willens, der Verständigung und Entspannung, nur die Normalisierung der Beziehungen und die friedliche Koexistenz zwischen beiden deutschen Staaten kann dem deutschen Volk Nutzen bringen. Sie ebnet den Weg für den Abschluss eines Friedensvertrages mit den beiden deutschen Staaten, der die Überreste des Zweiten Weltkrieges beseitigt. Das ist der Weg zur friedlichen Lösung der deutschen Frage, den die SED und die Regierung der DDR weisen."

Willi Holdorf, seit drei Sekunden Olympiasieger im Zehnkampf 1964 in Tokio, bricht nach dem abschließenden 1.500-m-Lauf entkräftet zusammen und wird von zwei mitfühlenden Rivalen (Horst Beyer (rechts) und Rein Aun aus der Sowjetunion aufgefangen.

Olympisches Gold für Holdorf

Der Sportstudent Willi Holdorf, 1,82 m groß, 90 kg schwer, gelernter Starkstrom-Elektriker aus Schleswig-Holstein, für Bayer-Leverkusen startend, gewann den olympischen Zehnkampf 1964 in Tokio; Er trug die Startnummer 263, genau die gleiche Startnummer wie Armin Hary 1960 in Rom, als dieser Olympiasieger über 100 m geworden war. Welch ein Zufall! Den Zehnkampfsieg, insbesondere den dramatischen 1500-m-Lauf als letzte Disziplin, schildert der Leichtathletik-Experte Ekkehard zur Megede in seinem Buch „Die Geschichte der olympischen Leichtathletik":
Willi Holdorf wankte mit weichen Knien, erschöpft und bis zum Letzten gefordert, müde, ausgepumpt und doch nur von dem Willen besessen, durchzuhalten und das so greifbar nahe Gold nicht mehr aus den Händen zu geben, dem 1500-m-Ziel entgegen und brach unmittelbar hinter der rettenden Linie zusammen: Triumph des Willens und der Energie über den bis an die Leistungsgrenze strapazierten Körper. Die Experten im Stadion rechneten fieberhaft.
Rein Aun, der 24-jährige Este aus der UdSSR, oder Willi Holdorf, der 24-jährige Sportstudent – wer hatte gewonnen?
Holdorf! Die 30.000 im Stadion verbliebenen Zuschauer jubelten, sie feierten den Helden, nein, die Helden, dieser einzigartigen Zehnkampf-Schlacht. Über Tokio hatte sich längst die Nacht gesenkt, als um 19.46 Uhr auf der elektrischen Anzeigetafel Zahlen und Buchstaben aufleuchteten. Ergebnis und Siegerehrung im Zehnkampf. Barfuß schritten die drei Erstplazierten ins Stadion, in dem sie zwei Tage lang, 18 Stunden hindurch, den größten sportlichen Wettkampf ihres Lebens ausgefochten hatten.

Schon vor dem letzten Spiel am 10. Mai 1964 gegen den VfB Stuttgart stand der deutsche Meister der ersten Bundesligasaison fest. Spielführer des 1. FC Köln, Hans Schäfer, zeigt 35.000 jubelnden Kölnern die Meisterschale.

1965

JANUAR

16.1. Das Bundesverfassungsgericht beurteilt den Interzonenhandel weiterhin „als auf der Rechtsgrundlage alliierter Gesetze basierender Binnenhandel besonderer Art". Die Grenze zwischen der Bundesrepublik und der DDR ist dementsprechend keine Zollgrenze.

27.1. Der Bundestag verabschiedet ein Gesetz über Hilfsmaßnahmen für deutsche Flüchtlinge aus der DDR.

29.1. Die nordrhein-westfälische Landesregierung stellt den sogenannten Smog-Plan auf. Danach kann bei Smog-Gefahr der private Kraftfahrzeugverkehr in einigen Städten ganz oder teilweise stillgelegt werden. Smog ist ein Kunstwort aus der Kombination der englischen Wörter „Smoke" (Rauch) und „Fog" (Nebel).

FEBRUAR

10.2. Der Bundestag hält erstmals eine „Aktuelle Stunde" ab. Sie soll der größeren parlamentarischen Transparenz dienen und der Opposition die Möglichkeit bieten, aktuelle Themen im Plenum zu erörtern.

In Hamburg wird der Freiherr-vom-Stein-Preis für die Entwicklung des Konzeptes der Inneren Führung der Bundeswehr an Wolf Graf Baudissin, Johann Graf von Kielmansegg und Ulrich de Maizière verliehen.

12.2. Der Bundestag verabschiedet ein neues Ausländergesetz, das den in der Bundesrepublik lebenden Ausländern alle Grundrechte zusichert, soweit sie nicht nach dem Grundgesetz den Deutschen vorbehalten sind. Damit reagiert das Parlament auf den stark ansteigenden Ausländerzuzug in das Bundesgebiet.

19.2. Der in Stockholm lebenden jüdischen Dichterin Nelly Sachs wird als erster Frau der Friedenspreis des Deutschen Buchhandels verliehen.

24.2. Der DDR-Staatsratsvorsitzende und Parteichef Walter Ulbricht trifft zu einem Staatsbesuch in Kairo ein, wo er mit allen Ehren empfangen wird. Der Besuch in Kairo ist der erste Aufenthalt Ulbrichts in einem Staat außerhalb des Warschauer Paktes.

Die Wehrpflichtigen des Geburtsjahrgangs 1946 sollen als erste während der Musterung einem „Eignungs- und Verwendungstest" unterzogen werden. Das bisher geltende Losverfahren zur Bestimmung der späteren Verwendung der Rekruten wird damit abgeschafft.

25.2. Die Volkskammer beschließt das „Gesetz über das einheitliche sozialistische Bildungssystem", das die Organisation der Vorschulerziehung, der zehnklassigen polytechnischen Oberschulen, der Berufsschulen sowie der Universitäten und Hochschulen regelt.

MÄRZ

2.3. Der Ministerrat der Europäischen Wirtschaftsgemeinschaft (EWG) beschließt die Fusion der Kommissionen der EWG, der Europäischen Atomgemeinschaft (EAG/Euratom) und der Hohen Behörde der Europäischen Gemeinschaft für Kohle und Stahl (EGKS).

5.3. In den bundesdeutschen Kinos läuft der erste Italo-Western „Für eine Hand voll Dollar" an. Die Hauptrolle in der italienisch-spanisch-bundesdeutschen Koproduktion spielt der US-Amerikaner Clint Eastwood.

7.3. Die Bundesregierung beschließt die Einstellung der Wirtschaftshilfe für Ägypten als Sanktion gegen den Staatsbesuch Ulbrichts in Kairo.

20.3. Der US-amerikanische Jazzmusiker Louis Armstrong (1900-1971) gastiert in Ost-Berlin. Er ist der erste große US-Showstar, der in der DDR auftritt.

23.3. Der Deutsche Gewerkschaftsbund verabschiedet sein zweites Aktionsprogramm. Unter anderem wird das 13. Monatsgehalt, ein Mindesturlaub von vier Wochen, die Herabsetzung der Altersgrenze in der Rentenversicherung, die Einführung eines zehnten Schuljahres und bezahlter Bildungsurlaub gefordert.

25.3. Nach heftigen Debatten über die Verlängerung der Verjährungsfrist beschließt der Bundestag eine Kompromisslösung. Damit beginnt die Verjährungsfrist für nationalsozialistische Verbrechen erst mit Ende der Besatzungszeit und dauert demnach bis 1969.

APRIL

7.4. Sowjetische Düsenjäger überfliegen die Berliner Kongresshalle während der fünften und letzten Plenarsitzung des Bundestages in West-Berlin. Außerdem werden aus Protest gegen die Abhaltung der Sitzung des Bundestages zeitweilig die Zugänge zu Wasser und zu Lande nach West-Berlin durch sowjetische und DDR-Soldaten blockiert.

8.4. Vertrag über die Fusion der Exekutivbehörden von EGKS, EURATOM und EWG zur Europäischen Gemeinschaft (EG) unterzeichnet.

21.4. Nach fast fünfjähriger Unterbrechung tritt in New York die große Abrüstungskonferenz der Vereinten Nationen zusammen, der alle UNO-Mitglieder angehören.

MAI

2.5. In Hannover endet die 19. Wirtschaftsmesse, an der erstmals auch die Sowjetunion mit einem Stand vertreten ist.

4.5. Für seine Photos vom Krieg in Vietnam erhält als erster Deutscher der Berliner American Press-Bildberichterstatter Horst Faas den Pulitzerpreis für herausragende journalistische Leistungen.

5.5. Der Bundestag verabschiedet das „624-DM-Gesetz" (2. Gesetz zur Förderung der Vermögensbildung der Arbeitnehmer). Danach können Arbeitnehmer nach tarifvertraglicher Vereinbarung jährlich bis zu 624 DM steuerbegünstigt mit Unterstützung des Arbeitgebers sparen.

6.5. Die Volkskammer, der Staatsrat, der Ministerrat und der „Nationalrat der Nationalen Front" der DDR proklamieren, dass ein wiedervereinigtes Deutschland nur sozialistisch sein könne.

10.5. Die Schauspieler Liselotte Pulver und Heinz Rühmann erhalten in München die vom Burda Verlag vergebene Auszeichnung „Bambi".

12.5. Die Bundesrepublik Deutschland kündigt die Aufnahme von diplomatischen Beziehungen zu Israel an. Daraufhin brechen neun arabische Staaten ihre Beziehungen zur Bundesrepublik ab.

15.5. Der SV Werder Bremen wird nach Abschluss der Bundesligasaison Deutscher Fußballmeister.

18.-28.5. Die britische Königin Elizabeth II. besucht für elf Tage die Bundesrepublik.

JUNI

8.-13.6. Staatsbesuch des jugoslawischen Staatspräsidenten Josip Broz Tito in der DDR.

11./12.6. Besuch des französischen Staatspräsidenten Charles de Gaulle in Bonn. Die deutsch-französischen Konsultationen sind von Meinungsverschiedenheiten über die Fortführung der europäischen Einigung überschattet.

19.6. Eltern von 4.000 „Contergan-Kindern" treffen sich in Köln zum ersten internationalen Kongress körpergeschädigter Kinder. Das Schlaf- und Beruhigungsmittel Contergan, das zwischen 1957 und 1961 in der Bundesrepublik ausgegeben wurde, hatte besonders bei Neugeborenen zu Missbildungen geführt, wenn die Mutter es während der Schwangerschaft eingenommen hatte.

23.6. Der Bundestag beschließt Maßnahmen zur Verbesserung der Absatzlage und zur Förderung der Rationalisierung im Steinkohlebergbau.

30.6. Die Ruhr-Universität Bochum wird als erste Universität im Ruhrgebiet eröffnet. Die Universität soll der Bevölkerung der traditionellen Industrieregion den Weg zur akademischen Bildung erleichtern.

JULI

1.7. Der französische Außenminister Maurice Couve de Murville bricht als Ratsvorsitzender die Tagung des europäischen Ministerrates ab. In den folgenden sieben

Monaten boykottiert Frankreich die Ratstreffen und blockiert damit sämtliche Entscheidungen. Auslöser der „EWG-Krise" sind die Vorschläge der Europäischen Kommission zur Finanzierung der gemeinsamen Agrarpolitik.
Die drei Hamburger Verleger Gerd Bucerius, John Jahr und Richard Gruner schließen ihre Unternehmen zur „Gruner und Jahr GmbH & Co" zusammen. Die GmbH ist damit nach dem Haus Axel Springer der zweitgrößte Pressekonzern in der Bundesrepublik.
15.7. Vertreter des Bundes und der Länder unterzeichnen in Bonn ein Abkommen über die Gründung des Deutschen Bildungsrates, der Bedarfs- und Entwicklungsprognosen für das bundesdeutsche Bildungswesen erarbeiten soll.

AUGUST

6.8. Die Journalistin Ulrike Meinhof wird zu einer Geldstrafe von 600 DM verurteilt, weil sie den CSU-Vorsitzenden Franz-Josef Strauß in der Hamburger Zeitschrift „Konkret" als „infamsten deutschen Politiker" bezeichnet hat.
9.8. Der deutsche Fahrradeinzelhandel teilt mit, dass die Nachfrage nach den erst seit wenigen Wochen im Handel befindlichen Motorfahrrädern, den sogenannten „Mofas", die ohne Führerschein gefahren werden dürfen, so groß ist, dass sie nicht befriedigt werden kann.
19.8. Verkündung der Urteile im Auschwitz-Prozess in Frankfurt/Main. Die zum Teil milden Strafen führen zu Protesten im In- und Ausland.
25.8. Das Hamburger Landgericht erlaubt der Nymphenburger Verlagsbuchhandlung den Druck von Klaus Manns Roman „Mephisto. Roman einer Karriere" aus dem Jahre 1936. Die Klage des Adoptivsohns von Gustaf Gründgens, der in dem Roman eine Verunglimpfung seines Adoptivvaters sieht, wird abgelehnt. Die Erben gehen in Berufung. 1968 wird die Veröffentlichung vom Bundesverfassungsgericht verboten. Eine Herausgabe dürfe erst erfolgen, wenn die Erinnerung an den Verstorbenen verblasst sei.

SEPTEMBER

15.9. Bei einem Konzert der britischen Rockgruppe „Rolling Stones" kommt es in West-Berlin zu Auseinandersetzungen zwischen Fans und der Polizei, bei denen die Waldbühne fast vollständig zerstört wird.
19.9. Wahlen zum 5. Deutschen Bundestag. Die CDU/CSU erhalten 47,6 %, die SPD 39,3 % und die FDP 9,5 % der abgegebenen Stimmen.
30.9. Bundesverteidigungsminister Kai Uwe von Hassel tauft den ersten serienmäßig produzierten Panzer der Bundeswehr auf den Namen „Leopard".

OKTOBER

7./8.10. Anwerbevereinbarung für Gastarbeiter zwischen der Bundesregierung und Tunesien.
8.10. Das Internationale Olympische Komitee (IOC) beschließt die Zulassung von zwei deutschen Mannschaften zu den Olympischen Spielen von 1968 und erkennt das Nationale Olympische Komitee (NOK) der DDR an.
19.10. 14 Bühnen in der Bundesrepublik und der DDR beteiligen sich an der Ringuraufführung der szenischen Dokumentation des Frankfurter Auschwitz-Prozesses, „Die Ermittlung", von Peter Weiss.
20.10. Ludwig Erhard wird zum Bundeskanzler gewählt. Das 2. Kabinett Erhard setzt sich aus CDU, CSU und FDP zusammen.
30.10. Der Hauptausschuss des Deutschen Sportbundes beschließt die Wiederaufnahme des Sportverkehrs zwischen der Bundesrepublik und der DDR, der 1961 kurz nach dem Mauerbau abgebrochen worden war.

NOVEMBER

7.11. Auf dem Gelände des ehemaligen Konzentrationslagers Neuengamme bei Hamburg wird eine Gedenkstätte für die Opfer der NS-Gewaltherrschaft eingeweiht.
25.11. Vertreter West-Berlins und der DDR unterzeichnen das dritte Passierscheinabkommen seit dem Mauerbau.
27.-29.11. Besuch des sowjetischen Parteichefs Leonid Breschnew in der DDR.

Auf dem Empfang zum Abschluss ihres dreitägigen Staatsbesuches vom 18. bis 20. Mai 1964 in der Bundesrepublik werden Königin Elisabeth II. auf Schloss Augustenburg auch der Regierende Bürgermeister von Berlin Willy Brandt und seine Gattin Rut vorgestellt.

DEZEMBER

3.12. Der Vorsitzende der staatlichen Planungskommission der DDR Erich Apel erschießt sich in seinem Dienstzimmer. Apel widersetzt sich konsequent dem Abschluss des Handelsvertrages zwischen der UdSSR und der DDR, der die DDR in verstärkte Abhängigkeit von der UdSSR setzt. Der Vertrag wird am selben Tag von dem Vorsitzenden des Volkswirtschaftsrates der DDR Alfred Neumann (geb. 1909) unterzeichnet.
15.-18.12. Auf der 11. Tagung des Zentralkomitees der SED wird die zweite Etappe des Neuen Ökonomischen Systems beschlossen. Außerdem wird ein strengerer Kurs in der Kulturpolitik angekündigt und Kritik an Kulturschaffenden wie Wolf Biermann und Stefan Heym geübt.
18.12. Bildung des Staatssekretariats für gesamtdeutsche Fragen in der DDR.
21.12. Die Volkskammer verabschiedet das „Familiengesetzbuch der DDR", das unter anderem eheliche und uneheliche Kinder rechtlich gleichstellt und bei Scheidungen das Schuldprinzip abschafft.
22.12. Beschluss des Ministerrates der DDR über die Auflösung des Volkswirtschaftsrates und die Einrichtung von neun neuen Industrieministerien.

AUSSERDEM

Uwe Johnson: Zwei Ansichten (Erzählung)
Hermann Kant: Die Aula (Roman)
Rainer und Sarah Kirsch: Gespräche mit dem Saurier (Gedichte)
Alexander Mitscherlich: Die Unwirtlichkeit unserer Städte (Kritische Studie zur Stadtentwicklung der Nachkriegszeit)

Erhards Regierungsprogramm

Bei den Bundestagswahlen im September 1965 hatten CDU und SPD leichte Gewinne erzielt, die FDP war von 12,8 auf 9,5 Prozent geschrumpft. Am 10. November gab der weiterhin amtierende Bundeskanzler Ludwig Erhard eine Regierungserklärung ab: Sie befasst sich vorwiegend mit Fragen der Wiederherstellung wirtschaftlicher Stabilität durch Sparmaßnahmen und Bekämpfung aller Versuche, eine Totalversicherung des Bürgers durch den Staat herbeizuführen:
Wir haben uns vielleicht allzu selbstverständlich der Täuschung hingegeben, dass in einer expansiven, dynamischen Volkswirtschaft der Ausweitung des privaten Verbrauchs, der Investitionstätigkeit und der Ausgabensteigerung der öffentlichen Hand überhaupt keine Grenzen mehr gesetzt seien. Unsere Wirtschaft war in der Vergangenheit, wenn auch nicht ohne Preissteigerungen, im Ganzen doch in der Lage, das jeweilige Nachfrage-Mehr durch kurz darauffolgende Produktionsausweitungen weitgehend aufzufangen. Mit der Erschöpfung der deutschen Arbeitskraftreserven zeichnet sich aber immer deutlicher eine grundlegende Änderung ab.
Ein Volk, das sich vor gewaltige politische Aufgaben gestellt sieht, das um seiner Sicherheit willen Opfer bringen muss, Wiedergutmachung und andere Hilfe in der Welt zu leisten hat; – ein Volk, das auf breitester Grundlage den Wohlstand mehren und auch in Arbeitnehmerhand die Vermögensbildung fordern will; – ein Volk, das neben dem wirtschaftlichen Wiederaufbau hohe Kriegsfolgelasten zu tragen hat; – ein Volk, das, um auf dem Weltmarkt wettbewerbsfähig zu bleiben, ständig hohe Investitionen vornehmen muss; – ein Volk, das die sozialen Leistungen noch immer weiter ausbauen möchte, obwohl die Bundesrepublik nach Aussage des Internationalen Arbeitsamtes in Genf von allen Ländern der freien Welt bereits die höchsten Leistungen tätigt; – ein solches Volk sollte sich nicht Überlegungen nach Verkürzung der Arbeitszeit hingeben. Es muss sich vielmehr ernsthaft, und zwar nicht nur theoretisch, die Frage stellen – und ich tue es hier in aller Form –, ob es ihm nicht besser anstünde und ob es in seiner Lage nicht zweckmäßiger und sinnvoller wäre, die tariflich vereinbarte wöchentliche Arbeitszeit um 1 Stunde zu erhöhen. Dieses Problem kann und darf kein Tabu sein. Die Obergrenze des möglichen Wirtschaftswachstums wird in den nächsten Jahren unter den heute gegebenen Bedingungen keinesfalls höher lie-

Als erster deutscher Botschafter in Israel überreichte Rolf Pauls (links) am 19. August 1965 sein Beglaubigungsschreiben Staatspräsident Salman Shasar.

Beglückwünscht von Rainer Barzel, Fraktionsvorsitzender der CDU/CSU und Altkanzler Konrad Adenauer, nimmt Ludwig Erhard nach seinem Sieg bei den Wahlen zum fünften Deutschen Bundestag am 19. September 1965 den Applaus seiner Anhänger entgegen.

Am 24. April 1964 übergab der Inspekteur des Heeres. Generalleutnant de Maiziere, in Münster schwarz-rot-goldene Fahnen mit dem Bundesadler an Abordnungen aller bisher aufgestellten 319 Heeresbataillone. Das gleiche Zeremoniell vollzog sich in München für die Luftwaffe, in Köln für die Territorialverteidigung und in Plön für die Marine. Bundespräsident Lübke hatte einem Wunsch der Militärs entsprochen und die Truppenfahnen in der Bundeswehr wieder eingeführt.

gen als bisher. Es gibt keinen anderen Ausweg: Wir müssen unsere Ansprüche zurückstellen oder mehr arbeiten. Jede Fehlentscheidung in der Wirtschafts-, Finanz- und Sozialpolitik wiegt unter diesen Umständen besonders schwer. Deutlicher als in der zurückliegenden Zeit stürmischen Wirtschaftswachstums werden sich die schädlichen Wirkungen ausprägen, wenn wir den Grundsatz höchster Rationalität in der Wirtschaft missachten. Großzügigkeit in der Subventionspolitik, Nachsicht gegenüber protektionistischen Forderungen bedeuten volkswirtschaftlichen Luxus, den wir uns nicht leisten können.

Am 28. Juni 1965 gab Königin Juliane der Niederlande die Verlobung ihrer ältesten Tochter Kronprinzessin Beatrix, mit dem deutschen Diplomaten Claus von Amsberg bekannt. „Die beiden jungen Menschen waren sich ebenso wie mein Mann und ich der Widerstände bewusst, die ihre Verlobung bei manchen auslösen könnte", sagte die Monarchin, „aber diese Bedenken dürften nicht schwerer wiegen als ihre Liebe."

Aufnahme diplomatischer Beziehungen BRD zu Israel

Das Wiedergutmachungsabkommen von 1952 war noch aufgrund informeller Kontakte eingeleitet und in den Niederlanden ausgehandelt worden. 1965 war die Zeit reif für eine Aufnahme diplomatischer Beziehungen zwischen der Bundesrepublik Deutschland und Israel. Nach ersten Vorankündigungen im März erfuhr die Öffentlichkeit am 12. Mai 1965:

„Die Regierung der Bundesrepublik Deutschland, aufgrund einer ihr von dem Bundespräsidenten erteilten Ermächtigung, und die israelische Regierung sind übereingekommen, zwischen ihren beiden Ländern diplomatische Beziehungen aufzunehmen."

Die Erklärung der Bundesregierung dazu hatte folgenden Wortlaut: „Deutschland und Israel haben am 12. Mai 1965 diplomatische Beziehungen aufgenommen. Damit wurde ein seit langem nach einer Regelung drängendes Problem der deutschen Politik gelöst und ein wichtiger Schritt auf dem Wege zu einer Normalisierung der Verhältnisse im Nahen Osten getan. Die Entscheidung der beiden Regierungen dient nicht allein den Interessen der unmittelbar betroffenen Völker. Einer Aufnahme diplomatischer Beziehungen zu einem früheren Zeitpunkt stand die Erinnerung an die Schrecken der Vergangenheit entgegen. Außerdem geriet das deutsch-israelische Verhältnis bald nach Wiederherstellung der deutschen Souveränität in das Spannungsfeld der Konflikte im Nahen Osten. Die Auseinandersetzung um das Alleinvertretungsrecht der Bundesrepublik Deutschland in diesem Raum erschwerte später eine dem inzwischen erreichten Stand der Verbindungen zwischen Israel und Deutschland entsprechende Regelung. Den letzten Ausschlag hat nicht eine Verkettung äußerer Umstände, sondern die Überzeugung gegeben, dass es sich um eine Sache handelt, die um ihrer selbst willen getan werden muss. Die Bundesregierung ist überzeugt, mit der Entscheidung des Bundeskanzlers der Sache des Friedens einen Dienst erwiesen zu haben. Die Aufnahme diplomatischer Beziehungen zwischen der Bundesrepublik und Israel richtet sich gegen niemanden und schadet keinem, insbesondere nicht den Völkern der arabischen Staaten, denen das deutsche Volk sich in Freundschaft verbunden weiß. Die Restlieferungen aus der Waffenabsprache mit Israel sind durch eine einmalige wirtschaftliche Leistung ziviler Natur an Israel ersetzt worden. Es sind keine geheimen Vereinbarungen getroffen worden. Die durch Bundeskanzler Erhard eingeleitete und nunmehr vollzogene Aufnahme diplomatischer Beziehungen bedeutet einen entscheidenden Schritt in der von der Bundesregierung konsequent verfolgten Politik, mit allen Völkern der Welt in Frieden und Freundschaft zusammenzuarbeiten. Die Bundesregierung kann erwarten, dass ihre Entscheidung richtig gewürdigt wird."

Asher Ben Nathan, Israels erster Botschafter in Deutschland, überreichte am 24. August 1965 sein Beglaubigungsschreiben im Bundespräsidialamt. Anschließend nahm er (rechts) mit seiner Familie in Köln an einer Gedenkstunde in der Synagoge teil.

1966

JANUAR

7.1. In einer Erklärung unterstützt die Bundesregierung den Eintritt der USA in den Vietnam-Krieg.

12.1. Der Inspekteur der Bundesluftwaffe berichtet vor dem Verteidigungsausschuss des Bundestages, dass 1965 insgesamt 26 Starfighter-Kampfflugzeuge abgestürzt sind und 15 Piloten dabei ums Leben kamen. Der Ausschuss leitet daraufhin ein Untersuchungsverfahren über die Sicherheit des Flugzeuges ein. In der Öffentlichkeit wird gegen den weiteren Einsatz des Starfighters protestiert.

15.1. Uraufführung des Theaterstückes „Die Plebejer proben den Aufstand" von Günter Grass in West-Berlin. In dem Schauspiel werden die Ereignisse des 17. Juni 1953 thematisiert.

25.1. Konstituierende Sitzung des Hoch- und Fachschulrates der DDR in Ost-Berlin.

28./29.1. Mit dem „Luxemburger Kompromiss" über das Problem der Mehrheitsentscheidung, die man faktisch auf Angelegenheiten von geringer Bedeutung beschränkt, wird die EWG-Krise beendet. Frankreich nimmt nach sieben Monaten wieder an den Ratssitzungen teil.

FEBRUAR

5.2. In West-Berlin kommt es bei einer Anti-Vietnam-Demonstration zu Ausschreitungen zwischen der Polizei und den Demonstranten, als eine kleine Gruppe das Amerikahaus mit Eiern bewirft.

11.2. Veröffentlichung eines „Offenen Briefes an die Delegierten des Dortmunder Parteitages der Sozialdemokratischen Partei Deutschlands (SPD) durch das Zentralkomitee der Sozialistischen Einheitspartei Deutschlands (SED) über einen Redneraustausch beider Parteien.

22.2. An der Heidelberger Universität wird mit der Chemieprofessorin Margot Becke erstmals in der Bundesrepublik eine Frau zur Rektorin einer Universität gewählt.

28.2. Der Staatsrat der DDR beantragt die Aufnahme der DDR in die United Nations Organization (UNO).

MÄRZ

7.3. Unterzeichnung des vierten Passierscheinabkommens zwischen der DDR und West-Berlin.

16.3. Bildung einer paritätischen Regierungskommission für ökonomische und wissenschaftlich-technische Zusammenarbeit zwischen der DDR und der UdSSR.

17.3. Premiere des Films „Es" von Ulrich Schamoni. In dem Psychodrama wird die Ehe eines junges Paares vor und nach einer Abtreibung dargestellt.

21.-23.3. Auf dem Bundesparteitag der Christlich Demokratischen Union (CDU) in Bonn wird Ludwig Erhard zum Vorsitzenden und Konrad Adenauer zum Ehrenvorsitzenden gewählt.

25.3. Die „Note zur deutschen Friedenspolitik" der Bundesregierung wird im Westen positiv aufgenommen und vom Osten abgelehnt.

30.3. Der Regisseur und Intendant Erwin Piscator stirbt in Starnberg.

Auch als Vizeweltmeister wird die deutsche Mannschaft begeistert empfangen. Der triumphale Autokorso am 31. Juli 1966 durch Franfurt wird von Bundestrainer Helmut Schön und Mannschaftsführer Uwe Seeler angeführt.

APRIL

1.4. Der regimekritische Wissenschaftler Robert Havemann wird aus der Ost-Berliner Akademie der Wissenschaften ausgeschlossen.

In der Hamburger Universität werden die Preise für den erstmalig ausgetragenen Wettbewerb „Jugend forscht" vergeben.

18.4. In Frankfurt/Main wird die erste jüdische Schule der Bundesrepublik eröffnet. Die Lehranstalt wurde bereits 1864 gegründet, jedoch 1941 von den Nationalsozialisten geschlossen. Die Schule steht traditionell auch Kindern christlichen Glaubens offen.

MAI

5.5. Borussia Dortmund (BVB) gewinnt mit einem 2:1-Sieg über FC Liverpool den Europa-Pokal der Pokalsieger. Damit ist der BVB die erste deutsche Mannschaft, die einen europäischen Fußball-Pokal erringt.

9.5. In Rheinsberg wird das erste Atomkraftwerk der DDR in Betrieb genommen.

13.5. Der Bundeskongress des Deutschen Gewerkschaftsbundes (DGB) lehnt jede Art von Notstandsgesetzgebung und damit auch Sonderregelungen für den Fall des inneren und äußeren Notstandes ab.

10.5. Auf einer Südafrika-Reise verteidigt der Vorsitzende der Christlich Sozialen Union (CSU), Franz-Josef Strauß die Apartheidpolitik der Regierung von Südafrika. Die seit 1948 durch Gesetze gefestigte Apartheidpolitik zielt auf die räumliche, politische, wirtschaftliche und soziale Trennung der Rassen innerhalb Südafrikas.

14.5. Der Maler, Graphiker und Schriftsteller Ludwig Meidner stirbt in Darmstadt.

20.5. Premiere der Literaturverfilmung „Der junge Törless" von Volker Schlöndorff nach einer Erzählung von Robert Musil.

Gründung der Deutsch-Israelischen Gesellschaft in West-Berlin.

22.5. Auf Initiative des Sozialistischen Deutschen Studentenbundes (SDS) demonstrieren mehrere

Tausend Studenten in Frankfurt/Main gegen die Intervention der USA in Vietnam.
26.5. Die SPD und die SED vereinbaren ein Kommuniqué über den sogenannten Redneraustausch zwischen beiden Parteien.
28.5. Der TSV 1860 München wird erstmals in seiner Vereinsgeschichte Deutscher Fußballmeister.

JUNI

8.6. Uraufführung des Theaterstückes „Publikumsbeschimpfung" von Peter Handke (geb. 1942) in Frankfurt/Main. Das Stück durchbricht alle Theatertraditionen. So spielen die Schauspieler beispielsweise Publikum und applaudieren am Ende dem Parkett.
15.6. In Ost-Berlin wird der Film „Spur der Steine" mit Manfred Krug in einer der Hauptrollen uraufgeführt. Der Film schildert freimütig die Konflikte auf einer Großbaustelle in der DDR. Kurz nach der Premiere wird der Film aus den DDR-Kinoprogrammen genommen und erst 1990 wieder-aufgeführt.
21.6. In Düsseldorf wird der 19jährige Jürgen Bartsch (1946-1976) wegen vierfachen Mordes verhaftet. Seit 1962 hat er vier Jungen zwischen acht und dreizehn Jahren gefesselt, vergewaltigt und zerstückelt. Der Fall Bartsch bewegt die Öffentlichkeit und leitet eine erneute Diskussion um die Wiedereinführung der Todesstrafe ein.
22.6. In West-Berlin demonstrieren 3.000 Studenten in einem zehnstündigen Sit-in für eine umfassende Studienreform.
23.6. Die britische Rockgruppe „The Beatles" startet ihre erste Tournee durch die Bundesrepublik nachdem sie 1962 bereits einen Auftritt in Hamburg hatten.
29.6. Die SED sagt den mit der SPD vereinbarten Redneraustausch ab. Als offizielle Begründung wird das Gesetz über die befristete Freistellung von der Gerichtsbarkeit der Bundesrepublik genannt. Inoffiziell scheint die SED abzusehen, dass das Treffen nicht die erhoffte Annäherung der Sozialdemokraten bringen wird.

JULI

1.7. Der von Staatspräsident Charles de Gaulle am 21.2. angekündigte Austritt Frankreichs aus der NATO beginnt: Frankreich zieht seine Truppen aus dem Kommandobereich der NATO-Integration zurück und entzieht die in der Bundesrepublik stationierten französischen Verbände dem alliierten Kommando. Ziel dieser Maßnahme ist, die volle Ausübung der französischen Souveränität zu erlangen, die durch die Stationierung fremder Truppen auf französischen Boden nicht gewährleistet sei.
19.7. Das Bundesverfassungsgericht erklärt die bisherige Parteienfinanzierung aus dem Bundeshaushalt für unzulässig. In begrenztem Umfang dürfen den Parteien aber weiterhin Wahlkampfkosten erstattet werden.
24.-31.7. In Ost-Berlin findet die erste Kinder- und Jugendspartakiade, eine große Sportveranstaltung, statt.
30.7. Im Wembley-Stadion/London unterliegt die deutsche Nationalmannschaft im Finale der Fußball-Weltmeisterschaft dem Gastgeber mit 4:2.

AUGUST

9.8. Auf dem fünften Jüdischen Weltkongress in Brüssel kommt es zum ersten Mal in der 30jährigen Geschichte des Kongresses zu einem deutsch-jüdischen Dialog.
13.8. In Ost-Berlin wird eine Truppenparade anlässlich des 5. Jahrestages der Errichtung der Berliner Mauer abgehalten.
20.8. In einem öffentlichen Interview kritisiert General Werner Panitzki (geb. 1911), Inspekteur der Luftwaffe der Bundeswehr, das Verteidigungsministerium anlässlich der „Starfighter-Affäre". Das Interview dokumentiert die Krise zwischen ziviler und militärischer Führung in der Bundesrepublik. Am 22.8. wird Panitzki, der bereits am 12.8. sein Rücktrittsgesuch eingereicht hat, vom Dienst suspendiert.

SEPTEMBER

5.9. Premiere des Films „Abschied von gestern" von Alexander Kluge. Erzählt wird ein deutsch-deutscher Lebenslauf:
Eine junge Frau flieht aus Leipzig in die Bundesrepublik, wird straffällig, kommt auf Bewährung frei, wird schwanger und bekommt ihr Kind im Gefängnis. Der Film gilt als Durchbruch für den sogenannten Neuen Deutschen Film, wie er im Oberhausener Manifest von 1962 gefordert worden ist.
10.9. Der deutsche Boxeuropameister Karl Mildenberger (geb. 1939) unterliegt dem Weltmeister im Schwergewicht Muhammad Ali (geb. 1942) im Frankfurter Waldstadion.
26.9. Als Ergebnis eines Staatsbesuches Bundeskanzler Erhards in den USA wird die Einrichtung einer direkten Telefonverbindung, des sogenannten heißen Drahts, zwischen dem Bundeskanzleramt und dem Büro des US-amerikanischen Präsidenten angekündigt.

OKTOBER

1.10. Der frühere NS-Reichsminister für Rüstung und Kriegsproduktion Albert Speer und der frühere NS-Reichsjugendführer Baldur von Schirach werden nach zwanzigjähriger Haft aus dem Kriegsverbrechergefängnis Berlin-Spandau entlassen.
Auf der „photokina" in Köln stellt die bundesdeutsche Firma Rollei die bislang kleinste Präzisionskamera vor.
10.10. Eröffnung der Passierscheinstelle für dringende Familienangelegenheiten in West-Berlin.
15.10. Die Mannschaft der DDR verlässt vorzeitig die vorolympischen Spiele in Mexico, da ihr vom Internationalen Olympischen Komitee untersagt wurde, unter der Bezeichnung DDR anzutreten und statt dessen die Bezeichnung Ostdeutschland empfohlen wird.
27.10. Durch einen Mehrheitsentschluss der FDP-Fraktion wird die Bonner Regierungskoalition vorzeitig beendet. Anlass ist die Diskussion über Steuererhöhungen oder -senkungen, über die sich die Parteien nicht einigen können. Anschließend treten die vier FDP-Bundesminister aus der Regierung zurück.
30.10. In Frankfurt demonstrieren rund 20.000 Menschen gegen die von der Bundesregierung geplanten Notstandsgesetze. Sie folgen damit einem Aufruf des Kuratoriums „Notstand der Demokratie".

NOVEMBER

6.11. Bei den Landtagswahlen in Hessen erreicht die Nationaldemokratische Partei Deutschlands (NPD) 7,9% der Stimmen. Damit zieht die rechtsextreme Partei erstmals in ein Landesparlament ein.
30.11. Nachdem die Koalitionsverhandlungen zwischen CDU, CSU und FDP gescheitert sind und die Unionsparteien sich mit der SPD geeinigt haben, tritt Bundeskanzler Erhard von seinem Amt zurück.

DEZEMBER

1.12. Kurt Georg Kiesinger wird zum Bundeskanzler einer Regierung der Großen Koalition aus CDU/CSU und SPD gewählt. Vizekanzler und Außenminister wird Willy Brandt.
10.12. Der Friedensnobelpreis wird in diesem Jahr nicht verliehen. Der Literaturnobelpreis geht an den Israeli Samuel Josef Agnon (1888-1970) und an die in Stockholm lebende deutsche Jüdin Nelly Sachs (1891-1970).
14.12. Der neue Bundesminister für gesamtdeutsche Fragen, Herbert Wehner, erklärt, dass eine diplomatische Anerkennung der DDR erst nach deren demokratischer Legitimation möglich sei.
Bundesaußenminister Brandt erklärt in einer Rede vor den Vertretern der Westeuropäischen Union (WEU) , die neue Bundesregierung strebe keine atomare Mitbeteiligung innerhalb der NATO an.
15.-17.12. Auf der 14. Tagung des Zentralkomitees der SED wird über den Vorschlag eines Minimalprogramms „zur Normalisierung der Beziehungen DDR-BRD" beraten.

AUSSERDEM

Heinrich Böll: Ende einer Dienstfahrt (Erzählung)

Die Große Koalition

Ausgerechnet Erhard, der „Vater des Wirtschaftswunders", geriet als Kanzler nach seinem Wahlsieg 1965 in ökonomische Schwierigkeiten und in Konflikt mit dem Koalitionspartner FDP. Als diese das Regierungsbündnis verließ, kam es rasch zu einer Einigung von CDU/CSU und SPD auf eine Große Koalition zur Überwindung der Rezession; die neue Regierung nahm am 1. Dezember 1966 die Amtsgeschäfte auf. Die SPD, seit dem Godesberger Programm im Aufwind („Genosse Trend") sah darin eine Chance, Regierungsfähigkeit zu beweisen; die CDU/CSU wollte den Machterhalt. Sie stellte als größerer Partner mit Kurt Georg Kiesinger den Bundeskanzler, während für die SPD Willy Brandt das Außenamt übernahm, der hier bereits seine spätere Ostpolitik konzipierte. Weitere herausragende Politiker der Großen Koalition wurden Karl Schiller (SPD) als Wirtschaftsminister und Franz Josef Strauß (CSU) als Finanzminister, wegen ihres guten Harmonierens nach Figuren von Wilhelm Busch „Plisch und Plum" genannt. Ihnen gelang binnen Jahresfrist die wirtschaftliche Wiederbelebung, wobei erstmals das Instrument der konzertierten Aktion aller am Wirtschaftprozess maßgeblich Beteiligten Anwendung fand.

Die politischen Grundsätze der Goßen Koalition erläuterte Bundeskanzler Kiesinger in einer Regierungserklärung im Bundestag am 13. Dezember 1966:

Alle unsere Bemühungen um die innere Ordnung, um wirtschaftliches Wachstum und um soziale Gerechtigkeit haben freilich nur Sinn und Bestand, wenn es gelingt, den Frieden und eine freiheitliche Lebensordnung zu bewahren. Dass der Friede bewahrt werde, ist die Hoffnung aller Völker, und das deutsche Volk wünscht dies nicht weniger als die anderen. Darum ist der Wille zum Frieden und zur Verständigung der Völker das erste Wort und das Grundanliegen der Außenpolitik dieser Regierung. Zwar dient jede Außenpolitik unmittelbar den Interessen des eigenen Volkes, aber in einer Welt, in welcher die Schicksale der Völker so eng miteinander verknüpft sind, darf sich niemand der Mitverantwortung für diese Welt und für den Frieden in dieser Welt entziehen. Die deutsche Regierung tritt daher für eine konsequente und wirksame Friedenspolitik ein, durch die politische Spannungen beseitigt und das Wettrüsten eingedämmt werden. Wir werden an Vorschlägen zur Rüstungskontrolle, Rüstungsminderung und Abrüstung mitarbeiten.

Die Bundesrepublik hat gegenüber ihren Bündnispartnern auf die Herstellung von Atomwaffen verzichtet und sich entsprechenden internationalen Kontrollen unterworfen. Wir streben keine nationale Verfügungsgewalt über Atomwaffen und keinen nationalen Besitz an solchen Waffen an. Wir sind entschlossen, mit allen Völkern Beziehungen zu unterhalten, die auf Verständigung, auf gegenseitiges Vertrauen und auf den Willen der Zusammenarbeit gegründet sind. – Dies gilt auch für unser Verhältnis zur Sowjetunion, obwohl unsere Beziehungen immer noch durch das ungelöste Problem der Wiedervereinigung unseres Volkes belastet sind.

Ich gehörte im Jahre 1955 bei unserem Besuch in Moskau – erlauben Sie mir diese persönliche Erinnerung – zu denjenigen, die mit Nachdruck für die Aufnahme diplomatischer Beziehungen zwischen der Bundesrepublik und der Sowjetunion eintraten. Sicherlich hat die Entwicklung dieser Beziehungen die Erwartungen auf beiden Seiten enttäuscht. Das soll für uns kein Anlass sein, unsere Bemühungen um eine Verständigung Schritt für Schritt und um zu nehmendes, gegenseitiges Vertrauen zu verringern. In meiner letzten Rede im Deutschen Bundestag am 1. Oktober 1958 in Berlin, habe ich gesagt, das deutsche Volk hege weder Feindschaft noch Hass gegen die Völker der Sowjetunion, es möchte mit ihnen im Gegenteil in guter, friedlicher Nachbarschaft leben,

Das Kabinett der Großen Koalition von CDU/CSU und SPD löste im Dezember 1966 die Regierung Erhard ab. Erste Reihe von links: Lücke, Höcherl, Strobel, Bundespräsident Lübke, Kiesinger, Brandt, Leber. 2. Reihe von links: Heck, Schmid, Dollinger, Schmücker, v. Hassel, Schiller, Katzer, Schröder. 3. Reihe von links: Wehner, Heinemann, Wischnewski, Lauritzen, Strauß und Stoltenberg.

und es denke auch nicht daran, sich in die inneren Verhältnisse der Sowjetunion einzumischen.
Deutschland war jahrhundertelang die Brücke zwischen West- und Osteuropa. Wir möchten diese Aufgaben auch in unserer Zeit gern erfüllen. Es liegt uns darum daran, das Verhältnis zu unseren östlichen Nachbarn, die denselben Wunsch haben, auf allen Gebieten des wirtschaftlichen, kulturellen und politischen Lebens zu verbessern und, wo immer dies nach den Umständen möglich ist, auch diplomatische Beziehungen aufzunehmen.
In weiten Schichten des deutschen Volkes besteht der lebhafte Wunsch nach einer Aussöhnung mit Polen, dessen leidvolle Geschichte wir nicht vergessen haben und dessen Verlangen, endlich in einem Staatsgebiet mit gesicherten Grenzen zu leben, wir im Blick auf das gegenwärtige Schicksal unseres eigenen geteilten Volkes besser als in früheren Zeiten begreifen. Aber die Grenzen eines wiedervereinigten Deutschlands können nur in einer frei vereinbarten Regelung mit einer gesamtdeutschen Regierung festgelegt werden, einer Regelung, die die Voraussetzungen für ein von beiden Völkern gebilligtes, dauerhaftes und friedliches Verhältnis guter Nachbarschaft, schaffen soll. Auch mit der Tschechoslowakei möchte sich das deutsche Volk verständigen. Die Bundesregierung verurteilt die Politik Hitlers, die auf die Zerstörung des tschechoslowakischen Staatsverbands gerichtet war. Sie stimmt der Auffassung zu, dass das unter Androhung von Gewalt zustandegekommene Münchener Abkommen nicht mehr gültig ist. Gleichwohl bestehen noch Probleme, die einer Lösung bedürfen, wie zum Beispiel das des Staatsangehörigkeitsrechts. Wir sind uns unserer Obhutpflicht gegenüber den sudetendeutschen Landsleuten wie gegenüber allen anderen Vertriebenen und Flüchtlingen bewusst und nehmen sie ernst. Diese Vertriebenen haben, wie das tschechoslowakische Volk zuvor, bitteres Leid und Unrecht erfahren. Der Bundesregierung liegt daran, dieses trübe Kapitel der Geschichte unserer Völker zu beenden und ein Verhältnis vertrauensvoller Nachbarschaft herzustellen.

Ludwig Erhard und Erich Mende nach dem Bruch der „Kleinen Koalition" am 27. Oktober 1966.

Mit den Vereinigten Staaten von Amerika sind wir durch vielfache, freundschaftliche Beziehungen und im Nordatlantischen Pakt eng verbunden, dessen Festigung und zeitgerechte Fortentwicklung uns ein wichtiges Anliegen ist. Diese Regierung wird keine der großen Hilfen vergessen, die uns die Vereinigten Staaten in den vergangenen beiden Jahrzehnten geleistet haben. Sie weiß, dass das Bündnis mit den Vereinigten Staaten und den übrigen Partnern des Nordatlantischen Pakts auch heute und in der Zukunft, die wir zu überblicken vermögen, für uns lebenswichtig ist. Jedes Bündnis ist nur soviel wert und hat nur soviel Festigkeit wie das Vertrauen der Bündnispartner zueinander, dass ihre vitalen Interessen vom Partner verstanden und berücksichtigt werden. Das gilt auch für die Beziehungen zwischen den Vereinigten Staaten und uns.

Vielleicht haben wir in den vergangenen Jahren im Verhältnis zu den Vereinigten Staaten manchmal zu sehr unsere eigenen Sorgen, Nöte und Anliegen betont, was ja bei einem schwächeren und bedrängten Partner naheliegt, und darüber übersehen, dass auch eine große Macht wie die Vereinigten Staaten ihre Sorgen und Probleme hat, für die sie bei ihren Verbündeten Verständnis und, wo dies möglich ist, Unterstützung erwartet. Fast wider Willen ist diese mächtige Nation nach dem letzten Krieg in eine Lage geraten, die sie in allen Kontinenten engagiert.
Wir sollten dies nicht vergessen und uns überlegen, wie wir zu unserem Teil an der Bewahrung des Weltfriedens entschiedener als bisher Mitverantwortung übernehmen können. Freilich muss sich jedes europäische Land, das dazu entschlossen ist, eingestehen, dass seine eigenen Kräfte begrenzt sind und dass die europäischen Völker einen viel stärkeren Beitrag für den Frieden in der Welt und die Wohlfahrt der Völker leisten könnten, wenn sie ihre Kräfte miteinander verbänden.
Wir sind daher davon überzeugt, dass die wirtschaftliche und politische Einigung Europas ebenso im Interesse der europäischen Völker wie in dem der Vereinigten Staaten liegt. Und ich wage die Hoffnung auszusprechen, dass eines Tages auch die Sowjetunion in einem solchen einigen Europa ein wesentliches Element der Friedensordnung in unserer Welt erblicken wird. Das mag manchem als eine zu kühne Hoffnung erscheinen, aber die Größe der Aufgabe verlangt von uns, dass wir den Mut haben, über die aktuellen Sorgen und Probleme hinaus eine zukünftige Friedensordnung auf diesem Planeten vorauszudenken.

Nach zwanzigjähriger voll verbüßter Haft wurden am 1. Oktober 1966 Hitlers Chefarchitekt und Rüstungsminister Albert Speer(oben) und der frühere Reichsjugendführer und spätere Statthalter von Wien Baldur von Schirach aus dem Spandauer Kriegsverbrechergefängnis in Berlin entlassen.

Das Wembley-Tor

Zum zweiten Mal stand die deutsche Fußballnationalmannschaft in einem Weltmeisterschafts-Endspiel. Das Wembley-Stadion war mit 97.000 Zuschauern restlos ausverkauft, als die beiden Mannschaften am 30. Juli 1966 auf das Spielfeld liefen. Bobby Moore gewann die Wahl gegen Uwe Seeler. Pünktlich um 15.00 Uhr pfiff Schiedsrichter Dienst das Spiel an.

7. Minute: Beide Mannschaften begannen sehr vorsichtig; jede hatte vor dem Gegner gehörigen Respekt. Die erste Torchance hatte die deutsche Mannschaft, als Uwe Seeler aus 18 Metern abfeuerte und der Ball von Verteidiger Cohen zur Ecke abprallte.

8. Minute: Im Gegenzug ging Stürmer Hurst Tilkowski in der Luft unfair an, was Schiedsrichter Dienst sofort abpfiff. Nach kurzer Behandlung konnte Tilkowski weiterspielen.

10. Minute: Zum erstenmal musste sich der deutsche Torhüter bei einem Flachschuss von Peters strecken.

12. Minute: der sensationelle Führungstreffer für die deutsche Mannschaft, als sich Held an der linken Seite durchkämpfte und den Ball schön nach innen zog. Die Kopfballabwehr von Wilson landete genau vor Haller, der sofort zwischen Jacky Charlton und Bobby Moore hindurch zum 1:0 einschoss. Torhüter Banks, der in der kurzen Ecke stand, hatte keine Chance, an den Ball zu kommen. 17. Minute: Ganz unverhofft, und vor allem unnötig, fiel dann der Ausgleich: Moore hob einen Freistoß über die deutsche Abwehr hinweg zu dem völlig freistehenden Hurst, der den Ball unbedrängt ins deutsche Tor köpfen konnte.

24. Minute: Eine Held-Flanke köpfte Uwe Seeler, der wieder vorbildlich kämpfte, kraftvoll auf das englische Tor, doch Banks war auf dem Posten. 32. Minute: Nach einer Flanke konnte Tilkowski einen Hurst-Kopfball gerade noch wegklatschen. Den Abpraller jagte Ball am Tor vorbei. 38. Minute: Nach einem Overath-Schuss kam der Abpraller zu Emmerich, der aus spitzem Winkel sofort schoss. Mit einer Glanzparade wehrte Torhüter Banks den Ball ab. 42. Minute: Tilkowskis größte Tat, als er einen knallharten Schuss von Hunt aus kürzester Entfernung wegfaustete. Im Gegenzug hatte Uwe Seeler den Ball aus 25 Metern Entfernung auf das englische Tor gejagt. Mit einer Glanzparade konnte Banks den Ball gerade noch über die Latte drücken.

45. Minute: Zur Halbzeit stand das Endspiel verdientermaßen 1:1 unentschieden. Beide Mannschaften hatten gut gespielt und hätten weitere Tore erzielen können.

55. Minute: Die Szenen vor den beiden Toren wechselten dauernd. Gerade noch hatte Hurst einen seiner gefürchteten Kopfbälle knapp neben das deutsche Tor gesetzt, da hob Beckenbauer einen Freistoß, nach Foul von Moore an Seeler, gefühlvoll in den freien Raum. Uwe Seeler schoss sofort, aber reaktionsschnell konnte Banks abwehren. 63. Minute: Bei einer Wilson-Flanke faustete Tilkowski den Ball vor die Füße von Hunt, der knallte das Leder jedoch knapp neben das Tor. Im Gegenzug versetzte Held am linken Flügel drei Engländer. Seine Maßflanke nahm Beckenbauer volley, doch der Ball wurde abgewehrt.

72. Minute: Ein herrlicher Schuss von Bobby Charlton zischte nur ganz knapp am deutschen Tor vorbei. Die Engländer erspielten sich langsam ein Übergewicht. 75. Minute: Ein herrlicher Schrägschuss von Held landete leider am Außennetz. 78. Minute: Nach einer Ecke von Ball rutschte Höttges der Ball ab und stieg als Kerze gerade hoch in den Himmel. Der Ball fiel direkt vor die Füße von Peters, der sich die Möglichkeit nicht entgehen ließ und am machtlosen Tilkowski vorbei zum 2:1 einschoss.

85. Minute: Die deutsche Mannschaft warf jetzt alles nach vorn. Einen Heber von Emmerich köpfte Uwe Seeler nur um Zentimeter am Tor vorbei. 90. Minute: Mit einem fantastischen Endspurt stürmte die gesamte deutsche Mannschaft, um doch noch das Unmögliche möglich zu machen. Ein Freistoß für die deutsche Mannschaft war die letzte Chance, doch noch den Ausgleich zu erzielen. Emmerich schoss, die englische Abwehr konnte den Ball

„Der goldene Schuss". Das umstrittene dritte Tor für England durch Geoffrey Hurst (rechts am Boden liegend) wird von dem Schweizer Schiedsrichter Gottfried Dienst erst nach Befragung des russischen Linienrichter Bachramow als regulärer Treffer anerkannt.

nicht wegbekommen, so dass Emmerich noch einmal zum Schuss kam. Der Ball prallte von Schnellingers Rücken genau vor die Füße von Weber, und der Kölner spitzelte den Ball buchstäblich in letzter Sekunde zum 2:2 ins Netz. Die deutsche Mannschaft hatte sensationell die Verlängerung erreicht.
91. Minute: Gleich in der ersten Minute der Verlängerung musste Tilkowski einen gefährlichen Schuss von Ball über die Latte lenken. 93. Minute: Auch einen Charlton-Flachschuss konnte der Dortmunder Torhüter mit glänzender Reaktion abwehren. 99. Minute: Nach einem schönen Solo flankte Held von der Grundlinie in die Mitte, wo Uwe Seeler den Ball nur knapp verpasste. 100. Minute: Es sollte die dramatischste und umstrittenste Minute in einem Fußball-Weltmeisterschafts-Endspiel werden. Wieder flankte der kleine Ball zu Hurst, der von Schulz sträflich alleingelassen wurde. Ein toller Kopfball des englischen Torjägers wuchtete gegen die Latte, sprang runter auf die Torlinie und aus dem Tor heraus. Weber war zur Stelle und köpfte den Ball hoch über das deutsche Tor ins Aus. Die Engländer reklamierten sofort Tor. Schiedsrichter Dienst wollte zuerst weiterspielen lassen, befragte dann jedoch den sowjetischen Linienrichter Bachramow. Der entschied auf Tor, und Schiedsrichter Dienst schloss sich dieser Auffassung an. Die deutsche Mannschaft nahm diese Fehlentscheidung in unglaublich sportlich-fairer Art hin, obwohl der Ball nicht im Tor gewesen war ... 105. Minute: Nach dem letzten Seitenwechsel warf die deutsche Mannschaft noch einmal alles nach vorn. 113. Minute: Nach schönem Solo schoss Held leider etwas zu hoch. Und auf eine Flanke von Siggi Held konnte Uwe Seeler im nächsten Angriff nur eine Ecke herausholen, die nichts einbrachte. 116. Minute: Der erste Konter für die Engländer wurde durch Bobby Charlton vergeben, der am Tor vorbeidonnerte. 120. Minute: Als alles mit dem Schlusspfiff rechnete und bereits Zuschauer und Betreuer auf dem Feld waren, lief Hurst bei einem Konter mit dem Ball auf und davon. Keiner der deutschen Abwehrspieler, die weit aufgerückt waren, konnte ihn mehr erreichen. Aus 16 Metern donnerte er den Ball unhaltbar für Tilkowski zum 4:2 ins Tor. Die Weltmeisterschaft war endgültig zugunsten der Engländer entschieden.

Freundliche Begrüßung vor dem Kampf. Uwe Seeler (links) und Bobby Moore, die beiden Mannschaftsführer schütteln sich vor dem Finale am 30. Juli 1966 im Wembley-Stadion die Hand.

Nach einem beherzten Kampf musste sich Europameister Karl Mildenberger am 10. September im Frankfurter Waldstadion dem großen Weltmeister Muhammad Ali in der 12. Runde durch K.o. geschlagen geben.

1967

JANUAR

1.1. In West-Berlin wird die sogenannte Kommune 1 gegründet. Aus dem Sozialistischen Deutschen Studentenbund (SDS) entstanden, versteht sich die Kommune 1 als eine in das Alltagsleben umgesetzte Form der Außerparlamentarischen Opposition. Außerdem streben die Mitglieder der Kommune 1 mit ihrer gemeinsamen Lebensform eine „Revolutionierung des Alltags" an, in der die bürgerlichen Beziehungen zwischen den Geschlechtern und zu den Kindern aufgehoben werden sollen.

2.1. Der Bayerische Rundfunk strahlt die erste Unterrichtseinheit des Telekollegs aus. Über Fernsehsendungen mit schriftlichem Begleitmaterial soll Absolventen der Volksschule die Möglichkeit gegeben werden, in ca. drei Jahren die Fachschul- oder Fachhochschulreife zu erlangen.

25.1. Über 1.000 Demonstranten empfangen Bundeskanzler Kurt Georg Kiesinger mit einem Pfeifkonzert in West-Berlin. Sie protestieren damit gegen die Erhöhung der Studiengebühren und das Demonstrationsverbot in der Berliner Innenstadt.

31.1. Die Bundesrepublik vereinbart mit Rumänien die Aufnahme diplomatischer Beziehungen.

FEBRUAR

10.2. Deutschlands bis dato erfolgreichster Schlagersänger, Freddy Quinn, erhält in West-Berlin seine zehnte Goldene Schallplatte.

14.2. Auf Initiative des Bundeswirtschaftsministers Karl Schiller kommen Vertreter von Arbeitnehmer- und Unternehmerverbänden sowie des volkswirtschaftlichen Sachverständigenrates und der Bundesregierung zu informellen Gesprächen über eine „Konzertierte Aktion" zusammen, mit der die Rezession bekämpft werden soll.

20.2. Die Volkskammer der DDR verabschiedet das Gesetz über die Staatsangehörigkeit der Deutschen Demokratischen Republik und proklamiert damit eine eigene DDR-Staatsnation. Damit reagiert die DDR unter anderem auf den Alleinvertretungsanspruch der Bundesrepublik und grenzt sich konsequent von dieser ab.

MÄRZ

13.3. Nach vierjähriger Ermittlungsarbeit erhebt die Aachener Staatsanwaltschaft Anklage gegen Angestellte der Firma Chemie Grünenthal GmbH, den Herstellern des Schlafmittels „Contergan", welches bei Einnahme durch Schwangere in etwa zu Missbildungen der Neugeborenen führen kann. Der Prozess endet erst am 18. Dezember 1970.

14.3. Helmut Schmidt wird als Nachfolger des im Februar verstorbenen Fritz Erler) zum neuen Vorsitzenden der SPD-Bundestagsfraktion gewählt.

21.3. Bundesdeutsche Premiere des Spielfilms „Mahlzeiten" von Edgar Reitz. Der Film erhält auf der Biennale in Venedig einen Preis als bester Erstlingsfilm.

APRIL

1.4. Die Deutsche Bundesbank hebt die seit 1936 geltende Zinsverordnung auf. Damit können die Banken und Sparkassen selbst entscheiden, welche Guthabenzinsen sie festlegen.

3./4.4. Zwischen der DDR und der UdSSR wird ein längerfristiges Wirtschaftsabkommen geschlossen.

4.4. Im früheren Salzbergwerk Asse im Landkreis Wolfenbüttel werden zum ersten Mal in der Bundesrepublik radioaktive Abfälle „entsorgt".

12.4. Der Bundespräsident ernennt erstmals sieben Parlamentarische Staatssekretäre. Diese müssen Mitglieder des Deutschen Bundestages sein und sollen den Mitgliedern der Bundesregierung zur Unterstützung beigeordnet werden.

19.4. Altbundeskanzler Konrad Adenauer stirbt im Alter von 91 Jahren in Rhöndorf.

29.4. 50 Brauereien in der Bundesrepublik propagieren in einer Werbeaktion unter dem Motto „Ex und Hopp" die Einwegflasche und wollen das Bierflaschenpfand abschaffen.

30.4. In Düsseldorf wird der Neubau der Kunsthalle und des Kunstvereins für die Rheinlande und Westfalen feierlich eröffnet.

MAI

9.5. Die Verteidigungsminister von 14 NATO-Mitgliedsstaaten (ohne Frankreich) legen neue Leitlinien für das strategische Konzept des Bündnisses bis 1972 fest.
Die wichtigste Neuerung liegt in der Aufgabe der bisher geltenden Politik der „massiven Vergeltung" zugunsten der „flexiblen Verteidigung" (flexible response).

22.-23.5. Auf dem Bundesparteitag der CDU wird Bundeskanzler Kiesinger zum Vorsitzenden und Ludwig Erhard zum Ehrenvorsitzenden gewählt.

26.5. Der Deutsche Sportbund und die Deutsche Olympische Gesellschaft gründen die Stiftung Deutsche Sporthilfe, deren Ziel in der materiellen Unterstützung der Sportler liegt.

27.5. An verschiedenen Orten Kölns veranstaltet der Künstler Wolf Vostell ein Happening unter dem Titel „Miss Vietnam".

27.5.-4.6. Besuch des persischen Schahs Mohammad Resa Pahlawi (1919-1980) und seiner Frau Farah Diba (geb. 1938) in der Bundesrepublik und in West-Berlin.

JUNI

2.6. In West-Berlin kommt es zu Ausschreitungen bei einer Demonstration gegen den Besuch des Schahs von Persien. Auf den Befehl des Berliner Polizeipräsidenten „Knüppel frei, räumen" schlagen Polizisten wahllos auf Demonstranten und Schaulustige vor der Deutschen Oper ein. In dem Tumult wird der 26jährige Student Benno Ohnesorg von einem Polizisten erschossen.

Eintracht Braunschweig wird Deutscher Fußballmeister.

13.6. Die Bundesregierung erklärt sich bereit, im gesamtdeutschen Sportverkehr die Flagge der DDR zu dulden.

JULI

1.7. Inkrafttreten des Vertrages über die Fusion der drei europäischen Kommissionen, das heißt der Exekutivbehörden der Europäischen Wirtschaftsgemeinschaft (EWG), der Europäischen Atomgemeinschaft (EAG, Euratom) und der Europäischen Gemeinschaft für Kohle und Stahl (EGKS).

2.7. Bei den Wahlen zur Volkskammer der DDR erlangen die Einheitslisten der Nationalen Front nach offiziellen Angaben 99,93 % der abgegebenen Stimmen.

AUGUST

3.8. Zwischen der Bundesrepublik und der Tschechoslowakei wird die Errichtung von Handelsvertretungen vereinbart.

20.8. Die Deutsche Lufthansa eröffnet nach über 20jähriger Pause den planmäßigen Linienflugverkehr in die osteuropäischen Hauptstädte Belgrad, Budapest und Bukarest.

25.8. ARD und ZDF treten in das Farbfernseh-Zeitalter ein. Die Live-Fernsehshow „Der Goldene Schuss" ist die erste Farbsendung, die das ZDF ausstrahlt.

28.8. In der DDR wird die 5-Tage-Arbeitswoche bei einer wöchentlichen Arbeitszeit von 43¾ Stunden eingeführt.

SEPTEMBER

8.9. Eröffnung des Europäischen Datenzentrums für Weltraumforschung (ESDAC) in Darmstadt.

13.9.-29.10. Die erste große Joseph Beuys-Retrospektive findet im Städtischen Museum Abteiberg, Mönchengladbach statt.

14.9. Der Ministerrat der DDR beschließt eine Verordnung „über die Lenkung des Wohnraumes".

15.9. Auf Initiative des Künstlers Karl Schmidt-Rottluff wird in

West-Berlin das Brücke-Museum eröffnet, das Werke der 1905 gegründeten Künstlergemeinschaft präsentiert.

OKTOBER

14.10. In Hamburg wird die größte sowjetische Ausstellung in der Bundesrepublik mit dem Titel „50 Jahre Sowjetstaat" eröffnet.
15.10. Aufgrund einer Einladung des Deutschen Gewerkschaftsbundes (DGB) gastiert das Berliner Ensemble erstmals in West-Berlin mit dem Stück „Der aufhaltsame Aufstieg des Arturo Ui" von Bertolt Brecht.
20.10. Die erste Folge der neuen Serie „Aktenzeichen XY ungelöst..." wird im ZDF ausgestrahlt. In der Sendung werden unaufgeklärte Kriminalfälle präsentiert und die Zuschauer um Mithilfe gebeten.
22.10. Heinrich Böll wird in Darmstadt mit dem Georg-Büchner-Preis der Deutschen Akademie für Sprache und Dichtung ausgezeichnet.
29.10. In Ost-Berlin findet die bisher größte gemeinsame Truppenparade von DDR- und sowjetischem Militär anlässlich des 50. Jahrestages der russischen Oktoberrevolution statt.

NOVEMBER

20.11. In Liechtenau bei Weilheim wird der Grundstein für die erste bundesdeutsche Satellitenempfangsstation gelegt.
27.11. In West-Berlin geht die Polizei mit Reitern und Wasserwerfern gegen rund 1.000 Demonstranten vor, die sich vor dem Kriminalgericht in Moabit versammelt haben. In dem Prozess wird ein Mitglied der Kommune 1, Fritz Teufel, wegen Landfriedensbruchs angeklagt.

DEZEMBER

1.12. Der Bundestag verabschiedet das Filmförderungsgesetz mit der umstrittenen „Sittenklausel". Danach sind die Filme, die gegen die Verfassung oder die Gesetze verstoßen oder das sittliche und religiöse Gefühl verletzen, von der Förderung ausgenommen.
7.12. Premiere des Theaterstückes „Die Zimmerschlacht" von Martin Walser (geb. 1927). Das Stück, in dem ein Ehepaar ungeniert seine Aggressionen auslebt, wird Walsers erfolgreichstes Bühnenwerk.

AUSSERDEM

Margarete und Alexander Mitscherlich: Die Unfähigkeit zu trauern (gesellschaftsanalytisches Werk)
In der Bundesrepublik wird eine Gemeindereform durchgeführt. Die bisher rund 24.357 Gemeinden werden zu rund 8.500 Verwaltungseinheiten zusammengefasst und neu gegliedert.
Seit 1965 ist die Geburtenziffer in der Bundesrepublik rückläufig und nimmt weiterhin ab. Die Erklärung, die Einführung der Anti-Baby-Pille sei für die abnehmende Geburtenzahl verantwortlich („Pillenknick"), ist nicht haltbar, da Ende der 60er Jahre erst 20% der Frauen das hormonale Verhütungsmittel benutzen. Die Gründe liegen eher in langfristigem sozialen Wandel, gestiegenem Wohlstand und veränderten Werten.
Eine neue Kunstgattung etabliert sich unter der Bezeichnung „Multiple Objekte". Das Kunstwerk soll nicht mehr Ausdruck einer individuellen Schöpferkraft sein, sondern für die Massengesellschaft in Serie hergestellt werden.

Mit einem Knopfdruck eröffnete Bundesaußenminister Willy Brandt am 25. August 1967 auf der 25. Großen Deutschen Funkausstellung in Berlin die Ära des Farbfernsehens.

Konrad Adenauer

* Köln, 5. Januar 1876
† Bad Honnef, 19. April 1967

Als im April 1945 die Schlacht um Berlin entbrannte, wurde Köln schon von amerikanischen Militärbehörden verwaltet. Der ehemalige Oberbürgermeister der zertrümmerten Stadt stand Siegern und Besiegten mit Rat und Tat zur Seite, ließ Notunterkünfte errichten, Nahrung verteilen, Brücken passierbar machen. Der alte Herr hatte die Pensionsgrenze längst erreicht, doch die entscheidenden Daten seines politischen Lebens lagen noch vor ihm. Hinter ihm lagen sieben Jahrzehnte deutscher Geschichte.

Konrad Adenauer, Sohn eines Kanzleirats, hatte sich nach dem Studium der Rechte und Volkswirtschaft der Zentrumspartei angeschlossen und der Kommunalpolitik verschrieben. Im September 1917 trat er das Amt des Oberbürgermeisters von Köln an, als das Kaiserreich noch zu siegen hoffte; im März 1933 schied er aus dem Amt, als die Weimarer Republik schon zugrundegegangen war. In dieser Zeit wurde Adenauer eine weit über den Rhein hinaus populäre Person, der man über die Parteigrenzen hinaus das Zeug zum Reichskanzler bescheinigte. Aber der katholische Zwangspreuße, der von 1920 bis 1933 auch als Präsident des Preußischen Staatsrates (einer Art Länderkammer) fungierte, sollte die deutschen Geschicke erst lenken, als Preußen von der Landkarte verschwunden war. Im März 1945 zitierten ihn die Amerikaner ins Kölner Rathaus, im Mai hieß Kölns Oberbürgermeister wieder Konrad Adenauer – für fünf Monate. Der britischen Besatzungsmacht, die die Amerikaner am Rhein abgelöst hatte, war der kantige Kölner mit dem Indianerprofil etwas zu selbstbewusst aufgetreten: Er wurde „wegen Unfähigkeit" entlassen. Eine andere Wertung nahm Jahre später Englands Weltkriegspremier Churchill vor: „der größte Deutsche seit Bismarck." Adenauer nutzte seine zweite Zwangspensionierung, um die CDU Rheinland ins Leben zu rufen und wenig später den Vorsitz der Union in der britischen Besatzungszone zu übernehmen. Die eigentliche Karriere des „Alten von Rhöndorf" begann.

Am 1. September 1948 wählte der Parlamentarische Rat Adenauer zu seinem Präsidenten und damit zum federführenden Vater des Grundgesetzes, mit dessen Verkündigung am 23. Mai 1949 die Bundesrepublik Deutschland aus der Taufe gehoben wurde. Am 15. September wählte der erste Bundestag Adenauer mit nur einer (seiner eigenen) Stimme Mehrheit zum ersten Kanzler. Was fand der Dreiundsiebzigjährige vor? Ein zerrissenes Land, zerbombte Städte, Millionen Flüchtlinge, eine demontierte Wirtschaft, ein Volk, das ganz von vorn beginnen musste.

In langwierigen Verhandlungen mit den alliierten Hochkommissaren erreichte Adenauer Milderungen des Besatzungsstatuts. Marksteine auf seinem unbeirrbaren Westkurs waren die Vereinigung der europäischen Montanindustrie und das Angebot eines deutschen Wehrbeitrages, um das es zur ersten innenpolitischen Zerreißprobe kam. An sowjetischen Planspielen zur Wiedervereinigung und der Neutralisierung Deutschlands beteiligte sich der experimentierfeindliche Bundeskanzler nicht. Spekulationen um eine „verpasste Chance" sind müßig. Im Zuge des Kalten Krieges wurde aus der Zonengrenze die Grenze zweier deutscher Staaten, die Vorpostenlinie zweier Machtblöcke.

Konrad Adenauer.

Die Westmächte honorierten Adenauers Politik, entließen die Bundesrepublik 1955 in die Souveränität und nahmen sie als Vollmitglied in die NATO auf. Im selben Jahr reiste der Bundeskanzler nach Moskau und erwirkte gegen die Aufnahme diplomatischer Beziehungen die Heimkehr der letzten Kriegsgefangenen. Adenauers Popularität wuchs rapide, zumal sich die Wiedergeburt der deutschen Wirtschaft dank den Leistungen seines Wirtschaftsministers Erhard und dem Marshallplan zu einem wahren „Wirtschaftswunder" ausgewachsen hatte. Aus den 45,2 Prozent der Wählerstimmen im Jahre 1953 wurden 1957 50,2 Prozent: Die Union errang die absolute Mehrheit, Adenauer stand auf dem Gipfel seines Ansehens. Inzwischen war das Saarland als 10. Bundesland wieder deutsch, die Bundeswehr etabliert, die Eingliederung der Vertriebenen gelungen; und das Bemühen des Kanzlers um eine wenigstens materielle Wiedergutmachung der NS-Verbrechen an den Juden, das zu einem Vertrag mit Israel führte, hatte die vorsichtige Perspektive für einen Dialog eröffnet, der auf unabsehbare Zeit unmöglich erschien.

Als Krönung seines Lebenswerks brachte Adenauer die Aussöhnung mit Frankreich und die europäische Einigung auf den Weg: 1958 bildete sich durch die Römischen Verträge die Europäische Wirtschaftsgemeinschaft (EWG), und 1963 unterzeichneten Adenauer und de Gaulle den deutsch-französischen Freundschaftsvertrag; eine jahrhundertealte „Erbfeindschaft" landete in den Akten der Geschichte.

Nach dem Bau der Berliner Mauer am 13. August 1961 kreidete der Wähler dem Kanzler an, dass er nicht sofort in die Stadt gereist war, und verweigerte der Union bei den Herbstwahlen die absolute

Abschied von Dr. Konrad Adenauer am 25. April 1967. Nach dem Pontifikalrequiem tragen Bundeswehrsoldaten den Sarg mit den sterblichen Überresten des Altbundeskanzlers aus dem Hohen Dom zu Köln. In ihrem weißen Mänteln folgen die Ritter des Ordens vom Heiligen Grab. Vor den Rittern schreiten der Kölner Erzbischof Kardinal Frings, Mitglieder seines Domkapitels, Kurienkardinal Testa und der Münchner Erzbischof Kardinal Döpfner.

Mehrheit. Die FDP fand sich nur zur Koalition, weil Adenauer versprach, 1963 zurückzutreten. Die „Spiegel"-Affäre im Jahre 1962 machte erneut deutlich, dass ein Wachwechsel überfällig war. Im Oktober 1963 räumte der fast 88-jährige Herr den Kanzlerstuhl. Den Parteivorsitz gab er erst nach dem 90. Geburtstag an seinen Nachfolger Erhard ab. Als Konrad Adenauer nach langer Krankheit starb, erwiesen über 100.000 Deutsche und Staatsmänner aus aller Welt dem im Kölner Dom aufgebahrten ersten Bundeskanzler die letzte Ehre. Die zweite deutsche Demokratie, die er auf die Beine stellen half, schuldet ihm immerwährenden Dank.

Trauerfeierlichkeiten für einen großen Staatsmann

Im „Archiv der Gegenwart" sind die Staatsakte geschildert, die in Bonn und Köln stattfanden:
Am 22. April 1967 wurde der Sarg durch den Bundesgrenzschutz von Rhöndorf ins Bundeskanzleramt überführt, wo bis zum 23. April die Bevölkerung die Möglichkeit eines Defilees geboten wurde. Am 23. April wurde der Sarg abends in den Dom zu Köln überführt, wo während des 24. April und des Morgens des 25. April wiederum ein Defilee ermöglicht wurde. Am 25. April fand um 10 Uhr im Plenarsaal des Deutschen Bundestages ein Staatsakt statt; um 14 Uhr ein Pontifikal-Requiem im Dom zu Köln, dem sich ein militärisches Zeremoniell anschloss. Anschließend wurde der Sarg von Marineoffizieren auf einem Schnellboot nach Grafenwerth überführt. Während der Überführung wurden 91 Schuss Trauersalut gefeuert. Von Grafenwerth aus fand die Beisetzung auf dem Waldfriedhof in Rhöndorf im engsten Familienkreis statt.
An den Trauerfeierlichkeiten nahmen Delegationen aus 54 Staaten, von 14 internationalen Organisationen und von 4 Kirchenverbänden teil. Die wichtigsten waren aus den USA: Präsident Lyndon B. Johnson mit Staatssekretär Dean Rusk; Frankreich: Staatspräsident Charles de Gaulle mit Außenminister Maurice Couve de Murville sowie Jean Monnet; Großbritannien: Premierminister Harold Wilson, der Führer der Opposition Edward Heath und der ehemalige Premierminister Harold MacMillan; Italien: Ministerpräsident Aldo Moro und Außenminister Amintore Fanfani; Vatikan: Gustavo Kardinal Testa; Belgien: Ministerpräsident Paul van den Boeynants, sein Stellvertreter Willy de Clerq und Außenminister Pierre Harmel; Niederlande: Ministerpräsident Paul van den Boeynants, sein Stellvertreter Willy de Luns; Luxemburg: Ministerpräsident Pierre Werner und der ehemalige Ministerpräsident Josef Bech; Dänemark: Ministerpräsident Jens Otto Krag; Norwegen: Ministerpräsident Per Borten; Schweden: Ministerpräsident Tage Erlander; Österreich: Bundeskanzler Joseph Klaus und Außenminister Lujo Toncic-Sorinj; Island: Premierminister Benedikt Benediktsson; Israel: David Ben Gurion und Außenminister Abba Eban; Kanada: Außenminister Paul Martin; Ja-

25. April 1967: Nach dem Trauergottesdienst für Konrad Adenauer verlassen Frankreichs Staatspräsident Charles de Gaulle, Bundespräsident Heinrich Lübke und US-Staatspräsident Lyndon Johnson, gefolgt von der übrigen politischen Prominenz, den Kölner Dom, der mit 8000 weißen Nelken und 2000 Lilien geschmückt war.

pan: der ehemalige Ministerpräsident Nobusuke Kishi; Schweiz: der ehemalige Bundespräsident Max Petitpierre; Griechenland: Außenminister Pavlos Economou-Gouras; Türkei: Ministerpräsident Süleyman Demirel mit Außenminister Ihsan Sabri Caglayangil; Irland: Außenminister Frank Eiken; Jordanien Prinz Mohammed Ben Tallal; Südafrika: Außenminister Hilgard Muller; Tunesien: Außenminister Habib Bourguiba jr.; Iran: Ministerpräsident Amir Abbas Hoveida; ferner die Präsidenten der EWG-Kommission Walter Hallstein, der EURATOM-Kommission Pierre Chatenet, des Europäischen Parlamentes Alain Poher, für den Europarat Pierre Pflimlin, NATO-Generalsekretär Manlio Brosio sowie der Präsident des Jüdischen Weltkongresses Nahum Goldmann; Spanien: Falange-Minister José Solis-Ruiz. Am 25. April fand im Plenarsaal des Deutschen Bundestages ein Staatsakt für Adenauer statt, bei dem Bundespräsident Heinrich Lübke, Bundestagspräsident Eugen Gerstenmaier und Bundeskanzler Kurt Georg Kiesinger Adenauer würdigten.

Bundespräsident Heinrich Lübke sagte u.a.: „Konrad Adenauer hat unseren Weg zurück in die Gemeinschaft der freien Völker vorgezeichnet und geebnet. Nicht taktische Erwägungen, geboren aus der Not des Augenblicks, bestimmten ihn dazu, die künftigen Geschicke unseres Vaterlandes eng mit denen der großen traditionsreichen Demokratien zu verbinden.

Er wusste, dass unser durch die nationalsozialistische Gewaltherrschaft zerstörtes Selbstbewusstsein nur dann wieder gesunden konnte, wenn es in rechtsstaatlichem und freiheitlichem Ideengut Wurzeln fassen konnte. Leidenschaftlich hat er sich deshalb für die Gründung übernationaler Zusammenschlüsse eingesetzt. Denn jedes Gemeinwesen kann sich am besten entfalten und seine nationalen Anliegen am ehesten verwirklichen, wenn es sich in einer größeren Gemeinschaft geborgen weiß. Zusammen mit den unvergessenen Toten Churchill, de Gasperi, Schuman hat sich Konrad Adenauer darum bemüht, die Grundlagen für eine europäische Einigung zu schaffen. Diese Namen sind uns allen, ohne Unterschied der Volkszugehörigkeit, wert und teuer. So geht auch Konrad Adenauer ein in das Bewusstsein anderer Völker als ein großer Europäer."

Am 25. April zelebrierte Josef Kardinal Frings im Dom zu Köln das Pontifikal-Requiem für Adenauer. Er sagte u.a.: „Vieles, was das II. Vatikanische Konzil erst ins helle Licht gerückt hat, hat Adenauer vorhergesehen und vorweggenommen. Er erkannte die christliche Bedeutung der politischen Tätigkeit. Er erkannte die Notwendigkeit, mit den nichtkatholischen Christen in Freundschaft und Eintracht zusammenzuarbeiten auf vielen Gebieten. Er erzeigte Hochachtung und eine große Geneigtheit, wiedergutzumachen gegenüber dem Volk und Land Israel. Ja, er bekannte sich zu der eigenen Verantwortung des Laien in seinem Beruf und Stand. Er hatte viele und schwere Verantwortungen zu tragen. Er wartete nicht auf Weisungen von irgendwoher, sondern selbständig trug er die Verantwortung, und wenn er den Weg ganz allein und einsam gehen musste – er ging ihn, geleitet von seinem Gewissen."

Neuer Zehnkampf-Weltrekord von Kurt Bendlin. An zwei sonnigen warmen Frühlingstagen stürzte der 23jährige Kurt Bendlin, für Leverkusen startend, in Heidelberg den Zehnkampf-Weltrekord. Der „Muskelprotz" brach während des großen Kampfes nach dem 400-m-Lauf und dem 1500-m-Lauf am anderen Tage jeweils vor Erschöpfung zusammen. Er blieb mit 8319 Punkten weit über dem Weltrekord des Amerikaners Russ Hodge (8230 Punkte). Die Leistungen von Bendlin: 100 m 10,6; Weitsprung 7,55 m; Kugelstoßen 14,50 m; Hochsprung 1,84 m; 400 m 47,9; 110 m Hürden 14,8; Diskuswerfen 46,31; Stabhochsprung 4,10 m; Speerwerfen 74,55 m und 1500 m 4:19,4.

Tod von Thomas Dehler

Am 21. Juli 1967 starb Dr. Thomas Dehler, Vizepräsident des Deutschen Bundestages, in Streitberg / Oberfranken an den Folgen eines Herzinfarktes.
Dehler, eine der eigenwilligsten und profiliertesten Gestalten der deutschen Nachkriegszeit, wurde am 14. Dezember 1897 im fränkischen Lichtenfels als Sohn eines Landwirtes und Metzgers geboren, besuchte das Gymnasium in Lichtenfels und Bamberg und studierte in Würzburg, Freiburg und München Jurisprudenz. Nach beiden Staatsexamina und der Promotion zum Dr. jur. ließ er sich 1923 in München, später in Bamberg als Rechtsanwalt nieder. Als Student war er Vorstandsmitglied des Republikanischen Studentenbundes und später Gründungsmitglied des Reichsbanners Schwarz-Rot-Gold, das republikanisch-demokratische Gedanken zu verbreiten trachtete. Er war Mitglied der Deutschen Demokratischen Partei und auch in ihrem Vorstand, wie auch später in dem der Staatspartei, in der sich die DDP und die übrigen Reste der liberalen Bewegung sammeln wollten. 1938 wurde er zum ersten Mal verhaftet, 1944 wegen Kontaktes zur Widerstandsbewegung um Walter Goerdeler in ein Lager verbracht.
1945 gründete er die FDP mit, wurde 1946 Landesvorsitzender in Bayern, gleichzeitig seit Mitte 1945 zuerst Landrat, dann Generalstaatsanwalt und ab Juni 1946 Oberlandesgerichtspräsident in Bamberg. 1948 wurde er Mitglied des Parlamentarischen Rates, in dem er sich für eine stärkere Anlehnung an das US-Verfassungsmodell einsetzte; er verlangte eine Regierung auf Zeit statt eines parlamentarischen Regiments. Dehler war ab 1949 Mitglied des Deutschen Bundestages und im ersten Kabinett Adenauer 1949 bis 1953 Justizminister. Bis 1957 war er Bundesvorsitzender der FDP und ihr Fraktionsvorsitzender. 1960 wurde er Bundestagsvizepräsident. Für Dehler wurde ein Staatsbegräbnis angeordnet.

Alfried Krupp von Bohlen und Halbach gestorben

Alfried Krupp von Bohlen und Halbach, der letzte Alleininhaber des Familienkonzerns, starb am 31. Juli 1967 an einer Herzschwäche im Zusammenhang mit einer Krebserkrankung.
Er wurde am 13. August 1907 in der „Villa Hügel" bei Essen geboren, arbeitete nach dem Abitur als Schmied, Schlosser und Dreher in den Familienbetrieben, studierte alsdann an der TH Aachen, wo er 1934 die Diplomhauptprüfung ablegte, arbeitete etwa ein Jahr bei der Dresdner Bank und trat dann in das väterliche Unternehmen ein, in dem er 1936 Prokura erhielt. 1938 wurde er in den Vorstand (Direktorium) der damaligen Friedrich Krupp AG (zu der die Unternehmen 1903 aus einer Einzelfirma gemacht worden waren) berufen. Als durch Sondergesetz die AG 1943 wieder in eine Einzelfirma zurückverwandelt wurde, trat Vater Gustav von Bohlen und Halbach (dem nach der Heirat mit der Krupp-Erbin Bertha die Führung des Namens Krupp durch Sondergesetz erlaubt worden war) zugunsten seines Sohnes Alfried zurück, der damit Alleininhaber des Konzerns wurde. 1948 wurde Alfried Krupp von einem amerikanischen Militärgericht anstelle seines verhandlungsunfähigen Vaters „wegen Plünderung und Sklavenarbeit" zu 12 Jahren Haft und Vermögenseinzug verurteilt, jedoch wurde das Urteil 1951 revidiert. 1953 übernahm Alfried Krupp wieder die Firmenführung. 1967 zwang ihn die Entwicklung, den Konzern in eine Kapitalgesellschaft umzuwandeln. Testamentarisch verfügte er die Umwandlung seines Vermögens in eine Stiftung.

Nach seinem Sieg gegen den Engländer Roger Tayler im Juli 1967 konnte mit Wilhelm Bungert zum ersten Mal seit 30 Jahren wieder ein Deutscher das Finale in Wimbledon erreichen, in dem er dann allerdings dem Australier Newcombe klar in drei Sätzen unterlag.

1968

JANUAR

1.1. In der Bundesrepublik wird die Bruttoumsatzsteuer durch die Mehrwertsteuer ersetzt. Außerdem wird die Versicherungspflichtgrenze für Angestellte aufgehoben, womit deren Rentenversicherung der geltenden Regelung für Arbeiter angeglichen wird. Premiere des Sexualaufklärungsfilms „Das Wunder der Liebe“ von Oswalt Kolle in der Bundesrepublik.

4.1. Premiere des Films „Zur Sache Schätzchen“ von May Spils (geb. 1941) mit Uschi Glas (geb. 1944) in der Hauptrolle.

8.1. Als erstes Versandhaus bietet die Firma Quelle ein umfangreiches Angebot an Tiefkühlkost an. Die Waren werden mit Kühlwagen direkt frei Haus geliefert.

12.1. Die Volkskammer beschließt ein neues Strafgesetzbuch und eine neue Strafprozessordnung, die am 1.7. 1968 in Kraft treten. Das Strafrecht sieht differenzierte Strafen, abhängig vom Grade der „Gesellschaftsgefährlichkeit“ und der persönlichen Einstellung zum sozialistischen Staate sowie Strafverschärfung für politische Delikte vor.

15.1. Deutsche Kreditinstitute geben erstmals Scheckkarten für den deutschen Zahlungsraum aus.

29./30.1. Auf dem ordentlichen Bundesparteitag der FDP wird Walter Scheel zum neuen Parteivorsitzenden gewählt.

31.1. Wiederaufnahme diplomatischer Beziehungen zwischen der Bundesrepublik und Jugoslawien. Die Kontakte waren 1957 aufgrund der Hallstein-Doktrin abgebrochen worden.

FEBRUAR

1.2. Eine Kundgebung gegen den Rechtsradikalismus endet in München mit dem Tod eines Gegendemonstranten aus den Reihen der Nationaldemokratischen Partei Deutschlands (NPD).

3.2. Richtkranzfest des mit 80,5 Metern bisher höchsten Wohnhauses der Bundesrepublik in der West-Berliner Trabantenstadt Britz-Buckow-Rudow („Gropiusstadt“), benannt nach dem Architekten Walter Gropius.

6.-18.2. Olympische Winterspiele in Grenoble/Frankreich.

18.2. In West-Berlin kommt es zu Studentenprotesten gegen die US-Beteiligung am Vietnam-Krieg.

26.2.-5.3. In Budapest findet ein Konsultativtreffen von 64 kommunistischen Parteien und Arbeiterparteien statt. Die DDR-Delegation wird von Erich Honecker geleitet.

28.2. Die Popgruppe The Bee Gees startet ihre Deutschlandtournee mit zwei ausverkauften Konzerten in Hamburg.

MÄRZ

1.3. Bundespräsident Heinrich Lübke weist gegen ihn erhobene Vorwürfe, er sei während des Nationalsozialismus als Architekt am Bau von Konzentrationslagern beteiligt gewesen, zurück. Die Verleumdungs-Kampagne gegen Lübke war seit 1964 von der DDR-Regierung systematisch aufgebaut worden. 1992 gestehen zwei ehemalige Mitarbeiter des Ministeriums für Staatssicherheit der DDR, dass sie die Akten Lübkes „mit großer Sorgfalt“ gefälscht haben.

11.3. Die letzte Folge des vierteiligen Fernsehfilms „Wolf unter Wölfen“ wird im ZDF ausgestrahlt. Der Film ist die erste DDR-Produktion, die vom bundesdeutschen Fernsehen gesendet wird.

20.3. Uraufführung des politisch-agitatorischen Dokumentarstückes „Viet Nam-Diskurs“ von Peter Weiss in Frankfurt/Main.

24.3. Uraufführung der Oper „Prometheus“ von Carl Orff im Stuttgarter Staatstheater.

28.3. Rücktritt des Bundesinnenministers Paul Lücke (1914-1976) (CDU), da er die angestrebte Wahlrechtsreform nicht durchsetzen kann.

27.3. Die Wissenschaftlichen Hochschulen in der Bundesrepublik beschließen, eine Studienzugangsbeschränkung nach Abitur-Durchschnittsnoten, den sogenannten Numerus Clausus, einzuführen.

Am 11.April 1968 wurde Rudi Dutschke durch drei Schüsse des Attentäters Josef Bachmann schwer verletzt.

APRIL

2.4. Aus Protest gegen die politischen und gesellschaftlichen Verhältnisse in der Bundesrepublik Deutschland setzen vier radikalisierte Anhänger der APO zwei Frankfurter Kaufhäuser in Brand. Zwei Tage später werden die Brandstifter gefasst, unter ihnen Andreas Baader und Gudrun Ensslin, und am 31. Oktober zu drei Jahren Haft verurteilt.

6.4. In einem Volksentscheid für eine neue DDR-Verfassung stimmen rund 94 % der Wahlberechtigten mit „Ja“. Die Verfassung, in der die DDR als „sozialistischer Staat deutscher Nation“ charakterisiert wird, tritt am 9.4. in Kraft.

7.4. Uraufführung des Theaterstückes „Katzelmacher“ von Rainer Werner Fassbinder in München. Das Stück thematisiert eine Hetzjagd auf einen griechischen Gastarbeiter in einem bayerischen Dorf.

9.4. Die Bundesrepublik erklärt sich in einer Note an die UdSSR zu Verhandlungen über Gewaltverzichtserklärungen mit allen Staaten des Warschauer Paktes bereit.

11.4. Rudi Dutschke, Vorstandsmitglied des Sozialistischen Studentenbundes (SDS), wird in West-Berlin von einem 23jährigen Arbeiter niedergeschossen und schwer verletzt.

11.-17.4. Der Anschlag auf Dutschke führt in vielen Teilen der Bundesrepublik zu Demonstrationen und teilweise blutigen Auseinandersetzungen mit der Polizei. Besonders bei den Protestaktionen gegen das Verlagshaus Axel Springer am 12.4. kommt es zu Ausschreitungen.

13.4. Bundeskanzler Kiesinger hält eine Rundfunk- und Fernsehansprache aus Anlass des Attentates auf Dutschke und der darauffolgenden Osterunruhen. Am 14.4. hält Bundesjustizminister Gustav Heinemann eine selbstkritische Rundfunk- und Fernsehansprache.

26.4. John Heartfield, der Begründer der politischen Photomontage, stirbt in Ost-Berlin.

28.4. Bei den Landtagswahlen in Baden-Württemberg erhält die NPD 9,8% der Wählerstimmen.

30.4. Der Bundestag hält eine Sondersitzung aufgrund der Studentenunruhen ab.

MAI

4.5. Eröffnung der Ausstellung „50 Jahre Bauhaus" im Beisein des Bauhausgründers Walter Gropius in Stuttgart.
11.5. Gegner der Notstandsgesetzgebung unternehmen einen Sternmarsch nach Bonn mit rund 30.000 Teilnehmern aus dem ganzen Bundesgebiet.
25.5. Der 1. FC Nürnberg wird Deutscher Fußballmeister.
30.5. Der Bundestag beschließt eine Ergänzung des Grundgesetzes durch die Notstandsverfassung. Sie genehmigt unter anderem den Einsatz der Bundeswehr bei inneren Unruhen. Die Diskussion im Bundestag wird von zahlreichen Protestveranstaltungen, zu denen der SDS und andere Mitglieder der APO aufgerufen haben, begleitet.
30.5. Trotz heftiger Proteste der Bevölkerung wird in Leipzig die völlig intakte Universitätskirche St. Pauli (1240-1968) gesprengt. Nach Ansicht der Leipziger SED-Bezirksleitung ist die alte Kirche nicht mit einem modernen Universitätskomplex vereinbar. Nur wenige Kunstschätze können gerettet werden.

JUNI

3.6. Der elfjährige niederländische Sänger Heintje (geb. 1955) wird mit seiner ersten Langspielplatte die Nummer eins der „Spiegel"-Bestsellerliste im Bereich der Unterhaltungsmusik.
10./11.6. Die Volkskammer beschließt die Einführung der Pass- und Visapflicht im Reise- und Transitverkehr zwischen der Bundesrepublik Deutschland und West-Berlin. Des Weiteren wird das Gesetz über die Aufgaben und Befugnisse der Volkspolizei festgelegt.
13.-15.6. Auf dem 10. Deutschen Bauernkongress der DDR wird über die Forderung des VII. Parteitages der SED (17.-22.4.1967) nach Übergang zu industrieller Organisation und Leitung in der Landwirtschaft beraten.
27.6.- 8.10. Die Kasseler „documenta 4" gerät aufgrund des Ausschlusses von Kunstformen wie Happening und Fluxus ins Kreuzfeuer der Diskussion. Der Protest der Studentenbewegung, der SDS-Gruppe „Kultur und Revolution" und die Kritik Wolf Vostells am Auswahlverfahren richten sich gegen die Dominanz US-amerikanischer Künstler. Das Schlagwort von der „americana" entsteht.

JULI

1.7. Die Zollunion der Europäischen Wirtschaftsgemeinschaft (EWG) tritt in Kraft.
Die Atommächte USA, UdSSR und Großbritannien unterzeichnen den Vertrag über die Nichtverbreitung von Kernwaffen, den sogenannten Atomwaffensperrvertrag.
14./15.7. Partei- und Regierungsvertreter der UdSSR, der DDR, Polens, Ungarns und Bulgariens beraten in Warschau über die politische Entwicklung in der Tschechoslowakei.
25.7. Papst Paul VI. (1897-1978) erlässt die Enzyklika „Humanae vitae", in der die Auffassung, dass der Geschlechtsverkehr und die „gottgewollte Fortpflanzung" untrennbar miteinander verknüpft seien, festgelegt wird. Damit ist Katholiken die Antibabypille verboten.

AUGUST

12.8. Eine Delegation des Zentralkomitees (ZK) der SED unter Leitung Walter Ulbrichts trifft sich mit dem ZK der tschechoslowakischen KP unter Leitung von Alexander Dubcek in Karlsbad.
17.8. Uraufführung des Schauspiels „Die Soldaten" von Heinar Kipphardt im Düsseldorfer Schauspielhaus.
20./21.8. Einheiten der NVA der DDR beteiligen sich an der Besetzung der CSSR durch fünf Warschauer Pakt-Staaten. Damit wird der Prager Frühling, das Experiment einer Demokratisierung von Partei, Staat und Wirtschaft in einem Ostblockland, gewaltsam beendet.
21.8. Das ZK der SED, der Staatsrat und der Ministerrat verkünden einen „Aufruf an alle Bürgerinnen und Bürger der DDR" zur „Sicherung der sozialistischen Entwicklung in der CSSR".

SEPTEMBER

4.9. Der Ministerrat der DDR beschließt die Teilung des Staatlichen Rundfunkkomitees in das Staatliche Komitee für Rundfunk und das Staatliche Komitee für Fernsehen.
15.9. Die von Ludwig Mies van der Rohe entworfene Neue Nationalgalerie in West-Berlin wird eröffnet.
17.9. Die Großbanken in der Bundesrepublik beschließen, dass künftig auch Inhabern von Lohn- und Gehaltskonten Überziehungskredite gewährt werden.
22.9. Gründung der Deutschen Kommunistischen Partei (DKP) als Nachfolgeorganisation der verbotenen KPD.

OKTOBER

4.10. Frankfurt/Main eröffnet als dritte deutsche Stadt nach Berlin und Hamburg eine Untergrundbahn.
12.10. Die Bundesrepublik schließt mit Jugoslawien Anwerbevereinbarungen für Gastarbeiter ab.
Das Nationale Olympische Komitee (NOK) der DDR wird als gleichberechtigtes Mitglied in das Internationale Olympische Komitee (IOK) aufgenommen.
12.-27.10. Olympische Spiele 1968 in Mexico City. Erstmals nehmen zwei deutsche Mannschaften an den Spielen teil.
14.10. Bundespräsident Lübke gibt bekannt, dass er am 30. Juni 1969 vorzeitig von seinem Amt zurücktreten wird.
28.10. Willy Brandt erklärt die Bereitschaft, von der Existenz der DDR als eines zweiten deutschen Staates auszugehen und der Regierung der DDR auf gleichberechtigter Basis zu begegnen.

NOVEMBER

4.11. In West-Berlin kommt es zu blutigen Auseinandersetzungen zwischen Studenten und der Polizei. Auslöser ist das Berufsverbot für den APO-Anwalt Horst Mahler.
7.11. Auf dem CDU-Parteitag in West-Berlin ohrfeigt die 29jährige Beate Klarsfeld (geb. 1939) Bundeskanzler Kiesinger. Sie will damit auf seine NS-Vergangenheit als stellvertretender Abteilungsleiter der Rundfunkabteilung des Reichsaußenministeriums hinweisen.
27.11. Gründung der Ruhrkohle AG als Zusammenschluss von 23 Bergwerksunternehmen, auf die rund 85% der gesamten Steinkohleförderung im Ruhrgebiet entfallen.
28.11. An der Düsseldorfer Kunstakademie kommt es zu Auseinandersetzungen um die Lehrtätigkeit von Joseph Beuys, weil dieser sich für Mitbestimmungsrechte der Studenten einsetzt.

DEZEMBER

21.12. Der niederländische Agrarpolitiker und Vizepräsident der Kommission der Europäischen Gemeinschaft, Sicco L. Mansholt (1908-1995), verkündet den sogenannten „Mansholt-Plan", der eine starke Verringerung der landwirtschaftlichen Erwerbsbevölkerung zugunsten einiger weniger überlebensfähiger Höfe vorsieht.

AUSSERDEM

Wolf Biermann: Mit Marx- und Engelszungen (politische Balladen)
Günther Eich: Maulwürfe (Prosagedicht)
Siegfried Lenz: Deutschstunde (Roman)
Christa Wolf: Nachdenken über Christa T. (Roman)
Die Krimiserie „Der Kommissar" mit Erik Ode (1910-1983) in der Hauptrolle startet im ZDF.
Eine Bremer Bierbrauerei erfindet den Sechserträger mit Mehr- oder Einwegflaschen. Die Idee setzt sich in der Folgezeit auch für andere Getränke durch und wird unter dem Begriff „Sixpack" zu einem „Klassiker".
In der Bundesrepublik gründen sich feministische Gruppen wie der „Weiberrat" in Frankfurt/M. und der „Aktionsrat zur Befreiung der Frau" in West-Berlin.

Mordanschlag auf Rudi Dutschke

Am 11. April 1968 (Gründonnerstag) unternahm der 23-jährige Anstreicher Josef Bachmann in Berlin auf dem Kurfürstendamm mit einer zum Revolver umgebauten Gaspistole einen Mordversuch auf den 27-jährigen Rudi Dutschke, der als führender Kopf des SDS und damit der sogenannten Außerparlamentarischen Opposition galt. Dutschke wurde schwer verletzt, Bachmann konnte nach längerem Feuerwechsel mit der Polizei, ebenfalls schwer verletzt, festgenommen werden. Über die Folgen des Attentats berichtet das „Archiv der Gegenwart“:

In zahlreichen Städten der Bundesrepublik und in West-Berlin kam es, vor allem wegen der Haltung der Springer-Presse, zu Demonstrationen und Unruhen und teilweise blutigen Zusammenstößen mit der Polizei, in deren Verlauf in München der Photoreporter Klaus Frings (32) und der Student Rüdiger Schrede (24) tödlich verletzt wurden. Der Deutsche Bundestag befasste sich in einer Sondersitzung am 30. April mit den durch diese Vorgänge aufgeworfenen innenpolitischen Fragen.

Die sogenannte Außerparlamentarische Opposition, als deren ideologischer und radikaler Kern sich der SDS (Sozialistischer Deutscher Studentenbund) herausgestellt hat, vertritt im Wesentlichen folgende Gedanken: Nach dem Zusammenbruch des Dritten Reiches 1945 habe man sich zunächst bemüht, mit den Trümmern aufzuräumen und neue Grundlagen in wirtschaftlicher Hinsicht zu legen. Dabei habe man zwar großartige Leistungen vollbracht, aber die politische Komponente zu sehr außer Acht gelassen bzw. den „Großvätern“ überlassen. So sei der Neuanfang im Grunde politisch reaktionär geworden, da man die politische Gesellschaftsordnung zwar auf der Grundlage des demokratischen Gedankengutes aufgebaut, dabei aber übersehen habe, dass die klassisch-abendländische Vorstellung vom Demokraten als der politischen Verkörperung des Bürgers (der Staatsbürger also) von einem Menschenbild ausgehe, das heute nicht mehr zutreffend sei. Der Staatsbürger im klassischen Sinne sei die politische Verkörperung des souveränen und autonomen Individuums, das sich mit anderen seinesgleichen arrangiere. Heute bedürfe man nicht mehr dieses „Ens absolutum“, sondern eines „Ens socialis“, also eines Staatsbürgers, der sich nicht mehr als autonom, sondern als sozial integriert verstehe und aus diesem Verständnis heraus seine souveränen individuellen Rechte, aber auch Pflichten erkenne und wahrnehme. Die durch Drittes Reich und Zweiten Weltkrieg moralisch kompromittierten Generationen hätten sich in die von den wohlmeinenden, aber immer noch nicht zu einem zutreffenden Verständnis der Situation vorgestoßenen „Großvätern“ konstruierte Gesellschaft geflüchtet. Die grundsätzlichen Mängel dieser Gesellschaft seien von den Schriftstellern als Ersten erkannt, von den Studenten als Ersten erlitten worden. Die Studenten nämlich hätten als „Bildungsstätten“ Universitäten vorgefunden, die weder nach materieller Kapazität noch erst recht nach geistiger (und damit auch wieder materieller) Struktur imstande gewesen seien, das zum Bestehen der Industriezivilisation nötige Rüstzeug zu liefern. Die Forderungen der Studenten, dies alles grundlegend zu ändern, damit den nachwachsenden Generationen auch entsprechend reformierte Volks- und höhere Schulen geschaffen, damit der Wirtschaft der notwendige naturwissenschaftlich-technologisch ausgebildete Nachwuchs zur Verfügung gestellt werden könne, damit die für die Entwicklung des materiellen Wohlstandes unbedingt nötige Fortentwicklung der Wissenschaften (sowohl der Natur- wie erst recht auch der Geisteswissenschaften) vorangetrieben werden könne, seien zwar stellenweise angehört, mit dem Deutlichwerden der Wissenschafts-, Bildungs- und Wirtschaftskrise auch als richtig anerkannt worden, aber außer zu sanftem Herumdoktern an den Symptomen, außer papierenen Willenserklärungen sei nichts geschehen. Damit habe die Gesellschaft ihren mangelnden Willen, wenn nicht gar ihre Unfähigkeit, erwiesen, die dringend nötigen Schritte von sich aus zu unternehmen; sie habe sich als nicht mehr lebendig, sondern als mehr oder minder steriles „Establishment“ decouvriert, das in materiellen Interessen ersticke und nicht zuletzt diese dadurch wiederum unmittelbar infragestelle.

Wenn aber die Gesellschaft nur noch „Establishment“ sei, dann könne der Anstoß zu Reformen auch nicht mehr aus ihrem Ordnungsorgan, dem Parlament, kommen, sondern müsse eben außerparlamentarisch gegeben werden. Da die Gesellschaft höflich-manierlichen Anträgen der Studenten und Intellektuellen nach Diskussion und Reform nicht nachgegeben habe, sei man sich langsam über die Alternative klargeworden, entweder alles beim Alten zu belassen und sehend in eine unausbleibliche Katastrophe zu gehen oder aber durch friedliche Demonstrationen aller Art und ohne Gewaltanwendung die Aufmerksamkeit der Öffentlichkeit zu erzwingen. Hierbei habe insbesondere die Springer-Presse durch ihre Nachrichtenpolitik dazu beigetragen, dass die Ziele der Studenten und Intellektuellen der Bevöl-

Nach dem Attentat auf Rudi Dutschke am 11. April 1968. Polizei und Passanten am Ort des Geschehens vor dem Hauptquartier des Sozialistischen Deutschen Studentenbundes am Berliner Kurfürstendamm.

Aufgebrachte Studenten vor dem Polizei-Kordon am Kurfürstendamm in Berlin.

kerung teilweise gar nicht, teilweise nur völlig verzerrt und verzeichnet zur Kenntnis gebracht worden seien. So sei es dazu gekommen, dass die Ordnungshüter, die Polizei, in Krisensituationen der manipulierten Stimmung weiter Bevölkerungskreise entsprechend mit teilweise brutaler Gewalt gegen Demonstrationen vorgegangen seien. Den ersten Gipfel habe dies mit der Erschießung des Studenten Benno Ohnesorg am 2. Juni 1967 in Berlin erreicht.

„Zur Sache Schätzchen"

May Spils führte Regie in dem Film, der am 4. Januar 1968 uraufgeführt wurde, in den Hauptrollen Werner Enke und Uschi Glas.

Der Schlagertexter Martin, 25, und sein Freund, der Schauspieler Henry, 33, leben in Schwabing und warten ständig darauf, dass nichts passiert. Henry besucht mittags Martin, der schon seit Tagen nicht aus dem Bett gekommen ist: „Es interessiert mich nicht, draußen herumzurennen." Henry erinnert Martin daran, dass heute sein Geburtstag ist und er sich mit seiner Freundin Anita verloben wolle. Als Anita dann selbst zum Gratulieren erscheint, muss sie wieder einmal feststellen, dass er überhaupt nicht ans Verloben denkt.

Martin und Henry gehen in eine Badeanstalt, wo es ihnen angesichts der vielen ausgezogenen Mädchen schwer fällt, einen an diesem Tag fälligen Schlagertext fertigzubringen. Dafür lernt Martin aber ein Mädchen kennen, das es lohnend erscheinen lässt, sich zu einem „kleinen Match" aufzuraffen: Barbara, eine Tochter aus gutbürgerlichem Haus. Um ihr zu imponieren, erzählt Martin, er sei ein steckbrieflich gesuchter Verbrecher auf der Flucht vor der Polizei. Tatsächlich ist er nur zufällig Zeuge eines nächtlichen Einbruchdiebstahls gewesen und hat bei seiner Vernehmung durch die Polizei nur freche Witze auf Kosten der Beamten gemacht, die nun sauer auf ihn sind.

Barbara findet Gefallen an Martin und lässt sich auch durch seine Frage „Kannst du mich denn überhaupt ernähren?" nicht irritieren. Als die Polizisten Martin vor seiner Wohnung abfangen und auf dem Revier ins Kreuzverhör nehmen, stiftet sie durch einen Striptease Verwirrung, so dass Martin entkommen kann. Während abends Anita und Henry auf einer eigens arrangierten Geburtstags- und Verlobungsparty vergeblich auf Martin warten, folgt Barbara ihm auf seine Bude, und sie fummeln sich tatsächlich in die Erfüllung hinein. Spät in der Nacht bringt Martin Barbara nach Hause. Als er zu seiner Bude zurückkehrt, wartet dort die enttäuschte Anita auf ihn. Martin tröstet sie mit herrlichen Versprechungen. Und nun scheint sich doch noch seine ewige Prophezeiung „Es wird böse enden!" zu erfüllen: Die Polizisten erscheinen und wollen ihn verhaften. Martin provoziert sie mit einer Pistole. Die Pistole ist völlig ungefährlich, aber der Polizist, der das nicht weiß, warnt eindringlich und schießt dann. Martin stellt sich tot. Dann steht er mit einem Streifschuss auf und sagt zu dem Beamten: „Da haben Sie aber noch mal Schwein gehabt!" „Ich habe noch keinen Film der neuen deutschen Welle gesehen, in dem so viel Freiheit anwesend war – Freiheit, zu der auch die Ahnung gehört, dass sie am Ende doch nicht zu verwirklichen ist" (Peter W. Jansen in der Zeitschrift „Filmkritik", 1968). Die Bewusstseinsströme, die diese Schwabinger Minimal-Version von James Joyce's Ulysses zu ihrem sicheren Hafen bringen, werden genährt von der Taugenichts-Phantasie, die einem Werner Enke Sätze eingeben wie diesen: „Das wichtigste an einer Pseudophilosophie ist, dass am Ende nichts dabei herauskommt." Was dabei herauskommen kann, wenn man Pseudophilosophie im vollen Bewusstsein ihrer völligen Nutzlosigkeit ernst nimmt, zeigt dieser Film: „Eine Sprachkomödie – die erste des jungen deutschen Films" (Wolfram Schütte, „Frankfurter Rundschau").

Erhard Keller stieß 1965 in die Weltklasse der Eissprinter vor, stellte im Dezember 1967 den 500-m-Weltrekord des Russen Grischin (39,5) ein und holte sich im Januar 1968 in Inzell den Weltrekord über 500 Meter in 39,2 Sekunden. Bei den Olympischen Winterspielen in Grenoble sicherte er sich die Goldmedaille im 500-m-Sprint in 40,3 Sekunden vor dem Norweger Thomassen und dem Amerikaner McDermott (beide 40,5). Vor Keller gewann noch nie ein Deutscher eine Goldmedaille im Eisschnelllauf. 1971 wurde er auch Weltmeister im neu eingeführten Sprinter-Vierkampf. Keller imponierte besonders durch Nervenstärke, die ihn sogar noch zum zweiten Olympiasieg 1972 in Sapporo, wieder über 500 Meter, führte.

Otto Hahn

* Frankfurt am Main,
8. März 1879
† Göttingen, 28. Juli 1968

Mit äußerst gemischten Gefühlen nahm der deutsche Chemiker Otto Hahn nach Ende des Zweiten Weltkrieges den Nobelpreis für das Jahr 1944 entgegen. Er erhielt ihn für seine bahnbrechenden Arbeiten auf dem Gebiete der Atomphysik. Hahn, 1928 bis 1945 Direktor des Kaiser-Wilhelm-Instituts für Chemie in Berlin und 1948 bis 1960 Präsident der Max-Planck-Gesellschaft, hatte nach Vorarbeiten mit Lise Meitner gemeinsam mit Fritz Straßmann 1938 die Spaltung von Urankernen bei Neutronenbestrahlung entdeckt. Er stieß damit die Tür auf zur Nützung einer unerschöpflichen Energiequelle und ahnte nicht, dass die Menschheit nichts Eiligeres zu tun haben würde, als erst einmal die militärische Nutzung voranzutreiben. Welche Gewalten er entfesselt hatte, erfuhr Otto Hahn in britischer Gefangenschaft: Im August 1945 detonierten über den japanischen Städten Hiroshima und Nagasaki die ersten Atombomben und forderten Hunderttausende von Opfern. Verzweifelt stellte sich Hahn die Frage, ob der Naturwissenschaftler wirklich alles dürfe, was er könne. Es war die Frage, die seit Hahns Entdeckung die Wissenschaft nicht mehr losgelassen hat. Auch Einstein, der 1939 dem amerikanischen Präsidenten die Entwicklung der Atombome empfohlen hatte, und Robert Oppenheimer, der maßgeblich an ihrer Entwicklung beteiligt war – sie alle quälte das gleiche Dilemma, das Hahn mit flammenden Appellen gegen die Atombewaffnung und zur Abrüstung zu bewältigen suchte. Er gehörte zu den Unterzeichnern des Göttinger Manifests, das 1957 vor atomarer Ausrüstung der Bundeswehr warnte. Als Hahn am 28. Juli 1968 für immer die Augen schloss, hatte zwar die Bundeswehr keine Atomwaffen, aber die nuklearen Arsenale der Supermächte waren zum Bersten gefüllt, und die Rüstungsspirale drehte sich weiter – unaufhaltsam.

Otto Hahn.

1969

JANUAR

22./23.1. In Halle findet eine Konferenz zur Erhöhung der Arbeitsproduktivität in der DDR statt, die sogenannte Schrittmacherkonferenz.
23.1. Bundestagspräsident Eugen Gerstenmaier kündigt nach heftiger Kritik an seinem Verhalten in Zusammenhang mit Wiedergutmachungszahlungen den Rücktritt an.

FEBRUAR

5.2. Der bisherige Bundesvertriebenenminister Kai-Uwe von Hassel (CDU) wird als Nachfolger des zurückgetretenen Eugen Gerstenmaier neuer Bundestagspräsident.
Das Bundeskabinett billigt das sogenannte Airbus-Projekt. Dabei handelt es sich um die gemeinsam mit Frankreich und Großbritannien geplante Produktion eines Mittelstrecken- Großflugzeuges.
8.2.-5.3. DDR-Innenminister Friedrich Dickel untersagt allen Mitgliedern der Bundesversammlung ab dem 15. Februar bis auf weiteres die Durchreise durch die DDR nach West-Berlin. Die DDR protestiert damit gegen die geplante Bundespräsidentenwahl in West-Berlin.
9.2. Das bisher größte Verkehrsflugzeug, die Boeing 747 „Jumbo Jet", mit der 385 Passagiere befördert werden können, absolviert seinen ersten Versuchsflug.
10.2. Bundeswirtschaftsminister Karl Schiller und das Mitglied des jugoslawischen Bundesvollzugsrates Toma Granfil unterzeichnen in Bonn ein deutsch-jugoslawisches Abkommen über wirtschaftliche, industrielle und technische Zusammenarbeit.
13.2. In München findet die erste Herztransplantation in der Bundesrepublik statt.
Mit dem „Verlag der Autoren" wird in Frankfurt/M. der erste genossenschaftliche Verlag in der Bundesrepublik gegründet.
19.2. Das neue Bonner Abgeordnetengebäude, der sogenannte Lange Eugen, benannt nach dem Auftraggeber Bundestagspräsident Eugen Gerstenmaier, ist bezugsfertig.
26.2. Der Philosoph Karl Jaspers stirbt in Basel.
26./27.2. Staatsbesuch des US-amerikanischen Präsidenten Richard M. Nixon in der Bundesrepublik und in West-Berlin.

MÄRZ

5.3. In West-Berlin wird der SPD-Politiker Gustav Heinemann im dritten Wahlgang mit 512 Stimmen zum Bundespräsidenten der Bundesrepublik Deutschland gewählt. Auf den Kandidaten der CDU/CSU Gerhard Schröder entfallen 506 Stimmen.
In West-Berlin wird das Wohngebäude der sogenannten Kommune 1 polizeilich durchsucht.
14.3. Der Attentäter, der im April 1968 auf den Studentenführer Rudi Dutschke geschossen hat, wird zu einer siebenjährigen Zuchthausstrafe verurteilt.
20.3. Ende des Visumzwanges zwischen der Bundesrepublik und Jugoslawien.
Die Kultusminister der Bundesländer vereinbaren die grundsätzliche gegenseitige Anerkennung des in den einzelnen Ländern erworbenen Abiturs.
21./22.3. Der Kongress der „Nationalen Front des demokratische Deutschland" in Ost-Berlin beschließt, die „sozialistische Menschengemeinschaft" zu fördern.
26.3. Die Bundesregierung stellt die Bundeszuschüsse für den Verband Deutscher Studentenschaften (VDS) ein, da sich der Verband immer mehr zu einem „revolutionären Kampfverband" entwickle.
Der Bundestag billigt die Einfuhr von Zeitungen und Zeitschriften aus der DDR für weitere zwei Jahre.

APRIL

12.4. Gründungsparteitag der Deutschen Kommunistischen Partei (DKP) in Essen.
18.4. Der Zentralbankrat der Deutschen Bundesbank beschließt die Erhöhung des Diskontsatzes von 3 auf 4 %. Damit soll der konjunkturelle Anspannung in der Bundesrepublik begegnet werden.
21.4. Die Landwirtschaftsminister der Europäischen Gemeinschaft (EG) setzen die Preise für bestimmte Agrarprodukte fest. Zugleich werden Maßnahmen zur Förderung des Absatzes von Milch und Milcherzeugnissen getroffen. Nach Angaben des Vizepräsidenten der EG-Kommission, Sicco L. Mansholt (1908-1995), kann das Überschussproblem damit nicht gelöst werden.

MAI

2.5. Der ehemalige Reichskanzler Franz von Papen stirbt im Alter von 89 Jahren in Obersasbach bei Achern.
9.5. Der Bundestag verabschiedet einige rechtliche Neuerungen, die als erster Schritt zu einer großen Strafrechtsreform gesehen werden. Unter anderem wird ab dem 1. April 1970 die Zuchthausstrafe abgeschafft, und ab dem 1. September werden Ehebruch und Homosexualität straffrei.
13.5. Der Bundestag verabschiedet das Arbeitsförderungsgesetz (AFG), das die Funktionen der Bundesanstalt für Arbeit neu festlegt. Das AFG, das am 1.7. in Kraft tritt, umfasst neben der finanziellen Arbeitslosenunterstützung vorbeugende Maßnahmen, wie Beratung, Vermittlung, Umschulung und Fortbildung zur Verhinderung von Arbeitslosigkeit.
14.5. In Rostock wird der erste Museums-Neubau der DDR, die Rostocker Kunsthalle, eröffnet.
15.4. Der Bundestag billigt die Reform des Nichtehelichenrechts. Danach werden uneheliche Kinder den ehelichen rechtlich gleichgestellt.
16.5. Durch den Zusammenschluss der Münchner Messerschmidt-Bölkow GmbH mit der Hamburger Flugzeugwerke GmbH entsteht der Luft- und Raumfahrtkonzern Messerschmitt-Bölkow-Blohm GmbH (MBB).
21.5. Zum neuen Vorsitzenden des Deutschen Gewerkschaftsbundes (DGB) wird Heinz Oskar Vetter gewählt.
24.5. Zwei Tage vor Ablauf der Bundesligasaison steht der FC Bayern München als Deutscher Fußballmeister fest.
28.-30.5. Auf dem VI. Deutschen Schriftstellerkongress in Ost-Berlin wird ein neues Statut angenommen, das den Anforderungen des „entwickelten gesellschaftlichen Systems des Sozialismus" entspricht. Außerdem wird Christa Wolfs Roman „Nachdenken über Christa T." wegen „Individualismus" scharf verurteilt.
30.5. Die Bundesregierung erklärt die sogenannte modifizierte Hallstein-Doktrin, nach der jede Anerkennung der DDR vorläufig weiter als unfreundlicher Akt gewertet wird.

JUNI

5.-17.6. Eine Delegation des Zentralkomitees (ZK) der SED nimmt an der Internationalen Beratung von 75 kommunistischen Parteien und Arbeiterparteien der dritten kommunistischen Weltkonferenz in Moskau teil.
8.6. In Köln wird der Verband Deutscher Schriftsteller (VS) als Nachfolgeorganisation der „Bundesvereinigung Deutscher Schriftsteller" gegründet.
10.6. Gründung des Bundes der Evangelischen Kirche in der DDR. Damit wird die bislang bestehende juristische und organisatorische Einheit der Evangelischen Kirche Deutschlands (EKD) beendet.
12.6. Verabschiedung des Gesetzes über die Lohnfortzahlung im Krankheitsfall im Bundestag. Danach sind die Arbeitgeber verpflichtet, den Arbeitern (ebenso wie bisher den Angestellten) den vollen Bruttolohnausgleich während der ersten sechs Krankheitswochen zu zahlen. Das Gesetz tritt am 1. Januar 1970 in Kraft.
20.6. Der Zentralrat der Deutschen Bundesbank verkündet eine Erhöhung des Diskontsatzes von 4 auf 5 %, nachdem erst im April der Satz von 3 auf 4% heraufgesetzt worden war. Grund seien die „sehr hohen Zinssätze im Ausland".
26.6. Der Bundestag hebt die Verjährungsfrist für Völkermord gänzlich auf.
Auf den Berliner Filmfestspielen präsentiert Rainer Werner Fass-

binder seinen Debütfilm „Liebe ist kälter als der Tod".
27.6. Während der Sommerferien gilt erstmals in der Bundesrepublik ein Wochenendfahrverbot für LKW, damit besonders die Autobahnen zugunsten des Ferienverkehrs entlastet werden.

JULI

18.7. Bundeswirtschaftsminister Karl Schiller und 18 Bergbauunternehmen unterzeichnen in Essen den Gründungsvertrag der Gesamtgesellschaft Ruhrkohle-AG (RAG). Die Zechen verpflichten sich, ihr Vermögen in die Gesellschaft einzubringen, und die Bundesrepublik sowie das Land Nordrhein Westfalen verbürgen sich im Gegenzug für die Schulden der alten Unternehmen.
22.7. Die Bundesregierung beschließt, künftig das Hissen der DDR-Nationalflagge und das Abspielen der DDR-Staatshymne bei Sportveranstaltungen nicht zu behindern. Diese Entscheidung ändere aber nichts an der Politik der Nichtanerkennung der DDR.

AUGUST

6.8. Die Bundesregierung beschließt Förderungsmaßnahmen für den Saarkohlebergbau, die der Saarbergwerke AG zu einer Umstrukturierung ihres Produktionsprogramms verhelfen sollen.
7.8. Die Westmächte unternehmen zusammen mit der Sowjetunion den Versuch einer neuen Initiative zur Regelung der Berlin-Frage.
14.8. Der Bundestag verabschiedet das Berufsbildungsgesetz, das die betriebliche und überbetriebliche Ausbildung bundeseinheitlich neu regelt.
20.-23.8. Eine Delegation der SPD unter Leitung Helmut Schmidts besucht auf Einladung des Obersten Sowjet Moskau.

SEPTEMBER

2.9. Mit einem Ausstand von Stahlarbeitern in Dortmund bricht in der Bundesrepublik eine Streikwelle aus, die sogenannten Septemberstreiks. Mit diesen von den Gewerkschaften nicht organisierten „wilden Streiks" wollen die Arbeiter Lohnerhöhungen erkämpfen.
3.9. In Frankfurt/Main nimmt die Bundesstelle für Entwicklungshilfe ihre Arbeit auf. Die neue Bundesbehörde ist für die sogenannte Technische Hilfe bei Entwicklungshilfeprojekten zuständig.
19.9. Vertreter beider deutscher Postministerien nehmen in Ost-Berlin Verhandlungen über Ausgleichszahlungen im Post- und Fernmeldewesen auf.
28.9. Wahlen zum 6. Deutschen Bundestag. Die CDU/CSU erhalten 46,1%, die SPD 42,7% und die F.D.P. 5,8% der Stimmen. Die NPD scheitert mit 4,3 % an der Fünfprozent-Hürde.
29.9. Ratifizierung des Atomwaffensperrvertrages durch die DDR. Auf Wunsch der Bundesregierung stellt die Deutsche Bundesbank ihre Interventionen auf den Devisenmärkten ein und gibt den Wechselkurs der D-Mark frei.
29.9.-15.10. Koalitionsverhandlungen zwischen SPD und F.D.P. sowie zwischen CDU/CSU und F.D.P. Am 3.10. stimmt die F.D.P. einer Koalition mit der SPD zu.

OKTOBER

3.10. Der DDR-Staatschef Walter Ulbricht eröffnet ein zweites Fernsehprogramm in der DDR.
8.10. Premiere des Films „Katzelmacher" von Rainer Werner Fassbinder. Der Film, der von einem Gastarbeiter handelt, der das deutsche System und die Verhältnisse durcheinanderbringt, wird 1970 mit dem Filmförderungspreis ausgezeichnet.
12.10. Der Psychoanalytiker und Publizist Alexander Mitscherlich wird in der Frankfurter Paulskirche mit dem Friedenspreis des Deutschen Buchhandels ausgezeichnet.
21.10. Willy Brandt wird zum Bundeskanzler gewählt. Die neue Regierung besteht aus einer sozialliberalen Koalition. Walter Scheel wird Vizekanzler.

„Damit Sie auch morgen in Frieden leben können". Wahlplakat der SPD zu den Bundestagswahlen vom 28. September 1969.

NOVEMBER

8.11. Der erste Forschungssatellit der Bundesrepublik „Azur" wird in die Erdumlaufbahn gebracht.
20.11. Neuer Präsident der Deutschen Bundesbank wird Karl Klasen (1909-1991).
25.11. Die Bundesregierung bietet der polnischen Regierung Verhandlungen über alle anstehenden deutsch-polnischen Fragen an, ohne Vorbedingungen zu stellen.
28.11. Die Bundesrepublik Deutschland unterzeichnet den Atomwaffensperrvertrag.

DEZEMBER

1./2.12. Auf der Konferenz der Staats- und Regierungschefs der Europäischen Gemeinschaft (EG) in Den Haag wird Einigkeit über einen gemeinsamen Markt erzielt. Frankreich stimmt einer Erweiterung der EG zu.
6.12. Der Hamburger Gruner-und-Jahr-Verlag kündigt an, dass die Frauenzeitschrift „Constanze" künftig nicht mehr unter diesem Titel erscheinen wird, sondern mit der vom selben Verlag herausgegebenen „Brigitte" vereinigt wird.
8.12. Beginn der „Sondierungsgespräche" zwischen der Bundesregierung und der Sowjetunion über Gewaltverzicht und Verbesserung des gegenseitigen Verhältnisses.

AUSSERDEM

Günter Grass: Örtlich betäubt (Roman)
Mit der Einrichtung des Institutes für Informatik an der Universität Karlsruhe wird in der Bundesrepublik die Computerwissenschaft zu einem neuen Lehrfach.

SPD und FDP bilden die Kleine Koalition

Im Wahlkampf zum 6. Deutschen Bundestag agitierten die großen Parteien, obwohl in der Regierung vereint, ungehemmt gegeneinander. „Herr Brandt kann Deutschland nicht führen", verkündete ein CSU-Plakat und diskreditierte damit den Außenminister, mit dem Strauß doch zusammen im Kabinett saß. Die SPD wiederum trieb Starkult mit ihrer Primadonna Schiller und ließ den Wähler wissen, Kiesinger und Strauß hätten in den letzten Monaten „nichts für die Stabilität der Preise getan". Die Union habe „restlos versagt".

Am Abend des 28. September 1969 und in der Nacht erlebt Bonn Wechselduschen von Siegeszuversicht und Niedergeschlagenheit in beiden Lagern. Zuerst sagen die Hochrechnungen, bei denen es noch recht an der Vorhersagegenauigkeit fehlt, eine absolute Mehrheit der CDU/CSU voraus. Siegesgewiss tritt Kiesinger vor die Journalisten. Professor Schiller stellt wenig später öffentlich fest, dass die SPD die einzige Partei sei, die zugenommen habe. Hans-Dietrich Genscher erklärt für die FDP, für sie sei angesichts des Wahlergebnisses Zurückhaltung ratsam; die anderen Parteien müssten erst mal ihre Positionen klären. Mit 5,8 Prozent steht die FDP schlechter da als je zuvor in der Geschichte der Bundesrepublik.

Dennoch reichen diese 5,8 Prozent für eine linksliberale Allianz, weil die SPD mit 42,7 Prozent die magische Hürde genommen hat und beide zusammen mit 48,5 Prozent die zurückgefallene Union (46,1) deutlich übertroffen haben. Der Fünf-Mandate-Vorsprung ist bedenklich knapp, aber auch in anderen westlichen Demokratien wird neuerdings mit hauchdünnen Mehrheiten regiert, weil im Zeichen der bedrängenden sozialen und wirtschaftlichen Probleme keine Partei Zaubermittel anzubieten hat und Erdrutsche bei Wahlen selten geworden sind.

Wer ist Wahlsieger? Wer trotz Verlusten die meisten Stimmen auf sich vereinigt oder wer als einziger Zuwachsraten verzeichnet? In dieser dramatischen Nacht ist Wahlsieger, wer am schnellsten zupackt. Ehe Kiesinger aus dem Siegesirrtum auf die nüchterne Erde der Prozente und Mandate zurückgefunden hat, haben die Parteichefs von SPD und FDP beschlossen, künftig zusammenzugehen. Der Kanzler ist endgültig zum Übergangskanzler geworden wie Erhard, wenngleich mit besserer Bilanz. Die Dreijahres-Bilanz zählt nicht nur nach Indexzahlen und Studienplätzen, sondern mehr noch nach Bewusstseinsveränderungen. Es ist etwas in Bewegung gekommen. 75 Prozent der Bundesbürger wollen die Brandt'sche Außenpolitik fortgesetzt sehen. Brandt nimmt also einen demoskopisch abgestimmten Wählerauftrag mit, der den verfassungsmäßigen der 42,7 Prozent bei weitem übertrifft.

Die Wahlverlierer Rainer Barzel (links) und Helmut Kohl.

Erst im Dritten Wahlgang konnte sich Gustav Heinemann bei den Bundespräsidentenwahlen am 5. März gegen seinen Konkurrenten Gerhard Schröder durchsetzten. Die Spannung vor diesem dritten Wahlgang ist auf den Gesichtern führender Sozialdemokraten abzulesen. Von links: Willy Brandt, Herbert Wehner, Helmut Schmidt und Gustav Heinemann.

20. Jahrestag der DDR

Am 7. Oktober 1969 beging die DDR u.a. durch Festveranstaltungen und Militärparaden feierlich den 20. Jahrestag ihrer Gründung. In seiner Festansprache in der Werner-Seelenbinder-Halle vor Gästen aus 84 Ländern führte Walter Ulbricht einmal mehr von der Bundesrepublik, die völkerrechtliche Existenz der DDR anzuerkennen:

Wenn wir zurückblicken auf unseren Weg, von der Beseitigung der Trümmer bis zum sozialistischen Aufbau, so sind wir uns bewusst, dass unsere großen Erfolge nicht möglich gewesen wären ohne die Befreiertat des Sowjetvolkes. Diese großen Erfolge wären nicht möglich gewesen ohne den Schutz unseres Aufbauwerkes durch die ruhmreiche Sowjetarmee, ohne die ständige brüderliche Hilfe der SU, ohne die immer engere Zusammenarbeit zwischen der KPdSU und der SED, zwischen unseren beiden Staaten auf allen Gebieten.

... Der Außenminister der SU Genosse Gromyko hat recht, wenn er vor der großen Gefahr warnt, welche über den europäischen Völkern schwebe und deren Ursache in dem Wiedererstehen von Militarismus, Revanchismus und Neonazismus in der Bundesrepublik zu sehen ist. Man kann, so fuhr er fort, nur Überraschung und Besorgnis äußern angesichts der Haltung jener Staaten, die bewusst oder unbewusst die Pläne zur Revision der Ergebnisse des Zweiten Weltkrieges fördern, insbesondere auch durch die Unterstützung eines diskriminierenden Kurses gegen die DDR in den Vereinten Nationen. Es wäre ein Wendepunkt zum Guten in der bedrohlichen Entwicklung, wenn Westdeutschland die historischen Realitäten in Europa einschließlich

Bei einem Sportfest in Berlin im Sommer 1969 läuft Karin Balzer (rechts) mit 12,9 sec. als erste Frau die 100 m Hürden unter 11 sec.

„20 Jahre Deutsche Demokratische Republik". Briefmarkenblock zum 20. Jahrestag 1969.

der sozialistischen DDR anerkennen würde. Westdeutschland würde dadurch vor allem auch sich selbst, seinem Frieden und seiner Sicherheit dienen.
Unser Angebot der friedlichen Koexistenz und gutnachbarlicher Beziehungen auf der Grundlage der Gleichberechtigung und gegenseitiger Achtung gilt auch gegenüber der westdeutschen Bundesrepublik.
Was fordern die Friedenskräfte von der neuen Regierung in Bonn? Die Regierenden in Bonn sollten an der Schwelle des dritten Jahrzehnts der völkerrechtlichen Existenz der DDR und der westdeutschen Bundesrepublik, die sich durch die Pariser Verträge als Separatstaat etabliert hat, ihre Spiegelfechtereien aufgeben.
Die neue westdeutsche Regierung sollte ohne Verzug und Vorbehalt den Atomwaffensperrvertrag unterzeichnen und auf die Produktion, Lagerung und Anwendung atomarer, bakteriologischer und chemischer Waffen verzichten.
Sie sollte sich zu Maßnahmen auf dem Gebiet der Abrüstung bereitfinden. Sie sollte die revanchistische Alleinvertretungsanmaßung und die anachronistische Hallstein-Doktrin endlich aufgeben und im Interesse der europäischen Sicherheit und des Friedens endlich alle europäischen Grenzen einschließlich der Grenzen der DDR anerkennen. Und die Bonner Regierung sollte endlich die neonazistische Partei auflösen und den Neonazismus im westdeutschen Staatsapparat, in der Bundeswehr und in der Justiz ein für alle Mal ausschalten. An der Schwelle des dritten Jahrzehnts des ersten deutschen Friedensstaates, dessen Politik den Prinzipien des Potsdamer Abkommens entspricht, wenden wir uns an die Bürger der westdeutschen Bundesrepublik: Anerkennen Sie die nach dem Zweiten Weltkrieg entstandenen Realitäten! Schätzen Sie das Kräfteverhältnis real ein und sorgen Sie dafür, dass alle revanchistischen Illusionen in Westdeutschland ein für alle Mal über Bord geworfen werden!

Am 1. Oktober 1969 wurden sich Willy Brandt und Walter Scheel handelseinig über die Bildung einer sozialliberalen Koalition. Das war für beide ein gewagter Schritt: „Zwölf Sitze waren nicht gerade eine Mehrheit, auf der man es sich bequem machen konnte" (Scheel). Doch Willy Brandt ließ sich nicht beirren. Für ihn gab es keinen Weg zurück zur großen Koalition: „Ich ließ niemand im Zweifel darüber, daß ich Bundeskanzler werden wollte." Am 22. Oktober legte Brandt den Amtseid ab: Erstmals seit 1930 war wieder ein Sozialdemokrat deutscher Regierungschef.

1970

JANUAR

1.1. Für Angestellte in der Bundesrepublik tritt die Lohnfortzahlung im Krankheitsfall in Kraft.
8.1. Im Theater an der Leopoldstraße in München wird vom Essener Folkwang-Ballett „Nachnull" von Pina Bausch mit der Musik von Ivo Malec uraufgeführt.
16.1. Die Eröffnung des neuen Schauspielhauses in Düsseldorf wird von Demonstrationen begleitet. Die zumeist jungen Leute protestieren gegen den aufwendigen Theaterbau, den sie als „Selbstdarstellung einer Honoratiorengesellschaft" verstehen.
20.1. Im neuen Düsseldorfer Schauspielhaus wird das Stück „Trotzki im Exil" von Peter Weiss uraufgeführt.
22.1. Bundeskanzler Willy Brandt schlägt der DDR-Regierung Verhandlungen über den Austausch von Gewaltverzichtserklärungen vor.
27.1. Der Maler und Graphiker Erich Heckel, Gründungsmitglied der Künstlergemeinschaft Die Brücke, stirbt in Radolfzell.

FEBRUAR

1.2. Abschluss des deutsch-sowjetischen Vertrages über die Lieferung von Erdgas gegen Großröhren in Essen. Es handelt sich um das bisher größte Ost-West-Geschäft.
2.2. Die Bundesregierung veröffentlicht Grundsätze zur Eingliederung ausländischer Arbeitnehmer.
5./6.2. Der Staatssekretär im Auswärtigen Amt führt in Warschau erste Gespräche mit der Regierung Polens über Probleme des deutsch-polnischen Verhältnisses.
13.2. Bei einem Brandanschlag, der, vermutlich von arabischen Terroristen, auf das Altersheim der Israelischen Kultusgemeinde in München verübt wurde, kommen sieben Menschen ums Leben.
17.2. Vor dem Bundesgerichtshof in Karlsruhe verliert Anna Manahan-Anderson in letzter Instanz ihren Prozess um die Anerkennung als Zarentochter Anastasia, der jüngsten Tochter des letzten russischen Zaren.
22.2. Der israelische Außenminister Abba S. Eban trifft zu einem dreitägigen offiziellen Besuch in der Bundesrepublik ein. Er ist das erste israelische Regierungsmitglied, das die Bundesrepublik besucht.

MÄRZ

19.3. Bundeskanzler Brandt und der Vorsitzende des Ministerrates der DDR Willi Stoph treffen sich in Erfurt zum ersten innerdeutschen Gipfelgespräch. Obgleich keine nennenswerten Ergebnisse erzielt werden können, macht die stürmische Begrüßung des Bundeskanzlers seitens der DDR-Bürger das Treffen zu einem politisch bedeutsamen Ereignis.
21.3. Auf einer öffentlichen Versammlung in Frankfurt/Main beschließt der Sozialistische Deutsche Studentenbund (SDS) aufgrund der tiefgreifenden Meinungsverschiedenheiten innerhalb des Bundes seine Selbstauflösung.
26.3. In West-Berlin beginnen die Viermächte-Verhandlungen über Berlin zwischen den Botschaftern der drei Westmächte in der Bundesrepublik und dem sowjetischen Botschafter in der DDR.
29.3. Die Fernsehsender ARD und ZDF benutzen für die Wettervorhersage erstmals eine Karte Europas ohne Grenzen. Bisher zeigten die Sender auf ihren Wetterkarten die Grenzen des Deutschen Reiches von 1937.
30.3. Der ehemalige Reichskanzler Heinrich Brüning stirbt in Norwich/USA.

Ein Bild, das um die Welt ging und die Herzen von Millionen Menschen bewegte: Willy Brandt kniet am 7. Dezember 1970 vor dem Denkmal des 1943 von SS-Einheiten „aufgelösten" (d.h. vernichteten) jüdischen Ghettos in Warschau. „Immer wieder bin ich gefragt worden, was es mit dieser Geste auf sich gehabt habe. Ich hatte nichts geplant. Am Abgrund der deutschen Geschichte und unter der Last der Millionen Ermordeten tat ich, was Menschen tun, wenn die Sprache versagt."

APRIL

5.-11.4. Während des Staatsbesuches von Bundeskanzler Brandt in den USA sichert Präsident Nixon der Neuen Ostpolitik seine Unterstützung zu.
20.4. Veröffentlichung des ersten Sozialberichtes der Bundesregierung. Damit stellt erstmals eine Bundesregierung eine mittelfristige Planung ihrer sozialpolitischen Ziele und Vorhaben vor.
22.4. Der 100. Geburtstag des Gründers der UdSSR, Wladimir I. Lenin, wird in Ost-Berlin mit zahlreichen Veranstaltungen begangen, u.a. mit den Ausstellungen „Im Geiste Lenins - mit der Sowjetunion in Freundschaft unlösbar verbunden" im Alten Museum und „Ein neuer Mensch – Herr einer neuen Welt" in der Akademie der Künste.
29.4. Zwischen den beiden deutschen Staaten wird in den Postverhandlungen eine Einigung über den Kostenausgleich und neue Fernsprech- und Fernschreibleitungen gefunden.

MAI

4.5. Borussia Mönchengladbach wird erstmals Deutscher Fußballmeister.
9.5. In Washington, London, Melbourne, West-Berlin und weiteren Städten finden zentrale Massendemonstrationen gegen die US-amerikanische Vietnampolitik und den Einmarsch in Kambodscha statt. In West-Berlin kommt es zu schweren Zusammenstößen mit der Polizei.
12.-22.5. Egon Bahr führt in Moskau abschließende Gespräche über ein Gewaltverzichtsabkommen zwischen beiden Ländern, die Ergebnisse seiner Bemühungen sind im sogenannten Bahr-Papier festgehalten.
14.5. Der im Oktober 1968 wegen Kaufhaus-Brandstiftung verurteilte Andreas Baader wird unter Mitwirkung von Ulrike Meinhof be-

freit. Dabei wird ein Justizbeamter lebensgefährlich verletzt. Die Gewalttat gilt als Geburtsstunde der terroristischen Bewegung Rote Armee Fraktion (RAF).
15.5. Uraufführung des Stückes „Guerillas" von Rolf Hochhuth in Stuttgart.
21.5. Bundeskanzler Brandt und der Vorsitzende des DDR-Ministerrates Willi Stoph treffen in Kassel zu weiteren innerdeutschen Gesprächen zusammen.

JUNI

5.6. Erstmals nach zwei Jahren tritt der Rat der Westeuropäischen Union (WEU) wieder in Anwesenheit eines französischen Vertreters zusammen. Dabei sollen, laut Bedingungen der Franzosen, keine technischen, wirtschaftlichen oder politischen Fragen der EG-Erweiterung angesprochen werden.
17.6. F.D.P.-Politiker des rechten Parteiflügels unter der Führung der Bundestagsabgeordneten Erich Mende und Siegfried Zoglmann (geb. 1913) gründen die National-Liberale Aktion (NLA) als innerparteiliche Oppositionsgruppe, die angesichts starker Verluste bei den Landtagswahlen auf eine Korrektur des „linken Parteikurses" drängt.
21.6. Bei den Fußballweltmeisterschaften in Mexico-City wird Brasilien nach dem 4:1-Sieg über Italien neuer Fußballweltmeister. Die Mannschaft der Bundesrepublik Deutschland wird WM-Dritter.
22.6. Die Warschauer Pakt-Staaten fordern wiederholt eine europäische Sicherheitskonferenz, auf der auch über Truppenverminderung beraten wird.
23.6. Unterzeichnung eines Abkommens zwischen der Bundesrepublik und Polen über Warenverkehr und wirtschaftliche Zusammenarbeit.
25.6. Einrichtung einer gemeinsamen Bund-Länder-Kommission für Bildungsplanung in der Bundesrepublik.
27.6. Verbesserung der Stellung von nichtehelichen Kindern und der rechtlichen Stellung der Mutter durch Ergänzung und Verbesserung des Jugendwohlfahrtsgesetzes.

JULI

1.7. Die Zeitschrift „Quick" und die Bild-Zeitung veröffentlichen die geheimen „Bahr-Papiere" vorzeitig. Darin sind die von Egon Bahr in Moskau ausgehandelten zehn Leitsätze für den deutsch-sowjetischen Gewaltverzichtsvertrag enthalten. Wie die Informationen an die Zeitungen gelangten, bleibt unbekannt.
Das Gesetz über die individuelle Förderung der Ausbildung tritt in Kraft. Durch verstärkte finanzielle Förderung sollen die Bildungschancen von Kindern einkommensschwacher Familien verbessert werden.
3.7. Bei einem Treffen mit Bundeskanzler Brandt sichert der französische Staatspräsident Georges Pompidou die Unterstützung der Neuen Ostpolitik zu.
26.7.-11.8. Bundesaußenminister Walter Scheel führt in Moskau Verhandlungen über den deutsch-sowjetischen Gewaltverzichtsvertrag.
28.7. Mit der Zustimmung der Aktionärsversammlung der Bremer Reederei Norddeutscher Lloyd AG und der Hamburger Hapag-Reederei ist die Fusion der beiden Reedereien zur Hapag-Lloyd AG perfekt.
31.7. Durch eine Grundgesetzänderung wird in der Bundesrepublik das aktive Wahlalter auf 18 Jahre herabgesetzt.

AUGUST

11.-13.8. Bundeskanzler Brandt besucht die Sowjetunion und unterzeichnet am 12. August in Moskau den deutsch-sowjetischen Vertrag über Gewaltverzicht und Anerkennung der in Europa bestehenden Grenzen, den sogenannten Moskauer-Vertrag.
18.8. Die Bundesregierung beschließt Maßnahmen zur Liberalisierung der Einfuhren aus Ostblock- Staaten. Bei rund 4.700 Warenpositionen wird die bisher erforderliche Genehmigungspflicht abgeschafft.
26.8. Das CDU-Präsidium bekräftigt die Bedenken der Partei gegen den Moskauer Vertrag und die Ostpolitik der Bundesregierung.

SEPTEMBER

5.9. Beim Training zum Großen Preis von Italien in Monza verunglückt der in der WM-Wertung führende Formel-I-Rennfahrer Jochen Rindt tödlich. Rindt, der als Deutscher mit österreichischer Lizenz fuhr, wird im Oktober postum zum Formel-I-Weltmeister erklärt.
15.9. Gründung der Akademie der Pädagogischen Wissenschaften in Ost-Berlin.
16.9. Die Volkskammer verabschiedet die „Grundsätze für die Aus- und Weiterbildung der Werktätigen" und das „Gesetz über die Zivilverteidigung in der DDR".
Vor einem ausverkauften Konzert der britischen Rockgruppe „Rolling Stones", die nach der Trennung der „Beatles" als bekannteste Gruppe der Rock- und Beatszene gilt, kommt es vor der West-Berliner Deutschlandhalle zu Auseinandersetzungen zwischen Fans und der Polizei.
29.9. Innerhalb weniger Minuten erbeuten Mitglieder der sogenannten Baader-Meinhof-Gruppe bei drei Banküberfällen in West-Berlin über 200.000 DM.

OKTOBER

8.10. Aufgrund eines anonymen Hinweises wird in West-Berlin der zur Baader-Meinhof-Gruppe gehörende ehemalige Rechtsanwalt Horst Mahler verhaftet.
15.10. Erstmals in der Geschichte der Bundesrepublik demonstrieren uniformierte Polizeibeamte in Frankfurt/Main für eine bessere Besoldung und Ausbildung.

NOVEMBER

5.11. Die Bundesregierung beschließt die Verbesserung der Qualifikationen der Ausbilder und die Schaffung neuer Ausbildungsplätze.
19.11. In München findet das erste Außenministertreffen im Rahmen der Europäischen Politischen Zusammenarbeit (EPZ) statt.
23.11. Der parlamentarische Strafrechtssonderausschuss des Bundestages veranstaltet ein Hearing zur geplanten Reform des Sexualstrafrechtes. Besonders umstritten ist die Neufassung des §184 des Strafgesetzbuches zur bisher als „unzüchtiges Schrifttum" bezeichneten Pornographie. Künftig soll nur noch strafbar sein, wer Pornographie Kindern und Jugendlichen zugänglich macht. Außerdem bleibt die Herstellung, Verbreitung und Einfuhr sogenannter „harter" Darstellungen, wie Gewalttätigkeit oder Kindesmissbrauch verboten.
28.11. Mit erheblichen Behinderungen im Interzonenverkehr reagiert die DDR auf die für den 30. November angesetzte Sitzung der CDU/CSU-Bundestagsfraktion in West-Berlin.

DEZEMBER

7.12. Bundeskanzler Brandt und der polnische Ministerpräsident Jozef Cyrankiewicz sowie die beiderseitigen Außenminister unterzeichnen den Warschauer-Vertrag. Der Vertrag bildet die Grundlage der Normalisierung der Beziehungen zwischen der Bundesrepublik und Polen bei gleichzeitiger Anerkennung der Oder-Neiße-Linie. Vor der Unterzeichnung des Vertrages legt Brandt am Denkmal des Unbekannten Soldaten sowie am Denkmal für die Opfer des Warschauer Ghettos einen Kranz nieder.
18.12. Einstellung des Contergan-Prozesses gegen einzelne Angestellte der Firma Chemie Grünenthal GmbH. Deren seit 1957 frei erhältliches Schlaf- und Beruhigungsmittel „Contergan" hatte bei Kindern, deren Mütter es während der Schwangerschaft eingenommen hatten, zu Missbildungen geführt. Am 10. April 1970 verpflichtete sich die Herstellerfirma Grünenthal für die „Contergan-Opfer" rund 114 Millionen DM bereit zustellen.
22.12. Der frühere Kommandant des Massenvernichtungslagers Treblinka, Franz Stangl (1908-1978), wird in Düsseldorf wegen der Beteiligung an der Ermordung von mindestens 400.000 Juden zu lebenslanger Haft verurteilt. Stangl wurde in Brasilien verhaftet und anschließend an die Bundesrepublik ausgeliefert.

Willy Brandt in Erfurt

Die historische Begegnung zwischen Bundeskanzler Willy Brandt und dem DDR-Ministerratsvorsitzenden Willi Stoph in Erfurt am 19. März 1970.

Lange hatte es gedauert, bis alle protokollarischen Hürden für das erste Zusammentreffen der beiden deutschen Regierungschefs, des Bundeskanzlers Willy Brandt und des DDR-Ministerrats-Vorsitzenden Willi Stoph, genommen waren. Vor allem über den Ort hatte man sich lange nicht einigen können. Zunächst war Ost-Berlin vorgesehen, aber Brandt wollte von dort einen Abstecher in seine alte Heimat West-Berlin machen – was die DDR auf keinen Fall zulassen wollte. Schließlich wurde Erfurt gewählt, wo schon einmal, 1850, ein Parlament sich – wenn auch vergeblich – um die Einheit eines deutschen Staates bemüht hatte.

Im „Interhotel Erfurter Hof", gegenüber dem Erfurter Bahnhof gelegen, setzten sich am Vormittag des 19. März 1970 die Delegationen an einen Tisch. Mit einem Meinungsaustausch der Regierungschefs (Brandt: „Wir Deutsche tun doch alles 150-prozentig. Wenn beide Seiten nur ein ganz klein wenig zurücknehmen, dann können wir ein paar Dinge tun." – Stoph: „Ich möchte die Begegnung als Wendepunkt betrachten.") wurde ein neues Kapitel zu den Beziehungen zwischen den beiden deutschen Staaten aufgeschlagen. Die Normalisierung kam voran. Nach dem Erfurter Treffen galt ein gewisser Minimalkonsens: Die Bundesrepublik war bereit, die völkerrechtliche Anerkennung der DDR durch Drittstaaten zu akzeptieren und selbst völkerrechtliche Verträge mit der DDR abzuschließen; beide Seiten wollten auf Gewalt oder Androhung von Gewalt in ihren Beziehungen verzichten.

Unkomplizierter aber als die Staatsmänner konnte sich das Volk äußern. „Willy, Willy!" ertönten die Rufe auf dem Juri-Gagarin-Ring vor dem „Erfurter Hof", bis Willy Brandt ans Fenster kam und sich der jubelnden Menge zeigte. Einen Moment hatte Willi Stoph noch geglaubt, die Rufe gälten ihm, aber dann war klar geworden: Der Besucher aus dem Westen war gemeint.

„Die menschliche Not beseitigen und die Zusammenarbeit stärken" war das Motto, unter dem Willy Brandt seine Ansprache in Erfurt eröffnete: Alle Bemühungen um die Förderung friedlicher Beziehungen in der Welt sind nur dann glaubhaft und überzeugend, wenn wir unter uns und für unsere Bürger Frieden schaffen. Zur Normalisierung der Beziehungen genügen nicht allein förmliche Dokumente. Die Menschen hüben und drüben müssen von der Normalisierung etwas haben. Hier bietet sich ein weites Feld, das ich nur andeutungsweise abstecken möchte. Einzelheiten werden künftigen Begegnungen und sicher auch eingehenden Beratungen auf anderer Ebene vorbehalten bleiben müssen. Ich denke vor allem und in erster Linie an menschliche Not, der wir abhelfen sollten, soweit es in unserer Macht steht.

Um zwei Beispiele zu nennen: Wo Kinder noch nicht mit ihren Eltern vereint sind, sollten wir Wege finden, sie zusammenkommen zu lassen. Wo Verlobte diesseits und jenseits der Grenze aufeinander warten, sollten wir ihnen die Heirat ermöglichen. Mit Genugtuung stelle ich fest, dass die Abwärtsentwicklung im Handel aufgefangen werden konnte. Wir sollten unsere zuständigen Behörden beauftragen, sich mit den positiveren Daten der letzten anderthalb Jahre nicht zufriedenzugeben. Auch sollten wir auf den Gebieten der Wirtschaft und der Technik einen wesentlich stärkeren Austausch anstreben.

Ordnungskräfte der DDR bemühen sich, die schaulustige Menge zurückzudrängen. Bei allen Sicherheitsvorkehrungen durchbrachen jedoch mehr als 2.000 Erfurter unmittelbar nach der Ankunft des Bonner Sonderzuges die Absperrungen, um dem Bundeskanzler zuzujubeln. Aber trotz dieser Begeisterung der DDR-Bürger, trotz der formalen Höflichkeit der beiden Regierungschefs – in der Sache offenbarte das Treffen in Erfurt die hoffnungslose politische Spaltung des deutschen Volkes.

Spiel der Superlative

Noch heute behaupten Experten, das Weltmeisterschafts-Halbfinale am 17. Juni 1970 zwischen Italien und Deutschland sei die erregendste Fußball-Begegnung aller Zeiten gewesen. Besonders die Verlängerung hatte es in sich. In der letzten Minute der regulären Spielzeit hatte – nach einem seit der 7. Minute währenden 0:1-Rückstand – Schnellinger das 1:1 erzielen können. Der Spielbericht lässt die Dramatik noch einmal lebendig werden: 95. Minute: Die deutsche Elf spielte in der Verlängerung weiter, als würde sie noch im Rückstand liegen. Nach 5 Minuten wurde sie dafür belohnt. Wieder einmal war es Torjäger Gerd Müller, der den Bruchteil einer Sekunde schneller als seine Gegenspieler war und den Ball mit der Fußspitze zum 2:1 über die Linie drückte. 99. Minute: Die Italiener konterten eiskalt. Als Siggi Held zurückgeeilt war und einen Ball mit der Brust stoppen wollte, aber zu weit abtropfen ließ, war Burgnich zur Stelle und erwischte Torhüter Sepp Maier auf dem falschen Fuß. Erneut stand es unentschieden. 104. Minute: Kurz vor dem Seitenwechsel spielte Italiens Torjäger Riva Schnellinger aus, und bevor Vogts hinzukommen konnte, hatte der Italiener unhaltbar ins lange Eck geschossen. Italien führte wieder mit 3:2. Erneut wurden die Seiten gewechselt, und die Dramatik nahm von Minute zu Minute zu. Immer wieder boten sich der deutschen Mannschaft gute Einschussmöglichkeiten, die oft nur durch Fouls unterbunden wurden. Bei jedem anderen Schiedsrichter hätte es in diesem Spiel drei Elfmeter für die deutsche Mannschaft gegeben, aber Herr Yamasaki meinte es gut mit den Italienern. 109. Minute: Noch einmal fand die deutsche Mannschaft die Kraft zum Ausgleich. Eine Flanke von Libuda köpfte Uwe Seeler auf das italienische Tor. Erneut war Gerd Müller zur Stelle, hechtete in den Ball, der genau in die entgegengesetzte Ecke sprang. Dadurch hatten Torhüter Albertosi und der auf der Linie postierte Rivera keine Chance mehr. Das Spiel war längst zu einem offenen Schlagabtausch geworden, bei dem kaum noch gedeckt, sondern nur noch auf Torerfolg gespielt wurde. 111. Minute: Bei der deutschen Mannschaft wurde bis zur totalen Erschöpfung gekämpft. Die Italiener begnügten sich weiterhin mit ihren allerdings sehr gefährlichen Kontern, wovon einer auch die Entscheidung brachte. Boninsegna war es wieder einmal, der seinen Gegenspielern entwischte und locker Willi Schulz überlief. Er flankte in die Mitte, wo Rivera mitgelaufen war und Sepp Maier auf dem falschen Fuß erwischte. Und damit war die deutsche Mannschaft besiegt. 120. Minute: Zwar gaben die 11 deutschen Spieler auf dem Rasen nie auf, aber sie hatten nicht mehr die Kraft, dem Spiel noch eine Wende zu geben. Sie hatten ja nicht nur die 120 Minuten des Englandspiels in den Knochen, sondern spielten nur mit 10½ Mann, weil Beckenbauer Mitte der zweiten Halbzeit so übel gefoult worden war, dass er seinen Arm nur noch in einer Binde tragen konnte. Nach dem Spiel waren sich alle Experten darüber einig, dass Schiedsrichter Yamasaki einen entscheidenden Anteil am Sieg der Italiener hatte, weil er immer wieder deren Fouls durchgehen ließ und die schon angesprochenen drei klaren Elfmeter der deutschen Mannschaft verweigerte. Trotz der Niederlage gehörten der deutschen Mannschaft nach diesem Spiel die Sympathien in Mexiko. Dass die Italiener nur mit Glück ins Finale gekommen waren und ihnen die deutsche Mannschaft alles abverlangt hatte, zeigte schließlich das Endspiel, indem sie gegen Brasilien nach allen Regeln der Kunst ausgespielt wurden und mit 1:4 untergingen.

Mannschaftskapitän Uwe Seeler (links), Mittelstürmer Gerd Müller (Nr. 13) der stark verletzte Franz Beckenbauer, der mit einer Armschlinge spielen musste und ihre Mitspieler gaben das letzte bevor sie sich den Azzurris mit 4:3 geschlagen geben mussten. Bundestrainer Helmut Schön: „Die Partie war eines Endspiels würdig.“

Nach dem Ausgleich durch Karl-Heinz Schnellinger zum 1:1 in der 92 Minute im Halbfinale gegen Italien kam es am 17. Juni 1970 im Azteken-Stadion von Mexiko City zur dramatischen Verlängerung.

1971

JANUAR

1.1. Bundeskanzler Willy Brandt wird von der Mailänder Zeitschrift „Storia Illustrata" und der Pariser Tageszeitung „L'aurore" zum „Mann des Jahres 1970" gewählt. Brandt wurde bereits zuvor vom US-Magazin „Time" mit diesem Titel ausgezeichnet. Die Zeitschriften begründen ihre Entscheidung damit, dass Brandt mit seiner Neuen Ostpolitik als Neuerer in der Weltpolitik hervorrage.

21.1. Der Bundesgrenzschutz berichtet, dass die DDR die deutsch-deutsche Grenze mit neuen Maßnahmen, wie der Verlegung von mehr als zwei Millionen Minen und über 80.000 km Stacheldraht, abgesichert habe.

24.1. Die ersten Aussiedler aus den ehemaligen deutschen Ostgebieten treffen gemäß den Vereinbarungen im Warschauer Vertrag in der Bundesrepublik ein.

29.1. In der Staatlichen Kunsthalle Baden-Baden wird die erste große Salvador Dali-Ausstellung in der Bundesrepublik eröffnet.

31.1. Der seit 1952 unterbrochene Telefonverkehr zwischen Ost- und West-Berlin wird wieder aufgenommen.

FEBRUAR

8.2. Das Bundesverteidigungsministerium erlässt den sogenannten Haarnetz-Befehl. Dementsprechend müssen Soldaten, deren Haare über den Hemdkragen reichen, aus Sicherheitsgründen ein Haarnetz tragen. Bundesverteidigungsminister Helmut Schmidt erhält dafür den Aachener „Orden wider den tierischen Ernst".

11.2. Die Bundesregierung beschließt erstmals die „entwicklungspolitische Konzeption der Bundesrepublik Deutschland". Darin sind die Grundzüge der Entwicklungspolitik jeweils für zwei Jahre festgelegt.

16.2. Bundesinnenminister Hans-Dietrich Genscher ordnet an, dass alle unverheirateten weiblichen Berufstätigen in verantwortungsvoller Stellung mit „Frau" anstelle von „Fräulein" anzureden sind.

MÄRZ

21.3. Eröffnung der Ausstellung „1871 – Fragen an die deutsche Geschichte" im Reichstagsgebäude in West-Berlin. Die Ausstellung will das Entstehen und die Entwicklung des deutschen Nationalstaates verdeutlichen.

30.3. Das erste bundesweite Umweltschutzgesetz über die Einrichtung von Lärmschutzbereichen in der Umgebung von Flughäfen mit Düsenverkehr tritt in Kraft.

31.3. Nach Abschluss der Verträge von Moskau und Warschau beginnen in Prag Gespräche über ein deutsch-tschechoslowakisches Abkommen. Es soll die Beziehungen der beiden Länder vor dem Hintergrund der Geschehnisse des Zweiten Weltkrieges regeln.

APRIL

5.4. Die Bundesregierung stellt 480 Millionen DM für die Landwirtschaft zusätzlich zu den in Brüssel beschlossenen Preiserhöhungen für die Agrarprodukte bereit.

18.4. In Worms nimmt erstmals in der Kirchengeschichte ein katholischer Bischof an einer Reformationsfeier zu Ehren Martin Luthers teil.

23.4. Deutsche Regisseure gründen in Frankfurt/Main den Filmverlag der Autoren. Er soll inhaltliche und organisatorische Fragen regeln sowie die Unabhängigkeit der Filmemacher von großen Produktionsgesellschaften sichern. Zu den Gründungsmitgliedern gehören unter anderem Rainer Werner Fassbinder, Thomas Schamoni und Wim Wenders.

MAI

3.5. Walter Ulbricht tritt aus Altersgründen vom Amt des Ersten Sekretärs des Zentralkomitees (ZK) der SED zurück. Sein Nachfolger wird Erich Honecker.

6.5. Auf einem Versuchsgelände bei München stellt der Luft- und Raumfahrtkonzern Messerschmitt-Bölkow-Blohm (MBB) die weltweit erste Magnetschnellbahn vor.
Die Schauspielerin Helene Weigel stirbt in Ost-Berlin.

7.5. Die Kreditinstitute in der Bundesrepublik Deutschland, in Belgien, in den Niederlanden und in Luxemburg beschließen die Verwendung einheitlicher „eurocheques" und „eurocheque"-Karten.

9.5. Die Bundesregierung gibt den Wechselkurs der D-Mark frei und beschließt ein konjunkturpolitisches Stabilitätsprogramm.

12.5. In Hessen wird zum ersten Mal in der Bundesrepublik ein Beauftragter für den Datenschutz gewählt.

13.5. Bundesfinanzminister Alex Möller (1903-1985) tritt aufgrund der kritischen Haushaltslage zurück. Der bisherige Bundeswirtschaftsminister Karl Schiller übernimmt dessen Ministerium und wird Bundesminister für Wirtschaft und Finanzen.

21.5. In West-Berlin wird im ersten Prozess um die gewaltsame Befreiung von Andreas Baader der angeklagte Rechtsanwalt Horst Mahler mangels Beweisen freigesprochen. Er bleibt jedoch wegen weiterer Delikte in Haft. Die Mitangeklagten Ingrid Schubert (1944-1977) und Irene Goegens (geb. 1951) werden zu sechs- beziehungsweise vierjährigen Jugendstrafen verurteilt.

JUNI

6.6. 374 Frauen aus der Bundesrepublik geben in der Hamburger Illustrierten „stern" bekannt: „Wir haben abgetrieben". Die Selbstbezichtigungskampagne erregt großes Aufsehen.

5.6. Uraufführung des Theaterstückes „Die bitteren Tränen der Petra von Kant" von Rainer Werner Fassbinder in Darmstadt. Das Stück beschreibt eine lesbische Beziehung zwischen einer Modeschöpferin und ihrer Dienerin.

6.6. Einen Tag nach Beendigung der Fußballsaison 1970/71 enthüllt der Vereinspräsident des Absteigers Kickers Offenbach, dass durch Geldzuwendungen Spiele der Bundesliga manipuliert wurden.

16.6. In Bonn schließen sich die sieben deutschen Spitzenverbände des Tierschutzes mit rund 600.000 eingetragenen Mitgliedern zur Dachorganisation „Deutscher Tierschutz e.V." zusammen.

24.6. Die Volkskammer wählt Erich Honecker als Nachfolger von Walter Ulbricht zum Vorsitzenden des Nationalen Verteidigungsrates.
Der Bundestag verabschiedet das erste Gesetz zur Verminderung von Luftverunreinigungen.

JULI

1.7. In der Bundesrepublik haben Frauen ab 30 und Männer ab 45 einmal pro Jahr gesetzlichen Anspruch auf kostenlose Vorsorgeuntersuchungen, damit vor allem Krebserkrankungen schon im Frühstadium erkannt und behandelt werden können.

4.7. Premiere des Films „Nicht der Homosexuelle ist pervers, sondern die Situation, in der er lebt" von Rosa von Praunheim (geb. 1942). Gezeigt werden Stationen eines jungen Homosexuellen in West-Berlin, der aus einer Zweierbeziehung ausbricht und neue Erfahrungen macht. Der Film endet mit einem Appell an die Homosexuellen, stolz und selbstbewusst zu sein.

7.7. In der DDR wird das Staatssekretariat für westdeutsche Fragen aufgelöst.

11.7. Der Bundesvorsitzende der Schlesischen Landsmannschaften, Herbert Hupka (geb. 1915) (SPD), übt auf dem Deutschlandtreffen der Schlesier in München scharfe Kritik an der Deutschland- und Ostpolitik seiner Partei.

15.7. Bei der Fahndung nach Mitgliedern der Baader-Meinhof-Gruppe wird in Hamburg die zwanzigjährige mutmaßliche Terroristin Petra Schelm (1950-1971) von einem Polizisten erschossen.

19.7. Der Bundestag verabschiedet das „Städtebauförderungsgesetz". Die Gemeinden erhalten damit eine rechtliche Handhabe, um die Bodenspekulation in den

Großstädten eindämmen zu können.
23.7. Gründung des Institutes „Wohnen und Umwelt" in Darmstadt.

AUGUST

2.8. Das ZDF gibt die Ausstrahlung eines neuen politischen Magazins mit dem Titel „Kennzeichen D" bekannt. In der Sendung soll einmal im Monat über „Deutsches aus Ost und West" berichtet werden und damit zu einem besseren Verständnis zwischen beiden deutschen Staaten beigetragen werden.
26.8. Der Bundestag verabschiedet für alle Zweige schulischer Ausbildung einschließlich der Hochschulen das Bundesausbildungsförderungsgesetz (BAföG), das staatliche Beihilfen gewährt und damit zur Chancengleichheit im Bildungswesen beitragen soll.

SEPTEMBER

1.9. Horst Herold (geb. 1923) wird neuer Präsident des Bundeskriminalamtes (BKA). Unter seiner Leitung wird der Fahndungsapparat ausgebaut und die sogenannte Rasterfahndung eingeführt.
3.9. Unterzeichnung des Viermächteabkommens über Berlin durch Vertreter der USA, Großbritanniens, Frankreichs und der UdSSR.
10.9. Die Bundesregierung beschließt die Verkürzung des Grundwehrdienstes von 18 auf 15 Monate. Das Gesetz tritt zum 1. Januar 1973 in Kraft.
13.9. Auf dem 38. Kongress des internationalen PEN-Clubs wird der Schriftsteller Heinrich Böll als erster Deutscher zum Präsidenten gewählt.
16.9. In dem Eifelstädtchen Monschau beginnt der Verpackungskünstler Christo, das mittelalterliche Schloss, eine Burgruine und eine Reihe alter Bürgerhäuser mit riesigen Plastikbahnen zu verhüllen.
18.9. Uraufführung des Dramas „Hölderlin" von Peter Weiss im Württembergischen Staatstheater Stuttgart.
20.9. Eröffnung der ersten internationalen reaktortechnischen Konferenz in West-Berlin. Rund 800 Fachleute aus 35 Ländern diskutieren über Fragen der bautechnischen Sicherheitsvorkehrungen und der Betriebszulässigkeit von Reaktoren. Die Pass- und Visafreiheit für DDR-Bürger im Verkehr mit Polen wird eingeführt.
26.9. Die Deutsche Bundesbahn setzt mit Beginn des Winterfahrplans zur Unterstützung des Schnellverkehrs Intercity-Züge (IC) ein, die zunächst auf vier Strecken im Zweistundentakt 33 Städte anfahren.
27.9. Auf der Allgemeinen Nahrungs- und Genussmittel-Ausstellung in Köln werden den europäischen Konsumenten erstmals Mangos und Kiwis vorgestellt.

OKTOBER

3.10. Unter dem Motto „Du machst Dich kaputt, der Dealer macht Kasse" startet die Kriminalpolizei in der Bundesrepublik eine Aufklärungsaktion gegen den internationalen Rauschgifthandel.
4./5.10. Rainer Barzel (geb. 1924) wird neuer CDU-Vorsitzender. Zu seinem Stellvertreter wird Helmut Kohl gewählt.
15.10. Der Bundestag beschließt eine Verschärfung des „Opiumgesetzes" aus dem Jahre 1929. So wird beispielsweise die Höchststrafe für schweren Rauschgifthandel von drei auf zehn Jahre erhöht.
17.10. Der Friedenspreis des Deutschen Buchhandels wird in der Frankfurter Paulskirche der Publizistin Marion Gräfin Dönhoff verliehen.
20.10. In Israel wird an der Universität von Tel Aviv das Institut für deutsche Geschichte eröffnet.
21.10. Der Ministerrat der DDR beschließt, in kleineren und mittleren Städten sowie in Dörfern den privaten Wohnungsbau ab 1972 wieder zuzulassen.
25.10. In Kassel wird die erste Gesamthochschule der Bundesrepublik eröffnet. Sie soll die traditionelle Universität, technische und pädagogische Hochschulen sowie Kunst-, Musik- und Ingenieurfachhochschulen unter einem Dach vereinen.
25.-27.10. Die F.D.P. verabschiedet auf ihrem Bundesparteitag in Freiburg die sogenannten Freiburger Thesen, mit denen sie einen „sozialen Liberalismus" begründet.

NOVEMBER

3.11. Die Gesundheitsbehörde Hamburgs beginnt mit der Ausgabe von Organspendeausweisen an spendewillige Personen. Der Bedarf für Organtransplantationen in der Bundesrepublik wurde bisher aus dem Ausland gedeckt.
15.11. Der ehemalige Deutschlandsender und die „Berliner Welle" werden zusammengefasst und nehmen unter dem Namen „Stimme der DDR" ihre Sendetätigkeit auf.
18.11. In der DDR wird ein Preisstopp für Konsumgüter und Dienstleistungen bis 1975 verkündet.
19.11. Die Kunsthalle Tübingen wird mit einer Willi Baumeister-Retrospektive eröffnet.
23.11. Der Hamburger Senat trifft eine Grundsatzentscheidung über die Unzulässigkeit der Ernennung von Rechts- und Linksradikalen zu Beamten auf Lebenszeit.
29.11. Rainer Barzel wird von der CDU/CSU zum Kanzlerkandidaten nominiert.

Vom 16. bis 18. September 1971 folgte Willy Brandt einer Einladung Breschnews auf die Krim, um die Fortführung der Entspannungspolitik zu diskutieren, wobei die besondere Bedeutung des Berlin-Abkommens hervorgehoben wurde. Von links: Breschnew, Brandt und Bahr auf einer Kreuzfahrt vor der Küste am 17. September 1971.

DEZEMBER

4.12. In West-Berlin wird der zur Terroristen-Szene zählende Student Georg von Rauch bei einem Schusswechsel zwischen Polizisten und Mitgliedern der Baader-Meinhof-Gruppe erschossen.
10.12. Bundeskanzler Willy Brandt wird in Oslo mit dem Friedensnobelpreis ausgezeichnet. Die Ostpolitik des Bundeskanzlers wird als Beitrag zur Überwindung der Konfrontation zwischen den Machtblöcken in Europa betrachtet. Brandt ist damit der erste Deutsche, der nach dem Zweiten Weltkrieg den Friedensnobelpreis erhält.
17.12. Der Staatssekretär im Bundeskanzleramt, Egon Bahr, und der Staatssekretär beim Ministerrat der DDR, Michael Kohl, unterzeichnen in Bonn das von ihnen ausgehandelte Abkommen über den Transitverkehr zwischen der Bundesrepublik und West-Berlin.

AUSSERDEM

Ingeborg Bachmann: Malina (Roman)
Heinrich Böll: Gruppenbild mit Dame (Roman)
Max Frisch: Wilhelm Tell für die Schule (Prosastück mit Anmerkungen)
Modehit des Jahres sind Hot-Pants – Hosen in der Länge eines Minirocks.

Das Transitabkommen

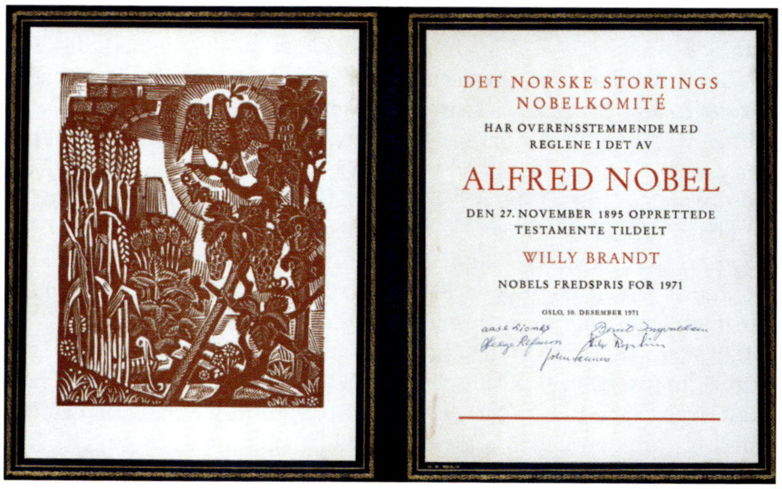

Verleihungsurkunde des Friedensnobelpreises für Willy Brandt vom 10. Dezember 1971.

Am 17. Dezember 1971 wurde in Bonn das „Abkommen zwischen der Regierung der Bundesrepublik Deutschland und der Regierung der Deutschen Demokratischen Republik über den Transitverkehr von zivilen Personen und Gütern zwischen der Bundesrepublik Deutschland und Berlin (West)" unterzeichnet. Ziel war, den Transitverkehr zu erleichtern und „in der einfachsten, schnellsten und günstigsten Weise" abzuwickeln. Transitreisende erhielten nun Visa der DDR, die beim Kfz-Verkehr nur am Auto, bei durchgehenden Bussen und Zügen im Verkehrsmittel ausgestellt wurden. „Abgaben, Gebühren und andere Kosten, die den Verkehr auf den Transitwegen betreffen, einschließlich der Instandhaltung der entsprechenden Wege, Einrichtungen und Anlagen, die für diesen Verkehr benutzt werden, werden von der Bundesrepublik Deutschland an die Deutsche Demokratische Republik in Form einer jährlichen Pauschalsumme gezahlt", heißt es in dem Abkommen. In der Pauschalsumme, die auf jährlich 234,9 Mio. DM festgesetzt wurde, waren die Straßenbenutzungsgebühren, die Steuerausgleichsabgabe, die Visa-Gebühren und der Ausgleich finanzieller Nachteile der DDR etwa durch Wegfall der Lizenzen im Busverkehr enthalten. Über die Vorgeschichte des Abkommens, die Unterzeichnung durch die Staatssekretäre Egon Bahr (für die Bundesrepublik) und Michael Kohl (für die DDR) sowie den Abschluss der Verhandlungen zwischen dem Berliner Senat und der DDR am 20. Dezember 1971 berichtet das „Archiv der Gegenwart":

Nach der Unterzeichnung gab Bahr eine Erklärung ab, in der es u.a. heißt: „Die Bundesregierung wird von ihrer Seite aus alles tun, damit die bereits fortgeschrittenen Verhandlungen eines Vertrages über Fragen des Verkehrs abgeschlossen werden können, um ein wichtiges Teilgebiet unserer Beziehungen zu regeln. Darüber hinaus hat die Bundesregierung die Absicht, nach Abschluss eines Verkehrsvertrages unverzüglich in Verhandlungen über einen Vertrag einzutreten, der die zwischen Staaten übliche verbindliche Kraft haben wird wie andere Verträge, die beide Staaten mit dritten Ländern schließen, und durch den die Beziehungen zwischen den beiden Staaten grundlegend geregelt werden. Auch in diesem Falle werden die Realitäten zu beachten sein, wie sie Geschichte, Krieg und Nachkriegszeit geschaffen haben. Der erste Schritt zum friedlichen Nebeneinander ist getan ..."

Staatssekretär Kohl antwortete u.a. „Die Regierung der DDR geht seit Jahr und Tag davon aus, dass die Beziehungen zwischen der DDR und der BRD nur entsprechend den allgemein anerkannten internationalen Normen geregelt werden können, die die Beziehungen zwischen souveränen und voneinander unabhängigen Staaten in aller Welt bestimmen. Diese klare und sachdienliche Position bestimmt die gesamte Politik der DDR gegenüber der BRD. Von ihr wird sich die Regierung der DDR auch bei den weiteren Verhandlungen mit der Regierung der BRD leiten lassen. Jetzt geht es vor allem um eine erfolgreiche Verwirklichung des Transitabkommens und einen baldigen positiven Abschluss der Verhandlungen über einen allgemeinen Verkehrsvertrag zwischen der DDR und der BRD."

Nach der Unterzeichnung vereinbarten sie einen Briefwechsel. Er sieht unbeschadet des Zeitpunktes des Inkrafttretens des Transit-Abkommens vor, die Bestimmungen des Artikels 18 dieses Abkommens über die Pauschalabgeltung von Ab-

Im Bonner Bundeskanzleramt wurde von den Staatssekretären Egon Bahr (links) und Michael Kohl am 17. Dezember 1971 das Transitabkommen unterzeichnet.

gaben und Gebühren mit Wirkung vom 1. Januar 1972 anzuwenden. Dies bedeutet, dass die individuelle Bezahlung von Straßenbenutzungsgebühren und Transitvisa im Verkehr zwischen der BRD und Berlin (West) vom 1. Januar 1972 an entfällt. Ferner kam es zu einem Briefwechsel zwischen dem Abteilungsleiter im Bundeskanzleramt Dr. Ulrich Sahm und dem Abteilungsleiter beim Ministerrat der DDR, Staatssekretär Karl Seidel, über die Ausfertigung und Behandlung von Warenbegleitscheinen für zivile Güter im Transitverkehr zwischen der BRD und Berlin (West).

Diesem ist eine Protokollnotiz beigefügt, dass Gütertransporte mit Transportmitteln dritter Staaten und Gütern aus der BRD bzw. mit Transportmitteln der BRD und Gütern dritter Staaten nach dem Transitabkommen behandelt werden, wenn Verschlüsse und Warenbegleitscheine der BRD angelegt bzw. beigefügt sind.

Am 20. Dezember unterzeichneten der Chef der Berliner Senatskanzlei Senatsdirektor Dr. Ulrich Müller und Staatssekretär Günther Kohrt vom DDR-Außenministerium die Vereinbarungen zwischen Senat und DDR-Regierung über Erleichterungen und Verbesserungen des Reise- und Besucherverkehrs sowie über die Regelung der Fragen der Enklaven durch Gebietsaustausch.

Nach der Unterzeichnung gab Staatssekretär Kohrt eine Erklärung ab, in der es u.a. heißt: „In Vollmacht der Regierung der DDR habe ich die Vereinbarungen zwischen der Regierung der DDR und dem Senat über Erleichterungen und Verbesserungen des Reise- und Besucherverkehrs sowie über die Regelung der Frage von Enklaven durch Gebietsaustausch nunmehr unterzeichnet. Die Regierung der DDR hat diese Vereinbarungen als souveräner unabhängiger Staat getroffen ..."

„Stern"-Titel 1971. „374 deutsche Frauen halten den §218 für überholt und erklären öffentlich: ‚Wir haben gegen ihn verstoßen.'"

Friedensnobelpreis für Willy Brandt

Die Debatte wogte erhitzt hin und her. Im Bonner Parlament stritten sich die Parteien am 20. Oktober 1971 über das strittigste Thema der Welt: das Geld. Der Haushalt 1972 sollte unter Dach und Fach gebracht werden. Und da die sozialliberale Koalition nur über eine hauchdünne Mehrheit verfügte, war die Versuchung für die Unionsparteien groß, jede Gelegenheit für eine Abstimmungsniederlage der Regierung Brandt zu nutzen. Weil beim Geld bekanntlich jede Freundschaft endet, hoffte man bei Gegenanträgen auf Abweichler aus den Koalitionsfraktionen. Da, die Glocke des Präsidenten! Es ist doch ganz ruhig, jedenfalls im Moment? Bundestagspräsident von Hassel erhebt sich, unterbricht die Sitzung und teilt dem Hohen Haus mit, dass soeben die Nachricht eingetroffen sei, dass das norwegische Nobelpreiskomitee den diesjährigen Friedensnobelpreis Bundeskanzler Willy Brandt verliehen habe: „Herr Bundeskanzler, diese Auszeichnung ehrt Ihre aufrichtigen Bemühungen um den Frieden in der Welt und um die Verständigung zwischen den Völkern. Der Deutsche Bundestag gratuliert Ihnen ohne Unterschied der politischen Standorte zu dieser hohen Ehrung." Nach Stresemann, Quidde und Ossietzky wurde Brandt der vierte deutsche Friedenspreisträger. Die Entscheidung sei dem Nobelkomitee leicht gefallen, wurde mitgeteilt. Man habe Brandt für seine Versöhnungspolitik mit großer Freude gewählt.

„Wir haben abgetrieben"

Der umstrittene Abtreibungsparagraph 218, der einen Schwangerschaftsabbruch nur bei medizinischer Indikation (gesundheitliche Gefährdung der schwangeren Mutter) zulässt, fordert im Juni 374 Frauen zu einer Selbstanzeige heraus. In der Illustrierten „Stern" bezichtigen sie sich: „Wir haben abgetrieben." Prominente Frauen wie Vera Tschechowa, Romy Schneider, Ursula Noack, Hanne Wieder, Senta Berger, Sabine Sinjen und Veruschka von Lehndorff geben öffentlich zu, was Hunderttausende jährlich heimlich tun. Der Kampf gegen den Paragraphen 218 reicht bis zur Jahrhundertwende zurück. 1929 erregte das Schauspiel „Cyankali – § 218" von Friedrich Wolf großes Aufsehen. Es richtete sich (nach der Anerkennung der medizinischen Indikation im Jahr 1927) gegen das menschliche Elend der Frauen, die sich vor allem aus sozialen Gründen zu einer illegalen Abtreibung gezwungen sahen.

Ermutigt durch die „Stern"-Aktion, gehen Frauen in allen Teilen der Bundesrepublik auf die Straße und fordern das „Selbstbestimmungsrecht" über ihren Körper. Gegner einer Liberalisierung des Paragraphen 218 gibt es viele, allen voran die katholische Kirche. Die Frauen fordern jedoch etwas, das in anderen demokratischen Verfassungen schon verankert ist: die ethische Indikation bei einer durch Vergewaltigung hervorgerufenen Schwangerschaft, die eugenische Indikation, wenn eine schwere gesundheitliche Schädigung des Kindes zu erwarten ist, und die soziale Indikation. Diese drei Gründe für einen straffreien Schwangerschaftsabbruch werden zusammen mit der medizinischen Indikation und gebunden an bestimmte weitere Voraussetzungen und Fristen 1976 in das Strafgesetzbuch der Bundesrepublik aufgenommen, nachdem die 1974 beschlossene generelle dreimonatige Fristenlösung vom Bundesverfassungsgericht für verfassungswidrig erklärt worden ist.

1972

JANUAR

6.1. In einer Rede vor Soldaten der Nationalen Volksarmee (NVA) bezeichnet DDR-Staats- und Parteichef Erich Honecker die Bundesrepublik als „imperialistisches Ausland".

10.1. Im Nachrichtenmagazin „Spiegel" greift der Schriftsteller Heinrich Böll die „Bild"-Berichterstattung über die Baader-Meinhof-Gruppe an. Daraufhin gerät der Schriftsteller selbst ins Kreuzfeuer der Kritik.

23.1. Erstmals wird im WDR die „Sendung mit der Maus" ausgestrahlt. Kurze Filmsequenzen sollen den kleinen Zuschauern interessante Einblicke in den Alltag gewähren.

28.1. Auf dem Höhepunkt der Fahndung nach Mitgliedern der Rote Armee Fraktion (RAF) beschließen die Regierungschefs von Bund und Ländern unter Vorsitz von Bundeskanzler Willy Brandt die „Grundsätze über die Mitgliedschaft von Beamten in extremen Organisationen", den sogenannten Radikalenerlass. Danach können Mitglieder „extremer Organisationen" aus dem öffentlichen Dienst fern gehalten werden.

FEBRUAR

2.2. Auf den britischen Yachtclub in Berlin-Gatow wird ein Sprengstoffanschlag verübt, bei dem ein Botschafter ums Leben kommt. Die terroristische „Bewegung 2. Juni" übernimmt die Verantwortung für die Tat. Am 2. Juni 1967 war der Studenten Benno Ohnesorg auf einer Demonstration in West-Berlin von einem Polizisten erschossen worden.

3.2.-13.2. Die Olympischen Winterspiele finden in Sapporo/Japan statt.

18.2. In Münster wird das US-amerikanische Erfolgs-Musical „Jesus Christ Superstar" von Andrew Lloyd Webber erstmals in der Bundesrepublik aufgeführt. Die Broadway-Inszenierung wird zu einem überragenden Erfolg, den Kritiker mit dem anhaltenden Jesus-Boom und der Suche der jungen Generation nach Idolen erklären.

MÄRZ

9.3. Die Volkskammer der DDR beschließt die Fristenlösung beim Schwangerschaftsabbruch. Danach ist die Abtreibung innerhalb der ersten drei Monate erlaubt. Erstmals seit Bestehen der Volkskammer ist ein Volkskammerbeschluss nicht einstimmig; 14 Abgeordnete stimmen gegen den Beschluss und acht enthalten sich.

30.3. Nach dem Umzug von Darmstadt nach West-Berlin beginnt das Bauhaus-Archiv seine Ausstellungstätigkeit mit einer Werkschau des Künstlers László Moholy-Nagy.

APRIL

6.4. Der frühere Bundespräsident Heinrich Lübke stirbt im Alter von 77 Jahren in Bonn.

10.4. In Washington, London und Moskau unterzeichnen Vertreter der USA, der Sowjetunion, der Bundesrepublik und der DDR sowie von insgesamt über 70 Staaten die UN-Konvention über das Verbot der Entwicklung, Produktion und Lagerung bakteriologischer (biologischer) und toxischer (chemischer) Waffen sowie über deren Vernichtung.

24.4. Die sozial-liberale Koalition verliert mit dem Austritt von Wilhelm Helms (geb. 1923) aus der Freien Demokratischen Partei (F.D.P.) die absolute Mehrheit im Bundestag.

27.4. Im Bundestag scheitert das angestrebte Konstruktive Misstrauensvotum der CDU/CSU gegen Bundeskanzler Willy Brandt. Der Antrag verfehlt um zwei Stimmen die notwendige absolute Mehrheit.
Das Zentralkomitee (ZK) der SED, der Bundesvorstand des Freien Deutschen Gewerkschaftsbundes (FDGB) und der Ministerrat beschließen gemeinsame sozialpolitische Maßnahmen in der DDR. Dabei werden vor allem Verbesserungen für berufstätige Mütter, kinderreiche Familien und Rentner festgelegt.

MAI

4.5. Die Komödie „Die Hebamme" von Rolf Hochhuth wird gleichzeitig in München, Essen, Göttingen, Wiesbaden, Kassel und Zürich uraufgeführt. Mit dem Theaterstück will Hochhuth auf das Problem der Außenseiter in der bundesdeutschen Wohlstandsgesellschaft aufmerksam machen.

10.5. Der Bundestag verabschiedet ein Abfallbeseitigungsgesetz, in dem die Notwendigkeit der Wiederverwertung von Altstoffen betont wird.

11.5. Bombenanschlag auf das V. US-Korps im IG-Farben-Haus in Frankfurt/Main. Eine Person kommt ums Leben, dreizehn weitere werden verletzt. Das „Kommando Petra Schelm" der RAF übernimmt die Verantwortung.

15.5. In Karlsruhe explodiert das Auto des Bundesrichters Wolfgang Buddenberg. Der Bundesrichter ist mit Ermittlungen gegen die Baader-Meinhof-Gruppe beschäftigt.
Nach einem Erlass des Bundesverteidigungsministeriums darf das Haar der Bundeswehrsoldaten künftig weder „Uniform noch Hemdkragen berühren". Die Regelung ersetzt den „Haar-Erlass" vom Februar 1971, der langhaarigen Soldaten das Tragen eines Haarnetzes vorschrieb.

17.5. Die CDU/CSU-Fraktion entscheidet sich bei der Abstimmung über die Ostverträge für Enthaltung. Der Bundestag beschließt die Ratifizierung des Moskauer und des Warschauer Vertrages. Am 3. Juni treten beide Verträge zusammen mit dem Berlin-Abkommen in Kraft.

19.5. Bombenanschlag auf das Hamburger Springer-Hochhaus. Der Anschlag wird der Baader-Meinhof-Gruppe zugeschrieben.

24.5. Bombenanschlag auf das europäische Hauptquartier der US-Armee in Heidelberg, drei Soldaten kommen ums Leben. Ein Kommando der RAF übernimmt die Verantwortung.

26.5. Die Staatssekretäre Egon Bahr und Michael Kohl unterzeichnen in Ost-Berlin einen Verkehrsvertrag zwischen der Bundesrepublik und der DDR.

JUNI

1.6. Die RAF-Terroristen Andreas Baader, Holger Meins und Jan

6. September 1972. Trauerfeier im Münchener Olympiastadion nach dem Attentat auf die israelische Mannschaft.

Carl Raspe werden nach einem längeren Schusswechsel mit der Polizei, bei dem Baader verletzt wird, in Frankfurt/Main festgenommen.
7.6. Die RAF-Terroristin Gudrun Ensslin wird in Hamburg verhaftet.
9.6. Der Bildhauer Rudolf Belling stirbt in Krailling (bei München).
13.6. Vierzehn deutsche Schriftsteller solidarisieren sich mit Heinrich Böll, der sich im Januar gegen eine Vorverurteilung der Baader-Meinhof-Gruppe in der Presse ausgesprochen hatte und daraufhin selbst ins Kreuzfeuer der Kritik geraten ist.
15.6. Die RAF-Terroristin Ulrike Meinhof wird in Hannover festgenommen.
18.6. Durch einen 3:0-Sieg über die Mannschaft der UdSSR in Brüssel wird das deutsche Team Fußball-Europameister.
23.6. Der Bundestag beschließt die Verkürzung der Wehrdienstzeit von 18 auf 15 Monate.
30.6.-8.10. Auf der documenta 5 in Kassel werden amerikanische realistische Künstler vorgestellt. Die Rolle des ersten alleinverantwortlichen künstlerischen Leiters einer documenta übernimmt der Schweizer Kunsthistoriker Harald Szeemann (geb. 1933).

JULI

7.7. Karl Schiller (SPD) tritt wegen Meinungsverschiedenheiten über die Währungs- und Finanzpolitik innerhalb des Bundeskabinetts als Wirtschafts- und Finanzminister zurück. Sein Nachfolger wird der bisherige Verteidigungsminister Helmut Schmidt (SPD).
Die Kultusministerkonferenz vereinbart die Neugestaltung der gymnasialen Oberstufe. An die Stelle der alten Oberstufe soll ein System von Grund- und Leistungskursen treten.
14.-28.7. Der Vorsitzende des Auswärtigen Ausschusses des Bundestages, Gerhard Schröder (CDU), reist als erster prominenter deutscher Politiker in die Volksrepublik China.

AUGUST

1.8. Im Rahmen der nordrhein-westfälischen Hochschulreformpolitik wird die Gesamthochschule Essen eingerichtet.
14.8. Beginn der deutsch-chinesischen Verhandlungen über die Aufnahme diplomatischer Beziehungen.
16.8. Die offiziellen Verhandlungen zu einem Vertrag über die Grundlagen der Beziehungen zwischen der Bundesrepublik und der DDR beginnen.
26.8.-11.9. Die XX. Olympischen Sommerspiele finden in München und Kiel statt.

SEPTEMBER

1.9. An der „Staatsgrenze West“ der DDR werden Schutzstreifen und Sperrzonen festgelegt.
Die Anwendung der Schusswaffe durch die DDR-Grenztruppen ist gemäß den Bestimmungen des Ministeriums für Nationale Verteidigung zulässig.
5./6.9. Mitglieder der arabischen Organisation „Schwarzer September“ verüben im Olympischen Dorf in München ein Attentat auf die israelische Olympiamannschaft. Bei dem Anschlag sowie bei dem polizeilichen Versuch, die von den Terroristen als Geiseln genommenen Israelis zu befreien, werden elf Israelis, ein deutscher Polizist und fünf Terroristen getötet.
13.9. Nach Mitteilungen von Bundesinnenminister Hans-Dietrich Genscher soll eine Spezialtruppe des Bundesgrenzschutzes (GSG 9) aufgestellt werden, um Terroranschläge, wie sie in München stattgefunden haben, begegnen zu können.
20.9. Bundeskanzler Willy Brandt stellt die Vertrauensfrage. Die Regierungsmitglieder enthalten sich der Stimme, so dass 233 Abgeordnete für und 248 gegen Brandt stimmen. Damit wird der Weg zu vorgezogenen Neuwahlen frei. Bundespräsident Heinemann löst noch am selben Tag den Bundestag auf.
26.9. Eröffnung des Deutschen Krebsforschungszentrums in Heidelberg durch Bundesgesundheitsministerin Käte Strobel.

OKTOBER

6.10. Im Vorfeld des deutsch-deutschen Grundlagenvertrages beschließt der Staatsrat der DDR eine „umfassende Amnestie für politische und kriminelle Straftäter“ und die Entlassung zahlreicher Häftlinge in die Bundesrepublik Deutschland.
10.10. Der Künstler und Professor an der Kunstakademie Düsseldorf, Joseph Beuys, wird fristlos entlassen. Beuys hatte mit 60 Studenten das Sekretariat besetzt, um die Immatrikulation einiger bisher nicht zugelassener Studenten durchzusetzen.
10.-14.10. Während des Besuchs von Bundesaußenminister Walter Scheel in der Volksrepublik China wird am 11.10. die Aufnahme diplomatischer Beziehungen vereinbart.
16.10. DDR-Bürgern, die vor dem 1. Januar 1972 die DDR verließen, wird die DDR-Staatsbürgerschaft aberkannt. Sie werden strafrechtlich nicht mehr verfolgt.
20.10. Die Ministerpräsidenten der Bundesländer unterzeichnen in Stuttgart einen Staatsvertrag über eine bundeseinheitliche Regelung des Hochschulzugangs. Das vorgesehene zentrale Zulassungsverfahren basiert im Wesentlichen auf den Abiturnoten.
27.10. Bundesfinanzminister Helmut Schmidt legt einen 15-Punkte-Katalog für eine gemeinsame europäische Stabilitätspolitik vor.
29.10. Arabische Terroristen entführen eine Lufthansa-Maschine mit 20 Insassen nach Libyen. Die an Bord befindlichen Passagiere und Besatzungsmitglieder werden gegen drei an dem Anschlag auf die israelische Olympiamannschaft beteiligte Attentäter, die sich in deutscher Haft befinden, ausgetauscht. In Israel kommt es daraufhin zu heftigen antideutschen Reaktionen.

NOVEMBER

16.11. Vertreter der Bundesrepublik Deutschland und Polens unterzeichnen in Genf ein Abkommen über die Entschädigung polnischer Staatsbürger, die in NS- Konzentrationslagern Opfer pseudomedizinischer Versuche wurden.
19.11. Bei den Bundestagswahlen wird die Sozialdemokratische Partei Deutschlands (SPD) erstmals stimmstärkste Partei.
30.11. Das bekannteste politische Kabarett in der Bundesrepublik, die Münchner Lach- und Schießgesellschaft, löst sich auf.

DEZEMBER

10.12. Heinrich Böll wird in Stockholm mit dem Literaturnobelpreis ausgezeichnet. Der Friedensnobelpreis wird in diesem Jahr nicht vergeben.
13.12. Konstituierung des neuen Bundestages. Mit Annemarie Renger wird erstmals eine Frau Bundestagspräsidentin.
14.12. Willy Brandt wird erneut Bundeskanzler einer SPD/F.D.P.-Koalition. Walter Scheel bleibt Vizekanzler und Außenminister.
21.12. Der Bundesminister Egon Bahr und der Staatssekretär der DDR, Michael Kohl unterzeichnen den Grundlagenvertrag: Darin wird die Anerkennung der Vier-Mächte-Verantwortung, die Unverletzlichkeit der Grenzen, die Beschränkung der Hoheitsgewalt auf das jeweilige Staatsgebiet, der Austausch „ständiger Vertreter“, die Beibehaltung des innerdeutschen Handels und der Antrag beider Staaten auf Aufnahme in die UNO festgeschrieben.

AUSSERDEM

Stefan Heym: Der König David Bericht (Roman)
Hermann Kant: Das Impressum (Roman)
Im Auftrag des „Club of Rome“, einem informellen Zusammenschluss von Wirtschaftsführern, Politikern und Wissenschaftlern aus 30 Ländern, erscheint das Buch „The limit to growth“ (Die Grenzen des Wachstums). Darin werden die weltzerstörerischen Folgen des bedingungslosen Fortschrittsglaubens angeprangert.
Erstmals werden in der Bundesrepublik übers Jahr mehr als 100 Drogentote gezählt. Die Zahl der heroinabhängigen Fixer wird auf 10.000 geschätzt.

Konstruktiver Misstrauensantrag vom Bundestag abgelehnt

Nach Artikel 67 GG hat der Bundestag die Möglichkeit, dem Bundeskanzler das Misstrauen auszusprechen. Allerdings ist damit die Verpflichtung verbunden, mit Mehrheit einen Nachfolger zu wählen – anders als in der Weimarer Republik, deren Verfassung den Sturz von Regierungen erlaubte, ohne dass sich die Abgeordneten vorher auf einen Nachfolger hätten einigen müssen. Dementsprechend selten, nämlich nur zweimal, kam es deswegen im Deutschen Bundestag zu einem solchen als „konstruktiv" bezeichneten Misstrauensvotum: Erfolgreich war das von 1982 gegen Bundeskanzler Schmidt (SPD), da die FDP die Koalition mit der SPD verließ und sich auf die Seite der CDU/CSU schlug. Das konstruktive Misstrauensvotum von 1972 hingegen drang nicht durch; bei dem Versuch der CDU/CSU (Kanzlerkandidat Barzel), die Regierung Brandt (SPD/FDP) abzulösen, verfehlte sie am 27. April 1972 die erforderliche Mehrheit um zwei Stimmen.

Die Bundestagsdebatte begann am 27. April 1972 mit der Begründung des konstruktiven Misstrauensantrags der CDU/CSU durch Altbundeskanzler Kurt-Georg Kiesinger. Kiesinger führte u.a. aus: „Die Fraktion der CDU/CSU hat nach Art. 67 des Grundgesetzes den Antrag gestellt: Der Bundestag wolle beschließen: Der Bundestag spricht Bundeskanzler Willy Brandt das Misstrauen aus und wählt als seinen Nachfolger den Abgeordneten Dr. Rainer Barzel zum Bundeskanzler der Bundesrepublik Deutschland. Der Bundespräsident wird ersucht, Bundeskanzler Willy Brandt zu entlassen. Ich habe die Ehre, diesen Antrag für meine Fraktion zu begründen. Meine Fraktion hat in ihrem einstimmigen Beschluss, der Ihnen bekannt ist, festgestellt, dass die Bundesregierung in den vergangenen zweieinhalb Jahren gesunde Staatsfinanzen zerrüttet, eine Finanzkrise in Bund, Ländern und Gemeinden herbeigeführt, unser Volk in Inflation verstrickt, die Soziale Marktwirtschaft, die Grundlage für soziale Freiheit und soziale Sicherheit, in ernste Gefahr gebracht hat. Dazu ist gestern das Notwendige gesagt worden. Unser Wille ist es, in aller Entschlossenheit eine solide Finanzpolitik wiederherzustellen, Stabilität und Wachstum unserer Volkswirtschaft zu sichern, die Arbeitsplätze langfristig zu sichern, um dadurch eine verantwortungsvolle Reformpo-

27. April 1972: Spannung im Bundestag. Rainer Barzel macht sich Hoffnung, nach Abstimmung über das konstruktive Misstrauensvotum den Platz des Bundeskanzlers auf der Regierungsbank einzunehmen. Die Union (links im Bild Werner Dollinger, Franz Joseph Strauß, Altbundeskanzler Kiesinger und Richard von Weizsäcker während der Stimmenauszählung) siegessicher: Rein rechnerisch müßte ihr Kandidat mit den abtrünnigen Abgeordneten der Koalition auf die benötigten 249 Stimmen kommen. Doch am Ende heißt es „246, 247, aus!" für Barzel, der anschließend Brandt die Hand zum Glückwunsch reicht (unten).

Nachdem Willy Brandt am 22. September 1972 „wunschgemäß" vom Bundestag das Misstrauen ausgesprochen wurde, konnte Bundespräsident Heinemann den Bundestag auflösen und für den 19. November Neuwahlen ansetzten.

In Bonn wurde am 8. November der Grundvertrag zwischen der Bundesrepublik und der DDR paraphiert. Die Zeremonie fand im Gobelin-Saal des Palais Schaumburg statt. Die Staatssekretäre Egon Bahr (Bundesrepublik) und Michael Kohl (DDR) setzten unter das Vertragswerk ihre Paraphe (ihr Namenszeichen, nicht ihre Unterschrift). Vorher war von beiden Seiten ein genauer Textvergleich der beiden Dokumente vorgenommen worden. Die Verhandlungen zwischen Bahr und Kohl über den Grundvertrag zur „Herstellung normaler, gutnachbarlicher Beziehungen zwischen der Bundesrepublik und der DDR, wie sie zwischen voneinander unabhängigen Staaten üblich sind", hatten am 15. Juni 1972 begonnen. Sie waren am 6. November mit einer fünfstündigen Sitzung in Ostberlin beendet worden. Die Regierungen in Bonn und Ostberlin überprüften den ausgehandelten Text und billigten ihn dann.

litik zu ermöglichen. All dies kann nur Erfolg haben auf der Grundlage der gesicherten inneren Freiheit und demokratischen Ordnung. Wir machen uns keine Illusionen über die Schwierigkeit dieser Aufgabe, nach allem, was in den vergangenen zweieinhalb Jahren unter Ihrer Regierung geschah und nicht geschah. Wir werden im Gegensatz zu Ihren Ankündigungen im Herbst des Jahres 1969 nichts versprechen, was wir nicht halten können; was wir aber versprechen, werden wir einlösen.

Sie haben sich auf den Willen der Wähler berufen, aber Ihre Politik konnte sich von Anfang an nicht auf die Mehrheit der deutschen Wähler stützen, denn Sie haben sofort nach den Bundestagswahlen – schon in Ihrer Regierungserklärung – und dann in zunehmendem Maße sich von dem abgewandt, was Sie auch Ihren eigenen Wählern versprochen haben.

Von der Anerkennung eines zweiten deutschen Staates bis zu dem nicht eingelösten Reformprogramm entfernte sich Ihr Weg immer weiter von jenen Aussagen im Bundestagswahlkampf des Jahres 1969. Dafür haben Sie bei den Landtagswahlen die Quittung erhalten, denn bei den meisten dieser Wahlen hat das Votum der Wähler die Position der Union erheblich gestärkt, während die der Koalitionsparteien im Vergleich zur Bundestagswahl geschwächt wurde. Dies ist auch in der letzten Wahl in Baden-Württemberg geschehen, die einen so großartigen Erfolg für die CDU erbracht hat, einen Erfolg, den Sie dadurch zu verhindern trachteten, dass Sie Ihre Ostpolitik zum beherrschenden Thema Ihres Wahlkampfes machten, wobei die Union in ungeheuerlicher Weise verdächtigt wurde, eine Politik des Friedens und der Verständigung zu sabotieren ...

Unsere Sorge, Herr Bundeskanzler, gilt aber nicht nur dem Versagen Ihrer Politik in den vergangenen zweieinhalb Jahren. Sie gilt vor allem auch bedenklichen Entwicklungen, die sich in der sozialdemokratischen Partei – und dies nach den Bezeugungen führender Sozialdemokraten – immer deutlicher abzeichnen. Nicht eine kleine Gruppe, sondern eine sich immer stärker durchsetzende Bewegung neomarxistischer, sozialistischer Ideologen in der sozialdemokratischen Partei versucht mit äußerster Entschlossenheit, ihr Programm einer sozialistischen Umgestaltung unserer gesellschaftlichen und staatlichen Ordnung, mit oder ohne Stimmzettel, zu verwirklichen. Hier hilft keine Verharmlosung, und wir kennen die großen Sorgen, die man sich in Ihren eigenen Reihen über diese gefährliche Entwicklung macht.

Wir, die Union, wollen kein sozialistisches Deutschland. Und bei voller Respektierung des souveränen Rechts der anderen Völker, ihre Politik nach ihrem Willen zu gestalten, wollen wir auch nicht, dass sich in unserem Lande der Ehrgeiz entwickelt, die Impulse für eine sozialistische Entwicklung Europas zu geben. Sie haben, Herr Bundeskanzler, in Ihrer gestrigen Rede gesagt, die Absage an die Tugend der Geduld werde die Union noch bedauern. Wir aber meinen: Hätten Sie, Herr Bundeskanzler, diese Tugend der Geduld geübt, nach innen wie nach außen, hätten Sie mit dieser Tugend der Geduld sich um eine Zusammenarbeit mit der Opposition, um eine solide Mehrheit für eine Politik des inneren und äußeren Friedens bemüht, statt eine so anspruchsvolle und gewagte Politik auf eine von Anfang an so geringe und brüchige Regierungsmehrheit zu gründen, so wäre Ihnen und uns dieser Tag erspart geblieben ..."

Bundeskanzler Willy Brandt führte u.a. aus: „Lassen Sie mich gleich ein Wort hinzufügen zu den zahlreichen Sympathiekundgebungen dieser Tage, für die ich mich herzlich zu bedanken habe. Ich habe gestern gesagt – und ich meine, dies sei verstanden worden –, worüber nur hier im Bundestag entschieden werden kann und was gleichwohl die Meinung der Bürger aus gegebenem Anlass bedeutet. Was ich nicht verstehen kann, ist, wenn man aus obrigkeitsstaatlicher Gesinnung von der Straße spricht oder wenn man, wie es in einer Parteiverlautbarung geschehen ist, den Frauen und Männern, die sich anders als nur vor dem Fernsehapparat zu ihrer Regierung bekennen – so stand es in einer Parteiverlautbarung; ich finde es eine Schande –, ein Bratkartoffelverhältnis zur Demokratie unterstellt ... Der Beschluss der CDU / CSU, die Regierung stürzen zu wollen, entspricht einer Möglichkeit, die die Verfassung bietet, und er ist sowohl machtpolitisch als auch psychologisch nicht schwer zu verstehen. Wenn Sie mir zum Letzteren ein Urteil erlauben: Dies ist der Versuch einer Flucht nach vorn, heraus aus der Unverantwortlichkeit eines sterilen Nein zu Schicksalsfragen unseres Volkes, aber mit dem Risiko des Hinein in eine Verantwortung, deren Bitterkeit Sie spüren würden. Denn Dr. Barzel und seine Freunde würden in diese Verantwortung ja nur gelangen, wenn ihnen das Ja von ein paar Mitgliedern dieses Hohen Hauses zufallen sollte, von denen man würde sagen können, sie hätte ihre Gewissenhaftigkeit bis zur Unkenntlichkeit strapaziert ... Ich unterstelle einmal, die Opposition hätte heute Erfolg. Das wäre auf jeden Fall – Herr Kollege Scheel hat schon darauf hingewiesen – so, wie die Dinge liegen, ein zweifelhaft legitimierter Erfolg. Und die Folge wäre natürlich ein harter Kampf, fair, aber glashart.

Nun, das ist eine theoretische Möglichkeit. Eigentlich könnte ich wünschen wollen, dass wir uns frei von der Regierungsverantwortung auf die nächsten Bundestagswahlen vorbereiten. Aber es hilft alles nichts; die Arbeit geht weiter. Und ich bin davon überzeugt: Wir werden nach der heutigen Abstimmung weiter regieren.

Willy Brandt stellt sich der Vertrauensabstimmung

Bundeskanzler Brandt stellte am 20. September 1972 im Bundestag die Vertrauensfrage gemäß Artikel 68 des Grundgesetzes. (In ihm ist festgelegt, dass der Bundespräsident den Bundestag auflösen kann, wenn dem Bundeskanzler nicht mit der Mehrheit der Mitglieder das Vertrauen ausgesprochen wird.) Mit der Vertrauensfrage sollte ein Ausweg aus der Patt-Situation gefunden werden, die im Bundestag durch den Übertritt von Abgeordneten der SPD/FDP-Koalition zur CDU/CSU-Opposition im Zusammenhang mit der Debatte über die Ost-Verträge entstanden war. Ein von der CDU/CSU eingebrachter Misstrauensantrag gegen Brandt hatte zwar am 27. April 1972 statt der erforderlichen 249 nur 247 Stimmen erhalten, aber schon am nächsten Tag war der Etat des Bundeskanzlers bei Stimmengleichheit (247 zu 247) abgelehnt worden. Die Parteien einigten sich schließlich auf Neuwahlen als Ausweg. Nach den komplizierten Vorschriften des Grundgesetzes musste der Bundeskanzler die Vertrauensfrage stellen und der Bundestag sie ablehnen. Die Abstimmung fand am 22. September statt. Das Vertrauen wurde mit 238 Ja- gegen 248 Nein-Stimmen bei einer Enthaltung abgelehnt; die Regierungsmitglieder beteiligten sich nicht an der Abstimmung. Der Bundespräsident konnte nun den Bundestag auflösen und Neuwahlen ansetzen.

Eine Mannschaft bei der alles stimmte, Europameister Deutschland 1972. Von links: Beckenbauer, Maier, Schwarzenbeck, Heynckes, Netzer, Wimmer, Müller, Höttges, E. Kremers, Breitner und Hoeness.

Sieg im Endspiel der Fußball-Europameisterschaft

18. Juni 1972 in Brüssel. Die deutsche Mannschaft schlägt in einem hinreißenden Finale das Team der Sowjetunion 3:0 und wird erstmals Europameister. Helmut Schön: „Das war wohl die spielerisch stärkste Mannschaft, die ich je betreut habe. Eine Sternstunde des deutschen Fußballs war der 3:1-Viertelfinalsieg über England fünf Wochen vorher.“

So war es abgelaufen. Der Reinfall bei der ersten Teilnahme hatte die Deutschen ganz besonders angestachelt. Das Los wollte es, dass auch bei der Europameisterschaft 1970/71 das „böse“ Albanien in der deutschen Qualifikationsgruppe steckte! Aber diesmal wurde der „Zwerg“ 1:0 und 2:0 besiegt (das 1:0 in Tirana erzielte Müller), gegen Polen spielten die Deutschen 0:0 und 3:1, gegen die Türken 1:1 und 3:0, und sie wurden klar vor Polen Gruppensieger. Aber das war noch nicht das Team, das später solche Glanztaten vollbrachte, „Wunderteam“ genannt wurde und als die vielleicht perfekteste deutsche Mannschaft, die es je gab, Europameister wurde. An dieser zweiten Europameisterschaft von 1970 bis 1972 nahmen 32 der 33 UEFA-Mitglieder teil, nur Island fehlte, und ins Viertelfinale kamen neben Deutschland noch Rumänien, Ungarn, England, UdSSR, Belgien, Italien und Jugoslawien. Der größte Viertelfinalknüller wurde die durch das Los bestimmte Auseinandersetzung zwischen Deutschland und England. Fünfmal seit 1909 hatte das DFB-Team auf englischem Boden verloren; aber nun begann der Siegeszug einer großen Mannschaft. England wurde am 29. April 1972 im Wembley-Stadion erstmals daheim von einer deutschen Mannschaft besiegt. Uli Hoeness, Günther Netzer durch Elfmeter und Gerd Müller schossen die Treffer zum 3:1-Sieg, der trotz des Fehlens der Verletzten Overath, Vogts und Weber glückte. Beim Rückspiel in Berlin (0:0) ging das deutsche Team auf Sicherheit.

Für die Endrunde der letzten Vier in Belgien hatten sich noch die UdSSR (gegen Jugoslawien), Ungarn (gegen Rumänien) und sensationellerweise die gastgebenden Belgier (gegen Italien) qualifiziert. Sie waren Deutschlands Gegner im Halbfinale und verloren vor 50.000 Zuschauern durch zwei Tore von Gerd Müller 1:2. Zweifacher Torschütze war Gerd Müller dann auch im denkwürdigen Endspiel gegen die UdSSR am 18. Juni 1972 in Brüssel. Tor Nummer drei steuerte Wimmer bei. Die Belgier wurden Dritte (2:1 über Ungarn). „Diese Elf ist ein Wunderteam“, wurde die deutsche Siegermannschaft damals von der internationalen Presse gelobt. Und es war zu lesen: „Diese Demonstration großartigen Fußballs war fast beleidigend für den Gegner.“ Oder: „Die Deutschen sind voller Ideen, voller Erfindungen. Kurzum, diese Mannschaft ist ein Wunderteam.“ Diese großartige Europameistermannschaft 1972 bestand aus Maier, Höttges, Schwarzen-

Dr. Hans-Jochen Vogel bei der Trauerfeier im Olympiastadion am 6. September 1972. Als Oberbürgermeister von München hatte er 1966 die Spiele nach München gebracht; zum Nutzen der Stadt, des Sports und um der Welt ein demokratisches Deutschland zu zeigen. Links im Bild, Vogels Nachfolger als Oberbürgermeister, Dr. Georg Kronawitter.

Erst 16 Jahre alt, gewinnt Ulrike Mayfarth ganz überraschend im Münchener Olympiastadion die Hochsprungkonkurrenz.

beck, Beckenbauer, Breitner, Hoeness, Netzer, Wimmer, Heynckes, Gerd Müller, Erwin Kremers. Man stellte gewagte Vergleiche an: Nur Brasilien könnte dieser deutschen Mannschaft in technischer Hinsicht derzeit Paroli bieten. Aber selbst die Brasilianer liefen Gefahr, von diesen starken Deutschen geschlagen zu werden. Helmut Schöns Team hat einen neuen Zeitabschnitt im Fußball eröffnet. Und tatsächlich wurde aus dem Erfolgsteam von 1972 sozusagen die Weltmeistermannschaft von 1974, die dann auch das Endspiel (gegen Holland) gewann. Die sechs Spieler des FC Bayern München, die schon in Belgien das Gerippe der Mannschaft gebildet hatten, waren dann auch die Stützen und Garanten für den Weltmeisterschafts-Triumph 1974: Sepp Maier, Franz Beckenbauer, Georg Schwarzenbeck, Paul Breitner, Uli Hoeness und Gerd Müller. Nur Günther Netzer fehlte zwei Jahre später bei der Weltmeisterschaft in München. Er stand bei der Europameisterschaft 1972 im Zenit seines Könnens, damals, als man von der perfekten Mannschaft „um Netzer und Beckenbauer“ sprach.

Olympia in München

Dreißig Jahre nach den Spielen von Berlin, die der NS-Staat zu einer aufwändigen Propaganda-Schau gemacht hatte, erhielt im April 1966 mit München erneut eine deutsche Stadt den Zuschlag zur Ausrichtung der Olympischen Sommerspiele. Das war möglich geworden, nachdem die Bundesrepublik den Widerstand gegen eine Vollmitgliedschaft der DDR im Internationalen Olympischen Komitee (IOC) aufgegeben hatte. Die Münchener Spiele sollten nach dem Willen der Veranstalter als die „heiteren“ in die Geschichte eingehen, doch gerade sie erhielten eine tragische Note: Am 10. Tag, dem 5. September, überfiel ein arabisches Terrorkommando „Schwarzer September“ die israelische Olympiamannschaft im Olympischen Dorf, tötete zwei Sportler, nahm neun als Geiseln und forderte die Freilassung von 200 in Israel inhaftierten „Mitkämpfern“. Ein Krisenstab unter Bundesinnenminister Genscher ging zum Schein auf die Forderungen ein, ließ die Terroristen mit ihren Geiseln per Hubschrauber nach Fürstenfeldbruck fliegen, wo die Sicherheitskräfte die Maschine zu stürmen versuchten. Alle Geiseln, fünf Araber und ein Polizist kamen beim Schusswechsel ums Leben, drei Terroristen wurden verhaftet. Die Spiele gingen nach einem Tag Pause und einer Trauerfeier weiter, weil man laut IOC-Chef Avery Brundage nicht zulassen dürfe, dass eine Handvoll Verbrecher die internationale Zusammenarbeit zerstöre. Sportlich war die Bundesrepublik mit 13 Goldmedaillen sehr erfolgreich, wurde aber von der DDR mit 20 ersten Plätzen noch übertroffen.

In einem Beitrag für eine zeitgenössische Publikation fasste Münchens Oberbürgermeister Hans-Jochen Vogel die Stimmung in der Stadt am Ende der Spiele zusammen:
Die Olympischen Spiele 1972 sind zu Ende. Eine Bilanz dieser Spiele zu ziehen, ist schwer, ja fast unmöglich, denn es gab zwei Spiele: die Spiele vor dem 5. September und die Spiele vom 7. September an. Dazwischen lagen der Überfall und die Katastrophe von Fürstenfeldbruck. Die Spiele vor dem 5. September waren die heiteren Spiele. Es waren die Spiele, auf die sich München sechs Jahre lang vorbereitet hatte. Und es waren unvergleichlich schöne Tage, die uns heute schon wie ein Traum anmuten. Die Kinder, deren Gruß einen der Höhepunkte der Eröffnungsfeier bildete, waren Münchner Kinder. Die Menschen, die zu Tausenden auf dem Schuttberg saßen und ihn in allen Farben leuchten ließen, waren ganz überwiegend Münchnerinnen und Münchner. Und es waren wiederum zum großen Teil Münchner, die an allen Tagen schon bei den Vorentscheidungen die Sportstätten fast bis zum letzten Platz füllten. Ein zu 85 Prozent ausverkauftes Gesamt-Kartenkontingent – das hatte es bisher noch in keiner Olympia-Stadt gegeben. Auch war der Olympiapark schon von seiner Eröffnung an ebenso ein Stück Münchner Landschaft wie Schwabing, die Ludwigstraße oder die Innenstadt. Münchner Lebensart und Daseinsfreude teilten sich so den Spielen und all ihren auswärtigen Teilnehmern und Gästen mit – in unaufdringlicher, aber durchaus wirksamer Weise.
Das war vorher. Nach der Katastrophe war alles ganz anders. Trauer, Schrecken und Enttäuschungen lagen wie ein grauer Schleier über der Stadt. Die Veranstaltungen liefen weiter, aber sie glichen den Rädern eines umgestürzten Festwagens, die sich noch eine Zeitlang drehen, bevor sie zum Stillstand kommen. Der Kontrast zum Jubel und zur Freude vorher war fast körperlich zu spüren. Es stand auch gar nicht mehr der Sport im Vordergrund, sondern die bittere Frage danach, ob die Geiseln wirklich sterben mussten, ob sie nicht doch hätten gerettet werden können. Auch die Schlussfeier konnte diese Kluft zwischen den beiden Spielen nicht mehr überbrücken. Was bleibt?
Ebenfalls ein Zwiespalt, nämlich die Erinnerung daran, dass Menschen zur selben Zeit und am selben Ort zu Schönheit, Harmonie und Frieden, aber auch zu Brutalität, Hass und nackter Gewalt fähig sind, die vorübergehend sogar verwirklichte Vision und die Realität, das Wollen und die Wirklichkeit.

Als Schlussläuferin der deutschen 4x100.m-Staffel geht Heide Rosendahl (links) nach einem spannenden Zweikampf mit Renate Stecher aus der DDR als erste durchs Ziel.

1973

JANUAR

1.1. Durch den Beitritt Dänemarks, Großbritanniens und Irlands wird die Europäische Gemeinschaft (EG) zur „Gemeinschaft der Neun" erweitert.

5.1.- 9.2. Weitere 17 Staaten, darunter auch Frankreich und Großbritannien nehmen diplomatische Beziehungen zur DDR auf.

8.1. Das 1. Programm der ARD sowie das 3. Programm der Sender NDR, BR und SFB beginnen mit der Ausstrahlung der amerikanischen Vorschul- und Kinderserie „Sesamstraße" in deutscher Sprache.

15.1. Das Deutsche Fernsehen strahlt den Film „Nicht der Homosexuelle ist pervers, sondern die Situation, in der er lebt" von Rosa von Praunheim aus. Noch ein Jahr zuvor war der umstrittene Film kurzfristig aus dem Programm genommen worden.

29.1. In der Bundesrepublik werden in die Ausbildung der Bundeswehrsoldaten künftig stärker Themen der politischen Bildung einbezogen.

FEBRUAR

3.2. Das „Aktuelle Sportstudio" im ZDF wird erstmals von einer Frau moderiert. Die Journalistin Carmen Thomas dringt damit in ein bislang von Männern besetztes Fernsehressort vor.

12.2. Nachdem die Deutsche Bundesbank innerhalb weniger Tage rund 5,8 Milliarden Dollar zur Stützung der US-Währung aufgenommen hat, lässt die Bundesregierung die Devisenmärkte schließen.

Als erste deutsche Bank eröffnet die Dresdner Bank eine Filiale in Moskau.

20.2. Die UdSSR und die DDR schließen erstmals ein zeitlich unbefristetes Rahmenabkommen über Erdöllieferungen der Sowjetunion an die DDR ab.

21.2. Joseph Beuys erzwingt gerichtlich die Fortführung seiner Professur an der Düsseldorfer Kunstakademie.

26.2. Der erste Senat des Berliner Kammergerichtes verurteilt den Juristen Horst Mahler wegen Teilnahme an schweren Raubüberfällen sowie der Gründung einer kriminellen Vereinigung, der sogenannten Rote Armee Fraktion (RAF), zu zwölf Jahren Freiheitsentzug.

MÄRZ

1.3. Der DDR-Ministerrat erlässt eine Verordnung über die Tätigkeit von Pressekorrespondenten aus anderen Staaten in der DDR. In der Folge werden die Korrespondenten von ARD und ZDF sowie von Zeitungen und Zeitschriften aus der Bundesrepublik in der DDR akkreditiert.

2.3. Basierend auf den Bestimmungen des Grundlagenvertrages unterzeichnet die DDR zahlreiche internationale Konventionen. Darunter sind unter anderem die Konvention zur Verhütung des Völkermordes und die Konvention zur Beseitigung aller Formen der Rassendiskriminierung.

28.3. Anlässlich der beabsichtigten Räumung eines besetzten Hauses in Frankfurt/Main kommt es zwischen der Polizei und Hausbesetzern zu schweren Straßenschlachten in der Innenstadt.

Nach ihren Siegen bei den Olympischen Spielen in München über 100 und 200 m durchbricht Renate Stecher als erste Frau die Schallmauer von 11 Sekunden. Am 7.6.1973 läuft sie in Ostrava die 100 m in 10,9 sec.

APRIL

2.4. Journalisten aus der Bundesrepublik und West-Berlin erhalten erstmals von der DDR sogenannte Pressekarten, die sie als Korrespondenten in der DDR legitimieren.

10.4. Ein Druckerstreik in der Bundesrepublik verhindert das Erscheinen beinahe aller Tageszeitungen. Der von der IG Druck und Papier organisierte Arbeitskampf soll den Setzern und Druckern eine Lohnerhöhung um mindestens 13% einbringen.

29.4. Der DEFA-Film „Die Legende von Paul und Paula" nach dem Roman von Ulrich Plenzdorf läuft in der DDR an. Der Erfolgsfilm ist eine Moritat über individuelle Glücksansprüche.

MAI

1.5. In Dortmund wird die „Zentralstelle für die Vergabe von Studienplätzen" (ZVS) eingerichtet.

2.5. Der Bundestag verabschiedet das Bundeswaldgesetz. Aufgrund des wirtschaftlichen Nutzens, der Bedeutung für die Umwelt und der Erholungsfunktion des Waldes wird er unter besonderen staatlichen Schutz gestellt.

8.5.-29.6. Um eine Lockerung der Haftbedingungen zu erreichen, treten inhaftierte RAF-Mitglieder in der Bundesrepublik in einen Hungerstreik.

9.5. Premiere des Theaterstückes „Die neuen Leiden des jungen W." von Ulrich Plenzdorf nach Johann Wolfgang von Goethes „Die Leiden des jungen Werthers" in West-Berlin.

11.5. Nach heftigen Debatten verabschiedet der Bundestag den Grundlagenvertrag mit der DDR und das Gesetz über den Beitritt der Bundesrepublik Deutschland zu den Vereinten Nationen.

12.5. In einem Kommuniqué betonen die DDR und die UdSSR ihr Festhalten am im Viermächteabkommen geregelten Status von West-Berlin, wonach „West-Berlin nicht zur Bundesrepublik Deutschland gehört und auch künftig nicht von ihr regiert wird".

18.-22.5. Der sowjetische Parteichef Leonid I. Breschnew besucht die Bundesrepublik Deutschland. Es ist der erste offizielle Besuch des sowjetischen Staatsmannes in der Bundesrepublik.

JUNI

1.6. Der frühere CDU-Abgeordnete Julius Steiner erklärt, beim Misstrauensvotum 1972 für Willy Brandt gestimmt zu haben. Daraufhin wird ein Untersuchungsausschuss des Bundestags eingesetzt, der klären soll, ob Korruption im Spiel war.

7.6. Bundeskanzler Willy Brandt trifft zu einem bis zum 11. Juni andauernden Staatsbesuch in Israel ein. Er ist der erste deutsche Bundeskanzler, der Israel einen offiziellen Besuch abstattet.

12.6. Der Ministerpräsident von Rheinland-Pfalz, Helmut Kohl, wird als Nachfolger des zurückgetretenen Rainer Barzel neuer CDU-Bundesvorsitzender.

14.6. Der Bundestag verabschiedet eine Novelle zum Ausbildungsförderungsgesetz. Künftig werden Berufsfachschüler ab der 11. Klasse und ausländische Auszubildende in die Förderung miteingeschlossen.

15.6. In Expertengesprächen zwischen der Bundesrepublik und der DDR wird in Anlehnung an den Grundlagenvertrag vereinbart, ab dem 5. Juli an allen Grenzübergängen, mit Ausnahme der Autobahnen, einen Pendelverkehr einzurichten. Ferner sollen drei Zugverbindungen über Helmstedt, Ludwigsstadt und Hof angelegt werden.

30.6. Das restaurierte Reichstagsgebäude in West-Berlin wird an den Deutschen Bundestag übergeben.

JULI

1.7. In der Bundesrepublik wird der zivile Ersatzdienst dem Wehrdienst gesetzlich gleichgestellt.

3.-8.7. Eröffnungssitzung der Konferenz über Sicherheit und Zusammenarbeit in Europa (KSZE) in Helsinki auf Außenministerebene.

5.7. Die Bundesrepublik und China schließen in Bonn ein Handelsabkommen.

9.7. Heinrich Böll, Günter Grass und zahlreiche bundesdeutsche Wissenschaftler protestieren öffentlich gegen Repressionen, denen Schriftsteller und Wissenschaftler in der Sowjetunion ausgesetzt sind.
31.7. Das Bundesverfassungsgericht in Karlsruhe entscheidet, dass der zwischen der Bundesrepublik und der DDR geschlossene Grundlagenvertrag mit dem Grundgesetz vereinbar ist.

AUGUST

1.8. Der frühere Staats- und Parteichef der DDR, Walter Ulbricht, stirbt im Alter von 80 Jahren in Ost-Berlin.

SEPTEMBER

1.9. Die zur Bekämpfung schwerster Gewaltstraftaten aufgestellte Spezialeinheit des Bundesgrenzschutzes, die Grenzschutzgruppe 9 (GSG 9), ist einsatzbereit.
18.9. Die Bundesrepublik Deutschland und die DDR werden in die Vereinten Nationen (UNO) aufgenommen. Der Verwaltungsrat der London School of Economics beruft den Wissenschaftler Ralf Dahrendorf als ersten Ausländer zum Direktor.
26.9. Willy Brandt spricht als erster deutscher Bundeskanzler vor der Generalversammlung der Vereinten Nationen in New York.
Die Bundesregierung verabschiedet ein Energieprogramm, um die Abhängigkeit der Bundesrepublik vom Erdöl zu mindern.

OKTOBER

1.10. Beginn der Erdgas-Lieferungen aus der Sowjetunion in die Bundesrepublik.
Die Bundeswehr-Hochschulen in München und Hamburg nehmen ihren Lehrbetrieb auf.
3.10. Die Volkskammer der DDR wählt Willi Stoph zum Vorsitzenden des Staatsrates und Horst Sindermann zum Vorsitzenden des Ministerrates.
17.10. Die Schriftstellerin Ingeborg Bachmann stirbt in Rom an den Folgen schwerer Brandverletzungen.
19.10. Die arabischen Erdölexportierenden Länder (OAPEC) erlassen ein Ölembargo gegen Staaten mit einer israelfreundlichen Haltung. Danach werden die USA und die Niederlande nicht mehr, andere westliche Länder wie die Bundesrepublik nur noch mit 75% der bisherigen Menge Rohöl beliefert.
24.10. Im Achtelfinale des Europapokals der Landesmeister trifft erstmals eine bundesdeutsche Fußballmannschaft auf ein DDR-Team. Bayern München gewinnt im heimischen Olympiastadion gegen Dynamo Dresden 4:3.
30.10. Zwölf NATO-Staaten, ohne Frankreich und Island, und sieben Länder des Warschauer Paktes nehmen in Wien die Gespräche zur beiderseitigen ausgewogenen Truppenreduzierung (Mutual Balanced Force Reductions/ MBFR) auf.

NOVEMBER

5.11. Die DDR verdoppelt den Mindestumtausch-Satz für Besucher Ost-Berlins auf 10 DM und der übrigen DDR auf 20 DM täglich.
9.11. Das Energiesicherungsgesetz soll die Energieversorgung der Bundesrepublik gewährleisten.
14.11. Gustav Heinemann gibt bekannt, dass er aus Altersgründen auf eine zweite Amtsperiode als Bundespräsident verzichtet.
15.-18.11. In West-Berlin findet das erste internationale „Frauen-film-Seminar" statt. Dabei werden „Dokumentar- und Zielgruppenfilme zur Situation der Frau" aus sechs Ländern gezeigt.
23.11. Die Bundesrepublik verhängt einen Anwerbestopp für Gastarbeiter, die nicht aus den EG-Ländern kommen. Begründet wird die Entscheidung mit den „Beschäftigungskrisen im Zusammenhang mit der Ölkrise".
25.11. Im Zuge des Energiesicherungsgesetzes tritt eine Verordnung über Fahrverbote an Sonntagen und über Geschwindigkeitsbegrenzungen in Kraft.
27.11. In der Bundesrepublik werden mit dem vierten Gesetz zur Reform des Strafrechts erstmals in der deutschen Rechtsgeschichte Schriften und andere Darstellungen zur Verherrlichung von Gewalt und zur Anstiftung des Rassenhasses einem Herstellungs- und Vertreibungsverbot unterworfen.

DEZEMBER

7.12. Der Film „Gelegenheitsarbeit einer Sklavin" von Alexander Kluge läuft in der Bundesrepublik an. Der Film beurteilt die Stellung der Frau in der Familie als Sklavenrolle.
11.12. Unterzeichnung des Prager Vertrags über die Normalisierung der wechselseitigen Beziehungen zwischen der Bundesrepublik und der Tschechoslowakei. Das Münchner Abkommen vom 29. September 1938 wird durch den Vertrag annulliert.
14.12. Die FDP nominiert Walter Scheel als Kandidaten für das Amt des Bundespräsidenten.

AUSSERDEM

Jurek Becker: Irreführung der Behörden (Roman)
Christoph Meckel: Bockshorn (Roman)
Die Bauarbeiten für den „Schnellen Brüter", ein Atomkraftwerk, das mit einem sogenannten Brutreaktor ausgerüstet werden soll, beginnen in Kalkar am Niederrhein.

Sein fröhlich geschmettertes „Hoch auf dem gelben Wagen" brachte Bundesaußenminister Walter Scheel sogar auf die ersten Plätze der Hitparade.

Walter Ulbricht

* Leipzig, 30. Juni 1893
† Berlin (Ost), 1. August 1973

In Leipzig geboren, wurde der gelernte Möbeltischler 1920 hauptamtlicher Funktionär der KPD und vertrat von 1928 bis 1933 seine Partei im deutschen Reichstag. Ulbricht, der sich flexibel den jeweils herrschenden Strömungen in der Partei anzupassen verstand, war von 1929 bis 1933 Leiter des KPD-Bezirks Berlin-Brandenburg und damit direkter Gegenspieler Goebbels', des Berliner Gauleiters der NSDAP, mit dem er trotz zahlreicher Straßenschlachten beim Berliner Verkehrsarbeiterstreik (Nov. 1932) gemeinsame Sache machte. Das bewahrte ihn 1933 nicht vor Verfolgung und zwang ihn zur Emigration, zunächst nach Frankreich und 1937 in die Sowjetunion. Im Krieg agitierte Ulbricht in Gefangenenlagern gegen Hitler und war beteiligt am Aufbau des Nationalkomitees „Freies Deutschland".
Am 30. April 1945 kehrte er an der Spitze der Gruppe Ulbricht nach Berlin zurück, um die Verwaltung und politische Ausrichtung der sowjetischen Besatzungszone zu organisieren. Ulbricht leitete die Fusion von SPD und KPD zur SED ein. Diese führte er von 1950 bis 1971 und war damit zwei Jahrzehnte lang der mächtigste Mann der neugebildeten DDR. Er überstand den mutigen Volksaufstand des 17. Juni 1953 ebenso wie die Entstalinisierung und erreichte mit dem Mauerbau in Berlin am 13. August 1961 ein Ende der Massenabwanderung in den Westen. Die so stabilisierte DDR koppelte er dabei von der deutschen Geschichte ab, indem er die „kapitalistische" Bundesrepublik zum Alleinerben der nationalsozialistischen Schuld ernannte, ihren politischen Alleinvertretungsanspruch gleichwohl vehement ablehnte. 1971 von Honecker als Erstem Sekretär und 1967 vom Generalsekretär des ZK der SED abgelöst, blieb Ulbricht bis zu seinem Tod Staatsratsvorsitzender der DDR.

Vor der Aufnahme ihrer Staaten in die UNO begrüßen sich am 18. Spetember 1973 die Außenminister der DDR Otto Winzer (links) und der Bundesrepublik Walter Scheel.

Walter Ulbricht.

Stoph wird Vorsitzender des DDR-Staatsrates

Der Vorsitzende des Ministerrates der DDR (Ministerpräsident) Willi Stoph wurde am 3. Oktober 1973 auf der 10. Tagung der Volkskammer zum Vorsitzenden des Staatsrates der DDR gewählt. Als Staatsratsvorsitzender trat Stoph damit die Nachfolge des am 1. August gestorbenen Walter Ulbricht an. Allerdings war die Machtfülle dieses Amtes schon zu Lebzeiten Ulbrichts eingeschränkt worden. Auch war das oberste Staatsamt von dem des Parteivorsitzenden (im April 1971 hatte Erich Honecker Ulbricht abgelöst) getrennt worden. Stoph gehört seit 1950 zur Führungsgarnitur der SED. In die DDR-Regierung trat er 1952 als Innenminister ein, wurde 1956 erster Verteidigungsminister der DDR und Generaloberst der Nationalen Volksarmee. Nach dem Tode Grotewohls wurde Stoph im September 1964 Ministerpräsident. In seine Amtszeit fielen die ersten deutsch-deutschen Kontakte. Mit Bundeskanzler Brandt traf er 1970 in Erfurt und in Kassel zusammen. Nach den Volkskammerwahlen im Oktober 1976 kam es in der DDR zu einem überraschenden Umbau der Partei- und Regierungsspitze. Parteichef Honecker wurde zum Vorsitzenden des Staatsrates gewählt, wodurch die höchsten Staats- und Parteiämter wieder in eine Hand gelangten. Stoph wurde wieder Vorsitzender des Ministerrates, also Ministerpräsident.

DDR und Bundesrepublik Deutschland als Vollmitglieder der Vereinten Nationen

Am 18. September 1973 wurden die DDR als 133. Staat und die Bundesrepublik als 134. Staat Vollmitglieder der Vereinten Nationen. Das „Archiv der Gegenwart" dokumentiert die Vorgänge:
Am 12 Juni 1973 übergab der Ständige Beobachter der DDR bei den UN, Botschafter Horst Grunert, dem UN-Generalsekretär Dr. Kurt Waldheim drei Dokumente betreffend den Antrag der DDR auf Mitgliedschaft in der UNO:
1. einen Brief des Ministerpräsidenten Willi Stoph, in dem es heißt: „Im Namen des Ministerrates der DDR stelle ich den Antrag, die DDR als Mitglied in die Organisation der UN aufzunehmen. Entsprechend der Regel 58 der Verfahrensordnung des Sicherheitsrates übermittle ich Ihnen gleichzeitig die im Zusammenhang mit der Aufnahme erforderliche Erklärung."
2. folgende Verpflichtungserklärung mit der Unterschrift Stophs: „Im Namen des Ministerrates der DDR erkläre ich feierlich, dass die DDR bereit ist, die Pflichten, die sich aus der Charta der Vereinten Nationen ergeben, zu übernehmen und gewissenhaft zu erfüllen."
3. ein erläuterndes Schreiben von Außenminister Otto Winzer, in dem es u.a. heißt: „Der Ministerrat der DDR lässt sich bei diesem Schritt von der Überzeugung leiten, dass die Aufnahme der DDR in die Organisation der UN zur Stärkung der europäischen und internationalen Sicherheit beiträgt und die weltweite internationale Zusammenarbeit auf der Grundlage des Prinzips der souveränen Gleichheit der Staaten fördert. Er begrüßt es, dass die Regierungen der UdSSR, der USA, Großbritanniens und Frankreichs in einer gemeinsamen Erklärung vom 9. November 1972 vereinbart haben, die Anträge der DDR und der BRD auf Mitgliedschaft in der Organisation der UN zu unterstützen. Die DDR ist sich dessen bewusst, dass die Organisation der UN im Ergebnis des opferreichen Kampfes der Völker der Anti-Hitler-Koalition gegen den deutschen Faschismus und seine Verbündeten im Zweiten Weltkrieg entstanden ist. Das erstrangige Ziel ihrer Charta ist es, neue Aggressionen auszuschließen und die Menschheit vor der Geißel des Krieges zu bewahren. Die DDR ist gewillt und dank ihrer inneren Entwicklung auch in der Lage, zur Erreichung dieser hohen Zielsetzung beizutragen. Sie wird als Mitglied der Organisation der UN für die Erfüllung ihrer Mission des Friedens und der Förderung des wirtschaftlichen und sozialen Fortschritts aller Völker rückhaltlos eintreten."
Der Beobachter der BRD bei den UN, Botschafter Dr. Walter Gehlhoff, überreichte laut Bundesanzeiger am 15. Juni dem UN-Generalsekretär Dr. Kurt Waldheim den Antrag der BRD auf Mitgliedschaft in den UN. Der Antrag besteht aus einem Antragschreiben (Anlage 1), aus einer Beitrittsurkunde zu der UNO- Charta (Anlage 2) sowie aus einem Schreiben der Bundesregierung an den UN-Generalsekretär „zur Vertretung der Interessen Berlin (West) in den Vereinten Nationen" (Anlage 3). Die drei Anlagen haben folgenden Wortlaut:
Anlage 1: „Schreiben des Bundesaußenministers an den Generalsekretär der Vereinten Nationen (Bonn, den 13. Juni 1973): Herr Generalsekretär, ich beehre mich, Ihnen mitzuteilen, dass die Regierung der Bundesrepublik Deutschland hiermit die Aufnahme der Bundesrepublik Deutschland in die Vereinten Nationen beantragt. Nach Regel 58 der vorläufigen Geschäftsordnung des Sicherheitsrates beehre ich mich, eine nach Maßgabe jener Regel abgegebene Erklärung beizufügen. Ich wäre Ihnen dankbar, wenn Sie dem Sicherheitsrat diesen Aufnahmeantrag sobald wie möglich vorlegten. – Walter Scheel."
Anlage 2: „Beitrittsurkunde der Bundesrepublik Deutschland zu der Charta der Vereinten Nationen. Nachdem die in San Fransisco am 26. Juni 1945 aufgelegte Charta der Vereinten Nationen, deren Wortlaut als Anlage beigefügt ist, in gehöriger Gesetzesform die verfassungsmäßige Zustimmung gefunden hat, erkläre ich, dass die Bundesrepublik Deutschland die in der Charta der Vereinten Nationen enthaltenen Verpflichtungen annimmt und sich feierlich verpflichtet, sie zu erfüllen (Bonn, den 12. Juni 1973). – Der Bundespräsident Heinemann. Der Bundesminister des Auswärtigen Scheel." Anlage 3: „Schreiben der Bundesregierung an den VN-Generalsekretär zur Vertretung der Interessen Berlins (West) in den Vereinten Nationen (Bonn, den 13. Juni 1973). Herr Generalsekretär, im Zusammenhang mit dem heute eingereichten Antrag auf Mitgliedschaft der Bundesrepublik Deutschland in die Vereinten Nationen beehre ich mich hinsichtlich der Geltung der Charta der Vereinten Nationen für Berlin (West) zu erklären, dass, außer in Fragen der Sicherheit und des Status und in Übereinstimmung mit der dem Senat mit Schreiben DKC-L (73) 1 der Alliierten Kommandantur vom 13. April 1973 erteilten Genehmigung, die Bundesrepublik Deutschland von dem Tag an, an dem sie als Mitglied in die Vereinten Nationen aufgenommen wird, die Rechte und Pflichten aus der Charta der Vereinten Nationen auch für Berlin (West) übernimmt und die Interessen von Berlin (West) in den Vereinten Nationen und ihren Unterorganisationen vertreten wird. Ich beehre mich, um die Zirkulierung dieses Schreibens als offizielles Dokument der Vereinten Nationen zu ersuchen. – Walter Scheel."
Der UN-Sicherheitsrat empfahl der UN-Vollversammlung laut UPI am 22. Juni ohne formale Abstimmung die Aufnahme beider deutscher Staaten in die UN.

Im Herbst 1973 wurde die deutsche Nordseeküste von fünf schweren Sturmfluten heimgesucht. Doch die nach der Flutkatastrophe von 1962 eingerichteten Hochwassersicherheitsbauten hielten stand. Dennoch kam es in einigen Ortschaften und im Hamburger Hafen zu Überschwemmungen, die einen erheblichen Schaden verursachten.

1974

JANUAR

1.1. Einführung des Autokennzeichens „DDR" statt „D".
In der Bundesrepublik wird die Preisbindung für Markenartikel aufgehoben. Die Hersteller gehen ab sofort zu unverbindlichen Preisempfehlungen über.
9.1. Die Bundesregierung beschließt das „Rahmenprogramm Energieforschung" zur besseren und sparsameren Verwendung von Energie.
10.1. In Ost-Berlin wählt der Zentralrat der „Freien Deutschen Jugend" (FDJ) Egon Krenz zum neuen Vorsitzenden.
18.1. Der Bundestag verabschiedet das Bundesimmissionsschutzgesetz, das das Kernstück der Umweltschutzgesetzgebung darstellt. Das Gesetz ermöglicht die Erhebung umweltschützender Auflagen für Industrie- und Gewerbebetriebe, Heizwerke und Müllverbrennungsanlagen sowie für Baumaschinen und Fahrzeuge.
28.1. In der ARD wird die erste Folge der Fernsehserie „Ein Herz und eine Seele" von Wolfgang Menge ausgestrahlt. Die Serie persifliert die sonst häufig im Fernsehen dargestellte Familienidylle.

FEBRUAR

6.2. Bund und Länder beschließen ein Sofortprogramm für Gebiete mit besonderen Strukturproblemen.
8.2. Das Bundesministerium für Jugend, Familie und Gesundheit gibt in Bonn seinen Plan zur Einrichtung von 50 staatlichen Familienplanungs- und Sexualberatungsstellen bekannt.
12./13.2. Die Sowjetunion erkennt dem Schriftsteller und Literaturnobelpreisträger Alexander I. Solschenizyn die Staatsbürgerschaft ab und weist ihn aus. Die ersten Tage nach der Ausweisung verbringt Solschenizyn bei dem Schriftsteller Heinrich Böll in Köln.
13.2. In der Bundesrepublik werden die Löhne und Gehälter im öffentlichen Dienst um 11% erhöht.
14.2. Der deutsche Rockmusiker Udo Lindenberg (geb. 1946) feiert während seiner ersten Tournee mit dem „Panik Orchester" große Konzerterfolge.
22.2. Uraufführung der Komödie „Lysistrate und die NATO" von Rolf Hochhuth. In der Neufassung der Komödie „Lysistrata" von Aristophanes verweigern sich die Frauen ihren Männern, um den Bau eines NATO-Stützpunktes zu verhindern.

MÄRZ

4.3. In Köln wird das neue Römisch-Germanische Museum eröffnet.
5.3. Premiere des Films „Angst essen Seele auf" von Rainer Werner Fassbinder. Das Melodrama beschreibt die ungewöhnliche Liebe zwischen einer 60jährigen Putzfrau und einem jungen Marokkaner, die am gesellschaftlichen Umfeld scheitert.
14.3. Der stellvertretende Außenminister der DDR, Kurt Nier, und der bundesdeutsche Staatssekretär der Bundesrepublik Günter Gaus unterzeichnen in Bonn das Protokoll über die Errichtung „Ständiger Vertretungen".
22.3. In der Bundesrepublik wird die Volljährigkeit von 21 auf 18 Jahre herabgesetzt und die Ehemündigkeit der Frauen von 16 auf 18 Jahre heraufgesetzt. Die sieben Anrainerstaaten der Ostsee unterzeichnen in Helsinki/Finnland ein Abkommen zum Schutz der Meeresumwelt.

Der Kaiser und der Pokal, Fußballweltmeisterschaft 1974.

27.3. In Bonn legt der im März 1973 eingesetzte Untersuchungsausschuss des Bundestages seinen Bericht zur Bestechungsaffäre um den CDU-Abgeordneten Julius Steiner vor, der angeblich 1972 von dem damaligen SPD-Fraktionsgeschäftsführer Karl Wienand gegen eine Zahlung dazu veranlasst wurde beim Konstruktiven Misstrauensvotum der CDU/CSU für Bundeskanzler Brandt zu stimmen. Jedoch lassen sich für die gegen Wienand erhobenen Vorwürfe keine ausreichenden Beweise finden.

APRIL

4.4. In der Bundesrepublik wird eine Monopolkommission zur Begutachtung von Unternehmenskonzentrationen geschaffen.
19.-24.4. Staatsbesuch von Bundeskanzler Willy Brandt in Algerien und Ägypten. Es ist der erste offizielle Besuch eines Bundeskanzlers in den beiden arabischen Ländern.
24.4. Der persönlich Referent von Bundeskanzler Brandt, Günter Guillaume, wird unter dem Verdacht der Spionage für die DDR festgenommen.
26.4. Gründung eines Wissenschaftlichen Rates für Umweltfragen unter Leitung von Prof. Dr. Hans Mottek an der Akademie der Wissenschaften der DDR in Ost-Berlin.

MAI

1.5. Um Verstöße gegen die Straßenverkehrsordnung besser kontrollieren zu können, beginnt das Kraftfahrtbundesamt in Flensburg, in der „Verkehrssünderkartei" Strafpunkte aufzuzeichnen.
2.5. Die jeweiligen „Ständigen Vertretungen" beider deutscher Staaten nehmen in Bonn und Ost-Berlin die Arbeit auf.
6.5. Bundeskanzler Willy Brandt tritt im Verlauf der Agentenaffäre um den DDR-Spion Günter Guillaume überraschend zurück. In seinem Rücktrittsschreiben erklärt Brandt, er übernehme damit die Verantwortung „für Fahrlässigkeiten" im Zusammenhang mit der Affäre und betont, dass ein

Kanzler nicht „erpressbar" sein dürfe.
8.5. Der „Deutsche Sportbund" (DSB) der Bundesrepublik und der „Deutsche Turn- und Sportbund" (DTSB) der DDR schließen ein Sportabkommen, in dem 33 Veranstaltungen vereinbart werden.
15.5. Walter Scheel wird als Nachfolger von Gustav Heinemann von der Bundesversammlung im 1. Wahlgang mit 530 Stimmen bei 5 Stimmenthaltungen zum Bundespräsidenten gewählt. Auf den Kandidaten der CDU/CSU, Richard von Weizsäcker, entfallen 498 Stimmen.
16.5. Der Deutsche Bundestag wählt Helmut Schmidt zum Bundeskanzler. Die sozial-liberale Koalition wird fortgesetzt. Neuer Vizekanzler wird Hans-Dietrich Genscher.

JUNI

6.6. Der Bundestag setzt einen parlamentarischen Untersuchungsausschuss zum Fall Guillaume ein.
13.6.-7.7. In der Bundesrepublik Deutschland findet die X. Fußballweltmeisterschaft statt.
18.6. Der Bundestag beschließt einstimmig eine umfassende Reform des Lebensmittelrechtes, das die Verbraucher vor Täuschungen und gesundheitlichen Schäden schützen soll. So darf unter anderem für Tabakwaren künftig keine Rundfunk- und TV-Werbung betrieben werden.
21.6. Die am 5. Juni durch den Bundestag beschlossene sogenannte Fristenlösung für den Schwangerschaftsabbruch wird durch eine einstweilige Verfügung des Bundesverfassungsgerichts ausgesetzt.
26.6. Das Bundesaufsichtsamt für Kreditwesen in West-Berlin entzieht dem privaten Kölner Bankhaus Iwan D. Herstatt die Erlaubnis zur Fortführung des Bankgeschäftes. Hohe Verluste im Devisenterminhandel und betrügerische Aktivitäten leitender Angestellter hatten zur größten Bankenpleite seit der Weltwirtschaftskrise 1929 beigetragen. Der Zusammenbruch der Bank und der damit verbundene Vertrauensschwund seitens der Sparer in private Kreditinstitute zieht weitere Bankhäuser der Bundesrepublik in Mitleidenschaft.

JULI

7.7. Die Fußballmannschaft der Bundesrepublik Deutschland wird durch einen 2:1-Sieg über die Niederlande in München Fußballweltmeister.
17.7. Der Iran erwirbt 25,04% des Grundkapitals der Bochumer Tochtergesellschaft Krupp Hüttenwerke AG.
25.7. Nach erneuter Abstimmung mit den westlichen Alliierten tritt das Gesetz über das Umweltbundesamt in West-Berlin in Kraft. Das Umweltbundesamt hat die Aufgabe, sich vorwiegend mit wissenschaftlichen und organisatorischen Fragen des Umweltschutzes auseinander zusetzen.
26.7. Etwa 35.000 Sparer erhalten nach dem Zusammenbruch der Herstatt-Bank ihr Geld aus dem von deutschen Banken in Höhe von 130 Milliarden DM angelegten „Feuerwehrfonds" zurück.
29.7. Der Schriftsteller Erich Kästner stirbt in München.

AUGUST

5.8. Der Bundestag verabschiedet das Einkommenssteuerreformgesetz, das den Familienlastenausgleich und die Sparförderung regelt.
21.8. Die Genfer Abrüstungskonferenz beschließt die Erweiterung ihres Teilnehmerkreises auf 31 Länder. Neue Mitglieder werden zum 1. Januar 1975 die Bundesrepublik Deutschland, die DDR, Peru, Zaire und der Iran.

SEPTEMBER

5.9. Abschluss des Erdgaslieferungsvertrages zwischen der Bundesrepublik und der Sowjetunion. Der Vertrag sieht sowjetische Lieferungen bis zum Jahr 2000 vor.
13.9. RAF-Häftlinge in verschiedenen Haftanstalten der Bundesrepublik treten aus Protest gegen die Haftbedingungen in den Hungerstreik.
14.9. Die Staatsbank der DDR beginnt mit der Herausgabe neuer Banknoten, die die Währungsbezeichnung „Mark der DDR" anstatt der alten Bezeichnung „Mark der Deutschen Notenbank" tragen.
25.9. Auf Initiative der deutschen Präsidentengattin Mildred Scheel konstituiert sich in Bonn der Verein der „Deutschen Krebshilfe".
27.9. Die Volkskammer beschließt eine Änderung der DDR-Verfassung; danach wird der Begriff „deutsche Nation" aus dem Text getilgt.

OKTOBER

1.10. Hans-Dietrich Genscher wird auf dem Bundesparteitag in Hamburg als Nachfolger von Walter Scheel zum neuen F.D.P.-Vorsitzenden gewählt.
2.10. Zwischen der Bundesrepublik und der Sowjetunion wird ein Liefervertrag für Schwerlastkraftwagen in Höhe von einer Milliarde DM an die Sowjetunion unterzeichnet.
14.10. Der schwedische Möbelkonzern Ikea eröffnet in Eching bei München seine erste Geschäftsniederlassung in der Bundesrepublik.
15.10. Die im Kunstverein Frankfurt/Main startende Wanderausstellung „Kunst im Nationalsozialismus" durchbricht die „Berührungsangst" im Umgang mit der Kunst der NS-Zeit.
26.10. Der im Vorjahr verdoppelte Mindestumtausch für Besucher Ost-Berlins beziehungsweise der DDR wird auf 6,50 DM beziehungsweise 13 DM gesenkt.

NOVEMBER

9.11. Holger Meins, einer der RAF-Häftlinge, stirbt an den Folgen seines seit September andauernden Hungerstreiks. Daraufhin kommt es in mehreren bundesdeutschen Städten zu Protestdemonstrationen und Anschlägen.
10.11. In West-Berlin wird der Kammergerichtspräsident Günter von Drenkmann ermordet. Die Polizei verdächtigt die Untergrundorganisation „Bewegung 2. Juni" der Täterschaft.
17.11. Die katholischen Bischöfe in der DDR wenden sich in einem Hirtenbrief gegen das staatliche Erziehungsmonopol.
22.11. Die DDR-Nachrichtenagentur „Allgemeiner deutscher Nachrichtendienst" (ADN) und die „Deutsche Presse-Agentur" (dpa) der Bundesrepublik unterschreiben einen Vertrag über den Austausch von Nachrichten.
29.11. Horst Mahler und Ulrike Meinhof werden in West-Berlin wegen Mordversuchs bei der Baader-Befreiung zu 14 beziehungsweise 8 Jahren Freiheitsstrafe verurteilt.

DEZEMBER

4.12. Der französische Schriftsteller und Philosoph Jean Paul Sartre besucht Andreas Baader im Gefängnis Stuttgart-Stammheim und kritisiert die dortigen Haftbedingungen.
5.12. Der Bundestag stellt der Bundesregierung einstimmig eine fünfjährige „Blankovollmacht" für Gegenmaßnahmen im Fall einer neuen Energiekrise aus.
9.12. Die DDR gibt offiziell die Befreiung der Rentner vom verbindlichen Mindestumtausch bei Einreise in die DDR und Ost-Berlin bekannt. Die Regelung tritt am 20.12.1974 in Kraft.
11.12. Abschluss des Abkommens über den Transport West-Berliner Hausmülls in die DDR.
12.12. Der Bundestag verabschiedet das neue Hochschulrahmengesetz. Es zielt vor allem auf eine Studienreform mit Regelstudienzeiten und auf die Neuordnung des Hochschulzugangs ab. Einer der zentralen Punkte ist die Mitbestimmung in den entscheidungsbefugten Selbstverwaltungsgremien der Hochschulen.
26.12. In Hamburg wird der neue Elbtunnel eröffnet.

AUSSERDEM

Heinrich Böll: Die verlorene Ehre der Katharina Blum oder: Wie Gewalt entstehen und wohin sie führen kann (Erzählung)
Stefan Heym: 5 Tage im Juni (Roman)
Christa Wolf: Unter den Linden. Drei unwahrscheinliche Geschichten (Erzählungen)

Guillaume-Affäre

Dem DDR-Geheimdienst gelang es immer wieder, Agenten in hohe und höchste Positionen in der Bundesrepublik zu schleusen. Prominentester Fall wurde 1974 der des Günter Guillaume (1927-1995), des persönlichen Referenten von Bundeskanzler Brandt. Der Top-Agent hatte sich über Jahre ins Machtzentrum vorgearbeitet und den Kanzler auf Dienst- und oft auch auf Privatreisen begleitet, ehe Guillaume und seine Ehefrau Christel, Angestellte beim Beauftragten des Landes Hessen in Bonn, in der Nacht vom 23./24. April 1974 verhaftet wurden. Der Verdacht gegen sie bestätigte sich, der von Wahlniederlagen seiner Partei auf Länderebene angeschlagene Kanzler übernahm die politische Verantwortung für „Fahrlässigkeiten" im Zusammenhang mit der Affäre und trat am 6. Mai 1974 zurück. Die Guillaumes wurden Ende 1975 wegen Landesverrats zu langjährigen Haftstrafen verurteilt, 1981 begnadigt und in die DDR abgeschoben. Die DDR hatte mit dem Fall Guillaume der Entspannungspolitik und Brandts Ostpolitik empfindlich geschadet.

Die Lücken in der Spionageabwehr der Bundesrepublik, die es Günter Guillaume ermöglichten, in der Umgebung des Kanzlers Fuß zu fassen, beleuchtet eine zeitgenössische Dokumentation:

Das Presse- und Informationsamt der Bundesregierung veröffentlichte am 7. Mai Material für die Presse zur Einstellung von Günter Guillaume in das Bundeskanzleramt. In der Dokumentation wird zunächst über die Zuständigkeit und Verfahrensfragen bei der Sicherheitsüberprüfung berichtet. Zur Einstellung Guillaumes ins Bundeskanzleramt wird sodann festgestellt, dass beabsichtigt war, Guillaume am 1. Januar 1970 einzustellen und in der wirtschaftspolitischen Abteilung zu verwenden. Daher habe der Sicherheitsreferent mit Schreiben vom 3. 12. 1969 am selben Tage dem Bundesamt für Verfassungsschutz (BfV) und zusätzlich der Sicherungsgruppe des Bundeskriminalamts (SG) und dem Bundesnachrichtendienst (BND) die erforderlichen Unterlagen mit der Bitte um baldige Karteiüberprüfung und Mitteilung des Ergebnisses übersandt. Als Ergebnis der einfachen Karteiüberprüfung habe der Karteiführer des BfV am 11. 12. 1969 fernmündlich mitgeteilt, es lägen keine Erkenntnisse vor. Die SG habe auf die Anfrage etwa am 15. 12. 1969 ein Fernschreiben des Polizeipräsidenten in Berlin vom selben Tage übersandt, in dem es hieß, dass Guillaume vor seiner Flucht in die BRD beim Ostberliner Verlag „Volk und Wissen" beschäftigt gewesen sei und der Agententätigkeit in Berlin (West) und der BRD verdächtigt werde. Der BND habe auf die Anfrage am 17. 12. 1969 eine Meldung übersandt, in der es hieß: „Nach einer auf ihren Wahrheitsgehalt hin nicht mehr überprüfbaren Karteinotierung vom April 1954 soll Günter Guillaume, geb. 1. 2. 27 in Berlin, damals wohnhaft Lehnitz, Florastraße 6, im Auftrag des Verlages „Volk und Wissen" die BRD mit dem Zweck bereist haben, um Verbindungen zu Verlagen, Druckereien und Personen herzustellen und diese dann östlich zu infiltrieren. Keine weiteren Erkenntnisse."

Aufgrund dieser Erkenntnisse sei der vorgesehene Dienstantritt Guillaumes am 1. 1. 1970 unterblieben. Ministerialdirektor Dr. Herbert Ehrenberg, als Leiter der Abteilung, für die Guillaume vorgesehen war, habe den damaligen Chef des Bundeskanzleramtes Bundesminister Prof. Dr. Horst Ehmke über die von ihm eingeleitete. „Geheim"-Überprüfung und das Ergebnis der einfachen Karteiüberprüfung unterrichtet. Ehmke habe die getroffenen Maßnahmen gebilligt und angeordnet, der Präsident des BND Gerhard Wessel solle das Hintergrundwissen und Näheres über die Zuverlässigkeit der Quelle der vorstehend zitierten Meldung des BND vortragen. Der Präsident des BND habe mit Fernschreiben vom 23. 12. 1969 geantwortet: „1. Quelle ist zuverlässig, war zu der Zeit im selben Verlag und hatte entsprechende Einblicksmöglichkeiten. 2. Mein Votum: a) Guillaume gezielt fragen, ob die Behauptung stimme. Seine Reaktion wird vielleicht entsprechende Rückschlüsse zulassen. Er kann z.B. den Auftrag nur zum Schein angenommen haben, oder er kann alles zugeben und das Recht auf Irrtum in Anspruch nehmen. b) Wichtig wird Prüfung des Lebenslaufes von Guillaume nach 1954 sein; hier nicht bekannt. c) Verwendung im BK ist auf jeden Fall herausgehoben. Ich schlage Prüfung der Verwendung in einer anderen Behörde vor. d) Die BND-Meldung von 1954 gibt allein keinen ausreichenden Grund für etwaige Benachteiligung, zwingt aber zur eingehenden Hintergrundüberprüfung durch den Verfassungsschutz. gez. Wessel."

Hiervon habe Ehmke den damaligen Staatssekretär im Bundeskanzleramt Bahr unterrichtet. Dieser habe sich am 30. 12. 1969 ebenfalls für ein Gespräch zwischen Ehmke und Guillaume ausgesprochen; selbst

Neujahrsempfang bei Bundespräsident Gustav Heinemann mit Willy Brandt und Walter Scheel, den Partnern der 1. sozialliberalen Koalition am 22. Januar 1974 in der Villa Hammerschmidt. Zu diesem Zeitpunkt schien die Welt in Bonn noch in Ordnung, Brandt war auf dem Zenit seines politischen Lebens angelangt. Scheel in der „Welt am Sonntag" vom 11. Oktober 1973: „Er hatte ein blendendes Ergebnis seiner Regierungsarbeit vorzuweisen. In der Innen- und Rechtspolitik waren große Reformen in Gang gekommen ... In der Außenpolitik war das Erfolgsregister lang..."

wenn Ehmke von Guillaume einen positiven Eindruck habe, bleibe er ein Sicherheitsrisiko. Ehmke habe entschieden, Guillaume zu hören. Am 7. 1. 1970 habe die Anhörung stattgefunden; daran haben Ministerialdirektor Dr. Ehrenberg und der Sicherheitsreferent teilgenommen. Ehmke habe Guillaume vorgehalten, aufgrund der Angaben durch zwei Quellen bestehe der Verdacht, dass er während seiner Tätigkeit von 1951-1955 als Redakteur des Verlags „Volk und Wissen" nachrichtendienstlich gegen die Bundesrepublik tätig gewesen und zur Erfüllung von Aufträgen östlicher Dienststellen nach Berlin (West) und in die BRD gereist sei. Über die Anhörung sei ein Vermerk in Gegenwart Guillaumes diktiert und von diesem unterschrieben worden, in dem es u.a. hieß, Guillaume könne nur mit allem Nachdruck erklären, dass er nie nachrichtendienstlich tätig gewesen sei und auch während seines Wirkens für den Verlag „Volk und Wissen" eine solche Tätigkeit nicht ausgeübt habe. Richtig sei, dass er damals etwa zweimal in die BRD gereist sei und auch mehrmals West-Berlin besucht habe. Die Reisen seien erfolgt, weil er sich mit der Absicht getragen habe, in die BRD überzusiedeln.

Günter Guillaume, Spion im Dienst der DDR, hatte als persönlicher Referent des Bundeskanzlers Einblick in die Entscheidungsstrukturen der Regierung. Nach Guillaumes Verhaftung am 24. April 1974, die erst elf Monate nach seiner Enttarnung durch den Bundesnachrichtendienst angeordnet worden war, übernahm Brandt die „politische Verantwortung für Fahrlässigkeiten im Zusammenhang mit der Agentenaffäre" und trat am 7. Mai zurück.

Auf Aufforderung Ehmkes habe Guillaume am 12. 1. 1970 dem Sicherheitsreferenten noch eine ergänzende Stellungnahme abgegeben, in der er über seine Tätigkeit in der DDR Angaben machte. Am 13. 1. 1970 habe der damalige Leiter der für Sicherheitsüberprüfungen zuständigen Abteilung des BfV beim Mitarbeiter des Sicherheitsreferenten einen Vermerk vom selben Tage mit all den vorstehend angeführten Texten abgeholt. Diese Unterlagen habe die Geheimschutzabteilung des BfV in die Ermittlungen einbezogen, habe die vorgeschriebene, einfache Karteiüberprüfung eingeleitet und sich an das Landesamt für Verfassungsschutz in Berlin und an das Gesamtdeutsche Institut gewandt, das die Unterlagen des früheren Untersuchungsausschusses Freiheitlicher Juristen besitzt; sie habe die Abteilung Linksradikalismus des BfV gebeten, Auskunftspersonen ausfindig zu machen, die den Überprüften aus der Zeit seines Aufenthaltes in der DDR kennen und beurteilen könnten.

Auf Ersuchen Ehmkes habe Bundesminister Georg Leber, der Guillaume empfohlen hatte, am 22. 1. 1970 in einem Schreiben dessen Zuverlässigkeit und Vertrauenswürdigkeit bestätigt. Diese Auskunft sei den Sicherheitsakten beigefügt worden. Am 27. 1. 1970 habe ein Beamter des BfV dem Sicherheitsreferenten ein Schreiben des BfV vom 26. 1. 1970 mit dem Ergebnis der umfassenden Karteiüberprüfung überbracht. Darin habe es geheißen, dass die Überprüfung keine Erkenntnisse erbracht habe, die einer Ermächtigung Guillaumes zum Umgang mit Verschlusssachen bis „Geheim" entgegenstehen. Die Befragung der angegebenen Referenzen habe keine Anhaltspunkte für eine nachrichtendienstliche Bestätigung Guillaumes und darüber hinaus keinerlei charakterliche Sicherheitsrisiken erbracht. Da Guillaume bei Reisen in Ostblockstaaten einer besonderen Gefährdung durch Kontaktversuche kommunistischer Nachrichtendienste ausgesetzt würde, solle man Guillaume eine Reiseverzichtserklärung unterzeichnen lassen. Bei einer Unterredung vom 27. 1. 1970 zwischen dem Sicherheitsreferenten Ministerialdirigent Schlichter und dem Beamten des BfV Dr. Otto sei gemäß einem Aktenvermerk Schlichter mitgeteilt worden, dass die Möglichkeit bestehe, geflüchtete Personen ausfindig zu machen, die in den Jahren 1949 bis 1954 beim Verlag „Volk und Wissen" gearbeitet haben.

Sie könnten noch zusätzlich über das politische Verhalten von Guillaume in der DDR gefragt werden. Schlichter habe aufgrund dieser Aktennotiz gebeten, vorerst von einer solchen Befragung Abstand zu nehmen. Sollten jedoch Erkenntnisse politischer Art über Guillaume anfallen, dann müssten derartige Befragungen noch zusätzlich durchgeführt und das Ergebnis dem Bundeskanzleramt mitgeteilt werden. Vorerst sehe er die Überprüfung als abgeschlossen an. Schlichter habe nachträglich erklärt, dass dieser Aktenvermerk mit ihm nicht abgestimmt worden sei. Er habe bei der Unterredung tatsächlich erklärt, dass die Suche nach weiteren Auskunftspersonen fortgesetzt werden sollte; etwa gewonnene negative Erkenntnisse politischer Art über Guillaume sollten ihm sofort mitgeteilt werden. Die Abteilung Linksradikalismus des BfV habe auch tatsächlich am 2. 3. 1970 der Abteilung Geheimschutz berichtet, mehrere Versuche, ehemalige Bewohner der Straße in Berlin, in der Guillaume gewohnt hatte, zu befragen, seien ergebnislos verlaufen. Der Sicherheitsreferent habe

Die deutsche Nationalelf vor dem WM-Finale 1974 im Münchener Olympiastadion (von links): Franz Beckenbauer, Sepp Maier, Georg Schwarzenbeck, Rainer Bonhof, Bernd Hölzenbein, Jürgen Grabowski, Gerd Müller, Wolfgang Overath, Berti Vogts, Paul Breitner und Uli Hoeneß.

Ehmke vom vorerwähnten Schreiben des BfV vom 26. 1. 1970 unterrichtet und am folgenden Tage mit Ehmkes Einverständnis dem Personalreferenten schriftlich mitgeteilt, dass die durchgeführte Karteiüberprüfung keine Erkenntnisse erbracht habe, die der beabsichtigten Beschäftigung Guillaumes im Bundeskanzleramt entgegenstünden.
Guillaume habe am 28. 1. 1970 seinen Dienst angetreten. Am 12. 5. 1970 sei er zum Umgang mit Verschlusssachen bis zum Geheimhaltungsgrad „Geheim" ermächtigt worden. Mit Schreiben vom 8. 9. 1970 habe das BfV den Abschluss einer neuerlichen Überprüfung bekanntgegeben und mitgeteilt, dass gegen eine Ermächtigung Guillaumes zum Umgang mit Verschlussachen bis einschließlich „streng Geheim" keine Bedenken erhoben würden. Seitens des Personalrats seien nur Bedenken wegen nicht genügender Qualifikation Guillaumes, da er kein abgeschlossenes Hochschulstudium absolviert hatte, gegen seine Einstellung erhoben worden, die aber vom Chef des Bundeskanzleramtes zurückgewiesen wurden. Die FAZ schrieb in einem Kommentar zu dieser Dokumentation des Bundespresseamtes, die sie als lückenhaft bezeichnete, u.a.: „Insgesamt ergeben sich mindestens zwei wesentliche Versäumnisse des Bundeskanzleramts: Es hat entgegen dem Ratschlag des Präsidenten des Bundesnachrichtendienstes bei der Sicherheitsüberprüfung Guillaumes nicht auf eingehender Hintergrundüberprüfung bestanden – ganz zu schweigen von der Missachtung des Ratschlags, ihn in einer anderen Behörde zu verwenden und seinen unklaren Lebenslauf sorgfältig zu überprüfen. Außerdem ist die mündliche Anregung des Bundesamtes für Verfassungsschutz missachtet worden, dass ehemalige Mitarbeiter des Ostberliner Verlages „Volk und Wissen" in der Bundesrepublik befragt werden sollten. Beide Versäumnisse zusammen genommen erwecken den Eindruck von Nachlässigkeit und Eile und zeigen das Bestreben, die Sicherheitsüberprüfung Guillaumes rasch abzuschließen."
Laut Magazin „Der Spiegel" habe der Chef des Bundesamtes für Verfassungsschutz Günter Nollau sich am 29. Mai 1973 bei seinem Dienstvorgesetzten, dem Bundesinnenminister Genscher, melden lassen und habe Verdachtsmomente gegen Guillaume geäußert. Diese Verdachtsmomente seien von Genscher und Nollau Bundeskanzler Brandt vorgetragen worden. Über dieses entscheidende Gespräch hätten aber Kanzler, Innenminister und Abwehrchef nachträglich völlig unterschiedlich geurteilt: Nollau erinnert sich: „Die Indizien waren dermaßen überwältigend, dass ich wusste: Das muss man dem Kanzler sagen." – Genscher will einen mehr als vagen Verdacht gehabt haben, der aber keinesfalls ausreichte, einen dringenden Tatverdacht zu begründen. – Der Kanzler schließlich weiß heute noch genau, der Vortrag der Herren Genscher und Nollau sei ziemlich vage gewesen, er habe ihn deshalb nicht recht ernstnehmen können.
Er verstand nur die Formel: „Da könne unter Umständen etwas sein." Ans Phantastische grenze es aber laut „Spiegel", dass Nollau, obwohl er Guillaume schon für nahezu überführt hielt, dem Kanzler geraten habe, Guillaume weiter an seiner Seite zu lassen, um noch fehlendes Beweismaterial gegen Guillaume zu finden und Abschöpfquellen von Guillaume im Kanzleramt auszumachen.
Erst am 26. Februar 1974, also knapp 2 Monate vor Guillaumes Verhaftung, sei Brandt laut „Der Stern" von Nollau und Genscher über die volle Tragweite des Falles unterrichtet worden.
Am 8. Mai hieß es in einem Korrespondentenbericht von Neues Deutschland aus Bonn: „Man ist sich hier durchaus darüber im Klaren, dass die Regierung Brandt an den inneren Widersprüchen gescheitert ist, die in der BRD während der letzten Monate immer schärfer hervorgetreten sind. Die Krisenerschei-

Nach seinem 1:0 Siegtreffer gegen die BRD dreht Jürgen Sparwasser jubelnd ab. Berti Vogts und Sepp Maier sind geschlagen. Die DDR hat das einzige „innerdeutsche" Duell verdient gewonnen.

nungen, über die man täglich auf den ersten Seiten der Zeitungen lesen kann, werden von der Masse der Bevölkerung als schwere Last empfunden. Beobachter in der BRD-Hauptstadt sind sich darüber einig, dass dies und nicht die zu einem Riesenballon aufgeblasene Spionageangelegenheit im Bundeskanzleramt der Grund zum Rücktritt Brandts war. Die Spionageangelegenheit wird allgemein als Vorwand gewertet ..."

Das Tor zum WM-Sieg: Gerd Müller drehte sich wie immer schneller als sein Gegner reagieren konnte, und der Ball streicht zum 2:1 gegen Holland ins Netz.

Deutschland Fußballweltmeister

Mit Spannung wurde das Endspiel der beiden mitteleuropäischen Nachbarn erwartet. Die Holländer hatten in der Vor- und Zwischenrunde so gut gespielt, dass es keinen eigentlichen Favoriten gab. Nun aber war es soweit, der Tag der Entscheidung gekommen. Die Holländer hatten Anstoß, den ihr Weltklassestürmer Cruyff ausführte. Der Ball wurde ein bisschen im Mittelfeld hin und her geschoben, dann startete Cruyff zu einem unwiderstehlichen Sprint, ließ Vogts stehen und konnte erst dicht an der Strafraumgrenze durch ein Foul von Uli Hoeneß gebremst werden. Schiedsrichter Taylor sah das Foul im 16-Meter-Raum und pfiff sofort Elfmeter. Welch ein Schock für die deutsche Mannschaft! Neeskens lief an und donnerte den Ball in gewohnter Weise unhaltbar zum 1:0 für die Holländer ins Netz. 4. Minute: Berti Vogts handelte sich eine gelbe Karte ein, als er den holländischen Starstürmer Cruyff mit einem Foul bremste. 15. Minute: Mit dem 1:0-Vorsprung im Rücken kontrollierten die Holländer in der ersten Viertelstunde klar das Spiel. 19. Minute: Das erste Foul von Rijsbergen an Gerd Müller führte zwar zu einem Freistoß, aber Bonhof konnte kein Kapital daraus schlagen. 25. Minute: Nachdem Bernd Hölzenbein in halblinker Position zwei Holländer hatte aussteigen lassen und zehn Meter vor dem Tor von Jansen gefoult wurde, war der nächste Elfmeter fällig. Wer von den deutschen Spielern sollte jetzt diese schwere Verantwortung übernehmen? Der junge Paul Breitner schien die Nerven zu haben, legte sich den Ball ganz ruhig hin und schickte den holländischen Torhüter in die falsche Ecke. Platziert und sicher wurde der Elfmeter zum Ausgleich verwandelt. Jetzt herrschte eine Riesenstimmung im Münchener Olympiastadion. 29. Minute: Begeistert angefeuert, ging die deutsche Mannschaft jetzt immer mehr zur Offensive über. Torhüter Jongbloed konnte in letzter Sekunde einen Schuss von Berti Vogts halten. 35. Minute: Nach einem Foul an Grabowski hatte die deutsche Mannschaft dicht an der Strafraumgrenze einen Freistoß, den Beckenbauer raffiniert über die holländische Mauer hob. Torhüter Jongbloed konnte jedoch parieren. Auf der Gegenseite eine Glanztat von Torhüter Sepp Maier, als Rechtsaußen Rep allein auf ihn zustürmte, er jedoch geschickt den Winkel verkürzte. 39. Minute: Jetzt erhielt auch der Holländer Neeskens die gelbe Karte. 43. Minute: Rainer Bonhof setzte sich am rechten Flügel energisch durch und flankte flach in die Mitte, wo Gerd Müller sich acht Meter vor dem Tor den Ball angelte und durch zwei holländische Abwehrspieler hindurch auf die lange Ecke zielte. Der Ball war keineswegs hart geschossen, aber platziert genug, so dass Torhüter Jongbloed nicht mehr an das Leder herankommen konnte. Ein einziger Aufschrei und Jubelsturm ging durch das Stadion. Die deutsche Mannschaft führte kurz vor der Halbzeit mit 2:1. 45. Minute: Johann Cruyff, der Weltstar der Holländer, erhielt nach dem Halbzeitpfiff von Schiedsrichter Taylor wegen Meckerns die gelbe Karte.
48. Minute: Nach einem angeschnittenen Hoeneß-Eckball köpfte Bonhof nur knapp am holländischen Tor vorbei Das hätte das 3:1 und damit eine Vorentscheidung sein können.
51. Minute: Viel Glück für die deutsche Mannschaft, als Breitner auf der Linie für den bereits geschlagenen Maier mit dem Kopf rettete. 52. Minute: Diesmal konnte Maier mit einer Glanzparade einen Kopfball von van Hanegem abwehren. Die deutsche Mannschaft stand in diesen Minuten stark unter Druck, war sogar minutenlang am und im eigenen Strafraum eingeschnürt. 60. Minute: Der Druck der holländischen Mannschaft war so stark, dass man jede Minute mit dem Ausgleichstreffer rechnen musste. Zum Glück standen jedoch Maier, Beckenbauer, Breitner und Vogts hervorragend in der Abwehr und blockten immer wieder die holländischen Stürmer ab. Kaum einmal kam die deutsche Mannschaft dazu, Luft zu holen und erst recht nicht zu eigenen gefährlichen Angriffen. 73. Minute: Nach wie vor ein holländisches Powerplay! Die deutsche Abwehr wackelte, aber sie fiel nicht. 75. Minute: Auch die holländischen Stars zeigten Nerven, denn Rechtsaußen Rep scheiterte wieder einmal völlig allein vor Sepp Maier. 83. Minute: Noch einmal hatte Hoeneß bei einem Entlastungsangriff das dritte deutsche Tor auf dem Fuß, aber Torhüter Jongbloed war rechtzeitig herausgekommen und um Bruchteile einer Sekunde eher am Ball als der Münchener. 84. Minute: Bereits der nächste deutsche Konter hätte eine Entscheidung bringen können, als Hölzenbein klar im Strafraum gefoult wurde, aber Schiedsrichter Taylor ließ diesmal weiterspielen. 85. Minute: Neeskens verfehlte nur um Millimeter mit einem knallharten Schuss das deutsche Tor.
90. Minute: Noch einige verzweifelte Angriffe der Holländer, die jedoch wie schon die ganze zweite Halbzeit an der deutschen Deckung mit dem überragenden Beckenbauer scheiterte. Aber auch diese Minuten überstand die deutsche Mannschaft, und dann kam der lang ersehnte Schlusspfiff.
Nach 1954 war Deutschland zum zweiten Mal Fußball-Weltmeister geworden. Während die 11 Spieler im Olympiastadion von den Zuschauern gefeiert wurden und Beckenbauer schließlich als Kapitän den Weltpokal für seine Mannschaft erhielt, braute sich bereits der Krach im DFB zusammen. Bei den Vorbereitungen für die Siegesfeier waren die Frauen der Spieler glatt übersehen worden, obwohl gerade sie wochenlang auf ihre Ehemänner und Freunde verzichten mussten. Spieler wie Gerd Müller ließen sich so etwas nicht gefallen, und so kam es zum Missklang, der schließlich dazu führte, dass der Münchener Torjäger auf dem Höhepunkt seiner Laufbahn seine Karriere als Nationalspieler beendete – ein herber Schock, über den man sich erst später richtig klar werden sollte. Da zudem Grabowski und Overath mit diesem Finale ihre internationale Karriere beendeten, stand bereits frühzeitig fest, dass wieder einmal ein Neuaufbau erforderlich war.

1975

JANUAR

1.1. In der Bundesrepublik wird das Volljährigkeitsalter von 21 auf 18 Jahre herabgesetzt.
In den drei West-Berliner Bezirken Kreuzberg, Tiergarten und Wedding verhängt der Senat der Stadt ein Zuzugsverbot für Ausländer, da diese Bezirke als „ausländerüberlastet" gelten.
11.1. Die rheinland-pfälzische F.D.P. erklärt sich als erster Landesverband für eine Regierungsbildung mit der CDU bereit.
16.1. Der CSU-Vorsitzende Franz-Josef Strauß wird als erster Politiker der Bundesrepublik von Mao Tse-tung empfangen.
18.1. Nach zwölfjähriger Unterbrechung nimmt die Bundesrepublik die diplomatischen Beziehungen zu Kuba wieder auf.
20.1. Der Ministerrat der Europäischen Gemeinschaft beschließt, in West-Berlin ein Europäisches Zentrum für Berufsausbildung zu errichten.
22.1. Die Bundesrepublik und die Tschechoslowakei schließen ein Abkommen über wirtschaftliche, industrielle und technische Zusammenarbeit.
Bundeskanzler Helmut Schmidt und Frankreichs Staatspräsident Valéry Giscard d'Estaing weihen den deutsch-französischen Fernsehsatelliten „Symphonie" ein.
30.1. Uraufführung des Theaterstückes „Die Schlacht. Szenen aus Deutschland" von Heiner Müller an der Volksbühne in Ost-Berlin. Das Stück führt in fünf Szenen Situationen aus der Zeit des Nationalsozialismus vor. Die Premiere in der Bundesrepublik findet am 14. November im Deutschen Schauspielhaus in Hamburg statt.
31.1. Eine neue Kindergeldregelung in der Bundesrepublik erweitert den Kreis der anspruchsberechtigten Kinder ausländischer Herkunft.

FEBRUAR

5.2. Die RAF-Häftlinge, die sich seit fast fünf Monaten im Hungerstreik befinden, brechen den Hungerstreik ab, obwohl das Ziel der Aktion, die Aufhebung der Isolationshaft, nicht erreicht worden ist.
19.2. Die Leitung der Kasseler documenta gibt bekannt, dass die Kunstschau aus organisatorischen Gründen um ein Jahr auf 1977 verschoben wird.
25.2. Die vom Bundestag beschlossene Reform des Paragraphen 218, die sogenannte Fristenlösung, wird vom Bundesverfassungsgericht für verfassungswidrig erklärt. Danach bleibt vorerst die alte Fassung des Paragraphen bestehen. Die Bundesregierung reagiert mit der Vorlage eines Indikationsmodells, das Abtreibungen aus medizinischen, eugenischen, ethischen und sozialen Gründen zulassen soll.
27.2. Der Vorsitzende der West-Berliner CDU, Peter Lorenz, wird von Terroristen der „Bewegung 2. Juni" entführt, die inhaftierte Gesinnungsgenossen freipressen wollen.

MÄRZ

4.3. Aus Protest gegen das Urteil des Bundesverfassungsgerichts zum Abtreibungsparagraphen verübt die Gruppe „Frauen der Revolutionären Zelle" einen Bombenanschlag auf das Gerichtsgebäude in Karlsruhe. Personen kommen nicht zu Schaden.
5.3. Der von Terroristen entführte CDU-Politiker Peter Lorenz wird freigelassen, nachdem die Forderungen seiner Entführer erfüllt wurden. So hat die Bundesregierung unter anderem am 3. März fünf inhaftierte Mitglieder der „Bewegung 2. Juni" in die Volksrepublik Jemen ausfliegen lassen.
25.3. In Ost-Berlin unterzeichnen Österreich und die DDR einen Konsularvertrag, in dem Österreich als erstes westliches Land die Existenz einer eigenen DDR-Staatsbürgerschaft anerkennt.

APRIL

14.4. Vertreter der DDR und der Essener Firma Krupp unterzeichnen in Ost-Berlin eine Rahmenvereinbarung über wissenschaftlich-technische Zusammenarbeit.
15.4. Das Kernkraftwerk Biblis am Rhein, die weltweit größte Anlage dieser Art, nimmt den Betrieb auf.
23.4. Die Festveranstaltung zum 150jährigen Bestehen des Börsenvereins des Deutschen Buchhandels findet in Leipzig ohne Vertreter der Bundesrepublik statt.
24.4. Die deutsche Botschaft in Stockholm wird durch Terroristen des „Kommando Holger Meins" überfallen. Mit der Aktion soll die Freilassung von 26 Häftlingen der Rote Armee Fraktion erpresst werden. Die Bundesregierung verweigert die Erfüllung der Forderungen. Kurz darauf werden zwei Mitglieder der Auslandsvertretung getötet. Die restlichen Geiseln können von der Polizei befreit und die Terroristen festgenommen werden.

MAI

6.5. Die DDR erteilt erstmals westlichen Banken die Genehmigung, in Ost-Berlin Filialen zu eröffnen.
8.5. Die Bundesregierung beschließt, das Bundeskriminalamt um eine Abteilung „Terrorismus" zu erweitern.
21.5. In Stuttgart-Stammheim wird der Prozess gegen die führenden Mitglieder der Baader- Meinhof-Gruppe Ulrike Meinhof, Andreas Baader, Jan Carl Raspe und Gudrun Ensslin eröffnet.

JUNI

11.6. Die Bundesrepublik und die Sowjetunion vereinbaren die Einrichtung von Touristik-Büros.
19.6. Der rheinland-pfälzische Ministerpräsident und CDU-Vorsitzende Helmut Kohl wird zum Kanzlerkandidaten der Union nominiert.
Die Volkskammer verabschiedet ein neues Zivilgesetzbuch, das noch geltende Bestimmungen des alten Bürgerlichen Gesetzbuches (BGB) in der DDR ersetzt. Außerdem wird beschlossen, die Wahlperioden der Volkskammer und der Bezirkstage von vier auf fünf Jahre zu verlängern.
23.-25.6. Auf dem Bundesparteitag der CDU in Mannheim wird die sogenannte „Mannheimer Erklärung" zur „Neuen Sozialen Frage" beschlossen. Danach will sich die Partei verstärkt der Menschen annehmen, die nicht in einer Interessensvertretung organisiert sind, wie alte Menschen, Mütter und Behinderte.
27.-29.6. In Bochum findet der erste Ausländerkongress der Bundesrepublik statt. Themen des Kongresses sind unter anderem Rechtsstellung, Bildungschancen und Wohnsituation der Gastarbeiter und ihrer Familien in Deutschland.

JULI

8.-12.7. Als erster israelischer Regierungschef besucht Ministerpräsident Yitzhak Rabin die Bundesrepublik Deutschland und West-Berlin.
10.7. Frankreich tritt wieder in den Europäischen Währungsverbund ein, aus dem es 1974 aufgrund der Energiekrise ausgetreten war.
25.7. Die bisherige Handhabung des Extremistenbeschlusses über die Beschäftigung von Mitgliedern links- und rechtsextremer Gruppierungen im öffentlichen Dienst wird durch das Bundesverfassungsgericht sanktioniert.

AUGUST

1.8. Nach zweijährigen Verhandlungen in Genf und Helsinki wird die KSZE-Schlussakte (Konferenz über Sicherheit und Zusammenarbeit in Europa) unterzeichnet. Am Rande der KSZE finden Gespräche zwischen Bundeskanzler Helmut Schmidt und DDR-Staats- und Parteichef Erich Honecker statt.
19.8. Fast drei Monate nach Beginn des Baader-Meinhof-Prozesses wird die Anklageschrift verlesen. Den führenden Köpfen der Gruppe werden vierfacher Mord und 54facher Mordversuch, Sprengstoffanschläge sowie die Bildung einer kriminellen Vereinigung zur Last gelegt.
20.8. Der Vorsitzende der jüdischen Gemeinde in West-Berlin, Heinz Galinski, entgeht unverletzt

einem Sprengstoffanschlag, zu dem sich die Rote Armee Fraktion in einem Schreiben einige Tage später bekennt. Galinski sei „ein Agent des Zionisten-Regimes, das täglich tonnenweise Bomben über palästinensischen Lagern abwirft".

SEPTEMBER

2.9. Am Württembergischen Staatstheater wird das Drama „Bekannte Gesichter, gemischte Gefühle" von Botho Strauß uraufgeführt. Es kontrastiert das normale Alltagsgeschehen in einem Hotel mit einer Traumsequenz, die die sogenannte heile Welt zeigt.
3.9. Der in Bochum tagende Kongress für Industrie-Archäologie spricht sich für die Erhaltung technischer Denkmäler aus.
9.9. In West-Berlin nimmt die Polizei drei Personen fest, die in Verdacht stehen, an der Entführung von Peter Lorenz beteiligt gewesen zu sein. Der Politiker identifiziert zwei der Festgenommenen als seine Kidnapper.
17.9. Der Bundestag debattiert über das Steuer- und Sparprogramm der Regierung. Bundeskanzler Helmut Schmidt bezeichnet die aktuelle Wirtschaftskrise dabei als Teil einer weltweiten Rezession. Der Ministerpräsident von Rheinland-Pfalz Helmut Kohl (CDU) hingegen gibt der SPD/F.D.P.-Koalition die Schuld an der „hausgemachten Rezession".
30.9. In Essen beginnt der Prozess gegen sechs jetzige und vier frühere Spieler des Fußballvereins FC Schalke 04. Die Anklage lautet auf eidliche und uneidliche Falschaussage. Die Spieler sollen dafür, dass sie am 17. April 1971 das Spiel gegen den Verein Arminia Bielefeld verloren, insgesamt 40.000 DM Bestechungsgeld erhalten haben. Die Spieler streiten dieses unter Eid ab.

OKTOBER

1.10. Bundesverteidigungsminister Georg Leber begrüßt die ersten weiblichen Offiziere in der deutschen Bundeswehr. Die fünf Ärztinnen werden im Sanitätsdienst eingesetzt.
4.10. Die Fernuniversität Hagen nimmt den Studienbetrieb auf. Sie soll dazu dienen, die bestehenden Hochschulkapazitäten auszubauen und neue Weiterbildungsangebote zu schaffen.
7.10. Der 26. Gründungstag der DDR wird erstmals als Nationalfeiertag begangen. Zwischen der DDR und der Sowjetunion wird ein Vertrag über Freundschaft, Zusammenarbeit und gegenseitige Hilfe mit einer Laufzeit von 25 Jahren geschlossen. Im Gegensatz zu früheren Abmachungen enthält er keinen Hinweis auf eine Wiedervereinigung Deutschlands.

Eine Geschwindigkeit von Über 200 km/ erreichte im Mai 1975erstmals die Magnetschwebebahn „Transrapid 04" auf der 2,4 Kilomter langen Teststrecke in München-Allach.

9.10. In Warschau unterzeichnen die Außenminister der Bundesrepublik Deutschland und Polens mehrere Vereinbarungen, durch die unter anderem die Ausreise von 125.000 Deutschstämmigen aus Polen ermöglicht wird.
In den bundesdeutschen Kinos läuft der Film „Die verlorene Ehre der Katharina Blum" von Volker Schlöndorff und Margarethe von Trotta nach der gleichnamigen Erzählung Heinrich Bölls an.
28.10.-2.11. Helmut Schmidt besucht als erster Bundeskanzler die Volksrepublik China und trifft mit Parteichef Mao Tse-tung zusammen.

NOVEMBER

10.-15.11. Als erster Bundespräsident besucht Walter Scheel die Sowjetunion.
15.-17.11. In Rambouillet/Frankreich findet der erste Weltwirtschaftsgipfel statt. Die wichtigsten westlichen Industriestaaten beginnen, ihre Wirtschafts- und Finanzpolitik aufeinander abzustimmen.

DEZEMBER

4.12. In New York stirbt die aus Deutschland stammende US-amerikanische Soziologin und Politologin Hannah Arendt.
16.12. Der Korrespondent des Nachrichtenmagazins „Der Spiegel" in Ost-Berlin, Jörg Mettke, wird wegen „grober Verleumdung" aus der DDR ausgewiesen. Er hatte in einem Artikel über Zwangsadoption von Kindern berichtet, deren Eltern in den Westen geflüchtet sind oder einen Fluchtversuch unternommen haben.

AUSSERDEM

Peter Weiss: Die Ästhetik des Widerstandes (Roman)

Schmidt zur Lage der Nation

Am 16. Mai 1974 war Helmut Schmidt als Nachfolger des zurückgetretenen Willy Brandt zum Bundeskanzler gewählt worden. Am 30. Januar 1975 trug er zum ersten Mal den jährlichen „Bericht zur Lage der deutschen Nation" vor:

... Die Bundesregierung setzt mit ihrer Politik den heute einzig gangbaren Weg fort, in Deutschland zu einem geregelten Miteinander zu kommen. Zu diesem Wege stelle ich mit großem Respekt fest: Es ist eine geschichtliche Leistung meines Amtsvorgängers Willy Brandt, dass er – gemeinsam mit Walter Scheel – gerade noch rechtzeitig –, als nämlich die beiden Weltmächte schon dabei waren, sich auf einen bis dahin ungeahnt weitreichenden Abbau ihrer langjährigen Konflikte und Konfrontationen zu verständigen – verhindert hat, dass die Weltpolitik der siebziger Jahre über uns Deutsche als Nation einfach zu ihrer eigenen, zu einer anderen Tagesordnung überging.

Wir Deutschen haben auch durch die Jahrhunderte immer ein schwieriges Verhältnis zu unserer Nation gehabt. Wir haben am Schluss andere Völker um die Selbstverständlichkeit beneidet, mit der sie sich zu ihrer Nation zusammenschlossen; denn wir selbst hatten eben nur selten die Neigung zum Bruderzwist überwinden können. Machtstreit der Herrscherhäuser, regionaler Partikularismus und religiöse Gegensätze haben das Reich, das in seinem Namen den Anspruch erhob, die deutsche Nation zu repräsentieren, oft genug zum Kampfplatz Deutscher gegen Deutsche werden lassen, unter – zum Teil entscheidender – Mitwirkung ausländischer Mächte. Andere Nationen erlebten zwar auch Revolutionen, Bürgerkriege und Staatsstreiche, aber in Deutschland kämpften deutsche Staaten gegeneinander – so im 17. Jahrhundert, so im 18. Jahrhundert. Im 19. Jahrhundert stand der machtpolitische Gegensatz Preußen – Österreich der nationalen Einheit im Wege, für welche die Frankfurter Nationalversammlung manche Hoffnung geweckt hatte. Allzu häufig war den streitenden deutschen Parteien die Durchsetzung ihrer partikularen machtpolitischen Interessen wichtiger als das gemeinsame Schicksal der Nation.

Nach 1945 befanden wir Deutschen uns lange Zeit erneut in gleicher Geisteshaltung; sie ist hüben und drüben noch nicht in allen Köpfen endgültig ausgeräumt. Aber es mag nötig sein, sich des geschichtlichen deutschen Bruderzwistes bewusst zu bleiben – eines Erbes, das wir eben nicht pflegen, sondern vielmehr überwinden müssen. Die in unseren sittlichen Überzeugungen wurzelnden weltanschaulichen Gegensätze darüber, wie eine Gesellschaft, wie ein Staat, wie eine Demokratie, wie die persönliche Freiheit beschaffen sein sollen, wollen wir nicht verkleistern oder verkleinern.

Aber sowohl in der DDR als auch bei uns sollte man sich bewusst bleiben: Karl Marx wurde in Trier geboren, Friedrich Engels in Barmen, Hegel kam aus Stuttgart. Ich füge hinzu: Luther wurde in Eisleben geboren, Kant war Königsberger, Ferdinand Lassalle kam aus Breslau, Johann Sebastian Bach aus Eisenach. Gerhart Hauptmann kam aus Schlesien, Caspar David Friedrich aus Greifswald; aber Bert Brecht kam in Augsburg zur Welt, Schiller am Neckar und Goethe am Main. Sie alle gehören zusammen! Und wollte man drüben vergessen, dass Erich Honecker an der Saar geboren und aufgewachsen ist und Ernst Thälmann in Hamburg? Oder dass unser Kollege Barzel aus Ostpreußen kommt, unsere Kollegen Wehner und Mischnick aus Dresden und unser Kollege Genscher aus Halle? Dies sind nur wenige der Namen, die als Zeugen für gemeinsames Schicksal genannt werden könnten, das ja gar nicht wegdiskutiert oder wegbeschlossen oder wegdekretiert werden kann! Ich bin für meine Person überzeugt, dass die Nation sich auch in Zukunft als ein starkes Element erweisen wird. Aber wir müssen das Unsere dazu tun.

Helmut Schmidt.

Peter Lorenz wieder auf freiem Fuß

Kurz nach Mitternacht, am 5. März 1975, wurde der von Terroristen entführte Vorsitzende der Berliner CDU, Peter Lorenz, freigelassen. Lorenz war am 27. Februar um 8.55 Uhr auf der Fahrt in sein Büro überfallen worden. Zwanzig Minuten später ging im Berliner dpa-Büro eine Mitteilung ein, in der eine sogenannte „Bewegung 2. Juni" für die Freilassung des CDU-Politikers ein 72-Stunden-Ultimatum stellte. In ihm wurde verlangt, die als Terroristen inhaftierten Verena Becker, Gabriele Kröcher-Tiedemann, Horst Mahler, Rolf Pohle, Ina Siepmann, Rolf Heissler freizulassen. Eine Lufthansa-Maschine sollte sie aus Deutschland bringen, eine „Person des öffentlichen Lebens" sie dabei begleiten. Die Bundesregierung gab der Erpressung nach, um das Leben von Lorenz zu retten. Eine Lufthansa-Maschine flog mit fünf Terroristen ab, an Bord als Quasi-Geisel Pastor Heinrich Albertz. (Horst Mahler hatte es abgelehnt, freigelassen zu werden.)

Nach zehnstündigem Flug wurden die Terroristen im Süd-Jemen aufgenommen. Nach seiner Rückkehr verlas Albertz eine Erklärung, die offensichtlich das Codewort für die Freilassung von Lorenz enthielt.

Therese Giehse

* München, 6. März 1898
† ebd., 3. März 1975

Therese Giehse (eigentlich Therese Gift) begann ihre Karriere als Ensemblemitglied der Münchner Kammerspiele unter Otto Falckenberg. Sie bereiste mit dem Kabarett „Pfef-

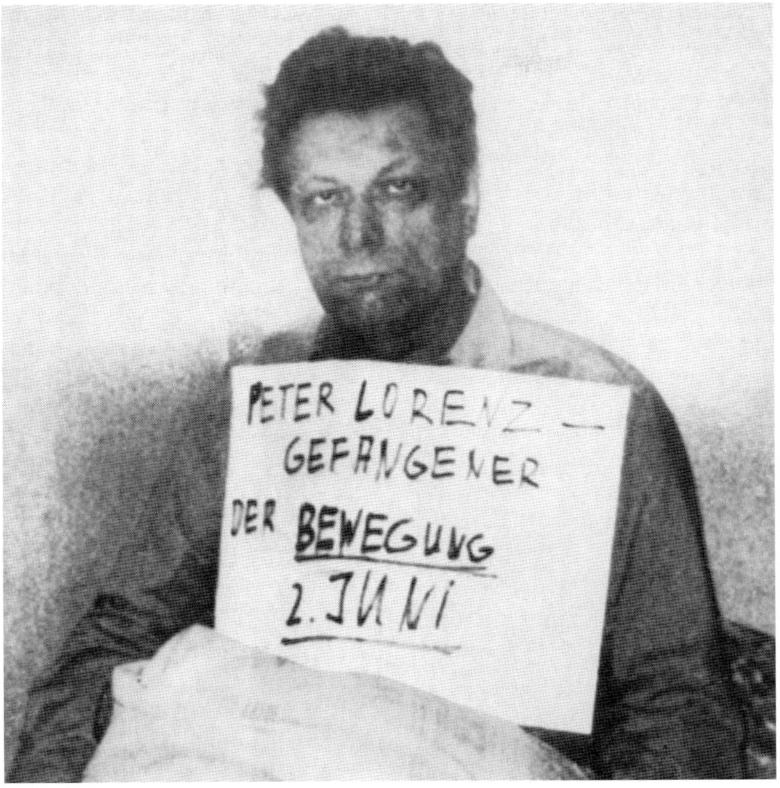

Der Berliner CDU-Vorsitzende Peter Lorenz wird am 27. Februar 1975 von Mitgliedern der „Bewegung 2. Juni" entführt.

Therese Giehse als „Mutter Courage" in einer Münchener Aufführung 1952.

fermühle" Europa und war von 1937 bis 1966 Ensemblemitglied am Züricher Schauspielhaus. Therese Giehse kehrte nach dem Ende des Zweiten Weltkriegs aus der Schweizer Emigration nach Deutschland zurück und war 1949 bis 1952 Mitglied von Bertolt Brechts Berliner Ensemble. Therese Giehse ging als eine der größten Volksschauspielerinnen und Brecht-Interpretinnen in die Geschichte des deutschsprachigen Theaters ein. Von 1926 bis 1933 war die gebürtige Münchnerin fest an München gebunden und konnte nur in Produktionen beschäftigt werden, die in ihrer Heimatstadt gedreht wurden. Sie bestätigte aber bereits damals, z.B. als typisierte Bayerin in der im Arbeits- und Alltagsmilieu angesiedelten Komödie „Die Zwei vom Südexpress" (1932), ihre Sicherheit vor der Kamera. Doch erst der Schweizer Film machte sich das Charakteristische ihres mimischen Naturells zunutze: Direktheit und Ehrlichkeit im positiven Erscheinungsbild, Züge von Sturheit und Widerborstigkeit und deren negativer Umkehr („Menschen, die vorüberziehen").
Den ersten Höhepunkt ihrer filmischen Karriere erreichte sie mit der hochdramatischen Gestaltung einer alten Frau, die sich nach der Deportierung ihres Mannes vor den fahrenden Zug stürzen will („Die letzte Chance", 1945). Wie stark ihre Ausdrucksfähigkeit sein konnte, bewies sie endgültig in „Kinder, Mütter und ein General" (1955). Als resolute, schlagfertige Frau Bergmann schuf sie ein filmisches Pendant zu Brechts „Mutter Courage", deren ideale Interpretin sie auf der Bühne war. Ihre internationale Karriere kulminierte mit zwei Rollen unter der Regie des Franzosen Louis Malle: Sie war eine bewegende jüdische Großmutter in „Lacombe Lucien" (1973) und eine skurrile Greisin in „Black Moon" (1975).

Mit der Unterzeichnung der Schlussakte in Helsinki ging am 1. August 1975 die „Konferenz zur Sicherheit und Zusammenarbeit in Europa" (KSZE) zu Ende. Von links: Bundeskanzler Schmidt, SED-Chef Honecker, US-Präsident Ford, Österreichs Kanzler Kreisky und der belgische Premier Tindemans.

1976

JANUAR

1.1. In der Bundesrepublik tritt eine Verordnung in Kraft, die Autofahrer zum Anlegen des Sicherheitsgurtes verpflichtet. Außerdem wird eine Richtgeschwindigkeit von 130 km/h auf Autobahnen empfohlen.

3.1. In der Zeitung „Frankfurter Rundschau" wird ein Gedicht mit dem Titel „Artikel 3" von Alfred Andersch veröffentlicht, das heftige Kontroversen in der Öffentlichkeit auslöst. Der Schriftsteller übt in seinem Werk scharfe Kritik an der Praxis des Radikalenerlasses in der Bundesrepublik und vergleicht sie mit der Verfolgung Andersdenkender unter dem NS-Regime.

9.1. Das Essener Landgericht verurteilt im Zusammenhang mit dem „Bundesligaskandal" neun Fußballspieler wegen Meineids zu Geldstrafen. Die Spieler hatten 1971 Bestechungsgelder angenommen, um bewusst eine Niederlage im Spiel gegen den abstiegsgefährdeten Verein Arminia Bielefeld herbeizuführen. 1972 schworen sie in einem Prozess, kein Geld bekommen zu haben. Im Dezember 1975 gaben sie zu, Schmiergelder erhalten zu haben.

23.1. Der Bundestag verabschiedet ein neues Jugendarbeitsschutzgesetz. Für Jugendliche wird unter anderem die Fünf-Tage-Woche, der Acht-Stunden-Tag, die Vierzig-Stunden-Woche und die Erhöhung des Urlaubs von 24 auf 25-30 Urlaubstage eingeführt.

26.1. Das Hochschulrahmengesetz regelt erstmals einheitlich für das Bundesgebiet Grundsätze für die zeitgemäße Hochschule. Leitziel ist unter anderem die Gesamthochschule und die studentische Mitbestimmung.

FEBRUAR

1.2. Der Physiker Werner Heisenberg stirbt in München.

5.2. Die Stadt Köln und das Sammlerpaar Irene und Peter Ludwig schließen einen Schenkungsvertrag ab. Die Stadt erhält 350 Werke moderner Kunst und gründet im Gegenzug das Museum Ludwig.

12.2. Der Bundestag verabschiedet ein Reformgesetz zum Paragraphen 218. Danach wird bei einem Schwangerschaftsabbruch in den ersten drei Monaten nach der Empfängnis bei ethischer, medizinischer oder sozialer Notlage der Frau Straffreiheit gewährt.

MÄRZ

11.3. An der Schaubühne am Halleschen Ufer in West-Berlin findet die posthume Uraufführung von Bertolt Brechts Dramenfragment „Der Untergang des Egoisten Fatzer" statt.

16.3. Das neue Strafvollzugsgesetz in der Bundesrepublik reformiert den Strafvollzug und verstärkt die Resozialisierungsmöglichkeiten für Strafgefangene.

18.3. Der Bundestag beschließt das Gesetz über die Mitbestimmung der Arbeitnehmer. Das Gesetz gilt in Unternehmen mit mehr als 2.000 Beschäftigten. Es sichert den Arbeitnehmern mehr Mitspracherecht in den Unternehmen zu.

30.3. Zwischen der Bundesrepublik und der DDR wird in Bonn ein Abkommen über die Verbesserung der Post- und Fernmeldeverbindungen zwischen den beiden deutschen Staaten unterzeichnet.

APRIL

1.4. In Bonn wird der Neubau des Bundeskanzleramtes fertiggestellt und dem ersten Hausherrn, Bundeskanzler Helmut Schmidt, übergeben.

Der Maler und Bildhauer Max Ernst, einer der bedeutendsten Vertreter des Surrealismus, stirbt in Paris.

7.4. Das Bundeskabinett beschließt in Bonn, gemeinsam mit Großbritannien und Italien die Produktion des Kampfflugzeuges „Tornado" aufzunehmen, das den „Starfighter" ablösen soll. Der „Starfighter" war besonders wegen seiner hohen Absturzrate umstritten.

15.4. In der DDR werden die Befugnisse des Ministerrates auf Kosten des Staatsrates erweitert.

22.4. Ein Strafrechtsänderungsgesetz in der Bundesrepublik stellt die verfassungsfeindliche Befürwortung von Gewalt sowie die Verbreitung und den Bezug von Schriften, die Straftaten befürworten, unter Strafe.

23.4. Auf dem Platz des ehemaligen Berliner Stadtschlosses in Ost-Berlin wird der „Palast der Republik" eingeweiht. Das Gebäude ist unter anderem als künftiger Sitz der Volkskammer vorgesehen.

30.4. In der Druckindustrie der Bundesrepublik beginnt ein landesweiter Streik. Die Arbeitgeber reagieren mit der ersten bundesweiten Aussperrung. Zahlreiche Zeitungen und Zeitschriften können mehrere Tage nicht erscheinen.

MAI

9.5. Die RAF-Terroristin Ulrike Meinhof wird erhängt in ihrer Zelle aufgefunden. Laut Angaben der Gefängnisleitung beging sie Selbstmord. Nach bekannt werden ihres Todes kommt es im In- und Ausland zu Gewalttätigkeiten und Protestkundgebungen. Es wird der Verdacht geäußert, dass es sich nicht um Selbstmord gehandelt habe, und die Frage nach der Mitschuld der Polizei beziehungsweise des Staates gestellt.

18.5. In Bonn beginnt der Zirkus Roncalli seine erste Vorführung. Das von dem Grafiker Bernhard Paul und dem Künstler André Heller gegründete Unternehmen soll die Poesie und Romantik des klassischen Zirkus der Jahrhundertwende wiederbeleben. Der Zirkus ist nach dem Familiennamen des populären Papstes Johannes XXIII. benannt.

Rosi Mittermaier mit ihren drei Medaillen bei den Olympischen Winterspielen 1976 in Innsbruck.

18.-22.5. Auf dem IX. Parteitag der SED in Ost-Berlin wird ein neues Programm und ein neues Parteistatut angenommen. Erich Honecker wird nunmehr zum Generalsekretär der Partei gewählt.
26.5. Der Philosoph Martin Heidegger stirbt in Freiburg.
30.5. An der Volksbühne in Ost-Berlin wird Heiner Müllers Theaterstück „Die Bauern" uraufgeführt.

JUNI

10.6. Der Bundestag beschließt erstmals ein Gesetz zur Bekämpfung der Wirtschaftskriminalität.
14.6. Der Bundestag verabschiedet das neue Eherecht. Danach werden Scheidungen nicht mehr mit der Schuld eines Partners, sondern mit dem Scheitern der Ehe begründet (Zerrüttungsprinzip). Auch wird der Unterhaltsanspruch neu geregelt, der bisher an die Schuldfrage geknüpft war.
15.6. An der innerdeutschen Grenze bei Eschwege bringen DDR-Grenzsoldaten zwei Beamte des Bundesgrenzschutzes in ihre Gewalt, die bei einem Streifengang die Grenze zur DDR überschritten hatten. Nach dreitägigen Verhören werden die beiden BGS-Beamten abgeschoben.
19.6. König Karl XVI. Gustav von Schweden heiratet in Stockholm die deutsche Stewardess Silvia Sommerlath.
24.6. Der Bundestag verabschiedet das sogenannte Anti-Terrorismus-Gesetz. Danach wird die „Bildung terroristischer Vereinigungen" als neuer Straftatbestand in das Strafgesetzbuch aufgenommen.

JULI

1.7. In der Bundesrepublik tritt ein neues Namensrecht in Kraft. Ehepaare können künftig selbst entscheiden, ob sie den Familiennamen des Mannes, der Frau oder einen Doppelnamen annehmen.
4.7. Ohne Absprache mit ugandischen Behörden befreit eine israelische Spezialeinheit auf dem ugandischen Flughafen Entebbe 102 Geiseln aus einem am 27. Juni von deutschen und irakischen Terroristen entführten Flugzeug. Bei der Aktion kommen 31 Menschen, darunter drei Geiseln, ums Leben.
7.7. Der ehemalige Bundespräsident Gustav Heinemann stirbt im Alter von 76 Jahren in Essen.
17.7.-1.8. Die XXI. Olympischen Sommerspiele in Montreal/Kanada.

AUGUST

2.8. Der Regisseur Fritz Lang stirbt in Los Angeles.
10.8. Der Maler und Graphiker Karl Schmidt-Rottluff, Gründungsmitglied der Künstlervereinigung Die Brücke und Initiator des Brücke-Museums, stirbt in Berlin.
18.8. Der Pfarrer Oskar Brüsewitz setzt sich auf dem Marktplatz der Stadt Zeitz/DDR aus Protest gegen die DDR-Regierung selbst in Brand. Vier Tage später erliegt er seinen Verletzungen.

SEPTEMBER

19.9. Der schweizerische Schriftsteller Max Frisch wird mit dem Friedenspreis des Deutschen Buchhandels ausgezeichnet.
22.9. Joseph Kardinal Höffner wird in Fulda zum Vorsitzenden der Deutschen Bischofskonferenz gewählt. Höffner tritt die Nachfolge des am 24. Juli verstorbenen Julius Döpfner an.

OKTOBER

3.10. Wahl zum 8. Deutschen Bundestag. Trotz erheblicher Stimmengewinne der CDU/CSU, die 48,6% der Stimmen erhält, geht die sozial-liberale Koalition mit 42,6% für die SPD und 7,9% für die F.D.P. als Sieger aus der Wahl hervor.
7.10. Der bisherige Ministerpräsident von Rheinland-Pfalz, Helmut Kohl, legt sein Amt nieder und wird Oppositionsführer im Bundestag.
17.10. Bei den Wahlen zur Volkskammer der DDR erhalten nach offiziellen Angaben die von der SED geführten Parteien der Nationalen Front 99,86 % der abgegebenen Stimmen.
21.10. Die Bundesrepublik wird für zwei Jahre als Mitglied in den UN-Sicherheitsrat gewählt.
29.10. Konstituierende Sitzung der Volkskammer in der DDR. Horst Sindermann, bisher Vorsitzender des Ministerrates, wird zum Präsidenten der Volkskammer, Erich Honecker zum Vorsitzenden des Staatsrates und des Verteidigungsrates und Willi Stoph zum Vorsitzenden des Ministerrates gewählt. Damit unterstehen Honecker als SED-Generalsekretär die drei wichtigsten Ämter im Staat.
30.10. Bei Brokdorf finden erste Demonstrationen gegen den Bau eines Kernkraftwerkes statt. Dabei kommt es zu Zusammenstößen zwischen der Polizei und rund 400 militanten Kernkraftgegnern, die den Bauplatz besetzen wollen. Die Polizei setzt Tränengas sowie Wasserwerfer ein und geht mit Schlagstöcken gegen die Besetzer vor. Im Laufe des Novembers nehmen die Auseinandersetzungen immer heftigere Ausmaße an.

NOVEMBER

1.11. In West-Berlin wird das erste sogenannte Frauenhaus eröffnet, in dem Frauen Zuflucht finden, denen von Männern Gewalt angetan wurde.
3.11. Der Schriftsteller Rainer Kunze wird nach der Veröffentlichung von „Die wunderbaren Jahre" in einem Verlag der Bundesrepublik aus dem Schriftstellerverband der DDR ausgeschlossen. Der Prosaband beschreibt in Momentaufnahmen aus dem Alltag die DDR-Jugend, die zu Anpassung und Gehorsam erzogen wird.
5.11. Der UNO-Sozialausschuss verurteilt sechs westliche Staaten, darunter die Bundesrepublik, wegen nuklearer und militärischer Zusammenarbeit mit dem „rassistischen Minderheitenregime Südafrikas".
12.11. Das umstrittene Datenschutzgesetz, von der CDU/CSU-Opposition im Bundestag abgelehnt, wird von den CDU-regierten Ländern Niedersachsen und Saarland im Bundesrat gebilligt. Diese Durchbrechung der Unionsfront wird als koalitionspolitisches Signal an die F.D.P. gewertet.
15.11. Die Deutsche Bundespost stellt in West-Berlin die ersten Tastentelefone vor. Sie sollen in den nächsten Jahren die in der Bundesrepublik üblichen Apparate mit Wählscheibe ersetzen.
16.11. Während einer Tournee des Liedermachers Wolf Biermann durch die Bundesrepublik beschließt das Politbüro der DDR dessen Ausbürgerung. Begründet wird die Entscheidung damit, dass sich sein Programm in der Bundesrepublik gegen die DDR und den Sozialismus richte.
19.11. Die CSU-Landesgruppe beschließt in Wildbad Kreuth die Auflösung der Bundestagsfraktionsgemeinschaft mit der CDU. Der Beschluss wird am 12. Dezember aufgehoben.
In Dessau/DDR wird die Rekonstruktion des Bauhauses nach den von Walter Gropius 1925 entworfenen Plänen abgeschlossen. In dem Gebäude sollen Ausstellungen mit Arbeiten der früheren Hochschule für Gestaltung stattfinden.
26.11. Willy Brandt wird Vorsitzender der Sozialistischen Internationale.
29.11. Der Karstadt-Konzern übernimmt das in finanzielle Bedrängnis geratene Großversandhaus Neckermann.

DEZEMBER

14.12. Der Industriellensohn Richard Oetker wird entführt. Nachdem die Zahlung von 21 Millionen DM Lösegeld erfolgt ist, wird Oetker am 16. Dezember wieder freigelassen.
15.12. Der Bundestag wählt Helmut Schmidt erneut zum Bundeskanzler einer sozial-liberalen Koalition.
Die Vollversammlung der Vereinten Nationen in New York nimmt den Vorschlag von Bundesaußenminister Hans-Dietrich Genscher über eine Anti-Terrorismus-Konvention an. Darin wird unter anderem festgelegt, auf Forderungen von Geiselnehmern unter keinen Umständen einzugehen.

AUSSERDEM

Heinar Kipphardt: März (Roman)
Reiner Kunze: Die wunderbaren Jahre (Roman)

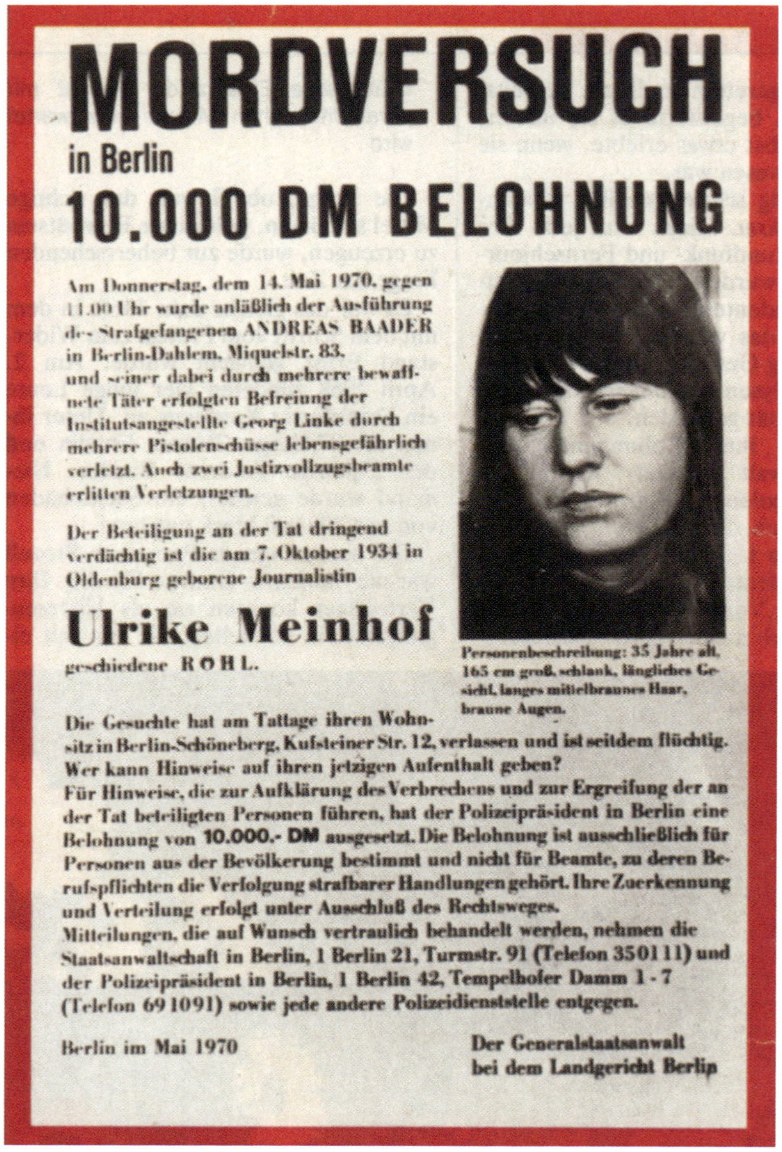

Fahndungsplakat aus dem Jahr 1970.

Der Selbstmord von Ulrike Meinhof

Ulrike Marie Meinhof, zentrale Persönlichkeit der „Rote-Armee-Fraktion" RAF (meist als Baader-Meinhof-Bande bezeichnet) beging in den frühen Morgenstunden des 9. Mai 1976 in ihrer Zelle in der Haftanstalt Stuttgart-Stammheim Selbstmord durch Erhängen. Das „Archiv der Gegenwart" führt dazu aus:

Ulrike Meinhof wurde am 7. Oktober 1934 als Tochter der Kunsthistoriker Dr. Werner (aus religiös-protestantischer Familie) und Dr. Ingeborg Meinhof (aus sozialdemokratischer Familie) geboren; ihr Vater starb 1939, ihre Mutter 1948; Ulrike wurde von einer Freundin der Eltern, der Historikerin Renate Riemeck, erzogen und mit sozialistischen Gedanken bekanntgemacht; 1958 organisierte Ulrike, die in Münster Germanistik, Philosophie, Pädagogik und Soziologie studierte, Anti-Atomtod-Märsche und Protestdemonstrationen für eine Abrüstung der Bundeswehr, 1960 half sie Frau Riemeck bei der Gründung der DFU; 1960/64 arbeitete sie als Redakteurin an der seinerzeit wichtigsten links-orientierten Zeitschrift, dem Magazin „konkret", in dem sie zahlreiche weit beachtete Aufsätze zu Fragen der Zeit veröffentlichte; 1961 heiratete sie den „konkret"-Inhaber Klaus Rainer Röhl, von dem sie sich 1968 unter Verzicht auf das Fürsorgerecht für ihre Kinder scheiden ließ. Im Zusammenhang mit ihrer Arbeit an einer Reihe von Fernsehreportagen über brennende soziale Probleme in der BRD nach 1964 und mit dem Ausbruch der Studentenunruhen 1968 beschloss sie mit einigen Gesinnungsfreunden, den Kampf gegen die von ihr abgelehnte Gesellschaftsordnung der BRD mit den Mitteln des Terrors und der Guerilla aufzunehmen. Nach der gewaltsamen Befreiung von Andreas Baader im Mai 1970 ging Ulrike Meinhof in den Untergrund. Ihre Verhaftung erfolgte am 16. Juni 1972 in Hannover. Nachdem sie wegen Teilnahme an der Befreiung Baaders und dem dabei erfolgten versuchten Mord an einem Wachbeamten verurteilt worden war (das Urteil wurde im September 1975 rechtskräftig) und nachdem ein weiteres Mitglied der RAF (bzw. Baader-Meinhof-Bande), Holger Meins, im November 1974 an den Folgen eines gemeinsamen Hungerstreiks aller Häftlinge dieser Gruppe gestorben war, was zur Ermordung des Kammergerichtspräsidenten von Drenkmann führte, begann am 21. Mai 1975 vor dem Oberlandesgericht Stuttgart der Prozess gegen Baader, Gudrun Ensslin, Meinhof und Jan-Carl Raspe wegen 5 Morden, 54 versuchten Morden, einer Reihe von Sprengstoffanschlägen gegen Institutionen, u.a. der US-Streitkräfte in der BRD, gegen Polizeidienststellen und Unternehmen der „rechten" Presse wie etwa das Springer-Haus in Hamburg, zahlreichen Banküberfällen zur Finanzierung der RAF-Aktionen, zahlreichen Autodiebstählen zur Erleichterung von Fluchtbewegungen, Reisen usw., illegalem Waffenbesitz, Urkundenfälschung usw.

Weitere Mitglieder der Baader-Meinhof-Bande bzw. RAF versuchten durch die Entführung des Berliner CDU-Politikers Peter Lorenz und durch den Überfall auf die BRD-Botschaft in Stockholm die Behörden zur Freilassung der Häftlinge zu zwingen.

Während zu Beginn des Prozesses in Stuttgart-Stammheim die Angeklagten und ihre Verteidiger mit allen Mitteln versuchten, den Prozessablauf zu behindern (einige Anwälte wurden der Konspiration mit ihren Mandanten überführt und teils vom Prozess ausgeschlossen, teils in einigen schweren Fällen selbst unter Anklage gestellt, vermochten aber in den Untergrund zu verschwinden), die Behörden der „Folterung durch Isolierhaft" zu beschuldigen und sich als Soldaten in einem politischen Krieg, nicht aber als kriminelle Straftäter hinzustellen, kam es am 4. Mai zu einer Wende, als Gudrun Ensslin eine mit den ande-

Beisetzung von Ulrike Meinhof in Berlin am 14. Mai 1976.

ren Angeklagten abgestimmte Erklärung verlas, in der es u.a. heißt: „Wir sind in der RAF seit 1970 organisiert ... Insofern sind wir verantwortlich für die Anschläge auf das CIA-Hauptquartier in Frankfurt und auf die US-Army in Heidelberg. Insofern sind wir auch verantwortlich für den Anschlag auf das Springer-Hochhaus in Hamburg, dessen Konzeption und Ablauf wir damals aber nicht akzeptieren konnten ..." Nach dem Bekanntwerden des Selbstmordes von Ulrike Meinhof wurde zunächst von ihrem Anwalt Michael Oberwinter, aber auch von einer ganzen Reihe in- und ausländischer Medien der Verdacht geäußert, dass es sich entweder nicht um einen Selbstmord gehandelt habe oder aber wenn ja, dann um einen, der durch die Folgen der „Isolationsfolter" erzwungen worden sei, für den also auch die Behörden verantwortlich zu machen seien.

Eine Nachobduktion der Leiche durch Vertrauensärzte, der Rechtsanwälte von Frau Meinhof und ihrer Schwester ergab eine Bestätigung der amtlichen Bekanntmachung, dass an der Leiche keinerlei Spuren einer „Fremdeinwirkung" festzustellen seien.

Da Ulrike Meinhof keinerlei „Letzte Nachricht" hinterlassen hatte, wurden im Versuch, Motive für den offenbar kurzfristig gefassten Entschluss zum Selbstmord zu finden, seitens der Behörden Kassiber zur Veröffentlichung freigegeben, die über Spannungen zwischen den Inhaftierten Aufschluss geben sollen. In einem Kassiber von Ensslin an Meinhof wird dieser vorgeworfen, „sie wolle die Anarchistin Görgens verklickern, dass sie sterben soll, damit du lebst, na warte!" Ein Kassiber von Ensslin an Baader stellt fest, Ulrike Meinhof habe Mitglieder der RAF zur Kritik an Gudrun Ensslin aufgestachelt: „wirklich finster: ein Vampir, zitternd vor Blutgier sehr deutlich in dieser Reduktion schließlich – denn das war in diesem Moment wirklich noch mal nur ihre Sache." Baader stellt in seiner Antwort u.a. fest: „wirklich, ich verstehe es nicht, also kann ich das Problem nicht sehen, das dich in jedem Brief so total beschäftigt: diese wirren Schlachten

Auch wenn es zur absoluten Mehrheit nicht reichte, zeigte sich der Kanzlerkandidat von CDU/CSU sichtlich zufrieden. Immerhin erreichte Helmut Kohl bei der Bundestagswahl am 3. Oktober 1976 mit 48,6 % der Stimmen das zweitbeste Ergebnis der Union seit 1957.

Als der erst vor einem Monat mit einem Kostenaufwand von 1,3 Milliarden Mark fertiggestellte Elbe-Seitenkanal in der Nähe von Lüneburg brach, ergossen sich mehrere Millionen Kubikmeter Wasser über Felder und Dörfer. Der Schaden belief sich auf Hunderte von Millionen Mark.

mit ihr um weiß der Teufel was: inzwischen wirklich zwei groteske Irre." Baader kritisiert Meinhof u.a. wie folgt: „Überleg mal, und hör jetzt auf, dich zu quälen und zu kriechen: arbeite wie es möglich ist. Du hast den falschen Schluss aus der Kritik gezogen. Sie soll Dich nicht zu einem kriechenden Köter regredieren, sondern Dir endlich mal dazu verhelfen, dass Du das, was Du wissen kannst, auch bringst ..." Ensslin wirft Meinhof in einem weiteren Kassiber u.a. vor: „du realisierst nichts wär Sache z.B. Nelly zu schreiben ... kannst du aber so nicht, genauso wenig wie gegen die Schweine kämpfen: du machst den Bullen die Tür auf – das Messer im Rücken der RAF bist du, weil du nichts lernst ..." Meinhof ihrerseits stellt in Kassibern über das Verhältnis zu den anderen Mitgliedern der RAF in Stuttgart-Stammheim u.a. fest: „das Wesentliche, mein gestörtes Verhältnis zu euch und besonders zu A., käme daher, dass ich nicht von der revolutionären Gewalt durchdrungen sei, war einfach ne schamlose Phrase, bezogen auf das, was bei mir Sache ist: meine Sozialisation zum Faschist, durch Sadismus und Religion, die mich eingeholt hat, weil ich mein Verhältnis dazu, d.h. zur herrschenden Klasse, mal ihr Schoßkind gewesen zu sein, nie vollständig aufgelöst restlos in mir abgetötet habe ... eine scheinheilige Sau aus der herrschenden Klasse, das ist einfach die Selbsterkenntnis alle nur als ob ... scheinheilig ist das richtige

Martin Heidegger.

Wort, weil das eben immer ..., soweit ich überhaupt nur zurückdenken kann – Familie, Sozialisation, Religion, kp, mein Job bei ›konkret‹ – genau das wollte ich nat. nicht bleiben, ein Schwätzer, als ich zur RAF ging ..."
Nach dem Bekanntwerden des Selbstmordes kam es am 9. und 10. Mai zu Straßendemonstrationen, vor allem in Berlin und Frankfurt (wo Demonstranten u.a. mit Molotow-Cocktails gegen die Polizei vorgingen; mindestens 7 Polizisten und 10 Demonstranten wurden schwer verletzt); ferner zu Bombenanschlägen u.a. gegen das Deutsche Reisebüro in Rom, seitens eines „Anti-Imperialistischen Zentrum Holger Meins", gegen den römischen „Messagero", gegen die Deutsche Akademie in Rom in der Villa Massimo, gegen die Niederlassungen von zwei deutschen Industriefirmen in Paris, gegen das Goethe-Institut in Toulouse, gegen die Niederlassung von Daimler-Benz in Nîmes, gegen ein Geschäft mit deutschen Spezialitäten in Mailand, gegen die Niederlassung von Hoechst in Barcelona usw.; in allen Fällen kam es zu schweren Sachschäden; in allen Fällen wurden die Aktionen als Protest gegen das „Staatsverbrechen an Ulrike Meinhof" bezeichnet.
Bei ihrer Beisetzung in Berlin am 15. Mai nahmen rund 4000 Personen an einem Demonstrationszug teil, darunter mindestens 700 vermummt; es kam zu weiteren Bombenanschlägen, u.a. in Hamm und Wuppertal; zahlreiche Persönlichkeiten des In- und Auslands sowie zahlreiche Medien des Auslands (einschließlich „Neues Deutschland") würdigten Ulrike Meinhof, die z.B. der Schriftsteller Erich Fried als „bedeutendste deutsche Frau seit Rosa Luxemburg" feierte, und bezichtigten erneut die Behörden der BRD des Staatsverbrechens an Ulrike Meinhof, während etwa die Londoner „Times" feststellte: Frau Meinhof sei in deutscher Weise den von ihr gewählten Weg zu Ende gegangen, nachdem sie habe feststellen müssen, dass er nichts außer einem Rechtsruck der Gesellschaft verursacht habe.
Am 1. Juni kam es schließlich zu einem Sprengstoffanschlag auf das

Nach seiner Auszeichnung mit dem Friedenspreis des Deutschen Buchhandels wird dem Schweizer Romanschriftsteller und Dramatiker Max Frisch vom Vorsteher des Börsenvereins des Deutschen Buchhandels am die Verleihungsurkunde übergeben.

Frankfurter Hauptquartier des V. US-Corps, für den eine „Revolutionäre Zelle – Brigade Ulrike Meinhof" in einem Schreiben an AP die Verantwortung übernahm:
„Wir verstehen diesen Angriff als Teil eines weltweiten bewaffneten Kampfes gegen ein System, das in den zweihundert Jahren seines Bestehens (= Gründung der USA) Millionen Menschen vernichtet, Völker ausgerottet, Kontinente versklavt und die ganze Welt ausgeplündert hat."

Heidegger, Martin

* 26. September 1889 in Meßkirch
† 26. Mai 1976 in Freiburg im Breisgau

Martin Heidegger, der bedeutendste Vertreter der deutschen Existenzphilosophie neben Karl Jaspers, studierte Philosophie und katholische Theologie in Freiburg im Breisgau; von 1919 bis 1923 war er dort als Assistent von Edmund Husserl tätig. 1923 wurde er als Professor nach Marburg berufen; 1928 wurde er Nachfolger von Husserl in Freiburg. Da er während des Dritten Reiches mit den Nationalsozialisten sympathisierte, entzog ihm die französische Besatzungsmacht von 1946 bis 1951 die Lehrerlaubnis.
Schlagartig bekannt wurde Heidegger mit seinem 1927 erschienenen Werk „Sein und Zeit". In einer eigens dafür geschaffenen eigenwilligen Terminologie („Befindlichkeit", „Geworfenheit", „Sein zum Tode") stellte er die Frage nach dem Sinn des Seins.
Heideggers Denken geht vom Menschen aus und endet wieder bei ihm; nur er kann nach seinem Sein und dem Sinn seines Seins fragen. Er ist nicht nur Seiendes unter vielen Seienden (wie das Sandkorn oder der Regenwurm), er kann sich auch als Seiendes verstehen. Er allein ist Dasein, das sich selbst begreift und sogar die Grenzen seines Seins zu überschreiten vermag (transzendiert).
Die Maßstäbe des Menschen sind die Existenziale. Ein solches Existenzial, eine Weise des menschlichen Seins, ist das In-der-Welt-Sein. Der Mensch begegnet der Welt nicht durch das Erkennen, sondern durch das Tun, das Hantieren, durch das „Besorgen". Das, was der Mensch herstellt, womit er umgeht, ist das „Zeug". Der Tisch,

auf dem wir schreiben, das Haus, in dem wir wohnen, das Auto, mit dem wir fahren, ist Zeug, das nur insofern ist, als es für uns ist. Der Mensch findet sich aber nicht nur in der Welt, er findet sich auch zugleich mit anderen Menschen im Dasein vor. Die anderen sind mit uns da, unser Sein ist also ein Mit-Sein. Die anderen sind nicht bloß Zeug, das wir für unsere Zwecke gebrauchen könnten, sondern haben Eigenwert. Unser Verhältnis zu ihnen ist charakterisiert durch die „Fürsorge" (die Heidegger allerdings nicht im karitativen Sinn versteht, sondern ganz allgemein als menschliches Verhältnis, als Beziehung der Menschen untereinander). Das „Besorgen" der Welt und das „Fürsorgen" gegenüber dem Mit-Dasein sind zwei Arten der Sorge. Eine unbekannte Macht, ein Gott oder Dämon, hat den Menschen ins Dasein geworfen (Geworfenheit des Daseins). Er wurde nicht nach seinem Willen gefragt, sein Dasein enthüllt sich als eine ihm auferlegte Last. Dennoch hat er diese Last zu tragen. Das führt uns zur Existenz. Der Mensch entwirft seinen Lebensplan, er formt die Welt. Seine Entwürfe weisen ihn stets in die Zukunft. Er existiert nur insofern, als er seine eigenen Pläne verwirklicht, seine eigenen Entwürfe in die Tat umsetzt; er verzichtet auf persönliche Lebensgestaltung, wenn er lediglich ausführt, was andere von ihm verlangen.

So wird die Freiheit zum Zentralpunkt der Philosophie Heideggers. Das Dasein wird zur Existenz, wenn der Mensch in Freiheit die Welt nach seinem Entwurf formt oder, anders ausgedrückt: aus der Immanenz in die Transzendenz vorstößt. Existenz ist also ein Vorgang, ein ständiges Transzendieren.

Die Grundbefindlichkeit unseres Daseins ist die Angst. Wir bangen um unser Dasein. Unser Sein ist ein Sein-zum-Tode, und deswegen hat der Mensch Angst. In der unbedingten, totalen Angst zerbrechen alle Absicherungen und Versicherungen des Lebens. Sie hält uns über einen Abgrund, über das Nichts. In der Angst wird das Sein zum Nichts.

Die gedankenlose Alltäglichkeit, die Zerstreuung, die ruhelose Hast und Jagd nach dem, was wir wichtig nennen, die Beschäftigungen sollen uns über die wahre Befindlichkeit unseres Daseins hinwegtäuschen. Unsere Lebenshypothesen sind die Krücken, mit deren Hilfe wir der Angst vor dem Tod zu entfliehen trachten. Nur wer den Mut hat, der Angst standzuhalten, findet gerade dann, wenn alles um ihn zu versinken droht, zu sich selbst und entdeckt seinen innersten Kern, die Existenz. Der Tod ist von allen Möglichkeiten des Daseins die eigentlichste, unbedingteste. Er ist nicht zu überspielen, nicht zu ersetzen, nicht zu überholen. Er ist uns eingepflanzt „wie der Gröps von einem schönen Apfel" (Rilke). Heidegger fasst den Tod nicht als zeitlich festlegbares Ereignis auf, das irgendwann einmal stattfindet, sondern der Tod ist mitten im Dasein, in uns, vom ersten Augenblick an da: „Der Tod ist eine Weise, zu sein, die das Dasein übernimmt, sobald es ist." Durch den Tod erhält das Leben Sinn und Begrenzung, bildet es eine Ganzheit.

Wolf Biermann.

Wolf Biermann während einer Tournee ausgebürgert

Der Sänger und Liedermacher Wolf Biermann wurde am 16. November 1976 von den DDR-Behörden ausgebürgert. Biermann befand sich auf Einladung der Industrie-Gewerkschaft Metall auf einer Tournee in der Bundesrepublik. 1953 war der gebürtige Hamburger in die DDR übergesiedelt, wo er an der Ostberliner Humboldt-Universität studierte. 1960 begann er, Lieder zu komponieren und zu schreiben. Er übte dabei von marxistischer Position aus Kritik am DDR-Sozialismus. 1963 wurde Biermann aus der SED ausgeschlossen, er durfte noch auftreten, veröffentlicht wurden aber nur noch unbedenkliche Liebesgedichte. 1965 erhielt er dann Auftritts- und Ausreiseverbot. Seine Gedichte wurden im Westen veröffentlicht.

Im November 1976 erhielt Biermann überraschend ein Visum für eine Tournee in der Bundesrepublik, die am 13. November 1976 mit einer Mammutvorstellung in Köln begann. Die darauffolgende Ausbürgerung wurde mit dem Paragraphen 13 des DDR-Staatsbürgerschaftsgesetzes begründet. Danach kann „Bürgern der DDR wegen grober Verletzung der staatsbürgerlichen Pflichten die Staatsbürgerschaft aberkannt werden". Biemann habe, so hieß es, das Recht auf weiteren Aufenthalt in der DDR verwirkt „mit seinem feindseligen Auftreten gegen die DDR". Sein persönliches Eigentum werde ihm zugestellt. Biermann unterbrach seine Tournee. Der Schriftsteller Heinrich Böll nannte die Ausbürgerung eine „echte Heimatvertreibung".

Gold für Annegret Richter in Montreal

Dieser Sonntag, der 25. Juli 1976, wird wirklich zu einem Feiertag für die bundesdeutsche Olympiamannschaft, zu ihrem bis dahin erfolgreichsten Tag in Montreal. Neunmal stehen unsere Athleten auf dem begehrten Podest: Gold für Sprinterin Annegret Richter und das Florett-Team, Silber für Ruderer Kolbe und die Military-Mannschaft, Bronze für Sprinterin Inge Helten, Schwimmer Peter Nocke, Military-Reiter Karl Schulz und die zwei Ruderboote „Vierer-mit" und „Zweier-ohne". Im Mittelpunkt stehen die superschnellen deutschen Mädchen. Schon im Halbfinale erjagt sich die Dortmunderin Annegret Richter mit 11,01 Sekunden den

Annegret Richter war 1976 bei den Olympischen Sommerspielen in Montreal die schnellste Frau der Welt. Im Finale des 100-mLaufs lieferte sie sich mit Renate Stecher ein packendes Duell.

Weltrekord. Im Endlauf zeigt sie wieder allen ihre zierlichen Absätze. Renate Stecher, die Siegerin von München, bleibt fünf Hundertstelsekunden zurück. Annegret Richter: „Von einer Medaille hatte ich geträumt, aber golden war sie da noch nicht."

DDR-Professor unter Hausarrest

Professor Robert Havemann wurde am 26. November 1976 von den DDR-Behörden unter Hausarrest gestellt. Havemann, Mitglied der Kommunistischen Partei Deutschlands seit 1932, war seit Jahren einer der schärfsten Kritiker des Dogmatismus und Bürokratismus in der DDR.

Bis 1963 war er Abgeordneter der DDR-Volkskammer gewesen. Er musste seinen Lehrstuhl für physikalische Chemie an der Ostberliner Humboldt-Universität aufgeben und wurde aus der SED ausgeschlossen. Schließlich wurde über ihn ein Publikationsverbot verhängt; seine kritischen Schriften erschienen nur in Westdeutschland.

Dem schließlich arbeitslosen Wissenschaftler blieb nur seine Ehrenpension als Verfolgter des Nazi-Regimes. Havemann wurde in einem Polizeiwagen von seinem Haus im Ostberliner Vorort Grünheide in das für ihn zuständige Kreisgericht nach Fürstenwalde gebracht. In der Verhandlung wurde ihm ein in einer westdeutschen Zeitschrift abgedruckter Beitrag vorgehalten, in dem er an die SED-Führung appelliert hatte, die Ausbürgerung des Liedermachers Wolf Biermann aufzuheben. Havemann bekannte sich zu dem Artikel. Das Gericht machte es Havemann zur Auflage, seine Wohnung nicht mehr zu verlassen. Die Bewachung Havemanns durch Polizeibeamte wurde 1979 aufgehoben; er lebte aber, so sagte Havemann selbst, in einem „lautlosen Gefängnis". Havemann starb am 9. April 1982.

Neues Abtreibungsgesetz

Der Bundestag billigte am 12. Februar 1976 das neue Gesetz mit 234 gegen 181 Stimmen. Es ersetzt die vom Bundestag 1974 beschlossene Neufassung des Paragraphen 218, die sogenannte Fristenlösung, die den Abbruch einer Schwangerschaft erlaubt, wenn seit der Empfängnis nicht mehr als zwölf Wochen verstrichen sind.

Die CDU /CSU-Opposition hatte dagegen vor dem Bundesverfassungsgericht geklagt. Das Gericht entschied im Februar 1975, dass der Paragraph 218a mit dem Grundgesetz „insoweit unvereinbar und nichtig ist, als er den Schwangerschaftsabbruch auch dann von der Strafbarkeit ausnimmt, wenn keine Gründe vorliegen, ... die vor der Wertordnung des Grundgesetzes Bestand haben".

Das nun gegen den heftigen Widerstand der CDU/CSU neu beschlossene Gesetz erlaubt die Abtreibung, wenn die Fortsetzung der Schwangerschaft eine schwerwiegende Beeinträchtigung der Gesundheit der Schwangeren bedeutet; wenn der Abbruch innerhalb von 22 Wochen nach der Empfängnis erfolgt und dringende Gründe dafür sprechen, dass das Kind an einer nicht behebbaren Gesundheitsschädigung leiden würde; innerhalb von zwölf Wochen nach einer Vergewaltigung; innerhalb der ersten zwölf Wochen, wenn von der Schwangeren eine so schwere Notlage abgewendet wird, dass die Fortsetzung der Schwangerschaft nicht zumutbar erscheint. Vor einer Abtreibung muss die Frau die Beratungsstelle oder einen Arzt aufsuchen und schließlich einen zweiten Mediziner, der den Eingriff vornimmt. Kein Arzt kann zu einem Schwangerschaftsabbruch gezwungen werden.

Sieger im Elfmeterschießen

Beide Mannschaften begannen im Endspiel um die Fußballeuropameisterschaft am 20. Juni 1976 in Belgrad (Deutschland – Tschechoslowakei) sehr vorsichtig. Keiner ging ein Risiko ein. Man versuchte, den Ball in den eigenen Reihen zu halten.

Bei den Weltmeisterschaften in Cali 1975 holt sich die 17jährige Schülerin Cornelia Ender bereits vier Goldmedaillen, bevor sie 1976 bei den Olympischen Spielen in Montreal mit viermal Gold und einmal Silber die erfolgreichste Teilnehmerin wird.

1. Minute: Nachdem die deutsche Mannschaft den Anstoß ausgeführt hatte, versuchte Beer sich auf der rechten Seite durchzutanken, wurde aber gestoppt. Sekunden später zog der an diesem Tag überragende Bonhof, der für enormen Druck sorgte, auf der linken Seite los. Seinen Schrägschuss konnte Torhüter Viktor mit einer schönen Parade halten. 5. Minute: Der erste Angriff der Tschechoslowaken kam über die linke Seite, wo Nehoda zum Schuss kam, aber auch Sepp Maier hielt sicher. 8. Minute: Ein katastrophaler Schnitzer des ansonsten sicheren Berti Vogts, als ihm ein Fehlpass in Richtung Elfmeterpunkt unterlief, führte zum 1:0 für die CSSR. Den Schuss von Masny konnte Maier zwar noch parieren, aber im Nachschuss war Nehoda zur Stelle, flankte zum völlig frei stehenden Svehlik, der ungehindert ins Netz knallte. Die deutsche Mannschaft lag im Rückstand.
13. Minute: Auf Rechtsaußen wurde Beer angespielt, dessen Schuss aus spitzem Winkel jedoch von Viktor gehalten werden konnte. 14. Minute: Wieder eine Chance für die deutsche Mannschaft, als Bonhof von der Strafraumgrenze aus schoss, aber der Ball in der Abwehr hängen blieb.
21. Minute: Ein schönes Zusammenspiel im deutschen Sturm hätte erneut zu einem Treffer führen können. Der agile Müller passte zurück zu Uli Hoeneß, der weiter zu Beer, der den Ball raffiniert zu Hölzenbein durchlaufen ließ. Erneut stand jedoch Weltklasse Torhüter Viktor bei dem knallharten Schuss von Hölzenbein richtig. 25. Minute: Ein Foul von Schwarzenbeck an den stürmenden Verteidiger Gögh brachte dann sogar das 0:2. Den Freistoß köpfte Beckenbauer aus dem Strafraum heraus, doch genau vor die Füße von Dobias, der sofort schoss. Sepp Maier konnte erst viel zu spät reagieren, weil ihm die Sicht versperrt war. Wie schon gegen Jugoslawien musste die deutsche Mannschaft jetzt einem 0:2-Rückstand hinterherlaufen. 28. Minute: Zum Glück hatte die deutsche Mannschaft wieder einen Müller, der einen herrlichen Steilpass von Bonhof aufnahm und den Ball aus der Drehung unhaltbar für Viktor

Uli Hoeness nach seinem verschossenen Strafstoß beim Elfmeterschießen am 20. Juni im Finale der Europameisterschaft gegen die CSSR in Belgrad.

zum Anschlusstreffer ins tschechische Gehäuse jagte.
45. Minute: Bis zur Halbzeit blieb das Spiel ausgeglichen, mit zwei überragenden Torhütern, die weitere Treffer verhinderten.
46. Minute: Wie schon gegen Jugoslawien brachte Helmut Schön auch diesmal nach dem Seitenwechsel Flohe für Wimmer, der dem deutschen Angriff mehr Druck geben sollte. Und sofort war der Kölner auch voll im Bilde, traf jedoch mit seinem Schuss nur das Außennetz.
47. Minute: Nach einem Doppelpass zwischen Müller und Beer schoss der an diesem Tage glücklose Berliner den herausstürzenden Viktor an.
53. Minute: Dobias erhielt für ein Foul an Flohe die gelbe Karte, doch der Freistoß von Bonhof blieb in der Mauer hängen.
83. Minute: Beckenbauer wurde jetzt immer offensiver. Als er unwiderstehlich in den Strafraum eindrang, wurde er von Dobias klar gefoult, aber der italienische Schiedsrichter Gonella verweigerte den eigentlich fälligen Elfmeter.

90. Minute: Die recht hart spielenden Tschechoslowaken foulten erneut Flohe. Der Freistoß wurde zur Ecke abgewehrt, aber dann gelang der deutschen Mannschaft der längst verdiente Ausgleichstreffer: Die Ecke von Bonhof verlängerte Hölzenbein mit dem Hinterkopf unhaltbar zum 2:2 Ausgleich ins Netz. In letzter Sekunde hatte sich die deutsche Mannschaft wieder die Verlängerung erkämpft.
92. Minute: Gleich in den ersten Minuten bemühte sich die deutsche Mannschaft um den Führungstreffer, als der eingewechselte Bongartz nach einem herrlichen Solo in den Strafraum flankte, wo Flohe nur ganz knapp am Leder vorbeiflog.
102. Minute: Einen Freistoß von Panenka konnte Torhüter Sepp Maier reaktionsschnell zur Ecke abwehren, die nichts einbrachte. 104. Minute: Nach einem ruppigen Foulspiel an Flohe erhielt auch Modr die gelbe Karte. Kurz darauf wurden zum letzten Mal die Seiten gewechselt.
120. Minute: In der letzten Viertelstunde waren die Tschechoslowaken offensichtlich stärker und dem Siegtreffer näher als die deutsche Mannschaft, letztlich fehlte jedoch auch bei ihnen die Kraft, um das entscheidende Tor zu erzielen, so dass das Spiel nach 120 Minuten mit 2:2 endete.
Nun musste erstmals ein Elfmeterschießen über die Vergabe eines Titels entscheiden. Es zeigte sich, dass die Tschechoslowakei sichere Schützen hatten. Masny verwandelte zum 1:0, Bonhof glich aus; erneut traf Nehoda sicher zum 2:1 und Flohe zum 2:2. Dann traf der überragende tschechische Libero Ondrus zum 3:2, Bongartz erzielte wieder den Ausgleich und Jurkemin die 4:3-Führung für die Tschechoslowaken. Sepp Maier hatte bei keinem dieser vier tschechoslowakischen Elfmeter eine Chance. Nun kam Hoeneß auf deutscher Seite, aber die Nerven ließen den Münchener im Stich. Er jagte den Ball hoch über das tschechoslowakische Tor, und somit hatte Panenka als letzter Schütze der Tschechoslowaken die Gelegenheit, schon alles klarzumachen. Der ließ Sepp Maier keine Chance, erhöhte damit auf 5:3, und die CSSR war Europameister.

1977

JANUAR

6.1. In Brüssel nimmt die Europäische Kommission als Organ der Europäische Wirtschaftsgemeinschaft (EWG) ihre Arbeit auf. Sie hat die Aufgabe, die europäische Einigung voranzutreiben und besitzt zugleich ein sogenanntes Vorschlags- und Initiativmonopol.
10.1. Der Bundesrichter Albrecht Mayer wird wegen der Weitergabe vertraulicher Unterlagen aus dem laufenden Verfahren gegen die RAF-Terroristen in Stuttgart-Stammheim an den Chefredakteur der Zeitung „Die Welt", Herbert Kremp, von seinem Amt entbunden.
11.1. Die DDR-Volkspolizei beginnt die aktive Behinderung von DDR-Bürgern, die die Ständige Vertretung der Bundesrepublik aufsuchen wollen. Die DDR-Regierung will damit die Kontaktaufnahme ausreisewilliger DDR-Bürger mit der Bundesrepublik verhindern.
13.1. Erstmals nimmt der UNO-Botschafter der Bundesrepublik Deutschland, Rüdiger von Wechmar, in New York an einer Sitzung des UNO-Sicherheitsrates teil.
18.1. Der Schriftsteller Carl Zuckmayer stirbt in Visp/Schweiz.
20.1. Der Vorsitzende im Stuttgarter Baader-Meinhof-Prozess, Theodor Prinzing, muss wegen Befangenheit sein Amt abgeben.

FEBRUAR

1.2. Die erste Ausgabe der Zeitschrift „Emma. Eine Zeitschrift für Frauen von Frauen", herausgegeben von der feministischen Journalistin Alice Schwarzer, erscheint in der Bundesrepublik. Schwerpunkte der Berichterstattung sind Probleme von Frauen in der Arbeitswelt, Gewalt in der Familie, die Behandlung von Vergewaltigungen durch die Justiz sowie die Auseinandersetzungen um den § 218.
5.2. In Ost-Berlin endet die von der Bundesrepublik Deutschland veranstaltete Ausstellung „Fotografie in Wissenschaft und Technik". Das Interesse an der ersten westdeutschen Ausstellung in Ost-Berlin, die rund 150.000 Personen besucht haben, übertrifft alle Erwartungen.
17.2. Der DDR-Staats- und Parteichef Erich Honecker bestätigt in einem Interview mit der „Saarbrücker Zeitung", dass rund 10.000 DDR-Bürger Ausreiseanträge gestellt hätten. Eine großzügigere Reiseregelung in das westliche Ausland könne es aber nur bei Anerkennung der DDR-Staatsbürgerschaft durch die Bundesregierung geben.
22.2. Die Grenzgemeinde Gorleben in Niedersachsen soll Standort einer zentralen Atommüll-Deponie werden.
26.2. Das Magazin „Der Spiegel" deckt die „Lauschaffäre Traube" auf. Danach wurden Telefongespräche des Atomwissenschaftlers Klaus Traube vom Verfassungsschutz mit Hilfe von sogenannten Wanzen abgehört. Das Bundesinnenministerium rechtfertigt den „Lauschangriff" mit dem Hinweis, gegen Traube habe der Verdacht auf Kontaktaufnahme zu einer terroristischen Vereinigung bestanden.

MÄRZ

8.3. In der Bundesrepublik läuft der Film „Stunde Null" von Edgar Reitz an. Der Film schildert die Geschehnisse in einem kleinen Dorf bei Leipzig in der kurzen Zeitspanne zwischen dem Abzug der amerikanischen Soldaten und dem Eintreffen der russischen Besatzungstruppen im Jahre 1945.
17.3. Der baden-württembergische Innenminister Karl Schieß bestätigt in Stuttgart, dass in den Jahren 1975/76 in der Haftanstalt Stuttgart-Stammheim Gespräche zwischen RAF-Häftlingen und ihren Verteidigern abgehört worden.
25.3. Vertreter Ungarns und der DDR unterzeichnen in Ost-Berlin ein neues Abkommen über Freundschaft, Zusammenarbeit und gegenseitigen Beistand.
26.3.-5.6. In Stuttgart findet die Ausstellung „Die Zeit der Staufer" statt.

APRIL

5.4. Die Mitgliedsstaaten der Europäischen Gemeinschaft (EG) verpflichten sich in einer gemeinsamen Erklärung, die Entscheidungen des Europäischen Gerichtshofs in Menschenrechtsangelegenheiten als verbindlich anzuerkennen.
7.4. Generalbundesanwalt Siegfried Buback wird zusammen mit seinem Fahrer in Karlsruhe auf offener Straße von RAF-Terroristen erschossen. Die Täter bezeichnen in einem Bekennerschreiben Buback als „Akteur des Systems", der unter anderem die „Ermordung" Ulrike Meinhofs „inszeniert und geleitet" habe, und daher „hingerichtet" worden sei.
13.4. Der oppositionelle DDR-Schriftsteller Rainer Kunze, der in der DDR starken Repressionen ausgesetzt war, siedelt in die Bundesrepublik über.
28.4. Das Stuttgarter Oberlandesgericht verurteilt die Terroristen Andreas Baader, Gudrun Ensslin und Jan Carl Raspe zu lebenslanger Haftstrafe. Das Gericht sieht es als erwiesen an, dass die Angeklagten sich des Mordes in vier und des Mordversuches in 34 Fällen sowie der Bildung einer kriminellen Vereinigung schuldig gemacht haben.
Der ehemalige Trainer der deutschen Fußball-Nationalmannschaft, Sepp Herberger, stirbt im Alter von 80 Jahren in Mannheim.

MAI

5.5. Der frühere Bundeswirtschaftsminister und Bundeskanzler Ludwig Erhard stirbt im Alter von 80 Jahren in Bonn.
11.5. Gründung der „Umweltschutzpartei" (USP) in Niedersachsen. Am 16.11. wird die Partei in „Grüne Liste Umweltschutz" (GLU) umbenannt.
18.5. In Genf unterzeichnen die Vertreter von 33 Staaten eine „Konvention über das Verbot der Anwendung umweltverändernder Techniken für militärische oder andere feindselige Zwecke".
27.5. Der Bundestag verabschiedet eine Wehrdienst-Novelle, nach der Wehrpflichtige künftig ohne Gewissensprüfung zwischen Bundeswehr und Zivildienst wählen dürfen.
29.5. Vertreter Polens und der DDR unterzeichnen in Ost-Berlin ein neues Abkommen über Freundschaft, Zusammenarbeit und gegenseitigen Beistand.

JUNI

2.6. Im sogenannten kleinen Baader-Meinhof-Prozeß verurteilt das Landgericht Kaiserslautern Manfred Grashof und Klaus Jünschke wegen gemeinschaftlich begangenen Mordes zu lebenslanger Haft.
20.6. Manfred Krug, einer der beliebtesten Schauspieler und Sänger der DDR, siedelt mit seiner Familie in die Bundesrepublik Deutschland über. Seit seiner öffentlichen Kritik an der Ausbürgerung Wolf Biermanns aus der DDR war Krug zunehmend Schikanen und Repressalien durch die Polizei und den Staatssicherheitsdienst der DDR ausgesetzt.
25.6. Mit einer feierlichen Grundsteinlegung beginnt in Dresden der Wiederaufbau der im Zweiten Weltkrieg fast völlig zerstörten, weltberühmten Semper-Oper.
29.6.-2.10. Erstmalig wird auf der documenta 6 mit Bernhard Heisig, Wolfgang Mattheuer, Willi Sitte, Werner Tübke und Fritz Cremer Kunst aus der DDR gezeigt.
30.6. In der Bundesrepublik läuft der Film „Aus einem Deutschen Leben" von Theodor Kotulla (geb. 1928) an. Der Film geht anhand des Lebenslaufs von Rudolf Höß der Frage nach, wie es möglich ist, dass aus einem durchschnittlichen, unauffälligen Arbeiter der Kommandant des Konzentrationslagers Auschwitz wird.

JULI

3.7. In Münster wird eine unter freiem Himmel stattfindende Ausstellung unter dem Leitthema „Skulptur im öffentlichen Raum" eröffnet. In den Parks und Grünanlagen der Stadt sind unter anderem Arbeiten des Kölners Ulrich Rückriem (geb. 1938) und des US-Amerikaners Claes Oldenburg (geb. 1929) zu sehen.

12.7. In Anwendung der Schlussakte der Konferenz über Sicherheit und Zusammenarbeit in Europa (KSZE) nehmen erstmals auch Beobachter der Bundesrepublik an einem militärischen Manöver des Ostblocks teil.

20.7. Das Oberlandesgericht Düsseldorf verurteilt die vier Terroristen, die 1975 die deutsche Botschaft in Stockholm überfielen, zu lebenslanger Haft. Damals waren zwei Diplomaten ermordet worden.

30.7. Der Vorstandsvorsitzende der Dresdner Bank, Jürgen Ponto, wird in seiner Villa im Taunus bei einem Entführungsversuch von den Terroristen Christian Klar und Brigitte Mohnhaupt erschossen.

AUGUST

4.8. Der Philosoph Ernst Bloch stirbt in Tübingen.

8.8. In West-Berlin eröffnet die Staatliche Kunsthalle.

9.8. Aufgrund der neuesten alarmierenden Daten zur wirtschafts- und arbeitsmarktpolitischen Entwicklung beruft Bundeskanzler Helmut Schmidt während der Sommerpause überraschend das Bonner Wirtschaftskabinett in Hamburg ein.

23.8. Verhaftung des DDR-Regimekritikers Rudolf Bahro wegen der Veröffentlichung von Auszügen aus seinem Buch „Die Alternative" in der Bundesrepublik sowie unter dem Vorwurf nachrichtendienstlicher Tätigkeit. Am 30.6.1978 wird Bahro zu acht Jahren Haft verurteilt. 1979 wird er aus der DDR ausgebürgert und reist in die Bundesrepublik aus.

SEPTEMBER

5.9. Der Präsident der Bundesvereinigung der Deutschen Arbeitgeberverbände (BDA) und Präsident des Bundesverbands der Deutschen Industrie (BDI), Hanns Martin Schleyer, wird in Köln von Terroristen entführt. Dabei werden Schleyers Fahrer und drei Sicherheitsbeamte erschossen. Die Entführer fordern die Freilassung von elf inhaftierten Terroristen, darunter Andreas Baader, Gudrun Ensslin und Jan Carl Raspe.

11.9. Die Deutsche Bundesbahn stellt mit zwei Sonderfahrten ihre letzten beiden Dampflokomotiven außer Dienst.

14.9. Die Bundesregierung beschließt unter anderem Steuerentlastungen und Verbesserungen der Abschreibungsmöglichkeiten zur Förderung von Wirtschaftswachstum und Beschäftigung.

19.9. Die deutsche Literaturvereinigung „Gruppe 47" löst sich 30 Jahre nach ihrer Gründung formell auf.

OKTOBER

5.10. Vertreter der Tschechoslowakei und der DDR unterzeichnen in Ost-Berlin ein neues Abkommen über Freundschaft, Zusammenarbeit und gegenseitigen Beistand.

7.10. In Ost-Berlin kommt es am Rande eines Konzerts auf dem Alexanderplatz im Rahmen der Festveranstaltungen zum Nationalfeiertag der DDR zu schweren Zusammenstößen zwischen Jugendlichen und der Volkspolizei.

9.10. Der Journalist Günter Wallraff präsentiert in Bonn sein Buch „Der Aufmacher", in dem die journalistische Praxis der „Bild"-Zeitung dargestellt werden. Kernaussage des Buches ist, dass im Kampf um Auflagenzahlen Nachrichten verfälscht und Menschen verunglimpft werden. Der Springer-Konzern, der die „Bild"-Zeitung herausgibt, wehrt sich mit mehreren Prozessen gegen die Vorwürfe, kann aber Wallraff nicht widerlegen.

13.10. Palästinensische Terroristen entführen die Lufthansa-Maschine „Landshut" nach Mogadischu/Somalia und wollen damit die Forderung der Schleyer-Entführer nach der Entlassung inhaftierter RAF-Häftlinge unterstützen.

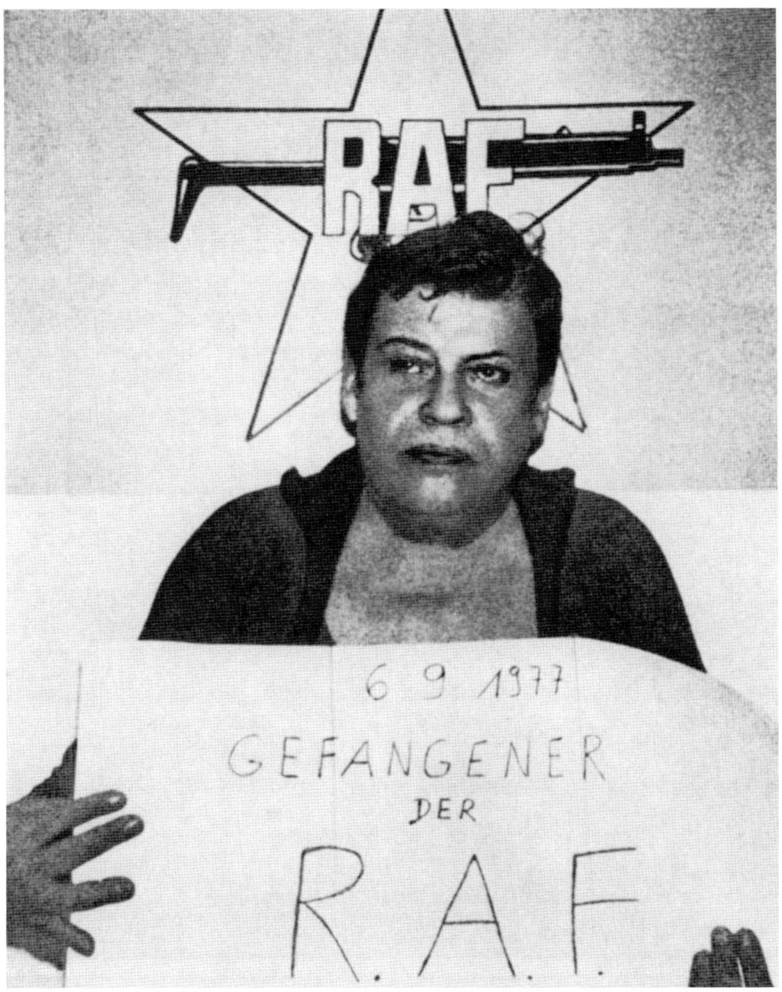

Hans Martin Schleyer als Gefangener der RAF. Erpresserfoto vom 6.9.1977.

18.10. Der 1973 aufgestellten Spezialeinheit des Bundesgrenzschutzes, GSG 9 (Grenzschutzgruppe 9), gelingt es, die entführte Lufthansa-Maschine „Landshut" in Mogadischu zu stürmen und die Geiseln zu befreien. Am selben Tag begehen die zu lebenslanger Haft verurteilten Terroristen Baader, Ensslin und Raspe in Stuttgart-Stammheim Selbstmord.

19.10. Der am 5. September entführte Hanns Martin Schleyer wird im Kofferraum eines Autos in Mülhausen/Elsass tot aufgefunden. Kurz zuvor hatte die RAF in einer Erklärung bekannt gegeben: „Wir haben nach 43 Tagen Hans Martin Schleyers klägliche und korrupte Existenz beendet. Herr Schmidt, der in seinem Machtkalkül von Anfang an mit Schleyers Tod spekulierte, kann ihn in der Rue Charles Péguy in Mülhausen in einem grünen Audi 100 mit Bad Homburger Kennzeichen abholen. Für unseren Schmerz und unsere Wut über die Massaker von Mogadischu und Stammheim ist sein Tod bedeutungslos..."

In der Bundesrepublik beginnt eine Großfahndung nach 16 namentlich bekannten Terroristen, denen die Morde an Buback, Ponto und Schleyer vorgeworfen werden.

DEZEMBER

9.12. Unter Vorsitz von Willy Brandt konstituiert sich die internationale „Nord-Süd-Kommission". Das Gremium soll Vorschläge für einen Ausgleich zwischen den Industrienationen und den Staaten der „Dritten Welt" ausarbeiten.

12.12. In Bonn wird die Sekretärin im Verteidigungsministerium, Renate Lutze, festgenommen. Sie steht unter dem Verdacht, jahrelang für den DDR-Staatssicherheitsdienst spioniert zu haben.

AUSSERDEM

Günter Grass: Der Butt (Roman)
Hermann Kant: Der Aufenthalt
Alexander Kluge: Neue Geschichten (Erzählungen)

Generalbundesanwalt Siegfried Buback erschossen

In Karlsruhe, dem Sitz der Bundesanwaltschaft, wird am 7. April 1977 Generalbundesanwalt Siegfried Buback auf offener Straße erschossen. Auch zwei seiner Begleiter kommen ums Leben. Als Bubacks Dienstwagen auf dem Weg ins Büro an einer Ampel hält, stoppt ein Motorrad neben ihm. Fahrer und Beifahrer eröffnen das Feuer auf die Insassen des Fahrzeugs. Zu der Tat bekennt sich ein „Kommando Ulrike Meinhof – Rote-Armee-Fraktion". Dazu ein Kommentar von Friedrich Karl Fromme in der „Frankfurter Allgemeinen Zeitung":

Die Ruhe war trügerisch. Sie war eigentlich dem Bedürfnis der Politiker und der Regierten entsprungen, Ruhe zu sehen, wo keine war; es gab genug Überfälle, Sprengstoffanschläge, sogar Terrorismus mit Geiselnahme – das aber war, gottlob, weit weg. Nun ist wieder Blut geflossen, mitten in der friedlichen Bundesrepublik. Ihr oberster Ankläger ist kaltblütig und heimtückisch ermordet worden.

In Bekundungen der Politiker ist immer wieder die Rede von der „sinnlosen" Bluttat. Es steht zu befürchten, dass hier schon wieder der Anfang liegt für eine Selbsttäuschung. Der Mord war aus der Sicht seiner mutmaßlichen Urheber nicht sinnlos. Er dient der Einschüchterung der Strafverfolger. Der tote Generalbundesanwalt Buback war ein mutiger, ein gelassener Mann; aber auch er hätte gern weitergelebt, und seine Kollegen, die hohen Justizpersonen, die es mit der Verfolgung der Terroristen zu tun haben, wollen das auch. Keiner der weniger Gefährdeten, der besser Geschützten darf da den Stein heben. Zwar wird kein Richter den Entschluss fassen, von jetzt an immer nur freizusprechen; aber es gibt feinere Mechanismen, in denen der Selbsterhaltungswille sich durchsetzt.

Warum, auf diese Frage könnte es hinauslaufen, soll man gerade sich selbst in eine Position bringen, Bubacks Nachfolge anzutreten in dem Sinne, dass man eines Tages das Gleiche erfährt wie er? Der Schutz reicht – das hat das Schicksal Bubacks wieder gezeigt – nicht entfernt an den Punkt absoluter Sicherheit heran. Der Terrorismus hat einen zweiten Erfolg erzielt mit seinem „sinnlosen" Unternehmen. Der von parteipolitischen Interessen mitbestimmte Disput darüber ist schon wieder in vollem Gange, ob der Staat sich nun auch in seiner gesetzlichen Ausstattung besser rüsten müsse gegen die Pest des Terrorismus oder ob er nicht vielmehr eher noch freiheitlicher werden müsse, um den Terroristen die Argumente für ihr schändliches Tun zu entrücken – bis sie es eines Tages aufgeben, einsichtig werden, bereuen? Schon die in diesem Disput zuta-

Bubacks Dienstwagen nach dem Attentat am 7. April 1977.

Trauerfeier im Stuttgarter Landtag für die Opfer, die bei der Entführung von Hanns Martin Schleyer am 5. September 1977 erschossen wurden.

getretende Unsicherheit des Staates darüber, was er eigentlich ist, will und darf, ist ein Erfolg der Terroristen. Unsicherheit des Staates schwächt das Zutrauen der Bürger zu ihrem Staat, um das es nicht zum Besten bestellt ist.
Die Vision von dem Staat, der immer freiheitlicher wird, mit dem Ende, dass die Terroristen schließlich schluchzend von ihrem bösen Tun ablassen, eine Gefängnisstrafe auf sich nehmen und fürderhin brav und „systemimmanent" an der gesellschaftlichen Erneuerung arbeiten, ist kindlich. Also Härte? Gewiss wird mit einer Schärfung von Strafandrohungen der Terrorismus nicht aus der Welt geschafft. Aber er wird dadurch ein Stück weiter isoliert. Wenn der Staat immer nur die andere Wange hinhält, wenn er sich, aufs äußerste angegriffen wie jetzt, darauf beschränkt, zu beteuern, dass ja niemandes Freiheit, auch die des Terroristen nicht, über das bis dato geltende Maß eingeschränkt werden soll und darf, zieht er schließlich die Verachtung vieler Bürger auf sich, und ein komplementäres Bedürfnis, Respekt zu empfinden, wendet sich, wenn nicht den Terroristen, so doch bestimmen Systemveränderern zu, und wären es die, die vielleicht eines Tages wieder einmal „eiserne Härte" versprechen. Auch die Justizpersonen würden, sähen sie eine Geste des Staates, die vom Willen zur Selbstbehauptung kündet, ermutigt. Eines wenigstens muss jetzt geschehen: Die Diskussion über die Relativierung der lebenslangen Freiheitsstrafe bei Mord muss eingestellt werden. Das ist nicht eine Frage der Abschreckung der lebenslangen Freiheitsstrafe auf Terroristen. Es ist eine Frage der Selbstachtung des Staates – und von ihrer Bekräftigung geht nicht eine kurzfristige Abschreckung, aber eine langfristige Entmutigung der Systemsprenger aus.

Andreas Baader und Gudrun Enslin.

Schleyer-Entführung, Mogadischu, Stammheim

Am 18. Oktober 1977 fanden der Entführungsfall Schleyer, der seit 6 Wochen die deutsche und die Weltöffentlichkeit in Atem hielt, der parallele Entführungsfall „Landshut" sowie das Leben dreier zur „1. Generation" der RAF (Rote Armee Fraktion) zählenden Terroristen auf dramatische Weise ein Ende. Der erste Akt dieses Dramas begann am 5. September um 17.25 Uhr in Köln, als ein „Kommando Siegfried Hausner" den Präsidenten der Bundesvereinigung der Deutschen Arbeitgeberverbände, Dr. Hanns-Martin Schleyer, entführte und seine vier Begleiter auf offener Straße ermordete. Am nächsten Tag präsentierten die Kidnapper ihre Forderungen:
Freilassung von 11 Inhaftierten Terroristen (darunter: Andreas Baader, Gudrun Ensslin und Jan-Carl Raspe, die in Stuttgart-Stammheim einsaßen), denen pro Kopf DM 100.000.- ausgehändigt werden müssten, sowie die Einstellung der Großfahndung. Die „Kleine Lage" des Bundeskanzlers (außer Schmidt die Minister des Inneren, der Justiz, der Generalbundesanwalt, der Leiter des Bundeskriminalamts, Staatsminister Wischnewski und Vizekanzler Genscher) beschloss am gleichen Tag, die Forderungen keinesfalls zu erfüllen und mit hinhaltender Taktik Zeit zu gewinnen, um Schleyer aus den Händen der Entführer zu befreien. Im Verlauf der Ereignisse band der Bundeskanzler die Opposition in die gesamtstaatliche Verantwortung ein („Große Lage", zu der auch die Partei- und Fraktionsvorsitzenden sowie einige Länderchefs geladen wurden).
Der Nervenkrieg zog sich über Wochen hin: Die Terroristen stellten ein Ultimatum nach dem anderen, verbunden mit der Drohung, die Geisel „hinzurichten", das Bundeskriminalamt forderte immer neue Lebensbeweise Schleyers an, verlangte nach Präzisierung der Austauschmodalitäten (als Nachrichten-Vermittler fungierte der Genfer Anwalt Payot). Ende September verabschiedeten Bundestag und -rat ein Eilgesetz, das eine zeitlich begrenzte Kontaktsperre zwischen den einsitzenden Terroristen und ihren Anwälten ermöglichte.
Zwei Wochen später, am 13. Oktober, begann des Dramas zweiter Akt: Die Lufthansa-Maschine „Landshut" wurde auf ihrem Flug von Mallorca nach Frankfurt von vier palästinensischen Terroristen entführt, die die Forderungen der Schleyer-Entführer unterstrichen und zusätzlich die Freilassung zweier Palästinenser aus türkischen Gefängnissen sowie 15 Millionen Dollar erpressen wollten. Nach tagelangem Irrflug landete die „Landshut" (86 Passagiere, 5 Besatzungsmitglieder) am 16. Oktober in Aden: Während die Luftpiraten Flugkapitän Jürgen Schumann erschossen, scheiterte in Deutschland die Übergabe des Lösegeldes durch Schleyers Sohn Eberhard, der durch eine einstweilige Verfügung des Bundesverfassungsgerichts die Bundesregierung zwingen wollte, auf die Bedingungen der Entführer einzugehen. Das Bundesverfassungsgericht wies die Klage ab.
Der Bundeskanzler befand sich jetzt in einem klassischen Dilemma: Welche Entscheidung er auch traf, sie würde Tote kosten. Am 17. Oktober landete die „Landshut" in der somalischen Hauptstadt Mogadischu – dorthin sollten die freizulassenden Terroristen geflogen werden, ein „letztes Ultimatum" würde um 1.30 Uhr MEZ (18. Oktober) ablaufen. Um 11.44 Uhr landete Staatsminister Wischnewski in Mogadischu, um vor Ort als Ansprechpartner zur Verfügung zu stehen. Der Bundeskanzler hatte inzwischen telefonisch das Einverständnis des somalischen Präsidenten erhalten, eine Befreiungsaktion zu versuchen. Um 17.30 Uhr landete unauffällig eine Lufthansa-Sondermaschine mit dem Antiterror-Einsatzkommando des Bundesgrenzschutzes, GSG 9.
Mit den ersten Minuten des 18. Oktober begann der dritte und letzte Akt des Dramas: Um 0.05 Uhr erstürmt die GSG 9 die „Landshut" und befreit alle 90 Geiseln lebend; drei Luftpiraten finden den Tod. Wischnewski telefoniert dem Kanzler nach Bonn: „Die Arbeit ist erledigt." Um 1.00 Uhr MEZ dankt Regierungssprecher Bölling der GSG 9 und dem somalischen Präsidenten und appelliert an die Entführer: „Geben Sie Schleyer frei und begreifen Sie, dass der Weg des Terrors der Weg in die Selbstzerstörung ist."
Auf die Nachricht von der Geisel-

Stoff für die Boulevard-Presse lieferte die bekannte Schauspielerin Ingrid van Bergen, als sie im Februar 1977 in einem Anfall von Eifersucht ihren Freund Klaus Knaths erschoss. In allen Details wurden Tat und Vorgeschichte ausgewalzt und weidlich auf die Tränendrüsen gedrückt. Die Richter aber ließen sich davon nicht beeindrucken und verurteilten die einstige Leinwandschönheit am 27. Juli 1977 zu sieben Jahren Haft.

befreiung in Mogadischu nehmen sich Baader, Raspe und Ensslin am Morgen in Stammheim das Leben (skandalöserweise verfügten sie über Schusswaffen); Irmgard Möller überlebt ihren Selbstmordversuch. Der Bundeskanzler rät, um Legenden vorzubeugen, eine internationale Obduzentengruppe nach Stammheim zu entsenden.
Um 13.58 Uhr treffen die befreiten Lufthansa-Geiseln in Frankfurt ein. Etwa zur gleichen Zeit wird im Elsass Hanns-Martin Schleyer von seinen Kidnappern ermordet ...
Die Leiche Schleyers wurde erst am folgenden Tag bei Mülhausen im Kofferraum eines Audi gefunden. Das Drama war beendet. In den Familien aller Toten, die es kostete, ist es noch lebendig.

Regierungserklärung von Bundeskanzler Schmidt:
Gezeichnet vom Schock des Mordes an Arbeitgeberpräsident Hanns-Martin Schleyer und von der Erleichterung über die Befreiung der Geiseln in der Lufthansa-Maschine „Landshut" in Mogadischu trat am 20. Oktober 1977 Bundeskanzler Helmut Schmidt vor den Bundestag und gab eine Regierungserklärung ab. Er würdigte die Terroropfer und dankte allen Helfern, dann sagte er:
Die Wochen, die alle Betroffenen und unser ganzes Volk zum Teil in ohnmächtiger Wut, zum Teil in Schmerz und Leid, in der Hoffnung, in Glück und Enttäuschung, in dem Erfahren von Tapferkeit und in dem Erfahren von Mitmenschlichkeit durchlebt haben, werden ihre Spuren hinterlassen – nicht nur in Deutschland, auch international. Was unser Volk in diesen Tagen an Haltung gezeigt hat, wird von der zivilisierten Welt in Ost und West, in Nord und Süd mit Respekt und Mitgefühl betrachtet.

Dazu sagte er:
Millionen Deutsche und Abermillionen von Menschen in aller Welt atmeten auf, als nach dem 20. Oktober 1977 in Mogadischu im ostafrikanischen Somalia nach einem Irrflug von 9000 km die Befreiung von 86 Menschen aus unmittelbarer Lebensgefahr gelungen war. In Mogadischu wurde zugleich ein Zeichen gesetzt für die Zusammenarbeit unter den Völkern und Staaten der Welt und für die gemeinsame Überwindung der Geißel des internationalen lebensverachtenden, gemeinschaftszerstörenden Terrorismus.
Wir haben in den schweren Stunden, in denen wir die drückende Last der Entscheidung trugen, nicht alleingestanden. Tief eingeprägt hat sich in uns die Bereitschaft von Regierungen im Nahen Osten und auf dem afrikanischen Kontinent, sich gemeinsam mit uns um die Befreiung der Menschen aus ihrem Leiden zu bemühen. Der besondere Dank der Bundesregierung, unseres ganzen Volkes und – ich bin sicher – aller Menschen auf der Welt, welche den Terrorismus ablehnen, gilt dem Staatspräsidenten von Somalia, Siyad Barre, und seiner Regierung. Die Entscheidung mag dem Präsidenten nicht leichtgefallen sein, aber er war bereit, einen entscheidenden Beitrag zu leisten, um das Leben der Geiseln zu retten ...
Ich sage vor allem den jungen Menschen, dass Demokratie nicht allein aus dem Prinzip zur Bildung von Mehrheiten besteht. Ihre letztlich existentielle Begründung findet sie in der Humanisierung der Politik, das heißt des Umgangs mit der Macht. Indem die demokratische Verfassung von der Würde des Menschen ausgeht und nicht nur dem Staat, sondern auch dem Einzelnen verbietet, mit dieser Existenz und der Würde des Menschen nach Belieben und Willkür zu verfahren, schreibt sie uns allen die Grenzen unseres Handelns vor. Diese Verpflichtung dem Ganzen gegenüber umfasst auch, den Schwachen zu helfen, Minderheiten nicht auszuschließen und gegenüber Andersdenkenden Respekt zu bewahren. Wer aber aus dieser humanen Geschichte heraustritt, wer an die Stelle des demokratischen Rechtes das Faustrecht der Gewalt setzt, erlebt eine Ausweglosigkeit, in der vermeintliche Macht bis in die Selbstzerstörung umschlagen kann ... Die Bundesregierung wird noch Gelegenheit nehmen, alle ihre Entscheidungen, ihre Gründe und ihre Zweifel ausführlich öffentlich darzulegen. Zu dieser Verantwortung stehen wir. Gott helfe uns.

Ludwig Erhard

* Fürth, 4. Februar 1897
† Bonn, 5. Mai 1977

Mit Professor Ludwig Erhard wurde am 16. Oktober 1963 ein Mann Bundeskanzler, dessen Verdienste als Wirtschaftsminister schon ein Stück Geschichte der Bundesrepublik Deutschland waren. Als Kanzler scheiterte Erhard. Hatte Adenauer, der ihm Führungskraft absprach, recht behalten? Erhard selbst sagte an seinem 80. Geburtstag, er habe

Ludwig Erhard ist für kaum jemanden ohne seine Zigarre vorstellbar. Er, der „Vater des Wirtschaftswunders", hat den Marshallplan in der BRD durch seine freie Marktwirtschaft erfolgreicher werden lassen als in irgendeinem anderen europäischen Land. Obwohl als Kanzler eher glücklos, ist seine Popularität ungebrochen geblieben.

Mit dem ölgefeuerten Güterzug der Baureihe 042 ging 1977 die Epoche des Dampfbetriebes bei der Deutschen Bundesbahn zu Ende. Von den von der Deutschen Reichsbahn der DDR betriebenen Maschinen wurden die letzten in den 1970er Jahren ausgemustert.

sich stets als Wissenschaftler, nicht als Politiker verstanden.

Die historische Leistung des Professors bestand in der Durchsetzung liberaler Grundsätze in der Wirtschaftspolitik in einem Land, das eine fast 15-jährige Phase staatlicher Wirtschaftslenkung hinter sich hatte, in dem das Verständnis für die Bedeutung marktwirtschaftlicher Regeln weitgehend verlorengegangen war und das sich nach dem Zweiten Weltkrieg im Zustand tiefen Elends befand. Mit der Währungsreform am „Tag X", dem 20. Juni 1948, legte Erhard die Kräfte frei, die den wirtschaftlichen Wiederaufstieg eines Teils Deutschlands zu einer der führenden Industrienationen der Welt bewirkt haben, die das Fundament des Wohlstands und damit indirekt des Gedeihens der demokratischen Ordnung legten. Er wagte den kühnen Schritt, die Zwangswirtschaft niederzulegen, gegen Widerstände der Besatzungsmächte, der Sozialdemokraten und der eigenen Partei, deren Arbeitnehmerflügel die sozialen Grundsätze des Ahlener Programms in Gefahr sah. Das Ziel, dem Menschen ein menschenwürdiges Dasein zu verschaffen, wollte Erhard durch Freisetzung der Eigeninitiative erreichen. Er glaubte an die Person, an die Selbstverantwortung des Einzelnen; indem er ihr die soziale Mitverantwortung zur Seite stellte, vereinigte er sein wirtschaftspolitisches Credo zum gesellschaftspolitischen Begriff „soziale Marktwirtschaft". Erhards ganzes Denken und Handeln gründete auf dem Glauben an die produktive Kraft der Freiheit.

Der Aufstieg des am 4. Februar 1897 in Fürth geborenen Sohns eines Textilwarenhändlers zum „Vater des Wirtschaftswunders" begann 1945, als den Amerikanern ein Papier über wirtschaftspolitische Maßnahmen in Nachkriegsdeutschland in die Hände fiel. Erhard, der als Autor verantwortlich zeichnete, hatte die 1943/44 verfasste Denkschrift, die von der Prämisse der deutschen Niederlage ausging und die Vorzüge der freiheitlichen Marktwirtschaft herausstellte, an Carl Goerdeler geschickt, einen der Hauptverschwörer des 20. Juli 1944. Ein Wirtschaftsfachmann ersten Ranges war der freiheitsliebende Franke schon damals; nach Abschluss der kaufmännischen Lehre und des Studiums der Betriebswirtschaft, Nationalökonomie und Soziologie hatte sich Dr. Erhard an der Handelshochschule Nürnberg mit Konsumforschung befasst und 1942 in einem eigenen Institut „eingeigelt". Drei Jahre später nahm die amerikanische Besatzungsmacht in Franken den baldigen Honorarprofessor als Wirtschaftsberater in Dienst.

Im Oktober 1945 trat Erhard als bayerischer Staatsminister für Handel und Gewerbe in das Kabinett Hoegner ein, bis ihn der zweite Ruf der Amerikaner in die Zweizonenverwaltung nach Frankfurt zitierte; hier bereitete er als Vorsitzender der Sonderstelle „Geld und Kredit" den „Tag X" vor. Im Februar 1949 lernte Erhard Konrad Adenauer kennen, fand den Weg in die CDU und den Bundestag und wurde der erste Wirtschaftsminister der Bundesrepublik Deutschland. Der beste Mann saß am richtigen Platz – für 14 Jahre. Dann, als der erste Bundeskanzler widerstrebend aus dem Amte schied, konnte die Union an dem langjährigen Vizekanzler und Vater so vieler Erfolge nicht vorbei: Ludwig Erhard setzte sich auf den Stuhl Konrad Adenauers.

Nun wurde von dem Professor mehr gefordert als das Fachwissen, dass wirtschaftliche Stabilität und Produktivität Grundlagen der sozialen Leistungskraft und außenpolitischen Handlungsfähigkeit sind. Erhard fand im wachsenden amerikanisch-französischen Gegensatz keine eigene Linie, was zu einer Abkühlung des Verhältnisses mit Paris führte; der Streit um den Devisenausgleich belastete zugleich das deutsch-amerikanische Klima.

Der Wähler, der gern an das Naheliegende denkt, sah in dem wohlbeleibten Kanzler mit der dicken Zigarre zuerst die Verkörperung des eigenen Wohlstands und gewährte der Union 1965 stolze 47,6 Prozent. Erst als auf Erhards ureigenem Feld, der Wirtschaft, Probleme sichtbar wurden, sank sein Stern. Der Professor hielt der steigenden Ausgabenflut zunehmend nur Maßhalte-Appelle entgegen, was ihm den Spitznamen „Gummilöwe" eintrug, und wurde mit seinem Gedanken einer „formierten Gesellschaft" dem Kräftespiel in der von ihm selbst postulierten freien Wirtschaft und Gesellschaft nicht gerecht. Die Medien bemängelten den rüden Ton, mit dem er sich die Einmischung der Intellektuellen („Pinscher", „Uhus") verbat.

Der empfindsame Mann, der den Ruf besonderer Fairness und Redlichkeit genoss, hatte die verletzende Kritik, dass sein „Wirtschaftswunder" die Deutschen geistig bequem gemacht habe, nicht verwunden.

1966 kam es infolge der Rezession, der Kohlenkrise und Stahlflaute in Nordrhein-Westfalen zu einem triumphalen Wahlsieg der SPD (49,5 Prozent). Der Erdrutsch von Düsseldorf alarmierte Bonn und insbesondere die Liberalen; wegen Streits um die Deckung des Haushalts sprengte die FDP die Koalition, die Union machte die verlorene Mehrheit mit dem neuen Partner SPD mehr als wett. Erhard, seit sechs Monaten CDU-Vorsitzender, war nicht der Mann für eine Große Koalition. An seine Stelle trat Kurt Georg Kiesinger, der 1967 auch den Parteivorsitz übernahm.

Professor Ludwig Erhard blieb als lebendes Denkmal der sozialen Marktwirtschaft und Gralshüter seines Lebenswerks Abgeordneter im Bundestag. Als großer Ökonom nimmt er in der Geschichte der Bundesrepublik und Volkswirtschaft der modernen Welt einen bleibenden Ehrenplatz ein.

1978

JANUAR

1.1. Das Bundesdatenschutzgesetz tritt in Kraft. Erster Bundesbeauftragter für den Datenschutz wird im Februar Hans Peter Bull .

10.1. Das Büro des Nachrichtenmagazins „Der Spiegel" in Ost-Berlin wird durch die DDR-Behörden geschlossen. Damit reagiert die SED-Führung auf die Veröffentlichung eines regimekritischen Manifests einer bislang unbekannten SED-Oppositionsgruppe durch den „Spiegel".

19.1. Der letzte in Deutschland gefertigte VW-"Käfer" läuft in Emden vom Band.

FEBRUAR

1.2. In einem Leserbrief an die Londoner Tageszeitung „The Times" setzen sich namhafte Schriftsteller, darunter Heinrich Böll, Graham Greene und Arthur Miller für die Freilassung des seit 1977 in der DDR inhaftierten Regimekritikers Rudolf Bahro ein.

2.2. Nach Bekannt werden mehrerer Abhöraktionen des Militärischen Abschirmdienstes (MAD) erklärt Verteidigungsminister Georg Leber (SPD) seinen Rücktritt. Sein Nachfolger wird Hans Apel.

9.-15.2. In Ost-Berlin wird das Brecht-Haus und ein Brecht-Dialog über „Kunst und Politik" eröffnet.

12.2. In Hofheim/Taunus wählen die Jungsozialisten (Jusos) den 33jährigen Rechtsanwalt Gerhard Schröder aus Hannover zum neuen Vorsitzenden.

16.2. Der Bundestag verabschiedet das zweite Anti-Terror-Gesetz. So werden beispielsweise bei Gesprächen zwischen den Terroristen und ihren Anwälten künftig Trennscheiben vorgeschrieben, die das Einschmuggeln von Gegenständen verhindern sollen. Außerdem können Verteidiger vom laufenden Verfahren ausgeschlossen werden, wenn der Verdacht auf Tatbeteiligung besteht. Schließlich können bei Fahndungen an öffentlich zugänglichen Orten Kontrollstellen eingerichtet werden.

18.2. Das DDR-Kulturministerium legt in Ost-Berlin einen „Plan zur langfristigen Entwicklung der sozialistischen Kultur und ihrer materiell technischen Basis" vor. Darin wird unter anderem eine Steigerung der jährlichen Buchneuerscheinungen von 5.900 auf 7.200 genannt. Als vordringlichstes Bauvorhaben bezeichnet das Ministerium den Wiederaufbau des Dresdner Zwingers.

27.2. Auf einer Umweltschutzkonferenz der Bundesländer in West-Berlin gibt Bundesinnenminister Werner Maihofer (F.D.P.) die Einführung eines Gütezeichens für umweltverträgliche Produkte bekannt. Es ähnelt dem Umweltschutzzeichen der Vereinten Nationen und zeigt einen von einem Eichenkranz umgebenen blauen Engel.

MÄRZ

3.3. In der Bundesrepublik läuft der Film „Deutschland im Herbst" an. Die Gemeinschaftsarbeit von Alexander Kluge, Volker Schlöndorff, Rainer Werner Fassbinder, Alf Brustellin, Bernhard Sinkel, Katja Rupé, Edgar Reitz, und anderen stellt die politische Stimmung im September/Oktober 1977 um die Schleyer-Entführung, die Geiselbefreiung in Mogadischu und den Tod der RAF-Terroristen im Gefängnis Stuttgart-Stammheim dar.

6.3. Der Staats- und Parteichef der DDR, Erich Honecker, trifft sich zu Gesprächen mit dem Vorstand der Evangelischen Kirchenleitung in der DDR. Daraufhin wird der Kirche mehr Spielraum eingeräumt.

9.3. Die drei Nachrichtendienste der Bundesrepublik - Militärischer Abwehrdienst (MAD), Bundesnachrichtendienst (BND) und Bundesamt für Verfassungsschutz - werden per Gesetz der parlamentarischen Kontrolle unterworfen.

15.3. Die Streiks in der Druckindustrie der Bundesrepublik weiten sich aus. Die IG Druck und Papier fordert von den Arbeitgebern den Erhalt ihres tariflichen Besitzstandes, den sie durch die Einführung computergesteuerter Textverarbeitungssysteme gefährdet sieht. Die Arbeitgeber gehen auf die Forderungen nicht ein und ergreifen bundesweite Aussperrungsmaßnahmen. Am 20. März einigen sich die Tarifparteien auf einen Kompromiss, bei dem sich die Arbeitgeberseite unter anderem dazu verpflichtet, umfassende Umschulungsmaßnahmen vorzunehmen.

30.3. Als erster westlicher Regierungschef seit der internationalen Anerkennung der DDR trifft Österreichs Bundeskanzler Bruno Kreisky in Ost-Berlin zu einem Staatsbesuch in der DDR ein.

APRIL

11.4. In einem aufsehenerregenden Urteil befindet der baden-württembergische Verwaltungsgerichtshof, es sei nicht erwiesen, dass die rechtsextreme Nationaldemokratische Partei Deutschlands (NPD) verfassungsfeindliche Ziele verfolge.

13.4. Das Bundesverfassungsgericht erklärt das 1977 vom Bundestag beschlossene Wehrpflichtänderungsgesetz, mit dem die Gewissensprüfung von Kriegsdienstverweigerern abgeschafft wurde, für verfassungswidrig.

20.4. Uraufführung des Theaterstückes „Germania Tod in Berlin" von Heiner Müller in München. In einer Montage aus 13 Bildern stellt Müller Fragmente aus der deutschen Geschichte und der Arbeiterbewegung dar.

25.4. In Frankfurt/Main wird der Friedenspreis des Deutschen Buchhandels der schwedischen

Johannes Rau bei der Vereidigung als neuer Ministerpräsident von Nordrhein-Westfalen 1978.

Kinderbuchautorin Astrid Lindgren zugesprochen. Die Preisverleihung findet am 22.10. statt.

MAI

4.-7.5. Der sowjetische Staats- und Parteichef Leonid I. Breschnew besucht die Bundesrepublik. Dabei wird ein langfristiges Abkommen über enge Zusammenarbeit bei Großprojekten der Energieentwicklung, im Transportwesen und im Maschinenbau unterzeichnet.
8.5. Reinhold Messner und Peter Habeler besteigen als erste Bergsteiger den Mount Everest ohne Sauerstoffgerät.
11.5. Die deutschen Terroristen Brigitte Mohnhaupt, Rolf Clemens Wagner, Peter Boock und Sieglinde Hoffmann werden in Jugoslawien verhaftet.
30.5. Auf dem 8. Schriftstellerkongress der DDR wird Hermann Kant als Nachfolger von Anna Seghers zum neuen Präsidenten der Vereinigung gewählt. Der Kongress steht im Zeichen der parteioffiziellen Parole, dass die Schriftsteller eine Mannschaft zum Aufbau der sozialistischen Gesellschaft und im Kampf gegen den Klassenfeind zu bilden hätten. Kritische Autoren wie Christa Wolf und Stephan Heym werden nicht zum Kongress eingeladen.
31.5. Hannah Höch, die Mitbegründerin von Dada Berlin und Pionierin der Fotocollage, stirbt in West-Berlin.

JUNI

6.6. Für die schweren Fahndungspannen im Entführungsfall Schleyer übernimmt Bundesinnenminister Werner Maihofer (F.D.P.) die politische Verantwortung und erklärt seinen Rücktritt. Sein Nachfolger wird Gerhart Rudolf Baum (F.D.P.).
7.6. Der DDR-Staats- und Parteichef Erich Honecker empfängt eine Delegation der Palästinensischen Befreiungsorganisation (PLO) unter der Leitung von Yasir Arafat in Ost-Berlin.
12.6. DDR-Staats- und Parteichef Erich Honecker und der Ständige Vertreter der Bundesrepublik Deutschland, Günter Gaus, treffen sich in Ost-Berlin zu einem Meinungsaustausch. Honecker sichert dabei Gaus den sofortigen Beginn von Gesprächen über den Bau einer Autobahn von West-Berlin nach Hamburg zu.
25.6. In Buenos Aires gewinnt der Gastgeber Argentinien das Endspiel der Fußballweltmeisterschaft. Titelverteidiger Deutschland kam nach einer 2:3-Niederlage gegen Österreich nicht unter die letzten vier.

JULI

12.7. Im Pariser Centre Pompidou wird die Ausstellung „Paris - Berlin" eröffnet, die erstmals in Frankreich einen Abriss der deutschen Kunst von 1900 bis 1933 zeigt.
16./17.7. Der vierte Weltwirtschaftsgipfel findet in Bonn statt. Es werden umfangreiche Maßnahmen zur Belebung der Weltkonjunktur, zur Inflationsbekämpfung und zur Sicherung der Energieversorgung beschlossen.
26.7. Das Hamburger Landgericht weist die „Sexismus"-Klage von zehn Frauen, darunter Alice Schwarzer und die Schauspielerin Inge Meysel, gegen die Hamburger Illustrierte „stern" ab.

AUGUST

7.8. Der baden-württembergische Ministerpräsident Hans Filbinger (CDU) tritt auf Drängen seiner Parteifreunde zurück. Gegen Filbinger waren Vorwürfe wegen seiner Tätigkeit als Jurist in der NS-Zeit laut geworden. Sein Nachfolger wird Lothar Späth.
26.8-3.9. Als erster Deutscher nimmt der DDR-Kosmonaut Sigmund Jähn an einem Weltraumflug teil.

SEPTEMBER

1.9. In den Schulen der DDR wird in den Klassen 9 und 10 der Wehrunterricht eingeführt. In acht Doppelstunden pro Schuljahr werden die Schüler über Waffengattungen, moderne Kriegführung und die militärische Situation in Mitteleuropa „informiert". Außerdem werden praktische Übungen an Waffen im Gelände und Übungen zur Zivilverteidigung durchgeführt.
13.9. Die Bundesanwaltschaft in Karlsruhe teilt mit, dass in Wiesbaden ein großes Waffenlager der Terrororganisation „Revolutionäre Zellen" entdeckt und mehrere Personen festgenommen worden sind.
22.9. Vertreter der Wirtschaft aus der Bundesrepublik unterzeichnen in Peking ein Protokoll über ein langfristig angelegtes Acht-Milliarden-DM-Geschäft mit der Volksrepublik China.

OKTOBER

16.10. Der polnische Kardinal Karol Wojtyla, Erzbischof von Krakau, wird zum neuen Papst gewählt. Papst Johannes Paul II. ist seit 455 Jahren der erste nicht-italienische Papst.
22.10. Die schwedische Schriftstellerin Astrid Lindgren wird in der Frankfurter Paulskirche mit dem Friedenspreis des Deutschen Buchhandels ausgezeichnet.
25.10. Auf ihrem Bundesparteitag in Ludwigsburg verabschiedet die CDU ihr erstes Grundsatzprogramm seit der Gründung 1945. Unter dem Titel „Freiheit, Solidarität, Gerechtigkeit" werden in 137 Artikeln die Grundwerte der CDU aufgelistet, die sich deutlich vom Parteiprogramm der regierenden SPD abheben.
27.10. In der Bundesrepublik läuft der Film „Zwischengleis" von Wolfgang Staudte an. Das Psychodrama einer Selbstmörderin ist der letzte Kinofilm Staudtes.

NOVEMBER

6.11. Unangekündigte Premiere des Films „Das Versteck" von Frank Beyer nach dem Buch von Jurek Becker in Ost-Berlin. Der Hauptdarsteller Manfred Krug lebt seit 1977 in der Bundesrepublik.
16.11. Im DDR-Außenministerium in Ost-Berlin unterzeichnen Vertreter der Bundesrepublik und der DDR das Verkehrsabkommen zwischen beiden Ländern. Darin werden der Bau einer neuen Transitautobahn zwischen Berlin und Hamburg, die Wiedereröffnung des Teltowkanals für die Binnenschifffahrt und die Neuregelung der Transitpauschale an die DDR vereinbart.
29.11. Vertreter der Bundesrepublik Deutschland und der DDR unterzeichnen im Kanzleramt in Bonn ein Regierungsprotokoll, in dem der Verlauf der innerdeutschen Grenze festgelegt wird. Ausgeklammert bleibt der strittige Verlauf der Elbgrenze.

DEZEMBER

17.12. Die Organisation der erdölexportierenden Länder (OPEC) erhöht den Erdölpreis für 1979 um durchschnittlich 10 % und bewirkt damit den zweiten "Ölschock" nach 1973/74.
19.12. Papst Johannes Paul II. kündigt an, dass jede katholische Frau, die eine Abtreibung vornehmen lässt, von der katholischen Kirche exkommuniziert wird.
27.12. Die 1977 aus der DDR in die Bundesrepublik Deutschland geflohene Leichtathletin Renate Neufeld macht gegenüber dem Sportinformationsdienst in Düsseldorf aus eigener Erfahrung detaillierte Angaben über den systematischen Einsatz von Doping-Mitteln im DDR-Leistungssport.

AUSSERDEM

Siegfried Lenz: Heimatmuseum (Roman)
Martin Walser: Ein fliehendes Pferd (Novelle)
Die Illustrierte „stern" startet unter dem Titel „Wir Kinder vom Bahnhof Zoo" die Veröffentlichung eines Tonbandprotokolls, das die „Drogen-Karriere" der 16jährigen Christiane F. in West-Berlin schildert.
In Düsseldorf bieten erstmals in der Bundesrepublik Frauen fernmündliche Sex-Dienste, den sogenannten Telefon-Sex an. Zunehmenden Zulauf verzeichnen auch die ersten „Peep-Shows" in westdeutschen Großstädten, in denen sich unbekleidete Frauen nach Einwurf einer Münze kurzzeitig den Betrachtern darbieten.

Zwischen dem 29. Dezember 1978 und dem 4. Februar 1979 erlebte der Norden der Bundesrepublik einen Katastrophenwinter, in dem einige Kreise Schleswig-Holsteins zum Notstandsgebiet erklärt werden mussten.

Schneekatastrophe in Norddeutschland

Norddeutschland, in den letzten Jahrzehnten mit weißen Weihnachten und Winterwitterung nicht eben häufig gesegnet, wurde Ende Dezember 1978 von einer bis dahin beispiellosen Schneekatastrophe heimgesucht.
In der Nacht zum 28. Dezember begann ein Nordoststurm Norddeutschland unter Schneewehen zu begraben. Am Morgen kam der Verkehr in den Städten völlig zum Erliegen – besser, er kam überhaupt nicht zustande. Die berufstätige Bevölkerung in Hamburg, Bremen, Kiel, Hannover, Braunschweig und anderswo kämpfte sich vereinzelt zu Fuß vorwärts. 80 Gemeinden, die Mehrzahl in Schleswig-Holstein, waren ohne Strom, unzählige Dörfer und Gehöfte von der Außenwelt vollständig abgeschnitten. Die Bundeswehr setzte Bergungspanzer ein, um die Landbevölkerung teilweise zu evakuieren.
Auf den Autobahnen spielten sich unbeschreibliche Szenen ab: Vom Einbruch der Katastrophe völlig überrascht, saßen Tausende Fahrzeuge im Schnee fest.
Mit Hubschraubern wurden stark unterkühlte Kraftfahrer, die sich in ihren Fahrzeugen durch Bewegungsübungen am Leben gehalten hatten, geborgen und in umliegende Krankenhäuser geflogen. Zu den Lkws, die über Standheizungen verfügten, hatten sich Hunderte zu Fuß über die Autobahn vorgekämpft (natürlich waren sie den „Brummi"-Fahrern willkommen).
Der von den Ministerpräsidenten der norddeutschen Länder einberufene Krisenstab versuchte in den ersten Stunden vergeblich, gegen das Chaos anzukämpfen. Um die von der Außenwelt abgeschnittenen Dörfer und Gehöfte zu „befreien", mussten aus Bayern Schneefräsen herangeschafft werden, die mangels klimatischen Präzedenzfalls in den Räumungskommandos der Gemeinden im Norden nicht vertreten waren.
An der Nord- und Ostseeküste, von den Flüssen und Kanälen ganz zu schweigen, waren Schiffe der unterschiedlichsten Nationalität festgefroren. In Dänemark und in der DDR sah es an diesem denkwürdigen 28. Dezember nicht anders aus. In Radio und Fernsehen überschlugen sich die Meteorologen mit ihren Einschätzungen der nun einmal eingetretenen Lage und legten einem wissbegierigen Publikum in allen Einzelheiten dar, wie es dazu kommen konnte.
Einen Tag eher wären diese Analysen als Prognosen noch willkommener gewesen.

Die schwedische Schriftstellerin Astrid Lindgren wird im Oktober 1977 in der Frankfurter Paulskirche mit dem Friedenspreis des deutschen Buchhandels ausgezeichnet.

Friedenspreis für Astrid Lindgren

Astrid Lindgren, die geistige Mutter der „Pippi Langstrumpf", des „Kalle Blomquist" und des „Karlsson vom Dach", wurde am 22. Oktober 1978 der Friedenspreis des Deutschen Buchhandels verliehen. Der schwedischen Autorin, die nicht gute, sondern brillante Kinderbücher schreibt, in denen selbständig denkende und handelnde Kinder ihre Welt ohne Bevormundung einrichten, gilt diese unkonventionelle Phantasiewelt als die bessere Welt der Zukunft auch für die Erwachsenen. Ihre Kinderfiguren sind nicht folgsam und adrett, sondern frei, ohne ungebunden zu sein, und friedlich, ohne langweilig zu sein. „Der Friede zwischen den Generationen", sagte Astrid Lindgren in Frankfurt, „darf keine Friedhofsruhe sein".

Ekstatischer Jubel beim zweifachen Torschützen Hans Krankl (mitte) nach seinem Siegtreffer gegen das favorisierte deutsche Team. Am Boden zerstört, Mannschaftskapitän Berti Vogts nach dem Ausscheiden der deutschen Mannschaft gegen Österreich bei der WM in Argentinien 1978 (Bild unten).

Die Schmach von Cordoba

Als die deutsche Fußball-Nationalmannschaft am 21. Juni 1978 im argentinischen Cordoba zum WM-Spiel gegen Österreich antrat, musste sie unbedingt gewinnen, um ein vorzeitiges Aus zu vermeiden.
3. Minute: Rummenigge zog davon und wurde durch ein Foul gebremst. Der Freistoß von Hölzenbein blieb in der Abwehrmauer der Österreicher hängen. 7. Minute: Nach einem Foul von Bonhof an Hickersberger musste sich Sepp Maier bei dem Freistoß mächtig strecken, um den Ball noch um den Torpfosten zu lenken.
19. Minute: Nach herrlichem Doppelpass zwischen Rummenigge und Dieter Müller kam es zur erhofften schnellen Führung der deutschen Mannschaft. Rummenigge schob den Ball platziert an Torhüter Koncilia zur 1:0-Führung vorbei.
27. Minute: Mit letztem Einsatz konnte Rüßmann nach einer Flanke vor Krankl retten. 35. Minute: Nach einem Alleingang verfehlte Beer aus 18 Metern nur knapp das Tor von Koncilia. 38. Minute: Glück für die deutsche Mannschaft, als Kreuz freistehend nach einer Hickersberger-Flanke den Ball direkt nahm und nur knapp über das deutsche Tor zielte. Zur Halbzeit führte die deutsche Mannschaft nicht unverdient mit 1:0.
46. Minute: In der zweiten Halbzeit kam der junge Hansi Müller für den enttäuschenden Beer.
55. Minute: Das Spiel der Österreicher wurde zusehends härter, und damit häuften sich auch die Fouls und die Freistöße für die deutsche Mannschaft. Einen davon knallte Bonhof 10 Minuten nach der Pause an den Außenpfosten: Das hätte bereits eine Vorentscheidung sein können. 59. Minute: Auf Rechtsaußen zog Krieger mit einem Steilpass davon und flankte auf den mitgelaufenen Kreuz. Vogts versuchte zu retten, fälschte aber dabei den Ball unglücklich ab, so dass er für Maier unerreichbar zum 1:l-Ausgleich im Netz landete. Damit nahm das Verhängnis seinen Lauf.
66. Minute: Nach einer schönen Kombination der Österreicher bekam Krankl an der Strafraumgrenze völlig freistehend den Ball, zog sofort ab, und es stand 2:1 für Österreich. 68. Minute: Zum Glück gelang schon 2 Minuten später der Ausgleich, als Hölzenbein einen Bonhof-Freistoß zum 2:2 einköpfte. Das Spiel wurde jetzt hektischer, und die gesamte deutsche Abwehr wurde mehr und mehr zu einem einzigen Chaos. Nur Sepp Maier behielt die Ruhe und Übersicht.
80. Minute: Nachdem man über Radio hören konnte, dass die Holländer gegen Italien führten, musste der deutschen Mannschaft sogar ein 2:2 zum Spiel um den dritten Platz reichen. An einen Sieg war auch gar nicht mehr zu denken, denn das Spiel nach vorne lief absolut nicht mehr und die Abwehr geriet von einer Verlegenheit in die andere. 88. Minute: Durch einen Abspielfehler Hansi Müllers kamen die Österreicher in Ballbesitz und konterten schnell. Krankl bekam den Ball und umspielte leicht seinen Gegenspieler Rüßmann und auch noch Kaltz und schoss den Ball platziert zum 3:2 ins Netz. Der deutsche Hühnerhaufen war geschlagen, obwohl sich noch einmal eine ganz große Torchance bot, als der völlig freistehende Abramczik am Tor vorbeischoss.
90. Minute: Mit dem Schlusspfiff rissen die Österreicher die Arme in die Höhe, denn sie hatten nach mehreren Jahrzehnten zum ersten Mal wieder, und verdient, gegen die deutsche Mannschaft gewonnen. Für Helmut Schön war es ein bitterer Abschied als Bundestrainer. Mit einer miserablen Vorstellung hatte sich die deutsche Mannschaft von dieser WM verabschiedet.

1979

JANUAR

19.1. Aufgrund der Hinweise des in den Westen übergelaufenen DDR-Geheimdienstleutnants Werner Stiller werden in der Bundesrepublik fünf mutmaßliche DDR-Spione festgenommen. Bis zum Monatsende gelingt es der Spionageabwehr, insgesamt 14 Spione zu enttarnen.

In Bremen startet der Rock-Sänger Udo Lindenberg seine „Rock-Revue '79", mit der er anschließend in 15 weiteren deutschen Städten auftritt.

22.1. Die Dritten Programme des Deutschen Fernsehens ARD beginnen mit der Ausstrahlung der vierteiligen US-Fernsehserie „Holocaust" über die Verfolgung und den Mord an den Juden in der NS-Zeit. Die Reihe löst bundesweit Betroffenheit und eine neue Debatte über den Umgang mit der NS-Vergangenheit aus.

FEBRUAR

11.2. In der Bundesrepublik läuft der Film „Die Abfahrer" von Adolf Winkelmann an: In Dortmund entdecken arbeitslose Jugendliche einen Möbelwagen und machen sich für ein paar Tage auf die große Reise.

12.2. In Genf beginnt die erste Welt-Klima-Konferenz. Im Mittelpunkt steht die Beeinflussung des Klimas durch die menschliche Zivilisation.

16.2. Das Landgericht Stuttgart verurteilt den ehemaligen RAF-Anwalt Klaus Croissant wegen Unterstützung einer kriminellen Vereinigung zu zweieinhalb Jahren Freiheitsstrafe und einem vierjährigen Berufsverbot.

17.2. Im Münchner Haus der Kunst beginnt eine umfassende Ausstellung mit Werken des Malers Max Ernst.

20.2. In der Bundesrepublik läuft der Film „Die Ehe der Maria Braun" von Rainer Werner Fassbinder an. Das Melodrama über die Emanzipation der Maria Braun wird der erste Teil eines Zyklus über die Bundesrepublik und der erfolgreichste Film des Regisseurs.

MÄRZ

1.3. Das Bundesverfassungsgericht erklärt das Mitbestimmungsgesetz von 1976, gegen das die Arbeitgeberverbände Anklage erhoben hatten, für verfassungszulässig.

6.3. Laut einer Meldung der DDR-Nachrichtenagentur ADN hat sich die deutsche NATO-Sekretärin Ursel Lorenzen am Vortag in die DDR abgesetzt.

17.3. In Frankfurt/Main beginnt ein zweitägiges Treffen von Parteien, Bürgerinitiativen und Umweltschutzorganisationen, bei dem die politische Vereinigung Die Grünen gegründet wird.

19.3. Im Nachrichtenmagazin „Der Spiegel" berichtet die 1977 in die Bundesrepublik geflohene frühere DDR-Sprinterin Renate Neufeld über Doping im DDR-Sport.

21.3. Die Bundesregierung beschließt eine Lockerung der Ausländerpolitik. Danach sollen Kinder und Ehegatten von Gastarbeitern aus Nicht-EG-Ländern nach bestimmten Wartefristen in der Bundesrepublik Arbeitserlaubnis erhalten.

31.3. Bei der bislang größten Demonstration von Kernkraftgegnern in der Bundesrepublik protestieren in Hannover mindestens 40.000 Teilnehmer gegen die geplante Atommüll-Deponie Gorleben.

APRIL

3.4. Bundeskanzler Helmut Schmidt reist zum ersten Besuch eines Regierungschefs der Bundesrepublik nach Lateinamerika.

11.4. Die DDR-Regierung verschärft die Arbeitsbedingungen für westliche Korrespondenten in der DDR. Unter anderem werden alle geplanten Interviews genehmigungspflichtig.

15.4. Der Philosoph Wolfgang Harich, der 1957 in der DDR wegen der Gründung einer „staatsfeindlichen Gruppe" zu zehn Jahren Haft verurteilt worden war, verlässt die DDR und siedelt nach Wien über.

17.4. In West-Berlin erscheint die erste Ausgabe der überregionalen alternativen „Tageszeitung" („taz"). Als linke Tageszeitung will die „taz" das „Meinungsbildungsmonopol" der sogenannten bürgerlichen Presse brechen.

26.4. Der Bundesgerichtshof verschärft durch ein Grundsatzurteil die bisherige Rechtsprechung bei Verwendung nationalsozialistischer Embleme: Wer künftig Kinderspielzeug oder Modellflugzeuge mit NS-Symbolen verkauft, macht sich strafbar.

MAI

2.-4.5. Als erster Regierungschef der Bundesrepublik besucht Bundeskanzler Helmut Schmidt die Volksrepublik Bulgarien.

3.5. In der Bundesrepublik läuft der Film „Die Blechtrommel" von Volker Schlöndorff nach dem Roman von Günter Grass an.

8./9.5. In Castrop-Rauxel kündigt die nordrhein-westfälische Landesregierung ein Fünfjahresprogramm für das Ruhrgebiet an: Mit insgesamt 5 Milliarden DM sollen bis 1985 Strukturprobleme und Arbeitslosigkeit im Revier überwunden werden.

20.5. Die zur documenta 1977 entwickelte Schmiedestahlskulptur „Terminal" des Bildhauers Richard Serra wird auf dem Bochumer Bahnhofsvorplatz installiert. Die Aufstellung der Monumentalplastik löst öffentliche Proteste aus.

23.5. Der bisherige Bundestagspräsident, Karl Carstens (CDU), wird zum fünften Bundespräsidenten der Bundesrepublik Deutschland gewählt.

JUNI

7.6. Wegen angeblicher Verletzungen der Statuten werden in Ost-Berlin neun Autoren aus dem Schriftstellerverband der DDR ausgeschlossen.

21.6. In West-Berlin beginnt unter dem Titel „1. Festival der Weltkulturen: Horizonte '79" eine bis zum 15. Juli dauernde Veranstaltung, zu der rund 800 Künstler aus Afrika, Lateinamerika und Asien anreisen.

28.6. Die DDR-Volkskammer beschließt das 3. Strafrechtsänderungsgesetz, das erhebliche Verschärfungen des politischen Strafrechts und Änderungen des Wahlgesetzes enthält. Unter anderem wird die bisherige Entsendung der Abgeordneten von Ost-Berlin durch die Stadtverordnetenversammlung durch deren direkte Wahl in die Volkskammer ersetzt.

28./29.6. Der fünfte Weltwirtschaftsgipfel findet in Tokio statt.

JULI

2.7. Die CDU/CSU-Bundestagsfraktion entscheidet sich für den bayerischen Ministerpräsidenten Franz-Josef Strauß als Kanzlerkandidaten der Union bei den Bundestagswahlen 1980.

3.7. Der Bundestag hebt die Verjährungsfrist für Mord auf, so dass auch neu entdeckte NS-Verbrechen verfolgt werden können.

10.7. In dem durch Bundesinnenminister Gerhart Baum vorgelegten Verfassungsschutzbericht werden erstmals auch terroristische Aktivitäten von Rechtsextremisten registriert.

23.7. Unter dem Titel „Homolulu" beginnt in Frankfurt/Main das bisher größte Homosexuellentreffen in der Bundesrepublik. Eingeladen hat eine „Nationale Arbeitsgruppe Repression gegen Schwule" mit Sitz in West-Berlin. Außer rund 60 deutschen Homosexuellen- Organisationen sind unter anderem auch Teilnehmer aus Großbritannien, Frankreich und den Niederlanden nach Frankfurt/Main gekommen.

29.7. Der Philosoph Herbert Marcuse stirbt während eines Deutschlandbesuchs in Starnberg.

AUGUST

23.8. Erstmals seit zehn Jahren wenden sich die evangelischen Kirchen der Bundesrepublik und der DDR mit einem „Wort zum Frieden" in einer gemeinsamen Erklärung an die Öffentlichkeit. Anlass ist der Ausbruch des Zweiten Weltkrieges vor 40 Jahren am

1. September 1939. In Nordrhein-Westfalen wird ein Umweltskandal bekannt. Eine Zementfabrik in Lengerich hat mit ihrem Produktionsstaub hochgiftiges Thallium in einer gefährlichen Konzentration ausgestoßen. Obst und Gemüse werden im Umkreis von zwei Kilometern für ungenießbar erklärt.

SEPTEMBER

5.9. In Leipzig wird ein Energievertrag zwischen der DDR und der Bundesrepublik unterzeichnet.

6.9. Der Tod eines achtjährigen Jungen in Hamburg löst den sogenannten Stolzenberg-Skandal aus. Der Junge hatte auf dem stillgelegten Gelände der Chemiefabrik Dr. Hugo Stolzenberg mit liegengebliebenen Chemikalien gespielt, die explodierten. Die Polizei findet auf dem Gelände rund 80 Tonnen hochgiftige Chemikalien, Kampfstoffe und Munition, die offen herumliegen.

In der Neuen Nationalgalerie in West-Berlin wird die Ausstellung „Max Liebermann in seiner Zeit" mit 500 Werken des Künstlers eröffnet.

9.9. Der israelische Außenminister Moshe Dayan trifft zu Gesprächen in Bonn ein. Zu den Themen gehören unter anderem das in Israel auf Kritik gestoßene Eintreten von Politikern der Bundesrepublik für das Selbstbestimmungsrecht der Palästinenser.

16.9. Zwei Familien gelingt in einem selbstgebastelten Heißluftballon die Flucht aus der DDR in die Bundesrepublik. Die abenteuerliche Fahrt der beiden Familien sorgt weltweit für Schlagzeilen.

18.9. Der Bundesgerichtshof entscheidet, dass eine Leugnung der Judenvernichtung („Auschwitz-Lüge") im Nationalsozialismus einen Beleidigungstatbestand bildet.

19.9. Vor dem Bonner Bundeskanzleramt wird die Großplastik „Large Two Forms" des britischen Bildhauers Henry Moore aufgestellt.

27.9. In Bremen wird der Allgemeine Deutsche Fahrrad-Club gegründet. Er fordert mehr Fahrradwege und die Einführung einer Kilometerpauschale für Fahrradfahrer.

OKTOBER

3.10. Die Hamburger Bürgerschaft beschließt die Einführung der Gesamtschule als Regelschule.

6.10. Der sowjetische Staats- und Parteichef Breschnew kündigt während seines Besuchs in Ost-Berlin den Abzug von 20.000 sowjetischen Soldaten und 1.000 Panzern aus der DDR an.

7.10. Die Partei „Die Grünen" erringt bei den Bürgerschaftswahlen in Bremen erstmals Mandate in einem Landesparlament.

11.10. Anlässlich des 30. Jahrestages der Gründung der DDR gewährt die DDR-Regierung dem Regimekritiker Rudolf Bahro Amnestie. Am 17. Oktober reist Bahro in die Bundesrepublik aus.

14.10. Rund 100.000 Menschen demonstrieren im Bonner Hofgarten friedlich gegen die Kernenergienutzung.

21.-28.10. Der chinesische Partei- und Regierungschef Hua Guofeng besucht die Bundesrepublik Deutschland. Am 24. Oktober wird ein Kulturabkommen zwischen beiden Ländern abgeschlossen.

31.10. Zwischen der Bundesrepublik Deutschland und der DDR werden neue Vereinbarungen über Verkehrsfragen getroffen. So tritt statt der bisherigen Straßenbenutzungsgebühren eine Pauschale von jährlich 50 Millionen DM in Kraft.

NOVEMBER

2.11.-2.1.1980 Das New Yorker Solomon R. Guggenheim Museum zeigt eine Joseph Beuys-Retrospektive.

19.11. Das von dem Österreicher Eckart Witzigmann gegründete Schlemmerlokal „Aubergine" erhält als erstes deutsches Restaurant im renommierten Gourmet-Reiseführer „Michelin" drei Sterne. Diese höchste kulinarische Ehrung wurde in Frankreich bislang 19 und in Belgien zwei Köchen zuteil.

26.11. Die Bundesrepublik Deutschland eröffnet ein Kulturinstitut in der rumänischen Hauptstadt Bukarest. Es ist die erste Einrichtung dieser Art in Osteuropa.

29.11.-20.1.1980 Die West-Berliner Neue Nationalgalerie präsentiert die Ausstellung „Ernst Ludwig Kirchner 1880 - 1938".

David Bennent als Oskar Matzerath in „Die Blechtrommel", 1979.

DEZEMBER

5.12. In West-Berlin öffnet das Bauhaus-Archiv seine Pforten.

11.12. Der Politiker Carlo Schmid (SPD) stirbt im Alter von 83 Jahren in Bonn.

12.12. 14 Außen- und Verteidigungsminister der NATO vereinbaren den Nato-Doppelbeschluss, der die Modernisierung der NATO-Mittelstreckenraketen in Westeuropa durch Raketen vom Typ Pershing II und Cruise-Missile vorsieht. Alternativ bieten sie der sowjetischen Regierung Verhandlungen über eine kontrollierte Begrenzung der strategischen Waffen in Ost und West an.

15.12. Die vatikanische Glaubenskongregation entzieht dem Tübinger Theologieprofessor Hans Küng die Lehrbefugnis. Die Kongregation begründet ihren Schritt damit, dass Küng in seinen Schriften von der vollständigen Wahrheit des katholischen Glaubens abweiche. Küng hatte unter anderem in seinem 1970 erschienenen Buch „Unfehlbar? Eine Anfrage" das Dogma der päpstlichen Unfehlbarkeit angezweifelt.

24.12. Der frühere Anführer der Studentenbewegung Rudi Dutschke stirbt in Aarhus/Dänemark an den Spätfolgen des im Jahr 1968 auf ihn verübten Attentats.

AUSSERDEM

Heinrich Böll: Fürsorgliche Belagerung (Roman)

Michael Ende (1929-1995): Die unendliche Geschichte (Märchenroman)

Max Frisch: Der Mensch erscheint im Holozän (Erzählung)

Günter Grass: Das Treffen in Telgte (Erzählung)

Christa Wolf: Kein Ort. Nirgends (Erzählung)

„Holocaust" – ein Film über den Leidensweg des jüdischen Volkes

In der Woche vom 22. bis zum 26. Januar 1979 wurde die Bundesrepublik durch eine vierteilige Fernsehfolge erschüttert: „Holocaust", eine US-Produktion von 1978, mit Fritz Weaver, Rosemary Harris, Joseph Bottoms und Meryl Streep in den Hauptrollen, Regie Marvin J. Chomsky. „Holocaust", dieses Wort zuvor ein unbekannter Begriff, wurde durch diesen Film über Nacht zum Thema Nummer eins. Experten und Laien diskutierten gleichermaßen über das Unfassbare, über Hitlers Endlösung, die Vernichtung des europäischen Judentums: Die Handlung beginnt mit einer Hochzeitsfeier im sommerlichen Berlin des Jahres 1935. Inge Helms, eine Deutsche, hat den Juden Karl Weiss geheiratet, einen Grafiker. Seine Eltern sind da, der Arzt Dr. Josef Weiss, dessen Frau Berta, die Großeltern mütterlicherseits (er ein Buchhändler und Weltkriegsveteran), der Onkel Moses Weiss aus Warschau und Karls jüngere Geschwister Anna und Rudi. Ihnen gegenüber die Familie Helms, verglichen mit der gepflegten und eleganten Arztfamilie kleine und gedrückte Leute. Vater Helms ist Mechaniker, sein Sohn Hans Soldat. Dass zwischen den Familien keine rechte Herzlichkeit aufkommen will, liegt hauptsächlich an einem Gast namens Müller, den die Helms mitgebracht haben. Müller ist Parteigenosse, ihm passt die deutsch-jüdische Hochzeit nicht, „wo doch gegen die Juden etwas in Vorbereitung ist" – er giftet und stänkert.

Kurze Zeit nach der Hochzeit erscheint in Dr. Weiss` Sprechstunde ein junges Paar, der stellungslose Jurist Erich Dorf mit seiner Frau Marta, Mutter von zwei Kindern und herzkrank. Dr. Weiss behandelt sie; die jungen Leute, mittellos, bleiben zunächst die Arztrechnung schuldig.

Diese Familie Dorf wird, zusammen mit den Helms, der dramaturgische Widerpart zur Judenfamilie Weiss, denn Erich Dorf lässt sich von seiner ehrgeizigen Frau überreden, in die SS einzutreten und beim SD-Chef Heydrich Karriere zu machen, in dessen Büro die entscheidenden Maßnahmen der bald einsetzenden Judenverfolgungen organisiert werden. Von 1935 bis 1945 wird sich, zumeist in gewisser Distanz, einige Male aber auch direkt, der Lebensweg aller dieser Personen berühren. Symbolträchtiges Requisit ist dabei ein Bechstein-Flügel, auf dem zunächst Mutter und Tochter Weiss Mozart-Duos spielen und der dann später in den Besitz der Familie Dorf gerät, die ihn zur musikalischen Untermalung ihrer Weihnachtsfeier benutzt.

Was nach Parteigenosse Müllers dunkler Andeutung „in Vorbereitung" ist, das ist die Nürnberger Rassengesetzgebung vom September 1935, die unter anderem „Mischehen" verbietet. Inge, die frisch Getraute, kümmert sich nicht darum, und auch die Familie Weiss nimmt die Schikanen der NS-Machthaber gelassen hin, immer in der Überzeugung, dass der Nazi-Spuk bald vorbei sein und ihnen jedenfalls nichts passieren werde, bis aber in der „Reichskristallnacht" im November 1938 ihnen Steine in die Fenster fliegen, dem Großvater der Buchladen geplündert und er selbst halbtot geprügelt wird und die Gestapo Karl Weiss, den Künstler, Inges Mann, verhaftet.

Vater Weiss sucht seinen ehemaligen Patienten Dorf auf und fleht ihn an, etwas für seinen Sohn zu tun. Dorf, obwohl inzwischen Hauptsturmführer und Heydrichs rechte Hand, lehnt dennoch ab.

Vater Weiss wird bald darauf als polnischer Staatsangehöriger nach Warschau abgeschoben. Die Großeltern vergiften sich. Die übriggebliebenen Familienmitglieder siedeln zur Schwiegertochter Inge über, wo sie, von den Helms nur widerwillig geduldet, ein beengtes Leben führen. Der Sohn Rudi, ein Raubein, anders als sein sensibler Bruder Karl, sein milder, versöhnlicher Vater oder seine vornehme Mutter, beschließt, das Land zu verlassen.

Mit den Dorfs ist es inzwischen glänzend bergauf gegangen. Sie sind eingeführt in das gesellschaftliche Leben der oberen SS-Ränge. Erich Dorf ist seinem Chef Heydrich unentbehrlich als Organisationstalent und Sprachregler. Denn für das, was die SS den Juden und den Völkern des Ostens anzutun plant, bedarf es immer neuer Verschleierungen und Irreführungen, und Dorf, kaltherzig, intelligent und von jedem Fanatismus frei, beherrscht die Kunst der Täuschungen und vagen Formulierungen ganz meisterhaft. Heydrich bestellt ihn zum Kurier und Koordinator. Überall im Osten, wo in den eroberten und besetzten Gebieten die Vernichtungskommandos der SS, erst mehr spontan agierende Trupps, dann planmäßig aufgebaute Einsatzgruppen und schließlich die Mannschaften der Vernichtungslager, ihr Ausrottungsgeschäft betreiben, ist Dorf, inzwischen Sturmbannführer, dabei und sorgt für Geheimhaltung, Vereinheitlichung und Vermeidung von Exzessen.

Ein weiteres Mitglied wird der Familie Weiss 1940 entrissen. Nachdem die Tochter Anna von SA-Leuten vergewaltigt worden und in geistige Umnachtung gefallen ist, wird sie ins „Sanatorium" Hadamar gebracht und dort zusammen mit anderen Irren und unheilbar Kranken vergast.

Inge Helms bringt in Erfahrung, dass ihr Mann ins KZ Buchenwald verschleppt worden ist, und sie erfährt weiter, dass Müller, der Störenfried der Hochzeitsfeier, zum Scharführer in der Wachmannschaft aufgestiegen ist. Sie bittet ihn, Briefe an Karl weiterzuleiten, und Mül-

Holocaust-Debatte im Studio des WDR. Wie die Fernsehserie stieß auch die Auseinandersetzung mit der NS-Vergangenheit auf ein breites Interesse beim großen Publikum.

ler lässt sich diesen kleinen Dienst damit entlohnen, dass sie ihm zu Willen sein muss. Als Karl, seiner künstlerischen Fähigkeiten wegen, ins Muster-KZ Theresienstadt verlegt wird, lässt sie sich von Müller, dem das unbegreiflich ist, denunzieren, damit sie ihrem Mann als Gefangene folgen kann. In Theresienstadt schließt sich Karl einer Gruppe von Künstlern an, die heimlich Zeichnungen vom elenden Leben im Lager anfertigen, mit denen die NS-Propaganda, die Theresienstadt als angenehmen Aufenthalt preist, widerlegt wird. Karl wird ertappt und gefoltert. Als er nach Auschwitz in den Tod abtransportiert werden soll, kann ihm seine Frau Inge gerade noch sagen, dass sie ein Kind von ihm erwartet. Sie wird es nun allein im Lager großziehen.
Auschwitz ist auch der Endpunkt des Weges, den das Ehepaar Weiss zurückzulegen hat. Berta Weiss ist mit einem der großen Judentransporte nach Warschau gekommen, wo im Laufe der Zeit immer mehr Juden im Ghetto zusammengepfercht worden sind, hat Kindern Unterricht gegeben, während ihr Mann am jüdischen Krankenhaus arbeitete und im Judenrat an der Selbstverwaltung des Ghettos teilnahm. Beide hatten geglaubt, ihr Leben fristen zu können, selbst noch, als das Ghetto geräumt wurde und man sie in die Eisenbahnwaggons trieb.
Dr. Josef Weiss entgeht auch tatsächlich für kurze Zeit noch den Gaskammern; er wird in Auschwitz zu Straßenarbeiten angefordert, vom Ingenieur Kurt Dorf, einem Verwandten des SS-Führers Erich Dorf. Aber das Dazwischentreten des letzteren macht der Bevorzugung ein Ende, und der Arzt folgt seiner Frau in den Tod. Sein Bruder Moses schließt sich der jüdischen Widerstandsbewegung im Warschauer Ghetto an, die sich einen Monat lang gegen die Truppen des SS-Generals Stroop halten kann. Nach dem Scheitern des Aufstands wird Moses Weiss erschossen.
Nur einer aus der Familie Weiss überlebt das Inferno, der Sohn Rudi. Als Draufgänger und Naturbursche hat er sich in die Tschechoslowakei durchgeschlagen und in Prag ein jüdisches Mädchen mit Namen Helena kennengelernt, das ihm nun auf allen seinen Wanderungen folgt. Die beiden kommen durch Ungarn in die Sowjetunion, gerade zu der Zeit, als Hitlers Truppen sich zum Einmarsch bereitmachen.
Im brennenden Kiew retten sie Inges Bruder, dem Soldaten Hans Helms, das Leben. Gleichwohl verrät sie dieser an die SS. Sie können ihren Bewachern entfliehen und sehen, wie in der Schlucht von Babi Jar 30.000 Juden von einer Einsatzgruppe unter Befehl des Standartenführers Blobel umgebracht werden. Sie schließen sich einer jüdischen Partisanengruppe an, die deutsche Militäranlagen überfällt. Bei einer dieser Aktionen wird Rudis Frau (er hat das Mädchen Helena inzwischen geheiratet) tödlich getroffen, er selbst gefangengenommen und ins Vernichtungslager Sobibor verschleppt. Als dort ein Häftlingsaufstand ausbricht, kann er fliehen. Sein Ziel wird nun Palästina, die neue jüdische Siedlung sein, von der seine Helena immer geträumt hat.
Erich Dorfs Karriere ist durch Heydrichs Tod 1942 gestoppt worden. Ohne seinen Gönner kann er sich nur schwer gegen die Intrigen wehren, die von anderen SS-Führern gegen ihn gesponnen werden. Mit dem brutalen Kaltenbrunner, Heydrichs Nachfolger, kommt er nicht zurecht. Unter den Pannen, die man ihm anlastet, ist auch der Fall der kritischen Zeichnungen aus Theresienstadt, die Karl Weiss das Leben gekostet haben, ohne dass zu klären gewesen wäre, wo das Gros der Bilder hingekommen ist. Erich Dorf wird zum Außenseiter, trinkt und meidet seine Familie. Gleichwohl tut er, was er für seine Pflicht hält, besorgt das Zyklon B, mit dem in Auschwitz die Massenvergasungen vorgenommen werden, und verharrt in der Vernichtungsmaschinerie, bis die Lager aufgelöst werden und ihn im Mai 1945 die Amerikaner aufgreifen. Um sich der Anklage wegen Judenmords zu entziehen, schluckt er Gift.
Sein Onkel Kurt überbringt der Witwe die Nachricht von seinem Selbstmord, findet jedoch keinen Glauben. Frau Dorf wie auch die Kinder halten an der Version fest, das Familienoberhaupt sei den Heldentod gestorben.

Die Kochkünste des Österreichers Eckart Witzigmann brachten dem Münchener Feinschmeckerlokal „Aubergine" als erstem deutschen Restaurant drei Sterne im weltweit renommierten Gourmet-Führer „Michelin" ein.

Immer undurchlässiger wurde seit dem Mauerbau 1961 die Grenze der DDR, die ihre Bewohner einzäunen muss, damit sie nicht das Weite suchen und die SED-Funktionäre allein lassen. Doch immer findiger wurden auch die Fluchtwilligen. Den wohl spektakulärsten Fluchtweg wählten am 16. September 1979 zwei Familien aus Thüringen. Sie hatten in monatelanger Arbeit aus Stoffbahnen einen Ballon genäht und stiegen damit, empor getragen von Heißluft, in 2000 Meter Höhe auf, wobei sie der Nordwind nach 28 Minuten ins bayerische Naila schweben ließ. Im Dunkel der Nacht entging den DDR-Grenzern das riesige Flug- und Fluchtobjekt.

Kritik Havemanns zum 30. DDR-Jahrestag

Seit Bildung der SED 1946 war der Chemiker Robert Havemann (1910-82) Mitglied der Partei; er wurde vielfach ausgezeichnet. Als unabhängiger Denker aber geriet er zunehmend in Gegensatz zur dogmatischen Politik der SED und kritisierte die stalinistisch-bürokratischen Strukturen in der DDR, u.a. in der Schrift „Dialektik ohne Dogma" (1964). Er wurde 1964 aus der Partei und 1966 aus der Akademie der Wissenschaften ausgeschlossen, verlor alle Ämter und stand nach Protesten gegen die Ausbürgerung Biermanns 1977-79 sogar unter Hausarrest. Das hinderte ihn nicht, zum 30. Jahrestag der DDR im September 1979 für das Zentralorgan der KP Spaniens „Mundo Obrear" und für die der KPI nahestehende „Paese Sera" 10 Thesen zu verfassen, die mit dem Regime des realen Sozialismus scharf ins Gericht zu gehen:

1. In den seit ihrer Gründung vergangenen 30 Jahren hat die DDR viele materielle und politische Folgen des Zweiten Weltkriegs überwunden. Durch den Aufbau einer leistungsfähigen modernen Industrie und durch erhebliche Verbesserungen auf dem Gebiet der Landwirtschaft wurden die materiellen Grundlagen geschaffen, die die Voraussetzungen für die schrittweise Entwicklung einer freien sozialistischen Gesellschaftsordnung sind ...

2. Der Wiederaufbau des vom Krieg verwüsteten Landes hat von den Arbeitern und Bauern schwere Opfer gefordert. Er wurde von den westdeutschen und multinationalen Konzernen erschwert und behindert ...

3. Aber die wirtschaftliche und politische Entwicklung der DDR wurde nicht nur von außen und nicht nur von den westdeutschen und den internationalen Gegnern des Sozialismus behindert. Der Stalinismus ... war noch bis zum Jahre 1956 in voller Blüte. Zwar wurde auf dem XX. Parteitag der KPdSU mit den schlimmsten Verbrechen dieser tragischen Periode abgerechnet. Aber die Diktatur des zentralen Parteiapparats, der keiner demokratischen Kontrolle unterliegt, dauert in den Ländern des realen Sozialismus an bis auf den heutigen Tag.

4. Noch im Jahre 1968 – also 19 Jahre nach der Gründung der DDR – wurden wichtige Grundrechte ... in einer neuen Verfassung aufgehoben: so das Streikrecht und das Recht auf ein unabhängiges Gericht, vor dem der Bürger Klage gegen Maßnahmen der Organe des Staates führen kann ... In die neue Verfassung wurde zwar der Artikel 27 der alten über die Freiheit der Meinungsäußerung in seinem vollen Wortlaut übernommen ..., aber in dem im Juni dieses Jahres noch verschärften § 106 des StGB über die „staatsfeindliche Hetze" wird der Artikel 27 praktisch außer Kraft gesetzt. Jede „Diskriminierung" der gesellschaftlichen Verhältnisse wird mit Freiheitsstrafe bis zu 10 Jahren bedroht. Aus der Praxis der Gerichte geht hervor, dass unter „Diskriminierung" nahezu jede Kritik an der Politik der Partei und der Regierung verstanden wird, also gerade das, was in aller Welt unter der Freiheit der Meinungsäußerung verstanden wird ... Das 3. Strafrechtsänderungsgesetz ... enthält darüber hinaus noch eine Unzahl von Bestimmungen, durch die fast alle bisher noch bestehenden Möglichkeiten des öffentlichen Andersdenkens mit harten Strafen bedroht werden.

5. Die Unterdrückung jeder von den Organen der Partei und des Staates unabhängigen Kritik, die Maßregelung kritischer Schriftsteller, die Nichtzulassung einer Opposition in der Volkskammer, das Nichtbestehen auch nur eines einzigen kritischen und unabhängigen Presseorgans, die Bedingungen, unter denen die Kandidaten für die Volksvertretung nominiert und gewählt werden, das praktisch ... bestehende Westreise-Verbot – all dies und mehr ruft den Eindruck hervor, dass die Partei- und Staatsführung der DDR die Zahl ihrer Gegner für groß und bedrohlich hält. Nach wie vor hält man die „Mauer" geschlossen. Das Misstrauen, es könnte sonst wieder zu einer Massenflucht kommen wie 1961, ist groß.

6. Es ist ganz offensichtlich, dass alle diese Repressionen und Freiheitsbeschränkungen das Gegenteil dessen bewirken, was mit ihnen erreicht werden soll. Sie sollen der Sicherheit des Staates dienen, sind aber tatsächlich die Hauptursachen der zunehmenden Staatsunsicherheit. Unter solchen Bedingungen muss schließlich auch der letzte Rest des Vertrauens zwischen Bürgern und Staat dahin schwinden ...

7. Das politische System, das in der DDR wie auch in einigen osteuropäischen Staaten besteht, bezeichnet sich selbst als „realen" Sozialismus. Damit will man sagen, dass es einen „idealen" Sozialismus nur in den Träumen sektiererischer Utopisten gibt, nicht aber in Wirklichkeit ... Aber in der Geringschätzung und Verdächtigung der Träume von einem idealen Sozialismus sind sich gerade die Gegner und Feinde des Sozialismus mit den Ideologen des realen Sozialismus völlig einig. Sie lachen über die Einfältigen, die glauben, Sozialismus sei möglich ohne Unterdrückung der Andersdenkenden, ohne Polizeisystem und Mauer ...

8. Die kommunistischen Parteien in Westeuropa, die eine neue politische Linie entwickelt haben, die man den Eurokommunismus nennt, befinden sich angesichts der sich verschärfenden Spannungen in den Ländern des realen Sozialismus, besonders nach der gewaltsamen Beendigung des „Prager Frühlings" im Jahre 1968, in einer schwierigen Lage ...

9. Wenn wir hier endlich damit beginnen, den Sozialismus aufzubauen, von dem unsere eurokommunistischen Genossen träumen, so dass sie nicht mehr gezwungen sein werden, sich von unserem Sozialismus zu distanzieren, dann könnte die DDR gemeinsam mit den anderen sozialistischen Ländern zur Schritt-

Lange Jahre zählte der Schweizer Theologe Hans Küng mit seinen unorthodoxen, kirchenkritischen Schriften zu den „schwarzen Schafen" der katholischen Kirche. Mit Schriften wie Rechtfertigung (1957), Die Kirche (1976), Wahrhaftigkeit (1968) und Existiert Gott? (1978) äußerte er sich als Professor für Fundamentaltheologie der Universität Tübingen immer wieder zu brennenden Fragen der katholischen Christen. Als er in der Schrift Unfehlbar? – Eine Anfrage auch am päpstlichen Unfehlbarkeitsdogma rüttelte, war das Maß in den Augen der Kirchenoberen voll: Am 19. Dezember 1979 entzog der Vatikan Hans Küng die kirchliche Lehrbefugnis. Die Aktion fand international ein großes Echo und wurde von weiten Kreisen vehement kritisiert. Küngs Kommentar: „Es ist ein Skandal, dass im 20. Jahrhundert noch Inquisitionsprozesse durchgeführt würden." Er erhielt danach den außerhalb der theologischen Fakultät geschaffenen Lehrstuhl für ökumenische Theologie in Tübingen.

„Bekenntnis und Tat zum Schutz des Sozialismus". FDJ-Plakat zum 30. Jahrestag der DDR 1979.

macherin der großen sozialistischen Wende in Europa werden. Wir müssen nur den längst fälligen zweiten Schritt tun, den Schritt in die Demokratie durch Aufhebung der unkontrollierten Herrschaft des Parteiapparats. Wir werden zwar den Partei- wie auch den Staatsapparat noch eine ganze Weile brauchen und mit allen seinen unvermeidlichen Mängeln und Widersprüchen ertragen müssen – denn das Absterben des Staates ist ein langwieriger Prozess –, aber er kann sich nur vollziehen, wenn jede Form willkürlicher Herrschaft durch breite demokratische Kontrolle gezügelt und im Keim erstickt wird. Unter den gegenwärtigen Bedingungen stirbt der Staat nicht ab. Im Gegenteil, er wächst und nimmt von allem Besitz, ist überall; wachsam hört er alles, sieht alles und registriert es in geheimen elektronischen Datenbanken. Er beschwört in unseren Ängsten die gespenstische Welt herauf, die Orwell in seinem Buch „1984" beschrieben hat.

10. Der Kapitalismus ist in seine Endphase getreten. Bald wird es für ihn keine friedliche Lösung seiner Probleme mehr geben ... In dieser Situation ist der Sozialismus unsere einzige und letzte Hoffnung. Das heißt aber: Wir dürfen nicht länger warten. Wir müssen jetzt und hier beginnen, den großen Traum des Sozialismus zu verwirklichen, ohne Sozialismus keine Demokratie.

Zum 30. Jahrestag der DDR einige Vorschläge für erste Schritte auf diesem Weg:

1. Aufhebung aller Beschränkungen der Freiheit der Meinungsäußerung durch entsprechende Änderungen des Strafgesetzbuches, insbesondere durch Außerkraftsetzung der verfassungswidrigen 106 (staatsfeindliche Hetze), 219 (ungesetzliche Verbindungsaufnahme) und 220 (öffentliche Herabwürdigung).
2. Haftentlassung und Rehabilitierung aller Personen, die nach diesen Paragraphen verurteilt wurden.
3. Abschaffung jeglicher Zensur und Auflösung des Büros für Urheberrechte.
4. Gründung eines unabhängigen Presseorgans.
5. Herabsetzung der Altersgrenze für Westreisen.
6. Veröffentlichung dieser Thesen im „Neuen Deutschland".

Rudi Dutschke

* Schönefeld (Brandenburg), 7. März 1940
† Aarhus, 24. Dezember 1979

In Opposition stand Rudi Dutschke schon immer: Weil er den Wehrdienst in der Nationalen Volksarmee der DDR verweigerte, durfte er nicht Sport studieren, obwohl er ein ausgezeichneter Sportler war. Er lernte Industriekaufmann, holte in West-Berlin das Abitur nach, um Soziologie studieren zu können, und kehrte nach dem Bau der Mauer nicht mehr in den Osten zurück. Bald schon wurde der hochintelligente Wissenschaftler zur Leitfigur der protestierenden Studenten, die gegen die deutsche Wohlstandsgesellschaft zu rebellieren begannen. Der begabte Organisator und Rhetoriker Dutschke führte viele Demonstrationen an. Nach seinem Motto „Ohne Provokation werden wir überhaupt nicht wahrgenommen" wurden neue Formen des gewaltfreien Protestes ersonnen, die es zuvor nicht gegeben hatte: Sit-ins, Teach-ins, Sternmärsche und Hörsaalbesetzungen. Als führender Kopf des Sozialistischen Deutschen Studentenbundes (SDS) mobilisierte er Aktionen gegen die Notstandsgesetze, für Abrüstung, gegen den Vietnamkrieg.

Geschult an Marx, Marcuse, Adorno und Lukács verfocht Dutschke seine These von dem „langen Marsch, während dem die heutige manipulierte Gesellschaft einen Prozess der Bewusstwerdung durchmacht, bis eine mit gegenseitiger Hilfe und Solidarität vertraute Welt erreichbar wird", wobei er Gewalt als „Zerstörung der Vernunft" ablehnte. Der große Fehler jener Zeit war, dass man meinte, mit wissenschaftlich argumentierenden Aufklärungskampagnen, mit einer soziologisch verklausulierten Sprache auch die Herzen der Menschen erreichen zu können. Auch Dutschke war dieser Illusion erlegen.

Die herausragende Gestalt der 68er-Generation zog als „Buhmann der Nation" vor allem die Aggressionen des „bürgerlichen Lagers" auf sich, die sich schließlich in den Schüssen eines geistig verwirrten Rechtsradikalen entluden, der Dutschke 1968 auf offener Straße niederstreckte. Nach langem Krankenlager, Wiederaufnahme seines Studiums in England und einem Lehrauftrag in Dänemark wurde dem einstigen Studentenführer bei einer Informationsreise durch die Bundesrepublik wieder eine „ausgezeichnete politische Wahrnehmungsfähigkeit" zugestanden. In der Zeit vor seinem Tod hatte er sich mit Fernsehauftritten und bei Vorträgen auch wieder stark politisch engagiert, darunter in einer Kampagne für die Grünen. Am 24. Dezember 1979 starb er während eines Besuchs bei seiner Frau in Aarhus an den Spätfolgen seiner Schussverletzung.

Rudi Dutschke.

1980

JANUAR

1.1. Die DDR wird für zwei Jahre Mitglied des UNO-Sicherheitsrates.
In der Bundesrepublik tritt das Gesetz zur Neuregelung des Rechtes der elterlichen Sorge in Kraft. Es schränkt die elterliche Gewalt zugunsten des Kindes ein.
11.1. An der Technischen Hochschule in West-Berlin wird ein Zentrum für Antisemitismusforschung eingerichtet.
13.1. Die Partei Die Grünen konstituiert sich auf ihrem Kongress in Karlsruhe als Bundespartei. Am 23. März legt sie in Saarbrücken mit den Schlagworten „ökologisch, basisdemokratisch, sozial, gewaltfrei" die Grundzüge ihrer Politik fest. Erstes Führungstrio sind Petra Kelly, August Haußleiter und Norbert Mann.
25.1. Der Regensburger Walter Röhrl gewinnt die 48. Rallye Monte Carlo.
27.1.-9.3. Bei der vom Badischen Kunstverein in Karlsruhe gezeigten Ausstellung „Widerstand statt Anpassung – Deutsche Kunst im Widerstand gegen den Faschismus 1933-1945" handelt es sich um den ersten Versuch einer umfassenden Bestandsaufnahme deutscher Widerstandskunst.
30.1. Bundeskanzler Helmut Schmidt sagt wegen der Intervention in Afghanistan ein Treffen mit dem Staats- und Parteichef der DDR, Erich Honecker, ab.
Bundesinnenminister Gerhart Baum setzt das Verbot der rechtsextremen „Wehrsportgruppe Hoffmann" durch, weil sie eindeutig gegen das Grundgesetz gerichtete Ziele verfolge.

FEBRUAR

6.2. Das Bundesverfassungsgericht erklärt die friedliche Nutzung der Kernenergie für grundgesetzkonform. Mit den Vorschriften für die Genehmigung der Atomanlagen komme der Staat seiner Pflicht nach, das Recht auf Leben und körperliche Unversehrtheit zu schützen.
12.2. Der Vorsitzende der 1977 gegründeten Nord-Süd-Kommission, Willy Brandt, übergibt UN-Generalsekretär Kurt Waldheim in New York den Bericht der Nord-Süd-Kommission. Darin werden Vorschläge zur angestrebten Neuordnung und Verbesserung der Beziehungen zwischen Industrie- und Entwicklungsländern gemacht.
13.-24.2. Die XIII. Olympischen Winterspiele finden in Lake Placid/USA statt.
14.2. Uraufführung des Theaterstückes „Juristen" von Rolf Hochhuth in Hamburg, Göttingen und Heidelberg. Das Stück kritisiert die Juristen, die nach dem Zusammenbruch des NS-Regimes nicht über sich selbst gerichtet haben.
21.2. Der Schriftsteller Alfred Andersch stirbt im Alter von 66 Jahren in Berzona bei Locarno/Schweiz.

MÄRZ

7.3. Unterzeichnung eines Kooperationsabkommens zwischen der Europäischen Gemeinschaft (EG) und dem Verband Südostasiatischer Nationen (ASEAN).
14.3. In einem seit 1973 andauernden Rechtsstreit entscheidet das Oberverwaltungsgericht Münster im Zusammenhang mit dem Radikalenerlass in letzter Instanz, dass ein Funktionär der DKP nicht Richter werden dürfe.
18.3. Das Politbüro der SED legt die Aufgaben der Universitäten in der „entwickelten sozialistischen Gesellschaft" der DDR fest.
Der Psychoanalytiker Erich Fromm stirbt in Muralto/Schweiz.
23.3. Eine Gruppe, die sich „Revolutionäre Zellen in der IG Metall" nennt, verübt einen Sprengstoffanschlag auf das Bundesarbeitsgericht in Kassel. Dort wird über die Rechtmäßigkeit von Aussperrungen als Reaktion der Arbeitgeber auf Streiks verhandelt.

„Alternative und Grüne Liste Tübingen", Wahlplakat, 1980.

APRIL

4.4. Auf dem Gelände des ehemaligen Konzentrationslagers Dachau treten zwölf Sinti in den Hungerstreik, um auf die Diskriminierung ihrer Volksgruppe hinzuweisen.
6.4. In der Bundesrepublik Deutschland gilt erstmals die Mitteleuropäische Sommerzeit.
14.4. Der Film „Die Blechtrommel" von Volker Schlöndorff (geb. 1939) nach dem Roman von Günter Grass wird als bester ausländischer Film in Hollywood mit dem Oscar ausgezeichnet.
18.4. Der Film „Der Kandidat", eine als Gemeinschaftsarbeit u.a. von Stefan Aust, Alexander Kluge und Volker Schlöndorff entstandene Collage über Franz-Josef Strauß, läuft in den Kinos der Bundesrepublik an.
23.4. In Dortmund schließen Vertreter des Steinkohlebergbaus und der Elektrizitätswirtschaft den sogenannten Jahrhundertvertrag. Darin verpflichten sich die bundesdeutschen Stromerzeuger zur Abnahme von jährlich steigenden Mengen heimischer Steinkohle bis 1995.
30.4. Die Bundesrepublik Deutschland und die DDR schließen eine Vereinbarung über die Verbesserung der Verkehrswege nach West-Berlin.

MAI

3.5. Rund 5.000 Atomkraftgegner besetzen das Gelände der Tiefbohrstelle 3 bei Gorleben und

errichten ein Runddorf. Die sogenannte Freie Republik Wendland wird am 4. Juni von Polizei und Bundesgrenzschutz geräumt.
4.5. Der jugoslawische Staatspräsident Josip Broz Tito stirbt in Ljubljana. Am Rande der Trauerfeierlichkeiten am 8. Mai in Belgrad treffen Bundeskanzler Schmidt und DDR-Staats- und Parteichef Honecker zusammen.
26.-30.5. Unter dem Motto „Symposium '80 – Internationale Kulturbeziehungen – Brücke über Grenzen" findet in Bonn ein Kongress statt, an dem etwa 500 Vertreter aus 30 Staaten teilnehmen.
27.5. Bundesforschungsminister Volker Hauff reist zu Gesprächen über die Zusammenarbeit in den Bereichen Forschung, Wissenschaft und Technologie nach Ost-Berlin.
31.5. Der F.C. Bayern München wird Deutscher Fußballmeister.

JUNI

22./23.6. Der sechste Weltwirtschaftsgipfel findet in Venedig statt.
26.6. Der Bundestag verabschiedet eine Neuregelung des Betäubungsmittelgesetzes, durch die größere Rauschgiftdelikte künftig mit härteren Strafen bedroht werden.
30.6.-1.7. Bundeskanzler Helmut Schmidt und Außenminister Hans-Dietrich Genscher reisen zu Gesprächen nach Moskau. Die sowjetische Führung erklärt sich bereit, über die vom NATO-Doppelbeschluss Mittelstreckenwaffen (Intermediate Nuclear Forces/INF) mit den USA zu verhandeln.

JULI

2.7. In der Bundesrepublik wird eine Neuregelung für Asylverfahren verabschiedet. Vor allem die Bearbeitungszeit für Asylanträge soll drastisch verkürzt werden.
9.7. Der Jüdische Weltkongress zeichnet in Amsterdam Bundeskanzler Schmidt für seine Verdienste um Frieden und Menschenrechte mit der Goldmann-Medaille aus.
19.7.-3.8. Die XXII. Olympischen Sommerspiele finden in Moskau /UdSSR statt. Aus Protest gegen den Einmarsch sowjetischer Truppen in Afghanistan verzichten 30 Staaten, darunter die USA und die Bundesrepublik Deutschland, auf eine Teilnahme.

AUGUST

25.8. Bei Krawallen anlässlich einer Wahlkampfveranstaltung des CSU-Vorsitzenden Franz-Josef Strauß in Hamburg wird ein Demonstrant getötet. Über 100 Polizeibeamte und zahlreiche Demonstranten erleiden Verletzungen.
29.8.-8.9. In der Bundesrepublik läuft die 13teilige Serie „Berlin Alexanderplatz" von Rainer Werner Fassbinder nach dem Roman von Alfred Döblin im Fernsehen an.

SEPTEMBER

17.9. Rüdiger von Wechmar, UN-Botschafter der Bundesrepublik, wird für ein Jahr zum Präsidenten der UN-Vollversammlung gewählt.
In Polen wird gemäß dem Danziger Abkommen vom 31. August die Gewerkschaft „Solidarnosc" gegründet.
23.9. In Herne wird der Actionfilm „Theo gegen den Rest der Welt" von Peter F. Bringmann mit Marius Müller-Westernhagen in der Hauptrolle uraufgeführt. Im Mittelpunkt des Films, der zum erfolgreichsten des Jahres wird, steht ein Fernfahrer, der seinen gestohlenen LKW zurückholen will.
26.9. Auf dem Münchner Oktoberfest werden bei einem Bombenanschlag 13 Menschen getötet und 219 verletzt. Der mutmaßliche Attentäter, der als Rechtsextremist bekannte Gundolf Köhler, kommt ebenfalls ums Leben.

OKTOBER

5.10. Bei den Wahlen zum 9. Deutschen Bundestag erhalten die CDU/CSU 44,5 % der Stimmen, die SPD 42,9 % und die F.D.P. 10,6 %.
9.10. Die DDR erhöht den sogenannten Zwangsumtausch für Besucher aus dem Westen auf 25 DM pro Tag.
13.10. In einer Rede vor Parteifunktionären in Gera hält Staats- und Parteichef Honecker eine „Abgrenzungs"-Rede gegenüber der Bundesrepublik.
Das West-Berliner Kammergericht verurteilt sechs Angehörige der terroristischen Gruppierung „Bewegung 2. Juni" wegen der Entführung des CDU-Politikers Peter Lorenz im Jahr 1975 zu Freiheitsstrafen zwischen 5 und 15 Jahren.
Mitglieder der Umweltschutzorganisation „Greenpeace" hindern in Nordenham das Abfallschiff „Kronos" am Auslaufen, um gegen die Verschmutzung der Nordsee zu protestieren. Es ist die erste Aktion der „Greenpeace"-Gruppe der Bundesrepublik.
16.10. Aus Protest gegen die geplante Startbahn-West des Frankfurter Flughafens treten in der hessischen Gemeinde Mörfelden-Walldorf Politiker unterschiedlicher Parteien in einen dreitägigen Hungerstreik.
In Darmstadt wird die Schriftstellerin Christa Wolf mit dem Büchner-Preis ausgezeichnet.

Von den Journalisten anerkennend „Bob Beaman des Flachlands" genannt, holt sich Lutz Dombrowski bei den Olympischen Sommerspielen in Moskau 1980 mit 8,54 m die Goldmedaille im Weitsprung.

NOVEMBER

1.11. In Bad Godesberg wird die rechtsliberale Jugendorganisation „Arbeitskreis Junger Liberaler" (Julis) als Gegengewicht zu den Deutschen Jungdemokraten (Judos) gegründet.
5.11. Helmut Schmidt wird erneut zum Bundeskanzler einer sozialliberalen Koalition gewählt.
10.11. Der Staats- und Parteichef der DDR, Erich Honecker, trifft zu einem Staatsbesuch in Österreich ein, seiner ersten offiziellen Reise ins westliche Ausland.
11.11. In Madrid wird das zweite Folgetreffen der Konferenz über Sicherheit und Zusammenarbeit in Europa (KSZE) eröffnet.
15.-19.11. Papst Johannes Paul II. besucht die Bundesrepublik Deutschland.
16.11. Uraufführung des Theaterstückes „Der Auftrag" von Heiner Müller an der Volksbühne in Ost-Berlin.

DEZEMBER

15.12. Ein West-Berliner Gericht hebt den Schuldspruch gegen Marinus van der Lubbe auf, der 1933 als Urheber des Reichstagsbrandes zum Tode verurteilt und 1934 hingerichtet worden war. Die Frage, wer im Reichstagsgebäude 1933 Feuer gelegt hat, bleibt weiterhin ungeklärt.
17.12. Das neugeschaffene Amt des Behindertenbeauftragten des Bundes übernimmt Hermann Buschfort.
18.12. Der Rowohlt Taschenbuch Verlag bringt den Roman „Mephisto" von Klaus Mann heraus, obwohl die Veröffentlichung 1968 gerichtlich untersagt worden war, weil sie Persönlichkeitsrechte des Schauspielers und Regisseurs Gustaf Gründgens verletze.
24./25.12. Straßenschlachten zwischen Hausbesetzern und der Polizei in West-Berlin.

AUSSERDEM

Alfred Andersch: Der Vater eines Mörders (Roman)
Umberto Eco: Der Name der Rose (Roman)

Mit öffentlichen Rekrutengelöbnissen feierte die Bundeswehr am 12. November 1980 ihr 25jähriges Bestehen.

Schwere Ausschreitungen beim öffentlichem Gelöbnis

Am 6. Mai 1980 gedachte die Bundeswehr im Rahmen eines feierlichen Gelöbnisses von 1200 Rekruten des Heeres, der Luftwaffe und der Marine in Bremen des 25. Jahrestages des Beitritts der Bundesrepublik Deutschland zur NATO. Dabei kam es zu massiven Störungen durch Kernkraftgegner und kommunistische Gruppierungen. Das „Archiv der Gegenwart" berichtet: In einer Ansprache erklärte Bundespräsident Karl Carstens im Weserstadion u.a., auf sich allein gestellt wäre die Bundesrepublik Deutschland wegen ihrer geographischen Lage nicht zur Verteidigung fähig; deshalb sei sie vor 25 Jahren der NATO beigetreten. „Aufgabe des Bündnisses ist es, einen Angriff abzuwehren. Die Machtmittel der Allianz sind ausschließlich zur Verteidigung bestimmt. Unsere Verfassung verbietet den Angriffskrieg. In den Westverträgen von 1955 haben wir feierlich auf Gewalt und Drohung mit Gewalt zur Erreichung politischer Ziele verzichtet. Die Ostverträge bekräftigen diesen Grundsatz auch gegenüber unseren östlichen Nachbarn." Wenn es gelungen sei, den Frieden über eine lange Zeitspanne hin zu erhalten, dann sei das auch dem Willen und der Fähigkeit zur Verteidigung zu danken, wie sie in der Bundeswehr geübt würden. Der Sinn des soldatischen Dienstes liege darin, die staatliche Ordnung eines Landes zu schützen, „dessen Bürger in Freiheit leben, in dem die Menschenrechte gelten ..., in dem das Recht regiert und ein hohes Maß an sozialer Gerechtigkeit erreicht werden konnte". Durch ihren Einsatz schützten die Soldaten der Bundeswehr sowohl das im Grundgesetz verbriefte Recht, den Dienst mit der Waffe aus Gewissensgründen zu verweigern, als auch die Freiheit derer, die die Bundeswehr ablehnten oder gegen sie demonstrierten: „Die Möglichkeit zu einer solchen Betätigung des Rechts auf freie Meinungsäußerung könnte schnell ein Ende finden, wenn die Bundeswehr unsere Sicherheit nicht mehr verbürgen würde."

Außerhalb des Weserstadions kam es während des Gelöbnisses zu schweren Zusammenstößen zwischen Demonstranten und der Polizei, bei denen 257 Polizeibeamte, 1 Soldat und mindestens 50 Demonstranten zum Teil erheblich verletzt wurden. (Zuvor hätten linke Gruppen, Jungsozialisten, DGB, Schülervertretungen, Alternative und Grüne Liste, zu einem „Friedensfest" aufgerufen, das als Gegenkundgebung zum Gelöbnis im Weserstadion gedacht gewesen sei und an dem sich rund 4000 Personen beteiligt hätten. Gewalttätige Gruppen des KBW und der Atomkraftgegner, die auf rund 2000 Personen geschätzt wurden, hätten die Ge-

21. Juni. – Zwei politisch bedeutsame Gipfeltreffen fanden im Juni in Venedig statt, zunächst jenes der Europäischen Gemeinschaft, das sich mit Nahost befasste und erstmals die PLO in einem Dokument namentlich erwähnte, und sodann jenes der sieben wichtigsten Industrienationen der Welt. Am 21. Juni verabschiedete dieser „Weltwirtschaftsgipfel" eine gemeinsame Erklärung über Afghanistan, in der die Sowjetunion zum Abzug ihrer Truppen aufgefordert wurde. Die achtziger Jahre würden auf wirtschaftlichem und politischem Gebiet noch schwieriger werden als das zu Ende gegangene Jahrzehnt, meinte US-Präsident Carter im Namen der Konferenzteilnehmer. Die freien Völker der Welt würden vor harte Entscheidungen gestellt, wenn sie der Herausforderung des sowjetischen Militarismus wirksam entgegentreten wollten. Die Afghanistankrise und die wirtschaftliche Problematik, die durch die Ölpreissteigerungen ausgelöst worden war, interpretierte Carter als miteinander zusammenhängend.

Bundeskanzler Helmut Schmid und Ehefrau Hannelore („Loki") bei der Stimmabgabe zur Bundestagswahl 1980.

legenheit benutzt, um den Sicherheitskräften eine Straßenschlacht zu liefern, bei der u.a. Bundeswehrfahrzeuge umgestürzt und angezündet worden seien; der angerichtete Sachschaden werde auf mehrere 100.000 DM geschätzt.)

Im Anschluss an die Bremer Krawalle gab die Bundesregierung laut Pressemitteilung eine Erklärung ab, in der es u.a. heißt:

„Bei diesen Ausschreitungen handelte es sich nicht um die Wahrnehmung des Grundrechtes der Demonstrationsfreiheit, das auch in diesem Fall ohne jede Einschränkung gewährleistet war, sondern um Gewalttaten, die den dringenden Verdacht strafbarer Handlungen, insbesondere den Verdacht auf schwere Landfriedensbrüche, begründen."

Die Bundeswehr sei als Teil der NATO ein unverzichtbarer Beitrag zur Sicherung des Friedens und des Gleichgewichts der Kräfte, ohne das es keine Entspannungspolitik geben könne. Das Gelöbnis auf das Grundgesetz bekräftige, dass die Soldaten einen Dienst für den Frieden mit und in einer demokratischen Gesellschaft leisteten: „Die Bundesregierung hält es auch künftig für geboten, an der Einrichtung des öffentlichen Gelöbnisses festzuhalten, die vor 25 Jahren in der Freien Hansestadt Bremen durch Senatspräsident Wilhelm Kaisen begründet worden ist."

In einer weiteren Pressemitteilung der Bundesregierung heißt es u.a., die Sicherheitsbehörden (Polizei, Staatsschutz und MAD) hätten am 8. April bei einer gemeinsamen Besprechung Störungen des öffentlichen Gelöbnisses für möglich gehalten und vorsorglich eine Durchsuchung des Stadions auf subversive Kampfmittel und die Bereitstellung eines Delaborierungstrupps des Amts für Sicherheit der Bundeswehr angeordnet; am 11. April sei ein Offener Brief des KBW aufgetaucht, der zur „Herstellung einer Aktionseinheit gegen die öffentliche Rekrutenvereidigung" aufgerufen habe; gleichzeitig sei bekannt geworden, dass die Bremer Bürgerinitiative gegen Atomkraftwerke (BBA) am 9. April eine Lagebesprechung abgehalten und folgendes Vorgehen beschlossen habe: Verhinderung oder massive Störung der Vereidigung mit dem Ziel, in das Weserstadion zu gelangen; daraufhin habe die Kriminalpolizei einen Katalog möglicher Straftaten radikalpolitischer Gruppen herausgegeben; am 25. April habe der MAD darauf hingewiesen, dass zwischen den extremistischen Organisationen KBW und BBA und den demokratischen Gruppierungen wie der DGB-Jugend, der IG Metall, der ÖTV, der Jungsozialisten, der Alternativen und der Grünen Liste keine Einigung über Form und Umfang der Demonstrationen habe erzielt werden können; gleichzeitig seien der Bundesminister der Verteidigung Hans Apel und der Bürgermeister von Bremen Hans Koschnick über die Lage informiert und das Land Bremen ersucht worden, die nötigen Sicherheitsregelungen zu treffen, da es uneingeschränkt für die Aufrechterhaltung von Sicherheit und Ordnung im und um das Weserstadion zuständig sei. Alle beteiligten Stellen hätten aus früheren Erfahrungen mit KBW und BBA Gewaltanwendung bei den Störaktionen nicht ausschließen können; konkrete Hinweise auf die Art der Gewaltanwendung seien dem MAD allerdings erst am 6. Mai um 11.45 Uhr zugegangen (Anreise von Anarchogruppen aus Hamburg, möglicher Einsatz eines Lkw durch den KBW, Sammeln von Tierblut und Abfüllen von Farbbeuteln durch Demonstranten).

Der Papst in Deutschland

Bei seiner ersten Pastoralreise nach Deutschland vom 15. bis 19. November 1980 hielt Papst Johannes Paul II. am ersten Tag nach seiner Ankunft vor Wissenschaftlern im Kölner Dom eine Ansprache:

Verehrte Mitbrüder im Bischofsamt, liebe Brüder und Schwestern, sehr verehrte Damen und Herren. Mit Freude und Dankbarkeit begrüße ich Sie, die Frauen und Männer aus dem wissenschaftlichen Leben der Bundesrepublik Deutschland, die Studentinnen und Studenten aus den deutschen Hochschulen, die die europäische Wissenschaftsgeschichte so nachhaltig beeinflusst haben. Sie haben sich hier versammelt gleichsam stellvertretend für die vielen Forscher, Lehrer, Mitarbeiter und Studierenden in den Universitäten, Akademien und den anderen Forschungseinrichtungen. Sie vertreten ferner die vielen Mitarbeiter in der staatlichen und nichtwissenschaftlichen Förderung, die auf die Entwicklung von Wissenschaft und Technologie einen nicht unerheblichen Einfluss ausüben und deshalb eine besondere Verantwortung für die Menschen tragen. Das heutige Zusammentreffen soll als ein Zeichen der Gesprächsbereitschaft zwischen Wissenschaft und Kirche verstanden werden.

Der heutige Tag selbst und der Ort geben dieser Begegnung eine besondere Bedeutung. Heute vor 700 Jahren starb im Dominikanerkonvent nicht weit von diesem Dom, bei dessen Gründung er wohl anwesend war, Albert der Deutsche, wie

Die Wahlverlierer Helmut Kohl und Franz Josef Strauß nach der Bundestagswahl vom 5. Oktober 1980.

ihn die Zeitgenossen nannten. Die Nachwelt hat ihm wohl als einzigem Gelehrten den Beinamen „der Große“ gegeben. Albert hat in seiner Zeit vielfältig gewirkt: als Ordensmann und Prediger, als Ordensoberer und als Bischof – und als Friedensvermittler in seiner Stadt Köln. Weltgeschichtliche Größe gewann er aber als Forscher und Gelehrter, der das Wissen seiner Zeit umfassend beherrschte und in einem gewaltigen Lebenswerk neu gestaltete. Schon Zeitgenossen erkannten ihn als Autor an, als Urheber und Mehrer der Wissenschaft. Die Folgezeit zeichnete ihn als den Doktor universalis aus. Die Kirche beruft sich auf ihn, den sie zu ihren Heiligen zählt und zu einem ihrer Lehrer – als solchen feiert sie ihn liturgisch unter diesem Titel.

In einer vergangenen Epoche haben Vorkämpfer der neuzeitlichen Wissenschaft gegen die Kirche mit den Schlagworten: Vernunft, Freiheit und Fortschritt gekämpft. Heute angesichts der Sinnkrise der Wissenschaft, der vielfältigen Bedrohung ihrer Freiheit und des Zweifels am Fortschritt haben sich die Kampfesfronten geradezu vertauscht. Heute ist es die Kirche, die eintritt für die Vernunft und die Wissenschaft, der sie die Fähigkeit zur Wahrheit zutraut, welche sie als humaner Vollzug legitimiert. Heute ist es die Kirche, die eintritt für die Freiheit der Wissenschaft, durch die sie ihre Würde als menschliches personales Gut hat. Heute ist es die Kirche, die eintritt für den Fortschritt im Dienste einer Menschheit, die seiner zur Sicherung ihres Lebens und ihrer Würde bedarf.

In diesem Dom werden seit Jahrhunderten die Gebeine der Weisen verwahrt und verehrt, die am Beginn des neuen Zeitalters, das mit der Menschwerdung Gottes angebrochen ist, sich aufmachten, um dem wirklichen Herrn der Welt zu huldigen. Diese Männer, in denen sich das Wissen ihrer Zeit vereinigte, werden so zum Leitbild für den wahrheitssuchenden Menschen überhaupt. Das Wissen, das die Vernunft erreicht, findet seine Vollendung in der Anbetung der göttlichen Wahrheit. Der Mensch, der auf diese Wahrheit zugeht, erleidet keine Einbuße seiner Freiheit, sondern wird in der vertrauensvollen Hingabe an den Geist, der uns durch das Erlösungswerk Jesu Christi zugesagt ist, zur vollen Freiheit und zu einer wirklich humanen Existenzerfüllung geführt. Die Wissenschaftler und Studenten und Sie alle aber, die Sie heute hier zusammengekommen sind, rufe ich auf und bitte Sie in Ihrem Streben nach wissenschaftlicher Erkenntnis, das letzte Ziel Ihrer Arbeit und Ihres ganzen Lebens ständig vor Augen zu haben. Dazu empfehle ich Ihnen besonders die Tugenden der Tapferkeit, die in einer zweifelnden, der Wahrheit entfremdeten und sinnbedürftigen Welt die Wissenschaft verteidigt, und der Demut, mit der sie hier die Endlichkeit der Vernunft vor der sie übersteigernden Wahrheit anerkennen. Es sind dies genau die Tugenden Alberts des Großen.

In der entscheidenden Sitzung des NOK am 15. Mai konnten sich die Befürworter eines Boykotts der Olympischen Sommerspiele 1980 in Moskau unter Sportbundpräsident Weyer (rechts) gegen NOK-Präsident Daume durchsetzen.

Olympische Spiele ohne die USA, die Bundesrepublik und Japan

Noch nie zuvor waren Olympische Spiele schon im Vorfeld derartigen Spannungen ausgesetzt, wie jene von Moskau 1980. Wegen des Einmarsches der Sowjets in Afghanistan hatte der amerikanische Präsident Jimmy Carter sein Nationales Olympisches Komitee zu einem Boykott bewegt. Diese Empfehlung richteten die Regierungen mehrerer westlicher Staaten auch an ihre Olympiakomitees. Doch von den großen Sportländern folgten schließlich nur die Bundesrepublik Deutschland und Japan dem eindringlichen Rat.

Zur Eröffnungsfeier der Spiele, die vor 100.000 Zuschauern im Lenin-Stadion an diesem Tag stattfand, hatten sich einige Mannschaften jedoch Protestdemonstrationen vorbehalten, die sich gegen die sowjetrussische Afghanistan-Politik richteten, Die Delegationen Australiens, Neuseelands, Dänemarks, Andorras, Spaniens und Puerto Ricos verwendeten statt der Nationalflagge die neutrale olympische Fahne. Die Mannschaften Großbritan-

München, Bayerns Hauptstadt, war am 19. November 1980 die letzte Station der Pilgerreise des Papstes. 600.000 Gläubige hatten sich auf der Theresienwiese versammelt. Sie erlebten einen zwar körperlich erschöpften, doch geistig hellwachen Heiligen Vater.

Mit einem 2:1 Sieg über Belgien wurde Deutschland am 22. Juni 1980 in Fußball-Europameister. Hinten von links: Rummenigge, Schumacher, Cullmann, Schuster, Briegel, Hrubesch, Stielike, Derwall; vorne: Allofs, Kaltz, Dietz, K.-H. Förster und Müller.

niens, Irlands und Portugals verzichteten auf den Einmarsch ihrer Sportler und traten lediglich unter der Kürzelbezeichnung ihres Nationalen Olympischen Komitees an, nicht unter dem Ländernamen. Das sowjetische Fernsehen brachte bei der Direktübertragung keine Bilder der genannten Teams, kommentierte deren Auftritt jedoch mit scharfen Worten:
„Die Tatsache, dass sie die olympische Flagge benutzen, ist ein Echo auf das von Washington inszenierte schmutzige Spiel. Dieses unkluge Verhalten Washingtons ist fehlgeschlagen, und wir sind Zeuge davon." Lord Killanin, der Präsident des Olympischen Komitees, hieß besonders jene Teilnehmer willkommen, „die mit ihrer Anreise völlige Unabhängigkeit bewiesen haben, obwohl sie mannigfaltigem Druck ausgesetzt waren." Der inzwischen verstorbene sowjetische Partei- und Regierungschef Leonid Breschnew sprach schließlich die Eröffnungsformel dieser Spiele, bei denen die Sportler aus der UdSSR 80 Goldmedaillen gewinnen sollten.

Fußball-Europameister

Beim EM-Finale zwischen Belgien und Deutschland am 22. Juni 1980 in Rom, kam nach vorsichtigem Beginn mehr und mehr Farbe ins Spiel.
5. Minute: Einen von Rummenigge getretenen Eckball wehrte die belgische Abwehr ab. Müller nahm den Ball aus der Luft und zwang den belgischen Torhüter Pfaff zu einer Glanzparade. 10. Minute: Nach einer Traumkombination zwischen Allofs und Schuster setzte der Kölner den freistehenden Hrubesch ein, der mit einem wundervollen Aufsetzer aus 17 Metern die deutsche 1:0-Führung schoss. Im Gegenzug fast das 1:1. Nach einem Fehlpass Schusters lief van der Elst allein auf Schumachers Tor zu, der herausstürzte und den Winkel geschickt verkürzte. Der Belgier schlenzte den Ball zwar schon am deutschen Torhüter, aber auch knapp am Tor vorbei ins Aus.
23. Minute: Immer wieder kamen die Belgier gefährlich vor das deutsche Tor, es gab jedoch kein Durchkommen. 29. Minute: Nach Doppelpass mit Hrubesch knallte Hansi Müller den Ball aus 18 Metern Entfernung knapp über das Tor. Mit viel Mühe wehrte Pfaff vier Minuten später einen 20-Meter-Schuss von Schuster zur Ecke ab.
34. Minute: Eine Flanke nahm Ceulemans am Elfmeterpunkt direkt aus der Luft, doch der Aufsetzer landete genau in Schumachers Armen. Bei einem Schuss von Allofs aus 20 Metern hatte Torhüter Pfaff erneut Mühe. 37. Minute: Schumacher musste bei einer hohen Flanke weit aus seinem Tor herauskommen, um mit Faustabwehr vor dem heranstürmenden Ceulemans abzuwehren. Und dann erneut ein toller Schuss von Schuster aus 22 Metern, der nur knapp über das belgische Tor strich.
43. Minute: Die letzte Chance vor der Pause hatte Rummenigge, der jedoch etwas überhastet am Tor vorbeizielte. Aufgrund der Torchancen war die 1:0-Halbzeitführung der deutschen Mannschaft in einem ansonsten ausgeglichenen Spiel verdient. 50. Minute: Ein tolles Solo von Briegel wurde an der Strafraumgrenze durch ein Foul gestoppt. Bei dem anschließenden Freistoß von Hansi Müller lief Hrubesch in die Abseitsfalle der Belgier: 55. Minute: Briegel, der bereits in der 46. Minute durch ein Foul schwer angeschlagen war, wurde durch Cullmann ersetzt.
66. Minute: Im letzten Moment konnte Torhüter Schumacher mit Faustabwehr am Elfmeterpunkt vor dem gefährlichen Ceulemans retten. 72. Minute: Mit dem Ball am Fuß lief van der Elst dem deutschen Strafraum entgegen, Stielike grätschte mit langem Bein dazwischen, ganz offensichtlich aber nicht im Strafraum. Der rumänische Schiedsrichter Rainea sah das aber anders. Er pfiff zur Überraschung aller Akteure Elfmeter für Belgien. Kompromisslos knallte Vandereycken den Ball zum 1:1-Ausgleich ins Netz. 79. Minute: Bei einem Schuss von Hansi Müller konnte sich Renquin in letzter Sekunde in die Flugbahn des Balles werfen und retten.
82. Minute: Einen gefährlichen Schuss von Mommens konnte Schumacher zur Ecke abwehren, die jedoch nichts einbrachte. 86. Minute: Zum ersten Mal zeigte der belgische Torhüter Pfaff eine Unsicherheit, aber es war keiner der deutschen Stürmer da. 89. Minute: Inzwischen hatten sich alle bereits auf eine Verlängerung eingestellt, da trat Rummenigge von der linken Seite eine Ecke in den belgischen Strafraum. Hrubesch sprang von allen Stürmern am höchsten und köpfte aus fünf Metern Entfernung zum 2:1 ein: riesiger Jubel unter den deutschen Spielern, denn dieses zweite Tor eine Minute vor Spielende konnte nur den Sieg bedeuten.
90. Minute: Jubelnd warfen die deutschen Spieler die Arme in die Höhe, nachdem sie durch diesen schwer erkämpften Sieg zum zweitenmal den Europameistertitel nach Deutschland geholt hatten. Bundestrainer Jupp Derwall hatte innerhalb von zwei Jahren nicht nur eine neue Mannschaft aufgebaut, die wieder zu den besten der Welt zählte, sondern er hatte inzwischen auch eine sagenhafte Serie von 19 Spielen ohne Niederlage zu verzeichnen.

1981

JANUAR

1.1. Griechenland tritt als 10. Staat der Europäischen Gemeinschaft bei.
14.1. Der Film „Lili Marleen" von Rainer Werner Fassbinder wird in West-Berlin uraufgeführt. Er zeichnet den Lebensweg der Sängerin Lale Andersen nach, die in der NS-Zeit durch ihr Lied „Lili Marleen" berühmt wurde.
24.1. Bei der nationalen Auftaktveranstaltung in der Dortmunder Westfalenhalle eröffnet Bundespräsident Karl Carstens das „Jahr der Behinderten".
29.1. In West-Berlin kommt es zu schweren Straßenschlachten zwischen der Polizei und Mitgliedern der Hausbesetzer-Szene. Anlass ist ein Hausbesetzer-Prozess, in dem ein Student wegen Beteiligung an Ausschreitungen im Dezember 1980 zu 14 Monaten Freiheitsstrafe verurteilt wurde.

FEBRUAR

9.2. Der neue Ständige Vertreter der Bundesrepublik Deutschland in der DDR, Staatssekretär Klaus Bölling, überreicht in Ost-Berlin sein Beglaubigungsschreiben. Böllings Vorgänger, Günter Gaus, war am 23. Januar zum neuen Wirtschaftssenator von West-Berlin gewählt worden.
13.2. Die britische Rockgruppe Pink Floyd gastiert an acht Tagen hintereinander in der ausverkauften Dortmunder Westfalenhalle mit der „Jahrhundert-Show" „The Wall".
21.2. Bei einem Bombenattentat auf das Haus der US-Sender „Radio Free Europe" und „Radio Liberty" in München werden acht Menschen zum Teil schwer verletzt.

MÄRZ

6.3. Bei dem Prozess gegen den mutmaßlichen Mörder ihrer siebenjährigen Tochter erschießt Marianne Bachmeier den Angeklagten Klaus Grabowski im Saal des Lübecker Schwurgerichts.
12.-14.3. Auf dem Bundeskongress in Düsseldorf verabschiedet der Deutsche Gewerkschaftsbund (DGB) ein neues Grundsatzprogramm. Darin wird das Erreichte festgeschrieben und für die Zukunft größeres Gewicht auf die Humanisierung des Arbeitslebens gelegt.
24.3. Das Bundesverfassungsgericht in Karlsruhe spricht das Sorgerecht für nichteheliche Kinder allein der Mutter zu. Mit dem Urteil wird die Verfassungsklage von drei Vätern abgewiesen.
28.3. In München wird nach sechsjähriger Bauzeit die Neue Pinakothek eröffnet.

APRIL

16.4. Der Terrorist Sigurd Debus stirbt im Krankenhaus Hamburg-Barmbek an den Folgen eines Hungerstreiks für bessere Haftbedingungen.
28.4. Das Bundesministerium für Forschung und Technologie schließt mit der NASA eine Vereinbarung über die Nutzung der Raumfähre Space Shuttle ab.
29.4. In einem Beschluss ihres Bundesausschusses sprechen sich die Jungsozialisten (Jusos) für „kalkulierte einseitige Abrüstungsmaßnahmen" aus. Die SPD-Jugendorganisation bekräftigt damit ihre ablehnende Haltung gegenüber der Abrüstungspolitik der Bundesregierung und ihrer eigenen Partei.

MAI

1.5.-29.9. Der Künstler Wolf Vostell lässt seinen „Fluxus Zug" über 15 Stationen durch Deutschland reisen.
11.5. Der hessische Wirtschaftsminister Heinz Herbert Karry (F.D.P.) wird von Terroristen erschossen.
15.5. Die Bauarbeiten für das Windkraftwerk GROWIAN im Kaiser-Wilhelm-Koog an der Nordseeküste bei Marne beginnen.
16./17.5. Bundeskanzler Helmut Schmidt verknüpft sein politisches Schicksal mit der Zustimmung der SPD zum NATO-Doppelbeschluss. Vor SPD-Funktionären in Recklinghausen spricht er eine indirekte Rücktrittsdrohung aus, indem er sagt, er „stehe oder falle" mit dem NATO-Doppelbeschluss. Schmidt erhält daraufhin die Unterstützung seiner Partei.
23.5. In Bonn wird das erste Frauenmuseum der Welt eröffnet.
29.-31.5. Der F.D.P.-Vorsitzende Hans-Dietrich Genscher droht auf dem 32. Bundesparteitag der F.D.P. mit seinem Rücktritt für den Fall, dass sich die F.D.P. gegen den NATO-Doppelbeschluss ausspreche. Die Partei billigt den Beschluss mit 271 gegen 103 Stimmen.

JUNI

19.6. Beim dreitägigen „Deutschlandtreffen 1981" der schlesischen Landsmannschaften in Hannover demonstrieren rund 140.000 Menschen für das Selbstbestimmungsrecht der Schlesier.
22.6. Erstmals seit Bildung der CDU-Minderheitsregierung in West-Berlin am 11. Juni wird dort ein besetztes Haus geräumt. In der folgenden Nacht kommt es zu den seit Wochen schwersten Krawallen zwischen Hausbesetzern und der Polizei in West-Berlin.
28.6. Die ARD zeigt den ersten „Tatort"-Krimi mit Hauptkommissar Horst Schimanski, gespielt von Götz George.
29.6.-2.7. Der SPD-Vorsitzende Willy Brandt und sein Stellvertreter Hans-Jürgen Wischnewski (geb. 1922) besuchen Moskau. Im Mittelpunkt der Gespräche mit dem sowjetischen Staats- und Parteichef Leonid I. Breschnew stehen Fragen der Abrüstung.
30.6. Nach fünfeinhalbjähriger Dauer endet am Landgericht Düsseldorf der sogenannte Majdanek- Prozess. Die 61jährige ehemalige SS-Aufseherin Hermine Braunsteiner-Ryan wird zu lebenslanger Haft verurteilt. Die übrigen Angeklagten erhalten lediglich Freiheitsstrafen zwischen zwei und zwölf Jahren, weil die von der Anklage vorgebrachten Mordfälle nach Auffassung des Gerichts nicht präzise beweisbar sind. Nach der Urteilsverkündung kommt es zu Protestkundgebungen, da die Urteile als zu milde gewertet werden.

JULI

1.7. Der Architekt und Designer Marcel Breuer stirbt in New York. Breuer initiierte als Leiter der Tischlerei am Bauhaus die Serienproduktion von Bauhaus-Möbeln und gilt als Schrittmacher der industriellen Formgebung in Architektur und Design.
9.7. Nach einem Grundsatzurteil des Bundesgerichtshofs muss bei Mord in Zukunft nicht mehr eine lebenslange Haftstrafe ausgesprochen werden.
14.7. Als erste Landesregierung beschließt der bayerische Ministerrat die Ausrüstung der Polizei mit dem umstrittenen Reizgas CS. Das giftige Gas, das auf Augen, Nase und Rachen wirkt, soll als Kampfmittel gegen gewalttätige Demonstranten eingesetzt werden.

AUGUST

9.8. Der Beschluss des US-amerikanischen Präsidenten Ronald Reagan zur Produktion der Neutronenwaffe stößt in der SPD und bei Teilen der F.D.P. auf Kritik, bei den Unionsparteien auf Zustimmung. Bei der Detonation der Neutronenbombe entsteht nur wenig Hitze und eine schwache Druckwelle, dafür aber eine sehr starke Neutronenstrahlung. Diese vernichtet jegliches Leben, während die gesamte Infrastruktur der betroffenen Region unzerstört bleibt.
13.8. Anlässlich des 20. Jahrestages des Mauerbaus kritisiert DDR-Staats- und Parteichef Erich Honecker Reagans Entscheidung für den Bau der Neutronenbombe.
15.8. Mit einem Festakt in der West-Berliner Philharmonie wird die Ausstellung „Preußen – Versuch einer Bilanz" eröffnet.
20.8. In einem gemeinsamen Appell von 150 europäischen Autoren, unter anderem Heinrich Böll, Lew Kopelew und Anna Seghers, werden ein Ende des Wettrüstens und der Baustop für die Neutronenbombe gefordert.

31.8. Auf das Hauptquartier der US-Luftstreitkräfte in Ramstein/Pfalz wird ein Sprengstoffanschlag verübt, bei dem zwei Deutsche und 18 Amerikaner verletzt werden.
Antwortschreiben des Staats- und Parteichefs der DDR, Erich Honecker, an Bundeskanzler Helmut Schmidt auf dessen Brief von Ende Juni. Honecker stimmt mit dem Kanzler darin überein, dass trotz international schwieriger Situation der konstruktive Dialog zwischen beiden deutschen Staaten notwendig ist.

SEPTEMBER

4.9. In der Bundesrepublik läuft der Film „Die bleierne Zeit" von Margarethe von Trotta an. Nach dem Vorbild der Ensslin-Schwestern werden die völlig unterschiedlichen Lebenswege zweier Schwestern beschrieben: Während die eine Frau bei einer Frauenzeitschrift arbeitet, versucht die andere, ihre Ziele radikal im politischen Untergrund zu verwirklichen.
13.9. In West-Berlin kommt es wegen des Besuchs des amerikanischen Außenministers Alexander Haig zu Zusammenstößen zwischen Rüstungsgegnern und der Polizei.
15.9. Auf den Oberbefehlshaber der amerikanischen Landstreitkräfte in Europa, General Frederick James Kroesen, wird in Heidelberg ein Attentat verübt. Das „Kommando Gudrun Ensslin" bekennt sich zu dem Anschlag.
18.9. In den Kinos der Bundesrepublik läuft der Film „Das Boot" von Wolfgang Petersen an. Der mit 25 Millionen DM Produktionskosten bisher teuerste deutsche Film schildert das Leben in einem deutschen Unterseeboot während des Zweiten Weltkriegs und basiert auf dem gleichnamigen Welt-Bestseller von Lothar-Günther Buchheim.
22.9. Nach der polizeilichen Räumung von acht besetzten Häusern in West-Berlin stirbt bei anschließenden Auseinandersetzungen zwischen zahlreichen Hausbesetzern und der Polizei der Demonstrant Klaus-Jürgen Rattay.

OKTOBER

1.10. Der frühere Referent des Bundeskanzlers Willy Brandt, Günter Guillaume, der 1975 wegen DDR-Spionage zu dreizehn Jahren Freiheitsstrafe verurteilt worden war, wird im Zuge eines Agentenaustausches in die DDR entlassen.
10.10. In Bonn findet die bisher größte Demonstration der Friedensbewegung gegen den NATO-Doppelbeschluss mit 300.000 Teilnehmern statt.
18.10. Der russische Exil-Schriftsteller Lew Kopelew wird in Frankfurt/Main mit dem Friedenspreis des Deutschen Buchhandels ausgezeichnet.

NOVEMBER

7.11. In Stuttgart demonstriert der Deutsche Gewerkschaftsbund (DGB) gegen die Wirtschafts- und Sozialpolitik der Bundesregierung.
12.11. Der Bundestag verabschiedet Spargesetze zur Sanierung des Bundeshaushaltes 1982. Von den Sparmaßnahmen sind unter anderem die Ausbildungsförderung, der öffentliche Dienst, das Kindergeld und die Krankenversicherung betroffen.
15.11. Auf dem Frankfurter Flughafengelände kommt es zu schweren Ausschreitungen zwischen der Polizei und Gegnern der geplanten Startbahn-West. Am Vortag hatten sich rund 100.000 Gegner der Startbahn in Wiesbaden zu einem friedlichen Aufmarsch versammelt.
22.11. Der sowjetische Staats- und Parteichef Leonid I. Breschnew trifft zum dritten Mal zu einem Staatsbesuch in der Bundesrepublik ein. Im Mittelpunkt der Gespräche mit Bundeskanzler Schmidt steht die Frage der Abrüstung der Mittelstreckenraketen in Europa.

DEZEMBER

4.12. Das Oberlandesgericht Düsseldorf verurteilt das RAF-Mitglied Stefan Wisniewski zu lebenslanger Haft wegen Mittäterschaft bei der Entführung und Ermordung des Präsidenten der Bundesvereinigung der Deutschen Arbeitgeberverbände (BDA) und des Bundesverbands der Deutschen Industrie (BDI), Hanns-Martin Schleyer, im Oktober 1977.
11.12. Der Bundestagsabgeordnete Karl-Heinz Hansen wird wegen wiederholter Kritik an der Bundesregierung aus der SPD ausgeschlossen.
11.-13.12. Bundeskanzler Helmut Schmidt reist zum dritten innerdeutschen Gipfeltreffen in die DDR. Die Gespräche mit Staats- und Parteichef Erich Honecker finden am Werbellinsee und am Döllnsee statt.
15.12. Der „Allgemeine Deutscher Nachrichtendienst" (ADN), die Nachrichtenagentur der DDR, begrüßt die Verhängung des Ausnahmezustandes in Polen.

AUSSERDEM

Hans Werner Richter: Die Stunde der falschen Triumphe (Roman)
Wolfdietrich Schnurre: Ein Unglücksfall (Roman)
Die ersten digital arbeitenden Plattenspieler und die dazu gehörende Compact Disc (CD) kommen auf den Markt. Die herausragenden Eigenschaften der neuen Tonträger sind weitgehende Verschleißfreiheit und eine hervorragende Tonqualität.

Der letzte Mercedes 600 verlässt nach 18 Jahren am 10. Juni 1981 das Daimler-Benz-Werk in Sindelfingen.

Treffen Schmidt – Honecker

Bundeskanzler Helmut Schmidt weilte auf Einladung des Generalsekretärs des ZK der SED und Staatsratsvorsitzenden der DDR Erich Honecker vom 11. bis 13. Dezember zu einem Besuch in der DDR. Es war dies die dritte Begegnung zwischen Schmidt und Honecker; sie waren zuvor 1975 in Helsinki und 1980 in Belgrad zu Gesprächen zusammengetroffen. Im Januar 1980 war ein Arbeitsbesuch Schmidts in der DDR, angesichts des sowjetischen Einmarsches in Afghanistan, im August 1980 wegen der Entwicklung in Polen abgesagt worden.
Bei einem Mittagessen im Gästehaus Döllnsee des DDR-Staatsrats am 12. Dezember sagte Honecker in einer Tischrede u.a.:
„Die DDR und die Bundesrepublik Deutschland, im Zentrum Europas und an der Trennlinie der beiden Weltsysteme und der beiden militärischen Koalitionen gelegen, brauchen den Frieden und die Entspannung in besonderem Maße. Zugleich tragen sie, eingedenk der geschichtlichen Lehren, eine hohe Verantwortung dafür, dass von deutschem Boden nie wieder ein Krieg ausgeht. Beide Staaten haben alle Veranlassung, mit ganzer Kraft dafür zu wirken, dass die weltpolitische Lage gesundet und die Abrüstung, die Fortführung der Entspannung zur bestimmenden Tendenz der 80er Jahre wird. Welche Unterschiede zwischen unseren Staaten in politischer und gesellschaftlicher Hinsicht auch bestehen – dieser Verantwortung vor den Völkern Europas und vor der Geschichte können und dürfen wir uns nicht entziehen. Durch zahlreiche Erklärungen von Ihnen, Herr Bundeskanzler, und durch unsere jetzigen Gespräche fühle ich mich in der Überzeugung bestärkt, dass Sie diese Auffassung teilen ... Wenn die politische Entspannung durch die militärische untermauert wird, dann ist vieles möglich. Wir sind entschlossen, unsere auf die Prinzipien der friedlichen Koexistenz begründete Politik zur Normalisierung der Beziehungen zwischen der DDR und der Bundesrepublik Deutschland konsequent fortzusetzen ..."
Schmidt erwiderte u.a.: „Was wir, zumal seit der Unterzeichnung des Vertrages über die Grundlagen unserer Beziehungen zueinander, haben schaffen können, das erscheint vielen als selbstverständlich – aber es ist doch – gemessen an den Hindernissen, die damals zu überwinden waren – etwas ungemein Positives. Diese Politik, die zugleich ein wichtiger Beitrag zu konkreter europäischer Friedenspolitik ist, war nur zustandezubringen, weil sich beide deutsche Staaten um einen Ausgleich ihrer Interessen bemühten. So wird es auch künftig sein. Keiner wird den anderen überfordern dürfen. Jeder wird sich zu jeder Zeit bewusst sein müssen, dass es zwischen der politischen, der wirtschaftlichen und der staatlichen Ordnung in der DDR und der Ordnung in der Bundesrepublik Deutschland Gegensätze gibt. Hier kann nichts und soll nichts verwischt und harmonisiert werden.
Aber jeder weiß auch: Es gibt eine besondere Friedenspflicht der Deutschen auf beiden Seiten, die wir – durch verantwortungsbewusstes Handeln – den Bürgern der ganzen Welt gleichsam zu beweisen haben ... Sie und ich, wir wissen beide, dass uns eine erhebliche Mitverantwortung für die Sicherung des Friedens in Europa aufgegeben ist. Aber unsere Gespräche dienen nicht einem abstrakten Frieden. Sie müssen sich vielmehr an der Notwendigkeit orientieren, den deutsch-deutschen Dialog mit dem Bemühen um Aufrichtigkeit und Stetigkeit in die Richtung zu entwickeln, die uns beiden im Art. I des Grundlagenvertrages gewiesen ist. Dort steht: ›Die Bundesrepublik Deutschland und die Deutsche Demokratische Republik entwickeln normale gutnachbarliche Beziehungen zueinander auf der Grundlage der Gleichberechtigung.‹ Eben die Redlichkeit gebietet es festzustellen, dass wir von diesem Ziel aus dem Art. I des Grundlagenvertrages noch weit entfernt sind. Wir sind auch noch weit entfernt von bloß vernünftigen nachbarlichen Beziehungen – und dies ist eine sehr viel bescheidenere Formulierung als normale gutnachbarliche Beziehungen ... Um die nach wie vor zwischen uns stehenden Barrieren im Interesse und zugunsten der Menschen zu überwinden, sollten wir die Möglichkeiten, die uns der Grundlagenvertrag gibt, mit Phantasie und mit Kraft nutzen. Schon in der Präambel zu diesem Vertrag haben wir festgestellt, dass es in der Frage der Nation prinzipielle Meinungsverschiedenheiten zwischen uns gibt. Sie selber haben sich vor geraumer Zeit auf Ihre Weise zum Prinzip der Nation geäußert. Nach meiner tiefen Überzeugung ist der Nationen-Gedanke bei allen Deutschen unverändert lebendig. Wir werden uns über die Grundsatzfrage der Nati-

Bei seinem dreitägigen Besuch vom 11. bis 13. Dezember 1981 in der DDR machten Bundeskanzler Helmut Schmidt und Gastgeber Erich Honecker auch einem mehrstündigen winterlichen Waldspaziergang.

on nicht verständigen. Aber wir haben schon 1972 in der Präambel des Grundlagenvertrages beiderseits festgestellt, dass die nationale Frage besteht – und die Parlamente beider Seiten haben dem zugestimmt. Sie kennen meine aus Amtseid wie aus Überzeugung bestehende Verpflichtung auf das Grundgesetz der Bundesrepublik Deutschland. Aber wenn ich dies so sage, so will ich damit keineswegs die Eigenstaatlichkeit und keineswegs die Souveränität der DDR in Zweifel ziehen ... Unter dem doppelten Dach des Grundlagenvertrages einerseits und der Schlussakte von Helsinki andererseits ist und bleibt es für die kommende Zeit eine Herausforderung an die Regierungen der beiden deutschen Staaten, mehr und neue Gemeinsamkeiten, mehr Begegnungen zu ermöglichen. Das gilt für alle Europäer! Deshalb dürfen die Deutschen hier und die Deutschen bei uns nicht abseits stehen! Wir vermögen die Grenze, die uns trennt, heute nicht zu überwinden. Am 18. Dezember 1981 gab Bundeskanzler Schmidt im Deutschen Bundestag eine Regierungserklärung über seine Reise in die DDR ab. Er bekannte sich zunächst zur aktiven Solidarität mit dem polnischen Volk und sagte zum Verhältnis beider deutscher Staaten, „dieses habe nach einer Phase der Rückschläge den Anlauf zu neuen Fortschritten nötig". Er hoffe, dass sich die Beziehungen verbessern würden. Es bleibe allerdings das Spannungsverhältnis zwischen der Realität zweier deutscher Staaten und der Aufforderung des Grundgesetzes erhalten, die Einheit Deutschlands in freier Selbstbestimmung zu vollenden.

In Frankfurt am Main wurde am 28. August, dem 232 Geburtstags Goethes, die wieder aufgebaute „Alte Oper" mit einem Festakt glanzvoll eröffnet.

Tod von Albert Speer

Am 1. September 1981 starb der ehemalige Rüstungsminister Adolf Hitlers, Albert Speer, im Alter von 76 Jahren an einem Gehirnschlag in London. Der am 19. März 1905 in Mannheim geborene Sohn eines Architekten trat nach Studienjahren in Karlsruhe, München und Berlin, wo er Assistent Heinrich Tessenows wurde, 1931 in die NSDAP ein. Kurz darauf lernte er Hitler persönlich kennen. Anfang 1933 wurde Speer die künstlerische Gestaltung der Großkundgebung zum 1. Mai auf dem Tempelhofer Feld übertragen. Am 30. Januar 1937 ernannte ihn Hitler zum Generalbauinspektor für die Reichshauptstadt, mit der Aufgabe, einen Gesamtbauplan für Berlin aufzustellen und dafür zu sorgen, dass alle das Stadtbild beeinflussenden Platzanlagen, Straßenzüge und Bauten nach „einheitlichen Gesichtspunkten würdig durchgeführt" würden.
Hitler und Speer entwickelten in der Folge weitere Pläne für die Neugestaltung anderer deutscher Städte.

Im Februar 1942 wurde Speer von Hitler zum Nachfolger des bei einem ungeklärten Flugzeugunglück ums Leben gekommenen Rüstungsministers Fritz Todt ernannt. Binnen zwei Jahren vollbrachte er das sogenannte „Rüstungswunder", in dem er die Rüstungsproduktion von Monat zu Monat steigerte, so dass sie im Sommer 1944 ihren Höhepunkt erreichte.
In den Nürnberger Prozessen von 1945/46 wurde Speer im Oktober 1946 zu 20 Jahren Gefängnis verurteilt. Dabei hatte sich Speer – anders als seine Mitangeklagten und gegen den heftigen Widerstand seines Verteidigers, der zeitweilig aus diesem Grund das Mandat niederlegen wollte – zu seiner Verantwortung bekannt. Nach seiner Entlassung aus dem Spandauer Gefängnis 1966 veröffentlichte er 1969 seine „Erinnerungen" und 1975 die „Spandauer Tagebücher"; 1979 folgte die Untersuchung „Technologie und Macht" und im Frühjahr 1981 seine Auseinandersetzung mit der SS „Der Sklavenstaat". Die Honorare seiner Erinnerungsbücher ließ er zu einem Großteil jüdischen Hilfsorganisationen zukommen. Speer starb kurz nach einem Interview, das er der BBC London gab, und in dem er u.a. über Hitlers Plan berichtete, die österreichische Stadt Linz zu einem Kulturzentrum des Reiches auszubauen.

Als neuer ständiger Vertreter der Bundesrepublik in Ost-Berlin stattete Staatssekretär Klaus Bölling am 9.Februar 1981 dem DDR-Staatsratsvorsitzenden Erich Honecker seinen Antrittsbesuch ab.

Jahrhundertrekord

Den bisher stärksten Orkan dieses Jahrhunderts im Harz haben am 3. Februar 1981 DDR-Meteorologen registriert. In den Gipfellagen des Harzes wurden nach Angaben der Ostberliner Nachrichtenagentur ADN Orkanböen mit Spitzengeschwindigkeiten von 69 Metern pro Sekunde (knapp 250 Kilometer pro Stunde) gemessen. Die bisher höchsten Windgeschwindigkeiten waren im Harz mit 68 Metern pro Sekunde am 13. November 1972 festgestellt worden. Auch im Erzgebirge wurde eine einwöchige Schönwetterperiode durch orkanartige Stürme abgelöst. Auch in Berlin und weiten Teilen der DDR herrschte Sturm, verbunden mit zeitweiligem Regen. Für die Ostsee und die nördlichen Bezirke der DDR wurde laut ADN Sturmwarnung gegeben. Im Rostocker Überseehafen wurde der Verladebetrieb mit Kränen eingestellt. Im Oberharz diesseits der innerdeutschen Grenze verursachten in der Nacht zum 3. Februar 1981 Schneestürme mit Windstärken zwischen 7 und 8 erhebliche Verkehrsschwierigkeiten; zeitweilig kam der Straßenverkehr völlig zum Erliegen.

1982

JANUAR

5.1. Bundeskanzler Helmut Schmidt reist zu Gesprächen mit Präsident Ronald Reagan über die Lage und Entwicklung in Polen in die USA.
15.1. Der Hessische Staatsgerichtshof lehnt ein Volksbegehren gegen den Bau der Startbahn-West am Frankfurter Flughafen ab. Daraufhin kommt es am 30./31. Januar in Frankfurt zu weiteren Demonstrationen mit Ausschreitungen zwischen der Polizei und Startbahn-Gegnern.
17.1. Etwa 2.000 Menschen begleiten Bundespräsident Karl Carstens auf seiner Wanderung in einem Waldgebiet zwischen Hattingen und Essen. Seit Beginn seiner Amtszeit 1979 hat Carstens die Bundesrepublik bereits von der Ostsee bis zu den Alpen zu Fuß durchquert.

FEBRUAR

4.2. In einer Bundestagsdebatte zur Ausländerpolitik sprechen sich die Regierungsparteien SPD und F.D.P. für die Integration und die CDU/CSU-Opposition für die Förderung der Rückkehr der Ausländer in ihre Heimat aus.
5.2. Alle SPD- und F.D.P.-Bundestagsabgeordneten sprechen Bundeskanzler Schmidt das Vertrauen aus. Schmidt hatte am 3. Februar im Bundestag die Vertrauensfrage gestellt hat, um sich Klarheit über den weiteren politischen Kurs zu verschaffen.
8.2. Das Nachrichtenmagazin „Der Spiegel" erhebt Vorwürfe gegen die Spitze des gewerkschaftseigenen Wohnungsbaukonzerns „Neue Heimat": Der Vorstandsvorsitzende Albert Vietor und zwei Vorstandskollegen sollen sich unter Missbrauch ihrer Stellung persönlich bereichert haben. Sie werden daraufhin fristlos entlassen. Die Vorgänge in Europas größtem Wohnungsbaukonzern erschüttern das Vertrauen der Bevölkerung in die Gemeinwirtschaft.
14.2. In der Kreuzkirche in Dresden findet mit etwa 5.000 meist jugendlichen Teilnehmern aus den Reihen der christlichen Friedensbewegung ein Friedensforum statt.
24.2. Die Bonner Staatsanwaltschaft ermittelt in der Parteispendenaffäre gegen Spitzenpolitiker der im Bundestag vertretenen Parteien und gegen Manager des Flick-Konzerns.
24./25.2. In Paris vereinbaren Bundeskanzler Schmidt und der französische Staatspräsident François Mitterrand, die sicherheitspolitische Zusammenarbeit gemäß der Bestimmungen des deutsch-französischen Vertrages von 1963 zu beleben.

MÄRZ

6.3. In Bad Honnef gründen konservative Umweltschützer um den ehemaligen CDU-Abgeordneten Herbert Gruhl die Ökologisch Demokratische Partei (ÖDP).
9./10.3. Der Vorsitzende des Exekutivkomitees der PLO, Yasir Arafat, wird in Ost-Berlin mit den protokollarischen Ehren eines Staatsoberhauptes empfangen. Die Vertretung der PLO in der DDR wird zur Botschaft aufgewertet.
17./18.3. Anlässlich der Leipziger Messe finden Gespräche zwischen Bundeswirtschaftsminister Otto Graf Lambsdorff und dem Leiter der DDR-Wirtschaftskommission des ZK der SED, Günter Mittag, sowie dem DDR-Außenminister Horst Sölle statt.
18.3. Erstmals gibt es in Ost-Berlin offizielle Kontakte zwischen Abgeordneten des Bundestages und der Volkskammer.
29.3. Im Alter von 86 Jahren stirbt in München der Komponist Carl Orff, der besonders durch zahlreiche Opern und sein musikalisches Schulwerk bekannt wurde.

Mit Nicoles „Ein bisschen Frieden" erringt am 24. April 1982 im englischen Seebad Harrogate zum ersten Mal in seiner 27jährigen Geschichte ein deutscher Beitrag den „Grand Prix Eurovision de la Chanson".

APRIL

1.4. Das Deutsche Rote Kreuz (DRK) teilt mit, dass es seit dem 1. April 1981 Hilfsgüter im Gesamtwert von 17,3 Millionen DM zur Unterstützung Bedürftiger nach Polen transportiert habe. Ein großer Erfolg sei auch die im Januar angelaufene Aktion „Ihr Paket nach Polen", bei der Privatpersonen Päckchen zusammenstellen und dem DRK zum Weitertransport übergeben können.
7.4. Am Schauspielhaus Bochum wird Heiner Müllers Stück „Quartett" uraufgeführt.
9.4. In Grünheide bei Berlin stirbt 72jährig der Philosoph und Naturwissenschaftler Robert Havemann. Der überzeugte Kommunist zählte zu den bekanntesten Regimekritikern der DDR, die er trotz Lehrverbots und Hausarrests nicht verlassen wollte.
16.4. Das erste deutsche „Retortenbaby" kommt in Erlangen zur Welt. Das Kind wurde außerhalb des Mutterleibes gezeugt. Die Befruchtung wurde im Reagenzglas vorgenommen und das Ei kurze Zeit später in die Gebärmutter eingepflanzt.
19.-23.4. Auf dem SPD-Parteitag in München wird eine sozialdemokratische Wirtschaftspolitik gefordert und Kritik am Koalitionspartner F.D.P. geübt.
24.4. Mit dem Titel „Ein bisschen Frieden" gewinnt die Sängerin Nicole, eigentlich Nicole Hohloch aus Neunkirchen, den „Grand Prix Eurovision de la Chanson".
29.4. In Paris stirbt die Filmschauspielerin Romy Schneider

im Alter von 43 Jahren. Ihre frühe Berühmtheit beruht auf der Darstellung der österreichischen Kaiserin „Sissi". Später machte sie sich vor allem in französischen Filmen einen Namen als Charakterdarstellerin.

MAI

8.5. In Nürnberg findet die erste deutsche Unternehmerdemonstration statt. Etwa 300 Chefs von mittelständischen Firmen protestieren gegen die Wirtschaftspolitik der Bundesregierung, die den Mittelstand gefährde.
10.5. In Stockholm stirbt der deutsche Schriftsteller Peter Weiss im Alter von 65 Jahren.
19.5. Ernst Breit wird als Nachfolger von Heinz Oskar Vetter neuer Vorsitzender des Deutschen Gewerkschaftsbundes (DGB).
24.5. Hans-Otto Bräutigam wird neuer Ständiger Vertreter Bonns in der DDR und löst Klaus Bölling ab, der in sein Amt als Sprecher der Bundesregierung zurückkehrt.
30.5. Spanien tritt der NATO bei.
31.5. In Hamburg verbrennt sich die Türkin Semra Ertan Bilir aus Protest gegen die Ausländerfeindlichkeit in der Bundesrepublik Deutschland.

JUNI

4.-6.6. In Versailles findet der achte Weltwirtschaftsgipfel statt. Die beteiligten Staaten bemühen sich vor allem, die USA zur Änderung ihrer Haushaltspolitik und zur Senkung des hohen Zinsniveaus zu veranlassen.
9.-11.6. US-Präsident Reagan besucht im Rahmen einer zehntägigen Europareise die Bundesrepublik und West-Berlin.
10.6. In Bonn findet ein NATO-Gipfeltreffen statt. In der Stadt demonstrieren rund 400.000 bis 500.000 Menschen für den Frieden.
Der Regisseur Rainer Werner Fassbinder stirbt im Alter von 37 Jahren in München.
16.6. Die RAF-Terroristin Sieglinde Hoffmann wird im Prozess um die Ermordung des Bankiers Jürgen Ponto im Jahre 1977 wegen Beteiligung an der Planung zu 15 Jahren Freiheitsentzug verurteilt.
17.6. Die hessische F.D.P. macht für die Landtagswahlen im Herbst eine Koalitionsaussage zugunsten der CDU.
18.6. Zwischen der DDR und der Bundesrepublik Deutschland wird folgende Vereinbarung getroffen: Der zinslose Überziehungskredit (Swing) der DDR soll schrittweise von 850 Millionen auf 600 Millionen Verrechnungseinheiten bis 1985 reduziert werden.
19.6.-28.9. In Kassel findet die documenta 7 für zeitgenössische Kunst statt.
24.6. In Nürnberg erschießt der Rechtsextremist Helmut Oxner drei Ausländer und tötet sich anschließend selbst.
26.6. Der Psychoanalytiker und Sozialpsychologe Alexander Mitscherlich stirbt in Frankfurt/Main.

JULI

11.7. Die italienische Fußballmannschaft besiegt im Finale der Fußballweltmeisterschaft in Madrid mit 3:1 die deutsche Auswahl und wird damit zum dritten Mal nach 1934 und 1938 Fußball-Weltmeister.
14.7. Das Bundeskabinett beschließt, durch finanzielle Anreize ausländischen Gastarbeitern die Rückkehr in die Heimat zu erleichtern.
31.7. Auf dem Münchner Flughafen detoniert vor der Abfertigungshalle für die Flüge nach Israel eine Bombe und verletzt sieben Personen.

AUGUST

9.8. Wegen Zahlungsunfähigkeit beantragt in Frankfurt/Main der zweitgrößte bundesdeutsche Elektrokonzern, die AEG-Telefunken, das gerichtliche Vergleichsverfahren. Es ist bis dahin der größte Firmenzusammenbruch in der deutschen Nachkriegsgeschichte.
31.8. Otto Graf Lambsdorff (F.D.P.) erklärt in der Bild-Zeitung, dass die Wähler in der bevorstehenden hessischen Landtagswahl darüber entscheide, was er von einem Wechsel der F.D.P. in eine andere Koalition halte.

SEPTEMBER

9.9. Bundeskanzler Helmut Schmidt verlangt im Bundestag in seinem Bericht zur Lage der Nation von der F.D.P. ein eindeutiges Bekenntnis zur Koalition.
17.9. Der Bundeskanzler kündigt die Koalition mit der F.D.P. auf, deren vier Minister, Hans-Dietrich Genscher, Gerhart Baum, Otto Graf Lambsdorff und Josef Ertl, treten aus dem Kabinett Schmidt aus. Dieser bildet eine SPD-Minderheitsregierung und schlägt vorgezogene Neuwahlen vor.
27.9. In den besetzten Häusern der Hamburger Hafenstraße kommt es zu ersten Wohnungsdurchsuchungen und Festnahmen. Wenige Wochen später, am 28.10., demonstrieren die Hausbesetzer gegen die Räumung.
28.9. Die Bundesrepublik und die DDR schließen ein Abkommen über Maßnahmen zum Gewässerschutz in Berliner Flüssen und Seen ab.

OKTOBER

1.10. Der Bundestag wählt mit der neuen CDU/CSU-F.D.P. Mehrheit durch ein konstruktives Misstrauensvotum Helmut Kohl zum 6. Bundeskanzler der Bundesrepublik Deutschland.
10.10. Der amerikanische Diplomat und Historiker George F. Kennan wird in Frankfurt/Main mit dem Friedenspreis des Deutschen Buchhandels ausgezeichnet.
13.10. Bundeskanzler Kohl gibt seine Regierungserklärung ab. Darin bekennt er sich zum NATO-Nachrüstungsbeschluss und zur Fortführung guter Beziehungen zur DDR bei entsprechenden Gegenleistungen.
16.10. Im Martin-Gropius-Bau in West-Berlin wird die Kunstausstellung „Zeitgeist" eröffnet.
Gezeigt werden überwiegend zeitgenössische expressionistische Werke der sogenannten Neuen Wilden.
17.10. Bundespräsident Carstens beendet einen einwöchigen Staatsbesuch in der Volksrepublik China, den ersten eines deutschen Staatsoberhaupts.
26.10. Helmut Schmidt verzichtet aus gesundheitlichen Gründen auf eine weitere Kanzlerkandidatur.

NOVEMBER

11.11. In einem Waldstück bei Frankfurt/Main werden die beiden mutmaßlichen Terroristen Adelheid Schulz und Brigitte Mohnhaupt gefasst. Am 16. November wird auch Christian Klar, der als Kopf der Rote Armee Fraktion gilt, festgenommen.
20.11. Eröffnung der innerdeutschen Transitautobahn Berlin-Hamburg.

DEZEMBER

3.12. Der Bundestag hebt den seit Ende 1978 bestehenden Vorbehalt gegen die Inbetriebnahme des sogenannten Schnellen Brüters in Kalkar auf und ebnet damit den Weg für einen möglichen Betrieb des Atomreaktors.
10.12. In den Kinos der Bundesrepublik läuft der US-amerikanische Spielfilm „E.T. – der Außerirdische" an. Steven Spielbergs Film, der bereits in den USA zum größten Kassenschlager aller Zeiten wurde, erzählt die rührselige Geschichte eines kleinen außerirdischen Wesens, das beim überstürzten Abflug seiner Artgenossen auf der Erde zurückbleibt, aber aufgrund der Freundschaft zu einem kleinen Jungen schließlich doch noch die Heimreise antreten kann.
17.12. In einer verfassungsrechtlich bedenklichen Abstimmung über die von Bundeskanzler Kohl gestellte Vertrauensfrage im Bundestag erreicht diese, gemäß vorheriger Absprache innerhalb der Koalition, keine Mehrheit. Damit wird der Weg zu Neuwahlen am 6. März 1983 geebnet.

AUSSERDEM

Max Frisch: Blaubart (Erzählung)
Erstmals seit dem Bestehen der Bundesrepublik Deutschland steigt die Zahl der Arbeitslosen auf mehr als 2 Millionen. Das Problem der Arbeitslosigkeit ist zentrales Thema in der öffentlichen Diskussion und in der Politik.

Konstruktives Misstrauensvotum gegen Bundeskanzler Schmidt

Die Risse im seit dreizehn Jahren regierenden sozialliberalen Bündnis waren nicht mehr zu kitten.
Das sich verschlechternde Image der SPD in der Öffentlichkeit bereitete den Liberalen Sorge. Abnehmende Wählergunst konnte die FDP in einen Strudel reißen, der für sie - mehr als für eine große Partei - lebensbedrohend wurde. Seit es die Grünen gab (im Oktober 1979 waren sie ins erste Regionalparlament, die Bremische Bürgerschaft, eingezogen und politisch nicht mehr zu übersehen), stellte die FDP überdies nicht mehr die einzige Alternative zu den mächtigen Volksparteien dar. Noch ängstlicher als früher starrte sie daher bei jeder Wahl auf die Fünf-Prozent-Grenze, ihr Existenzminimum zum Mitreden. Eher würde sie den Partner wechseln, als das Risiko einzugehen, zu einer entbehrlichen Geringfügigkeit zu schrumpfen, zu einer quantité négligeable.
Bei den Landtagswahlen in Niedersachsen im März 1982 fiel die FDP wiederum auf den vierten Rang hinter die Grünen zurück, und die CDU erreichte sogar die absolute Mehrheit. Als die Hamburger Bürgerschaftswahlen im Juni 1982 der SPD eine weitere schwere Niederlage bereiteten, den Grün-Alternativen mit 7,7 Prozent den Sprung ins Rathaus ermöglichten und den Freien Demokraten den Zutritt verwehrten, wurde das Krisengefühl der Liberalen hellwach: In dieser Koalition drohten sie demnächst unterzugehen. So lag es für die FDP allein schon aus ihrem Überlebenswillen heraus nahe, neue Ufer anzusteuern.
Am 9. September 1982 gab der Bundeskanzler den „Bericht zur Lage der Nation“. Hier im Bundestag wurden die Spannungen nun auch dem letzten Zuhörer deutlich. Helmut Schmidt, in der klaren Voraussicht des Endes der sozialliberalen Koalition, wollte sich nicht still ergeben, sondern das Ende herbeiführen. Dafür hatte er sich die Zustimmung des Parteipräsidiums der SPD geholt. Er erklärte vor dem Plenum, es gäbe „Grenzen des Zumutbaren“, und im Übrigen solle man „reisende Leute nicht aufhalten“.
Die vier Minister der FDP verließen das Kabinett und vereinbarten mit der oppositionellen CDU ein konstruktives Misstrauensvotum gegen den nunmehr mit Minderheit regierenden Kanzler.

Nach seiner Abwahl gratuliert Helmut Schmidt seinem Nachfolger Helmut Kohl zu seinem Erfolg.

Am Nachmittag des 1. Oktober 1982 verkündete Bundestagspräsident Richard Stücklen (CSU) das Ergebnis des konstruktiven Misstrauensvotums: „Ich stelle fest, der Abgeordnete Dr. Helmut Kohl ist zum Bundeskanzler der Bundesrepublik Deutschland gewählt.“ Im Bild oben nimmt Kohl, der trotz mancher Rückschläge nie den Glauben an sich selbst aufgegeben hatte, die Glückwünsche seiner Parteifreunde entgegen.

Am 1. Oktober 1983 war es soweit: In einer leidenschaftlichen Debatte des Bundestages klärten sich die Fronten, die mitten durch die FDP-Fraktion gingen. Böse liberale Zungen griffen die freidemokratische Parole auf: „Wir schaffen den Wechsel!“, und formulierten weiter: „Dann schafft der Wechsel uns, und anschließend wechseln wir den Schaffner“, was auf den FDP-Vorsitzenden Genscher gemünzt war, der mit dem Wendemanöver seine Partei einer existenzbedrohenden Zerreißprobe ausgesetzt hatte. Doch die Mehrheit seiner Fraktion hielt zu ihm und stürzte gemeinsam mit der CDU mit 256 gegen 235 Stimmen die Regierung Schmidt. Gleichzeitig war damit Helmut Kohl zum neuen Bundeskanzler gewählt, der noch am selben Tage vom Bundespräsidenten seine Ernennungsurkunde erhielt. Der neue Helmut, dessen Ehefrau verblüffenderweise wie die Schmidts Hannelore heißt, hatte es nach mehreren Anläufen endlich geschafft. Die britische Wirtschaftszeitung „Financial Times“ kommentierte: „Ein großer Mann geht, ein langer kommt!“ Der neue Kanzler maß 1 Meter 95.

Das Ende seiner Regierung vor Augen, sagte Helmut Schmidt am 1. Oktober im Bundestag:
„Herr Präsident! Meine Damen und Herren! Die sozialliberale Koalition, deren gewählter Bundeskanzler heute durch ein Misstrauensvotum gestürzt werden soll, hat 1980 durch die Wählerinnen und Wähler eine überzeugende Bestätigung und einen Auftrag für weitere vier Jahre bekommen. (Beifall bei der SPD und bei Abgeordneten der FDP)
Die Mehrheit der Wähler hatte weder 1976 Herrn Dr. Kohl noch 1980 Herrn Strauß in das Amt des Bundeskanzlers berufen wollen. (Beifall bei der SPD)
Der Vorsitzende der FDP hatte auf dem Wahlparteitag seiner Partei am 6. Juni 1980 erklärt: ›Wer FDP

wählt, garantiert, dass Schmidt Bundeskanzler bleibt ... Der Wähler soll wissen, woran er ist, ... ohne Wenn und ohne Aber ... Die Entscheidung über uns (die FDP) ist die Entscheidung über die Fortführung der Koalition.‹ (Beifall bei der SPD und bei Abgeordneten der FDP)
Mit meinem Namen, auch auf ihren Wahlplakaten, hat die FDP im Oktober 1980 ein sehr gutes Wahlergebnis erzielt, und unmittelbar nach der Wahl haben die Parteivorsitzenden von SPD und FDP in einer gemeinsamen Verlautbarung den Willen zum Zusammenwirken und zur gemeinsamen Verantwortung ›für Freiheit und sozialen Fortschritt‹ auch für die kommenden vier Jahre ausdrücklich bekräftigt.
Seit dem August des vorigen Jahres ist der Vorsitzende der FDP zielstrebig und schrittweise von allen früheren Erklärungen abgerückt. Am 9. September habe ich ihn von dieser Stelle aus zu einer klaren Antwort aufgefordert. Es hätte zu der Antwort nur eines einzigen Satzes bedurft. Aber dieser eine Satz ›Wir stehen fest zur sozialliberalen Koalition‹ wurde absichtsvoll vermieden. Stattdessen hat die FDP acht Tage später, in der Bundestagssitzung am Freitag, dem 17. September, diesem Haus und dem deutschen Volk sehr fadenscheinige Erklärungen vorgetragen. Über viele Jahre, Herr Kollege Genscher, werden die Bürger dieses Verhalten nicht vergessen. (anhaltender lebhafter Beifall bei der SPD)
Am letzten Sonntag hatten die hessischen Wählerinnen und Wähler Gelegenheit, hierzu ihre Meinung zu sagen. Jeder weiß: Die katastrophale Niederlage der FDP in Hessen war die Antwort der Wähler auf das Verhalten der FDP-Führung hier in Bonn. (Beifall bei der SPD und bei Abgeordneten der FDP)
Mehr als drei Viertel der Bürgerinnen und Bürger sind für Neuwahlen zum Bundestag. Sie empfinden die Art des Wechsels, der heute von Ihnen in geheimer Abstimmung herbeigeführt werden soll, als Vertrauensbruch. (lebhafter Beifall bei der SPD und Beifall bei Abgeordneten der FDP)
Sie sind bitter darüber, vorausgegangene Erklärungen nachträglich als Täuschung bewerten zu müssen.
(Beifall bei der SPD und bei Abgeordneten der FDP)
Dabei wissen die Bürger, dass das Grundgesetz Ihnen diese Handlungsweise ermöglicht. Ihre Handlungsweise ist zwar legal, aber sie hat keine innere, keine moralische Rechtfertigung. (anhaltender lebhafter Beifall bei der SPD)
Dieser Regierungswechsel, den Sie anstreben, berührt die Glaubwürdigkeit unserer demokratischen Institutionen. (lebhafter Beifall bei der SPD und Beifall bei Abgeordneten der FDP – Oho-Rufe von der CDU/CSU) ... Ich weiß, dass viele treue Liberale unseren und meinen Kurs innerlich bejahen. Tausende haben mir in den letzten Tagen in diesem Sinne geschrieben und telegraphiert. Ich habe Anlass, mich weiterhin vielen Männern und vor allem Frauen in der FDP – meinen Respekt vor den wackeren Frauen der FDP-Fraktion! – (anhaltender lebhafter Beifall bei der SPD) politisch, aber auch persönlich verbunden zu fühlen, mit denen ich seit 1969 an der Seite Willy Brandts, an der Seite Herbert Wehners zusammengearbeitet habe. Die hier gewachsenen politischen und menschlichen Gemeinsamkeiten können durch taktische Wendemanöver nicht ausgelöscht werden, (lebhafter Beifall bei der SPD) sondern sie werden fortbestehen und gewiss auch wieder erlebbar werden. (Beifall bei der SPD)
Ich habe der sozialliberalen Koalition 13 Jahre lang gedient. Ich habe dies aus Überzeugung und mit innerer Befriedigung getan, weil ich wusste, dass dies ein notwendiger Dienst an unserem Land und an der geteilten Nation war. (Beifall bei der SPD)
Ich habe unserem Land, unserem Staat in verschiedenen Ämtern dienen dürfen. Dabei kommt viel politische Erfahrung, viel Lebenserfahrung zusammen. Ich denke in Dankbarkeit an diejenigen, die mich in diese Ämter berufen haben, und in Dankbarkeit an jene, die mir in meinem Dienst geholfen haben.
Aber heute richten wir Sozialdemokraten den Blick nach vorne. Wir wissen, dass Millionen von Arbeitnehmern ihre Hoffnung auf die Sozialdemokratische Partei Deutschlands als diejenige Kraft setzen, die beharrlich für soziale Gerechtigkeit kämpfen wird. (lebhafter Beifall bei der SPD)
Wir wissen, dass Hunderttausende Menschen in schreibenden und lehrenden Berufen, Gewerbetreibende, Selbständige, Menschen in helfenden und heilenden Berufen, in künstlerischen Berufen ihr Vertrauen in unsere Liberalität gesetzt haben. (Beifall bei der SPD)
Wir wissen, dass nicht nur Millionen junger Menschen, sondern auch Millionen alter Menschen uns mehr Chancengleichheit verdanken und dass sie deshalb auch weiterhin auf uns Sozialdemokraten rechnen. (Beifall bei der SPD)
Ein letztes Wort: Ich weiß, dass diese Stunde von den Deutschen in der DDR und ebenso in der Bundesrepublik mit Besorgnis im Fernsehen verfolgt wird. Sie alle vertrauen unserer Politik der guten Nachbarschaft und unserer Friedenspolitik. (Beifall bei der SPD)
Wir Sozialdemokraten sind für dieses Vertrauen dankbar. Wir werden es auch in Zukunft nicht enttäuschen. Jedermann darf und jedermann muss mit unserer Stetigkeit rechnen. – Herzlichen Dank."
(Langanhaltender lebhafter Beifall bei der SPD – Die Abgeordneten der SPD erheben sich – Beifall bei Abgeordneten der FDP)

Helmut Kohl und sein Vizekanzler und Außenminister Hans-Dietrich Genscher.

Romy Schneider.

Romy Schneider

Am frühen Vormittag des 29. Mai 1982 tickerte die Meldung über den Fernschreiber: Romy Schneider in Paris gestorben. Damit beendete der Tod eine der ganz großen Schauspielerkarrieren der Nachkriegszeit. Doch nicht der deutsche, sondern der französische Film hatte den Rahmen für diesen neuen unsterblichen Star der Leinwand geliefert.

Dieses Ende kam so unerwartet, dass es sich auf den ersten Blick um Selbstmord durch Schlaftabletten handeln konnte, doch einigte man sich auf die Formel: natürlicher Tod durch Herzversagen. Viele Journalisten schrieben, Romy sei „an gebrochenem Herzen" gestorben. Rosemarie Albach, am 23. September 1938 in Wien als Spross einer alten Schauspielerfamilie geboren: Mit ihr war das Leben nicht gerade zimperlich umgesprungen. In seiner kolportagehaften Tragik schien es auf Entsprechungen zu ihren ungewöhnlichen, oft exaltierten Rollen in Filmen wie „Trio Infernal" (1973), „Nachtblende" (1974), oder „Death Watch – der gekaufte Tod" (1979) angelegt zu sein.

Romy Schneiders erster Ehemann Harry Meyen, der die Trennung von ihr nie hatte überwinden können, war 1979 freiwillig aus dem Leben geschieden; ihr gemeinsamer 14-jähriger Sohn David hatte sich 1981 beim Überklettern eines schmiedeeisernen Gartenzauns selbst zu Tode gepfählt – über sein schreckliches Sterben war Romy nie hinweggekommen. Sie litt seitdem unter Schlaflosigkeit und Depressionen. Die Laufbahn der wohlbehüteten zierlichen Bürgerstochter aus der Donaumetropole begann mit einem Blitzstart: 1953 holte man die 14-Jährige von der Schulbank weg ins Filmstudio an die Seite ihrer Mutter Magda Schneider. „Wenn der weiße Flieder blüht" hieß ihr erster Film, und Romy fiel der Kritik als „besonders reizvoller Backfisch" auf.

Von 1955 bis 1957 kam die „Sissi"-Trilogie heraus, die Romy Schneider weltberühmt machte. Selbst für eine Million D-Mark Gage weigerte sich Romy, einen Vierten „Sissi"-Film zu drehen. Den Löwenanteil des Geldes hätte ohnehin wieder ihr fürsorglicher Stiefvater, der Gastronom Blatzheim, eingestrichen. Romy war in jenen Jahren noch verhalten und lieb, sie hatte eine helle Kinderstimme – von den dunklen Untertönen späterer Jahre war noch nichts zu hören. „Sie ist das reinste und charaktervollste Geschöpf, das ich kenne", sagte „Kaiser" Karlheinz (Böhm) und meinte es auch.

Der Jungstar floh nach Paris in die Arme und gemeinsame Wohnung ihres Verlobten Alain Delon. Sie wollte den „Kaiserschmarrn", den man ihr ans Bein gebunden hatte, endgültig loswerden.

Denn Romy Schneider war in Wahrheit nicht das liebevolle zarte Seelchen der „Alpensaga", das ein Millionenpublikum einst begeistert hatte und – wie die Fernseheinschaltquoten zu Weihnachten beweisen – noch begeistert, sie war aber auch nicht die exzentrisch verruchte Edelnutte und Femme fatale, als die sie der französische Film so gern herauszustellen beliebte. Romy schien eher ein Mensch, „dem man die Haut bei lebendigem Leib abgezogen hat", wie sie ihr Kollege und Filmpartner Michel Piccoli einmal charakterisiert hatte.

Ihre filmische Metamorphose ging Hand in Hand mit einer Erotisierung der jugendlichen Diva. Der erste Film mit Alain Delon „Christine" (1958), eine dekadente k.u.k. Liebesgeschichte, wurde zwar kein kommerzieller Erfolg, war aber schon meilenweit entfernt von „Sissis" Kaiserwelt. Man unterstellte Romy allzu routiniertes Spiel und gemachte Gefühle, doch hier irrte die Kritik. Die Liebelei, aus der eine große Liebe wurde, endete im Film tragisch durch ein Duell, im Leben dauerte das Glück mit Alain Delon fünf Jahre.

Zwei Regisseure haben Romy Schneiders Karriere zum Weltstar mitbestimmt: Luchino Visconti mit „Boccaccio 70" (1961), einem Film, bei dessen Start in den USA man von dem neuen deutschen Vamp sprach – und Orson Welles mit „Der Prozess" nach Kafka, in dem Romy als undurchsichtige Pflegerin und Mätresse des Advokaten ihr großartiges Schauspieltalent in einer amoralisch-gewagten Rolle unter Beweis stellen konnte.

Danach ging Romy nach Hollywood, erspielte sich in vier Filmen achtbare Erfolge, schaffte aber den ganz großen Durchbruch nicht. In amerikanischen Glitzerfähnchen, auf Glamour getrimmt, blieb sie austauschbar – Romy tat das einzig Richtige, sie kehrte zurück.

Doch auch in Europa schien ihre Glückssträhne inzwischen vorübergerauscht zu sein, die große Love-Story mit Delon ging zu Ende, neue Filmprojekte scheiterten.

Der Star zog sich ins Privatleben zurück und heiratete an der Côte d' Azur 1966 den Regisseur Harry Meyen.

Doch sie war eine Frau, die ohne die Droge des Filmens nicht leben konnte. Romy Schneider gelingt ein drittes Mal der Start zu einer neuen Karriere – und diesmal wird sie der Erfolg bis zu ihrem Tod nicht mehr verlassen. Filme wie „Der Swimmingpool" (1969), „Das Mädchen und der Kommissar" (1970) oder „Die Bankiersfrau" (1981) bestätigen sie endgültig als Star von internationalem Format. Entscheidenden Anteil an dieser Entwicklung nahm der Regisseur Claude Sautet, der in seinen Filmen die griechische Schicksalstragödie in den banalen Alltag von heute übersetzt. Romy Schneider wurde zu einer Hauptfigur seines Werkes, das „die Schönheit, Zerbrechlichkeit und Lächerlichkeit des Lebens ausdrückt" („Le Monde"). Filme wie „Die Dinge des Lebens" (1969) oder „Cesar und Rosalie" (1972) erlaubten es Romy Schneider, jenes neue moderne Frauenbild zu entfalten, das unverwechselbar zu ihrem eigenen wurde. Ihre Heldinnen sind tapfer, aber nicht heroisch; unprätentiös, aber nicht banal, poetisiert, ohne künstlich zu wirken, frivol, tragisch und zugleich emanzipiert. Ihre Darstellungen schwanken zwischen Grande Dame und großer Hure wie in „Die Bankiersfrau", sie entwarf in Viscontis „Ludwig II." (1972) als anmutig-herablassende Kaiserin von klirrender Kälte ein faszinierendes Gegenbild zur verkitschten Sissi von einst; ihr vorletzter Film war der Psychothriller „Die zwei Gesichter einer Frau" (1981), die deutsche Uraufführung von „Die Spaziergängerin von Sanssouci" im Sommer 1982 wurde zugleich ihr Vermächtnis. Für Romy Schneider war das Nicht-leichte das Reizvolle. Bedingungslos in ihren Gefühlsäußerungen suchte sie das Risiko – und verzehrte sich dabei.

Verurteilung des Massenmörders Kroll

20 Jahre lang spazierte ein stiller, freundlicher Herr durch die städtischen Grünanlagen, sprach Passanten an und versuchte anschließend, dieselben zu vergewaltigen – stets ohne Erfolg. Sodann hieb er mit dem Messer oder der Faust auf seine Opfer ein, bis der Tod eintrat, schlug sich in die Büsche und eilte heimwärts. Am 9. April 1982 wurde der 48-jährige Frauen-, Kinder- und Männerjäger von der 9. Großen Strafkammer des Landgerichts Duisburg wegen achtfachen Mordes und eines Mordversuchs zu neunmal lebenslänglich verurteilt.
Die Schuldfähigkeit Joachim Georg Krolls, der als Kind an Typhus erkrankt war und einen ärztlich bescheinigten „diffusen Hirnschaden" davontrug, der nach seinem Sonderschul-Abschluss bei einem Schlachter in die Lehre ging und das Zerhacken der Tierkadaver mit wachsender Lust besorgte, hielt das Gericht trotz der Gutachten des Psychiaters Herbert Maisch und des Sexualforschers Eberhard Schorsch, die dem „von Haus aus kontaktarmen Psychopathen" eine hochgradig deformierte Persönlichkeit attestierten, für erwiesen, da Kroll seine „sadistischen Tötungshandlungen" ebenso „unmäßig wie planmäßig" begangen habe. Kroll hatte schon in der Pubertätsphase seine gestörte Sexualität an Kühen ausgelassen, und Hund und Katze gleichermaßen vergewaltigt und ausgeweidet, was auf eine völlige Kontaktlosigkeit und psychische Vereinsamung schließen ließ. Die Hemmschwelle gegenüber seinen menschlichen Artgenossen blieb bis 1955 intakt; nach dem Tod seiner Mutter, der einzigen Bezugsperson Krolls, begann aus dem in sich gekehrten Spaziergänger ein Amokläufer zu werden.
Zwischen 1955 und 1966 fielen Kroll drei Frauen (im Alter von 19 bis 61 Jahren), vier Mädchen (4 bis 13 Jahre alt) und ein 25-jähriger Mann in die Hände. Die Polizei hatte jahrelang Ausschau nach einem motorisierten Täter gehalten, weil in Zeugenaussagen immer wieder von Kraftfahrzeugen die Rede war – offenbar durch Fernseh-Krimis inspiriert. Außerdem beging die Polizei den klassischen Fehler, nach einem auffälligen Irren zu fahnden, statt die extreme Menschenscheu Krolls für auffällig zu halten.

Zum letzten Mal: Rudi Carrells „Tagesshow"

Trauer allenthalben in deutschen und angrenzenden Landen: Des beliebten holländischen Showmaster Rudi Carrells großer Wurf, seine Fernsehsendung „Tagesshow", wurde am 31. Dezember 1982 zum „unwiderruflich" letzten Mal ausgestrahlt, und das trotz des wichtigsten Faktors, den Intendanten immer wieder zur Beurteilung einer Sendung heranziehen: der hohen Einschaltquote. Ganze 15 Millionen Zuschauer zog die Serie jedesmal in ihren lachmuskelübenden Bann.
Zur Begründung für die „Stornierung des Seherauftrags" gab das Team, bestehend aus Beatrice Richter, Diether Krebs, Klaus Havenstein und Rudi Carrell, an, es leide so „unter dem Vorbereitungsstress". Schade drum! Perlen waren unter ihren Sketchen und ihrem Jux um aktuelle Nachrichten. So die von Rudi Carrell todernst verlesene Nachricht, der Noch-Oppositionsführer Helmut Kohl sei heute in seiner gewohnten Hoppla-jetzt-komm'-ich-Manier im Bundeshaus eingetroffen.
Im Bild war darauf der „kommende" Kanzler zu sehen, wie er mit weit ausgreifenden Schritten einen langen Gang entlang auf die Journalisten zukam, freundlich grüßte und beim Linksschwenk in die geöffnete Türe des Sitzungssaals mit der Schulter an der Mauer hängen blieb. „Hoppla!" murmelte er, deutlich vernehmbar für die empfindlichen Mikrophone und die Zuhörer.

Rainer Werner Fassbinder (31. Mai 1946 in Bad Wörrishofen, † 10. Juni 1982 in München) war der produktivste und kreativste deutsche Filmemacher der Nachkriegszeit. Zwischen 1968 und 1982 realisierte der bärtige Urtyp mit der unvermeidlichen Lederjacke und dem speckigen Schlapphut 42 Filme, war daneben in München und Frankfurt am Theater tätig, schrieb selbst die Drehbücher zu vielen seiner Filme, bearbeitete eine ganze Reihe von Dramen und verfasste fünf eigene Theaterstücke. Sein erster Film Liebe ist kälter als der Tod wurde noch als „Talentprobe" abgetan, aber schon mit dem zweiten Katzelmacher, errang er internationalen Erfolg. Zu den stärksten Werken des sensiblen Regisseurs, der am 10. Juni 1982 in seiner Münchner Wohnung tot aufgefunden wurde, zählen die vielfach preisgekrönten Titel Angst essen Seele auf (1974), Die bitteren Tränen der Petra von Kant (1972), Eine Reise ins Licht (1978), Lili Marleen (1981) und Querelle (1982).*

1983

JANUAR

7.1. Bundespräsident Karl Carstens löst den Bundestag auf und bestimmt den 6. März zum Termin für Neuwahlen.
20./21.1. In Bonn und Paris finden aus Anlass des 20jährigen Bestehens des deutsch-französischen Freundschaftsvertrages Feiern statt. Der französische Staatspräsident François Mitterrand spricht vor dem Bundestag; am Tag darauf nimmt Bundeskanzler Helmut Kohl an einer Feierstunde im Pariser Elysée-Palast teil.
21.1. Uraufführung des Theaterstückes „Bruder Eichmann" von Heinar Kipphardt in München. Das Stück schildert den SS-Führer Adolf Eichmann als Typ des funktionalen Menschen, der im 20. Jahrhundert zum „Normalfall" geworden sei.

FEBRUAR

1.2. In Potsdam, nahe der Filmstadt Babelsberg, wird ein Filmmuseum eröffnet.
5.2. Der ehemalige SS-Hauptsturmführer und Gestapo-Chef von Lyon, Klaus Barbie, wird nach seiner Ausweisung aus Bolivien in Frankreich verhaftet.
14.2. In Dresden demonstrieren rund 100.000 Menschen für den Frieden.
20.2. Das Bundesjustizministerium teilt mit, dass alle Urteile des NS-Volksgerichtshofs im Bundeszentralregister gelöscht worden sind.

MÄRZ

6.3. Bei den vorgezogenen Neuwahlen zum 10. Bundestag erreicht die CDU/CSU 48,8 % der Stimmen und die F.D.P. erzielt trotz innerparteilicher Auseinandersetzungen um ihren Wechsel von der sozial-liberalen Koalition zur christlich-liberalen Koalition noch 6,9 %. Die SPD fällt mit 38,2 % erstmals seit 1965 unter die 40 %-Marke. Erstmals ziehen die Grünen mit 5,6% der Stimmen in den Bundestag ein.
21.3. Franz-Josef Strauß erklärt, dass er nicht als Minister nach Bonn gehe, sondern bayerischer Ministerpräsident bleibe.
29.3. Mit der Wahl des CDU-Politikers Rainer Barzel zum neuen Bundestagspräsidenten nimmt der 10. Deutsche Bundestag seine Arbeit auf.

APRIL

10.4. Ein Transitreisender aus der Bundesrepublik Deutschland stirbt während der Vernehmung durch DDR-Sicherheitsorgane an Herzversagen. Am 26. April stirbt ein weiterer deutscher Transitreisender bei der Zollabfertigung überraschend an einem Herzschlag.
21.4. Bei den Feierlichkeiten zum 500. Geburtstag von Martin Luther wird die restaurierte Wartburg in Thüringen wiedereröffnet.
25.4. Das Magazin „stern" kündigt auf einer Pressekonferenz die Entdeckung und Veröffentlichung von Tagebüchern Adolf Hitlers an und beginnt mit deren auszugsweisem Abdruck. Am 6. Juni werden die Tagebücher als Fälschung entlarvt.
27.4. Mit dem Hirtenwort „Gerechtigkeit schafft Frieden" wenden sich die katholischen Bischöfe der Bundesrepublik gegen das Wettrüsten. Sie erklären, dass nukleare Abschreckung auf Dauer kein verlässliches Instrument der Kriegsverhütung sei.
28.4. Wegen der gestörten Beziehungen zwischen den beiden deutschen Staaten nach dem Tod von zwei Transitreisenden sagt DDR-Staats- und Parteichef Erich Honecker den geplanten Besuch in der Bundesrepublik ab.
29.4. Die Stadt Köln verleiht dem Schriftsteller Heinrich Böll die Ehrenbürgerwürde.

MAI

1.5. In Witten/Herdecke wird die erste Privatuniversität in der Bundesrepublik eröffnet, die sich nur durch private Förderbeiträge finanzieren will.
4.5. Bundeskanzler Kohl bezeichnet in seiner Regierungserklärung den Abbau der Arbeitslosigkeit, die Wiedergewinnung wirtschaftlichen Wachstums und die Sanierung der Bundesfinanzen als Schwerpunkte der Regierungstätigkeit.
5.5. Für sein literarisches Gesamtwerk wird der Schriftsteller Wolfdietrich Schnurre in Darmstadt mit dem Georg-Büchner-Preis ausgezeichnet.
14.5. Der Militaria-Händler Konrad Kujau, der dem Magazin „stern" die gefälschten Hitler-Tagebücher verkauft haben soll, wird festgenommen. Am 26. Mai gesteht Kujau, dass er die an den „stern" verkauften Hitler-Tagebücher selbst geschrieben hat.
19.5. Zur Klärung der Flick-Spendenaffäre wird auf Antrag der SPD ein Untersuchungsausschuss des Bundestags eingesetzt.
28.-30.5. Der neunte Weltwirtschaftsgipfel der führenden Industrienationen findet in Williamsburg/USA statt.

JUNI

4.6. In Hannover findet der erste Bundeskongress der Grünen statt. Behandelt werden insbesondere die Themen Umwelt, Friedensbewegung, Deutschlandpolitik und Arbeitslosigkeit.
8.6. Ein Mitglied der Jenaer Friedensgruppe, Roland Jahn, wird in die Bundesrepublik abgeschoben. Damit sind bereits 20 Mitglieder der Friedensbewegung aus der DDR abgeschoben worden.
13.6. Zur Erforschung der Immunschwäche AIDS (Acquired Immune Deficiency Syndrome/Erworbene Immunschwäche-Krankheit) setzt das Bundesgesundheitsamt in West-Berlin eine Expertengruppe von 15 Professoren ein.
19.6. Die Regierungschefs der zehn EG-Mitgliedstaaten unterzeichnen zum Abschluss ihres dreitägigen Treffens in Stuttgart die „Feierliche Deklaration zur Europäischen Union".
29.6. Durch Kabinettsbeschluss übernimmt die Bundesregierung die Bürgschaft für einen Bankenkredit in Höhe von einer Milliarde DM an die DDR. Die Hilfe des bayerischen Ministerpräsidenten Franz-Josef Strauß bei der Vermittlung des Kredits stößt auf Kritik auch in der eigenen Partei.

JULI

2.7. Etwa 20 Kernkraftgegner dringen in der Nähe von Wustrow/Landkreis Lüchow-Dannenberg auf DDR-Gebiet vor, um gegen die in Dragahn geplante Wiederaufbereitungsanlage zu protestieren. Am 5. Juli entsteht ein zweites Protestlager auf DDR-Gebiet in Höhe der Ortschaft Kapern-Gummern.
3.7. Eine Abordnung der Bundestagsfraktion der Grünen trifft zu Gesprächen mit Vertretern der US-amerikanischen Regierung, der Friedensbewegung und der Kirchen in New York ein. Am 7. Juli demonstrieren die Grünen vor dem Weißen Haus in Washington gegen US-amerikanische und sowjetische Raketen in Europa.
4.-7.7. Bundeskanzler Kohl und Außenminister Hans-Dietrich Genscher statten der Sowjetunion einen offiziellen Besuch ab, der eine neue und bessere Qualität der gegenseitigen Beziehungen begründen soll.
22.7. Die Bundesrepublik unterzeichnet das Übereinkommen der UNO gegen jegliche Diskriminierung der Frau.
24.7. Im Rahmen einer als privat bezeichneten Reise in die Tschechoslowakei, Polen und in die DDR trifft der bayerische Ministerpräsident Franz-Josef Strauß mit dem Staats- und Parteichef der DDR, Erich Honecker, im Schloss Hubertusstock am Werbellinsee zusammen.

AUGUST

10.8. Die Umweltschutzorganisation Greenpeace verhindert mit einer Blockadeaktion die Verklappung von Dünnsäure der Firma „Kronos Titan" vor der Nordseeinsel Helgoland.
20.-27.8. Bei den Europameisterschaften in Rom gewinnt der Offenbacher Schwimmer Michael Groß viermal die Goldmedaille und einmal Silber.
28.8. Der Schweizer Künstler Harald Nägeli, bekannt als „Sprayer

von Zürich", wird in Puttgarden festgenommen. Gegen Nägli, der mit auf Häuserfassaden gesprayten Strichmännchen gegen die Unwirklichkeit der zubetonierten Städte protestiert, liegt seit 1982 ein internationaler Haftbefehl vor. Die Behörden der Bundesrepublik liefern Nägli jedoch nicht aus, sondern setzen den vielbeachteten Künstler im September gegen Kaution auf freien Fuß.

SEPTEMBER

1.9. Die Bundespost beginnt mit der bundesweiten Einführung von Bildschirmtext (Btx).

Eine Blockade des US-Militärdepots in Mutlangen durch prominente Rüstungsgegner bildet den Auftakt zu Protesten gegen die Stationierung der Pershing-II-Raketen in der Bundesrepublik.

15.9. Erster Empfang eines Regierenden Bürgermeisters von West-Berlin, Richard von Weizsäcker, durch den Staats- und Parteichef der DDR, Erich Honecker, in Ost-Berlin.

OKTOBER

1.10. Die EG-Richtlinie zum Verbot der Einfuhr von Jungrobbenfellen tritt in Kraft.

18.10. Eine Erhebung der Bundesregierung ergibt, dass ein Drittel des deutschen Waldes erkrankt ist. Bundeslandwirtschaftsminister Ignaz Kiechle konstatiert, dass sich die Schäden gegenüber 1982 vervierfacht haben. Er fordert private Initiativen gegen das Waldsterben, der Staat sei überfordert.

22.10. Den Höhepunkt der „Aktionswoche" der Friedensbewegung gegen die NATO-Nachrüstung bilden eine 108 km lange „Menschenkette" zwischen Neu-Ulm und Stuttgart sowie eine Großkundgebung in Bonn.

25.10. Der Rockmusiker Udo Lindenberg gibt mit seinem Panikorchester ein Konzert in Ost-Berlin.

NOVEMBER

2.11. Verbot und Auflösung des Vereins „Hell's Angels Motor-Club e.V." durch den Bundesinnenminister. Den Mitgliedern wird unter anderem Zuhälterei und Erpressung vorgeworfen.

5.11. Die hessische SPD spricht sich auf ihrem Landesparteitag in Baunatal für Verhandlungen mit den Grünen über eine Regierungsbildung aus.

7.11. In München wird die erste öffentliche Zapfsäule für bleifreies Benzin von Bundesinnenminister Friedrich Zimmermann (CSU) in Betrieb genommen.

10.11. Der Bundestag verabschiedet ein Gesetz, das arbeitslos gewordenen Ausländern finanzielle Anreize zur Rückkehr in die Heimat bietet.

14.11. Als erste Gemeinde in der Bundesrepublik führt Buxtehude in seiner Innenstadt versuchsweise „Tempo 30" ein.

16.11. Die Ruhrkohle AG in Essen gibt bekannt, dass sie die Zahl ihrer Beschäftigten und ihre Förderkapazität bis 1988 um rund ein Achtel verringern wird. Durch diese Maßnahmen gehen 14.000 Arbeitsplätze verloren. Die Ruhrkohle AG ist das mit Abstand größte Bergbau-Unternehmen in der Bundesrepublik.

22.11. Gegen die Stimmen von SPD und Grünen beschließt der Bundestag, am NATO-Doppelbeschluss festzuhalten.

25.11. In der Bundesrepublik treffen die ersten Pershing-II-Raketen ein. Sie werden zum US- Militärdepot Mutlangen gebracht.

27.11. Die Bundestagsabgeordneten Franz Handlos (geb. 1939) und Ekkehard Voigt (geb. 1939) treten aus der CSU aus und gründen in München die Partei „Die Republikaner".

Die Ausstellung „Picasso - Das plastische Werk" in der Neuen Nationalgalerie in West-Berlin endet mit einem Publikumsrekord von 150.000 Besuchern in sieben Wochen.

28.11. Richard von Weizsäcker wird von der CDU als Kandidat für das Amt des Bundespräsidenten nominiert.

Der Physiker Ulf Merbold nimmt als erster Bundesbürger an einem Raumflug mit der Weltraumfähre „Columbia" teil.

30.11. Das Museum Folkwang Essen eröffnet seinen Erweiterungsbau.

Mit einem Luther-Tag auf der Wartburg beginnen am 4. Mai 1983 die Evangelischen Kirchen der DDR die Feierlichkeiten zum 500. Geburtstag des Reformators.

DEZEMBER

6.12. Die Bundesregierung verbietet die „Aktionsfront Nationaler Sozialisten/Nationale Aktivisten", die größte neonazistische Organisation in der Bundesrepublik.

15.12. Wegen Beeinträchtigung des Datenschutzes verwirft das Bundesverfassungsgericht in der Hauptverhandlung Teile des Volkszählungsgesetzes.

28.12. Das Bundeswirtschaftsministerium widerruft Steuervergünstigungen, die der Flick-Konzern in den 70er Jahren für eine US-Beteiligung erhielt. Gegen drohende Nachforderungen von 450 Millionen DM wehrt sich die Firma durch Klage vor Gericht.

30.12. Zwischen dem Senat von West-Berlin und der DDR-Reichsbahn wird die Übernahme der S-Bahn auf West-Berliner Gebiet durch den Berliner Senat vereinbart.

AUSSERDEM

Christa Wolf: Kassandra (Roman)

Regierung Kohl

Bei den Bundestagswahlen im März 1983, die nach dem Ende der sozialliberalen Koalition notwendig geworden waren, errang die christlich-liberale Koalition einen glänzenden Wahlsieg und sicherte sich damit die Zustimmung der Mehrheit der Bundesbürger für ihre begonnene Politikwende. Mit 48,8 Prozent wurde Helmut Kohl als Bundeskanzler klar bestätigt, Franz-Josef Strauß erzielte mit seiner CSU in Bayern exotische 59,5 Prozent, Hans-Dietrich Genscher und Otto Graf Lambsdorff stabilisierten die Liberalen bei stattlichen 7,0 Prozent.
Für die SPD wurde das Wahlergebnis zum Debakel. Mit ihrem Spitzenkandidaten Hans-Jochen Vogel (Altkanzler Schmidt hatte auf eine Kandidatur verzichtet) rutschte sie unter die 40-Prozent-Marke und erreichte mit ihrem „denkbar schlechtesten Ergebnis“, so der stellvertretende Fraktionsvorsitzende Horst Ehmke, magere 38,2 Prozent. Es gab aber auch eine Überraschung. Erstmals seit 1957 zog neben CDU, CSU, SPD und FDP eine fünfte Partei in den Bundestag ein: Mit 5,6 Prozent der Stimmen besetzten die Abgeordneten der Grünen 27 Sitze im Bundestag.

Kohls Regierungserklärung vom 4. Mai 1983 stand unter dem Titel „Programm der Erneuerung: Freiheit, Mitmenschlichkeit, Verantwortung“. Über die sich daran anschließende Debatte berichtet das „Archiv der Gegenwart“:
Der SPD-Fraktionsvorsitzende Hans-Jochen Vogel erklärte, Kohls Regierungserklärung sei eine Erklärung guten Willens, die für die Probleme der 80er Jahre die Lösungen der 50er und der frühen 60er Jahre empfiehlt. Die Koalition der Mitte erliege schon jetzt immer wieder dem ständigen Druck von rechts. Das deutsch-deutsche Verhältnis sei angesprochen worden, ohne dass Kohl darauf hingewiesen habe, dass Herr Strauss soeben eine der wichtigsten Gesprächsebenen – nämlich die zwischen Ihnen und dem ersten Mann der DDR – blockiert hat, die Abrüstungsproblematik ohne den Hinweis auf den Hirtenbrief der US-Bischöfe. Die SPD werde in den nächsten vier Jahren Opposition treiben, nicht Obstruktion. „In diesem Rahmen sind wir auch zur Zusammenarbeit bereit, aber nicht als Ihre parlamentarische Reservearmee.“ Drei Tatsachen hätten die Wirklichkeit und das Lebensgefühl der heute lebenden Menschen tiefgreifend verändert:
1. Die Menschheit ist erstmals in ihrer Geschichte in der Lage, sich selbst zu vernichten.
2. Nicht allein der Schutz der Menschen vor der Naturgewalt, sondern mehr und mehr auch der Schutz der Natur vor der Menschengewalt wirft Probleme von bisher nicht gekannter Tragweite auf.
3. Die Verflechtung aller Lebensbeziehungen – nicht nur der wirtschaftlichen – ist heute über den gesamten Globus hinweg in einem noch vor kurzem unvorstellbaren Maße fortgeschritten.
Niemand habe auf diese Fragen bereits fertige Antworten, auch die SPD nicht; sie setze sich jedoch mit ihnen, selbst um den Preis innerer Spannungen und Kontroversen, auseinander. Die Einschätzung des Staates durch den Kanzler sei widersprüchlich. „Da, wo er gestaltet, auf sozialen Ausgleich bedacht ist, gesellschaftspolitische Aufgaben erfüllt, bringen Sie ihm ein tiefwurzelndes Misstrauen entgegen und verlangen seinen Rückzug. Da wollen Sie weniger Staat. Aber Ihr Vertrauen in den selben Staat ist nahezu grenzenlos, soweit er den Status quo gewährleisten und notfalls sogar im Wege der Gesinnungsprüfung verteidigen soll. Da wollen Sie mehr Staat. Und fällt Ihnen nicht auf, dass der Staat, dessen Stärke sie propagieren, oftmals geradezu zum Gespött wird, wenn er sich wirtschaftlicher Macht konfrontiert sieht? Das spurlose Verschwinden der Fässer von Seveso ist ein Musterbeispiel dafür! Das war eine Niederlage des Staates, nicht die Verschiebung der Volkszählung.“
Die Regierung fordere mehr „Selber-Tun“, schweige aber über die Mitbestimmung der Arbeitnehmer, die dazu gehöre. Bei der Bekämpfung der Arbeitslosigkeit vertraue sie auf die sogenannten Selbstheilungskräfte der Wirtschaft und des Marktes, in der Hoffnung, dass bei einer Verbesserung der Angebotsbedingungen der Aufschwung kommen werde. „Das ist eine nostalgische Illusion. Das greift zu kurz ... Es müssen Strukturen verändert werden. Und der Staat muss handeln, um dies zu erreichen.“

Mit 48,8 Prozent konnte Helmut Kohl bei den Bundestagswahlen am 6. März 1983 einen überzeugenden Wahlsieg feiern.

Bundeskanzler Helmut Kohl und Außenminister Dietrich Genscher bei einem Spaziergang über den Roten Platz vor der Basilius-Kathedrale in Moskau am 3. Juli 1983.

Mit einem 1:0 Sieg über Juventus Turin holt sich der Hamburger SV am 25. Mai 1983 in Athen den Fußball-Europapokal der Landesmeister. Schütze des goldenen Tores war Felix Magath in der 8. Minute.

Schwerter zu Pflugscharen

In der DDR stand die Friedensbewegung zunächst im Dienst offizieller Politik. Der „Friedensrat der DDR" repräsentierte nach eigener Behauptung „ausnahmslos alle Klassen und Schichten, alle Generationen". Das Wort „Frieden" fand sich in allen möglichen Zusammenhängen, bis hin zum „Friedenskampf", den man den nichtsozialistischen Staats- und Gesellschaftsordnungen des Westens liefern wollte – wie andererseits der „Pazifismus" stets als „bürgerlich" diffamiert wurde. Gegen die von Staat und Parteiführung vereinnahmte Friedensbewegung bildete sich Anfang der 1980er Jahre analog zu den Kampagnen im Westen eine neue Friedensbewegung, hauptsächlich getragen von kirchlichen und Frauengruppen. Als Symbol wählte sie das alttestamentliche Prophetenwort „Schwerter zu Pflugscharen".

Den Beginn der Friedensarbeit an der Leipziger Nikolaikirche schildert deren Superintendent in einer Publikation aus dem Jahr1990:

Als ich im März 1982 meinen Dienst in Leipzig begann, wurde Jagd gemacht nach den Aufnähern „Schwerter zu Pflugscharen!". Die Evangelische Kirche hielt seit 1980 jeweils in den Novembertagen eine Friedensdekade. Die Gemeinden wurden angeregt, Bittgottesdienste für den Frieden, eine zehntägige Kette von Friedensandachten sowie Informations- und Gesprächsabende durchzuführen. Als Symbol hatte man die Abbildung des sowjetischen Denkmals gewählt, das im Park des Geländes der Vereinten Nationen in New York aufgestellt ist und die uralte Sehnsucht der Propheten Jesaja und Micha darstellt: „Sie werden ihre Schwerter zu Pflugscharen umschmieden." Schüler, die solche Zeichen trugen, wurden in den Schulen bestraft, Lehrlinge durften damit nicht in den Betrieb kommen, Jugendliche, die den Aufnäher auf ihrer Kleidung hatten, wurden zum nächsten Polizeirevier geschleppt und verhört, anderen wurde auf der Straße das Friedenssymbol abgerissen.

Als mit dem Doppelbeschluss der NATO in Westeuropa neue Raketen stationiert wurden und eine wachsende Friedensbewegung dagegen aufbegehrte, wandten sich auch in der DDR immer mehr kirchliche Gruppen gegen die entsprechenden, im Osten aufgestellten Raketenwaffen. Freilich konnte hier nicht wie in der BRD in aller Öffentlichkeit demonstriert werden. Als im Herbst 1983 zuerst eine kleine Schar sich in Leipzig auf dem Marktplatz mit Kerzen versammelt hatte und an einem anderen Abend sogar an die hundert junge Leute dort im Kreis mit ihren Lichtern zusammenstanden, wurden sie sofort von der Polizei vertrieben, zum Teil auch festgenommen und bestraft. Das waren die Abende, an denen die Nikolaikirche zur Zufluchtsstätte wurde. Schützend versuchten wir, die Demonstranten nicht der Gefahr der Straße auszuliefern, hielten bis zur Mitternacht zu jeder vollen Stunde unsere Fürbittandachten, boten dazwischen Vorträge sowie Gesprächsrunden und verbrachten die Zeit mit gemeinsamen Singen und kreativem Gestalten.

Aus diesen ersten Anfängen erwuchs eine Tradition. Damit die Zeit zwischen den Friedensdekaden überbrückt würde, begann eine kleine Gruppe jeden Montag um 17 Uhr ein Friedensgebet zu gestalten. Oft war es nur von wenigen Leuten besucht, aber es ist durchgehalten worden.

Für Kohls Gegenkandidat Hans-Jochen Vogel (links) und Altbundeskanzler Helmut Schmidt gab es nach der fatalen Niederlage mit 38,2 Prozent nichts zu beschönigen.

1984

JANUAR

1.1. Das erste Kabelfernsehprojekt der Bundesrepublik nimmt in Ludwigshafen im Rahmen eines Pilotprojektes seinen Sendebetrieb auf.
2.1. Radio Luxemburg geht mit „RTL plus" (Radio Télé Luxembourg) in der Bundesrepublik auf Sendung.
4.1. Das Bonner Verteidigungsministerium bestätigt Meldungen von Presseagenturen, wonach der stellvertretende NATO-Oberbefehlshaber, General Günter Kießling, von Bundesverteidigungsminister Manfred Wörner (CDU) mit Wirkung vom 31. Dezember 1983 in den vorzeitigen Ruhestand versetzt worden ist. Am 12. Januar teilt Wörner mit, der Vier-Sterne-General sei wegen seiner Homosexualität zu einem Sicherheitsrisiko geworden. Dabei beruft sich Wörner auf einen Bericht des Militärischen Abwehrdienstes (MAD), in dem Kontakte Kießlings zur Homosexuellen-Szene behauptet werden. Kießling weist die Behauptungen zurück, wird wieder in den Dienst aufgenommen und am 26. März mit allen militärischen Ehren verabschiedet.
17.-19.1. In Stockholm wird die Konferenz über Vertrauensbildung und Abrüstung in Europa (KVAE) eröffnet. Die Zusammenkunft dieses Gremiums wurde auf der KSZE-Folgekonferenz (Konferenz über Sicherheit und Zusammenarbeit in Europa) 1983 in Madrid beschlossen. Vertreten sind alle 35 Staaten, die die KSZE-Schlussakte von Helsinki unterzeichnet haben.
19.1. Der Regisseur Wolfgang Staudte stirbt bei Dreharbeiten in Zigarski/Jugoslawien an einem Herzinfarkt.

FEBRUAR

1.2. In Stuttgart-Stammheim beginnt der Prozess gegen die RAF-Terroristen Christian Klar und Brigitte Mohnhaupt. Ihnen wird unter anderem die Ermordung des Vorstandssprechers der Dresdner Bank, Jürgen Ponto, im Jahre 1977 vorgeworfen.
7.-18.2. Die Olympischen Winterspiele finden in Sarajevo/Jugoslawien statt. Erfolgreichste Mannschaft ist die der DDR mit neun Gold-, neun Silber- und sechs Bronzemedaillen.
8.2. Nachdem während des Besuchs von Bundeskanzler Kohl im Januar in Israel bereits die deutsche Nationalhymne öffentlich gespielt worden war, hebt der israelische Rundfunk nun auch den Boykott der Werke der deutschen Komponisten Richard Strauss und Richard Wagner auf.
10.2. Im Museum der bildenden Künste, Leipzig, wird die erste umfassende Max Beckmann-Ausstellung in der DDR aus Anlass des 100. Geburtstags des Künstlers eröffnet.
23.2. Im Volkswagenwerk in Wolfsburg wird der Öffentlichkeit eine vollautomatische Fertigungsstrecke für die Golfproduktion vorgeführt.
24.2. Die Ministerpräsidenten der Bundesländer kommen überein, am künftigen Satellitenfernsehen auch private Programmanbieter zu beteiligen.

MÄRZ

9.3. Die von dem schottischen Architekten James Stirling konzipierte Neue Staatsgalerie Stuttgart wird eröffnet.
11.3. Der Staats- und Parteichef der DDR, Erich Honecker, erklärt sich auf der Leipziger Messe bereit, im Herbst die Bundesrepublik zu besuchen.
20.3. Ingrid Berg, die Nichte des DDR-Ministerpräsidenten Willi Stoph, trifft mit ihrer Familie in Gießen ein, nachdem sie im Februar in der Prager Botschaft der Bundesrepublik Zuflucht gesucht hatte.
22.3. Das Bundeskabinett stimmt dem „Programm Umweltforschung und Umwelttechnologie 1984-1987" zu, nach dem umweltrelevante Forschungs- und Entwicklungsvorhaben mit insgesamt 2 Milliarden DM gefördert werden sollen.

APRIL

3.4. In der westdeutschen Druckindustrie scheitert die Schlichtung am Streit um die 35-Stunden-Woche. Ab dem 12. April wird die Branche schwerpunktmäßig bestreikt.
5.4. Als erstes Land der Bundesrepublik verankert Bayern den Umweltschutz in der Verfassung.
10.4. Auf Antrag von drei Klägerinnen aus der Bundesrepublik Deutschland legt der Europäische Gerichtshof fest, dass Frauen, die im Beruf Männern gegenüber diskriminiert werden, Anspruch auf Schadensersatz haben.
12.4. Die umstrittene Startbahn-West des Frankfurter Flughafens wird in Betrieb genommen. Am 14. April kommt es am Flughafen und in der Frankfurter Innenstadt

Verdun, 22. September 1984. Ein symbolischer Händedruck über Kriegsgräbern. Bundeskanzler Helmut Kohl und der Präsident der französischen Republik, François Mitterand, bekräftigten damit die Freundschaft zwischen beiden Ländern, die 1963 mit der Umarmung von Konrad Adenauer und Charles de Gaulle in Paris begonnen hatte. Der Ort des gemeinsamen Gedenkens an die Opfer zweier Weltkriege war nicht ohne Bedacht ausgewählt. In Verdun tobten während des Ersten Weltkrieges die blutigsten Schlachten zwischen Deutschen und Franzosen, in denen Hunderttausende den Tod fanden.

erneut zu schweren Ausschreitungen zwischen Demonstranten und der Polizei.
18.4. Durch den Selbstmord einer Patientin des Arztes Julius Hackethal wird in der Bundesrepublik die Diskussion um humanes Sterben erneut entfacht. Hackethal hatte der Frau das notwendige Gift überlassen.
23.4. Im Beisein von Bundeswirtschaftsminister Otto Graf Lambsdorff (F.D.P.) wird in Tokio die „Deutsche Leistungsschau Japan '84" eröffnet. Es ist die bisher größte deutsche Auslandsmesse.

MAI

7.5. Das Oberlandesgericht Stuttgart spricht mit dreimal lebenslanger Haft für den ehemaligen RAF-Angehörigen Peter Jürgen Boock das bislang härteste Urteil in einem Terroristen-Prozess.
10.5. In der Metallindustrie beginnen die Streiks um die 35-Stunden-Woche. Die Automobil-Zulieferindustrie und später auch die Kfz-Produktion kommen zum Erliegen. Gegen Monatsende antworten die Arbeitgeber mit Aussperrungen.
Das Nationale Olympische Komitee (NOK) der DDR teilt mit, dass die DDR-Sportler an den Olympischen Spielen in Los Angeles nicht teilnehmen werden.
23.5. Der über die Parteigrenzen hinweg populäre Richard von Weizsäcker wird mit großer Mehrheit zum sechsten Bundespräsidenten gewählt.

JUNI

14.-17.6. Bei der zweiten Direktwahl zum Europaparlament behaupten die konservativen, christdemokratischen und liberalen Parteien ihre gemeinsame Mehrheit.
25.6. In München beginnt die Multilaterale Umweltkonferenz mit Delegierten aus 31 Ländern einschließlich des Ostblocks.
26.6. Zur Eröffnung des Hauptverfahrens wegen Bestechlichkeit im Zusammenhang mit der Flick-Parteispendenaffäre tritt Bundeswirtschaftsminister Otto Graf Lambsdorff (F.D.P.) von seinem Amt zurück. Sein Nachfolger wird am 28. Juni Martin Bangemann (F.D.P.).
Die Ständige Vertretung der Bundesrepublik in Ost-Berlin stellt den öffentlichen Besucherverkehr wegen „Überlastung" ein. Mehr als 50 DDR-Bürger halten sich in der Vertretung auf und wollen von dort ihre Ausreise erzwingen. Am 31. Juli wird die Vertretung unter verstärkten Sicherheitsmaßnahmen wieder geöffnet.

JULI

7.7. Vor dem Berliner Reichstagsgebäude im Tiergarten verfolgen Hunderttausende André Hellers „Feuertheater", das der Wiener Künstler im Rahmen des ersten Berliner „Sommernachtstraums" inszeniert.
13.7. Zwischen der Bundesrepublik und Frankreich wird ein Abkommen über den Abbau der Grenzkontrollen vereinbart.
In Mainz einigen sich das ZDF, der Österreichische Rundfunk (ORF) und die Schweizer Radio- und Fernsehgesellschaft (SRG) über ein Versuchsprojekt eines gemeinsamen Satellitenprogramms mit dem Titel „3 SAT".
21.7. Bundesaußenminister Hans-Dietrich Genscher trifft zu einem zweitägigen Besuch in der iranischen Hauptstadt Teheran ein. Genschers Besuch, der erste eines westeuropäischen Außenministers seit der islamischen Revolution von 1979, stößt vielfach auf Kritik.
25.7. Wie schon 1983 verbürgt sich die Bundesregierung für einen 950 Millionen DM-Kredit an die DDR. Gleichzeitig werden Erleichterungen im innerdeutschen Verkehr bekannt gegeben.

AUGUST

1.8. In der Bundesrepublik wird das Anlegen von Sicherheitsgurten auf PKW-Rücksitzen Pflicht, das Nichtanlegen der Gurte auf Vordersitzen wird mit Bußgeld bestraft.
4.8. Während eines internationalen „Punker"-Treffens in Hannover kommt es zu gewalttätigen Auseinandersetzungen mit rechtsradikalen Skinheads.

SEPTEMBER

16.9. Die ARD zeigt die erste Folge der elfteiligen Fernsehserie „Heimat" von Edgar Reitz. Geschildert wird der Alltag in dem fiktiven Hunsrück-Dorf Schabach zwischen 1919 und 1982. Die Schauspieler sind zumeist Laiendarsteller, die ihren Original-Hunsrück-Dialekt sprechen.
22.9. Bundeskanzler Helmut Kohl und der französische Staatspräsident François Mitterrand gedenken in Verdun gemeinsam der Toten beider Weltkriege. Dabei kommt es zu einer international vielbeachteten Szene: Während die Nationalhymnen erklingen, stehen beide Politiker minutenlang Hand in Hand nebeneinander und demonstrieren so die Verbundenheit beider Völker.

OKTOBER

1.10. In Ost-Berlin wird das 1945 zerstörte Schauspielhaus am Gendarmenmarkt als Konzerthaus wiedereröffnet.
4.10. Die Botschaft der Bundesrepublik Deutschland in Prag, in der sich über 150 ausreisewillige DDR-Bürger aufhalten, wird wegen Überfüllung vorübergehend geschlossen. Auch in Bukarest, Warschau und Budapest haben DDR-Bürger in den diplomatischen Vertretungen Schutz gesucht.
7.10. In Begleitung zahlreicher Vertreter der deutschen Wirtschaft kommt Bundeskanzler Helmut Kohl zu einem sechstägigen Besuch der Volksrepublik China nach Peking. Im Verlauf der Visite werden eine Reihe von Vereinbarungen über eine intensivere Zusammenarbeit auf ökonomischem Gebiet getroffen.
25.10. Bundestagspräsident Rainer Barzel tritt von seinem Amt zurück, nachdem der Verdacht aufkommt, er stehe in Zusammenhang mit der Flick-Parteispendenaffäre. Sein Nachfolger wird Philipp Jenninger.

NOVEMBER

6.11. Das Dresdner Kupferstichkabinett eröffnet die erste in der DDR gezeigte Paul Klee-Ausstellung.
20.11. Die hessische Landesgruppe der Grünen gibt in Wiesbaden bekannt, dass sie nicht länger zu einer Zusammenarbeit mit der SPD-Landesregierung unter Holger Börner bereit sei. Damit ist das rot-grüne Bündnis in Hessen zunächst gescheitert.
30.11. Die DDR baut die letzten Selbstschussanlagen an der innerdeutschen Grenze ab.

DEZEMBER

3./4.12. Tagung der Außenminister der Warschauer-Pakt-Staaten in Ost-Berlin.
4.-20.12. In Ost-Berlin findet die Ausstellung „Design – Vorausdenken für den Menschen" mit Exponaten aus der Bundesrepublik statt. Der Besucherandrang übertrifft alle vorherigen Erwartungen.
13.12. In der deutschen Botschaft in Prag treten 40 der dort auf ihre Ausreise in den Westen wartenden DDR-Flüchtlinge in den Hungerstreik. Sie brechen ihre Aktion ab, nachdem die DDR-Behörden eine wohlwollende Prüfung ihrer Ausreiseanträge zugesagt haben, und kehren im Januar 1985 in ihre Heimatorte zurück.
18.12. Das Bundesverfassungsgericht erklärt die Zustimmung der Bundesregierung zur NATO-Nachrüstung für verfassungskonform. Bundesaußenminister Hans-Dietrich Genscher besucht die Tschechoslowakei. Dabei spricht er auch mit den DDR-Flüchtlingen in der deutschen Botschaft in Prag.

AUSSERDEM

Dem Franzosen Luc Montagnier gelingt die genetische Entschlüsselung des AIDS-Erregers HIV; er schafft damit die Grundlage für die Entwicklung eines Impfstoffes gegen die Immunschwäche-Krankheit. Die Ende der 70er Jahre erstmals in den USA registrierte Krankheit AIDS (Acquired Immune Deficience Syndrome/ Erworbenes Immundefekt-Syndrom) wird durch Blut und Körperflüssigkeiten wie Sperma und Scheidenflüssigkeit übertragen.

Rehabilitierung des Generals Kießling

Der stellvertretende NATO-Oberbefehlshaber General Günter Kießling war mit Wirkung vom 31. Dezember 1984 in den vorzeitigen Ruhestand versetzt worden, weil gegen ihn belastendes Material aus der Kölner Homosexuellen-Szene vorliegen sollte. Die Vorwürfe waren inzwischen sämtlich zusammengebrochen.
Am 30. Januar 1984 Bundeskanzler Kohl nach seiner Rückkehr von der Israel-Reise zu einem längeren Gespräch mit Minister Wörner zusammen, um einen Ausweg aus der Affäre zu finden. Am folgenden Tag besprach er sich mit Außenminister Genscher und CSU-Chef Strauß, der danach verlauten ließ, es sei allein Sache des Kanzlers, über den Verbleib des Verteidigungsministers im Kabinett zu entscheiden.
Am 1. Februar verlas Kohl vor der Presse einen Briefwechsel zwischen Wörner und Kießling vom selben Tag, mit dem die Affäre formell beigelegt wurde. Zuvor gab er folgende persönliche Erklärung ab: „Bei meinen Bemühungen, diese Angelegenheit zu regeln, habe ich selbstverständlich die Interessen der Bundesrepublik, das Ansehen der Bundeswehr und die Ehre des Generals zu berücksichtigen und zu wahren. Ich bin dabei von dem zweiten, sehr wesentlichen Punkt des von mir herbeigeführten Beschlusses des Bundesvorstands (der CDU) vom 23. Januar ausgegangen, in dem es heißt, die Ehre eines Mitbürgers hat als unangetastet zu gelten, solange nicht zwingende Beweise dem entgegenstehen. Ich habe festgestellt, dass in der Behandlung und in der Abwicklung dieses Falles Fehler gemacht worden sind, Fehler, die auch der Bundesverteidigungsminister einräumt und bedauert. Ich habe Respekt vor dieser Einsicht, ich habe Respekt für die Einsicht wie auch für die Haltung des Ministers, die sein Handeln bestimmen dürften. Er hatte die Sicherheit der Bundeswehr allen anderen Erwägungen überzuordnen. Ebenso hatte ich aber auch das Wort des Generals in seinem Kampf um seine Ehre zu respektieren. So kam es zu dieser Regelung, die beiden gerecht wird. General Kießling hat bittere Wochen durchmachen müssen, aber auch für Manfred Wörner war dies eine Zeit, an die er lange in seinem Leben zurückdenken wird. Er hat sich seine Entscheidung ganz gewiss nicht leicht gemacht, und er hat mir seinen Rücktritt angeboten. Ich habe diesen Rücktritt aus guten Gründen nicht angenommen, denn ich bin fest davon überzeugt, dass Manfred Wörner der Bundeswehr und dass seine Arbeit als Minister beweisen wird, dass er auch nach diesen Erfahrungen der im In- und Ausland engagierte und geschätzte Verteidigungsminister sein wird."
Wörners Schreiben an Kießling lautete, wie folgt: „Sehr geehrter Herr General, der Herr Bundespräsident hat Sie auf meinen Vorschlag hin am 19. 12. 1983 mit Wirkung vom 31. 12. 1983 in den einstweiligen Ruhestand versetzt. Ich habe den Herrn Bundespräsidenten um diese Versetzung gebeten, weil ich aufgrund der mir vorgelegten Vorlage durch den Amtschef ASBW vom 6. 12. 1983 und des Berichts des für Sicherheit zuständigen Staatssekretärs vom 8. 12. 1983 davon ausgehen musste, hierzu im Interesse der Bundesrepublik Deutschland verpflichtet zu sein. Ich weiß mich mit Ihnen in der Überzeugung einig, dass die Sicherheitsinteressen des Staates Vorrang haben müssen.
In der Vorlage des Amtschefs ASBW und dem Bericht des Staatssekretärs wird von Erkenntnissen gesprochen, welche die Aufhebung aller Sicherheitsbescheide Ihnen gegenüber zwingend notwendig machten. Inzwischen hat sich für mich ergeben, dass die sich aus den Erkenntnissen ergebenden Umstände sich nicht bestätigt haben und dass der Bericht unzutreffende Angaben enthält, so dass für mich Anlass zur Annahme, mit Ihrer Tätigkeit sei ein Sicherheitsrisiko verbunden, nicht mehr besteht.
Ich werde deshalb unverzüglich den Herrn Bundespräsidenten bitten, Sie erneut zu ernennen und dadurch die Entscheidung vom 19. 12. 1983 aufzuheben. Ich habe zu keinem Zeitpunkt Ihre Ehre infragegestellt. Ich bedauere, dass es über meine damalige Entscheidung zu öffentlichen Erörterungen gekommen ist und dass Sie schwere Kränkungen erfahren haben. Diese habe ich nicht gewollt. Ich wünsche Ihnen, dass Sie über diese schweren Wochen bald hinwegkommen werden. Mit besten Empfehlungen ..."

Voll rehabilitiert, wird General Günter Kießling am 26. März 1984 von Bundesverteidigungsminister Manfred Wörner verabschiedet.

Direktwahl zum Europa-Parlament

Am 14. und 17. Juni 1984 fanden in den 10 Ländern der Europäischen Gemeinschaft die 2. Direktwahlen zum Europäischen Parlament statt. Im „Archiv der Gegenwart" sind Reaktionen aus Deutschland verzeichnet: In einer ersten Stellungnahme zum Wahlausgang, bei dem die FDP erstmals in einer Abstimmung auf nationaler Ebene unter der 5-Prozent-Hürde geblieben war, sagte Parteivorsitzender Hans-Dietrich Genscher, an dem enttäuschenden Ergebnis trage der Spitzenkandidat Martin Bangemann keine Schuld; die gesamte FDP habe ein schlechtes Bild in der Öffentlichkeit geliefert. Im Übrigen sei die Europawahl eine Einstimmenwahl gewesen; seine Partei hätte wohl besser abgeschnitten, wenn dem Wähler – wie bei Bundestagswahlen – zwei Stimmen zur Verfügung gestanden hätten. Bemerkenswert sei auch, dass die SPD von ihrer Oppositionsrolle in Bonn nicht habe profitieren können.
Bundeskanzler Helmut Kohl betonte, die Union könne mit den Stimmenverlusten von 3,2 Prozent nicht zufrieden sein, aber die SPD habe noch höhere Verluste hinnehmen müssen. Wer das Wahlergebnis in Beziehung setze zu einer Bundestagswahl, was angesichts der geringen Wahlbeteiligung eigentlich nicht zulässig ist, komme zu dem Schluss, dass eine absolute Mehrheit für die Unionsparteien keine unerreichbare Größe sei, zumal dann, wenn diesem Ziel im Wahlkampf die Aussicht auf ein rot-grünes Bündnis gegenüberstünde. Durch die agrarpolitischen Entscheidungen der EG seien viele Bauern in die Wahlenthaltung getrieben worden. Auch habe die stabilitätsorientierte Politik der Bundesregierung Stimmen gekostet.
Für die SPD erklärte Willy Brandt, seine Partei habe besonders unter der schlechten Wahlbeteiligung gelitten. Die Bundesregierung habe, über die allgemeine Skepsis gegenüber Europa hinaus, für ihre Politik und auch für ihre Affären bezahlt. „Die Wirtschaftsliberalen an der Seite der Union sind dabei, sich überflüssig zu machen." Die Grünen meinten, die Wähler hätten den etablierten Parteien einen „Denkzettel verpasst". Sie hätten sich den Regierungsparteien verweigert, weil diese außer Bekenntnissen und schönen Worten für die politischen Probleme der Bürger kein Verständnis gezeigt hätten, und die SPD nicht gewählt, weil diese keine substantiell andere Politik angeboten habe.

Michael Groß in Siegerpose bei den Olympischen Spielen in Los Angeles.

Michael Groß

Deutschlands großer Star bei den Olympischen Sommerspielen 1984 in Los Angeles war der Schwimmer Michael Groß. Eine Würdigung von Harry Valerien, der die Wettbewerbe kommentierte:
Wer ihn nicht näher kannte, war geneigt, dem Meister kurzerhand Arroganz oder schlechten Stil nachzusagen. Groß war nämlich nach seinem ersten Sieg nicht zur Pressekonferenz erschienen. Sein persönlicher Zeitplan erschien ihm wichtiger. Nach der zweiten Goldmedaille änderte sich die Situation, ohne dass der Deutsche bereit gewesen wäre, die Fragen amerikanischer Reporter englisch zu beantworten. Und wie das Leben so spielt: Nach der unerwarteten Niederlage im dritten Rennen erlebten selbst deutsche Berichterstatter einen ziemlich gewandelten Michael Groß. Er brauchte plötzlich keinen Dolmetscher mehr, war gar nicht in Eile und erzählte so munter drauflos, als sei dieser Wettbewerb über 200 m Butterfly genau das gewesen, worauf er so lange gewartet habe. „Irgendwann", so Groß vor seiner Abreise nach Los Angeles, „müsste mal der Einbruch kommen. Das wäre etwas Neues für mich."
Am Morgen danach begegneten mir seine Eltern im Stadion. Die Mutter strahlte, als sei sie auf besondere Weise beschenkt worden. Jetzt wusste sie endlich, wie Michael mit Niederlagen fertig wird und dass er gut verlieren kann. Und eben darauf war sie stolz. Dem Vater hatte Michael bei seiner flüchtigen Begegnung dies mit auf den Weg gegeben: „Endlich hab' ich was zum Beißen ..." Schon einen Tag später ließ Groß wieder die alte Lust zu neuen Taten erkennen. Er wolle den verlorenen Rekord zurückholen und sehe darin einen persönlichen Ansporn. Neue Namen, neue Gesichter seien eine Belebung für den Schwimmsport, und für ihn bedeute das nicht Resignation, sondern Herausforderung.
Groß wird also weiter nach Rekorden jagen, die Systematik seiner Arbeit, sein konsequentes Denken und Handeln verfeinern, sein Trainingsbuch auch künftig so gründlich weiterführen wie kein anderer, die Zudringlichen kühl auf Distanz halten und den Journalisten, die ihn neu kennenlernen, beibringen, dass vermeintliches Schroffsein als Ermunterung gedeutet werden kann. Wie sonst sollte der junge Mann von Außenstehenden einigermaßen begriffen werden?
Lebt nun ein neuer Held in unserem Lande, ein Superman gar für die Werbung? Charles Wilp braucht nicht gefragt zu werden. Auch Mark Spitz ist kein Gesprächspartner. Der vierfache Medaillengewinner wird das noch unbekannte Feld selber abtasten und Angebote prüfen, falls solche kommen sollten. Nicht werben will er für Alkohol und Zigaretten, eher schon, denke ich, für Computer oder Präzisionsgeräte. Vielleicht überrascht uns der junge Champion in Bundeswehruniform. Und irgendwann, so schließt er nicht aus, könnte man ihn als Journalisten wiedertreffen; Sport aber sei dann wohl nicht sein Metier.

Der nach dem gleichnamigen Roman von Michael Ende von Wolfgang Petersen gedrehte Film „Die unendliche Geschichte" wird am 6. April 1984 uraufgeführt.

1985

JANUAR

1.1. In der Bundesrepublik startet das erste private Satelliten-Fernsehprogramm „SAT 1". Das Programm finanziert sich ausschließlich aus Werbung.
23.1. In der Bundesrepublik erbringt der von 18 Hilfswerken unterstützte „Tag für Afrika" Spenden in Höhe von rund 100 Millionen DM zur Linderung der Hungersnot.
24.1. Als letzter noch in Italien inhaftierter NS-Kriegsverbrecher wird der ehemalige SS-Sturmbannführer Walter Reder aus der Haft entlassen und nach Österreich überstellt.
25.1. Das Saarland nimmt als erstes Bundesland Umwelt- und Datenschutz in die Landesverfassung auf. Der Bundestag erklärt alle Urteile des früheren NS-Volksgerichtshofs für nichtig.
28.1. Als erster der seit Dezember 1984 im Hungerstreik befindlichen RAF-Häftlinge bricht Günter Sonnenberg die Aktion ab. Die letzten der 33 Inhaftierten folgen am 5. Februar diesem Beispiel.

FEBRUAR

1.2. Der Vorstandsvorsitzende der Motoren- und Turbinen-Union, Ernst Zimmermann, wird in Gauting bei München von Terroristen erschossen.
4.2. Die Deutsche Gesellschaft für Wiederaufbereitung von Kernbrennstoffen (DWK) entscheidet sich für das bayerische Wackersdorf als Standort für die erste kommerzielle Wiederaufbereitungsanlage (WAA) in der Bundesrepublik Deutschland.
10.2. In Augsburg wird das renovierte Geburtshaus des 1956 verstorbenen Schriftstellers Bertolt Brecht als Gedenkstätte eröffnet.
13.2. Mit einer Aufführung des „Freischütz" von Carl Maria von Weber wird in Anwesenheit von Staats- und Parteichef Erich Honecker und Altbundeskanzler Helmut Schmidt die wiederaufgebaute Semper-Oper eröffnet.

MÄRZ

4.3. Zu einer heftigen Diskussion führt die Veröffentlichung eines Ende Januar abgeschickten Briefs der beiden Grünen Bundestagsabgeordneten Christa Nickels und Antje Vollme an fünf hungerstreikende RAF-Häftlinge. Sie hatten ihnen darin eine politische Diskussion angeboten.
8.3. Das ZDF gibt bekannt, es werde ab dem 1. April allabendlich zum Sendeschluss die Nationalhymne ausstrahlen. Die ARD schließt sich ab 23. Mai an.
18.3. Anlässlich des 40. Jahrestags der Beendigung des Zweiten Weltkrieges am 8. Mai 1945 veröffentlichen der Rat der Evangelischen Kirche Deutschlands und der Bund der Evangelischen Kirchen der DDR ein gemeinsames „Wort zum Frieden".
26.3. Die Bundesregierung beschließt die steuerliche Förderung neuer, energiesparender Technologien.
29.3. Nach achtjähriger Verhandlung einigen sich die Mitgliedstaaten der Europäischen Gemeinschaft auf den Beitritt Spaniens und Portugals zum 1. Januar 1986.

APRIL

2.4. In Stuttgart-Stammheim werden Christian Klar und Brigitte Mohnhaupt wegen ihrer Mitgliedschaft in der RAF und ihrer Beteiligung an mehreren Morden und Mordversuchen zu lebenslanger Haft verurteilt.
7.4. Der umstrittene Staatsrechtslehrer Carl Schmitt stirbt in seiner Geburtsstadt Plettenberg.
8.4. Als erster britischer Außenminister stattet Geoffrey Howe der DDR einen Besuch ab. Er bleibt bis zum 10. April in Ost-Berlin.
15.4. Als erster Deutscher und vierter Nicht-Amerikaner gewinnt der 27 Jahre alte Golfprofi Bernhard Langer aus der Bundesrepublik das bedeutende Masters-Golfturnier in Augusta/USA.
16.4. Die Regierung der DDR erlaubt dem Nachrichtenmagazin „Der Spiegel" die Wiedereröffnung eines Büros in der DDR. Das erste Ost-Berliner „Spiegel"-Büro war Anfang 1978 von den Behörden wegen des Abdrucks eines regimekritischen „Manifests" geschlossen worden.
24.4. Das Bundesverfassungsgericht erklärt die gegenüber dem Wehrdienst um fünf Monate längere Zivildienstzeit für verfassungskonform.
25.4. Der Bundestag billigt das Gesetz gegen die sogenannte Auschwitz-Lüge, wonach die Leugnung von NS-Gewalttaten künftig von Amts wegen als Beleidigung verfolgt wird.

MAI

1.5. US-Präsident Ronald Reagan trifft zu einem sechstägigen Besuch in der Bundesrepublik Deutschland ein.
5.5. Am vorletzten Tag seines Aufenthaltes in der Bundesrepublik legt US-Präsident Ronald Reagan gemeinsam mit Bundeskanzler Helmut Kohl Kränze an der Gedenkstätte Bergen-Belsen und auf dem Soldatenfriedhof Bitburg nieder. Letzteres stößt in der Öffentlichkeit auf Kritik, weil in Bitburg auch Angehörige der ehemaligen Waffen-SS beerdigt sind.
8.5. Bundespräsident Richard von Weizsäcker hält auf einer gemeinsamen Veranstaltung von Bundestag und Bundesrat eine auch international viel beachtete Gedenkrede anlässlich des 40. Jahrestags der deutschen Kapitulation.
29.5. Der sozialdemokratische, hessische Ministerpräsident Holger Börner macht den Grünen in Hessen ein formelles Koalitionsangebot.

JUNI

11.6. Auf der Glienicker Brücke in Berlin findet der größte Agentenaustausch seit 1945 statt. 25 Westagenten werden gegen vier Ostagenten ausgetauscht.
16.6. Bundeskanzler Kohl bekräftigt auf dem Schlesiertreffen in Hannover die Unverletzlichkeit der Grenzen.
19.6. Ein Bombenanschlag auf dem Frankfurter Flughafen fordert drei Menschenleben und 42 Verletzte.
28.6. Der Bundestag verschärft das Demonstrationsstrafrecht durch Verbot der „Vermummung" und des Tragens von „Schutzwaffen".

JULI

1.7. Eine Hausfrau in Niedersachsen gewinnt 6,97 Millionen DM im Lotto, den höchsten Betrag, der bis dahin in Europa einer Einzelperson zufiel.
3.7. Der Kieler Landtag beschließt die Umwandlung des nordfriesischen Wattenmeeres zum Nationalpark.
7.7. Boris Becker gewinnt als bislang jüngster Tennisspieler und als erster Deutscher das Tennisturnier in Wimbledon/England.
8.7. Im Prozess um die gefälschten Hitler-Tagebücher verurteilt das Hamburger Landgericht den ehemaligen „stern"-Reporter Gerd Heidemann zu vier Jahren und acht Monaten und den Militaria-Händler Konrad Kujau zu vier Jahren und sechs Monaten Haft.
16.7. Der Literaturnobelpreisträger Heinrich Böll stirbt 67jährig nach langer Krankheit in Langenbroich/Eifel (heute Kreuzau-Winden).
17.7. Die Außen- und Wissenschaftsminister von 17 europäischen Staaten beschließen auf einer Konferenz in Paris, das von Frankreich initiierte europäische Technologieprojekt EUREKA (European Research Coordination Agency/Agentur für europäische Forschungskoordination) gemeinsam anzugehen.

AUGUST

8.8. Einem Sprengstoffanschlag auf den militärischen Teil des Frankfurter Flughafens fallen zwei Menschen zum Opfer, elf weitere werden verletzt. Die RAF und die französische „Action directe" bekennen sich zu dem Anschlag.
22.8. Das Bundesamt für Verfassungsschutz gibt das Verschwinden von Hansjoachim Tiedge bekannt, der für die Abwehr der DDR-Spionage zuständig war. Am

23. August gibt der DDR-Nachrichtendienst ADN den Übertritt Tiedges in die DDR bekannt. Der Fall entwickelt sich zu einem der größten Spionageskandale der deutschen Nachkriegszeit.

SEPTEMBER

1.9. Am Rande der Leipziger Herbstmesse trifft der bayerische Ministerpräsident und CSU-Vorsitzende Franz-Josef Strauß mit dem DDR-Staatsratsvorsitzenden Erich Honecker zusammen.
26.9. Die Dortmunder Pädagogikprofessorin Rita Süssmuth löst Heiner Geißler als Bundesminister für Jugend, Familie und Gesundheit ab. Das Ministerium wird um das Ressort „Frauen" erweitert.
27.9. Das bayerische Umweltministerium erteilt die erste Teilerrichtungsgenehmigung für die Wiederaufbereitungsanlage für Atombrennstoffe in Wackersdorf.

OKTOBER

2.10. Das Bundeskabinett beschließt die Verlängerung des Wehrdienstes ab Mitte 1989 von 15 auf 18 Monate.
4.10. In Hagen/Westfalen wird der ehemalige SS-Oberscharführer Karl Frenzel wegen gemeinschaftlichen Mordes an mindestens 150.000 Menschen im Vernichtungslager Sobibor/Polen zu lebenslanger Haft verurteilt.
12.10. Mehrere zehntausend Atomkraftgegner demonstrieren in München gegen die geplante Wiederaufbereitungsanlage für Brennelemente im bayerischen Wackersdorf.
16.10. Nach mehr als dreiwöchigen Koalitionsverhandlungen kommt es in Hessen zu einer Einigung zwischen SPD und Grünen. Joschka Fischer (Die Grünen) wird am 12. Dezember als hessischer Minister für Umwelt und Energie vereidigt.
22.10. Das ZDF beginnt mit der Ausstrahlung der Krankenhausserie „Schwarzwaldklinik". Die 90minütige Auftaktsendung erreicht wie die folgenden Episoden sehr hohe Sehbeteiligungen von durchschnittlich 25 Millionen Zuschauern.
25.10. In den Kinos der Bundesrepublik läuft der Film „Männer" von Doris Dörrie an. Die humorvolle Beziehungskomödie wird zu einem erstaunlichen Erfolg und stellt den Anfang einer Reihe von erfolgreichen deutschen Unterhaltungsfilmen dar.
30.10. Zum ersten Mal startet unter deutscher Leitung eine Weltraummission mit der amerikanischen Raumfähre „Challenger".

NOVEMBER

11.11. Der Intendant der Städtischen Bühnen Frankfurt/Main gibt dem Druck der Öffentlichkeit nach und setzt das Stück „Der Müll, die Stadt und der Tod" von Rainer Werner Fassbinder, das am 4. November uraufgeführt wurde, ab. Dem Stück werden antisemitische Tendenzen vorgeworfen.

DEZEMBER

8.12. Die ARD beginnt mit der Ausstrahlung der auf mehrere Jahre angelegten Familienserie „Lindenstraße" von Hans W. Geissendörfer.
10.12. Der Friedensnobelpreis wird an die Organisation „Internationale Ärzte zur Verhinderung des Atomkrieges" verliehen. Der internationale Zusammenschluss hält jede Form der medizinischen Vorbereitung auf die Folgen eines Atomkriegs für unvereinbar mit der ärztlichen Ethik. Initiatoren der Bewegung waren der US-amerikanische Arzt Bernard Lown und der sowjetische Arzt Jewgenij Tschasow. Mit Klaus von Klitzing wird erstmals seit 22 Jahren wieder ein Deutscher mit dem Nobelpreis für Physik geehrt.
16.12. Die Akademie der Künste in West-Berlin erhält das Archiv der 1977 aufgelösten Literaturvereinigung „Gruppe 47".
18.12. Das Bundeskabinett entscheidet, dass es keine staatliche Beteiligung von deutscher Seite an dem US-amerikanischen Projekt einer Raketenabwehr im Weltraum (SDI/Strategic Defense Initiative) geben werde.
19.12. Das Bundesverfassungsgericht weist als letzte Instanz die Klage gegen den Bau eines Atomkraftwerks in Whyl zurück. Die Landesregierung verzichtet jedoch auf den Bau der Anlage.
21.12. In Hamburg wird der 26jährige Türke Ramazan Avci von rechtsgerichteten Skinheads zu Tode geprügelt. Die Tat löst eine Debatte über zunehmende Gewalt gegen Ausländer in der Bundesrepublik aus.

AUSSERDEM

Patrick Süskind: Das Parfum (Roman)
Günter Wallraff: Ganz unten (Reportage)

Als erster Deutscher und jüngster Spieler gewinnt Boris Becker mit 17 Jahren am 7. Juli 1985 das Finale in Wimbledon.

Weizsäckers Rede zum 40. Jahrestag des Kriegsendes

Am 8. Mai 1985 gedachten die meisten europäischen Staaten des Kriegsendes vor 40 Jahren. Bundespräsident Richard von Weizsäcker hielt auf einer gemeinsamen Gedenkstunde von Bundestag und Bundesrat in Bonn eine vielbeachtete Rede, in der er vor allem an die junge Generation appellierte, aus den Fehlern der Vergangenheit zu lernen.

Viele Völker gedenken heute des Tages, an dem der Zweite Weltkrieg in Europa zu Ende ging. Seinem Schicksal gemäß hat jedes Volk dabei seine eigenen Gefühle. Sieg oder Niederlage, Befreiung von Unrecht und Fremdherrschaft oder Übergang zu neuer Abhängigkeit, Teilung, neue Bündnisse, gewaltige Machtverschiebungen – der 8. Mai 1945 ist ein Datum von entscheidender historischer Bedeutung für Europa.

Wir Deutsche begehen den Tag unter uns, und das ist notwendig. Wir müssen die Maßstäbe allein finden. Schonung unserer Gefühle durch uns selbst oder durch andere hilft nicht weiter. Wir brauchen und wir haben die Kraft, der Wahrheit, so gut wir es können, ins Auge zu sehen, ohne Beschönigung und ohne Einseitigkeit. Der 8. Mai ist für uns vor allem ein Tag der Erinnerung an das, was Menschen erleiden mussten ... Je ehrlicher wir ihn begehen, desto freier sind wir, uns seinen Folgen verantwortlich zu stellen.

Der 8. Mai ist für uns Deutsche kein Tag zum Feiern. Die Menschen, die ihn bewusst erlebt haben, denken an ganz persönliche und damit ganz unterschiedliche Erfahrungen zurück. Der eine kehrte heim, der andere wurde heimatlos. Dieser wurde befreit, für jenen begann die Gefangenschaft. Viele waren einfach nur dafür dankbar, dass Bombennächte und Angst vorüber und sie mit dem Leben davongekommen waren. Andere empfanden Schmerz über die vollständige Niederlage des eigenen Vaterlandes. Verbittert standen Deutsche vor zerrissenen Illusionen, dankbar andere Deutsche für den geschenkten neuen Anfang ...

Der 8. Mai war ein Tag der Befreiung. Er hat uns alle befreit von dem menschenverachtenden System der nationalsozialistischen Gewaltherrschaft. Niemand wird um dieser Befreiung willen vergessen, welche schweren Leiden für viele Menschen mit dem 8. Mai erst begannen und danach folgten. Aber wir dürfen nicht im Ende des Krieges die Ursache für Flucht, Vertreibung und Unfreiheit sehen. Sie liegt vielmehr in seinem Anfang und im Beginn jener Gewaltherrschaft, die zum Krieg führte. Wir dürfen den 8. Mai 1945 nicht vom 30. Januar 1933 trennen. Wir haben wahrlich keinen Grund, uns am heutigen Tag an Siegesfesten zu beteiligen. Aber wir haben allen Grund, den 8. Mai 1945 als das Ende eines Irrweges deutscher Geschichte zu erkennen, das den Keim der Hoffnung auf eine bessere Zukunft barg ...

Wir gedenken heute in Trauer aller Toten des Krieges und der Gewaltherrschaft. Wir gedenken insbesondere der 6 Millionen Juden, die in deutschen Konzentrationslagern ermordet wurden. Wir gedenken aller Völker, die im Krieg gelitten haben, vor allem der unsäglich vielen Bürger der Sowjetunion und der Polen, die ihr Leben verloren haben. Als Deutsche gedenken wir in Trauer der eigenen Landsleute, die als Soldaten bei den Fliegerangriffen in der Heimat, in Gefangenschaft und bei der Vertreibung ums Leben gekommen sind. Wir gedenken der ermordeten Sinti und Roma, der getöteten Homosexuellen, der umgebrachten Geisteskranken, der Menschen, die um ihrer religiösen oder politischen Überzeugung willen sterben mussten. Wir gedenken der erschossenen Geiseln. Wir denken an die Opfer des Widerstandes in allen von uns besetzten Staaten. Als Deutsche ehren wir das Andenken der Opfer des deutschen Widerstandes, des bürgerlichen, des militärischen und des glaubensbegründeten, des Widerstandes in der Arbeiterschaft und bei Gewerkschaften, des Widerstandes bei Kommunisten. Wir gedenken derer, die nicht aktiv Widerstand leisteten, aber eher den Tod hinnahmen, als ihr Gewissen zu beugen ...

Am Anfang der Gewaltherrschaft hatte der abgrundtiefe Hass Hitlers gegen unsere jüdischen Mitmenschen gestanden. Hitler hatte ihn nie vor der Öffentlichkeit verschwiegen, sondern das ganze Volk zum Werkzeug dieses Hasses gemacht ... Gewiss, es gibt kaum einen Staat, der in seiner Geschichte immer frei blieb von schuldhafter Verstrickung in Krieg und Gewalt. Der Völkermord an den Juden jedoch ist beispiellos in der Geschichte. Die Ausführung des Verbrechens lag in der Hand weniger. Vor den Augen der Öffentlichkeit wurde es abgeschirmt. Aber jeder Deutsche konnte miterleben, was jüdische Mitbürger erleiden mussten, von kalter Gleichgültigkeit über versteckte Intoleranz bis zu offenem Hass. Wer konnte arglos bleiben nach den Bränden der Synagogen, den Plünderungen, der Stigmatisierung mit dem Judenstern, dem Rechtsentzug, der unaufhörlichen Schändungen der menschlichen Würde? Wer seine Ohren und Augen aufmachte, wer sich informieren wollte, dem konnte nicht entgehen, dass Deportationszüge rollten.

Die Phantasie der Menschen mochte für Art und Ausmaß der Vernichtung nicht ausreichen. Aber in Wirklichkeit trat zu den Verbrechen selbst der Versuch allzu vieler – auch in meiner Generation, die wir jung und an der Planung und Ausführung der Ereignisse unbeteiligt waren –, nicht zur Kenntnis zu nehmen, was geschah ...

Richard von Weizsäcker bei seiner Rede am 8. Mai 1985.

Mit seiner Vereidigung zum Hessischen Minister für Umwelt und Energie am 12. Dezember 1985 wird Joschka Fischer erster Minister der Grünen. Gleichzeitig kommt es unter Ministerpräsident Holger Börner in einem Bundesland auch zur ersten Koalition zwischen SPD und Grünen.

Als dann am Ende des Krieges die ganze unsagbare Wahrheit des Holocaust herauskam, beriefen sich allzu viele von uns darauf, nichts gewusst oder auch nur geahnt zu haben. Schuld oder Unschuld eines ganzen Volkes gibt es nicht. Schuld ist, wie Unschuld, nicht kollektiv, sondern persönlich ... Wir alle, ob schuldig oder nicht, ob alt oder jung, müssen die Vergangenheit annehmen. Wir alle sind von ihren Folgen betroffen und für sie in Haftung genommen ... Es geht nicht darum, Vergangenheit zu bewältigen. Das kann man gar nicht. Sie lässt sich ja nicht nachträglich ändern oder ungeschehen machen. Wer aber vor der Vergangenheit die Augen verschließt, wird blind für die Gegenwart. Wer sich der Unmenschlichkeit nicht erinnern will, der wird wieder anfällig für neue Ansteckungsgefahren. Das jüdische Volk erinnert sich und wird sich immer erinnern. Wir suchen als Menschen Versöhnung. Gerade deshalb müssen wir verstehen, dass es Versöhnung ohne Erinnerung gar nicht geben kann ...

Der 8. Mai ist ein tiefer historischer Einschnitt, nicht nur in der deutschen, sondern auch in der europäischen Geschichte. Der europäische Bürgerkrieg war an sein Ende gelangt, die alte europäische Welt zu Bruch gegangen ... Die Begegnung amerikanischer und sowjetrussischer Soldaten an der Elbe wurde zu einem Symbol für das vorläufige Ende einer europäischen Ära ... Über 100 Jahre lang hatte Europa unter dem Zusammenprall nationalistischer Übersteigerungen gelitten. Am Ende des Ersten Weltkrieges war es zu Friedensverträgen gekommen. Aber ihnen hatte die Kraft gefehlt, Frieden zu stiften. Erneut waren nationalistische Leidenschaften aufgeflammt und hatten sich mit sozialen Notlagen verknüpft. Auf dem Weg ins Unheil wurde Hitler die treibende Kraft. Er erzeugte und er nutzte Massenwahn. Eine schwache Demokratie war unfähig, ihm Einhalt zu gebieten. Und auch die europäischen Westmächte ... trugen durch Schwäche zur verhängnisvollen Entwicklung bei. Amerika hatte sich nach dem Ersten Weltkrieg wieder zurückgezogen und war in den 30er Jahren ohne Einfluss auf Europa. Hitler wollte die Herrschaft über Europa, und zwar durch Krieg. Den Anlass dafür suchte und fand er in Polen ... Am 23. August 1939 wurde der deutsch-sowjetische Nichtangriffspakt geschlossen. Das geheime Zusatzprotokoll regelte die bevorstehende Aufteilung Polens. Der Vertrag wurde geschlossen, um Hitler den Einmarsch in Polen zu ermöglichen. Das war der damaligen Führung der Sowjetunion voll bewusst ...

Dadurch wird die deutsche Schuld am Ausbruch des Zweiten Weltkrieges nicht verringert. Die Sowjetunion nahm den Krieg anderer Völker in Kauf, um sich am Ertrag zu beteiligen. Die Initiative zum Krieg ging aber von Deutschland aus, nicht von der Sowjetunion. Es war Hitler, der zur Gewalt griff. Der Ausbruch des Zweiten Weltkrieges bleibt mit dem deutschen Namen verbunden. Während dieses Krieges hat das nationalsozialistische Regime viele Völker gequält und geschändet. Am Ende blieb nur noch ein Volk übrig, um gequält, geknechtet und geschändet zu werden: das eigene, das deutsche Volk. Immer wieder hat Hitler ausgesprochen: Wenn das deutsche Volk schon nicht fähig sei, in diesem Krieg zu siegen, dann möge es eben untergehen ... Es folgte die von den Siegermächten verabredete Aufteilung Deutschlands in verschiedene Zonen ... Die Spaltung Europas in zwei verschiedene politische Systeme nahm ihren Lauf. Es war erst die Nachkriegsentwicklung, die sie befestigte. Aber ohne den von Hitler begonnenen Krieg wäre sie nicht gekommen. Daran denken die betroffenen Völker zuerst, wenn sie sich des von der deutschen Führung ausgelösten Krieges erinnern. Im Blick auf die Teilung unseres eigenen Landes und auf den Verlust großer Teile des deutschen Staatsgebietes denken auch wir daran ...

Die Willkür der Zerstörung wirkte in der willkürlichen Verteilung der Lasten nach. Es gab Unschuldige, die verfolgt wurden, und Schuldige, die entkamen. Die einen hatten das Glück, zu Hause in vertrauter Umgebung ein neues Leben aufbauen zu können. Andere wurden aus der angestammten Heimat vertrieben. Wir in der späteren Bundesrepublik Deutschland erhielten die kostbare Chance der Freiheit. Vielen Millionen Landsleuten bleibt sie bis heute versagt ... Bei uns selbst wurde das Schwerste den Heimatvertriebenen abverlangt. Ihnen ist noch lange nach dem 8. Mai bitteres Leid und schweres Unrecht widerfahren ... Aber es gab alsbald auch große Zeichen der Hilfsbereitschaft. Viele Millionen Flüchtlinge und Vertriebene wurden aufgenommen ...

Der erzwungenen Wanderschaft von Millionen Deutschen nach Westen folgten Millionen Polen und ihnen wiederum Millionen Russen. Es sind alles Menschen, die nicht gefragt wurden, Menschen, die Unrecht erlitten haben, Menschen, die wehrlose Objekte der politischen Ereignisse wurden und denen keine Aufrechnung von Unrecht und kei-

Grund zur Freude. Willy Brandt gratuliert Johannes Rau, der bei den Landtagswahlen im Mai 1985 in Nordrhein-Westfalen mit 52,1 Prozent der Stimmen für die SPD einen überwältigenden Sieg erringen konnte.

Bei seinem Staatsbesuch in der Bundesrepublik im Mai 1985 besucht US-Präsident Ronald Reagan auch den deutschen Soldatenfriedhof bei Bitburg. Auf dem Weg zum Ehrenmal wird Bundeskanzler Kohl (links) von dem früheren Luftwaffeninspekteur Johannes Steinhoff und US-Präsident Ronald Reagan von dem amerikanischen General Matthew Ridgeway begleitet.

ne Konfrontation von Ansprüchen wiedergutmachen kann, was ihnen angetan worden ist. Gewaltverzicht heute heißt, den Menschen dort, wo sie das Schicksal nach dem 8. Mai 1945 hingetrieben hat und wo sie nun seit Jahrzehnten leben, eine dauerhafte, politisch unangefochtene Sicherheit für ihre Zukunft zu geben. Es heißt, den widerstreitenden Rechtsansprüchen das Verständigungsgebot überzuordnen. Darin liegt der eigentliche, der menschliche Beitrag zu einer europäischen Friedensordnung, der von uns ausgehen kann ...
Die Bitte an die jungen Menschen lautet: Lassen Sie sich nicht hineintreiben in Feindschaft und Hass gegen andere Menschen, gegen Russen oder Amerikaner, gegen Juden oder Türken, gegen Alternative oder Konservative, gegen Schwarz oder Weiß. Lernen Sie, miteinander zu leben, nicht gegeneinander! Lassen Sie auch uns als demokratisch gewählte Politiker dies immer wieder beherzigen und ein Beispiel geben! Ehren wir die Freiheit! Arbeiten wir für den Frieden! Halten wir uns an das Recht! Dienen wir unseren inneren Maßstäben der Gerechtigkeit! Schauen wir am heutigen 8. Mai, so gut wir es können, der Wahrheit ins Auge!

Heinrich Böll

* Köln, 21. Dezember 1917
† Kreuzau (Kr. Düren), 16. Juli 1985

Nach dem Abitur begann Heinrich Böll eine Buchhändlerlehre, war 1938/39 beim Arbeitsdienst und studierte danach ein Semester Altphilologie. Im Sommer 1939 wurde er zum Wehrdienst eingezogen, erlebte den Zweiten Weltkrieg an verschiedenen Fronten und kehrte 1945 aus amerikanischer Gefangenschaft nach Köln zurück, wo er zunächst in der Schreinerei seines Bruders und später als Behördenangestellter arbeitete; seit 1951 freier Schriftsteller; Büchner-Preis 1967; 1970/71 Präsident des westdeutschen, 1971-1974 des internationalen PEN-Clubs; starkes Engagement für unterdrückte Schriftsteller in Ost und West. Dem Verband deutscher Schriftsteller gab Böll 1969 mit seiner Rede vom „Ende der Bescheidenheit“ das Stichwort für den Weg in die Gewerkschaft. Spätestens seit dem literarischen Nobelpreis 1972 hat er einen Grad an Publizität erreicht, der den Autor eher belastet, als fördert. Von den einen zum kritischen Gewissen der Nation stilisiert, wird er von den anderen als Sympathisant des Terrorismus angegriffen.
Vom Jahr 1947 an veröffentlichte Böll in literarischen Zeitschriften Kurzgeschichten, die sich in Form und Stil an die amerikanische „short story“, speziell an Hemingway, anlehnen und sofort in das thematische Zentrum des Böll'schen Werkes führen: Kriegs- und Nachkriegschaos. Diese Kurzgeschichten, 1950 z.T. gesammelt, erschienen in dem Band „Wanderer, kommst du nach Spa...“, die Erzählung „Der Zug war pünktlich“ (1949) und auch der frühe Roman „Wo warst du, Adam?“ (1951, Titel nach einer Notiz in den Tag- und Nachtbüchern Theodor Haeckers) sind Kriegs-, Heimkehrer- und Trümmerliteratur, von der nie ganz losgekommen zu sein die Kritik dem Autor gelegentlich vorwarf. Der Krieg erscheint – ähnlich wie bei Wolfgang Borchert, dessen Einfluss in den Anfängen spürbar ist – als Szene der totalen Sinnlosigkeit in ihrer furchtbarsten Form,

Heinrich Böll und Alexander Solschenyzin.

dem perfektionierten Massenmord, zugleich als vollkommen sinnloser Leerlauf einer verselbständigten mörderischen Organisationsmaschinerie, hinter deren Anonymität die Verantwortung stets weiterdelegiert und nie fassbar wird – ein Chaos aus Gründlichkeit, Sentimentalität und Brutalität, die Böll als Wesensmerkmale des Deutschen auch in den Jahren der Nachkriegsrestauration und der zweiten Restauration nach 1968 in der sublimierten Form der allgemeinen „Verfeinerung" immer wiederfindet. Das Deutschland der neuen Fassaden und Scheinordnungen und eines institutionellen Kirchentums, hinter denen Kriegsangst, Trümmer und Armut als ehrliche Zeichen der Zeit vor dem gesellschaftlichen Glanz versteckt werden, das gestörte Verhältnis eines Landes und seiner Bürger zu seiner mit Schuld beladenen jüngsten Geschichte und einer labilen Gegenwart – das sind die großen Themen aller späteren Romane Bölls: „Und sagte kein einziges Wort" (1953), „Haus ohne Hüter" (1954, Film 1975), „Billard um halb zehn" (1959, verfilmt 1975), „Ansichten eines Clowns" (1963) und „Gruppenbild mit Dame" (1971, Film 1977), jener reflexionsreichen Recherche und indirekten Vergegenwärtigung von Zeitgeschichte und verweigerter Anpassung.
Mit den „Ansichten" wird die Figur des Clowns, des nicht angepassten, menschlichen Menschen, der in einer funktionalen und verwaltungswütigen Welt der Inhumanität im Grunde der einzig Normale und Humane ist, endgültig zur Dominante im Werk Bölls, nachdem sie schon lange vorher latente Schlüsselfigur war. „Entfernung von der Truppe" (1964) und „Ende einer Dienstfahrt" (1966, Fernsehfilm 1971) prägen diese Entwicklung in Variationen weiter aus, wobei schon die Titel ein spürbares Sich-Absetzen des „Helden" von einer inhumanen Welt andeuten, die noch das Unsinnige und Sinnlose zum Verwaltungsakt macht.
Die thematische Entwicklung in diesen größeren Prosadichtungen Bölls wird von einer formalen begleitet: Eine hochgesteigerte, aber zugleich scheinbar lässige Artistik der Form behandelt den Erzählstoff mehr und mehr als Spielgegenstand. Im gleichen Maße, wie ein thematisches Engagement sich zunehmend im Artistischen sublimiert, wird die dargestellte Welt zum irritierenden Spiegelkabinett, zum virtuos beweggten Vexierbild, in dem alles jederzeit sein Aussehen und seinen Platz wechseln kann. Das Erzählen als Ballspiel und das Erzählte als Spielball zwischen Autor und Leser – nicht umsonst erlebt die entscheidende Tat in „Ende einer Dienstfahrt" ihre zeichenhafte Metamorphose zum Happening.
Die Aufzeichnung einer widersinnig und absurd geordneten Realität ist dem Zeitkritiker und Sprachmoralisten Böll immer wieder zur Satire geraten, die in dem Band „Doktor Murkes gesammeltes Schweigen und andere Satiren" (1958, verschiedene Verfilmungen 1964, 1965 und 1970), in „Die unsterbliche Theodora" (in: „Unberechenbare Gäste", 1956), „Der Bahnhof von Zimpren" (1959) und neuerdings in den auf die Gesinnungsschnüffelei zielenden „Berichten zur Gesinnungslage der Nation" (1975) ihre brillanten Höhepunkte erreicht. Eine Reihe von kritischen Aufsätzen zur Literatur und zur Zeit reflektiert die Themen des dichterischen Werks. Einen Höhepunkt solcher Reflexion über das Erzählen und über Literatur gab er in seinen Frankfurter Vorlesungen, die er über das Thema „Zur Ästhetik des Humanen" im Wintersemester 1963/64 an der Universität Frankfurt a.M. hielt.
Böll bezeichnet sich selbst als entschieden engagierten Schriftsteller, engagiert an der unretuschierten Wirklichkeit. In dieser Haltung liegt die Wurzel seines „Realismus", dessen ästhetische Voraussetzung die Haltung der Wahrheit dem Vorhandenen gegenüber ist.
Seine Kritik entzündet sich an konkreten Zeichen, zu denen auch die Sprache gehört. Mit dem Instrument eines sensiblen Sprachgewissens sucht er gerade den manipulierten und manipulierenden Jargon der Funktionäre wie der politisierenden Revolverjournalisten („Die verlorene Ehre der Katharina Blum", 1974, Film 1975, Drama nach dem Drehbuch M. v. Trottas 1976) beim Wort zu nehmen und ihn Farbe bekennen zu lassen.

Als erster Deutscher gewinnt Bernhard Langer am 15. April 1985 das bedeutenste Golf-Turnier der Welt in Augusta (Georgia/USA).

Die beiden Triebköpfe des Inter-City-Experimental, die 1985 von der Deutschen Bahn in Betrieb genommen wurden. Als technische Basis verwendete man den in der Leistung etwas gedrosselten Aufbau der Drehstrom-Lokomotive der Baureihe 120. Die Kosten seiner Entwicklung beliefen sich auf 94 Millionen DM, die zu 60 % vom Bundesforschungsministerium übernommen wurden.

Feierliche Wiedereröffnung der Semper-Oper in Dresden am 13. Februar 1985.

1986

JANUAR

1.1. Zum Jahresbeginn treten in der Bundesrepublik eine Reihe von Gesetzesänderungen in Kraft: Das Wohngeld wird erhöht, erstmals wird das neu geschaffene Kindererziehungsgeld gewährt, und beim Arbeitslosengeld treten Verbesserungen vor allem für die älteren Arbeitnehmer ein.

14.1. Das Bundesverfassungsgericht erklärt den Ausschluss der Grünen von den Beratungen der Geheimdienstetats im Deutschen Bundestag für verfassungskonform.

23.1. In Düsseldorf stirbt der Künstler Joseph Beuys im Alter von 64 Jahren.

30.1. Die beabsichtigte Uraufführung des Films „Stammheim" von Reinhard Hauff in Hamburg muss wegen Tumulten verschoben werden. Die szenische Rekonstruktion des Prozesses gegen die Terroristen Andreas Baader, Ulrike Meinhof, Gudrun Ensslin und Jan-Carl Raspe stellt Fragen nach gesellschaftlicher Verantwortung für politisch motivierte Gewalt und Gegengewalt.

FEBRUAR

3.2. Das Nachrichtenmagazin „Der Spiegel" berichtet, dass der Bundestagsabgeordnete Otto Schily gegen Bundeskanzler Helmut Kohl am 29. Januar Strafanzeige wegen des Verdachts der Falschaussage vor den Untersuchungsausschüssen im Bundestag und im Mainzer Landtag in der Parteispenden-Affäre erstattet hat. Am 20. Februar nimmt die Koblenzer Staatsanwaltschaft ein Ermittlungsverfahren gegen den Bundeskanzler auf, das am 20. Mai aufgrund mangelnder Beweise eingestellt wird.

6.2. Das Ministerium für Staatssicherheit (MfS) der DDR wird für „vorbildliche Pflichterfüllung im Interesse des ganzen werktätigen Volkes" mit dem Karl-Marx-Orden und einem Ehrenbanner des Zentralkomitees (ZK) der SED ausgezeichnet.
In der Worpsweder Zionskirche werden Malereien der Künstlerin Paula Modersohn-Becker entdeckt.

11.2. Auf der Glienicker Brücke zwischen West-Berlin und Potsdam werden der sowjetische Regimekritiker Anatoli Schtscharanski sowie drei westliche Agenten gegen fünf östliche Agenten ausgetauscht.

13.2. Das Bundeskartellamt genehmigt die Übernahme der AEG durch den Daimler-Benz-Konzern. Damit ist der größte Unternehmenszusammenschluss in der Geschichte der Bundesrepublik perfekt.

MÄRZ

7.3. Als neuer Jugendsender des Rundfunks der DDR wird das Jugendradio DT 64 eingeführt.

13.3. Die Staatlichen Museen Preußischer Kulturbesitz in West-Berlin geben bekannt, dass das Gemälde „Der Mann mit dem Goldhelm" nicht – wie bisher angenommen– von dem niederländischen Maler Rembrandt stammt.
Der ehemalige Bundestagspräsident Eugen Gerstenmaier stirbt in Remagen.

15.3. Bundeskanzler Helmut Kohl und DDR-Staats- und Parteichef Erich Honecker treffen am Rande der Trauerfeierlichkeiten für den ermordeten schwedischen Ministerpräsidenten Olof Palme in Stockholm zusammen.

26.3. Der italienische Weinskandal, der bereits mehrere Menschenleben in Italien gefordert hat, greift auf die Bundesrepublik über. Erstmals wird auch hier mit Methylalkohol vergifteter Wein sichergestellt.

27.3. Bundeswirtschaftsminister Martin Bangemann und US-Verteidigungsminister Caspar Weinberger unterzeichnen in Washington zwei Abkommen über die Beteiligung deutscher Firmen am US-Forschungsprogramm eines weltraumgestützten Raketenabwehrsystems SDI (Strategic Defense Initiative/Strategische Verteidigungsinitiative).

APRIL

4.4. Auf dem Marx-Engels-Forum in Ost-Berlin wird die große Bronzeplastik „Marx und Engels" von Ludwig Engelhard aufgestellt.

5.4. Bei einem Bombenanschlag auf die Berliner Diskothek „La Belle", in der auch US-Soldaten verkehren, werden zwei Menschen getötet und rund 200 verletzt. Die amerikanische Regierung erklärt, sie habe Beweise, dass der Anschlag von einer libyschen Terrororganisation verübt worden sei.

10.4. In den Kinos der Bundesrepublik läuft der Film „Rosa Luxemburg" von Margarethe von Trotta an. Der Film erzählt die politische Entwicklung der Journalistin, Friedenskämpferin und Revolutionärin von 1898 bis 1919.

16.4. Anlässlich des 100. Geburtstags von Ernst Thälmann wird im Ost-Berliner Bezirk Prenzlauer Berg der „Thälmannpark" eingeweiht.

26.4. In dem Kernkraftwerk von Tschernobyl nördlich von Kiew/UdSSR schmilzt der Reaktorkern und verursacht die bisher größte Katastrophe in der Geschichte der friedlichen Nutzung von Atomenergie. Nach offiziellen Angaben wird eine Strahlung von insgesamt 50 Millionen Curie freigesetzt, was ungefähr 40 bis 50mal soviel Radioaktivität wie bei der Atombombenexplosion über Hiroshima im August 1945 ausmacht. Auch in der Bundesrepublik werden erhöhte Strahlungswerte gemessen.

Nach ihrem Steffi Grafs Sieg über die Weltranglisten-Erste Martina Navratilova bei den Internationalen Deutschen Damen-Tennismeisterschaften am 19. Mai 1986 in Berlin schrieb die „Berliner Morgenpost" über die 16jährige Heidelbergerin: „Berlin hat die Geburt eines Weltstars gesehen".

MAI

4.-6.5. Auf dem 12. Weltwirtschaftsgipfel in Tokio werden Erklärungen zum Terrorismus, zur Nutzung der Kernenergie und zu Wirtschaftsfragen verabschiedet.
6.5. Nach 12jährigen Verhandlungen wird ein Kulturabkommen zwischen beiden deutschen Staaten in Ost-Berlin unterzeichnet.
12.5. Die EG stoppt die Einfuhr von durch das Reaktorunglück in Tschernobyl strahlengeschädigten Lebensmitteln aus den osteuropäischen Ländern bis zum 31. Mai 1986.
17.-19.5. Mehr als 300 Menschen, darunter 157 Polizisten, werden bei den bislang heftigsten Ausschreitungen am Bauzaun der Wiederaufbereitungsanlage in Wackersdorf/Bayern verletzt.
21.5. Die Bundesregierung verabschiedet eine Soforthilfe für Landwirte, deren Erzeugnisse wegen radioaktiver Verseuchung infolge des Reaktorunglücks in Tschernobyl nicht verkauft werden konnten.

JUNI

2.6. Die Bundestagsfraktionen der CDU/CSU und der F.D.P. einigen sich auf die Einsetzung eines Untersuchungsausschusses, der die Geschäftspraktiken der gewerkschaftlichen Wohnungsbaugesellschaft „Neue Heimat" durchleuchten soll.
3.6. Bundeskanzler Kohl gibt die Einrichtung eines Bundesumweltministeriums bekannt. Erster Bundesumweltminister wird am 6. Juni Walter Wallmann (CDU).
7.6. In der Villa Hügel in Essen wird die Ausstellung „Barock in Dresden" mit 659 Leihgaben aus der DDR eröffnet. Die Ausstellung zieht mehr als 320.000 Besucher an.
30.6. Im Finale der Fußball-Weltmeisterschaft schlägt die argentinische die deutsche Mannschaft mit 3:2 und sichert sich zum zweiten Mal nach 1978 den Weltmeistertitel.

JULI

1.7. In der Bundesrepublik müssen Autoinsassen künftig 40 DM Bußgeld zahlen, wenn sie auf den Rücksitzen keine Sicherheitsgurte angelegt haben.
9.7. Der Siemens-Manager Karl Heinz Beckurts und sein Fahrer werden von einem ferngezündeten Sprengkörper in Straßlach bei München getötet. Zu dem Mordanschlag bekennt sich ein Kommando der RAF.
26.7. Wegen der Einleitung hochgiftiger Cyanide in einen Zufluss der Saar kommt es zum bisher größten bekannt gewordenen Fischsterben in diesem Fluss. Auch entlang der Mosel muss die Trinkwassergewinnung eingestellt werden.
26./27.7. Kernkraftgegner veranstalten in Burglengenfeld bei Wackersdorf ein friedlich verlaufendes „Anti WAAhsinnsfestival", bei dem zahlreiche prominente Rockmusiker unentgeltlich vor 100.000 Zuschauern auftreten. Auf der Bühne stehen unter anderem BAP, Udo Lindenberg und Herbert Grönemeyer.

AUGUST

17.8. In der Orangerie des Schlosses Charlottenburg in West-Berlin wird die Ausstellung „Friedrich der Große" eröffnet. Aus Anlass des 200. Todestages des preußischen Königs Friedrich II. befassen sich in der Bundesrepublik und in der DDR zahlreiche Veranstaltungen und Fernsehbeiträge mit dem „Alten Fritz".
27.8. Die Bundesregierung beschließt Maßnahmen gegen die Einreise von Asylbewerbern. Künftig werden unter anderem Fluggesellschaften oder Schifffahrtslinien unter Androhung eines Strafgeldes verpflichtet, nur Personen mit ordnungsgemäßen Papieren in die Bundesrepublik zu befördern.

SEPTEMBER

6.9. Der größte Museumsneubau der Bundesrepublik, der das Wallraf-Richartz-Museum und das Museum Ludwig vereinigt, wird in Köln eröffnet.
16.9. In Brüssel verständigen sich die Außenminister der EG-Staaten auf Wirtschaftssanktionen gegen Südafrika. Das Bundeskabinett erklärt sich jedoch außerstande, den Beschlüssen zuzustimmen.
25.9. Der Bundestag beschließt im Bundessozialhilfegesetz die Gleichstellung von NS-Opfern mit Kriegsopfern bei der Sozialhilfe.
26.9. Der Bertelsmann-Konzern erwirbt für 960 Millionen DM den zweitgrößten US-amerikanischen Buchverlag Doubleday & Co. Damit ist die Bertelsmann-Gruppe bis 1988 größter Medienkonzern der Welt.

OKTOBER

3.10. Die von dem „stern"-Gründer Henri Nannen gestiftete Kunsthalle Emden wird eröffnet.
7.10. Trotz zahlreicher Proteste wird das Kernkraftwerk Brokdorf an der Unterelbe als erstes deutsches Kernkraftwerk nach der Reaktorkatastrophe von Tschernobyl in Betrieb genommen.
10.10. In Bonn wird Gerold von Braunmühl, Leiter der politischen Abteilung des Auswärtigen Amtes, auf offener Straße von RAF-Terroristen erschossen.
15.10. In einem Interview mit dem US-Nachrichtenmagazin „Newsweek" stellt Bundeskanzler Helmut Kohl den sowjetischen Parteichef in einen engen Zusammenhang mit NS-Propagandaminister Joseph Goebbels: „Er ist ein moderner kommunistischer Führer, der sich auf Public Relations versteht. Goebbels, einer von jenen, die für die Verbrechen der Hitler-Ära verantwortlich waren, war auch ein Experte für Public Relations". Das Interview belastet die deutsch-sowjetischen Beziehungen erheblich.
16.10. Die Bundesrepublik wird für zwei Jahre in den Sicherheitsrat der Vereinten Nationen gewählt.

NOVEMBER

6.11. Bundeskanzler Kohl distanziert sich vor dem Bundestag von dem veröffentlichten Text des Interviews mit dem US-Magazin „Newsweek" vom 15. Oktober, in dem er den sowjetischen Parteichef Gorbatschow mit dem NS-Propagandaminister Joseph Goebbels verglichen hatte. Kohl ist jedoch nicht zu einer offiziellen Entschuldigung bereit. Daraufhin werden mehrere Reisen und Einladungen seitens der Sowjetunion abgesagt.
13.11. Der Bundestag verabschiedet ein neues Asylrecht, nach dem rechtskräftig abgewiesene Asylbewerber schneller in ihre Heimat zurückgeschickt werden können, während für Bewerber ohne berechtigte Gründe die Einreise in die Bundesrepublik erschwert wird.
26.11. Gegen die Howaldtwerke-Deutsche Werft (HDW) in Kiel wird ermittelt, weil sie Konstruktionspläne für U-Boote illegal an Südafrika verkauft haben soll. Zwei Tage später wird in Bonn bestätigt, dass Bundeskanzler Kohl informelle Gespräche über den Verkauf von U-Booten an Südafrika geführt hat. Am 18. Dezember setzt der Bundestag einen Untersuchungsausschuss ein, der sich mit den Vorgängen befassen soll.

DEZEMBER

6.12. Die Staats- und Regierungschefs der EG-Mitgliedstaaten verständigen sich auf ihrer 35. Gipfelkonferenz in London auf ein gemeinsames Vorgehen gegen Terrorismus und Rauschgifthandel sowie Maßnahmen gegen Krebs und die Immunschwächekrankheit AIDS.
10.12. Die Deutschen Ernst Ruska und Gerd Binnig erhalten zusammen mit dem Schweizer Heinrich Rohrer den Nobelpreis für Physik.
31.12. Bei der Ausstrahlung der Neujahrsansprache von Bundeskanzler Helmut Kohl kommt es im Ersten Deutschen Fernsehen zu einer Panne: Es wird die Ansprache des Kanzlers vom Vorjahr wiederholt. Die ARD sendet die korrekte Fassung am 1. Januar 1987.

AUSSERDEM

Günter Grass: Die Rättin (Roman)

Historikerstreit

Am 6. Juni 1986 veröffentlichte die „Frankfurter Allgemeine Zeitung" einen Artikel des konservativen Historikers Ernst Nolte, der die Fragen aufwarf: „Vollbrachten die Nationalsozialisten, vollbrachte Hitler eine ›asiatische Tat‹ vielleicht nur deshalb, weil sie sich und ihresgleichen als potentielle oder wirkliche Opfer einer ›asiatischen Tat‹ betrachteten? War nicht der ›Archipel Gulag‹ ursprünglicher als Auschwitz?" Mit dieser Behauptung von der größeren „Ursprünglichkeit" der Verbrechen Stalins griff Nolte ein Thema auf, das er schon 1974 angesprochen hatte: Seiner Meinung nach, äußerte er damals, „hat jeder bedeutende Staat der Gegenwart, der sich ein außerordentliches Ziel setzte, seine Hitlerzeit mit ihren Ungeheuerlichkeiten und Opfern gehabt". Dafür prägte er die griffige Formel von der „Pluralität der Hitlerzeit" und wandte sie auf so unterschiedliche Regime wie die Stalins, Maos oder Nassers an. Die britischen Kolonialgreuel sah er in ähnlicher Linie.

Mitte der 1970er Jahre fanden solche Thesen wenig Resonanz, im damaligen intellektuellen Klima isolierten sie ihre Urheber eher als unverbesserliche Nationalisten. Ein Jahrzehnt später aber traf dieser Versuch einer Relativierung des nationalsozialistischen Völkermords den Nerv einer vom neuen Konservativismus in der Bundesrepublik verunsicherten Kulturelite, die sich Sorgen um den redlichen Umgang der Deutschen mit ihrer Geschichte machte. Am 11. Juli 1986 griff der Philosoph und Soziologe Jürgen Habermas in der Wochenzeitschrift „Die Zeit" Nolte scharf an und warf ihm vor, mit seiner Umwertung der braunen Vergangenheit mittels Vergleich solle „den Deutschen die Schamröte ausgetrieben werden".

Fast geschlossen unterstützten die namhaften deutschen Historiker Habermas' Position in dem nun ausbrechenden Historikerstreit. Die einhellige Meinung der führenden Fachleute lässt sich mit den Worten des Stuttgarter Zeitgeschichtsforschers Eberhard Jäckel zusammenfassen: „Ich behaupte dagegen, dass der nationalsozialistische Mord an den Juden deswegen einzigartig war, weil noch nie zuvor ein Staat mit der Autorität seines verantwortlichen Führers beschlossen und angekündigt hatte, eine bestimmte Menschengruppe einschließlich der Alten, der Frauen, der Kinder und der Säuglinge möglichst restlos zu töten, und diesen Beschluss mit allen nur möglichen staatlichen Machtmitteln in die Tat umsetzte." Und Jäckel stellte zudem die Frage, die die Nolte-Argumentation als moralisch fragwürdig entlarvte: Was ändere sich denn am unvorstellbar Grauenhaften, an Dimension und Maß der Barbarei überhaupt, „wenn der nationalsozialistische Mord nicht einzigartig gewesen wäre"?

Bei der Fußballweltmeisterschaft in Mexiko musste sich Deutschland erst im Finale am 29. Juni 1986 Argentinien mit 3:2 geschlagen geben. Im Halbfinale (Bild oben: Torwart Toni Schuhmacher vor Platini) hatte sich die deutsche Elf noch souverän gegen Frankreich mit 2:0 durchsetzen können.

Vizeweltmeister

Bei der Fußballweltmeisterschaft in Mexico musste sich Deutschland erst im Finale am 28. Juni 1986 geschlagen geben. Jörg Wontorra erinnert sich:

Ich hatte Premiere als Reporter beim deutschen Team, und ich erlebte gleich hautnah den Konkurrenzkampf der beiden Fernsehsysteme. Mit ZDF-Kollege Rolf Töpperwien lässt sich bis heute noch rein privat ein gepflegtes Glas Wein trinken, aber im Ringen um eine gute Story flogen auch damals schon manche Fetzen, eine gesunde Rivalität, die keine Narben hinterließ, dafür jedoch das Geschäft belebte. Fernsehzuschauer und Boulevardzeitungen profitierten fast gleichermaßen davon. Was indes war unser Geplänkel schon gegen die Auftritte des Franz Beckenbauer! Bereits vor Beginn des Turniers holte er zum Rundumschlag gegen die Bundesliga aus. „Da spielt nur Schrott", befand der Kaiser und wurde prompt von Egidius Braun, dem DFB-Delegationsleiter, zurückgepfiffen.

Dann der Knatsch zwischen Rummenigge und Schumacher, den beiden großen WM-Stars in der deutschen Mannschaft: Sie beschimpften sich gegenseitig, und wieder musste der gute Mensch Egidius schlichten. Er tat es auf eine sehr sanfte, fast vergeistigte Art und hieß fortan nur noch „Pater Braun". Als Beckenbauer schließlich einem mexikanischen Journalisten an die Gurgel wollte (Originalton im ZDF-Sportstudio), waren auch noch die sonst so deutschfreundlichen Gastgeber tödlich beleidigt. Die Gemüter hatten sich gerade wieder beruhigt, da sorgte Uli Stein für den nächsten Eklat. Auf der Ersatzbank im Spiel gegen Dänemark hatte er sich schon provozierend gesonnt: Desinteresse aus Protest gegen die Nominierung von Toni Schumacher. Dann brandmarkte er die eigene Mannschaft auch noch als „Gurkentruppe", und

Nach 1985 triumphierte Boris Becker auch 1986 in Wimbledon.

Lilli Palmer signiert die französische Ausgabe ihrer Autobiographie „Dicke Lilli – gutes Kind".

ehe er es sich versah, saß er auch schon im nächsten Flugzeug, das Mexiko verließ. Uli Stein war der erste deutsche Spieler, der während einer Fußball-Weltmeisterschaft aus disziplinarischen Gründen vorzeitig nach Hause geschickt wurde.

Auf dem Rasen steigerte sich die DFB-Auswahl wenigstens von Spiel zu Spiel. Dabei siegte die Kampfkraft freilich über Eleganz und Technik. Beckenbauer hatte eine der Schlüsselpositionen zunächst bayerisch besetzt: Klaus Augenthaler war sein Libero. Als sich der Münchener verletzte, erhielt Ditmar Jakobs seine Chance, und er nutzte sie.

In der Vorrunde hatten sie sich noch so durchgemogelt, und die Niederlage gegen Dänemark war sogar nicht einmal unwillkommen. Denn als Gruppenzweiter schien der weitere Weg ein wenig leichter. Doch weit gefehlt! Gegen Marokko erlöste erst ein Matthäus-Hammer kurz vor Schluss die bangenden Gefolgsleute, und gegen Mexiko wurde Toni Schumacher zum Helden im Elfmeterschießen. Ihr bestes Spiel lieferten des Kaisers Knappen dann im Halbfinale gegen Frankreich.

Als alle sie schon abgeschrieben hatten, konterten sie den Geheimtipp dieser WM klassisch aus. Brehmes Freistoßtor und Völlers Erlösung, fast mit dem Abpfiff, versöhnten die Nation zu Hause.

Deutschland hatte wieder mal das Endspiel erreicht, und im Gegensatz zum voraufgegangenen Turnier in Spanien konnte die Mannschaft diesen Erfolg mit gutem Gewissen feiern. Das 2:3 im Finale gegen Argentinien tat der Sache keinen Abbruch.

Franz Beckenbauer aber hatte seine Lehren gezogen aus den Pannen von Mexiko. Der Kaiser wurde fortan zum Diplomaten im Umgang mit der Öffentlichkeit. Keine Attacken und Beschimpfungen mehr, sondern nur noch moderate bajuwarische Töne. Ein geflügeltes Wort verließ seine Zunge: „Schaun mer mal!"

Lilli Palmer

* Posen, 24. Mai 1914
† Los Angeles, 28. Januar 1986

Als die Schauspielerin im Jahr 1933 nach ersten Bühnenerfolgen am Staatstheater Darmstadt als Jüdin Deutschland verlassen musste, erschien ihre Karriere zu Ende, bevor sie überhaupt begonnen hatte. Zufällig begegnete sie dann 1936 im englischen Exil Alfred Hitchcock, der von ihrer ebenso kameradschaftlichen wie sinnlichen Ausstrahlung eingenommen war und sie für seinen Thriller „Geheimagenten" engagierte. Damit gelang ihr der Durchbruch ins internationale Filmgeschäft, der eine Vielzahl von erfolgreichen Film- und Bühnenauftritten mit sich brachte. Neben ihrer schauspielerischen Tätigkeit machte sie zunehmend auch als Schriftstellerin und als Malerin Karriere. Ihre Autobiographie „Dicke Lilli – gutes Kind" (1974) wurde in sieben Sprachen übersetzt.

Joseph Beuys

* Krefeld, 12. Mai 1921
† Düsseldorf, 23. Januar 1986

Der musisch vielseitige Sohn eines Klever Kaufmanns besuchte bis 1941 das Gymnasium in Kleve und erfuhr als mehrfach verwundeter Flieger durch den Krieg sein prägendes traumatisches Erlebnis. 1946-52 studierte er Bildhauerei an der Kunstakademie Düsseldorf.

Seit der Berufung als Professor der monumentalen Bildhauerei an die Kunstakademie Düsseldorf 1961 wirkte er bahnbrechend für die Jugend. Von 1964 an auf allen documenta-Ausstellungen in Kassel mit Aufsehen erregenden Exponaten vertreten, begann Beuys wenig später für Sammler und Museen „Werkgruppen" als nacheinander ergänzte, raumprägende Ensembles zu schaffen. Seit 1970 wurde er zum Mitbegründer der ökologischen Bewegung und vertrat im 1972 mit Heinrich Böll verfassten Manifest „Freie Internationale Universität" eine Alternative zu sterilen staatlichen Bildungsinstitutionen. 1972 wegen „Hausfriedensbruch" aus der Düsseldorfer Akademie fristlos entlassen (1978 gerichtlich als Unrecht revidiert), trat er im 1973 gegründeten „Verein zur Förderung einer Freien internationalen Hochschule für Kreativität und interdisziplinäre Forschung e.V." aktiv für diese Ziele ein, die seit 1977 mit der Einrichtung der „Free International University" institutionalisiert wurden. 1979 kandidierte er als Vertreter der Grünen für das Europäische Parlament. Daneben war er seit 1978 als Gastlehrer an der Kunsthochschule Wien tätig. 1976 erhielt Beuys den Lichtwark-Preis in Hamburg, 1979 den Kaiserring der Stadt Goslar, 1986 den Wilhelm-Lehmbruck-Preis von Duisburg. Mit dem 1982 zur VII. documenta begonnenen Projekt „Stadt-Verwaldung anstelle Stadt-Verwaltung" (eine 7000 Basaltsteine umfassende Pyramide reduziert sich in dem Maße, wie Bäume angepflanzt werden) setzte er ein noch postum wirkendes Zeichen.

Joseph Beuys.

1987

JANUAR

1.1. Die Bundesrepublik nimmt zum zweiten Mal seit dem Beitritt zu den Vereinten Nationen einen Sitz im UN-Sicherheitsrat ein.
17.1. In Beirut wird der Hoechst-Manager Rudolf Cordes von Mitgliedern der Schiitischen „Hisbollah" Bewegung entführt. In der Nacht zum 21. Januar wird der Siemens-Techniker Alfred Schmidt ebenfalls in Beirut entführt. Damit soll die Freilassung von Mohammed Ali Hamadei erzwungen werden.
19.1. Eine Enquete-Kommission des Deutschen Bundestags in Bonn legt nach mehr als zweijähriger Arbeit ihren Bericht über Chancen und Risiken der Gentechnologie vor.
25.1. Bei der Wahl zum 11. Deutschen Bundestag erhalten CDU/CSU 44,3 %, SPD 37 %, F.D.P. 9,1 % und die Grünen 8,3 % der Stimmen. Die CDU/CSU erzielt damit ihr bis dahin schlechtestes Ergebnis seit 1949, die SPD seit 1961. Dennoch kann sich die christlich-liberale Koalition mit einer klaren Mehrheit behaupten.

FEBRUAR

9.2. In Hessen zerbricht die seit Dezember 1985 regierende rotgrüne Koalition an der Diskussion über das umstrittene Genehmigungsverfahren für die Plutoniumfabrik Alkem (Hanau). Einen Tag später erklärt Ministerpräsident Holger Börner seinen Rücktritt.
16.2. In der sogenannten Flick-Parteispendenaffäre verurteilt das Bonner Landgericht die ehemaligen Wirtschaftsminister Otto Graf Lambsdorff und Hans Friderichs sowie den früheren Flick-Manager Eberhard von Brauchitsch wegen Steuerhinterziehung zu hohen Geldstrafen. Brauchitsch wird zusätzlich zu Haft auf Bewährung verurteilt. Den Vorwurf der Bestechlichkeit beziehungsweise der Bestechung hatte die Staatsanwaltschaft im Laufe der Verhandlung fallen gelassen.

MÄRZ

2.3. Im Ost-Berliner Friedrichstadtpalast gastiert der Schlagersänger Udo Jürgens aus der Bundesrepublik an drei Abenden hintereinander mit seinem Programm „Deinetwegen".
8.3. Aus Anlass des Internationalen Frauentags erscheint in Moskau die Mode-Illustrierte „burda moden" als erste westdeutsche Zeitschrift in russischer Sprache.
11.3. Der Bundestag wählt Helmut Kohl erneut zum Bundeskanzler einer christlich-liberalen Koalition.
12.3. Der Europäische Gerichtshof erklärt das 471 Jahre alte deutsche Brau-Reinheitsgebot im Rahmen der EG für unzulässig und damit für Importbiere ungültig.
23.3. Nach parteiinternen Querelen um die von ihm vorgeschlagene Pressesprecherin Margarita Mathiopoulos und seinen Führungsstil erklärt Willy Brandt nach 23jähriger Amtszeit seinen Rücktritt als SPD-Parteivorsitzender.

APRIL

1.4. Die Einwohnermeldeämter in der Bundesrepublik beginnen mit der Ausgabe des neuen Personalausweises. Die Plastikkarte ist computerlesbar und angeblich fälschungssicher. Viele Bundesbürger üben Kritik an dem neuen Ausweis, da sie in ihm ein Mittel des Staates zur leichteren Kontrolle ihrer Person sehen.
30.4.-4.5. Papst Johannes Paul II. kommt zu einem fünftägigen Besuch in die Bundesrepublik. Dabei spricht er zwei Opfer des NS-Regimes, die als Jüdin aufgewachsene Karmeliterin Edith Stein und den Jesuitenpater Rupert Mayer, selig.

MAI

25.5. In der Bundesrepublik ist der Stichtag für die erste landesweite Volkszählung seit 1970. Die Aktion verläuft nach offiziellen Angaben trotz vereinzelter Übergriffe auf Zähler und Boykottaufrufe von Volkszählungsgegnern zufrieden stellend.
28.5. Der Sportpilot Mathias Rust aus der Bundesrepublik landet mit einer Cessna 172 auf dem Roten Platz in Moskau. Er war mittags in Helsinki gestartet und hatte unbehelligt 800 km sowjetischen Luftraums durchflogen. Zwei Tage nach der Landung wird Verteidigungsminister Sergej Sokolow pensioniert und Luftabwehrchef Alexander Koldunow abgesetzt. Am 4. September verurteilt der Oberste Gerichtshof der UdSSR Rust zu vier Jahren allgemeinem Arbeitslager. Im August 1988 wird er begnadigt.

JUNI

4.6. In einer Regierungserklärung plädiert Bundeskanzler Helmut Kohl für die sogenannte doppelte Null-Lösung beim Abbau der Mittelstreckenraketen in Europa. Danach würde die NATO auf die Nachrüstung verzichten und die Sowjetunion ihre Mittelstreckenwaffen, deren Aufstellung den NATO-Doppelbeschluss begründete, abbauen.
6.6. Der Fußballtorwart Harald „Toni" Schumacher wird nach Erscheinen seines Buches „Anpfiff" vom Deutschen Fußballbund (DFB) aus der Nationalmannschaft ausgeschlossen. Sein Stammverein 1. FC Köln löst den ursprünglich bis 1989 befristeten Vertrag vorzeitig auf. In dem autobiographischen Bestseller behauptet Schumacher unter anderem, dass Doping in der Bundesliga üblich sei. Außerdem äußert er sich abfällig über einige Spielerkollegen.
6.-9.6. In Ost-Berlin kommt es zu schweren Auseinandersetzungen zwischen Jugendlichen und der Volkspolizei. Die Sicherheitskräfte versuchen, etwa 3.000 Rockfans, die vom Brandenburger Tor aus ein Rockkonzert vor dem Reichstagsgebäude in West-Berlin mithören wollen, den Zutritt zu verwehren. Trotz des großen Polizeiaufgebots fordern die Menschen in der Straße Unter den Linden den Abriss der Mauer und Freiheit, auch „Gorbatschow"-Rufe werden laut.
12.6. Der US-Präsident Ronald Reagan reist zur 750-Jahr-Feier nach West-Berlin. In seiner öffentlichen Rede vor dem Brandenburger Tor fordert er den sowjetischen Parteichef Gorbatschow auf, die Mauer niederzureißen und schlägt vor, Olympische Spiele in beiden Teilen der Stadt abzuhalten. Am Rande der Feierlichkeiten kommt es zu Straßenschlachten zwischen Demonstranten und der Polizei.
12.6.-20.10. In Kassel zeigt die documenta 8 die aktuelle Gegenwartskunst. Die künstlerische Leitung übernimmt nach der documenta 6 im Jahr 1977 zum zweiten Mal der Kunsthistoriker Manfred Schneckenburger.
14.6. Auf einem Sonderparteitag der SPD wird Willy Brandt zum Ehrenvorsitzenden auf Lebenszeit ernannt, ein Amt, das eigens für ihn geschaffen wurde. Neuer Parteivorsitzender wird Hans-Jochen Vogel.

JULI

4.7. In Lyon wird der ehemalige Gestapo Chef von Lyon, Klaus Barbie, wegen Verbrechen gegen die Menschlichkeit in 17 Fällen zu lebenslanger Haft verurteilt.
5.7. Bundeskanzler Kohl und der französische Ministerpräsident Jacques Chirac gedenken in Reims und Colombey-les-deux-Eglises der Aussöhnung zwischen Frankreich und der Bundesrepublik vor 25 Jahren durch Charles de Gaulle und Konrad Adenauer.
14.7. Im Grenzdurchgangslager Friedland treffen in einer Woche 1.440 deutsche Übersiedler aus Ostblockstaaten ein. Das ist die höchste Zahl innerhalb einer so kurzen Frist seit Jahren.
17.7. Aus Anlass des 38. Jahrestages ihrer Gründung beschließt die DDR-Regierung die Abschaffung der Todesstrafe.
27.7. In der Bundesrepublik entstehen zwei Aids-Forschungsinstitute. In München wird ein Zentrum für klinische Aids-Forschung errichtet, während für West-Berlin der Sitz des Deutschen Aids-Zentrums geplant ist, das am 1. Januar 1988 seine Arbeit aufnehmen soll.
30.7. In Ost-Berlin wird der rekonstruierte Französische Dom

wieder eröffnet. Er beherbergt das Hugenottenmuseum sowie das Archiv und die Bibliothek der Französisch-Reformierten Gemeinde.

AUGUST

16.8. Die Deutsche Steffi Graf löst durch den Gewinn des Tennisturniers von Manhattan Beach die US-Amerikanerin Martina Navratilova als Nummer eins der Weltrangliste ab.

17.8. Der ehemalige Stellvertreter Adolf Hitlers, Rudolf Heß, stirbt im Alter von 93 Jahren im britischen Militärhospital in West-Berlin durch Selbstmord.

22.8. Nach Angaben des Bundesumweltministeriums werden in einigen Regionen der Bundesrepublik immer noch erhebliche Strahlungswerte bei Pilzen, Wildfleisch und Süßwasserfischen gemessen. Ursache ist der Reaktorunfall von Tschernobyl im April 1986.

27.8. SED und SPD veröffentlichen ein gemeinsames Papier mit dem Titel „Der Streit der Ideologien und die gemeinsame Sicherheit". In dem Papier wird zum ersten Mal versucht, die ideologischen Gegensätze zwischen Sozialdemokraten und Kommunisten herauszuarbeiten und gleichzeitig ein Konzept für eine langfristige Zusammenarbeit zu entwerfen.

SEPTEMBER

5.9. In Ost-Berlin kommt es zu Demonstrationen unabhängiger Friedensgruppen gegen die atomare Rüstung in Ost und West. Die Sicherheitsorgane schreiten nicht ein. Beobachter vermuten die bevorstehende Reise des DDR-Staatschefs Erich Honecker in die Bundesrepublik als Grund für diese Zurückhaltung.

7.-11.9. Zum ersten Mal in der Geschichte der beiden deutschen Staaten besucht mit Erich Honecker ein Staats- und Parteichef der DDR die Bundesrepublik. Es werden Abkommen zum Umwelt- und Strahlenschutz sowie über die Zusammenarbeit in Wissenschaft und Technik vereinbart.

12.9. Dem schleswig-holsteinischen Ministerpräsidenten Uwe Barschel (CDU) wird von dem Nachrichtenmagazin „Der Spiegel" vorgeworfen, den SPD-Spitzenkandidaten für die bevorstehenden Landtagswahlen, Björn Engholm, bespitzeln zu lassen. Am 18. September gibt Barschel sein persönliches Ehrenwort und eine eidesstattliche Erklärung ab, dass die Vorwürfe gegen ihn nicht gerechtfertigt seien.

25.9. Der schleswig-holsteinische Ministerpräsident Uwe Barschel (CDU) erklärt seinen Rücktritt. Er übernimmt damit die politische Verantwortung für die Affäre um die Bespitzelung des SPD-Spitzenkandidaten für die bevorstehende Landtagswahl, bestreitet aber jegliche persönliche Schuld.

OKTOBER

3.10.-3.4.1988 Die im Dresdner Albertinum stattfindende X. Kunstausstellung der DDR tabuisiert Installationen, Performances, Filmexperimente und verwandte Ausdrucksformen, derer sich junge Künstler in der DDR zunehmend bedienen.

7.10. In Kassel entscheidet das Bundesarbeitsgericht, dass eine Überwachung von Arbeitnehmern durch verdeckte Videokameras grundsätzlich unzulässig ist, weil dadurch ihre Persönlichkeitsrechte verletzt werden könnten.

11.10. Der „stern"-Reporter Sebastian Knauer verschafft sich im Genfer Hotel „Beau Rivage" Zugang zum Zimmer des zurückgetretenen Ministerpräsidenten von Schleswig Holstein, Uwe Barschel (CDU); er findet ihn tot in der Badewanne. Der Obduktionsbericht ergibt, dass Barschel an einer Medikamentenvergiftung gestorben sei, Zeichen von Gewaltanwendung seien nicht festgestellt worden.

27.10. Das Bundesverfassungsgericht entscheidet, dass eine öffentlich-rechtliche Rundfunkanstalt zur Herausgabe von Bildmaterial an die Polizei verpflichtet ist, wenn sie der „Aufklärung erheblicher Straftaten" dienen und die „Interessen der Betroffenen nicht nachhaltig berühren".

28.10. Bundeskanzler Kohl und der Regierende Bürgermeister von West-Berlin, Eberhard Diepgen, unterzeichnen im Reichstagsgebäude in Berlin die Vereinbarung über die Gründung des Deutschen Historischen Museums.

Nach der Begrüßung durch Richard von Weizsäcker begibt sich Papst Johannes Paul II. als Staatsoberhaupt des Vatikans protokollgerecht zum deutschen Bundespräsidenten, um ihm seine Aufwartung zu machen.

NOVEMBER

2.11. Aus einer nicht genehmigten Demonstration am Bauzaun der Startbahn-West des Frankfurter Flughafens heraus werden zwei Polizisten von Angehörigen der militanten Szene erschossen und neun durch Schüsse verletzt.

13.11. Das Bundesverfassungsgericht entscheidet, dass ein Ausländer, der in der DDR eingebürgert wird, automatisch die deutsche Staatsangehörigkeit im Sinne des Grundgesetzes erwirbt.

27.11.-31.3.1988 Die Staatsgalerie moderner Kunst in München präsentiert mit der Ausstellung „Entartete Kunst" eine Dokumentation zum nationalsozialistischen Bildersturm.

DEZEMBER

10.12. Im Ruhrgebiet treten mehr als 100.000 Stahlarbeiter in den Streik. Sie protestieren damit gegen die geplante Schließung des Krupp-Hüttenwerks in Duisburg-Rheinhausen.

14.12. In Santiago de Chile trifft eine Untersuchungskommission aus der Bundesrepublik ein. Sie soll Vorwürfe gegen die von Deutschen gegründete Siedlung Colonia Dignidad überprüfen.

18.12. In Petershagen bei Minden wird auf Anordnung des nordrhein-westfälischen Umweltministers Klaus Matthiesen (SPD) das modernste Steinkohlekraftwerk der Bundesrepublik wegen überhöhten Stickoxidausstoßes nach nur einem halben Jahr Betriebsdauer stillgelegt.

AUSSERDEM

Martin Walser: Dorle und Wolf (Novelle)

Honecker in Bonn

In den 1980er Jahren geriet die DDR gegenüber ihrer Bevölkerung zunehmend in Rechtfertigungszwang. Die Lockerungen im Reiseverkehr boten immer mehr DDR-Bürgern die Chance, ihr politisches und wirtschaftliches System mit dem der Bundesrepublik zu vergleichen. Und sie erkannten: Die Brüder und Schwestern im kapitalistischen Teil Deutschlands lebten, gemessen an DDR-Maßstäben, in einer Gesellschaft, die ein hohes Maß an Freizügigkeit bot und einen unvorstellbaren Wohlstand. Das Angebot an Gütern und Waren schien überwältigend, alles gerade so, wie sie es heimlich im Westfernsehen über Jahre hatten beobachten können.

Unter diesen Bedingungen kam es vom 7. bis zum 11. September 1987 zum mehrfach verschobenen Besuch des DDR-Staatsratsvorsitzenden Erich Honecker in der Bundesrepublik. Die erste Bonner Staatsvisite des höchsten DDR-Repräsentanten erfolgte mit allen protokollarischen Ehren. Honecker badete sichtlich in dem Hochgefühl, sein Traumziel endlich erreicht zu haben: die DDR als real existierenden deutschen Staat, wenn nicht völkerrechtlich, so doch vor den Augen der Weltöffentlichkeit immerhin „optisch" anerkannt zu sehen.

Bundeskanzler Kohl sagte in seiner Tischrede:

Auf Ihren Besuch in der Bundesrepublik Deutschland und auf unsere Begegnung richten sich die Blicke Millionen Deutscher zwischen Stralsund und Konstanz, zwischen Flensburg und Dresden – und in Berlin. Viele befinden sich in einem Zwiespalt widerstreitender Gefühle: Die Menschen in Deutschland wissen, dass hier zwei Staaten bestehen, die viele praktische Fragen miteinander regeln müssen. Aber sie wissen auch: Dieser Besuch hat eine besondere menschliche und politische Dimension. Er unterscheidet sich von den üblichen Begegnungen in Ost und West.

Das Bewusstsein für die Einheit der Nation ist wach wie eh und je, und ungebrochen ist der Wille, sie zu bewahren. Diese Einheit findet Ausdruck in gemeinsamer Sprache, im gemeinsamen kulturellen Erbe, in einer langen fortdauernden gemeinsamen Geschichte. So tut sich heute mancher schwer mit seinen Empfindungen und mit der Überlegung, wie sich dieses Treffen in die Kontinuität deutscher Geschichte einfüge. Unser Zusammentreffen in Bonn ist aber weder Schlussstrich noch Neubeginn. Es ist ein Schritt auf dem Weg einer schon lange währenden Entwicklung. Sie ist gekennzeichnet durch das Bemühen um ein geregeltes Miteinander.

Vor fast 15 Jahren haben die Bundesrepublik Deutschland und die Deutsche Demokratische Republik den Vertrag über die Grundlagen ihrer Beziehungen unterzeichnet. Der Vertrag zeigt Möglichkeiten und Grenzen auf. Möglichkeiten eröffnen sich dort, wo praktische Fragen zum Wohle der Menschen in beiden Staaten gelöst werden können, damit es zu einem Verhältnis guter Nachbarschaft kommt. Im Rahmen dieses Vertrages steht auch Ihr Besuch, Herr Generalsekretär.

Vor fast sechs Jahren, im Dezember 1981, sind Sie mit meinem Amtsvorgänger, Bundeskanzler Helmut Schmidt, am Werbellinsee zusammengekommen. Damals haben Sie seine Einladung in die Bundesrepublik angenommen. Ich habe diese Einladung nach meiner Amtsübernahme aufrechterhalten und bekräftigt. In der Zwischenzeit haben wir bei mehreren Gelegenheiten lange miteinander gesprochen. So wissen wir beide, wo die Chancen dieses Besuchs liegen und bei welchen Fragen wir uns nicht näherkommen werden. Dazu gibt es ja auch im Grundlagenvertrag deutliche Hinweise.

An den unterschiedlichen Auffassungen der beiden Staaten zu grundsätzlichen Fragen, darunter zur nationalen Frage, kann und wird dieser Besuch nichts ändern. Für die Bundesregierung wiederhole ich: Die Präambel unseres Grundgesetzes steht nicht zur Disposition, weil sie unserer Überzeugung entspricht. Sie will das vereinte Europa, und sie fordert das gesamte deutsche Volk auf, in freier Selbstbestimmung die Einheit und Freiheit Deutschlands zu vollenden.

Das ist unser Ziel. Wir stehen zu diesem Verfassungsauftrag, und wir haben keinen Zweifel, dass dies dem Wunsch und Willen, ja: der Sehnsucht der Menschen in Deutschland entspricht ...

Honecker antwortete mit folgender Ansprache: Ich danke Ihnen, Herr Bundeskanzler, für die Einladung

Am 7. September 1987 wurde Erich Honecker von Bundeskanzler Helmut Kohl in Bonn wie der oberste Repräsentant eines souveränen Staates empfangen. Beide schreiten eine Ehrenformation der Marine ab.

Kurz vor der Landtagswahl am 13. September 1987 weist Uwe Barschel mit seinem Ehrenwort die vom „Spiegel" gegen ihn erhobenen Vorwürfe zurück.

in die Bundesrepublik Deutschland und für den freundlichen Empfang. Die Gespräche, die wir begonnen haben, bestätigen den positiven Einfluss unserer unmittelbaren Kontakte auf die Entwicklung der Beziehungen zwischen beiden deutschen Staaten, die nicht zufällig große internationale Beachtung findet. Angesichts der Lage der Deutschen Demokratischen Republik und der Bundesrepublik Deutschland im Zentrum Europas und der Lehren der Geschichte reicht die Bedeutung ihres Verhältnisses über ihre Grenzen weit hinaus. Die Entwicklung unserer Beziehungen, der Beziehungen zwischen der Deutschen Demokratischen Republik und der Bundesrepublik Deutschland, dessen sind wir uns bewusst, ist von den Realitäten dieser Welt gekennzeichnet, und sie bedeuten, dass Sozialismus und Kapitalismus sich ebenso wenig vereinigen lassen wie Feuer und Wasser. Bei alledem gehen wir davon aus, dass beiden deutschen Staaten, fest eingefügt in die mächtigsten Militärkoalitionen dieser Zeit, die Verpflichtung zukommt, besonders aktiv zu Frieden, Abrüstung und Entspannung beizutragen. Wir stimmen, trotz aller Unterschiede in der Bewertung aktueller politischer Fragen, darin überein, dass es in einem nuklearen Krieg weder Sieger noch Besiegte geben würde ... Ausgehend vom abgeschlossenen Vertragswerk wollen wir nichts unversucht lassen, um weitere Schritte in den Beziehungen zwischen der Deutschen Demokratischen Republik und der Bundesrepublik Deutschland zu tun, die den Interessen des Friedens, der Entspannung, einer gegenseitigen vorteilhaften Zusammenarbeit und damit den Menschen dienen.

Barschel-Affäre

Im Sommer 1987 bestand für die CDU-Regierung in Schleswig-Holstein die Gefahr des Machtverlusts an die SPD unter dem populären Björn Engholm. Ministerpräsident Uwe Barschel ließ daher im Vorfeld der Wahl zum Landtag (13. 9.) durch seinen Medienreferenten Reiner Pfeiffer eine anonyme Steueranzeige gegen Engholm, Lauschangriffe und eine Detektivüberwachung veranlassen mit dem Ziel, belastendes Material über das Privatleben des politischen Gegners zu erhalten. Ein vorab veröffentlichter Bericht des „Spiegel" brachte diese Intrigen am Vortag der Wahl an die Öffentlichkeit. Selbst ein „Ehrenwort" Barschels, er habe von allem nichts gewusst, hielt nur wenige Tage stand. Am 2. 10. trat er zurück, am 11. 10. wurde er in einem Genfer Hotel tot aufgefunden. Die These der Genfer Ermittler vom Selbstmord wurde angezweifelt und der Fall von der Lübecker Staatsanwaltschaft 1994 neu aufgerollt. Aber auch Engholm, Opfer der Affäre, stolperte über sie: 1992 wurde offenbar, dass er schon früher als vor dem Untersuchungsausschuss zugegeben von Barschels Machenschaften unterrichtet war. Der inzwischen zum Bundesvorsitzenden der SPD und Ministerpräsidenten von Schleswig-Holstein aufgestiegene Engholm musste am 3. Mai 1993 zurücktreten. Sein einstiger Sozialminister Günter Janssen, der Pfeiffer heimlich – angeblich aus eigener Schublade und aus Mitleid 40.000 Mark gezahlt hatte, verlor 1993 wegen dieser „Schubladenaffäre" ebenfalls alle Ämter.

Volkszählungsboykott

Das Thema „Volkszählung" beherrschte für mehrere Jahre die politische Diskussion in der Bundesrepublik. Der Staat braucht für die wirtschafts- und sozialpolitische Planung möglichst genaue Angaben über die Zahl der Einwohner, Gebäude, Wohnungen und Arbeitsstätten sowie über die berufliche Struktur der Bevölkerung. Deswegen werden in größeren Abständen Volkszählungen durchgeführt und in kleineren ein sog. Mikrozensus erhoben, bei dem nur 1 Prozent der Bürger (ca. 250.000 Haushalte) befragt werden. In beiden Fällen herrscht Auskunftspflicht. Mit wachsender Leistungsfähigkeit der Datenverarbeitung machten sich Bedenken über möglichen Missbrauch der dabei gewonnenen Informationen breit (Schlagworte: „Überwachungsstaat", „gläserner Bürger"). Gegen die für den 27. April 1983 geplante fünfte Volkszählung (nach 1946, 1950, 1961 und 1970) gingen daher zahlreiche Verfassungsbeschwerden beim Bundesverfassungericht ein, das die Zählung 14 Tage vor dem Termin durch einstweilige Verfügung untersagte und ihre gesetzliche Grundlage wenig später als in Teilen verfassungswidrig einstufte. Erst nach Beseitigung der laufenden Kennziffer auf den Erfassungsbögen und weiteren Änderungen zur Sicherung des Datenschutzes konnte die Volkszählung am 25. Mai 1987 vorgenommen werden, wobei der Wert der gewonnenen Daten durch eine breite Boykottbewegung und vorsätzliche Falschaussagen gemindert wurde.

Flankiert von Hans-Jochen Vogel (links) und Johannes Rau (rechts) nimmt Willy Brandt auf einem Sonderparteitag seiner Partei am 14. Juni 1987 Abschied vom Amt des Parteivorsitzenden der SPD.

1988

JANUAR

7.1. DDR-Staats- und Parteichef Erich Honecker trifft in Paris ein. Es ist der erste Staatsbesuch eines DDR-Staatschefs in Frankreich.

10.1. Jürgen Sparwasser, einer der prominentesten Fußballspieler der DDR, setzt sich in die Bundesrepublik ab.

14.1. Bundesumweltminister Klaus Töpfer (CDU) lässt der Brennelemente-Firma Nukem bei Hanau/Hessen die Betriebsgenehmigung entziehen, nachdem schwerwiegende Unregelmäßigkeiten bei der Nuklearfabrik bekannt geworden sind.

17.1. Am Rande der traditionellen Demonstration zum Jahrestag der Ermordung von Rosa Luxemburg und Karl Liebknecht verhaftet der DDR-Staatssicherheitsdienst rund 120 Menschen. Davon werden 54 zur Ausreise in die Bundesrepublik genötigt.

22.1. In Paris findet zum 25. Jahrestag des deutsch-französischen Freundschaftsvertrages ein Festakt statt, an dem unter anderem Bundeskanzler Helmut Kohl und der französische Staatspräsident François Mitterrand teilnehmen.

24.1. Das Theaterstück „Frauen vor Flusslandschaft" nach dem gleichnamigen Roman von Heinrich Böll wird in den Münchner Kammerspielen unter der Regie von Volker Schlöndorff uraufgeführt.

FEBRUAR

4.2. In einer Rede vor der in Genf tagenden UN-Abrüstungskonferenz fordert Bundesaußenminister Hans-Dietrich Genscher ein weltweites Verbot chemischer Waffen.

13.2. Die Regierungschefs der zwölf EG-Staaten einigen sich auf eine Reform der Agrarpolitik. Unter anderem wird zur Eindämmung der Überproduktion eine staatlich unterstützte Höchstmenge für bestimmte Produkte festgelegt. Flächenstillegungen sollen durch Prämien unterstützt werden.

13.-28.2. Die XV. Olympischen Winterspiele finden in Calgary/Kanada statt.

15.-19.2. Die Konferenz der Umweltminister der sieben Ostsee-Anrainerstaaten in Helsinki verabschiedet die „Deklaration über den Schutz der Meeresumwelt".

23.2. Rund 80.000 Menschen beteiligen sich an einer von der IG-Metall organisierten Menschenkette durch das Ruhrgebiet, mit der sie gegen die geplante Schließung des Krupp-Stahlwerks in Duisburg-Rheinhausen protestieren.

MÄRZ

1.3. Einwohner von West-Berlin können künftig bei Tagesreisen nach Ost-Berlin dort einmal übernachten.

In Nordrhein-Westfalen wird ein Modellversuch mit der Ersatzdroge Methadon als Entzugshilfe für Heroinabhängige gestartet.

3.3. Erstmals nach zehn Jahren kommt es zu einem Spitzentreffen von Vertretern der Regierung und der Evangelischen Kirche in der DDR.

9.3. Der frühere Bundeskanzler Kurt Georg Kiesinger stirbt in Tübingen im Alter von 83 Jahren.

20.3. Heinz Galinski wird in Frankfurt/Main zum neuen Vorsitzenden des Zentralrates der Juden in Deutschland gewählt.

25.3. Auf einer Bundesversammlung in Ludwigsburg beschließen die Grünen die Gründung einer parteinahen Stiftung. Unter dem Dach des Stiftungsverbandes Regenbogen werden unter anderem die Heinrich-Böll-Stiftung und die feministische Frauen-An-Stiftung zusammengefasst.

26.3. Andauernder heftiger Regen und die Schneeschmelze führen in der Bundesrepublik zu einer Hochwasserkatastrophe.

APRIL

6.4. Nach rund sechsmonatiger Dauer endet in Dresden die 10. Kunstausstellung der DDR. Rund 1,1 Millionen Zuschauer verschafften sich einen Überblick über den gegenwärtigen Stand der Bildenden Kunst in der DDR. Westliche Kritiker bewerten die Exponate als nicht mehr allein durch die Doktrin des „sozialistischen Realismus" beeinflusst.

18.4. Auf das jüdische Gemeindezentrum in Frankfurt/Main wird ein Sprengstoffanschlag verübt, der großen Sachschaden verursacht. Vertreter der jüdischen Gemeinde kritisieren die Frankfurter Behörden wegen des ihrer Meinung nach unzureichenden Polizeischutzes für jüdische Einrichtungen in der Stadt.

Das Modell P601 Limousine der Baureihe AWZ Trabant; der letzte Trabbi ist zwischen 1988 und 1990 vom Band gelaufen.

MAI

1.5. Der Hochgeschwindigkeitszug der Deutschen Bundesbahn, der „InterCity Express" (ICE), stellt auf der Strecke Fulda-Würzburg mit einer Spitzengeschwindigkeit von 406,9 km/h einen Weltrekord für Schienenfahrzeuge auf.

2.5. In Frankfurt/Main wird die Ökobank, ein genossenschaftlich organisiertes Kreditinstitut, das vor allem die finanzielle Förderung von umweltorientierten Projekten betreiben will, eröffnet.

3.5. Mi einem 1:0-Sieg über Eintracht Frankfurt sichert sich der SV Werder Bremen bereits drei Spieltage vor Abschluss der Fußball-Bundesligasaison die deutsche Meisterschaft.

11.5. Die Bundesregierung beschließt eine Reform der Deutschen Bundespost, wonach die Post in drei autonome Bereiche aufgegliedert wird: Den traditionellen Postdienst (Briefe und Pakete), die Postbank und die Telekom (Telefon- und Fernmeldebereich). Gleichzeitig gibt die Post ihr bisheriges Monopol bei der Telekommunikation auf.

17.5. Der Vorsitzende des Zentralrates der Juden in Deutschland, Heinz Galinski, bestätigt Zeitungsberichte, nach denen sein Vorgänger Werner Nachmann Wiedergutmachungsgelder der Bundesregierung in Höhe von 33 Millionen DM veruntreut haben soll.

25.5. Der Deutsche Fußball-Bund (DFB) entscheidet sich trotz heftiger Proteste, die Rechte zur Übertragung von Bundesligaspielen im Fernsehen für die nächsten drei Jahre erstmals an einen privaten Anbieter, den Medienkonzern Bertelsmann, Teilhaber des Privatsenders „RTL plus", zu verkaufen. Nach Verhandlungen mit dem DFB und Bertelsmann können sich ARD und ZDF Teilübertragungsrechte sichern.

27.5. In München wird erstmals ein „Internationales Festival für neues Musiktheater" veranstaltet, die „Münchner Biennale". Jungen

Komponisten wird vier Wochen lang ein breites Forum für ihre Opernarbeiten geboten, die von der Stadt München in Auftrag gegeben wurden.
29.5.-2.6. In einem Gespräch mit dem Vorsitzenden des Zentralrates der Juden in Deutschland, Heinz Galinski, erklärt Erich Honecker die grundsätzliche Bereitschaft der DDR, Entschädigungen für die am jüdischen Volk begangenen Verbrechen zu leisten.

JUNI

10.6. Der Bundestag debattiert über die Belastung der Nord- und Ostsee infolge der Einleitung von Schadstoffen aus Industrie, Landwirtschaft und Privathaushalten.
12.6. Die Musical-Show „Starlight-Express" des britischen Komponisten und Produzenten Andrew Lloyd Webber feiert in Bochum Premiere. Die Besucherzahlen des Stücks brechen alle Rekorde.
13.6. In Stuttgart kündigt der Daimler-Benz-Konzern die Zahlung von insgesamt 20 Millionen DM als Entschädigung für Personen an, die während des NS-Regimes als Zwangsarbeiter in den Daimler-Benz-Werken arbeiten mussten.
19.6. Der Pop-Superstar Michael Jackson gibt vor dem Reichstagsgebäude in West-Berlin ein Konzert. Im Ostteil der Stadt versammeln sich einige Jugendliche in der Nähe der Mauer, um akustisch an dem Spektakel teilzunehmen. Dabei kommt es zu Auseinandersetzungen mit der Volkspolizei.
23.6. Bei der Verabschiedung des Steuerreformgesetzes durch den Bundestag kommt es zu heftigen Auseinandersetzungen um die Befreiung des Flugbenzins für Privatflieger von der Mineralölsteuer.

JULI

1.7. Der bisherige (bis 18. Mai) Bundesverteidigungsminister Manfred Wörner übernimmt das Amt des Generalsekretärs der NATO. Sein Nachfolger im Bundesverteidigungsministerium ist der bisherige Berliner Senator für Bundesangelegenheiten Rupert Scholz.
2.7. Steffi Graf besiegt in Wimbledon/England die achtmalige Wimbledonsiegerin Martina Navratilova und gewinnt das Tennisturnier.
15.7. In Köln wird die Bauhaus-Ausstellung eröffnet. Gezeigt werden bis zum 4. September Exponate aus den Bereichen Architektur, Kunst und Design.

AUGUST

3.8. Der Oberste Sowjet begnadigt den Sportflieger Mathias Rust und weist ihn aus der Sowjetunion aus. Rust war 1987 mit einer Cessna 172 auf dem Roten Platz in Moskau gelandet. Der Oberste Gerichtshof der UdSSR hatte ihn zu vier Jahren allgemeinem Arbeitslager verurteilt.
10.8. Mit der Beschlagnahme von 29.000 Kälbern bei Großmästern in Nordrhein-Westfalen wird der bisher größte Hormonskandal bei der Fleischproduktion in der Bundesrepublik bekannt.
15.8. Die DDR nimmt diplomatische Beziehungen mit der Europäischen Gemeinschaft (EG) auf.
16.-18.8. In Gladbeck überfallen zwei Gangster eine Bank, erbeuten 420.000 DM und fliehen mit zwei Geiseln nach Bremen. Dort kapern sie einen voll besetzten Linienbus und erschießen auf einer Raststelle einen 15jährigen Insassen. Bei der Verfolgungsjagd in Bremen stirbt ein Polizist. Am 18. September überrascht die Polizei die Verbrecher, die zu diesem Zeitpunkt noch zwei Geiseln in ihrem Gewahrsam haben, auf der Autobahn bei Siegburg und beendet die Geiselnahme in einer blutigen Schießerei, bei der eine 18jährige Geisel ums Leben kommt. In der Folgezeit wird vor allem das Verhalten der Journalisten kritisiert, die das Geiseldrama als Medienspektakel nutzten: Unter anderem wurde ein Interview mit den Tätern im Fernsehen live ausgestrahlt.
28.8. Bei einer Flugschau auf dem amerikanischen Luftwaffenstützpunkt Ramstein in der Pfalz kommen durch den Absturz dreier Flugzeuge einer italienischen Kunstflugstaffel 70 Menschen ums Leben. Mehr als 300 Zuschauer werden verletzt. Das Unglück löst eine heftige politische Diskussion über die Durchführung derartiger Veranstaltungen aus.

SEPTEMBER

1.9. Nach der Abrüstungsvereinbarung der USA mit der Sowjetunion werden die ersten der in der Bundesrepublik stationierten Pershing II-Raketen abgezogen.
In West-Berlin werden die 38. Berliner Festwochen eröffnet. An der unter dem Motto „Berlin - Kulturstadt Europas 1988" stehenden Veranstaltungsreihe nehmen erstmals auch Künstler aus der DDR teil.
13.9. Der Hoechst-Manager Rudolf Cordes, der im Januar 1987 im Libanon entführt worden ist, wird nach 605tägiger Geiselhaft in Beirut freigelassen.
27.-29.9. Der Staats- und Parteichef der DDR, Erich Honecker, erklärt nach Gesprächen mit dem sowjetischen Parteichef Michail Gorbatschow in Moskau die „Unterstützung für den Kurs der Erneuerung der sowjetischen Gesellschaft".

OKTOBER

3.10. Der CSU-Vorsitzende und bayerische Ministerpräsident Franz-Josef Strauß stirbt an einem Herz-Kreislauf-Versagen. Der bisherige Finanzminister Max Streibl wird neuer bayerischer Ministerpräsident, Theo Waigel übernimmt den Parteivorsitz.
8.10. Die F.D.P. wählt den früheren Bundeswirtschaftsminister Otto Graf Lambsdorff auf ihrem Parteitag in Wiesbaden zum neuen Bundesvorsitzenden. Die bei der Abstimmung unterlegene Staatsministerin im Auswärtigen Amt, Irmgard Adam-Schwaetzer, wird seine Stellvertreterin.

NOVEMBER

1.11. Bundeskanzler Helmut Kohl und der französische Staatspräsident François Mitterrand werden für ihre Verdienste um die europäische Einigung mit dem Internationalen Karlspreis der Stadt Aachen ausgezeichnet.
11.11. Bundestagspräsident Philipp Jenninger (CDU) tritt aufgrund der Kritik an seiner Rede bei der Gedenkstunde des Bundestags am 10. November zum 50. Jahrestag der Reichspogromnacht zurück. Die Rede hatte nach weitverbreitetem Urteil nicht das „nötige Maß an Betroffenheit" erkennen lassen und die zahlreichen Zitate aus der NS-Zeit hatten zu Missverständnissen geführt. Die bisherige Familienministerin Rita Süssmuth wird am 25.11. zur neuen Bundestagspräsidentin gewählt.
26.11. Der Europäische Filmpreis, in Anlehnung an den US-amerikanischen „Oskar" „Felix" genannt, wird erstmals in Berlin vergeben. Als bester Film wird Krzysztof Kieslowskis „Kurzer Film über das Töten" ausgezeichnet. Den Preis für die beste Regie erhält Wim Wenders für seinen Film „Der Himmel über Berlin".
27.11. Anlässlich eines dreitägigen Staatsbesuchs im Iran führt Bundesaußenminister Hans-Dietrich Genscher in Teheran Gespräche über den Ausbau der wirtschaftlichen Beziehungen. Er wird von 80 Vertretern der deutschen Industrie begleitet.

DEZEMBER

2.12. Die Bundesdelegierten des Sonderparteitags der Grünen in Karlsruhe entziehen dem Parteivorstand wegen finanzieller Unregelmäßigkeiten das Vertrauen.
DDR-Staats- und Parteichef Erich Honecker bekräftigt in Ost-Berlin auf einer Tagung des Zentralkomitees der SED die Ablehnung der sowjetischen Reformpolitik von Michail Gorbatschow.
8.12. Bei dem Absturz eines amerikanischen Kampfflugzeuges in der Innenstadt von Remscheid werden fünf Menschen getötet und etwa 50 verletzt. Daraufhin fordern Politiker aller Parteien die Reduzierung von Tiefflügen im Luftraum der Bundesrepublik.
10.12. Den Friedenstruppen der Vereinten Nationen wird der Friedensnobelpreis verliehen. Mit dem Nobelpreis für Chemie werden die Deutschen Johann Deisenhofer, Robert Huber und Hartmut Michel für ihre Arbeiten über die Photosynthese ausgezeichnet.

Franz Josef Strauß

* München, 6. September 1915
† Regensburg, 3. Oktober 1988

Als Sohn eines Metzgermeisters in München geboren, machte Strauß 1935 ein glänzendes Abitur (ein Jahr zuvor war er als „Radler" süddeutscher Straßenmeister geworden). Es folgten der obligate Reichsarbeitsdienst, ein intensives Studium (Geschichte, Germanistik, Latein, Griechisch, Archäologie und Volkswirtschaft) und gleich nach Kriegsbeginn 1939 die Einberufung zur Wehrmacht. Nachdem Strauß sich als Artillerist im Winter 1943 an der Ostfront schwere Erfrierungen zugezogen hatte, diente er bis Kriegsende als Lehroffizier im Range eines Oberleutnants als Flak-Ausbilder.
Gleich nach dem Krieg tauchte Strauß dann in der deutschen Politik auf. 1945 gehörte er zu den Gründern der Christlich-Sozialen Union (CSU), für die er 1949 in den Bundestag einzog. Schon als Bundesminister für besondere Aufgaben (1953 bis 1955) und Atomminister (1955/56) enger Berater Adenauers, wurde er von diesem 1956 zum Nachfolger des glücklosen Verteidigungsministers Theodor Blank berufen. Wegen seines massiven Eintretens für eine Politik der Stärke und wegen undurchsichtiger Affären („Onkel Aloys", „Panzerketten-", „Fibag-Affäre") zog er sich die Kritik der liberalen Presse zu und musste nach der „Spiegel"-Affäre 1962 zurücktreten.

Franz Josef Strauß.

Seit 1961 Vorsitzender der CSU, konnte Strauß sein Comeback schon in der Großen Koalition (1966 bis 1969) einfädeln, der er als Finanzminister diente und in der er mit dem SPD-Kollegen Schiller ein populäres Gespann bildete. In der Zeit der sozialliberalen Koalition (1969 bis 1982) war Strauß der schärfste Kritiker der Reform- und der Ostpolitik. 1978 zum Bayerischen Ministerpräsidenten aufgestiegen, setzte er sich 1980 als Kanzlerkandidat der CDU /CSU gegen Kohl durch, unterlag aber bei den Bundestagswahlen am 5. Oktober deutlich gegen Bundeskanzler Schmidt. In die Regierung Kohl trat Strauß 1982 nicht ein. Er zog es vor, in München zu bleiben und von hier aus als Bayerischer Ministerpräsident seinen politischen Einfluss auch in Bonn zur Geltung zu bringen.
Im Sonderheft der Illustrierten „Stern", das anlässlich seines Todes erschien, schreibt der renommierte Journalist Heinrich Jaenecke:
Es war ein unverstellter Mensch, sein Inneres lag jederzeit offen zutage.
Die ihn kannten, waren von seinem Charme hingerissen. Er war ein Mannsbild, ein Kerl. Er liebte das Leben, und er hatte Format. Er war auf eine erfrischende Weise ungeniert, auch wenn es zuweilen für ihn selbst peinlich war. Das hob ihn ab von der Welt der grauen Mäuse, zu der die politische Landschaft bei uns degeneriert ist. Und er war souverän genug, politische Positionen zu räumen, wenn sie nicht mehr zu halten waren. Er bekämpfte Willy Brandt bis aufs Messer, aber als die Verträge unterzeichnet waren und er mit einem Viertelsieg von Karlsruhe zurückkehrte, sprach er sein „Pacta sunt servanda" – Verträge sind zu halten –, den Bonner Sprachschatz damit um ein Quentchen Altrömisch bereichernd.
Je älter er wurde, desto mehr liebte er die Überraschungseffekte. Seinen größten Coup landete er, als er der DDR, gestern noch das Böse schlechthin, jenen Milliardenkredit vermittelte, der den Freunden die Sprache verschlug. Und wie genoss er es, von Gorbatschow, den er in richtiger Witterung als Jahrhundertfigur erkannte, im Kreml empfangen zu werden. Der 72-Jährige, am Steuer der eigenen Düsenmaschine in Moskau landend – wer in Deutschland, wer in der Welt hätte ihm das nachgemacht.
Er starb, wie er lebte – dramatisch, extravagant, in Jagdkleidung, wie es sich für einen Renaissance-Menschen gehörte.
Es wird nun stiller werden in Deutschland, und wir werden uns erst daran gewöhnen müssen.

Loriot als Paul Winkelmann und Evelyn Hamann als Margarete Tietze.

„Ödipussi"

Der erste abendfüllende Kinofilm „Ödipussi" des Karikaturisten Vicco von Bülow, bekannt unter dem Namen Loriot, wurde am 9. März 1988 gleichzeitig in West- und Ost-Berlin uraufgeführt.
Paul Winkelmann ist der Geschäftsführer des Stoff- und Möbelgeschäftes „Winkelmann und Sohn", das er nach dem Tod seines Vaters vor acht Jahren übernommen hat. Nebenher ist er Mitglied in einem politischen Club aus vier Männern und einer Frau, der es sich zum Ziel gesetzt hat, die Begriffe „Umwelt" und „Frau" in den Karnevalsgedanken zu integrieren.
Paul steht noch immer unter der strengen Obhut seiner 78-jährigen, resoluten Mutter Louise, die ihn trotz seines Alters noch immer umsorgt wie ein Kind. Sie kann nicht verstehen, dass sich ihr Sohn eine eigene Wohnung genommen hat und nicht mehr bei ihr wohnt („Warum hast du dir nur diese Wohnung genommen, andere Jungs wohnen doch auch zu Hause"). Der eigentliche „Problemschwerpunkt" zeigt sich jedoch, als Paul Margarethe kennenlernt, nachdem er sie in seinem Geschäft versehentlich übergangen hat.
Margarethe Tietze ist Diplom-Psychologin und behandelt in ihrer Praxis bei sich zu Hause kleinere seelische Schwierigkeiten. Genau wie Paul ist auch sie ehrenamtlich tätig, und zwar bei einer Tanzgruppe, die für die Firma Kunststoff-Meier eine Art Revue zu Werbezwecken einstudiert. Nachdem Margarethe Paul zu einem Rentnerehepaar mitgenommen hat, das durch den Einsatz frischer Farben in der Wohnung zu neuer Lebensfreude finden soll, Paul aber auf Wunsch des Ehepaars ein paar Grautöne vorstellt (aschgrau, bleigrau, mausgrau, zementgrau, „ganz frisches steingrau") lädt Paul Margarethe zu einer Tasse Tee und einem Hefezopf in seine Wohnung ein.
Bei dem Treffen werden sie telefonisch von Louise unterbrochen, die mit ihrer älteren Freundin Mechthild im Café sitzt und ihrem Sohn Tipps zum Zubereiten des Hefezopfs gibt. Paul erklärt ihr, dass der Hefezopf schon fast aufgegessen sei, während sich Margarethe leise verabschiedet. Als Paul später seine Mutter besucht, denkt die-

se, dass er seine Clubfreunde zum Hefezopf eingeladen hat. Als Paul dies richtigstellt, ist sie sehr empört („kannst du mir mal sagen wie das jetzt weitergehen soll"), und als sie erfährt, dass ihr Sohn Margarethe eingeladen hat, ihn nach Mailand zu begleiten, wo er am Wochenende beruflich hin muss, sagt sie: „Ach, da muss die Dame wohl schon mit? Vielleicht machen sich die Herrschaften auch noch ein paar schöne Tage? Ich will dir mal was sagen, mein Junge: Dann kann sie auch deine Hemden bügeln!" Letztendlich fahren die beiden doch gemeinsam nach Mailand. Als Paul bei der Firma angekommen ist, schickt er Margarethe in ein „nettes kleines Café", in dem er öfter sitzt. Dort wird sie von drei Italienern, die plötzlich in das Cafe stürmen, dazu angehalten, ein Hühnerei auf einem Teelöffel zu balancieren. In dieser Position wird sie von Paul überrascht, als er sie wieder abholt.

Als die beiden in ihr Hotel fahren wollen, kommt es zu einem Missverständnis, da Paul ein relativ einfaches Hotel gebucht hat, Margarethe aber denkt, dass sie in dem noblen weißen Hotel gegenüber untergebracht seien. In diesem angekommen, bucht er Badezimmer und einen Platz im Hotelrestaurant, obwohl er durch die Blume angedeutet hat, dass es auch ganz gemütlich wäre, in der Pizzeria zu speisen.

Abends im Restaurant erzählen sich die beiden voneinander. Leider hat das Restaurant französische Woche und serviert nur unaussprechliche Gerichte und nicht die gewünschten Spaghetti Carbonara. Die gereichten winzigen Portionen kommentiert Paul diplomatisch mit „Das sieht sehr übersichtlich aus."

Nachdem beide auf ihre Zimmer gegangen sind, kann Paul nicht einschlafen, da sich im Hausflur ein älterer Herr (ebenfalls von Loriot gespielt) mit einer wesentlich jüngeren Frau (auch Evelyn Hamann) lautstark vergnügt. Am nächsten Morgen will Paul Margarethe eine Freude machen und schreibt auf ein Blatt „Guten Morgen". Damit geht er zu der Zimmertür, schiebt den Zettel unten hindurch und ruft mehrmals „Kuckuck". Nachdem er das ein paar Mal gemacht hat, geht die Tür auf und er wird in das Zimmer geschleift. In dem Raum befinden sich einige Mafiosi und der kräftige Mann, der den Inhalt des Blattes in italienischem Akzent vorliest. Daraufhin wird Paul hinausgestoßen, und aus der Nachbartür tritt Margarethe. Beide laufen anschließend durch einen Park, wo Paul damit prahlt, wie er sich der Situation gestellt hätte, nachdem Margarethe sagte, sie wüsste überhaupt nicht, wie sie sich in so einer Lage verhalten sollte. Als sie am Flughafen angekommen sind, sagt ein Arbeiter, dass zur Zeit gestreikt würde. Margarethe fragt, ob denn heute überhaupt keine Maschinen fliegen, worauf Paul sagt: „Doch, nur nicht in Italien." Nachdem beide im Flugzeug sitzen, hat Paul das zweite Mal den gleichen „Albtraum": Es ist dunkel und im Nebel erscheint seine Mutter mit offenen Armen.

Als Paul wieder zu Hause ist, möchte er „Mama" mit Blumen überraschen. Er ruft sie, aber es kommt keine Antwort. Paul läuft durchs Haus und sucht seine Mutter, aber statt seiner Mutter findet er in seinem Zimmer, in seinem Bett, einen fremden Mann. Paul (Pussi) läuft verstört aus dem Zimmer, die Treppe hinunter und findet Mama im Wintergarten. „Lässt sich der Herr auch mal wieder blicken?", ist Mamas erster Satz. Paul berichtet seiner Mutter von dem Fund in seinem Zimmer. „Das ist mein Untermieter, Herr Weber. Wir musizieren zusammen." Paul ist entsetzt. „Herr Weber, mein Sohn möchte Sie gerne kennenlernen!" ruft Mama nach oben. Herr Weber, ein Mann von hagerer Gestalt und in Pullunder (etwas gespenstisch), erscheint im Wohnzimmer mit Pauls frisch gebügelten Hemden. Als Paul dann noch erfährt, dass seine Mutter Herrn Weber etwas aufbrät, reicht es ihm. Daraufhin besucht Paul Margarethe bei ihrer Revue und klagt ihr vor dem Auftritt, dass er die Aufmerksamkeit seiner Mutter nun mit Herrn Weber teilen muss. Er verwirrt sie so sehr, dass sie mitten in der Vorstellung einen peinlichen Versprecher hat und von ihrem Tanzchef gefeuert wird. Nachmittags ist Paul dann bei Tietzes zu Gast. Die Atmosphäre ist äußerst steif, bedingt durch die Sticheleien Frau Tietzes und der Ordnungsbesessenheit von Vater Tietze. Trotzdem schlägt Paul ein Treffen beider Parteien in Louises Wohnung vor. Auch hier kommt keine gute Stimmung auf; die Situation entlädt sich schließlich, als Louise unter Klavierbegleitung Herrn Webers (aber auf Vorschlag Pauls) ein Stück von Brahms zu Gehör bringen will, jedoch bis auf Paul und auch Margarethe niemand zuhört.

Herr Tietze schlägt, während Louise singt, sogar die Schließung der Fenster vor, wegen der Nachbarn. Die Situation schaukelt sich hoch, und Ehepaar Tietze verlässt schließlich die Wohnung. Als Margarethe und Paul am Treppenabsatz zurückgeblieben sind, ruft Louise von der Treppe hinab: „Ach, ich werde hier wohl nicht mehr gebraucht?!" Der Film endet mir einer Autofahrt, mit Paul und Margarethe auf der Rückbank und Louise am Steuer. Als die beiden Anstalten machen, sich zu küssen, unterbricht sie Louise mit einem strengen „Pussi!" Daraufhin zieht Paul ihr den Hut übers Gesicht, sie kommen von der Straße ab und durchqueren mehrere Waldstücke, um am Ende wieder heil herauszukommen.

Ein seltener Anblick: Steffi Graf mit Gold vor den Olympischen Ringen. Seoul 1988 war die Krönung des erfolgreichsten Jahres ihrer einmaligen Karriere. Neben dem Gewinn der Goldmedaille gelang ihr als dritte Spielerin der „Grand Slam" (Sieg in Melbourne, Paris, Wimbledon und New York).

„1. März 1988. Die bisher erfolgreichste Mannschaft der DDR bei Olympischen Winterspielen ist in der Heimat eingetroffen. An der Gangway der Sondermaschine wurden die Sportler, hier die Goldmedalliengewinnerin Katharina Witt (Eiskunstlauf, vom Mitglied des Politbüros und Sekretär des ZK der SED, Egon Kreuz, begrüßt." (Originalunterschrift)

1989

JANUAR

7.1. In Moskau finden erstmals westdeutsche Theatertage statt.
11.1. In Ost-Berlin verlassen 20 ausreisewillige Bürger der DDR die Ständige Vertretung Bonns in der DDR. Ihnen war zuvor Straffreiheit und die Überprüfung ihrer Ausreiseanträge zugesichert worden.
18.1. Mehrere Tausend Studenten demonstrieren in verschiedenen Städten der Bundesrepublik gegen die schlechten Studienbedingungen und die Wohnungsnot. Bundesbildungsminister Jürgen Möllemann kündigt eine Aufstockung der Finanzmittel an.
19.1. DDR-Staats- und Parteichef Erich Honecker versichert, die Mauer werde „in 50 und auch in 100 Jahren noch bestehen bleiben, wenn die dazu vorhandenen Gründe noch nicht beseitigt sind".

FEBRUAR

6.2. DDR-Grenzsoldaten erschießen den 20jährigen Schlosser Chris Gueffroy beim Versuch, von Ost- nach West-Berlin zu flüchten.
14.2. Als erstes Bundesland beschließt Schleswig-Holstein das kommunale Wahlrecht für Ausländer. Einen Tag später schließt sich Hamburg an.

MÄRZ

3.3. Die DDR-Volkskammer gewährt den ständig in der DDR lebenden Ausländern das aktive und passive kommunale Wahlrecht.
8.3. Bundespräsident Richard von Weizsäcker begnadigt die ehemalige RAF-Angehörige Angelika Speitel zum 30. Juni 1990.

APRIL

8.4. Uraufführung des Schauspiels „Unbefleckte Empfängnis" von Rolf Hochhuth im West-Berliner Schillertheater. Hochhuth plädiert mit dem Stück für die Leihmutterschaft und richtet sich damit gegen Kirche, Staat, Ärzte, Feministinnen und Gegner der Gentechnologie.
13.4. Bundeskanzler Helmut Kohl kündigt eine Kabinettsumbildung an (vollzogen 21. April): unter anderem wird Theo Waigel (CSU) Finanzminister, Gerhard Stoltenberg (CDU) Verteidigungsminister und Wolfgang Schäuble Innenminister.
14.4. Die Umweltminister von Bund und Ländern vereinbaren für alle ab 1. Oktober 1991 zugelassenen benzingetriebenen Neuwagen eine Ausrüstungspflicht mit einem geregelten Drei-Wege-Katalysator.

MAI

2.5. Ungarn beginnt mit dem Abbau der Grenzbefestigungen zu Österreich.
5.5. Der Memminger Frauenarzt Horst Theissen wird wegen illegaler Abtreibungen zu zweieinhalb Jahren Gefängnis und dreijährigem Berufsverbot verurteilt.
23.5. Bundespräsident Richard von Weizsäcker wird mit 86,3% der Stimmen von der Bundesversammlung in seinem Amt bestätigt.
30.5. Die Berliner Philharmoniker geben erstmals seit dem Mauerbau 1961 in Ost-Berlin ein Konzert.
30./31.5. Der US-amerikanische Präsident George Bush besucht die Bundesrepublik.

JUNI

7.6. In Ost-Berlin löst der Staatssicherheitsdienst eine Demonstration gegen die Fälschung der Kommunalwahlergebnisse vom 7. Mai auf.
12.-15.6. Der sowjetische Staats- und Parteichef Gorbatschow wird bei seinem Staatsbesuch in Bonn von der Bevölkerung mit großem Jubel empfangen. Zum Abschluss seines Besuchs erklärt er: „Die Mauer kann wieder verschwinden, wenn die Voraussetzungen entfallen, die sie hervorgebracht haben".
17.6. Der FC Bayern München wird deutscher Fußballmeister.
27.6. In einem symbolischen Akt zerschneiden der ungarische Außenminister Gyula Horn und sein österreichischer Kollege Alois Mock bei Sopron den Stacheldrahtzaun an der gemeinsamen Grenze. Beseitigt werden nur die Grenzsperren, die Grenzkontrollen bleiben. In der DDR löst dies dennoch einen verstärkten Urlauber- und Flüchtlingsstrom nach Ungarn aus.

JULI

6.7. Zwischen der Bundesregierung und der DDR-Regierung wird eine Umweltvereinbarung zur Säuberung der Elbe und zur Verringerung der Luftverschmutzung in der DDR geschlossen.
9.7. Bei den Internationalen Tennismeisterschaften in Wimbledon/England gibt es einen deutschen Doppelerfolg: Bei den Damen gewinnt Steffi Graf und bei den Herren Boris Becker.
12.7. Der Seniorenschutzbund „Graue Panther" gründet eine eigene Partei, die „Grauen".

AUGUST

1.8. Die Zeitungen und Zeitschriften des Axel Springer-Verlages verzichten von nun an auf die Anführungszeichen bei der Nennung der DDR. Auf Anweisung des im September 1985 verstorbenen Axel Springer sollte damit der provisorische Charakter des Staates verdeutlicht werden.
8.8. Die Ständige Vertretung der Bundesrepublik in Ost-Berlin wird wegen Überfüllung
für den Besucherverkehr geschlossen. Über 130 DDR-Bürger halten sich in der Vertretung auf, um ihre Ausreise zu erzwingen.
10.8. Zwischen Frankfurt/Main und Leipzig richtet die Lufthansa die erste innerdeutsche Fluglinie ein.
13.8. Auch die Bonner Botschaft in Budapest muss wegen Überfüllung geschlossen werden. Von dort wollen rund 180 Bürger der DDR ausreisen.
19.8. In Sopron/Ungarn kommt es zur größten Massenflucht von Bürgern der DDR seit dem Mauerbau. Etwa 900 Menschen nutzen das von dem Präsidenten der Paneuropa-Union, Otto von Habsburg (geb. 1912), initiierte „Paneuropäische Picknick" zur Flucht über die „grüne" ungarisch-österreichische Grenze.
22.8. Die Botschaft der Bundesrepublik in Prag wird wegen Überfüllung geschlossen. Rund 140 Bürger der DDR wollen von dort aus in den Westen übersiedeln.
24.8. In Budapest erhalten 108 Bürger der DDR, die sich in der Botschaft der Bundesrepublik aufhalten, durch die ungarische Regierung als einmalige humanitäre Aktion die Ausreiseerlaubnis in den Westen.

SEPTEMBER

4.9. In Leipzig findet die erste Montagsdemonstration im Anschluss an das traditionelle Friedensgebet in der Nikolaikirche statt. Es wird mehr Reisefreiheit und die Abschaffung des Ministeriums für Staatssicherheit (MfS) gefordert. Von nun an finden wöchentlich Montagsdemonstrationen statt.
8.9. Bundeswirtschaftsminister Haussmann ermöglicht durch einen Ministerentscheid den Zusammenschluss der Daimler-Benz AG mit dem Luft- und Raumfahrtkonzern Messerschmitt-Bölkow-Blohm (MBB). Damit ist die größte Unternehmensfusion in der Geschichte der Bundesrepublik abgeschlossen.
10./11.9. Ungarn ohne vorherige Absprache mit der DDR-Regierung alle dort anwesenden DDR-Ausreisewilligen in den Westen ausreisen. Bis Ende September kommen circa 30.000 Übersiedler auf diesem Weg in die Bundesrepublik. Diese Grenzöffnung trägt wesentlich zur „Wende" in der DDR bei.
15.9.-19.11. Die Hamburger Kunsthalle präsentiert die Ausstellung „Europa 1789. Aufklärung - Verklärung - Verfall".
19.9. Mit dem Neuen Forum (NF) beantragt erstmals in der DDR eine Oppositionsgruppe offiziell ihre Zulassung als Vereinigung. Am 20.9. wird der Antrag vorerst abgelehnt, da die Gruppe „staatsfeindlich" sei.

Auch die west-deutsche Botschaft in Warschau muss wegen Überfüllung mit ausreisewilligen Bürgern der DDR den Publikumsverkehr vorübergehend einstellen.
In Düsseldorf wird der Weltverband des Behindertensports, das „Internationale Paralympische Komitee“, gegründet.
26.9. Einige Bürger der DDR verlassen die deutsche Botschaft in Prag und kehren in die DDR zurück, weil ihnen die Ausreise in den Westen binnen sechs Monaten zugesichert wird. Viele Flüchtlinge bleiben jedoch in der Botschaft, da sie direkt in die Bundesrepublik ausreisen wollen.
30.9. Bundesaußenminister Hans-Dietrich Genscher verkündet am Abend auf dem Balkon der bundesdeutschen Botschaft in Prag, dass alle DDR-Flüchtlinge, die sich in den deutschen Botschaften in Prag und Warschau befinden, ausreisen dürfen.

OKTOBER

7.10. Der 40. Jahrestag der DDR-Gründung wird mit Militärparaden und Aufmärschen gefeiert. In Ost-Berlin nimmt der sowjetische Staats- und Parteichef Gorbatschow an den Festveranstaltungen teil. Er betont vor der Presse die Notwendigkeit von Reformen und äußert die berühmten Worte: „Wer zu spät kommt, den bestraft das Leben“.
9.10. Erstmals demonstrieren in Leipzig über 70.000 Menschen für eine demokratische Erneuerung der DDR. Der Ruf „Wir sind das Volk – keine Gewalt“ setzt sich durch.
Die Roma und Sinti Union protestiert gegen die drohende Abschiebung von Roma aus der Bundesrepublik, während gleichzeitig jeden Tag Tausende von Übersiedlern aus der DDR aufgenommen würden.
18.10. Auf der 9. Tagung des Zentralkomitees (ZK) der SED wird Erich Honecker „auf eigenen Wunsch“ von allen Ämtern entbunden.
24.10. Die Volkskammer wählt Egon Krenz zum Staatsratsvorsitzenden und zum Vorsitzenden des Nationalen Verteidigungsrates. Damit sind wiederum die höchsten Ämter der DDR in einer Person vereinigt.

NOVEMBER

9.11. Auf einer vom Fernsehen direkt übertragenen, internationalen Pressekonferenz verliest das SED-Politbüromitglied Günter Schabowski um 18.57 Uhr auf eine Anfrage zur neuen Ausreiseregelung beiläufig einen Beschluss des amtierenden Ministerrates, den ihm angeblich der SED-Generalsekretär Egon Krenz kurz vorher zustecken ließ: „Privatreisen nach dem Ausland können ohne Vorliegen von Voraussetzungen (Reiseanlässe und Verwandtschaftsverhältnisse) beantragt werden. Die Genehmigungen werden kurzfristig erteilt.“ Auf eine Nachfrage erklärt Schabowski, das trete nach seiner Kenntnis „sofort, unverzüglich“ in Kraft. Geplant gewesen ist dies erst später und nur auf Antrag. Daraufhin drängen noch am selben Abend Tausende von Ost-Berlinern nach West-Berlin. Kurz vor Mitternacht öffnen sich die ersten Schlagbäume an der Mauer.
10.11. Nach Öffnung der innerdeutschen Grenzen besuchen Millionen von Bürgern der DDR die grenznahen Städte der Bundesrepublik und West-Berlin. Es kommt zu überschwänglichen Freudenszenen; fremde Menschen umarmen sich, singen, tanzen und jubeln. Bundeskanzler Helmut Kohl bricht seinen Polen-Besuch ab, um am Abend vor dem Schöneberger Rathaus in West-Berlin auf einer Kundgebung zu sprechen. Der SPD-Ehrenvorsitzende Willy Brandt prägt dort den Satz „Jetzt wächst zusammen, was zusammengehört“.
29.11. Der SED-Generalsekretär und DDR-Staatsratsvorsitzende Krenz sowie der DDR-Ministerpräsident Modrow schließen sich dem Aufruf „Für unser Land - zur Bewahrung der Eigenständigkeit der DDR“ an.
30.11. Der Vorstandssprecher der Deutschen Bank, Alfred Herrhausen, wird in Bad Homburg von Terroristen der Roten Armee Fraktion durch einen Bombenanschlag ermordet.

Die Öffnung der Berliner Mauer im November 1989. Jubelnde Menschen aus Ost und West vor dem Brandenburger Tor. 28 Jahre, 2 Monate und 27 Tage hatte die DDR ihre Bürger mit dem „Bollwerk gegen westliche Militaristen, Revanchisten und Monopolkapitalisten“ gefangen gehalten. Auf 150 Kilometern gab es 302 Wachttürme, 295 Hundelaufanlagen und 20 Erdbunker. Bei dem Versuch, über diese „moderne Friedensgrenze“ zu fliehen, wurden 255 Menschen getötet, der letzte im Februar 1989.

DEZEMBER

7.12. Erstmals treffen sich in Ost-Berlin Vertreter der fünf ehemaligen Blockparteien und sieben Oppositionsgruppierungen am Runden Tisch. Es wird beschlossen, das Amt für Nationale Sicherheit aufzulösen, und vorgeschlagen, am 6. Mai 1990 die ersten freien Wahlen abzuhalten.
19./20.12. Bundeskanzler Kohl trifft zu Gesprächen mit Ministerpräsident Hans Modrow in Dresden zusammen. Beide Regierungschefs vereinbaren Verhandlungen über eine deutsch-deutsche Vertragsgemeinschaft. Kohl wird bei seiner Ansprache vor der Ruine der Frauenkirche von der Bevölkerung umjubelt.
22.12. In Berlin wird das Brandenburger Tor wieder geöffnet, vorerst allerdings nur für Fußgänger.
24.12. Erstmals können Bundesbürger und West-Berliner ohne Visum und Zwangsumtausch in die DDR reisen.

AUSSERDEM

Erich Loest: Fallhöhe (Roman)

Gorbatschow in Bonn

In betont herzlicher Atmosphäre verlief der Besuch Michail Gorbatschows in der Bundesrepublik Deutschland. An der Spitze einer 70-köpfigen Delegation war der sowjetische Staats- und Parteichef am 12. Juni 1989 auf dem Köln-Bonner Flughafen eingetroffen und von Bundespräsident Richard von Weizsäcker, den gerade die Bundesversammlung mit überwältigender Mehrheit in seinem Amt bestätigt hatte, im Park der Villa Hammerschmidt mit militärischen Ehren begrüßt worden. In einer von beiden Seiten als „historisch“ gewerteten gemeinsamen Erklärung bekannten sich die Bundesrepublik und die UdSSR zu den Menschenrechten, der Selbstbestimmung der Völker, zur freien Wahl des politischen und gesellschaftlichen Systems und zur Überwindung der Trennung Europas:

I. Die Bundesrepublik Deutschland und die Union der Sozialistischen Sowjetrepubliken stimmen darin überein, dass die Menschheit an der Schwelle zum dritten Jahrtausend vor historischen Herausforderungen steht. Probleme, die von lebenswichtiger Bedeutung für alle sind, können nur gemeinsam von allen Staaten und Völkern bewältigt werden. Das erfordert neues politisches Denken.

– Der Mensch mit seiner Würde und seinen Rechten und die Sorge für das Überleben der Menschheit müssen im Mittelpunkt der Politik stehen.

– Das gewaltige Potential an schöpferischen Kräften und Fähigkeiten des Menschen und der modernen Gesellschaft muss für die Sicherung des Friedens und des Wohlstands aller Länder und Völker nutzbar gemacht werden.

– Jeder Krieg, ob nuklear oder konventionell, muss verhindert, Konflikte in verschiedenen Regionen der Erde müssen beigelegt und der Friede erhalten und gestaltet werden.

– Das Recht aller Völker und Staaten, ihr Schicksal frei zu bestimmen und ihre Beziehungen zueinander auf der Grundlage des Völkerrechts souverän zu gestalten, muss sichergestellt werden. Der Vorrang des Völkerrechts in der inneren und internationalen Politik muss gewährleistet werden.

– Die Erkenntnisse moderner Wirtschaft, Wissenschaft und Technik bieten ungeahnte Möglichkeiten, die allen Menschen zugutekommen sollen. Risiken und Chancen, die sich hieraus ergeben, verlangen gemeinsame Antworten. Es ist daher wichtig, die Zusammenarbeit auf all diesen Gebieten auszuweiten, Handelshemmnisse jeglicher Art weiter abzubauen und zum beiderseitigen Vorteil dynamisch zu nutzen.

– Die natürliche Umwelt muss im Interesse dieser und künftiger Generationen durch entschlossenes Handeln gerettet, Hunger und Armut in der Welt müssen überwunden werden.

– Neue Bedrohungen einschließlich Seuchen und internationalem Terrorismus müssen energisch bekämpft werden. Beide Seiten sind entschlossen, ihrer sich aus dieser Einsicht ergebenden Verantwortung gerechtzuwerden. Fortbestehende Unterschiede in den Wertvorstellungen und in den politischen und gesellschaftlichen Ordnungen bilden kein Hindernis für zukunftsgestaltende Politik über Systemgrenzen hinweg.

II. Bei der Gestaltung einer friedlichen Zukunft kommt Europa eine herausragende Rolle zu. Trotz jahrzehntelanger Trennung des Kontinents ist das Bewusstsein der europäischen Identität und Gemeinsamkeit lebendig geblieben und wird zunehmend stärker. Diese Entwicklung muss gefördert werden. Die Bundesrepublik Deutschland und die Sowjetunion betrachten es als vorrangige Aufgabe ihrer Politik, an die geschichtlich gewachsenen europäischen Traditionen anzuknüpfen und so zur Überwindung der Trennung Europas beizutragen. Sie sind entschlossen, gemeinsam an Vorstellungen zu arbeiten, wie dieses Ziel durch den Aufbau eines Europas des Friedens und der Zusammenarbeit einer europäischen Friedensordnung oder des gemeinsamen europäischen Hauses – in dem auch die USA und Kanada ihren Platz haben – erreicht werden kann. Die KSZE-Schlussakte von Helsinki in allen ihren Teilen und die Abschlussdokumente von Madrid und Wien bestimmen den Kurs zur Verwirklichung dieses Zieles. Europa, das am meisten unter zwei Weltkriegen gelitten hat, muss der Welt ein Beispiel für stabilen Frieden, gute Nachbarschaft und eine konstruktive Zusammenarbeit geben, welche die Leistungsfähigkeit aller Staaten ungeachtet unterschiedlicher Gesellschaftssysteme zum gemeinsamen Wohl zusammenführt. Die europäischen Staaten können und sollen ohne Furcht voreinander und in friedlichem Wettbewerb miteinander leben. Bauelemente des Europas des Friedens und der Zusammenarbeit müssen sein:

– die uneingeschränkte Achtung der Integrität und der Sicherheit jedes Staates; jeder hat das Recht, das eigene politische und soziale System frei zu wählen. Die uneingeschränkte Achtung der Grundsätze und Normen des Völkerrechts, insbesondere Achtung des Selbstbestimmungsrechts der Völker;

– die energische Fortsetzung des Prozesses der Abrüstung und Rüstungskontrolle; im Atomzeitalter müssen die Anstrengungen nicht

Mit 21 Schuss Salut wird der sowjetische Staatschef Michail Gorbatschow bei seinem Besuch in der Bundesrepublik am 12. Juni 1989 von Bundespräsident Richard von Weizsäcker begrüßt.

Mit einem Gottesdienst und einer Abendmahlfeier ging vor 100.000 Menschen am 11. Juni 1989 im Olympiastadion der 23. Evangelische Kirchentag in West-Berlin zu Ende.

nur darauf gerichtet sein, Krieg zu verhindern, sondern auch den Frieden zu gestalten und sicherer zu machen;
– der dichte, alle sowohl traditionellen als auch neuen Themen der bilateralen und multilateralen Beziehungen umfassende Dialog, einschließlich regelmäßiger Begegnungen auf höchster politischer Ebene;
– die Verwirklichung der Menschenrechte und die Förderung des Austauschs von Menschen und Ideen. Dazu gehören der Ausbau der Städtepartnerschaften, der Verkehrs- und Nachrichtenverbindungen, der kulturellen Kontakte, des Reise- und Sportverkehrs, die Förderung des Sprachunterrichts als auch eine wohlwollende Behandlung humanitärer Fragen einschließlich der Familienzusammenführung und Reisen in das Ausland;
– der Ausbau direkter Kontakte zwischen der Jugend und die Verpflichtung der nachwachsenden Generationen auf eine friedliche Zukunft;
– die umfassende wirtschaftliche Zusammenarbeit zum gegenseitigen Vorteil, die auch neue Formen der Kooperation einschließt. Die Gemeinsame Erklärung zwischen der Europäischen Gemeinschaft und dem Rat für Gegenseitige Wirtschaftshilfe vom 25. Juni 1988 und die Normalisierung der Beziehungen zwischen der Europäischen Gemeinschaft und den europäischen Mitgliedsstaaten des Rates für Gegenseitige Wirtschaftshilfe sowie der begonnene Dialog zwischen der Sowjetunion und den zwölf Mitgliedsstaaten der Europäischen Gemeinschaft eröffnen neue Perspektiven für eine gesamteuropäische Entwicklung in diese Richtung;
– der stufenweise Aufbau gesamteuropäischer Zusammenarbeit in verschiedenen Bereichen, insbesondere des Verkehrswesens, der Energiewirtschaft, des Gesundheitswesens, der Information und der Kommunikation;
– die intensive ökologische Zusammenarbeit und die Ausnutzung neuer Technologien, die im Interesse der Menschen insbesondere die Entstehung neuer grenzüberschreitender Gefahren verhindern;
– die Achtung und Pflege der geschichtlich gewachsenen Kulturen der Völker Europas. Diese kulturelle Vielfalt ist einer der großen Schätze des Kontinents. Nationale Minderheiten in Europa mit ihrer Kultur sind Teil dieses Reichtums. Ihren berechtigten Interessen gebührt Schutz. Die Bundesrepublik Deutschland und die Sowjetunion fordern alle Teilnehmerstaaten der KSZE zur Mitarbeit an der künftigen Architektur Europas auf.

III. Die Bundesrepublik Deutschland und die Sowjetunion erklären, dass man eigene Sicherheit nicht auf Kosten der Sicherheit anderer gewährleisten darf. Sie verfolgen deshalb das Ziel, durch konstruktive, zukunftsgewandte Politik die Ursachen für Spannung und Misstrauen zu beseitigen, so dass das heute noch gegebene Gefühl der Bedrohung Schritt um Schritt von einem Zustand gegenseitigen Vertrauens abgelöst werden kann. Beide Seiten erkennen an, dass jedem Staat unabhängig von seiner Größe und seiner weltanschaulichen Orientierung legitime Sicherheitsinteressen zustehen. Sie verurteilen das Streben nach militärischer Überlegenheit. Krieg darf kein Mittel der Politik mehr sein. Die Sicherheitspolitik und Streitkräfteplanung dürfen nur der Verminderung und Beseitigung der Kriegsgefahr und der Sicherung des Friedens mit weniger Waffen dienen. Das schließt ein Wettrüsten aus. Beide Seiten streben an, durch verbindliche Vereinbarungen unter wirksamer internationaler Kontrolle bestehende Asymmetrien zu beseitigen und die militärischen Potentiale auf ein stabiles Gleichgewicht auf niedrigem Niveau zu vermindern, das zur Verteidigung, aber nicht zum Angriff ausreicht. Beide Seiten halten es insbesondere für erforderlich, die Fähigkeit der Streitkräfte zum Überraschungsangriff und zur raumgreifenden Offensive auszuschließen. Die Bundesrepublik Deutschland und die Sowjetunion treten ein für:
– eine 50-prozentige Reduzierung der strategischen nuklearen Offensivwaffen der USA und der Sowjetunion;
– einvernehmliche amerikanisch-sowjetische Lösungen bei den Nuklear- und Weltraumverhandlungen; dies gilt auch für die Einhaltung des ABM-Vertrages;
– die Herstellung eines stabilen und sicheren Gleichgewichts der konventionellen Streitkräfte auf niedrigem Niveau sowie für die Vereinbarung weiterer vertrauens- und sicherheitsbildender Maßnahmen in ganz Europa;
– ein weltweites, umfassendes und wirksam nachprüfbares Verbot che-

Erstmals in der Tennisgeschichte gingen am 9. Juli 1989 beide Einzeltitel in Wimbledon an deutsche Spieler. Zunächst gewann Steffi Graf ihr Finale gegen Martina Navratilova (6:2, 6:7, 6:1), dann besiegte Boris Becker seinen Vorjahresbezwinger Stefan Edberg klar in drei Sätzen mit 6:0, 7:6 und 6:4.

mischer Waffen zum frühestmöglichen Zeitpunkt;
– die Vereinbarung eines zuverlässig verifizierbaren nuklearen Teststopps im Rahmen der Genfer Abrüstungskonferenz zum frühestmöglichen Zeitpunkt. Bei den laufenden Gesprächen zwischen den USA und der Sowjetunion ist ein schrittweises Herangehen an dieses Ziel wünschenswert;
– die Schaffung weiterer vertrauensbildender Maßnahmen, mehr Transparenz der militärischen Potentiale und der Militärhaushalte sowie wirksame internationale Mechanismen des Krisenmanagements, auch für Krisen außerhalb Europas.
IV. Die Bundesrepublik Deutschland und die Sowjetunion sind sich angesichts des europäischen Gewichts, das jede Seite in ihrem Bündnis hat, bewusst, dass eine positive Entwicklung ihres Verhältnisses zueinander für die Lage in Europa und für das Ost-West-Verhältnis insgesamt zentrale Bedeutung hat. In dem Wunsch, ein Verhältnis guter und verlässlicher Nachbarschaft dauerhaft zu begründen, wollen sie an die guten Traditionen ihrer jahrhundertelangen Geschichte anknüpfen. Ihr gemeinsames Ziel besteht darin, die fruchtbare Zusammenarbeit fortzusetzen, weiterzuentwickeln und zu vertiefen und ihr eine neue Qualität zu verleihen. Der Moskauer Vertrag vom 12. August 1970 bleibt die Grundlage für das Verhältnis beider Staaten. Beide Seiten werden die in diesem Vertrag und anderen Abkommen angelegten Möglichkeiten voll ausschöpfen. Sie haben beschlossen, die vertraglichen Grundlagen der Beziehungen und die partnerschaftliche Zusammenarbeit in allen Bereichen auf der Grundlage des Vertrauens, der Gleichberechtigung und des beiderseitigen Vorteils konsequent weiter auszubauen. Berlin (West) nimmt an der Entwicklung der Zusammenarbeit unter strikter Einhaltung und voller Anwendung des Vier-Mächte-Abkommens vom 3. September 1971 teil.
V. Die Bundesrepublik Deutschland und die Sowjetunion sind entschlossen, ihre Beziehungen im Vertrauen in die langfristige Berechenbarkeit der beiderseitigen Politik auf allen Gebieten weiterzuentwickeln. Sie wollen der Aufwärtsbewegung ihrer Beziehungen Stabilität und Dauer verleihen. Diese Politik berücksichtigt die beiderseitigen Vertrags- und Bündnisverpflichtungen, sie richtet sich gegen niemanden. Sie entspricht dem tiefen und langgehegten Wunsch der Vergangenheit, zu heilen und gemeinsam eine bessere Zukunft zu bauen.

Die 40-Jahr-Feier des SED-Staates am 7. Oktober 1989 war schon mehr ein Requiem als ein Jubelakt. Abertausende Bürger der ungeliebten DDR waren aus dem Urlaub in Ungarn, Polen und der ČSSR nicht heimgekehrt und in die bundesdeutschen Botschaften geflüchtet. Vergeblich versuchte Geburtstagsgast Gorbatschow mit seinen geflügelt gewordenen, mahnenden Worten „Wer zu spät kommt, den bestraft das Leben", die DDR-Führung auf Reformkurs zu bringen.

Massenexodus aus der DDR

Die DDR-Staatsführung mit ihren Greisen und Betonköpfen mochte und konnte nicht einsehen, dass die weltpolitische Lage sich verändert hatte und damit auch die Voraussetzung für den real existierenden Sozialismus. Nahezu unmerklich begann im Sommer 1989 eine Entwicklung, die innerhalb weniger Wochen dramatisch an Tempo gewann und die politische Geographie Mitteleuropas grundlegend veränderte: die Auflösung der DDR. Überdrüssig der trostlosen Verhältnisse in ihrem Staat, lief das Volk den Machthabern des ersten Arbeiter- und Bauernstaates auf deutschem Boden in Scharen davon. Aus Angst vor einer totalen Verriegelung der Grenzen kehrten Tausende von DDR-Bürgern im August 1989 nicht aus ihrem Auslandsurlaub zurück, sondern versuchten ihrer Heimat über die bundesdeutschen Botschaften in Polen, der Tschechoslowakei oder Ungarn zu entfliehen. Notdürftig versorgt, übernachteten die Menschen in eilig aufgestellten Zelten in den Gärten der diplomatischen Vertretungen. Bald waren die Botschaften derart überfüllt, dass sie schließen mussten.
In Ungarn sammelten sich in kurzer Zeit 6000 Flüchtlinge in provisorischen Auffanglagern. Nach Gesprächen mit Bundeskanzler Kohl und Außenminister Genscher setzte die ungarische Regierung das Reiseabkommen mit der DDR außer Kraft und öffnete am 11. September 1989 die Grenze nach Österreich. Es begann der erste Massenexodus. Innerhalb von drei Tagen kamen 15.000 DDR-Bürger über Ungarn und Österreich in die Bundesrepublik.
Die zweite große Ausreisewelle erreichte Außenminister Genscher in Gesprächen mit den Außenministern der SSR und der DDR am Rande der UN-Vollversammlung. Die DDR-Führung, die zur Feier ihres 40. Jahrestages dem beschämenden Belagerungszustand ein Ende setzen wollte, gestattete den Prager Botschaftsflüchtlingen und den Flüchtlingen in Polen die Ausreise.
Am 30. September 1989 überbrachten Außenminister Genscher und Kanzleramtsminister Seiters den Prager Flüchtlingen persönlich die gute Nachricht. Im Garten der Botschaft kam es zu bewegenden Szenen. Mit Sonderzügen fuhren von Warschau aus rund 800, von Prag aus rund 5500 Menschen über das Gebiet der DDR. Beim Stopp der Flüchtlingszüge in den DDR-Bahnhöfen versuchten verzweifelte Ausreisewillige, in den Zug zu gelangen. Nur mit Gewalt konnten Sicherheitskräfte die Menschen an ihrem Vorhaben hindern.
Doch die Löcher in der Grenze zum Westen ließen sich nicht mehr stopfen. Der Exodus hielt an. Der Flüchtlingsstrom in die Botschaften schwoll nicht ab. Nachdem die DDR die Durchreise ihrer nach Polen geflüchteten Bürger verboten hatte, transportierte die polnische Fluggesellschaft LOT Ausreisewillige mit Sondermaschinen in die Bundesrepublik. Allein über die Bonner Botschaft in Prag flüchteten Anfang

Am 18. Oktober 1889 tritt Staats- und Parteichef Erich Honecker (rechts) „aus gesundheitlichen Gründen" von allen Ämtern zurück. Nachfolger wird sein bisheriger Stellvertreter Egon Krenz, der sechs Tage später auch zum Staatsratsvorsitzenden des Nationalen Verteidigungsrates gewählt wird.

November innerhalb weniger Tage 40.000 Menschen. Am Jahresende hatten fast 350.000 DDR-Bürger ihrem ungeliebten Staat den Rücken gekehrt.

Während die DDR-Bürger Hals über Kopf ihr Land verließen und die Daheimgebliebenen auf die Straße gingen, um mehr Freiheit und Freizügigkeit einzufordern, traf der sowjetische Präsident Michail Gorbatschow am 6. Oktober 1989 in Ost-Berlin zur Feier des 40. Jahrestages der DDR-Gründung ein. Am Rande der Feierlichkeiten versuchte der Kreml-Chef die realitätsfernen SED-Funktionäre auf Reformkurs zu bringen, wurde jedoch schroff abgewiesen. Im Anschluss an seine erfolglosen Bemühungen sprach Gorbatschow vor der internationalen Presse die prophetische Mahnung: „Wer zu spät kommt, den bestraft das Leben."

Die DDR-Bürger nahmen den Ausspruch des reformfreudigen Kreml-Herrschers als ermutigendes Signal auf. Trotz gewaltsamer Übergriffe durch die Sicherheitskräfte begaben sich immer mehr Bürger für Reformen und demokratische Erneuerung in Leipzig, Dresden, Ost-Berlin und anderen Städten auf die Straße und riefen die Parole: „Wir sind das Volk." Am 23. Oktober 1989 erreichten die Montagsdemonstrationen in Leipzig mit 300.000 Teilnehmern ihren vorläufigen Höhepunkt.

Vierzehn Tage vorher kam es in Leipzig fast zur tödlichen Eskalation. Nationale Volksarmee und Volkspolizei waren um die Stadt zusammengezogen, Krankenhäuser alarmiert und mit zusätzlichen Blutkonserven ausgestattet worden. Gerüchte über eine „chinesische Lösung" schwirrten durch die Gassen. Trotzdem versammelte sich die Bevölkerung vor der Oper auf dem Karl-Marx-Platz. Die Protestversammlung geriet zur größten nicht organisierten Massenkundgebung seit dem Volksaufstand im Juni 1953. Und - sie blieb friedlich. Im letzten Moment hatte der Leiter des Gewandhausorchesters, Kurt Masur, in Gesprächen mit den örtlichen SED-Funktionären ein gewaltsames Vorgehen verhindert.

Die freiheitlich gesinnten Menschen formierten sich aber nicht nur auf der Straße. Als erste landesweite Oppositionsgruppe schloss sich am 11. September 1989 die Bürgerbewegung „Neues Forum" um die Malerin Bärbel Bohley und den Molekularbiologen Jens Reich zusammen. Einen Tag später formulierte die aus Kirchenkreisen hervorgegangene Protestbewegung „Demokratie Jetzt" in ihrem Gründungsaufruf „Thesen für eine demokratische Umgestaltung in der DDR". Zu ihren prominentesten Vertretern zählten der Regisseur Konrad Weiß und der Dozent für Kirchengeschichte Wolfgang Ullmann. Am 1. Oktober 1989 fanden sich Oppositionelle zur Gruppe „Demokratischer Aufbruch" zusammen. Und im Pfarrhaus zu Schwante, Kreis Oranienburg, beriefen sich 43 Bürger auf sozialdemokratische Werte und gründeten die „Sozialdemokratische Partei in der DDR", kurz SDP. Unfähig zu politischen Lösungen, drängte das SED-Politbüro am 18. Oktober 1989 den Staatsratsvorsitzenden und Generalsekretär der SED, Erich Honecker, zum Rücktritt. Zu seinem Nachfolger erkor die Funktionärsgarde den ehemaligen FDJ-Vorsitzenden Egon Krenz. Die Macht der SED, der führenden Partei im ersten sozialistischen Arbeiter- und Bauernstaat auf deutschem Boden, war zusammengebrochen.

Krenz versuchte mit einer Politik der Zugeständnisse und Reformversprechungen die Massen abzuwiegeln und das Vertrauen der Bürger zurückzugewinnen. Er verkündete eine Amnestie für alle DDR-Flüchtlinge, zwang alte Weggefährten wie den Chefideologen Kurt Hager, den Staatssicherheitsminister Erich Mielke und den Leiter des Büros für Auswärtige Angelegenheiten, Hermann Axen, ihre Plätze im Politbüro aufzugeben, und ließ ein neues Reisegesetz ausarbeiten.

„7. Januar 1989: 30 Jahre Sandmännchen. Natürlich wird der Liebling der Kinder niemals älter – nur seine Umgebung ist mit den Jahren immer moderner geworden. Die kleine Puppe, die Kinder allabendlich an das Schlafengehen erinnert, wurde von Gerhard Behrendt geschaffen. Pro Jahr laufen durchschnittlich 120 verschiedene Rahmenhandlungen im Abendgruß, hergestellt im Trickfilmstudio des DDR-Fernsehens. Allein 224 Fahrzeuge erfanden und bauten die fleißigen Filmleute für die Hauptperson. Insgesamt sagte der Sandmann den Kindern 18.600 Mal ‚Gute Nacht'. Den Sand streut er jedoch erst seit 1964." (Originalunterschrift).

1990

JANUAR

3.1. Der Runde Tisch vereinbart die „Große Koalition der Vernunft" bis zu den Volkskammerwahlen am 18. März 1990.

9.1. Der frühere Staats- und Parteichef Egon Krenz legt sein Mandat als Abgeordneter der Volkskammer nieder und gibt damit sein letztes politisches Amt auf.

15.1. In Erfurt erscheint die erste unabhängige Tageszeitung der DDR, die „Thüringer Allgemeine". Damit endet das SED-Medienmonopol.

19.1. Der langjährige SPD-Fraktionschef im Bundestag Herbert Wehner stirbt in Bonn.

20.1. Gründung der Deutschen Sozialen Union (DSU) durch zwölf christlich-liberal-konservative Gruppen in Leipzig. Die Partei befürwortet eine schnelle deutsche Wiedervereinigung und wird von der bayerischen CSU unterstützt.

28.1. Bei der Landtagswahl im Saarland kann die SPD ihre absolute Mehrheit mit 54,4% ausbauen. Gestärkt durch den Erfolg wird Ministerpräsident Oskar Lafontaine von seiner Partei zum Kanzlerkandidaten für die Bundestagswahl 1990 gewählt.

FEBRUAR

1.2. Ministerpräsident Hans Modrow unterbreitet sein Konzept mit dem Titel „Für Deutschland einig Vaterland". Der Stufenplan sieht folgende Schritte vor: Vertragsgemeinschaft, Konföderation und Übertragung von Souveränitätsrechten auf die Konföderation.

10.2. Bei einem Treffen zwischen Bundeskanzler Kohl und dem sowjetischen Staats- und Parteichef Michail Gorbatschow in Moskau wird die Zusicherung gegeben, dass die UdSSR einer Wiedervereinigung Deutschlands nicht im Weg stehe.

13./14.2. In Bonn vereinbaren DDR-Ministerpräsident Modrow und Bundeskanzler Kohl die Einsetzung einer gemeinsamen Kommission zur Vorbereitung der angebotenen Währungsunion mit Wirtschaftsreform. Sie finden keine Einigung über eine Soforthilfe der Bundesregierung zur wirtschaftlichen Stabilisierung der DDR und über die Bündniszugehörigkeit eines geeinten Deutschlands.

24./25.2. Der 1. Parteitag der PDS in Ost-Berlin befürwortet die schrittweise Vereinigung der beiden deutschen Staaten unter der Voraussetzung, dass die Gleichberechtigung der DDR gewährleistet ist und ihr sozialer Standard erhalten bleibt. Auf der Abschlusskundgebung demonstrieren rund 50.000 PDS-Anhänger für die Souveränität der DDR.

26.2. Die alternative Tageszeitung „taz" erscheint als erste bundesdeutsche Zeitung mit einer DDR-Ausgabe.

MÄRZ

1.3. Der DDR-Ministerrat beschließt die Umwandlung aller Kombinate und Volkseigenen Betriebe in Kapitalgesellschaften sowie die Einrichtung einer Anstalt zur treuhänderischen Verwaltung von Volkseigentum.

10.3. Erstmals seit Kriegsende fliegt eine Lufthansa-Maschine wieder direkt von Frankfurt/Main nach Leipzig.

12.3. In Leipzig findet die letzte Montagsdemonstration statt, an der 30.000 bis 50.000 Menschen teilnehmen.

18.3. Bei den ersten und einzigen freien Volkskammerwahlen erreicht die konservative „Allianz für Deutschland" aus CDU, DSU und DA mit 48,15% der Stimmen einen überwältigenden Sieg. Die SPD erhält 21,84%, die PDS 16,33% und die Liberalen 5,28% der Stimmen. Das Bündnis 90, in dem sich die Hauptinitiatoren der friedlichen Revolution zusammengeschlossen haben, erreicht nur 2,91 % der Stimmen. Die Wahlbeteiligung liegt bei 93,38%.

26.3. Erstmals in der Justizgeschichte wird die Kronzeugenregelung der Bundesrepublik angewandt. Ein kurdischer Terrorist erhält eine nur fünfjährige

Über alle Parteigrenzen hinweg feierte ganz Deutschland am 3. Oktober 1990 die so lange ersehnte Wiedervereinigung. Vor dem Berliner Reichstagsgebäude fand sich die politische Prominenz zusammen (von links: Brandt, Schäuble, Genscher, Hannelore und Helmut Kohl, v. Weizsäcker, Süßmuth) und mit ihr eine Million Menschen aus Ost und West zu beiden Seiten des offenen Brandenburger Tores.

Haftstrafe, da seine Aussagen zur Aufklärung anderer Straftaten beigetragen haben.

APRIL

12.4. Die DDR-Volkskammer wählt Lothar de Maizière zum Ministerpräsidenten eines Kabinetts der Großen Koalition aus den Allianzparteien CDU, DSU, DA, der SPD und den Liberalen. Die Koalition ist sich über den zügigen Beitritt der DDR zur Bundesrepublik gemäß Artikel 23 des Grundgesetzes einig.
Der Leipziger Dirigent Kurt Masur übernimmt als erster Deutscher die musikalische Leitung der New Yorker Philharmoniker.
13.4. Die Sowjetunion bekennt anlässlich des Staatsbesuchs des polnischen Präsidenten in Moskau, während des Zweiten Weltkriegs für die Ermordung von 15.000 polnischen Offizieren in Katyn verantwortlich gewesen zu sein.
17.-21.4. Bei einer Volksabstimmung in Karl-Marx-Stadt sprechen sich mehr als 75% der wahlberechtigten Bevölkerung für die Rückbenennung ihrer Stadt in Chemnitz aus.
25.4. Auf den saarländischen Ministerpräsidenten und SPD-Kanzlerkandidaten, Oskar Lafontaine, wird auf einer Wahlveranstaltung in Köln-Mühlheim ein Attentat verübt, bei dem er lebensgefährlich verletzt wird.
28.4. Die Staats- und Regierungschefs der EG-Mitgliedstaaten stimmen in Dublin der Vereinigung Deutschlands vorbehaltlos zu.

MAI

2.5. Die beiden deutschen Regierungen vereinbaren die Umtauschkurse für die Währungsunion. Danach werden die Löhne, Gehälter, Mieten, Stipendien und Renten im Verhältnis 1:1 umgestellt. Sparguthaben und Bargeld werden gestaffelt umgetauscht: Kinder bis 14 Jahre können 2.000 Mark, 15- bis 59-jährige 4.000 Mark und über 60-jähige 6.000 Mark im Verhältnis 1:1 einwechseln. Darüber hinausgehende Beträge werden im Verhältnis 2:1 eingetauscht.
12.5. Der FC Bayern München wird Deutscher Fußballmeister.
21.5. Der erste in der DDR gefertigte VW-Polo läuft im Automobilwerk Zwickau vom Band.

JUNI

13.6. In Berlin wird mit dem endgültigen Abriss der 47 km langen Mauer begonnen. An vier Stellen bleiben Mauerreste als Mahnmal erhalten.
19.6. In Schengen/Luxemburg werden von Regierungsvertretern der Bundesrepublik Deutschland, Frankreichs und der Benelux-Staaten Zusatzvereinbarungen zum Schengener Abkommen unterzeichnet. Danach werden ab 1992 die Personenkontrollen an den gemeinsamen Binnengrenzen abgeschafft.

JULI

1.7. Inkrafttreten der Währungs-, Wirtschafts-, und Sozialunion. Damit überträgt die DDR die Hoheit über die Finanz- und Geldpolitik an die Bundesrepublik und die D-Mark wird zum einzigen Zahlungsmittel in der DDR.
8.7. Die Mannschaft der Bundesrepublik Deutschland wird nach einem 1:0-Sieg über Argentinien Fußballweltmeister.
14.-16.7. Bundeskanzler Kohl trifft in der Sowjetunion mit Präsident Gorbatschow zu Gesprächen zusammen. Gorbatschow billigt einem vereinten Deutschland die volle Souveränität und die freie Wahl der Bündniszugehörigkeit zu.
19.7. Der Deutsche Fußballbund (DFB) der Bundesrepublik und der Deutsche Fußballverband der DDR (DFV) beschließen in Frankfurt/Main ihre Vereinigung.
21.7. Die britische Rockband „Pink Floyd" gibt auf dem Potsdamer Platz in Berlin das bislang größte Konzert in der Geschichte der Rockmusik.
22.7. Die DDR-Volkskammer verabschiedet mit Wirkung vom 14.10.1990 das Ländereinführungsgesetz und das Gesetz zur Wahl der Landtage. Es wandelt die seit Juli 1952 zentralistische DDR in einen föderativen Staat mit fünf neuen Ländern um. Damit werden die Länder Mecklenburg-Vorpommern, Brandenburg, Sachsen-Anhalt, Sachsen und Thüringen wieder eingerichtet.

AUGUST

23.8. Die Volkskammer beschließt mit der erforderlichen Zweidrittelmehrheit „den Beitritt der DDR zum Geltungsbereich des Grundgesetzes der Bundesrepublik Deutschland gemäß Artikel 23 des Grundgesetzes mit Wirkung vom 3.10.1990".

SEPTEMBER

5.9. Nach einer Entscheidung des Bundesverfassungsgerichts kann der „genetische Fingerabdruck" in Prozessen als Beweismittel verwendet werden.
12.9. Mit dem Abschluss der „Zwei-plus-Vier-Gespräche" durch Unterzeichnung des „Vertrags über die abschließende Regelung in Bezug auf Deutschland" von Seiten der Außenminister der vier ehemaligen Siegermächte der beiden deutschen Staaten in Moskau erhält das geeinte Deutschland die volle Souveränität und faktisch einen Friedensvertrag. Die alliierten Hoheitsrechte werden mit Wirkung vom 3. Oktober 1990 ausgesetzt.
30.9. Nach Beschluss der Vorsitzenden der 20 Einzelgewerkschaften vom 9. Mai 1990 löst sich der „Freie Deutsche Gewerkschaftsbund" (FDGB) als politisches Organ selbst auf.

OKTOBER

3.10. Die DDR tritt dem Geltungsbereich des Grundgesetzes bei. Die Bundesrepublik verfügt von nun an über die volle Souveränität. Bundespräsident Richard von Weizsäcker ernennt auf Vorschlag des Bundeskanzlers fünf ehemalige DDR-Politiker zu Ministern ohne Geschäftsbereich.
12.10. Bundesinnenminister Wolfgang Schäuble erleidet bei einem Attentat im südbadischen Oppenau lebensgefährliche Verletzungen, die zu einer Querschnittslähmung führen.
24.10. Der Bundestag verabschiedet das Gesetz zum Schutz von Embryonen. Danach werden alle Veränderungen am menschlichen Erbgut untersagt und die Leihmutterschaft sowie die Forschung an und der Handel mit Embryonen verboten.
31.10. Das Bundesverfassungsgericht erklärt das kommunale Wahlrecht für Ausländer für verfassungswidrig. Die 1989 in Schleswig-Holstein und Hamburg eingeführten Regelungen müssen dementsprechend aufgehoben werden.

NOVEMBER

9.11. Alt-Bundeskanzler Willy Brandt trifft mit 175 freigelassenen Geiseln aus dem Irak auf dem Flughafen Frankfurt/Main ein.
14.11. In Warschau unterzeichnen der deutsche Außenminister Genscher und sein polnischer Amtskollege Krzysztof Skubiszewski den deutsch-polnischen Grenzvertrag über die Festlegung der Oder-Neiße-Linie als polnische Westgrenze.

DEZEMBER

2.12. Erste freie gesamtdeutsche Wahlen seit 1933: Die CDU/CSU erreicht 43,8 %, die SPD 33,5 % und die FDP 11 % der Stimmen. Die Grünen der Bundesrepublik (Wahlgebiet West) scheitern mit 4,8 % an der Fünfprozent-Hürde. Im Wahlgebiet Ost (ehemals DDR) erreichen Bündnis 90/Grüne 6 % und die PDS 11,1 %. Aufgrund der separaten Fünfprozentklausel im geänderten Bundeswahlgesetz sind sie damit im Bundestag vertreten.
15.12. Die Hauptnachrichtensendung „Aktuelle Kamera" der ehemaligen DDR wird zum letzten Mal gesendet. Die Frequenzen des Deutschen Fernsehfunks gehen an die ARD über.
20.12. Konstituierung des ersten frei gewählten gesamtdeutschen Parlaments seit 1933 im Berliner Reichstagsgebäude.

AUSSERDEM

Reiner Kunze: Deckname „Lyrik" (Dokumentation mit Auszügen aus der Original-Stasi-Akte zu seiner Person)
Christa Wolf: Was bleibt (Erzählung)

Deutsche Einigung

Anfang Dezember 1989 hatte sich in Ost-Berlin der sogenannte „Runde Tisch" für freie Volkskammerwahlen am 6. Mai 1990 ausgesprochen. Der „Runde Tisch", der sich am polnischen und ungarischen Vorbild orientierte, entwickelte sich zum Forum der verschiedenen gesellschaftlichen Kräfte, die zunehmend Einfluss auf die Regierungspolitik der DDR gewannen. Ihm gehörten Vertreter der fünf ehemaligen Blockparteien und Abgesandte der führenden Oppositionsgruppen an. Aufgrund des rechtlichen Schwebezustands der DDR und der wachsenden Anarchie wurde der Wahltermin zwei Monate später auf den 18. März 1990 vorverlegt. Unter Zeitdruck mussten sich die neuen Parteien organisieren und Bündnisse bilden. In Anwesenheit des Bundeskanzlers vereinbarten die DDR-Parteivorsitzenden Lothar de Maizière von der CDU, Hans-Wilhelm Ebeling von der Deutschen Sozialen Union (DSU) und Wolfgang Schnur vom Demokratischen Aufbruch (DA) das konservative Wahlbündnis „Allianz für Deutschland".

Um eine grundlegende Erneuerung zu demonstrieren, hatte die in Misskredit geratene SED bereits im Dezember 1989 mit ihrer stalinistischen Vergangenheit gebrochen, den Ost-Berliner Rechtsanwalt Gregor Gysi zum neuen Vorsitzenden gewählt und ihren Namen auf „Partei des demokratischen Sozialismus", SED-PDS, erweitert. Die Bürgerbewegungen „Neues Forum", „Demokratie Jetzt" und die „Initiative Frieden und Menschenrechte" schlossen sich am 7. Februar 1990 zum „Bündnis 90" zusammen. Vier Tage später einigten sich in Anwesenheit des FDP-Vorsitzenden Otto Graf Lambsdorff die drei liberalen Parteien der DDR, die ehemalige Blockpartei LDPD, die kurz zuvor gegründete Freie Demokratische Partei der DDR und die Deutsche Forumspartei, auf ein gemeinsames Wahlbündnis.

Die ersten freien Wahlen zur Volkskammer, an deren Wahlkampf sich auch Bonner Spitzenpolitiker beteiligten, endeten mit einem überraschenden Ergebnis. Bei einer Wahlbeteiligung von 93,2 Prozent erreichte die CDU unerwartete 40,9 Prozent der Stimmen, die SPD, deren Sieg von vielen vorausgesagt worden war, bekam nur 21,8 Prozent, gefolgt von der PDS mit 16,3 Prozent. Die DSU, von der bayerischen CSU unterstützt, kam auf 6,3 Prozent, die Liberalen vom Bund Freier Demokraten auf 5,3 Prozent.

Enttäuschung rief das Wahlergebnis bei den Mitgliedern vom „Bündnis 90" hervor. Ihr Anteil an der Wende wurde bei den Bürgern nicht gewürdigt. Sie erhielten lediglich 2,9 Prozent der abgegebenen Stimmen. Zum (letzten) Ministerpräsidenten der DDR wählte die Volkskammer den Vorsitzenden der Ost-CDU, Lothar de Maizière, der eine Große Koalition aus CDU, DSU, DA, SPD und Liberalen bilden konnte. Umgehend verständigten sich die neue DDR-Regierung und die Bundesregierung auf die Herbeiführung einer Wirtschafts-, Währungs- und Sozialunion. Starke Bedenken hinsichtlich der Einführung der D-Mark meldeten die Bundesbank und insbesondere der Kanzlerkandidat der SPD, Oskar Lafontaine, an.

Doch bereits zwei Monate später, am 18. Mai 1990, unterzeichneten Finanzminister Theo Waigel und Walter Romberg in Anwesenheit von DDR-Ministerpräsident de Maizière und Bundeskanzler Kohl auf dem Schreibtisch Konrad Adenauers im Palais Schaumburg den Staatsvertrag über die „Schaffung einer Währungs-, Wirtschafts- und Sozialunion zwischen der Bundesrepublik Deutschland und der Deutschen Demokratischen Republik". Bundeskanzler Kohl bezeichnete in seiner kurzen Ansprache den feierlichen deutsch-deutschen Unterzeichnungsakt als die „Geburtsstunde des freien und einigen Deutschland".

Am 1. Juli 1990 trat der Staatsvertrag in Kraft. Mit diesem Tag übertrug die DDR ihre Finanzhoheit an die Bundesrepublik Deutschland. Der Zahlungsverkehr, Löhne, Gehälter, Renten und Sparkonten bis zu 4000 Mark wurden im Verhältnis 1:1 umgestellt, Guthaben darüber hinaus im Verhältnis 1:2. Der währungspolitische Anschluss ließ zugleich die innerdeutsche Grenze verschwinden, an der sich über vierzig Jahre die beiden mächtigsten Militärblöcke der Welt hochgerüstet gegenübergestanden hatten. Faktisch bedeutete dieser Tag die Wiedervereinigung beider deutscher Staaten.

Um die Voraussetzung zur politischen Vereinigung zu schaffen, stimmte die Volkskammer am 23. August 1990 mit der nötigen Zwei-Drittel-Mehrheit dem Beitritt der DDR am 3. Oktober 1990 zum Geltungsbereich des Grundgesetzes nach Artikel 23 zu. Danach stellte der PDS-Abgeordnete Gysi lakonisch fest: „Das Parlament hat soeben nicht mehr und nicht weniger als den Untergang der Deutschen Demokratischen Republik beschlossen."

Acht Tage später, am 31. August 1990, unterzeichneten die Verhandlungspartner Bundesinnenminister Wolfgang Schäuble und DDR-Staatssekretär Günter Krause den über tausend Seiten starken Einigungsvertrag (Vertrag zwischen der Bundesrepublik Deutschland und der Deutschen Demokratischen Republik über die Herstellung der Einheit Deutschlands) in Ost-Berlin. Der Vertrag regelte die rechtlichen Anschlussmodalitäten des

Bei dem Treffen Michail Gorbatschows mit Bundeskanzler Kohl (rechts) und Außenmisnister Genscher (links) im Kaukasus am 15. und 16. Juli 1990 wurden die letzten außenpolitischen Hürden auf dem Weg zur deutschen Einheit genommen, die am 3. Oktober desselben Jahres Wirklichkeit wurde. Bundespräsident Richard v. Weizsäcker bei seiner Ansprache in der Berliner Philharmonie: „In freier Selbstbestimmung vollenden wir die Einheit und Freiheit Deutschlands. Wir wollen in einem vereinten Europa dem Frieden der Welt dienen. Für unsere Aufgabe sind wir uns der Verantwortung vor Gott und den Menschen bewusst."

Übergangs der am 22. Juli 1990 nach Volkskammerbeschluss wiederhergestellten Länder der DDR Mecklenburg-Vorpommern, Brandenburg, Sachsen-Anhalt, Thüringen und Sachsen und bestimmte Berlin zur Hauptstadt des vereinten Deutschland.
Bevor es am 3. Oktober 1990 zum Beitritt der fünf neuen Bundesländer kam, mussten noch die außenpolitischen Hemmnisse aus dem Weg geräumt werden. Um die Ablösung der Rechte der vier Siegermächte des Zweiten Weltkriegs zu beraten, begannen Anfang Mai die sogenannten Zwei-plus-Vier-Gespräche. Die Verhandlungen unter Beteiligung der Bundesrepublik, der DDR sowie der ehemaligen Alliierten USA, Großbritannien, Frankreich und Sowjetunion sollten die „auswärtigen Aspekte der deutschen Einheit, einschließlich der Fragen der Sicherheit der Nachbarstaaten", klären.
Um Gorbatschows Einwände gegen den Verbleib Deutschlands im westlichen Verteidigungsbündnis auszuräumen, flogen Bundeskanzler Kohl und Außenminister Genscher am 15. und 16. Juli 1990 in die UdSSR. Das Ergebnis der Gespräche übertraf alle Erwartungen. Die Deutschen erhielten von Gorbatschow die Zustimmung zur vollen und uneingeschränkten Souveränität und die Zusage, frei und unabhängig entscheiden zu können, welchem Bündnis sie angehören wollen. Im Gegenzug verpflichtete sich die Bundesregierung, nach dem Abzug der sowjetischen Truppen keine Atomwaffen auf dem Gebiet der ehemaligen DDR zu stationieren, weiterhin auf ABC-Waffen zu verzichten und die Gesamtstärke der Streitkräfte innerhalb von vier Jahren auf 370.000 Mann zu reduzieren.
Jetzt war der Weg zur Einigung frei. Auf ihrer letzten Sitzung am 12. September 1990 unterzeichneten die Außenminister der Sowjetunion, der USA, Großbritanniens, Frankreichs, der Bundesrepublik und der DDR in Moskau das Abschlussdokument der Zwei-plus-Vier-Verhandlungen. Der „Vertrag über die abschließende Regelung in Bezug auf Deutschland" gab der Bundesrepublik die volle Souveränität und beendete die Rechte der Alliierten. Gleichzeitig schrieb er die Endgültigkeit der Grenzen fest und damit die Anerkennung des Verlustes der Gebiete östlich von Oder und Neiße. Die Wiedervereinigung Deutschlands am 3. Oktober 1990 zog einen offiziellen Schlussstrich unter die Geschichte der Nachkriegszeit.

Umarmt, aber nicht erdrückt hat Helmut Kohl seinen ostdeutschen Kontrahenten Lothar de Maizière. Nur 160 Tage hatte der Hugenottenspross de Maizière Zeit, als erster und letzter frei gewählter Ministerpräsident des anderen deutschen Staats die Deutschen drüben aus der sozialistischen Kommandowirtschaft an die Soziale Marktwirtschaft heranzuführen, den Beitritt der DDR zur Bundesrepublik Deutschland so geordnet wie möglich zu organisieren. Er tat es, getragen von der großen Mehrheit der Bewohner der DDR, mit Zähigkeit, Umsicht und Geschick – auch wenn in seiner Regierung nicht immer alles so reibungslos ablief, wie man es bei politisch Erprobten erwarten kann.

Von deutschem Boden wird in Zukunft nur Frieden ausgehen

Am Tag der Einheit richtete Bundeskanzler Kohl eine „Botschaft an die Regierungen der Welt":
Mit dem heutigen Tag ist das deutsche Volk in Frieden und Freiheit wiedervereint. 45 Jahre nach Ende des Zweiten Weltkriegs, der von deutschem Boden ausging und unendliches Leid in Europa und in der Welt verursacht hat, endet die schmerzliche Trennung der Deutschen.
In Ausübung ihres Rechts auf freie Selbstbestimmung, im Einvernehmen mit ihren Nachbarn und auf der Grundlage des Vertrages über die abschließende Regelung in Bezug auf Deutschland haben sich heute die Deutschen in einem Staat – der Bundesrepublik Deutschland – mit voller Souveränität in seinen inneren und äußeren Angelegenheiten vereint.
Im Namen des deutschen Volkes möchte ich allen danken, die sich für das Recht der Deutschen auf Selbstbestimmung eingesetzt und unseren Weg zur Einheit erleichtert haben. Im Bewusstsein der Kontinuität deutscher Geschichte wissen wir dies besonders zu würdigen.
I. Unser Land will mit seiner wiedergewonnenen nationalen Einheit dem Frieden in der Welt dienen und die Einigung Europas voranbringen: Das ist der Auftrag des Grundgesetzes, unserer bewährten Verfassung, die auch für das vereinte Deutschland gilt.
Zugleich stehen wir zu den moralischen und rechtlichen Verpflichtungen, die sich aus der deutschen Geschichte ergeben.
Wir wissen, dass wir mit der Vereinigung auch größere Verantwortung in der Völkergemeinschaft insgesamt übernehmen. Unsere Außenpolitik bleibt deshalb ausgerichtet auf weltweite Partnerschaft, enge Zusammenarbeit und friedlichen Interessenausgleich.
Von deutschem Boden wird in Zukunft nur Frieden ausgehen. Wir sind uns bewusst, dass die Unverletzlichkeit der Grenzen und die Achtung der territorialen Integrität und der Souveränität aller Staaten in Europa eine grundlegende Bedingung für den Frieden ist. Deshalb haben wir den endgültigen Charakter der Grenzen des vereinigten Deutschlands bestätigt, darunter die Grenze mit der Republik Polen. Wir werden in Zukunft keinerlei Gebietsansprüche gegen irgendjemanden erheben.
Wir werden im Zuge der Herstellung der deutschen Einheit die völkerrechtlichen Verträge der Deutschen Demokratischen Republik unter den Gesichtspunkten des Vertrauensschutzes, der Interessenlage der beteiligten Staaten und der vertraglichen Verpflichtungen der Bundesrepublik Deutschland sowie nach den Prinzipien einer freiheitlichen, demokratischen und rechtsstaatlichen Grundordnung und unter Beachtung der Zuständigkeit der Europäischen Gemeinschaft mit den Vertragspartnern erörtern, um ihre Fortgeltung, Anpas-

sung oder ihr Erlöschen zu regeln bzw. festzustellen.

II. Die Einigung Deutschlands ist untrennbar verbunden mit der Europas. Mit der gleichen Beharrlichkeit, mit der wir unsere Einheit angestrebt haben, werden wir uns weiterhin entschlossen für die europäische Einigung einsetzen. Wichtige Schritte liegen unmittelbar vor uns. Mit unseren Partnern in der Europäischen Gemeinschaft wollen wir bis 1992 den Binnenmarkt vollenden. Wir schreiten entschlossen auf die Wirtschafts- und Währungsunion zu. Das geeinte Deutschland wird tatkräftig mithelfen, die politische Union zu bauen:

Die Europäische Gemeinschaft wird offen sein für enge Zusammenarbeit mit den anderen Staaten Europas. Insbesondere wollen wir dazu beitragen, für die Länder Mittel-, Ost- und Südosteuropas, die ihre Freiheit errungen und sich auf den Weg politischer, wirtschaftlicher und gesellschaftlicher Reformen begeben haben, engere Bindungen mit der Europäischen Gemeinschaft zu entwickeln.

Wir sind der Überzeugung, dass die Europäer ihre Unabhängigkeit und die Menschen- und Freiheitsrechte ihrer Bürger gemeinsam am besten wahren und stärken können. Ein wichtiges Forum unserer Zusammenarbeit wird deshalb der Europarat sein und bleiben.

Wir bekennen uns zum Prozess der Sicherheit und Zusammenarbeit in Europa als Hoffnung der Völker Europas und als Wegweiser zu seiner zukünftigen Einheit. Wir treten deshalb nachdrücklich für seine Intensivierung und Institutionalisierung ein.

III. Die Wertegemeinschaft der freiheitlichen, westlichen Demokratien und das Nordatlantische Verteidigungsbündnis haben in schwierigen Jahrzehnten auf unserem Kontinent Frieden und Freiheit bewahrt. Der Platz des vereinten Deutschlands wird deshalb auch in Zukunft in diesem Bündnis sein.

Zugleich wollen wir gemeinsam mit unseren Verbündeten diese erfolgreiche Allianz entsprechend den Fortschritten im West-Ost-Verhältnis und den sich wandelnden Anforderungen der Zeit fortentwickeln und als Grundpfeiler einer neuen übergreifenden Sicherheitsarchitektur in Europa erhalten.

Wir setzen uns ein für eine Grundsatzerklärung der Mitglieder der beiden Bündnisse in Europa, mit der sie ihre Verpflichtung zum Gewaltverzicht bekräftigen und eine neue Partnerschaft beim Aufbau einer dauerhaften und gerechten europäischen Friedensordnung begründen.

Abrüstung und Rüstungskontrolle bleiben zentrale Elemente unserer Sicherheitspolitik.

Im Zusammenhang mit der Herstellung der deutschen Einheit haben wir unseren Verzicht auf Herstellung und Besitz von und auf Verfügungsgewalt über atomare, biologische und chemische Waffen bekräftigt. Das vereinte Deutschland bleibt dem Nichtverbreitungsvertrag verpflichtet.

Mit unserer Bereitschaft, die Streitkräfte des vereinten Deutschlands auf 370.000 Soldaten zu vermindern, leisten wir zugleich einen Beitrag zum Erfolg der Verhandlungen über die Reduzierung konventioneller Streitkräfte in Europa.

Wir gehen davon aus, dass in Folgeverhandlungen auch die anderen Verhandlungsteilnehmer ihren Beitrag zur Festigung von Sicherheit und Stabilität in Europa, einschließlich Maßnahmen zur Begrenzung der Personalstärken, leisten werden.

Auch weltweit werden wir uns für Abrüstungsvereinbarungen einsetzen, die zu einer Erhöhung von Stabilität und Sicherheit beitragen. Das Prinzip, wonach sich der Umfang der Streitkräfte ausschließlich an den Bedürfnissen der Selbstverteidigung ausrichten soll, muss weltweit Geltung erlangen.

Ein Abkommen über die Reduzierung der strategischen Nuklearwaffen der USA und der Sowjetunion, Verhandlungen über die Verminderung der amerikanischen und sowjetischen nuklearen Kurzstreckenraketen und nicht zuletzt das weltweite Verbot chemischer Waffen haben an Dringlichkeit nichts eingebüßt.

Willy Brandt, Alterspräsident des Bundestags und Ehrenvorsitzender der SPD, konnte in seiner Rede auf Verdienste seiner Partei um die deutsche Einigung verweisen. Seine Ostpolitik als Kanzler 1969-74 wies den Weg zur Überwindung der Konfrontation der Machtblöcke.

IV. Die Länder Afrikas, Asiens und Amerikas können auch künftig auf die Solidarität des geeinten Deutschlands zählen. Was wir in die deutsche Einheit investieren, geht nicht zu ihren Lasten – m Gegenteil: Die Überwindung der Konfrontation in Europa macht geistige Kräfte und materielle Ressourcen frei für die zentrale Friedensaufgabe unserer Zeit: für den Kampf gegen Armut und Unterentwicklung und für den Erhalt unserer natürlichen Umwelt.

Terrorismus und Drogenmissbrauch sind Herausforderungen an alle Staaten der Welt und verlangen gemeinsames Handeln. Wir werden unseren Teil der Verantwortung tragen.

V. Die Überwindung der Ost-West-Konfrontation hat auch neue Wege eröffnet, die hohen Ziele der Charta der Vereinten Nationen umfassend zu verwirklichen. Zugleich haben die Ereignisse der letzten Wochen gezeigt, wie gefährdet der Friede in der Welt bleibt, wenn die Prinzipien der Charta der Vereinten Nationen missachtet werden.

Die Bundesrepublik Deutschland will dazu beitragen, dass die Vereinten Nationen ihre unverzichtbare Rolle beim Aufbau einer friedlichen Welt und bei der Lösung der globalen Herausforderungen ausfüllen können.

Nach Wiedererlangen der deutschen Einheit in voller Souveränität ist die Bundesrepublik Deutschland bereit, sich künftig an Maßnahmen der Vereinten Nationen zur Wahrung und zur Wiederherstellung des Friedens auch durch den Einsatz ihrer Streitkräfte zu beteiligen. Wir werden hierfür die erforderlichen innerstaatlichen Voraussetzungen schaffen.

VI. Am Beginn des letzten Jahrzehnts unseres Jahrhunderts sehen wir neue Möglichkeiten für eine Welt, die ihre Probleme durch Ausgleich und Verständigung löst und den Prinzipien des Völkerrechts verpflichtet bleibt. Unser Land steht

„Für alle, die unter dem Missbrauch von Macht gelitten und ihre Heimat, ihre Arbeit oder ihr Leben verloren haben, für alle, die das Recht gebeugt haben und an anderen Menschen schuldig geworden sind", so lautete die Widmung der Gebete beim ökumenischen Gottesdienst in der Ostberliner Marienkirche.

„Zur Einheit gehören auch die Kraft und der Wille zur Erneuerung – der 3. Oktober, der von heute an der nationale Feiertag aller Deutschen sein wird, soll stets auch ein Tag der Verantwortung sein", bekannte Rita Süssmuth (rechts). CDU-Kollegin Sabine Bergmann-Pohl: „Die Menschen der DDR erwarten nicht das Land, wo Milch und Honig fließen, aber Gerechtigkeit."

in einer Reihe mit allen, die sich dem Frieden, der Achtung der Menschen- und Freiheitsrechte und dem Wohlergehen der Menschen verpflichtet fühlen. Nachdem die Bürde der Teilung von uns Deutschen genommen ist, sind wir bereit, mit neuer Kraft und in vertrauensvoller Zusammenarbeit mit allen Ländern und Völkern, die diese hohen Ziele teilen, eine gemeinsame friedliche Zukunft zu gestalten.

Abschied von der DDR

Beim Festakt im Ostberliner Schauspielhaus sagte am Vorabend des 3. Oktober 1990 Lothar de Maizière in seiner letzten Rede als Ministerpräsident, mit dem 3. Oktober ende die dramatische Phase der Neuorientierung, die im Herbst 1989 begonnen habe. „Wir stehen an der Schwelle zu einer neuen Zeit." Der Weg in die Zukunft könne unter hoffnungsvollen Vorzeichen angetreten werden, die Freiheit, Demokratie, Rechtsstaatlichkeit und soziale Gerechtigkeit hießen.

Diese Werte seien höher einzuschätzen als die materiellen Vorteile, die nach einer Zeit vieler Entbehrungen „verständlicherweise so leicht in den Vordergrund rücken", sagte de Maizière. Die gemeinsame Zukunft werde davon abhängen, „welche Bereitschaft zu wechselseitigem Verständnis wir aufbringen". De Maizière: „Es dürfen die auf der einen Seite nicht die Hohe Warte als ihre Plattform begreifen. Und die auf der anderen Seite dürfen sich nicht nur als Lernende ansehen, die durch ihre Geschichte zusätzlich belastet sind." Zu einer inneren Einheit könne es erst dann kommen, „wenn wir bereit sind, die vielen Urteile aus Unkenntnis und Unwissenheit an der Wirklichkeit zu korrigieren".

Der letzte Ministerpräsident der DDR mahnte, „die Ideale des anderen zu respektieren – auch wenn man sie nicht teilt". Das Ende einer Ideologie, das für viele eine bittere Enttäuschung gewesen sei, sollte nicht dazu führen, „dass der Glaube an alle Ideale zerstört wird". Manche „Schatten der Vergangenheit" seien besonders dunkel und würden noch lange Wirkung zeigen. Sie aufzuhellen, verlange von jedem ein höchstes Maß an Verantwortung und Selbstdisziplin. „Wir wollen dieses Kapitel unserer Geschichte ehrlich und umfassend aufarbeiten", sagte de Maizière. Am Ende, nach der „notwendigen Klärung von Schuld und Unschuld, müssen die Aussöhnung und die Befriedung der Gesellschaft stehen". Die Vergangenheit dürfe nicht auf neue Weise die Zukunft teilen.

Trotz der Sorgen vieler Bürger sei das Ende der DDR „gleichzeitig eine große Wende zum Positiven, wie sie die Geschichte nur selten bereithält". De Maizière betonte, „wir haben wirklich allen Anlass zu Freude und Dankbarkeit. Wir können einen neuen Anfang machen", dessen Vorzeichen die selbst erstrittene Freiheit, die gewollte Einheit, das lang entbehrte Recht und die neu gegebene Menschenwürde seien.

In der Bundesrepublik gebe es eine demokratische Ordnung, die sich trotz mancher Unzulänglichkeiten bewährt und weiterentwickelt habe. „Nicht was wir gestern waren, sondern was wir morgen gemeinsam sein wollen, vereint uns zum Staat", sagte de Maizière.

Als den glücklichsten Tag der Deutschen hat die bisherige Volkskammerpräsidentin, Sabine Bergmann-Pohl, den Tag der Vereinigung gewürdigt. Jetzt schließe sich vor allem für die Menschen in der bisherigen DDR eine Wunde, sagte sie. Sie betonte, dass die Einheit nicht gegen die Interessen der Nachbarn stehe. „Auschwitz ist zwar kein Veto gegen den deutschen Nationalstaat, wohl aber eine immerwährende Mahnung für uns, die Geschichte nicht zu vergessen."

Die aus der DDR in das neue Deutschland kommenden Menschen erwarteten „nicht das Land, wo Milch und Honig fließen", aber ein Land der Gerechtigkeit und des solidarischen Teilens. Der materielle Reichtum, der in der DDR gefehlt habe, sei weniger wichtig gewesen als die Vorenthaltung von Freiheit und Gerechtigkeit.

„Was wir zu lernen haben werden, ist, von der neu gewonnenen Freiheit verantwortungsvoll Gebrauch zu machen“, sagte sie. Es werde noch viel Zeit, großes Einfühlungsvermögen und Mut zu unpopulären Entscheidungen für das Zusammenwachsen der beiden Teile Deutschlands erforderlich sein. „Nehmen wir Rücksicht auf die Mentalität und Empfindlichkeit des anderen, stehen wir zusammen“, appellierte sie an alle Bürger.
Frau Bergmann-Pohl erinnerte daran, dass die friedliche Revolution in der DDR vom Umbruch in den osteuropäischen Staaten begleitet worden sei. Die deutsche Einheit richte sich nicht gegen die Interessen der Nachbarn, sondern füge sich ein in das „große Europa“. „Wir versprechen ebenso Europäer zu sein wie Deutsche“, sagte sie. Die Menschen aus der ehemaligen DDR brächten dabei neben dem Stolz auf ihre „sanfte Revolution“ auch die Erfahrung ein, dass 40 Jahre Diktatur „nicht ohne Schaden an Leib und Seele“ blieben.

Willy Brandt zur deutschen Einheit

Bei der ersten Sitzung des gesamtdeutschen Parlaments im Berliner Reichstag am 4. Oktober 1990 sagte Willy Brandt:
Der eine oder andere, der dieser Tage den Reden aus Berlin zuhört, mag gefragt haben, ob nicht für eine Weile der großen Worte genug gewechselt seien. Und ich meine: Es ist wohl in der Tat der neue Alltag, der mit dieser Sitzung des erweiterten Bundestages beginnt. Das will nicht heißen, dass wir den 3. Oktober routinemäßig abhaken können. Wie könnten wir!
Die große Freude darüber, dass willkürliche Teilung im Zeichen von Selbstbestimmung ihr Ende gefunden hat, mischt sich mit der sorgenvollen Frage, ob wir mit der konkreten Untermauerung der Einheit gut und rasch genug fertig werden. Dass die Einheit zum Nulltarif zu erhalten wäre, hat keinen Glauben gefunden ... Damit wir uns nicht missverstehen: Ich setzte natürlich darauf, dass wir es schaffen werden. Die wirtschaftliche Aufforstung und die soziale Absicherung liegen nicht außerhalb unseres Leistungsvermögens. Die Überbrückung geistig-kultureller Hemmschwellen und seelischer Barrieren mag schwieriger sein. Aber mit Takt und mit Respekt vor dem Selbstgefühl der bisher von uns getrennten Landsleute wird es möglich sein, dass ohne entstellende Narben zusammenwächst, was zusammengehört.
Es kommt – lassen Sie mich das sagen – entscheidend darauf an, dass Solidarität, von der in den Reden dieser Tage viel die Rede war, heruntergeholt wird vom Podest der Festredner. Hieran wird man uns messen, gewiss auch an unserer Fähigkeit, über den nationalen Tellerrand hinauszublicken.
Wer, Herr Bundeskanzler, wollte Ihnen nun das Glück missgönnen, dessen Sie teilhaftig wurden, als eine grundlegend veränderte außenpolitische Lage Chancen bot, die vorher nicht gegeben waren? Die Früchte von Ost-West-Entspannung und europäischer Umwälzung ernten zu können, ist nicht das Schlechteste, was einer Regierung widerfahren kann.
Wie es weitergeht, ist nicht notwendigerweise die gleiche Sache, aber es ist jedenfalls unser aller Sache. Jedenfalls auch die Sozialdemokraten wissen die Arbeit zu würdigen, die in diesen Monaten in Bonn und Berlin für Deutschland geleistet wurde. Da hatte man sich manchmal gewünscht, solider fachlicher Rat würde stärker einbezogen werden und parteipolitisches Kalkül wäre außer Betracht geblieben.
Der objektive Zwang zu breiten Mehrheiten hätte sich auch früher als beim zweiten Staatsvertrag erkennen lassen. Alle, die als Mitarbeiter der Regierung ihre Pflicht getan haben, und manchmal mehr als diese, können unserer Anerkennung gewiss sein. Dies gilt – gestatten Sie mir den Zusatz – ganz besonders für die überaus kundige internationale Absicherung der deutschen Einheit in Europa.
Dies ist eine Zeit, in der öffentliche Verantwortung großgeschrieben werden muss. Allein schafft der Markt es nicht. Konzentrierte Aktion ist geboten im Interesse wirtschaftlicher Entfaltung und gesellschaftlicher Stabilität.
Die Gesetze der parlamentarischen Demokratie treten freilich angesichts ungewöhnlicher Aufgaben nicht außer Kraft. Demokratie bleibt nun einmal ein Wagnis, das Zeit und Mühen in Anspruch nimmt und sich letztlich doch immer lohnt. Alle Vermutung spricht dafür, dass wir, wer immer künftig Mehrheit oder Minderheit sein mag, mehr aufeinander angewiesen sein werden, als es viele bislang vermuteten. Ich spreche von „Verantwortung“, nicht von „Koalition“.
Bei allem notwendigen Streit der Meinungen gilt es, das Notwendige zu tun, wo Gesamtinteressen von Staat und Volk auf dem Spiel stehen.
Aus meiner Sicht gilt dies nicht nur für die außenpolitischen Rahmenbedingungen, sondern eben auch für Arbeitsplätze, Infrastruktur und zumal für die ökologische Entseuchung, für kulturelles Erbe, für das Zusammenführen der jungen Generation auf beiden Seiten der bisherigen Trennungslinie.
Einen herzlichen Willkommensgruß möchte auch ich den Kolleginnen und Kollegen entbieten, die die frei gewählte Volkskammer in diesen erweiterten Bundestag entsandte. Ich grüße Sie nicht nur als ältestes Mitglied dieses Hauses, was kein besonderes Verdienst ist, sondern als einer, der sich im September 1949 und in der Folgezeit in einer vergleichbaren Situation des Entsandt-worden-Seins, damals von Berlin nach Bonn, befand.
Die Mitwirkung der Berliner blieb damals – bis vor Monaten übrigens – beschränkt, aber die lebendige Verbindung zwischen Rhein und Spree blieb über die Jahre hinweg wach und wurde ausgebaut. Ohne das schützende Dach der Alliierten hätten wir uns jedoch weder in Berlin behaupten noch die staatliche Einheit erlangen können.
Ich habe an manche kritische bis akut friedensgefährdende Situation denken müssen, als sich vorgestern die Kommandanten der drei Westmächte als Träger der obersten Gewalt verabschiedeten. Machen wir uns nichts vor: Der Weg

Zufriedene Mienen auf der Regierungsbank des Reichstags in Berlin: Helmut Kohl und Hans-Dietrich Genscher haben allen Grund zur Freude.

Der amerikanische Präsident George Bush hat dem vereinigten Deutschland in einer für das Deutsche Fernsehen aufgezeichneten Ansprache die besten Wünsche des amerikanischen Volkes übermittelt. Der Präsident unterstrich, die Amerikaner seien stolz, ein entschlossener Partner im Streben nach einem freien und geeinten Deutschland gewesen zu sein. Er sei sich sicher, dass die Vereinigten Staaten und Deutschland auch die Herausforderungen der Zukunft zusammen meistern könnten, geeint durch die gemeinsame Liebe zur Freiheit und als Partner in der Führung: „Das deutsche Volk tritt heute in ein Zeitalter von Einigkeit, Recht und Freiheit ein, wie es in Ihrer Hymne heißt." Bush weiter: „Am ersten Jahrestag der Öffnung der Berliner Mauer schließt sich das amerikanische Volk dem deutschen Volk bei der Feier der Verwirklichung von Träumen an, die niemals sterben – des Traums von Freiheit, des Traums von Einheit. Die Vereinigten Staaten sind stolz darauf, zu diesem historischen Erfolg beigetragen zu haben."

Der sowjetische Präsident Michail Gorbatschow hat Bundespräsident Richard von Weizsäcker und dem ganzen deutschen Volk besonders herzlich zur Vereinigung gratuliert. In einem Schreiben an das deutsche Staatsoberhaupt heißt es, die Vereinigung Deutschlands, die sich im Einvernehmen mit den Nachbarn, mit anderen Staaten und Völkern vollzogen habe, sei ein großes Ereignis nicht nur für die Deutschen allein. Sie habe sich an der Grenze von zwei Epochen vollzogen und sei ein Symbol der Festigung der allgemeinen Friedensordnung. „Die Sowjetunion und das vereinte Deutschland beginnen jetzt eine qualitativ neue Phase der Zusammenarbeit, die Frieden, Stabilität und Wohlstand für das sowjetische und deutsche Volk, Europa und die ganze Weltgemeinschaft bringen kann und sollte", sagte Gorbatschow. „Ich wünsche der großen deutschen Nation Glück, Gedeihen und ewigen Frieden in der guten Nachbarschaft und Freundschaft zwischen den europäischen Völkern", schloss der sowjetische Präsident.

Namens der französischen Nation hat der französische Staatspräsident François Mitterrand in Grußbotschaften an Bundeskanzler Kohl und Bundespräsident Richard von Weizsäcker die Wiederherstellung der deutschen Einheit begrüßt. Gleichzeitig hob er hervor, dass „die europäische Gemeinschaft und ganz Europa" den „notwendigen Elan" von Frankreich und Deutschland zur Ankurbelung der europäischen Einheit erwarten. „Wir haben gemeinsam einen weiten Weg zurückgelegt und werden ihn weitergehen, . . . wir teilen die gleiche Überzeugung", betonte Mitterrand in seinem Glückwunsch an Kohl und übermittelte „allen Deutschen die Solidarität Frankreichs". An den Bundespräsidenten richtete Mitterrand ebenfalls die „Wünsche Frankreichs für das deutsche Volk und unser gemeinsames Unternehmen, die Einheit Europas". In den Botschaften würdigte Mitterrand auch die Verdienste Kohls und Weizsäckers um die Einheit Deutschlands.

In einer Glückwunschbotschaft, die die britische Premierministerin Margaret Thatcher zum 3. Oktober 1990 an Bundeskanzler Helmut Kohl sandte, heißt es: „Die Vereinigung Deutschlands stellt einen wichtigen Schritt dar, die Teilung unseres Kontinents zu überwinden. Zusammen mit unseren Verbündeten haben wir die schwierige Zeit des Kalten Krieges durchgestanden. Jetzt, wo Deutschland in Frieden und Freiheit vereinigt ist, wird das vereinigte Deutschland eine äußerst wichtige Rolle in Europa haben. . . Dieses Ereignis – für das Deutschland und seine Freunde so lange gearbeitet haben – ist das Resultat des Mutes und der Standhaftigkeit des Westens über viele Jahre hinweg. Britannien ist stolz darauf, bei der Bewahrung der Freiheit Berlins und beim Erreichen des Zieles der deutschen Vereinigung seine Rolle gespielt zu haben. Wir heißen den Beitrag willkommen, den ein freies, demokratisches, vereintes Deutschland für den Frieden und den Wohlstand Europas und der Welt leisten kann."

von Deutschland nach Deutschland wäre verbaut gewesen, hätte Berlin nicht standgehalten.

Dann war es ja auch hier in Berlin, wo wir die Politik der kleinen Schritte entwickelten, von der wir nach einigen Mühen auch andere überzeugen konnten. Es ging nie um Anerkennung der Teilung, geschweige denn der Mauer, sondern es ging um zunächst noch so kleine Erleichterungen für die Menschen, weil wir überzeugt waren, dass die Nation in ihrem Bestand gefährdet sein würde, sollten die Familien und die Volksteile auseinanderdriften.

Aus den kleinen Schritten wurde die Ost-Politik: mit dem Bemühen, Spannungen abzubauen, Zusammenarbeit zu fördern, gemeinsamer Sicherheit den Weg zu ebnen. Alle Schritte, besonders die des gesamteuropäischen Vorhabens von Helsinki 1975 – wie umstritten war das doch, und es ist gut, dass wir jetzt alle dafür sind –, all dies zielte darauf ab, die Teilung Berlins und Deutschlands und Europas überwinden zu helfen, ohne bewährte Freundschaften aufs Spiel zu setzen. So hielten wir es in den Regierungen der sozialliberalen Koalition.

Das wird ja auch kaum noch in Zweifel gezogen, und dabei hatte und hat – ich weiß das wohl – keiner von uns letzte Wahrheiten gepachtet. Auch Bundeskanzler Kohls Entourage wird bewusst sein, dass es keinen Sinn ergibt, wichtige Kapitel der zurückliegenden Jahre ausblenden zu wollen. In gewisser Hinsicht sind wir, wenn ich es recht sehe, in der Politik für Deutschland alle eher Stafettenläufer denn Einzelkämpfer.

Wer war schon ganz sicher, in der Beurteilung des Wandels in der Sowjetunion und hinsichtlich dessen, was Gorbatschow darstellte und bedeuten würde? Wo es um vertragliche Regelungen geht, haben eben einige etwas früher begonnen als andere. Das ist das Normale, was sich im Leben vollzieht.

Dass wir ein Volk der guten Nachbarn im Innern und nach außen sein

wollen, Herr Bundeskanzler, habe ich natürlich gern gehört. Wortgleich stand es so in meiner Regierungserklärung vom Herbst 1969. Lassen Sie mich aus meiner Sicht nur noch dreierlei hinzufügen.
Erstens: Mit dem Bekenntnis zu Berlin als der bloß symbolischen Hauptstadt kann es nicht sein Bewenden haben.
Zweitens: Die rechtsstaatliche Bereinigung des Regimes der SED und ihrer Blockparteien, zumal des elenden Kapitels Stasi, muss zügig vorankommen, aber bitte, bitte nicht als fundamentalistische Verfolgungsjagd. Die Seilschaften der alten Kameraden an der Spitze großer Unternehmen müssen aufgebrochen werden. Was im Übrigen in der Regierungserklärung über die Kraft zur Aussöhnung gesagt wurde, findet meine – ich bin sicher, auch die meiner politischen Freundinnen und Freunde in diesem Haus – Zustimmung.
Drittens: Die Gesamtheit der Staats- und Wahlbürger sollte in die Entscheidung über die verfassungsmäßige Grundlage unserer gemeinsamen staatlichen Existenz einbezogen werden, d.h., wenn es soweit ist: Volksabstimmung über das bereinigte und ergänzte Grundgesetz. Auf dem Weg dahin sollten wir nicht die Kraft missachten, die in den Verfassungsentwurf der sonst so gelobten Träger der friedlichen Umwälzung eingeflossen ist.
Dies konnten nicht nur Tage überschäumender Freude sein. Man hat die Sorgen vieler Landsleute im Kopf. Zugleich wurde man den Gedanken daran nicht los, dass eine unserem Kontinent benachbarte Region im Zustand akuter Kriegsgefahr lebt und dass das Elend in weiten Teilen der Welt eher noch zunimmt. Das sollten zusätzliche Gründe sein, mit dabei zu helfen, dass aus den Vereinten Nationen ein wirksames Instrument der Friedenssicherung und produktiver weltweiter Zusammenarbeit werden kann ...
Ich halte nichts von großmäuligem Gerede über eine deutsche Weltmachtrolle. Aber: An europäischen Initiativen auch nach außen mitzuwirken, das ist möglich. Und es ist notwendig, auch verhindern zu helfen, dass Europa neu auseinanderdriftet. Mauern des Misstrauens und der Abschottung dürfen weder an die Oder und Neiße noch an den Bug verlegt werden.
Noch einmal: Das Gebot der Solidarität der Stärkeren gegenüber den Schwächeren muss die vor uns liegenden gesamteuropäischen Prozesse prägen. Das hat auch zu gelten für unsere Haltung zum Nord-Süd-Thema einschließlich der weltweiten Umweltgefahren. Es muss möglich sein, einen Teil der durch Rüstungsbau freiwerdenden Mittel umzulenken.
Aus meiner Sicht und der meiner politischen Freunde gilt erstens: die EG ausbauen, wie es vereinbart ist. Zweitens: Gesamteuropa schaffen helfen. Drittens: die sich abzeichnende europäische Friedensordnung verwirklichen. Viertens: die bettelarmen Völker, die Verdammten dieser Erde, ebenso wenig vergessen wie die globalen Umweltgefahren. Fünftens: aus den Vereinten Nationen mehr machen, als sie bisher waren.
Ich wünsche uns fruchtbare Auseinandersetzungen. Vor allem aber wünsche ich uns miteinander viel Erfolg in der Arbeit für die Menschen, die wir hier zu vertreten haben.

Vergeblich hechtet der argentinische Torhüter Sergio Goycoechea (2. v. rechts) in die richtige Ecke. In der 85. Minute des Fußball-Weltmeisterschafts-Finales im Olympiastadion von Rom am 8. Juli 1990 verwandelt der deutsche Abwehrspieler Andreas Brehme (rechts) einen Strafstoß zur 1:0-Führung. Der deutsche Stürmer Pierre Littbarski (Nr. 7) und der argentinische Abwehrspieler Juan Simon schauen gebannt zu.

Letzte Wachablösung vor dem Ehrenmal für die Opfer des Faschismus „Unter den Linden" in Berlin. Gerhard Stoltenberg in seinem ersten Tagesbefehl als Chef der gesamtdeutschen Streitkräfte: „Die Teilung unseres Landes ist nach über 40 Jahren der Trennung überwunden. Nun gilt es auch, das Trennende im Denken und Empfinden zu überwinden." Zuvor war das geteilte Deutschland das Aufmarschgebiet des Kalten Krieges gewesen. In der DDR standen 140.000 Soldaten der NVA und 390.000 der Sowjet-Armee. In der Bundesrepublik waren 490.000 Angehörige der Bundeswehr, 225.000 Amerikaner, 68.000 Briten und 45.000 Franzosen stationiert. Nach der Wiedervereinigung haben sich die Russen vollständig aus der ehemaligen DDR zurückgezogen, Amerikaner, Briten und Franzosen ihre Streitkräfte in Westdeutschland sukzessive verringert.

Beckenbauers Triumph

Um 21.50 Uhr hob Señor Edgardo Codesal Mendez beide Hände und beendete mit einem langgezogenen Pfiff die Partie. Binnen Sekunden verwandelte sich das Geschehen auf dem Rasen in eine Art Tollhaus. Vor Freude weinend ritt Jürgen Klinsmann auf der Schulter von Masseur Eder, dessen Kollege Montag und Teamchef Franz Beckenbauer hielten sich lang und innig umarmt. Auf der anderen Seite weinte auch Diego Maradona, verbittert und maßlos enttäuscht, während auf der Tribüne Bundeskanzler Helmut Kohl gerührten Blickes auf seine siegreichen Untertanen schaute. Um 22.03 Uhr an diesem hei-

Die deutschen Spieler „begraben" im Torjubel den Torschützen Andreas Brehme unter sich. Zu den Gratulanten gehören Thomas Häßler (Nr. 8), Guido Buchwald (2. von oben) und Lothar Matthäus (oben). Mit ihrem Sieg nimmt die DFB-Elf gegen die Argentinier Revanche für die 2:3-Endspiel-Niederlage von vor vier Jahren in Mexiko-Stadt.

ßen römischen Sonntagabend bestieg Kapitän Lothar Matthäus als erster das Siegerpodest und nahm zunächst einen Händedruck des italienischen Staatspräsidenten Cossiga entgegen und dann den Weltpokal: Die Bundesrepublik Deutschland feierte den dritten Weltmeistertitel nach 1954 und 1974. Das 1:0 durch ein Elfmetertor von Andreas Brehme (84. Minute) über den Titelverteidiger Argentinien war ein eher mageres Ergebnis für eine großartige Fußballdemonstration.
Der Hauptverantwortliche für diesen großen Erfolg, Franz Beckenbauer, zog derweil einsame Runden im Mittelkreis. Der Mann wollte seinen persönlichen Triumph im lärmenden Olympiastadion für ein paar Momente ganz allein auskosten. Die fest seitlich an die Hosennaht gepressten Hände signalisierten die Gefühle des Teamchefs: Diesen Sieg, den habe ich in der Tasche.
Niemand, nicht einmal der Gegner später, hat Zweifel an der Rechtmäßigkeit geübt. Beckenbauers Männer sind die wahren Champions dieses Turniers gewesen. „Es gab keine Mannschaft, die uns das Wasser reichen konnte", sagte er selbst. „Niemand hat es so verdient wie wir, weil wir in allen sieben WM-Spielen hervorragende bis gute Leistungen gebracht haben."
Und das besonders in diesem Finale: „Wir haben Argentinien an die Wand gespielt, die hatten in 90 Minuten nicht eine Torchance", meinte der Kaiser, und keiner hätte ihm widersprechen können. Sein Nachfolger Berti Vogts bestätigte den Meister: „Es war ein Sieg für die, die Fußball spielen wollten."
Das genau hatten sich die Argentinier nicht vorgenommen, ihr einziges Ziel bestand darin, kaputt zu machen, was der Gegner aufbaute; mit sieben, acht Spielern versuchten sie, ihr Tor zu verbarrikadieren, ohne selbst auch nur einmal den Kasten des bundesdeutschen Schlussmannes Bodo Illgner in Gefahr zu bringen. Bezeichnend, dass der seinen ersten Ballkontakt nach weit über einer halben Stunde hatte – durch eine Rückgabe von Jürgen Kohler. „Schade, dass sie nicht mitgespielt haben, so schwach waren, deshalb hat das Finale nicht das erwartete Niveau gehabt, aber wir konnten uns den Gegner nicht aussuchen", sagte Beckenbauer.
Beklagenswert am Spiel der Deutschen, die nach der Pause wohl das ansehnlichste Stück Weltmeisterschaft boten, blieb lediglich der missliche Umstand, dass sie aus ihren Möglichkeiten sowenig Kapital schlugen. Und so musste denn ein zweifelhafter Elfmeter (Beckenbauer: „Da hat der Rudi Völler ein wenig nachgeholfen.") für die Entscheidung herhalten. „Schieß du, hatte Lothar Matthäus, der zur Halbzeit seinen rechten Spezialschuh (Größe 40,5) mit einem anderen hatte austauschen müssen, dem Kollegen Andy Brehme zugerufen. Der Mailänder Linksverteidiger bezwang nervenstark den als „Elfmetertäter" in die Geschichte dieser WM eingegangenen Torhüter Goycochea mit einem trockenen Schuss in die linke Ecke.
„Du kannst nicht gegen andere Mächte ankämpfen" , haderte darob Argentiniens Kapitän Diego Maradona. Gemeint waren ein gnadenloses Publikum, das den Star des internationalen Fußballs von Anfang an auspfiff, und vor allem der mexikanische Schiedsrichter, der zudem zwei aus der Mannschaft von Trainer Carlos Bilardo des Feldes verwies: Monzon wegen Foulspiels an Klinsmann, Dezotti wegen einer Tätlichkeit an Kohler. Doch das hat kaum Einfluss auf das Resultat genommen – zu groß war die Überlegenheit der Bundesdeutschen (Beckenbauer: „Das war ein Spiel auf ein Tor, irgendwann hätten wir auch so einen Treffer gemacht, und wenn es in der Verlängerung gewesen wäre.").
Die Südamerikaner, „denen allein der liebe Gott hätte helfen können durch einen 60-m-Schuss oder so" (Andreas Brehme), hatten nicht den Hauch einer Chance. Weil Maradona gegen den Stuttgarter Guido Buchwald einen vollkommen aussichtslosen Kampf führte. „Wenn man alle sieben WM-Spiele betrachtet, dann nimmt Buchwald die erste Stelle bei uns ein", lobte sein Teamchef. Andere wie Lothar Matthäus, den Beckenbauer als „Superstar der Welmeisterschaft" erachtete, Andreas Brehme, Thomas Häßler oder Rudi Völler waren nicht schwächer in einer Mannschaft voller Glanzpunkte, die auch in diesem Finale mit unerhörtem Selbstbewusstsein auftrat.

Der Teamchef der deutschen Fußball-Nationalmannschaft, Franz Beckenbauer, am 8. Juli 1990 im Olympiastadion von Rom. Nach dem Sieg gegen Argentinien trat Beckenbauer als Teamchef zurück. Unter ihm holte sich Deutschland nach 1954 und 1974 den dritten WM-Titel.

1991

JANUAR

1.1. Die neuen Bundesländer der Bundesrepublik Deutschland übernehmen das Steuerrecht und große Teile der Sozialgesetzgebung der „alten“ Bundesrepublik.
2.1. Die ersten Wehrpflichtigen aus den neuen Bundesländern treten ihren Dienst in der Bundeswehr an.
10.1. Das Bundesverfassungsgericht stellt in einem Verfahren um den Roman „Josefine Mutzenbacher - Die Lebensgeschichte einer wienerischen Dirne, von ihr selbst erzählt“ fest, dass auch Pornographie im Einzelfall ein „künstlerisches Mittel“ sein kann.
12.1. In ganz Deutschland demonstrieren insgesamt über 200.000 Menschen gegen einen drohenden Zweiten Golfkrieg.
13.1. Der baden-württembergische Ministerpräsident Lothar Späth (CDU) tritt wegen der „Traumschiff-Affäre“ zurück. Späth weist die Vorwürfe, auf Kosten der Industrie Ferienreisen und Dienstflüge unternommen zu haben, jedoch von sich.
17.1. Helmut Kohl (CDU) wird vom Deutschen Bundestag mit 378 von 644 abgegebenen Stimmen erneut zum Bundeskanzler gewählt.
27.1. Der deutsche Tennisspieler Boris Becker wird durch seinen Sieg über den Tschechoslowaken Ivan Lendl Gewinner der internationalen Tennismeisterschaften von Australien und Nummer eins der Weltrangliste.

FEBRUAR

15.2. Im Montagewerk der Volkswagen Sachsen GmbH in Mosel bei Zwickau wird mit der Fertigung des VW-Golf begonnen.

MÄRZ

4.3. Als letzter Vertragspartner ratifiziert der Oberste Sowjet der UdSSR in nichtöffentlicher Sitzung das Zwei-plus-Vier-Abkommen über die volle Souveränität Deutschlands. Gleichzeitig werden die im Zweiten Weltkrieg entstandenen Grenzen für unabänderlich erklärt.
13.3. Der frühere Staats- und Parteichef der DDR, Erich Honecker, wird aus dem sowjetischen Militärhospital Beelitz nach Moskau gebracht, um die Vollstreckung eines deutschen Haftbefehls zu verhindern. Laut Staatsanwaltschaft ist Honecker an der Errichtung und am Ausbau der innerdeutschen Grenze beteiligt und als Mittäter für die Tötung von Menschen an der innerdeutschen Grenze und an der Berliner Mauer verantwortlich.
14.3. Das Bundesverfassungsgericht erklärt das in der Bundesrepublik Deutschland geltende Namensrecht für verfassungswidrig, wonach im Streitfall der Geburtsname des Mannes Ehename wird.
21.3. Bundesforschungsminister Heinz Riesenhuber (CDU) verkündet den Baustop für den sogenannten Schnellen Brüter im niederrheinischen Kalkar.

APRIL

1.4. Der Präsident der Treuhandanstalt, Detlev Karsten Rohwedder, wird in seinem Haus bei Düsseldorf Opfer eines Mordanschlages, zu dem sich die RAF bekennt.
4.4. Der Schweizer Schriftsteller Max Frisch stirbt kurz vor seinem 80. Geburtstag in Zürich.
6.4. In Frankfurt/Main wird die 1987 bei einer Brandstiftung zerstörte Alte Oper mit einem Festakt eingeweiht.
10.4. Im Automobilwerk Eisenach rollt der letzte Personenkraftwagen der Marke Wartburg vom Band.
13.4. Nachfolgerin des ermordeten Präsidenten der Berliner Treuhandanstalt, Detlev Karsten Rohwedder, wird dessen Stellvertreterin und ehemalige Finanzministerin des Landes Niedersachsen, Birgit Breuel (CDU).
20.4. Das 1954 gegründete Kuratorium Unteilbares Deutschland stellt seine Arbeit offiziell ein.
23.4. Das Bundesverfassungsgericht erklärt die im deutsch-deutschen Einigungsvertrag erfolgte Anerkennung der Bodenreform in der damaligen Sowjetischen Besatzungszone für verfassungsgemäß. Opfer dieser Enteignungen haben demnach keinen Anspruch auf Rückgabe ihres ehemaligen Besitzes.
30.4. In Zwickau läuft nach fast 35 Jahren der letzte Trabant vom Band. Insgesamt wurden 3 Millionen Personenwagen dieses Typs gebaut.
Die Bundesregierung beschließt, die Verwendung des „Ozonkillers“ FCKW (Fluorchlorkohlenwasserstoff) als Treib- und Lösungsmittel ab 1995 zu verbieten.

MAI

2.5. Die Boulevard-Zeitung „Super!“ geht in Ostdeutschland mit einer Startauflage von 500.000 Exemplaren auf den Markt.
9.5. Die Bundesregierung beschließt eine neue Verpackungsverordnung, wonach Handel und Industrie ab Dezember 1991 Transportverpackungen zurücknehmen und wiederverwenden müssen. Ab April 1992 dürfen Kunden die Verpackungen der gekauften Produkte in den Geschäften zurücklassen.
14.5. In seiner ersten Arbeitssitzung im Berliner Reichstagsgebäude beschließt der Deutsche Bundestag Steuererhöhungen, u.a. den Solidaritätszuschlag für den Aufbau der neuen Bundesländer, zum 1. Juli.
21.5. Der ehemalige Ministerpräsident der DDR, Willi Stoph, und der frühere Verteidigungsminister Heinz Keßler werden wegen ihrer Mitverantwortung für den Schießbefehl an der früheren innerdeutschen Grenze verhaftet.
29.5. Der schleswig-holsteinische Ministerpräsident Björn Engholm wird zum neuen Parteivorsitzenden der SPD gewählt.

JUNI

12.6. Der frühere baden-württembergische Ministerpräsident Lothar Späth wird Vorstandsvorsitzender der Jenoptik in Thüringen.
15.6. Der 1. FC Kaiserslautern wird nach 1951 und 1953 zum dritten Mal Deutscher Fußballmeister.
17.6. Deutschland und Polen schließen in Bonn den Vertrag über gute Nachbarschaft und freundschaftliche Zusammenarbeit ab.
20.6. Mit 338 gegen 320 Stimmen entscheiden sich die Abgeordneten des Deutschen Bundestags für Berlin als künftigen Regierungssitz.
28.6. Der 1949 gegründete Rat für Gegenseitige Wirtschaftshilfe (RGW) wird auf der 49. Konferenz der Mitgliedsstaaten in Budapest aufgelöst.

JULI

5.7. Mit 38 gegen 30 Stimmen spricht sich der Bundesrat für Bonn als Sitz der Länderkammer aus.
7.7. Mit einem Sieg über Boris Becker gewinnt Michael Stich die All-England-Tennismeisterschaften in Wimbledon. Das Damenfinale kann Steffi Graf zum dritten Mal für sich entscheiden.

AUGUST

14.8. Die Bundesregierung beschließt die Entsendung von 15 Beamten des Bundesgrenzschutzes für eine halbjährige UNO-Friedensmission in die Westsahara.
17.8. Die Sarkophage der Preußenkönige Friedrich Wilhelm I. und Friedrich II. werden gemäß testamentarischem Wunsch Friedrichs II. nach Potsdam überführt.
26.8. In Leipzig wird der erste gesamtdeutsche Duden seit 40 Jahren vorgestellt.
31.8. Die Ministerpräsidenten der 16 Bundesländer unterzeichnen in Bonn den ersten gesamtdeutschen Rundfunkstaatsvertrag.

SEPTEMBER

2.9. In Berlin beginnt der erste sogenannte Mauerschützen-Prozess gegen vier DDR- Grenzsoldaten.
6.9. Der stellvertretende CDU-Vorsitzende Lothar de Maizière legt nach erneuten Vorwürfen,

informeller Mitarbeiter der Stasi gewesen zu sein, seine Parteiämter nieder.

10.9. Wegen schwerer Sicherheitsbedenken verfügt Bundesumweltminister Klaus Töpfer den Abriss aller Reaktorblöcke des ostdeutschen Kernkraftwerks Greifswald.

20.9. Der Überfall von Rechtsextremisten auf vietnamesische Gastarbeiter und das Eingreifen der Polizei lösen im sächsischen Hoyerswerda schwere Ausschreitungen Rechtsradikaler gegen Ausländer und Asylbewerber aus, in deren Verlauf unter dem Beifall vieler Zuschauer auch ein Asylbewerberwohnheim angegriffen wird. In den folgenden Wochen kommt es im gesamten Bundesgebiet zu Anschlägen gegen Asylbewerberunterkünfte.

21.9. Die Bürgerrechtsgruppen der ehemaligen DDR, Demokratie Jetzt, Initiative Frieden und Menschenrechte sowie Teile des Neuen Forums, gründen auf ihrer zweitägigen Zusammenkunft die bundesweit antretende Partei Bündnis 90.

24.9. Der ehemalige Spionagechef der DDR, Markus Wolf, stellt sich an der bayerisch-österreichischen Grenze den deutschen Behörden.

OKTOBER

8.10. Der Paderborner Erzbischof Johannes Joachim Degenhardt entzieht dem Priester, Hochschullehrer und Psychotherapeuten Eugen Drewermann die kirchliche Lehrerlaubnis.

10.10. CDU, CSU, F.D.P. und SPD einigen sich in Bonn auf eine Beschleunigung und Vereinfachung von Asylverfahren.

16.10. Bundeskanzler Helmut Kohl und der französische Staatspräsident François Mitterrand präsentieren das Projekt eines gemeinsamen Armeecorps mit 50.000 Soldaten.

19.10. Der Liedermacher und Schriftsteller Wolf Biermann wird in Darmstadt mit dem Georg-Büchner-Preis ausgezeichnet.

22.10. Die Staaten der Europäischen Gemeinschaft und der Freihandelsassoziation EFTA einigen sich nach langjährigen Verhandlungen auf die Bildung eines gemeinsamen europäischen Wirtschaftsraumes (EWR).

NOVEMBER

7.11. Die NATO verabschiedet auf ihrer zweitägigen Gipfelkonferenz in Rom eine neue Strategie, die nach dem Ende der militärischen Ost-West-Konfrontation auf Zusammenarbeit, Friedensbewahrung und Krisenmanagement statt auf atomare Abschreckung ausgerichtet ist.
In Potsdam findet die erste deutsche Frauenministerinnenkonferenz statt. Die Teilnehmerinnen sprechen sich dabei für eine Erprobung der Abtreibungspille RU 486 aus.

8.11.-7.2.1992 Das Lenin-Denkmal auf dem Platz der Vereinten Nationen in Berlin-Friedrichshain wird abgebaut.

11.11. Die Kohlerunde mit Bundeswirtschaftsminister Jürgen Möllemann einigt sich in Bonn auf eine Verringerung der jährlichen Steinkohleförderung von 70 auf 50 Millionen Tonnen bis zum Jahre 2005.

12.11. Die SPD-Bundestagsfraktion wählt Schatzmeister Hans-Ulrich Klose zum Nachfolger des zurückgetretenen Fraktionschefs Hans-Jochen Vogel.

14.11. Der Bundestag verabschiedet das Stasi-Unterlagengesetz. Damit erhalten alle bespitzelten Bürger das Recht, ab dem 1. Januar 1992 Einsicht in die von der DDR-Staatssicherheit (Stasi) über sie geführten Akten zu nehmen.

23.11. Der deutsche Filmschauspieler Klaus Kinski stirbt im Alter von 65 Jahren in Luganita bei San Francisco.

25.11. Die CDU/CSU-Fraktion wählt Bundesinnenminister Wolfgang Schäuble als Nachfolger von Alfred Dregger zu ihrem neuen Fraktionsvorsitzenden.

27.11. Der Mitteldeutsche Rundfunk (MDR) und der Ostdeutsche Rundfunk (ODR) treten der ARD bei.

DEZEMBER

9.12. Die Staats- und Regierungschefs der zwölf EG-Staaten beschließen auf einem Gipfeltreffen im niederländischen Maastricht die Gründung der Europäischen Union. Kernstück des Maastrichter Vertrages ist die Errichtung einer Wirtschafts- und Währungsunion mit der Einführung einer europäischen Währung (ECU) bis spätestens 1999.

31.12. Die alten zentralen Sender der früheren DDR, der Deutsche Fernsehfunk (DFF) und das Funkhaus Berlin, stellen den Sendebetrieb ein.

AUSSERDEM

Martin Walser: Die Verteidigung der Kindheit (Roman)

Am Brandenburger Tor in Berlin informieren sich Jugendliche am 23. Juni 1991, einen Tag nach der Abstimmung im Deutschen Bundestag über den Regierungssitz, in einer Zeitung. Mit knapper Mehrheit hatten sich die Abgeordneten für Berlin als künftigen Regierungssitz entschieden

Kanzler Kohl mit Eiern beworfen

Bundeskanzler Kohl fuhr am 10. Mai 1991 in die Chemieregion bei Bitterfeld, um mit Aufsichts- und Betriebsratsmitgliedern über die Erhaltung der Chemiestandorte zu sprechen. Bei einem Besuch der Buna-Werke in Schkopau versprach er der anwesenden Belegschaft, alles nur Mögliche für das Weiterbestehen des Betriebs zu tun, jedoch sei es unumgänglich, die Chemieindustrie auf einen „wettbewerbsfähigen Kern herunterzufahren", womit er auf eine künftige Verringerung der Zahl der Beschäftigten anspielte. Der FDP-Vorsitzende Otto Graf Lambsdorff kritisierte die Zusagen Kohls und meinte, es sei schon sehr bedenklich, wenn führende Politiker den Menschen in Ostdeutschland „Gott und alle Welt versprechen". Eine Garantie für die Erhaltung einer Chemieregion könne von niemandem gegeben werden, außerdem sei es ohnehin fraglich, ob außer Textilbereichen und Teilen des Maschinenbaus noch etwas von der alten DDR-Industrie überleben werde.
Nach einem Besuch der Chemie AG in Bitterfeld reiste der Kanzler nach Halle weiter, wo es zu einem unvorhergesehenen Zwischenfall kam. Als er auf dem Rathausplatz vorzeitig sein Auto verließ, wurde er von einer kleinen Gruppe von Demonstranten mit Eiern, Tomaten und Farbbeuteln beworfen. Kohl lief sichtlich erregt auf einen Werfer zu, packte und schüttelte ihn, wobei es anschließend den Sicherheitsbeamten nur mit Mühe gelang, Kohl aus dem Handgemenge zu lösen. Sein Vorwurf, er sei mangelhaft geschützt worden, wurde von der Regierung Sachsen-Anhalts zurückgewiesen. Der Innenminister des Landes, Wolfgang Braun, dessen Rücktritt gefordert worden war, erklärte, der Bundeskanzler sei mitverantwortlich für den Vorfall, da er 60 m vor dem vereinbarten Punkt aus seinem Auto gestiegen sei und deshalb die entfernter platzierten Sicherheitsbeamten nicht rechtzeitig am Ort des Geschehens hätten sein können.
Die anfängliche Forderung führender CDU-Vertreter, die SPD solle sich entschuldigen, weil auch Jungsozialisten Eier geworfen hätten, wurde von der SPD mit der Feststellung zurückgewiesen, es sei nicht notwendig, sich jedesmal von einer Gewaltanwendung im Land zu distanzieren. Der stellvertretende Vorsitzende der Jungsozialisten in Halle, Mathias Schipke, verließ, um einem Ausschluss zuvorzukommen, die Partei, nachdem er von Fernsehkameras beim Eierwerfen eindeutig identifiziert worden war; zuvor hatte er seine Tat gestanden und sich über den Rundfunk bei Helmut Kohl entschuldigt. Vertreter von CDU/CSU und FDP verurteilten die Ereignisse als Gewaltanwendung radikaler Kräfte, die nicht hingenommen werden könne. Die stellvertretende SPD-Vorsitzende Däubler-Gmelin erklärte, dass sie solche Aktionen in der politischen Auseinandersetzung ablehne, man könne aber verstehen, dass viele Menschen in Ostdeutschland über die Politik der Regierung verärgert seien. CDU-Generalsekretär Rühe teilte mit, der Kanzler habe auf eine Anzeige verzichtet. Überdies zeige sich Kohl inzwischen vom Geschehenen völlig unbeeindruckt und wolle die Zahl seiner Besuche in Ostdeutschland eher noch steigern. Wie am Rand des SPD-Parteitags Ende Mai bekannt wurde, trat Schipke wieder in die Partei ein, nachdem ihm der niedersächsische Ministerpräsident Gerhard Schröder diesen Schritt mit der Feststellung nahegelegt hatte, die allerdings unstatthaften Eierwürfe rechtfertigten noch keinen freiwilligen oder erzwungenen Austritt aus der Partei. Dieser Vorgang zeige, so die CDU, dass es um die Glaubwürdigkeit der SPD bei der Distanzierung von Gewalttaten schlecht bestellt sei.

Nachdem Bundeskanzler Helmut Kohl am 10. Mai 1991 vor dem Stadthaus in Halle von einem Demonstranten mit Eiern beworfen worden ist, versucht der in Wut geratene Kanzler sich mit eibeschmierter Jacke einen Weg durch die ihm ansonsten zujubelnde Menge zu bahnen, um den Täter ausfindig zu machen.

Deklaration von Weimar

Die Außenminister der Bundesrepublik Deutschland, Frankreichs und Polens trafen sich am 28. und 29. August 1991 in . Dabei verabschiedeten Hans-Dietrich Genscher, Roland Dumas und Krzysztof Skubiszewski eine Zehn-Punkte-Erklärung, die die weitere Entwicklung auf dem Kontinent nach den tiefgreifenden Veränderungen der beiden vergangenen Jahre, damit in Verbindung stehende neue Herausforderungen für die Regierungen und Völker Europas sowie die Schaffung einer neuen europäischen Friedensordnung zum Inhalt hatte. Die Deklaration hat folgenden Wortlaut:
1. Europa steht an einem historischen Wendepunkt seiner Geschichte. Seine Völker und Staaten haben den Weg zu neuen Formen des Zusammenlebens beschritten. Wir sind uns bewusst, dass für das Gelingen zukunftsfähiger Strukturen europäischer Nachbarschaft Polen, Deutsche und Franzosen maßgebliche Verantwortung tragen.
2. Wir haben jetzt die einmalige Chance, das neue Europa in gemeinsamer Verantwortung im Geist menschlicher Solidarität, im Bewusstsein der Schicksalsverbundenheit und auf der ererbten Grundlage

gemeinsamer Werte zu entwickeln. Der natürliche Wunsch aller Völker, Demokratie, Wohlstand und Sicherheit zu verwirklichen, kann auf Dauer nur durch vereinte Kräfte des ganzen Europa Erfüllung finden.

3. Es gilt jetzt, die Netze der Kooperation immer dichter zu knüpfen, die die Völker und Staaten über einst trennende Grenzen hinweg auf allen Ebenen und in der ganzen Breite des Lebens miteinander verbinden. Wir brauchen eine Vielfalt von Beziehungen in Europa und zwischen seinen Regionen. Insbesondere durch grenzüberschreitende regionale Zusammenarbeit wird das Zusammenwachsen Europas für die Bürger erfahrbar. Sie ist zwischen Deutschland und Frankreich selbstverständlich geworden, an der Grenze zwischen Deutschland und Polen ist sie ein Schlüssel für die künftige Gemeinsamkeit der Staaten und ihrer Bürger. Es werden immer mehr gesamteuropäische konföderale Strukturen entstehen.

4. Die Stärke des neuen Europa liegt in der vielfältigen Vitalität seiner Institutionen. Die Europäische Gemeinschaft ist ihr Kern. Sie muss ihre Integration fortsetzen. Als Garant für Menschenrechte, Demokratie und Rechtsstaatlichkeit gewinnt der Europarat weiterhin an Bedeutung. Wir verstehen Stabilität in Europa in einem umfassenden Sinn, einschließlich politischer, sicherheitspolitischer, wirtschaftlicher, sozialer und ökologischer Aspekte. Jede der in diesen Bereichen tätigen Organisationen trägt auch für diese Stabilität einen Teil der Verantwortung.

5. Nordatlantische Allianz und WEU werden auch in Zukunft eine wichtige Rolle für die Stabilität in Europa spielen. Für die Sicherheit Europas wird auch zukünftig die transatlantische Dimension, das heißt die enge Zusammenarbeit mit den USA und Kanada, unerlässlich sein.

Der französische Staatspräsident Francois Mitterand (sitzend) bei seinem ersten offiziellen Staatsbesuch nach der deutschen Vereinigung in den fünf neuen Bundesländern - hier in Weimar, wo er sich vor dem Goethe/Schiller-Denkmal am 20. September 1991 in das Goldene Buch der Stadt einträgt. Begleitet wurde der Staatsgast von Bundespräsident Richard von Weizsäcker (2. v. rechts) und Ministerpräsident Josef Duchac (links).

6. Polen, Deutsche und Franzosen haben gemeinsam mit ihren Partnern im KSZE-Prozess das große Grundwerk der Charta von Paris geschaffen. Auf dieser Basis soll sich die europäische Friedensordnung entwickeln. In diesem Zusammenhang sind die politischen Verträge, die unsere Staaten untereinander abgeschlossen haben, von besonderer Bedeutung. Hierunter fallen insbesondere die Verträge, die Polen in jüngster Zeit mit Frankreich und mit Deutschland unterzeichnet hat.

7. Den Reformländern in Mittel- und Osteuropa, einschließlich der Sowjetunion, muss umfassend geholfen werden. Europa darf nicht durch neue Grenzen zwischen Arm und Reich zerschnitten werden. Frankreich und Deutschland unterstützen alle Anstrengungen, Polen und die neuen Demokratien an die Europäische Gemeinschaft heranzuführen. Sie drängen auf einen raschen Abschluss von Assoziierungsabkommen mit den Demokratien Mittel- und Südosteuropas

und fördern den Ausbau des politischen Dialogs. Es entspricht den Zielen der Europäischen Gemeinschaft, diesen neuen Demokratien den Weg zur Mitgliedschaft zu eröffnen.
8. Die Herausforderungen des Industriezeitalters verlangen Antworten, die im europäischen Raum nur gemeinsam zu finden sind. In einem gemeinsamen Wirtschaftsraum Europa wollen wir vielfältige Zusammenarbeit. Es gilt, gemeinsam konkrete und nützliche Projekte anzufassen, die den Menschen unmittelbar zugutekommen. Dies schließt die Bereiche der Umwelt, der Technologie, der Infrastruktur, der Kommunikation, der Energie und der Kultur ein, in denen sich für die Zukunft Europas wichtige Entwicklungen vollziehen, die ein Handeln in europäischen Dimensionen erfordern.
9. In gemeinsamer Anstrengung müssen wir alles tun, um menschenwürdige Existenz da zu schaffen, wo die Menschen leben. Nur so können wir ihnen das Schicksal der Flucht und der Wanderbewegungen in und nach Europa ersparen.
10. Heute, am Geburtstag Goethes, wird uns hier in Weimar in hohem Maße bewusst, dass die kulturelle Vielfalt Europas und die Kreativität seiner Menschen unser wertvollstes Gemeingut sind. Das kulturelle Leben und das Wohlergehen der Völker Europas sind eng miteinander verknüpft. Die Pflege des reichen europäischen Kulturerbes ist unser gemeinsames Ziel. Das KSZE-Symposium in Krakau hat hierzu wichtige Grundlagen erarbeitet. Wir wollen eine umfassende Politik der Zusammenarbeit in den Bereichen der Kultur, der Bildung, der Wissenschaft, der Medien und der Austauschprogramme. Es bleibt unser Bestreben, menschliche Begegnungen über Länder und Sprachgrenzen hinweg, wo immer möglich, zu fördern.
Die Minister beschlossen, zukünftig einmal im Jahr – oder wenn es die Lage in Europa erfordert – zu einem zusätzlichen Treffen zusammenzukommen. Das nächste Treffen wird in Paris stattfinden.

Der Schweizer Schriftsteller Max Frisch (15. Mai 1911 in Zürich, † 4. April 1991 ebd.) war gelernter Architekt. Vielleicht ist dies der Grund für die meisterhafte Konstruktion seines erzählerischen Werkes, das sich kunstvoll, geistreich und kritisch mit der Wirklichkeit auseinandersetzt und zutiefst vom humanistischen Geist durchdrungen ist. 1976 wurde dem Schweizer der Friedenspreis des Deutschen Buchhandels für sein literarisches Schaffen verliehen. Max Frischs populärste Bühnenwerke sind „Graf Öderland“ (1950), „Don Juan oder die Liebe zur Geometrie“ (1953), „Herr Biedermann und die Brandstifter“ (1956) und vor allem „Andorra“ (1961). Die folgenden fünf Prosawerke standen und stehen im Brennpunkt literarischer Diskussionen und im Mittelpunkt seines Schaffens: „Stiller“ (1954), „Homo Faber“ (1957), „Mein Name sei Gantenbein“ (1964), „Montauk“ (1975) und „Blaubart“ (1982). Das Zentralthema des Autors, das alle seine Romane wie ein roter Faden durchzieht, – ist das Problem der menschlichen Identität, die Spannung eines Ichs zum anderen, meist aus ironischem Blickwinkel betrachtet.*

Roy Black steht mit erhobenen Armen vor dem Schloss in Velden am Wörthersee, Schauplatz der RTL-Serie „Ein Schloss am Wörthersee“.

Hauptstadt Berlin

Die im Zweiten Weltkrieg stark zerstörte Reichshauptstadt Berlin wurde im Mai 1945 von Verbänden der Roten Armee besetzt. Nach den Abmachungen von Jalta zogen wenig später auch Truppen der drei Westmächte ein und übernahmen ihre Sektoren. Zunächst von der Berliner Alliierten Kommandantur gemeinsam verwaltet, drifteten Ost- und Westteil später ebenso auseinander wie die Besatzungszonen. Die Sowjets setzten einen kommunistisch beherrschten Magistrat ein, hielten an ihm auch nach dem Wahlsieg der SPD im Oktober 1946 fest und hinderten den gewählten Regierenden Bürgermeister Reuter am Amtsantritt. Nach dem Eklat im Alliierten Kontrollrat verließ der sowjetische Vertreter am 16. Juni 1948 wegen der Währungsreform auch die Alliierte Kommandantur; mit der Berlin-Blockade versuchte Moskau, West-Berlin in die Knie zu zwingen, was die Westalliierten mit der Luftbrücke verhinderten. Die Stadt jedoch war faktisch geteilt; im Osten regierte mit Friedrich Ebert seit September 1948 ein eigener Oberbürgermeister; Reuter und das Abgeordnetenhaus zogen nach Schöneberg. In der Folgezeit vertiefte sich die Spaltung, denn die DDR-Regierung behandelte den Ostsektor entgegen den Abmachungen als Hauptstadt der DDR. Das beantwortete der Westen mit einer immer stärkeren Bindung West-Berlins an die Bundesrepublik (z.B. Übernahme von deren Gesetzen, Amtssitz des Bundespräsidenten im Schloss Bellevue), doch erhielten die Berliner Abgeordneten im Bundestag kein volles Stimmrecht, und auch die Wehrpflicht galt nicht für West-Berliner. Der Westteil der Stadt aber, ausgebaut zu einem „Schaufenster des Westens“, entwickelte eine erhebliche Anziehungskraft auf die Ost-Berliner und DDR-Bürger, die am 17. Juni 1953 gegen die schlechten Lebensverhältnisse revoltierten. Nach Niederwerfung des Aufstands versuchte Moskau daher, durch ultimative Forderungen (u.a. 1958) West-Berlin als „Freie Stadt“ von der Bundesrepublik abzukoppeln. Als das misslang, wurde West-Berlin am 13. August 1961 durch die Berliner Mauer vom Ostteil und Umland abgeriegelt und damit endgültig zur „Frontstadt“ im Kalten Krieg. Die DDR-Führung baute Ost-Berlin zu einem repräsentativen Machtzentrum aus (Palast der Republik, Fernsehturm auf dem Alexanderplatz u.a.); mit dem Berlinabkommen von 1971 erfasste die Entspannungspolitik auch Berlin.
Nicht beseitigen ließ sich der Reiz des „Goldenen Westens“, den West-Berlin repräsentierte: Nach den Reformen von Michail Gorbatschow in

der UdSSR seit 1985 erwachte in der DDR das Protestpotential wieder und führte 1989 zum Einsturz der Mauer und des SED-Regimes. Seit dem Beitritt der DDR zur Bundesrepublik am 3. Oktober 1990 war auch Berlin wiedervereinigt, wieder Hauptstadt Deutschlands und ein Land (Stadtstaat, 890 km², 3,48 Mio. Einwohner) der Bundesrepublik. Am 20. Juni 1991 beschloss der Bundestag die Verlegung von Parlament und Regierung von Bonn nach Berlin – so wie es bereits Art. 2 des Einigungsvertrages festgelegt hatte: „Hauptstadt Deutschlands ist Berlin.“

Michael Stich reißt nach dem Matchball am 7. Juli 1991 in Wimbledon jubelnd die Arme hoch und fällt auf die Knie. In einem rein deutschen Finale bezwingt er Boris Becker in drei Sätzen und gewinnt damit sensationell das wichtigste Tennis-Turnier der Welt. 1992 holt er sich dann an gleicher Stelle mit seinem amerikanischen Partner John McEnroe noch einmal den Titel im Doppel. Gemeinsam mit Becker wird Stich 1992 in Barcelona Olympiasieger im Doppel und gewinnt am Jahresende in München den 3. Grand Slam Cup, wofür er zwei Millionen Dollar kassiert. Am 2. Mai 1997 erklärt er seinen Rücktritt wegen einer chronischen Schulterverletzung.

Roy Black

* Straßberg, 25. Januar 1943
† Mühldorf, 9. Oktober 1991

Gerd Höllerich hieß der Leader einer Augsburger Schülerband, bevor er unter dem Künstlernamen Roy Black der populärste deutsche Schlagersänger wurde. Werdende Stars neigen nun einmal dazu, ihren Namen zu wechseln. Im Falle Roy Black bietet sich folgende Erklärung: „Höllerich“ ist keine gute Empfehlung für einen Sänger, der sich die Liebe zum Thema gewählt hat, also den Himmel auf Erden besingen will. „Ich träume von einem großen Bauernhof, der ganz mein Reich ist. Dort lebe ich ohne finanzielle Sorgen, ohne Termine, ohne Hetze. Um mich herum habe ich viele Tiere; ich züchte Kaninchen, Tauben, Hunde ... Ein Ziel, für das es sich lohnt zu arbeiten.“ Roy Black war 26, als er diese Zeilen schrieb – in Erfüllung ging sein Wunsch nie. Millionen Frauen liegen dem Schmusesänger mit den Samtaugen seit 1965 zu Füßen.

Nikolaus Nakszynski wurde als Kind polnischer Eltern am 18. Oktober 1926 in Zoppot geboren. Als Dreijähriger kam er nach Berlin. Die Familie war arm, das Kind verdiente Geld als Kofferträger, Balljunge und Zeitungsausträger. Klaus Kinski – wie er sich später nannte – war bei der Hitlerjugend, schließlich in englischer Gefangenschaft, und dort spielte er bereits Theater – Schauspielunterricht hatte er jedoch nie genossen. Nach seiner Entlassung aus der Gefangenschaft spielte er in Baden-Baden und Tübingen, kam nach Berlin und erregte durch Skandale Aufsehen. Er rezitierte Verse von Villon, Rimbaud, Schiller, Majakowski, Tucholsky und Bert Brecht und sogar das Neue Testament. Als „Ein-Mann Wanderbühne“ trat er mehr als hundertmal in der Bundesrepublik, der Schweiz und Österreich auf. Er errang Riesenerfolge auf der Bühne, etwa in „Tasso“ am Wiener Burgtheater. Er trat in Filmen auf, z.B. in „Hanussen“, in „Kinder, Mütter und ein General“, in „Struensee“. Leider führte sein exzentrisches, aufbrausendes, arrogantes Wesen zu ständigen Krächen und vorzeitigen Abbrüchen der Engagements. Zur Meisterschaft gelangte Kinskis Schauspielkunst unter der Regie Werner Herzogs in „Aguirre, der Zorn Gottes“ (oben), in „Nosferatu“ und in „Woyzeck“. Klaus Kinski starb am 23. November 1991 bei San Francisco in Kalifornien.

„Ganz in Weiß“ macht ihn zum Star. Auch „Du bist nicht allein!“, „Irgend jemand liebt auch dich“ und „Schön ist es, auf der Welt zu sein“ (mit Anita Hegerland) werden Schlagerkult. Bis 1974 verkauft Roy Black rund 10 Millionen Singles und 1,5 Millionen Langspielplatten. Ende der 1970er Jahre kommt der Karriereknick: der Beginn von Roys Lebenskrise – auch privat. Seine Ehe mit Silke Vagts (Sohn Torsten) geht in die Brüche – Scheidung 1985. Ein Jahr später rebelliert sein schwaches Herz; seit seiner Kindheit hat er einen Herzklappenfehler. Nach einem Zusammenbruch in einer TV-Show werden ihm zwei neue Herzklappen eingesetzt.

1990 das Comeback. Beruflich mit der Rolle als smarter Hotelerbe Lennie Berger in der TV-Serie Ein Schloss am Wörthersee. Privat hat er eine neue Liebe gefunden. Carmen Böhning (25) schenkt ihm kurz vor seinem Tod die Tochter Nathalie. Trotzdem ist Roy Black nicht wirklich glücklich, grübelt – auch über den Tod, zieht sich oft zurück.

Mehr als 6000 Fans nehmen Abschied, als er – nur 48 Jahre alt – auf dem kleinen Friedhof in Straßberg bei Augsburg beerdigt wird.

1992

JANUAR

1.1. Die neugegründeten Sendeanstalten im Gebiet der ehemaligen DDR, der Ostdeutsche Rundfunk Brandenburg (ORB) und der Mitteldeutsche Rundfunk, der für Thüringen, Sachsen und Sachsen-Anhalt produziert, starten ihre Programme.
Das Stasi-Unterlagengesetz, nach dem Opfer des DDR-Staatssicherheitsdienstes Einblick in die über sie geführten Akten nehmen können, tritt in Kraft. Sonderbeauftragter der Bundesregierung für die Stasi-Akten wird Joachim Gauck.
12.1. Im Martin-Gropius-Bau in Berlin wird die mit 2500 Exponaten bestückte Ausstellung „Jüdische Lebenswelten" eröffnet.
19.1. In Berlin wird die erste zentrale deutsche Gedenkstätte zur Erinnerung an den Holocaust in der Villa am Wannsee eröffnet. Die Villa war im Januar 1942 Schauplatz der berüchtigten „Wannsee-Konferenz", auf der SS-Obergruppenführer Reinhard Heydrich, der Chef des Reichssicherheitshauptamtes, mit Staatssekretären und hohen Parteifunktionären die verwaltungsmäßige Umsetzung der „Endlösung der Judenfrage" besprochen hatte.
20.1. Im ersten Mauerschützenprozess gegen ehemalige Grenzsoldaten der DDR werden zwei der vier Angeklagten wegen bedingt vorsätzlichen Totschlags zu einer Freiheitsstrafe von dreieinhalb bzw. zwei Jahren mit Bewährung verurteilt. Weitere Prozesse gegen Mauerschützen folgen. Im August werden Mauerschützen erstmals des Mordes angeklagt.
28.1. Das Bundesverfassungsgericht erklärt das Verbot der Nachtarbeit für Frauen für verfassungswidrig, weil es gegen den Gleichheitsgrundsatz verstoße.

FEBRUAR

7.2. Die Außen- und Finanzminister der EG-Mitgliedsstaaten unterzeichnen den 1991 vereinbarten Vertrag von Maastricht über den Ausbau der Gemeinschaft zu einer europäischen Union mit einheitlicher Währung sowie Gemeinsamer Außen- und Sicherheitspolitik (GASP).
2.-22.2. Im französischen Albertville finden die 16. Olympischen Winterspiele statt.
15.2. Der Deutsche Leichtathletik-Verband verhängt über die Sprinterinnen Katrin Krabbe, Grit Breuer und Silke Möller eine Sperre. Der DLV wirft den Sportlerinnen vor, zur Doping-Kontrolle bestimmte Urinproben manipuliert zu haben.
27.2. Bundeskanzler Helmut Kohl und Staatspräsident Vaclav Havel schließen in Prag den Vertrag zwischen der Bundesrepublik und der Tschechischen und Slowakischen Föderation über gute Nachbarschaft und freundschaftliche Zusammenarbeit. In der Präambel wird unter anderem der Opfer von „Gewaltherrschaft, Krieg und Vertreibung" gedacht und die Nichtigkeit des Münchner Abkommens im Sinne des Prager Vertrages vom 11. Dezember 1973 bestätigt.

MÄRZ

4.3.-31.5. Das Alte Museum in Berlin zeigt die Ausstellung „Entartete Kunst - Das Schicksal der Avantgarde im Nazi-Deutschland".
23.3. Bundespräsident Richard von Weizsäcker eröffnet in Speyer die große Ausstellung „Das Reich der Salier".
27.3. Trotz Kritik des Jüdischen Weltkongresses trifft Bundeskanzler Helmut Kohl in München den österreichischen Bundespräsidenten Kurt Waldheim, der wegen seiner Vergangenheit als Wehrmachtsoffizier international isoliert ist.
31.3. Bundesverteidigungsminister Gerhard Stoltenberg tritt wegen nicht genehmigter Panzerlieferungen an die Türkei von seinem Amt zurück.

APRIL

13.4. Präsident Eduard Schewadnadse und Außenminister Hans-Dietrich Genscher vereinbaren die Aufnahme von diplomatischen Beziehungen zwischen Georgien und der Bundesrepublik Deutschland, die damit als erster westlicher Staat Georgien anerkennt.
20.4. In der spanischen Stadt Sevilla wird die bislang größte Weltausstellung „Expo '92" eröffnet, die bis zum 12. Oktober rund 12 Millionen Besucher anlockt.

Der deutsche Leichtathlet Dieter Baumann jubelt am 8. August 1992 im Ziel des Finallaufes über 5000 Meter über den Olympiasieg bei den Olympischen Sommerspielen in Barcelona.

MAI

3.5. Auf ihrem ersten Bundesparteitag entscheiden sich die Delegierten von Bündnis 90 für ein Zusammengehen mit den Grünen.
6.5. Im Alter von 90 Jahren stirbt in Paris die Schauspielerin Marlene Dietrich.
11.5. In München verabschiedet Bundesverteidigungsminister Volker Rühe die ersten deutschen Soldaten, die sich an einer Friedensmission der UNO beteiligen. Die Sanitätssoldaten sollen im Rahmen der UNO-Aktion in Kambodscha die medizinische Versorgung der „Blauhelm-Soldaten" unterstützen. Auch die SPD stimmt diesem Einsatz von deutschen Soldaten außerhalb des NATO-Gebietes zu.
13.5. Das Europäische Patentamt in München erteilt erstmals ein Patent für ein gentechnisch verändertes Tier, die „Harvard-Krebsmaus".
16.5. Durch einen Sieg über Bayer Leverkusen am letzten Spieltag wird der VfB Stuttgart Deutscher Fußballmeister.
30.5. Der frühere Bundespräsident Karl Carstens stirbt im Alter von 77 Jahren in Meckenheim bei Bonn.

JUNI

4.6. Bei ihrer Frühjahrstagung in Oslo beschließen die Außenminister der NATO-Staaten, die Truppen des Militärbündnisses künftig auch „out of area", das heißt außerhalb des NATO-Territoriums einzusetzen, falls die KSZE einen Einsatzauftrag hierzu erteilt.
5.6. Helmut Dietls Komödie „Schtonk", die Verfilmung des Skandals um die Veröffentlichung der gefälschten Hitlertagebücher

durch die Zeitschrift „stern" im Jahre 1983, erhält den begehrten Deutschen Filmpreis in Gold 1992.

17.6. In Bonn werden die neue Kunst- und Ausstellungshalle der Bundesrepublik Deutschland und das Kunstmuseum Bonn feierlich eröffnet.

19.6. In ihrer „Petersberger Erklärung" beschließen die Außen- und Verteidigungsminister der Westeuropäischen Union (WEU), der UNO und der KSZE erstmals Truppen zu friedenschaffenden Kampfeinsätzen zur Verfügung zu stellen.

30.6. Die Bonner Regierungskoalition beschließt die Einführung der Pflegeversicherung ab 1. Januar 1995 bzw. 1. Januar 1996.

JULI

4.7. An der Luftbrücke für die bosnische Stadt Sarajewo beteiligen sich erstmals auch Flugzeuge der Bundeswehr. Die SPD stimmt diesen Hilfsmaßnahmen im Bundestag ausdrücklich zu.

15.7. Die Bundesregierung beschließt die Teilnahme von Kriegsschiffen der Bundesmarine an der Überwachung des UN-Embargos gegen Rest-Jugoslawien.

18.7. Der Vorsitzende des Zentralrats der Juden in Deutschland, Heinz Galinski, stirbt im Alter von 79 Jahren in Berlin.

29.7. Der ehemalige Staats- und Parteichef der DDR, Erich Honecker, wird nach fast achtmonatigem Aufenthalt in der chilenischen Botschaft in Moskau von der russischen Regierung zur Rückkehr in die Bundesrepublik gezwungen.

AUGUST

14.8. Der ehemalige DDR-Ministerpräsident Willi Stoph wird vom Berliner Kammergericht aus gesundheitlichen Gründen aus der Untersuchungshaft entlassen.

19.8. Der deutsche Schwulenverband demonstriert mit der „Aktion Standesamt" für die gleichgeschlechtliche Ehe. Etwa 250 homosexuelle Paare beantragen demonstrativ bei den Standesämtern ihre Eheschließung.

24.8. In Rostock kommt es zu den bisher schwersten Gewalttaten gegen Ausländer in Deutschland. Rechtsextreme Jugendliche zünden unter dem Beifall erwachsender Sympathisanten und ungehindert von der Polizei einen Wohnblock an, in dem vor allem Vietnamesen leben.

25.8. In Berlin unterzeichnen Bundeskanzler Helmut Kohl (CDU), der Regierende Bürgermeister von Berlin, Eberhard Diepgen (CDU), sowie der brandenburgische Ministerpräsident Manfred Stolpe (SPD) den Hauptstadt-Vertrag.

27.8. Die vom Hamburger Bauer-Verlag herausgegebene und 1948 gegründete Illustrierte „Quick" wird wegen großer Einbußen im Anzeigengeschäft eingestellt.

SEPTEMBER

15.-18.9. In Berlin tagt die Sozialistische Internationale (SI). Sie wählt den ehemaligen französischen Regierungschef Pierre Mauroy zum Nachfolger des seit 16 Jahren amtierenden Vorsitzenden Willy Brandt, der wegen einer schweren Erkrankung seine geplante Abschiedsrede nicht selbst halten kann.

20.9. Ignatz Bubis wird in Bonn als Nachfolger des verstorbenen Heinz Galinski zum Vorsitzenden des Zentralrats der Juden in Deutschland gewählt.

26.9. Bei einem Brandanschlag auf die KZ-Gedenkstätte Sachsenhausen bei Oranienburg wird ein Museumsgebäude zerstört.

OKTOBER

8.10. Der frühere Bundeskanzler und SPD-Vorsitzende Willy Brandt stirbt in seinem Wohnort Unkel bei Bonn im Alter von 78 Jahren.

17.10. Nach einem Staatsakt im Reichstagsgebäude wird der frühere Bundeskanzler und ehemalige SPD-Vorsitzende Willy Brandt auf dem Zehlendorfer Waldfriedhof in Berlin beigesetzt.

19.10. Die Politiker der Grünen Petra Kelly und Gert Bastian werden in ihrem Wohnhaus in Bonn-Tannenbusch tot aufgefunden. Polizeiermittlungen legen die Möglichkeit nahe, dass Gert Bastian zunächst seine Lebensgefährtin und anschließend sich selbst erschossen hat. Das Motiv der Tat bleibt ungeklärt, ein Abschiedsbrief wird nicht gefunden.

22.10. Die britische Königin Elizabeth II. besucht das im Februar 1944 von britischen Bomben weitgehend zerstörte Dresden. Trotz des kühlen Empfangs durch die Bevölkerung gilt die Reise der Königin, die sie auch nach Leipzig und Potsdam führt, als positives Signal für die seit dem Austritt Großbritanniens aus dem Europäischen Währungssystem belasteten deutsch-britischen Beziehungen.

NOVEMBER

2.11. Bei seinem Besuch in der chinesischen Hauptstadt Peking erklärt Außenminister Klaus Kinkel, dass die deutsch-chinesischen Beziehungen wieder als normalisiert angesehen werden könnten. Kinkel ist der erste deutsche Spitzenpolitiker, der die Volksrepublik nach der blutigen Unterdrückung der chinesischen Demokratiebewegung im Jahr 1989 besucht.

12.11. Vor dem Berliner Landgericht beginnt der Prozess gegen den ehemaligen Staats- und Parteichef der DDR, Erich Honecker, und fünf weitere führende SED-Politiker. Neben Honecker werden der ehemalige Minister für Staatssicherheit, Erich Mielke, der frühere Verteidigungsminister Heinz Keßler, sein Stellvertreter Fritz Streletz, Willi Stoph, der ehemalige DDR-Ministerpräsident, und der frühere SED-Bezirkssekretär von Suhl, Hans Albrecht, angeklagt.

14.11. Mehr als 100.000 Menschen demonstrieren in Bonn unter dem Motto „Grundrechte verteidigen, Flüchtlinge schützen, Rassismus bekämpfen" gegen den wachsenden Fremdenhass.

23.11. Die Parteien Die Grünen und Bündnis 90 unterzeichnen in Bonn einen Vertrag über die Vereinigung beider Gruppierungen.

30.11. Die UN-Menschenrechtskommission verurteilt die bosnischen Serben wegen ihrer Politik der „ethnischen Säuberungen" und anderer Menschenrechtsverletzungen.

DEZEMBER

2.12. Mit 543 gegen 17 Stimmen billigen die Abgeordneten des Deutschen Bundestags das Vertragswerk von Maastricht zur Gründung einer Europäischen Union.

6.12. In München protestieren mehr als 400.000 Menschen mit einer 45 Kilometer langen Lichterkette gegen Ausländerfeindlichkeit in Deutschland.

Die Regierungskoalition aus CDU/CSU und F.D.P. einigt sich mit der größten Oppositionspartei SPD über eine Änderung des Artikels 16 im Grundgesetz zum Asylrecht. Nach dem neuen Grundgesetzartikel 16a sollen Asylbewerber aus anderen EG-Staaten und sogenannten sicheren Drittländern ohne Gerichtsverfahren zurückgeschickt werden.

Bei einer Volksabstimmung lehnen die stimmberechtigten Schweizer den Beitritt ihres Landes zum Europäischen Wirtschaftsraum mehrheitlich ab.

9.12. Mit breiter Mehrheit billigt der Bundestag die von vielen Ärzten und Apothekern bekämpfte Gesundheitsreform.

10.12. Bundesinnenminister Rudolf Seiters verbietet die rechtsextreme Vereinigung „Deutsche Alternative", deren rund 350 Mitglieder vor allem in Brandenburg leben.

17.12. Bundeskanzler Helmut Kohl kündigt an, dass sich die Bundesrepublik mit 1.500 Soldaten an der UN-Mission in Somalia beteiligen wird.

23.12. Der neue Privatsender RTL 2 geht auf Sendung, nachdem er die notwendige Lizenz von der Hessischen Landesanstalt für privaten Rundfunk erhalten hat.

AUSSERDEM

Jurek Becker: Amanda herzlos (Roman)

Günter Grass: Unkenrufe (Erzählung)

Heiner Müller: Krieg ohne Schlacht (Autobiographie)

Erwin Strittmatter: Der Laden (Roman)

Willy Brandt

* Lübeck, 18. Dezember 1913
† Unkel, 8. Oktober 1992

Der „Große Vorsitzende", als unehelicher Sohn einer Verkäuferin und Enkel eines Knechts geboren, trat der SPD mit 16 Jahren bei. Im April 1933 floh der 19-jährige sozialistische Jugendfunktionär und Mitarbeiter des Lübecker „Volksboten", dessen Chefredakteur Julius Leber einer der Köpfe des Widerstands gegen Hitler wurde, im Motorkutter nach Skandinavien – seinen Geburtsnamen Herbert Frahm ließ er für immer zurück.
1945 kehrte Brandt mit norwegischem Pass und schwedischem Presseausweis in die verwüstete Heimat zurück. Drei Jahre später schickte die SPD ihren wiedereingebürgerten Genossen auf Vorschlag Schumachers als Parteivertreter in die alte Reichshauptstadt. Während der Blockade wurde Brandt mit Kopf und Herz Berliner.
Am 31. Oktober 1957 zog Brandt als Regierender Bürgermeister ins Schöneberger Rathaus ein. Geographie und Geschichte der Stadt, die ihm anvertraut war, wiesen ihm von selbst eine weltpolitische Rolle zu: Berlin wurde zum Brennpunkt des Ost-West-Konflikts. Nach dem Chruschtschow-Ultimatum klagte Brandt in Washington, London und Paris die Solidarität der westlichen Schutzmächte ein und erwarb sich und seiner Sache große Sympathien; als sich die DDR im August 1961 einmauerte, erklärte ihn die Weltpresse zum Freiheitssymbol. Was nützte es? Kennedys zündende Berliner Rede konnte nicht darüber hinwegtäuschen, dass der Westen nur den Status quo halten wollte und auf die „deutsche Frage" keine Antwort wusste. Diese Erfahrung drückte sich Brandt wie ein Stempel auf; in jener Zeit entwickelte er den Gedanken des „Wandels durch Annäherung", der „Politik der kleinen Schritte". Nicht Spitzhacken reißen Mauern ein, sondern Menschen; sie und die Zeit dafür reifer zu machen, sah er fortan als seinen Auftrag.
Bei den Wahlen im Herbst 1961 trat Brandt erstmals als Kanzlerkandidat an. Der vertrauenerweckende, im Vergleich mit dem alten Herrn in Bonn jugendliche Politiker holte einige Prozente, aber der SPD hatte der Wähler noch nicht so ganz getraut – sie hatte sich erst zwei Jahre zuvor im Godesberger Programm vom Klassenkampf verabschiedet und dem bürgerlichen Lager geöffnet. 1965 gewann Brandt erneut Punkte, 1966 nahm er Abschied von Berlin, trat als Vizekanzler und Außenminister in die Große Koalition ein und führte den Nachweis, dass seine Partei auch in Bonn regierungsfähig war.
Brandts dritter Anlauf brachte den Erfolg: Am 28. September übersprang die SPD die magische 40-Prozent-Hürde und errang mit der FDP, die ihre Kursrichtung schon bei der Wahl Heinemanns zum Bundespräsidenten deutlich gemacht hatte, eine hauchdünne Mehrheit. Nach der Kanzlerwahl am 21. Oktober saß erstmals nach 40 Jahren wieder ein Sozialdemokrat an der Spitze der Regierung.
Mit dem Stichwort „mehr Demokratie wagen" stellte Brandt die innere Reform in den Vordergrund, aber Schlagzeilen machte die mit großem Elan verfolgte Entspannungs- und Ostpolitik: die Treffen mit dem DDR-Ministerpräsidenten Willi Stoph in Erfurt und Kassel („Williade"), der Moskauer Gewaltverzichtsvertrag und der Warschauer Vertrag, der die von Hitler zu verantwortende Realität der deutschen Ostgrenze besiegelte.
Des Kanzlers Kniefall am Ehrenmal des Warschauer Ghetto-Aufstands bewegte die Welt und bedeutete dem eigenen Volk, dass die Zukunft nicht gewinnt, wer die Vergangenheit verdrängt. Eine der Anforderungen Brandts an die Entspannung, die Sicherung Berlins, wurde im September 1971 mit Unterzeichnung des Viermächteabkommens eingelöst. Starker Rückenwind kam auch fünf Wochen später aus Oslo: Willy Brandt wurde als viertem Deutschen der Friedensnobelpreis verliehen.
Nach der Verabschiedung des Grundvertrages, der die beiden deutschen Staaten in ein geregeltes Verhältnis brachte und grünes Licht für die Aufnahme in die UNO gab, nach dem Breschnew-Besuch in Bonn, dem Brandt-Besuch in Israel und der Normalisierung der Beziehungen zu Prag war Ende 1973 der außenpolitische Schwung dahin.
Im Innern kündigten Preisauftrieb, Rezession, Energiekrise und anarchischer Terror dornige Zeiten an. In einer Serie von Landtagswahlen schwenkte der Wähler nach rechts. In diesem Tief traf Brandt die Enttarnung des DDR-Spions Guillaume, seines Referenten; ausgerechnet der Verkörperung des guten Willens hatte Ost-Berlin einen Kuckuck ins Nest gelegt. Der Kanzler übernahm die Verantwortung für „Fahrlässigkeiten" der bundesdeutschen Dienste und erklärte am 6. Mai 1974 seinen Rücktritt. Helmut Schmidt übernahm das Steuer des Staatsschiffs.
Als Vorsitzender der SPD, in diesem Amt 23 Jahre, hielt Brandt seine Partei offen für Menschen, die so allgemeinmenschliche Fragen wie die nach Frieden und Lebenqualität bewegte. Auf die Frage eines englischen Journalisten, wie er sein politisches Leben rückblickend

Alt-Bundeskanzler Willy Brandt.

Zum Ableben von Willy Brandt fand am 17. Oktober 1992 im Berliner Reichstagsgebäude ein Staatsakt statt. Nach der Feierstunde wird der Sarg aus dem Plenarsaal getragen. Dahinter von links: Marianne Weizsäcker, Brigitte Seebacher-Brandt, Bundespräsident Richard von Weizsäcker, Bundeskanzler Kohl.

beurteile, antwortete Willy Brandt: „Ich wäre glücklich, wenn man fände, dass ich für einige das Leben etwas leichter und mein Land zu einem guten Nachbarn gemacht hätte." Bei der Trauerfeier anlässlich seines Todes sprach sein spanischer Parteifreund Felipe Gonzalez aus, was auch vielen Millionen Deutschen auf dem Herzen gelegen hatte: „Adios, Freund Willy! Und vielen Dank für alles!"

Deutsch-tschechoslowakischer Nachbarschaftsvertrag

In Prag und Bratislawa unterzeichneten Bundeskanzler Kohl und Außenminister Genscher am 27. und 28. Februar 1992 den deutsch-tschechoslowakischen Vertrag über gute Nachbarschaft und freundschaftliche Zusammenarbeit.

1. Die Präambel des Vertrags, der formale und inhaltliche Gemeinsamkeiten mit früheren Abkommen – mit der UdSSR, Polen, Bulgarien und Ungarn – aufweist, betont die „jahrhundertelangen fruchtbaren Traditionen gemeinsamer Geschichte" und den schöpferischen Beitrag beider Völker zum gemeinsamen kulturellen Erbe Europas. Es wird festgestellt, dass der tschechoslowakische Staat seit 1918 nie zu bestehen aufgehört habe und dass das Münchener Abkommen vom 29. September 1938 nichtig sei. Der Vertrag von 1973 zwischen der Bundesrepublik Deutschland und der damaligen ČSSR wird bestätigt. Hervorgehoben wird auch die Tatsache der Vertreibung, obwohl in der Auslegung des Begriffs auf tschechoslowakischer Seite und bei den Vertriebenenverbänden Differenzen bestehen. Prag sieht die Vertreibung nur als Verstöße gegen die durch das Potsdamer Abkommen geregelte „menschliche und geordnete Aussiedlung", akzeptiert also die Dekrete des damaligen Präsidenten Beneš, während die Sudetendeutschen ihre Ausweisung von Anfang an als Vertreibung betrachten, da sie grundsätzlich gegen den Willen der Betroffenen erfolgt sei. Präsident Havel hatte mehrfach betont, dass er die Vertreibungen ohne zeitliche Eingrenzungen prinzipiell verurteile. Eigentumsforderungen der Sudetendeutschen wurden in dem Vertrag nicht berücksichtigt; die CSU hatte es als „unfreundliches Verhalten" der ČSFR-Regierung gewertet, dass in der Tschechoslowakei während der Vertragsverhandlungen früherer sudetendeutscher Besitz versteigert worden sei.

Die tschechoslowakische Seite verwies hingegen auf ihre Gesetzeslage, die Rückgabe von Eigentum nach erfolgten Enteignungen vor dem Stichdatum (25. Februar 1948) grundsätzlich nicht vorsehe. Dies betreffe nicht nur Deutsche und alle Ausländer, sondern auch Tschechen und Slowaken. Präsident Havel bemerkte dazu, dass man altes Unrecht nicht durch neues beseitigen könne. Wenn die Vermögensfrage in der ČSFR neu gestellt würde, könne in der Bevölkerung Unruhe ausbrechen und das Land destabilisiert werden. Nicht nur die Forderungen der Sudetendeutschen, sondern auch der Wunsch der tschechoslowakischen Regierung, die Bundesregierung solle ihre Bereitschaft zu einer Verzichtserklärung für diese Forderungen bekunden, was Bonn zurückwies, hatten für eine längere Verzögerung der Vertragsunterzeichnung geführt. Die Außenminister tauschten Briefe aus, worin die Ausklammerung von Eigentums- und Vermögensfragen bestätigt wurde.

2. In Artikel 1 erklären beide Seiten, ihre Beziehungen im Geist guter Nachbarschaft und Freundschaft zu gestalten und gemeinsam ein grenzfreies Europa der Menschenrechte und Grundfreiheiten anzustreben, wo demokratische Grundsätze und Rechtsstaatlichkeit geachtet werden.

Artikel 2 verpflichtet zur Wahrung des Friedens und der Achtung der gegenseitigen Grenzen, der Souveränität, der Nichteinmischung in die inneren Angelegenheiten des anderen und zum gegenseitigen Gewaltverzicht. Die Übereinstimmung im Handeln beider Seiten mit dem Völkerrecht wird hervorgehoben, insbesondere der UN-Charta, der Schlussakte von Helsinki und der Charta von Paris.

Artikel 3 – Gegenseitige Anerkennung der Grenzen;

Artikel 4 – gegenseitiger umfassender Gewaltverzicht;

Artikel 5 – Unterstützung der KSZE; Festigung von Frieden und Stabilität wird angestrebt;

Artikel 6 – Förderung kooperativer Strukturen der Sicherheit;

Artikel 7 – bei Gefahr der Verletzung des Friedens werden beide Parteien im Rahmen der KSZE und der UN zusammenarbeiten;

Artikel 8 – die Streitkräfte beider Seiten sollen auf reine Verteidigungsfähigkeit reduziert werden;

Artikel 9 – Reformen in der ČSFR sollen international gefördert werden. Deutschland erklärt seine Bereitschaft zur Hilfe bei der wirtschaftlichen Entwicklung;

Artikel 10 – Deutschland unterstützt die Bemühungen der ČSFR um Eingliederung in die EG;

Artikel 11 – regelmäßige Konsultationen auf verschiedenen Ebenen werden vereinbart; Regierungschefs und Außenminister beider Staaten treffen sich mindestens einmal jährlich, ebenso leitende Beamte beider Außenministerien; gemeinsame Kommissionen können nach Absprache gebildet werden;

Artikel 12 – Kontakte und Erfahrungsaustausch zwischen beiden Parlamenten werden zur Stärkung der bilateralen Zusammenarbeit unterstützt;

Artikel 13 – Zusammenarbeit zwischen Regionen und anderen Ge-

Bundeskanzler Helmut Kohl (links) und ČSFR-Staatspräsident Václav Havel unterzeichnen am 27. Februar 1992 in der Prager Burg den in beiden Ländern nicht unumstrittenen deutsch-tschechoslowakischen Nachbarschaftsvertrag. Hinter Kohl Bundesaußenminister Hans-Dietrich Genscher, hinter Havel sein tschechoslowakischer Amtskollege Jiri Dienstbier (4. v. rechts). Fünf Monate später (20. Juli 1992) tritt Havel von seinem Amt wegen der bevorstehenden Teilung seines Landes in eine tschechische und eine slowakische Republik zurück.

bietskörperschaften, vor allem im Grenzbereich, werden angestrebt; ebenso sollen direkte Kontakte zwischen Städten und Gemeinden verstärkt werden; entsprechende Kommissionen werden gebildet;
Artikel 14 – Zusammenarbeit im Rahmen internationaler Organisationen soll vertieft werden; gegenseitige Hilfe bei der Entwicklung der Zusammenarbeit in – vor allem europäischen – Institutionen, denen eine Vertragspartei als Mitglied angehört, wird zugesichert;
Artikel 15 – wirtschaftliche und finanzielle Zusammenarbeit wird weiterentwickelt, auch im Rahmen multilateraler Finanzinstitutionen wie des IMF, der Weltbank oder der Europäischen Bank für Wiederaufbau und Entwicklung; gegenseitiger Schutz von Investitionen; Förderung der Zusammenarbeit zwischen kleineren und mittleren Firmen und Betrieben; Zusammenarbeit bei der Aus- und Weiterbildung von Fach- und Führungskräften der Wirtschaft;
Artikel 16 – gemeinsame Nutzung moderner Wissenschaft und Technologie; Unterstützung diesbezüglicher Initiativen von Wissenschaftlern und Forschungseinrichtungen; Erleichterung des Zugangs zu Archiven, Bibliotheken und Forschungsinstituten;
Artikel 17 – gemeinsame Anstrengungen im Umweltschutz, vor allem in gemeinsamen Grenzregionen; Entwicklung gemeinsamer Strategien für internationale und regionale Umweltpolitik; gegenseitige Hilfe bei Katastrophen;
Artikel 18 – Verbesserung der Transportbedingungen; Ausbau von Grenzübergängen; Erleichterung des Reiseverkehrs; Erweiterung der Kommunikationsverbindungen wie Telefon und Telex und Verbindungen zur elektronischen Datenübertragung;
Artikel 19 – Zusammenarbeit bei der Raumordnung;
Artikel 20 – Schutz der deutschen Minderheit; Menschen, die sich zur deutschen Kultur bekennen, können dies frei und ohne Diskriminierung zum Ausdruck bringen; die ČSFR ermöglicht die Förderung der deutschen Minderheit durch die Bundesrepublik;
Artikel 21 – Schutz von Personen tschechoslowakischer Abstammung in Deutschland; Deutschland ermöglicht die Förderung dieses Personenkreises durch die ČSFR;
Artikel 22 – Intensivierung des Kulturaustauschs; Zusammenarbeit zwischen kulturellen Institutionen und Organisationen;
Artikel 23 – Abkommen über gegenseitige Errichtung und Tätigkeit von Kultur- und Informationszentren soll voll ausgeschöpft werden;
Artikel 24 – Zusammenarbeit bei der Erhaltung des europäischen Kulturerbes, in der Denkmalpflege; die in beiden Staaten befindlichen Kulturgüter, die von den Traditionen der anderen Seite zeugen, sollen besonders gepflegt, und freier Zugang zu ihnen soll ermöglicht werden;
Artikel 25 – Förderung von Sprache und Kultur der anderen Seite an Schulen und anderen Bildungseinrichtungen; Ausbau des Studiums der Kultur und Literatur der anderen Seite an Hochschulen; Austausch von Hochschullehrern; Aus- und Fortbildung von Lehrkräften; Entwicklung und Bereitstellung von Lehrmaterial;
Artikel 26 – Vertiefung der Zusammenarbeit im schulischen Bereich; Austausch von Schülern und Lehrern; Anknüpfung von Schulpartnerschaften; Erweiterung der wissenschaftlichen Zusammenarbeit auf allen Ebenen; Austausch von Studenten und wissenschaftlichen Lehrkräften; Zusammenarbeit auch in der beruflichen Bildung;
Artikel 27 – Förderung von Aktivitäten zum gemeinsamen Verständnis der deutsch-tschechoslowakischen Geschichte;
Artikel 28 – Förderung zwischenstaatlicher Kontakte von Bürgern; enge Zusammenarbeit zwischen Kirchen, Parteien und anderen gesellschaftlichen Gruppen;
Artikel 29 – Förderung von Jugendkontakten;
Artikel 30 – Pflege der Gräber auf beiden Seiten vereinbart;
Artikel 31 – Entwicklung des Rechtshilfeverkehrs; gemeinsame Bekämpfung von Kriminalität und internationalem Terrorismus;
Artikel 32 – arbeits- und sozialpolitische Zusammenarbeit; gemeinsame Anstrengungen im Gesundheitswesen;
Artikel 33 – Rechte und Verpflichtungen aus anderen Verträgen werden nicht berührt;
Artikel 34 – Schlichtung von Meinungsverschiedenheiten laut KSZE-Regelung;
Artikel 35 – Ratifikationsvorbehalt; der Vertrag hat eine Dauer von 10 Jahren; er verlängert sich um jeweils weitere 5 Jahre, falls er nicht mindestens ein Jahr vor Ablauf der Geltungsdauer schriftlich gekündigt wird.

Ausländerfeindliche Übergriffe und Mordanschläge

Petra Kelly mit ihrem Lebensgefährten Gert Bastian am 16. Juni 1992 in München. Schon während ihrer Arbeit bei der EG in Brüssel (1971-82) engagierte sich Kelly in der europäischen Frauen-, Friedens- und Anti-Atombewegung. Sie gehörte zu den Gründungsmitgliedern der Grünen (1980) und kam 1983 und 1987 als Abgeordnete in den Deutschen Bundestag. 1990 bemühte sie sich erfolglos um eine Bundestagkandidatur, ihre Partei scheiterte bei der Wahl am 2. Dezember 1990 zudem an der 5-Prozent-Klausel. Die „Symbolfigur der Grünen" mahnte darauf „zu den authentischen grünen Prioritäten in allen Politikbereichen" zurückzufinden, fand aber immer weniger Gehör. Ihr Lebenspartner, General a.D. Gert Bastian, erschoss am 1. Oktober 1992 in der gemeinsamen Wohnung in Bonn-Tannenbusch zunächst Petra Kelly, offenbar im Schlaf, und dann sich selbst. Die Leichen wurden erst Wochen später entdeckt, die Motive blieben offen.

Seit sich in der Bundesrepublik Mitte der 1950er Jahre Arbeitskräftemangel bemerkbar machte, wurden zunächst in Italien, dann auch in anderen Mittelmeerländern Gastarbeiter angeworben. Die Zahl der Ausländer stieg bis zum Anwerbestop 1973 auf über 2,5 Mio. und wuchs auch danach weiter durch Nachzug von Familienangehörigen, hohe Geburtenrate, asylsuchende politische Flüchtlinge. Auch die DDR hatte zeitweilig Gastarbeiter aus Angola, Vietnam u.a. angeworben, von denen noch einige in Deutschland leben, deren Anzahl aber nicht ins Gewicht fällt.

Die Integration der Ausländer blieb trotz ihres großen Anteils am Wirtschaftswunder und trotz ihres Beitrags zu Steuern und Sozialversicherung in Ansätzen stecken. Das lag an Sprachproblemen, Einsatz v.a. zu niedrigen Arbeiten (Hilfsarbeiter) mit schlechterer Entlohnung, geringer Anpassungswilligkeit der Arbeitsimmigranten (Ghetto-Bildung), am wachsenden Anteil kulturfremder Gruppen wie islamischer Türken, am Import politischer Konflikte der Heimatländer (z.B. Türken gegen Kurden), aber auch an wachsender Fremdenfeindlichkeit in Deutschland bei abflachender Konjunktur, explodierender Arbeitslosigkeit und v.a. im Zuge der Wiedervereinigung.

Ihren Ausgang nahmen die schweren Übergriffe gegen Ausländer in den ostdeutschen Ländern, wo u.a. am 17. September 1991 im nordsächsischen Hoyerswerda und am 22. August 1992 in Rostock-Lichtenhagen Anschläge auf Asylbewerberheime die Welle der Gewalt auslösten. Sie erreichte allerdings in den alten Ländern den Höhepunkt mit dem Brandanschlag auf ein von Türken bewohntes Haus in Mölln am 23. November 1992, bei dem drei Menschen ums Leben kamen, und mit der Brandstiftung in einem Haus in Solingen am 29. Mai 1993, der fünf türkische Bürger zum Opfer fielen.

Zu den Fällen des Jahres 1992 berichtet das „Archiv der Gegenwart":

Im Zeitraum Januar bis November 1992 ereigneten sich nach Angaben des Bundesamts für Verfassungsschutz (BfV) in Köln 1912 Gewalttaten mit erwiesener oder vermuteter rechtsextremistischer Motivation, von denen 1171 in den alten und 741 in den neuen Bundesländern verübt wurden. Hierbei wurden 17 Personen getötet und 452 Menschen verletzt; 1991 hatten im Gegensatz hierzu drei Personen bei Angriffen von Rechtsextremisten den Tod gefunden. Jugendliche und junge Erwachsene, die in rechtsradikalen, teils offen militant auftretenden Vereinigungen organisiert waren oder in Gruppen von „Skinheads" in Erscheinung traten, drohten Ausländern und Asylbewerbern unverhüllt mit Angriffen und mit dem Tod; hierbei benutzten sie – ungeachtet gesetzlicher Verbote und historischer Sensibilität – nationalsozialistische Symbole wie Hakenkreuze oder hoben den Arm zum Hitlergruß.

Feuerwehrmänner verlassen das völlig zerstörte Haus. In das Fenster (rechts) haben Nachbarn Blumen gelegt. Bei offensichtlich von Neonazis verübten Brandanschlägen auf zwei Wohnhäuser im schleswig-holsteinischen Mölln sind in der Nacht zum 23. November drei Türkinnen im Alter von 51, 14 und 10 Jahren ums Leben gekommen, neun Menschen wurden verletzt, davon fünf schwer. Die Bewohner der in Brand gesetzten Häuser lebten schon seit Jahren in Deutschland, eines der getöteten Mädchen ist in Deutschland geboren.

Opfer rechtsextremistischer Gewalttaten in Deutschland Januar bis November 1992:

15. März: in Saal (Mecklenburg-Vorpommern) erschlagen Jugendliche einen 18-jährigen rumänischen Asylbewerber;

18. März: Zwei Skinheads töten in Buxtehude (Niedersachsen) einen Mann, der sich abfällig über Hitler und das Dritte Reich geäußert hatte;

19. März: Nach einem verbalen Disput über politische Themen und dem Bekenntnis des Opfers, er sei Zigeuner, töten Skinheads in Flensburg (Schleswig-Holstein) einen 31-jährigen Mann;

25. April: In Berlin-Marzahn wird ein Vietnamese von einem Mann, der sich selbst der rechtskonservativen DVU zugehörig fühlt, erstochen;

9. Mai: Rund 50 Rechtsextremisten greifen eine von Punkern besuchte Gaststätte in Magdeburg (Sachsen-Anhalt) an; ein 23-jähriger erliegt zwei Tage später seinen Verletzungen;

1. Juli: Ein Obdachloser wird in Neuruppin (Brandenburg) von einem Rechtsradikalen erstochen;

8. Juli: In Ostfildern-Kemnat (Baden-Württemberg) greifen vermummte Täter einen Kosovo-Albaner an und prügeln ihn zu Tode;

1. August: Ein schlafender Obdachloser wird in Bad Breisig (Rheinland-Pfalz) von zwei Jugendlichen, die später ihre rechtsextremistische Überzeugung einräumen, erstochen;

Marlene Dietrich.

3. August: In Stotternheim (Thüringen) tötet der Türsteher einer Diskothek, der bereits als militanter Rechtsextremist in Erscheinung trat, einen polnischen Saisonarbeiter;
24. August: In Koblenz feuert ein der Skinheadszene zugerechneter Hilfsarbeiter „aus allgemeinen Hassgefühlen" in eine Gruppe von Passanten und tötet einen Obdachlosen;
29. August: Zwei Stadtstreicher werden in Berlin-Charlottenburg von zwei Skinheads angegriffen und schwer verletzt; eines der Opfer stirbt sieben Tage später;
7. November: Ein Obdachloser stirbt am Kolpinsee (Brandenburg) an Misshandlungen, die ihm durch drei rechtsradikale Jugendliche beigebracht wurden;
13. November: Zwei Skinheads töten im Verlauf eines Streits in einer Gaststätte in Wuppertal (Nordrhein-Westfalen) einen Arbeitslosen, der vom Wirt als Jude bezeichnet wird;
21. November: In einem U-Bahnhof in Berlin wird ein 27-jähriger Hausbesetzer von einem 17-jährigen angegriffen und erstochen; zwei weitere Männer werden verletzt;
23. November: Eine türkische Frau und zwei türkische Mädchen finden in Mölln (Schleswig-Holstein) bei einem Brandanschlag auf das von ihnen bewohnte Haus den Tod. Die Polizei verhaftet zwei Verdächtige aus der rechtsextremistischen Szene.

Durch einen Brandanschlag wurde am 26. September, unmittelbar vor dem jüdischen Neujahrsfest Rosh Hashanah, das Museum der Gedenkstätte des früheren nationalsozialistischen Konzentrationslagers Sachsenhausen (Brandenburg) zerstört. Die Holzbaracke, in der das Museum untergebracht war, brannte vollkommen aus. Politiker aller Parteien zeigten sich betroffen und forderten die juristische Verfolgung der Täter sowie ein entschlossenes Vorgehen gegen extremistische Gewalttäter. In einer gemeinsamen Entschließung sprachen am 30. September alle Parteien im Landtag von Brandenburg von einem „Akt der Barbarei" und nannten den Anschlag eine Schande für Deutschland und seine Bürger im ausgehenden 20. Jahrhundert; Bundesaußenminister Klaus Kinkel forderte bei einem Besuch der Gedenkstätte – die wenige Tage zuvor von Israels Ministerpräsident Yitzhak Rabin besucht worden war – dazu auf, den freiheitlich-demokratischen Rechtsstaat vor einem ausländerfeindlichen „Steppenbrand" zu bewahren. Auch andere jüdische Gedenkstätten und Denkmäler für die Opfer des Holocaust in verschiedenen Teilen Deutschlands sowie eine Reihe jüdischer Friedhöfe wurden geschändet. Rund 6000 Menschen demonstrierten am 4. Oktober auf dem Gelände des ehemaligen Konzentrationslagers Sachsenhausen gegen Fremdenfeindlichkeit und rassistische Gewalt. Der stellvertretende Vorsitzende des Zentralrats der Juden in Deutschland sprach von einer „Brandspur von Hoyerswerda nach Sachsenhausen".

Marlene Dietrich

* Berlin, 27. Dezember 1901
† Paris, 6. Mai 1992

Seit den goldenen Zeiten Marlene Dietrichs hat der deutsche Film keine weibliche Schauspielerpersönlichkeit hervorgebracht, die eine vergleichbare Faszination auf das internationale Kinopublikum ausgeübt hätte. Mit ihren halb geschlossenen Lidern, der rauchigen Stimme, den wohltemperiert angewinkelten Beinen verkörperte sie den Typus der verruchten Aristokratin, des kalkuliert lockenden und betörenden Weibes, das den Mann stets als Schwächeren, Ausgelieferten belächelt. Ihre Erotik, eine Mischung aus Eiszapfen und Heroin, entsprach der Sehnsucht ihres (Film-

Schauspieler Mario Adorf, Bundesinnenminister Rudolf Seiters, Produzent Günther Rohrbach und Schauspieler Götz George am 4. Juni 1992 im Theater des Westens in Berlin bei Verleihung des Deutschen Filmpreises (von links). Adorf wurde für „Pizza Colonia" ausgezeichnet, Rohrbach und George für „Schtonk".

)Zeitalters, das keine Heiligen mehr sehen, sondern den Kitzel des Unstatthaften verspüren wollte, das die Frau als ein die Initiative ergreifendes Mysterium begehrte – ein wichtiger Schritt auf dem Weg zur emanzipierten Handlungsträgerin. Die deutsche Diva Marlene Dietrich machte mit diesem Typ Filmgeschichte. Die geborene Berlinerin und passionierte Violistin ging eigentlich nur zum Theater, weil sich ihre Handsehnen entzündet hatten. Der Produktionsleiter (ihr späterer Gatte) Rudolf Sieber baute die Statistin in den Film „Der große Bariton" ein, dem in den zwanziger Jahren Titel wie „Die Unbekannte", „Café Elektrik" und „So sind die Männer" folgten. Ihren Durchbruch schaffte die Dietrich 1930 als die kaltherzige Heldin Lola-Lola neben Emil Jannings in Josef von Sternbergs Klassiker „Der blaue Engel", der seine bestrapste und singende Interpretin („Ich bin von Kopf bis Fuß auf Liebe eingestellt") über Nacht zum Weltstar machte. Hollywood griff zu, lockte die Verlockende über den Atlantik und drehte mit ihr „Marokko", den „Shanghai-Express" und „Blonde Venus". Längst mit sechsstelligen Gagen bedacht und mit zwei hochversicherten Beinen ausgestattet, kletterte Marlene Dietrich die Erfolgsleiter hinauf, bis sie ganz oben war, eine Marke, die sie spätestens mit der Western-Satire „Der große Bluff" (1939) erreicht hatte.

Im Zweiten Weltkrieg avancierte die inzwischen eingebürgerte Deutsche zur beliebtesten Truppenbetreuerin der US-Boys – für die amerikanische Öffentlichkeit repräsentierte sie, in bester Gesellschaft mit Thomas Mann und Albert Einstein, das „andere Deutschland". Nach dem Krieg wirkte sie, um nur die besten Filme zu nennen, in Billy Wilders zynischer Komödie „A Foreign Affair" mit, die in ihrer Geburtsstadt Berlin spielt. Der englische Gruselmeister Alfred Hitchcock holte sie für „Stage Fright" („Die rote Lola") vor die Kamera. 1958 stand sie, erneut unter der Regie Billy Wilders, als „Zeugin der Anklage" neben Charles Laughton – eine Traumrolle, vielleicht ihre beste, in die sie ihr ganzes Können investierte.
Ihre Karriere als Sängerin lief stets parallel und ebenso erfolgreich. Ob sie ihre nostalgischen Evergreens, darunter so aufrüttelnde Lieder wie „Sag mir, wo die Blumen sind", in Las Vegas, am Broadway in New York, in London, Moskau, Paris oder Sydney zum Besten gab, überall raste ihr Publikum vor Begeisterung – nur nicht in Deutschland. Das Verhältnis ihrer Heimat zur Dietrich und umgekehrt blieb bis heute problematisch: Noch 1997 wurde in Berlin ein Antrag der SPD und der Grünen abgelehnt, eine Straße nach der großen Tochter der alten und neuen Hauptstadt zu benennen.

Karl Carstens

Alt-Bundespräsident Karl Carstens.

* Bremen, 14. Dezember 1914
† Meckenheim, 30. Mai 1992

Seinen politischen Standort hat der gebürtige Bremer Karl Carstens stets als liberal, nicht als konservativ beschrieben. Carstens' 1979 verstorbener politischer Ziehvater Wilhelm Kaisen, der große alte Mann der bremischen Sozialdemokratie, wusste es besser: „Er ist weder konservativ noch liberal, sondern die Inkarnation der guten Eigenschaften – des deutschen Bürgers."
Am Anfang seiner Karriere stand der Klassenprimus, dem die Mutter unter Entbehrungen den Besuch des Gymnasiums ermöglicht hatte. 1949, im Geburtsjahr der Bundesrepublik, wurde der promovierte Jurist zum Rechtsberater des Bremer Senats unter Kaisen bestellt, der den jungen Schützling gern als seinen Nachfolger im Amt des Regierenden Bürgermeisters gesehen hätte. Doch daraus wurde nichts: 1955 trat Carstens, inzwischen schon Professor, der CDU bei, ging nach Bonn und rückte 1960 zum Staatssekretär im Auswärtigen Amt auf. Nach guten Diensten im Verteidigungsministerium und Bundeskanzleramt übernahm Carstens 1973 die Oppositionsführung im Bundestag, eine Rolle, die er mit Angriffslust und intellektueller Schärfe, aber auch mit gebotener Fairness und Hochachtung gegenüber den parteipolitischen Gegnern ausfüllte. 1976 übernahm Helmut Kohl den Fraktionsvorsitz, um seine Anwartschaft auf die Kanzlerkandidatur zu verteidigen, während Karl Carstens auf dem Sessel des Bundestagspräsidenten Platz nahm – neben Vizepräsidentin Annemarie Renger, seiner späteren unterlegenen Gegenkandidatin in der Bundespräsidentenwahl vom 23. Mai 1979.
Karl Carstens führte das höchste Staatsamt zurückhaltend, fast unauffällig. Seine Wanderung durch die deutschen Lande, in Etappen von Sylt bis zur Zugspitze, symbolisierte das Bemühen, die Distanz zwischen Staat und Bürger zu verringern. Carstens appellierte an die Dialogfähigkeit der Generationen und Geschlechter, der Gruppierungen und Parteien, und im Besonderen an die Hilfsbereitschaft der Menschen, an die Verantwortung aller gegenüber den Benachteiligten, die seine Frau Veronika, eine Ärztin, als Schirmherrin der Deutsehen Multiple-Sklerose-Gesellschaft auf ihre Weise wahrnahm. Die fünf Amtsjahre des fünften deutschen Bundespräsidenten (1979-84) waren ein einziges Plädoyer für die Normalität – für die Normalität im Umgang der Bürger untereinander, der Bürger zum Staat, des deutschen Staates zu den anderen Staaten.

Beim feierlichen Eröffnungszeremoniell der Olympischen Sommerspiele in Barcelona haben sich die teilnehmenden Mannschaften am 25. Juli 1992 auf dem Rasen des Olympiastadions versammelt. In der Bildmitte ist das blau eingekleidete deutsche Team zu erkennen. Erstmals nach 1964 geht ein vereinigtes deutsches Team bei Sommerspielen an den Start.

1993

JANUAR

3.1. Bundeswirtschaftsminister Jürgen Möllemann tritt wegen seiner Verstrickung in die „Briefbogenaffäre" zurück. Er hatte – nach eigenen Angaben unwissentlich – auf offiziellem Papier seines Ministeriums Werbung für das Produkt eines Verwandten betrieben.
13.1. Nachdem das Berliner Verfassungsgericht die Fortsetzung des Prozesses und der Haft als Verletzung der Menschenwürde des todkranken Erich Honecker gewertet und das Berliner Landgericht das Verfahren gegen ihn eingestellt hat, wird der inhaftierte frühere Staats- und Parteichef der DDR aus dem Gefängnis entlassen. Honecker reist nach Chile aus, wo seine Tochter und seine Frau Margot Honecker leben.
16.1. Nach einem Bericht des Hamburger Nachrichtenmagazins „Der Spiegel" unterhält der saarländische Ministerpräsident Oskar Lafontaine (SPD) Kontakte zur Unterwelt. Lafontaine weist alle Vorwürfe in der „Rotlichtaffäre" zurück.
18.1. In München erscheint die erste Ausgabe des Nachrichtenmagazins „Focus", das vom Burda-Verlag herausgegeben wird.

FEBRUAR

2.2. Anlässlich des 50. Jahrestages der Beendigung der Schlacht von Stalingrad finden in der Bundesrepublik und in Russland Gedenkfeiern statt. Der russische Präsident Boris Jelzin und der Bundeskanzler Helmut Kohl rufen in einem Briefwechsel zu Versöhnung und Partnerschaft zwischen ihren Völkern auf.

MÄRZ

15.3. Bei der sächsischen Foron Hausgeräte GmbH in Niederschmiederberg geht der weltweit erste Kühlschrank ohne Fluorkohlenwasserstoffe und Fluorchlorkohlenwasserstoffe (FKW und FCKW) in Serienproduktion.
20.3. Mit einem Sieg nach Punkten über den amtierenden Titelverteidiger Charles William (USA) wird der deutsche Profiboxer Henry Maske in Düsseldorf Weltmeister im Halbschwergewicht.

APRIL

12.4. AWACS-Flugzeuge der NATO beginnen mit der Überwachung des bosnischen Luftraums. An den Aufklärungsflügen beteiligen sich auch 162 Angehörige der Bundeswehr. Dies ist der erste Kampfeinsatz deutscher Soldaten seit Ende des Zweiten Weltkriegs, da der Adria-Einsatz der Bundesmarine im Sommer 1992 nur Kontrollcharakter hatte.
28.4. Die Bundesregierung beschließt die Umsetzung der Basler Konvention zum Verbot illegaler Müllexporte. Deutscher Müll darf nur noch in Staaten ausgeführt werden, die der Europäischen Gemeinschaft oder der Europäischen Freihandelszone angehören.
30.4. Die 19jährige Serbin Monica Seles, die die Weltrangliste im Damen-Tennis anführt, wird beim internationalen Tennisturnier am Hamburger Rothenbaum von einem geistig verwirrten Deutschen mit einem Messer verletzt. Der Attentäter gibt an, er habe Seles spielunfähig machen wollen, damit die deutsche Tennisspielerin Steffi Graf Steffi Graf wieder auf Platz eins der Weltrangliste vorrücken könne.

MAI

3.5. Björn Engholm tritt wegen seiner Falschaussage im Kieler Barschel-Untersuchungsausschuss als schleswig-holsteinischer Ministerpräsident und als Vorsitzender der SPD zurück.
15.5. In Bitterfeld treffen die letzten Waggons mit Giftmüll aus DDR-Produktion ein, der zwischen September 1991 und Mai 1992 nach Rumänien geschmuggelt worden war.
19.5. In Schleswig-Holstein wird die bisherige Finanzministerin Heide Simonis (SPD) als Nachfolgerin des am 3. Mai zurückgetretenen Ministerpräsidenten Björn Engholm als erste Frau zur Regierungschefin eines deutschen Bundeslandes gewählt.
26.5. Mit 521 gegen 132 Stimmen beschließt der Deutsche Bundestag eine Gesetzesänderung zum Asylrecht. Zukünftig sollen Asylbewerber, die über ein Land der Europäischen Gemeinschaft oder aus einem anderen sogenannten sicheren Drittland kommen, zurückgewiesen werden. Dazu zählen neben den EG-Ländern alle an die Bundesrepublik angrenzenden Staaten. Das in der Öffentlichkeit teilweise stark kritisierte Gesetz tritt am 1. Juli 1993 in Kraft.
29.5. Bei einem von rechtsextremen Gewalttätern verübten Brandanschlag auf ein von Türken bewohntes Haus sterben in Solingen fünf Menschen im Alter zwischen vier und 27 Jahren. Zwei Tage nach dem Anschlag nimmt die Polizei als Tatverdächtigen einen 16jährigen Schüler fest, der ein Geständnis ablegt und drei weitere Personen im Alter von 16 und 23 Jahren als Mittäter belastet.

JUNI

5.6. Am letzten Spieltag der Fußball-Bundesliga entscheidet der SV Werder Bremen unter Trainer Otto Rehhagel die deutsche Fußballmeisterschaft 1992/93 für sich.
23.6. In Bonn verabschiedet das Bundeskabinett ein Gesetzespaket zur Einführung der Pflegeversicherung, die das finanzielle Risiko einer Pflegebedürftigkeit im Alter absichern soll.
Das Bundesverfassungsgericht in Karlsruhe billigt den Bundeswehreinsatz in Somalia unter der Bedingung. dass der Bundestag diesen mit einfacher Mehrheit beschließt.
27.6. Bei einer von Pannen begleiteten Verhaftungsaktion des Bundesgrenzschutzes werden auf dem Bahnhof der mecklenburgischen Kleinstadt Bad Kleinen das mutmaßliche Mitglied der Roten Armee Fraktion (RAF), Wolfgang Grams, und ein Beamter der Bundesgrenzschutztruppe GSG-9 erschossen.

JULI

1.7. In der Bundesrepublik wird das frühere vierstellige Postleitzahlensystem durch neue, fünfstellige Ziffernkombinationen abgelöst. Die Neuordnung des seit 1961 bestehenden vierstelligen Systems war notwendig geworden, weil seit der deutschen Wiedervereinigung zahlreiche Postleitzahlen doppelt vorhanden waren.
8.7. In Torgau wird eine neue Elbbrücke dem Verkehr übergeben. Sie ersetzt die historische Brücke, auf der am 25. April 1945 Soldaten der US-Armee und sowjetische Truppen im Kampf gegen das nationalsozialistische Deutsche Reich erstmals zusammentrafen.
21.7. Erstmals stattet Bundeskanzler Helmut Kohl mit dem Besuch des Korps- und Territorialkommandos Ost in Potsdam einem Bundeswehrkommando in den neuen Bundesländern einen offiziellen Besuch ab.
31.7. Mit 19,6 Prozent Sehbeteiligung erreicht der Kölner Privatsender RTL im Juli 1993 die meisten Zuschauer unter den deutschen Fernsehanbietern. Die Zuschauerquote der öffentlich-rechtlichen Sendeanstalten ARD und ZDF liegt bei 16,6 bzw. 17,7 Prozent.

AUGUST

1.8. Nach dem Konkursantrag entlässt die Saarstahl AG in Völklingen, eines der traditionsreichsten Unternehmen der deutschen Stahlbranche, 2.150 der noch verbliebenen 7.200 Mitarbeiter.
6.8. In Berlin wird das erste jüdische Gymnasium seit dem Zweiten Weltkrieg eröffnet.
17.8. Das Landgericht Berlin stellt das Verfahren gegen den früheren Ministerpräsidenten der DDR, Willi Stoph, aus Gesundheitsgründen ein.
23.8. Im brasilianischen Sao Paulo wird nach siebenjähriger Unterbrechung die Produktion des legendären VW-Käfers wiederaufgenommen, um die Massenmotorisierung der Bevölkerung Lateinamerikas voranzutreiben.
27.8. Der deutsche Verteidigungsminister Volker Rühe (CDU) und sein französischer Amtskollege

François Léotard verabschieden in Rastatt das Oberkommando der in Deutschland stationierten französischen Truppen. Gleichzeitig zieht das II. Französische Korps aus Deutschland ab.

SEPTEMBER

16.9. Das Berliner Landgericht verurteilt den ehemaligen Verteidigungsminister der DDR, Heinz Keßler, dessen Stellvertreter und den früheren DDR-Bezirkschef von Suhl, Hans Albrecht, wegen der Todesschüsse an der innerdeutschen Grenze zu mehrjährigen Haftstrafen.

17.9. Der Vorstand des größten deutschen Industrie-Unternehmens Daimler-Benz AG, das 1993 einen deutlichen Umsatzrückgang erlebt, kündigt an, im Zuge von Sparmaßnahmen weltweit bis Ende 1994 44.000 Arbeitsplätze abzubauen, davon ca. 35.000 in der Bundesrepublik.

29.9. Bundesaußenminister Klaus Kinkel (F.D.P.) äußert erstmals in einer Rede vor der UN- Vollversammlung den Wunsch der Bundesregierung nach einem ständigen Sitz im Sicherheitsrat der Vereinten Nationen.

OKTOBER

1.10. Der Bundestag verabschiedet mit den Stimmen von CDU, CSU und F.D.P. das sogenannte Entgeltfortzahlungsgesetz, nach dem der Arbeitgeberanteil bei der Finanzierung der Pflegeversicherung durch Lohnkürzungen um 20 Prozent an bundeseinheitlichen Feiertagen ausgeglichen werden soll.

12.10. Das Bundesverfassungsgericht billigt den Maastrichter Vertrag zur Schaffung einer Europäischen Union. Der deutsche Bundestag ratifiziert daraufhin als letztes Parlament der EG- Mitgliedsstaaten das europäische Vertragswerk.

14.10. In der kambodschanischen Hauptstadt Phnom Penh wird ein deutscher Feldwebel als erster Soldat der Bundeswehr bei einem Einsatz der UN-Friedensmission von Unbekannten erschossen.

20.10. Die Bundesregierung lehnt die Aufforderung der Vereinten Nationen ab, für eine UN-Friedensmission in Ruanda Sanitätssoldaten der Bundeswehr abzustellen.

26.10. Das Landgericht Berlin verurteilt den ehemaligen Minister für Staatssicherheit der DDR, Erich Mielke, wegen eines Doppelmordes im Jahr 1931 zu sechs Jahren Haft.

Als erster deutscher Konzern beschließt das Volkswagenwerk in Wolfsburg die Einführung der Vier-Tage-Woche bei entsprechendem Lohnverlust.

Nachdem US-amerikanische Forscher Klonexperimente an Embryonen vorgenommen haben, fordert Bundesgesundheitsminister Horst Seehofer (CSU) ein Verbot solcher Experimente in den EG-Staaten.

28.10. Der deutsche Bundestag beschließt eine Neuregelung des Namensrechtes, das die Pflicht von Eheleuten abschafft, einen gemeinsamen Familiennamen zu führen.

NOVEMBER

4.11. Bei Gewaltaktionen gegen türkische Einrichtungen in vier Ländern Westeuropas und mehr als 30 bundesdeutschen Städten werden ein Mann getötet und 18 Menschen verletzt. Als Täter werden Anhänger der Kurdischen Arbeiterpartei (PKK) vermutet.

8.11. Rund 200 Mitglieder der Umweltorganisation Greenpeace besetzen das Atommüll-Endlager in Morsleben/Sachsen-Anhalt und fordern seine Schließung wegen angeblicher akuter Sicherheitsmängel.

14.11. In Berlin wird die umgestaltete Neue Wache des preußischen Baumeisters Karl Friedrich Schinkel als „Zentrale Gedenkstätte der Bundesrepublik Deutschland für die Opfer von Krieg und Gewaltherrschaft" eingeweiht.

26.11. Als Reaktion auf die Anschlagswelle militanter Kurden gegen türkische Einrichtungen verbietet Innenminister Manfred Kanther (CDU) die Kurdische Arbeiterpartei (PKK) in der Bundesrepublik mit der Begründung, sie verletze deutsche Strafgesetze und gefährde die innere Sicherheit der Bundesrepublik.

29.11. In der Bundesrepublik Deutschland tritt ein Gesetz gegen sogenannte Geldwäsche in Kraft, mit dem durch die verschärfte Kontrolle des Bargeschäfts bei Kreditinstituten anonyme Bargeldeinzahlungen z.B. aus Waffen- und Drogengeschäften erschwert werden sollen.

Der Verleger Hubert Burda (vorn) und Chefredakteur Helmut Markwort starten den Andruck. Am 16. Januar 1993 ging das neue Nachrichtenmagazin in der Großdruckerei des Burda-Verlages in Offenburg in Druck. Die Startauflage betrug 600.000 Stück. Wie der Konkurrent „Spiegel" erscheint das Wochenmagazin „Focus" jeweils montags.

DEZEMBER

6.12. Das Oberlandesgericht Düsseldorf verurteilt den früheren Spionagechef der DDR, Markus Wolf, wegen Landesverrats und Bestechung von Amtsträgern zu sechs Jahren Gefängnis. Markus Wolf bleibt jedoch auf freiem Fuß, da der Haftbefehl nicht vollstreckt wird.

8.12. Das Oberlandesgericht in Schleswig verhängt gegen die rechtsextremen Attentäter, die im November 1992 ein von Türken bewohntes Haus in Mölln anzündeten, wegen dreifachen Mordes, versuchten Mordes in 39 Fällen und besonders schwerer Brandstiftung die Höchststrafe.

17.12. Der mehrheitlich mit SPD-regierten Bundesländern besetzte Bundesrat lehnt das Pflegegesetz in der vom Vermittlungsausschuss von Bundestag und Bundesrat vorgelegten Fassung ab. Das Gesetz ist damit – vorerst – gescheitert.

Der Bundesrat billigt die Zusammenlegung der westdeutschen Bundesbahn und der ostdeutschen Reichsbahn sowie deren privatwirtschaftliche Neuorganisation als Deutsche Bahn AG. Die geplante Bahnreform tritt am 1. Januar 1994 in Kraft.

22.12. Nach tagelangen schweren Regenfällen tritt der Rhein bei Köln über die Ufer und überschwemmt die Altstadt. In Bonn erreicht das Hochwasser die Tiefgarage des Bundestags. Auch im Süden und Südwesten Deutschlands kommt es zu zahlreichen Überschwemmungen, die Millionenschäden verursachen.

Verabschiedung des neuen Asylrechts

Als Lehre aus der NS-Zeit wurde bei der Formulierung des Grundgesetzes auf eine großzügige Asylregelung für politische Flüchtlinge Wert gelegt; sie ist in Art. 16 verankert. Mit der Gewährung von Asyl wird der Flüchtling dem Zugriff des Heimatstaates entzogen. Lange Zeit lag die Zahl der Bewerber relativ konstant zwischen 5.000 und 10.000 Fällen jährlich. Meist handelte es sich um Flüchtlinge aus dem Ostblock, deren Anträge vom Bundesamt für die Anerkennung ausländischer Flüchtlinge in Zirndorf fast automatisch genehmigt wurden. Die DDR ihrerseits gewährte Flüchtlingen Asyl, die angeblich „wegen ihres Eintretens für Frieden, Demokratie und Fortschritt verfolgt“ wurden, meist Kommunisten aus westlichen Ländern. Mit dem Anwachsen der Bevölkerung und des Elends in der Dritten Welt schwoll der Flüchtlingsstrom, ausgenutzt von skrupellosen Schlepperorganisationen, in die Industriestaaten an, sodass die liberale Praxis der Bundesrepublik zu einem Mengenproblem wurde. Es verschärfte sich seit den 1970er Jahren durch Arbeitslosigkeit und Mangel an Wohnungen, die von Rechtsextremisten den „Wirtschaftsflüchtlingen“ zur Last gelegt wurden. Schrittweise wurde daher die Aufnahmepraxis verschärft: Zunächst erging ein Arbeitsverbot für die ersten beiden Jahre (Ostblockflüchtlinge nur 1 Jahr) des Aufenhalts in der Bundesrepublik, Sozialleistungen wurden zunehmend unbar geleistet, dann wurde mit dem Asylverfahrensgesetz vom 16. Juli 1982 die Gewährungs- bzw. Ablehnungspraxis beschleunigt. Dennoch wuchs die Bewerberzahl dramatisch auf bis zu einer halben Million jährlich, und das bei einer Annerkennungsquote von weit unter 10 Prozent.

Anfang 1993 einigten sich die Parteien auf eine Änderung des Grundgesetzes (in Kraft seit 1. Januar 1993), nach der aus „sicheren Drittländern“ und Nicht-Verfolgerstaaten einreisende Asylbewerber abgelehnt werden.

Artikel 16 und 16a GG haben nunmehr folgenden Wortlaut, wobei der bisherige zweite Satz in Artikel 16,2 („Politisch Verfolgte genießen Asylrecht“) gestrichen und durch Artikel 16a ersetzt wurde.

„Artikel 16. (1) Die deutsche Staatsangehörigkeit darf nicht entzogen werden. Der Verlust der Staatsangehörigkeit darf nur aufgrund eines Gesetzes und gegen den Willen der Betroffenen nur dann eintreten, wenn der Betroffene dadurch nicht staatenlos wird.

(2) Kein Deutscher darf an das Ausland ausgeliefert werden.

Artikel 16 a. (1) Politisch Verfolgte genießen Asylrecht.

(2) Auf Absatz 1 kann sich nicht berufen, wer aus einem Mitgliedstaat der Europäischen Gemeinschaften oder aus einem anderen Drittstaat einreist, in dem die Anwendung des Abkommens über die Rechtsstellung der Flüchtlinge und der Konvention zum Schutz der Menschenrechte und Grundfreiheiten sichergestellt ist. Die Staaten außerhalb der Europäischen Gemeinschaften, auf die die Voraussetzungen des Satzes 1 zutreffen, werden durch Gesetz, das der Zustimmung des Bundesrates bedarf, bestimmt. In den Fällen

Frauen protestieren am Tag der Urteilsverkündung vor dem Roten Rathaus in Berlin gegen die Gerichtsentscheidung, die in ihren Augen einen Rückfall ins Mittelalter darstellt. Das Bundesverfassungsgericht in Karlsruhe hat am 28. Mai 1993 die Fristenregelung mit Beratungspflicht in der vom Bundestag beschlossenen Form verworfen. Schwangerschaftsabbrüche müssten grundsätzlich als rechtswidrig eingestuft werden und könnten daher nur in Ausnahmefällen, wie Vergewaltigung, Gefahr für das Leben von Mutter und/oder Kind von Krankenkassen übernommen werden.

Bundeskanzler Helmut Kohl (links, mitte) zusammen mit anderen Abgeordneten bei der Stimmabgabe. Der Bundestag hat am 26. Mai 1993 mit der erforderlichen Zwei-Drittel-Mehrheit die Änderung des Grundgesetzartikels 16 und damit die Neufassung des Asylrechts beschlossen. Für den Antrag votierten 521 Abgeordnete, dagegen stimmten 132 und ein Parlamentarier enthielt sich der Stimme.

Bundeskanzler Helmut Kohl trifft am 26. März für zwei Tage in Washington ein, um mit US-Präsident Bill Clinton über Unterstützungsmaßnahmen für Russland zu beraten.

des Satzes 1 können aufenthaltsbeendende Maßnahmen unabhängig von einem hiergegen eingelegten Rechtsbehelf vollzogen werden.
(3) Durch Gesetz, das der Zustimmung des Bundesrates bedarf, können Staaten bestimmt werden, bei denen aufgrund der Rechtslage, der Rechtsanwendung und der allgemeinen politischen Verhältnisse gewährleistet erscheint, dass dort weder politische Verfolgung noch unmenschliche oder erniedrigende Bestrafung oder Behandlung stattfindet. Ein Ausländer aus einem solchen Staat gilt nicht als politisch verfolgt, es sei denn, er trägt Tatsachen vor, aus denen sich ergibt, dass er entgegen dieser Vermutung politisch verfolgt wird.
(4) Die Vollziehung aufenthaltsbeendender Maßnahmen wird in den Fällen des Absatzes 3 und in anderen Fällen, die offensichtlich unbegründet sind oder als offensichtlich unbegründet gelten, durch das Gericht nur ausgesetzt, wenn ernstliche Zweifel an der Rechtmäßigkeit der Maßnahme bestehen; der Prüfungsumfang kann eingeschränkt werden und verspätetes Vorbringen unberücksichtigt bleiben. Das Nähere ist durch Gesetz zu bestimmen.
(5) Die Absätze 1 bis 5 stehen völkerrechtlichen Verträgen von Mitgliedsstaaten der Europäischen Gemeinschaften untereinander und mit dritten Staaten nicht entgegen, die unter Beachtung der Verpflichtungen aus dem Abkommen über die Rechtsstellung der Flüchtlinge und der Konvention zum Schutze der Menschenrechte und Grundfreiheiten, deren Anwendung in den Vertragsstaaten sichergestellt sein muss, Zuständigkeitsregelungen für die Prüfung von Asylbegehren einschließlich der gegenseitigen Anerkennung von Asylentscheidungen treffen."

Lothar Matthäus (links) ist seit dem 17. November1993 der neue Rekord-Nationalspieler Deutschlands. Beim 2:1-Sieg der deutschen Fußball-Nationalmannschaft in Köln gegen Brasilien überholte der Auswahlkapitän mit seinem 104. Länderspieleinsatz „Kaiser" Franz Beckenbauer. Bundespräsident Richard von Weizsäcker ehrte den 32jährigen Libero von Bayern München vor dem Spiel im Müngersdorfer Stadion.

Helmut Kohl in Washington

Am 25. und 26. März 1993 absolvierte der Bundeskanzler seinen Antrittsbesuch beim neuen amerikanischen Präsidenten Bill Clinton. Beide Politiker besprachen Aspekte der bilateralen Beziehungen sowie die Entwicklung des Reformprozesses in Russland, die Möglichkeiten einer weiteren Finanzhilfe für Moskau, die Lage in den Bürgerkriegsgebieten auf dem Balkan und den Stand der Handelsgespräche zwischen den Vereinigten Staaten und der Europäischen Gemeinschaft. Angesichts des fortdauernden Machtkampfs in Russland äußerten sich Clinton und Kohl erleichtert über das Misslingen von Versuchen, Präsident Boris Jelzin aus dem Amt zu drängen. Zur Festigung der Position Jelzins wollen Deutschland und die USA gemeinsam mit den Partnern innerhalb der C-7 sowie über die Weltbank und den Internationalen Währungsfonds die Bereitstellung weiterer Finanzhilfe für die russische Reformpolitik erwirken.
Kohl betonte, die Bundesrepublik stehe zu ihren internationalen Verpflichtungen und werde multilaterale Hilfsaktionen zur Stabilisierung der Lage in Ost- und Mitteleuropa mittragen, doch müssten die bisher vorwiegend von Deutschland getragenen finanziellen Lasten, die mit der Unterstützung für Jelzin verbunden sind, künftig ausgewogener auf alle westlichen Industrienationen verteilt werden. Die Konsultationen dienten auch der politischen Abstimmung zwischen Washington und Bonn im Vorfeld der wenige Tage später in Vancouver (Kanada) stattfindenden Gipfelbegegnung zwischen Clinton und Jelzin. Der Bundeskanzler betonte schließlich, er sei entschlossen, eine Beteiligung deutscher Soldaten an NATO-Aufklärungsflügen über Bosnien, die auf der Basis des von der UNO verhängten Flugverbots über dem Bürgerkriegsgebiet durchgeführt werden, durchzusetzen.

Gewandhauskapellmeister Kurt Masur (links) und der Komponist Siegfried Matthus (rechts) nach der Uraufführung der „Gewandhaussinfonie" im Rahmen des Festkonzertes zum 250jährigen Jubiläum des Gewandhausorchesters am 12. März 1993 in Leipzig.

1994

JANUAR

1.1. Die Deutsche Bundesbahn (West) und die Deutsche Reichsbahn (Ost) werden mit Wirkung vom 1. Januar 1994 privatisiert. Sie bilden die Deutsche Bahn AG (DBAG), die organisatorisch und finanziell in die drei Sparten Personenverkehr, Güterverkehr und Schienennetz aufgeteilt werden soll.

14.1. Eine „Allparteienrunde“ (ohne Bündnis 90/Grüne und PDS) unter Leitung von Bundeskanzler Helmut Kohl einigt sich auf den Umzug von Regierung und Parlament nach Berlin spätestens zum Jahr 2000.

FEBRUAR

12.-27.2. In Lillehammer/Norwegen finden die XVII. Olympischen Winterspiele statt. Erstmals werden die Winterspiele zur besseren Vermarktung nicht im selben Jahr wie die Sommerspiele veranstaltet.

22.2. Die Kabarettistin Lore Lorentz stirbt in Düsseldorf an den Folgen einer Lungenentzündung.

25.2. Der Künstler Christo erhält vom Bundestag die Zustimmung für sein Reichstagsprojekt. In der namentlich durchgeführten Abstimmung votieren 292 vom Fraktionszwang befreite Abgeordnete für die geplante Verhüllung des Berliner Reichstagsgebäudes.

28.2. Die letzten deutschen Soldaten verlassen das Bundeswehrlager in Somalia.

MÄRZ

11.3. Die Bundesregierung beschließt die Einführung der Pflegeversicherung. Sie ist als vierte Säule der Sozialversicherung neben Renten-, Arbeitslosen- und Krankenversicherung vorgesehen und soll das finanzielle Risiko bei Pflegebedürftigen absichern. Das Gesetzeswerk tritt am 1. Januar 1995 in Kraft.

22.3. Der Film „Schindlers Liste“ von US-Regisseur Steven Spielberg erhält in Los Angeles sieben „Oscars“ und wird zum erfolgreichsten Film des Jahres. Es wird die auf historischen Gegebenheiten beruhende Geschichte des Fabrikanten Oskar Schindler erzählt, der während der NS-Zeit die bei ihm angestellten jüdischen Arbeiter vor der Ermordung durch die Nationalsozialisten rettet.

25.3. Die EU-Kommission verhängt über Niedersachsen ein Exportverbot für Schweine. Seit Oktober 1993 trat dort die Schweinepest auf. In dem zum Sperrgebiet erklärten Bundesland war der illegale Transport von 36.000 Schweinen bekannt geworden.

26.3. Henry Maske verteidigt in Dortmund seinen Titel als Halbschwergewichtsweltmeister des Boxverbandes IBF durch einen Abbruchsieg in der neunten Runde gegen den US-Amerikaner Ernesto Magdaleno.

APRIL

1.4. In Deutschland tritt das neue Namensrecht in Kraft, nach dem Eheleute nicht mehr einen gemeinsamen Ehenamen führen müssen.

15.4. Die Jürgen Schneider AG meldet Konkurs an. Das Konkursverfahren deckt auf, dass die Immobilienholding bei etwa 50 Gläubigerbanken mit über 5 Milliarden DM verschuldet ist. Hauptgläubiger ist die Deutsche Bank, die Großkredite ohne hinreichende Sicherheit gewährt hat. Am 26. April wird gegen Schneider, dessen Aufenthaltsort unbekannt ist, ein Haftbefehl wegen Verdachts auf Betrug und Urkundenfälschung im Zusammenhang mit einem Kredit der Deutschen Bank erlassen. Der Unternehmer hatte in Großprojekte vor allem in den neuen Bundesländern investiert.

22.4. Der seit zwei Jahren gesuchte Kaufhauserpresser „Dagobert“ wird in Berlin festgenommen. Mit fünf Bombenanschlägen auf Karstadt-Kaufhäuser hatte der Mann unter dem Decknamen „Dagobert“ das Unternehmen erpresst. Der 44jährige Täter hatte besonders durch eine Reihe spektakulärer, aber gescheiterter Geldübergabeaktionen in der Öffentlichkeit Aufsehen erregt.

MAI

12.5. Rund 60 rechtsradikale Jugendliche machen in der Innenstadt von Magdeburg Jagd auf eine Gruppe Schwarzafrikaner. Bei den Ausschreitungen werden sechs Menschen verletzt. Kritik entzündet sich an dem Verhalten der Polizei, die zu spät und zu zögerlich gegen die Randalierer einschreitet. Augenzeugen werfen einzelnen Polizisten vor, den Gewalttätern teilweise mit offener Sympathie begegnet zu sein. Im Juli und August werden sechs der rechtsradikalen Rädelsführer im Alter zwischen 19 und 23 Jahren zu mehrjährigen Haftstrafen verurteilt.

19.5. Der Bundestag billigt eine Sozialreform, die den rund 300.000 deutschen Bäuerinnen erstmals einen eigenen Rentenanspruch sichert.

23.5. Die Bundesversammlung wählt im Berliner Reichstagsgebäude den Unionskandidaten und bisherigen Präsidenten des Bundesverfassungsgerichts Roman Herzog zum neuen Bundespräsidenten.

29.5. In Santiago de Chile stirbt der ehemalige Staats- und Partei-

Sieger und Verlierer: Bundeskanzler Helmut Kohl (links) begrüßt am Wahlabend den unterlegenen SPD-Kanzlerkandidaten Rudolf Scharping zur „Elefantenrunde“, der traditionellen Gesprächsrunde der Spitzenkandidaten im ARD-Wahlstudio.

chef der DDR, Erich Honecker, im Alter von 81 Jahren an einem Krebsleiden.

JUNI

12.6. Die vierte Direktwahl zum Europäischen Parlament gewinnt in Deutschland die CDU/CSU mit 38,8 % der abgegebenen Stimmen, die SPD erreicht 32,2 % und die Grünen 10,1 %. Die F.D.P., die PDS und die Republikaner scheitern an der Fünf-Prozent-Hürde.
14.6. Eröffnung des Hauses der Geschichte der Bundesrepublik Deutschland in Bonn.
17.6. Der Bundestag verabschiedet am 41. Jahrestag des Volksaufstandes vom 17. Juni 1953 in der DDR seine Entschließung zum Abschluss der Enquete-Kommission. Sie war eingesetzt worden, um die Geschichte und die Folgen der SED-Diktatur in Deutschland aufzuarbeiten. Darin wird die DDR von Anfang an als totalitäre Diktatur eingestuft.
18.6. Auf der Straße des 17. Juni in Berlin findet die letzte gemeinsame Parade von Truppen der westlichen Alliierten statt.

JULI

10.7. US-Präsident Bill Clinton trifft zu einem Staatsbesuch in der Bundesrepublik ein. In seiner Rede in Berlin bindet Clinton ähnlich wie John F. Kennedy 1963 deutsche Worte ein: „Amerika steht an Ihrer Seite - jetzt und für immer".
12.7. Das Bundesverfassungsgericht erklärt die Teilnahme der Bundeswehr an UNO-Kampfeinsätzen auch außerhalb des NATO-Gebiets prinzipiell für zulässig. Der Bundestag erhält allerdings ein Vetorecht: Vor jedem Einsatz muss das Parlament künftig mit einfacher Mehrheit zustimmen.
14.7. Erstmals nehmen deutsche Soldaten an einer Truppenparade auf den Champs-Elysées in Paris zum französischen Nationalfeiertag teil.
17.7. Die brasilianische Nationalmannschaft erringt bei den Fußballweltmeisterschaften in den USA zum vierten Mal den Weltmeistertitel. Die deutsche Mannschaft unterlag bereits im Viertelfinale gegen Bulgarien mit 1:2 und schied aus.
22.7. Entsprechend dem Urteil des Bundesverfassungsgerichts vom 12. Juli billigt der Bundestag in einer Sondersitzung die Entsendung von Bundeswehrsoldaten nach Bosnien-Herzegowina.
26.7. Das hessische Umweltministerium in Wiesbaden ruft erstmals Ozonalarm aus. Der Alarm ist mit Tempolimits auf Autobahnen und Landstraßen verbunden.

AUGUST

1.8. Nach dem neuen Beschäftigungsförderungsgesetz ist künftig die private Arbeitsvermittlung ohne regionale Beschränkung zugelassen und damit das bisherige Monopol der Bundesanstalt für Arbeit abgeschafft.
Bundespräsident Roman Herzog bittet in der Feierstunde aus Anlass des 50. Jahrestages des Warschauer Aufstandes um Vergebung für die deutschen Verbrechen in Polen zwischen 1939 und 1945.
10.8. Auf dem Flughafen München II wird mit rund 300 Gramm hochreinem Plutonium 239 die bisher größte Menge atomwaffentauglichen Materials in Deutschland sichergestellt.
30.8. Die Neuordnung und Privatisierung des Postwesens und der Telekommunikation werden verfassungsrechtlich ermöglicht.

SEPTEMBER

8.9. Eine Abschiedsfeier beendet offiziell die seit 1945 währende Präsenz der Westalliierten USA, Großbritannien und Frankreich in Berlin. Als Gäste begrüßt Bundeskanzler Helmut Kohl den französischen Staatspräsidenten François Mitterrand, den britischen Premier John Major und US-Außenminister Warren Christopher.
13.9.-15.11. Das Deutsche Historische Museum in Berlin zeigt die Ausstellung „Mahnmale des Holocaust – Motive, Rituale und Stätten des Gedenkens".
25.9.-4.12. Mit der Ausstellung „Platons Höhle – Erleben, Erkennen, Erinnern" thematisiert das Karl Ernst Osthaus-Museum in Hagen Funktionsweisen des Museums im Zeitalter der elektronischen Medien.

OKTOBER

3.10. Der deutsche Physiker Ulf Merbold startet an Bord einer russischen Sojus-Rakete zur 30tägigen Mission „Euromir '94" ins All. Er soll ca. 30 wissenschaftliche Experimente betreuen, unter anderem zum Gewichtsverlust und Muskelabbau in der Schwerelosigkeit. Für Merbold ist es bereits der dritte Ausflug ins All.
Der Schauspieler Heinz Rühmann stirbt im Alter von 92 Jahren in seinem Haus am Starnberger See.
16.10. Bei den Wahlen zum 13. Deutschen Bundestag behauptet die christlich-liberale Koalition knapp ihre Mehrheit. Die CDU/CSU erreicht mit 41,5 % der Stimmen ihr bisher schlechtestes Ergebnis seit 1949. Die SPD verzeichnet 36,4 %, Bündnis 90/ Grüne 7,3 % und die F.D.P. 6,9 % der Stimmen. Die PDS zieht mit 4,4 % in den Bundestag ein, indem sie im Ostteil Berlins vier Direktmandate erringt.

NOVEMBER

3.11. Das Landgericht Berlin stellt das Verfahren gegen den früheren Leiter des DDR-Ministeriums für Staatssicherheit, Erich Mielke, wegen der Erschießung von DDR-Flüchtlingen an der innerdeutschen Grenze ein. Der 86jährige Mielke wird als verhandlungsunfähig eingestuft.
10.11. Der neue Bundestag konstituiert sich im Berliner Reichstagsgebäude. Als Alterspräsident eröffnet der parteilose Schriftsteller Stefan Heym die Sitzung. Rita Süssmuth (CDU) wird als Bundestagspräsidentin wiedergewählt.
13.11. Mit einem Punkt Vorsprung gewinnt Michael Schumacher als erster Deutscher in Adelaide/Australien die Weltmeisterschaft der Formel 1.
15.11. Der Bundestag wählt Helmut Kohl zum fünften Mal zum Bundeskanzler. Die von der Gemeinsamen Verfassungskommission (GVK) vorgeschlagenen Grundgesetzänderungen, die zu heftigen Kontroversen zwischen Bundestag, Bundesrat und Vermittlungsausschuss geführt hatten, treten in Kraft. Dabei wird unter anderem eine verstärkte Durchsetzung der Gleichberechtigung von Männern und Frauen festgeschrieben, die Benachteiligung von Behinderten verboten und der Umweltschutz als Staatsziel aufgenommen.
18.11. Als erste Frau übernimmt Jutta Limbach die Präsidentschaft des Bundesverfassungsgerichts in Karlsruhe.

DEZEMBER

5.12. Der SPD-Parteivorstand beschließt eine scharfe Abgrenzung zur SED-Nachfolgepartei PDS und schließt eine Koalition auf Bundes- oder Landesebene aus.
7.12. Führende PDS-Mitglieder, darunter Gregor Gysi und Lothar Bisky (geb. 1941), beenden ihren einwöchigen Hungerstreik, nachdem das Verwaltungsgericht von Berlin entschieden hat, dass die strittigen Steuerforderungen in Höhe von 67 Millionen DM vorläufig nicht aus dem aktuellen Vermögen der Partei beglichen werden müssen.
10.12. Die Staats- und Regierungschefs der Europäischen Union (EU) sprechen sich zum Abschluss ihres zweitägigen Gipfeltreffens in Essen für den Beitritt der osteuropäischen Reformstaaten aus.
21.12.-17.4.1995 Die Neue Nationalgalerie, Berlin und die Kunstsammlung Nordrhein-Westfalen, Düsseldorf präsentieren die Werkschau „George Grosz: Berlin – New York".
31.12. Die Bundesanstalt zur treuhänderischen Verwaltung des Volkseigentums der ehemaligen DDR stellt ihre Arbeit ein. Die größte staatliche Industrie-Holding der Welt hat die volkseigenen Betriebe der DDR privatwirtschaftlich restrukturiert und in Privateigentum überführt.

AUSSERDEM

In der Bundesrepublik werden in den Sommermonaten die höchsten Temperaturen in diesem Jahrhundert gemessen. Die Schönwetterperiode dauert von Mitte Juni bis Ende August an.

Verabschiedung der westalliierten Truppen in Berlin

Am 8. September 1994 fand in Berlin ein Festakt aus Anlass der Verabschiedung der alliierten Truppenverbände statt, an dem neben Bundeskanzler Kohl der französische Staatspräsident François Mitterrand, der britische Premierminister John Major und US-Außenminister Warren Christopher teilnahmen. Die Truppen waren zuvor, am 6. September, formell vom Berliner Abgeordnetenhaus verabschiedet worden. In seiner Ansprache führte Kohl aus:

Fast ein halbes Jahrhundert lang haben die drei westlichen Alliierten, die Vereinigten Staaten von Amerika, das Vereinigte Königreich und Frankreich, die Freiheit hier in Berlin und damit mitten in Deutschland und in Europa geschützt und verteidigt. Wir Deutschen haben vor allem Grund zum Danken. Und wir danken unseren alliierten Freunden von Herzen für diese Freundschaft, für diese Partnerschaft in schwierigen Zeiten. Wir danken vor allem den Soldaten und ihren Familien für ihren jahrzehntelangen Einsatz, ihre Leistungen und ihre Hilfe für diese Stadt Berlin. Danken wollen wir ebenso den Verantwortlichen in der Politik in diesen Jahrzehnten, den Präsidenten der Vereinigten Staaten, den Präsidenten Frankreichs, den Premierministern Großbritanniens – all denen, die politische Verantwortung getragen haben ...

Vor einer Woche haben wir in Anwesenheit von Präsident Jelzin die letzten russischen Truppen aus Deutschland verabschiedet. Die Russen haben Wort gehalten. Das ist ein Signal für eine gute gemeinsame Zukunft auf unserem europäischen Kontinent. Weltweit steht die Außenpolitik vor großen Herausforderungen. Angesichts fortdauernder oder neuer Krisen und Konflikte, auch in Europa, ist unser entschiedener Einsatz für Frieden und Freiheit immer wieder gefordert. Der heutige Tag aber gehört der Erinnerung und dem Dank an einen der großen politischen und diplomatischen Erfolge in der modernen Geschichte internationaler Beziehungen. Die jahrzehntelange Präsenz der drei Mächte in Berlin dokumentierte vor aller Welt, dass wir uns mit der Teilung Deutschlands und Europas niemals abfinden würden. Niemand wird vergessen, weshalb die Alliierten nach Deutschland und hierher nach Berlin kamen. Sie kamen am Ende eines Krieges, der von einer verbrecherischen deutschen Diktatur entfesselt worden war. Sie kamen als Sieger über Gewalt und Unrecht. Was wäre aus Deutschland und Europa geworden, hätten sie dem Tyrannen nicht militärische Gewalt entgegengesetzt?

Der mittlerweile Geschichte gewordene Deutschlandvertrag zwischen der Bundesrepublik Deutschland und den Drei Mächten hatte schon 1954 die friedliche Verwirklichung eines wiedervereinigten, in die Europäische Gemeinschaft integrierten Deutschland mit freiheitlich-demokratischer Verfassung zum gemeinsamen Ziel erklärt. Der Auftrag ist erfüllt. Die Atlantische Allianz hat die Freiheit Berlins durch die Jahrzehnte beschworen. Wir danken unseren amerikanischen, britischen und französischen Freunden. Wir werden uns immer daran erinnern, dass die Anwesenheit Ihrer Soldaten es überhaupt erst ermöglicht hat, in Berlin frei zu atmen. Wir werden auch nie vergessen, dass diese jungen Menschen ganz persönlich Opfer brachten, da sie fern ihrer Heimat, oft fern ihrer Familien, hier ihren Dienst taten. Sie haben diesen Dienst für die Freiheit Berlins und damit für die Freiheit ganz Deutschlands geleistet. Dafür verdienen sie unseren bleibenden Dank. Heute, bei Ihrem Abschied aus Berlin, können wir endgültig der ganzen Welt, den Menschen überall, zurufen: Die Freiheit hat gewonnen!

Bundeswehrsoldaten halten brennende Fackeln, während Angehörige der französischen Berlin-Brigade (r) vor dem nächtlichen Brandenburger Tor feierlich verabschiedet werden. Am 8. September 1994 werden die Streitkräfte der drei westlichen Alliierten offiziell aus der Stadt Berlin verabschiedet. Bundesregierung, Bundespräsident und die Stadt Berlin bedankten sich bei den Soldaten für deren 49 Jahre währendes Engagement in der einst geteilten Stadt.

Auflösung der Treuhandanstalt

Die Volkskammer der DDR beschloss im Frühjahr 1990 die Bildung einer Institution, die das Volkseigentum (9 Prozent des gesamten Produktivvermögens) treuhänderisch verwalten und auf Marktwirtschaft umstellen sollte. Mit Gesetz vom 17. Juni 1990 wurde dafür die Treuhandanstalt geschaffen, die nach dem Beitritt der DDR zur Bundesrepublik zu einer Anstalt des öffentlichen Rechts unter Aufsicht des Bundesfinanzministers wurde; ihren Sitz hatte sie in Berlin; zuletzt arbeiteten ihr neun Außenstellen in den neuen Bundesländern zu. Zunächst sah sie ihre Hauptaufgabe in der Entflechtung der Kombinate und der möglichst günstigen Privatisierung Volkseigener Betriebe (VEB), doch zeigte es sich, dass deren Wettbewerbsfähigkeit durch die Planwirtschaft so schwer geschädigt war, dass ein großer Teil der Betriebe wegzubrechen drohte. Ihre Sanierung rückte daher in den Vordergrund, damit wenigstens ein Teil der Industriearbeitsplätze erhalten werden konnte.

Als die Privatisierung weitgehend abschlossen war, wurde die Treuhandanstalt 1994 aufgelöst, Restaufgaben übernahmen Nachfolgeinstitutionen wie die Bundesanstalt für vereinigungsbedingte Sonderaufgaben (BVS). Gesamtbilanz: Von rd. 15.000 DDR-Unternehmen gingen 3500 in Konkurs, die anderen konnten fast alle mit 85.000 Privatisierungsverträgen verkauft werden. Durch Konkurs und Sanierung gingen von 4 Mio. Arbeitsplätzen 2,5 Mio. verloren. 204 Mrd. DM Schulden der Treuhandanstalt übernahm der Bund in seinen sog. Erblastentilgungsfonds. Mit der Arbeit der Treuhandanstalt einher ging die Verkleinerung oder Auflösung von Behörden und die Dezentralisierung von Entscheidungsprozessen, kurz „Abwicklung" genannt. Der Begriff stammt aus dem Wirtschaftsrecht und bezeichnet die Auflösung (Liquidation) von Firmen unter abschließender Befriedigung der Gläubiger, Beendigung der Geschäfte und Verwertung des Vermögens. Dementsprechend war die Abwicklung von einstigen DDR-Einrichtungen von Entlassungen, Lohnkürzungen und Umstrukturierungen begleitet und erzeugte ein Gefühl bedrohlicher sozialer Unsicherheit.

Erich Honecker

* Neunkirchen/Saar,
25. August 1912,
† Santiago de Chile, 29. Mai 1994

Die politische Karriere des gelernten Dachdeckers Honecker brachte ihn zunächst in Todesgefahr, führte dann in höchste Höhen und endete mit seinem und dem Sturz des von ihm um jeden Preis verfochtenen Systems.
1929 in die KPD eingetreten, ging Honecker 1933 in den Untergrund, wurde 1937 zu 10 Jahren Zuchthaus verurteilt, 1945 von der Roten Armee befreit und im Jahr darauf in der „SBZ" Vorsitzender der Freien Deutschen Jugend (FDJ), die er bis 1955 führte. 1949 war Honecker in die Volkskammer gewählt worden, stieg 1956 zum Sekretär des ZK der SED und 1958 in ihr Politbüro auf. 1971 löste er Ulbricht als 1. Sekretär (1976 Generalsekretär) des ZKs der SED ab und wurde 1976 Staatsratsvorsitzender, also Staatsoberhaupt der DDR.
In Honeckers Ära fiel die internationale Anerkennung der DDR, die 1973 in die Vereinten Nationen aufgenommen wurde; auch gelang ihm ein gewisser Ausgleich mit der Bundesrepublik im Grundlagenvertrag. Höhepunkt der außenpolitischen Erfolge wurde der Staatsbesuch in Bonn 1987. Nach innen aber hielt Honecker eisern am repressiven SED-System fest, baute den Spitzelapparat der „Stasi" immer weiter aus, beharrte auf dem „Schießbefehl" an der innerdeutschen Grenze und lehnte die Reformpolitik des sowjetischen Parteichefs Gorbatschow nach 1985 ab. Damit führte er die DDR in die Isolierung. Da er den Eisernen Vorhang nicht um den gesamten Staat verlängern konnte, flohen die Menschen 1989 in Massen in einstige „Bruderländer", die sich nun öffneten, v.a. nach Ungarn. Honecker sah sich im Herbst 1989 beim 40. Jahrestag der Staatsgründung Massenprotesten und erneuten Mahnungen Gorbatschows gegenüber. Am 18. Oktober trat er auf Druck der Parteiführung von allen Ämtern zurück und wurde am 3. Dezember aus der SED ausgeschlossen.
Im Zuge der Wiedervereinigung musste er nun mit einer Anklage wegen Anstiftung zum Mord rechnen und setzte sich nach Moskau ab, wo er in die chilenische Botschaft floh. 1991 kehrte er nach Deutschland zurück. Das 1992 gegen ihn eröffnete Verfahren aber musste wegen seines schlechten Gesundheitszustands eingestellt werden: Honecker wurde die Ausreise nach Chile zu seiner Tochter gestattet.
Er starb am Morgen des 29. Mai im Alter von 81 Jahren in Santiago de Chile.
In einem Nachruf schrieb die „Süddeutsche Zeitung":
Bis zuletzt ist er der Kommunist geblieben, der er immer war. Unbeeindruckt vom Zusammenbruch des Sowjetsystems, seiner eigenen Partei und der DDR hat er darauf beharrt, alle Zeit im historischen Recht gewesen und schließlich ein Opfer der Konterrevolution geworden zu sein. Bis zuletzt bekundete er seinen Glauben an die Ideologie und an die lichte Zukunft des Sozialismus, als dessen Sachwalter er sich zeitlebens gefühlt hat. Seinen Sturz im Herbst 1989 verstand er als Komplott finsterer Weltmächte, darunter auch der Sowjetunion Gorbatschows. Seine erzwungene Abdankung, die folgende Isolierung, die spätere Haft und den Totschlagsprozess hat der greise und

Ideologisch ungebrochen, verlassen Erich Honecker und Ehefrau Margot am 29. Juli 1992 in Begleitung von Chiles Sonderbotschafter James Holger die chilenische Botschaft in Moskau.

kranke Mann als Unrecht und Entwürdigung empfunden. In Chile schrieb er noch an seinem politischen Vermächtnis. Die Schrift sollte auch ein Enthüllungsbuch über die „wahre Geschichte der DDR" sein, „wer sie gestürzt hat und wie sie gestürzt worden ist".

Der deutsche Abwehrspieler Guido Buchwald sitzt deprimiert auf dem Rasen. Die deutsche Fußballnationalmannschaft scheidet am 10. Juli 1994 im Giants-Stadions von East Rutherford bei New York durch eine 1:2-Niederlage gegen Bulgarien im Weltmeisterschafts-Viertelfinale aus dem WM-Turnier aus.

1995

JANUAR

1.1. Durch den Beitritt von Österreich, Finnland und Schweden wird die Europäischen Union (EU) eine Gemeinschaft von 15 Staaten.
27.1. Zum 50. Jahrestag der Befreiung des Konzentrationslagers Auschwitz durch Truppen der Roten Armee gedenken Überlebende und Angehörige sowie Politiker aus aller Welt der Judenvernichtung in den NS-Lagern. Zuvor hatte eine Rede des polnischen Präsidenten Lech Walesa bei einer Gedenkfeier in Krakau zu Verstimmung geführt, da er die polnischen Opfer in den Vordergrund gestellt und die Judenvernichtung nicht erwähnt hatte.

FEBRUAR

3.2. Mit einem militärischen Zeremoniell auf dem Truppenübungsplatz bei Potsdam wird die Eingliederung der ehemaligen NVA-Truppenteile der Bundeswehr in die NATO besiegelt.
13.2. Deutsche, britische und US-amerikanische Politiker und Militärs gedenken in Dresden der Zerstörung der Stadt durch britische Bomberverbände im Jahr 1945.
16.2. Im ersten Doping-Urteil der Fußball-Bundesliga verurteilt das DFB-Bundesgericht in Frankfurt/Main den Bochumer Roland Wohlfahrt wegen grob fahrlässiger Einnahme verbotener Substanzen zu einer Sperre bis zum 23. März 1995.

MÄRZ

26.3. Zehn Jahre nach der Unterzeichnung tritt in sieben EU-Staaten das Schengener Abkommen in Kraft, mit dem die systematischen Personenkontrollen an den Binnengrenzen zwischen Deutschland, Frankreich, den Benelux-Staaten, Spanien und Portugal wegfallen. Zugleich werden schärfere Überprüfungen an den Außengrenzen eingeführt.
28.3. In Berlin beginnt die UN-Klimakonferenz. Die Verhandlungen offenbaren tiefe Gegensätze zwischen den 160 teilnehmenden Nationen, wobei sich insbesondere die USA gegen konkrete Vereinbarungen zur Reduktion von Treibhausgasen sperren. Im Schlussdokument wird festgelegt, dass vor allem die Industrieländer bis 1997 Ziele zur Beschränkung der klimaschädigenden Gase ausarbeiten.
29.3. Der Schriftsteller Ernst Jünger feiert seinen 100. Geburtstag. Jünger ist wegen seiner einem „kriegerischen Männlichkeitskult" huldigenden Prosa und seiner Haltung während der NS-Zeit umstritten.

APRIL

10.4. Das Nachrichtenmagazin „Der Spiegel" wirft dem Bundesnachrichtendienst (BND) vor, den 1994 aufgedeckten Fall von Plutoniumschmuggel inszeniert zu haben. Am 26. April beschließt der Bundestag die Einsetzung eines Untersuchungsausschusses zur Aufklärung der Plutonium-Affäre. Der Ausschuss soll prüfen, inwieweit der Bundesnachrichtendienst oder andere Stellen über den Transport von Plutonium von Moskau nach München im August 1994 informiert waren.
21.4. Das Landgericht Karlsruhe verurteilt den NPD-Vorsitzenden Günter Deckert (geb. 1940) wegen Volksverhetzung und Anstachelung zum Rassenhass zu zwei Jahren Haft ohne Bewährung.
25.4. Der erste CASTOR-Behälter mit Atommüll wird aus dem Kernkraftwerk Philippsburg/Baden- Württemberg ins Zwischenlager nach Gorleben/Niedersachsen gebracht. Ein Großaufgebot an Sicherheitskräften geht mit Wasserwerfern und teilweise auch Schlagstöcken gegen die Kernkraftgegner vor, die den Transport zu verhindern suchen.
27.4. Brandenburgs Ministerpräsident Manfred Stolpe und der Berliner Regierende Bürgermeister Eberhard Diepgen unterzeichnen den Staatsvertrag über die Gründung eines gemeinsamen Bundeslandes.
28.4. In einer gemeinsamen Gedenkstunde erinnern Bundesrat und Bundestag an das Kriegsende vor 50 Jahren. Hauptredner ist der polnische Außenminister Wladyslaw Bartoszewsk, der deutliche Zeichen der Versöhnung setzt.
29.4. In Cottbus wird die Bundesgartenschau eröffnet. Es ist die erste Ausstellung dieser Art in den neuen Bundesländern.

MAI

7.5. In Berlin wird das Centrum Judaicum in der Neuen Synagoge eingeweiht. Es soll als Ort jüdischen Lebens und Lehrens nicht nur den Gemeindemitgliedern, sondern auch der Öffentlichkeit zur Verfügung stehen.
7./9.5. Überall in Europa wird an das Ende des Zweiten Weltkriegs vor 50 Jahren erinnert. Die Gedenkfeiern stehen im Zeichen der Versöhnung mit der Vergangenheit: erstmalig werden auch der deutsche Bundespräsident Roman Herzog und Bundeskanzler Helmut Kohl zu den Feiern der Siegermächte eingeladen.
13.-21.5. Im Zentrum für Kunst und Medientechnologie (ZKM) in Karlsruhe findet die Multimediale 4 statt.
18.5. Der seit 1994 an unbekanntem Ort lebende Immobilienmakler Jürgen Schneider wird in Miami/Florida festgenommen. Die Frankfurter Staatsanwaltschaft ermittelt gegen Schneider wegen des Verdachts des schweren Kreditbetrugs und des betrügerischen Bankrotts. Schneider soll kurz vor dem Zusammenbruch seines Unternehmens 245 Millionen DM beiseite geschafft haben.
27.5. Im Boxduell in der Dortmunder Westfalenhalle verteidigt Henry Maske seinen Weltmeistertitel im Halbschwergewicht in zwölf Runden gegen den deutschen Herausforderer Graciano Roccigiani. Auch am 14. Oktober in München siegt Maske durch einen Punktsieg über Roccigiani.

JUNI

12.6. In Deutschland beginnt ein Boykott von Shell-Tankstellen. Am 13. und 16. Juni kommt es zu Anschlägen auf Shell-Tankstellen in Mörfelden-Walldorf, Hamburg und Essen. Die Aktionen richten sich gegen die geplante Versenkung der Ölplattform „Brent Spar" im Atlantik.
17.6. Zum ersten Mal nach 32 Jahren wird Borussia Dortmund wieder Deutscher Fußballmeister.
20.6. Der Erdölkonzern Shell beugt sich dem Druck von Politik und Verbrauchern und gibt bekannt, dass die ausgediente Ölplattform „Brent Spar" nicht in der Nordsee versenkt, sondern an Land entsorgt wird.
23.6. Das Reichstagsgebäude in Berlin wird nach den Plänen der Künstler Christo und Jeanne Claude verhüllt. Die Kunstaktion, die bis zum 6. Juli dauert, entwickelt sich zu einer Publikumsattraktion und wird von etwa 5 Millionen Menschen besucht.
28.6. Die Polizei stürmt in Berlin eine Filiale der Commerzbank, in der 18 Stunden zuvor schwerbewaffnete Gangster 16 Menschen in ihre Gewalt gebracht haben. Die Beamten können die Geiseln unverletzt befreien. Die Täter entkommen durch einen Tunnel, der lange vor der Tat angelegt worden war, mit 5 Millionen DM Lösegeld und der Beute aus den Schließfächern und Tresoren.
29.6. Der Bundestag billigt eine Neuregelung des Abtreibungsrechts. Entsprechend dem Bundesverfassungsgerichtsurteil von 1993 ist eine Fristenregelung mit Beratungspflicht vorgesehen. Danach bleibt Abtreibung grundsätzlich ein Verbrechen. In bestimmten Fällen wird jedoch ein Abbruch nicht bestraft.

JULI

8.7. Steffi Graf gewinnt zum sechsten Mal das Tennisturnier von Wimbledon/England.
18.7. Mit hysterischen Anfällen und Selbstmorddrohungen reagieren vor allem weibliche Fans der britischen Pop-Gruppe „Take That" auf die Ankündigung von Sänger Robbie Williams, die Gruppe zu verlassen. Bundesweit werden unter anderem „Nottelefone" für die verzweifelten Fans eingerichtet.

AUGUST

1.8. Der frühere Leiter des Ministeriums für Staatssicherheit, Erich Mielke, wird aus gesundheitlichen Gründen vorzeitig aus der Haftanstalt Moabit in Berlin entlassen. Wegen eines 1931 begangenen Mordes an zwei Polizisten war Mielke 1993 zu sechs Jahren Freiheitsstrafe verurteilt worden.
2.8. Der Vater der Tennisspielerin Steffi Graf, Peter Graf, wird unter dem dringenden Verdacht der Steuerhinterziehung in Haft genommen.
5.-7.8. In Hannover finden die „Chaostage '95" statt, an denen Punker aus dem gesamten Bundesgebiet teilnehmen. Es kommt zu Straßenschlachten mit der Polizei, bei denen ganze Straßenzüge durch brennende Barrikaden verwüstet werden.
10.8. Das Bundesverfassungsgericht erklärt das bayerische Schulrecht in jenem Passus, der die Anbringung eines Kreuzes in jedem Grundschul-Klassenzimmer anordnet, für verfassungswidrig.
31.8. SPD-Chef Rudolf Scharping entzieht dem niedersächsischen Ministerpräsidenten Gerhard Schröder das Amt des wirtschaftspolitischen Sprechers der Partei, nachdem dieser die SPD-Spitze kritisiert und erklärt hatte, es gehe nicht mehr um sozialdemokratische, sondern um moderne Wirtschaftspolitik. Zuvor hatte Schröder bereits Scharpings Anwartschaft auf die Kanzlerkandidatur bestritten und Zweifel an dessen Führungsqualitäten geäußert.

OKTOBER

13.10. Das Oberlandesgericht Düsseldorf verurteilt vier Angeklagte im sogenannten Solinger Prozess wegen gemeinschaftlich begangenen fünffachen Mordes und 14fachen Mordversuches sowie besonders schwerer Brandstiftung zu einer Haftstrafe von 15 Jahren beziehungsweise in drei Fällen zu je zehn Jahren Jugendstrafe. Das Gericht sieht es als erwiesen an, dass die vier Männer im Mai 1993 ein von Türken bewohntes Haus in Solingen in Brand gesetzt haben. Dabei starben fünf Frauen und Mädchen.
17.10. Der Europäische Gerichtshof erklärt die Frauenquote im öffentlichen Dienst, wie sie in mehreren deutschen Bundesländern zur Anwendung kommt, für unvereinbar mit dem EU-Recht. Im November 1997 wird dieses Urteil durch eine entgegengesetzte Entscheidung ersetzt.
27.10. Der Bundestag verkürzt den Grundwehrdienst von zwölf auf zehn Monate.

NOVEMBER

7.11. Das Bundesverfassungsgericht konkretisiert das sogenannte Soldatenurteil vom August 1994: Wird das Kurt Tucholsky-Zitat „Soldaten sind Mörder" allgemein zitiert, ist es durch die Meinungsfreiheit gedeckt. Wird hingegen ein einzelner Soldat als „Mörder" tituliert, kann dies als Beleidigung strafrechtlich verfolgt werden.
16.11. Der SPD Parteitag in Mannheim wählt Oskar Lafontaine in einer Kampfabstimmung zum neuen Parteivorsitzenden.
19.11. Nach Mitteilung der Initiative „Wir sind die Kirche" haben fast 1,5 Millionen katholische Gläubige in Deutschland das KirchenVolksBegehren, dessen Ziel eine Reform der katholischen Kirche ist, unterzeichnet. Die Amtskirche lehnt die Initiative ab.
25.11. Norwegen liefert die Palästinenserin Souhaila Andrawes, eigentlich Soraya Ansari, aus. Die einzige überlebende Entführerin der Lufthansa-Maschine „Landshut", die 1977 in Mogadischu von der GSG 9 gestürmt worden war, soll in Deutschland vor ein Gericht gestellt werden.

DEZEMBER

1.12. Die Kultusminister der deutschen Bundesländer billigen eine Rechtschreibreform, die vom 1. August 1998 an gelten soll. Die Rechtschreib- und Kommaregeln werden stark vereinfacht, verzichtet wird jedoch weitgehend auf das umstrittene Eindeutschen von Fremdwörtern.
6.12. Der Bundestag billigt die Entsendung von 4.000 deutschen Soldaten in das ehemalige Jugoslawien. Sie sollen der 60.000 Mann starken internationalen Friedenstruppe für Bosnien angehören. Die ersten Bundeswehrsoldaten werden am 22. Dezember an die kroatische Adriaküste geflogen.
10.12. Der Friedensnobelpreis wird an den britischen Atomphysiker Joseph Rotblat und die von ihm gegründete Pugwash-Konferenz, die sich für den Abbau von Atomwaffen einsetzt, vergeben. Mit Christiane Nüsslein-Volhard wird erstmals eine deutsche Wissenschaftlerin mit einem Nobelpreis geehrt. Zusammen mit ihrem amerikanischen Kollegen Edward B. Lewis und Eric Wieschaus erhält sie den Nobelpreis für Medizin für ihre Forschungen im Bereich der frühen Embryonalentwicklungen.
16.12. In Madrid/Spanien endet ein zweitägiger Gipfel der Staats- und Regierungschefs der Europäischen Union. Die künftige europäische Währungseinheit soll die Bezeichnung Euro erhalten.

AUSSERDEM

Günter Grass: Ein weites Feld (Roman)
Die Bahn beginnt im März mit dem Angebot, in Nahverkehrszügen für 15 DM am Wochenende mit maximal sechs Personen durch das ganze Bundesgebiet reisen zu können. Hunderttausende nutzen das Angebot, was in vielen Fällen zur Überlastung der Bahn führt. Im Mai verdoppelt die Bahn den Preis des Wochenendtickets.

Rund um den verhüllten Reichstag drängen sich zahlreiche Besucher, um das Werk des amerikanischen Verpackungskünstlers Christo und seiner Frau Jeanne-Claude zu sehen. Zwischen dem 24. Juni und dem 6. Juli war „Wrapped Reichstag" eine internationale Attraktion.

Oskar Lafontaine neuer Parteivorsitzender der SPD

Die Sozialdemokraten mussten im Verlauf des Jahres 1995 eine nachhaltige Schwächung ihrer Position als Folge heftiger interner Kontroversen und Personaldiskussionen hinnehmen, wobei die Tätigkeit des Partei- und Fraktionsvorsitzenden Rudolf Scharping mit scharfen Worten und insbesondere von Niedersachsens Ministerpräsident Gerhard Schröder kritisiert wurde. Der zunehmend isolierte Politiker, dem Führungsschwäche und nicht zuletzt das schlechte Abschneiden der SPD bei der Abgeordnetenhauswahl in Berlin im Oktober zum Vorwurf gemacht wurde, verlor das Amt des Parteivorsitzenden am 16. November im Verlauf des Bundesparteitags in Mannheim und im Zuge einer Kampfabstimmung an den saarländischen Ministerpräsidenten Oskar Lafontaine. Die Kritik an Scharping konzentrierte sich insbesondere auf die in den Augen seiner Gegner erkennbare unzureichende Kommunikationsfähigkeit des früheren rheinland-pfälzischen Ministerpräsidenten, der im Juni 1993 auf der Grundlage des Ergebnisses einer Urwahl zum SPD-Bundesvorsitzenden berufen worden war und im Oktober 1994 als Kanzlerkandidat den Wahlsieg seiner Partei nur knapp verfehlt hatte. Zu den heftigsten Kritikern zählte Niedersachsens Ministerpräsident Gerhard Schröder, der bei Scharping Mängel im ökonomischen Denken und Planen erkannte; von Heide Simonis, der Regierungschefin von Schleswig-Holstein, stammte die im Sommer geäußerte Interpretation, Scharping müsse wegen seiner geringen Kommunikationsfähigkeit als „Autist“ betrachtet werden, wofür sie sich jedoch bei ihrem Parteivorsitzenden entschuldigte. Auch Bundestagsvizepräsident Hans-Ulrich Klose schloss sich der wachsenden Zahl der innerparteilichen Kritiker an, unterstrich Schröders wirtschaftspolitische Kompetenz und betonte im August in einem Zeitungsinterview, die SPD-Troika Scharping / Schröder / Lafontaine existiere faktisch nicht mehr.
Ende August trat der zunehmend in Bedrängnis geratene Parteichef seinen Widersachern entgegen und betonte in einem Gespräch mit der „Süddeutschen Zeitung“, für ihn stehe außer Frage, dass er die Sozialdemokraten auch 1998 als Kanzlerkandidat in die Bundestagswahl führen werde. Gleichzeitig dementierte er Berichte, wonach er beabsichtige, Schröder als wirtschaftspolitischen Sprecher der Partei abzusetzen, und unterstrich, sein Gegner heiße „Helmut Kohl, nicht Schröder“. Am 28. August bestätigte das SPD-Präsidium Scharping einstimmig als Kanzlerkandidaten und be-

Der neugewählte SPD-Vorsitzende Oskar Lafontaine (rechts) zollt seinem Vorgänger Rudolf Scharping stehend Beifall. Oskar Lafontaine ist neuer SPD-Vorsitzender. Der 52jährige setzte sich am 16. November 1995 auf dem Parteitag in Mannheim sensationell deutlich gegen Rudolf Scharping durch, der als erster Parteichef der Nachkriegszeit abgewählt wurde. Auf den saarländischen Ministerpräsidenten, der sich erst nach seiner mit Begeisterung aufgenommenen Rede auf Druck vieler Delegierter zur Kandidatur entschlossen hatte, entfielen im ersten Wahlgang 321 der 513 Stimmen (62,6 %).

Zum ersten Mal ist einer deutschen Frau der Nobelpreis zuerkannt worden: Prof. Christiane Nüsslein-Vollhard, Direktorin am Max-Planck-Institut Tübingen, erhält den Medizin-Nobelpreis gemeinsam mit ihren US-Kollegen Edward B. Lewis und Eric Wieschaus. Die Entwicklungsbiologen hatten mit ihren „epochemachenden Entdeckungen, wie die Gene die frühe Embryonalentwicklung steuern, den Grundstein für neue Erkenntnisse gelegt", begründete das Karolinische Institut Stockholm seine Entscheidung. Die Auszeichnung ist mit 1,5 Mio. DM dotiert.

Der Schriftsteller Günter Grass (rechts) und der Literaturkritiker Marcel Reich-Ranicki vor Beginn des Literaturforums im jüdischen Gemeindezentrum, wo Grass aus seinem neuen Roman „Ein weites Feld" las. Es war das erste Mal, dass ein Abschnitt des Werks öffentlich präsentiert wurde. Der Lesung war eine Einladung Reich-Ranickis vorausgegangen. Der Roman spielt in Berlin und erzählt die Geschichte zweier deutscher Literaten in der Zeit von 1989 bis 1991.

mühte sich damit, Einigkeit in der Parteiführung zu demonstrieren, doch griff Schröder den Vorsitzenden bereits am 30. August mit Kritik an der Planung des Mannheimer Parteitags von neuem scharf an; wirtschaftspolitischen Themen wolle man auf dem Kongress nicht die angemessene Bedeutung zugestehen. Am 31. August reagierte Scharping auf die ständigen Angriffe seines Widersachers und entzog Schröder das Amt des wirtschaftspolitischen Sprechers der SPD, womit der Machtkampf einen neuen Höhepunkt erreichte.

Die „Süddeutsche Zeitung" kam im September in einem Leitartikel zu dem Schluss, die SPD habe „den falschen Vorsitzenden", und schrieb: „Das Problem der SPD heißt nicht Rudolf Scharping, sondern Helmut Kohl. Der Bundeskanzler sitzt fester denn je im Sattel, als hätte es das für die Koalition magere Wahlergebnis vom Oktober 1994 nicht gegeben. Nicht vergessen ist dagegen das Wort Scharpings, die Opposition werde dafür sorgen, dass der Kanzler die Schlappe nicht lange überlebe. Inzwischen werden sogar in der SPD Zweifel daran laut, ob es der Partei 1998 gelingen könne, Helmut Kohl abzulösen. Rudolf Scharping aber spielt unverdrossen die Kohl-Ab-löse-Nummer weiter, während ihm die Partei um die Ohren fliegt und seine sowie der SPD Popularitätswerte in den Keller sausen ... Je verzweifelter er an einer verfehlten Oppositionsstrategie festhält, desto schneller werden ihn seine eigenen Bataillone im Stich lassen. Was jetzt vehement über Scharping einstürzt, ist nichts anderes als die Verzweiflung vieler Genossen darüber, dass es der Partei nicht gelingt, die vermeintlichen Schwächen Kohls – eine geringe Mehrheit und einige ungelöste Wirtschaftsprobleme – zu ihren Gunsten auszunutzen ... Scharping ist der falsche Vorsitzende zur falschen Zeit. Die Partei braucht keinen Möchtegern-Machiavelli aus Mainz, sondern einen konzeptionellen Denker, der formulieren könnte, wie die sozialdemokratische Antwort auf die von den Parteivätern nicht vorausgesehenen Probleme unserer Zeit aussieht. Dieser Denker ist allerdings auch ... der bullige Populist Schröder nicht."

Der Wirtschaftssprecher der SPD-Bundestagsfraktion, Uwe Jens, legte am 13. September sein Amt nieder und betonte in seinem Rücktrittsschreiben, dass ihm unter Scharping eine „schlüssige Wirtschaftspolitik" zur Sicherung bestehender und Schaffung neuer Arbeitsplätze nicht durchsetzbar erscheine, da der Parteichef „taktischen Überlegungen" Vorrang vor vernünftigen politischen Entscheidungen einräume. Vor Journalisten betonte Jens, er halte Schröders ökonomisches Konzept für schlüssiger.

Die zunehmend schlechten Wahlergebnisse der SPD führten auch zu Angriffen gegen Günter Verheugen, den Bundesgeschäftsführer der Sozialdemokraten und Verantwortlichen für die Wahlkampfstrategie, der sich mehrfach mit deutlichen Worten gegen das Agieren Schröders aussprach. Am 17. September zogen sich mit Christoph Zöpel und Karsten Voigt zwei weitere prominente Sozialdemokraten aus Präsidium bzw. Vorstand der Partei zurück und beklagten einen „verletzenden Führungsstil". Verheugen legte am 29. September das Amt

Das 69.000 Tonnen schwere britische Kreuzfahrtschiff „Oriana", das die niedersächsische Meyer-Werft für die britische P & O-Reederei gebaut hat, wird am 26. Februar 1995 von Papenburg über die Ems nach Emden gebracht.

des Bundesgeschäftsführers nieder, wobei er die Doppelbelastung durch die von ihm zusätzlich bekleidete Position des stellvertretenden Vorsitzenden der SPD-Bundestagsfraktion erwähnte und betonte, er wolle diese Funktion weiter ausüben.
Im Oktober verschärfte sich die Kritik an Scharping weiter, wobei ihm vor allem vorgeworfen wurde, er habe in der Frage der Unterstützung der SPD für die vom Bundestag beschlossene, heftig umstrittene Diätenerhöhung falsch gehandelt, zumal er das Scheitern der Neuregelung bereits öffentlich konstatiert habe, ehe der Bundesrat hierüber abstimmte. In den Reihen der Sozialdemokraten wurden Forderungen nach dem Rücktritt des Parteichefs laut, aber auch Angriffe gegen Schröder geführt, dessen fortdauernde Kritik am Parteivorsitzenden – ob in der Sache berechtigt oder nicht – im Stil unpassend und für das Ansehen der SPD schädlich sei, und die Medien mutmaßten über personalpolitische Veränderungen und die Neugestaltung der SPD-Führung. Der Bundesrat – und damit nicht zuletzt die sozialdemokratisch regierten Länder – blockierte schließlich faktisch, wenn auch nicht formaljuristisch die Diätenneuregelung.
Franz Müntefering, der bisherige Sozialminister von Nordrhein-Westfalen, wurde am 16. Oktober vom SPD-Vorstand für die Funktion des Bundesgeschäftsführers nominiert und interimistisch mit der Ausübung der Amtsgeschäfte betraut, nachdem Scharping zuvor von mehreren anderen sozialdemokratischen Politikern eine Absage erhalten hatte. Am 22. Oktober erlitt die SPD bei der Wahl in Berlin eine schwere Niederlage. Scharping wurde am 24. Oktober mit deutlicher, im Vergleich zur letzten Wahl jedoch erheblich reduzierter Stimmenmehrheit im Amt des Vorsitzenden der sozialdemokratischen Bundestagsfraktion bestätigt: Während er am 18. Oktober 1994, nach der Bundestagswahl, noch über 98 Prozent der Stimmen erhalten hatte, votierten jetzt noch 79 Prozent der Abgeordneten für ihn. Scharping sprach von „guter Sacharbeit“ der Fraktion, doch gebe es ein „schlechtes Marketing“ und die Überlagerung der Sacharbeit durch „oberflächliche oder personelle Konflikte“.

Das deutsche Paar Mandy Wötzel und Ingo Steuer (Chemnitz) zeigt bei seiner Siegerkür am 1. Februar 1995 in der Dortmunder Westfalenhalle eine Pirouette. Die Sachsen gewannen den Europameistertitel vor den Tschechen Radka Kovarikova/Rene Novotny und den Russen Ewgenia Schischkowa/Wadim Naumow.

Weltmeister Henry Maske (rechts) kann hier im Weltmeisterschaftskampf am 27. Mai 1995 in der ausverkauften Dortmunder Westfalenhalle gegen den Berliner Herausforderer Graciano Rocchigiani (links) in der Halbdistanz einen Treffer landen. Mit einem knappen, aber einstimmigen Urteil der drei Punktrichter verteidigte der 31jährige Halbschwergewichtler aus Frankfurt/Oder nach zwölf hochdramatischen und teilweise hochklassigen Runden seinen Titel nach Version der International Boxing-Federation (IBF) zum siebten Mal erfolgreich. Der in 27 Profi-Kämpfen weiterhin ungeschlagene Maske kassierte in der ersten WM zweier deutscher Boxer die Rekordgage von 1,6 Millionen Mark, Rocchigiani bekam eine Million.

Unter dem Eindruck der Streitigkeiten fand vom 14. bis 17. November 1995 in Mannheim der Bundesparteitag der SPD statt, der unter dem Motto stand: „Mit der Kraft der sozialen Demokratie – die Zukunft gewinnen.“
Am 15. November hielt der saarländische Ministerpräsident Oskar Lafontaine eine von den Delegierten begeistert aufgenommene und mehrfach von Beifall unterbrochene Rede, in der er die Sozialdemokraten an ihre Grundwerte und ihre gesellschaftliche Verantwortung erinnerte, und am Morgen des 16. November entschied er sich in Absprache mit Rudolf Scharping und auf Drängen vieler Delegierter und mehrerer Landesverbände zur Kandidatur für den Parteivorsitz. Er präsentierte sich dem Plenum als personelle Alternative zu dem Amtsinhaber, erhielt bei der folgenden Kampfabstimmung die Stimmen von 321 der 515 Delegierten (62,6 Prozent der Voten) und wurde so mit überraschend deutlicher Mehrheit zum neuen SPD-Bundesvorsitzenden gewählt, während Scharping 190 Stimmen auf sich vereinigen konnte; es wurden je zwei Enthaltungen bzw. ungültige Voten gezählt. Trotz der politischen und persönlichen Niederlage erklärte sich der abgewählte Parteivorsitzende bereit, für die Position von Lafontaines Stellvertreter zu kandidieren, und erhielt für dieses Amt 482 der 518 abgegebenen Voten. Lafontaine machte deutlich, dass er Scharping als Vorsitzenden der Bundestagsfraktion bestätigen werde.
Der 52-jährige Lafontaine rief die Sozialdemokraten zur Geschlossenheit und zur vertrauensvollen Zusammenarbeit in der Parteispitze auf und betonte, über die Frage des SPD-Kanzlerkandidaten für 1998 werde zu einem späteren Zeitpunkt entschieden. „Ich weiß um die Schwere der Verantwortung und dass ich darauf angewiesen bin, dass alle hier vorn mich unterstützen ... Ich stehe für das Programm, das ich mit vielen zusammen in den letzten Jahren erarbeitet habe, und ich bitte euch alle um Unterstützung“, betonte der neue Parteichef.
Scharping erhielt bei seiner letzten kurzen Rede als SPD-Vorsitzender – nach der Abwahl – stehenden Applaus und verabschiedete sich mit den Worten: „Ich war der Auffassung, wir brauchen Klarheit. Zu dieser Klarheit gehört, dass die ganze Partei, dass jeder, der für sie Verantwortung trägt, Oskar Lafontaine in seinem Amt uneingeschränkt unterstützt. Es wird ganz entscheidend

darauf ankommen, dass wir auf diesem Parteitag nicht nur personelle Entscheidungen treffen, sondern die Kraft behalten, den vielen Menschen, die uns beobachten und die uns vertrauen, auch zu sagen, wie wir die wirtschaftliche, die soziale, wie wir uns die Zukunft des Landes überhaupt vorstellen. Nicht nur Personalentscheidungen, sondern auch in der Sache Klarheit schaffen, damit wir Orientierung geben können. Oskar, manches hat bitter wehgetan – aber wir müssen jetzt die Kraft finden, Schmerzen der Vergangenheit hinter uns zu lassen, denn wir haben eine Aufgabe, die wichtiger ist als wir selbst."

Zum Abschluss des Parteitags kündigte Lafontaine, der das Amt des Ministerpräsidenten des Saarlandes weiterhin bekleidet, das Wiedererstarken der SPD an und riet den politischen Gegnern der Sozialdemokratie, sie sollten sich nunmehr „warm anziehen". In den Reihen der Sozialdemokraten wurde teils mit Erleichterung, teils mit Bestürzung auf den letztlich überraschenden Führungswechsel reagiert; die Meinungen reichten von der Interpretation eines „Befreiungsschlages" bis zum Vorwurf des innerparteilichen „Putsches". Das Nachrichtenmagazin „Der Spiegel" schrieb:

„Die (in Mannheim) versammelten Sozialdemokraten waren erlöst und zugleich auch wieder erschrocken über die Dynamik der Ereignisse. Denn nie zuvor hat die älteste Partei Deutschlands einen Vorsitzenden so gnadenlos beiseitegeschoben wie Rudolf Scharping nach nur 28 Monaten Amtszeit ... Seit dem Sommer war Lafontaine mit dem – weitverbreiteten – Gedanken schwanger gegangen, dass Rudolf Scharping als Solist in Dreifachfunktion (Partei- und Fraktionsvorsitzender sowie Kanzlerkandidat) maßlos überfordert sei und der Machtwechsel in weite Ferne rücke ... Für Helmut Kohl wird das Regieren schwieriger, denn Lafontaine ist ein ernstzunehmender Kontrahent, weil er sich – anders als Scharping – vom Kanzler unterscheiden will, anstatt ihn zu imitieren."

Der SPD-Parteitag beschloss in der strittigen Frage der Bundeswehreinsätze in Bosnien, dass Sanitäter, Pioniereinheiten, Logistiktruppen, Transport- und Aufklärungsflugzeuge zur Verfügung gestellt, die Entsendung von Tornado-Kampfflugzeugen jedoch ausgeschlossen werden und dass die Bundestagsfraktion der Entsendung von Einheiten mit Kampfauftrag nicht zustimmen soll. Franz Müntefering wurde als Bundesgeschäftsführer der Partei bestätigt. Die SPD-Fraktion im Deutschen Bundestag bestätigte ihren Vorsitzenden Rudolf Scharping am 21. November mit 206 Ja-Stimmen bei 17 Gegenstimmen und fünf Enthaltungen.

Heiner Müller wurde am 9. Januar 1929 in Eppendorf in Sachsen geboren und blieb in der DDR, auch nachdem seine Eltern 1951 in die Bundesrepublik geflüchtet waren. In seinem Werk setzte er sich für sozialistische und humanistische Ideen ein, kritisierte aber auch die sozialen und politischen Verhältnisse in der DDR. Klassische Stoffe und Shakespeare-Dramen dienten ihm als Modelle für aktuelle politische Themen. Müller schockierte in seinen Arbeiten mit Furcht und Schrecken, weil er so die Menschen zum Lernen anregen wollte. Er inszenierte bereits vor der Wiedervereinigung an vielen Bühnen in Ost- und Westdeutschland. Kurz nachdem er die Leitung des renommierten Berliner Ensembles übernommen hatte, starb Heiner Müller am 30. Dezember 1995 in Berlin an Krebs. Er wohnte zuletzt mit Ehefrau Brigitte und Tochter Anna in einer umgebauten Fabriketage in Berlin-Kreuzberg. Die Menschen in seiner Nachbarschaft kannten ihn als bescheidenen, witzigen Mann. Sein Grab befindet sich auf dem Dorotheenstädtischen Friedhof in Berlin-Mitte. Dem begeisterten Zigarrenraucher wurde eine Kiste Montecristo-Havannas in sein Grab mitgegeben.

Konrad Zuse

Konrad Zuse

* Berlin, 22. Juni 1910
† Hünfeld, 18. Dezember 1995

Konrad Zuse studierte nach dem Besuch des Realgymnasiums an der Technischen Hochschule in Berlin-Charlottenburg zunächst Maschinenbau, dann Architektur, wobei ihn vornehmlich die Städteplanung interessierte.

Er beschloss, Bauingenieur zu werden. Da er der Routinearbeit von Statikberechnungen keinen Reiz abzugewinnen vermochte, beschäftigte er sich mit dem Gedanken, sie auf mechanische Weise von einer Rechenmaschine durchführen zu lassen. 1936 gab er seine Stellung als Statiker auf, um sich ganz dem Problem der Rechenmaschine zu widmen; er baute den Prototyp eines mechanischen Speichers und arbeitete gleichzeitig die theoretischen Grundlagen der Computertechnik aus. 1941 hatte er mit der Z3 den ersten arbeitsfähigen programmgesteuerten elektromechanischen Digitalrechner der Welt fertiggestellt. Durch den Zweiten Weltkrieg beeinträchtigt (da der Bau von Rechenmaschinen nicht als „kriegswichtig" erachtet wurde, waren keine Bauteile zu haben) und isoliert von der internationalen Forschung und Computertechnik (die während und kurz nach dem Krieg in den USA eine stürmische Entwicklung durchmachte), gingen Zuses Arbeiten nur langsam voran und mussten eine Zeitlang ganz eingestellt werden.

1944 vernichtete ein Bombentreffer seine Berliner Werkstatt. Zuses Betrieb wurde erst nach Göttingen, dann nach Hindelang in Bayern verlagert. Das verbesserte Modell Z4 wurde fertiggestellt; es stand nach den Kriegswirren und dem Zusammenbruch einsatzbereit – in einem Pferdestall.

Zuse gründete das „Zuse-Ingenieurbüro, Hopferau bei Füssen"; 1949 wurde der Betrieb als „Fa. Zuse KG" in Neukirchen, Kreis Hersfeld, weiter ausgebaut. 1950 lief die Z4 als erster Computer in Europa; 1955 entstand mit der Z23 das erste elektronische Gerät; 1959 wurde ein automatischer Zeichentisch, der Grafomat, entwickelt.

Die Zuse KG ging durch Aufnahme weiterer Teilhaber in den Besitz der Siemens AG über. 1969 zog sich Konrad Zuse aus dem Geschäftsleben zurück, um sich verstärkt wieder mit theoretischen Problemen der Informatik zu befassen, und folgte einem Ruf als Honorarprofessor an die Universität Göttingen.

1996

JANUAR

1.1. Der Deutschen Telekom unterläuft zum Auftakt der neuen Telefontarife ein Computerfehler: Statt des günstigen Feiertagstarifs wird der höhere Nachmittagstarif für Werktage berechnet. Nach zahlreichen Protesten wird eine Entschädigung gezahlt.

17.1. Der AEG-Aufsichtsrat beschließt die Auflösung des 113 Jahre alten Unternehmens, das in den 70er Jahren in die roten Zahlen geraten war. Der Bereich Energieverteilung und Automatisierungstechnik wird an einen französischen Großkonzern verkauft, die übrigen Unternehmensbereiche werden von der Konzernmutter Daimler-Benz weitergeführt.

18.1. In Lübeck sterben zehn Menschen bei einem Brand in einem Asylbewerberheim. Die Polizei stellt Brandstiftung fest, die Hintergründe der Tat bleiben jedoch unklar.

FEBRUAR

21.2. Der vom Konkurs bedrohte Bremer Vulkan Verbund AG stellt einen Vergleichsantrag beim Amtsgericht Bremen. 22.500 Arbeitsplätze sind beim größten deutschen Schiffbauunternehmen in Gefahr (Konkurs 1. Mai 1996).

28.2. Der Iffland Ring, eine der bedeutendsten Auszeichnungen für deutschsprachige Schauspieler, geht nach dem Tod des Schauspielers Josef Meinrad an den Schweizer Bruno Ganz. Der Fingerring mit dem Portrait des Schauspielers August Wilhelm Iffland wird entsprechend der Tradition auf Lebenszeit verliehen und postum weitergegeben.

MÄRZ

14.3. In Bonn fusionieren die Asko Deutsche Kaufhaus AG, die Deutsche SB Kauf AG und die Kaufhof Holding mit der Metro AG zu dem Großunternehmen Metro AG mit rund 175.000 Beschäftigten.

15.3. Der Schriftsteller Wolfgang Koeppen stirbt im Alter von 89 Jahren in München.

20.3. Die britische Regierung räumt erstmals die Möglichkeit ein, dass die Rinderkrankheit BSE (Bovine Spongiforme Encephalopathie), bekannt als „Rinderwahnsinn", auf den Menschen übertragen werden und das Creuzfeldt-Jakob-Syndrom verursachen kann. In Deutschland gilt daraufhin ab dem 23. März ein Importstopp, und die EU-Kommission verhängt am 27. März ein weltweites Exportverbot für britisches Rindfleisch.

APRIL

11.4. Im Flughafengebäude von Düsseldorf bricht ein Großfeuer aus, bei dem 17 Menschen sterben und 62 verletzt werden.

16.4. Nach 14jährigem Verbot wird in Deutschland der Hanfanbau wieder erlaubt. Der Gehalt des Cannabis-Wirkstoffes Tetrahydrocannabinol darf allerdings nicht höher als 0,3 % betragen.

17.4. Die deutsche Bundesregierung erkennt die aus Serbien und Montenegro bestehende Bundesrepublik Jugoslawien (BRJ) an und nimmt die 1992 abgebrochenen Beziehungen zu Belgrad wieder auf.

26.4. Der am 25. März in Hamburg entführte Multimillionär Jan Philipp Reemtsma wird gegen ein Lösegeld von 30 Millionen DM freigelassen. Drei Tage nach seiner Entführung begann eine in der deutschen Pressegeschichte einzigartige Kooperation: Mit täglichen Kleinanzeigen in der „Hamburger Morgenpost" hielt die Polizei mit den Kidnappern Kontakt. Obwohl immer mehr Journalisten Bescheid wussten, veröffentlichten die Medien ihre Informationen nicht, um Reemtsmas Leben nicht zu gefährden. Bereits Ende Mai können drei mutmaßliche Entführer festgenommen werden, von den weiteren Tätern sowie dem Lösegeld fehlt jedoch jede Spur.

MAI

5.5. Bei einer Volksabstimmung der Berliner und Brandenburger Bürger entscheiden sich die Brandenburger mit Mehrheit gegen den geplanten Zusammenschluss der Bundesländer Brandenburg und Berlin.

8.5. Der größte Einsatz von Polizeikräften in der Geschichte der Bundesrepublik mit rund 19.000 Polizisten und Angehörigen des Bundesgrenzschutzes sichert den Transport von CASTOR-Behältern mit hochradioaktivem Abfall aus der Wiederaufbereitungsanlage in La Hague/Frankreich in das niedersächsische Zwischenlager Gorleben.

18.5. Borussia Dortmund wird zum zweiten Mal in Folge Deutscher Fußballmeister.

22.5. In einer Rede vor dem Deutschen Bundestag bedankt sich der südafrikanische Präsident Nelson Mandela bei jenen Deutschen, die den Kampf der Schwarzen gegen das Apartheidregime in Südafrika unterstützt haben.

24.5. Das Schauspiel „Germania 3" des Regisseurs Heiner Müller wird in Bochum uraufgeführt.

JUNI

4.6. Kurz nach dem Start explodiert die „Ariane 5", die modernste Trägerrakete Europas, in Französisch-Guyana.

6.6. Beim Absturz eines Helikopters der Bundeswehr in Dortmund kommen 13 der 14 Insassen ums Leben. Der Unfall ist auf das Verschulden des Piloten zurückzuführen, der riskante Flugmanöver ausführen wollte.

11.6. Das Landgericht Oldenburg verurteilt den ehemaligen Eiergroßproduzenten Anton Pohlmann unter anderem wegen Tierquälerei zu zwei Jahren Haft auf Bewährung und 3,1 Millionen DM Geldstrafe.

15.6. Auf der größten Kundgebung der deutschen Gewerkschaften seit 1945 demonstrieren in Bonn rund 350.000 Menschen gegen die Bonner Sparpläne, die unter anderem Änderungen in der Krankenversicherung und im Arbeitsrecht vorsehen.

29.6. In Bottrop im Ruhrgebiet wird der Freizeitpark „Movie World" des US-Filmkonzerns Warner Brothers eröffnet.

30.6. Die deutsche Fußballmannschaft wird nach einem 2:1-Sieg über die Mannschaft der Tschechischen Republik in London Fußball-Europameister.

JULI

7.7. In Konstanz am Bodensee wird mit dem Rechtsanwalt Horst

Mit großer Mehrheit billigt der Bundestag am 13. Dezember 1996 die Teilnahme von maximal 3300 Bundeswehrsoldaten an der multinationalen Friedenstruppe. Sie sollen mit über 32.000 anderen Soldaten das Wiederaufflammen von Feindseligkeiten in Bosnien-Herzegowina verhindern.

Frank erstmals ein Grüner Politiker Oberbürgermeister einer deutschen Stadt.
28.7. In München nimmt das Digital-Fernsehen DF 1 den Sendebetrieb auf.
31.7. Die bayerische Landesregierung verabschiedet eine eigene Abtreibungsregelung. Danach muss in Bayern eine Schwangere, die eine Abtreibung wünscht, in der Beratungsstelle die Gründe für ihren Entschluss nennen. Außerdem dürfen Ärzte künftig nicht mehr als 25 % ihrer Jahreseinkünfte aus Schwangerschaftsabbrüchen erzielen. Das zweite Gesetz richtet sich vor allem gegen Kliniken, die auf Abtreibungen spezialisiert sind.

AUGUST

1.8. Ein italienisches Militärgericht spricht den wegen Kriegsverbrechen angeklagten ehemaligen SS-Offizier Erich Priebke frei. Das Gericht sieht es zwar als erwiesen an, dass Priebke in der Nähe von Rom 1944 an der Erschießung von 335 zivilen Geiseln beteiligt war, aber es hält ihm zugute, nur auf Befehl gehandelt zu haben. Die Taten seien unter dem Gesichtspunkt mildernder Umstände verjährt. Kurz nach der Urteilsverkündung wird Priebke erneut verhaftet, und im Oktober erklärt das italienische Kassationsgericht die Entscheidung für ungültig. Im Juli 1997 wird Priebke verurteilt.
3.8. In Hannover unterbinden 6.000 Polizisten die sogenannten Chaostage. 1995 war es bei dem Punker-Treffen zu viertägigen Straßenschlachten gekommen.
28.8. In Hannover wird die erste CeBIT Home Electronic-Messe eröffnet. Für die Zukunft werden multimediale Maschinen in Aussicht gestellt, die TV-Geräte, Audio- und Video-Komponenten ersetzen sollen.

SEPTEMBER

4.9. Der US-amerikanische Politologe Daniel Jonah Goldhagen diskutiert erstmals in Deutschland öffentlich über seine in dem Buch „Hitlers willige Vollstrecker" veröffentlichen Thesen: Goldhagens Studie beruht auf der Annahme, der Massenmord in der NS-Zeit sei von Durchschnittsdeutschen verübt worden, die sich bereitwillig in den Dienst der Mordmaschinerie stellten. Ein – historisch gewachsener – Judenhass habe in Deutschland für eine breite Übereinstimmung zwischen der Bevölkerung und den Nationalsozialisten gesorgt.
5.9. Vor dem Landgericht Mannheim beginnt der Prozess gegen Peter Graf, den Vater der Tennisspielerin Steffi Graf , wegen Steuerhinterziehung.
10.9. Das Landgericht Berlin verurteilt erstmals sechs ehemalige Kommandeure der DDR-Grenztruppen wegen der Todesschüsse auf Flüchtlinge an der innerdeutschen Grenze.
12.9. In Oberhausen wird das „Centro" eröffnet, das größte Einkaufszentrum Europas.
22.9. In Epfach/Bayern wird ein siebenjähriges Mädchen zwei Tage nach seiner Entführung tot aufgefunden. Das Mädchen war sexuell missbraucht und anschließend in die Lech geworfen worden, wo es ertrank. Als Mörder wird ein vorbestrafter Sexualverbrecher festgenommen. Die Tat löst eine Diskussion über verstärkte Strafmaßnahmen gegen Sexualverbrecher aus.
26.9. Das Amtsgericht München verurteilt den Sänger Konstantin Wecker wegen Drogenmissbrauchs zu zweieinhalb Jahren Gefängnis ohne Bewährung.

OKTOBER

2.10. In Berlin wird der Deutsche Dom am Gendarmenmarkt wieder eröffnet. Hier wird künftig die historische Dauerausstellung des Bundestags „Fragen an die deutsche Geschichte" zu sehen sein.
10.10. In Mettmann/Nordrhein-Westfalen wird das Neanderthal Museum eingeweiht. Es bietet einen Überblick über die Entwicklungsgeschichte der Menschheit.
19.10. In einem Waldstück bei Reckenroth im Taunus wird die Leiche des am 1. Oktober entführten Millionärs Jakub Fiszman gefunden. Die Entführer hatten 4 Millionen DM Lösegeld gefordert, die am 10. Oktober vom Bruder weisungsgemäß übergeben wurden. Zu diesem Zeitpunkt war Fiszman schon tot. 16 Tage nach der Entführung nimmt die Sonderkommission der Polizei zwei mutmaßliche Täter fest und stellt das Lösegeld sicher.
26.10. Auf Europas größter innerstädtischen Baustelle am Potsdamer Platz in Berlin wird mit einem „Kranballett" das Richtfest für das 85 m hohe künftige Gebäude der Daimler-Benz-Tochtergesellschaft Debis gefeiert: 19 Kräne „tanzen" zu den Klängen der „Ode an die Freude" aus Ludwig van Beethovens Neunter Sinfonie.
31.10. Auf seiner Asienreise feiert Bundeskanzler Helmut Kohl sein Amtsjubiläum: Mit 5145 Tagen ist er länger im Amt als jeder seiner Vorgänger.

NOVEMBER

3.11. In Deutschland dürfen Bäcker erstmals nach Aufhebung des Sonntagsbackverbots sonntags frische Brötchen verkaufen.
5.11. Erstmals werden vermutlich gentechnisch veränderte Sojabohnen aus US-Anbau mit einem Frachter über Hamburg nach Deutschland eingeführt. Greenpeace-Mitglieder protestieren gegen die Einfuhr. Die Verbraucher sind verunsichert bezüglich möglicher Auswirkungen genmanipulierter Nahrungsmittel.
15.11. Vor dem Gebäude der deutschen Botschaft in Teheran/Iran demonstrieren rund 500 Menschen gegen den Vorwurf, der Iran betreibe „Staatsterrorismus". Drei Tage zuvor hatten die Bundesanwälte bei ihrem Plädoyer im „Mykonos"-Prozess vor dem Kammergericht in Berlin dem Iran die Verantwortung für den Mordanschlag auf vier iranische Kurdenpolitiker im Berliner Restaurant Mykonos am 17. September 1992 zugewiesen. Das Urteil wird am 10. April 1997 verkündet.
18.11. Die Aktien der Deutschen Telekom werden erstmals an allen acht deutschen Wertpapierbörsen sowie in den USA und Japan gehandelt.
19.11. Die Ex-Terroristin Souhaila Andrawes wird vom Oberlandesgericht Hamburg zu zwölf Jahren Haft verurteilt. Die gebürtige Libanesin war im Oktober 1977 an der Entführung der Lufthansamaschine „Landshut" beteiligt gewesen. Die Kidnapper wollten die Forderung der Entführer von Hanns-Martin Schleyer nach Freilassung von elf deutschen Terroristen aus deutscher Haft unterstützen.
23.11. Im letzten Boxkampf seiner Karriere verliert Henry Maske über zwölf Runden nach Punkten gegen Virgil Hill aus den USA den IBF-Weltmeistertitel im Halbschwergewicht.

DEZEMBER

9.12. Bundeskanzler Helmut Kohl und der französische Staatspräsident Jacques Chirac beschließen eine gemeinsame deutsch-französische Konzeption zur Sicherheits- und Verteidigungspolitik.
11.12. Der zweitgrößte deutsche Kaffeeproduzent Tchibo übernimmt den Bremer Konkurrenten Eduscho, die bisherige Nummer vier der Branche.
13.12. Der Bundestag billigt die Beteiligung der Bundeswehr bei der „SFOR" (Stabilization Force), der neuen internationalen Friedenstruppe in Bosnien unter NATO-Oberbefehl, deren Einsatz bis Juni 1998 geplant ist.
19.12. Bundestagspräsidentin Rita Süssmuth erwirkt im Streit um angebliche Privatflüge mit Bundeswehrmaschinen eine einstweilige Verfügung gegen den Axel-Springer-Verlag. Dessen Bild-Zeitung berichtete von angeblich 31 Flügen in die Schweiz seit 1993. Dabei soll Süssmuth in mindestens sechs Fällen ihre in der Schweiz lebende Tochter besucht haben.
20.12. Bundesaußenminister Klaus Kinkel und sein tschechischer Amtskollege Josef Zieleniec paraphieren in Prag die deutsch-tschechische Erklärung. In diesem Papier äußern beide Seiten ihr Bedauern für das im Zusammenhang mit dem Zweiten Weltkrieg begangene Unrecht, sowohl für die Verbrechen während der deutschen Besatzung als auch für die Vertreibung von 2,5 Millionen Sudetendeutschen.

Nelson Mandela in Deutschland

Südafrikas Präsident Nelson Mandela stattete der Bundesrepublik vom 21. bis 23. Mai 1996 einen offiziellen Staatsbesuch ab. Im Mittelpunkt der Visite des südafrikanischen Staatspräsidenten stand eine Ansprache, die der Gast am 22. Mai im Plenarsaal des Deutschen Bundestages in Bonn vor den Mitgliedern von Bundestag und Bundesrat hielt:

Der wechselvolle Lauf der Geschichte und ihre unberechenbaren Launen hat Afrika und Europa, Südafrika und Deutschland in eine enge Nähe gerückt: Produkte der Habgier einer Kolonialzeit und Opfer des technologischen Genies der Menschheit. So stehen wir heute vor dem Anbruch eines neuen Jahrtausends, aufgefordert, erneut die wahre Bedeutung des großen Augenblicks festzustellen, in den die Geschichte unsere Generation versetzt hat: die Geburt der Anerkennung des universellen menschlichen Ideals. Es ist ein Ideal, das in einem Augenblick in Reichweite erscheint und dann wiederum einem Traum auf einem langen Weg gleicht, wo die Horizonte nicht mehr sind als die vage und verschwommene Vorstellung von Propheten. Wir sind aus Südafrika und Afrika mit erhobenem Haupt und immer voller Hoffnung gekommen, um an dieser einen Quelle menschlichen Fortschritt zu erklären, dass sich die eine Menschheit, von der wir sprechen, nach einem besseren Leben sehnt und dass niemand in Sicherheit und Frieden leben kann, wenn andere in Unsicherheit und im Streit leben ...

In unserem gemeinsamen Kampf um diese Freiheit wussten wir, dass ihre Verwirklichung eine Quelle gegenseitiger Bereicherung sein würde. Die Quellen des Rheins, der Donau, der Themse und der Wolga und die Wälder, die sie bewässern, sind schließlich für alle ebenso eine Quelle der Freude wie das Wasser des Kongo, des Nils, der Limpopo und des Sambesi. Sosehr man vernunftmäßig auch anders argumentieren könnte: Wir sind eine Menschheit mit einem Schicksal.

Diese Erkenntnis, dass alle gleich sind und niemand etwas Besseres oder Schlechteres verdient, veranlasste Millionen deutscher Menschen, für den Freiheitskampf in Südafrika zu geben, großzügig zu geben – nicht aus Mitleid, sondern weil sie wussten, dass unser Sieg auch ihr Sieg sein würde. Aus den Aktionen, den Debatten, der Verurteilung der Verbindung mit denjenigen, die sich den Status rassistischer Herren in Südafrika angemaßt hatten, ergab sich in Deutschland wie auch in Europa, Afrika, Asien und Amerika ein Konsens, dass die Apartheid ein Verbrechen gegen die Menschheit war und zerstört werden musste. Wir fragen uns daher, ob es nicht unangebracht ist, den Menschen in Deutschland für ihren Beitrag und ihr Opfer zu danken, um das zu erfüllen, was genauso unseres wie auch ihres ist. Nicht nur das: Der Gipfel, den wir erreicht haben, hat uns erst den Blick auf die wirkliche Spitze eröffnet, die in der Ferne schimmert.

Auf unserem langen Weg dürfen wir nicht abschweifen. „Ja, diesem Sinne bin ich ganz ergeben, das ist der Weisheit letzter Schluss: Nur der verdient sich Freiheit wie das Leben, der täglich sie erobern muss." Diese große Herausforderung, von der Goethe sprach, entspricht auch unseren Erfahrungen in Südafrika. Sie verkörpert die Aufgaben, die die neue Weltperspektive in dieser neuen Ära uns allen aufgebürdet hat. Am Ende des Kalten Krieges schienen die Dividenden, die dieser enorme Wandel der Welt bringen würde, so offensichtlich zu sein. Wenn in der Vergangenheit Sachzwänge, die sich auf die Paradigmen früherer Zivilisationen der Weltpolitik, der Einflusssphären und des Gleichgewichts des Schreckens gründeten, bestimmt haben, dass wir weniger menschliche Freiheit und Wohlstand erreichen sollten, dann dürfen wir uns heute ehrlich fragen, ob wir die volle Bedeutung der neuen Chancen, das universelle Interesse begriffen haben, das allgemeine Wohl zu verfolgen und jene Beziehungen zwischen Nationen und Völkern zu meiden, die andere zu Armut und Abhängigkeit verdammen.

Von rechts: Berlins regierender Bürgermeister Eberhard Diepgen, Bundeskanzler Helmut Kohl, Papst Johannes Paul II. und Kardinal Karl Lehmann, der Vorsitzende der Deutschen Bischofskonferenz. Helmut Kohl erinnert sich: „Am Abend des 23. Juni 1996 fand eine Kundgebung auf der Ostseite des Brandenburger Tors statt. Auf dem Weg dorthin gingen der Papst und ich zusammen durch das Brandenburger Tor. Bei dieser Gelegenheit fasste er mich bei der Hand und sagte: ‚Herr Bundeskanzler, das ist ein großer Augenblick in meinem Leben. Ich stehe mit Ihnen am Brandenburger Tor, und das Tor ist offen. Die Mauer ist gefallen, Berlin und Deutschland sind nicht mehr geteilt. Und Polen ist frei.' Nicht nur für mich, auch für den Papst hatte sich eine Hoffnung, ja ein Traum, erfüllt."

Der Präsident der Republik Südafrika, Nelson Mandela, steht am 23. Mai 1996 Hand in Hand mit seiner Tochter Zinzi am Brandenburger Tor in Berlin. Bei seinem Besuch in der Hauptstadt während seines Deutschlandaufenthaltes wird der hohe Gast vom Regierenden Bürgermeister Eberhard Diepgen (rechts) und dessen Frau Monika (links) begleitet.

Eine der spektakulärsten Entführungen in der deutschen Kriminalgeschichte ist am 26. April 1996 zu Ende gegangen: Nach 33 Tagen in der Hand von Kidnappern wurde der Hamburger Millionär Jan Philipp Reemtsma nach Zahlung von 30 Millionen Mark – dem höchsten jemals in Deutschland gezahlten Lösegeld – freigelassen. Der 43jährige Enkel des Zigarettenfabrikanten Bernhard Reemtsma war bereits am 25. März 1996 vor seinem Haus in Hamburg-Blankenese gekidnappt worden. Weil die Täter drohten, Reemtsma zu töten, falls Polizei oder Medien eingeschaltet würden, war eine Nachrichtensperre verhängt worden.

Wenn wir morgen gemeinsam mit Ihnen den 47. Jahrestag der feierlichen Verkündung des Grundgesetzes der Bundesrepublik Deutschland begehen, feiern wir mit der Menschheit das Wunder der Schöpfung, dass das Beste aus dem Schlimmsten entstehen kann. Wir staunen über die Entschlossenheit eines Volkes, das sich mit der Unterstützung anderer, Bessergestellter, wie Phönix aus der Asche erhebt.

Wir erkennen das Wunder des Wiederaufbaus und des schnellen Wachstums an, das Arbeitsdisziplin und Kreativität der Innovationen geschaffen hat und schaffen kann.

Wir wissen um die menschliche Schwäche und gestehen ein, dass wir diese Ihre Errungenschaften loben, weil wir fest daran glauben, dass unsere eigene Nation den Weg zum Wiederaufbau und zur Entwicklung eingeschlagen hat, um sich selbst von einer tückischen Vergangenheit zu lösen und Wohlstand für ihre Bürger zu erreichen. Wir sind stolz auf den nationalen Konsens, der sich bei den grundlegenden Verfassungsfragen ergeben hat; darunter fällt auch die dauerhafte Pflege der Menschenrechte. Innerhalb eines solchen Systems erwarten wir eine kraftvolle bürgerliche Gesellschaft und eine aktive Opposition, wobei wir alle in der Treue gegenüber den Grundwerten der Verfassung verbunden sind. Auch in diesem Zusammenhang werden wir wie die Menschen, die Goethe angesprochen hat, weiterhin unsere Freiheit und unser Leben verdienen, in dem wir sie jeden Tag neu erringen.

Wir erringen sie neu in der Kommission über Wahrheit und Versöhnung, in der sich unsere Bürger mit dem Schmerz auseinandersetzen, den sie sich in der Apartheid-Ära gegenseitig zugefügt haben. Wir suchen nach der Wahrheit, weil wir um ihre tiefen Heilungskräfte wissen, weil die Saat zur Versöhnung und nicht zur Rache aufkeimen wird, weil wir durch die Wahrheit die Würde der Opfer wiederherstellen und weil wir sicherstellen können, dass Wiedergutmachung in dem Maß geschieht, wie sich dies unser Land leisten kann. Mit der Waffe der Wahrheit können wir unzweideutig sagen, dass unseren Bürgern nie wieder solch große Menschenrechtsverletzungen widerfahren werden. Wir gewinnen Freiheit und Leben jeden Tag neu in unserem Bemühen um Wirtschaftswachstum und um die Schaffung der Voraussetzungen zur Überwindung des Erbes der Apartheid.

Wenn in den Beziehungen zwischen unseren beiden Völkern die Geschichte bestimmt hat, dass das Schlechteste im menschlichen Charakter dem Besten, das die Menschheit zu bieten hat, weichen sollte, können wir heute ohne Zweideutigkeit von der Blüte einer neuen Beziehung sprechen. Wir dürfen als Führer sagen, dass wir – um mit Goethe zu sprechen – eine freie Menschheit in einer freien Welt sehen werden, eine Menschheit, die, obwohl sie von Gefahren umgeben ist, das Glück hat, mehr als nur einen flüchtigen Blick der Schönheit zu erhaschen.

Israels Präsident Weizman vor dem Deutschen Bundestag

Ezer Weizman, der Staatspräsident von Israel, absolvierte vom 14. bis 17. Januar 1996 einen offiziellen Besuch der Bundesrepublik Deutschland und hielt am 16. Januar eine vielbeachtete Ansprache vor dem Bundestag in Bonn:

Das Schicksal hat es gewollt, dass ich und die Angehörigen meiner Generation in einer Zeit geboren wurden, in der Juden in ihr Land zurückkehrten und es neu aufbauen konnten. Ich bin nun nicht mehr ein Jude, der in der Welt umherwandert, der von Staat zu Staat ziehende Emigrant, der von Exil zu Exil getriebene Flüchtling. Doch jeder einzelne Jude in jeder Generation muss sich selbst so verstehen, als ob er dort gewesen wäre – dort bei den Generationen, den Stätten und den Ereignissen, die lange vor seiner Zeit liegen.

Daher bin ich immer auf der Wanderschaft, aber nicht mehr auf den abgelegenen Wegen der Welt. Jetzt

Israels Staatspräsident Ezer Weizman legt am 14. Januar 1996 an der Genickschussanlage des ehemaligen KZ Sachsenhausen einen Kranz nieder, rechts neben ihm Bundespräsident Roman Herzog. Israels Staatspräsident Ezer Weizman ist zu einem viertägigen Staatsbesuch in Deutschland eingetroffen. Zu Beginn seiner Visite ehrte er gemeinsam mit Bundespräsident Herzog im ehemaligen KZ Sachsenhausen die Opfer des Naziterrors. Mit einer Kranzniederlegung und einem Kaddisch, dem jüdischen Totengebet, gedachte er der Ermordeten. Weizman ist der erste israelische Staatspräsident, der dem vereinten Deutschland einen Besuch abstattet.

wandere ich durch die Weite der Zeiten, ziehe von Generation zu Generation, laufe auf den Pfaden der Erinnerung. Die Erinnerung verkürzt die Distanzen. 200 Generationen sind seit den historischen Anfängen meines Volkes vergangen, und sie erscheinen mir wie wenige Tage. Erst 200 Generationen sind vergangen, seit ein Mensch namens Abraham aufstand, um sein Land und seine Heimat zu verlassen und in ein Land zu ziehen, das heute mein Land ist.

Erst 200 Generationen sind seit dem Zeitpunkt vergangen, als Abraham die Machpelah-Höhle in der Stadt Hebron kaufte, bis zu den schweren Konflikten, die sich dort in meiner Generation abspielen. Erst 150 Generationen sind seit der Feuersäule des Auszugs aus Ägypten bis zu den Rauchsäulen der Shoah (des Holocaust) vergangen. Und ich, geboren aus den Nachkommen Abrahams im Lande Abrahams, war überall mit dabei.

Ich war ein Sklave in Ägypten und empfing die Thora am Berg Sinai, und zusammen mit Josua und Elijah überschritt ich den Jordan. Mit König David zog ich in Jerusalem ein, und mit Zedekiah wurde ich von dort ins Exil geführt. Ich habe Jerusalem an den Wassern zu Babel nicht vergessen, und als der Herr Zion heimführte, war ich unter den Träumenden, die Jerusalems Mauern errichteten. Ich habe gegen die Römer gekämpft und bin aus Spanien vertrieben worden. Ich wurde auf den Scheiterhaufen in Magenza, in Mainz, geschleppt und habe die Thora im Jemen studiert. Ich habe meine Familie in Kischinjow verloren und bin in Treblinka verbrannt worden. Ich habe im Warschauer Aufstand gekämpft und bin nach Erez Israel gegangen, in mein Land, aus dem ich ins Exil geführt wurde, in dem ich geboren wurde, aus dem ich komme und in das ich zurückkehren werde.

Unstet und flüchtig bin ich, wenn ich den Spuren meiner Väter folge. Wie ich sie dort und in jenen Tagen begleite, so begleiten mich meine Väter und stehen hier und heute neben mir. Die Scharfsichtigen unter Ihnen werden sie erkannt haben: eine Gefolgschaft von Propheten und Bauern, Königen und Rabbinern, Wissenschaftlern und Soldaten, Handwerkern und Schülern. Manche starben wohl lebenssatt in ihrem Bett, manche wurden vom Feuer verzehrt und manche fielen dem Schwert zum Opfer. Wie

Virgil Hill (links) schlägt mit einer linken Geraden durch die Deckung seines Gegners und trifft das Kinn von Henry Maske beim WM-Vereinigungskampf am 23. November 1996 in der Münchner Olympiahalle. Ausgerechnet in seinem 31.Profikampf, der lange zuvor als Karriereende angekündigt wurde, kassierte der 32jährige IBF-Weltmeister im Halbschwergewicht seine erste und folgenschwerste Niederlage. Der gleichaltrige WBA-Konkurrenz-Weltmeister Virgil Hill schlug Maske in 12 Runden 2:1 nach Punkten.

von uns verlangt wird, kraft der Erinnerung an jedem Tag und jedem Ereignis unserer Vergangenheit teilzunehmen, so wird auch von uns verlangt, uns kraft der Hoffnung auf jeden einzelnen Tag unserer Zukunft vorzubereiten. Doch erst im letzten Jahrhundert schwankten wir zwischen Tod und Leben, zwischen Verzweiflung und Hoffnung, zwischen Entwurzelung und Einpflanzung. Dies ist das furchtbare Jahrhundert des Todes, in dem die Nationalsozialisten und ihre Gehilfen einen großen Teil von uns während des Holocausts ermordeten, aber es ist auch das schwindelerregende Jahrhundert der Rückkehr zum Leben, zur Wiedergeburt, zur Unabhängigkeit und schließlich zu den Chancen zum Frieden.

Zum ersten Mal spricht ein Präsident des Staates Israel in diesem Hohen Haus. Ich danke Ihnen für die Ehre, die Sie uns erwiesen haben, und ich freue mich, hier bekannte und befreundete Gesichter zu sehen. Herr Bundespräsident, Frau Bundestagspräsidentin, Herr Bundesratspräsident, Herr Bundeskanzler, Israel erinnert sich bewegt an Ihre Besuche bei uns und an die Haltung, die Sie den Schrecken der Vergangenheit, aber auch den Hoffnungen der Zukunft gegenüber an den Tag gelegt haben. Sie waren auch in der schweren Stunde bei uns, als wir unseren Ministerpräsidenten Yitzhak Rabin, seligen Angedenkens, zur letzten Ruhe begleiteten, der auf seinem Friedensweg ermordet worden war, Yitzhak Rabin, der führend war auf dem Weg zum Frieden. Ich danke Ihnen herzlich für die Freundschaft und Zusammenarbeit, die heute zwischen Israel und Deutschland bestehen und die in wirtschaftlichen, sicherheitspolitischen, kulturellen und vielen anderen Bereichen zum Ausdruck kommen. Hier möchte ich einen Bereich aufgreifen, der mir ganz besonders am Herzen liegt, den Bereich der wissenschaftlichen Forschung. Deutsche und israelische Wissenschaftler teilen Wissen und Begabung, und die deutsche Förderung der wissenschaftlichen Forschung bei uns gehört zu den Dingen, die von den israelischen Bürgern besonders geschätzt werden.

Dennoch, meine Damen und Herren, ist dies kein leichter Besuch. Erst 50 Jahre, ein Augenblick in der langen Geschichte meines Volkes, sind vom Ende des schrecklichen Krieges bis zum heutigen Tag vergangen. Nicht leicht fiel es mir, das Konzentrationslager Sachsenhausen

Endspiel um die Europameisterschaft im Londonder Wembleystadion, 30. Juni 1996. Deutschland - Tschechien. Das entscheidende 2:1 in der 95. Minute: Bedrängt vom tschechischen Abwehrspieler Karel Rada (mitte, verdeckt) zieht Stürmer Oliver Bierhoff (vorn) ab und erzielt aus der Drehung das erste Golden Goal in einem großen Fußballturnier. Er verhilft der deutschen Fußballnationalmannschaft damit zum dritten Europameistertitel. Bierhoffs Teamgefährten Marco Bode (mitte, oben) und Stefan Kuntz (2. v. rechts) sowie der tschechische Mittelfeldspieler Radek Bejbl (rechts) schauen zu.

In seiner aktiven Zeit zählte der Sachse zu den besten deutschen Stürmern (17 Tore in 16 Einsätzen für die Nationalelf 1937 bis 1941, Deutscher Meister mit dem Dresdner SC 1943 und 1944). 1964 Nachfolger von Sepp Herberger als Bundestrainer, kann sich Schöns Erfolgsbilanz sehen lassen: 1966 wurde die deutsche Mannschaft im Endspiel gegen England vom Pech verfolgt, Vizeweltmeister; 1970, in Mexiko, retteten Seeler/Müller/Beckenbauer & Co. nach einem der dramatischsten Fußballspiele aller Zeiten (3:4 gegen Italien) den dritten Platz vor Uruguay; 1972 wurden die Deutschen Europameister, 1976 Vize- Europameister; Helmut Schöns schönster Tag war der 7. Juli 1974, als sein Team in München die favorisierten Holländer 2:1 besiegten. 1978, nach der verpatzten WM in Argentinien, trat Helmut Schön zurück, und machte seinem Nachfolger Jupp Derwall Platz. Helmut Schön wurde am 15. September 1915 in Dresden geboren und starb am 23. Februar 1993 in Wiesbaden.

zu besuchen; nicht leicht ist es für mich, in diesem Land zu sein, die Erinnerungen und die Stimmen zu hören, die von der Erde zu mir schreien; nicht leicht ist es, hier zu stehen und zu Ihnen zu sprechen, meine Freunde in diesem Haus. Tausend Jahre und länger lebten Juden in Deutschland. Bis zur Zerstörung durch die Nationalsozialisten war dies die größte und älteste jüdische Gemeinde in Europa, von den ersten Kaufleuten, die im Gefolge der Römer hierherkamen, bis zu den Wissenschaftlern des 20. Jahrhunderts, von Kalonymus bis Mendelssohn, von der Fuldaer Ritualmordbeschuldigung bis zu den Schrecken der Reichspogromnacht, vom Schandmal bis zum Gelben Stern, von den antisemitischen Schriften Martin Luthers bis zu den Nürnberger Gesetzen, von der Schriftauslegung Raschis bis zur Lyrik Heinrich Heines.

... Die Zukunft liegt vor uns. Das heutige Israel, mit der umfangreichen Einwanderung, mit dem wirtschaftlichen Aufschwung und den Friedensabkommen, muss und kann wieder das große kulturelle Zentrum des jüdischen Volkes werden. Zu lange haben wir unsere Mittel und Ressourcen, unsere psychische Kraft und physische Stärke auf dem Schlachtfeld zum Einsatz gebracht. Jetzt haben wir eine Aufgabe in den Schulen und Forschungsinstituten, in der Werkstatt und im Labor. Dort, nicht auf dem Schlachtfeld, liegen unsere wahren Ambitionen. Unser Wesen ist ganz und gar verankert in Bildung, Studium und Ausbildung. Das jüdische Ethos hat stets Pädagogen, Gelehrte und Forscher den Angehörigen der Armee vorgezogen. Und Sie dürfen mir glauben, dass es mir als ehemaligem Armeeangehörigen nicht leicht fällt, dies zu sagen. Meine Damen und Herren, wir sind ein Volk der Erinnerung und des Gebets. Wir sind ein Volk der Worte und der Hoffnung. Wir haben keine Reiche geschaffen, keine Schlösser und Paläste gebaut. Nur Worte haben wir aneinandergefügt. Wir haben Schichten von Ideen aufeinandergelegt, Häuser der Erinnerung errichtet und Türme der Sehnsucht geträumt. Möge Jerusalem wieder erbaut werden, möge Frieden schnell zu unseren Zeiten gestiftet und bereitet werden! Amen.

Devisenbeschaffer Schalck-Golodkowski verurteilt

Ausgebildet zum Feinmechaniker, holte Alexander Schalck-Golodkowski (* 1932) bis Mitte der 1950er Jahre ein Studium an der DDR-Hochschule für Außenhandel nach und trat nach dem Examen 1955 der SED bei. Nach verschiedenen Posten im Ministerium für Außenhandel (MAH) übernahm er 1966 die Leitung des Bereichs Kommerzielle Koordinierung (KoKo), seit 1967 im Rang eines Stellvertretenden Ministers, seit 1975 als Staatssekretär. Schalck, auch als Offizier im besonderen Einsatz (OibE) für die „Stasi" tätig, baute ein verzweigtes Firmennetz auf.

Die KoKo operierte unkontrolliert und in einem rechtsfreien Raum; die Geschäftsführung wurde konspirativ betrieben, auch die einzelnen Abteilungen wussten kaum voneinander. Formell zwar immer noch dem Ministerium für Außenhandel unterstellt, war die KoKo jedoch tatsächlich seit 1976 in den Apparat des ZK der SED eingegliedert und unterstand dort dem ZK-Sekretär für Wirtschaft Günter Mittag. Dieser, wie auch Erich Honecker und Erich Mielke, die als Einzige in die Tätigkeit der KoKo eingeweiht waren, ließen ihr freie Hand. Mit den Geschäften der KoKo hoffte die DDR-Führung der ständig wachsenden Auslandsverschuldung zu begegnen. Die sorgfältig abgeschottete Behörde sollte Devisen beschaffen – egal wie. Die KoKo betreute Firmen im „nicht-sozialistischen Wirtschaftsgebiet", in der Bundesrepublik annähernd 20 Unternehmen, die der SED politisch verbunden waren; über eine in Bochum ansässige Holdinggesellschaft und Strohmänner in Liechtenstein und in der Schweiz flossen die Gewinne nach Berlin/ DDR. Die KoKo bemühte sich um Zugriff auf westliche High-Tech-Produkte für den militärischen Bereich; sie war im internationalen Waffengeschäft tätig, lieferte NVA-Überschussbestände in die Krisenregionen der Welt (im 1. Golfkrieg sogar an den Iran und Irak gleichzeitig) und verschleuderte über die „Kunst- und Antiquitäten GmbH" Kulturgut der DDR in alle Welt. Nicht einmal vor dem Handel mit NS-Relikten schreckte sie zurück. Restbestände von Hitler-Briefmarken, die noch in der Reichsdruckerei in Berlin lagerten, verkaufte sie ebenso wie Militaria aus der Zeit des Dritten Reiches an Sammler im Westen.

Die weltweit ca. 160 von der Koko unterhaltenen Firmen verschafften zwischen 1966 und 1987 der DDR Deviseneinnnahmen von rd. 29 Mrd. DM – zu wenig, um der chronischen Devisennot der DDR wirklich abzuhelfen.

Nach der Vereinigung wurde Schalck zunächst als „Wirtschaftsfuchs" gefeiert. Als sich aber mehr und mehr der Nebel über seiner geheimnisvollen Sonderbehörde lichtete, floh er nach Westberlin. Der Bundesnachrichtendienst, an Schalcks Informationen interessiert, beschaffte ihm ein Domizil am Tegernsee. 1991-94 befasste sich ein parlamentarischer Untersuchungsausschuss mit der KoKo. Die Treuhandanstalt wurde beauftragt, das Finanzimperium aufzulösen; es gelang ihr, rd. 1,5 Mrd. DM KoKo-Gelder aufzufinden. Gegen Schalck-Golodkowski wurde im März 1994 Anklage wegen Steuerhinterziehung, Verstoßes gegen bundesdeutsche Devisenbestimmungen und illegalen Waffenhandels erhoben. Im Februar 1996 verurteilte ihn das Berliner Landgericht zu einem Jahr Gefängnis auf Bewährung.

Der Journalist und ehemalige Stern-Chefredakteur Henri Nannen am 19. März 1994 neben Gerhard Marcks' Bronzeplastik „Maya" in der Kunsthalle Emden. Nach einer Krebserkrankung ist Nannen im Alter von 82 Jahren in der Nacht zum 13. Oktober1996 in Hannover gestorben. Der gebürtige Ostfriese galt als einer der profiliertesten Journalisten der Nachkriegszeit.

1997

JANUAR

11.1. In Zusammenhang mit den im Dezember 1996 gegen Bundestagspräsidentin Rita Süssmuth wegen der Benutzung von Bundeswehrmaschinen zu Privatflügen ins Ausland erhobenen Vorwürfen spricht Bundeskanzler Helmut Kohl ihr sein Vertrauen aus.
15.1. Kinder aus der Türkei, Marokko, Tunesien und den Nachfolgestaaten des früheren Jugoslawien benötigen künftig ein Einreisevisum für Deutschland. Mit dieser Maßnahme will die Bundesregierung eine missbräuchliche dauerhafte Einreise von Kindern aus diesen Staaten stoppen.
21.1. Bundeskanzler Helmut Kohl und der tschechische Regierungschef Václav Klaus unterzeichnen in Prag die deutsch-tschechische Aussöhnungserklärung.
24.1. Das Landgericht Mannheim verurteilt Peter Graf, den Vater der Tennisspielerin Steffi Graf , wegen Steuerhinterziehung zu drei Jahren und neun Monaten Haft.
29.1. Die Bundesregierung veröffentlicht den Text eines am 9. Dezember 1996 von Bundeskanzler Helmut Kohl und dem französischen Staatspräsidenten Jacques Chirac vereinbarten gemeinsamen Verteidigungskonzeptes und dementiert zugleich Meldungen über eine geplante deutsche Teilhabe an der Produktion französischer Atomwaffen.

FEBRUAR

24.2. Im Münchner Rathaus wird die Ausstellung „Vernichtungskrieg. Verbrechen der Wehrmacht 1941 bis 1944“ eröffnet, die schon von 120.000 Menschen an 15 Orten in Deutschland und Österreich besucht wurde. Die Eröffnung wird vom Protest der CSU sowie von Angehörigen der rechtsextremen Szene begleitet. Höhepunkt des Streits ist am 1. März ein Aufmarsch von rund 4.000 Gegnern und etwa 8.000 Befürwortern der Ausstellung in München.

MÄRZ

8.3. Auf seinem ersten Bundeskongress in Hamburg fordert der 1996 gegründete Verein „Dicke e.V.“ ein Ende der Diskriminierung von Molligen.
14.3. Der Schriftsteller und Drehbuchautor Jurek Becker stirbt in Berlin nach langem Krebsleiden.
17.3. Bei einem Angriff mehrerer mit Baseball-Schlägern und Messern bewaffneter Bundeswehrsoldaten werden in Detmold/Nordrhein-Westfalen drei Türken und ein Italiener verletzt. Die Soldaten hatten nach eigenem Bekunden eine Belästigung von Kameraden durch ausländische Jugendliche rächen wollen.
25.3. Nach Beendigung des Krieges in Bosnien werden bei der ersten größeren Sammelabschiebung von Bosniern aus Deutschland von München aus 41 Männer und Frauen in ihre Heimat geflogen.
31.3. Bei einem Brandanschlag auf die Wohnung einer türkischen Familie in Krefeld werden drei Menschen getötet und zwei weitere schwer verletzt. Obwohl die Polizei bereits kurz nach dem Anschlag einen ausländerfeindlichen Hintergrund verneint, reagieren die türkischen Medien und die Regierung in Ankara mit schweren Vorwürfen: Der türkische Staatspräsident Süleyman Demirel fordert die Bundesregierung auf, türkische Bürger in Deutschland verstärkt zu schützen.

APRIL

3.4. Bundeskanzler Helmut Kohl kündigt in Bad Hofgastein/Österreich seine Kandidatur auch für die Bundestagswahl 1998 an.
9.4. Ungeachtet einer Reihe von Skandalen startet die erfolgreiche Mädchenband „Tic Tac Toe“ ihre Deutschlandtournee. Die Mitglieder des Frauentrios aus dem Ruhrgebiet hatten im März zugeben müssen, dass sie nicht erst 18 Jahre alt sind, sondern 19, 21 und 22 Jahre. Kurz darauf war bekannt geworden, dass der Ehemann der Frontsängerin „Lee“ Selbstmord begangen und diese kurzzeitig als Prostituierte gearbeitet hatte.
10.4. Im sogenannten Mykonos-Prozess verurteilt das Berliner Kammergericht vier der fünf Angeklagten wegen der Ermordung von vier iranisch-kurdischen Oppositionspolitikern am 17. September 1992 zu hohen Freiheitsstrafen. Die Drahtzieher des Anschlags waren nach Erkenntnis der Richter Mitglieder der iranischen Führung. Als Reaktion auf das Urteil ruft die Bundesregierung ihren Botschafter aus Teheran ab. Alle Mitglieder der Europäischen Union folgen dem deutschen Beispiel. Die iranische Regierung ruft im Gegenzug ihren Botschafter aus der Bundesrepublik ab. Im November kehren die EU-Botschafter nach Teheran zurück.
16.4. Der russische Präsident Boris Jelzin trifft zu einem zweitägigen Deutschland-Besuch ein.
17.4. Der Deutsche Bundestag fordert in einer einmütigen Erklärung die Regierung des Iran auf, staatlich gesteuerte Terroraktionen zu beenden und das Völkerrecht und die Menschenrechte zu achten.

MAI

8.5. Im Rahmen des 808. Hafengeburtstags der Stadt Hamburg beginnt die bisher weltweit größte Ausstellung mit Fundstücken aus dem Wrack des 1912 untergegangenen Luxusliners „Titanic“ in der Hamburger Speicherstadt.
13.5. In Bremen taucht erstmals seit 1945 ein Kunstwerk auf, das vermutlich aus dem legendären Bernsteinzimmer des Zarenpalastes in Zarskoje Selo stammt.
14.5. Der Neubau der Deutschen Bibliothek wird in Frankfurt/Main eröffnet.
15.5. In der Europäischen Union werden gentechnisch veränderte Lebensmittel kennzeichnungspflichtig.
Nach mehr als 25 Jahren politischer Diskussion billigt der Bundestag ein Gesetz, das Vergewaltigung in der Ehe als Verbrechen ahndet.
21.5. Der FC Schalke 04 gewinnt in Mailand nach Verlängerung und Elfmeterschießen gegen Inter Mailand den UEFA-Cup und erreicht damit erstmals einen europäischen Titel.
27.5. In Düsseldorf wird der frühere DDR-Spionagechef Markus Wolf wegen Freiheitsberaubung zu zwei Jahren Haft auf Bewährung verurteilt.
31.5. Der FC Bayern München wird zum 14. Mal Deutscher Fußballmeister.

JUNI

6.6. Die Innenminister von Bund und Ländern beschließen, die Scientology-Sekte wegen des Verdachts auf demokratiefeindliche Bestrebungen und totalitäre Grundprinzipien vom Verfassungsschutz beobachten zu lassen.
21./22.6. Der 23. Weltwirtschaftsgipfel findet in Denver/USA statt. Zum Abschluss werden Deutschland, Frankreich und Italien zu Strukturreformen für mehr Beschäftigung und zur langfristigen Konsolidierung ihrer Haushalte aufgefordert.
21.6.-28.9. Die documenta X ist die erste documenta, die mit der Französin Cathérine David (geb. 1954) unter weiblicher Leitung steht. Mit ihrem umstrittenen, intellektuell ausgerichteten Konzept erreicht David dennoch die bis dato höchsten Besucherzahlen.
24.6. Die ARD zeigt den ersten Teil des vielgelobten zweiteiligen Fernsehfilms „Todesspiel“ von Heinrich Breloer über die Entführung und Ermordung von Hanns Martin Schleyer im Herbst 1977.
25.6. Der Bundestag billigt ein Transplantationsgesetz als rechtliche Grundlage der Organentnahme. Danach ist die Organentnahme bei hirntoten Menschen künftig auch ohne deren vorherige Einwilligung möglich; es reicht die Zustimmung eines Angehörigen, sofern diese nicht dem mutmaßlichen Willen des Verstorbenen zuwiderläuft.

JULI

4.7. Dem Sender Sat 1 wird gegen Geld ein Video zugespielt, das im April 1996 bei der Ausbildung für die Bosnien-Friedenstruppe in Hammelburg/Bayern gedreht worden war. Es zeigt unter anderem von Bundeswehrsoldaten simulierte Hinrichtungen und Vergewaltigungen.

12.7. In Berlin feiern rund eine Million Menschen die „Love Parade“.

17.7. Bundeskanzler Helmut Kohl, der italienische Ministerpräsident Romano Prodi und Österreichs Regierungschef Viktor Klima vereinbaren in Innsbruck/Österreich die Abschaffung der Grenzkontrollen zwischen den drei Staaten zum 1. April 1998.

22.7. Ein italienisches Militärgericht verurteilt den ehemaligen SS-Offizier Erich Priebke wegen Kriegsverbrechen zu 15 Jahren Haft, von dem ihm 10 Jahre erlassen werden. Priebke stand bereits 1996 vor Gericht, am 1. August 1996 wurden die Taten aber unter dem Gesichtspunkt mildernder Umstände als verjährt erklärt.

23.7. Das Hochwasser der Oder, das nach tagelangen Regenfällen am 17. Juli das Land Brandenburg erreicht hat, den ersten Deich brechen. In den folgenden Tagen kommt es auch an weiteren Stellen zu Rissen und Durchbrüchen. Am 27. Juli erreicht der Oderpegel in Frankfurt/Oder seinen historischen Höchststand von 6,57 m. Drei Wochen lang kämpfen Bevölkerung, Soldaten der Bundeswehr, Bundesgrenzschutz und Technisches Hilfswerk ununterbrochen um die Abwehr der Oderfluten. Die erfolgreiche Aktion stellt den größten zivilen Katastropheneinsatz in Deutschland seit Kriegsende dar.

27.7. Als erster deutscher Radprofi gewinnt Jan Ullrich die Tour de France.

AUGUST

23.8. In Berlin wird unweit des Brandenburger Tors das neue Luxushotel „Adlon“ eingeweiht. Das 1907 an derselben Stelle eröffnete Hotel war fast vier Jahrzehnte lang Anlaufpunkt für illustre Gäste aus aller Welt, bis es 1945 durch ein Feuer zerstört wurde.

25.8. Im sogenannten Politbüro-Prozess verurteilt das Berliner Landgericht den letzten Staats- und Parteichef der DDR, Egon Krenz, wegen der Todesschüsse an der früheren deutsch-deutschen Grenze zu sechseinhalb Jahren Haft. Die beiden Mitangeklagten Günter Schabowski und Günther Kleiber erhalten je drei Jahre Haft.

SEPTEMBER

1.9. Zu den Höhepunkten des fünftägigen Staatsbesuchs von Bundespräsident Roman Herzog in Russland zählt die erste Rede eines deutschen Staatsoberhaupts im russischen Fernsehen. Der Bundespräsident wirbt für eine enge Kooperation mit Deutschland.

OKTOBER

8.10. Am Rande eines Dorfes in Mecklenburg-Vorpommern findet die Polizei in einem 4 m tiefen Erdloch die stark verweste Leiche des am 14. September aus Geltow bei Potsdam verschleppten Matthias Hintze. Am Tag zuvor hatte die Polizei zwei Tatverdächtige gefasst, von denen einer die Polizei zum Versteck führt. Die Kidnapper hatten 1 Million DM von Hintzes Eltern erpressen wollen.

18.10. Thomas Hellriegel gewinnt als erster Deutscher das Ironman-Triathlon auf Hawaii.

Das Museum für Neue Kunst im Zentrum für Kunst und Medientechnologie (ZKM) wird in Karlsruhe eröffnet.

19.10. Die Laudatio von Günter Grass anlässlich der Verleihung des Friedenspreises des Deutschen Buchhandels an den türkischen Schriftsteller Yasar Kemal sorgt für Aufsehen. Grass richtet nicht nur heftige Angriffe gegen die Regierung der Türkei wegen ihrer Kurdenpolitik, sondern attackiert auch die Bundesregierung: Er schäme sich für sein „zum bloßen Wirtschaftsstandort verkommenes“ Land, das der Türkei Waffen liefere, mit denen Ankara die Kurden unterdrücke, und zugleich den Kurden das Recht auf Asyl verweigere. Diese Sätze und Grass' Kritik an der Abschiebepraxis gegenüber Ausländern provozieren heftige Kritik in der Öffentlichkeit.

Jan Ullrich (mitte) im Gelben Trikot des Gesamtsiegers der 84. Tour de France dreht mit seinen Mitstreitern vom Team Deutsche Telekom am 27. Juli 1997 auf den Champs-Elysées in Paris vor begeisterten Zuschauern eine Ehrenrunde. Im Hintergrund der Triumphbogen. Als erster Deutscher in der 94jährigen Geschichte des schwersten Radrennens der Welt gewann der gebürtige Rostocker Ullrich die Tour, die in 21 Etappen über 3950 km führte. Der 23 Jahre alte Telekom-Fahrer behauptete auf der Schlußetappe seinen Vorsprung von neun Minuten auf den Franzosen Richard Virenque. Dritter wurde der Italiener Marco Pantani.

29.10.-1.3.1998 Die umstrittene Ausstellung „Körperwelten - Einblicke in den menschlichen Körper“ im Mannheimer Landesmuseum für Technik und Arbeit wird ein großer Publikumserfolg.

NOVEMBER

5.11. Zum Abschluss der 36. Kommandeurstagung in Berlin nimmt Bundesverteidigungsminister Volker Rühe (CDU) die Bundeswehr gegen den Generalverdacht des Rechtsextremismus in Schutz.

14.11. Durch eine Änderung des Straßenverkehrsgesetzes haben Autofahrer künftig bereits bei 0,5 Promille Alkohol im Blut mit einem Bußgeld und einer Eintragung in das Verkehrszentralregister in Flensburg zu rechnen.

DEZEMBER

4.12. Die Gesundheitsminister der Europäischen Union beschließen gegen den Widerstand von Deutschland und Österreich, die Tabakwerbung zu verbieten. Bis zum Jahr 2006 sollen die Mitgliedsstaaten die direkte und indirekte Tabakwerbung untersagen.

11.12. Die UNO-Klimaschutzkonferenz in Kyoto/Japan einigt sich auf ein Abkommen zur Reduzierung der Treibhausgase. Spätestens bis zum Jahr 2012 soll der Ausstoß der klimaschädlichen Gase unter das Niveau von 1990 gesenkt werden.

23.12. Das Landgericht Frankfurt/Main verurteilt den Immobilienspekulanten Jürgen Schneider (geb. 1934) wegen Betrugs und Kreditbetrugs zu sechs Jahren und neun Monaten Haft.

AUSSERDEM

Der Computer wird zum „Lieblingsspielzeug“ der Deutschen: Fast 14 Millionen Heimcomputer werden privat genutzt, eine Million Haushalte sind ans Internet angeschlossen.

Die seit Mai 1997 auch in Deutschland erhältlichen japanischen Cyber-Küken „Tamagotchi“ entwickeln sich zum Verkaufsschlager der Spielzeugbranche.

Deutsch-Tschechische Erklärung unterzeichnet

Bundeskanzler Helmut Kohl reiste in Begleitung von Außenminister Klaus Kinkel aus Anlass der Unterzeichnung der Deutsch-Tschechischen Erklärung am 21. und 22. Januar 1997 nach Prag. Sie wurden am Regierungsflughafen in Prag vom tschechischen Ministerpräsidenten Václav Klaus und Außenminister Josef Zieleniec mit militärischen Ehren empfangen. Vor dem Liechtenstein-Palais, wo die Unterschriftszeremonie stattfand, demonstrierten Anhänger der rechtsradikalen Republikanischen Partei sowie der Kommunisten gegen die Erklärung und bedachten die deutsche Delegation mit Parolen wie „Gestapo" und „Wir wollen kein zweites Protektorat". Anlässlich der Unterzeichnung der Deklaration, die auch noch einmal durch die Außenminister vorgenommen wurde, hielten beide Regierungschefs Ansprachen, hier die von Ministerpräsident Klaus:

Ich bin überzeugt davon, dass die Erklärung die Absichten, die beide Seiten bei ihrer Vorbereitung verfolgten, erfüllt. Sie ist ein ausgewogener Text. Sie ist ein Text, der durch Verhandlungen zweier souveräner Staaten entstand, und deshalb kann sie kein einseitiger Text sein und auch kein Text, der nur eine von beiden Seiten befriedigt. Genauso muss dieser Text gelesen und gewertet werden. Ich möchte alle bitten, so vorzugehen. Auch diejenigen, die eine Reihe von Gründen haben, eine einseitigere Sicht einzunehmen. Ich würde es ebenso als sehr unglücklich bezeichnen, wenn wir uns nun, das heißt unmittelbar nach der Unterzeichnung der Erklärung, darum bemühen würden, etwas Neues, Anderes, Weiteres zu sagen, etwas, das die arbeitsaufwändig vereinbarte Erklärung in eine andere Richtung verschieben würde. Ich habe nicht vor, so etwas während meines Auftritts zu tun.

Die tschechisch-deutschen Beziehungen haben eine mehr als tausendjährige Tradition, und unsere Vorfahren haben währenddessen sowohl Gutes als auch Böses erlebt. Während der meisten komplizierten Augenblicke unserer gemeinsamen Geschichte überwog am Ende die beiderseitige Fähigkeit, ein fruchtbares und produktives Zusammenleben zu finden, das Tschechen und Deutsche bereicherte. Ich möchte mich an dieser Stelle nicht um eine originelle Reinterpretation der Geschichte unserer Beziehungen bemühen – übrigens steht das einem Politiker nicht einmal zu –, ich möchte nicht an Dinge erinnern, über die wir Tschechen uns gefreut haben, aber auch nicht an Dinge, die wir lieber vergessen würden. Ich würde mir wünschen, dass wir in der Gegenwart fähig sind, an jenen großen geistigen und materiellen Reichtum anzuknüpfen, den das Zusammenleben unserer Völker in der Vergangenheit mit sich brachte, und ich möchte betonen, dass die tschechische Seite sich des Beitrags Deutschlands und der Deutschen, die auf unserem Gebiet leben, sehr wohl bewusst ist und dass sie nicht die geringste Absicht hat, ihn anzuzweifeln oder zu schmälern. An viele dieser Dinge hat gerade eben Bundeskanzler Helmut Kohl erinnert, und daher muss ich sie nicht wiederholen.

Mehr als 50 Jahre nach Ende des Zweiten Weltkriegs haben Deutsche und Tschechen einander die Hand zur Aussöhnung gereicht. Bundeskanzler Helmut Kohl (2. v. links) und der tschechische Ministerpräsident Vaclav Klaus (2. v. rechts) stellen sich am 21.1.1997 im Liechtenstein-Palais in Prag nach der Unterzeichnung der deutsch-tschechischen Erklärung der Presse. Vorn Bundesaußenminister Klaus Kinkel, ganz rechts der tschechische Außenminister Josef Zieleniec. Beide Regierungschefs würdigten im Anschluss an die Unterzeichnung den Inhalt der Vereinbarung als zukunftsweisend. Kohl betonte zugleich, dass Eigentumsansprüche der Sudetendeutschen weiterhin offen blieben. Nach Ansicht von Zieleniec ist die Frage deutscher Vermögensansprüche ein für allemal abgeschlossen.

Berliner Rede des Bundespräsidenten

Bundespräsident Roman Herzog rief am 26. April 1997 in einer vielbeachteten Rede im Berliner Hotel Adlon zur Überwindung von Resignation, Reformunwillen und wirtschaftlicher Erstarrung auf und forderte „einen Ruck", der durch Deutschland gehen müsse:

... Ich will heute Abend kein Blatt vor den Mund nehmen, sondern die Probleme beim Namen nennen.

Was ist los mit unserem Land? Im Klartext: Der Verlust wirtschaftlicher Dynamik, die Erstarrung der Gesellschaft, eine unglaubliche mentale Depression – das sind die Stichworte der Krise. Sie bilden einen allgegenwärtigen Dreiklang, aber einen Dreiklang in Moll. In der Tat: Verglichen mit den Staaten in Asien oder – seit einigen Jahren wieder – auch den USA ist das Wachstum der deutschen Wirtschaft ohne Schwung. Und: in Amerika und Asien werden die Produktzyklen immer kürzer, wird das Tempo der Veränderung immer größer. Es geht auch nicht nur um technische Innovation und um die Fähigkeit, Forschungsergebnisse schneller in neue Produkte umzusetzen; es geht um nichts Geringeres als um eine neue industrielle Revolution, um die Entwicklung zu einer neuen, globalen Gesellschaft des Informationszeitalters. Der Vergleich mit Amerika und seinem leergefegten Arbeitsmarkt zeigt: Deutschland droht tatsächlich zurückzufallen.

Wer Initiative zeigt, wer vor allem neue Wege gehen will, droht unter einem Wust von wohlmeinenden Vorschriften zu ersticken. Um deutsche Regulierungswut kennenzulernen, reicht schon der Versuch, ein simples Einfamilienhaus zu bauen. Kein Wunder, dass es – trotz ähnlicher Löhne – soviel billiger ist, das gleiche Haus in Holland zu bauen. Und dieser Bürokratismus trifft nicht nur den kleinen Häuslebauer – er trifft auch die großen und kleinen Unternehmer, und er trifft ganz besonders den, der auf die verwegene Idee kommt, in Deutschland ein Unternehmen zu gründen. Bill Gates (Gründer und Chef des US-Software-Konzerns Microsoft) fing in einer Garage an und hatte als junger Mann schon ein Weltunternehmen; manche sagen mit bitterem Spott, dass sein Garagenbetrieb bei uns schon an der Gewerbeaufsicht gescheitert wäre.

Und der Verlust der wirtschaftlichen Dynamik geht Hand in Hand mit der Erstarrung unserer Gesellschaft. Die Menschen bei uns spüren, dass die gewohnten Zuwächse ausbleiben, und sie reagieren darauf verständlicherweise mit Verunsicherung. Zum ersten Mal werden auch diejenigen, die bisher noch nie von Arbeitslosigkeit bedroht waren, von Existenzangst für sich und ihre Familien geplagt. Das amerikanische Nachrichtenmagazin „Newsweek“ sprach schon von der „deutschen Krankheit“. Das ist gewiss übertrieben, aber so viel ist doch richtig: Wer heute in unsere Medien schaut, der gewinnt den Eindruck, dass Pessimismus das allgemeine Lebensgefühl bei uns geworden ist …

Ich vermisse bei unseren Eliten in Politik, Wirtschaft, Medien und gesellschaftlichen Gruppen die Fähigkeit und den Willen, das als richtig Erkannte auch durchzustehen. Es kann ja sein, dass einem einmal der Wind der öffentlichen Meinung ins Gesicht bläst; unser Land befindet sich aber in einer Lage, in der wir es uns nicht mehr leisten können, immer nur den Weg des geringsten Widerstands zu gehen. Ich glaube sogar, in Zeiten existentieller Herausforderung wird nur der gewinnen, der wirklich zu führen bereit ist, dem es um Überzeugung geht und nicht um politische, wirtschaftliche und mediale Macht, ihren Erhalt oder auch ihren Gewinn. Wir sollten die Vernunft- und Einsichtsfähigkeit der Bürger nicht unterschätzen – wenn es um die großen Fragen geht, honorieren sie einen klaren Kurs. Unsere Eliten dürfen den notwendigen Reformen nicht hinterherlaufen, sie müssen an ihrer Spitze stehen!

Bundespräsident Roman Herzog hebt am 26. April 1997 während seiner Grundsatzrede im Berliner Hotel „Adlon“ den Zeigefinger. Das Staatsoberhaupt warf den Eliten in Politik und Wirtschaft Versagen bei dringenden Reformen vor und rief gleichzeitig zur Entwicklung von Visionen für das nächste Jahrtausend auf. „Durch Deutschland muss ein Ruck gehen“, sagte Herzog vor rund 200 geladenen Gästen aus Politik, Wirtschaft und Kultur. Angesichts von vier Millionen Arbeitslosen müsse von liebgewonnenen Besitzständen Abschied genommen werden. Er zeigte sich aber gleichzeitig davon überzeugt, dass ein neuer Aufbruch in das 21. Jahrhundert gelingen könne. Die Deutschen hätten „die Kraft und den Leistungswillen, sich am eigenen Schopf aus der Krise herauszuziehen – wenn sie es sich nur zutrauen“.

Eliten müssen sich durch Leistung, Entscheidungswillen und ihre Rolle als Vorbild rechtfertigen. Ich erwarte auch eine klare Sprache! Wer – wo auch immer – führt, muss den Menschen, die ihm anvertraut sind, reinen Wein einschenken, auch wenn das unangenehm ist. Ich mache den 35-jährigen Kohlekumpeln, die in Bonn für den Erhalt ihres Arbeitsplatzes demonstriert haben, keinen Vorwurf; ich weiß, dass den Bergleuten jetzt viel abverlangt wird, und ich fühle mit ihnen. Mein Vorwurf gilt aber denjenigen, die vor 20 Jahren die damals 15-Jährigen ermutigt haben, diesen Beruf zu ergreifen, indem sie ihnen wider besseres Wissen erzählt haben, er habe uneingeschränkt eine Zukunft. Die einfache Wahrheit ist heute doch: Niemand darf sich darauf einrichten, in seinem Leben nur einen Beruf zu haben. Ich rufe auf zu mehr Flexibilität! In der Wissensgesellschaft des 21. Jahrhunderts werden wir alle lebenslang lernen, neue Techniken und Fertigkeiten erwerben und uns an den Gedanken gewöhnen müssen, später einmal in zwei, drei oder sogar vier verschiedenen Berufen zu arbeiten …

Was muss geschehen?

Ich meine, wir brauchen einen neuen Gesellschaftsvertrag zugunsten der Zukunft. Alle, wirklich alle Besitzstände müssen auf den Prüfstand. Alle müssen sich bewegen. Wer nur etwas vom anderen fordert – je nach Standort von den Arbeitgebern, den Gewerkschaften, dem Staat, den Parteien, der Regierung, der Opposition –, der bewegt gar nichts. Zuerst müssen wir uns darüber klar werden, in welcher Gesellschaft wir im 21. Jahrhundert leben wollen. Wir brauchen wieder eine Vision. Visionen sind nichts anderes als Strategien des Handelns. Das ist es, was sie von Utopien unterscheidet.

Visionen können ungeahnte Kräfte mobilisieren. Ich erinnere an die

Ein Paar betrachtet am 24. Februar 1997 im Münchner Rathaus Bilder aus der umstrittenen Wehrmachtsausstellung. Begleitet von Demonstrationen und Protesten der CSU ist die Ausstellung von Oberbürgermeister Ude eröffnet worden. Unmittelbar vor der Eröffnung legten die CSU-Stadtratsfraktion mit Peter Gauweiler an der Spitze und die Junge Union demonstrativ einen Kranz am Mahnmal des Unbekannten Soldaten vor der Staatskanzlei nieder. Bei einer CSU-Protestveranstaltung im Rathaus kam es zu Handgreiflichkeiten zwischen Gegnern und Befürwortern der Ausstellung.

Vitalität des „American dream", an die Vision der Perestroika, an die Kraft der Freiheitsidee im Herbst 1989 in Deutschland. Auch die Westdeutschen hatten einmal eine Vision, die sie aus den Trümmern des Zweiten Weltkriegs emporführte: die Vision der Sozialen Marktwirtschaft, die Wohlstand für alle versprach und dieses Versprechen gehalten hat; die Vision, das im Krieg geschlagene und moralisch diskreditierte Deutschland in die Gemeinschaft demokratischer Staaten und nach Europa zurückzuführen; und schließlich die Vision der Vereinigung des geteilten Deutschlands. Niemand darf von mir Patentrezepte erwarten, aber wenn ich versuche, mir Deutschland im Jahre 2020 vorzustellen, dann denke ich an ein Land, das sich von dem heutigen doch wesentlich unterscheidet ...

Der Weg in die von mir skizzierte Gesellschaft beginnt mit dem Nachholen all der Reformen, die bislang liegengeblieben sind. Wir müssen endlich die Reform-Hausaufgaben machen, über die wir schon so lange reden. Wir müssen aber ebenso schon heute den Blick darüber hinaus richten. Die angesprochenen Reformen werden für sich allein genommen nicht ausreichen, die Zukunft zu gewinnen. Ich möchte dazu etwas grundsätzlicher werden. Wir erleben heute, dass dem Menschen ein Zuwachs an Sicherheit durch staatliche Vorsorge oft wichtiger ist als der damit einhergehende Verlust an Freiheit. Wir fordern Freiheit – aber was ist, wenn die Bürger ihre Freiheit als kalt empfinden und stattdessen auf die Geborgenheit staatlicher Für- und Vorsorge setzen? Diese Frage lässt sich nicht mit dem Federstrich eines Gesetzestextes beantworten. Wir müssen also tiefer ansetzen – bei unserer Jugend, bei dem, was wir mit unserem Erziehungs- und Bildungssystem vermitteln. Wir müssen unsere Jugend auf die Freiheit vorbereiten, sie fähig machen, mit ihr umzugehen. Ich ermutige zur Selbstverantwortung, damit unsere jungen Menschen Freiheit als Gewinn und nicht als Last empfinden. Freiheit ist das Schwungrad für Dynamik und Veränderung. Wenn es uns gelingt, das zu vermitteln, haben wir den Schlüssel der Zukunft in der Hand. Ich bin überzeugt, dass die Idee der Freiheit die Kraftquelle ist, nach der wir suchen und die uns helfen wird, den Modernisierungsstau zu überwinden und unsere Wirtschaft und Gesellschaft zu dynamisieren. Deswegen gebe ich der Reform unseres Bildungssystems so hohe Priorität: Bildung muss das Mega-Thema unserer Gesellschaft werden. Wir brauchen einen neuen Aufbruch in der Bildungspolitik, um in der kommenden Wissensgesellschaft bestehen zu können ...

Wenn ich von der Zukunft unserer Gesellschaft rede, spreche ich – wie schon gesagt – zwangsläufig von der Jugend. Unsere Jugend ist das größte Kapital, das wir haben; wir müssen ihr nur Perspektiven geben. Dazu gehört nicht nur, dass wir keine Schuldenpolitik zu ihren Lasten betreiben, mit der wir ihr alle Spielräume verbauen. Ich frage weiter: Warum gibt es so wenige Angebote für Jugendliche zu einem freiwilligen sozialen Engagement? Es gibt sie doch wieder, die Jugendlichen, die dazu bereit sind. Ich erlebe es in persönlichen Begegnungen, und ich sehe durch die Umfragen bestätigt, dass wir längst eine Trendwende in diesem Land haben: Die Pflichtwerte gewinnen wieder an Bedeutung gegenüber dem, was die Soziologen so schön die „Selbstverwirklichungswerte" nennen.

Man könnte vermutlich auch einfach sagen: Egoismus allein ist nicht

Der modernste Hauptbahnhof Europas wurde am 12. November 1997 in Leipzig eröffnet. Das Herzstück des innen neugestalteten historischen Kopfbahnhofs ist ein Einkaufs- und Dienstleistungszentrum mit etwa 140 Geschäften des Einzelhandels und der Gastronomie. Auf etwa 30.000 Quadratmeter Fläche entstanden auf mehreren Ebenen die mehrgeschossigen „Promenaden Leipziger Hauptbahnhof".

Teilnehmer in historischen Kostümen schwenken am 3. Oktober 1997 während des Festumzuges zum Tag der Deutschen Einheit am Brandenburger Tor in Berlin die Deutsche Fahne. Rund 250.000 Menschen begleiteten den drei Kilometer langen Umzug, mit dem sich die 16 Bundesländer am 3. Oktober schon traditionell in der Hauptstadt präsentieren.

mehr „in“, gerade unsere Jugend ist wieder bereit, sich für die Gemeinschaft einzusetzen. Wir müssen sie dann aber auch gewähren lassen, ihr Spielräume geben, Erfahrungen jenseits der materiellen Werte zu gewinnen. Wir müssen unserer Jugend zu mehr Selbständigkeit, zu mehr Bildungsfähigkeit, zu mehr Unternehmensgeist und mehr Verantwortungsbereitschaft Mut machen. Wir sollten ihr sagen: Ihr müsst etwas leisten, sonst fallt ihr zurück. Aber: Ihr könnt auch etwas leisten. Es gibt genug Aufgaben in unserer Gesellschaft, an denen junge Menschen ihre Verantwortung für sich und das Ganze beweisen können.

Wir Älteren aber müssen uns die Frage stellen: Was leben wir den jungen Menschen vor? Welche Leitbilder geben wir ihnen? Das Leitbild des ewig irritierten, ewig verzweifelten Versorgungsbürgers kann es doch wahrhaftig nicht sein! Die Jungen beobachten uns Alte sehr genau; wirklich überzeugen werden wir sie nur, wenn wir ihnen unsere eigene Verantwortung glaubhaft vorleben. Und schließlich: Wir müssen von dem hohen Ross herunter, dass Lösungen für unsere Probleme nur in Deutschland gefunden werden können. Der Blick auf den eigenen Bauchnabel verrät nur wenig Neues. Jeder weiß, dass wir eine lernende Gesellschaft sein müssen, also müssen wir Teil einer lernenden Weltgesellschaft werden, einer Gesellschaft, die rund um den Globus nach den besten Ideen, den besten Lösungen sucht.

Die Globalisierung hat nicht nur einen Weltmarkt für Güter und Kapital, sondern auch einen Weltmarkt der Ideen geschaffen, und dieser Markt steht auch uns offen. Die meisten traditionellen Industriestaaten standen oder stehen vor ähnlichen Problemen wie wir. Eine ganze Reihe von ihnen hat aber bewiesen, dass diese Probleme lösbar sind:

– in Neuseeland hat man aus alten, ineffizienten Strukturen eine moderne Kommunalverwaltung aufgebaut;

– in Schweden hat man den überbordenden Sozialstaat erfolgreich modernisiert;

– in Holland hat man im Konsens mit den Tarifpartnern die Arbeitsbeziehungen flexibler gemacht. Folge: Die Arbeitslosigkeit ist in Holland drastisch gesunken;

– in den USA hat eine gezielte Strategie neuartiges Wachstum ausgelöst, das Millionen neue Arbeitsplätze geschaffen hat. Ich weiß, hier kommt gleich das Argument, dass nicht alles, was in Amerika geschieht, auf uns übertragbar ist und dass wir amerikanische Verhältnisse bei uns auch gar nicht wollen. Das ist sicher richtig, aber es darf uns nicht hindern, einmal genauer hinzuschauen. Ich fordere auf, von anderen zu lernen, nicht sie zu kopieren! Tatsache ist doch: Die Mehrheit dieser Arbeitsplätze ist in Zukunftsindustrien und Zukunftsdienstleistungen wie Telekommunikation, Computer, Software, Finanzdienstleistungen entstanden; das sind keine Billigjobs. Die Amerikaner haben nicht versucht, den Wandel aufzuhalten, sondern sie haben sich an die Spitze des Wandels gesetzt – durch Förderung von Forschung und Technologie, durch Deregulierung, durch den Aufbau einer Infrastruktur für das Informationszeitalter. Sie haben das Potential der Durchbrüche in Mikroelektronik und Biotechnologie zur Schaffung neuer Produkte genutzt, aus denen ganz neue Industrien entstanden sind, und ein neues, wissensgestütztes Wachstum wurde zur Quelle für Millionen neuer Arbeitsplätze.

Auch wir müssen rein in die Zukunftstechnologien, rein in die Biotechnik, die Informationstechnologie. Ein großes, globales Rennen hat begonnen: Die Weltmärkte werden neu verteilt, ebenso die Chancen auf Wohlstand im 21. Jahrhundert. Wir müssen jetzt eine Aufholjagd starten, bei der wir uns Technologie- und Leistungsfeindlichkeit einfach nicht leisten können. Die Aufgaben, vor denen wir stehen, sind gewaltig. Die Menschen fühlen sich durch die Fülle der gleichzeitig notwendigen Veränderungen überlastet. Das ist verständlich, denn der Nachholbedarf an Reformen hat sich bei uns geradezu aufgestaut. Es wird Kraft und Anstrengung kosten, die Erneuerung voranzutreiben, und es ist bereits viel Zeit verlorengegangen. Niemand darf aber vergessen: In hochtechnisierten Gesellschaften ist permanente Innovation eine Daueraufgabe! Die Welt ist im Aufbruch, sie wartet nicht auf Deutschland. Aber es ist auch noch nicht zu spät. Durch Deutschland muss ein Ruck gehen; wir müssen Abstand nehmen von liebgewordenen Besitzständen ...

Die Bürger erwarten, dass jetzt gehandelt wird. Wenn alle die vor uns liegenden Aufgaben als große, gemeinschaftliche Herausforderung begreifen, werden wir es schaffen ...

Stürmisch drückt US-Komiker Chris Farley (mitte) die deutschen Trickfilmer Tyron Montgomery (links) und Thomas Stellmach (rechts) an sich, die mit einem „Oscar“ für ihren Zeichentrick-Kurzfilm „Quest“ bei der „Oscar“-Zeremonie am 24. März 1997 in Los Angeles geehrt wurden. Damit haben nach den Brüdern Christoph und Wolfgang Lauenstein, die 1990 einen „Oscar“ für ihren Animationsfilm „Balance“ erhielten, zum zweiten Male Studenten der Gesamthochschule Kassel in Los Angeles die höchsten Filmweihen erhalten.

1998

JANUAR

1.1. In Deutschland endet das staatliche Postmonopol. Fernsprechteilnehmer, die im Festnetz telefonieren wollen, können künftig zwischen dem Ex-Monopolisten Telekom und zahlreichen neuen Anbietern frei wählen.
27.1. Die deutschen Bischöfe entsprechen dem Wunsch von Papst Johannes Paul II., in kirchlichen Beratungsstellen die für eine straffreie Abtreibung notwendigen Beratungsscheine künftig nicht mehr auszustellen.
31.1.-26.4. Das Kunstmuseum Düsseldorf zeigt die Ausstellung „68er – Design und Alltag zwischen Konsum und Konflikt".

FEBRUAR

5.2. Mit Kundgebungen und Mahnwachen protestieren nach Angaben der Organisatoren rund 40.000 Arbeitslose in bis zu 200 deutschen Städten gegen die hohe Arbeitslosigkeit. Anlaß ist die Veröffentlichung der Arbeitsmarktzahlen für Januar mit einer Arbeitslosenquote von 12,6 %.
7.2. Im japanischen Nagano werden die XVIII. Olympischen Winterspiele eröffnet. Die Bundesrepublik Deutschland wird mit insgesamt zwölf Gold-, neun Silber- und acht Bronzemedaillen die erfolgreichste Nation.
13.2. Der Bundestag billigt die Neufassung des Hochschulrahmengesetzes. Die Regierungskoalition lehnt mit ihrer Mehrheit das von der Opposition verlangte Verbot von Studiengebühren ab.

MÄRZ

2.3. Einen Tag, nachdem die SPD die Landtagswahl in Niedersachsen gewonnen hat, wird der niedersächsische Ministerpräsident Gerhard Schröder vom Parteipräsidium zum Kanzlerkandidaten der SPD nominiert (Parteitagsbeschluss 17. April).
7.3. Die Grünen plädieren in ihrem Wahlprogramm für eine Anhebung des Benzinpreises auf fünf DM pro Liter im Verlauf der nächsten zehn Jahre.
10.3. Durch einen Wutausbruch bei einer Pressekonferenz wird der italienische Trainer des FC Bayern München, Giovanni Trapattoni (geb. 1939), zu einer Kultfigur. Die Beurteilung seiner Profispieler als „schwach wie eine Flasche leer" und der Abschluss seiner Rede mit „Ich habe fertig" werden zu geflügelten Worten in Deutschland.
20.3. Der größte Atommülltransport mit CASTOR-Behältern in der Geschichte Deutschlands rollt unter Polizeischutz in Richtung Ahaus.
23.3. Der deutsche Medienkonzern Bertelsmann kauft den New Yorker Buchverlag Random House auf. Damit wird der führende deutsche Buchverlag auch zum größten Anbieter englischsprachiger Bücher.
26.3. Die Potenzpille „Viagra" der US-Pharmafirma Pfizer erhält in den USA die Zulassung. In den Medien überschlagen sich Berichte über das Wundermittel, das impotenten Männern in zwei von drei Fällen wieder aufhilft. In der Bundesrepublik kommt die Pille ab 1. Oktober auf den Markt. Sie wird nicht von der Krankenkasse finanziert, sondern muss privat bezahlt werden.
28.3. In Buenos Aires/Argentinien wird der seit zwei Jahren gesuchte mutmaßliche Reemtsma-Entführer Thomas Drach festgenommen. Drach gilt als der Kopf der Erpresserbande, die 1996 den Multimillionär Jan Philipp Reemtsma in Hamburg entführt hat.

APRIL

1.4. Als Folge des Schengener Abkommens entfallen die Kontrollen an den Grenzen zwischen Deutschland, Österreich und Italien.
Das Germanische Nationalmuseum in Nürnberg eröffnet anlässlich der Feiern zum Abschluss des Westfälischen Friedens, der vor 350 Jahren den Dreißigjährigen Krieg beendete, die Ausstellung „Von teutscher Not zu höfischer Pracht, 1648-1701".
20.4. Die terroristische Rote Armee Fraktion (RAF) erklärt fast 28 Jahre nach ihrer Gründung in einem Schreiben an die britische Nachrichtenagentur Reuters ihre Auflösung.
23.4. Der Bundestag stimmt mit großer Mehrheit für die Teilnahme Deutschlands an der Europäischen Währungsunion, mit der am 1. Januar 1999 der Euro eingeführt werden soll.
26.4. Nach den Landtagswahlen in Sachsen-Anhalt, bei denen die Deutsche Volksunion (DVU) 12,9 % der Stimmen erreicht, zieht erstmals eine rechtsextreme Partei in ein Parlament der neuen Bundesländer ein.

MAI

2./3.5. Die Staats- und Regierungschefs der EU wählen den Niederländer Wim Duisenberg zum ersten Präsidenten der Europäischen Zentralbank.
7.5. Die Automobilunternehmen Daimler-Benz und Chrysler kündigen ihre Fusion an. Es ist der bisher größte Industriezusammenschluss der Welt.
9.5. Mit dem 1. FC Kaiserslautern wird erstmals eine deutsche Fußballmannschaft nur zwei Jahre nach dem Abstieg in die zweite Bundesliga und ein Jahr nach der Rückkehr in die erste Bundesliga Deutscher Fußballmeister.
13.5. Anlässlich der Feiern zum 50. Jahrestag der Berliner Luftbrücke begrüßt Bundeskanzler Helmut Kohl US-Präsident Bill Clinton zu einem Deutschlandbesuch.
15.5. Nach dem Votum der ostdeutschen Schriftstellervereinigung PEN für eine Fusion mit dem westdeutschen PEN-Zentrum (3./4. April 1998) stimmen auch die westdeutschen PEN-Mitglieder dem Zusammenschluss zu. Westliche Autoren hatten eine Vereinigung bisher abgelehnt, weil ihrer Meinung nach zu viele „Stasi-Spitzel" in der ostdeutschen Vereinigung vertreten seien.
20.5. Das Bundesumweltministerium stoppt die von Atomkraftgegnern seit langem bekämpften Transporte abgebrannter Brennelemente, nachdem bekannt wird, dass die sogenannten CASTOR-Behälter, in denen der Nuklearmüll zu den jeweiligen Wiederaufarbeitungsanlagen befördert wurde, wiederholt verstrahlt waren. Die Gewerkschaft der Polizei bezeichnet es als „unverantwortlich", dass man „Menschen verheizt, die beruflich die Pflicht haben, diese Transporte zu begleiten".

JUNI

3.6. In Niedersachsen kommt es zur größten Zugkatastrophe in Deutschland seit mehr als 30 Jahren. Ein aus München kommender ICE entgleist bei Eschede und zerschellt an einer Brücke, dabei kommen 101 Menschen ums Leben.
19.6. Der Bundestag billigt die Verlängerung des Bundeswehreinsatzes in Bosnien. Deutschland wird damit der SFOR-Friedenstruppe (Stabilization Force) ohne zeitliche Begrenzung weiterhin 3.000 Soldaten zur Verfügung stellen.
21.6. Während der Fußball-Weltmeisterschaft in Frankreich kommt es zu Ausschreitungen deutscher Hooligans. In Lens/Nordfrankreich wird der Polizist Daniel Nivel zusammengeschlagen und lebensgefährlich verletzt.

JULI

12.7. Bei der Fußball-Weltmeisterschaft in Frankreich wird die französische Mannschaft erstmals Fußballweltmeister. Die Deutsche Mannschaft war bereits im Viertelfinale nach der Niederlage gegen Kroatien ausgeschieden.
18.7. Das von Daniel Libeskind entworfene Felix-Nussbaum-Museum wird in Osnabrück eröffnet. Das Haus zeigt neben Wechselausstellungen eine mehr als 140 Arbeiten umfassende Sammlung von Bildern des Künstlers.

AUGUST

12.8. Erstmals wird in vier deutschen Bundesländern gleichzeitig wegen zu hohen Ozongehalts der Luft für 24 Stunden ein Kfz-Fahrverbot verhängt. Die Anti-Smog-Maßnahmen bleiben allerdings nahezu wirkungslos, da es zu viele

Ausnahmeregelungen gibt, die das generelle Fahrverbot durchlöchern.
13.8. Am 37. Jahrestag des Mauerbaus wird an der Bernauer Straße in Berlin eine Gedenkstätte zur Erinnerung an die Teilung Deutschlands und an die Opfer des DDR-Regimes eingeweiht.
14.8. Der Schauspieler und Showmaster Hans Joachim Kulenkampff stirbt im Alter von 77 Jahren in Seeham bei Salzburg/Österreich.

SEPTEMBER

7.9. Berti Vogts (geb. 1946) tritt als Bundestrainer der Fußballnationalmannschaft zurück. Sein Nachfolger wird Erich Ribbeck.
10.9. Der amerikanische Regisseur und Produzent Steven Spielberg erhält in Berlin für die Gründung und den Aufbau der „Shoah Foundation" den Großen Bundesverdienstorden mit Stern. Die „Shoah Foundation" hat sich die Aufgabe gestellt, die Aussagen von Überlebenden des Holocaust filmisch zu dokumentieren und zugänglich zu machen.
15.9. Mit dem ICE-Sonderzug „Claus Graf Stauffenberg" von Berlin nach Hannover rollt erstmals ein ICE auf einer Hochgeschwindigkeitsstrecke durch die neuen Bundesländer.
27.9. Bei der Bundestagswahl wird erstmals in der Geschichte der Bundesrepublik eine amtierende Regierung faktisch abgelöst. Die SPD erreicht 40,9 % der Stimmen und Bündnis 90/Grüne 6,7 %, damit erringen sie zusammen die absolute Mehrheit der Parlamentsmandate. Die CDU/CSU kommt auf 35,1 %, die F.D.P. auf 6,2 % und die PDS auf 5,1 % der Stimmen.

OKTOBER

2.10. Auf dem einstigen „Niemandsland" zwischen Ost- und West-Berlin, am Potsdamer Platz, wird der erste Bauabschnitt des größten Bauvorhabens im vereinten Deutschland vollendet: Bundespräsident Roman Herzog weiht in Berlins neuer Mitte das Daimler-Benz-Gelände ein.
11.10. Dem Schriftsteller Martin Walser wird in Frankfurt/Main der Friedenspreis des deutschen Buchhandels verliehen. Walsers Dankesrede, vor allem seine Bemerkungen über das Gedenken an die Judenverfolgung in der NS-Zeit, provoziert heftigen Widerspruch. Er sagt unter anderem: „Wenn mir aber jeden Tag in den Medien diese Vergangenheit vorgehalten wird, merke ich, dass sich in mir etwas gegen diese Dauerpräsentation unserer Schande wehrt." Der Vorsitzende des Zentralrats der Juden in Deutschland, Ignatz Bubis, wirft Walser daraufhin vor, er sei ein „geistiger Brandstifter". Nach einem Gespräch mit Walser nimmt Bubis am 12. Dezember den Vorwurf zurück.
16.10. Der Bundestag billigt in seiner alten Zusammensetzung eine Beteiligung der Bundeswehr an einem möglichen Militärschlag der NATO gegen Rest-Jugoslawien (BRJ) aufgrund der Kosovo-Krise.
17.10. Mit der 281. Folge der erfolgreichsten deutschen Krimiserie und dem meist exportierten deutschen Krimi „Derrick" verabschiedet sich Horst Tappert (geb. 1923) als Oberinspektor vom Bildschirm.
24.10. Staatsoberhäupter aus 20 europäischen Ländern feiern in Münster und Osnabrück den 350. Jahrestag des Westfälischen Friedens. Gleichzeitig wird die Europaratsausstellung „1648 - Krieg und Frieden in Europa" eröffnet.
26.10. Der Bundestag wählt den SPD-Politiker Wolfgang Thierse zum neuen Bundestagspräsidenten.
27.10. Der bisherige niedersächsische Ministerpräsident Gerhard Schröder (SPD) wird vom Bundestag zum siebten deutschen Bundeskanzler gewählt. Am Nachmittag wird das neue Kabinett der rot-grünen Koalition vereidigt. Vizekanzler und Außenminister wird Joschka Fischer (Grüne).
31.10. Fünf Wochen nach der Landtagswahl in Mecklenburg-Vorpommern schließen die SPD und die PDS einen Koalitionsvertrag zur Regierungsbildung. Dies ist die erste rot-rote Koalition in einem deutschen Bundesland.

NOVEMBER

7.11. Der Unions-Fraktionschef Wolfgang Schäuble wird als Nachfolger von Helmut Kohl vom Parteitag in Bonn zum neuen Parteivorsitzenden der CDU gewählt.
30.11. Die Deutsche Bank und das US-Investmenthaus Bankers Trust machen ihre Fusion perfekt und rücken damit zum größten Kreditinstitut der Welt auf.

DEZEMBER

3.12.-14.3.1999 Das Potsdamer Filmmuseum präsentiert eine umfassende Retrospektive zum Schaffen der Regisseurin Leni Riefenstahl.
18.12. Die Deutsche Bahn wird um zehn Millionen DM erpresst: Beim dritten Anschlag innerhalb weniger Tage entgleist ein Güterzug in Vorpommern. Am 23. Dezember gibt das Bundeskriminalamt die Festnahme von zwei mutmaßlichen Erpressern bekannt.

Mit doppeltem Victory-Zeichen stellt sich SPD-Kanzlerkandidat Gerhard Schröder in der Bonner Parteizentrale am 27. September 1998 seinen Anhängern.

Regierungserklärung des Bundeskanzlers

Mit einer Grundsatzrede vor dem Bundestag gab der neugewählte Kanzler Gerhard Schröder am 10. November 1998 die Ziele seiner künftigen Politik bekannt. Sie werde angesichts einer enormen finanzielle Erblast, die in 16 Jahren der Kanzlerschaft von Helmut Kohl angehäuft worden sei, vor allem in einem „entschlossenen Konsolidierungskurs" bestehen und sich um eine Senkung der Massenarbeitslosigkeit bemühen. Die Schaffung von Arbeitsplätzen sei oberstes Ziel und nur durch wirtschaftliches Wachstum zu erreichen, das seine Regierung ankurbeln wolle. Als weitere Eckpunkte seiner Politik nannte der Regierungschef eine nachhaltig Sicherung der Energieversorgung und eine Neuregelung des Staatsangehörigkeitsrechts, das angesichts der unverminderten Zuwanderung nach Deutschland überfällig sei. Außenpolitisch werde die Verlässlichkeit Deutschlands als Partner weiter gestärkt und seine Friedenswilligkeit unterstrichen. Hier Auszüge aus der Rede Schröders:

Herr Präsident,
meine sehr verehrten Damen und Herren,
erstmals in der Geschichte der Bundesrepublik Deutschland haben die Wählerinnen und Wähler durch ihr unmittelbares Votum einen Regierungswechsel herbeigeführt. Sie haben Sozialdemokraten und Bündnis 90/Die Grünen beauftragt, Deutschland in das nächste Jahrtausend zu führen. Dieser Wechsel ist Ausdruck demokratischer Normalität und Ausdruck eines gewachsenen demokratischen Selbstbewusstseins. Ich denke, meine sehr verehrten Damen und Herren, wir können alle stolz darauf sein, dass die Menschen in Deutschland rechtsradikalen und fremdenfeindlichen Tendenzen eine deutliche Abfuhr erteilt haben. An dieser Stelle möchte ich noch einmal meinem Vorgänger im Amt, Herrn Dr. Helmut Kohl, für seine Arbeit und für seine noble Haltung bei der Amtsübergabe danken.

Vor uns liegen gewaltige Aufgaben. Die Menschen erwarten, dass eine bessere Politik für Deutschland gemacht wird. Wir wissen: Ökonomische Leistungsfähigkeit ist der Anfang von allem. Wir müssen Staat und Wirtschaft modernisieren, soziale Gerechtigkeit wiederherstellen und sie sichern, das europäische Haus wirtschaftlich, sozial und politisch so ausbauen, dass die gemeinsame Währung ein Erfolg werden kann. Wir müssen die innere Einheit Deutschlands vorantreiben; und vor allem und bei allem: Wir müssen dafür sorgen, dass die Arbeitslosigkeit zurückgedrängt wird, dass bestehende Arbeitsplätze erhalten bleiben und neue Beschäftigung entsteht.

Dafür brauchen wir neue Unternehmen, neue Produkte, neue Märkte und vor allen Dingen schnellere Innovation. Wir brauchen eine bessere Ausbildung und eine Steuer- und Abgabenpolitik, die vor allem die Kosten der Arbeit entlastet. Diese Bundesregierung wird die Probleme schultern, und sie wird die schöpferischen Kräfte, die es in unserem

Die Fraktionssprecher von Bündnis 90/Grüne, Joschka Fischer (links) und Kerstin Müller sowie Vorstandssprecher Jürgen Trittin feiern mit erhobenen Händen am 27. September 1998 in Bonn das gute Ergebnis für ihre Partei.

Nach seiner Wahl zum Bundeskanzler wird Gerhard Schröder am 27. Oktober 1998 im Bundestag von Bonn vom SPD-Vorsitzenden Oskar Lafontaine (mitte) umarmt, links applaudiert Rudolf Scharping, vorne rechts klatschen Peter Struck und Anke Fuchs (verdeckt). 351 von 666 anwesenden Abgeordneten stimmten in geheimer Wahl für ihn, 287 Parlamentarier votierten gegen ihn, 27 enthielten sich. Eine Stimme war ungültig. Damit bekam Schröder sechs Stimmen mehr als SPD und Grüne Abgeordnete stellen.

Land überreich gibt, mobilisieren. Die Bedingungen, unter denen wir an den Start gehen, sind alles andere als günstig. Entgegen dem, was gelegentlich von der Opposition im Haus verbreitet wird, hat uns die alte Bundesregierung keineswegs ein bestelltes Haus hinterlassen. Das Ergebnis unseres vorläufigen Kassensturzes zeigt den Ernst der finanzpolitischen Lage. Die Verschuldung des Bundes ist auf weit über eine Billion D-Mark getrieben worden. Der laufende Bundeshaushalt ist mit Zinsverpflichtungen von mehr als 80 Milliarden D-Mark belastet. Das heißt, jede vierte Mark, die der Bund an Steuern und Abgaben einnimmt, muss für diese gewaltigen Zinslasten ausgegeben werden. Hinzu kommt - ich muss das sagen, auch wenn es Ihnen nicht passt -: Milliardenschwere Haushaltsrisiken wurden ignoriert; Einnahmen wurden zu hoch veranschlagt; Ausgaben wurden zu niedrig veranschlagt: Jahrelang hat man den Haushalt nur durch Einmaleffekte ausgeglichen. Deren Wirkung ist gleich wieder verpufft. Die großen Haushaltslasten aber, die schwerwiegenden strukturellen Probleme des Bundeshaushaltes, hat man einfach in die Zukunft verlagert.
Wir haben gesagt: Wir wollen nicht alles anders, aber vieles besser machen. Daran werden wir uns halten. Das sagen wir denen, die heute die Schlachten des Wahlkampfes noch einmal schlagen wollen. Das scheint auch auf der rechten Seite des Hauses so zu sein. Nur, besonders erfolgreich sind Sie nicht gewesen. Das werden Sie zugeben müssen. Da gibt es diejenigen, die schon wieder Schwarzmalerei betreiben und diesen lähmenden Pessimismus verbreiten, der unser Land lange genug gehindert hat, die nötigen Schritte zur Anpassung an die Wirklichkeit zu tun. Aber das rufen wir auch denjenigen zu, die meinen, das jetzt Beschlossene gehe nicht weit genug.
Wir wollen die Gesellschaft zusammenführen, die tiefe soziale, geographische, aber auch gedanklich-kulturelle Spaltung überwinden, in die unser Land geraten ist. Wir werden Deutschland entschlossen modernisieren und die innere Einheit vorantreiben. Voraussetzung dafür ist eine schonungslose Beurteilung der Lage, aber auch und vor allem das Besinnen auf die Stärken der Menschen in unserem Land und das Zutrauen darauf, dass wir es schaffen können.
Dieser Regierungswechsel ist auch ein Generationswechsel im Leben unserer Nation. Mehr und mehr wird unser Land heute gestaltet von einer Generation, die den Zweiten Weltkrieg nicht mehr unmittelbar erlebt hat. Es wäre nun gefährlich, dies als einen Ausstieg aus unserer historischen Verantwortung misszuverstehen. Jede Generation hinterlässt der ihr nachkommenden Hypotheken, und niemand kann sich mit der „Gnade" einer „späten Geburt" herausreden.
Für manche ist dieser Generationswechsel eine große Herausforderung. Schon ein Blick auf die Regierungsbank oder auch in dieses Parlament zeigt, was die große Mehrheit unter uns politisch geprägt hat. Es sind die Biographien gelebter Demokratie. Wir haben den kulturellen Aufbruch aus der Zeit der Restauration miterlebt und mitgemacht.
Viele von uns waren in den Bürgerbewegungen der siebziger und achtziger Jahre engagiert. Die ehemaligen Bürgerrechtsgruppen aus der DDR, die gemeinsam mit den ostdeutschen Sozialdemokraten die friedliche Revolution mitgestaltet haben, sind an dieser Regierung beteiligt.

Bundeskanzler Helmut Kohl zieht im Bonner Konrad-Adenauer-Haus am 27. September 1998 die Bilanz aus den ersten Hochrechnungen. Kohl gestand die Wahlniederlage „ohne Wenn und Aber" ein und zeigte sich später als fairer Verlierer.

Diese Generation steht in der Tradition von Bürgersinn und Zivilcourage. Sie ist aufgewachsen im Aufbegehren gegen autoritäre Strukturen und im Ausprobieren neuer gesellschaftlicher und politischer Modelle. Jetzt ist sie - und mit ihr die Nation - aufgerufen, einen neuen Pakt zu schließen, gründlich aufzuräumen mit Stagnation und Sprachlosigkeit, in die die vorherige Regierung unser Land geführt hat. An ihre Stelle setzen wir eine Politik, die die Eigenverantwortlichkeit der Menschen fördert und sie stärkt. Das verstehen wir unter der Politik der Neuen Mitte.
Diesen Weg werden wir partnerschaftlich beschreiten. Jeder im In- und Ausland kann sich darauf verlassen, dass diese Regierung zu ihrer politischen, aber eben auch zu ihrer sozialen Verantwortung steht. Die Hoffnungen, die auf uns ruhen, sind fast übermächtig. Aber eine Regierung allein kann das Land nicht verbessern. Daran müssen alle mittun. Je mehr Menschen sich mit ihrer Initiative und ihrer Leistungsbereitschaft an der Reform unserer Gesellschaft beteiligen, desto größer werden die Erfolge sein.
Den Menschen in Deutschland mangelt es nicht an schöpferischen Kräften. Wir werden helfen, sie zur Entfaltung zu bringen.
Meine Damen und Herren, es ist kein Zweifel: Unser drängendstes und auch schmerzhaftestes Problem bleibt die Massenarbeitslosigkeit. Sie führt zu psychischen Zerstörungen, zum Zusammenbruch von Sozialstrukturen. Den einen nimmt sie die Hoffnung, und den anderen macht sie angst. Sie belastet unser Gemeinwesen derzeit mit Kosten von jährlich 170 Milliarden D-Mark. Die Bundesregierung ist sich völlig im klaren darüber, dass sie ihre Wahl wesentlich der Erwartung verdankt, die Arbeitslosigkeit wirksam zurückdrängen zu können. Genau dieser Herausforderung werden wir uns stellen. Jede Maßnahme, jedes Instrument kommt auf den Prüfstand, um festzustellen, ob es vorhandene Arbeit sichert oder neue Arbeit schafft. Wir wollen uns jederzeit – nicht erst in vier Jahren

Das Wrack des am 3. Juni 1998 in Eschede bei Celle verunglückten ICE 884 liegt direkt vor einem Einfamilienhaus an der Bahnlinie. Im Vordergrund sind Rettungsfahrzeuge der rund 300 Helfer zu sehen. Der Intercity-Express „Wilhelm Conrad Röntgen" von München nach Hamburg war mit etwa Tempo 200 gegen eine Brücke geprallt, die dabei zerfetzt wurde.

– daran messen lassen, in welchem Maße wir zur Bekämpfung der Arbeitslosigkeit beitragen...
Meine Damen und Herren, wir werden mit der Energiewirtschaft und den Umweltverbänden neue Wege der Energieversorgung beschreiten.
Die Nutzung der Kernenergie ist gesellschaftlich nicht akzeptiert. Sie ist mithin auch volkswirtschaftlich nicht vernünftig. Das ist der Grund, warum wir sie geregelt auslaufen lassen werden.
Für die Bundesregierung steht dabei nicht ein Ausstieg im Mittelpunkt. Es geht vielmehr um den Einstieg in eine zukunftsfähige Energieversorgung. Der Anteil der Kernenergie wird schrittweise reduziert und schließlich ganz ersetzt. Dies, meine Damen und Herren, ist ein gewaltiges Investitionsprogramm, das auch und gerade neue Arbeitsplätze in diesen Bereichen schaffen wird. Dabei setzen wir vor allem auf die Innovations- und Entwicklungspotentiale bei den erneuerbaren Energien. Wir setzen auf eine konsequente Nutzung der Einsparmöglichkeiten: bei der Stromerzeugung, bei elektrischen Geräten, bei den Gebäuden, aber auch im Straßenverkehr. Mit der Energiewirtschaft werden wir auskömmliche Lösungen zu einer Zukunft ohne Atomkraftwerke vereinbaren.
Die Koalitionspartner sind sich darin einig, dass die Beendigung der Kernenergienutzung im Konsens erfolgen soll – ohne dass es zu Regressansprüchen kommt. Aus den Gesprächen der vergangenen Jahre wissen wir, dass wir zu einer einvernehmlichen Lösung kommen können. Sie ist an dem Widerstand – dem unverständlichen Widerstand - auf der rechten Seite dieses Hauses gescheitert. Das Problem der Entsorgung radioaktiver Abfälle - das gilt es zu erkennen - bleibt uns und unseren Nachkommen allerdings noch auf Jahrtausende erhalten.
Das bisherige Entsorgungskonzept ist inhaltlich gescheitert. Wir werden statt dessen einen nationalen Entsorgungsplan erarbeiten. Entsorgung wird auf direkte Endlagerung beschränkt werden. Atommülltransporte quer durch die Republik, die nur durch massiven Polizeischutz zu sichern sind, passen nicht zu einer auf Konsens und Zukunftsfähigkeit ausgerichteten Demokratie... Aber machen wir uns nichts vor: Die Bewältigung des Jahrhundertproblems Arbeitslosigkeit kann nur gelingen, wenn alle gesellschaftlich Handelnden dabei mitmachen. Die eine, einzelne Maßnahme zur Lösung des Problems gibt es nicht. Steuerpolitik, Abgabenreduzierung, Zukunftsinvestitionen und Tarifpolitik müssen einander sinnvoll ergänzen. Erst im Zusammenwirken aller volkswirtschaftlichen Akteure kann dauerhaft mehr Beschäftigung entstehen. Ich betone: im Zusammenwirken aller volkswirtschaftlichen Akteure. Das ist die Erfahrung, die man in anderen Ländern hat machen können.
Das ist auch die positive Erfahrung, die in vergangenen Zeiten mit einem funktionierenden Modell Deutschland gemacht worden ist. Die deutschen Unternehmer stehen dabei ebenso in der Verantwor-

tung wie die Sozialverbände und die Gewerkschaften. Sie alle lade ich zu einem Bündnis für Arbeit und für Ausbildung ein. Ich bin froh, bestätigen zu können: Das erste Treffen wird bereits Anfang Dezember stattfinden. Dieses Bündnis wird als ständiges Instrument zur Bekämpfung der Arbeitslosigkeit eingerichtet. Ich weiß inzwischen, dass die Beteiligten meiner Einladung folgen und ihren Teil der Verantwortung übernehmen wollen. Ich erwarte, dass sich die Gesprächspartner vom Denken in angestammten Besitzständen und von überkommenen Vorstellungen lösen...

Wir stehen für das Zukunftsprojekt Deutschland in Europa. Dabei stehen wir in vorderster Reihe mit den sozialen Modernisierern unserer Nachbarländer. Diese Chance, gemeinsam ein modernes Europa der Sozialen Marktwirtschaft und der ökologischen Verantwortung zu bauen, werden wir ergreifen. Wir machen keine unhaltbaren Versprechungen. Aber wir können und wir wollen Mut machen, Mut zu einer neuen Zivilität und zu mehr Partnerschaft, aber auch Mut zum Optimismus, zur Neugier auf die Zukunft. Ich erinnere an Willy Brandt, der vor diesem Parlament 1973 in der Regierungserklärung seines Reformbündnisses den „vitalen Bürgergeist" zitiert hat, der in dem Bereich zu Hause sei, den auch Willy Brandt damals „die neue Mitte" genannt hat.

Helmut Schmidt hat vor diesem Haus in seiner Regierungserklärung 1976 in vergleichbar schwieriger Wirtschaftslage gesagt: Die Bundesregierung setzt bei ihren Bemühungen zuallererst - ich zitiere ihn - auf den Fleiß, die Intelligenz und das Verantwortungsbewusstsein der Deutschen. Daran knüpfe ich bewusst an, und ich bin sicher, meine Damen und Herren, wir werden es schaffen, weil wir Deutschlands Kraft vertrauen. Ich danke Ihnen für die Aufmerksamkeit.

Zugkatastrophe in Niedersachsen

Ein Termin, der beide im Innersten aufwühlte, ereilte am 3. Juni 1998 die beiden prominentesten Wahlkämpfer des Jahres: Helmut Kohl und sein Herausforderer Gerhard Schröder, noch Ministerpräsident von Niedersachsen, hatten die traurige Pflicht, sich in Eschede, einem kleinen Ort in der südöstlichen Lüneburger Heide, ein Bild vom schwersten Eisenbahnunglück zu machen, das die Deutsche Bahn je betroffen hat. Mit an die 200 Stundenkilometern entgleiste dort um 10 Uhr 59 ein ICE, weil ein Radreifen gebrochen war und sich in einer Weiche verfangen hatte. Die Wagen hinter dem vorderen Triebkopf prallten gegen eine Brücke, die einstürzte und Teile des Zuges unter sich begrub. Andere Waggons stürzten eine Böschung hinunter, verkeilten sich oder stellten sich senkrecht. Dabei verformten sie sich derart, dass es Stunden dauerte, bis die Rettungskräfte Verletzte und Tote aus den Trümmern befreien konnten. Sie waren schon wenige Minuten nach dem Unglück vor Ort, wo sich ihnen ein Bild des Grauens bot. Insgesamt kamen 1200 Ärzte, Sanitäter, Soldaten und Feuerwehrleute zum Einsatz. Nach anderthalb Stunden waren fast hundert Schwerverletzte geborgen, und die Identifizierung der Todesopfer konnte beginnen. 101 Menschen waren bei der rasenden Fahrt ums Leben gekommen. Verglichen mit dem menschlichen Leid spielten die Kosten des Unglücks eher eine Nebenrolle: Auf 150 Millionen Mark bezifferte die Bahn den Schaden, allein der Zug hatte einen Wert von 50 Millionen, die Entschädigungen beliefen sich auf 8 Millionen, der Wiederaufbau der Brücke verschlang 10 Millionen. Hinzu kamen die Gleisarbeiten und erhebliche Investitionen in mehr Sicherheit, die solche Katastrophen künftig verhindern helfen sollten. Am 21. Juni verabschiedete sich Deutschland von den Opfern des Unglücks mit einem Staatsakt in der Stadtkirche der Kreisstadt Celle. Die Traueransprache hielt Bundespräsident Herzog, der diesen Einbruch des Todes in eine Sicherheitsgesellschaft als Mahnung zu verstehen riet: Wir sollten das Sterben nicht aus dem Leben ausklammern und die Unausweichlichkeit des Endes begreifen. Sein besonderer Dank galt den Rettungskräften, für die das Erlebnis zu einem Trauma werden könnte, wenn sie nicht offen mit ihrer Bestürzung und ihrem Schock umzugehen lernten. Deswegen gebühre auch den psychologischen Helfern und den vielen Seelsorgern, die sich um Verletzte wie Helfer aufopferungsvoll gekümmert hatten, der Dank aller.

Ex-Außenminister Hans-Dietrich Genscher.

Hans-Dietrich Genscher

Seit den Bundestagswahlen 1998 hat das deutsche Parlament erheblich an Farbe und akustischer Präsenz verloren: Hans-Dietrich Genscher, der Mann im gelben Pulli, „der mit den Ohren" (Wehner über Genscher), ging in den verdienten Ruhestand.

Die politische Karriere des am 21. März 1927 in Reideburg (bei Halle) geborenen Genscher liest sich so: FDP-Mitglied seit 1952, Geschäftsführer der Bundestagsfraktion 1959, Innenminister unter Willy Brandt 1969, FDP-Vorsitzender 1974 (bis 1985), Außenminister unter Helmut Schmidt 1974–82 sowie unter Helmut Kohl 1982–92 – und damit der am längsten amtierende Außenminister in der Geschichte der deutschen Demokratie. Genscher leitete maßgeblich zwei koalitionspolitische „Wenden" ein – 1969 zur SPD, 1982 zur Union –, hatte großen Anteil am Gelingen der deutschen Vereinigung 1989/90 und an der europäischen Einigung. Wie groß die Popularität des „großohrigen" Sachsen war, ist schon daran festzumachen, dass er zu den an einer Hand abzuzählenden Politikern gehört, denen die Bevölkerung einen bleibenden Spitznamen verlieh: Neben „Papa Heuss", dem „Alten von Rhöndorf", „Willy" und „Schmidt-Schnauze" wird auch „Genschman" immer in der Erinnerung all derer bleiben, die ungeachtet ihrer eigenen Parteipräferenz das Menschliche und Originäre in der Politik achten und bewundern. So sagte Helmut Kohl anlässlich des 70. Geburtstags von Hans-Dietrich Genscher unter großem

Beifall auch von Prominenten der SPD und der Grünen vor 3000 Gästen auf dem Petersberg 1997: „Sie sind einer der großen Baumeister Europas und der deutschen Einheit. Kommende Generationen werden Ihnen dankbar sein, dass Sie Unmögliches für sie möglich gemacht haben."
Genscher selbst erinnert sich an seine „größte Stunde", als es um die Flüchtlinge in der deutschen Botschaft in Prag ging: „Am 29. September (1989) kam endlich die Zusage aus Ostberlin. Einen Tag später reiste ich mit Bundesminister Rudolf Seiters nach Prag.
Ich dachte zurück an das Jahr 1952, als ich selbst die DDR verlassen hatte. Ich konnte die Menschen in der Botschaft gut verstehen, ihre Motive, ihre Erwartungen, ihre Hoffnungen. Wie würde ich ihnen verständlich machen können, dass die Züge durch die DDR fahren? Wie konnte ich Ihnen die Sorge nehmen, dass es sich um eine Falle handelt? Ich verbürgte mich in meiner Ansprache vom Balkon für ihre Sicherheit. Den Freudenschrei der DDR-Flüchtlinge im Garten werde ich nie vergessen. Ich hörte ihn auf dem Rückflug immer wieder und ich fühlte, dass an diesem Tage nicht nur die Türen der Prager Botschaft geöffnet wurden, sondern auch die Tore zur europäischen und zur deutschen Einheit".

Bei der Feier seines 100sten Geburtstages zeigt sich Schriftsteller Ernst Jünger (mitte) mit seiner Ehefrau Liselotte, Bundeskanzler Helmut Kohl und Bundespräsident Roman Herzog (rechts) am 29. März 1995 auf der Freitreppe seines Hauses in Wilflingen. Jünger, dessen Werk in Deutschland ebenso Verehrung wie Ablehnung erfahren hat, ist am 17. Februar 1998 im Alter von 102 Jahren gestorben. Seine Verehrer sehen in dem Autor eine singuläre Erscheinung, die wie keine andere in einem umfangreichen und widersprüchlichen Werk Diagnose und Kritik seiner Zeit geliefert hat. Seine Gegner hielten ihm bis ins hohe Alter vor allem seine frühen Bücher vor. Darunter sind sein Kriegstagebuch aus dem Ersten Weltkrieg „In Stahlgewittern" (1920) und die Schrift „Der Arbeiter. Herrschaft und Gestalt" (1932).

Helmut Kohl – Kanzler der Deutschen Einheit

Helmut Kohl hatte einen Ruf zu verteidigen, als er sieben Jahre lang von der harten Oppositionsbank im Bundestag den Kanzlerstuhl anvisierte: der ewige Benjamin der deutschen Politik zu sein. Am 1. Oktober 1982, nach einem konstruktiven Misstrauensvotum gegen Helmut Schmidt, war der hartnäckige Pfälzer am Ziel: mit 52 Jahren jüngster Bundeskanzler seit je, der erste Christdemokrat und Katholik im Amt seit 1969. Seither hat er den Ruf zu verteidigen, „ne jute Mann" zu sein, wie ihn der erste und bislang älteste deutsche Bundeskanzler, Konrad Adenauer, qualifizierte.
Kohl, am 3. April 1930 im linksrheinischen Ludwigshafen geboren, hatte schon als Gymnasiast seinen Weg zur CDU gefunden, und, gerade 17 Jahre alt, die Junge Union in seiner Heimatstadt ins Leben gerufen. Schon damals äußerte er seine Absicht, Kanzler werden zu wollen, und rückte erstmal in den Kreisvorsitz der Jugendorganisation auf. 1953 saß Kohl als jüngstes Mitglied im Geschäftsführenden Ausschuss der CDU Pfalz, ein Jahr später war er Vorsitzender der Jungen Union des gesamten Bundeslandes. Nach Abschluss seines Studiums der Rechte und Geschichte avancierte Dr. phil. Kohl 1959 zum jüngsten deutschen Landtagsabgeordneten und 1963 zum jüngsten Fraktionsvorsitzenden in der Republik. Am 19. Mai 1969, mittlerweile jüngstes Mitglied des CDU-Bundesvorstandes, trat der Pfälzer die Nachfolge Peter Altmeiers als Ministerpräsident seiner Heimat an. In den sieben Jahren, die der jüngste deutsche Landesfürst im Mainzer Schloss regierte, wurden in dem verschlafenen Rheinland-Pfalz die Konfessionsschulen geschlossen und Industrien angesiedelt.
Am 12. Juni 1973 wurde Kohl auf einem Sonderparteitag zum neuen Parteivorsitzenden gewählt, trotz seiner Mainzer Amtsgeschäfte. Der Vorteil: Der CDU-Chef und Kanzlerkandidat (seit April 1975) konnte aus den Niederungen der Oppositionspolitik herausgehalten werden und sich im Herbst 1976 unverbraucht dem Wähler stellen. Kohl gewann, aber er siegte nicht: Die Union kletterte auf stolze 48,6 Prozent, die Sozialliberalen blieben mit 50,5 Prozent an der Regierung.
Mit Franz Josef Strauß erwuchs Kohl ein Gegenspieler, dem strategisch wie konzeptionell eigene Wege zur Macht am Rhein vorschwebten. Der CSU-Vorsitzende wollte den Gang ohne die Liberalen machen und drohte, seine Partei bundesweit auszudehnen; er bestritt Kohl die geistigen und politischen Voraussetzungen zur Kanzlerschaft und die realen dazu: „Kohl wird nie Kanzler werden." Darin irrte Strauß.
Aus der Krise der Union im Winter 1976/77 ging der CDU-Vorsitzende trotz vieler Attacken gestärkt hervor: Strauß hatte die ge-

Als noch amtierender, aber schon abgewählter Kanzler wird Helmut Kohl im Oktober 1998 vom Staatspräsidenten Alexander Kwasniewski die höchste polnische Auszeichnung, der Orden „Weißer Adler", verliehen.

meinsame Fraktion nicht aufgekündigt und war als künftiger bayerischer Ministerpräsident keine Bonner Größe mehr. Kohl übernahm den Fraktionsvorsitz im Bundestag, um vor Ort seine Anwartschaft auf die nächste Kanzlerkandidatur zu verteidigen; aber nach zweieinhalb Jahren Oppositionsführung, die weniger die Person als die Sache der Union in den Vordergrund stellte, setzte die CSU im Juli 1979 Strauß als neuen Herausforderer Schmidts durch.

Bei den Bundestagswahlen von 1980 fiel die CDU/CSU um 4,1 Prozent zurück, während die FDP – und indirekt Kohls Strategie – aufgewertet wurden. Nach dem Mannheimer Parteitag im März 1981 war der Führungsanspruch des CDU-Vorsitzenden, der mit 96 Prozent der Stimmen im Amt bestätigt wurde, wieder unbestritten, sein Ruf als „Schwarzer Riese“ wieder hergestellt. In dem Maße, wie sich in der Bundesrepublik und international die Probleme türmten, wurde die fortschreitende Zerrüttung des sozialliberalen Bündnisses sichtbar. Im September 1982 vollzog der FDP-Vorsitzende und Vizekanzler Genscher, ein Duz-Freund Kohls, die Wende seiner Partei, die wie 1971/72 auf die Zerreißprobe gestellt wurde, zur Union. Der durch einen Koalitionswechsel an die Macht gelangte neue Bundeskanzler setzte sich, um seine Position und eine längerfristige politische Perspektive durch Wählerentscheid abzudecken, mit Energie für Neuwahlen ein. Am 6. März 1983 bestätigte der Bürger die Wachablösung in Bonn. Kohl erzielte in jeder Beziehung sein Traumergebnis: einen Stimmenanteil knapp unter der absoluten Mehrheit, sodass die Koalition mit der FDP fortgesetzt werden und Franz Josef Strauß den Bayern als Ministerpräsident erhalten bleiben konnte. Erstmals zog eine Fraktion der Grünen in den Bundestag ein. Kohl, einen großen Vertrauensvorschuss der Amerikaner im Rücken, reiste alsbald zu einer Unterredung mit dem neuen Generalsekretär der KPdSU nach Moskau und knüpfte damit an die politische Praxis seines Amtsvorgängers an; während der Beisetzungsfeierlichkeiten für Andropow im Februar 1984 führte Kohl ein erstes persönliches Gespräch mit Honecker, dem Staatschef der DDR, der 1983 ein vieldiskutierter Milliardenkredit eingeräumt worden war. Nach Scheitern der amerikanisch-sowjetischen Abrüstungsverhandlungen in Genf machte der Bundeskanzler, von leidenschaftlichen Szenen im Land und im Parlament unbeirrt, die Nachrüstung perfekt.

Im Zieleinlauf der olympischen Rodelstrecke von Iizuna Kogen jubelt Georg Hackl am 9. Februar 1998 nach seinem vierten gewonnenen Lauf. Der 31jährige Berchtesgadener krönte seine erfolgreiche Laufbahn in Nagano mit dem dritten Olympiasieg nach Albertville 1992 und Lillehammer 1994.

Nach seiner Dankesrede nimmt Schriftsteller Martin Walser (mitte), Friedenspreisträger des Deutschen Buchhandels 1998, den Applaus von Bundespräsident Herzog (links), seiner Frau Käthe und Gerhard Kurtze (rechts), Vorsteher des Börsenvereins des Deutschen Buchhandels, entgegen. In Anwesenheit von 1200 Ehrengästen aus Politik, Gesellschaft und Kultur, wurde Walser für sein literarisches Werk und sein Eintreten für die deutsche Wiedervereinigung geehrt. In seiner Ansprache kritisierte Walser die Vergangenheitsbewältigung der Deutschen und die Pläne für das Holocaust-Mahnmal in Berlin und appellierte an Herzog, den inhaftierten DDR-Topspion Rainer Rupp alias „Topas“ zu begnadigen.

Die ersten innenpolitischen Schlagzeilen kündeten von der Besserung des Investitionsklimas, aber auch vom weiteren Ansteigen der Arbeitslosenquote und von Schwachstellen in der Regierung: Kohls Entscheidung, den der Vorteilsannahme beschuldigten Minister Lambsdorff bis zu einer möglichen Anklage im Amt zu halten und Verteidigungsminister Wörner nach der leidigen Kießling-Affäre im Amt zu lassen, wurde merklich von dem Wunsch befördert, dem bayerischen Ministerpräsidenten keinen Einzug ins Kabinett zu ermöglichen.

Eine Gestalt der Geschichte wurde Kohl als Kanzler der deutschen Einheit. Als das Volk in der DDR 1989 die erste friedliche Revolution seit Menschengedenken bewerkstelligt hatte, stand er im Aufbruch der gespaltenen Nation zur Wiedervereinigung an der Spitze, einem Aufbruch, der ohne den von Michail Gorbatschow eingeleiteten grundlegenden Wandel im einstigen Ostblock, die „Perestroika“, nicht denkbar gewesen wäre. Bei den Bundestagswahlen im Oktober 1990 wurde Kohl zum ersten Kanzler des geeinten Deutschlands gewählt und auch 1994 wieder im Amt bestätigt. Dagegen mußte er sich bei den Wahlen im Herbst 1998 seinem SPD-Herausforderer Gerhard Schröder beugen: Nach 16 Jahren CDU-Herrschaft war die „Ära Kohl“ beendet, doch sein Platz in der deutschen Geschichte als Kanzler der deutschen Einheit wird sein nicht zu schmälerndes Verdienst bleiben.

1999

JANUAR

1.1. In elf Ländern der EU wird der Euro eingeführt, die Europäische Währungsunion tritt damit in Kraft.
16.1. Auf einem Sonderparteitag der CSU in München wird der bayerische Ministerpräsident Edmund Stoiber als Nachfolger von Theo Waigel (geb. 1939) zum neuen Vorsitzenden der Partei gewählt.
22.1. Nach sechsjähriger Bauzeit wird in Berlin das Jüdische Museum eröffnet. Das Gebäude ist von dem amerikanischen Architekten Daniel Libeskind als labyrinthisch verzweigter Zickzack-Bau konzipiert, dessen Grundriss einem geborstenen Davidstern gleicht.
26.1. Die Bundesregierung und die Stromindustrie beginnen Konsensgespräche zur Atompolitik. Sie beschließen, die Wiederaufbereitung abgebrannter Kernbrennstäbe vorerst nicht zu verbieten.

FEBRUAR

7.2. Aus den Landtagswahlen in Hessen geht die CDU/FDP-Koalition als Sieger hervor und löst die bisherige Koalition aus SPD und Grünen in der Regierung ab.
17.2. In Berlin kommt es bei kurdischen Protesten vor der israelischen Botschaft zu einem tödlichen Schusswechsel: Drei Kurden sterben bei dem Versuch, das Gebäude zu stürmen.
19.2. Mit einem Festakt wird Weimar zur diesjährigen europäischen Kulturhauptstadt ernannt.
24.2. Im Staatsgefängnis von Florence/Arizona, wird der Deutsche Karl LaGrand nach 15 Jahren Haft in der Todeszelle wegen Raubmordes hingerichtet. Am 3. März wird auch sein wegen desselben Delikts verurteilter Bruder hingerichtet.

MÄRZ

8.3. Nach einem Treffen des tschechischen Ministerpräsidenten Milos Zeman (geb. 1944) mit Bundeskanzler Schröder können die Unstimmigkeiten über die nach 1945 erfolgte Vertreibung und Enteignung der Deutschen und die Entschädigungsforderungen der Tschechen für die deutsche Herrschaft (1938-1945) beigelegt werden.
11.3. Bundesfinanzminister Oskar Lafontaine gibt schriftlich und ohne Angabe von Gründen seinen Rücktritt als Finanzminister, als SPD-Vorsitzender und als Bundestagsmitglied bekannt.
26.3. Die EU-Staats- und Regierungschefs verabschieden auf dem Berliner Gipfel mit Abstrichen die „Agenda 2000", mit der die Agrar- und die Strukturpolitik sowie die Finanzierung des Haushalts der Gemeinschaft reformiert werden sollen.
Der Computer-Virus „Melissa" verursacht weltweit ein Chaos im Datennetz.

APRIL

1.4. Die Neuregelung des 630-Mark-Gesetzes tritt in Kraft. Arbeitgeber müssen ab sofort auch für Beschäftigte mit einem Monatslohn von höchstens 630 Mark Sozialabgaben abführen, so dass auch diese Beschäftigten zum Beispiel Rentenansprüche erwerben.
4.4. Die Bundesbaugesellschaft verkündet, dass das Kanzleramt und die Bundestagsgebäude um mehr als 100 Millionen Mark teurer und später fertig werden als geplant.
12.4. Bundeskanzler Schröder wird auf einem Sonderparteitag der SPD in Bonn als Nachfolger des im März zurückgetretenen Oskar Lafontaine zum neuen Vorsitzenden gewählt.
Der frühere hessische Ministerpräsident Hans Eichel wird Bundesfinanzminister.
Nach knapp 100 Jahren unfallfreier Fahrt entgleist die Wuppertaler Schwebebahn und stürzt aus acht Meter Höhe in die Wupper. Fünf Menschen kommen bei dem Unfall ums Leben, 45 werden verletzt.
13.4. Der ehemalige Ministerpräsident der DDR, Willi Stoph, stirbt in Berlin.
22.4. In der bislang größten Spendenaktion in der Geschichte der Bundesrepublik sind über 150 Millionen Mark zur Linderung des Elends der Kosovo-Flüchtlinge zusammengetragen worden.

Mit den Worten „Hallo Berlin" betritt Bundespräsident Johannes Rau in Begleitung seiner Frau Christina am 2. Juli 1999 den Park vor Schloss Bellevue in Berlin. Einen Tag nach der Vereidigung bezog das Staatsoberhaupt seinen Amtssitz in der Hauptstadt und begrüßte dort seine Mitarbeiter. Anschließend wollte Rau erste Büroarbeiten erledigen, wie er vor Journalisten sagte. Auf die Frage, ob er seine alte Heimat vermissen werde, meinte er, ein Stück von ihm bleibe in Wuppertal und Nordrhein-Westfalen. „Aber die Neugier ist so groß, dass sie das Heimweh übersteigt", sagte Rau.

MAI

6.5. Auf einem Hamburger Standesamt geben sich sieben homosexuelle Paare das Ja-Wort, tauschen Ringe und lassen sich in ein „Partnerschaftsbuch" eintragen. Die sogenannte Eheschließung hat aber nur symbolischen und keinen rechtlichen Charakter.
7.5. Der Bundestag verabschiedet das neue Staatsbürgerschaftsrecht: In der Bundesrepublik geborene Kinder ausländischer Eltern erhalten künftig die doppelte Staatsangehörigkeit, wenn ein Elternteil seit acht Jahren rechtmäßig in Deutschland lebt, und müssen sich bis zum 23. Lebensjahr für eine der beiden Staatsangehörigkeiten entscheiden.
23.5. Die Bundesversammlung wählt Johannes Rau im zweiten Wahlgang zum achten Bundespräsidenten der Bundesrepublik Deutschland. Rau setzt sich damit gegen die Mitbewerberinnen Dagmar Schipanski und Uta Ranke-Heinemann durch.
In Berlin wird die Ausstellung Einigkeit und Recht und Freiheit. 50 Jahre Bundesrepublik eröffnet. Die Ausstellung ist ein Gemeinschaftsprojekt des Deutschen Historischen Museums, des Hauses der Geschichte der Bundesrepublik Deutschland und der Kunst- und Ausstellungshalle der Bundesrepublik Deutschland.

JUNI

11.6. Der Bundestag stimmt dem Einsatz der Bundeswehr in der internationalen Friedenstruppe für das Kosovo zu.
13.6. Aus der Europawahl geht in Deutschland die CDU/CSU mit

48,7 % deutlich als stärkste Partei hervor.
18.6. In Köln findet der Weltwirtschaftsgipfel der G-7-Staaten statt. Die Staats- und Regierungschefs kündigen an, den ärmsten Staaten mehr als die Hälfte der Auslandsschulden zu erlassen.
Der Film „Lola rennt" von Tom Tykwer (geb.1965) wird in Berlin bei der Verleihung des Deutschen Filmpreises achtmal ausgezeichnet. Die Hauptdarstellerin Franka Potente (geb.1974) wird zur Schauspielerin des Jahres gekürt.
25.6. Der Bundestag beschließt, den Stelenwald-Entwurf des amerikanischen Architekten Peter Eisenman als Holocaust-Mahnmal in Berlin zu realisieren.

JULI

6.7. Das Bundesinstitut für Arzneimittel und Medizinprodukte in Berlin gibt die Zulassung der „Abtreibungspille" RU 486 (Mifegyne) bekannt. Das Medikament wird allerdings nicht über Apotheken vertrieben, sondern darf nur von bestimmten Gynäkologen verschrieben werden.
Das Bundesverfassungsgericht urteilt, dass Legehennen auch weiterhin in sogenannten Käfigbatterien gehalten werden dürfen, aber künftig mehr Platz bekommen sollen.
18.7. Das russische Verfassungsgericht erklärt die aus Deutschland stammende „Beutekunst" aus dem Zweiten Weltkrieg überwiegend zum Eigentum Russlands. Damit werden die deutschen Rückgabeforderungen abgewiesen.
20.7. Zum 55. Jahrestag des gescheiterten Staatsstreichs gegen Adolf Hitler nehmen Bundeskanzler Schröder und Verteidigungsminister Rudolf Scharping an der Vereidigung von Rekruten der Bundeswehr auf dem Gelände des sogenannten Bendlerblocks in Berlin teil. Die Gelöbnisfeier wird von Pfiffen einer Gegenkundgebung gestört. Der Bendlerblock war während des Nationalsozialismus seit 1935 Sitz des Reichskriegsministeriums und dient seit 1953 als Gedenkstätte für die Opfer des 20. Juli 1944.

AUGUST

1.8. Alle deutschen Nachrichtenagenturen und mit ihnen die meisten Tageszeitungen stellen ihre Texte auf die lange umstrittene Rechtschreibreform um.
5.8. Die Deutsche Telekom AG kauft für fast 20 Milliarden Mark die britische Mobilfunkgesellschaft One-2-One, den viertgrößten Mobilfunkbetreiber in Großbritannien.
11.8. In ganz Europa beobachten Millionen Menschen die letzte totale Sonnenfinsternis dieses Jahrtausends. In Deutschland sich das Naturschauspiel am besten in Karlsruhe, Saarbrücken und Stuttgart beobachten.
13.8. Der Vorsitzende des Zentralrats der Juden in Deutschland, Ignatz Bubis, stirbt im Alter von 72 Jahren in Frankfurt/Main.

SEPTEMBER

12.9. Bei den Landtagswahlen in Thüringen erringt die CDU die absolute Mehrheit der Stimmen. Die SPD muss starke Stimmeneinbußen hinnehmen und liegt zum ersten Mal in Ostdeutschland als drittstärkste Partei hinter der PDS zurück.
Bei den Kommunalwahlen in Nordrhein-Westfalen erleidet die SPD verheerende Niederlagen. In vielen früheren SPD-Hochburgen setzt sich die CDU durch. So werden Köln, Düsseldorf, Mönchengladbach und Gelsenkirchen künftig von einem CDU-Oberbürgermeister regiert.
19.9. Bei den Landtagswahlen in Sachsen kann die CDU ihre absolute Mehrheit lediglich halten. Die SPD wird nach der PDS drittstärkste Partei im sächsischen Landtag.

OKTOBER

7.10. Der Bundestag beschließt den Einsatz von Sanitätssoldaten der Bundeswehr in Ost-Timor.
8.10. Ohne eine Einigung gehen in Washington Verhandlungen über eine Entschädigung von Zwangsarbeitern in der NS-Zeit zu Ende. Das gemeinsame Angebot einer Stiftungsinitiative der deutschen Wirtschaft und der Bundesregierung in Höhe von sechs Milliarden Mark wird von Vertretern der Opfer abgelehnt.
17.10. Der Friedenspreis des Deutschen Buchhandels wird an den deutsch-amerikanischen Historiker Fritz Stern verliehen. Dabei wird besonders sein Beitrag zur deutsch-jüdischen Aussöhnung gelobt.
27.10. Der Schlagersänger Rex Gildo stirbt drei Tage, nachdem er sich das Leben nehmen wollte, indem er aus dem Fenster seiner Münchner Wohnung sprang.

NOVEMBER

1.11. Beim Amoklauf eines 16jährigen Jungen werden im oberbayerischen Bad Reichenhall vier Menschen getötet und weitere Personen zum Teil lebensgefährlich verletzt, darunter der Schauspieler Günter Lamprecht.
4.11. Nachdem festgestellt wurde, dass einige der Photos der Ausstellung „Vernichtungskrieg. Verbrechen der Wehrmacht 1941 bis 1944" nicht richtig recherchiert worden sind, wird die Ausstellung vorübergehend geschlossen.
6.11. Der ehemalige CDU-Parteivorsitzende Helmut Kohl versichert, er habe keine Kenntnis von einer Spende, wie sie der frühere Schatzmeister am Vortag der Justiz beschrieben hat.
9.11. Zum zehnten Jahrestag des Mauerfalls kommen die Filmkomödien „Sonnenallee" und „Helden wie wir" in die Kinos. Sie erzählen von Jugend und Aufbruch in der DDR.
Das Landgericht Essen verhängt langjährige Haftstrafen von zehn, sechs, fünf und dreieinhalb Jahren gegen vier Hooligans, die wegen der brutalen Angriffe auf einen französischen Polizisten in Lens /Nordfrankreich während der Fußball-Weltmeisterschaft 1998 angeklagt waren.
15.11. Der Vorstand des Baukonzerns Holzmann verkündet, dass Milliardenverluste aus Altgeschäften drohen und die Firma daher überschuldet sei. Als sich die Banken nicht auf Finanzhilfen einigen können, meldet das Unternehmen Konkurs an.
21.11. Der frühere CDU-Parteivorsitzende und Bundeskanzler Helmut Kohl weist den Vorwurf von Schmiergeldzahlungen im Zusammenhang mit der Lieferung von Panzern an Saudi-Arabien zurück. Es sei der Eindruck erweckt worden, die Entscheidung des Bundessicherheitsrates sei erkauft worden: „Diese Unterstellungen sind falsch und verleumderisch".
30.11. Der frühere CDU-Parteivorsitzende und Bundeskanzler Helmut Kohl räumt öffentlich die Führung verdeckter CDU-Partei-Konten ein. Er entschuldigt sich für mangelnde Transparenz der Spenden, fehlende Kontrolle und mögliche Verstöße gegen das Parteiengesetz.

DEZEMBER

10.12. Der Schriftsteller Günter Grass wird in Stockholm mit dem Nobelpreis für Literatur ausgezeichnet. Der Nobelpreis für Medizin wird dem Deutschamerikaner Günter Blobel verliehen. Der Friedensnobelpreis geht an die Organisation „Ärzte ohne Grenzen".
Die Europäische Union beschließt auf ihrem Gipfel in Helsinki, der Türkei den Status eines Beitrittskandidaten zu geben.
16.12. Der frühere CDU-Parteivorsitzende Helmut Kohl gesteht während eines Fernsehauftritts im ZDF ein, zwischen 1993 und 1998 Spenden von 1,5 bis 2 Millionen Mark angenommen und nicht ordnungsgemäß verbucht zu haben. Die Namen der anonymen Spender will er nicht nennen.
17.12. Die Bundes- und die US-Regierung sowie die deutsche Wirtschaft und Interessenvertreter der Zwangsarbeiter aus der Zeit des Nationalsozialismus einigen sich auf eine Bundesstiftung. Von den zehn Milliarden Mark sollen je die Hälfte von der Bundesregierung und von der deutschen Wirtschaft aufgebracht werden.

AUSSERDEM

Günter Grass: Mein Jahrhundert, Erzählband.

Bundeswehreinsatz auf dem Balkan

Systematischen Völkermord betrieb im Frühjahr 1999 die serbische Armee in der weit überwiegend von Albanern bewohnten ehemaligen jugoslawischen Provinz Kosovo. In zähen Verhandlungen versuchte die NATO in Rambouillet bei Paris einen Kompromiss zwischen den verfeindeten Gruppen zu finden und auf diplomatischem Weg Frieden zu sichern. Am 18. März schien eine tragfähige Einigung gefunden. Die Kosovo-Albaner und ihre Untergrundarmee UCK jedenfalls unterschrieben den Vorschlag der Balkan-Kontaktgruppe. Die Belgrader Führung unter Präsident Slobodan Milosevic jedoch blieb unnachgiebig und ließ die Angriffe im Kosovo unvermindert fortsetzen. Die NATO beschloss daher, nunmehr zu militärischen Zwangsmitteln zu greifen und zunächst mit Luftschlägen Belgrad zum Nachgeben zu bewegen. Der Beschluss band auch die Bundeswehr ein. Die politischen Debatten über ihren Einsatz in einer Region, die im Zweiten Weltkrieg besonders unter dem Besatzungsterror der deutschen Wehrmacht gelitten hatte, wurden erbittert geführt, doch konnte die Rot-Grüne Regierung den Beschluss zum Einsatz deutscher Soldaten durchsetzen. Bundeskanzler Schröder erläuterte dieses Vorgehen am 24. März 1999 in einer Fernsehansprache der Öffentlichkeit:

Heute Abend hat die NATO mit Luftschlägen gegen militärische Ziele in Jugoslawien begonnen. Damit will das Bündnis weitere schwere und systematische Verletzungen der Menschenrechte unterbinden und eine humanitäre Katastrophe im Kosovo verhindern. Der jugoslawische Präsident Milosevic führt dort einen erbarmungslosen Krieg. Die jugoslawischen Sicherheitskräfte haben ihren Terror gegen die albanische Bevölkerungsmehrheit im Kosovo allen Warnungen zum Trotz verschärft. Die internationale Staatengemeinschaft kann der dadurch verursachten menschlichen Tragödie in diesem Teil Europas nicht tatenlos zusehen. Wir führen keinen Krieg, aber wir sind aufgerufen, eine friedliche Lösung im Kosovo auch mit militärischen Mitteln durchzusetzen.

Die Militäraktion richtet sich nicht gegen das serbische Volk. Dies möchte ich gerade auch unseren jugoslawischen Mitbürgern sagen. Wir werden alles tun, um Verluste unter der Zivilbevölkerung zu vermeiden.

Noch Ende letzter Woche hat die jugoslawische Delegation auf der Pariser Konferenz selbst minimale Zugeständnisse abgelehnt. Dies ist um so weniger verständlich, als das ausgehandelte Friedensabkommen den Bestand Jugoslawiens nicht in Frage stellt. Vielmehr hat die Europäische Union Belgrad eine Rückkehr in die internationalen Organisationen und eine schrittweise Aufhebung der Sanktionen für den Fall einer Friedenslösung in Aussicht gestellt. Die Antwort Belgrads war der Bruch von Verträgen und die Entsendung weiterer Truppen in den Kosovo. Deshalb blieb als letztes Mittel nur die Anwendung von Gewalt.

Dagegen haben die Vertreter der albanischen Bevölkerungsmehrheit das Pariser Friedensabkommen unterzeichnet und damit ihre Bereitschaft zu einer friedlichen Lösung vor aller Welt dokumentiert.

Mit der gemeinsam von allen Bündnispartnern getragenen Aktion verteidigen wir auch unseren gemeinsamen grundlegenden Werte von Freiheit, Demokratie und Menschenrechten. Wir dürfen nicht zulassen, dass diese Werte, nur eine Flugstunde von uns entfernt, mit Füßen getreten werden.

An dem Einsatz der NATO sind auch Soldaten der Bundeswehr beteiligt. So haben es Bundesregierung und der Deutsche Bundestag beschlossen – in Übereinstimmung mit dem Willen der großen Mehrheit des Deutschen Volkes.

Die Bundesregierung hat sich ihre Entscheidung nicht leicht gemacht, schließlich stehen zum ersten Mal nach Ende des Zweiten Weltkrieges deutsche Soldaten im Kampfeinsatz.

Ich rufe von dieser Stelle aus alle Mitbürgerinnen und Mitbürger auf, in dieser Stunde zu unseren Soldaten zu stehen. Sie und ihre Familien sollen wissen, dass wir das Menschenmögliche tun für den Schutz unserer Soldaten bei diesem schwierigen und gefahrvollen Einsatz. Gleichwohl können wir Gefahren für Leib und Leben unserer Soldaten nicht ausschließen.

Ich fordere von dieser Stelle aus Präsident Milosevic auf, die Kämpfe im Kosovo sofort zu beenden. Die NATO und die internationale Gemeinschaft sind unverändert bereit, mit Zustimmung der Streitparteien mitzuhelfen, das Friedensabkommen umzusetzen. Für eine militärische Absicherung eines notwendigen Waffenstillstandes stehen erste NATO-Einheiten, darunter 3000 deutsche Soldaten, bereit.

Auf dem Gipfel in Berlin hat Europa seine Verantwortung für eine friedliche Entwicklung auf dem Kontinent bekräftigt. Auch mit Blick auf die schwierige Mission im Kosovo spricht Europa mit einer Stimme. An unserer Entschlossenheit, das Morden im Kosovo zu beenden, besteht kein Zweifel. Die Belgrader Führung hat es allein in der Hand, den NATO-Einsatz zu beenden, indem sie sich für den Frieden entscheidet.

Ein alter Mann hebt die Arme, als er nach einem Nato-Luftangriff an einer in eine Decke gewickelten Leiche vor einem zerstörten Haus in der zentralserbischen Stadt Cacak vorbeigeht.

Lächelnd und als „Privatmann" zeigt sich der zurückgetretene Bundesfinanzminister und SPD-Chef Oskar Lafontaine am Morgen des 13. März 1999 auf der Terrasse seines Privathauses in Saarbrücken. Auf den Schultern hat er seinen zweijährigen Sohn Carl-Maurice. „Macht schön Eure Fotos", ermuntert Lafontaine die wartenden Journalisten. „Und dann lasst uns ein bisschen in Ruhe." Auf Fragen, warum er von allen politischen Ämtern zurückgetreten sei und ob er inzwischen mit Kanzler Schröder telefoniert habe, sagt Lafontaine nur: „Ich gebe keine Interviews." Er stehe hier als „Privatmann" und wolle jetzt bald spazieren gehen.

Papst fordert Verzicht

Mit Sorge verfolgte Papst Johannes Paul II. schon länger, dass die 264 katholischen der insgesamt 1685 deutschen Stellen zur Beratung von Schwangeren „gegen ihre Absicht" in die staatliche Regelung der Straffreiheit von Abtreibungen verwickelt wurden. Ihre Bescheinigung, dass sie eine Frau beraten hatten, wurde trotz klarer Einschränkungen behördlicher- und ärztlicherseits als Genehmigung für einen Abbruch der Schwangerschaft gewertet. Daher mahnte der Papst am 3. Juni 1999 erneut dazu, keinerlei Scheine mehr auszugeben. Das führte zu vielfacher Kritik auch in der Kirche selbst, weil sie damit die Hilfe suchenden Frauen an andere Organisationen verlöre. Warum der Vatikan so konsequent auf seiner Weisung bestand, erläuterte der Heilige Vater in einem Schreiben an die deutschen Bischöfe:

Es drängt mich, bei dieser Gelegenheit den vielen Menschen in Eurem geschätzten Land zu danken, die in der einen oder anderen Weise dazu beitragen, das in Eurer Verfassung verankerte Recht auf Leben zur Geltung zu bringen. Einen besonders wertvollen Dienst leisten die Beraterinnen, die den schwangeren Frauen in Not beistehen und sich für das Leben der ungeborenen Kinder einsetzen. Ihnen und allen, die öffentlich oder im Verborgenen dem Leben dienen, sage ich meinen aufrichtigen Dank. Ich vertraue darauf, dass die katholischen Gläubigen - zusammen mit vielen anderen Christen und Menschen guten Willens - in Einheit mit den Bischöfen und mit mir als dem obersten Hirten der Kirche den Kampf um das Leben aller Menschen, der geborenen wie der ungeborenen, der alten wie der jungen, der kranken wie der gesunden, mutig fortsetzen und keine Mühe scheuen, „dass in unserer Zeit, die allzu viele Zeichen des Todes aufweist, endlich eine neue Kultur des Lebens als Frucht der Kultur der Wahrheit und der Liebe entstehen möge" (Evangelium vitae, Nr. 77).

Ich empfehle Euch und alle Gläubigen, die Eurer Hirtensorge anvertraut sind, Maria, der Mutter des Herrn, und erteile Euch von Herzen meinen Apostolischen Segen.

Aus dem Vatikan, am 3. Juni 1999, dem Hochfest des Leibes und Blutes Christi.

Lafontaine zurückgetreten

Nicht sonderlich überraschend kam es am 11. März 1999 nach nur halbjähriger Amtszeit zum Rücktritt von Bundesfinanzminister Oskar Lafontaine. Schon länger hatten Meinungsverschiedenheiten zwischen ihm und Bundeskanzler Schröder geschwelt, der den Wirtschaftskurs seines Ministers als unternehmensfeindlich kritisierte. Lafontaine wehrte sich gegen die rigide Konsolidierungspolitik Schröders und plädierte stattdessen für eine nachfragestimulierte Finanzpolitik, die auch vorübergehend mehr Schulden in Kauf nehmen wollte. Die angebotsorientierte Regierungslinie geißelte er als sozial ungerecht und unsozialdemokratisch.

Hinter dem Konflikt allerdings stand deutlich mehr, wie sich daran zeigte, dass Lafontaine nicht nur sein Ministeramt niederlegte, sondern auch den SPD-Vorsitz. Das wurde ihm von vielen als Fahnenflucht oder – freundlicher – als Panikreaktion ausgelegt. Es dürfte dabei auch der Reflex auf die gegen Schröder verlorene Bewerbung für die Kanzlerkandidatur im Vorjahr eine Rolle gespielt haben. Auch diejenigen, die ihm in seiner Partei in der Sache recht gaben, gingen nun wegen dieser überzogenen Konsequenzen auf Distanz zum dem 1995 in einem Putsch gegen Scharping zum Parteivorsitzenden aufgestiegenen Lafontaine. Schröder konnte ihn ohne große Turbulenzen als Vorsitzender der SPD beerben. Nachfolger als Finanzminister wurde der soeben als Ministerpräsident von Hessen abgewählte Hans Eichel.

Begleitet von Demonstranten und Medienvertretern begibt sich der Vorsitzende des Ständigen Rates der Deutschen Bischofskonferenz, der Mainzer Bischof Karl Lehmann, am 21. Juni 1999 zu einer Sitzung des Ständigen Rates der Bischofskonferenz im Würzburger Kloster Himmelspforten. Die geistlichen Würdenträger beraten über einen Brief von Papst Johannes Paul II., in dem er die katholische Kirche in Deutschland auffordert, keine Beratungsscheine mehr auszustellen, die die Voraussetzung für eine straffreie Abtreibung gewährleisten.

Nachdenklich steht Ignatz Bubis am 20. Mai 1994 bei einem Besuch des ehemaligen Konzentrationslagers Langenstein-Zwieberge bei Halberstadt (Sachsen-Anhalt) vor einem Gedenkstein. Der Präsident des Zentralrates der Juden in Deutschland starb am 13. August 1999 im Alter von 72 Jahren nach kurzer Krankheit.

Ignatz Bubis gestorben

Trauer und Sorgen löste die Meldung vom 13. August 1999 aus, dass der Vorsitzende des Zentralrats der Juden in Deutschland Ignatz Bubis seinem Krebsleiden erlegen war. Er hatte als starke Persönlichkeit und freundlicher Vermittler seine schwierige Aufgabe in einer Weise gemeistert, dass sich viele besorgt fragten, ob ein Nachfolger je in die großen Schuhe hineinwachsen würde, die er hinterlassen hatte. Gerade in einer Zeit, da die Zuwanderung von Juden aus dem Osten die jüdische Gemeinschaft in Deutschland vor schwere Probleme stellte, riss sein Tod eine empfindliche Lücke.
Bubis kam am 12. Januar 1927 im schlesischen Breslau zur Welt, verließ mit den Eltern 1935 das nationalsozialistische Deutschland, das ihn und die Seinen dann 1939 im polnischen Deblin doch einholte und für fast alle seiner Familie den Tod im Vernichtungslager brachte. Der junge Bubis selbst überlebte im Zwangsarbeitslager Tschenstochau, das die Rote Armee am 15.1.1945 befreite. Bubis ging daher nach dem Krieg zunächst in die SBZ (Sowjetische Besatzungszone) und wanderte, als angeblicher Schwarzhändler verfolgt, 1949 nach Westen weiter, wo er im Schmuckhandel und im Immobiliengeschäft ein beachtliches Vermögen erwarb.
1978 trat er in das Direktorium des Zentralrats der Juden in Deutschland ein und rückte 1985 in dessen Verwaltungsrat auf. Nach vergeblicher Kandidatur gegen den amtierenden Vorsitzenden Heinz Galinski 1989 wurde er nach dessen Tod 1992 zum Nachfolger gewählt und 1997 im Amt bestätigt. Die ihm angetragene Kandidatur für das Amt des Bundespräsidenten lehnte er mit der Begründung ab, es habe sich zwar inzwischen wieder Vertrauen zwischen christlichen und jüdischen Deutschen aufgebaut, doch für ein solches Signal sei die Zeit denn doch noch nicht reif. Das heißt nicht, dass Bubis politisch abstinent blieb. Er saß viele Jahre im Vorstand der FDP und für sie im Stadtrat von Frankfurt am Main. Im Beisein von Bundespräsident Johannes Rau wurde Bubis in Tel Aviv beigesetzt.

Literaturnobelpreis für Günter Grass

Am 10. Dezember 1999 konnte der deutsche Romancier, Dramatiker und Lyriker Günter Grass in Stockholm aus der Hand von König Carl XVI. Gustaf den diesjährigen Nobelpreis für Literatur entgegen nehmen. In der Begründung hieß es, dass Grass „den bösen Zauber, der über Deutschlands Vergangenheit lag“ mit seinem erzählerischen Werk gebrochen“ und „in munterschwarzen Fabeln das vergessene Gesicht der Geschichte gezeichnet“ habe. Das Nobelkomitee ehrte ihn auch mit einer kurzen Biographie, die es in seinem Archiv zur Verfügung stellt:
Günter Grass wurde 1927 als Sohn kaschubisch-deutscher Eltern in Danzig-Langfuhr geboren. Nach Kriegsdienst und amerikanischer Gefangenschaft 1944–1946 arbeitete er als Land- und Bergarbeiter und studierte Kunst in Düsseldorf und Berlin. 1956–1959 verdiente er seinen Lebensunterhalt als Bildhauer, Graphiker und Schriftsteller in Paris und danach in Berlin. 1955 wurde er zum ersten Mal zu einem Treffen der gesellschaftskritischen Gruppe 47 eingeladen, der er später in der Novelle „Das Treffen in Telgte“ huldigte. 1956 debitierte er als Lyriker und 1957 als Dramatiker. 1959 erzielte er seinen großen internationalen Durchbruch mit dem allegorischen, breit angelegten pikaresken Entwicklungsroman „Die Blechtrommel“, der von Schlöndorff verfilmt wurde, einem satirischen Panorama über die deutsche Wirklichkeit der ersten Hälfte des Jahrhunderts; der Roman sollte zusammen mit „Katz und Maus“ und „Hundejahre“ Bestandteil der sogenannten Danziger Trilogie werden. In den sechziger Jahren engagierte sich Grass politisch und nahm aktiv an Wahlkämpfen für die Sozialdemokratie und Willy Brandt teil. Er behandelte die Frage der Verantwortung der Intellektuellen in „Örtlich betäubt“, „Aus dem Tagebuch einer Schnecke“ und in dem „deutschen Trauerspiel“ mit dem Titel „Die Plebejer proben den Aufstand“; er gab ferner politische Reden und Aufsätze heraus, in denen er für ein Deutschland plädierte, das frei von Fanatismus und totalitären Ideologien sein sollte. Danzig, die Stadt seiner Kindheit, und ein breit angelegtes, suggestives Fabulieren sollten erneut erscheinen in den zivilisationskritischen Erfolgsromanen „Der Butt“ und „Die Rättin“, die auch das Engagement des Schriftstellers in der Friedens- und in der Umweltbewegung widerspiegeln. Heftige Debatte und Kritik rief der Roman in Ziegelsteinformat „Ein weites Feld“ hervor, der in der ehemaligen DDR nach dem Zusammenbruch des Kommunismus und dem Fall der Mauer spielt. In „Mein Jahrhundert“ gibt Grass, Jahr für Jahr, eine persönlich gehaltene Darstellung der Geschichte des gesamten vergangenen Jahrhunderts. Als Graphiker war Grass oft für den Umschlag und die Illustrationen der eigenen Werke verantwortlich. 1983–1986 war er Präsident der Akademie der Künste in Berlin; er war aktiv im deutschen

Günter Jauch.

König Carl XVI. Gustaf von Schweden (rechts) überreicht am 10. Dezember 1999 bei einer feierlichen Zeremonie im Konzerthaus in Stockholm den Nobelpreis für Literatur an den deutschen Schriftsteller Günter Grass (links). Der 72jährige Schriftsteller aus Lübeck erhielt die Auszeichnung zusammen mit sechs weiteren Nobelpreisträgern. Grass ist der erste deutsche Autor seit Heinrich Böll 1972, der mit dem berühmtesten Preis der Welt ausgezeichnet wird.

Schriftstellerverband und im PEN. Er erhielt zahlreiche Preise, so u.a. 1958 den Preis der Gruppe 47, 1962 „Le meilleur livre étranger", 1965 den Büchner-Preis, 1968 den Fontane-Preis, 1977 Premio Internazionale Mondello, 1979 die Alexander-Majakowski-Medaille in Gdansk, 1982 den Antonio-Feltrinelli-Preis für erzählende Prosa und 1994 den Großen Literaturpreis der Bayerischen Akademie. Er ist Ehrendoktor der Universitäten Keynon College, Harvard, Poznan und Gdansk.

Wer wird Millionär?

Schon bei Beginn seiner Ausbildung verbuchte Günther Jauch einen Rekord, als er damals als jüngster Absolvent die Münchner Journalistenschule beendete. Zunächst freier Mitarbeiter beim RIAS Berlin, wechselte er 1976 in die Sportredaktion des Bayerischen Rundfunks. Ab Juli 1985 machte er zusammen mit Thomas Gottschalk die neue B 3-Radioshow, wobei er für den journalistischen Teil und Gottschalk für das musikalische Programm verantwortlich zeichnete. Zudem arbeitete Jauch als TV-Reporter bei Rätselflug und war Alleinmoderator der Jugendsendung Live aus dem Alabama. 1987 verpflichtete ihn das ZDF für die Moderation der Sendung So ein Zoff. Nach einem weiteren Erfolg mit der Na siehste-Sendung feierte die Presse Jauch nunmehr als „Senkrechtstarter" des ZDF, einer Rolle, der er auch als Moderator des Aktuellen Sportstudios gerecht wurde.

1989 unterzeichnete Jauch einen Vertrag mit dem Kölner Privatsender RTL plus, der ihm Anfang April 1990 die Leitung des Magazins Stern TV übertrug. Diese Sendung mit politischen, kulturellen und unterhaltenden Elementen gilt mittlerweile wegen ihrer Originalität und Professionalität als Klassiker im Bereich des TV-Entertainment.

Nachdem Günther Jauch neben Stern TV, der Champions League und dem RTL-Jahresrückblick auch noch einen Vertrag über eine Lottoshow bei RTL unterschrieb, war seine Zusammenarbeit mit dem ZDF beendet. Am 23. Mai 1998 startete er die in Zusammenarbeit mit der Süddeutschen Klassenlotterie konzipierte RTL-Live-Show Millionär gesucht. Des Weiteren übernahm er am 3. September 1999 bei RTL die Quiz-Spiel-Show Wer wird Millionär?, die mit bis zu 13 Millionen Zuschauern so erfolgreich wurde, dass man beschloss, sie ab August 2000 dreimal wöchentlich auszustrahlen. Der Spiegel nannte das Ratespiel mit einem Marktanteil bis zu 54% einen „Unterhaltungshammer" und die Süddeutsche Zeitung resümierte: „Es gibt wenige Erfolge, die man RTL uneingeschränkt gönnen kann. Dieser gehört dazu". Mittlerweile auch als Produzent seiner Fernsehproduktion I&U Information und Unterhaltung tätig, lässt sich, unabhängig von seiner beruflichen und privaten Zukunft, die Frage „Wer wird Millionär?" für das Multitalent Günther Jauch eindeutig positiv beantworten.

Steffi Graf

Es gehört zu den Unerklärlichkeiten der Sportgeschichte, dass der deutsche Tennissport, der über viele lange Jahre bestenfalls Mittelmaß geboten hatte, 1985/86 urplötzlich zwei Superstars präsentierte, die sich weit über die deutschen Grenzen hinaus Bewunderung und Sympathie erwarben: Boris Becker und Steffi Graf.

In gewisser Hinsicht kann man Steffi Grafs atemberaubende Karriere noch unglaublicher nennen als den Senkrechtstart von „König" Boris aus Leimen. 1982 wurde Steffi im Alter von 13 Jahren als jüngste jemals registrierte Spielerin auf dem Weltranglisten-Platz 214 eingestuft. 1983 rückte sie auf Rang 98 vor, 1984 auf Rang 22 und im Mai 1986 erstmals auf Rang 3, nachdem sie im Finale der Internationalen Deutschen Meisterschaften in Berlin die Weltranglisten-Erste Martina Navratilova 6:2, 6:3 geschlagen hatten. Ihre große Gegnerin stufte Steffi Graf denn auch als ihre Thronerbin ein: „Mit ihrer ungemein druckvollen Vorhand und ihrem harten Aufschlag ist die Steffi auf dem besten Wege, einmal die Nummer Eins der Welt zu werden."

Das wurde sie dann auch 1987 und blieb es – mit einer kurzen Unterbrechung 1991–93 – bis 1996. Allein achtmal gewann sie Wimbledon, sechsmal die French Open, viermal die US-Open; 1988 gelang ihr als dritter Spielerin der Tennisgeschichte der „Grand Slam" (Sieg in Melbourne, Paris, Wimbledon und New York) und noch dazu der Gewinn der Goldmedaille bei den Olympischen Spielen in Sapporo.

Überschattet wurde ihre sportliche Karriere ab 1995 durch eine Steuerhinterziehungsaffäre ihres Vaters und Managers. 1997 hat sich Steffi Graf eine verletzungsbedingte Auszeit im Welttennis genommen.

Als die 32-Jährige 1999 ihre Profikarriere beendete, war sie mit 22 Grand Slam-Titeln und 377 Wochen an der Spitze der Weltrangliste die erfolgreichste Tennisspielerinnen aller Zeiten und wurde von Journalisten zur deutschen Sportlerin des 20. Jahrhunderts gewählt.

Steffi Graf bejubelt und genießt am 5. Juni 1999 in Paris ihren Erfolg gegen Martina Hingis (Schweiz). Graf hat im Finale der French Open der 18 Jahre alten Martina Hingis eine Tennis-Lektion erteilt und in beinahe schon unglaublicher Manier ihren sechsten French-Open-Titel geholt. Wenige Tage vor ihrem 30. Geburtstag am 14. Juni gewann die Weltranglisten-Sechste im Stade Roland Garros einen Tennis-Thriller der besonderen Art gegen die Weltranglisten-Erste aus der Schweiz mit 4:6, 7:5, 6:2. Anschließend gab sie den Rücktritt ihrer aktiven Laufbahn bekannt.

2000

JANUAR

1.1. Die Angst vor einem Computer-Chaos durch den Wechsel ins Jahr 2000 hat sich vorerst als unbegründet erwiesen. Weltweit werden keine nennenswerten Probleme registriert.
4.1. Die Bundesregierung erklärt, künftig bei der Vergabe öffentlicher Aufträge Unternehmen zu bevorzugen, die ein spezielles Förderprogramm für Frauen aufweisen.
5.1. Der Schauspieler Bernhard Wicki stirbt in München.
Der Schauspieler und Komiker Diether Krebs erliegt in Hamburg einem Krebsleiden.
9.1. Paul Spiegel wird als Nachfolger von Ignaz Bubis zum neuen Präsidenten des Zentralrats der Juden in Deutschland gewählt.
10.1. Der CDU-Vorsitzende Wolfgang Schäuble gesteht im Zusammenhang mit der CDU-Spendenaffäre, 1994 von Karlheinz Schreiber 100.000 DM in bar entgegengenommen zu haben.
11.1. Der Europäische Gerichtshof erklärt die bisherigen Einschränkungen für Frauen in der Bundeswehr für EU-rechtswidrig. Danach dürfen Frauen in Zukunft in Deutschland auch Dienst an der Waffe leisten.
13.1. Egon Krenz tritt in Berlin seine sechseinhalbjährige Haftstrafe an.
18.1. Der CDU-Bundesvorstand spricht Wolfgang Schäuble das Vertrauen aus und fordert Alt-Bundeskanzler Helmut Kohl auf, die Namen seiner Geldgeber zu nennen oder aber den CDU-Ehrenvorsitz ruhen zu lassen. Kohl gibt daraufhin sein Ehrenamt zurück.
20.1. Schäuble entschuldigt sich im Deutschen Bundestag dafür, dass er die 100.000-DM-Spende von Schreiber am 2. Dezember 1999 im Parlament verschwiegen hat.
28.1. Am Gründungsort Leipzig feiert der Deutsche Fußball-Bund (DFB) sein 100jähriges Bestehen.

FEBRUAR

3.2. Mannesmann und Vodafone Airtouch einigen sich nach einem spektakulären Übernahmeverfahren auf eine Fusion.
12.2. Die frühere CDU-Schatzmeisterin Brigitte Baumeister widerspricht mit ihrer eidesstattlichen Erklärung, sie habe einen Umschlag von Schreiber entgegengenommen, Wolfgang Schäubles Erklärung.
13.2. Zum 55. Jahrestag der Zerstörung Dresdens durch alliierte Bomber im Zweiten Weltkrieg übergibt der Herzog von Kent dem Dresdner Landesbischof ein neues Kuppelkreuz für die Frauenkirche. Für das Kreuz hatte die britische Bevölkerung rund eine Million DM gespendet.
15.2. Bundestagspräsident Wolfgang Thierse gibt bekannt, dass die CDU wegen eines fehlerhaften Rechenschaftsberichts mehr als 41 Millionen DM an Bundeszuschüssen zurückzahlen muss.
16.2. Bundespräsident Johannes Rau hält als erstes deutsches Staatsoberhaupt eine Rede in deutscher Sprache vor dem israelischen Parlament, der Knesset, in Jerusalem. Er entschuldigt sich für die Verfolgung der Juden während des Nationalsozialismus in Deutschland.
24.2. Bundeskanzler Schröder schlägt vor, ausländische Hightech-Experten als Gastarbeiter nach Deutschland zu holen. Die Green-Card-Initiative löst eine Debatte über die Einwanderungspolitik aus.
27.2. Die israelischen Behörden entscheiden, die Gefängnis-Tagebücher von Adolf Eichmann der Öffentlichkeit in Archiven in Jerusalem zugänglich zu machen.
29.2. Friedrich Merz wird als Nachfolger von Schäuble zum neuen Vorsitzenden der CDU/CSU-Bundestagsfraktion gewählt.

MÄRZ

6.3. Joschka Fischer trifft als erster deutscher Außenminister seit neun Jahren in Teheran/Iran zu Gesprächen mit der iranischen Führung ein.
18.3. Auf dem Parteitag der Grünen wird die vorgeschlagene Lockerung der strikten Trennung von Amt und Mandat abgelehnt. Die Delegierten unterstützen den Atomausstiegskurs von Bundesumweltminister Jürgen Trittin.
28.3. Die Gauck-Behörde bestätigt, dass das Ministerium für Staatssicherheit jahrelang die früheren Finanzberater der CDU abgehört hat. Es entsteht ein öffentlicher Streit darüber, ob dieser Dokumentenfund im Untersuchungsausschuss des Bundestages um die CDU-Spenden verwendet werden soll.

APRIL

9.4. Auf dem Parteitag der PDS in Münster/Westfalen kündigen Parteichef Lothar Bisky und Bundestagsfraktionsvorsitzender Gregor Gysi den Rückzug aus ihren Ämtern an. Am 3. Oktober gibt Gysi sein Amt als Vorsitzender der PDS-Fraktion ab.
10.4. Auf dem Bundesparteitag der CDU in Essen wird Angela Merke mit 96 Prozent der Stimmen zur neuen Vorsitzenden gewählt.
15.4. In Nürnberg wird das Neue Museum - Staatliches Museum für Kunst und Design eröffnet. Seine Sammlungstätigkeit konzentriert sich auf internationale Kunst seit 1960. Ausgestellt werden u.a. Werke von Joseph Beuys und Nam June Paik.

MAI

21.5. Der frühere Chef des Ministeriums für Staatssicherheit Erich Mielke, stirbt im Alter von 92 Jahren in einem Altenpflegeheim in Berlin.
22.5. Der Fernsehjournalist Ernst Dieter Lueg stirbt in Bonn.
29.5. Ein 15-jähriger Schüler, der seine Geschichtslehrerin mit 22 Messerstichen umgebracht hatte, wird wegen Mordes zu siebeneinhalb Jahren Gefängnis verurteilt.
31.5. Das Bundeskabinett billigt die Green-Card-Regelung für ausländische IT-Experten, die am 1.8. in Kraft tritt.
In Wolfsburg eröffnet das Volkswagenwerk die „Autostadt“ - den weltweit größten Erlebnispark rund um das Thema Mobilität.

JUNI

1.6. Bundespräsident Rau eröffnet in Hannover die „EXPO 2000“. Die erste Weltausstellung auf deutschem Boden steht unter dem Motto „Mensch - Natur - Technik“.
2.6. US-Präsident Bill Clinton wird in Aachen mit dem Internationalen Karlspreis ausgezeichnet. Die Laudatio hält Bundeskanzler Schröder.
6.6. Bundespräsident Rau eröffnet in Lübeck das nach einem Umbau neu gestaltete Buddenbrookhaus. Das ehemalige Wohnhaus der Familie Mann wurde zu einem Literaturhaus mit einer Ausstellungsfläche von 550 qm gestaltet.
15.6. Vertreter der Bundesregierung und der Energiewirtschaft einigen sich auf den Ausstieg aus der Atomenergie mit einer Frist von 32 Jahren.
26.6. In Hamburg wird ein sechsjähriger Junge von zwei Kampfhunden getötet. In Deutschland beginnt eine Diskussion über die Haltung von Kampfhunden. Am 30. Juni spricht sich der Bundestag einhellig für ein Verbot der Haltung von Kampfhunden in Deutschland aus.
27.6. Als erster ausländischer Staatschef spricht Frankreichs Präsident Jacques Chirac im umgebauten Reichstag in Berlin.

JULI

6.7. Der Weltfußballverband ernennt Deutschland zum Austragungsort für die Fußball-Weltmeisterschaft 2006.
17.7. Nach 85 Tagen Geiselhaft wird die Deutsche Renate Wallert auf der philippinischen Insel Jolo von den Entführern freigelassen. Ihr Mann und ihr Sohn bleiben weiterhin gefangen.
In Berlin werden die deutsch-amerikanischen Abkommen über die Entschädigung ehemaliger Zwangsarbeiter unterzeichnet.

Die Opfer können nun mit Zahlungen zwischen 5.000 und 15.000 DM rechnen.

29.7. Über vier Jahre nach der Entführung des Hamburger Multimillionärs Jan Philipp Reemtsma wird der mutmaßliche Drahtzieher der Tat, Thomas Drach, von Argentinien an die Bundesrepublik ausgeliefert.

31.7. Der Indonesier Harianto Wijaya erhält als Erster die sogenannte Green Card, eine auf fünf Jahre befristete Arbeitserlaubnis in der Bundesrepublik für Computerfachleute.

AUGUST

1.8. Die „Frankfurter Allgemeine Zeitung" kehrt zur alten Rechtschreibung zurück. Ein Jahr nach Übernahme der neuen Rechtschreibung begründet das Blatt seinen vielbeachteten Schritt damit, dass die wesentlichen Ziele der von den Kultusministern verordneten Reform nicht erreicht worden seien. Andere große Zeitungen und Zeitschriften folgen der FAZ nicht.

17.8. In Deutschland endet die Versteigerung der UMTS-Mobilfunklizenzen (Universal Mobile Telecommunications System) mit dem Rekorderlös von 98,8 Milliarden DM.

21.8. Bundeskanzler Schröder beginnt eine zweiwöchige Reise durch die fünf neuen Bundesländer. Die Gewalt Rechtsextremer wird zum Schwerpunktthema der Besuche in den verschiedenen Städten.

Der Boxer Gustav „Bubi" Scholz stirbt in Berlin.

SEPTEMBER

9.9. Nach viereinhalb Monaten Geiselhaft werden der Deutsche Mark Wallert und drei weitere Geiseln aus Finnland und Frankreich von den Abu-Sayyaf-Rebellen entlassen. Damit ist der letzte deutsche Gefangene befreit.

26.9. In Berlin findet eine Demonstration mit knapp 7.000 Lastwagen statt, die den Verkehr zum Erliegen bringt. Bundesverkehrsminister Reinhard Klimmt lehnt trotz steigender Benzinpreise Steuerhilfen für Speditionen ab.

OKTOBER

1.10. Die Olympischen Sommerspiele in Sydney sind zu Ende. Laut IOC-Chef Juan Antonio Samaranch waren es „die besten aller Zeiten". Die deutschen Teilnehmer gewannen 14 Goldmedaillen.

3.10. Deutschlands Spitzenpolitiker feiern in der Dresdner Semperoper den zehnten Jahrestag der deutschen Einheit.

Der Bundestagsfraktionsvorsitzende der PDS, Gregor Gysi, zieht sich von seinem Amt zurück.

11.10. Die frühere DDR-Bürgerrechtlerin und Grünen-Politikerin Marianne Birthler übernimmt das Amt der „Bundesbeauftragten für die Unterlagen des Staatssicherheitsdienstes der ehemaligen DDR". Sie tritt die Nachfolge von Joachim Gauck an.

Als Nachfolgerin Lothar Biskys wird Gabriele Zimmer auf dem Bundesparteitag der PDS zur Vorsitzenden gewählt.

18.10. Unions-Fraktionschef Friedrich Merz fordert in einem Zeitungsgespräch, dass sich Zuwanderer, die auf Dauer in der Bundesrepublik leben wollen, „einer gewachsenen freiheitlichen deutschen Leitkultur anpassen" müssten. Mit dieser Äußerung löst Merz eine breite Debatte über die Zuwanderungspolitik aus.

20.10. Dem designierten Bundestrainer Christoph Daum wird aufgrund einer Haarprobenanalyse Drogen-Konsum nachgewiesen. Der DFB erklärt einen Tag später die Vereinbarung, dass Daum Bundestrainer werden soll, für aufgelöst.

28.10. Bundeskanzler Schröder tritt eine fünftägige Reise nach Ägypten, Syrien, Libanon, Jordanien, Israel und in die autonomen Palästinensergebiete an.

Franz Beckenbauer (r), der Chef des Bewerbungskomitees für die Fußball-Weltmeisterschaft 2006 und der FIFA-Präsident Joseph Blatter (l) präsentieren am 6.7.2000 in der Messe in Zürich (Schweiz) nach der Bekanntgabe die Urkunde und den Pokal für die Fußball-Weltmeisterschaft 2006. Zum zweiten Mal in ihrer Geschichte wird die Fußball-Weltmeisterschaft 2006 in Deutschland stattfinden. Deutschland konnte sich erst im dritten Wahlgang gegen den übrig gebliebenen Mitbewerber Südafrika knapp mit 12:11 Stimmen durchsetzen. Deutschland werde ein großartiger Gastgeber sein, versprach Franz Beckenbauer.

31.10. Nach 153 Tagen schließt die Expo in Hannover. Die erste Weltausstellung auf deutschem Boden liegt mit 18 Millionen Besuchern weit unter den Erwartungen von 40 Millionen Gästen.

NOVEMBER

13.11. Im Prozess um die tödliche Hetzjagd mehrerer Jugendlicher auf einen Afrikaner in Guben/Brandenburg werden drei Jugendliche zu Jugendstrafen von ein bis drei Jahren verurteilt.

24.11. Bei einem Test wird erstmals bei einem in Deutschland geborenen Rind „BSE" (Bovine Spongiforme Encephalopathie) festgestellt. Das Ergebnis wird zwei Tage später von einem weiteren Labor bestätigt.

25.11. Ende des Klimagipfels der Vereinten Nationen in Den Haag. Konkrete Maßnahmen zur Reduzierung der Treibhausgase werden nicht festgelegt. Der Gipfel gilt als gescheitert.

DEZEMBER

1.12. Bundestagspräsident Thierse verhängt erneut Sanktionen gegen die CDU. Sie soll auf weitere 7,7 Millionen DM aus der staatlichen Parteienfinanzierung verzichten.

Am Welt-Aids-Tag teilt die Weltgesundheitsorganisation mit, dass bereits 21,8 Millionen Menschen an dem Virus gestorben sind.

2.12. In der Bundesrepublik tritt das Gesetz zum völligen Verbot der Verfütterung von Tiermehl in Kraft. Damit reagiert die Bundesregierung auf die „BSE-Krise" in Deutschland.

6.12. Bundeskanzler Schröder besucht 30 Jahre nach dem historischen Kniefall des damaligen Bundeskanzlers Willy Brandt das Warschauer Ghetto-Denkmal.

AUSSERDEM

Helmut Kohl: Tagebuch 1998-2000

Wolfgang Schäuble: Mitten im Leben

Alice Schwarzer: Der große Unterschied. Gegen die Spaltung von Menschen in Männer und Frauen

DFB feiert hundertsten Geburtstag

Auf den Tag genau hundert Jahre nach Gründung des Deutschen Fußball-Bundes feierte der weltweit größte Einzel-Sportverband seinen Festakt am 28. Januar im Leipziger Gewandhaus. 1200 geladene Gästen aus Politik, Wirtschaft, Gesellschaft, Kultur und Sport machten dem DFB ihre Aufwartung.

In seiner Eröffnungsrede richtete DFB-Präsident Egidius Braun einen eindringlichen Appell an die Zuhörer im Saal und am TV-Bildschirm: „Fußball muss Volkssport bleiben, er darf nie von Geschäftemachern missbraucht werden, die nur eines im Auge haben: den grenzenlosen Profit um jeden Preis. Wir können das Rad der Geschichte nicht anhalten oder gar zurückdrehen. Wer aber glaubt, Fußball sei nur noch ein Millionenspiel, der irrt. Fußball ist vielmehr ein Spiel für Millionen, die er auch in Zukunft in seinen Bann ziehen wird, davon bin ich überzeugt."

Die Festrede hielt Bundespräsident Johannes Rau. In seiner Laudatio dankte das Staatsoberhaupt den vielen tausend ehrenamtlichen Trainern und Verantwortlichen: „Das ehrenamtliche Engagement ist und bleibt die Seele des DFB, die Seele des Fußballs in Deutschland." Zudem hob Rau die gesellschaftliche Bedeutung des DFB hervor: „Fußball ist eines der bedeutendsten Massen-Phänomene des zwanzigsten Jahrhunderts geworden." Mit einem Wunsch sprach der Bundespräsident den DFB-Verantwortlichen aus der Seele: „Im Jahre 2006 findet die übernächste Fußball-Weltmeisterschaft statt. Ich wünsche mir mit allen Fußball-Freunden in unserem Land, dass diese Weltmeisterschaft in Deutschland stattfinden wird."

Auch Bundeskanzler Gerhard Schröder ging in seinem Grußwort auf die deutsche WM-Bewerbung ein: „Wir alle würden uns sehr freuen, wenn die Fußball-Weltmeisterschaft 2006 in Deutschland – und damit im Herzen Europas – stattfindet. Die Bundesregierung unterstützt die Bewerbung des DFB uneingeschränkt und aus voller Überzeugung." Schröder erinnerte aber auch an die dunklen Stunden der DFB-Geschichte. „Der deutsche Fußball hatte zwischen 1933 und 1945 nicht die Kraft, der Instrumentalisierung und Vereinnahmung durch ein verbrecherisches System zu widerstehen. Wir alle – und das heißt auch: die Verbände als Teilsystem der Gesellschaft – sind aufgerufen, die Erinnerungen an die Verbrechen des Nationalsozialismus wach zu halten und insbesondere den jungen Menschen Beispiele für Toleranz und Weltoffenheit zu geben", sagte der Regierungs-Chef.

Weitere Grußadressen gab es von Leipzigs Oberbürgermeister Wolfgang Tiefensee, vom Präsidenten des Internationalen Fußball-Verbandes (FIFA), Joseph Blatter, und dem Chef der Europäischen Fußball-Union (UEFA), Lennart Johansson. Der Schwede bezeichnete den DFB nicht nur wegen seiner auf internationaler Ebene errungenen Erfolge, sondern vor allem „dank der Kontinuität und Stabilität, die sich in der täglichen Verbandsarbeit auszeichnen, als Musterverband".

Auch die deutsche WM-Bewerbung für 2006 unterstützt der UEFA-Boss „mit all meiner Kraft und auch mit meinen Freunden aus dem Exekutiv-Komitee der UEFA".

Umrahmt wurde der Festakt im weltberühmten Gewandhaus von musikalischen Beiträgen des Gewandhaus-Orchesters, des MDR-Rundfunk-Chors, von Musical-Star Anna Maria Kaufmann und von Schlagersänger Udo Jürgens.

DFB-Präsident Egidius Braun spricht am 28. Januar 2000 im Leipziger Gewandhaus auf der Festveranstaltung zum 100jährigen Bestehen des Deutschen Fußball-Bundes.

Bundeswehr vor einschneidenden Reformen

Die von Bundesverteidigungsminister Rudolf Scharping einberufene Wehrstruktur-Kommission, nach ihrem Vorsitzenden auch Weizsäcker-Komission genannt, legte am 23. Mai 2000 (Jahrestag der Verkündung des Grundgesetzes) die Ergebnisse ihrer Beratungen vor. Sie sah erheblichen Modernisierungsbedarf, hielt die Streitkräfte insgesamt für aufgebläht, für nicht effektiv genug organisiert und für veraltet ausgerüstet. Wie groß der Reformbedarf nach Ansicht der Kommission war, geht aus ihrem umfangreichen Bericht hervor. Die Aufzählung in der Zusammenfassung am Schluss nennt die folgenden Punkte:

Das erarbeitete Modell für die künftigen Streitkräfte basiert auf den sicherheitspolitischen Bedingungen, den rechtlichen Vorgaben und den durch die Bundesrepublik Deutschland eingegangenen internationalen Verpflichtungen. Daraus wurden der Auftrag der Bundeswehr, die Aufgaben der Streitkräfte und die dafür erforderlichen Fähigkeiten abgeleitet. Kernpunkte der Reform im vorgestellten Modell sind:

- Anpassung der Streitkräftestrukturen an das veränderte Spektrum nationaler und internationaler Aufgaben,
- Erhöhung der Einsatzwirksamkeit und Steigerung der Durchhaltefähigkeit durch Bereithaltung von ca. 157.000 Einsatzkräften in abgestufter Verfügbarkeit und Einsatzbereitschaft,
- Reduzierung des Präsenzumfanges der Streitkräfte auf ca. 290.000 Soldaten (einschließlich Wehrübungsplätzen sowie Vorhalt für Ausbildung und Berufsförderung) mit ca. 202.000 Berufssoldaten/ Zeitsoldaten und ca. 85.000 Freiwillig Wehrdienst Leistenden/ Grundwehrdienst Leistenden),
- Neuordnung der Wehrpflicht mit gesetzlicher Wehrdienstdauer von 9 Monaten und flexibler, funktions-

abhängiger Ableistung am einem Stück oder in sieben Monaten mit späteren Wehrübungen,
- Steigerung der Attraktivität des Dienstes durch umfassende Reformen des Laufbahnrechts und Beibehaltung eines bedarfsgerechten Reservistensystems,
- Straffung der Führungs- und Kommandostrukturen durch die Reduzierung von Führungsebenen und die Konzentration von nationaler Planung und Einsatzführung in einem Einsatzführungskommando,
- Einsparung von Ressourcen und Rationalisierung im Betrieb durch Zusammenfassung streitkräftegemeinsamer Aufgaben unter Nutzung moderner Technologie,
- Modernisierung der Ausrüstung durch Erhöhung der Mittelansätze für Investitionen,
- Verbesserung der Wirtschaftlichkeit durch Optimierung von Betriebs- und Beschaffungsabläufen sowie enger Zusammenarbeit mit der Innovationskraft der deutschen Wirtschaft,
- Verbesserung der Fähigkeit zur eigenständigen nationalen Nachrichtengewinnung und Aufklärung unter Optimierung des Militärischen Nachrichtenwesens auf künftige Einsatzerfordernisse,
- Schaffung eines zentralen logistischen Wirkverbundes mit gleichzeitigen Verbesserungen bei Einsatzwirksamkeit, Wirtschaftlichkeit und Ressourcennutzung durch Zusammenfassung von Unterstützungsaufgaben in einer zentralen SKB,
- Zentralisierung des Sanitätsdienstes unter Optimierung von Einsatzversorgung und enger Verzahnung mit dem zivilen Gesundheitswesen,
- Schrittweise Herstellung und Verbesserung der gemäß Defence Capabilities Initiative (DCI) geforderten Fähigkeiten und Verwirklichung des nationalen Beitrags zum „European Headline Goal". Qualitativ und quantitativ geht die Neuausrichtung der Bundeswehr mit einem tiefgreifenden Veränderungsprozess einher, der den Streitkräften ein neues, an seinen Aufgaben orientiertes Gesicht geben wird.

Stasi-Chef Erich Mielke.

Erich Mielke

* Berlin 28. Dezember 1907
† Berlin 21. Mai 2000

Schon als 14-jähriger Schüler schloss sich Mielke den Kommunisten an, für deren „Rote Fahne" er 1928-31 als Reporter tätig war. Als Mitglied des „Partei-Selbstschutzes" war er 1931 an der Ermordung zweier Berliner Polizisten beteiligt, entzog sich der Festnahme aber durch Flucht in die UdSSR. Nach Kriegsende in die SED eingetreten, wirkte Mielke maßgeblich mit am Aufbau der „Stasi", verdrängte deren Chef Wollweber 1957 und baute nun als Minister das Spitzelsystem zu einem unvorstellbaren Überwachungsmoloch aus. 1959 ins ZK und 1976 ins Politbüro aufgestiegen, war er mitverantwortlich für die Schüsse an der innerdeutschen Grenze und an der Berliner Mauer; auf sein Konto gingen zudem die Zerstörung zahlreicher Familien, die Quälereien in den Haftanstalten, Freiheitsberaubung, Rechtsbeugung u.a. Am 3.11.1989 gestürzt, wurde Mielke im Rahmen des Verfahrens gegen Honecker angeklagt, das nicht abgeschlossen werden konnte. Wegen des Polizistenmordes von 1931 wurde Mielke im Oktober 1993 zu sechs Jahren Haft verurteilt, jedoch am 1.8.1995 aus gesundheitlichen Gründen aus der Haft entlassen.

Kriselte es da schon? Boris Becker und seine Ehefrau Barbara am 17. Mai 2000 auf dem Golfplatz „Gut Kaden" in Alveslohe. Sie galten als Deutschlands Traumpaar – doch ausgerechnet im verflixten siebten Jahr ist ihre Ehe gescheitert. Der einstige Tennisstar gab die Trennung am 5. Dezember 2000 in München per Fax bekannt.

Im Zuge der Ermittlungen in der CDU-Spendenaffäre wurde bekannt, dass der Waffenlobbyist Karlheinz Schreiber, der sich nach Kanada abgesetzt hatte, neben vielen anderen Spenden auch eine solche in bar über 100 000 Mark 1994 dem damaligen Bundesinnenminister und jetzigen CDU-Vorsitzenden Wolfgang Schäuble übergeben habe. Dieser räumte den Vorgang ein und erklärte, die Summe an die Schatzmeisterin der Partei Brigitte Baumeister weitergegeben zu haben. Damit hätte die Schuld der nicht ordnungsgemäßen Verbuchung bei ihr gelegen. Dagegen wehrt sich Frau Baumeister entschieden. Es konnte nie ganz geklärt werden, welche der beiden Versionen über den Zahlungsvorgang und über die Verantwortung für die verschleiernde Verbuchung als „sonstige Einnahme" zutrifft. Beschädigt vom erbitterten Hin-und-Her gab Schäuble am 16. Februar 2000 auf und erklärte, er stehe auf dem kommenden Parteitag der CDU als Kandidat für den Vorsitz der CDU nicht mehr zur Verfügung; zur Nachfolgerin wurde am 10. April 2000 die bisherige Generalsekretärin Angela Merkel gewählt.

2001

JANUAR

2.1. Zum ersten Mal dürfen Frauen in der Bundeswehr Dienst an der Waffe tun. Die Elektronikerin Tanja Kreil hatte vor dem Europäischen Gerichtshof das Recht der Frauen auf Teilnahme an Kampfeinsätzen erstritten. Der Bundestag änderte daraufhin mit der erforderlichen Zweidrittelmehrheit das Grundgesetz.
16.1. Bundesaußenminister Joschka Fischer sagt als Zeuge im sogenannten OPEC-Prozess (Organization of the Petroleum Exporting Countries) vor dem Frankfurter Landgericht zu seiner Bekanntschaft mit dem angeklagten Ex-Terroristen Hans-Joachim Klein aus. Die Opposition fordert den Rücktritt des Außenministers wegen seiner Vergangenheit als Straßenkämpfer.
23.1. CDU-Generalsekretär Laurenz Meyer stellt das sogenannte „Fahndungsplakat“ von Gerhard Schröder vor, das auf Grund starker öffentlicher Proteste wieder zurückgenommen wird.
24.1. Fernsehübertragungen aus Gerichtssälen bleiben in Deutschland verboten. Das Bundesverfassungsgericht weist eine Klage des privaten Nachrichtensenders n-tv ab.
31.1. Die Arbeitslosenzahlen übersteigen erstmals seit dem Frühjahr 2000 wieder die Vier-Millionen-Marke.

FEBRUAR

1.2. Bundeskanzler Gerhard Schröder und Frankreichs Premierminister Lionel Jospin vereinbaren, dass künftig zweimal jährlich deutscher Atommüll aus der Wiederaufarbeitungsanlage La Hague nach Gorleben gebracht wird.
12.2. Kristina Söderbaum stirbt in Hitzacker. Sie wirkte in nationalsozialistischen Propagandafilmen wie „Jud Süß“ ihres Ehemanns Veit Harlan mit. Nach Harlans Tod 1964 arbeitete sie als Fotografin.
16.2. Helen Vita, schweizer Schauspielerin, Kabarettistin und Liedinterpretin von Friedrich Hollaender und Berthold Brecht, stirbt. Zuletzt präsentierte sie mit Evelyn Künneke und Brigitte Mira die Revue „Drei alte Schachteln“.

MÄRZ

2.3. In der CDU-Parteispendenaffäre wird das Ermittlungsverfahren gegen Ex-Bundeskanzler Helmut Kohl gegen Zahlung von 300 000 DM eingestellt.
6.3. Die Fernsehsender ARD und ZDF erhalten nach langen Vertragsverhandlungen mit dem Medienkonzern von Leo Kirch die Übertragungsrechte für die Fußball-Weltmeisterschaft 2002 und 2006.
25.3. Die Ministerpräsidenten Erwin Teufel (CDU; 44,8%) und Kurt Beck (SPD; 44,7%) werden durch die Landtagswahlen in Baden-Württemberg und Rheinland-Pfalz im Amt bestätigt. In beiden Ländern kann die bestehende Koalition mit der FDP fortgesetzt werden.
28.3. Das Bundeskabinett beschließt den Gesetzentwurf zur Errichtung der „Stiftung Jüdisches Museum Berlin“. Das Jüdische Museum Berlin wird in eine Bundeseinrichtung umgewandelt.

APRIL

17.4. Vera Brühne stirbt in einem Münchner Krankenhaus. Sie war am 5. Juni 1962 in einem Aufsehen erregenden Indizienprozess für schuldig befunden worden, den Arzt Otto Praun und seine Haushälterin Elfriede Kloo erschossen zu haben. Viele Fragen blieben jedoch ungeklärt. Nach 18 Jahren Haft wurde sie begnadigt.
21.4. Knapp ein Jahr nach dem tödlichen Angriff von Kampfhunden auf einen kleinen Jungen in Hamburg tritt in Deutschland das „Gesetz zur Bekämpfung gefährlicher Hunde“ in Kraft.
Evelyn Künneke, Schauspielerin und Chansonsängerin, stirbt in Berlin an Krebs. Die Tochter des Operettenkomponisten Eduard Künneke wirkte in Filmen von Rainer Werner Fassbinder und Rosa von Praunheim mit. Sie spielte zuletzt in der Revue „Drei alte Schachteln“ mit Helen Vita und Brigitte Mira.
Gerhard Mayer-Vorfelder wird als Nachfolger von Egidius Braun zum Präsidenten des Deutschen Fußballbundes (DFB) gewählt.

MAI

2.5. Knapp zwei Jahre nach dem Umzug der Bundesregierung von Bonn nach Berlin wird das neue Bundeskanzleramt eröffnet.
8.5. Der Benzinpreis erreicht Rekordhöhe: 2,23 DM zahlt man für den Liter Superbenzin, Diesel kostet 1,69 DM.
11.5. Der Bundestag beschließt die Reform des Rentensystems. Benannt nach Arbeitsminister Walter Riester (SPD) sieht die „Riester-Rente“ eine Ergänzung des bestehenden Rentensystems durch eine staatlich geförderte private Altersvorsorge vor.
17.5. Durch ein umstrittenes Freistoßtor wird Bayern München im Gelsenkirchener Parkstadion in letzter Sekunde Deutscher Fußballmeister. Schalke 04 wird Vizemeister.
23.5. Bayerns Ministerpräsident Edmund Stoiber (CSU) eröffnet am Starnberger See das „Museum der Phantasie“, in dem die Kunstsammlung Lothar-Günther Buchheims, Autor von „Das Boot“, ausgestellt wird.

JUNI

10.6. Klaus Wowereit, Bürgermeisterkandidat der SPD für Berlin, macht auf dem Berliner Landesparteitag als erster Politiker öffentlich seine Homosexualität bekannt.
16.6. SPD und Bündnis 90/Die Grünen stürzen mit Hilfe der PDS den Regierenden Bürgermeister Eberhard Diepgen durch ein konstruktives Misstrauensvotum. Klaus Wowereit wird sein Nachfolger.
26.6. Der baden-württembergische Gerichtshof entscheidet gegen die Klage der muslimischen Lehrerin Fereshta Ludin, die auf das Tragen eines Kopftuches an einer staatlichen Schule beharrt. Das Kopftuch sei ein politisches Symbol und mit der staatlichen Neutralitätspflicht nicht vereinbar.

Strahlend sitzt die neue „Tagesthemen“-Moderatorin Anne Will am 6. April 2001 in Hamburg zur Probe im Studio der ARD-Nachrichtensendung. Die 35-Jährige tritt am 14. April 2001 die Nachfolge von Gabi Bauer an, die die „Tagesthemen“ nach dreieinhalb Jahren verlässt.

JULI

4.7. Hannelore Kohl setzt ihrem Leben freiwillig ein Ende. Sie litt an einer Lichtallergie, die 1993 durch eine Penicillin-Behandlung ausgelöst worden war.
16.7. Beate Uhse, deutsche Unternehmerin, stirbt an einer Lungenentzündung.
25.7. Der Bundestag schafft das „Rabattgesetz", nach dem „Feilschen und Handeln" verboten waren, ab.
26.7. Peter von Zahn stirbt in Hamburg an einer Lungenentzündung. Von Zahn war in den fünfziger Jahren in Hamburg beim Nordwestdeutschen Rundfunk (NWDR) tätig und gilt als Pionier der Funk- und Fernsehreportage. Er war der erste ARD-Korrespondent in den USA.

AUGUST

8.8. Der Bayer-Konzern muss das Produkt Lipobay vom Markt nehmen. Gefährliche Nebenwirkungen des Medikaments zur Blutfettsenkung hatten weltweit 52 Todesfälle verursacht.
13.8. In Gelsenkirchen wird die Mehrzweck-Arena „Arena auf Schalke" eingeweiht. Der Bau, der als eines der modernsten Stadien der Welt gilt, kostete 358 Millionen Mark.
22.8. Der Traditionskonzern Mannesmann wird von dem global fungierenden Mobilfunkunternehmen „Vodafone" übernommen und mit 160 Millionen Mark abgefunden.

SEPTEMBER

1.9. Die deutsche Nationalelf verliert 1:5 gegen England und muss um die direkte Qualifikation zur WM 2002 bangen. Es ist die höchste Niederlage in einem Länderspiel seit 70 Jahren.
9.9. Das Jüdische Museum in Berlin, ein Bau des Architekten Daniel Libeskind, wird eröffnet. Es zeigt in seiner ständigen Ausstellung zweitausend Jahre jüdischen Lebens in Deutschland.
14.9. In der EU gibt es einen „Tag der Trauer". Allein in Berlin kommen 200.000 Menschen zum Gedenken am Brandenburger Tor zusammen.
Der US-Kongress ermächtigt den Präsidenten zum Einsatz des Militärs.
20.9. Karl-Eduard von Schnitzler, Journalist und Chefkommentator der DDR-Sendung „Der Schwarze Kanal", stirbt in Berlin an einer Lungenentzündung.
23.9. Bei der Bürgerschaftswahl in Hamburg erzielt die Partei des Amtsrichters Ronald B. Schill 19,4 Prozent der Stimmen. Obwohl die CDU kräftige Einbußen hinnehmen muss, verfügt sie zusammen mit FDP und Schill-Partei über eine Mehrheit und kann den rot-grünen Senat ablösen.

OKTOBER

19.10. Der Bundestag beschließt, dass die „gewerbsmäßige Unzucht" eine legale Beschäftigung ist. Prostituierte können nun auch sozialversichert ihrem Beruf nachgehen.
25.10. Soraya, erste Gemahlin des Schahs von Persien, stirbt im Alter von 69 Jahren in Paris.

NOVEMBER

1.11. Die Staatsanwaltschaft stellt das Ermittlungsverfahren gegen den früheren CDU-Vorsitzenden Wolfgang Schäuble und die ehemalige Schatzmeisterin Brigitte Baumeister wegen uneidlicher Falschaussage über die genauen Umstände der Übergabe einer 100.000 DM-Spende durch den Rüstungs-Lobbyisten Karlheinz Schreiber ein.
4.11. Auf dem ehemaligen Reichsparteitagsgelände in Nürnberg wird ein Dokumentationszentrum eröffnet.
16.11. Die Abstimmung im Bundestag über den Bundeswehreinsatz in Afghanistan wird von Bundeskanzler Gerhard Schröder mit der Vertrauensfrage verknüpft. Für den Einsatz stimmen 336 von 666 Abgeordneten.
23.11. Gerhard Stoltenberg, ehemaliger Verteidigungsminister und Ministerpräsident von Schleswig Holstein, stirbt im Alter von 73 Jahren an Krebs.
26.11. Regine Hildebrandt, ehemalige Sozialministerin in Brandenburg, stirbt mit 60 Jahren an Krebs.

DEZEMBER

3.12. 250.000 Schüler aus 32 Staaten stellen ihr Wissen bei der Schulstudie „Pisa" unter Beweis. Die deutschen Schüler schaffen es in der Gesamtbewertung nur auf Platz 25.
12.12. Innenminister Otto Schily (SPD) verbietet auf der Grundlage der neuen Anti-Terror-Gesetze erstmals einen islamistischen Verein. Die Entscheidung betrifft die Vereinigung „Kalifatstaat", die dazugehörige Stiftung „Diener des Islam" sowie 19 Teilorganisationen mit insgesamt ca. 1100 Mitgliedern.
31.12. Die Deutsche Mark ist zum letzten Mal in der Bundesrepublik alleiniges Zahlungsmittel.

Der abgewählte Regierende Bürgermeister von Berlin, Eberhard Diepgen (CDU, links), gratuliert am 16. Juni 2001 im Preußischen Landtag in Berlin seinem Nachfolger Klaus Wowereit (SPD) zu dessen Wahl. SPD und Grüne hatten zuvor den Machtwechsel in der Hauptstadt mit Hilfe der PDS durchgesetzt und erstmals in der Berliner Nachkriegsgeschichte einen Regierenden Bürgermeister durch ein Misstrauensvotum gestürzt. Diepgen wurde mit 89 Stimmen abgewählt – in der namentlichen Abstimmung enthielten sich drei Parlamentarier der SPD und ein fraktionsloser Abgeordneter, der in dieser Woche aus Protest gegen ein Zusammengehen mit der PDS aus der grünen Partei ausgetreten war.

Regierungserklärung zum 11. September

Die Schockwellen erfassten die ganze Welt, als am Morgen des 11. September 2001 die Türme des World Trade Centers (WTC) in New York durch das Hineinsteuern von entführten Passagierflugzeugen zum Einsturz gebracht wurden. Eine weitere Maschine stürzte ins Pentagon, eine vierte zerschellte auf einem Feld bei Pittsburgh. Schnell war klar, dass hinter den Anschlägen die islamistische Terror-Organisation Al Qaida des saudischen Millionärs Bin Laden steckte. Bundeskanzler Schröder sicherte noch am Abend desselben Tages den Vereinigten Staaten „uneingeschränkte Solidarität" beim Kampf gegen den Terror zu und sah in den Taten eine „Kriegserklärung an die gesamte zivilisierte Welt". Am 19. September 2001 sagte er zudem in einer Regierungserklärung:

Es geht nicht um den „Kampf der Kulturen", sondern es geht um den Kampf um die Kultur in dieser einen Welt. Dabei wissen wir um die Verschiedenheiten der Kulturen. Und wir respektieren sie. Aber wir bestehen darauf, dass die Verheißungen der amerikanischen Unabhängigkeitserklärung universell gelten...

Diese Verheißungen, auch wenn sie Erbe des christlichen Abendlandes sind, das sich auch nicht ohne verhängnisvolle Irrungen zu diesen Werten entwickelt hat, stehen nicht im Widerspruch zu einer Interpretation des Islam ohne fundamentalistischen Wahnsinn. Jener gesichtslose, barbarische Terrorismus ist gegen all das gerichtet, was unsere eine Welt im Innersten zusammenhält: die Achtung vor dem menschlichen Leben und der Menschenwürde, die Werte von Freiheit, Toleranz, Demokratie und friedlichem Interessenausgleich.

Deutschland steht angesichts dieses beispiellosen Angriffs uneingeschränkt an der Seite der Vereinigten Staaten von Amerika. Unser Bekenntnis zur politischen und moralischen Solidarität mit den USA ist in diesen Tagen mehr als eine bloße Selbstverständlichkeit. Gerade hier in Berlin werden wir Deutschen niemals vergessen, was die Vereinigten Staaten für uns getan haben...

Der Sicherheitsrat der Vereinten Nationen hat in seiner grundlegenden Resolution 1368 einmütig festgestellt, dass die terroristischen Anschläge von New York und Washington eine Bedrohung des Weltfriedens und der internationalen Sicherheit darstellen. Mit dieser Resolution sind die völkerrechtlichen Voraussetzungen für ein entschiedenes Vorgehen gegen den Terrorismus geschaffen. Der Nato-Rat hat den Vereinigten Staaten seine volle Solidarität auf der Grundlage von Artikel 5 des Nato-Vertrages erklärt...

Die Vereinigten Staaten können auf der Grundlage der Entscheidung des Sicherheitsrates Maßnahmen gegen die Urheber und Hintermänner, gegen Auftraggeber und Drahtzieher der Attentate ergreifen. Und sie können und dürfen, durch diese Weiterentwicklung des Völkerrechts gedeckt, ebenso entschieden gegen Staaten vorgehen, die den Verbrechern Hilfe oder Unterschlupf gewähren... Wir wissen heute noch nicht, ob und welche Unterstützung die Vereinigten Staaten von den NATO-Partnern erwarten und einfordern. Das könnte auch militärischer Beistand sein. Ausgeschlossen werden kann und darf er nicht...

Natürlich: Jedes Recht korrespondiert mit Pflicht. Aber umgekehrt gilt: Auch einer Bündnispflicht korrespondiert ein Recht. Und das heißt: Information und Konsultation. Was wollen wir als Deutsche und Europäer erreichen: Uneingeschränkte Solidarität mit den USA bei allen notwendigen Maßnahmen. Zu Risiken, auch im Militärischen ist Deutschland bereit, zu Abenteuern nicht. Diese werden von uns dank der besonnenen Haltung der amerikanischen Regierung auch nicht verlangt und sicher auch nicht verlangt werden. Diese Form der Solidarität ist die Lehre, die wir aus unserer Geschichte gezogen haben. Eine Lehre, die für die zivilisierte Welt bitter genug war. Eine Fixierung auf ausschließlich militärische Maßnahmen wäre fatal.

Wir Europäer müssen unsere Zusammenarbeit im Kampf gegen den Terrorismus weiter verstärken. Gerade jetzt muss Europa mit einer Stimme sprechen... Vor allem müssen wir jetzt mit vereinten Anstrengungen alles daran setzen, den Durchbruch zum Frieden im Nahen Osten zu erreichen... In diesem Sinne müssen wir den Dialog mit den gemäßigten Führern der arabischen Welt fortsetzen... Man kann es nicht oft genug betonen: Wir befinden uns nicht im Krieg gegen einen Staat. Und wir befinden uns auch nicht im Krieg gegen die islamische Welt insgesamt.

Die Anschläge von New York und Washington haben nichts mit Religion zu tun. Sie sind Ausdruck einer verbrecherischen Gesinnung. Die erschreckende Missachtung menschlichen Lebens ist eine Kampfansage an jede Zivilisation.

Viele Menschen in unserem Land fragen nach den möglichen Auswirkungen der terroristischen Verbrechen. Die Bundesregierung weiß um diese Sorgen. Und wir nehmen sie sehr ernst. Aber wir sagen auch: Es gibt nach derzeitiger Ein-

Bergungstrupps haben ein sieben Stockwerke hohes Reststück des World Trade Center für ein künftiges Mahnmal gesichert.

schätzung keinen Anlass zu Furcht oder gar zur Panik. Die Bundesregierung und die Sicherheitsbehörden haben entschlossen reagiert und sind weiterhin wachsam. Wir befinden uns nicht in einem nationalen Notstand. Unmittelbare Konsequenzen, die wir aus den tragischen Ereignissen ziehen müssen, wurden und werden gezogen...
Wir werden Qualität und Effizienz in der Bekämpfung des Terrorismus verbessern. Aber wir werden unter keinen Umständen den Rechtsstaat einschränken oder gar abschaffen, um den Terror zu bekämpfen. (...)
Und der Terrorismus darf und wird uns auch nicht daran hindern, ein modernes, auf die Anforderungen unserer Volkswirtschaft abgestimmtes Zuwanderungsrecht zu beschließen. Mit dem Gesetzentwurf des Bundesinnenministers haben wir ein zeitgemäßes Zuwanderungsrecht auf den Weg gebracht. Das Gesetz wird in Deutschland dringend gebraucht. Natürlich sind wir offen für redaktionelle Überarbeitungen in dem einen oder anderen Punkt. Notwendige Ergänzungen und Anpassungen können auch im weiteren parlamentarischen Verfahren noch berücksichtigt werden...
Zu Beginn dieses neuen Jahrhunderts steht Deutschland auf der richtigen Seite. Auf der Seite der unveräußerlichen Rechte aller Menschen. Diese Menschenrechte sind die große Errungenschaft und das Erbe der europäischen Aufklärung. Diese Werte der Menschenwürde, der freiheitlichen Demokratie und der Toleranz sind unsere große Stärke im Kampf gegen den Terrorismus. Sie sind das, was unsere Völker- und Staatengemeinschaft zusammenhält - und was die Terroristen zerstören wollten. Diese Werte sind unsere Identität. Wir werden sie verteidigen. Mit Nachdruck und Entschlossenheit.

Zu einer Trauerminute haben sich die Mitglieder der Bundesregierung am 12. September 2001 zu Beginn der Bundestagssitzung im Berliner Reichstagsgebäude erhoben. Der Bundestag hatte als einzigen Tagesordnungspunkt die Regierungserklärung des Bundeskanzlers zu den Terroranschlägen in den USA. Die mit großer Präzision ausgeführten Selbstmordangriffe auf Macht- und Finanzzentren in New York und Washington mit entführten Passagierflugzeugen als fliegende Bomben kosteten am 11. September 3478 Menschenleben.

Weiblicher Waffendienst

Als Reaktion auf den Einsatz von Frauen zu militärischen Zwecken während des Zweiten Weltkrieges wurde für die Bundesrepublik Deutschland der Einsatz von Frauen im Artikel 12 a Absatz 4 Satz 2 des Grundgesetzes untersagt: „Sie dürfen auf keinen Fall Dienst mit der Waffe leisten." In der Bundeswehr wurden Frauen daher zunächst als Zivilangestellte, Beamtinnen und Arbeiterinnen eingestellt. Die Forderung, Frauen auch als Soldaten zuzulassen, wurde 1968 im Zusammenhang mit der Diskussion um die Notstandsgesetzgebung für die Bundesrepublik laut und später erneut aufgegriffen. 1975 konnten sich erstmals Ärztinnen, Zahn- und Tierärztinnen sowie Apothekerinnen freiwillig zum waffenlosen Dienst als Sanitätsoffiziere verpflichten. Schließlich waren alle Bereiche des Sanitäts- und des Militärmusikdienstes auch für weibliche Soldaten geöffnet; nur der Waffendienst blieb weiterhin ausgeschlossen.
Bis zum Jahr 2000 änderte sich daran nichts. Jede weitere Öffnung militärischer Laufbahnen für freiwillig als Zeit- und Berufssoldaten dienende Frauen in der Bundeswehr scheiterte an Artikel 12a des Grundgesetzes. Mit dem darin verankerten Verbot hatten die Verfassungsmütter und -väter das Ziel verfolgt, Frauen im Rahmen bewaffneter Konflikte vor der aktiven Mitwirkung an militärischen Kampfhandlungen zu verschonen. Rechtspolitisch sollte verhindert werden, dass Frauen als Kombattanten feindlicher Waffenwirkung ausgesetzt werden, und zwar selbst dann, wenn sie bereit sein sollten, diese Gefährdung freiwillig auf sich zu nehmen. Der Europäische Gerichtshofes sah darin ein überholtes Frauenbild und öffnete mit Entscheidung vom 11. Januar 2000 alle militärischen Laufbahnen für den freiwilligen Dienst von Frauen.
Nach dem Grundgesetz besteht die Bundeswehr aus den Streitkräften (Artikel 87 a) und der Bundeswehrverwaltung (Artikel 87 b). Angehörige der Bundeswehrverwaltung sind in der territorialen Wehrverwaltung, im Rüstungsbereich und in den Streitkräften, z.B. in Schulen, Truppenverwaltungen sowie in Bundeswehr-Krankenhäusern eingesetzt. Das Grundgesetz sieht trotz des sonst uneingeschränkt geltenden Gleichheitsgrundsatzes eine allgemeine Wehrpflicht nur für Männer vor. Diese können vom 18. Lebensjahr an zum Dienst in den Streitkräften verpflichtet werden (Artikel 12 a Absatz 1.). Frauen hingegen können nach Artikel 12 a Absatz 4 Satz 1 des Grundgesetzes vom 18. bis zum 55. Lebensjahr gesetzlich nur zu zivilen Dienstleistungen im zivilen Gesundheitswesen sowie in der ortsfesten militärischen Lazarettorganisation herangezogen werden, wenn im Verteidigungsfall der Bedarf nicht auf freiwilliger Grundlage gedeckt werden kann.
Darüber hinaus bestimmt Artikel 12 a Absatz 4 Satz 2 des Grundgesetzes, dass Frauen „auf keinen Fall Dienst mit der Waffe leisten" dürfen. Diese Festlegung ließ bis zum Urteil des Europäischen Gerichtshofes vom 11. Januar 2000 nach da-

mals herrschender Auslegung einen Kombattantenstatus für weibliche Soldaten nicht zu – selbst für den Fall einer freiwilligen Verpflichtung nicht. Der Europäische Gerichtshof hat jedoch entschieden, dass der allgemeine Ausschluss von Frauen vom Dienst mit der Waffe nicht mit dem Recht der Europäischen Gemeinschaft in Einklang steht.
Der Deutsche Bundestag hat am 27. Oktober 2000 einer Änderung des Artikels 12a des Grundgesetzes zugestimmt. Dem geänderten Paragrafen nach können Frauen seit dem 1. Januar 2001 Dienst an der Waffe leisten, dürfen jedoch nicht dazu verpflichtet werden.
Artikel 12a des Grundgesetzes wurde daher so neu gefasst: „Sie (Frauen) dürfen auf keinen Fall zum Dienst mit der Waffe verpflichtet werden." Die bisherige Formulierung lautete: „Sie dürfen auf keinen Fall Dienst mit der Waffe leisten."

Entschädigung für NS-Zwangsarbeiter

Lange hatte sich die Bundesrepublik bei der Frage der Entschädigung von ausgebeuteten Zwangsarbeiter während des Zweiten Weltkriegs darauf berufen, dass dies in die Zeit nach einem Friedensvertrag verschoben worden sei. Dieser aber existiere nicht. Nach dem Zwei-Plus-Vier-Vertrag über die deutsche Vereinigung 1990 fiel das Argument weg. Erst die Regierung Schröder aber machte seit 1998 ernst mit der Verpflichtung, die sich aus der über ein halbes Jahrhundert zurückliegenden Ausbeutung für Deutschland ergaben. Von den einst Millionen Betroffenen lebten allerdings nur noch wenig mehr als 100 000, die Anspruch erheben konnten. Dennoch belief sich die veranschlagte Summe auf rund zehn Milliarden Mark, zu gleichen Teilen von der Wirtschaft und vom Bund aufzubringen. Der Deutsche Bundestag billigte die vom Sonderbeauftragten Otto Graf Lambsdorff mit Opferorganisationen ausgehandelte Regelung für die Auszahlung am 30. Mai 2001.

Havelberg (Sachsen-Anhalt): Bundeswehrsoldatinnen mit Tarnfarbe im Gesicht bei der Übung am 24. Januar 2001 auf dem Truppenübungsplatz der Elb-Havel-Kaserne in Havelberg (Landkreis Stendal). Zusammen mit 87 männlichen Kameraden vom schweren Pionierbataillon 803 sind 15 weibliche Rekruten aus Havelberg zu ihrer ersten Geländeübung ausgerückt. Seit Januar 2001 können Frauen bei der Bundeswehr auch Dienst an der Waffe leisten.

Welche Menschen konnten als Zwangsarbeiter gelten? So bezeichnen wir alle zur Arbeit gepressten Personen (u.a. Häftlinge der Konzentrationslager, KZ), im engeren Sinne sind die während des Krieges in den deutsch besetzten Gebieten zunächst angeworbenen, von 1942 an zunehmend zwangsrekrutierten Zivilarbeiter gemeint, die offiziell als „Fremdarbeiter" bezeichnet wurden. Ausländische Zwangsarbeiter wurden vor allem in der Landwirtschaft und Industrie im Deutschen Reich oder auch in Zulieferbetrieben ihrer Heimat eingesetzt. Es handelte sich vornehmlich um Polen, Russen, Franzosen, Belgier und Niederländer. Mit wachsender Kriegsdauer wurden die Methoden der Rekrutierung immer brutaler. Hatte man anfangs mit Drohungen (Entzug der Lebensmittelkarten u.a.) nachgeholfen, so kam es später zu regelrechten Menschenjagden und Deportationen. Am 21.3.1942 ernannte Hitler Fritz Sauckel (*Haßfurt/Unterfranken 27.10.1894, hingerichtet in Nürnberg 16.10.1946) zum Generalbevollmächtigten für den Arbeitseinsatz, am 22.8.1942 genehmigte ein Erlass die zwangsweise Verpflichtung zur Arbeit, am 15.3.1943 sprach Sauckel in einer ersten Jahresbilanz von 3 638 056 „neuen fremdvölkischen Arbeitskräften" und 1 622 829 Gefangenen, die der deutschen Kriegswirtschaft „zugeführt" worden seien. Im Nürnberger Prozess wurde von einer Gesamtzahl von 12 Millionen ausländischen Zwangsarbeitern ausgegangen, die SS- und SD-unterstützte Einsatzkommandos der Arbeitsämter oft regelrecht verschleppten.
Sie wurden in Deutschland von der Sicherheitspolizei und dem Referat Ausländische Arbeiter bei der Gestapo überwacht. Während die Zwangsarbeiter aus westlichen Ländern den Kriegsumständen entsprechend in ihrer Lebensführung weniger eingeschränkt waren (insbesondere die begehrten Facharbeiter), wurden die „Ostarbeiter" aus der UdSSR und die nicht eindeutschungsfähigen Arbeitskräfte aus Polen und Südosteuropa zahlreichen Beschränkungen unterworfen. Sie mussten Kennzeichen auf der Kleidung tragen – „Ost" für russische, „P" für polnische Zwangsarbeiter – durften nicht an kulturellen oder kirchlichen Veranstaltungen teilnehmen, Radio und Zeitungen waren ihnen verboten.
Der Normalfall freilich sah drastisch anders aus: Unerträglich lange Arbeitszeiten, Arbeit ohne Ruhetage, Schuften in zerlumpter Kleidung und Schuhen oder gar ganz ohne Fußbekleidung, miserable und unzureichende Ernährung, geringer Lohn, der oft auch noch monatelang einbehalten wurde, schlechte medizinische Betreuung, Nichtanerkennung von Krankheiten, Prügel durch Vorarbeiter, Polizisten, Hauswirte, Anpöbelung durch Passanten. Um einen möglichst reibungslosen und effektiven Arbeitseinsatz der Zwangsarbeiter zu gewährleisten, wurden besonders den Polen und Ostarbeitern durch Verordnungen und Sondervorschriften strenge „Lebensführungsregeln" auferlegt. Grundlegend dafür war ein Schreiben Himmlers vom 8.3.1940, wonach die Gestapo bei Verstößen gegen die Arbeitsmoral Einweisungen in Arbeitserziehungslager (AEL) und KZ anordnen und in schweren Fällen „Sonderbehandlung" – Tarnbezeichnung für Hinrichtun-

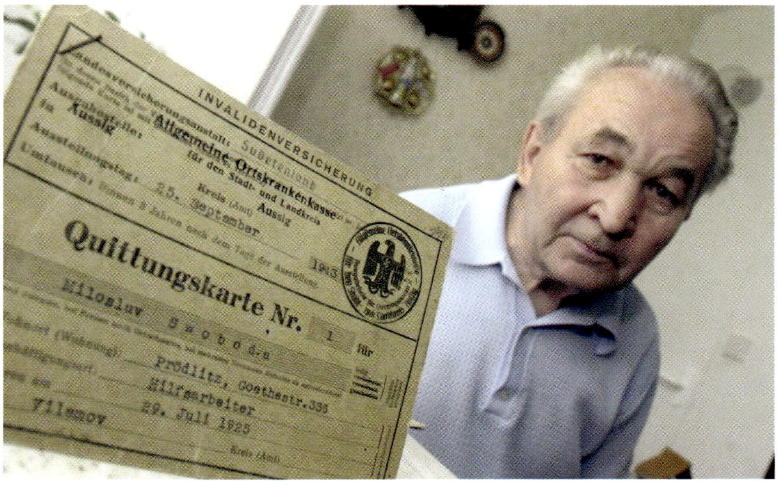

Der Tscheche Miroslav Svoboda (75) zeigt am 6. Juni 2001 in der nordböhmischen Stadt Usti Nad Labem (Aussig) ein Dokument, das belegt, dass er früher als NS-Zwangsarbeiter in Deutschland arbeiten musste, und zwar vom 21. Juli 1941 bis zum Ende des Zweiten Weltkrieges. Dabei wurde er zunächst bei der W. Dieck Metallwarenfabrik Aussig-Türmitz eingesetzt, die Flugzeugcockpits produzierte. Später arbeitete er bei der Josef Honig Leder Fabrik, die Kleider für die Armee herstellte. Als erstes Land hat Tschechien am 19. Juni mit der Auszahlung von Entschädigungen an 10000 ehemalige NS-Zwangsarbeiter begonnen. Je nach Zugehörigkeit zu einer Opfergruppe erhalten die ehemaligen Zwangsarbeiter aus dem von Staat und Wirtschaft gespeisten 10-Milliarden-Mark-Fonds 5000 bis 15000 Mark.

gen, die im Falle der Zwangsarbeiter durch Erhängen vollzogen wurden – beantragen konnte. Auch bei dem verbotenen Geschlechtsverkehr mit deutschen Frauen drohte für Polen und vom 20.2.1942 an auch für Ostarbeiter sowie seit 10.2.1944 für Litauer, Serben und nichtpolnische Männer aus dem Generalgouvernement die Todesstrafe. Die Erhängungen waren zur Abschreckung nach Möglichkeit durch Angehörige der gleichem Volksgruppe vorzunehmen, die für den Vollzug drei Zigaretten erhielten.
Die Industriebetriebe, die vom Einsatz der Zwangsarbeiter profitierten, haben nach dem Krieg im Allgemeinen Entschädigungen für die Opfer abgelehnt, von einigen als „freiwillig" bezeichneten Zahlungen abgesehen. Die Firmen beriefen und berufen sich dabei auf ihre angebliche Ohnmacht gegenüber den Forderungen des Staates nach Produktionssteigerungen, belegt durch die Aussage von Rüstungsminister Speer im Prozess gegen den Großindustriellen Flick 1947, wonach ein „Unternehmer verpflichtet gewesen sei, diejenigen Arbeitskräfte anzufordern, die das ihm auferlegte Produktionsprogramm erforderte". Es steht jedoch fest, dass die Zuweisung von Zwangsarbeitern von vielen Betrieben nicht nur billigend in Kauf genommen, sondern ausdrücklich begrüßt wurde.

Freitod von Hannelore Kohl

Im Bungalow der Familie in Ludwigshafen-Oggersheim nahm sich am 5. Juli 2001 Hannelore Kohl, geborenen Rennert, 68-jährige Ehefrau von Altbundeskanzler Helmut Kohl, das Leben. Der Leidensdruck durch ihre Lichtüberempfindlichkeit, die sie zu einem Leben in Finsternis verurteilt hatte, war zu groß geworden. Nicht einmal an der Hochzeit ihres Sohnes Peter mit seiner türkischen Braut Elif Sözen hatte sie einen Monat zuvor teilnehmen können. Die Trauerfeier für Frau Kohl fand im Speyrer Dom statt. Die Messe zelebrierte der Familienfreund Monsignore Erich Ramstetter. Er nutzte seine Predigt auch zu Vorwürfen an die Feinde Helmut Kohls, die ihn in der Parteispendenaffäre verfolgt hätten. In seiner Ansprache hieß es: Wir sind hier im Kaiserdom zu Speyer zusammengekommen, um mit der Liturgie unserer Kirche Abschied zu nehmen von Dir, liebe Hannelore, oder um es zukunftgerichtet zu sagen, um ein neues Verhältnis zu Dir, liebe Hannelore, zu finden. Denn Du bist bei Gott. Wie oft hast Du, lieber Helmut, mit Hannelore diesen Dom besucht, um die Liturgie mitzufeiern oder Staatsgästen diesen geheiligten Raum nahe zu bringen! ... Zu jeder Zeit erleben wir nicht nur aufbauende und frohmachende Lebenskräfte um uns und in uns, sondern wir sind auch mit den zerstörenden und auf Vernichtung zielenden Kräften konfrontiert. Was dies heißt, habt ihr, lieber Helmut, lieber Walter und Peter bis in diese Stunde in maßloser und extremer Weise erlebt und erlitten. Hannelore hat dieses schwere Schicksal in partnerschaftlicher Liebe und Treue geteilt und bis zuletzt zu Euch gehalten. Sie hat, wie sie einmal sagte, immer neben Dir und hinter Dir, lieber Helmut, gestanden. Alle Unterstellungen, Verleumdungen und Hasserfahrungen wurden zu eurem gemeinsamen bitteren Leid. Ich weiß nicht, ob es denen bewusst ist, was es bedeutet, einem Menschen die Ehre rauben zu wollen. Dies zielt immer auf Leben und Lebenskraft. ... Die Fülle des Leids an Seele und Leib hat sie (Hannelore) diesen Schritt auf den unbegreiflichen und liebenden Gott vollziehen lassen. In der Feinfühligkeit, die ihr auch zu eigen war, hat sie sich von Dir, lieber Helmut, verabschiedet. Sie wusste welchen Schmerz sie Dir, Walter und Peter, bereitet, aber sie stand unter den Zwängen der Krankheit. Ihre Liebe und Treue, ihre Dankbarkeit für das lange gemeinsame Leben bringt sie in ergreifender Weise zum Ausdruck. ... Zuletzt zwang ihre Krankheit sie, das Licht zu meiden und in der Dunkelheit zu leben. Es war ein Martyrium, weil sie dadurch vom Leben abgeschnitten wurde und nicht mehr am gesellschaftlichen Leben teilnehmen konnte. Wie schmerzlich war es für sie, nicht an der festlichen Hochzeit von Dir, lieber Peter und Elif, teilnehmen zu können. Als mein Bruder und ich gleich nach der Rückkehr aus der Türkei ihr von der feierlichen und großartigen Hochzeit berichten konnten und ihr sagten, dass wir überzeugt sind, Peter und Elif würden ein glückliches Paar, da weinte sie vor Glück und Schmerz, weil sie bei diesem Schritt auf euer gemeinsames Leben außen vor bleiben musste. In außergewöhnlich großer Herzlichkeit und Dankbarkeit hat sie sich von uns verabschiedet. ... Wer in der Dunkelheit leben muss, sehnt sich nach dem Licht! Hannelore Kohl hat sich nach dem unvergänglichen Licht gesehnt, nicht nach den untergehenden Sonnen. Wir glauben und beten, dass Gott sie seine Herrlichkeit schauen lässt. Dass er ihre Tränen trocknet und ihr den Frieden und die ewige Ruhe schenkt.

Ein Bild aus glücklichen Tagen: Bundeskanzler Helmut Kohl und seine Frau Hannelore im Urlaub am Wolfgangsee 1992.

2002

JANUAR

1.1. Mit der Ausgabe der Euro-Banknoten und Euro-Münzen in zwölf europäischen Ländern wird die 1999 begonnene Währungsunion vollendet.
6.1. Sven Hannawald gewinnt auch das letzte Springen der Vierschanzentournee.
8.1. Die CSU schlägt Edmund Stoiber offiziell als Kanzlerkandidaten vor.
15.1. Das Bundesverfassungsgericht entscheidet, dass muslimische Metzger in Deutschland wieder nach islamischem Ritus schlachten dürfen.
21.1. Bündnis 90/Die Grünen treten bei den Bundestagswahlen erstmals mit einem Spitzenkandidaten an. Der Parteirat nominiert Joschka Fischer.
30.1. Der Bundestag erlaubt deutschen Forschern, unter Auflagen mit embryonalen Stammzellen zu arbeiten.
31.1. In einem Gespräch mit George W. Bush sichert Bundeskanzler Gerhard Schröder (SPD) einen längerfristigen Einsatz deutscher Soldaten und Experten in Afghanistan zu.

FEBRUAR

1.2. Der Bundesrat beschließt den Ausstieg aus der Atomenergie. Der sog. Atomkonsens sieht vor, dass das letzte der 19 deutschen Kernkraftwerke 2021 vom Netz geht.
Hildegard Knef, Schauspielerin und Chansonniere, stirbt im Alter von 76 Jahren an einer Lungenentzündung.
8.2. George W. Bush eröffnet in Salt Lake City die XIX. Olympischen Winterspiele.
10.2. Erstmals fliegt Bundeskanzler Gerhard Schröder (SPD) nach Lateinamerika. Stationen seiner einwöchigen Reise sind Mexiko, Brasilien und Argentinien. Schwerpunkt der Gespräche ist der Ausbau der Wirtschaftsbeziehungen.
13.2. Der Hessische Staatsgerichtshof erklärt die Landtagswahl vom 7. Februar 1999 für gültig, obwohl die CDU ihren siegreichen Wahlkampf zum Teil mit Schwarzgeld finanziert hat.
23.2. Bundesverkehrsminister Kurt Bodewig (SPD) gibt die Verteilung der Bundesmittel für die geplanten Magnetbahnstrecken bekannt: Für die Transrapid-Verbindung Dortmund-Düsseldorf in NRW wird ein Zuschuss in Höhe von 1,7 Milliarden Euro zugesagt. Bayern werden 550 Millionen Euro für die Flughafenanbindung des Münchner Hauptbahnhofs in Aussicht gestellt.
Der denkmalgeschützte Kaisersaal am Potsdamer Platz in Berlin wird nach mehrjährigem Umbau wieder eröffnet.
25.2. Bei einem Überfall auf einen Geldtransporter erbeuten drei Männer 8,5 Millionen Euro. Das ist die höchste Summe, die jemals bei einem Raubüberfall in Deutschland entwendet wurde.
26.2. Bundespräsident Johannes Rau begnadigt die frühere RAF-Terroristin Adelheid Schulz. Sie war zu dreimal lebenslanger Haft verurteilt worden. Aus Gesundheitsgründen gewährte man ihr jedoch ab 1998 nach 16 Jahren Gefängnis Haftverschonung.

MÄRZ

4.3. Norbert Rüther (SPD), Fraktionschef der Kölner SPD und Mitglied des Präsidiums der Landes-SPD, tritt zurück, nachdem bekannt wird, dass er illegale Barspenden für die Partei angenommen hat.
6.3. Zwei Angehörige der Bundeswehr und drei dänische Soldaten kommen beim Entschärfen einer Flugabwehrrakete auf einem Sprengplatz in Kabul ums Leben.
Das Bundesverfassungsgericht erklärt die ungleiche Besteuerung von Renten und Beamtenpensionen für verfassungswidrig.
8.3. Die Stasi-Akten über Altkanzler Helmut Kohl (CDU) bleiben nach einer Entscheidung des Bundesverwaltungsgerichts unter Verschluss.
10.3. Sven Hannawald gewinnt nach der Vierschanzentournee und dem Mannschaftsgold bei den olympischen Spielen in Salt Lake City auch die Skiflug-WM in Harrachov/Tschechien.
11.3. Marion Gräfin Dönhoff stirbt im Alter von 92 Jahren auf Schloss Crottorf im Siegerland.
20.3. Das Bundeskabinett beschließt die Einführung des Dosenpfands: Ab 2003 werden mindestens 25 Cent auf jede Einwegflasche und jede Dose erhoben.

APRIL

8.4. Das Unternehmen des Medien-Moguls Leo Kirch meldet auf Grund von Schulden in Höhe von 6,5 Milliarden Euro Insolvenz an.
10.4. Bundeskanzler Gerhard Schröder und der russische Präsident Wladimir W. Putin erzielen bei ihrem Treffen in Weimar eine Einigung über die Altschulden der früheren Sowjetunion.
15.4. Der Weltfußballverband FIFA und das deutsche Organisationskomitee entscheiden sich für zwölf Stadien als Austragungsorte der Fußball-WM 2006 in Deutschland.
21.4. Reinhard Höppner (SPD) erlangt bei den Landtagswahlen in Sachsen-Anhalt nur 20 Prozent, während die CDU mit Wolfgang Böhmer 15,3 Prozent Zugewinn verzeichnet und somit den nächsten Ministerpräsidenten stellt.
26.4. Ein 19-jähriger ehemaliger Schüler des Erfurter Gutenberg-Gymnasiums erschießt in einem Amoklauf 14 Lehrer und zwei Schüler. Zuletzt richtet er sich selbst.

MAI

4.5. Borussia Dortmund ist nach einem 2:1 gegen Werder Bremen zum sechsten Mal deutscher Fußballmeister.
11.5. Schalke 04 gewinnt das deutsche Pokalfinale gegen Hannover 96 mit 4:2.
12.5. Die FDP nominiert mit Guido Westerwelle zum ersten Mal in ihrer Geschichte einen eigenen Kanzlerkandidaten.
15.5. Real Madrid gewinnt das Finale der Champions League mit 2:1 gegen Bayer 04 Leverkusen.
16.5. Der nordrhein-westfälische FDP-Landesvorsitzende Jürgen Möllemann löst mit seiner Kritik am stellvertretenden Vorsitzenden des Zentralrats der Juden in Deutschland, Michel Friedmann, eine Debatte über Antisemitismus in Deutschland aus.
23.5. In einer Rede vor dem deutschen Bundestag ruft US-Präsident George W. Bush die Europäer zum gemeinsamen Kampf gegen den Terrorismus und die Feinde der Freiheit auf.

JUNI

6.6. Jamal Karsli wird aus der FDP-Fraktion entlassen, nachdem er den Zentralrat der Juden in Deutschland verbal angegriffen hat.
8.6. Bundespräsident Johannes Rau eröffnet die 11. Documenta in Kassel.
12.6. Mit dem Insolvenzantrag der Taurus Holding bricht das Medien-Imperium von Leo Kirch endgültig zusammen.
17.6. Zehn Jahre nach dem Anschlag in Rostock auf ein von Türken bewohntes Haus erhalten die Haupttäter eine Bewährungsstrafe.
30.6. Deutschland verliert das WM-Finale gegen Brasilien mit 0:2.

JULI

1.7. Ein russisches Passagierflugzeug kollidiert über dem Bodensee in 11.300 Meter Höhe mit einer Frachtmaschine. Alle 69 Insassen kommen ums Leben, darunter 45 Kinder.
4.7. Der Bundestag entscheidet mit klarer Mehrheit, das 1950 auf Anordnung Walter Ulbrichts gesprengte Hohenzollernschloss in der Mitte Berlins wieder aufzubauen.
Der Bundestag in Berlin ändert das Stasi-Unterlagengesetz. Vor der Herausgabe von Akten prominenter Betroffener muss nun geprüft werden, ob bei der Informationsbeschaffung Menschenrechte verletzt wurden.
18.7. Bundeskanzler Gerhard Schröder ent Rudolf Scharping als Verteidigungsminister, nachdem

Honorarzahlungen des PR-Unternehmers Moritz Hunzinger an ihn bekannt werden.
19.7. Der bisherige SPD-Fraktionsvorsitzende im Bundestag, Peter Struck, wird neuer Verteidigungsminister.
21.7. Michael Schumacher gewinnt zum fünften Mal die Formel-1-Weltmeisterschaft. Bereits sechs Rennen vor Saisonende ist der Punktevorsprung von den anderen Fahrern nicht mehr einzuholen.
31.7. Gregor Gysi (PDS) tritt von seinem Amt als Berliner Wirtschaftssenator zurück. Ihm wird vorgeworfen, auf Dienstreisen erworbene "Bonus-Meilen" privat genutzt zu haben.

AUGUST

3.8. Bundeskanzler Gerhard Schröder schließt eine deutsche Beteiligung an einem eventuellen Krieg gegen den Irak aus.
Franziska van Almsick unterbietet ihren acht Jahre zurückliegenden Weltrekord über 200 Meter Freistil und wird Europameisterin.
7.8. Die Bundesanstalt für Arbeit meldet erstmals seit Monaten wieder über vier Millionen Arbeitslose.
11.8. Die Jahrhundertflut erreicht die sächsische Landeshauptstadt Dresden. Die Elbe und ihre Nebenflüsse verwandeln sich in reißende Ströme.
17.8. Die zweite Flutwelle der Elbe erreicht Dresden. Der Wasserstand steigt auf die Rekordmarke von 9,40 Meter. Bis zum 26. August fordert die Katastrophe in der Elbregion 20 Todesopfer. Tausende Wohnhäuser werden zerstört. Der Schaden wird auf mehr als 20 Milliarden Euro geschätzt.
20.8. Ein Sondereinsatzkommando der Polizei beendet nach fünf Stunden eine Geiselnahme in der irakischen Botschaft in Berlin unblutig. Die beiden Geiseln werden bei der Befreiung leicht verletzt. Die fünf irakischen Besetzer, Asylbewerber aus Brandenburg, werden von der Polizei festgenommen.
25.8. Das erste TV-Duell der Kanzlerkandidaten Gerhard Schröder (SPD) und Edmund Stoiber (CSU) wird zeitgleich auf RTL und Sat.1 ausgestrahlt.
26.8. Zur Aufbauhilfe für die von der Flut betroffenen Gebiete stellt die Bundesregierung über sieben Milliarden Euro zur Verfügung. Aus diesem Grund wird die für 2003 vorgesehene Steuerreform verschoben.

SEPTEMBER

8.9. Mehr als 15 Millionen Zuschauer erleben das zweite TV-Duell der Kanzlerkandidaten Schröder und Stoiber.
17.9. Bundespräsident Johannes Rau eröffnet in Berlin unter „www.deutschland.de" das erste offizielle Internet-Portal der Bundesrepublik.
22.9. Bei der Bundestagswahl bleibt die SPD stärkste Partei. Dank der starken Gewinne von Bündnis 90/Die Grünen behält die rot-grüne Koalition ihre Mehrheit im Parlament. Die PDS erhält weniger als 5 Prozent der Stimmen und ist nur noch mit zwei direkt gewählten Abgeordneten vertreten.
23.9. Justizministerin Herta Däubler-Gmelin gehört dem neuen Kabinett von Gerhard Schröder nicht mehr an. Sie hatte in einer Diskussion US-Präsident Bush mit Adolf Hitler verglichen.
24.9. CDU-Chefin Angela Merkel wird zur neuen Fraktionsvorsitzenden der Union gewählt und löst dadurch Friedrich Merz ab. Für die SPD übernimmt der bisherige Generalsekretär Franz Müntefering das Amt des Fraktionschefs.

OKTOBER

3.10. Nach zweijähriger Restaurierung wird das Brandenburger Tor in einer aufwändigen Zeremonie wieder enthüllt.
16.10. Der Koalitionsvertrag von SPD und Bündnis 90/Die Grünen wird unterzeichnet. Manfred Stolpe übernimmt das Amt des Bundesministers für Verkehr-, Bau- und Wohnungswesen und der bisherige Ministerpräsident von Nordrhein-Westfalen, Wolfgang Clement, wird Bundesminister für Wirtschaft und Arbeit.
22.10. Der 15. Deutsche Bundestag wählt Gerhard Schröder (SPD) mit 305 der 599 abgegebenen Stimmen ein zweites Mal zum Bundeskanzler.
29.10. Kanzler Gerhard Schröder (SPD) verteidigt in seiner ersten Regierungserklärung nach der Wahl den Sparkurs der Regierung.

Bundeskanzler Gerhard Schröder (links, SPD) und Bundesaußenminister Joschka Fischer (Bündnis 90/Die Grünen) umarmen sich nach der Unterzeichnung des Koalitionsvertrages, der in rot-grüne Mappen eingebunden ist, am 16. Oktober 2002 in Berlin. In einer feierlichen Zeremonie in der Neuen Nationalgalerie hatten die Spitzenpolitiker von SPD und Bündnis 90/Die Grünen ihre Unterschriften unter das 88 Seiten umfassende Dokument gesetzt. Als wichtigste Aufgaben nennt die Vereinbarung den Abbau der Arbeitslosigkeit und der Staatsverschuldung.

CDU-Chefin Angela Merkel wirft Schröder in ihrer Bundestagsrede Täuschung der Wähler und unredliche Wahlversprechungen vor. Die FDP-Bundestagsfraktion verweigert dem früheren stellvertretenden Parteichef Jürgen W. Möllemann einen Platz in einem der Bundestagsausschüsse.

NOVEMBER

6.11. Der nordrhein-westfälische Landtag wählt den bisherigen Finanzminister Peer Steinbrück (SPD) zum Ministerpräsidenten.
14.11. Der Bundestag billigt mit der Mehrheit von SPD und Bündnis 90/Die Grünen die Erhöhung der Ökosteuer zum 1. Januar 2003.
27.11. Deutschland sichert den USA und anderen NATO-Staaten bei einem Angriff auf den Irak alle Überflug- und Transitrechte zu, will aber keine militärische Unterstützung gewähren.

DEZEMBER

2.12. Der FDP-Bundesvorstand beschließt ein Parteiordnungsverfahren gegen den früheren stellvertretenden Bundesvorsitzenden Jürgen W. Möllemann mit dem Ziel des Parteiausschlusses.
Tabakwerbung in Zeitungen, Zeitschriften, Rundfunk und Internet ist auf Beschluss des EU-Ministerrats ab Mitte 2005 in der Europäischen Union verboten.
5.12. Der Bundestag verlängert den Einsatz der Bundeswehr in Mazedonien bis Mitte Juni 2003 und reduziert das Kontingent der Soldaten von 200 auf 70.
17.12. Im Vermittlungsausschuss von Bundestag und Bundesrat einigen sich Regierung und Opposition auf eine Regelung zu den „Minijobs" des sogenannten Hartz-Konzepts. Danach müssen Arbeitnehmer mit einem Verdienst bis 400 Euro monatlich ab April 2003 keine Steuern und Sozialabgaben zahlen.
20.12. Der Bundestag verlängert das Bundeswehrmandat für die internationale Schutztruppe in Afghanistan (ISAF) bis Ende 2003.
31.12. In Shanghai absolviert die Transrapid-Schwebebahn ihre Jungfernfahrt.

Wahlkrimi

Beständig gesunken war die Zustimmung der Bevölkerung für Rot-Grün während der seit 1998 andauernden Legislaturperiode. CSU-Chef Edmund Stoiber, der sich bei der Bestimmung des Kanzlerkandidaten der Union gegen Angela Merkel durchgesetzt hatte, konnte lange auf einen sicheren Sieg am 22. September 2002 rechnen, und die ersten Hochrechnungen schienen das zu bestätigen, wenn auch nicht mehr so deutlich wie die Umfragen noch vor wenigen Wochen. Es wurden aber schon Posten verteilt und staatsmännische Absichtserklärungen formuliert. Bis Mitternacht sah es ganz nach einem Machtwechsel aus, doch von Hochrechnung zu Hochrechnung bröckelte der Stimmenanteil der Union und auch die FDP, mit der Stoiber koalieren wollte, kam nicht recht weiter. Erst als um 3 Uhr 45 am nächsten Morgen das vorläufige amtliche Endergebnis feststand, war sicher, dass es noch zu einer, wenn auch hauchdünnen Mehrheit für Schröder und seine grünen Partner gereicht hatte. Den Ausschlag dürfte der Endspurt des Kanzlers gegeben haben, der sich bei der Elbeflut als Profi des entschlossenen Krisenmanagements gezeigt hatte. Außerdem hatte er unmissverständlich klar gemacht, dass sich seine Regierung nicht an einem militärischen Abenteuer im Irak beteiligen werde. Die Union hatte da mit Rücksicht auf den amerikanischen Freund leiser und missverständlich taktiert. Trotz der Kritik an den Zumutungen, die Schröders Reformpolitik für viele bedeutete, machte die Mehrheit dann doch wieder ihre Kreuze bei ihm und den Seinen. Die Grünen fingen zudem einige Verluste der Sozialdemokraten auf, so dass der Wechsel fürs erste verpasst war. Die Ergebnisse sahen so aus (in Klammern die Zahlen für 1998: SPD 38,5 Prozent (40,9) und 251 Mandate (298), die CDU/CSU 38,5 Prozent (35,1) und 248 Mandate (245), die Grünen 8,6 Prozent (6,7) und 55 Mandate (47), FDP 7,4 Prozent (6,2) und 47 Mandate (43).

Berlin: Die Parteivorsitzende von Bündnis 90/Die Grünen, Claudia Roth (links), umarmt am 23. September 2002 in Berlin auf der Pressekonferenz der Partei den Spitzenkandidaten Joschka Fischer. Die Grünen erzielten am 22. September 2002 bei der Bundestagswahl 8,6 Prozent der Stimmen.

Feuerwerksraketen umrahmen die riesige Euro-Skulptur vor der Europäischen Zentralbank (EZB) in Frankfurt/Main am 1. Januar 2002, wenige Augenblicke nach Mitternacht. Die größte Geldtauschaktion aller Zeiten ist mit der Ausgabe der Euro-Banknoten in 12 europäischen Ländern in der Neujahrsnacht angelaufen. Damit können nun mehr als 300 Millionen Bürger in Europa ihr neues Geld endlich auch anfassen und von Lappland bis Sizilien mit ein und derselben Währung bezahlen.

Jahrhundertflut

Lange anhaltender Starkregen brachte im August 2002 die Flüsse in Bayern, Österreich, Tschechien und vor allem die Elbe von Sachsen bis Niedersachsen zum Überlaufen. Ortsteile wurde weggeschwemmt, Gebäude stürzten ein, Brücken barsten, Straßen rutschten ab, manche Menschen verloren ihre gesamte Habe, Todesopfer waren zu beklagen, unersetzliche Kulturgüter wurden beschädigt oder sogar zerstört. Es kam zu Pegelständen, wie sie noch nie gemessen worden waren. Bilder gingen um die Welt, wie man sie sonst nur aus dem fernen Osten kannte. Sie lösten eine Welle der Hilfsbereitschaft aus, die Spenden sprudelten wie die Fluten. Die Behörden konnten sich auf zahllose freiwillige Helfer stützen, die Bundeswehr war rund um die Uhr im Einsatz, Technisches Hilfswerk und Feuerwehren leisteten Übermenschliches. Die Bundesregierung handelte schnell. Nachdem sich Kanzler Schröder vor Ort ein Bild von den Verwüstungen gemacht hatte, legte er ein umfassendes Hilfsprogramm für die betroffenen Regionen auf. Im Bundestag führte er dazu am 19. Auguste aus:

Die verheerende Hochwasserkatastrophe, die in den vergangenen Wochen Sachsen, Sachsen-Anhalt, Brandenburg und Mecklenburg-Vorpommern, aber eben auch Bayern, Niedersachsen und Schleswig-Holstein heimgesucht hat, hinterlässt die schwersten Schäden, die unser Land in seiner Nachkriegsgeschichte erlitten hat.

Trotz dieser schrecklichen Ereignisse haben wir Grund, stolz und auch zuversichtlich zu sein; denn durch Deutschland ist nicht nur eine katastrophale Flut gegangen, sondern auch eine unglaubliche Welle der Solidarität.

(Beifall im ganzen Hause)

Man kann es überall spüren: Die Menschen packen zu. Nachbarn helfen Nachbarn. Jeder tut das, was er kann. Sehr viele haben großzügig gespendet – bis zum heutigen Tag bereits mehr als 130 Millionen Euro.

(Beifall im ganzen Hause)

Das zeigt, welche Hilfsbereitschaft und welcher Wille zum Gemeinsinn in unserem Volk vorhanden sind. Niemals zuvor hat es eine größere Spendenbereitschaft gegeben. Ich denke, dafür können wir allen Bürgerinnen und Bürgern nur dankbar sein. Weil wir das Geld der Privatleute dringend benötigen, bitte ich darum, in der Unterstützung derer,

die alles verloren haben, nicht nachzulassen. Das Geld ist willkommen und wird dringend gebraucht.
(Beifall bei der SPD und dem BÜNDNIS 90/ DIE GRÜNEN sowie bei Abgeordneten der CDU/ CSU und der FDP)
Meine Damen und Herren, überall, wo ich gewesen bin, ob in Grimma oder in Dresden, habe ich Mut, Entschlossenheit und die Hoffnung erlebt, die aus der gemeinsamen Erfahrung mit der Katastrophe erwachsen ist: Gemeinsam schaffen wir das, gemeinsam werden wir mit den Folgen fertig.
(Beifall bei der SPD und dem BÜNDNIS 90/ DIE GRÜNEN sowie bei Abgeordneten der FDP)
Diese Jahrhundertflut hat all diejenigen eines Besseren belehrt, die gelegentlich geschrieben haben, zwischen Ost und West stünde immer noch eine Mauer in den Köpfen und gelegentlich auch in den Herzen. Was wir in diesen Tagen erlebt haben, ist etwas ganz anderes: Aus der deutschen Einheit ist die Einheit der Deutschen geworden, und zwar im Kopf und in den Herzen.
(Beifall bei der SPD und dem BÜNDNIS 90/ DIE GRÜNEN sowie bei Abgeordneten der CDU/ CSU und der FDP)
Dafür muss und kann man den Menschen nur danken. Man darf auf die Menschen und die Leistungen, die sie erbracht haben, stolz sein. Damit meine ich nicht nur die weit mehr als 50 000 eingesetzten Helferinnen und Helfer des Bundesgrenzschutzes, des Technischen Hilfswerks und der Bundeswehr, die wirklich bis zur Erschöpfung gegen die Fluten gekämpft und den bedrohten Menschen beigestanden haben. In diesen schweren Tagen haben viele Menschen ganz praktisch erlebt, was der Begriff „Bürger in Uniform“ wirklich meint und wie sehr er bereits inhaltlich ausgefüllt ist.
(Beifall im ganze Hause)
Mehr als 20 000 Soldatinnen und Soldaten der Bundeswehr haben gemeinsam mit französischen, polnischen und amerikanischen Kameraden auch in schwierigsten Situationen umsichtig gehandelt und damit den Menschen Sicherheit und Vertrauen gegeben. Ohne den unermüdlichen Einsatz von Technischem Hilfswerk, Bundesgrenzschutz, Bundeswehr, aber auch all der freiwilligen Helfer in den Feuerwehren, der DLRG und etlicher anderer freier Hilfsorganisationen wären die Schäden noch weit verheerender ausgefallen.
Ich sage jetzt für alle, die dort waren: Das musste man sich anschauen. Es war nicht Neugier, sondern es war für alle, die daran beteiligt waren und die politische Verantwortung tragen, die notwendige direkte Konfrontation mit der Tragweite der Hochwasserkatastrophe und ihren Folgen. Ich nehme für alle von uns in Anspruch: Man entscheidet klarer und besser, wenn man sich vom Umfang der Katastrophe ein eigenes Bild gemacht hat.
(Beifall bei der SPD und dem BÜNDNIS 90/ DIE GRÜNEN sowie bei Abgeordneten der PDS)
Es ist auch nötig, etwas zu den jungen Leuten in Deutschland zu sagen, die gelegentlich als wenig ge-

Völlig überflutet zeigt sich im August 2002 die historische Altstadt in Dresden mit der Semperoper und dem Zwinger im Vordergrund.

Für das traditionsreiche deutsche Skispringen ist der 6. Februar 2002 ein einzigartiger Tag, der Tag des Sven Hannawald. Der 27-Jährige, der seine sportliche Laufbahn noch in der ehemaligen DDR begann, siegte auch beim letzten Springen auf der Paul-Auerleitner-Schanze in Bischofshofen. Erstmals in der 50-jährigen Geschichte der deutsch-österreichischen Springertournee hatte ein Athlet auf allen vier Schanzen gewonnen. In Bischofshofen siegte Hannawald mit Schanzenrekord von 139 sowie 131,5 m und lag mit 282,9 Punkten vor dem Finnen Matti Hautamäki und Martin Hollwarth aus Österreich. Nach den vorangegangenen Siegen in Oberstdorf, Garmisch-Partenkirchen und Innsbruck lag Hannawald mit der höchsten je erreichten Zahl von 1077,6 Punkten überlegen vor Hautamäki und Hollwarth sowie dem im Weltcup führenden Polen Adam Malysz. Hannawald ist der zehnte deutsche Gewinner der Vierschanzentournee. Zuletzt hatte 1996 Jens Weißflog gesiegt, der damit nach 1984, 1985 und 1991 als Einziger zum vierten Mal den Gesamtsieg feiern konnte. Seit 1953 haben Skisprungasse aus aller Welt den Vierfach-Triumph angepeilt. Insgesamt 15 Springer schafften immerhin je drei Siege bei einer Tournee. Österreichs Cheftrainer Toni Innauer – selbst ein erfolgreicher Skispringer – ordnet das Ereignis so ein: „Er hat etwas Einzigartiges geschafft, woran 50 Jahre die weltbesten Skispringer gescheitert sind. Damit ist er zur lebenden Legende geworden."

meinschaftsfähig gescholten werden. Das ist ganz falsch, wie sich gezeigt hat. Es mag sein, dass deren Vertrauen und deren Bereitschaft zum Engagement in Großorganisationen nicht mehr so ist, wie das früher selbstverständlich war. Aber was wir hier mitten in der Katastrophe an Bereitschaft insbesondere der deutschen Jugend, sich zu engagieren, erlebt haben, war schon großartig.

(Beifall im ganzen Hause)

Alle staatlichen Einsatzkräfte werden so lange vor Ort bleiben, wie es erforderlich ist, um den Opfern zu helfen und um beim Aufräumen und beim Wiederaufbau anzupacken. Ich sage es noch einmal: Den zahllosen freiwilligen Helfern, die Sandsäcke geschleppt haben, die für Nahrungsmittel und Getränke gesorgt haben, auch denjenigen, die bei den notwendigen Evakuierungen zugepackt haben, kann man nur große Dankbarkeit und viel Respekt zollen.

Die Zivilgesellschaft, die hier deutlich geworden ist, hat auch noch in Bereichen funktioniert, in denen wir in anderen Situationen und anderen Ländern schon etwas anderes gesehen haben. Es hat kaum Plünderungen oder Ähnliches gegeben. Wo das doch der Fall gewesen ist, ist das nicht nur von den Sicherheitskräften, sondern von den Bürgerinnen und Bürgern selbst im Keim erstickt worden. Das nenne ich Zivilcourage...

(Beifall bei der SPD und dem BÜNDNIS 90/ DIE GRÜNEN sowie bei Abgeordneten der FDP und der PDS)

Durch die Verschiebung der zweiten Stufe der Steuerreform, die wir Ihnen heute vorschlagen, verteilen wir die Lasten fair und sozial ausgewogen. Der Fonds wird vom Bund, von den Ländern und von allen Gemeinden gespeist. Jeder Steuerzahler wird entsprechend seinem Einkommen und seiner Leistungsfähigkeit seinen Beitrag leisten. Wer mehr verdient, kann bei der Aufbauhilfe auch mehr schultern. Das ist gerecht und deshalb wird es so gemacht. Zudem nehmen wir das Angebot der Industrieverbände an und erhöhen die Körperschaftsteuer – befristet für ein Jahr – um 1,5 Prozentpunkte.

(Beifall bei der SPD und dem BÜNDNIS 90/ DIE GRÜNEN)

Ich gestehe, dass ich über dieses Angebot durchaus überrascht war. Dass ich es aber gern angenommen habe, können Sie sicher nachvollziehen.

(Beifall bei der SPD und dem BÜNDNIS 90/DIE GRÜNEN)

Im Bundeshaushalt mobilisieren wir weiter 1 Milliarde Euro durch Umschichtungen im Etat des Bundesverkehrsministeriums. Zudem wollen wir 1,2 Milliarden Euro aus der Effizienzreserve des EU-Strukturfonds in Anspruch nehmen. Ich habe Nachrichten gelesen, nach denen das Geld freigegeben ist. Auf diese Weise können wir Aufbauhilfe in einem Gesamtumfang von etwa

Stürmer Miroslav Klose bejubelt sein Kopfballtor gegen die Iren mit einem Salto bei der Fußballweltmeisterschaft 2002 in Japan und Südkorea.

10 Milliarden Euro zur Verfügung stellen, und zwar ohne unsere international eingegangenen Verpflichtungen zu verletzen... Meine Damen und Herren, ebenso wichtig wie die Fürsorge für die Opfer des Hochwassers ist uns, der Bundesregierung, die Vorsorge. Wir brauchen - dieses Ziel verfolgen wir seit Amtsantritt - einen vorbeugenden Hochwasserschutz, der sich nicht nur auf den Bau und den Ausbau von Deichen und Dämmen beschränkt. Keine Frage: Solche Schutzmaßnahmen sind wichtig. Aber selbst wenn wir das ganze Land eindeichen, bleibt es dabei: Elbe, Donau und andere Flüsse sind eben nicht nur Wasserstraßen, sondern Teile der Natur. (Beifall bei der SPD und dem BÜNDNIS 90/ DIE GRÜNEN sowie bei Abgeordneten der PDS) Das haben wir alle miteinander, die einen mehr, die anderen weniger, gelegentlich diskutiert. Das ist so gewesen; warum soll man das dann nicht auch sagen? In Dresden beispielsweise war sichtbar - Herr Ministerpräsident, wir haben darüber geredet -, dass sich die Weißeritz ein Flussbett zurückerobert hatte, aus dem sie vor 100 Jahren gleichsam vertrieben worden ist. Solche Ereignisse müssen dann doch Nachdenklichkeit auslösen. Die Konsequenz ist: Wir werden, was die flussnahen Gebiete angeht, nicht nur umdenken, sondern auch anders handeln müssen. (Beifall bei der SPD und dem BÜNDNIS 90/ DIE GRÜNEN sowie bei Abgeordneten der PDS) Ich bin mit dem Bundesverkehrsminister völlig einig, dass das zuerst für die Elbe gilt. Wir müssen Schluss machen mit der weiteren Versiegelung von Landschaften und erst recht mit der weiteren Begradigung von Flussläufen... (Beifall bei der SPD, dem BÜNDNIS 90/DIE GRÜNEN und der PDS)

Die gute Nachricht der letzten Tage ist, dass die Pegelstände der Flüsse nunmehr überall zurückgehen. Eine mindestens ebenso gute Nachricht ist, dass wir in den vergangenen Wochen eine außergewöhnliche Demonstration des Gemeinsinns erlebt haben, eine Demonstration, die in diesem Ausmaß und in dieser Tiefe vielleicht doch viele im Land überrascht hat.

Die Bundesregierung hat mit schneller und effizienter Soforthilfe sowie mit dem umfassenden Hilfs- und Aufbauprogramm, das wir Ihnen heute vorlegen und zu dem wir um Ihre Zustimmung bitten, die Bereitschaft zur Solidarität bei den Menschen nicht etwa geweckt. Sie war schon vorhanden. Wir haben sie vielmehr aufgegriffen und ihr einen angemessenen Rahmen gegeben. Ich denke, der Deutsche Bundestag - da bin ich ganz sicher - wird hinter diesem Willen und dieser ausgedrückten Kraft zum Gemeinsinn nicht zurückstehen und deswegen alles tun, damit wir die materielle Basis dafür bekommen, um den Opfern schnell, unbürokratisch und durchgreifend helfen zu können. Darum geht es.

Fritz Walter und Bundestrainer Sepp Herberger in den 50er-Jahren.

Deutschland Vizeweltmeister

Erstmals in der Geschichte der Fußball-Weltmeisterschaften fand das Turnier im Juni 2002 in zwei Ländern, Japan und Südkorea, statt. Die deutsche Mannschaft, die mit wenigen Hoffnungen angereist war, schaffte zunächst ihr Minimalziel, die Vorrunde zu überstehen. Im Achtelfinale gelang ein mühsamer 1:0 Sieg über Paraguay, und wieder machten sich Zweifel breit, ob die Truppe von Bundestrainer Rudi Völler reif war für eine so große Aufgabe, wie sie der Kampf um den Welttitel darstellt. Nicht einmal, als das Halbfinale durch ein 1:0 gegen die eher als Fußballzwerge geltenden US-Amerikaner geglückt war, wollte sich richtiges Glücksgefühl einstellen. Immerhin hatte die Mannschaft um Kapitän Oliver Kahn bewiesen, dass in Turnieren mit den Deutschen immer zu rechnen ist. Sie wachsen offenbar mit den Aufgaben. Und zu verdanken hatten sie es eben dem Keeper Kahn, der seien Kasten sauber hielt (nur ein Gegentor bis zum Finale) und mit Glanzparaden zum Star der WM wurde. Seiner ansteckenden Entschlossenheit eiferten die anderen immer eifriger nach und besiegten im Halbfinale auch die ratslosen Renner von Gastgeber Südkorea mit 1:0. Dann aber war es ausgerechnet der große Zampano zwischen den deutschen Pfosten, der im Endspiel patzte, die Mannschaft um die vierte Weltmeisterschaft brachte und Brasilien die fünfte bescherte: In der 67. Minute konnte Kahn einen scharf geschossenen Ball von Rivaldo nicht festhalten, sondern nur abklatschen. Er rolle Torjäger Ronaldo direkt vor die Füße, der ihn aus kurzer Distanz unter Kahn hindurch versenkte. Das 2:0, fast eine Kopie des ersten Treffers der Brasilianer, spielte dann keine Rolle mehr, schraubte nur das Ergebnis hoch und vertiefte die Depression der Deutschen. Kahn saß nach dem Abpfiff an diesem denkwürdigen 30. Juni minutenlang wie gelähmt an einem Pfosten seines Tores. Nicht einmal Völler konnte ihn aufmuntern. Die deutschen Fans aber, die der Mannschaft bei der Rückkehr einen begeisterten Empfang bereiteten, feierten den zweiten Platz wie einen Sieg und sangen die zum dröhnenden Gassenhauer gewordenen Zeilen zur Melodie von „Quantanamera": „Es gibt nur ein' Rudi Völler...!"

Fritz Walter gestorben

Er gehörte zu den ganz Großen des deutschen Fußballs: Fritz Walter, am 31. Oktober 1920 in Kaiserslautern geboren und dort am 17. Juni

Hildegard Knef im März 1993. Als „Sünderin" im gleichnamigen Film zu Beginn der prüden 50-er Jahre schlagartig berühmt geworden, konnte „die Knef" auf ein turbulentes Leben mit Höhen und Tiefen zurückblicken. Ein Leben wie auf einer Achterbahn zwischen Berlin und Hollywood, Babelsberg und dem Broadway, mit mindestens drei Karrieren als Schauspielerin, als Chansonsängerin und Bestsellerautorin – „Der geschenkte Gaul" verkaufte sich millionenfach in aller Welt. Hildegard Knef wurde am 28. Dezember 1925 in Ulm geboren und starb am 1. Februar 2002 in Berlin an den Folgen einer akuten Lungenentzündung.

2002 gestorben, spielte zeit seines Lebens für seinen Heimatverein, den 1. FC Kaiserslautern, der mit ihm und seinem Bruder Ottmar sowie den Brüdern Werner und Ernst Liebrich seine glanzvollste Zeit erlebte, 1951 und 1953 zweimal deutscher Meister wurde und 1948, 1954 sowie 1955 erst im Endspiel scheiterte. Man sprach damals nur von der „Walter-Elf". 23-mal stand Walter ununterbrochen in der Nationalmannschaft, bis der Zweite Weltkrieg seine Karriere zwangsläufig unterbrach. Aber auch damals schon behielt ihn der Reichs- und spätere Bundestrainer Herberger im Auge. „Halten Sie sich zurück, machen Sie sich selten und sorgen Sie dafür, dass Ihr Name in den nächsten Wochen nicht genannt wird", schrieb er seinem Schützling Weihnachten 1942 nach Italien, wo dieser stationiert war. Im nächsten Jahr diente der Infanterist Walter in der Etappe und spielte bei den „Roten Jägern", einer Fußball-Einheit des Jagdfliegeridols Hermann Graf, der die halbe deutsche Nationalmannschaft um sich versammelt hatte. Fast neun Jahre, die besten eines Fußballerlebens, musste Fritz Walter ohne Nationaltrikot auskommen.

Im Jahr 1951, als Deutschland wieder international spielen durfte, war Fritz Walter wieder am Ball. Der „große Fritz" war aber nicht nur ein Ballkünstler auf dem Spielfeld und ein idealer Mannschaftskapitän, sondern auch der ideale Vermittler der Ideen von Sepp Herberger an die Nationalspieler. 1954 führte das Erfolgsduo die deutsche Nationalmannschaft bei der Fußballweltmeisterschaft in der Schweiz zum sensationellen Titelgewinn – die favorisierten Ungarn mussten sich im Endspiel 2:3 geschlagen geben. Das „Wunder von Bern" gab den tief gefallenen Deutschen wieder Mut und Hoffnung, dass sie den Weg zurückfinden würden in den Kreis der geachteten Nationen. Der Ball nämlich ist nicht nur rund, wie Sepp Herberger in seiner Vorliebe für verblüffende Banalitäten zu sagen pflegte, sondern er entwickelt eine ganz eigene, auch politische Magie, vor allem wenn ihn Zauberer wie der „alte Fritz" tanzen lassen. Noch bei der WM 1958 in Schweden zählte der bereits 38-jährige Stürmer zu den überragenden Erscheinungen des Turniers, bei dem der Stern eines Pelé und eines Uwe Seeler aufging. Das Silberne Lorbeerblatt, die höchste deutsche Sportauszeichnung, die bis 1964 noch mehrmals verliehen werden konnte, erhielt Fritz Walter insgesamt dreimal: 1951 für die deutsche Meisterschaft mit Kaiserslautern, 1954 als Spielführer der Nationalmannschaft und nochmals 1954 für den Gewinn der Weltmeisterschaft mit der deutschen Elf. Fritz Walter, der 1970 das Große Bundesverdienstkreuz erhielt und nach dem das Stadion in Kaiserslautern benannt ist, war mit Uwe Seeler und Franz Beckenbauer Ehrenspielführer der deutschen Nationalmannschaft.

Marion Gräfin Dönhoff

* Friedrichstein (Ostpreußen), 2. Dezember 1909
† Grottorf (Rheinland-Pfalz), 11. März 2002

Im 13. Jahrhundert werden die Dönhoffs erstmals urkundlich erwähnt. Das westfälische Adelsgeschlecht siedelte später in Livland und erwarb Ländereien in Ostpreußen. Dort erblickte Marion Gräfin Dönhoff das Licht einer noch halbfeudalen Welt, die sogar den Ersten Weltkrieg nur leicht beschädigt überdauerte. Zwar stand die ostelbische Grundherren-Gesellschaft der ersten deutschen Demokratie fremd gegenüber, doch brachte sie im Dritten Reich führende Figuren des Widerstands gegen Hitler hervor.

Marion Gräfin Dönhoff hat diese dunkelste Zeit der deutschen Geschichte tief geprägt. Nach dem Zusammenbruch wurde sie eine der profiliertesten Streiterinnen für die zweite deutsche Demokratie. 1946 begann sie ihre publizistische Karriere bei der Wochenzeitschrift „Die Zeit", die sie von 1968 bis 1972 als Chefredakteurin leitete und bis zu ihrem Tod als Herausgeberin betreute.

Ihr leidenschaftliches Engagement für die Völkerverständigung brachte ihr zahlreiche Ehrungen im In- und Ausland ein, darunter den renommierten Friedenspreis des Deutschen Buchhandels im Jahre 1971. Zu den bekanntesten Arbeiten der Buchautorin Marion Gräfin Dönhoff zählen ihre von tiefer Heimatliebe durchdrungenen Erinnerungen an Ostpreußen unter dem Titel „Namen die keiner mehr nennt" (1962) und ihre Autobiografie „Eine Kindheit in Ostpreußen" (1988).

Tod von SPIEGEL-Herausgeber Rudolf Augstein

Am 7. November 2002, zwei Tage nach seinem 79. Geburtstag, erlag der bedeutende Zeitschriftenmann Rudolf Augstein den Folgen einer Lungenentzündung. Der SPIEGEL, den er „erfunden" hatte und der zu einem Machtfaktor im demokratischen Deutschland geworden war, veröffentlichte Stimmen von Prominenten, die Augstein persönlich gekannt hatten. Darunter war auch der amtierende Bundespräsident Johannes Rau, der sehr persönliche Worte fand beim Abschied von einem, der niemanden gleichgültig gelassen hat:

Persönlich kennen gelernt habe ich ihn bei Gustav Heinemann. Ich weiß nicht mehr genau, wann es war und wo – irgendwann in den fünfziger Jahren jedenfalls muss es gewesen sein. Ich weiß aber noch, worum es in dem Gespräch ging. Rudolf Augstein war wütend über Adenauers Deutschland-Politik, und in Heinemann, dem Begründer der Gesamtdeutschen Volkspartei, fand er einen verständnisvollen Gesprächspartner. Einen Gesprächspartner, wohlgemerkt, keinen Verbündeten. Ein Augstein suchte nicht nach Verbündeten. Sein eigenes Urteil war ihm Argument genug.

Und das ist das andere, an das ich mich erinnere: Ich erlebte damals einen Journalisten, der so gar nicht als Journalist auftrat.

Keine Spur von distanzierter Zurückhaltung, keine falsche Scheu

Marion Gräfin Dönhoff.

vor jedweder Autorität. Nein, da kam einer, selbstbewusst und wortmächtig, fest überzeugt von sich und seiner Mission, weniger politischer Journalist denn vielmehr schreibender Politiker. Das also war der Augstein.

Ich sollte ihn noch viele Male treffen in den folgenden Jahren, oder soll ich sagen: er mich? Mindestens einmal im Leben hat Rudolf Augstein schließlich jedem von uns Politikern „einen vor den Latz gegeben", wie er das genannt hätte. Auch ich war natürlich – leider mehr als einmal – davon betroffen... Aktenkundig ist seine Fehde mit Adenauer, legendär ist seine Schlacht gegen Franz Josef Strauß. Es war zweifellos eine persönliche Sache zwischen den beiden, und es entsprach dem Selbstverständnis Rudolf Augsteins, dass er diese Auseinandersetzung auf gleicher Augenhöhe führte. Er und Strauß, das war ein politischer Zweikampf jenseits der Parlamente. Es war aber viel mehr als das.

Augstein und Strauß, ob zur Zeit der SPIEGEL-Affäre oder später während der Kanzlerkandidatur des Bayern – das war der unerbittlich geführte Streit zwischen dem liberalen Aufklärer und demjenigen, den er für den Inbegriff des deutschen Konservativismus hielt. Es war der Kampf zweier Ausnahmepersönlichkeiten aus der jungen Kriegsgeneration, die ganz verschiedene Konsequenzen aus der Erfahrung der nationalsozialistischen Katastrophe gezogen hatten. Rudolf Augstein wurde zum radikalen Demokraten, der leidenschaftlich dazwischen ging, wo er die Bürgerrechte in Gefahr wähnte, der polemisierte und polarisierte, wo er konnte, wenn es nur der freiheitlichen Sache (und ganz gelegentlich vielleicht der Auflage) diente.

Pragmatische Wendigkeit war ihm als Journalist ein Gräuel. Als Verleger allerdings war er darin selber recht erfolgreich – wie sonst wäre der SPIEGEL zu einem der größten und noch immer profitablen Magazine Europas geworden?

Auch sonst habe ich manchen Widerspruch erlebt zwischen dem, was ihn mit zunehmenden Jahren als Mythos umgab, und dem, was er selbst von sich preisgab, in seiner oft derben, zuspitzenden, auf das Wesentliche reduzierten Sprache. In bestimmter Weise war auch er ein Konservativer, einer mit liberalen Wurzeln freilich und unverdächtig jenes muffigen Spießertums, das er in den frühen Jahren der Republik so vehement bekämpfte.

Er war ein Patriot. Diese Vaterlandsliebe wuchs mit seinem Lebensalter. Nie aber war er ein Nationalist, denn er hat die Vaterländer der anderen geachtet und suchte zeit seines Lebens nach Möglichkeiten der Verständigung. Diese Haltung war es, die ihn an die Seite Willy Brandts gebracht hat – auch der ein deutscher Patriot, der nach dem Ausgleich suchte. Brandts Ostpolitik also hat Augstein mit aller Macht unterstützt, und das war viel in jenen Zeiten, verbündet hat er sich aber auch mit diesem nicht. „Als Bürger war Brandt eher ein Prolet. Aber als Politiker und Staatsmann hat er sich doch in einer Weise als unentbehrlich erwiesen", sagte Augstein später über Willy Brandt. Ein nüchternes, unpathetisches, aber auch verletzendes Urteil ist das, so wie Augsteins Urteile manchmal waren. Wortkarg und wirkungsvoll, zuweilen kränkend.

War er deshalb ein Zyniker, wie manche meinen?

Ich habe ihn anders erlebt – erfüllt von tiefer menschlicher Wärme, ja Herzlichkeit. Er ging zu vielen Beerdigungen seiner Mitarbeiter. Er war ein Patriarch, manchmal ein sentimentaler dazu. Und er war ein Suchender. Besonders deutlich ist mir das geworden, als er 1993 mit André Müller sprach. „Morgen früh kann ich tot sein", stand über dem Interview. Das war ein anderer Augstein, und ich habe ihm geschrieben, wie ich ihn in diesem Gespräch empfunden habe – als verletzlich provozierenden, leidend-mitleidenden, nihilistisch-moralisierenden, trauernd suchenden Rudolf Augstein.

Mit solchen Briefen konnte er schwer umgehen, glaube ich. Im gleichen Jahr habe ich einen Beitrag geschrieben mit dem Titel: „Augstein und das Christentum". Er wusste nicht recht, was er damit anfangen sollte. Vielleicht hat er diesmal sich selbst getroffen gefühlt. Dass es Glauben gibt, dass Glaube etwas bewirken kann, faszinierte den Machtmenschen. Es war

Rudolf Augstein.

ja Rudolf Augstein selber, der von seinen Redakteuren die mit schöner Regelmäßigkeit zu Ostern, zu Pfingsten und zu Weihnachten wiederkehrenden Kirchentitel im SPIEGEL verlangte. Auch wenn diese Geschichten oft von Skepsis, von warnender Zurückhaltung gegenüber Kirche und Glauben geprägt waren, und obwohl Augstein nach außen hin immer so tat, als interessierte ihn das alles nicht: Der geistige Halt durch den Glauben beeindruckte ihn – ich würde sogar sagen, er inspirierte ihn ganz persönlich.

An meinem 60. Geburtstag erreichte mich ein Telex von Augstein, in dem er mir nach der Anrede „Lieber Bruder Johannes" lapidar mitteilte, dass der 60. eigentlich nicht so schlimm sei wie der 50. „Nur leider sind die Zeiten momentan recht mies." Als ich ihm zu seinem 70. etwas weitschweifiger gratulierte, bürstete er mich in einem Antwortschreiben freundlich ab: „Geburtstagswünsche kürzer halten, noch dazu bei einem so unwürdigen Objekt." Außerdem verwahrte er sich gegen jede Jubelperserei: „Es stimmt alles ein wenig, was Sie mir attestieren, aber es stimmt natürlich nicht ganz: Die Schattenseiten sind weggelassen worden!"

Mit den Jahren ist er milder geworden, und seine Briefe kürzer. Vor ein paar Monaten habe ich einen von ihm erhalten, der war nur eine Zeile lang: „Ich freue mich, dass Sie bei unserer Bevölkerung so gut angekommen sind."

Darüber habe ich mich sehr gefreut. Das war von Augstein. Von dem Augstein.

2003

JANUAR

1.1. Deutschland wird für zwei Jahre Mitglied des UN-Sicherheitsrates.
6.1. Der Finne Janne Ahonen (geb. 1978) gewinnt die Vierschanzentournee vor dem deutschen Titelverteidiger Sven Hannawald.
10.1. Das Bundeskriminalamt nimmt die Al-Qaida-Mitglieder Said Mohammed Moshen und Scheich El Mojad fest, der als Finanzchef Osama Bin Ladens gilt.
22.1. Zum 40. Jahrestag des Elysée-Vertrags erklären Bundeskanzler Gerhard Schröder (SPD) und der französische Staatspräsident Jaques Chirac öffentlich ihren Widerstand gegen einen Militäreinsatz der USA gegen den Irak. US-Verteidigungsminister Donald Rumsfeld nennt beide Länder deshalb „ein Problem" und bezeichnet sie als das „alte Europa".
27.1. Gerhard Schröder und Paul Spiegel, Vorsitzender des Zentralrats der Juden in Deutschland, unterschreiben einen Staatsvertrag zwischen Bund und Zentralrat, der jährlich drei Millionen Euro erhalten wird. Die Unterstützung gilt dem Erhalt des deutsch-jüdischen Kulturerbes und der Integration jüdischer Zuwanderer aus der ehemaligen Sowjetunion in die jüdischen Gemeinden.

FEBRUAR

2.2. Bei den Landtagswahlen in Hessen schneidet die Sozialdemokratische Partei Deutschlands (SPD) mit 29,1 Prozent der Stimmen so schlecht ab wie noch nie. Die Christlich Demokratische Union (CDU) erringt die absolute Mehrheit. Roland Koch bleibt Ministerpräsident. In Niedersachsen erzielt die Sozialdemokratische Partei Deutschlands (SPD) mit 33,4 Prozent das schlechteste Ergebnis seit 50 Jahren. Wahlsieger ist die CDU mit ihrem Kandidaten Christian Wulff. Sie erringt 48,3 Prozent der Stimmen.
22.2. Ein Erdbeben der Stärke 5,5 erschüttert die Region entlang des Rheins zwischen Basel und Freiburg, verursacht aber nur geringe Schäden. Das Epizentrum liegt bei Straßburg.

MÄRZ

4.3. Mit 105 Stimmen wählt der niedersächsische Landtag Christian Wulff (CDU) zum Ministerpräsidenten.
12.3. Die Weltgesundheitsbehörde (WHO) registriert erstmals eine besonders schwere Form von Lungenentzündung in Asien. Sie wird als Severe Acute Respiratory Syndrome (SARS) bezeichnet.
14.3. Unter dem Titel „Agenda 2010" präsentiert Gerhard Schröder im Bundestag ein Reformprogramm, das mit einer umfassenden Reform des Arbeitsmarktes und einem tiefgreifenden Umbau der Sozialsysteme dazu beitragen soll, den Wirtschaftsstandort Deutschland zu sichern.
16.3. Anni Friesinger gewinnt Gold bei der Eisschnelllauf-WM über 1.000, 1.500 und 3.000 Meter.
17.3. Der FDP-Politiker Jürgen W. Möllemann (1945-2003) erklärt den Austritt aus seiner Partei.

APRIL

3.4. Rund 500.000 Menschen protestieren in Berlin, Stuttgart und Köln gegen die im Rahmen der „Agenda 2010" beschlossenen Sozialreformen der Bundesregierung.
12.4. Das Nationale Olympische Komitee entscheidet sich für Leipzig als deutschen Bewerber für den Austragungsort der olympischen Sommerspiele 2012.
16.4. Die Europäische Gemeinschaft (bislang 15 Staaten) besiegelt in Athen die größte Erweiterungsrunde ihrer Geschichte. Die zehn neuen Mitglieder sind: Estland, Lettland, Litauen, Tschechien, Polen, Slowakei, Ungarn, Slowenien, Malta und Zypern.
26.4. Der FC Bayern München steht bereits vier Spieltage vor Ende der Fußball-Bundesliga-Saison 2002/2003 als deutscher Meister fest.

Der weltweit letzte VW-Käfer läuft am 30. Juli 2003 im Volkswagenwerk bei Puebla (Mexiko) vom Band. Auf der Kofferraumhaube prangt aus Blumen die mexikanische Nationalfarbe in den Fraben grün, weiß und rot. Damit ging in dem Werk ein fast 70-jähriges Kapitel Automobilgeschichte zu Ende. Vom Käfer, der in den dreißiger Jahren von Ferdinand Porsche entwickelt worden war, wurden insgesamt mehr als 21 Millionen Stück gebaut.

MAI

4.5. In einem Festgottesdienst mit 25.000 Teilnehmern werden in der Dresdener Frauenkirche die sieben neu eingebrachten Glocken geweiht.
5.5. Bundesverteidigungsminister Peter Struck (SPD) reist als erster deutscher Minister seit Beginn des Irak-Krieges in die USA, wo er sich mit US-Verteidigungsminister Donald Rumsfeld trifft.
10.5. Der Modedesigner Heinz Oestergaard stirbt an den Folgen einer Lungenentzündung in einem Seniorenheim in Bad Reichenhall.
27.5. Der als „Kalif von Köln" bekannte Islamistenführer Metin Kaplan wird nach einer Entscheidung des Oberlandesgerichts auf freien Fuß gesetzt. Eine Auslieferung an die Türkei ist laut Gericht wegen der dort drohenden politischen Verfolgung nicht möglich.
30.5. Im Alter von 79 Jahren stirbt der deutsche Schauspieler Günter Pfitzmann in Berlin.
31.5. In Anwesenheit europäischer Regierungschefs wird die Replik des seit Kriegsende als verschollen geltenden Bernsteinzimmers im Katharinenpalast bei Sankt Petersburg der Öffentlichkeit vorgestellt. Die über 20 Jahre andauernde Rekonstruktionsarbeit konnte durch eine Spende der Essener Ruhrgas-AG in Höhe von

3,5 Millionen US-Dollar vollendet werden.

JUNI

1.6. Mit einer Zustimmung von 90 Prozent der Delegierten billigt der SPD-Sonderparteitag das Reformpaket der Agenda 2010.
5.6. Der frühere FDP-Politiker Jürgen W. Möllemann stirbt bei einem Fallschirmsprung. Es wird vermutet, dass Möllemann, der politisch stark angeschlagen war und dessen Immunität wenige Stunden zuvor aufgehoben worden war, Selbstmord begangen hat.
27.6. Die Landesregierung von Nordrhein-Westfalen verzichtet auf den Bau der lange umstrittenen Magnetschwebebahn zwischen Düsseldorf und Dortmund.

JULI

8.7. Michel Friedman, der Vizepräsident des Zentralrats der Juden in Deutschland, akzeptiert einen Strafbefehl über 17.400 Euro wegen Kokainbesitzes und tritt von allen Ämtern zurück.
9.7. Nach anti-deutschen Äußerungen des italienischen Tourismus-Staatssekretärs Stefano Stefani sagt Kanzler Gerhard Schröder seinen Italienurlaub ab.
19.7. Der Parteitag der Christlich Sozialen Union (CSU) in Nürnberg bestätigt den bayerischen Ministerpräsidenten Edmund Stoiber als Parteichef.
30.7. In Puebla/Mexiko läuft der letzte VW-"Käfer" vom Band.

AUGUST

14.8. Helmut Rahn, deutscher Fußballspieler und einer der „Helden von Bern", stirbt im Alter von 74 Jahren in Essen.
18.8. Sechs Monate nach ihrer Entführung in Algerien kommen die letzten 14 verschleppten Sahara-Touristen in Mali frei. Unter ihnen befinden sich neun Deutsche.

SEPTEMBER

1.9. Bundeskanzler Gerhard Schröder (SPD) kündigt an, dass er gemeinsam mit Bundesaußenminister Joschka Fischer (Bündnis 90/Die Grünen) bei der Bundestagswahl 2006 noch einmal antreten möchte.
4.9. Bundespräsident Johannes Rau (SPD) verzichtet auf eine Bewerbung für eine zweite Amtszeit.
8.9. Leni Riefenstahl, deutsche Filmregisseurin und Fotografin, stirbt im Alter von 101 Jahren in Pöcking am Starnberger See.
10.9. Die Polizei vereitelt einen von Neonazis geplanten Anschlag auf die Baustelle des Jüdischen Zentrums in der Stadtmitte Münchens.
21.9. Bei der Landtagswahl in Bayern erringt die CSU mit 60,7 Prozent der Stimmen eine Zweidrittelmehrheit der Mandate.

OKTOBER

12.10. Ferrari-Pilot Michael Schumacher wird in Suzuka/Japan zum sechsten Mal Formel-1-Weltmeister.
Durch ein „Golden Goal" gewinnen die deutschen Fußball-Damen mit einem 2:1 gegen Schweden den Weltmeistertitel.
26.10. Bei den Kommunalwahlen in Brandenburg wird erstmals die CDU mit 27,8 Prozent landesweit stärkste Kraft. Die SPD erhält 23,6, die Partei des Demokratischen Sozialismus (PDS) 21,3, die FDP 6,3 und Bündnis 90/Die Grünen 4,2 Prozent der Stimmen.

NOVEMBER

4.11. Bundesverteidigungsminister Peter Struck (geb.1943) (SPD) entlässt den Kommandeur des Kommandos Spezialkräfte (KSK) der Bundeswehr, Brigadegeneral Reinhard Günzel.
Dieser hatte in einem Brief an den CDU-Abgeordneten Martin Hohmann dessen umstrittene antisemitische Aussagen aus einer Rede zum 3. Oktober 2003 verteidigt.
14.11. Die CDU/CSU-Bundestagsfraktion schließt den hessischen CDU-Abgeordneten Martin Hohmann wegen seiner antisemitischen Aussagen aus der Fraktion aus.
Nach fast 32 Jahren Betriebszeit wird der niedersächsische Atomreaktor in Stade stillgelegt. Nun sind bundesweit noch 18 Atommeiler in Betrieb.
17.11. Auf dem SPD-Bundesparteitag in Bochum wird Bundeskanzler Gerhard Schröder (SPD) mit 80,8 Prozent der Stimmen als Parteivorsitzender bestätigt.
27.11. Der Schauspieler Will Quadflieg, bekannt vor allem durch Goethes „Faust" in der Hamburger Gründgens-Inszenierung, stirbt in seinem Wohnort Heilsbronn bei Bremen.

DEZEMBER

18.12. Der im August 1997 wegen der Todesschüsse an der innerdeutschen Grenze zu sechseinhalb Jahren Haft verurteilte letzte DDR-Staats- und Parteichef Egon Krenz wird vorzeitig auf Bewährung entlassen. Er hatte die Haft Anfang 2000 angetreten.

Am 31. Dezember 2002 wurde der Probebetrieb auf einer 30 km langen Strecke Shanghai / Volksrepublik China zum Flughafen Pudong gestartet. Am 12. November 2003 erzielte der Transrapid in Shanghai einen neuen Rekord von 501 km/h als schnellste kommerzielle Magnetbahn. Anfang 2004 wurde der Regelbetrieb als fahrplanmäßig schnellstes, spurengebundenes Fahrzeug der Welt aufgenommen.

Staatsvertrag mit dem Zentralrat der Juden in Deutschland

Die Zusammenarbeit zwischen jüdischen Organisationen und den deutschen Behörden war zwar schon lange gut, doch erst am 27. Januar 2003, dem Holocaust-Gedenktag, wurde sie auf eine gesetzliche Grundlage gestellt. Bundeskanzler Schröder und Paul Spiegel, der Vorsitzende des Zentralrats der Juden in Deutschland, unterzeichneten einen Staatsvertrag mit dem folgenden Wortlaut:

Vertrag
zwischen der Bundesrepublik Deutschland,
vertreten durch den Bundeskanzler,
und
dem Zentralrat der Juden in Deutschland - Körperschaft des öffentlichen Rechts -,
vertreten durch
den Präsidenten
und die Vizepräsidenten

Präambel

Im Bewusstsein der besonderen geschichtlichen Verantwortung des deutschen Volkes für das jüdische Leben in Deutschland, angesichts des unermesslichen Leides, das die jüdische Bevölkerung in den Jahren 1933 bis 1945 erdulden musste, geleitet von dem Wunsch, den Wiederaufbau jüdischen Lebens in Deutschland zu fördern und das freundschaftliche Verhältnis zu der jüdischen Glaubensgemeinschaft zu verfestigen und zu vertiefen, schließt die Bundesrepublik Deutschland mit dem Zentralrat der Juden in Deutschland folgenden Vertrag:

Artikel 1
Zusammenwirken

Die Bundesregierung und der Zentralrat der Juden in Deutschland, Körperschaft des öffentlichen Rechts, der nach seinem Selbstverständnis für alle Richtungen innerhalb des Judentums offen ist, vereinbaren eine kontinuierliche und partnerschaftliche Zusammenarbeit in den Bereichen, die die gemeinsamen Interessen berühren und in der Zuständigkeit der Bundesregierung liegen. Die Bundesregierung wird zur Erhaltung und Pflege des deutsch-jüdischen Kulturerbes, zum Aufbau einer jüdischen Gemeinschaft und zu den integrationspolitischen und sozialen Aufgaben des Zentralrats in Deutschland beitragen. Dazu wird sie den Zentralrat der Juden in Deutschland bei der Erfüllung seiner überregionalen Aufgaben sowie den Kosten seiner Verwaltung finanziell unterstützen.

Artikel 2
Staatsleistung

(1) Zu den in Artikel 1 genannten Zwecken zahlt die Bundesrepublik Deutschland an den Zentralrat der Juden in Deutschland jährlich einen Betrag von
3.000.000 €,
beginnend - unabhängig vom Inkrafttreten des Vertrages - mit dem Haushaltsjahr 2003.

(2) Die Vertragsschließenden werden sich nach Ablauf von jeweils fünf Jahren - beginnend im Jahr 2008 - hinsichtlich einer Anpassung der Leistung nach Absatz 1 verständigen. Sie sind sich darüber einig, dass die Entwicklung der Zahl der vom Zentralrat repräsentierten Gemeindemitglieder ein wichtiges Kriterium bei der Berechnung der Leistungsanpassung darstellt.

Artikel 3
Zahlungsmodalitäten

Die Leistung wird 2003 in einer Summe, ab 2004 mit je einem Viertel des Jahresbetrages jeweils zum 15. Februar, 15. Mai, 15. August und 15. November gezahlt.

Artikel 4
Prüfung der Verwendung der Mittel

Der Zentralrat der Juden in Deutschland weist die Verwendung der Zahlung jährlich durch eine von einem unabhängigen vereidigten Wirtschaftsprüfer geprüfte Rechnung nach. Die Rechnung und der Bericht des Wirtschaftsprüfers sind der Bundesregierung vorzulegen.

Artikel 5
Weitere Einrichtungen des Zentralrats

(1) Der Bund wird darüber hinaus auch zukünftig die bisher geförderten Einrichtungen des Zentralrats der Juden in Deutschland – Hochschule für Jüdische Studien und Zentralarchiv zur Erforschung der Geschichte der Juden in Deutschland, beide mit Sitz in Heidelberg – auf freiwilliger Basis unterstützen. (2) Die Förderung der Hochschule für Jüdische Studien erfolgt derzeit mit einem Bundesanteil von 30 Prozent im Einvernehmen mit den Ländern. (3) Das Zentralarchiv wird vom Bund institutionell gefördert auf der Grundlage der vorgelegten Wirtschaftspläne. (4) In beiden Fällen handelt es sich um vom Bund jährlich festzulegende Zuwendungen im Sinne des Bundeshaushaltsrechts nach den Vorgaben des Haushaltsgesetzgebers.

Artikel 6
Ausschluss weiterer Leistungen

(1) Der Zentralrat der Juden in Deutschland wird über die in Artikel 2 und 5 gewährten Leistungen hinaus keine weiteren finanziellen Forderungen an die Bundesrepublik Deutschland herantragen. (2) Auf besonderer Grundlage mögliche oder bestehende Leistungen an die jüdische Gemeinschaft auf Bundesebene bleiben durch diesen Vertrag unberührt, insbesondere staatliche Leistungen für die Integration jüdischer Zuwanderer aus den GUS-Staaten und für die Pflege ver-

Bundeskanzler Gerhard Schröder (rechts) und der Präsident des Zentralrates der Juden in Deutschland, Paul Spiegel, unterschreiben am 27. Januar 2003 in Berlin die Urkunden des Staatsvertrags. Mit dem Vertrag soll der Zentralrat für seine sozialen und religiösen Aufgaben drei Millionen Euro im Jahr erhalten. Im Mittelpunkt steht dabei die Integration jüdischer Einwanderer aus der ehemaligen Sowjetunion. In Deutschland leben mittlerweile rund 100 000 Juden. Paul Spiegel sprach von einem „historischen Tag“.

Die deutsche Nia Künzer (rechts) spring im Strafraum am höchsten und erzielt per Kopf in der 98. Minute das Golden Goal. Schwedens Torhüterin Caroline Jönsson (links) kann den Treffer nicht verhindern. Sandra Minnert (M) verfolgt das Geschehen. Die deutsche Fußball-Nationalmannschaft der Frauen gewinnt am 12. Oktober 2003 das Endspiel der Weltmeisterschaft 2003 in Carson bei Los Angeles gegen die Schwedinnen mit 2:1 in der Verlängerung und ist damit zum ersten Mal Weltmeister.

waister jüdischer Friedhöfe auf der Grundlage der Vereinbarung zwischen dem Bund und den Ländern vom 21. Juni 1957.
Artikel 7
Vertragsanpassung
Die Vertragsschließenden sind sich bewusst, dass die Festlegung der finanziellen Leistungen dieses Vertrages auf der Grundlage der derzeitigen Verhältnisse erfolgt. Bei einer wesentlichen Veränderung der Verhältnisse werden sich die Vertragsschließenden um eine angemessene Anpassung bemühen.
Artikel 8
Freundschaftsklausel
Die Vertragsschließenden werden etwa in Zukunft auftretende Meinungsverschiedenheiten über die Auslegung dieses Vertrages in freundschaftlicher Weise beseitigen.
Artikel 9
Zustimmung des Deutschen Bundestages, Inkrafttreten
(1) Der Vertrag bedarf der Zustimmung des Deutschen Bundestages durch ein Bundesgesetz. (2) Er tritt am Tag des Inkrafttretens des Gesetzes, mit dem diesem Vertrag zugestimmt wird, in Kraft.
Berlin, den 27. Januar 2003

Am 11. Juli 2003 trat dieser Vertrag in Kraft, nachdem ihn Bundestag und Bundesrat einstimmig angenommen hatten. In einer Presseerklärung des Zentralrats hieß es dazu:
Mit dem heutigen Beschluss des Bundesrates kann der Vertrag vom 27. Januar 2003 zwischen der Bundesrepublik Deutschland und dem Zentralrat der Juden in Deutschland – Körperschaft des öffentlichen Rechts in Kraft treten. Nachdem das Gesetz zum Staatsvertrag im Deutschen Bundestag einstimmig angenommen wurde, hat nun auch der Bundesrat ein klares Votum für das Vertragswerk gegeben, durch das die Bundesrepublik sich zu kontinuierlicher und partnerschaftlicher Zusammenarbeit mit dem Zentralrat der Juden in Deutschland verpflichtet.
„Nach 1945 hat sich niemand vorstellen können, dass Juden in Deutschland wieder heimisch werden könnten. Als der Zentralrat 1950 gegründet wurde, lebten in Deutschland lediglich noch 25.000 Jüdinnen und Juden. Heute haben die 83 Jüdischen Gemeinden wieder 100 000 Mitglieder, eine wachsende Zahl davon Zuwanderer aus Osteuropa. Der Staatsvertrag ist ein großer Vertrauensbeweis der in Deutschland lebenden Juden in die Gesellschaft und Demokratie. Die materielle und ideelle Unterstützung durch die Bundesregierung ist ein wichtiges Signal in einer Zeit, in der die Herausforderungen und Probleme für uns als jüdische Gemeinschaft in Deutschland und auch weltweit gewachsen sind. Dazu gehören insbesondere der Ausbau und die Konsolidierung der bestehenden Gemeindestrukturen, die Integration der Neuzuwanderer, sowie der Kampf gegen Fremdenfeindlichkeit, Antisemitismus und Antiisraelismus," so der Präsident des Zentralrats der Juden in Deutschland, Paul Spiegel.
Mit dem Staatsvertrag verpflichtet sich die Bundesrepublik, zur Erhaltung und Pflege des deutsch-jüdischen Kulturerbes, zum Aufbau einer jüdischen Gemeinschaft und den integrationspolitischen und sozialen Aufgaben des Zentralrats in Deutschland beizutragen. Die Bundesrepublik zahlt jährlich 3 Mio. EUR an den Zentralrat der Juden in Deutschland, den Dachverband der jüdischen Gemeinden, für dessen Unterstützung der jüdischen Gemeinden bei der Erfüllung dieser Aufgaben.
In den letzten 10 Jahren hat sich die jüdische Bevölkerung verdreifacht. In der Mehrzahl kommen die Zuwanderer aus der ehemaligen Sowjetunion. Viele von ihnen müssen wieder mit dem Judentum vertraut gemacht werden. Für die Zukunft und Entwicklung jüdischen Lebens in Deutschland ist daher die Ausbildung von Rabbinern von großer Bedeutung.

Tödlicher Sturz Jürgen Möllemanns

Mit antisemitischen Äußerungen in einem von ihm verantworteten Flugblatt zur Bundestagswahl im vorigen Jahr geriet der FDP-Politiker Jürgen Möllemann im Sommer 2003 in die Schlagzeilen und in die Kritik. Die undurchsichtige Finanzierung der Schrift rief zudem Staatsanwälte und Steuerfahnder auf den Plan, die Möllemanns Haus und Büros durchsuchen ließen. Der im Februar 2003 aus der Bundestagsfraktion seiner Partei ausgeschlossene und wenig später aus der Partei ausgetretene Möllemann sah aus seiner Isolierung wohl keinen anderen Ausweg als den Freitod. Der passionierte und routinierte Fallschirmspringer stürzte bei einem Sprung am 5. Juni 2003 in Marl ums Leben. Weder Fallschirm noch Notfallschirm hatten sich geöffnet. Bundestagspräsident Thierse kondolierte am 10. Juni der Witwe Carola Möllemann-Appelhoff im Namen des Parlaments mit den Worten: Im Namen des Deutschen Bundestages und persönlich spreche ich Ihnen zu dem tragischen Tode Ihres Mannes mein herzliches Beileid aus. Ihr Mann widmete sich in fast 30 Jahren Mitgliedschaft im Deutschen Bundestag vielfältigen politischen Fragestellungen. Als Abgeordneter war er in stets hervorgehobenen parlamentarischen Positionen vor allem in den Bereichen der Bildungspolitik, der Außen- und Sicherheitspolitik und der Gesundheitspolitik an der Gestaltung der politischen Zukunft der Bundesrepublik beteiligt. Ganz im Sinne des Nachrufes, der auf meine Veranlassung unmittelbar nach Kenntnis des Todes Ihres Mannes im Plenum des Deutschen Bundestages verlesen wurde, darf die Kritik an seiner Person in den letzten Monaten nicht darüber hinweg täuschen, dass er sich mit seiner jahrzehntelangen politischen Arbeit sehr viel Anerkennung erworben hat. Der Deutsche Bundestag wird ein ehrendes Andenken an Jürgen W. Möllemann bewahren.

Die Regisseurin Caroline Link steht am 24. März 2003 in München bei einer Pressekonferenz vor einem Plakat zu ihrem Film „Nirgendwo in Afrika", für den sie in der Nacht zuvor in Hollywood mit dem Oscar in der Kategorie „Bester nicht-englischsprachiger Film" ausgezeichnet worden war. „Ich freue mich riesig!", sagte die Filmemacherin. „Ich freue mich auch darüber, dass der Film nicht nur in Deutschland, sondern auch international Anerkennung findet. Leider konnte ich den Oscar nicht persönlich in Empfang nehmen, weil meine Tochter krank ist. Aber ich habe die Verleihung zu Hause vor dem Fernseher verfolgt und natürlich auf den Erfolg angestoßen."

Oscar für Caroline Link

Fast ein Vierteljahrhundert dauerte es, bis nach Volker Schlöndorff für die Verfilmung des Romans „Die Blechtrommel" von Günter Grass wieder ein deutscher Filmemacher einen Oscar gewinnen konnte. So wird die begehrteste Auszeichnung der amerikanischen Academy of Motion Pictures and Sciences genannt. Bei der 75. Verleihung am 23. März 2003 ging der Preis für den „Besten nicht englischsprachigen Film" an „Nirgendwo in Afrika" der 38-jährigen Regisseurin Caroline Link, die wegen einer Krankheit ihrer kleinen Tochter an der Feier im Kodak Theatre von Los Angeles nicht teilnehmen konnte. Links anrührend-opulentes Epos erzählt vom Überleben einer deutschen jüdischen Familie durch Flucht vor den Nazi-Verfolgungen auf den Schwarzen Kontinent: Der Anwalt Walter Redlich (Merab Ninidze) verliert 1935 als Jude jegliche Möglichkeit, seinen Beruf in Deutschland auszuüben. Er nimmt einen Verwalterjob auf einer Farm in Kenia an und beschwört in der Folgezeit seine Frau Jettel (Juliane Köhler) in Briefen, ihm doch mit der kleinen Tochter Regina (Lea Kurka, später Karoline Eckertz) zu folgen. 1938, die Verfolgungen in der Heimat nehmen immer bedrohliche Formen an, entschließt sich Jettel endlich, sich von Freunden und Eltern zu trennen und ihrem Mann nachzureisen. Das neue Zuhause aber entsetzt sie eher, als dass sie für die Hilfe dankbar wäre, die sie findet. Ernährung, Arbeit, fremde Sprache – alles stößt sie ab, vom kulturellen Frust gar nicht zu reden. Erst als Nachrichten von den Nazi-Ausschreitungen im November 1938 eintreffen, muss sie begreifen, dass es auf absehbare Zeit keine Rückkehr geben kann. Die Verzweiflung darüber und über das in ihren Augen unwürdige Leben in der Fremde beschädigt auch die Beziehung zu Walter. Regina hingegen lebt sich rasch in der neuen Umgebung ein, lernt spielend Suaheli und freundet sich mit Owuor (Sidede Onyulo), dem schwarzen Koch auf der Farm, an. Ein neuer Einschnitt ergibt sich für die Familie, als der Krieg in Europa ausbricht. Die britischen Kolonialherren internieren alle Deutschen, auch die jüdischen, deren Verfolgung daheim hier nicht zählt. Walter kommt mit den Männern in eine Kaserne, Jettel und Regina finden sich in einem Nobelhotel von Nairobi wieder. Hier erst erwacht der Überlebenswille der jungen Frau, die sich an der Tochter ein Beispiel nimmt und sich mit den Umständen zu arrangieren sucht. In unermüdlichen Eingaben erreicht sie, dass die Frauen ihre internierten Männer besuchen können und dass schließlich die jüdischen Familien freigelassen werden.

Walters Job aber ist inzwischen weg. Wie sollen die Redlichs das Lebensnotwendige weiterhin beschaffen? Ein britischer Offizier, der in Kenia ebenfalls eine Farm hat, erklärt sich bereit, Walter eine neue Chance zu geben, allerdings erwartet er von Jettel ein gewisses „Entgegenkommen" dafür. Die kurze Affäre fördert nicht eben die Ehe der Redlichs, und auch dass Regina nun ein englisches Internat besucht, lockert die Familienbande. Zusammenschweißt dagegen die letzte Postkarte aus der Heimat, auf der Jettels Eltern berichten, dass die Nazis sie nach Polen deportieren werden – in ein Vernichtungslager, wie die Tochter und der Schwiegersohn mehr ahnen als wissen. In seinem Hass bewirbt sich Walter nun bei der britischen Armee, um gegen Deutschland zu kämpfen. Wieder Trennung. Doch auch der Krieg geht vorüber, und anders als Jettel zieht es nun Walter zurück in das zerstörte Deutschland. Als die Landesregierung von Hessen ihm einen Richterposten anbietet, beschwört er seine Frau mit ihm dorthin zu ziehen. Nun aber kann sie sich nicht mehr von Afrika trennen, so dass er alleine aufbricht. Er hat sich gerade aufgemacht, als eine Heuschreckenplage die Farm heimsucht. Jettel und Regina ziehen mit den Einheimischen, unter ihnen wieder Owuor, Reginas schwarzer Freund, in die Felder zum Kampf gegen den gefräßigen Feind. Dort treffen sie auch Walter, der bei der Nachricht sofort umgekehrt ist. Jettel und Walter glauben nun wieder eine gemeinsame Zukunft und beschließen die Rückkehr. Tief traurig ist nur Owuor, der sich der schmerzhaften Trennung entzieht, indem er ohne Abschied in den Busch wandert...

Jürgen Möllemann.

Michael Schumacher

Der Ferrari-Heimsieg in Monza 1997 vor den Augen Tausender fanatischer Tifosi gehört zweifellos zu den ersten Highlights der an Höhepunkten so reichen Karriere Michael Schumachers. Weniger angenehm dagegen wird ihm das letzte Rennen dieser Saison in Jerez im Gedächtnis bleiben.
Im Training auf die Tausendstel Sekunde gleich schnell, lieferten sich die beiden Titelaspiranten Schumacher und Villeneuve ein Kopf-an-Kopf-Rennen, ehe Villeneuve den entscheidenden Angriff wagte. Die beiden Autos touchierten, Schumacher flog von der Strecke und der Kanadier wurde Weltmeister. Die Art und Weise, wie der zweifache Ex-Weltmeister Schumacher ausschied, sorgte für einige Aufregung, da ihm nicht ganz zu Unrecht vorgeworfen wurde, die Kollision mit dem Konkurrenten absichtlich gesucht zu haben. So umstritten diese Szene auch war, so unbestritten bleiben doch Schumachers fahrerische Qualitäten: Kompromissloser Einsatz, Risikobereitschaft, offensive Fahrweise und totale Fahrzeugbeherrschung machten ihn zum absoluten Siegfahrer. Mit dem Brasilianer Rubens Barricchello bekam Schumacher im Jahr 2000 einen neuen Stallgefährten, der allerdings wie schon Vorgänger Irvine eindeutigen Nummer-Zwei-Status im Team hatte. In seiner inzwischen fünften Ferrari-Saison gelang dem 31-jährigen Schuhmacher endlich der große Wurf. Er drückte der Saison von Beginn an seinen Stempel auf, gewann die ersten drei Grand Prix und war mit insgesamt neun Saisonsiegen eigentlich nur Mitte der Saison kurzzeitig gefährdet, als er dreimal ausfiel. Dabei gelang das Comeback des „Roten Barons" ausgerechnet in Monza, wo er bei der Pressekonferenz ungewohnte Emotionen zeigte, was der italienische Corriere dello Sport mit südländischer Begeisterung aufnahm: „Der Roboter weinte, weil er ein Mensch geworden ist." Mit drei weiteren Siegen in Folge machte Schumacher letztlich alles klar und stürzte Maranello und ganz Italien in einen ferrariroten Freudentaumel – immerhin war es Ferraris erster Sieg nach 21 Jahren.
Was ihm der Kicker schon 2002 attestierte, „Deutschlands Motorsportler des Jahrhunderts" zu sein, bestätigte Schumacher am 12. Oktober 2003 im japanischen Suzuka, als er zum sechsten Mal Formel-1-Weltmeister wurde und damit den Rekord des Argentiniers Juan Manuel Fangio, der fünf Titel gewonnen hatte, brechen konnte.

Nach dem Großen Preis von Japan umarmt der Ferrari-Teamchef Jean Todt (links) am 12. Oktober 2003 auf der Rennstrecke von Suzuka seine beiden Fahrer Rubens Barrichello (M, Brasilien) und Michael Schumacher (rechts). Schumacher sichert sich mit dem achten Platz seinen sechsten Weltmeistertitel in der Formel 1, Rubens Barrichello beschert den Italienern mit seinem Rennsieg zudem den Gewinn der Konstrukteursmeisterschaft

Helmut Rahn bei der Fußballweltmeisterschaft 1958 in Schweden.

Trauer um Helmut Rahn

* Essen, 16. August 1929
† Essen, 14. August 2003

Der deutsche Fußballspieler, der zwischen 1951 und 1960 an 40 Nationalspielen Teil genommen hatte, gehörte zu den besten Rechtsaußen und erfolgreichsten Torschützen der Welt. Er schoss insgesamt 21 Tore in Länderspielen. Sein wichtigster Treffer war 1954 das Tor zum deutschen 3:2- Sieg über Ungarn im Endspiel um die Weltmeisterschaft in Bern. Ungarn hatte bereits 2:0 geführt, als Max Morlock der Anschlusstreffer gelang und Rahn erst zum 2:2 ausglich und dann auch noch durch einen unhaltbaren Flachschuss mit dem linken Fuß sieben Minuten vor Schluss das Siegtor erzielte. Helmut Rahn hätte vielleicht der reichste Fußballspieler der Welt werden können, doch verfolgte er dieses Ziel nicht konsequent: In seiner Glanzzeit schlug er sogar ein Riesenangebot von Real Madrid aus und beendete seine aktive Laufbahn 1986 beim Meidericher SV. In seiner Trauerrede erinnerte Nordrhein-Westfalens Ministerpräsident Peer Steinbrück daran, dass „die Außenseiterrolle der deutschen Mannschaft damals der Lage des ganzen Landes entsprach. Die Einstellung der deutschen Mannschaft, ihre Leistungsbereitschaft entsprach dem kollektiven Willen zur Gemeinschaftsleistung. Die Menschen konnten sich in den Tugenden dieser deutschen Elf wiederfinden. Und Helmut Rahn gehörte zu den Spielerpersönlichkeiten mit eigenem Profil und eigenem Willen. Er war und blieb ein echter Sohn des Reviers."
In den engen Häuserzeilen der langen Straßen von Essen-Frohnhausen standen die Menschen still und stumm Spalier, als Helmut Rahn zur letzten Ruhe auf dem Margareten-Friedhof getragen wurde. Unter den 500 Trauergästen befanden sich auch die drei noch lebenden Mitspieler aus der 54er Weltmeister-Elf, Horst Eckel, Ottmar Walter und Hans Schäfer. Ottmar Walter: „Jetzt wo der Boss tot ist, gibt es keine Freude mehr." Es bleibt die Erinnerung.

2004

JANUAR

24.1. Nach einem Misstrauensvotum des Verwaltungsrates der Bundesagentur für Arbeit gegen den Vorstandsvorsitzenden Florian Gerster (SPD) kündigt Bundeswirtschaftsminister Wolfgang Clement dessen Entlassung an. Eine Frau aus Baden-Württemberg erzielt mit 20,2 Millionen Euro den bisher höchsten Einzelgewinn der deutschen Lottogeschichte.

29.1. Auf dem Konrad-Adenauer-Flughafen in Köln findet zwischen Israel und der libanesischen Hisbollah der größte Gefangenenaustausch seit zwei Jahrzehnten statt. Für 29 arabische Häftlinge werden ein israelischer Geschäftsmann und drei Leichen israelischer Soldaten übergeben.

FEBRUAR

6.2. Frank-Jürgen Weise wird als Nachfolger von Florian Gerster neuer Vorstandsvorsitzender der Bundesagentur für Arbeit.

11.2. Die europäische Marssonde „Beagle-2" wird für verloren erklärt, da sie seit ihrer Landung auf dem Mars Ende Dezember 2003 keine Signale mehr sendet.

14.2. Der deutsche Film „Gegen die Wand" von Fatih Akin wird mit dem „Goldenen Bären" der 54. Berlinale ausgezeichnet.

27.2. Bundeskanzler Schröder und US-Präsident Bush beschließen bei ihrer ersten Begegnung im Weißen Haus seit zwei Jahren ein „deutsch-amerikanisches Bündnis für das 21. Jahrhundert" und verpflichten sich zu einer „echten Partnerschaft".

MÄRZ

3.3. Der „Große Lauschangriff" wird deutlich entschärft. Das Bundesverfassungsgericht erklärt die akustische Wohnraumüberwachung für teilweise grundgesetzwidrig und verlangt eine Änderung der gesetzlichen Regeln bis Mitte 2005.

17.3. Ole von Beust (CDU) wird in seinem Amt als regierender Bürgermeister von Hamburg bestätigt.

21.3. Auf einem Sonderparteitag der SPD wird Franz Müntefering mit 95,1 Prozent der abgegebenen Stimmen zum neuen SPD-Parteivorsitzenden gewählt. Sein Vorgänger, Bundeskanzler Gerhard Schröder, war zuvor von diesem Amt zurückgetreten.

24.3. Für seinen Beitrag zum friedlichen Zusammenbruch der kommunistischen Regime in Europa erhält Papst Johannes Paul II. den „Außerordentlichen Internationalen Karlspreis" der Stadt Aachen.

APRIL

1.4. Als erstes Landesparlament beschließt der baden-württembergische Landtag ein Kopftuchverbot für muslimische Lehrerinnen an öffentlichen Schulen.

7.4. Zwei GSG 9-Beamte werden im Irak von Aufständischen erschossen.

16.4. Bundesbankpräsident Ernst Welteke tritt zurück. Das gegen ihn eingeleitete Verfahren wegen Vorteilsnahme wird einige Tage später eingestellt. Sein Nachfolger wird der Wirschafts professor Axel Weber.

22.4. Bundespräsident Johannes Rau beendet in Budapest den letzten Staatsbesuch seiner Amtszeit.

29.4. Gegen die Stimmen von CDU/CSU und FDP billigt der Deutsche Bundestag das Gesetz zur Rentenbesteuerung, die bis 2040 schrittweise eingeführt wird.

30.4. Der Mörder der neunjährigen Peggy aus Lichtenberg in Oberfranken wird zu lebenslanger Haft mit anschließender Sicherheitsverwahrung verurteilt.

MAI

4.5. Der Ölpreis steigt mit mehr als 35 US-Dollar pro Barrel (159 Liter) auf den höchsten Stand seit Ende September 1990. Damals lag er bei 38,94 Dollar.

9.5. Michael Schumacher beendet seinen 200. Grand Prix zum 75. Mal mit Platz Eins.

19.5. Im Hamburger Elbtunnel können erstmals alle vier Röhren gleichzeitig befahren werden. Damit ist eines der größten deutschen Straßenbauprojekte mit Gesamtkosten von 760 Millionen Euro abgeschlossen.

20.5. EU-Parlamentspräsident Pat Cox erhält den „Internationalen Karlspreis" der Stadt Aachen für seine „herausragenden Verdienste um die Erweiterung der Europäischen Union".

23.5. Horst Köhler wird von der Bundesversammlung in Berlin mit 604 Stimmen zum neuen Bundespräsidenten gewählt. Er setzt sich damit gegen die Politikwissenschaftlerin Gesine Schwan durch, die 589 Stimmen erhält.

27.5. Der Bundestag verlängert das Mandat für den Bundeswehreinsatz im Kosovo wegen der explosiven Lage in der Region um ein Jahr.

JUNI

1.6. Bundesumweltminister Jürgen Trittin (Bündnis90/Grüne) eröffnet in Bonn die internationale Konferenz für erneuerbare Energien „Renewables 2004" mit mehr als 3.000 Teilnehmern.

2.6. In Afghanistan werden fünf Mitarbeiter von „Ärzte ohne Grenzen" von Taliban-Anhängern getötet. Die Organisation beschließt, alle Mitarbeiter bis Ende Juli aus dem Land abzuziehen.

3.6. Die Kultusminister der Bundesländer bestätigen einstimmig die fünf Jahre zuvor eingeführte Rechtschreibreform und nehmen marginale Änderungen vor.

6.6. Zum 60. Jahrestag der alliierten Landung versammeln sich in der Normandie Staats- und Regierungschefs aus 16 Ländern. Gerhard Schröder nimmt als erster deutscher Bundeskanzler an den Feierlichkeiten zum „D-Day" teil.

20.6. Der 95. Katholikentag in Ulm geht zum ersten Mal mit einer ökumenischen Segensfeier zu Ende.

22.6. Eine 28 Tonnen schwere Turmhaube mit vergoldetem Strahlenkranz wird unter Anteilnahme von 60.000 Menschen auf die wieder errichtete Dresdner Frauenkirche gehoben. Das Wahrzeichen Dresdens war bei alliierten Bombenangriffen im Februar 1945 zerstört worden.

23.6. Die deutsche Fußball-Nationalmannschaft scheidet bei der Europameisterschaft 2004 nach einer 1:2 Niederlage gegen Tschechien schon in der Vorrunde aus. Trainer Rudi Völler verkündet seinen Rücktritt.

29.6. Johannes Rau wird mit einem großen Zapfenstreich der Bundeswehr von seinem Amt als Bundespräsident verabschiedet.

JULI

1.7. Der Bundestag verabschiedet das neue Zuwanderungsgesetz. Es regelt unter anderem die Zuwanderung von Fachkräften aus Nicht-EU-Staaten und soll die Integration von Ausländern verbessern.

2.7. Der Bundestag beschließt mit deutlicher Mehrheit die Zusammenlegung von Arbeitslosen- und Sozialhilfe (Hartz IV) zum Januar 2005. Der Fürst-Pückler-Park bei Bad Muskau, das Dresdner Elbtal sowie das historische Rathaus und die steinerne Roland-Statue von Bremen werden in die Weltkulturerbe-Liste der UNESCO aufgenommen.

4.7. Griechenland gewinnt mit dem deutschen Trainer Otto Rehagel („Rehakles") gegen Portugal mit 1:0 das Finale der Fußball-Europameisterschaft.

10.7. Die Schauspielerin Inge Meysel stirbt im Alter von 94 Jahren in ihrem Haus in der Nähe von Hamburg.

13.7. In Paris wird nach fünfjähriger Flucht der ehemalige Staatssekretär und Präsident des Bundesamtes für Verfassungsschutz, Ludwig Holger Pfahls, festgenommen. Er gilt als Schlüsselfigur in der CDU-Spendenaffäre.

15.7. Seine erste Auslandsreise führt Bundespräsident Horst Köhler nach Polen. Bei der Kranzniederlegung in Danzig für die Opfer des Zweiten Weltkrieges trifft er Friedensnobelpreisträger Lech Walesa.

22.7. Im Prozess um Millionenprämien bei der Übernahme des Mannesmannkonzerns durch Vodafone werden alle sechs Angeklagten freigesprochen, darunter Deutsche-Bank-Chef Josef Ackermann, Ex-Mannesmann-Chef Klaus Esser und der frühere IG-Metall-Vorsitzende Klaus Zwickel.

AUGUST

1.8. Bundeskanzler Gerhard Schröder nimmt als erster deutscher Regierungschef an den Gedenkfeiern für den Warschauer Aufstand teil. Entschädigungsforderungen von Vertriebenen an Polen lehnt er strikt ab.
4.8. Die Zahl der Arbeitslosen war mit 4.359.900 auf dem höchsten Stand im Monat Juli seit der Wiedervereinigung.
6.8. Im letzten Mauerschützenprozess verurteilt das Berliner Landgericht die ehemaligen DDR-Spitzenfunktionäre Siegfried Lorenz und Hans-Joachim Böhme wegen Beihilfe zum Mord zu jeweils 15 Monaten auf Bewährung.

SEPTEMBER

16.9. Die CDU muss nach einer Grundsatz-Entscheidung des Bundesverfassungsgerichtes in Zusammenhang mit der hessischen Schwarzgeld-Affäre 21 Millionen Euro Zuschüsse aus der staatlichen Parteienfinanzierung zurückzahlen.
22.9. Der Solidarpakt II der Bundesregierung bietet mit einem Volumen von 156 Milliarden Euro die Grundlage für die Fortsetzung des Aufbaus Ost in den nächsten 15 Jahren.
28.9. Die frühere RAF-Terroristin Andrea Klump wird in Stuttgart wegen Beihilfe bei einem Sprengstoffanschlag auf jüdische Einwanderer in Budapest 1993 zu 12 Jahren Haft verurteilt.
Der Aufsichtsrat des Handelskonzerns Karstadt-Quelle beschließt einen Sanierungsplan von 1,37 Milliarden Euro.
30.9. Der Bundestag votiert für die Verlängerung des Bundeswehreinsatzes in Afghanistan für ein weiteres Jahr.

OKTOBER

2.10. Claudia Roth wird als Nachfolgerin von Angelika Beer zur Bundesvorsitzenden von Bündnis 90/Die Grünen gewählt; Reinhard Bütikofer wird in seinem Amt als Bundesvorsitzender bestätigt.
12.10. Der Islamistenführer Metin Kaplan wird nach jahrelangem Rechtsstreit in Köln festgenommen und in die Türkei abgeschoben.
14.10. Die Gewerkschaft ver.di, der Betriebsrat sowie der Vorstand von Karstadt-Quelle einigen sich auf ein Sanierungspaket für das Unternehmen.
15.10. Bei einem Besuch des Bundeskanzlers in Libyen vereinbaren Gerhard Schröder und Revolutionsführer Muammar El-Gaddafi den Ausbau politischer und wirtschaftlicher Beziehungen.
25.10. Nach innerparteilichen Kämpfen kündigt der baden-württembergische Ministerpräsident Erwin Teufel seinen vorzeitigen Rücktritt an.

NOVEMBER

3.11. Der Tarifkonflikt bei Volkswagen endet mit einem Kompromiss. Die 105.000 Arbeitsplätze in den sechs westdeutschen VW-Werken werden bis 2011 gesichert.
5.11. Nach zahlreichen Protesten nimmt die Bundesregierung ihre Pläne zurück, den Tag der deutschen Einheit als gesetzlichen Feiertag abzuschaffen. Die Maßnahme sollte der Ankurbelung des Wirtschaftswachstums dienen.
7.11. Bei Protesten gegen den Castor-Transport kommt erstmals ein Anti-Atomkraft Aktivist ums Leben. Ein einundzwanzigjähriger Franzose wird nahe Nancy vom durchfahrenden Zug erfasst und stirbt wenige Stunden später.
10.11. Der Sozialphilosoph und Soziologe Jürgen Habermas erhält den Kyoto-Preis für sein Lebenswerk in der Kategorie Kunst und Philosophie.
15.11. CDU und CSU stellen in Berlin ihr Modell zur Einführung einer einheitlichen Gesundheitsprämie vor. Der Vorschlag stößt auch auf Kritik aus den eigenen Reihen, unter anderem von Gesundheitsexperten Horst Seehofer, der am 22.11. aus Protest sein Amt als Stellvertretender Fraktionsvorsitzender im Bundestag niederlegt.
21.11. In Köln demonstrieren überwiegend muslimische Demonstranten für Frieden und gegen islamischen Terrorismus.
Bei der zweiten PISA-Schulstudie landet Deutschland erneut im unteren Teil der Leistungstabelle.
23.11. Das AIDS-Virus hat sich 2004 schneller verbreitet als je zuvor. Weltweit leben laut Weltaidsbericht fast 40 Millionen AIDS-Kranke.
24.11. Frauen in der Bundeswehr werden künftig per Quote gefördert. Der Bundestag beschließt ein Gleichstellungsgesetz, mit dem der Anteil der Soldatinnen auf 15 Prozent verdreifacht wird.

Die deutschen Rennkanutinnen Birgit Fischer (vorn) und Carolin Leonhardt bejubeln den Erfolg im Ziel. Das in Mannheim trainierende Duo gewinnt bei den Olympischen Spielen am 28. August 2004 auf dem See in Schinias bei Athen im Finale der Kajak-Zweier der Frauen über 500 m die Silbermedaille. Für Schlagfrau Birgit Fischer ist es die insgesamt zwölfte olympische Medaille. Die 42-jährige Potsdamerin hatte tags zuvor im K4 das achte Gold ihrer Karriere gewonnen und damit ihre Position als erfolgreichste deutsche Olympionikin aller Zeiten ausgebaut.

DEZEMBER

6.12. Bundeskanzler Gerhard Schröder trifft zu Beginn seiner Asienreise in China ein. Im Mittelpunkt der Gespräche steht der Ausbau der Wirtschaftsbeziehungen. Eine weitere Station der Reise ist Japan.
Auf dem Bundesparteitag der CDU wird Angela Merkel mit 88,4 Prozent der Stimmen in ihrem Amt als Parteivorsitzende bestätigt.
9.12. Der Gesamtbetriebsrat und Vorstand des Automobil-Herstellers Opel einigen sich auf einen Sanierungsplan. In den nächsten zwei Jahren wird Opel 9.500 seiner 32.000 Arbeitsplätze in Deutschland sozialverträglich abbauen.
10.12. Der Begriff „Hartz IV" wird von der Gesellschaft für deutsche Sprache zum Wort des Jahres gewählt.
15.12. Mit einer deutlichen Mehrheit sprechen sich die Abgeordneten des Europäischen Parlaments für die Aufnahme von Beitrittsverhandlungen mit der Türkei aus.
Das Bundesamt für Güterverkehr erteilt der Firma Toll Collect die Betriebserlaubnis für das neue Maut-System. Bedingt durch eine Serie von Pannen tritt es am 1.1.2005 mit eineinhalbjähriger Verspätung in Kraft.
16.12. Der höchste Jackpot in der deutschen Lottogeschichte (26,7 Millionen Euro) geht an zwei Lottospieler aus Nordrhein-Westfalen.
20.11. Der frühere stellvertretende Frankfurter Polizeipräsident Wolfgang Daschner wird vom Landgericht Frankfurt wegen Folterandrohungen in einem polizeilichen Verhör im Entführungsfall Jakob von Metzler schuldig gesprochen. Er wird zu einer Geldstrafe auf Bewährung verurteilt.
Das ungarische Parlament ratifiziert als zweites Land nach Litauen die EU-Verfassung.
22.12. Angesichts anhaltender Kritik wegen der umstrittenen Annahme von Zahlungen des Stromkonzerns RWE tritt der Generalssekretär der CDU, Laurenz Meyer, von seinem Amt zurück.

Prozess gegen Mannesmann-Manager

Ein Geschmäckle, wenn man es so nett schwäbisch sagen will, hatte das Geschäft nicht nur in den Augen der Öffentlichkeit gehabt. Auch die Justiz schöpfte Verdacht: 1999/2000 gab es eine ungeheuer aufwändige Übernahmeschlacht, bei der schließlich der britische Konzern Vodafone die Oberhand behielt und die Mobilfunksparte des deutschen Unternehmens Mannesmann schlucken konnte. Hatte sich Mannesmann-Chef Klaus Esser nur zum Schein so vehement gegen die Übernahme gewehrt, und waren auch andere Beteiligte wie Deutsche-Bank-Chef Josef Ackermann oder IG-Metall-Vorsitzender Klaus Zwickel nur so zäh dafür zu gewinnen gewesen, damit die „Entschädigung" stimmte? Jedenfalls erhielt Esser eine Abfindung von über 15 Millionen Euro und eine Reihe anderer Führungskräfte kassierte auch recht kräftig. Am 21. Januar 2004 eröffnete das Düsseldorfer Landgericht ein Verfahren gegen die Beteiligten wegen des Verdachts auf Vorteilnahme und/oder Untreue zu Lasten der Aktionäre. Nach halbjähriger Verhandlungsdauer sprach das Gericht zwar alle Angeklagten frei, sah aber noch Prüfungsbedarf dahingehend, ob gegen das deutsche Aktiengesetz verstoßen worden sei. Die Staatsanwaltschaft legte Revision ein. In einer Zeit der massenhaften Arbeitslosigkeit und der Angst um die Arbeitsplätze machten die Großverdiener auf der Anklagebank einen denkbar arroganten Eindruck. Schon als Ackermann bei Verhandlungsbeginn den Gerichtssaal mit dem Victory-Zeichen betrat, wurde das als Provokation empfunden. In solchem Verhalten zeigte sich nach der Ansicht von vielen eine schamlose Selbstbedienungsmentalität, die Wasser auf die Mühlen der Kapitalismus-Kritiker lenkte. Ackermann, der ein Jahresgehalt von über 11 Millionen Euro bezog, wurde zur bevorzugten Zielscheibe beißender Kritik.

Horst Köhler zum Bundespräsidenten gewählt

Im Herbst 2003 entschloss sich Johannes Rau, nicht mehr für eine zweite Amtszeit als Bundespräsident der Bundesrepublik Deutschland zu kandidieren. Die Mehrheitsverhältnisse in der Bundesversammlung hatten sich zugunsten von Union und FDP so weit verändert, dass Rau vermutlich nicht mehr wieder gewählt worden wäre. CDU/CSU und FDP kündigten an, sich auf einen gemeinsamen Kandidaten für die Wahl des neuen Bundespräsidenten zu verständigen. Ihr Ziel war es, den erhofften Regierungswechsel 2006 zu einer schwarz-gelben Koalition durch die Wahl des Bundespräsidenten vorzubereiten.

Für die CDU-Vorsitzende Angela Merkel hatte die Nominierung des Kandidaten für das Amt des Bundespräsidenten herausragende Bedeutung. Sie musste Führungsstärke beweisen, wenn sie sich als Kanzlerkandidatin der Union empfehlen wollte. In den nun folgenden Monaten wurden zahlreiche Namen als Kandidaten gehandelt. Zunächst drängte die FDP auf eigene Kandidaten und brachte Wolfgang Gerhardt und Klaus Kinkel ins Gespräch. Dies ließ sich aber gegenüber Merkel nicht durchsetzen. Sie suchte einen CDU-Kandidaten, der auch von der FDP akzeptiert würde. Im Gespräch waren Thüringens Ministerpräsident Bernhard Vogel und der Ministerpräsident Baden-Württembergs Erwin Teufel, die sich jedoch bei der FDP nicht durchsetzen ließen. Ebenso wenig Chancen hatten der Finanzexperte und ehemalige Verfassungsrichter Paul Kirchhoff, der ehemalige Leiter der Stasi-Aktenbehörde Joachim Gauck und die stellvertretende CDU-Vorsitzende Annette Schavan. Sie galten in der CDU als Außenseiter. Merkel favorisierte zunächst den CSU-Vorsitzenden Edmund Stoiber. In der Rolle des Bundespräsidenten hätte Stoiber Merkels Kanzlerkandidatur nicht mehr im Wege gestanden. Zudem war Stoiber für Union und FDP gleichermaßen akzeptabel. Doch der hatte die eigenen Ambitionen auf die Kanzlerkandidatur noch nicht aufgegeben und dementierte energisch. Schließlich schien es, als würde man sich auf Wolfgang Schäuble einigen. Dem erfahrenen Politiker und Vordenker einer konservativen Erneuerung in Deutschland konnte niemand seine Eignung zum Bundespräsidenten absprechen. Doch zeigte sich schnell, dass Merkel, die sich bereits in der Vergangenheit als Gegnerin Schäubles gezeigt hatte, Schäuble nicht entschieden genug förderte.

In einer von allen Fernsehsendern beobachteten nächtlichen „Geheimsitzung" der drei Parteivorsitzenden Merkel (CDU), Westerwelle (FDP) und Stoiber (CSU) in der Charlottenburger Wohnküche Guido Westerwelles am Abend des 2. März 2004 fiel dann die Entscheidung gegen Schäuble. Westerwelle habe sich – so die offizielle Darstellung – gegen Schäuble ausgesprochen. Angeblich fürchtete die FDP, Schäuble könne einer Treibjagd wegen der ungeklärten Vorwürfe in der Spendenaffäre zum Opfer fallen. Merkel und Westerwelle hatten sich gegen die CSU durchgesetzt, die bis zuletzt für Schäuble eingetreten war.

Am Morgen des folgenden Tages kursierten noch immer Gerüchte über mögliche Kandidaten. Genannt wurden Töpfer, Schavan, Köhler, Kirchhof, Vogel, Schipanski und Teufel sowie der Siemens-Chef Heinrich von Pierer. Doch waren dies vermutlich nur noch Ablenkungsmanöver, da die Entscheidung schon gefallen war. Am 4. März nominierten die Parteipräsidien von Union und FDP den bis dahin weithin unbekannten Horst Köhler, der allerdings auf ein internationales Renommee als Wirtschafts- und Finanzexperte verweisen konnte und als Repräsentant der wirtschaftsliberalen Programmatik von CDU und FDP galt. Merkels Kalkül, sich durch die Wahl Köhlers als Kanzlerkandidatin zu etablieren, ging auf. Nachdem sie sich mit der Nominierung Köhlers erfolgreich gegen die CSU und die Kritiker in der eigenen Partei durchgesetzt hatte, erhielt sie schon bald Schützenhilfe vom Kandidaten. Köhler sprach sich am 13. März öffentlich für eine Bundeskanzlerin Merkel aus. Nach seiner Wahl am 23. Mai 2004 sagte Horst Köhler vor der Bundesversammlung:

Ich möchte Bundespräsident aller Deutschen sein und ein Präsident für alle Menschen, die hier leben.

Aus gutem Grund ist das höchste Amt in einem demokratischen Staat niemandem in die Wiege ge-

Josef Ackermann (rechts), Vorstandsvorsitzender der Deutschen Bank AG, scherzt vor Beginn des ersten Verhandlungstages im „Mannesmann-Prozess" im Düsseldorfer Landgericht mit dem ehemaligen Mannesmann Vorstandsvorsitzenden Klaus Esser (links).

Die Kandidatin von SPD und Grünen für das Amt des Bundespräsidenten, Gesine Schwan (links), gratuliert dem neuen Bundespräsidenten Horst Köhler (rechts) am 23. Mai 2004 im Reichstagsgebäude in Berlin zu seiner Wahl. In der Mitte steht die CDU-Vorsitzende Angela Merkel. Köhler, der Kandidat von Unionsparteien und FDP, erhielt bereits im ersten Wahlgang die absolute Mehrheit der Stimmen.

legt. Für mich persönlich ist die Entscheidung der Bundesversammlung ein wirklich sehr bewegender Augenblick. Nach sechs Jahren im Ausland kehre ich mit einem Gefühl von Freude und Dankbarkeit in meine Heimat zurück. Deutschland hat mir viel gegeben. Davon möchte ich etwas zurückgeben. Ich liebe unser Land.

Wahrscheinlich erwarten jetzt alle von mir, dass ich von Reformen spreche. Tatsächlich halte ich eine grundlegende Erneuerung unseres Landes für notwendig und überfällig. Als gelernter Ökonom – das werde ich auch weiterhin nicht verstecken – kann ich Ihnen die Feststellung nicht ersparen, dass ich mir Sorgen um den Zustand der deutschen Wirtschaft, die Arbeitsplätze und die soziale Sicherheit in unserem Lande mache. Ich sehe neue, inakzeptable Spaltungstendenzen in unserer Gesellschaft.

Viele von Ihnen erwarten vermutlich auch, dass ich etwas zur Globalisierung sage. Globalisierung bestimmt mehr und mehr unser Leben. Sie bedarf – das ist meine feste Überzeugung, hierin stimme ich mit Johannes Rau überein – der politischen Gestaltung. Wenn wir es richtig anpacken, kann Deutschland aus der Globalisierung weiterhin großen Nutzen ziehen. Aber wir müssen auch besonders dafür arbeiten, dass die Globalisierung den Armen dieser Welt zugute kommt.

Dies wird nur gelingen, wenn sich die Industrieländer, also auch Deutschland, in ihrem Verhalten ändern und vor allem ihre Märkte für die Entwicklungsländer öffnen. Doch das heißt dann eben auch, dass wir Wettbewerb und Strukturwandel annehmen müssen. Herr Präsident, meine Damen und Herren, tatsächlich befindet sich die Welt in einem tiefen Umbruch. Wir müssen uns der Wirklichkeit stellen. Deutschland muss um seinen Platz in der Welt des 21. Jahrhunderts kämpfen. Ich denke, wir alle werden deshalb auch mit meiner Mitbewerberin, Frau Professor Gesine Schwan, darin übereinstimmen, dass es gerade in Umbruchphasen auf Vertrauen als Sozialkapital ankommt. Und der Begriff Sozialkapital wird sowohl in der Politikwissenschaft als auch in der Wirtschaftswissenschaft benützt. Sehr zu Recht hat Bundespräsident Johannes Rau das Thema Vertrauen und Verantwortung in den Mittelpunkt seiner letzten Berliner Rede gestellt. In diesem Zusammenhang möchte ich Ihnen, sehr verehrte Frau Schwan, für Ihr Engagement um das höchste Amt im Staate danken. Der Wettbewerb von uns beiden Seiteneinsteigern hat dem Land insgesamt sicher nicht geschadet. Herr Präsident, meine Damen und Herren, ja, ich werde in meinem Amt zu mehr Entschlossenheit, Tatkraft und auch Stetigkeit bei wirtschafts- und sozialpolitischen Reformen drängen. Doch ich hoffe, ich enttäusche heute niemanden, wenn ich eine ganz andere Frage voranstelle, nämlich: Was will Deutschland im 21. Jahrhundert sein, was kann es sein und wo will dieses Land hin?

Deutschland muss sich verändern, das ist wahr. Aber wir sollten uns dabei auch unserer kulturellen und religiösen Wurzeln bewusst sein. Wie schaffen wir es, das abstrakte Wort „Werte“ aus Politikerreden in Alltagsgespräche und Alltagsverhalten zu bringen und so lebendig zu machen? Wie schaffen wir es, uns im größer werdenden Europa unserer nationalen Identität zu vergewissern – und zugleich eine europäische Identität zu gewinnen? Ich habe, meine Damen und Herren, übrigens die Erfahrung gemacht: Patrio-

Erstmals seit dem Zweiten Weltkrieg nahm am 6. Juni 2004 ein deutscher Bundeskanzler an der Feier zum Gedenken an die Landung der Westalliierten in der Normandie teil. Am 60. Jahrestag der Invasion ehrte Schröder zunächst die Gefallenen aus Großbritannien und anderen Staaten des Commonwealth. Er ging dann an das Grab eines unbekannten deutschen Soldaten. Der französische Staatspräsident Chirac hatte vorher vor über 20 Staats- und Regierungschefs in Arromanches gesagt, die deutsch-französische Aussöhnung nach dem Krieg sei Vorbild für die Völker der Welt.

Bruno Ganz als Adolf Hitler in „Der Untergang", der mit 4,5 Millionen deutschen Zuschauern als einer der erfolgreichsten deutschen Filme aller Zeiten gilt.

tismus und Weltoffenheit sind keine Gegensätze. Sie bedingen einander. Nur wer sich selbst achtet, achtet auch andere. Herr Präsident, meine Damen und Herren, der heutige 55. Jahrestag der Verkündung des Grundgesetzes ist ein guter Tag, uns wieder auf unsere Stärken zu besinnen. Deutschland hat die Kraft, sich zu verändern. Davon bin ich zutiefst überzeugt. Diese Kraft liegt in den Menschen. Ihre Ideen sind der Reichtum unseres Landes. Damit sich diese Kraft entfalten kann, müssen wir Angst überwinden und Selbstvertrauen zurückgewinnen.
Wir können in Deutschland vieles möglich machen. Aber dazu müssen erst einmal wir uns selbst mehr zutrauen. Und: Wir müssen wieder mehr auf die Kraft der Freiheit vertrauen. Es war diese Kraft, mit der vor 15 Jahren die Menschen im Osten unseres Vaterlandes die scheinbar unüberwindliche Mauer zum Einsturz gebracht haben – einer der großartigsten Momente unserer Geschichte und auch eine stetige Verpflichtung für uns, die innere Einheit zu verwirklichen. Herr Präsident, meine Damen und Herren, die Kraft der Freiheit stärken, darauf achten, dass es gerecht zugeht in Deutschland, und dazu beitragen, dass wir ein Land der Ideen werden - dafür will ich eintreten und dazu bitte ich um das Mitmachen aller. Ich grüße alle Landsleute nah und fern, unsere Nachbarn in Europa und unsere Freunde in der Welt. Gott segne unser Land!
Vielen Dank.

Der Untergang

Der Film „Der Untergang" des Regisseurs Oliver Hirschbiegel, der am 16. September 2004 uraufgeführt wurde, handelt vom Untergang des „Dritten Reiches". Dargestellt werden, beginnend mit einem Prolog in der Wolfsschanze, der die Einstellung Traudl Junges als Hitlers Sekretärin zeigt, die letzten zwölf Tage vom Geburtstag Adolf Hitlers am 20. April 1945 bis zur faktischen Kapitulation der Reichshauptstadt am 2. Mai. Während die sowjetischen Truppen Berlin Meter für Meter erobern und von den letzten Soldaten des Volkssturms nicht aufgehalten werden können, verschanzt sich Adolf Hitler mit seinen letzten Getreuen im Führerbunker. Obwohl der Krieg sicher verloren ist, prophezeit Hitler weiterhin abwechselnd den „Endsieg" oder den „verdienten Untergang" des deutschen Volkes, das es sich seiner Führung als nicht würdig erwiesen habe. Auf die Zivilbevölkerung nimmt er keine Rücksicht, und alle, die kapitulieren wollen, beschimpft er als Verräter, unter anderem auch Göring und Himmler. In der beklemmenden Enge des Bunkers präsentiert er sich immer noch als der Alleinherrscher. Da er jeglichen Sinn für die Realität verloren hat, erteilt er vollkommen sinnlose Befehle.
Einen Tag vor dem gemeinsamen Suizid heiratet Hitler seine Geliebte Eva Braun. Da er den Feinden nicht als Trophäe in die Hände fallen und mit Farbe beschmiert werden will wie zuvor Mussolini, weist er seinen Adjutanten Otto Günsche an, die Leichen restlos zu verbrennen. Nach dem Tod Hitlers herrscht Ratlosigkeit im Bunker. Einige wollen kapitulieren oder fliehen, andere fühlen sich jedoch nach wie vor ihrem Eid verpflichtet. Der hitlertreue Propagandaminister Joseph Goebbels versucht, die Führung zu übernehmen. Als dem Nationalsozialismus besonders verpflichtet erweist sich auch dessen Frau Magda Goebbels. Da sie ein Leben nach dem Zusammenbruch des Nationalsozialismus als nicht lebenswert erachtet, lässt sie ihre sechs vier bis zwölf Jahre alten Kinder einen Schlaftrunk einnehmen. Nur die älteste Tochter, die zwölfjährige Helga, ahnt, dass sie und ihre Geschwister sterben sollen und weigert sich in der Hoffnung, ihre Mutter würde sie alle doch noch verschonen, das „Medikament" zu trinken. Sie wird von der Mutter festgehalten, damit der Arzt ihr das Mittel einflößen kann. Als alle Kinder schlafen, vergiftet Magda Goebbels sie eigenhändig mit Zyankali-Kapseln. Danach lässt sie sich von ihrem Mann erschießen, bevor dieser sich selbst tötet.

Inge Meysel

Inge Meysel wurde 1910 in Berlin als Tochter eines Kaufmanns geboren. Nach dem Besuch des Margarethen-Oberlyzeums erhielt sie ihre Schauspielausbildung in der Schauspielschule von Ilka Grüning und Lude Höflich. Ihr Debüt gab sie 1930 in Zwickau in der Erstaufführung von Ernst Penzoldts Etienne und Louise. Mit dem Dritten Reich kam auch das Auftrittsverbot für die „Halb-Arierin" (ihr Vater war Jude). So musste sie 1945 von vorne anfangen und kam eigentlich nur durch einen Zufall wieder zur Bühne: Helmut Käutner hatte sie in Hamburg .getroffen und zu Willy Maertens ans Thalia-Theater gebracht. Immer wieder waren es die resoluten Frauengestalten des All-

Inge Meysel bei der Bambi-Verleihung 1973.

Der deutsche Supermittelgewichtsboxer Sven Ottke (links) kämpft am 28. März 2004 in der Magdeburger Bördelandhalle gegen den Schweden Armand Kranjc um seinen Weltmeistertitel nach IBF- und WBA-Version. Ottke gewinnt das Duell und beendet unmittelbar nach seinem 34. Sieg in Folge seine Boxsport-Karriere. „Ich habe gesagt, dass ich in Magdeburg aufhören werde. Und das tue ich jetzt", verkündet der 36-jährige Karlsruher.

tags, deren Rollen ihr in Filmen wie Ida Rogalski, Stadtpark, Die Unverbesserlichen und Gertrud Stranitzki den Titel „Fernsehmutter der Nation" eintrugen. Mit 94 Jahren starb Inge Meysel am 10. Juli 2004 in ihrem Haus in Seevetal-Bullenhausen in der Nähe von Hamburg.

Rudi Völler

Die Karriere Rudi Völlers begann, als er von seinem Vater mit acht Jahren beim TSV Hanau 1860 angemeldet wurde. 1975 wechselte er zu den Offenbacher Kickers, zwei Jahre später zum TSV 1860 München und 1982 zum SV Werder Bremen. Dort gelang ihm ein Einstand nach Maß: Er wurde mit seiner Mannschaft deutscher Vizemeister, konnte sich als Torschützenkönig der Bundesliga feiern lassen und wurde von den Sportjournalisten zum Fußballer des Jahres gewählt. Obwohl Völler im Juli 1986 seinen noch laufenden Vertrag mit Werder um drei Jahre bis 1990 verlängert hatte, wechselte der stets von italienischen Klubs heftig umworbene Goalgetter 1987 für eine Ablösesumme von sieben Millionen DM zum AS Rom. Nachdem es hier, auch verletzungsbedingt, im ersten Jahr nicht so richtig klappen wollte, avancierte er doch noch zur Leitfigur seines Teams und fungierte zeitweise sogar als Mannschaftskapitän. Im Juni 1989 wählten ihn die Anhänger des Klubs zum besten Spieler der abgelaufenen Saison. Später meinte Rudi Völler einmal rückblickend: „Die schönste Zeit in meinem Fußballerleben war Rom, ohne Zweifel." Von 1992 bis 1994 spielte Völler bei Olympique Marseille, wurde 1993 französischer Meister und anschließend Sieger im Europapokal der Landesmeister. Seinen Höhepunkt als Nationalspieler (insgesamt 90 A-Länderspiele, 47 Tore) erreichte Völler, als es der deutschen Nationalmannschaft unter Teamchef Beckenbauer bei der Weltmeisterschaft 1990 in Italien gelang, den Titel zu holen. Unvergessen bleibt die Szene, als Völler im Achtelfinale gegen Holland vom Platz gestellt wurde, wobei ihm sein gleichfalls des Feldes verwiesener Gegenspieler Frank Rijkaard beim Abgang ins Gesicht spuckte. (Erst 1996 versöhnten sie die beiden Streithähne wieder.)

Nachdem Rudi Völler von 1994 bis 1996 bei Bayer Leverkusen gespielt hatte, wurde er dort nach Beendigung seiner aktiven Laufbahn 1996 als Sportdirektor verpflichtet. In dieser Funktion arbeitete Völler als eine Art Bindeglied zwischen Verein und Mannschaft und kümmerte sich unter anderem um die Bereiche Vertragsverhandlungen, Marketing, Spielerbetreuung und vor allem der Spielersuche und Talentsichtung. Und obwohl er es bis dahin stets abgelehnt hatte, eine Traineraufgabe zu übernehmen, ließ er sich Anfang Juli 2000 dazu überreden, als Nachfolger des glücklosen Erich Ribbeck bis zum Amtsantritt von Christoph Daum die Verantwortung für die Nationalmannschaft zu übernehmen, um danach wieder auf die Position des Leverkusener Sportdirektors zurückzukehren. Als dann im Herbst 2000 eine Haaranalyse Daum als Drogenkonsumenten überführte und er für das Amt des Bundestrainers nicht mehr in Frage kam, war klar, dass Völler nichts anderes übrig blieb als weiterzumachen.

Dabei sieht sich der Trainer Rudi Völler als Vertreter einer offensiv ausgerichteten Spielweise. Gelernt hat er nach eigenem Bekunden vor allem von jenen Trainern, mit denen er als Spieler länger zusammengearbeitet hatte, nämlich Otto Rehhagel, Franz Beckenbauer und Christoph Daum. Von diesen habe er jeweils spezifische Dinge erfahren, und alle drei hätten so seine eigene Trainertätigkeit maßgeblich beeinflusst. „Wir wollen so spielen, dass die Leute wieder Freude am Fußball haben und stolz sein können", kündigte Völler bei seinem Amtsantritt an. Er wolle „Erfolg mit Attraktivität verbinden", also das Erfolgsergebnis mit einem unterhaltsamen Erlebnis für den Zuschauer kombinieren. Erste Früchte trug diese Einstellung bei der Weltmeisterschaft 2002 in Japan und Südkorea, als es dem krassen Außenseiter Deutschland im Finale gegen Brasilien gelang, Vizeweltmeister zu werden.

Der Teamchef der deutschen Fußballnationalmannschaft, Rudi Völler, erklärt auf einer Pressekonferenz am 24. Juni 2004 im portugiesischen Almancil seinen Rücktritt. Das DFB-Team war am Vorabend nach der 1:2-Niederlage im letzten Vorrundenspiel gegen Tschechien sieglos aus dem Europameisterschafts-Turnier ausgeschieden.

2005

JANUAR

1.1. In Deutschland tritt ein neues Gesetz zur Zuwanderung und zur Integration von Ausländern in Kraft. Es schreibt die Bedingungen für die Zuwanderung von Arbeitskräften aus Staaten außerhalb der EU und die Rechte von Flüchtlingen fest.
2.1. Nach dem aufgrund von Pannen und politischen Querelen um 16 Monate verschobenen Start bei der Lkw-Maut in Deutschland glückt die Premiere des satellitengestützten Gebührensystems – entgegen aller Befürchtungen – reibungslos.
12.1. Das Europa-Parlament billigt in Straßburg mit großer Mehrheit die neue EU-Verfassung. 500 Abgeordnete votieren für das Vertragswerk, 137 dagegen.
18.1. Der europäische Flugzeugbauer Airbus stellt in Toulouse den A380 vor, das größte zivile Verkehrsflugzeug der Welt. Deutschland, Frankreich, Großbritannien und Spanien unterstützen das Projekt mit Milliardenkrediten.
19.1. Das Bundeskabinett beschließt die Umbenennung des Bundesgrenzschutzes in „Bundespolizei". Die Uniform wird blau, die Aufgaben – Sicherung der Grenzen, des Bahn- und Luftverkehrs – bleiben.

FEBRUAR

1.2. Zum 40-jährigen Bestehen der diplomatischen Beziehungen besucht Bundespräsident Horst Köhler Israel. Am 2.2. spricht er vor der Knesset. Er betont, dass die Verantwortung für den Holocaust Teil der deutschen Identität sei.
1.2. Die Walter Bau AG meldet Insolvenz an. Am 15.2. übernimmt der österreichische Strabag-Konzern große Teile der Augsburger Traditionsfirma.
9.2. Gewerkschafter und Arbeitgeber einigen sich auf eine Tarifreform im öffentlichen Dienst. Die Beschäftigten von Bund und Kommunen werden künftig stärker nach Leistung bezahlt, die Arbeitszeit wird flexibel gestaltet.
17.2. Der Visa-Untersuchungsausschuss in Berlin nimmt seine Arbeit auf. Die Opposition wirft der Regierung vor, durch eine laxe Visa-Vergabe massenhaft Schleusertum und Zwangsprostitution begünstigt zu haben.

MÄRZ

3.3. Das Management des Autoherstellers Opel und die Beschäftigten einigen sich auf einen „Zukunftsvertrag", der die Existenz der westdeutschen Werke bis zum Jahr 2010 sichern soll.
11.3. Mit den Stimmen von SPD, Union und Grünen beschließt der Bundestag ein schärferes Versammlungsrecht. Auf diese Weise sollen Neonazi-Aufmärsche, etwa vor dem Holocaust-Denkmal in Berlin, künftig leichter verboten werden können.
12.3. Ein Taubenzüchter aus Münster erzielt mit 20,4 Millionen Euro den höchsten Einzelgewinn in der deutschen Lottogeschichte.
17.3. In vier Wahlgängen misslingt die Wahl von Heide Simonis (SPD) zur Ministerpräsidentin von Schleswig-Holstein. Simonis und ihr Gegenkandidat Peter Harry Carstensen (CDU) erhalten je 34 Stimmen. Es fehlt offenbar eine Stimme aus der SPD-Fraktion. Am Tag darauf erklärt Simonis, nicht weiter für das Amt zu kandidieren.
22.3. Die Lufthansa übernimmt die Schweizer Fluggesellschaft Swiss.
31.3. Daimler-Chrysler ruft 1,3 Millionen Autos der Marke Mercedes zurück. Elektronik und Bremsen sollen überprüft werden.

APRIL

13.4. Bei einer Veranstaltung zum neuen Grundsatzprogramm geißelt SPD-Chef Franz Müntefering die „Macht des Kapitals" und beklagt ein Diktat der Wirtschaft. Außerdem vergleicht Müntefering Finanzinvestoren mit Heuschrecken.
15.4. Bayerns Kultusministerin Monika Hohlmeier (CSU) tritt zurück. Sie zieht die Konsequenzen aus dem Skandal um Stimmenkauf und gefälschte Aufnahmeanträge in der Münchner CSU. Neuer Kultusminister wird am 21.4. der CSU-Abgeordnete Siegfried Schneider.
19.4. Der deutsche Kardinal Joseph Ratzinger wird vom Konklave zum neuen Papst gewählt. Er gibt sich den Namen Benedikt XVI.
21.4. Günther Oettinger (CDU) wird vom Stuttgarter Landtag zum neuen Ministerpräsidenten der CDU/FDP-Koalition gewählt. Vorgänger Erwin Teufel hatte seinen Rücktritt nach längerer Debatte über einen Generationenwechsel erklärt.
25.4. Erstmals in der Geschichte von Untersuchungsausschüssen des Bundestages wird die Vernehmung eines Bundesministers live und in voller Länge im Fernsehen übertragen. Außenminister Joschka Fischer (Grüne) sagt zur umstrittenen Visa-Vergabe in der Ukraine aus und gesteht Fehler ein.

MAI

9.5. Als erster deutscher Bundeskanzler nimmt Gerhard Schröder in Moskau zusammen mit mehr als weiteren 50 Staats- und Regierungschefs an Feiern zum Ende des Zweiten Weltkriegs teil. Beim Gedenken des Bundestags zum 60. Jahrestag der Kapitulation am 8.5. sagt Bundespräsident Horst Köhler, es gebe „keinen Schlussstrich".
10.5. Das Holocaust-Mahnmal in Berlin wird eröffnet. Die Gedenkstätte in der Nähe des Brandenburger Tors erinnert an die Ermordung von sechs Millionen Juden während der NS-Zeit.
12.5. Der Bundestag kommt den Auflagen des Bundesverfassungsgerichts nach und regelt gegen die Stimmen der Opposition den Großen Lauschangriff neu. Bei privaten Äußerungen muss das Abhören von Wohnräumen nun sofort unterbrochen werden.
12.5. Mit großer Mehrheit billigt der Bundestag die Europäische Verfassung. 23 Abgeordnete, meist aus der CDU/CSU, sind gegen die Vorlage. Am 27.5. stimmt auch der Bundesrat zu. Deutschland hat somit als neuntes EU-Land das Vertragswerk ratifiziert.
14.5. Der FC Bayern München feiert bei seinem letzten Heimspiel im Olympiastadion die seit zwei Wochen feststehende Deutsche Meisterschaft. Am 2.8.5. gewinnt der FC Bayern auch das Pokalendspiel gegen den FC Schalke 04.
19.5. In der neu erbauten Münchner Allianz Arena findet ein erstes Fußballspiel statt. Eine Traditionsmannschaft des TSV 1860 besiegt die Altstars des FC Bayern mit 3:2.
22.5. Nach der Niederlage bei der Landtagswahl in Nordrhein-Westfalen plädieren SPD-Vorsitzender Franz Müntefering und Bundeskanzler Gerhard Schröder überra-

Bundeskanzler Gerhard Schröder und die CDU-Vorsitzende und Unions-Kanzlerkandidatin Angela Merkel bei ihrem Fernsehduell am 4. September 2005.

schend für eine vorgezogene Neuwahl zum Bundestag.
24.5. Der ehemalige Bundesvorsitzende Oskar Lafontaine erklärt seinen Austritt aus der SPD. Er will nun mit der Wahlalternative Arbeit und Soziale Gerechtigkeit (WASG) und der PDS in einem Linksbündnis bei der vorgezogenen Bundestagswahl antreten.
30.5. Die CDU-Vorsitzende Angela Merkel wird von den Präsidien der CDU und CSU zur Kanzlerkandidatin für die angekündigte vorgezogene Neuwahl ernannt. Die 50-Jährige ist die erste Kanzlerkandidatin in der BRD.

JUNI

12.6. Die SPD-Abspaltung WASG und die PDS einigen sich auf ein Bündnis für die Bundestagswahl. WASG-Listen sollen auf offenen PDS-Listen antreten.
19.6. Die deutsche Frauen-Fußball-Nationalmannschaft gewinnt zum vierten Mal in Folge die Europameisterschaft. In England besiegen sie im Endspiel Norwegen 3:1.
22.6. Der CDU-Politiker Jürgen Rüttgers wird zum Ministerpräsidenten von Nordrhein-Westfalen gewählt. Zuvor hatten sich CDU und FDP auf eine Koalition verständigt.
23.6. Kanzler Gerhard Schröder und die Ministerpräsidenten unterzeichnen ein Förderprogramm für den Aufbau deutscher Spitzen-Universitäten. Mit zusätzlich 1,9 Milliarden Euro soll die Forschung international wettbewerbsfähiger werden.

JULI

1.7. Der Bundestag spricht Bundeskanzler Gerhard Schröder (SPD) wunschgemäß das Misstrauen aus. Von den 595 Abgeordneten, die ihre Stimmen abgeben, sprechen dem Kanzler 151 das Vertrauen aus, 148 enthalten sich. 296 Parlamentarier stimmen mit Nein, unter ihnen die kompletten CDU/CSU- und FDP-Fraktionen.
17.7. Der PDS-Parteitag in Berlin billigt die Umbenennung in „Die Linkspartei".
21.7. Bundespräsident Horst Köhler löst den Bundestag auf und öffnet damit den Weg zu Neuwahlen am 18.9.
28.7. Der Vorstandvorsitzende von Daimler-Chrysler, Jürgen Schrempp, kündigt seinen vorzeitigen Abschied für den 1.1.2006 an.

AUGUST

8.8. Bei einem Wohnhausbrand in Berlin-Moabit sterben neun Menschen. Ein Junge hatte im Flur einen Kinderwagen angezündet.
12.8. Vor dem Landgericht Augsburg wird der frühere Rüstungsstaatsekretär Ludwig-Holger Pfahls wegen Vorteilsnahme und Steuerhinterziehung zu einer Haftstrafe von zwei Jahren und drei Monaten verurteilt. Pfahls hatte zuvor die Annahme von knapp zwei Millionen Euro Schmiergeld zugegeben. Aufgrund der langen Untersuchungshaft kommt Pfahls am 1.9. frei.
16.8. Der XX. katholische Weltjugendtag in Köln wird eröffnet. Etwa 400 000 Dauerteilnehmer sind für die sechstägige Veranstaltung angemeldet. Papst Benedikt XVI. feiert am 21.8. einen Gottesdienst vor knapp einer Million Menschen auf dem Marienfeld.

SEPTEMBER

4.9. Zwei Wochen vor der Bundestagswahl treten Kanzler Gerhard Schröder und Unions-Kanzlerkandidatin Angela Merkel zu ihrem einzigen TV-Duell an. 20 Millionen Fernsehzuschauer sind live dabei.
8.9. Bundeskanzler Gerhard Schröder und der russische Präsident Wladimir Putin unterzeichnen ein Abkommen über den Bau einer neuen Gaspipeline von St. Petersburg bis Greifswald.
18.9. Bei der vorgezogenen Bundestagswahl wird die Union nur mit knappem Vorsprung stärkste Kraft. CDU/CSU erreichen – inklusive der Nachwahl in Dresden am 2.10. – 35,2 Prozent der Stimmen und stellen 226 Mandate, die SPD erzielt 34,2 Prozent (222 Sitze). Es folgt die FDP mit 9,8 Prozent (61), dann die Linkspartei mit 8,7 Prozent (54) und die Grünen mit 8,1 Prozent (51). Sowohl Unions-Kandidatin Angela Merkel als auch Gerhard Schröder erheben Anspruch auf das Kanzleramt.
28.9. Der Vorstand von Daimler-Chrysler kündigt den Abbau von 8500 Stellen in den deutschen Mercedes-Werken an. Mitarbeitern werden Abfindungen angeboten, Entlassungen hatte der Konzern ausgeschlossen.
28.9. Der Bundestag votiere mit großer Mehrheit für die Ausweitung des Einsatzes der Bundeswehr in Afghanistan. Bis zu 750 weitere Soldaten sollen in den Hindukusch geschickt werden.

OKTOBER

9.10. Papst Benedikt XVI. spricht in Rom den früheren Bischof von Münster und Nazi-Gegner, Clemens August von Galen, selig.
18.10. Der neu zusammengetretene Bundestag wählt Norbert Lammert (CDU) zum Bundestagspräsidenten. Entgegen aller parlamentarischen Gepflogenheiten verweigert die Mehrheit der Abgeordneten die Wahl von Lothar Bisky (Linkspartei) zum Vizepräsidenten. Als Bisky am 8.11. in einem vierten Wahlgang wieder nicht gewählt wird, verzichtet die Linkspartei vorläufig auf den Posten.
18.10. Bei einem Großbrand in einem Nürnberger Depot der Deutschen Bahn werden 24 historische Lokomotiven zerstört. Der Schaden wird auf bis zu 40 Millionen Euro geschätzt.
19.10. Verbraucherschutzminister Jürgen Trittin (Grüne) ordnet wegen der Vogelgrippe-Gefahr per Eilverordnung eine bundesweite Stallpflicht für Geflügel an. Sie tritt am 21.10. in Kraft.
24.10. Zum ersten Mal geht eine deutsche Zeitung an ausländische Eigentümer. Anglo-amerikanische Finanzinvestoren kaufen den Berliner Verlag (Berliner Zeitung) von der Stuttgarter Holtzbrinck-Gruppe.
26.10. Die Bundeswehr feiert vor dem Reichstag mit einem großen Zapfenstreich ihr 50-jähriges Bestehen.
30.10. In Dresden wird 60 Jahre nach der Zerstörung im Zweiten Weltkrieg die wiederrichtete Frauenkirche feierlich geweiht.
31.10. Bei einer Kampfabstimmung um die Kandidatur zum Generalsekretär gewinnt Andrea Nahles im SPD-Vorstand klar gegen den Favoriten von Parteichef Franz Müntefering, Kajo Wasserhövel. Müntefering kündigt daraufhin überraschend an, nicht mehr als Vorsitzender anzutreten. Am 2.11. einigen sich die Parteigremien auf den brandenburgischen Ministerpräsidenten Matthias Platzeck als Nachfolger.

NOVEMBER

1.11. Der CSU-Vorsitzende Edmund Stoiber gibt bekannt, dass er nicht als Wirtschaftsminister nach Berlin wechseln wolle. Er werde in München Ministerpräsident bleiben.
11.11. In Berlin einigen sich CDU, CSU und SPD auf einen Koalitionsvertrag. Am 14.11. stimmen die Parteitage von CDU (Berlin), CSU (München) und SPD (Karlsruhe) jeweils mit großer Mehrheit zu. Am 18.11. wird der Vertrag unterzeichnet.
17.11. Im Betrugsprozess um manipulierte Fußballspiele verurteilt das Landgericht Berlin Ex-Schiedsrichter Robert Hoyzer zu einer Gefängnisstrafe von zwei Jahren und fünf Monaten.
21.11. Die Unionsabgeordneten wählen den bisherigen CDU-Generalsekretär Volker Kauder zum Fraktionschef im Bundestag. Die SPD wählt Peter Struck zum neuen Fraktionschef.
22.11. Die Abgeordneten des Bundestags wählen Angela Merkel (CDU) mit 397 von 612 Stimmen zur Bundeskanzlerin einer großen Koalition. Es fehlen mindestens 51 Stimmen aus dem schwarz-roten Lager.

DEZEMBER

10.12. Der an der Ludwig-Maximilians-Universität München lehrende Wissenschaftler Theodor Hänsch erhält in Stockholm für seine optischen Forschungen den Nobelpreis für Physik. Er wird ausgezeichnet für die Entwicklung neuartiger Laser-Methoden, mit denen sich die Schwingungsfrequenz von Teilchen sehr genau messen lässt. Hänsch teilt sich den Preis mit den Amerikanern Roy Glauber und John Hall.

Die CDU-Vorsitzende und Kanzlerkandidatin Angela Merkel, der bayerische Ministerpräsident Edmund Stoiber (links) und CDU-Generalsekretär Volker Kauder nach der Bundestagswahl am 18. September 2005.

Schwarz-Rot statt Rot-Grün

Die vorgezogenen Neuwahlen zum 16. Deutschen Bundestag am 18. September 2005 beendeten nach sieben Jahren die von Bundeskanzler Gerhard Schröder geführte Regierungskoalition von SPD und GRÜNEN. Schröder war 1998 mit dem Anspruch auf politische Erneuerung angetreten. Doch hatte er bis 2002 sein wichtigstes Wahlziel, die Bekämpfung der Arbeitslosigkeit, die sich mittlerweile der 5-Millionengrenze näherte, verfehlt.

Erst nach seiner unerwarteten Wiederwahl im Herbst 2002 kündigte er umfassende Reformen in der Sozial- Bildungs- und Arbeitsmarktpolitik an. Eine nach dem Personalchef des VW-Konzerns Peter Hartz benannte Kommission wurde beauftragt, Arbeitsmarktreformen für die Bundesrepublik auszuarbeiten. Auf der Basis der von der Kommission erarbeiteten Vorschläge entwickelte Schröder ein umfängliches Reformprogramm, das er am 14. März 2003 im Bundestag als „Agenda 2010" vorstellte. Damit sollte Deutschland auf die Wettbewerbserfordernisse der Globalisierung vorbereitet werden. Die Agenda folgte einem im Jahr 2000 entwickelten Programm der EU (Lissabon-Strategie), nach dem Europa bis 2010 zum wettbewerbsfähigsten und dynamischsten Wirtschaftsraum der Welt entwickelt werden sollte und umfasste Maßnahmen zum Abbau von Sozialleistungen und zur Liberalisierung der Wirtschaft, wie etwa die Zusammenlegung von Arbeitslosengeld und Sozialhilfe oder die Lockerung des Kündigungsschutzes. Die „Agenda 2010" war vor allem beim linken Flügel der SPD und bei den Arbeitnehmern von Anfang an unpopulär. Schröder gelang es nicht, die auseinanderdriftenden Flügel seiner Partei zu integrieren. 2004 gab er deshalb den Parteivorsitz an den Vorsitzenden der SPD-Fraktion Franz Müntefering ab. Dieser hielt zwar mit linkspopulistischen Parolen die Gemüter der Parteibasis in Schach (Heuschrecken-Debatte), gleichzeitig aber verpflichtete er die Partei zur Loyalität gegenüber der Politik des Bundeskanzlers. Es folgte eine Reihe von Wahlniederlagen für die SPD bei Kommunal- und Landtagswahlen.

Am 22. Mai 2005 wurde die letzte rot-grüne Landesregierung in Nordrhein-Westfalen abgewählt. Die SPD fuhr ihr schlechtestes Wahlergebnis seit 1958 ein und musste nach 39 Jahren die Regierungsverantwortung in ihrem wichtigsten Stammland an CDU und FDP abgeben. Noch am selben Abend kündigten Schröder und Müntefering an, die Vertrauensfrage im Parlament zu stellen.

Schröders Erklärung im Wortlaut: „Deutschland befindet sich in einem tiefgreifenden Veränderungsprozess. Es geht darum, unser Land unter den besonderen Bedingungen der Überwindung der deutschen Teilung auf die Erfordernisse des 21. Jahrhunderts auszurichten. Mit der Agenda 2010 haben wir dazu entscheidende Weichen gestellt.

Wir haben notwendige Schritte unternommen, die sozialen Sicherungssysteme zukunftsfähig zu machen und die Wettbewerbsfähigkeit der deutschen Wirtschaft zu stärken. Denn dies sind unabdingbare Voraussetzungen für mehr Wachstum und mehr Beschäftigung in Deutschland. Erste Erfolge auf diesem Weg sind unübersehbar. Bis sich aber die Reformen auf die

konkreten Lebensverhältnisse aller Menschen in unserem Land positiv auswirken, braucht es Zeit. Vor allem aber braucht es die Unterstützung der Bürgerinnen und Bürger für eine solche Politik. Mit dem bitteren Wahlergebnis für meine Partei in Nordrhein-Westfalen ist die politische Grundlage für die Fortsetzung unserer Arbeit in Frage gestellt.
Für die aus meiner Sicht notwendige Fortsetzung der Reformen halte ich eine klare Unterstützung durch eine Mehrheit der Deutschen für unabdingbar.
Deshalb betrachte ich es als Bundeskanzler der Bundesrepublik Deutschland als meine Pflicht und meine Verantwortung, darauf hinzuwirken, dass der Herr Bundespräsident von den Möglichkeiten des Grundgesetzes Gebrauch machen kann, um so rasch wie möglich, also realistischerweise für den Herbst dieses Jahres, Neuwahlen zum Deutschen Bundestag herbeizuführen."
Nach einer verlorenen Vertrauensfrage sollte der Bundespräsident den Bundestag auflösen und damit den Weg für vorzeitige Neuwahlen im Herbst 2005 (ein Jahr vor ihrem regulären Termin) frei machen. Schröder behauptete, nicht mehr über eine hinreichende Mehrheit in der eigenen Partei und beim Koalitionspartner zu verfügen. Er machte geltend, dass er so nicht weiter die Richtlinien der Politik bestimmen könne, wie es Artikel 65 des Grundgesetzes forderte.
Bundespräsident Horst Köhler folgte den Argumenten Schröders und löste den Bundestag dann am 21. Juli 2005 auf, drei Wochen nachdem Schröder wunschgemäß die Vertrauensfrage im Bundestag verloren hatte. Schröders Vorgehen blieb jedoch nicht unangefochten. Kritiker fürchteten, das Parlament werde zum Erfüllungsgehilfen der Politik des Kanzlers degradiert. Eine Organklage zweier Abgeordneter vor dem Bundesverfassungsgericht blieb aber erfolglos. Auch die Verfassungsrichter folgten Schröder. In ihrer Urteilsbegründung vom 25. August verwiesen sie auf die Entscheidungen der drei Verfassungsorgane (Bundeskanzler, Bundestag und Bundespräsident), den Bundestag aufzulösen und werteten dies als Beleg dafür, dass Schröder die Lage richtig einschätzte.
Nun folgte ein hektischer „Blitzwahlkampf", in dem die SPD ganz auf die Popularität des Kanzlers setzte und mit Slogans wie „Wer Frieden will, muss standhaft" sein, an den Wahlkampf Schröders von 2002 anknüpfte, als Schröder mit der Weigerung, den Irakkrieg militärisch zu unterstützen, die Wahl knapp gewann.
Die CDU suchte mit Parolen zum Wirtschaftswachstum und neuen Ideen zur Steuerpolitik zu punkten. Mitte August berief die Kanzlerkandidatin der CDU/CSU Angela Merkel den Steuerexperten und Ex-Verfassungsrichter Paul Kirchhoff in ihr „Kompetenzteam". Dieser verfolgte seit langem das Ziel, die Steuergesetzgebung radikal zu vereinfachen und einen für alle einheitlichen Steuersatz von 25 Prozent einzuführen. Die zunächst von der Presse als Coup der Kanzlerkandidatin gefeierte Berufung Kirchhoffs entwickelte sich jedoch schon bald zum Flop. Zu spät erkannte man, dass Kirchhoffs „Visionen" nicht zum Wahlprogramm der CDU passten. Im Falle ihrer Umsetzung befürchteten Finanzexperten Steuerausfälle von 42 Milliarden Euro. Kirchhoffs Ideen privilegierten zudem offensichtlich die Besserverdienenden.
Hinzu kam sein rückwärtsgewandtes Verständnis von Familie und Geschlechterrollen. Wählerbefragungen ergaben, dass die Berufung Kirchhoffs in Merkels Kompetenzteam nicht unerheblich zum schlechten Abschneiden der Unionsparteien bei den Wahlen geführt hat. Für die beiden großen Parteien, vor allem aber für die Demoskopen, wurde die Wahl zum 16. Deutschen Bundestag am 18. September 2005 ein Debakel. Meinungsforscher hatten bis zum Wahlabend der Union einen Stimmenanteil von 42 bis 43 Prozent zugetraut und sie zusammen mit der FDP als knappe Siegerin gesehen. Doch am Ende kamen die Unionsparteien nur auf 35,2 Prozent der Wählerstimmen, 3,3 Prozent weniger als 2002. Merkel war bei den Wählern deutlich unbeliebter als Schröder, der einen fulminanten Wahlkampf geführt hatte. Die FDP hingegen kam auf unerwartete 9,8 Prozent. Ihren Stimmenzuwachs von 2,4 Prozent verdankte sie dem Wunsch vieler CDU-Wähler, eine schwarz-rote Koalition zu verhindern. Eine Neuauflage der rot-grünen Koalition war nach der Bundestagswahl nicht mehr möglich. Die SPD erhielt nur 34,3 Prozent der Stimmen. Im Vergleich zur Bundestagswahl 2002 brach sie um 4,3 Prozent ein. Die GRÜNEN konnten sich hingegen mit 8,1 Prozent mit leichten Einbußen behaupten.
Gewinner war die Linkspartei, ein Bündnis der von Gregor Gysi geführten PDS und der 2005 aus Protest gegen die „Agenda 2010" gegründeten WASG unter der Führung des ehemaligen SPD-Parteivorsitzenden Oskar Lafontaine. Sie erreichte auf Anhieb 8,7 Prozent und dürfte damit vor allem der SPD geschadet haben. Als Koalitionspartner wurde die Linkspartei jedoch von den etablierten Parteien abgelehnt. Auch hatte sie sich bereits im Wahlkampf auf die Rolle der Opposition festgelegt.
Trotz der Wahlniederlage der SPD beharrte Schröder darauf, Kanzler zu bleiben. Dies widersprach jedoch der parlamentarischen Tra-

Die beiden Spitzenkandidaten der Linkspartei, Gregor Gysi (links) und Oskar Lafontaine haben es geschafft. Ihre neue Partei brachte es auf Anhieb auf 8,7% der Stimmen.

FDP-Chef Guido Westerwelle verlässt am Sonntag nach der Sendung „Berliner Runde" das ZDF-Hauptstadtstudio in Berlin. Trotz des guten Abschneidens seiner Partei reichte es nicht für die angestrebte schwarz-gelbe Koalition.

dition, nach der die stärkste Fraktion den Kanzler stellte. Da es keine hinreichende Begründung für den Anspruch Schröders auf das Kanzleramt gab, drohte Müntefering, mit einem Antrag, der die Geschäftsordnung des Bundestages ändern sollte.
Danach sollten CDU und CSU keine gemeinsame Fraktion mehr bilden, die SPD wäre zur stärksten Fraktion im Bundestag geworden. Das leicht durchschaubare Manöver überzeugte nicht und Müntefering zog seinen Vorschlag zurück.
Zunächst lehnten die großen Parteien eine Koalition unter der Führung der jeweils anderen Partei ab. Doch auch die angestrebten Koalitionen mit den kleineren Parteien kamen nicht zustande. Gesprächsangebote der SPD-Führung an die FDP über eine mögliche Ampelkoalition wurden von dieser strikt zurückgewiesen. Für ein großes Presseecho sorgten Spekulationen über eine „Jamaika-Koalition" von GRÜNEN, FDP und Unionsparteien. Nach Meinungsumfragen favorisierten 44 Prozent aller Deutschen diese Kombination. Aber der Spitzenkandidat der GRÜNEN, Joschka Fischer, lehnte ab.
Erst jetzt kam es zu Gesprächen zwischen Union und SPD. Am 10. Oktober schlugen die Verhandlungspartner ihren Parteien und Fraktionen Gespräche über eine Große Koalition vor. Man hatte sich auf Merkel als Kanzlerin geeinigt. Schröder erklärte, dass er diesem Kabinett nicht angehören werde. Am 11. November wurden die Koalitionsverhandlungen abgeschlossen. Müntefering, der inzwischen wegen einer Abstimmungsniederlage im eigenen Parteivorstand vom Parteivorsitz der SPD zurückgetreten war, wurde Vizekanzler. Am 22. November 2005 wurde Angela Merkel als erste Frau in der Geschichte der Bundesrepublik vom Deutschen Bundestag zur Bundeskanzlerin gewählt.

Besucher laufen durch das Stelenfeld des Holocaust-Mahnmals, das am 10. Mai 2005 in Berlin eröffnet wurde.

Holocaust-Mahnmal eröffnet

Ja, nicht bloß eingeweiht, sondern eröffnet wurde am 10. Mai 2005 ein Mahnmal für die ermordeten Juden Europas in Berlin nahe beim Brandenburger Tor. Es ist kein üblicher Gedenkstein oder ein Denkmal, sondern ein zweimal fußballplatzgroßes Feld mit 2711 Granitstelen, von denen manche nur wenige Zentimeter Höhe erreichen, während andere bis über vier Meter hoch aufragen. Aus halbhoher Perspektive wirkt das Feld wie ein Meer aus versteinerten Wogen. Zwischen den Stelen verlaufen Wege, in denen sich die Besucher verlieren können. Es ist ein begehbares, empfindbares, offenes Denkmal, dem ein unterirdisches Dokumentationszentrum angeschlossen ist. Die Rede zur Eröffnung hielt Bundestagspräsident Wolfgang Thierse. Er sagte:
Vor 2 Tagen, am 8. Mai, hat die Bundesrepublik Deutschland, haben wir des Kriegsendes und der Befreiung unseres Landes und unseres Kontinents von der Hitlerbarbarei gedacht.
Heute eröffnen wir ein Denkmal, das an das schlimmste, das entsetzlichste Verbrechen Nazideutschlands erinnert, an den Versuch, ein ganzes Volk zu vernichten. Dieses Denkmal ist den ermordeten Juden Europas gewidmet. Dies ist ein Denkmal an der Grenze, ein Denkmal im Übergang – und zwar in mehrfacher Hinsicht.
Es gab über dieses Denkmal die höchstmögliche Entscheidung, die in dieser Republik möglich ist: eine Entscheidung des Deutschen Bundestages. Als die Entscheidung des Parlaments mit parteiübergreifender großer Mehrheit am 25. Juni 1999 fiel, war dem eine zehnjährige intensive Debatte vorausgegangen – angestoßen von einer Initiative von Bürgern aus der Mitte der Gesellschaft und getragen von deren unbeirrbarem Engagement bis heute.
Die Entscheidung für das Denkmal in Berlin war eine der letzten, die der Bundestag in Bonn vor seinem Umzug fasste. Es war die Entscheidung für ein erstes gemeinsames Erinnerungsprojekt des wiedervereinten Deutschland und das Bekenntnis, dass sich dieses geeinte Deutschland zu seiner Geschichte bekennt und zwar indem es in seiner Hauptstadt, in ihrem Zentrum, an das größte Verbrechen seiner Geschichte erinnert. Im Zentrum jener Stadt, die zwar nicht der Ort des Massenmordes war, von der aus aber die systematische millionenfache Tötung von Menschen erdacht, geplant, organisiert, verwaltet wurde. Keine andere Nation habe je den Versuch unternommen, so schrieb der amerikanische Judaist James E. Young, „sich auf dem steinigen Untergrund der Erinnerung an ihre Verbrechen wiederzuvereinigen oder das Erinnern an diese Verbrechen in den geographischen Mittelpunkt ihrer Hauptstadt zu rücken". - Eine Aufgabe also an der Grenze dessen, was einer sozialen Gemeinschaft möglich ist. Das mag die Heftigkeit der Debatte um das Denkmal, auch manchen Widerstand erklären und rechtfertigen. Widerspruch und Debatte werden das Denkmal wohl auch weiter begleiten, was gewiss nicht das Schlechteste sein muss.
Der Holocaust berührt die „Grenze unseres Verstehens", so ist zutreffend gesagt worden. Dieses Denkmal agiert an dieser Grenze. Es ist der Ausdruck für die Schwierigkeit, eine künstlerische Form zu finden, die dem Unfassbaren, der Monstrosität der nationalsozialistischen Verbrechen, dem Genozid an den europäischen Juden überhaupt irgend angemessen sein könnte. Es verwischt die Grenze nicht zwischen einer Erinnerung, die auf keinerlei Weise „bewältigt" werden kann, und jener Erinnerung, die für Gegenwart und Zukunft Be-

deutung haben muss. Dies soll ein Ort des Gedenkens sein, soll also die Grenze überschreiten, die zwischen kognitiver Information, historischem Wissen einerseits und Empathie mit den Opfern, Trauer um die Toten anderseits liegt - so sehr beides gewiss zusammengehört. Dieses Denkmal - mit dem Ort der Information - kann uns Heutigen und den nachfolgenden Generationen ermöglichen, mit dem Kopf und mit dem Herzen sich dem unbegreiflich Geschehenen zu stellen. Was heute noch in großer Eindringlichkeit Zeitzeugen erzählen können, müssen in Zukunft Museen, muss die Kunst vermitteln. Wir sind gegenwärtig in einem Generationenwechsel, einem Gezeitenwechsel, wie manche sagen: Nationalsozialismus, Krieg und organisierter Völkermord werden immer weniger lebendige Erfahrung von Zeitzeugen bleiben und immer mehr zu Ereignissen der Geschichte; sie wechseln von persönlicher, individuell beglaubigter Erinnerung in das durch Wissen vermittelte kollektive Gedächtnis. Das Denkmal ist Ausdruck dieses Übergangs.
Es ist damit nicht, wie manche befürchten, das Ende, der steinerne Schlusspunkt unseres öffentlichen Umgangs mit unserer Nazi-Geschichte. Es überträgt vielmehr diese beunruhigende Erinnerung in das kulturelle Gedächtnis der Deutschen, ohne deren Beunruhigungskraft zu vermindern. Das Denkmal wird Anstoß bleiben, der Streit darum wird weitergehen, dessen bin ich sicher. Es widerlegt ja nicht alle Argumente, die gegen es vorgebracht wurden. Es erhebt keinen Monopolanspruch aufs Gedenken, im Ort der Information wird auf die authentischen Orte des mörderischen Geschehens und auf andere Gedenkstätten hingewiesen. Seine Widmung bleibt umstritten...
Das Denkmal für die ermordeten Juden Europas ist eine begehbare Skulptur, die - so mein Empfinden - eine große emotionale Kraft entfaltet, es ist eine bauliche Symbolisierung für die Unfasslichkeit des Verbrechens.
Es ist - im wirklichen Sinne des Wortes - ein offenes Kunstwerk. Offen gegenüber der Stadt, dem räumlichen Umfeld, in das es übergeht. Offen für seinen vielfältigen individuellen Gebrauch: Dieses Denkmal kann man nicht „kollektiv“ begehen, es vereinzelt. Es ermöglicht eine sinnlich-emotionale Vorstellung von Vereinsamung, Bedrängnis, Bedrohung. Es erzwingt nichts.
Ich habe die Hoffnung, dass Menschen, auch und gerade junge Menschen normaler Empfindsamkeit das empfinden werden, die begriffslose Ausdruckskraft dieses Denkmals spüren, von ihm berührt sein werden und betroffen und fragend den Ort der Information aufsuchen. Hier bekommen die Opfer Namen und Gesichter und Schicksale - wer wird sich dem entziehen können! Und dann wieder durch das Stelenfeld gehen und der Opfer gedenken.
So kann es sein, so ist es gemeint: Nicht eine Art negativer Nostalgie, sondern ein Gedenken der Opfer, das uns in der Gegenwart und Zukunft verpflichtet: zu einer Kultur der Humanität, der Anerkennung, der Toleranz in einer Gesellschaft, in einem Land, in dem wir ohne Angst als Menschen verschiedene sein können.

Der neu gewählte Papst Benedikt XVI. grüßt am 19. April 2005 vom Balkon des Petersdoms die Menschen auf dem Petersplatz in Rom.

Nach dem Feuersturm des 13. / 14. Februars 1945, vor über 60 Jahren, war die Dresdener Frauenkirche ein rauchender Trümmerhaufen. Dass sie wiederauferstehen könnte, konnte sich niemand vorstellen, und in den DDR-Zeiten wäre das auch kaum möglich gewesen. Schon bald nach der Wende aber fanden sich energische Organisatoren, die eine weltweite Sammlung von Mitteln in Gang brachten: 130 Millionen Euro kamen zusammen, darunter viele Spenden auch aus England und aus den USA, deren Luftwaffen damals das Zerstörungswerk angerichtet und über 30.000 Zivilisten in der von Flüchtlingen überfüllten Stadt den Tod gebracht hatten. In anderthalb Jahrzehnten konnte die Frauenkirche originalgetreu wiedererrichtet werden. Am 30. Oktober 2005 fanden sich 1700 geladene Gäste im Gotteshaus zusammen zur Feier dieser Wiedergeburt. Auf Großleinwänden verfolgte im Freien weitere 60.000 Zuschauer die Einweihung.

Ratzinger zum Papst gewählt

„Wer als Papst ins Konklave geht, kommt als Kardinal wieder heraus“, sagt ein hintersinniger Spruch über die vielen Papstwahlen, bei denen die Favoriten leer ausgingen. Dieses Mal war es anders: Schon vor

der Wahl lief alles auf den Deutschen Joseph Kardinal Ratzinger zu, der seit vielen Jahren die rechte Hand der polnischen Papstes Johannes Paul II. gewesen war. Nach dessen Tod am 2. April 2005 war Ratzinger, obwohl nur sieben Jahre jünger als der 85-jährig verstorbene Vorgänger, der logische Erbe. Am 19. April 2005 ereilte ihn der Ruf auf den Heiligen Stuhl.
Fast das gesamte Pontifikat von Johannes Paul II. begleitete der bayerische Theologe Joseph Ratzinger, geboren am 16. April 1927 in Marktl am Inn, als dessen engster Berater. Seit 1981 war er Chef der Glaubenskongregation und damit in der Nachfolge der berüchtigten Inquisition oberster Hüter der reinen Lehre. Manche hart erscheinende Maßnahme des Papstes aus dem Osten gegen zu selbständig denkende und agierende Theologen oder Gliedkirchen ging auf den „Panzerkardinal" zurück, wie Ratzinger aufgrund seiner Unbeugsamkeit manchmal erbittert genannt wurde.
Dabei hatte er zunächst als einer der jüngsten Teilnehmer des Konzils in den 1960-er Jahren als aufmüpfiger Liberaler gegolten, den ein so kritischer Geist wie der Tübinger Theologe Hans Küng zum Kollegen berief. Und auch die Studenten des 1951 zum Priester geweihten und 1957 habilitierten Ratzinger schätzten den druckreif und fesselnd lehrenden Professor in Bonn, Münster, Tübingen und Regensburg; die größten Hörsäle konnten kaum die Zuhörerschaft fassen. Er füllte Kirchen als einfacher Priester, und er begeisterte die Gläubigen als 1977 zum Erzbischof von München-Freising ernannter Prediger ebenso wie als Kardinal.
Das rührte wohl auch daher, dass er bei allen geistlichen Höhenflügen nie den einfachen Boden unter den Füßen verloren hat, aus dem er stammt: Aufgewachsen war der Polizistensohn in kleinen bayerischen Gemeinden. Immer hielt er engen Kontakt zur Familie, zu den Eltern, zu seinem Bruder und Mitpriester Georg und zu seiner Schwester Maria, die ihm bis zu ihrem Tod 1991 den Haushalt führte. Das förderte zugleich seinen Aufstieg in Rom, denn es verlieh ihm Glaubwürdigkeit und natürliche Autorität. Sie überzeugte wohl auch die Kardinalskollegen, als sie ihn in einem mit 26 Stunden Dauer extrem kurzen Konklave zum Papst wählten. Aus Ratzinger wurde Benedikt XVI.; diesen Namen (wörtlich „der Gesegnete") hat er mit Bedacht gewählt, denn Segen braucht er für die Aufgabe, die an Schwere der des Namensvorgängers Benedikt XV. (1914-1922) in der Zeit des Ersten Weltkriegs ähnelt. Hinzu kam der übermächtige Schatten des Vorgängers, an dem er lange, wenn nicht immer gemessen werden wird. Bei der Vorstellung auf der Loggia des Petersdoms tat er es daher bewusst – und vielleicht auch ein wenig augenzwinkernd – mit den Worten: „Nach dem großen Papst Johannes Paul II. haben die Herren Kardinäle mich, einen einfachen und bescheidenen Arbeiter im Weinberg des Herrn, gewählt. Mich tröstet die Tatsache, dass der Herr auch mit ungenügenden Werkzeugen zu arbeiten und zu handeln weiß."

Max Schmeling in den Zwanzigerjahren.

Heino.

Heino

Als Heinz-Georg Kramm kam er am 13. Dezember 1938 in Düsseldorf-Oberbilk zur Welt. 1954 begann er eine Bäckerlehre, arbeitete danach aber auch als Schrottsortierer, Hafenarbeiter und Versicherungsvertreter. Mit Freunden gründete er 1961 das Comedian-Terzett und trat damit in Kneipen, Bars und bei kleineren Veranstaltungen auf, später auch bei Modenschauen und Bunten Abenden. Heinos erste Schallplatte kam 1967 auf den Markt und hieß Jenseits des Tales, die erste LP Kein schöner Land in dieser Zeit erschien im Jahr darauf. Die zweite Langspielplatte Treue Bergvagabunden war ein Riesenerfolg.
Obwohl er politisch nicht interessiert ist, gilt er als „Rechter" und wird entsprechend attackiert. Der Spiegel fand Heinos „blankgeputztes, völkisches Image" bedenklich. Heino selbst nennt sich den „Sänger der schweigenden Mehrheit" – und hat wahrscheinlich damit auch Recht. Am 22. Oktober 2005 hat Heino seine Abschiedstournee durch Deutschland in Großenhain begonnen. Die Tournee, und damit auch seine Bühnenpräsenz, beendete er mit einem Konzert am 20. November 2005 in Chemnitz.

Abschied von Max Schmeling

Erst im hundertsten Lebensjahr wurde er abberufen: Der am 28. September 1905 zur Welt gekommene, 1930 zum Weltmeister aller Klassen aufgestiegene Boxer Max Schmeling, Idol aller Sportfreunde in Deutschland, starb am 2. Februar 2005 in seinem Haus in Hollenstedt

Maria Schell (rechts) mit Tilla Durieux in „Die letzte Brücke" (1954).

in der Nordheide. Über 2000 Trauergäste nahmen in der Hamburger Hauptkirche St. Michaelis („Michel") vom Ehrenbürger der Hansestadt am 1. März Abschied. In der Traueransprache des Ersten Bürgermeisters Ole von Beust hieß es: „Er war ein Vorbild an Fairness, Anstand und Menschlichkeit – ein Mensch, auf den Deutschland stolz sein kann". - so hat es einer der vielen, vielen Hamburger formuliert, die sich im Rathaus in das Kondolenzbuch für Max Schmeling eingetragen haben.

„Ich trauere um das Idol meiner Kindheit", „Max, Du warst der Beste" – mit solch aufrichtigen Worten der Verbundenheit und der Bewunderung haben sich die Menschen dieser Stadt von ihm verabschiedet; und so mancher musste sich im Weggehen eine Träne aus dem Gesicht wischen.

Max Schmeling wurde im uckermarkischen Klein Luckow geboren. Und doch war er ein „hamburgischer Lausbub" – so hat er es selbst einmal gesagt. Er war der Sohn eines Hamburger Seemanns. In Hamburg wuchs er auf. In Hamburg war er zu Hause. In Hamburg feierte er große Erfolge.

Am 10. März 1935 – fast auf den Tag genau vor 70 Jahren – weihte Max Schmeling mit einem Ausscheidungskampf um die Box-Weltmeisterschaft im Schwergewicht gegen den Amerikaner Steve Hamas die Hanseatenhalle in Rothenburgsort ein. 25 000 wollten ihn boxen, wollten ihn siegen sehen. Und „Maxe" – wie die Hamburger ihn stets liebevoll nannten – gewann den Kampf.

Hamburg ist immer stolz auf ihn gewesen.

Zu seinem 80. Geburtstag zeichnete der damalige Bürgermeister Klaus von Dohnanyi Max Schmeling mit einem eigens für ihn geschlagenen Verfassungsportugaleser in Gold aus, „im Rahmen eines kleinen Empfangs im Bürgermeisteramtszimmer", wie es damals in einer Verlautbarung der Staatlichen Pressestelle hieß.

Zu aufrecht für Verherrlichung, zu bescheiden für Personenkult, zeigte sich der „Champion ohne Skandale" damit als Meister hanseatischer Lebensart.

„Ich führe ein ganz normales Leben. Wenn ich nicht geboxt hätte, wäre ich heute ein kleiner pensionierter Beamter oder Handwerker." – so versuchte Max Schmeling seinen Ruhm klein zu reden. Aber er hat geboxt.

Sein Motto war: „Wer nichts tut, stirbt früher." Und er hat viel getan – für die Menschen. Seine Max-Schmeling-Stiftung hat er 1991 gegründet, um „denen zu helfen, die im Leben nicht so viel Glück gehabt haben wie ich" – wie er es selbst ausdrückte. Denn seinen Erfolg zu teilen war stets sein Anliegen

In einem Interview hat Max Schmeling einmal gesagt: „Wenn ich eines Tages sterbe, möchte ich in aller Bescheidenheit in ganz kleinem Kreis beigesetzt werden. Auf dem Friedhof in Hollenstedt, neben meiner Frau."

Nun ist Max Schmeling nach einem erfüllten Leben von uns gegangen; so still und bescheiden, wie er es sich gewünscht hat; so still und bescheiden, wie es seine Art war.

Wir sind dankbar, ihm heute die letzte Ehre erweisen zu dürfen.

Maria Schell

„Niemand weint so schön und schnell, wie im Film Maria Schell" reimte der Volksmund in den frühen fünfziger Jahren.

Die 1926 in Wien geborene Schweizer Schauspielerin spielte im deutschen Kino der Nachkriegszeit in Melodramen wie Es kommt der Tag, Bis wir uns wiedersehen und Träumender Mund die weibliche Hauptrolle, meist neben O. W. Fischer, mit dem sie sich zum „Traumpaar" des deutschen Films zusammenfand. Nach ihrer lebensnahen Darstellung einer Kinderärztin in Helmut Käutners Antikriegsfilm Die letzte Brücke (1953) entfaltete sich allmählich ihr wahres Schauspieltalent: Besonders gut lag ihr die Verkörperung gefühlsstarker, natürlicher Frauen.

Sie spielte vorwiegend in ausländischen Produktionen wie Gervaise (1955; Regie Rene Clement), Le Notte bianche (1957; Regie: Luchino Visconti) oder The Hanging Tree (1959; mit Gary Cooper). Später lebte der strahlende Star der 50er Jahre, verarmt und vom Alkohol gezeichnet, zurückgezogen auf einer Alm im österreichischen Oberpreitenegg, nur unterstützt von ihrem Bruder Maximilian, der für ihren Lebensunterhalt aufkam.

Dort starb Maria Schell mit 79 Jahren am 26. April 2005 an den Folgen einer Lungenentzündung.

Als Sohn eines Berliner Polizeibeamten am 10. Juni 1929 in Berlin-Wedding geboren, debütierte Harald Juhnke 1950 am Theater Neustrelitz bei Schwerin. Nach verschiedenen Theater-Engagements wurde Juhnke in den 1970er-Jahren vor allem durch das Fernsehen als Serienstar und Entertainer bekannt und beliebt. Auch im Konzertsaal feierte Juhnke, der sich selbst gern als deutscher Frank Sinatra sah, große Erfolge. Kritiker lobten insbesondere Juhnkes eindrucksvolle schauspielerische Leistung als „Trinker" (1995) in der Fernsehverfilmung des Romans von Hans Fallada. Im Theater beeindruckte Juhnke unter anderem als Hauptmann von Köpenick im gleichnamigen Roman von Carl Zuckmayer. Im Fernsehen war der populäre Entertainer in zahlreichen Filmen, Unterhaltungsserien und Shows zu sehen. Bevor Juhnke am 1. April 2005 verstarb, lebte der seit vielen Jahren alkoholkranke Publikumsliebling in einem Pflegeheim für geistig verwirrte Menschen in der Nähe von Berlin.

2006

JANUAR

2.1. Beim Einsturz einer Eissporthalle in Bad Reichenhall kommen 15 Menschen ums Leben, 34 werden verletzt.
8.1. Die Zahl der Asylbewerber ist im Jahr 2005 um 19 Prozent zurückgegangen.
9.1. Das Bundeskabinett einigt sich auf ein Investitionsprogramm von 25 Mrd. Euro.
13.1. Auf ihrer ersten USA-Reise wird Bundeskanzlerin Angela Merkel von Präsident Bush im Weißen Haus in Washington empfangen.
16.1. Antrittsbesuch von Bundeskanzlerin Angela Merkel in Moskau.
18.1. Bundesweit protestieren Ärzte mit Schließung ihrer Praxen gegen sinkende Einkommen und zu hohen Verwaltungsaufwand.
20.1. Beginn der Tarifrunde in der Metall- und Elektroindustrie. Die IG Metall fordert 5 Prozent mehr Lohn.
24.1. In der irakischen Stadt Beidschi werden zwei Mitarbeiter eines sächsischen Anlagebauers verschleppt.
25.1. Der Vatikan veröffentlicht die erste Enzyklika von Papst Benedikt XVI.. Sie ist der Liebe gewidmet, die nicht auf Sex reduziert werden dürfe.
27.1. In Berlin stirbt der ehemalige Bundespräsident und langjährige Ministerpräsident von Nordrhein-Westfalen Johannes Rau.
31.1. Die Große Koalition beendet den Streit um die Familienpolitik. Union und SPD verständigen sich auf ein neues Konzept für die steuerliche Förderung der Kinderbetreuung, von der auch Familien mit nur einem berufstätigen Elternteil profitieren sollen.

FEBRUAR

1.2. Der Springer-Konzern verzichtet wegen unkalkulierbarer Risiken auf den Erwerb der Sendergruppe ProSiebenSat.1.
6.2. In Baden-Württemberg beginnt ein Streik der Beschäftigten des Öffentlichen Dienstes gegen längere Arbeitszeiten und Lohnkürzungen.
9.2. Umwandlung des Versicherungskonzerns Allianz in eine europäische Aktiengesellschaft.
10.2. In Turin beginnen die XX. Olympischen Winterspiele. Deutschland ist mit 161 Athleten vertreten.
10.2. Der Autobauer Volkswagen gibt Pläne für einen massiven Stellenabbau bekannt.
13.2. Der Arbeitskampf im Öffentlichen Dienst weitet sich aus: Mittlerweile streiken 22.000 Beschäftigte in acht Bundesländern.
15.2. Die Vogelgrippe erreicht Deutschland: Auf der Insel Rügen wird an mehreren verendeten Schwänen das auch für Menschen gefährliche Virus H5N1 festgestellt.
15.2. Das Bundesverfassungsgericht entscheidet, dass von Terroristen gekaperte Passagierflugzeuge nicht abgeschossen werden dürfen.
21.2. Ein Sonderberichterstatter der Vereinten Nationen kritisiert das deutsche Schulsystem und die Benachteiligung, die Ausländerkinder im Bildungswesen erfahren.
25.2. Mit seiner dritten Goldmedaille bei den Olympischen Winterspielen sichert der Biathlet Michael Greis der deutschen Mannschaft den ersten Platz in der Nationenwertung.

MÄRZ

1.3. In Hamburg wird der Streik im Öffentlichen Dienst durch die Einigung von Ver.di und Arbeitgebern auf ein neues Arbeitszeitmodell beendet.
5.3. Durch 48-stündige Schneefälle kommt es in Bayern und Baden-Württemberg zu chaotischen Verhältnissen auf den Straßen.
9.3. Die Streiks im Öffentlichen Dienst auf dem Höhepunkt: In 12 Bundesländern haben rd. 41.000 Beschäftigte die Arbeit niedergelegt.
10.3. Die Opposition im Bundestag (Linksfraktion, Grüne, FDP) einigt sich darauf, die Tätigkeit des BND im Irak und die Verstrickung des deutschen Geheimdienstes in Aktionen der CIA von einen Parlamentarischen Untersuchungsausschuss klären zu lassen.
16.3. Die Ärztegewerkschaft Marburger Bund ruft die Klinikärzte zu Streiks für bessere Arbeitsbedingungen und Gehaltserhöhungen auf.
16.3. Ein Entscheid des Bundesverwaltungsgerichtes gibt grünes Licht für den Bau des Hauptstadtflughafens Berlin Brandenburg International.
17.3. Der Bundestag billigt das 25-Milliarden-Euro-Paket zur Wachstums- und Beschäftigungsförderung.
23.3. Die EU beschließt die Entsendung einer 1500 Mann starken Truppe zur Absicherung der Wahlen im Kongo. Deutschland soll dabei die Führung übernehmen.
27.3. Als Konsequenz aus der sog. Protokoll-Affäre (um Weitergabe vertraulicher Akten) entlässt der Hamburger Bürgermeister Ole von Beust (CDU) Justizsenator Roger Kusch.
30.3. Die Ministerpräsidenten der Länder stimmen den vom Rat für deutsche Rechtschreibung an der umstrittene Rechtschreibreform vorgenommenen Änderungen zu.

APRIL

5.4. Erstmals wird im sächsischen Wermsdorf das gefährliche Vogelgrippe-Virus H5N1 auch bei Nutztieren festgestellt.
5.4. Nach neun Wochen Streik verständigen sich Ver.di und kommunale Arbeitgeber in Baden-Württemberg auf einen neuen Tarifvertrag mit einer Wochenarbeitszeit von 39 Stunden.
7.4. Das Hochwasser an der Elbe übersteigt in einigen Gemeinden den Pegelstand der Jahrhundertflut von 2002.
10.4. SPD-Parteichef Matthias Platzeck gibt aus gesundheitlichen Gründen den Parteivorsitz auf.
11.4. Die Ruhrmetropole Essen setzt sich mit ihrer Bewerbung „Wandel durch Kultur – Kultur durch Wandel" bei der Wahl zur europäischen Kulturhauptstadt 2010 durch.
20.4. Familienministerin Ursula von der Leyen (CDU) geht mit der katholischen und der evangelischen Kirche ein „Bündnis für Erziehung" ein.
22.4. Mit der Einigung auf einen Pilotabschluss, der drei Prozent mehr Einkommen vorsieht, können Arbeitgeber und Gewerkschaften einen Streik in der nordrhein-westfälischen Metall- und Elektroindustrie abwenden.
22.4. Beim Landesparteitag der WASG in Berlin entscheidet sich die Mehrheit dafür, zu den Wahlen zum Abgeordnetenhaus nicht gemeinsam mit der Linkspartei PDS anzutreten, sondern allein.
30.4. In Düsseldorf stirbt der Präsident des Zentralrats der Juden in Deutschland, Paul Spiegel im Alter von 68 Jahren.

MAI

3.5. Die von ihren Entführern nach dreimonatiger Geiselhaft im Irak freigelassenen sächsischen Ingenieure René Bräunlich und Thomas Nitzschke treffen in Berlin ein.
11.5. In das deutsche Strafrecht wird der neue Paragraf 238 aufgenommen, der die Opfer von Belästigungen („Stalking") besser schützen soll.
12.5. Bei den Berliner Filmfestspielen geht der Deutsche Filmpreis an das Stasi-Melodram „Das Leben der Anderen" von Florian Henckel von Donnersmarck.
14.5. Mit 95 Prozent der Stimmen wird der rheinland-pfälzische Ministerpräsident Kurt Beck zum Nachfolger des zurückgetretenen Matthias Platzeck als Vorsitzender der SPD gewählt.
17.5. Auf Bitten der EU beschließt das Bundeskabinett die Entsendung von 780 Bundeswehr-Soldaten zur Sicherung der Wahlen im Kongo.
19.5. Bundesländer und Ver.di einigen sich auf einen neuen Tarifvertrag für die rd. 800.000 Beschäftigten des Öffentlichen Dienstes.
19.5. Der Bundestag beschließt die Anhebung der Mehrwertsteuer um drei Punkte von 16 auf 19 Prozent. Es handelt sich um die größte Steuererhöhung in der Geschichte der Bundesrepublik.
20.5. Nationales Olympisches Komitee und Deutscher Sportbund vereinigen sich zu einem neuen Dachverband, dem Deutschen Olympischen Sportbund, der insgesamt 27 Mio. Mitglieder vertritt.

21.5. Bundeskanzlerin Merkel tritt ihre erste China-Reise an. Zu ihrer Begleitung gehören rd. 40 deutsche Spitzenmanager.
22.5. Der Verfassungsschutzbericht 2005 konstatiert eine deutliche Zunahme der Bedrohung durch rechtsextremistische Gewalttäter.
23.5. DGB-Chef Michael Sommer wird bei den Vorstandswahlen des Gewerkschaftsbundes in seinem Amt bestätigt. Dagegen unterliegt seine bisherige Stellvertreterin Ursula Engelen-Kefer in einer Kampfabstimmung gegen Ingrid Sehrbrock (CDU).
24.5. Die EU-Kommission macht den Weg frei für eine Übernahme des Berliner Pharmaunternehmens Schering durch den Leverkusener Bayer-Konzern.
26.5. Eröffnung des Hauptstadtbahnhofes in Berlin.
30.5. Der Stadtrat von Düsseldorf kassiert die Entscheidung der Jury, den Heinrich-Heine-Preis an den Schriftsteller Peter Handke zu vergeben. Dieser sei durch sein Eintreten für den jugoslawischen Ex-Diktator Miloševic diskreditiert.
30.5. Der deutsche Konzern BASF übernimmt für 5,1 Mrd. Dollar den amerikanischen Spezialchemie- und Katalysatorenhersteller Engelhard.

JUNI

1.6. Die Bundeswehr übernimmt das Kommando über die internationale Schutztruppe in Nordafghanistan.
6.6. Der vom Statistischen Bundesamt erhobene Mikrozensus stellt u.a. fest, dass in Deutschland 15,3 Mio. Menschen mit einem „Migrationshintergrund" leben.
7.6. Als Nachfolgerin des verstorbenen Paul Spiegel wird die Münchenerin Charlotte Knobloch an die Spitze des Zentralrats der Juden in Deutschland gewählt.
9.6. In München wird die 18. Fußballweltmeisterschaft eröffnet. Das erste Spiel gewinnen die deutschen Gastgeber gegen Costa Rica mit 4:2.
16.6. Nach monatelangen Streiks einigen sich die Ärztegewerkschaft Marburger Bund und die Tarifgemeinschaft der Länder auf einen neuen Tarifvertrag für die 22.000 Ärzte an Universitätskliniken.
19.6. Siemens und das finnische Unternehmen Nokia vereinbaren eine Zusammenlegung ihrer Netzwerkgeschäfte. Durch die Fusion entsteht der drittgrößte Telekommunikationsausrüster der Welt.
20.6. Bei den Beratungen über den Haushalt 2006 bezeichnet Bundeskanzlerin Merkel Deutschland als einen „Sanierungsfall".
23.6. Der Bundestag verabschiedet den Haushalt 2006, der Gesamtausgaben von 262 Mrd. Euro und eine Neuverschuldung von 38 Mrd. Euro vorsieht.
24.6. Mit einem 2:0-Sieg über Schweden erreicht die deutsche Fußballelf das Viertelfinale der Fußballweltmeisterschaft.
26.6. Nachdem alle Versuche ihn einzufangen fehlgeschlagen sind, wird der seit Wochen in Tirol und Bayern wildernde Braunbär „Bruno" im Spitzingsee-Gebiet von bayerischen Jägern erschossen.
26.6. An den kommunalen Krankenhäusern beginnen die Streiks der Ärzte für höhere Gehälter und bessere Arbeitsbedingungen.
27.6. Ex-Außenminister Joschka Fischer verabschiedet sich im Bundestag von der Grünen-Fraktion. Er tritt eine Professur an der Universität in Princeton (USA) an.
30.6. Im Viertelfinale der Fußballweltmeisterschaft bezwingt Deutschland den Angstgegner Argentinien mit 5:3 nach Elfmeterschießen.

Schwarz-rot-goldene Euphorie: Deutschland hat die Welt eingeladen und mit ihr gefeiert – vier Wochen lang, ununterbrochen.

JULI

3.7. Die Spitzen von CDU, CSU und SPD verständigen sich auf die Eckpunkte der Gesundheitsreform. Vorgesehen ist die Erhöhung der Krankenkassenbeiträge um 0,5 Prozent.
4.7. Mit einer 0:2-Niederlage im Halbfinale gegen Italien verfehlt die Elf von Trainer Jürgen Klinsmann den Einzug ins Endspiel der Fußball-Weltmeisterschaft.
6.7. Die Evangelische Kirche in Deutschland gibt die Absicht bekannt, die Zahl ihrer Landeskirchen in den nächsten 25 Jahren zu halbieren.
7.7. Nach dem Bundestag stimmt auch der Bundesrat der Föderalismusreform zu, für die das Grundgesetz erheblich geändert werden muss.
9.7. In Berlin nehmen am Mittag 500.000 Fans Abschied von der deutschen Fußball-Nationalmannschaft, die am Vortag beim Spiel um Platz drei Portugal mit 3:1 besiegt hat. Das Endspiel am Abend im Olympiastadion gewinnt Italien mit 6:4 im Elfmeterschießen gegen Frankreich.
9.6. Im Alter von 60 Jahren stirbt der Sänger, Komponist und Musikproduzent Drafi Deutscher in Frankfurt („Marmorstein und Eisen bricht").
12.7. Bundestrainer Jürgen Klinsmann erklärt seinen Abschied von der Fußball-Nationalmannschaft. Der bisherige Assistenztrainer Joachim Löw wird sein Nachfolger.
13.7. Bundeskanzlerin Angela Merkel und tausend ausgewählte Gäste empfangen US-Präsident Bush auf dem Marktplatz in Stralsund.
19.7. Die EU-Kommission billigt die deutschen Kohlebeihilfen für dieses Jahr von 2,5 Milliarden Euro.
24.7. Die EU legt fest, wie die umstrittene Stammzellenforschung gefördert wird. Projekte sollen nur dann Unterstützung bekommen, wenn für die Forschung keine Embryonen getötet werden.
28.7. Der größte Einzelhändler der Welt, Wal-Mart, zieht sich vollständig aus Deutschland zurück. Die 85 Filialen übernimmt der Metro-Konzern.

Deutschland im Fußballrausch

Das hatten sie sich selbst nicht zugetraut: Sie, die Deutschen, feierten so ausgelassen, froh und friedlich, dass es Unkenrufern und Nörglern die Sprache verschlug. Bei strahlendem Sommerwetter wurde am 9. Juni 2006 die Fußballweltmeisterschaft in München angepfiffen, und schon das Eröffnungsspiel ließ ahnen, dass hier ein munteres Festival begann, wie es bei solchen Ereignissen kaum je zu beobachten gewesen war.

Die deutsche Mannschaft spielte gegen Costa Rica, keineswegs ein Fußballzwerg, denn in Lateinamerika gibt es solche Wesen nicht. Da lässt sich aus jeder Kleinstadt eine Truppe zusammenstellen, die es mit den Großen aufnehmen kann. Doch dieses Mal war Deutschland zu groß, was bald auch noch andere zu spüren bekommen sollten. Die Elf von Bundestrainer Jürgen Klinsmann legte in furiosem Tempo los, ging rasch in Führung, wurde aber durch Gegentore wieder auf den Boden der fußballerischen Tatsachen zurückgeholt. Doch sie bewies Moral und erkämpfte sich mit Schwung und Selbstvertrauen einen 4:2-Sieg. Sechs Tore in einem Spiel, das traditionell als Zitterpartie gilt, das hatte es noch nie gegeben. Sieger wie Verlierer konnten sich auf die Schulter klopfen.

Bei den kommenden Gegnern der Mannschaft um Kapitän Michael Ballack aber machte sich Sorge breit. Was hatte denn da Klinsmann für eine Truppe geformt? Noch im März hatten die Deutschen in Florenz 4:1-Prügel von den Italienern bezogen, und jetzt fegten sie schier unaufhaltsam über den Platz, schossen aus allen Lagen und ließen sich auch durch Gegenoffensiven nicht entmutigen. Oder war Costa Rica doch nur ein Zwerg? So wollte es scheinen, denn im zweiten Spiel gegen Polen hieß es bis kurz vor Schluss immer noch 0:0. Für die vielgescholtene deutsche Abwehr ein großer Fortschritt. Doch was war mit dem Zaubersturm los? Wieder bewies Klinsmann sein glückliches Händchen und wechselte Oliver Neuville ein, der in letzter Minute Zuschauer und Kameraden mit einer wunderbar zum 1:0 verwandelten Flanke erlöste.

Mancher meinte: „nur“ 1:0, doch wer zugeschaut hatte, wusste: Die deutsche Überlegenheit war erdrückend und hätte mit ein bisschen Glück zu einem Kantersieg gereicht. Der gelang auch nicht im dritten Spiel gegen Ecuador, ebenfalls eine nicht zu unterschätzende südamerikanische Truppe, die Polen immerhin mit 2:0 geschlagen hatte. Um so höher zu bewerten war der 3:0-Sieg, den wieder der schon in der ersten Partie glänzende Miroslav Klose sicherstellte.

Deutschland bekam es als Gruppensieger nach der Vorrunde mit den Schweden zu tun, die den Briten ein 2:2 abgetrotzt und dabei überzeugt hatten, vor allem was das Stehvermögen und die Torgefährlichkeit anging. Wie würde Klinsmann seine Mannschaft auf diesen kantigen Gegner einstellen? Er forcierte noch einmal die Gangart und ließ seine Männer mit einer tollen Offensive beginnen, die den Schweden den Atem raubte. Vor lauter Verteidigen kamen sie nicht mehr zum Spielaufbau, und in der Defensive gerieten sie mächtig ins Schwimmen. Klose gab dieses Mal nicht den Vollstrecker, sondern legte seinem blutjungen Sturmpartner Lukas Podolski so gefühlvoll auf, dass er mit zwei fulminanten Treffern den Schweden schon nach einer guten Viertelstunde alle Hoffnungen auf ein Weiterkommen nahm. Mit dieser sicheren Führung im Rücken beherrschten die Klinsmänner den Gegner nach Belieben. Mehr Tore wären möglich, ja verdient gewesen, doch beließen es Klose & Co. bei der Lektion der ersten Halbzeit.

Haupterkenntnis aus diesen drei aufeinander folgenden Zunull-Begegnungen war: Die deutsche Hintermannschaft vor Torwart Jens Lehmann stand sicher. Ob der lange Metzelder oder der noch längere Mertesacker, ob der linke Flitzer Lahm oder der gefährlich vorstoßende Flankengeber Friedrich, sie alle waren stets da, wo sie gebraucht wurden. Argentinien im Viertelfinale konnte kommen. Gewiss, der Gegner war unangenehm und im Hauruckverfahren nicht auszuhebeln wie die Schweden. Doch inzwischen war das Selbstvertrauen der jungen deutschen Elf so gewachsen, dass sie selbst den Rückstand in der ersten Halbzeit wegsteckte und für spielerische Klasse wie strategische Geduld schließlich durch einen Klose-Kopfball mit dem verdienten Ausgleich belohnt wurde. Anteil daran hatte der zum Erstaunen der Fachwelt von Klinsmann nominierte David Odonkor, der nach seiner Einwechselung auf dem rechten deutschen Flügel ein Feuerwerk aus Sprints und Hakenschlagen abbrannte und die argentinische Hintermannschaft vor arge Probleme stellte.

Die Verlängerung brachte keine Änderung. Elfmeterschießen musste her, und da war Lehmann gefragt. Er holte umständlich einen Zettel aus dem Stutzen hervor, was die argentinischen Schützen sichtlich verwirrte (es sollen Tipps von Torwarttrainer Andreas Köpke

Der Moment, auf den Deutschland jahrelang gewartet hat: Am 9. Juni 2006 wurde die Fußball-WM in München eröffnet. Und zwar mit einer farbenprächtigen Zeremonie, bei der nicht nur Frauen mit riesigen Röcken durch die Luft schwebten, sondern unter anderem auch Herbert Grönemeyer seinen WM-Song „Zeit, dass sich was dreht“ uraufführte. Die deutsche Mannschaft nahm das wörtlich – und besiegte Costa Rica im Anschluss in einer mitreißenden Partie mit 4:2.

Feiern wie die Weltmeister: Deutschland wurde Dritter bei der WM und feierte dies wie den Pokalgewinn. Später wurden die Deutschen oft „Weltmeister der Herzen" genannt, der Begriff klingt ein wenig abgegriffen – für die deutsche Nationalmannschaft 2006 aber hätte es keine treffendere Umschreibung geben können.

darauf gestanden haben). Prompt konnte Lehmann zwei Strafstöße parieren und den Argentiniern die Heimreise, der eigenen Mannschaft aber den Einzug ins Halbfinale bescheren. Begeisterte Glückwünsche vom Dauerrivalen Oliver Kahn waren der wohl erfreulichste Lohn für ihn. Leider kam es im Anschluss an das Spiel nach Attacken frustrierter argentinischer Spieler zu Tätlichkeiten, in die auch „Staubsauger" Thorsten Frings verwickelt wurde, was ihm aufgrund von umstrittenen Fernsehbeweisen eine heftig umstrittene Sperre fürs nächste Spiel eintrug.

Gab das den Ausschlag? Im Halbfinale wartete Italien, das sich mit einem 1:0 durch Foulelfmeter in der 95. Minute, acht Sekunden vor Schluss im Achtelfinale gegen Australien und im Viertelfinale gegen eine schwache ukrainische Mannschaft durchgesetzt hatte. Diese Herausforderung ließ sich auch ohne Frings bestehen, da waren sich Klinsmann und die Seinen und das Publikum sowieso sicher. Doch was war das: Die Betonfußballer vom italienischen Stiefel, gebeutelt von einem Riesenbetrugsskandal daheim, gingen überraschend offensiv in die Partie und kamen sofort zu einer großen Zahl an Chancen. Frings fehlte an allen Ecken vor der Abwehr, die dennoch mit Glück und hoher Laufbereitschaft den Sturmlauf der Azzurri abfangen konnte.

0:0. Es ging in die Verlängerung. Die Deutschen hätten eigentlich nach 120 Minuten gegen Argentinien müder sein müssen als die Italiener, die in regulärer Zeit ihre ukrainische Aufgabe gelöst hatten. Doch hier zeigte sich erneut Klinsmann-Schule: Die Arbeit mit den aus den USA engagierten Fitnesstrainern zahlte sich sichtlich aus. Als läge nicht schon fast ein ganzes Turnier und 90 Minuten Kampf pur hinter ihnen, verschärften die deutschen Spieler eher noch das Tempo und rannten um Leder und Leben. Bis in die 119. Minute. Vielleicht kurvten da schon Überlegungen durch die Köpfe, was das Elfmeterschießen bringen würde. Jedenfalls hatten die italienischen Schützen plötzlich viel zu viel Platz im deutschen Strafraum. Aus kurzer Distanz überwand Grosso Abwehr und Keeper Lehmann. Aus! Aus? Ging in 60 Sekunden nicht doch noch etwas? Das deutsche Team bäumte sich auf gegen die Niederlage, warf alles nach vorn – und Tor! Aber für Italien. Dieses 0:2 interessierte nicht mehr. Nur der Schmerz zählte. Tränen flossen über abgekämpfte Gesichter, die Gesänge auf den Rängen waren verstummt. Schwarz-Rot-Bleich sank auf Halbmast. Dass Italien dann auch Weltmeister wurde gegen Frankreich im Endspiel in Berlin am 9. Juli 2006, konnte darüber nicht hinwegtrösten. Trost fanden die Fans und die Mannschaft dennoch: Beim Bewusstsein, als einzige Mannschaft dieser WM wahrhaft Glanz verliehen zu haben. Das sonst eher belächelte Spiel um den dritten Platz am 8. Juli gegen Portugal sollte noch einmal den Beweis liefern: Die nach Verletzungen stark ersatzgeschwächte – oder doch eher gestärkte? – deutsche Elf ließ auch den schnellen Portugiesen keine Chance. Mit zweieinhalb Treffern wurde Sebastian Schweinsteiger zum Mann des Spiels. Zwei Fernschüsse versenkte er selbst, eine seiner Flanken lenkte ein Portugiese ins eigene Netz. Das Ehrentor für den Gegner war da nur noch Kosmetik. Warum also Trübsal blasen? Man hatte mehr erreicht, als selbst Oberoptimisten erwartet hatten. Mit ein bisschen Glück wäre der Titel durchaus möglich gewesen, und eigentlich hatte man ihn auch geholt. Das Wort von den „Weltmeistern der Herzen" machte die Runde, und diesen Ehrentitel durften sich auch die Fans ans Revers heften. Sie hatten im sommerheißen Land auch eine innere Temperatur hergestellt, die noch lange wärmen würde. Zu Millionen waren die Menschen auf die Fanmeilen vor die Großleinwände geströmt und hatten ein Fest der Völker inszeniert, das aller Welt ein völlig neues Deutschlandgefühl vermittelte. Von „Panzern" oder „Blitz" redete nicht einmal mehr die notorisch deutschkritische britische Presse. Klinsmann und seine Spielweise waren zur besten Werbung für den Fußball geworden und die Begeisterung darüber zum Markenzeichen der frohen deutschen Weltmeisterschaft.

Trauerfeier für Johannes Rau

Er wusste offenbar, dass ihm nicht mehr viel Zeit bleiben würde: Als Johannes Rau schon 2003 ankündigte, dass er keine zweite Amtszeit als Bundespräsident anstrebe, mögen bereits gesundheitliche Rücksichten ein Rolle gespielt haben. Ein womöglich bald schwer kranker Präsident schien ihm wohl kein erstrebenswertes Bild, und die amtlichen Belastungen hätten seine Widerstandskraft vielleicht noch schneller aufgezehrt. So blieben dem 1931 geborenen Rau nach seinem Abschied aus der Politik noch anderthalb Jahre, die er mit seiner Familie verbringen konnte, ehe er am 27. Januar 2006 seinem Krebsleiden erlag. Am 7. Februar hielt dann sein Nachfolger im höchsten Staatsamt, Bundespräsident Horst Köhler, die Traueransprache. Er sagte:

Wir trauern mit Ihnen, verehrte Frau Rau, und mit Ihrer Familie. Sie haben zusammen mit Ihrem Mann den Menschen in Deutschland ein Vorbild gegeben. Wir danken Ihnen dafür.

Johannes Rau stammte aus Wuppertal-Barmen und er blieb im Bergischen Land immer verwurzelt. Christlich erzogen, das Vorbild von Männern der Bekennenden Kirche vor Augen, war er trotz seiner jungen Jahre ein wacher Zeuge der nationalsozialistischen Unrechtsherrschaft. Als Zwölfjähriger erlebte er die Zerstörung seiner Heimatstadt. Nach dem Krieg wurde er Verlagsbuchhändler und arbeitete schon bald als Lektor, als Zeitungsredakteur und schließlich als Verlagsdirektor. Dabei war ihm die Erziehung und Bildung der Jugend ein besonderes Anliegen. In Schülerbibelkreisen, Aufsätzen und Schriftreihen gab er Orientierung, wie er sie selber als Jugendlicher erlebt und erfahren hatte. Auch in der Evangelischen Kirche im Rheinland übernahm er immer mehr Verantwortung. Mehr als drei Jahrzehnte lang gehörte er ihrer Landessynode an.

Johannes Rau, ein Mann der Bücher und des Wortes, kam früh zur Politik und in die Politik - aus Sorge um die staatliche Einheit Deutschlands, die im Kalten Krieg dahinschwand, überzeugt davon, dass gerade für Christen diese Welt verbesserungswürdig und verbesserungsfähig ist, und dank Gustav Heinemann, dem späteren Bundespräsidenten. Dessen Appell, junge Leute sollten sich in die Politik einmischen, beeindruckte Johannes Rau so sehr, dass er sich der Gesamtdeutschen Volkspartei anschloss. Ihr war wenig Erfolg beschieden; die kleine Schar ihrer Mitglieder jedoch erreichte große politische Wirksamkeit. Nicht wenige von ihnen traten wie Johannes Rau später in die SPD ein und trugen wesentlich dazu bei, die Partei durch das Godesberger Programm auf die neue Zeit einzustellen.

Alt-Bundespräsident Johannes Rau.

1978 wurde Johannes Rau Ministerpräsident, und er regierte Nordrhein-Westfalen zwei Jahrzehnte lang. Die Modernisierung des Landes wurde zu seiner wichtigsten Aufgabe. Dabei legte er Wert darauf, soziale Umbrüche zu lindern, und er verschaffte früh dem Umwelt- und Naturschutz Geltung. Bei alledem erwies er sich als ein ebenso geschickter wie prinzipientreuer Politiker, der für seine Positionen hartnäckig und - wenn nötig - unnachgiebig einstand, aber ohne zu polemisieren und Streit zu verschärfen. So klar und fest seine Grundsätze waren, so entschlossen er Stellung bezog, so maßvoll blieb seine Sprache und so besonnen sein Stil. Johannes Rau gab dem „Bindestrich-Land" Nordrhein-Westfalen Wir-Gefühl. Er gewann die Hochachtung seiner Mitmenschen, doch gelang ihm weit mehr: Er gewann auch ihre Zuneigung, ja ihre Herzen. Sein helles, freundliches Wesen, seine Fähigkeit, auf andere Menschen zuzugehen, sein aufrichtiges Interesse an ihren Erfahrungen und Sorgen, seine große Hilfsbereitschaft und sein lebensbejahender Humor machten ihn zum Landesvater im besten Sinne. Unermüdlich reiste er durchs Land, unermüdlich warb er für Gemeinsamkeit, und mit seinem exzellenten Gedächtnis behielt er fast jede Begegnung, fast jedes Gespräch genau in Erinnerung - für das Wiedersehen.

Als die Mauer fiel, war Johannes Rau gerade in Leipzig. Das hat er wohl auch selbst wie eine Fügung begriffen. Er hatte immer zu denen gehört, die die Grenze durchlässiger machen und überwinden wollten. Von der Mitarbeit in der Partnerschaft seiner Barmer Kirchengemeinde mit einer Gemeinde in Oranienburg und seinen politischen Anfängen in der Gesamtdeutschen Volkspartei bis zu seinem Einsatz für Oppositionelle in der DDR: Er hielt Verbindung zu vielen Menschen in Ostdeutschland und half

auch da nach Kräften. Darum sah er die friedliche Revolution und später die staatliche Einheit voller Freude und voller Bewunderung für den klugen Mut der Ostdeutschen.
Johannes Rau hatte stets das ganze Deutschland im Sinn. Auch deshalb wünschten sich viele Menschen in Deutschland ihn als Bundespräsidenten. 1999 ging dieser Wunsch in Erfüllung. Und schnell wurde deutlich, wofür Johannes Rau als Bundespräsident stand und was ihm wichtig war... Er brachte die Deutschen in Ost und West einander näher. In Sebnitz fand er die richtigen Worte und verteidigte die Stadt und alle Ostdeutschen gegen Vorurteile und gegen Vorverurteilungen, die sich später als haltlos erwiesen.
Auch als Bundespräsident blieb Johannes Rau seinem Anliegen treu, für die Menschen da zu sein. Ungezählte Menschen sind ihm persönlich begegnet oder haben einen Brief oder einen Anruf von ihm bekommen. Sie spürten: Er meinte es ehrlich mit ihnen. Schon bald nach dem Beginn seiner Amtszeit wurde Bundespräsident Rau von einem Journalisten gefragt, was die Menschen denn später einmal mit ihm verbinden sollten. Er wünschte sich, es möge der Satz sein: „Er hat die Menschen gemocht, und sie haben die Zuneigung erwidert." ... Johannes Rau hat Deutschland vorbildlich vertreten und im Inneren zusammengehalten. Sein Einsatz für Freiheit, Gleichheit und Brüderlichkeit wirkt fort. Johannes Rau hat sich um unser Vaterland verdient gemacht.

Joschka Fischer verabschiedet

Der Wahlkampfmotor, die Galionsfigur und das Aushängeschild der Grünen trugen einen einzigen Namen: Joschka Fischer. 1948 als Sohn eines Metzgers im Schwäbischen geboren, schmiss er als 17-Jähriger die Schule, trampte durch die halbe Welt und fand schließlich in der aufmüpfigen Frankfurter „Sponti-Szene" der frühen 1970er Jahre einen neuen Halt. Er jobbte als Spielwarenverkäufer, Buchhändler, Taxifahrer, versuchte sich als Fotograf und Schauspieler und landete in der Politik. 1981 wurde er Mitglied der Grünen, die schon damals in zwei Flügel gespalten waren: Den radikalökologischen und basisdemokratischen „Fundis" standen die eher pragmatischen, zum politischen Kompromiss fähigen und die Regierungsbeteiligung anstrebenden „Realos" gegenüber, deren Sprachrohr und Leitwolf Joschka Fischer rasch wurde. Seit 1983 Mitglied des Bundestages, stieg er 1985 zum ersten grünen Minister auf (zuständig für das Umweltressort in der hessischen Landesregierung) – ein Posten, den er bis 1987 und dann wieder von 1991 bis 1994 ausübte. Anfangs noch als Politiker in Turnschuhen belächelt, wuchs Fischer in dieser Zeit zu einer beachtlichen bundespolitischen Größe in Designerklamotten heran sowie zum unbestritten publikumswirksamsten Rede- und Showtalent auf der Tribüne des deutschen Parlaments.
Als die Grünen am 7. Juni 1998 eine stärkere Personalisierung ihres Wahlkampfes beschlossen, trieb der als potenzieller Außenminister gehandelte Joschka Fischer in einem Kräfte zehrenden Wahlkampfmarathon durch die Bundesrepublik den Prozess der Annäherung an die außenpolitischen Realitäten voran und setzte sich neben der Westbindung als notwendiger Konstante deutscher Außenpolitik für die Osterweiterung der NATO und die Verlängerung des Bundeswehrmandats in Bosnien ein.
In der nach den Wahlen gebildeten ersten rot-grünen Bundesregierung wurde Fischer im Kabinett Schröder erwartungsgemäß Außenminister und Vizekanzler. Als Außenminister profilierte sich Fischer derart, dass er bald zum weitaus beliebtesten Politiker avancierte und sich alle Experten darüber einig sind, dass ohne Joschka Fischer die rot-grüne Koalition bei den Bundestagswahlen am 22. September 2002 nicht bestätigt worden wäre. Doch schon gleich nach der verlorenen Wahl am 18. September 2005 war ihm klar, dass er sich zurückziehen würde. Vor der Grünen-Fraktion gab er dann am 27. Juni 2006 seinen offiziellen Abschied aus der Politik bekannt. „Ich bin jetzt wirklich weg", verspricht der Exminister. „Die Tür ist zu. Der Schlüssel wird umgedreht und weggeworfen". Alle Spekulationen über eine Rückkehr in die nationale Politik seien „nicht von dieser Welt". Natürlich stehe er seiner Partei weiter für Rat zur Verfügung – aber erst „mit einigem Abstand" und „immer nur vom alten Teil aus, damit das klar ist". Auch Funktionen in der internationalen Politik reizen ihn nicht. „Wenn ich allerdings der einst an die Pforte des Himmels klopfen werde und Petrus mich fragt, ob ich special representative of godfather werden will, werde ich Petrus nicht sagen, das kommt nicht in Frage." Dann entschuldigt sich der sichtlich gut gelaunte Fischer noch für seine zeitweilige Arroganz. Er sei halt oft „wund gerieben" gewesen, ob der großen Belastung.
„Es ist halb fünf", schreibt Robert Rossmann in der Süddeutschen Zeitung „als sich Fischer aus dem Bundestag trollt, froh, den letzten Schritt aus dem alten Leben endlich hinter sich gebracht zu haben. Draußen warten Princeton und die große Welt. Drinnen tagen die Grünen Abgeordneten weiter – es geht um die Föderalismusreform, den Gesundheitsfond, das Übliche eben".
Auch wenn Joschka Fischer nun den Grünen fehlen wird, sein Nachfolger im Kabinett Merkel, der Sozialdemokrat Frank-Walter Steinmeier hat sich bereits nachhaltig profiliert.

Der ehemalige Bundesaußenminister Joschka Fischer verlässt am 27. Juni 2006 nach der Fraktionssitzung von Bündnis 90/Die Grünen die Fraktionsebene im Bundestag in Berlin mit dem Fahrstuhl, nachdem er sich zuvor endgültig aus der Politik verabschiedet hatte.

2007

JANUAR

15.1. Im Streit um das Kopftuchverbot für muslimische Lehrerinnen in Bayern weist der Verfassungsgerichtshof eine Klage der islamischen Religionsgemeinschaft ab.
17.1. EU-Ratspräsidentin Angela Merkel hält eine künftige Erweiterung der Europäischen Union erst dann für möglich, wenn Europa sich eine Verfassung gegeben hat.
18.1. Bayerns Ministerpräsident Edmund Stoiber kündigt an, seine Regierungs- und Parteiposten im September aufzugeben.
18.1. Der Deutsch-Türke Murat Kurnaz berichtet im BND-Untersuchungsausschuss des Bundstags, wie er im US-Lager Guantanamo auf Kuba misshandelt wurde.
21.1. Russlands Präsident Wladimir Putin sichert bei einem Treffen mit Angela Merkel zu, sein Land werde die Öl- und Gasversorgung sicherer machen und in Krisen besser kommunizieren.
25.1. Das Landgericht Braunschweig verurteilt den ehemaligen VW-Personalmanager Peter Hartz wegen Untreue zu zwei Jahren Haft auf Bewährung sowie einer Geldstrafe von 576.000 Euro.
28.1. Petra Roth (CDU) wird in Frankfurt am Main für weitere sechs Jahre zur Oberbürgermeisterin gewählt.
29.1. SPD und Union einigen sich darauf, die letzte deutsche Steinkohlenzeche spätestens 2018 zu schließen.
31.1. Der FC Bayern entlässt Felix Magath. Sein Nachfolger wird Ottmar Hitzfeld, der bereits von 1998 bis 2004 bei den Münchnern als Trainer tätig war.

FEBRUAR

2.2. Nach monatelangen Koalitionsauseinandersetzungen verabschiedet der Bundestag die umstrittene Gesundheitsreform.
4.2. Deutschland ist zum dritten Mal nach 1938 und 1978 Handballweltmeister. Im Finale besiegt die Mannschaft von Bundestrainer Heiner Brand Polen mit 29:24.
7.2. Das Bundeskabinett beschließt die Entsendung von sechs „Tornado"-Kampfjets und bis zu 500 zusätzlichen Soldaten nach Afghanistan.
12.2. Das Oberlandesgericht Stuttgart entscheidet, dass die frühere RAF-Terroristin Brigitte Mohnhaupt nach 24 Jahren Haft das Gefängnis verlassen darf.
13.2. Das Bundesverfassungsgericht entscheidet, dass heimliche DAN-Tests zur Prüfung der Vaterschaft als Beweismittel unzulässig sind.
15.2. Der 67-jährige Neonazi Ernst Zündel ist wegen Volksverhetzung vom Landgericht Mannheim zu fünf Jahren Haft verurteilt worden. Zündel hatte den millionenfachen Mord an den Juden während der NS-Zeit mehrmals öffentlich geleugnet.
20.2. In Brüssel vereinbaren die Umweltminister der EU-Mitgliedstaaten, den Treibhausgas-Ausstoß bis zum Jahr 2020 um ein Fünftel zu senken.
22.2. Lothar-Günther Buchheim stirbt mit 89 Jahren in Starnberg. Buchheim war Schriftsteller, Maler, Fotograf und Sammler. Sein packender Roman „Das Boot", in dem er seine Erfahrungen während des Zweiten Weltkriegs verarbeitete, machte ihn 1973 weltberühmt. Aufsehen erregte er auch mit seiner einzigartigen Kunstsammlung von Werken des Expressionismus und primitiver Kunst, die seit 2001 in seinem „Museum der Phantasie" in Bernried am Starnberger See ausgestellt ist.
23.2. Politiker von Bund und Ländern einigen sich grundsätzlich auf ein Rauchverbot in Gaststätten und öffentlichen Gebäuden.
26.2. Das deutsche Stasi-Drama „Das Leben der Anderen" wird in Hollywood mit dem Oscar als bester fremdsprachiger Film ausgezeichnet.
26.2. Der unter Doping-Verdacht stehende Radprofi und Tour-de-France-Sieger 19 Jan Ullrich gibt vor der Presse seinen Rücktritt bekannt.

MÄRZ

2.3. Die Deutsche Bahn stellt ein milliardenschweres Sanierungsprogramm für ihr Schienennetz vor. Insgesamt soll es 3000 Großbaustellen geben.
8.3. Beim ersten Branchen-Tarifabschluss des Jahres vereinbaren Gewerkschaften und Arbeitgeber Lohnerhöhungen zwischen 3,6 und 4,3 Prozent für die 550.000 Beschäftigten der Chemieindustrie.
9.3. Der EU-Gipfel einigt sich auf Maßnahmen zum Klimaschutz. Europa verpflichtet sich, bis 2020 den CO2-Ausstoß um ein Fünftel zu verringern und den Anteil erneuerbarer Energien von 6 auf 20 Prozent auszubauen.
12.3. Nach 16 Monaten haft in Iran kommt Donald Klein aus dem Gefängnis frei. Der Pfälzer war 2005 bei einem Angelausflug festgenommen worden.
14.3 Das Deutsche Institut für Wirtschaftsforschung präsentiert Daten, wonach die globale Erwärmung die Deutschen bis 2050 insgesamt 800 Milliarden Euro kosten werde.

Angetrieben von 19.000 begeisterten Zuschauern holten sich die deutschen Handballer unter Trainer Heiner Brand am4. Februar 1907 den Weltmeistertitel. Unser Bild zeigt von links: Heiner Brand, Michael Kraus, Henning Fritz und Markus Baur mit dem WM-Pokal.

15.3. Der Bundesgerichtshof hebt einen umstrittenen Spruch des Stuttgarter Landgerichts auf. Demnach ist die Verbreitung durchgestrichener Hakenkreuze nicht strafbar, wenn die Distanzierung zum Nationalsozialismus eindeutig ist.
24.3. Mehrere tausend Menschen strömen in den Berliner Zoologischen Garten, um das Eisbärbaby Knut zu sehen.
28.3. Das Bundeskabinett einig sich auf eine Regelung beim Bleiberecht, die bis zu 100.000 bisher geduldeten Ausländern eine längerfristige Aufenthaltserlaubnis ermöglicht.
29.3. Der 16-jährige Berliner Gymnasiast Lukas W. stirbt an den Folgen einer Alkoholvergiftung durch sogenanntes Koma-Trinken.
31.3. Nach über zehn Jahren Pause kehrt der 43-jährige Henry Maske gegen Virgil Hill zurück in den Ring. Er siegt nach Punkten.

APRIL

2.4. Familienministerin Ursula von der Leyen setzt durch, dass bis zum Jahr 2013 für jedes dritte Kleinkind in Deutschland ein Betreuungsplatz zur Verfügung stehen soll.
19.4. Die führenden deutschen Wirtschaftsforschungsinstitute erwarten einen dauerhaften Aufschwung in Deutschland. In ihrem Frühjahrsgutachten prognostizieren sie für dieses und das kommende Jahr ein reales Wachstum von 2,4 Prozent.
23.4. In Deutschland lebt nah einer Expertenberechnung fast jedes sechste Kind von staatlicher Hilfe. 2006 gehörten 1,89 Millionen Kinder unter 15 Jahren zu Hartz-IV-Bedarfsgemeinschaften – zehn Prozent mehr als im Jahr zuvor.
25.4. Erstmals seit fast vier Jahren erhalten die Rentner höhere Altersbezüge. Das Bundeskabinett beschließt, die Renten um 0,54 Prozent anzuheben.

MAI

1.5. Im April fiel die zahl der Arbeitslosen auf 3,967 Millionen. Damit sank die Arbeitslosenquote auf den niedrigsten Stand seit herbst 2002.
4.5. Verteidigungsminister Franz-Josef Jung lehnt die Bitte Afghanistans ab, Militärtrainer in den umkämpften Süden des Landes zu entsenden.
5.5. Die gute Konjunkturlage führt bei Bund, Ländern und Gemeinden zu hohen Steuermehreinnahmen Bundesfinanzminister Peer Steinbrück spricht von 200 Milliarden Euro bis 2011.
7.5. Bundespräsident Horst Köhler lehnt das Gnadengesuch des ehemaligen RAF-Mitglieds Christian Klar ab.
8.5. Die CDU präsentiert ihr neues Grundsatzprogramm. Sie fordert eine „Leitkultur", neue Akzente in der Familienpolitik und bezeichnet Deutschland als „Integrationsland".
12.5. Minister Sigmar Gabriel verweigert auf der UNO-Umweltkonferenz im Namen der EU die Unterzeichnung der Abschlussresolution, weil diese frühere Vereinbarungen zu Energie, Klima, Luftverschmutzung und industrieller Entwicklung abschwäche.
14.5. Der Autokonzern Daimler-Chrysler verkauft die Mehrheit seiner kriselnden US-Sparte an den amerikanischen Finanzinvestor Cerberus.
19.5. Bei einem Selbstmordattentat in Kundus in Afghanistan sind drei Soldaten der Bundeswehr getötet und fünf verletzt worden.
26.5. Der 1. FC Nürnberg besiegt im Finale um den DFB-Pokal in Berlin den Deutschen Fußballmeister VfB Stuttgart mit 3:2 nach Verlängerung.
29.5. Der in der VW-Affäre um Lustreisen auf Firmenkosten angeklagte SPD-Bundestagsabgeordnete Hans-Jürgen Uhl legt sein Mandat nieder. Er gibt zu, nicht die Wahrheit gesagt und falsche eidesstattliche Versicherungen abgegeben zu haben.
30.5. Trotz der jüngsten Dopingenthüllungen beschließen ARD und ZDF, dass auch in diesem Jahr live von der Tour de France berichtet werden soll.

Auch wenn es in Rostock zu gewalttätigen Auseinandersetzungen kam, verliefen die groß angelegten Demonstrationen gegen den G-8-Gipfel in Heiligendamm weitgehend friedlich.

JUNI

2.6. Bei Protesten von G-8-Gegnern in Rostock kommt es zu gewalttätigen Auseinandersetzungen zwischen Demonstranten und der Polizei. Insgesamt werden rund tausend Verletzte gemeldet.
7.6. Beim Weltwirtschaftsgipfel der G-8-Staaten in Heiligendamm einigen sich die Staats- und Regierungschefs auf gemeinsame Ziele beim Klimaschutz. Bis zum Jahr 2050 soll der Ausstoß an Treibhausgasen möglichst halbiert werden.
8.6. Der Bundesrat bestätigt ein verschärftes Passgesetz. Danach sollen Pässe künftig neben dem Foto des Inhabers auch dessen Fingerabdrücke in elektronischer Form enthalten.
11.6. Die Entschädigung ehemaliger Zwangsarbeiter des NS-Regimes ist offiziell abgeschlossen. Seit dem Jahr 2000 haben mehr als 6 Millionen Männer und Frauen rund 1,4 Milliarden Euro erhalten.
16.6. In Berlin bildete sich aus WASG und Linkspartei die neue Partei „Die Linke". Die Delegierten wählen Oskar Lafontaine und Lothar Bisky zu ihren Vorsitzenden.
19.6. Union und SPD einigen sich in Berlin auf Kompromisse bei der Pflegeversicherung und beim Mindestlohn.
26.6. Im Alter von 80 Jahren stirbt in St. Ingbert der ehemalige Fußballtrainer der Deutschen Nationalmannschaft Jupp Derwall.
27.6 Bundeskanzlerin Angela Merkel übergibt in Brüssel die EU-Ratspräsidentschaft an Portugal und warn vor einem „Europa der zwei Geschwindigkeiten".

Gruppenbild mit Dame. Nach der Unterzeichnung der „Berliner Erklärung" stellen sich die Staats- und Regierungschefs der EU-Staaten vor den Brandenburger Tor den Fotografen. Gastgeberin Merkel drängte nachhaltig darauf, die EU bis 2009 auf eine „erneuerte gemeinsame Grundlage zu stellen. Alles andere wäre ein „historisches Versäumnis."

Die „Berliner Erklärung"

Anlässlich des 50. Jahrestages der Römischen Verträge haben Europas Staats- und Regierungschefs am 25. März 2007 die Berliner Erklärung unterzeichnet.

„Europa war über Jahrhunderte eine Idee, eine Hoffnung auf Frieden und Verständigung. Diese Hoffnung hat sich erfüllt. Die europäische Einigung hat uns Frieden und Wohlstand ermöglicht. Sie hat Gemeinsamkeit gestiftet und Gegensätze überwunden. Jedes Mitglied hat geholfen, Europa zu einigen und Demokratie und Rechtsstaatlichkeit zu stärken. Der Freiheitsliebe der Menschen in Mittel- und Osteuropa verdanken wir, dass heute Europas unnatürliche Teilung endgültig überwunden ist. Wir haben mit der europäischen Einigung unsere Lehren aus blutigen Auseinandersetzungen und leidvoller Geschichte gezogen. Wir leben heute miteinander, wie es nie zuvor möglich war. Wir Bürgerinnen und Bürger der Europäischen Union sind zu unserem Glück vereint. I. Wir verwirklichen in der Europäischen Union unsere gemeinsamen Ideale: Für uns steht der Mensch im Mittelpunkt. Seine Würde ist unantastbar. Seine Rechte sind unveräußerlich. Frauen und Männer sind gleichberechtigt. Wir streben nach Frieden und Freiheit, nach Demokratie und Rechtsstaatlichkeit, nach gegenseitigem Respekt und Verantwortung, nach Wohlstand und Sicherheit, nach Toleranz und Teilhabe, Gerechtigkeit und Solidarität. Wir leben und wirken in der Europäischen Union auf eine einzigartige Weise zusammen. Dies drückt sich aus in dem demokratischen Miteinander von Mitgliedstaaten und europäischen Institutionen. Die Europäische Union gründet sich auf Gleichberechtigung und solidarisches Miteinander. So ermöglichen wir einen fairen Ausgleich der Interessen zwischen den Mitgliedstaaten. Wir wahren in der Europäischen Union die Eigenständigkeit und die vielfältigen Traditionen ihrer Mitglieder. Die offenen Grenzen und die lebendige Vielfalt der Sprachen, Kulturen und Regionen bereichern uns. Viele Ziele können wir nicht einzeln, sondern nur gemeinsam erreichen. Die Europäische Union, die Mitgliedstaaten und ihre Regionen und Kommunen teilen sich die Aufgaben. II. Wir stehen vor großen Herausforderungen, die nicht an nationalen Grenzen Halt machen. Die Europäische Union ist unsere Antwort darauf. Nur gemeinsam können wir unser europäisches Gesellschaftsideal auch in Zukunft bewahren zum Wohl aller Bürgerinnen und Bürger der Europäischen Union. Dieses europäische Modell vereint wirtschaftlichen Erfolg und soziale Verantwortung. Der Gemeinsame Markt und der Euro machen uns stark. So können wir die zunehmende weltweite Verflechtung der Wirtschaft und immer weiter wachsenden Wettbewerb auf den internationalen Märkten nach unseren Wertvorstellungen gestalten. Europas Reichtum liegt im Wissen und Können seiner Menschen: dies ist der Schlüssel zu Wachstum, Beschäftigung und sozialem Zusammenhalt. Wir werden den Terrorismus und die organisierte Kriminalität gemeinsam bekämpfen. Die Freiheits- und Bürgerrechte werden wir dabei auch im Kampf gegen ihre Gegner verteidigen. Rassismus und Fremdenfeindlichkeit dürfen nie wieder eine Chance haben. Wir setzen uns dafür ein, dass Konflikte in der Welt friedlich gelöst und Menschen nicht Opfer von Krieg, Terrorismus oder Gewalt werden. Die Europäische Union will Freiheit und Entwicklung in der Welt fordern. Wir wollen Armut, Hunger und Krankheiten zurückdrängen. Dabei wollen wir auch weiter eine führende Rolle einnehmen. Wir wollen in der Energiepolitik und beim Klimaschutz gemeinsam vorangehen und unseren Beitrag leisten, um die globale Bedrohung des Klimawandels abzuwenden. III. Die Europäische Union lebt auch in Zukunft von ihrer Offenheit und dem Willen ihrer Mitglieder, zugleich gemeinsam die innere Entwicklung der Europäischen Union zu festigen. Die Europäische Union wird auch weiterhin Demokratie, Stabilität und Wohlstand jenseits ihrer Grenzen fördern. Mit der europäischen Einigung ist ein Traum früherer Generationen Wirklichkeit geworden. Unsere Geschichte mahnt uns, dieses Glück für künftige Generationen zu schützen. Dafür müssen wir die politische Gestalt Europas immer wieder zeitgemäß erneuern. Deshalb sind wir heute, 50 Jahre nach der Unterzeichnung der Römischen Verträge, in dem Ziel geeint, die Europäische Union bis zu den Wahlen zum Europäischen Parlament 2009 auf eine erneuerte gemeinsame Grundlage zu stellen. Denn wir wissen: Europa ist unsere gemeinsame Zukunft."

G-8-Gipfel in Heiligendamm

Nach intensiven Beratungen haben sich die Mitglieder der G-8-Staaten am 8. Juni 2007 in Heiligendamm auf eine gemeinsame Erklärung geeinigt, deren wesentliche Passagen über die Verantwortung in der Wirtschaft und dem Klimawandel im Folgenden wiedergegeben werden.

Wir sind in Heiligendamm zusammengekommen, um über die wichtigsten Herausforderungen der Weltwirtschaft, den Klimawandel und Afrika zu sprechen. Im Einklang mit dem Kernthema der deutschen G8-Präsidentschaft „Wachstum und Verantwortung" haben wir uns mit wirtschaftlichen, sozialen und ökologischen Aspekten der politischen Gestaltung der Globalisierung beschäftigt. Insbesondere sprachen wir über die Rolle der wichtigen Schwellenländer in der heutigen Welt. Wir waren uns über die Vorteile einer engeren Zusammenarbeit einig. Heiligendamm-Prozess: Wir erörterten globale Herausforderungen mit den Staats- und Regierungschefs Brasiliens, Chinas, Indiens, Mexikos und Südafrikas. Wir waren uns unserer jeweiligen Verantwortlichkeiten bewusst wie auch der Notwendigkeit, gemeinsame Lösungen zu entwickeln. Wir sind daher übereingekommen, einen neuen themenbezogenen Dialog über die wichtigsten weltwirtschaftlichen Fragen mit dem Ziel einzuleiten, bis zum G8-Gipfel im Jahr 2009 in Italien konkrete Ergebnisse zu erreichen. Zu den Themen dieses Dialogs gehören Fragen der Investitionsfreiheit und der Investitionsbedingungen, einschließlich der sozialen Verantwortung von Unternehmen, Förderung und Schutz von Innovation, Energieeffizienz und technologische Zusammenarbeit sowie Entwicklungspolitik. Der Zeitplan dieses Prozesses wird in einer gemeinsamen Erklärung der G8-Präsidentschaft und Brasiliens, Chinas, Indiens, Mexikos und Südafrikas umrissen. G8-Agenda für Wachstum und Stabilität weltweit: Wir haben festgestellt, dass die Weltwirtschaft in einem guten Zustand ist und das Wachstum über die Regionen hinweg gleichmäßiger verteilt ist. In diesem Zusammenhang haben wir uns der Agenda der G8 für Wachstum und Stabilität weltweit mit dem Ziel verpflichtet, unsere Strategien zur Förderung einer reibungslosen Anpassung globaler Ungleichgewichte zu verfolgen, die im Kontext eines nachhaltigen und soliden globalen Wirtschaftswachstums stattfinden sollte. ... Der Klimawandel hat das Potenzial, unsere natürliche Umwelt und die Weltwirtschaft schwer zu schädigen, und seine Bekämpfung ist eine der größten Herausforderungen, vor denen die Menschheit steht. Den jüngsten IPCC-Bericht und seine Erkenntnisse haben wir mit Besorgnis zur Kenntnis genommen. Wir sind überzeugt, dass dringende und abgestimmte Maßnahmen notwendig sind, und stellen uns unserer Verantwortung, bei der Bewältigung des Klimawandels eine Führungsrolle zu übernehmen. Bei der Festlegung eines globalen Zieles für Emissionsverringerungen im Rahmen des in Heiligendamm vereinbarten Prozesses unter Einbeziehung aller wesentlicher Emissionsländer werden wir die Entscheidungen der Europäischen Union, Kanadas und Japans, die mindestens eine Halbierung der globalen Emissionen bis 2050 beinhalten, ernsthaft prüfen. Wir haben vereinbart, dass der VN-Klimaprozess das geeignete Forum ist, um künftige globale Maßnahmen bezüglich des Klimawandels auszuhandeln. Wir sind entschlossen, in diesem Forum voranzukommen, und rufen alle Parteien auf, sich aktiv und konstruktiv an der VN-Klimakonferenz im Dezember 2007 in Indonesien mit dem Ziel zu beteiligen, eine umfassende Übereinkunft für die Zeit nach 2012 (Kyoto-Folgeübereinkommen) zu erzielen, die alle wesentlichen Emissionsländer einbeziehen sollte. Um die dringende Herausforderung des Klimawandels zu bewältigen, ist es von entscheidender Bedeutung, dass sich die wesentlichen Emissionsländer bis Ende 2008 auf einen detaillierten Beitrag zu einem neuen globalen Rahmen einigen, der bis 2009 zu einer globalen Übereinkunft im Rahmen des UNFCCC beitragen würde. Wir bekräftigen, dass die wesentlichen Emissionsländer in die Erörterung der Frage einbezogen werden müssen, wie der Herausforderung des Klimawandels am besten zu begegnen ist. Wir betonen, dass sich weitere Maßnahmen auf den UNFCCC-Grundsatz gemeinsamer, aber differenzierter Verantwortlichkeiten und Fähigkeiten stützen müssen. Technologie, Energieeffizienz und Marktmechanismen, einschließlich Emissionshandelssysteme oder steuerliche Anreize sind Schlüsselfaktoren für die Bewältigung des Klimawandels sowie die Erhöhung der Energiesicherheit. Wir bekräftigten die Prinzipien zur Energiesicherheit, die wir in St. Petersburg vereinbart haben. In unserer Diskussion mit den Schwellenländern kamen wir überein, dass Energieeffizienz und technologische Zusammenarbeit wesentliche Elemente unseres Folgedialogs sein werden.

Diplomatie im Strandkorb. Eingerahmt von Wladimir Putin und George W. Busch hat Angelika Merkel beim G-8-Gipfel für eine entspannte Gesprächsatmosphäre gesorgt.

Personenindex

T

U

V

W

Y

Z

Inhalt

Bildquellen: AP; 120 Jahre Deutsche Arbeiterbewegung in Bildern und Dokumenten, Berlin; Aktueller Bilderdienst J.J. Weber. Leipzig; Archiv Daimler-Benz AG; Aufstieg aus dem Nichts, Frankfurt; Bauen im neuen Reich, Berlin; Berliner Illustrirte, Berlin; Bildbuch Deutscher Geschichte, Baden Baden; Bilder schreiben Geschichte; Bildersaal deutscher Geschichte , Stuttgart, Berlin, Leipzig; Bundesarchiv, Koblenz; Bundeskanzleramt, Berlin; Das Autobuch, Offenburg; Das gabs nur einmal, Hamburg; Das große Buch der Olympischen Spiele, München; Das große Weltgeschehen, Bern; Das Kaiserreich, München; Deutsches Museum, München; Deutschland 1870 bis heute, München 1971; Deutschland erwacht, Altona-Bahrenfeld; Deutschland unter den Besatzungsmächten, München; Deutschlands Fußballländerspiele, Hürth; Die Amerikafahrt des „Grad Zeppelin", Berlin; Die Ära Adenauer, München; Die Bundesrepublik 1949-1963, München; Die Dame, Berlin; Die ersten Fünfzig Jahre des XX. Jahrhunderts, Offenburg; Die Olympischen Spiele 1936, Berlin; Die studentischen Verbindungen, München; Die Wehrmacht, Berlin; Die Weimarer Republik, München; dpa picture-alliance, Frankfurt; Eine ganze Welt gegen uns, Berlin; Erich Andres; Fliegende Blätter, München; Flucht und Vertreibung, St. Gallen; Fragen an die deutsche Geschichte, Berlin; Generalfeldmarschall Rommel, Stuttgart; Geschichte des großen vaterländischen Krieges der Sowjetunion, Berlin; Hanns Hubmann; Hans Schaller; Helden der Wüste, Berlin; Illustrierter Beobachter, München; Imperial War Museum, London; Jugend, München; Kladderadatsch, Berlin; Leben und Arbeiten im Industriezeitalter, Stuttgart; Leipziger Illustrirte, Leipzig; Lorenz Baader, München; Lothar Rübelt; Low's Kleine Weltgeschichte, Berlin; Lustige Blätter, Berlin; Münchner Stadtmuseum, München; Nebelspalter, Zürich; Presse- und Informationsamt der Bundesregierung (Bundesbildstelle), Berlin; Punch, London; Schwerer als Luft – Die Frühzeit der Flugtechnik in Deutschland, Koblenz; Siemens AG, München; Simplicissimus, München; SVEN SIMON, Mühlheim an der Ruhr; ThyssenKrupp Transrapid, Kassel; Walter Ulbricht – Ein Leben für Deutschland, Leipzig; Werek, München; Archiv des Herausgebers. Da einige Vorlagen nicht eindeutig zugeordnet werden können, werden berechtigte Honoraransprüche selbstverständlich abgegolten.